# 1 MONTH OF
# FREE
# READING

at

## www.ForgottenBooks.com

By purchasing this book you are eligible for one month membership to ForgottenBooks.com, giving you unlimited access to our entire collection of over 1,000,000 titles via our web site and mobile apps.

To claim your free month visit:

www.forgottenbooks.com/free953465

ISBN 978-0-260-51851-4
PIBN 10953465

For support please visit www.forgottenbooks.com

# RÉIMPRESSION

DE

# L'ANCIEN MONITEUR

SEULE HISTOIRE AUTHENTIQUE ET INALTÉRÉE

OU LA

## RÉVOLUTION FRANÇAISE

DEPUIS LA RÉUNION DES ÉTATS-GÉNÉRAUX JUSQU'AU CONSULAT

(Mai 1789 — Novembre 1799)

AVEC DES NOTES EXPLICATIVES.

ÉDITION ORNÉE DE VIGNETTES, REPRODUCTION DES GRAVURES DU TEMPS.

Qu'il est utile, ô Athéniens, qu'il est bon d'avoir des
archives publiques! Là, les écrits restent fixes et ne
varient pas selon le caprice de l'opinion.
*Disc. d'Eschine contre Ctésiphon.*

TOME VINGT-DEUXIÈME.

CONVENTION NATIONALE.

PARIS.

HENRI PLON, IMPRIMEUR-ÉDITEUR,

RUE GARANCIÈRE, 8.

1862

# GAZETTE NATIONALE ou LE MONITEUR UNIVERSEL.

**N° 1er.** *Primidi, 1er Vendémiaire, l'an 3e. (Lundi 22 septembre 1794, vieux style.)*

## CONVENTION NATIONALE.

*Présidence de Bernard, (de Saintes).*

*Addition à la séance de la 2e sans-culottide de l'an II.*

CAMBON, au nom du comité des finances : Par votre décret du 16 thermidor vous avez excepté du dépôt, ordonné par la loi du 18 messidor, des sommes dues aux habitants des pays qui sont en guerre avec la République, celles qui étaient dues aux habitants des villes de Hambourg, Lubeck, Dantzick, Brême et Augsbourg.

Un arrêté du comité de salut public, du 12 fructidor, exempte également de ce dépôt les sommes dues aux villes d'Aix-la-Chapelle, Elberfeld, Grevel et Solingen.

L'envoyé de la ville de Nuremberg, qui se dit *libre*, nous a présenté diverses pétitions tendantes à obtenir la même exception. Il vous observe que cette ville jouit du même titre que celles qui sont exceptées, qu'elle s'est prononcée fortement en faveur de la révolution française, que ce n'est que par la loi du plus fort qu'on l'a forcée de fournir un contingent dans la coalition.

Des négociants de Paris vous ont soumis diverses considérations qui ont paru importantes à votre comité des finances ; cependant il n'a pas cru être suffisamment autorisé pour prononcer cette exception par un arrêté, cette mesure devant être ordonnée par la Convention, qui peut seule modifier les lois.

En conséquence je suis chargé de vous proposer le projet de décret suivant :

« La Convention nationale, après avoir entendu le rapport du comité des finances, décrète :

« Les débiteurs des habitants de la ville de Nuremberg sont exceptés du dépôt ordonné par la loi du 18 messidor. »

Ce projet de décret est adopté.

CAMBON, au nom du comité des finances : Je viens, au nom de votre comité des finances, vous faire part du succès de la confection du grand livre de la dette publique, et vous proposer quelques vues d'amélioration.

Il était digne de la Convention nationale d'entreprendre ce grand ouvrage qui anéantit les titres royaux, établit l'uniformité des créances, un titre unique républicain, la promptitude des paiements, et la destruction des formes routinières et ruineuses pour le créancier indigent et pour la comptabilité.

Le succès qui a constamment couronné toutes les opérations révolutionnaires n'a pas manqué à celle-ci.

Nous pouvons vous annoncer que toutes les lettres sont inscrites sur le grand livre ; il ne manque plus à sa perfection que de contrôler le travail avec les demandes faites par les citoyens ; c'est-à-dire de constater la conformité des noms et des sommes portés sur le grand livre, avec les noms et sommes présentés par les citoyens dans leur demande d'inscription.

Déjà il a été délivré 26,000 bulletins portant promesse d'inscription, formant une somme de 22,000,000 liv. de paiement annuel, sur quoi 6,000 inscriptions définitives avaient été délivrées le 29 du mois dernier.

La plus grande activité est donnée maintenant à ce travail, qui suivra désormais avec rapidité l'empressement des citoyens à jouir de leurs inscriptions.

En retirant ces inscriptions, les propriétaires peuvent, d'après la loi du 14 messidor, demander de suite le paiement du semestre échu. Ainsi le paiement du premier semestre de l'an II s'effectue dans ce moment.

Celui du second semestre, qui va être échu, devrait s'ouvrir au 1er vendémiaire ; cependant, comme la délivrance des inscriptions entraîne un travail considérable, votre comité a pensé qu'il convenait, pour le bien du service, de ne commencer ce paiement que le 1er brumaire. Ce délai n'avait pas paru nécessaire à l'époque de la loi du 24 août dernier, parce qu'on n'avait pas prévu le changement de l'ère républicaine que vous avez décrétée ; mais l'époque que nous vous proposons se trouvera encore très rapprochée en faveur des créanciers de la République, puisqu'elle ne devait avoir lieu, d'après l'ancienne ère, qu'au 1er janvier, vieux style, et qu'elle sera avancée de plus de deux mois.

En conséquence nous vous proposons d'indiquer qu'au 1er brumaire prochain les paiements au second semestre se feront à toute lettre, à bureau ouvert et avec célérité.

Votre comité des finances aurait bien désiré pouvoir éviter ce délai, mais la délivrance des inscriptions définitives, l'examen qu'il faut faire en comparant les demandes des particuliers avec le grand livre, le paiement du 1er semestre qui se fait actuellement, tout fait craindre que tant d'opérations réunies n'occasionnassent quelques erreurs aussi préjudiciables au trésor public qu'aux parties prenantes elles-mêmes.

Ces circonstances ne se renouvelleront plus, et il s'établit, à cet égard, un si bel ordre, que le paiement du premier semestre de l'an III sera exactement ouvert le 1er germinal. Quel sera le citoyen qui pourrait raisonnablement se plaindre du délai d'un mois dans une opération aussi majeure ?

Ce délai, suffisamment compensé par les avantages que le public retire de la promptitude des paiements et de la suppression de l'ordre privilégié des lettres, nous donnera le moyen de pouvoir faire exécuter, à compter de ce jour, la mesure tant désirée du paiement dans les districts.

L'exécution nous a appris à simplifier à cet égard les formes déterminées par la loi du 24 août.

Pour parvenir au paiement des semestres, il fallait, suivant cette loi, que la trésorerie fît un état, article par article, de toutes les parties comprises dans le grand livre de la dette publique, pour en former un état général qui devait servir de matrice pour les feuilles de paiement annuel.

Les créanciers qui voulaient recevoir leurs paiements annuels dans un chef-lieu de district étaient tenus de faire parvenir à la trésorerie, dans l'intervalle du 1er juillet au 30 septembre, leur déclaration, reçue par la municipalité et visée par le district, qu'ils voulaient être payés dans le chef-lieu de district.

Dans le cas de changement de domicile, l'indication devait être donnée dans le même trimestre, et le paiement ne pouvait avoir lieu qu'à compter de l'échéance du deuxième semestre suivant. Il devait être ensuite dressé des feuilles particulières des objets payables dans chaque chef-lieu de district, pour être envoyées au receveur.

Ces formes étaient longues et difficiles à remplir.

Elles vont être suppléées par la méthode la plus claire et la plus simple.

Au lieu de relever sur le grand livre chaque article pour en former un état général, il sera fait de chaque article un bulletin séparé, contenant le nom, le numéro et la somme de l'inscription, la déduction de l'imposition foncière et le net à payer

Ces bulletins, classés par ordre alphabétique, seront encore susceptibles de toutes les divisions et classifications possibles. Dès que la trésorerie aura reçu la demande d'un propriétaire d'inscription pour être payé dans un district, elle enverra le bulletin de cette inscription avec une lettre d'avis au receveur, ce qui lui servira de mandat pour payer et de quittance pour justifier du paiement.

Le créancier se présentera au receveur avec son extrait d'inscription et son certificat d'individualité, et recevra, sans autre formalité et sans frais, son paiement, en donnant son acquit au bas du bulletin, qui sera ensuite envoyé comme comptant, et comme les pièces ordinaires de dépenses, à la trésorerie nationale.

La facilité qu'aura la trésorerie nationale de recueillir, classer et diviser ces bulletins, et de les envoyer en tout temps dans un district ou dans l'autre, sans avoir besoin de rédiger aucun état, et sans attendre la réunion de tous les créanciers à payer dans un même district, donnera aux citoyens la plus grande liberté pour demander leur paiement dans un district ou dans un autre, dans tel district ou dans tel autre, et satisfera en même temps les convenances particulières et l'intérêt des citoyens, que leur éloignement rendait dupes des gens d'affaires de Paris.

La Convention nationale verra avec plaisir cette forme, aussi simple que commode, tourner à l'avantage des Suisses, amis de la République française, en leur donnant la facilité de recevoir dans leur pays, par les mains du payeur que nous y avons, sans frais ni formalités, les parties d'inscription dont ils peuvent être propriétaires, et ouvrir ainsi un nouveau cours à la circulation de la monnaie républicaine.

Je sais que cette méthode n'attirera pas à ceux qui vous la proposent les bénédictions de cette classe d'hommes accoutumés à mettre à contribution les habitants des autres parties de la République, auxquels ils vendent leurs services fort cher, en abusant le plus souvent de leur confiance : mais le bien général de la République ne peut entrer en balance avec des considérations particulières, même avec le danger de s'attirer de nombreux ennemis.

Les créanciers de la République y trouveront un avantage considérable, puisqu'ils éviteront les frais de procuration, la commission qu'ils payaient aux receveurs, les risques et les retards auxquels ils sont exposés ; tous les citoyens français auront le même avantage que les habitants de Paris ; l'unité de la République y sera consacrée ; le trésor national sera dans toutes les caisses de district, qui se réuniront dans le centre commun, *la trésorerie nationale*, où les représentants du peuple pourront surveiller journellement toutes les opérations des diverses caisses.

L'inscription sur le grand livre deviendra un effet très commode et très recherché, puisque les propriétaires qui auront des paiements à faire dans une partie quelconque de la République, en l'envoyant à ceux auxquels ils voudront faire passer des fonds, et en demandant à la trésorerie que leur paiement s'effectue dans l'endroit qu'ils indiqueront, seront satisfaits sans frais dans un délai très rapproché.

Ces avantages compenseront au créancier les sacrifices que les circonstances ont exigés de lui, par le paiement auquel il a été soumis de la contribution foncière, et doivent relever le crédit national.

Il importe de faire connaître aux citoyens des campagnes que leur intérêt n'est pas oublié dans les réformes utiles que la Convention a décrétées, et qu'on a cherché à leur éviter des frais ruineux, et les nombreuses démarches qui leur faisaient perdre un temps précieux à l'agriculture.

Les instructions que nous vous proposons de faire rédiger leur apprendront qu'ils peuvent être payés sans le moindre embarras, et pour ainsi dire à leur porte.

Ce n'est pas sans éprouver de nombreuses difficultés que nous sommes parvenus aux résultats que nous venons de vous donner ; mais les soins assidus de ceux que vous avez chargés de votre confiance ont écarté tous les obstacles, et la célérité avec laquelle l'opération a été conduite à fin a laissé à peine le temps de s'apercevoir des travaux énormes qu'elle a exigés.

Il en sera de même des rentes viagères et des pensions, aussitôt que ces opérations seront terminées, et le terme n'en est pas bien éloigné ; encore quelques mois, et la vivacité française sera satisfaite.

Le rapporteur lit un projet de décret qui est adopté en ces termes :

« La Convention nationale, après avoir entendu le rapport de son comité des finances, décrète :

« Art. I. La délivrance des inscriptions définitives n'étant pas terminée, le paiement du second semestre de l'an II, pour les inscriptions de la dette consolidée, commencera le 1er brumaire prochain ; il sera fait à toute lettre et à bureau ouvert. Celui du premier semestre de l'an III sera ouvert pareillement le 1er germinal prochain, et ainsi de suite de six en six mois.

» II. Les personnes qui, ayant retiré leurs inscriptions définitives, voudront, à compter de ce jour, recevoir leur paiement annuel dans une des caisses de district de la République, pourront adresser leur demande dans la formule ci-jointe, par lettre chargée à la trésorerie nationale ; elles seront payées sans frais, dans la caisse du district qu'elles auront indiquée, dans les deux mois du jour de la lettre chargée, et plus tôt si la localité le permet.

» III. Les Suisses qui voudront être payés dans le lieu de la résidence de l'ambassadeur de la République en Suisse y seront payés de la même manière qu'ils l'auraient été à la trésorerie nationale, en se conformant aux dispositions de l'article II.

» Ils seront tenus de fournir au payeur le certificat d'individualité, dont la forme est ci-jointe, ou une procuration s'ils font recevoir par un procureur fondé.

» IV. Les commissaires de la trésorerie nationale sont tenus de prendre toutes les mesures nécessaires, afin de fournir aux citoyens et aux receveurs les instructions et facilités pour l'exécution du présent décret.

» V. Les dispositions contenues dans les articles CXXVII, CXXVIII, CXXXI, CXXXV, CXXXVI, de la loi du 24 août 1793, sont rapportées.

» VI. Le rapport du comité des finances et le présent décret seront imprimés au Bulletin de correspondance.

» Le décret sera en outre imprimé au Bulletin des lois. »

## N° I.

*Modèle de la déclaration prescrite par l'article II.*

Je soussigné (mettre les noms et prénoms du propriétaire de l'inscription dans l'ordre qui y est observé, sa demeure et l'indication du département), créancier de la République déclare que j'entends être payé par le fonctionnaire public à ce préposé dans le district de                de la somme de                portée en mon nom sur le grand livre de la dette publique consolidée, sous le n°                volume                du registre à compter du 1er                prochain.

Fait à                ce                de l'an                de la République.

## N° II.

*Modèle du certificat d'individualité, prescrit par l'article III.*

Je soussigné, magistrat de (mettre le lieu de la résidence), certifie que le citoyen (mettre les noms, prénoms, citoyen suisse et le signalement), ci-présent, demeurant à                est véritablement l'individu ci-dessus dénommé, pour m'être parfaitement connu, et a signé avec moi. Le                de l'an                de la République.

La société populaire de Montagne-sur-Aisne écrit que, depuis l'immortelle journée du 10 thermidor, l'incorrigible aristocratie lève une tête insolente, insulte aux patriotes, et la qualifie du nom odieux de Robespierristes.

« Maintenez, dit-elle, législateurs, le gouvernement révolutionnaire dans toute sa vigueur, jusqu'après l'anéantissement des ennemis de la liberté; assurez la liberté civile; qu'un tribunal juste frappe les seuls ennemis du peuple; maintenez la liberté de la presse, telle qu'elle est mentionné dans la Déclaration des droits de l'homme; mais qu'une peine sévère soit réservée pour l'insigne calomniateur; enfin, représentants, surveillez les intrigants, et la patrie est sauvée. »

Mention honorable, et renvoyé au comité de sûreté générale.

Jourdan, membre de la commission chargée de la révision des scellés chez Robespierre, expose que sa santé ne lui permet pas de remplir cette fonction.

La Convention passe à l'ordre du jour.

Lefaure, médecin, fait hommage d'un ouvrage sur une eau minérale antiputride, et qui, dit-il, peut être d'un grand usage pour faire cesser l'épidémie qui règne à Sauveterre.

Mention honorable, et renvoyé à la commission de santé.

La citoyenne *** offre un ouvrage, fruit de son travail, intitulé *Triomphe de la saine philosophie*, ou *la vraie Politique des femmes*. Cet ouvrage est favorablement accueilli de la Convention, qui en ordonne la mention honorable, et le renvoie au comité d'instruction publique.

Sur la présentation du comité d'agriculture et des arts, la Convention nationale nomme le citoyen Bertholot commissaire de la commission d'agriculture et des arts, en remplacement du citoyen Brunet, dont les infirmités l'empêchent de continuer ses fonctions.

RAFFRON : Vous avez rendu, le 27 fructidor dernier, un décret *d'ordre du jour*, sur le rapport de votre comité de législation.

Ce rapport avait pour objet une pétition qui vous avait été présentée au nom du citoyen Deudon, Brabançon, absent. Ce citoyen, qui était sorti de France en septembre 1792, vieux style, avec des passeports de la République, demandait par sa pétition la permission d'y rentrer.

L'ordre du jour a été motivé sur l'article III de la section Iʳᵉ du titre Iᵉʳ de la nouvelle loi sur les émigrés, qui est conçu ainsi : « Toute personne qui, ayant exercé les droits de citoyen en France, quoique née en pays étranger, ou ayant un double domicile, l'un en France et l'autre en pays étranger, ne constaterait pas également sa résidence depuis le 9 mai 1792 (vieux style). »

Je n'étais pas à l'Assemblée lorsque le rapport vous fut fait; si, au commencement j'y avais été, je vous aurais présenté une observation très importante, qui prouve que le citoyen Deudon ne doit point être compris dans l'article III de cette loi, quoiqu'il paraisse d'abord que cet article le regarde.

Je vous demande la permission de vous exposer mon observation, elle sera conçue en peu de mots.

Vos intentions ont été et seront toujours d'être justes. C'est cette justice que je réclame pour le malheureux citoyen Deudon; non, vous ne le punirez pas pour n'avoir pas fait ce qu'il était impossible de faire. Je m'explique :

Deudon, parti de Paris avec des passe-ports, était à Malines pour ses affaires domestiques, lorsque la tra-

hison de Dumouriez éclata. Alors les passages, les communications furent fermés, et le citoyen Deudon s'est trouvé être prisonnier dans sa propre patrie, dans un pays qui peu auparavant avait ouvert ses portes à la République française.

Cette situation a duré pour lui jusqu'à l'entrée de nos troupes victorieuses dans Malines dernièrement. Deudon a profité de ce premier moment pour vous adresser sa pétition; il est certain qu'il ne pouvait pas mettre plus d'empressement pour rentrer dans sa patrie adoptive.

Le citoyen Deudon s'était retiré en France pour se soustraire à la poursuite du tyran Joseph II, auprès de qui il était signalé comme patriote et républicain.

Au 14 juillet 1789, vieux style, et depuis, le citoyen Deudon a pris part à notre révolution en vrai républicain. Il s'est bien montré dans sa section, aux électeurs. Il est connu des citoyens Grégoire, Pilastre, Leclerc et de plusieurs autres de nos collègues, par son civisme et ses talents.

Ainsi, citoyens, outre que vous feriez une injustice en le comprenant dans cet article de votre loi, qui a paru d'abord le mettre au rang des émigrés, la République ferait une perte s'il ne pouvait pas rentrer.

Je sais qu'il n'y a point d'individu nécessaire, mais je vous le présente comme un citoyen utile et un très bon patriote. Je réclame donc votre justice et votre intérêt.

Je demande que cet objet soit remis sous les yeux de votre comité de législation pour en faire un examen plus approfondi.

Je peux procurer au comité des renseignements qui l'éclaireront sur la vraie situation de ce bon citoyen.

Cette proposition est décrétée.

DELMAS, au nom du comité de salut public : Le télégraphe vous apprit, il y a deux jours, que l'armée du Nord avait obtenu le 28 fructidor un avantage considérable. Le comité de salut public a reçu des détails de cette glorieuse journée.

Quinze cents prisonniers vous ont été annoncés; on en compte deux mille. Deux bataillons de Hessois ont mis bas les armes. Étaient-ils enveloppés par les troupes républicaines? Non; 30 hussards du 8ᵉ régiment, n'écoutant que l'impatience du courage, avaient franchi un fossé pour arriver à eux.

Vers les Pyrénées-Occidentales 600 républicains ont mis en fuite 6,000 Espagnols. Les défenseurs de la liberté ne comptent plus les ennemis; l'amour de la patrie et l'enthousiasme de la gloire décident leurs triomphes.

Voici les lettres officielles :

*Les représentants du peuple, Bellegarde et Lacombe, près les armées du Nord et de Sambre-et-Meuse, aux membres composant le comité de salut public. — Quartier général à Boxtel, le 30 fructidor, l'an II de la République française une et indivisible.*

Nous vous annonçons avec empressement, citoyens collègues, l'avantage signalé que vient de remporter l'armée du Nord sur les coalisés commandés par le duc d'York.

D'après l'ordre que vous avez donné d'attaquer l'ennemi, l'armée a marché dans la direction de Gorcum, où nous devions le rencontrer. Bientôt les deux armées furent en présence, et c'est hier que se fit ce dernier mouvement, aussi hardi que bien combiné. Pichegru avait résolu de camper en-deçà de la rivière de Dométe, où l'ennemi avait tous ses postes avancés, et de porter les siens au-delà; ce qui devait lui donner la position la plus avantageuse; il a parfaitement réussi.

Le passage de la rivière était défendu par le village de Boxtel, des retranchements hérissés d'artillerie, 5 mille hommes, tant cavalerie qu'infanterie, rien n'a pu arrêter la bravoure républicaine. L'attaque fut vive; mais, après une heure et demie de combat, l'ennemi a fui. Dans sa déroute, nous lui avons fait 2,000 prisonniers, et pris 8 pièces de canon avec leurs caissons.

Ce matin une reconnaissance de 800 hommes environ a rencontré un corps de 5,000 Anglais qui venait pour reprendre Boxtel; mais, forte de sa fortune, ne s'occupant pas du nombre, elle l'a chargé avec une telle impétuosité, que la terreur s'est jetée dans les rangs de l'ennemi, et lui a fait abandonner son projet.

Après tant de valeur nous ne vous parlerons pas, citoyens collègues, des marches pénibles dans un pays couvert de landes et de bruyères; les Français sont capables de tout. Nous ne devons pas vous taire cependant la conduite distinguée du 8ᵉ régiment de hussards : trente d'entre eux ont franchi le fossé qui les séparait des deux bataillons hessois, et leur ont fait poser les armes.

Le lendemain un détachement du même régiment a donné une nouvelle preuve de son courage : ne pouvant forcer les prisonniers à diriger le canon qu'ils avaient pris contre les fuyards, ils mirent pied à terre pour le servir eux-mêmes : cette pièce, ainsi que 200 prisonniers, est le résultat de l'affaire du matin par la reconnaissance.

Il est encore un trait de valeur, parmi tant d'autres, qui appartient au citoyen Juge, sous-lieutenant au 8ᵉ régiment de hussards. Il a eu le poignet cassé. Nous demandons que vous lui donniez de l'avancement.

Nous espérons, citoyens collègues, que cet avantage n'est que le préliminaire d'événements plus heureux et plus décisifs.

Salut et fraternité. BELLEGARDE et LACOMBE (du Tarn).

P. S. Les déserteurs nous arrivent continuellement et en grand nombre. Nous n'avons eu que 15 hommes tués ou blessés.

*Les représentants du peuple près l'armée des Pyrénées-Occidentales, aux citoyens composant le comité de salut public. — A Saint-Sébastien, le 24 fructidor, l'an IIᵉ de la République française, une et indivisible.*

La victoire élève l'âme, et la confiance triple les forces; nous venons, chers collègues, vous en offrir une nouvelle preuve. On a dit qu'un homme libre valait dix esclaves; nos ennemis en ont ri quelque temps; ils viennent aujourd'hui nous l'avouer à genoux, après en avoir fait la plus terrible épreuve. Six cents républicains ont vaincu et mis en déroute six mille Espagnols.

La lettre du général Garin, dont nous vous envoyons copie, vous dira, chers collègues, quel jour et en quels lieux cette nouvelle victoire a été remportée.

Salut et fraternité.

Signé CAVAIGNAC, DELCHER et PINET aîné.

*L'adjudant-général en chef de l'état-major de la 5ᵉ division, au général Dénoyers, chef de l'état-major de l'armée. — Pau, le 20 fructidor, 2ᵉ année républicaine.*

Je te fais part que l'Espagnol nous a attaqués, le 18, dans la vallée d'Aspe, à l'avant-poste de la gorge de la Marie; s'étant porté en force sur trois colonnes, notre poste fut obligé de se replier.

L'Espagnol nous a brûlé quelques granges. A la première nouvelle de cet événement, le général Robert s'est porté sur les lieux, et, avec six cents hommes du 5ᵉ bataillon des Basses-Pyrénées, il a repoussé six mille ennemis, leur a tué et blessé beaucoup de monde, fait trente-deux prisonniers, et cent cinquante déserteurs Gardes-Wallonnes sont venus sur le sol de la liberté. Sur la demande du général Robert, j'avais fait passer à Oloron deux cents hussards, qui, sans doute, deviendront inutiles.

Je n'ai pas de détails plus circonstanciés. Aussitôt qu'il m'en arrivera, je m'empresserai de te les faire passer.

L'adjoint Clapin me marque cependant que je peux être tranquille sur la situation de la vallée d'Aspe.

Salut et fraternité.                    Signé GARIN.

Pour copie conforme, MONCEY, général commandant

Pour copie conforme, DELCHER, PINET aîné, et CAVAIGNAC, représentants du peuple.

DELMAS : Vous avez entendu les exploits de l'armée du Nord; vous allez éprouver une nouvelle satisfaction en leur décernant les récompenses qu'ils méritent. Le comité de salut public vous propose le projet de décret suivant :

La Convention nationale, après avoir entendu le rapport de son comité de salut public, décrète :

« Art. Iᵉʳ. L'armée du Nord continue à bien mériter de la patrie.

» II. Il sera fait mention honorable de la conduite tenue dans les journées des 23 et 29 fructidor par le 8ᵉ régiment de hussards.

» III. Le comité de salut public remettra dans le plus bref délai les noms des 30 hussards de ce régiment qui ont fait poser les armes à deux bataillons hessois.

» Leurs noms seront inscrits dans le Bulletin de la Convention nationale.

» IV. Le citoyen Juge, sous-lieutenant au 8ᵉ régiment de hussards, qui a eu le poignet cassé à l'affaire du 26 fructidor, sera promu au grade de capitaine.

» V. Les dépêches des armées du Nord et des Pyrénées-Occidentales seront insérées au Bulletin. »

Ce décret est adopté au milieu des plus vifs applaudissements.

GARNIER (de Saintes) : J'ai demandé la parole pour appeler les regards et l'attention de tous les députés, qui aiment sincèrement la patrie, sur tous les objets qui nous environnent. Depuis huit jours je vois dans Paris des hommes qui lèvent une tête audacieuse. Il y avait hier au Palais-Egalité, qui redevient le Palais-Royal, des êtres insolents qui outrageaient impunément les patriotes, et surtout ceux qu'ils pouvaient soupçonner d'être Jacobins. Plusieurs de nos collègues se sont allés pour juger ce mouvement; ils ont reconnu qu'il était contre-révolutionnaire et royaliste. Les voilà donc arrivés ces hommes impurs, pour recruter et défendre le parti de ceux qui disent vouloir sauver le peuple ! Sauver le peuple; c'est lui qui saura se sauver. Pour contribuer à son salut, il faut être sincèrement son ami ; mais ce ne sont pas ceux qui vont prendre des repas à 50 liv. par tête; non, ce ne sont pas là les vrais amis du peuple. Ces contre-révolutionnaires royalistes, qui n'attendent peut-être que le moment du rapport de vos trois comités pour agiter le peuple, sont des correspondants des brigands de la Vendée et des amis des aristocrates mis en liberté.

Mais il y a dans la Convention et dans le peuple un courage énergique qu'on ne pourra vaincre. La Convention aussi saura ne se pas laisser surprendre par le prétendu mot d'ordre de vive la Convention. (On murmure.) Sans doute tous les bons patriotes doivent se rallier autour de la Convention. (On applaudit.) Sans doute nous sommes tous convaincus que sans la Convention la liberté est perdue. (Nouveaux applaudissements.) Mais il ne faut pas que la Convention se laisse calomnier par ceux qui se couvrent de son nom. Je demande que le comité de sûreté générale fasse un rapport sur cet objet.

DUBOIS-CRANCÉ : Il est temps que la Convention se prononce, et qu'elle ne devienne pas le centre des fluctuations que quelques brigands, couverts de crimes, et qui ont pillé la République, cherchent à y exciter. (On applaudit.) Oui, sans doute, il y a deux partis dans Paris; l'un est composé de tous ceux qui aiment la Convention, qui se rallient autour de la Convention; l'autre, de tous ces hommes pervers qui ont servi le despotisme de Robespierre, qui ont trempé leurs mains dans le sang, qui ont fouillé dans le sang. (On applaudit.) C'est particulièrement dans les anciens comités révolutionnaires que vous trouverez des conspirateurs contre la patrie. En vain se sont-ils couverts d'un masque de patriotisme ; la Convention finira par le leur arracher. (Nouveaux applaudissements.) Toute la France vous a remerciés

*Échec éprouvé par l'armée Royal-Cruche.*

Réimpression de l'Ancien Moniteur. — T. XXII, page 4.

(1) Georges commande en personne l'élite de son armée. — (2) Armée Royal-Cruche. — (3) Le grand ministre Pitt ou mylord Dindon menant Sa Majesté. — (4) L'avant-garde de Royal-Cruche reçoit un échec. — (5) Porte de la ville. — (6) Cause de l'échec, occasionné par la colique des Sans-culottes. — (7) Des cruches brisées il ne sort que des bêtes venimeuses, qui est l'esprit qui les anime. — (8) Fox ou mylord Oie monté sur John Bull qui donne un rappel en arrière. — (9) Artillerie anglaise nouvelle.

de la journée du 9 thermidor : la France entière vous dit : Soyez unis, et nous sommes sauvés. Le peuple veut la justice et non la terreur. Nous avons combattu longtemps avec toute l'énergie révolutionnaire, lorsqu'il a fallu abattre la monarchie, le fédéralisme et les factions. Aujourd'hui devons-nous être ce que nous étions ? Oui, en principes ; mais en action, non. Il faut de l'énergie pour conquérir la liberté : pour la conserver, il faut de la sagesse. Ce n'est pas en portant le désespoir dans les familles, ce n'est pas en faisant, comme quelques hommes revêtus de la confiance des Robespierre et des Couthon, plus d'aristocrates en un jour que la révolution en cinq années de crises politiques, qu'on peut conserver la liberté. (On applaudit.)

On parle de ce qui s'est passé hier au ci-devant Palais-Royal. Eh bien, je sais qu'il y avait dans ce lieu deux partis dont l'un criait : *Vivent les Jacobins !* et l'autre, *Vive la Convention !* ( Toute l'assemblée et les spectateurs se lèvent en criant : *Vive la Convention!* la salle retentit d'applaudissements. )

Je suis allé hier me délasser à l'Opéra ; on y a chanté un couplet dans lequel on disait : *Les Jacobins abattront le Marais, les Pitt et les Cobourg*. Il a été redemandé, répété, et vivement applaudi par une troupe de brigands et de scélérats.

Citoyens, ne vous endormez point... Il y a des hommes qui disent : *Nous triompherons, et ce ne sera pas long*. On entend partout des menaces atroces, partout on voit des serments de guerre civile. On rencontre des hommes qui ont reçu des cartes des comités révolutionnaires, ou qui ont fui leurs départements pour éviter la peine due à leurs crimes.

Il est temps, encore une fois, que la Convention se prononce. Il y a huit jours que j'ai demandé la parole pour une motion d'ordre ; si la Convention veut me l'accorder, je lui présenterai quelque vues qui pourront contribuer à l'éclairer sur les mesures à prendre pour soutenir à flot le vaisseau de la République, et l'empêcher d'être englouti par les orages soulevés par des brigands.

La Convention accorde la parole à Dubois-Crancé.

Il monte à la tribune.

DUBOIS-CRANCÉ : Par décret du 28 fructidor vous avez chargé tous les représentants du peuple de vous indiquer, autant qu'il serait en leur pouvoir, les meilleurs moyens de rétablir en France le commerce, l'agriculture et les arts ; déjà Isoré vous a présenté des vues utiles ; il a calculé les entraves qu'opposaient au bien public l'aristocratie, l'égoïsme et la malveillance ; il vous a proposé des moyens de réformer les abus qui en résultaient, mais il n'a pas touché au principal point de la question ; ce point c'est de commencer par rétablir en France l'harmonie, la confiance, la sûreté des opérations tendantes au bien public ; ce point est la garantie bien déterminée de la sûreté des personnes et des propriétés, si longtemps violées par un régime de sang et de la plus féroce extravagance. Je viens essayer de remplir cette tâche ; je viens me lancer dans une carrière immense, et, si je ne fixe pas votre attention sur tous les objets qui la méritent, j'espère que d'autres personnes, la parcourant après moi, en rechercheront avec soin tous les détours. Je vais tâcher du moins de placer quelques points de reconnaissance, et d'attacher le fil qui doit nous guider dans ce labyrinthe.

Je n'entrerai point dans des détails d'administration ; je n'en parlerai que sous les rapports politiques ; je dirai franchement nos fautes, je les crois faciles à réparer, et il ne faut pas que nos ennemis triomphent un instant de nos incertitudes.

Depuis l'époque où la cour, écrasée du poids de ses dilapidations, luttant d'autorité contre les parlements,

ayant perdu toute son influence en Europe, ne vit plus de ressource que dans l'assemblée des États-Généraux, il est évident que la masse du peuple ne variant jamais, dans ses principes, a toujours conduit dans le bon sentier le char de la révolution. Dans les trois Assemblées qui se sont succédé, quelques hommes habiles, tantôt ont soutenu les principes, tantôt en ont dévié ; et si l'histoire de la révolution française est le tableau fidele de tout ce qu'un peuple peut développer de vertus et d'énergie, elle est aussi dans ses détails le complément de tous les crimes.

Depuis Marie-Antoinette jusqu'à *Cornélie Copeau* (1) ; depuis Louis XVI jusqu'à Robespierre, en cinq années de mouvements rapides nous avons vu passer tous les conspirateurs dont l'histoire ancienne a pu fournir les modèles.

Qu'en conclure ? que nous sommes incapables de nous gouverner ? Non ; mais que nous sommes épurés de la lie que la liberté bouillonnante devait rejeter sur ses bords ; dans l'espace d'un lustre, nous avons vécu cent ans, et nous sommes plus avancés dans la connaissance et la pratique des principes, que ne le fut jamais aucune nation.

Je ne jetterai donc mes regards en arrière que pour y chercher des garants contre l'avenir, je ne fixerai votre attention sur les oscillations qui nous agitent encore que pour renouer le faisceau qui doit rendre imperturbable le bonheur de 26 millions de Français.

Le peuple, je vous l'ai déjà dit, n'a jamais été égaré, mais on la souvent cruellement trompé.

Voyez au milieu des intrigues du royalisme et de l'aristocratie combien de factieux ont pris le masque de la popularité pour faire tourner à leur profit la révolution. Depuis cinq ans, quoique nous ayons passé de l'état monarchique au républicanisme, le gouvernement n'a pas cessé d'être dans l'anarchie ; le peuple seul est resté fixe dans sa conduite comme dans ses principes.

Voulez-vous approfondir les motifs de cette anarchie ? oui sans doute, car ce n'est qu'en la détruisant que vous pourrez espérer de consolider la révolution ; c'est que jusqu'ici cette Assemblée un petit nombre d'hommes a gouverné ; c'est que des intrigants, des orgueilleux, investis de la confiance populaire, seuls dans leurs intentions criminelles, mais puissans par les divisions, qu'ils avaient l'art de nourrir parmi vous, établissaient dans votre sein leur empire absolu, sous prétexte de factions imaginaires, dont chacun de nous craignait d'être atteint.

C'est qu'il y a eu dans cette Assemblée, des hommes dont le patriotisme feint exagérait tous nos dangers ; et d'autres qui, les oreilles toujours frappées d'expressions méprisantes à leur égard, perdaient leur énergie, et redoutaient de se livrer à la discussion d'une mesure que leur conscience repoussait, dans la crainte de passer pour aristocrates.

Voilà ce qui a fait pendant six mois de Robespierre un tyran ; voilà ce qui a fait passer la loi du 22 prairial, et livrer la France aux brigands.

Votre marche est donc tracée par l'expérience ; rendez au gouvernement cet ensemble, cette unité d'action, qui, tendant au même but, ne peut plus fournir qu'une opinion. Placez d'une main ferme et vigoureuse le niveau de la loi sur toutes les têtes, et la France est sauvée.

Songez que vous êtes la boussole de tous les départements ; que nous sommes les représentants de toutes les vertus et de toutes les passions ; que celles qui nous animent réfléchissent jusqu'aux extrémités de la

(1) La fille Dupleix, le premier ministre de Robespierre ; on l'appelait ainsi, parce que Dupleix était menuisier.

A. M.

France; que partout il existe des caméléons politiques, toujours prêts à prendre la teinte que vous leur donnerez ; que, si l'on se dispute ici, l'on se disputera partout, et que ce ne sera qu'à notre honte qu'on verra le mot *fraternité* sur tous nos portiques , si la haine reste dans nos cœurs. C'est donc cette enceinte qui est le grand laboratoire de la félicité publique ; tous les talents de Pitt , tous ses efforts conspirateurs doivent se briser contre ce rocher; ses véritables agents sont nos passions. Voulons-nous , avec certitude du succès, rétablir la confiance, sans laquelle tous les décrets les plus favorables à l'industrie seraient inutiles; commençons par donner un grand exemple au peuple français ; soyons unis; marchons du même pied; il ne peut plus y avoir de différence d'opinions ; le royalisme et l'aristocratie sont unanimement proscrits; si quelqu'un en doute, qu'il monte à cette tribune, qu'il dénonce le factieux qui veut trahir la patrie; nous en ferons justice , car il est temps que nous tenions compte à nos volontaires de leurs efforts aux frontières; il est temps que nous vengions le peuple de tant de sacrifices inutiles : mais, s'il n'y a que de viles passions qui puissent nous diviser , le peuple souverain veut que nous les foulions aux pieds.

Oui, Montagne sainte, tu as fait ton devoir, mais tu as aussi payé ton tribut à l'humanité. Après avoir combattu avec courage toutes les factions, tu t'es vue près de succomber sous la tyrannie d'un démagogue , perfide; eh bien, qui t'a sauvée? Ce sont ceux qui, inquiets dans des moments orageux sur l'abolition de la monarchie , n'ont cessé depuis la mort de Capet de marcher dans le sentier de la République ; qui , calmes, impassibles au milieu de ses agitations politiques , en apercevaient le but, attendaient dans le silence le moment de sauver la liberté , et l'ont fait sans balancer.

Rendons-nous donc une justice mutuelle, et puisque tous ensemble nous sommes montés à la brèche contre la tyrannie, que nos bras restent levés et tombent ensemble pour anéantir les débris de ces passions méprisables qui déchiraient la France en nous déshonorant.

Quelques histrions politiques diront que je viens montrer ici un bout d'oreille : je ne sais pas dissimuler, je vous dirai mon opinion tout entière ; je pense que le temps des combats violents est passé , et que c'est à la sagesse à finir la révolution. Prenons garde que tel qui dans une société , dans un groupe , fut aujourd'hui *l'enragé*, fut au commencement de la révolution beaucoup trop *modéré* ; et qu'il pourrait bien être encore , sous un masque différent, ce qu'il fut jusqu'à ce moment, l'ennemi juré de la liberté et des intérêts du peuple.

Prenons garde à ces hommes sans mœurs , qui voient l'aristocratie partout où ils ne reconnaissent pas leurs vices , et qui servent mieux M. Pitt que toutes les armées de l'Europe, puisqu'ils placent la gangrène au cœur de la France, dont ils dévorent la substance, et détruisent les ressources.

Vous avez, il ne faut pas se le dissimuler, des plaies profondes à cicatriser ; à force d'exagérer certains dangers, moins réels peut-être qu'exaltés dans d'imprudents cerveaux , on a fait incarcérer en France presque tous les gros laboureurs; il en est résulté que leurs fonds sont absorbés; leur basse-cour est détruite, et leurs domaines ont perdu le fruit incalculable de leur industrie.

Dans la Vendée six millions d'arpents de terre sont vacants, et 500 mille bœufs ou mulets, perdus pour nos besoins , recherchent inutilement chaque soir leur étable et leurs maîtres.

A Lyon, où 10 millions se transformaient annuellement par l'industrie en valeur de 200 millions au profit de la République , les fabricants ont été réduits

jusqu'ici, pour subsister, à transporter, à grands frais, d'une place à l'autre les pierres des démolitions qu'on vous a fait ordonner après le siége, comme si les maisons pouvaient être aristocrates. À Sedan , le plus riche atelier de nos draperies, on a recherché les manufacturiers sur des faits relatifs à Lafayette , faits sur lesquels l'Assemblée législative avait rendu un décret d'amnistie. On les a fait mourir , et les manufactures sont détruites, et 10 mille ouvriers n'ont que la ressource de porter leur industrie dans le Limbourg, si l'on ne vient pas à leur secours.

Vous parlerai-je de Nantes, de Bordeaux, de Nîmes, de Montpellier, de Marseille, de Rouen, de Lorient , de Paris? partout le commerce est anéanti, parce que tout homme qui faisait circuler des fonds était suspect et accusé d'accaparement; ce n'étaient donc plus votre système et vos lois que l'on exécutait; ce n'étaient plus les aristocrates que l'on poursuivait, c'étaient tous les riches, tous ceux dont la fortune met en activité les talents et l'industrie du peuple, que l'on pillait, que l'on égorgeait , sous le nom d'aristocrates. Je sais ce que l'on a eu de reproches à faire à quelques commerçants; mais fallait-il pour cela les tuer ou les incarcérer tous ? ne valait-il pas mieux diriger , par de bonnes lois, leurs actions dans le gouvernement , rendre utiles leurs fonds , leurs connaissances ; les désaristocratiser, en les intéressant personnellement au bien-être de la République ? Une simple réflexion vous fera sonder la profondeur de l'abîme : la fortune d'un million d'hommes en France nourrit l'industrie de 25 autres ; anéantissez les ressources de ce million d'hommes, et la contre-révolution est faite. Voilà le système de M. Pitt, vous reconnaîtrez ses satellites aux moyens d'exécution.

Le commerce que l'on vous a fait faire jusqu'à présent est affreux. C'était à un tribunal de sang que se faisaient les enchères, et l'exécuteur concluait le marché à la place de la Révolution.

Sans doute beaucoup d'aristocrates ont subi le sort qu'ils avaient mérité; mais , ne vous y trompez pas, cet acte de justice envers le peuple n'était que le voile perfide dont on couvrait le précipice où l'on voulait l'entraîner : sans cela eût-on violé les formes que le peuple, qui n'est pas anthropophage, aime tant à voir observer? Eût-on imaginé, ce que le Tibère et les Néron n'eussent jamais soupçonné , *des conspirations de prison* !

Grand Dieu ! le sang sue par tous les pores en retraçant de pareils excès : des conspirations de prisons! Et à quoi servent donc ces portes, ces verrous, ces chaînes, ces gardes continues ?...... Si l'intérêt de la société veut qu'on ait un séquestre tout homme présumé coupable, dès lors c'est à la justice qu'est confié le soin de procurer l'exécution de la loi; elle a toute autorité pour atteindre ce but. Un homme peut-il mériter la mort pour tenter de se soustraire à ce qu'il croit être l'oppression?... Non, c'est à la police, qui l'a enchaîné, à surveiller ses efforts; et la France même, sous l'ancien régime , a vu avec horreur condamner à la roue deux gendarmes qui, pour s'échapper de l'Abbaye , avaient cependant assassiné le geôlier.

Voyez dans quel abîme, sous prétexte de l'intérêt public, l'innocence était plongée ! Cherchait-on à fuir un tribunal féroce , on était mis hors de la loi. Osait-on comparaître , se trouvait enveloppé dans une conspiration de prison. Il n'y avait donc aucune victime qui pût sortir des serres de la tyrannie autrement qu'en lambeaux.

Je sens que ces tableaux sont déchirants; mais il faut enfin arracher le voile qui couvre tant de forfaits, il faut répondre à ces adresses insensées où quelques hommes de sang, non contents des lois que vous avez faites contre les ennemis de la liberté, provoquent le rétablissement d'un arbitraire aussi injuste que cruel , et dont ils voudraient encore disposer au gré de leurs dévorantes passions : il faut que ceux qui crient sans cesse à l'aristocratie , sans parler de brigandages , et qui n'ont cependant que de bonnes intentions , sachent bien aussi qu'il n'est pas moins important de repousser tous les maux qu'ont faits la compression universelle , la fureur des destructions et la rage du puritanisme : il faut enfin que ceux qui sont scélérats soient bien convaincus que le système exécrable qu'ils poursuivaient est détruit, et que de la même main vous frapperez les aristocrates et les brigands, mais que vous tendrez une autre main protectrice à tout ce qui ne sera pas criminel.

Alors vous verrez la confiance renaître, comme un beau jour après un orage dévastateur.

Les Français savent bien qu'il faut acheter la liberté; ils oublieront leurs maux passés ; sûrs de jouir de l'avenir, ils oublieront vos erreurs, car ces erreurs viennent de votre vertu; c'est elle qui fut la cause de votre long silence : vous ne pouviez connaître tant de crimes.

Ils jouiront de notre union ; comme nous, ils abjureront leurs passions, ils se serreront pour défendre la liberté.

Alors, que les rapporteurs de vos comités montent à cette tribune, qu'ils y développent nos immenses ressources; qu'ils appellent le Français au travail ; qu'ils lui démontrent que la misère publique est le résultat des avidités particulières, que tout gain illicite ou forcé est un vol fait à nos enfants, que c'est là ce qui tient dans le dénûment nos défenseurs aux frontières , et vous verrez, comme aux travaux du Champ-de-Mars , que chacun s'empressera de concourir au salut de la République.

Un aristocrate, s'il en reste, sera au milieu des Français comme un ermite dans les bois ; il sera le jouet des petits enfants.

Je ne vous proposerai pas de projet de décret sur le premier objet de ce discours. Il n'est pas besoin de loi pour nous déterminer à mettre aux pieds de la statue de la Liberté nos passions : il suffit que nous soyons convaincus que l'intérêt du peuple l'exige impérieusement : mais voici ce que je propose pour maintenir aux lois révolutionnaires leur juste sévérité, et faire disparaître la tyrannie.

« Art. Ier. Le gouvernement révolutionnaire sera conservé dans son intégrité pendant la guerre; mais tout agent de ce gouvernement, qui se permettra d'en outre-passer la limite, sera puni de mort.

» II. La fortune d'un homme arrêté comme suspect continuera à être régie comme auparavant par celui on celle qui aura sa confiance , et au profit de sa famille, à charge de donner aux agents des domaines nationaux bonne et suffisante caution, pour le cas où il serait jugé coupable.

» III. L'obéissance à la loi étant sacrée pour tout républicain, celui qui se soustraira à un mandat d'arrêt, revêtu des formes exigées par la loi , et dûment notifié, ou qui s'évadera des prisons, sera considéré comme émigré. Mais nul ne peut être présumé coupable sous le prétexte d'avoir tenté de rompre ses chaînes; c'est à la police chargée de l'administration des prisons à les surveiller. »

Le discours de Dubois-Crancé avait été fréquemment interrompu par de vifs applaudissements.

La Convention ajourne la discussion à une prochaine séance.

MERLIN ( de Thionville ) : Je ne suis pas d'avis des mesures proposées par Dubois-Crancé; mais elles peuvent faire naître d'autres idées et amener des résultats heureux. A compter d'aujourd'hui il doit s'ouvrir une discussion solennelle , une discussion qui doit enfin amener des mesures vigoureuses et sages, une discussion dont le résultat doit assurer à chaque citoyen la sûreté de sa personne et de sa propriété , et

au coupable la punition qu'il mérite. Je demande l'impression du discours.

Cette proposition est décrétée.

BENTABOLLE : Garnier nous a dit que, dans le nombre de ceux qui ont crié vive la Convention il y avait des royalistes ; la Convention ne peut , sans crainte de compromettre la tranquillité publique , ne pas vérifier ces faits. Il ne faut pas qu'un sans-culotte, lorsqu'il entendra crier vive la Convention dans une place publique, puisse croire que c'est là un cri de royaliste. Si on laissait une pareille opinion s'accréditer, je vous demande qui oserait jamais crier vive la Convention. Je vous demande si ce ne serait pas tromper le peuple sur le compte de ses représentants, et l'éloigner d'eux. Je demande que le comité de sûreté générale examine s'il y avait des royalistes parmi ceux qui ont crié vive la Convention , et qu'il nous fasse le rapport séance tenante.

BOURDON, de l'Oise : Je ne suis mû que par le sentiment de la vérité; je vais dire ce que je sais. Il est au-dessous de la Convention de s'occuper d'une poignée d'intrigants, tant d'un parti que de l'autre. Aucun grand événement ne s'est jamais passé que nos ennemis et les aristocrates , qui restent en petit nombre, n'aient tenté d'en profiter.

Le mouvement qui s'est passé hier au Palais, ci-devant Royal, est un essai d'intrigants, peut-être payés de part et d'autre. (Applaudissements et murmures.) Tout ce que l'on désirerait c'est que la Convention s'occupât de quelques hommes qui colorent leurs misérables intentions par un cri à jamais respectable. Parmi les crieurs de vive la Convention il y avait des muscadins, et des hommes qui, quoique bien portants, avaient quitté l'armée sous prétexte de maladie, et qui feraient beaucoup mieux d'être à leur poste. D'un autre côté, j'ai vu des hommes perdus de vices, des soldats de Robespierre, qui ont rempli leurs poches de sommes qu'il prodiguait, et rougi leurs mains du sang qu'il faisait répandre. Je répète ce que j'ai dit au comité, il faut comprimer les crieurs des deux côtés. (Non, non, s'écrie-t-on.) L'on se récrie sur ce que j'ai dit, parce qu'on ne s'attendait pas, peut-être, que j'aurais assez de franchise pour dire la contre-partie; mais je ne connais que la vérité. Il y avait des gens qui regrettent leurs 40 sous , qui regrettent les places dans lesquelles ils vexaient les honnêtes citoyens; enfin il y avait des gens qui seraient beaucoup mieux aux frontières qu'ici. Je crois que ce que nous devons faire c'est d'entendre le rapport que les comités se proposent de nous faire, et de chasser de Paris tout ce qui en trouble la paix et la tranquillité.

MERLIN DE DOUAI : Vos comités de salut public, de sûreté générale et de législation s'occupent sans relâche du rapport que vous les avez chargés de vous faire. Ils ne se sont encore aujourd'hui qu'à quatre heures du matin. En attendant ils croient devoir présenter un projet de décret contenant quelques dispositions additionnelles à la loi du 18 fructidor, pour balayer de Paris tout ce qui y reste d'immonde.

Le rapporteur lit les articles que la Convention adopte en ces termes:

La Convention nationale, après avoir entendu ses comités de salut public, de sûreté générale et de législation, décrète :

Art. Ier. Les citoyens qui ne résidaient pas à Paris avant le 1er messidor, et qui se trouvent actuellement en cette commune, seront tenus d'en sortir dans le jour qui suivra la publication du présent décret, de s'en éloigner de deux lieues au moins, dans les deux jours suivants, et de se retirer dans leur domicile respectif, et d'y justifier de leur retour devant leur municipalité, dans le délai de deux décades pour ceux qui sont à cent lieues de distance de Paris et au-dessous, et de quatre décades pour ceux qui sont à de plus grandes distances.

II. Les comités civils des sections de Paris sont autorisés à s'adjoindre, pour vingt-quatre heures, d'anciens membres, au nombre de seize par section, pour délivrer ou viser les passe-ports des citoyens compris dans l'article précédent

III. Ils tiendront, à compter de ce jour, registre de tous les passe-ports qu'ils délivreront ou viseront à l'avenir, et ils en enverront chaque jour un extrait au comité de sûreté générale.

IV. *Sont exceptés des dispositions de l'article 1er :*

1° Les ouvriers et artisans actuellement employés, dans l'arrondissement de la commune de Paris, aux travaux de leur profession ;

2° Les citoyens mis en réquisition pour venir ou rester ;

3° Les fonctionnaires publics ou agents du gouvernement qui ont reçu, soit des représentants du peuple, soit des comités de la Convention nationale, soit des commissions exécutives, des ordres ou pouvoirs exprès pour se rendre à Paris ;

4° Les marchands, négociants et manufacturiers munis des passe-ports énonciatifs de leur profession, à la charge par eux de justifier de cette profession, devant les comités civils, par la déclaration de deux marchands, négociants ou manufacturiers, établis à Paris.

V. Toutes personnes domiciliées à Paris, chez lesquelles sont logés des citoyens compris dans l'article 1er, sont tenues d'en faire la déclaration au comité civil de leur section, dans le jour qui suivra la publication du présent décret.

VI. Tous les individus compris dans l'article 1er, qui auraient pu obtenir des cartes de citoyen dans les sections de Paris, seront tenus de les rapporter, dans les vingt-quatre heures, au comité révolutionnaire de l'arrondissement dans lequel ils sont logés.

VII. Les citoyens, compris dans l'article 1er du présent décret, et ceux à qui il a été enjoint, par celui du 18 fructidor, de sortir de Paris, ne pourront y revenir jusqu'à ce qu'il en ait été autrement ordonné.

VIII. Ne pourront pareillement venir à Paris, jusqu'à ce qu'il en ait été autrement ordonné,

1° Les militaires, commissaires des guerres et autres citoyens employés dans les armées ou dans les places de guerre, non munis d'ordres ou pouvoirs des représentants du peuple, ou de permissions des commissions exécutives, approuvés par le comité de salut public ;

2° Les militaires qui ont donné leur démission dans l'intervalle du 14 juillet 1789 au 10 août 1792, ayant moins de trente ans de service ;

3° Les militaires destitués, suspendus ou licenciés depuis le 10 août 1792 ;

4° Les ci-devant fonctionnaires publics ou ci-devant agents du gouvernement, qui ont été destitués ou suspendus depuis le 31 mai 1793, ou dont les fonctions ont été supprimées depuis le 10 thermidor ;

5° Les citoyens qui ont été chargés de missions par les représentants du peuple près les armées ou dans les départements, par les comités de salut public ou de sûreté générale, par le ci-devant conseil exécutif provisoire, ou par la commission de commerce et approvisionnement, et dont les pouvoirs ont pris fin ;

6° Ceux qui, ayant été arrêtés comme suspects ou comme prévenus de délits contre-révolutionnaires, ont été mis en liberté depuis le 10 thermidor, ou y seront mis à l'avenir.

IX. Tout contrevenant à l'une des dispositions du présent décret, sera arrêté comme suspect et détenu jusqu'à la paix.

X. Le présent décret sera, dans le jour, proclamé dans toutes les sections de Paris.

La Convention nationale se repose avec confiance du soin d'en seconder l'exécution, sur le zèle et le patriotisme des citoyens de Paris, qui, dans la nuit du 9 au 10 thermidor, et dans toutes les circonstances, ont manifesté avec éclat leur dévoûment à la cause de la liberté, et leur attachement à la représentation nationale. — La séance est levée à 3 heures et demie.

*N. B.* Dans la séance du 4e jour des sans-culottides, Robert Lindet a fait, au nom des comités de salut public, de sûreté générale et de législation, le rapport promis sur la situation politique de la République.

La Convention décrète que le comité de sûreté générale et les représentants du peuple, dans les départements, s'occuperont sans délai de l'examen des réclamations des pères et mères des défenseurs de la patrie ; de faire mettre en liberté tous les agriculteurs, artistes et commerçants arrêtés.

Les municipalités, les comités de sections qui refuseront des certificats de civisme, seront tenus d'exprimer les motifs de leur refus. Les citoyens auxquels les certificats auront été refusés pourront s'adresser au directoire de district, qui, après avoir vérifié les motifs de refus, accordera ou refusera, s'il y a lieu, les certificats de civisme.

La Convention charge son comité d'instruction publique de lui présenter dans deux décades un projet d'écoles dans lesquelles tous les citoyens, déjà instruits des détails, seront appelés pour apprendre, sous les professeurs les plus éclairés, l'art d'enseigner toutes les connaissances humaines.

Le comité d'instruction publique rédigera, chaque décade, un cahier d'instruction, qui aura pour objet de ranimer l'amour du travail, de raffermir, dans les citoyens, l'amour de la morale et l'attachement à leurs devoirs, de rappeler les grands événements de la révolution, et de présenter les grands avantages qui résultent de leurs travaux.

Cette instruction sera lue tous les décadis dans l'assemblée générale de la commune ou de la section ; la lecture sera suivie du chant des hymnes à la Liberté. On exercera les enfants à célébrer, par des chants, les vertus civiques.

Les comités des finances et de commerce feront, sous trois jours, un rapport sur les pétitions ou mémoires des marchands qui sont tenus de verser dans le trésor public les sommes dont ils sont débiteurs envers les habitants des pays avec lesquels la République est en guerre.

Les mêmes comités présenteront, sous trois jours, un rapport sur les moyens les plus avantageux de rendre au commerce toutes les matières et marchandises expédiées pour Commune-Affranchie et autres villes déclarées en état de rébellion et arrêtées en route, sur les avantages ou les désavantages de la confiscation prononcée par la loi du 25 pluviôse.

---

### BRULEMENT D'ASSIGNATS.

Le 29 fructidor, à 10 heures du matin, il a été brûlé, dans l'ancien local des ci-devant Capucines, la somme de 16 millions de livres en assignats, provenant de la vente des domaines nationaux et recettes extraordinaires, lesquels, joints aux 2 milliards 326 millions déjà brûlés, forment un total de 2 milliards 342 millions.

### PAIEMENTS A LA TRÉSORERIE NATIONALE.

Le paiement du perpétuel est ouvert pour les six premiers mois, il sera fait à tous ceux qui seront porteurs d'inscriptions au grand livre. Celui pour les rentes viagères est de huit mois 21 jours de l'année 1793, vieux style.

# GAZETTE NATIONALE ou LE MONITEUR UNIVERSEL.

N° 2.　　　　Duodi, 2 Vendemiaire, l'an 3e. (Mardi 23 septembre 1794, vieux style.)

## CONVENTION NATIONALE.

*Présidence de Bernard (de Saintes).*

*Merlin ( de Douay ), représentant du peuple , aux rédacteurs du Moniteur.*

Paris, 2e sans-culottide, l'an 3e de la République.

On me dénonce, citoyens, dans votre n° 360, comme ayant fait, à la séance de la Convention nationale du 26 fructidor, la censure de la révolution du 31 mai.

Quel peut être le prétexte d'une pareille imputation? c'est qu'en retraçant dans mon discours ce qui avait été dit avec beaucoup plus de force, notamment par Bourdon ( de l'Oise ), dans la réunion des trois comités, sur la divergence et la contrariété des arrêtés pris par les différents représentants du peuple dans les départements, j'ai exposé qu'il en était résulté une sorte de *législation fédéralisée*, de manière qu'au mépris des principes conservateurs d'un gouvernement qui doit essentiellement être homogène comme il est indivisible, on avait vu punir au nord ce qui était commandé au midi, et proscrire à l'est ce qui était permis à l'ouest.

Je me rappelle en effet qu'à ces mots, *législation fédéralisée*, quelques voix s'écrièrent que je parlais en faveur du *fédéralisme*.

Ce reproche ne me parut alors que plaisant; mais je vois bien que les passions ne plaisantent jamais.

J'avais , par amour de la paix , condamné mon discours à l'oubli ; mais , puisqu'on le dénature à un tel point , je vous invite à l'insérer , avec cette lettre , dans votre prochain numéro.

Salut et fraternité. Merlin ( de Douay).

« Vos comités de salut public, de sûreté générale et de législation , toujours empressés de donner l'exemple de la plus profonde soumission à la loi, se sont réunis, hier soir, pour examiner, conformément à votre décret d'hier même , la proposition qui vous avait été faite de surseoir à l'instruction des procédures intentées devant les tribunaux criminels contre les personnes arrêtées depuis le 10 thermidor, ou au moins de suspendre l'exécution des jugements rendus ou à rendre contre ces personnes.

Cette proposition qui , à la première vue , et faute de s'entendre , avait excité quelques débats et trouvé quelques appuis dans le sein de la Convention nationale, a été bientôt appréciée et réduite à sa juste valeur dans la discussion calme et paisible de vos comités.

C'est trop peu dire : vos comités ont unanimement reconnu qu'elle n'avait pas , dans l'intention de ceux qui l'avaient avancée et soutenue , le sens qu'elle présente littéralement ; et pour s'en convaincre il leur a suffi de la soumettre à l'analyse, car, dans toutes les discussions, c'est la confusion seule qui produit l'erreur, et l'on a fait un grand pas vers la vérité, quand on est parvenu à s'entendre.

Qu'a demandé l'auteur de la proposition dont il s'agit?

A-t-il prétendu arrêter l'action de la justice révolutionnaire à l'égard des individus arrêtés pour crime de conspiration contre la liberté et la souveraineté du peuple? ce serait, non seulement une calomnie atroce, mais encore une absurdité monstrueuse de lui supposer un pareil but , car sa proposition n'est relative qu'aux tribunaux criminels, et il est assez notoire que les tribunaux criminels ne connaissent pas des crimes de conspiration.

A-t-il prétendu suspendre dans les tribunaux criminels eux-mêmes l'application des peines portées contre les délits ordinaires, ou, en d'autres termes, a-t-il prétendu dérober momentanément à la poursuite des lois les voleurs d'effets publics ou particuliers, les contrefacteurs de la monnaie nationale, les incendiaires, les assassins; en un mot, tous ceux qui ont pu souiller leurs mains d'un des crimes dont l'affligeante nomenclature remplit les pages du code pénal? Loin de nous la pensée qu'un représentant du peuple ait pu concevoir une idée aussi désorganisatrice, aussi antisociale! et je me hâte de déclarer que vos comités lui ont, par une acclamation unanime, rendu à cet égard toute la justice qui lui est due.

Mais, s'est-on demandé alors, à quoi peut donc tendre la proposition, et quel peut en avoir été le motif? Ici l'on s'est expliqué avec cette cordialité fraternelle qui unit tous les amis du peuple, et l'on a reconnu que l'auteur de cette proposition n'avait eu d'autre but que de faire examiner si, dans un département où il avait été en mission, son successeur avait pu livrer au tribunal, qui y tient la balance de la justice criminelle, cent citoyens et plus, qui, par la nature des faits qu'on leur impute, lui paraissaient n'y avoir pas été traduits légalement.

Sous ce rapport, les vues de notre collègue ne présentaient rien que de légitime, rien que de juste, rien qui ne répondît à la dignité des fonctions d'un représentant du peuple attaché à ses devoirs et dévoué à la patrie. Mais déjà son but était rempli, puisque déjà le comité de sûreté générale était saisi de l'examen de l'affaire qui excitait sa sollicitude.

Sa proposition était donc sans objet ; elle tombait donc d'elle-même, et, sans la discuter plus longtemps, vos comités ont pensé qu'il devait vous être proposé, dès aujourd'hui, de déclarer qu'il n'y avait pas lieu d'en délibérer.

Cette déclaration, inutile peut-être en d'autres circonstances, vous paraîtra sans doute nécessaire dans ce moment où nos ennemis, vaincus au-dehors par la valeur de nos braves guerriers, cherchent à nous vaincre dans l'intérieur par l'anarchie, et s'évertuent de toutes les manières pour nous dénigrer auprès des nations alliées ou neutres, en nous peignant comme des hommes sans principes, sans justice, et incapables d'établir comme de souffrir aucune espèce de gouvernement.

Que faut-il pour leur imposer silence? rien que de nous montrer tels que nous sommes. Nous voulons tous le triomphe des principes, nous voulons tous le règne de la justice, nous voulons tous un gouvernement, et un gouvernement fortement organisé, un gouvernement qui protège les bons, qui comprime les méchants, qui défende l'innocence, qui terrasse le crime; un gouvernement enfin qui ramène le bonheur au milieu d'un peuple que son ardent amour pour la liberté en a rendu si digne. Eh bien! proclamons hautement ces vérités, aussi terribles pour nos ennemis que consolantes pour nous: elles porteront le désespoir à Londres, elles raffermiront l'estime du nom français chez les nations généreuses qui ont résisté à toutes les manœuvres infernales qu'on a employées pour les armer contre nous, et elles seront, pour le peuple français, un nouveau gage de votre fidélité à remplir le mandat qu'il vous a imposé, de conduire au port le vaisseau de la révolution.

Mais devez-vous vous borner à cette déclaration, et la proposition sur laquelle elle porte ne peut-elle pas, ne doit-elle pas devenir pour vous l'occasion d'établir , pour l'amélioration de votre propre gouvernement, une règle dont tous les bons esprits sentent depuis longtemps la nécessité ?

Cette proposition, vous ne l'avez pas oublié, a été faite pour prévenir les mauvais effets qu'on a cru pouvoir résulter de quelques arrêtés d'un représentant du peuple , qui, suivant les uns , a été entraîné par l'intrigue à frapper des hommes purs, et, suivant les autres, n'a fait qu'un usage légitime des pouvoirs dont vous l'avez investi.

Vos comités n'avaient pas à examiner qui des uns ou des autres se trompent à cet égard ; vous ne leur aviez pas ordonné de se réunir pour discuter la justice de tel ou tel arrêté ; mais ils ont cru devoir saisir cette occasion pour vous faire , sur les opérations de vos commissaires en général , des observations que l'expérience n'a que trop justifiées , et sur lesquelles l'intérêt le plus pressant de la République appelle toute votre attention.

Dans une des plus grandes crises de la révolution , le 21 juin 1791 , le génie de la liberté inspira aux membres patriotes de l'Assemblée constituante l'idée d'envoyer, aux frontières, et dans les places fortes, des commissaires pris dans le sein de cette Assemblée même, et de les investir de pouvoirs dont la latitude répondait à la gravité des circonstances.

On sentit dès lors que cette mesure extraordinaire pourrait devenir dangereuse, et l'on convint généralement qu'elle ne devait être employée que dans les périls les plus imminents de la liberté.

L'Assemblée législative fut fidèle à ce principe ; après avoir brisé le trône le 10 août, elle envoya des commissaires dans les départements ; ces commissaires ont sauvé la patrie, et la République a dû à leur énergie , à leur courage , à leur sagesse , le succès éclatants qui ont marqué sa naissance dans les fastes de l'histoire.

La même marche a été suivie par la Convention nationale ; longtemps n'a été pris des commissaires dans son sein que pour aller conduire les soldats à la victoire, ou sonner le tocsin sur les tyrans coalisés dans tous les départements , ou enfin diriger les premiers pas des peuples nouvellement affranchis dans la carrière de la liberté.

Mais depuis un an on s'est insensiblement habitué à prodiguer cette mesure, et vous savez si cette mesure , vraiment salutaire quand elle est ménagée par la sagesse, a toujours depuis opéré les bons effets qu'on s'en était promis.

Sans doute les représentants du peuple qui ont été honorés de la confiance de la Convention nationale , pour parcourir les départements , ont fait tous leurs efforts pour répondre dignement à son attente.

Sans doute ils n'ont épargné ni veilles ni sueurs pour réprimer la malveillance, enchaîner l'aristocratie , faire régner les lois, et rendre le régime de la liberté cher à tous les cœurs.

Mais ni la pureté de leurs intentions, ni l'immensité de leurs travaux , ni l'ardeur de leur zèle , n'ont pu garantir la République des inconvénients qui , par la nature des choses, devaient nécessairement résulter de cette manière de gouverner.

Parmi ces inconvénients, il en est trois qui bien sûrement vous ont frappé toutes les fois que vous avez fixé sur cette matière importante vos méditations patriotiques

Le premier c'est que, par le fait, la législation de la République s'est fédéralisée de la manière la plus étrange. Dans un gouvernement qui, par son essence, doit être homogène comme il est indivisible, on a vu punir au nord ce qui était commandé au midi, et proscrire à l'est ce qui était permis à l'ouest.

Le second c'est que cette législation bigarrée cette pièce informe de marqueterie, n'avait pas même l'avantage de la stabilité qui, seule aurait pu la rendre quelque temps supportable. Un représentant du peuple arrivait-il dans un département où un autre l'avait précédé, rarement il laissait subsister les opérations de son collègue. Dirigé comme lui par le désir de sauver la République, il employait, pour y parvenir, d'autres moyens que lui, et il prenait, pour détruire ce qu'avait fait son prédécesseur, des mesures que son successeur venait bientôt après condamner à son tour.

Le troisième inconvénient est le plus funeste de tous, puisqu'il est la principale source des divisions qui trop souvent ont déchiré le sein de la Convention nationale ; divisions sur lesquelles nos ennemis comptent comme sur leur dernière, et peut-être leur plus ferme espérance ; mais que votre sagesse saura comprimer , et dont nous ne nous souviendrons que pour mieux apprécier l'immense avantage que le peuple attend de notre union et de notre accord.

Oui, ces divisions fatales, nous les devons en grande partie à la divergence, à la contrariété, au choc des opérations des représentants du peuple qui se sont succédé dans la même mission. Voyez avec quelle chaleur on s'attaque mutuellement dans cette Assemblée, quand il est question d'une mesure prise par un représentant du peuple dans un département ! Voyez comme alors toutes les passions s'éveillent , comme les haines fermentent , comme les cœurs s'ulcèrent ! Voyez , pour tout dire en un mot , comme à ce spectacle les aristocrates sourient et s'épanouissent !

Il est temps, citoyens, il est plus que temps de porter remède à tant de maux. Il est temps d'apprendre aux autorités constituées à faire marcher elles-mêmes, sous la surveillance de la Convention nationale et de ses comités , les rouages qui leur sont confiés dans le mouvement général de la machine du gouvernement. Il est temps de rappeler toutes les parties de la République à un régime uniforme ; il est temps enfin de donner aux mesures commandées par le salut du peuple la stabilité qui leur est nécessaire pour remplir ce grand objet.

Nous ne vous proposerons cependant pas de rappeler dans le sein de la Convention nationale tous les représentants du peuple qui sont actuellement en mission.

Outre qu'une pareille disposition serait impolitique relativement aux armées, où la présence des représentants du peuple sera toujours infiniment propre à échauffer le courage des défenseurs de la patrie, il pourrait encore être très dangereux de la précipiter à l'égard des missions qui n'ont pour objet que l'intérieur de la République. Vous en sentez les raisons, je n'ai pas besoin de les développer

Mais, en évitant ce qu'un rappel général et trop rapide pourrait avoir de dangereux, il a paru à vos comités que vous pouviez provisoirement atteindre le même but, en décrétant deux dispositions très simples

Nous vous proposerons donc d'abord d'obliger tout représentant du peuple qui a pris un arrêté, en quelque matière que ce soit, d'en adresser, dans un terme très court, une expédition au comité qui, par la nature des attributions que lui a confiées la loi du 7 fructidor , se trouve investi de la connaissance des objets sur lesquels porte cet arrêté.

Ainsi les arrêtés relatifs à la fortune publique seront adressés au comité des finances ; ainsi les arrêtés relatifs aux travaux publics seront adressés au comité chargé de cette branche d'administration ; ainsi les arrêtés relatifs aux tribunaux ordinaires seront adressés au comité de législation ; ainsi les arrêtes relatifs à la police générale de la République seront adressés au comité de sûreté générale; ainsi les arrêtés relatifs aux opérations militaires et diplomatiques seront adressés au comité de salut public.

Cette proposition, je crois, n'éprouvera pas ici plus de contradiction qu'elle n'en a éprouvé dans la réunion des trois comités, dont je suis ici l'organe.

L'autre proposition qu'ils m'ont également chargé de vous faire n'est que la conséquence de la première, et peut seule fournir le moyen de l'utiliser.

Elle consiste à autoriser le comité, à qui un arrêté sera envoyé par le représentant du peuple dont il sera l'ouvrage, d'en suspendre provisoirement l'exécution, toutes les fois qu'après en avoir examiné le contenu et en avoir discuté les motifs, il le jugera contraire ou à l'intérêt général de la République, ou à l'unité des principes qui doivent diriger le gouvernement, ou à la justice distributive, qui est la première dette de la représentation nationale envers les individus.

Qu'on ne s'effraie pas ici de l'extension de pouvoirs que cette nouvelle attribution donnera à vos comités.

Vos comités, d'après les précautions que vous avez sagement prises pour obvier aux inconvénients de la pérennité de fonctions dans les mêmes membres; vos comités, dis-je, ne peuvent avoir qu'un but, c'est de répondre à votre confiance, et ils savent bien qu'ils n'y répondront qu'autant qu'ils seront justes comme vous, et comme vous dégagés de toute partialité, comme vous au-dessus de toutes les passions, comme vous étrangers à tous les intérêts individuels.

Mais ce qu'il importe de bien saisir ici c'est l'avantage qui résultera, pour la paix intérieure de la Convention nationale, de la mesure que nous proposons. Les voûtes du temple des lois, ces voûtes qui ne doivent répéter que les accents du patriotisme pur et impartial, ne retentiront plus de ces dénonciations, de ces inculpations réciproques, que l'amour du bien public, diversement modifié, a tant de fois prodiguées dans cette salle.

Vos comités pèseront dans le silence les arrêtés qui leur seront déférés, et s'ils ont le malheur d'en rencontrer quelques-uns qui ne puissent s'exécuter sans injustice ou sans péril pour la chose publique, ils en suspendront l'effet sans bruit, sans scandale, sans déchirement.

Souvent même, je me plais à le croire, souvent un avis fraternel de leur part suffira pour déterminer l'auteur d'un mauvais arrêté à le révoquer lui-même; moyen simple, mais efficace, de se ménager autour de lui, pour le reste de sa mission, le degré de confiance publique qui lui sera nécessaire pour l'achever utilement.

Voilà, citoyens, les premières mesures de salut public que vos trois comités vous proposent aujourd'hui : elles sont le fruit d'une discussion profonde et dans laquelle il n'est entré d'autre passion qu'un désir ardent de sauver la patrie. Puisse ce faible essai mériter vos suffrages, en attendant le rapport général dont ils s'occupent sur l'état actuel de la République, et dont les résultats déjà arrêtés ont convaincu tous les membres de vos trois comités que, si la patrie est en ce moment livrée à de grands maux, elle a aussi de puissants remèdes à y appliquer ! »

SÉANCE DE LA 4e SANS-CULOTTIDE DE L'AN II.

MAREC, au nom des comités de salut public, de sûreté générale, de marine et des colonies : Citoyens, par votre décret du 5 fructidor dernier, vous avez renvoyé à vos trois comités de salut public, de sûreté générale, de marine et des colonies, toutes les propositions faites dans la séance de ce jour, relativement aux colons.

Des décrets précédents avaient chargé tantôt l'un, tantôt deux de ces comités, de l'examen et du rapport des réclamations élevées à diverses époques, tant sur la conduite des colons que sur celle des agents envoyés dans les colonies. Le moment de donner une attention sérieuse à tout ce qui a trait à cette grande affaire est enfin arrivé. L'intention où vous êtes d'en faire préparer l'examen et la discussion dans vos trois comités est incontestable d'après votre décret du 5 fructidor. Ces comités en sentent, avec vous, toute la nécessité; ils y mettront tout le zèle dont ils sont capables. Rien ne pourra les distraire désormais de cet objet important. Ils ne vous demandent que le délai indispensable pour approfondir toutes les circonstances d'une affaire susceptible des plus sérieuses méditations et remplie de détails aussi variés que difficiles à bien caractériser.

Déjà vos trois comités ont respectivement nommé quelques-uns de leurs membres pour former une commission chargée de préparer le travail que ces comités devront discuter dans leur sein et mettre ensuite sous vos yeux. La commission s'est assemblée à l'effet de s'organiser et de concerter le mode et la distribution de ses opérations.

L'un des premiers objets qui aient fixé son attention c'est la fréquence des réclamations élevées depuis quelque temps à votre barre, tant contre les agents envoyés par le gouvernement dans les colonies, qu'en faveur des colons détenus en exécution de votre décret du 19 ventôse dernier; c'est la position respective des individus qui, dans cette affaire, se montrent en ce moment sur la scène comme accusés et comme accusateurs.

Elle a vu que les premiers jouissent provisoirement, par l'effet de votre décret du 17 thermidor, d'une entière liberté dans Paris, quoique frappés d'abord par vous d'un décret d'accusation; et que les seconds continuent d'être incarcérés en exécution du décret du 19 ventôse.

La commission a pensé que cet état de choses blessait les principes de l'égalité, et que, quelle que soit l'opinion qu'on se forme, et des accusés et des accusateurs, les uns et les autres devaient jouir des mêmes moyens de faire valoir leur cause et d'éclairer votre justice. Et en effet, s'il est utile que les premiers puissent être entendus, soit de la commission, soit de vos trois comités réunis, sur tous les faits, les pièces et les actes divers relatifs à la mission qu'ils ont remplie; s'il est même nécessaire que ces conférences leur soient accordées, il sera également avantageux et même indispensable d'entendre les colons ou ceux d'entre eux qu'ils ont spécialement chargés de la défense de leurs intérêts, et qui annoncent avoir une foule de détails précieux, de faits et d'actes importants à mettre sous les yeux de vos comités.

Ainsi, en maintenant le décret qui accorde la liberté provisoire aux accusés, il est juste d'accorder la même faveur aux accusateurs.

Néanmoins, comme il était impossible à votre commission, dans ces premiers moments d'inexpérience et d'incertitude, de déterminer jusqu'à quel point cette mesure pouvait s'étendre aux divers colons détenus, et de vous proposer dès aujourd'hui de statuer sur la liberté de tel ou tel individu, elle a cru qu'il était convenable de confier ce soin à vos trois comités réunis, et de s'en rapporter à cet égard à leur prudence et à leur équité.

La commission a soumis toutes ces vues aux comités respectifs, qui l'ont autorisée à vous les reporter. C'est

en leur nom que je me suis présenté à cette tribune.
Je terminerai par une réflexion. Le décret que je suis chargé de vous demander ne préjugera rien sur le sort à venir, soit des accusés, soit des accusateurs; mais il caractérisera votre impartialité; mais il honorera votre équité; mais il pourra contribuer efficacement à répandre des flots de lumière sur des faits importants que nous avons tous tant d'intérêt d'éclaircir, pour nous livrer ensuite aux grandes mesures de justice, aux vastes déterminations politiques et militaires, aux hautes conceptions commerciales qu'exigent des législateurs de la République française, la situation présente, le régime futur et la prospérité de ses colonies. Voici le projet de décret:

La Convention nationale, après avoir entendu le rapport de ses comités de salut public, de sûreté générale, de marine et des colonies, décrète que les trois comités sont autorisés à prononcer la mise en liberté, soit provisoire, soit définitive, des divers colons détenus.

Ce décret est adopté.

Roux, au nom du comité d'agriculture et des arts: Vincent Denis, fermier et père de quatorze enfants, dont trois combattent aux frontières, habitant de Briennon, district d'Auxerre, ayant à conduire chez les citoyens Usaune et Chaumet 16 bichets de blé, en paiement de location d'une maison et de terres qu'il exploite, à eux appartenantes, se présenta à sa municipalité pour avoir un acquit à caution à ce sujet. La municipalité de Briennon lui répondit qu'il n'avait pas besoin de cet acquit à caution, d'après un arrêté du 10 brumaire, du district d'Auxerre, qui autorise les fermiers à conduire à leurs propriétaires le produit des récoltes qu'ils ont cultivées pour eux.

Denis conduisant donc les 16 bichets de blé à leurs propriétaires fut saisi et traduit devant le tribunal de police correctionnelle d'Auxerre, qui le condamna à la confiscation et à l'amende, comme étant en contravention avec la loi, par défaut d'acquit à caution.

Cependant, sur l'observation que la loi du 11 septembre, par l'article IV, a attribué aux juges de paix la compétence pour prononcer les amendes dans les cas de contravention à la loi sur la circulation des grains, le tribunal de police correctionnelle d'Auxerre a sursis à l'exécution du jugement qu'il avait rendu dans cette affaire.

Dans cet état de choses, le comité d'agriculture considérant que si le citoyen Denis s'est rendu coupable de contravention à la loi, en ne prenant pas d'acquit à caution, c'est aux autorités constituées, savoir, à la municipalité de Briennon et au district d'Auxerre qu'il faudrait en attribuer la faute;

La Convention, d'après les observations du rapporteur, casse le jugement dénoncé, et ordonne que la voiture et les chevaux qui avaient été enlevés au citoyen Denis lui seront remis.

Le présent décret sera imprimé au bulletin de correspondance.

Cambon, au nom du comité des finances: Le délai fixé pour la remise des titres de la dette viagère, sous peine de déchéance, expirant demain, votre comité des finances m'a chargé de vous rendre compte de l'exécution qu'a reçue le décret du 23 floréal dernier, et de vous proposer en même temps une prorogation de délai pour la remise des titres, et quelques mesures d'exécution qui lui ont paru nécessaire pour faciliter l'opération ou pour éviter quelques injustices.

Vous vous rappelez sans doute le retard qu'a éprouvé la publication des lois des 23 floréal et 8 messidor derniers, et la suspension que votre comité de salut public vous fit décréter; l'effet des lois que vous avez jugées nécessaires a donc été méconnu ou retardé pendant quelque temps.

Malgré ces obstacles et les petites intrigues, la remise des titres s'est effectuée avec la plus grande rapidité, puisque 52,495 citoyens avaient déposé, à la date d'hier, 136 mille contrats, représentant 58 millions de rente.

Les associations qui ont émis des effets au porteur ou des délégations, et les compagnies financières, ont déposé en outre 12,000 contrats, représentant 22 millions de rente; de sorte que le total des titres déposés se portait hier au soir à 148,000 contrats représentant 80 millions de rente.

La dette viagère due par la République montait, le 1er germinal dernier, d'après le rapport de votre comité, à 98 millions de rente; de sorte qu'il est prouvé que les titres qui n'ont pas été déposés représentent tout au plus 18 millions de rente.

Mais dans cette somme se trouvent compris les titres appartenants aux habitants des pays qui sont en guerre avec la République, ceux qui appartenaient aux émigrés, déportés ou condamnés, qui, quoique déposés en grande partie à la trésorerie, ne sont pas portés dans le relevé que nous avons fait faire, leur montant n'étant pas encore connu; enfin les extinctions qui doivent être survenues depuis le 1er germinal dernier.

On est donc fondé à penser que la remise des titres de la dette viagère est presque totalement terminée, et que le montant des déchéances encourues est peu considérable.

Cependant plusieurs pétitions vous ont été faites pour obtenir une prorogation de délais. Elles se fondent particulièrement sur le retard de la publication des lois, sur la suspension du décret que vous adoptâtes, enfin sur les difficultés que les circonstances opposent pour se procurer les titres, les certificats de vie, les actes de naissance, difficultés occasionnées par la détention des gens suspects, ou par les événements de la guerre.

Les pétitionnaires vous observent que les créanciers en perpétuel ont eu dix mois pour déposer leurs titres, tandis que la loi ne leur en accorde que cinq à six; ils vous représentent que vous avez relevé de la déchéance, encourue pour le semestre des rentes perpétuelles, les citoyens qui n'ayant pas remis leurs titres avant le 1er janvier 1794 les avaient remis le 1er juillet suivant.

Quelque répugnance que votre comité ait pour proroger les délais fixés par la loi, il a craint qu'une trop grande rigidité n'entraînât quelque injustice; pénétré des principes qui guident vos opérations, il m'a chargé de vous proposer de proroger jusqu'au 1er nivôse prochain le délai fixé pour la remise des titres viagers, et des effets au porteur ou des délégations qui reposent sur les rentes viagères.

Cette mesure entraîne nécessairement le retard du paiement du second semestre de l'an IIe, qui ne peut s'ouvrir qu'après le délai fixé pour la remise, car on ne peut avoir terminé la liquidation des titres avant de les avoir reçus: les créanciers seront pénétrés de cette vérité, et ils doivent être persuadés que les circonstances seules nécessitent cette mesure, et qu'aucun moyen ne sera négligé pour accélérer leur liquidation et paiement.

En prorogeant le délai pour la remise des titres, vous devez procurer toutes les facilités possibles pour qu'elle puisse s'effectuer.

Des citoyens vous ont représenté qu'ils sont propriétaires de rentes viagères constituées sur des têtes qui habitent les pays conquis par les armées de la République; ils vous observent qu'il leur est impossible de se procurer les certificats de vie dans la forme exigée par la loi; et vous demandent de leur procurer les moyens de conserver leurs propriétés; nous vous proposons d'admettre ces certificats de vie, pourvu qu'ils soient rédigés dans la forme décrétée le 23 floréal, signés par le magistrat du lieu de l'habitation, et visés par les représentants du peuple auprès des armées, ou par le préposé qu'ils pourront nommer.

Cette disposition n'aura lieu que pour un petit nombre de personnes qui habitent la Belgique ; ainsi elle n'augmentera pas beaucoup le travail de nos collègues ; elle tend d'ailleurs à prouver votre respect pour les propriétés.

Certains créanciers ayant déposé leurs titres avant la loi du 23 floréal n'ont pas déclaré s'ils voulaient conserver ou non des rentes viagères ; les dispositions de la loi qui ordonnent cette déclaration étant inconnues lors de la remise de leurs titres.

Certains survivanciers, avertis par la loi du 8 messidor, ont négligé de faire leur déclaration ou de fournir leur certificat de vie, parce qu'ils sont en général dans la fausse opinion que les survivances étant détruites ils ne peuvent prétendre à aucun droit.

Le nouveau délai, pour la remise des titres, leur permettra de se procurer les certificats de vie exigés, et s'ils négligent encore de les remettre ils perdront leur droit, qui ne peut être établi qu'autant qu'ils sont actuellement en vie.

Mais il a paru trop rigoureux à votre comité de faire encourir la déchéance à ceux qui, ayant remis leurs titres, n'ont pas fait la déclaration exigée par la loi.

D'un autre côté, il serait préjudiciable aux intérêts de la République de ne pas fixer un terme pour faire cette déclaration ; la loi laissant l'option de convertir le capital provenant de la liquidation en une inscription sur le grand livre de la dette consolidée, des personnes pourraient profiter de cette faculté pour faire revivre un capital que la mort leur ferait perdre, et qui d'après les conditions du contrat serait acquis à la République.

Votre comité a cherché à concilier les intérêts de la République avec la convenance du créancier ; il a pensé que vous ne deviez pas multiplier mal à propos les formalités que l'intérêt public seul peut nécessiter.

En conséquence il vous propose de décréter que ceux qui, ayant remis leurs titres, n'ont pas fait leur déclaration, pourront la faire d'ici au 1er nivôse prochain, et s'ils ne le font pas ils seront considérés comme ayant opté pour conserver le capital, provenant de leur liquidation, en une inscription viagère. Par ce moyen, le sort du créancier reste presque toujours le même ; il ne sera plus obligé de faire de nouvelles démarches, s'il veut rester créancier viager, et la République ne sera pas exposée à perdre un capital qui lui est acquis si le créancier est mort.

Enfin il existe des créanciers qui, ayant fait leur déclaration, prétendent l'avoir faite avant l'établissement du bureau de calcul à la trésorerie, et qu'ils n'ont pu acquérir la connaissance du décret qui leur était nécessaire. Il y a des citoyens qui voudraient conserver en viager ce qu'ils ont déclaré vouloir conserver en perpétuel.

Enfin, il en est qui désireraient prendre entre coassociés des arrangements que la loi autorise, et qu'ils n'ont pas faits, leur déclaration ayant été faite avant la publication de la loi.

Vous désirez favoriser les citoyens, lorsque l'intérêt de la République n'est pas compromis.

Il serait dangereux de permettre aux créanciers de convertir leur capital en une inscription sur le grand livre de la dette consolidée, la nation pouvant créer des créances qui seraient éteintes par la mort du titulaire ; mais le même danger n'existant pas pour les personnes qui, ayant fait leur déclaration de conserver du perpétuel, voudraient aujourd'hui conserver du viager, votre comité vous propose de permettre cette facilité.

Quant à ceux qui voudraient faire entre coassociés des arrangements particuliers autorisés par la loi, votre comité voulant connaître l'objet et le nombre des réclamations à ce sujet a autorisé la trésorerie de les recevoir conditionnellement, et d'en tenir un état : elles ne sont pas en grand nombre, puisque leur totalité se réduit à 100 ou 120 demandes peu importantes, et pour des sommes peu considérables ; elles intéressent presque toutes des pères de famille peu fortunés, qui méritent à ce titre l'attention de la Convention.

Dans toutes les lois il faut distinguer, autant qu'il est possible, l'homme de bonne foi de celui qui pourrait mésuser de la faveur qu'on accorderait ; c'est pour faciliter l'exécution de ce principe que votre comité vous propose de l'autoriser à prononcer sur les réclamations en changement de déclarations qui ont été faites et enregistrées à la trésorerie, et qui seront, je le répète, utiles à des pères de famille et d'une très petite somme.

Votre comité des finances s'occupe dans ce moment de l'examen de diverses pétitions qui vous ont été faites sur quelques dispositions relatives à la liquidation des rentes viagères : il vous présentera incessamment ses vues ; mais en attendant il m'a chargé de vous annoncer que les dispositions relatives aux ventes faites à condition de réméré méritent d'être revues ; les observations qui vous ont été faites à cet égard lui ayant paru fondées, il ne perdra pas de vue dans son travail que l'agioteur doit être puni, et que les lois doivent être favorables au citoyen honnête.

Voici le décret que je suis chargé de vous proposer :

«La Convention nationale, après avoir entendu le rapport du comité des finances, décrète :

» Art. 1er. Le délai fixé pour la remise des titres de la dette viagère, et pour celle des effets au porteur ou délégations sur les rentes viagères dues par la République, est prorogé jusqu'au 1er nivôse prochain inclusivement.

» II. Le paiement des rentes viagères pour le second trimestre de l'an II° ne commencera qu'après l'expiration du délai fixé pour la remise des titres.

» III. Les certificats de vie des personnes qui habitent les pays conquis par les armées de la République, qui seront rédigés dans la forme prescrite par la loi du 23 floréal, signés par le magistrat du lieu de l'habitation, et visés par les représentants du peuple auprès des armées, ou par le préposé qu'ils pourront nommer à cet effet, seront admis à la trésorerie.

» IV. Les citoyens qui, ayant remis leurs titres a la trésorerie, n'ont pas déclaré s'ils entendent ou non convertir en rentes viagères le capital de leur liquidation, pourront faire leur déclaration d'ici au 1er nivôse prochain ; ceux qui ne la feront pas seront censés avoir opté pour conserver des rentes viagères jusqu'à concurrence du maximum fixé par la loi.

» V. Les personnes qui, se trouvant dans le cas mentionné en l'article précédent, voudront convertir en une inscription sur le grand livre de la dette consolidée le capital ou partie de ce qui leur reviendra par la liquidation, seront tenus, en faisant leur déclaration, de fournir un certificat de vie, d'une date postérieure au 1er vendémiaire prochain.

» VI. Les citoyens qui, ayant déclaré vouloir convertir, en inscription sur le grand livre de la dette consolidée, le montant ou partie du capital provenant de leur liquidation, voudraient aujourd'hui les conserver en rentes viagères, seront admis d'ici au 1er nivôse prochain à changer la déclaration qu'ils ont faite ; mais dans aucun cas ils ne pourront pas conserver de rentes viagères au-dessus du maximum fixé par la loi.

» VII. Le comité des finances est autorisé à statuer sur les demandes en rectification des déclarations qui ont été adressées et remises à la trésorerie nationale pour les rentes viagères.

» VIII. Le présent décret sera imprimé dans les bulletins des lois et de correspondance. »

Ce décret est adopté.

*La société de Boulogne-sur-Mer à la Convention nationale.*

Législateurs, nous avons frémi d'indignation au récit de l'horrible attentat qui vient de se commettre ; la représentation nationale a été outragée ; un mandataire du peuple est tombé sous les coups d'un vil assassin. La France entière demande justice de ce scélérat et de tous ceux qui ont dirigé son bras homicide.

Législateurs, regardez autour de vous, et souvenez-vous que c'est aux Jacobins qu'on a osé dire : « Des mesures de sûreté générale sont déjà prises, d'autres se préparent dans le silence. »

L'on a encore dit dans cette société : « Qu'on regarderait comme ennemis de la chose publique ceux qui se diraient vos amis. »

Eh bien ! et nous aussi, nous sommes ennemis de la chose publique, car nous vous regarderons toujours comme notre seul point de ralliement.

Nous ne balancerons jamais entre de vils dominateurs et nos représentants.

Si les amis de Pitt et de Cobourg persistaient à vouloir élever un autel auprès du sanctuaire des lois, c'est à la main qui nous a délivrés du Catilina moderne à renverser ce monument honteux, qui attesterait la lâcheté des Français.

Nous sommes debout et nous y resterons jusqu'à ce que l'hydre de l'anarchie, qui semble encore s'agiter, soit anéantie.

Vive la République ! vive la Convention nationale ! A bas les factieux, les dominateurs et les intrigants !

Les tribunes, après avoir entendu la lecture de la présente adresse, ont demandé à la signer ; ce qui a été accordé au milieu des plus vifs applaudissements.

Suit un grand nombre de signatures.

Le comité des secours propose à la Convention différents décrets en faveur de plusieurs citoyens acquittés par le tribunal révolutionnaire, au nombre desquels on remarque les 98 Nantais, acquittés, et qui doivent quitter Paris en conséquence du décret d'hier.

Le président annonce une députation de quelques étudiants en médecine, compris dans le décret d'hier, qui demandent une exception en leur faveur.

CHATEAUNEUF-RANDON : Il y a beaucoup de citoyens au-dessus de l'âge ordinaire des études ; j'ai vu à Montpellier des étudiants de 40 a 50 ans. L'intention de la Convention ne peut être de prononcer d'exception en faveur de citoyens qui peuvent être très suspects.

Je demande donc que la Convention, en décrétant cette exception, fixe l'âge auquel les étudiants pourront en jouir.

N*** : En appuyant l'observation qui vient d'être faite, j'observe que beaucoup de prêtres se sont faits étudiants en médecine et en chirurgie. Je demande l'ordre du jour.

PLUSIEURS VOIX : Le renvoi aux comités, qui doivent ce matin vous proposer des exceptions à la loi rendue hier.

BENTABOLLE : Il serait bien étrange que ceux qui réclament une exception comme étudiants ne fussent venus à Paris que depuis le 1er messidor ; je crois que, pour éviter que des ennemis de la liberté ne parviennent à tirer parti de cette exception, la Convention nationale doit passer à l'ordre du jour ; ceux de ces élèves qui seront effectivement ici depuis le 1er messidor n'ont qu'à se faire mettre en réquisition par le comité de salut public.

N*** : Il n'est pas étonnant que plusieurs élèves se trouvent à Paris depuis ce temps ; on commence à cette époque les cours d'anatomie ; ainsi il peut s'en trouver dans ce cas.

On demande le renvoi au comité de salut public.

N*** : Avec ces pétitions semblables, on pourrait absorber toute la séance de ce jour, et la Convention pourrait, en les repoussant toutes, s'exposer à commettre des injustices. Je demande qu'elles soient toutes renvoyées au comité de salut public.

N*** : Je demande qu'elles soient renvoyées au comité de sûreté générale, le comité de gouvernement est assez occupé dans ce moment.

BENTABOLLE : J'observe que le comité de salut public a seul le droit de mettre en réquisition.

CLAUSEL : La loi a pourvu à toutes les exceptions, il importe à la tranquillité publique qu'elle soit maintenue dans toute son intégrité.

N*** : Si vous n'y prenez garde, les plus mauvais citoyens vont se dire étudiants en médecine et en chirurgie, pour se faire comprendre dans l'exception.

Je demande l'ordre du jour.

L'Assemblée passe à l'ordre du jour sur l'exception proposée.

N*** : Je demande si l'intention de l'Assemblée a été de comprendre dans son décret d'hier les citoyennes ainsi que les citoyens.

LEVASSEUR : La Convention s'est déjà expliquée sur une pareille observation, à l'occasion d'un agriculteur qui a été mis en liberté, et dont le comité révolutionnaire avait laissé la femme en prison, sous le prétexte que les femmes n'étaient pas nominativement comprises dans la loi. Je demande donc l'ordre du jour motivé sur le décret qui fut alors rendu.

ROUX : La loi, que la Convention nationale a cru devoir rendre par mesure de sûreté générale, est d'une importance si grande qu'il n'est pas de doute qu'elle ne doit pas souffrir d'exception, et qu'il est dans son cœur que par le mot citoyens la Convention nationale a entendu comprendre aussi les citoyennes ; mais dans des circonstances pareilles il est essentiel d'éclaircir toutes les difficultés que peut souffrir l'exécution de votre loi.

La Convention nationale a voulu, par ces grandes mesures de sûreté générale, qu'une infinité de personnes parussent devant les autorités constituées pour savoir s'il n'en est pas parmi elles un grand nombre qui se trouveraient dans le cas d'être réincarcérées ; mais il ne peut être dans l'intention de la Convention que des femmes se trouvent exposées avec leurs enfants sur toutes les routes à l'intempérie des saisons : non, je ne puis me le persuader : déjà vous avez pris de grandes mesures de sûreté générale à l'égard des citoyennes, quand vous avez ordonné la mise en sûreté des femmes vagabondes qui déshonorent leur sexe. Ne réduisez pas indistinctement les femmes au désespoir, lorsqu'elles se trouvent dans l'impossibilité de faire deux ou trois lieues, lorsqu'elles se trouveraient privées des voitures commodes et convenables à leur transport. Je sais que je ne dois pas parler de voitures commodes à des républicains ; mais c'est pour des femmes que je parle, et je demande que la Convention déclare qu'elle excepte celles qui justifieront n'être pas dans un état à pouvoir exécuter votre loi.

PEYSSARD : Je crois toutes les observations faites par les préopinants entièrement inutiles ; il ne peut être dans l'intention des législateurs d'exiger l'impossible, et d'y comprendre les femmes malades, lorsqu'elles auront prouvé qu'elles sont dans l'impossibilité d'obéir à la loi. On nous parle encore de beaucoup d'autres difficultés ; on nous a parlé du défaut de voitures, d' chevaux ; laissez donc exécuter la loi. Les autorités sauront bien faire leur devoir, et les citoyens sauront aussi faire le leur.

Toutes ces exceptions tendent à empêcher l'effet d'une loi qui doit purger Paris d'une infinité de gens qui devraient être dans leurs départements, pour y faire leurs affaires. Je demande l'ordre du jour.

N*** : Si l'ordre du jour était adopté, vous réduiriez

une infinité de malheureux au désespoir. J'ai chez moi un vieillard de 60 ans qui ne peut se remuer; il me semble que la Convention le trouvera dans le cas d'une exception.

N*** : Le plus sûr moyen de tuer une loi est de multiplier les exceptions. Je demande l'ordre du jour; s'il est des malades de l'un et l'autre sexe, ils obtiendront justice, en justifiant, par des certificats qu'ils auront fait ce qui dépend d'eux.

N*** : Je m'oppose à l'ordre du jour; la Convention ne peut exiger d'une mère de famille qu'elle fasse dix lieues en un jour.

Peyssard : La loi leur accorde soixante-douze heures pour faire dix lieues; les citoyennes le peuvent faire si elles se portent bien; si elles se portent mal, elles le justifieront. Je le répète, les exceptions tuent les lois; nous raisonnons toujours mal, lorsque nous entreprenons de le faire du particulier au général; il faut toujours partir du général pour arriver au particulier; les autorités constituées sauront distinguer et appliquer justement la loi; j'insiste donc pour l'ordre du jour.

L'Assemblée passe à l'ordre du jour.

N*** : Je demande une exception en faveur de ceux qui se trouvent à Paris pour y présenter des pétitions.

Clausel : Je demande l'ordre du jour sur l'exception proposée en faveur des pétitionnaires, car il n'y a pas un citoyen dans le cas du décret, qui ne rédigeât sur-le-champ une pétition pour être compris dans l'exception.

L'Assemblée passe de nouveau à l'ordre du jour.

N*** : Il est beaucoup de Français qui sont arrivés à Paris depuis hier; ils arrivent de la Martinique et de Tabago, où ils ont résisté aux insinuations des ennemis de la liberté et à celles de l'étranger. La République leur a déjà donné des secours, mais ils ne sont pas suffisants; ils ne peuvent se rendre à leur domicile, car la plupart sont restés sans asile, puisque l'étranger s'est emparé de leurs possessions; vous leur devez secours et protection, puisqu'ils se sont déportés volontairement pour ne pas prêter serment aux ennemis de la République.

Je demande que la proposition que je fais pour eux soit renvoyée au comité de salut public, pour qu'il prononce une exception en leur faveur jusqu'à ce qu'ils aient obtenu de votre comité de secours les moyens d'aller aux environs de Paris.

N*** : Je demande qu'ils soient autorisés à rester définitivement; ils ont tout sacrifié pour rester fidèles à la République, et ils ont tout abandonné pour ne pas prêter le serment que l'on exigeait d'eux.

Roger-Ducos : Les étrangers, en faveur de qui l'on parle en ce moment, se sont volontairement déportés de la Martinique et de Tabago; ils ont abordé partie au port de Brest, partie au port Malo; ils se sont présentés au comité de salut public, non pour y demander le droit de rester à Paris, mais pour obtenir des secours. Le comité n'a pu prononcer sur leur demande, parce que la loi n'accorde de secours qu'à ceux qui auront été acquittés par un représentant du peuple, ou par un comité révolutionnaire. Notre collègue Nyon en a fait mettre en liberté deux cents; mais il ne leur a pu donner des secours suffisants pour pourvoir à leurs besoins. Le plus grand nombre est sans domicile et réduit à une nudité affligeante comme ceux de Tabago. La Convention doit donc prendre une mesure générale pour que le comité de secours soit autorisé à faire délivrer à ceux dont une liberté se trouveront en règle une somme de 15 sous par lieue de poste.

Prieur : Il me semble que notre collègue Roger-Ducos s'est écarté de la question; il s'agit de savoir si les colons arrivés en France, qui se sont hommes qui se sont volontairement déportés de la Martinique et de la Guadeloupe; si des Français, qui ont fait toutes sortes de sacrifices pour la liberté, seront écartés de Paris. La Convention a justement pris les mesures convenables pour écarter ceux qui n'étaient à Paris que pour y jeter du trouble; mais elle doit secours et protection aux malheureuses victimes de leur patriotisme. Peut-elle vouloir renvoyer comme dangereux des Français qui ont été mis en liberté avec des pouvoirs des représentants du peuple? La loi n'excepte que les fonctionnaires publics.

N*** : Dans le nombre de ces colons il en est qui ont été envoyés par notre collègue Nyon, pour éclairer la Convention. Les autres ont obtenu des congés pour se rendre dans leurs départements, et ce sont ceux-là qui sollicitent

des secours pour retourner chez eux. Ceux de Nyon ne doivent pas être compris dans l'exécution de la loi.

N*** : Notre collègue Nyon a mis en réquisition ceux qui pouvaient être utiles pour éclairer la Convention sur ce qui s'est passé dans nos colonies; les autres sont des vieillards, des mulâtres, des nègres natifs de ce pays, qui n'ont point de commune en France, et qui sollicitent des secours, ceux-là ne doivent point être compris dans l'exécution de la loi; ils sont munis de passe-ports de notre collègue Nyon. — On demande l'ordre du jour.

N*** : Il est impossible que vous adoptiez l'ordre du jour sur le sort de Français qui ont tout sacrifié à la République, vous ne les renverrez pas comme des ennemis de cette République, je ne le crois pas.

Prieur (de la Marne) : Les députés de la Martinique, de Tabago, sont actuellement à Paris; les uns sont arrivés d'abord au port Malo, les autres à Brest; ils furent d'abord consignés sur les vaisseaux parlementaires qui les portaient en France, pour avoir le temps d'examiner la conduite qu'ils avaient tenue; ceux qui furent reconnus ennemis de la patrie furent mis en état d'arrestation; les autres obtinrent des secours. Depuis, le comité de salut public a mis en état d'arrestation tous ceux qui arrivaient des colonies.

Chargé de donner les renseignements qu'il pouvait recueillir sur les colonies, notre collègue Nyon a cru nécessaire d'en envoyer quelques-uns pour donner des éclaircissements. Après ce premier scrutin épuratoire, les uns ont obtenu des passe-ports pour nous donner des lumières sur ce qui s'est passé dans les colonies; les autres ont eu de simples passe-ports pour se rendre où ils jugeraient à propos. Quelle mesure devez-vous prendre à l'égard des uns et des autres? Renvoyez ce qui les concerne à votre comité de salut public; saisi de tout ce qui regarde les déportés des colonies par les Anglais, il a une liste nominative qui contient des renseignements sur leurs opinions, leur conduite et leur caractère; il vous indiquera ceux qui doivent rester et ceux qui doivent quitter Paris, et il vous demandera des secours pour ces infortunés.

Cette proposition est décrétée.

N*** : Je demande des secours pour ceux qui sont à Paris pour des liquidations qu'ils sont à la veille d'obtenir.

Clausel : Quatre mille individus ne sont pas encore dans le cas de cette réclamation; mais à la nouvelle de cette exception, ils viendront tous solliciter des liquidations. Je demande l'ordre du jour. — L'ordre du jour est décrété.

N*** : Je ne veux pas que des scélérats aient commis impunément tous les crimes; des scélérats se disant patriotes ont vendu nos colonies. Je veux le maintien de la loi, et, pour la maintenir, je demande que Merlin fasse son rapport.

Goupilleau : Je demande par motion d'ordre que l'Assemblée, pour prononcer sur toutes les exceptions avec connaissance de cause, attende celles que le rapporteur des comités doit lui proposer.

Merlin (de Douay) fait au nom des trois comités un rapport sur les exceptions, à la suite duquel il présente le projet de décret suivant :

«La Convention nationale, après avoir entendu ses comités de salut public, de sûreté générale et de législation, décrète :

» Art. I^er. Sont exceptés des dispositions du décret d'hier relatif aux citoyens venus à Paris depuis le 1^er messidor :

» 1° Les personnes qui ont été ou seront assignées pour venir déposer à Paris devant les tribunaux, à la charge qu'elles seront tenues de sortir de cette commune le lendemain du jour où elles auront déposé;

» 2° Les habitants des pays alliés ou neutres venus à Paris en vertu de passe-ports délivrés ou visés par les agents de la République;

» 3° Les citoyens réfugiés de Corse et réfugiés ou déportés des colonies, qui sont venus à Paris en vertu d'ordre ou passe-ports des représentants du peuple.

« II. Les passe-ports délivrés ou visés par les comités civils de Paris comprennent dans le décret d'hier auront leurs effets, sans être visés par le comité révolutionnaire.

« III. Les agents nationaux de district tiendront la main chacun dans son arrondissement, à l'exécution des lois relatives aux passe-ports, ainsi que du décret d'hier ci-dessus mentionné, et feront mention expresse dans leurs comptes décadaires. » Ce projet de décret est adopté. »

Une députation de la société régénérée de Commune-Affranchie est admise à la barre.

L'ORATEUR : Vous voyez devant vous les députés de la société populaire régénérée de Commune-Affranchie ; ils viennent vous offrir non des hommages stériles, mais des moyens puissants contre nos ennemis, cent cavaliers Jacobins et un vaisseau de guerre.

Notre malheureuse commune, successivement déchirée par les factions des royalistes et des fédéralistes, justement punie de ses crimes et de sa rébellion envers la patrie, allait respirer sous les lois sévères, mais consolantes de la République, lorsque Robespierre nous replaça sous le despotisme le plus horrible, sous le règne dévorant du brigandage le plus effréné.

Grâce à l'énergie de vos décrets et de la résolution forte des représentants que vous nous avez envoyés, nous sommes encore une fois rendus à la liberté ; mais soyez en garde contre les hypocrites calomniateurs qui dans ce moment fuient Commune-Affranchie pour venir vous entourer et vous tromper ; ces hommes ne peuvent avoir une bonne intention ; le patriote probe et sincère ne cherche pas à se soustraire à l'œil de ses juges.

Nous vous prions, au nom de notre commune, de jeter promptement vos regards sur les moyens de relever son commerce. Il est actuellement sans ateliers, nos manufactures sont dépourvues de tous les objets de première nécessité ; ils semblent avoir été livrés au pillage royal sous l'autorité du crime.

Vous avez déjà beaucoup fait en établissant dans l'âme de nos concitoyens la sécurité de la justice. Rendez-nous à nos droits de citoyens français ; nos sentiments sont républicains, bientôt notre commerce recevra le mouvement et la vie, et des milliers de bras paralysés par les factions tourneront leur force, leur vigueur et leur industrie vers la prospérité de la République. *Vive la République ! vive la Convention !*

Suivent les signatures.

*(La suite à demain.)*

N. B. Dans la séance qui a eu lieu extraordinairement, le 5ᵉ jour sans-culottide, le comité de salut public, par l'organe de Treilhard, a donné connaissance de la contre-révolution qui s'est manifestée à Marseille les 27 et 28 fructidor.

La Convention a mis hors la loi le nommé Reynier, qui avait tenté d'organiser un 2 septembre, et que des scélérats armés ont arraché des mains des gendarmes chargés de le conduire à Paris ; et décrète d'arrestation le nommé Voulland, général divisionnaire, commandant de la place.

Dans la séance du 1ᵉʳ vendémiaire, Carnot, au nom du comité de salut public, a donné lecture des pièces suivantes :

*Gillet, représentant du peuple près l'armée de Sambre-et-Meuse, aux membres composant le comité de salut public. — Au quartier général à Tongres, la 3ᵉ sans-culottide de l'an IIᵉ de la République française, une et indivisible.*

Nous n'avons pas perdu un instant, chers collègues, pour exécuter l'ordre que vous aviez donné d'attaquer l'ennemi un corps sur la rive droite de la Meuse. Un corps de 42 bataillons et de 20 escadrons fut détaché aux ordres des généraux Schérer, Marceau et Bonnet, et passa ce fleuve à Namur et à Huy.

Dès le 27, les passages de l'Ourthe avaient été forcés à Durbuy et Comblaine-au-Pont. Il restait à franchir l'Aywaille ; c'est une rivière dont les bords sont hérissés de rochers extraordinairement escarpés, et qui offre à peine quelques passages praticables, même pour l'infanterie.

L'ennemi occupait avec 18,000 hommes deux camps sur la rive droite de cette rivière, l'un à Emeux et l'autre à Sprimont ; toutes les hauteurs étaient couronnées de redoutes, et après avoir forcé ces passages il fallait marcher pendant près d'une lieue sous le feu d'une artillerie rasante pour gagner la crête des montagnes.

Jamais position ne parut plus imposante ; l'art et la nature semblaient avoir réuni tous les obstacles ; mais l'armée a prouvé qu'elle n'en connaît aucun lorsqu'il s'agit de vaincre. Hier à la pointe du jour quatre colonnes attaquèrent en même temps sur toute la ligne, depuis Aywaille jusqu'à Emeux ; tous les passages furent forcés à la baïonnette, et les camps ennemis emportés au pas de charge ; 700 prisonniers, 26 pièces de canon, presque tous de gros calibre, des affûts de rechange, 3 drapeaux, 1,200 hommes tués ou blessés, beaucoup de fusils abandonnés par l'en-

nemi, environ 100 chevaux et 40 caissons de munitions, sont le prix de la victoire. Elle a été complète. le reste de l'armée de Latour est en pleine déroute, et dispersé dans les bois. Notre cavalerie est à sa poursuite, et elle en rendra bon compte.

Je ne puis encore vous dire quelle a été la perte de notre côté ; mais, d'après tous les renseignements qui ont été pris jusqu'ici, nous n'avons à regretter qu'un très petit nombre de républicains.

Pendant que l'aile droite se signalait dans les rochers du Limbourg, la gauche et le centre battaient l'ennemi vers Maseik et devant Mastricht. Les villages de Laweld, Emule, Moutenaken, étaient emportés, et l'ennemi poursuivi jusques sur les glacis de la place.

*Le général en chef de l'armée de Sambre-et-Meuse aux représentants du peuple composant le comité de salut public. — Au quartier général faubourg Sainte-Marguerite de Liége, le 3ᵉ jour sans-culottide, IIᵉ année républicaine.*

Citoyens représentants, l'ennemi a quitté, la nuit dernière, le camp de la Chartreuse ; les immenses décombres qu'il avait accumulés à la porte de Liége, et qu'il nous a fallu déblayer, ne nous ont pas permis de marcher à sa poursuite avant huit heures du matin. Nous avons cependant ramené beaucoup de déserteurs.

La perte de l'ennemi a été beaucoup plus considérable que je ne vous l'ai annoncé ; les rapports des déserteurs s'accordent à dire qu'il est des régiments dont il ne reste plus que cent cinquante hommes. Comme nous avons été occupés toute la journée à le poursuivre et à prendre de nouvelles dispositions, je n'ai pas pu me procurer les détails circonstanciés sur la brillante journée d'hier ; aussitôt qu'ils me seront parvenus, je vous les ferai passer.

Salut et fraternité.

*Signé* JOURDAN, *général en chef.*

*Gillet, représentant du peuple près l'armée de Sambre-et-Meuse, au comité de salut public. — Au quartier général à Liége, la 3ᵉ sans-culottide, l'an IIᵉ de la République française, une, indivisible et démocratique.*

Je vous ai mandé ce matin, chers collègues, que l'ennemi avait levé le camp de la Chartreuse ; sur-le-champ le général en chef Jourdan a dirigé deux fortes colonnes d'infanterie et de cavalerie, l'une par Liége, l'autre par Visé, pour le poursuivre. La cavalerie a ramassé beaucoup de traîneurs. Schérer a porté son avant-garde à Verviers. Ce que je vous ai mandé de la journée d'hier est beaucoup au-dessous de la vérité. L'ennemi a laissé sur le champ de bataille plus de 2,000 hommes. Des bataillons entiers sont réduits à 150 hommes ; sa perte en artillerie est aussi beaucoup plus considérable. On en a trouvé aujourd'hui plusieurs pièces et des caissons dans les ravins, dans les bois ; en un mot, il paraît que l'armée de Latour a perdu tous ses canons.

Demain l'armée fait un mouvement général, et nous ferons tout ce qui sera possible pour profiter de la victoire, sans compromettre notre succès.

Il résulte du langage de tous les prisonniers et déserteurs que le moral de ces *messieurs* est très fort ébranlé ; ils sont las de la guerre, et ne soupirent qu'après leur retour en Allemagne. On a pris la voiture de Latour, son secrétaire, et ses papiers.

Salut et fraternité.

*Signé* GILLET.

PAIEMENTS A LA TRÉSORERIE NATIONALE.

Le paiement du perpétuel est ouvert pour les six premiers mois ; il sera fait à tous ceux qui seront porteurs d'inscriptions au grand livre. Celui pour les rentes viagères est de 3 mois 21 jours de l'année 1793, vieux style.

## CONVENTION NATIONALE.

*Présidence de Bernard, (de Saintes).*

### SUITE DE LA SÉANCE DE LA 4e SANS-CULOTTIDE DE L'AN II.

**Collot-d'Herbois** : Le comité de salut public, après avoir consulté celui de commerce, avait préparé un rapport tendant à rendre à Commune-Affranchie le commerce qui alimentait ses habitants : ce rapport avait pour but de revivifier l'industrie en la ramifiant, c'est-à-dire en faisant des avances aux ouvriers industrieux, en les mettant à même, par ce moyen, de faire valoir leurs talents, en les délivrant du honteux servage où les retenaient des entrepreneurs cupides ; ce rapport avait pour but de prendre les mesures nécessaires relativement au séquestre et relativement à l'échange des produits du travail de cette commune avec l'étranger ; enfin il avait pour but de répandre l'instruction parmi les habitants de cette commune, puisque l'ignorance a causé les égarements dans lesquels ils ont été entraînés par des conspirateurs.

Au moment où ce rapport allait être fait, Couthon a emporté les pièces, elles doivent se trouver sous les scellés. Ce rapport était un sommaire des réflexions des représentants envoyés en mission près de cette commune, et de celles des comités de salut public, de commerce et d'agriculture. Comme cet objet est du plus grand intérêt, je demande le renvoi de la pétition aux comités, et s'il était possible de trouver dans les papiers de Couthon notre précédent travail, je demande qu'il leur soit transmis, parce qu'il pourra leur présenter des idées utiles.

**Prieur** : C'est avec satisfaction que les amis de la liberté doivent voir l'essor généreux que de toutes les parties de la République on contribue à faire prendre à notre marine. Déjà plusieurs départements ont fait l'offrande à la patrie de vaisseaux de ligne, et tout nous présage que bientôt nous serons en état de détruire cette puissance navale dont l'Angleterre s'enorgueillit. Je saisis cette occasion pour vous faire connaître l'état dans lequel sont les constructions du port de Brest ; elles se poursuivent avec cette activité que le génie de la liberté peut seul enfanter ; il est impossible d'ajouter rien au dévoûment des marins pour le triomphe de la République. Je dois vous dire aussi qu'il existe à Brest une immense quantité de marchandises qu'il serait convenable de livrer à la circulation. Je demande donc que le comité de salut public et celui de commerce soient chargés de prendre des mesures pour établir la circulation de ces marchandises de toute nature, sucres, cafés, draps et autres.

**Guyomard** : La Convention nationale a annoncé qu'elle veut protéger le commerce ; mais il ne faut pas s'en tenir à l'énonciation des principes, il faut les faire suivre de l'exécution.

A Commune-Affranchie, les scélérats et les intrigants qui l'avaient égarée ont été punis ; vous devez justice aux bons citoyens.

Il est bon de rappeler ici ce qui a été dit hier par un de nos collègues, parce que cela est arrivé surtout à Commune-Affranchie. On a mis les scellés chez une multitude de citoyens, et lorsqu'on les a levés il ne s'est plus rien trouvé des effets qui devaient y être. On a parlé contre l'aristocratie et contre les riches, mais on ne vous parle pas des brigands ; on ne vous parle pas de ceux qui se sont enrichis par des dilapidations,

qui ont regardé la République, ses domaines et les biens des citoyens comme leur proie.

Nous voulons nous opposer à l'agiotage et à la cupidité mercantile, fléaux de la société ; mais nous ne devons pas permettre qu'on pille tous les individus qui ont quelque fortune et quelques moyens, si nous ne voulons anéantir le commerce en renonçant à la justice.

Vous recevez aujourd'hui une pétition de Commune-Affranchie ; il faut y faire droit. Mettez-vous en garde contre les calomnies.

Pocholle et Charrier ne sont pas suspects ; il vous ont dit que l'esprit de Commune-Affranchie est bon ; appliquez donc maintenant les conséquences des principes que vous avez posés sur la protection due au commerce. Le premier pas est de ranimer la confiance ; les principes ne sont pas douteux, il est aisé de les proclamer ; mais les phrases ne suffisent pas, il faut qu'elles soient immédiatement suivies de l'action.

**Desrues** : Notre collègue Prieur a annoncé qu'il existait à Brest et à Lorient une immense quantité de marchandises. J'ajoute que, par les mesures prises par le comité de salut public et la commission des approvisionnements, elles sont déjà en route pour leurs diverses destinations.

**Laporte** : La Convention nationale est trompée depuis trop longtemps sur l'état de Commune-Affranchie. Après la rébellion de cette commune, vous dûtes faire un exemple éclatant de justice nationale ; mais lorsque les chefs furent frappés, lorsqu'il n'était plus question que de rappeler la confiance, de raviver le commerce et les branches d'industrie dont le site de cette commune la rend susceptible, alors se forma contre elle une nouvelle conjuration de fripons, de dilapidateurs du patrimoine du peuple. (Vifs applaudissements.) Des hommes atroces, avides de sang, se portant héritiers de l'aristocratie, s'attachèrent à un dominateur sous l'appui duquel ils se flattaient de conserver les fruits de leurs crimes.

Ce dominateur était Robespierre, il peignait ces hommes couverts de crimes comme des patriotes opprimés, tandis que les représentants du peuple étaient bien convaincus que ce n'était qu'une horde d'intrigants qui n'aspiraient qu'à envahir les places, et au partage des biens de ceux que frappait le glaive de la loi. Vos collègues ont lutté longtemps pour vous faire connaître la vérité. Robespierre et Couthon ont été plus forts, ils l'ont emporté ; on nous a exilés de la Convention pour que nos voix ne fussent pas entendues.

Enfin le jour de la vérité est venu ; la révolution du 9 thermidor a rappelé à Commune-Affranchie des hommes probes, elle a expulsé des fripons. Déjà ses habitants respirent, les ateliers s'ouvrent, les manufactures reprennent leurs travaux, et il ne faut plus qu'un paternel regard de la Convention sur cette malheureuse commune pour lui rendre son ancien éclat. (On applaudit.) Mais, et je dis ceci pour l'instruction du comité de sûreté générale, il faut se mettre en garde contre les manœuvres de ces individus coupables que nous avons destitués ; les motifs de notre conduite à cet égard ont été vérifiés par les représentants qui nous ont succédé, et ils les ont approuvés : cette conduite nous a mérité les bénédictions du peuple dans les derniers moments de notre mission. Aujourd'hui ces hommes auxquels nous avons arraché le masque, que vous avons livrés au mépris qu'ils méritent, quenous avons mis dans l'impuissance de faire le mal, ils arrivent à Paris pour tromper les comités et les Jacobins. Vous ne trouverez dans ces hommes que des fripons qui avaient pour chefs Couthon et Robespierre, qui promettait pour récompense à ses satellites les dépouilles de ceux qu'ils sacrifiaient à ses vengeances.

Il est donc enfin arrivé le jour où il nous est donné de faire éclater la vérité, après 14 mois d'exil, après avoir été en butte à toutes les calomnies et à toutes les persécutions; eh bien, Pocholle et Charrier sont là, ils connaissent Commune-Affranchie, ils peuvent assurer que les habitants sont bons citoyens, dévoués à la République, et qu'ils marchent le pas de charge contre les intrigants. Je dis cela, et je le répète pour que les comités et les Jacobins n'écoutent point les scélérats qui se sont rendus à Paris, et qui feraient beaucoup mieux de s'occuper à rendre leurs comptes que de jeter le trouble ici. (Vifs applaudissements.) Le peuple de Commune-Affranchie est bon, mais il est peu éclairé; il a besoin d'instruction, sans quoi il est à craindre que le premier intrigant ne lui jette de la poudre aux yeux. Surveillez cette commune; tenez-y à poste fixe un représentant. Des hommes investis de la confiance nationale ont mis la loi sous leurs pieds et y ont substitué leurs volontés; les séquestres ont été violés; le jour arrive où ces délits vont être connus; les coupables s'agitent et sèment le désordre; ils parlent des dangers de la patrie, mais leur véritable mobile est la crainte de se voir arracher le masque dont ils se couvrent. Le décret que vous avez rendu hier a porté la terreur dans leur âme. Je demande que la Convention se fasse rendre compte de l'exécution de ce décret à l'égard de cette clique intrigante de Commune-Affranchie.

*Plusieurs voix*: Pour tous ceux que le décret concerne.

N****: Vous ne ramènerez la prospérité dans le commerce de Commune-Affranchie qu'en rapportant le décret qui met cette ville en état de rébellion et de siège; j'en demande le rapport.

La Convention décrète la mention honorable et l'insertion au Bulletin de l'adresse des députés de la société populaire de Commune-Affranchie, et renvoie aux comités des finances, de commerce et d'agriculture, de salut public et de sûreté générale, la motion faite de rapporter le décret qui déclare Commune-Affranchie en rébellion et en état de siège, pour qu'il lui soit fait un rapport dans trois jours.

ROBERT LINDET, au nom du comité de salut public: Citoyens, les représentants du peuple ont senti la nécessité de se faire représenter, aux principales époques de la révolution, le tableau de la situation de la France: ils se sont empressés de faire connaître les causes qui avaient préparé ou occasionné ces grands événements; c'est un compte que nous rendons à la nation. Nous nous rappelons à nous-mêmes ce que nous avons été, ce que nous sommes: nous nous prononçons ce que nous devons être. La France nous entend et nous juge.

Depuis que les gouvernements ont usurpé les droits du peuple, ils se sont coalisés pour soutenir leur tyrannie. Une nation ne peut rentrer dans ses droits, réformer son gouvernement intérieur, que les gouvernements voisins ne se liguent pour l'opprimer. Lorsqu'une nation veut être libre, il ne suffit pas qu'elle le veuille, il faut encore qu'elle soit assez forte, assez puissante, pour résister à la coalition des oppresseurs et des tyrans, et faire reconnaître et respecter sa liberté.

Douze cent mille citoyens sous les armes, qui sont l'avant-garde de l'armée des défenseurs de la liberté, reculent nos frontières dans l'Espagne, dans le Palatinat et la Belgique. Tout cède à leur courage: nos ennemis, frappés de terreur, se précipitent dans leurs retraites, accusent leurs chefs et leurs tyrans, et font des vœux secrets pour leurs vainqueurs. Les peuples sacrifiés à l'orgueil des rois, éprouvent seuls les calamités de la guerre, ne voient dans les Français que les vengeurs des droits de l'homme.

L'art des siéges et des campements perfectionné; la prudence de ceux qui commandent; la confiance de ceux qui obéissent; l'ordre, l'harmonie, la surveillance vous conservent des héros; de grandes conceptions, des plans sages et hardis, de nouveaux moyens de guerre, vous garantissent la conservation de vos avantages, et de nouveaux succès, jusqu'au désarmement de vos ennemis ou jusqu'au réveil des nations.

Une marine formidable réunie, sagement dirigée, rend impuissante la fureur de vos ennemis, prépare la ruine de leur commerce, et vous promet la liberté des mers.

Les nations qui ont conservé la paix, les gouvernements qui ont été assez sages pour résister aux insinuations des cours de Vienne et de Londres, apprennent et répètent avec transport les nouvelles de vos victoires et de vos succès; vous avez tout fait pour la liberté, lorsque vous avez su donner une si haute opinion de ses défenseurs. Vous avez conquis l'opinion des peuples. Ils ne demandent plus si vous avez un gouvernement; ils savent qu'entretenir les plus nombreuses armées de la terre, couvrir la mer de vaisseaux, combattre et vaincre par terre et par mer, appeler le commerce du monde, c'est savoir se gouverner.

Ce sentiment que vous avez inspiré aux peuples du Nord, de l'Afrique et de l'Amérique, et à vos voisins, se manifeste avec éclat. Vos ennemis ne peuvent plus obscurcir ni voiler votre gloire. Ils ne peuvent plus vous ravir la confiance et l'estime des nations.

Par quels moyens la France est-elle parvenue à ce degré de gloire et de puissance? Par quels étonnants sacrifices a-t-elle comblé tant de ruines et élevé un édifice si prodigieux? Lorsque la liberté et l'égalité ont été solennellement proclamées, tout Français a senti qu'il avait une patrie: il a voulu se dévouer pour elle. Tout citoyen est devenu le défenseur et l'appui de son pays. Vous avez rappelé aux hommes qu'ils étaient tous égaux, qu'ils étaient tous frères. Ils ont volé au secours les uns des autres; ils ne se sont plus envisagés que comme une seule famille, et la France si, étroitement unie, est devenue la première et la plus puissante des nations.

Vous voulez que l'on vous rappelle ce que la France a fait, ce qu'elle a souffert pour arriver à cette dernière époque. Vous donnerez une idée sublime du prix que l'on doit attacher à la liberté, et du courage et de la constance des Français, lorsque vous transmettrez à la postérité, et que vous révélerez à toutes les nations, que la France, abandonnée à ses seules ressources, a tout créé pour sa défense, qu'elle a étendu et développé ses ressources; que dans la disette et la pénurie, elle s'est imposé les privations les plus pénibles, que la vieillesse a remplacé dans les ateliers la jeunesse qui allait combattre.

Les arts de la guerre ont occupé tant de bras, ont enlevé un si grand nombre de citoyens aux autres arts, que l'on appréhendait que l'agriculture, le commerce, les fabriques, ne fussent abandonnés. Les Français ont trouvé des ressources dans leur activité. Un travail soutenu nous a préservés des malheurs que l'on avait tant de raison de craindre. Jamais on n'avait cultivé et ensemencé une si grande étendue de terres. Le sol de la France a été couvert des productions les plus variées. Nulle portion de terrain n'a été négligée. Quelques contrées, frappées de stérilité, dépouillées avant le temps de leurs récoltes, ont soumis à la plus cruelle épreuve l'activité du cultivateur, et ont présenté le spectacle de l'homme aux prises avec la nature, pour réparer ses désastres. Tant de soins et de travaux ont été sans succès; mais vous saurez porter dans ces lieux des secours proportionnés à tant de pertes, et à des besoins si pressants et si multipliés,

Combien de professions utiles ont été négligées ! combien d'ateliers et de manufactures sont restés déserts ! Cependant les travaux et les efforts d'un petit nombre de citoyens ont suffi. L'on a moins dû s'apercevoir de la diminution de tous les objets de consommation, que s'étonner de voir le peuple entier dans le mouvement et l'agitation que les circonstances commandaient, et un petit nombre de citoyens appliqués et laborieux remplacer la majorité de la nation dans les arts sédentaires, et offrir à la consommation les objets indispensablement nécessaires.

Ce qui doit fixer particulièrement l'attention c'est cette raison sublime du peuple qui s'est imposé tant de privations, qui a établi et maintenu, dans l'administration de ses subsistances, une économie si sévère et si effrayante. Son courage ne l'a point abandonné. Il a souffert pour être libre : quel tableau à offrir à la postérité que celui d'un peuple qui fait à sa patrie le sacrifice continuel du salaire de ses travaux, de ses vêtements et de ses subsistances, qui s'oublie pour elle, et recommence chaque jour par des sacrifices qui surpassent les forces humaines !

Vous encouragiez le peuple; vous souteniez son espérance ; vous éclairiez les Français ; vous répandiez les lumières; vous fixiez les arts et les talents; vous employiez le génie et les sciences à la défense de la liberté; vous donniez des lois dignes d'un peuple libre; vous teniez d'une main ferme tous les ressorts d'un vaste gouvernement ; vous prépariez, vous dirigiez ces grands mouvements qui appellent sur vous l'attention des peuples, et changent la face de l'Europe.

Tandis que vous remplissiez avec tant d'éclat vos hautes destinées, que la France, que tous les peuples de la terre applaudissaient à vos immenses travaux, le génie des factions se reproduisait, et mettait la patrie en danger. Rappelons ici des événements dont le souvenir ne doit jamais s'effacer; ils seront pour nous et pour la postérité une utile leçon. Les représentants du peuple ne doivent pas seulement transmettre à la postérité leurs actions, leur gloire et leurs succès, ils doivent lui transmettre la connaissance des dangers, des malheurs et des fautes; ainsi les premiers navigateurs ont marqué les écueils qu'ils ont su éviter, et ils ont appris à leurs successeurs à tenir une route sûre entre ces écueils que nul art ne peut faire disparaître, mais dont l'expérience a appris à s'approcher ou à s'éloigner sans danger.

La Convention nationale avait frappé et anéanti, par son décret du 2 juin, une faction puissante, pourvue de talents, mais jouissant d'une plus grande réputation; qui, n'ayant pu concevoir un plan de gouvernement, s'était jetée dans les bras d'un principal ministre, s'opposait à ce qu'on donnât à la France des lois et une Constitution, ne parlait que d'elle, entretenait la France d'elle seule, et allait livrer à un protecteur étranger ou à ses anciens tyrans une nation qui ne connaissait ni ses malheurs, ni ses dangers, ni ses moyens, ni ses ressources, et qu'un ministre coupable n'entretenait que des opinions ou frivoles ou criminelles de quelques-uns de ses représentants.

L'opinion publique se trouva quelque temps partagée; la sensibilité s'intéressa pour des hommes dont on ignorait les vues ambitieuses; la France ne fut peut-être pas assez tôt instruite, elle connut trop tard sa situation. L'observateur qui a étudié les mouvements de la République à cette époque, qui a voulu connaître le caractère des troubles et des agitations de l'intérieur, s'est convaincu que tous les Français veulent également être éclairés, mais que le même genre d'instruction ne convient pas à tous également. La vivacité du sentiment entraîna les uns; les autres attendirent la conviction, et voulurent avoir sous les yeux l'appareil imposant et méthodique des preuves. On se divisa, on s'aigrit, on courut aux armes, on allait, au nom de la République, une et indivisible, déchirer le sein de la patrie pour laquelle on jurait de verser son sang.

Dans ce chaos, au milieu de tant de désordres et de calamités, la Convention nationale, environnée de trahisons et de perfidies, donna une constitution et des lois à la France; elle soutint les efforts des puissances ennemies; elle éclaira les Français sur les événements qui avaient précédé. Les lumières se répandirent ; le masque des traîtres tomba; l'ordre se rétablit; tous les yeux se fixèrent sur vous; tous les cœurs s'attachèrent à vous, et la France consacra, par une fête nationale, la mémoire de cette réunion.

Les ennemis de l'intérieur avaient profité de ces violentes agitations pour augmenter le nombre de leurs partisans secrets ou déclarés. On avait un grand exemple de la facilité avec laquelle on peut agiter un peuple bon, sensible et généreux; on pouvait craindre encore de nouveaux mouvements. Il fallut avertir le peuple et l'associer tout entier à la surveillance générale; il fallut le prémunir contre toutes les insinuations et les intrigues de ses ennemis; il fallut lui désigner et caractériser ceux dont il devait suspecter les intentions, la conduite et les liaisons; il fallut lui inspirer la plus haute confiance dans les amis de la liberté et de l'égalité; il fallut lui faire connaître ceux qui n'aspiraient qu'à l'égarer.

Un décret du 17 septembre régla les fonctions et les devoirs des comités de surveillance.

Les citoyens, appelés à remplir ces fonctions, s'en acquittèrent avec zèle. On ne doit jamais oublier les services qu'ils ont rendus à la République; ils ont porté les derniers coups à l'aristocratie; ils ont comprimé les ennemis de l'intérieur; ils ont affermi la tranquillité publique.

Nous ne devons pas dissimuler à la France que plusieurs se sont étrangement écartés de l'objet de leur institution ; nous devons dire que les fautes de plusieurs n'ont été que des erreurs de l'entendement : ils n'avaient pas assez médité la loi dont l'exécution leur était confiée ; plusieurs encore croyaient mieux servir la patrie et remplir plus fidèlement vos intentions.

Si l'on demande un jour pourquoi la Convention nationale organisa un plan de surveillance qui exigeait un nombre si prodigieux de fonctionnaires, que l'Europe entière ne pourrait fournir assez d'hommes instruits pour remplir toutes les places, les Français répondront : Ce plan fut sage et nécessaire; nos ennemis étaient en si grand nombre, ils étaient si répandus et si disséminés, ils avaient tant de formes et de moyens de s'insinuer dans les administrations, dans les sociétés populaires et dans nos foyers, que tout citoyen dut se regarder comme une sentinelle chargée de surveiller un poste. Notre expérience et nos malheurs nous avaient instruits, nous connaissions nos ennemis. Si quelques-uns ont été trop loin, ce n'est pas une raison de blâmer une grande institution, qui n'était pas moins nécessaire contre les ennemis de l'intérieur, que les armées contre les rois et les puissances coalisées.

Le 8 thermidor vit développer dans cette enceinte le plan artificieux d'une vaste conspiration. On tenta de diviser les Français, d'inspirer le découragement, la terreur et le désespoir, d'atténuer le sentiment de la reconnaissance due aux défenseurs de la patrie, et de répandre des doutes sur leurs victoires; on se prévalait d'une grande réputation de talent, d'énergie et de civisme.

Le lendemain le voile fut déchiré. Vous ne dûtes pas consulter l'opinion publique, vous dûtes la prévenir, et, sans considérer les dangers, aspirer à la gloire de la former. Le vœu du peuple ne pouvait ni se manifester, ni pénétrer jusqu'à vous. Vous dûtes donner l'exemple du courage des hommes libres : l'âme s'agrandit dans les occasions fortes, les périls l'éclairent;

vous sûtes prendre de promptes et de grandes déterminations ; vous éteignîtes les torches ardentes qu'on allumait pour embraser la patrie.

Les journées des 14 juillet et 10 août attesteront le courage invincible des Français, comme le siége de Lille, la reprise de Toulon, la levée des siéges de Dunkerque, de Maubeuge, de Landau, la bataille de Fleurus, la conquête de la Belgique, et tous les événements militaires qui ont signalé vos armes françaises aux Alpes et aux Pyrénées.

La journée du 31 mai attestera la majestueuse contenance du peuple, qui se leva pour combattre l'anarchie, les passions, tous les désordres, et pour avoir un gouvernement et des lois.

La journée du 9 thermidor apprendra à la postérité qu'à cette époque la nation française avait parcouru tous les périodes de sa révolution; qu'elle était parvenue à ce terme où l'on ne pouvait tenter de l'égarer que par l'éclat d'une grande réputation et l'apparence du civisme, de la probité et des vertus, qu'elle avait appelées à l'ordre du jour ; et ce dernier événement a encore été utile à la liberté, puisque la représentation nationale a été assez grande, assez puissante pour frapper les traîtres, et que la conduite sage, grande et sublime du peuple a justifié qu'il est impossible de l'égarer.

On ne regardera pas les erreurs de quelques citoyens comme un égarement du peuple. Quelques citoyens avaient été séduits ; mais le peuple entier, attaché aux principes et à la représentation nationale, a condamné Robespierre et ses complices.

Les mesures de sûreté générale avaient pris un caractère de force et de sévérité qui portait l'effroi dans l'âme des citoyens, et qui privait la France de bras et de ressources; les traîtres que vous avez punis en avaient changé l'objet et la direction. Vous aviez voulu frapper les ennemis de la République; ils s'étaient servis de vos armes et de vos mesures pour frapper l'homme faible et l'homme utile ; ils n'avaient pas épargné le cultivateur et l'artisan; ils n'avaient pu vous détruire ou vous faire haïr; ils avaient voulu vous faire craindre.

Vous avez consacré vos premiers soins à faire renaître la confiance et la sécurité ; vous avez rendu des bras à l'agriculture, quelques citoyens au commerce et aux arts, des vieillards et des infirmes à la liberté.

Quelques esprits inquiets ont conçu de vives alarmes. On a craint ou l'on a feint de craindre qu'une marche rétrograde vous fît tomber dans des précipices, et ne replongeât la France dans l'abîme d'où elle était sortie le 31 mai. Ce sentiment paraît avoir inspiré ces pétitions, ces adresses que vous avez reçues de plusieurs autorités constituées, et d'un plus grand nombre de sociétés populaires.

La situation de la France, sous ce rapport, présente une grande nation, qui connaît ses droits, ses intérêts, les lois de la nature et de la raison, qui veut sa sûreté, son bonheur, qui vous observe, qui médite vos décrets, qui surveille le gouvernement, qui veut établir la paix dans l'intérieur, obtenir la considération qui lui est nécessaire chez les nations neutres et alliées, et porter la terreur au-delà de ses frontières chez les nations belligérantes.

Cette nation est grande et généreuse; elle donne des larmes au malheur, à l'infortune ; elle a le sentiment de sa puissance et de ses forces; elle aime l'ordre, elle est soumise aux lois; elle n'a pas partagé les troubles, les inquiétudes et les agitations de quelques sociétés et de quelques fonctionnaires publics.

Elle n'a vu dans le redressement des abus que le retour aux règles et aux principes. Mais on ne peut se dissimuler que les esprits inquiets cherchent à propager leurs opinions et leurs craintes avec une

extrême activité. Ils emploient tous les moyens qu sont en leur disposition : correspondance, démarches, députations ; ils publient que le gouvernement n'a plus sa force ni son énergie; que des aristocrates mis en liberté oppriment les citoyens; que les patriotes sont sacrifiés aux nombreux ennemis que leur courage et leur audace leur ont suscités.

Organes du vœu des Français, hâtez-vous de prévenir les suites de ces nouvelles dissensions. Les haines exaspérées, suite inévitable de la diversité des opinions révolutionnaires et de craintes réelles ou supposées, produisent toujours de funestes résultats. Annoncez à la France que le gouvernement sera maintenu dans toute sa force; qu'entre vos mains il conservera ce caractère de puissance et de sévérité qui comprimera tous les ennemis, et ne laissera renaître aucune faction.

Les patriotes, les fonctionnaires publics, les sociétés populaires, peuvent-ils craindre que les services qu'ils ont rendus s'effacent de la mémoire? Quel courage ne leur a-t-il pas fallu pour accepter et pour remplir des fonctions périlleuses ! Ils ont tout osé; ils ont bravé tous les dangers pour sauver la patrie.

Le vœu de la France rappelle aujourd'hui à leurs travaux et à leurs professions un grand nombre de citoyens qui les avaient suspendus pour remplir des fonctions publiques ; ils savent que leurs fonctions étaient temporaires ; que le pouvoir trop longtemps conservé dans les mêmes mains devient un objet d'inquiétude politique ; la liberté s'en alarme : c'est un fardeau qui écrase celui dont le courage imprudent le porte à le retenir ou à le conserver trop longtemps.

Ils ne doivent pas craindre que ceux qui seront dépositaires des mêmes pouvoirs, ou qui rempliront les mêmes fonctions, n'égalent pas leur zèle, et ne fassent pas à la patrie tous les sacrifices qu'elle exigera.

Ils ne doivent pas craindre que la France les abandonne aux ressentiments et aux vengeances ; ils ont défendu la cause sacrée de la liberté, et, dans des temps d'orage, ils ont usé d'un grand pouvoir que la nécessité avait créé. La nation ne veut pas que ceux qui ont dirigé et lancé la foudre contre ses ennemis en soient atteints et consumés.

Représentants du peuple, vous ne devez pas ralentir ou discontinuer les soins que la justice et l'humanité vous ont imposés. Faites rendre la liberté à tous ceux que des haines, les passions, l'erreur des fonctionnaires publics, et les fureurs des derniers conspirateurs ont fait précipiter dans des maisons d'arrêt. Rendez la liberté à tous les citoyens qui ont été utiles et qui peuvent l'être : la vieillesse et l'infirmité ne réclament pas en vain ce bienfait.

Vous avez passé par tant de crises ; le moment du passage a été souvent accompagné de tant de dangers de tant d'incertitudes; vous avez vu quelquefois votre atmosphère chargée de tant de nuages, obscurcie de tant de ténèbres, que vous ne pouvez faire un crime à vos concitoyens éloignés de ce foyer de lumières d'avoir marché à pas incertains et chancelants, et de n'avoir pas prévu des événements qu'aucune théorie n'aurait osé en pu soumettre à ses calculs. L'égarement ne se confond point avec la trahison ou la perfidie; vous séparez l'erreur du crime.

Prouvez par l'application des principes et par votre conduite que tous les hommes sont égaux. N'examinez pas quelles illusions ont environné leur berceau, à quels préjugés d'état ou de profession ils ont sacrifié sous le despotisme. Si la révolution les a éclairés ; si elle les a ramenés aux principes de l'égalité ; s'ils marchent constamment avec vous ; s'ils vous accompagnent fidèlement dans votre course révolutionnaire, n'envisagez en eux que des frères et des amis.

Lorsque vous vous êtes élevés aux principes sublimes de l'égalité, vous ne devez pas en redescendre pour retracer la ligne de démarcation que des préjugés de famille ou de profession avaient rendue si sensible, et que la révolution a dû effacer.

Vous ne devez pas vous reporter au berceau de vos concitoyens, ni vous rappeler le souvenir de la profession qu'ils exercèrent, pour fixer votre jugement : examinez et pesez leur conduite, ils se sont prononcés par leurs actions.

Vous n'imiterez pas la conduite des tyrans : leur politique consiste à tout détruire, la vôtre est de conserver. Ce n'est pas pour vous seuls que vous avez fondé une république, c'est pour tout Français qui veut être libre; il ne vous est permis d'en exclure que le mauvais citoyen; mais le Français qui, après avoir sacrifié à l'ignorance et aux préjugés, a ouvert les yeux à la lumière, aux droits sacrés de l'homme, a réparé ses fautes, ou s'est montré votre émule dans la carrière, peut ici, comme vous, réclamer les droits de la nature et les principes de l'égalité.

Vous êtes trop éclairés sur votre situation pour ne pas savoir combien de citoyens se sont égarés dans les routes de la révolution; ils sont venus enfin se rallier à la représentation nationale. Voudriez-vous les rejeter de votre sein? Quels frères, quels amis fidèles vous perdriez! N'est-ce pas le même sang qui circule dans les veines de cette généreuse et vaillante jeunesse qui attend de vous la liberté de ses parents, comme le plus digne prix de ses travaux et de ses victoires?

Ces jeunes guerriers qui meurent dans les combats se flattent de transmettre à leurs pères et mères la liberté qu'ils ont si bien défendue; c'est leur dernier vœu. C'est à vous, représentants du peuple, à le remplir.

C'est de la France active et laborieuse qu'il faut vous entretenir.

Les sciences et les arts ont été persécutés; les savants et les artistes ont été opprimés; on voulait rendre la France barbare pour l'asservir plus sûrement. Cependant les arts et les sciences ont fait nos succès; c'est par eux que le Français instruit recueille sous ses pieds les éléments dont il compose la foudre qui écrase les tyrans.

C'est par eux que l'art de Montgolfier perfectionné transporte dans les airs vos généraux, vos ingénieurs, leur découvre les manœuvres de Cobourg, et décide le succès de la bataille de Fleurus.

C'est par eux que les métaux se préparent et s'épurent; que de nouvelles richesses, de nouveaux moyens de guerre, de nouvelles sources de prospérité pour la paix sortent du sein de la terre.

C'est par eux que les cuirs se tannent, s'apprêtent et se mettent en œuvre dans huit jours.

C'est aux arts et aux sciences dans l'oppression que nous devons ces étonnantes et utiles merveilles. S'ils ont fait ces rapides progrès, malgré les fureurs de Robespierre, qui n'osa jamais envisager un savant ni un homme utile, que ne feront-ils pas lorsqu'ils partageront les avantages de la liberté et de l'égalité! Ils ont proclamé les premiers les droits de l'homme; faut-il qu'ils ne puissent pas les invoquer? Vous ne serez véritablement heureux, vous ne jouirez de tout le bonheur auquel vous avez le droit d'aspirer, que lorsque vous aurez rétabli la confiance publique, employé tous les talents, toutes les lumières; que le savant et l'artisan se traiteront en frères et en amis, et jouiront des mêmes droits et de la même liberté.

L'agriculture a fait des progrès et d'incroyables efforts; mais elle réclame aujourd'hui des secours pressants. Encouragez le propriétaire et le cultivateur. De combien de maux l'agriculture n'a-t-elle pas été affligée! Combien d'hommes utiles les émissaires de Robespierre ne lui ont-ils pas enlevés! Nous avons craint longtemps que les terres ne fussent pas cultivées, que les herbages ne fussent pas couverts de bestiaux, tandis que l'on retenait dans les maisons d'arrêt les propriétaires ou les fermiers des terres et des herbages. Vous avez servi l'agriculture en rendant à leurs travaux les membres des comités de surveillance des communes des campagnes; il faut maintenant y rappeler l'amour du travail, exciter l'ardeur de vos concitoyens. On se plaint de manquer de bras, mais on se dissimule qu'un grand nombre de citoyens, distraits, occupés ailleurs, ont moin d'activité, et sont moins assidus que les circonstances ne l'exigent. Rappelez la sécurité; éteignez les flambeaux de la haine et de la discorde; faisons oublier à nos concitoyens les malheurs inséparables d'une grande révolution; disons-leur que le passé n'est plus à nous, qu'il appartient à la postérité; disons-leur qu'ils ont combattu, qu'ils ont souffert pour la liberté, l'égalité; prouvons-leur enfin, et qu'ils sentent qu'ils sont libres, qu'ils sont égaux.

Que vos lois, que vos institutions appellent l'homme au travail; que tout homme utile et laborieux soit assuré de sa liberté et de son indépendance; que le travail soit honoré; que l'oisiveté soit flétrie.

Tous les arts, toutes les professions appellent votre attention et vous demandent des encouragements : leurs productions ont surpassé ce que l'on pouvait en attendre; mais si l'on a prouvé ce que l'on pouvait faire, on ne s'est pas assez longtemps soutenu. Les travaux languissent, les besoins augmentent; la consommation est excessive. Cependant un grand nombre de cultivateurs ne font pas battre leurs grains, ne font pas rouir leurs lins, ne font pas teiller leurs chanvres; ils conservent leurs laines : la filature est négligée. Rappelez l'activité dans les campagnes, dans les ateliers, dans les fabriques et dans les manufactures.

Le commerce de France offre aujourd'hui des ruines et des débris. On avait aussi conspiré contre le commerce : Robespierre voulait l'anéantir. Un génie destructeur planait sur la France, et frappait en même temps l'agriculture et le commerce. Il faisait détruire les fabriques de soie, et forçait d'abandonner la culture du mûrier, l'une des principales ressources des départements méridionaux; il faisait transporter les huiles en pays étranger pour détruire vos savonneries.

Que pouvons-nous attendre, que pouvons-nous espérer de ces bouleversements? Les nations étrangères vous envoient leurs productions; elles vous demandent les vôtres en retour; mais vous les consommez. Offrirez-vous des métaux? Quelles mines assez fécondes pourraient suffire à vos besoins? Vos ressources seront bientôt épuisées : c'est à l'industrie nationale à vous acquitter envers l'étranger; c'est aux chefs des fabriques et des manufactures à conduire, à diriger leurs travaux, à faire exécuter les ouvrages et les dessins qui conviennent aux peuples et aux nations qui commercent avec vous; c'est aux négociants à rassembler, à distribuer et disperser les productions du sol et de l'industrie dans les diverses parties du monde, et à en tirer et faire arriver dans vos ports les productions qui vous sont nécessaires.

Préservez la France du malheur d'être tributaire des autres nations en payant leurs productions en métaux; elle ne le serait pas même longtemps. Rendez au commerce ce que l'erreur et l'ignorance lui ont enlevé.

Que faut-il aux Français pour réparer tant de désastres? un regard de leurs concitoyens et la liberté. Apprenez aux Français à distinguer leurs amis de leurs ennemis; tous les citoyens se sont prononcés; on peut les connaître tous; ce n'est plus le soupçon qui doit nous guider. Le mauvais citoyen est connu par ces actions; le bon citoyen est connu par ses sacrifices, par des épreuves multipliées, par ses services, par sa vie active et laborieuse.

Prononcez solennellement que tout citoyen qui emploie ses jours utilement aux travaux de l'agriculture, aux sciences, aux arts, au commerce, qui élève ou soutient des fabriques, des manufactures, ne peut être inquiété ni traité comme suspect.

Rendez aux manufactures toutes les matières qui sont sous les scellés. Faites remettre en circulation toutes les marchandises que l'on avait expédiées pour diverses destinations, et que l'on conserve dans des dépôts, en attendant une interprétation nécessaire du décret qui ordonne la confiscation de toutes les marchandises expédiées pour des communes en état de rébellion.

Portez vos regards sur Commune-Affranchie; faites cesser la démolition des édifices et des maisons; faites rentrer les citoyens dans leurs ateliers; ils sont faits pour créer et non pas pour détruire.

Ce ne sont pas des règlements que l'on vous demande; assurez la liberté de l'exportation; il se présentera un assez grand nombre de citoyens pour rassembler la soie, la faire fabriquer, et faire expédier les étoffes en pays étranger. Les autres manufactures, la chapellerie, la fabrique de draps se relèveront avec le même succès, et Lyon sortira de ses ruines.

Que Marseille se ressouvienne des moyens qui firent sa gloire et sa prospérité : des passions exaltées lui ont fait oublier les avantages de sa situation, ses intérêts et ses besoins. Cette commune, dont le commerce était si brillant et si utile, qui s'enorgueillissait de se suffire à elle-même, et d'alimenter le Midi, ne subsiste plus que par les secours que le gouvernement lui envoie. A peine peut-on y rassembler quelques négociants pour former deux agences qui recueillent les débris du commerce du Levant et des Barbaresques.

A Cette on a regardé comme des contre-révolutionnaires des négociants qui faisaient le sacrifice de leur fortune pour exécuter un arrêté du comité de salut public, qui les chargeait de faire des exportations pour acquitter la République d'une partie de ses engagements.

Tel est le résultat de tant de déclamations contre le commerce. On l'a anéanti, lorsqu'il fallait réprimer ses écarts, le diriger vers l'utilité publique, punir des coupables et encourager ceux qui voulaient et pouvaient servir la patrie; tel sera toujours l'effet des proscriptions générales.

Éteignez le feu des passions qui brûlent le Midi. Que les habitants de cette contrée sachent que vous estimez leurs talents, leurs connaissances; que vous les avez mis en réquisition pour concourir au salut de la patrie; qu'ils sachent que vous voulez réunir tous les Français, faire cesser les dissensions et les discordes civiles, et le commerce renaissant saura pourvoir à vos besoins.

Bordeaux attend de vous des encouragements; il prépare des expéditions, mais de grands obstacles retardent encore les mouvements de ce port.

Tout retentit ici du bruit des malheurs qui ont affligé la commune de Nantes. Que pouvait le commerce au milieu de tant de calamités et de persécutions? Cette citadelle de l'Ouest a soutenu un siége de plus de quinze mois; elle a combattu les rebelles et les brigands; elle a conservé à la République une place importante, et la navigation de la Loire; sa fidélité, ses malheurs appellent des encouragements.

Si les infortunés Nantais se réunissent, Nantes redeviendra le plus grand magasin de l'Europe, et assurera à la circulation des matières et des denrées dans l'intérieur.

En quel état est réduite la fabrique de Sedan! On cessa d'y tisser des étoffes de luxe aussitôt que l'on connut les besoins de l'armée : les habitants de Sedan surent en même temps tisser des étoffes pour l'habillement des troupes, défendre la place, combattre et vaincre l'ennemi.

Vous rétablirez cette fabrique. Les principaux magasins sont aujourd'hui à la disposition de la nation ; les matières sont sous les scellés. Vous remettrez sans doute à des mains exercées ces dépôts de matières et de marchandises qui doivent alimenter les manufactures. Vous approuverez que les fabricants emploient plusieurs ouvriers à la fabrication des étoffes de luxe pour augmenter vos exportations; on commandera une quantité de draps d'uniforme, proportionnée aux ressources des fabricants, et au nombre d'ouvriers qu'ils emploient. On leur permettra de destiner ce qui leur restera de ressources à la fabrication de ces draps qui ont fait la réputation et la prospérité de Sedan, et vous donneront des moyens d'échange pour le commerce extérieur.

Nous devons dire à la France que l'un des plus grands obstacles qui s'opposent au rétablissement du commerce et aux exportations, est l'excessive consommation qui se fait dans l'intérieur de toutes les productions du sol. Pour nous procurer des farines et des grains, il faut donner en échange une partie de nos vins. Le commerce de Bordeaux ne peut s'en procurer la quantité nécessaire à ses exportations : on en a livré une trop grande quantité à la consommation. C'est à vous, représentants du peuple, à donner les grandes leçons d'économie. Les peuples qui ont conquis ou conservé leur liberté ont été remarquables par leur simplicité et leur frugalité. Les grands consommateurs sont dans une dépendance continuelle de leurs besoins: l'économie, la frugalité, le travail et l'activité sont les seuls garants de la stabilité de la République.

On ne peut trop redire aux Français que les armées de terre, la marine, les arts de la guerre et tous les services enlèvent à l'agriculture et à toutes les professions plus de quinze cent mille citoyens, et que l'entretien de six millions d'hommes disséminés dans toutes les communes coûterait moins à la République. On n'a qu'une idée confuse de toutes les pertes et des consommations que nécessitent ces immenses rassemblements. Il faut en saisir l'ensemble et les détails : quelle surveillance peut y suffire ?

Ce qu'auraient fait tous ces citoyens dans leurs domiciles, dans leurs ateliers, doit se faire par les citoyens sédentaires dans l'intérieur des départements. Les productions du travail et de l'industrie en tout genre doivent être les mêmes ; et l'activité qui nous reste doit suppléer les bras qui nous manquent.

Les ennemis de la République, l'intérêt même, la criminelle avarice ont fomenté et entretenu des germes de division entre les citoyens des villes et ceux des campagnes, entre les cultivateurs, les artisans et les commerçants, entre les citoyens des départements et districts, et même des communes voisines. On a voulu s'isoler de toutes parts, lorsque les frères, les amis de la liberté sont réunis et confondus dans les armées et sur les vaisseaux de la République; on a encore répété que tous les hommes sont frères, mais chacun se concentre aujourd'hui dans sa famille et calcule ses ressources. Plusieurs accusent le gouvernement de n'avoir pas rempli assez promptement, et avec assez d'étendue, les promesses qu'il avait faites, d'avoir épuisé les ressources en subsistances de plusieurs départements ; de n'avoir pas observé des proportions assez exactes, d'avoir fait peser inégalement le poids des réquisitions sur les départements et les districts. Que ne peuvent-ils jeter les yeux sur ces tableaux, ces déclarations, ces adresses de leurs concitoyens des autres districts ? ils y verraient les mêmes plaintes, les mêmes réclamations, la même énergie inspirées par le sentiment des mêmes besoins.

La mer longtemps fermée ne permit pas au gouvernement de remplacer assez tôt les subsistances qu'il avait empruntées; mais n'avait-il pas fallu faire subsister les armées, entretenir les magasins militaires et pourvoir aux besoins des départements privés de récoltes ou ravagés par les brigands?

Rappelez aux Français ces sentiments de fraternité qui leur font un devoir sacré de partager leurs subsistances avec leurs frères des armées, des départements, de tous les états, de toutes les professions, sur quelque point de la République qu'ils soient rassemblés ou disséminés.

Les principes de l'égalité doivent avoir éteint ces jalousies, ces rivalités, ces haines qui subsistaient et que l'on entretenait entre les habitants des campagnes et des villes.

Gravons dans tous les cœurs cette maxime, dont chacun de nous doit être pénétré : *Souviens-toi, républicain, en quelque lieu que tu sois, que tu rencontres un frère, un ami.*

S'il est difficile de parler des subsistances, souvenez-vous qu'il vous est impossible de n'en pas parler.

Plusieurs départements ont été privés de récoltes : la grêle, la pluie, les brouillards ont occasionné de grands dommages dans plusieurs districts; le plus grand nombre des départements est dans l'abondance.

La confiance, la considération que vous saurez conserver chez l'étranger, le fonds inaltérable de probité qui caractérise les Français, feront arriver dans vos ports ce qui pourrait vous manquer.

Mais il faut dans ce moment que les grains soient battus, que la circulation la plus active rétablisse vos marchés, approvisionne les magasins nationaux; il faut que les lins, les chanvres et les laines soient préparés et mis en œuvre.

La navigation intérieure rétablie et perfectionnée; des relais qui s'établissent de l'est à l'ouest, et du nord au midi, faciliteront les moyens de transport, devenus rares et difficiles.

Une levée de quarante-quatre mille chevaux et mulets, depuis trois ou quatre mois, en exécution de votre décret du 18 germinal, au milieu des réquisitions particulières qui ont eu pour objet le service des armées et celui de l'intérieur, a retardé les transports et les approvisionnements.

Français, remplissez vos destinées, servez de modèle aux nations ! Vous avez de grands obstacles à vaincre; en vous les faisant connaître, on vous sert comme doit l'être un peuple libre. Vous avez de grands efforts à faire, mais ils sont loin d'épuiser vos forces et votre courage, vos ressources surpassent vos besoins.

Que vous faut-il, représentants du peuple, pour combler votre gloire et assurer le bonheur de la France ?

De l'union, de la confiance. Ne nous reprochons ni nos malheurs ni nos fautes. Avons-nous toujours été, avons-nous pu être ce que nous aurions voulu être en effet? Nous avons tous été lancés dans la même carrière : les uns ont combattu avec courage, avec réflexion ; les autres se sont précipités, dans leur bouillante ardeur, contre tous les obstacles qu'ils voulaient détruire et renverser. Chacun de nous a contribué à fonder, à affermir la République, à conserver les amis, à détruire les ennemis de la liberté et de l'égalité. Qui voudra nous interroger et nous demander compte de ces mouvements qu'il est impossible de prévoir et de diriger? La révolution est faite; elle est l'ouvrage de tous. Quels généraux, quels soldats n'ont jamais fait dans la guerre que ce qu'il fallait faire, et ont su s'arrêter où la raison froide et tranquille aurait désiré qu'ils s'arrêtassent? N'étions-nous pas en état de guerre contre les plus nombreux et les plus redoutables ennemis ? Quelques revers n'ont-ils pas irrité notre courage, enflammé la colère? Que nous est-il arrivé, qui n'arrive à tous les hommes jetés à une distance infinie du cours ordinaire de la vie ?

Ne fallait-il pas que les uns fissent aimer les charmes de l'égalité, que les autres portassent la terreur et l'effroi au milieu de nos ennemis ? La révolution a coûté des victimes; des fortunes ont été renversées. Iriez-vous autoriser des recherches sur tous les événements particuliers ?

Lorsqu'un édifice est achevé, l'architecte, en brisant ses instruments, ne détruit pas ses collaborateurs. Le navigateur surpris par la tempête s'abandonne à son courage, à ses lumières, que le danger rend plus vives et plus fécondes en ressources, pour sauver le vaisseau qui lui est confié. Lorsqu'il est arrivé sans naufrage au port, on ne lui demande pas compte de ses manœuvres. On n'examine pas s'il a suivi ses instructions. Quand il faut lancer si fréquemment la foudre, peut-on répondre d'atteindre toujours le vrai but, et que des éclats ne s'écarteront pas de la direction donnée ?

La raison, le salut de la patrie ne vous permettent pas de jeter les yeux sur des ruines que vous avez franchies. N'envisagez que ce qui vous reste à faire : que la patrie seule occupe votre pensée.

Nous devons ajouter, au tableau que nous venons de vous présenter de la situation et de la disposition des esprits, le développement de quelques causes secrètes et particulières qui peuvent avoir eu une grande influence sur les derniers mouvements, qui les ont peut-être occasionnés, et qu'il est nécessaire de faire connaître à tous les Français.

Tandis que la révolution agitait si fortement nos âmes, que de grandes passions, un courage invincible, les qualités morales de l'homme, de la nature, les vertus civiques nous élevaient au-dessus de nous-mêmes, le vice faisait aussi ses progrès. Il se communiquait moins ; mais il avait aussi son énergie dans les âmes corrompues.

On a vu des hommes qui n'ont embrassé la révolution que sous les rapports des forfaits qu'ils pourraient commettre et des avantages personnels qu'ils s'en promettaient. Ils ne désiraient pas l'égalité des droits; ils n'aspiraient qu'au déplacement des fortunes. Ils se proposaient de consommer ou d'accumuler de grandes richesses. Quelques-uns ont été à portée d'exécuter leurs desseins, et la révolution a eu ses taches.

Lorsque les derniers conspirateurs ont été punis, ces monstres épars ont tenté de se rallier. Bourrelés de craintes et de remords, ils auraient voulu appeler toute la France à renverser le gouvernement : ils n'entrevoyaient leur sûreté que dans le désordre, la confusion et l'absence de tout gouvernement. Ils se sont efforcés de séduire et d'égarer leurs concitoyens, des fonctionnaires publics, des sociétés populaires. Ils ne pouvaient se rassurer, s'ils ne parvenaient à persuader que leurs dangers étaient ceux de la France.

Ils avaient usurpé le titre et la réputation de patriotes. Ils ont dit : Nous sommes découverts ; nous allons être persécutés ; l'on va nous demander compte de tant de dépôt usurpés, arrachés ou confiés à notre bonne foi ; l'on va nous demander si nous avons été des artisans de la révolution pour nous-mêmes ou pour la patrie. Portons l'alarme dans le sein des patriotes ; répétons que nos dangers sont les leurs, que le même sort nous attend, que nous serons tous sacrifiés à l'aristocratie, que nous devons tous périr ou nous sauver ensemble.

Ainsi ils sont parvenus à égarer quelques fonctionnaires publics, quelques membres de la société populaire, qui ont craint de vous voir confondre dans votre sévérité et votre justice les fautes, les erreurs, les abus mêmes du pouvoir et les actes arbitraires, avec les crimes de la lâcheté et de l'avarice.

Nous devons vous dire qu'il ne se serait vraisemblablement manifesté ni inquiétude, ni agitation dans les esprits, si de grands coupables ne les avaient pas conçues et communiquées.

Vous tirerez encore un grand parti de cette situation. Continuez d'éclairer la nation, de rassurer les patriotes que leur zèle et leurs passions auraient pu égarer.

Des erreurs, des fautes, des abus de pouvoir, des actes arbitraires ne sont-ils pas des maux inséparables d'une grande révolution? Mais s'il est des crimes, s'il est des forfaits qui exigent une prompte expiation, vous n'imposerez pas silence aux tribunaux. La justice nationale a ses droits; il ne nous est pas permis d'y porter atteinte.

Les citoyens que l'on a vus partager les alarmes des coupables ne vont-ils pas se séparer d'eux? N'abandonneront-ils pas la cause de ces criminels imposteurs? La France verra bientôt le crime et l'imposture isolés, mendiant un appui et ne le trouvant pas.

Pour fixer désormais l'opinion publique, affermir la confiance, rétablir la sécurité, que la France apprenne aujourd'hui que ses représentants, resserrant et rapprochant tous les ressorts du gouvernement, dirigeront seuls les mouvements révolutionnaires.

La révolution a fait des infortunés, mais elle ne les abandonne pas au désespoir: elle leur offre de puissants motifs de consolation. Il n'y a plus de situation désespérée dans une république de frères, où les distinctions sont abolies, où l'orgueil des richesses est foulé aux pieds, où le citoyen utile et laborieux est tout, où l'homme inutile n'est rien.

L'égalité, en rapprochant les hommes de la nature, leur a donné plus de moyens d'essuyer leurs larmes, de réparer leurs malheurs. La patrie n'abandonnera aucun de ses enfants; elle leur fera oublier leurs maux et leurs pertes; elle les fera rentrer et les conduira dans la route du bonheur.

Français qui vous plaignez, relisez les pages immortelles de notre histoire, parcourez tous les événements qui ont signalé le courage et éternisé la gloire de la nation.

Habitants du Nord, de quels sentiments n'êtes-vous pas pénétrés en arrêtant vos regards sur Lille! Quelle impression ne fait pas sur vous le souvenir de ce mémorable siège, pendant lequel les Lillois ont signalé la grandeur du courage; la constance et le véritable héroïsme des Français, tandis que le citoyen de Thionville donnait le même exemple au milieu des mêmes dangers! Voyez cette armée de héros qui se précipite sous le feu des batteries, emporte des redoutes et gagne la sanglante bataille de Jemmapes; voyez-la attaquer l'ennemi devant Bruxelles, et faire la première conquête de la Belgique.

Une nouvelle scène s'ouvre: les Français défendent leurs frontières attaquées; l'Anglais est battu sous Dunkerque, et l'Autriche devant Maubeuge. L'armée s'avance dans le West-Flandre; ce pays, hérissé de citadelles, est couvert et protégé par toutes les forces des puissances coalisées; toutes les places tombent au pouvoir des Français, et les capitulations d'Ostende et de Nieuport enlèvent à l'Anglais ses communications dans la Belgique.

Voyez avec quel courage les défenseurs de la patrie préparent devant Charleroi les succès qu'ils doivent avoir le lendemain dans les plaines de Fleurus.

Un monarque orgueilleux fit publier par toutes les trompettes de la renommée la prise de Namur: une nouvelle tactique, que ne s'approprieront jamais les autres nations, et que le despotisme n'introduira pas dans ses armées, remet Namur au pouvoir des Français. Ils poursuivent les Autrichiens, ils les forcent à

la retraite; ils entrent dans Liége, où ils font la plus utile des conquêtes: ils brisent le sceptre d'un prêtre et les fers dont ce despote chargeait ses frères.

Le Liégeois industrieux fuit cette terre d'esclavage, vient jouir de la liberté, et élever dans le territoire de la République de nouvelles manufactures d'armes, pour achever la destruction des tyrans.

Habitants de nos contrées orientales, quels transports n'avez-vous pas éprouvé, lorsque vous avez été spectateurs de ces campements, de ces marches, de ces combats, de ces victoires qui ouvrirent à vos frères les portes de Spire, de Worms, de Mayence! Contemplez les Français soutenant dans Mayence un siége long et meurtrier, et le plus célèbre de cette guerre; comparez la courageuse résistance des Français, renfermés dans cette place et ne pouvant attendre aucun secours, avec cette tactique si vantée de vos ennemis, qui abandonnent successivement leurs places et se replient loin de ceux qu'ils étaient venus défendre.

Tous les bords du Rhin retentissent des victoires de vos armées.

Landau n'attend pas en vain le secours de ses défenseurs.

Les armées de la Moselle et du Rhin se réunissent, et, supérieures par leurs marches et leurs mouvements, comme par leur courage, elles mettent en fuite les Prussiens et les Autrichiens, rétablissent les communications avec Landau, et parcourent une partie du Palatinat.

Habitants du Midi, vous savez si les fruits de la victoire ont été utiles à la France. La conquête de la Savoie a donné à la République le département du Mont-Blanc, réuni par le vœu du peuple librement émis. Le Mont-Cenis assure aujourd'hui votre conquête et la liberté de vos frères.

Nice et Villefranche vous assurent des dépôts, des magasins, dont nous ne pouvons nous passer. Plus les besoins se sont fait sentir, plus vous avez su mettre de prix à ces conquêtes, et surtout à l'union et à l'attachement de ces nouveaux Français.

La prise de Saorgio garantit à la République la réunion des Alpes-Maritimes; Cravella a vu fuir les Croates et les Autrichiens devant les Français, chargés de préserver les contrées libres de l'Italie du joug de la domination autrichienne.

Collioure et Port-Vendre n'avaient été occupés momentanément par l'Espagnol que pour donner un nouvel éclat aux armes de la République, et donner à l'Europe le spectacle des meilleures troupes de l'Espagne forcées de renoncer aux honneurs de la guerre, et de subir, en mettant bas les armes, la loi du vainqueur.

Les vallées de Bastan et de Lerin ont pourvu pendant plusieurs mois aux besoins de l'armée. Fontarabie et Saint-Sébastien vous donnent des ports et assurent la navigation du golfe.

L'Espagne a perdu sans retour ses célèbres fonderies, ses manufactures d'armes, qui auraient été un objet éternel de jalousie, si on les avait conservées.

Telle est aujourd'hui la situation de la France. Peut-elle être plus grande, plus forte et plus imposante?

Vos succès aux Pyrénées n'ont-ils pas répondu à vos espérances, quoique vous attendiez encore la reddition de Bellegarde?

N'avez-vous pas assez fait pour votre gloire et votre sûreté, et pour affaiblir vos ennemis en Italie et aux Alpes?

Le Rhin ne garantit-il pas le territoire de la République? Le Palatinat vous est ouvert, Trèves est en vos mains.

Quel plan de campagne fut mieux conçu et mieux exécuté que celui qui vous a rendu Valenciennes, rétabli toute la frontière du Nord, et vous a rendus maîtres de la Belgique?

Quel Français refuserait de s'associer à votre gloire et de partager vos destinées ?

Si quelques citoyens avaient conçu des vues ambitieuses, ou s'ils avaient eu la pensée de troubler la tranquillité publique, oseraient-ils faire éclater leurs desseins ? La nation s'occupera-t-elle des craintes, des terreurs, des vaines alarmes que l'on voudrait répandre, lorsque sa sûreté et sa gloire exigent que tous les intérêts particuliers se confondent dans l'intérêt général ? Ne saura-t-elle pas réprimer et contenir par sa puissance ceux qui s'efforceraient de faire naître de nouveaux troubles dans l'intérieur ?

Nation, sois attentive à tes destinées, qui s'accomplissent par tant de prodiges et de merveilles : du courage, de la force et de l'intelligence ! Ce n'est point l'ouvrage de quelques citoyens, c'est l'ouvrage du peuple entier ; il voudra le maintenir ; il couvrira de l'éclat de sa gloire, ou il frappera de sa puissance tout citoyen qui voudra appeler sur lui l'attention qui n'est due qu'aux événements généraux.

Souvenez-vous, sociétés populaires, de ce que vous fîtes de grand, de sublime, lorsque vous éclairâtes les Français sur leurs droits, lorsque vous enflammâtes leur courage, et que vous les préparâtes à combattre le despotisme et la tyrannie : vous apprîtes aux hommes qu'ils n'étaient pas nés pour l'esclavage, qu'ils devaient briser leurs fers sur la tête de leurs tyrans ; vous apprîtes aux hommes que, pour être libres et conserver leur liberté, ils devaient s'instruire et connaître leurs droits et leurs devoirs.

Que de lumières vous avez répandues sur la France ! Continuez de parcourir votre carrière ; elle devient plus difficile. Le peuple, plus instruit, vous demande de nouvelles lumières, de nouvelles connaissances. Apprenez-lui à conserver le dépôt de sa liberté ; prémunissez-le contre les erreurs, les séductions, l'éclat des vaines réputations ; faites-lui faire de nouveaux pas dans la carrière des connaissances humaines ; observez attentivement la marche du gouvernement ; surveillez les fonctionnaires publics ; faites naître l'amour du travail ; encouragez les hommes utiles ; que par vos soins la probité nationale s'affermisse et soit respectée.

On se demande quelle sera l'issue de la guerre de la Vendée. On a livré divers combats ; on a détruit des rebelles ; il en existe encore. Ils ne forment plus de corps d'armée ni de grands rassemblements, mais ils ont fatigué et harcelé les cultivateurs, ils ont troublé et même interrompu en plusieurs endroits les travaux de la récolte ; on les attaque, on les poursuit ; on a souvent manqué des occasions favorables ; les plans, les instructions n'ont point été suivis.

Le comité de salut public a concerté, avec les membres qui connaissent particulièrement les départements de l'Ouest, les moyens de terminer promptement cette guerre. On a rappelé des généraux. Des représentants du peuple se sont rendus dans ces contrées ; ils sont pénétrés des grandes et importantes fonctions qu'ils vont remplir. Une discipline exacte, une conduite régulière, une activité soutenue, un ordre de marche continuel et suivi, sont les seuls moyens de détruire les rebelles, de contenir les hommes suspects et de rassurer les bons citoyens.

Des brigands, connus sous le nom de Chouans, ont infesté la rive droite de la Loire et les routes de la ci-devant Bretagne. Plusieurs courriers, plusieurs voyageurs ont été assassinés ; quelques citoyens, chargés de faire exécuter des réquisitions, ont péri par la main de ces brigands.

Les représentants du peuple envoyés dans ces départements en sont instruits ; leur surveillance, les mouvements fréquents de troupes, rendront les communications sûres et préserveront ces départements des malheurs qui ont assailli la Vendée.

L'exemple de courage, de probité, d'union, que vous donnerez ici, doit aussi avoir la principale influence sur les départements de l'Ouest. On oubliera le faste, le luxe et le crime de quelques généraux ; l'armée répondra à votre attente, et le peuple ne reconnaîtra dans les soldats de la liberté que des vengeurs. Le calme que vous établirez ici, les grands principes que vous consacrerez, et dont les représentants et les généraux se montreront pénétrés, feront cesser ces troubles affreux qui désolent une si belle contrée que vous devez reconquérir à la liberté. C'est par les lumières, par la force des principes, par la raison, par une armée terrible aux rebelles, protectrice des bons citoyens, que vous achèverez cette conquête.

Vous ne voulez négliger aucuns moyens d'éclairer le peuple, de l'attacher à la révolution. Il en est un puissant que l'on a trop négligé : dissipez les ténèbres de l'ignorance, répandez les lumières et l'instruction ; mettez entre les mains de vos concitoyens ces ouvrages si désirés dans lesquels ils apprendront leurs droits et leurs devoirs. Pourquoi le temple des sciences et des arts est-il encore fermé ? Les moyens d'instruction ne doivent-ils pas être à portée de tout citoyen, comme les moyens de travail ? Dans le Valais tout habitant sait cultiver son champ, les arts et les sciences ; toute maison renferme une collection des meilleurs livres, des outils les plus ingénieux des différents arts et métiers, et des instruments d'agriculture, dont le possesseur sait faire usage.

Vous avez formé le camp des Sablons pour faire instruire sous vos yeux de jeunes citoyens dans l'art de la guerre ; pourquoi n'ordonneriez-vous pas qu'il serait ouvert à Paris un cours d'études pour former des instituteurs, et qu'un nombre déterminé de citoyens de tous les districts, capables de remplir de pareilles fonctions, se rendrait à Paris pour y suivre ce cours ? Quelque plan d'instruction que vous propose le comité que vous avez chargé de cet ouvrage, il est permis de prévoir que l'exécution en sera difficile, si l'on ne s'occupe pas dès ce moment du soin de former des instituteurs.

Vous avez cependant des mesures provisoires à adopter. Le peuple a besoin que vous l'entreteniez souvent. Remplissez le vide de ses fêtes décadaires ; ordonnez à votre comité d'instruction publique de rédiger dans le cours de chaque décade un cahier d'instruction. Que ces cahiers soient un répertoire de vos travaux et des principaux événements ; que l'on y trouve des conseils, des règles de conduite ; qu'ils respirent l'amour du travail, les mœurs et l'honnêteté publique ; qu'une narration pure et facile attache et intéresse.

Si un pareil ouvrage est bien exécuté, si vous en ordonnez la lecture dans le lieu des séances de l'assemblée générale de chaque commune, le décadi, les citoyens s'y rendront en foule avec leurs femmes et leurs enfants. Quel que soit le plan que l'on adopte à l'avenir sur les fêtes décadaires, vous devez regarder comme un devoir indispensable de remplir vous-mêmes ces fêtes, de les animer, d'y répandre de l'intérêt. Vous ne pouvez le faire par la pompe d'un frivole spectacle, faites-le par l'instruction.

On vous parlait dernièrement de la liberté de la presse ; on vous demandait une garantie. Vous avez rappelé les dispositions de la Déclaration des droits de l'homme, et les Français ont juré de mieux conserver le dépôt qui leur est confié.

Vos concitoyens vous demandent aujourd'hui une garantie de la liberté individuelle. Répondez-leur que tous les citoyens étant égaux, la loi doit être égale pour tous.

Le r que vous fûtes informés que des laboureurs se consumaient dans l'ennui et l'oisiveté des maisons

d'arrêt, vous ordonnâtes, avant la récolte, qu'ils fus-
‹ ent mis en liberté. Vos comités vous annoncent qu'il
y a encore dans ces maisons d'arrêt un grand nombre
de citoyens appliqués aux arts, aux sciences, à l'agriculture, des chefs de manufactures, des commerçants,
dont la détention est ruineuse pour eux et nuisible à
la République. Vos comités ont pensé qu'il ne convenait pas moins à la justice qu'à l'intérêt national de
mettre en liberté ces citoyens, dont l'utilité ne peut
être contestée, et dont les services sont nécessaires.

La liberté est le plus grand des encouragements
que vous puissiez donner aux hommes utiles; vous ne
devez plus souffrir que l'on vous prive de leurs lumières, de leurs veilles et de leurs travaux. La reconnaissance leur prescrira de se dévouer au service de la
patrie. Votre comité de sûreté générale, formant un
grand jury, saura remplir le vœu de la nation, et, en
rejetant les réclamations des hommes inutiles et dangereux, renvoyer dans le sein de leurs familles des citoyens qui ne feront usage de leur liberté que pour
concourir à la prospérité générale.

Des circonstances vous avaient obligés d'accorder
aux municipalités un pouvoir illimité sur la délivrance
ou le refus des certificats de civisme. Ces dispositions
furent alors nécessaires; maintenant il convient d'a-
jouter aux lois des dispositions qui en conserveront
tous les avantages et en feront disparaître les inconvénients. Il ne convient plus aux circonstances actuelles de laisser aux municipalités la faculté de refuser des certificats de civisme, sans en exprimer les
causes. Les comités vous proposent de décréter que
les municipalités exprimeront les motifs de leur refus,
lorsqu'elles croiront devoir refuser les certificats de
civisme qui leur seront demandés. Ils ont pensé qu'il
devait être permis de soumettre à la décision des
directoires de district l'examen des motifs de refus.
Ces dispositions ont paru nécessaires pour faire cesser
des abus et de graves inconvénients. On sait quelles
sont les suites du refus d'un certificat de civisme; des
fonctionnaires publics, qui rejettent en quelque sorte
du sein de la société ceux qui éprouvent leur refus, ne
doivent pas en laisser ignorer les motifs.

Les besoins pressants et multipliés du commerce
ont encore déterminé vos comités à vous soumettre
plusieurs propositions dont ils demandent le renvoi à
vos comités des finances et de commerce.

Les mesures que vos comités vous proposent leur
ont paru celles que les circonstances devaient faire
adopter. Rendre la liberté à tous les hommes utiles,
imprimer le sceau de l'humiliation sur l'oisiveté, rappeler les institutions à leur origine, les pouvoirs à leur
centre, honorer le travail, encourager le commerce,
répandre des lumières, établir de fréquentes communications entre le peuple et ses représentants, poser
les bases de l'instruction publique, leur ont paru les
seuls moyens qu'ils dussent vous proposer pour remplir vos vues, soutenir l'éclat de la nation française,
et assurer sa gloire et sa prospérité.

Voici les projets de décrets que je suis chargé de
vous présenter:

« La Convention nationale, après avoir entendu le rapport
de ses comités de salut public, de législation et de sûreté
générale, réunis, charge son comité de sûreté générale et
les représentants du peuple dans les départements de s'occuper, sans délai, de l'examen des réclamations des peres
et mères des défenseurs de la patrie, de tous les citoyens
agriculteurs, artistes et commerçants mis en état d'arresta
tion.

La Convention nationale, après avoir entendu le rapport
de ses comités de salut public, de sûreté générale et de
législation, décrète:

» Art. Ier. Les municipalités et comités des sections qui
refuseront des certificats de civisme seront tenus d'exprimer
les motifs de leur refus.

» II. Les citoyens auxquels les municipalités auront refusé
des certificats de civisme pourront s'adresser au directoire

de leur district, qui, après avoir vérifié les motifs du
refus, accordera ou refusera, s'il y a lieu, le certificat de
civisme. »

La Convention nationale, après avoir entendu le rapport
de ses comités de sûreté publique, de salut public et d'instruction publique, décrète:

» Art. Ier. Le comité d'instruction publique est chargé de
rédiger, dans le cours de chaque decade, un cahier d'instruction, dont l'objet sera de ranimer l'amour du travail,
d'affermir les citoyens dans les principes de la morale, de
l'attachement à leurs devoirs, de leur rappeler les grands
événements de la révolution, et de leur présenter les avantages des sciences utiles et des arts.

» II. Ces cahiers seront envoyés dans toutes les communes,
pour être lus chaque jour de decadi dans le lieu des séances de l'assemblée générale, où les peres et mères et leurs
enfants seront convoqués et invités à se trouver.

» III. La lecture sera suivie du chant des hymnes à la
liberté. On exercera les enfants à célébrer, par leurs chants,
les vertus civiques et les actions guerrières des héros de la
patrie. »

La Convention nationale, après avoir entendu le rapport
de ses comités de salut public, de sûreté générale et de
législation, charge ses comités de commerce et des finances
de lui faire, sous trois jours, un rapport sur les pétitions et
mémoires des marchands, tenus de verser dans les caisses
de district et de la tresorerie nationale les sommes dont ils
sont débiteurs envers les étrangers des nations avec lesquelles la République est en guerre.

La Convention nationale, après avoir entendu le rapport
de ses comités de salut public, de sûreté générale et de
législation, charge ses comités de commerce et des finances
de lui faire, sous trois jours, un rapport sur les avantages
ou les desavantages qui peuvent resulter de la liberté indéfinie de l'exportation des marchandises de luxe, sous la
seule obligation d'en faire rentrer les valeurs en France,
en effets, en matières ou marchandises de quelque espece
et de quelque nature que ce soit.

Sur les avantages et les désavantages de l'exportation du
superflu des denrées de première nécessite, sous la condition de faire supporter à la République la perte du change
on de compter de clerc à maitre avec les expéditionnaires,
lorsqu'ils verseront à la trésorerie nationale leurs effets et
valeurs sur l'étranger, et de leur rembourser le montant de
leurs effets sur le pied de leurs mises et de leurs avances.

La Convention nationale, voulant accélérer l'époque où
elle pourra faire répandre dans toute la République l'instruction d'une manière uniforme, charge son comité d'instruction publique de lui présenter, dans deux décades, un
projet d'écoles normales, où seront appelés de tous les districts tous les citoyens déjà instruits, pour leur faire apprendre, sous les professeurs les plus habiles dans tous les
genres de connaissances humaines, l'art d'enseigner les
sciences utiles.

La Convention nationale, après avoir entendu le rapport
de ses comités de salut public, de sûreté générale et de
législation, charge ses comités de commerce et des finances
de lui faire, sous trois jours, un rapport sur les moyens
les plus avantageux de rendre à la circulation et au commerce toutes les matières et marchandises expédiées pour
Commune-Affranchie et autres communes qui avaient été
déclarées en état de rébellion, et arrêtées sur leurs routes;
sur les avantages et les desavantages de la confiscation prononcée par le décret du 25 pluviose.

Ces décrets sont adoptés à l'unanimité et au milieu des
plus vifs applaudissements.

Guyton-Morveau: J'annonce à la Convention l'arrivée
du premier envoi des superbes tableaux recueillis dans la
Belgique; ils ont été accompagnés par un lieutenant de
hussards, membre d'une commission formée par les représentants du peuple pour les rassembler et les faire transporter à Paris; car aujourd'hui les armées de la République
offrent toutes de braves guerriers, des hommes instruits et
distingués par leurs connaissances en tout genre. Je demande que cet officier soit admis à la barre pour faire hommage à la Convention nationale de cette collection.

Luc Barbier, lieutenant au 5e régiment de hussards: Représentants du peuple, les fruits du génie sont le patrimoine
de la liberté, et ce patrimoine sera toujours respecté par
des armées de citoyens. Celle du Nord a porté le fer et la
flamme au milieu des tyrans et de leurs satellites; mais elle
a soigneusement conservé les nombreux chefs-d'œuvre des
arts, que dans leur fuite rapide les despotes coalisés nous
ont abandonnés. Trop longtemps ces chefs-d'œuvre avaient,

été souillés par l'aspect de la servitude : c'est au sein des peuples libres que doit rester la trace des hommes célèbres; les pleurs de l'esclave sont indignes de leur gloire, et les honneurs des rois troublent la paix de leur tombeau.

Les ouvrages immortels que nous ont laissés les pinceaux de Rubens, de Vandick et des autres fondateurs de l'école flamande, ne sont plus dans une terre étrangère. Réunis avec soin par les ordres des représentants du peuple, ils sont aujourd'hui déposés dans la patrie des arts et du génie, dans la patrie de la liberté et de l'égalité sainte, dans la République française.

C'est là, c'est au muséum national que désormais l'étranger viendra s'instruire; l'homme sensible y viendra verser les larmes devant les productions des siècles passés, et l'artiste, dévoré du feu du génie, y viendra puiser des modèles que son mâle pinceau, libre des chaînes du despotisme, pourra peut-être surpasser.

C'est pour faire connaître à la République quels sont l'ordre et la discipline de ses armées; c'est pour faire connaître à tous les peuples de quelles dépouilles la France s'est enrichie; c'est enfin pour faire connaître à la Convention nationale quel est le respect que l'armée du Nord a gardé pour les productions des arts, que le représentant du peuple, Richard, m'a chargé de venir vous annoncer l'arrivée de ces nouvelles richesses.

J'ai recueilli et accompagné jusqu'ici les tableaux les plus précieux, et d'autres arriveront successivement.

Je vous demande, citoyens représentants, d'ordonner que les mesures nécessaires seront prises pour les placer, au fur et à mesure de leur arrivée, dans les dépôts qui leur seront destinés, afin que, libre de ma mission, je puisse de nouveau retourner combattre les despotes. *Vive la république!* (On applaudit.)

Une députation de la commune de Bourg, département de l'Ain, est admise à la barre. Elle demande que la Convention nationale et le comité de sûreté générale ne prennent aucune mesure sur les rapports qui lui ont été faits de l'état de ce département; elle assure que les patriotes n'y sont pas incarcérés, que les hommes renfermés dans les maisons d'arrêt ne sont que des anarchistes turbulents, des intrigants dangereux et des fripons adroits. Elle loue la conduite du représentant du peuple, Boisset, qui entretient dans ce département l'ordre et la paix par des mesures aussi sages que vigoureuses.

Merlinot : J'atteste la vérité des faits contenus dans l'adresse. On a hasardé, sur l'état du département de l'Ain, des assertions sur lesquelles j'appelle l'attention et l'examen de l'Assemblée.

Je demande le renvoi de la pétition au comité de sûreté générale.

Bassal : J'appuie le renvoi, et je provoque aussi l'examen; mais je n'ai pas la même confiance dans les récits qui viennent d'être faits à la Convention. Il n'est pas question des hommes qu'on vient de faire incarcérer dans le département de l'Ain; ils seront connus un jour, puisqu'ils seront jugés. Ils ont pu bien servir la République dans les moments de danger, et perdre ensuite le prix de leur énergie et de leur dévoûment par des crimes que je ne connais pas; mais la Convention doit être en garde contre des relations peut-être intéressées.

Il y a eu de grands mouvements dans le département de l'Ain; ils ont été excités par des hommes rebelles contre les décrets de la Convention nationale : des bataillons armés, payés et dirigés contre la représentation nationale ont été organisés par des autorités révoltées; le peuple a été mis partout dans une fermentation dangereuse, pour servir des projets perfides; ces hommes coupables ont-ils été punis? ces fonctionnaires séditieux sont-ils incarcérés? seront-ils un jour jugés? Voilà ce qu'il nous importe aussi de savoir.

Je demande un rapport, mais je demande aussi que les représentants du peuple envoyés dans ce département soient tous appelés pour éclairer la discussion des comités.

La Convention décrète le renvoi au comité de sûreté générale.

On donne lecture du bulletin de la santé du représentant du peuple, Tallien. La guérison est assez avancée pour que les officiers de santé croient inutile de continuer le bulletin; mais ils estiment qu'attendu les palpitations qui sont la suite de la blessure, il est nécessaire que le malade passe quelque temps à la campagne pour rendre la guérison parfaite. (On applaudit.)

Un secrétaire fait lecture de plusieurs adresses dont voici les extraits.

La société populaire du Rocher-de-Mortague s'exprime ainsi :

« Citoyens représentants, dans nos armées, par vos travaux immortels et par votre sagesse, la victoire est à l'ordre du jour : au-dehors les trônes chancellent, la liberté se propage, et bientôt dans l'Europe entière tous les tyrans auront disparu; mais ce n'est pas assez. Comme représentants d'un grand peuple, vous lui devez sa gloire; comme pères de la patrie, vous lui devez son bonheur; sa gloire est acquise, les bases de son bonheur sont jetées, mais il n'est pas consolidé : le fanatisme, le fédéralisme, l'aristocratie, agitent le corps politique; la rage atroce du triumvirat, que vous avez terrassé, avait mis la terreur à l'ordre du jour. La terreur sans la justice est un malheur public, elle ne doit atteindre que les scélérats : l'État est perdu, si elle frappe sur tous. »

Cette société termine par engager la Convention à maintenir le gouvernement révolutionnaire dans toute son énergie, et à faire régner la paix et l'union au-dedans.

Les administrateurs du directoire du district de Strasbourg, département du Bas-Rhin, accusés, dans la séance du 17 fructidor, de laisser la superbe bibliothèque de la ci-devant commanderie de Malte exposée à des événements funestes par la nature des établissements qui l'environnent; se justifient de cette inculpation en prouvant que, depuis environ six mois, cette bibliothèque est hors de danger.

La société populaire de Caussade, département du Lot, demande à la Convention le maintien du gouvernement révolutionnaire jusqu'à la paix, des lois qui fassent respecter la volonté du peuple, et un tribunal qui ne soit redoutable qu'aux aristocrates, aux fédéralistes et à tous les fripons, sous quelques formes qu'ils existent.

Les administrateurs du département du Loiret écrivent à la Convention :

« Encore un nouvel attentat; encore une fois la représentation nationale assassinée. Tallien! la main parricide qui t'a frappé nous a frappés aussi; elle a frappé la République entière. » Ces administrateurs jurent un attachement inviolable à la Convention nationale, et demandent vengeance contre les scélérats ou les assassins de la patrie.

La société populaire de Tours écrit à la Convention nationale que, justement alarmée de l'attentat commis contre la représentation nationale dans la personne de Tallien, elle lui demande une prompte justice; elle croit connaître la main qui a dirigé le coup dans ce qui reste encore de la faction scélérate de Robespierre, qui n'a, dit-elle, été abattue qu'à demi. Elle demande la punition de tous ceux qui ont participé à ses projets liberticides.

La séance est levée à cinq heures.

---

## Séance de la 5e sans-culottide de l'an II

Les députés étaient rassemblés dans le jardin national des Tuileries, pour la célébration de la fête en l'honneur de Marat, lorsque des huissiers sont venus les convoquer dans le lieu de leurs séances.

La séance a été aussitôt ouverte, et Treilhard, rapporteur du comité de salut public, est monté à la tribune, où il a dit qu'une affreuse conspiration, qui menace d'incendier le Midi, vient d'éclater à Marseille.

Treilhard a fait ensuite lecture des pièces suivantes, arrivées ce matin par un courrier extraordinaire.

*Les représentants du peuple, commissaires dans les départements des Bouches-du-Rhône, du Var et de l'Ardèche, à leurs collègues du comité de salut public.* — *Marseille, le 28 fructidor, l'an II de la République française une et indivisible.*

Citoyens collègues, nous avons de grandes et terribles vérités à vous dire; nous voyons ici et dans le département des Bouches-du-Rhône des hommes bien différents de ce qu'ils paraissent à la barre de la Convention. Patriotes brûlants dans leurs adresses, plus probes et plus purs que la vertu même, exécrant Robespierre et ses machinations, voilà les apparences trompeuses avec lesquelles ils viennent en imposer à la barre. Eh bien! collègues, nous sommes intimement convaincus en nos âmes et consciences qu'ils mentent à leurs propres cœurs; qu'en effet toutes leurs pensées, toutes leurs actions portent l'empreinte du crime, de la scélératesse et de la contre-révolution ouverte.

Ce que nous vous disons vous étonnera; mais nous avons déjà des preuves convaincantes de ce que nous avançons.

Vous verrez dans les pièces contenues dans notre paquet, n° 1, que nous vous envoyions le nommé Reynier, avec une lettre qui contient l'esprit, le plan et les projets des scélérats du Midi. Cependant ce n'est pas la masse du peuple qui est gangrené sans ressource; mais ce sont les prétendus patriotes par excellence. Reynier n'a exprimé dans sa lettre que les horreurs d'un parti profondément coupable.

Reynier était conduit cette nuit au comité de sûreté générale sous escorte; 150 hommes déguisés, armés de sabres et de pistolets, ont violé cette escorte, ont méprisé la Convention nationale, et se sont mis en contre-révolution ouverte. Vous en trouverez les détails dans l'expédition du procès-verbal, n° 2, que nous vous faisons passer.

Mille hommes sont arrivés ici du Port-la-Montagne, d'après les mesures que nous avions concertées avec Jean-Bon-Saint-André. Eh bien! des émissaires coupables avaient devancé le passage de ces troupes. A la société populaire d'Aubagne, on a dit au commandant de ce corps qu'ils allaient à Marseille pour favoriser les aristocrates, opprimer les patriotes, et obéir à des gueux qui voulaient la contre-révolution.

Hier, jour de l'arrivée de ces troupes, des officiers d'un bataillon qui est ici depuis 9 mois ont été invités à un repas en corps, mais ils n'ont pas donné dans le piège.

Hier nous nous rendîmes à la société populaire; on y fit lecture d'une adresse de la société de Cages, qui fut accueillie avec des applaudissements frénétiques, qui avaient tous les symptômes d'une conjuration au moment de son explosion. Non, jamais vos oreilles ne furent frappées de vociférations pareilles, et cependant cette société en masse serait excellente sans une quinzaine de meneurs; mais les bons n'osent parler. Nous prononçâmes un discours que nous vous ferons passer.

Apprenez, collègues, que nous fûmes contraints de repousser la calomnie d'une énergumène dont les principes nous parurent absolument contradictoires avec ceux de la Convention nationale et de tout le peuple français. Indignés de ce que nous avons entendu, nous ne nous montrerons plus dans cette société jusqu'à ce qu'elle soit revenue aux vrais principes. Rendus chez nous, une députation de la société vint nous demander une explication sur notre détermination au sujet du commandant temporaire de Marseille, et nous inviter à revenir sur nos arrêtés. Elle parut mécontente de ce que nous ne regardions pas nos arrêtés comme des jeux d'enfant. En notre présence un secrétaire demanda la parole, elle lui fut refusée, mais ce ne fut sans doute que dans la certitude qu'il n'aurait pas parlé dans le sens des meneurs.

La Convention a reçu plusieurs adresses du département calquées à peu près sur celle de Cages. Eh bien! collègues, nous ne pouvons douter malheureusement qu'elles ne soient toutes parties de ce centre d'influence. Nous vous dirons une triste vérité, collègues : c'est que la république court les plus grands dangers dans tout le Midi, si la Convention ne se prononce avec énergie contre ces adresses insensées, et n'attère ces contre-révolutionnaires, qui, à les entendre, sont les seuls patriotes de la République.

Aux mesures que nous avons sollicitées, dans nos précédentes, pour parer à de si grands malheurs, nous en ajouterons une qui est instante et d'une nécessité absolue, c'est de nous envoyer un bon républicain, étranger à ce pays, qui, en qualité de commandant temporaire de Marseille, ait la volonté et les talents nécessaires pour concourir efficacement avec nous à sauver le Midi d'une contre-révolution qu'on trame ouvertement sous le masque du républicanisme le plus brûlant. Nous vous le répétons avec toute la franchise qui nous caractérise, nous avons besoin, pour réussir dans la mission dont nous sommes chargés, de tous les encouragements que la Convention doit à tous ceux de ses membres qu'elle a honorés de sa confiance, jusqu'à l'instant qu'ils s'en soient montrés indignes.

Salut et fraternité. *Signé* J.-J. SERRES et ANGUIS.

*Copie d'une lettre des représentants du peuple envoyés dans les départements des Bouches-du-Rhône, du Var et de l'Ardèche, à leurs collègues du comité de sûreté générale, datée de Marseille, le 28 fructidor.*

Vous serez surpris, chers collègues, lorsqu'on vous remettra la lettre que nous vous avons écrite hier, et à laquelle nous y avions joint celle du nommé Reynier, de ne recevoir que copie de sa lettre et non l'individu. Nous avions pris

les mesures qui nous paraissaient les plus sûres. Vous le verrez par ce qui s'est passé dans l'exposé fidèle des faits que nous vous envoyons, et que nous vous prions de lire avec attention.

Eh bien! elles n'ont pas réussi : des scélérats; oui, des scélérats contre-révolutionnaires habitent le Midi; ils empêchent le gouvernement révolutionnaire; oui, nous osons le dire, ils l'emportent en crimes sur l'infâme Robespierre et compagnie; ils entravent tout, et ne reconnaissent la Convention nationale que pour l'insulter. Ce que nous disons est bien fort, mais pas encore assez : sans passions, n'étant entourés que de nous-mêmes, nous vous disons la vérité; vous êtes chargés de la découvrir, de chercher le crime jusque dans ses plus petits replis, voilà pourquoi nous nous expliquerons avec cette franchise républicaine qui ne craint rien que de ne pouvoir atteindre tous les ennemis déclarés de la patrie, de la liberté et de l'égalité, ceux qui s'en disent les protecteurs, et qui en sont souvent les assassins. Ce n'est pas à dire qu'il n'y ait des hommes vraiment républicains et vertueux; mais ils sont comprimés de manière à ne pas se faire entendre. Nous vous avons déjà dit que les députations se suivaient à Paris; que des hommes, occupant des places, n'exécutent pas la loi et y accourent, nous ne disons pas pour égarer, parce que vous saurez déjouer tous leurs complots liberticides et en faire arrêter les auteurs.

Cette machination infernale est formée depuis longtemps et a de grandes racines, il faut absolument les arracher; nous vous demandons de ne pas écouter les mots, mais d'attendre la preuve des faits. Pour nous, nous ne nous occuperons que de cet important objet.

Concertez-vous de nouveau avec nos collègues du comité de salut public, à qui nous écrivons; nous saurons mourir, pourvu que la République soit sauve. Nous ne connaissons aucun danger pour qu'elle triomphe; nos actions partent de cœurs qui l'aiment, qui chérissent la liberté et l'égalité. De votre côté, prenez les mesures vigoureuses qui les préserveront des monstres qui les trahissent.

Salut et fraternité. *Signé* SERRES, ANGUIS.

*Copie de la lettre écrite à l'agent national de la commune de Chabeuil, par le nommé Reynier, à Marseille, le 9 fructidor, 2e année républicaine.*

Citoyen, mon retard à me rendre au poste honorable dont tu as bien voulu me désigner n'est point volontaire, bien rien faut, car j'étais prêt à quitter Marseille à ma fantaisie, c'est-à-dire le patriotisme triomphant, et l'aristocratie écrasée, lorsque tout-à-coup la foudre du modérantisme, partant de la Convention nationale, nous donnant des lois populaires et contre-révolutionnaires, ont donné l'élargissement à 300 scélérats de cette commune, et ont peint un air satisfait à tous les ennemis de la révolution; mais les patriotes de Marseille sont épars, et dans le moment que je t'entretiens, une grande masse de patriotes intacts, ne formant qu'un faisceau avec les corps constitués et la société populaire, n'attendent qu'un signal pour consolider la République, en faisant disparaître, par un *deux et trois septembre*, tout ce qu'il y a d'impur dans Marseille. Telle est la situation politique de cette commune, et tu dois penser combien mon retard est juste, ou combien le poste que j'occupe est important dans un moment de crise comme celui-ci.

Tâche de faire remplir mon poste par mon collègue proposé, car, je te l'avoue, je me croirais coupable d'abandonner des frères républicains dans un moment où nous sommes à la veille de frapper de grands coups. Mon acharnement est terrible contre les ennemis de la chose publique, et comme ce moment ne sera pas bien long, je te donne ma parole qu'à la fin du mois je serai auprès de toi.

Salut et fraternité. REYNIER.

Bien des compliments à la famille Genin; je suis fort pressé; tu voudras bien me marquer la réception de ma lettre; je te répondrai de te communiquer le résultat de tout.

Pour copie conforme. MAGNIN, *secrétaire.*

---

**PAIEMENTS A LA TRÉSORERIE NATIONALE.**

Le paiement du perpétuel est ouvert pour les six premiers mois; il sera fait à tous ceux qui seront porteurs d'inscriptions au grand livre. Celui pour les rentes viagères est de huit mois 21 jours de l'année 1793, vieux style.

## POLITIQUE.

### ALLEMAGNE.

*De Vienne, le 18 août.*—L'énergie des Polonais étonne et déconcerte leurs odieux ennemis ; notre cour en est au découragement. Le Prussien Lucchesini est arrivé dans cette capitale pour s'aboucher à ce sujet avec le ministère impérial.

D'autres inquiétudes non moins graves tourmentent les chefs du gouvernement. Ces signes d'une fermentation sourde parmi le peuple n'étant plus équivoques, on vient d'augmenter la garnison.

Des mouvements insurrectionnels menacent la Hongrie, et la cour en éprouve des craintes qu'augmentent violemment le voisinage et les relations de ce pays avec la Pologne. Mais ces mouvements n'étant que partiels et incomplets, nos ministres tiennent toute prête leur ressource machiavélique, qui jusqu'à présent leur a toujours réussi. Ils vont déclarer quelque prétendu complot, au moyen duquel ils feront arrêter les hommes énergiques et les citoyens les plus éclairés.

On vient de voir à Bude et dans la ville de Pest des exemples de ces ruses ministérielles. Tout à coup les canons ont été braqués dans les rues, et l'on a fait publier que des mesures sévères allaient être prises, parce qu'on avait trouvé des ramifications du vaste complot découvert à Vienne. En effet, les personnes désignées par la cour ont été arrêtées en grand nombre et incarcérées, sous prétexte de complicité.

Les victimes du despotisme impérial, emprisonnées par cette manœuvre atroce, sont amenées ici de toutes les provinces, pour être livrées au jugement d'une commission. On doit pressentir le sort de ces infortunés en songeant que leurs juges sont les plus vils agents du ministère.

*Hambourg, le 1er septembre.* — L'insurrection vient de gagner la Prusse méridionale ; une division des troupes polonaises a fait une invasion dans cette contrée. Des ordres ont été donnés pour faire partir le reste de la garnison de Berlin, afin de renforcer celle de Francfort-sur-l'Oder, qui se trouve menacée par les troupes polonaises.

Les frontières de la Silésie , qui sont devenues le théâtre de la guerre, sont couvertes de cendres et de ruines.

On écrit des frontières de Pologne que Kosciusko continue à se défendre avec avantage.

Au milieu des difficultés qu'éprouve Frédéric-Guillaume pour la réussite de ses projets, il est dans l'impossibilité de fournir son contingent à l'armée d'Empire : on lui a parlé des liens du corps germanique, des lois anciennes et modernes, de l'ordre d'exécution, des décrets récents de la diète , de la part active prise jusqu'ici par lui à la guerre, de la force de son exemple , de l'urgence du danger ; Frédéric-Guillaume n'a donné qu'un refus positif. Il a formellement déclaré qu'il ne s'attendait pas à ces représentations, qu'il avait fait des sacrifices qui surpassent de beaucoup les frais d'un contingent, et s'est étendu en reproches sur le défaut de remboursement des dépenses que lui a coûtées la reprise de Francfort et de Mayence. Il a représenté qu'il n'y avait point d'armée de l'Empire, car le peu de contingents mis en campagne ne pouvaient avoir cette dénomination.

La guerre de Pologne, suscitée selon lui par les Français, achève de le dispenser. Il croit faire beaucoup en consentant encore que ces levées soient rachetées en argent. Ses états étant menacés, il se trouve dans la position

tion du grand électeur, qui , combattant en 1675 l'ennemi sur les bords du Rhin, fut subitement rappelé pour s'opposer à l'invasion suédoise , excitée par l'ennemi de l'Empire; et loin de fournir son contingent, il a demandé au contraire à être indemnisé.

### ITALIE.

*Du territoire de Gênes, le 30 août.* — La république de Gênes va se trouver exposée de nouveau aux insultes des tyrans ligués. L'escadre espagnole de l'amiral Langara est rentrée dans la Méditerranée. Ses efforts en ce moment paraissent tendre à établir, de concert avec les Anglais, un blocus le long des côtes, à partir du cap de Mêle. Les Génois ont pris en conséquence la précaution de louer tous les bateaux plats qui peuvent longer les côtes, dans la vue de s'en servir pour continuer leur commerce avec les ports de France.

Il est arrivé dernièrement à Gênes quatre petits bâtiments de guerre français chargés de dépêches pour les lieux de la domination génoise où les Français ont des consuls. Après avoir remis ces dépêches à leur adresse, l'un d'eux en a également remis au consul et au ministre de la République française près le gouvernement de Gênes ; quelques jours après, tous les vaisseaux marchands français qui étaient dans le port sont partis sous l'escorte de ces quatre bâtiments.

On écrit de Florence que le gouvernement de Toscane a ordonné, à la sollicitation du cabinet britannique, la levée du corps de troupes connues autrefois sous le nom de *Bandes*, et qui serviront tantôt à pied, tantôt à cheval. On a promis un grand nombre de priviléges à ceux qui s'enrôlent ; mais cet encouragement n'a pas eu encore beaucoup de succès.

### ANGLETERRE.

#### Suite des nouvelles de Londres.

*17 août.* Le ministre de Bavière a eu une conférence avec M. Pitt: on la croit relative aux instances et aux offres de la Grande-Bretagne à l'empereur pour le retenir dans la coalition, d'où il voulait se retirer avant de s'être complétement ruiné. L'échange de la Bavière, ou pour mieux dire la réunion aux domaines de la maison d'Autriche, convoitée depuis si longtemps, serait le prix de la constance du jeune François dans cette guerre, qu'on ne peut pas plus continuer sans les troupes que sans celles de Frédéric-Guillaume, qui se les est si bien fait payer.

Quelques banquiers ont également eu des entretiens avec le ministre des finances, au sujet de l'emprunt ouvert pour le compte de l'empereur; il est loin d'être rempli, et le peu de prêteurs qui y ont mis quelque chose paraissent fort inquiets sur le gage de leur créance, lequel devait être le revenu que les Pays-Bas fournissaient à l'empereur, et qui a passé dans les mains des Français.

Le roi vient d'allonger la liste déjà si volumineuse des pairs de neuf nouveaux noms : il se trouve parmi les récipiendaires sept membres des communes , c'est-à-dire sept transfuges du parti du peuple dans celui de *la fontaine des honneurs et des grâces*, dénomination sous laquelle la constitution désigne le roi.

L'amiral Howe a manqué le cordon de l'ordre du Bain, ce qui est un aveu tacite assez maladroit , qu'il s'est laissé battre par les Français, ou du moins ne les a pas assez battus. Cette magnifique babiole a été donnée au duc de Portland pour avoir bravement déserté l'opposition avec armes et bagages.

La chute des manufactures, suite nécessaire de celle du commerce, inspire à beaucoup d'Anglais, et surtout d'Ecossais et d'Irlandais, le désir d'émigrer d'un pays qui ne les nourrit plus. La cour, inquiète, a fait insérer le 16, dans sa gazette, une proclamation et des extraits de plusieurs actes du parlement, pour menacer de punitions sévères ceux qui entraîneraient les ouvriers à l'émigration.

Les viandes fraîches et salées sont devenues si rares, que le gouvernement vient de défendre de les exporter.

On continue dans plusieurs endroits de la Grande-Bretagne l'infâme fabrication des faux assignats : on prétend néanmoins que le gouvernement va s'occuper des moyens de l'arrêter. Cette contrition tardive et imparfaite lui est dictée, à ce qu'on assure, par la crainte que les mêmes coquins qu'il a laissés s'exercer à contrefaire des assignats, ne finissent par contrefaire aussi des billets de banque.

S'il faut en croire des calculs assez probables, les Français ont plus de 200 croiseurs dans les différentes mers, et leurs prisons contiennent dix mille de nos matelots. Une chose vérifiée c'est qu'ils ont pris dans les mers de l'Inde 15 de nos plus gros vaisseaux caboteurs.

Le capitaine du *Vengeur* est à Plymouth, et doit être échangé contre celui de la *Tamise*.

On prétend que le grand objet de l'amiral Howe, dans la seconde sortie qu'il vient d'effectuer, était de ramener en Angleterre la flotte marchande venue de l'Inde, et qui se trouve dans les ports d'Irlande.

Suivant une lettre reçue de Ramsgate, on a signalé de la jetée de ce port quelques frégates françaises vers lesquelles s'avançaient d'autres frégates anglaises, en sorte que l'on s'attendait incessamment à recevoir la nouvelle d'une action entre les deux escadres.

## PAYS-BAS.

*Liége, le 17 septembre.* — Le ballon s'est élevé de la citadelle de cette ville pendant une heure ; il est vraisemblable que nous touchons à une époque décisive.

Voici la nouvelle position de l'armée de Pichegru : Le corps principal est campé en-deçà de la rivière de Dommel, et les avant-postes sont au-delà : au moyen de cette disposition, Bréda est investi, et Bois-le-Duc est très resserré ; d'autant que les forces de l'ennemi sont entre Heusden et Gentrydenberg.

Les Anglais, connaissant l'importance du poste de Boxtel, qui leur a été enlevé avant-hier à la baïonnette, ont fait hier matin une tentative pour le reprendre ; mais elle n'a eu aucun succès ; l'ennemi s'est avancé en colonne formidable au moment même où les républicains français allaient faire une reconnaissance. Il s'est engagé un combat très vif, où les Anglais, malgré tous leurs efforts, ont été repoussés avec perte.

Le siége du Sas-de-Gand se continue avec vivacité ; cette place est très forte, non seulement par sa situation sur la rive de l'Escaut, mais encore par la difficulté d'en approcher au milieu des dunes et des inondations.

Ces obstacles ne ralentissent point l'ardeur des Français ; ils ne font au contraire que l'animer davantage : le feu est quelquefois si fort qu'on l'entend jusque dans cette ville, lorsque le vent n'est point contraire.

Les représentants viennent de mettre en réquisition toutes les toiles propres à faire des sacs à terre, dont on aura besoin pour l'attaque des places fortes qui défendent l'intérieur de la Hollande.

## RÉPUBLIQUE FRANÇAISE.

*De Paris.* — La Convention nationale avait décrété que la cinquième sans-culottide serait un jour de fête, et que ce jour-là les cendres de *l'Ami du Peuple* seraient transportées au Panthéon. Cette cérémonie s'est célébrée au milieu des cris mille fois répétés de *vive la République*. L'ordre a régné pendant toute la marche.

Les sociétés populaires, les autorités constituées et une grande partie des élèves de l'Ecole de Mars précédaient le char qui portait les restes précieux de *Marat*.

La Convention nationale suivait, entourée d'un ruban tricolore, soutenu par des vieillards et des enfants.

Quatorze drapeaux, destinés à nos quatorze armées, flottaient sur le char. Ils étaient entre les mains de quatorze soldats, blessés en défendant la patrie.

Le président a prononcé un discours analogue à la fête. Il a annoncé ensuite au peuple les nouvelles qui arrivaient à l'instant de la victoire remportée par nos armées devant Maestricht.

A trois heures et demie le cortége est arrivé au Panthéon.

Au moment où l'on descendait du char le cercueil qui contenait les cendres de *l'Ami du Peuple*, ou rejetait du temple des grands hommes, par une porte latérale, les restes impurs du royaliste Mirabeau.

La société des Amis des Droits de l'homme avait obtenu de la Convention qu'il serait fait une station au lieu ordinaire des séances de cette société, connue sous le nom de club des Cordeliers, et qu'il serait chanté une strophe républicaine en l'honneur de l'Ami du Peuple.

Voici le discours prononcé au nom de la Société, au moment où le cortége de la translation de l'Ami du Peuple au Panthéon s'est reposé, rue de Thionville, au lieu ordinaire des séances de la société des Amis des Droits de l'homme et du citoyen.

« C'est ici que repose l'Ami du Peuple ; c'est de cette tribune qu'il foudroyait les tyrans, qu'il soutint les droits du peuple, qu'il lui enseigna l'art d'en jouir, et qu'il déclara la guerre à tous les ennemis ou qu'il les terrassa.

» Hommes, qui que vous soyez, qui l'avez connu, vous qui l'avez eu pour collègue, glorifiez-vous tous de lui rendre, aujourd'hui les honneurs de l'immortalité : que son souvenir et son image soient, comme à nous, sans cesse présents à votre pensée.

» Il vécut, l'Ami du Peuple. Le peuple le regrette et le regrettera toujours. Il cherche encore cet ami, il est satisfait du moins de savoir que sa mémoire est chérie de tous les amis de la liberté.

» Marat est mort, il ne laisse à ses amis et à ses parents que la pauvreté pour héritage ; mais aussi quel immense trésor de vertus républicaines il nous a laissé à nous tous qui sommes ses émules !

» Imitons-le, citoyens ! que ses œuvres soient désormais la morale du républicain ! Imitons-le, et la France, dégagée de tous ses ennemis, inspirera à l'univers l'estime, l'amitié et le respect qu'attirent à soi les vertus. »

Après la cérémonie, tous les théâtres ont été ouverts au peuple. Partout on jouait des pièces qui pouvaient nourrir son amour pour la liberté, et perpétuer la haine qu'il a vouée aux tyrans et à la tyrannie. La tragédie de *Guillaume Tell*, et les talents des artistes les plus distingués, avaient attiré une foule immense au théâtre de l'Egalité. La nouvelle d'une victoire remportée sur les Autrichiens avait électrisé toutes les âmes, et la tragédie a excité le plus vif enthousiasme. A cette pièce patriotique a succédé un spectacle nouveau, mais intéressant. C'étaient les élèves de Léonard Bourdon, qui associant à leurs jeux le célèbre Préville montraient au public quelle avait été l'éducation sous l'ancien régime, et ce qu'elle pouvait être sous celui de la liberté. La pièce qu'ils ont jouée, ou plutôt donnée, avait trois actes. Le premier est une parodie grotesque de l'institution ancienne. Les deux derniers actes ont procuré un plaisir vrai. Avec quelle satisfaction le public a vu ces jeunes gens dans leur atelier, s'occupant de leurs travaux ordinaires ! Comme il a applaudi à leurs jeux militaires exécutés avec autant de précision que pourraient le faire des hommes longtemps exercés !

*Discours prononcé à la société populaire de Marseille, le 27 fructidor, par les représentants du peuple dans les départements des Bouches-du-Rhône, du Var et de l'Ardèche.*

Citoyens, frères et amis, chargés d'une mission importante, mais difficile, nous n'avons consulté que notre entier dévoûment à la patrie et au peuple français dont nous voulons le bonheur. C'est ce peuple toujours bon, toujours grand, toujours magnanime, toujours plus cher à nos cœurs, qui sera sans cesse l'unique objet de nos sollicitudes. Qui de nous pourrait ignorer les services éclatants que le Midi a rendus à la révolution? Qu'il est cruel que ce souvenir soit troublé par celui des funestes erreurs qui ont voilé ces mêmes services? Vous avez eu une part signalée à la chute du trône, et le fédéralisme est né dans vos contrées. Etrange effet des passions humaines, contraste étonnant de vertu et de scélératesse! C'est toujours à côté des plus grands crimes que se trouvent les vertus les plus sublimes. Nous venons au milieu de vous exercer les pouvoirs de 25 millions d'hommes libres, distinguer surtout le trompeur du trompé; la faiblesse, du crime; la pusillanimité, de la scélératesse; abattre les rejetons renaissants de l'aristocratie, et en extirper la dernière racine; forts de nos consciences et de la pureté de nos cœurs, nous ferons le bien en dépit de tous les contre-révolutionnaires, sous quelque masque imposant qu'ils cherchent à se dérober à nos yeux. En révolution depuis six ans, nous avons passé successivement par tous les degrés de ces grandes crises politiques. Abâtardis et dégradés par 14 siècles de servitude et de bassesse, nous avions un espace immense à franchir; nous l'avons fait à pas de géant. Les noblesse et le clergé ont été les premiers monstres à terrasser; ils ont disparu dès que le peuple l'a voulu; le sceptre était un obstacle insurmontable à la République, nous l'avons brisé avec la même facilité qu'Hercule au berceau étouffait des serpents. Des hommes, puissants en richesses et en prétentions ridicules, avaient aidé nos bras à renverser la féodalité et le trône et l'autel; mais ces coupables insensés prétendaient ne travailler que pour eux, et le peuple était compté pour rien dans leurs complots oligarchiques. Que sont-ils devenus ces nouveaux Titans, si orgueilleux de la part qu'ils avaient eue au commencement de la révolution? Le peuple a vu leurs trames liberticides, et ils ont disparu sous le glaive de la vengeance nationale. Tant de traîtres, tant de conspirateurs immolés à la sévère vengeance du peuple outragé, ont couvert la France de cadavres coupables exhalant au loin une infection pestilentielle; c'est alors naturellement que tous les oiseaux de proie, c'est-à-dire les fripons, les scélérats, les dilapidateurs, les sangsues du peuple, se sont élevées dans la République, du bien! ils disparaîtront aussi, ces vils ennemis de la prospérité publique; nous les terrasserons avec la massue du peuple, qui a saisi en horreur les fripons que les dominateurs.

Parmi des hommes qui savent être libres, il ne restera que les républicains vertueux, les patriotes purs et sans tache.

Citoyens, frères et amis, les vrais républicains sont bons pères, bons fils, bons frères, bons maris; c'est par leur attachement à la famille particulière qu'ils tiennent plus fortement à la grande famille qui est la République.

La vertu est l'élément, le principe et la force des républiques; sans elle il n'en existera jamais. Des conspirateurs trop fameux avaient sans cesse sur les lèvres les mots de vertu, de justice et de probité. Ils étaient éloquents en paroles et profonds en scélératesse. Eh bien! citoyens, ce qu'ils ont dit, nous tâcherons de le faire. Celui qui ne sait que flatter le peuple n'est pas son ami; oser lui dire la vérité c'est lui donner une forte preuve d'amour et de respect. Citoyens, nous vous la dirons cette vérité qui seule peut sauver la République. Celui qui, sans des moyens d'existence, veut vivre sans travailler, est indigne d'être compté au rang des républicains; il ne mérite pas de vivre parmi les hommes libres. Voici la marque qui caractérise le vrai républicain, ce sont les expressions d'un de vos députés: celui qui a l'esprit droit, le cœur pur et les mains nettes.

Nous sommes venus, citoyens, frères et amis, avec la ferme résolution de défendre imperturbablement les patriotes opprimés, l'innocence outragée, et de comprimer avec une verge de fer toutes les espèces d'aristocrates. Tous les aristocrates, les scélérats, les conspirateurs, les fripons, les dilapidateurs de la fortune publique, seront atteints par la vengeance nationale.

Avec l'œil vigilant du peuple, avec le courage des vrais républicains, qui oseront nous dire toutes les vérités, toutes les réputations usurpées s'écrouleront, tous les masques seront arrachés, tous les crimes seront dévoilés, et le résultat de nos bonnes intentions et des vertus du peuple sera le triomphe des bons, l'effroi des méchants et la prospérité de la République.

Citoyens, frères et amis, en finissant nous exhortons tous les républicains à oublier toutes les haines et les animosités individuelles, à n'avoir en horreur que les ennemis de la patrie, a toujours oublier les hommes pour ne voir que les principes, à se rallier sans cesse à la Convention nationale qui a sauvé la patrie le 9 thermidor, journée à jamais mémorable, et qui sera toujours chère aux âmes véritablement républicaines.

J.-J. SERRES, AUGUIS, MAGNIN, *secrétaire.*

*Proclamation des mêmes représentants du peuple, faite à Marseille, le 29 fructidor.*

Citoyens, les représentants du peuple, envoyés par la Convention nationale au milieu de vous pour y maintenir la paix et la tranquillité, et y prêcher l'esprit de concorde nécessaire à l'affermissement de la République et au bonheur de tous, apprennent avec douleur et indignation que des malveillants cherchent à tromper les communes et à leur inspirer de la défiance sur la pureté de leurs intentions; qu'ils répandent le bruit qu'ils sont venus pour opprimer les patriotes.

Jaloux de repousser une calomnie aussi criminelle, et qui ne peut être que très préjudiciable à la chose publique,

Ils déclarent, à la face du peuple français, que leurs intentions sont pures comme leurs cœurs, qu'ils sont dans la ferme et inébranlable résolution de rendre justice aux patriotes opprimés, aux cultivateurs et aux artisans; mais en même temps, toujours dirigés par les principes de l'équité, de faire une guerre à mort aux aristocrates, aux intrigants, aux fripons, aux dilapidateurs de la fortune publique, et aux méchants qu'ils pourront découvrir, quelque masque qu'ils empruntent.

Tels sont les sentiments qui les animent; leur conduite y répondra toujours.

*Signé* J.-J. SERRES, AUGUIS, MAGNIN, *secrétaire.*

# CONVENTION NATIONALE.

*Présidence de Bernard (de Saintes).*

SUITE DE LA SÉANCE DE LA 5e SANS-CULOTTIDE DE L'AN II.

*L'agent national du district de Valence, département de la Drôme, au représentant du peuple envoyé dans le département des Bouches-du-Rhône. — Valence, 15 fructidor, l'an II de la République française, une et indivisible.*

L'agent national de la commune de Chabeuil vient de me communiquer une lettre qui lui a été écrite de Marseille, le 9 du courant, par le nommé Reynier, et dont tu trouveras copie ci-jointe. Il était de mon devoir de la retenir et de t'en donner connaissance, mais il n'est pas moins essentiel que tu sois instruit que ce Reynier était appelé à Chabeuil pour être instituteur, qu'il était, à ce qu'on présume, ci-devant frère des écoles chrétiennes, et qu'il est actuellement secrétaire de la commission révolutionnaire de Marseille, du moins tels sont les renseignements que je me suis procurés.

Salut et fraternité.    *Signé* ROYANE.
Pour copie conforme.    MAGNIN, *secrétaire*

*Marseille, le 28 fructidor, l'an II de la République française.*

Les représentants du peuple, dans les départements des Bouches-du-Rhône, du Var et de l'Ardèche, arrêtent

Que le nommé Reynier sera sur-le-champ mis en état d'arrestation; chargent l'agent national de la commune de mettre le présent mandat d'arrêt à exécution, et la force armée de prêter main-forte, si besoin est.

*Signé* AUGUIS et SERRES.

*Autre arrêté du même jour.*

Les représentants du peuple, dans les départements des Bouches-du-Rhône, du Var et de l'Ardèche, arrêtent

Que les scellés seront apposés sur tous les effets et papiers du nommé Reynier; chargent le juge de paix de l'arrondissement, dans lequel son logement est situé, de mettre le présent arrêté à exécution. *Signé* AUGUIS et SERRES.

Autre arrêté, qui ordonne que le nommé Reynier sera mis au secret; chargent l'officier de garde, qui l'a conduit en prison, de faire exécuter le présent arrêté.

*Signé* AUGUIS et SERRES.

Certifié véritable. MAGNIN, *secrétaire*.

Le vingt-sept fructidor, an deuxième de la République française, une et indivisible. Nous Jean-François Josset, lieutenant au premier bataillon des Gravilliers, et Jean Bouttet, tous deux officiers audit bataillon, ayant reçu l'ordre du commandant de la force armée de Marseille de nous transporter à la maison d'arrêt de cette commune, appelée Justice, pour en extraire le nommé Reynier qui y était détenu, nous nous y sommes rendus le vingt-huit vers minuit et demi, accompagnés de quatre hussards du premier régiment, savoir, Michel Catelin, compagnie Motet; François-Nicolas Lefebvre, même compagnie; Jean-François Gauthier, compagnie Valther, et Jean Pousson, compagnie d'Alfelt, qui avaient reçu ordre de nous escorter; en étant, nous avons présenté au concierge de ladite maison d'arrêt l'ordre du commandant de la force armée, qui lui enjoignait de nous délivrer ledit Reynier, moyennant la décharge qui y était contenue, à quoi le concierge, nommé Maugenot, s'est refusé, disant qu'il ne voyait pas au bas de cet ordre l'approbation des représentants du peuple qui avaient décerné le mandat d'arrêt, en vertu duquel ledit Reynier était détenu; les citoyens Josset et Bouttet se sont aussitôt transportés chez les susdits représentants, à qui ils ont fait part de cette difficulté, et qui ont approuvé et signé au bas ledit ordre, qui a été aussitôt reporté audit Maugenot qui l'a également méconnu en objectant qu'il n'était pas écrit sur une feuille imprimée en tête avec la formule des représentants du peuple. Lesdits citoyens Josset et Bouttet se sont transportés une seconde fois chez lesdits représentants, qui leur ont donné un nouvel ordre signé d'eux et contre-signé par le secrétaire, qui a été de suite signifié audit Maugenot; il était alors trois heures du matin; les oppositions du citoyen Maugenot, d'obéir aux deux premiers ordres, ayant entraîné un retard de trois heures, alors, comme dit est, à trois heures du matin seulement ledit Maugenot nous a remis le nommé Reynier, détenu, à qui il a dit au moment où il sortait de la maison d'arrêt, et montait dans la voiture qui devait le conduire : Sois tranquille, tu es un bon patriote, il n'y a pas de danger; alors il a embrassé ledit Reynier qui l'a été aussi par un citoyen de grande taille, qui était dans la maison d'arrêt, et qui paraissait y être attaché. De là nous nous sommes mis en route et nous sommes sortis de la commune de Marseille; étant arrivés au lieu appelé la Petite-Grotte, des hommes cachés dans des fossés, au nombre de cent cinquante ou deux cents, se sont tout à coup montrés armés de fusils, de sabres et de pistolets, tout déguisés et sans uniforme, en chapeaux rabattus; et se sont portés à la voiture en disant : Arrête, coquins, nous te voulons. Dans ce moment Jean Bouttet a tiré de sa poche deux pistolets qu'il a armés et a voulu faire feu; le citoyen Josset a dit : Il faut de la prudence. Le citoyen Catelin, hussard, s'est transporté à une des portières de la voiture et a mis en joue ceux qui voulaient user de force. Le citoyen Lefebvre, aussi hussard, s'est porté à l'autre portière, où, avec son sabre, il a employé des moyens de défense. Tous les citoyens escortant ledit Reynier ont sommé cette troupe rebelle, au nom de la loi, de se retirer; le citoyen Josset est descendu de la voiture et a représenté qu'il avait une mission importante à remplir, et que ceux qui y mettaient entrave commettaient les plus grands crimes. Les rebelles lui ont dit qu'il était un aristocrate, un gueux; enfin il n'y a pas d'horreurs qu'ils n'aient proférées. Le citoyen Bouttet ayant dit qu'il obéissait à la loi, ils lui ont dit que ceux qui les commandaient étaient des gueux, qu'il était mort assez de patriotes, qu'ils ne voulaient pas que celui-là montât sur l'échafaud; et pendant que le citoyen Josset persistait et refusait de leur délivrer le détenu, un homme, ayant à peine la taille de cinq pieds, vêtu en gris-brun, avec un chapeau rabattu, l'a mis en joue, en disant, *Tron-de-diou, laisse-moi faire, je vais le foutre à bas.* Le

citoyen Bouttet ayant dit à un hussard d'aller en ordonnance au plus vite avertir de ce qui se passait, et le hussard partant de suite pour obéir, les rebelles ont crié : Tire, il faut faire feu dessus; quelques-uns ont dit ensuite : Laissez le aller, que fera-t-il? Alors ils se sont portés les uns à la tête des chevaux qu'ils ont dételés, et ont fait descendre le postillon; les autres, aux portières de la voiture, se sont emparés, par une force à laquelle on ne pouvait opposer aucune résistance, du nommé Reynier; et le citoyen Catelin, et son camarade Gauthier, hussards, ont entendu qu'ils se disaient que la contre-révolution était ouverte, qu'ils voulaient la finir; ils ont entendu que plusieurs qui les avaient couchés en joue leur ont demandé si c'était un de leurs officiers qui était dans la voiture, ils leur ont répondu que non; ils leur ont ensuite demandé s'il y avait un représentant; ils ont répondu également que non; ils ont ensuite mis en joue le citoyen Bouttet qui tenait ses deux pistolets armés contre eux, et ont demandé si c'était un gendarme qui le tenait ainsi en joue; Catelin a également dit que non; alors toute résistance paraissant vaine, il a fallu céder; les rebelles ont dit aux citoyens Josset et Bouttet, aux hussards et au postillon : Nous le tenons, allez actuellement verbaliser; à l'instant ils ont suivi avec le détenu la route qui conduit à Aix. Étant arrivés à une maison qui n'était pas éloignée du lieu où était arrivé le délit, ils sont descendus dans le vallon, on les a perdus de vue.

Fait lesdits jour, mois et an que dessus, et ont signé les cidessus dénommés, les autres ne sachant pas signer.

*Signé* CATELIN, *hussard*; LANGLADE, *chargé de la conduite de la voiture jusqu'à L. première poste*; JOSSET, *lieutenant*.

Pour copie conforme, MAGNIN, *secrétaire*.

*Nota.* C'est par erreur que cette lettre n'a pas été placée avant celles du 28.

*Les représentants du peuple, envoyés dans les départements des Bouches-du-Rhône, du Var et de l'Ardèche, à leurs collègues, membres du comité de salut public.* — Marseille, *le 17 fructidor*, 2e *année de la République française, une et indivisible.*

Nous vous avons marqué par notre dernière que nous vous ferions part de ce qui s'est passé, ainsi que des mesures que nous avons prises conjointement avec notre collègue Jean-Bon-Saint-André. D'abord pour apaiser les troubles d'Aix, nous avons provisoirement rendu les arrêtés dont nous vous envoyons copie : nous trouvons beaucoup de difficultés dans leur exécution, et nous ne vous tairons pas que l'esprit de parti est si fortement exprimé, qu'il faudra de mesures vigoureuses pour le faire taire. Nous allons nous occuper de nouveaux moyens, et nous vous en ferons part.

Marseille est toujours agitée; il ne vous sera pas difficile de vous convaincre qu'il y avait des meneurs secrets, *et un plan combiné de massacrer tous les détenus et d'avilir la Convention nationale;* vous en trouverez la preuve par la copie des lettres que vous trouverez ci-jointes. Nous avons fait arrêter l'auteur, et le faisons conduire aujourd'hui sous sûre et bonne garde au comité de sûreté générale.

Nous invitons nos collègues à vous communiquer la lettre que nous leur écrivons, pour qu'ensemble vous tâchiez de découvrir à quoi tient et de qui part cette infâme trame; nous vous ferons passer, de notre côté, tous les renseignements que nous pourrons recueillir.

La garnison d'ici est très faible, en ce qu'il y a plusieurs malades.

Les avertissements que nous avons eus des mouvements qui devaient avoir lieu, nous ont fait prendre des précautions. Notre collègue Jean-Bon-Saint-André nous a envoyé neuf cents hommes; nous avons écrit au général de l'armée d'Italie de se conformer à votre arrêté pour envoyer les troupes que vous avez jugées nécessaires dans les départements des Bouches-du-Rhône et du Var.

Le citoyen Voulland, commandant temporaire de la commune de Marseille, nous a demandé par écrit, à notre arrivée ici, la permission de se retirer, vu son grand âge, ses infirmités, sa surdité, et son défaut de mémoire, et nous a invités à le remplacer provisoirement ; ce que nous avons fait, en en prévenant le général de l'armée d'Italie, pour qu'il puisse pourvoir à ce remplacement ; de suite et de concert avec notre collègue Jean-Bon-Saint-André, nous avons nommé provisoirement à la place de commandant temporaire de Marseille le citoyen Martin, commandant du fort du Bouc.

Hier, après avoir reçu notre arrêté, le citoyen Voulland est venu nous dire que la société populaire l'invitait à ne pas se retirer et à rester dans sa place ; il nous a demandé de suspendre l'effet de nos arrêtés, ce à quoi nous n'avons pas voulu obtempérer.

Ce matin le citoyen Voulland nous a fait parvenir une lettre qui nous a forcés à prendre l'arrêté dont nous vous envoyons copie.

Vous verrez, citoyens collègues, que cette conduite tient au fil des massacres que nous dénonçons au comité de sûreté générale.

Dans cet instant nous apprenons que des malveillants vont au-devant des troupes qui arrivent du Port-la-Montagne, pour leur insinuer que ce sont seulement les aristocrates qui les font venir à Marseille, pour les faire servir à l'oppression des patriotes.

Comptez sur notre vigilance et notre fermeté à déjouer tous les complots.

Après la lecture de ces pièces, Treilhard propose le projet de décret suivant :

« La Convention nationale, après avoir entendu le rapport de ses comités réunis de sûreté générale et de salut public, décrète :

» Art. Ier. Reynier, qui était détenu dans la maison d'arrêt de Marseille, et devait être transféré à Paris par ordre des représentants du peuple en mission dans le département des Bouches-du-Rhône, est mis hors de la loi.

» II. Maugenot, concierge de la maison d'arrêt de Marseille, et Voulland, commandant temporaire dans cette place, seront mis sur-le-champ en état d'arrestation.

» III. L'accusateur public au tribunal révolutionnaire instruira, sans délai, sur la conspiration qui vient d'éclater à Marseille contre la sûreté générale de la République et la représentation nationale.

» IV. Les représentants du peuple en mission dans le département des Bouches-du-Rhône développeront la force nécessaire pour faire exécuter les lois et respecter la représentation nationale.

» V. Ils feront les diligences nécessaires pour faire arrêter dans toute l'étendue de la République, et traduire au tribunal révolutionnaire, les auteurs et complices de la conspiration.

» VI. Les scellés seront apposés sur les papiers de la société populaire de Marseille, et les représentants du peuple feront procéder sur-le-champ à l'examen des papiers, à l'épuration de la société, ainsi qu'à celle des autorités constituées de cette commune.

» VII. La Convention approuve la conduite et les mesures prises par les représentants du peuple dans le département des Bouches-du-Rhône.

» VIII. Le présent décret sera inséré au bulletin de correspondance, et porté à Marseille par un courrier extraordinaire. »

La Convention nationale décrète la mention honorable de la conduite tenue par la section, nº 11, de la commune de Marseille, toujours fidèle à l'unité et à l'indivisibilité de la République, et attachée constamment à la Convention nationale.

PLUSIEURS MEMBRES : Aux voix.

VOULLAND : J'ai lieu d'être douloureusement affecté de cette espèce d'improbation, qui semble vouloir me repousser de cette tribune ; vous ne refuserez pas de m'entendre, quand je vous aurai dit que la piété filiale seule m'y conduit, et la piété filiale est une vertu, et vous les avez toutes mises à l'ordre du jour.

Le général Voulland, dont le nom vient d'être prononcé plusieurs fois dans le cours de ce rapport, est mon oncle ; mais il m'a tenu lieu de père, du moment que j'ai eu perdu celui dont j'avais reçu le jour.

Non, j'ose le dire avec confiance, mon oncle n'est pas un conspirateur ; il aime la liberté, il l'a toujours voulue, toujours servie ; il respecte l'humanité ; il abhorre le sang ; il ne peut pas être un complice, un soutenteur du cannibale Reynier. Je ne crains pas de le présumer, de l'assurer d'avance ; les recherches, que vous avez ordonnées pour découvrir toutes les ramifications de ce complot sanguinaire conçu à Marseille, ne donneront aucun résultat fâcheux contre mon oncle ; il est connu dans le département du Gard et dans tous les départements qui l'environnent, pour un homme qui a toujours fait aimer la révolution par sa douceur et son humanité ; il n'a pas attendu les événements postérieurs au 14 juillet 1789 pour se déclarer, et dans aucune crise embarrassante il ne s'est jamais démenti.

Domicilié dans le département du Gard, il a toujours été à la tête de la garde nationale d'Uzès, jusqu'au moment où il fut envoyé à la tête d'un bataillon de grenadiers, pour concourir à la conquête de la Savoie ; il n'a cessé d'être employé dans l'armée des Pyrénées-Orientales ; il a conservé le Mont-Libre, dont le commandement lui avait été confié. Permettez que je vous donne lecture d'une pièce tirée du dossier de celles que j'étais chargé de produire à la commission du mouvement pour demander et obtenir sa retraite ; cette pièce n'est pas suspecte ni mendiée pour la circonstance ; elle a été expédiée en janvier 1792.

Voulland lit les pièces.

« Nous, maire, officiers municipaux et notables de la ville d'Uzès, assemblés en conseil général de la commune, certifions que M. Alexandre Voulland, ancien capitaine de grenadiers, fut nommé par les citoyens de la ville d'Uzès, au mois de juillet 1789, colonel commandant de la garde nationale qui fut formée à cette époque dans ladite ville d'Uzès ; qu'il a exercé les fonctions de cette place dans des temps orageux et difficiles, avec toute la prudence, le zèle, le courage et les lumières qu'on pouvait attendre d'un militaire expérimenté, et d'un citoyen ami de l'ordre et de la paix ; qu'il a, dans les moments de crise et de division dont notre ville a été le théâtre, bravé tous les périls ; que notamment lors des troubles qui éclatèrent à Uzès, le 4 février dernier, plusieurs coups de fusil furent tirés sur M. Voulland ; qu'il n'échappa à la mort dans cette circonstance que par une espèce de miracle. Les dangers auxquels il a été exposé n'ont jamais pu le décourager. Nous attestons qu'il a su obtenir et conserver par la droiture de ses intentions, sa bravoure, ses talents et surtout son amour pour la Constitution, la confiance de ses concitoyens, qui n'ont jamais voulu permettre qu'il abandonnât le poste auquel leurs suffrages l'avaient élevé ; que dans toutes les occasions où la paix publique a été troublée dans cette ville, les sages mesures qu'a prises ce commandant, lorsqu'il a été requis par les autorités constituées, ont bientôt rétabli la tranquillité et le bon ordre, et lui ont assuré des droits à la reconnaissance de tous les bons citoyens.

» En foi de ce, nous avons donné le présent certificat que nous avons signé et fait contre-signer par le secrétaire-greffier de la commune, qui y a apposé le sceau de la municipalité. »

Suivent les signatures.

« Nous, administrateurs composant le directoire du district d'Uzès, au département du Gard, certifions et attestons, 1º que les signatures ci-derrière sont sincères, et que ceux qui les ont faites sont tels qu'ils se qualifient ; 2º que les faits constatés par ce certificat sont particulièrement connus du directoire, qui ne peut se refuser à en attester la sincérité, et à déclarer que non seulement la commune d'Uzès, mais tout le district a ressenti les bons effets du zèle, du courage et de la prudence de M. Voulland dans les occasions difficiles où nous avons été placés ; que le directoire a toujours trouvé dans ce citoyen respectable l'ardeur et le zèle le plus actif pour seconder les mesures nécessitées par les circonstances, et veiller efficacement au maintien de l'ordre et à l'exécution des lois.

5

» En foi de quoi nous avons expédié le présent. Au directoire du district, les jours et an susdits. »

Suivent les signatures.

VOULLAND : Le lendemain du jour de l'émeute dont il est question dans les certificats que je viens de lire, les gardes nationales des communes des environs d'Uzès s'étaient portés en foule à la maison du nommé Trinquelagues, qu'on regardait comme l'auteur de tous les troubles ; quoique cet homme fût le plus cruel ennemi de mon oncle , ce dernier se porta vers la maison assaillie, et déclara qu'on lui passerait plutôt sur le corps que d'y pénétrer. Un vieillard de 70 ans, qui est capable de cet acte de vigueur, ne peut pas devenir tout à coup un horrible septembriseur. (Il se fait du bruit dans une partie de la salle. — *Plusieurs voix :* Il ne s'agit pas de cela.)

Je sais qu'il ne s'agit pas de ce que mon oncle a fait par le passé, ni de ses services révolutionnaires; je sais que la République et la Convention ne peuvent et ne veulent reconnaître et récompenser que la persévérance finale ; mais, citoyens, je parle pour un père; encore quelques instants, au nom de la piété filiale, écoutez-moi, et prononcez. Je suis ici pour me soumettre à votre décret, et pour le faire exécuter s'il le fallait. Ah ! si un moment d'erreur, occasionné par le désir de servir son pays dans une circonstance où il croyait pouvoir lui être utile, peut être imputé à crime, si ce crime doit être poursuivi et puni, qu'il soit constant que mon oncle n'est coupable que d'erreur. (*On s'écrie de tous côtés :* On ne dit pas qu'il soit coupable. — Plusieurs membres se lèvent pour rendre justice au citoyen Voulland, général.)

LE RAPPORTEUR : Les comités n'ont rien entendu prononcer contre le général Voulland; nos collègues ayant cru devoir le destituer , le général Voulland doit, aux termes de la loi du 17 septembre, être mis en arrestation.

Le décret est adopté à la presque unanimité.

Sur la motion de Barras, la Convention approuve la conduite des représentants du peuple à Marseille.

BASSAL : J'ai demandé la parole pour demander un délai d'un jour. Les mesures proposées à la Convention nationale, un décret qui met un citoyen hors de la loi, peuvent être ajournés si un si court intervalle sans aucun danger. (Murmures.)

On demande d'aller aux voix.

Bassal persiste à conserver la parole. — Plusieurs membres s'y opposent.

Les murmures empêchent l'opinant d'être entendu. Le président consulte l'Assemblée. Elle décrète que Bassal sera entendu.

BASSAL : Je suis étonné que mes collègues qui ont connu , par une longue expérience, mes sentiments et mes principes, refusent de m'entendre. N'ai-je pas assez prouvé par des missions difficiles mon aversion et mon horreur pour les hommes sanguinaires et cruels? Périssent tous ceux qui veulent faire détester le régime de la liberté ! Périssent tous ceux qui , sous un masque perfide de popularité, ébranlent la confiance et le respect qui sont dus à la Convention nationale et à ses décrets ! mais lorsqu'il s'agit de les juger, lorsqu'on ne peut les juger que sur la foi d'une lettre dont l'authenticité ne porte aucun caractère d'évidence , quel danger y a-t-il d'attendre au lendemain ?

Citoyens, est-ce ici la première conjuration que vous ayez eue à punir? Est-ce la première révolte que vous ayez été forcés de réprimer? Rappelez-vous ce qui se passa dans la République dans le cours de l'année passée. Plusieurs villes, quelques départements se montrèrent rebelles aux décrets de la Convention ; la révolte s'y montra avec les caractères les plus terribles et les plus menaçants ; des bataillons furent armés et organisés ; des administrations perfides dirigèrent leur

marche contre Paris; des représentants du peuple furent arrêtés, plusieurs furent dévoués à la proscription et à la mort; les décrets de la Convention furent méconnus et même méprisés.

Quelle fut alors la conduite de la représentation nationale? Rien ne fut précipité , toutes les mesures furent épuisées avant que les coupables fussent punis par la force. Souvenez-vous qu'un seul jour de délai eût épargné tous les regrets qu'a laissés la journée de Nancy.

Je demande que les mesures proposées soient renvoyées à la séance du lendemain , et que les représentants du peuple près les départements des Bouches-du-Rhône , et ceux qui ont été en mission dans ce département, soient entendus dans le comité.

THURIOT : Représentants du peuple, on vient de vous dire que c'était en prenant des mesures promptes qu'on avait souvent déterminé l'explosion : je pense, au contraire , que c'est en temporisant qu'on a souvent laissé incendier. Les faits sont constants, ils résultent des preuves matérielles, pourquoi donc balanceriez-vous?

Si le projet de septembriser, si une conjuration infernale n'avait pas éclaté dans Marseille, si elle n'avait pas des complices au-dehors , des scélérats se seraient-ils apostés de nuit au nombre de cent cinquante pour attaquer la gendarmerie et enlever à force armée cet infâme Reynier, dont la déclaration était terrible, et dont les déclarations postérieures pouvaient devenir plus terribles encore?

Loin de nous l'idée que le général des habitants de Marseille approuve des actes aussi criminels! malheureusement les bons citoyens sont dans cette cité importante enchaînés par la peur. La terreur y règne, non pas par la force de la loi , mais bien par la force du crime.

Douze à quinze hommes y dominent : ces hommes ont des reproches terribles à se faire. On veut que l'on consulte avant d'agir ; mais on a entendu les personnes qui pouvaient donner des renseignements , et les aveux progressifs ont convaincu de cette vérité accablante. Voulez-vous abandonner Marseille à la domination de ces hommes infâmes, qui servent si bien les puissances coalisées? Voulez-vous qu'on vous reproche le sang qui pourra couler dans les murs de cette commune et dans une partie du Midi, si vous ne développez pas la force qu'exige une pareille circonstance, si vous ne venez pas au secours des bons citoyens trop longtemps opprimés?

Combien votre position serait terrible , si un jour, faute d'avoir pris des mesures assez promptes, les fils venaient vous redemander leurs pères, les mères leurs époux et leurs enfants; si tout ce qui respirerait encore dans les murs de cette cité vous reprochait de n'avoir pas rempli les devoirs qui vous sont imposés !

Les instructions que nous avons, et qui ont déterminé les mesures qui ne peuvent alarmer dans Marseille que les auteurs et complices de la conspiration, ne nous viennent pas seulement de nos collègues qui sont actuellement dans cette malheureuse commune; elles viennent encore d'autres citoyens; elles viennent aussi de Jean-Bon-Saint-André, qui annonce la crainte d'apprendre , dans le moment où il écrit sa dernière lettre, qu'il n'y ait eu une Saint-Barthélemi politique à Marseille.

Lorsque l'année dernière l'état de rébellion de Marseille nous affligeait , c'était un sentiment de satisfaction pour vous de voir que la section 11 , malgré tous les orages, était restée fidèle aux principes. Eh bien! sachez, législateurs, que cette section n'a point changé; sachez qu'elle a juré de conserver son attachement à la représentation nationale.

N'oubliez pas l'importance du port de Marseille;

Typ. Henri Plon. Réimpression de l'Ancien Moniteur — T. XVII, page 49

*Funérailles de Marat.*

n'oubliez pas l'intérêt de faire régner le calme dans le Midi; n'oubliez pas surtout combien il est urgent de vous prononcer contre les scélérats qui ne veulent pas que les lois soient respectées, et qui partout s'occupent d'attaquer et d'avilir la représentation nationale

Ne vous y trompez pas plus longtemps, représentants du peuple, c'est le crime qui veut régner et poignarder la vertu.

Je suis loin de m'élever contre les idées présentées par Vouland, il a payé le tribut à la reconnaissance; il a parlé d'après son âme. Ce n'est point comme complice qu'on vous propose de faire arrêter son oncle; c'est pour ne pas avoir obéi à l'ordre des représentants, c'est parce qu'il a été destitué, et que la loi est impérative à cet égard.

Nous avons pesé toutes les considérations qu'il a fait valoir; elles ne nous ont point arrêtés; les décrets commandaient: tout s'éclaircira par l'instruction; il sera plus doux pour les comités de n'avoir que des reproches à lui faire, que d'être obligés de l'inculper gravement, et j'aime à dire que tous les membres qui les composent, après s'être expliqués, se sont complu à croire qu'il avait pu être trompé, mais qu'il était étranger à la conjuration.

Cette vérité ne peut en rien retarder le décret demandé par vos trois comités, sollicité par l'intérêt de Marseille, par l'intérêt du Midi, et par l'intérêt général de la République; ce sera le coup de tonnerre qui brisera tous les liens de l'intrigue infernale des fripons qui, dans beaucoup de parties de la France, sont évidemment coalisés pour anéantir la représentation nationale, faire régner l'anarchie et assurer l'impunité de leurs crimes.

MERLIN (de Thionville): Représentants d'un peuple que vous devez amener au bonheur le plus promptement possible, ce ne sont pas des invitations à nos collègues qu'il faut aujourd'hui; ce sont des mesures assez fortes et assez décisives, pour que l'on sache que vous avez recouvré votre énergie. (On applaudit.)

Prouvez que vous ne voulez pas laisser revenir le régime tyrannique; c'est dans le principe qu'il faut frapper les factions nuisantes; et si vous n'aviez pas accordé d'abord des décrets presque indifférents à vos comités anciens, ils n'en seraient pas exigé de dangereux ensuite, et vous n'auriez pas été opprimés. Décrétez, et le peuple est là pour faire exécuter vos lois. (On applaudit.) Vous venez de couper la trame de la conspiration du Midi contre la représentation nationale et l'unité de la République; vous aurez le courage de voir quelles étaient les ramifications de ce projet, si souvent conçu, et toujours avorté.

Si vous doutez qu'il s'attache ici...... là...... (on applaudit,) je vous dirai de lire encore ces trop criminelles séances de cette société du 9 au 10 thermidor; vous verrez dans sa correspondance avec Marseille, que les intrigants, les égorgeurs, après avoir blâmé vos lois bienfaisantes, après avoir menacé publiquement de l'assassinat, et préparé des mesures dans le secret, ont demandé du secours à Marseille, pour soutenir leur autorité défaillante et exécrée; que la société de Marseille leur répond: « A la voix des Jacobins, un bataillon est venu se joindre aux Parisiens, le 10 août, pour renverser le trône. Jacobins, parlez, et nous arrivons encore. » Et contre qui, si ce n'est contre la Convention nationale et les bons citoyens? Quelle autre preuve voudrait-on de l'existence d'une confédération de tous les fripons, de tous ceux qui pleurent Robespierre, et regrettent son règne? Convention nationale, jusques à quand souffriras-tu à côté de toi une puissance que le peuple n'a point voulue; qui demande et qui reçoit des promesses de renfort; qui a à sa disposition des bataillons; qui corrompt l'opinion; qui dit que des aristocrates seuls crient *vive la Convention*; qui retire son affiliation à une société qui

ose prendre le nom d'*Amie de la Convention*; pour qui enfin l'attachement inviolable aux principes éternels est une raison d'exclusion; l'amour de la justice le désir du bonheur public et de la paix, des preuves de conspiration avec Pitt, Cobourg et le roi de Prusse, N'oserez-vous pas vous prononcer avec le peuple qui connaît vos ennemis et les siens, avec le peuple qui ne veut pas d'autre autorité que celle dont il a investi la représentation nationale? Les assassins de mon pays, les conspirateurs de la nuit du 9 au 10 thermidor, existent encore à côté de vous, et vous ne les avez pas frappés! Le repaire des brigands qui ont juré de s'unir contre la vertu et la justice existe encore comme dans la nuit du 9 au 10 thermidor, et vous ne l'avez pas fait nettoyer! Attendez-vous donc que ces agents du tyran renversé, ces suppôts du traître, ces flagorneurs à gages, ces impudents et cruels fripons, redoublant d'audace, viennent encore une fois vous braver, vous insulter, et qu'ils réussissent enfin à vous renverser? Non, citoyens, voulez fermement, et leur règne est détruit.

ISORÉ: Merlin montre le bout de l'oreille, il veut détruire les sociétés populaires.

MERLIN: Je montre l'oreille tout entière; je n'ai pas attendu ce moment, je crois, pour annoncer quelle est mon opinion; je veux la fin des crimes que des scélérats appellent encore politiques pour sauver leurs complices. Je périrai, ou le système des égorgeurs ne prévaudra pas, et le peuple jouira enfin du fruit de ses travaux, de son sang, et de six années d'orages. (On applaudit.)

Non, je ne veux pas détruire les sociétés populaires, qui, fidèles à leur institution, respectent les lois, les expliquent au peuple, surveillent les autorités, démasquent les fripons; mais je veux que l'on punisse les criminels, les assassins de la liberté, les conspirateurs, quel que soit leur refuge; et que, puisqu'il est démontré que tout ce qu'il y a d'hommes qui perdent à la chute de Robespierre trouvent asile et protection dans la société que j'accuse; que cette société est encore celle du 9 au 10 thermidor; que dans ses tribunes on y pleure le tyran; que là se trouvent les mêmes bacchantes, les mêmes agents de la conspiration qui ont assailli Collot-d'Herbois, lorsqu'il accusait, le 8, le tyran à la tribune; que puisqu'il est certain qu'elle correspond avec Marseille dans le même sens qui veut d'exciter votre indignation et de nécessiter des mesures; je demande que la Convention nationale fasse apposer les scellés sur le comité de correspondance des Jacobins, et que la société soit épurée comme on vient de le décréter pour Marseille.

BILLAUD-VARENNES: Je demande que la Convention marche à la fête.

CLAUSEL: J'appuie cette proposition.

Lequinio demande la parole, au nom des commissaires chargés de recevoir le corps de Marat.

L'Assemblée la lui accorde.

LEQUINIO: Citoyens, conformément à votre décret d'hier matin, les six commissaires que vous avez nommés pour recevoir les cendres de Marat se sont réunis à six heures du soir dans la salle de la Liberté; vers les sept heures la section de Marat s'est présentée, apportant les restes précieux de l'Ami du Peuple. Le cercueil a été déposé sur une estrade au pied de la statue de la Liberté. Le président de la section a prononcé le discours suivant:

« Citoyens représentants, la section de Marat vous remet les dépouilles mortelles du martyr de la liberté dont elle porte le nom. Il vécut parmi nous; une main parricide et traîtresse le ravit au peuple: le feu de son génie pénétra nos âmes du plus ardent amour de la patrie, et ses vertus attachent notre reconnaissance à sa cendre précieuse. Un décret, l'appelant au Panthéon, l'éloigne, mais ne le sépare point de nous;

ce décret nous console, puisque la Convention le porte elle-même au temple de l'immortalité. »

*Signé* DEFAVANE , *président* ; PERPRIME , *vice-président* ; ROBERT, *secrétaire.*

Un de vos commissaires de la Convention nationale a répondu :

« Citoyens , vous avez plus particulièrement connu les vertus privées de Marat ; mais ses vertus publiques, son ardent amour de la liberté, son courage révolutionnaire, ont éclaté dans toute la République, et la renommée a déjà rendu le martyr de la révolution immortel. Vous déposez dans nos mains ses précieuses dépouilles ; elles seront portées demain au temple de mémoire, elles y seront pour nous rappeler à tous qu'il mourut sous le fer des assassins de la patrie. Que son exemple soit sans cesse présent à notre souvenir, et sachons nous montrer dignes de lui par notre haine constante pour tous les ennemis de l'égalité, pour tous les tyrans, tous les amis du royalisme et du fédéralisme ; en un mot, pour tous les ennemis du bonheur public. Nous déposons sur ces cendres cette couronne civique, emblème de la couronne immortelle que lui déposeront la reconnaissance et l'estime des races futures. »

En terminant ainsi , le représentant a déposé sur le cercueil une couronne civique, ornée de rubans tricolores.

Un autre membre de la commission a exposé sous un nouveau jour les vertus de Marat, et la nécessité de les imiter, pour consolider la révolution française, et la faire triompher surtout de ses ennemis intérieurs, qui masquent leur perfidie sous toutes les formes, afin de nuire avec plus d'assurance.

Le président de la section de Marat a demandé ensuite que cette section fût autorisée à adjoindre quelques-uns de ses membres à la garde décrétée par la Convention ; les commissaires n'ont pas cru devoir se refuser à cette demande des amis intimes de Marat. Ils ont arrêté que la section pourrait adjoindre six de ses membres, à son choix, à la garde décrétée.

La séance est levée à 2 heures.

### SÉANCE DU 1er VENDÉMIAIRE.

CARNOT, au nom du comité de salut public : Citoyens, vous avez ordonné qu'il serait fait, par votre comité de salut public, *un rapport sur les événements qui ont précédé, accompagné et suivi la prise de Landrecies, du Quesnoy, de Valenciennes et de Condé.* Les derniers renseignements que nous attendions étant arrivés, nous nous empressons de satisfaire au devoir que vous nous avez prescrit. Je vais donc tracer devant vous, au nom du comité de salut public, l'époque la plus saillante d'une campagne , qui elle-même offre sa série d'événements militaires la plus glorieuse pour la liberté dont il soit fait mention dans les annales des peuples.

La reprise des quatre forteresses envahies sur la frontière du Nord n'est point une victoire par elle-même, mais elle est le résultat de trente victoires qui l'avaient précédée ; le sang que devaient coûter ces forteresses était répandu d'avance, et le bonheur des combinaisons militaires a été d'empêcher qu'il n'en fût versé de nouveau ; ç'a été de préparer les choses de manière que ces redoutables boulevards, qui pouvaient tant coûter encore, tombassent d'eux-mêmes, fussent enlevés comme une palme digne des guerriers intrépides qui avaient juré de ressaisir de leurs mains républicaines le sol de la liberté.

Dès l'ouverture de la campagne le comité de salut public avait senti la nécessité de s'écarter dans le cours de cette guerre des routes usitées. Des places formidables à reprendre, appuyées d'un côté par la Sambre et la forêt de Mormalle, de l'autre par la Scarpe et les bois de Saint-Amand, soutenues par tout ce que l'ennemi avait pu concentrer, sur ce point , de forces animées par l'espoir de la contre-révolution et du pillage de la France ; voilà les obstacles qu'il fallait vaincre, avec des troupes presque toutes de nouvelle levée : ils étaient tels ces obstacles, qu'en les attaquant de front, deux ans d'une prospérité continue, une perte d'hommes incalculable, une consommation de munitions de guerre excédant tout ce qui existait dans les magasins, pouvaient à peine en faire espérer le renversement.

Le comité de salut public résolut donc, au lieu d'attaquer l'ennemi dans la troué qu'il avait faite, de se porter sur ses deux flancs , de le cerner, de lui couper ses communications, et de le réduire enfin à l'opinion, ou d'abandonner le territoire envahi, ou d'y rester lui-même enfermé et d'y périr. C'est ce plan suivi avec persévérance par le comité, exécuté avec autant d'énergie que de talent par les généraux, consommé enfin par la ténacité et le courage incomparable des soldats de la République, qui a fait crouler en un moment tout cet échafaudage de conquêtes, formé par les brigands coalisés.

Si l'ennemi a pénétré ce dessein, il a cru sans doute qu'on n'aurait pas la hardiesse de l'exécuter, et qu'en se portant lui-même audacieusement en-deçà de la frontière, il ferait voler la terreur jusqu'à Paris : il crut surtout, lorsque la trahison lui eut livré Landrecies, que la masse de nos forces allait abandonner ses postes avancés pour accourir à la défense de Cambray ; que nous allions disséminer les troupes dans des camps intermédiaires, et nous laisser battre en détail, en défendant successivement les faibles barrières qui nous restaient encore. Il nous faisait charitablement suggérer ces mesures ; il les faisait appuyer par ses affidés dans Paris, qui discrient les patriotes par excellence, qui croient à la trahison sur ce qu'on retirait les forces du point menacé, au lieu d'y en amener de nouvelles, c'est-à-dire de ce qu'on n'exécutait pas le projet de l'empereur. Mais, au milieu de ces brillantes espérances, Cobourg nous vit lui-même tout à coup sur ses ailes, gagnant ses derrières, et il n'eut que le temps de se retirer honteusement au plus vite du labyrinthe où il s'était engagé.

Rappelé à la défense de ses propres foyers, et néanmoins toujours maître de nos places, faisant agir ses moyens ordinaires d'insolence , de ravage et de corruption, il eût peut-être au moins nous consumer le reste de la campagne sans événement décisif, et c'eût été nous vaincre en effet que de nous paralyser. Mais on lui préparait sur les bords de la Moselle un rassemblement de 50 mille braves, qui recevant tout à coup l'ordre de venir à travers les Ardennes prendre en flanc l'armée ennemie, et conduits avec autant de bonheur que de sagesse par Jourdan , rompirent bientôt l'équilibre, et fixèrent la victoire sur les bords de la Sambre et de la Meuse , pendant que Pichegru la fixait de son côté sur les bords de la Lys et de l'Escaut, contre les satellites de George , par six batailles sanglantes et autant de villes prises.

Ces succès répondirent tellement aux espérances du comité de salut public, que l'arrêté, par lequel il avait déterminé le plan de la campagne au commencement, a plutôt l'air d'une inspiration que d'un projet soumis aux hasards des combats.

Immédiatement après la bataille de Fleurus, qui eut lieu le 8 messidor, les généraux reçurent l'ordre de couper sur-le-champ la communication des places envahies, et de les bloquer le plus exactement qu'il serait possible, en attendant qu'on fût en mesure d'en faire l'attaque.

Cette opération éprouva quelque lenteur, inséparable d'un mouvement général qui avait entraîné presque toutes nos troupes à la poursuite des ennemis fuyards : ils en profitèrent pour s'approvisionner dans ces places cernées, en ravageant le plat pays, et faisant rentrer dans leurs murs tout ce qu'ils purent trouver dans les campagnes environnantes de bestiaux, de grains et de fourrages. Ils parvinrent ainsi à se mettre en état de soutenir dans ces places, et particulièrement dans Valenciennes et dans Condé, un siége de huit ou neuf mois.

Nos avantages demeuraient donc précaires ; un échec reçu par nous pouvait ramener l'Autrichien au point d'où nous l'avions chassé : pour re ouvrer nos places par des attaques régulières, il fallait détacher des armées des troupes considérables, ce qui les affaiblissait et les réduisait à une défense périlleuse ; il fallait des munitions énormes que nous n'avions pas ; et en supposant enfin que ces places très fortes se fussent rendues après une défense médiocre, elles nous revenaient démantelées, la frontière restait ouverte, et la campagne entière était consumée à cette opération.

Le comité, délibérant sur cette position délicate, vit qu'il fallait sortir des règles de la prudence et enlever nos places pour ainsi dire révolutionnairement et sans effusion du sang républicain. C'était le problème ; votre décret du 16 messidor l'a résolu. En voici le texte : .

« Toutes les troupes des tyrans coalisés, renfermées dans les places du territoire français, envahies par l'ennemi sur la frontière du Nord, et qui ne se seront pas rendues à discrétion 24 heures après la sommation qui leur en sera faite par les généraux des armées de la République, ne seront admises à aucune capitulation, et seront passées au fil de l'épée. »

Le but de ce décret était, en frappant l'ennemi de terreur, de l'obliger à se dessaisir sur-le-champ de nos possessions, où , vu l'éloignement et l'abandon de ses armées, il ne pouvait plus se regarder que comme un voleur détaché de sa bande et enveloppé ; d'épargner les troupes, les travaux, le temps, les munitions, et de faire restituer à la vaillance et à la liberté républicaines ce que leur avaient enlevé l'infamie des esclaves et la lâcheté de leur maître.

Cette loi néanmoins eût pu devenir une arme terrible contre nous-mêmes en des mains impures ou maladroites. Maniée avec dextérité, elle devait foudroyer les dernières espérances de l'ennemi ; gauchement exécutée, elle pouvait le porter au désespoir et augmenter sa résistance.

Mais la grande latitude, que vous aviez laissée à votre comité sur le mode d'exécution des mesures militaires, lui laissait la faculté de diriger l'effet de celle-ci. Il savait que ce n'était point un décret de carnage que vous aviez voulu rendre, mais un décret pour sauver la patrie ; et, sous ce rapport, sous celui de la dignité nationale, sous celui du brisement de la coalition, jamais decret n'obtint une exécution plus ponctuelle et un succès plus entier. En moins de six décades les quatre places ont été rendues, qui, attaquées par les règles ordinaires, eussent résisté au moins huit mois ; qui pendant tout ce temps paralysaient vos armées ; qui faisaient tomber sous les coups ennemis quinze mille républicains ; qui nous forçaient à détruire nos propres défenses , à faire consommer tous les magasins du dedans de ces places, à épuiser tous ceux du dehors.

Elles vous ont été rendues avec six cents bouches a feu de bronze, leurs attirails et plusieurs millions de poudre : réparées avec le plus grand soin, et beaucoup plus fortes que lorsque nous les avons perdues.

Dans la seule place de Valenciennes, l'empereur y avait fait en perfectionnement de fortifications une dépense de trois millions de florins, c'est-à-dire à peu près six millions cinq cent mille liv. de notre monnaie.

Je passe aux détails des faits principaux.

La bataille de Fleurus fut gagnée le 8 messidor, et dès le 15 Landrecies fut investi par un corps de 14 à 15 mille hommes, mis d'abord aux ordres du général Jacob ; mais, peu exercé à ce genre d'opérations, ce général quitta le commandement, qui fut confié au général de division Schérer.

La tranchée fut ouverte dans la nuit du 22 au 23, l'artillerie, commandée par le général Bonnard, et les attaques dirigées par l'ingénieur Marescot, le même qui avait déjà conduit celles de Port-de-la-Montagne, et de Charles-sur-Sambre. Ces trois officiers supérieurs d'une réputation faite ont suivi jusqu'à la fin les opérations de la reprise des quatre places.

Les travaux furent menés avec adresse et rapidité ; la première parallèle fut supprimée, la seconde portée à 150 toises du chemin couvert ; le 28 les batteries furent en état d'imposer au canon de la place ; et la garnison, sommée conformément au décret du 16 messidor, se rendit à discrétion le 29 à deux heures du matin ; elle était de quinze cents hommes, et la place n'était point endommagée.

Le comité de salut public vous a déjà fait sur ce siége un rapport, où il a été parlé du dévoûment des gardes nationales d'Avesnes et de Maubeuge. Vous avez su que ces gardes nationales s'étaient rendues spontanément, sous la conduite de leurs autorités constituées, devant les murs de la place investie, où elles donnèrent l'exemple constant du courage et de la discipline. Vous avez justement applaudi à leur civisme, et vous n'avez pas appris avec moins d'enthousiasme l'intrépidité des jeunes gens au-dessous de la première réquisition, accourus de toutes les communes environnantes, pour délivrer leurs frères de Landrecies, ces généreux frères qui, lors de l'attaque de cette place par les ennemis, avaient opposé, à la trahison et à la lâcheté de la majeure partie d'une garnison de 8,000 hommes, une bravoure et une fidélité républicaines que les femmes mêmes avaient partagées, et qui seules auraient sauvé la place, si leur énergie n'eût été enchaînée par cette indigne troupe, punie aujourd'hui de son crime par une captivité que le témoignage d'une bonne conscience n'adoucit point, et que le remords doit rendre plus pénible.

Votre comité néanmoins se fit un devoir de déclarer que plusieurs des corps militaires de cette garnison étaient bien loin de partager l'infamie de cette conduite. Nous citerons surtout le quatrième bataillon du département de la Meuse, qui s'opposa, autant qu'il le put, à la honte d'une semblable capitulation : une compagnie de canonniers, qui s'était formée dans cette commune, a également montré le plus grand courage et le zèle le plus soutenu. La plupart de ces canonniers étaient employés à un bastion dit *du Moulin*, lorsque l'explosion du magasin à poudre en fit sauter plusieurs, parmi lesquels se trouvait le citoyen Landas. Ses père et mère, en apprenant sa perte, y répondirent par ces paroles : « Que ne pouvons-nous le remplacer par un autre qui venge sa mort sur les tyrans ! »

Nous avons déjà dit que, pendant cette première attaque faite par les ennemis, les citoyennes avaient donné l'exemple du dévoûment et de la fermeté : elles relevaient les blessés et les portaient, sur des matelas et dans leurs bras, sous des blindages ; elles pansaient leurs blessures, et plusieurs furent blessées elles-mêmes.

La citoyenne Grumiau, fille d'un officier municipal, plus forte que ses compagnes, les portait seule à l'hôpital à travers le feu des assiégeants, et cette fille avait eu un frère tué à ses côtés.

A la reprise que nous avons faite de cette place, elle n'a tenu que six jours de tranchée ouverte : peut-être néanmoins ce temps court eût pu être encore abrégé, en notifiant le décret du 16 messidor avant l'ouverture des travaux; mais les généraux crurent qu'une sommation aussi menaçante pourrait manquer son effet, si elle n'était appuyée par des batteries toutes préparées, et par un commencement d'opérations capables d'imposer.

Le comité de salut public avait cependant écrit dès le 23 qu'il trouvait à propos que le décret fût notifié sur-le-champ, et le lendemain 24 il avait écrit une seconde lettre plus pressante, pour que les quatre places cernées fussent toutes sommées le même jour et à la même heure.

Le comité de salut public a constamment insisté sur cette mesure de faire sommer les quatre places à la fois. Les représentants du peuple près l'armée et les généraux, plus à portée que nous d'apprécier les circonstances, ont craint que cette mesure ne fût téméraire, et qu'elle ne déterminât, de la part de l'ennemi, une défense plus opiniâtre.

Ce ne fut qu'après la reddition du Quesnoy que le comité, voyant la saison s'écouler, et que les deux plus fortes places restaient encore aux mains de l'ennemi, ordonna impérieusement que le décret du 16 messidor fût signifié à l'instant à la garnison de Valenciennes, et immédiatement après à celle de Condé. C'est ce parti vigoureux qui a fait rendre ces deux dernières places sans coup férir, quoique incomparablement plus fortes, infiniment mieux approvisionnées, et quoique nos moyens de siége fussent presque entièrement épuisés par l'attaque des deux premières.

Quoi qu'il en soit, on ne peut blâmer les motifs qui ont déterminé à une circonspection qui nous a paru trop grande, et nous devons cette justice rigoureuse aux chefs qui ont dirigé l'expédition, comme aux braves soldats qui l'ont exécutée, qu'on ne saurait louer trop leur activité, leur courage et leurs talents.

Landrecies rendu, l'armée assiégeante marcha sur le Quesnoy, et dès le surlendemain, 1er thermidor, cette place fut investie ; la tranchée fut ouverte dans la nuit du 6 au 7, et la garnison se rendit le 28 à discrétion, après vingt-un jours de tranchée ouverte.

En rigueur, cette garnison devait être passée au fil de l'épée, d'après le texte littéral de la loi du 16 messidor.

Le commandant en effet avait été sommé d'une manière très énergique, dès le 16 thermidor, par le général Schérer; et il avait répondu par un refus formel, ajoutant que le décret paraissait injuste, et qu'une nation n'avait pas le droit de décréter le déshonneur d'une autre.

Cependant le 24 ce même commandant envoya pour parlementer deux officiers et un tambour au général Schérer, qui les renvoya sans vouloir les entendre.

Le lendemain il envoya de nouveau sa soumission profonde, l'offre de se rendre à discrétion et une déclaration de laquelle il résulte qu'il a tu à la garnison et aux citoyens le décret qui lui avait été notifié; il exposa que, peu instruit des institutions de la République française, il avait regardé ce décret comme une simple sommation, accompagnée des menaces ordinaires en pareil cas, et qui n'ont communément aucune suite fâcheuse pour des hommes qui ont rempli leur devoir; qu'au reste lui et les autres chefs de la garnison se dévouaient eux-mêmes à la mort, pour sauver les militaires et les citoyens qui n'avaient eu aucune connaissance du décret de la Convention.

Le général Schérer fit aussitôt partir un courrier pour prendre les ordres du comité de salut public, qui jugea que l'esprit de la loi n'avait pu être de frapper les individus qui ne pouvaient être coupables que d'i

gnorance : il ordonna en conséquence qu'on recevrait la place à discrétion, sauf à informer ensuite, pour faire la distinction de ceux qui avaient eu connaissance du décret et y avaient fait opposition, de ceux dont il était ignoré, et prononcer sur les premiers, suivant toute la rigueur du décret.

La place se rendit le 28, conformément à cette disposition.

Le représentant du peuple Duquesnoy, qui avait suivi les opérations du siége, prit les mesures qu'il jugea nécessaires pour faire arrêter les coupables, et les fit traduire au tribunal criminel du département du Nord.

Il fit de plus insérer, dans les articles de la reddition de la place, que le lieutenant-colonel autrichien Rousseau accompagnerait l'adjudant général français Barbou, chargé de sommer la garnison de Valenciennes, afin de notifier au commandant de cette dernière que la garnison du Quesnoy n'avait obtenu la vie qu'en se rendant à la merci de la nation française, et parce que la garnison avait offert de payer de leurs têtes la résistance qu'ils avaient opposée au décret de la Convention.

La trahison de quelques scélérats avait sans doute contribué à la perte de cette place, mais la très grande majorité des citoyens avait au contraire montré pendant le bombardement beaucoup de courage et d'attachement à la République. Il s'était formé dans cette commune, comme dans celle de Landrecies, une compagnie de canonniers qui avait fait son service avec zèle, et, malgré les intrigues et la lâcheté d'une partie des individus qui étaient chargés de la défendre, la place ne s'était rendue qu'après la destruction de toutes ses batteries et de la presque totalité de ses moyens de défense.

A la rentrée des troupes françaises dans cette place, il y avait une garnison ennemie de 2,800 hommes qui ont été faits prisonniers de guerre; il y avait 120 bouches à feu, et les revêtements des remparts n'étaient pas entamés. Notre artillerie était en partie démontée, en partie hors de service par l'évasement des lumières; l'armée assiégeante était faible, les tranchées fréquemment remplies d'eau, l'arrière-saison approchait; nous avions encore deux places à reprendre, les plus importantes, les plus fortes, les mieux approvisionnées; nos armées étaient paralysées depuis deux mois, et il eût été trop dangereux de hasarder une action décisive aussi long-temps que l'ennemi occupait des points d'appui sur notre territoire. La situation des affaires parut même assez inquiétante à notre collègue Duquesnoy, qui se trouvait à l'armée, pour le déterminer à nous demander s'il ne serait pas possible de revenir sur le décret du 16 messidor.

Mais le comité pensa que c'eût été tout perdre, qu'un pas rétrograde semblable eût été aux yeux des ennemis un signe de faiblesse indubitable, que c'eût été l'enhardir et le rendre plus obstiné dans sa défense; et qu'enfin, au lieu d'épargner les soldats, c'eût été nous exposer au contraire à une perte beaucoup plus considérable. Le comité invita donc le représentant Duquesnoy à maintenir les dispositions dont nous venons de vous faire part, ce qu'il fit avec beaucoup de fermeté et de succès.

Cette importante opération terminée, nous dûmes nous occuper de l'attaque de Valenciennes. La résistance de cette forteresse du premier ordre, même pour huit ou neuf mois, pouvait devenir si terrible et si longue, que notre même collègue Duquesnoy nous écrivit le 2 fructidor en ces termes :

« Supposez avec moi que la place de Valenciennes s'obstine à se défendre et se détermine à braver la mort, ce siége alors deviendrait terrible; nous y perdrions beaucoup de monde, notre artillerie s'y abîmerait, et nous serions obligés d'y consommer des munitions immenses. Dans ce cas, ne serait-il pas plus avantageux pour la République de tenir cette forteresse bloquée, en se fortifiant vigoureusement autour d'elle ? Cette conduite rendrait disponible notre armée, qui se porterait, selon vos ordres, sur les points que vous lui indiqueriez. »

Schérer de son côté, chargé des opérations du siège, demandait qu'on ne l'obligeât point à notifier le décret du 16 messidor à la garnison ennemie, avant d'avoir établi ses batteries et poussé ses travaux assez loin pour imposer à la place, et l'obliger de se rendre à discrétion.

Mais ces propositions ne pouvaient satisfaire l'impatience du comité, celle de toute la France, qui aspirait au moment de voir enfin le territoire de la République délivré de ses plus cruels usurpateurs. Le comité prescrivit donc impérieusement que, sans aucun délai, et sans aucuns travaux préliminaires, la place de Valenciennes serait sommée conformément à la teneur du décret. Il fut recommandé en même temps au général de donner la plus grande publicité possible à cette notification, afin que les citoyens et les militaires ne pussent alléguer, comme au Quesnoy, leur ignorance de ce décret.

Le commandant de la place satisfit à la sommation dans les 24 heures ; mais il demanda qu'on voulût bien imposer des conditions, moins dures et moins déshonorantes pour sa garnison ; il demandait pour elle la liberté de se retirer hors du territoire de la République, sous serment de ne plus servir contre elle jusqu'à échange.

Le comité de salut public fut consulté sur ces demandes ; elles furent agréées avec quelques modifications. L'arrêté en fut pris, le 8 fructidor, par le comité de salut public, après la plus mûre délibération, à l'unanimité des douze membres qui composaient alors ce comité.

La loi du 16 messidor ordonnait de mettre à mort les ennemis qui, passé vingt-quatre heures de la notification de cette loi, se refuseraient aux conditions qui leur seraient imposées ; mais elle ne nous défendait pas à nous-mêmes de leur accorder, pendant ces vingt-quatre heures, des conditions tolérables. Il fallait que leur sort dépendît de la générosité française ; mais la générosité ne nous était point interdite, et vous n'aviez pas sans doute voulu effacer, par un décret de circonstances, le plus beau trait du caractère national. L'efficacité même de ce décret consistait précisément dans la faculté que vous laissiez à votre comité d'être tantôt terrible et tantôt généreux.

Il n'appartenait qu'à un Robespierre de murmurer lorsque nous avions le bonheur d'enlever quelque place aux ennemis sans le carnage de nos frères d'armes ; une conquête ne pouvait lui plaire, si elle n'était ensanglantée. Lorsque nous reçûmes le courrier, qui nous apportait la nouvelle de la prise de Nieuport : *A-t-on*, dit Robespierre, *massacré la garnison ?* On a tué, répondit-on, tous les émigrés ; le reste est prisonnier : on ne pouvait passer la garnison au fil de l'épée sans emporter la place d'assaut, ce qui nous aurait coûté six mille hommes. *Eh ! qu'importent six mille hommes*, dit Robespierre, *lorsqu'il s'agit d'un principe ! Je regarde, moi, la prise de Nieuport comme un grand malheur.*

Or, qu'était cet homme à principes ? celui qui n'en connaissait aucun ; celui qui entrait en fureur quand on opposait les lois à ses volontés ; celui pour qui la prospérité de nos armes était une torture continuelle, chaque succès un coup de poignard. Robespierre ne voulait point signer les ordres du comité relatifs aux opérations militaires ; il se ménageait ainsi la faculté de dire, en cas de revers, qu'il s'était opposé aux mesures prises. Il est constant que depuis trois mois il attendait une défaite avec la même soif que ses collègues

avaient pour la victoire, afin de pouvoir les attaquer dans la Convention ; que l'aveu lui en est échappé plusieurs fois au comité, et qu'il n'a éclaté enfin dans son discours séditieux du 8 thermidor, que parce qu'il désespéra d'en trouver l'occasion, et qu'il voyait tomber sur lui-même la foudre qu'il voulait attirer sur ceux dont la droiture et le zèle assidu étaient sa condamnation.

Mais laissons ce monstre pour revenir à notre objet. Autorisés à tempérer la rigueur des conditions que nous pouvions imposer aux ennemis, et pressés par la nécessité de recouvrer au plus tôt les deux places qui restaient envahies, le comité de salut public jugea convenable, en faisant sommer la garnison de Valenciennes, de la faire prévenir par le général Schérer qu'on lui laisserait les honneurs de la guerre ; que cependant elle rendrait ses armes et demeurerait prisonnière hors du territoire de la République, et sous serment de ne point servir contre elle jusqu'à son échange.

Ce procédé, qui ne nuisait en aucun sens aux intérêts de la nation française, détermina sans doute la prompte soumission de la garnison ennemie; et cette soumission fut tout à la fois une preuve de la justesse du décret du 16 messidor, et un hommage rendu à la fierté et à la générosité républicaines. Ce sont les rois, nos maîtres, que nous voulons humilier, et non des automates déjà assez malheureux de servir sous de pareils maîtres.

La place se rendit le 10 fructidor avec les magasins immenses dont elle était devenue l'entrepôt depuis qu'elle était au pouvoir des ennemis. On y a trouvé 227 pièces de canon, et fait 4,500 prisonniers qui, en vertu des conditions, ont été renvoyés chez eux sous serment de ne point servir contre la République jusqu'à leur échange.

Parmi les traits héroïques sans nombre qui ont signalé les troupes françaises dans le cours de ces opérations, et qui seront rendus publics, il en est un que nous ne croyons pouvoir nous dispenser de citer dès ce moment. Duquesne, chasseur dans la 8e compagnie du 5e bataillon d'infanterie légère, ayant eu la jambe droite fracassée d'un coup de boulet sous les murs de Valenciennes, et le chirurgien étant près d'en faire l'amputation, Duquesne éloigne ses camarades qui s'empressaient de le secourir, et les engage à retourner à leurs postes. Resté seul avec l'officier de santé, il l'aide et tient lui-même les bandages ; et l'opération achevée, Duquesne dit : *Ce n'est pas ma jambe que je regrette, c'est de me trouver en ce moment dans l'impuissance d'aller avec mes camarades délivrer Valenciennes.*

Nous ne vous parlerons pas des faits relatifs à la reddition de cette place lors du siége qu'en firent les ennemis. Ils vous sont connus par le rapport de nos collègues, Coohon et Briez; et tous les renseignements recueillis à cet égard, depuis sa reprise, n'ont fait que confirmer l'exactitude rigoureuse de leur récit.

Enfin la place de Condé qui, par ses inondations n'est guère moins forte que Valenciennes, se rendit aux mêmes conditions, à la notification du décret du 16 messidor.

La nouvelle vous en parvint par le télégraphe le 13 fructidor, jour de sa reddition, et le même jour on y apprit, aux acclamations du peuple délivré de sa captivité et rendu à ses frères, que vous veniez de consacrer cette grande époque de l'évacuation de la frontière du Nord, en substituant le nom de Nord-Libre à celui de Condé.

Sous la protection des feux de cette dernière place, dans les canaux qui y aboutissent, ont été trouvés 188 bâtiments de commerce, dont une vingt-une richement chargés de munitions de guerre et de bouche, et d'effets militaires en tout genre.

Si au lieu de commencer par Landrecies on eût d'abord attaqué Valenciennes, peut-être la chute de ce boulevard eût entraîné celle de tous les autres de moindre importance; mais les circonstances déterminèrent Pichegru et Jourdan à se partager l'expédition. Jourdan fut chargé de reprendre Landrecies et le Quesnoy; Pichegru se chargea de Valenciennes et de Condé ; mais celui-ci , retenu par la nécessité de resserrer les ennemis et de se rendre maître du fort de l'Ecluse, dans la Flandre hollandaise, ne put exécuter son projet sur Valenciennes et Nord-Libre,

C'est la division de Schérer, aux ordres de Jourdan, qui a repris successivement les quatre places envahies, et ce général a dû commencer par celles dont l'attaque lui était dévolue, au lieu de se porter de suite sur Valenciennes, comme il l'aurait fait sans doute, si l'on eût prévu d'abord que l'armée du Nord, aux ordres de Pichegru , serait arrêtée par d'autres expéditions non moins importantes.

Ainsi se sont évanouies les chimériques espérances de nos féroces ennemis . cet événement mémorable leur apprendra sans doute ce qu'ils auraient déjà dû savoir par l'expérience de tant de guerres anciennes ; c'est que la France ne peut jamais rien avoir à craindre de ses ennemis du dehors ; c'est que si l'Europe entière , par la réunion de ses efforts, partout ceux du machiavélisme et de la corruption , peut parvenir à entamer quelque peu les frontières, ces succès éphémères finiront toujours par tourner à la honte des agresseurs et à la gloire du nom français.

La loi avait prononcé sur le sort des émigrés , et quant aux traîtres qui avaient contribué à livrer les places, ou accepté du tyran impérial des fonctions civiles ou judiciaires, les représentants du peuple les ont fait mettre sur-le-champ en arrestation et traduire au tribunal criminel du département du Nord , pour être jugés conformément à la loi du 26 frimaire; ils se sont empressés en même temps de donner des marques de sensibilité et de reconnaissance à ceux qui avaient refusé de courber la tête sous le joug du despote et repoussé ses caresses perfides.

Il s'en est trouvé de ces cœurs fidèles à la République, qui sont restés purs au milieu de la corruption et libres au milieu des fers. Ce n'est point parmi ceux qui faisaient grand bruit de leur patriotisme, lorsque l'ennemi était bien loin, et qui se sont humiliés devant lui lorsqu'ils ont été en sa puissance , mais parmi des citoyens simples et sans ostentation. Ceux-là traînaient le char de l'empereur dans les rues de Valenciennes , tandis que ceux-ci bravaient les menaces de ses satellites et que des femmes modestes refusaient courageusement de balayer les rues par lesquelles il devait passer.

Les représentants du peuple ont pris aussi les mesures les plus efficaces pour la sûreté des récoltes des riches contrées que nous avons reconquises, pour remettre en activité l'exploitation des importantes mines de charbon d'Anzin, pour rétablir les manufactures de batistes et de mousselines , pour que la levée de la jeunesse de première réquisition s'exécutât sans délai ; et enfin pour la réorganisation des autorités constituées.

Voilà, citoyens, ce qu'ont fait les défenseurs de la patrie pour la délivrer de ses cruels ennemis ; voilà ce qu'ils faisaient au nom de la liberté, au nom de la République, où cri mille fois répété de *vive la Convention nationale*. Ce cri de ralliement les rendait invincibles. Oui, citoyens, la France a des armées de héros; toujours ceux qui combattront pour la défense de leurs foyers et de leurs droits sacrés renverseront les esclaves, comme un vent impétueux enlève et roule un tourbillon de poussière.

On a vu ces jeunes guerriers étonner les bandes germaniques par leur audace et par leur discipline; on les a vus surpasser en constance tout ce que l'histoire rapporte des phalanges grecques et des légions romaines. Et sur quoi étaient fondées ces vertus sublimes de nos frères d'armes sortant de leurs charrues? quels étaient les liens de cette discipline étonnante? Citoyens, ces vertus, c'est l'amour seul de la patrie; cette discipline, c'est la confiance et la fraternité.

Oh, si la même énergie, le même ensemble, étaient déployés contre les ennemis de l'intérieur , combien la République serait prospère ! comme on verrait se rouvrir à l'instant les sources de la félicité nationale ! Eh qui donc en empêcherait? Seraient-ce quelques factions obscures , quelques hommes avides d'or , de sang ou de pouvoir ? Non, le peuple veut que les viles passions disparaissent.

Prononcez donc, dépositaires de sa puissance ; déclarez que vous la conserverez dans toute sa plénitude, que vous ne souffrirez jamais que ce dépôt sacré soit violé, que vous ne permettrez pas qu'aucune partie de ce qui a été confié à votre garde par le peuple tout entier soit usurpé par aucune fraction du peuple.

Soyez seuls sa boussole, son point de ralliement. Il n'est qu'une ligne droite dans la nature, il en est mille de tortueuses; il n'est qu'un moyen d'être pur , il en est mille d'être pervers. Sauvez le peuple et de ses faux amis et de ses ennemis déclarés ; sauvez votre dignité qui lui appartient, proscrivez à jamais de votre sein ces honteuses dénonciations qui déchirent les entrailles de la patrie; punissez le crime, et le crime seul; portez la sécurité dans le cœur de l'homme simple et dans l'asile du malheureux; que le génie de l'égalité ranime l'émulation, et que l'amour du travail et de l'économie fasse revivre l'agriculture et les arts.

Nous vous avons parlé des armées de terre, que vos armées navales fixent maintenant votre plus grande sollicitude. Il vous appartient d'affranchir un autre élément. Faites pour la marine ce que vous avez fait pour le continent; tournez vers elle tous vos moyens révolutionnaires: point de domination sur mer; qu'elle devienne une grande route ouverte à toutes les nations; toutes, excepté une , y ont le même intérêt que vous. Que celle qui veut subjuguer toutes les autres soit subjuguée elle-même , si elle ne peut être contenue. Que l'Europe s'éclaire, et que de tous les points des Deux Mondes parte ce cri unanime : *La liberté des mers !*

L'Assemblée, après avoir fréquemment couvert ce rapport d'applaudissements, en ordonne l'impression, la distribution à ses membres au nombre de six exemplaires, et l'envoi aux armées.

Roux : Pour imposer silence aux malveillants qui osent répandre des bruits aussi faux qu'injurieux ; qui disaient que le comité ne pourrait ni n'oserait rendre compte, je demande que l'Assemblée décrète qu'elle approuve formellement toutes les mesures prises par son comité de salut public pour la reprise de ces quatre places.

Cette proposition est décrétée.

Carnot fait un rapport, à la suite duquel il propose des promotions à différents emplois militaires vacants. Ces nominations, qui ont toutes pour objet de récompenser des militaires connus par des actions d'éclat, sont unanimement décrétées.

Le même rapporteur lit ensuite de nouveaux détails sur l'avantage remporté par les troupes de la République devant Maëstricht. ( Voyez les lettres dans la notice qui termine le *Moniteur* du 2 vendémiaire.)

Ces nouvelles excitent les plus vifs applaudissements.

Le décret suivant est adopté par acclamation :

La Convention nationale, après avoir entendu le rapport de son comité de salut public, sur l'action qui a eu lieu près de Liege et de Maëstricht, le 2º jour des sans-culottides, déclare que l'armée de Sambre et Meuse ne cesse de bien mériter de la patrie.
*(La suite à demain.)*

*N. B.* Dans la séance du 3 vendémiaire, le comité de salut public a appris à la Convention la reprise de la forteresse de Bellegarde, à laquelle la Convention a donné le nom de *Sud-Libre.*

La garnison espagnole s'est rendue à discrétion. On a trouvé dans la place 64 bouches à feu et 40 milliers de poudre.

## POLITIQUE.

### RÉPUBLIQUE FRANÇAISE.

*Société des Amis de l'Egalité et de la Liberté,
séante aux ci-devant Jacobins de Paris.*

*Présidence de Delmas.*

#### SÉANCE DU 1er DES SANS-CULOTTIDES.

Veau donne lecture de l'adresse des jacobins de Rennes, lue ce matin à la Convention, et de la lettre d'envoi aux jacobins de Paris.

N*** : La phrase qui termine la lettre d'envoi est la meilleure réponse que l'on puisse faire à l'acharnement que l'on met à demander la liberté de la presse : si l'on n'avait pas de mauvaise intention, on ne s'obstinerait pas tant à vouloir une liberté indéfinie. Je demande l'insertion au journal de la Montagne de la lettre d'envoi et de l'adresse à la Convention nationale.

Cette insertion est arrêtée.

Une députation de la section du Finistère admire la conduite tenue dans ces moments difficiles par la société des Amis de la Liberté et de l'Egalité; elle présente un bon sans-culotte, un brave cavalier qui réunit toutes les qualités nécessaires à un républicain, et il ne lui manque que celle de jacobin, que la section demande pour lui.

LE PRÉSIDENT : Les jacobins ont toujours été les grenadiers de la révolution, et ses plus fermes appuis. Les tyrans de l'Europe les combattent avec fureur, les apostats de la liberté les calomnient avec délire. Nos armées sont là pour combattre les premiers, les jacobins sont ici pour faire face aux autres, et les repousser. (On applaudit.)

Le président donne l'accolade fraternelle à la députation et au cavalier jacobin.

Une députation de la section de Bonconseil vient donner lecture de l'adresse que cette section a faite ce matin à la Convention.

LE PRÉSIDENT A LA DÉPUTATION : Les dilapidateurs de la fortune publique sont dans les groupes successifs des modérés. Ce sont ceux qui veulent ressusciter le côté droit; ce sont les chefs de nos ennemis. Le modérantisme est le chemin couvert de la royauté, la liberté de la presse est l'arme impie avec laquelle on veut l'obtenir; mais le blasphème que les conspirateurs ont prononcé, lorsqu'ils ont demandé l'anéantissement des sociétés populaires, est l'extrait mortuaire de cette faction impie.

Une députation de la section de la Montagne succède à celle de Bonconseil.

L'ORATEUR : La section de la Montagne a reconnu ses principes et ceux des jacobins dans les adresses de Dijon et de Grenoble. Hier, dans l'assemblée générale de cette section, on remit sur le bureau un pamphlet cacheté, intitulé *Les jacobins d'aujourd'hui rappelés à l'ordre par un jacobin d'autrefois*, sans autre nom que les lettres initiales L. B. La section de la Montagne, indignée de voir les calomnies atroces adroitement répandues dans cet écrit infâme contre les sociétés populaires, pour former la contre-révolution en les perdant dans l'opinion publique, le dévoue sur-le-champ aux flammes.

En même temps l'assemblée générale nous députa vers vous pour fraterniser dans toute la pureté des principes qui nous sont communs.

C'est dans les crises du danger que le bon républicain croit sentir sa force et en user. (On applaudit.) Quiconque aime sa patrie doit défendre les principes que vous publiez et que vous professez. C'est dans votre sein que le fœtus de la liberté fut conçu au milieu des orages; il reçut sa première formation dans la société des Jacobins, qui la fonda et la soutint toujours avec autant de franchise que d'énergie. Nous reconnaissons avec vous que la Convention est le seul centre, et que les sociétés populaires sont ses appuis nécessaires. (On applaudit.)

Que nous reste-t-il donc? c'est de ne plus faire qu'un avec les vrais jacobins qui sont l'âme de la République, pour la maintenir.

La section de la Montagne croit que tous les patriotes doivent se corporiser d'un bout de la République à l'autre

et tout entreprendre contre ces ennemis audacieux déjà abattus, et qui, dans les vains efforts qu'ils font pour se relever, menacent bien plus de leurs crimes et de leurs trahisons que de la force de leurs armes.

LE PRÉSIDENT : La section de la Montagne ne manquera jamais de se trouver avec les jacobins, car il n'est pas possible que tout ce qui est montagne ne marche pas avec les jacobins.

Vous dites que le fœtus de la liberté a pris ici sa première formation; l'accouchement pourra être laborieux, mais il produira la liberté. (Vifs applaudissements.)

Les jacobins écraseront tout ce qui lui résistera. Oui, citoyens, la montagne déroulera sur le morne. (Ceci doit être pris dans le sens allégorique.) (Applaudissements.)

Une députation de la section de Chalier est admise.

« Les sans-culottes de cette section, dit l'orateur, ont senti que, lorsque les aristocrates de toutes les couleurs osaient attaquer les jacobins, il était de leur devoir de se réunir à eux, et de ne former qu'un faisceau commun pour faire triompher la liberté et l'égalité. »

L'orateur donne ensuite lecture d'un arrêté de l'assemblée générale de cette section, par lequel elle a déclaré qu'elle adhérait à l'adresse de la société populaire de Dijon, et ordonné que son adhésion serait communiquée aux jacobins et aux 47 autres sections; elle a arrêté de plus que ses commissaires porteraient aux jacobins son vœu unanime de ne jamais se séparer de la Convention et des jacobins, qu'elle défendra de toute sa force cette société célèbre et toutes les sociétés populaires contre les manœuvres des aristocrates de toutes les couleurs, et qu'elle se fera en masse avec les jacobins, pour comprimer et écraser les contre-révolutionnaires.

La section a ordonné l'impression de cet arrêté au nombre de deux mille exemplaires. (On applaudit.)

L'orateur ajoute que la section de Chalier, présument que les nombreux patriotes de la section du Panthéon avaient été égarés par quelques intrigants, lorsqu'ils avaient improuvé l'adresse de Dijon, leur a communiqué son arrêté d'adhésion. A peine cette adresse fut-elle lue dans la section du Panthéon, qu'elle fut couverte d'applaudissements. Les sans-culottes, rendus à eux-mêmes, ont applaudi avec enthousiasme à l'arrêté de la section de Chalier; mais quelques échappés de prison, un Mercerot, qui n'avait pas pu obtenir de certificat de civisme et qui était nouvellement sorti de la maison d'arrêt, a demandé la parole contre le commissaire porteur de l'arrêté, l'a calomnié en présence de l'assemblée et a élevé une cabale pour empêcher que ce commissaire eût la faculté de répondre; il a été soutenu par un ci-devant prêtre, l'abbé de Courmand, et un ci-devant homme de loi, qui occupait le fauteuil alors, a présenté la demande du commissaire d'une manière astucieuse et l'a empêché d'obtenir la parole.

« Ils ont donc triomphé, dit l'orateur; mais ce triomphe ne sera pas long, tous les bons citoyens vont se réunir et les contraindre à s'ensevelir dans la poussière. »

Une députation de la section du Mont-Blanc est admis. L'orateur raconte que l'aristocratie et le modérantisme avaient trouvé le moyen de glisser hier, parmi les pièces de la correspondance de cette section, une de ces diatribes qui encombrent les boutiques du ci-devant Palais-Royal, d'où elles sortent pour passer dans les boudoirs des courtisanes. Le secrétaire en ayant commencé la lecture, on crut devoir la laisser continuer, afin que les citoyens, qui se lisent pas ces sortes de productions, pussent juger de la faiblesse des antagonistes, et un second lieu pour que chacun pût émettre son vœu sur la société des Jacobins. A peine cette lecture fut-elle finie, que la section déclara que jamais les jacobins n'avaient démérité dans son esprit, et bientôt le pamphlet fut lacéré et traîné dans la boue. Le peuple a vu le piège, il a dit : Si les jacobins faisaient à la patrie le mal qu'on leur impute, l'aristocratie ne demanderait pas leur destruction. (On applaudit.) Et le peuple raisonne juste, car l'aristocratie n'a pas provoqué la dissolution des Feuillants ni de la Sainte-Chapelle (nouveaux applaudissements), parce que ces clubs marchaient de front avec les conspirateurs. Elle crie aujourd'hui contre les jacobins, parce qu'ils avaient fait frémir les infâmes capitulaires sortis des prisons pour infecter la révolution. Eh bien, qu'ils tremblent les scélérats! la France se prononce, les sociétés d'Aix, de Marseille, de Grenoble, de Dijon, de Saint-Quentin, ont parlé; encore un moment, et les scélérats seront réduits à l'heureuse impuissance de nuire à la patrie. Continuez, jacobins, le peuple, toujours confiant dans la Convention, ne vous sépare pas plus d'elle que vous ne vous en séparez vous-mêmes.

La section du Mont-Blanc jure respect et soumission à ses décrets, amitié, fraternité aux jacobins, haine éternelle aux intrigans, aux modérés et à tous les ennemis du peuple.

L'orateur termine en annonçant que la section du Mont-Blanc a adhéré à l'unanimité à l'adresse de la société populaire de Dijon. (Applaudissemens.)

La société arrête l'impression et l'affiche de cette adresse. Une députation de la section des Tuileries est admise.

L'orateur annonce que cette section a adhéré aux adresses de Dijon, de Grenoble, et aux arrêtés pris par la société.

N*** : La société m'avait chargé de distribuer, dans différentes sections de Paris, les adresses envoyées à la Convention nationale par les sociétés populaires de Dijon et de Grenoble: elles ont été reçues avec le plus vif enthousiasme; la section de la Fontaine de Grenelle en a ordonné l'impression et la distribution aux aristocrates pour les faire trembler, et aux patriotes pour les éclairer sur les dilapidateurs de la fortune publique.

Favau : Les vérités qui ont été dites dans cette séance doivent être connues de tous les républicains; c'est en imprimant le procès-verbal de cette séance que vous ferez connaître quels sentimens fiers et énergiques sont à l'ordre du jour parmi les jacobins et parmi les sections de Paris, animées du même zèle qu'eux.

L'opinion publique a été un moment vacillante; mais elle est fixe à présent, puisque la Convention, les jacobins et les sections de Paris ne font qu'un.

Une vérité bien frappante vient d'être dite à cette tribune; c'est que *les aristocrates n'attaqueraient pas les jacobins, si les jacobins voulaient favoriser l'aristocratie.* Tant que Guadet et Vergniaud ont défendu la cause de la liberté, ils ont été attaqués par les aristocrates; dès l'instant qu'ils eurent abandonné cette belle cause, les ennemis de la liberté s'empressèrent de les flagorner.

Bientôt la lumière dissipera les ténèbres; bientôt l'œil des patriotes pénétrera les replis tortueux des consciences, découvrira toutes les manœuvres obliques, toutes les friponneries des dilapidateurs, de tous ces êtres immoraux vendus au démon de l'argent : une fois connus, leur prompt supplice effraiera tous ceux qui seraient tentés de les imiter.

Comment ont-ils pu se persuader un instant, ces conspirateurs modernes, qu'ils parviendraient à vous abattre? Comment ont-ils pu s'imaginer que les habitans de Paris les seconderaient dans leur infâme projet? Ils ne sont lourdement trompés, les insensés; mais ils ne savaient pas qu'il est contre nature qu'une mère enfonce le poignard dans le sein de son enfant. Paris fut le berceau de la révolution; non, Paris ne sera point son tombeau. (On applaudit.)

Les patriotes, les jacobins (et tous les hommes de bonne foi sont jacobins) maintiendront la liberté; tous les scélérats tremblent; le moment où la liberté et l'égalité doivent sortir de l'abîme où les traîtres les avaient précipitées est arrivé. Encore une fois tremblez, aristocrates : les hommes purs resteront; vous seuls, ennemis jurés du bonheur public, vous seuls, vous serez anéantis! Je conclus à l'impression du procès-verbal de cette séance, et j'en demande l'envoi aux sociétés affiliées et aux 48 sections de Paris. (Adopté.)

### SÉANCE DU 3e DES SANS-CULOTTIDES.

On fait lecture d'une adresse de la société populaire d'Auxerre aux jacobins de Paris, et de la copie d'une adresse de la même société à la Convention nationale.

On demande l'impression de ces adresses.

Théry observe que l'on ne doit point ordonner l'impression d'une pièce envoyée à la Convention, avant que la Convention ait elle-même émis son opinion.

Un membre répond qu'il y a une lettre adressée particulièrement à la société, et que dès lors elle peut en ordonner l'impression.

Veau : J'observe que les ennemis de la chose publique sont toujours prêts à user de ce qui peut nuire aux sociétés populaires; le projet de ces hommes est de les représenter comme se trouvant toujours en opposition avec la Convention. Or, dans l'adresse qui vous est écrite, vous voyez que l'on annonce que si la Convention ne fait pas justice on se la fera soi-même : c'est là une provocation à l'insurrection que la

société ne peut pas approuver; je demande la question préalable sur l'impression.

La société passe à l'ordre du jour sur l'impression, et ordonne qu'un extrait seulement de l'adresse sera inséré au journal de la Montagne.

Raisson expose que le comité de correspondance ne peut suffire à répondre aux nombreuses lettres qui arrivent des sociétés affiliées. Il répond cependant aux réclamations particulières; mais quant à celles qui sont relatives à l'oppression générale des patriotes, à l'opinion des sociétés sur la journée du 9 thermidor, le comité a cru qu'il fallait une circulaire pour toutes ces lettres. Le comité a pensé que la société devait à toutes les communes, qui l'instruisent chaque jour de ce qui se passe dans les départemens, un compte de la situation de Paris. Raisson fait lecture de l'adresse qui est souvent interrompue par des applaudissemens.

La société arrête l'impression de l'adresse, l'envoi aux sociétés populaires, aux armées, aux sections, et l'affiche dans Paris.

Le président annonce que plusieurs citoyens des tribunes demandent à être entendus sur les événemens qui sont arrivés hier à la maison Égalité, devenue de nouveau *Palais-Royal.*

Le capitaine des canonniers de la section des Tuileries annonce que, la nuit dernière, il rencontra dans un café, rue Honoré, le frère de l'abbé Royou. Je nomme cet individu, dit-il, parce que je l'ai soufleté. *Ce monsieur*, sachant ce qui se passait au palais devenu *royal*, dit à une personne qui entrait : Tu es jacobin? — Oui, répond l'autre, et je m'en fais gloire. — Tu vois comme on les lance, reprend Royou. Cet homme dit ensuite qu'en se bandant les yeux et arrivant dans la société des Jacobins, on était sûr de trouver un assassin et un voleur dans la personne du premier individu que l'on touchait. On le mena à l'administration de police, qui le fit conduire au comité de sûreté générale. Le citoyen Merlin (de Thionville) regarda cette affaire comme de peu d'intérêt, et laissa partir cet homme, cousin de Freron, et employé dans une administration publique.

L'opinant termine en assurant la société que les canonniers ne verront jamais en elle que l'avant-garde de la Convention, et que, s'il se manifeste des dangers pour la représentation nationale, ils inviteront la société à venir avec eux lui faire un rempart de leurs corps. ( Oui, oui, s'écrient tous les jacobins et les citoyens des tribunes.)

Lanot : Voici quelques détails sur ce qui s'est passé hier soir au Palais-Royal. Hier, entre huit et neuf heures du soir, je traversais le jardin, accompagné de deux excellens républicains; j'aperçus dans un coin un groupe d'environ quatre-vingts personnes, au milieu desquelles était un homme d'une stature énorme, et dont la voix était analogue à la taille; il disait hautement que, s'il arrivait quelque chose, il fallait se rallier à la Convention; que les jacobins qui se disaient nos amis n'étaient que des intrigans, nos plus cruels ennemis. A ces mots je ne pus me contenir; je m'avançai vers cet homme, qui avait trois pouces de plus que moi, et je lui dis qu'il trompait le peuple, qu'il n'y avait aucune division entre la Convention et les Jacobins, qu'ils ne faisaient qu'un. Alors partit un cri de *vive la Convention;* je le répétai comme les autres, et je dis : *Vivent la Convention et les jacobins ensemble!* Un cria: *A bas les jacobins!* je repris: *Vivent les jacobins, les sociétés populaires et les Droits de l'homme!* Ces hommes m'entourèrent et me serrèrent au point de m'étouffer; ils me poussèrent ainsi jusqu'à un endroit où je crois qu'il y a des tonneaux; alors arriva la garde avec un commissaire de section; le nombre des *messieurs* qui m'entouraient était alors bien augmenté, il pouvait monter à six cents. J'étais précédé de gens qui criaient : *A bas les jacobins, à bas les intrigans, à bas la queue de Robespierre!* Le commissaire de police me demanda ma carte; je lui montrai celle de député; je ne me contentai pas de cela, je lui montrai encore celle du jacobin; l'une ne va pas sans l'autre, lui dis-je (on applaudit vivement); la première fit quelque sensation, la seconde excita encore les cris de *vive la Convention, à bas les jacobins.*

Deux sans-culottes avaient entendu un petit muscadin à cravate qui venait jusque sous la lèvre crier : *A bas les jacobins!* Quoique toute la foule fût de son parti, ces deux sans-culottes le saisirent et le conduisirent avec moi au comité de sûreté générale. Lorsque je me fus expliqué avec le comité, on interrogea le jeune homme qui se trouva n'avoir que vingt ans, et être dans la réquisition. Il avait eu la précaution d'amener avec lui quatre personnes pour déposer en sa faveur. Il dit qu'il venait de l'armée du Nord, qu'il vivait

Typ. Henri Plon.

Réimpression de l'Ancien Moniteur. — T. XXII. page 53.

Rixe entre les jeunes gens à cadenettes (Incroyables) et les Jacobins dans le jardin du Palais-Royal,
après le 9 thermidor 1794.

chez sa grand'mère, *et qu'il était protégé par un député*, qu'il ne nomma pas. J'ai su ce matin que ce jeune homme, quoique dans la réquisition et muscadin dans toute la force du terme, avait été mis en liberté.

N**** : J'observe que les muscadins veulent anéantir les sociétés populaires, et qu'ils se sont donné le mot pour crier *vive la Convention*.

N**** : Voici d'autres détails sur l'événement d'hier. Je trouvai devant le corps de garde un jeune homme de Marseille qui avait marché contre les troupes de la République, et dont la mère était enfermée parce qu'il passait pour émigré. Aidé de trois patriotes, je le conduisis au comité de sûreté générale Ce jeune homme ne désavoua pas les faits : il dit qu'on l'avait trompé, qu'on lui avait dit que l'armée de Carteaux était l'armée rebelle, et que celle qui marchait contre lui était de la République. Il ajouta qu'il était resté quinze jours avec les rebelles, et qu'il n'était retourné dans ses foyers qu'après avoir perdu son fusil dans un endroit nommé Opin, à deux lieues de Marseille; ainsi cet homme se battrait encore s'il n'avait pas perdu son fusil.

Ce jeune homme était dans les groupes; il était mal vêtu, il avait une mauvaise culotte, un mauvais bonnet, et cependant il n'est pas sans quelque aisance; son père tenait l'hôtel des Ambassadeurs à Marseille, et il se nomme Robin.

Nous le laissâmes, ce jeune homme, au comité de sûreté générale; je le crus arrêté : mais la première personne que je vis ce matin à l'entrée du comité de sûreté générale, fut ce même jeune homme qui était alors bien paré, en habit de drap, en manchettes, une culotte serrée, etc. ; il a sûrement donné des notes contre les Marseillais qui sont à Paris.

UN CITOYEN DE MARSEILLE : Citoyens, la première fois que nous avons paru à cette tribune, nous nous étions flattés de faire au milieu de vous un plus long séjour. Notre premier serment a été d'obéir aux lois émanées de la Convention nationale; le décret rendu ce matin nous ordonne de partir, nous partirons demain. (On applaudit.) Nous emportons le regret de ne pouvoir concourir avec vous à assurer le triomphe de la liberté et de l'égalité.

Vous l'avez vu, citoyens, et votre correspondance vous l'apprend chaque jour, les patriotes sont persécutés, incarcérés et mis en fuite, ils ne trouvent pas même dans beaucoup d'endroits un asile dans les sociétés populaires. A Avignon, et dans plusieurs autres villes du Midi, les parents des émigrés et les individus qui, par une perfide clémence, sont sortis de prison, entrent dans les sociétés populaires et en chassent les patriotes.

C'est à vous, citoyens, à ranimer l'esprit public, c'est de vous que les patriotes attendent appui et secours; les patriotes de Marseille, quoiqu'on les accuse de fédéralisme, seront toujours dévoués, parce que vous l'êtes vous-mêmes à la Convention nationale.

Un député de la société populaire d'Aix lui succède à la tribune : il fait ensuite le tableau des persécutions qu'éprouvent les patriotes dans les départements du Midi.

LE PRÉSIDENT : Vous emportez les regrets d'une société dont vous avez mérité l'estime par votre patriotisme. Reportez dans le Midi le feu civique dont vous êtes embrasés. Les conspirateurs qui nous attaquent aujourd'hui ne sont pas plus forts que Lafayette qui a été anéanti, et plus astucieux que les girondins qui ont succombé sous la massue nationale. Leurs successeurs ne tarderont pas à les suivre. (On applaudit.)

### SÉANCE DU 5e JOUR DES SANS-CULOTTIDES.

GARNIER (de Saintes): Je demande la parole sur les dangers qui de toutes parts environnent et menacent les patriotes. Citoyens, on veut, on prétend anéantir les jacobins, c'est-à-dire les républicains, et par suite nécessaire la République elle-même. On attaque la République dès l'instant qu'on attaque l'égalité; il est impossible que ceux-là soient véritablement républicains qui osent avancer qu'un million d'hommes en nourrit 24 millions, assertion qui, si elle était vraie, supposerait ces derniers dépendants nécessairement des premiers. Les girondins voulaient aussi la liberté comme à Lacédémone et à Rome, c'est-à-dire la liberté subordonnée à l'aristocratie des talents, des richesses et de l'orgueil. Ils consentaient volontiers, ces girondins, à accorder une portion de liberté aux autres, pourvu toutefois qu'ils fussent eux-

mêmes au-dessus de tous, et que leur liberté fût illimitée. Ces factieux, semblables à ceux qui sortent aujourd'hui de leurs cendres, demandaient impérieusement et à grands cris la dissolution des sociétés populaires. Une fois ces sociétés dissoutes, plus de patriotes, plus de républicains, et par conséquent plus de République.

Je vous interpelle ici, vous tous qui avez l'audace d'attaquer les patriotes, je vous somme de nous rendre compte de votre conduite en présence du peuple.

Tandis que vous partagez les repas somptueux des riches, des aristocrates qui doivent leur liberté à votre protection, que font les jacobins? Ils vivent en commun avec les sans-culottes; ils partagent avec l'humble réduit le dîner frugal des hommes libres, égaux et vertueux. Venez nous combattre avec votre liberté indéfinie de la presse; c'est avec notre mâle courage, notre probité sévère, notre austérité de mœurs que nous vous répondrons. Les traits empoisonnés que lance la calomnie s'émoussent tous contre l'égide impénétrable de la vertu.

On nous reproche d'avoir appelé à Paris une foule de citoyens des départements pour opérer un mouvement; mais qui n'aperçoit pas d'abord toute la fausseté de cette absurde allégation? Les braves citoyens que le hasard ou leurs affaires attiraient à Paris ne l'ont-ils pas quitté dès l'instant que la loi s'est fait entendre? Pénétrés de respect pour elle, ils y ont obéi sans murmurer; et en nous faisant leurs adieux ils ont emporté avec eux l'idée de l'estime et de l'amitié qu'ils vous doivent, et du profond mépris dont ils couvrent vos lâches calomniateurs.

Soyez fiers de votre probité, osez vous enorgueillir de votre patriotisme, de votre républicanisme; attachez-vous aux sévères montagnards, serrez-vous auprès d'eux, entourez, défendez, couvrez de vos corps la Convention tout entière; forcez-la à vous investir de la confiance dont le peuple vous honore, et que des méchants seuls peuvent entreprendre de vous ravir.

Ne nous abusons point, le système de fausse et cruelle clémence qu'on met en avant n'annonce que trop que l'on conspire en secret contre les meilleurs citoyens; déjà les victimes sont désignées, et l'on n'attend que le moment du sacrifice. Mais quels sont donc les hommes qui nous prêchent cet affreux modérantisme, cette pitié meurtrière? Ce sont les mêmes hommes qui demandaient la tête de sept députés, pour en demander cinquante autres le lendemain.

Ici Garnier invite, presse de nouveau tous les bons citoyens de se rallier autour de la Convention nationale, qui seule est véritablement le *palladium* sacré auquel est attaché le salut du peuple.

L'orateur déclare que la très grande majorité de la Convention pense comme tous les patriotes qu'il invoque, et que les principes des députés qu'on a prétendu être attaqués par les jacobins, sous le nom de Marais, sont les mêmes que ceux des montagnards.

Il ajoute qu'il n'existe que quinze à vingt intrigants, dilapidateurs de la fortune publique, qui tentent l'impossible pour renverser les sociétés populaires. Il termine en présentant à l'assemblée plusieurs motifs très puissants pour tous les patriotes de se rallier, de se rapprocher, pour s'unir étroitement, à l'effet de défendre tous ensemble la liberté et l'égalité menacées.

Ce discours très étendu a été plusieurs fois interrompu par les plus vifs applaudissements. La société en a ordonné l'impression, la distribution à ses membres et l'envoi aux sociétés affiliées.

### SÉANCE DU 1er VENDÉMIAIRE.

Loys et Montaut donnent des détails justificatifs en

faveur de Clémence et Merchand, arrêtés en vertu d'un décret de la Convention comme complices de Robespierre.

La société, après quelques autres témoignages rendus en faveur de ces deux citoyens, arrête que des défenseurs officieux, auxquels elle adjoint Moulant, se transporteront au comité de sûreté générale.

Plusieurs membres se plaignent des difficultés qu'éprouvent les patriotes incarcérés pour se faire rendre justice.

Léonard Bourdon : Des individus que la société a cru devoir exclure de son sein. lui déclarent une guerre à mort ; mais combien la société n'est-elle pas supérieure à ses ennemis! et quels sont-ils ces fameux coryphées du modérantisme et de l'aristocratie? Apprécions leur tactique, examinons leurs moyens.

On est venu à cette tribune pour réclamer la liberté *indéfinie* de la presse : je vous avoue franchement que je n'ai vu dans ceux qui faisaient cette demande que des trompeurs ou des trompés. Est-ce donc sous un gouvernement révolutionnaire, quand les lois de ce gouvernement la restreignent, que peut exister cette liberté *indéfinie?*

Une multitude de pamphlets contre-révolutionnaires, plus dégoûtants les uns que les autres, infectent en ce moment l'esprit public. Les sociétés populaires qui se sont élevées à côté du trône sont parvenues à le renverser : de là cette haine invétérée que n'ont cessé de nourrir et d'exaspérer contre elles les partisans de la tyrannie ; mais rassurons-nous, il ne nous sera pas plus difficile de vaincre les continuateurs des Brissot et Gorsas que ces trop coupables libellistes eux-mêmes.

Quelques prétendus publicistes, voulant sans doute faire preuve d'esprit et d'érudition, ont avancé que les Jacobins étaient en France ce qu'est *la chambre haute* en Angleterre ; mais sans faire attention à la niaiserie de cette comparaison, qui ne s'aperçoit pas d'abord de sa fausseté? La société des Jacobins, ainsi que les autres sociétés populaires, n'a été instituée que pour discuter les grands objets du bonheur et du salut public, et pour surveiller tous les abus qui s'introduisent dans le gouvernement. Elle ne fait pas les lois, mais elle prépare, elle mûrit l'opinion que doit prendre et conserver le peuple sur les principes que le corps législatif consacre par ses décrets.

Vous vous plaignez, citoyens, que les patriotes aient plus de peine à obtenir justice que les aristocrates : la raison en est simple.

Après la mort de Robespierre, ceux qui avaient du crédit et des connaissances ont eu plus de facilité pour faire solliciter leur élargissement que de pauvres sans-culottes, qui n'ont pour tout appui que leurs femmes et leurs enfants.

Ainsi les dépositaires de l'autorité publique se sont vus entourés d'hommes qui ont sollicité la mise en liberté de leurs amis. Il est arrivé que ces élargis ont employé tous les moyens qui étaient en leur pouvoir pour faire arrêter ceux qu'ils soupçonnaient d'avoir pris part à leur arrestation.

Le moyen d'éviter les pièges qui nous sont tendus, c'est de faire notre grand ordre du jour des objets soumis à la discussion de la Convention ; c'est en observant la même règle de conduite que nous avons constamment adoptée et suivie depuis 89, que nous confondrons nos calomniateurs et terrasserons nos implacables ennemis.

Lacombe : La cause de la longue détention des patriotes vient de ce que les défenseurs officieux, nommés par la société pour réclamer les patriotes, ne peuvent point parvenir au comité de sûreté générale.

Depuis un mois vous n'avez pas obtenu un seul élargissement ; vous vous rappelez qu'après la journée du 20 juin sept juges de paix, rassemblés au château, voulurent faire le procès aux patriotes. Eh bien! ces juges de paix sont en liberté. Je ne m'étonne pas que les patriotes restent dans les prisons, quand j'en vois sortir tous les aristocrates.

Bassal : Rien n'est plus à l'ordre du jour que ce que nous venons d'entendre ; je vais vous en parler aussi.

Gouly a profité ce matin de mon absence à la Convention pour accréditer les clameurs perfides de quelques intrigants, qui soutiennent qu'il est faux que les patriotes soient opprimés : je le dis en présence du peuple, ils le sont, et rien n'est plus difficile que de les délivrer.

Le département de l'Ain m'est bien connu, et il me sera facile de montrer que ce département est opprimé d'une manière dangereuse pour la liberté publique. Il fut un de ceux que le fédéralisme travailla davantage.

Avant le mois de mai, les administrations avaient pris des arrêtés infâmes qu'elles avaient en l'insolence d'adresser à la Convention. Les signatures étaient nombreuses, surtout à Bourg et dans la société populaire de cette ville ; la révolte éclata bientôt à Bordeaux, à Marseille, etc. ; on recruta, on arma, le département de l'Ain envoya un bataillon dans le Jura.

Les canonniers qui marchaient avec ce bataillon ont refusé à Dubois-Crancé lui-même de marcher contre l'infâme commune de Lyon. La révolte des gens puissants dans ce pays ne finit qu'au moment où elle ne pouvait durer davantage.

S'il existait une véritable justice, ces gens seraient incarcérés ; je sais que les deux plus scélérats sont cachés, car je pense que sans cela ils seraient arrêtés. Mais je dois vous dire que celui qui conduisait les canonniers de l'Ain dans le Jura à la barre de la Convention attester que Boisset faisait à merveille, qu'il ne mettait en liberté que les patriotes, et laissait les aristocrates dans les prisons. Juliare, un des principaux chefs des révoltés, quatre officiers municipaux, nommés par les sections en révolte, tous ces hommes sont libres. Je défie qu'on me cite un seul rebelle de ce département qui ne soit pas en liberté.

Je sais qu'il y a 40 personnes de ce département qui sont dans les prisons, parce que, dit-on, ce sont des voleurs ; mais l'on n'a pas encore montré une seule pièce qui le prouve. Il en existe un qui est vraiment un coquin ; je l'avais cru patriote, il m'a trompé. J'ai vu dans les papiers de Meaulle une pièce qui charge cet homme d'avoir pris 18,000 liv. Eh bien, ce fripon, que des pièces accusent, n'est pas en prison. On m'en a même fait l'éloge ; on m'a dit que c'était un homme probe.

Il ne faut pas regarder la situation du département de l'Ain comme celle d'un seul département, mais comme celle de toute la République : on doit l'attribuer à l'élargissement de tous les aristocrates. C'est ici la lutte des patriotes contre les ennemis du peuple. Je demande que cette importante affaire soit à l'ordre de toutes les séances, et que les patriotes de toute la République soient invités à nous faire part de ce qu'ils souffrent, afin que nous puissions voler à leur secours. (On applaudit.)

Garnier (de Saintes): Il est temps que les patriotes entrent en lice. la charge a été sonnée contre les ennemis de la liberté ; il faut que tous, ralliés à la Convention nationale, notre premier point d'appui, nous nous élancions avec elle dans le champ du combat. Hier je déposai au milieu de vous quelques réflexions pour le triomphe du patriotisme, vous avez désiré que je les rédigeasse par écrit. J'ai répondu au vœu de la société, les voici, ces vérités, qui doivent faire trembler nos ennemis.

45

Ici Garnier lit son travail qui est applaudi à plusieurs reprises. La société en ordonne l'envoi à toutes les sociétés affiliées.

---

### TRIBUNAL CRIMINEL RÉVOLUTIONNAIRE.

#### Précis de la procédure des 94 Nantais (1).

Le greffier lit l'acte d'accusation dont nous avons donné le résumé dans le tome VIII, n° 361, 1ʳᵉ sansculottide de l'an 2ᵉ.

LE PRÉSIDENT aux accusés : Vous venez d'entendre ce dont on vous accuse ; redoublez d'attention, les débats vont s'ouvrir.

On procède à l'audition des témoins.

Goulin, membre du comité révolutionnaire de Nantes, parle le premier contre plusieurs des accusés. Il dépose contre Phelippes, dit Tronçjoly, qu'il était du nombre des pétitionnaires auprès de la municipalité de Nantes, pour demander l'ouverture des sections.

Cette déposition est suivie d'une lecture de pièces par l'accusateur public, tendantes à prouver que les conacusés Phelippes et Sottin ont assisté aux assemblées des sections où il avait été arrêté que l'on ne reconnaîtrait plus les décrets de la Convention nationale, tant que trente-deux de ses membres seraient en arrestation ; cet arrêté était en outre motivé sur ce que la Convention n'était pas libre, qu'elle délibérait sous les poignards et le couteau des assassins, et que les départements dont les députés étaient retenus en arrestation n'étaient pas suffisamment représentés, et ne pouvaient coopérer de leurs suffrages au vœu national.

Il résulte encore de ces pièces la preuve qu'il devait être organisé une force départementale pour marcher sur Paris, briser les fers des détenus, et délivrer la Convention du joug prétendu sous lequel elle gémissait ; enfin qu'une assemblée fut indiquée à Bourges pour renouveler la Convention.

LE PRÉSIDENT à l'accusé Phelippes : Vous avez entendu la déposition du témoin, qu'avez-vous à y répondre ?

PHELIPPES : Le sort m'ayant placé dans un département tel que celui de la Loire-Inférieure, où les papiers publics étaient interceptés, surtout depuis la journée du 31 mai, où la vérité ne pouvait pénétrer, j'ai été pendant quelques moments la victime de l'erreur et de l'intrigue. Oui, j'ai eu le malheur de figurer dans les assemblées de section dont on parle.

Les plus chauds républicains furent souvent divisés d'opinions ; les uns voulaient que l'on déclarât que la Convention n'avait pas été libre ; les autres, qu'il paraissait que la Convention n'avait pas été libre. Plusieurs s'opposèrent à la mesure de la force départementale, qu'ils trouvaient dangereuse. Plusieurs, en sentant qu'elle pouvait être dangereuse, la croyaient néanmoins nécessaire. Presque tous improuvèrent l'envoi des suppléants à Bourges. Il est bien évident que, s'ils eussent été complices de la faction liberticide, ils auraient été d'accord avec elle et avec eux-mêmes.

Cependant les corps administratifs n'envoient pas des suppléants à Bourges ; ils ne font point partir de force départementale pour Paris ; ils se refusent aux instances du Finistère et des députés de Bordeaux.

Que n'ont-ils pu savoir alors que l'infâme Gironde retirait, à cette même époque, pour les faire marcher contre Paris, les deux bataillons qu'elle avait dans la Vendée, et livrait ainsi Nantes à la merci des brigands !

(1) Extrait du bulletin du tribunal révolutionnaire, par Clément. ‒ M.

On discutait peu, on se battait tous les jours ; le tribunal et la commission militaire jugeaient sans relâche les traîtres et les conspirateurs. On servait, on sauvait la République, lorsque les fédéralistes faisaient effort en tous sens pour la détruire : on n'était donc pas fédéraliste à Nantes, on y était républicain, et on peut le dire, dans cette commune l'erreur était bien près de la vertu ; elle était la vertu même, si la vertu a ses erreurs.

Enfin arrive la journée du 29 juin : Nantes est attaqué sur tous les points par les plus formidables armées que les brigands aient jamais eues. Le combat se livre, 6 à 7 mille hommes défendent Nantes contre 70 à 80 mille brigands. Voilà quel était le fédéralisme des Nantais et de leurs administrateurs.

A la vérité les corps administratifs, égarés par des bruits sinistres qui commençaient à se répandre, tels que le projet de la régence de Danton, du nouveau règne du petit Capet ; projet qu'on disait devoir être appuyé par les députés, envoyés en commission dans les départements, ont pris, le 5 juillet, un arrêté où ils professent le plus grand respect pour la Convention nationale, mais dans lequel ils déclarent que, conformément au vœu librement et légalement émis par les sections, les commissaires de la Convention ne seront pas reçus, et que l'établissement d'aucune commission centrale n'aura lieu dans la ville de Nantes et le département de la Loire-Inférieure ; cette erreur ne fut pas de longue durée, car dès le 6 juillet le conseil général de la commune avait réclamé contre l'arrêté du 5 ; la preuve en est consignée dans une lettre des représentants du peuple, Merlin, Gillet et Cavaignac, adressée à la Convention nationale, en date du 15 juillet 1793.

La Convention apprit dans le même jour la nouvelle de l'arrêté du 5 et de son rapport ; elle rendit et rapporta, dans la même séance, son décret contre les corps administratifs de Nantes.

La Constitution arrive à Nantes le 15 juillet ; elle est proclamée le même jour. Le 17 elle est acceptée dans toutes les sections. Jamais, depuis l'organisation des assemblées primaires, le nombre des votants n'avait été si considérable. L'erreur était dissipée ; l'enthousiasme était général, etc.

Il est donc bien démontré qu'il n'y a point eu de fédéralisme dans le département de la Loire-Inférieure ; on y a été égaré par vertu, par patriotisme ; on n'y a été qu'égaré ; l'erreur était inévitable, involontaire, et pour incriminer les administrateurs de Nantes et ses habitants il faudrait commencer par prouver que l'erreur n'a pas été possible à l'époque du fédéralisme en France ; il est de toute évidence que le comité révolutionnaire de Nantes, maintenant traduit au tribunal révolutionnaire, a été l'origine et le moteur de toutes les vexations que les meilleurs républicains ont éprouvées, s'est couvert de tous les crimes, et notamment ment le témoin Goulin ; je l'en accuse en face : je contracte l'engagement d'établir sans réplique tous les délits, de développer sa turpitude, toute cette chaîne de forfaits et d'atrocités qui lui ont valu l'exécration générale, et qui provoquent contre lui la vengeance des lois.

LE PRÉSIDENT au témoin Goulin : Vous avez entendu les déclarations de l'accusé Phelippes ; avez-vous des observations à présenter au tribunal ?

GOULIN : Dépositaire, conjointement avec mes collegues, des mesures de sévérité dont la loi fait une obligation impérieuse aux membres des comités révolutionnaires, ayant eu occasion, plus souvent que je ne l'aurais voulu, de déployer ces mesures de sévérité contre les individus qui m'étaient dénoncés, il n'est pas surprenant que certaine portion du peuple ait moins envisagé en moi l'organe et l'instrument de la loi répressive qu'un homme prévenu, aveuglé par quelque passion particulière, qui abusait de cette même loi pour couvrir et légitimer des haines et des vengeances; cependant j'affirme n'avoir, comme membre du comité révolutionnaire, frappé aucun citoyen qu'il ne m'ait été désigné comme répréhensible, soit par quelque dénonciation particulière, soit par le cri public des patriotes.

Phelippes, de son aveu, a été destitué pour cause de fédéralisme; il est encore, de son aveu, signataire de l'arrêté du 5 juillet, il s'avoue égaré; j'ai donc dû déployer contre lui les mesures révolutionnaires, parce que les faits l'accusaient, parce qu'il était suspect aux yeux de la loi, et qu'il n'était pas de mon ministère de juger ses bonnes ou mauvaises intentions.

Sottin interpellé fait un exposé de sa vie politique jusqu'au 31 mai, qui prouve l'ardeur et la pureté de son civisme. Il ajoute : A cette époque je fus égaré comme les autres.

Je croyais prendre un parti qui devait sauver la République; j'en pris un qui eût pu la perdre : cependant dans peu de jours les esprits s'éclairent, la Convention avait décrété « que, si nous ne nous rétractions dans trois jours, nous serions déclarés traîtres à la patrie, et poursuivis comme tels. » Or, nous nous sommes rétractés, non seulement avant les trois jours, mais même avant l'arrivée du décret : donc nous ne sommes pas traîtres à la patrie!

Les représentants du peuple, entrés à Nantes, nous ont si bien regardés comme des hommes égarés, qu'ils nous ont laissés en place : ils nous ont dit plusieurs fois qu'ils ne nous croyaient pas dans le cas de la destitution.

Enfin nous avons été destitués; mais, loin de nous traiter avec la sévérité qu'ils eussent employée envers des coupables, les représentants nous ont permis de croire qu'ils ne le faisaient que pour obéir à une loi qu'ils ne pouvaient éluder, etc.

Le Président à Goulin · Témoin, quels sont vos griefs contre l'accusé Onfroy?

Goulin : Je reproche à cet accusé d'être le rédacteur et le signataire de deux adresses au tyran, et d'une pétition en faveur des noirs, relativement aux troubles de Saint Domingue.

Onfroy : L'humanité seule a pu m'aveugler sur le sort des noirs, et j'ai eu l'approbation générale pour les secours sollicités en faveur des gens de couleur; j'ai d'ailleurs protesté.

Goulin déclare que la protestation de l'accusé est incertaine; mais qu'il n'est pas douteux que l'accusé improuvait le décret qui accordait le droit de citoyens aux gens de couleur.

Le Président : Témoin, avez-vous des pièces probantes à l'appui de votre déposition?

Goulin : Je ne puis, à la vérité, représenter aucune pièce contenant la preuve de ce que j'avance, mais je n'en certifie pas moins la vérité de ma déposition.

Onfroy : Et moi je persiste à nier les faits; j'invite le président à demander au témoin si, lorsque nous avons été envoyés à Paris, l'ordre qui nous concernait ne portait pas de nous expédier promptement, au nombre de cent trente-deux accusés; si l'ordre de route n'était pas tracé par le comité, si l'on ne nous avait pas désignés partout où nous devions passer comme des brigands de la Vendée.

Goulin : A la vérité l'ordre donné par le comité portait d'expédier promptement, mais par ces mots nous n'entendions autre chose, ce n'est qu'il fallait s'occuper promptement du jugement des accusés; et si nous les avons indiqués comme brigands de la Vendée, c'est que nous regardions plusieurs des accusés comme complices avec ces brigands et ayant servi même sous leurs étendards.

D'ailleurs nous n'avons agi que d'après le vœu des représentants du peuple, Carrier et Francastel, qui ont ordonné de transporter les accusés d'Angers à Paris, et nous nous sommes absolument conformés à leurs mandats.

L'audition du représentant du peuple Carrier, comme témoin, suspend, pour quelques instants, les débats entre les membres du comité révolutionnaire de Nantes et les accusés.

Carrier: J'ai pris peu de part à la police de Nantes, je n'y ai été présent que passagèrement, tantôt à Rennes, ensuite à l'armée de l'Ouest; j'étais principalement chargé de surveiller et pourvoir à l'approvisionnement de nos troupes, et j'ai alimenté, pendant six mois, deux cent mille hommes pour la marine, sans qu'il en coûtât rien à la République; j'ai donc peu de renseignements à donner dans cette affaire; je ne connais que peu ou point les accusés; je m'expliquerai cependant sur le compte de quelques-uns, soit d'après moi même, soit d'après des ouï-dire, des rapports à moi faits.

Peu de temps après mon arrivée, il fut question de renouveler les autorités constituées; je voulus réorganiser les membres du comité révolutionnaire, en changer les membres; mais la société populaire s'y opposa fortement; elle observa que ce comité n'était composé que de patriotes; qu'il était investi de la confiance des amis de la liberté; qu'il serait dangereux de faire une nouvelle organisation, parce qu'il serait difficile de trouver des remplaçants dont le civisme fût aussi bien établi; je crus ne pouvoir mieux faire que de m'en tenir au rapport de la société populaire, et de continuer en exercice les fonctionnaires nommés par mes collègues. Il se fit beaucoup d'arrestations, mais elles me sont absolument étrangères; j'ai seulement fait arrêter Arnoult, qui m'a été dénoncé par la commune de Saint-Sébastien, lorsqu'elle vint se rendre avec armes et bagages, comme ayant fourni des fusils et des hommes aux rebelles, comme ayant un domestique trouvé nanti d'une épingle dont la tête était couronnée et surmontée d'une croix.

Le comité me parla de traduire les accusés au tribunal révolutionnaire; je dis qu'il fallait préalablement s'assurer s'ils étaient tous coupables, bien distinguer les innocents, s'il y en avait, et vérifier les délits des autres.

Le comité était mon flambeau, ma boussole; je ne connaissais les patriotes et les contre-révolutionnaires de Nantes que d'après ses rapports; il m'assura donc de la culpabilité de tous les accusés présents, me demanda un ordre de les envoyer à Paris; l'ordre fut expédié, et, contre le vœu du comité, les femmes furent autorisées à accompagner leurs maris dans la route, pour leur fournir tous les secours et l'argent dont ils pourraient avoir besoin dans leur état de détention. Je répéterai sans doute à l'égard de Pécot, Villenave et Sottin, ce qui vous a déjà probablement été dit, qu'ils ont participé au fédéralisme; je ne puis rien dire de plus.

Quant à la longue détention des accusés, je leur déclare que moi seul l'ai prolongée sous différents prétextes, et ce, dans la persuasion où j'étais qu'il viendrait un temps où ils seraient jugés plus équitablement.

Je déclare que Pécot, Sottin et Villenave étaient regardés comme bons citoyens avant l'époque du fédéralisme, et comme n'ayant jamais dévié des principes révolutionnaires.

Carrier donne les mêmes éloges à plusieurs autres accusés; Phelippes-Troncjoly n'est pas du nombre.

Phelippes : Il faut que je sois bien changé, puisque le représentant Carrier ne me reconnaît plus; je le prie de déclarer ce qu'il sait sur mon compte.

CARRIER : Je ne te croyais pas ici ; je vais dire ce que je sais à ton égard.

Phelippes m'a été proposé pour président du tribunal révolutionnaire de Nantes ; je l'ai d'abord refusé à cause de ses opinions fédéralistes ; mais ensuite, considérant les talents de l'accusé, et la pénurie de sujets, je me suis déterminé à le nommer à la présidence.

PHELIPPES : J'invite le tribunal à demander au témoin s'il était ou non présent aux séances des 13, 14 et 15 frimaire provoquées par les corps administratifs, pour délibérer si l'on ferait périr en masse tous les accusés.

CARRIER : Je n'ai point assisté à ces délibérations.

PHELIPPES : Le témoin a-t-il coopéré à l'arrêté qui défendait aux parents des détenus de solliciter en leur faveur ?

CARRIER : Je n'y ai pris aucune part.

PHELIPPES : Qui du comité ou du témoin a organisé la compagnie Marat ? quels étaient les pouvoirs de cette compagnie ?

CARRIER : Sur l'observation qui m'a été faite par le comité, qu'il était dans l'impossibilité de recevoir et suivre toutes les dénonciations qui lui étaient faites, je l'ai autorisé à se donner pour adjoints des hommes probes, qui seraient investis des mêmes pouvoirs que le comité, d'après les mandats d'arrêt qui lui seraient délivrés à ce sujet.

PHELIPPES : Le témoin avait-il l'intention de faire traduire au tribunal révolutionnaire tous les accusés sans distinction ?

CARRIER : C'était immédiatement d'après des informations prises sur les individus que je ne connaissais pas.

PHELIPPES : Connaissiez-vous les motifs d'accusation des détenus ?

CARRIER : Ils ne m'avaient pas été communiqués.

PHELIPPES : Vous savez qu'Hernault avait été élargi peu de temps avant sa dernière arrestation : est-ce par vos ordres qu'il a été réincarcéré de nouveau ?

CARRIER : Je n'ai point donné d'ordres semblables ; il y a plus, c'est qu'il m'est arrivé plusieurs fois de vouloir faire élargir les détenus, et toujours le comité s'y est opposé de toutes ses forces, en me renouvelant l'assurance que tous les accusés étaient coupables ; qu'il existait contre un de ces derniers, dans le comité, des dénonciations, des preuves écrites de leurs délits.

PHELIPPES : Le témoin sait-il si le comité révolutionnaire a signé un ordre de faire fusiller les accusés ?

CARRIER : Je n'ai pas connaissance de cet ordre.

PHELIPPES : Le témoin sait-il si Naud est venu dire aux accusés : C'est ici la guerre des gueux contre les riches, c'est le moment de faire des sacrifices ; vous avez devant vous un exemple qui doit vous faire trembler ; vous connaissez le sort des 90 prêtres embarqués sur des chaloupes coulées à fond, redoutez le même traitement.

CARRIER : Je n'ai connu ni les noyades, ni les fusillades, encore moins les menaces de Naud, et si j'eusse eu la moindre notion de ces horreurs, de ces actes de barbarie, ils n'eussent pas été mis à exécution.

PHELIPPES : Malgré l'opiniâtreté, la persévérance du témoin à dénier toute part directe ou indirecte aux actes inhumains, aux scènes de sang qui se sont réalisés sous ses yeux, je n'en persiste pas moins dans mon opinion contre lui.

*Du 25.* — Le président, aux termes de la loi, demande au jury s'il est suffisamment instruit pour prononcer.

D'après une réponse négative, les débats sont continués.

Chaux, membre du comité révolutionnaire de Nantes, est entendu contre les accusés.

Après diverses interpellations respectives, le président adresse la parole au témoin.

LE PRÉSIDENT : Pourriez-vous nous dire comment a été instituée la compagnie Marat ?

CHAUX : Carrier a établi une force armée sous le nom de Marat ; elle avait le droit de faire des visites domiciliaires, d'incarcérer, au besoin, sans l'aveu du comité.

LE PRÉSIDENT : Cette compagnie incarcérait-elle en vertu de mandats d'arrêt décernés par le comité ?

CHAUX : Le comité donnait une simple liste à la compagnie Marat, qui se transportait chez les individus désignés, et les emprisonnait elle-même, sur de simples notes, et quelquefois même dans la rue, sur de simples soupçons.

LE PRÉSIDENT : Vous êtes en contradiction avec le représentant Carrier, qui a déclaré que tous les pouvoirs émanaient du comité, et que lui seul les délivrait à la compagnie Marat.

Le 22 brumaire, la générale a-t-elle été battue, les canons ont-ils été braqués, n'a-t-on pas affecté de donner une garde d'honneur au représentant du peuple ?

CHAUX : Ces faits sont vrais : il s'agissait d'une conspiration dont j'ignore absolument les circonstances.

LE PRÉSIDENT : Mais n'est-ce pas à cette époque que plus de mille citoyens ont été arrêtés, comme vient de l'articuler Phelippes ? Carrier n'a-t-il pas annoncé cette conspiration avec la nécessité de prendre des mesures vigoureuses pour déjouer les complots des conspirateurs ?

CHAUX : Je me rappelle qu'à cette époque beaucoup de citoyens ont été incarcérés ; que le représentant Carrier a manifesté des craintes de la part des prisons contre les habitants de Nantes, et démontré toute l'urgence des mesures à adopter pour maintenir la tranquillité et la sûreté publiques ; mais de ma part ce ne sont que des ouï-dire, parce que je n'ai point assisté, en cette occasion, aux assemblées des corps administratifs, et n'ai concouru en aucune manière aux mesures qui ont pu y être arrêtées, etc.

Chaux parlait avec beaucoup de chaleur en annonçant qu'il avait des déclarations à faire contre un des accusés nommé *Poirier.* Il dit, en le cherchant des yeux : *Est-il mort ou vivant ?* Ces expressions excitent de violents murmures. Le président rappelle le témoin aux principes de l'humanité : « Il est une maxime avouée par tous les peuples, ajoute Dopsent, c'est que le malheur est sacré ; bien loin d'insulter à des accusés, on leur doit au contraire toutes sortes d'égards ; il est toujours malheureux que des accusés meurent sans que les tribunaux aient pu juger s'ils étaient innocents ou coupables. »

Grandmaison succède à Chaux : il avoue qu'il a signé l'ordre de la fusillade ; il convient qu'il a été chargé de la prétendue translation à Belle-Isle de 119 prisonniers qui furent noyés dans la Loire, et qu'il a assisté à cette expédition : il allègue que l'ordre de cette noyade a été signé six semaines après son exécution pour couvrir cette mesure. On lui observe qu'il est constant par les débats que l'ordre dont il est question avait été signé pour une translation réelle, et non pour une noyade ; le témoin représente qu'à cette époque la ville de Nantes était menacée, et qu'il avait cru que ces 119 individus étaient autant de scélérats et de brigands.

Un des accusés reproche à Grandmaison d'avoir assassiné un meunier, d'avoir épousé la fille d'un noble, d'avoir un beau-père et deux beaux-frères nobles dans la Vendée ; il ajoute que par intrigue et faveur Grandmaison avait obtenu à la chancellerie des lettres de grâce qui furent entérinées au ci-devant parlement de Bretagne. On lui représente qu'aux termes de la loi que souvent il a voulu citer, il aurait dû être mis lui-même en état d'arrestation ; il répond que son patriotisme et les services connus qu'il a rendus lui ont conservé sa liberté. Après avoir usé d'abord de beaucoup de réticences, il finit par tout avouer.

Baschelier, autre membre du comité, succède à Grandmaison. Presque toujours il répond par la dénégation aux interpellations qui lui sont faites ; il convient cependant d'un vol par lui fait de trois couverts d'argent et d'une cuiller à soupe, parce que cette argenterie a été trouvée entre ses mains.

Le Président au témoin : Où se sont rédigés les motifs de l'arrestation des détenus ?

Baschelier : Ces motifs se rédigeaient dans les séances de la société populaire. Chaque détenu y était désigné au peuple par son nom, avec les reproches faits à l'individu mis en arrestation ; et le peuple était invité à donner son opinion sur chaque prévenu ; s'il contestait le fait qui avait provoqué l'arrestation d'un détenu, ce dernier était élargi : si au contraire il le confirmait par son adhésion, le détenu restait dans les fers jusqu'à ce qu'il fût mis en jugement : voilà ce qui s'est pratiqué pour les accusés, et j'observe qu'il ne s'est élevé aucune réclamation en faveur des accusés.

Le Président : Ce silence ne provenait-il pas de l'arrêté qui défendait aux citoyens de faire aucune réclamation en faveur des détenus ; arrêté imprimé et affiché à tous les coins des rues, par ordre du comité révolutionnaire, qui avait mis la terreur à l'ordre du jour ?

Baschelier : Notre arrêté n'avait pour objet que de nous délivrer des sollicitations particulières dans nos demeures, et d'être, à l'instar des ci-devant parlementaires, assaillis d'une foule de solliciteurs cherchant à nous séduire par toutes sortes de moyens, etc.

Le Président : Saviez-vous si la compagnie Marat apposait ou non les scellés avec le pouce, si elle s'appropriait furtivement l'or et l'argent, et reposait ensuite les scellés ?

Baschelier : Je ne sais rien à cet égard.

Le Président : Le comité délivrait-il des mandats d'arrêt à cette compagnie ; en a-t-il été notifié aux accusés ?

Baschelier : Cette compagnie arrêtait et incarcérait de sa propre autorité ; et je ne sais s'il y a eu ou non des mandats d'arrêt lancés contre les accusés, et s'ils leur ont été notifiés.

(Tous les accusés se lèvent d'un mouvement spontané, et affirment qu'il ne leur a été notifié aucun mandat d'arrêt.)

Le Président : C'est une chose bien inconcevable qu'un membre du comité révolutionnaire, chargé de la partie des dénonciations, comme le témoin, et qui d'ailleurs, par son aptitude personnelle, conduisait les opérations principales du comité, ne soit pas en état de nous donner le oui ou le non sur la question de savoir s'il a été lancé des mandats d'arrêt contre les accusés, et si ces mandats ont été notifiés ; de l'ignorance invraisemblable du témoin, nous devons en conclure que la formalité du mandat, comme toutes les autres, ont été négligées, et que le comité révolutionnaire de Nantes se comportait, moins comme autorité constituée qui doit compte de ses actions à la nation entière, que comme des despotes sacrifiant journellement l'existence de leurs concitoyens à leurs caprices, et à l'arbitraire le plus révoltant.

L'accusé Phelippes : Lors de la réunion des autorités constituées pour délibérer, par oui ou par non, si l'on ferait périr en masse les détenus, y a-t-il eu un procès-verbal rédigé ?

Baschelier : Il n'a été pris que des notes en cette occasion, etc.

Les témoins Perochet, Levêque, Bologne, Halon, Roullier, Duralier, Joly et Minguet, ont succédé à Baschelier ; ils se sont accusés respectivement d'avoir partagé les scènes d'horreurs et de cruautés commises envers les détenus ; ils sont convenus d'avoir signé les ordres de noyades et de fusillades, sans en connaître les motifs ; des prêtres noyés, au nombre de 162, ont d'abord été mis à nu, dépouillés de tous leurs effets, dont le partage s'est fait entre les barbares exécuteurs de ces ordres. On apportait au comité l'argenterie des détenus, et on se la distribuait. La cupidité la plus dévorante, la férocité la plus inouïe, l'ambition la plus démesurée, l'esprit de manœuvres et d'intrigues pour parvenir à son but et exercer des vengeances particulières ; un goût singulier pour les repas somptueux, les orgies bachiques, ne sont pas les seules passions propres à caractériser les membres du comité révolutionnaire : ces monstres attentaient encore à la pudeur des femmes, des filles, qui venaient réclamer leurs pères, leurs époux ; il fallait se livrer à la brutalité sensuelle de ces modernes sultans, pour les rappeler aux principes de justice et d'humanité, et obtenir de leurs caprices un jugement d'absolution.

Une compagnie, dite Marat, compagnie composée d'êtres immoraux, crapuleux, et pour ainsi dire l'égout de la ville de Nantes, était les instruments fidèles de la barbarie du comité ; ces hommes, sur le front desquels le sceau de la réprobation était empreint, s'étaient introduits dans les sociétés populaires, où ils s'étaient fait nombre de partisans ; ils y exerçaient la domination la plus tyrannique, et flétrissaient à leur volonté, dans l'opinion des despotes investis du droit de vie et de mort, les citoyens qui avaient eu le malheur de déplaire aux agents suprêmes du comité.

Bô, représentant du peuple, est aussi entendu contre tous les accusés ; loin de les charger, il fait leur éloge, et rend hommage à leur civisme, surtout à leur énergie dans la journée du 29 juin.

L'accusateur public : Citoyens jurés, vous avez à prononcer sur le sort de 94 accusés, les uns de manœuvres tendantes à favoriser et propager le système liberticide du fédéralisme ; les autres d'intelligences avec les émigrés et les brigands de la Vendée, d'autres, de fanatisme, de discrédit des assignats, d'accaparement de marchandises de première nécessité ; enfin d'autres, de propos contre-révolutionnaires : mais c'est principalement la faction scélérate du fédéralisme qui doit occuper et fixer votre attention, à raison des ravages qu'elle a causés dans tous les départements, notamment dans la ville de Nantes.

Sotlin l'aîné est envoyé à Paris pour présenter une adresse à la Convention, et rendre compte à ses concitoyens de l'esprit public de cette capitale ; il fait l'abus le plus révoltant de cette mission pour égarer ses mandataires. Il mande au directoire du département de la Loire-Inférieure que la Convention n'est pas libre, qu'elle est dans la situation la plus affligeante, qu'elle est sous les poignards, qu'elle médite des assassinats, veut frapper les patriotes et les gens à talents ; qu'il existe un parti désorganisateur, que l'on veut relever le trône, que Paris redemande un roi ; enfin il fait le rapport le plus scandaleux et le plus effrayant. N'est-ce pas une calomnie infâme lancée contre cette ville, le siège de la révolution, le foyer de la liberté ; contre cette ville qui a signalé son patriotisme dans toutes les époques mémorables, et particulièrement aux journées récentes des 31 mai, 1er et 2 juin ? Il fait afficher l'arrêté le plus fédéraliste, il est secondé par Dorvo, nommé commissaire pour faire un rapport. On prend, le 21 janvier, un arrêté tendant à envoyer des corps administratifs à Bourges et aux 83 départements: Poton est aussi leur complice. Les députés fidèles au peuple sont traités de faction anarchiste. Le 25 mai une adresse est envoyée au département de Paris pour envoyer des suppléants à Bourges.

Dorvo met en question si l'on adhèrera par oui ou par non aux arrêtés fédéralistes.

Le 21 juin le département prend des mesures pour faire face aux rebelles; on établit un bureau de correspondance à Laval pour se concerter avec les départements insurgés.

Vous n'avez point oublié que Brière, par des notes dégoûtantes, désavoue l'approbation des journées des 21 mai, 1er et 2 juin.

Le 21 dudit mois on présente deux commissaires pour aller à Bourges, on vote des remerciments pour les députés rebelles; Pécot et Dorvo sont nommés commissaires et acceptent cette mission.

La Convention, grande comme le peuple qu'elle représente, voit d'un œil de dédain et dans le calme toutes ces intrigues; elle fait afficher son décret du 26 juin, qui motive l'arrestation des 32 membres traîtres à la patrie; elle sévit contre l'arrêté pris par le département et la commune de Nantes, encore en proie aux manœuvres et aux intrigues des départements coalisés.

Sottin est envoyé commissaire au Morbihan, il annonce la fuite de 15 députés. Des commissaires sont nommés pour Rennes et Caen, et le 5 juillet on prend cet arrêté qui défend l'entrée de Nantes aux députés retirés à Ancenis, et l'établissement d'une commission centrale.

Dorvo, Brière, Poton, Villenave et plusieurs autres citoyens, au nombre de 74, sont signataires de cet arrêté; Sottin ne paraît pas l'avoir signé.

Sottin l'aîné et Villenave sont nommés députés pour Rennes, et font circuler cet écrit infâme, intitulé *Egalité, plus de montagne;* on y traite la Convention d'infâme centumvirat qui noie la liberté, et qui ose présenter le pacte de famille, lorsque cette liberté se précipite vers sa ruine; on ose dire que la France est livrée aux mains d'une centaine de scélérats; on propose l'ajournement de la Constitution; on avance qu'accepter l'acte constitutionnel c'est adhérer à la tyrannie.

Sottin dit que sa signature est la suite d'un arrangement pris en son absence, et auquel il n'a pris aucune part.

Villenave est bien convaincu d'être le signataire dudit arrêté.

En vain vous font-ils valoir leur rétractation; ils ne peuvent s'en faire un mérite : cette rétractation n'est due qu'au pouvoir des armées républicaines.

Il ne vous est point échappé, citoyens jurés, que Sottin l'aîné est l'un des agents les plus actifs et les plus perfides du fédéralisme, et qu'il a accepté toutes les missions relatives à cette faction liberticide.

Pécot, Sotin, Villenave, Brière, Leroux, sont bien constamment les agents de cette faction : vous les avez entendus s'excuser sur les difficultés que l'on rencontrait alors pour découvrir la vérité, sur l'interception des papiers patriotiques.

Ils veulent qu'on les considère comme des hommes égarés; mais à mes yeux leur système est réfléchi, profondément caractérisé; leur patriotisme antérieur ne peut pallier leurs torts actuels, et leur rétractation n'est que le résultat des circonstances impérieuses qui ne sont avertis de songer à leur conservation.

À l'égard des autres accusés, il n'existe que des notes vagues et insignifiantes du comité révolutionnaire de Nantes.

Vous examinerez le tout dans votre sagesse ordinaire, et je ne puis mieux faire que de m'en rapporter à vous, citoyens jurés, dont les décisions sont toujours marquées au coin de la justice et de l'impartialité.

La parole est accordée aux défenseurs officieux.

Beaulieu, artiste du théâtre de la Cité, parle en faveur d'un des accusés, Fournier, son meilleur amis; il le défend avec beaucoup d'intérêt et de sensibilité.

En terminant son plaidoyer, et adressant la parole à tous les accusés, il s'exprime ainsi :

« Je ne crains pas de l'annoncer au tribunal, je suis moins le défenseur de Fournier que son ami intime; je me fais gloire de l'être, parce que Fournier, sous tous les aspects possibles, mérite l'estime de ses concitoyens et de tous les patriotes; il est connu à Nantes par les services les plus signalés.

« Citoyens, comme Marat vous fûtes calomniés et traduits au tribunal, qui n'est redoutable que pour les conspirateurs; encore un instant, et comme Marat vous entendrez proclamer votre innocence; comme lui vous recouvrerez la liberté; comme lui vous descendrez ces degrés en triomphe, et couverts des applaudissements et des acclamations de vos concitoyens. »

Gaillard défend les accusés nantais en général et en particulier; il s'attache à prouver que les patriotes du département de la Loire-Inférieure n'ont été cu'égarés.

Tronçon-Du-Coudray prend ensuite la parole; nous donnons un précis de son discours

TRONÇON DUCOUDRAY : C'est avec peine que je retrace le tableau de nos calamités; mais ce tableau servira du moins à donner à nos âmes plus d'énergie. Sans doute il faut terrasser l'aristocratie et le modérantisme, mais on ne doit pas perdre de vue les machiavélistes modernes.

Quelques-uns des accusés ont été momentanément égarés, la plupart ont combattu pour la patrie, et sont couverts de cicatrices honorables. Des assassinats exécrables ont profané la liberté : le tribunal doit un exemple à l'Europe, vous devez apprendre aux tyrans coalisés ce que c'est que le vrai patriote, et comment la justice lui est favorable.

En octobre dernier un comité révolutionnaire fut établi à Nantes; il a trafiqué de la vie et de l'honneur des citoyens. Il était composé d'hommes vils et perdus de mœurs; Goulin, même dans l'ancien régime, était connu sous le nom de *roué.*

Grandmaison a reconnu lui-même qu'il avait été un assassin. Les citoyens ont été livrés à ces hommes pleins des maximes de Robespierre, ils ont versé des flots de sang : à chaque instant ils inventaient de nouvelles conspirations pour accuser des citoyens et les faire périr; ils disaient qu'il fallait égorger en masse tous les prisonniers.

Une centaine de prêtres fanatiques qui devaient être déportés furent saisis : on les envoya sur la Loire, dans le bateau à soupape, on les dépouilla et on les précipita dans les flots : le bateau a servi à plusieurs noyades. Ce mot nouveau a consacré des forfaits nouveaux, cette conduite de rigueur à peut-être réduit les rebelles au désespoir et prolongé la guerre de la Vendée.

Vous ne perdrez pas de vue la conduite politique, patriotique et républicaine de Phelippes-Tronçoly, de cet accusé qui, dans tous les temps, se déclara l'ennemi du despotisme et seul dans la ville de Nantes, se dé-

7

vouant pour le patrie, n'a pas craint d'attaquer le comité révolutionnaire, de le poursuivre.

Le 14 frimaire le tribunal révolutionnaire, dont Phelippes était président, condamna à mort six conspirateurs ; on fit suspendre l'exécution de leur jugement, on voulait délibérer s'il ne valait pas mieux faire périr les prisonniers en masse. Phelippes s'y opposa fortement, en disant qu'il existait à Nantes un tribunal révolutionnaire, une commission militaire et un tribunal criminel ; qu'il fallait juger les détenus, qu'il se déclarait leur défenseur, jusqu'à ce que la loi prononçât, qu'il ne connaissait pas l'abominable justice du comité : quel courage ! Le lendemain le comité voulut remettre en délibération si l'on ferait périr les prisonniers en masse ; il établit qu'il existait une vaste conspiration dans toutes les maisons d'arrêt : il parla d'une liste de plus trois cents détenus ; Phelippes témoigna encore sa résistance, il se retira ; il fut appelé président contre-révolutionnaire par Goulin.

Le 15 arriva l'ordre de fusiller les détenus. Aucun n'était condamné à mort, vingt avaient été incarcérés la veille, d'autres acquittés, d'autres détenus par jugement de police correctionnelle, etc.

Le commandant temporaire de la place de Nantes s'opposa à l'exécution de cet ordre, et le dénonça aux administrations. Ce trait vous rappelle sans doute les Charny, les Saint-Hérau, les Tanneguy-Leveneur, les de Gordes, les Mandelot, etc., ces généreux commandants de provinces, qui s'opposèrent aux massacres de la Saint-Barthélemi ordonnés par Charles IX, en disant qu'ils ne seraient jamais les bourreaux de leurs frères.

Le 21 le comité apprête une autre scène à la maison de justice ; on s'y livre à un repas bachique. Goulin tire de sa poche un peloton de ficelle, il s'approche des prisonniers, il leur lie les mains. Phelippes avait fait défense d'extraire les prisonniers sans jugement ou sans ordre, le concierge s'oppose à cette extraction, il n'est pas écouté ; on les conduit à coups de sabre au port, ils montent sur le bateau fatal, la hache se fait entendre, ils sont engloutis. Un seul s'échappe, il passe la nuit suspendu aux rochers ; on l'aperçoit, on le remet en prison.

Des femmes enceintes furent aussi englouties dans la Loire ; des enfants de 7, 8, 9 et 10 ans subirent le même sort ; des âmes sensibles demandèrent à se charger de ces derniers ; quelques-uns leur furent accordés, les autres apparemment regardés comme des louveteaux furent refusés et noyés malgré les réclamations des citoyens.

Ainsi périrent des générations innocentes, sans aucun acte qui puisse constater leur mort. Dites, hommes barbares, comment rendrez-vous à la patrie des femmes qui auraient engendré des défenseurs de la liberté, et des enfants qui dans quelques années auraient combattu les satellites des tyrans ?

Phelippes réclame encore, mais il ne fait que de vains efforts. Il apprend que les membres du comité pour donner un air de justice à leur barbarie, et pour ne pas tout exterminer à la fois, s'amusent à tirer au sort la vie des prisonniers ; trois boules blanches leur sauvaient la vie, les noires les livraient à la mort. Le nombre des noyades est incalculable.

Phelippes reçut, le 27 et le 29 frimaire, des ordres de faire guillotiner sans jugement, le premier 23, le second 67 brigands pris les armes à la main ; il fit des représentations, il reçut des ordres plus positifs. Parmi ces brigands se trouvaient des enfants de 13 et de 14 ans, et 7 femmes. L'exécuteur des jugements criminels est mort de chagrin, deux jours après, d'avoir guillotiné ces femmes.

Le 7 et le 11 nivôse Phelippes publia une ordon-

nance relative à la noyade de 129 détenus à la maison de justice de Buffay, faite dans la nuit du 24 au 25 frimaire ; elle fut mal accueillie. Il tomba malade et il fut remplacé. Il exerça les fonctions de juge du tribunal du district de Nantes.

Le 25 germinal, époque à laquelle trop de vérités allaient être révélées, Moreau de Grandmaison, maître d'armes, et membre du comité révolutionnaire, le menaça, et lui dit : « Tu n'en es pas quitte, je te dénoncerai comme fédéraliste. » Il fut arrêté, traduit au tribunal révolutionnaire, et attaché pendant toute la route avec un scélérat qui a été condamné à mort ; il quitta Nantes avec cette tranquillité d'âme qui caractérise l'innocence, il se sépara de cette ville malheureuse où il n'existe plus de commerce, et dont les habitants marchent sur les ruines de toutes les vertus et sur les torches de tous les crimes.

On vient de m'apprendre que 144 femmes, regardées comme suspectes, qui, incarcérées dans cette ville, travaillaient à faire des chemises, des guêtres pour les défenseurs de la patrie, furent aussi conduites dans le bateau et noyées.

La quantité de cadavres engloutis dans la Loire a été telle, que l'eau de ce fleuve en a été infectée au point qu'une ordonnance de police en a interdit l'usage aux habitants de Nantes, et même la pêche du poisson. Les hommes sanguinaires qui veulent légitimer ces mesures disent que l'on n'a agi ainsi que pour sauver la patrie. Tibère et Louis XI puissent que l'intérêt de l'état, dans certaines circonstances, exigeait de la sévérité ; mais leurs satellites ne se permirent jamais aucun acte semblable sans y être autorisés par leurs maîtres.

Il suffit, citoyens jurés, d'avoir jeté un coup d'œil sur les figures des accusateurs, pour être pleinement convaincu que le crime accusait l'innocence. Mais on saura enchaîner ces hommes sanguinaires qui voudraient nous transformer en bourreaux. La justice révolutionnaire excuse l'erreur et protège l'innocence.

Le président résume les questions.

La déclaration du jury porte en substance. Qu'il a existé une conspiration contre l'unité et l'indivisibilité de la République, contre la liberté et la sûreté du peuple ; que Villenave, Fournier, Dorvo, Pécot, Brière, Poton, Sottin l'aîné, Leroux, sont auteurs ou complices de cette conspiration, mais qu'ils ne l'ont pas fait avec des intentions contre-révolutionnaires ;

Que Phelippes, dit Tronçjoly, est auteur ou complice d'actes et arrêtés fédéralistes qui ont eu lieu à Nantes, au mois de juillet 1793 ; mais qu'il ne l'a pas fait avec des intentions contre-révolutionnaires ;

Qu'à l'égard des autres accusés, d'avoir trempé dans la conspiration par les délits qui leur ont été attribués dans la procédure, le fait n'est pas constant.

En conséquence le tribunal acquitte les 94 accusés, et ordonne qu'ils soient mis en liberté.

Le Président aux citoyens acquittés : Depuis longtemps privés de la liberté, séparés de ce que vous avez de plus cher, le glaive de la loi était suspendu sur vos têtes. Ne vous faites pas illusion, plusieurs d'entre vous ne sont pas exempts de reproches ; sans doute votre premier sentiment est un tribut de reconnaissance pour la loi qui institua le jury, pour cette loi bienfaisante et propice à ceux qui coupables par le fait, ne le furent pas par l'intention ; n'oubliez jamais que c'est à cette salutaire institution que plusieurs d'entre vous doivent aujourd'hui leur absolution, puisque sans cette loi, premier fruit de notre heureuse régénération, la hache nationale les eût atteints.

Retournez dans vos foyers, allez consacrer vos premiers moments à la consolation de vos familles ; ra contez à vos concitoyens le tendre intérêt que vous ont témoigné les Parisiens, et que votre attachement inviolable à la République répare l'erreur momentanée dans laquelle vous avez été entraînés. Sans doute vos enfants, vos concitoyens vous parleront de ce tribunal ; eh bien, dites-leur qu'il n'est terrible que pour le coupable, que l'humanité y est la vertu des juges, comme la justice le premier mobile de leurs travaux.

A peine le président a-t-il cessé de parler que la salle du tribunal retentit des cris universels de *vive la République* ; tous les cœurs sont émus, tous les spectateurs ont les yeux fixés sur les infortunés Nantais, rendus à la patrie et à la liberté après de si longues souffrances.

Devroi jeune, qui s'était dévoué généreusement aux horreurs d'une captivité de 11 mois pour rendre un père à sa nombreuse famille, est invité par le président à venir recevoir l'accolade fraternelle, comme un vaste hommage à son action héroïque. Cette scène touchante excite de nouveaux témoignages de sensibilité ; on entend partout dans la salle et à l'extérieur ces expressions : *Ils sont acquittés, tant mieux ! vive la République !*

---

# CONVENTION NATIONALE.

*Présidence de Bernard (de Saintes).*

SUITE DE LA SÉANCE DU 1er VENDÉMIAIRE.

LAKANAL : Citoyens, un artiste musicien dont les divers travaux ont enrichi la scène, Grétry vient de terminer un ouvrage sur les rapports de l'art musical avec l'instruction publique.

La musique, vous le savez, eut chez les anciens une grande influence sur les mœurs publiques ; elle fut toujours l'art favori des cœurs sensibles. J'ai lu l'ouvrage de Grétry avec d'autant moins d'indulgence que je suis son ami, car c'est à l'amitié surtout qu'il appartient d'être sévère.

Je ne doute pas que cet ouvrage intéressant ne concoure à la grande amélioration sociale, objet de tous vos travaux.

Je demande donc l'envoi de cet important écrit au comité d'instruction publique, qui le fera imprimer, si, comme moi, il le juge essentiellement utile, et qui comprendra, s'il y a lieu, le nom de l'auteur dans la liste des citoyens qui droit à la munificence nationale par les services qu'ils ont rendus aux arts utiles à la société.

Cette proposition est décrétée.

Une adresse d'Arras rappelle les nombreuses scènes d'horreur auxquelles cette commune a été livrée par les agents du dernier tyran ; elle demande que l'Assemblée se fasse faire promptement le rapport demandé à ses comités.

Renvoyé au comité de sûreté générale.

On lit les lettres suivantes.

*Boisset, représentant du peuple, envoyé dans les départements de l'Ain et Saône-et-Loire, pour le triomphe de la République, à la Convention nationale.*

Citoyens collègues, que ceux qui veulent encore que la terreur soit à l'ordre du jour connaissent bien mal la France et son génie ! Si la situation nouvelle du département de l'Ain peut faire juger de ce que serait la République entière, si l'on cessait d'en comprimer le peuple, qu'on vienne y voir succéder la joie à la tristesse, la confiance à la crainte, la félicité au malheur, la liberté à l'esclavage ; qu'on vienne y voir comment la révolution marche, comme on y aime la Convention, et avec quel respect y sont reçues les lois qui en émanent. Je laisse aux détracteurs de l'humanité, de leur patrie, de leurs frères, le barbare plaisir de me déchirer à la tribune des jacobins; mais que leur ont fait les citoyens qui composent le département de l'Ain? Ils osent dire qu'ils ont été fédéralistes ; il y en a eu parmi eux, sans doute, mais leur erreur a été l'ouvrage de quelques-uns, même de ceux contre lesquels j'ai sévi, et cette erreur n'a été que momentanée, et n'a rien produit de funeste. Qu'ils viennent donc, je le répète, les détracteurs du peuple du département de l'Ain, qu'ils viennent, et ils jugeront si cette faute est réparée, ils jugeront quelle marche fière et sublime prendrait la révolution, si partout on était libre de penser et d'agir comme on le fait ici aujourd'hui.

Citoyens collègues, on a dit à votre comité de sûreté générale que je faisais incarcérer les patriotes, et mettre en liberté les aristocrates, les prêtres et les nobles. On lui en a audacieusement imposé : sur le premier fait, vous serez bientôt instruits que ces prétendus patriotes ne sont rien moins que des individus dont l'immoralité la plus profonde est le moindre des vices ; sur le second, vous pouvez vous convaincre que les nobles, les prêtres sont toujours dans les maisons de détention où je les ai trouvés ; que je n'ai prononcé sur le sort de très peu d'entre eux que parce que la justice la plus sévère et l'humanité réclamaient en leur faveur. L'aristocratie, dit-on, triomphe dans le département de l'Ain ; que la Convention envoie des commissaires, ils jugeront si le peuple qu'on calomnie si gratuitement veut le souffrir ; ils jugeront que si l'aristocratie y a été fortement comprimée, c'est aujourd'hui même. Citoyens collègues, le peuple du département de l'Ain idolâtre la liberté, aime la Convention, respecte les décrets, et y obéit. Le peuple du département de l'Ain est heureux : voilà ma réponse à ses détracteurs, et cela me suffit quant aux miens.

Salut, union, courage et fermeté.

*Signé* BOISSET.

*La société populaire de Gex à la Convention nationale.*

Placés par la nature au-delà du Jura, et voisins de la Suisse, de ce coin de l'Europe où la liberté, les mœurs et le bonheur s'étaient réfugiés, nous fûmes républicains avant la République.

Amis de la révolution par tempérament et par principes, nous la soutînmes de toutes nos facultés. Il y a peu de districts en France qui, proportionnellement à l'étendue et à la population de leur territoire, aient vu voler à la frontière autant de défenseurs volontaires, et aient versé sur l'autel de la patrie des offrandes aussi abondantes.

Trois ou quatre brigands, dignes complices des Robespierre et des Hébert, surprirent la religion des représentants envoyés en mission dans le département de l'Ain, usurpèrent un pouvoir absolu, forcèrent le peuple au silence par la terreur, s'engraissèrent de rapines et de concussions, ensevelirent dans les cachots tous les patriotes capables de résister à leur tyrannie.

Fidèles au système de leurs chefs, ils dressaient publiquement leurs listes de proscription, et préparaient des aliments à l'échafaud.

L'excès de leur audace avait frappé les citoyens d'une morne stupeur ; le désespoir était dans toutes les âmes, la terreur sur tous les visages.

Le génie tutélaire de la liberté arracha le masque à l'infâme Robespierre; vous foudroyâtes le tyran, et le coup qui le frappa retentit aux extrémités de la France.

Boisset parut dans le département de l'Ain; le peuple y put enfin parler par lui-même; les conspirateurs confondus, frappés d'épouvante, se trahirent, la terreur s'évanouit, la justice prit sa place.

L'allégresse publique, les témoignages de la joie universelle accompagnent et encouragent les travaux de Boisset; le bonheur du peuple est sa récompense.

Dignes représentants, c'est de vous qu'il nous vient ce bonheur; c'est à vous qu'il doit retourner, il naît de la vertu, de la justice, objets de tous vos travaux et le prix de votre infatigable ardeur à poursuivre toutes les factions, à les anéantir.

Marchez avec votre courage énergique dans la carrière que vous venez d'ouvrir; couvrez la vertu de l'égide du pouvoir, frappez le crime au cœur, le crime ne peut vivre avec la liberté.

Ne craignez pas qu'après avoir évité l'écueil de l'intrigue, le peuple aille se perdre sur celui du modérantisme. L'aristocrate, le royaliste, le fripon, l'intrigant sont de la même famille; le flambeau de la vérité, éteint par la terreur, vient d'être rallumé; à sa lueur le peuple les reconnaîtra, et leur livrera une guerre à mort.

Vous êtes assis sur le rocher de la volonté générale contre lequel les traits et les poignards des conspirateurs viendront toujours s'émousser.

Le coup qui fit tomber les têtes triumvirales sauva le peuple du désespoir et lui rendit la justice et la vertu, sans lesquelles il n'est point de véritable liberté; le peuple entier périra plutôt que de se laisser ravir ces biens précieux.

Les sentiments que nous vous exprimons ne sont point combinés par l'intrigue, mendiés par le crime, ou forcés par la terreur; ils sont libres comme l'air que nous respirons, inaltérables comme la vertu qui les inspire.

Vive la République! vive la Convention! mort aux conspirateurs, aux tyrans qui despotisent la pensée, aux voleurs qui dépouillent le peuple, aux intrigants qui accaparent une popularité forcée!

Suivent à l'original trois pages de signatures.

L'Assemblée applaudit.

GOULY: Des gens connus par la versatilité de leur conduite depuis la révolution ont calomnié le département de l'Ain en masse pour sauver quelques scélérats: on a calomnié aussi le représentant du peuple; mais les preuves qui arrivent en foule vous démontreront que les actes de justice qu'on a exercés n'ont porté que sur des fripons; qu'il n'y a pas eu de patriotes opprimés comme on l'a dit, on connaît ce prestige: la Convention ne veut pas qu'il y ait un seul patriote opprimé ( vifs applaudissements ); mais ce sont les intrigants, les fédéralistes qui lèvent la tête, et qu'il a fallu comprimer.

Rappelez-vous combien a été civique et louable la conduite du département de l'Ain, lors de la révolte de Lyon: si à même de favoriser cette révolte par sa position il a tout fait pour l'étouffer; sa jeunesse verse aujourd'hui son sang aux frontières, comme elle l'a versé alors pour combattre le fédéralisme: et ce sont ceux qui réclamaient en faveur des pères et mères, des épouses, des enfants de ces braves défenseurs de la patrie, qu'on opprimait et qu'on laissait sans secours, ceux qui osaient dire qu'ils voulaient demander justice et porter leurs plaintes à la Convention; ce sont ceux-là qu'on a incarcérés, contre lesquels on s'élève en-

core. Oui, le représentant du peuple rendra compte de sa conduite, mais ce ne sera pas à la commune, ce ne sera pas aux Jacobins, ce sera à la Convention. ( Vifs applaudissements. ) J'appuie la mention honorable de l'adresse, et l'insertion au Bulletin.

Cette proposition est décrétée.

Les guerriers blessés, chargés de porter à nos armées les drapeaux qui leur ont été remis hier pour ces armées, au nom de la Convention, défilent dans la salle au milieu des plus vifs applaudissements.

Un de ces guerriers se place à la barre:

« Les soldats, dit-il, à qui d'honorables blessures ont mérité la glorieuse charge de porter à nos armées ces signes de la reconnaissance nationale, viennent d'avance vous exprimer les sentiments de ces armées; elles sauront défendre et conserver ces drapeaux; nous le jurons en leur nom par les victoires qu'elles ne cessent de remporter. Représentants du peuple, défendez-nous contre les ennemis du dedans; nos armées vous répondent de ceux du dehors. » (Vifs applaudissements. )

Le président répond à ces braves défenseurs de la patrie que leurs glorieuses cicatrices leur donnaient le droit de porter ces drapeaux à leurs frères d'armes, à qui ils ont frayé le chemin de la victoire; qu'ils pourront les assurer que, pendant qu'ils défendront la France, la Convention ne cessera de s'occuper d'en assurer le bonheur.

L'Assemblée décrète la mention honorable, l'insertion au Bulletin et l'envoi aux armées du discours et de la réponse du président.

Ces braves guerriers sont admis aux honneurs de la séance, au milieu des marques universelles de l'attendrissement et de la joie de tous les cœurs.

La séance est levée à 4 heures.

N. B. Dans la séance du 4 Delmas, au nom du comité de salut public, a annoncé un avantage remporté le 28 fructidor sur les Piémontais par deux divisions de l'armée des Alpes.

Bréard a annoncé ensuite 25 nouvelles prises maritimes, dont deux sont estimées de 70 à 80,000 livres sterling.

---

## ARTS.

### GRAVURES.

*Le vrai Calendrier républicain*, dessiné et gravé par Queverdo. A Paris, chez l'auteur, rue Poupée, n° 6, section de Marat.

Ce Calendrier, enrichi d'allégories ingénieuses et de figures représentant les martyrs de la liberté, réunit l'ère ancienne et la nouvelle. L'ordonnance agréable des dessins qui accompagnent le tableau décadaire le rend très propre à orner les cabinets et les bureaux.

Le prix est de 3 liv. en deux feuilles, beau papier; 1 liv. 10 s., papier ordinaire, et 3 liv. cartonné.

On trouve à la même adresse les *Maximes républicaines* et les *Droits de l'homme*, ornés de figures gravées avec soin; deux feuilles. Prix, 3 liv.

---

### PAIEMENTS A LA TRÉSORERIE NATIONALE.

Le paiement du perpétuel est ouvert pour les six premiers mois: il sera fait à tous ceux qui seront porteurs d'inscriptions au grand livre. Celui pour les rentes viagères est de 8 mois 21 jours de l'année 1793, vieux style.

## POLITIQUE.

### DANEMARCK.

*Copenhague, le 24 août.* — Des malveillants et quelques étrangers perfides, que l'œil du gouvernement a déjà signalés, trouvèrent moyen d'exciter, il y a quelque temps, du tumulte parmi les ouvriers employés aux armements maritimes. Ce mouvement a été promptement apaisé. Les ouvriers ont repris leurs travaux, et le gouvernement a nommé une commission pour examiner les griefs dont ils pourraient avoir à se plaindre. Cette commission est en pleine activité, et s'occupe en même temps de la recherche de tous les abus qui s'étaient glissés dans les corps de métiers.

Les dons patriotiques continuent ici, comme à Stockholm, pour l'armement nécessaire au soutien de la neutralité armée. Les habitants de la ville apportent leurs espèces, ceux de la campagne fournissent des subsistances.

Une escadre de vaisseaux suédois et danois va mettre sur-le-champ à la voile pour se rendre dans la mer du Nord. Cette escadre a reçu des approvisionnements pour trois mois, et sera commandée par l'amiral Winterfeldt, porteur d'un ordre cacheté qui ne doit être ouvert qu'à une certaine hauteur. On travaille à renforcer l'artillerie des vaisseaux restants, ce qui fait présumer qu'ils mettront incessamment à la voile, pour rejoindre les autres escadres.

### ALLEMAGNE.

*Des bords du Rhin, le 8 septembre.* — La diète de l'Empire a adressé aux princes et cercles une réquisition pour fournir le nombre d'hommes déterminé. On croit remarquer que le roi de Prusse y apporte peu d'empressement. L'empereur a demandé aux cercles leur contingent au *quintuple* pour l'armée d'Empire.

François manque d'hommes, et, au milieu des dépenses énormes de la guerre, il se voit encore obligé de fournir aux frais d'un rééquipement général qu'exige l'état de toutes ses troupes.

Le quartier-général des Prussiens se trouve encore à Kreutzenack; on craint en ce moment que l'armée française de la Moselle, attaquant la forteresse de Coblentz, ne coupe la communication de cette place avec l'armée de Cobourg. C'est pour s'opposer aux républicains, autant qu'il sera possible, que le général la Tour a fait un mouvement le long de l'Ourthe. Si les Français marchent sur Coblentz, le général Blanckenstein tâchera aussi de les arrêter sur la rive gauche de la Moselle. Il a pris sa position dans les défilés, et dans le cas où les Français le tourneraient, il doit se replier sur Coblentz, et se mettre sous la protection de la forteresse d'Ehrenbreistein. Saxe-Teschen a promis d'ailleurs de jeter quatre bataillons dans Coblentz. Le but de ces dispositions et des mouvements du corps d'armée sous les ordres de Hohenlohe sur la rive gauche du Rhin, ainsi que de ceux de l'armée d'Empire, commandée par Saxe-Teschen, est de mettre à l'abri d'un siége Manheim et Mayence. Kalkreuth s'efforce de couvrir le Hundsruck. Il se tient avec Mollendorff sur les rives de la Nahe.

Il est question d'établir une communication souterraine de Philippe à Mayence.

On apprend que les Français, depuis qu'ils sont maîtres de Trèves, ont jeté un pont sur la Moselle, près de Pfaltz, et qu'ils font de grands mouvements près de Luxembourg.

Les électeurs et tous les princes de l'Empire se trouvent dans un extrême embarras, à cause des fréquentes réquisitions qui leur sont faites tant en hommes qu'en argent. Celui de Cologne a été obligé d'imposer une nouvelle contribution dans tous ses états, pour subvenir aux frais de la guerre. On paiera 15 stubers pour chaque arpent, et il est question de supprimer l'université de Bonn, pour s'emparer de ses revenus.

Néanmoins le même électeur, déterminé sans doute par l'opinion connue du roi de Prusse, a rejeté tout projet de *levée en masse*.

Frédéric-Guillaume persiste en effet dans sa répugnance pour cette mesure, et il a fait faire un refus formel dans ses états de Juliers, de Berg et de Clèves.

L'électeur de Bavière, plus docile, vient d'ordonner des enrôlements dans ses possessions, et il a publié une instruction à ce sujet. Un article porte que les paysans, trouvés dans les cabarets après une heure fixée, seront enrôlés de force.

L'excessive cherté des denrées multiplie les déserteurs, et la forme du recrutement n'est pas faite pour arrêter cet inconvénient.

Cobourg n'a pas seulement quitté le commandement des armées, il a donné sa démission du gouvernement de Hongrie; il va vivre dans ses terres sans aucune fonction publique.

Les Français ont établi une ligne formidable depuis Sarre-Libre jusqu'à Trèves.

---

## CONVENTION NATIONALE.

*Addition à la séance du 1er vendémiaire.*

Une députation de la section Paris, dite du Panthéon est introduite.

L'ORATEUR : Citoyens représentants, la section du Panthéon-Français nous députe vers vous pour vous informer des menées perfides que l'on emploie pour sonder l'opinion publique, et la diriger sans doute vers un but coupable.

Le 20 fructidor deux citoyens de la section de l'Unité déposèrent sur le bureau de l'assemblée générale une adresse attribuée à la société populaire de Dijon; après avoir entendu la lecture, l'assemblée fit éclater son improbation d'une manière bien prononcée; elle arrêta de suite que plusieurs de ses membres se transporteraient dans les diverses sections de Paris, à l'effet d'y manifester les sentiments d'indignation dont elle s'était sentie pénétrée sur les résultats de ses demandes.

Le 30 fructidor le commissaire de police de la section Chalier vint, ainsi que son président l'avait promis à ceux qui, le décadi d'auparavant, lui avaient remis notre arrêté, rendre compte de la manière dont l'adresse des Dijonnais avait été accueillie dans leur assemblée générale.

Il n'ignorait pas nos sentiments à cet égard, puisqu'il était chargé d'y répondre; mais, se croyant assez adroit pour nous faire rapporter notre arrêté, il fагora longtemps les citoyens pour obtenir la permission de relire cette adresse, dont nous n'avions peut-être pas bien pu, dit-il, saisir l'esprit à la première lecture. Il fut donc entendu avec ce calme qui mûrit la réflexion; et, si son collègue ne se fût chargé du soin de l'applaudir, il aurait apprécié la valeur de notre silence.

L'assemblée, pour la seconde fois, rejeta ce chef-d'œuvre de perfidie, dont vous aviez précédemment fait justice; mais elle ne put contenir son indignation, lorsque le colporteur de l'adresse, élevant la voix, dit qu'il allait se retirer, afin que les contre-révolutionnaires ne pussent pas l'accuser d'avoir influencé l'assemblée. — Arrêtez, lui dit le président avec véhémence; je vous ordonne, au nom de l'assemblée que vous venez d'outrager d'une manière aussi indécente que coupable, d'assister jusqu'à la fin des débats qui vont avoir lieu sur cette adresse.

Témoin muet des délibérations, il vit établir les grands principes qui fondent les républiques, et dévoiler d'une main hardie les vices et les crimes qui les anéantissent; il dut s'apercevoir, à travers son trouble, de l'animadversion de l'assemblée, surtout lorsqu'il mit sur la même ligne, pour son point de ralliement, la Convention nationale et les jacobins.

Nous ne donnons point dans un piège aussi grossier; nous savons que la République est une et indivisible, comme la représentation nationale : nous sommes soumis aux lois, et quiconque est plus sévère que les lois est un tyran à nos yeux. Nos cœurs, nos bras, notre sang, appartiennent à la République : tout ce qui blesse la raison et les principes de la justice ne peut avoir le suffrage des républicains; que d'autres se déshonorent en proposant le retour du règne de la tyrannie, ils creusent leur tombeau, lorsqu'ils rappellent les maximes de l'oppression.

Dans tous les temps, dans toutes les circonstances périlleuses, la section du Panthéon-Français aura pour bannière la Déclaration des droits, et pour unique point de ralliement la représentation nationale. (On applaudit.)

Législateurs, notre horizon politique se rembrunit; des nuages pleins de météores sulfureux s'amoncellent sur nos têtes; tout semble présager qu'il se médite quelque nouvel attentat.

Convention nationale, reste toujours pénétrée des grands intérêts confiés à tes soins, et nous serons pour toi la flèche électrique qui te préservera de l'orage.

Laissons ces fabricateurs de révolutions; disons-leur : Si l'exemple récent d'une commune conspiratrice, conduite à l'échafaud malgré, les immenses moyens de rébellion qui semblaient être aux ordres de son chef, ne peut vous effrayer ni vous contenir, sachez qu'un peuple vraiment républicain ne dort plus qu'appuyé sur ses armes, qu'aux premiers mouvements il préservera la représentation nationale de toute atteinte, et fera rentrer dans le néant ceux qui s'enorgueillissent d'en être à peine sortis. Justice, probité, courage, vous saurez épouvanter la terreur, qui n'a bientôt plus qu'une période à exister pour être à jamais rayée des fastes de la République.

La Convention applaudit vivement à cette pétition et en ordonne la mention honorable et l'insertion en entier au Bulletin.

#### SÉANCE DU SOIR DU 1er VENDÉMIAIRE

On procède à l'appel nominal pour le renouvellement du bureau.

L'appel est fini pour la nomination du président.

N*** : Une nombreuse députation de Franciade, qui vient apporter un don patriotique pour être employé à secourir les malheureux ouvriers blessés à la poudrière de Grenelle, demande à être admise à la barre; elle n'a pu être introduite ce matin, je demande à la Convention qu'il le soit après le premier appel.

BENTABOLLE : Je demande qu'elle soit introduite pendant le dépouillement.

GRÉGOIRE : Je profite de ce moment pour annoncer à la Convention nationale que le citoyen Dulac, de la section de Brutus, lui fait l'offrande d'un almanach républicain; j'en demande la mention honorable.

Cette proposition est adoptée.

La députation de la société populaire régénérée de Franciade est admise à la barre; elle appelle la sévérité de la Convention sur de nouveaux abus qui se commettent dans les environs de Paris; lorsque l'abondance de la récolte faisait espérer aux citoyens que le vin serait à un prix inférieur au taux du *maximum*, il est à peine sorti du pressoir qu'il est enlevé; celui qui achète ne le fait pas pour lui; il n'est lui-même que le commissionnaire d'un troisième; le bon citoyen qui veut s'approvisionner, au prix de la loi, ne peut s'en procurer. Le riche ne manque de rien, pendant que le pauvre manque de tout.

Ils observent que la mauvaise foi des acheteurs ne se borne pas au surhaussement du prix du vin, mais qu'ils le vicient en y introduisant des corps étrangers. Ils terminent en déclarant à la Convention nationale qu'ils ne viennent point lui demander des mesures de rigueur capables de gêner la liberté du commerce; ils rendent hommage aux principes, et désirent lui conserver toute sa latitude, mais ils demandent que la Convention nationale oblige les vignerons à faire des déclarations comme les cultivateurs, et qu'elle prenne, pour les vins, les mêmes mesures que pour les grains; enfin ils déposent une somme de 1,126 liv. pour être employée à secourir les infortunés ouvriers blessés par l'explosion de la poudrière de Grenelle.

Les vétérans nationaux, résidants à Franciade, ont contribué dans cette somme pour celle de 50 livres.

N*** : Je demande le renvoi de cette pétition aux comités de commerce et d'agriculture, pour être statué sur-le-champ, et la mention honorable du zèle des citoyens de Franciade.

Ces propositions sont décrétées.

LE PRÉSIDENT : Le résultat de l'appel donne 160 voix à André Dumont, sur 230; en conséquence je le proclame président, et je l'invite à prendre le fauteuil.

Un défenseur de la patrie, blessé au bras, et dans l'impuissance de servir la patrie dans les armées, est à la barre, et demande à être employé comme secrétaire, pour continuer d'être utile à la République.

Cette pétition est renvoyée aux inspecteurs de la salle.

L'appel recommence pour la nomination de trois secrétaires.

N*** : Une commune, éloignée de 40 lieues, envoie un cavalier jacobin; il est ici, je demande qu'il soit admis.

Le cavalier offert par la commune de Servile est introduit; il jure de ne poser les armes que quand les tyrans coalisés auront mordu la poussière, ou de mourir honorablement pour la cause de la liberté. Il demande à la Convention, pour lui et ses conducteurs, la permission de rester quelques jours à Paris pour terminer quelques affaires, n'étant arrivé que d'hier.

PLUSIEURS VOIX : Aux voix l'exception.

BENTABOLLE : J'observe à la Convention qu'elle n'est point assez nombreuse pour prononcer une exception; il faudrait qu'elle dérogeât à une loi formelle; je demande le renvoi au comité de sûreté générale.

Cette proposition est décrétée.

LE PRÉSIDENT : Le citoyen Pelet a réuni 167 voix; le citoyen Laporte 147, et le citoyen Lozeau 126; les citoyens Beaupré et Guyomard ont réuni le plus de voix après eux; en conséquence je proclame secrétaires les citoyens Pelet, Laporte et Lozeau.

La séance est levée à 9 heures.

#### SÉANCE DU 2 VENDÉMIAIRE

*Présidence d'André Dumont.*

La société populaire de Montpellier dénonce les représentants Lecointre et Châles; le premier, pour avoir fait une fausse dénonciation contre ses collègues; et le second, pour avoir proposé les assemblées primaires.

Renvoyé au comité de sûreté générale.

La société populaire de l'Aigle se plaint de la tyrannie qu'exerçait le comité de surveillance de cette commune. « Le voyageur, dit-elle, se détournait pour éviter les vexations de ce comité. » Elle termine par demander la continuation du gouvernement révolutionnaire, et que la justice ne soit plus un vain mot. (Applaudissements.)

Levasseur (de la Sarthe) fait lecture d'une adresse de la société populaire d'Aigue-Perse, à peu près ainsi conçue :

« Le tyran n'est plus; mais son funeste génie survivrait-il encore? L'aristocratie lève une tête altière : le modérantisme veut profiter des événements; on veut substituer au régime révolutionnaire celui d'une fausse clémence, déguisée sous le nom de justice. (On murmure d'une part, on applaudit de l'autre.)

» Oui, sans doute, il faut que la justice règne; mais une justice sévère et impartiale qui, en délivrant les patriotes persécutés, frappe sans pitié tous les contre-révolutionnaires. (On applaudit.) Nous applaudissons au décret qui ordonnait l'impression de la liste des détenus mis en liberté, et de ceux qui ont sollicité; c'était le moyen d'éviter le piège tend sans cesse l'aristocratie.

» Pourquoi ce décret a-t-il été si promptement rapporté? Pourquoi envelopper d'un mystère des opérations qu'il importe tant de connaître? Certes on ne peut composer avec les principes : si des patriotes ont été victimes, la connaissance de ces intrigues ne fera qu'ajouter à notre reconnaissance. Quant à ceux pour qui la patrie n'est qu'un vain mot, cette classe d'hommes doit être proscrite : la publicité est la garantie de la justice.

» Nous demandons que le gouvernement révolutionnaire, qui doit conduire au port le vaisseau de la République, soit rétabli dans toute sa vigueur; que la loi du 17 septembre soit exécutée; que les nobles et les prêtres, ces éternels conspirateurs, soient de plus en plus surveillés, et que le décret qui rapporte celui des listes soit rapporté. »

On demande le renvoi de cette adresse au comité de sûreté générale, et l'insertion au Bulletin. Plusieurs membres s'y opposent.

Dubor : Il n'est que trop vrai qu'on a remis en place des fonctionnaires publics destitués comme suspects, et convaincus de fédéralisme. Ainsi on a réintégré en place un homme qui, étant maire de Caen, pouvait comprimer la rébellion et ne l'a point fait. On a rétabli plusieurs officiers municipaux que mon collègue Lindet et moi avons trouvés assis sur les fleurs de lis. On a destitué de plus d'excellents patriotes, entre autres un excellent citoyen que nous avions créé procureur-syndic du département.

On profite avec perfidie des malheurs des circonstances, pour calomnier les plus sincères amis de la révolution. Nous marchons entre deux écueils ; craignons d'échouer contre l'un ou l'autre. Appuyons toujours une main de fer sur l'aristocratie, et distinguons bien les vrais patriotes d'avec ceux qui n'ont singé le patriotisme que pour s'engraisser de la substance du peuple. Les circonstances nous offrent de singuliers rapprochements entre ce qui se passe maintenant et ce qui se disait au commencement de la révolution.

Lorsque notre énergie brisa le ressort qui trop longtemps avait pesé sur nos têtes, et que nous établîmes une grande insurrection, les courtisans, les seigneurs, les évêques, les moines, disaient en parlant de nous : C'est une horde de rebelles qu'il faut écraser. Ils prétendaient les servaient la cause du peuple, et qu'ils soutenaient seuls son existence; eh bien, ces hommes si nécessaires à la société sont détruits, proscrits ou émigrés; cependant le peuple existe, il fait la guerre contre toute l'Europe, et ses armées sont approvisionnées plus que jamais elles ne l'ont été.

Après avoir renversé le trône, ces hommes qui voulaient singer les grands seigneurs, et qui s'imaginaient que le peuple n'avait brisé des idoles pourries que pour en élever d'autres. C'étaient des procureurs généraux de département, des administrateurs de district, des juges de tribunaux. Le peuple ne voulait pas de ces héros de l'ancien régime; il attendait de ses magistrats la simplicité démocratique. Alors ces messieurs ont attiré vers eux les gros propriétaires, les riches commerçants. La Convention n'a voulu s'entourer que des sans-culottes, et elle a été victorieuse avec le peuple.

Je demande que l'on n'ait pour les aristocrates aucune clémence, et qu'une juste protection soit accordée au patriotisme.

Un secrétaire donne lecture d'une lettre du premier secrétaire du ministre de la République à Bâle. La voici :

*Bâle, le 28 fructidor, l'an II de la République, une et indivisible.*

Citoyen président, un républicain, plein de regret de ne pouvoir, dans ce moment, combattre les ennemis des peuples libres, dépose par les mains une somme de 1,800 livres, destinée au soulagement des veuves et orphelins de nos braves frères d'armes.

Voici l'extrait d'une lettre envoyée avec ce don.

*Extrait d'une lettre de Berlin du 10 fructidor.*

La semaine dernière on a transporté de Magdebourg à Stettin un convoi de braves prisonniers français. Les trois quarts des curieux de Berlin sont accourus à Oranienbourg, et quelques jours après à Bernau : on a appréhendé, en les faisant passer à Berlin, que la foule ne fût trop grande. Le plus bête en apparence de ces prisonniers montrait plus de fierté et de génie, et surtout d'esprit, que bien des généraux. On leur a laissé pleine liberté ; ils ont fait de la musique, dansé des contre-danses, battu des entrechats que nos Berlinoises ont enviés. Ils ont chanté la Marseillaise, *Ça ira*, dansé la Carmagnole, fait des armes, joué aux dés et aux cartes, fait des pirouettes. Tout le monde parle avec emphase de ces républicains.

Nous avons vu passer en même temps des prisonniers polonais en un triste état ; tout de suite les carmagnoles ont fait une collecte pour eux, en disant : *Ces pauvres diables combattent pour la même cause.*

La cour a été voir ces fiers prisonniers, et en a été satisfaite. Le prince Auguste doit surtout avoir beaucoup causé avec ces citoyens. Les dames du palais de la reine disaient : *Ça ira. Qu'à les voir on a de plaisir! Vivent à jamais les sans-culottes!*

La Convention ordonne l'insertion de ces pièces au Bulletin, et mention honorable du don.

Guyton : Un regard de la Convention nationale est l'encouragement le plus précieux pour des républicains ; vous ne le refuserez pas à des hommes qui servent la cause de la liberté contre les tyrans avec autant d'intelligence que de bravoure, et une activité infatigable.

C'est ce qui m'engage à vous faire part de la lettre que je reçois du citoyen Coutelle, capitaine de la compagnie d'aérostiers employés à l'armée de Sambre et Meuse.

Je respecterai le principe du comité de salut public, qu'il vaut mieux se servir que vanter de ses inventions ; mais il a mis lui-même un terme à la longue discrétion, en vous rendant compte de l'effet de l'aérostat à la mémorable journée de Fleurus; et l'on conçoit qu'il ne peut y avoir de raison de se taire sur des faits vus par 200 mille combattants, qui sont répétés dans toutes les gazettes étrangères.

Je supprimerai donc tous les détails et les observations sur les procédés, les manœuvres, les perfectionnements qui, après long et un travail, ont prouvé que le jeu de cette machine pouvait entrer dans le calcul des combinaisons qui décident les batailles, et qui nous maintiendront encore longtemps dans la possession exclusive de ce moyen si puissant de découverte et de reconnaissance. Je me bornerai à vous tracer l'itinéraire de l'aérostat dans les derniers jours signalés par de nouvelles victoires sur les bords de la Meuse.

L'aérostat est porté par le fluide même qui produit les tempêtes auxquelles nos plus gros vaisseaux ne peuvent résister ; il en avait éprouvé une très violente sur les hauteurs de Namur. Il fut ramené à Maubeuge pour le remettre en état de tenir l'air ; il en est reparti le 22 fructidor, il était le 24 à Bruxelles.

Un coup de vent lui causa une avarie assez considérable ; il fallut l'y arrêter pour le réparer. Vous jugez que les curieux affluaient autour de l'atelier ; mais le capitaine Coutelle en fit prudemment un second parc de Meudon, et ne laissa voir que, les résultats : quand il ne me l'aurait pas écrit, j'en aurais la preuve dans une lettre datée de Bruxelles du 27, imprimée dans le numéro 501 du Postillon des armées, ou l'on décrit bien les formes et les apparences extérieures, mais où l'on garde le silence sur les nouveaux moyens employés.

Vous apprendrez avec intérêt les divers jugements que l'on en portait : des aristocrates l'admiraient avec chagrin ; plusieurs voulaient encore douter que cet appareil, si énorme et si frêle, pût suivre les mouvements d'une armée ; d'autres restaient stupéfaits de l'audace de ceux qui s'y confiaient ; les républicains qui l'avaient vu à Maubeuge, le 25 prairial, braver le feu d'une batterie de 17 dirigé sur lui, qui l'avaient vu le 5 messidor passer sur les redoutes de Charleroi, et depuis à Gosselies, à Fleurus, à Limbusart, etc. ; qui avaient vu les généraux, les officiers de l'état-major, le général en chef le monter lui-même, pour juger de la fidélité des observations, disaient à son départ : Voilà 50 mille hommes de plus que l'on conduit à l'armée.

L'aérostat fut rendu au quartier-général à Tongres le 26, et le capitaine y attendit les ordres du général.

Le 28 il fut élevé dans la citadelle de Liége.

Le 29 il fut porté et élevé à Houlain, près de Visé, sur la Meuse.

Le 30 il fut élevé aux avant-postes du général Lefèvre, près de Maëstricht, protégé par un fort détachement de cavalerie.

Ramené le même jour à Liége, il fut monté dans la citadelle par un des aides de camp du général Chapsal.

Au moment de fermer sa lettre, datée du 1er des sans-culottides, le capitaine Coutelle écrit qu'il reçoit l'ordre de se porter à trois lieues, vers la division du général Kléber.

Je ne vous parle pas du courage avec lequel la compagnie entière supporte les fatigues inséparables de ces marches : quand elles sont suivies de quelques succès, les républicains les envient plutôt que de les plaindre.

GOUJON : Je demande que notre collègue Guyton, qui a suivi les opérations de Meudon, nous dise s'il est vrai qu'on lise sur les poteaux placés autour de cet établissement la peine de mort contre ceux qui oseraient en approcher ; je demande que Guyton nous fasse cette déclaration, afin que le peuple français puisse juger quels sont les imposteurs et les coquins.

GUYTON : Je déclare que je ne suis entré à Meudon que pour surveiller et diriger les opérations aérostatiques ; que c'est de là en effet que sont sortis les aérostats envoyés à l'armée.

A la vérité, ces mots la mort sont écrits en trois endroits, mais ils ne s'y trouvent qu'avec l'inscription entière : Liberté, égalité, fraternité ou la mort.

Il y a réellement à Meudon d'autres travaux pour lesquels je n'ai aucune mission ; mais m'y étant trouvé plusieurs fois avec mes collègues, membres du comité de salut public, et tout récemment avec Prieur, Bréard et Cochon, j'ai parcouru avec eux tous les ateliers, les bâtiments et l'intérieur du parc ; non seulement je n'y ai rien observé qui n'annonçât une destination naturelle pour soutenir la guerre de la liberté, mais je puis d'autant moins concevoir ce qui a donné lieu à des soupçons, qu'il n'y a de magasins que pour le travail journalier ; que les produits des ateliers s'expédient continuellement au-dehors ; qu'il n'y a enfin de pièces d'artillerie que le petit nombre absolument indispensable pour des recherches dont on sentira toute l'importance, quand on saura que le comité de salut public fait actuellement traduire un volume in-4° d'expériences sur l'artillerie, faites par les ordres et aux frais du gouvernement anglais.

Il serait imprudent de rester en arrière des ennemis de la liberté, dans cet art devenu nécessaire à sa défense ; ce serait stupidité de divulguer les moyens de puissance que nous pouvons tirer de ces épreuves. (On applaudit.)

On demande l'impression au Bulletin de la déclaration faite par Guyton.

DUREM : Oui, pour démentir l'Orateur du Peuple, que l'on réimprime à Bordeaux et dans toutes les villes maritimes.

BASTELIER : Les seules inscriptions que l'on voie à Meudon sont celles que vous a rapportées Guyton. Sur la porte principale est écrit : Commission du co mité de salut public. L'Orateur du Peuple a pris les trous des soufflets pour les embrasures, où il prétend que l'on tue les hommes. Il n'y a à Meudon que sept pièces de canon, les plus mauvaises peut-être de la République, et elles ne servent qu'à des expériences.

Voici un fait : Deux particuliers ayant sauté la haie, je les fis demander pour savoir d'eux ce qui les avait portés à cette indiscrète audace. Ils refusèrent d'obéir ; je fus obligé de les envoyer chercher par la force armée. Ils se trouvèrent deux ci-devant nobles ; et leurs réponses, peu mesurées, forcèrent à les envoyer à la maison de détention de Meudon.

J'ai pris depuis un arrêté qui porte que quiconque s'introduirait furtivement dans l'établissement de Meudon serait regardé comme suspect et traité comme tel. Je demande à lire demain cet arrêté à la Convention, pour qu'elle le confirme ou rejette.

BENTABOLLE : Je demande le renvoi à un comité ; je pense qu'un arrêté, qui porte une disposition pénale aussi grave que la réclusion jusqu'à la paix, ne peut être confirmé qu'après un rapport qui en démontre la nécessité.

BASTELIER : J'appuie le renvoi : j'observe que je n'ai pu ni voulu donner à mon arrêté un effet rétroactif, et que les individus arrêtés par mon ordre ont été relâchés après un mois de détention.

Après une légère discussion la Convention ordonne le renvoi au comité de salut public, et l'insertion au Bulletin de la déclaration de Guyton.

On lit une lettre du représentant du peuple Chauvin, qui invite la Convention à ne pas ajouter foi au bruit qu'on se plaît à répandre que la contre-révolution s'opère dans le département de la Haute-Vienne, et que les patriotes y sont opprimés et incarcérés. Ces prétendus patriotes, dit la lettre, ne sont que des intrigants et des coupables.

INGRAND : Si j'ai dit que la contre-révolution allait s'opérer dans le département de la Haute-Vienne, c'est que j'avais la preuve que des fédéralistes, destitués par mes collègues Richard et Choudieu, et par moi, ont été remis en place. Je le prouverai aux comités, auxquels je demande le renvoi de cette lettre.

THIBAUDEAU : J'appuie le renvoi. Si je n'ai point pris la parole, lorsque Ingrand a annoncé que la contre-révolution était prête à s'opérer dans le département de la Haute-Vienne, c'est que je n'ai point voulu allumer les passions.

Il s'agit de savoir si cinq ou six hommes, si la coalition de quelques prêtres doit vexer, piller les patriotes de 1789. L'un de ces hommes fut le complice de Dumouriez ; ce fait est prouvé. Un autre est un prêtre qui sortit de France il y a 20 ans, après avoir enlevé une fille qu'il mena en Angleterre ; il est rentré en 1792, et il voudrait passer pour le meilleur patriote de la République. Au reste, le département est tranquille ; il ne s'agit que de juger les opérations du représentant du peuple ; il a envoyé les pièces, les comités les jugeront.

La Convention décrète le renvoi aux comités de salut public et de sûreté générale.

MOYSE BAYLE : La députation des Bouches-du-Rhône a reçu des représentants du peuple à Marseille une lettre qui rassurera la Convention sur l'état de cette commune. Je vais en donner lecture :

*A Marseille, le 2e jour des sans-culottides.*

Citoyens collègues, nous profitons d'un courrier du commerce, pour vous envoyer un exemplaire de notre discours à la société populaire. Nous espérons que nos opérations répondront à la confiance de la Convention et à votre attente. Nous sommes convaincus que la grande masse des citoyens de Marseille est excellente (*Bentabolle:* Toute la Convention en est convaincue); mais elle est comprimée par la terreur où la tiennent des scélérats couverts du masque du patriotisme. Nous espérons que ces scélérats ne seront bientôt plus entourés que de leurs dilapidations. On a proposé hier, dans la société populaire, de déclarer traîtres à la patrie ceux qui voudraient trouver dans le sein de cette société des fripons et des dilapidateurs de la fortune publique. (Mouvement d'indignation.)

*Signé* SIBBERS et ACCUIS.

DURAND-MAILLANE : Je demande la parole...

MOYSE BAYLE : Robespierre accusait aux Jacobins Fouché d'être un conspirateur ; Fréron, dans son numéro d'hier, a dénoncé Granet et moi comme des conspirateurs.....

THURIOT : Je demande la parole pour un fait.

QUELQUES VOIX : Elle est à Moyse Bayle.

THURIOT : Que la Convention la lui accorde après, je ne m'y oppose pas, mais je demande à donner des explications sur la lettre qu'il a lue. Je dis que cette lettre, au lieu de rassurer, ne fait que confirmer les inquiétudes données à la Convention sur l'état de Marseille ; et comment peut-on se rassurer, lorsqu'une société populaire ose proposer de déclarer traîtres à la patrie ceux qui voudraient trouver dans son sein des fripons et des dilapidateurs de la fortune publique ?

DUHEM : Ç'a été rejeté.

THURIOT : Je ne suis pas si instruit que Duhem. Sans doute la masse du peuple est bonne ; mais nous avons reçu de Jean-Bon-Saint-André deux lettres très expressives et une des représentants du peuple à Marseille, par laquelle ils annoncent qu'il a été formé un complot pour s'emparer des armes qui appartiennent à la République. (Mouvement d'horreur.) Je demande que Treilhard donne lecture de ces lettres. Il ne faut pas, quand on a des vérités à dire à la Convention, les écarter ou les étouffer. N'a-t-on pas déjà répondu que le comité n'avait fait un rapport sur la conspiration de Marseille que pour altérer la confiance dans les sociétés populaires, au lieu que c'est pour avertir les citoyens des campagnes et les sociétés populaires de surveiller les agents de Pitt et de Cobourg ?

Treilhard est à la tribune.

Il donne lecture des lettres suivantes :

*Extrait d'une lettre du citoyen Jean-Bon-Saint-André, représentant du peuple dans les départements maritimes de la République, au commissaire de la marine et des colonies.*

Port-la-Montagne, le 25 fructidor, l'an II de la République française, une et indivisible.

La tranquillité de Port-la-Montagne dépend de celle de Marseille. Si l'on ne se laisse pas séduire par des protestations de patriotisme emphatiques, par conséquent mensongères; si l'on frappe sans pitié sur les fripons de cette dernière commune; si l'on en arrache les racines du fédéralisme qui y vivent encore, quoi que l'on en puisse dire, et quoiqu'on les déguise sous le nom de *Montagne*, comme autrefois on les déguisait sous le nom de *République, une et indivisible*; si le comité et la Convention se montrent fermes dans l'ap-

plication des principes du gouvernement révolutionnaire, le Midi est sauvé; mais, si l'on se laisse tromper comme on l'a fait tant de fois, il n'y a pas de représentant du peuple qui puisse faire le bien ici, quels que soient ses talents, son patriotisme et sa fermeté.

*Extrait d'une lettre du représentant du peuple Jean-Bon-Saint-André, délégué dans les départements maritimes de la République, au comité de salut public.*

Port-la-Montagne, le 27 fructidor, l'an II de la République française une et indivisible.

Citoyens collègues, tout va assez bien au Port-la-Montagne. Il n'en est pas de même à Marseille, et vous devez avoir les yeux constamment ouverts sur cette ville. Je m'en rapporte à cet égard aux détails contenus dans ma dernière dépêche, et j'ajoute que vous n'avez jamais bien connu, ni au comité, ni à la Convention, l'esprit qui domine parmi ces hommes qui se disent si ardents patriotes, et qui ont plus d'un intérêt à se faire une réputation exagérée. Ce qu'il y a de vrai c'est que je n'ai vu nulle part moins de patriotisme qu'à Marseille, et que c'est de tous les points de la République le plus mauvais sans exception.

*Signé* JEAN-BON-SAINT-ANDRÉ.

La lettre qui suit, arrivée hier 1er vendémiaire, est sans date ; mais l'annonce qui se trouve de la proclamation des représentants du peuple prouve qu'elle est de la même date que celle adressée à la députation qui a été lue à la tribune.

*Les représentants du peuple, envoyés dans les départements des Bouches-du-Rhône, du Var et de l'Ardèche, à leurs collègues, membres du comité de salut public.*

Citoyens collègues, nous vous envoyons copie de la proclamation franche et fraternelle que nous avons été obligés de faire pour détromper les bons habitants des campagnes qu'on cherchait à égarer et à soulever. Il y avait même déjà quelques rassemblements suscités par des agitateurs envoyés, et par suite des projets découverts par la lettre du nommé Reynier, son arrestation et de son enlèvement.

On nous instruit dans le moment qu'il s'en forme à deux lieues d'ici ; nous nous empressons de les faire dissiper, et nous allons prendre toutes les mesures de sûreté convenables pour ramener la tranquillité; hier nous avons renouvelé le comité de surveillance; nous vous faisons passer notre arrêté à cet égard.

Le général Villemallet, envoyé par le général en chef Dumerbion, commande actuellement à Marseille ; cette place demande la plus grande surveillance de la force armée, qui n'y est pas aussi forte qu'il le faudrait ; mais celle qui y est se compose bien : nous ne parlons que de l'infanterie et des hussards.

Nous recevons tous les jours des plaintes contre la gendarmerie qui est on ne peut plus mal composée, et qui n'est nullement organisée en conformité de la loi.

Les gendarmes sont tous du pays, ils n'ont la plupart ni habits, ni armes, ni chevaux, et ne sont aucunement en état de faire le service; la nation les paie cependant également : c'est un abus qu'il faut détruire, et il est instant de s'en occuper.

Nous avons aussi découvert que dans le fort Jean, où était le dépôt des armes, fusils, etc., on se préparait à s'en emparer, et qu'il y avait des passages pratiqués dans les souterrains par lesquels on entrerait. Nous venons de donner des ordres pour les faire boucher, et pour faire encore échouer ce projet; nous espérons sous peu en connaître les auteurs.

Nous vous dirons que hier il fut proposé à la société de Marseille de déclarer traîtres à la patrie les individus qui voudraient trouver des fripons et des dilapidateurs de la fortune publique dans la société populaire : nous ne ferons aucune observation à ce sujet. Vous remarquerez seulement qu'il est clair qu'ils ont en vue ce qui se trouve dans notre discours à cette société sur les fripons et les dilapidateurs.

Nous pouvons vous assurer qu'avec de l'ensemble nous viendrons à bout de déjouer tous les complots liberticides qui sont ici à l'ordre du jour.

8

La grande masse est bonne ici, ainsi que dans le département; mais la terreur qu'entretiennent les scélérats meneurs l'empêche de se prononcer; et pendant ce temps-là ils cherchent à tout entraver et à se faire des partis à la Robespierre, en tenant les mêmes propos et en jouant les mêmes rôles.

Salut et fraternité.

J.-J. Serres, Auguis.

Granet : Je demande que Moyse Bayle donne lecture de l'adresse que nous avons écrite, il y a trois mois, à la société populaire de Marseille, et l'on verra si nos principes ne sont pas dans le meilleur sens.

Moyse Bayle : Voici cette lettre.....

Plusieurs voix : L'ordre du jour.

L'ordre du jour est adopté.

On demande l'insertion au Bulletin des lettres lues par Treilhard.

L'insertion est décrété..

Moyse Bayle : J'avais dit que Robespierre avait dénoncé aux Jacobins Fouché, comme conspirateur; que Fréron, dans son numero d'hier, a dénoncé Granet et moi.....

L'ordre du jour ! s'écrie-t-on de toutes parts.

L'Assemblée passe à l'ordre du jour.

Durand-Maillane : On nous a dit que la lettre qui a été lue d'abord a été adressée par les représentants du peuple à la députation des Bouches-du-Rhône. Comme député des Bouches-du-Rhône, je suis bien aise de déclarer que jamais je n'ai eu communication de rien; à l'égard des avis que nous pouvions donner à nos collègues, relativement aux localités, je déclare encore que je n'en ai donné aucun, si ce n'est à leur départ.

Un autre membre de la même députation fait une déclaration pareille.

Meaulle : Je croyais que la Convention avait renoncé aux questions particulières.

Plusieurs voix : Oui

Meaulle : Je crois qu'elle fera bien encore de renoncer à s'occuper des difficultés qui s'élèvent entre les députations. Prenez garde de laisser former par ces discussions un congrès fédéraliste. D'après ces motifs, je demande l'ordre du jour sur les difficultés qu'on veut faire naître.

Bentabolle : Il n'y a point là de difficultés, en vain voudrait-on le faire croire; ce n'est qu'une explication. J'appuie au reste l'ordre du jour.

L'ordre du jour est adopté.

Granet : Je demande que la dénonciation contre Fréron soit renvoyée au comité de sûreté générale. (On murmure.)

Ruamps : On dit qu'il existe des lettres où Fréron et Barras sont accusés de dilapidations. J'en demande la lecture.

Barras : Je demande la parole...... Citoyens, il est temps que la voix de la vérité, trop longtemps comprimée, se fasse entendre dans cette enceinte. Nous avons fait de vaines tentatives pour que le rapport de notre mission dans le Midi fût enfin écouté à la tribune. Aujourd'hui l'on vient nous accuser de dilapidations. J'appelle sur ma tête la plus sévère justice, mais j'appelle aussi la même responsabilité sur celle de mes dénonciateurs.

Je demande que les lettres dont on parle soient lues à la Convention.

Je ne veux pas récriminer; mais je vois des hommes coupables, je les vois qui baissent la tête. Je vois les auteurs des conspirations; je vois ceux qui ont favorisé la contre-révolution du Midi..... Je demande la lecture, et que la Convention renvoie à quelque commission qu'elle voudra. Je réclame de sa justice qu'elle

m'accorde ensuite la parole. Je ne répondrai point par des personnalités, je repousserai avec indignation la calomnie.....

Rappelez-vous que la Convention nous avait chargés de la réduction de Toulon. Je fus envoyé à la partie gauche de l'armée de siége : que vis-je à mon arrivée? Les habitants des campagnes n'avaient pas un grain de blé pour ensemencer leurs terres. Que faisaient donc mes collègues qui m'avaient précédé? Je fis distribuer aux cultivateurs 200 charges de blé, prises sur les approvisionnements de l'armée.

Frénon : Et moi aussi je demande à repousser l'imposture; il est temps que la vérité soit connue, il est temps que le voile qui la couvre soit déchiré. Il faut que la Convention sache que la contre-révolution qui vient d'éclater à Marseille est partie de Paris, qu'elle a été écrite sous la dictée des brigands qui voudraient y rétablir la tyrannie. J'ai les pièces en main; les calomniateurs seront démasqués. On nous accuse; eh bien, je le déclare, nous avons sauvé l'armée d'Italie. Eh quels sont ces hommes qui nous accusent? ce sont ceux qui depuis six mois colportent une misérable dénonciation arrachée à un détenu, sous la promesse de le garantir de l'échafaud. Ce même homme y a été envoyé depuis par le président du tribunal de Marseille, qui était en même temps président de la société populaire. Nous avions fait arrêter des individus coupables, parmi lesquels se trouvait un ami, un complice de Barbaroux. Nous les avions fait traduire au tribunal révolutionnaire de Paris. Qu'est-il arrivé? Moyse Bayle, dont j'ai les lettres, s'est constitué défenseur officieux de ces individus. Hébert alors fit l'éloge du patriotisme de Moyse Bayle. J'accuse Moyse Bayle et Granet d'être les auteurs du fédéralisme qui se manifeste à présent dans le Midi. J'accuse Moyse Bayle d'avoir laissé avilir dans sa personne la représentation nationale. Des scélérats armés avaient pénétré la nuit dans sa chambre; ils forcent son secrétaire, et contraignent Moyse Bayle, le pistolet sur la gorge, à leur livrer sa correspondance. Il obéit à cette menace, et au lieu de savoir mourir à son poste il fuit l'espace de plusieurs lieues jusqu'à Montelimart... Je demande que les pièces soient lues, et nous répondrons.

Legendre monte à la tribune.

Merlin ( de Thionville ) : Je demande à faire une motion d'ordre. Il ne faut pas que ces débats se prolongent davantage. Que la Convention forme dans son sein une commission, à l'appel nominal; que toutes les pièces y soient renvoyées, et que les calomniateurs soient pétrifiés.

Ruamps : J'ai dit que depuis plusieurs jours j'entendais dire que Fréron et Barras avaient commis des dilapidations. J'ai demandé qu'on les lût, afin de savoir à quoi m'en tenir.

Legendre : Tais-toi, tu n'es que le lieutenant, ce sont les chefs qui te soufflent.

Ruamps : Je déclare que ces pièces-là m'ont été lues à la Montagne par Granet et Escudier.

Legendre (de Paris): Il est temps que la République ouvre les yeux sur les hommes qui voudraient mener la Convention, comme ils mènent une société respectable, qui n'a perdu de son lustre que parce qu'ils en sont les meneurs. (On applaudit vivement.) Ce ne sont pas ceux qui crient qui sont le plus à craindre, ce sont ceux qui gardent le silence, baissent la tête, et qui, ici comme aux Jacobins, se cachent derrière la toile et mettent en avant cette légion de lieutenants qui crient pour eux. Ce n'est pas aux individus qu'ils en veulent, c'est aux principes qu'ils réclament. Ce qui les effraie davantage est ce qui a toujours effrayé tous les tyrans, la liberté de la presse (on applaudit.), la liberté de la presse qui les écraserait. Savez-vous quels sont les infâmes lieutenants dont ils se servent? ce sont ces hommes qui ont rendu l'Océan témoin de leurs crimes, qui ont rougi la mer par le reflux ensanglanté de la Loire. Citoyens, le navigateur qui recevait le baptême en passant sous le tropique ne voudra plus marquer ainsi cette époque de son voyage, dans la crainte d'être inondé de sang. (On frémit.) Et voilà les hommes que l'on a mis en avant; voilà ceux qui ont mis les jacobins en feu, et qui voudraient aussi jeter parmi nous les tisons de la discorde. Les jacobins les connaîtront bientôt. J'entends par les jacobins les hommes honnêtes qui ne redoutent rien de la censure publique, qui peuvent se mettre sans crainte sous le poids d'une accusation (on applaudit), qui peuvent dire à tous les scélérats dont l'habitude est de calomnier : Voilà ma vie, je te défie d'y trouver un fait contre la probité et l'honneur. L'homme qui parlerait de cette manière à tous les faux jacobins les tuerait tous.

Sous peu on les connaîtra, ces hommes qui dans une circonstance mémorable, osèrent faire rivaliser la commune avec la Convention; ces hommes qui, témoins de la chute de la commune du 9, voudraient la ressusciter aux Jacobins; ces hommes qui ont fait de la salle des Jacobins un théâtre où chacun d'eux joue un rôle plus ou moins odieux. L'histrion est sur les planches, et Robespierre au trou du souffleur. (On rit et on applaudit.)

Citoyens, rappelez-vous que Necker et Lafayette craignaient la liberté de la presse; le dernier proscrivit Marat qui en était l'apôtre. Si elle eût existé du temps de Charles IX, lors de ces conciliabules infâmes où ce tyran concerta, avec le cardinal de Lorraine et Catherine de Médicis, le massacre de la Saint-Barthélemi, l'amiral de Coligni n'eût point été égorgé, et nous n'aurions pas à verser des larmes sur cette époque fatale. (Vifs applaudissements.) L'honnête homme ne craint point la liberté de la presse. (On applaudit de nouveau; toute l'Assemblée se lève en criant: Non, non.) Tout homme juste et pur doit sommer les journalistes honnêtes de dire à tous ses concitoyens si jamais il a dévié un instant des principes, et si l'on peut lui reprocher quelque chose. Il doit porter le défi à tous les scélérats qui ne s'occupent qu'à noircir les hommes les plus purs.

Quand on entre à la Convention, on est entouré d'une foule de lieutenants, comme je le disais tout à l'heure. Je pourrais les nommer, mais, comme je ne veux pas que cette discussion dégénère en personnalités, je me tais; que chacun se reconnaisse. (Applaudissements.)

Je déclare, avec l'énergie et la franchise d'un républicain, que ceux qui, après avoir aidé à renverser le tyran, voudraient le remplacer, périront comme lui. (Oui, oui, s'écrient tous les membres en se levant.) (Vifs applaudissements.) On ne peut pas attaquer la liberté de la presse qui est consacrée par la Déclaration des droits de l'homme; mais on attaque les individus qui en usent et qui la défendent. Quand les attaque-t-on encore? c'est lorsqu'on les a obligés d'écrire pour repousser les calomnies lancées contre eux. Robespierre se comportait ainsi. Remarquez que du temps de Robespierre on chassait des Jacobins les représentants du peuple à cause des opinions qu'ils avaient émises dans la Convention; aujourd'hui les députés sont encore chassés des Jacobins pour leurs opinions dans le sein de la Convention. C'est le même système: le temps en démasquera les ambitieux auteurs, et les jacobins les chasseront à leur tour. (Applaudissements.) Ils sont en petit nombre, ces scélérats; les jacobins en feront justice, car ils savent que c'est à la Convention seule à tenir les rênes du gouvernement; ils savent qu'aucune autorité, qu'aucun pouvoir, qu'aucun corps

ne doivent rivaliser avec elle; ils savent qu'elle ne sera plus jamais opprimée, parce que tant qu'il restera ici un homme libre il se reposera sur la force du peuple du soin de faire respecter les principes, et soutiendra les sociétés populaires. (Oui, oui, s'écrie toute l'assemblée en se levant.)

Il n'appartient à aucune puissance de les détruire. Il n'appartient qu'au peuple en masse, qu'au peuple souverain, de souffrir ou de rejeter les sociétés populaires. Si jamais il se portait à les détruire, je lui dirais, et tous les vrais patriotes lui diraient avec moi : Que ces sociétés sont les boulevards de la révolution, les surveillants les plus redoutables des ennemis intérieurs. (Applaudissements.) Mais il ne faut pas que les citoyens qui les composent se laissent mener par une poignée de misérables. Il ne faut pas que les jacobins, qui ont rendu de grands services à la révolution, mais qui, depuis Mirabeau jusqu'aux Lameth, depuis Barnave jusqu'à Robespierre, ont toujours eu des chefs sans s'en apercevoir, et qui en auront bientôt d'autres si l'on n'y prend garde; il ne faut pas, dis-je, que les Jacobins souffrent qu'on dise à leur tribune : Que bientôt un rocher se détachera de la montagne pour écraser tout le reste; ils ne doivent pas souffrir qu'on dise au milieu d'eux : Nous serons assez de cinq à six.....

PLUSIEURS VOIX : C'est Vadier.

LEGENDRE : Cinq à six! le peuple vous pulvérisera tous. (Vifs applaudissements.)

Nous ne pouvons nous dissimuler que les troubles de Marseille ont été organisés ici. Ils sont le résultat de la division de la députation des Bouches-du-Rhône. Moyse Bayle venait au comité de sûreté générale, et nous disait : Recevez la dénonciation de cet homme que je vous présente; il faut faire arrêter tant de personnes, sinon la contre-révolution est faite. L'autre partie de la même députation venait nous dire : Vous opérerez infailliblement la contre-révolution, si vous faites arrêter tel et tel; ce sont de bons patriotes que vous opprimerez. Les Marseillais, les Arlésiens, et tous les gens du Midi qui sont venus ici y ont été appelés par les premiers dont ils répétaient les discours. Que vouliez-vous que fît votre comité dans cette incertitude?

Je vous le dis, citoyens, il est des hommes qui voulaient organiser à Paris un mouvement qui secondât celui de Marseille; mais votre décret a déjoué leur projet; ils auraient d'ailleurs trouvé dans Paris un grand nombre d'hommes qui s'y seraient opposés. Je veux parler de cette classe intermédiaire du peuple, de cette classe timide, que la peur rendait trop calme, qui craignait que la Convention n'eût pas la force de renverser la commune de Paris; mais cette classe est réunie au peuple aujourd'hui; elle a repris toute son énergie dans la nuit mémorable du 9 thermidor; elle s'est réunie à ceux qui, depuis le commencement de la révolution, n'ont cessé de faire des sacrifices, de prodiguer leur fortune et leur vie pour le soutien de la liberté. Il n'y a plus maintenant qu'un seul esprit unanime de tous les citoyens qui se sont ralliés à la Convention, et qui sont déterminés comme elle à sauver la République. (Applaudissements.)

Citoyens, jetons loin de nous, en entrant dans cette enceinte, le manteau des haines particulières. Voyez les drapeaux des nations avec lesquelles vous êtes alliés; eh bien, joignez-y le drapeau moral de vos sentiments. (Vifs applaudissements.)

Nous avons promis d'opérer le bonheur du peuple, tenons-lui parole : sauvons notre pays; et quand vous aurez rempli cette tâche glorieuse vous vous assommerez si vous voulez. (On rit et l'on applaudit.)

On voudrait exciter une insurrection, en faisant

croire que la Convention veut anéantir les sociétés populaires, et des hommes exagérés s'en vont, criant partout : *Vivent les Jacobins !* La Convention ne crie pas *vivent les Jacobins* ; mais elle crie *vive le peuple, vivent les sociétés populaires, vivent tous les patriotes bien intentionnés, et périssent tous les coquins !* (Applaudissements.)

Le gouvernement doit régir avec une main de fer ; mais cette main doit être celle de la justice. Je demande que celui d'entre nous, qui élèvera la voix pour accuser son collègue sur des faits particuliers, soit rappelé sévèrement à l'ordre. (Applaudissements.)

**Fréron :** Je demande à dire un mot qui jettera un trait de lumière sur nos accusateurs : ils étaient aussi les accusateurs de l'homme immortel que vous avez conduit au Panthéon il y a deux jours. En voici la preuve.

Voici ce qu'ils ont imprimé et publié contre Marat. Après un torrent d'injures, adressées à ce martyr de la liberté, ils terminent leur diatribe par ces mots :

« Tu parles encore dans ton numéro 5 d'un projet d'assassinat contre toi. On voit bien, Marat, que tu veux te donner de l'importance, surtout lorsque tu prêtes au peuple d'avoir dit qu'il y aurait des têtes abattues, si le décret d'accusation était lancé contre toi. Apprends que les députés des Bouches-du-Rhône ne craignent point que leurs têtes soient abattues, et que, si véritablement tu méritais qu'on s'occupât assez de toi pour te décréter d'accusation, ils voteraient avec la même tranquillité que s'il s'agissait d'ordonner le desséchement d'un marais pestilentiel. »

Cette pièce est signée Moyse Bayle et Granet.

**Moyse Bayle :** Fréron n'est pas de bonne foi, car il ne lit pas toutes les signatures.

**Fréron :** Les autres sont guillotinés.

**Moyse Bayle :** Citoyens, vous me voyez avec la sérénité d'un homme qui n'a rien à se reprocher. Je suis arrivé à Paris le 30 septembre, et le 1er octobre je vins à la Convention. Je n'avais jamais vu, ni connu Marat, que la députation entière des Bouches-du-Rhône....... (Il se fait du bruit dans une partie de la salle.)

**Granet :** C'est faux.

**Plusieurs voix :** L'ordre du jour.

**Merlin** (de Thionville) : Je demande que les accusations soient renvoyées aux trois comités de salut public, de sûreté générale et de législation, pour en faire un prompt rapport qui rende la parole aux honnêtes gens accusés, et fasse taire les fripons.

Le renvoi est décrété.

J. Debry prononce un discours, dans lequel il présente des vues supplémentaires au rapport fait dernièrement par Lindet au nom du comité de salut public.

Roger-Ducos, au nom du comité des secours publics, fait le rapport suivant :

Citoyens, vous avez décrété, le 24 fructidor, que le citoyen Gerard Meunier, pauvre et chargé de dix enfants, avait bien mérité de l'humanité pour avoir constamment donné des soins, et distribué, à ses frais, des aliments au représentant du peuple Drouet, tombé l'an passé au pouvoir des brigands de l'Autriche, et détenu par eux dans un cachot à Bruxelles, où ils avaient résolu de le faire mourir de faim et de soif dans une horrible torture ; vous avez en outre chargé votre comité des secours publics de vous faire un rapport sur la récompense due à ce digne et généreux citoyen, et sur les secours à accorder à sa famille.

Citoyens, si l'histoire ne fournit pas d'exemple du mécanisme atrocement inventé par nos ennemis pour aggraver la captivité de notre collègue, elle n'en fournit pas non plus de l'action sublime du vertueux Meunier, qui l'a préservé des horreurs de la faim, de la soif, et lui a procuré les choses les plus nécessaires à la vie.

Il faut le répéter à l'univers entier ; non, la tyrannie la plus oppressive ne se montra jamais plus raffinée en supplices, tant est implacable et féroce la haine des rois contre la liberté du peuple ! L'instrument fatal enchaînait à la fois et la tête et les mains de Drouet qui, dans cet état d'immobilité, ne pouvait exister que par la main hardie et bienfaisante du brave Meunier. Voilà donc encore une fois les dons exécrables que prodiguent les rois, en parallèle avec les douces vertus que professent les républicains. Combien il était important que vous fissiez connaître aux partisans de la tyrannie l'infernale machine créée par le tyran d'Autriche, comme Guillaume Tell avait publié celle dans laquelle le tyran autrichien l'avait retenu si longtemps enlacé ! L'histoire s'effraiera de ce nouveau forfait royal, en même temps qu'elle burinera honorablement l'action sublime du généreux Meunier.

Mais, citoyens, il s'agit de la récompenser cette action, et votre bienfaisance a encore à apprécier le désintéressement de Meunier, car il vous a dit *qu'il trouvait dans son cœur la véritable récompense de son action.* Sans doute, par le décret qui déclare que *ce citoyen a bien mérité de l'humanité,* vous avez proclamé la récompense la plus glorieuse, et ce titre honorable est bien capable d'ajouter à son désintéressement un plus grand oubli du besoin. Mais si les sentiments de Meunier sont satisfaits les vôtres ne le sont point ; vous ne voulez pas, et vous le prouvez tous les jours, que l'homme vertueux soit dans la souffrance ; ce n'est que dans les gouvernements tyranniques que l'homme de bien, l'ami de la philosophie et de l'humanité, soit dans la plus profonde misère ; et que le crime seul y conduit à l'élévation et à l'opulence. L'action de Meunier l'eût précipité dans les fers, si le tyran d'Autriche en eût eu connaissance ; la République française l'aura récompensée par une déclaration que l'histoire recueillera, et par des secours qui arracheront le bienfaiteur de Drouet à l'infortune et à l'ingratitude de son pays.

Nous trouvons à placer une autre réflexion bien importante dans ce rapport, c'est que ce qui fut sous la tyrannie la classe la plus indigente et la plus opprimée est celle qui produit partout les plus grands actes de vertu et de dévoûment aux sincères amis de la révolution. Pourquoi, citoyens ? parce que celui sur qui pesait le plus la tyrannie doit aussi plus profondément sentir le prix de la liberté ; et s'il l'a une fois essayée il ne s'en dessaisit jamais : tel est le brave Meunier, portier d'un hospice. Il avait vu nos républicains sur son territoire ; il dut s'attacher à leurs principes ; et la forte compression qu'il a dû éprouver pendant dix-huit mois n'a pas été capable de l'en séparer : il l'a prouvé par les soins et les aliments qu'il a fournis à notre collègue, au péril de sa vie et du sacrifice de dix enfants, que le tyran autrichien aurait immolés à sa rage, s'il eût découvert son action courageuse.

Mais, tandis que le spectacle de l'abominable machine attachée au piédestal de la statue de la Liberté, montre aux hommes les bienfaits que leur préparent les tyrans ; tandis que cet infâme instrument va presser tous les peuples de sortir enfin du sommeil léthargique dans lequel la servitude les a plongés, que l'ami des Français libres, que les dignes enfants jouissent des récompenses que les hommes vertueux, que les ennemis prononcés de la tyrannie éprouveront toujours d'une nation grande, puissante et généreuse.

Le représentant du peuple Drouet dans sa prison.

Réimpression de l'Ancien Moniteur. — T. XVII. page 66

Tip. Henri Plon.

Votre comité a pensé que par une somme une fois payée, vous deviez d'abord gratifier Gérard Meunier des dépenses qu'il peut avoir faites, et des soins qu'il a donnés à notre collègue Drouet; il a pensé que vous deviez en outre lui assurer une ension viagère qui le mît en état de soutenir sa nombreuse famille, et que ce double secours lui serait accordé à titre de récompense nationale.

Il a encore pensé que si Meunier, déjà âgé de soixante-un ans, venait à manquer à sa famille, la pension devait être transmise, par ortions égales, aux enfants qui lui survivront, jusqu'à l'âge de dix-huit ans, à laquelle époque il leur sera payé une somme fixe, pour leur faciliter les moyens d'un établissement.

Enfin, citoyens, votre comité propose que le décret que vous allez rendre, ainsi que celui du 24 fructidor, soient adressés à Meunier, avec une lettre du président de la Convention nationale, en reconnaissance du peuple français, pour les soins généreux qu'il a eus d'un de ses représentants tombé au pouvoir des féroces Autrichiens.

Ce projet a paru remplir vos vues, car inutilement chercheriez-vous à proportionner une récompense à l'action d'autant plus méritoire qu'elle a été périlleusement exercée à côté de la barbarie et de la férocité des satellites du despotisme : vous pourrez bien amender le projet, mais je vous répondrai qu'il est de ces actes extraordinaires que l'intérêt ne récompense jamais.

Tels sont ceux des Meunier, des Geffroy qui ont conservé la vie à deux représentants d'un peuple libre, au risque de la leur; tel serait celui de l'homme énergique et audacieux qui braverait tout pour l'arracher à un tyran.

Ducos présente un projet de décret, qui est adopté en ces termes :

La Convention nationale, après avoir entendu le rapport de son comité des secours publics, décrète ce qui suit :

Art. I<sup>er</sup>. La trésorerie nationale fera payer à Gérard Meunier une somme de six mille livres. Ce généreux citoyen jouira en outre d'une pension annuelle et viagère d'une somme de 1,500 liv., à titre de récompense nationale.

II. Cette pension sera réversible, par portions égales, sur la tête des enfants survivants dudit Meunier.

III. Les enfants de Meunier jouiront de cette survivance jusqu'à l'âge de dix-huit ans, à laquelle époque il sera payé à chacun d'eux une somme de mille livres.

IV. Le présent décret, ainsi que celui du 24 fructidor, seront adréssés à Meunier.

Le président de la Convention nationale est chargé de lui écrire, au nom du peuple français, en reconnaissance des soins généreux qu'il a eus d'un de ses représentants, tombé au pouvoir des féroces Autrichiens.

Le présent décret sera inséré au bulletin de correspondance.

La séance est levée à 2 heures.

### SÉANCE DU 3 VENDÉMIAIRE.

Une députation de la commune d'Arras est admise à la barre.

*L'orateur* : L'opinion publique agite maintenant une grande question. La révolution deviendra-t-elle la proie de quelques ambitieux, comme tous les autres bouleversements politiques, ou le peuple s'en empa-

rera-t-il pour jouir de ses bienfaits? Les principes sacrés qui basent les droits du peuple seront-ils rangés dans la classe des axiomes aristocratiques par les mêmes hommes qui les ont tirés de l'oubli, ou bien toutes nos oscillations se briseront-elles devant l'immutabilité des lois de la nature?

Voilà, représentants, ce que tous les citoyens d'Arras se demandent à eux-mêmes, en lisant les discussions agitées dans une certaine réunion d'individus, dont l'influence a dirigé jusqu'ici le levier du gouvernement : voilà ce que nous nous demandons à nous-mêmes, en voyant ce système de terreur, dont six mois de massacres ont été le funeste résultat, retrouver des partisans jusque dans cette assemblée, qui a vu dans ces temps désastreux un fleuve de sang couler au milieu même de son enceinte.

Un peuple dont existence politique date depuis cinq années, et dont l'enfance révolutionnaire s'est instruite à l'école de l'infortune, devient une pépinière de héros : ses bras gigantesques dispersent les nuées d'esclaves qui s'amoncellent contre lui et ses pieds d'éléphant brisent comme une faible argile le fantôme de l'ambition qui oserait s'élever au-dessus de sa tête.

Son enfance est finie, citoyens, et la chute de Robespierre est un signe de sa vigoureuse adolescence.

Il existe à côté de vous une société fameuse dans nos annales, jadis l'arène où des champions de la liberté s'exerçaient à la lutte qu'ils devaient soutenir contre le despotisme; depuis, la cour d'un dictateur insolent qui, du haut de sa tribune aux harangues, étendait sur toute la France un sceptre de fer; et maintenant, nous présentant l'image d'un parlement dictatorial, où l'on discute les moyens de museler le peuple, et de donner des fers même à la pensée. Ses variations tiennent aux différents caractères de ces hommes que les révolutions populaires roulent avec elles. La vertu n'est pas toujours le seul levier des révolutions, l'inquiète ambition s'attache souvent à elles, comme un aliment à sa cupidité.

Aussi avons-nous vu se ranger sous les étendards de la liberté, combattre même aux premiers rangs, ces hommes immoraux, flétris déjà par le fer rouge de l'ignominie :

Un Brissot, qui s'était fait enfermer à Londres comme un escroc; un Chabot, qui avait fait à la face du ciel le vœu de l'imposture; un Danton, qu'une insouciance épicurienne rendait l'homme de toutes les factions. Ces hommes, du haut de la tribune des Jacobins, avaient lancé la foudre qui anéantit les Capet; mais ils se gorgeaient des trésors du peuple, ou, comme un Brissot, ils vendaient leur popularité aux guinées de Pitt.

Représentants, maintenez le gouvernement révolutionnaire; vous avez remis à flot le vaisseau de la liberté, vous méritez bien de le conduire jusqu'au port; marquez du sceau d'une réprobation civique ces hommes qui ne savent exister que dans les crises convulsives, et qui comme les serpents ne peuvent vivre qu'en s'alimentant de leur propre venin.

Apprenez à ces esprits forts autant qu'intolérants que l'on ne fait pas des philosophes à la journée, et que la philosophie ne se prêche pas à coups de cimeterre. Le mépris public, qui a poursuivi les prêtres jusque sur ces tréteaux où ils ont avoué leur imposture avec autant d'audace qu'ils prêchaient le mensonge, a plus arraché de victimes au fanatisme que la terreur de l'échafaud dont on effarouchait les âmes faibles.

Mention honorable et insertion au Bulletin.

LE PRÉSIDENT : Citoyens, c'est en vain que la malveillance s'agite pour égarer le peuple. Ne craignez rien pour la liberté et l'égalité; elles sont impérissables,

Défiez-vous de ceux qui sèment la division, et ne parlent que de terreur; ne craignez pas que la Convention laisse jamais élever à côté d'elle une autorité usurpée qui voudrait la rivaliser; elle ne souffrira pas plus cette rivalité monstrueuse, qu'elle ne souffrirait qu'on voulût détruire les sociétés populaires qui ont courageusement défendu les droits du peuple. La Convention frappera tous les ennemis de la patrie, et tous ceux qui n'ont voulu la révolution que pour eux; elle soutiendra avec énergie les principes de justice qui l'animent; elle atteindra les coupables en tel lieu qu'ils se cachent. Le crime n'a pas d'asile, tandis que celui de la vertu est sacré. Reposez-vous sur les mesures que prendra la Convention, et travaillez avec elle à propager les sentiments de liberté, d'égalité et de justice.

FOURCROY, au nom du comité de salut public : La France n'a plus d'ennemis sur son territoire, Bellegarde est rendu à la République. ( Vifs applaudissements.)

Voici les lettres :

Au quartier-général de Bellegarde , le 2ᵉ jour sans-culottide, l'an II de la République française, une et indivisible.

Citoyens représentants, l'armée des Pyrénées-Orientales vient de mettre le sceau aux triomphes de la République sur son territoire, entièrement purgé de ses ennemis ; Bellegarde est à nous ; c'est le fruit d'un blocus opiniâtre et sévère qui a forcé la garnison de se rendre à discrétion, en soumettant son sort à la générosité française.

Bellegarde est intact, et dans cet état d'intégrité notre frontière se trouve toute protégée aux frais des Espagnols. Cette place nous donne plus de 60 bouches à feu et 40 milliers de poudre.

Salut et fraternité.

*Le général en chef,* DUGOMMIER.

*Les représentants du peuple près l'armée des Pyrénées-Orientales à la Convention nationale.*

Au fort de Bellegarde, la 2ᵉ sans-culottide, l'an II de la République, une et indivisible.

Bellegarde vient d'être restitué à la République ; tout s'est rendu à discrétion : les hordes espagnoles, campées non loin de nous, peuvent voir le drapeau tricolore flotter sur cette forteresse.

La reddition de Bellegarde est le fruit de la constance de l'armée des Pyrénées-Orientales, et surtout de la valeur qu'elle a déployée dans la journée du 26 thermidor. C'est à vous , citoyens collègues, qu'il appartient d'exprimer à son égard la reconnaissance nationale.

Vous avez donné à la place de Condé le nom de Nord-Libre; nous donnons provisoirement à celle-ci le nom de Midi-Libre, en attendant que vous ayez définitivement vous-mêmes statué sur cette nouvelle dénomination.

Le général en chef doit vous faire parvenir copie des articles qui lui furent proposés par le commandant de la place, copie de la réponse par lui faite, et copie de la lettre par laquelle le commandant de la place s'est rendu à discrétion.

Il a été trouvé 68 bouches à feu sur les remparts, et dans les magasins 40 milliers de poudre et beaucoup de fusils; nous vous enverrons les détails au premier jour.

La garnison était encore composée de 1,000 hommes; ils n'avaient point de drapeaux, mais nous vous en ferons passer, au premier jour, 25 ou 30 qui ont été pris à Collioure , Saint-Elme , Port-Vendre et à l'affaire du Boulon.

Salut et fraternité.

*Signé* DELBRET , *représentant du peuple.*

Voici la lettre que le général Dugommier a écrite au commandant du fort de Bellegarde, lorsque celui-ci offrait de lui rendre la place avec capitulation.

*Copie de la lettre écrite par le général en chef de l'armée des Pyrénées-Orientales au commandant du fort de Bellegarde.*

Au quartier-général de Bellegarde, le 2ᵉ jour des sans-culottides, l'an II de la République française.

Je ne peux accepter aucune de tes propositions. La garnison se rendra à discrétion : elle attendra son sort de la générosité française.

*Signé* DUGOMMIER,

*Copie de la réponse a la lettre du général en chef Dugommier faite par le commandant du fort de Bellegarae , au général en chef de l'armée française des Pyrénées-Orientales.*

Bellegarde, le 18 septembre 1794.

A la réplique que tu me fais , je réponds être d'accord avec ce que tu proposes et ce que tu offres.

*Signé* le marquis de VALLESANTORO, *commandant espagnol de la place de Bellegarde.*

Pour copie conforme.

DUGOMMIER , *général en chef.*

La lecture de ces lettres a souvent excité les plus vifs applaudissements.

Fourcroy propose le projet de décret suivant qui est adopté.

La Convention nationale décrète:

Art. Iᵉʳ. L'armée des Pyrénées-Orientales ne cesse de bien mériter de la patrie.

II. Le fort de Bellegarde portera désormais le nom de *Sud-Libre.*

III. L'évacuation entière du territoire de la République sera célébrée par une fête décadi prochain ; le comité d'instruction publique est chargé de régler le mode d'exécution de cette fête.

IV. La nouvelle de la reddition de Bellegarde sera envoyée à toutes les armées; le télégraphe la transportera-sur-le champ à l'armée du Nord.

Fourcroy fait un rapport sur la nécessité d'ouvrir l'école centrale des travaux publics. (Nous le donnerons dans un prochain numéro.)

Une députation des citoyens composant les cinq sections de la commune de Saint-Omer , département du Pas-de-Calais , est admise à la barre.

L'orateur fait le tableau de ce qui s'est passé dans cette commune pendant le cours de la mission de Joseph Lebon dans ce département, où il avait mis la terreur à l'ordre du jour. Après avoir applaudi à la conduite du représentant Florent Guyot, qui a fait sortir la liberté du fond des tombeaux, arraché le masque aux faux patriotes, et ramené le règne de la justice et de la vertu, il se plaint d'un libelle diffamatoire qui a représenté cette commune comme une arène où le modérantisme écrasait les patriotes , et duquel Duhem s'est rendu, dit-il, l'organe et l'apologiste aux Jacobins.

Une calomnie aussi atroce, continue-t-il, « fait sortir par un mouvement spontané tous les braves sans-culottes de leurs ateliers; ils se sont rassemblés sur-le-champ dans le temple dédié à l'Etre suprême; là ils ont juré de nouveau de faire de leurs corps un rempart à la Convention nationale.

Quoi, ont-ils dit, lorsque d'exécrables ministres du despotisme ont porté les larmes et le désespoir dans nos familles; lorsque chaque citoyen est prêt à verser son sang pour cimenter les bases de la République; lorsque le crime a si longtemps persécuté la vertu; lorsque nous avons fait connaître à Florent Guyot ces hommes de sang qui, affublés du manteau du patriotisme, préparaient des poignards pour nous égorger; lorsque la plupart d'entre eux n'ont emporté que le mépris et l'indignation du peuple, en étant chassés des fonctions publiques, ils ont encore l'audace de nous accuser aux yeux d'une société célèbre!

Eh bien! que la Convention apprenne que nous avons déclaré unanimement qu'ils étaient de vils imposteurs, ceux qui avaient trompé la religion de Duhem; que la liberté qui bouillonnait depuis longtemps dans son vase n'en a vomi que l'écume; que la Convention apprenne que nous maintenons avec enthousiasme et dans toute son étendue l'adresse votée sur les événements des 9 et 10 thermidor par la société des Amis de la Convention nationale, séante en cette commune; que nous vouons à l'exécration publique ces continuateurs de Robespierre qui outragent la liberté jusque dans la conscience des hommes libres, et qui veulent le triomphe des égorgeurs et l'anéantissement de la justice; que la Convention apprenne que nous pousserons toujours le char du gouvernement révolutionnaire, mais que nous ne voulons plus que la terreur lui imprime une action convulsive et tyrannique; que la faction du moderne Cromwell ne sera éteinte dans ce département que lorsque son infâme ministre Lebon et tous les bourreaux affreux seront traînés au pied de l'échafaud; que la Convention apprenne qu'elle sera toujours notre seul point de ralliement; que nous sommes debout pour fondre sur les assassins qui attenteraient à son intégrité, et qui entraveraient l'harmonie de ses travaux; que ceux-là sont les ennemis du peuple qui veulent se placer entre lui et ses mandataires; que, si nous devions tomber encore sous le joug de la tyrannie, nos bras, armés de poignards, immoleraient nos oppresseurs nouveaux; que nous les entraînerions avec nous dans la tombe, plutôt que d'être un troupeau de lâches esclaves. *Vive la République! vive la Convention! périssent tous les factieux!*

DUHEM : Je demande à donner quelques explications sur ce qui vient d'être dit à la barre. Je n'ai jamais dit que le peuple de Saint-Omer ne fût pas bon en masse, ni qu'il fût en insurrection; mais j'ai dit que des fédéralistes, des contre-révolutionnaires agitaient le peuple et cherchaient à l'égarer.

On m'a dit, par exemple, que l'individu qui se trouve à la barre, et qui je crois se nomme Jadot, a été traduit au tribunal révolutionnaire, par notre collègue Duquesnoy, comme dilapidateur des fonds publics; qu'un autre nommé Valet et le nommé Pietz ont été les rédacteurs d'adresses contre-révolutionnaires; que ces individus se remuent aujourd'hui, et viennent au nom des sociétés populaires qu'ils agitent. Je sais qu'à Saint-Omer on a convoqué le peuple par section, contre le vœu exprès de la loi. J'ai déposé les lettres qui prouvent ces faits au comité de sûreté générale.

Je ne connais à Saint-Omer qu'un seul patriote en qui j'ai placé ma confiance. (Murmures.) Je le répète,

quel que soit le sens que les malveillants veuillent donner à mes paroles, et je dis que je ne connais à Saint-Omer qu'un homme véritablement patriote en qui j'ai placé toute ma confiance. Je demande le renvoi du pétitionnaire au comité de sûreté générale.

DUQUESNOY : Lorsque je suis allé en mission dans le département du Pas-de-Calais, j'y ai trouvé ce citoyen à la tête de l'administration des fourrages. Plusieurs plaintes me parvinrent contre lui; on l'accusait d'exiger des citoyens les quatre au cent. Je le fis traduire au tribunal révolutionnaire. Je ne sais par quelle fatalité il a été mis en liberté, et pourquoi il a quitté son poste pour venir ici. J'ai remis moi-même les pièces à l'accusateur public; j'appuie donc le renvoi du pétitionnaire au comité de sûreté générale. Au reste, voilà mon collègue Carnot qui vous dira qu'il a aussi fait mettre ce citoyen en état d'arrestation. Je demande donc qu'il soit entendu avec moi au comité de sûreté générale. Nous lui en fermerons la porte. En attendant, j'en demande provisoirement l'arrestation.

J'ai été envoyé, il y a environ six mois, dans Saint-Omer, pour y faire l'épuration des autorités constituées, accusées d'être peuplées d'amis de Lafayette; quand j'y arrivai, l'épuration des autorités était faite; il ne restait à faire que l'épuration des prisonniers; pour l'effectuer, j'ai convoqué le peuple, je l'ai consulté sur chaque détenu individuellement; chacun parlait librement pour et contre, et avant de prononcer l'arrestation ou la liberté je la mettais aux voix; quand l'épreuve était douteuse, je la décidais en faveur des détenus. Je dénonce donc ce citoyen, et j'en demande le renvoi à l'accusateur public.

PLUSIEURS VOIX : Il a été acquitté.

N*** : Je demande la mention honorable de cette adresse et son insertion au Bulletin. Il ne faut pas que l'accueil que l'on fait aux pétitionnaires puisse influencer sur les sentiments que la Convention veut témoigner à une commune qui s'est toujours bien montrée. Je demande aussi le renvoi du pétitionnaire au comité de sûreté générale.

N*** : Ce citoyen a été traduit au tribunal révolutionnaire pour avoir mal parlé de la société populaire; il a été acquitté par le tribunal même qui avait été institué par Lebon. Je me rappelle bien que ce citoyen a été mis en arrestation une autre fois, mais je me rappelle aussi qu'il a été élargi par le représentant du peuple.

Je demande donc l'ordre du jour.

DUQUESNOY : Personne ne parle contre l'adresse, personne ne s'oppose à la mention honorable, mais je persiste à demander le renvoi du citoyen au comité de sûreté générale, et j'adjure mon collègue Carnot de dire la vérité.

N*** : On voudrait comprimer certaines adresses à la barre; cependant comment pourra-t-on savoir ce qui se passe dans les sociétés populaires? Faut-il en juger par ce qui se passe sous nos yeux?

GOUPILLEAU (de Fontenay) : Occupons-nous, citoyens, des principes et non des individus. Je demande à faire un amendement qui lèvera toutes les difficultés. L'individu dont on occupe la Convention a été acquitté par un tribunal révolutionnaire pour un fait qui n'est pas celui de dilapidation dont il était accusé; j'en demande le renvoi au comité de sûreté générale.

PETIT : C'est violer les principes que de renvoyer un individu au comité pour des faits pour lesquels il a été acquitté.

Défiez--vous de ceux qui sèment la division, et ne parlent que de terreur; ne craignez pas que la Convention laisse jamais élever à côté d'elle une autorité usurpée qui voudrait la rivaliser; elle ne souffrira pas plus cette rivalité monstrueuse, qu'elle ne souffrirait qu'on voulût détruire les sociétés populaires qui ont courageusement défendu les droits du peuple. La Convention frappera tous les ennemis de la patrie, et tous ceux qui n'ont voulu la révolution que pour eux; elle soutiendra avec énergie les principes de justice qui l'animent ; elle atteindra les coupables en tel lieu qu'ils se cachent. Le crime n'a pas d'asile, tandis que celui de la vertu est sacré. Reposez-vous sur les mesures que prendra la Convention, et travaillez avec elle à propager les sentiments de liberté, d'égalité et de justice.

Fourcroy, au nom du comité de salut public : La France n'a plus d'ennemis sur son territoire, Bellegarde est rendu à la République. ( Vifs applaudissements.)

Voici les lettres :

Au quartier-général de Bellegarde , le 3ᵉ jour sans-culottide, l'an 11 de la République française, une et indivisible.

Citoyens représentants, l'armée des Pyrénées-Orientales vient de mettre le sceau aux triomphes de la République sur son territoire, entièrement purgé de ses ennemis ; Bellegarde est à nous ; c'est le fruit d'un blocus opiniâtre et sévère qui a forcé la garnison de se rendre à discrétion, en soumettant son sort à la générosité française.

Bellegarde est intact, et dans cet état d'intégrité notre frontière se trouve toute protégée aux frais des Espagnols. Cette place nous donne plus de 60 bouches à feu et 40 milliers de poudre.

Salut et fraternité.

*Le général en chef,* DUGOMMIER.

*Les représentants du peuple près l'armée des Pyrénées-Orientales à la Convention nationale.*

Au fort de Bellegarde, la 3ᵉ sans-culottide, l'an II de la République, une et indivisible.

Bellegarde vient d'être restitué à la République; tout s'est rendu à discrétion : les hordes espagnoles, campées non loin de nous, peuvent voir le drapeau tricolore flotter sur cette forteresse.

La reddition de Bellegarde est le fruit de la constance de l'armée des Pyrénées-Orientales, et surtout de la valeur qu'elle a déployée dans la journée du 26 thermidor. C'est à vous, citoyens collègues, qu'il appartient d'exprimer à son égard la reconnaissance nationale.

Vous avez donné à la place de Condé le nom de Nord-Libre; nous donnons provisoirement à celle-ci le nom de Midi-Libre, en attendant que vous ayez définitivement vous-mêmes statué sur cette nouvelle dénomination.

Le général en chef doit vous faire parvenir copie des articles qui lui furent proposés hier par le commandant de la place, copie de la réponse par lui faite, et copie de la lettre par laquelle le commandant de la place s'est rendu à discrétion.

Il a été trouvé 68 bouches à feu sur les remparts, et dans les magasins 40 milliers de poudre et beaucoup de fusils; nous vous enverrons les détails au premier jour.

La garnison était encore composée de 1,000 hommes; ils n'avaient point de drapeaux, mais nous vous en ferons passer, au premier jour, 25 ou 30 qui ont été pris à Collioure , Saint-Elme , Port-Vendre et à l'affaire du Boulou.

Salut et fraternité.

*Signé* DELBRET , *représentant du peuple.*

Voici la lettre que le général Dugommier a écrite au commandant du fort de Bellegarde, lorsque celui-ci offrait de lui rendre la place avec capitulation.

*Copie de la lettre écrite par le général en chef de l'armée des Pyrénées-Orientales au commandant du fort de Bellegarde.*

Au quartier-général de Bellegarde, le 2ᵉ jour des sans-culottides, l'an II de la République française.

Je ne peux accepter aucune de tes propositions. La garnison se rendra à discrétion : elle attendra son sort de la générosité française.

*Signé* DUGOMMIER,

*Copie de la réponse a la lettre du général en chef Dugommier faite par le commandant du fort de Bellegarae , au général en chef de l'armée française des Pyrénées-Orientales.*

Bellegarde, le 18 septembre 1794.

A la réplique que tu me fais , je réponds être d'accord avec ce que tu proposes et ce que tu offres.

*Signé* le marquis DE VALLESANTORO, *commandant espagnol de la place de Bellegarde.*

Pour copie conforme.

DUGOMMIER , *général en chef.*

La lecture de ces lettres a souvent excité les plus vifs applaudissements.

Fourcroy propose le projet de décret suivant qui est adopté.

La Convention nationale décrète:

Art. Iᵉʳ. L'armée des Pyrénées-Orientales ne cesse de bien mériter de la patrie.

II. Le fort de Bellegarde portera désormais le nom de *Sud-Libre.*

III. L'évacuation entière du territoire de la République sera célébrée par une fête décadi prochain ; le comité d'instruction publique est chargé de régler le mode d'exécution de cette fête.

IV. La nouvelle de la reddition de Bellegarde sera envoyée à toutes les armées; le télégraphe la transportera-sur-le champ à l'armée du Nord.

Fourcroy fait un rapport sur la nécessité d'ouvrir l'école centrale des travaux publics. (Nous le donnerons dans un prochain numéro.)

Une députation des citoyens composant les cinq sections de la commune de Saint-Omer , département du Pas-de-Calais , est admise à la barre.

L'orateur fait le tableau de ce qui s'est passé dans cette commune pendant le cours de la mission de Joseph Lebon dans ce département, où il avait mis la terreur à l'ordre du jour. Après avoir applaudi à la conduite du représentant Florent Guyot, qui a fait sortir la liberté du fond des tombeaux, arraché le masque aux faux patriotes, et ramené le règne de la justice et de la vertu, il se plaint d'un libelle diffamatoire qui a représenté cette commune comme une arène où le modérantisme écrasait les patriotes, et duquel Duhem s'est rendu, dit-il, l'organe et l'apologiste aux Jacobins.

Une calomnie aussi atroce, continue-t-il, « fait sortir par un mouvement spontané tous les braves sans-culottes de leurs ateliers; ils se sont rassemblés sur-le-champ dans le temple dédié à l'Etre suprême; là ils ont juré de nouveau de faire de leurs corps un rempart à la Convention nationale.

Quoi, ont-ils dit, lorsque d'exécrables ministres du despotisme ont porté les larmes et le désespoir dans nos familles; lorsque chaque citoyen est prêt à verser son sang pour cimenter les bases de la République; lorsque le crime a si longtemps persécuté la vertu; lorsque nous avons fait connaître à Florent Guyot ces hommes de sang qui, affublés du manteau du patriotisme, préparaient des poignards pour nous égorger ; lorsque la plupart d'entre eux n'ont emporté que le mépris et l'indignation du peuple, en étant chassés des fonctions publiques, ils ont encore l'audace de nous accuser aux yeux d'une société célèbre !

Eh bien! que la Convention apprenne que nous avons déclaré unanimement qu'ils étaient de vils imposteurs, ceux qui avaient trompé la religion de Duhem; que la liberté qui bouillonnait depuis longtemps dans son vase n'en a vomi que l'écume; que la Convention apprenne que nous maintenons avec enthousiasme et dans toute son étendue l'adresse votée sur les événements des 9 et 10 thermidor par la société des Amis de la Convention nationale, séante en cette commune; que nous vouons à l'exécration publique ces continuateurs de Robespierre qui outragent la liberté jusque dans la conscience des hommes libres , et qui veulent le triomphe des égorgeurs et l'anéantissement de la justice; que la Convention apprenne que nous pousserons toujours le char du gouvernement révolutionnaire, mais que nous ne voulons plus que la terreur lui imprime une action convulsive et tyrannique; que la faction du moderne Cromwell ne sera éteinte dans ce département que lorsque son infâme ministre Lebon et tous les bourreaux affreux seront traînés au pied de l'échafaud; que la Convention apprenne qu'elle sera toujours notre seul point de ralliement; que nous sommes debout pour fondre sur les assassins qui attenteraient à son intégrité, et qui entraveraient l'harmonie de ses travaux; que ceux-là sont les ennemis du peuple qui veulent se placer entre lui et ses mandataires; que, si nous devions tomber encore sous le joug de la tyrannie, nos bras, armés de poignards, immoleraient nos oppresseurs nouveaux; que nous les entraînerions avec nous dans la tombe, plutôt que d'être un troupeau de lâches esclaves. *Vive la République ! vive la Convention ! périssent tous les factieux !*

Duhem : Je demande à donner quelques explications sur ce qui vient d'être dit à la barre. Je n'ai jamais dit que le peuple de Saint-Omer ne fût pas bon en masse, ni qu'il fût en insurrection; mais j'ai dit que des fédéralistes, des contre-révolutionnaires agitaient le peuple et cherchaient à l'égarer.

On m'a dit, par exemple, que l'individu qui se trouve à la barre, et qui je crois se nomme Jadot, a été traduit au tribunal révolutionnaire, par notre collègue Duquesnoy, comme dilapidateur des fonds publics; qu'un autre nommé Valet et le nommé Pietz ont été les rédacteurs d'adresses contre-révolutionnaires; que ces individus se remuent aujourd'hui, et viennent au nom des sociétés populaires qu'ils agitent. Je sais qu'à Saint-Omer on a convoqué le peuple par section, contre le vœu exprès de la loi. J'ai déposé les lettres qui prouvent ces faits au comité de sûreté générale.

Je ne connais à Saint-Omer qu'un seul patriote en qui j'ai placé ma confiance. (Murmures.) Je le répète,

quel que soit le sens que les malveillants veuillent donner a mes paroles , et je dis que je ne connais à Saint-Omer qu'un homme véritablement patriote en qui j'ai placé toute ma confiance. Je demande le renvoi du pétitionnaire au comité de sûreté générale.

Duquesnoy : Lorsque je suis allé en mission dans le département du Pas-de-Calais, j'y ai trouvé ce citoyen a la tête de l'administration des fourrages. Plusieurs plaintes me parvinrent contre lui; on l'accusait d'exiger des citoyens les quatre au cent. Je le fis traduire au tribunal révolutionnaire. Je ne sais par quelle fatalité il a été mis en liberté, et pourquoi il a quitté son poste pour venir ici. J'ai remis moi-même les pièces à l'accusateur public; j'appuie donc le renvoi du pétitionnaire au comité de sûreté générale. Au reste , voilà mon collègue Carnot qui vous dira qu'il a aussi fait mettre ce citoyen en état d'arrestation. Je demande donc qu'il soit entendu avec moi au comité de sûreté générale. Nous lui en fermerons la porte. En attendant, j'en demande provisoirement l'arrestation.

J'ai été envoyé, il y a environ six mois, dans Saint-Omer, pour y faire l'épuration des autorités constituées, accusées d'être peuplées d'amis de Lafayette; quand j'y arrivai, l'épuration des autorités était faite; il ne restait à faire que l'épuration des prisonniers; pour l'effectuer, j'ai convoqué le peuple, je l'ai consulté sur chaque détenu individuellement; chacun parlait librement pour et contre, et avant de prononcer l'arrestation ou la liberté je la mettais aux voix; quand l'épreuve était douteuse, je la décidais en faveur des détenus. Je dénonce donc ce citoyen, et j'en demande le renvoi à l'accusateur public.

Plusieurs voix : Il a été acquitté.

N*** : Je demande la mention honorable de cette adresse et son insertion au Bulletin. Il ne faut pas que l'accueil que l'on fait aux pétitionnaires puisse influencer sur les sentiments que la Convention veut témoigner à une commune qui s'est toujours bien montrée. Je demande aussi le renvoi du pétitionnaire au comité de sûreté générale.

N*** : Ce citoyen a été traduit au tribunal révolutionnaire pour avoir mal parlé de la société populaire; il a été acquitté par le tribunal même qui avait été institué par Lebon. Je me rappelle bien que ce citoyen a été mis en arrestation une autre fois, mais je me rappelle aussi qu'il a été élargi par le représentant du peuple.

Je demande donc l'ordre du jour.

Duquesnoy : Personne ne parle contre l'adresse, personne ne s'oppose à la mention honorable, mais je persiste à demander le renvoi du citoyen au comité de sûreté générale, et j'adjure mon collègue Carnot de dire la vérité.

N*** : On voudrait comprimer certaines adresses à la barre; cependant comment pourra-t-on savoir ce qui se passe dans les sociétés populaires? Faut-il en juger par ce qui se passe sous nos yeux?

Goupilleau (de Fontenay) : Occupons-nous , citoyens, des principes et non des individus. Je demande à faire un amendement qui lèvera toutes les difficultés. L'individu dont on occupe la Convention a été acquitté par un tribunal révolutionnaire pour un fait qui n'est pas celui de dilapidation dont il était accusé; j'en demande le renvoi au comité de sûreté générale.

Petit : C'est violer les principes que de renvoyer un individu au comité pour des faits pour lesquels il a été acquitté.

PLUSIEURS VOIX : Lis le jugement.

Petit lit le jugement; il porte en substance que, sur la déclaration du jury, il n'est pas constant que le citoyen Jadot a voulu dissoudre les sociétés populaires.

PETIT : Vous l'avez entendu; c'est une société populaire qui l'envoie : ceux qui le dénoncent peuvent l'attaquer au comité de sûreté générale, et non pas a la barre de la Convention.

Je demande l'ordre du jour.

DUHEM : Je n'ai point voulu occuper la Convention le quelques individus, mais de l'état de la commune de Saint-Omer. Je dis qu'il y a dans son sein des hommes qui ont volé le peuple, qui ont signé des adresses fédéralistes; ce sont ceux qui, dans cette commune comme partout, s'acharnent sur trois ou quatre patriotes.

Je demande que le pétitionnaire soit entendu contradictoirement avec nos deux collègues; la Convention ne doit pas donner toute sa confiance à des intrigants.

DUQUESNOY : Duhem vient de me rappeler un fait. On me dénonça l'administration du Pas-de-Calais comme signataire d'une adresse fédéraliste. Je la destituai; eh bien, l'homme que vous voyez a signé cette adresse.

Puisque vous avez décrété l'arrestation de l'administration du district de Sedan pour un fait pareil, la Convention ne doit pas avoir deux poids ni deux mesures; je demande également l'arrestation du citoyen qui est à la barre.

BASTELLIER : Je combats toutes les mesures proposées; et, par respect pour le droit de pétition, je demande le renvo des pièces au comité de sûreté générale.

THURIOT : Si la Convention est divisée, c'est parce que l'on confond deux points très distincts; ce qui regarde la commune de Saint-Omer doit être pris en considération. Je demande donc la mention honorable de l'adresse. Quant à l'individu dont il s'agit, je demande le renvoi des observations au comité de sûreté générale.

Ces propositions sont adoptées.

BORDAS, au nom du comité des secours publics : Citoyens, les faveurs de la fortune ressemblent aux effets qu'éprouve la rose : une douce rosée la fait épanouir, l'approche du midi la fane et la dessèche.

Marie-Catherine Desrochets fut la fille aînée du malheur et de l'infortune. Dès l'instant où elle vit le jour, elle parut respuée de la nature, condamnée à passer sa vie entière dans un de ces hospices qui rappellent les faiblesses humaines et souvent même les crimes.

Le ci-devant fermier général, Chalut, voulut se donner un enfant que la nature lui avait refusé. Il retira de l'hospice des Enfants-Trouvés la malheureuse Desrochets; il l'adopta; il fit son éducation; il lui constitua une dot, et la maria à Nicolas Deville, qui devint lui-même fermier général à la mort de Chalut, leur bienfaiteur commun, arrivée en 1787.

Marie-Catherine Desrochets a joui pendant vingt ans des bienfaits de la fortune; elle a fait dans cet intervalle les délices de son patron; elle n'oubliera jamais qu'elle lui devait et ses vertus et son bonheur.

Deville est mort; sa veuve n'est âgée que de 28 ans; elle est chargée de six enfants. Vous jugerez de leur âge par celui de leur mère, et depuis dix mois tous les biens de Chalut, tous les biens de Deville sont séquestrés. La mère et les enfants sont sans ressources; ils n'ont pas seulement de quoi essayer les larmes que leur arrache la douleur.

Citoyens, cette veuve, cette mère infortunée a réclamé des secours auprès de votre comité des finances, que vous avez chargé de vérifier les comptes des fermiers généraux; il a examiné les reprises de la nation sur les biens de Chalut et sur ceux de Deville; il a reconnu qu'elles s'élèveraient à près de 19 cent mille livres; il a examiné la fortune qu'ont laissée ces deux ci-devant fermiers généraux, et il a reconnu

que d'après la déclaration pour l'emprunt forcé cette fortune, qui consiste principalement en immeubles, offrait un revenu de 55 mille livres.

Il a vu qu'en disposant de son bien en faveur de Marie-Catherine Desrochets et de Nicolas Deville, Chalut avait encore fait pour 6 à 7 cent mille liv. de legs particuliers, qui seraient nécessairement rapportés à la masse de la succession. Il a vu que Marie-Catherine Desrochets avait des droits considérables, des droits incontestables à exercer sur la succession de Chalut. Il a vu enfin que la valeur de ces biens suffirait pour faire face aux reprises de la veuve Deville.

Citoyens, la situation de la veuve Deville, l'intérêt qu'inspirent ses enfants, dont l'aîné a neuf ans, et dont le plus jeune n'a que cinq mois, leur malheur, offrent un spectacle bien touchant pour des âmes républicaines, et ce qui est dû à la justice, et ce que la justice commande en faveur de cette mère, en faveur de ses enfants, ne sera pas un vain titre auprès de vous.

Voici le projet de décret que je suis chargé de vous présenter :

« La Convention nationale, après avoir entendu le rapport de son comité des secours publics, sur la pétition de Marie-Catherine Desrochets, veuve de Nicolas Deville, ci-devant fermier général, décrète que, sur la présentation du présent décret, la trésorerie nationale paiera, à titre de secours provisoire, à Marie-Catherine Desrochets, veuve Deville, la somme de 3,000 livres, imputable sur les reprises qu'elle a à exercer sur les biens et successions de Chalut et de Deville, ci-devant fermiers généraux. »

Ce projet de décret est adopté.

Maure, représentant du peuple délégué dans le département de l'Aube, écrit à la Convention qu'il se félicitait d'avoir exercé une longue mission dans plusieurs départements, sans que sa conduite eût jamais donné lieu à aucune réclamation, quand il a lu dans les papiers que Goupilleau, membre du comité de sûreté générale, l'avait accusé à la Convention d'avoir mis en liberté 26 prêtres et 11 femmes d'émigrés. Maure demande à la Convention de se faire mettre sous les yeux les motifs de tous les élargissements qu'il a prononcés : elle y trouvera, dit-il, sa pleine justification.

GARNIER (de l'Aube) : Maure, tout en affectant le rigorisme, a usé, envers quantité de gens, d'une indulgence qu'ils ne méritaient pas. La confusion règne à Tonnerre, parce que Maure y a mis divers nobles en place.

Le renvoi au comité de sûreté générale est décrété.

La séance est levée à quatre heures.

---

TRIBUNAL CRIMINEL RÉVOLUTIONNAIRE.

Du 26 fructidor. — C. Joblot, âgé de 55 ans, né à Saint-Parc-aux-Tertres, marchand cocassier à Rouilly-Chassey, département de l'Aube;

Convaincu d'avoir tenu des propos tendants au rétablissement de la royauté, etc.; mais, attendu qu'il ne les a pas tenus avec des intentions contre-révolutionnaires, a été acquitté. Il sera détenu comme suspect.

Du 26 fructidor. — N. Saunier, âgé de 27 ans, né à Montreuil-sur-Mer, perruquier, demeurant rue du faubourg Martin;

Convaincu de propos tendants au rétablissement de la royauté, et de les avoir tenus avec des intentions contre-révolutionnaires, a été condamné à la peine de mort.

---

PAIEMENTS A LA TRÉSORERIE NATIONALE

Le paiement du perpétuel est ouvert pour les six premiers mois : il sera fait à tous ceux qui seront porteurs d'inscriptions au grand livre. Celui pour les rentes viagères est de huit mois 21 jours de l'année 1793, vieux style.

## POLITIQUE.

### POLOGNE.

*Des frontières de la Prusse méridionale, le 28 août.* — La guerre de diversion se continue sur ces frontières avec une grande vigueur. Les troupes légères des Polonais ont déjà surpris beaucoup de villes et incendié un grand nombre de villages prussiens. L'armée patriote a fait une nouvelle invasion dans les environs de Trembin et de Gombin, et a coupé toute communication avec la Pologne. La frontière de Silésie est exposée à des incursions continuelles. Les villes de Soldau, de Niederhoff et de Laurembourg ont été successivement prises, et ne présentent plus que des ruines. L'alarme est si vive qu'on a fait partir à la hâte la garnison de Berlin pour aller secourir Francfort-sur-l'Oder, que l'on croit menacé. Les embarras de Frédéric-Guillaume sont d'autant plus grands qu'il ne lui reste que peu de forces disponibles dans la Silésie, la Poméranie et la Prusse méridionale, attendu que tout ce qu'il a de troupes est employé aux opérations infructueuses tentées devant Varsovie. Le gros train d'artillerie que l'armée prussienne attendait de Breslau y est arrivé sous l'escorte de deux régiments d'infanterie. Elle consiste en 60 pièces; mais les Prussiens découragés ne s'en sont encore servis pour aucune entreprise remarquable. La disette désole leur camp, où il règne des maladies épidémiques.

L'abondance, le bon ordre et la discipline règnent au contraire dans l'armée de Kosciusko.

Le tribunal révolutionnaire de Varsovie a jugé les individus qui ont pris part aux massacres des prisous : il a été constaté par les débats qu'ils ont agi à l'instigation des puissances coalisées. Sept d'entre eux, vraiment coupables, ont été condamnés à mort; ceux qui n'étaient qu'égarés ont été, les uns incarcérés, les autres bannis.

Kosciusko, après l'exécution de ces jugements, a écrit la lettre suivante au conseil général :

« J'apprends que, même après la punition de ceux qui ont eu la plus grande part aux désordres du 28 juin, on continue à arrêter différentes personnes. Mais si, dans mes lettres au tribunal, je lui ai recommandé l'accélération du procès, mon intention n'avait pas été d'assimiler des crimes évidents à des erreurs momentanées; ceux-là doivent être punis promptement et avec sévérité; celles-ci doivent être ensevelies dans un éternel oubli. S'il paraît, par l'instruction du procès, qu'un citoyen qui a pris part aux scènes du 28 juin n'a été séduit, ni par des intrigues, ni par corruption, mais s'est simplement laissé entraîner par un zèle aveugle, il faut employer son ardeur contre l'ennemi, et lui procurer l'occasion de laver dans le sang des ennemis des mains souillées par la révolte contre les lois.

» Je désire que le conseil national recommande au tribunal de réprimander ceux qu'il faut plutôt regarder comme des hommes égarés que comme des coupables; de leur montrer, par l'exemple de ceux qui ont été condamnés, que la juste toute infraction faite à la majorité; de leur faire sentir que le gouvernement est à la fois doux et sévère, de leur persuader qu'ils ne peuvent recouvrer l'estime générale et acquérir des droits à l'indulgence du gouvernement, qu'en combattant courageusement l'ennemi. Que le gouvernement ne perde jamais de vue la règle qui lui a été tracée; que les tribunaux s'arment de sévérité contre les traîtres qui ont insulté à la vertu et à la probité. Alors le peuple respectera les lois et jouira d'un repos inaltérable. »

## PAYS-BAS.

*Bruxelles, le 1er jour des sans-culottides.* — Les représentants du peuple français ont destitué et remplacé les anciennes administrations nommées par le despotisme.

Un nouveau règlement ainsi conçu a déterminé l'organisation du gouvernement de la Belgique:

Les représentants, etc., considérant qu'il importe, au bien du service et à l'administration générale de toutes les affaires dans la Belgique et les autres pays conquis environnants, que l'arrondissement de chaque canton ou partie du pays soit déterminé d'une manière conforme à l'arrondissement des juridictions civiles, pour assurer l'exécution des réquisitions, et le travail des différentes agences et des autres préposés de la République, arrêtent ce qui suit :

Art. Ier Le Brabant est divisé en quatre quartiers, qui sont les quartiers de Bruxelles, dont le chef-lieu est à Bruxelles; de Louvain, dont le chef-lieu est à Louvain; d'Anvers, dont le chef-lieu est à Anvers; et du Brabant-Wallon, dont le chef-lieu est à Nivelles.

Il y a en outre le quartier de Tirlemont, ancienne dépendance du quartier de Louvain, dont le chef-lieu est à Tirlemont ;

Et la ville de Malines et les dépendances qui forment un arrondissement particulier enclavé dans le Brabant, dont le chef-lieu est à Malines.

La Flandre comprend :

1° La ville de Gand et ses dépendances, dont le chef-lieu est à Gand ;

2° La ville de Bruges et le franconat de Bruges, dont le chef-lieu est à Bruges, et d'où ressortissent les villes d'Ostende, Nieuport, Dixmude et autres, et toutes leurs dépendances ;

3° La ville d'Ypres et toutes ses dépendances, dont le chef-lieu est à Ypres ;

4° La ville de Courtray et celle de Menin, Oudenarde, etc., et toutes leurs dépendances, dont le chef-lieu est à Courtray ;

5° La Flandre impériale, dont le chef-lieu est à Arlon, qui en est la capitale ;

6° Le pays de Waes, dont le chef-lieu est à Saint Nicolas ;

7° Le Tournaisis et ses dépendances, dont le chef-lieu est à Tournay.

Le Hainaut comprend tout le département provisoire de Jemmapes, dont le chef-lieu est à Mons. Il est divisé en trois districts, dont les chefs-lieux sont Mons, Ath et Binche.

Le pays de Namur comprend les villes de Namur, de Charleroi, et toutes les dépendances du comté de Namur, dont le chef-lieu est à Namur.

Le pays de Liége, dont le chef-lieu est à Liége, comprend toutes ses dépendances.

II. Les magistrats des chefs-lieux ci-dessus désignés sont tenus, sous leur responsabilité, d'envoyer au bureau central des représentants du peuple à Bruxelles, dans les trois jours de la réception du présent arrêté, un état général et détaillé de toutes les villes et mairies qui sont sous leurs juridictions et dans leurs arrondissements respectifs, ainsi que des communes, villages, hameaux, et autres dépendances généralement quelconques desdites villes et mairies.

III. Quant aux lieux et enclavements qui ne se trouveraient pas compris dans l'une ou l'autre des dépendances des chefs-lieux ci-dessus désignés, ou dont la juridiction civile serait contestée, les réquisitions et tous les actes relatifs aux opérations administratives seront provisoirement faits et adressés aux magistrats desdits lieux et enclavements, jusqu'à ce que, d'après les renseignements ultérieurs, la juridiction ait été reconnue ou déterminée.

IV. Relativement aux villes et territoires nouvellement conquis, et dans toutes les places et communes qui tomberont, par suite, au pouvoir de la République, les réquisitions et tous les actes relatifs aux opérations administratives seront également faits et adressés provisoirement aux magistrats desdites villes et communes, jusqu'à ce que la juridiction ou la compétence du chef-lieu ait été reconnue ou déterminée.

*Signé* BELLEGARDE, BRISE, HAUSMANN, GILLET, FRÉCINE.

## ANGLETERRE.

*Londres, le 18 août.* — Suivant des lettres récentes du Canada, les habitants de cette vaste contrée, mécontents du gouvernement britannique et encouragés par l'exemple des Américains, avaient formé le projet de secouer le joug. Ils avaient choisi pour s'insurger le moment où les troupes, aux ordres du prince Édouard, devaient marcher vers la province haute; mais la trahison a fait échouer cette entreprise.

Une lettre de Brighton, reçue le 16, parle d'un grand combat entre le général Simcoe et le général américain Waim, près des cataractes de Miami.

Voici les détails de cette affaire tels que les donne cette lettre, qui a pourtant besoin d'autres témoignages.

L'*Industrie*, capitaine Hogde, de la Delaware à Hambourg, qui a débarqué un passager à Folkstom, a parlé, le 21 du mois dernier, par 41 degrés 10 minutes de latitude et 61 de longitude, au navire *Monhauc*, capitaine Allen, chargé de passagers, parti depuis dix-huit jours de Newhaven, et paraissant devoir faire un très court passage à New-Yorck.

Le 29 au soir le capitaine Hogde fut abordé par la frégate française la *Gentille*, à environ 20 lieues des côtes, ayant à sa suite un vaisseau hollandais de la compagnie des Indes qu'elle avait pris, et faisant elle-même partie d'une escadre de frégates, partie de Brost le 16 juillet.

Le capitaine Hogde est sorti de la Delaware le 29 juin. A cette époque le bruit courait, et était généralement cru, qu'il y avait eu une action entre un parti du général Waim et celui du colonel Simcoe près des cataractes de Miami, et que les Américains avaient été repoussés avec une perte considérable.

. 19 *août.* — Le cabinet reçoit beaucoup de dépêches; il en est venu le même jour du duc d'Yorck, de l'ambassadeur à La Haye et de l'envoyé à Florence. — Le samedi précédent il s'est tenu chez le ministre des affaires étrangères un conseil composé du ministre, de M. Pitt, du chancelier, des ducs de Richemont et de Portland, des lords Chatam et Amherst et de M. Dundas. On a dépêché à l'issue de ce conseil un exprès au roi, qui se trouvait à Weymouth.

L'envoi des troupes en Hollande n'a pas encore eu lieu, mais la flotte pour les diverses parties des Indes-Occidentales a mis à la voile le 13, escortée par deux vaisseaux de 64, un de 44, et une frégate.

L'amiral Macbride est en croisière devant le port de Cherbourg, où les Français ont 140 bâtiments de transport, chargés de troupes et de munitions. Des frégates françaises viennent de prendre dans la Manche 13 vaisseaux, dont la capture coûte aux assureurs 100 mille livres sterl.

On donne comme très positif qu'il va se conclure incessamment un traité d'alliance entre le Danemarck et l'Amérique.

*22 août.* — On n'a embarqué à Southampton que trois régiments, dont la destination est encore un secret; ils sont partis le 19; quelques personnes conjecturent qu'ils vont en Hollande; d'autres présument qu'on les envoie dans les Indes-Occidentales.

Il y a d'ailleurs toujours beaucoup de mouvements de croisière et de convois pour protéger notre commerce, que les Français ne cessent de harceler. S'il faut en croire le bruit général, c'est à Sainte-Hélène que doit descendre la division formant l'avant-garde de la flotte de lord Howe; mais elle aura de la peine à subsister; car, au rapport de l'*Amélie-Charlotte*, vaisseau de la compagnie danoise des Indes, les vivres, même le poisson, y sont rares et chers. Ce même bâtiment a rencontré cinquante voiles américaines, destinées pour Bordeaux.

*26 août.* — Encore un grand conseil tenu hier en présence des anciens et nouveaux membres du ministère, et à la suite duquel MM. Dundas et Wyndham allèrent trouver à Habrood lord Corwallis, chargé du commandement en chef des troupes britanniques, et même de celles que George III, grâce à la complaisance de son parlement, achète si cher aux princes d'Allemagne. Le vainqueur de Tipoo-Saïb, que la fortune n'a pas toujours si bien traité, puisqu'il avait été autrefois complètement battu par les Autrichiens, aura beaucoup à faire pour nous dédommager des pertes que nous font essuyer les Français. On vient d'apprendre que deux de leurs frégates et un cutter se sont emparés, dans la mer du Nord, à la hauteur des côtes de Norwège, de 17 bâtiments anglais et de 2 hollandais. Nous sommes d'ailleurs fatigués intérieurement de mouvements insurrectionnels et affligés de calamités. Un incendie terrible a consumé, il y a peu de jours, dans le quartier de Westminster, le manège, les chevaux qu'il renfermait, et plus de 40 maisons.

Des lettres de la capitale d'Irlande annoncent qu'il s'était fait dans cette ville un attroupement pour mettre en liberté les prisonniers détenus sous prétexte de sédition. Les auteurs de ce projet avaient choisi le jour où le lord maire porte en cérémonie l'épée de la ville; mais le projet fut éventé, et la cérémonie différée. La chose n'a point eu de suite; on sent néanmoins qu'il y a sous la cendre des étincelles qui peuvent se rallumer.

Les déserteurs de l'opposition sont vivement relancés, jusque dans le cabinet ministériel où ils sont passés, par les feuilles les plus estimées du parti qu'ils ont quitté.

Le *Morning-Chronicle* a publié une lettre très énergique, adressée au duc de Portland, l'un des principaux transfuges.

## RÉPUBLIQUE FRANÇAISE.

### DE PARIS.

*Extrait d'une lettre écrite officiellement par un agent de la République au commissaire des relations extérieures, et adressée par celui-ci au comité de salut public*

Le 3 vendémiaire, l'an III de la République française.

Les Anglais se vantent beaucoup qu'il y a un parti qui travaille pour eux à Paris. Ce sont des gens apostés pour jeter des pommes de discorde au milieu de la Convention, et pour faire ressusciter cet ancien système qui avait tant fait d'ennemis à la France.

Les Anglais disent, et toutes leurs gazettes ne cessent de répéter, qu'il faudra bien que cette terreur revienne à l'ordre du jour, et que dans peu on réhabilitera la mémoire de Robespierre. C'est la discorde qui doit, selon eux, amener cet état de choses.

S'ils ne parviennent pas à fomenter une dissension a Paris, ils n'espèrent plus de contre-révolution. Ils se flattent cependant que dans trois mois les Pays-Bas seront tous évacués, et ce ne doit point être la force armée qui opèrera cet événement. Sont-ils fondés dans leurs conjectures? c'est ce que j'ignore; peut-être qu'ils ne répandent tous ces bruits que pour ne pas faire perdre courage aux autres.

Il paraît qu'il y avait un plan de susciter la dissension en Languedoc, dans le Dauphiné et en Provence, où les Piémontais auraient pu donner des secours. Ce plan existe-t-il encore? il y a des émigrés qui s'en flattent.

---

*Commission de l'organisation et du mouvement des armées de terre. — Avis.*

A compter du 1er frimaire jusqu'au 15 nivôse prochain, il sera ouvert à Châlons-sur-Marne un examen au concours, pour les citoyens qui désirent entrer dans l'arme de l'artillerie, et ils seront examinés sur l'arithmétique, la géométrie, l'algèbre et son application à la géométrie.

Pour être admis à ce concours, il faudra qu'ils soient porteurs d'une lettre d'examen, qui sera adressée, par la commission, à chacun de ceux qui, avant le 20 brumaire, lui auront adressé:

1° Leur certificat de civisme;

2° L'acte de leur naissance;

3° Un certificat d'un professeur qui atteste qu'ils possèdent les principes élémentaires des sciences sur lesquelles ils doivent être examinés;

4° Et enfin, une attestation de leur commune, portant qu'ils ne sont pas de la caste ci-devant privilégiée, et que leurs père et mère n'ont pas émigré, et qu'ils sont ou étaient de telle profession.

Salut et fraternité.

L.-A. PILLE, *commissaire.*

---

# CONVENTION NATIONALE.

## SÉANCE DU 4 VENDÉMIAIRE.

### *Présidence d'André Dumont.*

LEQUINIO : Je dois faire connaître à la Convention le trait suivant : « Les brigands s'étaient portés chez le citoyen Lefloch, sabotier dans les bois dits de Trédion, à quelques lieues de Vannes; voulant savoir si leurs camarades s'étaient emparés de la ville de Malétroit, distante de trois lieues, ils chargèrent de ce message la femme du sabotier, lui donnèrent un de leurs chevaux, et la sommèrent de rapporter la réponse sous six heures; ils gardèrent en otage son mari et son enfant encore à la mamelle. Cette femme se met en route; mais n'écoutant que la voix de la patrie, au lieu de se rendre à Malétroit, elle tourne vers une bourgade peu distante, avertit un patriote sûr. Des forces sont réunies, les brigands sont mis en fuite, et la ville de Malétroit est préservée de leur fureur. Mais deux jours

après ils reviennent la chaumière du sabotier, brisent tous ses meubles et réduisent cette famille vertueuse à la misère la plus absolue. »

Je demande l'insertion de ce trait de vertu au Bulletin, et le renvoi au comité d'instruction publique, pour le faire insérer dans le recueil des faits héroïques, et le renvoi au comité des secours, pour faire incessamment un rapport sur l'indemnité à accorder à cette femme vertueuse. — Ce renvoi est décrété.

CAMBON, au nom du comité des finances : L'ex-fermier général Douet et sa femme ont été condamnés à mort le 24 floréal.

Pendant leur détention les anciens domestiques, attachés à leur service, sont restés dans leurs divers emplois.

Plusieurs ont fait pour Douet et sa femme en prison diverses dépenses : aliments, fournitures d'habillements, blanchissage, etc.

Trois d'entre eux ont même été arrêtés par mesure de sûreté générale, et sont restés quatre, cinq et neuf mois en prison. La liberté leur est rendue.

Tous ont fait en temps utile leur réclamation au département, qui n'a pas pu y statuer, la liquidation de Douet n'étant pas faite.

Pressés par le besoin, ces citoyens se sont adressés à la Convention nationale, qui les a renvoyés au comité des secours.

Leur pétition est successivement passée du comité des secours à celui de liquidation, et enfin à celui des finances, qui a pris connaissance de leur réclamation.

D'après l'examen qu'il en a fait, le comité a pensé que la nature de la créance de ces anciens domestiques, leur position malheureuse pouvaient leur donner quelques droits à la bienfaisance nationale.

Tout ce qui peut être dû à ces citoyens indigents ne s'élèverait pas à plus de 6 mille livres, et il est évident que l'actif de Douet et de sa femme sera de beaucoup supérieur à leur passif, puisque la nation héritera d'environ 16 millions, et qu'elle n'aura à payer que 2 millions.

Ces considérations ont paru suffisantes à votre comité, pour appuyer la pétition qui lui est renvoyée. Il vous propose en conséquence le projet de décret suivant.

La Convention nationale, après avoir entendu le rapport de son comité des finances, décrète que les anciens domestiques de l'ex-fermier général Douet et sa femme, condamnés, seront payés des gages, fournitures et avances qui leur sont dus, à partir du dernier paiement qui leur en a été fait, jusqu'au 1er prairial.

Charge la commission des revenus nationaux d'arrêter le compte de ces gages, avances et fournitures, et d'en faire acquitter le montant par la trésorerie nationale. — Ce projet de décret est adopté.

CAMBON : Un arrêté du comité de salut public du 26 messidor accorde, aux réfugiés qui ont participé aux secours décrétés par la Convention nationale, un secours extraordinaire pour frais et voyages, à raison de 20 sous par lieue de la distance de leur résidence actuelle jusqu'à celle de leur domicile.

Ce secours extraordinaire a été payé à plusieurs réfugiés liégeois, qui sont retournés dans leurs foyers. D'autres se sont présentés pour le toucher, mais la commission des secours n'a pas cru pouvoir le continuer, sans y être spécialement autorisée.

Ceux de ces réfugiés qui sont encore à Paris désirent également rentrer dans leurs pays; mais ne pouvant subvenir aux frais de route ils réclament aussi l'indemnité dont ils ont besoin pour leur voyage.

La Convention nationale est toujours venue au secours de ceux qui, pour se soustraire au despotisme, se sont réfugiés sur le sol de la liberté. La position des Liégeois mérite considération : votre comité trouve leur réclamation fondée, et vous soumet le projet de décret suivant :

La Convention nationale, sur le rapport de son comité des finances, décrète que la commission des secours publics est autorisée à faire payer sur les fonds mis à sa disposition, et à titre de secours extraordinaire, à ceux des refugiés liégeois qui, se trouvant dans le besoin, rentreront dans leurs foyers, 15 sous par lieue pour frais de voyage et route, de la distance de leur résidence actuelle jusqu'à celle de leur domicile.

Ce projet de décret est adopté.

DELMAS, au nom du comité de salut public : Le même jour où l'armée du Nord frappait les Hessois et les Anglais, l'armée des Alpes signalait de nouveau son courage.

Le 28 fructidor elle a attaqué les Piémontais; après une courte résistance, ils ont pris la fuite devant les troupes républicaines, en leur abandonnant trois petits camps tendus et trois pièces de canon, des bêtes à cornes et de somme, 600 fusils et 280 prisonniers; tels ont été les résultats de cette journée.

Vous le voyez, citoyens, les armées mettent la victoire en harmonie, et frappent de concert les satellites de la coalition; il est permis de former les plus hautes espérances sur les destinées de la République, lorsque la terreur est dans les camps ennemis, et la justice au milieu des représentants du peuple.

Voici les lettres officielles.

*Cassanyes, représentant du peuple près les armées d'Italie et des Alpes, à la Convention nationale.*

Au quartier général, sous Briançon, le 30 fructidor, 2ᵉ année républicaine.

Citoyens collègues, le transport des vivres est difficile dans un pays montagneux, et surtout à l'armée des Alpes, à cause de la grande distance qui sépare les lieux où sont placés nos magasins, des postes qu'occupent les défenseurs de la patrie.

Les républicains ont l'art de s'approvisionner à peu de frais; nos braves frères d'armes viennent de le prouver en allant chercher en Piémont des bœufs, des moutons, du pain, du vin, des pièces de canon, des fusils, de la poudre, et autres objets nécessaires à une armée.

Le 24 de ce mois nous avons attaqué les Piémontais sur plusieurs points; deux divisions de notre armée ont concouru à cette opération; chacune a fait son devoir. Pendant 24 heures nos soldats sont demeurés exposés à la pluie et au mauvais temps, sans que rien ait pu ralentir leur ardeur.

La division du général Vaubois a attaqué sur la droite. L'ennemi occupait des positions inexpugnables; il nous a prouvé, par une fusillade très vive et bien soutenue, l'intention de nous opposer une forte résistance; mais bientôt le pas de charge et la baïonnette ont terminé le différend, nos frères d'armes sont tombés sur les postes avancés de l'ennemi et les ont égorgés; le reste de l'armée piémontaise a cherché son salut dans la fuite.

Sa retraite a été trop précipitée pour que cette division de troupes républicaines ait pu faire plus de 128 prisonniers; mais elle a ramené 1,200 moutons, 160 bêtes à cornes, beaucoup de bêtes de somme, et d'autres objets que je ne puis vous donner le détail dans ce moment, parce que le commissaire des guerres ne m'a pas encore fait parvenir les états.

La division du général Pelapra a formé une attaque sur la gauche. A la tête étaient le général en chef provisoire Petit-Guillaume et le général de brigade Gouvion.

L'ennemi était maître à droite et à gauche du village de Lachenal, de trois positions sur les hautes montagnes où il y avait plus de 3,000 hommes bien retranchés. Chacune de nos colonnes a marché sur les avant-postes piémontais la baïonnette en avant; sans brûler une amorce, nous les avons taillés en pièces; 200 ennemis au moins sont restés sur la place.

L'armée piémontaise n'a pas oublié de recourir à ses moyens ordinaires; elle a fait ronfler le canon; il n'a fait de mal à personne. Une grêle a été dirigée sur nous; trois républicains seulement ont reçu de légères blessures. Il fallait le pas de charge pour imposer silence aux ennemis; nos frères d'armes leur ont présenté la baïonnette; leur fuite précipitée nous a mis en possession de leurs camps tout tendus, de deux pièces de canon de sept et de cinq, et de plusieurs espingardes; nous avons fait 163 prisonniers, au nombre desquels se trouvent 14 officiers, et le comte de Saint-Martin, que ses brigandages ont rendu fameux, et qui jouit en Piémont d'une haute considération.

Les deux divisions de l'armée républicaine n'ont perdu que 4 hommes. Si je devais parler des actions d'éclat, j'aurais à citer chacun des soldats, officiers et généraux.

Nous avons pris beaucoup de bœufs, de moutons et de mulets, toutes les munitions de guerre des ennemis; six cents fusils, du pain et du vin. On s'occupe actuellement de rassembler tous ces objets dans notre camp.

Salut et fraternité. CASSANYES.

*Le général en chef commandant provisoirement l'armée des Alpes, aux représentants du peuple composant le comité de salut public.*

Au quartier-général, sous Briançon, le 30 fructidor, 2ᵉ année républicaine.

Citoyens représentants, les Piémontais s'étant avisés, pendant quelques jours, d'attaquer presque continuellement nos postes, depuis le fort Mirabouck jusqu'aux Barricades, enhardis sans doute par une petite expédition qu'ils firent il y a quelque temps sur notre territoire, qui leur valut une cinquantaine de moutons; je résolus, de concert avec le représentant du peuple Cassanyes, de les attaquer sur tous les points, partant de Mirabouck jusqu'aux Barricades.

Cette attaque a été exécutée parfaitement le 28 fructidor, quoique par une marche extrêmement pénible, qui a duré 12 heures, et le temps le plus affreux qu'il ait fait de l'année.

La droite, aux ordres du général de brigade Vaubois, a enlevé aux ennemis une très grande quantité de bestiaux, et leur a fait 120 prisonniers, y compris 4 officiers, dans une redoute vigoureusement défendue, que les soldats de la République ont franchie la baïonnette en avant.

La gauche, aux ordres du général de brigade Gouvion, a pris une grande quantité de grains et de bestiaux, fait 160 prisonniers, y compris 14 officiers, et tué à peu près le même nombre; car, pour approcher du corps d'armée ennemi, il a été nécessaire d'empêcher que ses avant-postes passent lui apporter les nouvelles de notre arrivée.

Ils nous ont abandonné trois petits camps tendus et bien retranchés, une pièce de 7, une de 5, une de 3, et plusieurs espingardes. Dans le village de Lachenal, et dans les redoutes abandonnées, nous avons trouvé environ 600 fusils et des munitions de guerre de toute espèce.

Je me suis trouvé dans cette dernière colonne avec le représentant du peuple Cassanyes; son sang-froid au milieu d'une grêle de balles et de mitraille, et son activité étonnante, n'ont pas peu contribué au succès de cette expedition, où les soldats et les officiers se sont tous comportés comme ils le devaient, c'est-à-dire en républicains.

J'ai le bonheur de vous annoncer qu'il n'en est péri aucun; huit seulement ont été blessés.

Salut, union et fraternité.

*Signé* Petit-Guillaume.

P. S. Parmi les officiers prisonniers est le fameux comte Martin, commandant le corps des partisans, et qui a fait la dernière incursion dans la vallée de Quierus.

Delmas lit un projet de décret qui est adopté en ces termes :

« La Convention nationale, après avoir entendu le rapport de son comité de salut public, décrète qu'il sera fait mention honorable de la conduite des deux divisions de l'armée des Alpes, qui ont combattu le 28 fructidor, et que les dépêches officielles seront insérées dans le bulletin de correspondance. »

MERLIN (de Thionville): Quelle plus heureuse époque pour l'histoire de la révolution, que celle où les armées de la République ont chassé de son territoire les tyrans et leurs esclaves? quelle époque plus glorieuse que celle où le peuple français comprime à la fois ses ennemis intérieurs et extérieurs? Gloire soit à jamais rendue aux armées ! elles n'ont jamais dû courber le front sous aucune tyrannie. (On applaudit.) Gloire soit rendue au peuple français, qui a montré l'énergie qu'on devait attendre de lui ! Je demande que le comité d'instruction publique soit chargé de présenter un plan de fête pour célébrer la grandeur de ce peuple que nous avons le bonheur de représenter. Mais que dans cette fête le peuple n'ait pas l'air d'être au parterre, pour voir figurer ses maîtres; qu'il n'attende pas trois heures un froid concert; qu'on n'y voie plus de ces décorations de théâtre, de ces statues de plâtre qui faisaient croire que la République, comme elles, ne devait durer que deux jours. Imitons les Romains, auxquels je ne veux pourtant pas nous assimiler. Ils gravaient sur des colonnes qui existent encore : Tel jour les armées romaines ont battu les tyrans. Je me réserve de présenter mes idées sur cette fête.

Le renvoi est décrété.

Bréard, au nom du comité de salut public, annonce vingt-cinq nouvelles prises maritimes, dont deux sont estimées de 70 à 80,000 livres sterling. Plusieurs de ces bâtiments étaient chargés de cuivre, de bois de construction, etc. (On applaudit.)

Il donne ensuite lecture de la déclaration suivante :

Paris, 5<sup>e</sup> sans-culottide, l'an II de la République, une et indivisible.

Citoyen représentant, j'ai eu connaissance d'un fait que je crois intéressant de te communiquer, afin que tu en fasses part au comité de salut public : il donne un grand développement à la conspiration de Robespierre.

Voici ce qui m'a été dit :

« La Martinique a été prise le 20 mars, vieux style. Les troupes anglaises se placèrent dans les maisons des citoyens. Le capitaine des grenadiers, Bentabourg, prit possession de la maison du citoyen Cambonlaret, contrôleur de la marine; celui-ci étant porté sur la liste des déportés, et venant mettre ordre à ses affaires pour s'embarquer, Bentabourg lui dit : Vous allez en France, vous serez guillotiné. Comment, lui dit Cambonlaret, vous plaisantez, en me disant que je serai guillotiné; on ne guillotine que les traîtres et les aristocrates, et je ne suis déporté que parce que je suis patriote, et que je ne puis vivre sous un gouvernement ennemi. Oh! c'est égal, répliqua Bentabourg, Robespierre guillotine et patriotes et aristocrates. Vous arriverez en France, vous trouverez du changement; Robespierre protège la fille et le fils du roi de France, et c'est lui qui les fera passer en Angleterre, et vous aurez un roi, etc. »

Si l'on fait attention que ce propos a été tenu en Amérique en mars 1794, il y a lieu de croire que la conspiration de Robespierre est de longue haleine, et qu'un des chaînons auquel elle était liée est l'Angleterre, qui n'a jamais perdu de vue de s'approprier le commerce exclusif par lequel on gouverne le monde : l'Angleterre devait garantir la tyrannie de Robespierre qui, de son côté, lui aurait garanti la propriété des colonies et de quelques ports en France; ce premier pas aurait eu toutes les suites qu'on peut concevoir; ce qu'il y a de particulier c'est que Robespierre n'a jamais rien voulu envoyer aux colonies.

Je donne cet avis, citoyen représentant, parce que je crois qu'il est utile de recueillir tout ce qui peut avoir du rapport avec les dangers qui ont menacé la République; ce propos a été tenu à la Martinique, en présence de dix citoyens qui sont en France.

L'insertion au Bulletin est décrétée.

Thuriot : La secte infâme de Robespierre, obligée d'abandonner son premier plan, sur lequel comptait l'Angleterre, vient d'en adopter un nouveau. Les complices de la conspiration se répandent dans les départements, font ou font faire par des affidés ou des hommes trompés, des motions dont l'objet est d'exciter l'alarme sur les subsistances dans les lieux mêmes où règne l'abondance : plusieurs sont déjà arrêtés. Il est bon que cette vérité soit connue de toute la France, afin que les sociétés populaires s'empressent de faire saisir sur-le-champ ces hommes criminels s'ils se présentent dans leur sein, et les livrent à la justice.

Merlin (de Douay) au nom du comité de salut public : Vos comités de sûreté générale, de salut public et de législation, consultés par plusieurs comités révolutionnaires de Paris, sur quelques difficultés résultantes de la loi du troisième jour des sans-culottides, se sont concertés pour les examiner et en préparer la solution.

Elles se sont toutes réduites à cette question principale : Les personnes arrivées depuis la publication de la loi sont-elles sujettes à ses dispositions?

Le texte de la loi est muet à cet égard, mais son esprit n'a paru à vos comités ni obscur, ni équivoque.

Une foule extraordinaire d'individus, partis de tous les points de la République, s'était agglomérée à Paris, et y prenait chaque jour de nouveaux accroissements.

Ce rassemblement était évidemment combiné avec les mouvements pratiqués en d'autres communes pour diviser les citoyens et les armer les uns contre les autres; il a dû à ce seul titre exciter votre sollicitude; et par votre décret du troisième jour des saus-culottides vous avez pris les mesures nécessaires pour le dissiper.

Mais ces mesures, de quelle efficacité seraient-elles, si les individus arrivés à Paris depuis la publication de la loi pouvaient y rester, s'y réunir, s'y concerter, comme si la loi n'existait pas? Vous ne pouvez pas ignorer qu'à l'instant où vous rendiez votre décret, une infinité de personnes étaient en route pour venir à Paris grossir le rassemblement que votre sagesse et votre fermeté ont fait évanouir. Eh bien, que ces personnes arrivent, qu'elles aient la faculté de séjourner à Paris, et qu'elles soient suivies par d'autres animées du même esprit ! ne voilà-t-il pas le rassemblement recréé, la tranquillité publique une seconde fois compromise, la liberté menacée de nouveaux dangers, votre loi enfin éludée, avilie, et manquant totalement son but? Assurément ce n'est point là ce que vous avez voulu; en faisant une loi salutaire, votre intention a été qu'elle fût exécutée; et puisqu'elle ne peut l'être sans comprendre dans sa disposition les personnes arrivées à Paris depuis qu'elle est publiée, il est clair qu'en effet ces personnes y sont virtuellement comprises.

C'est aussi ce que vos comités vous proposent de déclarer par un décret formel; et que la malveillance ne vienne pas saisir ce prétexte pour inquiéter les citoyens de Paris, en leur présentant des mesures momentanées de sûreté générale comme des moyens employés pour dépeupler cette grande commune et la priver de ses principales ressources. Les citoyens de Paris ne donneront pas dans un piége aussi grossier Plus l'aristocratie emploie d'astuce pour les tromper, plus ils déploient de lumières pour déjouer ses manœuvres ; et ils savent bien que dans toutes les circonstances la Convention nationale a exprimé fortement le vœu du peuple français pour faire de la commune centrale de la République le séjour des sciences, des arts, de l'industrie, par conséquent pour y réunir, pour y fixer à jamais tout ce qui peut rendre agréable et commode la vie d'un peuple libre, probe et laborieux.

Ce vœu, n'en doutons pas, sera rempli : il sera bientôt; et certes ce n'est pas l'éluder, ce n'est pas diminuer dans les citoyens de Paris la juste certitude qu'ils ont de le voir réaliser, que de les soustraire, et avec eux toute la France, à la guerre civile, aux malheurs, aux pillages, dont l'infâme Pitt avait préparé ici le foyer.

Au surplus, vos comités ont pensé qu'après avoir éloigné de Paris, par votre premier décret, la grande masse des individus qui s'y étaient réunis subitement, vous pouviez vous montrer moins sévères à l'égard de ceux qui y viendraient à l'avenir. Quand le péril est imminent, le devoir du législateur est de tout faire pour le conjurer; et il faut alors que les mesures de police s'étendent même sur les hommes dont les intentions ne sont pas suspectes, parce que les recherches et les formes indispensables pour en constater la droiture consumeraient le temps nécessaire pour écarter les hommes dangereux. Mais, quand il ne s'agit que de précautions à prendre pour l'avenir, l'on peut et l'on doit y mettre toute la réserve qu'exige la justice, et que réclament les intérêts du corps social.

Guidés par ce principe, nous avons cru qu'en maintenant quatre exceptions, renfermées dans vos décrets des troisième et quatrième jours des sans-culottides, il n'y aurait nul inconvénient de leur donner toute l'extension que pourraient permettre les circonstances et les individualités. Et comme il est impossible de faire une bonne loi sur un objet qui, par sa nature, est soumis à tant de variations, il nous a paru que le seul moyen de le régulariser était de le soumettre au jury politique qui existe auprès de vous, c'est-à-dire à votre comité de sûreté générale.

Ainsi, quand il se présentera à Paris des citoyens qui paraîtront évidemment n'y venir que dans de bonnes intentions, votre comité de sûreté générale les autorisera à y rester pendant tout le temps que leur présence y sera nécessaire. Par là vous concilierez ce que vous devez à la tranquillité publique avec ce que vous ne pouvez refuser à la justice distributive, et vous comprimerez la malveillance sans violer les droits des individus.

Voici le projet de décret:

La Convention nationale, après avoir entendu le rapport de ses comités de salut public, de sûreté générale et de législation, décrète:

Art. Ier. Ceux qui, n'étant pas résidants à Paris à l'époque du 1er messidor, y sont arrivés postérieurement à la publication de la loi du 3e jour des sans-culottides, seront tenus de sortir le 3e jour qui suivra la publication du présent décret.

II. Seront également tenus de sortir de Paris, trois jours après leur arrivée, ceux qui s'y rendront à l'avenir, et ce jusqu'à ce qu'il en ait été autrement ordonné.

III. Sont exceptés des dispositions des articles précédents, ceux qui sont compris dans les exceptions portées par les lois des 3e et 4e jours des sans-culottides.

IV. Le comité de sûreté générale est autorisé à donner des permissions pour rester à Paris à ceux qui y viendraient pour des causes d'une utilité ou justice reconnues, non comprises dans lesdites exceptions.

V. L'insertion du présent décret au bulletin de correspondance tiendra lieu de publication.

Ce décret est adopté.

La séance est levée à 4 heures.

### SÉANCE DU 5 VENDÉMIAIRE.

PRIEUR (de la Côte-d'Or), au nom du comité de salut public: Votre comité de salut public vient satisfaire à votre décret du 2 de ce mois, qui lui ordonne de vous faire un rapport sur le régime de l'établissement des épreuves à Meudon et sur l'arrêté du représentant du peuple Basthelier, qui en détermine la police extérieure.

Votre comité, uniquement occupé de justifier votre confiance, en veillant à ce que les armées de la République aient tous les moyens d'assurer leurs triomphes, s'est fait un devoir de s'abstenir de tout ce qui ne tendrait qu'à exciter les passions personnelles.

Il a cru que la mention honorable que vous aviez faite de l'empressement des habitants de Meudon à concourir à former la clôture de l'établissement des épreuves; que le rapport qui vous fut fait le 14 thermidor, et qui a été réellement inséré au Bulletin, ainsi que vous l'aviez décrété; que l'ordre du jour que vous adoptâtes le 16 fructidor sur les débats relatifs au même objet; enfin que ce qui a été dit à la séance du 2 de ce mois par plusieurs de nos collègues, et qui se trouve dans le bulletin du même jour, pouvaient suffire pour dissiper toute espèce d'alarme.

Le comité de salut public avait eu soin d'ailleurs, en plusieurs circonstances, de les prévenir par des avis fraternels, affichés et insérés dans les papiers publics.

Aujourd'hui il s'agit donc bien moins du secret même des opérations, sur lequel la Convention a donné sa sanction d'une manière non équivoque, que de lui faire connaître l'origine de l'établissement dont il s'agit, sa nécessité; enfin le régime qui y est suivi et qu'il est indispensable d'y maintenir.

Il n'est personne aujourd'hui qui ignore que la guerre est un art très perfectionné et qui le devient chaque jour davantage; que la valeur des troupes a besoin d'être aidée par la nature, et la qualité des armes, et par l'industrie de ceux qui dirigent les mouvements non seulement des armées entières, mais des plus petits corps.

L'art de la guerre offre donc un vaste champ aux inventions, et ces inventions sont un bienfait pour l'humanité.

En effet l'expérience prouve que plus les armes sont terribles, moins la guerre est meurtrière. Le combat à l'arme blanche est de tous le plus sanglant; celui du canon l'est moins que celui de la mousqueterie, et si l'on pouvait trouver une machine assez formidable pour que l'ennemi fût obligé de s'en tenir à une très grande distance pour n'en être pas écrasé d'un seul coup, il est évident qu'il n'oserait s'exposer à son effet, et que les précautions excessives qu'il prendrait pour s'en garantir tourneraient au profit de la conservation des hommes.

L'industrie de la guerre a fourni d'ailleurs tous les moyens conservateurs des hommes qui ont été employés jusqu'à présent; c'est cette industrie qui a produit les fortifications, dont l'objet est de garantir le territoire d'une nation de l'invasion et de la dévastation qu'y opéraient ses ennemis et qui fait qu'un petit nombre d'hommes courageux peut braver l'attaque d'un bien plus grand nombre d'assaillants; c'est aussi cette industrie qui fait que par des manœuvres ingénieuses combinées une armée défait entièrement celle qui lui est opposée, et peut même la tailler en pièces sans presque éprouver de perte; c'est enfin l'industrie qui détermine la férocité des hommes, qui met en exercice toutes les facultés de la raison, qui les fait s'aimer comme des frères, qui leur fait détester les tyrans, estimer les hommes vertueux et utiles, et qui établit le gouvernement républicain sur les bases de l'égalité et de toutes les vertus sociales.

Dans le courant de l'année 1793 la République éprouva de grands revers par la trahison; elle courut les plus grands dangers; elle se trouva même, pendant un temps, dans le dénûment le plus effrayant de ressources; mais bientôt on vit ce que pouvait l'amour de la liberté sur les Français.

Des bataillons nombreux semblèrent sortir tout à coup du sein de la terre. On fabriqua partout des armes et de la poudre en proportion des besoins; on se livra avec ardeur à la recherche des inventions, pour ajouter de nouveaux moyens à ceux par lesquels on devait exterminer les tyrans.

Des expériences avaient été faites en plusieurs lieux, et présageaient des avantages précieux. Le comité de salut public sentit la nécessité d'en fixer les résultats et d'en mettre au plus tôt la pratique en activité. Il n'ignorait pas que nos ennemis s'occupaient de leur côté de perfectionner leur artillerie. Mais il ne fallait pas divulguer nos essais, nos procédés à ces cruels ennemis; il fallait échapper à cette sorte de léthargie, aux lenteurs ordinaires des établissements naissants, et que l'on ne peut vaincre que par l'opiniâtreté des soins et de la surveillance de l'autorité supérieure. Il fallait en outre pouvoir employer le génie des hommes éclairés qui se trouvent à Paris, il fallait pouvoir multiplier les inventions, en faire succéder de nouvelles à celle dont on avait acquis la certitude du succès, et augmenter ainsi sans cesse nos ressources; mais, ce qui n'était pas le moins difficile, il fallait garantir ces tentatives des effets de la malveillance et de la séduction de l'étranger.

Toutes ces considérations déterminèrent le comité de salut public à ordonner, par arrêté du 29 vendémiaire de l'année dernière, que de nouvelles recherches seraient faites sur le perfectionnement de divers objets d'artillerie ou machines de guerre. Le 2 germinal suivant il créa un commissariat de trois membres pour s'occuper de cet objet, avec le secret et les autres précautions convenables; il mit à la disposition de ce commissariat les maisons connues sous le nom de grand et petit Meudon, avec leurs dépendances, ainsi que le terrain connu sous le nom de Petit-Parc.

Ce local était très favorable pour recevoir les ateliers d'ouvriers, et faire, sans aucun danger, les expériences qu'on se proposait. Le comité ordonna que personne ne pourrait y entrer sans sa permission expresse, et qu'il serait mis sur la porte d'entrée cette inscription : *Établissement national pour différentes épreuves, sous la surveillance immédiate du comité de salut public.*

Effectivement le comité ne plaça pas le commissariat sous l'autorité de la commission des armes, excepté pour ce qui concernait les objets d'approvisionnements; mais il se fit rendre un compte très exact des opérations, et plusieurs membres du comité visitèrent fréquemment l'établissement, afin d'être certains par leurs propres yeux de tout ce qui s'y faisait.

Cependant, dans la vue de rendre cette surveillance encore plus constante, et en même temps pour presser la fabrication des matières qui se faisait dans des districts éloignés de Paris, et dont l'arrivage abondant était nécessaire aux opérations de Meudon, le comité de salut public prit le 4 floréal l'arrêté suivant :

Le comité de salut public, considérant combien il importe que les travaux dont il a chargé la commission des épreuves, établie à Meudon, soient exécutés avec la plus grande célérité, arrête que le représentant du peuple Bastelier est chargé spécialement de la surveillance des opérations dont il s'agit.

Il est investi en conséquence du pouvoir de donner à la commission des épreuves de Meudon tous les ordres qu'il jugera nécessaires pour remplir les vues du comité. Il aura soin que les agents et ouvriers qui doivent coopérer à ce travail soient en nombre suffisant, et aient le civisme et l'aptitude nécessaires. Il

veillera à ce que les approvisionnements des différentes matières soient fournis promptement et en quantité suffisante. Il requerra toutes les autorités constituées, tous les agents ou tous les citoyens qui pourraient y servir. Il se transportera, s'il le juge utile, dans tous les lieux où se préparent les approvisionnements, ou y enverra des agents pour les presser; enfin il n'épargnera aucun moyen pour arriver au succès que le comité désire, et pour concilier ce qu'exigent la prudence et l'activité dans les opérations dont il s'agit.

Les dépenses qui résulteraient des objets ordonnés par le représentant du peuple Bastelier seront acquittées, sur les états visés par lui, sur les fonds déjà mis à la disposition de la commission des épreuves.

Le représentant du peuple Basthelier rendra compte fréquemment au comité de salut public du progrès des travaux confiés à ses soins.

*Signé* BILLAUD-VARENNES, C.-A. PRIEUR.

Bastelier s'est acquitté de sa mission avec beaucoup de soin et de succès, et le comité a déjà en l'occasion de rendre hommage à son zèle dans son rapport du 14 thermidor.

Le commissariat mit de l'activité et de l'ordre dans ses opérations, et l'établissement de Meudon justifia l'espérance que le comité en avait conçue, en offrant à la République de nouveaux moyens de se faire respecter, et d'assurer sa prospérité.

Sans doute il n'est pas dans l'intention de la Convention nationale que le comité s'explique plus amplement sur les moyens dont il s'agit. Le secret est bien moins dans la quantité de matières réunies à Meudon, que dans les détails des procédés qui y sont exécutés. Ce sont les effets qui justifieront, quand il en sera temps, la confiance que la Convention a déléguée à son comité pour en user à l'avantage de la République.

Ainsi les aérostats qui sont sortis de Meudon ont déjà rendu à l'armée de Sambre et Meuse des services très utiles ; mais les moyens de les obtenir doivent rester inconnus, et les ennemis de la République feront encore longtemps de vains efforts pour les imiter.

Au surplus, le comité doit répéter à la Convention, comme il le fit le 14 thermidor, que les attirails ou munitions déposées à Meudon, sont très peu considérables, qu'elles sont évacuées à mesure qu'elles sont entièrement confectionnées, qu'il n'en reste jamais que ce qui est nécessaire pour alimenter le travail journalier, qu'il n'y a pas un arsenal, pas un lieu de chargement de gargousses et de cartouches, pas un simple atelier d'artifice qui n'en contienne davantage.

Et certes, on ne fera pas l'injure au peuple de le rendre craintif par le seul voisinage des instruments qu'il manie avec tant d'audace dans les combats, ni on ne parviendra pas à faire croire qu'il abusera ou laissera abuser de ces moyens, lui qui est le gardien le plus fidèle de la République et de son propre bonheur, ainsi qu'il en a donné tant de preuves.

Au mois de messidor dernier, deux jeunes gens ex-nobles, qui s'étaient introduits sans que l'on connût leur qualité dans la nouvelle compagnie d'aérostiers, qui se forme à Meudon, tentèrent d'escalader l'enceinte des expériences interdites aux regards du public. Notre collègue Bastelier les fit mettre en arrestation, et depuis ils ont été mis en liberté, mais expulsés de la compagnie où ils servaient.

Cette circonstance et d'autres, qui annonçaient que des malveillants ou des curieux indiscrets rôdaient autour de l'enceinte prohibée pour y pénétrer, déterminèrent Bastelier à prendre l'arrêté dont je vais vous donner lecture, et dont la Convention a particulièrement demandé que le comité de salut public lui rendît compte.

Le représentant du peuple, surveillant les epreuves militaires à Meudon et les travaux de l'aerostat, en l'absence du citoyen Guyton, représentant du peuple;

Respectant et voulant faire respecter le secret de la République, ordonné par le comité de salut public au nom de la Convention nationale;

Arrête ce qui suit :

Art. Ier. Aucun citoyen, qui n'est pas porteur d'un arrêté particulier du comité de salut public, ou d'une carte d'employé, signée Bastelier, et contre-signée par les membres du commissariat, ne peut entrer dans le parc, ni dans la maison nationale, dite le Vieux-Château de Meudon.

II. Les employes par le commissariat, autres que les canonniers, ne peuvent passer dans l'allée voisine des marronniers.

III. Le bureau de chargement pour les agents des transports militaires est dans une guérite sur le devant de la petite cour de la maison; ils ne peuvent, sous aucun pretexte, s'introduire dans cette cour.

IV. Il sera établi un portier au passage appelé le *Vois-tu goutte*, destiné aux citoyens aérostiers. Ces citoyens auront des cartes particulières, signées Bastelier, et contre-signées du chef aérostier.

V. Tout citoyen qui s'introduirait furtivement dans les lieux ci-dessus désignés sera arrêté comme suspect et puni comme tel.

VI. Il est très expressément recommandé a nos frères, les braves vétérans de la République, qui ont la garde de la maison nationale de Meudon, de tenir la main à l'exécution du présent arrêté.

Bastelier avait communiqué dans le temps cet arrêté au comité qui l'approuva, comme il vous propose aujourd'hui de l'approuver, puisqu'il ne contient que des mesures fort sages.

Pour achever de faire connaître les précautions qui ont été prises, afin de prévenir dans l'établissement de Meudon les accidents et les abus, je dirai qu'il y a un détachement de vétérans invalides qui y fait continuellement son service, soit en montant la garde à différents postes, soit en faisant des patrouilles de jour et de nuit, tant dans l'intérieur qu'à l'extérieur. D'ailleurs les ateliers sont distribués de manière à établir beaucoup d'ordre et de commodité dans le service, et le comité se fait un plaisir de donner des louanges à la bonne conduite des ouvriers employés dans ces ateliers ainsi que de ceux qui les dirigent.

Enfin cet établissement a tellement été regardé comme devant donner une grande sécurité, que dernièrement lors du malheureux événement de Grenelle, on ne trouva pas de lieu plus propre pour recueillir les débris d'ustensiles et de matières inflammables échappés à l'explosion; ils y furent déposés, et y sont encore, en attendant qu'on puisse les employer dans les nouvelles poudrières isolées et peu considérables que l'on prépare loin des murs de Paris, d'après les décrets de la Convention; seulement on y plaça pendant quelques jours un détachement des élèves de l'École de Mars, qui y fut conduit par notre collègue Guyton, et s'y entretint dans la plus exacte discipline.

Tel est le compte que j'ai été chargé d'apporter à la Convention par votre comité de salut public; presque tous les membres qui le composent aujourd'hui, ainsi que ceux qui en sont sortis et quelques autres de nos collègues, ont vu eux-mêmes l'établissement

dont il s'agit, et sont convaincus qu'il ne peut qu'être très utile de le continuer.

Voici le projet de décret que vous propose le comité :

« La Convention nationale, après avoir entendu le rapport de son comité de salut public, approuve le régime qui a et suivi jusqu'à ce jour à l'établissement des épreuves de Meudon, sous la surveillance de son comité.

»Elle décrète en outre qu'il y aura près cet établissement deux représentants du peuple qui seront changés tous les trois mois, et qui seront autorisés à se transporter dans les lieux où se fabriquent les objets d'approvisionnements destinés pour Meudon, lorsqu'il sera nécessaire d'en presser l'activité. »

Ce décret est adopté.

(*La suite à demain.*)

---

### TRIBUNAL CRIMINEL RÉVOLUTIONNAIRE.

*Du 27 fructidor.* — J.-B. Montané, âgé de 43 ans, né à Grenade, lieutenant civil et criminel de la ci-devant sénéchaussée de Toulouse, ex-président du tribunal révolutionnaire, rue de Grenelle-Honoré;

Convaincu d'avoir commis des altérations et falsifications sur les minutes des jugements rendus les 12 et 17 juillet 1793, contre les assassins des représentants du peuple, Leonard Bourdon et Marat, attendu qu'il ne l'a pas fait avec des intentions contre-révolutionnaires, a été acquitté et mis en liberté.

*Du 28 fructidor.* — P.-E. Belle, âgé de 36 ans, né à Cluny, département de Saône-et-Loire;

Convaincu d'avoir voilé la Déclaration des droits de l'homme, le 23 ventose, dans la société populaire d'Ygé; mais, attendu qu'il ne l'a pas fait avec des intentions contre-révolutionnaires, a été acquitté et mis en liberté.

J. Godineau, dit Flambart, âgé de 45 ans, né à Vonlieu, cultivateur à Traversonne, département de l'Aveyron;

Convaincu d'avoir, le 5 mai dernier, dans la commune de Traversonne, proposé d'arborer le drapeau blanc à l'arrivée des brigands de la Vendée, en disant que c'étaient de braves gens, et de l'avoir fait avec des intentions contre-révolutionnaires, a été condamné à la peine de mort.

*Du 29 fructidor.* — J. Loup, âgé de 58 ans, né à Duffay, département de l'Yonne, cultivateur et sous-régisseur de l'ex-marquis de Champigneul, émigré, domicilié à Champigneul;

F.-L. Noireault, âgé de 39 ans, né à Saint-Pierre-les-Landrey, département de la Nièvre, marchand de bois, quai des Ormes, à Paris;

Accusés d'avoir entretenu des intelligences avec les émigrés; mais, la déclaration du jury portant que le fait n'est pas constant, ont été acquittés et mis en liberté.

---

### ARTS.

#### GRAVURES.

*Portrait* de J.-J. Rousseau, gravé et dessiné d'après nature par Queverdo, grandeur in-4°, orné de groupes de mères allaitant leurs nourrissons, et d'enfants qui viennent rendre hommage à cet ami de la vérité et de la nature.

Ce portrait est destiné à orner les OEuvres de ce grand homme; il est gravé précieusement. Il se vend 3 liv. en couleur; en noir et bistre, 2 liv. A Paris, chez l'auteur rue Poupée, n° 6; section de Marat.

---

### PAIEMENTS A LA TRÉSORERIE NATIONALE.

Le paiement du perpétuel est ouvert pour les six premiers mois; il sera fait à tous ceux qui seront porteurs d'inscriptions au grand livre. Celui pour les rentes viagères est de huit mois 21 jours de l'année 1793, vieux style.

## POLITIQUE.

### ILES-DU-VENT.

#### *Extrait d'une lettre de Saint-Domingue du 25 juin.*

(*Nota.*) L'extrait suivant d'une lettre venue de la partie de Saint-Domingue livrée aux Anglais prouve que le pillage et l'assassinat sont la récompense dont ils paient la trahison de ceux qui les ont appelés, et que la possession précaire d'une partie de cette île, par les Anglais et les Espagnols, est une nouvelle source de division et de jalousie entre les deux états.

« Les agents du gouvernement anglais, loin de chercher à ouvrir des débouchés pour nos denrées commerciales, paraissent n'avoir d'autre vue que de nous opprimer et de nous piller, pour nous abandonner ensuite. Nous espérions que notre situation s'améliorerait par la prise du Port-au-Prince; mais la manière dont on s'est conduit est plus propre à hâter notre ruine qu'à faire notre sûreté. On a agi comme si l'on ne se proposait que de s'emparer de nos marchandises et de nos bâtiments, sans s'inquiéter de ce que deviendrait ensuite le pays.

» Des légions de nègres, qui ont fait voile du Port-au-Prince avec des armes et des munitions, viennent tous les jours provoquer les Anglais et commettent des ravages à quelques pas de la ville. Les Anglais ne bougent point, mais ils font faire de temps en temps des sorties par les corps français qui se sont unis à eux. Leurs forces au Port-au-Prince montent à 1,500 hommes, dont il meurt tous les jours un grand nombre. On compte 17 officiers morts depuis la prise de la ville. Outre plusieurs obstacles que le commandant général, le brigadier Whilt, a à surmonter, il existe entre lui et le gouverneur William un conflit indécent d'autorité, pendant lequel nous sommes pillés de tous côtés.

» Les Gonaïves, la petite Olivière et les Verrettes se sont déclarées pour les Espagnols, et se sont mises sous leur protection, moins par inclination que par la crainte de tomber dans les mains des commissaires contre lesquels elles étaient en insurrection. Mais, au lieu de jouir de la protection qu'elles devaient attendre, elles doivent aux Espagnols leur ruine complète. Ils ont fini par évacuer les Gonaïves et la petite Olivière, qui ont été brûlées trois jours après leur départ. Ces deux paroisses, ainsi qu'une partie des Verrettes, qui forment ensemble les neuf-dixièmes de la plaine de l'Artibonite, sont au pouvoir des républicains.

» L'Espagnol subalterne gémit souvent des ordres qu'il reçoit. Il y a maintenant à Saint-Marc un des chefs espagnols qui a quitté son commandement, ne pouvant y tenir plus longtemps. Il n'a point de paroles pour exprimer la perfidie, l'atrocité et la méchanceté du président don Garcia. Il agit toujours hostilement envers l'Angleterre, et empêche tout arrangement de commerce qui pourrait lui rendre avantageuse la possession de cette colonie.

» Si l'on ne se détermine pas à lever des corps nègres commandés par de braves blancs, pour mettre fin à la guerre; si les Anglais n'obtiennent pas des Espagnols de se conduire mieux; si le gouvernement anglais ne désapprouve pas et ne répare pas la conduite de ses agents; enfin, si l'on n'envoie pas de bons renforts avant la fin d'octobre, la sécheresse arrivera, l'Artibonite, qui forme une barrière à Saint-Marc et au Port-au-Prince, deviendra guéable, la multitude passera du côté des Verrettes, et se jettera dans tout ce pays.

Alors il ne nous restera plus rien à faire que d'évacuer comme on a fait à Toulon, et tout sera perdu. »

### ALLEMAGNE.

*Trèves, le 12 septembre.* — Cobourg, qui s'est déjà démis de ses fonctions de général, et dont les équipages ont été vendus depuis à Cologne, est passé le 5 à Coblentz pour se rendre à Vienne.

Les républicains, maîtres du pays de Trèves et de la capitale, viennent d'y recevoir un renfort de 18,000 hommes. Leurs forces principales occupent les villages environnants. Ils ont jeté des ponts sur la Moselle à Igel, et sur la Sarre à Sarrebruck, pour entretenir les communications qui leur sont nécessaires.

Les avant-postes de l'autrichien Blankenstein, campé à Witlich, s'étendent jusqu'à la Quinte.

Les contingents des cercles, si nécessaires pour former l'armée d'Empire, sont loin non seulement d'arriver à leur destination, mais même d'être mis en mouvement. La plupart des cercles refusent ouvertement de s'y conformer, ou éludent les réquisitions.

Saxe-Teschen qui doit commander cette future armée court en vain de cercle en cercle, d'état en état; ses sollicitations restent partout sans effet.

Il a existé une correspondance entre l'assemblée du cercle de Franconie et Saxe-Teschen, laquelle n'a point amené de résultat satisfaisant. L'assemblée a fait à toutes les demandes des réponses évasives. L'électeur de Bavière est le seul qui ait obéi.

Le contingent de l'électorat de Brandebourg a été sollicité avec la même instance, et avec aussi peu de succès.

*Manheim, le 20 septembre.* — Le général autrichien Brown a quitté toute espèce de commandement, et est reparti pour Vienne. On donne pour raison de sa retraite celle qu'on a donnée pour les autres, *le mauvais état de sa santé.*

Le général Blankenstein a remis son commandement au général Mélas. Ses troupes étaient encore le 10 à Widich.

Les Français font des retranchements formidables sur les hauteurs d'Hersheim; ils se retranchent également à Turckeim, à Lautern, à Landsthoul.

Les Prussiens doivent faire une tentative pour passer la Moselle à Trarbach. Ils ont remis la forteresse de Mayence à la garde des Autrichiens.

Les deux administrations de Juliers et du Palatinat, qui ne formaient autrefois qu'un même département, dirigé par le ministre d'état Oberndoff, seront séparées et formeront chacune un département à part.

Quand les Autrichiens et les Prussiens furent repoussés, l'année dernière, par l'armée républicaine, chacun des deux gouvernements voulut rejeter sur l'autre la honte de cette déroute. Wurmser accuse Brunswick; celui-ci se plaignit de Wurmser, et le deux cours piquées traitèrent leurs généraux respectifs avec une égale affectation de bienveillance. Les mêmes scènes se renouvellent. Les Autrichiens, effrayés des succès des républicains, les reprochent à la négligence des Prussiens. Les partisans des premiers répandent que la Prusse veut perdre l'Empire uniquement pour écraser la maison d'Autriche, et que ses généraux sacrifient des villes et des cantons entiers pour ne pas se trouver sous le commandement des Autrichiens. Kalkreuth vient d'être particulièrement accusé de ne s'être pas assez opposé à la prise de Trèves. Les inculpations à ce sujet sont devenues si vives, si publiques, que ce Prussien a cru devoir y répondre. Il a fait insérer dans les gazettes une longue note dans laquelle il cherche à justifier sa conduite. Cette pièce, écrite d'un style peu ménagé, a été approuvée et même augmentée par le général prussien en chef, Iollendorff.

---

# CONVENTION NATIONALE.

### Présidence d'André Dumont.

*Rapport sur les mesures prises par le comité de salut public, pour l'établissement de l'école centrale des travaux publics, décrétée par la Convention nationale le 21 ventôse dernier, et projet de décret pour l'ouverture de cette école et l'admission des élèves, présentés au nom des comités de salut public, d'instruction et des travaux publics, réunis, par Fourcroy, dans la séance du 2 vendémiaire.*

Tandis que les conspirateurs voulaient faire disparaître de la France les lumières dont ils redoutaient l'influence, la Convention nationale s'opposait de toute sa force aux efforts de ces barbares; elle conservait avec soin toutes les productions du génie, ou arrachait à la proscription les hommes éclairés que les tyrans voulaient perdre; elle savait qu'en recueillant les choses et en défendant les hommes instruits, il viendrait un temps où l'on pourrait les employer utilement à répandre les lumières.

Vos comités de salut public et d'instruction publique ont recueilli trop de preuves et rassemblé trop de faits, pour qu'il soit permis de douter de l'existence de la conjuration contre les progrès de la raison humaine; il leur est démontré qu'un des plans des conspirateurs était d'anéantir les sciences et les arts pour marcher à la domination à travers les débris des connaissances humaines, et précédés par l'ignorance et la superstition.

Les lumières ont commencé la révolution française, les lumières ont fait marcher le peuple français de triomphe en triomphe; c'est à elles à vaincre tous les obstacles, à préparer tous les succès, à soutenir la République française à la hauteur où elle s'est élevée. Sans les lumières il n'y aurait ni victoire sur les frontières, ni sagesse dans la législation, ni paix dans l'intérieur; elles contribuent puissamment à bannir tous les vices qui souillent la société, à faire aimer la simplicité dans les mœurs et les vertus privées, à faire haître les vertus publiques, à arrêter la marche insensée du vice, et à faire jaillir enfin du sein de toutes les vertus sociales la source de la prospérité publique. Considérez de quel instant ce qu'avaient déjà fait les derniers conspirateurs, et quel système ils avaient suivi pour éteindre le flambeau de l'instruction. Persuader au peuple que les lumières sont dangereuses, et qu'elles ne servent qu'à le tromper; saisir toutes les occasions de déclamer vaguement, et à leur manière constante, contre les sciences et les arts; accuser jusqu'au don de la nature et proscrire l'esprit; tarir toutes les sources de l'instruction publique, pour perdre en quelques mois le fruit de plus d'un siècle d'efforts pénibles; proposer la destruction des livres, avilir les productions du génie, mutiler les chefs-d'œuvre des arts sous des prétextes astucieusement présentés à la bonne foi; placer près de tous les dépôts précieux pour les arts et les lettres la torche d'Omar pour les incendier au premier signal; arrêter sans cesse par de frivoles objections les projets d'instruction proposés dans cette enceinte; présenter un plan d'éducation inexécutable dans les circonstances où se trouvait la République, pour qu'il n'y eût point d'éducation; détruire à la fois tous les

établissements publics, sans rien mettre à leur place; en un mot anéantir toutes les choses et tous les hommes utiles à l'instruction: voilà une légère esquisse de la vaste conjuration ourdie, avec la plus dangereuse et la plus perfide adresse, par les derniers conspirateurs.

Quelques jours encore, et peut-être leur atroce projet, éclatant dans toute sa force, faisait reculer de plusieurs siècles la marche de l'esprit humain, et ses incroyables progrès en France n'existaient plus que dans l'histoire. Cependant votre comité de salut public n'a rien négligé pour conserver et employer à la défense de la patrie les efforts du génie, et toutes les ressources des sciences et des arts. La guerre qui n'est qu'une atroce barbarie pour les rois, et qui n'est juste que pour un peuple qui reprend ses droits avec la liberté, la guerre est devenue pour la République française une occasion heureuse de développer toute la puissance des arts, d'exercer le génie des savants et des artistes, et de consacrer leur utilité par d'ingénieuses applications. C'est en faisant fabriquer des armes, du salpêtre et de la poudre, c'est en retirant le cuivre du métal de cloches, en élevant dans les airs les aérostats d'observation auprès de nos armées, en établissant les courriers télégraphiques, en apprêtant pour nos frères d'armes du cuir en huit jours; c'est en multipliant et en inventant des arts de défense inconnus jusqu'ici, à l'aide de moyens nouveaux puisés dans les sciences géométriques et physiques, que le comité de salut public a reconnu l'importance de ces sciences et la nécessité d'en recueillir soigneusement l'industrieuse activité. Les conspirateurs qui voulaient les bannir du sol de la République avaient la coupable espérance de priver la France d'ingénieurs et d'artilleurs instruits, de généraux éclairés, de marins habiles, de la faire manquer d'armes, de poudre, de vaisseaux, de laisser les places et les ports de la République sans défenseurs et sans moyens de défense, et de donner ainsi à nos ennemis des avantages certains et des victoires faciles; mais le génie de la liberté s'est associé le génie des arts; l'un et l'autre ont veillé pour le salut du peuple, et leurs efforts réunis ont obtenu des succès dont l'Europe est étonnée.

Le comité vient encore aujourd'hui vous offrir l'occasion d'employer utilement pour la défense de la République l'influence des lumières; il vient vous rendre compte de votre décret du 21 ventôse, sur la création d'une école des travaux publics. Le comité de salut public, chargé alors de l'organisation du travail de toutes les commissions exécutives, n'a cessé de préparer tous les moyens d'exécution nécessaires pour l'établissement de cette école, et c'est après s'être assuré de leur succès prochain, qu'il vous soumet l'exposé de son instant, et qu'il vous demande de décréter la dernière mesure qui reste à prendre, pour la mettre en activité.

Le service des armées de la République exige impérieusement des ingénieurs de plus d'un génie; le besoin s'en fait sentir à chaque instant, et devient de jour en jour plus pressant; il faut, 1° des ingénieurs militaires pour la construction et l'entretien des fortifications, l'attaque et la défense des places et des camps; pour la construction et l'entretien des bâtiments militaires, tels que les casernes, les arsenaux, etc.; 2° des ingénieurs des ponts et chaussées pour construire et entretenir les communications par terre et par eau, les chemins, les ponts, les canaux, les écluses, les ports maritimes, les bassins, les jetées, les phares, les édifices à l'usage de la marine; 3° des ingénieurs géographes pour la levée des cartes générales et particulières de terre et de mer; 4° des ingénieurs des mines pour la recherche, l'exploitation des minerais, le traitement des métaux, et la perfection des procédés métallurgiques; 5° enfin des ingénieurs constructeurs pour la marine, pour diriger la construction de tous les bâtiments de mer, leur donner les qualités les plus avantageuses à leur genre de service, surveiller les approvisionnements des ports en bois de construction et en matériaux de toutes les espèces. Un coup d'œil rapide, jeté sur l'instruction actuelle dans ces cinq parties d'un service si important à la République, fera voir à la Convention combien elle est incomplète, et combien il est nécessaire de l'établir sur de nouvelles bases.

Il n'y avait en France qu'une seule école destinée aux ingénieurs militaires; elle était placée à Mézières; on y entretenait vingt élèves renouvelés tous les ans par moitié. Malgré quelques imperfections qui tenaient à des préjugés, la méthode d'instruction que l'on y suivait était la meilleure que l'on eût en ce genre, soit parce qu'on y enseignait des objets qu'on ne professait nulle part, soit parce qu'on faisait exécuter par les élèves eux-mêmes les objets de toutes les leçons, et que l'exercice manuel y était joint aux opérations de l'esprit.

Les circonstances de la révolution ont d'abord ralenti, puis fait cesser totalement l'instruction de l'école de Mézières; le comité de salut public, pour satisfaire aux besoins les plus pressants des armées de la République, s'est trouvé réduit à former une école provisoire à Metz, où l'on donne rapidement aux élèves les premières notions de la fortification, de l'attaque et de la défense des places; on les envoie ensuite dans les différentes armées, où ils aident les ingénieurs sous lesquels ils sont employés, et prennent ainsi peu à peu la pratique de leur art. Mais il ne faut pas se dissimuler que cette méthode ne forme pas de véritables ingénieurs; elle ne peut être justifiée que par l'urgence des circonstances, et les jeunes gens devront être appelés à la nouvelle école pour y suivre des études plus approfondies, pendant la saison qui ralentit les exploits de nos guerriers.

Il y avait dans Paris une école des ponts et chaussées dont l'institution était telle que, les plus anciens élèves instruisaient leurs camarades; mais les besoins de la guerre l'ont entièrement dégarnie de ses anciens instituteurs.

Les travaux défensifs et le service des armées exigent un grand nombre d'ingénieurs militaires, et l'on a souvent éprouvé que le patriotisme et le courage ne peuvent pas toujours suppléer le défaut d'instruction. Il en est de même du service actuel des ponts et chaussées; l'école est bien loin de suffire à ce qu'il exige. La navigation et les desséchements ont été totalement négligés par l'ancien gouvernement; le comité des travaux publics doit vous présenter sur ces deux objets des projets de la plus haute importance que votre sagesse accueillera; l'exécution de ces projets, ainsi que les opérations qui doivent la précéder, demandent un grand nombre d'ingénieurs.

On avait créé, il y a quelques années, une école des mines, composée de quelques professeurs et de douze élèves. On y enseignait la chimie et l'exploitation des minéraux; mais les connaissances qu'on y donnait étaient de pure spéculation; pour la pratique, il fallait aller la chercher chez les nations ennemies : le peu d'hommes instruits que la France possédait en ce genre avaient puisé leurs connaissances en Allemagne. On ne pouvait donc pas dire qu'il y eût dans la République française une véritable instruction pour les mines. Il y avait six places d'ingénieurs, deux places de sous-inspecteurs et cinq d'inspecteurs des mines; mais depuis la révolution ces ingénieurs et inspecteurs ont été tenus dans une stagnation complète; plusieurs avaient pris d'autres emplois, et les mines étaient entièrement abandonnées.

Le comité de salut public a réuni tous les hommes instruits dans la connaissance et l'exploitation des mines, il les a chargés de parcourir pendant huit mois de l'année tout le territoire de la République, de visiter les mines exploitées, les lieux où il y en a de reconnues; de s'assurer de la réalité des mines sur lesquelles on n'avait que des indications, de donner partout des conseils sur l'exploitation, de faire part de leurs lumières aux citoyens qui veulent les exploiter. Il a créé un mode particulier d'instruction sur toutes les parties de cette exploitation; il a fait nommer, d'après un examen, 40 élèves qui doivent prendre à Paris les connaissances théoriques, et voyager ensuite pendant huit mois avec les inspecteurs et les ingénieurs, pour s'instruire dans la pratique de leur art.

Une agence des mines, chargée de la partie administrative, doit correspondre avec les ingénieurs et les inspecteurs, proposer, sur le rapport des premiers, les avances à accorder pour les exploitations projetées ou commencées, les encourager, publier des mémoires sur tous les détails des travaux des mines, et y réunir les découvertes et les perfectionnements qui se font en ce genre dans toutes les parties du globe.

Il y avait sous l'ancien régime un corps d'ingénieurs géographes distinct et séparé du corps des ingénieurs militaires. Par une bizarrerie qu'on aura peine à comprendre, les ingénieurs géographes n'avaient aucune école pour apprendre leur art, tandis que toutes les connaissances qui y étaient relatives étaient données avec beaucoup de soin et de succès aux élèves du corps du génie à Mézières. Et cependant ceux-ci ne devaient pas faire usage de leurs connaissances, car une ordonnance leur en interdisait l'application dans leur service. L'expérience a confirmé l'utilité des études faites en ce genre par les élèves de Mézières, puisque les plus belles cartes que l'on ait aujourd'hui ont été levées par les officiers du génie.

Ainsi le comité a pensé qu'il était avantageux à la République de conserver dans l'école des travaux publics cette partie de l'étude qui peut être d'une si grande utilité, et qui n'existe nulle part.

Quant à l'instruction nécessaire aux ingénieurs constructeurs de la marine, elle était divisée en deux parties. La première consistait dans les principes de mathématiques et de physique qu'ils recevaient, soit chez les maîtres de l'école, soit chez des maîtres particuliers de Paris.

Il y avait à côté de la ci-devant Académie des sciences, une salle dite de marine, où les élèves étaient ensuite exercés à la construction des plans et des projections des vaisseaux, sous les yeux d'un constructeur éclairé. Depuis que les scellés ont été mis sur cette salle, en même temps que sur celle de la ci-devant Académie des sciences, cette dernière portion de l'enseignement n'a plus lieu.

La seconde partie de l'instruction pour les élèves constructeurs avait lieu dans les ports ou les chantiers de construction, où ils allaient apprendre à faire l'application des principes théoriques qu'ils avaient puisés dans Paris à la pratique même de leur art.

Les élèves constructeurs étaient admis à cette école d'après un concours; ils n'en sortaient pour être envoyés dans les ports, qu'après avoir satisfait à des examens; leur nombre était de 10 ou 12 : ce nombre pouvait suffire dans les temps ordinaires; mais dans les circonstances où se trouve aujourd'hui la République, sa gloire et sa prospérité exigent beaucoup plus de citoyens instruits dans ce genre de travaux. On ne sera pas surpris qu'une école d'ingénieurs constructeurs de marine soit placée à Paris, tandis que celle des officiers de marine doit être dans les ports, lorsqu'on réfléchira que c'est sur l'art de la description rigoureuse des objets que sont fondées toutes les opérations de l'ingénieur constructeur, ainsi que toutes celles des autres espèces d'ingénieurs. Dans l'état actuel, ce n'est qu'à Paris que cet art général de description rigoureuse, cet art, source et soutien de tous les autres arts géométriques, puisse être enseigné ; et il le sera plus utilement pour la chose publique dans une école commune à tous les genres de constructions.

C'est sur la connaissance des besoins de la République dans ces différentes professions utiles, et en même temps pour rétablir l'enseignement des sciences exactes qui avait été suspendu par les crises de la révolution, que la Convention nationale a décrété, le 21 ventôse dernier, que la commission des travaux publics s'occuperait de l'établissement d'une école centrale des travaux publics, afin que la commission, qui réunit dans ses attributions la direction de toutes les espèces de travaux, à raison des rapports qu'ils ont entre eux, pût former avec plus de facilité les élèves pour ces différentes professions, et tirer un parti plus avantageux des ressources que nous avons en ce genre.

L'enseignement de l'école des travaux publics, qui réunira les connaissances nécessaires à tous les genres d'ingénieurs, aura deux parties principales, les mathématiques et la physique. Ce sont ces deux sciences exactes qui doivent servir de bases solides aux études nécessaires pour tous les genres de constructions. L'ingénieur militaire en a besoin pour reconnaître les formes des terrains les plus convenables aux fortifications de places ou de campagne, pour trouver les tracés les plus avantageux, pour déterminer le défilement qui convient aux circonstances locales, pour diriger les travaux des fortifications et leurs moyens de défense. Elles servent à l'ingénieur des ponts et chaussées, pour le tracé des routes et des canaux, pour l'ordonnance et la direction des ponts et des édifices publics. L'ingénieur géographe ne peut s'en passer pour faire la carte exacte d'un terrain, et la représentation fidèle de toutes les formes ; l'ingénieur des mines en profite pour se diriger dans l'intérieur de la terre vers le point qu'il doit atteindre, et pour la construction des machines qui sont utiles à l'extraction et au traitement des minéraux ; c'est à l'aide des mathématiques que l'ingénieur constructeur de la marine peut reconnaître les qualités que chaque configuration particulière donne aux vaisseaux, et le choisir suivant la destination du bâtiment. Tous ces artistes doivent être familiarisés avec les principes de la mécanique. Dans la direction des travaux dont ils sont chargés, leur but doit être d'employer de la manière la plus avantageuse les forces qui sont à leur disposition. Ils doivent connaître et mettre à contribution les forces de la nature ; ils doivent charger les machines de tout ce qu'il y a de pénible dans les travaux, et ne laisser aux républicains que l'emploi de leur intelligence.

La physique et la chimie sont également indispensables à tous les genres d'ingénieurs, pour qu'ils puissent connaître exactement les propriétés des divers matériaux qu'ils emploient, et pour profiter de toutes les ressources que la nature leur offre.

Tous les succès des arts dépendent de ces deux genres de connaissances mathématiques et physiques, et depuis la théorie des mortiers et des ciments jusqu'à la composition de la machine à feu, une des plus étonnantes et des plus utiles inventions dues au génie des modernes, tout ce qu'il y a de grand dans les sciences, tout ce qui est immédiatement propre à l'exercice des arts doit faire la base des études des ingénieurs.

De ces deux parties de l'instruction, la première, enseignée à Mézières par une méthode qui consistait à faire exécuter ou pratiquer aux élèves les leçons qu'on leur donnait, de sorte qu'il ne suffisait pas

qu'ils comprissent, il fallait encore qu'ils exécutassent avec précision, sera reportée avec tous ses avantages dans l'école des travaux publics.

La physique et la chimie n'ont encore été montrées qu'en théorie en France.

L'école des mines de Scheumitz en Hongrie nous fournit un exemple frappant de l'utilité de faire exercer ou pratiquer par les élèves les opérations qui sont la base de ces sciences utiles. Des laboratoires y sont ouverts et munis des ustensiles et des matériaux nécessaires pour que tous les élèves y répètent les expériences et voient par leurs yeux tous les phénomènes que les corps présentent dans leur union.

Le comité de salut public a pensé qu'il fallait introduire dans l'école des travaux publics cette méthode, qui a le double avantage de faire concourir tous les sens à la fois aux progrès de l'instruction, et de fixer l'attention des élèves sur une foule de circonstances qui échappent presque toujours dans les leçons, ou aux professeurs ou aux auditeurs. Les élèves seront distribués dans des salles particulières, où ils exécuteront les opérations de géométrie descriptive que leurs instituteurs leur auront enseignées dans les salles communes ; ils répèteront de même dans des laboratoires particuliers les principales opérations de chimie, et ils s'accoutumeront à trouver la plus grande simplicité dans les procédés et la plus grande perfection dans les produits.

Le nombre et l'utilité des connaissances mathématiques et physiques, qui constitueront l'enseignement dans l'école des travaux publics, exigent que le cours complet des études dure trois années. Ainsi les élèves seront divisés en trois classes, de sorte que chaque année ceux qui auront terminé le cours de leurs études quitteront l'école soit pour être employés par le gouvernement aux travaux de la République, s'ils en sont jugés capables, soit pour reporter dans leurs foyers l'instruction qu'ils auront puisée à Paris, et y prodiguer en quelque sorte les connaissances vraiment utiles.

Un nombre d'élèves égal à ceux qui quitteront seront nouvellement admis à commencer leur cours d'étude.

Si nous étions dans des circonstances ordinaires, si la patrie n'était pas dans un besoin si pressant d'ingénieurs éclairés, il ne faudrait admettre cette année dans l'école des travaux publics que les premiers tiers des élèves qu'elle peut recevoir, y appeler le second tiers l'année prochaine, et dans trois ans l'école serait complète, et conduite à l'état d'uniformité qu'elle doit atteindre ; mais les besoins de la République ne permettent pas de suivre une marche aussi lente. Il a fallu trouver le moyen de fonder à la fois toutes les parties de l'instruction de l'école ; l'enseignement révolutionnaire dont la Convention connaît les avantages a présenté au comité le moyen d'atteindre ce but.

Des cours concentrés en quelque sorte, et de la durée de trois mois chacun, et donnés en même temps, renfermeront l'enseignement total de l'école, fourniront une instruction complète, quoique accélérée, et permettront à la fin de ces premiers cours de partager les élèves en trois classes, dont chacune suivra sur-le-champ l'étude affectée à chacune des trois années, en sorte que l'école sera en activité dans toutes les parties, dès sa première institution.

Les élèves seront choisis parmi les jeunes gens qui auront fait preuve d'intelligence, de bonne conduite, et qui auront été élevés dans les principes républicains.

Les preuves d'intelligence se feront par un examen sur les premiers éléments d'arithmétique, d'algèbre et de géométrie. En appelant à l'école des travaux publics de jeunes citoyens déjà instruits des premières notions des sciences exactes, il en résultera qu'une partie de la durée des cours ne sera point employée à donner les éléments de ces connaissances qui peuvent être puisés partout, et que le bienfait de cette éducation sera placé de la manière la plus avantageuse pour la République et pour les élèves eux-mêmes.

Beaucoup de jeunes gens ont déjà reçu un commencement d'instruction qui a exercé leur intelligence et qui les rend propres à servir la patrie. Il faut que la République profite tout à coup de cette avance, en achevant promptement cette éducation bien commencée. Ces élèves seront de l'âge qui précède immédiatement celui de la première réquisition, c'est-à-dire depuis 16 jusqu'à 18 ans; indépendamment des jeunes gens de cet âge, il y en a un très grand nombre d'autres qui, réellement privés des qualités physiques nécessaires pour payer leur dette à la patrie en la défendant, sont capables de l'acquitter par le travail de leur intelligence; ceux-là, moins agités par le mouvement si naturel aux jeunes corps robustes et bien constitués, sont en même temps moins dissipés, plus recueillis et plus propres à exercer leurs facultés intellectuelles. Des législateurs sages doivent mettre chaque citoyen à sa place, et tirer parti de toutes les dispositions de la nature pour le plus grand avantage de la chose publique.

Quoique l'enseignement, qui doit être donné dans l'école des travaux publics, doive en rendre l'instruction plus complète que celle qui a été donnée dans les établissements destinés jusqu'ici à former les différentes classes d'ingénieurs, le comité a pensé que, pour n'exposer aucune des ressources de la République, il convenait de ne supprimer aucune des écoles existantes, au moins jusqu'à ce que la nouvelle école ait pris une marche assurée. Trop d'atteintes ont été portées jusqu'ici dans l'instruction publique, pour que la Convention ne repousse pas dorénavant toutes celles que la barbarie et le vandalisme voudraient lui porter encore.

Les écoles existantes continueront donc leurs exercices accoutumés; seulement les élèves, qui les fréquentent et qui auront les dispositions requises, pourront se présenter à l'examen pour être admis à l'école centrale des travaux publics.

À l'exposé de la méthode d'enseignement qui sera suivie dans l'école des travaux publics, ajoutons maintenant celui des mesures que le comité de salut public a prises, d'après le décret du 21 ventôse, pour en presser l'exécution.

La maison nationale des travaux publics lui a offert toutes les ressources possibles pour cet établissement. On y a préparé les salles d'études et exécuté toutes les distributions nécessaires à l'enseignement. Le comité s'est occupé du rassemblement des instruments, modèles et machines pour meubler les laboratoires, le cabinet de physique, les salles de dessin et de géométrie; du choix des instituteurs et d'un administrateur intelligent, de la rédaction des règlements pour l'ordre des études, la marche des leçons et de tout ce qui tient à l'organisation intérieure de l'école.

Toutes les mesures prises pour remplir ces différents objets touchent à leur exécution complète, et il ne manque plus que l'arrivée des élèves, pour que cet établissement utile, décrété depuis six mois par la Convention, soit mis en activité. Il est urgent de procéder incessamment à l'appel des élèves, qui exigera environ deux mois, tant pour les proclamations et pour les examens que pour l'arrivée à Paris. Le comité vous propose de fixer cette arrivée quelques jours avant le 10 frimaire. Si l'on différait davantage, il en résulterait un grand mal, les préparatifs déjà faits deviendraient inutiles. On ne profiterait pas de l'hiver, saison la plus propre aux études, pour former des élèves qui puissent dans la campagne prochaine avoir des connaissances suffisantes et rendre des services à la République dans ses armées, dans ses ports, et dans toutes les espèces de travaux publics qui reprennent de l'activité au retour de la belle saison.

Les qualités que doivent avoir les élèves de l'école des travaux publics exigent qu'il n'y ait pas une répartition uniforme sur tout le territoire de la République, comme il a fallu le faire, soit pour lever des bataillons soit pour réunir des jeunes gens à des cours et les renvoyer ensuite dans leurs foyers.

On a besoin ici de jeunes gens qui aient fait des études préliminaires, qui se consacrent à une profession particulière, dont l'état d'élèves à l'école des travaux publics sera en quelque sorte le premier grade.

On veut appeler ceux qui sont déjà les mieux préparés, pour que la République puisse jouir plus tôt de l'exercice de leurs talents. Il est évident que la seule manière de les reconnaître est de les faire passer à un examen qui donne la mesure précise de l'intelligence et des dispositions de chacun, afin de rassembler les plus habiles en aussi grand nombre que le comporte le local et les préparatifs de l'école des travaux publics Les mesures prises par le comité permettent de porter ce nombre à environ 400.

Il est nécessaire de donner une indemnité aux élèves, parce que la plupart des citoyens n'auraient pas les facultés pour entretenir leurs enfants à Paris pendant trois ans, parce qu'ils ont déjà fait des dépenses pour leur donner les premières instructions, et parce que les élèves auront obtenu, d'après leur examen, un premier grade dans les travaux publics.

Un des objets qui ont le plus exercé la sollicitude du comité de salut public, ce sont les précautions nécessaires pour la conservation des mœurs des élèves à Paris. Il a pensé que, pour cet objet, ils ne devaient être ni casernés ni réunis dans un pensionnat commun, mais qu'ils devaient être mis en pension séparément, ou en très petit nombre, chez de bons citoyens qui, par leur exemple domestique, les formeraient aux vertus républicaines, qui leur inspireraient l'amour du travail et qui se chargeraient des soins paternels qu'exigent la vie, la santé et l'entretien.

Il a pris aussi des mesures pour assurer le choix des citoyens qui recevront les élèves en pension. Il a trouvé dans ce mode un moyen fraternel de communiquer les bons exemples, et de réunir le double avantage de multiplier les soins pour les élèves et de rendre ces soins mêmes utiles aux pères de famille, par l'instruction que les élèves pourront répandre dans leurs maisons.

Tel est le plan d'un établissement prêt à éclore à votre voix, et dont votre prévoyance pour le peuple vous a déjà fait décréter la création. Le comité doit vous dire que la grandeur de cette école sera sans modèle en Europe; qu'elle satisfera doublement et aux besoins de la République et à l'instruction générale que le peuple réclame depuis cinq ans; qu'elle répandra de proche en proche, et dans toute la République le goût si avantageux de l'étude des sciences exactes, et que c'est enfin un des plus puissants moyens de faire marcher d'un pas égal le perfectionnement des arts utiles et celui de la raison humaine.

Sous peu de jours, et après s'être concerté avec les comités de secours publics, d'agriculture et d'instruction publique, le comité se propose de vous présenter des projets sur deux branches d'instruction également importantes pour la République. L'un aura pour objet de former promptement des officiers de santé pour le service des armées; l'autre sera destiné à répandre révolutionnairement les connaissances nécessaires au perfectionnement du premier des arts, de l'agriculture. Tous deux deviennent en ce moment indispensables pour assurer l'approvisionnement des armées de terre et de mer.

Législateurs , rappelez sans cesse le peuple français à l'amour du travail , à la culture des sciences et des arts utiles. Bientôt tous les enfants de la patrie se serreront auprès de vous, et travailleront en commun à l'affermissement de son bonheur et de sa prospérité.

## SUITE DE LA SÉANCE DU 5 VENDÉMIAIRE.

On lit les lettres suivantes :

*Le citoyen Schmidt, facteur d'instruments, rue de Thionville , au Musée , à la Convention nationale.*

Citoyens représentants, je professe l'art de mécanicien-facteur de forte-piano; mais j'abandonne quelquefois cet art, qui n'est que d'agrément, pour me livrer à des découvertes mécaniques utiles à l'humanité.

Je suis l'inventeur d'une machine hydraulique, avec laquelle on peut descendre dans l'eau, à quelque profondeur que ce soit, scier, clouer, percer des trous, attacher des cordages, ramasser des choses au fond de l'eau, sans compression d'eau ni d'air; rester une demi-journée sous l'eau, entretenir des conversations avec les personnes qui sont dessus.

Une pareille machine peut être d'une grande utilité pour la République dans bien des cas.

Je fais en ce moment hommage à la Convention nationale d'une charrue qui, par sa construction, exige plus de moitié moins de force pour la traîner, c'est-à-dire que, dans les terres ordinaires, l'on peut labourer avec un cheval ou un bœuf, et dans les terres glaises ou autres que l'on puisse considérer comme les plus fortes, avec deux chevaux ou deux bœufs. J'en ai fait l'expérience.

### Lettre du même.

L'incendie qui a eu lieu dernièrement à la ci-devant abbaye Germain me vit l'un des premiers à porter secours contre ses ravages; j'eus bien là l'occasion de remarquer que tout ce que l'on avait pu imaginer jusqu'ici pour arrêter ce fléau destructeur était encore insuffisant, que toutes les ressources employées n'offraient pas de moyens d'arracher aux flammes celui qui, se trouvant dans sa chambre, n'en pourrait plus sortir qu'en se précipitant par la croisée, l'escalier étant déjà entrepris par le feu. Cette observation m'a fait naître l'idée d'une échelle à pont avec laquelle on peut secourir les personnes que le feu pourrait empêcher de descendre par l'escalier. Cette échelle se monte à volonté: étant parvenue à la hauteur nécessaire on jette le pont, qui se prolonge jusqu'à douze pieds, et s'appuie sur la croisée.

J'ai l'honneur de joindre à mon hommage à la Convention nationale de la charrue celui de l'échelle; si elle peut mériter l'adoption des représentants du peuple, je demanderai qu'il en soit construit une ou deux pour chaque dépôt de pompes à Paris, et le nombre qui sera jugé nécessaire dans chacune des autres villes de la République.

SCHMIDT.

La Convention nationale décrète la mention honorable de ces annonces, et l'insertion au Bulletin de l'offrande, et le renvoi au comité d'agriculture et des arts.

Sur le rapport du comité des finances, les deux décrets suivants sont rendus :

« La Convention rapporte son décret du..... qui autorisait l'imposition, faite par les représentants Bô et Chabot, d'une taxe révolutionnaire dans le département de l'Aveyron, et décrète que les dispositions de la loi du....., fait remise aux contribuables des sommes arriérées, sont communes à ce département. Les sommes encore dues ne pourront être recouvrées. »

« La Convention nationale, après avoir entendu son comité des secours, sur la pétition de Dominique Cairaron, marchand de la commune de Maurs, district d'Aurillac, dont les marchandises ont été pillées dans sa maison pendant qu'il marchait avec ses frères d'armes au secours du représentant du peuple Bô, contre lequel s'étaient insurgés des fanatiques du district de Figeac, département du Lot, décrète :

» 1º Que les pertes de Cairaron seront liquidées à la somme de 8,000 liv.;

» 2º Que ladite somme sera prise sur les fonds provenants des taxes révolutionnaires imposées sur les communes insurgées. »

L'Assemblée décrète que ses comités lui présenteront sous deux décades, un projet de code forestier.

Levasseur, au nom de la commission des dépêches, fait lecture de la correspondance.

La légion des Allobroges , en cantonnement dans la Cerdagne espagnole, vote une adresse énergique à la Convention, dans laquelle elle la félicite d'avoir renversé les triumvirs, et jure une guerre à mort aux tyrans et aux esclaves.

La société populaire de Laval s'exprime fortement pour la liberté de la presse. « On agite, dit-elle, cette grande question: si chacun a la liberté d'opinion, pourquoi n'aurait-elle pas la liberté d'écrire, sauf punition, s'il calomnie? Nous déclarons que la liberté de la presse est essentielle dans un gouvernement libre. » (On applaudit.)

Le bataillon de Brutus , à l'armée des Pyrénées, applaudit au décret provoqué contre les Espagnols par la violation des traités commise par leurs généraux; il fait don d'une somme de 236 livres pour les deux premiers soldats qui se signaleront dans cette armée. Il conclut par ce principe : *A bas les hommes, à l'ordre du jour les choses!* (Applaudissements.)

Le citoyen Bô expose que le citoyen Lavallée , notaire à Dammartin, et juge au tribunal révolutionnaire , a demandé à se faire remplacer dans ses fonctions de notaire par son prédécesseur Chau-Lepied , pendant qu'il remplira les fonctions de juge.

Sur son rapport, la Convention rend un décret qui remplit les intentions du citoyen Lavallée.

La société populaire de Versailles jure de n'avoir pour cri de ralliement que *Vive la République ! vive la Convention.* Elle invite l'Assemblée à se défier des factions, à se garder des projets parricides des nobles et des prêtres. (Applaudissements.)

L'insertion de cette adresse au Bulletin est décrétée.

La société populaire de Creuilly écrit que l'aristocratie et le modérantisme lèvent la tête. Levasseur demande l'insertion de cette adresse au Bulletin; d'une autre part on demande le renvoi au comité de sûreté générale.

LEVASSEUR : Je demande si l'on veut étouffer la voix du peuple, qui, dans ces moments ne pouvant se rassembler en sections, ne peut la faire entendre que dans les sociétés populaires?

BRÉARD : Personne plus que moi ne respecte les sociétés populaires; mais Levasseur est dans l'erreur, s'il croit que quelques citoyens réunis peuvent représenter le vœu du peuple. (On applaudit.) Le peuple seul, réuni dans son entier, est en droit d'exprimer son vœu, mais il ne peut l'être par cinq ou six intrigants, qui écartent les sociétés populaires des sages principes de leur institution. (On applaudit.) Je demande que le comité de législation présente les moyens d'après lesquels on pourra faire insérer ou non les adresses au Bulletin.

Plusieurs membres réclament l'ordre du jour motivé sur les décrets qui portent qu'elles seront toutes renvoyées au comité de sûreté générale.

Un membre se plaint de ce que la commission des dépêches ne lit que de certaines adresses , tandis qu'elle en laisse beaucoup de contraires ignorées.

Levasseur déclare que la commission est impartiale.

Plusieurs autres observations sont faites, après lesquelles Bréard retire sa motion, et la Convention passe à l'ordre du jour sur la proposition faite.

La Convention renvoie l'adresse de la société populaire de Creuilly au comité de sûreté générale.

La société populaire de la Rochelle se plaint d'avoir été calomniée par des hommes dominateurs qu'elle exclut de son sein, et qu'elle dénonce à son tour; elle invite l'Assemblée à se faire faire un rapport par son comité de sûreté générale sur cet objet.

L'Assemblée décrète que ce rapport sera fait sous trois jours.

Des colons de Saint-Domingue demandent le rapport du décret du 17 ventôse et la mise en liberté provisoire des commissaires Pages, Brulé et autres, au nombre de six, et que l'Assemblée se fasse faire le rapport qu'elle a décrété.

On demande que cette pétition soit renvoyée aux comités qui doivent faire un rapport sur cette affaire.

Un membre observe qu'on ne viendra jamais à bout de voir clair dans l'affaire des colonies, si l'Assemblée ne nomme une commission de ses membres, spécialement chargée de recueillir et d'examiner les papiers relatifs aux colonies.

Cette dernière proposition est renvoyée aux comités.

Une seconde députation d'habitants de Saint-Domingue, de diverses couleurs, dénoncent des colons, Pages et Brulé, qu'ils accusent d'être auteurs des troubles des colonies.

Un membre demande à dénoncer celui qui a présenté cette pétition comme un intrigant.

L'Assemblée renvoie la pétition aux comités.

L'agent national du district de Saintes écrit que la vente des biens des émigrés et des condamnés se fait avec une rapidité au-delà de toute espérance. Déjà elle s'élève à près de 4,000,000 liv. Les adjudications ont surpassé de deux tiers l'estimation; déjà un grand nombre de citoyens sont devenus propriétaires.

L'agent national près le district de Maubeuge envoie à la monnaie de Paris 1,500 marcs 10 onces un or et argent, 7 marcs de cuivre doré, et des étoffes d'or et d'argent provenantes du fanatisme.

Des patriotes des Iles-du-Vent, qui ont sacrifié leur fortune plutôt que de prêter le serment au roi George, présentent quelques observations sur les causes qui ont occasionné la livraison des colonies aux lâches Anglais; ils demandent qu'il soit créé une commission pour examiner cette affaire, et que les coupables soient renvoyés au tribunal révolutionnaire; ils réclament en outre des secours.

Plusieurs membres attestent le patriotisme des pétitionnaires; ils demandent la mention honorable et le renvoi aux comités de leur pétition.

Cette proposition est décrétée.

La citoyenne Levasseur, veuve J.-J. Rousseau, est admise à la barre.

« Citoyens représentants, J.-J. Rousseau, mon époux, m'a remis, une heure avant sa mort, deux manuscrits avec une inscription qui annonce que son intention est que le sceau apposé sur l'enveloppe ne soit rompu qu'en 1801. Je prie la Convention nationale de confier à son archiviste ce dépôt sacré; elle pèsera dans sa sagesse s'il convient ou non de prendre des mesures pour que cet ouvrage, que je crois le fruit de longs travaux, voie le jour avant l'époque fixée par l'auteur du Contrat social. »

LE PRÉSIDENT : Jean-Jacques a éclairé et honoré son siècle. Près de descendre au tombeau, il t'a donné une grande preuve de son amitié et de son estime, en te rendant dépositaire de manuscrits qui lui ont coûté tant de travaux et de longues veilles. La Convention nationale accepte l'hommage que tu lui fais de ce dépôt précieux; elle rapprochera la volonté de l'auteur d'Emile de l'intérêt national, et prononcera dans sa sagesse. Je t'accorde en son nom les honneurs de la séance. (On applaudit.)

On demande l'ouverture du paquet.

THIRION : Plus la mémoire de Rousseau doit être honorée, plus vous devez craindre de ne pas respecter sa dernière volonté. Il faut donc traiter solennellement la question de savoir si l'on doit ouvrir le paquet.

BARÈRE : L'intention de Rousseau n'a pu être, pour la publication de cet écrit, que d'attendre une époque où le progrès des lumières permît de sentir la force des vérités qu'il peut contenir; mais à cet égard le vœu de ce grand homme est plus que rempli; la révolution a tellement accéléré le progrès des lumières que nous sommes plus avancés que si nous étions en 1900; il ne peut donc y avoir de difficultés sur l'ouverture du paquet. J'ajoute une autre proposition : il appartient à la Convention de respecter les propriétés; la veuve de J.-J. est entretenue aux frais de la République; sa pension est de 1,500 livres : cette somme ne peut, dans les circonstances où nous nous trouvons, suffire aux besoins de son grand âge. Je demande donc que le produit de l'ouvrage soit donné à sa veuve.

BENTABOLLE : Je m'oppose à l'ouverture du paquet, parce que la question de savoir si la Convention peut et doit faire cette ouverture mérite bien, à mon avis, la discussion de l'Assemblée. J'appuie donc la proposition du renvoi au comité d'instruction publique.

N*** : Pateau, homme de lettres, enfermé à la Conciergerie, où il n'est retenu que parce qu'il avait ci-devant le titre d'abbé, mais que je connais pour un bon patriote; Pateau, qui était très lié avec l'abbé de Condillac, m'a dit que ce dernier, dépositaire d'un manuscrit de J.-J. Rousseau, lequel ne devait être ouvert qu'en 1801, l'avait remis à sa mort, à son ami l'abbé de Reyrac, auteur de l'hymne au Soleil. Reyrac demeurait à Beaugency; avant de mourir, il confia le manuscrit au citoyen Lemaire, homme de lettres et notaire à Beaugency; par quel hasard se fait-il que ce dépôt se trouve actuellement entre les mains de la veuve de J.-J. Rousseau ? Je dois dire encore ce que Pateau m'a écrit : ce manuscrit est l'ouvrage des vieux ans de ce grand homme : Condillac lui a dit souvent qu'il craignait que cet ouvrage n'augmentât pas la vénération due à la mémoire de ce grand homme. (On murmure.) Je ne vous répète que ce que Pateau m'a dit. N'avez-vous pas l'exemple de Raynal, qui à la fin de sa vie a été traité de contre-révolutionnaire ?

PELET : La veuve de J.-J. Rousseau vient de me faire dire au bureau que ce paquet était resté longtemps entre les mains de Girardin; que, dans les discussions élevées entre lui et la veuve, il avait souvent fait difficulté de lui rendre ce manuscrit, et que, pour le ravoir, elle avait été obligée de le menacer de le dénoncer à la Convention.

THURIOT : La veuve de J.-J. Rousseau s'est transportée d'abord au comité de salut public; elle nous a déclaré que son mari, quelques heures avant sa mort, lui avait remis ce paquet avec cette suscription : Pour n'être ouvert qu'en 1801; que depuis ce temps la bonne amitié ayant subsisté entre elle et Girardin, le dépôt lui fut confié : Girardin l'a respecté. Au surplus, cet ouvrage peut être utile à l'humanité et à la République; il ne peut y avoir d'embarras : il faut le renvoyer au comité d'instruction publique; si les idées qu'il contient sont dangereuses ou inutiles, rapportons-nous en à sa prudence, il ne les fera pas publier; dans le cas contraire, il fera un rapport : en tout état de cause, la volonté particulière doit céder à l'intérêt général.

N*** : D'après ce qui vient de dire, il paraît que le paquet dont il s'agit aujourd'hui n'est pas le même que celui dont m'a parlé Pateau; mais, comme il ne faut rien perdre de ce qui est sorti de la plume de J.-J. Rousseau, je demande que le comité d'instruction publique fasse des recherches pour recouvrer ce manuscrit.

Cette observation est renvoyée à ce comité.

La Convention décrète que l'ouverture du paquet sera faite par le président, qui le signera avec les secrétaires, et que l'ouvrage sera renvoyé au comité de salut public pour en faire un rapport demain.

Legendre, de la Nièvre : Citoyens, je viens appeler votre sollicitude et votre attention sur des objets bien importants, puisque c'est du parti que vous prendrez, près m'avoir entendu, que peut dépendre le salut de a République.

Nous ne sommes plus aux temps où l'ignorance des ois, des principes et de l'action du gouvernement laissait vaguer l'Assemblée entre l'opinion d'un ministre perfide et les oscillations du doute et de l'inquiétude sur les résultats des délibérations qu'on était forcé de prendre pour ne pas interrompre la marche des affaires publiques. Aujourd'hui le gouvernement est entre vos mains, il dépend de vous de bien le connaître, de bien le diriger, et de créer le bonheur du peuple par la sagesse de vos lois et par le zèle que vous apporterez à vous éclairer sur toutes les parties de l'administration ; car ce n'est qu'avec des lumières que vous pourrez appliquer les remèdes convenables aux maux infinis qui menacent d'attaquer le sein de la patrie ; plus vous êtes environnés de puissance et de moyens par la volonté du souverain qui vous a confié ses pouvoirs et qui vous protège par sa force, plus vous contractez de devoirs envers lui, et plus vous devez vous empresser de les remplir.

Il vous a demandé la liberté, la victoire et le bonheur. Vous avez satisfait à son premier vœu par le renversement de la tyrannie et du despotisme nobiliaire et sacerdotal : quant à la victoire, il semble que le courage et l'audace des armées de la République aient fixé son instabilité sur toutes nos frontières ; et lorsque la postérité lira les triomphes d'une seule année de combats, elle interrogera l'histoire, et lui demandera si tous les soldats de la République étaient des héros ou des dieux.

C'est donc du bonheur public et des moyens de préparer la paix, en nous disposant toujours à la guerre, que vous devez vous occuper dans les moments difficiles où il semble que la discorde, la haine et l'envie aient jeté au milieu de nous leurs poignards, leurs poisons et leurs serpents, pour nous diviser, pour nous avilir et pour nous faire faire un pas rétrograde qui soit sans espérance de retour ; car ne doutez pas que ce ne soient l'unique but et la dernière espérance des ennemis de la liberté et des vôtres.

Le bonheur public sur lequel j'appelle toute votre attention et toutes vos réflexions se compose essentiellement du bonheur individuel, qui n'est que le résultat d'une sage administration, qui économise et distribue avec égalité et avec justice tous les moyens de prospérité publique, qui empêche les abus, pourvoit à tous les besoins, et établit de cette manière la confiance que le peuple doit avoir dans ses magistrats. Vos comités vous rendront compte sans doute de tout ce qui a rapport à la guerre, à la législation et aux finances de la République ; c'est pourquoi je ne porterai mes regards que sur les parties d'administration qui, dans les circonstances actuelles, m'ont paru exiger plus particulièrement votre surveillance et vos soins, si nous voulons empêcher les progrès des malheurs publics, en éviter les funestes conséquences.

Mais je dois vous prévenir, citoyens, que votre sagesse, votre expérience et votre fermeté dans l'exécution des mesures que vous prendrez, peuvent seules garantir vos succès.

Je vais dire sans mollesse et sans exagération ce que je sais et ce que je pense, afin que la vérité des faits que j'exposerai sous vos yeux puisse animer continuellement vos actions, et exciter votre zèle à réparer les maux de la République, et à les prévoir.

Je dirai donc que le commerce, l'agriculture, les subsistances, la consommation, les transports par terre,

la navigation intérieure, les approvisionnements des grandes communes, ainsi que ceux des armées de terre et de mer, réclament également votre sollicitude et l'interposition des mesures dépendantes de l'autorité de la Convention nationale, pour se revivifier, se reproduire, et circuler dans toutes les parties du territoire français.

Je ne dirai qu'un mot sur chacun des objets dont j'ai à vous entretenir, afin de laisser plus de latitude à vos réflexions et à votre méditation sur les moyens que je proposerai pour remèdes, après avoir indiqué les inconvénients et les dangers.

*Le commerce* n'existe plus, parce qu'il manque des objets nécessaires à son aliment ; il a d'ailleurs été étonné, comprimé, vexé par l'abus qu'on a fait des réquisitions, et par la guerre ouverte qu'on lui a déclarée, en signalant trop généralement tous les commerçants et tous les fabricants comme des ennemis de la République, et ne protégeant pas assez ceux qui en étaient les amis. De là ce découragement qui a détruit les opérations commerciales et rompu cette chaîne féconde en échanges et en produits d'objets de manipulation et de fabrication, qui fournissait continuellement aux besoins et à la consommation de la République, en même temps qu'elle servait à solder nos retours avec l'étranger. Dès lors chacun a retiré ses fonds. Le crédit et la confiance ont disparu, et on s'est occupé partout à créer de nouveaux établissements qui n'ont rien produit encore, et qui ont fini de ruiner, par l'emploi des bras et des matières premières, les anciens établissements auxquels il aurait fallu donner de l'extension et de la vigueur.

*L'agriculture* qui a été si florissante l'année dernière, et qui a si généreusement récompensé les cultivateurs des soins qu'ils s'étaient donnés pour lui ravir ses trésors, semble être paralysée dans plusieurs contrées par la privation des secours dont elle a besoin pour ses labours, ses transports, et pour perfectionner tous les moyens de richesse et d'abondance.

*Les subsistances.* On sait que presque partout elles sont abondantes, et cependant à voir la disette journalière et l'inquiétude de quelques communes, de quelques districts, on dirait qu'elles sont à la veille de manquer ; d'où cela vient-il ? C'est encore du système mal entendu des réquisitions, du défaut d'ordre et d'intelligence dans leur application ; j'en accuse plus particulièrement encore le règne oppresseur de ces violences et de ces mouvements liberticides, qui n'ont été provoqués par quelques hommes virulents, imposteurs ou égarés par leurs passions, que pour faire accuser les législateurs et les lois, et qui, dans le délire de leurs criminels desseins, ont dénaturé les véritables principes du gouvernement, pour le faire haïr, ou pour induire en erreur les hommes purs qui étaient associés à leurs travaux. C'est ce système destructeur qui a désolé quelquefois plusieurs contrées de la République, qui a isolé tous les hommes, qui les a contraints à être plus égoïstes et plus froids qu'ils n'étaient disposés à l'être, qui les a forcés à être méfiants et timides, et à rompre toutes les relations habituelles et nécessaires qu'ils avaient entre eux pour se procurer leurs besoins. C'est encore ce système odieux, qui n'aurait dû comprimer que l'aristocratie et la perversité, qui a éloigné tous les habitants des campagnes des grandes communes où ils portaient le produit de leur économie et de leur industrie, en échange des objets qu'ils ne peuvent se procurer chez eux. On a repoussé leurs présents par la manière dont on les a reçus ; on les a pour ainsi dire expulsés des villes, et ils se sont retirés sous leurs chaumières pour y vivre ignorés et tranquilles, et pour adresser des vœux aux dieux protecteurs de la liberté, pour la gloire de la République, et pour le triomphe de nos armées qui sont remplies de leurs fils et de leurs frères.

*La consommation des subsistances.* C'est là l'objet qu'il faut particulièrement surveiller, car depuis la récolte cette consommation excède d'un tiers au moins la consommation ordinaire. Mais cet inconvénient tient à des circonstances et à des causes qu'il a été impossible d'éviter, quoiqu'on ait pu les prévoir. D'une part, le défaut de farines anciennes et le manque absolu de vieux grains dans plusieurs départements ont forcé de battre les blés au fur et à mesure qu'on les moissonnait, ce qui a occasionné une perte prodigieuse dans le produit de la farine et dans la manipulation du pain. D'autre part, la longue sécheresse que nous avons éprouvée et la baisse extraordinaire des eaux qui en a été la suite, ont empêché plusieurs moulins de moudre, et ceux qui ont continué à travailler ont à peine suffi aux besoins journaliers, de manière que chaque famille a été forcée de consommer sa mouture en sortant de la meule ; ce qui fait que le pain est moins abondant, qu'il est de mauvaise qualité, de difficile digestion, et que conséquemment on en gâte beaucoup.

Cet abus est plus sérieux qu'on ne le pense peut-être, et mérite plus qu'on ne le croit l'attention et la surveillance du gouvernement.

*Les transports par terre.* Ces transports, si nécessaires et si précieux dans les moments actuels pour les approvisionnements du commerce, des manufactures, des ateliers, des arsenaux de construction, des armées de terre et de mer de la République, deviennent de plus en plus difficiles et insuffisants, soit parce que plusieurs routes et chemins de traverse sont devenus impraticables, soit parce que les chevaux et bœufs de trait sont devenus rares par la consommation et par les pertes qu'on a faites, d'abord par les marches forcées et cependant nécessaires, par la mauvaise nourriture, souvent aussi par le défaut de ration suffisante, et ensuite par le peu de soin qu'on a eu des chevaux dans les différents dépôts, et enfin par l'acquisition ou la réquisition qu'on a faites des chevaux neufs à un âge où ils n'étaient point assez forts pour soutenir les travaux et les fatigues de la guerre : j'ajouterai qu'à l'imitation du perfide Narbonne on a continué à dépeupler les haras, et que dans plusieurs départements on n'a pas même excepté de la réquisition ou de l'acquisition les juments poulinières, qui étaient l'espérance de l'agriculture et de la guerre. Les transports sont encore devenus difficiles et dispendieux, parce qu'on n'a pas pourvu aux moyens de rendre les retours utiles, que dans beaucoup d'endroits on a vu les voituriers aller ou s'en retourner à vide, ce qui est une grande faute dans l'économie et dans l'organisation des transports du commerce, de l'agriculture et de la guerre.

*Les transports par eau ou la navigation intérieure de la République.* — La navigation intérieure de la République était paralysée par les réquisitions que la marine avait faites de tous les matelots et charpentiers constructeurs de fleuves et canaux navigables, et par la disette des bateaux de transport. Mais le comité de salut public a, par un arrêté qu'il a pris dans la décade dernière, pourvu aux moyens d'entretenir le service extraordinaire de la navigation des fleuves et des canaux, de l'augmenter même, et de rendre l'arrivage des denrées, marchandises et matières premières plus assuré, en multipliant les bateaux de transport, et en facilitant la construction par les mesures qu'il a prises. Il ne s'agira donc plus que d'en surveiller l'exécution, et de faire en sorte que les transports par eau remplacent, autant qu'il sera possible, les transports par terre.

Tel est, citoyens, l'état des diverses parties d'administration dont je viens de vous entretenir. Il n'y a pas un moment à perdre, si vous voulez éviter les malheurs dont la République est menacée par toutes les causes que j'ai désignées, et dont les résultats seraient la source féconde de la misère publique et de tous les fléaux qu'elle amène à sa suite.

Cinq années d'une révolution orageuse autant que sublime ont coûté au peuple des sacrifices assez nombreux pour qu'il ne doive pas être exposé à en faire de nouveaux. Il faut le rassurer sur ses besoins ; il faut conserver sa gloire et sa liberté, en jetant les fondements de son bonheur, et en lui préparant la jouissance tranquille et paisible de tous les objets de première nécessité, car le peuple vertueux n'a pas besoin de superfluités.

Les moyens de faire et d'agir sont entre vos mains, et la République possède encore des ressources assez nombreuses pour réparer les pertes et reproduire l'abondance des objets dont la disette se fait sentir depuis quelque temps.

Ramenez la confiance et la paix intérieure par des lois protectrices des bons, et répressives contre les méchants. Éteignez les flambeaux de la haine entre les mains des citoyens qui sont ou divisés ou exaspérés, en leur donnant l'exemple de la réunion et du silence que tout républicain doit imposer à ses passions, dans les grands dangers de la patrie, et surtout lorsque de grands attentats sont médités contre elle et contre la représentation nationale, par les tyrans que nos armées ont vaincus, et par les restes impurs de l'aristocratie et du royalisme. Qu'une seule passion, seule légitime et seule digne de vous, embrase vos cœurs et dirige vos actions, l'amour de la patrie et de la liberté !.... Traduisons dans une adresse éloquente qu'instructive et fraternelle les principes qui doivent consacrer l'union sincère de tous les vrais républicains ; instruisons le peuple des événements passés et de l'objet de vos méditations actuelles : empêchons surtout que les patriotes ne se divisent et ne s'entre-accusent des faits qui ont amené la révolution au port. Excusons les erreurs patriotiques, et ne traitons pas légèrement de crimes les fautes qui ont été commises par ceux qui ont frayé les routes difficiles et aspères du gouvernement révolutionnaire. Que les patriotes respirent en paix et jouissent enfin du fruit de leurs travaux, ou plutôt qu'ils continuent à veiller pour le salut de la patrie ; ce sont eux qui ont amené le règne de la justice, parce qu'elle est dans leurs cœurs ; mais ce sont eux aussi qui veulent que la terreur et la justice pèsent sans cesse sur les fripons, sur les scélérats et sur les contre-révolutionnaires, car ce ne sont pas là les hommes que nous prétendons excuser.

Oui, citoyens, il faut exprimer ces pensées dans l'adresse que vous ferez au peuple, pour terminer ces querelles et ces dissensions qui troublent et la tranquillité publique, qui altèrent la confiance et qui préparent des mouvements sourds, dont l'explosion ne pourrait qu'être funeste à la patrie et à la liberté.

Il faut effacer jusqu'à la trace de ces inquiétudes qui alarment et qui paralysent les travaux de tous les citoyens qui s'occupent du gouvernement et de l'administration ; inquiétudes funestes qui s'étendent peut-être jusque dans nos armées. Vous n'ignorez cependant pas que celui qui combat, et que celui qui administre, remplit mal sa tâche lorsqu'il est forcé d'avoir deux pensées à la fois.

Qu'importe que quelques individus, trompés, malveillants, séduits ou vendus à nos ennemis, cherchent à agiter quelques sections de la République, ou à diviser les sociétés populaires? ils ne réussiront pas dans les attentats liberticides qu'ils méditent, si la voix de la première magistrature se fait entendre assez promptement pour que le peuple soit instruit et prémuni contre les pièges qu'on cherche à lui tendre.

Lorsque vous aurez pris cette mesure qui est nécessaire, et que le salut public commande pour assurer l'union de tous les patriotes, et préparer le retour à l'ordre et à la confiance publique, vous serez assurés que les moyens que vous aurez pris pour ranimer le commerce et l'industrie, soutenir l'agriculture, rassurer les approvisionnements, et faire renaître l'abondance de tous les objets nécessaires à la vie, seront puissamment secondés par la commune bienveillance.

On vous a déjà indiqué quelques vues utiles dans les différents rapports qui vous ont été faits sur la situation du gouvernement, et ceux qui m'ont précédé à cette tribune vous ont donné sur ces objets des détails plus précis et plus satisfaisants que ceux que j'aurais pu vous donner moi-même. Mais je ne vois pas qu'on vous ait proposé aucun projet de décret qui puisse remplir les grands objets que vous devez embrasser, si vous voulez sonder également toutes les plaies de la République, pour appliquer en même temps à chacune d'elles le remède qui peut lui être convenable.

Le travail préparatoire et indispensable pour procéder à cette vaste opération est, à mon avis, le compte que vous devez vous faire rendre de la situation particulière de chaque partie d'administration confiée à vos douze commissions exécutives ; car c'est par la connaissance exacte de tout le travail qu'elles ont fait, de celui qu'elles ont préparé ; c'est par l'examen que vous ferez du système de leur organisation, de la théorie de leurs mouvements, de l'emploi de leurs ressources, de leur direction particulière dans le service général, de la relation plus ou moins étendue qu'elles ont entre elles, de la nature et de l'espèce des moyens d'exécution qui leur ont été accordés par le gouvernement, ainsi que de l'usage qu'elles en ont fait, que vous pourrez juger de la véritable situation des affaires publiques.

C'est par l'attention que vous mettrez à bien saisir tous les détails de l'administration que vous réussirez à en préciser la marche et l'action ; c'est par elle encore que vous reconnaîtrez les fautes qui ont été commises, soit par erreur, soit par inexpérience, soit par les froissements invincibles que telle ou telle commission a souvent éprouvés par le vice même de son organisation : vous verrez alors combien il est instant de réparer graduellement tout le mal qui peut avoir été fait, et d'user sobrement de toutes nos ressources alimentaires, commerciales et industrielles, afin de conserver soigneusement le levain destiné à les reproduire.

Lorsque vous aurez acquis ces connaissances, vous vous convaincrez aisément que c'est l'isolement dans lequel on a maintenu chaque commission qui a opéré une partie des maux dont nous nous plaignons ; chacune d'elles ayant le droit de requérir les hommes et les choses, et aucune d'elles ne se concertant pour les réquisitions, leurs agents respectifs ont opéré sans ordre, sans mesure et sans intelligence, de manière que différents objets ont été requis par plusieurs commissions à la fois ; d'où il est souvent résulté l'embarras, l'inquiétude, la ruine et le découragement des propriétaires, colons, manufacturiers ou fabricants, et souvent aussi la perte, l'avarie ou la dissipation des matières mises en réquisition.

Je pourrais citer des exemples, mais je crois inutile de retracer sans cesse l'image douloureuse et attristante des abus et des fautes qui ont été commises, puisque vous vous occupez des moyens de les réparer.

J'insisterai cependant à vous rappeler sans cesse les motifs qui doivent exciter vos réflexions sur les vices de l'organisation de vos commissions exécutives, et particulièrement sur l'isolement dans lequel elles se trouvent les unes à l'égard des autres.

Nous savons tous que, lorsque le plan de leur organisation fut présenté à la Convention, on était loin de redouter les projets désastreux et liberticides des derniers conspirateurs ; mais, d'après la funeste et malheureuse expérience que nous avons faite de leur hypocrisie et de leur fureur, il doit être suffisamment démontré que les conspirateurs avaient accommodé à leur système contre-révolutionnaire l'essai de ce plan d'administration, qui n'avait été proposé dans le temps que dans des vues d'utilité générale, et parce qu'il fallait effectuer la réforme de l'ancien conseil exécutif ; et cependant on peut dire encore qu'avant l'époque mémorable où vos comités ont été chargés de la surveillance des douze commissions, plusieurs d'entre elles étaient passivement exécutives sous la volonté audacieuse et entreprenante des conspirateurs, et qu'elles ressemblaient à douze chartreuses, dont ils avaient essayé de ravir la clef pour en enlever les trésors.

Si, au lieu d'une organisation aussi impolitique qu'elle pouvait devenir désastreuse et funeste à la liberté, les commissions eussent eu des relations entre elles, sous l'inspection immédiate des comités qui auraient dû toujours être chargés de leur surveillance, pensez-vous que nous fussions arrivés jusqu'ici sans avoir remédié à l'abus qu'on a fait des réquisitions ; sans que ces commissions eussent proposé des mesures pour assurer les approvisionnements, utiliser, économiser les transports par terre et par eau, rétablir les grandes routes et chemins vicinaux, procurer à l'agriculture les secours qu'elle réclame, au commerce et à l'industrie leur ancienne utilité et leur énergie naturelle, soit en créant des maisons ou banques nationales dans toutes les communes de la République, où elles auraient été jugées utiles, soit en indiquant les instants propices pour faire venir de l'étranger les matières premières et autres objets qui nous manquent, etc. ? Je pense, moi, que, si le concours des lumières, des talents et de l'expérience avait été mis en action pour diriger le mouvement et l'impulsion du gouvernement, nous serions beaucoup plus avancés que nous ne le sommes, et nous aurions beaucoup moins de maux à réparer. C'est aussi pourquoi je baserai sur ces principes le décret que je proposerai à la fin de ce discours.

Citoyens, vous êtes avertis des dangers et des maux qui menacent la République ; vous ne souffrirez pas qu'ils se réalisent, et que des mouvements convulsifs, nés des besoins du peuple et de son inquiétude, exposent la liberté, qui est son ouvrage et le prix de ses vertus.

Vous ne souffrirez pas que la victoire rétrograde sur nos frontières, parce que vous maintiendrez la paix dans l'intérieur, et que vous empêcherez que nos ennemis ne profitent de nos divisions.

Vous ajournerez toute querelle particulière, jusqu'à ce que vous ayez consolidé le gouvernement et que vous ayez pourvu aux grands objets d'administration dont je vous ai révélé les fautes et les abus.

Ne dormons pas, citoyens, tant que nous ne serons pas assurés que le commerce et l'industrie ont recouvré leur activité ; que l'agriculture est florissante, que les subsistances sont bien réparties et bien administrées ; que les transports par terre et par eau sont assurés, et que tout est préparé pour que l'abondance renaisse dans toute la République : et si quelqu'un de nous s'oubliait au point de vouloir ressusciter les dissensions et les personnalités qui nous ont coûté tant de perte de temps, qu'il lise son mandat impératif dans les vertus du peuple et sur le sol arrosé de son sang et de ses sueurs.

Eh quoi, il n'est pas un coin de la terre célèbre de la Grèce et de Rome qui ne soit honoré par les cendres d'un héros ou d'un sage ; et nous, nous ne serions pas dignes de nous élever aux vertus des hommes illustres qui ont honoré ce beau siècle de la liberté et de la philosophie !

Les soldats de la République ont effacé les héros de la Grèce et de Rome, leur tâche est remplie, et l'immortalité s'assied déjà sur la tombe de ceux qui ont glorieusement péri dans les combats.

Il nous reste, à nous, à compléter nos travaux, et à marier la palme civique aux lauriers de ceux de nos frères que la victoire a couronnés.

Embrasons-nous donc des passions sublimes qui les ont fait vaincre ou périr avec gloire ; que leur dévoûment et leur noble désintéressement nous servent d'exemple ; faisons le sacrifice de tout ce qui nous est personnel ; rivalisons en grandeur d'âme et en courage ces magistrats illustres et ces sages que nous avons pris pour modèles, et que les vociférations de la calomnie, que les sifflements de l'envie et les rugissements de l'ambition et de l'aristocratie soient étouffés par nos chants de victoire et par le spectacle touchant et consolateur de la paix intérieure et de la félicité publique !

Voici le projet de décret :

« Art. I<sup>er</sup>. Les commissions exécutives se réuniront sous trois jours à une commission de douze membres nommés par les comités chargés de leur surveillance, pour faire, avec cette commission, le tableau de toutes les ressources commerciales, alimentaires et industrielles, ainsi que celui des approvisionnements des armées de terre et de mer de la République.

» II. Ce tableau sera suivi de l'exposé des moyens propres à revivifier le commerce et l'industrie, soit en accordant des primes de fabrication, soit en créant des bureaux ou banques de secours pour le commerce, soit en procurant de toute autre manière des fonds aux propriétaires ou aux locataires des ateliers des manufactures qui sont momentanément abandonnées ou paralysées.

» III. Cette commission examinera quelle doit être la mesure des réquisitions jugées nécessaires et indispensables pour les approvisionnements des armées de terre et de mer de la République et des grandes communes ; quelle doit en être l'application, l'usage et la durée, et on cherchera à préparer l'équilibre du prix des denrées et comestibles, sur la quantité des valeurs en émission.

» IV. On réglera le mouvement et le service des transports, soit par eau, soit par terre, de tous les approvisionnements et marchandises de la République et de ses armées de terre et de mer.

» V. On indiquera quels sont les secours qui peuvent être accordés à l'agriculture, et les moyens les plus propres à rétablir promptement les haras. On pourvoira aux réparations des grandes routes et chemins vicinaux, et l'on examinera si les prisonniers de guerre peuvent être employés à ces travaux sans inconvénient.

» VI. Ce travail général sera présenté à la discussion de l'Assemblée par la commission chargée de le rédiger, et cette discussion sera maintenue à l'ordre du jour, jusqu'à ce que tous les articles jugés nécessaires aient été décrétés.

» VII. Il sera fait une adresse au peuple par les comités de salut public, de sûreté générale et de législation réunis, pour l'instruire des moyens que la Convention prend pour consolider le gouvernement, ramener l'abondance des choses nécessaires à la vie et créer le bonheur public formé sur les principes de la liberté et de l'égalité. »

La Convention ordonne l'impression et l'ajournement.

La séance est levée à trois heures et demie.

## SÉANCE DU 6 VENDÉMIAIRE.

LAKANAL, au nom du comité d'instruction publique : Citoyens, votre comité d'instruction publique m'a chargé de vous faire le rapport que vous lui avez demandé, sur le dépôt littéraire dont la veuve de J.-J. Rousseau vous a présenté l'hommage.

Ce dépôt ne renferme que le manuscrit des Confessions du philosophe genevois, mais plus correct, plus soigné que celui qui a servi à l'impression de ses œuvres. Les personnages qui, dans l'ouvrage imprimé, n'étaient désignés que par des lettres initiales, sont nommés dans ce manuscrit.

Il nous a d'ailleurs présenté quelques variantes de rédaction et de pensées qui ne sont pas sans intérêt.

Il semble que, si J.-J. Rousseau avait voulu qu'on respectât le vœu qu'on lui a prêté, il l'aurait exprimé de sa propre main ; et cependant la suscription du dépôt littéraire dont il est question n'est pas écrite de la main de ce grand homme ; elle porte : Remis par M. J.-J. Rousseau ; et nous observerons que Rousseau, parlant de lui, n'employa jamais le mot de monsieur, pas plus que celui de votre serviteur, en terminant ses lettres.

La lecture des manuscrits de l'auteur du Contrat social et d'Emile fournit naturellement une réflexion qu'on n'a pas faite jusqu'ici dans les divers jugements qu'on a portés sur le caractère des ouvrages de ce grand homme : son premier jet dans la composition est toujours une pensée ingénieuse, mais il l'efface ensuite pour y substituer le sentiment. Dans toutes les ratures de ses ouvrages, le langage du cœur est substitué à celui de l'esprit.

Il n'est pas douteux, d'après les renseignements parvenus à votre comité, qu'il n'existe dans des portefeuilles particuliers des manuscrits de Jean-Jacques Rousseau, qui n'ont pas encore éclairé l'Europe. Nous avons lieu de croire que les dépositaires de ces ouvrages précieux n'en frustreront pas plus longtemps leur pays. L'art de jouir de ces trésors c'est de les répandre à propos, et c'est aux Français régénérés qu'il appartient surtout de posséder les ouvrages du philosophe qui a amené la révolution de la liberté.

Le comité a pensé que le manuscrit qu'il a lu, en exécution de votre décret, pourra servir utilement, lorsqu'on préparera une nouvelle édition des Confessions de J.-J. Rousseau, mais qu'il n'offre pas des nouveautés assez importantes pour déterminer aujourd'hui l'impression de cet ouvrage.

— Sur le rapport de Pons, au nom du comité de législation, la Convention rend les deux décrets suivants :

« La Convention nationale, après avoir entendu le rapport de son comité de législation, sur la pétition de la citoyenne Vincent, veuve Blanchard, qui réclame contre un jugement du tribunal criminel du département de Paris, qui l'a condamnée à deux ans d'emprisonnement par forme de police correctionnelle, pour raison d'un bris de scellés confiés à sa garde ;

» Considérant qu'à la vérité l'article VI de la loi du 26 nivôse dernier porte que tout gardien de scellés, qui ne sera pas convaincu d'être auteur ou complice de leur rupture, mais qui ne prouvera pas qu'elle est l'effet d'une force majeure, sera condamné à la peine portée contre la veuve Blanchard, par le jugement dont elle se plaint ; mais que des pièces recouvrées depuis le jugement, et qui n'avaient point été mises sous les yeux des jurés, les eussent sans doute décidés à déclarer que la rupture des scellés confiés à la garde de ladite veuve était l'effet d'une force majeure, circonstance qui eût pleinement justifié l'accusée ;

» Déclare nul et de nul effet le jugement du tribunal criminel du département de Paris, rendu contre ladite veuve Blanchard, le 5 prairial, et ce qui l'a précédé et suivi, la renvoie par-devant les directeurs du juré du tribunal central du même département de Paris, pour y être dressé contre elle un nouvel acte d'accusation, s'il y a lieu ; décrète en outre qu'aucune femme ne pourra être établie à l'avenir gardienne de scellés.

» Il sera adressé une expédition manuscrite à l'accusateur public près le tribunal criminel du département de Paris, et au tribunal central des directeurs du juré. »

« La Convention nationale, après avoir entendu son comité de législation, sur la pétition de la citoyenne veuve Baillot, et le mémoire des juges du tribunal du district de Montignac ;

» Considérant que l'arrêté dudit tribunal dont se plaint la veuve Baillot n'a été pris que pour accélérer l'exécution de deux arrêtés du représentant du peuple Lakanal, dont l'objet était de faire terminer, par la voie de l'arbitrage, tous les procès existants dans le département de la Dordogne ; que cette grande mesure a pleinement réussi, et n'a excité d'autre réclamation que celle de la veuve Baillot, qui a perdu son procès mis en arbitrage ; que si la loi a été violée dans le jugement arbitral rendu contre elle, la voie de cassation lui est ouverte, comme à tout autre citoyen ;

» Déclare, en approuvant la conduite des juges du tribunal du district de Montignac, qu'il n'y a lieu à délibérer. »

La Convention reprend la discussion sur la loi des émigrés.

La séance est levée à trois heures.

## SÉANCE DU 7 VENDÉMIAIRE.

CRÉNIER, au nom du comité d'instruction publique : Citoyens représentants, quand l'instruction publique peut espérer de renaître, au moment où la Convention nationale se prononce fortement en aveur des arts froissés longtemps par des amours-propres tyranniques, en faveur des sciences persécutées et avilies par l'ignorance dominatrice, il est nécessaire, il est instant d'imprimer aux fêtes nationales un caractère solennel, et d'en écarter sans retour les détails minutieux, les images stériles, également indignes du génie du peuple, et des talents qu'il rallie autour du char de la liberté. C'est là votre vœu, représentants, et votre comité d'instruction publique est animé du même désir; mais, chargé par vous de faire célébrer, le 10 vendémiaire, une fête relative aux victoires rapides de nos armées, et à l'entière évacuation du territoire républicain, il doit vous rendre un compte fidele des entraves qu'il rencontre dans sa marche. Vous sentirez comme lui sans doute qu'il est indispensable d'établir promptement dans cette partie des moyens d'exécution vastes, mais simples, et dont le développement facile réponde à la majesté du peuple souverain.

Le comité d'instruction publique a été péniblement affecté en comparant la grandeur des événements qu'il s'agit de retracer dans vos fêtes nationales, et la faiblesse, pour ne pas dire la nullité des ressources créées jusqu'ici pour leur célébration; il a vu, d'un côté, nos guerriers victorieux au centre de la République et sur tous les points de la frontière, le télégraphe devenant chaque jour un signal de triomphe, chaque jour annonçant à la Convention un nouveau succès de nos armées, et au même instant reportant aux armées un nouveau témoignage de la reconnaissance nationale; et au milieu de tant de prodiges, il a vu d'un autre côté des arts paralysés, des talents rebutés par un long dédain, nuls monuments durables et forts comme la liberté, des matériaux sans cohérence, des esquisses sans dignité, des inscriptions où la raison et la langue française sont également dégradées; un despotisme capricieux et puéril enchaînant la pensée des artistes, des plans bizarres sans originalité, durs sans énergie, fastueux sans véritables richesses, monotones sans unité, des fêtes en un mot colossales dans leur objet, petites dans leur exécution, et n'offrant d'imposant que la présence du peuple qui a voulu la République, et de la Convention qui l'a fondée.

Les sectateurs du nouvel Omar ont tout combiné pour anéantir l'instruction publique en France; d'où il résulte que nos fêtes nationales n'ont pu avoir et ne peuvent avoir encore le caractère auguste qui leur convient; en effet tout se tient dans l'instruction publique. Sans la gymnastique, par exemple, qui faisait le principal charme des jeux publics dans Athènes et Lacédémone, ne vous flattez pas d'avoir jamais des fêtes dont le but soit utile, et l'intérêt puissant. Sans de vastes arènes couvertes vous n'obtiendrez jamais des exercices de gymnastique. Quant aux jeux scéniques, l'effet n'en peut être complet dans des théâtres resserrés comme les nôtres, et l'on y trouvait souvent l'ignorance et le délire, lorsque des enfants stupides dirigeaient la commission d'instruction publique, et devenus déjà des censeurs royaux épiaient, étouffaient avec un soin scrupuleux dans les ouvrages dramatiques tous les germes de raison et de liberté. Lycurgue regardait les banquets civiques comme le principal moyen de resserrer les nœuds qui unissent tous les membres de la cité. Peut-être au premier aperçu osera-t-on penser comme Lycurgue; peut-être le résultat naturel de ceux qu'on avait établis dans Paris n'auraît-il pas été d'opérer une division générale, comme on l'a redouté un peu légèrement; peut-être n'est-il pas bien sûr qu'ils fussent payés par Pitt, comme on vous l'a plaisamment affirmé. Il est moins éloquent, mais il est plus vrai de dire qu'ils ne devront être adoptés qu'au moment où l'on n'aura plus à craindre d'augmenter les prix et la rareté des subsistances.

Quant aux arts de littérature, on déclamait avec violence contre ceux des gens de lettres qui ne travaillaient point pour les fêtes nationales, et l'on persécutait avec acharnement ceux qui, depuis les premiers jours de la révolution, se livraient à ce travail avec zèle et activité.

Dans les arts de peinture, de sculpture et d'architecture, tous les talents distingués se cachaient au fond de leurs ateliers; quelques-uns languissaient dans les cachots; une poignée d'intrigants les calomniait avec bassesse, et consumait en de misérables essais et de futiles décorations les sommes qui auraient dû servir à élever des monuments immortels.

La seule fête du 10 août 1793, vieux style, a coûté à la nation douze cent mille livres : de tout cela il n'est resté que du plâtre et des chiffons. Cette somme aurait suffi pour soutenir cent artistes d'un vrai mérite, et pour payer trente

chefs-d'œuvre en marbre et en bronze, qui, dans vingt siècles, auraient encore embelli les fêtes nationales.

Un seul établissement, fruit de la révolution, a surnagé sur les débris des arts, soutenu par les soins de quelques hommes laborieux; et, par l'institut national de musique, semble avoir offert au génie une dernière planche dans le naufrage. Il a rendu, il rend chaque jour de grands services à la révolution. En vain quelques hommes, jaloux de toute renommée, ont voulu entraver son organisation provisoire, et le détruire entièrement; la Convention ne laissera pas tomber cet utile établissement, qui doit porter au plus haut degré de perfection un art si estimé des législateurs et des philosophes de la Grèce, un art le plus vraiment populaire, le plus démocratique de tous, dont le charme embellit la poésie même, et dont la puissante énergie enfante et célèbre les victoires.

Des chants républicains et des jeux scéniques, voilà pour le moment tout ce qui est organisé relativement aux fêtes nationales; ce n'est pas en cinq jours que l'on peut créer de grands moyens d'exécution; mais le comité d'instruction publique prépare avec soin un travail considérable sur cette partie, qui rassemble une foule d'institutions particulières, et qui mérite un examen mûri par des études préliminaires et profondes.

Au reste n'en doutez pas, représentants, le sommeil des arts en France n'est pas un sommeil de mort.

Des hommes habiles en tous genres ont échappé au glaive meurtrier du vandale; tous ont gémi, tous ont souffert, mais tous ne sont point assassinés. L'harmonieux Lebrun chante encore la liberté; le traducteur des Géorgiques exerce dans le silence son talent correct et pur; Laharpe et Ducis n'ont pas abandonné la scène tragique; Vien, Renaud, Vincent, n'ont pas jeté leurs pinceaux; Gossec, Méhul, Chérubini, Lesueur, n'ont pas brisé leur lyre; Houdon, Julien, Pajou, tiennent encore en main le ciseau qui a fait penser le marbre, plein du génie de Voltaire, de La Fontaine et de Pascal.

S'il existe dans la République des talents plongés dans la stupeur et dans l'engourdissement, un mot, un signe de la Convention nationale les retirera de cette léthargie passagère où l'intérêt de leur sûreté même a pu longtemps les retenir; et déjà les courtes réflexions que vous présente votre comité vont porter dans leur cœur la première des consolations, l'espérance.

Il est temps que dans la République on puisse avoir du génie impunément; il est temps que les talents dispersés par l'épouvante se rassemblent fraternellement sous l'abri de la protection nationale. Alors, mais alors seulement, nous aurons des fêtes et des monuments dignes du peuple, car le génie a besoin de la liberté, et la liberté a besoin du génie.

Chénier lit un projet de décret.

L'impression du rapport de Chénier est décrétée.

Dupont : Il me semble que ce n'est pas à Paris seul que doit éclater l'allégresse publique. Je demande que vous décrétiez que toutes les communes, qui ont des théâtres, représenteront ce jour-là pour le peuple.

Loucret : Je demande que la fête soit différée d'une décade, et célébrée le même jour dans toute la République.

N*** : Le second décadi de vendémiaire a été consacré, par un décret, à la translation des cendres de J.-J. Rousseau au Panthéon français.

La Convention ajourne la fête au 30 vendémiaire, et charge le comité d'instruction publique de lui présenter un nouveau projet pour que cette fête soit générale dans la République.

Bourdon (de l'Oise) : Il faut que la Convention se défasse enfin de la manie de faire des processions; c'est le peuple qui doit être tout dans ses fêtes; les rois se montraient à lui pour l'endormir sur ses misères, et se faire adorer; ses représentants ne doivent s'occuper que de travailler à son bonheur; ils seront assez payés s'ils ont fait ce bonheur. Renonçons donc à cette manie monarchique de nous donner en spectacle aux fêtes du peuple : cette manie d'ailleurs peut être funeste à la liberté; c'est à la fête du 30 prairial que le tyran essaya la couronne.

Les observations de Bourdon sont renvoyées au comité d'instruction publique. *(La suite à demain.)*

## PAIEMENTS A LA TRÉSORERIE NATIONALE.

Le paiement du perpétuel est ouvert pour les six premiers mois; il sera fait à tous ceux qui seront porteurs d'inscriptions au grand livre. Celui pour les rentes viagères est de 8 mois 21 jours de l'année 1793, vieux style

## POLITIQUE.

### POLOGNE.

*Des frontières de Pologne, le 6 septembre.* — Les Polonais se sont rendus maîtres des villes de Siradie et Lissadom, dont l'une est à quatorze milles de Posnanie, l'autre à quatre. La ville de Klodawa est tombée aussi en leur pouvoir, et Posen est menacé. A Lissa, les habitants qui sont pour la plupart allemands, ont fait beaucoup de résistance; un grand nombre d'entre eux a péri. L'insurrection semble s'accroître encore et devenir plus rapide. Les Polonais se retranchent à Radziciewo et à Brizesc. Leurs patrouilles se sont montrées sur la route de Varsovie.

Une diète a été convoquée à Gnesne. On assure que l'armée commandée par Madalinski, qui, selon des rapports prussiens, avait été battue, vient au contraire de former sa jonction avec les Polonais dans la Prusse méridionale.

Frédéric-Guillaume vient de publier une proclamation à l'occasion de l'insurrection qui a éclaté dans la Prusse méridionale.

Il se trouve dans la nécessité d'avertir paternellement ses *fidèles sujets*, au bonheur desquels il a constamment pris le plus grand intérêt, de ne pas favoriser les ennemis de la tranquillité publique, et encore moins de se réunir en armes contre ses troupes, qui, en vertu de la présente déclaration, vont agir exemplairement...

Cette proclamation n'a nullement ralenti l'ardeur des insurgés. Toutes les routes sont coupées par eux. La communication entre Berlin et le quartier-général est interrompue, et tout le commerce que faisait Thorn se trouve suspendu.

On apprend qu'une division de Polonais est entrée dans la ville de Rasvitsch. L'enlèvement de la caisse royale était son but unique; elle s'est retirée après l'avoir rempli. Il paraît que le siége principal des insurgés est dans Kortin. Il est difficile de se procurer des nouvelles de ces contrées, les postes manquant souvent. Il est seulement certain qu'un acte de confédération a été signé dans cette ville, et qu'on a fait choix d'un état-major et d'un général pour le palatinat de Posnanie. Aussitôt après cette nomination, les insurgés sont tombés sur le grand magasin militaire établi par le roi de Prusse dans la starostie de Sizaim. On a remarqué que les curés prêchaient l'insurrection contre les Prussiens.

### HOLLANDE

*La Haye, le 8 septembre.* — Toutes les lettres des frontières annoncent que les Français s'en approchent sur cinq colonnes. Le 28 du mois dernier leur avant-garde était déjà à Orchot.

Le gouvernement craint beaucoup pour Bréda. D'abord il avait pensé qu'il pourrait être protégé par divers mouvements de l'armée; mais tout est changé depuis que l'armée a été obligée de battre en retraite, et que tous les avant-postes ont été contraints de se replier.

Les mouvements des Français vers la Basse-Meuse indiquent qu'ils semblent diriger leur marche de manière à faire leur jonction avec une partie de l'armée de la Moselle, qui doit faire une invasion dans le pays de Juliers. Si cette réunion s'opère, on peut pronostiquer pour cette contrée un résultat semblable à celui qui a eu lieu pour les Pays-Bas autrichiens, après la jonction de l'armée du Nord et de la Sambre.

Le recrutement est en train dans la province de Hollande. On donne vingt florins à chaque recrue, et l'on promet divers avantages dont les soldats n'ont

pas joui jusqu'à présent. Cependant le recrutement s'opère avec beaucoup de peine.

Un des chefs du parti patriotique d'Amsterdam (Vander-Hoft) vient de mourir à l'âge de 70 ans. Il avait été jadis bourgmestre, et se trouvait beau-père de l'amiral Kinsbergen. Les patriotes parlent de lui faire élever un monument.

### RÉPUBLIQUE FRANÇAISE.

*Paris, le 8 vendémiaire.* — Loys, secrétaire de la société des Jacobins, et un autre membre de la société, ont été arrêtés; les scellés ont été mis sur leurs papiers. On assure que les motifs de leur arrestation sont étrangers à la conduite qu'ils ont tenue dans la société.

La réduction des comités révolutionnaires de Paris, au nombre de douze, a eu lieu ces jours derniers. Les nouveaux comités sont en exercice.

Voici comment on s'y est pris pour les former : le comité de sûreté générale a mandé les comités civils des 48 sections, et les a chargés, sous leur responsabilité, de choisir dans leurs sections respectives cinq citoyens connus par leurs vertus, leur mérite et leur patriotisme. Ces cinq citoyens choisis, on les a mandés, et on les a chargés, sous leur responsabilité aussi de choisir parmi eux les trois qu'ils croiraient les plus dignes des fonctions qui allaient leur être attribuées.

#### Au Rédacteur

*De Sceaux-l'Unité, le 1ᵉʳ vendémiaire an III de la République française une et indivisible.*

Citoyens, la lutte qui se soutient depuis quelque temps, pour ou contre les sociétés populaires, m'a fait jeter sur le papier quelques réflexions; en conséquence, et en homme libre, je vous prie d'insérer mon opinion dans un de vos prochains journaux.

#### Mon opinion.

Ceux qui veulent nous diviser séparent ce qui doit être uni; les uns disent : *Vive la Convention nationale!* les autres disent : *Vivent les sociétés populaires!* et moi je dis avec franchise, et appuyé sur les principes : *Vivent la Convention nationale et les sociétés populaires!*

C'est l'union de cette devise qui doit être dans nos cœurs et dans nos discours; c'est cette union qui enflamme le courage de nos guerriers, et qui, en les menant à la victoire, fait pressentir à la France le terme heureux des glorieux travaux de la révolution.

Toute opinion contraire me paraît mener à la discorde, aux maux terribles et incalculables de la guerre civile; toute opinion contraire me paraît propre à donner des succès, et peut-être à livrer la France à nos irréconciliables ennemis.

La Convention continuera de faire notre bonheur; les sociétés populaires de répandre l'instruction et de propager le patriotisme; et la République, triomphante de tous ses genres d'ennemis, et de tous diviseurs, s'élèvera au plus haut degré de prospérité et de gloire.

J'ai le cœur français : voilà mes principes et mes vœux.

        PALLOY, patriote pour la vie.

## CONVENTION NATIONALE.

*Présidence d'André Dumont.*

*Rapport sur les destructions opérées par le vandalisme, et sur les moyens de le réprimer; fait par Grégoire, au nom du comité d'instruction publique. Séance du 14 fructidor.*

Le mobilier appartenant à la nation a souffert des dilapidations immenses, parce que les fripons, qui ont toujours une logique à part, ont dit : *Nous sommes la nation;* et, quoique en général on doive avoir mauvaise idée de quiconque s'est enrichi dans la révolution, plusieurs n'ont pas eu l'adresse de cacher des fortunes colossales élevées tout à coup. Autrefois ces hommes vivaient à peine du produit de leur travail, et depuis longtemps ne travaillant pas ils nagent dans l'abondance.

C'est dans le domaine des arts que les plus grandes dilapidations ont été commises. Ne croyez pas qu'on exagère en vous disant que la seule nomenclature des objets enlevés, détruits ou dégradés, formerait plusieurs volumes. La commission temporaire des arts, dont le zèle est infatigable, regarde comme des conquêtes les monuments qu'elle arrache à l'ignorance, à la cupidité, à l'esprit contre-révolutionnaire, qui semblent ligués pour appauvrir et déshonorer la nation.

Tandis que la flamme dévore une des plus belles bibliothèques de la République, tandis que des dépôts de matières combustibles semblent menacer encore d'autres bibliothèques, le vandalisme redouble ses efforts. Il n'est pas de jour où le récit de quelque destruction nouvelle ne vienne nous affliger : les lois conservatrices des monuments étant inexécutées ou inefficaces, nous avons cru devoir présenter à votre sollicitude un rapport détaillé sur cet objet. La Convention nationale s'empressera de faire retentir dans toute la France le cri de son indignation, d'appeler la surveillance des bons citoyens sur les monuments des arts pour les conserver, et sur les auteurs et instigateurs contre-révolutionnaires de ces délits, pour les traîner sous le glaive de la loi.

Il y a cinq ans que le pillage commença par les bibliothèques, où beaucoup de moines firent un triage à leur profit. Ce sont eux sans doute qui ont enlevé le manuscrit unique de la chronique de *Richelius*, à Senones, comme autrefois ils avaient déchiré, dans celui de Geoffroy de Vendôme, la fameuse lettre à Robert d'Abrissel.

Les libraires, dont l'intérêt s'endort difficilement, profitèrent de la circonstance, et en 1791 beaucoup de livres volés dans les ci-devant monastères de Saint-Jean-de-Laon, de Saint-Faron de Meaux, furent vendus à l'hôtel de Bullion, d'après le catalogue de l'abbé ***, titre supposé pour écarter les soupçons.

Plusieurs lois et instructions, émanées de trois assemblées nationales, avaient pour but la conservation des trésors littéraires. Le texte ni l'esprit des décrets ne furent jamais d'autoriser la vente. Celui du 23 octobre 1790 ordonne d'apposer les scellés, d'inventorier, d'envoyer les inventaires au comité d'instruction publique; et cependant les livres ou les tableaux ont été vendus en tout ou en partie dans les districts de Charleville, Langres, Joigny, Auxerre, Montivilliers, Gournay, Carentan, Neufchâtel, Gisors, l'Aigle, Lisieux, Saint-Agnan, Romorantin, Châtillon-sur-Indre, Château-Renault, Thonon, la Marche, Vihiers, Riom, Tarascon et Montflanquin.

Le législateur crut arrêter ces désordres par la loi du 10 octobre 1792; et malgré cette loi on vendit encore dans les districts de Lure, Cusset et Saint-Maixent. La plupart des administrations qui ne vendirent pas laissèrent les riches bibliographies en proie aux insectes, à la poussière et à la pluie. Nous venons d'apprendre qu'à Arnay les livres ont été déposés dans des tonneaux..... Des livres dans des tonneaux !

Le 22 germinal le comité d'instruction publique vous rendit compte du travail de la bibliographie, sur laquelle on n'avait jamais fait aucun rapport. La Convention nationale enjoignit aux administrations d'accélérer l'envoi des catalogues, et de rendre compte du travail dans une décade; par la correspondance la plus active et la plus fraternelle nous n'avons cessé d'éclairer, de stimuler ce travail. Nous devons des éloges à plusieurs corps administratifs; leurs nouveaux envois forment environ douze cent mille cartes, ce qui répond à près de trois millions de volumes; mais il en est qui n'ont seulement pas daigné nous écrire. Une nouvelle circulaire est en route pour leur annoncer que si elle reste sans réponse on dénoncera leur conduite à la Convention nationale.

Mais, parmi ceux mêmes qui ont répondu, quelques uns, malgré le texte précis des décrets, malgré les instructions les plus formelles, ont encore, je ne dis pas la manie, mais la fureur de détruire et de livrer aux flammes. Vous concevez que cette marche est plus expéditive que celle d'inventorier. Ainsi l'a-t-on fait à Narbonne, où beaucoup de livres ont été envoyés à l'arsenal; et à Fontaine-lez-Dijon, où la bibliothèque des Feuillants a été mise au rebut et jetée dans la *salle des vieux papiers.*

D'autres proposent de faire un choix qui écarterait les livres licencieux, absurdes et contre-révolutionnaires. Un jour on examinera si ces productions illégitimes et empoisonnées doivent être réservées pour compléter le tableau des aberrations humaines. La Convention indiquera le point de départ pour déterminer la conservation des ouvrages qui formeront nos bibliothèques. Mais si l'on permettait de prononcer des arrêts isolés sur cet objet, chacun poserait la limite à sa manière. Quelques individus, dont le goût peut être faux, dont les lumières peuvent être très resserrées, formeraient un tribunal révolutionnaire qui proscrirait arbitrairement des écrivains, et prononcerait des arrêts de mort contre leurs écrits. Non seulement Horace et Virgile y passeraient pour avoir préconisé un tyran, mais encore pour avoir été souvent imprimés avec privilége d'un autre tyran.

Comment se défendre d'une juste indignation, quand pour justifier le brûlement on vient nous dire que ces livres sont mal reliés? Faut-il donc rappeler de nouveau que souvent tous les attributs du luxe typographique étaient prodigués aux écrits dans lesquels on encense le vice et la tyrannie, tandis que des ouvrages précieux par la pureté des principes, et qui contiennent aussi une pensée révolutionnaire, étaient condamnés à l'obscurité des galetas?

Beaucoup de bibliothèques de moines mendiants, auxquelles certaines gens attachent très peu d'importance, renferment des éditions du premier âge de l'imprimerie. (Telle est celle des ci-devant Récollets de Saverne.)

Ces éditions sont d'une cherté excessive, et les exemplaires dont nous parlons, n'ayant jamais été dans le commerce, sont parfaitement conservés. Ce sont des livres de ce genre qui composaient la bibliothèque d'un M. Pâris, dont les Anglais ont fait imprimer le catalogue, et qu'on eut la maladresse de laisser sortir de France. Tel livre qui n'était encore évalué ici qu'à quelques écus s'est vendu 125 guinées à Londres.

Observons, aux brûleurs de livres et aux nouveaux iconoclastes plus fougueux que les anciens, que certains ouvrages ont une grande valeur par leurs accessoires. Le missel de la chapelle de Capet, à Versailles, allait être livré pour faire des gargousses, lorsque la bibliothèque nationale s'empara de ce livre, dont la matière, le travail, les vignettes et les lettres historiées sont des chefs-d'œuvre.

D'ailleurs des miniatures même peu soignées, des culs-de-lampe mal dessinés, des reliures chargées de figures informes, ont servi souvent à éclaircir des faits historiques, en fixant les dates, en retraçant des instruments de musique, des machines de guerre, des costumes dont on ne trouvait dans les écrits que des descriptions très imparfaites.

Je passe à des dilapidations d'un autre genre : les antiques, les médailles, les pierres gravées, les émaux de Petitot, les bijoux, les morceaux d'histoire naturelle d'un petit volume, ont été plus fréquemment la proie des fripons. Lorsqu'ils ont cru devoir colorer leurs vols, ils ont substitué des cailloux taillés, des pierres fausses aux véritables. Et comment n'auraient-ils pas eu la facilité de se jouer des scellés, lorsqu'on saura qu'à Paris même, il y a un mois, des agents de la municipalité apposaient des cachets sans caractère, des boutons et même de gros sous, en sorte que quiconque était muni d'un sou pouvait, à son gré, lever et réapposer les scellés ?

De toutes parts s'élèvent contre des commissaires les plaintes les plus amères et les plus justes. Comme ils ont des deniers à pomper sur les sommes produites par les ventes, ils évitent de mettre en réserve les objets précieux à l'instruction publique. Il est à remarquer d'ailleurs que la plupart des hommes choisis pour commissaires sont des marchands, des fripiers qui, étant par état plus capables d'apprécier les objets rares présentés aux enchères, s'assurent des bénéfices exorbitants. Pour mieux réussir, on dépareille des livres, on démonte les machines, le tube d'un télescope se trouve séparé de son objectif ; et des fripons concertés savent réunir ces pièces séparées qu'ils ont acquises à bon marché. Lorsqu'ils redoutent la probité ou la concurrence de gens instruits, ils offrent de l'argent pour les engager à se retirer des ventes. On en cite une où ils assommèrent un enchérisseur.

Ainsi, par les spéculations de l'agiotage, les objets de sciences et d'arts, qui ne doivent pas même être mis en vente, ont été livrés fort au-dessous de leur valeur.

Chez Breteuil, une pendule en malachite, la seule que l'on connaisse, a été vendue à vil prix.

Les quatre fameuses tables de bois pétrifié de l'Autrichienne, où l'on admire la pureté des formes, le précieux fini des bronzes et la rareté de la matière, ont été vendues pour environ 8,000 livres, revendues pour 12,200 liv., enfin rétrocédées à la nation pour 15,000 liv. ; c'est peut-être le demi-quart de leur valeur.

De toutes parts le pillage et la destruction étaient à l'ordre du jour.

À l'horloge du Palais on brisait les statues de la Prudence et de la Justice, par Germain Pilon, et l'on y laissait les armoiries.

À Saint-Paul on détruisait le monument élevé par Coysevoxe à Mansard.

À Saint-Nicolas-du-Chardonnet on brisait un calvaire magnifique, par Poultier, sur les dessins de Lebrun.

À Saint-Louis de la Culture on mutilait un monument qui a coûté plus du 200,000 livres, et que le Cavalier Bernin regardait comme un des plus beaux morceaux de sculpture.

À l'église Saint-Sulpice, fermée sur la motion de Vincent, on mutilait les ouvrages de Bouchardon ; la méridienne faillit être détruite.

À la Sorbonne on coupait une belle copie de Champagne, représentant le cardinal de Richelieu, mais de manière à conserver une bande qui contenait la tête et les mains, c'est-à-dire les parties les plus essentielles à l'art.

À Maisons, à Caumartin, à Brunoy, même destruction.

À Marly on a brisé ou enlevé l'Hippomène, l'Atalante, les figures de l'Océan et les excellentes copies de la Diane et de la Vénus de Médicis.

À la ci-devant abbaye de Jouart six ou huit colonnes de marbre noir ont été cassées.

À Franciade, où la massue nationale a justement frappé les tyrans jusque dans leurs tombeaux, il fallait au moins épargner celui de Turenne, où l'on voit encore les coups de sabre.

Si à Paris et dans les environs, malgré les décrets et les instructions des représentants du peuple, malgré les réclamations du comité d'instruction publique, et les soins de la commission des arts, de tels dégâts ont eu lieu, que devait-ce être dans les départements ?

À Dijon l'on a détruit des mausolées dont les figures principales avaient sept pieds de haut.

À Saint-Mihiel, à Charleville, à Port-la-Montagne, à la Rochelle, on a détruit, là des manuscrits, des tableaux ; ici des chefs-d'œuvre de Pujet et de Bouchardon.

À Nancy, dans l'espace de quelques heures, on a brisé et brûlé pour cent mille écus de statues et de tableaux.

Mais sur la frontière, et surtout dans les départements du Nord et du Pas-de-Calais, les dégâts sont tels, que pour les peindre l'expression manque.

A Sedan on est parvenu toutefois à conserver un tour en quelques morceaux d'ivoire et d'ébène, qu'un maître de forges voulait se faire livrer, sous prétexte de service national.

Des colonnes de porphyre, dont chacune vaut peut-être cinquante mille livres ; quatre colonnes magnifiques de verre antique d'un tombeau qui était dans l'église d'Emile, ont été arrachées à la destruction.

Un très beau vase de Benevenuto Cellini, que le comité de surveillance de la section du Contrat-Social voulait livrer à la fonte, est conservé.

À Auteuil on a sauvé des bas-reliefs sur l'antique qu'on voulait faire démolir.

À Anet, au milieu d'une pièce d'eau, était un cerf en bronze d'un beau jet. On voulait le détruire, sous prétexte que la chasse est un droit féodal. On est parvenu à le conserver, en prouvant que le cerf de bronze n'étaient pas compris dans la loi.

À Pont-à-Mousson un grand tableau, que des connaisseurs avaient proposé de couvrir d'or pour qu'on le leur cédât, avait été vendu au prix de quarante-huit liv. On l'a fait rentrer dans le mobilier national.

À Mousseaux on avait mis le scellé sur des serres chaudes; si l'on n'était parvenu à le faire lever promptement, toutes les plantes étaient perdues.

À Balabre, district du Blanc, département de l'Indre, cent vingt-quatre orangers, dont plusieurs ayant dix-huit pieds de haut, allaient être vendus de 6 à 18 liv. pièce, y compris la caisse, sous prétexte que les républicains ont besoin de pommes et non d'oranges. Heureusement on est parvenu à suspendre la vente.

Il faudrait un grand effort d'indulgence pour ne voir dans ces faits que de l'ignorance. Mais si l'ignorance n'est pas toujours un crime, ses panégyristes devraient sentir qu'au moins elle est toujours un mal.

Presque toujours derrière elle se cachent la malveillance et l'esprit contre-révolutionnaire. Ceux qui, au jardin de botanique de Montpellier, ont fait scier l'arbre de fer, qui avait, dit-on, plus de cent pieds de tige, pour en faire un arbre de la liberté, sont peut-être les mêmes qui voulaient faire couper les oliviers de la ci-devant Provence.

Un décret sage est-il rendu, à l'instant l'aristocratie tâche de le diriger à ses fins.

Parlait-on d'employer les cloches pour faire des canons, des hommes étrangers peut-être, ou payés par l'étranger, voulaient envoyer à la fonte les statues de bronze qui sont au dépôt des Petits-Augustins, les cercles du méridien fait par Butterfield pour les globes de Coronelli, et les médailles qui sont au cabinet de la bibliothèque nationale; on a calculé que réunies elles pourraient former la moitié d'un petit canon.

Parlait-on de la rareté du numéraire, les mêmes hommes voulaient envoyer à la monnaie les deux célèbres boucliers votifs en argent de ce cabinet, tandis qu'à Commune-Affranchie Chassenot jetait au creuset huit cents médailles antiques en or.

S'agissait-il d'extraire le salpêtre, on démolissait, dit-on, des antiques à Arles.

Les beaux monuments qui sont près de Saint-Remy ont failli subir le même sort.

Vous proscrivîtes avec raison les objets qui rappelaient l'esclavage des peuples; alors on voulait détruire les tableaux d'une femme peintre, parce qu'on l'a dite émigrée;

Détruire chez notre collègue Bouquier des tableaux de Carrache, parce qu'ils représentent des objets de culte;

Détruire ceux de le Sueur, parce qu'on y voit des chartreux; et anéantir enfin ces chefs-d'œuvre que l'envie avait déjà mutilés dans le siècle dernier.

A Praslin, district de Melun, les statues des dieux du paganisme ont été brisées comme monuments féodaux.

A Ecouen, deux bas-reliefs représentaient des femmes ailées, soutenant les armes de Montmorency. L'écusson pouvait se gratter sans endommager les figures. On proposait d'y graver des emblèmes républicains en creux, comme l'étaient les hiéroglyphes égyptiens. Tout le contraire a été fait : on a brisé les têtes des femmes et conservé les armes de Montmorency. L'on vient encore d'y briser une belle statue de marbre blanc ; les débris sont dans la cour.

On a fait plus, des hommes armés de bâtons et précédés de la terreur sont allés chez les citoyens, chez les marchands d'estampes. Une reliure, une vignette ont servi de prétexte pour voler ou détruire les livres, les cartes géographiques, les gravures, les tableaux.

On a même déchiré l'estampe qui retraçait le supplice de Charles Ier, parce qu'il y avait un écusson. Eh ! plût à Dieu que, d'après la réalité, la gravure pût nous retracer ainsi toutes les têtes des rois, au risque de voir à côté un blason ridicule !

Sans doute il faut que tout parle aux yeux le langage républicain; mais on calomnierait la liberté en supposant que son triomphe dépend de la conservation ou de la destruction d'une figure où le despotisme a laissé quelque empreinte; et lorsque des monuments offrent une grande beauté de travail, leur conservation, ordonnée par la loi du 3 frimaire, peut simultanément alimenter le génie et renforcer la haine des tyrans, en les condamnant par cette conservation même à une espèce de pilori perpétuel; tel est le mausolée de Richelieu, l'un des chefs-d'œuvre de Girardon.

La frénésie des barbares fut telle, qu'on proposa d'arracher toutes les couvertures des livres armoriés, toutes les dédicaces, et les privilèges d'imprimer, c'est-à-dire de détruire tout.

Soyez sûrs que ce fanatisme d'un nouveau genre est très fort du goût des Anglais. Ils paieraient fort cher toutes vos belles éditions ad usum Delphini ; et ne pouvant les avoir ils paieraient volontiers pour les faire brûler.

Ce sont eux peut-être qui possèdent les mémoires et les plans manuscrits volés aux dépôts de la guerre et de la marine.

C'est en Angleterre, dit-on, que sont passées les magnifiques galeries de la Borde et d'Egalité. Celle de Choiseul-Gouffier allait vous échapper au moment où le patriotisme y mit l'embargo à Marseille; et l'on vient encore de recouvrer chez un banquier trois tableaux, dont deux de Claude le Lorrain et un de Van-Dyck, qui étaient achetés pour l'Angleterre.

Permettez-moi de vous présenter ici une série de faits dont le rapprochement est un trait de lumière.

Manuel proposait de détruire la porte Saint-Denis; ce qui causa pendant huit jours une insomnie à tous les gens de goût et à tous ceux qui chérissent les arts.

Chaumette, qui faisait arracher des arbres sous prétexte de planter des pommes de terre, avait fait prendre un arrêté pour tuer les animaux rares que les citoyens ne se lassent point d'aller voir au muséum d'histoire naturelle.

Hébert insultait à la majesté nationale en avilissant la langue de la liberté.

Chabot disait qu'il n'aimait pas les savants ; lui et ses complices avaient rendu ce mot synonyme à celui d'aristocrate.

Lacroix voulait qu'un soldat pût aspirer à tous les grades sans savoir lire.

Tandis que les brigands de la Vendée détruisaient les monuments à Parthenay, Angers, Saumur et Chinon, Henriot voulait renouveler ici les exploits d'Omar dans Alexandrie. Il proposait de brûler la bibliothèque nationale, et l'on répétait sa motion à Marseille.

Dumas disait qu'il fallait guillotiner tous les hommes d'esprit.

Chez Robespierre on disait qu'il n'en fallait plus qu'un. Il voulait d'ailleurs, comme on sait, ravir aux pères, qui ont reçu leur mission de la nature, le droit sacré d'élever leurs enfants. Ce qui dans Lepelletier n'était qu'une erreur était un crime dans Robespierre. Sous prétexte de nous rendre Spartiates, il voulait faire de nous des ilotes, et préparer le régime militaire qui n'est autre que celui de la tyrannie.

Pour consommer le projet de tarir toutes les sources des lumières, il fallait paralyser ou anéantir les hommes de génie, dont l'existence est d'ailleurs si souvent tourmentée par ceux qui les outragent pour se dispenser de les admirer; il fallait leur refuser indistinctement des certificats de civisme, crier dans les sections: Défiez-vous de cet homme, car il a fait un livre; les chasser des places qu'ils occupaient, flatter l'orgueil de l'ignorance, en lui persuadant que le patriotisme, qui est indispensable partout, suffit à tout; et, sous le prétexte même de faire triompher les principes, compromettre la fortune, l'honneur et la vie des citoyens, en les confiant à des mains inhabiles. C'est à quoi l'aristocratie déguisée avait complètement réussi.

Sans doute il est des gens de lettres qui après avoir, dans l'ancien régime, sacrifié au faux goût, à la lubricité, à la flatterie, ont continué ce rôle avilissant. Il en est même qui, après avoir fait faire un pas à l'esprit humain, ont rétrogradé et se sont prostitués au royalisme, c'est-à-dire à tous les crimes. Et dans quelle classe n'a-t-on pas vu des scélérats et des hommes estimables? Une république ne doit connaître que des citoyens; et, quels qu'ils soient, la loi doit frapper ceux qui sont coupables et protéger tous ceux qui sont purs.

Pourquoi d'ailleurs confondre avec les ennemis de la patrie des hommes qui, sans être doués d'une grande énergie révolutionnaire, chérissent la liberté, mais que le goût et l'habitude de la retraite éloignent des orages? Ne les mettez pas au timon des affaires, mais donnez à celui-là ses livres; à celui-ci ses machines et son laboratoire; à cet autre un télescope et les astres, et la patrie recueillera les fruits inappréciables de leur génie.

Le système de persécution contre les hommes à talent était organisé. On a mis en arrestation Desault, un des premiers chirurgiens de l'Europe, qui est à la tête du plus grand hospice de malades à Paris, et le seul presque qui forme des élèves pour nos armées; votre comité de sûreté générale s'est empressé de l'élargir.

Pendant neuf mois on a fait gémir dans une prison le célèbre traducteur d'Homère, Bitaubé, fils de réfugié, que l'amour de la liberté a ramené depuis longtemps dans la patrie de ses pères, et que le tyran de la Prusse prive de ses revenus parce qu'il est patriote. Thillaye, Cousin, Laharpe, Vandermonde, Ginguené, Lachabeaussière, Lametherie, François-Neufchâteau, Boncerf, Oberlin, Volney, Laroche, Sage, Beffroy, Vigée et beaucoup d'autres ont éprouvé le même sort.

Mauduit, Latourette et Chamfort ont péri victimes de cette inquisition.

Citoyens, dût-on contester l'authenticité ou atténuer l'importance de quelques-uns des faits que j'ai mentionnés, outre que cette énumération est très incomplète, il en resterait assez pour porter à l'évidence le fléau de l'ignorance et les crimes de l'aristocratie.

Anéantir tous les monuments qui honorent le génie français, et tous les hommes capables d'agrandir l'horizon des connaissances, provoquer ces crimes, puis faire le procès à la révolution en nous les attribuant; en un mot nous barbariser, puis crier aux nations étrangères que nous étions des barbares pires que ces musulmans qui marchent avec dédain sur les débris de la majestueuse antiquité: telle était une des branches du système contre-révolutionnaire.

Dévoiler ce plan conspirateur c'est le déjouer. Les citoyens connaîtront les pièges tendus à leur loyauté; ils signaleront ces émissaires de l'étranger que le char révolutionnaire doit écraser dans sa course. Une horde de brigands ont émigré, mais les arts n'émigreront pas. Comme nous, les arts sont enfants de la liberté; comme nous, ils ont une patrie, et nous transmettrons ce double héritage à la postérité.

Ce que les législateurs ont fait pour vivifier les sciences, et pour en répandre les bienfaits, ce qu'ils feront encore est une réponse victorieuse à toutes les impostures. Des procédés nouveaux pour l'extraction de la soude et du salpêtre, pour la confection de la poudre et de l'acier, des manufactures d'armes, des foreries, des fonderies de canons improvisées, pour ainsi dire, de toutes parts, le travail du cadastre commencé, le télégraphe et les ballons appliqués aux opérations militaires, l'organisation du Conservatoire, du muséum d'histoire naturelle, de la collection des arts; la mesure la plus grande qu'on ait jamais entreprise d'un arc du méridien qui embrasse neuf degrés et demi; le nouveau système des poids et mesures qui va lier les deux mondes : tout cela s'est fait au milieu des orages politiques. Législateurs, c'est votre ouvrage.

Le projet d'uniformer l'idiome, et de donner à la langue de la liberté le caractère qui lui convient, commence à s'exécuter. Déjà plusieurs sociétés populaires du Midi ont arrêté de ne plus discuter qu'en français.

La musique même a fait des conquêtes, et des instruments étrangers ou antiques, le tamtam, le buccini et le tuba-corna, sont venus embellir nos fêtes et célébrer nos victoires.

Certes ils protègent les arts ceux qui décernent des statues et le Panthéon à Descartes et à Rousseau; nous ne ferons à aucun représentant du peuple l'injure d'élever des doutes sur l'intérêt qu'il attache aux dons du génie.

Un grand homme est une propriété nationale. Un préjugé détruit, une vérité acquise, sont souvent plus importants que la conquête d'une cité, et lors même que des découvertes ne présentent que des faits et des vues, sans application immédiate aux besoins de la société, tenons pour certain que ces chaînons isolés se rattacheront un jour à la grande chaîne des êtres et des vérités.

Lions donc le génie d'une manière indissoluble à la cause de la liberté. Il fera circuler partout la sève républicaine, et accélèrera l'époque qui doit conduire la France au *maximum* de prospérité et de bonheur.

Citoyens, il est affligeant, sans doute, le tableau que nous avons tracé sous vos yeux, en vous parlant de monuments détruits.

Mais il fallait joindre cette nouvelle série de crimes à tous les crimes de nos ennemis : fournir de tels matériaux à l'histoire c'est aggraver le mépris et l'exécration qui pèseront à jamais sur eux. Prouver qu'ils ont voulu dissoudre notre société politique par l'extinction de la morale et des lumières, c'est nous rendre plus chères les lumières et la morale; et d'ailleurs les pertes dont vous avez entendu le récit sont bien adoucies par l'aspect des richesses immenses qui nous restent dans tous les genres d'arts et de sciences. Vous en aurez l'état complet : on ne peut ici que les indiquer.

Il y a cinq mois qu'à cette tribune nous avions calculé à 10 millions de volumes les livres nationaux. Une approximation nouvelle élève ce nombre à 12 millions.

Vous venez de rendre un décret qui ordonne de présenter les moyens d'utiliser les manuscrits. L'instruction de la commission des arts, imprimée par ordre du comité d'instruction publique, doit vous persuader que cet objet entre dans le plan de ses travaux. Mais il fallait préalablement réunir ces manuscrits, dont le nombre est immense, et qui offrent des ouvrages d'une haute importance. Tenez pour certain que, si les Anglais ou les Hollandais avaient cette mine féconde à exploiter, ils rendraient les deux mondes tributaires, eux qui quelquefois nous ont vendu fort cher des éditions d'auteurs anciens, d'après les manuscrits de la bibliothèque nationale. Bacon prétend qu'Homère a nourri plus d'hommes par ses écrits qu'Auguste par ses congiaires. On ignore peut-être que, grâce aux travaux des gens de lettres et des savants, les mouvements de l'imprimerie et de la librairie étaient, il y a quelques années, de 200 millions pour la France, dont 54 millions pour Paris. Tous nos bons livres, entre autres ceux de plusieurs de nos collègues, sur l'art de guérir, sur la chimie, sont classiques chez la plupart des nations éclairées.

Vous mettrez sans doute en activité l'imprimerie du Louvre, la première de l'Europe. Si les caractères de Garamond et de Vitré restaient plus longtemps sans être employés, nous serions indignes de les posséder.

Réimprimons tous les bons auteurs grecs et latins, avec les variantes et la traduction française à côté : c'est un nouveau moyen d'enrichir la République et de répandre la langue nationale. Tirons enfin de la poussière ces milliers de manuscrits entassés dans nos bibliothèques. Ce triage et celui de nos archives éveilleront la curiosité de l'Europe savante.

Alors seront mises en évidence une foule d'anecdotes qui attesteront les forfaits du despotisme.

Déjà des lettres de Charles IX et de François II, récemment publiées, ont révélé des infamies royales qui jusqu'à présent avaient été ensevelies.

Alors se produiront au grand jour, pour fournir de nouvelles armes à la liberté, des monuments que le despotisme forçait à se cacher.

12

Ainsi à la bibliothèque nationale un manuscrit inédit présente la liste des anciens tyrannicides.

Ainsi la médaille où l'on voit une main armée moissonnant des lis et brisant des sceptres paraît après deux siècles. Nulle mention d'elle dans l'histoire : on voit seulement par le catalogue que, déjà sous Louvois, elle était au cabinet des médailles, mais modestement cachée dans une tablette.

Ainsi à Ribauvillers, département du Haut-Rhin, chez un ci-devant prince, on vient de découvrir un vase de vermeil, pesant plus de vingt-trois marcs, qui est un chef d'œuvre : il représente Clélie, Coclès, la mort de Virginie, la suppression du décemvirat, le dévoûment de Scævola et l'expulsion des Tarquins.

Ainsi, après soixante-dix ans, un tableau de Champagne va sortir de l'obscurité, pour être placé dans la salle de vos séances. Le sujet est Hercule foulant aux pieds des couronnes.

En parcourant l'échelle des connaissances humaines, nous trouvons que dans presque tous les genres vous avez une profusion d'utiles matériaux. Le dépôt de la guerre seul possède plus de dix-huit mille cartes géographiques. Tous les dépôts étaient engorgés par l'accumulation de manuscrits, de mémoires, de plans obtenus à grands frais et répétés pour la plupart dans chaque dépôt, car chaque ministre s'isolait dans son domaine exclusif.

Les médailles, les pierres gravées en creux et en relief, formeront de belles suites; on pourra par des empreintes remplir les lacunes.

Dans les dépôts de Versailles, du Conservatoire, de Nesle, des Petits-Augustins ( indépendamment de ce qui existe dans les départements), l'or, l'argent, le bronze, le granit, le porphyre et le marbre ont pris sous la main du génie toutes les formes du beau et du fini. Tableaux, gravures, statues, bustes, groupes, bas-reliefs, vases, cippes, mausolées, tout cela est sans nombre. Au dépôt des Petits-Augustins, qui s'accroît journellement, il y a déjà deux cent deux statues et cinq cent deux colonnes.

Les monuments du moyen âge formeront des suites intéressantes, sinon pour la beauté du travail, au moins pour l'histoire et la chronologie.

Les antiquités étrusques appelleront sans doute les regards des artistes. On sait quel prix les Anglais ont attaché aux objets de cette nature, d'après lesquels Wedgewood a fondé sa nouvelle Étrurie, et procuré tant de millions à son pays par le commerce de porcelaines.

Bientôt nous vous proposerons de former un conservatoire pour des machines. Cette école d'un nouveau genre avivera tous les arts et métiers, et diminuera infailliblement la masse de nos importations annuelles, qui s'élèvent à plus de trois cents millions pour des objets que nous pouvons obtenir chez nous.

Une circulaire concernant les jardins botaniques et plantes rares a été envoyée à tous les districts, au nom des deux comités réunis des domaines et d'instruction publique. Les réponses arrivent journellement, et bientôt vous pourrez répartir dans toute la République une collection de végétaux exotiques que le muséum d'histoire naturelle tient en réserve : elle est composée de 1,334,544 individus, dont plus de vingt mille pour les serres. Cette masse de richesses végétales peut former pour chaque département une collection d'environ 2,500 espèces.

Vous savez d'ailleurs que le commerce des épices est près d'échapper à l'avidité hollandaise. L'an dernier, en juillet, le jardin national de Cayenne avait distribué plus de trente-deux mille individus, girofliers, poivriers, canneliers, arbres à pain, etc.

Il lui restait à distribuer environ soixante-dix-sept mille individus des mêmes espèces, sans compter une pépinière d'environ cent quatre-vingt mille petits girofliers.

Vos jardins de New-Yorck et de Charles-Town, des îles de France et de Bourbon, prospèrent. Quand le comité d'instruction publique aura recueilli les renseignements nécessaires sur les jardins que la République possède à Constantinople et dans d'autres contrées de l'Orient, conformément au décret du 11 prairial, il vous présentera les moyens de les utiliser. Il me semble qu'une mesure très utile encore serait de rédiger une instruction étendue pour vos agents diplomatiques et consulaires, afin qu'ils procurent à leur patrie les végétaux, les procédés, les instruments, les découvertes et les livres étrangers qui peuvent ajouter à nos moyens.

Les objets scientifiques dont nous avons parlé proviennent presque tous des ci-devant châteaux et jardins du tyran, des corporations ecclésiastiques, académiques, et des émigrés. Le dépôt de l'émigré Castries contient seul plus de 20 mille pièces manuscrites et intéressantes. C'était souvent l'opulence stupide qui en avait fait l'acquisition, sans en concevoir le prix. Ainsi on prétend que Law, l'auteur du système, ayant appris que le bon ton lui commandait d'avoir une bibliothèque, voulait faire prix avec un libraire à tant la toise de livres. Ces dépôts, qu'on ne voyait guère que par faveur, et dont la jouissance exclusive flattait l'orgueil et servait l'ambition de quelques individus, feront désormais la jouissance de tous : les sueurs du peuple s'étaient changées en livres, en statues, en tableaux : le peuple rentre dans sa propriété.

Les Romains, devenus maîtres de Sparte, eurent l'industrie de faire scier au Pécile le ciment sur lequel était appliquée une fresque magnifique. On la vit arriver à Rome sans être endommagée par les suites d'une opération si violente.

Plus que les Romains, plus que Démétrius Poliorcète, nous avons droit de dire qu'en combattant les tyrans nous protégeons les arts. Nous en recueillons les monuments, même dans les contrées où pénètrent nos armées victorieuses. Outre les planches de la fameuse carte de Ferrari, vingt-deux caisses de livres et cinq voitures d'objets scientifiques sont arrivées de la Belgique : on y trouve les manuscrits enlevés à Bruxelles dans la guerre de 1742, et qui avaient été rendus par stipulation expresse du traité de paix en 1769.

La République acquiert par son courage ce qu'avec des sommes immenses Louis XIV ne put jamais obtenir. Crayer, Van-Dyck et Rubens sont en route pour Paris, et l'école flamande se lève en masse pour venir orner nos musées.

Le génie va faire de nouveaux présents à la République. Pendant leur captivité, Cousin, Thillaye et plusieurs autres ont composé des ouvrages utiles. Tandis qu'à l'expérience des siècles ils joignent leurs découvertes, des voyages nouveaux vont paraître et nous enrichir des dépouilles étrangères : tels sont ceux de la Peyrouse, Vaillant, Desfontaines, Faujas et Dombey. Après un séjour de dix ans au Pérou, ce dernier est retourné, sous les auspices du gouvernement, dans le continent américain pour faire une nouvelle moisson. Votre comité d'instruction publique lui a remis une série raisonnée de questions propres à donner une direction nouvelle à l'œil observateur, et les réponses amèneront sans doute de précieux résultats.

La France est vraiment un nouveau monde. Sa nouvelle organisation sociale présente un phénomène unique dans l'étendue des âges ; et peut-être n'a-t-on pas encore observé qu'outre le matériel des connaissances humaines, par l'effet de la révolution elle possède exclusivement une foule d'éléments, de combinaisons nouvelles, prises dans la nature, et d'inépuisables moyens pour mettre à profit sa résurrection politique.

Les caractères originaux vont se multiplier. Nous aurons plus d'écarts, mais aussi plus de découvertes. Nous nous rapprocherons de la belle simplicité des Grecs, mais sans nous traîner servilement sur leurs pas, car le moyen, dit-on, de ne pas être imité c'est d'être imitateur : on surpasse rarement ce qu'on admire.

La poésie lyrique et la pastorale vont sans doute renaître chez un peuple qui aura des fêtes et qui honore la charrue. L'art théâtral n'eut jamais une plus belle carrière à parcourir. L'histoire n'offre aucun sujet qui égale celui de la dernière conspiration anéantie ; on y trouve jusqu'à l'unité de temps. Ainsi les plaisirs mêmes seront un ressort utile dans les mains du gouvernement, et les arts agréables deviendront des arts utiles.

Législateurs, que vous prescrit l'intérêt national ? C'est d'utiliser au plus tôt vos immenses et précieuses collections, en les faisant servir à l'instruction de tous les citoyens. Le comité vous présentera un mode de répartition; et puisque, d'après la nouvelle organisation, les musées sont confiés à sa surveillance, il faut les établir. Hâtez-vous de créer des hommes à talent qui promettent des successeurs à la génération peu nombreuse de ceux qui existent.

On parle quelquefois de l'aristocratie de la science : elle entre peut-être dans les vues de certains individus qui déclament contre tous les plans d'éducation, et qui voudraient condamner à l'ignorance les artisans et les cultivateurs, tandis qu'ils prodiguent les moyens d'instruction à leurs enfants. Il est un infaillible moyen pour n'être pas obligé de perpétuer la gestion des affaires dans les mêmes mains, et pour éviter le monopole des talents ; c'est de les disséminer, c'est de proviguer les connaissances utiles en organisant promptement l'éducation nationale, en formant surtout des écoles normales ; car si nous avons de bons maîtres le succès est infaillible ; et souvenez-vous que quand il s'agit d'éducation, comme en matière de gouvernement, des vues mesquines sont des vues détestables. Il y a quinze mois que le comité de salut public vous disait que cette organisation était une mesure de sûreté générale; et cependant cette mesure n'est pas encore prise; l'éducation nationale n'offre plus que des décombres. Il vous reste vingt collèges agonisants. Sur près de six cents districts, soixante-sept seulement ont quelques écoles primaires; et de ce nombre seize seulement présentent un état qu'il faut bien trouver satisfaisant, faute de mieux.

Cette lacune de six années a presque fait écrouler les mœurs et la science. Ses résultats se feront sentir d'une manière funeste dans les autorités constituées, et peut-être jusque dans le sein du corps législatif.

Et cependant la jeunesse est tourmentée par le besoin d'apprendre : la Bibliothèque nous sert de thermomètre à cet égard. Quoiqu'une grande partie de ceux qui seraient dans le cas d'y aller soient présentement dans les armées, elle est plus fréquentée qu'autrefois, et l'on n'y demande plus guère que des livres utiles.

Vainement dirions-nous que les connaissances utiles, comme la vertu sont à l'ordre du jour : on ne les commande pas. Celles-là, on les enseigne ; celle-ci, on l'inspire. L'une et l'autre sont les fruits de l'éducation ; et vous n'obtiendrez pas même des fruits abortifs, si l'on n'organise promptement une éducation nationale qui fera chérir la liberté par principes et par sentiments : quand la révolution sera dans les esprits et dans les cœurs, elle sera partout.

Pour remplir totalement le but de ce rapport, nous vous proposerons des moyens de réprimer les dilapidations. Elles ont pour cause l'ignorance, il faut l'éclairer ; la négligence, il faut la stimuler ; la malveil-

lance et l'aristocratie, il faut les comprimer. Quoi ! dans le laps d'un siècle, la nature avare laisse à peine échapper de son sein quelques grands hommes ; il a fallu trente ans d'études préliminaires et d'un travail continu pour produire un livre profond, un tableau, une statue d'un grand style ; et la torche d'un stupide, ou la hache d'un barbare, les détruit en un moment ! Tels sont cependant les forfaits qui, répétés journellement, nous forcent à gémir sur la perte d'une foule de chefs-d'œuvre.

En général un monument précieux est connu pour tel. A Moulins personne n'ignore qu'il y existe un mausolée de grand prix ; à Strasbourg, tout le monde connaît le tombeau de Maurice de Saxe, par Pigalle ; et dans l'hypothèse qu'à défaut de connaissances et de goût on ne pût apprécier ces objets, que risque-t-on de consulter? Bien de plus sage que cette maxime d'un philosophe : Dans le doute, abstiens-toi. Il est d'ailleurs des monuments qui, sans avoir le cachet du génie, sont précieux pour l'histoire de l'art.

Les fripons ont des lettres de naturalité pour toutes les monarchies ; mais ils doivent être étrangers dans une république : ne pas les dénoncer c'est être leur complice, c'est haïr la patrie. Ne confondons pas avec eux des hommes dont la droiture égale la simplicité ; discernons les vrais coupables, dont le cœur dirigeait la main, de ceux qui coupables en apparence n'ont été qu'égarés ; mais frappons sans pitié tous les voleurs, tous les contre-révolutionnaires, et rendons par là même plus utile l'activité du gouvernement révolutionnaire que l'aristocratie essaie vainement de décrier. Ses clameurs n'aboutiront qu'à démasquer des pervers longtemps déguisés, qui n'échapperont point à la massue nationale.

Nous sommes loin de vous proposer, comme chez les Grecs, la peine de mort pour les délits dont il s'agit. Vous avez rendu un décret à cet égard : il suffit d'en rappeler et d'en étendre les dispositions qui ne s'appliquent qu'aux sculptures ; car les tableaux, les bibliothèques, les cabinets d'histoire naturelle ne sont pas moins dignes d'être conservés.

L'organisation nouvelle des comités donnera plus d'énergie à la surveillance.

Aux mesures répressives joignons des moyens moraux : faisons un appel à toutes les sociétés populaires, à tous les bons citoyens ; surtout que les représentants du peuple, par leur correspondance dans les départements, s'efforcent d'éveiller, d'éclairer le patriotisme à cet égard.

En Italie le peuple est habitué à respecter tous les monuments, et même ceux qui les dessinent. Accoutumons les citoyens à se pénétrer des mêmes sentiments. Que le respect public entoure particulièrement les objets nationaux, qui n'étant à personne sont la propriété de tous.

Ces monuments contribuent à la splendeur d'une nation célèbre ; de toutes parts on va les interroger. Rome moderne n'a plus de grands hommes, mais ses obélisques, ses statues, appellent les regards de l'univers savant. Tel Anglais dépensait deux mille guinées pour aller voir les monuments qui ornent les bords du Tibre. Certes, si nos armées victorieuses pénètrent en Italie, l'enlèvement de l'Apollon du Belvédère et de l'Hercule Farnèse serait la plus brillante conquête. C'est la Grèce qui a décoré Rome ; mais les chefs-d'œuvre des républiques grecques doivent-ils décorer le pays des esclaves? La République française devait être leur dernier domicile.

Philippe de Macédoine disait :

« Je réussirai plutôt à dompter la belliqueuse Sparte que la savante Athènes. »

Réunissons donc le courage de Sparte et le génie d'Athènes : que de la France on voie s'échapper sans cesse des torrents de lumières pour éclairer tous les peuples et brûler tous les trônes. Puisque les tyrans craignent les lumières, il en résulte la preuve incontestable qu'elles sont nécessaires aux républicains : la liberté est fille de la raison cultivée, et rien n'est plus contre-révolutionnaire que l'ignorance ; on doit la haïr à l'égal de la royauté.

Inscrivons donc, s'il est possible, sur tous les monuments, et gravons dans tous les cœurs cette sentence :

« Les barbares et les esclaves détestent les sciences et détruisent les monuments des arts ; les hommes libres les aiment et les conservent. »

Grégoire lit un projet de décret qui est adopté en ces termes :

La Convention nationale, après avoir entendu le rapport de son comité d'instruction publique, décrète ce qui suit :

1° Les bibliothèques et tous les autres monuments des sciences et d'arts appartenants à la nation sont recommandés à la surveillance de tous les bons citoyens ; ils sont invités à dénoncer aux autorités constituées les provocateurs et les auteurs de dilapidations et dégradations de ces bibliothèques et monuments.

2° Ceux qui seront convaincus d'avoir, par malveillance, détruit ou dégradé des monuments de sciences et d'arts, subiront la peine de deux années de détention, conformément au décret du 13 avril 1793.

3° Le présent décret sera imprimé dans le bulletin des lois.

4° Il sera affiché dans le local des séances des corps administratifs, dans celui des séances des sociétés populaires et dans tous les lieux qui renferment des monuments de sciences et d'arts.

5° Tout individu qui a en sa possession des manuscrits, titres, chartes, médailles, antiquités, provenants des maisons ci-devant nationales, sera tenu de les remettre, dans le mois, au directoire du district de son domicile, à compter de la promulgation du présent décret, sous peine d'être traité et puni comme suspect.

6° La Convention décrète l'impression du rapport et l'envoi aux administrations et aux sociétés populaires.

*Motion d'ordre faite par Marc-François Bonguyod, sur le commerce, dans la séance du 4 vendémiaire, et dont l'impression a été décrétée.*

La Convention nationale a appelé tous ses membres à lui indiquer les moyens propres à régénérer le commerce. Je sens qu'il est difficile de bien répondre à cet appel : le désir de coopérer à cette œuvre m'a déterminé à lui adresser quelques réflexions.

De tous les états qui ont existé, deux seuls sont véritablement utiles, l'agriculture et l'industrie : l'une nourrit l'homme ; l'autre lui procure le vêtement et les autres choses nécessaires à son existence.

C'est vers ces deux objets que doivent tourner les regards et la sollicitude du gouvernement républicain. Améliorer l'un, activer l'autre, est son devoir : telle doit être son unique occupation.

Le comité d'agriculture a présenté un projet dont

l'exécution élèvera cet état au degré de perfection qu'il doit atteindre pour dispenser la République de demander des blés à ses voisins. Il faut élever l'industrie au même degré. Il faut mettre la France dans le cas, non seulement de rivaliser avec les nations voisines, mais encore de les rendre tributaires de nos manufactures. L'entreprise est hardie, mais elle n'est pas impossible. Deux moyens très faciles à exécuter peuvent remplir ce but : l'un, de donner plus d'activité aux manufactures existantes ; et l'autre, d'en créer de nouvelles. Une emplette de soie, de laine et de coton, la concession de quelques maisons nationales, sont les seules dépenses qu'ait à faire la République. L'émulation et l'intérêt particulier opéreront le surplus.

Que faut-il pour une manufacture? et où doit-on la placer? Voilà ce qu'il convient d'examiner.

Trois choses sont nécessaires à l'établissement d'une manufacture :

1° Une maison vaste et commode ;

2° Des matières premières ;

3° Des ustensiles propres à la fabrication des draps.

La nation possède des maisons qui réunissent la solidité aux convenances d'une manufacture. La plupart de ces maisons sont trop vastes pour qu'un particulier pût en faire l'acquisition. On n'en peut faire un meilleur usage que de les employer à des manufactures.

Quoique les matières premières ne manquent pas en France, il ne sera pas inutile d'en acheter chez l'étranger. Il résultera de cet achat une rivalité, une concurrence infiniment salutaires aux manufactures ; elles reprendront leur activité. La qualité des draps améliorée, la quantité augmentée et leur prix diminué ; voilà les avantages inséparables du rétablissement et de l'augmentation des manufactures.

Sans doute il viendra un temps, qui n'est pas éloigné, où l'on verra les laines abondantes en France. Ce sera lorsque l'agriculture aura acquis la perfection dont elle est susceptible ; lorsque les laboureurs pourront augmenter et perfectionner l'espèce des moutons. En attendant cet heureux moment, la Convention nationale ne peut faire un meilleur usage des ressources qui sont en son pouvoir, que d'en employer une partie à procurer aux manufactures des matières. La nature nous a donné cette année une abondante récolte. Ajoutons à ces denrées beaucoup de matières propres à la fabrication des draps, alors l'abondance sera parfaite, le peuple sera bien nourri, bien vêtu. Voilà le terme et le but des travaux de la Convention nationale.

Dans plusieurs manufactures on se sert de métiers économiques pour la filature du coton. Il faut perfectionner ces machines, et les rendre propres à la filature de la laine.

Tous les autres instruments employés aux manufactures sont aussi susceptibles d'être perfectionnés. La Convention sentira la nécessité d'appeler les gens de l'art à les perfectionner.

Dans quelle partie de la République peut-on et doit-on établir des manufactures? Tous les districts n'offrent pas les mêmes avantages. Les uns sont propres à l'agriculture, les autres sont forcés de recourir à l'industrie. Il n'est personne qui ne sente le danger qu'il y aurait à détourner les agriculteurs d'un état qui exige un travail actif et constant. L'industrie est donc resserrée aux pays où l'agriculture est d'une faible ressource. Puisque la nature a été avare envers leurs habitants, il faut les consoler, les dédommager de l'ingratitude du sol qu'ils occupent, par l'établissement de manufactures qui leur procurent une occupation utile.

Telles sont les premières idées qu'inspire l'amélioration de l'industrie. Elles ont besoin d'un plus grand développement et d'une plus grande méditation. Il est réservé aux comités d'agriculture et de commerce de s'occuper spécialement de cet important objet. C'est à la Convention nationale à prononcer sur les projets qui lui seront présentés; elle peut effectuer dans ce moment une partie de celui que je lui présente. Dans les prises faites par la marine, il se trouve des laines, des cotons; eh bien, qu'elle en ordonne la répartition entre les principales manufactures. Voici quelques articles que je soumets à votre sagesse:

« Art. I°°. L'industrie et le commerce sont mis dans le rang des états véritablement utiles à l'humanité.

» II. Les principaux instruments de cet état seront placés dans le temple des lois, à côté de ceux de l'agriculture.

» III. Le jour de la fête de l'industrie, il sera délivré des prix dans les lieux où seront établies des manufactures :

» 1° A celui qui, dans le cours de l'année, aura fabriqué des draps de la plus belle et meilleure qualité.

» 2° A celui qui aura perfectionné les ustensiles nécessaires à cette fabrication.

» IV. Le prix consistera dans une distribution de soie, laine et coton de la plus belle espèce.

» V. Il sera établi des manufactures pour la fabrication des draps de soie, laine et coton.

» VI. Ces nouvelles manufactures seront placées dans les districts où l'agriculture est d'une faible ressource.

» VII. Pour favoriser leur établissement, on exceptera de la vente les maisons nationales qui seront reconnues les plus convenables à cet objet.

» VIII. Le comité des domaines et aliénations est autorisé à désigner ces maisons.

» IX. Il sera mis à la disposition de la commission de commerce une somme de...... qui sera employée à acheter des matières premières et des ustensiles propres à la fabrication des draps.

» X. Les matières premières seront réparties entre les manufactures existantes et celles à établir proportionnellement à leurs besoins.

» XI. Les propriétaires des manufactures paieront les matières au prix du *maximum*.

» XII. Il sera accordé aux citoyens qui se chargeront de la manutention des nouvelles manufactures :

» 1° Une maison nationale;

» 2° Des matières premières au prix du *maximum*;

» 3° Des ustensiles propres à la fabrication des draps.

» XIII. Le détail des conditions relatives aux nouvelles manufactures entre la nation et leurs entrepreneurs sera réglé par la commission de commerce.

» XIV. Elle rendra compte tous les mois de l'état des manufactures existantes et de celles nouvellement établies. Elle remettra à la trésorerie nationale le prix des matières premières au fur et à mesure qu'elle les recevra.

» XV. Les laines et cotons qui sont actuellement dans les ports de la République seront incontinent cédés aux propriétaires des manufactures de Sedan, Louviers, Elbeuf.

» XVI. Les soies et autres matières premières, séquestrées en exécution du décret du 25 pluviôse, seront incontinent remises en circulation. »

#### SUITE DE LA SÉANCE DU 7 VENDÉMIAIRE.

Une société populaire transmet l'extrait suivant :

Le citoyen Palais, employé aux charrois, conduisait une voiture de farine; il tombe entre les mains des brigands : ils voulaient le forcer de crier *vive le roi!* en lui mettant le sabre sur la gorge. *Vive la République!* crie courageusement Palais. Les brigands le jettent dans les cachots; mais Palais a le bonheur de s'évader, et il revient au milieu de ses concitoyens. Sa place lui est rendue, et de plus une indemnité lui est accordée. Aujourd'hui Palais en fait don à la patrie. (On applaudit.)

Les citoyens employés au timbre des assignats font don à la patrie d'une somme de 430 liv. pour les familles des infortunés qui ont souffert par l'explosion de Grenelle.

La société populaire d'Abbeville invite la Convention à rester à son poste jusqu'à ce que la liberté soit solidement affermie, et elle demande la continuation du gouvernement révolutionnaire.

La société populaire de Toulouse demande le rapport de certains décrets qu'elle dit ne favoriser que le modérantisme et l'aristocratie, tels que celui de la question intentionnelle, etc.

L'assemblée passe à l'ordre du jour sur cette pétition.

La société populaire de Niort félicite la Convention d'avoir mis la justice à la place de la terreur; elle déclare que ce qu'on appelle patriotes incarcérés et opprimés dans les départements ne sont que quelques intrigants justement dépouillés des places qu'ils occupaient. Elle invite l'assemblée à remonter à la source des adresses qu'on dit exprimer le vœu du peuple, et qui ne sont que l'œuvre de quelques individus; elle demande que l'assemblée maintienne dans son entier la liberté indéfinie de la presse, comme la plus sûre garantie des droits du peuple.

L'assemblée applaudit à cette adresse, elle en ordonne l'insertion au Bulletin.

Les représentants du peuple à Brest font passer 671 livres, offertes par le 1er bataillon de la Réunion, et produit de sa paie du 5° jour des sans-culottides : le bataillon destine cette somme à la construction du vaisseau le *Vengeur*.

On lit deux lettres de Ch. Lacroix, représentant du peuple dans le département des Ardennes, relatives à la situation de ce département.

ROUX : Je demande la mention honorable de ces lettres qui vous annoncent que le règne des intrigants et des hommes de sang est passé; j'en demande l'insertion au Bulletin et le renvoi au comité de sûreté générale.

Ces lettres doivent servir à éclairer l'opinion des représentants du peuple sur l'espèce d'intrigants qui ont opprimé pendant plusieurs mois le département des Ardennes, et qui se faisaient une étude particulière d'égarer la religion des représentants du peuple.

J'ajoute que la société populaire de Sedan et celle de Mouzon désavouaient formellement les adresses qu'on avait envoyées sous leur nom à la Convention nationale.

Les propositions de Roux sont décrétées.

MERLIN (de Thionville): J'ai promis de donner à la Convention nationale le résultat de mes idées sur les fêtes nationales. Je serai trop payé de mon travail, si elle le considère comme propre à servir de canevas pour celui que le comité d'instruction publique lui présentera.

Il me semble que l'on a confondu jusqu'ici *les fêtes nationales* avec *le spectacle national*; au spectacle, le peuple écoute, ou regarde; dans une fête nationale, il doit être occupé; on l'amuse par un spectacle; à une fête nationale, il doit se divertir; un spectacle peut et doit faire partie d'une fête nationale, mais il ne doit pas la constituer; il ne suffit pas pour jouir de quelque plaisir à une fête d'y être spectateur, il faut y être acteur.

J'ai remarqué que l'inaction du peuple avait nui jusqu'à présent à nos fêtes publiques; l'inaction pendant un très longtemps avant et pendant la fête le fatigue et l'épuise; l'âme est mal quand le physique souffre; aussi le spectacle fini, la musique entendue, *Robespierre et son autel admirés*, on est revenu au pas de charge, pressés de se quitter au moment où le cœur aurait dû s'ouvrir au plaisir de la réunion; chacun est retourné péniblement chez soi y réparer ses forces, s'y délasser, et s'y ennuyer le reste de la journée.

Rappelez-vous la fédération du 14 juillet 1790; les travaux qui l'ont précédée dans le Champ-de-Mars, leur activité non interrompue pendant plusieurs jours, la diversité de leurs mouvements, celles des machines qui y étaient employées, les flammes tricolores, les feuillages; le mélange de tous les âges, de tous les sexes, de toutes les professions travaillait avec un zèle égal, racontant, riant, chantant; des gens arrêtés entre ceux qui couraient, d'autres qui buvaient, mangeaient, se reposaient et dormaient entre ceux qui travaillaient....

Je ne crains pas qu'on me démente: *la fête* fut dans ces jours de travail sans contrainte, de mouvement sans fatigue, et de confusion sans désordre; le 14 juillet ne fut qu'un spectacle, *et quel spectacle?* on ne vit guère que trois choses, *une tête mitrée* sur un autel, *un corps couronné* sur un autre autel, *un cheval blanc* portant encore un autre autel; ajoutez, si vous voulez, devant ces autels, des adorateurs les pieds dans la boue et la tête dans les brouillards.

La fête de l'Etre suprême, ou, pour dire vrai, la fête de Robespierre, fut encore un spectacle, où cette idole, à qui l'on sacrifiait tous les jours des victimes humaines, voulut bien se contenter cette fois de l'encens que lui prodiguaient ses prêtres criminels, et leurs nombreux complices.

Je dis que c'est une fatigante, une pénible séance pour cent mille personnes d'être plusieurs heures de suite à attendre pour écouter et considérer debout, pendant plusieurs heures, sous la verge d'une police au moins gênante, car dans nos fêtes, qui se réduisent à un spectacle, la contrainte de la symétrie est nécessaire; il faut par conséquent y faire apparaître quelque magistrature, de la cavalerie, des sabres, des fusils, des piques: trop heureux encore si, par ces moyens transmis à la République par le royalisme, on peut contenir la foule, quand on a vu la seule puissance de l'ordre et de la fraternité et un épi de blé vert dans la main de chaque préposé, faire prendre et garder les alignements dans la fête de Château-Vieux en 1792 !

Je conclus donc que dans une fête nationale le spectacle ne doit être qu'un accessoire, et non l'objet principal, non la fête tout entière; que le spectacle doit être court, et ne point se faire attendre, afin qu'il y ait de l'ordre, et que cet ordre ne soit point pénible à ceux qui l'observent; et enfin que la partie de la fête où le peuple est acteur est la partie essentielle et doit être l'objet principal.

Ces principes posés, voici mes observations sur l'emploi de la musique dans les fêtes. La musique jusqu'ici a été employée dans les fêtes, comme elle l'est aux spectacles : je pense qu'elle doit y être *moyen principal*, et qu'au lieu de réduire le peuple au silence, comme elle l'a toujours fait, elle doit exciter ses chants, s'y mêler, les conduire, les animer, leur donner du charme et de l'éclat.

Arrêtons-nous un moment sur le passé. Quelles furent les fonctions et la place de la musique dans nos fêtes? Réunis dans un seul groupe, on a formé un seul orchestre de tous les musiciens ; on a placé cet orchestre au centre du champ de la Réunion, ou on l'a acculé au portique des Tuileries, à côté, au-dessus ou au-dessous *des objets destinés à faire spectacle* ; trop éloigné des amphithéâtres de la circonférence in-

mais il n'a pu faire entendre au peuple les paroles du chant, pas même le bruit des instruments. Ce n'est pas là l'orchestre d'une fête populaire, puisque sa position ne lui permet pas d'exécuter les chants du peuple, ni de les accompagner, ni de les suivre, que le peuple est nécessairement dans l'alternative ou de chanter sans écouter la musique, ou de se taire pour l'écouter sans l'entendre.

Un pareil orchestre pourrait tout au plus paraître une représentation des chants populaires; mais alors doit-il avoir place dans une fête nationale?

Pour qui cette représentation? Pour le peuple. Mais assurément il est ridicule de supposer que le peuple se rassemble dans un mouvement de joie pour célébrer sa puissance par d'autres voix que la sienne, et chanter par procureur son bonheur et sa gloire.

Je pense donc qu'au lieu d'un seul orchestre, placé à la tête de la marche, puis au centre de la réunion, il en faudrait treize, par exemple, qui dans la marche et au milieu de la réunion seraient distribués à égale distance les uns des autres; ces orchestres ainsi placés à la portée des assistants seraient entendus de tous, et tous pourraient répéter avec eux ou après eux. De cette manière on unirait, on accorderait les voix et le son des instruments ; tantôt ces orchestres se feraient entendre alternativement, tantôt tous ensemble répèteraient ce que l'un d'eux aurait dit d'abord ; d'autres, soit comme des échos, paroles par paroles, soit comme des organes intermédiaires, couplet par couplet ; ce que plusieurs auraient dit, plusieurs pourraient y répondre ; et ainsi une partie du peuple pourrait dialoguer avec le reste; ce qui dans le chant ferait l'expression d'un sentiment unanime, comme *vive le peuple ! vive la République !* etc., serait exécuté par un chœur universel ; ce serait une seule voix, un seul orchestre, formé de toutes les voix, de tous les instruments ; une harmonie immense, expression fidèle de l'union intime d'un peuple immense étonnant les airs, et tous pourraient répéter avec eux ou après eux. De la liberté et de la fraternité, y raviverait les âmes par des transports jusqu'alors inconnus.

On voit donc qu'en suivant les dispositions dont je donne l'idée, le peuple chanterait lui-même ses vertus, sa puissance, ses victoires et son triomphe: ce n'est pas tout, elles lui offrent les moyens de se célébrer lui-même dans de grands drames politiques, où il serait tout à la fois *spectateur, auteur et spectacle* ; il est clair qu'en donnant à de grandes masses d'hommes l'art d'articuler sans confusion des paroles communes à tous, qu'en réunissant en une seule voix des milliers de voix, il est possible, facile même, de mettre de grandes portions du peuple en communication directe et immédiate d'affections, de mouvements et même d'idées, comme on y met des individus sur nos théâtres mesquins et à réformer : et cette communication par la parole, suffisante pour remplir l'objet d'une fête, n'aurait besoin ni d'ordonnance, ni de police, ni de tactique, comme l'exige un drame en action, où des mouvements, des marches et des évolutions seraient nécessaires.

Je voudrais qu'ainsi fût célébrée la fête de la République triomphant de tous ses ennemis chassés de son territoire, et vaincus chez eux.

Pour rendre mon idée plus intelligible, la Convention me permettra d'esquisser sur ce sujet le plan d'une action telle que je la conçois.

*Esquisse de la fête nationale pour célébrer l'évacuation du territoire de la République.*

Le lieu de la scène est le champ de la Réunion.

La Convention nationale entoure la statue de la Liberté.

Les citoyens arrivent de toutes les sections sur douze colonnes et par douze entrées; ils portent leurs offrandes à la Liberté, les prémices des récoltes, des fruits, des guirlandes de fleurs, des gerbes; ils remplissent les amphithéâtres qui entourent le champ de la Réunion; on entend plusieurs coups de canon; puis un profond silence; les douze orchestres disposés portent avec les voix du peuple ces paroles au centre.

## ACTE Ier.

*Scène 1re.* « Représentants, de la Liberté c'est aujourd'hui la fête, rien ne doit-il la troubler? »

*Scène 2.* L'orchestre du centre répond avec un calme imposant :

« De La liberté c'est aujourd'hui la fête; peuple, tes ennemis y viendront à tes pieds.... Silence.... »

*Scène 3.* La moitié des orchestres de chaque côté répète ces paroles sur le même ton.

*Scène 4.* L'autre moitié répète les mêmes paroles avec transport, et y ajoutant quelques expressions d'enthousiasme, comme *vive la République*, etc.

*Scène 5.* Un chœur général répète ces expressions avec plus de transport et d'enthousiasme encore.

*Scène 6.* L'orchestre du centre : « Citoyens, rassemblez vos offrandes, hâtez-vous de les consacrer à la Liberté; de la Liberté c'est aujourd'hui la fête; peuple, tes ennemis y seront à tes pieds. »

*Scène 7.* Chœur général : « Hâtons-nous, rassemblons nos offrandes, venons célébrer la Liberté. »

## ACTE II.

*Scène 1re.* Le canon gronde, les tambours battent la charge au loin; un coryphée du centre annonce.

*Scène 2.* « L'armée de la République attaque Bellegarde. »

*Scène 3.* La moitié des orchestres répète ces paroles sur le même ton que l'orchestre central.

*Scène 4.* Les autres les répètent ensuite avec l'expression qui annonce un moment de doute sur le succès.

*Scène 5.* Chœur universel; une invocation à la Liberté et à l'Egalité, protectrices et protégées de la République.

## ACTE III et dernier.

*Scène 1re.* Tous les orchestres de la circonférence, par des accords doux et mélodieux, dans lesquels on distingue et les bruits champêtres et les bruits de guerre successivement, puis confondus avec les chants de la victoire, annoncent les heureuses nouvelles que l'on va publier.

*Scène 2.* Des fanfares sonnées à l'orchestre du centre, des salves d'artillerie en signe de réjouissance prélndent la proclamation qui se prépare; elle se fait : « Victoire! victoire! victoire! la Liberté triomphe..... Bellegarde est rendu à la République. »

*Scène 3.* Les bruits militaires entendus dans le lointain, à la première scène, s'approchent, les sons se renforcent, des chants mâles, pleins de joie et d'ivresse, annoncent le désir des citoyens d'entendre détailler ces heureuses nouvelles.

*Scène 4.* Douze chars ombragés de feuillage, couverts de fruits, de gerbes, de pampres et de flammes nationales, trainés par des taureaux (dont les cornes ne sont pas dorées), entrent tous à la fois; ils marchent vers le centre; ils sont conduits par des citoyens en habits villageois, et non pas en esclaves; pendant ce temps les orchestres exécutent une marche dans laquelle sont mêlés les airs rustiques et belliqueux; les accents de la joie la plus vive succèdent aussi aux accents religieux.

*Scène 5.* Fanfares; deuxième salve d'artillerie; un coryphée répète ces mots : « Victoire! victoire! victoire! » Silence..... On attend une nouvelle proclamation.

*Scène 6.* L'orchestre du centre annonce la prise de Mons, Tournay, Ostende, Nieuport, Bruxelles, Louvain, Malines, Spire, Neustadt, la reprise de Landrecies, Valenciennes, Condé, Bellegarde, nos pertes de Toulon réparées, le courage de nos marins, nos subsistances assurées, doublées, nos ennemis affamés par l'envahissement du Palatinat du

Brabant; l'Anglais exterminé, l'Autrichien battu et ruiné, le Prussien vaincu et consterné, la Liberté affermie et vengée.

*Scène 7.* Tous les orchestres jettent un même cri : « Gloire à la Liberté! gloire aux armées triomphantes! »

*Scène 8.* La moitié des orchestres s'adressant à celui du milieu : « Répétez-nous encore ces heureuses nouvelles. »

*Scène 9.* Tous avec véhémence : « Répétez-nous encore ces heureuses nouvelles. »

*Scène 10.* L'orchestre central reprend succinctement les avantages de la République, à compter de la prise de Charleroi, à peu près de cette manière :

« Charleroi n'est plus à nos ennemis; »

« La victoire nous a conduits des champs de Fleurus à Mons, à Ypres, à Tournai, à Louvain, à Malines; »

« Ostende, Nieuport, sont à nous; »

« Sur le Rhin, Spire et Neustadt encore une fois soumis; »

« Les vaisseaux anglais remplacent dans Ostende ceux dans Toulon embrasés; »

« Le Palatinat et la Belgique nous fournissent leurs superbes récoltes; »

« Valenciennes, le Quesnoy, Condé, Landrecies, Bellegarde, sont rendus à la République; »

« Le territoire français n'est plus souillé par l'étranger. »

Après chacun de ces couplets, la moitié des orchestres de la circonférence répète avec transport; le dernier est répété par tous à la fois avec enthousiasme.

Après l'explosion finale (silence); l'orchestre central reprend :

« Le Prussien consterné fuit. » Moitié des orchestres répète.

L'orchestre central : « L'Autrichien affamé, ruiné, périt. » Moitié des orchestres répète.

L'orchestre central : « Et l'Anglais est détruit. »

Tous les orchestres répètent (*in crescendo*): « Et l'Anglais est détruit. »

L'orchestre central : « Enfin la liberté est affermie et vengée. »

Tous ensemble, avec la plus grande véhémence : « Le sol de la liberté n'est plus souillé par l'étranger, vive à jamais la liberté! »

### Scène dernière. — Chants religieux.

« Gloire au peuple français, gloire à nos défenseurs : poursuivons, exterminons les tyrans; Liberté, reçois nos vœux, nos offrandes et notre reconnaissance, etc. »

Pendant ces chants, les représentants feront poser la première pierre d'une colonne de 100 pieds de hauteur, qui attestera à la postérité la puissance et la gloire des conquérants de la liberté, l'an IIIe de la République.

Entrent ensuite, des quatre parties du Champ de la Réunion, quatre chars, couverts des dépouilles de nos ennemis, venant des quatre points de l'Europe; on les place au pied de la Liberté, qui s'élève au-dessus de ses trophées, et laisse voir sous ses pieds l'aigle et le léopard enchaînés et renversés.

Une troisième salve d'artillerie succède aux chants.

MERLIN (de Thionville) : Je ne sais si je me trompe, mais il me semble qu'une action de cette nature aura trop échauffé les âmes pour qu'on puisse se quitter immédiatement après; il faut donc qu'à travers la dernière salve tous les orchestres, chacun à sa fantaisie, fassent percer les airs gais, coupés, variés, chantants, surtout dansants; qu'ils annoncent que la journée n'est point encore finie et disposent à d'autres plaisirs, invitent les citoyens à étaler sur l'herbe le dîner de leur famille au sein de la famille commune, et excitent la jeunesse aux danses et jeux qui doivent couronner la fête.

La nuit surprendra le peuple dans l'ivresse de la joie et du bonheur; quelques milliers de fusées volantes, nobles vives images de l'élan républicain à l'escalade de la tyrannie, s'élèveront dans les airs qu'elles embraseront, et en y attirant tous les aggards elles feront cesser les jeux et les amusements de la jeunesse, sans laisser apercevoir qu'elles les interrompent; des illuminations traceront aux citoyens le chemin de leurs foyers, et ce sera en chantant quelque refrain chéri qu'ils y retourneront.

L'assemblée applaudit à ce travail et en ordonne l'impression.

Cambacérès, au nom du comité de législation, fait un rapport sur la situation de la République dans toutes les parties d'administration confiées à la surveillance du comité de législation.

A la suite de ce rapport, il présente trois projets de décrets; l'assemblée adopte le premier, ajourne les deux autres, et décrète l'impression du rapport et des projets de decrets.

(Nous donnerons demain l'un et l'autre.)

Une députation de la société populaire, séante dans la salle de l'assemblée électorale, est admise à la barre. Elle reclame la liberté de Varlet et de Bodson, deux de ses membres, arrêtés pour avoir émis librement leur opinion dans une pétition présentée à la Convention nationale; elle demande aussi le rapport du décret qui leur ôte la salle où elle s'assemble; cette salle, d'après le rapport des gens de l'art, ne pouvant servir d'hôpital.

Cette pétition est renvoyée aux comités de salut public et de sûreté générale.

Didot fils, qui fait imprimer une nouvelle édition des OEuvres de Jean-Jacques, demande que les manuscrits que la Convention a entre les mains lui soient confiés.

Cette demande est renvoyée au comité de l'instruction publique.

La séance est levée à quatre heures.

*N. B.* Dans la séance du 8, après une discussion très vive sur les causes de la guerre de la Vendée et sur celles qui l'ont prolongée, la Convention a décrété d'arrestation des généraux Turreau, Huchet et Grignon, et a ordonné à son comité de salut public de lui faire, dans le plus court délai, un rapport sur les commissions populaires organisées dans ce département.

### TRIBUNAL CRIMINEL RÉVOLUTIONNAIRE.

#### Du 1er jour des sans-culottides.

J.-J. Bousquet, âgé de 40 ans, né à Toulouse, marchand boucher, rue Montmartre, à Paris, garde d'artillerie à l'armée d'Italie;

Convaincu d'être auteur ou complice d'une conspiration qui a existé contre le peuple, en favorisant et secondant les complots liberticides du tyran Capet et de sa famille, notamment aux journées des 20 juin et 10 août 1792, pour faire massacrer les patriotes, en empêchant la lecture des papiers publics qui tendaient à donner de l'énergie au peuple, en colportant des pétitions liberticides, etc., et de l'avoir fait avec des intentions contre-révolutionnaires, a été condamné à la peine de mort.

J. B. Allais, âgé de 18 ans, né à Bréval, département de Seine-et-Oise, ex-garçon épicier, ensuite brocanteur, rue des Champs-Elysées;

Convaincu d'avoir tenu des propos tendants au rétablissement de la royauté, mais ne les ayant pas tenus avec des intentions contre-révolutionnaires, a été acquitté; d'après les preuves d'incivisme résultantes des débats, il sera détenu en vertu de la loi du 17 septembre.

#### Du 2e jour des sans-culottides.

F. Fontaine-Lavironnière, âgé de 43 ans, né à Endamette, département de la Drôme, ex-garde d'Artois, ex-chevalier de Saint-Louis, rue Taitbout;

Accusé, mais non convaincu d'avoir fait passer des subsistances aux ennemis de la République, a été acquitté; mais, attendu les preuves résultantes du procès, il restera détenu en vertu des lois des 26 juillet et 17 septembre 1793.

#### Séance de la 3e sans-culottide.

P. Rigoulet, âgé de 62 ans, né à Courcelles, district de Montbéliard, département de la Haute-Saône, invalide retiré à Anet, département d'Eure-et-Loir, garde du nouveau parc du ci-devant duc de Penthièvre; convaincu d'avoir tenu des propos tendants à ébranler la fidélité des citoyens envers la République, et à avilir les autorités constituées, et d'avoir dit qu'il attendait des nouvelles d'Evreux pour marcher à la tête de dix mille hommes, qu'il fallait être bien bête pour soutenir des gueux qui nous faisaient mourir de faim,

qui avaient fait le désarmement et qui paieraient bien ce désarmement; et de l'avoir fait avec des intentions contre-révolutionnaires, a été condamné à la peine de mort.

E. Pluvinet-Ducolombier, âgé de 51 ans, né à la Charité-sur-Loire, rentier à Montargis;

C. Drège, âgé de 42 ans, né à la Charité-sur-Loire, rentier à Montargis, département du Loiret;

Convaincu, le premier, d'avoir recueilli avec des intentions contre-révolutionnaires des écrits contre-révolutionnaires, a été condamné à la déportation en vertu de la loi du 10 mars; le second, d'avoir signé une adresse liberticide, et d'avoir, par un écrit particulier, rétracté le serment qu'il avait prêté comme fonctionnaire public; ne l'ayant pas fait avec des intentions contre-révolutionnaires, a été acquitté; il sera détenu comme suspect.

M.-E. Pasquillon, âgée de 58 ans, née à Noyon, femme de Bertin, chef d'atelier à la filature aux ci-devant Jacobins, rue Jacques;

J.-E. Marcourt, âgé de 50 ans, né à Paris, commissionnaire avant la révolution, ensuite payeur de cette filature;

J. Duhamel, âgé de 52 ans, né à Dieppe, portier à la même filature, accusés; savoir, la femme Bertin et Duhamel, d'avoir commis, dans l'atelier aux ci-devant Jacobins de la rue Jacques, des fraudes, infidélités, etc., des vexations et exactions envers les ouvriers de cette manufacture; la déclaration unanime du jury portant que les faits ne sont pas constants, ont été acquittés et mis en liberté aux cris de *vive la République.*

J. Lavergne, âgé de 29 ans, né à Saint-Domingue, ex-lieutenant au régiment de la Ferre;

J. Biats âgé de 45 ans, né à Sarlat, ex-curé et maire de Sireuil, domicilié à Calvi;

Convaincus d'avoir tenu, avec des intentions contre-révolutionnaires, des propos tendants à l'avilissement et à la dissolution de la représentation nationale, etc., ont été condamnés à la peine de mort.

### LIVRES NOUVEAUX.

*Les discours de Cicéron,* précédés d'un traité de la constitution des Romains sous les rois et au temps de la république; par A. Auger. 10 vol. in-8°. A Paris, chez Reynier, imprimeur-libraire, rue du Théâtre-de-l'Egalité. Prix, 90 l., et 93 liv., franc de port. On peut se procurer les six derniers volumes séparément, à raison de 5 liv. chaque volume, et 6 liv., franc de port.

Pour embrasser dans son plan le plus d'objets possibles, Athanase Auger présente la constitution des Romains d'abord dans un grand ensemble, où il expose quelles étaient à Rome l'organisation et l'action des trois pouvoirs legislatif, exécutif et judiciaire: il la montre ensuite sous une autre forme dans une vie très détaillée de Cicéron: vient ensuite la collection complète de ses harangues. Dans une langue aussi timide que la nôtre, embarrassée d'articles, ennemie des inversions et des constructions suspendues, comment transporter ce faste d'élocution, ce luxe d'harmonie, ces belles périodes qui roulent avec douceur et majesté? Une telle entreprise paraît impossible, et le traducteur français en était convaincu, puisque son modèle lui avait coûté trente ans d'étude et de respect avant qu'il osât publier son travail. Disons néanmoins, sans trop nous prévenir en faveur d'un homme dont le nom sera cher et sacré aussi longtemps qu'on honorera la vertu, la candeur, les lumières; disons que dans les plus beaux endroits sa traduction est élégante et fidèle; nous y retrouvons Cicéron avec son harmonie, ses grâces et son coloris.

Un tel ouvrage, par les intérêts, les sentiments, les idées politiques qu'il renferme, ne pouvait plaire avant la révolution qu'aux amis de la littérature ancienne. Aujourd'hui il doit être du plus grand intérêt pour les Français naturalisés citoyens des Républiques d'Athènes et de Rome. (*Extrait communiqué.*)

### PAIEMENTS A LA TRÉSORERIE NATIONALE.

Le paiement du perpétuel est ouvert pour les six premiers mois; il sera fait à tous ceux qui seront porteurs d'inscriptions au grand livre. Celui pour les rentes viagères est de huit mois 21 jours de l'année 1793, vieux style.

## POLITIQUE.

### ÉTATS-UNIS D'AMÉRIQUE.

*De New-Yorck, le 24 juillet.* — La cause de la liberté que défendent les Français devait naturellement avoir beaucoup de partisans dans nos états; par la même raison, les Anglais, qui sont armés pour la défense du despotisme royal et ministériel, ont trouvé ici beaucoup d'antagonistes: aussi on a vu que, dans la fameuse séance du congrès américain sur la paix ou la guerre contre l'Angleterre, les voix ont été également partagées, et que l'avis seul du général Washington a décidé la neutralité.

Depuis cette époque l'esprit de liberté fait de grands progrès dans tous nos états, et les démarches violentes de l'Angleterre à notre égard ont enlevé un grand nombre de partisans à Pitt.

On ne doute plus ici que ce ne soit ce ministre qui a déchaîné contre nous différentes peuplades d'Indiens, et on a appris qu'ils ont surpris et pillé en dernier lieu un convoi de vivres et de munitions, destiné pour l'armée de notre général Wayne, destiné à agir contre les postes que les Anglais ont établis sur nos frontières, au mépris des traités.

Ces infractions répétées aux clauses de notre pacification avec l'Angleterre indignent le peuple américain, qui est prêt à se lever en masse pour les faire cesser.

Nous apprenons de Norfolck en Virginie que l'escadre du commodore Murray, consistante en trois vaisseaux de ligne, un de cinquante canons et trois frégates, a attaqué, à vingt milles de nos côtes, un convoi de bâtiments, américains pour la plupart, qui était escorté par la frégate française la *Concorde*, et par deux chaloupes de guerre de la même nation; et que l'escadre anglaise a enlevé environ vingt bâtiments de ce convoi qu'elle a envoyés à Halifax, tandis qu'elle s'est mise à la poursuite du reste du convoi et de son escorte.

Cet événement a fort grossi le parti qui demande la guerre contre l'Angleterre.

Le 7 juillet a été l'anniversaire de la liberté américaine; cette époque a été célébrée dans tous les États-Unis avec tous les transports du patriotisme : partout on a porté des toasts à la liberté et à la prospérité de la République française.

Malgré les calomnies qu'on cherche à répandre contre le président du congrès, tout le peuple lui a montré dans cette occasion toute son estime et toute sa reconnaissance.

« Puisse-t-il, répétaient les Américains, vivre longtemps pour jouir de la plus riche récompense qu'un patriote puisse recevoir, l'attachement d'un peuple reconnaissant et heureux! Puissent les efforts des Français, ajoutaient-ils, se terminer par un gouvernement libre et républicain! Puissent la paix et l'union et tous les biens qui les accompagnent assurer le bonheur public et individuel de ce peuple! »

On doit procéder le 25 octobre à une nouvelle élection des membres du congrès.

On s'occupe avec beaucoup d'ardeur de l'établissement de la nouvelle ville de Washington, où le congrès s'assemblera à l'avenir. La maison du président est déjà entièrement construite : la plupart des autres bâtiments sont au moment d'être couverts.

Il continue d'arriver dans les États-Unis une grande quantité d'émigrants de toutes les parties de l'Europe, et particulièrement de la Grande-Bretagne. Beaucoup d'entre eux sont fort loin de pouvoir réaliser les espérances chimériques qu'ils ont conçues avant leur départ.

On ne parvient à acquérir ici une propriété qu'à l'aide de moyens qui servent à en procurer ailleurs; et depuis quelque temps il en coûte autant pour vivre à Philadelphie qu'à Londres.

Souvent des ouvriers anglais, exercés dans les arts mécaniques, ne peuvent trouver à s'employer. La branche d'industrie ou de commerce à laquelle ils se sont précédemment livrés manque ici, soit faute de matières, soit faute de consommation.

(*Extrait des papiers américains.*)

### ALLEMAGNE.

*Vienne, le 4 septembre.* — Le fameux traité de subsides vient d'être arrêté et conclu entre notre cour et le cabinet britannique. Les commissaires anglais, Thomas Grenville et Spencer, chargés de cette négociation, sont repartis pour Londres. On ne connaît que la substance du traité. Les clauses particulières sont encore un secret maintenant; mais on affirme que, sur les 120,000 hommes qui doivent être fournis au ministre Pitt, la cour d'Autriche s'est engagée avant d'avoir prévenu les cercles.

Le Prussien Luchesini vient de faire changer pour la troisième fois le cabinet autrichien de système relativement à la Pologne.

On annonce maintenant que nos troupes, qui déjà retournaient dans l'intérieur des provinces héréditaires, vont reprendre leur route vers Sandomir et Cracovie. En effet le roi de Prusse, après avoir constamment refusé aux Autrichiens d'occuper ces deux palatinats, se voit forcé aujourd'hui, par le besoin qu'il a de concentrer ses troupes par le siège de Varsovie, de céder aux prétentions de l'empereur; il a chargé son ministre de terminer cette affaire.

### PRUSSE.

*Thorn, le 5 septembre.* — Le feu de l'insurrection polonaise a heureusement pénétré dans le cœur des nouvelles provinces prussiennes; il y est entretenu par les fréquentes irruptions des braves Polonais. Une de leurs colonnes s'avance contre cette ville, et le commandant (le Prussien Hundt) fait faire à la hâte des préparatifs de défense.

Maladinski, qu'on disait prisonnier de Guillaume, est parvenu à sortir de Varsovie avec un corps nombreux, malgré les Prussiens, qui perdent leurs forces et leur courage devant les murs de cette capitale. Il s'est réuni dans la Prusse méridionale à l'armée de diversion, laquelle armée fait des progrès admirables, en s'emparant des villes de Gnesne et de Brzecz, où les agents de Guillaume ont été arrêtés, tous les signes du despotisme et de la féodalité renversés. Les garnisons de ces villes se sont rendues prisonnières.

Les républicains Polonais se sont encore emparés des villes de Klodawa, de Siradie, de Lissadom : celle de Posen est menacée : partout les habitants jurent amour et fidélité à la république.

## RÉPUBLIQUE FRANÇAISE.

SOCIÉTÉ DES AMIS DE LA LIBERTÉ ET DE L'ÉGALITÉ, SÉANTE AUX CI-DEVANT JACOBINS DE PARIS.

*Présidence de Bassal.*

*A dresse de la société des Amis de la Liberté et de l'Égalité, séante aux ci-devant Jacobins de Paris, à toutes les sociétés populaires de la République:*

« Les triumvirs, frappés par le glaive de la loi, et dont la mémoire est vouée à l'anathême, nous donnent à tous cette grande leçon : Que les principes et la patrie sont tout, et que les hommes ne sont rien ; que l'idolâtrie pour eux est un crime public qui tue la liberté et l'égalité.

Nous n'avons pas vu sans un profond intérêt, dans toutes vos lettres relatives aux événements du 10 thermidor, que tels étaient, frères et amis, vos sentiments et vos principes. Unissons-nous sans cesse, non pour la cause de quelques individus, mais pour le salut public.

On cherche à détruire cette union fraternelle : on cherche à rompre ce faisceau redoutable aux ennemis de la liberté et de l'égalité, on nous accuse, on nous poursuit par les plus noires calomnies. L'aristocratie et le modérantisme relèvent une tête audacieuse. La réaction funeste occasionnée par la chute des triumvirs se perpétue ; et du sein des orages, conjurés par tous les ennemis du peuple ouvertement coalisés contre la liberté, est sortie une faction nouvelle qui tend à la dissolution de toutes les sociétés populaires; elle tourmente et cherche à soulever l'opinion publique ; elle pousse l'audace jusqu'à nous présenter comme une puissance rivale de la représentation nationale, nous, qui combattons et nous unissons toujours avec elle dans tous les dangers de la patrie ; elle nous accuse d'être les continuateurs de Robespierre ; et nous n'avons sur nos registres que les noms de ceux qui, dans la nuit du 9 au 10 thermidor, sont restés fermes dans les postes différents que leur assignaient leurs fonctions et les dangers de la patrie, que ceux qui ont servi de leurs personnes ou défendu par leurs discours la représentation nationale.

Mais nous répondrons à ces vils calomniateurs, en les combattant sans cesse, nous leur répondrons par la pureté de nos principes et de nos actions, et par un dévoûment inébranlable à la cause du peuple qu'ils ont trahie, à la représentation nationale qu'ils veulent déshonorer, et à l'égalité qu'ils détestent.

Nous les accusons au tribunal de l'opinion publique d'être eux-mêmes les complices et les continuateurs de toutes les factions. Les Cazalès et les Maury, les Brissot et les Gorsas, les Royou et les Durosoy, renaissent de leurs cendres ; et renouvellent contre nous toute leur tactique, leurs diatribes, toutes les anciennes rapsodies de leurs feuilles contre-révolutionnaires, et du manifeste de Léopold.

Et tandis que les sociétés populaires donnent à la République et au monde entier le spectacle le plus touchant de dévoûment et de vertus civiques ; tandis que par un mouvement subit et spontané elles se sont toutes levées pour applaudir aux décrets de la Convention nationale, approuver nos principes et invoquer notre surveillance ; toutes ces adresses, tous ces écrits brûlants de patriotisme et d'énergie sont transformés, par cette insolente faction, en œuvres de ténèbres que nous avons, dit-elle, nous-mêmes fabriquées ; les touchantes réclamations du peuple l'importunent, et le cri unanime du patriotisme opprimé et de la vertu courageuse est transformé en clameurs séditieuses.

Et par qui sommes-nous dénoncés aussi impudem-

ment ? Par des hommes couverts de sang, par des dilapidateurs de la fortune publique, par des complices de d'Orléans, de Danton. Quels sont les lieux où se fabriquent ces libelles infâmes, et ces armes empoisonnées? Les maisons des hommes suspects rendus à la liberté, les boudoirs des courtisanes, les foyers de spectacles, le repaire des émigrés, des contre-révolutionnaires et de tous les ennemis du peuple, le ci-devant Palais-Royal ; déjà même le mot de *royauté* s'est fait entendre : et dans le même moment, les factieux demandaient à Paris la destruction des jacobins, et les complices de Dusaillant formaient le projet de proclamer Louis XVII sur les frontières de la Lozère et du Gard.

Mais rassurez-vous, frères et amis ; la justice et la vertu ne tarderont pas à triompher ; la Convention nationale s'est montrée ferme et inébranlable à toutes ces suggestions perfides ; l'opinion publique, un instant froissée, reprend une direction consolante pour les patriotes; le procès-verbal de notre dernière séance, et les adresses que nous vous envoyons, vous prouveront l'énergie qui anime les sections de Paris, et qu'elles sont prêtes à réunir leurs efforts aux nôtres, pour le triomphe de la liberté, de l'égalité, et l'anéantissement des ennemis du peuple.

Que partout, frères et amis, tous les patriotes marchent d'un pas ferme et courageux; que leur contenance soit calme, mais énergique ; que notre unique point de ralliement soit la Convention nationale ; notre seul but, le salut de la patrie et l'affermissement de la révolution ; montrons-nous les observateurs sévères de la loi; surveillons les intrigans ; dénonçons les traîtres et les fripons, rassurons les faibles, éclairons les hommes trompés; encourageons le travail et l'utile industrie; honorons les défenseurs de la patrie ; et les prenant pour modèles, combattons avec la même énergie et le même courage tous les ennemis intérieurs. Voilà la tâche qui nous est imposée ; voilà les devoirs que nous avons à remplir ; et nous y serons fidèles.

*Signé* BASSAL, *président;* CHAMBELLAN, LOYS, P.-J. DUBEU, *secrétaires.*

### SÉANCE DU 6 VENDÉMIAIRE.

La société populaire d'Aix écrit que le maire de cette commune, qui avait quitté son poste pour venir dénoncer, à la barre de la Convention, un arrêté du représentant du peuple Maignet, qui mérita l'approbation unanime de l'assemblée, n'a pas été plutôt de retour à Aix qu'il a assemblé les siens dans un tripot, et leur a dit que le règne des scélérats ; c'est-à-dire des patriotes énergiques, allait finir, qu'ils périraient tous.

Cette horde se porta le soir à la société populaire et chassa les membres, insulta le président, et lui arracha les papiers de la société.

Ferrand, maître du tripot, était à la tête de ces forcenés, qui s'emparèrent bientôt du lieu des séances de la société populaire, et s'intitulèrent la société régénérée. Ils firent une adresse pour démentir celle qui portait dénonciation du maire Eymeric.

Le comité de surveillance, qui regarde ce rassemblement comme une société sectionnaire, appose les scellés sur la porte. Bientôt les représentans Auguis et Serres, venus de Marseille, rétablissent les véritables sociétaires dans le lieu de leurs séances. Eymeric ne tarde pas à faire une nouvelle tentative ; il convoque une assemblée dans le temple de l'Etre suprême. Là il feint de donner sa démission, mais elle est refusée par une assemblée qui lui est entièrement dévouée. On signe une adresse relative aux circonstances ; dans laquelle on présente les faits à l'avantage des coupables; Eymeric, craignant que ses créatures ne soient atteintes par le comité de surveillance, fait défendre d'exécuter les mandats d'arrêt qu'il pourra décerner, et ce, jusqu'au retour des représentants du peuple.

Cette lettre est renvoyée aux comités de sûreté générale et de salut public.

On lit une lettre de Maure, qui nie qu'il ait fait mettre en liberté dans la ville de Troyes, comme l'a dit Goupilleau, 28 prêtres et 18 femmes d'émigrés; il a pris au contraire la plus grande précaution pour accorder les élargissements. Il ne l'a jamais fait qu'après avoir consulté les membres de la société populaire et des autorités constituées dont il s'était entouré, et après avoir examiné si les détenus étaient ou n'étaient pas dans le cas de la loi du 17 septembre. Maure demande que sa lettre soit imprimée au journal de la Montagne. La société passe à l'ordre du jour.

Après la lecture de la correspondance qui présente une foule de plaintes sur l'oppression des patriotes et l'élargissement des aristocrates, Bassal obtient la parole; il demande à être entendu contradictoirement avec Gouly qui est présent, sur les faits relatifs au département de l'Ain; je ne désire que des éclaircissements, dit Bassal, et s'il m'est prouvé que ceux pour lesquels je réclame ne sont pas patriotes, et que je soutiens une mauvaise cause, je l'abandonnerai.

GOULY : Il est étonnant qu'un membre de la Convention cite un de ses collègues à la tribune des Jacobins, parce qu'il diffère d'opinion sur quelques individus. ( L'ordre du jour, s'écrie-t-on de toutes parts. )

LEVASSEUR (de la Sarthe): J'observe que Gouly n'est point cité à la tribune à raison de son opinion, mais que Bassal lui demande seulement une explication; et depuis quand un jacobin n'aurait-il plus le droit d'en demander à un jacobin ?

Ou il faut passer à l'ordre du jour sur le fond de l'objet, ou Gouly doit être entendu, puisque Bassal l'a été avant lui; à défaut de cette marche, nous accréditerions l'opinion qu'on répand, que nous sommes dominés par quelques hommes, tandis que nous ne le serons jamais que par les principes.

CARRIER : Bassal et Gouly ne sont en dispute que sur les faits; l'un ou l'autre a été induit en erreur : tous deux sont jacobins; il ne s'agit que de s'entendre sur les individus; il faut qu'ils aient ensemble une conférence amicale, après laquelle la société pourra les entendre. ( Murmures. )

GOULY : On demande des explications, je pourrais renvoyer à votre comité de correspondance qui, depuis trois mois, a des pièces contre les individus dont il s'agit, et qui avait deux fois préparé un rapport que les circonstances ont empêché de lire; je pourrais renvoyer au comité de sûreté générale et aux sociétés populaires du département, où l'on trouverait des pièces qui attestent les mêmes faits; mais je consens à donner quelques éclaircissements sur les 32 individus arrêtés, et non pas 200 comme on l'a prétendu. Sur ces 32, 8 ont été incarcérés par ordre du comité de salut public, depuis la chute du triumvirat; cet ordre est signé Barrère, Collot-d'Herbois et autres. Le surplus a été incarcéré par ordre de Boisset.

Gouly cite les noms de ces derniers. Ce sont, dit-il, des ci-devant prêtres, chanoines, procureurs, médecins, dont quelques-uns avaient été flétris par les tribunaux, d'autres avaient retiré leurs parents complices de la révolte de Lyon; presque tous ont signé des arrêtés fédéralistes, et marché dans le Jura avec la force départementale.

Boisset aussi a fait arrêter quatre femmes qui sont reconnues pour des intrigantes, que Gouly accuse, d'après ce qu'on a dit son collègue Boisset, de provoquer des troubles. Il termine en disant que Bassal, qui n'a jamais été dans le département de l'Ain, ne le connaît

pas; qu'il n'a été instruit des faits qu'il cite que par Merle et autres intrigants, qui ont voulu faire de la révolution leur patrimoine.

BASSAL : Je ne dispute pas sur les qualités des 30 ou 40 individus dont il s'agit, mais je pose en fait qu'il a existé une conspiration dans le département de l'Ain; que ceux qui sont incarcérés n'en sont ni les auteurs, ni les complices, tandis que les hommes qui en sont les véritables auteurs jouissent de la liberté; les preuves de la conspiration se composent de 40 arrêtés, dont les premiers contiennent et annoncent des dispositions à ne pas reconnaître la Convention. Ces arrêtés provoquent de plus le décret d'accusation contre Marat; les seconds approuvent des adresses avilissantes pour la Convention, et renferment des correspondances criminelles avec les autres départements insurgés; les troisièmes ordonnent l'envoi de commissaires pour fédéraliser à la levée de bataillons; les quatrièmes ordonnent la marche de ces bataillons dans les départements rebelles, etc.

On ne voit figurer en rien, dans tout cela, les hommes qui sont incarcérés aujourd'hui; au contraire, lorsque la municipalité Chalier eut à se défendre dans la journée du 29 contre le département et les sections rebelles de Lyon, ils furent accusés dans la société populaire de Bourg de s'entendre avec cette municipalité. Ils élevèrent dans Bourg une pyramide à Marat; ils y placèrent une inscription pour faire détester le fédéralisme, et la société populaire qui vient aujourd'hui égarer l'opinion de la Convention sur leur compte a arrêté depuis peu que cette pyramide serait renversée.

Voici encore un fait qui m'a donné lieu de croire que ces hommes étaient des patriotes persécutés, et je suis fâché que Gouly ne soit pas là pour y répondre. ( On observe qu'il est parti. ) Alban, serrurier, l'un de ceux qui ont été le plus persécutés, avait dit, dans une commune du Jura, que ce n'était pas marcher dans le sens de la révolution, que de dire à la masse, et de ne pas reconnaître les fêtes décadaires. Sur l'observation qu'on lui fit que Robespierre avait déclaré qu'on pouvait faire tout ce qu'on voulait en matière de religion, il répondit que Robespierre n'était qu'un homme qui ne pouvait pas mettre sa volonté à la place de la loi. On m'a rapporté que Gouly, les pièces à la main, avait été trouver Robespierre, et que tous deux avaient fait enfermer Alban.

Il est possible qu'un ou deux de ces hommes aient signé des arrêtés fédéralistes, car je sais qu'à Bourg les sections armées présentèrent un spectacle menaçant; et il peut très bien se faire que quelques-uns aient été intimidés à cette vue. Au surplus, je déposerai au comité de correspondance toutes les pièces qui prouvent les faits que j'ai avancés.

UN MEMBRE : Gouly n'a été rappelé du département de l'Ain que sur une dénonciation bien motivée qui fut faite contre lui; Boisset a mis en liberté à Gex le nommé Fabri, qui correspondait avec les émigrés, et a fait incarcérer tous les patriotes; Boisset a même fait courir la gendarmerie dans un département voisin, où il n'avait pas de pouvoir, après un nommé Mathieu, qui avait un passe-port de Meaulle. Gouly agissait despotiquement dans le département de l'Ain, et on n'en a rappelé Meaulle que parce qu'il agissait révolutionnairement, ce qui déplaisait à Gauthier et à Gouly. Au surplus, le nombre des patriotes incarcérés dans ce département est de quatre-vingts.

N*** : J'observe que Bassal a voulu mal à propos faire porter sur le département entier, qui n'a jamais dévié du sentier de la révolution, la faute de la principale commune, faute dans laquelle l'entraînèrent non pas des fédéralistes, mais des royalistes qui se trouvaient dans son sein. Ceux qu'on donne aujourd'hui pour de très grands patriotes ont tous signé des arrêtés fédéralistes ; ils ont suivi la révolution pas à pas, et ils se sont jetés du côté où ils ont trouvé leur plus grand intérêt.

Un citoyen remarque que les membres qui parlent ~~~~ ~~~~~~ ceux les pièces sur lesquelles ils fondent leurs dénonciations ou justifications respectives ; il demande le renvoi de la discussion jusqu'à ce que les pièces soient apportées. « La patrie est en danger, dit-il, on vous amuse pendant qu'on vous égorge. »

La société arrête le renvoi.

*Le même citoyen reprend la parole :* Le salut de la patrie doit appeler toute votre attention ; dans tous les départements , les sans-culottes , les pères de cinq ou six enfants, ceux qui n'ont pour lits que leurs planchers, sont incarcérés. Le croirez-vous ? dans une société populaire on a poussé l'impudeur jusqu'à demander la sortie des parents des émigrés ! Il faut aujourd'hui que tous les patriotes se rallient dans cette enceinte. Vous êtes regardés dans les départements comme les auteurs de la contre-révolution ; la société passe pour se laisser mener par une bande de brigands : l'aristocratie profite de la journée du 9 thermidor, pour relever fièrement sa tête criminelle ; l'aristocratie prétend nous faire perdre cinq années de révolution : les hommes du 14 juillet, du 10 août et du 31 mai sont ici ; ce sont eux qui ont fait la révolution, et ils ne souffriront pas que les contre-révolutionnaires s'en attribuent eux seuls la gloire et le profit.

Prenez-y garde, citoyens, le précipice est creusé, et vous n'êtes pas loin d'y tomber : tous les jours, depuis quelque temps, on parle de conspirations découvertes ; je veux qu'il en existe, parce qu'il y a des contre-révolutionnaires dans tous les départements ; mais je vois une grande conspiration ; elle est dans la Convention même...., ( Les plus violents murmures éclatent soudain dans la salle et dans les tribunes , et forcent l'orateur à descendre. )

Levasseur (de la Sarthe) Duhem, Raisson et plusieurs autres se précipitent à la tribune ; tous pressés de confondre le préopinant réclament la parole. Au milieu du tumulte général, le président cherche en vain à se faire entendre ; il se couvre , aussitôt le calme renaît.

Le Président : Je n'attribue qu'à l'indignation profonde le tumulte qui vient de s'élever. J'invite les citoyens à entendre avec calme les réflexions qui vont être faites ; elles n'auront pour objet que de les rappeler aux vrais principes et au respect à la représentation nationale. ( Applaudissements. ) Sans doute il a existé des factions, même au sein de la Convention ; mais la Convention a promis de sauver le peuple , et elle tiendra sa promesse. Il était d'autant plus à propos d'ôter la parole à celui qui a été interrompu, qu'il n'est pas membre de la société.

Raisson : Avant que de m'expliquer sur le compte de celui qui m'a précédé à la tribune, je déclare qu'aucune puissance sur la terre ne m'empêchera jamais d'énoncer mon opinion , et que la société se perdrait elle-même si elle souffrait qu'aucun parti, même celui du patriotisme trompé, pût lui ravir le droit de manifester fortement ses intentions.

Depuis quelque temps , sous prétexte de la difficulté des circonstances et des calomnies répandues contre les jacobins , des hommes que nous ne connaissons pas se présentent à notre tribune avec un masque de patriotisme ; et ce sont ces hommes qui donnent lieu aux calomnies dirigées contre nous. C'est dans le moment où l'on dit que vous voulez avilir la Convention nationale , que vous voulez élever une puissance rivale de la sienne ; c'est dans ce moment, dis-je, qu'on prend la tribune des jacobins pour une tribune de diffamation contre la représentation nationale. Il est temps de mettre un frein à ce désordre révoltant ; disons mieux,

à cet horrible scandale. Il ne suffit pas de dire que nous respectons la Convention ; il faut prouver et prouver hautement que nous voulons qu'on la respecte. Je demande que tous les membres , qui se permettraient dans leurs discours quelque chose qui *tendrait à outrager la Convention, soient rappelés à l'ordre.* Je demande aussi que l'on soit très circonspect à donner la parole à des hommes qui se disent membres des sociétés populaires des départements , et qui prétendent être persécutés. Trop souvent ces êtres inconnus ne sont que des brigands, qui, en fuyant leur endroit, tentent, mais en vain, d'échapper au châtiment qui les poursuit.

Duhem : L'homme en question a prononcé que la conspiration était au sein de la Convention ; il faut l'arrêter et le conduire au comité de sûreté générale. ( On applaudit. )

Cette proposition est adoptée.

Levasseur (de la Sarthe) : La société n'existe pas dans tels ou tels individus qui parlent dans cette enceinte : elle n'existe pas plus dans ceux qui ne parlent pas ; elle existe tout entière par les principes. Nous ne sommes pas des lieutenants dévoués à tel ou tel parti : nous marchons sous l'étendard des Droits de l'homme et du citoyen.

Nous sommes convaincus que les aristocrates lèvent la tête : fidèles à nos principes , nous devons défendre les patriotes ; et pour le faire efficacement il faut trouver notre seul point de ralliement dans la Convention, qui possède et qui mérite la confiance de tous les Français. ( On applaudit. )

Vous ne devez pas souffrir qu'on la calomnie dans l'enceinte de ses défenseurs naturels et de ses plus inébranlables appuis.

Sachez allier la prudence à la fierté , et la sagesse à l'attitude ferme et imposante des hommes libres. Ce sont les abus qu'il faut dévoiler , et vous trouverez toujours la Convention nationale disposée à les détruire : toujours vous la trouverez disposée à faire réincarcérer les aristocrates imprudemment élargis.

Dernièrement, sur ma motion, elle en a fait arrêter de nouveau douze, qui avaient été placés dans les autorités constituées ; la contre-révolution , citoyens , n'est donc pas dans la Convention. ( On applaudit. )

Continuons à défendre les patriotes opprimés, et si des scélérats viennent nous demander justice nous les livrerons au glaive de la loi. Attaquer la Convention nationale c'est outrager la majesté du peuple souverain qu'elle représente ; un pareil attentat mérite toute votre animadversion. ( Vifs applaudissements. )

Un membre : J'observe que le citoyen qui a été interrompu n'a pas dit que la contre-révolution fût dans la Convention ; mais qu'il y avait une grande conspiration dans la Convention.

Duhem : Il est constant qu'il a été proclamé à cette tribune que la conspiration existait jusque dans la Convention. Cette expression est assez tranchante pour déterminer la mesure que vous avez prise ; il ne s'agit plus que de conduire le citoyen au comité de sûreté générale. C'est pour n'avoir pas relevé une semblable motion, qu'une société a vu les scellés apposés sur ses papiers. Il y a quelques jours que dans la Convention on vous a menacés du même sort ; mais la Convention, loin d'accueillir la proposition , l'a à l'instant repoussée. C'est par leur attachement à la Convention et à ses comités, que les jacobins rempliront le rôle glorieux d'avant-garde de la représentation nationale. Que doit faire une avant-garde ? Elle doit faire ses rapports au quartier-général. Eh bien ! la Convention est pour vous le quartier-général. ( On applaudit. )

Je demande que vous passiez à l'ordre du jour, dont on ne vous écarte que pour vous empêcher de sou-

tenir les patriotes à la Convention elle-même, que l'on attaque, lorsqu'on attaque les patriotes et les jacobins. (On applaudit.)

La société nomme des commissaires pour conduire au comité du sûreté générale l'individu expulsé de la tribune.

Le président annonce que le territoire continental de la République est entièrement purgé des esclaves qui le souillaient; il apprend la prise de Bellegarde ; ces nouvelles sont reçues au milieu des plus vifs applaudissements.

### SÉANCE DU 5 VENDÉMIAIRE.

La séance s'ouvre par la lecture de la correspondance.

Le citoyen Loys, détenu dans la maison d'arrêt de Port-Libre, fait passer à la société ses moyens de défense, et la prie de lui nommer des défenseurs officieux.

LEVASSEUR: Loys a été arrêté comme frère d'émigré; il ne sera pas difficile de le rendre à la liberté, puisque sont exceptés de la loi du 17 septembre les citoyens qui depuis le commencement de la révolution n'ont cessé de donner des preuves de patriotisme, et Loys en a de nombreuses à offrir : le 8 thermidor il a tonné à cette tribune contre le tyran Robespierre.

MONESTIER : le 8 thermidor Loys n'ayant pu obtenir la parole contre Robespierre, il se précipita à la tribune où tous ses mouvements furent pour la Convention. J'entrais hier au comité de sûreté générale comme Loys en sortait. J'appris qu'il avait été arrêté comme ayant un frère émigré. Dans une République les fautes sont personnelles; elles ne tiennent pas aux familles, mais aux individus; Loys est patriote, je demande qu'il lui soit accordé des défenseurs officieux.

RAISSON : En appuyant la demande des défenseurs officieux, j'observe que c'est au moment où les troubles éclatent dans Marseille qu'on arrête un patriote qui a fait triompher dans le Midi les principes du républicanisme, et qui pouvait lui-même donner de grands renseignements sur ce qui se passe dans les départements méridionaux; je vois dans cette arrestation une intrigue infernale, qu'il est du devoir et de l'intérêt de la société de découvrir.

LEVASSEUR : La société doit se rappeler que quand Loys fut épuré Fréron demanda la parole contre lui; n'ayant pu le perdre alors, on a cherché pour le faire le moment où l'on fait le procès aux auteurs des révolutions des 10 août et 31 mai; car personne n'ignore, et l'assemblée législative elle-même l'a attesté, que le sang de Loys a coulé dans la journée du 10 août : cependant Loys est incarcéré et Raffet jouit de sa liberté.

Un membre atteste que dans la séance du 8 thermidor, Loys a crié au tyran Robespierre : *Tu es un scélérat, tu n'as que le masque du patriotisme, mais bientôt ton masque tombera et le peuple t'appréciera.*

Un grand nombre de membres et de citoyens des tribunes confirment le fait.

Plusieurs membres demandent qu'une députation se rende sur-le-champ au comité de sûreté générale pour réclamer la liberté de Loys. D'autres demandent que des défenseurs officieux lui soient donnés.

Cette dernière proposition est adoptée.

Les défenseurs nommés sont Levasseur, Monestier et Bouin.

TERRASSON : Ce n'est pas sans étonnement que je viens d'apprendre l'arrestation de Loys, dont nous connaissons tous le patriotisme. Je demande que le comité des défenseurs officieux soit tenu d'avertir la société aussitôt qu'un de ses membres aura été arrêté,

parce que s'il est patriote la société lui nommera sur-le-champ des défenseurs, et nous ne serons pas comptables des souffrances d'un bon citoyen.

La société invite son comité des défenseurs officieux à lui faire connaître l'arrestation de ses membres aussitôt que ce comité lui-même en sera informé.

La société des défenseurs de la République, séante aux ci-devant Jacobins, rue Honoré, écrit qu'elle a rayé du tableau de ses membres deux individus qui demandaient la dissolution des sociétés populaires.

LEVASSEUR (de la Sarthe) : Le département des Ardennes est dans l'oppression. Je vais vous donner lecture d'une adresse que la société populaire de Mézières a envoyée à la Convention, qui vous prouvera ce que je vous ai déjà dit tant de fois. Cette société a d'autant plus de mérite à dénoncer ces faits, que Lacroix est dans ce département, et qu'il y traite les patriotes avec une verge de fer.

Levasseur lit ensuite cette adresse.

La société de Mézières applaudit à la chute de Robespierre et de ses complices. Elle annonce que les aristocrates s'efforcent de proscrire les patriotes ; que la loi du *maximum* n'est point observée; que si un républicain en réclame l'exécution il est montré au doigt dans les rues et jusque dans la société populaire ; que le fanatisme relève la tête. Les prêtres font publier par leurs émissaires formels que les décades sont abolies, et les dimanches rétablis. Bientôt, si l'on n'y remédie, on verra les partisans des dimanches en venir aux mains avec ceux des fêtes décadaires.

Levasseur donne ensuite lecture d'une lettre d'un défenseur de la patrie, qui demande que l'on chasse des fonctions publiques tous les prêtres et tous les nobles, qui n'ont la confiance que des aristocrates. Il dénonce que des fils d'émigrés occupent des places importantes dans l'armée.

« Les ennemis du peuple, ajoute-t-il, sont ceux qui ne veulent pas la terreur pour les aristocrates, c'est-à-dire qui demandent le *gouvernement révolutionnaire avec des mitaines;* et ceux qui parlent en faveur des prêtres et des nobles. La Convention nationale est notre point de ralliement, et l'échafaud attend ceux qui voudraient porter atteinte à l'existence des sociétés populaires.

« Signé CORBY, *capitaine au 2e bataillon du Loiret.* »

MERLINOT : Les sentiments que vous venez d'entendre sont ceux que je professe depuis 45 ans ; je n'ai jamais pu croire que les apôtres du mensonge et les soutiens de la royauté fussent des patriotes. Cependant il arrive souvent que, dans les nominations que l'on a fait à la Convention ou ici, on met dans les places des nobles et des prêtres. Je fais la motion expresse que dorénavant la société ne charge d'aucunes fonctions aucun noble ni aucun prêtre.

Un membre demande l'ordre du jour motivé sur ce que les nobles et les prêtres doivent être exclus de droit des sociétés populaires.

LACOMBE : Je demande aussi l'ordre du jour, mais en le motivant sur ce que Merlinot n'a parlé que pour jeter une pomme de discorde entre les citoyens.

Levasseur donne des détails sur la dernière victoire remportée par l'armée de Sambre-et-Meuse. L'armée ennemie était très avantageusement retranchée sur une montagne à pic qu'entourait une rivière. La nombreuse artillerie qu'ils avaient placée dans les redoutes vomissait une pluie à mitraille et des boulets sans nombre sur nos frères. Les intrépides républicains traversent la rivière en portant leurs gibernes sous le bras, et leurs fusils sur la tête, de peur de les mouiller.

Ils gravissent la montagne, en s'accrochant aux

arbres d'une main, et tenant leurs armes de l'autre;
ils parviennent ainsi jusqu'à l'ennemi qu'ils mettent
en déroute, et auquel ils prennent sur-le-champ 2 canons, 25 caissons attelés et 1,200 hommes. Les Impériaux leur demandent aussitôt la vie à genoux. La cavalerie ennemie était tellement effrayée, qu'elle se
précipitait du haut de la montagne dans la rivière; des
pelotons de 15 ou 20 Autrichiens se jetèrent aux genoux de deux ou trois Français. Le général Moreau a
fait des prodiges de valeur dans cette journée; il est
monté le premier au rocher avec un volontaire qui
l'accompagnait.

« Ce récit fait voir, dit un membre, que les Autrichiens sont toujours fort mal sur la montagne. » (On
rit et on applaudit.)

Crassous présente, au nom du comité de correspondance, l'exposé de la conduite des jacobins depuis le
9 thermidor, et l'exposé de celle de leurs ennemis.
Ce travail est accueilli par de nombreux applaudissements. La société en arrête l'impression, l'affiche, la
distribution aux membres de la Convention et aux citoyens des tribunes, ainsi que l'envoi aux sociétés populaires et aux sections.

Un membre fait lecture d'un discours sur les circonstances présentes. L'aristocratie relève la tête,
dit-il, et déjà elle fait revivre Condorcet, et le proclame auteur d'une constitution qui vous réconciliera
avec les rois. Les jacobins réconciliés avec les rois!
c'est le renversement de toutes les idées.

L'opinant compare ensuite le temps, où la faction
de la Gironde s'agitait en tous sens, au temps où nous
nous trouvons; il en tire des rapprochements d'où il
conclut que l'on suit de nos jours le même système
que les girondins suivaient alors.

« Roland et ses complices, dit-il, avilissaient les
patriotes, en les travestissant en hommes de sang, en
septembriseurs: aujourd'hui les mêmes calomnies sont
répétées par les nouveaux conspirateurs. Roland et ses
complices s'appuyaient des prétendus honnêtes gens; les
nouveaux conspirateurs ont rallié autour d'eux les
royalistes, les modérés, les indulgents, les aristocrates
de toutes les espèces. Roland et ses complices ne pro-
tégeaient que celles des sociétés populaires qui leur
étaient dévouées; les monarchistes modernes veulent
détruire celles qui surveillent leurs manœuvres. Roland et ses complices s'écriaient avec tous les royalistes: *Nous voulons la République une et indivisible*, et cela au moment où ils la déchiraient en lambeaux; et les conspirateurs modernes s'écrient avec
les modérés, les fripons et les royalistes: *Vive la Convention !* et cela au moment où ils la trompent et la
trahissent. Ce cri respectable est souillé en passant par
la bouche de ces misérables.»

Comme les meilleurs patriotes de la République et
la société des Jacobins sont l'objet des milliers de libelles qu'ils méprisent; attendu qu'ils sont accusés
de vouloir dominer la Convention, et de vouloir élever une puissance rivale de la sienne, l'opinant conclut
par demander:

1º Que la société déclare que, pendant que nos généreux défenseurs triomphent des ennemis du dehors,
elle est résolue de combattre avec la même arme et la
même vigueur tous les ennemis de l'égalité dans l'intérieur, tous les intrigants et tous les traîtres;

2º Qu'elle se dévouera toujours à la défense des
patriotes opprimés;

3º Qu'elle ne forme qu'un seul tout avec les patriotes de la République et la Convention nationale;

4º Qu'elle est remplie de confiance, de respect,
d'amour et de soumission pour les lois bienfaisantes
qui émanent de sa sagesse;

5º Que rien ne pourra la détacher de la Convention;

6º Que cette admiration n'est pas le fruit de l'enthousiasme, mais le résultat de la réflexion et d'une
reconnaissance sentie pour ses innombrables travaux,
et pour l'énergie avec laquelle elle a extirpé toutes les
factions de son sein;

7º Que le catalogue des membres de la société, depuis le 10 thermidor, sera imprimé, afin de prouver
qu'aucun d'eux n'a pris part à la rébellion de Robespierre.

8º L'opinant demande qu'on mette à l'ordre du
jour la discussion sur l'instruction publique, sur les
moyens de raviver le commerce, l'industrie, et de
faire fleurir l'agriculture;

9º Et enfin que, pour détruire la malveillance des
hommes qui font la guerre aux patriotes, les comités
de présentation et de correspondance proposent un
comité de neuf membres, qui sera chargé de présenter
les meilleurs moyens de diriger l'opinion publique,
en se concertant au besoin avec les comités de salut
public et de sûreté générale.

On demande l'impression de ce projet. La société
l'arrête.

Crassous observe qu'il en faudra retrancher ces
mots : se concerter avec les comités de salut public
et de sûreté générale. « Cela ne peut pas convenir dans
ce moment-ci, dit-il : la société a bien le droit de surveiller les ennemis de la chose publique, mais non pas
celui de se mêler des opérations du gouvernement. »

L'observation de Crassous est admise, et la séance
est levée.

# CONVENTION NATIONALE,

*Présidence d'André Dumont*

### SUITE DE LA SÉANCE DU 7 VENDÉMIAIRE,

*Rapport sur la situation de la République dans
toutes les parties d'administration confiées à la
surveillance du comité de législation, fait par
Cambacérès, au nom du comité de législation,
et annoncé dans le numéro d'hier.*

Par votre décret du 18 fructidor vous avez ordonné à tous vos comités de vous rendre successivement compte du résultat de leurs travaux, des mesures qu'ils auraient cru devoir prendre, et de la situation de la République dans les parties d'administration
qui leur sont confiées.

Le comité de législation vient aujourd'hui satisfaire
à cette obligation que vous lui avez imposée.

La loi du 7 fructidor a placé sous sa surveillance
les corps administratifs et judiciaires; elle l'a autoré
à prendre des arrêtés sur ces parties du gouvernement, et à vous présenter des projets de lois propres
à les compléter.

La législation civile et criminelle ne nous était
point étrangère; à cet égard nous n'avons qu'à continuer des travaux déjà préparés; il n'en est pas de
même de la surveillance.

Elle était précédemment exercée par le comité de
salut public en exécution de la loi du 14 frimaire.

Les bureaux que ce comité avait organisés pour ces
objets viennent de passer sous notre direction; nous
y avons trouvé des talents, de l'ordre et de l'activité.

Au moyen d'une correspondance établie sur un ton
très rapide, et qu'il ne s'agit plus que de soutenir, il
sera facile de suivre sous les yeux l'exécution des lois en
général et en particulier; d'apercevoir les difficultés

univerbelles ou locales qui peuvent entraver cette exécution ; et , à l'aspect des tableaux que nous serons à
portée de vous présenter, votre sagesse découvrira
et mettra dans nos mains le remède propre à rendre
aux lois cette énergie, et surtout cette unité d'exécution sans laquelle il n'y aurait point de gouvernement.

Ainsi , loin d'apporter aucun changement à l'ordi
établi par le comité de salut public pour l'exercice
de la surveillance, nous nous sommes attachés à la
conserver et à le rectifier.

Les changements dans les parties organiques nuisent
toujours à la marche du gouvernement, et dans les
circonstances où nous sommes la rapidité est le
premier et le principal caractère de l'exécution.

La loi du 14 frimaire avait imposé à toutes les autorités constituées le devoir de rendre compte tous les
dix jours de leur surveillance et de leur activité.

La même loi ordonne à tous les corps constitués
d'envoyer, à la fin de chaque mois, l'analyse de leurs
délibérations et de leur correspondance à l'autorité spécialement chargée de les surveiller immédiatement.

Lorsque par votre décret du 7 fructidor vous avez
ordonné la réorganisation de vos comités, vous n'avez
point déclaré vouloir intervertir la correspondance
décadaire établie par la loi du 14 frimaire, et comme
vous nous avez autorisés à prendre les mesures d'exécution que nous croirions les plus propres à assurer la
marche des lois, nous avons arrêté, le 22 fructidor,
que les administrations de département et de district
feront parvenir exactement au comité de législation à
la fin de chaque mois l'analyse de leurs délibérations;
que les tribunaux civils, criminels et de police ; ainsi
que les juges de paix lui adresseront pareillement l'a-
nalyse de leurs jugements, et que cet envoi ne les dis-
penserait ni de celui des comptes décadaires ; ni de
l'obligation de correspondre avec les différents comités, relativement aux attributions qui leur sont
données.

Cet arrêté envoyé à toutes les administrations civiles
et à tous les tribunaux va préparer les matières des
comptes périodiques que nous sommes chargés de
vous rendre.

Aujourd'hui nous vous apportons le tableau primaire de nos opérations, et l'aperçu général des choses dans l'état où elles passent entre nos mains.

On s'est plaint fréquemment de l'inexécution des
lois; mais ces plaintes qui , en excitant l'inquiétude
des vrais zélateurs de la liberté , ont nourri les perfides espérances de ses ennemis, ont été souvent exagérées; nous devons vous dire que le comité de salut
public a mis une tenue vigoureuse dans l'exécution de
celles de vos lois qui ont particulièrement embrassé le
bonheur de la multitude. Plusieurs de ces lois ont été
complétement exécutées; nombre d'autres sont dans
dans une activité soutenue, et, si toutes ne marchent
pas avec un égal succès, il faut s'en prendre à la nature des choses humaines; qui , dans la commotion
immense d'une révolution , qu'on pourrait appeler
une création nouvelle , ne prennent pas tout à coup
cette assiette que le temps seul peut leur donner; il
faut apercevoir une autre cause dans la désorganisation de la plupart des corps constitués qui, depuis le
moment où le feu d'une épuration civique a dû les débarrasser de toutes les scories du royalisme, n'ont pas
encore pu se recomposer entièrement de bons citoyens,
dans qui se réunissent ; en égal degré ; le patriotisme
le talent et l'instruction.

Si l'on ne peut rien sur la première de ces causes,
puisqu'elle doit être le résultat de la durée et de la
force d'inertie; il est du moins possible de travailler
le second, et d'accélérer la marche des lois en mettant au complet toutes les autorités constituées et en
recomposant celles où l'étendue du mal rendrait ce
remède nécessaire.

Les pétitions s'accumulent en foule sur cette importante matière. A Paris, surtout , le besoin de nommer
aux places vacantes dans les autorités constituées se
fait sentir chaque jour. Les administrateurs, les juges,
les membres des comités civils et de bienfaisance , ne
cessent de nous demander des coopérateurs, ou de
nous indiquer des remplacements; et nous n'avons pas
besoin de vous faire remarquer qu'il est urgent de répondre à leurs sollicitudes.

Déjà, pour parvenir à la connaissance des lacunes
qui existent dans la composition des autorités constituées, le comité a cru devoir demander un état des diverses administrations et des différents tribunaux :
d'un autre côté, il a écrit aux représentants du peuple
délégués dans les départements, pour les inviter à
s'occuper de l'épuration des divers fonctionnaires publics, et du remplacement de ceux dont les emplois
étaient vacants. Cette correspondance n'a point acquis
le degré d'activité qu'il serait nécessaire de lui donner.
Ce défaut dérive, où de la circulation continuelle de
ceux de nos collègues qui sont en mission, ou de l'embarras qu'ils éprouvent dans les choix ; ou de la multitude de leurs travaux.

Pour ne pas perdre un seul instant , nous vous proposerons de fixer un délai pendant lequel les représentants du peuple, délégués dans les départements,
seront tenus de compléter cette recomposition.

Nous vous proposerons aussi d'inviter ceux de nos
collègues qui composent la députation des départements respectifs, où il n'y a point de représentants en
mission, à nous indiquer des candidats dignes d'obtenir votre confiance. En fait de nomination, deux écueils
sont à éviter , l'ignorance des localités et les préventions qu'elles donnent. Les moyens auxquels nous nous
arrêtons doivent nous garantir de l'un et de l'autre.

Maintenant nous allons mettre sous vos yeux le tableau sommaire des administrations dont vous nous
avez confié la surveillance.

La commission des administrations civiles , police
et tribunaux n'est pas organisée. Les citoyens qui ont
été provisoirement chargés de cette partie du gouvernement nous ont fait parvenir un compte qui annonce
et semble garantir, sous leur responsabilité , l'exactitude de la correspondance que la loi a établie entre
eux et les autorités constituées qu'ils doivent inspecter.

De ce compte il résulte que les administrations des
départements, détachées par la loi du 14 frimaire de
la surveillance des lois révolutionnaires, ne correspondent que par la voie des comptes décadaires et avec
une sorte de tiédeur ; mais que cependant aucune
plainte positive ne donne lieu de douter du patriotisme
personnel des citoyens qui composent ces administrations:

Celles des districts paraissent , pour la plupart, animées du véritable esprit public ; les mesures révolutionnaires y sont énergiquement suivies ; et quelquefois même étendues au-delà des limites que la sagesse
du législateur a cru devoir leur donner. C'est là peut-
être un des points les plus délicats de notre surveillance,
que le soin de maintenir les fonctionnaires publics dans
l'obéissance aux lois, sans éteindre en eux ce feu civique
qui a souvent éclairé la révolution ; mais qui finirait
par la consumer, si vous cessiez un instant d'en diriger
l'action , ou si vous laissiez flotter d'une main incertaine les rênes du gouvernement.

S'il y a un reproche à faire en général aux administrations de district , c'est de montrer une tendance à
s'approprier une portion des attributions conservées
aux administrations de département ; tandis que parmi
celles-ci les unes, intimidées par la pénalité, ne font

pas tout ce qu'elles doivent faire, et les autres, regrettant peut-être l'étendue de leur ancien pouvoir courent après des objets qui ne leur appartiennent plus. En tout on peut dire que la loi du 14 frimaire n'est pas parfaitement entendue, et que conséquemment elle n'est pas exécutée avec uniformité.

Nous nous proposons de vous parler prochainement des moyens de tenir en vigueur l'exécution de cette loi fondamentale du gouvernement révolutionnaire, et de quelques autres lois dont nous ne pourrions vous offrir aujourd'hui qu'un aperçu trop superficiel et des tableaux incomplets.

Nous nous attacherons surtout à écarter de cette exécution tout ce qui tient à l'arbitraire, et nous distinguerons soigneusement les dispositions de prévoyance que ces lois contiennent, de quelques mesures employées sous leur autorité, et qui ne leur appartiennent pas.

Il entrera dans le travail que nous vous annonçons de préciser aux autorités leurs bornes, et de réduire, autant que le salut public le permettre, le nombre de ceux qui doivent les exercer.

C'est une idée très généralement sentie qu'il y a trop de fonctionnaires dans notre République, tandis que dans une démocratie pure il faut beaucoup de citoyens et peu de magistrats.

Quant aux tribunaux, celui de cassation placé plus près du foyer de la loi, est aussi celui dont la marche doit être la plus certaine. Quelques erreurs lui étaient échappées; elles ont été promptement réparées par vos décrets.

Depuis il s'est établi entre ce tribunal et votre comité de législation une correspondance dont les résultats ont été utiles.

Les décrets des 22 août 1793, 1er frimaire et 4 germinal, ont reçu leur exécution.

En conformité du premier de ces décrets, toutes les affaires criminelles sont terminées; celles qui surviennent journellement s'expédient avec célérité, et s'il y a un peu moins d'activité dans les matières civiles, c'est que les ouvertures de cassation n'y sont pas aussi précisées que pour les matières criminelles.

Les tribunaux criminels se trouvent quelquefois entravés dans leur marche par l'insuffisance des lois, par l'incertitude de la compétence, par le caractère équivoque des délits ordinaires ou contre-révolutionnaires: toutes ces difficultés seront écartées par la rédaction du code criminel, dont le comité prépare les bases dans le silence de la méditation, et qui pourra vous être présenté lorsque vous aurez arrêté le principe de notre législation civile.

Il s'est élevé des plaintes multipliées sur la composition des listes de jurés d'accusation et de jugement. La justice gémit de trouver trop souvent dans ceux qui composent des listes de l'ignorance, de la prétention, une indulgence mal entendue.

Nous nous ferons un devoir de stimuler la sagacité et la pureté des agents nationaux pour la composition de ces listes importantes, et nous vous instruirons du résultat de nos efforts.

La répression des délits est trop essentiellement liée à l'action du gouvernement pour qu'elle n'excite pas toute notre attention.

Dans la plupart des tribunaux de district, il y aurait à désirer plus de lumières et de connaissances, mais du moins leur intégrité n'est pas fréquemment inculpée. La Convention apprendra avec intérêt que les procès diminuent sensiblement par l'effet de l'arbitrage, et que quelques tribunaux, réduits à une heureuse inaction, sollicitent eux-mêmes leur anéantissement.

Les bureaux de conciliation et les juges de paix continuent de verser les bienfaits dont ils sont la source; mais l'on se plaint des arbitres, qui tantôt exigent un salaire excessif, et tantôt traînent les affaires en longueur.

Ces observations et le vœu du peuple appellent la prompte organisation de l'ordre judiciaire; il préservera de tout abus la sublime institution du jugement par arbitres; il effacera jusqu'à la trace, jusqu'au souvenir de la dévorante chicane, et il dégagera complétement les avenues du temple de la justice.

Il se trouve quelque embarras dans l'action de la police correctionnelle; les délits contre la loi du *maximum* et des accaparements sont jugés d'une manière très diverse et très inexacte. Le petit intérêt et les liaisons de localité ne percent que trop souvent dans les décisions sur cette matière.

C'est d'ailleurs une importante question de savoir s'il est expédient que cette juridiction soit exercée par les juges de paix, si leurs fonctions paternelles s'accordent avec l'austérité de l'application des lois pénales: nous vous soumettrons nos pensées à cet égard dans un rapport particulier que nécessitera la gravité de la matière.

De toutes les parties de la justice distributive, la plus imparfaite, nous pourrions dire la plus malheureuse, c'est la juridiction forestière.

Les délits s'y sont multipliés sans fin. Les domaines nationaux et particuliers sont restés en proie au brigandage.

Il faudra plusieurs générations pour rendre la vie aux forêts: nous appellerons, s'il est encore temps, sur les restes de cette belle propriété, toute l'attention de la Convention nationale, et toute la sévérité des lois, non seulement contre les coupables déprédateurs, mais encore contre les administrations timides ou négligentes.

La disette d'officiers ministériels se fait sentir presque partout. Le coup que vous avez porté aux avoués est retombé sur eux.

Depuis le décret du 3 brumaire plusieurs tribunaux manquent d'officiers; de là plusieurs inconvénients.

Les jurés ne sont point convoqués; les témoins ne sont point cités; des mandats d'arrêt demeurent sans exécution: en attendant que vous ayez fait des changements salutaires dans la dispensation de la justice civile, il ne faut pas rendre nulles les institutions actuelles.

Ce motif nous décide à vous proposer d'autoriser les tribunaux à choisir des hommes pourvus d'un certificat de civisme, pour remplacer momentanément les huissiers.

Il est aussi juste d'avoir égard aux réclamations des greffiers des tribunaux criminels, qui représentent que leur traitement est trop modique pour leur permettre de salarier un commis, que la charge des affaires rend indispensable.

Il nous reste à vous entretenir des divers degrés d'exécution de quelques-unes de vos lois; d'indiquer les obstacles qu'elles éprouvent, et d'aviser aux moyens de les faire cesser par des mesures tout à la fois utiles et urgentes.

Beaucoup d'erreurs ont été commises dans la rédaction des actes civils. Les officiers publics ont été destitués; mais la loi ne dit pas comment et par qui ces actes seront rectifiés; nous estimons qu'ils doivent l'être par les municipalités, en exécution d'une décision rendue sans frais par le juge de paix, sur la présentation des actes, ou après avoir entendu des témoins qui constatent l'erreur.

La loi du 10 juin 1793, concernant les biens communaux, n'a généralement reçu qu'une faible exécution. Divers motifs ont occasionné ce retard ; savoir, la nécessité de recommencer des partages déjà faits, la multiplicité des opérations de détail, les froissements de l'intérêt particulier, quelquefois la nature du sol.

Vous avez chargé le comité de législation de revoir cette loi. Ce travail s'avance, et avant peu il vous sera présenté avec des changements propres à faire mieux sentir tous les avantages des mesures précédemment décrétées.

L'article IV du décret du 27 germinal sur la police générale assujettit toutes les administrations et tous les tribunaux civils à terminer dans trois mois, à compter de la promulgation du présent décret, les affaires pendantes.

Cette disposition a été d'une exécution facile à l'égard des administrations, mais elle a été impraticable pour les tribunaux. En effet on ne peut soumettre aux mêmes règles les procès poursuivis, et ceux qui n'ont cessé de l'être par les parties ou par leurs fondés de pouvoirs ; les contestations qui divisent des citoyens présents, et celles dans lesquelles se trouvent intéressés les défenseurs de la patrie, et des hommes résidants au-delà des mers, ou chez des puissances alliées ou neutres. Il est évident que la loi avait pour objet de rendre les tribunaux plus actifs, plus vigilants, et non d'éteindre les droits justes. Nous vous proposons de rendre cet article à sa destination primitive.

Vous avez ordonné par un décret récent que le comité de législation se ferait rendre compte dans le plus bref délai de l'exécution relative à la déportation des prêtres, et qu'il surveillerait cette déportation.

Pour satisfaire à ce décret, nous avons enjoint aux administrations de département et de district et particulièrement aux agents nationaux, de nous envoyer sous dix jours :

1° Toutes les déclarations qui ont pu être faites par les ecclésiastiques sujets à la déportation, en exécution de l'article II de la loi du 26 août 1792;

2°. L'état de ceux qui auront été arrêtés faute d'avoir obéi aux dispositions de l'article ci-dessus cité, et de ceux sujets aussi à la déportation pour cause de trouble;

3° L'état de toutes les dénonciations qui ont été faites contre les ecclésiastiques, par l'effet de la loi du 27 avril 1793.

À l'égard des condamnations à la déportation, prononcées en exécution de la loi du 7 juin 1793, il résulte des renseignements fournis par les tribunaux criminels, que pour les mois de germinal, floréal et prairial, le nombre des condamnés se porte à 147.

Enfin on a observé au comité que les citoyens inscrits par erreur sur les listes d'émigrés, et dont les réclamations avaient été accueillies, ne trouvaient plus d'autorité qui pût confirmer leur radiation. Nous croyons inutile d'insister sur ces objets, attendu que la Convention s'occupe en ce moment à revoir la loi sur les émigrés, et que les réflexions que nous pourrions faire, ainsi que les vues que nous aurions à proposer, ont été prises en considération dans le projet de décret.

Tel est, citoyens, le tableau raccourci des objets que vous nous avez donnés à surveiller. Une connaissance plus détaillée nous mettra successivement en état de découvrir les causes secrètes qui peuvent arrêter la marche des lois, et nous vous proposerons, avec le plus de maturité qu'il nous sera possible, des mesures qui, en s'amalgamant dans le système général, feront disparaître les défectuosités particulières.

Reposez-vous donc avec confiance sur notre zèle à seconder vos vues.

Occupé à suivre une correspondance exacte avec les autorités placées sous son inspection immédiate, le comité leur retracera sans cesse le cercle de leurs fonctions ; il leur communiquera cette impulsion révolutionnaire qu'elles doivent recevoir de la Convention nationale, et il contribuera ainsi à entretenir le gouvernement dans cet état d'activité si nécessaire pour le triomphe de la liberté et l'affermissement de la République.

Voici quelques articles dont je suis chargé de vous présenter le projet, et que nous estimons devoir donner lieu à trois décrets.

### Premier décret.

« La Convention nationale, après avoir entendu le rapport de son comité de législation sur la situation de la République dans toutes les parties de l'administration confiée à ce comité, approuve les mesures d'exécution, ainsi que les arrêtés par lui pris, et décrète ce qui suit :

» Art. 1er. Il sera incessamment pourvu à la composition et organisation au complet des autorités constituées dans toute l'étendue de la République, de manière qu'au 1er brumaire prochain il ne se trouve pas de places vacantes dans ces autorités.

» II. Dans le courant de la prochaine décade, la Convention nommera, sur la présentation du comité de législation, aux places vacantes dans l'administration du département de Paris, dans les directoires des districts de Franciade et du Bourg-de-l'Égalité; dans le tribunal criminel du département, dans les tribunaux civils des six arrondissements, dans le tribunal de commerce, dans les comités civils et de bienfaisance des 48 sections; ainsi qu'aux places vacantes des juges de paix, de leurs assesseurs et greffiers, et des commissaires de police.

» Il est en ce point dérogé aux lois des 8 nivôse, 22 floréal et 30 messidor.

» III. Les représentants du peuple délégués dans les départements sont tenus, dans la décade qui suivra la promulgation du présent décret, d'épurer et de compléter la recomposition des directoires de département et de ceux de districts, des corps municipaux, des tribunaux civils et criminels; ils procéderont ainsi, dans le même délai, à l'épuration et organisation des comités révolutionnaires.

» IV. Ils transmettront dans la décade suivante, au comité de législation, le tableau des nominations qu'ils auront faites.

» Ce tableau contiendra le nom, surnom, l'âge, la profession des citoyens nommés, l'indication de ce qu'ils faisaient avant la révolution, et de ce qu'ils ont fait pour elle.

» V. Dans les départements où il n'y a point de représentants, les membres de la Convention nationale, composant la députation de ces départements, se réuniront au comité de législation pour lui indiquer les citoyens qu'ils estimeront les plus propres à remplir les emplois vacants, et pour lui procurer les renseignements les plus détaillés sur la moralité civique et les talents personnels de chacun de ces citoyens.

» VI. Deux jours avant les nominations que la Convention nationale aura à faire, le comité de législation fera imprimer et distribuer la liste des candidats qu'il désignera pour occuper les places vacantes, soit dans le département de Paris, soit dans celles des départements où il n'y a point de représentants du peuple en mission.

» VII. Les tribunaux civils ou criminels sont autorisés à nommer provisoirement pour leur service respectif les officiers ministériels dont ils auront besoin; ils ne pourront les choisir que parmi les citoyens munis de certificats de civisme et qui ne sont pas dans la réquisition.

» Ils enverront, dans la décade, au comité de législation la liste de ceux qu'ils auront nommés.

» VIII. Les dispositions du précédent article s'appliquent à tous les juges de paix, même à ceux qui n'avaient point d'huissiers.

» IX. Le comité de législation fera incessamment un rapport pour déterminer, d'une manière précise, d'après la loi

14

du 14 frimaire, les attributions respectives des directoires de département, des districts et des municipalités, et pour fixer le nombre des administrateurs qui doivent les composer.

» Il présentera aussi ses vues, de concert avec le comité des finances, sur le salaire des commis employés par les greffiers des tribunaux criminels. »

### Deuxième décret.

« La Convention nationale, après avoir entendu le rapport de son comité de législation, décrète ce qui suit :

» Art. I<sup>er</sup>. Les erreurs et les omissions qui ont été commises ou qui pourraient l'être à l'avenir dans les actes destinés à constater l'état des citoyens seront rectifiées par les officiers publics des municipalités ou sections où ces actes auront été reçus.

» II. La rectification ne sera faite que d'après une décision rendue sans frais par le juge de paix du lieu où la minute de l'acte se trouvera déposée.

» III. Le juge de paix indiquera avec précision l'omission ou l'erreur à réparer et la manière dont elle doit l'être.

» IV. La décision du juge de paix ne sera valable que lorsqu'elle aura été rendue sur le vu d'une copie certifiée de l'acte, laquelle demeurera annexée à la minute de la décision, et d'après les preuves résultantes tant des pièces authentiques que d'une enquête.

» V. L'enquête sera composée des témoins de l'acte s'ils se trouvent sur les lieux ; à leur défaut, de parents ou d'alliés du citoyen sur lequel porte l'omission ou l'erreur, et à défaut de parents ou d'alliés, de tout autre citoyen.

» Le juge de paix rejettera le témoignage des personnes notoirement hors d'état de connaître les faits dont elles déposent.

» VI. Les citoyens intéressés à la rectification peuvent se pourvoir par appel contre la décision négative du juge de paix.

» L'appel ne sera plus reçu après le délai de deux décades. A l'égard de ceux qui ont été présents ou dûment appelés à la rectification, il sera jugé à l'audience sommairement, et sur le simple exploit d'appel.

» VII. L'acte dont la rectification aura été ordonnée par le juge de paix ou par le tribunal d'appel sera apostillé, conformément à la décision. La date de la décision sera toujours exprimée dans l'apostille.

» VIII. Les greffiers ne pourront percevoir plus de 30 sous pour l'expédition des décisions sur toutes demandes en rectification, en ce non compris le papier. Ces décisions seront enregistrées sans frais. »

### Troisième décret.

« La Convention nationale, après avoir entendu le rapport de son comité de législation sur les difficultés qui se sont élevées à l'occasion de l'art. IV du décret du 27 germinal, sur la police générale de la République, décrète :

» Art. I<sup>er</sup>. Les dispositions de l'art. IV de la loi du 27 germinal sur la police générale de la République ne s'appliquent qu'aux procès dont les parties ont poursuivi le jugement. Leur effet n'est point d'éteindre les instances non poursuivies, ni d'anéantir les demandes sur lesquelles il y a contestation.

» II. Le délai de trois mois, déterminé dans l'article IV du décret du 27 germinal, ne court ni à l'égard des défenseurs de la patrie, ni à l'égard de ceux qui se trouvent par permission du gouvernement dans les pays étrangers. Les jugements qui auraient pu être rendus par défaut contre eux depuis la promulgation du décret du 27 germinal sont nuls et comme non avenus. »

La Convention adopte le premier de ces décrets, avec l'amendement de Goupilleau, relativement au renouvellement des comités révolutionnaires. Les deux autres décrets ont été ajournés. Leur impression et celle du rapport sont décrétées.

PORCHER, au nom du comité de législation : Je viens encore, au nom de votre comité de législation, pour faire cesser les doutes du département de Paris, vous proposer d'interpréter la loi que vous avez rendue, le 6 floréal, sur les passeports.

Une loi du 7 décembre, qui n'a point été abrogée,

ordonne aux personnes qui sont dans le cas de sortir du territoire de la République, pour leurs affaires, de s'adresser directement aux départements, qui pourront, s'ils trouvent les causes légitimes et suffisamment vérifiées, leur accorder les passeports dans les formes décrétées par les lois, après avoir préalablement pris l'avis des directoires de district et des conseils généraux des communes, et dans le cas seulement où les mêmes directoires et conseils généraux des communes approuveraient la demande des passeports et en trouveraient les motifs légitimes.

Cette forme est encore suivie dans tous les départements de la République : nulle loi contraire n'en a abrogé l'usage, mais il est évident qu'elle ne peut avoir lieu à Paris, depuis qu'une municipalité conspiratrice a été justement frappée par la souveraineté nationale qu'elle voulait usurper.

Après sa chute, vous avez disséminé les pouvoirs de la manière que vous avez crue la plus utile à la chose publique, et vous avez décrété, le 6 fructidor, que les comités civils des sections de Paris délivreraient les passeports, sans qu'il fût besoin d'en référer au conseil général de la section, à la charge seulement de les faire viser par le comité révolutionnaire de son arrondissement ; vous avez de plus aboli la formalité du visa du département.

Cette disposition législative n'a point paru assez claire aux membres qui composent le département de Paris ; et en effet elle ne s'explique point assez pour ne leur pas laisser des doutes sur leur compétence en matière de passeports.

La Convention nationale a-t-elle voulu accorder aux comités civils des sections le droit de délivrer ces actes, tant pour l'intérieur que pour l'extérieur ? ou n'a-t-elle, au contraire, rien voulu innover à l'égard de ce qui se pratiquait pour les passeports délivrés pour sortir de la République ; et alors qu'elle sera l'autorité qui remplacera le conseil général de la commune ? Voilà, en peu de mots, les questions sur lesquelles le département de Paris a cru devoir vous consulter, et que vous avez renvoyées à l'examen de votre comité de législation.

Votre comité s'est donc vu forcé d'examiner la loi du 6 fructidor, et il l'a trouvée conçue en termes généraux qui, au premier abord, donneraient à penser que vous n'avez prétendu faire aucunes exemptions ; mais, pour cela même que cette loi ne parle pas des passeports à l'étranger, objet si essentiel, et qui doivent être si rarement accordés dans les circonstances délicates où nous sommes, votre comité a cru que votre silence sur cet objet était une preuve évidente que vous n'avez rien voulu changer à ce qui s'était pratiqué jusqu'à ce jour.

Et cette présomption est devenue presque une certitude, quand nous avons réfléchi que ces objets, qui tenaient à la haute administration par les conséquences qu'ils pourraient avoir pour le salut public, devaient être nécessairement donnés par la première des autorités en ce genre, je veux dire les départements, après avoir consulté toutes les autorités subordonnées.

Un motif qui a influé encore sur la détermination que nous vous proposons, c'est que cette forme est adoptée dans toute la République, et que nous ne pouvons nous éloigner d'un système complet d'unité dans notre législation, que lorsque la nécessité nous en fait la loi ; ce qui n'existe pas ici.

D'après cette explication, le comité de législation vous propose le projet de décret suivant :

« La Convention nationale, après avoir entendu son comité de législation sur une lettre des administrateurs du département de Paris, par laquelle ils demandent en quelle forme, et par qui, depuis la loi du 6 fructidor, les passeports pour l'étranger doivent être accordés, décrète ce qui suit :

» Art. **, Les dispositions de la loi du 6 fructidor dernier, relatives aux passeports, ne sont applicables qu'à ceux qui sont délivrés pour voyager dans l'intérieur de la République.

» II. Le département de Paris continuera, comme par le passé, à délivrer ceux qui seront demandés pour sortir du territoire français, après avoir pris l'avis des comités civils et révolutionnaires, dans l'arrondissement desquels le réclamant aura son domicile, et dans le cas seulement où ces deux comités approuveraient la demande du passeport et en trouveraient les motifs légitimes. »

Ce décret est adopté.

Le même membre fait rendre le décret suivant :

« La Convention nationale, après avoir entendu son comité de législation sur la pétition du citoyen Camet, expositive, que son contrat de mariage avec la citoyenne Sophie Laideguive est resté informe par le défaut de signature du notaire Brichard, tombé sous le glaive de la loi, quelques jours après la passation de cet acte, autorise Doane, notaire à Paris, à signer, comme premier notaire chez lequel restera la minute, ce contrat de mariage, et à le faire signer par tel autre notaire qu'il voudra choisir. »

Sur le rapport de Monnel, le décret suivant est rendu :

« La Convention nationale, après avoir entendu le rapport de son comité des procès-verbaux, décrets et archives, lève la suspension prononcée contre Dubois-Laverne, ci-devant directeur de l'imprimerie du Louvre. »

On lit les lettres suivantes :

*Charlier et Pocholle, représentants du peuple, envoyés à Commune-Affranchie, par le décret du 4 fructidor, et dans les départements du Rhône et de la Loire, par celui du 10 du même mois, à la Convention nationale.*

Citoyens collègues, la situation de Commune-Affranchie fixe en ce moment d'une manière particulière vos regards et votre sollicitude. Nous devons vous faire connaître tous les moyens que nous employons pour y épurer l'esprit public, et pour en bannir à jamais toutes les semences de désordre dont les développements ont causé dans son sein de si funestes ravages. C'est un corps malade, épuisé par de longues souffrances, dont quelques hommes ont pu vouloir l'anéantissement total, mais que des soins prudents, et surtout un ardent amour pour la patrie, peuvent rendre à la vie et à la liberté.

La société populaire semblait avoir été choisie ces jours derniers par les intrigants pour être le théâtre de leurs mouvements contre-révolutionnaires et le foyer des complots les plus sinistres. Un orateur avait osé y proférer ces paroles impies : « Le souverain est immédiatement dans les sociétés populaires... Il est un grand principe qu'on ne saurait jamais trop méditer ; ce n'est pas une société populaire seule qui est le souverain, ce n'en est qu'une fraction. La volonté générale se compose du vœu de chaque société populaire.»

À la suite de son discours artificieusement prolongé, et sur sa proposition, un nombre considérable de ci-devant fonctionnaires avaient été admis sans examen, l'impression et l'affiche de ces scandaleuses erreurs avaient été arrêtées sans discussion : les uns en étaient couverts, les bons citoyens en frémissaient, et la terreur reprenait son empire.

Soulevés d'une juste indignation à la vue de cette marche audacieuse, nous avons rappelé la société aux principes, ajourné ses séances, qui se tenaient dans une salle de spectacle, jusqu'au moment où elle aura trouvé un local plus propre à l'ordre et à la gravité de ses délibérations ; soumis à une épuration nouvelle ceux de ses membres qu'une motion insidieuse avait fait admettre en masse, et envoyé l'orateur au comité de sûreté générale. Cet homme a-t-il été l'instrument d'une intrigue locale? ou l'étrange paradoxe qu'il a mis en avant appartient-il à un complot plus vaste dans lequel on cherchait à envelopper la République entière? C'est ce que votre comité examinera dans sa sagesse, et d'après les renseignements que nous lui fournirons. Mais nous demandons à tout républicain qui pense, si l'aristocratie, désespérée de n'avoir pu entraîner le peuple dans le piège qu'elle lui avait tendu, en lui proposant la convocation des assemblées primaires, pouvait imaginer un système plus atroce que celui de transporter dans les sociétés populaires

l'exercice de la souveraineté, pour préparer par là l'anéantissement du gouvernement révolutionnaire, de la Convention et de la liberté. Nous n'avons pas besoin de signaler ces erreurs pour en faire sentir les désastreuses conséquences. L'arrêté dans lequel nous les dénonçons à l'opinion publique parut hier : de toutes parts on se rassemblait pour le lire. Ces principes recevaient un assentiment général ; c'est qu'ils sont puisés dans la nature, et que le peuple, qui sent ses droits, ne se trompe jamais quand on les lui expose avec franchise. Nous vous en faisons passer quelques exemplaires, et nous joignons le placard infâme qui l'a provoqué. Comptez sur notre dévoûment et notre haine inextinguible pour tous les empiriques, tous les dominateurs et tous les traîtres.

Salut et fraternité.                  *Signé* POCHOLLE, CHARLIER.

### PROCLAMATION.

#### AU NOM DU PEUPLE FRANÇAIS.

*Charlier et Pocholle, représentants du peuple, envoyés à Commune-Affranchie par le décret du 4 fructidor, et dans les départements du Rhône et de la Loire, par celui du 10 du même mois.*

Informés qu'au nom de la société populaire régénérée de Commune-Affranchie il a été affiché en divers lieux de cette commune un imprimé qui contient les maximes les plus dangereuses et les plus contraires au bonheur social ;

Qu'on y a avancé comme principe incontestable que « le souverain est immédiatement dans les sociétés populaires » ;

Qu'on lit plus bas : « Il est un grand principe qu'on ne saurait trop méditer : ce n'est pas une société populaire seule qui est le souverain, ce n'en est qu'une fraction ; la volonté générale se compose du vœu de chaque société populaire ; »

Considérant que l'adoption de ces idées serait une atteinte coupable à la souveraineté du peuple, qu'elles tendent à détruire le gouvernement révolutionnaire, et deviendraient, entre les mains des intrigants, une source féconde d'agitations et d'inquiétudes ; que si les droits des assemblées primaires, dont la collection peut seule former le véritable souverain, étaient transportés dans des sociétés partielles, le peuple serait dépouillé par le fait de sa souveraineté, et le gouvernement révolutionnaire sans garantie ;

Considérant que les propositions dont il s'agit se trouvent dans un discours à la suite duquel, par un mouvement dont les causes ne sont pas encore bien connues, la société de Commune-Affranchie s'est tout à coup accrue d'un nombre considérable de citoyens dont l'admission n'a point été soumise aux formalités ordinaires, et à celles que prescrivait notamment l'arrêté des représentants du peuple, Laporte et Reverchon, en date du 6 fructidor ;

Qu'il serait injuste de rien préjuger contre le caractère civique et moral d'aucun individu admis de cette manière, mais qu'il y aurait en même temps une sorte d'aveuglement à ne pas voir que, dans cette circonstance, les hommes les plus purs peuvent être trompés par les plus perfides ;

Désirant que la vérité éclate dans tout son jour, que les seuls coupables soient punis, et que tous les bons citoyens, ceux qui n'ont pris aucune part aux intrigues, aux brigandages, aux actes d'oppression qui ont fait les malheurs de cette commune, et qui, fidèles aux principes de probité et d'honneur, dont la masse des sans-culottes s'est montrée constamment animée, n'ont souillé leurs mains ni leurs cœurs d'aucun crime, recueillent le témoignage dû à leur incorruptibilité ;

Considérant que tel fut le but des représentants Laporte et Reverchon, lorsqu'ils formèrent un noyau de société populaire, et qu'ils approuvèrent le mode d'admission que les membres choisis pour le composer jugèrent utile d'adopter ; que leurs intentions ont été perfidement perverties, quand, pour empêcher l'effet de leurs mesures salutaires, on a prétendu que les ci-devant membres de la société se trouvaient, par cette régénération, calomniés en masse . et confondus avec ceux qui, sans doute en très petit nombre, ont dirigé les vexations et les injustices auxquelles ils ont voulu mettre un terme ; que ces représentants n'ont jamais pensé qu'on pût leur reprocher d'avoir enveloppé dans une proscription générale tous ceux qui n'ont point été appelés à former le noyau régénérateur, mais qu'ils ont cherché seulement à les soumettre à une épuration propre à donner à leurs principes et à leur patriotisme un nouvel éclat ;

Considérant enfin que de toutes parts on cherche à dissoudre les sociétés populaires, en les éloignant de leur véritable but, et en transformant en autorité la surveillance qui doit essentiellement leur appartenir; que le moyen de tromper les efforts des malveillants qui veulent les abattre, et de les ramener aux principes quand elles s'en écartent, est de les éclairer sur les piéges qu'on peut leur tendre;

Arrête ce qui suit :

« Art. I<sup>er</sup>. La société populaire régénérée de Commune-Affranchie est provisoirement composée de membres qui la formaient avant la séance du 29 fructidor.

» II. Les membres admis depuis cette séance seront soumis à l'épuration prescrite par les règlements, et aucunes admissions collectives ne pourront désormais avoir lieu.

» III. Attendu que le local de la société n'est point favorable à ses délibérations, qu'il a pu être en partie cause du désordre qui s'y est introduit, il sera fait choix incessamment d'un nouveau local, et jusqu'à ce moment les séances demeurent suspendues.

» IV. Le peuple sera appelé à se réunir, décadi prochain, dans un lieu qui sera consacré provisoirement à son instruction, et qui sera indiqué par les représentants du peuple.

» V. Les bons citoyens sont invités à surveiller tous les rassemblements qui pourraient troubler la tranquillité publique, et à tenir les yeux sans cesse ouverts sur les manœuvres des ennemis de la révolution.

» VI. Le présent arrêté sera sur-le-champ envoyé à la Convention nationale avec un exemplaire du placard dont il y est fait mention. Il sera imprimé et affiché dans toute l'étendue des deux départements du Rhône et de la l'Oire, Toutes les autorités constituées, existantes à Commune-Affranchie, sont chargées de son exécution.

» Fait à Commune-Affranchie, le 2 vendémiaire, l'an III<sup>e</sup> de la République française une et indivisible. »

*Théophile Berlier, représentant du peuple dans les départements du Nord et du Pas-de-Calais, au président de la Convention nationale.*

À Saint-Omer, le 4 vendémiaire, l'an III<sup>e</sup> de la République française, une et indivisible.

Citoyen président, le nouveau complot que la Convention nationale vient de déjouer a été vu avec horreur dans les départements que je parcours.

Non, ce n'est pas Marseille, ce n'est pas une section du peuple français qui a pu se souiller d'un tel crime. Il est l'ouvrage de quelques meneurs perfides qui trouveront, comme tous leurs semblables, le châtiment que la justice nationale réserve aux traîtres et aux conspirateurs. De tels attentats ne sont point à craindre ici. La Convention nationale y est vénérée et chérie ; c'est le centre unique, c'est le point de ralliement universellement reconnu. Tu peux, citoyen président, en donner l'assurance à nos collègues. L'on veut fortement dans ces contrées le règne de la justice et le maintien du gouvernement révolutionnaire qui n'en est pas l'ennemi.

Le peuple entier sait qu'au milieu de la tourmente l'exercice de sa souveraineté doit être délégué à un centre actif ; mais il abhorre l'arbitraire qui, dans ce pays surtout, fit tant de ravages ; une seule chose était à craindre, c'était la réaction ; mais j'obtiens tous les jours des résultats heureux : il n'y aura point de contre-partie toujours funeste à la tranquillité et à la liberté publique : il n'y aura que la crime de poursuivi ; l'erreur est déjà pardonnée ; et ceux qui ne passeront les limites que par excès de zèle ne seront pas proscrits par leurs frères.

Je lis dans les journaux qu'en plusieurs points de la République l'aristocratie relève la tête : ne prendrait-on pas pour le réveil de ce monstre la sérénité universelle ramenée par le règne de la justice? Voilà du moins tout ce que j'aperçois dans les deux départements dont j'ai parcouru la majeure partie. Le 9 thermidor est véritablement une nouvelle ère pour eux : on y retrouve tout le feu patriotique, et tout l'enthousiasme du 14 juillet 1789 ; il n'y a que quel-

ques petits tyrans qui n'y trouvent pas leur compte mais la liberté n'y perd rien.

La partie maritime du Nord n'est pourtant pas tout à fait dégagée de superstition ; c'est un mal auquel j'espère apporter remède. Tout ira bien d'ailleurs dans le nord de la République ; et si la révolution y compte des prosélytes modernes, les vrais vétérans n'y perdront pas leur rang.

Salut et fraternité. BERLIER.

La Convention ordonne la mention honorable de cette lettre, ainsi que des précédentes, l'insertion en entier au Bulletin et le renvoi aux comités de salut public et de sûreté générale.

Un membre fait part du fait suivant :

Lorsque la Martinique fut prise par les Anglais, ces féroces ennemis embarquèrent les citoyens de toute couleur, qui avaient témoigné leur attachement à la République. Le citoyen Pavillon, homme de couleur, lieutenant des chasseurs, s'était signalé par son intrépidité et sa haine contre l'aristocratie. Il fut embarqué; il résista à toutes les sollicitations qui lui furent faites de rester au milieu des émigrés qui étaient rentrés avec les Anglais. Sa mère lui écrivit la lettre suivante:

« Ces deux mots sont pour vous faire savoir ma façon de penser. Je vous prie, sur toutes choses, de n'employer personne pour vous débarquer; j'ai grande envie de vous voir, mais j'aime mieux me priver de ce plaisir. Si la férocité des aristocrates voulait vous faire fusiller, subissez la mort plutôt que de leur demander grâce; vous êtes mon seul fils, mais pour la liberté je vous sacrifie. Mon fils, je vous le répète, je vous ai toujours donné les principes d'un républicain; si l'on a violé nos droits dans les colonies, on ne les violera pas où vous allez. »

La Convention décrète la mention honorable du trait de dévoûment de la citoyenne Pavillon, le renvoi au comité d'instruction publique ; elle charge le comité de salut public de procurer de l'emploi dans les armées au citoyen Pavillon, son fils.

Fourcroy soumet à la discussion le projet de décret qu'il a présenté à la suite de son rapport sur l'établissement d'une école centrale de travaux publics, dans la séance du 2 vendémiaire.

Calon fait quelques observations à ce sujet.

(Nous les donnerons dans un prochain numéro.)

La séance est levée à quatre heures.

---

## LIVRES DIVERS.

*Anthologie patriotique*, ou choix d'hymnes, chansons, romances, vaudevilles et rondes civiques; extraits des recueils et journaux qui ont paru depuis la révolution; avec une gravure en taille-douce, et un calendrier comparatif pour l'an III sextile de la République française; 1 vol. in-8<sup>e</sup> de 250 pages. Prix, broché, 2 liv., et 2 liv. 10 sous, franc de port par la poste.

A Paris, chez Pougin, libraire, rue des Pères, faubourg Germain, n<sup>o</sup> 9. — Rondonneau, au dépôt des lois, place de la Réunion, ci-devant Carrousel. — Pichard, quai Voltaire. — Petit, rue du Bacq, n<sup>o</sup> 465. — Née de la Rochelle, rue du Hurepoix, près le pont Michel, n<sup>o</sup> 13, et chez les marchands de nouveautés.

— *Deux décadaires* des poids et mesures pour la 3<sup>e</sup> année républicaine; l'un de poche, prix, 15 sous; l'autre de cabinet, prix, 10 sous.

On y a joint le tableau comparatif des heures anciennes et des nouvelles, et le calendrier hebdomadaire de l'ancien style, afin de faire connaître les jours du départ des postes et messageries.

A Paris, chez Aubry, rue Baillet, n<sup>o</sup> 2, près celle de la Monnaie.

---

## LYCÉE DES ARTS.

La Convention nationale ayant remis au 30 la fête qui devait avoir lieu le 10, la séance publique du Lycée aura lieu décadi prochain, ainsi qu'elle est annoncée sur les billets distribués.

# GAZETTE NATIONALE ou LE MONITEUR UNIVERSEL.

**N° 11.** Primidi 11 Vendémiaire, l'an 3e. (Jeudi 2 Octobre 1794, vieux style.)

## POLITIQUE.

### SUÈDE.

*Stockholm, le 4 septembre.* — La conduite peu loyale de la cour de Naples, lors de l'évasion d'Armfeldt, réfugié dans ses états, lui avait attiré des reproches amers de la part de notre gouvernement.

Les répliques furent vives, et il en est résulté une mésintelligence qui depuis n'a fait que s'accroître, et que vient d'aigrir encore une nouvelle réponse du gouvernement suédois à celui des Deux-Siciles. Cette pièce est d'une grande véhémence.

Le cabinet de Stockholm retrace toutes les manœuvres de la cour de Naples pour soustraire le traître Armfeldt à l'arrestation décernée contre lui, sa perfide inaction après les demandes faites à ce sujet par des lettres de la main du régent; enfin l'audace avec laquelle cette cour a osé insinuer que les mesures prises par l'agent de la Suède à Rome, pour faire arrêter Armfeldt par des personnes sûres, n'étaient que des complots d'assassinats.

« La cour de Suède, dit cette déclaration, est au-dessus de tant de manéges; et forte de la candeur qui, dans tous les temps, a dirigé constamment ses démarches, elle sait mépriser des soupçons destitués de fondement, lesquels retomberont d'eux-mêmes, ainsi que toute autre calomnie injurieuse, sur ceux qui s'occupent et s'avilissent à les ourdir : l'innocence du sieur Pinarest doit être d'ailleurs d'autant moins suspectée dans cette affaire, que l'évidence même peut convaincre que c'eût été en effet rendre un très mauvais service au roi, que de faire périr le baron d'Armfeldt en Italie, lorsqu'il importait essentiellement d'avoir sur les lieux mêmes les aveux de son crime et ceux de ses complices; les coupables jours du baron ne devant se trancher que sur l'échafaud, où le conduiront tôt ou tard des forfaits aussi énormes que les siens.

» Au reste, la très grande facilité pour ces sortes de crimes que présente le pays où M. d'Armfeldt se trouvait pour lors, est assez généralement connue, et des entreprises pareilles y échouent bien rarement, si l'on peut s'avilir à les commander. »

Le cabinet de Suède ajoute que, pour comble de perfidie, Armfeldt passant à Vienne reçut encore un asile dans l'hôtel de l'ambassadeur de Naples. Enfin il déclare « que toute communication cessera désormais entre les deux états, jusqu'au moment où il n'aura plu au roi de Naples de donner au gouvernement suédois une satisfaction proportionnée à l'éclat de l'offense. En attendant, le ministre ou agent du gouvernement de Suède ne doit plus communiquer avec ceux de Naples, et tout Suédois, au service du roi des Deux-Siciles, est tenu d'en sortir promptement, sous peine de perdre tous ses droits dans la patrie. »

Le cabinet de Suède se résume en disant qu'il a assez de forces à sa disposition pour se procurer à lui-même la satisfaction qui lui est due.

### ALLEMAGNE.

*Hambourg, le 10 septembre.* — C'est un spectacle admirable en Europe et digne des réflexions politiques les plus profondes, que le contraste qui s'observe entre les sages administrations des gouvernements neu' es dans la guerre actuelle et amis du peuple ançais, et les agitations continuelles dont sont to rmentés les pays dominés par les despotes de la co. ition. Le gouvernement de Danemarck, au milieu des occupations difficiles que ne lui refuse point la politique astucieuse des tyrans coalisés, voit fructifier les soins qu'il trouve encore le temps de donner à la prospérité du commerce; succès encourageant, dont les peuples sont flattés, et qui n'est dû qu'au bon ordre établi par une administration humaine et éclairée.

La cour de Danemarck vient d'annoncer une opération qui sera d'autant plus favorable à ce qu'on appelle le *crédit*, qu'elle est calculée sur l'intérêt des citoyens. Les billets de confiance vont être retirés de la circulation par des mesures avouées par la plus sévère équité.

Le ministère favorise aussi des projets et des plans d'une utilité générale, soit relativement aux incendies, soit pour de nouvelles constructions, comme celle de canaux pour la navigation intérieure. La nation danoise jouit donc d'une situation tranquille, et quand elle arme avec la plus grande ardeur afin de se faire respecter des tyrans qui osent menacer son indépendance, elle a en elle-même cette confiance qui augmente les forces, et voit en même temps son commerce fleurir.

Le gouvernement de Russie présente un aspect différent. Le pouvoir arbitraire et l'insatiable avidité qui font le caractère du règne de Catherine II augmentent sans cesse les malheurs du peuple. On ne connaît là de projets que pour établir de nouveaux impôts; il n'y a de plan proposé que pour doubler les charges publiques. Catherine vient d'imposer de nouvelles contributions sur toutes les forges; l'impôt du timbre est accru; la liberté dans le commerce de détail a un nouveau tarif; les passeports ont leur taxe; enfin les juifs paieront une double imposition; cependant le total présumé de ces concussions impériales ne satisfait point encore aux besoins déplorables du ministère russe. L'impératrice a donc approuvé un nouveau moyen de pillage sur ses sujets. Elle a nommé une commission chargée d'examiner les concessions de terres antérieurement faites par la cour, d'en rechercher les motifs, et de prononcer, *s'il y a lieu*, le retour de ces terres à *la couronne*. Catherine adopte en même temps un autre plan, entièrement contradictoire, mais que la douce raison de ses esclaves n'osera point examiner; lequel est une nouvelle aliénation dans quelques parties de ses immenses déserts : moyen d'encourager la culture et d'augmenter la population, selon les termes du préambule de l'édit.

Tandis que Catherine pense couronner les attentats qu'elle a commis chez divers peuples, par d'autres attentats sur sa propre nation, la Porte ottomane songe sérieusement à se relever de la perfidie russe, et à venger ses propres injures; son activité ne se ralentit point. Instruite par une expérience longue et formée dans les périls, où un même ennemi l'entretient si longtemps, elle semble avoir pris les plus fermes résolutions. Les Ottomans ne s'en tiendront point à une stérile admiration pour les prodiges de valeur dont la nation française étonne le monde : ils voudront faire plus, dès qu'ils auront reconnu que leur indépendance et leur sort en Europe dépendent l'un et l'autre du triomphe de la seule nation qui, ayant pour ennemis leurs ennemis, combatte pour rester indépendante et libre.

La Porte a déjà signalé des sentiments généreux, fruit de ses réflexions; elle arme sans mystère contre une puissance dont l'inimitié n'est pas non plus secrète, et bientôt plus mûrement éclairée sur les glorieux et utiles efforts de la Pologne, elle ne voudra point peut-être rester neutre dans une querelle si voisine et dans laquelle l'avenir lui garde une part considérable, soit en bien, soit en mal, selon sa conduite définitive. Le divan vient de marquer son mécontentement à l'égard des farouches Anglais qui, jusque dans les parages de la domination turque, ont commis les derniers excès. Il a ordonné que, dans le cas où les vaisseaux des puissances coalisées chercheraient à livrer des combats (c'est-à-dire des vols) dans la domination ottomane, les escadres turques seraient tenues de s'y opposer par la force.

## HOLLANDE.

*Copie d'une lettre d'Amsterdam, du 29 août 1794.*

On est très étonné dans l'étranger de la baisse de l'agiot de notre banque d'Amsterdam, et l'on n'en conçoit pas la raison. La perte qui en résulte pour l'étranger est si grande, qu'il n'est que juste d'en publier le vrai motif pour que chacun puisse être encore à temps de se préserver de perte.

Ce n'est pas ici le moment d'entrer en détail sur la véritable origine de la banque d'Amsterdam, qui de tous les établissements humains a été indubitablement, dans son origine, un des plus parfaits, ni de faire connaître son organisation intérieure et sa direction; qu'il suffise de dire aujourd'hui qu'elle n'est plus dirigée que par la régence ou gouvernement de la ville d'Amsterdam, et que les négociants, qui sont si immensément intéressés dans cette banque, n'ont ni assez de pouvoir ni assez de courage pour exiger ou demander les ouvertures qui seraient nécessaires pour en connaître la véritable situation dans ce moment; ils préfèrent vendre leur argent de banque pour le convertir en argent de caisse, pour ne pas s'exposer à la perte totale de leurs capitaux de commerce, et c'est ce qui entraîne la baisse importante de l'agiot. Elle eût été encore plus forte, si deux ou trois maisons de commerce, dévouées et vendues au gouvernement, n'eussent réuni leurs plus puissants efforts pour le soutenir.

On sait de source que la régence d'Amsterdam, dans l'épuisement général des finances de l'état et pour faire face aux dépenses extraordinaires qu'exige la guerre injuste contre la liberté des Français, a eu recours à la banque; on a enlevé l'or et l'argent qui y étaient en dépôt comme le trésor sacré des particuliers, pour envoyer cet or et cet argent aux monnaies, et en faire frapper des espèces.

Les étrangers n'auront pas besoin d'autres motifs pour rester convaincus que la banque d'Amsterdam ne mérite absolument plus ce crédit distingué qu'elle avait avec tant de droit dans l'Europe au temps passé. Mais les étrangers, et surtout les Allemands, qui ont toujours pris une si grande part à l'élévation de la maison d'Orange, voudront bien se souvenir que, dans le temps de splendeur de la banque, c'étaient de vertueux et vrais républicains qui étaient à la tête de la direction, tandis que la république hollandaise, depuis l'époque de 1789, et à la très grande satisfaction des Allemands, a l'insigne bonheur d'être gouvernée par des régents qui doivent leur élévation aux hussards prussiens.

## CONVENTION NATIONALE.

*Présidence d'André Dumont.*

*Observations faites par Calon, dans la séance du 7 vendémiaire, sur le rapport de Fourcroy sur l'établissement d'une école centrale des travaux publics.*

CALON : Le projet d'établissement d'une école centrale des travaux publics est une de ces grandes vues qui doivent fixer l'attention du législateur, puisqu'il s'agit d'imprimer à des arts précieux, trop longtemps négligés, un mouvement d'harmonie et d'ensemble capable de diriger le développement, ou d'accroître l'étendue des connaissances les plus utiles à la société.

Mais, pour retirer de tels instituts les avantages qu'on a droit d'en attendre, il faut bien se garder de cumuler des rapports qui n'ont aucune connexité, et de compromettre le développement et la perfection des connaissances, en dirigeant l'application sur trop d'objets à la fois, ou qui comportent séparément et isolément des opérations et des résultats totalement différents.

En applaudissant aux vues sages qui vous sont présentées au nom de vos comités, je vous dois néanmoins quelques observations que m'a fait naître le discours qui précède le projet de décret : elles sont relatives aux ingénieurs géographes.

Je vous les présente avec d'autant plus de confiance, que plus de 40 années de service, en qualité d'ingénieur géographe militaire, m'ont donné dans cet art une expérience qui peut aujourd'hui tourner utilement au profit de la chose publique.

Les ingénieurs géographes sont des artistes nécessaires et indispensables aux officiers généraux et aux états-majors des armées, pour établir l'état et les opérations de la guerre : c'est par leur secours et à l'aide de leurs travaux que ceux qui dirigent les opérations militaires acquièrent la connaissance exacte des terrains occupés par les ennemis, des positions ennemies, et des postes importants qu'il est besoin d'emporter ou de s'assurer. C'est par le moyen des cartes et plans dressés par des ingénieurs habitués au coup d'œil et exercés à figurer un pays à vue, même sous le feu de l'ennemi, que l'attaque et la défense acquièrent une certitude et un ensemble qui amènent les succès, ou corrigent les hasards malheureux à la guerre.

L'institution des ingénieurs géographes militaires remonte à plus de 100 ans; les nombreux services qu'ils ont rendus semblaient faire un devoir au gouvernement de conserver d'aussi précieuses ressources. On ne sait par quelle fatalité, au moment où l'on allait en avoir le plus grand besoin, Bureaux de Pusi, officier du génie, émigré, parvint à faire adopter par l'assemblée constituante la proposition perfide de leur suppression, sous l'insidieux motif que les officiers du génie pourraient remplacer aux armées les ingénieurs géographes; ce qui n'est point arrivé.

Le dépôt général de la guerre où se trouvaient ci-devant attachés les ingénieurs géographes m'ayant été confié, j'ai eu l'occasion de reconnaître par moi-même ce que je viens de vous avancer. Les généraux et les états-majors des armées demandaient continuellement et avec la plus grande instance de leur procurer des géographes militaires; convaincu de l'extrême besoin qu'ils éprouvaient à cet égard, j'ai choisi parmi ceux employés au dépôt à la levée et construction des cartes les plus capables de répondre aux vœux des généraux; j'ai mis tous mes soins à en perfectionner d'autres, et je puis assurer la Convention qu'il existe au dépôt de la guerre plus de vingt ingénieurs en état de suivre les opérations de la campagne prochaine.

C'est ainsi que j'ai suppléé à la mesure désastreuse combinée par un traître, sans doute pour livrer sa patrie à la merci des hordes étrangères.

Je pourrais donner de plus grands développements à ce que je viens de vous avancer, ce sera l'objet d'un travail particulier que je me propose de vous soumettre ; mais en ce moment il me suffit de vous avoir démontré l'importance et l'utilité des ingénieurs géographes, parce qu'il suit de là la nécessité de pourvoir à ce qu'il en soit formé de bons, et que l'étendue des services essentiels qu'ils sont dans le cas de rendre ne permet pas d'être indifférent sur les moyens de procurer à ceux qui se destinent à cette profession les connaissances qui leur sont indispensables pour l'exercer.

J'applique ces réflexions à l'établissement qu'on vous propose.

Le rapporteur semble annoncer que l'école centrale des travaux publics comprendra une série d'enseignements pour les ingénieurs géographes; je puis affirmer que cette classe n'obtiendra aucun succès dans l'école proposée. Sans doute les connaissances physiques et mathématiques qui y seront démontrées sont indispensables à toutes les classes d'ingénieurs; mais où se trouve terminée l'étude des ingénieurs militaires des ponts et chaussées, des mines, ou constructeurs, là seulement commence l'apprentissage des ingénieurs géographes. Il faut alors qu'ils aillent sur le terrain appliquer les connaissances théoriques qu'ils ont reçues, et qu'ils recommencent, pour ainsi dire, un nouveau cours pratique; car, en sortant de l'école centrale, ils ne seraient que de faibles écoliers sans utilité, le but serait donc manqué.

Qu'est-il donc besoin pour former ces ingénieurs? D'un institut pratique, où ils puissent à la fois trouver à côté de professeurs habiles une savante théorie, et à côté des ingénieurs instruits un exemple sûr qui tout à la fois donne le précepte et l'application, et amène, par l'usage du *faire*, la facilité et la sûreté des opérations.

Tout cela se trouve réuni au dépôt général de la guerre; il y a de plus des mémoires précieux, des recueils rares d'observations topographiques et géographiques; enfin tout ce qui peut concourir à rendre complète et sûre une si importante éducation.

L'établissement est composé d'artistes instruits et exercés qui opèrent continuellement; on ne retrouve aucun de ces moyens dans l'école centrale des travaux publics.

Si une funeste sécurité venait s'établir sur les espérances incertaines que donne à cet égard la mesure qui vous est proposée, comme il n'existerait pas ailleurs d'autre instruction, vous risqueriez sous peu de vous retrouver dans un dénûment absolu d'ingénieurs géographes, et de perdre ainsi la suite des connaissances qu'il vous importe de conserver pour le succès des armes de la République.

Je ne vous vanterai pas l'économie que présente d'ailleurs l'idée d'attacher les élèves ingénieurs géographes à côté de ceux qui exercent et qui pratiquent continuellement; mais il est précieux pour vous de retrouver dans vos mesures ce qui concilie la gloire et l'intérêt de la grande nation que vous représentez.

J'ai dû vous dire ces vérités, parce que j'en suis fortement convaincu; je les livre à vos considérations; et en adoptant le projet de décret qui vous est présenté, je demande que l'institut des ingénieurs géographes continue d'être attaché au dépôt général de la guerre, comme pouvant là seulement répondre aux vues et à l'attente du gouvernement, sauf les accroissements qu'un plan plus vaste pourra vous faire adopter, et qu'il est facile d'y effectuer.

Les propositions de Calon donnent lieu à quelques amendements au projet de décret présenté par Fourcroy.

Ce projet est adopté en ces termes :

« La Convention nationale, après avoir entendu le rapport de ses comités de salut public, d'instruction publique et des travaux publics réunis, décrète ce qui suit :

» Art. 1er. L'école centrale des travaux publics, préparée à Paris en exécution de la loi du 21 ventôse dernier, sera ouverte le 10 frimaire prochain.

» II. Il ne sera admis en qualité d'élèves que des jeunes gens qui auront justifié de leur bonne conduite, ainsi que de leur attachement aux principes républicains, et qui au-

ront prouvé leur intelligence en subissant un examen sur l'arithmétique et sur les éléments d'algèbre et de géométrie.

» III. Cet examen aura lieu en même temps dans plusieurs communes distribuées sur le territoire de la France, et où les candidats pourront se rendre suivant la proximité des lieux et la facilite des communications.

» Pour l'année actuelle, ces communes seront :

» Dune-Libre, Amiens, Mézières, Caen, Rouen, Reims, Paris, Metz, Strasbourg, Brest, Rennes, Nantes, Tours, Auxerre, Dijon, Rochefort, Bordeaux, Bayonne, Toulouse, Montpellier, Marseille et Grenoble.

» IV. La commission des travaux publics nommera pour chacune de ces communes un examinateur qui sera chargé de juger des qualités intellectuelles et de l'instruction des candidats sur les sciences mathématiques mentionnées à l'article II.

» L'agent national du district y nommera également un citoyen recommandable par la pratique des vertus républicaines, qui sera chargé de juger de la moralité et de la bonne conduite des candidats.

» V. Les examens commenceront, au plus tard, le 1er brumaire. La commission des travaux publics donnera les ordres que les examinateurs soient rendus à leurs postes à cette époque; elle leur adressera les instructions nécessaires, ainsi qu'aux autorités qui doivent participer à cette mesure.

» VI. Tous les jeunes citoyens âgés de seize à vingt ans, autres que ceux qui sont compris dans la première réquisition, pourront se présenter à l'examen.

» Ceux qui seraient attachés à d'autres services publics ne le pourront qu'autant qu'ils en auront reçu l'autorisation expresse du comité de salut public.

» VII. Nul ne pourra se présenter à l'examen, s'il n'est porteur d'une attestation de la municipalité du lieu de son domicile, qui prouve qu'il a toujours eu une bonne conduite, et qu'il a constamment manifesté l'amour de la liberté et de l'égalité, et la haine des tyrans.

» VIII. En arrivant dans la commune où ils doivent être examinés, les candidats se rendront à la municipalité pour y apprendre le lieu et le jour où ils pourront se présenter à l'examen.

» IX. L'examen se fera en public et dans le local qui aura été préparé par la municipalité.

» X. Les examens seront terminés le 10 brumaire.

» XI. Dans les trois premiers jours qui suivront la fin de l'examen, les deux examinateurs rendront compte à la commission des travaux publics, et en commun, du résultat de l'examen qu'ils auront fait, et dans la forme qui leur aura été prescrite.

» XII. D'après les comptes rendus des deux examinateurs, la commission des travaux publics déterminera le nombre des élèves de chaque examen à admettre pour compléter les 400 élèves pour lesquels les dispositions préparatoires de l'école ont été faites, et de manière que ceux qui, par leur moralité et par leur intelligence, donneront plus d'espérance, y soient compris. Cependant, pour cette admission, la commission ne pourra intervertir l'ordre de mérite dans lequel les candidats auront été présentés par leurs examinateurs respectifs.

» XIII. Les élèves appelés par la commission se rendront à Paris avant le 10 frimaire prochain.

» Ils recevront pour ce voyage le traitement des militaires isolés en route, comme canonniers de première classe, conformément au décret du 2 thermidor.

» XIV. A compter du jour de leur arrivée, ils jouiront du traitement de 1,200 livres par an, pour tout le temps qu'ils resteront à l'école.

» Dans aucun cas ce temps ne pourra se prolonger de plus d'un an au-delà des trois années nécessaires au cours ordinaire des études.

» XV. Les élèves, après ce temps d'étude, seront employés aux fonctions d'ingénieurs pour les différents genres de travaux publics, d'après la capacité et l'aptitude qu'ils auront montrées.

» Ceux qui n'auront pas acquis les connaissances suffisantes retourneront chez eux, et cesseront de recevoir le traitement.

» XVI. Le comité de salut public est cependant autorisé à tirer de l'école les élèves qui pourraient être employés utilement pour la République, lorsque les besoins du service l'exigeront.

» XVII. La commission des travaux publics, sous l'autorité de laquelle l'école centrale est placée, est chargée de l'exécution de toutes les mesures de détail nécessaires pour achever l'établissement et la parfaite organisation de cette école; et elle les soumettra à l'approbation des comités de salut public, d'instruction publique et des travaux publics, réunis. »

### SÉANCE DU 8 VENDÉMIAIRE.

OUDOT: Vous avez déjà décidé que les commissaires et entrepreneurs de roulage n'étaient point assujettis à faire de déclaration ni d'affiche des marchandises qui sont déposées momentanément chez eux, et qui n'y sont que pour être envoyées à leur destination.

Vous avez décidé cette question, le 5 fructidor, sur la pétition de François Edeline, en cassant un jugement qui condamne ce particulier à la peine de fers.

Il y a cependant des autorités constituées qui semblent vouloir étendre encore les dispositions de la loi du 12 germinal aux rouliers et aux entrepreneurs de messageries.

Le 6 prairial dernier il y a eu un procès-verbal de saisie fait, par les commissaires aux accaparements de la section des Amis de la Patrie, chez le citoyen Bricard fils, commissionnaire pour le roulage, sous prétexte de défaut de déclaration et d'affiche.

Ce citoyen se pourvoit à la Convention pour faire prononcer la cassation de cette saisie.

Nous avons pensé que, dans l'ordre hiérarchique, c'était au directeur du juré d'accusation à casser un semblable procès-verbal.

Nous avons donc cru qu'il n'y avait lieu à délibérer sur cette pétition.

Cependant, pour qu'à l'avenir on ne saisisse point les marchandises qui sont expédiées, et qu'on n'entrave pas ainsi le commerce, nous avons cru qu'il fallait déclarer, par un article précis, que les citoyens qui font le roulage ne sont pas compris, pour les marchandises qu'ils ont en transit, dans la loi du 12 germinal, parmi ceux qui sont assujettis à la déclaration et à l'affiche.

Voici le projet de décret :

« La Convention nationale, après avoir entendu le rapport de son comité de législation sur la lettre de la commission du commerce et approvisionnement de la République, relative à la pétition d'Antoine-François Bricard, entrepreneur et commissionnaire de roulage, qui se plaint de ce que le commissaire aux accaparements de la section des Amis de la Patrie a fait une saisie de différentes marchandises adressées chez lui pour les faire parvenir à leur destination, sous prétexte qu'il n'en avait point fait de déclaration, conformément à la loi du 12 germinal;

» Considérant que les entrepreneurs des messageries, les commissionnaires qui font le roulage, ne sont point assujettis à la déclaration et à l'affiche prescrites par la loi du 12 germinal, pour les marchandises qu'ils expédient, mais qu'il est nécessaire de ne laisser aucun doute sur ce point;

» Considérant d'ailleurs que, dans l'ordre hiérarchique des pouvoirs, c'est au directeur du juré d'accusation à casser une saisie qui aurait été faite sans être fondée sur une disposition précise de la loi, décrète :

» Art. Ier. Il n'y a pas lieu à délibérer sur la pétition d'Antoine-François Bricard.

» II. Les commissaires et entrepreneurs du roulage ne sont point compris dans la loi du 12 germinal parmi ceux qui sont assujettis à faire la déclaration et l'affiche des marchandises déposées chez eux en transit. »

Ce décret est adopté.

Le citoyen Susanne et la citoyenne Letellier, veuve Banastre, résidants ordinairement à Rouen, et retirés à Montagne-du-Bon-Air, en exécution de la loi des 25 et 27 germinal, comptaient faire prononcer leur mariage, dont la publication a été faite à Rouen; mais l'officier public de cette dernière commune n'a pas voulu faire ce mariage, sans attendre qu'ils eussent acquis une nouvelle résidence.

Les pétitionnaires demandent dans quel lieu ils doivent conclure leur mariage.

Abraham Vanbonn, née à Amsterdam, demeurante à Paris, a présenté une pétition qui a le même objet. Il y a encore un grand nombre d'individus qui sont dans ce cas; et, pour éviter d'occuper l'assemblée de toutes les réclamations particulières, votre comité vous propose le projet de décret suivant:

« La Convention nationale, après avoir entendu le rapport de son comité de législation, décrète ce qui suit :

» Art. Ier. Les comités de surveillance de Paris et des places frontières et maritimes pourront autoriser les personnes qui en sont sorties, en exécution de la loi du 27 germinal à y rentrer pour faire prononcer leur mariage ou leur divorce, lorsqu'elles justifieront, par un certificat de la municipalité du lieu où elles ont demeuré depuis cette loi, qu'elles n'y ont occasionné aucun trouble.

» II. Ces personnes seront tenues de justifier aux comités de surveillance que l'objet de leur rentrée est de faire prononcer leur mariage ou leur divorce, et seront obligées de sortir desdites communes et places dans le jour qui suivra leur mariage ou leur divorce. »

Ce décret est adopté.

Le citoyen Valton a été pendant 25 ans comme homme de service chez un ci-devant secrétaire du tyran, nommé Paul Boucher, qui est mort sans lui laisser de récompense.

Saint-Moris, ci-devant conseiller au parlement, a fait en 1780 une pension rémunérative de 547 livres à Valton pour les services rendus à son oncle.

Saint-Moris est émigré, et le département de Paris a refusé d'en payer les arrérages, sous le prétexte que l'acte de constitution de pension, quoique authentique, n'avait point été insinué, conformément à l'ordonnance de 1731.

Cette loi déclare en effet nulles les donations qui n'auront pas été insinuées dans les 4 mois ou pendant la vie du donataire.

Saint-Moris étant plus jeune que Valton, celui-ci s'est cru dispensé de faire remplir la formalité de l'insinuation; il a touché jusqu'à l'émigration de Saint-Moris les arrérages de cette pension.

Mais le département ne voulant pas liquider cette pension, ni reconnaître la validité de l'acte, Valton s'est pourvu à la Convention.

Sa pétition a essuyé plusieurs renvois de comités à d'autres. Nous ne croyons pas devoir faire plus longtemps attendre au pétitionnaire la justice qui lui est due.

Il est plus que sexagénaire, il est estropié, il n'a que cette pension pour vivre avec sa femme; il lui est dû plusieurs années d'arrérages, et il a fait plusieurs voyages longs et pénibles pour terminer cette affaire.

Ce serait une mauvaise objection à lui opposer que de prétendre que Saint-Moris est mort civilement, et qu'aux termes des anciennes lois Valton ne peut plus être admis à faire insinuer son acte. Elle serait même injuste, si l'on considère que la nation regarde les émigrés comme vivants pendant 50 ans, et qu'elle profite de toutes les successions qui lui arrivent pendant cet espace de temps. La Convention ne peut donc les considérer comme morts, lorsqu'il s'agit de payer des dettes légitimes. Ici il ne peut y avoir soupçon de fraude puisque l'acte est notarié; il est fait en 1780, fraude et pour cause rémunératoire.

La loi du 28 mars porte que les dispositions, les pensions rémunératoires, faites en faveur des instituteurs, nourrices, domestiques, pour service antérieur au 9 février 1792, sont confirmées.

Votre comité a cru, d'après cette loi, que vous n'hésiteriez pas à adopter le projet de décret suivant :

« La Convention nationale, après avoir entendu le rapport de son comité de législation sur la pétition du citoyen Valton, tendante à réclamer une pension qui lui a été constituée par l'émigré Saint-Moris;

» Considérant que cette pension a pour cause 21 ans de services rendus par le pétitionnaire à un parent du même Saint-Moris, dont celui-ci était héritier, confirme l'acte de constitution de pension créée au profit du citoyen Valton, le 21 juillet 1780, quoique cet acte n'ait point été inscrit, conformément aux anciennes lois; ordonne en conséquence que les arrérages échus lui en seront payés sur-le-champ. »

*Le présent décret ne sera point imprimé.*

Ce projet est adopté.

MAREY : C'est avec autant de surprise que d'indignation que je trouve mon nom porté sur la liste des émigrés, dont vous avez ordonné l'impression et la distribution à tous les membres de la Convention.

Je n'examinerai pas si cette erreur est l'effet de la malveillance ou d'une simple méprise ; mais, comme il est bien constant que je n'ai émigré que du département de la Côte-d'Or, qui m'a député à la Convention à Paris, où mes fonctions m'ont fixé jusqu'à ce jour, et qu'il n'est sûrement pas dans l'intention de la représentation nationale de laisser plus longtemps un de ses membres signalé comme un lâche et un traître envers la patrie, je demande que la Convention veuille bien décréter à l'instant que mon nom sera rayé de la liste des émigrés, ou simplement renvoyer ma proposition au comité de législation, qui est chargé de tout ce qui concerne les émigrés.

La Convention décrète la radiation du nom du citoyen Marey de la liste des émigrés, charge son comité de législation de l'examen de la conduite des administrateurs qui ont envoyé la liste.

On donne lecture d'une lettre du représentant du peuple, à Rouen, qui annonce que le général Tuncq, mis en liberté après une longue détention, s'était, aux termes de la loi qui ordonne aux officiers destitués de se retirer à vingt lieues de Paris, réfugié avec sa femme et ses enfants dans la chaumière de sa mère. Une modique rente de 400 liv., que possède cette mère, était la seule ressource de toute cette famille. Tuncq vient d'être obligé de quitter cette retraite, parce que la municipalité lui a prouvé qu'elle n'était distante de Paris que de dix-huit lieues et demie. Ce brave militaire, qui a rendu de si grands services dans la Vendée, est maintenant en proie à tous les besoins, sans asile et sans ressources.

THIBAULT : J'ai vu hier le général Tuncq ; il n'est pas un républicain qui ne gémisse sur l'état malheureux où il se trouve. Il n'a rien, il est chassé de partout. Il porte la probité peinte sur sa figure. Tout le monde sait qu'on le destitua pour mettre Rossignol à sa place, et jamais on n'a articulé un fait contre lui. Je demande le renvoi de la lettre au comité de salut public, qui donnera, s'il est possible, de l'emploi à ce malheureux défenseur de la patrie.

N*** : On n'a conservé, dans la Vendée, que les généraux qui y ont commis le plus de scélératesses ; ceux qui jouissaient des femmes après qu'elles étaient mortes ; ceux qui les envoyaient à la mort après en avoir joui ; ceux qui faisaient fusiller quand on venait leur demander justice. Il est temps de dire la vérité : la guerre de la Vendée n'a été rallumée que par les horreurs qu'on a commises dans ce pays. Il faut prendre des moyens de terminer cette guerre, qui affamera Paris si l'on n'y prend garde, car ces départements dévastés, qui pourraient fournir chaque décade 1,500 bœufs gras à la commune de Paris, ne lui fournissent rien.

Il est bon que vous sachiez, citoyens, qu'un représentant du peuple, après avoir promis une amnistie aux habitants de ce pays, s'ils déposaient leurs armes, les a fait fusiller lorsqu'ils ont été désarmés. (On frémit d'horreur.) C'est Carrier. On lui amena une femme qui peut-être était coupable, je n'en sais rien; elle fut fusillée. Cette femme avait deux enfants, l'un âgé de 3 ans, et l'autre de 20 mois; lorsqu'elle fut morte on examina ce qu'on ferait de ses enfants. Si on les laisse vivre, dit-on, ils se souviendront du traitement qu'a éprouvé leur mère, ce seront des serpents que la République nourrira dans son sein : qu'ils périssent... (L'indignation augmente.) On m'a traité de contre-révolutionnaire, de protecteur des brigands, parce que je voulais empêcher la continuation d'une guerre qui affamera Paris, d'une guerre qu'on aurait pu finir en un mois si l'on eût voulu; mais, lorsqu'on voyait qu'un général marchait droit au but, on le destituait sur le champ de bataille. Examinez la conduite de tous ceux qui ont dirigé cette guerre, et vous verrez que la plupart sont coupables.

CARRIER : Je n'ignore pas les calomnies que de vils pamphlétaires ont répandues sur mon compte, et je m'apprête à y répondre par un mémoire que je vais livrer à l'impression, et qui contient le compte exact de ma conduite et des arrêtés que j'ai pris avec plus de vingt de mes collègues, qui tous ont été témoins de mes actions dans la Vendée. Si vous voulez me permettre de prendre la parole sur-le-champ, je vous prouverai que j'avais terminé la guerre de la Vendée (murmures), et toute l'armée vous attestera qu'il n'y avait plus que 300 brigands lorsque je la quittai. J'en appelle à mon collègue Merlin. Qu'il dise si plus de vingt communes ne sont pas venues à Montaigu, où nous étions, si je ne les ai pas traitées avec toute la douceur fraternelle, et si je ne leur ai pas fait délivrer du pain et du vin.

On parle d'une femme qui est venue chez moi et que j'ai fait périr. Si le fait est prouvé, je porte ma tête sur l'échafaud.

UNE VOIX : On en prouvera bien d'autres.

CARRIER : J'ai donné appui et protection aux communes quand elles venaient se rendre ; mais ensuite, quand nos soldats pénétraient en petit nombre dans ces communes, elles les égorgeaient.

Lorsque la division du Nord est venue dans la Vendée, je lui avais ordonné de se porter sur l'armée de Charette ; au lieu de cela elle marcha sur plusieurs communes qui ne remuaient pas. Il y a huit mois qu'il n'y avait pas de chouans, et qu'il n'y avait pas plus de 300 brigands; et aujourd'hui il y en a plus de 30,000 qui ont égorgé tout un bataillon de Paris.

LECOINTRE : Que Carrier livre son mémoire à l'impression, et qu'il ne nous fasse pas de ces images.....

PLUSIEURS VOIX : Non, non.

CARRIER : Nous avions un petit camp à la Rivière, à une petite lieue de Nantes ; depuis peu de jours les brigands sont tombés sur ce camp et sur un hôpital voisin, et ils ont tout massacré. Ils sont maintenant aux portes de Nantes. Ils s'étendent sur un espace de soixante lieues de longueur sur quatre de largeur. Tous les jours on égorge dans ce pays, les voyageurs y sont attaqués. La ville de Monperlet a été entièrement massacrée.

Quant aux différents faits qu'on m'oppose, je défie qu'on prouve l'existence d'ordres de ma part. Que dira-t-on quand on verra des arrêtés précisément contraires?

Il est vrai que des brigands ont péri dans la Loire, mais ce fut lorsqu'ils voulurent la passer à Ancenis. Nos chaloupes canonnières ont brisé leurs radeaux et leurs toues, et ils sont tombés plus de 6,000 dans la Loire.

Il arriva encore la même chose lorsqu'ils voulurent passer cette rivière au-dessous de Nantes, car les mesures que j'ai prises les empêchèrent de pénétrer dans le Morbihan.

Quant aux enfants, il existe un arrêté signé de Bouchotte, Turreau et de moi, qui défend de les traduire en jugement, et ordonne de les livrer aux bons citoyens qui voudront s'en charger. Il y en a beaucoup dans les différents hôpitaux de Nantes, quoiqu'il en soit mort aussi une grande quantité, car il régnait parmi eux une maladie semblable à celle qui a fait périr tant de Prussiens dans les plaines de la Champagne; maladie dont notre collègue Prieur a lui-même failli mourir.

On verra dans mon mémoire comment je repousse les inculpations qui me sont faites, et quels sont les services que j'ai rendus, car c'est moi qui ai empêché la prise de Granville et d'Angers, en y envoyant en toute diligence les munitions et les choses dont ces deux places manquaient pour se défendre.

MERLIN (de Thionville) : Je dois répondre à l'interpellation qui m'a été faite. Lorsque j'étais à Montaigu, et que certains généraux dont les brigandages sont connus parvinrent, par leurs intrigues avec Bouchotte, à faire destituer ceux qui servaient bien la patrie, Carrier arriva. Il vit une vingtaine de communes que j'avais ramenées au giron de la République; elles m'avaient promis de ne plus suivre les brigands, s'ils venaient pour les faire marcher. Je fus rappelé aussitôt après l'affaire d'Ancenis, et ces hommes qui avaient tenu leur promesse et qui avaient même combattu les brigands avec l'armée de la République, ont été égorgés par elle. Je ne sais par quel ordre, mais je sais que si j'avais été député près de cette armée, ou même dans un département voisin, on n'aurait pas égorgé impunément sous mes yeux, quoique je n'eusse pas signé l'arrêté qui accordait une amnistie.

Le tableau que Carrier vient de vous faire est exagéré. Je sais que la Vendée se grossit de tous les hommes à qui l'on fait craindre le retour du système de Robespierre; mais je sais aussi que le comité de salut public, bien instruit, prend des mesures pour terminer bientôt cette guerre, qui ne sont pas alarmantes pour la liberté. (Applaudissements.) La liberté planera bientôt sur toutes les têtes, pour la consolation du peuple et l'effroi des coupables.

DUROY : J'étais dernièrement au comité de salut public, Carrier s'y présenta et manifesta une grande indignation des bruits qu'on répandait contre lui; il instruisit le comité qu'il allait faire imprimer un compte de sa conduite, compte dans lequel il se proposait de faire un tableau de l'état actuel des départements de l'Ouest, et de démontrer que cette guerre devait causer des alarmes, d'après les rapports sûrs qu'il avait reçus. Il consultait le comité sur ce qu'il devait faire à cet égard; le comité, qui était sûrement aussi bien instruit que Carrier, lui répondit que les rapports qui lui étaient faits n'étaient pas de nature a causer de si grandes inquiétudes. Je dis à Carrier : L'état actuel de la Vendée n'a rien de commun avec l'état du temps où tu y étais; occupe-toi seulement de démontrer ton innocence, et ne te mêle de rien de plus. Carrier parut se rendre à cet avis, et je suis étrangement étonné qu'au lieu de répondre aux faits graves qu'on lui reproche, il ait dit des choses dont il ne devait pas s'occuper, et qui peuvent répandre des inquiétudes. S'il y avait eu quelque chose à craindre, le comité de salut public n'eût pas manqué de vous en faire part.

CARRIER : J'ai promis de me justifier complétement. Je déclare qu'il n'est jamais venu chez moi ni femme ni enfants de brigands, et j'ai toujours défendu qu'on mît en jugement les jeunes brigands de 12 à 14 ans.

N*** : L'état de la Vendée n'est point alarmant pour la République; mais des hommes couverts de sang, des hommes dont les crimes sont restés impunis, ont organisé la guerre de la Vendée. Le premier de ces hommes est Turreau, général en chef. Il y a un an que Laignelot et Lequinio avaient réduit les brigands à 300 hommes. Charette était abandonné de tous les cultivateurs, et il n'avait plus que quelques prêtres et quelques nobles. A cette époque, Turreau divisa l'armée en douze colonnes, qui, au lieu de poursuivre les restes de l'armée de Charette, ont pénétré dans le pays sur douze points différents, et ont égorgé les malheureux qui étaient dans leurs foyers ou qui cultivaient leurs champs. Le pillage fut la récompense de ces troupes, parmi lesquelles il y en avait beaucoup de l'armée révolutionnaire.

Sous les yeux de quels représentants pensez-vous que tout cela se passait? On fait beaucoup de reproches à Hentz et à Francastel. On souffrait que les soldats missent au bout de leurs baïonnettes des enfants d'un ou deux mois. (On frémit d'horreur.)

Il faut rendre justice à quelques-uns de nos collègues; ils avaient très sagement ordonné qu'on transportât les grains sur les derrières de l'armée. Carrier était alors à Nantes. Les chefs des divisions faisaient prendre toutes les voitures et tous les chevaux du pays où ils pénétraient, et ils voulaient ensuite forcer les habitants à transporter les grains sur les derrières de l'armée. Ces malheureux ne pouvaient point obéir, puisqu'ils n'avaient plus ni voitures ni chevaux : alors on faisait brûler les grains, et fusiller les officiers municipaux en écharpe. (Mouvement d'horreur.) Carrier était rentré dans la Convention à cette époque, et il n'y avait plus alors à l'armée que Turreau, Hentz et Francastel. Ces deux derniers approuvèrent la conduite du général Turreau.

Vous vous rappelez, citoyens, que celui-ci vous écrivit que deux ou trois colonnes avaient tué cinq ou six mille brigands; savez-vous comment cela se fit? Le voici : On avait ordonné à plusieurs communes de se réunir sur un seul point, et lorsqu'elles furent rassemblées Turreau fit fusiller sans distinction d'âge ni de sexe. (L'Assemblée manifeste la plus grande indignation.)

Il n'entre pas dans ma pensée d'inculper mes collègues; mais je dis que plusieurs ont été trompés; je l'ai dit au comité de salut public; il ne m'a pas écouté. . . .

PLUSIEURS VOIX : Il n'écoutait personne.

LE MÊME MEMBRE : Des membres ont même eu l'imprudence de m'appeler protecteur des brigands. . .

PLUSIEURS VOIX : Nommez-les.

LE MÊME MEMBRE : Ils ne sont pas ici. J'en appelle à Carnot, qui dira qu'ils m'ont traité d'imposteur et de modéré.

Aujourd'hui l'on se trompe encore sur l'état de la Vendée. Les brigands actuels ne sont que des gens sans aveu. Les cultivateurs nous tendent les bras de toutes parts : ces malheureux marchent quelquefois, mais ce n'est que lorsqu'ils y sont forcés par les brigands, qui leur mettent le pistolet sous la gorge. Le véritable noyau de l'armée catholique actuelle est composé de prêtres, de nobles, de faux-sauniers, de héros de 500 livres, qui y sont passés avec les déserteurs, que Carra avait formés en compagnies, pour combattre les brigands. Ce noyau de trois à quatre mille hommes ne fait marcher les cultivateurs qu'avec beaucoup de peine, et ceux-ci se cachent la nuit dans les bois pour leur échapper.

Le comité de salut public a pris des mesures sages pour terminer cette guerre, et j'espère qu'avant peu nous en verrons la fin.

Je demande que le comité nous donne les noms de tous les chefs qui commandent dans la Vendée, et l'on verra quelle est la conduite qu'ils y ont tenue; vous verrez parmi eux un nommé Huchet, qui a violé, massacré et fait fusiller les femmes, après en avoir joui.

LAIGNELOT : On est heureux de pouvoir soulager son cœur, lorsqu'il est navré par le souvenir de tant d'abominations et de cruautés. Je connais la guerre de la Vendée; je sais quels en ont été tous les ressorts. Lorsque j'étais à Rochefort, avec mon collègue Lequinio, on vous disait ici que la Vendée n'existait plus, tandis qu'elle était alors de la plus grande force. C'est peut-être un trait de génie des Vendéens que d'avoir traversé la Loire au nombre de 60 mille hommes, tandis qu'ils laissaient encore une nombreuse armée dans le Marais. A cette époque les Anglais devaient faire une descente à Port-Malo, et les brigands leur auraient donné la main.

On m'envoya dans ce temps à la Vendée; on faisait alors le siège de Noirmoutiers, et Carrier était à Nantes. Je vis les manœuvres qu'on employait pour accroître cette guerre et pour la perpétuer. On affectait de répandre qu'on transplanterait tous les habitants de ce pays, et qu'on partagerait leurs terres à d'autres. Je connaissais dans la Vendée des hommes vraiment patriotes qu'on a ainsi réduits au désespoir. Je ne pouvais concevoir pourquoi on laissait exister ce chancre politique; je le dis à Barrère qui me répondit : On nous prête une bien monstrueuse politique.

UNE VOIX : Cela me fut dit aussi par Saint-Just.

LAIGNELOT : Je parlai dans la société populaire de Fontenay-le-Peuple ; je ramenai tous les hommes qu'on avait égarés, et je les disposai à marcher contre Charette. Alors la Vendée était éteinte. Je reçus l'ordre de me rendre à Brest ; je passai par les Sables, et lorsque je fus à Challans j'appris que Charette était à Machecoul. Par une fausse manœuvre, on avait dégarni ce côté, et on lui avait ainsi permis l'entrée de cette ville, où il égorgea beaucoup de patriotes. Enfin on emporta Noirmoutiers. Charette fut attaqué dans Machecoul et il y fut battu. Son armée n'était plus composée alors que de 700 femmes et 2,500 hommes qui n'avaient ni fusils, ni canons, ni munitions; ils ne tiraient que quelques coups de fusil en marchant pour tâcher d'opérer, non pas leur retraite, mais leur fuite. Sur la route de Machecoul je rencontrai une colonne de 10,000 hommes qui venaient de l'armée du Nord, et qui brûlaient du désir d'aller exterminer les restes de l'armée de Charette qui était près de rendre le dernier soupir. Au lieu de cela, on lui fit prendre une autre marche.

Je partis pour Brest, et je conservai encore des correspondances dans la Vendée. Elles m'apprirent que les habitants se plaignaient de Carrier. Il envoyait chercher dans les campagnes des grains pour alimenter Nantes. Ses commissaires se conduisaient d'une manière très dure, et ils répétaient aux habitants que Carrier avait dit qu'il ne devait pas y avoir un grain de blé là où il ne devait pas exister un homme. Ces commissaires ont signé ce fait, et je l'ai écrit chez moi. De là le soulèvement des habitants de ce pays; de là l'accroissement de la guerre, de là enfin sa continuation.

Je revins à Paris avec mon collègue Lequinio. Le comité de salut public nous demanda des moyens de terminer cette guerre; nous lui dîmes qu'il fallait y envoyer des représentants sévères, mais justes et humains; qu'il ne fallait pas toujours tuer, mais éclairer. Carnot nous dit : Cela est dans mon cœur, mais Hentz et Francastel, qui sont à Nantes, pensent qu'il faut brûler et dévaster, et qu'il n'y a pas d'autre moyen de détruire la Vendée. Nous offrîmes, Lequinio et moi, d'aller là, de parler à ce peuple et de lui faire entendre la justice de la cause contre laquelle on l'avait prévenu.

Pendant que le comité était en suspens pour le parti qu'il devait prendre, il arriva un courrier qui annonça que les représentants du peuple avaient ordonné le brûlement de soixante communes; et ces soixante communes sont peut-être les plus patriotes de toute la République : ce sont celles qui sont situées dans le Marais, qui s'étend depuis Fontenay-le-Peuple jusqu'aux Sables, et jamais ces hommes-là n'ont souffert un brigand chez eux. Le comité indigné expédia aussitôt un courrier à Nantes, pour suspendre l'exécution de l'arrêté des représentants ; mais le courrier arriva trop tard, on avait déjà brûlé deux communes et 60 tonneaux de grains. Eh bien, ces braves gens qu'on assassinait ainsi, qu'on brûlait, qu'on pillait, dont on violait les femmes, disaient : Ce n'est pas la Convention qui ordonne tout cela. (Vifs applaudissements.) Nous ne pouvons pas le croire. Nous voulons vivre et mourir républicains, ajoutaient-ils. Ils se sont retirés dans les bois et s'y sont bâti des cabanes, en attendant que leurs maisons fussent rétablies.

Hentz et Francastel arrivèrent alors à Paris, et me dirent qu'il n'existait plus de Vendée. — Pourquoi y a-t-il encore une armée de 80,000 hommes? répondis-je. Le comité m'envoyait contre les chouans; Francastel assura qu'il n'y en avait plus, et me dit : Tu verras à Nantes notre collègue Prieur, qui te dira la même chose que nous. Je ne fus pas à Nantes, et je ne sus pas comment pensait Prieur; mais je trouvai dans la chouanerie une guerre très ardente, très bien organisée, une guerre qui avait des ramifications dans la Mayenne, dans la Sarthe et dans tous les départements voisins; enfin une guerre soudoyée par le gouvernement anglais, ainsi que nous l'a appris le portefeuille trouvé de Puisay, l'un des généraux rebelles. J'ai eu le bonheur de couper tous ces fils, mais je n'ai point eu assez de troupes pour empêcher qu'il y eût des patriotes égorgés.

On a dit que Dubois-Crancé avait organisé la guerre civile dans ce pays, et moi j'atteste que si Dubois-Crancé n'y fût point passé vous auriez eu à soutenir une guerre très active, une guerre qui se serait alimentée de tous les jeunes gens de la première réquisition que Dubois-Crancé a fait partir au nombre de 40,000. (On applaudit.)

Robespierre avait des intelligences partout; il donnait des places pour tuer les patriotes. Nous avons trouvé un papier qui disait : Il arrivera ce mois-ci un événement extraordinaire, les Anglais tenteront une descente, les brigands se porteront à Nantes, dans le Morbihan; en effet Robespierre tâcha d'exécuter son dessein criminel, mais il fut écrasé, et le même jour, 9 thermidor, les brigands se lèvent partout, et partout ils sont battus.

Je vous assure qu'avec 15,000 hommes de bonnes troupes vous verrez bientôt la fin de la Vendée : envoyez-y avec cela des hommes probes, vertueux et humains; des hommes qui ne se laissent ni égarer, ni corrompre, et vous serez bientôt exempts de toute inquiétude. Robespierre tenait dans sa main toutes les sociétés populaires, car ce sont toujours quelques intrigants qui les mènent partout; et lorsqu'un représentant arrivait dans une ville il allait dans la société populaire, et lui demandait de lui indiquer des hommes probes en qui il pût placer sa confiance : on lui donnait des intrigants, des fripons, des gens qui ont commis les plus grandes atrocités. Le peuple savait tout cela, mais le peuple n'avait pas la force de parler et d'éclairer son représentant sur les choix qu'on lui faisait faire. Il faudrait aussi renouveler entièrement toutes les autorités constituées de ce pays, car elles ne sont composées que de brigands, de voleurs, d'intrigants, qui ont aussi usurpé la confiance. Il faut enfin mettre la justice à l'ordre du jour dans ces contrées ; si vous ne prenez ce parti, vous n'en finirez jamais. (On applaudit.)

CARNOT : D'après l'explication que vient de donner Laignelot, je n'ai qu'un mot à ajouter sur ce que dit Maignet. Deux systèmes ont été proposés au comité de salut public ; le premier, de terminer la guerre de la Vendée par la force des armes ; le second, d'employer la douceur pour ramener les esprits, et c'était le mien. Ç'a toujours été avec douleur que j'ai soutenu, vis-à-vis de mes collègues qui venaient me parler de la Vendée et des moyens de finir cette guerre, une opinion contraire à la mienne ; mais c'était celle de la majorité du comité. J'ai plusieurs fois tenté de faire changer de système au comité, mais inutilement. Il est un autre fait. Le général Huchet fut dénoncé au comité de salut public pour des cruautés qu'il avait exercées dans la Vendée ; et par suite de cette dénonciation mis en état d'arrestation : arrivé au comité de salut public, Robespierre le défendit, et il fut renvoyé à l'armée avec un grade supérieur, que je fus obligé de signer, malgré mon opposition.

Tout le monde connaît la haine que me portaient Robespierre et Saint-Just : après leur chute, je fis adopter au comité des mesures moins rigoureuses, la députation de la Vendée peut l'attester. Ce fut moi qui fis marcher 10,000 hommes bien disciplinés de l'armée du Nord ; ce moyen me parut nécessaire pour terminer cette malheureuse guerre.

MERLIN (de Thionville) : Tant que le plan de Carnot a été suivi, nous avons été victorieux dans la Vendée ; quand on a tué et volé, nous avons été battus.

CARNOT : Je dois dire, pour tranquilliser la République sur les suites de cette guerre, que des représentants du peuple, envoyés dans la Vendée, sont chargés de mettre à exécution les arrêtés du comité de salut public, et que la guerre touche à sa fin. Il y a dans la Vendée 60,000 hommes, c'est plus qu'il ne faut pour détruire les brigands ; dans l'armée des côtes de Brest, 73,000 hommes empêchent les Anglais de faire une descente sur notre territoire ; 18 mille hommes composent l'armée des côtes de Cherbourg : au reste, le meilleur moyen de finir cette guerre est peut-être la discussion qui vient d'avoir lieu, car elle prouve à la France que la justice est vraiment à l'ordre du jour dans la Convention nationale.

DUQUESNOY : Non seulement le général dont a parlé Carnot était soutenu au comité de salut public, mais Turreau l'était aussi ; lorsque nous le dénonçâmes, Robespierre le défendit. Cependant il est la seule cause de la retraite des bons généraux, qui, disaient-ils, ne voulaient pas combattre avec un coquin.

On demande, de toutes parts, l'arrestation du général Turreau.

(La suite à demain.)

---

TRIBUNAL CRIMINEL RÉVOLUTIONNAIRE.

*Précis de la séance de la 4e sans-culottide.*

E.-L. Guy-Chatenay-Lanty, âgé de 47 ans, né à Essarois, ex-noble, ex-capitaine de dragons, ex-constituant, vivant de son bien à Châtillon-sur-Seine, département de la Côte-d'Or, paraît au tribunal.

Il est accusé d'avoir provoqué par ses écrits, et notamment par une lettre missive, la dissolution de la représentation nationale, et l'avilissement des autorités constituées.

Après quelques interpellations faites à l'accusé, des témoins sont entendus à sa décharge. Les citoyens Roussel, Alquier et Guimberteau, tous trois représentants du peuple, font leurs déclarations.

Roussel rend hommage aux vertus morales de l'accusé. Premier instituteur de ses enfants, il leur inspira toujours cette sensibilité compatissante pour l'infortune, cette bienveillance fraternelle pour leurs semblables qui font une partie des devoirs du républicain. Ces leçons n'étaient pas infructueuses, et la conduite des enfants de Chatenay atteste la moralité de leur père. Roussel a ajouté que Chatenay depuis longtemps despectait la classe nobiliaire.

Alquier déclare que, pendant l'assemblée constituante, Chatenay a toujours voté pour le peuple.

Guimberteau affirme qu'il a toujours vu l'accusé professer les bons principes.

Plusieurs autres citoyens rendent le témoignage le plus favorable aux vertus de l'accusé ; ils retracent à son égard une foule de traits de patriotisme, d'humanité et de bienfaisance : il fut toujours reconnu bon père, bon époux, constamment soumis à la loi, faisant régner dans sa maison la décence et les bonnes mœurs.

Malgré la sévérité de son ministère, le substitut de l'accusateur public, loin d'accuser Chatenay, prend au contraire sa défense.

RÉAL, défenseur : J'avais préparé une discussion sévère dans laquelle j'aurais démontré jusqu'à l'évidence que la lettre qui fait la base de l'accusation est forte en principes. J'aurais démontré que l'âme brûlante et sensible de Fénelon l'a dictée ; j'aurais prouvé que les motifs les plus purs, les plus patriotiques l'ont fait écrire ; je vous aurais appris que les principes qu'elle renferme, loin d'avoir occasionné le moindre mal, ont au contraire été solennellement adoptés par un arrêté qui rapporte celui critiqué par la lettre ; mais que pourrais-je dire après l'éloquent plaidoyer de l'accusateur public ?

J'ajouterai du moins quelques fleurs à la couronne d'innocence que le tribunal prépare à l'accusé en lisant le certificat qui m'a été délivré par la commune qu'il habite. (Réal fait lecture du certificat dans lequel on voit le tableau de toutes les vertus civiques et morales qui constituent l'homme de bien.) Je ne vous remettrai pas sous les yeux le détail des vertus d'humanité qui ont ému vos âmes. Les témoins l'ont fait ; mais un témoin qui ne paraît pas dans cette salle, c'est le vieillard infirme et pauvre que l'accusé avait retiré chez lui, et qui expire en le bénissant. Son ombre erre dans ces lieux, elle dépose pour lui dans vos cœurs.

Vous parlerai-je de la famille de l'accusé, de son épouse adorée, dont il ne s'est séparé qu'une seule fois, pour aller en prison ? malade depuis 3 ans, la captivité de son mari l'a conduite aux portes du tombeau ; ses enfants, il les a formés lui-même à toutes les vertus républicaines ; que ne puis-je mettre sous vos yeux leur déchirante correspondance, ce sont des hymnes à la Liberté, à toutes les vertus !

Hâtez-vous, citoyens jurés, de rendre un bienfaiteur à ses concitoyens ; à une famille vertueuse et désolée, la consolation et le bonheur.

La déclaration du jury portant qu'il n'est pas constant qu'il ait existé des écrits, notamment une lettre missive du 1er avril 1792, tendant à provoquer la dissolution de la représentation nationale, l'avilissement des autorités constituées, et la résistance aux lois et arrêtés les plus utiles à l'intérêt général, le citoyen Chatenay-Lanty est acquitté et mis en liberté, au milieu des applaudissements et des témoignages unanimes de la plus vive satisfaction.

J. Anglade, âgé de 35 ans, né et demeurant à Mongeron, département de Seine-et-Oise, conducteur de vaches, convaincu d'avoir tenu des propos tendant au rétablissement de la royauté, mais ne les ayant pas tenus avec des intentions contre-révolutionnaires, est aussi acquitté ; il sera détenu comme suspect.

---

PAIEMENTS A LA TRÉSORERIE NATIONALE.

Le paiement du perpétuel est ouvert pour les six premiers mois ; il sera fait à tous ceux qui seront porteurs d'inscriptions au grand livre. Celui pour les rentes viagères est de huit mois 21 jours de l'année 1793, vieux style.

# GAZETTE NATIONALE ou LE MONITEUR UNIVERSEL.

N° 12.    *Duodi* 12 Vendémiaire, *l'an* 3°. (*Vendredi* 3 Octobre 1794, *vieux style.*)

## POLITIQUE.

### ANGLETERRE.

*Londres, du* 20 *août au* 16 *septembre.* — Beaucoup de bâtiments anglais et hollandais qui se proposaient de faire, au banc de Terre-Neuve, une excellente pêche de morue et de la vendre aux Espagnols et aux Italiens, grands *carémistes*, ont été contraints de rentrer sans avoir rien fait, parce qu'ils ont trouvé dans les parages du banc force frégates et corsaires français qui auraient plus que dîmé sur la pêche. Cette prophétie n'est pas aventurée, car il vient de paraître un état comparatif des bâtiments pris par les alliés depuis le commencement de la guerre, et de ceux pris par les Français : la balance en faveur de ces derniers est de 276.

Encore un rassemblement du peuple : ce dernier a eu lieu le 24 aux environs de Boston. La cavalerie ne l'a pas précisément dissipé ; le peuple a bien voulu ne pas agir ; il pourrait bien en être la victime, car un papier ministériel le menace de l'arrivée de quatre régiments de dragons pour lui faire trouver bonne la manière infâme dont se conduisent les recruteurs, que ce peuple, dans sa juste indignation, appelle *vendeurs de chair humaine*, par un sentiment plus juste des choses. Le duc de Portland, secrétaire d'état, ou plutôt secrétaire de M. Dundas, écrit de belles lettres pour déterminer les paroisses de Westminster à fournir le grand nombre d'hommes qu'on leur demande.

Il en est de même à Dublin, et il y a eu des mouvements dans le comté de Kildare.

L'amiral Macbride, rentré depuis quelque temps à Plymouth, part en croisière avec le *Minotaure* et cinq frégates.

La flotte de lord Howe va à Sainte-Hélène attendre le vent : elle est partie le 24. On dit que l'escadre espagnole escortant des bâtiments chargés de grains partira quarante-huit heures après. La cargaison est avariée.

Le 25 le secrétaire d'état a reçu des dépêches de Corse de lord Hood.

Les dépêches de Vienne étant arrivées le 29, lord Grenville convoqua sur-le-champ à son office un conseil où tous les ministres mirent beaucoup de ponctualité à se rendre. On prétend, sans l'affirmer, qu'il est question d'une offre de 80 millions d'écus d'Allemagne, que lord Spencer sera chargé d'offrir à l'empereur pour le compte rond de cent mille hommes, qu'il est facile de mettre sur le papier.

Les Français seront sans doute curieux de savoir à quel amiral ils auront affaire dans la Méditerranée ; ce sera sir Hyden Parker qui y commandera l'escadre. On rappelle lord Hood et les amiraux Hotham et Cosby.

Il ne paraît pas que les Français soient aussi dénués de vaisseaux qu'on voudrait nous le faire croire, car, suivant les lettres de Falmouth, en date du 24 août, un brave capitaine danois a assuré, sur serment, devant le maire de Pezance, que le 17 il a rencontré une petite flotte française, composée de neuf vaisseaux de guerre et suivie des bâtiments qui accompagnent ordinairement ces sortes de vaisseaux. On sait aussi que les bâtiments américains, destinés pour la France, et que nos papiers avaient fait prendre par l'amiral Murray, sont entrés dans le port de Brest.

Lord Dorchester a écrit à Londres à lord Grenville. Quelque importantes et pressées que fussent ces dépêches, il a pourtant fallu qu'elles souffrissent du retard ; elles n'ont été envoyées à Weymouth qu'après

avoir passé au conseil ; et le roi n'est à Weymouth que parce qu'on prétend qu'il ne serait pas en sûreté à Londres, dont les derniers troubles, au dire des papiers ministériels, ont été suscités par les clubs qui demandent la réforme parlementaire.

# CONVENTION NATIONALE.

*Présidence d'André Dumont.*

### SUITE DE LA SÉANCE DU 8 VENDÉMIAIRE.

Lequinio : Robespierre a empêché qu'on fît à la tribune de la Convention le rapport de ce qui se passait dans la Vendée ; cinq ou six généraux ont organisé cette guerre ; quelques-uns de nos collègues ont pensé qu'il était politique de laisser courir le bruit qu'elle était terminée ; mais la séance d'aujourd'hui, en faisant connaître de grandes vérités, est une victoire remportée sur les brigands.

Il y a quatre mois je vins ici avec un mémoire dans lequel je faisais connaître ce qui avait amené cette guerre, et les moyens de la finir. Je présentai mon mémoire au comité de salut public ; Carnot fut frappé des grandes vérités qu'il contenait ; cependant Robespierre le étouffa et empêcha l'exécution des mesures que je proposais.

Citoyens, plusieurs moyens vous restent pour terminer cette malheureuse guerre. La persuasion n'a pas encore été employée ; il faut à la force joindre la douceur ; il faut que vos représentants se popularisent et aillent dans les communes éclairer le peuple. Je demande que la Convention me permette de faire imprimer le mémoire que j'ai déposé au comité de salut public.

N*** : Avant que cette discussion finisse, je dois faire connaître à la Convention une lettre qui lui prouvera qu'avec de la clémence et de la douceur on terminera cette guerre. La voici, c'est un membre de la société populaire de Saumur qui écrit.

« Nous possédons dans nos murs des représentants nouveaux ; de pareils hommes sont bien faits pour faire chérir la révolution par leur affabilité, leur douceur, leur justice : quelle différence entre eux et ces grands coupeurs de têtes, qui crient comme des forcenés, et croient voir partout des aristocrates en foule ! J'aime bien mieux des hommes modestes et tranquilles, qui se font aimer et craindre, que ceux qui laissent dans les esprits la terreur et l'effroi ; les uns persuadent, les autres irritent et exaspèrent. Ils paraissent disposés à ramener dans les camps la discipline et la frugalité ; ils prennent des mesures qui obtiendront un bon effet.

« La quatrième sans-culottide les brigands ont été battus par le camp de Thouars. On leur a tué environ 200 hommes ; nous avons perdu six hommes et avons eu une trentaine de blessés. » ( On applaudit. )

On demande l'insertion de cette lettre au Bulletin. Cette proposition est décrétée.

N*** : On a dit que partout où il y avait des scélérats il fallait les punir ; il y en a ici, je demande qu'ils soient punis. ( On applaudit. )

Carrier : Citoyens, vous n'avez pas perdu de vue sans doute que toutes les atrocités dont on vient de parler ont été commises depuis mon départ. . . . . ( Murmures. )

On demande de nouveau l'arrestation du général Turreau.

BILLAUD-VARENNES : Citoyens, la vérité est que le système du comité de salut public a toujours été contraire aux mesures de rigueur..... (Violents murmures.) Pour bien juger la conduite du comité, il faut vous rappeler qu'au moment de sa formation la Vendée était forte de 100,000 hommes, et qu'il fallait combattre les rebelles avec vigueur.... (*Oui*, s'écrient plusieurs membres, *mais non les égorger*.) Je ne parle pas ici d'égorgement, jamais vous ne trouverez une pareille mesure dans les arrêtés du comité.

Plusieurs délibérations relatives à la Vendée ont eu lieu dans le comité de salut public, en présence des députés de ce département; ils peuvent dire si l'on n'a pas toujours repoussé avec horreur les mesures...

DELAUNAY : C'est faux.

CLAUSEL : Carnot vient de dire la vérité.

BILLAUD-VARENNES : Voici un fait que Carnot ne démentira pas. C'est que quand le comité de salut public a été instruit que, contre son vœu, Turreau commettait des infamies dans la Vendée, sa destitution a été demandée; nous n'avons pu l'obtenir que quand Robespierre a cessé de venir au comité.

*Plusieurs voix* : Il fallait en instruire la Convention.

BILLAUD-VARENNES : Je viens de citer un fait positif, Carnot peut s'expliquer.

CARNOT : Je dois à la justice de dire que Billaud a constamment été opposé au système de Robespierre; qu'il a demandé l'arrestation de Rossignol, et qu'il a beaucoup contribué à nous dessiller les yeux sur la guerre de la Vendée. (Applaudissements unanimes.)

BILLAUD-VARENNES : La vérité est encore que c'est contre le vœu que l'on tient que Turreau se trouve encore en fonction : la Convention nationale, qui a mis la justice à l'ordre du jour, doit se lever en masse pour le décréter d'arrestation. (On applaudit.)

MERLIN (de Thionville) : La Convention nationale doit être instruite de tout. Je demande que la correspondance des représentants du peuple avec le comité de salut public, celle des généraux, et les rapports faits à cette tribune sur la Vendée, soient imprimés. (On applaudit.)

Cette proposition est adoptée.

DUBOY : Il ne faut pas que cette séance, si utile pour la République, soit infructueuse pour la justice distributive; je demande l'arrestation de Turreau.

N*** : Il y a environ dix mois j'ai déposé au comité de salut public une dénonciation des autorités constituées de Parthenay, dans laquelle on accusait le général Grignon d'avoir fait fusiller une municipalité en écharpe, qui venait fraterniser avec l'armée. Cette dénonciation porte aussi que ce Grignon a fait fusiller le père et le fils, qui venaient lui demander justice contre quelques soldats qui avaient violé la fille et la sœur de ces citoyens. Je demande son arrestation, ainsi que celle de Huchet et de Turreau.

On demande aussi l'arrestation du général Carpentier.

ALQUIER : Je demande à faire connaître à l'assemblée un fait contre le général Turreau, qui est maintenant dans l'armée des côtes de Brest; le voici : Turreau a chargé Dodun, aide de camp du général Moulins, d'un ordre ainsi conçu :

« Le général Moulins se portera avec la colonne gauche sur Mortagne, fera désarmer et égorger, sans distinction d'âge et de sexe, tout ce qui se trouvera sur son passage. » (Un mouvement d'horreur se manifeste dans toute l'assemblée. — *Aux voix l'arrestation de Turreau!* s'écrie-t-on de toutes parts.)

La Convention décrète l'arrestation du général Turreau. (Vifs applaudissements.)

On demande aussi l'arrestation des généraux Huchet et Grignon.

L'assemblée la décrète.

On demande que les décrets que la Convention vient de rendre soient expédiés sur-le-champ et envoyés par des courriers extraordinaires.

Cette proposition est adoptée.

DELAUNAY. La conduite qu'ont tenue les généraux dans la Vendée, et surtout celle de la commission militaire, ont fait plus de partisans à Charette que le fanatisme et le royalisme. Je demande que le comité de salut public fasse dans le plus court délai un rapport sur les généraux qui ont commandé dans la Vendée et sur la commission militaire. Vous serez indignés, citoyens, de l'immoralité des hommes qui composaient cette commission.

Cette proposition est adoptée.

N*** : Citoyens, si vous voulez finir la guerre de la Vendée, il faut rétablir l'ordre dans les troupes, et pour cela il faut avoir des généraux fermes et probes. Il n'existe aucune discipline dans l'armée; on vous a parlé du camp de la Rivière qui a été forcé; eh bien! apprenez, citoyens, que tandis que les brigands attaquaient ce camp les officiers étaient à se divertir à Nantes.

Je demande l'arrestation de Huchet.... (*Plusieurs voix* : Elle est décrétée.)

Je demande aussi celle du général Carpentier, ci-devant curé de Saumur; cet homme a commis des horreurs qui ont obligé les habitants des Sables d'Olonne de se retirer dans les bois; ils ne sont rentrés dans leurs foyers que quand Carpentier n'était plus dans ce pays.

L'arrestation du général Carpentier est décrétée.

LAIGNELOT : Je dois dire ce que j'ai vu de Carpentier à l'affaire du Mans; il s'est battu en brave homme, et il a les principes d'un vrai républicain. Je demande le rapport du décret que la Convention vient de rendre, et le renvoi au comité de sûreté générale.

Cette proposition est adoptée.

GRÉGOIRE, au nom du comité d'instruction publique : « Faire avec un homme, par le secours des machines, ce qu'on ne ferait sans elles qu'avec deux ou trois hommes, c'est, disait Molon, doubler ou tripler le nombre des citoyens. »

Nous avons deux leviers, ce sont nos bras. L'industrie, en leur associant les forces de la nature, parvient quelquefois à centupler les nôtres; par là s'agrandit le cercle de nos connaissances et le nombre de nos jouissances.

Calculez l'énorme différence qui existe entre un peuple chez qui les arts sont au berceau, et celui qui en a développé toutes les ressources; entre ces habitants du Paraguay, qui coupaient leurs blés avec des côte de vaches au lieu de faucilles, et l'habileté de l'Européen, qui est parvenu à filer, à tisser les métaux.

C'est avec surprise qu'on voit encore des gens prétendre que le perfectionnement de l'industrie et la simplification de la main-d'œuvre entraînent des dangers, parce que, dit-on, elles ôtent les moyens d'existence à beaucoup d'ouvriers.

Ainsi raisonnaient les copistes, lorsque l'imprimerie fut inventée; ainsi raisonnaient les bateliers de Londres, qui voulaient s'insurger lorsqu'on bâtit le pont de Westminster.

Il n'y a que quatre ans encore qu'au Havre et à Rouen on était obligé de cacher les machines à filer le coton.

Quand une invention nouvelle peut à l'instant paralyser beaucoup d'ouvriers, la sollicitude paternelle des législateurs doit prendre des moyens pour les soustraire à l'indigence et empêcher qu'il n'en résulte une secousse ; mais au fond l'objection est puérile , sans quoi il faudrait briser les métiers à bas , les machines à mouliner la soie, et tous les chefs-d'œuvre qu'enfanta l'industrie pour le bonheur de la société.

Faut-il donc un grand effort de génie pour sentir que nous avons plus d'ouvrages que de bras ; qu'en simplifiant la main-d'œuvre on en diminue le prix , et que c'est un infaillible moyen d'établir un commerce lucratif qui écrasera l'industrie étrangère, en repoussont la concurrence de ses produits?

Plusieurs écrivains ont cherché le point d'équilibre entre l'agriculture, qui fournit des matières premières, et les arts qui les emploient. Cette question est ardue, car, en politique comme en morale, le plus difficile est toujours de tracer les limites ; mais malheureusement nous pouvons ajourner ce problème jusque vers l'époque où l'économie rurale et l'industrie auront déployé tous leurs efforts. Dans l'état actuel des choses, l'une et l'autre réclament des encouragements.

Au nom des comités d'agriculture et des arts, et d'instruction publique, je viens vous présenter des moyens de perfectionner l'industrie nationale. Mais avant d'aborder mon sujet permettez une courte digression pour censurer la division antique des arts en mécaniques et libéraux.

Du temps de Phidias à Delphes et à Corinthe , il y avait des concours pour la peinture et la sculpture ; les ouvrages étaient appréciés dans des assemblées générales, et tel était l'enthousiasme des Grecs pour les arts d'imitation , que les Amphictyons assignèrent à Polygnote des logements aux dépens du public dans toutes les villes de la Grèce.

Que faisaient-ils pour encourager les arts dont les produits s'appliquaient immédiatement à nos besoins? rien , ou presque rien : et lorsqu'à Naxos ils érigèrent une statue à l'artisan qui , le premier, avait donné la forme de tuile au marbre pentélicien pour en couvrir les édifices, ils voulurent récompenser plutôt une invention de luxe qu'une découverte utile, et sans Platon l'on ignorerait qu'Architelles et Shearion furent fameux, le premier comme tailleur de pierres, le second comme boulanger.

Chez les Grecs et les Romains les travaux manuels étaient abandonnés aux esclaves; de là le mépris qui frappa l'industrie , de là cette distinction usitée jusqu'à nos jours entre les arts mécaniques, exercés par des hommes asservis, et les arts libéraux qui étaient le partage exclusif des hommes libres.

Dans tout pays où il y a une cour, les arts mécaniques sont avilis. Il y existe une classe dont l'immoralité privilégiée croirait se déshonorer en les cultivant. Lors même que le despote les favorise, sa protection flétrissante établit une démarcation politique entre l'utile artisan qui enrichit son pays, et le satrape insolent qui le dévore.

Chez nous quelques individus croyaient abréger un peu cette distance par ces qualifications serviles : *Un tel, chapelier du roi, bonnetier, carrossier du roi, de monseigneur le dauphin, de monseigneur le comte d'Artois*, etc. Faut-il s'étonner que si longtemps les arts utiles aient été outragés; que jusqu'à ces derniers temps celui du bandagiste, par exemple, qui est si nécessaire, ait été dédaigné par ceux qui pratiquaient la médecine, tandis qu'on perfectionnait la poupée du Nord?

C'est seulement depuis une quarantaine d'années que l'art du tailleur est décrit, tandis que depuis deux siècles on imprime le parfait *confiseur*, le parfait *cuisinier*, et cette perfection qui raffinait les jouissances des sybarites n'était pas en faveur du malheureux qui pressurait le vin et buvait de l'eau; qui préparait le pain blanc, et vivait de son.

Notre langage doit concorder avec nos principes ; dans un pays libre tous les arts sont libéraux.

Si le besoin de classer les idées exige des dénominations diverses, la distinction des arts en intellectuels et mécaniques est fondée sur la nature des choses , en ce que ceux-ci exigent plus particulièrement le concours de la main , et que ceux-là tiennent plus immédiatement aux opérations de l'esprit.

Les encouragements dus à tous les arts doivent être déterminés non seulement d'après leur utilité , mais encore d'après la difficulté d'en obtenir les produits.

De bons vers sont infiniment moins utiles que de bons souliers; mais, comme il est aussi rare de trouver un grand poëte qu'il est commun de trouver un cordonnier habile , vous ne les assimileriez, pour les récompenses , qu'autant que ce dernier aurait fait une découverte utile. Néanmoins le degré d'utilité doit être partout la mesure de notre estime, et certes celui qui le premier réunit les douves d'un tonneau , ou qui forma la première voûte, celui qui trouva le van ou qui rendit le pain plus digestif par le moyen du levain, si toutefois cette dernière découverte n'est pas due au hasard , comme le prétend Goguet; ceux-là dis-je , méritèrent mieux de l'humanité que celui qui , 60 siècles après , écrivit *la Henriade*.

Tous les arts sont frères, aucun ne doit échapper à la sollicitude des législateurs.

La nation possède , pour les divers genres d'arts et métiers , une quantité prodigieuse de machines dont une partie n'est que peu ou point encore connue.

De cette prodigieuse, car quiconque ne les a pas vues, aura difficilement une idée de leur nombre, de leur richesse, de leur perfection et de leur importance.

Les soins de la commission temporaire des arts en ont formé un vaste dépôt; vous avez en outre celles de la ci-devant académie des sciences, dans laquelle est confondue celle d'Ousembray; vous avez celles d'Egalité, et surtout celles de Vaucanson, qui , pour divers arts, mais spécialement pour le moulinage des soies , nous a fait des modèles qui exécutent promptement et qui exécutent bien. Il nous a laissé de plus, et ceci est très important, les outils propres à construire les métiers.

Législateurs, vous voulez que toutes les sciences se dirigent vers un but utile, et que le point de coïncidence de toutes les découvertes soit la prospérité physique et morale de la République; vous voulez que chaque citoyen puisse assurer sa subsistance par l'exercice d'un art quelconque; nous croyons entrer dans vos vues, en vous proposant d'utiliser au plus tôt ces vastes collections de machines par l'établissement d'un conservatoire qui les réunira dans un local commun, où le sentiment du beau et le génie des arts appelleront tous ceux qui les cultivent, pour éclairer et encourager leurs travaux.

On sentira sur-le-champ l'importance de ce projet, en se rappelant que nos importations annuelles se sont élevées jusqu'à ces derniers temps à plus de trois cents millions , et qu'une grande partie de ces importations consiste en objets manufacturés.

On se rappelle qu'en 1790, il fallut autoriser une de nos manufactures à faire filer en Suisse vingt milliers de coton pour ses fabriques, parce qu'on manquait de machines et d'ouvriers propres à ce travail.

Les républicains se souviennent avec indignation, que récemment encore l'anglomanie dominait en France : habit, vaisselle, rasoir, couteau, ressorts de voitures, lunettes, tout était à l'anglaise : abjurons à jamais le mot et la chose.

« Celui-là, disait Jean-Jacques , est vraiment libre, qui pour subsister, n'est pas obligé de mettre les bras d'un autre au bout des siens. »

Ce qu'il disait des individus, s'applique parfaitement aux nations : le perfectionnement des arts est un principe conservateur de la liberté; secouer le joug de l'industrie c'est assurer sa propre indépendance.

Cette vérité se fortifie, en considérant que l'industrie est un des moyens les plus efficaces pour tuer le libertinage et tous les vices, enfants de la paresse.

La liberté ne peut avoir que deux points d'appui, les lumières et la vertu; et l'on trahirait la cause du peuple, si on ne lui répétait que l'ignorance et l'immoralité sont les ulcères qui corrodent la République.

Les mœurs et la prospérité nationale feront de grandes conquêtes, si l'on dirige insensiblement les femmes vers des travaux analogues à leur constitution. Déja quelques-unes commencent à composer dans les imprimeries. Tout ce qui se fait avec l'aiguille convient à leur sexe; et quel est le citoyen qui ne souffre en voyant des hommes bien constitués qui sont *coiffeurs de dames, tailleurs d'habits pour femmes, valets de chambre, garçons cafetiers*, tandis qu'ils devraient refluer dans les ateliers d'armes et dans les campagnes, pour remplacer ceux de nos frères qui ont péri aux champs de la victoire?

Vous voyez comment dans un gouvernement libre tout se rattache à la démocratie; essayons donc tous les moyens de bannir l'industrie étrangère et de vivifier la nôtre.

C'était un préjugé bien étrange, celui qui disait: *l'Anglais invente, le Français perfectionne*. Sans y mettre une partialité inspirée par l'amour de la patrie, une simple énumération prouverait que le Français libre, capable de tout, invente et perfectionne plus qu'aucun peuple. Dernièrement on vous a présenté le tableau des découvertes scientifiques et vraiment étonnantes qui ont illustré la révolution; mais il est de nouveaux faits à citer ici, sont encore peu connus et qui réjouiront le cœur des patriotes.

Des ateliers où l'on travaille, où l'on soude les feuilles de corne pour faire des lanternes au service des vaisseaux; un fourneau pour préparer du charbon de tourbe, une manufacture de minium qui n'attend que des encouragements; une manufacture de faux, qui nous affranchira d'un tribut annuel qu'on payait à l'Allemagne pour cet objet; l'art de préparer en quelques jours des cuirs qui subissaient une préparation de deux années: tout cela vient de naître et commence à prospérer.

L'horlogerie de Paris et celle de Besançon s'apprêtent à nous faire oublier celle de l'étranger. Une ville presque enclavée dans notre territoire nous pompait annuellement 8 à 9 millions pour cet objet: vivons en bons voisins avec les Génevois, mais cependant faisons nos montres.

Etendons cette industrieuse activité à tous les objets qui en sont susceptibles. Pourquoi tirer du dehors de la colle-forte, tandis que nous possédons les matières premières; de l'alun pour 7 à 8 millions par an, tandis que nous avons des terres alumineuses; des mousselines pour 40 millions, tandis qu'on peut en manufacturer chez nous qui rivaliseront avec celles des Indes? il existe en France deux modèles de machines à filer le coton pour mousseline à la manière des Indes; l'une à Amiens, l'autre ici, et cette dernière appartient à la nation.

La création d'un Conservatoire pour les arts et métiers, où se réuniront tous les outils et machines nouvellement inventés ou perfectionnés, va éveiller la curiosité et l'intérêt, et vous verrez dans tous les genres des progrès très rapides. Là, rien de systématique; l'expérience seule, en parlant aux yeux, aura droit d'obtenir l'assentiment. S'il était encore un homme capable de dire qu'il faut s'affranchir de la tyrannie des règles et qu'une habitude fait tout, nous l'inviterions à mesurer, s'il est possible, la distance entre l'ouvrier qui n'a jamais quitté l'ornière de la routine, et celui qui a rectifié sa pratique par les combinaisons de la théorie.

Dans les Vosges, on abat les arbres avec la hache; du côté de Villers-Coterets, c'est à la scie; une des deux méthodes est incontestablement préférable, et cette question mérite sans doute d'être examinée. La scie, qui dans quelques endroits est mince et flexible avec des dents longues, est ailleurs conformée très différemment, quoique appliquée aux mêmes usages. Dans diverses contrées, pour travailler le même grain de terre on se sert là d'un hoyau à fer mince et à manche long; ailleurs il a le manche court, la lame lourde, et l'ouvrier forcé à se courber exerce constamment une compression funeste sur ses intestins; pourquoi n'indiquerait-on pas le genre d'outils qui permet à l'homme de dépenser ses forces avec plus d'économie et d'une manière plus avantageuse à sa santé?

Ne dites pas que pour faire fleurir les arts il suffit d'avoir brisé leurs entraves et de les avoir arrachés à l'avidité d'un fisc dévorant; il faut éclairer l'ignorance qui ne connaît pas, et la pauvreté qui n'a pas les moyens de connaître; et n'est-ce pas une belle aumône à faire à l'indigent, à l'ignorant, que de leur fournir le modèle d'outils les plus propres à seconder les travaux qui assurent leur subsistance?

On remarque qu'en France les vis en bois sont généralement mauvaises par la rareté d'instruments propres à les fabriquer. La houe américaine, la navette volante, la manière de scier le bois sur la maille, comme le pratiquent les Hollandais, ont des avantages incontestables. Pourquoi sont-elles encore si peu usitées, sinon parce qu'on ne les connaît pas? L'artisan qui n'a vu que son atelier ne soupçonne pas la possibilité d'un mieux.

Le projet que nous vous présentons va l'entourer de tous les moyens d'enflammer son émulation et de faire éclore ses talents. Celui qui ne peut être qu'imitateur y rectifiera sa pratique par la connaissance des bons modèles; celui qui peut voir à plus grande distance y fera des combinaisons nouvelles, car tous les arts ont des points de contact. Par là vous augmenterez la somme des connaissances et le nombre des connaisseurs.

La chose est d'autant plus nécessaire que, pour certaines branches d'industrie, les connaissances les plus précieuses sont le partage d'un très petit nombre d'individus; par exemple, pour graver les caractères d'imprimerie, la France ne possède guère qu'une dizaine d'artistes habiles.

L'on en compte à peine cinq à six pour la confection des instruments de mathématiques et de physique, et l'importation de ces objets coûtait à la France plusieurs millions par an. Un conservatoire qui avivera tous les arts vous coûtera beaucoup moins.

C'est ici le cas d'observer combien il importe de construire au plus tôt un télescope à la manière d'Herschell. Il est possible qu'un ou plusieurs de nos vaisseaux soient engloutis dans les flots, parce que la République n'aura pas eu cet instrument. Ces idées qui paraissent très distantes ne le sont point aux yeux de quiconque voit la liaison intime qui existe entre le perfectionnement de l'astronomie et le succès de la navigation.

La ci-devant académie des sciences avait trente mille livres en réserve qu'elle destinait à l'acquisition de cet instrument. Au commencement de la guerre elle crut devoir en faire don à la patrie; cependant les savants conviennent que sa première destination était encore plus avantageuse; ce travail demande plusieurs années.

Hâtez-vous donc de mettre en réquisition les talents de Carocher, qui, déjà âgé, désire réaliser ce monument digne de la République, et faire un télescope de soixante pieds de long et de six pieds de diamètre; c'est un tiers de plus que celui d'Herschell

Le Conservatoire des machines nous promet encore d'autres avantages.

1° La langue des arts est dans l'enfance ; les uns manquent de mots propres, les autres abondent en synonymes. D'ailleurs d'une manufacture à l'autre les dénominations varient et l'on ne s'entend plus. Il est donc essentiel de fixer et d'uniformer la technologie.

2° Des hommes nés avec du génie ont quelquefois consumé un temps précieux pour inventer péniblement ce qui était inventé. Tel est ce citoyen venu du fond du Midi pour vous apporter une pendule décimalisée, qui n'offre rien de neuf qu'à ceux qui n'ont pas vu les ouvrages des Lepautre, des Janvier, des Berthoud ; et, s'il avait connu les modèles préexistants, c'eût été son point de départ, et, au lieu de tâtonner pour arriver à ce qui est connu, il aurait fait faire un pas de plus à la science.

Souvent on vient fatiguer les législateurs et le gouvernement de prétendus secrets ; je ne parle pas de ceux qui, n'ayant pas la moindre idée de la théorie des frottements, nous harcellent de leurs découvertes du mouvement perpétuel ; d'autres présentent, au lieu de chimères, des vues saines, mais déjà réalisées ; il suffira de les envoyer au dépôt, on leur dira : L'art est venu jusqu'ici, voyons ce que vous ajoutez à ses progrès. Avoir un moyen sûr de confondre les projetistes et les charlatans, c'est un avantage qui n'est pas à négliger en politique.

Je passe au mode d'organisation : voici comment nous l'avons conçu.

On choisira un local vaste et susceptible en partie de recevoir la forme d'amphithéâtre. Vos comités d'agriculture, des arts et des finances se concerteront pour indiquer le plus convenable.

On y réunira les instruments et les modèles de tous les arts dont l'objet est de nourrir, vêtir et loger. L'agriculture a le droit d'aînesse, elle aura la première place. Viendront ensuite les genres d'industrie qui lui sont contigus, et surtout les modèles de moulins les plus perfectionnés. Cette partie est peu avancée, et toutefois l'art de convertir le blé en pain influe puissamment sur la santé.

Les instruments et outils pour les constructions et fabriques dans tous les genres seront distribués en sept classes, à peu près comme l'a proposé la commission temporaire des arts dans son instruction sur la manière d'inventorier les objets d'arts et de sciences.

1re classe. Outils de débitage.
2e    —    Outils de dressage et moulière.
3e    —    Outils de perçage.
4e    —    Le tour et les outils qu'il suppose.
5e    —    Outils à faire les vis et les écrous.
6e    —    Outils pour construire les engrenages.
7e    —    Outils de gravure et d'imprimerie.

C'est la perfection de ces détails qui amène celle des machines.

Viendront ensuite les moulins à soie, les machines pour le cardage et la filature, les métiers à fabriquer les étoffes dans toutes les largeurs, les métiers pour les étoffes de diverses couleurs, pour fabriquer plusieurs pièces à la fois ; les machines à faire des cordonnets ; les métiers à tricot ordinaire, à tricot sans envers, à maille fixe, etc., etc.

L'art des tissus, la coupe des pierres, la taille-douce, la menuiserie ; en un mot, chaque art y aura sa place.

On évitera la cumulation des machines inutiles. A quoi servirait, par exemple, de réunir toutes les espèces de charrues et de tours ? Ce qu'il y a de mieux dans tous les genres aura seul le droit de figurer dans ce dépôt.

Aux machines seront joints, autant qu'il sera possible :

1° Des échantillons du produit des manufactures nationales et étrangères, pour avoir toujours des pièces de comparaison.

2° Le dessin de chaque machine. Aux écoles de dessin on fera dessiner par préférence tout ce qui tient aux arts mécaniques.

3° La description qui conserve, pour ainsi dire, la pensée de l'inventeur. Elle sera accompagnée d'un vocabulaire et, s'il le faut, d'un renvoi aux divers ouvrages qui en traitent. Ces précautions sont nécessaires pour l'histoire de l'art, car, à mesure que l'industrie se perfectionne, les modèles peuvent disparaître. Le dessin et la description rappellent ce qui s'est fait, et peuvent mettre sur la route de nouvelles découvertes. On pourra même y joindre un recueil de livres analogues, au moyen des doubles qui se trouvent dans les dépôts littéraires. Si les anciens avaient pris de telles précautions, s'ils avaient consigné dans leurs écrits les procédés des arts, on n'aurait pas tant discuté sur l'airain de Corinthe, le feu grégeois, la pierre obsidienne et les vases murrhins ; peut-être n'aurait-on pas perdu la peinture aléneaustique, l'art de teindre en pourpre, et la composition du mastic employé par les Romains dans leurs bâtisses. Quand on ouvre le traité de Pancirole, on éprouve les regrets les plus amers sur une foule de découvertes qui sont ensevelies dans le passé.

Les arts et métiers s'apprennent dans les ateliers, et ce n'est pas dans ce Conservatoire qu'on enseignera, par exemple, à faire des bas et du ruban ; ce n'est pas là non plus où s'enseignera la partie chimique des arts, mais la partie mécanique, la construction des outils et des machines les plus accomplis, leur jeu, la distribution du mouvement, l'emploi des forces, et cette partie des sciences est également neuve et utile.

Cet enseignement, placé à côté des modèles, exigera des démonstrateurs ; cependant quelques gens crieront peut-être qu'on va créer des places ; avec un mot et de forts poumons on fait taire les hommes timides, on entraîne les suffrages, et l'on empêche le bien. Si ces pitoyables déclamations pouvaient encore obtenir du crédit, il en résulterait qu'on doit anéantir les établissements déjà formés et brûler nos machines. Alors les censeurs doivent dire franchement : Nous ne voulons rien faire pour encourager l'industrie ; ou qu'ils nous présentent un moyen de la faire fleurir sans l'intervention des hommes.

Et moi aussi je me défie des hommes, car en général les étudier ce n'est pas le moyen de les estimer ; mais cependant je ne vois pas qu'il y ait à balancer entre le néant qui n'établit rien, et l'activité d'un gouvernement ami du peuple, qui crée des établissements, les améliore et les surveille.

Je n'ai point encore parlé des dépenses, soit fixes, soit variables de cet établissement ; nous les avons calculées à la somme de 16 mille livres annuellement, pour l'indemnité des membres qui formeront le Conservatoire, et nous avons cru qu'il fallait charger la commission d'agriculture et des arts de pourvoir aux dépenses provisoires de cet établissement sur les fonds mis à sa disposition. Après ce que vous avez fait pour la peinture et la sculpture, les arts mécaniques ne réclameront pas en vain. Si l'on considère d'ailleurs qu'il s'agit d'éclairer l'industrie, et de porter partout son flambeau, on verra que peut-être jamais argent ne fut placé à plus haut intérêt.

En organisant le Conservatoire, l'Observatoire et le Muséum, vous avez décrété que les membres de ces établissements feraient, pour leur partie respective, un règlement concernant les cours d'enseignement et la police intérieure, et que ce règlement serait au-

16

prouvé par le comité d'instruction publique ; la même chose peut être proposée pour le Conservatoire des arts mécaniques.

Actuellement il s'agit de faire participer tous les départements au bienfait de cet établissement formé pour tous, car la Convention nationale n'a pas de prédilection ; toute la famille a les mêmes droits. Déjà, d'après l'instruction de la commission des arts, dans tous les districts on a dû recueillir les machines et les modèles.

Le Conservatoire sera le réservoir, dont les canaux fertiliseront toute l'étendue de la France. On transmettra dans les départements des dessins, des descriptions, et même des modèles de ce qui aura le cachet de l'utilité ; mais cependant avec la prudence qui, mettant la République en jouissance d'une invention nouvelle, en soustrait la connaissance à l'avidité de l'étranger.

On demandera sans doute si cette réserve est possible, politique et juste.

Malgré les soins de quelques peuples pour envelopper des ombres du mystère certains procédés, on a dérobé leurs secrets : d'ailleurs une découverte est presque toujours le résultat, le dernier terme des travaux scientifiques ; et quand par des efforts combinés et soutenus les savants sont près du but, dans divers pays, il en est qui l'atteignent.

Il est des découvertes qu'il importe de vulgariser pour imprimer à l'instant un mouvement général ; ainsi l'avez-vous fait pour la confection de la poudre ; vouloir celer ce procédé eût été une mauvaise spéculation.

Entre les peuples comme entre les individus, il faut toujours en revenir à la morale ; il faut enfin que la politique et la justice présentent une acception identique. Ainsi la question dont il s'agit sera utilement résolue par l'examen de ce qui est juste.

Aucun peuple n'a droit d'arrêter la marche de la raison dans ce qui est nécessaire à l'existence des autres peuples ; mais en formant le pacte social, les individus s'assurent des avantages exclusifs auxquels ne participent pas ceux qui ne sont pas membres de l'association ; de ce principe dérivent l'établissement des douanes sur les frontières, les lois prohibitives concernant l'exportation de certaines marchandises.

Une découverte peut être assimilée en quelque sorte à une mine qu'un peuple exploite exclusivement pour son profit, à un dessin de fortification qu'il lui importe de tenir caché. Ainsi, lorsqu'on défend la sortie de quelques machines, lorsqu'on empêche le passage à l'étranger d'une découverte, qui est une source de richesses nationales, et qu'on n'en rend dépositaires que les individus qui ont intérêt à ne pas la divulguer, ce n'est pas contredire les principes de la philanthropie universelle ; et cette conduite est avouée par le droit des gens et l'usage de toutes les nations.

Il est encore un moyen d'arriver à l'industrie, c'est de répandre avec profusion les livres élémentaires qui mettront en circulation les idées lumineuses et les principes propres à perfectionner les arts.

L'article VI de la loi du 12 septembre 1791 veut qu'une partie des fonds destinés aux récompenses soit employée à la publication d'ouvrages utiles aux progrès de l'industrie. Le bureau de consultation des arts a fait deux cent vingt rapports sur les récompenses qu'il a décernées ; il lui en reste à faire une centaine.

Le but de son institution serait manqué, si ces découvertes récompensées demeuraient enfouies, et ne devenaient pas la propriété commune. Quelques-uns de ces rapports ont été publiés ; mais c'était une spéculation d'imprimeur mal exécutée, et dont il est résulté très peu d'avantages. La rédaction aurait dû présenter chaque objet d'une manière claire. Il fallait

écrire sans emphase les manipulations, les procédés, les dessins, et les accompagner au besoin de gravures.

On aurait dû distribuer l'ouvrage en fascicules, où chaque matière eût été classée. Par là on eût facilité aux artistes l'acquisition des parties qui leur conviennent. Il est d'ailleurs inconvenant de placer, par exemple, une découverte sur la manière de rendre le cuir impénétrable à l'eau, ou de faire une pouzzolane factice, à côté d'un mémoire factice sur le satinage des indiennes, ou sur une nouvelle machine à teiller les laines. Montrer les défauts c'est indiquer le remède. L'ouvrage est à refaire, on pourra l'améliorer en puisant dans les mémoires du Lycée des arts, dans la collection en deux volumes in-folio de Bulloy, sur les manufactures et le commerce. Cet ouvrage estimable n'a pas été traduit. Vous avez d'ailleurs, dans les papiers de la ci-devant Académie des sciences et dans les cartons de l'ancienne administration de commerce, une foule d'excellents mémoires inédits, et qu'il est instant de faire paraître.

Dans le local du Conservatoire des machines, il y aura sans doute une salle d'exposition où toutes les inventions nouvelles viendront aboutir. Ce moyen absolument semblable à ce qui se pratique au Louvre pour la peinture et la sculpture nous a paru propre à féconder le génie, à échauffer l'émulation. Là, les citoyens viendront tour à tour s'éclairer par les bons modèles, et éclairer les artistes par la justesse de leurs observations. Ainsi le public, en dernier ressort, sera le juge des jugements portés par le bureau de consultation des arts, dont votre comité vous proposera bientôt la réorganisation. Une partie des membres sont dispersés dans diverses places ; ceux qui restent en nombre insuffisant pour leurs travaux sont surchargés, et cependant ils ne reçoivent aucun traitement ; votre justice fera disparaître ces abus.

Il n'est pas un citoyen qui ne soit intéressé aux progrès des arts et métiers ; il n'est pas un jour, pas un instant, qu'il ne soit obligé de réclamer leur appui. Soyez sûrs que la formation de ce Conservatoire répandra la joie dans le cœur de tous les artisans, de tous les vrais amis de la patrie. Dans les vallons et sur les montagnes de la Suisse, j'ai vu des hommes avec l'attitude de la liberté vertueuse et fière, à la suite de leurs charrues, à la tête de leurs troupeaux, porter une houlette, un sabre et des livres. Il faut de même que le Français sache se gouverner, se nourrir et se battre.

Tandis que l'orgueil des despotes élève des palais cimentés par le sang et les larmes de ceux qu'ils nomment leurs sujets, vous vous occupez d'établissements propres à faire naître le bonheur dans les chaumières. Au milieu des tourmentes révolutionnaires, il est beau d'ouvrir des asiles à l'industrie, et d'assembler tous les éléments dont se compose la félicité nationale. Cette marche est vraiment digne du législateur, car, entre les peuples, comme parmi les individus, le plus industrieux sera toujours le plus libre. C'est donc calculer en politique que d'ôter tout prétexte à l'ignorance, à la fainéantise, et de faire en sorte que rien ne soit à meilleur compte que la science et la vertu.

Grégoire lit un projet de décret ; la Convention en ordonne l'ajournement et l'impression du rapport.

La séance est levée à 4 heures.

### SÉANCE DU 9 VENDÉMIAIRE.

Ingrand réclame contre un article inséré dans le Moniteur, par lequel il annonce que ce représentant du peuple a dit, dans une séance de la Convention, que la contre-révolution était dans les départements de l'Ouest, et notamment dans celui de la Vienne. Ce département a déjà adressé une plainte qui a été insérée au Bulletin. Ingrand demande que le désaveu formel qu'il fait de cette allégation soit également inséré au Bulletin.

Une discussion s'élève à ce sujet. Plusieurs membres affirment avoir entendu le propos rapporté dans ce journal, et demandent l'ordre du jour.

GOUJON : Je m'oppose à l'ordre du jour. Un département, sur le dire d'un journal, a accusé notre collègue de l'avoir calomnié. Il le nie ; à quoi tend la dénégation? a rétablir la concorde et à étouffer toutes les haines. Voilà le but de l'insertion qu'il réclame.

MERLIN ( de Thionville ) : J'appuie l'insertion au Bulletin. Si Ingrand n'a pas tenu le propos contre lequel il s'élève, il faut lui rendre justice ; s'il l'a tenu, l'insertion est une rétractation qui rétablira la paix.

L'insertion au Bulletin de la réclamation d'Ingrand est décrétée.

HENTZ : Je viens donner à la Convention des éclaircissements sur ce qui a été dit hier dans la séance, à l'occasion des horreurs commises dans la Vendée. J'ai été inculpé avec mon collègue Francastel. Voici ce qui s'est passé :

Le général Turreau imagina , au commencement de l'hiver, de vouloir détruire entièrement les brigands. Il ne restait alors à Charette que 3 ou 400 hommes. Turreau divisa son armée en douze colonnes, qui avaient ordre de tout brûler. Qu'arriva-t-il ? le peuple se révolta ; plusieurs de nos postes furent égorgés, les rebelles reprirent Chollet ; on se battit à Vezins qui est auprès ; nous eûmes du désavantage. C'est alors que le comité de salut public nous envoya Garceau et moi. Si donc Turreau a égorgé des femmes et des enfants, nous n'y avons point eu de part, puisque nous n'avons été envoyés qu'après que le mal a été commis. Qu'avons-nous fait ? Nous avons pris un arrêté pour inviter les bons citoyens à se réunir à vingt lieues des départements ravagés, afin d'isoler les brigands pour les détruire avec plus de facilité. Nous avons promis à ces malheureux habitants des secours de la part de la République. Nous avons envoyé des prisonniers avec des passeports, en leur disant : Retournez auprès de vos camarades, engagez-les à nous livrer leur chef ; nous leur donnerons leur grâce à tous. Nous avons fait une tournée dans la Vendée ; nous déclarons que nous n'avons pas vu égorger un seul homme, nous ne l'aurions jamais souffert. Voici comme nous écrivions à Turreau : *Songe que quelque parti que tu prennes, tous, à l'exception de la victoire, t'exposent à une responsabilité terrible.*

Nous déclarons encore que nous n'étions pas contents des généraux, mais nous n'en avions pas d'autres. On dit qu'il y a un arrêté de nous pour faire brûler 60 villages : nous disions au contraire à Turreau : Tu ne brûleras que ce qui est indispensable à la destruction des brigands. Nous vous devions ces explications, parce que les journaux retentissent des horreurs vomies contre nous. Quant aux alarmes que l'on cherche à répandre, nous vous assurons qu'il n'y a que les partisans de l'aristocratie qui puissent vouloir donner de la consistance à cette guerre ; elle ne peut plus devenir dangereuse pour la République.

BENTABOLLE : Quelles que soient les explications donnés par notre collègue , il est certain qu'il y a peu de représentants envoyés dans la Vendée auxquels on n'ait des reproches à faire. Nous devons suspendre notre jugement jusqu'au rapport que la Convention a chargé ses comités de lui présenter sur cet objet. Je dois le dire, notre collègue Hentz a pris aussi des mesures barbares qui ont déshonoré nos armes ; il existe de lui un arrêté , qui a été imprimé en allemand , par lequel il ordonnait de brûler une ville entière, parce qu'il s'y trouvait des aristocrates. Est-ce en agissant avec cette cruauté qu'on peut faire aimer, bénir la révolution? Je n'accuse pas les intentions de notre collègue , mais il pourrait bien avoir des reproches à se faire.

Je demande le renvoi aux comités.

Le renvoi est décrété.

CAMBON : Il est arrivé, il y a quatre jours , à la trésorerie nationale , 29 chariots escortés par des cavaliers, qui ont apporté des matières d'or et d'argent en lingots ou en monnaie, qui sont le produit des contributions levées dans la Belgique.

Ce convoi a paru extraordinaire ; il a produit une grande sensation ; tous les journaux en ont parlé, mais aucun n'a pu en indiquer le montant.

Votre comité des finances a cru qu'il était nécessaire de vous rendre compte des sommes qui ont été imposées et perçues dans la Belgique, et de celles qui sont arrivées à la trésorerie nationale.

La publicité de ce compte éclairera l'opinion publique, elle est peut-être nécessaire pour prévenir les manœuvres que la malveillance pourrait employer pour entraver les opérations du gouvernement, ou pour tromper le peuple , en exagérant ou diminuant le véritable produit des contributions exigées.

Le convoi, composé de 29 chariots, arrivé le 5 du courant à la trésorerie nationale , était composé de 3,441,343 liv. ; c'est le septième qui est entré à la trésorerie. Le total des sommes reçues monte à 13,359,404 liv. , tant en lingots qu'en monnaie française et étrangère.

Ne croyez pas cependant que les opérations des représentants du peuple se bornent à procurer à la nation une si faible ressource ; ils n'ont pas suivi le plan adopté par Dumouriez ; aussi le résultat de leurs opérations est-il bien différent.

Au lieu d'épuiser le trésor national par des demandes continuelles de numéraire, ils en envoient journellement ; au lieu de nous affamer, ils nourrissent les armées de la République avec le produit du territoire conquis, et ils envoient dans l'intérieur l'excédant de ce produit ; ils nous font passer les matières et le produit des arts qui peuvent nous être nécessaires.

Le premier soin des représentants du peuple a été d'établir l'ordre dans la comptabilité ; ils ont cherché à centraliser leurs opérations avec celles du gouvernement , et la plus grande surveillance dans la perception.

Ils ont chargé par un arrêté la trésorerie nationale du soin d'organiser des agences pour faire la levée des contributions dans la Belgique, et pour la surveiller.

Les commissaires de la trésorerie nationale ont envoyé sur les lieux un agent intelligent , qui a préparé l'organisation ordonnée par les représentants du peuple. Des agents ont été nommés pour percevoir ou pour surveiller le produit des contributions, et pour l'envoyer chaque décade dans un centre commun qui a été établi à Bruxelles, d'où on les fait passer de suite à Lille.

Les commissaires de la trésorerie ont chargé les agents qui doivent diriger les opérations de leur fournir chaque décade tous les divers renseignements sur les diverses recettes, de telle manière que la Convention nationale pût connaître et surveiller chaque jour le produit des contributions ordonnées ou rentrées.

En exécution de cet ordre, les commissaires de la trésorerie nationale ont déjà reçu l'état général des contributions imposées et de celles payées à compte jusqu'au quatrième jour des sans-culottides. Ils l'ont mis sous les yeux de votre comité des finances, auquel ils rendent successivement compte de leurs opérations, et je suis chargé de vous en présenter le tableau.

Suivant cet état, les sommes imposées sur dix-huit villes de la Belgique montent à 60,290,875 liv. ; les sommes payées, partie en espèces monnayées et partie en lingots, montent à 14,445,938 liv. ; et celles arrivées à la trésorerie s'élèvent à 13,359,404 liv.

Je vais vous faire connaître la quantité des sommes imposées et perçues sur chaque ville.

*État des sommes imposées et des sommes reçues dans les villes de la Belgique occupées par les armées de la République.*

Bruxelles imposée à 5,000,000 livres, a payé 5,000,000 liv.
Anvers imposée à 10,000,000 liv., a payé 2,836,810 liv.
Malines imposée à 1,000,000 livres, a payé 1,360,076 livres 8 sous 9 den.
Lierre imposée à 500,000 livres, a payé 300,000 livres.
Gand imposée à 7,000,000 livres, a payé 43,997 liv. 4 sous 11 den.
Oudenarde imposée à 500,000 livres, a payé 43,997 livres sous 11 den.
Bruges imposée à 4,000,000 liv.; Ostende 2,000,000 livres; Ypres 1,000,000 liv.; Courtray 3,000,000 liv.: ces quatre villes n'ont encore rien payé.
Louvain imposée à 2,000,000 liv., a payé 1,332,933 livres 14 sous 7 den.
Namur imposée à 5,000,000 liv., a payé 227,851 liv. 17 sous den.
Tournay imposée à 4,000,000 liv., a payé 290,000 liv.
Alost et Ninove imposées à 4,000,000 l., ont payé 190,506 l. 14 sous 7 den.
Mons imposée à 1,640,875 liv., a payé 1,293,630 liv.
Ath imposée à 150,000 liv., a payé 150,000 liv.
Hui, qui n'est pas encore imposée, a payé 126,171 livres sous 9 den.

Votre comité des finances s'est aperçu que le recouvrement était peu avancé dans plusieurs villes, et qu'il n'avait pas encore commencé dans d'autres. Il a chargé les commissaires de la trésorerie nationale d'écrire à leurs agents pour leur recommander de fixer l'attention des représentants du peuple sur l'état des choses, afin de les mettre à portée de prendre les mesures que leur sagesse leur suggèrera pour hâter une perception dont la marche ne saurait être trop rapide.

Les opérations des représentants du peuple dans la Belgique ne se bornent pas à la levée du numéraire, ils envoient en France les objets utiles aux arts, à l'enseignement et aux fabriques; ils s'occupent même de la vente des domaines nationaux, qui est déjà commencée, et leur produit nous servira à retirer une partie des assignats de la circulation.

La trésorerie nationale, outre les sommes arrivées de la Belgique, vient de recevoir de l'agent, chargé des opérations du même genre dans le pays de Trèves, l'avis d'un envoi qu'il vient de faire au payeur général de la Moselle, montant à 915,523 liv. 6 sous 5 deniers, provenant tant de la contribution de 3 millions imposée sur le pays de Trèves que de diverses saisies. Cet envoi est composé de 227,483 liv. 8 s. 3 d. en numéraire, et le surplus en assignats. Il est accompagné d'un caisson chargé du *trône électoral*. La République n'ayant aucun emploi à faire de ce meuble, l'exemple que vous avez donné, par la punition du tyran, devant avertir les ambitieux qu'il serait dangereux pour eux d'avoir l'envie d'y monter, à quelque titre que ce puisse être; nous enverrons au creuset national les matières d'or et d'argent qui font son ornement.

La levée des contributions dans le pays de Trèves a nécessité un acte de la justice nationale.

Une des communes imposées avait apporté, en paiement de son contingent, des assignats qui ont été reconnus faux; le porteur interrogé a avoué qu'on les avait empruntés à Luxembourg. Ainsi la coalition de nos ennemis voulait nous tromper, en ayant l'air de s'acquitter des sommes exigées en dédommagement d'une partie des frais que nous faisons pour la défense de notre liberté.

Le représentant du peuple Bourbotte a cru qu'il était prudent de prendre des moyens pour n'être pas trompé; il a ordonné qu'à compter du 30 fructidor on ne recevrait pas des assignats en paiement, et que les communes seraient obligées de s'acquitter en numéraire.

Ainsi les esclaves qui ont eu recours à la perfidie de nos ennemis ne pourront plus employer la caisse impériale de Luxembourg pour nous payer avec des assignats faux.

Votre comité se fera rendre compte, chaque décade, de l'état des contributions imposées et perçues; il vous en présentera le résultat.

Ce rapport est fréquemment interrompu par des applaudissements.

ECHASSÉRIAUX L'AINÉ, au nom des comités de salut public et de commerce : Citoyens, vos comités de salut public et de commerce réunis, ont jeté des regards attentifs sur tous les moyens qui pourraient accélérer la prospérité nationale de la République; ils sont dans le dessein d'appeler toutes les ressources et tous les talents qui peuvent amener promptement cette prospérité. Un des premiers moyens est de faire sortir le commerce de ses ruines, de recueillir ses débris. Dans le rapport que le comité de salut public vous a déjà présenté sur l'état politique intérieur de la France, il vous a fait sentir l'importance de ranimer les manufactures et les arts. L'industrie attend partout des secours, des encouragements et des lumières; les artistes sont prêts à répondre au signal que le leur donner la législation. Vous avez à créer un vaste plan de commerce intérieur et extérieur, à rendre l'agriculture à un état florissant, à imprimer à la France un mouvement rapide et général, qui annonce à l'univers que, même au milieu de la plus étonnante révolution et des armements les plus formidables, vous pouvez entretenir avec les nations les relations les plus étendues et les plus avantageuses.

Mais, pour atteindre ce but de prospérité nationale, vos comités réunis ont dû examiner les moyens et les instruments qui devaient nous y conduire; ils ont dû examiner l'organisation qui avait fait mouvoir jusqu'ici la vaste machine du commerce. En portant leurs regards sur la commission de commerce, ils ont vu un trop petit nombre d'hommes composer cette commission, et des connaissances trop resserrées pour l'immense étendue d'objets que présentent sans cesse à la délibération, à l'activité et à l'exécution le commerce et tous les genres d'industrie d'une grande nation; un trop petit nombre d'agents ne pourraient que succomber sous le fardeau de tant de travaux, ou bien laisser languir la chose publique; vos comités ont pensé que le nombre de deux commissaires, dont est composée la commission, était insuffisant; ils vous proposent de la composer de cinq membres.

Ils ont pensé aussi qu'il fallait placer, à côté de cette commission, un vaste foyer de lumières; ils ont cru qu'un conseil composé de douze citoyens, choisis dans différentes places de commerce, connus par leur réputation, leur conduite et leurs relations chez l'étranger, réunissant entre eux les connaissances de toutes les localités, de tous les genres d'industrie et de fabriques, pourrait, avec les efforts réunis de la commission, donner au commerce une impulsion capable de lui faire vaincre tous les obstacles que les circonstances ont jetés dans sa marche, et le rendre, en peu de temps, à un état plus florissant.

En adoptant ce plan, vous manifesterez de plus en plus à la République que vous voulez qu'elle reprenne son rang parmi les nations les plus commerçantes; vous inspirerez la confiance aux négociants étrangers, en même temps que vous la porterez dans le cœur de tout ce qui travaille en France aux arts du commerce et de l'industrie; vous environnerez la commission d'une grande variété de talents, de lumières et de connaissances, pour donner au commerce d'une grande nation, et à l'activité de 25 millions d'hommes, la force et la puissance qu'ils doivent avoir.

Le conseil dont vos comités vous proposent l'établissement ne sera point absorbé dans les détails; il ne remplira pas les fonctions de l'agence, il sera livré aux grandes conceptions; il s'attachera particulièrement au commerce politique, il l'envisagera sous tous les rapports généraux, il préparera les plans qui doivent assurer vos approvisionnements, multiplier vos moyens d'échange, étendre le crédit de la nation chez les nations étrangères, et affermir la confiance qui est une des puissances du commerce et de toute prospérité nationale.

Dans cette nouvelle organisation, la commission du commerce a paru le premier pas que l'on devait faire pour y arriver.

Vos comités examineront sévèrement la conduite et les moyens de tous les citoyens employés dans la commission; ils y appelleront tous ceux dont les talents peuvent promettre de grands services, et fonder un établissement précieux pour la République; ils en écarteront les citoyens dont les moyens sont insuffisants pour des travaux qui demandent de l'application et des lumières.

L'établissement que vos comités vous proposent, en ranimant par les conseils et l'activité toutes les ressources et les forces du commerce, formera pour la République, à l'avenir, des hommes capables d'en saisir les grandes conceptions, et d'honorer par leurs talents la patrie. Voici le projet de décret:

« La Convention nationale, après avoir entendu le rapport de ses comités de salut public et de commerce, décrète:

» Art. I°°. La commission de commerce et des approvisionnemens de la République sera composée de cinq commissaires.

» II. Ces commissaires sont les citoyens Picquet, Ioannot, Magin, Leguillier, Louis Monneron.

»' III. La commission formera un conseil de commerce composé de douze citoyens choisis dans les différentes places de commerce, connus par leur civisme, leur probité, leur expérience; la liste en sera présentée à l'approbation des comités de salut public et de commerce.

» IV. Les citoyens appelés pour composer ce conseil auront le même traitement que les agents du commerce.

, » V. Ce conseil s'occupera de dresser et de présenter à la commission des états des ressources de la France, de toutes ses relations commerciales intérieures et extérieures, des moyens d'étendre le commerce, d'augmenter et d'assurer les importations et les exportations, de faire prospérer les manufactures, de multiplier les moyens d'échange. Ses fonctions seront déterminées par les comités de salut public et de commerce, sur la proposition de la commission. »

La Convention ordonne l'impression et l'ajournement.

MAREY: Citoyens, je vous ai exposé, dans la séance du quatrième jour des sans-culottides, que vos trois comités de salut public, de sûreté générale, de marine et des colonies, avaient, en exécution de votre décret du 5 fructidor, nommé respectivement quelques-uns de leurs membres pour préparer le travail relatif à l'examen et à la discussion de l'affaire des colonies.

Les commissaires des trois comités se sont assemblés,

il y a quelques jours, pour convenir définitivement d'une organisation et d'un mode d'opérations propres à remplir les vues des comités et à faire marcher le travail avec la rapidité convenable. Mais en jetant d'abord les yeux sur eux-mêmes, sur leur existence politique, ils ont facilement reconnu qu'ils n'avaient et ne pouvaient avoir aucun caractère, aucun pouvoir suffisant pour faire les premiers actes préparatoires à la confection ou à la rédaction du travail qui leur a été imposé. En effet presque tous les papiers relatifs à l'affaire des colonies se trouvent consignés ou dans les divers dépôts publics de Paris, ou sous les scellés apposés chez les colons détenus ou autres individus.

Il est aussi certains colons, certains hommes que leurs affaires, leurs fonctions ou leurs intérêts ont appelés aux colonies à différentes époques; il est, dis-je, certains individus qui peuvent être consultés ou interrogés comme des témoins plus précieux, comme, s'il est permis de le dire, des répertoires vivants, plus propres à répandre un grand jour sur telle ou telle particularité, que les documents, mémoires ou renseignements écrits, les plus authentiques en apparence.

Dans tous les cas il faut pouvoir retirer et rassembler, dans les bureaux de la commission des colonies, les papiers, titres et documents consignés maintenant dans les différents dépôts; il faut pouvoir ordonner la levée des scellés, appeler et interroger les divers détenus, les accusés, les accusateurs, les témoins; il faut pouvoir même prononcer la mise en liberté de tels ou tels individus, et la mise en arrestation de tels ou tels autres, suivant les circonstances.

Or, les commissaires ont senti qu'ils ne pouvaient remplir aucune de ces formalités, faire aucun de ces actes préparatoires indispensables, car ils ne sont, en l'état, que des rapporteurs respectifs des comités, ils n'en sont et n'en peuvent être ni les délégués, ni les représentants, encore moins ceux de la Convention nationale elle-même, puisqu'elle ne les a pas nommés immédiatement.

Les commissaires se sont donc réunis à penser qu'il était nécessaire, ou que vous sanctionniez leur existence, en leur donnant tous les pouvoirs dont ils sont susceptibles, ou que vous nommiez immédiatement dans votre sein une commission spéciale, chargée de faire l'examen et le rapport de l'affaire des colonies; ou, si vous le trouvez plus convenable, de recueillir seulement, de constater et d'analyser tous les détails, de remplir toutes les formalités, de faire tous les actes préliminaires au rapport définitif de cette affaire.

Les commissaires, après avoir adopté cet avis, en ont rendu compte aux trois comités, où il a été discuté, débattu et approfondi avec toute la maturité de délibération dont la matière était susceptible.

Vos comités ont pensé que le décret du 5 fructidor, qui leur a renvoyé l'examen et le rapport de toutes les propositions faites relativement à l'affaire des colonies, était souverainement sage et devait être maintenu.

Aucune affaire n'est plus que celle-ci susceptible d'être envisagée et traitée sous tous les rapports d'économie politique, sous toutes les grandes vues d'intérêt public, qui semblent être particulièrment réservées aux méditations et à la discussion des deux comités de gouvernement.

Mais, comme il serait extrêmement difficile que les trois comités, que ceux de salut public et de sûreté générale surtout, qui sont surchargés d'un courant immense d'affaires, donnassent une attention particulière et continue à celle des colonies; comme il est physiquement impossible qu'ils se livrent à tous les détails que comporte la préparation et l'instruction de cette affaire, il a paru indispensable de confier ce soin à une commission particulière.

Cette commission ne peut être formée par la simple réunion de quelques membres détachés des comités respectifs, car il est certain qu'ils n'auraient aucun caractère, aucun pouvoir réel pour l'exercice de leurs fonctions. Il faut donc former cette commission d'un certain nombre de membres pris dans le sein de la Convention nationale même, soit qu'ils soient ou non déjà membres de quelque comité, et revêtus par elle de pouvoirs suffisants.

Mais quelle sera la limite de ces pouvoirs? Elle est tracée d'avance par la nature même des fonctions que cette commission devra remplir, par les détails d'examen, d'analyse et d'informations auxquels elle devra se livrer, et qui n'exigent que la faculté de faire toutes les vérifications de pièces, de faits, de témoignages qui constituent un corps d'instruction.

Quant au pouvoir de prononcer, soit les mises en liberté, soit les mises en arrestation des colons ou de tous autres intéressés dans l'affaire des colonies, il a paru que ce droit devait être réservé aux trois comités réunis, conformément au décret du 4e jour des sans-culottides.

Un tel droit ne peut être en effet confié plus sagement, plus utilement qu'à des comités, dont deux sont déjà exclusivement investis de la police générale de la République. Seulement la commission des colonies aura l'initiative, aux trois comités, de toutes les propositions relatives aux mises en liberté ou aux arrestations des individus dont il s'agit; et sans doute on doit compter d'avance sur l'empressement des comités à l'entendre, toutes les fois qu'elle s'y présentera pour former de pareilles demandes.

A l'égard du rapport définitif de l'affaire des colonies, c'est une conséquence nécessaire du décret du 5 fructidor, qu'il ne pourra être présenté à la Convention nationale avant d'avoir été soumis à l'examen et à la discussion des trois comités réunis.

Reste à déterminer la durée des fonctions des membres qui devront être nommés pour composer la commission des colonies. Vos comités ont pensé que, comme cette affaire est d'une haute importance, comme l'historique des événements qui se sont succédé aux colonies depuis 1789 présente une longue série de conjurations et de complots contre la révolution, contre la liberté, contre la République, contre les intérêts de la métropole, contre la sûreté et l'intégrité de son territoire; comme ces conjurations diverses se sont ramifiées à l'infini, qu'il importe que ceux qui en tiendraient déjà les fils, ne soient pas exposés à les abandonner ou à les confier à des mains inexpérimentées; comme l'aptitude à traiter convenablement l'affaire des colonies exigera une longue application et une étude particulière des choses et des personnes, et qu'il y aurait sans doute de l'inconvénient à ne pas prévenir les retards, l'incertitude et l'inexpérience qui pourraient résulter du changement des membres de la commission; vos comités, dis-je, ont pensé que l'existence de ces membres devait être indépendante du renouvellement successif des divers comités de la Convention nationale, et qu'il était bon de les maintenir dans l'exercice de leurs fonctions, jusqu'au rapport définitif de l'affaire confiée à leur zèle et à leurs soins.

Enfin vos comités, en vous proposant la nomination de la commission dont il s'agit, n'ont pas été arrêtés par la crainte de blesser le principe de la loi d'organisation qui a partagé entre seize comités la surveillance et l'action du gouvernement, dont la Convention nationale est le centre. La commission de colonies ne devant être qu'une commission d'instruction, astreinte à présenter le résultat de son travail à la discussion et à l'examen de trois comités, vous jugerez sans doute que, comme la commission nommée pour lever les scellés apposés sur les papiers des derniers conspirateurs, celle des colonies peut être formée sans que son établissement présente d'incohérence ou de contradiction avec les principes que vous avez consacrés.

Citoyens, tous les décrets préparatoires que vous avez rendus depuis un mois sur cette affaire ne doivent laisser aucun doute sur l'intention formelle où vous êtes de vous occuper sérieusement du sort des colonies. Aucun objet n'est peut-être plus digne de fixer enfin vos regards. Ces inestimables possessions ont été longtemps la principale source de ce haut degré de splendeur et de prospérité auquel s'étaient élevés l'industrie et le commerce de la France. Elle trouvait dans ses colonies le débouché le plus avantageux de ses denrées, de ses marchandises, des produits quelconques de son industrie : elle recevait en retour pour 250 à 300 millions par an de denrées coloniales, qui devenaient l'objet de nos jouissances, l'aliment le plus précieux de nos manufactures, la base essentielle de nos échanges les plus importants dans tous les marchés de l'Europe; et leur transport entretenait, vivifiait notre marine commerçante et formait des sujets précieux pour notre marine nationale.

En un mot, les Antilles françaises étaient le véritable Pérou du Nouveau-Monde, et l'objet de la jalousie et de l'ambition de toutes les puissances du continent.

Aujourd'hui quelques-unes de ces îles ravagées par le feu des discordes civiles, dévastées par les attentats du royalisme et de l'aristocratie, sont tombées en partie au pouvoir de nos ennemis les plus féroces; mais ce n'est pas la force de leurs armes, c'est la plus lâche trahison qui leur en a valu l'occupation précaire et momentanée.

Il est écrit dans le livre des destinées qu'aucune portion du domaine de la République française ne deviendra la propriété incommutable des tyrans coalisés contre son indépendance et son intégrité. L'exemple de toutes les reprises glorieuses, que nos intrépides sans-culottes viennent d'exercer à cet égard sur le continent, doit apprendre à Pitt ce qu'il peut penser de la conservation de ses conquêtes faciles qu'il a obtenues au-delà du tropique. Les colonies françaises se rattacheront toutes à leur ancienne et puissante métropole, elles s'y rattacheront par le courage indomptable des patriotes, par la sagesse et la vigueur de vos mesures, par tous les liens de la confiance et de l'intérêt réciproques, par tous les bienfaits qu'elles doivent attendre d'une législation et d'un régime digne de l'assemblée auguste qui fonda, sur la Déclaration des droits sacrés de l'homme, le premier des gouvernements républicains.

Hâtez donc, citoyens, ce moment heureux. Le premier pas doit être de porter enfin le flambeau de la justice et de l'impartialité la plus sévère dans le dédale qui cache encore à vos yeux les véritables causes, ou plutôt les véritables moteurs des troubles qui ont dévasté vos colonies.

Voici le projet de décret:

« La Convention nationale, après avoir entendu le rapport de ses trois comités, de salut public, de sûreté générale, de marine et des colonies, décrète :

» Art. 1er. Il sera formé une commission de neuf membres, immédiatement et à l'appel nominal, par la Convention nationale, pour s'occuper de l'examen et du rapport de l'affaire des colonies.

» II. Cette commission aura le pouvoir de faire lever les scellés apposés sur les papiers des détenus et autres, mais seulement en leur présence, de retirer ceux qui se trouvaient consignés dans les divers dépôts publics, de les inventorier, de les extraire, de les examiner, d'appeler devant elle tous dénoncés, tous dénonciateurs, tous témoins, dans l'affaire des colonies, de leur faire subir tous interrogatoires nécessaires, de les entendre soit contradictoirement, soit particulièrement.

» III. Elle ne pourra prononcer la mise en liberté ou la mise en état d'arrestation d'aucuns individus prevenus ou suspects dans l'affaire des colonies. Ce droit reste réservé aux trois comités réunis, conformément au décret du quatrième jour des sans-culottides. La commission n'aura, à cet égard, que le droit de proposer, soit les mises en liberté, soit les arrestations qu'elle jugera nécessaires; elle en fera les rapports aux trois comités.

» IV. L'existence de la commission sera indépendante du renouvellement successif des divers comités de la Convention nationale. Les membres qui composeront la commission y seront maintenus jusqu'au rapport définitif de l'affaire des colonies.

» V. Ce rapport ne pourra être présenté par elle à la Convention nationale qu'après avoir été soumis à l'examen et à la discussion des trois comités réunis. »

Ce projet de décret est adopté après de légers débats.

La séance est levée à 3 heures.

### SÉANCE DU 10 VENDÉMIAIRE.

Un des secrétaires donne lecture d'une adresse de la société populaire de Richelieu, département d'Indre-et-Loire, par laquelle cette société témoigne sa surprise de ce que les representants du peuple donnent la liberté aux détenus, sans consulter les comités de surveillance et les sociétés populaires.

CLAUSEL : Je demande l'improbation formelle de cette adresse; écouter la prétention des sociétés populaires, ce serait élever à côté de l'autorité nationale des autorités rivales, et organiser l'anarchie.

L'improbation est décrétée.

On demande le rapport d'un décret qui ordonne l'insertion au Bulletin d'une adresse d'une société populaire du département de l'Ardèche, conçue dans les mêmes principes.

Un secrétaire en donne une nouvelle lecture.

La société se plaint de ce que la Convention a rapporté le décret par lequel elle ordonnait l'impression de la liste des détenus mis en liberté, et des personnes qui les ont réclamés.

GUYOMARD : Je demande que cette adresse soit envoyée au comité de sûreté générale avec les autres. Au moment où l'on semble jouer l'opinion publique à la hausse et à la baisse, c'est à la Convention qu'il appartiendra de la fixer. On parle de Montagne! Entend-on par là ceux qui ne veulent pas de dominateurs; nous sommes tous de la Montagne? Y aurait-il donc ici par le fait une chambre haute et une chambre basse? (On applaudit.) Quelques aristocrates ont pu se glisser parmi les citoyens mis en liberté; eh bien! laissons les reprendre. Je ne parle point en faveur des nobles ni des prêtres, je sais qu'il y a fort peu de bons; mais ne laissons point rétablir le système de la terreur. Ne soyons ni modérés ni exagérés.

CLAUSEL : On se plaint dans toutes les adresses des prêtres et des nobles; eh bien! sachez que c'est un moine qui a rédigé celle-ci.

Le renvoi est décrété.

DUHEM : Il est très vrai qu'on cherche à travailler l'opinion publique, que jamais on n'a vu l'aristocratie, le modérantisme, je dirai même le royalisme, lever une tête si audacieuse. Nous ferions aussi bien de n'insérer aucune adresse.

LAPORTE : Les principes énoncés par Guyomard ont été accueillis par l'universalité de la Convention. N'est-ce pas à elle à fixer l'opinion publique? S'il lui arrive des adresses rédigées dans un esprit qui n'est pas le sien, alors c'est beaucoup qu'elle se borne à un simple renvoi au comité. Quelques-unes doivent être improuvées; mais celles qui sont dans le sens des principes ne peuvent être trop publiées. Je demande l'ordre du jour sur la proposition de Duhem.

L'ordre du jour est adopté.

La société populaire séante à la salle électorale est introduite à la barre.

L'orateur : Mandataires du peuple, l'adresse que nous venons vous apporter a été le résumé de plusieurs de nos séances, et venait d'être arrêtée à l'unanimité, lorsque les citoyens des tribunes ont demandé à prendre part à notre adhésion, et qu'elle fût de nouveau mise aux voix ; la société, consultée sur cette demande, l'a accueillie à l'unanimité des tribunes et des membres composant la société, de manière

que le vœu que nous venons vous exprimer n'est pas seulement le nôtre, mais celui de la totalité du peuple que peut contenir la salle de nos séances.

La société séante à la salle électorale s'est occupée, en vertu de votre décret du 18 fructidor dernier, des moyens de vivifier le commerce, de lui donner cette splendeur utile au maintien de la République, et la rendre tellement florissante qu'elle intimide les despotes coalisés. Nous venons vous en communiquer les résultats.

La société vous exposera d'abord que, si des circonstances ont nécessité des mesures extraordinaires, telles que les préhensions, les réquisitions, ces lois ne peuvent être observées qu'un instant sans devenir plus dangereuses qu'elles n'ont été utiles, et que ces lois, souvent mal exécutées, sont et demeurent impraticables.

La société a remarqué aussi que la loi sur les accaparements, en partie sollicitée par des circonstances, a eu le même sort. Elle a donné lieu à des usures multipliées des négociants, et aux mêmes dangers que les réquisitions, puisqu'elles ont détruit l'industrie; depuis l'agriculteur jusqu'au plus riche négociant, l'un et l'autre craignent toujours d'être soupçonnés pour la fausse application de ces lois, avec d'autant plus de raison que le commerce et l'industrie ne peuvent être bornés, la circulation étant proportionnée soit à l'industrie, soit à la richesse, soit aux connaissances commerciales de ceux qui l'exercent. De ces réflexions, il résulte les propositions suivantes :

Rendez au peuple la plénitude de ses droits, et la plus grande latitude au commerce; encouragez celui qui s'y livre de bonne foi, et accordez-lui une telle sûreté qu'il ne soit pas avili, et qu'il ne coure aucun danger.

Surtout ne souffrez pas que, sous prétexte d'approvisionner nos armées, on mette tout en réquisition, et qu'il soit fait par des agents infidèles commerce des mêmes marchandises achetées de la veille; cet exemple serait pernicieux, il avilirait l'honneur national, et augmenterait la cupidité à laquelle ne sont que trop sujets les hommes. Qu'aucune commission ne fasse donc ni préhensions ni réquisitions que pour les armées, et même point du tout, s'il était possible que le commerce fournit.

Rendez à Paris les deux assemblées de sections par décade, qui sont à peine suffisantes pour les objets journaliers.

Rendez-lui sa municipalité; législateurs, vous ne souffrirez pas que la commune de Paris soit la seule privée de ses magistrats; rendez-lui ses administrations, dont les citoyens qui la composeront, élus par le peuple, qui seul a le droit de les nommer, ayant sa confiance, puissent recevoir sa sollicitude et l'aider par leurs lumières au rétablissement du commerce que vous désirez.

Rendez-les-leur avant l'hiver. Vous voyez combien le charbon, l'huile, le bois, le savon et tous les comestibles sont rares depuis que les réquisitions ont lieu. Et que ferions-nous dans la durée de l'hiver, si vous ne vous hâtiez d'y porter remède ?

Ce que nous vous demandons pour nous, faites-le pour nos frères des départements; ils le désirent comme nous. Que des lois sévères atteignent tous ceux qui voudraient nuire à l'intérêt général, de quelque manière qu'ils s'y prennent; surtout que rien n'autorise l'exportation des comestibles de la République. Cette loi est alarmante, immorale et dangereuse, tant que tout agriculteur n'a pas l'assurance de sa subsistance et de ses semences chez lui, lorsque les circonstances le permettent, et que les lois paraissent les lui assurer.

Mettez les Droits de l'homme à l'ordre du jour; ils sont, après la nature, votre ouvrage; vous les avez jurés, vous avez provoqué pour eux le serment de tous les Français.

Les Français n'ont pas juré la liberté pour en jouir, ainsi que le disaient les prêtres du fanatisme, comme de la terre promise, c'est-à-dire après leur mort; hâtez-vous de leur en rendre; les droits du peuple ne s'ajournent pas.

Ils l'ont fait avec vous ce serment, et ils le soutiendront rien ne les fera changer de résolution; et, comme ces sentiments sont ceux de la Convention nationale, nous venons vous assurer que les citoyens, composant la société séante à la salle électorale, sont décidés à servir de rempart à la représentation nationale, comme de maintenir les droits imprescriptibles et inaliénables de l'homme, et enfin de s'opposer de tous les moyens que leur donneront les principes, la raison et la justice, inséparables l'un de l'autre, à l'établissement de la tyrannie, sous quelque forme qu'elle se présente.

La société a aussi arrêté que cette adresse serait imprimée, affichée, envoyée dans les 48 sections de Paris, par des commissaires qui seraient choisis, moitié dans les citoyens composant les tribunes, et l'autre moitié prise parmi les membres de la société, avec invitation aux sections d'y adhérer; arrête en outre qu'il en serait envoyé deux exemplaires aux sociétés de Paris.

LE PRÉSIDENT : Citoyens, vous demandez une commune pour Paris, et le droit de nommer vous-mêmes vos magistrats; vous étendez cette demande à vos frères des départements; ignorez-vous donc que le gouvernement révolutionnaire existe, et que la Convention nationale a juré de le maintenir jusqu'à la paix? La Convention respecte le droit de pétition, mais elle sait aussi respecter ses serments. (On applaudit.)

Cette pétition est renvoyée au comité de sûreté générale.

L'assemblée entend un grand nombre de petitionnaires : leurs pétitions sont renvoyées aux comités qu'elles concernent.

— On lit un grand nombre d'adresses qui remercient la Convention d'avoir fondé le règne de la justice.

L'assemblée ordonne l'insertion de ces adresses au Bulletin.

— On lit une adresse des canonniers qui sont à Valenciennes.

Après avoir exprimé leur respect et leur dévoûment pour la Convention, ils réclament sa justice pour un citoyen victime de l'intrigue, et qui est détenu.

Duhem demande l'insertion au Bulletin de la première partie de l'adresse. Quant au citoyen dont cette adresse réclame la liberté, l'opinant dit que c'est une victime de Lebas et de Saint-Just; il demande que le comité de sûreté générale soit autorisé à statuer définitivement sur son compte.

— Décrété.

BOURDON (de l'Oise) : Le comité de sûreté générale se trouve souvent arrêté par la loi. Beaucoup de citoyens avaient été traduits à l'ancien tribunal révolutionnaire, pour des propos et autres causes pour lesquelles le jury d'alors, quelque mal composé qu'il fût, n'a pas osé les condamner à la mort, mais il les a condamnés à la détention. Plusieurs de ces affaires me sont passées sous les yeux, et j'ai eu l'occasion de me convaincre que ces malheureux ne méritaient pas même la détention. Le comité ordonne l'élargissement dans des cas semblables, quand il n'y a pas de jugement; il faut que la mesure soit égale pour tous.

Je demande donc que le comité puisse prononcer l'élargissement, nonobstant les jugements portés jusqu'au 10 thermidor, lorsqu'il croira qu'il y a lieu à le faire.

Qu'on ne craigne pas au reste que ce soit porter atteinte à l'institution sage et sacrée des jurés : quand les jurés ont prononcé dans leur âme et conscience sur un délit, et que les juges ont appliqué la loi, il y a alors un jugement contre lequel il n'est plus permis de revenir; mais ici les citoyens dont je parle n'ont pas été condamnés à la détention d'après une déclaration des jurés, mais simplement sur un réquisitoire de l'accusateur public, ou d'un de ses subalituts, d'après lequel les juges ont ordonné la détention.

La mesure que je propose est donc juste, humaine, et ne porte pas atteinte à l'institution des jurés.

Bodin demande que cette mesure soit étendue à toute la République.

Bourdon appuie l'amendement; et sa proposition ainsi que l'amendement de Bodin sont décrétés comme il suit :

« La Convention nationale autorise son comité de sûreté générale à statuer sur toutes les détentions jusqu'à la paix, prononcées par jugements des différents tribunaux pour motifs de suspicion seulement jusqu'au 10 thermidor. »

La séance est levée à trois heures.

SÉANCE DU 11 VENDÉMIAIRE.

LALOI : Je viens, au nom du comité de salut public, vous parler de vos armées. L'œil ouvert sur leurs mouvements, vous voulez en connaître les résultats quels qu'ils soient. Je vous apporte donc les derniers détails qui sont parvenus à votre comité.

Quelques-uns peut-être sont déjà répandus; mais, n'oubliant jamais que vous lui avez confié surtout le salut de la patrie, votre comité a cru qu'il répondrait mieux à vos vues en prenant les mesures que la sagesse et les circonstances dictaient, qu'en se pressant de publier ces détails.

Ils vous apprendront d'abord que le poste de Kayserslautern, dans le Palatinat (ce poste pris et repris tant de fois, dans le cours de cette campagne), a été attaqué de nouveau par l'ennemi avec une force majeure;

Qu'après un choc opiniâtre il est resté en son pouvoir.

Mais je suis chargé de vous dire aussi que les ordres ont été donnés pour que ce poste soit repris sans délai; nous pouvons à cet égard nous reposer sur la valeur des soldats républicains qui ne doivent jamais pardonner à l'ennemi de les avoir surpris.

Voici la dépêche officielle :

Au quartier-général de Neustadt, le sans-culottide, l'an 3 de la République française, une et indivisible.

L'ennemi, qui depuis 15 jours ne faisait que des marches et contre-marches, a tout à coup réuni ses forces sur un seul point; il a attaqué avec vigueur, et s'est fait jour jusqu'à Olsbora. La résistance qui lui a été opposée a été terrible et funeste pour lui, car, au rapport des deserteurs et prisonniers ennemis d'un regiment, il ne leur a pas été possible de réunir de quoi faire deux compagnies; il n'est resté dans quelques compagnies que cinq à six hommes; et généralement tous les corps qui ont chargé ont beaucoup souffert; nous avons perdu, nous, également de braves hommes; il ne nous est pas possible d'en designer le nombre, n'ayant encore des rapports certains du general Meunier, qui commandait à Kayserslautern, et qui s'est replié sur Tripstat; l'ennemi est resté maître d'Olsbora et de Kayserslautern; depuis trois jours nous nous battons; nous sommes constamment à cheval avec les généraux; un temps affreux, des pluies presque continuelles, n'ont pas peu coopéré à rendre nos efforts infructueux.

Salut et fraternité.                  Signé FERRAND et NEVEU.

LALOI : Ce n'était pas seulement dans le Palatinat que nos ennemis cherchaient à surprendre nos défenseurs, un plan plus vaste était conçu par eux.

Douze mille hommes rassemblés à Cairo, avec 50 pièces de canon, menaçaient de leur nombre et de leurs forces la droite de l'armée d'Italie : ce plan convrait le plan formé par l'armée austro-sarde, et concerté avec les flottes combinées d'Angleterre et d'Espagne, de porter la guerre à Gênes après s'être emparé de Savone.

A l'avantage d'une position heureuse, au nombre, à la force, les ennemis avaient réuni celui de se couvrir par des montagnes et d'être fortifiés dans leurs postes doublement retranchés; mais le soldat français, fier de sa liberté qu'il a juré de maintenir, plus fort de son énergie et de son amour de la patrie, n'écoutant plus que son courage, part à la voix des représentants du peuple; il attaque, la baïonnette à la main; il enlève le poste; il est vainqueur et poursuit des ennemis que la terreur a dispersés, et qui profitent des ombres de la nuit pour couvrir leur fuite jusqu'à Alexandrie.

J'affaiblirais le récit énergique que les représentants du peuple et le général Damerbion ont adressé à votre comité, si je voulais analyser les détails : je vais les lire, après vous avoir assuré que tous les républicains, officiers et soldats, ont déployé l'intrépidité, d'héroïsme et de vertus; tous les traits vont en être recueillis, et vous seront incessamment présentés; mais ce serait faire une injustice à Bromont, sergent de chasseurs, de ne pas publier dès aujourd'hui qu'il a été remarqué se battant à la fois contre quatre ennemis qu'il a tués, quoique blessé à la cuisse par un coup de feu et plusieurs coups de baïonnettes; si je ne vous préviens pas que le comité, pénétré de vos principes de justice et de générosité, s'occupe de la récompense due à tant d'héroïsme, et du soin de vous proposer l'avancement de ce républicain, déjà connu, dès le commencement de la campagne, pour avoir tué trois ennemis, et dégage un de ses camarades qu'on emmenait prisonnier.

Vous aurez à regretter la perte de 80 de nos frères, et surtout du brave Raiboud, capitaine de chasseurs, mort d'un coup de baïonnette, après avoir fait des prodiges, et tué un capitaine autrichien contre lequel il se battait à coups de sabre.

LALOI : Vous avez dû remarquer que depuis quelques jours le comité de salut public ne vous a guère annoncé de victoires, qu'il ne vous ait parlé de l'armée de Sambre-et-Meuse; je suis chargé de vous en parler encore, et j'ai reçu le devoir de vous entretenir de ses nouveaux succès. J'annonce donc qu'elle est dépositaire des clefs d'Aix-la-Chapelle, qu'elle cerne Maëstricht, et qu'elle serre de près cette ville ennemie.

Je vais vous lire les premiers détails que le comité a reçus de notre collègue Gillet, représentant du peuple près cette armée, et du général Jourdan.      (La suite à demain.)

# GAZETTE NATIONALE ou LE MONITEUR UNIVERSEL.

N° 13. Tridi 13 Vendémiaire, l'an 3e. (Samedi 4 Octobre 1794, vieux style.)

## POLITIQUE.

### ALLEMAGNE.

Il paraît un nouveau mémoire diplomatique de la part de la cour de Vienne. Il fait une grande sensation. Le ministre impérial l'a remis à l'assemblée du cercle du Haut-Rhin... Si l'empereur a prétendu justifier par là, aux yeux des peuples, la conduite astucieuse qu'il a tenue pour et pendant la guerre actuelle, il sera bientôt détrompé par le bruit des plaintes et des murmures qui se font entendre de tous côtes. S'il n'a voulu qu'imposer aux diverses cours de l'Empire germanique, il n'en avait pas besoin; la servitude des unes et la faiblesse des autres le dispensaient naturellement d'une démarche qui expose au plus grand jour la perfidie de son cabinet et toute la misère de ses ressources personnelles, dans une entreprise où il n'a jamais été question que de ses seuls intérêts..... Une autre réflexion frappera les peuples : c'est qu'une troupe de roi ligués crie à la détresse, n'ayant affaire tous ensemble qu'à une seule nation qui défend son indépendance et la liberté du monde contre des maisons de princes et les projets de la tyrannie.

Voici, par extrait, le mémoire de François :

« Le ministre impérial rappelle, au nom de l'empereur, que la cour de Vienne, même avant la guerre, n'a point omis de faire connaître aux États de l'Empire les fonds *bordés* de la maison archiducale; qu'immédiatement après l'explosion de la guerre elle a insisté sur des préparatifs prompts pour mettre à l'abri ses frontières; qu'il a été proposé dans le dernier interrègne une association des cercles antérieurs et une union plus étroite, proportionnée au danger, attendu que ces provinces sont les premières exposées à une invasion, et qu'on pouvait prévoir que les résolutions de l'Empire seraient prises avec lenteur, et que les États éloignés, à la faveur des formes compliquées, se soustrairaient à la coopération effective aussi longtemps que possible; mais que, bien que ce projet fût regardé comme constitutionnel, il n'a eu aucun effet à cause des diverses formalités. »

Après avoir dit qu'on se flattait qu'après l'élection de l'empereur l'Empire entier prendrait des mesures plus grandes et plus énergiques, et que, faute d'avoir pris cette précaution, les provinces se trouvèrent hors de défense, et Mayence tomba entre les mains des Français, ce qui fit que presque toute la seconde campagne se passa en efforts pour reprendre cette ville, le ministre impérial ajoute que, plusieurs États ayant opiné que le temps ne devait pas se perdre à organiser une armée de l'Empire en règle, l'empereur permit de joindre des contingents aux troupes de l'une ou de l'autre des puissances alliées, et qu'attendu le besoin d'argent où elles se trouvaient, on consentit que les États de l'Empire, incapables de mettre sur pied des soldats, fournissent le contingent en argent, selon une estimation très-modique.

On a débattu dans les cercles si l'on était obligé de fournir les contingents selon les décrets de l'Empire de 1681; quelques États ont renouvelé leur demande pour la diminution de leur quote-part; d'autres ont allégué leur impuissance, et même quelques-uns des États les plus considérables ont refusé leur contingent, sous le prétexte qu'il n'existait pas d'armée de l'Empire.

Lorsqu'à l'ouverture de cette campagne le roi de Prusse menaça de retirer ses troupes par la raison qu'il ne recevait point de subsides et que les Français se renforçaient extrêmement, il ne resta, selon le ministre impérial, d'autre moyen, pour avoir un secours momentané, que d'insister sur l'armement des habitants des cercles, et, pour couper tous les prétextes, de presser l'organisation de l'armée de l'Empire dans la forme constitutionnelle. Quoique l'empereur ait fait tout ce qui dépendait de lui, l'armement des habitants des frontières n'eut pas lieu : quelques États ne se fiaient pas à leurs sujets, et d'autres craignaient les frais. « L'armée de l'Empire, continue toujours le ministre impérial, n'est pas même formée jusqu'à présent où

les deux tiers de la campagne sont écoulés, où les ennemis triomphent partout. On ne veut pas, ou l'on ne peut pas, à ce que l'on dit, et c'est l'unique prétexte par lequel plusieurs États se soustraient à la prestation du contingent d'Empire. »

Un long récit de ce que la maison d'Autriche dit avoir fait pour le soutien de la guerre termine le tableau de la situation.

« Ces efforts extraordinaires, ces sacrifices si sensibles et si irréparables pour les pays héréditaires, à présent qu'on a entièrement négligé de les soutenir insuffisamment et assez tôt, n'ont pu différer un peu le coup effroyable que l'Empire doit attendre par la conquête des provinces sur le bord du Rhin et au delà de ce fleuve. Cependant, comme les États héréditaires sont épuisés d'hommes et d'argent, le remède extrême devient à présent nécessaire pour prévenir la décadence des forces, si l'on veut détourner encore le coup mortel qui menace l'Allemagne de la subversion de sa constitution; d'autant plus que les ennemis, instruits de la situation des choses, redoublent de leur côté leurs efforts les plus violents afin que les armées harassées ne puissent se refaire... Leurs progrès sont si formidables que la cour impériale et royale est dans la nécessité certaine de retirer ses troupes et de les faire rentrer en dedans de ses frontières si l'Empire n'oppose pas à l'ennemi une force également redoutable, et ne seconde point ainsi, le plus promptement possible, la cour impériale et royale dans cette lutte fatigante. Les efforts de celle-ci seraient réellement infructueux si elle voulait entreprendre de couvrir seule la frontière de l'Empire depuis Bâle jusqu'à Luxembourg; et l'on saurait peu nier qu'une armée sur les dents, hors d'état de se refaire, qui ne trouve nulle part aucun secours ni de quoi se rafraîchir, doive tâcher de gagner les confins de son propre pays, où, se trouvant plus proche, elle peut être mieux pourvue et appuyée par le courage des fidèles habitants des États impériaux et royaux. Il semble du moins juste de hasarder les dernières forces uniquement pour la défense de sa propre maison lorsqu'on a devant les yeux la triste vérité, qu'avec la meilleure volonté l'on n'est pas à même de sauver ses voisins, ses amis. »

---

## RÉPUBLIQUE FRANÇAISE.

*Paris, le 11 vendémiaire.* — Les élèves de l'École de Mars, au nombre d'environ trois mille, ont fait hier, dans la plaine à gauche du camp des Sablons, un grand exercice à feu. Il y a eu des marches, des évolutions, des attaques feintes de toutes armes. On les a vus successivement se mettre en ordre de bataille, s'avancer en tirailleurs, former des colonnes, des bataillons carrés, faire retraite en échelons; la cavalerie figurer des charges, les piquiers lui opposer un mur inébranlable; l'artillerie de campagne suivre tous les mouvements, et, par la célérité de ses manœuvres, donner une idée des terribles effets qu'elle produit dans les combats.

La plaine était bordée de toutes parts d'un grand nombre de citoyens qui manifestaient leur satisfaction de la bonne exécution, leur admiration des progrès des élèves, et se livraient à l'intérêt de voir préparer des défenseurs à la patrie.

---

## CONVENTION NATIONALE.

*Les représentants du peuple français composant le comité de salut public de la Convention nationale, chargé, par décret du 7 fructidor, de la direction des relations extérieures, à la république de Genève, amie et fidèle alliée de la France.*

Paris, le 22 fructidor, l'an 2e de la république française, une et indivisible.

« Nous avons nommé le citoyen Adet pour se rendre

auprès de vous et entretenir les relations de commerce et d'intérêt qui attachent les deux républiques.

« Il est chargé de manifester au peuple génevois et à son gouvernement que le peuple français ne reconnaît d'autres principes politiques que ceux de la justice et de l'égalité entre les nations ; qu'il ne prête le secours de ses armes et ne développe sa force que pour faire respecter ces principes, garants de la sûreté, de la liberté et de l'indépendance respective des nations.

« Nous vous invitons de donner créance à tout ce qu'il vous dira au nom de la république française, et d'être convaincus qu'il est spécialement chargé d'entretenir la bonne harmonie qui existe entre les deux nations.

« Pour extrait :

« *Les membres du comité de salut public.* »

### Discours du citoyen Adet, résident de la république française près celle de Genève.

Citoyens, il en est de l'amitié qui unit les nations comme du sentiment qui rapproche les hommes. Si elle n'est fondée que sur l'intérêt du moment, sur quelque circonstance particulière, elle doit céder à l'effort du temps, qui plonge dans le néant et les hommes et leurs passions. Aussi voit-on les peuples qui ne suivent d'autres lois que la volonté d'un despote s'allier entre eux, se désunir, s'entr'égorger, suivant que le caprice de leurs tyrans en a décidé. Les nations, au contraire, qui se sont élevées à la dignité de l'espèce humaine, qui ont fondé leur gouvernement sur les droits sacrés de l'homme, n'ont d'autre intérêt que de maintenir dans leur intégrité les principes qui leur assurent la jouissance de la liberté. Cet intérêt, ne pouvant pas éprouver plus de modifications que les principes, cimente entre les peuples une amitié constante et durable.

Ne craignez donc pas, citoyens, que la France rompe les liens qui l'unissent à Genève. Je vous annonce, en son nom, que son intention est de vivre en bonne intelligence avec vous. Quelles que soient les ressources et la puissance du peuple français, quelque éclatant que soit le succès de ses armes, quelque bouillant que soit le courage de ses nombreux bataillons, ne craignez pas de le voir couvrir de ses guerriers les terres de ses amis fidèles. La justice et la loyauté contiendront sans effort ce torrent impétueux, qui ne se déborde que pour engloutir les ennemis de la liberté.

Ce n'est pas pour faire des esclaves, pour fouler sous leurs pieds des Etats moins puissants que le leur, pour changer, à l'exemple des rois, les villes en tombeaux, les campagnes en déserts, que les Français ont armé leurs bras ; ils ont voulu rétablir et maintenir parmi eux les principes sacrés qui doivent régner entre les hommes, entre les peuples, et qui ne se retrouvaient que dans les écrits du philosophe de Genève. C'est à sa voix que la nation française s'est réveillée de son long assoupissement ; elle a brisé ses fers, sapé tous les préjugés et renversé le trône. L'arbre saint de la liberté, dont Jean-Jacques avait cultivé la faible tige, s'est bientôt élevé près de sa tombe, et a confondu ses rameaux avec ceux qui ombragaient déjà le tombeau de ce grand homme.

C'est sous leur ombre hospitalière que je viens vous assurer que le peuple français ne fera jamais rien qui puisse être contraire à votre indépendance. Aussi incapable d'exercer que de souffrir la tyrannie, il ne se mêle des affaires domestiques d'aucun gouvernement, et ne permet pas qu'on s'immisce dans les siennes. Cette parole sacrée que je vous donne, la république française la tiendra ; les tyrans seuls ont la prérogative honteuse d'être parjures.

Avec cette assurance, le peuple génevois se rendra sans peine à l'invitation que vous a chargé de lui faire, de se tenir en garde contre toutes les impressions dont l'objet serait d'altérer la cordialité qui existe entre les deux nations. C'est cette cordialité qui fait la force des peuples libres, c'est elle qui amènera cette heureuse époque du monde où ces peuples verront, à l'ombre d'une paix durable, et sous les auspices de la liberté, s'écouler dans le bonheur des jours dont la tyrannie ne viendra plus flétrir le cours.

### Discours du citoyen Jénot, syndic président du conseil administratif, en réponse au précédent.

Citoyen résident, jamais la république de Genève n'a mis en doute l'affection que lui porte la république française.

La liberté, pour laquelle Genève combat depuis deux siècles, le présent qu'elle a fait au monde du défenseur le plus éloquent des droits des peuples, et jusqu'aux torts de la France esclave envers elle, lui étaient de sûrs garants de la bienveillance de la France libre et régénérée.

Des hommes impurs ont pu s'agiter un moment pour nous enlever cette bienveillance précieuse ; mais leurs succès, fondés sur l'imposture, ne pouvaient être de longue durée ; la France elle-même, aussitôt qu'elle a pu faire entendre sa voix comprimée depuis longtemps par la terreur, la France elle-même nous en a fait justice ; elle a proclamé solennellement paix et amitié au peuple souverain de Genève, et le choix qu'elle vient de faire de vous, citoyen résident, pour nous en apporter la douce assurance, est une nouvelle preuve de la sincérité de ses dispositions fraternelles.

Il luit enfin le jour où l'amitié que nous porte la république française ne sera plus étouffée par les jalouses manœuvres de l'ambition, où celle qui ne cesse de nous animer pour cette généreuse nation ne sera plus comprimée à son tour par la défiance ; où notre attachement mutuel acquerra même chaque jour une nouvelle force par la douce habitude d'en jouir, et par les progrès que ne cesseront de faire l'égalité et la liberté, sur lesquelles il repose.

Et vous, citoyen résident, qui allez être au milieu de nous l'organe de ce commerce réciproque de fraternité et de bons offices, permettez-nous de vous exprimer combien un tel ministère vous rend déjà cher et respectable à nos yeux ; soyez assuré de notre empressement à seconder vos généreux efforts pour atteindre ce but ; comptez surtout sur la récompense qui vous attend dans tous les cœurs génevois, et veuillez vous regarder, au milieu de nous, comme au milieu du peuple de frères.

Recevez, en conséquence, citoyen résident, le premier gage de cette affection publique dans le baiser fraternel que je vous offre au nom du peuple souverain de Genève.

### SUITE A LA SÉANCE DU 11 VENDÉMIAIRE.

*Présidence d'André Dumont.*

*Suite des lettres officielles lues par Lalot.*

*Extrait d'une lettre de Gillet, datée de Horscheil, du 5 vendémiaire.*

« On a pris à l'investissement de Maestricht quinze bateaux chargés de farine et d'avoine ; cette prise vaut 1 million au moins ; en outre bateau chargé de canons et de mortiers a été coulé bas.

« Il a été pris à Aix-la-Chapelle quinze pièces de bronze, qui vont être transportées en France pour être refondues. »

*Copie de la lettre de Jourdan, commandant en chef l'armée de Sambre-et-Meuse, aux citoyens représentants du peuple composant le comité de salut public.*

Au quartier-général, à Hervé.

« Citoyens représentants, je vous préviens que, du mouvement général qui s'est fait hier, il résulte que Beckem et Stockem ont été forcés ; je présume que Maseyk aura essuyé le même sort ; je n'en ai cependant pas reçu de nouvelle ; que Maestricht est investi, que l'ennemi a été chassé des bois d'Aix-la-Chapelle, et que les magistrats de cette ville viennent de nous en apporter les clefs. La résistance que nous a opposée l'ennemi n'a pas été très-conséquente ; il s'est sans doute rappelé de la correction républicaine qu'a reçue avant-hier son arrière-garde sur les hauteurs d'Henry-Chapelle, qu'elle a voulu défendre, et où elle a perdu huit cents hommes tués ou blessés. Notre perte, dans cette affaire, est de quinze hommes tués et cent vingt-trois blessés.

« Salut et fraternité.  JOURDAN. »

*Copie de la lettre adressée au comité de salut public, par le représentant du peuple Gillet, en mission près l'armée de Sambre-et-Meuse.*

**Hervé, le 2 vendémiaire, 3e année de la république française une et démocratique.**

« Citoyens collègues, j'ai suspendu le départ du courrier que je devais vous envoyer hier soir, afin de réunir tous les rapports de la journée d'hier. Stockem et Reckem sont en notre pouvoir, et Maëstricht se trouve entièrement cerné et serré de très près. Nous n'avons pas encore de nouvelle de Maeyck.

« L'armée autrichienne a évacué cette nuit Aix-la-Chapelle : je reçois dans le moment, par une députation, les clefs de la ville.

« Je ne vous ai pas encore rendu compte de l'affaire qui eut lieu, la 4e sansculottide, à Clermont, entre l'avant-garde de la colonne du centre et l'arrière-garde de l'ennemi. Cette affaire a été fort vive, et, suivant le rapport des déserteurs et des habitants du pays, l'ennemi a perdu huit cents hommes tués ou blessés. De notre côté la perte est de neuf hommes tués et de cent vingt blessés, la plupart légèrement. Cette énorme disproportion de perte est due à la supériorité de notre artillerie.

« Salut et fraternité.  GILLET. »

*Le général en chef de l'armée d'Italie aux citoyens représentants du peuple composant le comité de salut public.*

**Au quartier général de Cairo, le 2 vendémiaire, l'an 2e de la république française, une et indivisible.**

« Citoyens représentants, depuis l'expédition d'Oneille et de Saorgio, les rassemblements de l'ennemi à Cairo, au nombre de douze mille hommes, avec cinquante pièces de canon, menaçaient l'armée d'Italie.

« Des avis certains annonçaient un projet concerté de l'armée austro-sarde avec les flottes combinées d'Angleterre et d'Espagne, pour s'emparer de Savone, et porter la guerre chez une république sage et tranquille, pour nous faire perdre les ressources et avantageuses de sa neutralité.

« L'exécution de leur projet allait s'effectuer, si les représentants du peuple Sallcetti et Albitte, députés près cette armée, n'avaient ordonné de les prévenir sur-le-champ par une attaque que la bravoure seule des républicains, inférieurs en nombre, pouvait faire réussir.

« La 3e sansculottide, le poste de Saint-Jacques, situé sur la partie de l'Apennin qui sépare les forteresses de Savone et Finale des vallées de la Bormida, occupées par l'ennemi, fortifié par un double retranchement, a été enlevé à la baïonnette avec une telle bravoure, que la terreur nous a précédés dans les postes de Bormida, Mullere, Pallere, Altare.

« L'ennemi les a évacués avec une telle promptitude qu'on n'a pu le retrouver que dans la plaine de Carcare, où il avait fait avancer tous ses rassemblements du Cairo, pour en venir à une affaire décisive.

« Une de nos colonnes, dont la marche était restée inconnue à l'ennemi, arrive le 4 très-précipitamment au château de Cossario, force ce poste redoutable, et l'armée autrichienne allait être coupée et renfermée dans les gorges de la Bormida, lorsqu'une fuite précipitée est devenue son unique salut.

« La nuit ne permettait pas de les atteindre, et l'armée a bivouaqué autour de ses représentants.

« La 5e sansculottide, les républicains poursuivirent leur marche, et rencontrèrent l'ennemi à la Roquette de Cairo : l'artillerie et la cavalerie ennemies y avaient des positions avantageuses, et l'infanterie y était protégée par des hauteurs d'un difficile accès ; il ne restait qu'une heure et demie de jour : une attaque aussi prompte que bien combinée les a repoussés dans tous les points, et notre cavalerie allait fondre sur la leur, et enlever leur artillerie, si un ravin imprévu n'eût arrêté son impétuosité, et si la nuit n'eût mis fin à une affaire qui nous promettait encore de plus grands succès.

« La présence des représentants du peuple au milieu de nos frères d'armes, partageant leurs dangers et leurs fatigues, animait leur courage au point qu'ils combattaient encore après une heure de nuit obscure.

« A la faveur des rideaux de la Bormida, l'ennemi avait pris une position en arrière de Dego , qui, suspendant le combat, nous laissait pourtant l'espoir de le battre encore au jour, si la nouvelle de sa fuite à plus de cinq lieues de Dego, pour se porter sur Alexandrie, n'eût mis fin à nos victoires.

« Cette affaire a coûté à la république le sang d'environ quatre-vingts de nos frères d'armes et autant de blessés.

« La perte de l'ennemi se monte à plus de mille hommes, tant tués que blessés et prisonniers, et il nous a laissé dans ses magasins de quoi nourrir l'armée pendant un mois.

« Tout le monde, tant officiers que soldats, a fait son devoir en brave républicain.

« Parmi ceux qui se sont le plus distingués je dois citer le général divisionnaire Masséna et les généraux de brigade Laharpe et Cervoni.

« J'aurai aussi à vous parler, par une autre dépêche, de deux actions héroïques, pour lesquelles j'ai encore des renseignements à recueillir.

« C'est ainsi, citoyens représentants, que l'armée d'Italie a célébré la 5e sansculottide et le 1er de l'an 3e de la république française. Vive la république !

« *Signé* DUMERBION. »

*Les représentants du peuple près l'armée d'Italie au comité de salut public.*

**A Cairo, en Piémont, le 2 vendémiaire, l'an 3e de la république française, une et indivisible.**

« Citoyens collègues, la 5e sansculottide a été célébrée hier, par une portion de l'armée d'Italie, d'une manière digne de la république et de la Convention nationale.

« Nous vous avons informés, dans le temps, et à plusieurs reprises, de l'expédition que nous allions faire pour chasser une armée de dix à douze mille Autrichiens qui, campée aux environs de Cairo, avait poussé ses avant-postes sur le territoire de Gênes, et menaçait de s'emparer de Savone, sur laquelle elle avait dirigé et ouvert une grande route.

« La victoire a, dans cette occasion comme dans toutes les autres, secondé le courage des républicains. L'ennemi, chassé des villages de Mallere, de Pallere et de la plaine de Carcare, avait filé à l'entrée de la nuit sur Cairo, où était son camp, et sur Dego, village situé sur le grand chemin qui conduit à Alexandrie.

« Hier, à cinq heures du soir, l'armée républicaine, arrivée à Cairo par une marche forcée, l'a atteint lorsqu'il était occupé à couvrir ses évacuations et à sauver ses équipages. Quoique l'heure fût très-avancée, il a été attaqué sur tous les points ; et, malgré la résistance opiniâtre qu'il a mise à garder les positions avantageuses qu'il avait prises pour couvrir sa retraite, il n'en a pas moins été chassé à la baïonnette, en moins d'une heure et demie de jour qui nous restait, et dont le prolongement eût causé sa ruine totale. L'action a été très-vive : l'ennemi a perdu mille hommes au moins, tués, blessés ou prisonniers, et son armée n'a pu s'échapper qu'à la faveur de la nuit. Sa déroute a été telle qu'il a laissé une partie de ses blessés, et ses magasins remplis de vivres et de fourrages.

« Nous avons eu cinquante hommes tués, parmi lesquels nous regrettons particulièrement le brave Ralbaut, capitaine de chasseurs, qui, après avoir fait des prodiges de valeur, est mort d'un coup de baïonnette, au moment où, se battant à coups de sabre avec un capitaine autrichien, il venait de le tuer. Nous avons en outre quatre-vingts blessés, tous à la poitrine. Nous les avons vus, ces braves républicains, s'honorant de leurs blessures, s'en faisant un titre pour exciter, dans le cours de l'action, la valeur de leurs camarades, et ne cessant de faire entendre, au lieu de cris de douleur, des cris de joie et de vive la république !

« Généraux, officiers et soldats, tous ont fait leur devoir avec cet enthousiasme que l'amour seul de la liberté peut inspirer. Parmi ceux qui se sont distingués dans cette importante occasion, il est de notre devoir de vous faire remarquer le citoyen Brimont, sergent des chasseurs, qui, quoique déjà blessé par un coup de feu à la cuisse , et par deux coups de baïonnette, s'est battu à la fois contre quatre ennemis qu'il a tués; ce brave militaire était déjà connu pour avoir, dans une autre affaire qui a eu lieu au commencement de la campagne, tué trois ennemis et dégagé un de ses camarades qu'on emmenait prisonnier. Il mérite une des places d'officier qui sont au choix de la Convention nationale.

« Le temps était si couvert et la nuit si favorable pour les ennemis, qu'ils leur doivent leur salut, et nous, notre bivouac sur le champ de bataille.

« Salut et fraternité. SALICETTI et ALBITTE. »

*Ritter et Turreau , représentants du peuple près l'armée d'Italie et des Alpes, au comité de salut public.*

« Arrivés près la brave armée d'Italie , nous nous réunissons à nos collègues pour vous assurer que, si les défenseurs de la république savent présenter la poitrine à l'ennemi, et percer de la baïonnette le dos des lâches satellites de la royauté, ils joignent à l'intrépidité du courage un dévouement sans bornes à la patrie.

« C'est en vain que nos Catilinas modernes ont cherché à répandre parmi eux leur pernicieuse influence ; l'armée, grande comme la cause qu'elle défend, n'en a reçu aucune. Si *vive la république!* est son cri de guerre, *la Convention nationale!* est son cri de ralliement.

« Nous vous devons compte de l'héroïsme de nos frères que d'honorables blessures retiennent dans les hôpitaux ; il était dans notre cœur et dans notre devoir de leur donner nos premiers soins; nous avons vu les uns verser des larmes de joie de ce que leur guérison les mettait dans le cas de retourner au combat, les autres des larmes de douleur d'être réduits à l'impuissance de verser encore leur sang pour la patrie.

« Avec de tels soldats, la république est impérissable, et doit s'attendre à de nouveaux succès.

« *Signé* F.-J. RITTER, TURREAU. »

LALOI : Je finis ces détails intéressants par annoncer à la Convention que, depuis quelques jours, trente navires ennemis sont entrés dans les ports de la république , et que neuf ont été coulés bas.

LEFRANC : Citoyens , vous avez appelé à cette tribune toutes les lumières tendant à l'amélioration du commerce , de l'agriculture et des arts. Je viens vous proposer une mesure dont l'exécution prompte peut rendre commune à la France une branche d'industrie que l'Espagne a possédé jusqu'à ce jour exclusivement. Je veux parler de ses laines et de ses chevaux. Chacun de vous sait que notre commerce et nos manufactures ont été constamment tributaires des laines d'Espagne, comme l'Europe entière l'est de ses chevaux. Vous pouvez conquérir ces richesses sur elle , et certes elles seront plus utiles à la patrie que leurs saints et que leurs villes. Le territoire ennemi est ouvert de toutes parts , et ce serait ne pas user de la victoire, que d'oublier de l'utiliser sous ce rapport. D'ailleurs , depuis la destruction du régime exclusif des haras , le gouvernement n'a rien fait pour la formation des élèves en chevaux et l'éducation des troupeaux. Dans le ci-devant Médoc , les Landes , les Hautes et Basses-Pyrénées, ces objets ont constamment été abandonnés à la routine et au hasard. Cependant , citoyens, ces contrées fournissaient de beaux chevaux navarais à nos hussards et à nos dragons. C'était une branche de commerce qui vivifiait les montagnes et les vallées des Basses-Pyrénées. La ressemblance du climat de ces pays avec celui d'Espagne produisait une variété dans la finesse des lainages bien remarquable pour tous les connaisseurs et les manufac-

turiers. La race des chevaux navarrais surtout était si estimée, que les habitants du ci-devant Poitou amenaient , tous les ans , dans les montagnes , des troupeaux de juments pour les faire saillir et croiser.

Il ne faut pas, citoyens, qu'on nous accuse d'avoir négligé d'exploiter des mines aussi fécondes pour la prospérité publique. Lorsque les Romains firent la conquête de l'Italie , ils ne manquèrent pas de s'approprier les chefs-d'œuvre des arts. Imitons leur exemple ; que la victoire agrandisse chez nous le domaine de l'agriculture ; et si , dans les Pays-Bas, la commission des arts a su conserver à la république des grands modèles en peinture, de riches manuscrits, que celles d'agriculture et de commerce attachent au sol français la race des brebis espagnoles et celle de leurs superbes coursiers ; que la main de la liberté soigne et fasse prospérer ces animaux , si utiles à l'homme. Je vous le répète , citoyens, ce seront là de véritables conquêtes ; car aucune puissance de la terre , aucun traité de paix ne pourront vous les enlever.

Voici le projet de décret que je propose :

« Art. Ier. La Convention nationale décrète que tous les étalons et béliers de race espagnole que la république aura acquis sur le territoire ennemi, par droit de conquête ou autrement, seront conduits en France.

« II. La commission de commerce et celle d'agriculture se concerteront, sous l'inspection des comités respectifs, pour les faire distribuer dans les départements les plus favorables par leur climat à leur reproduction. »

On demande l'impression et l'ajournement.

Cette proposition est adoptée.

— On fait lecture de la correspondance, et d'un grand nombre d'Adresses qui félicitent la Convention des mesures qu'elle prend chaque jour, et de ce qu'elle a établi le règne de la justice.

On lit une autre Adresse qui, s'autorisant d'un passage de Rousseau, dit que dans ce moment l'humanité est incompatible avec le patriotisme ; elle croit aussi que la liberté de la presse ne peut entraîner que de graves inconvénients.

On demande, d'une part, la mention honorable, et , de l'autre, le renvoi au comité de sûreté générale.

CLAUZEL : Je m'oppose à ces deux propositions. Il est impossible que l'assemblée ordonne la mention honorable, ni même le renvoi pur et simple d'une Adresse qui ose dire que l'humanité est incompatible avec le patriotisme. L'assemblée professe des principes tout contraires. Je demande que cette Adresse ait le même sort que celle de la Société populaire de Richelieu, que vous avez fait insérer dans le Bulletin , avec une improbation formelle. Quand il serait vrai que le philosophe de Genève , cet ami de l'humanité , aurait écrit le passage qu'on cite , eh bien , ce ne serait , de sa part , qu'une erreur ; car nul homme n'est exempt d'en commettre.

Guyomard et plusieurs membres crient que le passage de Rousseau est tronqué, cité à faux.

On observe qu'on ne peut pas improuver dans son entier une Adresse où il y a des erreurs, mais aussi où il y a de bonnes choses.

CLAUZEL : L'assemblée ne peut pas approuver une Adresse où l'on s'élève contre la liberté de la presse. Je demande l'improbation du premier article, et l'ordre du jour sur le reste.

THIBAUDEAU : On ose avancer que le patriotisme est incompatible avec l'humanité , quand le patriotisme n'est autre chose que l'amour des hommes , que l'humanité éclairée ; il est temps enfin que la Convention se prononce , qu'elle mette un terme aux fluctuations qu'on veut imprimer à l'opinion publique.

On a dit , il y a quelques jours, que c'était à elle

à fixer cette opinion, et cela est vrai : qu'elle le fasse donc, il en est temps. Si quelques fripons se disputent dans des libelles l'influence qu'ils voudraient exercer, s'ils disputent leur tête au châtiment qu'ils ont mérité (on applaudit), c'est à la majorité de la Convention nationale, qu'ils voudraient entraîner, à laquelle ils voudraient faire partager leurs passions, à se montrer ferme, à mettre un terme à tous ces excès.... On vous a fait, sur la situation de la république, un rapport dont vous aviez adopté les principes; vous aviez manifesté le vœu de les adopter pour règle de votre conduite. Eh bien, ces principes sont méconnus. Peut-être ces principes étaient-ils enveloppés dans de grandes considérations du bien public et d'intérêt commercial, peut-être en étaient-ils obscurcis; qu'avez-vous à faire? Chargez vos trois comité de les en isoler, de rédiger une Adresse aux Français, dans laquelle ces principes seront exposés d'une manière simple, distincte et positive. (Vifs applaudissements.) Alors vous verrez le peuple entier se rallier autour de ces principes. (Nouveaux applaudissements.) Vous aurez une pierre de touche pour distinguer ceux qui veulent la liberté pour elle-même des intrigants et des fripons. Quand on osera proférer dans les Sociétés populaires ou ailleurs des principes opposés à ceux que vous aurez proclamés, on sera honni. (Applaudissements.)

Après ces considérations générales, je vais vous citer quelques faits particuliers et une sorte d'escamotage qui se pratique dans la rédaction du Bulletin. Hier on vous a lu une Adresse qu'on vous a dit être de la Société populaire de Poitiers, dans laquelle on vous disait que l'aristocratie et le modérantisme levaient une tête insolente, et que les patriotes étaient persécutés. J'ai été vérifier cette Adresse. Le croiriez-vous? il y a plus d'un mois et demi que cette Adresse est rédigée (mouvement de surprise); elle n'est signée que de sept individus; et de ces sept individus, il y en a un qui est mort il y a plus de cinq semaines. (Mouvement d'indignation.) D'ailleurs, ces sept individus sont des scélérats qui ont été destitués par les représentants du peuple, et qui ont volé les effets des détenus. Il existe une délibération d'eux, consignée sur un registre, dans laquelle ils déclarent que, ne se rappelant pas la valeur des effets détournés, ils se soumettent à payer chacun à la nation, pour dédommagement, une somme de 22 liv. (Nouveau mouvement d'indignation.)

Je demande le rapport du décret qui ordonne la mention honorable de cette Adresse au Bulletin.

Je demande que vos comités soient chargés de rédiger une Adresse au peuple sur les principes que la Convention est déterminée à maintenir.

J'ajoute un autre fait. Comment se fait-il qu'on ait oublié ou négligé d'insérer au Bulletin une lettre de Chauvin, représentant dans le département où se trouve Poitiers, lettre dont la Convention a ordonné l'insertion il y a plus de quinze jours?

CLAUZEL : Je remarquerai que dans le comité de correspondance se trouve Veau, qui, lorsqu'il apprit le décret d'arrestation contre Robespierre, s'écria : «La Convention veut donc faire la contre-révolution! » Depuis, le même membre a envoyé des modèles d'Adresse dans le sens que vous savez. (Ou rit.) Je demande que le comité de correspondance soit renouvelé.

LEVASSEUR (de la Sarthe) : Par un décret, on ne doit lire que les Adresses communiquées et enregistrées au comité de correspondance. Quant à celles de Poitiers, je ne les connais pas....

*Plusieurs voix* : C'est toi qui l'as lue !

LEVASSEUR : Il arrive tous les jours qu'on dépose sur le bureau du président des Adresses que les secrétaires sont obligés de lire, pour ne pas désobliger leurs confrères, mais dont ni les secrétaires ni les membres du bureau de correspondance ne peuvent répondre, vu qu'ils n'en ont aucune connaissance.

DUBEM : Vous avez hier entendu à votre barre la pétition contre-révolutionnaire du club électoral; vous avez respecté en elle le droit de pétition; respectez-le donc aussi dans les pétitions dont il est question. Soyez justes : si vous êtes indulgents pour les gens égarés dans un sens, soyez-le aussi pour les gens égarés dans un autre.

Un membre demande qu'on mette des bornes aux extravasions de l'opinion publique; que l'assemblée la fixe enfin de manière à ce qu'on ne puisse pas l'égarer sans cesse, et à ce qu'elle ne flotte pas au gré des intrigants et des fripons. (Applaudi.)

Clauzel rappelle ses propositions.

On discute avec vivacité si le comité de correspondance sera renouvelé.

On observe que le renouvellement doit s'en faire le 16.

Un membre objecte que ce renouvellement ne se fera que par quart; il demande que ce comité soit renouvelé en entier.

*** : Citoyens, on n'insère au Bulletin que les pièces dont l'assemblée décrète l'impression, et telles que l'assemblée les renvoie : je défie qu'on prouve que jamais le comité se soit écarté de cette règle; je ne vois donc pas pourquoi on frapperait ce comité d'une sorte d'anathème.

Thibaudeau demande l'ordre du jour sur le renouvellement du comité de correspondance, qui aura lieu, dit-il, en son temps; il rappelle ses propositions du rapport du décret relatif à l'Adresse de Poitiers et d'une Adresse au peuple.

Ces propositions sont décrétées, ainsi que celle de Clauzel, concernant l'Adresse qui a donné lieu à la discussion.

VEAU : Je demande à répondre aux inculpations qui m'ont été faites.

À l'époque du 8 thermidor, j'étais depuis plusieurs jours dans mon lit : j'ignorais tout ce qui s'était passé; je l'ignorais également le 9, lorsque l'officier de santé, qui me soignait, me remit les décrets de l'assemblée, non pas tels que l'assemblée les avait rendus, mais d'une manière très-infidèle. Il semblait par ces décrets que le comité de salut public était anéanti en entier; alors j'exprimai, non la crainte de voir la Convention nationale faire la contre-révolution, mais la crainte que l'anéantissement du comité de salut public et du gouvernement révolutionnaire ne fût un moyen de contre-révolution. Dès que je sus que l'assemblée était permanente, je m'y rendis, porté par l'officier de santé qui me soignait; alors, mieux instruit de ce qui s'était passé, j'ai voté, de toute mon âme, le décret qui mettait le tyran et ses complices hors de la loi.

Quant à la lettre qu'on m'accuse d'avoir écrite, j'en ai le modèle, et j'offre d'en faire lecture; ce sera ma justification.

On réclame l'ordre du jour. — Adopté.

—Un secrétaire fait lecture de l'Adresse suivante :

La commune de Lisieux et la Société populaire présentent à la Convention nationale le témoignage de leur reconnaissance et l'expression de leur dévouement. L'intrigue, l'ambition et les préjugés ont donné la naissance à des monstres qui, semblables à des oiseaux de proie, voulaient dévorer les vrais amis de l'égalité; mais les parricides ne sont plus, et ce temps de calamité semble déjà être bien loin de nous, grâce à l'énergie de la Convention nationale et à la justice bienfaisante de chacun des représentants qui veulent faire respecter le peuple, affermir son état d'indépendance, terrasser l'hydre des factions, en même temps qu'ils versent la consolation et l'espoir dans le sein des familles éplorées. Eh quoi ! se pourrait-il ? les ombres des traîtres et des tyrans viendraient-elles encore conspirer contre notre félicité ? braveraient-elles l'opinion publique et la justice nationale ? Eh quoi ! la calomnie lèverait-elle encore sa tête hideuse ? voudrait-elle effrayer la liberté par des fantômes ! Voudrait-elle encore rappeler le règne de la terreur, celui des triumvirs, et abreuver les places publiques du sang des Français ! »

Ces citoyens offrent à la Convention une analyse de leur conduite révolutionnaire. « Les soupçons qui planent, ajoutent-ils, sur toutes les communes de notre département nous font un devoir de les repousser loin de nous. Qui oserait dire que, dans la commune de Lisieux, les fédéralistes lèvent la tête ? Tous nous voulons et avons toujours voulu l'unité de la république. Est-ce dans la commune de Lisieux que les bustes de Marat et de Lepelletier ont été levés ? Venez, et vous les y verrez exposés à la vénération publique. Trop longtemps la liberté a été aux prises avec la tyrannie ; trop longtemps les poignards des factions ont été renversés sur la tête des représentants du peuple ; trop longtemps le peuple a été livré aux fluctuations des partis ; trop longtemps on a soufflé le feu de la guerre civile ; trop long-temps enfin on a tenté d'usurper l'autorité nationale. L'heure est sonnée, il faut que cette lutte cesse. A la Convention seule appartient d'être dépositaire de la souveraineté du peuple ; à la Convention seule appartient la confiance du peuple, et le peuple est là pour environner la Convention. Continuez, citoyens représentants, à être sublimes comme le peuple que vous représentez ; que les sceptres, les couronnes, les intrigues et les factions viennent en même temps se briser à vos pieds. Le peuple attend de vous seuls son salut, son bonheur et sa liberté. » *(Suivent quatre pages de signatures.)*

Cette Adresse sera insérée au Bulletin avec mention honorable.

La section du Contrat-Social vient réclamer huit citoyens de cette section, détenus depuis quarante jours, pour avoir, l'un présidé la section, un autre servi de secrétaire, et six autres été envoyés, en qualité de commissaires, à la commune de Paris, à l'époque du 9 thermidor.

Les pétitionnaires assurent que les citoyens qu'ils réclament n'ont signé aucun des arrêtés liberticides qui ont été pris cette nuit-là. Ils attribuent l'incarcération de leurs concitoyens à la haine d'un membre de leur ci-devant comité révolutionnaire, nommé Robert, qui le premier avait, à l'époque du 9 thermidor, provoqué la réunion à la commune et sollicité l'envoi des six commissaires.

Les pétitionnaires terminent par demander que les huit détenus soient promptement jugés, ou leur liberté provisoire sous le cautionnement à la section entière.

Cette pétition a été applaudie.

CLAUZEL : J'annonce à la Convention qu'Amar est chargé du rapport à faire sur les commissaires des sections qui ont été à la commune ; ce soir Amar doit faire lecture de son travail au comité de sûreté générale, et bientôt les pétitionnaires auront justice.

AMAR : Mon rapport est prêt ; mais il a exigé un travail immense et difficile. A l'époque mémorable du 9 thermidor, des intrigants s'étaient glissés dans les sections, et voulaient les agiter ; de là ces motions indiscrètes, ces députations liberticides. Il existait à la commune une feuille de présence ; elle eût jeté un grand jour sur le civisme de certains individus ; elle fut enlevée, il n'est resté qu'une feuille assez informe : n'importe, elle suffira. Cependant je dois dire à la Convention qu'au milieu des orages sans nombre excités pour égarer l'opinion publique, le peuple de Paris est resté calme, qu'il est digne de la liberté.

J'annonce que, ce soir ou demain, je présenterai un travail à l'examen du comité, et sous peu de jours il sera en état d'en rendre compte à la Convention nationale.

La Convention renvoie la pétition de la section du Contrat-Social au comité de sûreté générale.

— La section du Muséum vient déclarer à la Convention qu'elle a adhéré à l'unanimité, dans sa séance d'hier, à l'Adresse présentée à la Convention par la Société populaire séant au club électoral, relativement aux droits de préhension et de réquisition, et aux assemblées décadaires. Comme elle, la section demande que les assemblées de section des quintidis soient rétablies, et que le décret qui les supprime soit rapporté.

Elle déclare ensuite que, dans la séance du 30 fructidor, « considérant que l'Adresse de la Société populaire de Dijon, qui lui avait été apportée par une députation de la Société des Jacobins, tendait évidemment à l'avilissement de la représentation nationale ;

« Qu'elle attaquait directement le tribunal révolutionnaire, qui ne condamne plus sans entendre, et l'institution sublime du jury, qui ne prononce que d'après sa conscience :

« Elle a improuvé formellement les principes contenus dans cette Adresse, et a juré unanimement de défendre la représentation nationale contre toutes les atteintes qui pourraient lui être portées, et contre la tyrannie, quelque masque qu'elle prenne. »

Les pétitionnaires terminent par demander que les droits de l'homme soient enfin mis à l'ordre du jour. « Il est bien humiliant pour le peuple, dit l'orateur, de vous faire une pareille demande ! N'importe ; ayez autant de courage que nous avons de respect pour vous, et vive la république ! Croyez que les intrigants ne triompheront pas ; vos amis sont en plus grand nombre que leurs partisans. » (On applaudit.)

— La section Révolutionnaire présente son adhésion aux principes de la section du Muséum.

— La section de l'Homme-Armé présente à la Convention les deux gendarmes qui découvrirent Hanriot après le 9 thermidor, et le livrèrent à la justice du peuple.

L'orateur réclame pour ces deux citoyens une somme de 604 liv., destinée par une Société populaire à leur service, et qui a dû être déposée à cet effet. Il observe que l'un de ces gendarmes est dans la détresse, et que, sans autre fortune que sa paye, il soutient son père âgé de soixante-dix ans, sa femme et trois enfants.

— Sur la proposition de Clauzel, cette pétition est renvoyée au comité des finances, qui vérifiera si ces deux gendarmes sont ceux à qui cette somme est destinée, et si elle a été déposée à la trésorerie nationale.

— La section des Piques appelle l'attention de la Convention sur les pamphlets qui, selon l'orateur, inondent les départements comme les rues de Paris ; il les appelle des vociférations royalistes. Ici l'orateur développe les principes de morale et de politique républicaine qui doivent enfin, dit-il, faire succéder le bonheur aux orages nés de l'intrigue et des passions liberticides de quelques scélérats. C'est par l'égalité, l'humanité, les lois, que le peuple doit jouir de ces bienfaits ; mais c'est à la représentation nationale à tenir d'une main sévère les rênes du gouvernement qui lui a été confié par le peuple ; c'est par des mesures sages, mais rigoureuses, qu'elle doit imposer enfin à l'aristocratie, au royalisme qui, couverts du masque de l'indulgence, voudraient la diviser encore, et replonger la France dans l'état douloureux d'où la fermeté et le courage des représentants du peuple l'ont à peine tirée.

On demande l'insertion au Bulletin.

BOMME : Vous venez d'entendre les principes qui dirigent les vrais amis de la liberté. Je demande qu'outre la mention honorable et l'insertion au Bulletin, cette Adresse soit renvoyée aux comités chargés de la rédaction de l'Adresse décrétée ce matin, afin qu'elle leur serve de modèle. (On murmure.)

BENTABOLE : Je m'oppose au renvoi ; sans doute cette Adresse contient d'excellents principes, mais elle renferme des assertions qui méritent au moins vérification.

A l'égard des pamphlets dont s'est plaint le pétitionnaire, j'observe que ces écrits sont un des inconvénients de la liberté de la presse. Mais la Convention s'est-elle prononcée contre la liberté de la presse? Dans le rapport de Lindet sur l'état politique actuel de la France, dans ce rapport qui, je pense, contient aussi les vrais principes de la Convention, vous a-t-on présenté des mesures contre la liberté de la presse? Non.

Je demande donc le renvoi pur et simple de l'Adresse aux trois comités.

DUBOY : Et moi aussi je demande le renvoi pur et simple. Citoyens, il ne faut pas alimenter les passions, ce n'est pas le moment. Nous sommes peut-être à l'une des époques les plus marquantes de la révolution. Longtemps l'opinion publique a flotté incertaine au milieu des passions et des orages politiques inséparables d'une grande révolution.

Jusqu'ici nous n'avons point eu de plan fixe. Nous nous sommes exclusivement occupés des moyens de faire la révolution. Il faut penser à la finir. Jusqu'ici quelques intrigants, conspirant dans l'ombre, ont égaré les patriotes de bonne foi; il est temps de les démasquer. (On applaudit.) Moi-même, absent depuis dix-huit mois, j'ai besoin de fixer mes idées sur tout ce qui m'environne.

Citoyens, vous avez ce matin rendu un décret sage; j'espère que l'Adresse que vous avez décrétée sera la ligne que suivront désormais les amis de la patrie : attendons-la, ne préjugeons rien; c'est ainsi que doivent se conduire des représentants du peuple, des législateurs sages. (On applaudit.)

Ce renvoi est décrété.

— Quelques sections viennent redemander les assemblées mi-décadaires.

L'assemblée renvoie leurs pétitions aux comités.

— La section du Temple déclare que les nombreux partisans de Robespierre s'agitent en tous sens pour faire rétrograder la révolution du 9 thermidor, mais qu'ils ne réussiront pas.

« La Convention nationale, dit l'orateur, sera constamment le seul et unique point de ralliement des amis de la liberté, et à ce titre nous jurons de lui faire toujours un rempart de nos corps. » L'orateur annonce que l'Adresse de Dijon a été formellement improuvée par la section.

Cette Adresse sera insérée au Bulletin, avec mention honorable.

La séance est levée à trois heures.

SÉANCE DU 12 VENDÉMIAIRE.

Le président annonce que des citoyens qui demandent à dévoiler une conspiration contre la Convention nationale sont à la porte de la barre. L'assemblée ordonne qu'ils soient admis.

« Nous venons, dit l'orateur, vous prouver que des hommes atroces préparent des pétitions sanguinaires, qu'ils se glissent dans les sections de Paris pour y opprimer les républicains, pour intercepter la véritable voix du peuple et y substituer celle de l'anarchie et du terrorisme. Nous vous apportons une déclaration de plusieurs patriotes qui ont eu le courage de signer la vérité. »

L'orateur lit cette déclaration : elle porte que, dans l'assemblée générale de la section Lepelletier, tenue le 10 vendémiaire, il fut proposé de nommer une députation pour féliciter la Convention sur ses travaux et sur la situation politique de la France, détaillée dans le rapport de Robert Lindet; cette motion avait été appuyée par la majorité, et elle allait être mise aux voix lorsque quelques citoyens s'y opposèrent, en faisant un bruit épouvantable, en menaçant l'orateur, le président, et les citoyens qui étaient de cet avis.

Chrétien, ex-juré du tribunal révolutionnaire, fut le premier à s'opposer à cette proposition et celui qui montra le plus de fureur; il excitait les citoyens à augmenter le scandale; enfin, il empêcha de prendre aucune délibération : alors les citoyens se retirèrent, parce qu'il était dix heures et demie passées, et Chrétien, avec ceux qui pensaient comme lui, arrêtèrent qu'une nombreuse députation irait féliciter les Jacobins sur le discours d'Audouin.

« Nous dénonçons ce Chrétien, reprend l'orateur, malgré qu'il nous ait menacés de nous immoler, si jamais il remontait sur son tribunal de sang; nous dénonçons cet homme, qui dit sans cesse qu'on attaque les Jacobins, lorsqu'on n'approuve pas son opinion; cet homme, que les Jacobins chasseront lorsqu'ils auront connaissance de la pièce que nous allons vous lire; car cette Société a arrêté qu'elle ne recevrait pas au nombre de ses membres tous ceux qui ne justifieraient pas qu'ils étaient à leur poste dans la nuit du 9 au 10 thermidor, ou qu'ils défendaient la Convention. »

Ici l'orateur lit une déclaration faite par Chrétien, à la section Lepelletier, le 30 thermidor. Elle constate que Chrétien a avoué qu'il n'avait pas quitté les Jacobins les 8 et 9 thermidor; que le 9, à dix heures du soir (heure à laquelle la commune rebelle était hors la loi), il y était encore; qu'ensuite il s'est retiré dans un café où, s'étant réuni plusieurs patriotes, ils avaient tenu un conciliabule dont le résultat avait été que lui Chrétien resterait à la maison, tandis que les uns iraient à la commune, d'autres à la Convention, et d'autres aux Jacobins, et qu'on avertirait de l'endroit où il y aurait le plus de danger, afin qu'il pût s'y porter.

« Nous accusons de la république, dit l'orateur : un patriote, s'il est Jacobin, est cher à nos yeux; un patriote, s'il n'est pas Jacobin, est encore cher à nos yeux. (Vifs applaudissements.) Mais, représentants, c'est ainsi que l'opinion publique se trouve comprimée par un petit nombre d'individus qui n'excitent du trouble que pour se soustraire au châtiment qui les attend. Nous sommes patriotes; que la Convention parle, et nous irons partout où seront ses ennemis. »

LE PRÉSIDENT : C'est dans les temps de crise qu'occasionnent l'intrigue et l'audace du crime que les bons citoyens doivent rappeler toute leur énergie; vous apprenez à la Convention ce qui s'est passé en votre section; vous lui dénoncez les odieuses manœuvres de la malveillance; elle applaudit à votre zèle, elle reconnaît en votre conduite celle de ces Parisiens, vrais amis de la patrie et ennemis irréconciliables de la tyrannie et de la scélératesse. De grandes vérités vont éclore : à les intrigants ont voulu élever un orage; la foudre qu'ils ont préparée va les écraser. La Convention nationale veut le bonheur du peuple : le peuple veut le salut de la patrie; il veut la république; il applaudira à la vengeance nationale, qui va tomber sur la tête des coupables, qui cherchent en vain à s'y soustraire.

La mention honorable de la pétition, l'insertion au

Bulletin sont décrétées, ainsi que de la réponse du Président, et le renvoi au comité de sûreté générale.

MERLIN ( de Thionville ) : Ce n'est pas dans une section seule que l'on a pratiqué de pareilles manœuvres.

*Plusieurs voix :* L'arrestation !

*D'autres :* Le renvoi au comité de sûreté générale !

DUBOIS-CRANCÉ : Je demande aussi le renvoi au comité de sûreté générale ; mais, comme il est constant, par l'aveu de Chrétien lui-même, qu'il est un continuateur de Robespierre, et qu'il a conspiré avec lui ou pour lui, dans la nuit du 9 thermidor, je demande que la Convention se prononce contre ces gens en ordonnant l'arrestation de Chrétien.

Cette proposition est décrétée au milieu des plus vifs applaudissements.

La Convention décrète aussi l'impression des pièces lues à la barre.

*** : Ce Chrétien dont on vient de vous parler est un scélérat de l'armée de Robespierre. Il prêcha dans trois communes du département de la Seine-Inférieure, en faveur de Robespierre contre la Convention ; les habitants indignés le chassèrent. A son retour ici, il fit incarcérer cinquante individus de ces communes, qui ont été mis en liberté à l'époque du 9 thermidor, parce qu'il n'y avait aucune pièce contre eux.

THURIOT : La mesure que la Convention vient de prendre n'est pas suffisante ; il faut atteindre les agents de Robespierre, qui cherchent à porter partout l'incendie et le carnage.

Quoi ! nos armées font trembler les tyrans de l'Europe, et nous balancerions à enchaîner quelques scélérats qui veulent tout bouleverser. La justice nationale est restée trop longtemps inactive à l'égard de ces hommes affreux (applaudissements) qui ne lèvent la tête que pour tenter d'échapper à la justice qui les attend. (Nouveaux applaudissements.) Ces hommes ont des émissaires partout ; ils essaient d'allumer partout la guerre civile ; leur système est combiné avec les puissances coalisées ; tous les despotes tremblent ; les peuples éclairés ne veulent plus payer de subsides, ne veulent plus prodiguer leur sang pour combattre leurs frères, pour satisfaire l'orgueil d'un tyran ; c'est pour cela que les soudoyés de Pitt et de Cobourg emploient tous les ressorts possibles pour déterminer un grand mouvement au milieu de nous, afin qu'il soit profitable aux ennemis de l'extérieur.

N'est-il pas vrai que, depuis deux ans, la même faction est organisée ? (Applaudissements.) Ces hommes prennent différentes formes, mais ils tendent tous au même but. Il ne faut pas perdre un instant pour les signaler et les jeter dans les fers. Que la Convention paraisse majestueuse aux yeux de toutes les nations étrangères ; c'est le vrai moyen de briser les leviers qu'elles font mouvoir contre nous. Lorsqu'elles ne verront plus de divisions au milieu de nous, elles sentiront qu'il est inutile de prodiguer l'or et les poignards, puisqu'elles ne parviendront jamais à leur but. Alors elles n'auront plus de prétexte plausible pour continuer la guerre ; alors on ne fera plus croire aux peuples que la France ne veut poser les armes, qu'après avoir anéanti tous les gouvernements.

Notre constitution est précise à cet égard : « Nous ne nous mêlerons pas des affaires des autres pays ; mais, lorsqu'un tyran nous attaque, c'est un combat à mort. »

On veut persuader aux Etats dont on exige le contingent que le but de la France est de les renverser et de s'emparer du gouvernement de l'Europe. Ceux qui propagent ces idées en France ap-

partiennent tout entiers à Robespierre ; ce sont ceux-là qui fomentent en même temps des troubles dans l'intérieur.

Ces hommes-là sont faciles à reconnaître ; ce sont ceux qui ne veulent pas qu'on parle raison, qui ne veulent point entendre les principes ; ce sont ceux qui veulent persuader que c'est par la tyrannie qu'on assiéra la liberté, ce sont ceux qui veulent qu'au milieu des fers on crie *vive la liberté !* (Vifs applaudissements.) Dans une république bien organisée, il faut que les autorités soient respectées ; il faut que ceux qui, de leur propre mouvement, ou à l'instigation des aristocrates qui se cachent, veulent les avilir, soient punis. Ils sont les partisans de Robespierre ceux-là qui s'élèvent contre la loi, contre la Convention, ceux-là qui insultent au peuple en disant qu'ils sont les patriotes par excellence. (Applaudissements.) Ceux-là sont les partisans de Robespierre, qui ne veulent pas le règne de la justice, qui mettent l'arbitraire à sa place, qui ne veulent que du sang. Il n'y a de patriotes que ceux qui aiment l'ordre et les lois, que ceux qui veulent qu'on respecte la Convention et la majesté du peuple. Je demande que le tribunal révolutionnaire continue l'information contre les nombreux partisans et complices de Robespierre, et que le comité de sûreté générale lui fasse passer toutes les pièces relatives à cette conspiration.

Cette proposition est décrétée.

MERLIN (de Douai) : La correspondance du comité de salut public lui a appris depuis quinze jours que les rois coalisés, et spécialement le pape, sont désespérés de la catastrophe qui a fait tomber la tête de Robespierre. (On rit et on applaudit.) D'autres lettres ont appris au comité que Pitt et son conseil sont plongés dans l'effroi de cette mort, et qu'ils ont déclaré qu'il fallait donner tout de bon la guerre civile à la France.

CLAUZEL : D'après les renseignements venus sur le compte des nommés Clémence et Marchand, ils avaient été mis en arrestation. La faction qui les protège est venue surprendre à votre religion leur mise en liberté. Ils en ont profité aussitôt pour aller dans la section du Mont-Blanc empêcher les patriotes d'entendre la lecture du rapport de Lindet, pour faire lire à la place des Adresses liberticides, et notamment celle de Dijon. Les gens qui ont demandé leur élargissement n'ont eu, à l'exception d'un seul qui a été trompé, d'autre but que de les faire servir à leurs projets. Je demande que ces deux individus soient arrêtés.

Cette proposition est décrétée.

(*La suite demain.*)

N. B. Treilhard, à la fin de la séance, a annoncé la reprise de Kaiserslautern par les troupes de la république ; la prise du fort de Crévecœur, dans le Brabant hollandais, prise qui nous rend maîtres des écluses et de la rive gauche de la Meuse. Il a annoncé encore des avantages aux armées des Pyrénées-Orientales et Occidentales.

Des lettres des représentants du peuple à Marseille, lues par le même membre, ont instruit la Convention qu'il s'était manifesté dans cette commune un mouvement insurrectionnel, que les jours des représentants ont été menacés, mais que le règne des conspirateurs est fini : une commission est créée pour les juger, et sera dissoute après le jugement.

---

*Payements à la trésorerie nationale.*

Le payement du perpétuel est ouvert pour les six premiers mois. Il sera fait à tous ceux qui seront porteurs d'inscriptions au grand livre. Celui pour les rentes viagères est de huit mois vingt et un jours de l'année 1793 (vieux style).

# CONVENTION NATIONALE.

### *Présidence d'André Dumont.*

#### SUITE DE LA SÉANCE DU 12 VENDÉMIAIRE.

BOURDON (de l'Oise) : La Convention vient de faire un acte de justice en réincarcérant ces deux hommes ; il n'y a pas de brigandages qu'ils n'aient commis dans le département de Seine-et-Oise. Ce n'est point assez d'avoir réincarcéré ces deux fripons agitateurs ; il faut que la Convention, si elle ne veut pas être trompée tous les jours sur les arrestations que le comité de sûreté générale est enfin déterminé à faire de tous les voleurs, il faut que la Convention ne les élargisse pas sans consulter le comité ; car on ne manquera pas de venir vous dire ici que ce sont des patriotes, et l'on vous surprendra des décrets que le lendemain vous serez obligés de rapporter. J'invite la Convention à renvoyer au comité de sûreté générale toutes les demandes en liberté.

Cette proposition est adoptée.

—Merlin (de Thionville) donne connaissance d'une déclaration faite au comité de sûreté générale par des citoyens de la section de Guillaume Tell.

*Précis de ce qui s'est passé à la séance de l'assemblée générale de la section de Guillaume Tell, le 10 vendémiaire, l'an 3 de la république française, une et indivisible.*

« Parmi les pièces dont le rapporteur civil de la section devait donner connaissance à l'assemblée, se trouvait une lettre du comité de salut public servant d'envoi au rapport fait par Robert Lindet, avec invitation au président d'en faire donner lecture. Quelques hommes ont prétendu que nous n'avions pas le temps de nous y amuser : on verra qu'ils comptaient cependant avoir celui de nous occuper d'une lecture bien moins importante pour l'intérêt public. Malgré le vœu bien prononcé des sept huitièmes de la section, la lecture a été refusée, parce que douze ou quinze intrigants, au nombre desquels était une partie des membres du comité révolutionnaire ancien, ont fait tant de bruit et de difficultés que, pour la paix, il a fallu se contenter d'entendre la lecture des décrets qui suivent le rapport.

« Il y a quatre ou cinq décades qu'il s'était élevé quelques soupçons sur la conduite du citoyen Riqueur. On l'accusait de n'avoir pas paru à la section dont il était vice-président dans la nuit du 9 au 10 thermidor. Où était-il à dix heures jusqu'à deux heures dans la nuit ? Il prétendit avoir été à son bureau, aux messageries. Un ouvrier, qui n'avait pu se faire entendre, écrivit au président qu'il demandât au citoyen Riqueur qu'il justifiât de sa présence au bureau, et des ordres qu'il avait pour y rester. Tout Paris était agité, et à cette heure les bureaux des messageries sont fermés.

« La lettre du citoyen sans-culottes ne fut pas lue. Hier il s'est plaint de ce qu'elle fut mise de côté. Le tumulte a été horrible. Il semblait qu'en invitant Riqueur à se justifier et à paraître par aux yeux de ses concitoyens on avait touché l'arche sainte. Un jeune homme a monté à la tribune et a pris la défense du citoyen ouvrier, dont j'ignore le nom, et a tâché de le rassurer contre les moyens qu'on prenait pour l'intimider. Croirait-on que l'intrigant, nommé Paris, a quitté sa place pour aller prendre des informations sur le nom et la demeure du membre qui occupait la tribune !

« Celui-ci s'est plaint amèrement de cette démarche, qui annonce la formation d'une liste de proscription. Les différentes discussions ont entraîné jusqu'à dix heures et demie, contre la loi. Déjà la salle était presque vide, et les quinze intrigants qu'n'avaient pas voulu donner le temps à la section de lire le rapport de Robert Lindet s'apprêtaient à faire lire l'Adresse des Jacobins. Ils comptaient, suivant

leur coutume, avoir forcé tous les honnêtes citoyens à quitter la séance pour se retirer dans leurs maisons, parce qu'il était tard, et être, par cette manœuvre, restés maîtres de l'assemblée. Mais un citoyen courageux a sommé le président de lever la séance, ce qu'il n'a fait qu'à la seconde interpellation.

« C'est alors que toute la rage des intrigants a éclaté ; ils se sont exaltés en menaces les plus violentes. Ils avaient, disaient-ils, pris des notes sur ceux qui avaient parlé ; ils les extermineraient ; c'était la Vendée qui était dans la section.

« Et pourquoi tout ce bruit ? parce que Riqueur est soupçonné d'avoir été le 9 thermidor ailleurs qu'à son poste.

« Il est essentiel que les citoyens soient rassurés contre de pareilles menaces. Je sortais avec deux citoyens ; je leur ai demandé leurs adresses ; l'un, le citoyen Seniés ou Senesier, officier de santé, demeure rue Montmartre, n° 102 ; l'autre a refusé de me donner la sienne, disant qu'il avait des liens qui l'empêchaient de se hasarder, dans la crainte où les égorgeurs auraient le dessus. Cependant j'aurai son adresse, car je l'ai bien examiné ; j'espère trouver des gens qui me diront son nom ; il en est de même de celui qui a vomi les injures et les menaces les plus grossières.

« Il est facile de voir que l'on cherche à remettre la terreur à l'ordre du jour. Il faut que la Convention se hâte de tranquilliser les habitants de Paris, si elle veut être secondée dans le désir qu'elle a de faire le bien. »

LAPORTE : La Convention ne peut pas se tromper sur les circonstances présentes ; si elle s'endort au bord du précipice, elle compromet le salut de la république. Il existe dans Paris, comme dans toutes les grandes villes, une caste d'hommes privilégiés qui se prétendent les patriotes exclusifs, et traitent d'aristocrates tous ceux qui n'ont pas obtenu d'eux des certificats de civisme dans leurs orgies. (Applaudissements.) Quand la république fut en danger et qu'il fallut mettre à l'ordre du jour les mesures révolutionnaires pour anéantir des castes qui méditaient la ruine de la France, on a arrêté ceux qui étaient signalés comme mauvais citoyens ; eh bien, je vous dénonce aujourd'hui une caste qui veut ramener la tyrannie par les assassinats : je vous montre les auteurs et les complices de cette clique infernale dans un grand nombre de membres des anciens comités révolutionnaires. C'est là où l'influence de Robespierre s'est fait sentir d'une manière déshonorante pour la révolution : c'est contre cette armée de Vendéens, de chouans nouveaux, que je sollicite une mesure révolutionnaire, que je regarde comme indispensable, si vous voulez sauver la patrie.

Le foyer de la cohorte désorganisatrice, dont je vous ai parlé, était à Paris. Je vous propose une mesure salutaire, qui épargnera aux bons citoyens d'être compromis avec les scélérats qui étaient revêtus des mêmes fonctions qu'eux. Il est temps de rétablir la ligne de démarcation entre les bons et les mauvais fonctionnaires publics ; il est temps que les premiers soient rappelés dans les places, et que les autres portent seuls toute la défaveur qu'ils ont méritée. Il faut que les complices de Robespierre ne conservent pas l'espoir de renverser la république pour se sauver ; il faut que le peuple sache que la Convention veut frapper ses ennemis. Je demande qu'il soit décrété que tous les fonctionnaires publics de Paris seront tenus d'apporter au comité de sûreté générale les pièces qui prouvent où ils étaient le 9 thermidor, et ce qu'ils ont fait à cette époque.

FRÉRON : J'ai la certitude qu'un grand nombre des comités révolutionnaires ont envoyé des commissaires à la commune rebelle, le 9 thermidor, et ont pris des arrêtés liberticides. Je demande que les comités révolutionnaires soient tenus d'apporter leurs registres ; on y verra plusieurs arrêtés de ce genre qui ont été biffés.

BENTABOLE : Laporte vous a proposé une mesure de salut public qui me paraît de la plus grande utilité ; mais, telle qu'elle est rédigée, elle n'atteindrait pas son but. Il y a des fonctionnaires publics qui étaient complices de Robespierre, qui sont restés aux Jacobins pour y conspirer une partie de la nuit, et qui, en sortant, à neuf heures du soir, pour revenir dans leurs sections, et voyant que tout était perdu pour eux, ont changé de langage. Je demande que la proposition de Laporte soit renvoyée au comité de sûreté générale, qui présentera un moyen de connaître tous ces fonctionnaires qui ne sont plus dignes de la confiance publique, de les faire arrêter, et de purger les autorités constituées de tous les complices de Robespierre.

BOUDON (de l'Oise) : La proposition de Laporte est inutile. Je vais le prouver : les anciens comités révolutionnaires ont commis deux sortes de crimes : le brigandage et les assassinats judiciaires. Maintenant la justice est confiée à des hommes purs; qu'on ne croie pas que ces hommes qu'on appelait modérés ne sauront pas faire leur devoir. Déjà ils ont dressé des procès-verbaux. Un comité tout entier a été mis en état d'arrestation. (On applaudit.) On nous avait dénoncé le comité de la section du Bonnet-Rouge comme ayant volé et falsifié onze pages d'un registre qu'ils sont allés faire relier, et où ils ont mis des signatures nouvelles parmi les anciennes. Nous l'avons envoyé au tribunal révolutionnaire comme voleur et faussaire. Ayez confiance dans votre comité de sûreté générale ; il vous rendra compte jour par jour de ses opérations pour punir les fripons et les conspirateurs. (Nouveaux applaudissements.)

LEGENDRE : La France entière entendra avec joie le récit du châtiment des complices et des partisans de Robespierre ; mais la France entière attend de la justice de la Convention qu'elle saura distinguer les dupes d'avec les conspirateurs. Ne pensez pas que Robespierre n'eût de complices que parmi les autorités constituées et dans les états-majors; il en avait encore parmi ses collègues qui travaillaient avec lui.

Il faut que la vérité soit connue avec ménagement, il faut que chacun de nous dise : Si j'ai failli, si j'ai été coupable, voilà ma tête. (On applaudit.) Oui, il existe des complices de Robespierre jusque dans la Convention. Ce sont ceux qui, la veille de son supplice, lui jetaient encore un encens sacrilège ; ce sont ceux qui sont venus, le lendemain, dire insolemment : Il y a six mois que nous savons que Robespierre conspirait; nous ne l'avons pas voulu dire, dans la crainte de causer des déchirements.

Quoi, vous saviez, vous voyiez que l'on conspirait, et vous ne l'avez pas dénoncé! et vous craigniez des déchirements! Je sais que je vais ouvrir une discussion terrible, mais je brave les murmures et les récriminations. Il est dans l'ordre des choses que la vertu fasse pâlir le crime. J'ai juré au peuple que je suppléerais au défaut de talent par l'énergie que la nature m'a donnée. J'ai promis au peuple que je porterais toujours ma ceinture de probité.

On a envoyé en mission Saint-André et Prieur (de la Marne), c'est-à-dire qu'on s'est débarrassé des hommes dont on craignait la vertu. Robespierre est venu faire un rapport; il a attaqué parce qu'il craignait de l'être ; on a décrété que son discours ne serait pas imprimé : il est allé le prononcer aux Jacobins. Alors on a dit : Il veut le pouvoir à lui tout seul, quand nous devions le partager avec lui. Robespierre, Couthon, Saint-Just ont été dénoncés parce que Billaud, Collot, Barère en sont devenus

jaloux. Je le déclare à la Convention, je les regarde comme des conspirateurs.

La France entière ne se laissera point intimider par des députations que l'on envoie à la barre. Et de qui sont-elles composées? de fripons, d'intrigants qui restent dans les sections jusqu'à onze heures, quand les pères de famille en sortent à dix.... Si le peuple a bien voulu jeter les yeux sur moi, ce n'est point pour mes talents; il savait bien que je n'appartenais ni à la caste des hommes de lettres, ni à celle des gens riches, mais à la caste des hommes probes. Représentants, j'ai fait mon devoir, c'est à vous à faire le vôtre. Je vous en somme au nom du peuple. (Vifs applaudissements.)

Barère, Collot d'Herbois, Billaud Varennes demandent à la fois la parole.

Barère monte à la tribune.

BARÈRE : C'est la seconde fois que je suis inculpé devant la Convention nationale; je saisis cette occasion pour me faire entendre en présence de tout le peuple, et pour déployer mon respect et mon amour pour ses lois. Je sais que c'est le sort des fonctionnaires publics d'être attaqués pour leurs opérations; il faut répondre à de nouvelles accusations. Il y en a contre le comité, il y en a qui me sont personnelles. Je réponds d'abord à ce qui me concerne.

Il est vrai que le 7 j'ai parlé de Robespierre comme d'un homme qui, depuis cinq ans, avait rendu des services à la cause de la liberté et de l'égalité, et qui en avait manifesté les principes. J'ai dû parler ainsi. Souvenez-vous de l'époque de cette révolution : il avait été question de grands mouvements aux Jacobins; on faisait des motions violentes dans les tribunes mêmes de la Convention; des femmes disaient la veille qu'il fallait un nouveau 31 mai. Le comité arrêta dans la nuit qu'il serait fait un rapport par moi, sur la situation de la république depuis le commencement de la révolution jusqu'au 31 mai, et depuis cette époque jusqu'à celle où nous nous trouvons. Il fallait démontrer la différence qui se trouvait entre ces époques, et prouver qu'un second 31 mai était une horreur inventée par l'aristocratie. Robespierre lui-même avait eu l'air aux Jacobins de parler contre ce mouvement. Je rédigeai dans la nuit ce rapport qui fut utile, puisqu'il étonna Robespierre, et qu'il accéléra l'exécution de ses projets. Alors il vint, le 8, prononcer le discours qui l'a perdu.

Voilà ma réponse aux reproches qu'on m'a faits d'avoir flatté le tyran la veille même de sa mort; au surplus, ces lois que moi qui ai pu chercher à flagorner un homme qui, dans tous ses papiers, a laissé, par écrit, que je serais le premier pendu, qui m'avait conduit aux Jacobins pour m'y perdre ; qui, le 25 messidor, lorsque j'étais président de la Société, me dénonça en face et dit : « que ceux qui faisaient des rapports contre M. Pitt ne devraient pas perdre la langue ici quand il s'agit de défendre les opprimés. » Je viens aux faits généraux.

J'invoque la probité bien connue de mes collègues Prieur, Carnot et Lindet. Ils ont assisté à toutes nos séances ; rien n'a été fait qui n'ait été délibéré et arrêté en commun. Quant à Jean-Bon Saint-André il s'étonnait toujours qu'on l'eût fixé au comité. Il demandait sans cesse à aller à Brest et dans nos ports activer la marine; et l'on peut dire que peu de membres avaient en cette partie autant de connaissances que lui. Il en est de même de Prieur (de la Marne), qui nous a rendu de grands services par sa correspondance; ainsi, loin de nous cette accusation qui n'existe pas, dans le fait, que nous ayons envoyé à dessein nos collègues en mission.

Ouvrez les délibérations du comité : les minutes existent : vous y verrez toutes les signatures accolées. Il est très-certain que, si nous avions agi ostensiblement, nous n'aurions pas eu à cette époque ces vingt-cinq victoires contre Robespierre, pendant le mois qu'il fut absent du comité. (On murmure.) Nous n'aurions pas pu abattre cette gigantesque popularité dont il jouissait encore le 8 thermidor. Je prie mes collègues de se reporter aux circonstances ; ils auraient mieux fait que nous, sans doute, peut-être eussent-ils agi avec moins de prudence. (On murmure.) Oui, nous avions pris le parti de la prudence ; car nous discutâmes dans le comité le moyen de l'attaquer, et nous dîmes : Si nous l'attaquons, nous irons à l'échafaud comme de vils scélérats, et le tyran continuera d'opprimer Paris et la république. Citoyens, il avait marqué ses victimes, et ce sont les mêmes qu'on attaque aujourd'hui.

CAMBON : Il faut dire une vérité ; il est temps que je dévoile des secrets qui ont dû être ensevelis jusqu'ici ; mais ils feront peut-être connaître la source des passions qui nous agitent. Le 31 mai a été une époque glorieuse dans les fastes de la révolution. Il existe un registre secret que six membres du comité de salut public eurent alors le courage de signer. Ces membres étaient Guyton, Lindet, Bréard, Delmas, Barère et Cambon ; Robespierre et Danton y étaient accusés. Nous avons été pendant un mois sur le point d'être victimes de nos signatures. Il faut vous dire quelle était la situation de la république à cette époque. La frontière du Nord était entièrement dégarnie ; toutes ses places réduites à huit cents défenseurs ; on nous avait menés au dernier point d'épuisement en nous faisant payer les troupes avec du numéraire. Nous n'entendions tous les jours que des demandes de numéraire : nous n'avions que 600 millions dans nos caisses ; l'argent était hors de toute atteinte. Custine commandait au Rhin, nous étions battus ; à Perpignan nous éprouvions des revers : on avait pris Belgrade ; à Bayonne nous étions sur le point de perdre cette place forte : nous n'avions pas six cents hommes à y envoyer. La Vendée était dans un état presque désespérant. Que fit alors le comité de salut public ? Nous dîmes : Il faut répondre à la confiance de la Convention. La patrie est en danger ; nous pourrions avoir des discussions entre nous ; pour les éviter, déclarons que nous signerons toutes les délibérations, quels que soient les avis particuliers. Vous aviez une grande confiance en Danton, le jour où la première pétition contre plusieurs membres de l'assemblée fut faite à la barre ; il partit pour la campagne quelques jours après. On nous apprit qu'il allait à Charenton avec Robespierre, pour y combiner des mesures. Mon assiduité au comité faisait que je décachetais toutes les lettres : on annonçait dans une que Robespierre, Danton, Pache et la commune se réunissaient à Charenton. Nous avions promis que nous ne nous cacherions rien de ce qui serait utile à la patrie. Alors, voyant qu'on créait à Charenton un comité de salut public tandis que nous avions créé un à Paris, nous nous réunîmes six, nous nous renfermâmes ; nous prîmes des instructions, nous envoyâmes chercher le ministre : le fait fut prouvé. Il fut constaté qu'il y avait des repas.

*Une voix :* Il fallait le dénoncer à la Convention.

CAMBON : On nous fait le reproche de ne l'avoir pas dit, mais peut-être avons-nous en cela aidé à sauver la patrie. Nous appelâmes les membres dénoncés. Nous leur dîmes : Nous pouvons faire un rapport contre vous ; voulez-vous être dominateurs ? Danton dit : « Il est vrai, nous avons été dîner ensemble ; mais ne crains rien, nous sauverons la liberté. »

Un autre fait qu'il ne faut pas perdre de vue, c'est que dans le même temps on nous dénonçait que dans des conciliabules il était question de procla-

mer le jeune Capet roi de France. Nous fîmes arrêter les individus qui nous avaient été dénoncés. Le comité voulait que tous ceux qui avaient été trompés ne fussent pas enveloppés dans une proscription. Nous fûmes dénoncés à toutes les tribunes, à toutes les barres ; vous nous ôtâtes votre confiance, et vous nommâtes un autre comité dont Robespierre fut membre. Si Barère était du secret, il faut qu'il sa soit bien caché, car il était signataire avec nous, et nous devons partager l'accusation avec lui.

Voilà une partie des événement ; si la Convention en voulait chercher la suite, on y verrait et l'armée révolutionnaire, et Ronsin, et Rossignol, et les 40 sous pour les sections : vous adoptiez tout, et vous décrétâtes le système de terreur.

BAUDIN *et plusieurs autres :* C'est vrai !

CAMBON : Au surplus, je crois que, s'il existe des preuves de complicité, nous devons nous prononcer, quels que soient les individus ; mais si, sur de simples soupçons, vous allez toujours recherchant en arrière, voyez quelle série de persécutions vous allez établir ! Je conclus en demandant qu'on entende publiquement tous nos collègues, et en invitant la Convention à se retracer la suite des événements qui se sont succédés, et qui nous ont souvent forcé la main à rendre beaucoup de lois contraires à nos principes.

CLAUZEL : Je demande à relever un fait faux.

BOURDON (de l'Oise) : Il convient d'entendre d'abord les membres inculpés.

CLAUZEL : C'est un fait : quel est celui d'entre nous qui ait entendu Cambon dénoncer, depuis le 31 mai, qu'un complot était formé pour mettre le fils de Capet sur le trône ? A-t-il jamais nommé Robespierre ? Au reste, Cambon n'a point parlé sur l'accusation de Legendre ; il n'a dit que des faits antérieurs à l'atrocité du gouvernement. Mais n'a-t-on pas entendu Billaud dire que, depuis six mois, le comité savait que Robespierre conspirait ? n'a-t-on pas vu Barère et Billaud s'opposer au décret qui donnait aux comités la faculté de traduire au tribunal révolutionnaire les représentants du peuple sans les entendre ? Quand Robespierre est venu proposer la loi du 22 prairial, Barère et Billaud ne l'ont-ils pas appuyée ? (*Plusieurs voix :* Oui ! — *D'autres :* Non !) On vous a dit que c'était pendant les quatre décades où Robespierre s'était éloigné du comité que nos armées avaient remporté tant de victoires ; eh bien, tous les massacres du tribunal révolutionnaire ne se sont-ils pas commis pendant ces quatre décades ? Quels moyens le comité a-t-il pris pour les arrêter ? Serait-ce de faire diviser en trois parties cent cinquante accusés ? Lorsqu'il a été question de renouveler par quart tous les mois le comité, n'est-ce pas Billaud qui s'y est opposé ? D'où partit cette demande de l'appel nominal ? (*Quelques voix :* De Billaud.) Le lendemain du jour qu'Elie Lacoste dit à cette tribune des horreurs contre Fouquier-Tinville, Barère ne vint-il pas le proposer pour accusateur public ? Lorsque Legendre apporta les clefs des Jacobins, et qu'il invita la Convention à aller les rouvrir en masse, Billaud, Barère et Collot ne dirent-ils pas que les Jacobins étaient des scélérats.

LEGENDRE : C'est vrai !

BARÈRE : Je vais répondre avec calme et avec précision à ces accusations. On dit que j'ai appuyé la loi du 22 prairial ; j'arrivai à la Convention à trois heures un quart, au moment où Couthon lisait les derniers articles ; je reconnus que cette loi n'avait point passé au comité. Lecointre et Ruamps avaient demandé l'ajournement ou la mort, je demandai l'ajournement à trois jours ; c'est alors que Robespierre quitta le fauteuil et vint dire à cette tribune : « Qu'est-ce que c'est que ces modérés ? etc. »

BOURDON (de l'Oise) : Ceux qui comme toi n'ont pas osé l'attaquer.

BARÈRE : Quant à Fouquier-Tinville, j'étais venu ce jour-là faire un rapport sur la prise de Namur ; on vint m'apporter à la tribune la liste des nominations des membres du tribunal révolutionnaire ; j'étais absent du comité lorsqu'on arrêtait les nominations ; j'invoque le témoignage de mes collègues, je ne fus que lecteur de cette liste. Je suis, au reste, bien étonné que Clauzel dirige contre moi ce genre d'accusation. Il y a quelques jours que, dinant avec lui, je lui demandai pourquoi le comité ne faisait pas poursuivre les agents et les complices de Robespierre, qui avaient mis la liberté publique dans un si grand danger. Clauzel, qui m'accuse, me répondit : « Quand un vaisseau est à flot, on ne demande point quelle manœuvre le pilote a employée : et c'est moi qui ai donné à Robert Lindet cette pensée utile qui est dans son rapport. »

A l'égard des Jacobins, ce fut Legendre lui-même qui pencha pour qu'on les rouvrît ; Legendre les présida le premier jour de leur rentrée. Je n'y suis point allé ; j'ai eu même l'avantage d'être rayé en compagnie de Lecointre et de Dubois-Crancé.

BILLAUD-VARENNES : Nous allâmes, Collot et moi, à l'ouverture des Jacobins ; on peut lire les discours que nous y prononçâmes : on voulait qu'ils restassent fermés ; je dis, moi : « Nous avons consacré un principe, nous ne devons pas y porter atteinte. »

LEGENDRE : Ce qu'ont dit Barère et Billaud est vrai ; il est de fait cependant que, le jour où l'on rouvrit les Jacobins, je me transportai au comité de salut public, et dis aux membres : « Voyez donc ce qu'il faut faire à l'égard des Jacobins. » On me répondit : « Cela demande une discussion ; attends quelques jours encore. — Il ne faut pas, répliquai-je, que l'aristocaratie triomphe ; j'ai pris les clefs, parce que j'étais chargé par la Convention de prendre toutes les mesures nécessaires ; le danger passé, je dépose mes pouvoirs. Les Jacobins peuvent venir me demander ces clefs et me jeter par les fenêtres, si je les refuse. Pourquoi voulez-vous décharger votre responsabilité sur moi ? »

Ce n'est point là-dessus que j'ai accusé nos trois collègues ; je les ai accusés d'avoir dit que depuis six mois ils savaient que Robespierre conspirait, et de ne l'avoir pas dénoncé. Je les ai accusés de s'être opposés au rapport du décret qui donnait aux comités la faculté de traduire au tribunal révolutionnaire les représentants du peuple.

COLLOT D'HERBOIS : Je rejetterai de cette discussion tout ce qui pourrait en être indigne ; l'accusation portée contre nous est née sans doute de l'amour du bien public, elle est respectable. Nous répondrons, autant que la latitude des reproches peut nous le permettre en ce moment. Si elle était l'effet de la passion particulière, il n'y aurait qu'à se résigner et à garder le silence. De quelques préventions qu'on l'ait fait précéder, vous dissiperez toutes les préventions, votre justice ne s'arrêtera que sur la vérité. Je vois dans cette accusation des traits différents. Les uns portent sur le comité lui-même, les autres sont personnels aux individus ; et il est impossible que vous ne sépariez pas ces traits. Je dis qu'il y en a qui portent sur la masse du comité, car il serait bien étrange que l'accusation tombât sur trois membres sans être supportée par tous les autres, lorsqu'il est constant que tous les actes publics émanés du comité ont été précédés d'un assentiment unanime, d'une délibération univoque ; on ne peut dépouiller aucun membre de la solidarité contractée par tous. La majorité en opposition aux trois conspi-

rateurs était de six membres ; je les estime assez pour croire qu'ils ne voudraient pas être séparés dans cette cause. Ouvrez les registres du comité ; vous verrez s'il y a eu des réclamations contre les délibérations ; vous verrez si Lindet, Prieur et Carnot ne nous ont pas aidés de leurs avis, appuyés de leurs signatures. Et comment aurions-nous pu, sans cela, nous charger seuls de si grands intérêts ? Si de telles accusations sont aujourd'hui produites, qui pourra répondre que dans trois mois il n'en sera pas produit d'autres ; je dis donc qu'en prenant la discussion dans ce caractère je ne vois pas sous quel point de vue nous pourrions être accusés sur des faits qui ont eu pour base des délibérations unanimes.

Je viens aux fonctions particulières dont chacun de nous était chargé. A cet égard, les accusateurs pouvaient tracer une démarcation personnelle ; il y avait cependant entre nous un certain abandon de confiance, une espèce de prévention de faveur, c'est-à-dire que nous signions toujours aveuglément les opérations les uns des autres, et dans l'immensité du fardeau que nous avions à porter il fallait bien nous en rapporter à la probité de nos collègues. Fixez les yeux sur ces opérations ; qu'on voie le travail dont Billaud et moi étions chargés ; en nous mettant seuls, nous devenons encore plus forts. Si dans ce travail, qui nous a forcés d'envoyer dans les départements trois cent mille pièces d'écriture, et de faire au moins dix mille minutes de notre main, vous ne voyez pas les principes les plus purs de justice et d'humanité, je prends l'engagement de porter ma tête à l'échafaud.

Vous êtes trop justes pour accuser légèrement des hommes qui, pendant un an, ont passé quinze heures par jour à travailler.

On nous accuse d'avoir partagé la tyrannie de Robespierre : ici chacun de nous peut encore se marier à ses collègues ; nous ne pouvions que ce que vous pouviez tous vous-mêmes, et vous pouviez faire un jour ce que vous avez fait un autre. Oui, un orateur pouvait faire plus tôt ce que Tallien a fait dans l'assemblée. Individuellement, nous n'avions pas plus de puissance qu'un autre membre de la Convention ; collectivement, nous avions un grand pouvoir, et alors l'accusation devient collective et solidaire.

Oui, nous avons craint des déchirements, parce que nous savions que Robespierre jouissait d'une grande force d'opinion. Nous avions aussi besoin de victoires ; Carnot le disait : « Lorsque les victoires arriveront, nous aurons le double de force, » et c'est en ce sens que les armées ont eu part à la délaite du tyran. Sans doute nous savions que Robespierre avait des desseins secrets.

BOURDON (de l'Oise) : Toute la Convention le savait.

COLLOT : Oui, chacun le savait, chacun le sentait ; mais croyez-vous qu'il fût si aisé de deviner Robespierre ? Pour le deviner, il fallait être lui-même ; pour calculer la profondeur et l'atrocité de ses perfidies, il fallait avoir une âme aussi perfide et aussi atroce que la sienne. Si, en le dénonçant au milieu de vous, nous n'arrivions pas avec la certitude de prouver tout ce que nous lui reprochions, quel est celui d'entre vous qui aurait osé garantir notre accusation ? Lorsque nous avons eu des preuves, alors nous nous sommes sentis forts. Jusque-là que pouvions-nous ? Nous invoquions nos collègues ; qu'ils disent si, lorsqu'ils recevaient de Robespierre des humiliations ou des persécutions, ils n'ont pas trouvé des consolations auprès de nous ; que Carnot atteste si nous n'avions pas pris la résolution de ne plus rien signer de ce qui concernait la police générale sans un rapport de Robespierre. Nous attestons plusieurs membres; qu'ils disent si, sur de simples réclamations, nous n'avons pas accordé des élargissements. J'atteste Garnier (de l'Aube); j'invoquerais Mallarmé, s'il était ici.

On dit que la tyrannie a duré pendant les quatre décades de l'absence de Robespierre; mais Couthon et Saint-Just étaient ses successeurs, et la police générale, qu'ils conduisaient, correspondait seule avec le tribunal révolutionnaire. Relativement à cette exécution nombreuse préparée par le tribunal, non, nous n'avons jamais dit qu'on la partageât en trois fois; nous avons témoigné toute notre horreur et notre indignation. Une accusation aussi vaste, qui a une latitude aussi effrayante, ne peut être refutée en quelques minutes; cependant il n'y a personne dans la révolution, qui, en la servant, ne se soit fait beaucoup d'ennemis. Je ne prétends pas que ce soient des ennemis qui nous accusent; j'ai dit que je rejetterais de cette discussion tout ce qui en serait indigne; mais la Convention doit examiner si ces accusations ne prennent pas leur source dans des passions particulières. Nous avons mérité particulièrement la proscription de Robespierre; il nous avait désignés dans le rapport de Saint-Just comme ses victimes; il nous désignait à la commune pour être pendus; il était vorace de nos corps. Nous ne sommes donc pas les complices de Robespierre; ce sont plutôt ses complices qui ont suscité cette accusation. Il n'était pas si facile de renverser Robespierre; Fréron a dit lui-même qu'il était entouré d'un rempart presque inexpugnable. Qu'on examine notre conduite avec impartialité, et nous prouverons, je ne dis pas que nous n'avons point fait d'actes tyranniques, mais que nous n'avons pas même manqué à nos devoirs. Nous n'avons pas fait peut-être tout ce que nous aurions voulu; nous avons fait du moins tout ce que nous avons pu. (On applaudit.)

BOURDON (de l'Oise): L'accusation de Legendre porte que, depuis six mois, les membres du comité de salut public savaient que Robespierre conspirait, et n'en avait point instruit la Convention.

Citoyens, il ne faut pas se dissimuler qu'à cette époque la division régnait dans l'assemblée: moi et beaucoup de patriotes nous nous sommes rapprochés, nous avons combiné la mort du tyran. (On murmure.) Citoyens, si vous aviez agi plus tôt, peut être n'eussiez-vous pas réussi.

BILLAUD-VARENNES: Citoyens, j'aurai peu de choses à ajouter à ce qu'a dit Collot; je dois cependant dire que les opérations de la police générale, qui excitent dans ce moment les réclamations, appartiennent toutes à Robespierre; la Convention peut s'en convaincre en se faisant rapporter les pièces qui sont dans les bureaux; elle verra qu'elles sont toutes apostillées de Robespierre, Saint-Juste et Couthon.

On m'accuse d'être le complice de ces trois hommes; citoyens, quand on est le complice d'un scélérat, on a avec lui des familiarités et des liaisons particulières: or, je défie qu'on me prouve que j'ai eu avec Robespierre d'autres relations qu'au comité de salut public, et en présence de tous mes collègues.

Si nous étions les complices de Robespierre, aurions-nous remporté des victoires pendant son absence du comité?

*Plusieurs voix:* Ce sont les armées qui les ont remportées?

BILLAUD-VARENNES: Sans doute nos victoires sont dues à l'énergie des défenseurs de la république; mais on ne peut ravir au comité qui les a dirigés la part active qu'il y a prise. Vous aviez aussi de braves défenseurs du temps de Dumouriez, et cependant vous avez éprouvé des échecs commandés par les traîtres.

Au surplus, citoyens, comme on nous a isolés

dans cette accusation, nous n'avons qu'une demande à faire: c'est que nos collègues soient entendus sur la conduite qu'ils nous ont vu tenir au comité.

DESVARS: Ceux-là sans doute sont les complices de Robespierre qui, ayant en main toutes sortes de moyens pour démasquer le tyran, n'en ont point fait usage; ceux-là sont les complices de Robespierre qui, dans la nuit du 8 au 9 thermidor, n'ont pris aucune mesure pour étouffer la conspiration dès sa naissance; ceux-là sont les complices de Robespierre qui, au moment où la commune de Paris était en rébellion, qu'il était constant que le maire et l'agent national conspiraient, tentèrent de mettre la Convention au pouvoir de ces scélérats; ceux-là sont les complices de Robespierre qui, dans la crainte chimérique de causer un déchirement dans la république, ne le dénoncèrent pas.

Citoyens, on a tout fait pour donner de la consistance au tyran; Barère a dit à cette tribune que ceux qui attaquaient le patriote Robespierre étaient des contre-révolutionnaires. Quand Robespierre présentait des mesures liberticides, qui les soutenait? Barère, Billaud et Collot; et lorsque quelques représentants du peuple voulaient s'élever contre la tyrannie qu'exerçait Robespierre, qui leur fermait la bouche? Barère, Billaud et Collot.

Vous avez voulu livrer la Convention nationale à ses ennemis, vous qui proposâtes, après le décret qui mit Robespierre en arrestation, de confier à la commune rebelle le soin de maintenir la tranquillité dans Paris. Vous saviez alors que le maire et l'agent national conspiraient contre la Convention; répondez-vous à cela, Barère?

BARÈRE: Je vais répondre.

DESVARS: Je vous en défie.

MERLIN (de Thionville): Billaud a dit ici: « Je réponds du maire et de l'agent national. »

BARÈRE: Je ne puis concevoir le motif des accusations que l'on me fait.

BOURDON (de l'Oise): Il semble que l'on veuille venger la mort de Capet et de Danton.

BARÈRE: Je suis un grand complice de Robespierre; car, quand il fut accusé par Louvet, je dis qu'un général couvert de gloire, chéri des soldats qu'il commande, s'il voulait usurper l'autorité suprême, pourrait causer quelques alarmes à la liberté; mais qu'on ne pouvait nullement craindre ces petits entrepreneurs de révolution, dictateurs d'un jour, couverts du sang du 2 septembre. Je suis un grand complice de Robespierre, moi qui attaquai la maxime atroce qu'il voulait établir, que la vertu était en minorité sur la terre. Sans doute l'accusation qui est dirigée contre moi vient de ce que beaucoup de membres ne peuvent me pardonner d'avoir, par mon discours, influencé le supplice de Capet. (On murmure.)

*Plusieurs membres:* Au fait!

BARÈRE: On nous accuse de n avoir pris aucune mesure dans la nuit du 8 au 9 thermidor pour empêcher la conspiration d'éclater. Cette accusation est renouvelée de Lecointre. Nous passâmes la nuit du 8; le frère Lecointre, notaire à Paris, nous écrivit que nous devions être assassinés la nuit même, et que le commandant de la garde nationale conspirait. Nous délibérâmes d'ôter à Hanriot son commandement et de le confier aux commandants des bataillons. Nous proposâmes ce décret le lendemain à la Convention, qui l'adopta.

C'est moi qui, dans la nuit du 9 thermidor, fis cette proclamation qui fut applaudie des Parisiens, et qui les rallia autour de la Convention.

On m'accuse d'avoir rendu la commune responsable de la tranquillité publique. Citoyens, c'est une mesure qui fut adoptée par l'Assemblée constitante lors de la fuite du tyran ; d'ailleurs, je n'ai fait que proposer l'avis du comité.

Je ne conçois pas comment on peut m'accuser de complicité avec Robespierre, quand Fréron lui-même, en entrant à la commune, trouva un papier sur lequel Billaud, Collot, Thuriot, moi et plusieurs autres membres étions désignés pour être arrêtés. Comment peut-on nous soupçonner les complices d'un homme qui voulait nous faire égorger ?

On demande l'ordre du jour.

BARÈRE : Je ne sais pourquoi cet acharnement contre trois membres seulement du comité, lorsque tous délibéraient ensemble. Au reste, si nos têtes sont nécessaires à l'affermissement de la république, nous les abandonnons.

MERLIN (de Thionville) : Plusieurs de nos collègues sont pour la seconde fois accusés dans le sein de la Convention. Collot a demandé que l'on portât un œil sévère sur sa conduite, et il a invoqué le témoignage de ses collègues. Je demande qu'ils soient entendus ; mais, pour mettre fin à ces débats qui feraient penser aux fripons et aux égorgeurs qu'ils ont ici des partisans, je demande qu'une commission de douze membres soit nommée ; elle fera connaître au peuple français si les accusés sont encore ses défenseurs. Les membres du comité assisteront à la commission toutes les fois qu'ils le voudront, et le rapport qui sera fait fera connaître s'il y a des coupables, amènera leur punition, ou fera triompher l'innocence.

BARÈRE : Nous interpellons Carnot et Prieur (de la Côte-d'Or) de déclarer la manière dont nous nous sommes conduits au comité.

La commission demandée par Merlin est mise aux voix et décrétée.

Une partie de l'assemblée déclare n'avoir pas entendu ce que le président a mis aux voix, et réclame l'appel nominal. — Le plus grand tumulte règne dans l'assemblée.

DUHEM : Je demande l'exportation du petit Capet.

Cambon s'élance à la tribune, et parle dans le bruit. — Le tumulte redouble ; le président se couvre.

BENTABOLE : Que vient de décréter la Convention ?

MERLIN (de Thionville) : L'ordre du jour motivé sur la prudence, qui ne permet pas de faire rire Pitt et Cobourg.

Après quelques instants le calme se rétablit.

Carnot réclame la parole. — L'assemblée la lui accorde.

CARNOT : Citoyens, les accusés ont réclamé mon témoignage, il y aurait de ma part de la lâcheté à le leur refuser.

Je déclare que tout ce qu'ont dit mes collègues est de la plus exacte vérité ; j'ai assisté à toutes les délibérations du comité ; il est faux, comme on l'a avancé, que j'aie été relégué dans mon bureau. (On applaudit.) Je dois dire qu'au comité de salut public ils se sont déclarés contre Robespierre ; seulement, lorsque je les pressais de l'accuser, en avouant qu'il était coupable ils ne croyaient pas qu'il fût encore temps de le dénoncer. La preuve que j'avais en eux la plus grande confiance, c'est que j'ai signé plusieurs fois ce qu'ils me présentaient sans le lire.

Lorsque Robespierre s'est totalement déclaré, je les ai engagés à ne pas signer les arrêtés de police générale qu'ils nous présentaient, et ils furent de mon avis.

Voilà, citoyens, ce que j'avais à dire ; s'ils m'ont trompé, je l'ignore ; mais, ayant toujours délibéré avec eux, je déclare que je ne m'en séparerai point. (On applaudit.)

PRIEUR (de la Côte-d'Or) : La justice et l'équité m'ordonnent également de vous faire la déclaration de ce qui s'est passé au comité.

J'appuie ce qu'a dit Carnot ; je n'ai point été relégué dans mon bureau ; j'ai concouru, avec mes collègues que l'on accuse, à toutes les mesures qui ont été prises, et je déclare ne leur avoir reconnu que de bonnes intentions. J'ajouterai que l'intimité dans laquelle nous vivions était nécessaire pour nous opposer au tyran ; que souvent nous nous laissions entraîner à des mouvements patriotiques que Robespierre ne partageait jamais.

Apprenez, citoyens, que la conviction n'arrive pas à la fois dans tous les cœurs ; que ce n'est qu'après de longues recherches que le comité de salut public a reconnu que Robespierre conspirait.

Je ne prétends pas vous prouver que des fautes n'aient pas été commises ; moi-même peut-être j'en ai fait ; mais je veux vous démontrer que, quand jour et nuit on travaille pour la patrie, il ne reste plus de temps pour intriguer et pour entretenir les passions qui font toujours le mal de la république.

Je termine par un fait : c'est que toutes les délibérations du comité, autres que celles qui avaient rapport à la police générale, étaient prises à l'unanimité, et que les arrêtés de la police générale n'étaient signés que Robespierre, Couthon et Saint-Just. En dernier lieu Saint-Just voulait nous les faire approuver ; mais nous refusâmes de le faire. (On applaudit.)

VEAU : Il est un fait qui peut-être jettera quelque jour sur cette discussion ; le voici. Envoyé à l'armée de l'Ouest en qualité de commissaire de la Convention, j'appris à Luçon que les hôpitaux de La Rochelle manquaient de vivres depuis quatre jours. Je m'en plaignis à l'employé chargé des subsistances ; il me dit qu'on n'avait pu délivrer de la farine aux malades, parce qu'on avait reçu un ordre signé Couthon qui le défendait, et qu'il devait lui-même arriver à La Rochelle trois jours après. Je dois dire aussi que toutes les lettres que j'ai reçues pendant ma mission étaient signées de Carnot et des accusés.

On demande que Treilhard soit entendu.

CLAUZEL : Le comité de salut public est chargé de faire un rapport sur la conspiration qui a éclaté à Marseille. Je demande que la parole lui soit accordée.

BRÉARD : Je ne viens point ici plaider la cause des individus, je viens plaider la cause de la patrie. Ne voyez-vous pas déjà percer le rire de l'aristocratie ? (On applaudit.)

Citoyens, le projet de l'Angleterre, et les papiers qui passent journellement sous nos yeux me l'attestent, le projet de l'Angleterre est de perdre la Convention par la Convention elle-même. Quelle que soit l'épaisseur du voile dont les agents de Pitt et de Cobourg se soient couverts, il vient d'être déchiré. Le temps n'est pas éloigné où nous dirons : « Albion, tu nous as fait trop de mal pour que nous puissions te pardonner. » (Vifs applaudissements.) Bientôt le comité de salut public vous fera un rapport sur les opérations et sur la conduite des membres qui nous ont précédés.

En attendant ce rapport, ne donnons pas à l'aristocratie l'occasion de s'applaudir de nos divisions. Je demande que la Convention nationale, guidée par l'esprit de justice qui l'anime, passe à l'ordre du jour sur cette dénonciation et entende son comité de salut public ; il a des vérités à dire qui feront pâlir ses ennemis. (On applaudit.)

La Convention passe à l'ordre du jour, et accorde la parole à Treilhard.

TREILHARD, au nom du comité de salut public, fait le rapport suivant :

Citoyens, je viens fixer les regards de la Convention sur les nouveaux avantages remportés par les armées de la république.

Nous vous avons annoncé hier là la perte de Kaiserslautern, surpris par l'ennemi dans la nuit de la 1re à la 2e sansculottide; nous avons aujourd'hui la satisfaction de vous dire que ce poste est rentré au pouvoir de l'armée du Rhin.

Mais nous avons un succès beaucoup plus important à vous annoncer : c'est la prise, par l'armée du Nord, de la forteresse de Crévecœur, dans le Brabant hollandais, sur la rive gauche de la Meuse. Cette petite place très-bien fortifiée est la clef des eaux de l'importante place de Bois-le-Duc, et nous rend maîtres de la navigation du principal bras de cette rivière.

Nous avons aussi quelques détails intéressants à vous donner sur les armées des Pyrénées-Orientales et Occidentales.

Voici les nouvelles :

*Les représentants du peuple , envoyés près des armées du Nord et de Sambre-et-Meuse, aux membres composant le comité de salut public.*

À Heeswick, le 9 vendémiaire, 3e année de la république française.

« Nous vous annonçons , citoyens collègues, la prise importante du fort de Crévecœur, sur la Meuse, une des principales clefs de Bois-le-Duc, avec laquelle nous serons maîtres de l'inondation. Nous joignons à notre lettre la capitulation ; cinq cents hommes, vingt-neuf bouches à feu, mille fusils neufs armés de leurs baïonnettes, dix fusils de rempart, trente milliers de poudre, et la terreur dans Bois-le-Duc sont le résultat de la reddition de ce fort.

« Cette prise, importante par les suites qu'elle doit avoir, est principalement due à l'audace du général de division Delmas, qui a déployé avec beaucoup de supériorité les armes morales et physiques alternativement.

« Croiriez-vous qu'il a attaqué cette place avec des pièces de bataille; aussi a-t-il ouvert la tranchée à quatre-vingts toises des glacis ; et le cheminement s'est fait avec l'audace républicaine dont il donne l'exemple aux troupes qu'il commande. C'est encore lui qui a pris un fort à deux cent cinquante toises du corps de la place de Bois-le-Duc, dont il a franchi les palissades à cheval, suivi de huit régiments de hussards.

« Pitt, Cobourg, York et Guillaume n'approuveront sûrement pas cette manière de se rendre maître des places; ils ne la trouveront pas dans leurs livres de tactique ; mais il n'est donné qu'à l'audace républicaine et française de franchir avec succès les règles de l'art.

« BELLEGARDE et J.-P. LACOMBE (du Tarn). »

*Capitulation du fort Crévecœur.*

« Art. 1er. La garnison sortira demain avec les honneurs de la guerre , déposera les armes, après avoir passé le glacis , et passera la Meuse en face du fort, après avoir prêté le serment de ne porter les armes contre la république française qu'après été individuellement échangée.

« II. L'artillerie , les munitions , les magasins et les arsenaux seront inventoriés demain matin, et livrés aux commissaires de la république , par ceux à qui l'administration en est actuellement confiée.

« III. Tous les papiers, plans et mémoires, existant dans ce fort, qui y sont relatifs, ou à toute autre place, seront également remis aux officiers de génie et artillerie, qui seront chargés de les inventorier.

« IV. Les troupes de la république entreront cette nuit dans l'ouvrage à cornes ; à trois heures, une compagnie de grenadiers occupera l'issue principale du fort.

« V. Les commissaires des guerres et autres employés aux administrations, n'étant pas censés porter les armes, pourront rentrer chez eux et vaquer à leurs fonctions sans être sujets à l'échange.

« VI. Ces officiers emporteront leurs effets et conserveront leurs épées ; les soldats emporteront leurs havresacs seulement ; le commandant pourra faire emporter les meubles qui lui appartiennent personnellement.

« Au quartier général , à Empel ; le 6 vendémiaire, 27 septembre (vieux style), 3e année républicaine.

« Accepté les articles, d'après les pleins pouvoirs qui nous ont été donnés par le commandant du fort de Crévecœur.

« *Signé ainsi :* LECOLD-TURAC , le 27 septembre 1794 ; DELMAS, *général de division :* A.-J.-L. STOM DE GRAVE, *capitaine;* J. DE ROCHEVER, USELMERS. »

*Le général en chef au comité de salut public.*

Au quartier général de Lagullana, le 2 vendémiaire, l'an 3e de la république française, une et indivisible.

« Citoyens représentants, La Union a voulu s'approcher de Bellegarde lorsqu'il n'était plus temps. Le cinquième jour des sansculottides il fit avancer sept mille hommes sur notre avant-garde ; il porta également vers notre gauche de gros détachements d'infanterie et de cavalerie, et à la pointe du jour il nous attaqua pour s'emparer d'une position intermédiaire qu'il croyait avantageuse à son armée; il trouva, pour son malheur, quelques bataillons de nos chasseurs, qui justifièrent bien leur dénomination, et qui, après quelques heures d'engagement très-chaud, mirent en déroute tout ce gibier espagnol.

« Les détachements de notre centre et de notre gauche eurent le même succès vis-à-vis des colonnes qu'ils combattirent. Nos chasseurs ont pris à l'ennemi quatre pièces de canon et quelques autres effets , et partout il a été repoussé dans ses retranchements jusque sous le feu de nos batteries. Sa perte, en général, est évaluée à six cents hommes laissés sur le champ de bataille ; nous avons eu cinquante blessés et quelques morts à proportion.

« Je ne dois pas vous laisser ignorer un trait qui fait honneur à l'humanité, et que je n'ai pas manqué de récompenser au nom de la république. Un garde wallone, Liégeois de naissance, déserte au milieu du combat, passe à côté d'un de nos frères blessés. « Viens, lui dit-il, camarade, avec moi ; ils te tueront ainsi turestes ici. » Il le charge aussitôt sur ses épaules, et le porte pendant plus d'une heure, pour gagner l'ambulance. Ce vertueux Liégeois est bien digne de la liberté que nous avons donnée à sa patrie! Tous les déserteurs, qui nous arrivent en très-grand nombre, démontrent d'une manière bien touchante le plaisir qu'ils ont de se trouver avec des hommes libres ; je crois qu'il ne resterait pas un soldat au tyran de Madrid, s'ils voyaient tous l'accueil que nous faisons à leurs camarades.

« Salut et fraternité. DUGOMMIER. »

*Copie de la lettre du représentant du peuple Delcher au comité de salut public.*

De Saint-Sébastien, le 2 vendémiaire, l'an 3e de la république française.

« Je vous fais passer, citoyens collègues, différents états que je me suis fait fournir par le général en chef de l'artillerie de cette armée.

« Vous y verrez avec plaisir et ferez connaître à la république entière qu'au lieu de quatre cents bouches à feu que l'on croyait avoir prises à l'Espagnol , il y en a quatre cent soixante-douze, desquelles il y a déjà cent dix d'évacuées et rentrées au parc d'artillerie de Bayonne.

« Il résulte aussi , des ordres que j'avais donnés dès le moment de mon arrivée à l'armée, qu'au lieu de quinze mille fusils pris sur les Espagnols, ou par eux abandonnés, il s'en trouve actuellement vingt-huit mille ; chaque jour nous fournit de nouvelles découvertes en armes et en argent caché par nos ennemis fugitifs et vaincus.

« Salut et fraternité. DELCHER. »

— Un secrétaire lit la lettre suivante :

*Les représentants du peuple près les ports et côtes de Brest et de Lorient à la Convention nationale.*

Brest, le 5 vendémiaire, l'an 3e de la république française.

« Citoyens collègues, deux peuples unis par les liens de la liberté et de la fraternité se feront toujours un devoir de prouver que la bienfaisance et l'humanité sont les premières vertus républicaines;

« Une prise anglaise, faite par une de nos frégates, a coulé à la grande distance des côtes. Cinq de nos concitoyens sont parvenus à se sauver dans un canot, et, après avoir éprouvé pendant plusieurs jours les horreurs d'une mort presque certaine, la faim, la soif, et tous les malheurs attachés à leur cruelle position, ils ont fait rencontre d'un bâtiment américain qui venait de Bordeaux et s'en retournait à Baltimore. Le capitaine, nommé Robin, a prodigué à nos frères tous les secours possibles en vêtements et en vivres, et s'est détourné de sa route pour les ramener ici. Ce capitaine et son équipage ont accompagné cet acte de vertu des témoignages les plus sincères de leur attachement aux républicains français. Tel est, citoyens collègues, le rapport qui vient de nous être fait, et que nous nous empressons de vous transmettre.

« Salut et fraternité.

« Signé TRÉHOUART, A. FAURE. »

— Une députation de la commune de Ferney-Voltaire est admise.

L'orateur : Citoyens représentants, le crime mène à l'esclavage, et la justice conduit à la liberté. Vous avez tellement senti la force de cette grande vérité que vous avez décrété que la vertu et la probité étaient à l'ordre du jour. Ce décret, qui devait faire le bonheur de tous les vrais patriotes et terrasser les scélérats, ne rendit au contraire ces derniers que plus audacieux. Le district de Gex fut en proie, pendant plus d'un an, à cinq ou six fripons qui vinrent s'y réfugier. Ces scélérats, sous le masque sacré du patriotisme, surprirent d'abord l'opinion publique, et parvinrent ensuite à accaparer toutes les places. Alors des vexations de tous les genres, des vols chez les particuliers, les dilapidations des deniers publics furent commis par ces monstres. Ils avaient tellement jeté la terreur dans l'esprit du peuple que l'on n'osait plus se regarder, et que chacun fuyait son voisin, dans la crainte de rencontrer son ennemi.

Telle était, législateurs, notre situation, lorsque le représentant Boisset, votre digne collègue, arriva dans notre pays. Le peuple alors sentit renaître un rayon d'espoir, et courut au-devant de lui. Les hommes, les femmes, les enfants, l'entourèrent et lui crièrent : « Justice, représentant ! justice ou la mort ! » Hélas ! Boisset s'aperçut bien vite de l'oppression dans laquelle nous gémissions. Nos cris percèrent son cœur attendri, et nous vîmes ses larmes couler sur son visage. « Citoyens, s'écria-t-il, oui, vous aurez justice ; telle est la volonté de la Convention nationale ; elle m'a envoyé auprès de vous pour vous rendre le bonheur et la liberté, biens précieux que des monstres vous avaient ravis. » Alors les cris redoublés de vive la république ! vive la Convention ! retentirent jusqu'aux nues. Quel spectacle ! il fallait en être témoin pour pouvoir en juger.

La voix de Boisset écrase les méchants. Les uns fuient ; les autres n'osent fixer leurs yeux sur la terre, de crainte d'y lire leurs crimes. Au contraire, ceux qui, naguère, n'osaient se regarder, se reconnaissent, s'embrassent, se félicitent, se rembrassent encore, et jurent tous d'être la même famille.

Boisset a fait incarcérer ces scélérats indignes d'être admis au contrat social, et nous débarrassera par là du joug trop affreux sous lequel nous gémissions. Vous verrez par toutes les dépositions combien ils étaient fripons. Ne souffrez plus qu'ils renaissent parmi nous. Vous avez frappé les conspirateurs ; faites aussi succomber leurs complices. Oui, représentants, c'est à vous à qui nous devons ce bienfait ; recevez-en d'avance notre reconnaissance. Croyez à notre attachement inviolable à la république, à notre dévouement entier aux volontés de la Convention nationale, et nous jurons de mourir plutôt que de souffrir qu'on y porte atteinte. Vive la république ! vive la Convention !

LE PRÉSIDENT : Citoyens, des fripons, sous le masque du patriotisme, ont longtemps asservi vos concitoyens ; leur masque est tombé : un représentant du peuple vous en a débarrassé, et les a livrés à la justice : tel est le sort réservé aux traîtres qui agitent le peuple, pour cacher les crimes qu'ils ont commis. Vous jouissez enfin de cette heureuse liberté, l'idole des Français ; jouissez-en avec confiance, et ne craignez plus le retour d'une tyrannie affreuse, anéantie à jamais. Poursuivez l'aristocratie et l'intrigue, et reposez-vous sur les soins de vos représentants pour l'affermissement de la république.

Cette pétition sera insérée au Bulletin.

La séance est levée à cinq heures et demie.

(Nous donnerons demain les lettres de Marseille.)

N. B. Dans la séance du 13 vendémiaire, à la suite d'une discussion très-vive, la Convention a chargé les comités de salut public, de sûreté générale et de législation, de présenter des mesures de police générale pour comprimer les intrigants, les brigands et les fripons. Elle a chargé les mêmes comités, sur la motion faite par Dubois-Crancé, d'épurer la Société des Jacobins, d'indiquer les moyens de la rendre utile à la chose publique.

La Convention, après avoir entendu le rapport du comité de salut public sur les inculpations dirigées contre Barras et Fréron, a déclaré qu'il n'y avait pas lieu à les inculper, et qu'ils avaient dignement rempli leur mission.

## TRIBUNAL CRIMINEL RÉVOLUTIONNAIRE.

*Séance du 1er vendémiaire.* — T. Anger, âgé de soixante-dix ans, né et demeurant à Maisoncelles-la-Jourdan, département du Calvados, cultivateur ;

G.-T. Anger fils, âgé de trente-sept ans, même qualité ;

Accusés, mais non convaincus, d'avoir caché sous des tas de pierres du seigle et du sarrasin, trouvés le 14 floréal, ont été acquittés et mis en liberté.

*Du 2.* — Marie-Charlotte-Hippolyte Camper-Sangeon, âgée de soixante-dix ans, née à Paris, veuve de L.-E. Boufflers, ex-comte, maréchal de camp, domiciliée à Auteuil près Paris ;

Amélie-Constance Puchot-Desalleurs, âgée de quarante-trois ans, née à Constantinople, femme divorcée de E. Boufflers, maréchal de camp, domiciliée à Auteuil ;

J.-Auguste-Victor Delesten, âgé de trente-cinq ans, né au Quesnoy, département du Nord, brigadier au ci-devant régiment dragon de Ségue, domestique de A.-C. Boufflers ;

Camper-Sangeon, veuve Boufflers, et Puchot-Desalleurs, femme divorcée de Boufflers, accusées, mais non convaincues, d'être auteurs ou complices d'une conspiration qui a existé contre la liberté du peuple, tendant à favoriser les projets liberticides des tyrans coalisés contre la France, en entretenant des correspondances avec les émigrés et autres ennemis de la république, en émigrant, ont été acquittées.

Delesten, accusé d'avoir quitté plusieurs fois le territoire français, notamment pour aller chercher sa femme malade qu'il a ramenée en France, et muni d'un passe-port, mais ne l'ayant pas fait avec des intentions contre-révolutionnaires, a été également acquitté.

Tous trois resteront détenus en vertu de l'article II, n° 6, de la loi du 17 septembre, jusqu'à ce qu'il en aura été autrement ordonné.

### Payements à la trésorerie nationale.

Le payement du perpétuel est ouvert pour les six premiers mois ; il sera fait à tous ceux qui seront porteurs d'inscriptions au grand livre. Celui pour les rentes viagères est de huit mois vingt et un jours de l'année 1793 (vieux style).

## POLITIQUE.

### ALLEMAGNE.

*Vienne, le* 10 *septembre.* — L'empereur a défendu l'exportation des grains.

Il vient de se tenir, chez le ministre dictatorial des finances, un conseil dont le but était de trouver des fonds pour subvenir aux dépenses de la guerre: l'embarras est extrême: on ignore si des mesures définitives ont été arrêtées.

Le ministère profite de la saisie des papiers appartenant aux Etats des Pays-Bas, pour répandre le bruit qu'ils jetteront un grand jour sur la prétendue conspiration découverte.

Le ministre des états généraux qui se trouve ici doit accéder aux arrangements arrêtés entre notre cour et les commissaires anglais, arrangements que ceux-ci viennent d'envoyer à la ratification du cabinet de Londres.

Le bruit se confirme que, pendant toute la durée de la guerre, deux commissaires britanniques resteront auprès de la cour de Vienne, et que deux autres seront auprès de l'armée, pour veiller à ce que les fournitures soient exactement faites et toutes les conditions rigoureusement remplies.

### PRUSSE.

*Berlin, le* 10 *septembre.* — Les nouvelles reçues de la Prusse méridionale sont peu propres à tranquilliser le gouvernement; les progrès des Polonais ne se ralentissent point. Leurs principales forces sont à Kortin, à Gnesne, à Wraclawice; ils se sont retranchés dans ces trois places d'une manière redoutable, et on assure qu'ils y ont fait choix d'un état-major et d'un général pour le palatinat de Posnanie. Autant ils sont humains et faciles à l'égard de ceux qui se montrent favorables à leur cause, autant ils sont inexorables pour les opiniâtres partisans de la Prusse. La potence, voilà le sort qu'ils annoncent à ces derniers. Les vainqueurs ont pris ou brûlé une grande quantité de magasins de fourrages et de transports militaires destinés pour l'armée prussienne. Ils ont aussi arrêté presque tous les commissaires nommés par Frédéric-Guillaume pour exécuter les mesures indiquées par sa déclaration relative à l'insurrection polonaise.

Il résulte de cette puissante diversion des Polonais dans la Prusse méridionale un découragement, une stagnation remarquables dans les opérations des Prussiens devant Varsovie. On a d'ailleurs appris que les habitants de cette dernière ville, joints à l'armée de Kozciusko, avaient le projet d'attaquer en même temps toutes les batteries prussiennes. Il paraît que, dans cet état de choses, Frédéric-Guillaume se décide à revenir sous peu à Potsdam.
— Le général prussien Szachli a été tué dans une affaire contre les Polonais.

*Du* 12. — Le siège de Varsovie est levé. C'est l'effet de la vaste incursion et des victoires des Polonais dans la Prusse méridionale. Frédéric-Guillaume a senti que le rôle d'agresseur ne lui convenait plus depuis qu'il a vu ses villes, ses caisses, ses administrations, ses convois militaires, ses subsistances devenir la proie du vainqueur; il gardera donc désormais une pénible défensive. Pressé entre deux armées, séparé de ses Etats, il se trouve dans la plus inquiétante situation. Les Polonais sont maîtres de toutes les grandes routes, et déjà les amis de la cour prussienne frémissent des dangers qui menacent la Silésie, sur les frontières de laquelle les insurgés ont porté le fer et la flamme.

Dans cet état de choses, l'armée prussienne a rétrogradé dès le 5, en prenant sa route par Rasezin. Les Russes, qui se trouvaient réunis aux Prussiens, au nombre de quinze mille hommes, sous les ordres de Fersen, incapables de résister à l'armée polonaise après la retraite de leurs alliés, ont également pris le parti de se retirer.

## ITALIE.

*Livourne, le* 6 *septembre.* — La cour de Turin n'a pas voulu perdre sur-le-champ la Sardaigne par trop d'opiniâtreté. Les mécontents avaient parlé haut, et les rigueurs du despote avaient encore augmenté la fermentation. On vient de passer à des traitements plus doux. Le tyran a demandé des explications et s'est rendu à la nécessité. Il a fait proclamer au son du tambour, par un magistrat suivi d'un nombreux détachement de la milice du pays, qu'on ne rechercherait point les auteurs de l'insurrection du 28 avril dernier; que la cour assurait aux Sardes la possession de tous les emplois civils et militaires dans leur île, à l'exception pourtant de la place de vice-roi, et qu'en conséquence la cour avait droit de compter sur la fidélité des habitants. Le soir du même jour on a ordonné des illuminations.

Les peuples ne cessent de recevoir d'utiles leçons. La cour de Rome vient de se relâcher encore une fois sur l'inviolabilité des domaines du clergé. Cette condescendance momentanée a lieu pour le roi d'Espagne. La bulle du pape permet au tyran espagnol de s'emparer de la troisième partie des revenus du clergé d'Espagne.

Le petit conseil de Gênes a reçu l'avis officiel que les Anglais avaient levé le blocus du port.

Nous apprenons que les Français se renforcent dans le Piémont, et que leur représentant Salicetti et le général Servan ont eu une conférence à Final avec le gouverneur génois.

Les dernières nouvelles de la côte d'Afrique annoncent que les Etats de Maroc sont toujours livrés aux horreurs de la guerre civile.

### ANGLETERRE.

*Londres, le* 12 *septembre.* — On annonce que les ministres ont le projet d'une refonte de toute la monnaie de cuivre.

L'ambassadeur d'Espagne a réuni dans la maison du café Baston tous les marchands de sa nation qui se trouvent ici. Cette assemblée s'est occupée à chercher les mesures que lui ont paru nécessiter les progrès rapides des Français dans la province maritime de la Biscaye.

Depuis la prise de Fontarabie, des lettres nouvellement reçues apprennent que les forces des Français s'accroissent chaque jour : ils s'emparent de tout ce qui est devant eux, sans que les habitants fassent la moindre résistance; et le peuple, à l'exception des ecclésiastiques et des nobles, est extrêmement porté pour eux.

Un corps de dix mille républicains, muni d'un train considérable d'artillerie et d'une grande abondance de toutes les choses nécessaires, s'est mis en marche pour s'assurer de tous les passages qui conduisent à Bilbao. Un autre corps doit suivre le premier et entreprendre le siège de cette place commerçante.

Toute la Biscaye et ses ports sont menacés. Il est difficile de croire que le gouvernement espagnol puisse les secourir assez puissamment pour les empêcher de tomber au pouvoir des Français.

On ignore encore quel a été le résultat des délibérations des négociants espagnols. On sait seulement qu'il a dû être mis sous les yeux des ministres.

L'escadre russe arrivée de la rade de Leith est composée de deux vaisseaux de 74 canons, de quatre de 66, et de deux frégates; elle est partie d'Archangel vers la mi-juin. L'officier qui, après avoir mis pied à terre, est venu à Londres, a eu une conférence avec l'ambassadeur de Russie et Grenville. Il est parti pour retourner à bord.

Cette apparition d'une escadre russe dans un des ports britanniques avait beaucoup occupé les politiques. Il paraît aujourd'hui qu'elle n'est entrée dans la rade de Leith que pour y prendre des vivres et des informations sur les affaires générales; elle va faire voile pour Pétersbourg.

## HOLLANDE.

*Amsterdam, le 13 septembre.* — Le gouvernement reçoit chaque jour des frontières des nouvelles faites pour alarmer de plus en plus. Les Français continuent à s'approcher. Les avant-postes de l'armée hollandaise du côté d'Osterhom ont été vigoureusement attaqués et obligés de se replier jusqu'à Steelhofen.

On dit que le prince héréditaire d'Orange doit avoir un commandement vers la basse Meuse.

A la prise de l'Ecluse, le régiment hollandais de Hesse-Darmstadt a été entièrement fait prisonnier. Le fils du langrave de Hesse-Hombourg sert dans ce régiment en qualité de capitaine.

## PAYS-BAS.

*Extrait des nouvelles de Bruxelles, du 6 vendémiaire.* — L'armée du général Jourdan poursuit sa marche triomphante, pendant que les Autrichiens se retirent avec une précipitation incroyable. Déjà les républicains sont entrés à Juliers, et ont effectué le passage de la Roër, rivière qui avait arrêté le traître Dumouriez.

Tout annonce que les satellites de l'Autriche seront bientôt obligés de repasser le Rhin ; l'on annonce même par des déserteurs que tous les magasins s'évacuent précipitamment à Cologne, et qu'on les envoie en toute diligence en Allemagne.

Les Français se sont emparés, au-dessus d'Aix-la-Chapelle, d'un parc d'artillerie considérable que l'on a ramené à Liége. Cette dernière ville est un passage continuel d'équipages militaires, de prisonniers et de déserteurs qui ne cessent d'y arriver. Les triomphes des armées françaises ont été célébrés dans cette ville avec la plus grande allégresse.

La générosité républicaine a oublié les indignes traitements dont les habitants d'Aix-la-Chapelle se sont rendus coupables lors de la défaite d'Althenoven, en maltraitant les blessés français.

L'ordre le plus parfait a été observé dans cette nouvelle conquête ; la ville a été imposée à une contribution assez considérable ; la statue du despote Charlemagne, premier empereur d'Occident, a été abattue à l'arrivée des républicains.

Voici un nouveau trait de la générosité républicaine, qui apprendra aux détracteurs de la nation française à connaître les principes d'humanité qui la dirigent actuellement.

La majeure partie des habitants de la province de Limbourg, connus de temps immémorial par un attachement fanatique pour la maison d'Autriche, s'étaient armés et joints à l'armée autrichienne pour défendre les positions de la Meuse. Après l'expulsion de l'ennemi du Limbourg, aucuns désordres n'y ont été commis, et les Liégeois ont reçu défense de se rendre dans cette province, dans la crainte qu'ils n'y commettent par animosité quelques excès.

L'imagination la plus atroce peut à peine se former une idée des horreurs commises par les Autrichiens dans leur retraite. Le faubourg d'Amercœur a été incendié, de même qu'un grand nombre d'habitations de particuliers paisibles, dont plusieurs ont été massacrés.

## RÉPUBLIQUE FRANÇAISE.

*Port-la-Montagne, le 4e sansculottide.* — Hier on a lancé la frégate *la Thétis*, de 36 canons.

Des nouvelles authentiques de Gênes annoncent qu'il y a de la division entre les Anglais et les Espagnols ; qu'il y a eu entre eux une rixe à Livourne. On présume que le gouvernement espagnol a rappelé l'escadre de la Méditerranée ; ce qui semble le confirmer, c'est qu'elle ne paraît plus dans ces parages.

AVIS. — **COMITÉ DES INSPECTEURS DE LA SALLE.**

*Extrait du procès-verbal du 26 fructidor, l'an 2 de la république française, une et indivisible.*

Présents les citoyens Robin, Hérard, Chabanon, Duval, Debrie, Bouchereau, Chedanneau, Poultier, Huguet, Coland, Pinot, Fiquet, Sergent.

Le comité des inspecteurs du Palais-National prévient les citoyens qui voudront fabriquer du papier d'impression pour le service de la Convention nationale, qu'ils seront admis à faire leur soumission, laquelle devra indiquer :

1° La quantité de papier carré fin et carré moyen ordinaire et non défectueux, du poids l'un et l'autre de quinze à seize liv., que chacun pourra fournir régulièrement chaque mois ;

2° Le prix qu'ils mettront à chaque espèce de papier, sans cependant excéder le maximum ;

Que les soumissions seront déposées au comité dans les vingt jours qui suivront le 18 du mois de vendémiaire, l'an 8e, et que, passé ce temps, les fabricants dont les soumissions auront été admises seront prévenus qu'il leur sera passé un état de marché, et que le comité fera délivrer les chiffons nécessaires.

Pour extrait conforme :

*Les représentants du peuple,*
A.-F. BOUCHEREAU, POULTIER.

---

# CONVENTION NATIONALE.

### *Présidence d'André Dumont.*

#### SUITE DE LA SÉANCE DU 12 VENDÉMIAIRE.

TREILHARD, au nom des comités de salut public, de sûreté générale et de législation : Citoyens, je suis chargé de vous rendre compte d'une dépêche que nous avons reçue hier de Marseille.

Le décret que vous avez rendu le 5e des sansculottides a porté l'espoir et le calme dans l'âme des patriotes de Marseille ; les conspirateurs seuls et les fripons se sont agités pour rompre vos mesures ; l'énergie des représentants du peuple a tout comprimé, mais ce n'est pas sans de grands dangers pour leurs personnes.

Je vais vous donner lecture des pièces.

*Les représentants du peuple, commissaires dans les départements des Bouches-du-Rhône, du Var et de l'Ardèche, à leurs collègues, membres du comité de salut public.*

Marseille, le 6 vendémiaire, l'an 3e de la république française, une et indivisible.

· Nous avons fait mettre à exécution, citoyens collègues, comme nous vous l'avons marqué, la loi du 5e jour des sansculottides, seule loi qui peut sauver le Midi, qui, dans ce moment est agité de la manière la plus affligeante. Marseille a levé hier, à deux heures après-midi, l'étendard de la rébellion la plus marquée ; vous vous en convaincrez par le procès-verbal n° 1 de ce qui s'est passé.

· La Convention a été outragée, les lois méprisées ; on a attenté à la vie des représentants ; ils ne craignent pas la mort pour sauver la patrie : depuis quinze jours ils savaient qu'on voulait les assassiner ; le moment était venu où on voulait exécuter ce projet ; ils l'ont attendu avec fermeté et courage, et ont résisté contre les meurtriers.

· La nécessité de faire un exemple nous a forcés de prendre l'arrêté n° 2, que nous vous envoyons, par

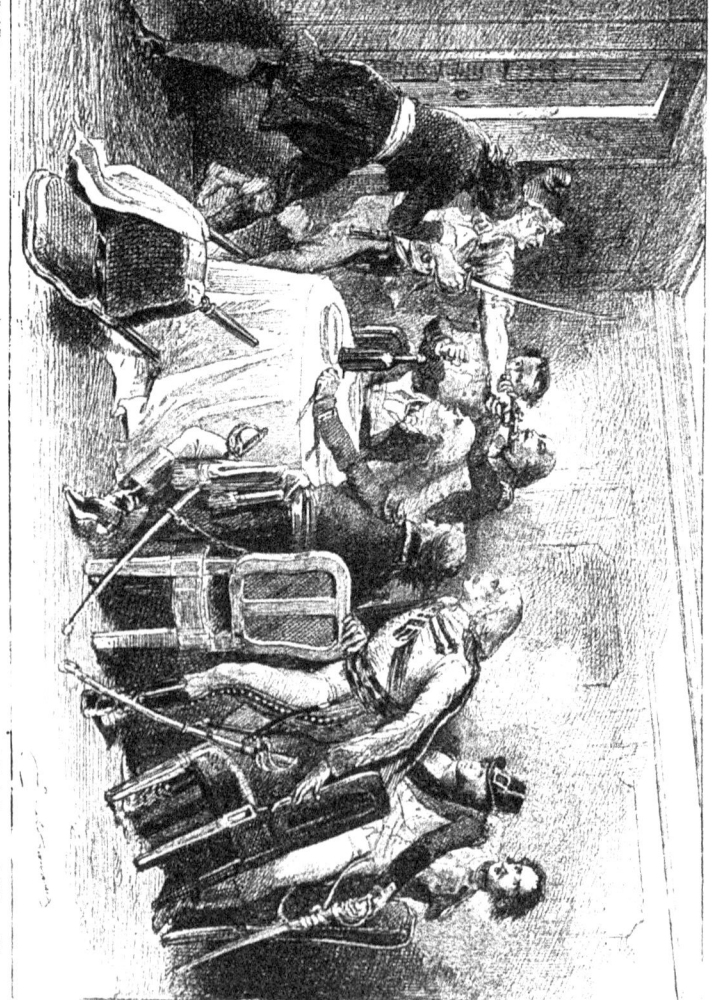

Les représentants Auguis et Serres à Marseille.

Typ. Henri Plon.

lequel nous avons nommé une commission pour juger de suite les attroupés pris en armes, menaçant la Convention nationale. Nous n'en ferons pas mauvais usage ; elle cessera ses fonctions aussitôt qu'elle aura prononcé sur le sort de ceux qui ont été pris en flagrant délit.

« Quant à ceux qui ont été arrêtés avant l'attroupement, nous les ferons conduire au tribunal révolutionnaire.

« Notre position est on ne peut pas plus inquiétante, de voir ici, d'un côté, les scélérats les plus prononcés, et de l'autre, des hommes comprimés par la terreur. Les premiers ne perdent pas courage; ils font l'impossible pour soulever les campagnes; la plus noire calomnie est leur langage ; il n'y a pas de moyen qu'ils n'emploient pour égarer l'opinion publique. Les autres disent qu'ils aiment la république, que la Convention nationale est leur point de ralliement ; ils ne font que très-peu de chose pour elle. Nous n'avons ici que la troupe, qui a fait parfaitement son métier. Nous nommons le 1er bataillon des Gravilliers, le 4e de l'Ardèche, celui d'Apt, le 3e de Vaucluse, celui de Nyons, et le 5e des Bouches-du-Rhône, avec le dépôt du 1er régiment de hussards. On peut dire avec vérité que ces braves volontaires ont contenu tous les mouvements qui éclataient, qu'ils ont empêché que les arsenaux ne fussent forcés, ainsi que les magasins et ateliers d'armes. On a fait l'impossible pour les séduire, on leur a offert tout ce qui peut satisfaire toutes les différentes passions ; ils n'ont connu que leur devoir, et s'en sont dignement acquittés.

« Nous rendons justice aux braves militaires qui le méritent ; mais nous ne tiendrons pas le même langage sur le compte des gendarmes : ceux qui sont ici, à l'exception du capitaine, d'un officier, et de trois ou quatre autres individus, n'appartiennent point à la république, mais au crime et à la scélératesse ; ce sont eux qui ont toujours été à la tête des séditieux, qui ont protégé tous les contre-révolutionnaires, qui n'ont mis à exécution ni les lois, ni les arrêtés du comité de sûreté générale de la Convention, qui ont fait échapper les prévenus : dans l'attroupement d'hier ils étaient presque tous à la tête ; on en a saisi cinq, et plusieurs se sont échappés après avoir laissé leurs habits.

« Nous avons également un mauvais témoignage à rendre sur quelques compagnies de canonniers formées à Marseille ; leurs propos et leur conduite ont fait que le commandant de l'artillerie n'a osé leur confier aucune pièce de canon, et qu'il a consigné la compagnie qui est au palais. Trois canonniers sont venus hier nous déposer que le capitaine en second de cette compagnie avait tenu les propos les plus indécents contre la représentation nationale et les autorités constituées : il est intéressant de ne pas employer ces hommes à Marseille ; il faudrait les épurer et les envoyer à l'armée. Il est aussi instant d'employer ici des canonniers qui ne soient pas du pays, et d'employer ailleurs les compagnies formées à Marseille. Prenez des mesures promptes pour empêcher que le mal ne vienne à son comble, il a déjà fait trop de progrès.

« Nous nous occupons, citoyens collègues, à ce que Marseille ne soit pas perdue pour la république; dans ce moment elle ne lui appartient que faiblement. Cependant, nous vous le répétons encore, la masse est excellente ; il n'y a pas d'autre moyen, pour que cette commune ne coure pas plus longtemps à sa perte totale, que de comprimer tous les scélérats et les fripons qu'elle renferme, qui avaient pour point de ralliement le mot de Montagne, que les traîtres déshonorent. Ils se servaient de ce qui a

sauvé la patrie, pour la perdre. Il faut relever l'énergie des citoyens, vraiment abattue par la terreur.

« Nous écrivons au comité de sûreté générale, à qui nous envoyons plusieurs pièces qui annoncent la conjuration : concertez-vous avec nos collègues. Nous sommes heureux de vous annoncer que dans toutes ces bagarres il n'y a pas eu une goutte de sang versée, et que nous empêcherons qu'il ne s'en répande ; il n'y aura que celui que la loi demandera.

« Salut et fraternité.

« AUGUIS, J.-J. SERRES. »

N° 1. — PROCÈS VERBAL.

« Le 5 vendémiaire, l'an 3 de la république française, une et indivisible, deux heures et demie après midi, les représentants du peuple Serres et Auguis étant descendus dans le salon de la maison Brutus, où ils sont logés, pour y dîner avec les citoyens Georges Blessy, chef d'escadron du 1er régiment de hussards ; Villemalet, général divisionnaire commandant la force armée de Marseille ; Jacomin, capitaine au 1er bataillon de Nyons ; Malin, capitaine au 3e bataillon de Vaucluse ; Magnin et Fabre, secrétaires de la commission ; à peine avaient-ils commencé, qu'on est venu les avertir qu'il s'était formé un rassemblement à la Plaine, qui, ayant été dissipé par un détachement qu'on y avait envoyé, s'était porté au Cours, près de l'hôtel de la Patrie, qu'il menaçait de fondre sur nous. L'officier qui est venu nous prévenir a dit qu'il avait fait porter un piquet, mais qu'il n'était pas assez fort pour le contenir ; qu'il était instant de prendre des mesures. Aussitôt le général Villemalet, et Auguis, représentant du peuple, se sont levés, et dans le même moment un homme, qu'on a su s'appeler André Maxion, demeurant porte d'Aix, tourneur, est entré, armé d'un sabre et de deux pistolets, et du ton le plus scélérat a dit :

« Voilà ici le peuple souverain qui vous demande les détenus par vos ordres ; » et a fait des menaces, si on ne les rendait pas de suite.

« Dans la rue et devant la porte l'attendaient plus de douze cents hommes, presque tous armés de sabres et de pistolets.

« Auguis lui a ôté son sabre, et l'a arrêté, aussitôt les attroupés se sont jetés devant la porte, et ont voulu forcer la garde ; ils étaient exaspérés et vociférants. Alors les représentants du peuple ont sorti dans la rue, leur ont parlé le langage de la loi, les ont sommés de se retirer ; que s'ils avaient quelques pétitions ou réclamations à faire, quand le calme serait rétabli, ils n'avaient qu'à députer près d'eux deux commissaires, qu'on les écouterait.

« Ce langage leur a déplu : ils se sont portés à de nouveaux excès de rage ; ils ont pris Auguis au collet, lui ont déchiré sa chemise, et il s'est vu plusieurs pistolets sur la poitrine.

« Le citoyen Jacomin, pendant ce temps, a été entouré ; on a voulu lui ôter son sabre, sa fermeté l'a débarrassé heureusement.

« Serres, qui s'était également jeté au milieu de l'attroupement, est rentré, est monté dans un appartement au premier, et s'est montré à la fenêtre, d'où il a exhorté de nouveau les bons citoyens à se retirer, au nom de la loi : il n'a pas été plus heureux.

« Villemalet a paru à cheval, et s'est mis au milieu de la troupe furieuse et insensée à qui il a ordonné, au nom de la loi, de se retirer : elle l'a également méconnu.

« Les bataillons des Gravilliers et de Nyons sont accourus ; ils se sont vus pressés par les séditieux, qui, feignant de les embrasser, voulaient les désarmer ; ils leur offraient du vin : les vrais défenseurs de la patrie se sont mis sur leurs gardes, et ont empêché qu'ils n'entrassent chez les représentants du peuple, dont ils assaillaient les portes, qui n'étaient gardées que par douze volontaires du 3ᵉ bataillon de Vaucluse, qui, par leur intrépidité et bonne contenance, avaient soutenu les efforts réitérés des forcenés.

« Les hussards sont venus se mettre en bataille dans la rue de Brutus ; là on a voulu se saisir de la bride du cheval du commandant, et celui qui s'en était approché lui a demandé à l'embrasser : le commandant ne s'y est pas refusé ; mais voyant qu'il y avait là-dessous de la perfidie, il l'a forcé de se retirer.

« A quatre heures, Serres a encore parlé à la fenêtre. L'attroupement a paru se dissiper en partie ; mais il en est toujours resté un noyau très-considérable, qui a menacé de faire danser la carmagnole aux représentants, disant qu'ils avaient douze mille fusils à leur service, et qu'il leur fallait décidément les détenus qu'ils avaient déjà demandés. Plusieurs de ceux qui avaient paru se retirer, étant entrés par le café qui est vis-à-vis, ont monté dans les appartements les plus élevés, et sur les toits tant du café que des maisons voisines, où ils ont paru armés ; et on s'est aperçu qu'ils avaient barricadé, avec des sarments et des fagots, les fenêtres, ce qui a prouvé leur intention d'attaquer. Alors les troupes et les représentants leur ont dit que, s'ils ne descendaient pas, on les y contraindrait. De suite plusieurs volontaires ont monté dans les appartements, sur les toits, et ont saisi plusieurs des insurgés ; les gendarmes avaient laissé sur les toits et dans les appartements leurs habits et leurs pistolets, pour n'être point reconnus.

« Auguis, voyant qu'il n'y avait pas d'autre parti à prendre que des mesures vigoureuses, a ordonné au commandant, au nom de la loi, de les faire retirer, sans quoi il allait les repousser par la force. Ils n'ont pas voulu obéir.

« La force armée s'est emparée d'une quarantaine de ces scélérats ; les autres ont pris la fuite. Parmi ceux qui ont été arrêtés on a reconnu des gendarmes armés de sabres et de pistolets, des hommes portant l'uniforme de grenadiers, de chasseurs et de canonniers ; ils ont été conduits dans le salon de la maison Brutus.

« André Maxion, qui était arrêté depuis deux heures et demie, et gardé par deux volontaires dans l'appartement des représentants, a dit, en présence de plus de vingt personnes, que Maillet jeune était cause qu'il s'y était porté, et que c'était lui qui avait fomenté le rassemblement.

« Le présent procès-verbal a été clos par nous, représentants du peuple, dans le département des Bouches-du-Rhône.

« Signé SERRES, AUGUIS. »

### Nº 2. — ARRÊTÉ.

« Les représentants du peuple, d'après la loi du 9ᵉ jour des sans-culottides, et vu le péril imminent des circonstances, n'ayant dans ce moment ni tribunal militaire, ni tribunal criminel d'organisés, ont cru qu'il fallait absolument un exemple pour arrêter les progrès d'une conspiration qui menace toute la république ; ils ont en conséquence formé provisoirement une commission militaire, composée de cinq membres pris dans les différents bataillons de la garnison, pour juger de suite les principaux auteurs de l'attroupement, actuellement détenus au fort Nicolas.

« A Marseille, le 5 vendémiaire, neuf heures du soir, l'an 3 de la république française, une et indivisible. « SERRES, AUGUIS. »

### GUERRE A TOUS LES TRAITRES.

*Le comité révolutionnaire de Marseille aux comités de sûreté générale et de salut public.*

Marseille, le 7 vendémiaire, l'an 3ᵉ de la république française.

« Représentants, il est de notre devoir de vous instruire des troubles qui ont agité notre commune dans la journée du 5 du courant ; mais les plus orageuses ; mais le rassemblement des malveillants et l'émeute contre la représentation nationale ne se développèrent avec plus d'audace que dans l'après-midi ; et enfin, grâces aux mesures vigoureuses qui furent prises avec les représentants, de concert avec les autorités constituées et le commandant de la place, le bon ordre et la tranquillité furent entièrement rétablis, et le soir, à huit heures, il n'existait plus de rassemblement.

« Nous faisons les recherches les plus scrupuleuses pour connaître les auteurs et moteurs de cette rébellion liberticide ; nous avons déjà recueilli quelques renseignements, que nous vous ferons passer quand ils seront mieux constatés.

« Vous recevrez aussi sous peu de jours l'extrait des procès-verbaux des délibérations que nous avons prises depuis notre installation.

« Vous y verrez notre soumission aux lois de la Convention nationale, notre attachement à la représentation, et notre dévouement à servir la chose publique ; elle vient d'être encore à deux doigts de sa perte dans cette commune ; l'on tramait la destruction du gouvernement révolutionnaire ; mais la sagesse et la vigilance des représentants, les mesures prises par les autorités constituées de concert avec eux, l'activité du commandant de la place, qui nous a on ne peut pas mieux secondés dans toutes les précautions qu'exigeait la circonstance, ont déjoué les projets des malveillants.

« Nous sommes enfin parvenus à leur arracher le masque de patriotisme à la faveur duquel ils insultaient à la représentation nationale, ils égaraient le peuple sur ses véritables principes, et l'avilissaient pour parvenir plus sûrement à la contre-révolution qu'ils tramaient, et qu'ils eussent sans doute opérée si l'œil de la surveillance n'eût pas été ouvert sur leurs intentions perfides. Qu'ils tremblent les traîtres ! la justice nationale va les poursuivre, et le glaive de la loi nous vengera des coupables.

« Salut et fraternité.

« Signé *les membres du comité de surveillance.* » ( Suivent les signatures. )

TREILHARD : Ces pièces en disent plus que je ne pourrais faire ; je n'ajoute aucune réflexion. Ce ne sont pas des discours que la nation attend de nous dans ces moments critiques, mais des mesures dont la vigueur et la sagesse garantissent les succès. Voici le projet de décret que je suis chargé de présenter.

« La Convention nationale, après avoir entendu le rapport de ses comités réunis de salut public, de sûreté générale et de législation, décrète ce qui suit :

« Art. 1ᵉʳ. La Convention approuve les mesures prises par les représentants du peuple dans le département des Bouches-du-Rhône, la création de la commission militaire formée par leur arrêté du 5 de ce mois, et la nomination des membres qui la composent.

« II. Le comité de salut public est chargé de faire porter à Marseille les forces suffisantes.

« III. Les gendarmes qui étaient à Marseille sont licenciés ; les représentants du peuple feront arrêter, traduire à la commission militaire et juger tous ceux qui ont pris part à la rébellion ; ils donneront des renseignements sur

Typ. Henri Plon.

Réimpression de l'Ancien Moniteur. — T. XXII, page 148.

*Combat sur les toits à Marseille.*

ceux qui ont bien rempli leur devoir, afin qu'il soit pourvu à leur avancement.

« IV. Les représentants du peuple sont aussi chargés de prendre toutes les mesures nécessaires contre ceux des canonniers qui n'ont pas rempli leurs devoirs.

« V. La Convention déclare qu'elle est satisfaite de la conduite du général Villemalet, et que le 1er bataillon des Gravilliers, le 4e de l'Ardèche, celui d'Apt le 3e de Vaucluse, celui de Nyons, le 8e des Bouches-du-Rhône, et le dépôt du 1er régiment d'hussards, ont bien mérité de la patrie.

« VI. Le présent décret sera inséré au Bulletin, et porté à Marseille par un courrier extraordinaire. »

Ce décret est adopté.

Le président annonce qu'une lettre postérieure à celles qu'on vient de lire est entre les mains d'un secrétaire qui va en donner lecture. La voici :

Marseille, le 7 vendémiaire, an 3e de la république une et indivisible.

« Représentants, ils ne sont plus, ces dominateurs forcenés, continuateurs du système de Robespierre. Grâces éternelles vous soient rendues, représentants, vous seuls pouviez abattre ce colosse effrayant, jetant la terreur dans toutes les âmes ; vous seuls pouviez délivrer Marseille, la république entière, de cette caste sanguinaire qui voulait tout victimer à son ambition ; qui n'abattait la tyrannie que pour se l'approprier ; qui ne détruisait les hommes de l'ancien régime que pour régner à leur place, couverte de leurs dépouilles aux dépens de la république ; qui ne voyait le patriotisme que dans le trafic honteux des plus viles passions ; qui anéantissait enfin la république sous le masque imposant d'un patriotisme exagéré.

« Et nous aussi nous sommes révolutionnaires, et nous aussi nous sommes les plus zélés partisans du gouvernement provisoire qui seul peut nous assurer la stabilité de la constitution républicaine ; mais les ennemis du crime, les amis de la justice, et de la vraie justice, seront-ils longtemps exposés aux vils sarcarmes de tant d'êtres corrupteurs et corrompus disséminés dans toutes les communes de la république? Non, représentants, ils vont rentrer dans le néant, d'où ils n'auraient jamais dû sortir. Ce qu'ils ont fait à Marseille va faire tomber le masque, et partout les Cromwells modernes disparaîtront du sol de la liberté qu'ils ont trop longtemps souillé.

« Marseille, livrée à quelques meneurs, n'avait pu par elle-même secouer leur joug détestable ; manifester sa haine contre leur tyrannie, c'était un crime irrémissible, et la proscription ou la mort en était le prix. Vous avez enfin connu la position de notre malheureuse cité ; vous avez voulu l'arracher à l'oppression, et deux représentants, dont les noms seront chers à nos derniers neveux, y sont venus déployer le grand caractère qui les anime et l'autorité nationale dont ils sont revêtus.

« La calomnie avait précédé leur venue, et il n'est sorte d'atrocités que les meneurs n'aient vomies sur leur compte, pour égarer les esprits et les préparer à une insurrection contre la représentation nationale. Le moment de leur arrivée fut signalé par un acte de mépris. Le premier usage qu'ils firent de l'autorité nationale fut entravé par un acte de révolte, l'enlèvement du sanguinaire Reynier. Cet acte inique provoqua la vengeance du peuple outragé dans ses représentants ; de là l'épuration des autorités constituées, de là nouvelles convulsions, nouveaux actes d'insurrection.

« Nous sommes appelés par la confiance des représentants aux fonctions municipales ; les bons citoyens applaudissent à notre choix, et une horde

de scélérats vient troubler notre installation, et des huées se font entendre de la part des affidés postés par les meneurs. Les menaces ne sont pas épargnées pour intimider l'homme faible. Une fête se fait le 5e jour des sansculottides, et les cris de à la lanterne! retentissent de toutes parts, et semblent se diriger contre nous. Ils frappent l'oreille des représentats qui par la seule force des principes et de la vérité, terrassent avec énergie les hommes égarés, et réduisent au silence les scélérats auteurs de cette émeute.

« La Convention, indignée de l'attentat commis contre la souveraineté du peuple par l'enlèvement de Reynier, rend un décret qui est reçu avec transport par tous les bons citoyens. Il est exécuté avec la plus grande sagesse ; mais le lendemain quelques scélérats courent les rues, se livrent à toutes sortes d'excès, entraînent par force tous ceux qu'ils rencontrent, et se portent chez les représentants. Là ils se livrent à tout ce que la rage et le délire peuvent leur inspirer. Les bons citoyens, inquiets sur le sort de la représentation nationale, veillent sur elle avec sollicitude ; le brave Villemalet, commandant de la place, affronte mille dangers et vole à son secours ; il harangue l'attroupement, et, distinguant l'homme égaré du chef, il épargne par ses mesures sages et fermes le sang innocent qui eût infailliblement coulé sans sa prudence.

« Les malveillants sont dissipés ; les représentants, par un héroïsme sans exemple, bravent les poignards des assassins et des frénétiques ; ils échappent aux plus imminents dangers par leur seule contenance ; les nouvelles autorités les entourent aussitôt ; la force armée vient à leur secours ; la brave garnison de Marseille repousse avec horreur tous les moyens de séduction ; calmes au milieu de l'orage, les représentants ordonnent et disposent ; ils font arrêter les chefs de l'émeute ; l'attroupement se dissipe, et encore une fois Marseille est sauvée, et encore une fois les bons citoyens triomphent et manifestent leur attachement inviolable à la Convention, à ses travaux sublimes, à ses décrets immortels.

« Représentants, Marseille délivrée du joug odieux des aristocrates et des scélérats, Marseille régénérée par vos décrets et par les soins bienfaisants de vos précieux collègues, dignes de l'importante mission que vous leur avez confiée, sera ce qu'elle a été dès l'aurore de la révolution, ce qu'elle sera toujours pour le soutien de la république une et indivisible.

« Elle a encore dans son sein ces hommes du 10 août, qui en majorité n'ont point renversé le trône pour laisser la tyrannie dans les mains impures de quelques êtres souillés de crimes ; elle a encore dans son sein ces hommes qui, réunis sur la place du N° 11, ont combattu dans les journées des 21 et 25 août les fédéralistes et les contre-révolutionnaires.

« C'est parmi eux que les nouvelles autorités ont été puisées, c'est dans ce noyau respectable que la Convention trouvera toujours des républicains amis des lois et de la probité, prêts à tout sacrifier à l'intérêt de la chose publique.

« Comptez, représentants, sur ces hommes vertueux qui ont su se préserver du poison de la révolte ; fléaux des ennemis du peuple, ils ont pris l'engagement solennel de les écraser, et ils ne puiseront leurs moyens que dans la loi, que dans les travaux de la Convention, qu'ils ne cesseront jamais de reconnaître pour le centre de l'autorité suprême, le point de ralliement où tout doit aboutir.

« Forts de ces principes que nous professerons

jusqu'à notre dernier souffle, nous espérons, représentants, qu'en appesantissant la justice nationale sur les coupables auteurs de tant d'attentats, vous rendrez aux vrais républicains marseillais la sécurité et le bonheur que quelques intrigants leur avaient arrachés. »

(*Suivent les signatures des officiers municipaux de la commune de Marseille.*)

« Nous, membres du comité révolutionnaire du district de Marseille, étant assemblés en séance permanente, après avoir entendu la lecture de l'Adresse de la municipalité, y ayant reconnu les principes purs que nous avons juré de professer, et la vérité des faits qui y sont consignés, avons adhéré, à l'unanimité, à ladite Adresse, et avons signé dans le lieu de nos séances, le 7 vendémiaire, l'an 3e de la république française, une et indivisible. »

(*Suivent les signatures.*)

« L'administration du district de Marseille, épurée, pénétrée des mêmes sentiments, et conduite par les mêmes principes qui dirigent la municipalité, reconnaissant la vérité dans tout ce qui est exposé dans l'Adresse ci-dessus, déclare y adhérer dans tout son contenu. »

*Adresse du comité de surveillance révolutionnaire du district de Marseille, nommé par les représentants du peuple Auguis et Serres, en mission dans les départements des Bouches-du-Rhône, du Var et de l'Ardèche, aux citoyens de son arrondissement.*

« En acceptant les fonctions délicates autant que pénibles que vient de nous confier la représentation nationale, nous nous sommes pénétrés de cette grande vérité, que la sauvegarde du peuple est dans la loi, sa liberté dans son exécution, et son bonheur dans les principes sévères de l'immuable justice.

« C'est en prenant pour base de nos opérations ces vérités éternelles, que nous parviendrons à arracher la chose publique des dangers qui l'entourent; c'est par une exacte impartialité, en ne nous livrant à aucune faction, en n'épousant aucun parti, que nous atteindrons le but de les étouffer tous : nous distinguerons la calomnie et la malveillance des vérités utiles que les bons citoyens doivent nous faire connaître. Organes de la loi, nos mesures n'en seront que le résultat, et malheur à ceux qui, pour entraver la marche du gouvernement révolutionnaire, tendraient des pièges à notre bonne foi.

« Nous surveillerons les ennemis du bien public, et, quel que soit le masque dont ils se soient couverts, nous saurons le leur arracher. Nous poursuivrons sans relâche, et nous livrerons sans miséricorde à la justice nationale la perfide aristocratie qui voudrait profiter de tous les mouvements pour se soustraire au glaive des lois. Nous sévirons avec le zèle du républicanisme contre celui qui a toujours vu son ennemi dans un patriote, son bonheur dans les hochets de l'ancien régime, son salut dans la contre-révolution.

« Ces hommes n'ont à attendre de nous que justice, et justice sévère; et loin de nous de compromettre la liberté et l'égalité par une indulgence déplacée, par un sentiment d'humanité mal entendue, qui, dans l'homme public, est une faiblesse coupable.

« Telle est, nos concitoyens, le plan de conduite fdans la carrière qui nous est ouverte; si la malveillance attaque nos principes, nous répondrons par la manifestation publique de nos travaux; si la calomnie plane sur nos têtes, nous la mépriserons; et en bravant avec fermeté tous les dangers nous justifierons la confiance de la représentation nationale, et nous vous prouverons que nous sommes toujours dignes de celle que vous nous avez accordée dès l'aurore de la révolution.

« Délibéré à Marseille, en comité, la 3e sansculottide, l'an 2e de la république française, une et indivisible. »

« *Signé* JOSEPH TEISSÈRE, *président;* GUÉRIN, H. ARNAUD, BLAIN, DELSOL, CH. ROUMIEU, CLAUDE PAUL, BENOIT BERTHE, PIERRE POUZEN, MAUNIER, PIERRE GABRIEL, et JOSEPH BEAUFER, *secrétaire.* »

« Vu et permis d'imprimer et afficher à Marseille en état de siège, le 4e jour sansculottide, l'an 2 de l'ère républicaine.

« VILLEMALET, *général de division, commandant la seconde division de la Côte, et Marseille en état de siége.* »

SÉANCE DU 3 VENDÉMIAIRE.

On fait lecture de l'Adresse suivante :

*Les administrateurs et l'agent national du district d'Orléans, département du Loiret, à la Convention nationale.*

Du 8 vendémiaire.

« Représentants, l'espoir criminel des hommes de sang, des terrifères, vient d'échouer. Tallien respire; la patrie n'a point à pleurer la perte d'un de ses enfants chéris.

« Oui, représentants, le coup qui l'a frappé, en nous éclairant sur vos périls, ajoute aux devoirs que nos fonctions nous imposent. Notre surveillance en deviendra plus active, s'il est possible, et nous parviendrons à écraser ces reptiles venimeux, dont l'existence sera bientôt un problème à résoudre.

« Vainement ils protestent de leur dévouement à la représentation nationale, ces hommes qui chaque jour l'avilissent dans une Société trop célèbre par l'expulsion arbitraire des membres qui en furent les fondateurs et les soutiens.

« Vainement ils persistent à se dire les organes du peuple dans ces Adresses liberticides que le crime seul a tracées, à la suite des orgies, dans son laboratoire ténébreux.

« Le peuple tant de fois abusé a brisé l'idole; le peuple, qui foula aux pieds les cendres de l'odieux Mirabeau, qui révère la mémoire de Marat, n'accordera point son estime à ses faux amis; il ne croit plus à la métamorphose de ces valets de cour qui, sous l'ancien régime, humblement prosternés aux pieds d'un grand ou d'une actrice, en sollicitaient un regard comme une faveur signalée.

« Le peuple sait aujourd'hui que la terreur est l'apanage de l'ignorance et de la férocité; il veut le gouvernement révolutionnaire, qui ne sait autre chose que l'activité permanente de la justice nationale; il ne connaît d'autres représentants que vous, d'autres législateurs que vous, d'autre point de ralliement que la Convention nationale. (On applaudit.)

« *Signé* LAMBERT, CONSTANT, CHESNAULT, DROUARD, *administrateurs;* MERSAN, *agent national;* DESIR, *secrétaire.* »

La Convention ordonne l'insertion de cette Adresse au Bulletin.

*La section de la Réunion à la Convention nationale.*

« Citoyens représentants, la nation française s'est élevée à la dignité de l'homme, et notre unique intérêt est de maintenir dans toute leur intégrité les principes qui nous assurent la jouissance de la liberté.

« Des hommes impurs se sont agités pour nous enlever cette bienveillance précieuse; mais leurs succès, fondés sur l'imposture, n'ont pu être de longue durée.

« La voix du peuple a été comprimée par la terreur; mais la Convention clairvoyante a écrasé les oppresseurs, et a fait luire le jour où l'amitié, la fraternité et la vertu ne seront plus étouffées par la défiance.

« La section de la Réunion, pénétrée d'admiration pour tous vos sublimes travaux, nous a députés auprès de vous : 1° Pour vous assurer en son nom de son parfait et entier dévouement : constamment attachée à la Convention nationale, cette section a juré à l'unanimité de lui faire un rempart de son corps, et de verser jusqu'à la dernière goutte de son sang plutôt que de souffrir qu'il soit porté la moindre atteinte à aucun de ses membres;

« 2° Pour vous offrir une somme de 9,157 livres, produit d'une collecte faite dans la section, pour la construction d'un vaisseau qui servira à balayer la mer de tous les esclaves des tyrans qui l'infectent;

« 3° Pour réclamer auprès de vous la somme de 6,514 liv. 14 sous, aussi le produit d'une collecte destinée à secourir les épouses des défenseurs de la Patrie, laquelle, conformément à l'arrêté du comité de salut public, en date du 15 prairial dernier, a été versée au trésor national, et qui n'était destinée qu'au payement de ces secours.

« Législateurs, restez à votre poste, c'est notre seul point de ralliement; travaillez à faire le bonheur du peuple : toutes les sections de Paris ne font qu'une; nous serons toujours debout lorsqu'il sera question de seconder les opérations de la Convention nationale. *Vive la république! vive la Convention nationale!* »

La Convention nationale a décrété la mention honorable de cette pétition, l'insertion au Bulletin et le renvoi au comité des finances.

LE PRÉSIDENT : La France connaît les vertus.républicaines des citoyens de Paris; la Convention s'est plu bien des fois à les proclamer hautement. Bons Parisiens, l'intrigue et la malveillance veulent creuser un nouvel abîme; les agents de la tyrannie reprennent une nouvelle audace pour vous diviser; ils se servent encore d'une popularité usurpée à force de crimes pour égarer le peuple. Fixez les auteurs de ces agitations; fixez ces hommes à figure atrabilaire; vous y verrez l'empreinte de tous les crimes. Le bonheur est là, vous allez enfin en jouir avec tous les Français: c'est contre cette félicité que sont armés les malveillants, les voleurs et les assassins. Paris a sauvé la patrie; Paris a concouru à l'anéantissement de la tyrannie; il achèvera son ouvrage en anéantissant les intrigants et les fripons.

— On admet une députation des patriotes réfugiés de Corse.

L'orateur prononce le discours suivant :

« Représentants, un peuple que le despotisme avait asservi, que la justice du peuple français a rendu à ses droits après avoir lui-même revendiqué les siens, que la générosité de ce grand peuple a ensuite associé à ses hautes destinées, aurait à jamais été fidèle à ses engagements, s'il n'avait été égaré par le plus lâche, le plus scélérat des traîtres, en abusant d'un crédit usurpé par cinquante ans d'une hypocrisie la plus raffinée, et surtout du pouvoir national dont il se trouvait malheureusement investi. Oui, représentants, Paoli, ce perfide dont les vrais Corses ne peuvent plus prononcer le nom qu'avec horreur, et dont l'existence est depuis un an qu'un attentat à la loi, a été seul cause de la rébellion d'une partie de la Corse et de son entière invasion par les Anglais.

« La grande majorité des habitants de ce pays malheureux a été toujours, et est encore aujourd'hui française dans le cœur; le despotisme le plus affreux a étouffé sa voix.

« Ce n'était qu'à Saint-Florent, à Calvi et à Bastia que l'on pouvait être à couvert de ses coups; aussi ce fut principalement dans cette dernière place que grand nombre de patriotes de l'intérieur prirent le parti de se réfugier.

« Vexés par un siége des plus longs, tourmentés par les rebelles du dedans et par les ennemis du dehors, écrasés par les ruines de quarante-deux jours de bombardement et de canonnement, épuisés par les fatigues et par la famine, nos ennemis nous redoutaient encore dans cet état.

« Nous savons, représentants, que vous ne nous aviez point oubliés; nous savons que, pendant que nous combattions, vous vous occupiez des mesures pour nous faire passer des secours puissants; mais, par une cruelle fatalité, il a fallu succomber, nous avons dû céder à l'Anglais, notre dernier pain à la main, une place que la force des armes ne nous aurait jamais pu arracher : forcés à l'évacuer, le seul regret que nous ayons eu, c'est celui de voir enlever par le despotisme un pays à la liberté.

« En quittant nos foyers avec nos familles, nous avons abandonné nos biens; mais la liberté nous reste, et ce bien seul nous suffit; c'est le véritable apanage des républicains.

« Reçus dans le sein de la mère-patrie, accueillis avec tendresse et avec intérêt par les frères du continent, comblés des bienfaits de la république, sensibles à tous ces traits de générosité, nous sentons un vide dans notre cœur, il nous reste encore quelque chose à désirer, c'est la délivrance de notre pays.

« La France qui, grâce aux mesures sages et vigoureuses que vous avez prises, à votre inébranlable fermeté, à votre vigilance à déjouer toutes les trahisons fait aujourd'hui trembler tous les esclaves des tyrans coalisés, qui pousse ses conquêtes en Italie, aux Pyrénées, au Nord, elle qui a terrassé le monstre du fédéralisme, qui a écrasé l'hydre à jamais renaissante de la Vendée; qui vient encore de faire monter à l'échafaud le plus dangereux des tyrans, l'émule accompli de Pascal Paoli; la France, victorieuse partout, ne peut certainement voir avec indifférence que le lâche Anglais domine dans les ports d'un de ses départements, ne peut souffrir qu'une poignée de rebelles insulte impunément et avec sécurité à sa générosité et à sa puissance.

« Oui, représentants, que l'Anglais apprenne en Corse qu'il a encore affaire aux vainqueurs de Toulon; qu'il éprouve une seconde fois les regrets et la honte qu'il a essuyés en fuyant de ce port. Que la tête de Paoli et de ses vils satellites tombe; que les malheureux patriotes de l'intérieur de la Corse, dont les jours sont menacés et tranchés à chaque instant par le glaive meurtrier d'un despote, soient délivrés de l'oppression où ils gémissent; qu'il soit fait justice des traîtres dans tous les lieux témoins de leurs perfidies et de leurs atrocités; que la Corse, en un mot, soit rendue à l'unité de la république; voilà, représentants, l'unique objet de nos vœux, voilà la seule récompense que nous demandons de votre justice pour notre dévouement à la mère-patrie. »

*(Suivent un grand nombre de signatures.)*

Mention honorable et le renvoi au comité de salut public.

*Charlier et Pocholle, représentants du peuple, envoyés à Commune-Affranchie et dans le département de Rhône-et-Loire, au comité de salut public.*

Le 10 vendémiaire, 3e année de la république.

« Citoyens collègues, le citoyen auquel nous avions confié le soin de conduire devant vous le nommé Degrosse vient de nous rendre compte de sa mission. Nous avons appris avec peine que vos immenses occupations ne vous avaient pas permis de recueillir de lui les renseignements qu'il devait vous donner sur la conduite et le caractère de cet individu.

« Au reste, la lettre que nous vous avons écrite à ce sujet, l'interrogatoire que nous lui avons fait subir et toutes les pièces que nous vous avons transmises, vous démontreront assez quels étaient les projets de ce soi-disant général, et sous quel étendard il était réellement rangé.

« Nous tenons ici un autre fourbe à peu près dans

le même genre. Degrosse, sous le nom de général français, servait les émigrés dont il était l'agent; et celui dont nous vous parlons, sous le titre emprunté de major, nous paraît avoir été dans Commune-Affranchie l'instrument d'une faction non moins dangereuse que l'aristocratie de Coblentz. Il fut arrêté dans la nuit du.......... par des postes de cette commune. Il avait déjà fait la ronde de plusieurs, et, à l'aide de son prétendu grade, revêtu d'un hausse-col, enveloppé d'un manteau, et armé d'un sabre, il avait réussi à en détacher une partie de volontaires dont il se faisait suivre. Nous l'avons interrogé le lendemain. C'est un ancien commissaire de section, un de ceux que nos collègues Reverchon et Laporte ont remplacés, et qui, comme beaucoup d'autres, regrettent sans doute amèrement les pouvoirs dont ils s'étaient revêtus. Quoiqu'il nous ait déclaré qu'il n'avait eu aucune mauvaise intention en usurpant un titre et en remplissant des fonctions qu'aucune autorité ne lui avait déléguées, nous ne pouvons ajouter foi à ses magnifiques protestations; nous pensons que son but était de favoriser un mouvement, à l'aide duquel le nommé Berger, que nous vous avons envoyé et qui devait partir cette nuit même, se serait échappé de la maison où il était détenu.

« Une sorte de rapprochement et les relations habituelles de ces individus confirment nos conjectures. Nous n'avons encore pris à son égard d'autres mesures que celle de l'arrestation. Nous vous invitons à nous dire ce que nous en devons faire; son nom est Dutel. Si vous croyez qu'il doive être envoyé au tribunal, il partira de suite. Nous sommes à la recherche de ceux qui lui avaient conseillé un rôle qui a si lui mal réussi. Leur parti est nombreux, mais nous faisons tous nos efforts pour en découvrir les chefs et pour réduire les subalternes à l'impuissance. L'histoire de cette commune peut se tracer en deux mots, et ces deux mots doivent être la clef de toutes nos opérations : Les immenses richesses avaient corrompu ceux qui les avaient acquises; elles ont dépravé ceux qui s'en sont attribué la conquête. Que justice soit faite des fripons; que le peu qui reste échappe à leur espoir, et l'ordre y renaîtra infailliblement.

« *Signé* L.-J. CHARLIER et POCHOLLE. »

LIBERTÉ, ÉGALITÉ.

*Le conseil général de Commune-Affranchie à la Convention nationale.*

« Citoyens représentants, la république avait triomphé des royalistes sous les murs de Lyon. Précy et ses satellites avaient disparu, et les restes impurs du fédéralisme étaient tombés sous le glaive de la loi : mais le génie impie de la domination veillait encore pour le malheur de cette cité. Robespierre et Couthon l'avaient choisie pour un des principaux foyers de la révolution qu'ils méditaient contre la souveraineté du peuple ; et, tandis que nos concitoyens essayaient de rappeler votre sollicitude et juraient de vous faire oublier leurs fautes à force de vertus, un nouveau genre de persécution s'établissait à Commune-Affranchie sous le masque hypocrite et trompeur du patriotisme.

« Telle a été notre position jusqu'au 9 thermidor. A cette époque, citoyens représentants, vous avez fait votre révolution, vous vous êtes montrés les dignes mandataires du peuple français. Votre mâle énergie a déjoué tous les complots liberticides; vous avez encore une fois sauvé la république. Eh bien, citoyens représentants, sauvez aussi la grande commune dont nous sommes les organes. Soyez aussi

généreux que la vengeance nationale a été sévère; effacez jusqu'à la dernière trace de la colère; rendez à cette cité malheureuse ses liaisons commerciales avec la république; rendez-lui son ancien lustre avec son nom; votre clémence donnera une nouvelle vie à cent mille individus qui, rentrant dans la famille commune, en seront les plus fermes appuis; et tandis que les pères embrasseront avec reconnaissance l'autel de la patrie, les enfants iront verser leur sang pour sa défense.

« Il nous reste encore un vœu à exprimer, citoyens représentants, c'est celui de tous les républicains. Achevez votre ouvrage; restez à votre poste; le bonheur du peuple l'exige impérieusement; restez-y jusqu'à ce que la république soit assise sur des bases inébranlables.

« Pour nous, magistrats du peuple, placés plus près de lui, témoins chaque jour de ses vertus et de son ardent amour pour la république, nous jurons en son nom et entre vos mains, citoyens représentants, de poursuivre sans relâche les aristocrates, les intrigants, les désorganisateurs, les dilapidateurs du bien de la république, les amis de Robespierre et de Couthon, tous ces hommes pervers qui, voulant régner par la terreur, n'auraient laissé sur le sol de la liberté que des cadavres et des ruines; nous jurons, et notre serment ne sera pas vain, de ne fléchir devant aucun homme, aucune réputation, de ne connaître que la Convention nationale, la république une et indivisible et démocratique. *Vive la république! vive la Convention!* »

(*Suivent les signatures.*)

La Convention nationale décrète la mention honorable de cette Adresse et l'insertion au Bulletin.

(*La suite demain.*)

N. B. Dans la séance du 14, Delmas, au nom du comité de salut public, en donnant des détails plus circonstanciés de la prise de Bellegarde, a annoncé un nouvel avantage remporté sur les Espagnols par l'armée des Pyrénées-Orientales. Un camp tendu, des fusils, des munitions et des prisonniers, ont été le fruit de ce succès.

Eschassériaux l'aîné, au nom du même comité, a reproduit à la discussion un projet de décret relatif à la commission du commerce et des approvisionnements. Après d'assez longs débats, la Convention a décrété que cette commission serait composée de cinq membres, au lieu de deux.

---

### AVIS.

La surveillance du gouvernement suisse, au sujet des faux assignats, a entièrement déprécié le métier de distributeur. Les émigrés et les mauvais sujets du pays n'ont plus de confiance dans cette spéculation.

On a vu des émigrés porter à des négociants connaisseurs des assignats qui leur avaient été envoyés de France, et déchirer eux-mêmes ceux qui leur étaient indiqués comme faux et douteux.

---

### LIVRES DIVERS.

*Fragment pour servir à l'histoire de la Convention nationale, depuis le 10 thermidor jusqu'à la dénonciation de Lecointre inclusivement*; brochure de 52 pages, par J.-J. Dussault. A Paris, chez les marchands de nouveautés.

---

*Brûlement d'assignats.*

Le 9 vendémiaire, à dix heures du matin, il a été brûlé, dans l'ancien local des ci-devant Capucines, la somme de 25 millions de livres en assignats, provenant de la vente des domaines nationaux et recettes extraordinaires, lesquels, joints aux 2 milliards 342 millions déjà brûlés, forment un total de 2 milliards 367 millions.

# GAZETTE NATIONALE ou LE MONITEUR UNIVERSEL.

N° 16.  *Sextidi* **16** Vendémiaire, *l'an* **3e**. (*Mardi* 7 Octobre 1794, *vieux style*.)

## CONVENTION NATIONALE.

### *Présidence d'André Dumont.*

#### SUITE DE LA SÉANCE DU 13 VENDÉMIAIRE.

Fouché (de Nantes) : Il y a déjà longtemps que j'ai demandé que la Convention nationale décrétât que Commune-Affranchie n'est plus en état de rébellion, mais il est des mesures préalables à remplir. Quatre ou cinq cents brigands dominent encore cette cité, et la révolte s'est réfugiée dans leurs cœurs; si vous rendiez le décret qu'on vous demande sans des mesures préalables, il tournerait tout entier au profit d'une poignée d'intrigants; car, n'en doutez pas, ils se comptent pour tout, et le peuple pour rien.

Qu'avez-vous fait jusqu'à ce jour contre les voleurs? Rien. Ils promènent cependant une tête audacieuse dans toute l'étendue de la république, et leur impunité vous brave jusque dans le sanctuaire des lois. Vous semblez reculer devant leurs tréteaux; vous ne saisissez que d'une main tremblante la massue qui doit les écraser. Soyez forts, citoyens; soyez d'une sévérité inflexible contre la faction des brigands; elle est la plus dangereuse et la plus exécrable de toutes. Arrachez-lui jusqu'à l'espérance, si vous voulez rétablir la sécurité de la justice dans les âmes, si vous voulez satisfaire promptement les cœurs qui se montrent avides de recréer les moyens du commerce et de lui donner toute sa force et toute sa puissance.

C'est en vain qu'on pourrait espérer d'obtenir cet avantage si nécessaire à la république, si on laissait plus longtemps impunie cette horde de dilapidateurs qui menacent la vertu et le courage de l'industrie républicaine qui les a dénoncés à l'opinion publique, et qui craint justement que, dans une réaction possible, elle soit de nouveau immolée à leur rage et à leur vengeance.

Je demande donc, citoyens, que tous les dépositaires des deniers publics qui n'ont rendu aucun compte soient mis sur-le-champ en état d'arrestation; ils sont intéressés au désordre; vous ne devez pas balancer à exercer contre eux cette mesure commandée par le salut public. Je propose qu'une commission extraordinaire soit chargée de les poursuivre et de les faire punir. Je demande qu'ensuite vous décrétiez que Commune-Affranchie n'est plus en état de rébellion.

Reverchon : J'appuie la proposition de Fouché; mais je demande que provisoirement on fasse arrêter vingt-cinq individus qui sont les chefs. Lorsque j'eus fait part à Couthon de l'état de Commune-Affranchie, il me répondit : « Va le pas de charge; arrache le masque; tu as la confiance de la Convention et du comité. » J'avais désigné alors ces fripons; mais, au moment où j'allais exécuter contre eux les mesures que j'avais méditées, Couthon me récrivit qu'il fallait rétablir tous ceux qui avaient été destitués.

On exila mes collègues Laporte et Méaulle à l'armée et dans les départements voisins, et l'on me laissa à Commune-Affranchie; mais je ne voulus pas accomplir cet ordre infâme, et je me retirai dans les départements de la Loire et l'Isère. Charlier et Pocholle arrivèrent à Lyon, et ils ne tardèrent pas à reconnaître que ces gens étaient des scélérats.

Clauzel : Quand la Convention mit Chrétien en arrestation, ce fut pour empêcher qu'il conspirât avec une foule d'intrigants comme lui. Il se présenta, pour empêcher son arrestation, un adjudant de l'armée du Nord, nommé par Robespierre, et qui recevait ici les émoluments de sa place, sans avoir jamais paru à l'armée. Cet homme était accompagné de trois ou quatre coupe-jarrets à moustaches, à grands pantalons et à gros bâtons. La vue des bons citoyens fit fuir ces fripons; mais ils menacèrent en disant qu'ils reviendraient en plus grand nombre.

Richard : Il ne faut pas, dans les circonstances où nous sommes, nous borner à des mesures partielles. Vous avez chargé les comités réunis de vous présenter une Adresse pour fixer l'opinion publique; c'est une mesure partielle, une mesure de faiblesse; car vous allez ouvrir la discussion avec tous les faiseurs d'Adresses de la république. C'est par de bonnes lois, c'est par des mesures salutaires, c'est par un gouvernement vigoureux, que la Convention doit fixer l'opinion publique. Trop longtemps on a leurré le peuple par de belles paroles; il est temps de lui donner le bonheur. (Applaudissements.)

Votre faiblesse laisse incertainement flotter les rênes du gouvernement, et toute la Convention a été la dupe des meneurs qui aujourd'hui se disputent les lambeaux du pouvoir qu'ils lui ont arraché. Je vois des meneurs partout où l'action de l'autorité est comprimée par des menaces ou par la crainte, partout où l'on établit des tarifs de patriotisme, d'après lesquels on juge les individus. Je vois des meneurs dans ceux qui accusent leurs collègues sur des faits dont ils ont été acquittés; je vois des meneurs dans ceux qui vous font passer un temps considérable à décréter des mentions honorables et des insertions au Bulletin des Adresses qui sont dans leur sens.

J'arrive de l'armée, je ne connais rien de ce qui se passe ici, et je ne partage pas plus une opinion que l'autre; mais je dis la vérité, je dis ce que je sens. Songez que, d'après l'arrêté d'un de vos comités, des milliers de Français vont affronter la mort avec une sorte de volupté; et songez aussi que vous souffrez que des hommes viennent impunément vous dire à votre barre des choses pour raison desquelles ils seraient arrêtés s'ils les avaient dites en présence de quatre ou cinq personnes : jugez d'après cela quelle est votre faiblesse! Citoyens, cet ordre de choses ne peut pas durer, et vous ne pouvez pas souffrir qu'on vienne ainsi dans votre sein attaquer les principes et saper les bases du gouvernement.

Je ne reconnais pour patriotes que ceux qui respectent la Convention, que ceux qui veulent le maintien du gouvernement. Ayez dans le particulier les sentiments que vous vous inspirez réciproquement, ceux que tous bons patriotes doivent avoir, mais ici faites comme à l'armée; lorsque la générale est battue, tout est réuni dans le sentiment de l'amour de la patrie. Les querelles particulières sont oubliées; on n'a qu'un esprit, le désir de faire triompher la liberté; qu'une passion, la haine des tyrans et l'anéantissement de leurs esclaves. Voilà pourquoi les ennemis si vantés, qui s'étaient coalisés pour vous perdre, ont été vaincus par nos braves volontaires. Je ne connais rien de plus touchant que le tableau que présentent nos bataillons. Tout est confondu dans le sentiment de l'amour de la patrie, et cependant ces hommes-là se connaissent à peine; ils meurent souvent sans que leurs noms aient été

20

cités. Où peuvent-ils donc trouver le dédommagement de tant de sacrifices? dans leur cœur. S'ils essuient des fatigues dans des marches pénibles, ils tournent leurs regards vers vous; s'ils éprouvent des privations dans des circonstances difficiles, ils tournent leurs regards vers vous; s'ils sont blessés dans les combats, ils tournent leurs regards vers vous; enfin, s'ils rendent le dernier soupir au champ de l'honneur, c'est encore vers vous que leurs regards sont tournés, moins pour vous recommander leurs familles que la patrie. (Vifs applaudissements.) Ah! qu'ils sont coupables ceux qui veulent nous empêcher de profiter d'aussi grands sacrifices! Je ne puis voir sans indignation les hommes qui cherchent à exciter des troubles pour nous enlever le prix d'un aussi généreux dévouement.

On parle de gouvernement révolutionnaire; je n'en vois que le mot, et point du tout la réalité. On prétend qu'il existe, parce qu'un certain nombre d'individus de chaque côté se prétendent exclusivement révolutionnaires; faites cesser cet abus. Longtemps vous avez été menés, parce que vous vous êtes reposés sur ceux qui montraient le plus d'ardeur pour gouverner la chose publique. Prenez les talents qui sont dans votre sein; gouvernez tout, et vous gouvernerez bien. (Vifs applaudissements.) Vous avez des comités pour recevoir les dénonciations qui seraient faites par un collègue contre un autre collègue; les comités les examineront, vous en feront un rapport; qu'on ne vienne plus ici nous faire perdre un temps utile, dans des débats qui ne peuvent jamais se bien terminer.

Je vous propose donc de charger vos trois comités réunis de prendre des mesures qui préviennent la dissolution du corps social. Et je vous le dis, la meilleure que vous puissiez choisir est de gouverner vous-mêmes, et de faire servir au profit de la chose publique tous les talents qui sont en vous. (On applaudit.)

ROUX-FAZILLAC: Je demande que Richard, qui vient de nous peindre la conduite généreuse des défenseurs de la patrie, soit invité à la tracer par écrit, afin que ce tableau puisse être envoyé aux armées et aux départements.

Cette proposition est décrétée.

GOUPILLEAU (de Fontenay): On s'est plaint de la faiblesse du gouvernement; on a dit que le gouvernement révolutionnaire n'existait que dans le mot, et l'on a dit une chose vraie. Ce n'est pas seulement aux fripons qu'il faut déclarer la guerre, c'est aux intrigants (on applaudit), aux hommes qui, sous le spécieux prétexte de réclamer les droits du peuple, viennent à votre barre vous demander en quelque sorte le rétablissement de la détestable commune de Paris; aux hommes qui viennent vous dire que c'est à eux à nommer leurs magistrats, et qui par là vous proposent l'anéantissement du gouvernement révolutionnaire. Ils vous demandent, par une suite nécessaire, la convocation des assemblées primaires et la dissolution de la Convention nationale. La nécessité du gouvernement révolutionnaire est sentie par tous ceux qui sont animés de l'amour de la patrie; mais vous n'en aurez jamais, de gouvernement, s'il n'est pas centralisé dans la Convention, si les intrigants des sections ne choisissent les instruments. On s'est plaint de ce que le comité de sûreté générale ne faisait pas arrêter les intrigants de sections : mais que veut-on que fasse le comité de sûreté générale, lorsque la Convention entend tranquillement ces hommes à la barre; lorsque, souvent même, elle leur accorde des mentions honorables?

Je demande que les trois comités réunis vous proposent un projet de décret sur les moyens de resserrer les rênes du gouvernement et de poursuivre les fripons et les intrigants. (On applaudit.)

BOURDON (de l'Oise): Puisque le jour des vérités est arrivé, il faut en dire qui retentiront dans les cœurs de tous les amis de la patrie. Savez-vous pourquoi vos armées sont constamment victorieuses? c'est parce qu'elles observent une exacte discipline. Ayez dans l'État une bonne police, et vous aurez un bon gouvernement révolutionnaire. Savez-vous d'où viennent les éternelles attaques dirigées contre le gouvernement? c'est de l'abus que font vos ennemis de ce qu'il y a de démocratique dans votre constitution. Ils osent publier le succès des crimes qu'on leur a payés, et dire effrontément : Vous n'aurez pas de gouvernement. Serait-il vrai qu'une nation constamment victorieuse ne pourrait pas se gouverner? Et la Convention, qui sait que cela seul empêche l'achèvement de la révolution, n'y pourvoirait pas! Non, non, désabusons nos ennemis. C'est par l'exercice impur du droit de pétition, c'est par l'abus des Sociétés populaires, qu'on veut nous entraver.

J'ai dit aux trois comités réunis que les Sociétés populaires sont inhérentes au gouvernement; mais j'ai ajouté que ni les Sociétés populaires, ni le droit de pétition ne devaient assurer l'impunité des coupables. Dans une république il n'y a d'autre asile que le temple de la vertu; voilà des vérités d'après lesquelles, j'espère, on ne m'accusera pas de vouloir ôter de la constitution les Sociétés populaires et le droit de pétition.

Citoyens, il le faut, manifestez fortement l'intention de n'entendre à votre barre aucune pétition dont les principes ne soient garantis par des signatures.

Ne nous jouons pas des garanties; c'est sur elles qu'est fondé le bonheur social. Croyez-vous qu'ils étaient démocrates, ces gens qui volaient et qui égorgeaient? C'est peut-être l'attaque la plus impie qu'on ait porté à la Liberté. C'est à la Convention, qui a élevé sa statue, à l'assurer sur son piédestal. Armons-nous de justice contre les fripons et les intrigants; faisons fortement la police des pétitions et des Sociétés populaires, et le calme se rétablira, et nous assurerons le bonheur de notre pays.

Qu'on ne vienne pas tourner en ridicule ce que je dis ici. (Non, non! s'écrie-t-on.) Il n'est pas un cœur pur qui puisse concevoir qu'un homme ait le droit de dire impunément dans une Société populaire une chose pour laquelle il serait arrêté dans une place publique.

Arrachez les fripons de ces endroits; armez-vous d'une juste sévérité; mais soyez impassibles, et qu'aucun esprit de parti ne fasse applaudir à telle ou telle pétition.

Je vous le demande, est-il une injure pareille à celle que viennent vous faire certains intrigants de Paris! La commune fume encore des conspirations: un mois s'est à peine écoulé depuis qu'une assemblée d'assassins y délibérait sur les moyens d'égorger la Convention; et l'on vient vous proposer de rétablir cette commune qui, dans la nuit du 8 au 9 thermidor, a mis le comble aux forfaits et aux brigandages qu'elle exerçait depuis quatre ans! Ce ne sont pas les citoyens de Paris qui nous envoient ces pétitions empoisonnées. Non, les honnêtes citoyens se retirent des assemblées aux heures fixées par la loi, et douze brigands, douze intrigants restent après eux, et prennent des arrêtés sous le nom de la section entière. L'audace de ces hommes est poussée au comble quand ils ne voient plus que des hommes auxquels on n'a d'autres reproches à faire que d'avoir montré de la froideur à quelque époque de la révolution, ou de ne s'être pas prononcés vigoureusement dans telle ou telle circonstance; ils sont aidés par les gens à moustaches, par ces gens qu'on ne connaît que depuis le 31 mai, et dont l'habitude est d'aller opprimer les sections. Quand on parle d'oppression à la malheureuse classe qui l'a si fort éprouvée, elle n'ose pas respirer. Eh bien, c'est à elle que je m'adresse; c'est à elle que je conseille d'oublier toutes les querelles, tous les ressentiments, puisqu'elle ne gémit plus sous la verge des dominateurs sanguinaires; je lui dis : Voulez-vous que l'on croie que l'oppression seule a pesé sur vous? Défaites-vous de cet esprit de modérantisme, de cette espèce de dégoût que vous paraissiez avoir pris pour la république en 1792, car il faut convenir qu'elle a cette faute à se reprocher. Reprenez du courage, et montrez l'énergie qui doit conduire la révolution à sa fin.

Faisons ce qu'ont fait nos respectables collègues dans les armées, où régnait l'indiscipline. Ils ont parlé au nom de la loi, et ils ont laissé, en quittant ces armées, les troupes les mieux disciplinées : tant il est vrai qu'on est toujours sûr de se faire écouter des hommes quand on leur parle le langage de la vérité et de la justice.

La république est fondée, sa destinée est invariable, et les menées de ses ennemis ne prévaudront pas; mais il ne faut pas souffrir que quelques hommes réunis dans tel et tel tripot y prononcent des blasphèmes politiques qui tendent à l'avilissement du gouvernement. Je demande que la Convention, éclairée par la discussion qui vient d'avoir lieu, charge ses trois comités réunis de lui présenter des mesures de police générale propres à comprimer le crime, l'intrigue et le brigandage. Je demande aussi que l'Adresse que vous avez décrétée soit envoyée dans les départements; car, il faut le dire, si là il n'y a pas autant de lumières et de connaissances qu'à Paris, il n'y a pas non plus autant d'intrigues et de friponneries. L'Adresse sera très-bonne pour les départements; mais il faut une loi pour la commune de Paris.

Les propositions de Bourdon (de l'Oise) sont adoptées.

PELET : Les applaudissements que la Convention vient de donner aux excellents discours qui ont été prononcés par nos collègues témoignent que les représentants du peuple ne désirent rien tant que l'union et l'harmonie. Les vérités qui vous ont été dites ne sont pas les seules qu'on puisse vous présenter. Je suis d'avis, avec les préopinants, que ceux qui demandent le rétablissement de la commune sont des hommes égarés ou des conspirateurs; mais je veux vous faire une autre réflexion.

On ne vous a pas fait observer que, tant qu'une partie de l'assemblée serait divisée de l'autre, l'union ne pourrait pas régner. Je crois que nos collègues qui vont aux Jacobins sont bien intentionnés, mais je leur demande si la confiance et l'harmonie pourront jamais s'établir dans l'assemblée tant qu'il y aura deux partis. (Murmures.) Ils ne peuvent pas donner une plus grande preuve de leur amour pour la paix que de renoncer volontairement à être membres de cette Société qui les divise d'opinions avec leurs collègues. Reportez votre pensée sur ce qui se passait après le 10 thermidor; l'assemblée était unie; elle marchait de concert vers le bonheur de la patrie. Bientôt quelques-uns de nos collègues allèrent aux Jacobins, et aussitôt naquirent la désunion et la discorde. Il en est résulté que ceux qui avaient fait rayer de cette Société quelques-uns de leurs collègues ont été rayés à leur tour. Etait-il possible que la Convention n'éprouvât pas le contre-coup de ce qui se passait aux Jacobins? Je demande un décret qui défende aux membres de la Convention d'être d'aucune Société. (Applaudissements.)

THIRION : J'appuie la proposition de mon collègue. Et moi aussi je suis Jacobin, mais je suis patriote; je saurai, quand il le faudra, faire à la chose publique le sacrifice de mon amour-propre et de toutes mes passions. J'ai combattu avec les Jacobins tous les genres d'ennemis publics; mais, après avoir examiné ce qui s'est passé dans les derniers temps, et la manière dont cette Société célèbre est dégénérée par les intrigues de quelques membres du gouvernement, je me suis convaincu qu'il était impossible que ceux qui gouvernent soient en même temps membres d'une Société populaire sans y porter un germe de corruption et d'intrigue. (On applaudit.)

La Convention est le centre des pouvoirs, et elle a dû, pour le bonheur du peuple, suspendre pendant la durée du gouvernement révolutionnaire le droit qu'il avait de nommer ses magistrats. Il est arrivé de là que des membres de la Convention, revêtus de grands pouvoirs, pouvant disposer d'un grand nombre de places, se présentèrent aux Jacobins, et qu'aussitôt tous les intrigants de la république se faisaient Jacobins pour avoir des places. (On applaudit.)

Ils ne pouvaient parvenir à faire leur cour aux membres du gouvernement dans les comités ni dans leur domicile; ils ont trouvé le moyen de la leur faire aux Jacobins, où, par leurs discours et leurs applaudissements, ils ont capté leurs faveurs. Lisez les journaux, et vous verrez que les séances de cette Société ont toujours été occupées ou par les membres du gouvernement, ou par des fonctionnaires publics qui, craignant d'être dénoncés, allaient y dénoncer leurs futurs dénonciateurs, ou par des voleurs qui, pour qu'on ne recherchât pas leurs vols, allaient aux Jacobins crier contre les voleurs et les dilapidateurs de la fortune publique. Je pense que les germes de division qu'on trouve parmi nous viennent de ce que quelques membres de la Convention, qui le sont aussi de Sociétés populaires, sont par là même surveillants et surveillés. Les Sociétés populaires sont le *palladium* de la liberté; mais elles ne doivent avoir d'autres fonctions que la surveillance, et n'être composées que de surveillants; car si, par exemple, le gouvernement abuse de ses pouvoirs, et qu'il fasse partie de la Société populaire où il dominera par son opinion, il est clair dès lors que l'opinion de la Société sera celle des dominateurs. C'est ainsi qu'avaient agi Robespierre et Couthon; c'est ainsi que la Société des Jacobins n'avait d'autres opinions que celles qu'ils lui avaient données.

On se rappelle que Couthon et Robespierre, membres du comité de salut public, allaient aux Jacobins dénoncer leurs collègues du même comité, et qu'ils prétendaient ne pas savoir pourquoi on faisait partir quelques compagnies de canonniers; ils faisaient nommer une députation de douze membres pour aller sommer le comité de leur dire, à eux individus, les raisons d'Etat qui avaient déterminé le départ de deux ou trois compagnies de canonniers. C'est ainsi qu'ils abusaient de leur influence pour perdre la chose publique; c'est ainsi qu'on pourrait encore le faire.

Je pense que, tant que durera le gouvernement révolutionnaire, le droit d'élection doit être suspendu, parce qu'il ne faut pas que, tant que nos braves républicains seront sur la frontière, les modérés profitant de leur absence pour choisir en leur nom;

mais je pense aussi que, tant que durera le gouvernement révolutionnaire que la Convention a institué pour le bonheur du peuple et l'achèvement de la révolution, elle doit décréter qu'aucun député ne pourra être membre d'une Société populaire.

Cette proposition est adoptée.

On réclame l'appel nominal.

CRASSOUS : Il me semble que dans les premiers discours on avait développé des principes autour desquels tous les esprits se rallient, et qui devaient faire disparaître toute espèce de division. Dans ce moment on fait une nouvelle proposition qui ne peut pas également réunir toutes les opinions. (On murmure.) On avait d'abord sagement distingué toutes les institutions des abus qui s'y glissent ; on avait fait voir que l'existence des Sociétés populaires est garantie par la constitution, et que le droit de s'assembler paisiblement ne pouvait pas être altéré, parce que quelques intrigants et quelques fripons abusent de ce droit dans les assemblées de sections ou dans les Sociétés populaires. Les unes et les autres traitent également des grands intérêts de la république ; empêcherez-vous donc aussi les assemblées de sections de se former? (Murmures. — *Plusieurs voix* : Ce n'est pas là la question.)

Interdirez-vous aux membres de la Convention le droit d'aller dans les Sociétés populaires? (*Plusieurs voix :* Oui, oui! — *D'autres :* Non, non!) Si dans les Sociétés populaires l'intrigue joue un grand rôle, il faut convenir aussi qu'on y discute les véritables principes. (*Plusieurs voix :* Oui, oui!) Tout député, soit qu'il fasse ou non partie des comités de gouvernement, doit chercher dans les lumières de ses concitoyens les moyens de faire le bien de son pays. Quand les séances de la Convention sont passées, et que nous n'avons plus d'occupation, peut-on trouver mauvais que nous allions chercher la vérité dans une réunion de frères? Peut-on confondre les abus avec les institutions en elles-mêmes? Empêchez donc aussi les députés de la Convention d'écrire aux Sociétés populaires des départements et aux communes. Cette question fut agitée dans toutes les assemblées précédentes; toujours on a senti qu'elle était attentatoire aux droits des citoyens, et toujours elle a été repoussée. Ce ne sont point les séances des Sociétés populaires qui sont la cause des divisions qu'on remarque dans la Convention. Les divisions existeront toujours si on ne se rallie pas aux principes.

Je demande l'ordre du jour sur la proposition.

PELET : Mes intentions sont pures ; je n'ai en vue que le bonheur de mon pays. La Société des Jacobins ne représente pas tous les citoyens de Paris; quel tort ferions-nous à un député en l'empêchant d'aller aux Jacobins? Aucun. Il pourra se livrer aux grands devoirs qui lui sont imposés, et, lorsque nous aurons du loisir, nous irons dans les sections nous instruire avec nos frères. Il est singulier qu'on s'appuie de l'exemple des assemblées précédentes pour rejeter cette proposition ; elle fut repoussée dans ce temps par des hommes trompés, ou qui ne voulaient pas le bien du peuple.

DUREM : Elle fut faite par Maury et Chapelier.

PELET : Lorsque je demandai la parole, je ne fis qu'une invitation fraternelle à mes collègues, car je sais que la défense d'assister aux Sociétés populaires est une question qui mérite un très-grand examen. J'aime les Sociétés populaires, et il me tarde d'en voir par toute la république. La Déclaration des Droits le permet, mais elle ne dit pas qu'un nombre de citoyens aura le droit de s'assembler exclusivement et de chasser les autres; elle ne dit pas que l'une de ces Sociétés aura plus d'influence que les autres, ou même qu'il sera permis à aucune d'en exercer en aucune manière.

Cependant, citoyens, toutes les administrations, toutes les autorités constituées sont influencées, parce que, dans chaque Société, il se trouve cinq ou six individus qui veulent dominer. Tout citoyen a le droit d'être d'une Société populaire, et il ne dépend pas d'un intrigant, d'un ambitieux ou d'un fripon de l'en chasser, comme le faisaient Couthon et Robespierre. Si l'assemblée croit que cette question mérite d'être discutée, je demande qu'on la renvoie à un comité. (*Non, non!* s'écrie-t-on.) La Société des Jacobins n'est pas plus qu'une autre; il ne faut pas faire une loi particulière pour elle, mais une loi générale pour toutes.

DUBOIS-CRANCÉ : L'assemblée doit donner à cette question la discussion la plus étendue, si elle veut la terminer dans cette séance. La Société des Jacobins a rendu des services importants à la liberté, et c'est à la réunion des députés dans cette Société qu'on doit la sagesse et la fermeté qu'elle a montrées dans les grands événements de la révolution, c'est à cette réunion que nous devons d'avoir évité la guerre civile.

Le système qu'on présente est appuyé sur des inconvénients majeurs qu'il faudra que la Convention fasse disparaître. Mais n'avez-vous pas à craindre, en l'adoptant, de donner naissance à des inconvénients contraires? D'un autre côté, cette Société semble avoir entièrement dégénéré de ses premiers principes ; une quantité innombrable de fripons, d'agents de Robespierre, s'y sont introduits; ils y marchandaient les places selon qu'ils détruisaient plus ou moins la réputation des honnêtes gens ; elle a été le foyer des intrigants, des dénonciateurs et des bourreaux de la France. C'était à l'époque de la mort de Robespierre qu'il aurait fallu sévir contre elle. Les complices de cet homme infâme y sont restés depuis; on y trouve les membres des anciens comités révolutionnaires, ceux qui se sont servis de la verge et du poignard du tyran pour opprimer et pour égorger les bons citoyens. Tous ces gens se sont ralliés au foyer du patriotisme, pour éviter que leurs crimes fussent découverts. On vous a trompés quand on vous a dit que cette Société avait été régénérée; cela est faux. (On applaudit.) Aussitôt que les clefs ont été remises à la salle des Jacobins, plusieurs membres de la Convention et d'autres sociétaires s'y sont réunis. On a choisi quinze membres parmi les plus anciens, parce qu'on les a crus les plus vertueux, pour procéder à l'épuration des autres. Ces quinze membres n'ont pas voulu se charger seuls de la responsabilité de l'épuration; ils ont remontré d'ailleurs que cette opération serait trop longue s'ils n'étaient que ce nombre. Il est arrivé de là que toutes les personnes qui se sont présentées ont été admises provisoirement, sauf à se présenter ensuite aux scrutateurs, de sorte que le lendemain il y avait là deux ou trois cents personnes rassemblées qui se soutenaient réciproquement, sans que peut-être aucune d'elles eût le droit d'y être.

On a arrêté que ceux qui ne prouveraient pas qu'ils étaient à leur poste dans la nuit du 9 au 10 thermidor ne seraient pas reçus. On a demandé à ceux qui se sont présentés. Y étiez-vous? Ils répondaient oui : et on les admettait. Quand cette épuration aurait été exactement faite, elle n'eût pas encore servi à grand chose ; car un homme pouvait avoir quitté les Jacobins une heure avant qu'ils fussent en rébellion, s'être rendu à son poste, et y avoir conspiré en faveur du tyran, comme beaucoup l'ont fait.

Un Jacobin ne doit pas être examiné sur ses principes d'un jour ou d'un mois, mais sur sa vie entière. Il ne peut y avoir de bons Jacobins que ceux qui ont toujours défendu la liberté et l'égalité; ainsi l'épuration est nulle.

On avait dit qu'il faudrait justifier par pièces authentiques de l'endroit où l'on était dans la nuit du 9 au 10; au moment où il s'est agi de donner les cartes à ceux qu'on prétendait avoir été épurés, il s'est trouvé que les secrétaires provisoires avaient perdu la liste d'épuration, de sorte que les cartes ont été délivrées sur la liste qu'on avait dressée des personnes qui s'étaient présentées pour être reçues aux Jacobins.

C'est ainsi que la Société s'est trouvée être composée dans une seule journée de six cents membres au moins. Je ne doute pas que dans ce nombre il n'y ait de bons citoyens; mais je dis aussi qu'il y a des intrigants. Nous avons vu un capitaine de canonniers venir faire serment aux Jacobins; nous avons vu des sections de Paris venir leur dire qu'elles se rallieraient aux....

*Plusieurs voix :* C'était pour la Convention.

DUBOIS-CRANCÉ : On n'a pas besoin d'aller aux Jacobins dire qu'on se rallie à la Convention. Nous avons su que Marseille avait offert aux Jacobins un bataillon pour les défendre. Était-ce aussi pour la Convention? Il y a des membres qui prétendent que tous ces discours s'adressent à la Convention; et moi je soutiens qu'ils ne s'adressent qu'à une partie des membres de la Convention. On sait qu'il a été tenu aux Jacobins des propos indiscrets. Je n'en accuse pas mes collègues, mais les scélérats qui s'y trouvent. On y a vu des hommes venir du Midi pour intriguer ici. On y voit tous les jours un individu nommé à la commune par Robespierre, un homme qui aurait péri avec tous les membres de cette commune s'il n'avait pas eu le bonheur de ne pas s'y trouver dans la nuit du 9 au 10; Lacombe, qui y est sans cesse à désigner les meilleurs citoyens comme des scélérats. C'est au comité de sûreté générale à faire son profit des dénonciations qui ont été faites ici. Je reviens à la question.

J'ai été le premier à dire qu'aucun fonctionnaire public ne devait être membre d'une Société qui surveille sa conduite; qu'il ne pouvait pas être en même temps juge et partie. Si l'on considère les divisions que fait naître cette Société, qu'elle nous empêche de réunir ici l'unanimité qui nous donnerait la paix dans un mois (applaudissements), on conviendra qu'il faut que les Jacobins soient épurés par vous ou par un de vos comités. Vous en avez incontestablement le droit, puisque plusieurs de nos collègues, chargés de missions, lorsque le salut public l'a exigé, ont suspendu ou régénéré des Sociétés de département. Que cette opération soit faite, et aussitôt vous verrez la paix renaître. Je demande acte de la déclaration que j'ai faite que les Jacobins qui conspiraient contre la France avant le 9 thermidor n'ont pas été épurés comme ils devaient l'être. Je demande en outre que vous renvoyiez à vos trois comités réunis pour vous proposer les moyens de rendre cette Société utile à la chose publique.

BOURDON (de l'Oise): La fin de cette discussion doit prouver au peuple qu'il y aura toujours ici unanimité pour les principes. La Convention avait adopté indiscrètement une motion d'un de nos collègues; cette proposition ressemblait à la conduite insensée d'un mauvais économe qui, parce qu'il y aurait dans son champ une source empoisonnée, voudrait la combler plutôt que d'ôter ce qui en corromprait les eaux vivifiantes. Les Sociétés populaires sont un instrument démocratique dans le gouvernement révolutionnaire; ne nous éloignons jamais de la démocratie, car elle fait le bonheur du peuple. Je vote pour que vous mettiez aux voix les propositions de Dubois-Crancé.

Ces propositions sont adoptées.

TAILLMARD, au nom des comités réunis de salut public, de sûreté générale et de législation : Citoyens, appelée par le vœu du peuple français pour préparer et pour assurer les destinées de la république, c'est toujours avec le sentiment d'un profond regret que la Convention se trouve distraite des grands objets qui devraient l'occuper tout entière.

Ce sentiment est plus pénible encore quand on détourne ses regards pour les fixer sur des passions et sur des luttes particulières; il est à son comble quand le ralentissement de sa marche trouve son principe dans le sein même de la représentation nationale; nous en avons fait la triste épreuve dans la discussion de l'affaire dont je dois vous rendre compte.

Des pièces vous ont été annoncées comme pouvant offrir des traces de dilapidation de la part de deux de nos collègues; et vous qui sentez fortement que le soupçon même ne doit pas atteindre un représentant du peuple, vous en avez renvoyé l'examen à vos trois comités réunis de sûreté générale, de législation et de salut public. Ils ont porté dans leur discussion cette sévérité salutaire, cette attention scrupuleuse que vous avez droit d'en attendre : il faut vous faire connaître la marche qu'ils ont suivie, la teneur des pièces et le résultat de cet examen.

Ceux de nos collègues qui avaient remis les pièces, ceux qui y sont dénoncés, étaient tous présents à notre séance. Nous avons d'abord demandé s'il existait un accusateur, s'il se présentait un dénonciateur. Escudier et Granet nous ont déclaré que, par la remise qu'ils avaient faite, ils s'étaient seulement proposé de provoquer une explication qui pourrait tourner au profit de la chose publique, mais qu'ils n'avaient pas eu l'intention d'accuser nos collègues Barras et Fréron.

Alors toute notre attention a dû se fixer sur les actes. Le décret de la Convention ne parlait que des pièces relatives à des dilapidations de deniers publics; mais dans l'une de celles qui nous ont été transmises il se trouvait quelques mots relatifs aux sentiments et à la conduite politique de nos collègues; et ils se sont expliqués sur cet objet comme sur le précédent.

Parmi ces pièces, nous en avons distingué deux, ou plutôt il n'y en a que deux qui aient mérité notre attention.

La première est un procès-verbal du 29 germinal dernier : c'est une déclaration faite par Joseph Martel, condamné à mort la veille par le tribunal révolutionnaire de Marseille; elle paraît reçue par le président, l'accusateur public, deux juges et le greffier de ce tribunal; elle est relative aux faits prétendus de dilapidations.

La deuxième est une lettre écrite le 4 septembre, l'an 2°, par Gasparin à Granet : celle-ci est relative à la conduite politique de Barras et de Fréron.

Je vais donner lecture de la première.

AU NOM DU PEUPLE FRANÇAIS.

« Aujourd'hui, 24 germinal, l'an 2° de la république une et indivisible, en la salle d'audience du tribunal criminel révolutionnaire, présents Augustin Maillet, président; François-Joseph Renedy, Mathieu Maurin, juges; Joseph Géraud, accusateur public; Antoine Huquier, accusateur public adjoint, écrivant Etienne Chompré, greffier; présents Demiens Maurel, secrétaire des accusateurs publics; Joseph Pervand, officier ministériel; Jean-Louis Ferrand, gendarme du tribunal; Dominique Maugrnoi, concierge de la maison d'arrêt de justice : le président, sur une lettre écrite au tribunal par Joseph Martel, condamné aujourd'hui à la peine de mort, a mandé venir avant l'exécution ledit Martel, qui a ainsi déclaré : Lorsque Toulon fut pris, je fus appelé par Léopold, aide-de-camp du général Lapoype, qui me dit qu'il avait une expédition à faire pour aller aux mas de Camargue et de Crau, pour y marquer tous les bestiaux qui s'y trouvaient ; je ne voulus pas y aller. A force de prières, tant de Micas que de Lapoype, je fus engagé à y aller sous le nom de Destabarat, dit Léopold, aide de camp dudit Lapoype, dont on me fit prendre le nom. Je fus dans ce pays, et je fis ce que vous avez vu par la procédure, et alors je fus arrêté dans le cours de mes opérations et traduit en prison à Arles. Lapoype ne m'a pas payé, mais il m'avait promis de m'avancer. C'était le 28 frimaire que j'eus ma mission. Lapoype et le citoyen Micas me parlèrent eux-mêmes. Je ne sais quel était le but de cette expédition. Je n'ai fait que marquer dans les mas, et je n'ai rien enlevé.

« Etant à Toulon, Barras et Fréron, représentants, me firent conduire, sous l'escorte de deux gendarmes, une voiture chargée de malles et autres effets pour les remettre à la campagne de Barras, au canton de Fox-Amphoux, près Barjols, département du Var. La femme de Barras reçut ces malles et effets. Lapoype m'avait recommandé de ne répondre dans mes interrogats, si j'étais arrêté, que sous le nom indiqué dans la commission et le brevet. Je fus arrêté à Tarascon ; je m'échappai ; je vins à Marseille auprès de Lapoype, qui, sur le récit de mon arrestation, me dit que ce ne serait rien.

« J'avais perdu mon portefeuille et mon porte-manteau. J'étais alors auprès de Lapoype, Barras et Fréron. Barras était malade. J'allai à Toulon, où je vis le général Garnier, auquel je racontai ce qui m'était arrivé. Il me dit de faire une lettre à la municipalité d'Arles, à laquelle je joignis un post-scriptum pour me faire avoir mes effets. Sur la réponse de la municipalité, le général Garnier me fit arrêter à Hières. C'est lorsque j'étais à Toulon auprès du général Garnier que je fus chargé par Barras et Fréron de transporter et accompagner cette voiture chargée de meubles et effets. On m'avait emmené enchaîné d'Arles à Tarascon où je fus mis dans un endroit mal fermé, d'où je parvins à me débarrasser de mes chaînes.

« Plus n'a dit. Lecture faite, a déclaré contenir vérité, y persister, et a signé avec nous.

« Signé BONDY, MAURIN, MARTEL, MAILLET, cadet, président ; HUQUIER, adjoint ; GIRAUD, accusateur public ; D. MAURAL ; PRAVAND ; DOMINIQUE MAUGENOT ; Ferrand n'a su signer ; E. CROMPRÉ, greffier du tribunal révolutionnaire, D. D. D. B. D. Rh., paraphé.

« Signé F. GRANET. »

Cette déclaration se réduit à deux points :

1° Martel étant à Toulon, Barras et Fréron lui firent conduire, sous l'escorte de deux gendarmes, une voiture chargée de malles et autres effets pour les remettre chez Barras, au canton de Fox-Amphoux, près Barjols, département du Var. La femme de Barras reçut ces malles et effets.

2° Lapoype avait recommandé au déclarant , s'il était arrêté, de ne répondre que sous le nom de Destabarat, dit Léopold , aide de camp de Lapoype.

La déclaration n'en dit pas davantage. Qu'une voiture escortée, et contenant des effets pour Barras et Fréron, ait été conduite au canton de Fox-Amphoux, c'est un fait incontestable ; il est reconnu par Barras et Fréron ; il n'a jamais été désavoué : la commission donnée au voiturier, les ordres de route rapportés au comité par Escudier, disent expressément que le conducteur mène à Fox-Amphoux, district de Barjols, des effets pour les représentants du peuple : ces pièces, destinées à être représentées sur la route pour la fourniture de l'étape, sont signées de Barras et Fréron.

On n'a donc pas cherché à cacher ces envois. Ici nous remarquons que la déclaration de Martel ne s'accorde pas parfaitement avec les pièces dont je viens de parler, puisqu'elle semble annoncer qu'on voulait envelopper cette démarche dans l'obscurité , en ordonnant au voiturier de changer de nom , et de ne se présenter que sous celui de Destabarat, dit Léopold, pendant qu'au contraire il résulte des commissions et lettres dans lesquelles le nom du voiturier est en blanc, qu'on ne faisait aucun mystère de la destination de la voiture.

Cette première remarque a été suivie de quelques autres

de la part de Barras et Fréron : la déclaration a été reçue par le président et l'accusateur public du tribunal de Marseille, qui depuis ont été envoyés par ces deux représentants au tribunal révolutionnaire, où ils ont été acquittés ; et ce n'est pas une expédition, c'est la minute même de la déclaration, qui, sans contredit, devrait être au greffe, qu'on a produite au comité, ce qui nous a paru assez étrange.

Mais écartons ces détails, pour nous attacher à des réflexions plus décisives.

Rouband , Ricord, et ses collègues qui ont été en mission avec Barras et Fréron, nous ont attesté que leur usage fut toujours de suivre à cheval les mouvements de l'armée, et qu'ils avaient toujours après eux une voiture destinée à porter, avec quelques provisions, leurs malles, hardes et effets, et les effets des personnes attachées à la commission. Il n'est donc pas étonnant qu'allant à Fox-Amphoux ils aient été suivis d'une voiture.

Voyageant dans un pays révolté, vendu aux Anglais, rempli de traîtres fuyant de Toulon, comment auraient-ils manqué de faire escorter leur voiture ? Ils pouvaient d'autant moins s'en dispenser qu'indépendamment de leurs hardes elle portait encore quelques effets nationaux dont ils se servaient, des sommes considérables mises à leur disposition et des pièces importantes destinées à opérer la conviction des principaux auteurs du fédéralisme. Ce précieux dépôt ne devait pas, sans doute , voyager sans précaution et sur la foi publique.

Barras et Fréron ne se sont pas bornés à ces explications, ils nous ont ensuite fourni la preuve que les effets nationaux qui étaient sur la voiture avaient été remis au district de Barjols.

Trois voitures, et non pas une seule, avaient été escortées ; le dépôt de ce qu'elles contenaient a été fait au directoire du district : la copie du reçu des administrateurs, en date du 1er germinal dernier (antérieure par conséquent de plus de trois semaines à la prétendue déclaration de Martel) , est dans nos mains.

Je le demande, qui pourrait en ce moment ne pas partager la conviction intime et unanime de tous les membres des trois comités ? Aussi avons-nous eu la satisfaction d'entendre ceux même de nos collègues qui avaient remis la déclaration de Martel déclarer franchement que les explications données par Barras et Fréron étaient sans réplique.

Il me reste cependant encore, sur cet article, à vous rendre compte d'un fait de la plus haute importance.

Barras et Fréron ont eu à leur disposition près d'un million destiné pour les dépenses secrètes du siège de Toulon, ils avaient près de 500,000 liv. en numéraire, et le surplus en assignats.

Eh bien, la majeure partie de la somme en assignats a été remise par eux à la trésorerie nationale ; et, sur les 500,000 livres de numéraire, ils n'ont employé que 480 l. : le reste a été par eux versé dans les caisses des payeurs de la république , en or, comme il l'avait reçu.

Eh quoi ! des hommes qui eussent pu, sans courir aucun risque d'être convaincus, s'approprier des sommes énormes qu'ils avaient entre les mains, auront respecté ce dépôt, et ils se seraient, dans le même temps, emparés de quelques parties d'un mince mobilier qu'ils auraient publiquement transporté chez eux ! Cet excès d'aveuglement et de délire ne peut pas se concevoir. Je le dis avec assurance : sur ce premier objet, il ne peut actuellement exister personne qui ne rende à nos collègues toute la justice qui leur est due.

Je passe au second objet.

C'est dans une lettre de Gasparin que se trouvent les expressions relatives à Barras et Fréron. Je vais lire la lettre entière.

Copie de la lettre de Gasparin à son ami Granet.

Marseille, le 4 septembre, l'an 2e de la république une et indivisible.

« Je n'ai reçu qu'hier, mon cher, ta lettre du 24 : j'espère que nos communications deviendront plus régulières. Je t'ai toujours dit ce que je pensais de notre situation, et je continuerai. Nous avons ici Robespierre et Ricord , qui, au lieu de se presser d'arriver à leur destination, se promènent depuis si longtemps dans les départements des

Basses-Alpes et des Bouches-du-Rhône, et, comme des surveillants, ont critiqué notre conduite et nos opérations; je ne serais pas étonné qu'il en eussent écrit. Nous avons à présent Fréron et Barras qui viennent aussi nous inspecter, et qui paraissent encore plus mécontents, et au point que, sans doute, l'un d'eux partira pour aller nous dénoncer à Paris; mais cela ne nous déroutera pas, et nous continuerons à faire pour le mieux. Je n'ai pas toujours été content de tout. Je t'ai marqué successivement qu'Albitte, que les Marseillais même, qui avaient souffert pour la liberté, manquaient d'énergie; mais enfin, somme totale, cela va. Les gens suspects sont en arrestation, et nous avons chargé le département, qui connaît mieux les localités, d'y mettre tous ceux qui pourraient donner quelque inquiétude ici et dans les autres lieux du département. On guillotine les coupables que l'on tient; on met les scellés sur les propriétés de ceux qui ont échappé, ou qu'on sait être dans Toulon. On a désarmé toute la ville, et nous avons nommé la section 11 pour commissaire au désarmement.

« Notre demande de 4 millions sera remplie aujourd'hui ou demain; nous avons mis à la disposition du général, pour le service de son armée, tous les habits uniformes qui se trouvent dans Marseille. L'armée est postée à Cujès, et son avant-garde au Beausset, et nous attendrons là, ou que l'occasion se présente d'incendier l'escadre ennemie et la ville, ou que de grandes forces que nous avons demandées partout nous donnent le moyen de l'attaquer. Le général est parti ce matin pour Cujès, et j'irai ce soir.

« Avant-hier, dix jours après notre entrée, Barras proposa au club que je présidais un tocsin et tout ce qui s'ensuit. Je t'avoue que j'ai trouvé la mesure inconvenante; heureusement qu'elle ne fut pas adoptée. Je n'avais rien à dire, je ne pouvais que mettre aux voix; mais j'étais fâché d'entendre une pareille motion faite par notre collègue, et sans motif du moment. Il voulait aussi, dans une discussion entre nous, nous faire délibérer l'abandon du comté de Nice; je n'ai pas cru que cela fût nécessaire et dans nos pouvoirs; il ira peut-être le proposer à la Convention.

« Nous avons arrêté avant-hier à l'unanimité l'arrestation de Despinassy, et son envoi au comité de salut public; il était à Marseille, mais il nous a échappé.

« On vient de nous apprendre une bien cruelle nouvelle. Pierre Bayle a été trouvé mort dans les prisons de Toulon hier matin. On prétend aussi qu'on y a embarqué sur une frégate, partie sans doute pour Mahon, tous ceux qui étaient suspectés de patriotisme; j'espère que notre vengeance contre les Toulonnais sera terrible. Mon avis est qu'il faudra tout hasarder pour qu'elle soit prompte; je crains l'arrivée des forces ennemies en infanterie, soit de Naples, soit de Mahon, soit d'Espagne, et peut-être même de Toscane. D'autres rapports nous donneraient lieu de croire que les Anglais méditent de partir, après avoir brûlé l'arsenal et nos vaisseaux qu'ils ne pourraient pas emmener. Ton frère et moi t'embrassons et les nôtres. »

TREILHARD: Vous avez sans doute remarqué qu'au moment où Gasparin écrivait, il portait dans son âme un germe d'aigreur contre Barras et Fréron : c'est ce qui résulte de ces expressions au commencement de la lettre:

« Nous avons à présent Barras et Fréron qui viennent aussi nous inspecter, et qui paraissent encore plus mécontents, et au point que l'un d'eux partira pour aller nous dénoncer à Paris. »

Ce sentiment, qui dominait dans l'âme de Gasparin, peut aider à apprécier l'article relatif à Barras. Le voici :

« Dix jours après notre entrée, Barras proposa au club que je présidais un tocsin et tout ce qui s'ensuit. Je t'avoue que je trouvai la mesure inconvenante; heureusement qu'elle ne fut pas adoptée. Je n'avais rien à dire, je ne pouvais que mettre aux voix; mais j'étais fâché d'entendre une pareille motion faite par notre collègue et sans motif du moment. »

Je m'arrête ici : s'il était nécessaire de repousser un sens odieux qu'on chercherait à donner à ces paroles isolées, un tocsin et tout ce qui s'ensuit; si l'on prétendait

y trouver la trace d'une proposition de massacre dans les prisons, il suffirait de la suite de la lettre pour dissiper cette idée.

Certainement Gasparin écrivant à Granet ne se serait pas borné à traiter d'inconvenante la proposition d'un massacre; il ne se serait pas contenté de repousser une proposition de cette nature, sur le seul prétexte qu'elle manquait de motif du moment, surtout quand cette proposition partait d'une personne contre laquelle il était un peu aigri, ainsi qu'il résulte de la lettre même.

Quel est donc le citoyen qui se trouverait à l'abri d'une accusation, s'il suffisait, pour le compromettre, de rappeler, après des années entières, quelques phrases décousues d'un discours improuvé dans une Société nombreuse?

Barras nous a rendu compte du fait : c'était quelques jours après la prise de Marseille par l'armée républicaine. L'attaque de nos postes avancés dans les gorges d'Ollioules avait nécessité la marche sur Toulon de presque toute l'armée. Fréron et Barras, inquiets sur le peu de forces restées, s'y rendirent : ils vinrent à la Société populaire, les patriotes y partagèrent leurs sollicitudes. Dans cet instant arrive le procureur général-syndic du département, qui annonce qu'on vient de lui tirer un coup de pistolet. Un morne abattement semble régner dans l'assemblée; Barras s'élance aussitôt à la tribune.

« Serrez-vous, dit-il aux patriotes, autour de vos représentants : si les ennemis de la liberté osent se montrer, nous ferons sonner leur tocsin, et nous écraserons les vils partisans des despotes. »

C'est ainsi que Barras et Fréron expliquent ce passage de la lettre de Gasparin.

On lit ensuite : « Il (Barras) voulait aussi, dans une discussion entre nous, nous faire délibérer l'abandon du comté de Nice.

« Je n'ai pas cru que cela fût nécessaire et dans nos pouvoirs. »

Je ne vous dirai pas, sur ce passage, que Gasparin rendait compte d'une délibération particulière et secrète entre les commissaires de la Convention, et qu'en général une opinion dans un conseil ne peut pas être le fondement d'une accusation : mais Barras et Fréron observé que le général Brunet avait déjà été par eux envoyé au tribunal révolutionnaire, pour avoir proposé d'évacuer le comté de Nice. Comment donc supposer qu'ils eussent eux-mêmes proposé cette évacuation?

Ainsi s'évanouissent toutes les inductions qu'on voudrait tirer de ces pièces contre Barras et Fréron. Aussi n'y a-t-il eu dans les comités réunis qu'un sentiment, et il fut bien satisfaisant pour nous d'entendre nos collègues, qui avaient été les dépositaires des pièces, s'empresser de reconnaître que les explications données devaient satisfaire les esprits les plus inquiets et les plus difficiles; je dois ajouter qu'ils ont aussi, comme tous les autres, attesté les services rendus à la république par Fréron et Barras dans le cours de leur mission.

Ah! pourquoi tous les représentants du peuple n'ont-ils pas été les témoins de cette explication?

Mais pourquoi surtout, lorsque notre âme s'ouvre à quelque soupçon, au lieu de l'annoncer d'abord avec éclat, ne venons-nous pas le dénoncer dans le sein de nos frères, de nos amis? Une discussion paisible et froide dissiperait presque toujours les préventions; elle calmerait les inquiétudes; le bandeau tomberait de nos yeux, et les orages qui peuvent s'élever parmi nous ne crèveraient jamais que sur la tête de nos ennemis.

Nos armes ont porté la terreur dans l'âme des despotes; elles remplissent de deuil les familles de leurs esclaves.

Pouvons-nous donc ignorer qu'un seul espoir leur reste? C'est celui de profiter de nos erreurs, de nos faiblesses, et de diriger à leur avantage même les vertus des patriotes.

Ne nous le dissimulons pas plus longtemps, l'aristocratie surveille toutes nos actions; elle épie tous nos mouvements, nos discours, nos pensées, nos affections; tout, jusqu'à nos qualités civiques, peut devenir, sans que nous nous en doutions, l'instrument de ses secrets desseins. Elle flatte nos goûts; elle sourit à nos faiblesses; elle applaudit à nos erreurs ; et, après avoir usurpé notre confiance par ses caresses perfides, elle parvient ensuite facilement à faire dégénérer notre sensibilité en faiblesse, notre force en dureté, notre prudence en modérantisme; tout se corrompt par son approche, et le patriotisme lui-même emprunte d'elle quelquefois les couleurs du délire et de la folie. Mais c'est surtout à environner d'une méfiance funeste les représentants du peuple que nos ennemis portent leurs soins les plus actifs; ils sèment parmi nous des soupçons, parce qu'ils ne veulent faire éclore que des divisions et des haines; pour eux une inconvenance est un délit, une erreur est une faute, une faute est un crime; et, par cet abus perpétuel des mots et des choses, ils affectent de ne pas reconnaître un seul homme pur sur la surface de la république.

Leur but n'est pas équivoque : nos ennemis veulent entraver notre marche par la méfiance ; ils veulent avilir la représentation nationale par des soupçons; ils veulent porter l'effroi dans l'âme de chaque citoyen; ils veulent nous lasser de la liberté, et la montrer comme un fléau aux nations étrangères.

Ah! quelle joie secrète nous leur préparons lorsqu'égarés par leurs manœuvres nous tombons dans les piéges dont ils nous environnent! Mais elle sera courte, cette joie, et j'ose présager que les suites en seront funestes pour ceux qui l'auront éprouvée.

Il arrive l'instant où, dégagés de tout prestige, tous animés d'un même esprit, réunis tous dans un même vœu, nous tournerons toute notre énergie contre nos seuls ennemis naturels, le despotisme et l'aristocratie. Nous ne nous occuperons qu'à démasquer les faux patriotes qui s'emparent des mesures les plus sages pour les corrompre par l'exagération, à poursuivre les fripons qui ne respirent que pour conserver leurs rapines et pour s'en assurer de nouvelles; et bientôt le peuple français, trop longtemps dupe des scélérats et des intrigants, les fera rentrer dans la poussière dont ils n'auraient jamais dû sortir. Voici le projet de décret:

« La Convention nationale, après avoir entendu le rapport de ses comités réunis de législation, de sûreté générale et de salut public,

« Décrète qu'il n'y a lieu à aucune inculpation contre Barras et Fréron, et que ces deux représentants du peuple ont dignement rempli leur mission. »

Ce décret est adopté.

La séance est levée à quatre heures.

*N. B.* — Dans la séance du 15, Carnot, au nom du comité de salut public, a fait le rapport suivant :

Citoyens, une victoire signalée vient de mettre le comble à la gloire de l'armée de Sambre-et-Meuse; l'ennemi, retranché sur les bords de la Roër, sous la protection de la forteresse de Juliers, vient d'être complétement battu, et la forteresse de Juliers est prise.

Cet événement est le plus important de tous ceux qui ont encore eu lieu dans le cours de cette campagne, sans même en excepter la bataille de Fleurus ; il coupe tout espoir de secours à Maëstricht, assure un point d'appui près des bords du Rhin, relègue l'ennemi au delà de ce fleuve, ouvre la Hollande, assure nos quartiers d'hiver, et nous rend maîtres de toutes les ressources des pays de Limbourg, Cologne, Trèves, Luxembourg et Juliers.

L'opération était aussi la plus difficile qui eût encore été faite. L'ennemi avait rallié toutes ses forces, il était au nombre de près de quatre-vingt mille hommes; tous les avantages de la nature et de l'art étaient pour lui; mais nous avions pour nous le courage, la confiance, le souvenir de notre gloire : et que sont tous les obstacles de l'art et de la nature près du génie de la liberté et de l'amour de la patrie!

Citoyens, vous n'avez donc plus au dehors que des ennemis humiliés et fuyant. C'est ainsi que les armées ont accompli leur tâche les premières; c'est à nous d'accomplir la nôtre. Elles nous ont imposé le devoir d'écraser les ennemis du dedans. Citoyens, les armées triomphantes

sont dociles à votre voix, et vous souffririez que quelques intrigants vinssent ici dicter des lois! Non, il est temps que la représentation nationale de ses bras de géant saisisse toutes les factions, qu'en les frappant l'une contre l'autre elle les réduise en poudre, et qu'elle annonce enfin qu'elle seule veut rester dépositaire des droits du peuple, et qu'elle anéantira quiconque osera porter sa main, hypocrite ou furieuse, n'importe, au char de la révolution.

*Au rédacteur.*

Les administrateurs du district de Tonnerre ont lu avec autant de peine que de surprise, dans *le Moniteur* du 6 vendémiaire et autres papiers publics, qu'il a été dit à la Convention que le représentant du peuple Maure avait tout bouleversé à Tonnerre, et placé des nobles dans les administrations.

Pour répondre à cette atroce calomnie et rendre hommage à la vérité, ils croient devoir déclarer et protester, ils déclarent et protestent à toute la république, qu'il n'y a aucun noble, ni parmi eux, ni dans le tribunal, ni dans le bureau de conciliation, ni dans les justices de paix , ni dans les municipalités, ni dans les comités révolutionnaires, ni dans la gendarmerie, ni parmi les chefs de la garde nationale, ni enfin dans aucune fonction publique; qu'il y avait un chef de légion , un commandant de bataillon , nés dans la caste ci-devant nobiliaire, et un adjudant général qui avait été, il y a très-longtemps, garde du corps du tyran; que Maure les a destitués pour cette seule cause, et remplacés par des sans-culottes.

Fait à Tonnerre, ce 10 vendémiaire, l'an 3e de la république une et indivisible.

*Signé* DESNOYERS, CHAULET, MARIET, PIRON, BOCQUET; HUBBARD, *président*, et BAILLEE, *secrétaire.*

Citoyen, dans la réponse que j'ai faite, dans la séance de la Convention nationale du 11 de ce mois, à l'allégation d'un de mes collègues, et dont il est fait mention au n° 13 du *Moniteur*, je n'ai pas dit, en parlant de l'*officier de santé* qui vint chez moi le 9 thermidor, que ce fût l'*officier de santé qui me soignait*; je n'ai pas dit qu'il *me remit* les décrets d'une manière *très-infidèle*, mais qu'il me rendit d'une manière *très-inexacte* ce qui s'était passé.

Je n'ai pas dit non plus, comme on le lit dans *le Républicain Français*, que je n'avais *jamais été* chez aucun des triumvirs, mais que je n'avais *jamais fréquenté* aucun d'eux.

J'ai cru devoir à la vérité de relever ces légères erreurs.

Salut et fraternité.              P.-L.-ATH. VEAU.

## NAVIGATION.

Les encouragements donnés aujourd'hui aux diverses branches du commerce dans toute la république déterminent le citoyen Dupin-Triel, géographe, à renouveler l'annonce sa carte de la navigation intérieure avec toutes les recherches qui l'accompagnent. On la trouve chez lui, enclos de la Raison (ci-devant cloître Notre-Dame), n° 4, à Paris; elle coûte 9 liv.

*Payements à la trésorerie nationale.*

Le payement du perpétuel est ouvert pour les six premiers mois; il sera fait à tous ceux qui seront porteurs d'inscriptions au grand livre. Celui pour les rentes viagères est de huit mois vingt et un jours de l'année 1793 (vieux style).

## POLITIQUE.

### ANGLETERRE.

*Londres du 8 au 17 septembre.* — Le comte de Stharemberg est chargé de suivre à Londres les négociations que le comte Mercy d'Argenteau, qui vient de mourir, avait entamées au nom de la cour de Vienne. Il a remis à Georges III une lettre particulière de l'empereur, décidé à pousser la guerre plus vivement que jamais, pourvu que la Grande-Bretagne lui fournisse de l'argent, et l'Empire des soldats.

Le cabinet fait son possible pour maintenir la croyance, pieuse et utile pour lui, qu'on ne rompra pas avec les Américains; mais les griefs de ceux-ci paraissent prendre un caractère de mésintelligence très-prochaine; en effet, des avis reçus du Canada portent, entre autres, que le gouverneur Simcoe reçoit de fréquentes visites des Sauvages, qui viennent chercher le prix convenu de chevelures d'Américains.

Suivant les mêmes lettres, le solliciteur général a été envoyé à Montréal pour tenir la main à l'exécution du bill d'aubaine passé par la Chambre législative, en vertu duquel tous ceux qui refusent le serment d'allégeance à Georges III doivent vider le pays ou être emprisonnés. Cet ordre a fait émigrer un grand nombre de familles.

*9 septembre.* — L'amirauté a reçu des dépêches de l'amiral Macbride, datées de Weymouth, 2 septembre. On en a pris lecture sur-le-champ, et l'on n'a pas mis moins de promptitude à lui expédier des instructions. On dit qu'il lui est ordonné de se porter le plus tôt possible vers Guernesey, que des bâtiments français menacent, du moins à ce qu'on assure.

Suivant le rapport du navire *le Henry*, arrivé de Calcutta à Cowes, il avait rencontré le 30 août, par les 49° de latitude et 40° de longitude, les frégates françaises *la Surveillante*, *la Liberté* et *la Noiade*, déjà maîtresses, depuis vingt-cinq jours seulement de croisière, de vingt-deux bâtiments.

La flotte de Québec est partie le 3 de Portsmouth, escortée par *le Régulus*, de 44 canons; et le 7, la flotte espagnole a mis à la voile du même port pour la Corogne. Un vaisseau de guerre de 74 et trois frégates de sa nation sont chargés de protéger ce convoi.

Le 5, l'amiral Howe a fait sortir de Sainte-Hélène la flotte qu'il commande; mais *le Barfleur*, de 98, ayant été touché et fort endommagé par un autre, a été obligé de rentrer le même jour.

Le 6, cette flotte a paru à la hauteur de Plymouth. La veille elle avait rencontré dix-huit vaisseaux partis de Dartmouth pour les Indes orientales, et plusieurs des siens ayant donné dessus leur avaient causé beaucoup de dommage et en avaient réciproquement éprouvé. Lord Howe a été contraint par cette circonstance de rentrer à Torbay, ce qu'il a fait le même jour. Les frégates *l'Aquilon*, *le Melampus* et le vaisseau de ligne *le Russel* sont ceux qui ont le plus souffert. Le vaisseau de la Compagnie des Indes *le Triton* a été aussi assez endommagé pour être obligé de gagner la rade de Torbay avec la même flotte.

*Du 17.* — Il est arrivé ces jours derniers aux ministres des dépêches du duc d'York; de lord Saint-Helens, ambassadeur à La Haye; de M. Wyndham, qui s'y trouvait sans caractère, et d'autres de lord Malmesbury à Francfort, et de lord Spencer, envoyé extraordinaire à Vienne. On prétend que le principal but du voyage de M. Wyndham est de déterminer le duc d'York à renoncer au commandement de troupes toujours battues sous ses ordres, mais que le prince se montre très-récalcitrant.

Il est question d'un conseil tenu le 9 à Weymouth, où se trouve encore le roi. Le prince de Galles, le duc de Glocester et plusieurs pairs, entre autres les lords Salisbury et Mansfield, y ont assisté : on assure qu'on s'y est déterminé à convoquer le parlement le 4 novembre, pour lui demander de nouveaux fonds qu'exigent impérieusement

les besoins de la guerre, et surtout le subside de 80 millions d'écus d'Allemagne, promis, offert même à l'empereur, s'il parvient à fournir à la Grande-Bretagne les cent mille hommes sans lesquels il ne peut y avoir de campagne l'année prochaine.

## CONVENTION NATIONALE.

*Présidence d'André Dumont.*

### SÉANCE DU 14 VENDÉMIAIRE.

Les citoyens incendiés de Nouvion, département du Nord, et victimes du brigandage des Autrichiens, se plaignent de ce que les secours que la nation a décrétés en leur faveur ne leur sont pas distribués.

GOSSUIN : Les Autrichiens ont exercé des brigandages horribles dans le département du Nord, dans les districts de Vervins, Avesnes, Cambrai et du Quesnoy; les habitations ont été incendiées, les bestiaux pillés, et les vieillards et les enfants massacrés. Vous avez décrété 2 millions de secours provisoires; par la négligence des fonctionnaires, ils sont intacts dans la caisse, et les malheureux souffrent.

Je demande qu'un membre du comité des secours soit envoyé sur les lieux pour répandre les secours réclamés par la loi et les besoins des citoyens victimes de la barbarie des esclaves.

Cette proposition est décrétée en ces termes :

« La Convention nationale décrète que le comité des secours publics lui proposera demain un membre pris dans son sein, pour se rendre sur-le-champ dans les départements du Nord et de l'Aisne, et entendre les réclamations des citoyens pillés ou incendiés par l'ennemi; le représentant veillera à ce que les lois qui leur allouent des indemnités soient promptement mises à exécution. Il est autorisé à leur distribuer des secours provisoires sur les 2 millions qui ont été mis à cet effet, dans le courant du mois de floréal, par le comité de salut public, à la disposition du représentant du peuple Laurent, alors en mission. »

— Monnel fait un rapport sur Garnier, suppléant du département du Pas-de-Calais; il en résulte que ce citoyen a constamment manifesté une conduite républicaine, et il est admis au nombre des représentants du peuple.

Un membre demande que l'assemblée fasse examiner la question s'il ne conviendrait pas de supprimer ces informations préliminaires sur les représentants nommés par le peuple.

Cette proposition est écartée par l'ordre du jour.

DUBARRAN : La présence des représentants du peuple devient nécessaire dans le département des Vosges et dans celui de la Nièvre. Le comité de sûreté générale ne vous proposera pas de les prendre parmi les membres qui actuellement se trouvent dans votre sein. Mais il a pensé que la Convention nationale doit déléguer une extension de pouvoirs au citoyen Michaut, pour le département des Vosges, contigu à celui de la Meurthe où il est en mission; et que, quant au département de la Nièvre, il en faut charger le citoyen Musset, que vous avez envoyé dans le Puy-de-Dôme.

Ces propositions sont décrétées.

PAGANEL : Citoyens, je viens, au nom du comité des secours publics, appeler de nouveau votre attention sur les veuves et les enfants des victimes que Lafayette immola à la tyrannie dans la journée du Champ-de-Mars.

La citoyenne Besse, veuve d'un de ces premiers

martyrs de la liberté, vous a demandé que sa pension, liquidée à 125 livres d'après les bases fixées par le décret du 25 décembre 1792, fût portée à 300 livres. Sa pauvreté est constatée ; elle n'a que sa modique pension pour fournir à sa subsistance et à celle d'un enfant en bas âge.

Aucun décret n'autorise le comité des secours à traiter les parents des citoyens massacrés au Champ-de-Mars comme ceux des autres citoyens morts pour la cause de la liberté. Il vous demande aujourd'hui cette autorisation, au nom de la patrie reconnaissante.

Que manque-t-il aux martyrs du Champ-de-Mars pour acquérir à leurs veuves, à leurs enfants infortunés, un droit entier à la bienfaisance nationale? La journée du Champ-de-Mars n'est-elle pas comptée parmi les plus belles de la révolution française? n'a-t-elle pas accéléré sa marche et préparé les courages au combat immortel du 10 août?

Quel était le vœu des citoyens rassemblés au Champ-de-Mars? l'anéantissement de la tyrannie ; le jugement du féroce Capet. Quels étaient ces citoyens? des sans-culottes. Eh quoi! le dévouement volontaire d'hommes inarmés, bravant les satellites du despote, défiant la perfidie connue de Lafayette, consacrant les droits du peuple par un acte solennel, et tombant martyrs de leur liberté, pour prix de leur courage et de leur amour pour la patrie ; un tel dévouement ne les associe-t-il pas au mérite de tous ceux qui sont morts et meurent encore pour elle? Si leur gloire est la même, laisserez-vous exister une différence dans la distribution des bienfaits que la reconnaissance nationale décerne aux veuves et aux enfants de toutes ces généreuses victimes de la liberté?

Votre comité pense que vous la ferez disparaître, et que vous étendrez sur les parents des citoyens massacrés au Champ-de-Mars les dispositions du décret qui assimile ceux des victimes du 10 août aux parents des défenseurs de la patrie qui sont morts en combattant pour elle.

Je suis chargé de vous proposer le projet de décret suivant :

« La Convention nationale, après avoir entendu le comité des secours publics, décrète :

« Art. Iᵉʳ. Les enfants des citoyens massacrés dans la journée du Champ-de-Mars sont assimilés aux veuves et aux enfants des défenseurs de la patrie, et leurs pensions seront liquidées sur les bases et d'après les formalités prescrites par le décret du 21 pluviose.

« II. Il sera payé à la citoyenne Marie-Madeleine Richard, veuve de Jacques Besse, mort par suite des blessures qu'il a reçues au Champ-de-Mars, la somme de 300 liv. à titre de pension viagère, au lieu de celle de 125 livres à laquelle sa pension avait été liquidée. Cette pension de 300 livres lui sera payée à compter du 1ᵉʳ germinal.

« III. L'insertion du présent décret au Bulletin de correspondance tiendra lieu de promulgation. »

Ce décret est adopté.

— Bar fait rendre le décret suivant :

La Convention nationale, après avoir entendu le rapport de ses comités de salut public, de sûreté générale et de législation, sur les difficultés qui se présentent dans l'exécution de la loi du 4ᵉ des sansculotides, relative aux certificats de civisme, décrète :

« Art. Iᵉʳ. Les certificats de civisme, seront délivrés, dans la commune de Paris, par les comités civils de section.

« II. Ils devront être signés au moins par sept membres présents à la délibération.

« III. Il est défendu à toutes les autorités constituées d'exiger des citoyens qu'ils déclarent, pour obtenir des certificats de civisme, s'ils sont ou non fonctionnaires publics, ou remplissent une commission ou emploi.

« IV. Le présent décret sera publié dans le Bulletin des lois. »

MENUAU : Citoyens, je viens, au nom du comité des secours, présenter à la Convention nationale un nouvel exemple des sentiments généreux que peut produire l'amour sacré de la liberté dans l'âme d'un bon républicain.

Le citoyen Dupuy a commencé à servir dans les armées françaises en 1759. Son premier grade fut celui de soldat dans les carabiniers ; mais son intelligence et sa bravoure lui méritèrent bientôt de l'avancement, et cet avancement fut tel qu'il parvint au grade de capitaine.

Il fut réformé en 1788, avec une pension de 1,800 liv.

En 1789 un nouvel ordre de choses se prépare, la patrie a besoin de défenseurs : Dupuy, ami chaud de la liberté, se présente pour la défendre ; on connaît bientôt ses talents militaires, et il mérite l'honneur d'être choisi pour commander une compagnie dans le 55ᵉ régiment d'infanterie.

Comme, d'après la loi, il ne pouvait conserver sa pension de 1,800 liv. et le traitement attaché à son grade, il ne balance pas de renoncer à cette pension, qui était toute sa fortune, et dont il pouvait jouir tranquillement au sein de sa famille, pour concourir avec ses frères d'armes à la défense de sa patrie.

Depuis 1789 Dupuy s'est trouvé à plusieurs combats, et les certificats les plus authentiques prouvent qu'il s'y est conduit avec distinction.

Mais, citoyens, malgré le zèle qu'il a mis dans l'exercice de ses fonctions, et quoiqu'il ait toujours été éloigné de toute espèce d'intrigues et de vues ambitieuses, il n'a pu échapper aux traits de la calomnie.

Son amour extrême pour le bon ordre et la discipline militaire devaient nécessairement lui faire des ennemis ; aussi, après le déblocus de Landau, place importante, où il a été chargé de missions de confiance, dont il s'est acquitté avec bien de l'intelligence, il a été arrêté et conduit à la maison d'arrêt de Pélagie, le 18 nivose, et il y est resté oublié jusqu'au 23 thermidor.

Il n'a pu encore parvenir à connaître les motifs de cette injuste détention, quelques démarches qu'il ait faites à cet égard : tout ce qu'il peut soupçonner avec quelque fondement, c'est que, témoin, pendant le blocus de Landau, de bien des menées et de beaucoup de perfidie, les auteurs de tant d'intrigues avaient un intérêt sensible à le tenir en chartre privée pour le forcer au silence.

Mais, citoyens, une chose qu'il est bien essentiel de connaître pour l'entière justification du citoyen Dupuy, c'est que ses dénonciateurs, ceux-là même qui avaient provoqué son arrestation, ceux-là même qui avaient le plus à redouter les éclaircissements qu'il était dans le cas de donner sur la conduite des chefs de la garnison de Landau, ceux-là même, citoyens, ont été forcés de rendre justice au brave Dupuy.

Il est essentiel que je donne lecture à la Convention nationale des certificats des généraux Laubadère et d'Auxon.....

Cependant, citoyens, malgré tant de preuves de bonne conduite, telle est l'affreuse position où se trouve Dupuy.

Il ne possède plus sa pension de 1,800 livres, à laquelle il a renoncé si généreusement, pour voler au secours de la patrie en danger ;

Il se trouve destitué par le fait de son arrestation.

Il demande à être employé de nouveau pour servir encore dans les armées de la république, ou bien il redemande sa pension ; mais, en attendant, il est de la justice nationale de venir au secours de ce brave homme.

La Convention décrète un secours provisoire de 600 livres.

MENOU : Citoyens, depuis que les républicains français combattent contre la tyrannie pour la cause sacrée de la liberté, nous n'avons plus besoin de chercher dans l'histoire ancienne des modèles de courage, de désintéressement et de bravoure. Parmi le nombre infini des belles actions qui honorent notre révolution, celles de la citoyenne Bourgès méritent une place distinguée. Cette citoyenne s'est trouvée en personne à toutes les affaires et attaques que la colonne de Tilly a faites sur les brigands de la Vendée, et particulièrement au Mans et à Savenay. Elle a rendu les services les plus importants à la république ; tantôt elle a découvert des blés et des farines cachés, qui ont servi à la subsistance de l'armée, tantôt elle a eu le courage de porter sur son dos plusieurs blessés, pour les déposer dans les voitures d'ambulance.

Enfin, citoyens, cette femme, sensible autant que courageuse, a ajouté à ces actes d'humanité celui de se joindre aux officiers de santé pour les aider à panser les blessés ; elle a fait plus, citoyens, elle s'est dépouillée de sa propre chemise pour le pansement des blessés, dans ces moments où le manque absolu de linge s'est fait sentir.

Ces faits, citoyens, sont consignés dans des certificats bien honorables et bien authentiques. Mais la femme Bourgès, riche en vertu et en patriotisme, est dans le besoin, et il est de la justice nationale de ne pas laisser plus longtemps en souffrance une républicaine aussi prononcée. D'après des motifs aussi puissants, votre comité des secours publics m'a chargé de vous proposer d'accorder à cette citoyenne un secours provisoire de 600 livres.

Cette proposition est décrétée.

SALENGROS : Citoyens collègues, le comité des secours publics m'a chargé de vous faire le rapport de la pétition du citoyen Nicolas Finet, de la commune de Beaufort, canton de Maubeuge, district d'Avesnes, département du Nord, engagé le 1er janvier 1788 dans le 13e régiment de cavalerie, et incorporé aux carabiniers le 29 mars 1792.

Il a fait les diverses campagnes de la guerre que la liberté soutient contre la tyrannie. Qui ne sait les services rendus à la patrie par les carabiniers ! Finet s'est comporté dans toutes les occasions avec bravoure et intrépidité : son entier dévouement à la république, son patriotisme ardent sont évidents et démontrés jusqu'au dernier moment de son service militaire.

Le principal, ou pour mieux dire, le seul regret de Finet, c'est de voir sa carrière militaire terminée et finie par les honorables blessures qu'il a reçues ; c'est de ne pouvoir plus partager les dangers et les succès de ses frères d'armes : mais, ayant rempli ses devoirs envers la patrie, le comité des secours a pensé que d'abord la Convention nationale s'empressera d'approuver non-seulement la gratification de 100 livres accordée par le général Hoche, mais qu'elle y ajoutera une nouvelle somme de 300 livres à titre de reconnaissance nationale, indépendamment des secours et pension auxquels le courageux Finet a droit par sa retraite honorable.

Voici le projet de décret :

« La Convention nationale, après avoir entendu son comité des secours publics,

« Décrète que, sur le vu du présent décret, la trésorerie nationale paiera au citoyen Nicolas Finet, de la commune de Beaufort, canton de Maubeuge, district d'Avesnes, département du Nord, carabinier au 2e régiment, la somme de 300 livres, par forme de reconnaissance nationale et non imputable sur sa pension, pour avoir eu le courage et la fermeté de ramener trois chevaux au bivouac assez loin du champ de bataille et du ravin dans lequel, en chargeant l'ennemi avec son escadron, le 27 brumaire dernier, sous Bliccastel, il avait été précipité par la chute de son cheval, où il resta enveloppé et accablé sous le poids de plusieurs chevaux, depuis quatre heures et demie du soir jusqu'au lendemain deux heures du matin, et d'où il ne parvint à se retirer qu'à la longue, épuisé de fatigue, ayant tout le corps froissé et le bras gauche entièrement paralysé : approuve au surplus la gratification de 100 livres à lui faite par le général Hoche, et renvoie la pétition du brave Finet avec les quatre pièces y jointes, pour déterminer le plus promptement possible les secours et pension que la loi lui assure par sa retraite honorable. »

Ce décret est adopté.

— Sur le rapport de Peyres, le décret suivant est rendu :

« La Convention nationale, après avoir entendu son comité de législation sur la pétition de Marie-Anne-Geneviève Leduc, par laquelle elle réclame contre le jugement du tribunal criminel du département de la Marne, du 18 thermidor, qui la condamne à six années de gêne, pour faux témoignage en matière civile, et contre le jugement du tribunal de cassation du 17 fructidor dernier, qui rejette son mémoire en cassation ;

« Considérant qu'il ne peut pas exister de crime là où il n'y a point eu d'intention de le commettre ; que le grand bienfait de l'institution des jurés consiste principalement en ce que l'intention des prévenus doit être examinée et appréciée, à la différence de l'ancienne instruction criminelle, qui ne s'arrêtait qu'aux faits :

« Considérant que la nécessité de cet examen et de la déclaration qui en doit être la suite résulte évidemment des articles, XIX, XXI, XXVI, XXVII, XXX et XXXIII du titre VII de la seconde partie de la loi du 16 septembre 1791 ; et en particulier, pour le crime de faux dont il s'agit, de l'article XLI, section II, du titre II de la seconde partie du code pénal :

« Déclare nuls les susdits jugements des 18 thermidor et 17 fructidor derniers, et tout ce qui s'en est ensuivi ; renvoie ladite Marie-Anne-Geneviève par-devant le tribunal criminel du département de l'Aube, pour y être jugée de nouveau.

« Décrète en outre, pour ne laisser aucun doute sur la lettre et l'esprit des susdites lois, qu'à l'avenir, dans toutes les affaires soumises à des jurés de jugement, les présidents des tribunaux criminels seront tenus de poser la question relative à l'intention, et les jurés d'y prononcer par une déclaration formelle et distincte, et ce à peine de nullité. »

Le même rapporteur fait rendre le décret suivant :

« La Convention nationale, après avoir entendu le rapport de son comité de législation sur la pétition de Pierre-Théodose Prieur, ci-devant administrateur du directoire du district de Poitiers, par laquelle il réclame contre le jugement du tribunal criminel du département de la Vienne, qui le condamne à douze années de fers, conformément à la loi du 7 messidor, pour avoir malversé dans l'administration et la vente des biens nationaux, ainsi que Joseph Prieur, son frère, pour fait de complicité ;

« Considérant que le jugement dont il s'agit renferme plusieurs contraventions à la loi, et dans les formes qui l'ont précédé, et dans l'application de la peine qu'il prononce.

« Dans les formes, 1° en ce qu'un adjoint du juré et un juré lui-même, Barbereau et Bernazais, ne sont âgés, le premier que de vingt ans, le second que de vingt-quatre, tandis que la loi du 2 nivose dernier exige qu'ils aient vingt-cinq ans accomplis ; 2° en ce que le jury n'a point déclaré que les faits étaient constants, ni que les accusés étaient convaincus, quoique les articles XX et XXIX, du titre VII de la deuxième partie de la loi du 16 septembre 1791, exigent l'un et l'autre ; 3° en ce qu'au lieu d'un jury de jugement ordinaire, il fallait en former un en la manière prescrite par la loi du 17 rentose.

« *Dans l'application de la peine*, en ce qu'il prononce celle de douze années de fers, portée par la loi du 7 messidor; et ce pour des faits antérieurs à la promulgation de ladite loi, puisqu'ils remontent au 11 prairial précédent, et même au 21 octobre 1792, ce qui est donner à la loi un effet rétroactif, contre la disposition de l'article XIV de la Déclaration des Droits, qui qualifie une pareille rétroaction de criminelle et de tyrannique :

« Déclare nul ledit jugement du 19 thermidor, ainsi que tout ce qui l'a précédé et suivi, et renvoie lesdits Joseph Prieur père et Pierre-Théodose et Joseph Prieur fils pardevant le tribunal criminel de l'Indre, pour y être jugés de nouveau.

« Le présent décret ne sera point imprimé; il en sera adressé une expédition manuscrite aux accusateurs publics près les tribunaux criminels de l'Indre et de la Vienne. »

Gossuin, au nom du comité militaire : La Convention nationale a décrété, le 18 fructidor, que ses comités lui rendraient successivement compte, chaque décade, du résultat de leurs opérations, pour faire marcher sans obstacle le char révolutionnaire.

Le comité militaire s'empresse aujourd'hui de remplir cette tâche.

Dès l'instant de sa réorganisation, il s'est bien pénétré des nouveaux devoirs qui lui étaient imposés, et, après s'être occupé des règlements relatifs à sa police intérieure et à l'ordre de ses travaux, ses premiers regards se sont portés sur les quatorze armées triomphantes de la république, et sur la garde parisienne confiée immédiatement à sa surveillance.

Jamais objet n'avait si sérieusement mérité la sollicitude de la Convention que la force armée de cette grande et remarquable commune. Dans l'intervalle du 14 juillet 1789 au 9 thermidor, à quelles épreuves n'a-t-elle pas passé ! Commandée par des chefs amis de la royauté, elle a néanmoins vu naître sous ses yeux une constitution républicaine; soumise aux lois, pleine de confiance dans la représentation nationale, elle répond à la France et à l'univers du dépôt sacré qui existe dans cette arche placée au milieu de nous.

Le comité militaire désire remplir dignement sa mission; il reçoit journellement, le matin et le soir, et par écrit, le rapport de l'état-major sur l'exactitude du service des citoyens de Paris; il en règle les détails; prononce sur les difficultés; veille à l'établissement et au maintien du bon ordre parmi eux; il entend et voit par lui-même; il visite les postes, et il ne trouve pas de meilleurs amis à fréquenter que ces braves pères de famille, qui laissent dans le sommeil leurs épouses et leurs enfants pour veiller à la sûreté de tous. Mais, citoyens, les principaux anneaux de la force parisienne n'ont pas toujours répondu à l'activité, au dévouement et aux bons principes de ceux qui la composent; Hanriot se bornait à conspirer, dans le silence, contre l'égalité, et la force armée était dénuée des choses les plus indispensables à son service; si ce traître à la patrie eût fait approvisionner les corps de garde et postes militaires d'effets et d'ustensiles; s'il eût, par des instructions suivies, averti les citoyens de la manière dont doit se faire le service; s'il eût veillé à ce que les emplacements de corps de garde pussent contenir tous les hommes du poste; s'il eût, en exécution de la loi du 24 mai 1793, donné ses soins à ce que chacun fît son service en personne; s'il eût établi, près de l'état-major, des secrétaires patriotes et intelligents, le comité militaire n'aurait pas à vous entretenir des différents arrêtés qu'il a pris pour remédier à tous ces abus et en prévenir d'autres. Le comité s'occupe aussi, dans ce moment, d'un règlement sur tout ce qui intéresse le service de la force armée de Paris. Comme ce travail ne doit pas être imparfait, il prend, avant de le mettre au jour, toutes les notions et renseignements qu'exige son importance; Hanriot avait à sa disposition des papiers utiles, actuellement sous le scellé à la maison-commune; le zèle de la commission par vous établie la portera sûrement à adhérer à la demande du comité de les faire restituer sans délai dans le bureau du nouvel état-major.

Le comité militaire ne perd pas de vue que le concert entre vos comités, surtout dans des circonstances impérieuses, ne peut qu'être très-avantageux; sa correspondance et ses conférences avec ceux de salut public et de sûreté générale ne sont pas négligées. Ces jours passés, lorsque la malveillance paraissait vouloir agiter Paris, vos trois comités s'accordèrent sur la nécessité d'établir momentanément des réserves dans chaque section ; le service s'est fait activement; aussitôt l'essaim venimeux est allé au loin s'isoler.

L'intention de la Convention nationale n'a sûrement pas été, en confiant à l'un de ses comités la surveillance de la force armée, qu'une administration particulière, celle du département de Paris, puisse, dans aucun cas, déplacer ni disposer de la gendarmerie, tant à pied qu'à cheval, sans une autorisation par écrit du comité; ce principe incontestable l'a déterminé à prescrire à l'état-major et à ses chefs de corps de n'exécuter d'autres ordres, à cet égard, que ceux par lui visés et approuvés.

On doit un éloge aux chefs des bataillons et autres officiers auxquels la loi confie alternativement le commandement général; ils font le service avec activité et intelligence, et ils applaudiront sûrement à l'arrêté pris par le comité militaire, portant invitation à celui de sûreté générale de leur rendre compte, le plus tôt possible, du civisme et de la moralité de chacun d'eux; l'homme sans reproche ne craint jamais l'épuration. Paris, que nous devons justement surnommer la *vedette républicaine*, avait entendu dernièrement, avec une sorte d'inquiétude, le bruit des armes à feu; bientôt les citoyens furent rassurés lorsqu'ils apprirent que c'étaient les élèves du camp qui exécutaient de grandes manœuvres; l'arrêté pris à cet égard par le comité aura son exécution; l'avis qui lui en sera donné par ses collègues près l'École de Mars sera toujours mis à l'ordre deux jours avant ces exercices utiles.

Tous ces détails, citoyens, ne vous paraîtront pas minutieux lorsque vous saurez que, le 25 fructidor, l'intrigue avait persuadé que la nuit suivante il devait se faire, dans la section de l'Unité, une fausse patrouille composée de cinq hommes, dont quatre en uniforme, armés de fusils, et le cinquième en écharpe. Nous ne ferons aucune réflexion à cet égard; les mesures de police ont été prises alors; ceux qui s'étaient chargés de répandre et de faire germer ces semences de divisions n'avaient pas besoin dans Paris; vous les en avez éloignés.

Le comité militaire a considéré que les plus grands objets de surveillance du service de la force armée de Paris sont la garde et la conservation des dépôts d'armes, de bouches à feu, de machines et munitions de guerre; il a vu par lui-même, et il a pris, pour assurer à cet égard le succès de ses démarches, les arrêtés nécessaires. C'est sur la police de l'arsenal de Paris qu'il a plus particulièrement fixé son attention. Le règlement très-étendu qu'il a dû rendre pour tranquilliser les citoyens sur la sûreté de ce grand dépôt sera mis sous vos yeux.

Le comité a aussi à vous entretenir de ses travaux relatifs aux armées, en ce qui concerne son attribution,

Les lois militaires sont tellement multipliées depuis trois législatures, que le comité se fait un devoir de les réviser entièrement avec toute l'application convenable, pour en former un seul code auquel chacun de nos frères d'armes puisse facilement avoir recours; il ne se dissimule pas que quelques-unes de ces lois ont été rendues avec une telle précipitation qu'elles exigent une foule d'interprétations : que d'autres doivent être nécessairement refondues; celle sur les commissaires des guerres, par exemple, est de cette dernière classe; tout y est à recréer. Disons-le avec franchise; le mauvais choix, l'insouciance, l'inexpérience ou les déprédations semblent avoir constamment marché de front avec plusieurs de ces agents militaires; le comité s'occupe à cet égard d'un plan d'organisation qu'il vous soumettra avant peu.

Tout ce qui tient à la partie des charrois mérite encore un profond examen; il existe dans cette administration un système de mauvaise foi qu'il faut promptement détruire. Le comité a pris en conséquence, comme mesure préparatoire, un arrêté qui sera joint avec les autres à la suite de ce rapport. Un plan général de travail sur cet objet va vous être également présenté.

Les hôpitaux militaires, l'organisation des troupes, la discipline, la gendarmerie nationale, la police des tribunaux militaires, la solde, le mode d'avancement, les remontes des troupes à cheval, sont autant d'objets, parmi ceux de l'attribution du comité militaire, qui ont provoqué sa sollicitude. La loi lui interdit de prendre à cet égard des arrêtés, sous prétexte de mesures exécutives; mais il doit vous dénoncer les abus; il sera prochainement à même de vous proposer les moyens d'y remédier : déjà le comité de salut public, sur divers avis qu'il a reçus de lui, et qui sont consignés dans les procès-verbaux de ses séances, a paré à quelques-uns.

Le comité se fait rendre compte, par les commissions compétentes, des mesures qu'elles prennent pour l'exécution des lois; sa correspondance, sur cet objet, est active; il se fait remettre les renseignements et notions utiles à sa surveillance, et pour préparer des projets de lois.

Mais, citoyens, par quelle fatalité l'activité des employés aux commissions et le dévouement à la patrie, qui animent douze cent mille bras armés sur les frontières, n'atteignent-ils pas également une poignée de salariés par la république, qui ne semblent exister que pour lui porter une haine implacable?

Non, vous n'entendrez pas indifféremment le cri d'un nombre considérable de défenseurs de la patrie, incarcérés depuis longtemps pour de légères fautes, sollicitant vainement leur jugement! Cependant il existe des commissions militaires.

Vous avez, sur le rapport de votre comité de la guerre, rendu une loi qui recrée les tribunaux militaires, et prescrit leur devoir; il en est qui le remplissent : le comité attend d'ultérieurs renseignements pour vous en mettre la liste sous les yeux.

N'avez-vous pas à vous récrier également sur la conduite de plusieurs officiers qui, au mépris de la loi, s'isolent, sans permission et sans prétexte, de leurs garnison, détachement, camp ou cantonnement; on sait qu'il est déjà résulté de grands malheurs d'une pareille infraction.

Un petit nombre de militaires, qui manient avec plus d'habitude et de plaisir la plume que la baïonnette, inondent vos comités et vos commissions de réclamations dictées par l'intérêt personnel, et souvent sur des lois dont ils feignent ne pas comprendre le sens. Voilà, citoyens, quelques abus que vos décrets ont prévenus, mais qui s'alimentent par la malveillance.

Il faut vous dire encore que, malgré la vigilance des représentants du peuple aux armées et l'exactitude de votre comité de correspondance dans les travaux de la Convention nationale ne sont pas assez connus dans les bataillons, que les papiers et Bulletins n'y sont pas distribués avec soin, et que cela a plusieurs fois excité les justes réclamations du soldat.

Est-il croyable, enfin, que malgré votre volonté bien prononcée depuis deux ans qu'il soit procuré aux militaires malades ou blessés dans les combats tous les soulagements que commandent l'humanité et la justice de leur cause, on ne soit pas encore parvenu à garnir les armées de voitures suspendues pour leur transport aux hôpitaux? Les soins, les recommandations et les démarches du comité avaient été sans succès jusqu'à présent. Les arrêtés du comité de salut public paraissaient méconnus; mais la commission des convois, qui est trop récemment en activité pour lui adresser les reproches d'un retard aussi coupable, a promis au comité qu'avant deux mois il serait construit un nombre suffisant de ces voitures, d'après les modèles ingénieusement traités et adoptés par des artistes célèbres; déjà il s'en travaille trois cents à Bruxelles, par ordre des représentants du peuple; un train de berline, qui voiturait mollement un insolent marquis dans quelques orgies, ne sera-t-il pas mieux employé à transporter dans des hôpitaux soignés un républicain vertueux, blessé en défendant sa patrie? C'est l'usage que l'on fait dans ce moment des carrosses d'émigrés, en y substituant des caisses utiles à des caisses de luxe.

Il est bon que le soldat républicain soit instruit que, pendant qu'il recueille des lauriers au delà de nos frontières, la Convention nationale porte un œil attentif sur la conservation de sa propriété. Les juges de paix, d'après les dispositions de la loi du 11 ventose, apposent avec soin les scellés sur les meubles et effets des citoyens décédés dont les militaires sont héritiers; le comité surveille aussi, avec rigueur, l'exécution de cette loi, et il en a prévenu la commission du mouvement des armées.

Le comité militaire laisse à celui de salut public le soin de vous instruire du bon esprit et des principes qui animent les armées. L'évacuation du territoire français par l'ennemi, nos victoires au dehors, vous en sont à l'avance un sûr garant. On n'ignore pas que, dans les camps, deux cris se font généralement entendre : « baïonnette et république; » baïonnette lorsque le républicain armé regarde Vienne et Londres; république lorsqu'il fixe ses regards sur sa patrie.

Le comité militaire continuera, conformément au vœu de la loi, de vous faire part de ses opérations : comptez, citoyens, qu'il ne négligera aucun des moyens qui sont en son pouvoir pour seconder le dévouement des troupes et répondre à votre confiance. (On applaudit.)

La Convention nationale décrète l'insertion de ce rapport au Bulletin.

REGNAULD : Des habitants, presque tous vignerons, laboureurs ou artisans de la commune de Blesle, district de Brioude, département de la Haute-Loire, achetèrent, le 14 avril 1791, des biens nationaux ayant appartenu à une abbaye.

Cette vente fut consommée avec toutes les formes légales indiquées par les lois.

L'acquisition faite, ils se divisèrent ces propriétés par lots, et chacun s'occupa de suite de bonifier sa part par un travail assidu.

La cupidité de l'aristocratie, et sa jalousie de voir augmenter le nombre des propriétaires, ont tout mis en jeu pour faire déposséder ces citoyens sans-culottes de cette nouvelle propriété qui, pour certains, et pour le plus grand nombre, n'excédait pas trois cents toises de surface.

L'administration du district de Brioude s'est crue obligée, d'après le décret du 24 avril, de prononcer la nullité de la vente avec la restitution des jouissances, et enfin qu'il serait procédé à de nouvelles enchères. Cet arrêté a été confirmé par l'administration du département.

Cette nullité prononcée après une jouissance paisible de près de quatre années a consterné les habitants de cette commune, qui de tous les temps ont donné les plus grandes preuves de leur attachement pour la révolution. Ils ont été, pour ainsi dire, des premiers à vaincre les préjugés du fanatisme, puisqu'en avril 1791 ils ont acquis des biens du clergé que personne n'osait aborder.

Je ne prétends cependant rien préjuger en faveur de ces bons citoyens, et surtout s'il y avait de la fraude contre les intérêts de la république. Certes, s'il en existait, les commissaires qui auraient procédé à l'adjudication seraient plus coupables encore que les acquéreurs qui n'ont eu d'autre intention que celle d'être propriétaires; et s'il y avait un sacrifice à faire, je pense que l'esprit de la Convention se dirigerait toujours en faveur de cultivateurs.

Je borne quant à présent ma demande au renvoi de la pétition des citoyens de Biesle au comité des domaines, et à la suspension provisoire de l'exécution de l'arrêté du district jusqu'après le rapport du comité, qui sera fait dans le plus bref délai.

— Eschassériaux l'aîné, au nom des comités de salut public et de commerce, reproduit à la discussion le projet de décret ajourné sur l'augmentation du nombre des membres de la commission des subsistances, et sur la création d'un conseil à cette commission.

Dubem : Je ne crois pas que la Convention doive créer une chambre de commerce, à côté de la commission des subsistances. Je ne crois pas non plus que ce soit à la république à se mêler de faire le commerce; je crois qu'un ajournement du projet de décret nous donnerait la faculté de discuter et le mode des réquisitions et la mesure du maximum. Je crois que le maximum, qui nous a été donné par Pitt, a cependant sauvé la république par la sagesse du peuple et de la Convention.

Le Rapporteur : Ce n'est point une chambre de commerce que le comité veut créer; mais dans ce moment, où nous avons besoin de toutes les lumières pour ressusciter le commerce et l'élever au point de splendeur où il doit arriver, nous avons cru devoir appeler le secours de tous les hommes de génie et de talents. N'oublions pas que ce sont les lumières qui ont révolutionné les poudres et les salpêtres; il ne s'agit ici ni du maximum ni du mode de réquisition. Le comité de salut public ne vous propose point de faire faire le commerce par la république; ainsi Duhem s'est encore trompé à cet égard.

Turreau : Si le système du comité de salut public était le même que celui de Ronsin et d'Hébert, je combattrais le projet; mais son intention comme ses vues tendent à activer le commerce en grand. Il y a dans la commission des subsistances une foule de subalternes qui sont profondément ignorants, pour ne pas dire quelque chose de plus; il n'y a pas d'inepties qu'on n'ait commises dans les approvisionnements; ce n'est pas, je le sais bien, la faute de la commission : composée de deux membres, elle ne peut tout voir, tout embrasser. Je demande donc

que le nombre soit porté à sept au lieu de cinq proposé par les comités.

Richard : Les idées présentées par le rapporteur des comités sont infiniment précieuses. Je ne pense pas cependant qu'il faille les adopter. Il n'est pas nécessaire de créer une nouvelle autorité. Le comité de salut public a une grande latitude de pouvoirs. Augmentez-les encore, s'il le faut, en cette partie. Vous pouvez bien l'autoriser à s'entourer de lumières. Mais je ne crois pas prudent de constituer de nouveaux agents qui se montrent toujours jaloux de l'autorité. Je demande donc qu'on autorise le comité à appeler toutes les lumières, et que la Convention passe à l'ordre du jour sur le reste.

Garnier (de Saintes) : On a déjà fait observer qu'il suffit au comité d'appeler auprès de lui des lumières sans créer une nouvelle autorité. Qu'on se rappelle que, lorsqu'on crée des agents, ce sont toujours de nouveaux ministres. Il leur faut des maisons et des voitures. Au reste, ce n'est point là le fond de la question; il faut en venir à la commission elle-même. Elle n'a pas assez d'agents éclairés. Les représentants du peuple en mission ont pu se convaincre de la défectuosité de cette administration. Embarrassé par la multiplicité des rouages et par l'ignorance de ceux qui les font mouvoir, on se trouve dans la famine au milieu de l'abondance. Il faut que les magasins, après avoir approvisionné les armées versent le surplus dans la circulation. Il y a des manufactures qui ne peuvent travailler, faute de matières premières. Il faut autoriser simplement le comité de salut public à s'entourer des hommes dans les lumières desquels il a confiance.

Thuriot : Si j'avais présenté à l'assemblée les raisons développées par Garnier, j'en aurais tiré pour conséquence qu'il fallait adopter le projet du comité. C'est par l'embarras des rouages qu'on éprouve des difficultés. La commission demande le secours d'autres agents; elle embrasse l'universalité de la république. Je ne dis pas que ce soit un bien, mais c'est une fatalité où les circonstances nous ont réduit. Il faut nécessairement une augmentation de membres à la commission.

On vous a parlé ici d'une création de chambre de commerce, c'est une expression ajoutée qui fait toute l'erreur. On n'a point entendu dans les comités créer une chambre de commerce. Il ne suffit pas de s'occuper des transports et des moyens de faire arriver de l'étranger. Les membres de la commission ne peuvent se livrer à de grandes méditations sur cet objet, puisqu'ils sont absorbés par leurs occupations premières. Sans doute il serait à désirer qu'il n'y eût pas même de commission, que tout particulier pût vendre ses denrées; mais quand vous avez douze cent mille hommes sous les armes, il faut songer à leur subsistance. Quand on s'occupera des obstacles et des abus qui sont nés dans cette partie, on pourra embrasser un grand système et chercher les meilleurs moyens de revivifier l'agriculture, le commerce et les arts.

Aujourd'hui je ne vois nul inconvénient à admettre le projet, j'en vois à le rejeter. Richard a dit : Pourquoi le comité de salut public propose-t-il un conseil, puisqu'il peut s'entourer des lumières dont il a besoin? Je réponds que ce conseil n'est point pour le comité, mais pour la commission; et s'il est composé comme nous avons lieu de l'espérer, il lui sera du plus grand secours.

*** : Je soutiens, d'après le projet de décret et le développement donné par Thuriot, que ce conseil, au lieu de ressusciter le commerce, achèverait de le tuer. Je demande l'ordre du jour.

Bourdon (de l'Oise): J'appuie l'ordre du jour. Le projet de décret tend à donner un directeur au commerce; le véritable directeur du commerce est la liberté. Je sais bien que les circonstances dans lesquelles la république se trouve placée la forcent à restreindre cette liberté de commerce qui, dans des temps de paix, fait sa splendeur et sa force. Le comité a cru devoir créer un conseil pour aider la commission ; mais quand il y aura deux bureaucraties, l'une rejettera la faute sur l'autre. Au lieu de ce conseil, augmentez le nombre des agents et mettez-y un homme de génie, qui fait plus de travail en un moment que plusieurs hommes médiocres en beaucoup de jours.

Prieur (de la Marne): La première question est de savoir si le nombre des commissaires sera porté de deux à cinq ; nulle difficulté à cet égard. On a ensuite agité la question de savoir si on devait laisser subsister la commission et créer le conseil. Il ne faut pas, quand on veut raviver le commerce et l'agriculture, retourner brusquement, d'un ancien ordre de choses où les circonstances nous ont réduits, à une liberté de commerce dont les fripons et les méchants pourraient abuser. Personne n'a oublié à quelle anxiété nous condamnait, l'année dernière, la confusion des opérations dans cette partie. Des représentants du peuple faisaient des réquisitions à Bordeaux pour le Morbihan, tandis que d'autres en faisaient à Nantes pour Bordeaux. Qu'arrivait-il ? C'est que les détenteurs de subsistances, parmi lesquels il y a encore beaucoup de préjugés sur le papier-monnaie, disaient, quand ils avaient une double réquisition : Je ne sais à laquelle obéir ; écrivez aux représentants du peuple. Le temps s'écoulait, et les subsistances manquaient. Cette année, les départements en général ont produit en abondance du pain, du vin et des fourrages.

D'un autre côté, ne voyons-nous pas les Américains tourner leur commerce vers nos ports? Leurs farines arrivent en abondance. Nos matelots font des prises continuelles, et sont notre meilleure commission de commerce. Il faut que le gouvernement prenne des mesures pour empêcher l'augmentation scandaleuse des prix de certaines matières. Par exemple, on achète du coton 230 liv., on le revend dans le pays 540 ; le marchand le débite à 800 liv., et le fabricant le porte encore jusqu'à 1,200 liv.

Un autre objet encore, c'est la cherté des transports ; elle est une suite des circonstances. On a été obligé d'envoyer aux armées les chevaux et les voitures. Les postes sont très-mal servies dans plusieurs départements. Les rivières sont presque desséchées. Je crois bien que, dans les temps ordinaires, nulle commission ne vaut la liberté; mais il faut sacrifier aux circonstances. Je vote pour l'adoption du projet de décret.

On demande à aller aux voix sur le projet de décret.

Bentabole : Je demande par amendement que nul commissaire ne puisse avoir d'équipages. Ce sont toujours leurs femmes qui s'en servent. Cette économie servira la république. (On rit.)

Goupilleau : Il me semble qu'on a beaucoup divagué. Il me paraît démontré qu'il faut de nouveaux agents à la commission Y aura-t-il ensuite un conseil ? Je suis parfaitement d'avis qu'il faut donner au comité de salut public la faculté de s'entourer de lumières; mais je ne voudrais pas qu'il fût créé par un décret ; car il voudrait peut-être s'arroger les pouvoirs de la commission. Laissons au comité la plus grande latitude à cet égard. Je demande l'ordre du jour, motivé sur ce qu'il est autorisé à s'entourer des lumières qu'il croit utiles.

Prieur: Les réflexions du préopinant sont frappantes. J'appuie l'ordre du jour motivé.

Thuriot : Je demande qu'au moins le comité soit autorisé à donner ce conseil à la commission.

Goujon: Je vois encore du danger dans cette proposition, parce que, dès que le conseil serait reconnu par la Convention, dès qu'il ne serait plus un simple bureau de la commission, il tendrait à s'emparer des branches d'administration. Je sens bien la nécessité d'appeler dans la commission des hommes instruits, mais je veux que ce soit elle qui agisse. Déjà elle avait créé l'année dernière un pareil bureau. Je demande qu'on passe à l'ordre du jour, motivé sur ce que le comité de salut public peut faire des réquisitions, et sur ce que la commission peut s'entourer des lumières dont elle peut avoir besoin.

L'ordre du jour ainsi motivé est décrété.

Le reste du projet est adopté en ces termes :

« La Convention nationale, après avoir entendu le rapport de ses comités de salut public et de commerce, décrète :

« Art. Ier. La commission de commerce et des approvisionnements de la république sera composée de cinq commissaires.

« II. Ces commissaires sont les citoyens Picquet, Joannot, Magin, Leguiller, Louis Mosneron. »

Bentabole : Aux voix mon amendement! (On rit.)

— Trouvé, l'un des rédacteurs du *Moniteur*, fait hommage à la Convention d'une Ode sur la liberté du territoire français.

La Convention agrée l'hommage, en ordonne mention honorable, et renvoie l'ouvrage au comité d'instruction publique.

La séance est levée à trois heures.

### SÉANCE DU 15 VENDÉMIAIRE.

Carnot lit les lettres suivantes :

*Gillet, représentant du peuple près l'armée de Sambre-et-Meuse, au comité de salut public.*

Au quartier général, à Juliers, le 12 vendémiaire, l'an 3e de la république.

« J'ai différé jusqu'à ce moment, chers collègues, à vous rendre compte des derniers succès de l'armée de Sambre-et-Meuse, afin de pouvoir vous annoncer en même temps une victoire et la prise d'une place forte, d'une citadelle, de soixante-deux pièces de canon et d'une grande quantité de poudre et de munitions.

« Vous avez vu, par nos dernières dépêches, que l'armée autrichienne, battue en détail à Sorimont et à Clermont, les 2e et 4e sansculottides, s'était réunie en masse sur la Roër, fort encore de soixante à quatre-vingt mille hommes.

« Le 1er de ce mois nous nous rendîmes maîtres d'Aix-la-Chapelle, et l'armée vint camper dans la plaine d'Aldenhoven, la gauche appuyée à la Roër, et la droite à Schwiller, sur la Dente. Le projet de l'ennemi était de défendre le passage de la Roër et de se ménager une communication avec Maëstricht. Il avait établi pour cet effet une forte partie de son armée en deçà de cette rivière, dans la position qui se trouve derrière Aldenhoven et en avant de Juliers. Cette position, déjà très-forte par elle-même, était encore fortifiée par des lignes et des redoutes qui la défendaient sur tous les points.

« Nous étions bien décidés à poursuivre nos succès, et Jourdan résolut de forcer l'ennemi dans ses derniers retranchements. Il fallait pour réussir une de ces manœuvres savantes et hardies qui rendent possibles les plus grandes entreprises, lorsqu'elles sont exécutées par des officiers expérimentés et des soldats intrépides; car la Roër, quoique guéable en beaucoup d'endroits, était grossie par les pluies qui tombaient depuis dix jours. D'ailleurs tous les gués étaient dégradés, hérissés de chevaux de frise, les ponts rompus, et les hauteurs qui se prolongent sur la rive droite de la Roër, depuis sa source jusqu'à Ruremonde, étaient couvertes de lignes et de redoutes défendues par une artillerie formidable.

« Jourdan divisa son armée en quatre corps ; il donna le commandement de l'aile droite au général Schérer; la gauche lut confiée au général Kléber, l'avant-garde au général Lefebvre; il se réserva le commandement du centre, formant le corps de bataille, ayant sous ses ordres les généraux de division Hatry, Morlot, Championnet et Dubois. Schérer était chargé de forcer le passage de Duaren, Kléber devait attaquer sur la gauche à Keinsberg, et l'avant-garde à Linnich, pendant que le corps de bataille attaquerait le camp en avant de Juliers.

« A cinq heures du matin, toutes les colonnes se mirent en marche; toutes attaquèrent avec une égale valeur : dans moins de deux heures, le camp de Juliers fut forcé et les redoutes emportées avec une intrépidité sans exemple.

« La cavalerie ennemie se présenta pour protéger la retraite. Elle fut chargée, culbutée et poursuivie jusque sur le glacis de Juliers. Elle ne dut son salut, ainsi que toute l'armée ennemie, qu'au canon de la place qui nous empêcha de poursuivre plus loin. Le 1er et le 11e régiment de dragons se sont distingués dans cette affaire.

« Les autres colonnes eurent un égal succès ; mais elles éprouvèrent des difficultés d'un autre genre. Lorsque l'avant-garde se présenta à Linnich, l'ennemi avait détruit le pont et mis le feu à la ville, et tous les passages ayant été rendus impraticables, il fallut établir des ponts sous un feu terrible d'artillerie et de mousqueterie. C'est ce qu'on exécuta au moyen de la protection de notre artillerie qui, dans cette circonstance comme dans toutes les autres, prouva sa grande supériorité sur celle de l'ennemi, au point qu'il fut forcé d'abandonner les redoutes et de se retirer. Cependant les ponts n'ayant pu être construits avant la nuit, le passage de la rivière ne put se faire complétement. Tout était disposé pour l'exécuter ce matin, lorsque la chute du brouillard nous a laissé voir sur l'autre rive que l'ennemi était en fuite.

« On avait fait construire pendant la nuit plusieurs redoutes devant Juliers; on y avait établi sur-le-champ une batterie d'obusiers pour bombarder la place. Cette batterie commençait à faire un grand effet, lorsque le drapeau blanc a été arboré sur la citadelle. Une députation de magistrats est venue nous remettre les clefs de la ville, qui avait été évacuée pendant la nuit. La place s'est rendue à discrétion.

« La journée d'hier doit être mémorable pour les armées de la république. Une armée de soixante à quatre-vingt mille hommes vaincue dans la position la plus formidable ; une place plus forte que Landrecies évacuée, ayant une bonne citadelle, ses fossés pleins d'eau, et dans le meilleur état de défense, conquise sans coup férir avec toute son artillerie ; un arsenal bien pourvu, et plus de cinquante milliers de poudre, voilà, chers collègues, les fruits de cette brillante journée.

« La perte de l'ennemi est immense : de l'autre côté de la Roër, la terre est couverte de morts jusqu'dans ses ligues ; c'est ce qu'on a pu vérifier ce matin, et ce qui prouve sa retraite précipitée; tout présente à sa suite le spectacle de la défaite la plus complète. Plusieurs colonnes de cavalerie, d'artillerie légère et de grenadiers sont à sa poursuite, et j'apprends dans ce moment que le général Dubois, à la tête de six régiments de cavalerie, a rejoint les équipages de l'ennemi sur la route de Cologne. Nous avons fait environ six cents prisonniers.

« Je ne puis citer tous les traits d'héroïsme et de bravoure qui honorent cette journée; il faudrait citer tous les corps, tous les généraux, tous les officiers et soldats, parce que tous se sont montrés en héros. J'en recueillerai seulement deux : le premier est de l'avant-garde des divisions aux ordres du général Kléber ; ces braves soldats, impatient du délai qu'exigeait la construction d'un pont, se précipitèrent dans la rivière, la passèrent à la nage, attaquèrent les retranchements de l'ennemi, et les emportèrent la baïonnette et l'épée à la main.

« Le second concerne deux escadrons de chasseurs, commandés par le général d'Hautpoul : ils rencontrèrent quatre escadrons de hussards ennemi; ils les chargèrent sans considérer leur nombre, et les culbutèrent dans la rivière; presque tous ont été pris, noyés ou sabrés.

« Salut et fraternité.                    GILLET. »

*Jourdan, commandant en chef l'armée de Sambre-et-Meuse, aux citoyens représentants composant le comité de salut public.*

Au quartier général, à Juliers, le 12 vendémiaire, l'an 3e de la république une et indivisible.

« Citoyens, l'armée a marché hier sur la Roër pour y attaquer l'ennemi; l'aile droite s'est dirigée sur Duaren, le centre sur Juliers, une division sur Linnich, et l'aile gauche sur Huelberg et Randeract. Toutes les troupes que l'ennemi avait sur la rive gauche de cette rivière ont été vigoureusement culbutées ; l'aile droite et l'aile gauche ont attaqué ses postes que l'armée devait effectuer le passage de cette rivière ; et, malgré les redoutes, les retranchements énormes, tous ont été forcés. Les républicains ont construit des ponts sous le feu le plus vif de l'ennemi; d'autres plus impatients ont traversé la rivière à la nage ; le centre a chargé la cavalerie ennemie jusqu'à portée de fusil de la ville de Juliers, et, sans le feu de la place, elle était entièrement massacrée.

« La nuit a fait cesser le combat, et nous étions en mesure ce matin pour recommencer et profiter de la construction de nos ponts; mais l'ennemi n'a pas jugé à propos de nous attendre, et il est parti à minuit. Un maudit brouillard des plus épais nous a caché sa retraite jusqu'à huit heures : nous avions profité de la nuit pour faire construire une batterie d'obusiers près de Juliers, et, aussitôt que le brouillard a permis de découvrir cette place, nous y avons jeté quelques obus. Les magistrats sont venus de suite nous remettre les clefs, et nous annoncer l'évacuation de cette place, que nous avons trouvée dans le meilleur état; nous y avons trouvé soixante pièces de canons, un arsenal fort en ordre, et beaucoup d'autres choses dont le détail ne m'est pas encore parvenu.

« La perte de l'ennemi peut être évaluée à quatre ou cinq mille hommes tués ou blessés, sept à huit cents prisonniers, et beaucoup de chevaux, sans compter les déserteurs. Notre cavalerie poursuit l'ennemi : j'en saurai ce soir des nouvelles. Le représentant du peuple Gillet vous fera sans doute part de la manière dont les troupes se sont conduites.

« On m'annonce à l'instant qu'on vient de trouver dans Juliers cinquante milliers de poudre.

« Salut et fraternité.                    JOURDAN. »

MERLIN (de Thionville): La Convention nationale, qui a banni la terreur de la France, l'envoie à ses ennemis par ses armées. Je demande que le rapport de Carnot soit inséré au Bulletin; il pourra servir pour la politique de l'intérieur, comme ses plans ont servi pour nos victoires au dehors. (Vifs applaudissements.)

Cette proposition est adoptée.

« La Convention nationale déclare que l'armée de Sambre-et-Meuse ne cesse de bien mériter de la patrie.

« La nouvelle de la victoire remportée par les troupes françaises sous les murs de Juliers sera portée à toutes les armées de la république par des courriers ex raordinaires.

« Les dépêches de l'armée de Sambre-et-Meuse, ainsi que le rapport du comité de salut public, seront insérés dans le Bulletin de la Convention nationale. »

— La Convention nationale vote à l'appel nominal pour le renouvellement du comité de salut public.

Les trois nouveaux membres nommés sont Prieur (de la Marne), Guyton-Morveau et Richard.

La séance est levée à quatre heures.

*N. B.* Dans la séance du 16, la Convention a décrété que Lyon n'est plus en état de rébellion et de siége ; son nom lui sera rendu, et la confiscation prononcée par un décret précédent n'aura plus lieu que pour les objets d'équipement et d'armement, et pour les provisions de guerre, qui seront mis à la disposition de la commission de commerce et des approvisionnements.

Le général Kléber à l'armée de Sambre-et-Meuse.

I

# GAZETTE NATIONALE ou LE MONITEUR UNIVERSEL.

**N° 18.** *Octidi* 18 Vendémiaire, *l'an* 3°. (*Jeudi* 9 Octobre 1794, *vieux style.*)

## POLITIQUE.

### DANEMARK.

*Copenhague, le 6 septembre.* — Le feu a pris dernièrement à l'amirauté et les magasins de la marine ont couru les plus grands dangers. On est parvenu à éteindre l'incendie par les moyens ingénieux dont on a déjà fait plusieurs expériences dans l'île d'Amark.

De graves soupçons s'élèvent à l'occasion de ce nouvel événement, qui a souvent eu lieu dans les magasins de la Suède et du Danemark. On pense généralement que ces prétendus accidents ne sont autre chose que des hostilités qu'exercent dans l'ombre les puissances à qui la neutralité doit déplaire, et dont le caractère connu ne justifie que trop de semblables soupçons.

La correspondance de d'Armfeldt et de la femme Rudenskiold, dernièrement publiée à Stockholm, prouve que ce n'est pas d'aujourd'hui que les cours ont su les conduisaient ont conçu des projets de meurtre et d'incendie.

Il paraît certain que l'amirauté de Carlscrona a reçu l'ordre d'envoyer quelques vaisseaux de ligne et frégates à Naples pour appuyer ses demandes, faites par le cabinet de Stockholm, d'une réparation éclatante relativement à ce qui s'est passé dans l'affaire de d'Armfeld. (*Voyez* N° 11.)

L'attitude respectable du Danemark et de la Suède a sans doute imposé au cabinet britannique. Plusieurs négociants de Copenhague ont reçu du ministre anglais l'assurance d'être indemnisés de la cargaison des navires qui leur ont été enlevés, et des pertes qu'ils auront pu essuyer. Selon cet avis, on fera droit à leurs réclamations avant la fin de l'année actuelle.

Le bruit public est que la flotte suédoise doit rentrer à Carlscrona, et que celle de Danemark doit le faire incessamment.

L'escadre combinée se trouve en ce moment sur les côtes de Norwége.

### PRUSSE.

*Berlin, le 10 septembre.* — Le feu de l'insurrection a déjà gagné les deux provinces, dites Prusse orientale et Prusse occidentale. Une division de l'armée polonaise marche vers cette dernière, et rassemble à son passage tous les paysans sous les drapeaux de la liberté, en leur annonçant la suppression des corvées féodales, qui leur prenaient cinq jours sur huit.

La confédération, assemblée à Gnesne, a envoyé des universaux dans cette province et dans la Prusse orientale, pour engager ces différentes contrées à nommer des députés et à prendre les armes contre l'ennemi commun.

Toutes les forges de la Prusse méridionale fabriquent des armes; une énorme quantité de faux et de piques a déjà été distribuée.

Tous les habitants en état de porter les armes, depuis dix-huit jusqu'à soixante ans, s'organisent en bataillons ou en escadrons.

Chaque propriétaire fournit suivant ses moyens aux frais de cette grande levée. La peine de mort est prononcée contre ceux qui s'y refuseraient.

De nouveaux trésors destinés pour l'armée prussienne ont encore été interceptés par les Polonais. Rien ne résiste à leur valeur et rien n'échappe à leur surveillance.

Un de leurs détachements a pénétré dans le district de Netz, et s'est emparé des villes d'Ecksin et de Szivin. Les vainqueurs se sont avancés jusque sous les murs de Bromberg, et ils sont maîtres de la grande route de Berlin, dont ils ne se trouvent en ce moment éloignés que de douze lieues.

### ITALIE.

*Extrait d'une lettre de Livourne, le 10 septembre.* — Le départ prochain de l'amiral anglais Hood pour le golfe de la Spezzia, sous le prétexte d'aller y faire de l'eau, donne beaucoup à penser et fait infiniment de bruit. On a remarqué d'ailleurs qu'il avait débarrassé son vaisseau de tout ce qui était inutile, pour en rendre la manœuvre plus aisée. On est généralement persuadé que quelque grande perfidie se prépare.

Les lettres de Sardaigne annoncent que l'insurrection excitée à Orestano par la disette est momentanément arrêtée. On a envoyé des troupes et de l'artillerie au foyer du trouble; et ceux que les agents de la cour ont désignés comme chefs de la révolte ont été pendus.

Ces mêmes lettres ajoutent que le nouveau vice-roi de Sardaigne y est arrivé le 8 septembre sur un vaisseau espagnol.

Ici s'offre une anecdote qui jette un nouveau jour sur la politique des Anglais et sur leur dessein, non caché, de se rendre les maîtres absolus de la Méditerranée.

Lorsque le vice-roi de Sardaigne arriva à Livourne, il s'adressa aux Anglais pour en obtenir un bâtiment qui pût le transporter à Cagliari. Les Anglais le lui refusèrent, et ce n'est qu'alors qu'il eut recours aux Espagnols.

Il est à remarquer qu'en même temps des vaisseaux côtoyaient continuellement la Sardaigne, épiaient le résultat des troubles que le cabinet britannique y avait occasionnés sans doute, et dont il espérait tirer un meilleur parti.

Ce seul trait de la polique anglaise est plus que capable de dessiller les yeux des petites cours d'Italie et d'apprendre enfin aux despotes eux-mêmes quelle est l'espèce d'amitié que l'Angleterre leur a promise, et par quels moyens elle marche à la tyrannie universelle dans leurs propres États.

Cette trame machiavélique s'exécute aussi dans la Sicile; le peuple sicilien est peu éclairé sur ses droits, et surtout peu énergique. Cependant le roi de Naples lui ayant demandé l'argenterie superflue et une addition aux impôts, il a été répondu, au nom du peuple, que la guerre du roi de Naples contre les Français était illégitime.

Il paraît que les Anglais, dans l'espoir calculé d'une révolte, sont en cela pour quelque chose, et on assure que le départ de l'amiral Hood n'est pas étranger à ces événements.

### PIÉMONT.

*De Novi, le 28 septembre.* — Le général autrichien Dewins, battu sans cesse par les républicains, et irrité contre les Piémontais, vient de s'en retourner à Vienne.

L'archiduc gouverneur de Milan est revenu à la hâte à Alexandrie.

Les Français marchent sur Saluces, ville incapable de résister à une attaque sérieuse. Une estafette est partie hier pour porter à Milan l'ordre d'expédier les recrues qui sont au château, avec un corps de volontaires. On a fait ici les dispositions pour leur passage. On estime cet effort le dernier de la tyrannie; ces provinces ne présentent plus aucune ressource.

### ANGLETERRE.

*Londres, du 17 septembre.* — L'inquiétude de M. Pitt perce à travers l'assurance qu'il affecte; il n'est pas question de moins de seize camps à former sur la côte entre Douvres et Southampton, et cela sans compter les troupes casernées à Portsmouth et dans les places: on porte à trente mille hommes les troupes qui doivent former ce cordon; mais on n'y emploiera guère que des milices des fencibles et des corps de nouvelles levées. Il s'agit également, et le ministre en parle toujours, de renforcer l'armée d'York; mais ce n'est pas une chose aisée; la formation des camps la rendra encore plus difficile. Quelques personnes portent cette armée à trente-deux mille hommes, d'autres vont libéralement jusqu'à trente-huit mille six cent soixante-quatorze, y compris toutefois les Hanovriens, les troupes de Hesse-Cassel et de Hesse-Darmstadt. On fait pourtant réellement quelque chose pour cette armée; les 25e et 29e régiments d'infanterie doivent s'embarquer incessamment à Plymouth pour aller la rejoindre; les 78e et 80e ont dû arriver ces jours derniers à Flessingue.

Le café de Lloyd donne pour le mois d'août la liste suivante :

Bâtiments entrés, 500; perdus, 403.

On n'est content ni de l'état des choses en Amérique, ni de notre position dans les Indes. Suivant des lettres de sir Charles Gray, du 30 juillet, il était à cette époque à la Martinique avec sir John Jarvis; mais il lui fallait des renforts pour entreprendre quelque chose, et les Français étaient toujours maîtres de la Guadeloupe. Il faut actuellement envoyer le double et même le triple de troupes de ce qu'on envoyait autrefois; car la fièvre rouge en moissonne beaucoup. Le 13e régiment, fort de sept cents hommes lorsqu'il quitta l'Irlande, est réduit à soixante-dix ou quatre-vingts au plus.

Il est bien arrivé à la Compagnie des Indes plusieurs vaisseaux estimés à 8 millions sterling; mais les choses vont mal d'ailleurs dans cette contrée, du moins à s'en rapporter à une lettre de Calcutta, datée du 29 janvier :

« Le ministère a réellement sacrifié ce pays, en négligeant d'y envoyer quelques frégates pour la protection du commerce. Les Français se trouvent ainsi les dominateurs des mers de l'Inde, et nos bâtiments marchands deviennent chaque jour la proie de leurs corsaires.

« Le gouvernement a bien donné l'ordre à quatre vaisseaux de se mettre en état de défendre notre commerce, mais comment risquer un combat sans officiers et sans matelots?

« Ce n'est sûrement pas là le moyen d'attacher le peuple de cette contrée au cabinet britannique, et à M. Pitt. Le commodore Cornwallis a renvoyé le peu de vaisseaux de guerre que nous avions; on ne saurait trop blâmer une mesure si impolitique et si étroite.

« Enfin, la Minerva, la seule frégate de guerre qui se trouve encore dans l'Inde, est hors de service; elle repose tranquillement dans le chantier de Bombay, tandis que les corsaires ennemis viennent nous braver jusque dans nos rades. On n'imagine pas à quel point ce dénûment fait honte au gouvernement britannique dans l'esprit des naturels, etc. »

Suivant une autre lettre de Bombay, du 21 mars, des avis reçus depuis quelques jours de Chettagong portaient qu'un corps de Burmacks, de plus de dix mille hommes, avait fait une irruption dans la province, et s'était campé sur le territoire de la Compagnie. Ces troupes, fortement retranchées, demandent qu'on leur livre deux mille hommes qu'ils qualifient de malfaiteurs, et qu'ils prétendent s'être mis sous la protection de la Compagnie. Sans cette satisfaction les hostilités ne cesseront point. La lettre ajoute que le directoire de la Compagnie envoie des détachements d'infanterie et d'artillerie sous les ordres de sir Erskine. Mais les Burmacks ont aussi des armes et de l'artillerie européenne, à laquelle les Français répandus parmi eux pourraient donner sa supériorité accoutumée.

## RÉPUBLIQUE FRANÇAISE.

*Déclarations qui donnent une idée juste des prétendus patriotes par excellence qui étaient à la tête des mouvements contre-révolutionnaires qui ont eu lieu à Marseille le 5 vendémiaire.*

Le 7 vendémiaire, l'an 3e de la république française, une et indivisible, le nommé Caston, gendarme, étant sur le point d'être exécuté, en sautant trois fois sur l'échafaud, a dit : « Je meurs pour Toulon; vivent les Anglais! »

Signé BOURGOIN, *capitaine en second d'artillerie, 1er bataillon des Gravilliers;*
VIGOUREUX, *capitaine des grenadiers.*

Pierre-Antoine Margaine certifie avoir entendu dire au patient, au bas de la guillotine : « Vivent les Anglais au Port-la-Montagne! »

Signé MARGAINE, *sous-lieutenant des grenadiers au 1er bataillon des Gravilliers.*

Avoir entendu ces mots.

Signé ANSEAUME, *sergent-major du 1er bataillon des Gravilliers.*

Pour copie conforme :

Signé MAGNIN, *secrétaire des représentants du peuple dans les départements des Bouches-du-Rhône et du Var.*

## CONVENTION NATIONALE.

*Présidence d'André Dumont.*

SUITE DE LA SÉANCE DU 15 VENDÉMIAIRE.

Le veuve et les enfants du citoyen Legros, adjudant de l'armée du Nord, inhumainement fusillé par les ordres de Cobourg, réclament des secours.

LAURENT : Legros est digne des regrets de la Convention, il est mort en vrai républicain. Ceux qui exécutaient l'ordre de Cobourg tremblaient; il leur dit : « Tirez, ne tremblez point; je ne crains pas la mort. » Il ne voulut point qu'on lui fermât les yeux. « Un républicain, dit-il, sait mourir les yeux ouverts. »

L'assemblée applaudit, et renvoie la pétition au comité des secours pour en faire un rapport demain.

— La section des Marchés demande le rapport du décret qui supprime les assemblées de sections du quintidi.

Renvoyé au comité de législation.

— Les citoyens de Rouen écrivent : « Nous vous invitons à maintenir le gouvernement révolutionnaire, mais soumis aux vrais principes, c'est-à-dire à la justice; nous voulons la république, mais nous ne souffrirons pas que l'autorité soit partagée. Guerre aux tyrans, soumission aux décrets émanés de la Convention nationale. ( Applaudissements, insertion au Bulletin. )

La Société populaire de la même commune invite la Convention à terminer promptement la guerre de la Vendée; elle présente quelques moyens tendant à ce but.

L'assemblée, sans en entendre lecture, en ordonne le renvoi au comité de salut public.

GRÉGOIRE : Citoyens, j'ai défendu successivement les juifs, les anabaptistes, les Suisses fribourgeois condamnés aux galères, et les gens de couleur. Ces actes de courage ont attiré sur moi un déluge de calomnies et de libelles. Mais ce qui m'a valu les outrages les plus multipliés, les persécutions les plus atroces, c'est ma constance à réclamer en faveur des habitants de l'Afrique, despotisés en Amérique par quelques habitants de l'Europe, qui se disent amis de l'égalité et de la liberté, et qui veulent être propriétaires d'hommes.

A l'ouverture des séances de la commission des colonies, je débutai par l'offre de ma démission, parce que, dis-je, à mes collègues, « ayant autrefois pris part à la discussion des affaires coloniales d'après les principes qui ne sont pas ceux de certaines personnes, ma participation à votre travail pourrait y jeter de la défaveur aux yeux des hommes prévenus ou malveillants. A ce motif se joignent l'étendue d'autres occupations relatives au bien public, et l'altération de ma santé par l'excès du travail.

Après une discussion , mes collègues pensèrent que ma délicatesse était exagérée, et qu'honoré de la confiance dont vous m'aviez investi , je devais rester avec eux.

Le même jour , un colon vint demander à me parler en particulier pour m'engager à me retirer, attendu , me dit-il , qu'il avait des preuves matérielles contre moi; je lui répondis que je me réjouissais de voir ses preuves matérielles, pour les discuter d'une manière très-formelle, et je l'engageai à venir annoncer hautement ce fait à la commission ; il refusa.

Hier, à la séance de la commission , je reçus une lettre dont je vais vous donner connaissance ; je m'empressai de la montrer à mes collègues , et de solliciter leur autorisation pour en faire lecture à la Convention nationale; ils furent de cet avis.

Les signataires de la lettre ayant demandé que j'en accusasse la réception, je le fais ici d'une manière éclatante.

Voici cette lettre:

*Les colons de Saint-Domingue au citoyen Grégoire, député à la Convention nationale.*

Du 13 vendémiaire, l'an 3e de la république.

« Faisant partie des membres de la commission coloniale qui vient d'être élue dans la séance du soir, 11 vendémiaire, nous croyons devoir te prévenir qu'étant nommément inculpé dans l'affaire de Saint-Domingue, il répugnera sans doute à la délicatesse de prendre place parmi ceux qui doivent en connaître, ne pouvant être juge et partie. Nous nous persuadons que tu nous sauras gré de notre démarche, et qu'elle sera suffisante pour te déterminer au parti que tu dois prendre. Ce serait avec le plus grand déplaisir, s'il en était autrement, que nous serions forcés de nous adresser à la Convention nationale et d'entrer dans des détails, parce que l'affaire majeure qui doit être discutée dans cette commission est celle de toute la colonie.

« Salut et fraternité.

« *Signé:* L.-E. Cobre, Verteuil, Terrou, Doragois, Scuvenper, Le Cosse, Brugá, Molart, Serre, B. Mulet, Fromenteau.

« *P. S.* Nous espérons que tu voudras bien nous accuser la réception de cette lettre. »

Grégoire : Citoyens, j'ai dû vous présenter ces faits; c'est à la Convention à prononcer.

Quant à l'accusation dirigée contre moi , les signataires de la lettre disent que je suis *nommément inculpé*; ils menacent d'entrer dans des *détails*. Je provoque ces *détails*, qu'ils les donnent au plus tôt. L'honneur et la justice de la Convention nationale ne lui permettent pas de laisser planer le soupçon sur un de ses membres; sans cela l'imposture calomnierait votre sagesse.

J'ai fait la longue et triste expérience qu'on ne défend pas impunément l'humanité et la justice, et je n'en serai que plus acharné à plaider dans toutes les circonstances la cause de la justice et de l'humanité, même en haine de mes ennemis.

J'attendrai avec intrépidité mes accusateurs; j'attendrai avec calme votre jugement.

L'ordre du jour! s'écrie-t-on de toutes les parties de la salle.

Bréard : J'observe que les sentiments d'humanité et de justice de Grégoire sont ses accusateurs auprès des colons, et que, s'il fallait s'arrêter à des dé-

nonciations vagues , il faudrait exclure tous les membres du comité.

L'assemblée passe à l'ordre du jour.

— La section du Mont-Blanc exprime ses sentiments d'attachement pour la Convention , et dépose une somme de 10,985 livres pour l'armement d'un vaisseau.

— On lit la lettre suivante:

*Le représentant près l'École de Mars au président de la Convention nationale.*

Du camp de Sablons, le 12 vendémiaire, l'an 3e.

« Citoyen président, je te prie d'apprendre à la Convention nationale que demain 14 les élèves de l'École de Mars quittent les Sablons pour aller camper près la commune de Carrière-lès-Poissy. Ce changement de position se fait en vertu de l'arrêté du comité de salut public, qui consacre ce mois à l'enseignement des grandes manœuvres. Les enfants de Mars vont s'exercer là aux marches militaires, aux reconnaissances du terrain; ils apprendront à se retrancher, à se placer de manière à ne pouvoir être surpris par l'ennemi. Nous emploierons huit jours à ces différents exercices, et nous serons de retour au camp des Sablons du 22 au 24.

« Salut et fraternité.

« *Signé* Moreau, représentant du peuple près l'École « de Mars. »

Bordas : Citoyens , vous ne cessez de dire au peuple cette vérité, que la révolution est son ouvrage; vous ne cessez de lui dire cette vérité, que son bonheur en est l'objet, et qu'il en sera le résultat. C'est vous aussi de la lui faire sentir; c'est à vous de revenir sans cesse à vous de faire naître et de saisir toutes les occasions où il jugera de notre but par nos actions et par nos travaux.

Citoyens , il est de la nature de l'homme d'aimer à jouir; il est dans la nature de l'homme de s'assurer une jouissance dans ses derniers jours; tel a été le but surtout des sans-culottes parisiens.

Un père de famille, un homme paisible, économe et vertueux , avait à peine réservé par ses travaux et par ses privations une somme de 600 livres, une somme plus ou moins considérable, d'après ses ressources, qu'il la verrait dans les caisses publiques, pour se faire un revenu, soit en viager, soit à tout autre titre. C'est en faveur de ces hommes estimables que je vous propose un parti que les circonstances commandent, et que la justice réclame.

Avant la chute d'une petite autorité qui voulait rivaliser avec l'autorité nationale , avant la chute d'une municipalité rebelle , l'agent national de la commune était chargé de viser les certificats qu'exigeait la loi pour faire jouir de leurs revenus les créanciers de la nation.

Depuis l'anéantissement de quelques hommes corrompus et corrupteurs , depuis la destruction de l'autel qui voulait s'élever à côté de l'autel national; depuis la suppression de cette municipalité, que des hommes conjurés contre la liberté, qui se disent les amis par excellence du peuple, les défenseurs exclusifs de ses droits , voudraient encore rétablir pour perpétuer les crimes et les dissensions, le vol et les assassinats, le pillage même de la fortune publique; depuis cette suppression, dis-je, les créanciers les plus intéressants de la république ne savent plus à qui s'adresser pour obtenir les certificats visés sans lesquels la trésorerie nationale ne peut leur acquitter les revenus des dettes les plus légitimes.

Vous l'aviez déjà prévu, citoyens, et vous aviez cherché les moyens de venir au secours de ces malheureux créanciers: mais l'agent national du département ne se croyant pas encore suffisamment autorisé pour viser les certificats d'arrérages, tous les propriétaires de rentes sur l'Etat sont aujourd'hui en souffrance. Tous se pourvoient à votre comité des finances, et déjà les pétitions remplissent plusieurs de ces cartons.

Citoyens, il n'est pas de cri plus puissant que celui du besoin ; il n'est pas de langage plus expressif que celui de la justice. Je vous fais entendre l'un et l'autre ; je vous parle pour des créanciers légitimes et nécessiteux. Si les formes sont la sauvegarde de la liberté, rendez ces formes praticables.

ρ    Voici mon projet de décret:

« La Convention nationale décrète que tous les certificats qui devaient ci-devant être visés par l'agent national de la commune de Paris, ou par tout autre fonctionnaire public, seront, à compter de ce jour, visés par le directoire du département de Paris. »

Ce décret est adopté.

— Conformément à la loi qui ordonne que les membres du comité de salut public seront renouvelés par quart tous les mois, l'assemblée passe à l'appel nominal, pour procéder au renouvellement de trois membres.

Les trois membres sortant du comité sont Robert Lindet, Carnot et Prieur (de la Côte-d'Or) ; ceux qui ont réuni le plus de suffrages pour les remplacer sont Prieur (de la Marne), Guyton-Morveau et Richard ; ils sont proclamés membres du comité de salut public.

SÉANCE DU SOIR DU 15 VENDÉMIAIRE.

Cette séance était indiquée pour procéder, à l'appel nominal, au choix de quatre nouveaux membres du comité de sûreté générale. Ceux qui ont réuni la majorité des suffrages sont : Laporte, Rewbell, Bentabole et Reverchon. Ils sont proclamés membres du comité.

SÉANCE DU 16 VENDÉMIAIRE.

Un membre donne lecture d'une lettre écrite à la Convention par le citoyen Dentzel, représentant détenu, tendant à obtenir sa translation dans son domicile en cette commune, avec sa famille : à cette lettre était joint un certificat d'officier de santé, et, sur la motion d'un autre membre, la Convention a décrété que le représentant Dentzel sera transféré dans son domicile à Paris, où il restera dans le sein de sa famille, jusqu'à ce que le comité de salut public ait fait un rapport sur la question de savoir si ce citoyen fait partie intégrante de la république, et le comité de salut public sera tenu de faire ce rapport dans la huitaine.

— Un député de l'île de Corse présente plusieurs observations tendant à faire accorder des secours à des patriotes corses qui, pour fuir la tyrannie du traître Paoli, s'embarquèrent sur les vaisseaux espagnols ou anglais, arrivèrent à Gênes et passèrent ensuite au Port-de-la-Montagne.

Renvoyé au comité.

— Charlier et Pocholle, représentants à Commune-Affranchie, font passer le buste de Challier, exécuté en salpêtre : l'auteur de cet ouvrage propose le buste de Brutus avec la même matière.

— Plusieurs communes et Sociétés populaires expriment l'indignation qu'elles ont ressentie à la nouvelle de l'assassinat commis en la personne du représentant Tallien ; elles demandent la prompte punition des auteurs de ce forfait, et jurent d'être inviolablement attachées à la Convention.

— La section du Panthéon-Français réclame la liberté de l'un de ses concitoyens, arrêté en vertu de mesures de sûreté générale, relatives aux événements des 9 et 10 thermidor. Elle atteste le patriotisme de ce citoyen comme ne s'étant jamais démenti. Le président lui promet justice, et la pétition est renvoyé au comité de sûreté générale.

— Lequinio donne lecture d'une adresse de la Société populaire de Vannes, département du Morbihan.

*La Société populaire de Vannes à la Convention nationale.— Du 7 vendémiaire.*

« Représentants d'un peuple libre, la liberté ou la mort est notre devise, la Convention nationale notre point de ralliement, son autorité notre guide, et son dévouement dans les journées des 9 et 10 thermidor nous servira dans tous les temps de modèle et de règle.

« Anathème à quiconque s'écartera de ces principes, base fondamentale de l'unité et de l'indivisibilité de la république.

« Nous avons frémi d'indignation et d'horreur en apprenant que des scélérats, comprimant aujourd'hui les Jacobins de Paris et de Marseille, lèvent une tête audacieuse, et cherchent à rivaliser l'autorité nationale. Ces Sociétés justement célèbres par leur patriotisme, leur dévouement et leur amour pour la liberté, deviendraient-elles donc l'atelier où l'on nous forge de nouvelles chaînes, le repaire où s'aiguisent les poignards qui doivent tuer l'égalité? Non, les vrais républicains entendent la voix de la patrie; ils se presseront autour de la représentation nationale, et reconnaîtront avec elle la nécessité de frapper sans commisération tous les intrigants qui dirigent ces machinations perfides, etc. »

La Convention nationale décrète la mention honorable et l'insertion au Bulletin de cette Adresse.

PÉNIÈRES, au nom du comité d'agriculture : On a senti depuis longtemps la nécessité d'améliorer, d'augmenter et d'étendre les productions du sol de la république ; un petit nombre d'hommes s'en sont laborieusement occupés ; mais leurs travaux n'ont été que peu utiles, pour n'avoir pas été mis à la portée de tous les citoyens; les ouvrages précieux de Duhamel, de Rosier, de Halles, de Joyeuse, de Parmentier, de Lottinger, de Châteauvieux et de quelques autres agronomes, ne sont connus que des citoyens instruits, et n'ont servi jusqu'à ce jour qu'à établir des théories que quelques curieux seulement ont mises en pratique; il est aussi vrai de dire que les expériences, ou les premiers travaux que l'on donne à l'amélioration des terres, étant souvent longs dans leurs développements et dans leur rapport, le cultivateur, pressé de recueillir et de jouir, se dégoûte, et laisse à moitié fait un ouvrage coûteux, qui faute de persévérance ne lui a rien produit.

Si, comme l'ont pensé plusieurs savants, on devait juger des connaissances des habitants d'un pays par leur perfection plus ou moins grande dans l'art de cultiver la terre, la république française offrirait un contraste bien frappant aux yeux de l'observateur qui partirait d'une semblable donnée.

Dans le département du Nord, jusqu'aux rives de la Loire, on a beaucoup inventé et mis presque tout en usage pour fertiliser la terre. Dans ceux du Sud, de l'Est et Ouest, on est encore assujetti aux antiques méthodes ; les outils aratoires n'y ont été ni changés ni perfectionnés, les productions y sont toujours les mêmes, les pays peu fertiles y sont encore en friche ; les marais n'y sont point desséchés, peu de canaux y sont ouverts ; les chemins de traverse ou vicinaux y sont très-rares ou très-mal entretenus ; la construction des maisons, granges, étables, moulins et autres usines, y est du plus mauvais goût, peu commode et peu solide.

Dans les pays qui avoisinent la chaîne des montagnes qui joint les Pyrénées aux Alpes et au Mont-Blanc, on a à peine les premières notions de la culture des terres ; bornés aux soins paisibles d'engraisser leurs troupeaux, les habitants peu fortunés de ces froides régions ne se sont pas même inquiétés des moyens d'augmenter la reproduction de leurs animaux et d'améliorer leurs races. Peu jaloux d'embellir la nature en dirigeant sa fécondité, ils croiraient l'outrager en gênant son libre cours ; leurs pâturages seraient encore susceptibles des plus grandes améliorations s'ils les faisaient arroser par des sources et des ruisseaux qui se perdent dans de profondes collines ; mais l'art de l'irrigation leur est aussi inconnu que celui de créer des prairies artificielles.

Quoique ces contrées soient naturellement peu fertiles à cause du froid excessif qui y règne pendant plus de six mois de l'année, il est néanmoins quelques espèces de blé qui y produiraient des récoltes abondantes, et suffiraient pour y nourrir les habitants, qui sont forcés d'aller chercher au loin leurs subsistances. Le sarrasin, le seigle, le blé noir de Sibérie, le seigle de mars, l'avoine et quelques autres s'y acclimateraient aisément ; le chanvre et le lin pourraient y être cultivés avec succès, si on y apportait tous les soins nécessaires.

Je n'entrerai pas dans le détail de ce qui peut convenir à tel ou tel autre département ; cette application exige d'ailleurs des connaissances que je n'ai pas et que peu de personnes possèdent ; mais je dois dire qu'en général les productions de la terre ne sont ni assez variées ni assez répandues ; ici on ne cultive que du froment, là que du seigle, ailleurs que de l'avoine ; autre part on ne trouve que des vignes, dans un autre lieu on ne voit que des pâturages, et plus loin que des forêts ; c'est par des usages ou des spéculations aussi mal combinées que les denrées deviennent plus ou moins chères à raison de l'éloignement et du prix du transport.

On voit néanmoins quelques départements qui ne soint point, par la qualité de la terre, supérieurs à ceux qui les avoisinent, et dont les habitants ont su profiter de tous les sucs de la terre, pour varier les productions à l'infini ; c'est aussi dans ces pays que les denrées ont toujours été achetées à meilleur marché.

Il importe non-seulement à la prospérité publique d'étendre autant qu'il sera possible cette variation dans tous les départements qui en seront susceptibles ; mais il est encore nécessaire de choisir parmi les espèces celles qui produisent les meilleurs fruits ou les meilleures races ; il est nécessaire d'améliorer par des engrais le sol de plusieurs districts ; il est nécessaire d'y apporter des outils aratoires propres à fouiller ou à retourner la terre différemment qu'on ne le fait ; il faudrait qu'on fît creuser des puits à marne partout où il paraît s'en trouver ; il faudrait faire tracer par des ingénieurs des canaux d'irrigation, pour élever dans les pays montueux des eaux qui se perdent, et qui, par le moyen d'une rigole circulaire et bien nivelée, arroseraient des coteaux couverts de bruyères, et les changeraient en prairies ; il faudrait qu'il fût distribué à chaque municipalité des greffes de toutes les espèces de fruits ; il faudrait que les races rabougries des bœufs, vaches,

moutons et autres fussent totalement régénérées, et pour cela il suffirait de faire échanger ceux de belle race qu'on trouve dans quelques départements, et qu'on destine à la boucherie, contre ceux d'une race inférieure qu'on ferait engraisser et estimer pour cet utile échange ; il faudrait surtout multiplier et soigner les bêtes qui produisent les laines fines et nerveuses ; il faudrait qu'il y eût un haras pour les chevaux et pour les bœufs dans tous les cantons où on élève des bestiaux ; il serait nécessaire d'y faire créer des prairies artificielles, et d'y faire distribuer des graines de trèfle, de luzerne et de sainfoin, d'indiquer les moyens de les cultiver et les terres propres à cet usage ; il serait utile et même nécessaire que tous les cultivateurs eussent une boisson agréable dans toutes les saisons de l'année. Si tous les départements ne produisent pas du vin, partout on peut recueillir des pommes et du houblon ; mais il faut encore que l'on connaisse la manière de faire la bière et le cidre.

Un autre objet de première nécessité, et dont la culture est presque généralement négligée ou mal soignée, c'est celle des arbres ou végétaux qui produisent des fruits huileux.

La méthode productive de la vente du noyer est à peine connue ; ce n'est que dans quelques départements du Nord que l'on cultive la navette ; dans d'autres où l'on trouve la faîne en abondance, on ne se donne pas la peine de la ramasser, faute de connaître les procédés simples d'en accélérer la récolte et d'en extraire l'huile.

Les arbres, en général, sont presque partout mal soignés ; dans différents départements, les cultivateurs en entourent leurs propriétés, et, faute de les élaguer, les végétaux qui croissent sous leur ombre ne produisent aucun grain ; dans plusieurs autres les arbres les plus utiles sont inconnus.

Le châtaignier, par exemple, qui croît sur les montagnes les plus stériles, n'est cultivé que dans quelques lieux peu fertiles ; et là, au lieu d'employer les bons terrains à la culture du blé, le châtaignier occupe exclusivement toute la terre végétale. Il en est de même d'une infinité de productions que le hasard, l'habitude ou la routine font dominer dans tel pays qui ne lui est ni plus naturel ni plus propre qu'un autre : de là vient cette monotonie de productions que l'on aperçoit dans différentes parties de la république.

On cultive dans tous les départements le chanvre et le lin, et presque partout on ignore l'art de le préparer. On a généralement adopté les plus mauvaises méthodes pour le faire rouir et le serancer ; le tour à filer est inconnu dans plusieurs districts ; les tisserands des campagnes n'ont aucuns principes de contexture ; leurs métiers sont faits sans goût ; leur mécanisme est d'une roideur épouvantable, ce qui rend le travail long et pénible ; et je puis faire la même application à la fabrique des laines.

On pourrait avec le plus grand succès élever la ruche à miel dans tous les cantons de la république, et nulle part on ne donne aux abeilles les soins qu'elles méritent ; dans quelques départements on a la cruauté de tuer cette laborieuse mouche pour lui enlever son miel ; en général, on ignore la méthode de les soigner, de les diviser, lorsqu'elles sont trop nombreuses, et de les loger d'une manière commode.

Mais on doit être peu surpris de cette négligence, lorsqu'en parcourant les campagnes de quelques régions de la république on y voit les habitations des citoyens si mal bâties, si mal distribuées, si peu aérées et si malpropres que le passant, qui n'est

point habitué à ce douloureux spectacle, croit apercevoir la plus profonde misère où n'existent réellement que le mauvais goût et la pénurie d'ouvriers
exercés et instruits de leur métier.

Les moulins, les pressoirs, les étables, les granges et autres usines se ressentent nécessairement de
l'ignorance des constructeurs, qui souvent savent à
peine se servir du niveau et de l'à-plomb.

Dans quelques pays on trouve quelquefois sous
le même chaume, et sans aucune séparation, le lit
du propriétaire et à ses pieds la crèche de la vache
et le petit parc de la chèvre : c'est souvent là que
règnent le bonheur et la concorde; mon but est
aussi bien loin de vouloir troubler cette heureuse
harmonie; et si je ne craignais la dégradation de
l'homme, qui ne peut connaître en s'abrutissant sa
puissance et ses droits, je serais le premier à vanter
les douceurs de la vie nomade; mais l'homme libre,
qui sent sa dignité, ne doit pas marcher du même
pas que son troupeau et contracter les mêmes habitudes; il doit profiter de tout ce que la nature lui
offre, et ses mains ne doivent pas demeurer oisives;
c'est au législateur sage de les diriger vers le bien
commun par des instructions et des lois.

— Une députation de Commune-Affranchie est admise à la barre.

*L'orateur* : Citoyens représentants, depuis vingt-
trois jours Commune-Affranchie ose pétitionner à
votre barre : des cris élancés de tous les cœurs républicains vous demandent, par notre organe, le rétablissement de ses ateliers, de ses manufactures, pour
procurer à ses nombreux habitants le travail que
leurs bras industrieux réclament avec instance, et à
la république les immenses ressources qu'elle a droit
d'attendre de notre amour et de notre reconnaissance.

Nous vous avons présenté le tableau de la situation déplorable de notre commune. Chaque jour
notre dénument devient plus affreux. Nous ne sommes plus, il est vrai, sous le sceptre de fer du brigandage, mais il nous tient encore dans l'engourdissement et la stupeur; nous craignons son retour
épouvantable; car il vit toujours, il s'agite, il menace impunément dans nos murs le courage et la
vertu qui ont juré son anéantissement; il semble
croire que les scellés seront éternellement sur la
justice.

Hâtez-vous, citoyens représentants, de la développer d'une manière prompte et terrible contre lui;
enfoncez son cadavre à une telle profondeur que ses
exhalaisons de terreur ne puissent plus se mêler à
l'air de la liberté. Arrachez aux brigands jusqu'à l'espérance, et vous aurez tout fait pour briser les chaînes honteuses de notre commune, pour lui rendre
la force, la toute-puissance de ses pensées et de ses
spéculations; vous aurez fait à notre commune la
seule avance efficace qu'elle vous demande, pour
verser avec usure ses riches et utiles productions
dans la balance politique; vous lui aurez donné le
mouvement et la vie.

Ce ne sera pas notre faute si Commune-Affranchie,
privée de ses droits de cité et de sa dignité républicaine, reste encore longtemps dans sa flétrissante
stagnation; si les vices de l'oisiveté dégradent le génie de sa population; si, le brigandage continuant
d'exercer son empire hideux et dévorant, il n'existe
plus de trace des matières premières qui remplissaient nos magasins, ni aucun des républicains industrieux qui se montrent avides de les mettre en
valeur; nous n'avons aucun reproche à nous faire.

Nous étions chargés de vous dire la vérité, nous
l'avons dite tout entière : nous avons rempli notre
devoir. *Vive la république, vive la Convention nationale!*

Cette Adresse est plusieurs fois interrompue par
des applaudissements.

La Convention en décrète la mention honorable,
l'insertion au Bulletin, et le renvoi au comité de
commerce.

— On fait lecture de l'Adresse suivante :

***La Société populaire de Marseille régénérée à la
Convention nationale.***

Représentants, il n'est plus ce colosse monstrueux, cette
hydre épouvantable, cette détestable coalition anti-populaire : votre décret du 5e des sansculottides lui a porté le
coup de la mort, et son agonie convulsive n'a servi qu'à
manifester ses projets liberticides, l'absurdité de ses moyens,
et à découvrir aux yeux d'un peuple bon, vertueux, mais
comprimé, la conspiration la plus noire, la trame la plus
odieuse que des monstres, près d'être découverts puissent
enfanter dans leur désespoir délirant.

Grâces éternelles vous soient rendues, représentants!
Encore une fois votre énergie a sauvé le Midi à la république; encore une fois vous-préparez de nouveaux triomphes à nos frères d'armes, en étouffant dans l'intérieur les
factions scélérates et fédéralistes, qui n'avaient aidé la révolution que pour s'arroger la puissance du peuple, qui
ne voyaient la république que dans eux, le gouvernement
que dans leurs mains, et la nation dans les assemblées révoltées, d'où ils expulsaient les hommes énergiques qui pouvaient les démasquer, et arracher le peuple de l'erreur dans
laquelle ils avaient soin de l'entretenir.

Veillez autour de vous, législateurs, comme vos dignes
délégués veillent à la sûreté des départements que vous
leur avez confiés; c'est à la sagacité de ceux que vous avez
envoyés, c'est à leur énergie, à leur courage héroïque,
que nous devons le jour bienheureux de notre régénération. Si, faibles, ils balançaient un moment entre leur
vie et leur devoir, ils tombaient sous les coups meurtriers
des assassins qui les entouraient, et Marseille disparais-
sait du sol de la république. Ils ont bravé le fer homicide : aidés du commandant de la place, de la brave garnison qui est dans nos murs, des autorités épurées et des
bons citoyens, ils ont terrassé les scélérats, et les Marseillais les livreront sans pitié, comme sans miséricorde, à la
vengeance nationale qui les attend.

Mais, représentants, l'arbre conspirateur n'est qu'éla-
gué : ses racines sont profondes; et ne détruire que ses
ramifications, ce serait ne donner que plus de force au
tronc.

Sauvez le peuple, représentants; arrachez le masque à
tous les perfides; prémunissez les bons citoyens de Paris
contre le poison de la révolte que l'on cherche à faire circuler dans toute la république; terrassez les insolents dominateurs qui voudraient créer une puissance à côté de la
représentation nationale; qui, au nom du peuple qui ne
les connaît que par leur audace et leur immoralité, voudraient dicter des lois et usurper le pouvoir qui réside en
vos mains. Le peuple, qui vous l'a confié, veut que vous
l'exerciez seuls et sans influence; il attend tout de ses représentants, et c'est à leur énergie, à leur courage, à leurs
vertus républicaines, à le sauver de la nouvelle tyrannie
qui le menace. C'est vous, représentants, qui devez extirper jusqu'aux dernières racines des factions conspira-
trices qui voudraient encore désoler la France.

Pour nous, entièrement dévoués à la Convention, nous
n'aurons d'autre sollicitude que celle de sa sûreté, d'autre
centre d'union qu'elle, d'autre pouvoir à reconnaître que
ceux qui en émaneront. Ses décrets, les arrêtés de ses délégués seront pour nous sacrés, et ce sera dans cette source
pure que nous puiserons la règle de notre conduite, et
nous resterons debout tant que le pouvoir suprême qui réside en vos mains sera menacé et méconnu par de vils in-

trigants, par d'audacieux dominateurs. Et que l'aristocratie ni le modérantisme ne pensent pas à empoisonner notre
bonheur ; nous surveillons tous les ennemis du peuple ; et
pourraient-ils se flatter d'échapper à l'œil vigilant du patriotisme épuré ! Non, représentants, tous les coupables,
quelles que soient leurs fonctions, doivent être livrés à la
justice. La justice est la sauvegarde des principes, et c'est
d'elle que le peuple français attend son bonheur.

Cette Adresse est vivement applaudie.

*Plusieurs voix :* La mention honorable et l'insertion au Bulletin.

*** : Comme cette Adresse contient le code le plus
parfait des principes que professe la Convention,
des principes du gouvernement révolutionnaire, et
comme il est injuste que la république, et surtout les
départements du Midi, agités par les agents sortis du
nouveau gouffre contre-révolutionnaire qu'on vient
de détruire, soient éclairés, je demande non-seulement la mention honorable et l'insertion au Bulletin,
mais aussi que cette Adresse soit imprimée séparément en placard et affichée dans toutes les communes de la république. ( On applaudit. )

Un membre observe que l'insertion au Bulletin
remplit le but du préopinant ; que cette Adresse, par
ce moyen, sera affichée dans toutes les communes ;
que les placards ne seraient qu'une dépense inutile,
qu'un moyen superflu.

L'assemblée décrète la mention honorable et l'insertion au Bulletin.

VILLERS, au nom des comités de salut public,
de commerce et des finances : Vous avez chargé vos
comités de commerce et des finances de vous faire
un rapport sur les moyens les plus avantageux de
rendre à la circulation et au commerce les marchandises qui avaient été expédiées pour Commune-Affranchie et les autres communes déclarées en état
de rébellion, et sur les avantages ou désavantages
de la confiscation prononcée par le décret du 25 pluviose.

Le comité de commerce a senti depuis longtemps
la nécessité de revenir sur cet objet important, que
des circonstances plus favorables et la punition des
conspirateurs peuvent faire envisager aujourd'hui
différemment. Lorsque les trahisons se dévoilaient
partout, vous avez dû prendre des mesures vigoureuses, dont les meilleurs citoyens pouvaient être
victimes ; mais quand le calme est rétabli, vous devez rendre à vos semblables cette sécurité dont vous
avez besoin vous-mêmes pour faire leur bonheur.
C'est au milieu des chants de la victoire, et non au
bruit de la foudre, que vous voulez présenter au
peuple les lois qu'il vous a chargés de lui donner.
La terreur fait la seule force des tyrans, la justice
fait celle d'un gouvernement libre.

D'après ces principes, nous vous proposerons de
distinguer l'homme de bonne foi qui, dans sa correspondance avec Commune-Affranchie pendant la
révolte, suivait machinalement le cours de son commerce, d'avec celui qui conspirait pour elle en lui
procurant des objets d'équipement, d'armement ou
des munitions de guerre. Par là vous concilierez la
sévérité que doivent éprouver les coupables avec la
justice que méritent les patriotes ; et vous rendrez
au commerce l'espoir qu'il avait perdu, en faisant
circuler une quantité considérable de matières premières et de marchandises qui dépérissent tous les
jours dans les magasins de la nation, pendant que
les fabriques en sont dépourvues ; mais il est nécessaire de vous rappeler ce que vous avez fait à cet
égard, avant de vous proposer ce qu'il vous reste à
faire.

Quelque temps avant le 12 juillet 1793, (vieux
style), les mouvements qui se préparaient à Lyon
pouvaient être connus ; mais ce ne fut qu'à cette
époque qu'ils furent dénoncés à la France, et que
pour les réprimer, vous déployâtes toute la sévérité
des lois. Vous ne défendîtes pas, il est vrai, de commercer avec cette commune infidèle ; mais cette défense était-elle nécessaire pour décider les hommes
amis de leur pays à rompre toute communication
avec elle ? C'était bien en effet l'interdire que de
suspendre le payement des sommes qui lui étaient
dues, et d'enjoindre aux citoyens qui n'y étaient pas
domiciliés de s'en éloigner. Les autorités constituées
se sont contentées de ces dispositions pour arrêter
tout ce qui lui était destiné ; elles ont saisi également ce qui en sortait et ce qui devait y entrer.
C'est surtout à Châlons-sur-Saône, à Mâcon, et dans
les communes placées sur les bords du Rhône, depuis Lyon jusqu'au-dessous de Valence, qu'on aperçoit cette vigilance intéressée. Les unes ont été guidées par la prudence, les autres par la mauvaise foi,
et plusieurs ont disposé à leur gré de ce qui se trouvait en leur puissance ; de manière que, dans le
moment où la république manquait ailleurs des
objets les plus nécessaires, elles étaient abondamment approvisionnées dans tous les genres.

Ces abus vous portèrent à rendre la loi du 1er octobre 1793 (vieux style). qui autorisait les municipalités à arrêter les objets expédiés pour les villes rebelles, et approuvait l'arrestation de ceux chargés
pour Lyon depuis la promulgation de la loi du
12 juillet. D'après cette disposition, il semblait que
ce qui avait été expédié avant que la loi fût connue
devait être rendu aux réclamants ; mais les administrations continuèrent de garder tout ce qu'elles
avaient saisi, soit avant, soit après la promulgation
de la loi. Celle de Saône-et-Loire s'est signalée surtout par ses confiscations arbitraires, et entre autres
par celle d'une balle évaluée 13,000 livres, pour
laquelle toutes les pièces exigées par la loi ont été
inutilement produites.

Vous voulûtes mettre fin à ces injustices par le décret du 25 pluviose ; mais comme il laissait de l'incertitude sur l'époque où la confiscation devait avoir
lieu, il a excité beaucoup de réclamations : dans les
unes on s'excuse sur l'ignorance de la loi lorsque
les expéditions ont été faites ; dans les autres on prétend que les marchandises n'étaient pas de nature à
alimenter la révolte. On ne veut pas voir qu'en portant cette loi vous n'avez considéré qu'une grande
commune en insurrection, et la nécessité de donner
un exemple frappant à celles qui seraient tentées de
l'imiter. Il s'agissait d'une rébellion qui pouvait
avoir les suites les plus funestes : l'embarras de reconnaître les conspirateurs et leurs complices vous a
déterminés à employer des moyens rigoureux, à la
vérité, mais que les circonstances rendaient indispensables.

Les coupables n'existant plus, et la paix étant rétablie dans ces contrées malheureuses, vous aurez
quelque indulgence pour des citoyens qui, en continuant de communiquer avec elles lorsqu'elles
étaient criminelles, ignoraient leur perfidie ou la
condamnaient.

D'ailleurs, vous ne voudrez pas contrarier plus
longtemps la nature, qui a destiné Lyon à rivaliser
les places les plus importantes de l'Europe ; sa situation avantageuse au confient du Rhône et de la
Sône la rend l'entrepôt du commerce entre le nord
et le midi de la France : elle avait contribué plus
qu'aucune autre à l'agrandissement et à la prospérité du commerce national ; il semble que c'est par

elle qu'il doit reprendre l'activité que des circonstances impérieuses ont obligé de suspendre. Pour peu que vous l'encouragiez, elle ne tardera pas à réparer ses pertes : elle trompera l'espoir des tyrans d'Espagne, d'Autriche, de Prusse et de Russie, qui, après avoir jalousé pendant si longtemps son industrie, et dépensé des sommes immenses pour la lui ravir, ne tarderaient pas à se l'approprier sans peine.

Si la démolition de ses superbes bâtiments et le projet délirant de n'y laisser que quelques chaumières leur a donné des espérances, il faut que le prompt rétablissement de ses manufactures les désespère. Ils connaissent bien peu la force de la nature et la magie des localités, ceux qui prétendaient détruire pour jamais cette infortunée commune : quand la charrue n'y laisserait aucune trace, Lyon renaîtrait bientôt des sillons mêmes qui auraient effacé ses traces. Son sort n'est pas plus subordonné aux causes physiques qu'aux caprices de quelques hommes féroces. C'est la France, c'est l'Europe qui veulent que Lyon existe ; c'est par l'impulsion naturelle des hommes et des choses, c'est par une sorte d'attraction de commerce qu'elle doit conserver sa célébrité.

Si vous voulez seconder ses destinées, rappelez-la à la vie politique dont elle ne jouit pas depuis longtemps ; faites ouvrir tous les magasins renfermant les matières premières qui lui étaient destinées : alors ces mains habiles, que des travaux destructeurs ont pu gâter un instant, sauront encore en tirer un parti précieux pour la nation.

Voilà le moyen le plus avantageux de remettre en circulation et de restituer au commerce les marchandises qui avaient été expédiées pour Lyon, et qui ont été arrêtées.

Mais il faut rendre à cette commune l'état de tranquillité dont elle a besoin pour que le commerce y prospère ; il faut y rappeler la confiance et la sécurité pour les personnes et pour les choses. Il faut que les citoyens des départements voisins ne craignent plus de communiquer avec elle ; il faut que tous ses rapports avec les autres parties de la république soient rétablis ; il faut, en un mot, déclarer qu'elle n'est plus en état de rébellion et de siége. Bientôt vous la verrez abonder en ressources de tout genre, et réparer en peu de temps sa dépopulation par la douceur et la fertilité de son climat.

Les marchandises dont il est ici question peuvent être divisées en cinq classes différentes :

1º Celles qui, devant passer nécessairement par Lyon, étaient ordinairement adressées à des commissionnaires de cette commune, qui se chargeaient de les recevoir et de trouver des voituriers pour les rendre à leur destination ;

2º Celles qui étaient pour Lyon même, mais pour compte de négociants étrangers à cette commune, et qui n'y séjournaient que le temps suffisant pour les recevoir et s'en défaire ;

3º Celles pour des Lyonnais restés fidèles à l'unité et à l'indivisibilité de la république ;

4º Celles qui consistaient dans des munitions et des approvisionnements de guerre ;

5º Enfin, celles destinées à des individus coupables et punis par la loi.

Dans cette dernière espèce on doit encore distinguer les marchandises payées, lors de l'envoi, par le propriétaire proscrit, et celles qui auraient été envoyées à crédit, et qui par conséquent appartiennent encore à celui qui les a expédiées.

Celles de la première classe ne présentent aucune difficulté, puisque, par l'art. IV du décret du 25 pluviose, le transit est excepté de la confiscation.

On ne peut supposer à celles de la seconde et de la troisième une destination dangereuse, puisqu'elles étaient adressées à des patriotes.

Celles de la quatrième sont en très-petite quantité : elles consistent dans quelques sabres et quelques baudriers.

La plus grande partie des autres sont des matières premières que les fabriques attendent, et que vous ne serez pas fâchés d'apprendre que les mesures vigoureuses que vous aviez adoptées contre les citoyens auxquelles elles appartenaient leur ont été favorables : elles leur ont conservé une propriété qui serait infailliblement devenue la proie des fripons qui ont si longtemps dominé dans Commune-Affranchie.

D'un autre côté, l'ignorance ou la mauvaise foi des administrations ne leur a pas été moins utile. Les formalités que vous aviez prescrites étaient claires ; elles y ont trouvé des difficultés, pour ne pas laisser échapper ce qui était en leur puissance. En conséquence la confiscation qui devait se faire au profit de la république n'a pas eu lieu.

Il est donc de l'intérêt de la nation, qui n'est que la somme de celui des citoyens, de rapporter les dispositions de la loi du 25 pluviose, qui confisque indistinctement les marchandises expédiées pour Commune-Affranchie, puisqu'elles sont encore presque toutes dans les magasins de la république.

La justice même semble exiger cette mesure. La loi du 12 juillet a été inconnue dans plusieurs parties de la France. Il est des départements, à cent cinquante lieues de Lyon, où elle n'a été ni réimprimée, ni publiée, ni affichée, notamment le département de l'Ille-et-Vilaine, où il s'est fait à cette époque des expéditions pour Lyon, et dont les administrateurs se justifient en disant qu'ils ne l'ont regardée que comme une loi de localité.

Les citoyens doivent-ils être victimes d'une pareille négligence ? Peuvent-ils l'être de celle d'un commissionnaire chez lequels ils ont déposé leurs marchandises avant la loi, et qui ne les aura fait partir que longtemps après ? La plus grande partie de ceux qui réclament se trouvent dans ces circonstances malheureuses.           (*La suite demain.*)

---

## POLITIQUE.

### ITALIE.

*Extrait d'une lettre de Gênes, du 8 vendémiaire.* — Le vaisseau anglais l'*Agamemnon*, de 64 canons, est entré dernièrement dans ce port. Il paraît être l'avant-garde des espions de Pitt, venus pour consulter l'opinion.

L'*Agamemnon* a été froidement accueilli du peuple, mais salué par l'artillerie des forts. Apparemment que le gouvernement génois n'a pas cru devoir se souvenir du blocus du port et de la manière impudente dont il a été levé, ni du sang des Français égorgés dans le même port par ces mêmes Anglais. Il faudra pourtant que justice se fasse!

### SUISSE.

*Berne, le 12 septembre.* — Le conseil et la bourgeoisie de Berne sont depuis quelques jours extraordinairement assemblés pour prendre de nouvelles mesures contre les émigrés. Deja et à plusieurs reprises on s'est occupé dans les divers cantons de purger la Suisse de cette dangereuse écume de la nation française. Leur séjour alarme plus que jamais le gouvernement, depuis que, plongés dans la misère, ils cherchent à se procurer l'existence par les moyens les plus criminels.

Une ci-devant comtesse vient d'être arrêtée ici, accusée d'avoir fabriqué de faux passeports au nom des agents de la république française en Suisse. Une autre est aussi arrêtée comme prévenue de s'être mise à la tête d'un complot pour s'emparer du trésor de la ville. Au reste, ce genre de crimes est devenu familier à cette caste proscrite.

### PAYS-BAS.

*Extrait des nouvelles des Pays-Bas, du 10 vendémiaire.* — Les dispositions et les mouvements opérés par l'armée du Nord, aux ordres du général Pichegru, annonçaient le projet de cerner Bois-le-Duc et de faire le siège de cette place; cet objet vient d'être rempli avec un succès au-dessus de toutes les espérances. Les inondations et les marais qui entourent ont fait la principale force de Bois-le-Duc sont protégés par le fort de Crève-Cœur sur la Meuse, dont il fallait nécessairement s'emparer avant de pouvoir faire les approches de la place. Ce fort, bien fortifié, a été emporté par les républicains avec une bravoure digne des plus grands éloges. La garnison a été faite prisonnière de guerre, et l'on a pris dans cette occasion beaucoup d'artillerie, d'armes de toutes espèces et de munitions de guerre.

A peine cette victoire était remportée, que Bois-le-Duc a été complétement investi, et la tranchée ouverte à quatre-vingts toises des ouvrages de la place. L'on espère avec fondement que le drapeau de la liberté flottera bientôt sur les murs de cette forteresse. Tandis que l'armée du Nord assiège Bois-le-Duc, l'aile gauche de l'armée de Sambre-et-Meuse, commandée par le général Kléber, a poussé les travaux devant Maëstricht avec une telle activité, que déjà une nombreuse artillerie foudroie les murs de cette ville, pendant qu'un bombardement des plus terribles porte la destruction et la mort dans l'intérieur.

Les assiégés ont déjà tenté, mais inutilement, plusieurs sorties, afin de retarder l'achèvement des travaux; chaque fois ils ont été repoussés avec perte.

Depuis quelques jours, les Français qui forment le blocus du Sas-de-Gand avaient cessé de tirer sur cette place; mais nous apprenons qu'hier le feu a recommencé avec une nouvelle violence, et qu'il se continue sans interruption. Ainsi, voilà trois places hollandaises assiégées à la fois par les armées victorieuses de la république française. Il est curieux de savoir quelle mine font les états généraux, qui, il y a environ un an, avaient présenté une note à l'empereur, et au ministère britannique, afin d'avoir quelque petite part au partage de la France.

*Du 13 vendémiaire.* — Les travaux devant Bois-le-Duc avancent avec une telle rapidité que la seconde parallèle se trouve déjà entièrement achevée, malgré le feu violent que les assiégés font des remparts de la place. La force principale de Bois-le-Duc consiste dans les marais et inondations dont cette ville est entourée, mais la prise du fort de Crève-Cœur a donné aux républicains les moyens de saigner ces eaux et de les faire écouler par des fossés faits exprès. Il paraît que le duc d'York et le prince héréditaire d'Orange vont faire quelque tentative hardie afin de tâcher de dégager Bois-le-Duc. Pour cet effet, toutes les troupes anglaises, hollandaises, hessoises et hanovriennes, divisées jusqu'à ce moment en plusieurs corps, viennent de se réunir entre Heusden et Gertruydemberg. Mais le général Pichegru, qui devine les projets de l'ennemi, a pris habilement une excellente position, entre l'armée coalisée et Bois-le-Duc, au moyen de quoi le siège de cette place se fait avec sécurité. Avant-hier les troupes alliées ont tenté une reconnaissance générale du corps d'armée d'observation, ce qui s'est opéré assez malheureusement pour elles, car non-seulement elles ont été repoussées vivement, mais encore une partie des hussards de la princesse d'Orange a été taillée en pièces par la cavalerie républicaine. Quant à la ville de Bréda, l'on se contente jusqu'à ce moment de la resserrer de près.

## CONVENTION NATIONALE.

*Présidence d'André Dumont.*

### SUITE DE SÉANCE DU 16 VENDÉMIAIRE.

*Suite du rapport de Villers.*

Mais ce n'est pas assez d'envisager cet objet sous les rapports de l'équité; il faut encore l'examiner sous ceux de la politique et de l'économie. Si vous voulez effectivement rétablir le commerce; si, au lieu de le laisser en régie, vous voulez lui rendre cette liberté sans laquelle il ne peut exister; si vous voulez que les puissances étrangères redeviennent tributaires de la France; si vous voulez retrouver dans Lyon les 120 millions d'échange qu'elle vous donnerait aujourd'hui, si l'on avait su faire tourner ses malheurs au profits de la patrie; si vous voulez enfin rappeler ces riches fabriques que le désespoir a forcées de se retirer dans le canton de Zurich, et qui n'attendent qu'un regard de vous pour se rendre à vos vœux, faites disparaître tout ce qui pourrait les tourmenter encore; rapportez les dispositions des articles II, III et V de la loi du 25 pluviose.

Ces articles, en fixant un délai pour la réclamation des marchandises ou de leur valeur, imposent à celui qui en a fait l'envoi l'obligation d'accompagner sa demande d'un certificat de civisme, et ces dispositions sont applicables à toutes les communes qui ont été ou qui seront déclarées en état de rébellion.

Il faut en convenir, elles ne peuvent qu'effrayer le cultivateur, le fabricant et le négociant. L'intérêt particulier ne composera jamais avec les raisonnements politiques; la moindre inquiétude du négociant le mène à la défiance; il exigera le payement de ses marchandises avant de les livrer; il ne voudra pas s'exposer à en perdre le prix, si, par des événements imprévus, la commune où il en aura fait l'envoi est déclarée rebelle, et si le certificat de civisme exigé par la loi lui est refusé; il vous dira, en effet, que, si cette formalité n'est pas nécessaire pour livrer le produit de ses sueurs et de son industrie, il est étonnant qu'on l'exige lorsqu'il vient en réclamer le payement; il ne faut donc pas lui donner des craintes pour sa liberté ou pour sa fortune, en faisant dépendre l'une et l'autre de la volonté de quelques individus; ou bien vous le mettez dans la nécessité de se faire payer d'avance. Alors toutes les relations commerciales, tous les actes de confiance qui lient les citoyens sont anéantis; alors l'équilibre qui doit exister entre le vendeur et l'acheteur étant détruit, les hommes ne peuvent plus attendre les uns des autres les ressources que le pacte social leur assurait.

Mais vous voulez prévenir de pareils malheurs, en punissant dans les communes rebelles les conspirateurs et leurs complices, vous traiterez avec indulgence les cultivateurs, les fabricants et les commerçants, qui n'ont fait que continuer sur la foi publique le commerce qu'ils faisaient depuis longtemps. Vous ne formerez pas des obstacles à la rentrée de leurs fonds, en les obligeant de remplir des formalités souvent difficiles pour retirer leurs marchandises ou toucher le prix de celles qui leur sont dues.

On sait que des certificats de civisme ont été souvent refusés à d'excellents citoyens, tandis qu'ils étaient prodigués à des hommes qui n'avaient de patriotisme que pour seconder les intrigants qui dominaient; d'ailleurs, le délai accordé par la loi du 25 pluviose pour les présenter n'est pas assez long, puisque dans beaucoup de communes il ne suffisait pas pour les obtenir.

Il serait un moyen facile d'intéresser tous les citoyens à s'opposer dans la suite à de pareils désordres : ce serait d'appliquer les dispositions du décret du 8 germinal à toutes les communes qui ont été ou qui seront déclarées en état de rébellion; alors tous les créanciers qui les habiteraient ne manqueraient pas de concourir au maintien du bon ordre et de s'opposer à la révolte, surtout s'ils étaient tenus, pour toucher les sommes qui leur seraient dues, de produire un certificat du comité révolutionnaire de leur section, qui attesterait que non-seulement ils n'ont pas été compris sur la liste des rebelles, ou qu'ils en ont été rayés, mais encore qu'ils se sont opposés de tout leur pouvoir à la rébellion. C'est, en effet, en être les complices que de ne pas la combattre; et vous devez punir les indifférents comme les coupables.

Ces mesures protégeraient l'industrie et ranimeraient la confiance si nécessaire dans le commerce; elles détermineraient les nations qui peuvent vous être utiles à se prêter à vos besoins, et elles avanceraient le moment où vous pourrez supprimer ces lois prohibitives que les circonstances vous ont obligés de rendre pour le bonheur du peuple, et que le même motif vous forcera bientôt de rapporter.

A la suite de ce rapport, Villers présente un projet de décret en quatre articles, portant en substance :

1° Que Commune-Affranchie n'est plus en état de siège et de rébellion.

2° Que les dispositions de l'article Ier de la loi du 25 pluviose sont maintenues pour ce qui concerne les objets d'équipement et de munitions de guerre.

3° Que ces effets seront sans délai mis à la disposition de la république.

4° Que les propriétaires des marchandises expédiées pour des communes déclarées en état de rébellion, avant ou après le décret qui les déclare telles, pourront les réclamer auprès des municipalités qui les auront saisies.

On demande la lecture du projet, article par article.

*** (1) : Je demande, par article additionnel, qu'on rende à Commune-Affranchie son ancien nom.

(1) On verra, par l'*erratum* de la page 220, que le membre dont le nom n'est pas indiqué ici est Pelet (de la Lozère).

*** : Vous savez quelle était la réputation des étoffes de Lyon : n'est-il pas à craindre que son nouveau nom ne l'altère? On connaît partout les étoffes de Lyon; mais connaîtra-t-on aussi bien les étoffes de Commune-Affranchie? J'appuie la proposition qui vous est faite. — Elle est adoptée.

BERNARD (de Saintes) : Un décret porte qu'il sera élevé dans Lyon une colonne avec ces mots : *ici fut Lyon.* Par la raison du décret que vous venez de rendre, il faut détruire cette colonne.

*Un membre :* Elle n'est pas en place.

*Un autre membre :* Eh bien, il faut rapporter le décret. Cette proposition est adoptée.

DUBOIS-CRANCÉ : Je crois devoir faire une observation à l'assemblée; elle ne se rappelle peut-être pas que le jour où elle vient de rendre un décret favorable à la commune de Lyon est l'anniversaire de la prise de cette commune. (Vifs applaudissements.) Je suis le seul qui reste sous le joug de la calomnie; je demande que le rapport qui, d'après un décret, doit être fait à cet égard, le soit incessamment. — Décrété.

BASSAL : La Convention vient de déclarer que Lyon n'était plus en rébellion; je demande que ce décret soit étendu à Lons-le-Saulnier : le peuple de cette commune a bien réparé les erreurs passagères dans lesquelles il a pu être entraîné : tous les députés qui ont été dans ce département vous l'attesteront.

LEJEUNE : Les habitants du Jura portaient la république dans le cœur avant que vous ne l'eussiez proclamée. S'ils ont commis quelques fautes, c'est qu'ils ont été égarés par des administrateurs perfides; mais de ces administrateurs, une partie a émigré; l'autre, mise hors de la loi, a subi la peine due à ses forfaits. Cependant les habitants de cette commune manquent de tout, par l'effet du décret qui la déclare en état de rébellion, et c'est surtout sur la classe la plus malheureuse du peuple que porte ce décret.

Bonguyod, ainsi que Lejeune, appuient fortement la proposition de Bassal. — Elle est décrétée. (On applaudit.)

On lit la rédaction des décrets.

DUBOIS-CRANCÉ : Il est dit dans cette rédaction que la Convention rapporte les décrets qui déclarent en rébellion Lyon et Lons-le-Saulnier; je crois que cette rédaction pourrait faire supposer que les premiers décrets n'étaient pas fondés; or, comme alors Lyon et Lons-le-Saulnier étaient bien réellement en rébellion, je demande qu'on dise que l'assemblée déclare que ces communes ne sont plus en état de rébellion.

Cette rédaction est adoptée.

Le projet de décret de Villers, la proposition de Bassal et les divers amendements sont décrétés, et la rédaction adoptée comme il suit.

« La Convention nationale, après avoir entendu le rapport de ses comités de salut public, de commerce et des finances, décrète ce qui suit :

« Art. Ier Commune-Affranchie reprendra son ancien nom de Lyon : elle n'est plus en état de rébellion et de siège.

« II. L'article V du décret du 21 vendémiaire, qui ordonne l'élévation d'une colonne portant ces mots : *Lyon fit la guerre à la liberté, Lyon n'est plus*, est rapporté.

« III. La confiscation prononcée par l'art. Ier du décret du 25 pluviose n'aura lieu que pour les objets d'équipement déjà confectionnés, d'armement et munitions de guerre.

« IV. Les objets d'armement et munitions de guerre seront mis sur-le-champ à la disposition de la commission des armes et poudres, et les équipements à celle de la commission de commerce et des approvisionnements.

« Les propriétaires des marchandises expédiées, soit antérieurement, soit postérieurement au décret qui déclare en état de rébellion la commune de leur destination, seront admis à les réclamer devant la manicipalité du lieu où elles se trouveront arrêtées.

« Sur la proposition d'un membre, la Convention nationale décrète que la commune de Lons-le-Saulnier n'est plus en état de rébellion. »

VILLERS, au nom des comités de salut public et de commerce : Il s'est glissé quelques erreurs dans la confection du tableau général du maximum. Ces erreurs, occasion-

nées par les renseignements inexacts de quelques administrations, et par l'omission de plusieurs articles importants,
ou par l'établissement de ceux qu'il est nécessaire de
supprimer mettraient des obstacles à l'exécution de la loi,
si l'on ne s'empressait pas de .es rectifier.

Dans quelques districts on n'a pas suivi les bases prescrites par la loi du 29 septembre 1793 ( vieux style ) ; dans
d'autres on a oublié de fixer le prix des matières premières
qui entrent dans la composition d'un objet maximé, ce
qui devait nécessairement en arrêter la fabrication. Voilà
les causes de la pénurie dont on se plaint dans quelques
parties de la république. Du reste, il est des objets qu'il
faut promptement soustraire à la loi du maximum. Mais
vos comités ne sont pas suffisamment autorisés à prendre
les mesures qui demandent de la célérité pour prévenir les
besoins du peuple ; en conséquence, voici le projet de décret qu'ils m'ont chargé de vous présenter.

« La Convention nationale, après avoir entendu le rapport de ses comités de salut public et de commerce, les
autorise à rectifier les erreurs qui ont pu se glisser dans la
confection du tableau général du maximum, approuvé par
le décret du 6 ventose. »

Ce décret est adopté.

ESCHASSÉRIAUX jeune, au nom de la commission
chargée de la révision de la loi sur les émigrés : Je
vais soumettre à votre discussion un sujet dont vous
connaissez trop l'importance pour que vous ne le
jugiez pas susceptible de toute votre attention. Il
s'agit ici de fixer le sort des pères et mères des émigrés, et vous savez qu'il tient au principe que vous
avez décrété le 17 frimaire dernier. Je ne m'étendrai
point sur la difficulté de préciser le mode d'exécution de ce principe, qui, pris dans son sens littéral,
ne laisse presque aucune latitude au développement.
Je me bornerai à vous observer que la commission,
en traitant un sujet aussi délicat, n'a peut-être pas
donné à ses vues toute l'étendue nécessaire, et qu'il
devient essentiel d'expliquer d'une manière plus positive ce qu'elle n'a présenté qu'en aperçu.

Il est d'ailleurs une observation très-importante
à faire relativement au mode de prononcer définitivement sur les réclamations des pères et mères d'é-
migrés : c'est que ce mode, qui pouvait peut-être
convenir s'il eût été décrété il y a quelques mois,
par la Convention nationale, me paraît offrir dans
ce moment les plus graves inconvénients, dans le
retard qui résulterait, pour ces mêmes pères et
mères d'émigrés, de la longueur des formes à remplir avant que la décision qu'ils attendent depuis
longtemps pût être portée.

Vous avez décrété, le 6 de ce mois, qu'après la
discussion du titre 1er du projet de loi sur les émigrés, vous vous occuperiez de la liquidation des
créances sur les propriétés. Cet objet assurément est
de la plus grande importance, et vous ne pouvez
trop promptement vous livrer au soin de procurer
aux créanciers un payement après lequel un grand
nombre soupire depuis si longtemps. Mais, citoyens,
votre intention sans doute n'est pas que la discussion
sur la partie du projet qui concerne le personnel
des émigrés reste suspendue jusqu'à ce que celle
sur la liquidation des créances soit entièrement terminée, car il en résulterait pour une infinité de citoyens les retards les plus fâcheux.

Je ne dois pas vous taire que la partie du projet
pour laquelle je sollicite surtout ici votre attention,
et qui a trait aux certificats de résidence et aux
listes, est celle qui présente en ce moment le plus
d'urgence.

De toutes parts des citoyens se trouvent portés et
le sont journellement sur les listes d'émigrés, quoiqu'ils aient constamment résidé sur le territoire de
la république, parce que les dispositions de la loi ne
sont pas assez clairement énoncées, ou sont extrê-

mement difficiles à remplir. Il en est un grand nombre dont les biens sont séquestrés depuis plus d'un
an, et qui, ayant obtenu la radiation de leurs noms
sur les listes, d'après les arrêtés des corps administratifs, ne peuvent cependant rentrer dans la possession de leurs biens, parce que, depuis la suppression du ci-devant conseil exécutif, aucune autorité
ne lui a été légalement substituée pour juger définitivement les réclamations des prévenus d'émigration.

Pour vous faire connaître où en sont les choses à
cet égard, il me suffira de vous dire que dans une
commune, celle de Villenox, département de l'Aube,
plus de cinquante citoyens ont été portés sur la
liste des émigrés d'un département voisin, parce
qu'ils y possédaient quelques arpents de terre et
qu'ils n'avaient pas, en raison de cette propriété,
justifié de leur résidence à l'administration de ce département ; mais le moindre malheur de ceux portés
sur les listes des émigrés n'est pas d'être signalés
comme ennemis de la patrie ; ils ont encore la douleur de voir en beaucoup d'endroits leurs propriétés
spoliées, pendant que, privés de tous moyens, ils
sont ainsi que leur famille dans la détresse. On peut
ajouter ici que ce ne sont pas les individus seuls qui
souffrent de cet état de choses ; il en résulte encore
un préjudice très-sensible pour la république ; ses
ressources en subsistances sont atténuées, parce qu'il
est certain que les domaines provisoirement séquestrés sont en général mal cultivés. L'industrie et le
commerce languissent, parce qu'une immense quantité de fonds qui les alimenteraient, restent inutiles
sous le séquestre ; enfin toutes les parties de l'administration relatives à la gestion des propriétés devenues nationales, et à la comptabilité qui les concerne, sont tellement entravées, par la multitude
d'opérations qu'exigent les biens provisoirement séquestrés, que ceux qui les dirigent ne sont presque
plus à même de suffire à leurs travaux, ou ne peuvent que les exécuter très-imparfaitement.

Vous jugerez sans doute, d'après ces motifs, qu'il
est de votre justice de faire cesser des circonstances
aussi fâcheuses, et de venir le plus promptement
possible au secours de cette multitude de citoyens,
sur lesquels on ne doit pas laisser peser plus longtemps la rigueur de la loi. Je demande donc que,
dans les jours où la discussion sur la liquidation
n'aura pas lieu, celle sur le personnel des émigrés
soit continuée.

Nous passons à la discussion de cette partie de la
loi sur les émigrés, dont l'exécution a fait connaître
sans doute les plus grands ennemis de la révolution,
mais a été en même temps pour une infinité de bons
citoyens l'objet des plus grands embarras, et a donné
lieu pour un très-grand nombre aux suites les plus
fâcheuses. Je veux parler des certificats de résidence
sur lesquels les lois antérieures n'ont pas déterminé
un mode, sinon assez précis, au moins assez peu
compliqué pour que les corps administratifs ne fussent pas à cet égard dans le cas de suivre une marche très-souvent incertaine et quelquefois arbitraire.
Il a donc fallu rectifier les formes anciennes, et ajouter à ce qui leur manquait pour que les citoyens
connussent d'une manière plus particulière les obligations qu'ils ont à remplir.

Nous ne devons pas nous dissimuler que la mesure de sûreté générale qui exige que les citoyens
justifient de leur résidence nécessite des dispositions
qui doivent paraître vexatoires ; mais s'il est un moment où elles peuvent être ramenées à un terme
moins rigoureux, c'est sans doute dans celui où il
est démontré que l'émigration, sinon arrêtée, ne
sera au moins par la suite que peu fréquente, et que

par conséquent cette modification ne peut présenter ni danger ni inconvénient. Car, il faut le dire ici, ce ne serait pas contre les émigrés, mais contre nous-mêmes, que nous dirigerions le but de la loi, si le système qui a précédé était conservé dans toute sa rigidité.

La commission dans le projet qu'elle vous présente a tâché , autant qu'il était en elle , de remplir cet objet ; mais, en laissant subsister l'obligation de justifier de la résidence , au lieu de la situation des biens, avec des formes à la vérité moins gênantes, elle ne paraît pas cependant avoir encore fait tout ce que les circonstances peuvent permettre à cet égard. C'est pour y suppléer que je crois devoir vous proposer ici de dispenser les citoyens de cette dernière obligation ; mais, en modifiant ainsi le projet de la commission, ou plutôt la loi existante, je n'entends pas pour cela qu'on doive négliger les mesures accessoires d'après lesquelles la résidence des citoyens sur le territoire de la république doit être sans cesse surveillée et constatée, ni que ces mesures ne soient toujours telles que les traîtres qui soulèveraient le territoire de la république ne puissent échapper à la justice nationale qui les poursuit. Au reste, les dispositions qui vont vous être soumises, et qui consistent dans des modifications qui rentrent, à très-peu de chose près, dans l'ordre établi par le projet de la commission, prouveront par leur résultat qu'en soulageant d'une manière très-sensible les citoyens, elles ne peuvent préjudicier à la sûreté ni à l'intérêt de la république.

Le rapporteur lit un projet de décret conforme aux bases qu'il vient d'établir.

DUREM : Je m'oppose à l'admission des articles proposés par le rapporteur. Quoi qu'il ait pu dire pour les appuyer, il n'en reste pas moins vrai, dans mon opinion, qu'il faut, comme l'avait demandé Lejeune, faire une distinction entre les pères et mères des émigrés nobles, et ceux des émigrés non nobles. C'est parce que l'aristocratie lève une tête audacieuse, c'est parce qu'on semb e s'attacher à détruire l'égalité , que j'insiste pour qu'on punisse sévèrement tous ceux qui ont favorisé les complots des ennemis de la patrie et de la révolution.

Je demande donc qu'on fasse la distinction proposée par Lejeune, et qu'on n'accorde aux pères et mères des émigrés nobles que des pensions alimentaires. Leurs biens sont la trop juste indemnité des frais de l'exécrable guerre qu'ils nous ont occasionnée ; c'est une trop légère punition des maux qu'ils ont faits à la république en portant les armes contre elle.

BENTABOLE : Il me sera facile de prouver que la proposition du préopinant est contre toute justice, car il y a eu plus d'émigrés non nobles que d'émigrés nobles. Et certes, si le crime des derniers est atroce, impardonnable, comment caractériser celui d'hommes en faveur desquels la révolution était faite ; qui, loin d'accepter, de bénir les bienfaits qu'elle répandait sur eux, sont aller fomenter chez les étrangers la haine du nom français et augmenter le nombre des assassins de la liberté ?

Je demande que les articles présentés par le rapporteur soient adoptés.

ROUX ( de la Haute-Marne) : Je pense, comme Bentabole, qu'il y a eu plus d'émigrés non nobles que d'émigrés ci-devant nobles. Je pense qu'il est temps que la justice soit égale pour tous. Pourquoi rappeler toujours des castes que la loi a détruites? Est-ce que nous connaissons encore des nobles et des prêtres? Non, la France ne veut plus de ces distinctions injurieuses, la France veut que tous les coupables soient punis, que tous les gens de bien soient protégés. Tel était le but du rapport que Lindet nous a fait, au nom des trois comités. Songez, citoyens, que la loi, pour être juste, pour être égale, ne doit faire acception de personne.

Je demande que les articles proposés par le comité soient mis aux voix.

BOUDADON (de l'Oise) : Nous serions tous d'accord si l'on voulait faire attention qu'il ne s'agit point ici d'une loi, qui, sans doute, doit être égale pour tous et ne faire acception de personne, mais d'un règlement pénal contre ceux qui ont excité ou favorisé la guerre faite à la patrie par des enfants dénaturés. Lorsqu'on rencontre la caisse d'un parti avec lequel on est en guerre, ne s'empresse-t-on pas de la saisir? Eh bien! nous sommes en guerre avec les émigrés, leur caisse est ici, ce sont les biens de leurs pères et mères; confisquons la caisse, qu'elle nous indemnise des dépenses énormes que nous ont occasionnées les hostilités de ces assassins de leur pays, et accordons seulement des pensions alimentaires. On s'élève contre cette dénomination de nobles ; mais quand on punit un homme d'un délit qui tient à des préjugés de naissance autant qu'à la méchanceté de son cœur, il faut bien dire qu'il est ci-devant noble, si vraiment il est né noble.

CLAUZEL : Si l'on s'obstine à vouloir faire admettre la distinction qu'on propose, je demanderai aussi la confiscation des biens de tous ces négociants, dont on ne parle pas, qui ont été les banquiers et les caissiers des révoltés dont quelques départements ont osé lever l'étendard. Je vous demande, citoyens, si, lorsque nos braves guerriers rencontrent aux frontières des émigrés, ils leur demandent s'ils sont nés nobles ou roturiers?

CAMBACÉRÈS : La Convention ne veut ni commettre d'injustice, ni accorder l'impunité au crime. Je demande que ces articles soient renvoyés à un nouvel examen des comités, qui pourront présenter un projet qui concilie toutes les opinions, et qui ne blesse ni l'intérêt de la patrie, ni celui de l'humanité.

Le renvoi est décrété.

La séance est levée à quatre heures.

SÉANCE DU SOIR DU 16 VENDÉMIAIRE.

On procède à l'appel nominal pour le renouvellement du bureau : Cambacérès réunit la majorité des suffrages ; il est proclamé président.

Les secrétaires sont : Guyomard, Boissy-d'Anglas et Eschassériaux jeune.

**SÉANCE DU 17 VENDÉMIAIRE.**

*Présidence de Cambacérès.*

*Boisset, représentant du peuple, envoyé dans les départements de l'Ain et Saône-et-Loire, à la Convention nationale.*

« Citoyens collègues, j'ai rempli vos vues dans le département de l'Ain, et le peuple est content. Le cultivateur respire et ne craint plus l'oppression; l'artiste sourit à vos vues, et le commerçant essuie ses larmes.

« Les hommes accusés d'oppression envers leurs concitoyens, et de vols et de dilapidations, sont détenus ; le peuple demande à grands cris leur jugement, et j'ai chargé trois citoyens du département de porter au comité de sûreté générale les dénonciations faites contre eux, et les tableaux historiques des crimes qu'on leur impute.

« J'appelle, au nom du département de l'Ain, toute la sévérité de vos comités et des tribunaux ; j'invoque, au nom de la justice et de la liberté, la punition des prévenus s'ils sont coupables, et, s'ils sont innocents, celle de leurs dénonciateurs. Ce que je puis dire à la Convention nationale, c'est que le département de l'Ain ne présente plus que l'agréable image d'une famille unie, et que, malgré les efforts des partisans du tyran Robespierre, l'amour de la Convention est la seule passion qui y domine, que tous veulent le triomphe de la république, le règne de la justice et de la probité, et la punition des conspirateurs et des fripons.

« Je viens d'entrer dans le département de Saône-et-Loire ; croyez que je ferai tout pour remplir dignement la mission que vous m'avez confiée. Signé BOISSET. »

*Les représentants du peuple délégués dans les départements des Côtes-du-Nord, Ille-et-Vilaine, et armée des Côtes-de-Brest, à la Convention nationale.*

*L'an 3e de la république.*

« Citoyen président, si toutes les armées de la république

ont également bien mérité de la patrie, le drapeau tricolore que la Convention nationale vient d'affecter à l'armée
des Côtes-de-Brest sera le témoin de nouveaux triomphes
sans doute; ainsi, l'étendard de la victoire devient le monument de la reconnaissance nationale, et les guerriers
blessés, choisis pour offrir ce gage, les modèles vivants du
courage et de la vertu.

« Tel a été l'effet de ce présent national qu'en recevant
ce drapeau, l'armée tout entière a senti doubler son énergie. « Et nous aussi, se sont écriés à l'envi les soutiens de
la liberté, nous dirons bientôt avec nos frères d'armes :
« Nous avons purgé le territoire de la république; et si tous
les crimes ensemble sont les troupes auxiliaires de l'Angleterre, et des correspondances criminelles ont su organiser l'assassinat dans ces malheureuses contrées, notre
courage déjouera leurs sinistres projets; nos baïonnettes,
au pas de charge, poursuivront, détruiront jusqu'au dernier de ces hommes-tigres; mais, réservant nos vertus militaires, notre subordination, notre respect pour les propriétés, notre humanité pour combattre nos frères égarés,
notre plus beau triomphe, après les avoir vaincus, sera
encore de les presser contre nos cœurs. » Tels étaient leurs
vœux, leurs serments, lorsque les cris de *Vive la Convention! vive la république une et impérissable!* agitèrent le
drapeau tricolore; il se déploie, et cette Adresse sublime :
*La Patrie reconnaissante,* fixe tous les yeux; des larmes
expansives, un silence expressif firent passer dans toutes les âmes le feu sacré de la liberté; les bras s'ouvrirent,
les cœurs se serrèrent, et les citoyens et les volontaires, confondus dans leurs embrassements, offrirent à la république
le spectacle imposant de tout un peuple qui veut la liberté.

« Témoin de cette scène majestueuse, j'ai cru devoir en
offrir la faible esquisse à la Convention nationale, et l'assurer que la persuasion peut beaucoup encore, peut tout,
dans ces départements, où les habitants des campagnes,
sortis de leur stupeur, se réveilleront bientôt pour la liberté. Plus de sang, plus de pillage, plus d'échafaud d'une
permanence arbitraire; et les intrigants et les fripons crieront, on ne les entendra pas; ils calomnieront, on n'y
croira plus; le commerce reprendra son activité, les arts
leur lustre, les citoyens leurs vertus et leurs mœurs.

« Nos collègues Bollet et Ruel vous diront qu'à Nantes,
à Caen, à Rennes, les patriotes opprimés respirent enfin,
que le gouvernement révolutionnaire y reprend sa véritable énergie, et que, malgré l'aristocratie et le modérantisme, les citoyens naguère terrifiés se prononcent avec
courage.

« Armé de vos décrets consolateurs, j'irai dans tous les
districts, dans tous les cantons, réchauffer le courage des
républicains, et reporter sous les drapeaux de la liberté les
habitants lunatisés de ces malheureuses contrées.

« Déjà nombre de ces citoyens, enhardis par votre système régénérateur, se prononcent et abjurent leur erreur;
et c'est sur leurs dénonciations que j'ai découvert la retraite d'un grand nombre de chefs de brigands, de nobles
aristocrates, de prêtres réfractaires : à l'instant même où
m'annonce la découverte de quatre de ces scélérats, provoquant le meurtre, le viol, le pillage, au nom d'un Dieu
de paix, et sous peu leur numéraire, montant pour aujour-
d'hui à plus de 8,000 liv., leurs assignats, leurs croix
d'argent et autres effets trouvés, iront grossir le trésor national, au nom de la justice et de la raison. Ce n'est pas
sans fondement que les intrigants et les fripons crient au
modérantisme et à la contre-révolution; elle est faite pour
eux : leur règne de sang est passé, et les vertus et la probité mises à l'ordre du jour leur ôtent à jamais l'espoir
d'élever une nouvelle idole à leur ambition meurtrière.
J'instruis les comités de salut public et de sûreté générale
de détails importants qui exigent encore le secret.

« Je suis aux ordres de la Convention, à la vie et à la
mort.

« Salut et fraternité. *Signé* BOURSAULT. »

*Procès-verbal de la fête solennelle qui a été célébrée à
Rennes, le 1ᵉʳ décadi du mois vendémiaire, l'an 3ᵉ de
la république une et indivisible, en présence du représentant du peuple envoyé près l'armée des Côtes-de-Brest,
des autorités constituées, civiles et militaires, des républicains composant la garnison de la place et officiers
de l'état-major général, à l'occasion de la réception du
drapeau que la reconnaissance nationale a déféré à cette
armée par le décret de la Convention nationale du 16
fructidor dernier.*

« Les troupes composant la garnison et la garde nationale de Rennes, accompagnées de toutes les autorités constituées, civiles et militaires, et rassemblées sur la place
de l'Égalité, la force armée s'est formée en bataillon carré,
et les administrations dans le centre ont occupé leur poste
autour de l'arbre de la liberté.

« Il fut formé un détachement de grenadiers des différents bataillons, lequel se transporta au quartier général,
où le drapeau était déposé; bientôt après les sons d'une
musique guerrière annoncèrent l'arrivée de ce gage sacré
de la reconnaissance nationale, qui était porté par les
deux braves invalides choisis par la Convention pour le
remettre à l'armée.

« Le représentant du peuple et les républicains composant l'état-major général ouvraient la marche de ce cortège militaire.

« Arrivé sur le front des bataillons rassemblés, la vue
d'un don si cher défilant au bruit des instruments et des
cris d'allégresse, devant les rangs, produisit dans tous les
cœurs une douce émotion, naturelle à la sensibilité des
défenseurs de la liberté.

« Le plus profond silence succéda à ce beau mouvement.
Alors le représentant du peuple Boursault consacra la réception de ce gage honorable, offert à la valeur et aux vertus
républicaines de l'armée, par un discours plein de sagesse
et d'énergie, qui pénétra toutes les âmes; la troupe ensuite se retira dans ses quartiers respectifs, aux cris mille
fois répétés de *vive la Convention!*

« Mais cette auguste cérémonie, préparée par la reconnaissance et devenue le prix du courage et des vertus du
soldat-citoyen, ne pouvait manquer de recevoir la sanction
de ses frères, du citoyen-soldat; pères, mères, enfants et
vieillards, tous s'étaient portés en foule au temple de la
Raison, où l'allégresse commune des habitants de Rennes
s'exprima vivement, tant par des hymnes patriotiques que
par des discours propres à affermir le règne de la liberté
et de l'égalité, des bonnes mœurs et de la vertu.

« Fait au quartier général à Rennes, le jour de cette
fête militaire, 10ᵉ jour du mois vendémiaire, l'an 3ᵉ de
la république.

« Signé PARRIN, *général de brigade, chef
de l'état-major général.* »

La Convention nationale décrète l'insertion de cette lettre et du procès-verbal au Bulletin.

*Lazare Hoche, général en chef, au citoyen président de
la Convention nationale.*

« Citoyen, j'ai reçu des mains des augustes victimes de
la fureur insensée des rois le gage précieux de la reconnaissance nationale; je vais le présenter, ainsi que nos deux
modèles, à mes frères d'armes. Cette nouvelle oriflamme,
désormais à la tête de nos bataillons, va doubler notre ardeur martiale, et sa vue, en nous animant, fera pâlir
l'ennemi tremblant, qui, par une fuite prompte, tente en
vain d'échapper à nos coups.

« *Signé* HOCHE. »

— Cochon, au nom du comité de salut public, fait rendre le décret suivant :

« La Convention nationale, sur la proposition du comité de salut public, décrète :

« Le général Canclaux est nommé général en chef de
l'armée de l'Ouest.

« Dumas, actuellement général en chef de l'armée de
l'Ouest, prendra le commandement en chef de l'armée des
Côtes-de-Brest.

« Moulins, général en chef de l'armée des Côtes-de-Brest,
prendra le commandement en chef de l'armée des Alpes. »

*Rapport sur les encouragements et récompenses à
accorder aux savants, aux gens de lettres et aux
artistes.*

GRÉGOIRE : Citoyens, il y a cent quarante-cinq
ans que Descartes mourut, à quatre cents lieues de

sa patrie, sans en avoir obtenu d'autre bienfait qu'une pension de 3,000 liv., dont jamais il ne toucha que le brevet. Vous avez décrété la translation de ses cendres au Panthéon. Cet hommage aux sciences dans la personne du philosophe français fait augurer l'intérêt avec lequel vous écouterez une réclamation en faveur de sa famille, c'est-à-dire en faveur des savants, gens de lettres et artistes qui gémissent dans l'infortune.

On a fait nombre d'ouvrages sur les malheurs des gens de lettres : leur patriarche, Homère, chantait ses vers dans les villes de la Grèce pour obtenir quelques morceaux de pain ; Kepler, après avoir dévoilé le ciel, trouve à peine un coin de terre pour reposer sa cendre ; le Tasse expire la veille du jour qui devait le consoler de ses maux ; le Corrège succombe sous la fatigue d'un voyage entrepris pour porter à sa famille pauvre une somme modique, mais pesante, en monnaie de cuivre ; Erasme, dans ses dernières années, payait son dîner avec un volume de sa bibliothèque ; le Dante, l'Arioste, le Camoëns, Cervantes, Malherbe, Jean-Baptiste Rousseau périssent sous les lambeaux de l'indigence. En un mot, le génie, frappé des anathèmes de la fortune, est avec elle dans les mêmes rapports que la vertu avec la beauté, c'est-à-dire presque toujours en guerre ; la même route conduit souvent à la gloire et à la misère.

Après avoir sacrifié leur patrimoine à leur éducation, au perfectionnement de leurs connaissances, et à l'acquisition des instruments et des livres, qui sont les outils de la science, les savants sont communément d'une impéritie, d'une apathie inconcevable pour acquérir ou gérer les biens de la fortune, et leur dernier asile est souvent un grenier ou l'hôpital, à moins qu'ils ne périssent victimes de leur zèle à épier la nature, comme Empédocle et Pline l'Ancien (1), à moins qu'ils n'expirent au milieu des déserts, comme Chappe, Dauteroche, comme la plupart des savants voyageurs envoyés par le Danemark et la Russie.

Les gens de lettres auraient une ressource dans leurs ouvrages, si d'excellents livres n'avaient souvent le sort d'une cargaison avariée ou perdue, surtout dans un temps de révolution qui dirige les esprits vers un seul point. Les écrits de Swammerdam, le Paradis perdu de Milton, l'Histoire de l'Art, par Winkelman, les Recherches sur l'Economie politique, par Stewart, n'obtinrent d'abord que des dédains, et ce ne fut qu'après la mort des auteurs qu'on reconnut leurs productions pour des chefs-d'œuvre.

Si au contraire un ouvrage est accueilli, tous les pirates de la littérature s'empressent de le contrefaire, et l'auteur, traité par les libraires comme le sont les auteurs dramatiques. Il est en avant de son siècle, dès lors il est dépaysé. L'ignorance croit le traiter favorablement en ne lui supposant que du surfaces d'autant plus sûrement ruiné que son livre a plus de succès. Tenez pour certain que le brigandage typographique cherchera toujours à éluder les lois qui assurent les propriétés littéraires ; et telle est l'imperfection des nôtres à cet égard, que, par la crainte des contrefaçons, le possesseur des manuscrits inédits de Mably. qui formeraient environ trois volumes, en a suspendu la publication.

Ajoutez enfin que la vie d'un homme de génie est presque toujours semée d'épines. Il est en avant de son siècle, dès lors il est dépaysé. L'ignorance croit le traiter favorablement en ne lui supposant que du

(1) Il existe une analogie assez curieuse entre la fin tragique de ces deux grands hommes. Le premier se précipita dans l'Etna vers la fin du Ve siècle avant J.-C.; le second fut étouffé par les cendres du Vésuve, en voulant observer de trop près son éruption, qui fut si funeste à Herculanum, Pompeïa et Stabia, l'an 79 de l'ère chrétienne.

délire, au lieu de lui prêter des intentions perverses; il est harcelé par la jalousie des demi-savants qui lui font expier sa supériorité. Eh ! dans quel siècle les talents furent-ils plus atrocement persécutés que sous la tyrannie de Robespierre ? Périclès s'était borné à chasser les philosophes ; Caracalla leur avait défendu de s'assembler ; mais récemment, si tous n'ont pas été assassinés ou incarcérés, montrez-nous celui qu'on n'a pas abreuvé d'amertumes. La vérité, dit-on, déchire le sein qui l'enfante; comme la vertu, elle est rarement impunie, et l'histoire des grands hommes n'est que celle de leurs découvertes et de leurs malheurs. Cependant on trouve en général beaucoup de disposition à leur faire du bien... après leur mort, à moins que la calomnie ne les poursuive jusqu'au delà des bornes de la vie. Tel fut le sort de Vitré, qu'on accusait d'avoir brisé les poinçons et fondu les magnifiques caractères orientaux qui avaient servi à la Polyglotte de Lejay ; la chose était hors de doute : des témoins déposaient l'avoir vue. Pendant plus d'un siècle la calomnie a pesé sur son tombeau, jusqu'à ce qu'en 1787 Guignes a retrouvé les caractères, les poinçons et les matrices.

Législateurs, vous ne partagez pas l'opinion de celui qui, après avoir entendu la lecture d'une belle tragédie, disait : Qu'est-ce que cela prouve? L'auteur de Guillaume Tell prouve qu'il faut chérir la liberté ; et non-seulement il inspire ces sentiments, mais il les commande.

Après avoir lutté contre la misère, Goldoni expira au moment où l'on s'acquittait à son égard la dette de la reconnaissance.

Sans avoir eu le même avantage, La Place, Lemierre et Champfort sont morts dans la pauvreté ; vous l'avez ignoré, car sans doute vous auriez, à leur égard, réparé les torts de la fortune. Le sentiment de justice qui vous aurait dirigés est encore susceptible d'application. Vous avez très-sagement supprimé les corporations académiques, mais votre intention n'est pas de condamner ceux qui en étaient membres à périr de faim.

Tel est cependant le sort qui attend plusieurs d'entre eux.

Des vieillards qui ont un pied dans la tombe, qui, pendant quarante ans, avaient travaillé pour obtenir une modique pension de 400 liv , et dont les écrits ont produit un mouvement commercial de 1 million, sont actuellement aux prises avec la faim.

Modeste dans ses désirs, circonscrit dans ses besoins, quand un homme à talent demande, on peut le croire réduit à l'extrême.

Mais ira-t-il se courber, s'avilir devant un barbare ou un sot, un Omar ou un Midas? plutôt périr que de mendier leur protection flétrissante ! Il s'arme alors de sa fierté, se fait un titre de sa misère. En pensant qu'il a devant soi le temps et la postérité, il lance à ses détracteurs un juste mépris, et voit finir chaque jour avec la seule consolation d'avoir fait un pas de plus vers le tombeau.

Vous avez forcé l'ignorance à faire amende honorable aux sciences et aux arts ; vous les avez vengés des outrages d'une faction conspiratrice qui voulait les anéantir. Entre elles et la prospérité publique il existe des rapports ineffaçables ; et, puisqu'on ne dit pas ici un mot qui ne retentisse dans toute la république, il est utile de rappeler aux citoyens la prépondérance politique que les sciences et les arts assurent à l'Etat qui les cultive.

Déjà l'on vous a dit qu'avant la révolution le commerce de l'imprimerie et de la librairie établissait en France une circulation annuelle d'environ 200 millions ; le débit des fruits de la presse chez l'étranger était pour nous d'un immense avantage ; il sera plus grand lorsqu'on réalisera le projet de mettre au jour tous les manuscrits précieux qui abondent dans nos dépôts, et surtout les manuscrits orientaux.

Malheureusement, de toutes les nations lettrées, la nôtre est celle qui cultive le moins les langues étrangères; peut-être n'avons-nous pas en France dix personnes qui aient approfondi les idiomes du Nord, et qui soient capables de nous en procurer les richesses.

Quand il fut question de traduire les excellents ouvrages de Scheel, on ne trouva pas un seul homme en état de le faire, jusqu'à ce qu'un vieillard et une citoyenne de Dijon se déterminèrent à étudier le suédois.

Qu'arrive-t-il de cette indifférence? c'est que les étrangers, très-curieux de notre langue, de nos écrits, s'emparent de nos découvertes; les leurs ne nous arrivent que tard, et c'est ainsi que, restant stationnaires sur certaines parties des sciences, nous risquons d'être arriérés.

Quelques gens applaudissent aux fades plaisanteries de l'ignorance ou de l'esprit contre-révolutionnaire, quand on parle de l'étude des langues orientales. Aux affaires étrangères et à la Bibliothèque nationale, vous n'avez plus que très-peu de personnes pour cet objet, et l'établissement des chaires de langues étrangères, qu'il fallait améliorer, est anéanti. Cependant examinez leur importance sous le point de vue commercial et diplomatique.

Nous avons des relations suivies avec les puissances barbaresques, qui plusieurs fois nous ont fourni des ressources contre la disette; notre commerce dans les échelles du Levant était très-lucratif, et nous devons tâcher de lui donner de l'extension, ainsi qu'à celui des Grandes Indes. Au moment où le système ridicule de la balance politique en Europe s'écroule, au moment où l'effet de la révolution va déplacer quelques rapports entre les peuples, nous devons à l'avance écarter les obstacles qui peuvent compromettre, et saisir tous les moyens qui peuvent assurer l'intérêt public.

Il est indispensable d'avoir des drogmans dont les lumières et la probité faciliteront nos transactions; c'est le seul moyen de négocier avec succès chez les Levantins et les Asiatiques. Ils regardent la connaissance de leur langue comme une marque d'estime de la part des étrangers; c'est à ceux-là qu'ils accordent préférablement leur confiance; sans cela les négociants et les négociateurs, livrés à l'ineptie ou à la perfidie d'interprètes pris sur les lieux, font de mauvaises affaires, comme il arriverait indubitablement à un Indien, qui, venant commercer en Europe sans connaître l'idiome local, serait circonvenu par des fripons, dont il serait bientôt la dupe.

Si vous ne réorganisez au plus tôt l'établissement du collège de France, vous n'aurez plus personne pour rétablir une correspondance avec les beys d'Afrique, les nababs de l'Inde, et vous courrez les risques de perdre l'amitié des peuples dont les relations nous sont très-précieuses.

Qu'arrive-t-il encore? C'est que les traductions que vous avez sagement ordonnées ne s'effectuent pas; pendant ce temps, les Hollandais et les Anglais, qui encouragent et récompensent l'étude du persan et de l'arabe qui ont de magnifiques imprimeries à Colombo, à Batavia, à Calcutta, les emploient à faire la guerre aux principes, à la liberté, et leurs presses, dit-on, vomissent contre nous des libelles, pour empoisonner l'opinion publique en Orient, nous aliéner l'esprit des peuples, et s'assurer la prépondérance commerciale.

On a dit avec raison que les sciences sont manufacturières, et que les arts sont débitants. Auricz-

vous d'excellents artistes et des artisans habiles, si la science n'avait dirigé leurs travaux? Celui qui la dédaigne est un ingrat, car il serait facile de montrer dans le ménage, et même dans l'habillement du républicain le plus austère, le concours de presque tous les arts, et le résultat des théories les plus profondes.

C'est à la chimie que nous devons la beauté et la solidité de nos teintures.

C'est elle qui enseigne l'art de transformer le sable en une masse diaphane, et qui nous fournit le verre.

Sans les travaux de l'optique, l'homme à vue faible n'aurait pas une paire de lunettes pour y suppléer (1).

La géométrie éleva des boulevards sur vos frontières, jeta des ponts sur les rivières, et lança les vaisseaux sur les flots.

Elle paraîtra bien étrange à certaines personnes, cette pensée d'un philosophe moderne : « On ne doit pas s'attendre, dit Hume, que, dans une nation où l'astronomie est ignorée et la morale négligée, il se trouve des ouvriers capables de fabriquer une pièce de drap dans le degré de perfection dont elle est susceptible, parce que l'esprit du siècle se communique à tous les arts. »

Ces idées sembleraient moins paradoxales si l'on saisissait la chaîne des intermédiaires qui les unissent; l'arbre des connaissances humaines présente les sciences et les arts, depuis la poésie jusqu'à l'algèbre, comme des branches qui tiennent toutes à la même tige, et qui fructifient par l'effet d'une végétation respective.

Ainsi, l'étude des médailles, également utile à la chronologie et à l'art théâtral, fournit à celle-là des époques sûres, à celui-ci la connaissance des costumes.

La numismatique est utile même à la botanique; et des plantes telles que le colcasia, le sylphium, retracées sur le bronze, ont fixé, ou du moins éclairci les doutes des naturalistes sur certains végétaux dont l'histoire mentionnait les propriétés sans décrire leurs caractères botaniques.

L'anatomie, utile à la peinture, indispensable à la chirurgie, dirige le pinceau qui arrondit les contours d'un bras et la main qui rétablit une luxation.

« Une charrue et un vaisseau, dit un écrivain, sont les liens du monde; » mais, sans l'étude approfondie des mathématiques et de l'astronomie, vous n'aurez ni géographie, ni artillerie, ni marine. C'est après avoir lu dans le ciel que le navigateur s'est confié à l'inconstance des flots; et l'on n'articule rien que de raisonnable en disant que la connaissance des révolutions de la lune et des satellites de Jupiter importe grandement au maintien de la liberté.

L'édifice des connaissances humaines est, suivant l'expression d'un de nos collègues (Guyton), formé de matériaux rassemblés pierre à pierre. Personne ne doit être assez présomptueux pour se croire capable de saisir tous les rapports d'une vérité neuve, en déduire toutes les conséquences, en assigner la valeur jusque dans les siècles à venir; telle découverte paraît n'être actuellement qu'une spéculation creuse. A quoi sert-elle? Le temps nous l'apprendra, en déterminant son application aux arts; et la nouvelle chimie, qui vient d'opérer la décomposition de l'eau, nous révélera bien d'autres merveilles.

Le premier qui traita les gaz pensait-il qu'un jour ils élèveraient les ballons, et que les ballons serviraient à battre nos ennemis?

(1) L'invention du verre est généralement attribuée aux Phéniciens, vers 1640 avant J.-C.

Celle des lunettes ne remonte qu'à 1296 après J.-C., et est due à Alessandro di Spina.

Le premier qui connut la propriété de l'aimant se doutait-il qu'elle conduirait à l'invention de la boussole, et que celle-ci influerait si puissamment sur le sort des nations?

Quand Galilée reconnut la cycloïde, soupçonnait-il que Pascal en déduirait tant de vérités, et que Huyghens s'en servirait pour rectifier les pendules?

Présumait-on que Levret et Rameau appliqueraient avec succès la géométrie, le premier à l'art des accouchements, le second à la musique, et que les calculs algébriques éclaireraient la théorie des rentes viagères et des toutines.

Un écrivain vivant encore prétend que les sciences n'ont jamais fait le salut ni la perte d'un État. «Elles sont, dit-il, l'ornement de ses prospérités, elles peuvent adoucir ou même illustrer ses disgrâces, mais elles ne font naître ni les unes ni les autres.»

Cette assertion est réfutée d'une manière décisive par les faits que nous venons de citer. Sans les sciences, l'industrie serait agonisante, les arts et métiers rentreraient dans l'enfance ou tomberaient dans la décrepitude; toutes les connaissances utiles se donnent la main, et forment cette chaîne électrique dont les commotions ont renversé la tyrannie.

Un autre écrivain (c'est Formey) prétend que la science n'a que des rapports accidentels à la vertu; mais son observation, fût-elle vraie, nous serait encore inapplicable, puisqu'il avoue lui-même que si, après avoir possédé les sciences, une nation recule, elle devient pire, parce que, le vice et la vertu ayant reçu des développements, le vice lui reste, elle a l'ignorance de plus.

Personne n'ignore ce que Jean-Jacques a pensé, ou du moins ce qu'il a écrit sur l'utilité des sciences; mais il avait aussi prétendu qu'une vaste république est une chimère; que, dès qu'un peuple se donne des représentants, il cesse d'être libre. Déjà nous avons par le fait résolu contre lui ces deux derniers problèmes. Le premier est susceptible de la même solution. Si l'abus d'une chose prouvait contre la chose même, la vertu serait un mal; au lieu d'arguer sur l'abus, il fallait prouver qu'il est inséparable des sciences, et c'est ce qu'on n'avait garde d'entreprendre dans un pays où la richesse et la vanité avaient le pas sur tout, où l'on étudiait pour briller, pour parvenir, et non pour être meilleur. A mesure que la vertu diminuait, le prix des talents devait augmenter, comme l'observe Thomas; mais si rien n'est accueilli qu'autant qu'il aura le caractère du beau, du bon et du juste, bientôt les arts se moraliseront; les talents agréables, dont l'unique but paraît être de répandre des charmes sur la vie, auront le cachet de l'utilité; la peinture, la gravure, la poésie et la musique recouvreront leur dignité première; chez nous, comme chez les anciens, elles seront des ressorts entre les mains du gouvernement; les hymnes de Tyrtée, celui des Marseillais, et les heureux effets qu'ils ont produits, sont des preuves irréfragables.

Le génie vertueux est le père de la liberté et des révolutions. Aristogiton et Brutus n'ont pas été plus utiles à la nôtre par leur exemple que Démosthènes et Cicéron par leurs ouvrages. Voyez depuis cinquante siècles les savants occupés à soulever le voile de la nature, à déchirer celui des préjugés, à sonder la profondeur des cieux et celle du cœur humain. Leurs travaux sont l'héritage de tous les peuples; ils les ont légués à leurs contemporains, à la postérité; et tel qui peignit les charmes de la vertu, il y a trois mille ans, nous enchante encore aujourd'hui, et nos larmes coulent sur ses pages.

La poudre, l'imprimerie et la boussole, Schwartz,

Gioja et Guttenberg, en les supposant inventeurs, ont changé la face du globe (1).

De grands peuples ont été engloutis par de grandes révolutions, et n'ont laissé aux hommes de l'avenir que des traces fugitives de leur existence. Athènes et Rome nous ont transmis leur génie, et ce génie domine encore l'univers.

Calculez le poids que porte dans la balance financière et politique un homme, un monument célèbre. Trois villes, Leyde, Edimbourg et Upsal, enrichies chacune par la présence d'un savant, voyaient annuellement douze à quinze mille élèves arriver dans leurs murs, y verser l'abondance, se ranger sous l'étendard de Boërhave, de Cullen, de Linnée, et répandre ensuite dans toute l'Europe la renommée et la doctrine de leurs maîtres.

C'est à Boërhave qu'on écrivait de la Chine une lettre avec cette adresse, *A Boërhave, en Europe*, et la lettre était remise. C'est Linnée qui, du fond du Nord, commandait, pour ainsi dire, au monde une langue nouvelle, et le monde s'est empressé de l'adopter.

Que d'argent a été versé en France pour visiter, à Ermenonville et à Ferney, le séjour de deux hommes qui ont exercé un grand ascendant sur l'opinion publique! C'est l'opinion qui démolit les trônes: un bon livre est un levier politique.

Les savants et les gens de lettres ont porté les premiers coups au despotisme; ils ont soulevé la hache et allumé la mèche pour foudroyer la Bastille.

Si la carrière de la liberté s'est ouverte devant nous, ils ont été les pionniers, ils ont été les législateurs des principes dont vous avez fait l'application: sans eux nous rongerions encore nos fers; et sans les efforts de la république des lettres, la république française serait encore à naître.

Les despotes ont bien senti l'importance d'attacher au char de leur ambition les talents capables d'ébranler leur puissance. Auguste, en les comblant de richesses, fit presque oublier les horreurs du triumvirat.

C'est ainsi que, dans les temps modernes, les tyrans de la France ont empêché l'explosion révolutionnaire.

Le surintendant Jeannin rassemblait chaque année, dans un grand dîner, les savants pensionnés de la cour, et les *exhortait*, dit l'histoire, *à persévérer dans le service du roi*. Richelieu, pour six mauvais vers, donnait 600 liv. à Colletet. Louis XIV allait jusque dans les pays étrangers évoquer la voix des savants en leur accordant des pensions: de là ce déluge d'éloges, d'épîtres dédicatoires, d'apothéoses, dont la philosophie vient de faire justice.

Sanctifions par l'amour de la liberté ce que les tyrans ont fait par haine de la liberté. On vous a souvent répété qu'il ne fallait envoyer à nos ennemis que des coups de canon; mais l'opinion a aussi son artillerie, dont la puissance a quelquefois balancé l'autre; que sera-ce si elle la seconde? Et croyez-vous qu'il ne soit pas très-politique de s'assurer les trompettes de la renommée? Or il dépend de vous de diriger presque tous les compas, les plumes, les burins et les pinceaux de l'Europe savante.

Vous ne pouvez pas, et surtout vous ne voulez pas neutraliser les talents; il faut donc les lier à la cause de la liberté. **(La suite demain.)**

(1) On sait que l'invention de l'imprimerie chez les Chinois date de 930, celle de la poudre de 1232, et que la découverte de la boussole, chez ce même peuple, remonte à 2600 ans avant J.-C.

En Europe, on attribue l'invention de la boussole à Gioja, en 1302; celle de la poudre, à Roger Bacon, en 1478, mais plus généralement à Schwartz, vers 1300, et celle de l'imprimerie à Guttenberg, vers 1440 de notre ère.

## MÉLANGES.

### A L'OPINION PUBLIQUE.

*Ignominie, malheur*
*A quiconque égorge l'innocent!*

O justice éternelle ! se pourrait-il que des êtres ignorants, égarés, ou profondément scélérats, trouvassent des partisans parmi les Français lorsqu'il s'agit de frapper d'ignominie et de malheur l'homme vertueux qui a tout fait pour sa patrie, qui a été un des moteurs de notre sublime révolution! parce que le hasard, l'aveugle hasard, le fit ex-noble ou ex-prêtre ? « Qu'on extermine tout ex-noble, tout ex-prê-« tre, sans exception ; » voilà cependant la maxime sanguinaire que quelques individus s'efforcent de faire adopter.... Etes-vous les ministres des puissances étrangères, ô vous qui voulez mettre l'injustice, la barbarie, la férocité, au grand ordre du jour ? Etes-vous les ministres des contre-révolutionnaires, ô vous qui corrompez la morale publique ? Etes-vous les exécuteurs des hautes œuvres royales, ô vous qui voulez envelopper l'innocent avec le coupable ?.... « Nous sommes les amis du peuple, » me répondrez-vous.... Les amis du peuple ! vous ? dites les assassins du peuple ! Eh ! n'est ce pas assassiner le peuple que de vouloir frapper d'ignominie et de malheur un ex-prêtre, un ex-noble vertueux, qui, dès 1789, se dévoua tout entier à la révolution, c'est-à-dire à la justice et à la vérité, qui toujours fut depuis en butte aux poignards de tous les ennemis intérieurs, qui ; lorsque le drapeau tricolore fut déployé contre les tyrans extérieurs, courut avec enthousiasme au combat, et prouva par sa constance, par son courage, qu'il avait soif du sang des tyrans?.. N'êtes-vous pas les assassins du peuple, ô vous qui voulez égorger un seul ami du peuple ? Craignez-vous qu'ils soient trop nombreux ou plutôt ne voudriez-vous pas croire à l'existence d'un ex-noble vertueux ? Eh bien, je prends l'engagement de vous prouver que je suis, moi , oui, moi, un de ces ex-nobles vertueux. Je le dis ici avec fierté, avec orgueil, à la face de la France et de l'univers ! Que ma tête tombe si je mens avec tant d'audace.

Il serait trop long de faire ici le détail de mes services révolutionnaires, et le tableau de l'innocence de ma vie privée : je ne déroulerai pas ici les nombreux certificats qui en font preuve ; ils sont au comité de salut public, jointes à un mémoire que j'ai fait pour rentrer au service ; mais les citoyens de Tours, de Port-Brieuc, de Dinan, du département des Côtes-du-Nord, les braves du 2e bataillon du Haut-Rhin, les braves du 11e des Vosges, du 6e du Jura, du 3e d'Indre-et-Loire, des 1er et 3e des Côtes-du-Nord, et aussi les braves du 36e régiment, dans lequel je suis, pour ainsi dire né, et auquel j'ai prêché, dès l'aube de la révolution, les principes divins de notre régénération politique ; tous, oui, tous pourront certifier à qui voudra, que je suis un véritable ami du peuple, un ardent et constant révolutionnaire dès 1789, et révolutionnaire républicain, dans un temps où peu d'individus osaient parler de république ; j'ai de ce dernier fait surtout les certificats les plus authentiques ; je n'ai pas dévié un seul instant de la ligne révolutionnaire; mes braves frères d'armes attesteront que, dans ma première campagne à l'armée du Rhin, que dans ma seconde à l'armée du Nord, aux combats d'Herzeele, Bambecque, Oost-Cappel, Houdschoote, Menin, Haye d'Aves-

nes; le 15 et le 16 à Wattignies, j'ai montré le courage d'un brave républicain, d'un vrai sans-culottes. Le hasard a voulu que je ne fisse aucune action d'éclat, et que je ne fusse point blessé dans mes deux campagnes ; mais m'en suis-je moins montré digne d'être votre frère d'armes, d'être capitaine des tirailleurs, jusqu'à ce qu'une prévention injuste, puisqu'elle frappait l'innocent comme le coupable, m'ait fait perdre mon emploi, treize années de service, et deux campagnes ?... Eh bien, quelle est la récompense de mes vertus civiques, que veulent encore me décerner des individus barbares ou égarés ? est-ce la mort ? Non, ce supplice est trop doux !... c'est l'exil de ma patrie , l'exil de la terre sainte de la liberté !...

Vengeurs des rois, des gouvernements despotiques que j'ai eu le courage de combattre constamment de tous mes moyens, ils veulent me jeter, moi et mes semblables (car je n'ai pas l'orgueil de me croire seul ; je connais des ex-nobles, des ex-prêtres, qui des ex-prêtres, qui depuis longtemps avaient abjuré ce titre, que j'ai vus aux combats et qui méritent peut-être mieux que moi de la patrie ) ; ils veulent, dis-je, nous jeter dans la gueule féroce des gouvernements royaux, afin d'assouvir leur vengeance, et afin d'épouvanter, par notre déplorable exemple, tout noble, tout prêtre, qui dans ces gouvernements seraient assez vertueux pour vouloir seconder les efforts sublimes des Français. Oui, plus je pense à cette horrible maxime d'exterminer l'innocent comme le coupable, par cela seul que le hasard le fit ex-prêtre ou ex-noble, plus je me convaincs que c'est une intention contre-révolutionnaire, excitée et soutenue par tous les ennemis extérieurs et intérieurs. En effet, qu'arriverait-il ? que le peuple, familiarisé avec l'injustice, perdrait cet instinct précieux de morale et d'humanité qu'il a reçu de la nature, et qui doit être développé par la civilisation. Et qu'est-ce qu'un peuple sans morale? comment espérer de consolider la république, après avoir dépravé les sentiments desuns, et irrité les passions des autres par l'injustice?... Qu'arriverait-il? qu'aucun noble, qu'aucun prêtre étranger ne serait peut-être pas assez vertueux pour seconder les efforts des peuples, parce que le tableau de nos malheurs leur serait toujours présent. Si on déportait même les ex-nobles, les ex-prêtres coupables d'aristocratie (ce qu'on pourrait faire assurément sans injustice ), qu'arriverait-il encore? qu'ils iraient renforcer les armées de nos lâches ennemis. Nous les vaincrions ! oui, sans doute ! mais il nous en coûterait du sang républicain de plus, et il est assez précieux pour qu'on en soit avare. Qu'arriverait-il encore ? que cette énorme secousse réveillerait tous les nobles, tous les prêtres de l'Europe, qui maintenant sont encore plongés dans un sommeil profondément égoïste; et nous aurions à combattre en masse des ressources, des richesses et des forces que nous vaincrions en détail avec beaucoup moins de sang républicain. Qu'arriverait-il enfin? qu'après avoir déporté l'ex-noble, l'ex-prêtre innocent comme le coupable, bientôt la même ignorance, les mêmes intérêts ambitieux, enfin le besoin de se populariser, voudront la déportation des ex-bourgeois, des ex-congréganistes. Et qui sait, ô grand Dieu, où cela s'arrêterait !..

Je dis donc que la déportation des ex-nobles, des ex-prêtres, est dangereuse, et surtout que celle des innocents est contre-révolutionnaire, atroce, sanguinaire. Eh quoi! j'ai été, moi, un des premiers à signer le nouveau , le premier contrat social qui eût peut-être existé, j'ai même tenu la main, pour ainsi dire, à des non-nobles qui n'osaient pas le signer, et l'on teindra de mon sang les mêmes pages de ce contrat, moi qui suis innocent de tout crime ; mais que dis-je ? on me laissera la vie par humanité..... Barbares ! arrachez-la-moi, cette vie que j'abhorre, si je dois perdre ma patrie, c'est-à-dire ma portion de souveraineté et nos saintes lois.

« Votre humanité, prétendus amis du peuple, res- « semble fort à la froide férocité de tous les tyrans de « la terre ! »

Brave Stanhope, vertueux Anglais, toi qui veux rendre à ta patrie sa dignité première ; toi qui te montres orgueilleux des droits sacrés de citoyen ; toi qui combats seul les tyrans anglicans ; toi qui admires les Français dans leurs sublimes élans; eh bien, frémis, Stanhope, si, ne pouvant exterminer la tyrannie, tu te vois forcé de la fuir ; si elle est prête à te dévorer, ne compte pas sur l'asile de France, quoiqu'il soit solennellement promis par la Constitution à tout étranger banni de sa patrie pour la cause de la liberté ; tu es noble, le hasard te fit tel ; à ce titre, les Français te remèneront dans les serres du vautour que tu voulais écraser pour le bonheur de tous les hommes. Et toi, brave, intrépide et vertueux Polonais, chef de leur sainte insurrection ; toi à qui j'élève dans mon cœur presque un autel, si la maxime de sang, de punir l'innocent comme le coupable, était adoptée, les Français te puniraient comme un scélérat; en vain par tes actions ressemblerais-tu à un Dieu : tu es noble, tu es un monstre! l'exil, l'exil éternel, pire mille fois que la mort pour tout homme libre! Cendres de Lepelletier, vous seriez balayées du Panthéon et jetées au vent ; vous êtes ex-noble! Sévère et vertueux abbé de Mably, tes écrits divins, qui t'ont mérité une statue, et que la France ingrate n'a pas encore élevée, seraient brûlés par les mains des bourreaux, comme sous le règne des rois; tu es ex-prêtre et aussi ex-noble, je crois, et les prétendus amis du peuple ne manqueront pas de dire : « Méfions-nous des Grecs, lors même qu'ils nous font des présents..... » O vous, les plus grands des humains, vous dont mon cœur a arrosé de larmes d'admiration et de reconnaissance les images sacrées , divin Caton, divin Brutus, la page de l'histoire qui retrace encore vos vertus immortelles serait déchirée par les Français et foulée dans la fange! n'étiez - vous pas patriciens , nobles ?... O misères humaines, méchanceté des hommes !... C'est cependant ainsi, ô peuple français, qu'en égarant ta raison par les sophismes les plus absurdes, par les maximes les plus sanguinaires, des hypocrites, des égarés ou des ignorants te conduiraient à l'injustice, au crime, à la contre-révolution... Mais non, ô peuple, ô Sociétés populaires, la terreur ne sera plus pour l'innocent ; le méchant seul en sera frappé: notre immortelle Convention, vos vertus, le promettent à l'univers, à l'Être Suprême!

Signé NATTES le jeune, *ex-capitaine au 2e bataillon du 36e régiment d'infanterie.*

4e sansculottide.

---

## MÉDECINE.

Le citoyen Mignard, auteur et propriétaire de l'*Elixir de gayac anti-goutteux,* avertit ses concitoyens qu'il continue à distribuer ce remède, ainsi que son *Opiat de gayac,* épuratif du sang, toujours avec le plus grand succès, pour la guérison de la goutte, les rhumatismes, le scorbut, dartres, humeurs froides, maladies vénériennes, et toute espèce d'écoulements, comme gonorrhées, flueurs blanches, et pour toutes maladies qui naissent de l'acidité, de l'engorgement et de la stagnation des humeurs ; parce que la vertu fondante de son élixir et de son opiat purifie et facilite la circulation régulière du sang, en désopilant ses engorgements. Le citoyen Mignard assure que, lorsque son élixir et son opiat seront bien connus, on sera étonné d'avoir été privé si longtemps d'un remède si salutaire, malgré les recherches continuelles des plus célèbres médecins depuis plusieurs siècles, recherches qui n'ont servi qu'à nous donner le mercure, qu'ils ont déguisé sous mille formes différentes pour mieux l'accréditer, et qui a causé plus de mal que le mal même.

Mais les vertus surprenantes du gayac préparé dans le meilleur esprit de sucre, tel que l'*Elixir* du citoyen Jacques Mignard, convaincront bientôt qu'il y a peu de maladies qui puissent résister à ce remède, et qu'on ne doit plus croire que très-peu aux maladies incurables, ce dont on est déjà convaincu dans toutes les Iles-du-Vent, depuis qu'on connaît la vertu du gayac.

L'*Elixir* et l'*Opiat* du citoyen Jacques Mignard guérissent non-seulement les maladies nommées ci-dessus, mais encore les maux de poitrine, l'asthme, l'épilepsie ou mal caduc , qu'il croyait incurable avant la découverte de son remède, parce que, comme tous les autres médecins, il était entraîné par les anciens préjugés de la médecine ; il vient d'être détrompé à cet égard par la guérison qu'a procurée son *Elixir* à un citoyen attaqué de cette affreuse maladie depuis plus de quarante ans, et qui, depuis qu'il a commencé l'usage de cet *Elixir*, n'en a plus ressenti le moindre accès, et en paraît pour jamais délivré, ainsi que de la maigreur et de l'affaissement où elle le plongeait ; il jouit à présent de la meilleure santé ; ce que peut attester le citoyen Caudet, domicilié à Paris, rue Grenier-sur-Eau, au coin de celle Geoffroy-l'Asnier , maison du serrurier , au deuxième ; c'est lui qui a conseillé à ce malade l'usage de cet *Elixir*, et qui a été témoin de sa parfaite guérison.

Le citoyen Jacques Mignard est muni d'une quantité de certificats et de lettres de toutes les parties de la république, qui constatent les cures nombreuses et surprenantes que l'on doit aux effets merveilleux de son *Elixir :* il pourra les produire aux personnes qui désireront des autorités pour lui accorder leur confiance.

Le citoyen Jacques Mignard demeure actuellement rue Montmartre, nos 100 et 106, vis-à-vis la rue du Croissant, à Paris.

Son *Elixir* se vend 20 liv. la bouteille de pinte, de 48 prises ; le pot d'*Opiat*, 20 liv., aussi de 48 prises ; en délivrant l'*Elixir* et l'*Opiat*, on délivre un imprimé qui indique la manière de s'en servir. La caisse de six bouteilles est de 125 liv. tout emballée, prise chez lui à Paris ; celle de deux bouteilles et de deux pots, qui suffit ordinairement pour le traitement d'un écoulement quelconque, est de 82 l., également emballée.

En s'adressant à ses correspondants dans la plupart des grandes communes de la république, on sera obligé de leur tenir compte des frais de transport et de commission. On le trouve chez lui tous les jours jusqu'à midi, et à toute heure on y trouvera du monde. Il prie d'affranchir les lettres.

*Signé* J. MIGNARD.

## CANCER AU SEIN.

*Tableau de guérisons faites depuis plusieurs années à l'égard de différentes personnes attaquées de ce mal affreux, et qui ont été guéries par le caustique du citoyen Dores, chirurgien.*

Ces guérisons viennent d'être attestées par les citoyens Cosnier, Sallin, Saillant, Geoffroi, Dufour et Mertrud, chirurgiens célèbres de Paris; les citoyens Cosnier, Dufour et Mertrud ont vu le mal dans son principe, tous en ont vu la guérison; mais ce n'est qu'après avoir laissé passer un temps considérable et s'être bien assurés de l'état permanent de santé, qui constate une guérison réelle, qu'ils ont délivré les attestations suivantes.

*Première attestation.*— Je soussigné, médecin en chef de l'hôpital militaire et fraternel de Rueil, certifie avoir vu, il y a huit ans, la citoyenne Germain très-bien guérie d'une tumeur au sein, tumeur que j'avais moi-même reconnue auparavant d'un caractère cancéreux; je l'ai trouvée, aujourd'hui 16 fructidor, parfaitement guérie, et ne laissant aucune dureté qui puisse faire craindre le retour de la tumeur ancienne.

*Seconde attestation.* — J'ai examiné le même jour le sein de la citoyenne Houillier, qui avait, il y a sept ans, une tumeur très-volumineuse, et portant également les signes extérieurs d'un cancer; je fus moi-même présent à l'application du caustique, et quelques mois après je fus aussi témoin de la guérison; j'ai retrouvé aujourd'hui ce sein parfaitement guéri, et sans aucune dureté.

Ces deux citoyennes ont été traitées par le caustique du citoyen Dorez, et elles jouissent d'une très-bonne santé.

A Rueil, ce 16 fructidor, l'an 2ᵉ de la république française une et indivisible. *Signé* Cosnier.

Suivent les signatures de Lavoypierre, Helland, Masson, Debourgues, maire, officiers municipaux et greffier de la commune de Rueil.

Le citoyen Dorez donnera dans le supplément prochain le nom des autres citoyennes guéries, et le nom des médecins qui ont attesté.

Celles qui voudraient venir à Paris pour se faire guérir par la méthode du citoyen Dorez doivent, avant de s'adresser à lui, aller voir ces citoyennes. L'ancienneté de leur guérison et leur bonne santé consolideront leur confiance, qui ne peut mieux l'être que par des faits.

La position de fortune des citoyennes désignées ne permet pas de soupçonner qu'elles puissent dire ce qui ne serait pas.

La citoyenne Germain (vivant de son bien) demeure rue Copeau, la porte cochère en face de celle de la Clef, près l'hospice (ci-devant de la Pitié);

La citoyenne Houllier, négociante, rue Martin, maison du citoyen notaire, près la rue Grenier-Lazare.

Le citoyen Dorez n'est chez lui, tous les jours, que depuis une heure après midi jusqu'à trois, rue et île de la Fraternité, ci-devant Saint-Louis, n° 105, près l'ancienne place du Pont-Rouge; il invite les personnes qui lui écriraient de mettre une somme quelconque dans leurs lettres qui sont souvent fort longues, pour réponse de la consultation.

Les lettres doivent être affranchies.

## ANNONCES.

*Almanach national, géographique et portatif*, dédié aux patriotes français, avec l'instruction du nouveau calendrier, pour la présente année républicaine, rédigé conformément au décret de la Convention nationale; nécessaire de tous les jours; ouvrage le plus utile aux gens d'affaires, négociants, militaires, voyageurs et pour tous états; en dix cartes enluminées, savoir: 1° la carte de France divisée en quatre-vingt-six départements; 2° le tableau indicatif des quatre-vingt-six départements et des cinq cent quarante-trois districts renfermés dans ces départements; 3° l'itinéraire de la France contenant toutes les routes les plus fréquentées de la république, toutes calculées en lieues de poste; 4° la carte du plan et département de Paris; 5° une table d'escompte utile aux banquiers, caissiers, négociants et gens d'affaires; 6° une table générale de la distance des principales villes de France entre elles; 7° la carte de toutes les villes et places fortifiées, et celle des principales routes de la France avec le cours des rivières navigables; 8° enfin la nouvelle carte militaire du théâtre de la guerre pour suivre la marche des armées françaises dans l'Allemagne et dans les Pays-Bas. Format in-8°, broché, 12 liv.; franc de port. A Paris, chez le citoyen Desnos, libraire, ingénieur-géographe pour les globes et sphères, rue Jacques, n° 294.

—*Journal des décrets pour les habitants des campagnes.* L'origine de ce journal remonte au 14 mai 1789; sa collection forme le recueil le plus complet que nous ayons des lois rendues par nos trois Assemblées nationales. Il rapporte tous les décrets, et paraît trois fois par décade. On souscrit à Paris, chez le directeur de ce journal, rue Mont-Marat, n° 42 et 182, moyennant 33 liv. pour l'année, et 18 liv. pour six mois. Les abonnements doivent toujours commencer au 1ᵉʳ des mois de vendémiaire, nivose, germinal et messidor.

—*Journal d'Agriculture et d'Economie rurale*; par Boreily.

Le *premier cahier* vient de paraître; il est de 80 pages d'impression, grand in-8°. Il en paraîtra un de la même étendue à chaque décade.

La souscription, qui se paie d'avance, est de 43 liv. pour Paris, et de 56 pour les départements.

On s'abonne pour six mois ou pour l'année entière. A Paris, chez le citoyen Galatoire, rue Neuve des Mathurins, n° 856, section des Piques.

Le citoyen Gard annonce qu'il est le seul dépositaire du remède anti-vénérien du citoyen Champelle, ancien chirurgien-major de Paris. Cette découverte, présentée par son auteur à la Convention nationale, est un sel mercuriel, dissous dans des décoctions végétales dépuratives. Le prix de la bouteille est de 6 liv., indépendamment du vase qu'il faut rapporter. Ce remède, agréable et doux, n'exige que de la sobriété; on peut en faire usage sans se déranger de ses occupations ordinaires. Il guérit toutes les maladies vénériennes, si invétérées qu'elles soient et quelle que soit leur gravité. Il est de plus excellent anti-dartreux et fortifie l'estomac.

S'adresser avec confiance au citoyen Gard, qui s'oblige à ne recevoir son payement qu'après la parfaite guérison, dont il répond. Il recevra toute consultation, depuis neuf heures du matin, jusqu'à trois de l'après-midi. On trouve du monde toute la journée. Sa demeure est rue Denis, n° 29, vis-à-vis celle des Filles-Dieu, on verra le tableau sur la porte. Il faut affranchir les lettres. Gard.

### BIENS PATRIMONIAUX A VENDRE.

1° *Belle maison* rue Helvétius, près la rue Honoré, composée de deux corps de logis à quatre étages, qui ont chacun plusieurs beaux appartements, ornés de glaces et de boiseries. Il y a une cour, des remises et une écurie. 2° *Une grande maison* à Versailles, rue de la République, ci-devant Dauphine, n° 18, près la place de la Loi. Elle a deux corps de logis et plusieurs beaux appartements, remises, écuries, grande cour, puits, caves, etc. S'adresser au citoyen Badenier, notaire, rue Severin, à Paris; et à Versailles, au portier de ladite maison.

— *Biens patrimoniaux* à vendre, à l'amiable, situés au centre de la république, département de l'Allier, district de Cerilly, canton de Burges-les-Bains, ci-devant Bourbon-l'Archambault, commune de Franchette et Counan : ensuir : dix-neuf domaines à une lieue environ de la rivière d'Allier, et des eaux minérales de Burges, dont traine se touchent, avec une superbe réserve, deux locatures, un moulin et une tuilerie, formant un fort bel arrondissement de plus de dix-sept cent cinquante arpents. Les six autres n'en sont éloignés que d'un quart et d'une demi-lieue ; une habitation simple peut y loger le propriétaire, qui, avec une tuilerie, des bois, et de la pierre sur les lieux pourrait facilement y faire tout ce qu'il voudrait ; la maison se trouvant au centre des propriétés, il est très-aisé de faire valoir par soi-même tous ces biens, qui ne sont pas à leur valeur, et sont susceptibles d'une grande augmentation, pourvu toutefois que l'acquéreur s'arrange de manière à entrer en jouissance avant le 21 brumaire prochain (ci-devant Saint-Martin vieux style), pour les exploiter dans un an, d'après la faculté que lui en donnent les lois.

Ces domaines sont en bon état, les bâtiments sont occupés par les colons et fermiers ; la totalité contient deux mille quatre cents arpents environ, dont trois cent vingt-deux arpents en pré, produisant six cent cinquante milliers de foin ou environ, sans y comprendre les rivières ; seize cent vingt-trois arpents et terres labourables, en froment, méteil, seigle, jardins, et chenevières ; de cent quatre-vingt-treize arpents de bois de haute-futaie, dans lesquels il y a beaucoup d'arbres marqués pour la marine ; de cent soixante-six arpents de bois-taillis, de vingt-sept arpents et demi de vigne, de sept étangs, et quarante arpents de pacages, pâturaux et friches.

Plus, un second moulin à deux roues, situé sur la rivière de Biendre, qui se jette dans l'Allier.

Le tout garni en partie de bestiaux et ensemencé, produisant généralement tout ce qui est nécessaire à la vie en bestiaux, volailles, gibiers, poissons, vins, légumes et fruits de différentes espèces.

Il y a entre autres deux domaines dont la vue et la position la plus heureuse et la plus belle, rendrait le séjour fort agréable, si on y fixait son habitation, ce qui pourrait se faire à peu de frais.

Tout le pays, fermé par des haies, est susceptible du genre d'agriculture propre à élever et engraisser des bestiaux, si vanté par Arthur Young et les autres auteurs qui ont écrit sur l'économie rurale.

Des citoyens, qui voudraient former des établissements utiles à la république, trouveraient dans le pays d'autant plus de facilité, que dans les environs il y a des mines de charbon de terre, des forges et bois considérables.

Ces biens sont situés à deux lieues de la grande route de Paris à Moulins, à cinq de cette ville, et situés sur les rivières de l'Allier et de Loire, par la navigation desquelles on communique facilement de l'Océan à la Méditerranée, au moyen du canal de Givors, qui se jette dans le Rhône au-dessous de Commune-Affranchie, ci-devant Lyon. On vendra la totalité de préférence ensemble, ou par lots de plusieurs domaines, ou séparément, avec toute facilité possible de payements, pour lesquels on déléguera des dettes à acquitter, dont une partie envers la nation ; on prendra des inscriptions au grand livre.

On donnera sur les lieux tous les renseignements nécessaires, pris sur les plans géométriques et les confins des héritages.

L'arpent contient cent perches, et la perche vingt-deux pieds.

S'adresser à Paris au citoyen Péan Saint-Gilles, notaire, rue de l'Egalité, ci-devant Condé;

Sur les lieux, au citoyen Moitié, notaire à Franchêne, près Burges-les-Bains, et au citoyen Féreyrol, aussi notaire à Lurcy-le-Sauvage, par Brutus-le-Maguanime, ci-devant Saint-Pierre-le-Moutier.

---

**BUREAU DES BIENS A VENDRE**, rue Avoye n°° 87 et 165, vis-à-vis la rue de Braque.

*Beau domaine patrimonial*, ci-devant terre de Villandry, près Tours, maison ci-devant château et meublé, bâtiments, cour, terrasses et jardin, la forêt de neuf cents arpents et plusieurs corps de ferme ; le tout produisant 28,000 liv. par anciens baux, à vendre à l'amiable. Les états et renseignements particuliers seront communiqués au bureau.

Le répertoire particulier imprimé des biens dont la vente est confiée au Bureau est adressé, franc de port, tous les mois, à Paris et dans les départements, à ceux qui le font demander. On souscrit au Bureau, pour le journal des biens particuliers et domaines nationaux dont la vente se poursuit dans les différents départements. Ce journal paraît tous les jours. Prix : 15 liv. pour trois mois, 24 liv. pour six mois, et 36 liv pour l'année ; et pour les départements, 18, 30, 48 liv., franc de port.

## AVIS.

L'administration des moulins Durand, instruite que diverses communes, surtout celles près Paris, sont embarrassées de convertir les grains en farine, s'empresse de prévenir ses concitoyens qu'elle a des moulins à bras et à manége, et sur chariot, approuvés par décret de la Convention nationale, du 15 mai 1793, prêts à vendre, indépendamment de ceux demandés pour les places et armées de la république.

Il y en a bras de cinq espèces :

1° De seize pouces de meule, réduisant en farine quinze livres de grain par heures de travail suivi, qui se vendent, avec second bluteau et emballage compris, 600 livres.

2° De vingt-deux pouces, à une manivelle, produisant vingt-quatre livres. Prix : 705 liv.

3° De vingt-deux pouces, à deux manivelles, produisant quarante livres. Prix : 840 liv.

4° De trente pouces, idem, produisant cinquante livres. Prix : 947 liv.

5° De trente-six pouces, idem, produisant soixante-quinze livres. Prix : 1,200 liv.

A manège, un moulage, produisant par heure de travail de deux forts chevaux, deux cent quarante livres. Prix : 10,000 liv.

Le même, à deux moulages, produisant trois cents livres. Prix : 12,000 liv.

Sur chariot, travaillant dans toutes les positions où il se trouve, produisant, par heure de travail de deux hommes, soixante livres. Prix : 3,600 liv.

Les citoyens Durand viennent d'en inventer deux nouveaux, un à bras, et un à manège, qu'un bourriquet fait tourner ; mais le produit n'en est point encore constaté, ni le prix fixé.

S'adresser, pour les soumissions ou le payement, au citoyen Jarry, administrateur, rue des Vieux-Augustins, n° 26, qui indiquera auquel des ateliers des citoyens Durand père ou fils on pourra voir ceux des moulins qu'on désirera acquérir.

---

Le citoyen Henry Blache est prévenu que, son père étant mort à Parme, il doit s'y rendre, ou donner de ses nouvelles au docteur Berchet, faute de quoi d'autres personnes jouissent pendant ce temps-là de l'usufruit de sa succession.

— Les héritiers et prétendants droit à la succession du citoyen Michel Mion, ancien receveur des fermes, à la barrière Jacques, à Paris, sont invités de se présenter au citoyen Deperey, exécuteur de son testament, rue du Sépulcre, n° 724, section de l'Unité, à Paris.

— Le citoyen Férica, perruquier-coiffeur, ci-devant rue de Richelieu, en face la Bibliothèque, connu par son talent pour les perruques et les toupets d'hommes et de femmes, du meilleur et du plus nouveau genre pour la légèreté et le travail, prévient qu'il en a de toutes faites pour les citoyennes, qu'il n'a pas besoin de mesure, et que par le travail qu'il y ajoute elles vont toujours bien. Il demeure rue d'Orléans, au coin de celle des Deux-Ecus, n° 18, maison de l'épicier.

*Collection complète du Moniteur*, à vendre ; s'adresser au citoyen Paris, rue de la Liberté (ci-devant Fossés-Saint-Germain), n° 108.

# GAZETTE NATIONALE ou LE MONITEUR UNIVERSEL.

N° 20. *Décadi* 20 Vendémiaire, *l'an* 3e. (*Samedi* 11 Octobre 1794, *vieux style.*)

## POLITIQUE.

### RÉPUBLIQUE FRANÇAISE.

### SOCIÉTÉ

#### DES AMIS DE L'ÉGALITÉ ET DE LA LIBERTÉ,

##### SÉANT AUX CI-DEVANT JACOBINS DE PARIS.

*Présidence de Bassal.*

SÉANCE DU 7 VENDÉMIAIRE.

Un élève de l'Ecole de Mars écrit qu'il se répand dans le camp, et qu'on lui a assuré, à lui et à plusieurs de ses camarades, que les Jacobins criaient : *A bas la Convention!*

La Société arrête que l'Adresse par elle votée aux Sociétés affiliées, et les procès-verbaux de ses séances des 23 et 25 fructidor dernier, seront envoyés à nos jeunes frères du camp des Sablons, comme garants authentiques des sentiments éternels et des principes immuables des Jacobins.

— Clémence et Marchand se présentent à la tribune pour remercier la Société de l'intérêt qu'elle leur a témoigné pendant leur détention. Clémence trace un rapide exposé de tout ce qui se passe dans les prisons; il assure que les patriotes sont l'objet d'une persécution particulière, et qu'on y fait chaque jour courir le bruit que l'intention des Jacobins est de dissoudre la Convention. Il finit par engager la Société à s'occuper du sort des malheureux pères de famille détenus.

*Marchand :* Le tableau que vous a fait mon collègue de ce qui se passe dans les prisons n'est que trop ressemblant; je ne puis ajouter ici qu'un seul trait caractéristique de la perversité de certains êtres, amis de tous les vices et étrangers à toutes les vertus; un homme n'a pas rougi d'offrir 2,000 écus à chacune de nos épouses, si nous voulions consentir à ne pas faire transférer à la Conciergerie un certain fermier que nous avons fait arrêter, et qui cependant s'est trouvé dans l'une des tribunes de la Convention lorsque le décret qui nous rendait la liberté fut porté. Il a écrit au président de la Convention que nous étions des dilapidateurs, et que nous avions volé l'argenterie du district de Gonesse. Citoyens, c'est une calomnie révoltante; nous avons des règistres de tous les objets que nous avons déposés; cet homme voulait faire rapporter le décret qui nous met en liberté.

*Audouin :* Citoyens, on a pensé qu'on ne devait attaquer Robespierre qu'au moment où on serait certain de le frapper à coup sûr et de le terrasser : voilà l'unique cause de l'oppression trop longtemps prolongée dans laquelle ce tyran a retenu le peuple; que cet exemple nous serve; gardons-nous d'accorder un aussi long délai à ses continuateurs.

Je vais vous prouver que depuis cinq ans l'aristocratie a été accueillie, fêtée, caressée, placée, mise en réquisition, et qu'elle seule enfin n'a cessé d'accumuler tous les trésors sous sa main et toutes les prérogatives sur sa tête.

Les patriotes font la révolution de 89; elle ne tarde pas à tourner au seul profit de Capet, et soudain une constitution monarchique lui donne les moyens d'opprimer les Français. La révolution du 10 août amène la république une et indivisible; la faction des Girondins et des Brissotins allait la diviser et la morceler par le fédéralisme, lorsque les journées des 31 mai, 1er et 2 juin virent tomber les factieux et la faction. Enfin arrive le 9 thermidor, jour terrible, dont le souvenir doit à jamais faire trembler tous ceux qui seraient assez insensés pour vouloir usurper la souveraineté du peuple.

3e Série. — Tome IX.

Le 8 thermidor, les patriotes, en sortant de la séance de la Convention, se serrent la main, et jurent la perte du tyran, et dès le soir même Robespierre est attaqué à cette tribune.

Le lendemain, les patriotes, pleins de leur serment de la veille et brûlant du saint désir de sauver la chose publique, arrivent de bonne heure à la Convention; déjà le ministre de Robespierre, Saint-Just, occupait la tribune, il venait pour y dénoncer les conspirateurs et sauver les honnêtes gens. Citoyens, les conspirateurs que Saint-Just voulait accuser sont les mêmes hommes que Lecointre (de Versailles), continuateur de Robespierre, quoique couvert d'un masque différent, a dénoncés, et les honnêtes gens que Saint-Just prétendait sauver étaient les Dumas, les Fleuriot et la commune rebelle, que la Convention a anéantis.

Ceux que la faction aristocratique accuse de vouloir rétablir le système oppresseur de Robespierre sont les mêmes qui s'opposèrent à la loi du 22 prairial, qui soutinrent que si cette loi passait il ne resterait plus aux patriotes qu'à se brûler la cervelle, et qui, malgré les fureurs de Robespierre, qui descendit du fauteuil du président pour la défendre, parvinrent néanmoins à la faire discuter article par article, et à présenter des réflexions salutaires sur chacun d'eux. Voilà les hommes que la faction accuse de vouloir remettre la terreur à l'ordre du jour; ce sont ceux qui ont mûri dans le secret la perte de Robespierre, et qui, à la grande satisfaction du peuple, sont parvenus à le délivrer du tyran et de ses complices.

La faction aristocratique, ainsi que celle de la Gironde, dit aux riches : Vous avez la suprématie de la noblesse sur la vertu du peuple; aux villes de commerce : Vous avez la prééminence sur les autres communes; à l'Autriche : C'est le dauphin que nous brûlons de placer sur le trône; à l'Angleterre : Nous attendons le duc d'York pour le déclarer roi des Français.

Cette faction, héritière et descendante des Mirabeau, des Brissot, des Hébert, des Fabre-d'Eglantine, des Danton et des Robespierre, obtiendra-t-elle les honneurs du triomphe? Elle a l'audace de se le persuader; quant à nous, ce serait faire outrage au peuple, à l'armée, aux hommes probes de la Convention, que de le penser; ce serait un crime indigne de républicains, que de le croire.

La faction aristocratique, qui se proposait de composer cette Société de ses affidés et de ses partisans, forma d'abord le comité d'épuration; mais cette faction était déjà signalée par l'opinion publique, et bientôt la Société elle-même fit justice de tous les membres qui ne laissèrent que trop apercevoir le bout de l'oreille. Elle ne tendait à rien moins, cette faction, qu'à entraîner les Jacobins dans des démarches inconsidérées; elle cherchait à leur suggérer l'idée de pétitions, dans lesquelles elle n'eût pas manqué de leur faire dire que l'échafaud était tout dressé pour les bouillants patriotes qui siègent sur la Montagne, et qu'il n'y aurait de salut que pour les honnêtes gens.

Mais quels sont ces honnêtes gens, au dire de nos messieurs? Ce sont tous ces oisifs de profession, riches par héritage, ou millionnaires à force de dilapidations, de bassesses et de crimes; égoïstes impitoyables, sybarites outrés, ils tiennent tous table splendide, savourent les mets les plus délicats, sablent les meilleurs vins, plaçant ainsi la vertu dans la sensualité, et la patrie dans leur estomac.

Les honnêtes gens sont encore les aristocrates de toutes les couleurs, les modérés, les indulgents, et enfin ce fameux million de pères nourriciers du peuple. Mais le ci-devant roi, mais la noblesse et le clergé se donnaient aussi le ton de se nommer les pères nourriciers du peuple; or, comme on n'a d'autre but que de faire prévaloir cet absurde et abominable système d'un million d'individus nourrissant, c'est-à-dire tenant en quelque sorte à ses gages vingt-quatre millions de leurs semblables, on a grand soin de flétrir de l'odieuse qualification de conspirateur quiconque ose proposer d'augmenter le nombre des propriétaires, quiconque ose demander qu'il ne se trouve pas dans la république un seul homme qui ne soit à l'abri des rigueurs du besoin, et surtout que la classe toujours rongeante et toujours affamée des opulents administrateurs cesse enfin de piller, manger, dévorer la classe des pauvres administrés. Voilà, citoyens, le vœu de l'homme juste, de l'homme de bien; et c'est ce premier vœu de l'égalité, de la fraternité, dont on ne rougit pas aujourd'hui de lui faire un crime digne du dernier supplice.

Imposteurs! solliciter l'exécution des lois révolutionnaires, c'est, à vous entendre, anéantir les honnêtes gens, et vous, vous y opposer : et puisqu'il vous faut nécessairement faire un choix entre eux et la république, vous ne craignez pas de vous écrier : Périsse la république entière, pourvu que nos honnêtes gens soient sauvés! Mais de ce vœu impie et sacrilège à l'exécution, de l'exécution à la réussite, songez qu'il y a loin encore. Non, non, vous n'obtiendrez point le honteux et criminel succès dont vous vous êtes flattés, car vous avez contre vous et la masse indomptable du peuple, et les baïonnettes étincelantes de l'opinion publique.

Vous ne l'ignorez point, ce n'est ni par des coups de poignard portés dans les ténèbres, ni par des coups de pistolet tirés dans le silence de la nuit que les républicains se vengent; et pourquoi iraient-ils assassiner lâchement leurs ennemis lorsqu'ils sont toujours sûrs de les combattre avec avantage, lorsque pour les vaincre et les écraser il leur suffit de les chasser de la Société, et de les livrer aux remords qui les attendent, et à l'exécration publique qui les poursuit?

D'après ce qui s'est passé au ci-devant Palais-Royal, le jour même où il fut question à la Convention nationale du petit Capet, le jour même où les conspirateurs avaient crié de prendre garde au Temple, on peut dire que la faction dont je parle se propose de rétablir la royauté en France : c'est son dessein, gardez-vous d'en douter; mais elle ne veut pas le réaliser maintenant et sans de grandes précautions, parce qu'elle sait bien que le peuple est là, et que sa masse indomptable est l'écueil où viendraient se briser son abominable entreprise, si elle ne déployait toutes les ressources de son génie pour la bien déguiser. Où veut donc d'abord en venir cette faction qui donne au peuple un million de pères nourriciers? Elle veut commencer par établir les deux Chambres, parce qu'elle sait bien que des deux Chambres au trône il n'y a plus qu'un pas à franchir.

Que vous connaissez mal le peuple, ô vous qui vous imaginez qu'il aura combattu cinq années, qu'il se sera pendant cinq ans exercé à la pratique des vertus les plus austères, qu'il se sera fait une pénible étude de tous les genres de sacrifices et de privations, pour subir lâchement le joug d'un million d'insolents parvenus, érigés en nouveaux tyrans! Le peuple n'aurait-il donc brisé le sceptre et l'encensoir, brûlé les antiques parchemins de la noblesse, déchiré la simarre et la toge des parlements, que pour redevenir, après de si glorieux travaux, l'esclave d'un vil ramas d'égoïstes et de sybarites, qui se gorgeraient de délices, qui s'enorgueilliraient d'un ample superflu, tandis que lui-même, lui souverain, manquerait du strict nécessaire; de riches voluptueux qui, pendant l'âpre saison des frimas, en braveraient toute la rigueur, mollement étendus sur l'édredon auprès d'un large feu, tandis que des milliers de sans-culottes, réduits à souffler sur leurs doigts, se battraient comme des lions sur la frontière, et cimenteraient de tout leur sang le triomphe de l'égalité!

Qu'on ne vienne point nous dire ici que notre but est de dépouiller ces riches: qu'ils gardent leurs richesses, bien ou mal acquises; le peuple ne demande que du travail et du pain, il sait s'en contenter; mais que les riches le laissent du moins jouir en paix du fruit de ses labeurs, de ses fatigues et de ses vertus.

Vous le voyez, la faction millionnaire n'est pas de cet avis : elle a pris l'égalité en horreur, et elle ne veut reconnaître que cette portion de la nation que Lafayette comprenait sous la dénomination de la partie saine par excellence; bientôt vous l'entendrez nous dire qu'il faut que l'artisan et l'ouvrier restent tapis au fond de leurs ateliers; que ce n'est point à eux à se mêler des affaires publiques; et cependant la vérité est que jamais le peuple ne voit ses affaires mieux faites que quand il les fait lui-même.

La faction accuse la Montagne d'envahir l'autorité et de dominer. Certes, le reproche est étrange. Quoi! la Montagne domine lorsque vous la réduisez au silence, à la nullité ou à d'inutiles efforts? La voyez-vous se réunir ailleurs qu'à la Convention nationale et aux Jacobins, c'est-à-dire toujours sous les yeux du peuple? A-t-elle jamais tenu de conciliabules secrets, ou assisté à des banquets nocturnes? Les dominateurs, les décemvirs, tous les hommes qui conspirent contre la liberté de leur pays et l'égalité des citoyens se rassemblent clandestinement dans des lieux ignorés pour ourdir leur trame, s'en distribuer tous les fils, se partager leurs rôles, et se concerter sur leurs moyens d'exécution. Mais les principes seuls réunissent les patriotes, les vrais Montagnards. Les aristocrates adoptent un plan de conduite tout à fait opposé au nôtre, et nous sommes bien fondés à en conclure que les aristocrates veulent anéantir les Jacobins, après eux la Convention, et enfin la république.

Cette vérité est terrible, citoyens; mais que votre courage n'en soit point ébranlé. Le vaisseau de la république, pour être battu par la tempête, n'entrera pas moins triomphant dans le port; et les pilotes, quoique ayant l'air de céder pour un temps à la violence de la tourmente, n'en tiendront pas moins le gouvernail d'une main aussi ferme que constante.

Courage, persévérance, ralliement éternel à la masse pure et imperturbable de la Convention nationale, qui jamais, non jamais, ne sera la dupe des charlatans et des fripons : voilà, voilà le moyen infaillible d'abattre la faction qui met tout en œuvre pour opprimer et détruire la liberté et l'égalité.

Et toi, Paris, cité à jamais célèbre pour ton amour pour la révolution et pour sa faite, rappelle-toi les paroles d'Isnard; apprends que l'aristocratie les regarde comme une véritable prophétie, et que si jamais un dictateur, des triumvirs ou des tribuns usurpaient l'autorité suprême, tes ruines sanglantes seraient le premier monument infâme qui perpétuerait dans le long souvenir des hommes leur cruelle vengeance.

Toujours les tyrans redouteront ton immense population. Tu ne peux exister qu'avec la république une, indivisible et démocratique; ton honneur et ton intérêt te font donc également un devoir pressant de la défendre.

*Ce discours est couvert des plus vifs applaudissements.*

On en demande de toutes parts l'impression.

*Maure :* Je demande aussi l'impression de ce discours, dicté par la sagesse, et qui présage la victoire que la liberté et l'égalité vont bientôt remporter sur l'aristocratie; je souscris pour cent exemplaires.

La Société arrête l'impression, l'envoi aux Sociétés affiliées, aux autorités constituées de la république, aux sections de Paris, et la distribution aux membres de la Convention et aux citoyens des tribunes.

La séance est levée à dix heures.

---

## LITTÉRATURE. — POÉSIE.

*Hymne à Jean-Jacques Rousseau, par Marie-Joseph Chénier, représentant du peuple; musique de Gossec* (1).

LES VIEILLARDS ET LES MÈRES DE FAMILLE.

> Toi qui d'Emile et de Sophie
> Dessinas les traits ingénus,
> Qui de la nature avilie
> Rétablis les droits méconnus;
> Eclaire nos fils et nos filles,
> Forme aux vertus leurs jeunes cœurs,

(1) Cet hymne sera chanté à la fête nationale le 20 vendémiaire.
A. M.

Et rends heureuses nos familles
Par l'amour des lois et des mœurs.

### LE CHŒUR.

O Rousseau ! modèle des sages,
Bienfaiteur de l'humanité,
D'un peuple fier et libre accepte les hommages,
Et au fond du tombeau soutiens l'égalité.

### LES REPRÉSENTANTS DU PEUPLE.

Ta main , de la terre captive
Brisan les fers longtemps sacrés,
De sa liberté primitive
Trouva les titres égarés;
Le peuple, 'armant de la foudre
Et de ce contrat solennel ,
Sur les débris des rois en poudre
A posé son trône éternel.

### LE CHŒUR.

O Rousseau ! etc.

### LES ENFANTS ET LES JEUNES FILLES.

Tu délivras tous les esclaves ;
Tu flétris tous les oppresseurs ;
Par toi , sans chagrins, sans entraves,
Nos premiers jours ont des douceurs.
De ceux dont tu pris la défense
Reçois les vœux reconnaissants ;
Rousseau fut l'ami de l'enfance,
Il est chéri par les enfants.

### LE CHŒUR.

O Rousseau ! etc.

### LES GÉNEVOIS.

Tu vois près de ta cendre auguste
Tes amis, tes concitoyens;
Philosophe sensible et juste,
Nos oppresseurs furent les tiens;
Et dans ta seconde patrie
Genève agitant ton drapeau,
Genève, ta mère chérie,
Chante son fils, le bon Rousseau

### LE CHŒUR.

O Rousseau ! etc.

### LES JEUNES GENS.

Combats toujours la tyrannie,
Que fait trembler ton souvenir;
La mort n'atteint pas ton génie,
Ce flambeau luit pour l'avenir.
Ses clartés pures et fécondes
Ont ranimé la terre en deuil ;
Et la France, au nom des deux Mondes,
Répand des fleurs sur ton cercueil.

### LE CHŒUR.

O Rousseau! modèle des sages,
Bienfaiteur de l'humanité,
D'un peuple fier et libre accepte les hommages,
Et du fond du tombeau soutiens l'égalité.

---

## CONVENTION NATIONALE.

### *Présidence de Cambacérès.*

#### SUITE A LA SÉANCE DU 27 VENDÉMIAIRE.

*Suite du rapport de Grégoire sur les encourage-
ments à accorder aux savants, aux gens de lettres
et aux artistes.*

La France esclave était l'asile des rois ; la France
purifiée sera l'asile des hommes.

Là seront accueillis tous les amis des mœurs, des
sciences et de la liberté. Encouragez les jeunes talents qui promettent des résultats précieux à la patrie ; récompensez ceux qui, entonnant des hymnes
républicains, pénètrent les âmes d'un saint enthousiasme ; ceux qui, par les charmes de la belle littérature, enrichissent la langue, épurent le goût et mo-
ralisent la nature ; ceux qui, perçant dans la nuit
des temps, ou franchissant les obstacles qu'oppose
la disparité des lieux et des idiomes, reviennent
chargés des dépouilles étrangères, et nous transmettent l'expérience des siècles et des pays ; ceux qui,
s'élançant dans le laboratoire de la nature, nous ré-
vèlent les confidences qu'elle leur fait, grossissent
le trésor de nos découvertes, ajoutent une vérité
utile, un sentiment pur au dépôt des siècles, et agran-
dissent nos moyens de bonheur.

« Les lettres, disait Machiavel, marchent après les
armes. »

Nous avons dérangé tant d'axiomes de l'ancienne
politique, que celui-ci peut subir le même sort.

Sans doute, parmi les gens de lettres, il en est qui
répugnent au métier de la guerre ; ils suivraient
plutôt Horace, jetant son bouclier à la bataille de
Philippes, que Meunier se faisant tuer à Mayence ;
mais ceux qui ne se jettent pas dans la mêlée, après
avoir au moral formé l'avant-garde et servi d'éclai-
reurs, peuvent encore remplir glorieusement leur
tâche.

Ils ont commencé la révolution, ils concourront à
son achèvement ; il faut que, d'après les données acquises, calculant les destins futurs d'une nation entièrement rajeunie, ils impriment à l'opinion publique un mouvement capable de soutenir l'énergie
républicaine.

Après les paroxysmes de la guerre, il faut que la
philosophie vienne cicatriser les plaies faites à l'humanité, et faire chérir la liberté que tant de gens ont
voulu faire haïr, dans cette lutte de vingt-quatre
millions d'hommes contre deux ou trois cent mille
fripons.

La hache révolutionnaire a fait un abattis général;
les abus sont tombés : il s'agit actuellement de
créer : c'est là surtout où éclate la sagesse du législateur : il était peut-être plus facile de faire une nuit
du 4 août que de créer une bonne loi.

Quelques branches des sciences sont à peine ébau-
chées ; la géologie, la météorologie, l'acoustique, la
statique, l'acclimatement des espèces animales et végétales, l'anatomie comparée, la chimie appliquée
aux arts, le traitement des mines, sont en général
peu avancés.

Ce que nous savons est peu de chose, comparé à
ce que nous ignorons, et qu'il serait utile de découvrir; accélérons le développement de toutes les idées,
et ne laissons que le moins possible de lacunes dans
le tableau des connaissances humaines.

Quelques ouvrages sont à refaire ; il vous faut un
nouveau théâtre, une histoire nouvelle, un nouveau
dictionnaire de votre langue ; le triage de vos archives, de vos manuscrits, est une entreprise vaste et
utile, même en finances. Vos cartes minéralogiques,
vos cartes marines, la sonde de vos côtes, sont in-
complètes ; l'hydrographie et le pilotage ont encore
une longue carrière à parcourir. Il est urgent de
mettre la main à l'œuvre, et de continuer les travaux commencés de plusieurs savants et de plusieurs
ci-devant académies. En cela vous ne ferez qu'exécuter les dispositions de votre décret du 28 nivose,
qui ordonne l'ouverture d'un concours pour toutes
les parties des sciences et des arts.

Il n'y a presque plus d'ouvrages périodiques qui
servent de dépôt aux inventions nouvelles et qui

tracent la marche de l'esprit humain. Le *Journal encyclopédique* est suspendu, ainsi que les *Annales de Chimie* et le *Journal des Savants*, le père de tous les autres. Ceux qui ont cours semblent, pour la plupart, éviter avec affectation tout ce qui peut alimenter le goût des sciences, des arts et même de la morale. Une nouvelle vraie ou controuvée, une dispute hideuse trouvent toujours place dans leurs feuilles. Quand y verra-t-on l'analyse d'une discussion lumineuse et des morceaux qui respirent l'amour brûlant des arts, de la patrie et de la vertu? Serait-il donc indigne de la Convention nationale de s'occuper à réorganiser cette branche de l'instruction nationale, où le peuple pompe tous les jours l'opinion qu'il doit avoir sur les hommes et sur les choses? Quand on rappelle la nécessité d'abreuver sans cesse les citoyens d'idées saines, de principes lumineux, de maximes vertueuses, on est sûr d'exprimer le vœu des représentants du peuple.

Il est un autre objet qui appelle votre sollicitude: ce sont les voyages. Ceux de Bougainville et Lapeyrouse ont honoré le nom français. Les belles époques à citer que celles de 1736, 1761, 1769! Des colonies de savants se partagèrent le globe pour déterminer en Sibérie, en Asie, en Amérique, la figure de la terre, ou pour observer le passage de Vénus sur le disque du soleil. Il est fâcheux que tant de gens éprouvent de la surprise quand on leur dit que, pour établir le système des poids et mesures, il a été utile de mesurer un degré de méridien près de Torneo, un autre près de Quito. Les voyages minéralogiques de Jars ont coûté peut-être 50,000 liv. ; mais à coup sûr ils ont valu des millions à la France. Plusieurs centaines de végétaux inconnus enrichissent nos jardins botaniques, depuis que Desfontaines et Dombey ont mis à contribution, celui ci le Pérou, celui-là le mont Atlas. Mais en ce moment peu d'hommes voyagent par ordre du gouvernement, car, après les deux frégates commandées par Entrecasteaux, on ne voit à citer qu'Olivier et Bruguières, qui, dernièrement, faute de secours, se sont trouvés dans une grande détresse en Turquie.

Dombey, après nous avoir transmis environ un millier de plantes du Pérou qui n'avaient jamais été décrites, allait faire une moisson dans les Etats-Unis. Nous venons d'apprendre que dans la traversée il a été pris par un corsaire, qui l'a conduit à la petite île Mouserra, où il est mort. Législateurs, vous accorderez des regrets à Dombey, car il a aimé et servi sa patrie.

Les sciences et les arts étant le besoin de tous les temps, le bien public commande l'emploi de tous les moyens propres à les faire fleurir. Ecartez les intrigants qui s'agitent partout, et assiégent le gouvernement pour éclipser et supplanter les hommes à talents; sortez le mérite toujours timide, toujours modeste, de l'obscurité dont il s'enveloppe. Pour effectuer les travaux que nous avons indiqués, entourez-vous de tous les hommes capables d'y concourir; vous goûterez la double satisfaction de faire une chose utile à la patrie et d'arracher aux tiraillements de la faim des hommes estimables, qui seront ravis de pouvoir consacrer leurs talents à la république.

Les savants ne demandent pas de richesses: la précieuse médiocrité d'Horace sera toujours leur devise. Cependant nous devons observer que communément les places qui exigent le plus de talents sont le plus mal rétribuées. Un expéditionnaire a des appointements de 3,000 et même de 6,000 liv., tandis qu'un professeur, qui n'obtient sa place qu'après vingt ans d'études préliminaires, et qui n'en remplit utilement les fonctions qu'au moyen d'un travail continuel, ne pouvant concilier deux traitements modiques, quoique souvent surchargé de commissions scientifiques, n'ayant alors qu'un revenu très-étroit, est toujours dans un état voisin de la détresse. Eh ! qui voudrait désormais entrer dans cette carrière, si, après une course pénible, le but ne lui montrait qu'une perspective affligeante?

Voulez-vous que la république soit bien servie? Que les traitements soient proportionnés à l'étendue, à l'importance du travail. Alors, dans toutes les places où l'on peut influencer puissamment l'opinion publique, et donner une haute idée de la nation, vous aurez les hommes les plus forts de l'Europe, des Bignon pour les bibliothèques, des Maillet pour les consulats, des Grotius pour les négociations, etc. ; et c'est ainsi qu'en faisant le bonheur des individus on travaille à celui de l'espèce.

Vous avez détruit des corporations, où la grandeur imbécile et fastueuse siégeait à côté du génie, et qui, étant légalement instituées, aspiraient quelquefois au monopole des talents. Mais sans doute vous favoriserez les Sociétés libres qui commencent à s'organiser pour hâter les progrès de la raison humaine.

Leur accorder un local pour la tenue de leurs séances, réunir près d'elles tous les moyens scientifiques ; faciliter leurs correspondances avec les autres savants du globe ; faire des avances pour des ouvrages d'un mérite reconnu, et qui exigent une mise de fonds dont la rentrée ne se fait que lentement, comme des gravures pour l'histoire naturelle, des ouvrages de haute science, dont le tirage est peu nombreux, et qui, quoique très-utiles, n'ont guère qu'une édition, parce que la profondeur des sujets traités les rend accessibles à peu de lecteurs; faire imprimer de bons livres aux frais de la nation, et récompenser les auteurs en leur donnant l'édition totale, ou en partie, ces moyens sont en votre pouvoir.

Vous avez fait beaucoup pour la peinture et la sculpture. Les découvertes dans les arts et métiers ont eu annuellement 100,000 écus distribués, d'après les jugements du bureau de consultation des arts: mais les savants et les gens de lettres, privés des faibles ressources que leur assuraient les fonds des ci-devant académies, rentrés dans la main de la nation , n'ont encore obtenu que le décret du 20 pluviose, c'est-à-dire que des promesses. Il s'agit de les réaliser.

Au milieu de nous il existe des individus célèbres, à qui l'histoire a dérobé leurs noms ; il en est plusieurs que vos décrets ont placés sur la liste de ceux qui ont droit à la munificence nationale, et la plupart sont dans l'indigence. Non , vous ne laisserez pas le génie dans l'attitude de la misère; vous le dédommagerez des arrérages, vous le consolerez des outrages, des persécutions qu'il vient d'essuyer, et ces hommes, presque tous vieillards, ne descendront au tombeau qu'en bénissant la révolution et les fondateurs de la liberté.

D'après ces considérations, nous vous proposerons d'accorder pour les savants, gens de lettres et artistes, 100,000 écus , somme égale à celle qui est accordée pour les arts et métiers.

Nous finirons par examiner quels sont ceux à qui l'on doit décerner des encouragements et des récompenses. La chose doit être examinée d'après le moral individuel de l'homme, et d'après la nature et le mérite de ses ouvrages.

En considérant la chose sous ce double aspect, vous repousserez ces hommes qui , sous une cour, rampaient dans les antichambres, et dont l'ambition n'a fait qu'adopter une nouvelle tactique sous le régime républicain.

Vous repousserez quiconque insulte par un comduite à la majesté des mœurs ; car , il faut le répéter, le vice est vraiment contre-révolutionnaire. En admirant les talents de Salluste et de Sonderson, nous eussions imprimé sur leur front une flétrissure ineffaçable.

Nous l'imprimerons aux écrits licencieux ou attentatoires aux droits du peuple. L'homme est moins grand par son génie que par l'usage qu'il en fait ; les talents ne peuvent être neutres ; nécessairement ils sont avantageux ou funestes. Le talent décidé, le talent vertueux et patriote doit seul appeler vos regards.

Par là même se trouvent également exclus ces plats écrivains qui , après avoir menti à la nature et manqué leur vocation, se prétendent de grands hommes pour avoir été justement repoussés par une académie. N'eussent-ils pas été bien plus utiles en faisant de bons souliers que de mauvais vers ou un journal, comme il en est encore, souillé de charades et de logogriphes ? C'est beaucoup de ne pas décerner contre eux un placard d'ignominie. Aux jeux olympiques, celui qui avait fait le plus mauvais ouvrage payait une amende.

A ces exceptions près, vous appellerez aux récompenses nationales tous les savants, gens de lettres et artistes, conformément aux dispositions du décret du 22 août 1790. Il y a fraternité entre toutes les sciences et tous les arts. Vous avez décrété qu'il serait accordé des récompenses aux auteurs des meilleurs livres élémentaires. C'est la science mise en monnaie ; mais ceux qui nous ont procuré les lingots sont nos premiers bienfaiteurs. L'art social , perfectionné par Jean-Jacques et Mably, ne tient-il pas un rang honorable dans la série des connaissances ? Une bonne tragédie n'a-t-elle pas son mérite, ainsi qu'une bonne machine ? Les découvertes par lesquelles la médecine et la chirurgie adoucissent les fatigues et cicatrisent les blessures de nos guerriers ; en un mot, tout ce qui peut reculer les bornes de nos connaissances et améliorer le sort de l'espèce humaine , ne sont-ce pas là des travaux qui concourent puissamment au bonheur de la société ?

Que la justice nationale se hâte donc de secourir des hommes auxquels il ne manque, pour être grands à nos yeux, que de n'être pas nos compatriotes et nos contemporains. Que la postérité n'ait pas à nous reprocher d'avoir laissé languir dans l'indigence des hommes dont plusieurs ont préféré une terre libre aux offres séduisantes des cours. Il n'est pas jusqu'à Tippoo-Saïb qui ne vous les ait enviés; et l'un d'eux, le jeune Willemet, qui donnait les plus hautes espérances, est allé mourir à Seringapatnam. Nous serions déshonorés, si nos savants, contraints à chercher leur subsistance sur des rives étrangères, avaient plus à se louer des caresses du despotisme que de la justice républicaine.

Rendez l'existence à des hommes couverts de gloire et de malheurs ; soyez sûrs que la France , l'Europe et la postérité seront de votre avis. Saisissez toutes les occasions d'inculquer au peuple que, si les lumières étaient détruites , la liberté s'ensevelirait dans le même tombeau. En dernière analyse , les récompenses accordées aux talents utiles sont un bienfait envers la société ; car elles sont l'objet d'un contrat dont les clauses sont à notre avantage. Une valeur pécuniaire pourra-t-elle jamais balancer une erreur rectifiée , une vérité acquise ? Ayons la bonne foi d'avouer qu'après avoir décerné des prix au génie , nous resterons ses débiteurs.

Voici le projet de décret :

« La Convention nationale , après avoir entendu le rapport de son comité d'instruction publique, décrète :

« Art. Ier. Sur les fonds mis à la disposition de la commission d'instruction publique, il sera pris jusqu'à la concurrence de 100,000 écus, pour encouragements, récompenses et pensions à accorder aux savants, aux gens de lettres et aux artistes dont les talents sont utiles à la patrie.

« II. Le comité d'instruction publique présentera sans délai un rapport sur le mode de répartition de cette somme, et la Convention nationale prononcera définitivement. »

Ce décret est adopté.

Boissy d'Anglas demande que le nom de Dombey, que le désir d'acquérir des connaissances utiles à son pays a fait traverser les mers, et qui a péri dans ses voyages, soit inscrit sur la colonne élevée dans le Panthéon.

Cette proposition est renvoyée à l'examen du comité de salut public.

Dubouchet demande l'exécution du décret par lequel la Convention avait décaré que , trois jours par décade, elle s'occuperait de l'instruction publique et de l'organisation des écoles primaires.

Massieu annonce que , sous trois jours, le comité d'instruction publique soumettra son travail à la Convention.

***Discours sur la morale calculée, prononcé le 17 vendémiaire par Lavicomterie.***

Citoyens, après mille siècles d'erreurs, de crimes et de calamités ; après mille siècles d'une dépravation profonde et générale dont l'homme fait à la nature auteur ou complice , je viens vous parler un instant de ses lois immuables et justes comme elle : je viens vous parler de morale , de vertu , du bonheur qui l'accompagne ; je vais tenter d'adoucir, de soulager les maux que les tyrans de l'humanité lui ont fait.

De futiles orateurs, des fous , des charlatans de toute espèce , lâches et coupables fauteurs de la tyrannie, traînèrent trop longtemps après eux la foule des humains, leur donnèrent de leurs mains sacriléges des recettes barbares , des poisons pour remèdes.

On vit de loin en loin quelques philosophes lutter contre l'erreur , contre la perversité publique ; après de vains efforts , le torrent les entraîna, les engloutit.

Alors l'œuvre fatale au monde fut consommée; le double monstre de l'esclavage et du fanatisme sembla le frapper pour jamais d'aveuglement, de fureur et d'effroi. Alors le sort du sage isolé , seul perdu dans l'univers, fut affreux; contraint de cacher, de dévorer ses larmes , il n'eut que le ciel pour société, et pas un ami sur la terre. Socrate boit la ciguë que lui prépare un prêtre de Cérès; et je vois en morale, depuis Socrate jusqu'à nos jours, un vide de trois mille ans.

On n'en parla jamais tant dans l'Inde, dans la Grèce et dans Rome que dans notre Occident; depuis l'irruption des barbares de l'empire romain , depuis le funeste concile de Nicée, où présidait un parricide (1), il n'y eut pas de sacristain, de prétendu docteur, de plat anachorète qui ne parlât de la morale.

(1) Constantin-le-Grand , qui convoqua en 325 le concile de Nicée, avait fait mourir son fils Crispus.

25

Je viens après eux exposer devant la Convention des idées simples sur la science des mœurs ; heureux, si quelques réflexions que m'a dictées l'amour la nature, l'amour de l'humanité, peuvent servir à son bonheur.

J'essaierai de calculer par quels moyens on peut diminuer la somme effrayante d'horreurs, de crimes et de perversité ; par quels moyens on peut diminuer par conséquent la masse énorme d'infortunes publiques et particulières qui en sont la suite inévitable et méritée. Ces moyens seront simples, seront pris dans les ressorts primitifs, dans les rapports nécessaires de l'homme avec l'homme. Je tenterai enfin de remonter la pensée primordiale, la raison immuable ; j'oserai me ressaisir du fil de la nature, abandonné depuis de longues révolutions.

Si j'épargne un soupir au civisme, à la vertu ; si j'empêche une larme de couler, je meurs content, et mon but est rempli.

La morale ne fut jamais dans les recueils poudreux des Puffendorf, des Quesnel, des Grotius ; encore moins dans cet amas gothique et barbare de distinctions, de sophismes, des Thomas, des Augustin, des Jérôme. Ces charlatans, jadis si révérés, ont indignement confondu toutes les notions du juste et de l'injuste, du vice et de la vertu. Ces révérends fous ont rempli pendant quinze cents ans l'Europe de leur démence ; et plût au ciel que leurs visions n'eussent été que ridicules ! Mais les fureurs sacerdotales, les fureurs de l'école, excitées, allumées par eux, ont semé, ont couvert l'Europe entière, une partie de l'Afrique, de l'Asie et du Nouveau-Monde, des membres déchirés, des lambeaux noirs et sanglants des chrétiens stupides, féroces et malheureux.

Mais enfin, après quinze siècles de carnage, après quinze siècles de larmes et de sang, la philosophie a brisé le sceptre de fer, a brisé le poignard du fanatisme dans ses mains parricides ; mais enfin la raison a mis un terme à leur atroce folie, a fermé les plaies profondes qu'ils avaient faites à l'humanité ; mais un ressouvenir long et cruel, une cicatrice affreuse en restera longtemps encore.

Je n'attaquerai point la dépravation successive, presque éternelle par l'immortalité du souffle qui nous anime, ni par l'existence toujours agissante, toujours présente de la nature, qui peut, fait, détruit tout pour le refaire encore. Ces idées, ces vérités, consolantes pour la vertu, ne frappent pas un coup assez fort pour arrêter des grands criminels la fatale énergie.

Citoyens, il n'importe pas au bonheur de la république et du monde de sonder les abîmes sans fond de la métaphysique, mais de trouver sur la terre un point d'appui, un principe démontré, d'où découle invinciblement la félicité publique, auquel les lois rappellent, se rattachent sans cesse, si vous voulez que la liberté triomphe du temps, des secousses et des révolutions.

Il est des empires, il est des agrégations d'hommes qui, sous le nom même de républiques, sont dans un état de vieillesse, de caducité permanente. Semblables à un corps rachitique, ils se soutiennent par des efforts inouïs pendant quelques générations, ce qui n'est qu'un point dans le torrent inépuisable des siècles et des jours ; et cet état malheureux n'est dû qu'au défaut de lois qui reposent sur la morale.

La créance des supplices éternels en intensité et en durée, destinés aux coupables, le Tartare, l'Achéron des anciens, n'attestent que l'impuissance des législateurs, ne présentent que l'ignorance mille fois démentie des prêtres, des fourbes qui les ont inventés.

Il n'y a pas de vieille, il n'y a presque pas un enfant qui ne sache aujourd'hui que ces contes, que ces impostures ont fait le tour du monde sans le rendre meilleur.

J'attaquerai donc, je renverserai des tréteaux anciens et modernes ; je détruis, je chasse devant moi des fantômes bizarres et cruels ; je mets à leur place les lois primitives, sur lesquelles sont posées, sont établies les bases immuables de la société ; je mets à la place d'une doctrine mystique et mensongère la raison qu'on entend d'un pôle à l'autre ; la raison, la morale, la liberté, l'égalité, l'humanité, la nature, voilà les divinités que j'adore, voilà les divinités qui consoleront la terre des maux que lui ont faits les tyrans et les prêtres.

Tout ce qui fut, est et sera, l'auteur inexplicable, inexpliqué de la nature, ne peut être rendu par un emblème. Des emblèmes furent toujours, seront encore les dieux des fanatiques et des fripons.

Les planètes, que les peuples antiques de la Chaldée ne consultèrent d'abord que pour fixer le retour, la fin éternelle des saisons ; l'astre étincelant qui, sans s'épuiser, roule dans l'espace infini la lumière par torrents, qui les roule depuis des millions d'années ; ce globe de feu qui, dans sa vieillesse immortelle, donne la vie, détruit, fait tout renaître ; le soleil que les anciens Persans révérèrent d'abord comme l'auteur de la fécondité de la terre, eut bientôt ses mages, ses charlatans et ses prêtres.

L'Egypte consacra dans l'origine le bœuf comme un animal nécessaire au labour ; l'oignon, comme une plante salutaire ; dans l'Inde, la vache fut révérée comme un animal utile ; et tout a fini par être adoré ; tout emblème a dégénéré en superstition grossière, en vile idolâtrie.

Il est temps d'achever de détromper les vieux enfants de la terre, de ne plus montrer aux hommes des fantômes qui égarent, qui faussent leur raison ; il est temps de marcher devant eux, la morale calculée à la main ; cette morale, et le chef-d'œuvre, et une combinaison admirable, et le digne ouvrage de la nature, est le digne ouvrage de ce Dieu que le prêtre outrage, méconnaît, et que tout annonce.

Il faut donc forcer les hommes d'être vertueux par leurs propres intérêts, leur faire voir que leurs besoins et leurs devoirs sont liés d'une chaîne indissoluble qu'ils ne peuvent tenter de briser sans se rendre malheureux ; et le problème du bonheur du monde est résolu, parce que le bonheur et la vertu sont inséparables. Malheur éternel à qui peut en douter !

Calculons par quelle magie, par quel vœu tacite de la totalité des êtres, tout scélérat se donne bien des tourments pour n'être que malheureux ; et si la démonstration, si le calcul est évident, il embrassera nécessairement la vertu, parce que nul individu ne travaille pour le malheur. Je ne peux donner dans ce discours qu'un aperçu rapide de preuves ; je laisserai à des mains plus heureuses le soin, la tâche honorable d'achever le code du genre humain, le catéchisme respectable de la morale.

Je ne dirai point à l'homme, comme les prêtres, comme les fourbes de tous les siècles : Dieu, la nature te pardonnera tes crimes si tu observes tel rit, si tu pratiques telle cérémonie, si tu fais telle expiation, etc. ; je lui dirai, au contraire : Non, il ne te pardonnera point ; la grâce n'est pas en sa puissance. Un crime commis, il n'en peut empêcher les effets qui retombent sur ta tête, il n'en peut empêcher le résultat inévitable qu'il y a attaché en créant les hommes, en créant la morale, qu'il ne peut changer. Il est moins impossible que la race des hommes périsse tout entière que la morale, tant que les hommes, tant que deux hommes existeront. Cette vérité profonde est le grand ressort de l'univers moral.

Au lieu de ces fourberies antiques et cruelles dont des prêtres menteurs ont aveuglé l'homme malheureux, ont aveuglé jusqu'au sauvage errant dans les forêts, je lui dirai :

« O toi qui cherches le bonheur dès l'instant que tu vois le jour ; qui ne peux vaincre, quoi que tu fasses, ce désir inné, énergique et tout-puissant, obéis à cette loi générale, à ce ressort admirable, unique et suprême, par qui la nature fait mouvoir, conduit, régit, perpétue l'univers animé ; elle l'a profondément gravée dans ton cœur ; elle en a fait un mode invincible, nécessaire à ton existence, à ta conservation.

« Sois donc heureux ; mais souviens-toi que tu marches dans la même route que le reste des humains ; sois donc heureux, mais souviens-toi que tu ne peux l'être tout seul ; la somme de ton bonheur a pour limite le bonheur de ton semblable ; si tu veux la franchir, les tourments, les haines, les vengeances s'accumuleront sur ta tête ; l'atteinte que tu porteras au bonheur destiné à chaque individu ne te donnera que des soucis, des suppliées et des remords. Leur vengeance sera ou publique, ou secrète, ou lente, ou précipitée, mais toujours inévitable : tel est l'ordre du destin, auquel tu ne peux te soustraire. »

Les exemples ne manqueront point à l'appui de ce principe, de cette vérité démontrée en morale. Les grands scélérats en fourniront la preuve dans le cours de leur vie, dont la fin a presque toujours été publiquement tragique.

Que quelques hommes inattentifs et légers ne s'abusent point par l'apparence du crime fortuné. Qu'ils l'interrogent, et qu'il réponde au terme fatal de la vie, qu'ils lui demandent s'il fut heureux. Il répondra en soupirant : « Hélas ! je suis désabusé trop tard ; je n'ai eu qu'inquiétudes, anxiétés, angoisses, et pas un jour serein, pour prix du crime qui m'avait promis et dont j'avais attendu le bonheur. » Voilà la punition secrète, temporelle, attachée au crime par la nature, à laquelle on ne peut échapper.

Ces vérités, ces supplices présents, inévitables, entre les mains d'hommes sensibles, éloquents, vertueux, vaudront bien les tortures destinées, dit-on, aux criminels après qu'ils auront cessé d'être, dont au moins l'éloignement diminue l'étendue, la réalité et l'effet.

La nature, on n'en peut douter, sans croire que le monde n'est point arrangé suivant des combinaisons dont le détail échappe, mais dont l'ensemble frappe l'homme le moins attentif ; la nature, dis-je, a créé le bonheur, que les tyrans ont presque effacé de la terre ; cette vérité consolante est démontrée au raisonnement ; le bonheur est le maintien de l'ordre, est le maintien de l'arrangement éternel ; le malheur ou le crime, car ils sont identifiés, sont le désordre qu'amènent les passions fatales.

Je dirai donc à l'enfant de la nature : « Si tu veux jouir de quelque félicité, évite tout penchant dépravé ; vois le front jauni, pâle, livide de ce malheureux nourri de fiel, de soucis et de haines ; considère ses lèvres mornes frémissantes : comme tous ses traits sont frappés d'une empreinte funeste ! Ton cœur sensible souffre de ses douleurs : eh bien, descends dans le fond de son âme, vois la cause de ses tourments honteux et secrets ; c'est là que la nature a buriné la vérité terrible. Lis : « La prospérité de mon frère, le succès d'un rival, que je n'ai pu abaisser, fait de ma vie un long supplice, et creuse mon cercueil..... »

Eh ! cruel ! eh ! malheureux ! ne vois-tu pas que ton désespoir est ton ouvrage ; que la cause affreuse n'en est que dans ton cœur, que tu n'as qu'à vouloir pour cesser d'être malheureux,

Te faut-il donc plus d'efforts pour aimer que pour haïr ? Veux-tu recouvrer le bonheur que tu as banni d'autour de toi ; reviens à la nature, reviens aux sentiments généreux, honnêtes, vertueux.

Sois donc humain, doux, indulgent ; ces vertus te sont nécessaires pour vivre avec des êtres aussi faibles que toi ; sans elles la vie n'est qu'un tourment ; sans elles, la société ne serait qu'un état de guerre plus ou moins ouvert, qu'un affreux conflit de toutes les passions.

Au lieu d'être en proie aux convulsions du crime, au lieu d'être occupé de ses combinaisons cruelles, essuie les larmes de l'indigence honnête, aide de tous tes moyens le mérite obscur et oublié, soutiens l'infortuné que son destin accable ; songe qu'il peut un jour t'accabler comme lui, songe enfin que tout malheureux a droit à tes bienfaits.

Mais ce n'est pas assez, pour t'attacher les cœurs, de répandre tes dons, tes richesses ; aime si tu veux avoir des amis ; sache supporter leurs défauts ; excuse leurs faiblesses, nul n'en est exempt ; apprends à pardonner si tu veux qu'on te pardonne ; sois juste, parce que, sans la justice, le monde ne serait qu'un chaos de crimes et de malheurs ; sois reconnaissant, parce que l'ingratitude tarit les bienfaits et dessèche les âmes ; sois modeste, garde-toi de te préférer aux autres ; l'orgueil heurte l'orgueil, et révolte tous les cœurs généreux ; réprime les transports d'une injuste colère, si tu veux que tes actions, guidées par la sagesse, ne te causent point de regrets. L'homme irascible fait quelquefois, en un instant, le malheur de sa vie. Fais rougir celui qui t'outrage, et t'en fais un ami.

Je n'irai point, en pieux atrabilaire, défendre à l'homme les plaisirs que la nature a faits pour lui, a semés sous ses pas, quand il en peut jouir sans troubler le bonheur commun et sans se nuire à lui-même. Je lui dirai : Use, n'abuse point ; les gémissements, les regrets, une vieillesse précoce et douloureuse t'attendent, si tu accumules en un instant les plaisirs que la nature a créés pour être répandus sur le cours de la vie. Je lui dirai : Si tu te livres avec excès, si tu t'abandonnes aux voluptés, à l'intempérance, la nature te punira en abrégeant tes jours.

Garde-toi d'oublier, garde-toi de blesser les devoirs sacrés de la nature ; elle vengerait ses lois outragées, à la fin de ta carrière, par l'abandon cruel et juste de ceux à qui tu donnes le jour. Rends donc à ton vieux père les soins qu'il a prodigués à ton enfance ; sois fils tendre, époux, ami fidèle, si tu veux qu'on le soit envers toi. La fidélité alimente la confiance, et la confiance réciproque diminue les chagrins, fait le charme de la vie.

Que la vérité soit empreinte dans tous tes discours. Garde-toi de tromper ; le mensonge est un vice honteux ; le mensonge fait rougir l'homme devant l'homme, la honte, le mépris est le digne salaire du fourbe, de tout imposteur ; enfin, si tu trahis, tu invites à te trahir.

Que le malheur, que l'humanité t'intéressent ; laisse échapper de tes mains tout ce que l'homme, dans l'infortune, a droit d'attendre d'une âme sensible et vertueuse. Si cette maxime sacrée est générale est empreinte dans tous les cœurs, il se fera une action et réaction de bienfaits, dans lesquelles tu auras une part nécessaire.

Répands sur le métier et le travail tes richesses, ton or, qui, sans cet usage, n'est que méprisable ;

sois sûr que le malheur ne peut être le partage de l'homme qui rend l'homme heureux. Rien ne peut lui enlever un bonheur indépendant de la fortune et du suffrage des humains ; son bonheur est dans son âme, dans son âme où règnent le contentement intérieur, le calme et la paix.

Sois citoyen ; défends, aime par-dessus tout ta patrie ; meurs, s'il le faut, pour la sauver ; il est doux de mourir pour elle. Ne souffre pas qu'elle retombe sous le joug des rois, des tyrans et des prêtres ; arrache-la des mains abjectes et cruelles des intrigants, des fripons et des traîtres ; songe que, sous leur règne méprisable, tu ne serais plus qu'un forçat qui baignerait de pleurs la rame à laquelle ils t'auraient attaché ; que la liberté achetée par des flots de sang de tes frères serait peut-être pour cent siècles exilée de la terre.

N'envie point le triomphe passager, le bonheur apparent du crime, de la tyrannie insultante. Garde-toi de désirer le fatal avantage d'opprimer tes semblables ; les remords, les tourments, la honte sont les fruits amers et cruels de l'ambition. L'oppresseur, un tyran, arme contre lui tous les bras d'un peuple généreux ; le tyran frémit devant le citoyen intrépide et qui ne craint pas la mort.

Enfin, la nature punit les crimes de la terre par des tourments terrestres temporels, soit physiques ou moraux.

Elle récompense la vertu par un bonheur temporel, soit physique, soit moral.

La honte, les terreurs, les remords sont les compagnons inséparables du crime, et les exécuteurs des vengeances terribles et secrètes de la nature.

Le suffrage des âmes honnêtes, l'intérêt, l'amour, l'estime publique, le respect même arraché au crime, sont des monuments durables érigés par elle à la vertu, indépendants des hommes.

Ses motifs sont l'intérêt évident de chaque individu, de chaque société, de toute l'espèce humaine, dans tous les temps, dans tous les lieux, dans toutes les circonstances ; son objet est la conservation, le calme et le bonheur de tous les hommes. Voilà un abrégé rapide des bases de la morale de la nature.

Je suis convaincu qu'il n'est pas d'autre moyen de rendre à la terre le bien-être et la paix, que des idées fausses et mensongères en ont bannis, que cette morale calculée qu'il faut graver dans le cœur de l'enfance ; il faut lui répéter souvent ces vérités sensibles; il faut lui mettre dans les mains des livres où elles soient démontrées par le raisonnement éternel ; que des exemples frappants, que des faits les plus récents viennent l'appuyer.

Si nous avions une échelle morale de perversité, nous aurions précisément le degré de supplice, et si je peux m'exprimer ainsi, le tarif du malheur d'un criminel.

Si nous pouvions descendre d'un point connu de probité, de perfection, de vertu, à tel individu, nous aurions la somme de son bonheur.

Si l'homme pouvait voir comme la nature, l'ensemble de ces détails n'échapperait point à sa sagacité; mais il n'y a que le principe qui lui soit connu, moralement démontré. Citoyens, si ces moyens, si ces conceptions trompaient nos espérances, il faudrait, en répandant des larmes, répéter avec ce Romain abusé, sensible et outrageant les dieux : « Le bonheur, la vertu ne sont que des fantômes. »

Mais non, législateurs, il est digne de vous de donner, et vous donnerez au peuple que vous représentez un code de lois appuyées sur la morale, sur la vertu.

Il faut, pour propager ces principes sacrés, seul fondement de la société, établir des chaires de morale calculée à la place de ces tréteaux de théologie, qui ont si longtemps désolé la terre, qui ont été les ateliers honteux et redoutables où le mensonge, l'hypocrisie, l'ignorance forgeaient, au nom du ciel, les chaînes de la terre ; d'où sont sortis l'humiliation, les malheurs, le long avilissement des siècles.

Celui qui fera ce code de la morale, qui fera un tableau, une échelle approximative des crimes et de leurs supplices, aura bien mérité du genre humain.

Je propose à la Convention de décréter :

« Art. Ier. Tous les savants sont invités de donner à la Convention nationale une échelle graduée des délits, et des tourments qu'ils traînent après eux sur la terre.

« II. Tous les ouvrages seront envoyés au comité d'instruction publique, qui sera chargé d'en faire un rapport à la Convention.

« III. Tous les membres de la Convention pourront avoir recours aux originaux.

« IV. Chaque ouvrage ne pourra excéder cent pages in-8°.

« V. Le concours sera ouvert le 30 vendémiaire, et fermé le 1er messidor.

« VI. La Convention accorde une palme civique à l'auteur dont l'ouvrage lui paraîtra digne d'être proclamé, et en outre une somme de 12,000 livres ; ou on renverra à un second concours. »

L'assemblée décrète l'impression et le renvoi au comité.

La séance est levée à quatre heures.

— N. B. Dans la séance du 19, Thuriot, au nom du comité de salut public, a annoncé la prise de Cologne. L'ennemi a été obligé de passer le Rhin et de nous abandonner les lieux les plus avantageux pour les quartiers d'hiver.

— Richard, au nom du même comité, a fait part du rapport suivant, parvenu au comité par la voie du télégraphe.

*Transmission de Lille, du 19 vendémiaire au matin.*

« Bois-le-Duc est au pouvoir des républicains depuis le 16. La garnison, faite prisonnière de guerre, doit être échangée en nombre égal de nos républicains, grade pour grade, excepté quatre cent huit émigrés qui doivent être livrés pour leur faire subir la peine portée par la loi.

« Signé Chappe, *ingénieur.* »

*Payements à la trésorerie nationale.*

Le payement du perpétuel est ouvert pour les six premiers mois ; il sera fait à tous ceux qui seront porteurs d'inscriptions au grand livre. Celui pour les rentes viagères est de huit mois vingt et un jours de l'année 1793 (vieux style).

## POLITIQUE.

### RÉPUBLIQUE FRANÇAISE.

### SOCIÉTÉ
### DES AMIS DE L'ÉGALITÉ ET DE LA LIBERTÉ ,
#### SÉANT AUX CI-DEVANT JACOBINS DE PARIS.

*Présidence de Bassal.*

##### SÉANCE DU 9 VENDÉMIAIRE.

Un membre instruit la Société qu'hier, dans les Tuileries, un *monsieur* haranguait un groupe d'environ cinquante personnes, et disait que les Jacobins payaient des individus à raison de 6 à 7 livres par jour pour les aider à faire la contre-révolution. Invité par des patriotes à aller déclarer au comité de sûreté générale les noms de ceux qui se faisaient ainsi payer, le *monsieur* dit qu'il les connaissait bien, mais qu'il ne voulait pas les dénoncer. On le conduisit de force au comité de sûreté générale. Comme il n'y avait personne, on le mena à l'un des nouveaux comités révolutionnaires d'arrondissement ; mais ce comité ne voulut pas recevoir la déclaration. On fut alors chez le commissaire de police, qui demanda à ce *monsieur* les noms des personnes qui étaient payées. Il dit qu'il ne les connaissait pas ; il divagua. Le commissaire de police l'a retenu et le retiendra jusqu'à ce qu'il ait déclaré les noms. Ce commissaire nous a dit que tous les jours il lui arrivait des affaires pareilles.

*Boisset :* Quel est le comité révolutionnaire qui a refusé de recevoir la déclaration ?

*Le même membre :* C'est celui dont le point central est dans la section des Tuileries, et qui comprend quatre sections. Ce comité était rempli de *messieurs* en habits noirs et en perruques. Ils répondirent que les affaires des Jacobins ne les regardaient pas ; qu'ils ne s'occupaient que du soin de défendre la Convention.

Demain les aristocrates et les dilapidateurs doivent se rendre dans leurs sections respectives, pour arracher des arrêtés contre-révolutionnaires. J'invite les citoyens des tribunes et de la Société à aller les contrebalancer.

*Michel Péchu, de la Société de Vitré :* On ne manque pas, dans les mille et un pamphlets qui circulent, de poursuivre les patriotes ; mais on se garde bien de demander vengeance des hommes qui ont été immolés par les brigands. On sollicite à grands cris cette vengeance pour des prêtres noyés, et on ne pense nullement à venger la mort cruelle de Sauveur, assassiné et brûlé par les Vendéens ; je demande à me retirer au comité de correspondance, où je donnerai la note de tous les faits de cette nature qui sont à ma connaissance, et j'indiquerai les lieux où l'on pourra en recueillir d'autres. — Adopté.

*Bouin :* Les contre-révolutionnaires ont réclamé la Déclaration des Droits, afin de mieux ourdir leurs trames criminelles ; ils n'ont pas craint d'abuser de la liberté de la presse ; car, d'après notre constitution, c'est abuser de la liberté de la presse que d'imprimer sans nom d'auteur, et un écrit anonyme sera toujours un libelle. La Déclaration des Droits dit que la société est opprimée lorsqu'un seul citoyen est opprimé. Nous avons réclamé notre frère Loys, et il ne nous est pas encore rendu. Je demande qu'il soit adjoint deux nouveaux membres aux défenseurs officieux que vous lui avez déjà donnés, afin de solliciter sa mise en liberté, s'il n'est pas coupable. ( Adopté. )

Les deux nouveaux défenseurs sont Maure et Léonard Bourdon.

*Michel Péchu :* La liberté de la presse a ses limites ; celui qui cache son nom est puni comme celui qui cèle un enfant. Celui qui trouble l'ordre public par ses écrits est punissable d'abord de 3,000 l. d'amende, et, s'il récidive, de 6,000 liv. d'amende et de deux années de fers. Voilà les lois ; c'est à ceux qui sont chargés de les faire exécuter à remplir leur devoir.

*Maure :* Je demande à vous citer un fait pour vous prouver quelle est la malignité et la bêtise des détracteurs

des Sociétés populaires, et pour vous prouver, qu'il faut punir par le plus profond mépris les faiseurs de pamphlets. J'ai vu aujourd'hui, dans un de ces libelles, que l'on me fait l'honneur de me regarder comme un des meneurs de cette Société ; vous savez, citoyens, que je n'ai point ce caractère : j'invite la Société à ne pas s'occuper de dévoiler la turpitude des libellistes ; ils se font assez connaître eux-mêmes.

*Bouin :* On a parlé de la liberté de la presse ; rappelez-vous quel a été le sort de ceux qui se sont servis de la liberté de la presse contre la liberté publique ; la même destinée attend ceux qui les imitent.

On a calomnié les Jacobins, c'est-à-dire les patriotes ; on les a accusés d'être les auteurs d'une foule de maux, et l'on n'a rien dit de ceux qui ont fait égorger une si grande quantité de républicains, parce qu'on a déclaré la guerre à trop d'ennemis en même temps ; cependant le génie de la liberté a écrasé tous ses ennemis.

On nous reproche la mort de quelques nobles, de premiers généraux et autres conspirateurs : il serait à désirer que nous eussions anéanti tous les conspirateurs, eussions-nous dû nous jeter dans le précipice après eux.

On avance que les Jacobins accaparent tout, et chez les cinq sixièmes des Jacobins il n'y a rien. Les Jacobins ont toujours défendu les droits du peuple, et rien n'est plus terrible pour ses ennemis que des surveillants importuns ; aussi avons-nous été attaqués par les royalistes, par les fédéralistes, par les Brissotins, les Girondins et tous les ennemis de la démocratie.

On nous accuse d'avoir voulu maîtriser la Convention ; nous n'avons jamais fait qu'user du droit de tout citoyen français en discutant les objets qu'elle mettait à l'ordre de ses délibérations. Nous n'avons jamais su commander ; nous n'avons fait que des réclamations, et, quand elles n'ont pas paru justes à ceux qui étaient revêtus du pouvoir, nous nous sommes retirés.

On nous accuse de robespierrisme, nous qui, dans la nuit du 9 thermidor, invitions nos sections à se réunir à la Convention. Ceux qui nous font un crime d'avoir eu Robespierre parmi nous en feront bientôt un à la Convention de l'avoir gardé trop longtemps dans son sein. On ne nous suscite ces querelles que pour nous éloigner du véritable but, du gouvernement révolutionnaire.

Je demande que tous les bons citoyens montrent de la fermeté dans les différentes luttes qui s'engageront dans les sections, parce que les contre-révolutionnaires chercheront à leur donner leurs noms et à les revêtir de leurs vieux habits.

Nous avons adopté le gouvernement démocratique, c'est-à-dire celui dont les lois sont faites par les citoyens, et les Jacobins ont de tout temps donné l'exemple de la soumission aux lois. S'il s'est trouvé des ennemis de la chose publique parmi eux, ils les ont livrés au glaive de la loi ; on ne peut donc pas nous accuser de les avoir défendus.

Quand vous entendez des gens dire que les Jacobins sont tous des gueux, entrez en raisonnement avec ces gens, et vous verrez qu'aussitôt ils vous diront qu'ils ont été trompés.

On a dit qu'un million d'hommes faisaient seuls vivre le reste des citoyens de la France. Ne croyez pas que les quinze cent mille républicains qui se battent aux frontières veuillent, après avoir terrassé l'ennemi, courber ici leur front sous la domination d'un million d'hommes riches, domination qui serait plus terrible que celle du marc d'argent. Ils traiteraient ces dominateurs comme ils traitent aujourd'hui les Anglais et les Autrichiens.

On a voulu effrayer les citoyens sur l'action du gouvernement révolutionnaire ; mais ils savent bien que le gouvernement n'est que l'application stricte de la loi à celui qui ne veut pas obéir aux lois ou qui trahit son pays.

Bouin termine en invitant les citoyens à éclairer ceux qui sont égarés par les pamphlets.

*Boisset :* Je demande que les sections, dans leurs assemblées de demain, s'occupent des moyens d'éclairer la Convention sur le compte de ceux qui composent les nouveaux comités révolutionnaires , et de dénoncer les mauvais citoyens qui pourraient s'être glissés dans leur sein.

La séance est levée à neuf heures.

---

*Avis. — Agence des subsistances et approvisionnements.*

*Du 18 vendémiaire.*

Les rapports multipliés qui existent entre la commission du commerce et approvisionnements de la république et l'agence des subsistances et approvisionnements de la commune de Paris ont déterminé le comité de salut public à rapprocher la communication entre elles pour la plus prompte expédition des affaires,

C'est dans cette vue que, par son arrêté du 26 fructidor dernier, le comité de salut public a affecté la maison de Mailly, située rue de l'Université, n° 279, en face du corps de garde, faubourg Germain, à l'établissement des bureaux de l'agence.

Les agents préviennent leurs concitoyens qu'à compter de primidi 21 vendémiaire, les bureaux, établis jusqu'à ce jour au Palais de Justice, seront en activité dans ladite maison de Mailly.

Signé N.-C, GIRARD, RICHTER, BOISSAY, *agents,*

---

*Avis. — La commission des travaux publics à ses concitoyens,*

La commission des travaux publics prévient ses concitoyens qu'en vertu de la loi du 7 vendémiaire, relative à l'ouverture de l'école centrale des travaux publics, elle vient de faire toutes les dispositions nécessaires pour mettre à exécution les articles de cette loi qui concernent l'examen et l'admission des candidats.

Elle invite, en conséquence, tous les jeunes citoyens qui auront les connaissances requises pour être examinés à se rendre dans celles des communes indiquées à l'art, III, qui seront plus à proximité de leur domicile.

L'examen sera ouvert depuis le 1er jusqu'au 10 brumaire.

La commission prévient en outre les candidats qui se feront examiner à Paris qu'il est nécessaire qu'ils s'inscrivent à la maison des travaux publics ayant le 1er brumaire; les inscriptions seront reçues dès le 22 vendémiaire, et chaque candidat sera prévenu du lieu et du jour de son examen.

Ceux qui sont domiciliés à Paris devront obtenir des comités civils de leurs sections respectives les attestations exigées par l'art. VII de la loi.

LECANU et RONDELET, *commissaires.*

---

## CONVENTION NATIONALE.

*Présidence de Cambacérès,*

### SÉANCE DU 18 VENDÉMIAIRE.

ARRIGHI : Le 4 fructidor dernier, la Convention, après avoir entendu le rapport de son comité de salut public sur la reddition de la ville de Calvi, dans le département de la Corse, décréta que tous les patriotes corses, réfugiés sur le continent de la république, venant de Calvi, Bastia, Saint-Florent, ou de l'intérieur de l'île, recevraient un secours journalier, à répartir également par tête, jusqu'à ce que les armes de la république eussent repris ce département.

Ce décret n'a point été inséré dans le Bulletin, ni dans le feuilleton de la Convention, et, malgré toutes les recherches faites dans les bureaux des procès-verbaux, il n'a pu être retrouvé et paraît avoir été égaré sur le bureau du président; je demande en conséquence qu'on renvoie au comité de salut public, pour qu'il présente de nouveau la rédaction de ce décret, et qu'il soit rétabli dans le procès-verbal.

En second lieu, je propose de charger les comités de salut public et d'instruction publique d'examiner s'il ne serait pas expédient, pour faciliter de plus en plus la propagation de la langue française dans le département de la Corse, et pour resserrer ainsi les liens qui l'unissent à la république, de disperser dans les différentes écoles et établissements d'instruction publique les enfants des patriotes réfugiés corses, âgés de moins de dix-huit ans, les autres devant être aux frontières.

Mon collègue Casabianca, qui a eu le premier cette idée, a remis, dans le courant de messidor, un mémoire détaillé sur cet objet au comité de salut public, qui pourra le consulter et en apprécier les idées.

Je dois observer qu'on vient de me dire qu'il a été pris un arrêté qui déclare rebelles tous les Corses qui seront pris sur des bâtiments portant le pavillon du traître Paoli, etc. Cet arrêté, nécessaire dans les circonstances, et qui paraît fondé sur la plus exacte justice, ne me paraît pas sans inconvénient.

En effet, il est très-naturel aux victimes de la tyrannie de Paoli de chercher à quitter un sol où il n'y a plus de liberté, et il leur est difficile et même impossible de sortir de l'île entourée par les forces anglaises et espagnoles. Que peuvent faire en ce cas les patriotes pour fuir la tyrannie? S'embarquer sur des bâtiments neutres? Mais le traître Paoli fait surveiller par ses satellites ces sortes de bâtiments, et empêche que les bons patriotes en profitent pour se dérober à son joug de fer. Il ne reste donc à ces malheureux que la ressource de s'embarquer sur quelque bâtiment portant pavillon corse ou anglais, afin de pouvoir sortir de l'île, aborder à quelque continent et accourir ensuite sur le territoire de la liberté. Plusieurs l'ont déjà fait en s'embarquant sous pavillon corse ou paoliste; ils ont eu le bonheur d'arriver à Gênes, et de là les uns se sont rendus au Port-de-la-Montagne, d'autres dans l'armée d'Italie, où ils ont combattu avec leurs frères, et combattent encore les satellites des tyrans.

Et comment pourrait-on douter que dans cette portion du peuple français, connue dans tous les siècles, et surtout dans la nôtre, par les guerres nombreuses qu'elle a soutenues pour son indépendance et sa liberté, une grande partie ne soit empressée de se soustraire à l'oppression et à la tyrannie de celui qui, comme Robespierre, se servit du masque du patriotisme, des armes même de la liberté pour l'asservir?

Cependant si ces patriotes malheureux qui, en s'embarquant sur un bâtiment ennemi, ne peuvent évidemment avoir d'autre but que de venir recouvrer leurs droits sur la terre de la liberté, étaient pris dans leur traversée par des bâtiments de la république, ils seraient punis de mort précisément pour un crime qu'ils auraient voulu fuir.

Je ne me dissimule pas que si l'on annulait l'arrêté des représentants du peuple, plusieurs contre-révolutionnaires pourraient impunément méditer et exécuter des complots qu'il est d'un intérêt majeur de prévenir, en profiter pour continuer leurs trahisons; mais n'y aurait-il pas moyen aussi de le modifier de manière à ce que, par un sévère examen des circonstances, les vrais patriotes fussent sauvés, et les contre-révolutionnaires punis?

Je me résume et vous propose de décréter le projet de décret suivant:

« Art. 1er. Le comité de salut public présentera de nouveau , et dans le plus bref délai, la rédaction du décret du 4 fructidor, qui a été égaré, et qui ordonnait qu'il serait accordé à chaque patriote réfugié corse, venant de Calvi, Saint-Florent, Bastia, de l'intérieur de l'île, ou qui pourrait arriver dans la suite, une somme journalière et égale, jusqu'à ce que le département de Corse soit rendu à la France, et d'en fixer la somme.

« II. Les comités de salut public et d'instruction publique examineront s'il ne serait pas expédient de disperser dans les différents établissements d'instruction publique les enfants des patriotes réfugiés corses, au-dessous de dix-huit ans, pour propager plus facilement l'usage de la langue française dans le département de Corse.

« III. Le comité de salut public examinera si l'arrêté portant peine de mort contre tous les individus corses, pris sous pavillon paoliste, corse ou anglais, peut être modifié de manière que les vrais patriotes, qui s'y embarqueraient uniquement pour fuir la tyrannie du traître Paoli et des Anglais, ne puissent être confondus avec les contre-révolutionnaires. »

Ce projet de décret est adopté.

— « La Convention décrète qu'il sera accordé sur-le-champ à chacun des patriotes corses réfugiés sur le continent, des secours provisoires à compter du jour de leur arrivée en France, dans la même forme qui a été remplie pour les autres patriotes réfugiés ; charge le comité des secours publics de veiller à l'exécution du présent décret. »

— Les citoyens composant la Société populaire de Vierzon, département du Cher, en protestant de leur entière soumission aux décrets de la Convention, lui expriment le regret qu'ils ont du départ du représentant du peuple Ferry, attendu, disent-ils, que sa présence dans leur département était très-intéressante pour la continuation de l'exploitation d'une vaste forêt de bois de marine, de deux mines de charbon de terre récemment découvertes, l'ouverture d'un canal et l'établissement de plusieurs fonderies de canons, aux travaux desquels il avait donné tous ses soins, et qui avaient été commencés par ce représentant.

— La Société populaire de Fontenay-le-Peuple, département de la Vendée, déclare qu'elle ne reconnaîtra jamais d'autre point central que la Convention même ; la félicite d'avoir remplacé la terreur par la justice, et l'assure qu'elle saura terrasser l'aristocratie et le fédéralisme s'ils osaient reparaître.

— Berlier, représentant du peuple dans les départements du Pas-de-Calais et de la Somme, expose que les autorités constituées sont embarrassées sur la question de savoir si les biens des détenus suspects, morts en état d'arrestation, appartiennent à la république ou aux héritiers ; il invite l'assemblée à prononcer sur cette question, qui laisse un doute qui entrave la marche des notaires publics.

LECOINTE-PUYRAVAU : Déjà un décret de la Convention semble faire présumer qu'il n'y a que les biens des condamnés qui sont déclarés appartenir à la nation. Cependant, pour ne rien préjuger, je demande le renvoi pur et simple de la lettre de Berlier au comité de législation, pour en faire un rapport.

Le renvoi est décrété.

— La section de l'Observatoire présente un cavalier républicain, qu'elle a monté et équipé à ses frais. La section présente ensuite quelques observations sur les indemnités accordées aux commissaires des comités civils de section. Ils se plaignent de ce que le décret rendu en leur faveur ne reçoit pas son exécution.

— Divers pétitionnaires sont entendus, et leurs pétitions renvoyées aux comités qu'elles concernent.

— Un secrétaire lit la rédaction du décret rendu hier, et par lequel l'assemblée a décidé qu'il serait accordé des encouragements aux artistes, aux savants et aux gens de lettres.

COUPPÉ (de l'Oise) : Je demande que ces encouragements soient distribués tous les ans par la Convention, de la manière la plus solennelle, et que tous les ans il soit fait, de prix des Récompenses, un rapport sur les artistes qui auront mérité la palme, et dans lequel on rendra compte des travaux, des ouvrages et des inventions qui leur auront donné des droits à la reconnaissance nationale.

On demande que l'assemblée adopte la rédaction du décret, et renvoie la proposition de Couppé au comité d'instruction publique.

Cette proposition est décrétée.

— L'assemblée, sur la proposition de son comité des secours publics, accorde des secours à divers citoyens.

— Bordas propose, au nom du comité des finances,

plusieurs décrets de liquidation qui sont adoptés en ces termes :

« La Convention nationale, après avoir entendu le rapport de son comité des finances, décrète :

« Art. 1er. En conformité des précédents décrets sur la liquidation de la dette publique, et notamment de celui du 24 août dernier ( vieux style ), sur la formation du grand livre et sur les fonds destinés à son acquit pour les sommes remboursables aux termes de la même loi, il sera payé, par le moyen de l'inscription, aux héritiers, représentants et ayants-cause de Paul-Albert Luynes, la somme de 42,958 livres 17 s. ; aux héritiers, représentants et ayants-cause de Philippe-Hugues Guillet de Crécy, celle de 5,845 livres 6 s. ; aux héritiers, représentants et ayants-cause de Jean-Louis Lamarthonie-Caussade, celle de 14,520 liv. 7 s. 2 d.; à Laurent-Auguste-Marie Gerbier, et à Marie-Françoise-Bononie Bellefontaine, sa femme, celle de 24,000 liv. ; à Jean-Joseph Choron, ancien notaire à Paris, celle de 24,444 liv. 10 s. ; à Octavien Souchet d'Alvimar, celle de 40,000 liv. ; à René-Auguste Mariner, comme créancier privilégié sur le brevet de retenue de l'émigré Damas, celle de 5,000 liv. ; et enfin audit Damas celle de 4,000 liv., revenant, lesdites sommes comprises dans l'état, réunies ensemble, à celle de 160,546 liv. 2 s. 2 d., avec les arrérages et intérêts légitimement dus à chaque créancier, qui seront joints au capital ; à l'effet de quoi les certificats de propriété seront expédiés par le directeur général de la liquidation auxdits créanciers, en par eux satisfaisant à toutes les formalités.

« II. Sur la nouvelle demande de Jean-Pierre Percheron, en liquidation de ses offices de greffier triennal, de receveur des épices et amendes, contrôleur des actes du ci-devant bureau des finances d'Orléans, gages et droits émolumentaires, il n'y a pas lieu à délibérer.

« III. Sur la demande de 150,000 liv. de brevet de retenue accordé à Marie-François d'Harcourt, et sur celle de 60,000 liv. d'un même brevet accordé à Anne-François d'Harcourt-Beuvron, il n'y a pas lieu à remboursement ni indemnité. »

— « La Convention nationale, après avoir entendu le rapport de son comité des finances sur la liquidation de la charge de ci-devant lieutenant du roi de la ville de Nantes, dont les héritiers de Louis-Henri-François Colbert sont propriétaires, décrète :

« Le directeur général de la liquidation délivrera aux héritiers Colbert une reconnaissance de liquidation, remboursable en assignats, de la somme nette de 7,702 livres 12 sous 7 deniers, formant l'arriéré du traitement que l'État payait au propriétaire de ladite charge, et que le décret du 21 septembre 1791 a rangé dans la dette constituée.

« Lesdits héritiers auront droit à une inscription sur le grand livre de la dette publique pour la somme annuelle de 2,827 liv., formant le net dudit traitement. Ils seront, en conséquence, employés sur les états de liquidation pour ladite somme.

« Les émoluments qui étaient dus par les ci-devant états de Bretagne, pour l'année 1790, aux héritiers Colbert, sont liquidés, déduction faite des impositions, à la somme de 6,280 liv., non productible d'intérêts.

« A la charge par les héritiers de remplir les formalités prescrites par les précédents décrets.

« Le présent décret sera inséré au Bulletin. »

« La Convention nationale, après avoir entendu le rapport du comité des finances, décrète :

« Art. 1er. Le compte rendu par le directeur général de ses opérations sur la liquidation des offices de toute nature, des jurandes et maîtrises, sera rendu public par la voie de l'impression.

« II. La gratification promise par l'art. XLII de la loi du 7 pluviôse aux employés des sections chargées des offices est étendue aux employés de la section qui était chargée de la liquidation des maîtrises.

« III. Le total de cette gratification demeure réglé à la somme de 56,875 liv. ; elle sera acquittée par la trésorerie nationale, sur l'état de distribution qui sera certifié par le directeur général de la liquidation. »

— Pottier fait plusieurs rapports sur des réclamations en liquidation, sur lesquelles il est décrété qu'il n'y a pas lieu à délibérer.

— Ramel présente un projet de décret relatif au Théâtre des Arts.

La Convention ordonne l'impression du rapport et l'ajournement du projet de décret.

Merlin (de Thionville) observe que, si l'organisation des théâtres est utile, parce qu'elle tient essentiellement à la morale publique, il n'est pas moins utile d'asseoir l'opinion publique par la déclaration solennelle des principes qui dirigent la Convention nationale.

En conséquence, Merlin demande que Cambacérès monte à la tribune et donne lecture à la Convention de l'Adresse dont la rédaction a été confiée aux trois comités. (On applaudit.)

CAMBACÉRÈS: Citoyens, par votre décret du 11, vous avez ordonné à vos trois comités de salut public, de sûreté générale et de législation, de vous présenter une Adresse aux Français, qui soutiendrait des principes autour desquels doivent se réunir les amis de la liberté. Je viens, en leur nom, vous présenter le résultat de leurs méditations.

Cambacérès fait lecture de l'Adresse suivante ; elle est souvent interrompue par les plus vifs applaudissements, et adoptée unanimement par un mouvement simultané.

La voici :

### La Convention nationale au peuple français.

« Français, au milieu de vos triomphes l'on médite votre perte. Quelques hommes pervers voudraient creuser au sein de la France le tombeau de la liberté.... Nous taire serait vous trahir, et le plus saint de nos devoirs est de vous éclairer sur les périls qui vous entourent.

« Vos ennemis les plus dangereux ne sont pas ces satellites du despotisme que vous êtes accoutumés à vaincre : ce sont leurs perfides émissaires qui, mêlés avec vous, combattent votre indépendance par l'imposture et la calomnie.

« Les héritiers des crimes de Robespierre et de tous les conspirateurs que vous avez terrassés s'agitent en tout sens pour ébranler la république, et, couverts de masques différents, cherchent à vous conduire à la contre-révolution à travers les désordres et l'anarchie.

« Tel est le caractère de ceux que l'ambition pousse à la tyrannie. Ils proclament des principes, ils se parent de sentiments qu'ils n'ont pas ; ils se disent les amis du peuple, et ils n'aiment que la domination ; ils parlent des droits du peuple, et ils ne cherchent qu'à les lui ravir.

« Français, vous ne vous laisserez plus surprendre à ces insinuations mensongères. Instruits par l'expérience, vous ne pouvez plus être trompés. Le mal vous a conseillé le remède. Vous étiez près de tomber dans les piéges des méchants ; la république allait périr : vous n'avez fait qu'un cri, vive la Convention ! et les méchants ont été confondus, et la république a été sauvée.

« Souvenez-vous que tant que le peuple et la Convention ne feront qu'un, les efforts des ennemis de la liberté viendront expirer à vos pieds, comme des vagues écumantes viennent se briser contre les rochers.

« Rendus à votre première énergie, vous ne souffrirez plus que quelques individus imposent à votre raison, et vous n'oublierez pas que le plus grand malheur d'un peuple est celui d'une tourmente continuelle.

« C'est ce que savent trop bien ceux qui voudraient vous pousser au sommeil de la mort dans les bras de la tyrannie.

« Ralliés à la voix de vos représentants, vous ne perdrez jamais de vue que la garantie de la liberté est tout à la fois dans la force du peuple, et dans sa réunion au gouvernement qui a mérité sa confiance.

« De son côté, la Convention nationale, constante dans sa marche, appuyée sur la volonté du peuple, maintiendra, en le régularisant, le gouvernement qui a sauvé la république.

« Elle le maintiendra dégagé des vexations, des mesures cruelles, des iniquités dont il a été le prétexte, et avec lesquelles nos ennemis affectent de le confondre. Elle le maintiendra dans toute sa pureté et dans toute son énergie, malgré les tentatives de ceux qui veulent altérer l'une ou exagérer l'autre.

« Elle le maintiendra jusqu'à l'entière destruction de tous les ennemis de la révolution, malgré l'hypocrite patriotisme de ceux qui demandent le gouvernement constitutionnel dans des espérances perfides.

« Oui, nous le jurons : nous demeurerons à notre poste jusqu'au moment où la révolution sera consommée, jusqu'au moment où la république triomphante, donnant la loi à tous ses ennemis, pourra jouir, sous la garantie de ses victoires, des fruits d'une constitution aussi solide que la paix qu'elle aura dictée.

« Nous saurons épargner l'erreur et frapper le crime. Soyez inexorables pour l'immoralité : l'homme immoral doit être rejeté de la société comme un élément dangereux, corruptible par sa nature, et toujours prêt à se rallier au parti des conspirateurs.

« Ne confondez pas avec ceux qui ont constamment soutenu la cause de la liberté, ceux pour qui l'agitation est un besoin, et le désordre un moyen de fortune : écoutez les premiers, fuyez les autres.

« Vos représentants ne souffriront pas que les fonctions publiques soient exercées par d'autres que par les véritables amis du peuple ; ils en éloigneront ces hommes perfides qui ne parlent sans cesse des droits du peuple que pour s'en réserver exclusivement l'exercice.

« Après avoir exprimé ses sollicitudes, manifesté ses pensées et ses intentions, la Convention nationale rappelle au peuple français des principes sacrés, des vérités éternelles qui doivent rallier tous les citoyens.

« Une nation ne peut point se régir par les décisions d'une volonté passagère, qui cède à toutes les passions ; c'est par la seule autorité des lois qu'elle doit être conduite.

« Les lois ne sont destinées qu'à garantir l'exercice des droits. C'est cette précieuse garantie que l'homme est venu chercher dans les associations politiques, et elles la lui assurent à l'aide du gouvernement qui contient le citoyen dans le cercle de ses devoirs.

« Tout ce qui porte atteinte à l'exercice de ces droits est un délit contre l'organisation sociale.

« Il faut que la liberté individuelle ne trouve de limites qu'au point où elle commence à blesser la liberté d'autrui ; c'est la loi qui doit reconnaître et marquer ces limites.

« Les propriétés doivent être sacrées. Loin de nous ces systèmes dictés par l'immoralité et la paresse, qui atténuent l'horreur du larcin, et l'érigent en doctrine. Que l'action de la loi assure le droit de propriété comme elle assure tous les autres droits du citoyen.

« Mais qui doit établir la loi ? Le peuple seul, par l'organe des représentants auxquels il a délégué ce pouvoir.

« Aucune autorité particulière, aucune réunion n'est le peuple ; aucune ne doit parler, ne doit agir en son nom.

« Si une main téméraire s'avançait pour saisir les droits du peuple sur l'autel de la patrie, la Convention se montrerait d'autant plus jalouse de développer contre l'usurpateur le pouvoir dont elle est revêtue, qu'elle doit compte au peuple des attentats commis contre sa souveraineté.

« Dans sa fermeté, la Convention nationale ne se départira jamais de la sagesse; elle écoutera avec attention les réclamations qui lui seront adressées; mais elle ne souffrira point que le droit d'éclairer et d'avertir devienne un moyen d'oppression et d'avilissement, et qu'il s'élève jamais des voix qui parlent plus haut que la représentation nationale.

« Elle prendra contre les intrigants, contre ceux qui peuvent encore regretter la royauté, l'attitude la plus vigoureuse. Elle maintiendra les mesures de sûreté que le salut public commande; mais elle ne consentira point qu'elles soient arbitrairement étendues, et que la suspicion soit une source de calamités.

« Enfin, tous les actes du gouvernement porteront le caractère de la justice; mais cette justice ne sera plus présentée à la France, sortant des cachots, toute couverte de sang, comme l'avaient figurée de vils et hypocrites conspirateurs.

« Français, considérez comme vos ennemis tous ceux qui voudraient attaquer obliquement ou d'une manière directe la liberté, l'égalité, l'unité, l'indivisibilité de la république.

« Fuyez ceux qui parlent sans cesse de sang et d'échafauds, ces patriotes exclusifs, ces hommes outrés, ces hommes enrichis par la révolution, qui redoutent l'action de la justice, et qui comptent trouver leur salut dans la confusion et dans l'anarchie.

« Estimez, recherchez ces hommes laborieux et modestes, ces êtres bons et purs, qui fuient les places, et qui pratiquent sans ostentation les vertus républicaines.

« Ne perdez jamais de vue que si le mouvement rapide et violent est nécessaire pour faire une révolution, c'est au calme et à la prudence de la terminer.

« Unissez-vous donc dans un centre commun : l'amour et le respect des lois.

« Voyez vos braves frères d'armes vous donner l'exemple de cette obéissance sublime dans leur soumission et leur dévouement. Leur gloire est de reconnaître la voix de leurs chefs; ils bénissent sans cesse les décrets de la Convention nationale; s'ils souffrent, ils en rejettent le malheur sur les circonstances; s'ils meurent, leur dernier cri est pour la république.

« Et vous, dans le sein des villes et des campagnes, vous vous laisseriez agiter par de vaines querelles! vous jetteriez dans vos assemblées des obstacles qui retarderaient la marche triomphale de la révolution!

« O Français! quelle douleur pour nous, quelle satisfaction pour nos ennemis, de voir la France victorieuse au dehors et déchirée au dedans! Non, ils ne l'auront pas, ce cruel plaisir; et ce que la Convention a fait dans les armées, elle le fera dans le sein de la république.

« Les vertus guerrières enfantent les héros; les vertus domestiques forment le citoyen, et ce sont ces vertus, soutenues et fortifiées d'un invincible attachement aux principes républicains, qui perpétuent dans leur âme généreuse ce feu sacré, ce grand caractère qui a fait du peuple français le premier peuple de l'univers.

« C'est alors que, tous les agitateurs étant déconcertés, on verra tous les partis tomber et s'éteindre d'eux-mêmes; car, dans tous les partis, il y a des gens qui font du bruit pour en faire, et du mal sans y rien gagner : ce sont comme autant de vents opposés qui, sans rendre aucun service au pilote, ne servent qu'à troubler la manœuvre.

« Citoyens, toutes les vertus doivent concourir à l'établissement d'une république. Vous avez déployé tour à tour la force pour renverser la Bastille et le trône, la patience pour supporter les maux inséparables d'une grande révolution, le courage pour repousser les barbares qui voulaient forcer vos frontières; le temps est venu de vaincre encore vos ennemis par la fermeté et la sagesse. Il faut que le calme succède enfin à tant d'orages. Le vaisseau de la république, tant de fois battu par la tempête, touche déjà le rivage; gardez-vous de le repousser au milieu des écueils. Laissez-le s'avancer dans le port en fendant d'un cours heureux une mer obéissante, au milieu des transports d'un peuple libre, heureux et triomphant. »

MERLIN (de Thionville) : J'annonce à la Convention, afin que le peuple le sache, que le comité de sûreté générale a fait arrêter hier un ci-devant commissaire exécutif, arrivé tout exprès des Pyrénées pour nier à la Convention le droit qu'elle a d'épurer les Sociétés populaires. Cet homme, nommé Giot, a emporté, en partant, la caisse de nos collègues aux Pyrénées.

CAVAIGNAC : L'arrestation de cet homme n'a rien qui m'étonne : je l'ai bien connu, tandis que j'étais à l'armée, et je sais que c'est un de ceux qui observaient les opérations et les principes des représentants du peuple, pour en rendre compte ensuite aux divers partis qui agitaient la république. Ce n'est pas le seul de cette espèce que nous ayons vu à l'armée, et que nous ayons fait arrêter; il y avait, entre autres, un nommé Dejean, agent de la commission des subsistances, dont l'impéritie n'était surpassée que par l'insolence. La première fois qu'il parut devant nous, ce fut pour nous insulter; il nous dit que nos fonctions étaient de surveiller les armées et les opérations des généraux, et qu'il appartenait à lui et à ses pareils de donner du pain aux soldats.

Giot avait été chargé de recueillir les prises faites sur les Espagnols et la riche moisson de la vallée de Bastan; il resta plus de trois semaines sans en rien faire, et nous fûmes obligés de le faire nous-mêmes; enfin, il vint à Elissondo, en Espagne, nous demander des chevaux et de l'argent, que nous lui refusâmes en lui disant que la république n'avait pas besoin d'hommes qui ne faisaient rien, et qui n'avaient d'autres soins que celui de voir si, parmi les prises, il ne se trouvait pas quelque bijou qu'ils pussent mettre dans leur poche.

Giot a agité la Société populaire de Bayonne, qui est bonne en masse, et qui avait toujours été dans les meilleurs principes. Pendant tout le temps que nous restâmes dans cette commune, il y prêcha un modérantisme outré en faveur des aristocrates, dont les parents, qui remplissaient les tribunes de la Société, l'accablaient d'applaudissements.

Les observations de Cavaignac sont renvoyées au comité de sûreté générale.

BOURDON (de l'Oise) : Il ne suffit pas de faire une Adresse au peuple français pour l'éclairer sur les vrais principes; les transports avec lesquels elle a été reçue de la Convention et du peuple prouvent que l'on sera toujours écouté lorsqu'on mettra en action la justice et la vertu; mais le comité de sûreté générale trahirait ses devoirs s'il ne vous disait pas que cette Adresse, qui peut faire un excellent effet sur l'esprit des bons citoyens, n'est pas suffisante pour comprimer les méchants. Nous sommes instruits, que, dans Paris et dans toutes les grandes communes de la république, il y a des conciliabules de voleurs et de scélérats qui conspirent en secret. On a chassé du ci-devant évêché, qui était devenu le réceptacle de l'anarchie, le club dit électoral, et il est allé tenir séance à votre porte, dans la salle du Muséum. Savez-vous ce qu'on y discutait cette nuit? l'anéantissement de la Convention : on y posait en principe

26

que la Convention n'avait été envoyée que pour juger le dernier tyran et faire une constitution ; on en concluait qu'elle devait se retirer après, et laisser aux brigands qui se sont mis à côté des patriotes le doux plaisir de ravager la plus belle république du monde, de faire périr les propriétaires et de se gorger de richesses. Le peuple, témoin de ces horreurs, mais qui ne les partage pas, a interrompu plusieurs fois les orateurs, et les a rappelés aux principes. Ce qui s'est passé hier dans ce club vous indique ce que vous devez faire. Il faut se servir de la massue du peuple contre les méchants : comme Hercule il faut combattre les voleurs et les brigands. Je crois que les mesures que je vais vous proposer seront de nature à déjouer tous les complots qu'ils voudraient ourdir.

Bourdon propose ensuite de déclarer que la Convention ne souffrira pas qu'il soit porté atteinte à la souveraineté et à la dignité du peuple français par l'abus du droit de pétition et par aucune motion insidieuse; qu'il n'y a pas lieu à délibérer sur la demande en rétablissement des assemblées demi-décadaires, non plus que sur celui de la municipalité de Paris, et de regarder comme suspects, ceux qui, dans la nuit du 9 thermidor, ont prêché la désobéissance à la Convention, et ceux qui depuis ont continué ce système dans la république.

Goupilleau ( de Fontenay ) pense que les propositions de Bourdon ( de l'Oise ) ont besoin d'être méditées, et il en demande le renvoi au comité de sûreté générale.

TALLIEN : Les propositions qui viennent d'être faites touchent d'une manière trop directe à l'intérêt national et à la tranquillité publique pour qu'elles n'aient pas besoin d'être discutées. Nous convenons tous avec le préopinant qu'il est des hommes qui veulent perpétuer les agitations, anéantir la liberté publique, détruire la Convention nationale. C'est là le but de Pitt et de Cobourg, et il faut avouer que leurs projets sont suivis ici de la manière la plus directe. Chacun de nous réprouve comme lui les propositions astucieuses qui avaient été faites dans le club électoral : sans doute les hommes qui les ont mises en avant sont des émissaires de l'étranger qui veulent saper le gouvernement révolutionnaire, qui veulent faire demander au peuple à élire ses magistrats, afin de donner aux malveillants les moyens d'allumer la guerre civile en France ; mais ce ne sont pas les seuls agitateurs sur lesquels la sévérité de la loi et de la Convention doit peser ; il ne faut ni deux poids, ni deux mesures. Tous ceux qui dans ce moment veulent s'élever contre l'autorité centrale, contre la Convention, doivent être punis d'une manière exemplaire. On vous a dénoncé Giot, mais on ne vous a pas dit dans quelle Société il a osé nier à la Convention le droit d'épurer les Sociétés populaires. Quoi ! la Convention n'aurait pas le droit de dire à une Société : Voyons si vous n'avez pas parmi vous des complices de Robespierre? Nous savons que vous avez rendu des services à la patrie, mais nous ne souffrirons pas qu'à côté de nous vous vous éleviez en autorité rivale de célle que le peuple nous a confiée !

Quels sont ces hommes qui, n'ayant jamais pris la parole dans la Convention nationale, vont aux Jacobins faire des discours qui sont colportés dans les sections, et dont on exige la lecture préférablement aux rapports des comités de la Convention. Il ne faut pas que la représentation nationale laisse flotter les rênes du gouvernement dans un moment où les fripons et les intrigants veulent s'en saisir ; elle ne doit pas souffrir que des hommes qui furent longtemps aux genoux de l'idole du jour, que des hommes qui ont fui au milieu du danger, et qui n'ont reparu ici que quand les jours de périls ont été passés, insultent les patriotes ; ils veulent en usurper le titre. Jetez vos regards sur les Jacobins et sur le club

électoral ; voyez tout, et que, partout où il y a des ennemis de la liberté publique, ils soient punis.

Je n'ai jamais partagé l'opinion de ceux qui ont cru qu'on devait anéantir les Sociétés populaires ; mais je pense qu'il faut les utiliser en les épurant, qu'il ne faut plus qu'elles servent de marche-pied à des hommes coupables pour parvenir à leur but audacieux. Il faut que les trois comités pèsent sagement les mesures qui ont été préposées par Bourdon, afin de calmer toutes les agitations, afin d'embrasser la totalité de la république, et pour que nous puissions ensuite nous occuper du bonheur du peuple ; car, ne vous y trompez pas, tous les citoyens attendent avec impatience la réunion des hommes de bien contre ceux qui veulent le désordre, contre ceux qui veulent perpétuer l'agitation pour perpétuer leur domination.

Nous voulons tous le règne de la liberté et de l'égalité, et je trouve que dans l'Adresse on n'a pas assez appuyé sur ce dernier mot, afin de répondre à ceux qui osent mettre en question si nous soutiendrons l'égalité, qui osent dire que nous voulons anéantir le gouvernement démocratique. La Convention n'admet aucune distinction entre les patriotes, et tous les bons citoyens sont des frères ; il n'y a que les fripons, les intrigants, les ambitieux et les agitateurs qui forment une classe à part: c'est celle du crime. (On applaudit.) Les bons citoyens sont les hommes utiles, les laborieux agriculteurs, les artisans robustes, les zélés défenseurs de la patrie ; mais ceux qui veulent vivre sans rien faire, qui veulent subsister par des rapines, qui veulent se mettre a la tête du gouvernement pour en dilapider les finances, ces hommes-là sont les mauvais citoyens, ils doivent être abattus. Elevons sur leurs ruines la colonne de l'Egalité, et montrons au peuple cette divinité chérie, embrassant et soutenant la Liberté. Je demande que les trois comités soient chargés de vous faire un rapport détaillé sur les mesures vigoureuses à prendre contre les agitateurs de toutes les espèces, afin qu'après les avoir anéantis nous puissions nous occuper paisiblement des grands travaux qui nous restent à faire pour le bonheur du peuple.

Cette proposition est adoptée.

La séance est levée à quatre heures.

THURIOT , au nom du comité de salut public : Représentants du peuple, .en adoptant hier à l'unanimité une Adresse qui développe les principes imprimés dans tous les cœurs vertueux, vous avez porté un coup terrible aux intrigants, aux fripons, et surtout aux prétendus patriotes par excellence qui trament dans le secret la perte de la patrie.

Je viens, au nom du comité de salut public, vous communiquer des nouvelles qui ne sont pas moins accablantes pour eux. ( Vifs applaudissements. )

L'armée de Sambre-et-Meuse, après avoir forcé l'ennemi sur les bords de la Roër, s'est empressée de profiter de sa victoire ; elle a divisé ses troupes en trois colonnes : une s'est portée sur Bonn pour lier la droite de cette armée avec la gauche de l'armée de la Moselle ; une autre sur la route de Dusseldorf, et la troisième sur Cologne.

Lorsque les Français se sont portés à Heuss , ville séparée de Dusseldorf par le Rhin, les avant postes de l'ennemi l'avaient abandonnée; retranchés dans Dusseldorf, ils ont de cette ville fait feu de leur artillerie sur l'avant-garde du général Kléber ; à l'instant elle a été bombardée; elle était en feu lorsque notre collègue Gillet écrivait sa dépêche. (On applaudit.)

L'armée française est en possession de Cologne. (Les applaudissements recommencent; les cris de vive la république ! se font entendre dans toutes les parties de la salle et des tribunes.) Elle y a trouvé une artillerie nombreuse, un arsenal qu'on annonce être l'un des mieux fournis

de l'Europe, et de vastes magasins. (Nouveaux applaudissements.)

Représentants du peuple, votre objet est rempli; l'ennemi a été obligé de passer le Rhin et de nous abandonner
les lieux les plus avantageux pour les quartiers d'hiver.

Ce qui s'est passé à Cologne lors de l'arrivée de nos
troupes est une preuve irrésistible que tous les peuples
abhorrent le joug du despotisme, et qu'il est de la plus
sage politique de séparer toujours leur cause de celle des
tyrans.

Tous les habitants de cette ville se sont pressés sur le
passage des soldats de la Liberté, et ont fait entendre l'expression de l'admiration et de l'allégresse. Il semblait qu'en
possédant dans leurs murs une partie d'une armée immor-
talisée par une suite non interrompue de victoires, ils se
croyaient assez heureux pour être associés à sa gloire. (On
applaudit.)

Le grand acte de possession que nous avons fait et ceux
qui doivent le suivre encourageront les peuples qui demandent à grands cris compte de l'or et du sang qui n'ont
été versés que pour servir l'orgueil et assurer le règne
universel de la tyrannie.

Ils donneront de l'énergie aux hommes qui cherchent
les grands principes, et qui paraissent disposés chez toutes
les puissances coalisées à parler sincèrement en faveur de
la liberté et de l'égalité.

Que la Convention nationale reste à la hauteur où elle
est, et c'en est fait, tous les ennemis de la république sont
anéantis. (Vifs applaudissements.)

Voici les nouvelles.

*Gillet, représentant du peuple près l'armée de Sambre-
et-Meuse, au comité de salut public.*

Au quartier général, à Cologne, le 16 vendémiaire, l'an 3e de la république.

« L'armée de Sambre-et-Meuse, chers collègues, avait
entrepris de chasser l'ennemi au delà du Rhin; je vous
annonce qu'elle a rempli sa mission. Nous entrâmes hier
à Cologne, aux acclamations d'un peuple immense qui se
pressait sur notre passage, pour voir une armée célèbre
par une suite non interrompue de victoires.

« Les ennemis avaient profité de la nuit précédente
pour achever leur retraite au moyen des ponts qu'ils
avaient jetés sur différents points au-dessous de Cologne.

« L'armée est satisfaite d'elle-même : elle jouit de ses
travaux en voyant les rives du Rhin, et je crois que les Autrichiens sont encore plus contents de voir cette barrière
entre nous et eux; car il ne s'est presque pas écoulé un
jour, depuis six mois, qu'ils n'aient entendu à leur réveil
le bruit de nos canons, ce qui les gênait beaucoup.

« Cologne renferme de grands magasins, une artillerie
nombreuse et un arsenal qui est, dit-on, l'un des mieux
pourvus de l'Europe. J'ai donné les ordres nécessaires pour
dresser des inventaires que je vous enverrai aussitôt qu'ils
m'auront été remis.

« Je vous envoie les clefs des villes de Cologne, de Juliers et d'Aix-la-Chapelle.

« Salut et fraternité. GILLET. » (On applaudit.)

Thuriot propose ensuite, et l'assemblée adopte le
décret suivant.

« La Convention nationale décrète :

« Art. Ier. L'armée de Sambre-et-Meuse ne cesse de
bien mériter de la patrie.

« II. Le rapport fait, au nom du comité de sûreté générale, et la lettre de Gillet, représentant du peuple, seront
imprimés, insérés au Bulletin et envoyés aux armées.

« III. Les papiers envoyés aux armées le seront également aux élèves de l'Ecole de Mars. »

PORCHER : La police, cet objet essentiel de tout
bon gouvernement, est, depuis le 9 thermidor, presque entièrement privée de l'action qui peut la rendre
utile dans cette ville immense; depuis cette époque,
les ressorts de cette magistrature conservatrice de
l'ordre, de la tranquillité, de la salubrité et des
mœurs, sont presque entièrement rompus ou au
moins fortement énervés.

Une quantité immense de prisonniers attendent

depuis longtemps leur jugement, et languissent détenus contre le vœu de la loi. Des marchandises et
denrées de toute espèce restent en dépôt, se détériorent, et compromettent ainsi non-seulement la fortune privée, mais encore la fortune publique qui s'en
compose; le vice lève une tête altière; des rassemblements dont on ne connaît pas assez ni le but, ni
la cause, ont lieu dans plusieurs quartiers; tout cela
nous avertit qu'il est temps de redonner à cette partie essentielle de notre administration intérieure ce
degré d'activité dont elle a besoin, pour que la société
en retire les avantages qu'elle a droit d'en attendre.

Le comité de législation ne vient pas cependant
encore vous proposer des idées nouvelles, un système nouveau sur cet objet. Il pense que l'institution
de la police municipale et correctionnelle, aidée de
nos lois révolutionnaires, est suffisamment bonne
dans les circonstances où nous sommes. Les articles
que nous aurons à vous proposer n'auront d'autre
but que de redonner la vie à ce tribunal, qui plie
sous le faix de son attribution, parce qu'il n'a pas
le nombre d'agents nécessaire pour poursuivre et
juger les affaires qui, suivant la loi du 19 juillet
1791 et celle du 14 fructidor, en font essentiellement
partie.

Pour vous faire sentir la nécessité des mesures
que nous allons vous proposer, nous allons vous
dire un mot de ce qui les rend absolument indispensables.

Vous voudrez bien vous rappeler d'abord que le
ministère public près du tribunal de police correctionnelle n'existait pas en chef, mais en supplément
seulement et comme émanation de celui de la commune, en vertu de l'article XLIV de la loi du 22 juillet 1791.

« La poursuite des délits sera faite, dit cet article,
soit par les citoyens lésés, soit par les procureurs de
la commune ou ses substituts, s'il y en a, soit par
des hommes de loi commis à cet effet par la municipalité. »

Cet article était général; il mettait, comme vous
le voyez, dans toute l'étendue de l'empire, la police correctionnelle sous l'administration et la surveillance des communes : on ne fit peut-être pas
assez d'attention qu'à Paris, où les objets d'administration sont si vastes et si compliqués, les affaires
de la police correctionnelle si multipliées et si intéressantes, ces deux autorités devaient peut-être rester indépendantes l'une de l'autre.

Quoi qu'il en soit, en exécution de cet article
XLIV dont nous venons de parler, dès l'installation
de la police correctionnelle à Paris, la municipalité,
sentant que le procureur de la commune et ses
deux substituts suffisaient à peine à leurs travaux
administratifs, nomma jusqu'à trois suppléants pour
faire les fonctions du ministère public près la police
correctionnelle, et cet ordre de choses a continué
jusqu'au 9 thermidor.

D'après cette organisation, la poursuite et l'instruction sur les délits se faisaient par les suppléants
près le tribunal, à la requête et au nom de l'agent
national près la commune. Les procès-verbaux et
pièces passaient, par un usage qui n'était fondé sur
aucune loi, et qui avait pris naissance à l'époque
de la destruction du bureau central des juges de
paix, passaient, dis-je, de l'officier de police qui les
avait reçus et rédigés, à l'administration de police
qui les ordonnançait, de là au parquet de la commune. Cette marche entravait, traînait en longueur
les affaires, augmentait la dépense, jetait trop souvent les parties dans le cas de ne savoir à qui s'adresser pour obtenir justice.

Les circonstances vous ont forcés de détruire ces
abus, qui n'avaient sans doute pas échappé à une

meilleure organisation de pouvoirs publics que vous avez droit d'attendre de vos comités. La commune, par sa révolte, a creusé son tombeau; de trois agents nationaux, deux volontairement associés à ses forfaits y sont descendus avec elle; il vous faut donc réorganiser presque en entier le ministère public.

Un agent national et trois substituts nous ont paru devoir le composer; ce tribunal sera, comme tous ceux du reste de la république, sous la surveillance de la commission nationale des administrations civiles, police et tribunaux.

L'agent national sera exclusivement chargé de tout ce qui concerne l'exécution près le tribunal de police correctionnelle, telles que les demandes et instructions à sa requête, la suite et l'exécution des jugements, les arrivées, les renvois et transférements des prisonniers, en un mot de toute l'exécution, aux termes des lois.

L'article XX de celle du 14 fructidor porte que les agents doivent être nommés par la Convention nationale, sur la présentation du comité de législation.

Ce choix était important sans doute, et le comité a pris les renseignements qui pouvaient lui donner la conviction qu'il ne vous présentait que des hommes probes, actifs, intelligents, et constamment attachés à la cause populaire depuis le commencement de la révolution.

Cette mesure n'est que le premier pas qui doit compléter une bonne organisation.

L'article XV de la loi qui règle l'administration actuelle de la police de Paris ordonne que la partie contentieuse de la police municipale sera exercée par le tribunal de police correctionnelle.

De là naît un surcroît considérable d'attributions; et si vous faites attention à la stagnation où sont restées les affaires depuis le moment surtout qui a vu tomber les conspirateurs que le parquet renfermait dans son sein, vous sentirez comme nous la nécessité de porter à quinze juges de paix, avec obligation de se diviser en trois chambres, la composition de ce tribunal, qui, d'après le paragraphe III de la loi des 7 et 9 juillet 1791, n'était porté qu'à neuf, avec la faculté d'agir collectivement ou de se diviser, suivant qu'ils le jugeraient convenable.

Trois chambres, dont rien ne pourra plus suspendre l'activité, nous ont paru devoir mettre la police correctionnelle à même de remplir le vœu de la loi du 14 frimaire sur le gouvernement révolutionnaire, qui exige que tous les tribunaux vident, dans le délai de trois mois, les procès dont la connaissance leur est attribuée.

Inutilement cependant aurions-nous mis ce tribunal en mesure d'expédier promptement les affaires qui concernent son attribution, si des obstacles apportés à l'envoi direct des pièces enchaînaient son zèle et son activité.

Je vous ai déjà dit qu'après la destruction du bureau central des juges de paix, qui véritablement présentait les plus graves inconvénients, la commune de Paris s'était emparée, de sa propre autorité, du pouvoir que la loi assignait au bureau central des juges de paix; elle avait exigé que tous les procès-verbaux lui fussent adressés pour les ordonnancer; c'était substituer un abus à un autre.

L'agent national et ses substituts, trop occupés pour pouvoir donner à ces actes l'attention nécessaire, les ordonnançaient, pour ainsi dire, au hasard; toutes les autorités étaient perpétuellement occupées à faire des échanges des pièces et des procès-verbaux qui leur avaient été mal à propos adressés; souvent on ne se donnait pas la peine de faire ces

renvois, et l'on m'a assuré qu'on trouverait peut-être au moins quinze cents procès-verbaux sous les scellés de Payan.

Le redressement d'abus aussi contraires à l'intérêt public qu'aux prévenus a excité l'attention de votre comité, qui en a cherché le remède; il a pensé que le moyen le plus naturel et le plus facile de tarir la source du mal était d'autoriser les commissaires de police à faire eux-mêmes directement les renvois à l'autorité qui devra connaître des faits qu'ils auront constatés.

Un officier public, en effet, qui a rédigé un procès-verbal, qui a entendu les témoins sur un délit, qui est saisi des pièces de conviction, peut beaucoup plus aisément le caractériser que celui qui n'a jeté qu'un coup d'œil superficiel sur les pièces. L'erreur alors sera infiniment rare, pour ne pas dire impossible, surtout si, comme nous vous le proposons, vous les contraignez à citer le texte de la loi en vertu de laquelle ils motiveront leur renvoi.

Nous avons dû terminer notre travail en portant nos yeux sur un dernier objet: c'est l'organisation du greffe. Votre comité a pensé qu'il n'était pas possible de confondre en ce moment celui de la police municipale contentieuse et celui de la police correctionnelle.

La réunion de ces deux juridictions, jusqu'à présent séparées, n'est encore que provisoire. Cette réunion semble limitée au temps que durera le gouvernement révolutionnaire; vous ignorez, et votre comité ignore encore lui-même (car il n'a aucun plan fixe sur cet objet), quel est celui qu'il vous proposera définitivement d'adopter à l'époque dont nous parlons.

Dans l'incertitude de cette détermination, il nous a paru prudent de laisser un dépôt aussi important qu'immense, puisqu'il remonte jusqu'au XIIe siècle, dans le local qui le recèle actuellement, sous la garde et la responsabilité de l'archiviste de la maison-commune. Les frais de déplacement seraient considérables; il en faudrait de plus grands encore pour disposer un local propre à le recevoir dans le ci-devant Châtelet, où le tribunal de police correctionnelle tient ses séances, et peut-être faudrait-il remettre un jour les choses dans leur primitif état. Vous voyez que l'ordre, la prudence et l'économie ont concouru à opérer une détermination que nous avons crue sage et peut-être indispensable.

L'adoption de ces mesures donnera, nous l'espérons, à ce tribunal toute l'activité dont il peut être susceptible; nous ne verrons plus des milliers de procès-verbaux s'accumuler sans recevoir de décision; des pères et mères, des enfants, des citoyens ne languiront plus, oubliés dans les maisons d'arrêt; innocents, ils seront rendus à leurs familles qu'ils nourrissent, à leur patrie qu'ils servent; coupables, ils seront encore utiles à la société par le salutaire exemple que produira la punition prompte de leurs délits, et par les travaux qu'on aura droit d'exiger d'eux.

Le rapporteur lit un projet de décret qui est ajourné.

La séance est levée à quatre heures.

---

*Payements à la trésorerie nationale.*

Le payement du perpétuel est ouvert pour les six premiers mois; il sera fait à tous ceux qui seront porteurs d'inscriptions au grand livre. Celui pour les rentes viagères est de huit mois vingt et un jours de l'année 1793 (vieux style).

## POLITIQUE.

### ALLEMAGNE.

*Francfort, le 19 septembre.* — Le général Schütz prend le commandement de l'armée autrichienne destinée à entrer en possession des provinces polonaises cédées par les Prussiens.

Les lettres des divers points de la Hongrie annoncent que l'on remarque un redoublement d'activité dans les armemens de la Porte et dans les mouvemens de ses troupes vers les possessions autrichiennes.

La cour de Vienne est forcée de laisser en Hongrie des forces plus considérables que celles qui y resteraient sans cette circonstance.

La garnison de Temeswar a été augmentée de plusieurs bataillons et de quelques escadrons.

Une discussion polémique, semblable à celle qui s'éleva l'année dernière entre Brunswick et Wurmser, vient encore de s'établir; elle s'anime de plus en plus entre les officiers autrichiens et les officiers du roi de Prusse à l'armée du Rhin. Le sujet de cette discussion savante et querelleuse est la prise de Trèves. On sait que cette prise a été reprochée à Kalkreuth, et qu'il a publié un long mémoire, apostillé par le général en chef Mollendorf, en forme de réfutation contre une lettre qu'il appelle *calomnieuse*.

Après avoir passé en revue les faits et les circonstances, après en avoir appelé pour sa conduite au jugement des hommes du métier, Kalkreuth termine ainsi son écrit apologétique.

« Quiconque me prouvera que j'aurais pu faire plus que je n'ai fait, *sera le bien venu*; mais l'ignorant qui, par malice pure, cherche à me noircir dans l'opinion publique, n'est qu'un vil calomniateur que je dénonce comme tel. Ici il n'a nullement été question de savoir quel général serait aux ordres de l'autre; ainsi ce prétendu motif n'a pu trouver place. Quant à l'assertion que, de la part des Prussiens, la guerre ne se fait que pour qu'il en résulte du désavantage à la maison d'Autriche, c'est une pensée qui n'a pu naître que dans un cerveau dérangé; elle est si méprisable que je croirais faire injure à la façon de penser du roi *mon maître*, si je perdais un seul mot à y répondre. Et s'il arrive que l'Empire se plaigne que l'on a sacrifié de ses villes et de ses contrées, je dirai pour toute réponse : *L'ingratitude est la récompense que sait accorder le monde.*

« Signé Kalkreuth. »

M. le feld-maréchal a parfaitement approuvé la réponse ci-dessus, et a ajouté de sa main : « Où est la ville, où est la contrée qui a été sacrifiée par les Prussiens ? L'armée entière, sensible au vrai point d'honneur, a été indignée de ce qu'a osé ici la noire calomnie. Elle ne peut se dispenser d'éclairer le public impartial sur le bavardage absurde par lequel on a cherché à le tromper. »

*Signé Kalkreuth.*

*Hambourg, le 18 septembre.* — Le ministre de Prusse a quitté subitement Stockholm. On ne dit pas que cette démarche brusque ait étonné le gouvernement suédois. Les alliés du Nord avaient d'assez bons indices sur cet effet de l'intrigue de l'Angleterre auprès du cabinet de Berlin, qui depuis si longtemps n'appartient plus à son maître. Si l'on avait besoin d'être rassuré contre l'humeur du roi de Prusse, on n'aurait qu'à considérer toutes ses forces tellement rassemblées sur le Rhin et dans la Pologne que l'on va tout à l'heure lever à Berlin un corps de volontaires pour garder l'intérieur des Etats de Guillaume.

— L'heureuse audace des Polonais donne les plus grandes espérances pour leur liberté; ils harcèlent l'armée prussienne dans sa retraite précipitée de dessous les remparts de Varsovie. Guillaume, en se retirant, a cru retarder la poursuite de ses ennemis par la publication d'un écrit où il proteste qu'il n'agit point d'après lui seul, mais en vertu d'une convention particulière.

Partout les Polonais vainqueurs foulent aux pieds les aigles prussiennes ou les suspendent à de hautes potences. Ce n'est point en conquérans qu'ils se présentent aux habitans des campagnes, mais en libérateurs; ils leur donnent des vivres, ils les entretiennent et les emploient à forger des armes contre le tyran prussien, dont les ordres, les édits et tous les actes imprimés servent à faire des garousses.

— L'attitude imposante de la Suède et du Danemark est un de ces services éclatans que l'on a vu de temps en temps rendre à l'humanité. Ces deux gouvernemens se préparent des droits à la reconnaissance des peuples libres. Le commandement en chef de la flotte suédoise a été donné au duc de Sudermanie, frère du régent, il aura en outre la direction des quatre départemens de la marine.

### ANGLETERRE.

*Londres, le 18 septembre.* — La flotte de l'amiral Howe a passé le 9 à la hauteur de Plymouth, avec un vent assez favorable; mais un vaisseau suédois, entré le 10 à Torbay, annonce en même temps qu'il a eu connaissance de dix-huit vaisseaux de ligne français, accompagnés de six frégates.

— Il y a dans cette capitale quatre commissaires de la Corse qui attendent le retour du roi, de Weymouth, pour lui présenter aussi humblement que solennellement la couronne de ce royaume.

— Le lord Westmoreland quitte la vice-royauté d'Irlande, qui sera donnée au lord Fitz-William.

— On écrit d'Edimbourg que M. Robert Watt, convaincu par une commission du crime de haute trahison, a été condamné à mort.

— On attend incessamment à Londres le ci-devant comte d'Artois, qui se mettra à la tête du congrès que le gouvernement rassemble.

Banque, 183 ¾.
Indes, 196 ¼.
Trois pour 100 consolidés, 66 ¼.

## RÉPUBLIQUE FRANÇAISE.

## SOCIÉTÉ
### DES AMIS DE L'ÉGALITÉ ET DE LA LIBERTÉ,
#### SÉANT AUX CI-DEVANT JACOBINS DE PARIS.

*Présidence de Bussal.*

*SÉANCE DU 11 VENDÉMIAIRE.*

Le comité de correspondance de la Société populaire de Grenoble envoie cent exemplaires de l'Adresse des Jacobins de Grenoble à la Convention nationale sur la liberté de la presse; il invite la Société à envoyer un exemplaire à chaque section. « Conservez dans votre secrétariat, disent ces citoyens, notre lettre d'envoi, afin de prouver aux calomniateurs que cette Adresse n'est pas fabriquée à Paris. »

On fait lecture de cette Adresse; qui est vivement applaudie. Sur la proposition de Raison; la Société en arrête l'impression, ainsi que de la lettre d'envoi, l'insertion au *Journal de la Montagne*, l'affiche et l'envoi aux sections, aux Sociétés populaires, aux armées, et la distribution aux tribunes.

*Rommé* : Je demande que l'on se borne à l'affiche dans Paris, l'envoi aux sections et l'insertion dans le *Journal de la Montagne*. Si vous envoyez cette Adresse à toutes les Sociétés populaires, les malveillants ne manqueront pas d'en conclure qu'elle est votre ouvrage. Ceux qui vous ont rappelé ces vérités énergiques les ont crues dignes de la république entière, et la Société de Grenoble n'aura pas manqué de les envoyer à toutes les autres Sociétés.

La proposition de Romme est adoptée.

— Une députation de la section des Piques obtient la parole.

*L'orateur :* Jacobins, hier, comme à l'ordinaire, le patriotisme a triomphé dans l'assemblée générale de la section des Piques. Cette assemblée, après avoir entendu la lecture de votre Adresse aux Sociétés affiliées, en a unanimément arrêté la mention civique. Elle a arrêté en outre qu'elle se transporterait ce matin à la Convention, pour lui faire part de ses inquiétudes sur les dangers que court la liberté, et qu'elle vous communiquerait son Adresse à la Convention. (L'orateur lit cette Adresse, fréquemment interrompue par de vifs applaudissements.)

Ce n'est point là un vœu arraché · c'est le résultat d'une discussion libre et éclairée. Des nuages s'élèvent contre votre existence, ou plutôt contre les principes républicains ; mais le crime sera bientôt puni. On égare un instant les esprits crédules, mais la vérité éclaire tôt ou tard les yeux qui la cherchent : cette vérité est triomphante, et les Jacobins sont proclamés par elle les sapeurs de la révolution. Jacobins, gardez-vous de rester nonchalamment assis sur vos banquettes ; la portion du peuple vertueux qui vient ici en foule chercher un aliment à son patriotisme vous écoute avec intérêt : échauffez - le, nourrissez-le, répandez plus que jamais l'héroïsme qui doit vous caractériser. Soyez toujours fermes, ne transigez jamais, épurez-vous s'il est nécessaire : Brutus est mort à son poste ; un Jacobin doit braver les rigueurs du sort et mourir en héros. Celui qui ne se sent pas capable d'expirer comme Caton, ne doit pas souiller cette enceinte. On ne doit voir ici que des Maratistes, des amis vertueux de la Convention. Ah ! bien loin de rivaliser avec elle, vous serez un rempart à sa vertu et à son énergie. A cette condition, la section des Piques veut fraterniser avec cette Société célèbre, qui brave tous les dangers, tous les orages, et à qui la postérité rendra la justice qu'elle a tout droit d'attendre de son siècle.

Le président donne l'accolade à l'orateur, et la Société ordonne l'impression de l'Adresse de la section des Piques.

*Romme :* Je demande que cette Adresse soit envoyée à toutes les Sociétés populaires, avec ce qui a été dit à cette tribune par l'orateur ; que ces Sociétés soient invitées à la répandre le plus qu'il sera possible, afin qu'elle frappe d'une crainte salutaire les malveillants qui osent lever une tête altière, qu'elle verse le baume de la consolation dans l'âme ulcérée des patriotes, et relève leur bouillant courage. Il est bon encore que vous appreniez à tout l'univers que quiconque professe au milieu de vous les vrais principes acquiert des droits à votre estime. Je demande aussi que la section des Piques soit invitée à envoyer cette Adresse aux autres sections de Paris.

Les propositions de Romme sont adoptées.

— L'orateur de la section Lepelletier a la parole. Il commence ainsi : « *Vive la république, une, indivisible et démocratique ! vive la Convention !* La section Lepelletier nous a chargés de vous exprimer son dévouement aux principes que vous professez. Vos ennemis vous taxent d'être altérés de sang ; non, mais n'avez-vous pas prodigué le vôtre à la Bastille, à la Chapelle, à Nancy, au 10 août ? Toutes les parties de la république ne nous offrent-elles pas des preuves frappantes et animées de votre sollicitude patriotique?

« On fait un crime aux Jacobins d'avoir compté parmi leurs membres de vils individus dont les têtes coupables sont tombées sous le glaive vengeur des lois ; mais la plupart, avant d'être de cette Société, n'étaient-ils pas législa-

teurs? Et les Jacobins, après leur avoir arraché leur masque, ne furent-ils pas les premiers à les livrer? Fougueux ennemis du peuple, vous voulez anéantir les Jacobins ; vous voulez donc anéantir tous les patriotes ; leur nombre est plus que suffisant pour vous réduire en poudre.

« La section de Lepelletier jure aux Jacobins amitié, fraternité indestructibles, et leur promet de se serrer avec eux pour faire à la Convention un rempart digne d'elle. »

— La section de la République succède à la section de Lepelletier.

« Votre existence, dit-elle, est un des droits les plus sacrés du peuple ; vous attaquer en masse, c'est l'attaquer lui-même. La section de la République voue à l'opprobre le nom de ceux qui distillent leur venin contre vous et les Sociétés populaires. Elle ne se laissera jamais imposer par les tyrans de l'opinion publique : marchant d'accord avec avec vous, elle n'écoutera que les décrets de la Convention. Les individus ne sont quelque chose pour elle qu'autant qu'ils parlent et agissent au nom de la loi. »

*Le Président*, à la députation : Les factions qui nous poursuivent ne sont pas plus fortes que les armées de Pitt et de Cobourg : elles seront vaincues. Il ne faut au peuple qu'un jour pour agir, et un jour pour triompher.

— La section de Bonne-Nouvelle est ensuite entendue.

« L'assemblée générale de cette section, pénétrée des principes républicains qui ont animé les Jacobins, et voulant leur donner un témoignage de son attachement, indignée de l'audace d'un individu qui a osé proposer, dans son sein, la dissolution des Jacobins, désavoue ce propos, rapporte l'arrêté pris le 30 fructidor, par lequel elle avait passé à l'ordre du jour sur l'Adresse de la Société populaire de Dijon, à laquelle elle adhère formellement ; invite les Jacobins à se désabuser sur les opinions que la malveillance a voulu prêter à cette section à leur égard, et déclare qu'elle a livré aux flammes un pamphlet intitulé : *Les Jacobins d'aujourd'hui démasqués par un Jacobin d'autrefois.* »

*Le Président :* Les factions ont toutes la même intérêt, toutes le même langage. Celles d'aujourd'hui parlent ainsi que les Lafayette, les Chapelier, les Brissotins, les Girondins. Ceux-ci ont été anéantis par un regard du peuple : les nouveaux factieux ont beau reproduire la même pièce sur la scène, ils ne seront pas plus heureux au dénouement.

— L'orateur de la section Poissonnière succède à la tribune. Il annonce que cette Société, après avoir entendu le discours d'Audouin, qu'elle a vivement applaudi, a arrêté que quatre commissaires seraient chargés de dire aux Jacobins qu'elle a juré de défendre la Convention nationale et les Sociétés populaires, boulevards de la révolution.

*Le Président :* Les conspirateurs se fatiguent beaucoup pour perdre le peuple ; mais le peuple ne se fatiguera pas pour perdre les conspirateurs ; ils seront anéantis aussitôt qu'il le voudra. (Applaudissements.)

Les orateurs de ces différentes sections reçoivent l'accolade fraternelle au milieu des applaudissements et l'impression des Adresses est arrêtée.

*Garnier :* Si la Société ne voit point à sa tribune la section de la Montagne, elle n'en professe pas moins les principes républicains qui animent les citoyens qui viennent de jurer amitié aux Jacobins. Hier le discours d'Audouin fut lu à la section de la Montagne, et, en dépit des traîtres mis en liberté, ce discours fut applaudi, et la section, en adhérant aux principes qu'il contient, en a arrêté l'envoi aux quarante-huit sections. (On applaudit.)

La séance est levée à dix heures.

### SÉANCE DU 13 VENDÉMIAIRE.

*Maure*, député du département de l'Yonne : Citoyens, l'innocence est à cette tribune : elle vient vous demander justice, elle l'obtiendra. Dans une de vos dernières séances (du 7 vendémiaire), de bons citoyens de Pau, département des Basses-Pyrénées, vous annoncèrent que, touchés des besoins de leurs frères de Paris, ils leur apportaient douze mille livres de jambon et de lard On couvrit d'applaudissements cet acte de fraternité. Moi, qui ne puis entendre parler d'une bonne action sans en être touché, je me levai et dis avec naïveté : « Citoyens, cet acte est d'un bon augure pour nos approvisionnements : ce lard graissera la planche, et ça ira : car le peuple ne demande que son nécessaire, et il veut le payer à sa juste valeur. » On ne peut se tromper sur le sens de ce terme vulgaire; il signifie : Ce bon exemple facilitera l'arrivée des comestibles. Le croirez-vous, citoyens, une feuille publique, intitulée *l'Orateur du peuple*, a dit dans le n° 11 :

« Elle souffre (la Convention) que Maure, qui, après avoir vociféré aux Jacobins, avant son départ pour sa mission, contre les élargissements, et qui a mis en liberté, dans le département de l'Aube, près de quarante ex-nobles, ex-chanoines et ex-gardes du corps de Capet, comme cela est constaté par une déclaration signée de dix-huit citoyens, laquelle est déposée au comité de sûreté générale; que ce Maure, dis-je, profère, à une dernière séance des Jacobins, ces paroles exécrables, à l'occasion d'un présent de douze mille livres de lard à la Société mère : « Bon! cela nous servira cet hiver à graisser la planche de la guillotine! » Elle souffre que les Jacobins agitent dans toutes leurs Sociétés affiliées les torches de la guerre civile; qu'ils fassent, sous ses yeux, des actes qui n'appartiennent qu'au corps législatif, puisqu'ils ordonnent l'envoi de leurs Adresses aux armées. »

C'est donc là ce qu'on appelle liberté de la presse ? Non, citoyens, la liberté de la presse est un soleil bienfaisant, qui vivifie l'esprit public, qui fait prospérer le sol de la liberté; mais la licence de la presse est semblable à ces prostituées dégoûtantes, qui, placées au coin des rues et dans les places publiques, provoquent les passants par des regards effrontés et par des paroles sales et impudiques. L'homme sage détourne les yeux; l'homme simple et crédule est trompé; mais bientôt, sentant l'effet du venin corrupteur, il maudit la source impure qui l'a fait couler dans ses veines. Non, vous ne croirez pas, citoyens, que celui qui est honoré de la confiance du peuple, que vous aimez à cause de sa bonne foi et de sa franchise, qui a versé des larmes d'attendrissement en entendant, à la séance de la Convention, son collègue Richard faire le tableau touchant des actions généreuses, du dévouement et du courage qui animent les soldats de la liberté, les mettre en opposition avec la situation de la Convention agitée par les passions; qui a souri à l'apologue ingénieux, fait à la même séance par le citoyen Bourdon (de l'Oise), non, vous ne croirez pas qu'il soit un méchant et qu'il ait osé souiller le lieu de vos séances par des paroles odieuses, encore plus éloignées de son cœur que de ses lèvres. Si j'eusse osé le faire, ne m'auriez-vous pas censuré avec indignation, comme vous le faites pour tous ceux qui choquent les principes chéris de la liberté et de l'égalité, pour tous ceux qui osent manquer de respect pour la Convention nationale? Mais, citoyens, ne vous y trompez pas; ce n'est pas un simple individu que les méchants ont voulu calomnier, c'est à vous que les coups sont portés.

On parle de ce paysan du Danube qui disait la vérité aux rois. Il y a aussi sur les bords de l'Yonne des hommes simples et francs, qui savent dire la vérité et faire des apologues; écoutez le mien.

Un bon père de famille avait beaucoup d'enfants; ses nombreux troupeaux couvraient d'immenses et fertiles pâturages environnés de déserts arides et de forêts ténébreuses, à cause des animaux féroces et malfaisants qui les habitaient. Jamais ce bon père et sa famille ne dévoraient la chair du troupeau, mais un laitage sain et abondant, de nombreuses et épaisses toisons les vêtissaient et les nourrissaient. L'œil vigilant du maître ne suffisant pas à la garde du troupeau chéri, il appela un jour ses enfants, et, choisissant les plus sages et les plus instruits, il leur dit : « Allez et veillez à la sûreté de mon troupeau. » Aussitôt des chiens fidèles, vigilants et courageux, l'environnent; ils avertissaient sans cesse par leurs aboiements le chef de famille des incursions des bêtes féroces et malfaisantes; ils accouraient à sa voix, et se joignaient à lui pour les repousser et les détruire.

Le troupeau prospérait et multipliait sous l'administration sage des enfants et sous la garde des chiens fidèles, lorsque quelques brigands, habitants de ces déserts et de ces forêts, arrivèrent couverts de quelques peaux des agneaux qu'ils avaient dévorés, et dirent au père de famille : « Voisin, nous vous avertissons que vos chiens sont devenus enragés; si vous ne vous en défaites pas, ils seront bientôt plus dangereux pour vos troupeaux que les bêtes féroces qui habitent nos repaires. » Le père de famille écouta les méchants; il hésita un instant; mais bientôt ses fidèles gardiens accoururent et lui témoignèrent leur attachement par leurs caresses; il sourit, se ressouvint de leurs services, eut horreur des brigands, et en aima davantage ceux qui l'avaient servi fidèlement.

Citoyens, le père de famille, c'est notre chère patrie; le troupeau nombreux, c'est la nation; les pâturages immenses et fertiles, c'est le sol de la liberté; les fils sages et instruits, c'est la Convention; les chiens fidèles et courageux sont les Sociétés populaires; les brigands couverts de peaux d'agneaux sont les rois coalisés; les animaux féroces, traîtres et malfaisants, ce sont les aristocrates, les royalistes et les fanatiques.

Ce que j'ai dit avec simplicité et vérité ne passera pas pour le langage d'un meneur de la Société populaire des Jacobins, dont j'ai été absent pendant une mission de quatorze mois. Ceux qui me connaissent ne croiront jamais à ces odieuses calomnies; aussi est-ce pour ceux dont je ne suis pas connu que j'ai rendu publiques ces paroles.

La Société arrête que la réclamation de Maure sera insérée mot à mot au *Journal de la Montagne*.

— La Société populaire des Droits de l'Homme se présente pour fraterniser avec les Jacobins. Après avoir dénoncé l'ex-général Santerre, l'orateur de la députation lit quelques fragments d'un discours que la Société entend dans le plus grand silence. Le président donne le baiser fraternel aux membres de la députation, et ceux-ci promettent de redoubler de zèle pour surveiller les ennemis du peuple.

— Maure, en voyant sur le bureau le produit d'une collecte faite pour un brave défenseur de la patrie qui a été blessé, s'écrie : « Voilà les méchants que la Société solde : ce sont les indigents qu'elle assiste! » (On applaudit.)

— Une citoyenne des tribunes donne, pour une citoyenne chargée de trois enfants, dont le père est prisonnier en Prusse, une somme de 40 liv. produit d'un petit ouvrage intitulé : *Les Jacobins traités comme ils le méritent.*

*Raisson* : Je viens appeler l'attention de la Société sur ce qui s'est passé ce matin à la Convention relativement aux Jacobins, et sur les mesures qui ont été définitivement adoptées. On a renvoyé aux trois comités pour présenter le mode d'épuration de la Société. Ce n'est point sur ce décret que je veux parler, non plus que sur le droit incontestable que la Convention a sur les Sociétés populaires de Paris, comme sur toutes les autres, mais sur les motifs qui ont dicté ce décret, et sur les mesures que la Société doit prendre.

Auparavant je dois rappeler les faits rapportés inexactement par un député, qui a eu d'autant plus de tort de le faire de cette manière, qu'il est un de ceux qui ont suivi le plus assidûment le scrutin épuratoire. Dubois-Crancé a dit qu'on avait perdu la liste d'épuration, et que la justification que nous exigions de la conduite que nos membres avaient tenue dans la nuit du 9 au 10 thermidor n'était qu'un jeu. Il a été témoin cependant de la vérité et de la bonne foi avec lesquelles cette opération a été faite. Cette circonstance, et le décret rendu ce matin, sont deux moyens victorieux pour les Jacobins de repousser les calomnies dirigées contre eux.

Vous avez rendu hommage aux principes en demandant la publication de la liste des personnes qui ont été élargies; cette demande a été repoussée; eh bien, faisons l'application de ces principes à nous-mêmes.

On a dit que la Société était composée de voleurs et de brigands: on a été jusqu'à dire que le premier membre sur qui l'on mettrait la main en entrant ici, les yeux bandés, serait à coup sûr un fripon; eh bien, faisons voir que tous ceux qui composent la Société sont des patriotes énergiques qui, depuis le 14 juillet, combattent pour la liberté et l'égalité, et qui les défendront jusqu'à la mort. Je demande que la Société prévienne le vœu de la Convention, et que, forte de ses principes comme du patriotisme et de la vertu des membres qui la composent, elle se présente à la Convention avec la liste de tous les Jacobins, et que, quel que soit le mode d'épuration, s'il arrive que quelques membres soient expulsés, leurs noms soient rendus publics.

Sans doute les motifs qui ont déterminé ce décret sont pris dans l'amour du bien public; sans doute on ne suivra dans l'épuration aucune haine personnelle, et dès lors on ne craindra certainement pas de publier les causes de la réjection des individus qu'on croirait devoir ne pas admettre.

*Fayau:* Les Jacobins ont un devoir bien glorieux à remplir, celui de rendre la république entière juge de leur conduite; chacun de nous doit ouvrir son âme, et provoquer toutes les dénonciations du peuple; que nos ennemis en fassent autant! (On applaudit.) Ne vous y trompez pas, citoyens; ce n'est point à cette enceinte qu'on en veut, c'est aux principes jacobites, attaqués par l'Espagne, l'Angleterre, la Prusse, etc. (On applaudit.) Si sous cette voûte, qu'on dit profanée par notre présence, il siégeait des contre-révolutionnaires avec les Jacobins, on ne demanderait pas leur destruction. Ce sont donc les principes qu'on attaque, et les principes que vous devez défendre; et l'égalité, détestée par les égoïstes, doit être chérie par les Jacobins.

Le Jacobin qui se tairait ne sera pas plus épargné qu'un autre; en nous taisant nous trahirions la cause du peuple, (On applaudit.)

C'est donc aux mille calomnies amoncelées contre nous, pour nous rendre odieux au peuple, qu'il faut répondre: détruisons ces calomnies, et montrons ce que nous sommes.

On dit que vous n'êtes pas épurés, et cependant on ne cite pas un seul coupable. On dit : « Tel et tel sont des fripons, » parce qu'on a la certitude de s'assurer d'eux dans les vingt-quatre heures. On dit que votre scrutin épuratoire n'est qu'une chimère; sans doute ceux qui tiennent ce langage n'ont pas bien vu la liste des Jacobins. Les nouveaux Jacobins ont été obligés de produire un certificat constatant le lieu où ils étaient dans la nuit du 9 au 10. Je demanderai donc que ces certificats soient placés à côté de chaque nom, afin de confondre davantage ceux qui nous ont attaqués par de pareilles calomnies.

Je reviens à ma première idée. Ce matin on a dit, et depuis longtemps tous les pamphlets le publient, que les Jacobins étaient une puissance rivale de la Convention, et observez qu'il n'y a pas dans les Jacobins un seul membre de la Convention qui ait à sa disposition seulement une puissance rivale de bureau. Si les Jacobins d'autrefois ont été des intrigants, ce reproche ne peut pas s'appliquer aux députés actuels, membres des Jacobins, mais qui ne le sont pas du gouvernement, et qui n'ont aucune place à leur nomination.

On a dit que nous étions une puissance rivale de la Convention, nous qui n'avons reçu d'adhésion à tout ce que nous avons fait que parce que nous avons dit que nous servirions de rempart à la Convention contre les coups qu'on voudrait lui porter.

On a proposé de régénérer les Jacobins; mais je fais une question : A qui appartient la Société des Jacobins? au peuple; car celui qui se présente ici avec des titres de civisme est admis; sans quoi il y aurait une tyrannie, et il n'est pas dans votre intention d'en souffrir. Si la Société des Jacobins est régénérée, elle appartiendra aux régénérateurs; ce ne sera plus la Société du peuple, mais de quelques hommes ou de quelques comités.

On a dit que, quand les Jacobins seraient épurés, l'unanimité régnerait dans la Convention, parce que les députés jacobins n'auraient plus d'autres opinions que celles de leurs collègues; et observez que les mêmes hommes, qui trois jours auparavant avaient dit : « Oublions le passé pour ne nous occuper que du bonheur du peuple, » sont ceux qui ont tenu ce propos, et qui ont dénoncé trois de leurs collègues.

Ces rapprochements sont nécessaires pour faire voir que ce ne sont pas les députés jacobins qui mettent le trouble dans la Convention.

On a dit ensuite : « Soyons unis, et dans un mois nous aurons la paix. » Mais l'armée d'York, mais celle de Cobourg sont-elles détruites? Mais la flotte terrible de l'Angleterre est-elle engloutie dans les flots? Mais la Vendée n'existe-t-elle plus?

On a dit que la Vendée se grossissait, parce que les Jacobins renouvelaient le système de terreur.

Nos ennemis cherchent à doubler leurs forces en aliénant contre nous tous les citoyens. D'une part, ils ont répandu que les députés jacobins voulaient se séparer de leurs collègues; de l'autre ils arment contre vous tous les gens qui ont été détenus. Ils en font une caste particulière à laquelle ils disent : « Voilà ceux qui t'ont fait enfermer; voilà ceux qu'il faut frapper, si tu veux conserver ta liberté. » Les Jacobins n'ont qu'une déclaration à faire : les hommes purs qui ont été incarcérés savent qu'ils sont nos frères; mais ceux que leur conscience tourmente savent qu'ils sont nos ennemis. Il n'est pas étonnant que ceux-ci aillent grossir la Vendée, puisqu'ils avaient formé l'affreux projet d'en faire une nouvelle ici; mais les hommes purs qui ont été élargis se réuniront à nous pour entourer et défendre la Convention.

Quelle est notre puissance à nous qui ne propageons que les droits du peuple? On vous accuse d'avoir des meneurs; s'il en existait, il faudrait les culbuter; mais vous n'êtes pas des bêtes pour avoir des meneurs; vous avez reçu une belle leçon, et vous ne l'oublierez pas.

Ils se croient bien forts ceux qui nous attaquent; ils accusent les sections qui ne veulent pas penser comme eux, et s'adoptent celles où l'on parle dans leur sens; mais il est bon de leur rappeler que décadi, lorsque plusieurs sections vinrent à la barre, et qu'une autre parla ensuite dans un sens utile, les sans-culottes des autres sections qui avaient parlé dans le sens contraire applaudirent à un discours dans la section des Piques; cela prouve que la vérité est le langage du peuple, et qu'il faut sans cesse la lui dire.

Les Jacobins n'envoient pas des commissaires dans les sections pour faire adopter leurs Adresses; ils sont appuyés par le peuple, parce qu'ils défendent l'égalité que le peuple veut, et, dussent vos ennemis répéter sans cesse qu'ils ont un million d'individus qui leur sont dévoués, ne voient-ils pas qu'ils déclarent la guerre à vingt-cinq millions qui s'élèvent contre eux?

Que veulent les Jacobins? achever la révolution; mais vos ennemis veulent marcher en sens inverse. La Société devant être régénérée, j'ai cru qu'il était bon que ses principes fussent connus de tout le peuple. J'appuie la proposition de Raisson.

Lefranc, capitaine de canonniers de la section des Tuileries, annonce à la Société qu'on l'a accusé d'être l'un des meneurs de cette section. « Je partis, dit-il, le 17 vendémiaire dernier, pour Commune-Affranchie, et je n'ai pu pendant mon absence influencer en aucune manière la section. Je suis de retour depuis trois mois, et certes la section des Tuileries est maintenant trop bien éclairée pour se laisser mener. Il n'y a que dix jours que je porte la carte de Jacobin; et si, par suite de la dénonciation faite contre moi, je suis écarté de la Société, croyez que toujours j'en partagerai les principes. » (On applaudit.)

Levasseur, en appuyant les propositions de Raisson, demande qu'il ne soit pas question, dans l'Adresse que la Société présentera à la Convention, de l'épuration de la Société.

Cette proposition est adoptée.

— La Société admet au nombre de ses membres plusieurs citoyens que lui présente son comité.

La séance est levée à dix heures.

# CONVENTION NATIONALE.

### Addition à la séance du 19.

Voici la discussion qui a eu lieu à la suite des nouvelles annoncées dans la séance du 19.

Duhem appelle l'attention de la Convention sur l'exécution de la loi relative aux émigrés pris les armes à la main : il rappelle qu'à Valenciennes; on en avait trouvé onze cents qui, dit-il, ne sont pas encore jugés, et pour quelques-uns desquels on sollicite en ce moment des certificats de non-émigration. Duhem craint qu'à la faveur de cette négligence dans l'exécution de la loi, quelques-uns des émigrés ne rentrent dans la société; il voudrait que désormais les émigrés pris les armes à la main fussent mis à mort dans les vingt-quatre heures, et que les généraux fussent tenus de rendre compte, vingt-quatre heures après, de l'exécution rigoureuse de la loi.

MERLIN (de Douai) : J'annonce à la Convention, qu'il résulte de la correspondance du représentant du peuple J.-B. Lacoste que, de ces onze cents émigrés, la première classe , celle prise les armes à la main, a été livrée à la commission militaire et fusillée; la seconde classe, celle des émigrés simples, a été envoyée au tribunal criminel du département du Nord, pour être jugée ; et la troisième classe, celle des mauvais citoyens, d'abord confondue avec les deux autres, en a été distinguée, et a été envoyée au tribunal révolutionnaire pour être jugée sur les délits à eux imputés. Vous voyez donc bien qu'aucun de ces émigrés n'échappera à la loi.

RICHARD : La Convention et la république entière peuvent se reposer du soin de purger le territoire de la liberté des scélérats qui peuvent le souiller encore sur les soldats de la patrie : ils les ont tellement en horreur qu'à Ypres, à l'Ecluse, à Nieuport, ils se sont exposés à tout pour qu'il n'en échappât pas un. (On applaudit.)

MERLIN : Il est un moyen simple de faire cesser toutes les inquiétudes qui pourraient exister encore à ce sujet : je propose à la Convention d'ajouter une section nouvelle au tribunal du département du Nord, qui sera chargée du soin de juger sans délai ces délits.

J'avais proposé cette mesure à Berlier quand il partit pour sa mission dans le Nord ; il l'avait jugée bonne, mais il ne se croyait pas suffisamment autorisé pour l'exécuter. Je propose de l'y autoriser formellement par un décret.

La proposition de Merlin ( de Douai ) est adoptée en ces termes :

« La Convention nationale décrète :

« Art. Ier. Le représentant du peuple Berlier , envoyé dans les départements du Nord et du Pas-de-Calais, formera et organisera sans délai , dans le tribunal criminel du département du Nord, une section qui sera exclusivement chargée de juger, sans interruption, les individus compris dans le décret de mise hors de la loi du 7 septembre 1793 et les prévenus d'émigration, de fabrication, distribution ou introduction de faux assignats, et de tous autres délits contre-révolutionnaires qui sont de la compétence des tribunaux criminels.

« II. Cette section rendra compte, chaque décade, à la Convention nationale des jugements qu'elle aura rendus en exécution du présent décret.

« III. Le présent décret sera inséré au Bulletin de correspondance. »

— Divers dons patriotiques sont déposés sur l'autel de la patrie , et divers secours accordés par l'assemblée.

— Grégoire fait adopter le décret suivant :

« La Convention nationale, après avoir entendu le rapport de ses comités d'agriculture, des arts et d'instruction publique, décrète :

« Art. Ier. Il sera formé à Paris, sous le nom de Conservatoire des Arts et Métiers, et sous l'inspection de la commission d'agriculture et des arts, un dépôt de machines, modèles, outils, dessins, descriptions et livres dans tous les genres d'arts et métiers. L'original des instruments et machines inventés ou perfectionnés sera déposé au Conservatoire.

« II. On y expliquera la construction et l'emploi des outils et machines utiles aux arts et métiers.

« III. La commission d'agriculture et des arts, sous l'autorisation du comité avec lequel elle est en relation, transmettra partout, quand elle le jugera utile à la république, tous les moyens de perfectionner les arts et métiers, par l'envoi de descriptions, dessins, et même par des modèles.

« IV. Le Conservatoire des Arts et Métiers sera composé de trois démonstrateurs et d'un dessinateur.

« V. Les membres du Conservatoire des Arts et Métiers seront nommés par la Convention nationale, sur la présentation du comité d'agriculture et des arts.

« VI. Il sera attribué à chacun une indemnité annuelle de 4,000 livres.

« VII. Les dépenses de cet établissement seront prises sur les sommes qui sont mises à la disposition de la commission d'agriculture et des arts.

« VIII. Les membres du Conservatoire présenteront à la commission d'agriculture et des arts un projet de règlement pour la discipline intérieure et l'ouverture de cet établissement. Ce règlement sera soumis à l'approbation définitive du comité d'agriculture et des arts.

« IX. La commission d'agriculture et des arts et celle d'instruction publique feront rédiger au plus tôt et publier les découvertes consignées dans les rapports du bureau de consultation des arts du Lycée des Arts, dans les manuscrits de ci-devant Académie des Sciences, dans les cartons de l'ancienne administration de commerce et dans les divers ouvrages qui offriront pour cet objet des matériaux utiles.

« X. Le comité d'agriculture et des arts se concertera avec celui des finances pour le choix du local où sera placé le Conservatoire des Arts et Métiers.

« XI. La commission d'agriculture et des arts est chargée de prendre au plus tôt les mesures nécessaires pour l'exécution du présent décret. »

On lit la correspondance.

— Une députation du département de Paris est admise à la barre.

*L'orateur :* Représentants du peuple français, lorsque par votre énergie vous terrassâtes le despote insolent qui s'était assis sur les ruines du trône ; lorsque vous brisâtes dans sa main perfide le sceptre de fer qu'il étendait sur le peuple français, le département de Paris, dégagé du poids de l'oppression générale, s'empresse de venir vous témoigner sa reconnaissance et sa joie.

Il savait bien que, non content d'écraser le tyran, vous écraseriez aussi la tyrannie ; il savait bien que, détestant son affreux système, vous le détruiriez jusque dans ses fondements.

Aujourd'hui que, par votre Adresse au peuple français, vous annoncez solennellement ce dessein ; aujourd'hui que vous appelez autour de vous la confiance de ce peuple généreux, au nom de la justice et de la vertu, et que, lui signalant tous ses ennemis, vous lui montrez encore entr'ouvert l'abîme dans lequel ils voudraient le replonger, le département de Paris, animé d'une nouvelle confiance, accourt auprès de vous pour se rallier aux sages principes que vous manifestez, et vous jurer de concourir de tout son pouvoir à leur établissement et à leur triomphe.

Après la crise épouvantable à laquelle vous venez d'arracher le peuple français, vous annoncez que le règne instable et vacillant des passions doit cesser pour jamais, que l'autorité seule des lois va conduire la nation, que ces lois ne seront destinées qu'à garantir l'exercice de ses droits ; vous manifestez de nouveau votre horreur pour le système de sang et de fureur dont le peuple vient d'être victime ; vous annoncez le règne de la justice et de la vertu.

Législateurs, n'en doutez point, votre voix a retenti dans l'âme de tous les Français : aux mots sacrés de justice et de vertu, le peuple entier va se rallier autour de vous par l'impulsion naturelle de son cœur.

Il sent que, dans votre bouche, ces mots ne sont point, comme dans celle des derniers triumvirs, un leurre perfide pour l'amener sur le bord du précipice ; il a pour garant de votre foi la tyrannie que vous venez d'abattre, les sages mesures que vous avez prises pour l'empêcher de se relever jamais, celles que vous préparez chaque jour encore ; il a pour garant de votre foi cent mille familles dont vous venez de sécher les larmes, d'éteindre ou de calmer les cruelles douleurs.

Eh ! quel est le Français qui pourrait refuser aujourd'hui d'accourir à votre voix, de vous entourer de toute sa confiance pour l'achèvement du grand œuvre de la constitution auquel le peuple vous a appelés ?

S'il s'en trouvait un seul, il oserait donc dire, en présence de tous ses concitoyens, à la face de l'humanité tout entière : Je préfère le crime à la vertu, le brigandage à la justice, la fureur des passions féroces aux délices de la fraternité, l'assassinat du peuple à son bonheur....

Non, aucun Français, aucun homme, à moins que son cœur n'ait été corrompu dans les repaires de la tyrannie, aucun homme n'avouera ces horribles blasphèmes.

Législateurs, exécutez avec courage le noble dessein que vous venez d'annoncer au peuple français, et soyez sûrs de son amour et de sa confiance.

Maintenez ce gouvernement ferme et rigoureux auquel toutes les républiques ont recours dans les grands dangers, et qui les fait triompher de ces dangers ; que la terreur dévore sans cesse le cœur du méchant ; que la confiance et la sécurité accompagnent l'homme vertueux, et lui laissent la faculté de développer toute son énergie pour le bonheur de ses semblables.

La révolution est le passage du crime à la vertu, de l'erreur à la vérité, de l'injustice à la justice, de l'esclavage à la liberté, du malheur du peuple au bonheur du peuple : tout ce qui nous approche donc de la vertu, de la vérité, de la justice, de la liberté, du bonheur, voilà ce qui est vraiment révolutionnaire ; tout ce qui nous en éloigne tend à la contre-révolution.

Législateurs, tels sont les principes, tels sont les sentiments qui animent avec vous les membres du département de Paris ; ils les soutiendront de tout leur pouvoir ; ils les défendront avec vous jusqu'à la mort ; et s'il était possible que le seul exercice de ces principes sacrés ne fût pas suffisant pour vous faire triompher des méchants, vous nous verriez combattre à vos côtés et mourir avec vous pour la justice et le bonheur du peuple : nous vous le jurons, nous le jurons à tout le peuple français, sur les dépouilles respectables du philosophe de la nature, auquel vous avez décerné les honneurs du Panthéon, pour nous prouver, sans doute, que les droits sacrés de l'humanité seront toujours le but de vos travaux et le résultat de toutes nos victoires.

LE PRÉSIDENT : Lorsque la Convention nationale a fait tomber la tête du dernier des tyrans, elle a pris l'engagement solennel de dégager le peuple français de toute espèce de tyrannie. Fidèle à ses serments, elle ne souffrira point que l'autorité de la loi éprouve la plus légère atteinte.

Là où la loi ne règne pas, il n'y a ni gouvernement, ni organisation sociale, ni sûreté personnelle ; les principes que la Convention nationale a proclamés dans l'Adresse au peuple qu'elle vient de décréter doivent être chers à tous les bons citoyens. Elle voit avec satisfaction que la première autorité constituée du département de Paris s'empresse de leur rendre hommage.

Je vous admets, en son nom, aux honneurs de la séance.

THURIOT : Je demande que l'Adresse présentée par les administrateurs du département de Paris soit insérée au Bulletin, qu'il soit fait mention honorable au procès-verbal de la démarche des administrateurs, et qu'ils accompagnent le cortège qui doit, dans ce jour, déposer au Panthéon les cendres de l'ami de l'humanité. Je demande en outre l'impression de la réponse du président, et l'insertion au Bulletin.

Ces propositions sont décrétées.

— Les juges composant le tribunal révolutionnaire sont ensuite admis.

*L'orateur :* Représentants du peuple, vous venez de nouveau de proclamer les principes de justice et de vertu qui vous animent, et de prouver au peuple que son bonheur seul vous occupe.

Quelques hommes ambitieux voudraient-ils ramener le système odieux de la terreur ? Leurs efforts seront vains : vous avez juré de maintenir le gouvernement révolutionnaire dégagé des vexations qui pouvaient le rendre odieux : vous avez juré de faire respecter la volonté nationale, dont vous êtes les seuls dépositaires, et d'anéantir tous ceux qui porteraient une main sacrilège sur l'arche sainte de la liberté.

Le 10 août fonda la république ; le 10 thermidor

l'a sauvée. Quand le nouveau tyran, écrasé par la puissance nationale, fut précipité du Capitole, vous avez vu la masse du peuple se rallier autour de vous : sa chute a ébranlé de nouveau les trônes des tyrans coalisé.

Le tribunal révolutionnaire, organe de la loi, impassible comme elle, fidèle aux fonctions sévères qui lui sont confiées, frappera de son glaive les restes impurs du moderne Catilina; redoutable pour le conspirateur, il n'oubliera jamais que l'humanité est le plus bel apanage de la justice, et que, si son sanctuaire doit être le tombeau du crime, il sera toujours l'asile de l'innocence.

Législateurs, au nom du peuple qui vous a investis de sa confiance, continuez vos travaux; affermissez la république, consolidez le bonheur de la France, et vous verrez ce même peuple vous proclamer de nouveau les pères et les sauveurs de la patrie.

Le Président : Nous avons rempli le plus saint de nos devoirs en proclamant, au nom du peuple français, les vérités auxquelles vous venez de rendre hommage.

Oui, la liberté est tout à la fois et dans la force du peuple et dans le gouvernement qui a mérité sa confiance.

Le tribunal révolutionnaire a été institué pour assurer l'action de ce gouvernement; le premier de ses devoirs est de poursuivre et de punir tous les conspirateurs.

Justice, sévérité, rapidité; voilà les caractères auxquels on doit reconnaître les actes émanés de ce tribunal.

En recevant l'expression de votre attachement aux véritables principes, la Convention nationale vous rappelle des vérités qui sont gravées dans vos cœurs.

Citoyens, n'oubliez pas que le peuple français ne vous pardonnerait ni erreur ni injustice, mais qu'il attend de vous la punition la plus prompte de tous ses ennemis.

La Convention vous invite à sa séance et à la cérémonie qui en est la suite.

— Le tribunal de cassation lui succède.

L'orateur : Citoyens représentants, la Convention vient d'éclairer la France sur ses destinées; elle a invité les bons citoyens à défendre les principes de justice et de liberté qui doivent sauver la patrie. Nous vous apportons l'hommage des vœux que l'Adresse au peuple français nous a fait former.

La justice élève les nations, elle fait disparaître la terreur qui opprime et glace le sentiment, elle protége les bons citoyens et punit les méchants, elle est suivie de l'abondance et de la paix publique; sans elle, point de liberté ni d'égalité. Sous l'empire de la vertu, de la justice et des lois, il ne peut exister de malheureux; c'est sur ces bases inébranlables que vous venez de fonder la prospérité de la France.

Associés au triomphe de nos armées, vous en avez dirigé les mouvements, vous partagerez leur gloire. Le repos n'est pas encore fait pour vous; vous ne devez y prétendre que lorsque la république française sera consolidée; c'est alors que les bénédictions d'un peuple immense, dont vous aurez fait le bonheur, vous suivront dans vos retraites, et seront la digne récompense de vos travaux immortels.

*Vive la république! vive la Convention nationale!*

Le Président : Placé près des législateurs, destiné à assurer l'unité de l'exécution de la loi, le tribunal de cassation doit toujours avoir devant les yeux les dispositions décrétées par la Convention nationale, et les principes qui les ont déterminées.

La Convention a entendu avec intérêt l'expression de vos sentiments; je vous admets en son nom aux honneurs de la séance, et je vous invite de sa part à assister aux honneurs qu'elle décerne à la mémoire du philosophe génevois.

— Le tribunal criminel du département de Paris est admis à la barre.

L'orateur : Citoyens représentants, le tribunal criminel du département de Paris vient présenter de nouvelles assurances de son attachement et de son dévouement à la Convention nationale.

Il a lu avec la plus grande satisfaction l'Adresse au peuple français, il applaudit aux principes sacrés qu'elle contient, et aux intentions que vous y manifestez pour le bonheur et la gloire de la république.

Déjà vous avez brisé l'arme de la tyrannie en proscrivant le système de terreur; les cachots ont été ouverts à une foule de victimes innocentes; vous avez rappelé la justice et l'humanité, étonnées de se voir bannies du territoire français.

Vous venez de prendre un nouvel engagement, celui de poursuivre sans relâche les intrigants et les scélérats qui, sous le masque du patriotisme, ont égaré le peuple, et s'agitent encore dans tous les sens pour exciter de nouveaux troubles; vous avez promis de ne pas souffrir qu'il s'élève de voix qui parlent plus haut que la représentation nationale.

Achevez l'ouvrage que vous avez commencé; remplissez vos promesses, et vous trouverez la plus douce des récompenses dans le bonheur et dans les bénédictions du peuple. *Vive la Convention!*

Le Président : S'il est d'un grand intérêt de punir les conspirateurs, il n'est pas moins important de réprimer les délits qui troublent la société et qui portent atteinte à la liberté individuelle. C'est par de bonnes lois que l'on parvient à ce but : l'application de ces lois vous est confiée, et l'accomplissement de vos devoirs se lie essentiellement au bonheur du peuple.

La Convention nationale reçoit avec satisfaction l'expression de votre hommage aux principes qu'elle vient de proclamer au nom du peuple français. Elle compte sur votre zèle, et elle vous invite à sa séance, ainsi qu'à la cérémonie qui doit avoir lieu en ce jour.

— Un secrétaire donne lecture de la lettre suivante :

*Les représentants du peuple, envoyés dans les départements des Bouches-du-Rhône, du Var et de l'Ardèche, à la Convention nationale.*

A Marseille, le 11 vendémiaire, l'an 3e de la république une et indivisible.

« Citoyens collègues, vive le peuple français, toujours bon, lorsqu'il n'est pas égaré! Nous nous empressons de vous faire part de la joie pure que nous avons goûtée hier à Marseille : n'étant occupés que du bonheur du peuple, nous avons vu avec une douce satisfaction, non le changement des cœurs, mais leur vive expansion au dehors, que des scélérats contre-révolutionnaires avaient comprimée par la terreur qu'inspire le crime lorsqu'il commande, qu'il juge et qu'il a la force en main. Dans toutes les rues que nous avons parcourues pour nous rendre au temple de la Raison, un peuple immense, un peuple attendri et reconnaissant laissait entendre ses bénédictions pour la Convention nationale qui vient de le délivrer d'un enfer de scélérats conspirateurs, qui le faisaient trembler et frémir à chaque instant, au moyen de tous les pouvoirs réunis en leurs mains. Les Séjan, les Tibère, les Néron pourraient être excusés, après les monstres exécrables qui ont tyrannisé le Midi.

« Les scélérats égaraient toutes les Sociétés, faisaient sous main soulever les citoyens contre elles, et ensuite l'accusateur public du tribunal criminel ordonnait aux juges de paix d'informer contre les délinquants. Arrivés au temple de la Raison, nous avons parlé au peuple, nous lui avons fait sentir l'énormité des délits de la coupable journée du 5 vendémiaire; mais nous l'avons assuré que nous saurions discerner les vrais coupables, et que l'homme pur et sans reproche devait jouir de la tranquillité de la vertu. Ce bon peuple a été attendri; il a témoigné son horreur contre les scélérats qui l'avaient égaré et comprimé; il a juré de n'avoir jamais d'autre point de ralliement que la Convention nationale, d'autre principe que la république une et indivisible. Tous les cœurs goûtaient dans ce moment une joie pure et franche, qui leur avait été interdite depuis si longtemps.

« Le soir nous nous sommes rendus à la Société populaire, qui a été rouverte pour la première fois; nous y avons parlé comme au temple de la Raison : un peuple nombreux et content remplissait les tribunes. Nous y avons recueilli les bénédictions unanimes pour la Convention nationale, qui venait de la délivrer des conspirateurs, des dilapidateurs, des fripons et des intrigants. La Société, par des cris mille fois répétés de *vive la Convention nationale! vive la république une et indivisible!* et par l'horreur qu'elle a témoignée contre les scélérats qui l'avaient égarée et subjuguée, nous a paru fortement décidée à concourir avec nous à la découverte de tous les traîtres et à déjouer tous les complots liberticides.

« Nous ne perdons pas un moment à vous faire part de ces bonnes nouvelles; nous vous prévenons cependant que nous ne diminuerons rien de notre active surveillance, et que nous prenons toutes les mesures nécessaires pour n'être point pris au dépourvu, supposé que toutes ces démonstrations ne fussent point franches et loyales, quoique nous ayons tout lieu de croire qu'elles sont l'expression de cœurs purs et républicains.

« Salut et fraternité.           *Signé* AVOUR et SERRES. »

— Le président annonce que l'ordonnateur de la fête vient de lui faire dire que tout est préparé. Au même moment les citoyens composant l'Institut national de Musique entrent dans la salle; ils exécutent plusieurs morceaux de la composition de Jean-Jacques; les airs : *Je l'ai planté, je l'ai vu naître; Dans ma cabane obscure; J'ai perdu tout mon bonheur;* qui rappellent les talents et l'âme sensible de l'auteur d'*Héloïse*. Un hymne chanté ensuite célèbre sa mémoire. et excite les applaudissements de tous ceux qui aiment la nature, recherchent la vérité, et pour lesquels ce sera toujours un devoir comme un besoin d'honorer le souvenir de l'être qui en fut le plus digne organe sur la terre.

La Convention se rend à la fête.

Il est midi.

*N. B.* Dans la séance du 21, les autorités constituées et les sections de Paris sont venues féliciter la Convention sur les principes contenus dans son Adresse au peuple français, et jurer de ne reconnaître d'autre centre que la représentation nationale.

---

TRIBUNAL CRIMINEL RÉVOLUTIONNAIRE.

*Séance du* 1ᵉʳ *vendémiaire.* — C.-J.-L. Bournisien, âgé de trente-huit ans, né à Rouen, agent d'affaires, rue de Poitou ;

J. Goude, âgé de cinquante et un ans, né à Lafaye, département de la Mayenne, garçon sellier ;

E. Bourgeot, âgé de quarante-trois ans, né à Saussaye, département de l'Indre, membre du comité révolutionnaire de sa commune ;

*Du* 2. — F. Malègne, âgé de trente ans, né à Graillouse, département de l'Ardèche, cultivateur et juge de paix du canton de Courquoy ;

C.-H. Legendre, âgé de dix-sept ans, né à Cousnes, département de l'Eure, entrepreneur de l'étape, à Rouen ;

C.-M.-R. Nocard, âgé de trente et un ans, né à Reims, musicien à l'Opéra, ont été mis en liberté.

*Du* 3. — P.-E.-J. Roland, âgé de quarante-trois ans, né et demeurant à Valenciennes, mercier, parfumeur et limonadier avant le bombardement de cette place, depuis réfugié à Saint-Quentin ;

M.-A. Maréchal, âgée de cinquante ans, née à Saint-Quentin, femme de Roland, même demeure et qualité:

Accusés d'avoir tenu à Saint-Quentin, et dans le collége où résidaient les réfugiés de Valenciennes, des conciliabules ; d'avoir fait des rassemblements dont le but était de former des listes de proscription, et d'avoir tenu des propos contre-révolutionnaires ; ces faits n'étant pas constants, ont été acquittés et mis en liberté.

— J.-E. Etienne, âgé de vingt-six ans, né à Paris, fondeur, rue Méry, convaincu d'être auteur ou complice d'une conspiration tendant à la dissolution de la représentation nationale et au rétablissement de la royauté, en prêtant serment de fidélité au fils du dernier tyran; en disant, à son retour de la Vendée, chez un marchand de vin à Versailles, où il passait pour se rendre à Paris, qu'on ne retournerait aux frontières que lorsque le feu serait à la Convention nationale; que si on était le maître, on ferait couper la tête à quatre-vingts ou cent députés ; que l'on nommerait le fils de Capet roi, et qu'on lui donnerait un régent jusqu'à ce qu'il fût grand, et de l'avoir fait avec des intentions contre-révolutionnaires, a été condamné à la peine de mort.

— A. Georget, âgé de quarante-huit ans, né à Paris, épicier en gros, faubourg du Nord, à Paris, a été mis en liberté, attendu qu'il n'existe aucune preuve de délits contre lui.

—J.-F. Lagasse, âgé de cinquante et un ans, concierge de la maison de réclusion d'Égalité-sur-Marne, a été mis en liberté, attendu qu'il a été jugé par le tribunal criminel du département de l'Aisne, le 28 fructidor, sur les délits énoncés dans le mandat d'arrêt décerné contre lui, le 2 thermidor, par l'accusateur public du tribunal.

---

LIVRES DIVERS.

*La Décade philosophique, littéraire et politique,* par une Société de républicains.

On souscrit à Paris, chez le directeur de *la Décade philosophique, littéraire et politique,* rue Thérèse, près la rue Helvétius ; et dans les départements, chez les directeurs des postes, en ayant soin d'envoyer une reconnaissance à l'adresse ci-dessus.

C'est au directeur de *la Décade* qu'il faut adresser des lettres, pièces de vers ou autres morceaux à insérer, les objets à annoncer, et tout ce qui concerne la rédaction.

Le prix de l'abonnement est de 12 liv. pour trois mois, 24 liv. pour six mois, et 48 liv. pour l'année entière, port franc, pour toute la république.

---

*Payements à la trésorerie nationale.*

Le payement du perpétuel est ouvert pour les six premiers mois; il sera fait à tous ceux qui seront porteurs d'inscriptions au grand livre. Celui pour les rentes viagères est de huit mois vingt et un jours de l'année 1793 (vieux style).

## POLITIQUE.

### PAYS-BAS.

*Bruxelles, le 16 vendémiaire.* — Il est passé par ici un convoi considérable de munitions de guerre, de plus de deux cents chariots chargés de bombes, boulets, poudres et autres objets. La moitié se rend devant Maëstricht.

Le magistrat de cette ville a fait publier un avertissement par lequel le public est instruit que la foire aura lieu à Bruxelles, comme les autres années; en conséquence, les marchands forains sont invités de s'y rendre comme de coutume.

Voici une proclamation nouvelle.

« Les représentants du peuple envoyés près les armées du Nord et de Sambre-et-Meuse,

« Voulant terminer toutes les difficultés et les entraves qui résultent de la diversité des prix déterminés par le maximum particulier de chaque province ou arrondissement de la Belgique et autres pays conquis, arrêtent ce qui suit:

« Art. Ier. Le maximum de Lille sera suivi dans toute la Belgique et autres pays conquis, ainsi que dans le département provisoire de Jemmapes et le pays de Liége, pour toutes les matières, marchandises, grains, boissons et autres denrées généralement quelconques; auquel effet il sera envoyé des exemplaires dudit maximum en nombre suffisant aux magistrats des chefs-lieux des villes et châtellenies, qui sont tenus de lui donner la plus grande publicité dans tous les lieux de leurs dépendances et arrondissements, en faisant d'abord publier et afficher dans les deux langues, partout où il sera nécessaire, le prix des denrées et autres objets de première nécessité, et ainsi successivement de toutes les autres denrées.

« II. Tous les objets non compris dans le maximum de Lille seront maximés par les représentants du peuple, sur les demandes et observations qui leur seront faites par les magistrats des chefs-lieux des villes et châtellenies.

« Il en sera de même relativement aux bois, qui ont toujours été vendus à un prix très-élevé dans la Belgique.

« III. Le présent arrêté sera imprimé dans les deux langues, lu, publié et affiché partout où besoin sera. Toutes les autorités civiles et militaires tiendront la main à son exécution, et en rendront compte aux représentants du peuple à Bruxelles.

« *Signé* FRÉCINE, BELLEGARDE, N. HAUSSMANN et BRIEZ. »

---

## RÉPUBLIQUE FRANÇAISE.

### SOCIÉTÉ

#### DES AMIS DE L'ÉGALITÉ ET DE LA LIBERTÉ,

##### SÉANT AUX CI-DEVANT JACOBINS DE PARIS.

*Présidence de Bassal.*

###### SÉANCE DU 13 VENDÉMIAIRE.

On fait lecture de la correspondance.

Crassous donne des détails sur la nouvelle victoire remportée par l'armée de Sambre-et-Meuse sur les coalisés. « Et nous aussi, dit-il, imitant l'exemple que nous donnent les défenseurs de la république, nous traverserons, s'il le faut, des torrents pour soutenir les droits du peuple, pour empêcher qu'il ne soit porté aucune atteinte à la pure démocratie que nous professons; nous traverserons et l'intrigue et le royalisme: nos principes sont ceux des républicains qui combattent aux frontières. »

8e *Série.—Tome IX.*

*Charles Duval:* Citoyens, c'est au moment où l'élan généreux des âmes républicaines est comprimé, c'est au moment où les patriotes sont opprimés, que les zélateurs de la liberté et de l'égalité doivent se serrer, et, réunissant leurs talents et leurs vertus, les diriger vers la liberté qu'on attaque.

Il ne faut pas se dissimuler, citoyens, que c'est surtout l'égalité qu'on veut anéantir: en jetant les yeux sur ce qui s'est passé depuis cinq ans, l'observateur impartial s'aperçoit sans peine que les moyens employés par les ennemis du peuple pour étouffer la liberté dans son enfance sont reproduits aujourd'hui, et que la faction nouvelle suit le même projet.

Au commencement de la révolution, l'idée d'un changement de dynastie donna l'espoir à l'Angleterre de dicter un jour des lois au peuple français; le système des deux Chambres fut jeté en avant, et germa parmi la noblesse et les gens perdus de vices, de débauches et de réputation; c'est du milieu de ces corruptions que sortirent les premières étincelles de la liberté; le peuple connut ses droits et s'en saisit avec vigueur; alors les intrigants changèrent de système, ils ne parlèrent plus que du bonheur du peuple, afin de le vendre plus cher à une cour corrompue; mais bientôt on les vit se dépouiller de l'habit, populaire qu'ils avaient endossé, et se déclarer hautement les partisans de la tyrannie.

Mirabeau, celui de tous qui avait le plus de génie, et que l'orgueil de la noblesse avait jeté dans le parti de la révolution, soutint avec force la monarchie, qu'il avait paru vouloir saper; il avait pour antagonistes les Lameth, grands partisans de l'Angleterre.

Après la mort de Mirabeau, on les vit, non sans étonnement, suivre le système qu'il avait adopté, et, d'accord avec les réviseurs, donner au roi une puissance formidable. C'est ainsi que l'on vit Brissot et la Gironde, opposés d'abord à la cour, protéger le le royalisme quand on voulut l'abattre.

Les factions qui se sont succédé ont en toutes pour objet la royauté, avec ou sans modification; celle qui s'est élevée depuis le 9 thermidor a, n'en doutez pas, citoyens, les mêmes vues.

Un monstre, dont la mémoire seule fait frémir d'horreur, s'était emparé de tout. Il voulait sacrifier sans aucune distinction les bons et les mauvais citoyens. Que fait-on aujourd'hui? on l'imite: on calomnie les meilleurs citoyens, on veut perdre les défenseurs de la république (on applaudit); on a abusé d'une loi sage, et, sous prétexte de réparer les nombreuses injustices de Robespierre, on a ouvert les prisons à une foule de conspirateurs; on a établi un comité de clémence, non en faveur des patriotes, mais en faveur des aristocrates. Comme du temps de Brissot et de la Gironde, on tapisse les murs de Paris de placards, afin d'égarer le peuple; comme du temps de Chapelier, on vante les services qu'ont rendus à la chose publique les Sociétés populaires, et on veut les abattre; on dit, ainsi que Chapelier, que leur correspondance et leurs affiliations les rendent une corporation formidable; et, comme on craint la surveillance, on ne veut pas être surveillé; comme lui, on dit qu'il ne faut pas que les représentants du peuple soient membres des Sociétés populaires.

Il est bon de remarquer que, pendant que les Chapelier, les Lafayette, les Brissot, les Vergniaud étaient Jacobins, ils ont été les plus fermes appuis des Sociétés populaires; aussitôt qu'ils en furent chasés, ils ont crié : A bas les Jacobins ! Ce changement prouve de leur part un abandon des principes populaires que les Jacobins n'ont cessé de professer. Malheur à celui qui n'a pas assez de caractère et de vertu pour rester membre de cette Société, afin d'anéantir le système abominable, qu'un million d'individus fait vivre le peuple français.

O amour des richesses et du pouvoir. Dandré, tout gorgé d'or, disait aussi que, sans les riches, la France manquerait de tout.

On a dit que, sans les Jacobins, les ennemis demanderaient bientôt la paix. Rappelez-vous que, dans son manifeste, l'empereur offrait la paix à condition que l'on anéantirait les Jacobins.

On ne peut rien ajouter à ce qu'a dit Audouin ; le masque s'use, et bientôt les visages seront à découvert : le peuple reconnaîtra ses ennemis, et ils ne seront plus redoutables

Jacobins, vous surveillerez toutes les trames; vous resterez inviolablement attachés aux principes et à la représentation nationale : vous vous occuperez du bonheur de vingt-quatre millions d'hommes dont vous faites partie; vous les rendrez indépendants d'un million de riches égoïstes. C'est ainsi que vous répondrez à vos détracteurs et aux manifestes des Chapelier et des Léopold modernes. Vous éclairerez la Convention nationale sur les intrigants qui demandent, non pas la destruction des Sociétés populaires, mais qu'on les organise, c'est-à-dire qu'on les compose de leurs créatures et de leurs organes. Roland voulait aussi organiser les Sociétés populaires et les rendre utiles à sa manière.

Jacobins, mettez à l'ordre du jour la discussion des principes; il ne sera pas difficile de prouver que les Sociétés populaires doivent être indépendantes dans le choix de leurs membres et de leurs délibérations; sans doute les magistrats ont le droit de saisir les fripons, s'il s'en trouve parmi elles ; mais vouloir les organiser, c'est attaquer un principe sacré, reconnu par la Déclaration des Droits de l'Homme, et saper les fondements de la liberté; c'est en discutant ces principes que vous éclairerez les citoyens qui vous écoutent et le gouvernement que l'on veut entraîner dans une fausse démarche. (Vifs applaudissements.)

La Société arrête l'impression de ce discours, l'envoi aux sections et aux Sociétés affiliées, et la distribution aux représentants du peuple.

*Crassous :* Dans sa dernière séance, la Société, pour fermer la bouche à ses calomniateurs, a arrêté de porter la liste de ses membres à la Convention nationale : il est peut-être nécessaire, avant l'exécution de cette mesure, d'examiner si elle est digne de la Convention.

Dubois-Crancé a prétendu, quoiqu'il ait la preuve du contraire, que cette Société est composée des mêmes hommes qui siégaient dans cette salle dans la nuit du 9 au 10 thermidor; c'est ce qui a déterminé le décret que la Convention a rendu : qu'elle s'occuperait de l'épuration des Jacobins.

Vous voyez donc qu'il n'est plus question d'empêcher les représentants du peuple d'être membres des Sociétés populaires, parce que, s'ils ont le droit de s'assembler en particulier et de discuter sur les affaires du gouvernement révolutionnaire, à plus forte raison ont-ils celui de se réunir sous les yeux du peuple et de s'occuper de son bonheur; mais on veut épurer les Sociétés populaires; on veut en chasser par un décret les membres qui ne conviennent pas, et les remplacer par des surveillants dociles. Si l'Assemblée constituante avait cru avoir le droit d'épurer les Jacobins, sans doute il n'y aurait eu ici que des royalistes.

On a dit qu'il fallait chercher le moyen d'utiliser les Sociétés populaires. Le moyen de rendre utiles les Sociétés populaires, c'est de leur laisser cette liberté d'opinion qui a toujours servi la chose publique.

D'après cela, je crois que la Société ne doit pas laisser subsister son arrêté; elle ne doit pas aller porter la liste de ses membres à la Convention; ce serait provoquer une épuration qui est contre les principes. Je ne veux pas pour cela que cette liste soit enterrée; chacun de nous a besoin de connaître les membres qui composent cette Société; car, s'il s'était glissé quelque fripons parmi nous, il faudrait sur-le-champ en faire justice. Je demande donc l'impression de la liste, et qu'avant sa distribution elle soit déposée au secrétariat, afin que chacun de nous puisse en prendre communication.

*Levasseur :* Le droit de s'assembler en Sociétés populaires étant assuré par la Déclaration des Droits de l'Homme et du Citoyen, et le gouvernement révolutionnaire que la Convention a adopté, au lieu de les violer, leur donnant plus de force, personne n'a le droit d'empêcher les citoyens de se réunir paisiblement et sans armes.

Nous avons organisé les Sociétés populaires des départements , mais voici comment nous nous y sommes pris : nous avons formé un noyau de patriotes purs, à qui nous avons donné le droit de s'adjoindre d'autres patriotes ; mais jamais nous n'avons dit : Tel individu nous déplaît, il faut le chasser.

Je ne conçois pas ce qu'on entend par utiliser les Sociétés populaires. Veut-on diriger les pensées des citoyens qui les composent? je ne le crois pas; les Sociétés populaires seront utiles toutes les fois qu'elles défendront les intérêts du peuple.

Je demande le rapport de l'arrêté qui ordonne que la liste des membres qui composent cette Société sera portée à la Convention. S'il y a parmi vous des conspirateurs, le gouvernement est là pour les saisir; car, pour être membres de cette Société, nous ne cessons pas d'être citoyens et soumis aux lois.

*Giot :* Le préopinant a eu tort de citer comme conforme aux principes la conduite tenue dans les départements par certains représentants. Il a dit que, pour rendre les Sociétés populaires utiles, on avait formé un noyau de vingt à vingt-quatre patriotes, auxquels on avait donné le droit de s'adjoindre d'autres citoyens. C'est ce principe subversif de la liberté que j'attaque; je suis loin de soupçonner les intentions de Levasseur, dont je connais les principes; mais je veux lui faire sentir que les Sociétés populaires n'appartiennent qu'au peuple, elles ne doivent pas être composées au gré de quelques individus.

Les Sociétés populaires sont fondées sur les droits de l'homme, et les droits de l'homme étant puisés dans la nature, aucune puissance humaine ne peut y porter atteinte; les Sociétés populaires, lorsqu'elles sont fondées sur la loi, n'appartiennent qu'à elles-mêmes; s'il en était autrement, l'infâme cour aurait épuré celle des Jacobins, et vous auriez vu ces banquettes, qui ne doivent être occupées que par la vertu, souillées par la présence des Jaucourt et des Feuillants. Eh bien, la cour elle-même, qui ne respectait rien, n'osa pas vous attaquer; et ce que la cour n'a pas osé, on l'entreprendrait au moment où les Jacobins ont juré d'abattre les tyrans, quels qu'ils soient, et d'être toujours soumis à la Convention! Non , citoyens, la Convention nationale, qui veut le bien du peuple, n'attaquera jamais les Sociétés populaires; elle reconnaîtra que, du moment où les ennemis de la patrie sont parvenus à lui faire décréter l'épuration des Sociétés populaires, ils l'ont trompée. Car ce n'est point à vous seulement qu'on en veut, c'est à toutes les Sociétés populaires; c'est contre le nombre des sociétaires et contre la chaleur de leur patriotisme qu'on s'acharne; elle reconnaîtra qu'elle a sapé les principes de la liberté (on applaudit); mais elle reconnaîtra qu'il y a parité de principes avec les meneurs de l'Assemblée législative et ceux qui veulent la mener aujourd'hui; les meneurs de l'Assemblée législative avaient une Société à eux; ceux qui veulent mener la Convention prétendent aussi avoir une Société qui leur soit dévouée.

Je ne ferai point au peuple l'injure de le croire détérioré de principes. Ce qu'il a fait en 92, il le fera en 94; il ne souffrira pas qu'une Société qui a juré de faire à la Convention un rapport contre tous les factieux qui voudraient usurper l'autorité soit anéantie. Le peuple maintiendra l'attitude qu'il a montrée en 92 au milieu des orages suscités par les Brissotins.

Vous n'avez plus maintenant qu'à présenter une grande masse de vertus et d'amour pour la représentation nationale. Croyez que la Convention ne sera pas insensible à votre attachement. Évitez les écarts dans lesquels des scélérats voudraient vous faire tomber, restez toujours Jacobins.

J'arrive des départements; je puis vous assurer que l'existence des Sociétés populaires est extrêmement compromise; j'ai été traité de scélérat, parce que le titre de Jacobin était sur ma commission: on m'a dit que j'appartenais à une Société qui n'était composée que de brigands; il y a des menées sourdes pour éloigner de vous les autres Sociétés de la république; j'ai été assez heureux pour arrêter la scission, et resserrer les liens de la fraternité entre vous et la Société de Bayonne, que Robespierre avait calomniée dans votre sein.

Ce que je viens de dire d'une commune est applicable à toutes; il faut que les Sociétés populaires sachent que vous n'êtes plus les dupes de quelques individus, que vous êtes invariablement attachés aux principes, et que, si on voulait porter atteinte à la Convention nationale, vous la défendriez jusqu'à votre dernier moment.

Mais surtout, citoyens, faites en sorte de n'être point épurés; je le répète, les Sociétés populaires appartiennent à elles-mêmes; elles tiennent leur existence des droits de l'homme, et, comme eux, elles sont impérissables. (On applaudit.)

La Société rapporte son arrêté qu'elle avait pris dans la dernière séance, et ordonne l'impression de la liste de ses membres, et son dépôt au secrétariat, où chaque membre pourra le consulter.

La séance est levée à dix heures.

## LITTÉRATURE. — POÉSIE.

### LA LIBERTÉ DU TERRITOIRE FRANÇAIS.

*Ode offerte à la Convention nationale, le 11 vendémiaire, par C.-J. Trouvé, l'un des rédacteurs du Moniteur.*

Le voilà donc rempli le vœu de ma patrie!
Respire, ô Liberté! des rois la ligue impie,
Au Midi comme au Nord, cède à tes fiers enfants!
L'Europe a vu tomber aux genoux de nos braves
Ses bataillons d'esclaves:
Sol français! tu n'es plus foulé par les tyrans!

Retentissez au loin de ce cri de victoire,
Monts fameux, tant de fois éclairés par la gloire!
Jusqu'aux bords de l'Escaut, de vos sommets porté,
Qu'il vole entretenir ces rives fortunées:
O Nord! ô Pyrénées!
Par vous, au même instant, ce cri fut répété.

Qu'il était insolent! qu'il était chimérique
Ce complot de vingt rois contre une république!
Ils s'enivraient d'orgueil, et nos bras triomphants
Ont fait de leurs soldats de sanglants sacrifices,
Et leurs vieilles milices
N'ont pas même attendu nos héros de vingt ans.

Ainsi, lorsqu'aux beaux jours et de Sparte et d'Athène,
D'un despote insensé l'ambitieuse haine
Osa d'un peuple libre attaquer la grandeur;
Lorsque du roi des rois l'imprudente furie
Arma toute l'Asie
Pour donner à la Grèce un nouvel oppresseur;

De ce lâche attentat la Grèce révoltée
Consacra Marathon, Salamine et Platée;
Et le Perse, en fuyant ce sol ensanglanté,
Présagea le destin des tyrans de la terre
Qui porteraient la guerre
Au temple de la gloire et de la liberté.

Oh! combien de vertus, dans cet âge héroïque,
Ajoutaient leur éclat à la splendeur publique!
Au milieu des cités, comme au sein des combats,
Quel noble dévouement! quelle mâle énergie!
Heureuse la patrie
Qui comptait Aristide avec Léonidas!

Ainsi nous avons eu nos guerriers intrépides;
Il est temps de compter aussi nos Aristides.
O probité sacrée! ô sainte humanité!
Fixes dans ce séjour, désormais plus tranquille,
Votre éternel asile:
Assez et trop longtemps vous l'avez déserté.

Non, non, la liberté ne veut point de victimes,
La liberté jamais ne prescrivit les crimes;
Son culte n'admet point de sacrilège encens.
Malheur à qui chérit la discorde intestine!
Il marche à sa ruine.
Misérable, il mourra de la mort des tyrans!

Honneur à nos guerriers! mon cœur leur dresse un temple!
Ils nous ont consolés par leur sublime exemple,
Lorsque nous gémissions sous le poids du malheur.
Vous qui rendez hommage à ces héros fidèles,
Egales vos modeles:
Faites luire à nos yeux l'aurore du bonheur.

## THÉATRE DE LA RUE FEYDEAU.

L'auteur de Viala, ou le Héros de la Durance, petit opéra donné le 18 vendémiaire à ce théâtre, a bien senti que le fait simple attribué à cet héroïque enfant ne suffisait pas pour soutenir une action dramatique. Il y a joint l'intrigue d'une conspiration formée dans les murs mêmes de la ville, entre le légat du pape et un faux patriote nommé Durand. Le mot qui doit servir à faire reconnaître les conspirateurs est : des fers, auquel ils doivent répondre : aux Français. Un parti d'ennemis s'est introduit dans la nuit; ils ont des instructions à remettre à Durand, et s'entretiennent de leur complot sur la place, dans l'idée que tout le monde est endormi; mais un patriote, qui veille et les écoute de sa fenêtre, descend pour déjouer cette trame.

Il arrive à l'instant où le chef dit par hasard que le moment est venu de leur donner des fers. — Aux Français! s'écrie le patriote dans son indignation. Sur ce mot, il est pris pour Durand, à côté duquel il demeure, et qu'on venait d'appeler. En conséquence, on lui remet les papiers destinés à celui-ci.

Au même instant, le jeune Viala, qui écoutait aussi à sa fenêtre, tire un coup de pistolet qui dissipe le rassemblement. Cependant le jour paraît : on s'aperçoit que les ennemis ont jeté des pontons sur la Durance. Toute la ville, ainsi que Viala, qui commande une troupe d'enfants, se rassemble pour s'opposer à leur arrivée. Leur nombre infiniment supérieur n'effraie pas les républicains. Pendant ce temps, le patriote remet au maire les papiers qui lui ont été livrés par erreur. On voit qu'ils sont destinés à Durand, qui est convaincu par sa signature, apposée sur des quittances infidèles qu'on lui renvoie. Il est livré à la rigueur des lois. L'ennemi paraît bientôt sur l'autre rive. Le trait connu s'exécute: Viala se dévoue, et va, de sa hache, couper le câble d'un bateau qui devait servir à traverser le fleuve. Il est tu' de deux coups de fusil.

Ce dénouement, intéressan par lui-mêm.. mais que la présence inutile de la mère de Viala rend atroce, a nui au succès de l'ouvrage, dont plusieurs scènes annoncent dans l'auteur (Fillette Lozeaux) beaucoup de talent dramatique. La situation, à force de terreur, a manqué son effet, et l'ouvrage a fini froidement. Il faut convenir que l'exécution a manqué entièrement d'ensemble. Il y a du mérite surtout dans deux scènes de ce petit acte : l'une, dans laquelle l'âme jeune et pure de Viala repousse les soupçons que sa mère même et le patriote ont conçus contre Durand. Ce trait de nature est bien senti. L'autre, où Durand, trompé par une seconde équivoque de la phrase *des fers aux Français*, échappée au patriote par le souvenir de ce qui vient de se passer, est tout prêt à se livrer à lui, et n'en est empêché que par l'impatience bouillante du patriotisme, qui ne lui permet pas d'achever sa confidence.

La musique est de Berton, avantageusement connu par une manière simple, et qui prouve une bonne école, mais dont il a paru vouloir s'écarter quelquefois dans cet ouvrage, égaré sans doute par le goût actuel des jeunes compositeurs, qui pourrait n'être pas longtemps celui du public. Cependant il y a deux morceaux qui ont obtenu un succès mérité ; l'un est un chœur d'enfants qui prient pour le succès des armes de la république ; l'autre est un air bouffon de Viala, qui ferait encore plus d'effet s'il était mieux préparé.

Nous avons dit que l'exécution a manqué d'ensemble à la première représentation. Un fait digne de remarque, c'est que, dès la seconde scène, un chœur en sourdine, très-compliqué pour la mesure, fut entièrement manqué par les chanteurs, qui furent obligés de s'arrêter, tandis que l'orchestre marchait toujours. Le public s'en aperçut bientôt, et, sans murmure, mais aucune marque d'improbation, on dit de recommencer, ce qui fut fait. On doute qu'aucun autre théâtre eût obtenu autant d'indulgence ; elle prouve de la part du public une extrême bienveillance, qu'il a méritée par beaucoup de soins, par la perfection avec laquelle la musique y est exécutée, et qu'il paraît qu'on ne lui ravira point, quelque effort que l'on fasse pour opérer sa ruine.

---

## CONVENTION NATIONALE.

### *Présidence de Cambacérès.*

#### SÉANCE DU 21 VENDÉMIAIRE.

*Jourdan, commandant en chef de l'armée de Sambre-et-Meuse, au président de la Convention nationale.*

Au quartier général, à Juliers, le 23 vendémiaire, l'an 3e de la république.

« Citoyen président, nous avons reçu le drapeau que la Convention nationale nous a fait passer par deux défenseurs de la patrie, honorablement blessés à cette armée. L'inscription qu'il porte nous dédommage bien des fatigues de la guerre, et est bien faite pour redoubler notre zèle, notre courage et notre haine pour les tyrans.

« Nous te prions de dire à la Convention nationale que nous pensons que cette récompense nous met dans l'obligation de faire encore plus que nous n'avons fait. Nous te prions de lui dire que ce drapeau nous servira de ralliement et sera la terreur de nos ennemis ; enfin, citoyen président, nous jurons tous sur ce drapeau de vaincre les ennemis de la république ou de mourir sur le champ de bataille.

« Nous jurons d'être inviolablement attachés à la Convention nationale.

« Salut et fraternité. JOURDAN. »

PÉPIN, au nom du comité de législation : La commission des administrations civiles, police et tribunaux, a fait passer à votre comité de législation une lettre de l'accusateur public du tribunal criminel du département des Alpes-Maritimes, par laquelle ce fonctionnaire propose deux questions à résoudre :

La première, s'il y a lieu à la déchéance du recours en cassation contre un condamné aux fers, jugé le 16 messidor, qui a déclaré dans les trois jours qu'il entendait se pourvoir, mais qui n'a remis sa requête au greffe que le 28 du même mois.

Ce qui donne des doutes à l'accusateur public, c'est, d'un côté, que le condamné a daté sa requête du 27 messidor, et allègue l'avoir fait porter au greffe le même jour, à huit heures du soir, mais que, le greffe étant alors fermé, elle ne put y être présentée que le lendemain 28, c'est-à-dire le 12e jour de la prononciation du jugement de condamnation; et, d'autre part, ce qui paraît plus favorable à l'accusateur public, que la loi du 15 avril 1792, qui prescrit aux condamnés de déclarer dans les trois jours de la condamnation et de présenter leur requête dans la huitaine suivante, n'était pas connue dans le département à l'époque du 20 messidor, et que l'on y suivait les délais établis par la loi du 16 septembre 1791.

Ces considérations n'ont pas paru suffisantes à votre comité pour faire relever le condamné de la déchéance.

En effet, rien ne constate qu'il ait fait porter sa requête au greffe le 27 messidor au soir, comme il l'allègue; ce fait eût été assez important pour que le condamné ou son conseil l'eussent fait constater par un acte quelconque.

D'un autre côté, c'est un principe auquel on ne peut déroger sans les plus grands inconvénients pour l'ordre social et la sûreté publique, que l'ignorance de la loi ne peut servir d'excuse; rien ne constate, et il n'est pas même présumable que la loi du 15 avril 1792 n'ait pas été promulguée, dans quelque partie de la France que ce soit, au mois de messidor dernier, c'est-à-dire plus d'un an après sa date. Le fait même de cette ignorance prétendue est en quelque sorte démenti par la conduite du condamné, qui, selon lui, s'est hâté de présenter sa requête à l'expiration du délai que lui accordait cette loi qu'on suppose qu'il ignorait; et d'ailleurs la loi du 16 septembre 1792, qui, selon l'accusateur public, servait de règle dans le département des Alpes-Maritimes, lorsque celle du 15 avril 1791 n'était pas connue, n'accordait pas un aussi long délai au condamné pour se pourvoir en cassation : votre comité a donc pensé qu'il fallait passer à l'ordre du jour, motivé sur la loi, sur cette première question.

Le second objet que l'accusateur public soumet à la décision, c'est de savoir si le condamné, qui, d'après la loi, a trois jours pour déclarer s'il veut se pourvoir, et huit jours pour présenter sa requête, serait admissible ou déchu dans le cas où, ayant fait sa déclaration de se pourvoir, le second jour du jugement, par exemple, au lieu du troisième, il ne présenterait sa requête que le onzième jour de sa condamnation, qui serait le neuvième, à dater de sa déclaration.

Votre comité a pensé que, dans ce cas, et même dans celui de la déclaration du condamné qu'il entend se pourvoir en cassation, sa requête est toujours admissible jusques et compris le onzième jour, à compter de sa condamnation.

La raison en est que les délais que la loi accorde sont tous en faveur de l'accusé, que celui qui a fait diligence pour se mettre en règle sur le premier acte, qui est la déclaration de se pourvoir, ne peut être traité moins favorablement que celui qui n'a pas voulu s'expliquer avant la fin du délai que la loi accorde à tous les condamnés :

1° Un délai de trois jours pour déclarer;

2° Un délai de huitaine pour présenter requête; ce qui fait onze jours en tout, et que, toutes les fois que l'accusé n'aura pas excédé ce délai de onze jours pour présenter sa requête, elle doit être admise, d'autant mieux que la loi ne dit pas que le délai de huitaine pour la présentation de cette requête comptera du moment où la déclaration préalable aura été faite.

### Projet de décret.

« La Convention nationale, après avoir entendu le rapport de son comité de législation sur deux questions proposées par l'accusateur public du tribunal criminel du département des Alpes-Maritimes, décrète :

« Sur la première question, tendant à savoir si la requête en cassation, présentée le 28 messidor par un accusé, contre son jugement prononcé le 16 du même mois, c'est-à-dire douze jours avant la présentation de cette requête, est admissible, qu'elle passe à l'ordre du jour, motivé sur l'existence de la loi du 15 avril 1791 ( vieux style ), qui n'accorde que le délai de onze jours au condamné pour la présentation. »

Ce décret est adopté.

— Porchet fait rendre le décret suivant :

« La Convention nationale, après avoir entendu son comité de législation, rapporte l'article 11 de la loi du 2 messidor, qui enjoignait aux tribunaux criminels de s'adresser aux comités de salut public et de sûreté générale pour être autorisés à recevoir et à soumettre aux jurés la déposition écrite des témoins essentiels qui se trouveront dans l'impossibilité physique de comparaître devant ces mêmes jurés, dans les procès intentés sur les crimes mentionnés dans les articles IV et V de la loi du 19 floréal, et ordonne qu'à l'avenir le comité de législation statuera seul sur de pareilles demandes.

— Les sections de Paris demandent à être entendues.

L'assemblée les admet.

La section Lepelletier entre au milieu des applaudissements.

L'orateur: Citoyens représentants, les citoyens de la section Lepelletier se trouvent enfin libres de venir vous exprimer leurs vœux, et, pour cette fois, l'élan sublime de la reconnaissance du peuple n'aura pas été étouffé. La section Lepelletier a secoué le joug insupportable des forcenés anarchistes. Elle s'est levée, et vous la voyez aujourd'hui réunie en masse au sein de la représentation nationale, pour manifester les sentiments de son républicanisme invariable et du courage qu'elle aura toujours pour la conservation de la liberté.

Guerre à mort aux tyrans, aux fourbes, aux fripons, aux aristocrates, aux hommes de sang et à toutes les hordes impures de brigands dévastateurs, ennemis nés de l'espèce humaine, plutôt faits pour habiter avec les anthropophages que pour vivre au sein d'un peuple libre, qui a tout sacrifié pour mériter les douceurs de l'égalité et de la fraternité.

Citoyens représentants, n'en doutez pas, ce sont ces furieux qui font pâlir la nature en venant réclamer de vous le retour de la terreur. Vous ne souscrirez pas à cet ordre affreux. Non... Vous avez reconnu sous le masque de ces hypocrites cruels des monstres qui, dégouttant de sang voudraient s'y replonger encore pour se dérober aux regards courroucés de la patrie, qui cherche les meurtriers de ses enfants.

Que ceux-là qui demandent la terreur aillent évoquer les ombres de Néron et de Robespierre, ou plutôt qu'ils soient engloutis avec leurs mânes épouvantables.

Eh! depuis quand a-t-on vu que la terreur fût la compagne de la liberté! Lorsque vous avez abattu Capet et Robespierre, c'était la liberté qui tuait la terreur ; et lorsqu'aujourd'hui vous terrassez les continuateurs de Robespierre, c'est encore la terreur qui tombe sous les coups de la liberté.

Eh quoi! représentants du peuple, nos frères, nos amis prodiguent leur sang sur les frontières ; ils meurent en souriant à la Liberté, pour laquelle ils ont combattu ; ils quittent sans regret la vie, parce qu'ils emportent dans la tombe l'espoir d'avoir scellé notre bonheur, et cet espoir serait trompé! Qui donc leur rendra la vie qu'ils n'ont perdue qu'à ce titre? Pour qui seraient leurs sacrifices et leurs triomphes? Deviendront-ils la proie du crime? Non, représentants du peuple, vous ne le voulez pas; déjà vos mains généreuses ont essuyé les larmes de la patrie éplorée ; déjà vous avez étanché le sang qui ruisselait de tous ses membres, et bientôt, rétabli par vos soins salutaires, elle ne se ressentira plus de ses longues douleurs; alors, retrouvant toute son énergie, elle s'écriera : Périsse le barbare altéré du sang de son frère!

Citoyens représentants, ce n'est qu'en champ d'honneur que le sang français se plaît à couler ; mais c'en est fait! la terreur n'est plus ; vous l'avez anéantie ; recevez donc, pères de la patrie, oui, recevez nos actions de grâces.

Obéissance à la loi, respect et reconnaissance à la Convention nationale ; reconnaissance à nos frères d'armes; secours à la vieillesse, aux vertus, aux orphelins et à tous les infortunés ; dévouement sans borne à la patrie : voilà nos sentiments et nos principes; nous avons juré d'y mourir...nous y mourrons.

Citoyens représentants, nous appelons votre surveillance sur la composition actuelle des comités de section. Il y existe beaucoup de meneurs et d'intrigants. Le peuple a souvent lieu de se plaindre de la manière dont il est accueilli dans ces comités par des individus qui, depuis le commencement de la révolution; occupent ces places et ont contracté l'habitude de régir aristocratiquement. Nous vous demandons en conséquence de vouloir bien faire renouveler ces fonctionnaires aussi souvent que votre sagesse vous le fera juger nécessaire.

Citoyens représentants, nous terminerons en vous remerciant de l'Adresse que vous venez de faire au peuple français. Nous en avons entendu la lecture hier, et nous y avons reconnu nos propres sentiments et les principes éternels de la vérité, de la justice et de l'amour de la patrie.

La lecture de cette Adresse a été souvent interrompue par les cris mille fois répétés de *vivent la république et la Convention nationale !* Le peuple a surtout témoigné sa vive allégresse pour l'assurance que vous lui donnez de rester au poste qu'il vous a confié. *Vive la république! vive la Convention!*

Cette Adresse, souvent interrompue par des applaudissements, sera insérée au Bulletin.

*Bayard*, capitaine d'artillerie, au nom de la section des Amis de la Patrie: Représentants, la compagnie des canonniers de la section des Amis de la Patrie, qui depuis neuf mois a quitté l'enceinte de la représentation nationale pour hâter la guerre, dans le département de la Mayenne, aux scélérats chouans, dont j'ai le regret de ne point annoncer ici la mort du dernier; ces enfants de la liberté, représentants, n'ont rien de plus précieux, en rentrant dans leurs foyers, que de se rendre au sénat de leurs pères. Nos femmes, nos enfants ne recevront notre amitié qu'après avoir félicité la Convention nationale du courage et de la fermeté indomptable qu'elle a montrés dans les complots scélérats de ce brigand Robespierre, monstre hypocrite du républicanisme et de la liberté; mais votre amour pour la patrie a su déjouer ses infâmes complots. Nous avons appris avec joie la punition de ces traîtres en portant leur tête à l'échafaud ; mais leur mort fut trop douce, après de pareils attentats....

Représentants, frappez, poursuivez les traîtres qui voudraient asservir la république en se faisant un parti ; ne doutez point de notre courage : les canonniers du 10 août sont sous vos yeux ; faites des lois justes et équitables à un peuple qui depuis longtemps soupire pour la liberté. Nous saurons nous battre pour la défendre, et vous maintenir dans es droits sacrés que ce même peuple vous a délégués.

Nous renouvelons ici le serment de mourir libres.

*Vive la république! vive à jamais la représentation nationale!*

La mention honorable et l'insertion au Bulletin sont décrétées.

— La section de la Halle-au-Blé succède à la barre.

*L'orateur* : Les citoyens de la section de la Halle-au-Blé ont lu votre Adresse aux Français : des applaudissements unanimes ont prouvé que vos sentiments étaient ceux de tous les citoyens de la section.

Depuis cinq ans les destinées de la France flottent incertaines ; les convulsions d'une révolution longue ne conviennent qu'aux hommes que les préjugés dominent. Les Français sont mûrs pour la liberté. Vous bâtissez sur un terrain nu ; nous voulons avec vous la liberté, l'égalité ; nous voulons le bonheur, nous voulons un gouvernement.

Connaissez votre force, en songeant quelle est celle du peuple français. Quoi ! l'univers épouvanté fuit devant nos armées triomphantes, et vos grandes opérations seraient entravées par quelques insectes qui bourdonnent autour de vous ! Écrasez-les! Il ne s'agit plus de faire une révolution, l s'agit de la terminer.

La Liberté n'est pas une Furie armée de poignards et dégouttante de sang ; la Liberté que vous proclamez, la Liberté que nous adorons est une divinité bienfaisante, que tous les biens de la vie accompagnent ; nous voulons celle-ci ; imposez silence aux brigands qui veulent l'autre.

N'ayez qu'un objet, le bonheur du peuple ; nous n'aurons qu'un cri, la liberté, l'égalité ; qu'un seul point de ralliement, la Convention !

Mention honorable et insertion au Bulletin.

— L'orateur de la section de Popincourt s'exprime ainsi :

« Citoyens législateurs, la section de Popincourt, après avoir entendu la lecture de l'Adresse de la Convention au peuple français, que vous avez décrétée le 18 de ce mois, a arrêté à l'unanimité de venir vous témoigner toute sa satisfaction sur cette Adresse, qui, en établissant les principes qui peuvent seuls faire fleurir la république, doit éteindre toutes les factions.

« Oui, législateurs, les principes que vous venez de proclamer sont ceux que la section de Popincourt professe; s'ils cessaient un moment d'être observés, la liberté ne serait plus qu'une chimère, et il y aurait tout à craindre pour l'unité et l'indivisibilité de la république, que tous les citoyens ont juré de maintenir jusqu'à la mort.

« Représentants, la nation vous a donné de grands pouvoirs ; le peuple vous a revêtus de sa confiance ; continuez à faire un bon usage de l'un et de l'autre; anéantissez tous les ennemis de la chose publique, démasquez les hypocrites en patriotisme ; que l'intrigant ne soit plus admis aux emplois; c'est la vertu et la probité qui seules doivent les occuper ; regardez comme ennemi de la liberté quiconque oserait porter atteinte aux principes que vous avez développés dans votre Adresse. Comptez sur la section de Popincourt ; vous la trouverez toujours prête à marcher en masse à votre premier signal, et à mourir plutôt que de laisser porter la moindre atteinte à la représentation nationale, seul point central de la république. »

Cette Adresse sera insérée au Bulletin.

— La section de l'Indivisibilité est introduite à la barre.

*L'orateur* : Citoyens représentants, les hommes qui voulaient vous succéder ont réuni au milieu de nous les efforts les plus ridicules et les plus inutiles pour nous exaspérer et atteindre tout au désastreux. Depuis quinze mois nous les suivons pas à pas ; et si nous n'avons pu les déjouer lorsque la terreur nous comprimait, au moins sommes-nous parvenus à les contenir.

Législateurs, nos principes républicains n'ont pu s'altérer même sous le joug de quelques tyrans subalternes ; ils sont intacts, nous osons le dire en face de la représentation nationale. Indulgence pour l'erreur, sévérité pour le crime ; en un mot, justice exacte, rigoureuse et distributive, voilà ce que nous vous demandons aujourd'hui si vous n'aviez pas contracté vous-mêmes l'obligation solennelle, si vous n'aviez pas formellement promis de la mettre à l'ordre du jour. Soyez fiers de cet engagement; tenez-le, et nos corps vous serviront de rempart.

La section de l'Indivisibilité vous réitère, par notre organe, le serment de rester inviolablement attachée aux principes qui doivent baser un gouvernement républicain ; vous venez de les développer, de les consacrer irrévocablement dans une Adresse qui nous a été lue hier; ils se trouvent gravés dans le cœur de tous les bons citoyens de la section, et assez nombreux pour rassurer les amis de la liberté.

Mention honorable et insertion au Bulletin.

— La section des Arcis entre dans le sein de la Convention.

*Chamouland*, orateur : Représentants du peuple, la section des Arcis nous député vers vous pour vous faire part de son triomphe sur les ennemis du bien public, sur les continuateurs de Robespierre.

Ces hommes sanguinaires, après avoir trompé la religion d'une partie de notre assemblée, étaient parvenus à arracher un arrêté d'adhésion en faveur de l'Adresse attribuée à la Société populaire de Dijon, et à le maintenir pendant deux séances ; mais enfin les vrais patriotes ont réussi à dessiller les yeux de leurs frères égarés ; ils leur ont fait apercevoir le précipice dans lequel on voulait les plonger. L'erreur a été reconnue, et ils s'empressent de vous apprendre le rapport de cet arrêté.

Vous voyez à votre barre, citoyens représentants, les mêmes hommes qui n'ont cessé de lutter contre ces êtres pour qui le patriotisme et l'humanité sont deux vertus incompatibles.

Plus de terreur! avons-nous dit ; c'est l'arme des tyrans. Justice sévère, justice!.... Que le coupable meure, mais qu'on sauve l'innocent.

Nous voulons le gouvernement révolutionnaire, et non un gouvernement de sang. Nous voulons un gouvernement vigoureux, qui ne reçoive son action que d'un seul et unique centre, choisi par le peuple, et il n'en est point d'autre que la Convention nationale.

Nous voulons le triomphe de la liberté ; nous voulons le bonheur du peuple ; mais ces hommes féroces, accoutumés à ne se repaître que du spectacle barbare de cadavres amoncelés, osent traiter de modérés tous ceux qui ne veulent point assassiner ; ces cannibales altérés de sang humain, sans mœurs, sans conscience, sans lois, n'aiment à boire que dans des coupes ensanglantées. Sans cesse le poignard à la main, ils promènent partout leur fureur, cherchant de nouvelles victimes : le temple de la Justice est le seul endroit qu'ils n'osent aborder; ils craignent que sa lumière brillante n'éclaire leurs actes de cruauté. Ils courent après les ombres épaisses de la frayeur, pour ôter aux âmes timides la connaissance de leurs forfaits.

Citoyens représentants, anéantissez ces destructeurs du genre humain ; ils machinent votre perte dans le silence : prévenez leurs complots homicides ; si vous temporisez, ils agiront.

Ils diront peut-être que votre système de justice dans ce moment n'est propre qu'à faire des esclaves. Perfide assertion! Sommes-nous des esclaves lorsque nous avons le droit de dire la vérité à nos représentants? sommes-nous des esclaves lorsque nous pouvons leur adresser ce discours ?

Législateurs, le peuple a des besoins ; occupez-vous de les faire cesser. Pourquoi dans votre sein ces dénonciations vagues si souvent réitérées, qui font oublier l'intérêt général, et ne tendent qu'à servir les manœuvres de nos ennemis, en semant parmi vous de continuelles dissensions? L'arme de la division est la seule ressource qui reste aux tyrans coalisés. Brisez-la par le calme et l'union.

Vous voulez que la Concorde soit une divinité de

la France; eh bien, élevez-lui des autels dans le sanctuaire des lois.

Est-ce là le langage que tiendraient les esclaves? Citoyens représentants, attachons-nous tous ensemble au char de la révolution; conduisons-le vers le temple de la Liberté par la route de la Justice.

Armons-nous des principes répandus dans votre sublime Adresse au peuple français, digne des félicitations de toute la république; tirons de ce dépôt précieux la foudre morale qui doit écraser tous les corrupteurs de l'opinion publique, et bientôt nous arriverons triomphants au champ de la gloire et du bonheur.

La section des Arcis vous annonce encore avec joie qu'elle a rapporté son arrêté d'adhésion à l'Adresse du club électoral du...

Elle nous charge aussi de vous apprendre qu'après avoir entendu la lecture de votre Adresse au peuple, elle a arrêté à l'unanimité qu'il en serait fait une nouvelle lecture pendant trois séances consécutives, afin de mieux inculquer au peuple les sages principes qu'elle renferme.

Vive la justice! vive la concorde! vive la représentation nationale!

Mention honorable et insertion au Bulletin.

—Les membres composant le comité révolutionnaire du second arrondissement sont admis à la barre.

L'orateur prononce le discours suivant:

« Citoyens, le comité révolutionnaire du deuxième arrondissement de Paris s'empresse de venir vous féliciter sur l'Adresse que vous avez faite au peuple français. Vous avez proclamé son bonheur; il est certain d'en jouir. Il connaît maintenant les bases éternelles sur lequel vous le fondez. La vertu, la liberté, l'égalité et l'union, voilà les quatre colonnes qui supporteront l'édifice des lois justes que vous lui proposerez. Il les acceptera, et vous bénira avec transport.

« Quant à nous, que vous avez désignés pour vous aider dans une partie de vos travaux, nous vous remercions de nous avoir placés au poste d'honneur.

« Nous aplanirons, autant qu'il nous sera possible, le chemin que doit parcourir le char révolutionnaire. Nous en écarterons les factieux, les dilapidateurs et tous les ennemis de la république, sous quelque forme qu'ils se présentent. S'ils résistent, tant mieux; nous les poursuivrons et nous les atteindrons jusque dans leurs repaires les plus obscurs. Ce n'est plus que pour eux seuls que la terreur est à l'ordre du jour. La paix et la félicité sont réservées aux républicains vrais et vertueux.

« Assez et trop longtemps un nuage affreux et ensanglanté a obscurci l'horizon de la France. Votre vertu et votre énergie le font disparaître: continuez, dignes représentants, et la patrie est sauvée.

« Tout nous le présage, tout nous l'assure: la Victoire a confié son drapeau aux enfants de la Liberté; elle sait qu'on ne pourra jamais le leur arracher. A leur aspect les villes s'écroulent, les esclaves fuient loin de nos frontières; ils sont obligés d'aller se cacher au delà de ces limites que la nature a tracées pour former l'enceinte de la république française.

« Tout concourt à rendre cette époque une des plus mémorables de notre histoire. Le jour solennel fixé par vous pour l'apothéose de J.-J. Rousseau sera célébré d'âge en âge. Ce bienfaiteur des hommes de tous les siècles, cet organe des lois de la nature, ce nouveau Socrate, ce nouveau Solon reçoit de ses contemporains le juste tribut d'honneurs qui sont dus à ses vertus et à son génie. A coup sûr la postérité la plus reculée confirmera ces honneurs, surtout quand elle recueillera les fruits de l'arbre de la liberté que vous avez planté, d'après les principes de ce véritable philosophe. C'est son génie qui désor-

mais planera dans cette auguste enceinte. C'est à vous, vertueux représentants, à l'y fixer. Vous avez déposé ses restes mortels au Panthéon; son ombre sera véritablement satisfaite quand, ainsi que vous l'avez annoncé, vous aurez placé à côté de sa tombe le nom de son ami, de Dombey, qui coopéra à ses études de la nature. En rendant aux grands hommes les honneurs qu'ils ont justement mérités, c'est leur préparer des successeurs qui conserveront votre ouvrage et qui le rendront impérissable. *Vive la république! vive la Convention!* »

La mention honorable et l'insertion au Bulletin sont décrétés.

—Le neuvième comité révolutionnaire succède à la barre.

*L'orateur:* Représentants du peuple, le neuvième comité révolutionnaire est à son poste; il ne veut pas quitter d'un moment les fonctions importantes que vous lui avez confiées; au milieu de ses occupations cependant il éprouve le besoin de venir s'épancher dans votre sein: brûlant des principes que votre Adresse aux Français a ranimés en lui, il vient, par notre organe, vous rendre dépositaires de sa reconnaissance, de son admiration, de ses résolutions.

Pères du peuple, vous avez encore une fois sauvé la patrie: grâces immortelles vous soient rendues; votre Adresse a rallié tous les bons citoyens; c'est la profession de foi des gens vertueux, la règle de conduite des hommes sages, le point de réunion des autorités, le pas de charge battu contre tous les intrigants.

Représentants, nous sommes à ce pas; nous venons jurer la défense de la vertu, nous venons annoncer la mort aux scélérats.

Les yeux de surveillance que vous nous avez prêtés vont les suivre jusque dans les replis de leur âme les plus tortueux: les douze comités imiteront les douze armées; partout celles-ci renversent la tyrannie, font triompher la liberté; nous allons, à leur exemple, soutenir les citoyens libres, comprimer l'ambition qui voudrait les enchaîner.

Le bonheur et la gloire règnent dans nos camps; il faut aussi qu'ils habitent nos champs et nos cités.

Représentants, ce sera votre ouvrage: notre devoir est d'y contribuer de tous nos efforts.

*Vive la république! vive la Convention! Périssent les ambitieux et les tyrans!*

Cette Adresse sera insérée au Bulletin.

—La section du Mont-Blanc, en masse, entre dans l'assemblée.

*Cavaignac*, orateur: Législateurs, dominée par quelques individus égarés ou perfides, la section du Mont-Blanc n'a pu jusqu'ici vous faire connaître ses véritables principes, ses véritables sentiments. Des citoyens se sont présentés à votre barre pour y réclamer, au nom de la section, la liberté de Marchand, justement réincarcéré depuis par un décret. D'autres, se rendant arbitrairement les interprètes de son opinion, ont porté aux Jacobins une adhésion à l'Adresse contre-révolutionnaire de Dijon. La section désavoue ces démarches, auxquelles elle n'eut point de part, et elle a rapporté les arrêtés qu'on a pris à ce sujet dans le lieu de ses séances, à une heure proscrite par la loi. Pour que vous ne doutiez point du bon esprit qui l'anime, elle vient aujourd'hui en masse vous assurer de son dévouement et vous faire sa profession de foi.

La section du Mont-Blanc veut la liberté, l'égalité, l'unité, l'indivisibilité de la république. Elle croit qu'un républicain n'est libre que lorsqu'il peut sans crainte faire usage de sa pensée, l'exprimer comme il veut, et agir comme il le croit utile et conforme aux lois; elle pense que dans la république il ne peut y avoir qu'un seul faisceau, le peuple; un seul centre, la représentation nationale : elle sait que, si l'égoïsme est un crime pour le patriote, s'il doit sacrifier tout intérêt personnel à l'intérêt général, le peuple, de son côté, le peuple en masse ne doit voir que lui, et ne jamais s'attacher à ces factions qui usurpent son nom pour détruire son unité.

La section du Mont-Blanc gémit sur ces temps malheureux où la tyrannie, pour frapper indistinctement toutes ses victimes, jetait le voile du ridicule sur l'honneur et sur la vertu ; elle reconnaît le même système dans ces hommes qui demandent le retour de la terreur. La surveillance, l'activité, la force, telles sont les vertus du gouvernement ; mais ces vertus seraient des crimes sans la justice. Maintenez-la, législateurs, et que le glaive des lois, semblable à la flèche de Guillaume Tell, épargne l'innocent que le crime offre à ses coups, et frappe l'oppresseur qui les brave.

Respect à la loi, amour ardent des principes, haine et mort aux factieux, aux contre-révolutionnaires de toute espèce, voilà la profession de foi de la section du Mont-Blanc. Ne souffrez pas qu'il s'élève entre le peuple et vous aucune puissance intermédiaire ; conservez le courage que vous avez développé le 10 thermidor, et qui vous a environnés de l'amour du peuple et couverts de sa gloire ; anéantissez tous les aristocrates, tous les conspirateurs, quels que soient le lieu où ils se réfugient et le caractère dont ils sont revêtus ; décrétez que tous les prévenus de complicité avec le dernier tyran soient jugés sans délai, acquittés s'ils sont innocents, et punis s'ils sont coupables.

La section du Mont-Blanc a entendu avec enthousiasme la lecture de votre Adresse sublime au peuple français ; elle voit avec reconnaissance que vous vous occupez sans relâche du bonheur public, que vous protégez les sciences, que vous vivifiez le commerce et que vous récompensez les vertus comme vous punissez les crimes.

La fête de J.-J. Rousseau est une époque qui sera toujours chère à la section du Mont-Blanc. Elle se rappellera avec sensibilité qu'au moment où la Convention nationale a consacré les principes de la justice, elle a décerné des honneurs publics à l'homme immortel qui le premier établit les bases d'un gouvernement libre sur la justice et sur l'humanité.

*Vive la république ! vive la Convention !*

Signé CAVAIGNAC, *président*; DUPERRÉ, *secrétaire.*

MERLIN (de Thionville) : Je demande la mention honorable et l'insertion au Bulletin de l'Adresse qui vient de vous être présentée. Je demande aussi que la Convention examine si ceux-là ne sont pas criminels, qui, usurpant la voix du peuple, viennent ici réclamer la mise en liberté de scélérats. Ce sont les mêmes hommes qui sont venus demander l'élargissement de Clémence et de Marchand, qui, dans la section du Mont-Blanc, ont voté pour l'Adresse de Dijon, et tâché d'étouffer les grandes vérités que l'Adresse de la Convention a mises sous les yeux du peuple.

Citoyens, quand le peuple est livré à lui-même et dégagé de la terreur, vous le voyez en masse se presser dans le sein de la représentation nationale et vous faire connaître ses véritables sentiments ; au contraire, lorsqu'il est comprimé, cinq ou six individus viennent vous exprimer son vœu. Je demande que le comité de sûreté générale porte un œil sévère sur ces usurpateurs de la souveraineté du peuple.

CRASSOUS : Je m'oppose à la proposition de Merlin. Toutes les fois que nous marchons d'accord avec les principes, nous sommes bien sûrs d'avoir l'assentiment général. A qui appartient dans les sections la police intérieure ? aux sections elles-mêmes.

C'est à elles à repousser telle ou telle motion. La section du Mont-Blanc est venue désavouer des opinions qui, à ce qu'il paraît, ne lui conviennent pas, Tout est rempli par là. (On murmure.) Dans les assemblées politiques il n'est pas étonnant de voir adopter partiellement des motions qui sont ensuite réprouvées par l'assemblée entière ; cela est vrai dans l'assemblée représentative comme ailleurs. Il n'y a donc rien à faire à cet égard, à moins que les conséquences de ces motions ne compromissent la sûreté publique ; car, en prenant une mesure ultérieure, vous gêneriez la liberté des opinions, qui doit être aussi absolue que la liberté de la presse.

THURIOT : Sans doute, citoyens, il faut conserver la liberté des opinions, et c'est précisément à sa conservation que tend la mesure proposée par Merlin. Ceux-là ne sont point amis de la liberté des opinions, qui, le poignard à la main, forcent leurs concitoyens de voter comme eux, sous peine de mort ; ceux-là ne sont point amis de la liberté des opinions, qui disent : Encore un moment, et le règne de sang va ressusciter ; ceux-là ne sont point amis de la liberté des opinions, qui, avec une bande d'assassins, se rassemblent dans les sections, aux heures où les bons citoyens, les pères de famille en sont sortis, et font prendre des arrêtés contre la représentation nationale ; ceux-là ne sont point amis de la liberté des opinions, qui veulent sans cesse déshonorer et assassiner la France, qui parlent de vertu pour commettre le crime avec plus d'impunité. (On applaudit.) Peut-être sera-t-il nécessaire de ne pas donner un effet rétroactif à cette mesure, qui sera très-salutaire pour l'avenir. Un système s'est établi depuis huit à dix jours : c'est de prolonger les assemblées de sections, afin de s'emparer du local ; alors sept à huit hommes prennent des arrêtés attentatoires au respect des lois et à l'amour de l'ordre.

Citoyens, il y a une grande solidarité entre tous les bons citoyens de la nation française. En faisant une Adresse qui contient et rappelle les vrais principes, vous avez donné à la république une grande preuve de vos sentiments. Vous avez prouvé aux nations étrangères qu'elles comptent en vain sur l'activité du crime, et qu'il n'y aura désormais à l'ordre du jour que la justice et la vertu. (On applaudit.) J'appuie donc la proposition de Merlin ; et, afin que nous ne voyions plus ces tableaux qui nous ont fait verser tant de larmes, afin que le père de famille soit sûr que ses enfants recueilleront les fruits de ses longs sacrifices, afin de prouver que la liberté des opinions ne sera plus comprimée, je demande qu'il soit fait une loi contre ceux qui s'assemblent clandestinement, et qui ont l'audace de prendre des arrêtés qui ne sont que le vœu de quelques individus, et qu'ils viennent présenter comme le vœu de la section.

Cette proposition sera envoyée aux trois comités pour présenter une mesure sans délai.

*N. B.* Dans la séance du 22, la Convention, sur la proposition de Merlin (de Thionville), a décrété l'arrestation de l'adjudant général Lefebvre, qui donna ordre de noyer au-dessus de Nantes quarante et une personnes, dont plusieurs enfants en bas âge et à la mamelle, et celle des exécuteurs de cet ordre.

Sur la proposition d'un autre membre, elle a décrété que, d'ici au 1er brumaire, les trois comités réunis lui feront un rapport sur les soixante et onze députés détenus,

—Plusieurs sections sont venues remercier la Convention de son Adresse au peuple français, et lui témoigner les sentiments déjà exprimés par les autres sections dans les précédentes séances.

---

ERRATA.

Nous avons oublié de dire, dans notre n° 19, séance du 16 vendémiaire, que c'est sur la proposition de Polet (de la Lozère) que la Convention nationale décréta que Commune-Affranchie reprendrait son ancien nom de Lyon.

## POLITIQUE.

### TURQUIE.

*Constantinople, le 10 août.* — La Porte, malgré les intrigues dont la perfidie anglo-russe l'environne, reste fidèlement attachée à la neutralité.

On dit hautement que le divan vient d'accéder au traité fait entre le Danemark et la Suède.

La nation ottomane n'eut peut-être jamais une occasion plus féconde en moyens de venger ses injures et d'assurer son indépendance en relevant son antique gloire; elle pourra penser que les outrages de Pétersbourg se laveraient glorieusement sous les murs de Vienne.

Les travaux de l'arsenal se continuent avec activité; deux frégates sont parties pour la mer Noire, afin d'y chercher des matériaux.

Une nouvelle forteresse vient d'être bâtie, par un ordre de la Porte, à l'entrée de la mer Noire, près du village de Sari-Jer.

Tout le canal de la mer Noire est maintenant fortifié. Ces ouvrages sont garnis d'un grand nombre de gros canons, et gardés par un corps de canonniers.

Le reis-effendi, cet ennemi déclaré des Russes, avait demandé sa démission; le Grand Seigneur loin de l'accepter, l'a comblé de louanges et de témoignages de contentement, et lui a ordonné de continuer ses fonctions.

Les Français ont célébré, le 10 messidor dernier (nouveau style), l'inauguration du pavillon républicain. Il s'est fait un banquet civique et fraternel; on y a porté des *toasts* à la prospérité de la nation française, de la Pologne et de tous les peuples libres. Le soir on a dansé autour de l'arbre de la liberté, planté à Péra, dans la cour du ministre de France.

Des intrigants, des hommes immoraux, avaient porté le trouble parmi les patriotes. On vient de faire une cargaison de ces hommes turbulents et factieux pour les débarquer à Marseille. Le fameux *Hesnin* se trouve au nombre des déportés.

### ITALIE.

*Naples, le 26 septembre.* — Le projet de lever seize mille hommes éprouve les plus grandes difficultés, embarras qui procurent à l'Europe une nouvelle preuve de la profonde immoralité du gouvernement napolitain. L'édit concernant la levée des seize mille hommes qu'on ne trouve point permet d'enrôler les hommes *coupables d'homicide*, ainsi que d'autres *criminels* dont on spécifie la nature des délits. Les assassins à *stylet* n'y sont pas nommés, mais on les a désignés dans l'édit avec beaucoup d'espoir et de complaisance. Voilà donc à quels méprisables tyrans il faut avoir à faire; c'est contre de pareilles armées royales que la république française défend son indépendance et l'honneur des nations!

— Le même gouvernement connaissant, sa bassesse sans en avoir honte, a imaginé pourtant de la déguiser aux yeux de ses esclaves; il a publié un second édit, par lequel il déclare que, quelle que puisse être la peine infligée à ceux qui se trouvent enrôlés dans les prisons, il n'en doit résulter aucune espèce de déshonneur ou d'infamie pour leur famille.

— On vient d'apprendre que l'escadre espagnole, commandée par l'amiral Langara, et qui avait été réunie à la flotte anglaise à la hauteur du golfe Juan, a fait voile pour Valence, d'où elle doit retourner à Cadix. La flotte du golfe de Bozas doit se rendre également dans ce dernier port. Ces mesures paraissent produites par des craintes qu'on dit être fort sérieuses.

### ANGLETERRE.

*Londres, le 12 septembre.* — Le 7, la flotte de l'amiral Howe a enfin remis en mer, mais moins forte des deux frégates *le Melampus* et *la Latone*, à qui le dommage

qu'elles ont essuyé, en heurtant les vaisseaux de la Compagnie des Indes, n'ont pas permis de reprendre leur service.

Le 9, une flotte marchande d'Amsterdam est arrivée à Portsmouth, sous le convoi de six vaisseaux de guerre hollandais.

Hier 17 le chancelier, qui est à Weymouth, auprès du roi, expédia aux ministres une commission spéciale, revêtue de la signature de leur maître, et émanée de son conseil, à l'effet de faire procéder au jugement des personnes détenues à la Tour pour trahison. Cette commission, vue de mauvais œil, comme toutes les autorités illégales de ce genre, est composée du lord chef de justice, du tribunal des *Common-Plaids*, du lord chef-baron, du baron Hotham, des juges Buller, Grose et Lawrence. Ainsi la décision des douze grands juges, qui s'étaient formellement opposé à l'établissement de cette commission, n'a été d'aucun poids auprès des ministres, accoutumés à heurter l'opinion publique, et qui pourraient bien finir par y trouver un écueil contre lequel ils viendront se briser.

On parle beaucoup ici du mariage du prince de Galles avec une fille du duc de Brunswick, et même on le dit très-prochain; le roi y a donné son consentement. On élèvera le revenu de l'héritier présomptif de la couronne à 100,000 liv sterling. Il aura le palais de Hamptoncourt en toute propriété. Le très-complaisant parlement ne manquera pas sans doute de fournir un subside pour pourvoir à ces dépenses extraordinaires. Au reste, il faut convenir que, si cet hymen se réalise, le prince de Galles aura prodigieusement changé; il est déjà marié, suivant les rits catholique et protestant, avec madame Fitz-Herbert, dont il a plusieurs enfants; mais peut-être notre Saint-Père le pape, le nouvel allié de la Grande-Bretagne, le dispensera de ses serments quant à la célébration du mariage suivant le rit catholique, comme l'autre pape, Georges III, son père, l'en dispensera relativement au rit protestant, en sa qualité de défenseur de la foi et chef de l'Église anglicane.

*Extrait d'une lettre d'un correspondant.*

« Je suis resté en arrière sur quelques nouvelles moins importantes que celles du 18, que je vous ai fait passer. Je reviens sur ce que je puis avoir oublié.

« Suivant une lettre de Madras, du 16 janvier, Masulipatan et Ellora ont été désolées par une épidémie de plusieurs mois; on donne pour cause de cette maladie une quantité énorme d'eau qui est tombée après trois ans de sécheresse. Masulipatan a surtout souffert. Il y est péri beaucoup d'officiers civils et militaires. Cependant la pluie avait entièrement cessé au départ de la lettre; l'atmosphère devenant plus pure, la salubrité commence à se rétablir. Il n'y a rien eu de semblable dans les comptoirs du Nord; au contraire, on attend une très-belle récolte; et la famine qui a eu autrefois de si terribles effets dans ces contrées n'y paraît plus à craindre.

« La flotte russe qui s'est arrêtée dans la rade de Leith n'est montée, pour ainsi dire, que par des Anglais. L'amiral Georges Fate est né en Angleterre, comme la plupart des officiers et même des matelots; on prétend qu'il y a eu du mécontentement lorsque l'on a reçu l'ordre de s'apprêter à partir pour Pétersbourg, ordre envoyé par l'ambassadeur russe qui est ici; on s'attendait à joindre l'escadre anglaise.

« Depuis l'ouverture de la foire de Harlow-Buff, il s'y présente beaucoup de monde malgré le mauvais temps. Les chevaux y sont extrêmement chers, surtout les bidets d'Écosse de race galloise, parce qu'on en demande beaucoup plus qu'on n'en amène. Il en est de même des bœufs et de tout le bétail engraissé, qui est hors de prix; il n'y a que le bétail maigre dont on trouve à s'accommoder raisonnablement. — Au reste, voici une espèce de compensation, car, suivant des lettres de Truro en Cornouailles, la pêche est commencée et promet d'être fort abondante.

« Il n'était plus question depuis longtemps de l'ambas-

sadeur ture : cet envoyé reparaît aujourd'hui sur la scène.
Lord Grenville lui a donné, le 6, une audience à l'hôtel
des affaires étrangères.

« Les vaisseaux portugais ont accompagné la flotte du
lord Howe à sa sortie de Torbay. ».

---

## RÉPUBLIQUE FRANÇAISE.

## SOCIÉTÉ

### DES AMIS DE L'ÉGALITÉ ET DE LA LIBERTÉ,

SÉANT AUX CI-DEVANT JACOBINS DE PARIS.

*Présidence de Bassal.*

SÉANCE DU 17 VENDÉMIAIRE.

La séance s'ouvre par la lecture de diverses
Adresses de Sociétés populaires qui se plaignent des
excès révoltants de l'aristocratie et du modérantisme. Ces Adresses font partie de la correspondance.

La Société arrête l'impression, l'affiche et l'envoi
aux sections de l'Adresse de la Société de Bergerac.

— Raisson annonce que les épouses des citoyens
Clémence et Marchand, réincarcérés, doivent incessamment se présenter à la barre de la Convention,
pour demander la traduction de leurs époux au tribunal révolutionnaire.

— Egouin fait lecture d'un discours dans lequel
il prétend démontrer l'existence d'une conspiration
nouvelle, tramée contre la liberté du peuple, en
faveur de la tyrannie, et fondée sur un système
absolument semblable à celui de Robespierre. Quelques-unes des idées émises par l'orateur excitent
des murmures d'improbation.

*Raisson :* Nous devons être bien persuadés du
patriotisme du citoyen Egouin ; il a fait ses preuves en plus d'une occasion, et son zèle n'est pas équivoque ; mais on ne saurait disconvenir qu'il ne se
soit écarté du but qu'il s'était proposé dans son
discours.

La plupart de ses raisonnements ne tendent qu'à
donner quelque consistance aux calomnies mises en
avant par Lecointre (de Versailles) et ses adhérents,
et victorieusement repoussées par la Convention nationale elle-même.

Egouin proteste de la pureté de ses principes ; il
continue la lecture de son discours. De nouveaux
murmures l'interrompent. Enfin, il propose un projet d'Adresse à la Convention, pour lui dénoncer une
conspiration qui a pour objet l'anéantissement de la
république, des Sociétés populaires, et pour demander justice contre des pamphlets, etc.

La lecture de ce projet d'Adresse n'est pas écoutée
plus favorablement, et la Société passe à l'ordre du
jour.

— Lefranc se plaint de ce qu'en rendant compte,
dans son journal, d'une de ses opinions émises dans
la Société, Fréron lui prête des expressions dont il
ne s'est pas servi. (On murmure.)

Giot demande que la Société arrête en principe
que jamais elle ne se rendra partie intervenante ou
médiatrice entre les journalistes et les patriotes, et
que, laissant de côté tous les intérêts individuels,
elle ne s'occupera jamais que de la chose publique.

Un membre observe qu'il est fort inutile de faire
prendre à la Société un arrêté sur une chose qui est
essentiellement dans ses principes.

La Société passe à l'ordre du jour.

— Une députation du club électoral a la parole.

« Et nous aussi, dit l'orateur, nous avons gémi,
comme les amis de la liberté et de l'égalité, de tous
les sarcasmes, de toutes les calomnies atroces lancées
sur les Sociétés populaires. Nous avons senti la nécessité de nous réunir tous pour déjouer l'intrigue
et la malveillance. La Société séant à la salle électorale a été calomniée dans votre sein ; elle a cru ne
pouvoir mieux répondre qu'en vous communiquant l'Adresse qu'elle a présentée à la Convention
décadi dernier. »

La Société entend la lecture de cette Adresse, et la
députation reçoit l'accolade fraternelle de la part
du président.

*Terrasson :* Comment se fait-il que l'on prétende
nous établir juges entre le club électoral et la Convention, nous qui avons juré de ne faire qu'un avec
la Convention, de ne reconnaître qu'elle, de ne voir
que ce qu'elle voit ? Voulez-vous le gouvernement
révolutionnaire, ou ne le voulez-vous pas ? Si vous
le voulez, il faut vous conformer à la loi qui l'établit.
Or cette loi porte que la nomination des fonctionnaires publics doit être faite par la Convention et les
comités ; ce principe est contraire à l'un de ceux
consacrés dans l'Adresse que vous venez d'entendre ;
je demande que la Société déclare qu'elle ne veut
pas être juge entre une Société et la Convention.

*Le Président :* Ce serait calomnier la Société des
Jacobins, que de dire qu'elle ne veut pas du gouvernement révolutionnaire ; elle a juré de le maintenir
de toutes ses forces, et elle s'emploiera tout entière
pour qu'il soit maintenu.

Un membre s'élève contre la motion de Terrasson,
et dit que jamais la Société n'a prétendu être juge
entre la Convention et une Société quelconque.

On demande l'ordre du jour sur l'Adresse du club
électoral.

*Fayau :* Je suis loin d'accuser les intentions des
citoyens députés par le club électoral ; quand nous
voyons des Français à cette tribune, nous devons
croire que ce sont des frères : ils ont dit qu'ils venaient pour se réunir aux Jacobins ; les Jacobins se
rallient autour des principes de la liberté et de l'é-
galité ; ceux qui veulent se réunir à eux doivent en
faire autant. L'Adresse du club électoral renferme
des principes que les Jacobins partagent : tels sont
l'inquiétude sur les subsistances, et le dévouement
entier à la Convention ; mais l'attaque portée au
gouvernement révolutionnaire n'est pas dans les
principes des Jacobins. La Convention a rappelé les
députés du club électoral aux principes de la justice,
et le président les assura que le gouvernement révolutionnaire serait maintenu tant que le bien public
l'exigerait. On a voulu vous faire prendre parti pour
cette Adresse. Toutes les Sociétés populaires de la
république sont réunies pour le maintien de la liberté et de l'égalité, il n'est pas d'intrigue qui puisse
les détacher des vrais principes ; disons au club électoral que nous voulons aussi la liberté et l'égalité, et
que, tant qu'il combattra pour elles, il verra les Jacobins à ses côtés.

Un des députés du club électoral déclare que leur
Société n'a pas voulu rendre les Jacobins intermédiaires entre elle et la Convention, que sa démarche
est fraternelle, et que le club électoral n'a eu d'autre intention que de se réunir aux Jacobins pour
détruire une faction qui existe, de même que l'on
s'est réuni pour renverser Capet et les fédéralistes.
Il ajoute que le club électoral peut se tromper,
mais que ses intentions sont pures.

*Maure :* J'aperçois une espèce de perfidie dans
les motions où l'on nous parle de factions. S'il en
existe, nous les combattrons de concert avec tous
les Français. Je demande l'ordre du jour.

La séance est levée.

D'APRÈS GIRARDET.

Apothéose de J. J. Rousseau. Sa translation au Panthéon (11 octobre 1794).

Réimpression de l'ancien Moniteur. — T. XXII, page 231.

Typ. Henri Plon.

*Fête célébrée en l'honneur de Jean-Jacques Rousseau, le 20 vendémiaire, l'an 3 de la république française.*

L'Assemblée constituante avait décerné une statue à l'auteur du *Contrat social;* c'était un hommage public qu'elle rendait à ses vertus et à ses talents ; mais ce monument qu'elle élevait à sa gloire ne suffisait pas à la reconnaissance nationale. Les portes du Panthéon devaient s'ouvrir pour recevoir les restes précieux de ce bienfaiteur du monde.

Un décret de la Convention avait ordonné que les cendres de Jean-Jacques seraient transférées dans le temple des grands hommes, et avait fixé au 20 vendémiaire la cérémonie de cette translation. Le 18, on avait enlevé de l'île des Peupliers son urne cinéraire ; les citoyens d'Ermenonville l'avaient accompagnée jusque dans la commune d'Emile, ci-devant Montmorency. C'est là que Rousseau avait composé *le Contrat social, Emile et Héloïse;* et les habitants de cette vallée, qui, tant de fois, avaient vu le philosophe modeste se promener au milieu d'eux, qui déjà avaient eu la douleur de le perdre lorsque le fanatisme politique et religieux le forcèrent de quitter leurs asiles champêtres, voulaient du moins le posséder encore quelques instants. Le corps de Rousseau y resta jusqu'au lendemain à midi.

Le 19, le cortége se mit en marche pour Paris, et arriva vers six heures et demie du soir à la place de la Révolution. Il s'arrêta au Pont-Tournant, aux pieds de la Renommée qui semblait, comme on l'a déjà observé, annoncer à l'univers l'apothéose d'un grand homme. C'est là qu'une députation de la Convention est venue recevoir les restes de Rousseau, et que l'Institut national de Musique a commencé à exécuter les airs du *Devin de Village.*

La foule se pressait autour du char sur lequel reposaient les cendres de Jean-Jacques ; ceux qui avaient vu son tombeau à Ermenonville croyaient reconnaître les mêmes peupliers qui le couvraient de leur ombre hospitalière. En attachant ces arbres autour du char, on aurait voulu que la nature seule fit les frais de sa décoration.

Sur un des bassins du Jardin National on avait formé une espèce d'île entourée de saules pleureurs qui rappelaient aux spectateurs les pièces d'eau d'Ermenonville. C'est au milieu de cette île factice, sous un petit édifice de forme antique, que l'on a déposé l'urne de Jean-Jacques. Elle y a reçu les hommages du peuple jusqu'au moment de sa translation au Panthéon.

Décadi, dès neuf heures du matin, les citoyens se portaient en foule au Jardin National ; tout annonçait une fête d'un peuple libre. Lorsque tous ceux qui devaient former ce cortége furent assemblés, la Convention nationale quitta le lieu de ses séances, et, du haut de cette vaste tribune qui couvre le péristyle du palais, le président lut les décrets rendus pour honorer la mémoire de Rousseau, et, au milieu des acclamations de la multitude, il annonça les nouvelles victoires que les soldats de la liberté venaient de remporter sur le despotisme. La fête ne pouvait commencer sous de meilleurs auspices.

Un groupe de musiciens ouvrait la marche et exécutait des airs de la composition de Jean-Jacques. Cette musique simple et pleine d'expression faisait éprouver à l'âme un attendrissement religieux bien analogue à la circonstance.

Pour se consoler de l'injustice des hommes, Rousseau s'était livré à l'étude de la nature. La botanique, cette étude qui suppose des goûts simples et vertueux, avait occupé Jean-Jacques à différentes époques de sa vie ; des botanistes devaient donc

faire partie du cortége : on en voyait un grand nombre, au milieu desquels on portait des fleurs, des plantes et des fruits.

L'auteur d'*Emile,* en mettant dans la main de son élève les instruments qui servent aux arts mécaniques, avait réhabilité les arts utiles : un groupe d'artistes et d'artisans précédait sa statue. Le compas qui mesure les cieux, le pinceau et le burin qui transmettent à la postérité les traits des grands hommes, étaient portés, confondus honorablement avec l'utile rabot, la scie, et le soc plus utile encore.

Derrière la statue on voyait des mères, dont les unes tenaient par la main des enfants en âge de suivre le cortége, et d'autres qui en portaient de plus jeunes dans leurs bras.

On se rappelait, en voyant ce groupe intéressant, que, si les mères allaitent aujourd'hui leurs enfants, ce fut l'éloquence de Rousseau qui les rendit à ce devoir sacré.

Les habitants de Franciade, d'Emile et de Groslay, au milieu desquels Rousseau avait composé ses immortels ouvrages, marchaient autour du char qui portait la statue.

L'urne cinéraire suivait, sur le même char qui l'avait apportée d'Ermenonville.

Des groupes de Génevois et l'envoyé de cette république régénérée accompagnaient les restes de leur compatriote que Genève aristocrate avait autrefois proscrit.

La marche était fermée par la Convention nationale, entourée d'un ruban tricolore, et précédée du *Contrat social,* le phare des législateurs.

C'est dans cet ordre que le cortége est arrivé au Panthéon, où la reconnaissance publique a déposé les cendres d'un homme qui le premier osa réclamer les droits imprescriptibles de l'humanité, qui ne voulut jamais dépendre des hommes, qui n'aima ni le fanatisme intolérant, ni la doctrine désolante de l'athéisme, et qui enfin mérita d'être appelé *l'homme de la nature et de la vérité.*

Voici le discours prononcé par le président de la Convention nationale :

« Citoyens, les honneurs du Panthéon, décernés aux mânes de Rousseau, sont un hommage que la nation rend aux vertus, aux talents et au génie.

« S'il n'avait été que l'homme le plus éloquent de son siècle, nous laisserions à la renommée le soin de le célébrer ; mais il a honoré l'humanité ; mais il a étendu l'empire de la raison et reculé les bornes de la morale. Voilà sa gloire et ses droits à notre reconnaissance.

« Moraliste profond, apôtre de la liberté et de l'égalité, il a été le précurseur qui a appelé la nation dans les routes de la gloire et du bonheur ; et si une grande découverte appartient à celui qui l'a premier signalée, c'est à Rousseau que nous devons cette régénération salutaire qui a opéré de si heureux changements dans nos mœurs, dans nos coutumes, dans nos lois, dans nos esprits, dans nos habitudes.

« Au premier regard qu'il jeta sur le genre humain, il vit les peuples à genoux, courbés sous les sceptres et les couronnes ; il osa prononcer les mots d'*égalité* et de *liberté.*

« Ces mots ont retenti dans tous les cœurs, et les peuples se sont levés.

« Il a le premier prédit la chute des empires et des monarchies : il a dit que l'Europe avait vieilli, et que ces grands corps, prêts à se heurter, allaient s'écrouler comme ces monts antiques qui s'affaissent sous le poids des siècles.

« Politique sublime, mais toujours sage et bienfaisant, la bonté a fait la base de sa législation ; il a dit que, dans les violentes agitations, il faut nous défier de nous-mêmes, que l'on n'est point juste si l'on n'est humain, et que quiconque est plus sévère que la loi est un tyran.

« Le germe de ses écrits immortels est dans cette maxime ; *que la raison nous trompe plus souvent que la na-*

ture. Fort de ce principe, il a combattu le préjugé; il a ramené la nature égarée, et, à la voix de Rousseau, le lait de la mère a coulé sur les lèvres de l'enfant.

« Enfin, comme si Rousseau eût été l'ange de la liberté, et que les chaînes eussent dû tomber devant lui, il a brisé les langes même de l'enfance, et à sa voix l'homme a été libre depuis le berceau jusqu'au cercueil.

« Citoyens, le héros de tant de vertus devait en être le martyr.

« Rousseau a vécu là dans pauvreté, et son exemple nous apprend qu'il n'appartient point à la fortune ni de donner ni de ravir la véritable grandeur.

« Sa vie aura une époque dans les fastes de la vertu, et ce jour, ces honneurs, cette apothéose, ce concours de tout un peuple, cette pompe triomphale, tout annonce que la Convention nationale veut acquitter à la fois, envers le philosophe de la nature, et la dette des Français et la reconnaissance de l'humanité. »

---

## AVIS.

La commission des colonies, établie par le décret du 9 vendémiaire, considérant que, pour remplir la tâche qui lui a été imposée par la Convention nationale, elle doit s'entourer de toutes les lumières possibles, arrête :

Art. 1er. Tous les citoyens qui peuvent avoir des renseignements sur les causes des troubles qui ont agité les colonies sont invités à les fournir à la commission.

II. Les membres de la commission déclarent qu'ils ne recevront individuellement chez eux aucuns éclaircissements ou pièces. Ceux qui voudront en donner sont priés de ne les apporter qu'à la commission assemblée, rue Nicaise, maison Coigny.

Signé Lecointe (des Deux-Sèvres), président ;
J.-B.-D. Maillane, secrétaire.

---

## CONVENTION NATIONALE.
### Présidence de Cambacérès.

SUITE DE LA SÉANCE DU 21 VENDÉMIAIRE.

La section de l'Homme-Armé est introduite.

L'orateur : Représentants, grâces vous soient rendues du plus beau présent que vous puissiez faire à la France ! Les factions qui l'ont agitée et qui voudraient l'agiter encore, l'hypocrisie, l'abus des mots, la corruption des principes furent l'arme de ses ennemis les plus dangereux; leurs manœuvres scélérates furent de dénaturer le vice et la vertu, d'en confondre les caractères et d'altérer pour longtemps la morale du peuple.

C'est d'aujourd'hui qu'elle est replacée sur ses bases éternelles; d'aujourd'hui nous avons une morale publique.

Votre Adresse au peuple français sera désormais le flambeau sous lequel on placera les aristocrates et les modérés qui jouent le rôle de républicains, les fripons, les dilapidateurs, les intrigants, les dominateurs et les exagérés qui crient, dans leur fureur, qu'ils sont les seuls vrais patriotes.

Votre Adresse à la main, tous les hommes de bien ne seront plus comprimés par la terreur; ils oseront parler un langage qui est le vôtre; ils oseront dire tout haut qu'il n'y a point de patriotisme sans vertu, point de vertu sans l'observation des devoirs de père, d'époux, de citoyen et d'homme, sans un profond respect pour les lois, les mœurs et l'humanité.

Eh ! représentants, quand l'homme de bien, dans les assemblées publiques, parle selon son cœur, que sa parole est puissante ! Tout le peuple se rallie à sa voix, toutes les factions se cachent et se dispersent; tous les scélérats sont anéantis, de quelque masque qu'ils se couvrent.

Jouissez donc de votre gloire et de l'approbation de la France; elle va bientôt paraître tout entière pour vous honorer et vous bénir.

Sévérité contre le crime, attention à tous les indices, mais protection à l'innocence, honneur à la probité, opprobre aux intrigues et aux partis, guerre à tous les tyrans, à tous les dominateurs, gouvernement révolutionnaire jusqu'à la paix, dévouement absolu à la république une et indivisible, confiance et dévouement à la seule Convention nationale !

La section de l'Homme-Armé, dans cette nuit terrible et mémorable du 9 thermidor, fut l'une des premières à se prononcer contre l'audace des rebelles. Ne croyez pas, représentants, qu'elle ait dans son sein des combats à livrer ; l'union caractérise la pureté de son patriotisme ; tout ce qui est bon y est unanime : aussi, l'une des premières aujourd'hui, elle accourt se rallier à vos principes sublimes ; elle y a reconnu les siens propres ; elle y voit avec ravissement, au milieu des triomphes de nos armés, le gage du salut intérieur, de la tranquillité publique et de la régénération universelle.

Vive la république ! vive la Convention nationale ! Vivent à jamais la probité, les mœurs et la justice ! (On applaudit.)

La Convention ordonne l'impression de cette Adresse.

### La section de Mutius Scævola à la Convention nationale.

Attachement aux principes, respect pour la représentation nationale, seul point de ralliement que doivent connaître tous les amis de la patrie; soumission entière à ses décrets, république une et indivisible, justice, liberté des opinions et de la presse, guerre à mort aux intrigants, aux factieux, aux hommes de sang qui voudraient rétablir le règne de la terreur; tels sont les sentiments qui animent les citoyens de la section de Mutius Scævola, telle est la profession de foi que nous venons, en leur nom, faire à votre barre.

En vain l'on s'efforce, en proclamant avec une affectation singulière l'oppression prétendue des patriotes et l'élargissement des ennemis de la révolution, de faire craindre au peuple d'être bientôt asservi par ces derniers; des alarmes aussi insultantes à la force, à la puissance du peuple, ne sauraient nous intimider.

Non, ils ne parviendront point à leur but, ceux qui voudraient nous persuader qu'un peuple vainqueur de l'Europe entière liguée contre lui doit redouter une poignée d'individus près d'être réintégrés, s'ils ne le sont pas encore, dans les prisons d'où ils ne les ont été tirés sur les sollicitations d'hommes qui n'ont demandé leur mise en liberté que pour avoir un motif de crier à la réaction du gouvernement révolutionnaire, de provoquer le rétablissement de la loi populicide du 22 prairial, et la réorganisation d'une nouvelle boucherie, sous le titre de tribunal révolutionnaire, et enfin dans l'espoir de rattraper la portion de tyrannie que leur avaient confiée les triumvirs, et qu'ils ont vue avec regret s'échapper de leurs mains.

Qu'ils tremblent ces alarmistes, ces continuateurs de la tyrannie ! le tocsin qu'ils sonnent, comme celui qu'au 9 thermidor fit sonner la commune conspiratrice, annonce leur agonie. Qu'ils tremblent !

bientôt, comme elle, ils disparaîtront. Qu'ils tremblent, tous les factieux, tous les fripons, tous les dilapidateurs de la fortune publique, tous ces êtres immoraux qui ne cherchent à perpétuer l'anarchie que pour se soustraire, à l'aide du désordre, au supplice que méritent leurs forfaits, et ne s'efforcent de faire succéder la terreur à la justice que pour comprimer ceux qui, témoins de leurs crimes, appelleraient sur leurs têtes la vengeance nationale ! Qu'ils tremblent ! leur masque est tombé. La proclamation énonciative de vos principes, que vous venez d'adresser au peuple, a déchiré le voile. Cette proclamation tant désirée sera pour le peuple la boussole qui le dirigera ; elle sera le miroir dans lequel il reconnaîtra vos ennemis et les siens ; elle va enfin le tirer de la fluctuation alarmante dans laquelle on l'entretenait ; elle va fixer invariablement l'esprit public, que vous seuls avez le droit de diriger, quoi qu'en disent ces individus qui prétendent qu'il appartient exclusivement aux Sociétés populaires, dans lesquelles réside immédiatement la souveraineté du peuple. O sophisme ! ô blasphème politique ! tu es trop bien senti pour avoir besoin d'être combattu.

Cette proclamation salutaire va déjouer les projets des terroristes, rallier à la représentation nationale ceux qu'ils avaient égarés, redonner leur énergie à ceux qu'ils avaient comprimés, et assurer à jamais le triomphe de la justice et de la liberté.

Les citoyens de la section de Mutius Scævola, qui jamais ne se sont écartés des principes, qui ont fait, avec un courage soutenu, la guerre à tous les ennemis de la révolution, ont entendu la lecture de cette Adresse avec calme et silence ; ils l'ont couverte d'applaudissements, et ont unanimement arrêté qu'elle serait lue dans trois séances de suite, affichée dans le lieu de leurs séances, proclamée avec pompe dans l'arrondissement de la section, et qu'une députation de six de ses membres se rendrait aujourd'hui dans votre sein, pour jurer en leur nom de n'avoir jamais d'autres principes que ceux énoncés dans votre Adresse au peuple, et de faire, dans tous les temps, un rempart de leurs corps à la représentation nationale. Vive la république ! vive la Convention !

— La section de l'Arsenal, en masse, vient féliciter la Convention nationale sur son Adresse au peuple français.

L'orateur, à la barre, s'exprime ainsi :

« Représentants du peuple, l'assemblée générale de la section de l'Arsenal, à l'ouverture de la séance de décadi, 20 du présent, a fait lecture de votre Adresse au peuple français. Les vérités qu'elle renferme ont excité à l'instant le mouvement unanime de se présenter en masse devant vous, non pas pour vous remercier, mais vous inviter à soutenir jusqu'à la fin le maintien de la république française, une et indivisible. »

La séance est levée à quatre heures.

### SÉANCE DU 22 VENDÉMIAIRE.

« La Convention décrète :

« Le bureau des domaines nationaux de Paris et les corps administratifs, chacun en ce qui les concerne, sont tenus de faire lever, dans le délai de deux décades, sous peine de supporter les frais de garde, tous les scellés qui ont été ou seront apposés sur les meubles et effets des émigrés, déportés, condamnés, pour lesdits effets ou meubles être vendus ou inventoriés. »

— La Société populaire de Sedan applaudit au décret qui renvoie de Paris tous les intrigants ; elle se

plaint des calomnies lancées particulièrement contre le département des Ardennes et contre les opérations des représentants du peuple qui y sont : elle répond aux détracteurs en leur mettant sous les yeux les sacrifices qu'a faits la commune de Sedan ; elle a sur la frontière quatre mille défenseurs, elle en a quatre cents dans la Vendée ; il se fabrique dans cette commune six cents habits d'uniforme par décade. Elle termine par demander que la Convention maintienne à l'ordre du jour le gouvernement révolutionnaire, la probité, la justice et les vertus.

— La Société populaire d'Auxerre se plaint de ce que l'on a mis en liberté des chevaliers du Poignard, qui, dit-elle, prononcent hautement le nom de roi. Elle demande le maintien du gouvernement révolutionnaire, l'organisation de la commune de Paris, enfin la punition de tous les aristocrates. — Renvoyé au comité de sûreté générale.

— Berlier, représentant du peuple dans les départements du Nord et du Pas-de-Calais, transmet à la Convention une Adresse des jeunes élèves d'Arras, dans laquelle ils expriment leur attachement à la Convention, leur dévouement à la liberté, leur vœu pour l'anéantissement des tyrans ligués, et enfin leur désir de voir leur pays délivré de tous les hommes immoraux.

« J'ai réorganisé les autorités constituées, j'ai renouvelé ces hommes, écrit ce représentant, qui ont trop longtemps resté en place ; je les ai remplacés par des hommes probes et vertueux ; j'ai rendu à la liberté quelques malheureux cultivateurs que l'intrigue avait fait arrêter ; enfin, le char révolutionnaire roule ici avec majesté, et tous sont dévoués à la Convention. »

— Une Société du département du Nord se plaint des efforts du modérantisme pour la destruction des Sociétés populaires ; elle demande qu'il ne soit porté atteinte ni aux Jacobins, ni à aucune Société.

— Les administrateurs du district de Cussey écrivent que ce district fournit quinze cents livres de salpêtre par décade, et ils en promettent plus de quarante mille livres cette année.

Ceux du district de L'Aigle en envoient cinq mille trois cent soixante-quatre livres, et en promettent six cent trente livres par décade.

— Les commissaires de la section des Invalides transmettent l'extrait de la séance de l'assemblée générale du 20 vendémiaire, dans laquelle l'Adresse de la Convention a été lue et applaudie avec le plus vif enthousiasme.

— On lit les lettres suivantes :

*Le représentant du peuple Bollet près l'armée des Côtes de Cherbourg et départements environnants au président de la Convention nationale.*

À Vire, au quartier général de l'armée des Côtes de Cherbourg, le 9 vendémiaire, 3e année républicaine.

« Occupé, depuis le 26 fructidor, à parcourir avec mes collègues Ruelle et Boursault quelques-uns des départements de l'armée des Côtes de Brest, pour découvrir les auteurs et les chefs d'une nouvelle conspiration qui se formait dans ces départements pour livrer aux Anglais les ci-devant provinces de Normandie, de Bretagne et du Poitou, je me suis assuré, de concert avec ces mêmes collègues, d'une vingtaine de chefs, que nous avons fait conduire dans les prisons de Rennes. De suite je me suis rendu à Vire, quartier général de l'armée des Côtes de Cherbourg, pour y suivre, dans les départements de l'Orne et de la Sarthe, le fil de cette conspiration, et en faire arrêter les auteurs et complices. À mon arrivée dans cette commune, j'ai été très-étonné, en lisant le *Moniteur* n° 6, d'y trouver à l'article de la Convention nationale, séance du 2 vendémiaire, que mon collègue Duroy y avait assuré qu'on avait remis en place, dans le département du Calvados, des fonctionnaires publics destitués comme suspects et convaincus de fédéralisme; qu'ainsi on avait réintégré en place un homme qui, étant maire de Caen, pouvait comprimer la rébellion, et ne l'avait pas fait; qu'on avait rétabli plusieurs officiers municipaux que son collègue Lindet et lui avaient trouvé assis sur des fleurs de lis; que l'on avait destitué de plus d'excellents patriotes, entre autres un excellent citoyen qu'il avait créé procureur-syndic du département.

• Je joins à cette lettre l'arrêté que Ruelle, Boursault et moi avons pris pour l'épuration des autorités constituées de la commune de Caen. Le dispositif de cet arrêté prouvera irréfutablement que, pour parvenir à une épuration qui peut faire le bonheur des citoyens de cette commune, nous prîmes séparément, de la Société populaire, du comité de surveillance et du district de Caen, les renseignements nécessaires sur les individus qui composaient les autorités constituées de cette commune, et que nous fîmes encore passer à la censure du peuple, dans une assemblée des sections réunies, tous les citoyens qui composaient les autorités constituées, ainsi que ceux qui nous avaient été désignés pour remplacer les membres qui ne seraient pas continués dans leurs fonctions.

• Cette épuration nous a été demandée et sollicitée; en la faisant, nous nous sommes mis en garde contre l'intrigue, et nous avons jugé que le meilleur moyen d'abattre les intrigants, c'était de consulter le peuple en masse.

• Si ceux qui ont trompé mon collègue Duroy, si lui-même eût pu se trouver à cette assemblée générale des citoyens de toutes les sections de la commune de Caen, ils auraient été convaincus que le patriotisme seul dirigeait cette assemblée; que le peuple ne voulait être administré que par des citoyens purs, amis de la justice et de l'humanité; ils y auraient remarqué que l'intrigue ne dominait pas dans cette assemblée où régnait la seule confiance; ils y auraient vu le peuple exprimer son vœu, par un mouvement général et spontané, sur ceux qui méritaient sa confiance, comme il l'exprimait aussi sur ceux qu'il n'en jugeait pas dignes.

• Nous avons, dans cette épuration, éloigné des places ceux qui avaient donné dans le fédéralisme, comme ceux qui avaient été les agents du dernier tyran; nous avons substitué au système de terreur qu'ils avaient établi, la confiance, la justice et la vertu; d'ailleurs, pouvons-nous craindre de nous tromper en ne suivant que le vœu du peuple?

• Nous pouvons assurer qu'il n'existe dans la municipalité, ni dans les autorités constituées, aucun fédéraliste, et il est faux que nous ayons réintégré l'ancien maire, puisque celui qui occupe actuellement cette place ne l'a jamais été.

• Nous n'avons remplacé, dans les autorités constituées, que ceux qui n'avaient pas pour vœu le vœu du peuple et ceux qui nous ont sollicité leur remplacement, pour reprendre leur commerce qu'ils avaient abandonné depuis le commencement de la révolution. Quant à celui désigné par mon collègue Duroy comme un excellent citoyen, et qu'il avait créé procureur-syndic du département, il se trouvait, à l'époque de l'épuration, juge du tribunal. Nous avons jugé que son remplacement était nécessaire, puisqu'il ne s'est pas trouvé avoir la confiance du peuple, que toutes les notes et renseignements qui nous ont été donnés sur son compte le prouvaient, qu'ils ont été justifiés par le vœu unanime des citoyens dans l'assemblée générale des sections. Nous avons jugé que son remplacement était nécessaire quand il s'agit de prononcer sur l'existence, l'honneur et la fortune des citoyens.

• Salut et fraternité. *Signé* Boullet. »

*Bodson, représentant du peuple, envoyé dans les départements de l'Ain et Saône-et-Loire, pour le triomphe de la république et l'affermissement du gouvernement révolutionnaire, investi de pouvoirs illimités par le décret du 9 fructidor, à la Convention nationale.*

*Mâcon, le 14 vendémiaire, 3e année républicaine.*

• J'ai gardé, citoyens collègues, un long silence depuis dix jours que je suis sorti du département de l'Ain et que je réside à Mâcon, chef-lieu de celui de Saône-et-Loire; j'ai examiné attentivement l'esprit d'un pays nouveau pour moi : ce n'était plus un peuple asservi par quelques fripons dominateurs; ce n'était plus un peuple esclave des partisans de Robespierre, mais bien des citoyens bouillant de patriotisme et divisés par quelques erreurs.

• Je dois le dire : des hommes ambitieux et sans talents ont voulu dominer; ils ont couvert leurs démarches du manteau du patriotisme; ils se sont dits les défenseurs d'un de nos collègues du département de l'Ain, naguère indignement persécuté par des fripons : pour me surprendre, ils ont crié à la tyrannie contre tous les fonctionnaires publics, contre les meilleurs patriotes; ils ont tenté de m'entraîner dans leur ligue désorganisatrice; mais leurs efforts ont été vains, et la patrie a encore une fois triomphé.

• Je viens de réorganiser les autorités constituées, et avec le comité de salut public j'ai senti que l'exercice d'un pouvoir trop longtemps confié aux mêmes personnes devient un objet d'inquiétude pour tous les citoyens. J'ai placé, après les renseignements les plus précis et les plus justes, des hommes probes, patriotes, fermes et connus.

• J'ai rendu à la liberté quelques laboureurs, des pères de famille, et des vieillards infirmes que l'excès des mesures avait fait mettre en état d'arrestation.

• Je n'ai eu qu'un citoyen à destituer. Mussi, receveur des domaines nationaux à Mâcon, m'a été dénoncé dans le département de Saône-et-Loire, comme ayant voulu frustrer la république d'une somme de 2,413 livres 10 sous, pour faire tourner à son profit celle de 1,206 liv. 15 sous.

• Vous avez mis la justice et la probité à l'ordre du jour; il était du devoir de votre délégué de sévir contre les fonctionnaires publics accusés de friponnerie, et je l'ai fait.

• Je ne serais pas étonné qu'on me dénonçât pour être aujourd'hui un des partisans de Robespierre, après m'avoir peint comme le fléau des patriotes. L'aristocratie se sert de tous les moyens pour arriver à son but, et ce but est l'anéantissement de la république.

• Ici tous les cœurs sont réunis; ici tout veut la mort des traîtres, et déclare une guerre à toute outrance aux fripons; ici l'espoir est rentré dans les cœurs.

• Le char révolutionnaire a pris sa course majestueuse; l'amour du bien public anime toutes les âmes, et tous les vrais amis de la liberté jurent union à la Convention, et mort aux fripons et aux intrigants.

• Je vous fais passer des exemplaires des proclamations que j'ai cru devoir faire, et mes divers arrêtés.

• Courage, collègues, et la patrie est sauvée.

» *Signé* Boisset. »

La Convention ordonne l'insertion au Bulletin.

MERLIN ( de Thionville ) : Citoyens, nous avions lieu d'espérer que les continuateurs de Néron n'auraient qu'une seule édition; cependant on vient encore de noyer dans le département de la Loire-Inférieure. (L'assemblée frémit d'horreur.) Voici les lettres qui viennent de m'arriver.

*Bouquet, commissaire des guerres, au représentant Merlin.*

Nantes, le 10 vendémiaire, l'an 3e de la république une et indivisible.

• Lis et frémis d'horreur : dis à la Convention nationale que je viens de dénoncer à tes collègues du comité de salut public l'adjudant général Lefèvre, qui a eu la féroce inhumanité de faire noyer de sang-froid *des femmes et des enfants à la mamelle.* (Mouvement d'horreur et d'indignation.) Au mépris d'un arrêté des corps constitués, je t'envoie copie des pièces dont les originaux sont entre mes mains; ta haine connue pour ces infâmes généraux me persuade que tu ne négligeras rien pour faire arrêter de suite ce cannibale, qui commande à Paimbœuf, et qui revient des eaux de Bourbonne, où il a obtenu de se faire guérir d'une épaule qu'il s'était foulée, non pas au service de la république, comme

D'APRÈS UN DESSIN DU TEMPS.

*Noyades à Nantes.*

Typ. Henri Plon.

reimpression de l'Ancien Moniteur. — T. XXII, page 227.

il l'a peut-être fait accroire, mais en faisant une chute au sortir d'un repas.

« Salut et fraternité. BOUQUET. »

*Extrait du registre des délibérations de la commune de Bourgneuf, le 3 ventose, an 2 de la république française, une et indivisible, séance tenue par Guilleny, Cavaliers, Brisson, Ollivier, Noël, Béfaud et Piran; Hymen, agent national, présent.*

« L'adjudant général Lefèvre, commandant à Bourgneuf, ayant demandé à la municipalité son avis sur les cinquante femmes et enfants, et deux hommes arrêtés et amenés ici hier des marais de Saint-Cyr, pays reconnu pour insurgé, et dont la plupart des maris sont au brigandage·

« A été arrêté de son consentement, vu le grand nombre d'enfants, qu'ils seraient envoyés à Nantes au département, pour y être jugés, et auquel il sera écrit à ce sujet;

« Arrête de plus que, par l'avis du commissaire des guerres, toutes les personnes susdites seront de suite conduites au Pollet par la garde, pour y être mises à bord du bâtiment qu'il a mis en réquisition à cet effet, pour les conduire à Nantes sous la responsabilité du capitaine dudit bâtiment;

« Arrête en outre qu'expédition du présent sera envoyé au département, sous la signature des comparants.

« Pour copie conforme :

« AUGIER, *secrétaire greffier.* »

*Extrait des registres des déclarations faites par-devant la municipalité de Bourgneuf.*

« Le 17 fructidor, an 2 de la république française, une et indivisible, a comparu le citoyen Bouquet, commissaire des guerres à la résidence de Bourgneuf, lequel a déclaré qu'il s'était passé, le 9 ventose dernier, un événement dont il est nécessaire pour la société de connaître les motifs et la justice, et consistant dans la mort de plusieurs femmes et enfants jetés à la mer à la hauteur de Pierre-Moine, dans la baie de Bourgneuf, conduits sur le bâtiment de Pierre Macé, capitaine, par ordre de l'adjudant général Lefèvre, signé de lui; et a donné copie dudit ordre, dont a été requis le dépôt, qu'il a refusé et a gardé devers lui, pour en faire usage ainsi qu'il appartient; lequel ordre a été signé de nous en marge; et a ledit Bouquet signé.

« *Signé* BOUQUET. »

« A aussi comparu le citoyen Macé, capitaine du bâtiment *le Destin,* lequel a déclaré qu'il avait reçu l'ordre dont il s'agit, remis au citoyen Bouquet, et qu'en vertu de cet ordre, le 5 ventose, il embarqua sur les sept heures du soir, avec leurs vivres jusqu'à Nantes, quarante et une personnes, parmi lesquelles se trouvaient deux hommes, dont un aveugle depuis six ans, âgé de soixante-dix-huit ans; douze femmes de différents âges; douze filles de différents âges; et quinze enfants, dont dix depuis l'âge de six à dix ans, et cinq à la mamelle; qu'il les embarqua étant en station à Bourgneuf, avec quatre fusiliers volontaires et un caporal; lesquels, le lendemain, à six heures du soir, jetèrent les quarante et une personnes ci-dessus désignées, en vertu de l'ordre rapporté, en présence dudit Macé et de l'équipage, aussitôt qu'il fut à la hauteur de Pierre-Moine; et a ledit signé, « PIERRE MACÉ. »

Suit la copie de l'ordre.

LIBERTÉ, INDIVISIBILITÉ, ÉGALITÉ.

Bourgneuf, 5 ventose, l'an 2e de la république une et indivisible.

« Il est ordonné à Pierre Macé, capitaine du bâtiment *le Destin,* de faire remettre à terre la nommée Jeanne Biclet, femme de Jean Pirand; et le surplus sera conduit par lui à la hauteur de Pierre-Moine; là il les fera jeter à la mer comme rebelles à la loi, et, après cette opération, il retournera à son poste.

« Signé LEFÈVRE, *adjudant général.* »

« Au-dessous est écrit :

« De plus les quatre fusiliers et le caporal qui sont à son bord. « *Signé* P. FOUCAUD. »

« Pour copie conforme à l'original resté entre mes mains.

« Signé BOUQUET, *commissaire des guerres.* »

« Signé HUBIN, *maire;* GUITTERY, *officier municipal.* »

Pour copie conforme.     AUGIER.
Pour copie conforme.     BOUQUET.

MERLIN ( de Thionville ) : La Convention devrait s'il était possible, inventer de nouveaux supplices pour ces cannibales.... ( Vifs applaudissements. )

GOUPILLEAU (de Fontenay) : Je demande que Lefèvre soit mis hors la loi. ( Non, non ! s'écrie-t-on de toutes parts. )

MERLIN (de Thionville): Je m'oppose à cette proposition; croyez, citoyens, qu'un adjudant général ne se serait pas permis de pareilles atrocités, s'il n'avait pas eu derrière lui des hommes puissant qui l'ont fait agir. Je demande l'arrestation de Lefèvre, et sa traduction au tribunal révolutionnaire; il fera connaître à quels atroces tyrans on voulait livrer notre patrie.

GOUPILLEAU (de Fontenay): Je retire ma proposition, et j'appuie celle de Merlin.

DUROY: Je demande que le décret d'arrestation soit étendu au capitaine Macé et aux quatre soldats qui ont exécuté les ordres atroces de Lefèvre.

Les propositions de Merlin et de Duroy sont adoptées. ( Vifs applaudissements. )

*** : Je demande que ce décret soit porté par un courrier extraordinaire.

Cette proposition est adoptée.

*** : Je demande que le tribunal révolutionnaire s'occupe, toute affaire cessante, de juger les membres du comité révolutionnaire de Nantes, prévenus d'être les principaux auteurs des atrocités qui ont eu lieu dans le département de la Loire-Inférieure.

ANDRÉ DUMONT : Puisque le moment est venu où la Convention veut rendre justice à tout le monde, où tous les coupables sont égaux devant la loi, il faut les frapper tous indistinctement. La Convention n'ignore pas que les premières atrocités qui ont été commises à Nantes sont l'ouvrage d'individus qui ne sont pas loin d'elle. Il faut que le tribunal révolutionnaire poursuive tous ces assassins, sans exception; il faut que le peuple voie frapper les coupables partout où ils se trouvent; il faut que le tribunal instruise sans délai contre le comité révolutionnaire de Nantes, et qu'il fasse justice de tous les monstres qui ont commandé les crimes qui ont été commis dans ce pays; car, il ne faut pas nous le dissimuler, citoyens, si une autorité supérieure n'avait pas commandé tous ces forfaits, on ne les eût pas commis.

Ne souffrons pas que le système de ces hommes se continue plus longtemps, car ce serait assurer à ces monstres, à ces buveurs de sang l'impunité de leurs crimes. Je demande que le tribunal révolutionnaire poursuive sans délai l'affaire du comité révolutionnaire de Nantes, ainsi que tous ceux qui se trouveront impliqués dans la même affaire, sauf à l'accusateur public à instruire le comité de sûreté générale des progrès de l'instruction, afin qu'il puisse présenter à la Convention les mesures que la justice exigera.

Cette proposition est décrétée.

MERLIN (de Thionville) : Tout le monde connaît les dilapidations commises par Héron, ci-devant agent du comité de sûreté. Les scellés ont été apposés sur ses papiers et dans son domicile. Ils l'ont été aussi sur les papiers et sur la caisse du comité de sûreté générale. Ce comité ne croit pas devoir lever ces scellés, et vous propose de nommer trois membres dans votre sein, qui seront chargés de cette opération, ainsi que de l'inventaire qui en doit être la suite.

La proposition de Merlin est décrétée.

CRASSOUS : Vous avez ordonné que les cendres de J.-J. Rousseau seraient transportées au Panthéon, et vous en avez privé ainsi les habitants d'Ermenonville. Je demande qu'il soit érigé dans cette commune un monument qui rappelle à ces bons citoyens le séjour que J.-J. Rousseau fit au milieu d'eux.

Renvoyé au comité d'instruction publique.

BOISSY : Il est un autre monument à élever à la gloire de J.-J. Rousseau : c'est de déposer ses manuscrits dans la Bibliothèque Nationale. Il y a dix ans, lorsqu'on imprima ses œuvres, que les éditeurs s'engagèrent, par un écrit fait entre eux, de déposer son manuscrit dans la Bibliothèque d'un peuple libre ; jusqu'à présent ils n'avaient pu le trouver : aujourd'hui il existe ; c'est le peuple français. Je propose que la Convention fasse demander ces manuscrits à l'un des éditeurs, habitant de Neufchâtel en Suisse. Je suis persuadé qu'il ne refusera pas de céder à la république ces monuments de la gloire de J.-J., qui fut son ami.

La proposition de Boissy est adoptée.

— Un secrétaire lit la lettre suivante :

*Les représentants du peuple détenus à Port-Libre à la Convention nationale.*

A la maison d'arrêt de Port-Libre, ce 19 vendémiaire, l'an 3e de la république française.

« Citoyens collègues, lorque, du haut de cette tribune où le désir d'être encore utiles à nos concitoyens nous appelle, Cambon a proclamé les inquiétudes du premier comité de salut public sur la journée du 31 mai, cet aveu, en retentissant jusque dans notre prison, a porté tout à coup la consolation dans nos cœurs. Nous n'étions donc pas les seuls, nous sommes-nous écriés, à qui les intrigues d'Hébert et de ses suppôts, les projets de Robespierre et de ses satellites, eussent inspiré des méfiances ; le comité de gouvernement les partageait avec nous.

« Cette protestation, qu'il assure aujourd'hui avoir déposée dans un registre, n'est pas bien différente de la déclaration que nous avons signée, puisque, dictées par le même esprit, elles ont été toutes deux ensevelies dans le plus profond secret ; et cependant quelle différence dans le sort de leurs auteurs !

« Plongés dans le fond des cachots, nous n'avons plus compté nos jours que par des outrages, nos nuits que par des terreurs ; soumis à une municipalité conspiratrice, nous avons vu se renouveler tout ce que le régime des anciennes bastilles avait d'amer et de rebutant ; et peut-être rien n'eût été capable de contenir l'indignation que nous inspiraient et la scélératesse des chefs et la bassesse de leurs agents, si nous n'avions été soutenus par le témoignage de notre conscience et par l'espoir que la vérité serait enfin connue de nos concitoyens.

« Et lorsque le voile qui la couvrait se déchire de toutes

parts, pourrait-on essayer d'en ressaisir les lambeaux pour l'en envelopper encore ; et lorsque nos souffrances n'ont en évidemment d'autre prétexte qu'une prévoyance justifiée par l'événement, pourrait-on être tenté de les prolonger ?

« Et lorsque, dans l'écrit qu'on nous a reproché, nous avons, pour ainsi dire, eu pour complices la majorité du comité de salut public, pourrait-on être tenté de nous en faire un crime ?

« Nous ne pouvons le penser. Il est donc temps que le soupçon cesse de planer sur nos têtes, et que le rapport si longtemps attendu soit fait. Nous vous demandons justice, et nous vous la demandons pour nous qui avons besoin que notre innocence brille de tout son éclat ; pour vous qui ne pouvez pas désirer qu'elle soit plus longtemps opprimée.

« Toujours zélés pour les intérêts de la patrie, si nous n'avons pas concouru à ses succès, nous y avons du moins applaudi par nos transports ; et dans ce moment nous n'ambitionnons d'être rappelés dans son sein que pour lui prouver par notre ardeur à la servir que nous n'avons pas cessé un seul instant d'être dignes d'elle.

« Salut et fraternité. »

(Suivent les signatures.)

*** : La Convention a fait, il y a quelques jours, un grand acte de justice en faveur de notre collègue Dentzel, détenu depuis plusieurs mois pour une grave inculpation. Je viens réclamer aujourd'hui, non point une grâce, mais un acte de devoir rigoureux. Je demande que la Convention fixe ses regards sur les soixante-onze députés qui, depuis un an, gémissent dans les fers. S'ils sont coupables, il y a longtemps qu'ils auraient dû être punis, il faut que leur tête tombe : nous devons ce grand exemple au monde. Mais, s'ils sont innocents, comme ils le prétendent, comme nous le désirons tous, pouvons-nous, sans crime, priver plus longtemps le souverain d'une partie de ses représentants ? Enfin, qu'ils soient innocents ou coupables, quel compte n'aurions-nous pas à rendre au peuple d'une détention si longue, si nous ne trouvions pas une excuse dans la rigueur des circonstances et dans cette oppression qui faisait trembler la vertu et assassinait l'innocence ? Mais, grâce à votre énergie républicaine, le tyran n'est plus. La terreur a fait place dans cette enceinte à la justice et à l'humanité. Si le crime seul tremble d'effroi, l'innocence doit trouver ici des amis courageux, des défenseurs sans faiblesse, et un asile inviolable. (On applaudit.) Je demande donc que les trois comités réunis s'occupent de l'affaire de nos collègues, pour en faire un rapport à l'assemblée, et que la Convention ordonne l'impression et la distribution de l'acte qui a motivé leur arrestation.

Cette proposition est décrétée à l'unanimité, au milieu des plus vifs applaudissements.

On demande que le rapport soit fait d'ici au 1er brumaire.

Ce délai est ainsi fixé.

*** : Je demande que nos collègues puissent être présents au rapport.

La Convention passe à l'ordre du jour, motivé sur ce que la loi leur permet cette présence.

PÉNIÈRES : Je demande que le rapport comprenne aussi ceux des députés qui sont en arrestation chez eux avec un garde.

Cette proposition est décrétée.

(La suite demain.)

---

*Payements à la trésorerie nationale.*

Le payement du perpétuel est ouvert pour les six premiers mois ; il sera fait à tous ceux qui seront porteurs d'inscriptions au grand livre. Celui pour les rentes viagères est de huit mois vingt et un jours de l'année 1793 (vieux style).

## POLITIQUE.

### RUSSIE.

*Pétersbourg, le 5 septembre.* — Le commerce russe a conçu de vives alarmes d'une mesure ordonnée par le gouvernement danois.

Un édit de la cour de Copenhague rappelle tous les matelots de cette nation, qui sont actuellement à bord des bâtiments étrangers.

Un grand nombre de vaisseaux anglais et hollandais ont des matelots danois.

On s'attend donc que, d'après la loi, beaucoup d'entre eux seront arrêtés dans le Sund; ce qui mettra les plus grandes entraves, non-seulement à la navigation commerciale des puissances coalisées, mais encore à leurs expéditions maritimes.

L'accroissement des impôts et les nouveaux arrangements des finances causent un mécontentement universel.

Le grand nombre des sujets russes que les vexations impériales atteignent devient l'ennemi du gouvernement.

Catherine, incapable de trouver dans une administration sage le moyen d'encourager la population et de peupler ses déserts, et pendant qu'elle prodigue, au contraire, le sang des hommes pour faire de nouvelles conquêtes, s'efforce d'attirer dans ses États les fugitifs, les émigrés, les bandits de toutes les nations. Le nouvel édit qu'elle a rendu à ce sujet promet, ainsi que les autres édits du même genre qui ont déjà été publiés à diverses époques, le libre exercice de religion, la sûreté des propriétés et la transmission de celles-ci aux héritiers. L'édit porte que les nouveaux sujets seront, pendant trois ans, exempts de taxe et de service militaire, et qu'alors ils pourront, s'ils le veulent, se retirer avec leur argent et leurs effets.

### POLOGNE.

*De Varsovie, le 15 septembre.* — Depuis la levée du siége, l'armée polonaise, commandée par Kozciusko, est à la poursuite de l'armée prussienne. L'arrière-garde de cette dernière a été vigoureusement attaquée par les Polonais. On dit que le général a fait des dispositions qui annoncent qu'il songe à attaquer le centre, commandé par Frédéric-Guillaume. Un corps de l'armée polonaise de Courlande s'est mis en marche pour se combiner avec celle de Lithuanie. Ainsi l'armée russe qui, à l'exemple des Prussiens, se retire de devant Varsovie, peut se trouver entre deux feux avant d'avoir rejoint l'armée principale; mais on n'entend plus parler de cette armée, et l'on est fondé à croire que Frédéric-Guillaume aura pu découvrir que, si l'on trompe quelqu'un dans la coalition, il a la préférence. Ce prince est en effet tellement environné des créatures de l'Autriche qu'il lui restera peu de moyens de sauver ses États, s'il s'éclaire trop tard sur ses propres intérêts.

Les insurgés de la Prusse méridionale, plus redoutables que jamais, ont publié un manifeste de leur camp près Rombin. Tous les citoyens sont sommés de défendre la cause commune, et de se rendre, sous huit jours, au quartier général avec des vivres pour un mois.

Le roi de Prusse, de son côté, croit arrêter le feu de l'insurrection en payant des gazetiers, en promettant des priviléges, des exemptions de la conscription militaire: c'est ce qu'il vient de faire à Thorn.

Les insurgés ne manquent ni d'artillerie ni de munitions. Ils se sont dernièrement rendus maîtres de plusieurs batteries venant de Graudentz, et d'un transport énorme d'argent destiné pour les armées.

On remarque, parmi les grandes mesures prises par notre gouvernement provisoire, celle d'une émission d'assignats. Une proclamation du 25 août, relative à cette émission, enjoint à tous les magistrats, à tous les commissaires du bon ordre, de faire publier la prochaine mise en circu-

lation de ces assignats, destinés à faciliter les moyens d'échanges. Le gouvernement déclare:

1° Que ces assignats sont hypothéqués sur tous les biens dont la nation polonaise a la propriété et la disposition;

2° Que leur capitale est de 60 millions de florins de Pologne;

3° Qu'ils seront divisés en assignats de 5, de 35, de 50, de 100, de 500, et enfin 1,000 florins; que chacune de ces classes aura une couleur différente, qui est désignée;

4° Qu'indépendamment des signes secrets et connus uniquement de la direction nommée par le gouvernement, il a choisi des commissaires chargés d'apposer leur signature à chacun de ces assignats;

5° Qu'une récompense sera accordée à tous ceux qui découvriront des contrefacteurs;

6° Qu'il est enjoint de recevoir ces assignats comme argent comptant pour toute espèce de payement, sous les peines de la loi du 5 juillet; qu'ils seront reçus de préférence dans le payement des biens nationaux qui seront vendus, et porteront un intérêt de 5 pour 100;

7° Qu'au 1er décembre de la présente année, il sera mis en vente pour 50 millions de florins de biens nationaux, après trois annonces consécutives.

### PAYS-BAS.

*Extrait des nouvelles de Bruxelles, du 18 vendémiaire.* — Parmi les différents objets pris par les troupes républicaines, dans les dernières affaires avec l'armée autrichienne, se trouvent un grand nombre de voitures d'officiers allemands, qui ne sont point habitués à faire la campagne comme les anciens Romains et comme les Français d'à-présent. Toute la musique du régiment de Beaulieu a été faite prisonnière, et les républicains l'ont fait servir à célébrer leur victoire.

La nombreuse garnison qui défend Maëstricht vient encore de faire une sortie des plus vives sur les assiégeants; l'ennemi attaquait à la fois par plusieurs côtés les retranchements et les batteries que l'on était occupé à perfectionner; mais, malgré tous ses efforts pour tâcher de les détruire, il fut si vivement repoussé qu'il rentra dans la place, après avoir essuyé une perte très-considérable.

Les représentants de la république française s'occupent sans relâche actuellement de deux objets également importants.

Le premier est la rentrée de toutes les sommes imposées dans chaque ville de la Belgique; ces sommes forment un total de 66 millions en numéraire.

Le second est un recensement général de tout ce qui existe dans nos provinces, tant en bestiaux, vivres, que marchandises de toute espèce; tout ce qui ne sera pas reconnu nécessaire pour notre consommation sera acheté pour le compte de la république.

### ANGLETERRE.

*Londres, le 19 septembre.* — La *Bellone* a repris un bâtiment de la flotte de Cork, suivant la déposition duquel une escadre française s'est emparée de trente ou quarante voiles de cette flottille. Cette frégate a rencontré la flotte de l'amiral Howe, à quatre-vingts lieues ouest des Sorlingues; elle a aussi arraisonné un bâtiment espagnol, par la voie duquel elle a su qu'il y avait dans la baie de Chesapeak une flotte de cent cinquante voiles, qui n'attendait que son départ pour la France. On sait aussi que Boston a eu le malheur d'éprouver un incendie tel qu'il a réduit en cendres, en très-peu d'heures, plus d'un quart de la ville, dont un grand nombre de magasins n'ont pu être sauvés.

Un coup de vent violent, venant du banc de Terre-Neuve, a dispersé la flotte des Indes occidentales, composée de cent voiles; quatre-vingts ont eu le bonheur de se réunir à la frégate l'*Undaunted* et au *Vésuvius*; le reste, ainsi que *la Vengeance*, de 74 canons, a été séparé; la plupart des bâtiments sont rentrés dans les différents ports pour lesquels ils étaient destinés. Mais il y en a quatorze dont on n'a aucune nouvelle.

On envoie un corps de nouvelle levée en garnison à Gibraltar ; quatre vaisseaux vont le conduire dans cette place, dont l'ancienne garnison passe aux Indes occidentales.

— Le 14, une flotte de vaisseaux marchands anglais et hollandais est partie de Plymouth pour l'Espagne et la Méditerranée, sous l'escorte des vaisseaux *l'Alexandre* et le *Canada*, de 74 canons; le *Diamant* de 50, et le sloop la *Thorn*, de 16.

Le même jour, la frégate *la Nymphe* est sortie de ce port pour une croisière.

— Il paraît dans cette capitale une instruction du roi, datée de Saint-James, du 16 août. Cette pièce, adressée à tous les commandants des vaisseaux de guerre et aux croiseurs qui ont des lettres de marque contre la France, s'exprime ainsi :

« Par un article de notre instruction aux commandants de nos vaisseaux de guerre et aux croiseurs qui ont des lettres de marque contre la France, donnée en notre cour de Saint-James le 8 juin de l'année 1793, nous avons jugé à propos de déclarer qu'il serait permis d'arrêter et de détruire tous les bâtiments chargés en tout ou partie de grains, farines et vivres pour quelques ports de France ou des ports occupés par les armées françaises, et les envoyer en tel port que l'on jugerait convenable, afin que ces grains, vivres et farines puissent être achetés par notre gouvernement, et les bâtiments être relâchés ensuite de cet achat ; ou que les maîtres de ces bâtiments, en donnant une caution convenable pour être autorisés par notre cour d'amirauté, pourraient disposer de leur cargaison dans les ports des puissances nos alliées. Ne jugeant plus à propos de continuer pour le moment l'achat desdites cargaisons pour notre gouvernement, nous révoquons le susdit article jusqu'à nouvel ordre, et déclarons qu'il n'aura plus lieu ; mais nous ordonnons à tous les commandants de nos vaisseaux de guerre, et à tous les croiseurs, d'observer soigneusement les autres articles de ladite instruction, ainsi que toutes les instructions que nous avons données, et qui conserveront leur force. »

— La flotte russe qui était à Leith, en Écosse, a mis à la voile pour Cronstadt, en Russie.

— Les ministres tiennent conseils sur conseils ; ils en envoient les résultats à Weymouth, où la santé chancelante du roi le retient encore. On s'attend néanmoins qu'il va quitter cette maison de campagne et retourner à Windsor pour être plus sous la main de ses ministres. C'est une espèce de corps de réserve qu'ils veulent se ménager contre le parti de l'opposition dans le parlement.

Enfin, il va rentrer ce parlement : la *Gazette de la Cour* du 13 de ce mois contient une déclaration du roi, qui, en prorogeant le parlement du 9 octobre au 4 novembre, convoque pour ce jour-là les lords spirituels et temporels et les membres des Communes. Cette déclaration s'écarte un peu de la forme devenue presque sacramentelle par l'usage. Au lieu du protocole banal, *pour l'expédition des affaires*, il y a : *pour l'expédition de diverses affaires importantes et d'une haute considération.*

Les papiers anti-ministériels ne manquent pas de dire que ces affaires importantes sont la proposition du mariage du prince de Galles, la demande d'un subside pour payer toutes les dettes qu'il a contractées pendant une jeunesse inconsidérée, celle d'un accroissement de son traitement annuel jusqu'à la somme de 100,000 livres sterling. Pour couronner l'œuvre, les ministres peuvent escamoter ensuite au parlement une approbation du traité de subside que les commissaires anglais sont en train de négocier, et, lorsqu'on aura pourvu aux fonds d'une troisième campagne, on renverra les membres des Communes à leurs constituants; les électeurs seront sommés et pressés de procéder à de nouveaux choix avant que le peuple ait eu le temps de se reconnaître et de sonder toute la profondeur du précipice dans lequel le cabinet de Saint-James l'entraîne.

— On a nommé à la lieutenance ou vice-royauté de la Corse sir Gilbert Eliot, qui fera son séjour à Bastia. Cette nouvelle acquisition de l'Angleterre est infectée de maladies

épidémiques, dont beaucoup de soldats anglais et même de Corses ont été les victimes.

L'île de Jersey vient d'envoyer, au nom du peuple, une députation pour porter des plaintes amères contre les inconvénients qu'entraîne la foule d'émigrés rassemblés dans cette île. M. Pitt a promis d'y faire droit.

---

# RÉPUBLIQUE FRANÇAISE.

## SOCIÉTÉ

### DES AMIS DE L'ÉGALITÉ ET DE LA LIBERTÉ,

#### SÉANT AUX CI-DEVANT JACOBINS DE PARIS.

*Présidence de Bassal.*

##### SÉANCE DU 19 VENDÉMIAIRE.

On lit une lettre du citoyen Hubert, ordonnateur de la fête de J.-J. Rousseau ; il invite la Société à venir prendre la place qui lui est destinée dans cette cérémonie.

Crassous, après avoir fait l'éloge de Jean-Jacques, et rendu compte de la prise de Cologne et Bois-le-Duc, ajoute : « Ainsi, un sentiment de gloire, de grandeur et de prospérité nationale se mêlera à cette fête, à laquelle tous les Jacobins doivent accourir pour y assister, afin de montrer quels sont leurs principes et leur empressement à répondre aux vœux de la Convention. Songez que, pendant cinq ans, on lutta pour faire entrer Rousseau au Panthéon, et que ce n'est que demain que cette dette va être enfin acquittée. Cette fête sera celle de l'humanité, de l'égalité, ce sera la nôtre ; je demande que la Société y assiste en masse.

Un membre observe que le cortège passera demain devant la salle des Jacobins, et il demande que le président, au nom de la Société, orne le sarcophage de Jean-Jacques d'une couronne civique.

Cette proposition est adoptée avec celle de Crassous.

*Raisson :* Je viens appeler l'attention de la Société sur les circonstances où elle se trouve, comparées avec l'énergie constante de toutes les Sociétés populaires de la république. Tous les jours nous admirons la vigueur de leurs Adresses, et pendant ce temps nous restons au-dessous de nous-mêmes, et nous ne répondons pas à leur attente. Les circonstances sont tellement importantes que vous ne devez pas laisser échapper l'occasion de montrer quels sont vos principes. La Convention vient de faire une Adresse au peuple français ; sans entrer dans la discussion de cette Adresse, je dirai que les vues en sont pures et les principes bons. Je dirai aussi que tous les jours les rues de Paris retentissent de calomnies contre les Jacobins ; nous sommes véritablement comprimés. Si nous parlons, nous sommes emprisonnés ; si nous nous taisons, on accuse notre silence. Les autres Sociétés ne sont pas réduites au même état ; les ennemis publics sont comme les barbares qui, pour détruire l'arbre, veulent le couper par le tronc : ils veulent abattre les Jacobins parce qu'ils savent que c'est le point qui aboutissent toutes les Sociétés.

Je demande que tous les membres réfléchissent sur les circonstances où nous nous trouvons ; que tous ceux qui sont en état de travailler s'y livrent ; que vous entendiez la lecture de l'Adresse de la Convention, et que vous chargiez le comité de correspondance de vous présenter une Adresse énergique, dans laquelle, sans répondre aux calomnies qu'on ne cesse de répandre contre nous, il s'occupe seulement de faire triompher les principes et de prouver que les Amis de la Liberté et de l'Egalité, qui se sont tonjours réunis à la Convention, depuis 89, ne s'en sépareront jamais, et qu'ils mourront plutôt que de l'abandonner.

*Fayau :* Ce qui pourrait être le plus utile aux ennemis des Sociétés populaires, aux ennemis de la révolution, ce serait qu'en donnant dans le piége qu'ils nous tendent nous adoptassions les mesures qu'ils désirent.

Déjà vous êtes présentés à l'opinion publique comme une puissance rivale de la Convention, et, lorsque les mandataires du peuple expriment leurs principes dans une Adresse ; lorsqu'ils disent au peuple que son salut est dans le gouvernement révolutionnaire, dont les ennemis publics demandent la destruction ; lorsque la Convention assure le peuple de son dévouement pour son bonheur, je pense qu'une Adresse subséquente de la part des Jacobins serait une arme terrible dans les mains de leurs ennemis.

*Raisson :* Il n'est point entré dans mon esprit, non plus que dans celui d'aucun des membres, que nous pussions faire une Adresse au peuple, lorsque la Convention, qui est l'organe du peuple, venait d'en faire une. L'Adresse que j'ai proposée doit être présentée à la Convention.

*Fayau :* Je vais parler sur la proposition, que je n'avais point entendue.

D'après l'opinant, l'esprit public des départements est toujours énergique. Les conspirateurs, qui ont précédé ceux-ci, avaient toujours commencé par attaquer les départements ; mais ils ne purent jamais réussir, parce que le trone est ici ; aujourd'hui leurs successeurs, plus adroits, veulent attaquer la Société de Paris ; ils veulent y exciter des troubles et la guerre civile. Mais les citoyens de Paris se souviendront de leur grandeur ; le peuple ne prendra point part aux querelles des individus. Que font aux Jacobins qui sont des hommes purs les calomnies que les aristocrates répandent contre eux avec profusion ?. Ils ne désirent rien tant que l'établissement d'une guerre polémique ; mais vous dites ici des vérités qui les déconcertent. Qu'importe aux Jacobins toutes ces clameurs? Ce sont des cris de désespoir qui frappent nos oreilles ; mais nous ne nous attiédirons pas, nous n'entendrons que la voix de la patrie. Soyons fermes, calmes, et nous déjouerons toutes les conspirations.

On a dit qu'il y avait des fripons et des voleurs au milieu de vous ; eh bien! vous les montre, et vous serez les premiers à demander qu'ils soient punis ; mais que sous ce vain prétexte on n'accuse point la Société des Jacobins et les dix millions d'hommes qui sont réunis dans les Sociétés populaires pour connaître et maintenir leurs droits. Nous verrions tout ce qu'il y a d'impur parmi nous, parce que nous voulons toujours être démocrates, toujours jacobins.

Je demande l'ordre du jour sur la proposition de faire une Adresse pour repousser les calomnies dirigées contre les patriotes par des hommes qui ne le sont pas.

— On donne lecture de l'Adresse de la Convention au peuple français.

*Duhem :* On doit conclure deux vérités de cette Adresse : la première, c'est que la Convention maintiendra le gouvernement révolutionnaire jusqu'à l'établissement parfait de la démocratie ; la seconde, c'est qu'elle promet au peuple de faire pour l'intérieur ce qu'elle a fait pour les armées.

Quelle est la cause de nos victoires ? Le courage de nos soldats sans doute ; mais, du temps de Du-

mouriez et de tous les généraux traîtres, nos défenseurs n'étaient-ils pas les mêmes? Oui, mais le courage de ces sans-culottes était entravé par les trames des royalistes, des égoïstes, et ils se trouvaient tous les jours victimes de leurs trahisons et de leur immoralité.

La Convention a envoyé aux armées des représentants énergiques qui ont frappé tous les traîtres de la massue du peuple ; et voilà comme le courage de nos frères, dégagé d'entraves, a été planter l'étendard tricolore sur les bords du Rhin, de l'Escaut et de la Moselle. Voilà une vérité qu'il faut souvent répéter, car les amis du million de pères nourriciers ne cessent de dire que les victoires sont dues au seul courage de nos soldats.

N'avez-vous pas vu, l'année dernière, les places frontières du Nord envahies en présence d'une armée de quatre-vingt mille hommes qui brûlaient de se battre? Leur courage était entravé par Custine et autres traîtres qui lui ressemblaient.

Depuis qu'on a chassé de nos états-majors cette foule de muscadins, de débauchés, d'ennemis de l'égalité, la victoire a été l'esclave de nos étendards. Ce que la Convention a fait contre les ennemis de l'extérieur, il faut qu'elle le fasse contre ceux de l'intérieur.

Quoi qu'en pensent les nouveaux amis de l'aristocratie et des richesses, la masse du peuple veut la liberté et l'égalité ; quoi qu'en disent quelques déserteurs de la cause populaire, nouvellement amalgamés avec les barons et les parents des émigrés ; quoi qu'en disent des hommes pusillanimes, que le peuple est fatigué de la révolution, et qu'il n'aura pas le courage de soutenir une nouvelle épuration, il faudra cependant en venir à cette épuration ; il faudra cependant séparer le bon grain de l'ivraie, il faudra que les ennemis de la révolution abandonnent le sol de la liberté et nous laissent jouir en paix de la démocratie.

Ce système n'est point un système de sang : il ne s'agit pas d'en faire couler, mais de bannir de la république, sous peine de mort, tous ceux qui n'ont jamais été les amis du peuple et qui ne peuvent jamais l'être.

Cette mesure, que prendra sûrement la Convention, est fondée sur les principes de sociabilité : car la société n'est qu'un assemblage d'hommes qui sont convenus de vivre ensemble sous les lois qu'ils se sont faites. Je suppose une société de treize hommes : que douze observent ces lois, et qu'un treizième les enfreigne; les douze n'ont-ils pas le droit de dire au treizième : « Va-t-en, ne nous trouble pas! » C'est d'après ces principes que se sont conduits nos prédécesseurs dans la carrière de la liberté, les Américains, qui ont chassé de leur territoire tous les amis de Pitt et de Georges.

Qu'on ne vienne pas nous dire que nous augmentons les forces de nos ennemis ; eh! qu'ont donc fait depuis cinq ans ces fameux émigrés? Nous les prenons, comme dans des trappes, dans toutes nos villes. Se sont-ils jamais présentés en plaine devant ces carmagnoles qu'ils affectaient tant de mépriser? Qu'ont fait ces prêtres réfractaires de la première réquisition ecclésiastique, que vous avez bannis sous peine de mort? ont-ils arrêté la marche de nos armées triomphantes? Oui, je le dis, la république doit chasser de son sein tous les hommes suspects; et par cette dénomination je n'entends pas seulement les nobles et les prêtres, mais tous ceux qui se sont déclarés les ennemis de la révolution, tous ceux qui, par état, par caractère, par préjugés, par éducation, par orgueil, par avarice, détestent le système de la démocratie. Ne nous effrayons pas si, pour le moment, on a vomi une partie de ces hommes parmi nous; c'est le levain qui fera fermenter la pâte patriotique. Qu'avons-nous à craindre d'une poignée d'accapareurs, d'égoïstes, de bureaucrates? Si cette mesure avait des inconvénients, le peuple saurait les surmonter, car rien n'est au-dessus de sa puissance.

Ne nous épouvantons pas des mots de brigands et de voleurs, que nous prodiguent nos ennemis. Sachez, citoyens que, sur les quatre cents membres qui composaient les quarante-huit comités révolutionnaires de Paris, et dont le comité de sûreté générale a sévèrement examiné la conduite, il n'en a fait arrêter que quarante, dont douze pour avoir volé, et les autres pour avoir conspiré avec Robespierre. Qu'est-ce que ce nombre sur celui des hommes pûrs qui, depuis cinq ans, traînent avec nous le char de la révolution à travers tous les obstacles? Ce n'est pas un individu par section; et quand même il y en aurait parmi nous, cela autoriserait-il les défenseurs de la cause populaire à calomnier les hommes et la masse du peuple qui est incontestablement honnête? Si les quarante-huit comités révolutionnaires avaient été composés de nobles, de prêtres, de marchands, d'accapareurs, d'*honnêtes gens* enfin, croyez-vous qu'ils eussent été plus purs que les cordonniers, les charpentiers, les sans-culottes qui se sont trouvés au milieu de tant de richesses et de tant de moyens de s'enrichir?

Il est une grande vérité: c'est que malheureusement il y a partout des hommes improbes; mais aussi, et nos ennemis sont forcés de l'avouer, la vertu réside dans le peuple; c'est parmi les journaliers qu'on trouve les bons maris, les bons pères, les bons enfants, les bons patriotes. Nos armées ne sont devenues triomphantes que depuis qu'un pauvre caporal, qu'un pauvre sergent, ont été faits généraux en chef. Après le jugement de Capet, la partie administrative de nos armées était la caverne de Gil-Blas; il n'y avait que des muscadins, des *honnêtes gens* qui volaient à pleines mains, et faisaient la contre-révolution. Depuis que nous avons à la tête des affaires des sans-culottes, des hommes du peuple, tout va bien.

Ainsi, comme je le disais, la conséquence que l'on doit tirer de l'Adresse de la Convention, c'est qu'elle maintiendra l'effroi pour les scélérats, et qu'elle purgera l'intérieur de tous les fripons, de tous les contre-révolutionnaires, de tous les royalistes. Après cela, le peuple, abandonné à sa vertu, jouira en paix de son triomphe, en dépit de tous ses ennemis.

La séance est levée.

---

## LIVRES DIVERS.

*Discours décadaires,* pour toutes les fêtes de l'année républicaine, par le citoyen Poultier, député à la Convention nationale. Prix: 12 sous chaque numéro séparé, et 6 liv. pour l'abonnement de 11 livraisons, composées de 22 numéros. A Paris, chez les frères Hautbout, imprimeurs des écoles républicaines, rue Martin, n° 31, vis-à-vis le Théâtre des Sans-Culottes.

L'abondance des matières nous a empêchés jusqu'à présent de faire connaître cette production estimable, destinée par son auteur à l'instruction du peuple, et surtout du peuple des campagnes. Il en a déjà paru deux cahiers contenant trois discours: *A l'Être suprême et à la nature.* — *Au genre humain.* — *Au peuple français.*

Il ne suffit pas sans doute d'établir de grands principes, de publier des vérités importantes; le vrai mérite du philosophe est de bien connaître l'art d'être utile. Lorsqu'un écrivain, qui présente de grandes leçons à ses concitoyens, soit à la fois plaire à l'esprit et intéresser le cœur, l'impression qu'il produit est nécessairement plus durable. Les discours du citoyen Poultier nous paraissent avoir ce double avantage; ils réunissent à la grandeur des pensées, à la clarté du style, surtout à cette chaleur qui lui donne la vie, une pureté de principes très-propre à avancer les progrès de la raison publique, des mœurs et de la liberté.

Chacun de ces discours ayant pour texte une des différentes fêtes décrétées par la Convention nationale, ils offrent plus de variétés, et conservent néanmoins dans l'ensemble de leur distribution l'unité de plan et la liaison nécessaires pour former un tout aussi intéressant qu'instructif.

Rien de plus touchant et en même temps de plus philosophique que le premier discours. Après une éloquente apostrophe à l'Être suprême, au nom du peuple, assemblé au pied d'une montagne, sous la voûte du ciel, l'auteur ajoute:

« Nous ne consumerons plus un temps précieux en disputes vaines et interminables sur ton essence, sur la manière dont tu existes, sur le lieu que tu habites. Ces contentions ridicules, en divisant les hommes, les ont armés les uns contre les autres, et ont fait couler des flots de sang. La vertu ne raisonne pas, elle agit: faire ce qui te plaît, n'est-ce pas te connaître? Ce qui te plaît, c'est la fraternité entre les hommes, l'héroïsme dans les efforts d'une nation qui recouvre ses droits; ce qui te plaît, c'est la probité incorruptible, le dévouement à la patrie, l'intégrité dans les magistrats du peuple, l'amour de la justice, la piété filiale, la tendresse maternelle, le respect pour la vieillesse et pour l'enfance, et la pitié compatissante pour les malheureux.

« L'idée de l'existence de Dieu maintient la morale dans sa pureté native: avec cette idée, l'âme s'agrandit, la pensée s'élève, la liberté et la vertu sont inébranlables, la nature s'anime, et son spectacle est rempli de beautés, de charmes et de vie.

« O nature! tu es la bienfaitrice des hommes, et la compagne inséparable des félicités pures; tu fais aimer l'ingénuité de l'enfance, tu développes les grâces fières de la jeunesse; tu remplis de force et d'activité l'âge viril; tu imprimes une douce majesté aux cheveux blancs; les mères te doivent leur fécondité et l'intérêt touchant qu'elles inspirent: tu donnes la pudeur aux jeunes filles, et aux hommes le sentiment irrésistible qui les entraîne vers la beauté modeste et sans artifice; tu fais couler les larmes d'un père à la naissance de son fils; tu sèmes de consolation et de joie les douleurs de la maternité; celui qui t'abandonne se déprave et devient méchant; il est son propre fléau et celui de la société. »

On lira sans doute avec plaisir cette dernière partie d'un parallèle de l'homme des prêtres avec l'homme de la nature.

« L'homme des prêtres vit sans cesse dans les transes, et ne fait le bien que par terreur..... A son lit de mort, on redouble ses maux par de lugubres cérémonies, par le son funèbre des cloches, par l'aspect déchirant de figures crucifiées, de têtes décharnées et d'ossements hideux; il ne voit autour de lui que des fantômes hagards, armés de fourches et de tisons, prêts à les jeter dans des abîmes de bitume et de feu. Il ne meurt pas, on le force de mourir. Mais l'homme de la nature finit comme il a vécu; au terme de sa carrière, vous voyez sur son front le calme auguste de l'innocence et de la paix; il sourit à tout ce qui l'environne; de sa dernière pensée est le souvenir du bien qu'il a fait, son dernier soupir est un vœu pour la prospérité de sa patrie; il ne meurt pas, il s'endort. »

Ces tableaux ont un effet plus sûr contre la superstition que les déclamations violentes. Ici les passions ne sont point heurtées; la vérité pénètre doucement dans l'esprit pour en chasser l'erreur et les préjugés, si contraires à l'humanité et à l'intérêt social.

Dans le discours sur la fête du *genre humain*, Poultier distingue sagement la bienveillance générale que la nature commande à l'homme envers tous ses semblables, et cette prédilection qui nous est aussi inspirée par la nature en faveur de notre patrie et de nos concitoyens; il saisit cette occasion de réfuter la bizarre manie du fameux Cloots, qui, dans tous ses discours, affectait de se qualifier de *citoyen du globe*.

Nous regrettons de ne pouvoir donner plus d'étendue à cette analyse.

Nous citerons du moins quelques-uns des sages conseils qui terminent le second discours, écrit sous le despotisme de Robespierre.

« La liberté est le patrimoine du genre humain ; mais que de nations ont perdu ce bien précieux par la confiance et l'idolâtrie !... Peuples, n'écoutez point les flatteurs ; aimez, au contraire, celui qui vous dit d'après vérités. Les flatteurs, chez un peuple libre, sont des serpents dangereux qui s'attachent à la statue de la Liberté ; ils la caressent ; et après l'avoir enveloppée de leurs tours sinueux, ils la serrent, l'étouffent, et se mettent au-dessus d'elle après s'être élevés par elle. Citoyens, vos amis véritables ne cherchent point la renommée ; ils n'ont point l'air farouche et cruel... Ils ne mettent dans leurs discours ni morgue ni fureur. Intrépides dans les dangers de la patrie... ils ne vantent pas leurs services... Leur récompense la plus douce est la conscience d'avoir fait leur devoir, et servi la liberté. »

## CONVENTION NATIONALE.

*Présidence de Cambacérès.*

### SUITE DE LA SÉANCE DU 22 VENDÉMIAIRE.

La Société populaire de Versailles est introduite.

*L'orateur* : Représentants, la Société populaire de Versailles nous envoie vous dire : « Vos principes sont dans nos cœurs ; en les développant formellement vous avez donné une nouvelle vigueur aux âmes, un nouveau feu au patriotisme.

« L'expérience nous a donné son flambeau ; faisons le crime ouvrir les sentiers de l'intrigue ; un précipice l'attend, nos mains l'ont creusé.

« Comme vous nous chérissons la vertu, nous respectons la justice, et comme vous nous sommes et serons éternellement énergiques. »

La Convention décrète la mention honorable et l'insertion au Bulletin.

— La section de la Montagne défile.

*L'orateur* : Représentants du peuple, la section de la Montagne, invariable dans ses principes, vient, comme dans la nuit du 9 thermidor, et comme dans toutes les grandes époques de la révolution, vous entourer de sa confiance et vous assurer de son entier dévouement.

C'est peu pour elle de s'être pénétrée et nourrie des principes énoncés dans le rapport de Lindet : la lecture de l'Adresse au peuple français a frappé chacun de ses membres de la plus vive émotion ; le silence régnait ; il n'a été interrompu que par cet élan unanime qui nous amène à votre barre.

Vous jurez de maintenir dans toute sa pureté, dans toute son énergie, le gouvernement qui a sauvé la république ; nous venons vous jurer de continuer de combattre les ennemis de la liberté, sous quelque nom, sous quelque masque qu'ils se présentent.

Comme vous et avec vous, nous voulons la république une et indivisible, la destruction de tous les préjugés, de tous les abus, de toutes les factions ; comme vous, nous voulons la régénération du commerce et des manufactures, la circulation facile des subsistances, la protection de l'agriculture, des arts et du travail ; comme vous, nous proscrivons l'oisiveté, l'immoralité et tous les vices qui déshonorent l'homme et font le malheur des sociétés ; comme vous et avec vous nous appelons toutes les vertus, tous les talents, à consolider la révolution française.

La carrière orageuse que vous venez de parcourir n'avait jamais été tracée par aucun peuple ; celui qui s'y est égaré en cherchant le bon chemin peut-il être coupable ? Non. Ainsi, comme vous et avec vous, nous voulons que l'erreur soit oubliée et que le crime soit puni.

Mais, citoyens législateurs, vous ne souffrirez pas que les soupçons planent plus longtemps sur la tête de ces milliers de patriotes ardents qui ont combattu avec tant de courage et à vos côtés pour la cause sublime de la liberté et de l'égalité ; de ces hommes qui ont tant contribué à renverser la Bastille et le trône, à fonder la république et à anéantir toutes les factions. Vous ne souffrirez pas qu'ils soient confondus avec ceux qui n'ont pris le masque du patriotisme que pour s'enrichir, dominer et détruire ensuite la révolution par l'anarchie et l'excès de tous les vices. Vous ne laisserez pas entre les mains de leurs ennemis ce brandon de discorde, ces qualifications odieuses qu'ils donnent indistinctement à tous les vieux et chauds amis de la révolution.

Vous inviterez donc votre comité de sûreté générale à vous faire promptement le rapport dont il est chargé sur les événements du 9 thermidor, afin que les vrais coupables soient connus et punis. Vous rendrez aux patriotes purs et énergiques cette confiance intime qui seule les a soutenus dans les grandes crises de la révolution, et vous détruirez le dernier retranchement des factions.

Vous nous dites, dans l'Adresse aux Français, que le courage et l'énergie ont commencé la révolution, et que c'est à la prudence et à l'union à la terminer. Nous avons tous senti la vérité de ce principe. Eh bien, nous serons prudents, nous serons unis, nous nous presserons autour de la représentation nationale, centre unique du gouvernement. Et vous, législateurs, qui nous avez tant de fois donné l'exemple de l'énergie et du courage, vous nous donnerez aussi celui de cette union précieuse qui seule peut amener au port le vaisseau de la révolution. (On applaudit.)

— Les comités révolutionnaires du quatrième, du sixième et du onzième arrondissement ; les sections des Gardes-Françaises, de l'Unité, des Droits de l'Homme, de la Cité, des Champs-Elysées, de Marat ; les tribunaux du cinquième arrondissement, de police correctionnelle, d'appel de police correctionnelle, se succèdent à la barre, et y protestent en termes énergiques de leur dévouement à la représentation nationale et aux principes qu'elle a exposés dans l'Adresse au peuple français.

La Convention décrète la mention honorable et l'insertion au Bulletin de ces diverses Adresses.

SAINT-MARTIN : Citoyens, je viens, au nom de votre comité des secours publics, remplir un devoir bien doux : je viens vous proposer d'assurer une honorable retraite à de braves militaires qui se voient, à regret, dans l'impuissance de supporter plus longtemps les travaux de la guerre.

Les uns, chargés d'années et couverts d'honorables blessures, sont épuisés par les fatigues d'un grand nombre de campagnes, et leurs forces ne peuvent plus seconder leur courage.

Les autres, quoique encore dans la vigueur de l'âge, se trouvent atteints d'infirmités qui ne leur permettent pas de continuer le service.

Tous ont bien mérité de la patrie ; tous ont des droits plus ou moins étendus à sa bienfaisance.

Le travail que je vous présente est en grande partie l'ouvrage de votre comité de liquidation : celui des secours publics a dû, en vertu de votre décret sur la nouvelle organisation des comités, le continuer et y mettre la dernière main.

Il se divise en deux états. Le premier vous offre le tableau des pensions accordées à soixante-trois anciens militaires, qui, à raison de leurs infirmités bien constatées, sont hors d'état de continuer leur service. Ces pensions, calculées avec la plus scrupuleuse exactitude, d'après les lois existantes, se montent à la somme de 141,381 liv. 2 sous.

Le second renferme la liquidation des pensions de cinq défenseurs de la patrie que des blessures graves ou des infirmités contractées dans l'exercice de leurs fonctions ont forcés de se retirer du service : le total de ces cinq pensions est de 4,200 liv.

En passant de votre comité de liquidation à celui des secours, le travail relatif aux pensions de retraite n'a pu qu'éprouver quelques retards, par la nécessité de former dans ce dernier comité des bureaux destinés à cet important objet. Mais aujourd'hui que cet obstacle est levé, je puis assurer la Convention que le zèle de son comité répond au vif intérêt, à la tendre sollicitude qui portent sans cesse l'attention des représentants du peuple vers les défenseurs de la patrie. Eh! qui de nous pourrait se livrer au repos tandis qu'il aurait à craindre que les heures qu'il dérobe au travail ne laissent gémir dans l'indigence les héros de la liberté, leurs veuves et leurs enfants?

Le rapporteur lit un projet de décret, qui est adopté en ces termes :

« La Convention nationale, après avoir entendu le rapport de son comité de secours publics, décrète ce qui suit :

« Art. Iᵉʳ. Il sera payé par la trésorerie nationale, aux défenseurs de la patrie dénommés dans les deux états annexés au présent décret, la somme de 141,381 liv. 2 sous, à titre de pensions de retraite auxquelles ils ont droit d'après les dispositions des lois des 22 août 1790, 16 et 27 mai 1792, 6 juin, 9 juillet 1793 (vieux style), 6 nivose et 21 pluviose de la deuxième année républicaine, savoir :

« 1° Aux anciens militaires qui, à raison de leurs infirmités et d'incapacité reconnue de pouvoir continuer leur service, ont été jugés dans le cas d'obtenir leur retraite, la somme de 141,381 liv. 2 sous;

« 2° Tant aux militaires mutilés et blessés en combattant pour la cause de la liberté qu'à ceux que des infirmités résultant de l'exercice de leurs fonctions ont forcés de se retirer du service, celle de 4,200 liv.

« II. Les sommes énoncées en l'article précédent seront réparties entre lesdits militaires blessés et infirmes d'après les proportions indiquées par lesdits états, et ils commenceront à toucher leurs pensions respectives à compter des époques qui s'y trouvent également désignées.

« III. Il sera fait déduction aux pensionnaires des sommes qu'ils peuvent avoir reçues, soit à titre de secours provisoire, soit à compte sur leurs pensions ; ils se conformeront d'ailleurs aux dispositions des lois précédemment rendues sur les pensions, et notamment de celles des 10 février, 19 et 30 juin, 17 juillet 1793 (vieux style), 16 vendémiaire et 7 nivose derniers.

« IV. Les états annexés au présent décret ne seront pas imprimés. »

BARAILON : La justice et la vertu sont à l'ordre du jour; c'est pourquoi vous avez ordonné une battue générale de tous les brigands.

Je désirais être prévenu dans cette carrière : de nombreux renvois à vos comités me le faisaient espérer ; mon peu de moyens, ma voix aigre et désagréable, qui en impose à tant de personnes sur mes vrais motifs, autorisaient mon attente ; mais enfin le temps s'écoule, le crime se multiplie, s'enhardit, et je ne dois plus me taire.

Il n'est pas un de nous qui ne crût avoir assez vécu s'il avait vu punir le dernier des dilapidateurs de la fortune publique, le dernier des fripons.

J'aurai payé mon tribut, j'aurai assez fait pour mon pays, si je parviens seulement à les signaler; les connaître, c'est déjà les punir, c'est déjà les avoir anéantis.

Mais, on vous l'a dit, qu'avons-nous fait contre eux? Rien, absolument rien..... presque tous ont échappé jusqu'ici à la vengeance nationale.

Cependant ils vous enveloppent, ils vous tourmentent de mille manières ; chaque jour est le leur, et la république tout entière est leur proie. Ils sont d'autant plus difficiles à atteindre qu'ils le sont plus à distinguer, grâce à la multitude de leurs masques; celui d'hier n'est pas celui d'aujourd'hui, et celui du moment ne sera pas celui de demain : tantôt patriotes jusqu'au scandale, tantôt probes jusqu'à l'ivresse, quelquefois même vertueux jusqu'au délire, ils ne cessent d'en imposer.

Naguère athées avec Vanini, ils étaient il n'y a qu'un instant religieux avec Robespierre. Successivement en bonnet rouge, en carmagnole, en moustaches, en Jacobin, ils se montrent sous autant de nuances que le caméléon ; leur grand art est de se mouler aux circonstances, d'être les hommes du moment.

D'abord partisans outrés du terrorisme, qui n'a été imaginé que par eux et pour eux, qui a couvert la France de deuil et les a gorgés de richesses, ils le sont maintenant, à les en croire, de la justice ; mais ce mot noircit en passant sur leurs lèvres; mais, avides de sang par besoin, ils égorgeraient le genre humain tout entier pour en avoir les dépouilles ou pour s'en maintenir la propriété : ils s'entre-dévoreraient ensuite pour se les partager.

Moteurs, excitateurs secrets de toutes les insurrections contre-révolutionnaires, aussi prompts à fuir que célères à conseiller le crime, ils sont aussi la trompette et l'écho de tous les désordres, de toutes les mauvaises nouvelles, de tous les fâcheux événements.

Ce sont eux qui sèment les défiances pour subsister, ce sont eux qui terrifient pour dominer, ce sont eux qui fabriquent des Adresses dans l'obscurité, ou des arrêtés à des heures indues; ce sont eux qui en imposent impudemment à la Convention, en lui offrant comme un vœu général le résultat de quelques conciliabules ténébreux; ce sont eux qui voudraient anéantir, avec les arts et les sciences, tous les hommes de génie, tous les profonds penseurs, tous les philosophes; ce sont eux qui attaquent et poursuivent avec acharnement tous les patriotes, tous les hommes probes; ce sont eux qui circonviennent les assemblées du peuple et les maîtrisent ensuite par la terreur; ce sont eux qui mystifient les hommes faibles et crédules, et les empêchent de se rendre à leur véritable poste ; ce sont eux qui despotisent les Sociétés populaires ; ce sont eux enfin qui menacent sans cesse l'industrie, le commerce, les propriétés, qui incarcèrent arbitrairement, qui apostofisent le mépris des lois; qui, en un mot, évangélisent l'insubordination, l'oubli des devoirs et prêchent l'anarchie.

Tantôt effrénés, tantôt calmes, tantôt furibonds, tantôt mielleux, ils suivent admirablement les fluctuations qu'une grande et terrible révolution ne manque jamais d'imprimer. Ils savent que l'on ne saisit que ceux d'entre eux qui s'avisent d'y résister. Ils ne comptent pour rien la force, ils en ont fait la triste expérience; aussi guettent-ils de loin la proie qu'ils ambitionnent; mais c'est pour eux le comble de l'art que de faire naître la circonstance qui la leur met sous la main. Plus d'un fripon s'est fait prier avant de se saisir de l'objet de sa convoitise.

Déclamateurs audacieux, imposteurs impudents, ils ont sans cesse les mots de principes à la bouche, et c'est en les foulant tous aux pieds qu'ils les réclament.

Eh! quels sont donc véritablement ces principes

dont on ne cesse de nous bruire, mais en effectant de les méconnaître? Serait-ce là un mot mystique? N'est-ce pas tout ce qui émane de la justice et de la raison? n'est-ce pas sur l'une et l'autre qu'ils sont tous réellement basés? L'égalité des droits elle-même connaît-elle d'autre source?

Ne nous le dissimulons pas; cette secte, l'excrément de l'Etat, l'opprobre des démocraties, qui appartient à toutes les factions, qui les a toutes servies, qui les servira toutes tant qu'elle leur servira, est aussi de toutes la plus perfide et la plus insidieuse. Elle possède à elle seule l'adresse de toutes les autres; elle se distribue ses rôles; elle a son mot d'ordre: celui de la *Convention nationale* est le sien en ce moment; elle a aussi ses points de ralliement.

Elle se trouve partout, elle figure partout, et disparaît furtivement selon son intérêt. Elle serait demain au milieu des assemblées primaires, qu'elle sollicite, si vous les décrétiez aujourd'hui : il y a quelques jours qu'elle vous accompagnait au Panthéon; elle préconisait Jean-Jacques Rousseau, son plus cruel ennemi, et concourait avec vous à son apothéose.

En public, devant vous, elle ne cesse d'applaudir par derrière, dans ses repaires, elle ne discontinue pas de vous flétrir, de vous calomnier; en tout temps elle vous observe. Certes, vous mériteriez ses éloges si vous ne troubliez point ses jouissances, si vous ne trompiez point ses désirs, si vous étiez, en un mot, et moins clairvoyants et moins inexorables; mais la louange des méchants est une diffamation, et vous en êtes bien pénétrés.

Elle ne se montre, elle ne s'insurge surtout que lorsqu'elle aperçoit le prochain règne des lois. Lui parler sérieusement de justice, c'est l'irriter; la lui montrer, c'est la confondre.

Ce mot justice est foudroyant pour tous les fripons; il les fait pâlir, trembler, balbutier; il les décèle partout où ils sont; il est pour eux ce que le mot égalité est pour les aristocrates, c'est-à-dire leur signalement moral.

Voulez-vous, comme par enchantement, faire cesser les agitations, dissiper les rassemblements, les groupes, étouffer les germes de dissensions, prévenir, en un mot, tous les mouvements inciviques que vous apercevez? eh bien, saisissez et frappez ces monstres.

Le coupable ne s'agite, ne se tourmente que pour échapper au supplice; les fripons ne peuvent donc s'empêcher d'intriguer. C'est par l'intrigue qu'ils ont commencé, c'est elle qui les a soutenus; c'est par elle seule qu'ils peuvent échapper. L'intrigue a toujours servi d'apprentissage aux fripons, et elle en servira toujours à tous ceux qui voudront le devenir. Dès qu'un individu tranche de l'important, dès qu'il affecte de se montrer, de se populariser, dès qu'il se fait suivre ou entourer, l'on peut courir sus: c'est à coup sûr un mauvais citoyen.

L'homme de bien, le vrai patriote, se repose sur les lois; leur exécution fait son bonheur; son obéissance, sa gloire. Il attend tout des autorités constituées; il les éclaire de ses talents, il les aide de ses découvertes, il les instruit; s'il s'y trouve des déprédateurs, des fourbes, des conspirateurs, et si elles se trompent, il a mille moyens de les dénoncer et de les atteindre.

Eh! les lois sont-elles donc insuffisantes à leur égard, ou ceux qui doivent les faire exécuter sont-ils les complices des fripons? En vain parle-t-on continuellement de les détruire, s'ils doivent toujours exister, se reproduire, même pulluler, s'ils doivent continuer de troubler la société, d'insulter à la misère publique,

On n'a jusqu'ici saisi que les plus maladroits. Il n'en est pas un qui ne crie haro sur ses semblables dès qu'il est découvert; il n'en est pas un qui, le voyant supplicier, ne s'écrie : *C'est qu'il était un sot!*

Eh bien agissons de manière que sots et gens d'esprit de cette espèce ne puissent plus échapper. Nous avons à notre disposition et les yeux d'Argus, et la force de Briarée; la massue d'Hercule est là pour les écraser : il ne s'agit que d'en faire usage.

Ce n'est pas en les attaquant partiellement ou indirectement que vous en purgerez la république. Il faut sonner sur eux le tocsin, d'une extrémité de la république à l'autre, les saisir, les enchaîner tous à la fois; il faut que la république s'en trouve débarrassée au même instant; mais surtout que l'exemple en soit tel qu'il ne prenne envie à personne d'en devenir les sectaires ou les imitateurs. Ce n'est qu'à ce prix que vous pouvez espérer de maintenir l'ordre et la tranquillité.

Eh! comment des citoyens probes pourraient-ils vivre, socier, fraterniser avec des scélérats couverts de sang et enrichis de dépouilles! Comment voudriez-vous régénérer les mœurs, conséquemment baser la république, si vous laissez au milieu d'elle les basilics dont la vue tuera sans cesse la vertu, si vous laissez le crime jouir insolemment de l'impunité? Comment enfin pourriez-vous établir le règne des lois, les faire triompher, tandis que l'existence de tant de monstres annoncerait sans cesse et leur oubli et leur profond mépris?

Leur présence sera toujours le scandale de la cité, l'opprobre du gouvernement, la torture des vrais républicains et la honte de la justice.

Hâtez-vous donc de les ensevelir dans l'oubli; leur extinction sera d'ailleurs une nouvelle hypothèque donnée à votre papier-monnaie : vous consoliderez et vous accroîtrez encore, par cette mesure, la fortune publique.

Mais, sous cette dénomination générique de fripons, qu'est-ce que nous devons entendre? C'est ce qu'il s'agit d'expliquer.

Nous désignons ainsi tous ceux qui ont attenté à la fortune publique, qui l'ont altérée, qui s'en sont indignement approprié des lambeaux, n'importe de quelle manière. Le projet que j'ai à vous proposer me dispense de tout autre détail.

« Art. 1er. Les comités révolutionnaires de communes et de districts, établis par la loi du 7 fructidor dernier, sont tenus, à peine d'en être réputés et punis comme les auteurs et complices, de faire arrêter et dénoncer dans le mois, au comité de sûreté générale de la Convention nationale, tous les ci-après désignés, savoir :

« 1° Tous ceux qui, par artifice, ont adjugé ou se sont fait adjuger des biens nationaux à des prix au-dessous de la valeur à laquelle ils auraient pu atteindre par les enchères;

« 2° Ceux qui ont pillé et dévasté les maisons d'émigrés, des condamnés, des déportés, des gens arrêtés comme suspects ou prévenus de quelque délit, et autres maisons déclarées nationales, ou qui ont profité de leurs meubles et effets;

« 3° Ceux qui ont soustrait ces mêmes meubles et effets avant l'apposition des scellés, ou qui, à la faveur de leur contrefaction, en ont enlevé le plus précieux;

« 4° Ceux qui ont diverti ou détourné les deniers publics mis à leur disposition, n'importe à quel titre et pour quel objet, sans en faire le véritable emploi, sans en remplir l'objet de destination;

« 5° Ceux qui ont levé, touché, perçu les taxes

dites révolutionnaires, sans en prouver l'emploi de clerc à maître ;

« 6° Ceux qui n'ont point fait la remise des effets dont ils se sont emparés dans les églises, les monastères et autres lieux désignés dans le n° 2, ou sur les prévenus, les incarcérés et les individus mis hors de la loi ;

« 7° Tous ceux qui, ayant eu charge de deniers ou effets publics, n'en ont rendu aucun compte ;

« 8° Et enfin tous ceux que l'opinion poursuit et dénonce comme dilapidateurs d'effets ou deniers nationaux, comme déprédateurs de la fortune publique, comme fournisseurs infidèles, tortionnaires et exacteurs, comme s'étant approprié ou étant nantis d'objets appartenant à la république, et enfin comme recéleurs, fauteurs ou complices des prévenus de ces délits.

« II. Le comité de sûreté générale fera traduire, dans le mois de la dénonciation, au tribunal révolutionnaire, tous ceux qui devront l'être ; les autres seront détenus jusqu'à la paix.

« III. L'insertion du présent décret au Bulletin tiendra lieu de promulgation. »

Les propositions de Barailon sont renvoyées à l'examen des trois comités réunis.

La séance est levée à quatre heures.

SÉANCE DU 23 VENDÉMIAIRE.

*La Société régénérée des Sans-Culottes de Narbonne à la Convention nationale.*

Représentants du peuple, appelée à triompher de tous ses ennemis, la république française doit tirer surtout une satisfaction éclatante du perfide Anglais. Vengeons la liberté que ce peuple a outragée et par l'opinion qu'il avait de la sienne, et par les attentats qu'il a dès longtemps exercées envers celle des autres peuples. Le moyen en est facile ; révolutionnons notre marine ; que des chantiers s'élèvent de toutes parts, que nos arsenaux se remplissent d'ouvriers, que les hommes de mer s'élancent sur nos flottes ; accourons-y tous, s'il le faut ; rien n'est impossible aux Français. Accoutumés à tout sacrifier à la patrie, nous donnerons les premiers l'exemple de ce dévouement.

Nous députons vers vous deux de nos frères, chargés de déposer sur l'autel de la patrie une somme d'environ 40,000 livres, destinée à la construction d'un vaisseau de ligne. Ils mettront sous vos yeux le tableau de ce que nous avons fait pour la chose publique. La modicité de nos fortunes pourrait ajouter quelque prix à nos sacrifices pécuniaires et à des offrandes de tous genres souvent répétées. Nous nous félicitons surtout de ce que la position de cette commune nous a mis à portée de rendre à nos frères d'armes les soins qu'ils ont droit d'attendre de notre reconnaissance. Vous verrez ce que nous avons fait pour l'armée des Pyrénées-Orientales ; sans nous elle aurait plus d'une fois manqué de subsistances.

Depuis plus de cinq ans nos maisons sont devenues l'asile du défenseur de la patrie ; il y est reçu par l'amitié et la fraternité ; ces sentiments acquièrent encore plus de force et d'énergie à l'égard de ceux que des blessures ou des maladies amènent dans nos murs ; nous leur prodiguons les secours que leur état exige, et les soins consolateurs de l'amitié en diminuent l'amertume.

Vous parcourrez avec intérêt, citoyens représentants, le tableau de nos offrandes et de nos dons ; nous vous parlerons avec orgueil du plus beau présent que nous lui ayons fait ; cette commune a donné le jour au général Mirabel ; Mirabel, qui a si souvent conduit l'armée des Pyrénées-Orientales à la victoire ; Mirabel, dont le courage empêcha le ravitaillement de Bellegrade ; Mirabel, mort au champ de l'honneur ; Mirabel enfin, que vous avez placé au Panthéon. Une inscription simple, gravée sur la porte de la maison qui l'a vu naître, et dans laquelle il fut élevé, était la seule récompense digne de ce héros ; nos jeunes citoyens, en jetant les yeux sur ce monument, apprendront ce qu'ils doivent à la patrie ; il sera pour eux l'aiguillon du courage, il leur inspirera de bonne heure l'amour de la gloire. Représentants du peuple, recevez un serment qui ne sera pas vain : nous jurons de vivre libres ou de mourir comme Mirabel. (*Suivent les signatures.*)

La mention honorable est décrétée.

— Un des secrétaires donne lecture d'une Adresse de la Société populaire de Dijon, par laquelle elle proteste contre toute mauvaise intention de sa part dans sa première Adresse, et assure la Convention qu'elle ne voit qu'en elle son point de ralliement.

On demande l'insertion au Bulletin et la mention honorable de cette Adresse, comme un désaveu de la première.

REWBELL : Je demande le renvoi au comité de sûreté générale : cette Société a pris un arrêté pour empêcher l'exécution d'une mise en liberté ordonnée par le comité de sûreté générale.

Un membre rappelle toutes les preuves que la commune de Dijon et le département de la Côte-d'Or ont données de leur patriotisme et de leur dévouement à la représentation nationale, et des services qu'ils ont rendus à la liberté, lors du fédéralisme, en empêchant le passage de plusieurs bataillons envoyés contre Paris, et en marchant contre les révoltés du Jura. Il appuie l'insertion au Bulletin et la mention honorable.

OUDOT : Je me joins au préopinant pour rendre justice au patriotisme de la commune de Dijon et du département de la Côte-d'Or, et à leur dévouement inviolable à la représentation nationale.

BOURDON (de l'Oise) : Je déclare que l'opposition apportée à un arrêté du comité de sûreté générale n'est pas venue de la Société populaire de Dijon, mais de quelques fripons qui voulaient élever une puissance rivale à côté de la Convention.

*** : Voici une phrase de cette Adresse, ainsi conçue : « Lorsque vous avez ordonné l'insertion au Bulletin de ces Adresses douceureuses, vous n'avez pas vu le poison qu'elles distillaient. »

Je demande qu'une Adresse qui parle avec cette insolence à la Convention soit renvoyée au comité de sûreté générale. — Décrété.

— Plusieurs citoyens adressent à la Convention une pétition par laquelle ils réclament la révision du procès de la citoyenne Beauchamp, condamnée à mort par la commission militaire du Mans, pour des délits dont elle a été faussement accusée. Cette citoyenne a sauvé la vie aux pétitionnaires et à plus de six mille patriotes qu'elle arracha à la fureur des brigands de la Vendée.

La Convention charge le comité de législation de lui faire un rapport sous trois jours, et suspend l'exécution du jugement.

---

*Payements à la trésorerie nationale.*

Le payement du perpétuel est ouvert pour les six premiers mois ; il sera fait à tous ceux qui seront porteurs d'inscriptions au grand livre. Celui pour les rentes viagères est de huit mois vingt et un jours de l'année 1793 (vieux style).

# GAZETTE NATIONALE ou LE MONITEUR UNIVERSEL.

N° 26.  Sextidi 26 Vendémiaire, l'an 3e. (Vendredi 17 Octobre 1794, vieux style.)

## POLITIQUE.

### RÉPUBLIQUE FRANÇAISE.

### SOCIÉTÉ
#### DES AMIS DE L'ÉGALITÉ ET DE LA LIBERTÉ,

SÉANT AUX CI-DEVANT JACOBINS DE PARIS.

*Présidence de Garnier (de Saintes).*

SÉANCE DU 21 VENDÉMIAIRE.

On fait lecture de la correspondance. Il s'élève quelques débats sur une lettre de la Société d'Agde, qui dénonce le représentant du peuple Boisset comme favorisant les aristocrates et opprimant les patriotes.

*Merlinot :* Je dois dire que Boisset, en arrivant dans le département de l'Ain, a été obligé de faire cesser les vexations de quelques gens qui violaient, volaient, assassinaient. Tous les jours il arrive au comité de sûreté générale des charges contre ces individus.

Sur la proposition de Raisson, la Société arrête que le comité de correspondance fera un extrait des lettres qui lui viennent des départements de l'Ain, de l'Isère et de l'Hérault sur cet objet, et que cet extrait sera remis au comité de sûreté générale.

— Différents membres instruisent successivement la Société des arrestations, faites par ordre du comité de sûreté générale, de plusieurs citoyens, presque tous membres des Jacobins.

En voici les noms : Lacombe, Baudoin, Georges, Bary, Laudeau, Moutonnet, Valette, Lafosse et Godeau.

La Société leur nomme des défenseurs officieux, qui s'informeront des motifs de ces arrestations ; et, afin qu'ils puissent connaître ceux dont ils prendront la défense, elle invite les citoyens de leur communiquer les renseignements qu'ils auraient à donner sur les détenus.

*Boisset, vice-président :* Citoyens, je viens vous rendre compte de l'exécution de votre arrêté qui décerne une couronne civique aux mânes de Jean-Jacques Rousseau. Lorsque le char qui portait le buste de ce philosophe s'est arrêté à l'entrée de cette enceinte, et tandis qu'un jeune citoyen posait la couronne sur la tête de Jean-Jacques, votre vice-président, portant la parole au peuple, a dit :

« Citoyens, la Société des Amis de la Liberté et de l'Egalité, sectateurs, professeurs et continuateurs invariables des principes et de la doctrine de l'immortel Jean-Jacques, vient exprimer, par l'offrande d'une couronne civique aux mânes de cet ardent ami de l'humanité, sa résolution de ne cesser de le prendre pour modèle et pour guide dans ses travaux. Elle vient aussi, citoyens, s'unir avec vous tous et avec la représentation nationale pour célébrer la mémorable journée qui va consacrer les restes et la mémoire de ce grand homme au temple de l'immortalité. »

Ce discours, citoyens, a été couvert d'applaudissements et de cris de vive la république ! Votre vice-président a été invité de monter sur le char pour représenter les quatre âges. Il s'est assis aux pieds de la veuve de Jean-Jacques, et a été conduit ainsi jusqu'au Panthéon.

Citoyens, nous devons regarder cette fête comme le triomphe de la vérité sur l'erreur, et de la nature sur la superstition. Fasse le ciel que cet événement, qui a fait prendre une si belle part à la Société, dans la personne de son vice-président, aux honneurs du triomphe décerné à la mémoire de Jean-Jacques, soit le présage heureux du triomphe que les Sociétés populaires méritent de remporter sur les ennemis du peuple et de sa représentation !

*Crassous :* La séance s'est douloureusement passée à entendre les réclamations des citoyens opprimés, et à nommer des défenseurs ; mais, en même temps que la Société s'occupe de la défense des patriotes, il faut qu'elle traite quelque objet d'intérêt général. Occupons-nous de discus-

sions intéressantes, afin que les traits de lumière qui sortiront de cette Société puissent jaillir sur les comités de la Convention, et les éclairer sur les décrets bienfaisants qu'ils ont à proposer.

Examinons ce qui reste à faire à la Convention nationale pour consolider le bonheur du peuple, avant qu'elle puisse dire : « La révolution est finie. »

La question la plus importante que vous ayez à traiter en ce moment est l'*instruction publique* et l'*organisation des écoles primaires*. Mais, tout en nous occupant de questions utiles, nous aurons toujours un œil fixé sur les complots qui s'ourdissent contre la liberté, et nous les déjouerons. Que nos séances soient animées du feu patriotique qui brûle les Sociétés affiliées ; elles s'occupent du bonheur public ; et nous, parce que nous sommes menacés, nous resterions muets ! Non, voici le moment de réveiller notre énergie, non pour entretenir les agitations, comme nos détracteurs le répandent, mais pour empêcher que la terreur ne se déverse sur les patriotes. (On applaudit.)

La liberté de la presse a été agitée dans cette Société, d'une manière à faire croire que l'on voulait gêner la liberté des opinions.

Citoyens, la liberté de la presse est la sauvegarde de la liberté publique ; la liberté des opinions est la garantie contre la tyrannie et la persécution. Consacrons donc la liberté des opinions, et servons-nous-en pour nous occuper de choses vraiment utiles.

On nous représente comme une puissance intermédiaire entre le peuple et la Convention nationale ; les Sociétés populaires une puissance intermédiaire entre le peuple et la Convention ! Quelle hérésie politique ! Les Sociétés populaires font partie du peuple, et le peuple n'émet son vœu que dans les assemblées primaires et dans les assemblées de sections ; elles tiennent leur existence des Droits de l'Homme et de la Constitution, et ne forment point de corporations particulières. Sans doute nous sommes jaloux d'être patriotes ; mais si d'autres citoyens hors de notre sein valent mieux que nous, nous leur applaudirons ; s'ils sont patriotes ils sont Jacobins, quoique n'en ayant pas le diplôme. Ainsi, quand on nous désigne comme nous targuant d'être des patriotes par excellence, on veut égarer les citoyens. Défendons les principes de toutes nos forces, et ne soyons point accessibles à l'effroi.

*Sauras,* ancien membre du comité révolutionnaire de la section de Bonne-Nouvelle : Citoyens je viens vous dénoncer une manœuvre employée par l'aristocratie pour égarer le peuple et faire naître l'occasion de pouvoir accuser les patriotes. Hier, dans ma section, lorsqu'il a été question de lire l'Adresse de la Convention, les aristocrates ont fait beaucoup de bruit, puis ils ont dit que les patriotes avaient empêché sa lecture.

Un autre membre annonce que les mêmes intrigues ont eu lieu dans la section de Chaillier, mais que les patriotes ne se sont pas laissé prendre au piège : ils ont obligé celui qui criait le plus fort de monter à la tribune et de lire l'Adresse de la Convention.

Diverses dénonciations particulières sont entendues, et la séance est levée à dix heures.

---

### TRIBUNAL CRIMINEL RÉVOLUTIONNAIRE.

*Acte d'accusation dressé contre quatorze membres du comité révolutionnaire de Nantes, détenus à Paris, et dont il leur a été donné communication par l'accusateur public, le 23 vendémiaire.*

Michel-Joseph Leblois, accusateur public près le tribunal révolutionnaire établi à Paris ;

Expose que, par arrêté des représentants du peuple Bourbote et Bô, en date du 5 thermidor, alors en mission près l'armée de l'Ouest et dans les départements en dépendant ;

Jean-Jacques Goulin, membre du comité révolutionnaire de Nantes, âgé de trente-sept ans, né à Saint-Domingue, demeuran* à Nantes ;

Pierre Chaux, âgé de trente-cinq ans, né à Nantes, y demeurant, marchand et membre du comité révolutionnaire ;

Michel Moreau, dit Grandmaison, âgé de trente-neuf ans, né à Nantes, y demeurant, membre du comité révolutionnaire ;

Jean-Marguerite Bachelier, âgé de quarante-trois ans, né à Nantes, y demeurant, membre du comité révolutionnaire, notaire public ;

Jean Perrochaux, âgé de quarante-huit ans, né à Nantes, y demeurant, entrepreneur de bâtiments et membre du comité révolutionnaire ;

Jean-Baptiste Mainguet, âgé de cinquante-six ans, né à Nantes, y demeurant, épinglier, et membre du comité révolutionnaire ;

Jean Lévêque , âgé de trente-huit ans , né à Mayenne, département de la Mayenne, maçon, membre du comité révolutionnaire de Nantes, y demeurant ;

Louis Naud, âgé de trente-cinq ans, né à Nantes, y demeurant, boisselier et membre du comité révolutionnaire ;

Antoine-Nicolas Bolognie, âgé de quarante-sept ans, né à Paris, horloger, demeurant à Nantes, et membre du comité révolutionnaire ;

Pierre Gallon, âgé de quarante-deux ans, né à Nantes, y demeurant, raffineur ;

Jean-François Durassier, âgé de cinquante ans, né à Nantes, y demeurant, courtier pour le déchargement des navires venant de Saint-Domingue ;

Augustin Bataillé, âgé de quarante-six ans, né à La Charité-sur-Loire, ouvrier en indienne, demeurant à Nantes ;

Jean-Baptiste Jolly, âgé de cinquante ans, né à Angerville-la-Marne, département de la Seine-Inférieure, fondeur en cuivre, demeurant à Nantes ;

Jean Pinard, âgé de vingt-six ans, né à Christophe-Dubois, département de la Vendée , demeurant à Petit-Marc , département de la Loire-Inférieure ; (ces cinq derniers, commissaires du comité révolutionnaire) ;

Ont tous été envoyés au tribunal révolutionnaire, séant à Paris, comme prévenus de concussions, d'actes arbitraires, de dilapidations, de vols, de brigandages, d'abus d'autorité, et d'avoir prononcé des arrêts de mort, ainsi qu'il résulte des interrogatoires qu'ils ont subis, des procès-verbaux et déclarations de témoins, joints aux pièces adressées à l'accusateur public.

Tout ce que la cruauté a de plus barbare, tout ce que le crime a de plus perfide, tout ce que l'autorité a de plus arbitraire, tout ce que la concussion a de plus affreux, et tout ce que l'immoralité a de plus révoltant, compose l'acte d'accusation des membres et commissaires du comité révolutionnaire de Nantes.

Dans les fastes les plus reculés du monde, dans toutes les pages de l'histoire, même des siècles barbares, on trouverait à peine des traits qui puissent se rapprocher des horreurs commises par les accusés. Néron fut moins sanguinaire, Phalaris moins barbare, et Syphane fut moins cruelle.

Sous le masque du patriotisme, ils ont osé commettre tous les forfaits ; ils ont assassiné la vertu pour couronner le crime, ils ont froidement médité le meurtre et l'assassinat ; ils ont froidement exercé toutes sortes d'exactions ; les devoirs du magistrat ont été foulés aux pieds ; le cri de l'innocence a été étouffé, la vertu offensée, la nature outragée, et le voile dégoûtant du crime a couvert la statue sacrée de la Liberté.

Ces êtres immoraux sacrifiaient à leurs passions honneur et probité : ils parlaient patriotisme, et ils en étouffaient le germe le plus précieux ; la terreur précédait leurs pas, et la tyrannie siégeait au milieu d'eux.

La liberté, le premier de tous les biens, ce doux présent de la nature, que des siècles barbares avaient banni du sol français, et qui vient d'établir son temple sur les débris du despotisme, la liberté avait fui les bords de la Loire ; le voyageur incertain entrait en tremblant dans cette ville qui, la première, sonna le tocsin de la liberté ; il ne retrouvait plus ces Nantais, ces républicains qui, les premiers, osèrent attaquer l'hydre effrayante qui rampe dans les marais de la Bretagne ; on n'y reconnaissait plus ces héros qui, les premiers, plantèrent à Rennes l'arbre chéri des Français ; on n'y voyait que des pères infortunés appelant la mort, et des femmes éplorées redemandant leurs enfants. Tel était l'ouvrage des accusés qui se disaient les seuls patriotes ; tel était le fruit des forfaits de Goulin, Chaux, Bachelier, Grandmaison, Perrochaux, Lévêque, Naux et Bolognie. Bô, représentant du peuple, a d'un seul trait tracé toutes ces vérités dans la lettre qu'il écrit à l'accusateur public en lui envoyant les accusés.

Les impositions les plus arbitraires, les concussions les plus horribles avaient anéanti toutes les facultés des habitants ; le commerce languissait ; la fortune était un titre de proscription ; on incarcérait tous les citoyens aisés ; leur liberté était mise à prix, et l'on calculait froidement les deniers qui devaient affranchir les malheureux qui attiraient les regards de ces membres du comité. Combien de fois n'ont-ils pas transigé avec celui qu'ils faisaient arrêter comme suspect ! combien de fois n'ont-ils pas forcé les citoyens à payer au-dessus de leurs moyens ! Gallon, Jolly, Pinard, Bataille et Durassier, étaient les instruments de ces nouveaux proconsuls ; ils marquaient à la craie les maisons des victimes dévouées à leur sordide et barbare cupidité ; des arrestations sans nombre et sans motifs étaient faites par ces nouveaux sbires ; et, comme si la loi eût déjà frappé les citoyens incarcérés, on violait leurs propriétés, on les dépouillait de tous leurs biens, et les membres du comité se partageaient tous leurs effets les plus précieux.

Les satellites de ces nouveaux tyrans ne se bornaient point à exercer leur despotique empire dans l'enceinte des murs de Nantes ; ils parcouraient le département ; le district de Parthenay a fait contre ces actes arbitraires et destructifs de toutes les lois des procès-verbaux qui sont joints à la procédure.

Ce n'était point assez de disposer de la fortune et de la liberté des citoyens, il fallait encore s'arroger le droit de vie et de mort, il fallait tracer des listes de proscription et envoyer au supplice ceux qui n'avaient point été jugés, et dont le crime était encore inconnu.

Goulin et Chaux font le procès à l'accusateur public du tribunal révolutionnaire établi à Nantes. Dans une séance publique, ils le traitent de modéré parce qu'il ne sait pas égorger les accusés sans les juger, parce qu'il refuse de faire traîner au supplice des femmes enceintes et des enfants qui connaissaient à peine leur existence. Grandmaison les menace à la Société populaire, et, voyant les citoyens venger cet innocent accusé par leurs applaudissements, il lui voue la haine la plus implacable ; il connaissait ses pouvoirs ; il ne fut pas longtemps sans lui en faire sentir les funestes effets.

Toutes ces atrocités n'étaient que le prélude de plus grands crimes ; impatient des lenteurs de la justice, le comité ne met plus de frein à sa cruelle barbarie ; il vote lui-même la mort et désigne les victimes. Cent trente-deux Nantais sont envoyés à Paris, sans cause, sans motif ; leur voyage est un tissu de malheurs ; et, dans le narré de leur translation, on ne peut lire sans frémir d'horreurs tous les maux qu'ils ont soufferts. Traînés comme des criminels de prison en prison, arrivés enfin à Paris, on demande quel est leur crime ; le comité est sommé de donner les faits qui sont à leur charge ; il répond qu'il n'en a pas, et cependant ils sont au tribunal révolutionnaire, et cependant leurs noms sont accolés à ceux des scélérats qui conspirent contre la patrie !

L'épouse d'un de ces infortunés vient à Paris réclamer la justice ; une lettre du comité l'y précède ; on la représente comme une Messaline, et, pour voiler la vérité, on fait traîner au cachot le malheureux père qui venait, au nom de la nature, réclamer l'époux de sa fille.

Goulin, Chaux, Grandmaison, Bolognie, Naud et Lévêque signèrent cette lettre, qui fut envoyée à la section de Lepelletier, et qui se trouve aux pièces du procès.

Le 15 frimaire, de nouvelles victimes sont désignées ; cent trente-deux sont vouées à la mort ; l'ordre de les fusiller est donné, et ce fut Goulin, Grandmaison et Mainguet qui signèrentcet ordre, qui subsiste encore en original. A ce récit la nature frémit, la raison s'anéantit, et la liberté se couvre d'un crêpe funèbre.

Jamais la lime du temps n'effacera l'empreinte des forfaits commis par ces hommes atroces ; la Loire roulera toujours des eaux ensanglantées, et le marin étranger n'abordera qu'en tremblant sur les côtes couvertes des ossements des victimes égorgées par la barbarie, et que les flots indignés auront vomis sur ses bords.

La nuit du 24 au 25 frimaire, cent vingt-neuf prisonniers, pris au hasard, sont arrachés des cachots, liés, garrottés, traînés sur le port, embarqués sur une gabare et engloutis sous les eaux. Goulin tenait la liste fatale ; Joly liait les malheureuses victimes, et Grandmaison les précipitait dans la Loire. Le projet fut arrêté dans le comité, et les ordres donnés par ses membres : Mainguet convient l'avoir signé ; Grandmaison avoue qu'il a lui-même fait engloutir les victimes, et Goullin présidait à cette exécution funeste qui confondit en un instant le coupable et l'innocent, qui détruisit tous les droits sacrés de la nature, viola ceux de la liberté, et d'un nuage de sang obscurcit les plus beaux-jours de son règne.

La nécessité avait, dit-on, exigé cette mesure, et les circonstances étaient impérieuses. A-t-on jamais pu transiger avec la justice et l'humanité ? Quelle loi barbare peut conférer à des citoyens le droit de faire périr leurs concitoyens sans avoir scellé du sceau de la justice le crime qui les rend coupables ?

Des victimes innocentes, des enfants sortant à peine des mains de la nature, étaient désignés par ces nouveaux Caligulas ; ils étaient livrés aux flots ; les prières des citoyens ne purent toucher le cœur de ces barbares ; Mainguet est le seul d'entre eux qui déclare en avoir soustrait au naufrage près de cinq cents qu'il confia, à l'insu du comité, aux soins bienfaisants des habitants qui les réclamaient.

Néron contemplait le fatal vaisseau qui renfermait sa mère, et que les eaux du Tibre faisaient flotter sous ses fenêtres. Les membres du comité de Nantes veulent l'imiter ; ils font construire une gabare à soupape ; elle est destinée à recevoir les victimes que le hasard désignera, et plus d'une fois elle servit leur trop cruelle barbarie ; ils ne voilaient pas même entre eux leurs forfaits, et Mainguet déclare qu'ils appelaient ces affreuses expéditions, *les baignades* ; c'est ainsi qu'ils qualifiaient un crime que Néron

rougit d'avoir commis une seule fois, sur une seule personne, et qu'eux, plus cruels et plus scélérats, ont commis plusieurs fois, et sur des milliers de malheureux.

Quoiqu'on n'ait des preuves matérielles que d'une expédition de ce genre, on a l'aveu de plusieurs accusés qui, déchirés par les remords, ont été forcés de déclarer qu'il y en avait eu *de quatre à huit;* ce sont leurs expressions.

Deux des malheureux dévoués à la mort, engloutis sous les eaux, luttent contre les flots, et s'échappent à la faveur des ombres de la nuit, c'étaient Leroy et Garnier ; ils sont rencontrés le lendemain, encore tremblants et respirants à peine ; Goulin, Chaux et Grandmaison en sont instruits ; ils délibèrent si on les replongera à l'eau, et ils finissent par les mettre dans les cachots, où ils languirent pendant trois mois.

Les cent trente-neuf individus enlevés des prisons n'étaient qu'une partie des malheureux inscrits sur la fatale liste ; elle en contenait cent cinquante-cinq ; la copie de cette liste est jointe aux pièces.

Ivres de sang et de vin, ces cannibales reconnaissaient à peine leurs victimes, et leurs yeux se refusaient à lire la trace de leurs forfaits.

Pour consommer tant de crimes, il fallait s'associer les êtres les plus immoraux ; on forme une compagnie révolutionnaire ; on choisit les sujets les plus abjects, et Goulin osait demander encore s'il en existait de plus scélérats.

C'est cette compagnie qui fut l'instrument de tous les crimes du comité ; plusieurs des citoyens qui la composaient étaient égarés, et l'aveu qu'ils en ont fait ne laisse pas douter un instant des manœuvres que l'on employait pour les faire agir.

Tant d'atrocités devaient émouvoir l'âme du patriote ; pas un Nantais n'ose élever la voix ; chacun d'eux venait courber la tête sous le joug de ces despotes sanguinaires ; un seul veut venger sa patrie ; Philippes, accusateur public, verbalise contre le comité ; il lui demande compte des sommes qu'il a touchées et des innocents qu'il a sacrifiés ; il invite chaque citoyen à lui donner le relevé de ce qu'il a payé, et à lui procurer les connaissances certaines des actes arbitraires de ce comité. Ces démarches ne sont pas infructueuses ; une foule de preuves s'accumulent ; on se rallie autour de cet homme qui ose attaquer les nouveaux tyrans ; on lui parle le langage de la vérité ; il est bientôt convaincu de la scélératesse des membres du comité ; il consigne les faits dans des procès-verbaux qui sont joints aux pièces du procès. Se voyant ainsi poursuivi, le comité fait afficher une ordonnance qui invite les citoyens à venir déclarer ce qu'ils avaient donné.

Les particuliers se présentent ; on leur fait écrire ce que l'on veut ; on leur fait déclarer qu'ils ont donné librement telle somme tandis qu'ils y avaient été forcés ; on leur fait désigner l'emploi, une partie pour les frais du comité, une autre pour la salubrité de l'air, une autre pour l'arrangement d'un chemin qui était extrêmement nécessaire à Chaux, et enfin une autre partie pour payer les frais des voitures qui avaient conduit en prison les malheureux désignés par le comité.

La déclaration des citoyens produisit la connaissance d'une recette d'environ 500,000 liv. que le comité avait faite, et cependant son compte ne portait un actif que 200 et quelques 1,000 liv.

Déjà Phelippes soulevait le voile qui cachait la vérité, déjà on aperçoit ses premiers rayons, lorsqu'il est traduit au tribunal révolutionnaire par ces hommes qui craignaient la lumière et qui pâlissaient à l'aspect de la vertu.

Ainsi se réalisa la promesse de Grandmaison. Ces

membres du comité avaient surpris la confiance des représentants du peuple Bourbote et Bô ; mais la justice triompha ; les membres du comité furent bientôt démasqués ; les deux représentants du peuple les firent incarcérer, et les traduisirent au tribunal révolutionnaire.

C'est ainsi que ces hommes sanguinaires, foulant aux pieds l'honneur, prétendaient enter la liberté sur le trône sauvage du crime ; c'est ainsi que ces hommes barbares croyaient, à l'ombre de l'impunité, consommer leurs forfaits , ils voulaient assassiner la liberté, et plonger leur patrie dans de nouveaux fers : dignes émules de Robespierre, ils ne comptaient leurs jouissances que par le nombre des victimes, et la soif du sang était pour eux un besoin.

Loin d'éteindre et d'anéantir une guerre malheureuse, qui dechire le sein de la patrie, ils en attisaient le feu par leurs cruautés, ils servaient les projets de nos perfides ennemis, qui, pour nous subjuguer, ont recours à tout ce que la bassesse leur suggère, qui, ne pouvant attaquer de front les républicains, cherchent dans leur sein les vils esclaves qui cachent sous le masque du patriotisme l'âme la plus scélérate et le cœur le plus corrompu.

Tels sont en substance les forfaits qui ont signalé la gestion des membres et commissaires du comité révolutionnaire de Nantes, soit les horreurs dont ils sont auteurs ou complices, et tels sont les crimes qu'on peut reprocher à tous collectivement.

Qu'on jette un regard sur leur vie privée, qu'on les considère particulièrement : on verra Goelin, commandant despotiquement ses collègues, et les forçant à signer tout ce que sa cruauté lui suggérait ; on l'entendra répondre à une malheureuse épouse qui demandait des nouvelles de son mari : « Bon ! qu'importe ? plus tôt il mourra, plus tôt nous aurons son bien. »

Parcourez la vie de Chaux, vous le verrez en district, intimidant et menaçant tous ceux qui paraissent ses concurrents, et se faisant adjuger toutes les métairies de la terre de la Baroulière ; vous l'entendrez dire, en parlant d'un local qui lui convenait : « Je connais un moyen de me le procurer ; je ferai arrêter le propriétaire, et, pour sortir de prison, il sera assez heureux de m'abandonner son terrain. »

Perrochaux marchande froidement la liberté des citoyens : la fille Bretonville sollicite pour son père ; pour prix de sa liberté, il exige le sacrifice de l'honneur de cette intéressante solliciteuse ; il demande à la citoyenne Ollemard-Duden 50,000 liv. pour l'exempter d'être incarcérée.

Il saisit à la veuve Daigneau-Mallet 60,000 liv. de tabac ; il la conduit en prison : quelque temps après elle recouvre sa liberté, elle réclame ses marchandise ; Perrochaux paraît intercéder pour elle, il l'invite à le suivre à la maison du Bon-Pasteur, et là il lui déclare qu'elle est de nouveau prisonnière. La citoyenne Decombe est par lui conduite sur une galiote hollandaise, où elle périt de misère.

Grandmaison fut assassin avant la révolution , depuis il maltraitait toutes les victimes qu'il incarcérait, il s'appropriait l'argenterie qu'on séquestrait ; il exécutait les noyades et signait les arrêts de mort.

Jolly faisait les exécutions ; il s'emparait de tout ce qu'il trouvait ; bijoux, argenterie, effets précieux, tout convenait à sa rapacité ; il était le grand exécuteur, c'était lui qui liait les malheureux condamnés à mort, et qui se trouvait à toutes les cérémonies journalières du comité.

Bachelier, comme président, conduisait toutes les opérations du comité ; il faisait incarcérer tout ce qui nuisait à ses intérêts ; il s'appropriait l'argenterie qu'on offrait en don, et dirigeait les expéditions nocturnes.

Bolognie conduisit jusqu'à Angers les cent trente-deux Nantais envoyés à Paris ; il leur fit éprouver les plus horribles tourments ; il souffrit qu'un malheureux père eût toute une nuit le spectacle déchirant de son fils mort à ses côtés : à son retour il força Delamarre à lui rendre un bon de 20,000 liv., signé du représentant Carrier, qu'il lui avait remis avant son départ, et dont il avait touché le montant.

Naud levait et posait seul les scellés chez les particuliers incarcérés ; il faisait des visites nocturnes dans les maisons des détenus, et s'appropriait tout ce qui lui convenait.

Pinard était le grand pourvoyeur, il servait aux expéditions de la campagne, il pillait, volait impunément et faisait conduire chez chacun des membres du comité tout ce dont ils avaient besoin pour l'usage journalier de leur maison.

Mainguet était l'instrument passif du comité ; il signait tout ce qu'on lui présentait, notamment les arrêts de mort et l'ordre des noyades.

Gallon s'appropriait les huiles et les eaux-de-vie ; il en a pris, sans payer, plusieurs barils chez le citoyen Bissonneau.

Durassier faisait des visites domiciliaires et exigeait des contributions ; il fit payer au citoyen Lemoine 2,500 liv. pour n'être pas incarcéré.

Bataillé et Lévêque étaient des agents secrets du comité : ils arrêtaient indistinctement, avec ou sans ordre, et étaient toujours prêts à marcher au moindre signal des membres du comité.

Les conspirateurs les plus prononcés, les ennemis les plus cruels de la république ont-ils plus perfidement assassiné la liberté ? ont-ils attenté avec plus d'audace à la souveraineté nationale ? Concussions, dilapidations, vol, brigandage, immoralité, abus d'autorité et de pouvoir, meurtres, assassinats ; voilà les crimes que le tribunal a à punir.

D'après cet exposé, l'accusateur public a dressé le présent acte d'accusation contre les susdits membres et commissaires du comité de Nantes, pour avoir conspiré contre la république, la liberté et la sûreté du peuple français, ce qui est contraire à l'article IV de la section 1re du titre 1er du code pénal, et à l'article II de la IIe section du code pénal, etc.

## CONVENTION NATIONALE.

### Présidence de Cambacérès.

#### SUITE DE LA SÉANCE DU 23 VENDÉMIAIRE.

La Société séant rue de Sèvres vient féliciter la Convention sur son Adresse au peuple, et protester de son attachement inviolable aux principes démocratiques qu'elle y a développés.

La mention honorable et l'insertion au Bulletin sont décrétées.

— Une députation de la section des Champs-Elysées est admise.

*L'orateur :* Citoyens représentants, osez, avait dit un de ces derniers conspirateurs ; et dès le lendemain le crime, qui ne s'est jamais assis ce signal qui lui était donné et se mit à la place de la justice, et prononça l'arrêt de mort des patriotes, et le sang ruissela dans Paris.

C'est le peuple, c'est votre amour pour lui qui vous a dit à vous : Osez ; et dès le lendemain le peuple a pris définitivement et pour toujours la place du crime, trop longtemps souffert dans son usurpation ; elle va rendre la vie aux arts et au commerce ; les méchants seuls dorénavant craindront le glaive de la loi, et la prospérité fera de la république une seule famille dont les frères s'entr'aimeront et se protégeront mutuellement.

Votre Adresse au peuple français a porté le dernier coup aux intrigants ; lorsqu'elle aura été lue et entendue partout, les hommes ne se réuniront que pour surveiller et pour coopérer au bien de tous, au lieu de s'ériger en faction et de servir nos ennemis par leurs divisions.

Cette Adresse est le complément de votre ouvrage, si vous avez su vaincre le 9 thermidor, la postérité n'aura pas à vous reprocher que vous ne savez pas profiter de la victoire ; le peuple français vous devra son bonheur.

Oui, représentants, il est temps de faire cesser cet état de fluctuation d'opinions qui , par intervalle, semblait placer l'unité et le centre ailleurs qu'ici.

Qu'on se dispute la gloire d'être vos premiers soutiens, à la bonne heure ; et nous aussi nous voulons l'être ; nous voulons tous périr plutôt qu'il soit porté la moindre atteinte à la représentation nationale. C'est pour en renouveler le nouveau serment au nom de la section que nous nous rendons à votre barre ; nous le jurons tous.

C'est en vain que l'on a cherché à nous diviser en préconisant des Adresses que vous aviez improuvées ; lorsqu'il est question de la patrie , nous ne consultons que notre cœur, et rarement il n'a pas aperçu le piège que lui tendait l'ambition sous le masque du patriotisme, parce que c'est de bonne foi que nous voulons l'unité de la république.

Eh bien , représentants , cette *unité* ne serait-elle pas sapée par les fondements si quelqu'un rivalisait avec vous, et que, sans respect pour vos décrets, on approuvât et publiât le lendemain ce que vous auriez improuvé la veille ? Cette *unité* ne serait-elle pas détruite par le fait si quelqu'un s'arrogeait des pouvoirs qui ne lui sont pas délégués ? *Vous seuls* êtes les mandataires du peuple ; les Sociétés sont l'œil de ce peuple ; que cet œil ne soit qu'observateur et surveillant ; faites cesser les correspondances des corporations usurpatrices, et dès demain la paix intérieure assurera notre bonheur.

La mention honorable et l'insertion au Bulletin sont décrétées.

— La Société des Défenseurs de la République une et indivisible, séant aux ci-devant Jacobins, rue Honoré, succède à la barre.

*L'orateur :* Citoyens représentants, l'institution de notre Société , en prenant le nom de Défenseurs de la République une et indivisible , a été de coopérer à éclairer l'opinion du peuple sur ses droits et sur ses devoirs, de contribuer au triomphe de la liberté, de prendre la défense des patriotes opprimés, et de dénoncer à la justice nationale les traîtres, les fripons, les intrigants et les dilapidateurs de la fortune publique.

Tout en nous renfermant dans les bornes prescrites par la loi, nous avons rempli cette honorable mission avec toute la fidélité qu'on peut attendre de vrais républicains.

Différentes conjurations ont éclaté ; nous avons vu la Convention nationale, dans les moments les plus orageux, prendre une attitude imposante, terrasser les coupables , défendre les patriotes , les soustraire à la tyrannie, et montrer au peuple souverain qu'elle était digne de lui.

Le peuple était opprimé au point de n'oser ni parler, ni se plaindre. La Convention nationale, voyant que ce règne de tyrannie et de sang devait entraîner la dissolution de la république et conduire le peuple à la servitude et à la misère, a précipité dans les abîmes les principaux chefs de la conjuration , et travaille continuellement à en découvrir la trame, pour purger le sol de la liberté de tous ces êtres immoraux qui abusent de la confiance du peuple et n'ont d'autre dieu que leur ambition.

Vous avez fait plus , législateurs , votre surveillance s'est étendue plus loin ; vous avez pressenti que l'épuration des Sociétés populaires était nécessaire, et par là vous avez de nouveau bien mérité de la patrie. C'est par cette épuration que les hommes sans talents , sans mœurs , sans morale publique, qui analysent le crime de sang-froid , et l'exécutent sans remords , seront démasqués ; c'est par cette épuration que les dominateurs , les provocateurs et les dilapidateurs se trouveront enchaînés ; et c'est après cette épuration que toutes les Sociétés populaires, unies par les liens de la fraternité, de la confiance et de la concorde , entretiendront le feu sacré du patriotisme et de la justice qui doit fortifier et embellir le corps social ; c'est enfin de ce nœud sacré que sortiront la pratique des vertus, l'obéissance aux lois, et le respect dû à la représentation nationale.

Enfin, législateurs, votre Adresse au peuple français est le chef-d'œuvre de la raison ; le peuple français va donc enfin respirer ; les puissances coalisées ne compteront donc plus sur les effets sinistres des crimes de l'intérieur, et les factieux du dedans sont anéantis à jamais. Vous avez abattu le règne affreux de la terreur , et vous y avez substitué celui de la justice ; vous avez terrassé la faction des hommes de sang, et l'humanité a repris ses droits. Le gouvernement révolutionnaire n'intimidera que les fripons et les conspirateurs ; et le peuple , qui n'a d'autre centre que la Convention nationale, vous soutiendra de toutes ses forces , pour faire exécuter les sages principes contenus dans votre Adresse , qui maintenant est son unique boussole.

Représentants , restez à votre poste ; la confiance du peuple français vous écoute : malheur à la puissance qui voudrait s'élever à côté de la représentation nationale ! Lancez la foudre nationale sur tous les ambitieux ; maintenez le gouvernement révolutionnaire dans toute son intégrité. Le temps du crime est passé , le règne de toutes les vertus est à l'ordre du jour.

Vive la république ! vive la Convention nationale !

L'assemblée décrète la mention honorable et l'insertion au Bulletin.

— La Société Philanthropique de Paris, supprimée par le décret rendu le 29 prairial dernier , sur la bienfaisance publique , vient à la barre faire acte de son obéissance à la loi , rendre compte de l'achèvement de sa liquidation et déposer sur le bureau son fonds de caisse.

Elle rappelle sa naissance en 1782 , ses faibles commencements et ses accroissements progressifs.

« Douze philanthropes, unis sous le seul statut de l'égalité , et n'assistant d'abord que douze pauvres octogénaires , ont vu successivement leur Société s'étendre au point de secourir ensuite annuellement plus de deux cents citoyens de tout âge ; les bienfaiteurs ne faisaient avec les indigents pensionnés qu'une seule famille de pères et d'enfants, une seule famille de frères.

« La Société Philanthropique a été heureuse tant qu'elle a existé : elle faisait du bien ; le suffrage et les libéralités de ses concitoyens n'ont cessé d'encourager ses travaux ; elle leur rend grâces de son existence.

« Elle vous rend grâces à vous, citoyens représentants , de sa suppression ; elle est heureuse encore à son dernier jour , puisque c'est celui où la bienfaiance nationale a été fondée et organisée avec la grandeur digne d'un peuple libre, et où vous avez décrété à la fois qu'il n'y aurait plus ni pauvres, ni esclaves dans la république.»

—Un secrétaire fait lecture de la lettre suivante:

*Les représentants du peuple près l'Ecole de Mars au président de la Convention nationale.*

Quartier général à Poissy, 22 vendémiaire, l'an 3e de la république une et indivisible.

« Citoyen, il est impossible à la Convention de nous procurer une jouissance plus douce que celle que nous donnent tous les jours les Elèves de Mars, dont la surveillance nous est confiée, par le bon esprit qui règne parmi eux, et par la conduite vraiment admirable qu'ils ont tenue dans la route et pendant leur séjour ici. Que les despotes vantent les automates armés qu'ils ont, à force de temps et de coups de bâton, dressés à marcher alignés et à manier ensemble un fusil; nous leur montrerons trois mille six cents jeunes républicains qui, en neuf décades, animés par ces mots sacrés : patrie, liberté, égalité, sont devenus supérieurs à leur troupes les plus vantées par la précision et la promptitude de leurs manœuvres, qui ont fait une marche de six lieues sans qu'un seul d'entre eux quittât son rang, et en faisant retentir les airs des chants patriotiques qui guident nos armées dans le chemin de la victoire.

« Toutes les municipalités voisines admirent la discipline qui règne parmi eux et qui y est maintenue sans force, au point qu'elle paraît être pour eux une habitude acquise par une pratique de plusieurs années.

« Cette nuit, on a battu la générale à deux heures du matin; en moins de dix minutes toute l'armée était en bataille dans le plus grand ordre et le plus absolu silence. On l'a conduite sur les hauteurs de Laony; un tiers y est resté et s'occupera, toute la journée et la nuit prochaine, à se retrancher; demain matin nous irons les attaquer.

« Ici la pratique marche avec la théorie; le général ne fait faire aucun mouvement sans faire remarquer aux élèves les suites qui en résultent.

« Nous avons bien employé notre séjour au camp de Gresillon; nous le quittons le 24 pour retourner aux Sablons, où nous attendrons les ordres de la Convention.

« Salut et fraternité.

« Signé Moreau, Bouillerot. »

Cette lettre sera insérée au Bulletin.

Fréron : Je demande à faire une motion d'ordre. Je demande que le congé qui a été accordé à Escudier pour se rendre dans le Midi soit rapporté. Il n'y a peu de temps qu'il est arrivé de ce pays, et il a d'ailleurs accusé formellement Ricord, dont la justification va paraître.

Escudier : J'ai accusé Ricord à cause de la conduite qu'il a tenue, pendant quinze mois, avec Robespierre jeune, à l'armée d'Italie; Ricord n'a pas répondu. Je suis malade, et je crois que la Convention ne peut pas me refuser un congé pour aller rétablir ma santé. Puisque Ricord a bien attendu trois mois sans répondre, il peut bien attendre encore deux mois pour que je sois rétabli.

Ricord : Escudier m'a accusé d'être non-seulement le complice de Robespierre, mais un dilapidateur, un voleur. Il m'a dénoncé comme ayant exercé la dictature dans le Midi et comme ayant vexé les patriotes. J'ai pressé le comité de salut public de me donner la dénonciation, afin que je puisse y répondre; on ne le trouvait pas, et deux fois le comité a écrit à Escudier de la remettre; Escudier a dit qu'il n'avait point reçu de lettre. Qu'il aille, s'il veut, dans le Midi, chercher des dénonciations et des pièces contre moi; je ne le crains pas.

Barras : Qu'Escudier aille dans le Var, qu'il charge le comité de Toulon de chercher des pièces contre Barras et Fréron. C'est lui qui eut la bassesse

d'aller, avec des hommes de boue, chercher la pièce d'après laquelle il nous a accusés relativement à la voiture dont vous avez entendu parler; cette pièce a tourné contre lui. Qu'il aille en mendier de nouvelles; il se couvrira encore de honte et d'infamie.

Laignelot : Il y a trop longtemps qu'on veut déchirer la république, que des hommes conspirateurs attaquent, par des petites intrigues, par des diffamations, la réputation des hommes probes. Il faut dire la vérité tout entière; il faut que le peuple juge la Convention; il faut lui faire connaître des hommes qui, n'ayant pas fait leur devoir, sont déjà jugés par l'opinion publique, mais qui craignent encore un tribunal plus redoutable; car la guerre est à mort entre les hommes de sang et les bons citoyens. (Applaudissements.) Je demande que la Convention se prononce d'une manière digne d'elle, digne du peuple français qu'on a voulu égarer. Ces hommes atroces savaient bien qu'ils avaient affaire à un peuple généreux et sensible; aussi ont-ils dit : il faut le démoraliser, dénaturer son cœur, égarer son esprit, le rendre fripon, voleur; nous nous entendrons avec Pitt et Cobourg, et nos projets réussiront. — Je demande que la Convention nomme, à l'appel nominal, une commission de douze membres qui seront chargés de recueillir tous les faits à la charge des hommes dont je viens de parler. Il ne faut plus que la Convention s'amuse à entendre des dénonciations particulières, qui ne servent qu'à l'avilir. J'aurai moi-même beaucoup de choses à dire; et, si je n'étais pas l'homme du peuple, j'aurais pu me faire ici une grande réputation en disant ce que je sais; mais j'aime mieux prendre d'autres voies, afin que la Convention conserve tout le respect qui lui est dû.

Isoré : Je ne puis résister à de pareils discours. L'état de la république est on ne peut pas plus satisfaisant; pourquoi nous jeter dans des discussions qui alarment le peuple et jettent tout le monde dans la terreur? (Murmures.) Il faut parler franchement, et ne pas envelopper les innocents avec les coupables en ne particularisant pas les choses. Je demande que, si Laignelot a des faits à dénoncer, il nous en fasse l'exposé.

Thuriot : La question la plus simple en a amené une qui ne la suivait point du tout. Escudier arrive depuis peu de son pays; la loi ne permet pas qu'il y retourne. Il ne s'agit pas d'examiner d'ailleurs s'il y a des divisions ou s'il n'y en a pas. Je ne suis pas de l'avis de ceux qui pensent que la Convention n'est pas à une hauteur désirable, et qu'il faut qu'elle s'élève davantage; je crois que cela n'est pas possible : elle professe de grands principes; elle veut le salut de la France, il n'est pas possible d'en douter. Ne répandons pas des inquiétudes qui empêchent le peuple de jouir de la félicité. Lorsque nous avons organisé le gouvernement, nous avons chargé des comités de recevoir les dénonciations qui pourraient être faites par des représentants du peuple contre des représentants du peuple. Nous avons eu pour but, en prenant cette mesure, de prévenir les haines et d'arrêter les dénonciations qu'un moment d'humeur pourrait faire naître. La loi existe, qu'on s'y conforme; il est inutile de créer une commission pour recevoir ces dénonciations, quand deux comités en sont chargés. Il n'y a pas d'instant où la république soit plus en deuil que celui où les représentants du peuple se dénoncent entre eux. (Applaudissements.) C'est le vœu de nos ennemis; et si nous étions bien instruits, nous verrions souvent que l'homme qui dénonce n'est pas celui qui a le plus d'envie que la dénonciation soit faite, mais bien ceux qui l'entourent et qui le pressent.

Escudier a fait une dénonciation; il faudra qu'il la

rapporte. J'aime à penser que, lorsqu'elle aura été examinée dans les comités , on forcera le dénonciateur et le dénoncé à se rendre leur estime , à convenir qu'ils avaient été trompés, comme cela est arrivé lors des reproches faits à Barras et Fréron. C'est là le vœu le plus cher de tous les hommes qui veulent que la Convention soit absolument une, et que toutes les passions soient consignées à la porte. ( Applaudissements.)

Je demande l'ordre du jour sur la proposition de Laignelot , et le rapport du décret qui accorde un congé à Escudier.

ESCUDIER : Je consens aussi au rapport pour éviter les inconvénients dont Thuriot vient de vous parler. J'ai dénoncé mes collègues au comité de salut public. Barras m'accuse d'avoir envoyé des émissaires... ( L'ordre du jour ! s'écrie-t-on de toutes parts.)

La Convention rapporte le congé accordé à Escudier, et passe à l'ordre du jour sur tout le reste.

BOURDON (de l'Oise) : Je ne prends point la parole contre aucun de mes collègues ; je veux seulement vous faire part d'un projet qui est payé par l'or de l'Angleterre. Il est démontré pour tout bon esprit que le principe de la cabale qui voulut le malheur de la patrie ne fut jamais dans la Convention ; les dénonciations qui ont été faites ici n'étaient, comme l'a dit Thuriot, que l'effet de l'exaspération des passions individuelles ; mais le projet dont je veux parler existe.

Les ennemis , battus de tous côtés , travaillent à dégoûter le peuple de ses victoires, et déjà Robespierre avait commencé ce système avant son supplice. Ils veulent, après que les émigrés et les agioteurs ont emporté une partie de votre numéraire, après que les crimes de l'ancien ministère ont fait verser des millions dans la Belgique , ils veulent, tâcher de vous faire rentrer dans nos anciennes limites (murmures) , afin que , conservant la navigation du Rhin , de l'Escaut et de la Meuse, ils aient réparé leurs pertes en deux années , et puissent essayer de monarchiser une nation qu'ils n'auront pas pu vaincre.

Voilà mes craintes. Il est bien démontré que plusieurs des pamphlets qu'on répand avec tant d'indécence tendent à ce but. On sait bien que si vous ne donnez à la France d'autres limites que celles de l'ancienne Gaule , les fertiles plaines du Palatinat suffiront pour nourrir le Midi, en faisant le canal projeté. (On murmure.) Ce murmure m'annonce la splendeur de mon pays ; il m'annonce que la Belgique sentira qu'elle ne peut retrouver aussi sa splendeur qu'en s'unissant à la France et qu'en lui conservant la navigation des trois grands fleuves qui la baignent. Voilà des vérités qui valent bien des dénonciations ; peut-être suis-je égaré, mais ce n'est que par l'amour de mon pays. Je demande que les trois comités vous fassent un rapport qui marquera les bornes et le lieu où seront posées les colonnes de l'Hercule français. Quand nos armées seront arrivées à ce but, reposez-vous sur leur courage pour empêcher qu'on en franchisse les barrières.

Laignelot combat l'existence de la faction de l'étranger annoncée par Bourdon. Il soutient qu'il ne sera jamais au pouvoir d'aucune faction d'ébranler la république ; elle n'a pas seulement été décrétée par la Convention, mais par le peuple entier.

La Convention passe à l'ordre du jour.

— Richard , au nom du comité de salut public, fait lecture de la lettre suivante :

*Les représentants du peuple envoyés près les armées du Nord et de Sambre-et-Meuse, Lacombe ( du Tarn) et Bellegarde, aux membres composant le comité de salut public.*

À Heerwick , le 20 vendémiaire , l'an 3e de la république française.

« Par notre courrier du 9 de ce mois, chers collègues , nous vous avons annoncé la prise du fort de Crèvecœur ; nous vous annonçons aujourd'hui que la place importante de Bois-le-Duc vient de se rendre aux armes de la république française.

« Cent quarante-six bouches à feu, dont cent sept en bronze , cent trente milliers de poudre, une quantité immense de fer coulé, neuf mille fusils, deux mille cinq cents prisonniers de guerre, sont les avantages brillants résultant de cette prise. Un point avantageux sur la Meuse, qui assure nos quartiers d'hiver ; l'assurance de nos subsistances, jusqu'ici très-précaires par la longueur du rayon depuis Anvers, en sont les avantages utiles et peut-être incalculables.

« Nous sentions combien il était important pour la suite de vos projets que Bois-le-Duc se rendît promptement ; aussi n'avons-nous pas hésité de le faire attaquer avant d'avoir réuni nos moyens de siège. Les dispositions ont été faites d'une manière savante par les généraux en chef des différentes armes qui y ont servi ; et en donnant des éloges bien mérités à tous nos républicains, il est juste de dire que les armes de l'artillerie et du génie y ont principalement marqué.

« La place de Bois-le-Duc, si importante par ses rapports militaires et politiques, fut regardée, depuis le fameux siège du prince d'Orange , comme inattaquable ; effectivement, jamais siège n'offrit plus de difficultés. Sur les cinq attaques, qu'on avait multipliées à dessein pour accabler la garnison de fatigues, presque tous les cheminements se sont faits à travers un terrain submergé ; et, pour comble d'obstacles , une pluie abondante, qui a duré pendant tout le siège, faisait échouer les moyens qu'on employait sans cesse pour rendre les tranchées praticables.

« Les ouvriers , continuellement sous l'eau et le feu, étaient quelquefois accablés, mais jamais rebutés ; à la voix de la patrie ils recouvraient de nouvelles forces ; ainsi donc rien n'est comparable au courage de nos troupes, que celui des généraux qui les commandent; ainsi deux places, devant lesquelles le tyran Louis XIV a perdu seize mille hommes sans prendre l'une d'elles, ont été emportées dans quinze jours par nos républicains, et seulement au nombre des pièces de bataille; car l'équipage de siège n'est arrivé que le jour de la capitulation.

« Le général en chef Pichegru est forcé de se retirer pendant quelque temps, pour guérir une maladie de peau résultant des fatigues excessives de la guerre qu'il a faite avec tant d'activité; mais , en cédant pour quelque temps à un autre le commandement, il couronne cette mémorable campagne par la prise inappréciable de Bois-le-Duc; et peu de généraux pourraient dire , comme lui , avoir commandé pendant deux campagnes les plus actives, et n'avoir jamais été battu. Le général de division Moreau le remplace momentanément; la part active qu'il a eue dans cette campagne , les prises d'Ypres, Nieuport, l'Ecluse, l'attaque audacieuse de l'île de Cadzand, annoncent à la nation les services importants qu'elle doit en attendre encore.

« Salut et fraternité.

« *Signé* BELLEGARDE et LACOMBE (du Tarn). »

— Au nom des comités de salut public , de commerce et des approvisionnements, Richard propose à la Convention de charger les représentants du peuple Villers et Desrues d'aller dans les ports de Brest et de Lorient pour y prendre connaissance des marchandises emmagasinées, et veiller à ce qu'elles soient réparties dans l'intérieur. (On applaudit.)

— Sur la proposition de Garran-Coulon, la Convention nationale décrète l'insertion de cette nomination au Bulletin.

—Romme observe que près des armées il existe des dépôts de matières qui seraient d'une utilité très-grande pour l'usage des citoyens; il cite les suifs, dont une très-grande quantité est emmagasinée près les armées, et n'y est d'aucun usage. Romme demande que la commission de commerce et des approvisionnements s'occupe sans délai de la répartition de ces matières premières. (On applaudit.)

Richard déclare que la commission, de concert avec le comité de salut public, s'occupe de ces mesures; il fait espérer à la Convention que bientôt les citoyens ressentiront les heureux effets des travaux de la commission.

La proposition de Romme est renvoyée à la commission.

Laveaux observe que Brest et Lorient ne sont pas les seuls ports où les matières et marchandises prises sur l'ennemi aient été emmagasinées; il propose de charger les représentants du peuple en mission dans les départements maritimes de prendre les mêmes mesures que celles indiquées aux représentants Desrues et Villers.

Cette proposition est décrétée.

—Richard propose, et la Convention nomme à quarante-six grades dont elle a à la disposition, aux termes d'un décret.

— Bréard, au nom du comité, fait ensuite lecture de la lettre suivante :

*Les républicains composant l'armée navale à la Convention nationale.*

« Pères de la patrie, nous l'avons reçu ce gage certain de la confiance nationale, ce drapeau glorieux que vous nous avez décerné au nom de la patrie.

« A l'aspect de ce signe assuré de la victoire, flottant sur le vaisseau *la Montagne*, nos cœurs ont ressenti tout le feu du patriotisme; ils se sont livrés aux plus doux transports d'amour et de reconnaissance envers la patrie généreuse. Matelots, soldats, officiers, capitaines, généraux, tous ont mesuré avec enthousiasme la tâche sublime que ce nouveau bienfait de la nation leur impose, et tous, oui, tous, ont juré, en présence des représentants du peuple près l'armée navale, que ce drapeau, emblème de l'unité et de l'indivisibilité de la république, serait arboré par leurs mains victorieuses à bord du vaisseau amiral de la flotte des perfides Anglais, dont l'anéantissement a été signalé si puissamment en ce jour dans le cœur des républicains qui composent l'armée navale.

« Oui, citoyens représentants, nous le jurons à la patrie; vous qui en êtes les pères, recevez notre serment.

« Ralliés à cet étendard glorieux qui flotte au milieu de nos vaisseaux républicains, guidés par lui au chemin de la victoire, bientôt nous allons délivrer les mers des brigands qui les infestent, comme nos intrépides frères des armées de terre ont purgé le sol de la liberté des hordes d'esclaves qui le souillaient; et, comme eux enfin, nous ferons entendre, jusqu'à notre dernier soupir, ce cri cher à tous les Français : Vive la république! vive la Convention nationale! »

Bréard annonce ensuite que vingt-six bâtiments pris sur les ennemis sont entrés dans les ports de la république, et que neuf ont été coulés à fond.

La séance est levée à quatre heures.

*N. B.* Dans la séance du 25 vendémiaire, Delmas, au nom des trois comités de salut public, de sûreté générale et de législation, a proposé un projet de décret sur la police des Sociétés populaires. Il a été adopté en ces termes :

«La Convention nationale, après avoir entendu les comités de salut public, de sûreté générale et de législation réunis, décrète :

« Art. Iᵉʳ. Toutes affiliations, agrégations, fédérations, ainsi que toutes correspondances, en nom collectif, entre Sociétés, sous quelques dénominations qu'elles existent, sont défendues comme subversives du gouvernement et contraires à l'unité de la république.

« II. Aucunes pétitions ou Adresses ne peuvent être faites en nom collectif.

« Elles doivent être individuellement signées.

« III. Il est défendu aux autorités constituées de statuer sur les Adresses ou pétitions faites en nom collectif.

« IV. Ceux qui signeront, comme présidents ou secrétaires, des Adresses ou pétitions faites en nom collectif, seront arrêtés et détenus comme suspects.

« V. Chaque Société dressera, immédiatement après la publication du présent décret, le tableau de tous les membres qui la composent.

« Ce tableau indiquera les noms et prénoms de chacun des membres, son âge, le lieu de sa naissance, sa profession et demeure avant et depuis le 14 juillet 1789, et la date de son admission dans la Société.

« VI. Copie de ce tableau sera, dans les deux décades qui suivront la publication du présent décret, adressée à l'agent national du district.

« VII. Il en sera, dans le même délai, adressé une autre copie à l'agent national de la commune dans laquelle chaque Société est établie.

« Cette copie sera et demeurera affichée dans le lieu des séances de la municipalité.

« VIII. A Paris, l'envoi prescrit par l'article précédent sera fait à l'agent national près la commission de police administrative, et l'affiche ordonnée par le même article aura lieu dans la salle des séances de cette commission.

« IX. La formation, l'envoi et l'affiche des tableaux ordonnés par les trois articles précédents seront renouvelés dans les deux premières décades de nivose prochain, et ensuite de trois mois en trois mois.

« X. Tout contrevenant à une disposition quelconque du présent décret sera arrêté et détenu comme suspect. »

## LIVRES DIVERS.

*Noyades, fusillades*, ou Réponse au rapport de Carrier, représentant du peuple, par Phelippes, dit Tronçjoly. Prix : 1 liv. 10 s.

A Paris, chez Ballard père, rue des Mathurins.

—- Le tome XIIIᵉ de l'*Histoire de la décadence et de la chute de l'empire romain*, par Gibbon, paraît maintenant.

Les volumes suivants, jusqu'au XVIIIᵉ et dernier, paraîtront successivement chaque mois; le prix de chaque volume séparément est de 6 liv.

On pourra se procurer au même prix tous ceux qui précèdent le tome XIIᵉ.

Chez Maradan, libraire, rue du Cimetière-André-des-Arcs, nº 9.

— *Voyage à Ermenonville*, ou Lettre sur la translation de J.-J. Rousseau au Panthéon. Prix : 20 s., et 25 s. par la poste.

A Paris, chez Meurant, libraire, cloître Honoré.

— *Vocabulaire* de nouveaux primitifs français, imités des langues latine, italienne, espagnole, portugaise, allemande et anglaise, suivi d'un catalogue raisonné des écrivains les plus célèbres en ces cinq langues, propre à servir d'institution pour une bibliothèque choisie; ouvrage essentiel aux orateurs et aux poëtes; par Pougens, auteur de *la Religieuse de Nîmes*, des *Essais sur les Révolutions du globe*, etc.; un volume in-8°. Prix : 3 liv., et 3 liv. 15 s. franc de port, pour les départements.

A Paris, de l'imprimerie du Cercle-Social, nº 4, rue du Théâtre-Français; et chez Desenne, libraire, nᵒˢ 1 et 2, Jardin Egalité.

*Payements à la trésorerie nationale.*

Le payement du perpétuel est ouvert pour les six premiers mois; il sera fait à tous ceux qui seront porteurs d'inscriptions au grand livre. Celui pour les rentes viagères est de huit mois vingt et un jours de l'année 1793 (vieux style).

# GAZETTE NATIONALE ou LE MONITEUR UNIVERSEL.

N° 27.  Septidi 27 Vendémiaire, l'an 3°. (Samedi 18 Octobre 1794, vieux style.)

## POLITIQUE.

### ALLEMAGNE.

*Vienne, le 15 septembre.* — Le double emploi des forces autrichiennes jette le gouvernement dans les plus grands embarras. En Pologne et sur le Rhin, la cour de Vienne est également dénuée de ressources : elle s'efforce de faire un recrutement général pour les armées du Rhin, et elle rassemble avec peine quelques régiments épars, qu'elle destine à soutenir les forfaits de la petite coalition contre la Pologne. Les fourrages manquent entièrement.

La Hongrie et la Gallicie sont épuisées : les bestiaux y sont vendus à vil prix, faute de nourriture. L'empereur, pour compléter les transports militaires, a ordonné d'enrôler par force tous les charretiers en Gallicie. On croit qu'il se rendra incessamment en Hongrie.

— Un des infortunés que la cour a fait arrêter, sous prétexte de conspiration, s'est pendu dans son cachot. On a eu la basse cruauté d'exposer son corps sur les glacis de la place, avec une inscription infamante. Une foule immense a été attirée par ce spectacle : elle en a témoigné de l'horreur. Ce n'est que par de fortes patrouilles qu'on a fait cesser la fermentation qu'un tel aspect commençait à exciter.

*Du 16.* — L'abattement de la cour est plus remarquable depuis la nouvelle de la levée du siège de Varsovie : elle ne peut se dissimuler que cette *retraite* de Frédéric-Guillaume a été déterminée par les grandes pertes qu'il a éprouvées au siège, par l'insuffisance des secours russes, surtout par le mouvement révolutionnaire qui a éclaté dans les Etats prussiens, et peut-être encore par d'autres motifs dont on a lieu d'être plus alarmé.

Le cabinet autrichien est d'autant plus inquiet qu'il ne s'était décidé à reprendre parti dans la guerre de Pologne que sur l'assurance de la reddition prochaine de Varsovie, et de la facilité d'une invasion dans ces contrées.

— Le général Colloredo vient d'arriver de l'armée de la Meuse avec de nouveaux plans.

Le colonel Mack est parti pour l'armée du Rhin.

*Des bords du Rhin, le 4 octobre.* — Il vient de se tenir à Manheim une conférence de généraux. On y a résolu de mettre Manheim en état de défense pour six mois. L'Autrichien Sickingen a déclaré que l'empereur, au moyen des riches subsides de l'Angleterre, était décidé à supporter une partie des frais de l'approvisionnement de Manheim et de la construction des ouvrages. Cet objet est estimé à près de 4 million de florins.

L'archiduc Charles a eu, le 26 septembre, à Manheim, une entrevue avec le duc de Deux-Ponts. Il est parti pour Schwetzingen. Le quartier général de Saxe-Teschen a été transporté de Worms à Schwetzingen.

Le corps d'armée aux ordres du général Mélas a quitté, le 25, son camp de Wittlich, et s'est retiré de Luizerath. Il doit prendre une position dans les environs de Coblentz.

Le 28, la division commandée par le général Wartensleben a passé le Rhin a repris son ancien camp derrière Manheim, le long du Necker.

Hohenlohe a également fait retraite, et a repris sa position aux environs de Grunstadt.

Les patrouilles françaises viennent jusqu'à Turkeim.

### ANGLETERRE.

*Londres, le 19 septembre.* — Georges III et sa cour ont éprouvé, le 14 au soir, une terreur panique. Vers le coucher du soleil, *le Trusty*, de 50 canons, fut chassé dans la baie par cinq vaisseaux de guerre venant de la hauteur de Cherbourg. Ces vaisseaux se sont trouvés être l'escadre de l'amiral Macbride ; ils avaient été en croisière, et, ne répondant pas aux signaux, ils furent pris pour ennemis. *Le Southampton* et *la Winchelsea* se préparaient au combat et allaient leur lâcher une bordée lorsqu'ils firent les

signaux. Les habitants furent très-alarmés : les troupes campées aux environs commençaient à prendre les armes et croyaient qu'un débarquement allait être tenté. Le trouble fut si grand, que plusieurs familles quittèrent Weymouth. Le lord Buckingham et Chesterfield envoyèrent tous leurs équipages au camp pour plus grande sûreté. Le roi, un télescope à la main, ainsi que sa famille et sa suite, parut sur l'esplanade ; il sut bientôt que ce prétendu ennemi n'était qu'une escadre anglaise qui avait croisé quelques jours à la hauteur de Cherbourg, où elle avait pris connaissance de sept vaisseaux de ligne et d'une flotte d'environ cent ports.

*Du 23.* — Deux conseils ont eu lieu ces jours derniers à l'amirauté. L'amiral Macbride, appelé au premier, est allé ensuite à Weymouth. Après le second, il a été ordonné de mettre une frégate et deux sloops de guerre en état d'agir. On ne connaît point leur destination.

L'amiral Hood abandonne le commandement de la flotte de la Méditerranée, que sa santé ne lui permet plus de tenir.

Il faut que le cabinet soit mécontent de sir Charles Grey, qui commande en chef les forces britanniques dans les Indes occidentales, puisqu'il le remplace par le général Vaugham.

Lord Fitz-William va également en Irlande prendre la vice-royauté qu'exerçait lord Westmoreland ; il part avec une ampliation de pouvoirs.

L'ambassadeur a eu une nouvelle audience du lord Grenville : c'est la seconde en très-peu de jours.

— Personne n'a oublié les reproches que M. Sheridan fit aux ministres, avec sa vigueur ordinaire, lors de la dernière session du parlement, sur l'état d'abandon où ils avaient laissé l'importante colonie d'Halifax. Les ministériels lui reprochèrent dans le temps de l'exagération. Aujourd'hui il paraît une pièce qui prouve qu'il n'a rien dit de trop. C'est un arrêté pris dans une assemblée de marchands, négociants et habitants des ports de Coles, de Shizencook et Musquadebois, pour lui voter leurs remerciements. On y déclare que la colonie de la Nouvelle-Ecosse est sans aucune protection, que des milliers d'habitants, le long des côtes, sont exposés aux insultes des corsaires français, et que la métropole de cette colonie continue d'être dénuée de toute force navale, et n'a pour sa défense que la frégate *le Hussard* et un brick armé.

Les alarmes redoublent de ce pays, d'après l'ordre qu'a donné le congrès de lever huit mille hommes, et d'incorporer dans son armée quatre mille hommes de milice.

A ces motifs si bien fondés de crainte se joint l'apparition dans les ports d'Amérique, d'une flotte française de quatre vaisseaux de ligne, sept frégates et trois sloops de guerre. La pièce en question est datée du 5 mai. Les papiers anti-ministériels s'empressent de la publier à l'approche de l'ouverture du parlement, pour contrebalancer, par ce démenti formel donné aux ministres, l'effet qu'a pu faire sur l'opinion leur assertion positive que M. Sheridan voulait tromper le parlement lorsqu'il l'entretint de l'état déplorable de cette colonie.

## VARIÉTÉS.

### Le roi de Corse.

Les Romains avaient conquis l'île de Corse sur les Carthaginois ; Marius et Sylla y établirent deux colonies ; sous les empereurs, la Corse fut un lieu de déportation. Claude y exila Sénèque.

*George Guelphe* n'ayant, dans toute l'étendue de l'empire britannique, ni vin, ni huile d'olive, ni soie, ni bois de construction en Angleterre, s'est fait proclamer *roi de Corse*. La constance du roi d'Angleterre à s'appeler *roi de France*, lorsqu'il y avait un autre roi en France, et depuis que la France est en république, annonce que, dût-il perdre bientôt ce nouveau royaume, il conservera toujours et transmettre à perpétuité, à ses successeurs au trône de la Grande-Bretagne, le beau nom de *roi de Corse*.

Gilbert Ellis et l'amiral Hood ont fait la conquête de ce titre superbe pour leur sacré maître. Un Allemand, Théodore, baron de Nehoff, a été roi de la même île pendant vingt-six mois ; expulsé de Corse, échappé d'une prison d'État à Naples, réfugié en Angleterre, il fut mis en prison à Londres pour dettes ; il en sortit en faisant à ses créanciers pleine et entière cession de sa baronnie en Allemagne et de son royaume en Corse : son fils est en Angleterre, et sera vraisemblablement admis dans les régiments d'émigrés. La fortune a des jeux si extraordinaires que peut-être *George Guelphe*, chassé de ses trois anciens royaumes, viendra se réfugier dans celui de Théodore. Il y serait bien reçu. Les esprits ont été préparés par le ministre plénipotentiaire Elliot, qui est aussi éloquent que les canons de Hood.

Elliot a assemblé à Corte les habitants effrayés par l'apparition de la flotte anglaise, et leur a dit : « Les Anglais et les Corses se sont toujours estimés beaucoup ; il y a entre les deux nations conformité de vues et de principes, affection d'instinct, attraction sympathique ; n'ayez aucune relation politique avec aucune autre nation ; S. M. est déterminée à vous protéger, et non à vous rendre esclaves : elle accepte la couronne que vous lui donnez ; elle ne la saisit point par violence ; vous partagerez avec nous les trésors du commerce et la souveraineté des mers. »

Ces douces paroles, cette sympathie de Gilbert Elliot ne permettent pas de douter que les Corses, ses auditeurs, étaient de race carthaginoise ! les Français et les Corses du sang romain se défendaient à Calvi, dont la capitulation est postérieure à la constitution royale dictée et exécutée au moins de huit jours à Corte, à dix lieues de Calvi.

Cette constitution établit un parlement ou une seule Chambre à renouveler tous les deux ans ; tous les citoyens ont droit de voter. Les évêques sont membres nés du parlement ; les prêtres en sont exclus. Ce parlement, qui semble tout pouvoir, ne peut rien ; car *George Guelphe* nommera un vice-roi et un conseil qui sanctionneront ou rejetteront les bills du parlement corsican. Cette constitution diffère peu de celle du Canada. La religion romaine est la seule corsicaine, la seule dont les prêtres soient salariés par l'État. Le défenseur de la foi, l'allié du pape, permet de tolérer les cultes non catholiques. Un pavillon corse-anglais est déterminé. *George Guelphe* a le droit de paix et de guerre ; il ne pourra en aucune circonstance, et sous quelque prétexte que ce puisse être, céder ni aliéner la Corse, ni en aucune manière préjudicier à l'unité et à l'indivisibilité de la Corse et à ses dépendances. *George Guelphe* ne pouvant ni affermer, ni vendre, ni donner, ni hypothéquer, ni taxer la Corse, n'y pourra recevoir que des dons gratuits.

*George Guelphe* a-t-il voulu avoir deux pavillons : un qui serait en paix, qui serait neutre, l'autre qui serait belligérant ; deux pavillons pour le même bâtiment : neutre, s'il est plus faible ; ennemi s'il est de force supérieure ? *George Guelphe* aurait donc deux costumes ?

A-t-on voulu avoir une station pour le commerce du Levant et de Barbarie, et un pied à terre voisin de l'île de Malte ?

On a voulu avoir en Corse un entrepôt de marchandises anglaises, pour les introduire par les petits bâtiments corses dans les petits ports de France, d'Espagne et d'Italie. Des tartanes corsicaines feront plus sûrement la contrebande, échapperont aux gardes-côtes plus aisément que des bâtiments expédiés d'Angleterre. On a voulu plus de facilités pour empêcher le commerce des neutres et l'approvisionnement des départements du Midi.

La distraction de la Corse du domaine français ne rendrait-elle pas nul le traité par lequel la France garantit aux Génois leurs limites en terre-ferme, et ne donnerait-elle pas contre eux un droit à une indemnité ? Les Génois, les Vénitiens, les Napolitains, les Toscans, les Ragusains, dont les Anglais empruntaient plus souvent le pavillon, les Espagnols et les Barbaresques, renonceront-ils à leur quote-part des trésors du commerce et de la souveraineté des mers que *George Guelphe* a fait déclarer par Elliot, à ses frères de Corse, de vouloir partager qu'avec les Corses ? Les Américains, les Danois et les Suédois baisseront-ils humblement leur pavillon devant le souverain des mers ? Se soumettront-ils, pour entrer dans la Méditerranée, à demander un laissez-passer aux amiraux du roi de Corse et de Gibraltar ?

Ces fiers et bêtes Bourbons, qui règnent au delà des Alpes et des Pyrénées, ou vagabonds et mendiants en Allemagne, comprendront-ils enfin que ce n'est pas pour le petit Capet

que *George Guelphe* a coalisé neuf sultans et le corps germanique contre la liberté française ?

L'amiral anglais, entrant à Toulon avec les Espagnols, fait dresser un inventaire des munitions de l'arsenal et de l'état des vaisseaux, *pour rendre le tout*, dit-il, *à Louis XVII*; presque tout a été incendié par ses ordres (ou par lui volé), et sa flotte a donné à son maître une couronne en Corse..... Et le traître à plusieurs royaumes proclame à Londres qu'il gardera plusieurs colonies des Français aux Antilles, pour indemnité de ses services et en former une extension du domaine du commerce de ses sujets !...

Est-ce pour le petit Capet que *George Guelphe* vient d'appeler les vaisseaux espagnols, hollandais, portugais et russes, pour attaquer la marine française par la flotte combinée de cinq puissances ? Si la marine française, seule capable de lui disputer l'empire des mers, pouvait être détruite, les puissances dont les quatre pavillons assistent aujourd'hui celui d'Angleterre seraient bientôt victimes du triomphe de leur confédération.

Une partie de la flotte des alliés est-elle destinée à retenir dans la Baltique la flotte de Danemark et de Suède ? Une autre division viendra-t-elle bloquer les ports de France, éloigner les corsaires des atterrages sur les côtes, et capturer même tous les bâtiments neutres, dans l'espoir insensé et cruel de nous affamer ?

La flotte des alliés paraîtra-t-elle à Lorient, Cherbourg, Saint-Malo, Saint-Cast, Brest, Belle-Isle ? Ira-t-elle conquérir une nouvelle couronne pour *George Guelphe*, et le faire roi des chouans de la Vendée ? Est-ce une sympathie carthaginoise qui l'appelle et doit le recevoir comme en Corse ?

Citoyens des départements, soldats des mers, n'êtes-vous pas du sang romain ; de ce sang français, plus pur encore, que vos concitoyens et vos amis ont versé dans les départements des frontières, en combattant six cent mille esclaves qui auraient été vous égorger s'ils n'eussent été vaincus et qui auraient été vous égorger s'ils n'eussent été vaincus et pris ?

Rois neutres, tyrans ennemis, qui de vous peut douter aujourd'hui que les vues du cabinet de Saint-James ont été d'exciter une guerre générale sur le continent de l'Europe, la guerre civile en France, et de rendre *George Guelphe* le grand roi des deux hémisphères, en sacrifiant un très-petit nombre de ses sujets, et moins de guinées qu'il n'en reçoit de l'accaparement du commerce ?

Pitt vous a trompés et trahis : la France est invincible. N'avez-vous pas éprouvé que le terrain est défendu pied à pied, et que la perfide capitulation d'une très-forte place n'emporte pas la reddition du bourg voisin ? Chaque village est un fort qui vous oblige à un siège ou un blocus. Nous n'avons plus ni bourgeois timides, ni lourds paysans ; paraissez-vous sur nos frontières, nous demandons tous le drapeau tricolore et le pas de la baïonnette. Toute la France est militaire, et cet état de guerre ne suspend pas la culture des terres ni l'activité des arts. Ne comptez plus sur la force factice de vos troupes réglées ; toute la confiance de la république française est dans ses citoyens, et elle a autant de soldats que de citoyens. Vous avez moins de soldats que de sujets. Le roi de Prusse vous a dissuadé de demander à vos sujets de se lever en masse : s'ils se lèvent jamais, comment pourrez-vous les faire rasseoir ? Louis XV, et même Louis XIV, en guerre avec trois ou quatre de vous neuf, et ayant perdu trois ou quatre fortes places, aurait mieux aimé demander la paix que d'appeler tous ses sujets indistinctement au service militaire. Louis XIV, n'ayant que des troupes réglées attachées à sa personne par des préjugés, a demandé la paix ayant autour de lui plus de trois cent lieues de pays où vingt millions de ses sujets n'avaient pas entendu le canon ennemi. Louis XIV craignait de manquer de soldats et d'écus, et voulait garder son trône par un prompt traité de paix. Vous, dont aucun n'a les talents guerriers de Louis XIV, pouvez-vous espérer de vaincre une nation armée pour elle-même, un peuple entier guidé par le sentiment le plus exalté de l'amour de la liberté ? Vos frontières sont déjà profondément entamées ; Maëstricht et Luxembourg vont tomber ; vous ne pouvez plus tenir tête ; la porte de la capitale de chacune de vos provinces soumettra toute la province ; vos peuples se lèveront ; vous serez forcés de vous asseoir par terre ; vos peuples resteront-ils à genoux devant vos majestés ? vos soldats seront fusillés, et vous aussi.

*Signé* DUCHER.

## LIVRES DIVERS.

Nouvelle édition de *la Chimie* de Fourcroy ; 6 vol. in-8°, y compris un vol. d'atlas. Prix : 30 liv. en feuilles, 31 liv. broché, et 40 liv. relié.

Nouvelle édition des *Voyages en Europe*, en *Asie et en Afrique*, traduit de l'anglais de Makintosh ; 3 vol. in-8°, avec cartes. Prix : 12 liv. broché.

*Voyage en Allemagne*, traduit en français ; 2 vol. in-8°. Prix : 12 liv. broché.

A Paris, chez Gay et Gide, libraires, rue Honoré, n° 85.

## CONVENTION NATIONALE.

### Présidence de Cambacérès.

#### SÉANCE DU 24 VENDÉMIAIRE.

Le chef de brigade, inspecteur des côtes du Calvados, transmet le trait de dévouement du citoyen Tailepied, inspecteur de la batterie de Colleville, qui, à neuf heures du soir, aidé de quelques-uns de ses camarades, a sauvé l'équipage d'un sloop français de trente à quarante tonneaux, qui s'est échoué entre cette batterie et Cabieux.

— Le conseil d'administration du 3e bataillon de la 56e demi-brigade, armée d'Italie, transmet un trait de courage et d'intrépidité du citoyen Baptiste Faure, caporal. Ce brave défenseur de la patrie s'étant chargé de porter une dépêche au général Massent, dans le temps que les troupes françaises étaient barraquées aux environs de Saorgio, prend pour toute escorte un fusilier ; attaqué sur la route par une trentaine de Piémontais, son camarade tombe à ses côtés ; enveloppé par ces féroces ennemis, Faure se défend avec valeur, écrase avec la crosse de son fusil la tête de l'un d'entre eux, se débarrasse de leurs mains, et parvient au premier poste, à travers une grêle de balles, et rend la lettre au général.

Ce conseil d'administration sollicite de l'avancement pour ce valeureux militaire, qui, devant Lyon, Toulon, et partout où il s'est trouvé, a donné des preuves de patriotisme et de courage.

La Convention applaudit et ordonne l'insertion au Bulletin de ces traits généreux.

— La section de l'Égalité, de Besançon ; la Société de Noireau et autres assurent la Convention de leur dévouement à la cause de la liberté, et l'invitent à poursuivre les continuateurs de Robespierre.

Mention honorable.

— Un défenseur de la patrie, blessé, est admis à la barre ; il expose que de trois frères qui combattaient pour sa défense, il est le seul qui reste, encore est-il blessé ; et il est le seul appui d'une mère de soixante-seize ans, infirme et pauvre ; il ajoute que sa mère n'a reçu aucun secours, quoique la loi en assure.

Sur la proposition de plusieurs membres, la pétition est renvoyée au comité des secours pour faire un prompt rapport.

La Convention charge de plus ce comité d'appeler auprès de lui la commission des secours, pour qu'elle rende compte de l'emploi qu'elle fait des sommes mises à sa disposition.

— La section de Bonne-Nouvelle se présente en masse.

*L'orateur :* Représentants, la section de Bonne-Nouvelle vient en masse vous féliciter sur l'Adresse que vous avez faite au peuple français. Les principes qu'elle contient vivifient tous les cœurs, raniment le courage des patriotes de bonne foi, et vous donnent un nouveau droit à leur reconnaissance.

Comme il serait possible, citoyens représentants, que certains propos tenus dans la Société des Jacobins par un membre de notre ancien comité révolutionnaire, et imprimés dans quelques journaux, eussent pu donner à la Convention une idée peu favorable des citoyens qui composent la section de Bonne-Nouvelle, et que la Convention, donnant quelque créance à ces mêmes propos, eût douté un instant de nos sentiments pour elle, nous venons encore dé-

mentir une calomnie déshonorante pour son auteur, et désabuser la Convention et lui peindre, avec autant de franchise que de vérité, l'esprit qui anime et dirige la grande majorité de notre section.

Il a été avancé aux Jacobins qu'à l'assemblée générale de la section de Bonne-Nouvelle les aristocrates et les modérés s'étaient opposés à la lecture de l'Adresse de la Convention nationale.

Avant de démentir cette allégation, il faut vous dire, citoyens représentants, que ceux-là qu'une poignée d'individus traitent parmi nous d'aristocrates et de modérés sont précisément ceux qui ont tout fait pour la révolution, qui de tout temps ont coopéré avec la Convention au renversement de la tyrannie, et qui emploient le plus d'énergie pour l'empêcher de renaître ; ceux qui, dans la nuit du 9 au 10 thermidor, ont, les armes à la main, fait un rempart de leurs corps à la Convention, ou éclairé leurs concitoyens sur la nécessité d'abandonner à leur sort mérité une portion d'individus immoraux, pour ne s'attacher qu'à la représentation nationale, collectivement prise ; ceux qui, depuis comme avant cette époque, n'ont tenu d'autre langage que celui que les principes autorisent ; ceux qui ont demandé et obtenu l'ordre du jour sur l'Adresse de Dijon, la considérant comme contraire aux sentiments que la Convention manifestait ; ceux qui veulent le triomphe de la justice et la disparition de l'intrigue ; ceux enfin qui veulent la liberté tout entière, mais qui préfèrent lui élever un autel plutôt sous un berceau de fleurs arrosé d'une onde pure que sous un berceau de cyprès baigné du sang de leurs concitoyens.

Il faut vous dire encore que nos calomniateurs, et le nombre en est petit, sont précisément ceux qui, par de faux-fuyants ou des motions vagues, ont retardé à notre dernière assemblée générale la lecture de votre Adresse au peuple, réclamée dès l'ouverture de la séance par tous les citoyens que vous voyez dans votre sein ; que ce sont ceux qui ont fait adhérer à l'Adresse de Dijon, après avoir fait rapporter à une heure fort avancée, l'arrêté contraire qui avait été pris sur cette même Adresse dans une séance précédente ; que ce sont ceux qui, pendant le règne de la terreur, enfanté par l'ambition et soutenu par le crime, servaient d'instrument au despotisme, outre qu'ils se partageaient avec plaisir et l'exerçaient avec autant d'indécence que de brutalité ; que ce sont ceux qui, pour se mettre à couvert des reproches dus à leur conduite inconséquente, se sont réfugiés, depuis le dépouillement de leur autorité, dans le sein d'une Société généralement respectable, soit pour y trouver protection, en cas qu'ils n'y soient pas démasqués, soit pour y faire corps avec d'autres eux-mêmes, et recouvrer, s'il était possible, une autorité dont la dépossession récente a paru un acte contre-révolutionnaire ; que ce sont ceux enfin qui, grands meneurs des assemblées générales et des Sociétés sectionnaires défuntes, regardaient toujours un crime comme une erreur ou une erreur comme un crime, suivant que leur intérêt personnel, leurs passions et leur égoïsme y trouvaient mieux leur compte.

Tel est, citoyens représentants, le tableau fidèle que nous devions vous faire des citoyens calomniés et calomniateurs de la section de Bonne-Nouvelle.

Gardez-vous de croire aux discours mensongers qui pourraient distraire vos bonnes intentions ; punissez les ennemis de la révolution, sous telle forme qu'ils se montrent ; il est temps, et votre Adresse au peuple français s'explique assez catégoriquement à ce sujet ; il est temps, dis-je, que l'honnête homme respire, et trouve un encouragement à servir son pays, quand surtout il est mû par l'amour seul de le servir ; il est temps que les fonctions publiques ne soient remplies que par des hommes purs et dont la conduite régulière datera d'assez loin pour équivaloir à un cautionnement. Il est temps que la Convention soit aussi respectée qu'elle est respectable, et qu'elle regarde comme tenant à la coalition de l'étranger ceux qui cesseraient d'être subordonnés aux lois qu'elle rend, qui les exécuteraient d'une manière abusive, et qui tenteraient de rivaliser d'autorité avec elle.

Le seul mot d'ordre de la section de Bonne-Nouvelle, dans toutes les circonstances possibles, sera la Convention, toute la Convention, rien que la Convention, et elle peut compter sur nos bras comme sur nos cœurs. Vive la Convention !

De vifs applaudissements ont interrompu la lecture de cette Adresse; elle sera insérée au Bulletin.

— Le troisième comité révolutionnaire central de Paris, séant section de Brutus, est introduit.

*L'orateur :* Citoyens représentants, des cannibales, sous le masque du patriotisme et de l'amour du bien public, à l'aide d'un système de stupeur qu'ils avaient eu l'art de répandre sur toute la république, avaient eu l'audace de se saisir de la foudre nationale qui vous est exclusivement confiée pour écraser les ennemis de la liberté.

Ils ont paru, ces hommes perfides et sanguinaires... Vous avez parlé... ils ne sont plus.

La France entière, comprimée par la tyrannie et l'arbitraire, respire enfin pour applaudir à votre mâle énergie. Vos décrets bienfaisants lui rendent chaque jour une nouvelle existence. Elle voit avec confiance approcher ces jours heureux que vous lui préparez, et s'attache plus que jamais, s'il était possible, à son auguste représentation, qu'elle couvrira constamment de son amour, de son respect et de sa reconnaissance.

Et nous aussi, que vous avez chargés pour coopérer avec vous à la gloire de sauver la chose publique par une surveillance active et continuelle, nous jurons à cette barre d'être fidèlement attachés à la représentation nationale, et de ne reconnaître qu'elle.

L'abominable système de terreur et l'arbitraire ne trouveront jamais de partisans parmi nous.

Périsse quiconque oserait le reproduire !!! Fraternité, franchise, égalité, justice; voilà notre devise.

Patriotes fidèles et sincères, respirez en paix, nous veillons pour vous.

Traîtres à la patrie, intrigants, meneurs et conjurés contre le bien public, tremblez!.... Nous saurons déchirer le voile épais qui vous couvre, et vous livrer à nu au glaive vengeur qui vous attend.

Ennemis des recommandations et de toute intrigue, isolés au milieu de nos devoirs, nous y demeurerons inviolablement attachés, sans préférence ni considération pour personne.

Peuple français, console-toi; tes dignes représentants veulent essuyer tes larmes et te faire oublier des malheurs inséparables d'une grande révolution.

Étroitement liés à la représentation nationale, nous marcherons d'un pas égal sous son égide. Si nous commettons des fautes, elles proviendront toujours de la faiblesse de nos lumières, et jamais d'un principe de perversité qui n'est pas dans nos cœurs, que chacun de nous ne peut concevoir qu'avec horreur et mépris, et qu'il combattra sans cesse avec l'énergie d'une conscience exempte de reproches, jaloux que nous sommes d'écarter loin de nous tout soupçon capable de diminuer la confiance dont nous sommes investis, que nous regardons comme la seule récompense digne de vrais républicains. (On applaudit.)

La Convention ordonne l'impression de cette Adresse, avec mention honorable.

— Les autorités constituées de la section du Bonnet-Rouge succèdent à la barre.

« Le peuple fit la révolution, dit l'orateur, dans l'espoir d'en recueillir les avantages. Les circonstances exigèrent impérieusement des fatigues, des sacrifices, des privations. Le peuple se fit un devoir de les supporter. Pour prix de ses efforts, il se flattait d'obtenir une garantie assurée des personnes et des propriétés, une justice exacte, un gouvernement doux et bienfaisant, la jouissance des effets résultant du nouvel ordre de choses. Il est arrivé plusieurs fois près du terme de ses espérances; mais des hommes pervers, ambitieux, intrigants, lui ont envié sa conquête; ils ont songé à la lui ravir, ont tenté de se l'approprier, et y sont parvenus. La terreur, la calomnie, la discorde et les supplices ont été leurs moyens; ils n'ont laissé au peuple que des privations, des souffrances, des humiliations, et la stupeur qui tient au dernier degré de servitude.

« Tels furent les crimes de Robespierre; tels sont encore les excès coupables de ses astucieux partisans. Veut-on, après avoir frappé les principales têtes de l'hydre, enlever à ces petits tyrans leurs usurpations, les priver des jouissances exclusives qu'ils ont osé s'attribuer et qu'ils caressent, les rappeler à l'égalité qu'ils violent impudemment, même en se disant les égaux de leurs dupes et de leurs victimes; ne veut-on plus trembler devant eux, tout est perdu, la contre-révolution est faite. Et pourquoi? parce qu'on réprouve tout ce qui n'est pas la révolution faite pour le peuple.

« Mais le peuple est réveillé. Sorti de sa stupeur, il s'indigne contre les traîtres qui ont abusé de sa confiance pour l'asservir et pour le perdre, en se disant ses plus zélés serviteurs. Il est las de conspirations : il connaît la dignité de l'homme; il veut être libre, il le sera. Toute espèce de despotisme et de tyrannie lui serait désormais insupportable. Que les conspirateurs sentent enfin qu'ils doivent s'attendre à la plus fatale destinée! Le peuple et la Convention, toujours unis, les écraseront.

« Votre Adresse au peuple français a prévenu, citoyens législateurs, les vœux de ce peuple essentiellement bon et juste. La lecture de cette instruction, sage et sublime, a fait tressaillir de joie tous les bons citoyens, les vrais zélateurs de la république, tous ceux qui n'ont pas embrassé la révolution par des sentiments d'intérêt personnel, ceux dont l'ambition s'est bornée à servir leur patrie, à travailler au bien de tous; elle a porté le calme dans le sein des familles honnêtes, en même temps qu'elle a fait trembler les méchants; elle a rassuré les citoyens qui redoutaient le retour de la terreur : votre Adresse fait aimer le gouvernement républicain, objet des vœux de tout homme raisonnable. Les autorités constituées de la section du Bonnet-Rouge ne reconnaissent, comme tout le peuple, que la Convention nationale pour point de ralliement. Elles mettront toute leur gloire à seconder ses travaux, à faire exécuter ses décrets. »

— Plusieurs autres sections et comités révolutionnaires, successivement introduits, énoncent les mêmes principes, expriment les mêmes sentiments.

RÉAL, au nom du comité des finances : Citoyens, un conspirateur, Anisson-Duperron, a été frappé du glaive de la loi. Parmi les biens de sa succession que le trésor national est appelé à recueillir se trouvent les droits et propriétés qu'il avait sur la manufacture de papiers établie à Buges.

Anisson avait, pour associé et copropriétaire éventuel dans cette manufacture, le citoyen Leorier-

Delisle, créateur de cet établissement, et sur lequel il a aujourd'hui des droits acquis et certains.

La papeterie de Buges exige toute votre surveillance. Elle est aujourd'hui la seule où se fabrique le papier-assignat par des procédés nouveaux. Sa position avantageuse, la vaste étendue des bâtiments et la bonté de son papier lui ont fait accorder la préférence.

Pour vous assurer le service de la trésorerie nationale, qui ne peut souffrir aucun retard, il importe de faire procéder promptement à l'estimation et à l'aliénation des droits appartenant à la nation dans la manufacture de Buges.

La nation ne peut conserver avec avantage une propriété indivise avec un citoyen. Il faut qu'elle achète sa portion ou qu'elle vende la sienne.

Avant de vous proposer d'aliéner cette manufacture, votre comité des finances a examiné s'il ne serait pas plus avantageux à la nation de la conserver pour la fabrication des assignats. Pour se décider sur ce point, il a examiné de nouveau la question de savoir si la fabrication des assignats pouvait être faite avec plus d'avantage par le moyen d'une régie que par l'intermédiaire d'un fabricant dont toutes les opérations sont exactement surveillées par un représentant du peuple et par un inspecteur national, sur qui pèse essentiellement la responsabilité.

Il s'est convaincu qu'une régie de cette nature serait beaucoup plus dispendieuse que le mode actuel, et qu'elle pourrait compromettre l'exactitude et la célérité du service.

Il est une vérité reconnue, qu'il est avantageux à la république de favoriser les établissements particuliers, qui la dégagent des agences ou des régies nationales toujours onéreuses.

Les mêmes motifs avaient déjà déterminé votre décret du 7 juin 1793, qui, en prescrivant la régie, a tracé les mesures de surveillance qu'exige la fabrication des assignats.

Mais si la nation doit aliéner sa portion de propriété dans la manufacture de Buges, il importe à l'intérêt public de ne pas abandonner cette papeterie au hasard des enchères.

Le crédit public tient aux mesures que vous allez prendre. Vous ne voudrez pas vous exposer au danger de voir passer les mains des ennemis de la chose publique un établissement utile, qu'ils feraient tourner à sa ruine. Vous ne confierez pas les procédés nouveaux employés pour la fabrication des assignats à des papetiers autres que ceux qui connaissent le secret du système nouveau. Vous ferez ce que vous avez déjà fait pour d'autres manufactures d'utilité publique. Après avoir ordonné une estimation exacte et rigoureuse de l'objet à vendre, vous en décréterez l'adjudication au profit du copropriétaire, dont le patriotisme et l'intelligence présentent toutes les sûretés qu'exige la fabrication des assignats.

Relativement aux droits qui appartenaient à Anisson dans cette manufacture, ils sont réglés par un acte de société du 31 janvier 1791. Ce même acte servira de règle aux experts pour liquider les droits de la nation et de l'associé.

Voici le projet de décret :

« La Convention nationale, après avoir entendu le rapport de son comité des finances, décrète :

« Art. Iᵉʳ. Il sera successivement procédé à l'estimation exacte et rigoureuse des bâtiments, usines et emplacements dépendant de la papeterie de Buges, ensemble des matières fabriquées ou non fabriquées, effets mobiliers et ustensiles servant à l'exploitation.

« II. Cette estimation sera faite par deux experts nommés, l'un par la commission des revenus nationaux, l'autre par le directoire du district de Montargis, et le troisième par la municipalité du lieu.

« Ces experts opéreront en présence d'un autre expert nommé par le citoyen Leorier-Delisle, intéressé dans cette manufacture, qui aura voix instructive.

« III. Après avoir déterminé la valeur actuelle de la manufacture de Buges, et constaté l'actif de situation de la société à l'époque du jugement d'Anisson, les experts liquideront les sommes qui restent dues à la succession d'Anisson, pour avances faites par lui ou par des tiers, ainsi que celles faites par Leorier-Delisle.

« IV. Les experts adresseront leur procès-verbal d'estimation au comité des finances, qui fera à la Convention nationale un rapport sur l'adjudication définitive.

« V. Le prix de l'adjudication sera la moitié de l'actif net de la société, plus la totalité des dettes passives dues par la société, déduction faite des avances par Leorier-Delisle, le tout conformément à l'acte de société du 31 janvier 1791.

« VI. Le citoyen Leorier-Delisle sera tenu de fournir, au prix que fixera le comité des finances, le papier-assignat dont la fabrication sera décrétée.

« VII. Il paiera le tiers du montant de son adjudication dans le délai de deux mois, à compter du décret d'adjudication, et le surplus aux termes fixés par les lois.

« Ce décret ne sera imprimé qu'au Bulletin de correspondance. »

Ce décret est adopté.

— Boissier fait adopter le décret suivant :

« La Convention nationale, après avoir entendu le rapport de son comité de marine et des colonies, décrète ce qui suit :

« Art. Iᵉʳ. Les corps administratifs et municipaux établis dans les communes maritimes de la république sont tenus d'adresser, sous trois décades, au comité de marine et des colonies, des mémoires sur les opérations maritimes qui ont lieu, sur les facilités que les établissements actuels offrent pour la pêche, la navigation, la construction, l'armement et l'équipement des navires ; sur le nombre et l'instruction des gens de mer, et sur les moyens qui peuvent être proposés d'établir, d'accroître, et de faire prospérer les diverses institutions relatives à la marine.

« Ces mémoires contiendront encore des observations sur les établissements maritimes qui pourraient être formés pour la sûreté et la protection de la navigation et de la pêche.

« II. Les citoyens instruits de la théorie et de la pratique de la pêche, de la navigation, du commerce, des arts et des sciences maritimes, et en particulier les Sociétés populaires, sont invités à adresser, dans le plus court délai, au comité de la marine et des colonies, leurs vues, plans et projets sur tous les objets désignés en l'art. Iᵉʳ, et sur l'organisation matérielle et la composition personnelle de la marine de la république.

« III. Le comité de marine et des colonies est autorisé à appeler près de lui quelques armateurs ou négociants des principales communes de la république, quelques navigateurs de commerce et quelques officiers civils ou militaires, choisis entre les plus intelligents de ceux dont le dévouement à la chose du peuple a été le plus prononcé, afin de discuter les principaux points de législation relatifs à la marine, et de donner leur opinion sur les diverses questions qui leur seront soumises par le comité.

« Il est autorisé à leur accorder une juste indemnité pour leur déplacement et leur séjour à Paris, et à employer cette dépense dans l'état qui est formé, chaque mois, de celles relatives à ses bureaux.

« IV. Le comité de marine et des colonies est tenu de présenter le résultat de son travail sur la législation et l'organisation de la marine sous trois mois.

— Saint-Martin propose un décret qui est adopté en ces termes :

« La Convention nationale, après avoir entendu le rapport de son comité des secours publics, décrète ce qui suit :

« Art. Iᵉʳ. Les veuves des citoyens morts en défendant la patrie, ou faisant un service requis et commandé au nom de la république, dénommés en l'état annexé au prégent décret, recevront, à titre de pensions alimentaires, la somme de 50,389 liv. 11 s. 2 d. conformément aux dispositions de la loi du 4 juin 1792 (vieux style), et de celle du 13 prairial dernier, laquelle somme sera répartie entre elles d'après les proportions indiquées audit état.

« II. Les pensions accordées auxdites veuves leur seront payées aux termes de l'article I<sup>er</sup> du titre II de la loi du 13 prairial ; par les commissaires distributeurs de leurs communes ou sections respectives, à partir des époques désignées en l'état mentionné en l'article précédent , sauf à imputer sur le montant desdites pensions les sommes susceptibles d'être retenues qu'elles auront pu recevoir à compte.

« III. Sur la réclamation de la citoyenne Anne-Guillemette Dubois, veuve de Pierre Angot, comprise dans le décret du 22 messidor dernier pour une pension de 1,350 l., à raison de vingt ans de service,

« La Convention nationale, considérant que cette citoyenne justifie d'un an sept mois de service en sus des vingt années ci-dessus énoncées, décrète que , conformément à l'article I<sup>er</sup> du décret du 4 juin 1793 ( vieux style), et aux art. I<sup>er</sup>, II et III du titre I<sup>er</sup> du décret du 13 prairial dernier, sa pension sera portée à la somme de 1,429 liv. 3 s. 4 d. à compter du jour de la mort de feu son mari, et que l'article qui la concerne dans le décret du 21 messidor dernier sera rayé sur la minute et les expéditions dudit décret, ainsi que partout où besoin sera.

« IV. L'état au présent décret ne sera point imprimé. »

GARRAN : Votre comité de législation, en s'occupant de compléter l'organisation des corps administratifs et des tribunaux, a été arrêté par plusieurs difficultés qui se sont présentées sur les incompatibilités. Les règles générales de cette matière sont assez souples, quoiqu'elles soient répandues dans diverses lois, faites à des époques différentes, par les assemblées nationales qui se sont succédé ; mais leur application aux cas particuliers n'est pas toujours aussi aisée, surtout quand il s'agit de les faire porter sur des fonctions qui n'appartiennent pas d'une manière bien déterminée à cette principale division de l'ordre civil, les administrations et les tribunaux. La contrariété des décisions qui ont été rendues sur plusieurs points par les autorités constituées chargées d'y statuer, et l'incertitude de ces autorités sur le parti qu'elles doivent prendre dans divers autres cas, ont fait sentir à votre comité la nécessité d'une loi nouvelle, qui, en rappelant les principes déjà décrétés, en dirigeât l'application de manière à lever toutes les difficultés.

Les premières règles à cet égard ont été tracées par l'Assemblée constituante : elles dérivent toutes de ce grand principe, que la séparation des pouvoirs est le plus sûr garant de la liberté et de la justice. On a conclu de là que les fonctions administratives et les fonctions judiciaires devaient être exercées par des mains différentes, et que, dans l'ordre de chacune de ces fonctions, celles du même genre, qui étaient subordonnées les unes aux autres, ne pouvaient pas non plus être exercées par les mêmes personnes.

Enfin, comme les fonctions publiques ne doivent pas être un objet de cupidité pour les citoyens, et que le traitement attaché aux plus considérables n'est que la juste indemnité du temps que des hommes laborieux devraient employer à se procurer leur subsistance ou celle de leur famille, on a encore établi l'incompatibilité de deux traitements trop considérables, ou même celle des fonctions auxquelles ces traitements sont attachés.

Lorsque ces motifs d'incompatibilité n'ont pas existé, on n'a pas trouvé d'inconvénient à la cumulation de diverses fonctions dans la même personne.

C'est l'application de ces différentes règles qui a présenté dans l'usage plusieurs difficultés que les législateurs, qui sont les modérateurs des différents pouvoirs, ont seuls le droit de résoudre. Il semble d'abord qu'elles pourraient être levées par un seul article de décret qui déclarerait absolument incompatibles toutes les fonctions que la loi a cru devoir séparer, en en faisant des places particulières. Mais on ne doit jamais oublier, dans la pratique des institutions sociales, qu'on ne doit pas les pousser au delà du but , en leur donnant une trop grande étendue. Ce but est le bien public : lorsqu'on s'en écarte, en étendant à toutes ses conséquences le principe qui paraît d'ailleurs le mieux fondé, il doit être alors modifié. Ainsi, par exemple, quoique la séparation des divers pouvoirs soit en général la sauvegarde de la liberté, comme cette séparation n'est qu'une institution politique, puisque les pouvoirs administratifs et judiciaires ne sont rien autre chose que l'autorité nationale appliquée à l'exécution des lois dans leurs deux principales branches, si, dans l'une et l'autre de ces deux grandes divisions, il se trouve des fonctions publiques qui ne donnent à celui qui les cumulait qu'une faible autorité sur les personnes et sur les choses, il n'y a aucun inconvénient à la cumulation. Il y aurait même de l'inconvénient à l'incompatibilité, si la difficulté de trouver des hommes instruits pour exercer ces fonctions diverses faisait craindre qu'en prononçant la nécessité de leur séparation on ne fût souvent exposé à les voir plus mal remplies.

Ce danger est surtout à craindre pour nous, dans un temps où, à peine sortis de la barbarie produite par l'oppression du despotisme et l'ignorance de l'esclavage, tous les citoyens français ne peuvent encore avoir acquis les lumières qu'une bonne éducation leur donnera sans doute désormais pour les diverses branches de l'administration et de la justice : dans un temps où la nouveauté de notre législation et l'incohérence qui en est une suite ont pu multiplier dans beaucoup de parties le nombre des hommes publics bien au delà de ce qui était nécessaire, et séparer des fonctions qui pouvaient être unies sans danger, ou qui devaient l'être pour le bien du service national ; dans un temps enfin où la partie la plus intéressante de notre population, cette belle jeunesse à qui l'on n'avait pas eu encore le temps d'inoculer les moyens qui lui ont nui les plus funestes maximes du despotisme, et que l'aurore de la liberté avait déjà engagée à s'instruire, est toujours employée à poursuivre sa glorieuse carrière sur le territoire ennemi.

En attendant que votre comité vous offre ses vues sur l'organisation des différents pouvoirs, d'après les bases de notre constitution, sur la ligne de démarcation qui doit subsister entre eux, et sur la réduction des diverses autorités parasites , qui ne font qu'embrasser les mouvements du corps politique, il va vous présenter les moyens qui lui ont paru les plus convenables pour compléter la législation actuelle sur les incompatibilités ; et comme les règles qui existent jusqu'à présent sur cet objet sont disséminées dans divers décrets, il vous propose de les réunir toutes dans un seul, qui sera désormais l'unique loi de la matière. Cette méthode sera tout à la fois plus simple et plus courte que des interprétations des lois déjà existantes, qu'il faudrait multiplier en très-grand nombre. Elle n'exigera le plus souvent que quelques mots à ajouter aux lois précédentes.

Mais, pour vous mettre à portée d'apprécier plus aisément le travail fort simple que votre comité a fait à cet égard, il croit devoir vous rappeler l'ancien état de la législation nationale sur les incompatibilités.

*De l'incompatibilité des fonctions administratives et judiciaires.*

On trouve plutôt le principe de la décision que la décision même dans l'article XIII du titre II de la loi du mois d'août 1790, sur l'organisation judiciaire. Il est dit que « les fonctions judiciaires sont distinctes et demeureront toujours séparées des fonctions administratives, et qu'en conséquence les juges ne pourront, à peine de forfaiture, troubler, de quelque manière que ce soit, les opérations des corps administratifs, ni citer devant eux les administrations pour raison de leurs fonctions. »

L'incompatibilité des fonctions judiciaires et des fonctions administratives était une suite toute naturelle de ce principe. Mais lorsque les fonctions administratives, restreintes dans des bornes étroites, ne sont que de simple surveillance, comme dans les conseils généraux des municipalités et des districts, on a cru qu'il n'y avait aucun inconvénient à ce qu'elles pussent être confiées à des citoyens qui siégent dans les tribunaux. Aussi, dès avant la loi même qu'on vient de citer, l'article X du décret du 22 décembre 1789, sur l'organisation des autorités administratives, avait-il décidé que les citoyens qui rempliront les places de judicature pourront être membres des administrations de département et de district, mais ne pourront être nommés au directoire.

L'article VIII du décret additionnel du 30 décembre paraît en contradiction avec le précédent, faute d'avoir fait cette distinction. Il y est dit que les juges qui seront choisis pour les places des municipalités et des administrations de département et de district seront tenus d'opter.

On voit que cette loi semble établir l'incompatibilité entre les fonctions administratives indistinctement et les fonctions judiciaires; mais la distinction entre les conseils généraux des administrations et les directoires paraît de nouveau, du moins implicitement, dans la loi du 6 mars 1791 sur l'ordre judiciaire.

L'article Ier dit que « nul ne pourra être juge de paix et en même temps officier municipal, membre d'un directoire, greffier, avoué, juge de district, juge de commerce, percepteur d'impôts indirects. »

L'article V prononce la même exclusion pour les greffiers des juges de paix et ceux des tribunaux de district et de commerce.

Il suit de cette loi que, l'incompatibilité des juges de paix et des greffiers n'étant prononcée que pour les officiers municipaux et les membres des directoires d'administration, elle ne doit pas être étendue aux membres des conseils généraux des municipalités et des districts; et quoique cette loi ne parle pas formellement des juges de district ou de département, mais seulement des juges de paix et de leurs greffiers, le même motif et la loi du 22 décembre 1789 paraissent indiquer la même décision à leur égard.

Votre comité trouve d'autant moins d'inconvénients à vous faire admettre cette compatibilité, que la conservation ou la suppression des conseils généraux des municipalités et des districts sera l'une des questions sur lesquelles il se propose de fixer incessamment votre attention.

La loi du 9 mars 1791, en prononçant la même incompatibilité pour les assesseurs des juges de paix que pour les juges de paix, ajoute une exception que des localités ont paru exiger, et qui semble plus nécessaire que jamais dans le dénûment de sujets propres aux fonctions publiques, qui est produit par les circonstances actuelles.

Il y est dit « que les assesseurs des juges de paix sont exclus des mêmes fonctions, si ce n'est que, dans les bourgs et villages au-dessous de quatre mille âmes, il leur sera permis d'être officiers municipaux. »

*De l'incompatibilité des fonctions administratives les unes avec les autres.*

Les vrais principes ont été posés à cet égard par la loi du 24 frimaire sur le gouvernement révolutionnaire. L'article VIII de la section III de cette loi porte : « Aucuns citoyens ne pourront exercer ni concourir à l'exercice d'une autorité chargée de la surveillance médiate ou immédiate de leurs fonctions. » L'article IX ajoute « que ceux qui réunissent ou qui concourent à l'exercice cumulatif de semblables autorités seront tenus de faire leur option dans les vingt-quatre heures de la publication de la présente loi. »

L'extrême brièveté de ce délai a sans doute été la cause de l'inexécution de la loi, comme cela est arrivé si souvent. Le comité vous propose d'accorder au moins trois jours pour cette option à l'avenir.

*De l'incompatibilité des diverses fonctions judiciaires entre elles.*

C'est toujours le même principe qui doit servir de règle à cet égard. Il doit y avoir incompatibilité entre les fonctions dont l'exercice doit s'exercer simultanément, ou qui sont subordonnées l'une à l'autre. Ainsi le greffier, l'accusateur public, ou le commissaire national auprès des tribunaux, ne peuvent pas cumuler ces places avec celles de juge.

Le juge de paix ou ses assesseurs ne peuvent pas cumuler ces places avec celles de juges des tribunaux de district ou de département, et il en est de même des juges de commerce.

### Des suppléants.

Il existe dans les fonctions législatives et judiciaires des citoyens qui, sans exercer actuellement des fonctions publiques, sont désignés pour remplacer ceux qui les remplissent, en cas de mort, d'absence ou d'autre obstacle à l'exercice de ces fonctions. Notre constitution a déjà proscrit pour l'avenir ces espèces d'expectatives pour la législature. Vous aurez à examiner s'il est nécessaire de les conserver dans l'ordre judiciaire. En attendant votre détermination définitive sur cet objet, il se présente une question qui a été diversement décidée jusqu'à présent. Il arrive souvent que les suppléants des juges sont momentanément appelés à en remplir les fonctions par l'absence, la récusation ou la maladie des juges en titre : on a douté dans ce cas si les suppléants qui avaient d'autres fonctions administratives ou judiciaires devaient opter entre ces fonctions et la suppléance.

La difficulté de trouver des hommes instruits, qui puissent se livrer instantanément à des fonctions pénibles qui les dérangent si souvent de leurs occupations domestiques, a fait croire à votre comité qu'il convenait de n'exiger l'option, de la part des suppléants, que lorsqu'ils sont appelés à un remplacement définitif.

C'est l'état habituel des citoyens, et non pas une fonction accidentelle, qui doit déterminer l'incompatibilité. Aucune loi n'exclut les juges de paix de passer dans les tribunaux de district, ou dans le tribunal criminel de département, lorsqu'ils y sont appelés par le vœu du peuple, quoiqu'il arrive assez souvent qu'on porte dans ces tribunaux des affaires sur lesquelles ils ont eu à statuer, comme juges de paix; il est seulement alors de leur devoir de se récuser.

Il en doit être de même des suppléants, lorsqu'ils ont une place incompatible avec celle de juge, qu'on les appelle momentanément à remplir ; il suffit qu'ils se récusent, si l'affaire sur laquelle ils ont à statuer a quelque rapport avec leurs fonctions habituelles.

Voici le projet de décret que je suis chargé de vous présenter.

« La Convention nationale, voulant faire cesser les difficultés qui se sont élevées sur les incompatibilités des fonctions administratives et judiciaires, et compléter la législation sur cet objet, ouï le rapport de son comité de législation, décrète :

### TITRE Iᵉʳ.
*Incompatibilité des fonctions administratives et judiciaires.*

« Art. Iᵉʳ. Les membres du tribunal de cassation, les juges des tribunaux criminels de département, les accusateurs publics de ces tribunaux, et leurs substituts, les juges des tribunaux de district, les commissaires nationaux auprès de ces tribunaux, les juges des tribunaux de commerce, les juges de paix, leurs assesseurs, les membres des bureaux de paix et de conciliation, les greffiers de ces divers établissements et tribunaux ne pourront être membres des directoires de département et de district, officiers municipaux, présidents, agents nationaux ou greffiers de ces diverses administrations.

« II. Ils ne pourront non plus être notaires publics, membres des administrations forestières, receveurs de district ou de l'enregistrement, employés dans le service des douanes, postes et messageries, ni remplir des fonctions publiques sujettes à comptabilité pécuniaire.

« III. Cette incompatibilité cessera néanmoins pour les assesseurs des juges de paix, quant aux places d'officiers municipaux, dans les communes dont la population est au-dessous de quatre mille âmes.

« IV. Les présidents et vice-présidents, les juges, l'accusateur public et ses substituts, les jurés auprès du tribunal révolutionnaire, ne pourront remplir d'autres fonctions publiques, tant qu'ils seront attachés à ce tribunal. Ils seront provisoirement remplacés par d'autres citoyens dans l'exercice de ces fonctions, qu'ils reprendront après que leur service au tribunal révolutionnaire aura cessé, conformément à la disposition de la loi du 27 mars 1793, article Iᵉʳ.

### TITRE II.
*De l'incompatibilité des diverses fonctions administratives entre elles.*

« Art. Iᵉʳ. Aucun citoyen ne pourra exercer ni concourir à l'exercice d'une autorité chargée de la surveillance médiate ou immédiate des fonctions qu'il exerce dans une autre qualité.

« II. En conséquence, les membres des administrations de département et de district, ceux des municipalités, les agents nationaux et les greffiers de l'une et l'autre de ces administrations, ne pourront cumuler les fonctions diverses dans l'une ou l'autre de ces administrations.

« III. Ils ne pourront plus être receveurs de district ou du droit d'enregistrement, membres des administrations forestières, employés dans le service des douanes, postes et messageries, ni remplir d'autres fonctions publiques sujettes à comptabilité pécuniaire.

« IV. La même exclusion aura lieu pour les officiers chargés de constater l'état civil des citoyens,

et pour les membres des comités civils ou de bienfaisance des sections de la commune de Paris.

« V. Il y a incompatibilité entre les fonctions de notaire public et celles des membres de directoire de district et de département, ou d'agents nationaux et de greffiers de l'une et l'autre de ces administrations. »

### TITRE III.
*De l'incompatibilité des diverses fonctions judiciaires entre elles.*

« Les membres du tribunal de cassation, les juges et accusateurs publics des tribunaux criminels des départements, les juges et commissaires nationaux des tribunaux de district, les juges des tribunaux de commerce, les juges de paix et leurs assesseurs, les greffiers de ces divers tribunaux et leurs commis, salariés par la république, ne pourront réunir avec leurs fonctions celles attachées à quelques-unes des autres places énoncées dans le présent article. »

### Dispositions générales.

« Art. Iᵉʳ. Les instituteurs salariés par la nation, les membres des comités révolutionnaires, ne pourront cumuler avec ces fonctions aucune autre fonction publique.

« II. Les fonctionnaires publics qui réuniraient actuellement des fonctions incompatibles seront tenus de faire leur option dans le délai de trois jours après la publication de la présente loi par la voie du bulletin, à peine d'être destitués des unes et des autres après ce délai expiré.

« III. Ceux qui seraient appelés à l'avenir à remplir des fonctions incompatibles avec celles qu'ils exerceraient déjà seront pareillement tenus, sous la même peine, de faire leur option dans les trois jours qui suivront la notification qui leur sera faite du nouveau choix qui aura eu lieu en leur faveur.

« IV. Les suppléants des tribunaux ne seront néanmoins tenus de faire leur option entre les autres fonctions qu'ils pourraient remplir et celles de juges, que lorsqu'ils seront appelés définitivement aux fonctions de juges, par la mort ou la destitution de ceux qu'ils étaient appelés à remplacer.

« V. Il est dérogé par le présent décret aux dispositions contraires des lois précédentes sur les incompatibilités. » — Ce décret est adopté.

LÉONARD BOURDON : Les folliculaires doivent-ils impunément se répandre en calomnies contre les patriotes qui ont servi avec fidélité la cause de la liberté? Dans le seizième numéro de *l'Orateur du Peuple*, par Fréron, j'ai été accusé de vols, d'assassinats.....

*Plusieurs voix :* L'ordre du jour

LÉONARD BOURDON : Je déposerai au comité la preuve que toutes ces atrocités sont calomnieuses. Je demande donc que la Convention nationale charge ses comités de lui présenter un projet de loi contre les calomniateurs.

*Plusieurs voix :* L'ordre du jour !

PELET : Il ne peut y avoir de justice particulière pour nous ; il ne doit pas exister de privilége pour les députés. Je demande donc l'ordre jour, motivé sur le droit que nous avons, comme les autres citoyens, de poursuivre les calomniateurs devant les tribunaux ordinaires.

*** : Comment peut-on exercer le recours contre les auteurs d'écrits qui ne sont signés ni des imprimeurs, ni des auteurs?

La Convention passe à l'ordre du jour, motivé sur trois décrets consécutifs qui ont chargé les trois comités de présenter à la Convention un projet de loi contre les calomniateurs.

La séance est levée à quatre heures.

# GAZETTE NATIONALE ou LE MONITEUR UNIVERSEL.

### N° 28.  Octidi 28 Vendémiaire, l'an 3°. (Dimanche 19 Octobre 1794, vieux style.)

## CONVENTION NATIONALE.

### Présidence de Cambacérès.

#### SÉANCE DU 25 VENDÉMIAIRE.

SALLENGROS : Citoyens collègues, l'agriculture et le commerce sont à coup sûr les sources principales de l'abondance, de la prospérité et du bonheur public ; or, c'est avec raison que la Convention nationale porte l'attention la plus sérieuse pour les améliorer et leur donner le degré de perfection dont ils sont susceptibles dans les diverses parties de la république.

Pour y parvenir, on a entendu, avec le plus vif intérêt, différentes motions, plusieurs discours prononcés à cette tribune ou à la barre, qui présentaient des lumières, des réflexions avantageuses ; et pour en accélérer l'effet, vous les avez renvoyées aux comités compétents, pour en faire les rapports le plus promptement possible.

Je dois compte à la patrie des connaissances que j'ai pu acquérir dans les commissions dont j'ai été chargé, ou que j'ai apprises par les localités que j'ai habitées ou fréquentées.

Je fixe le cours de la Sambre, et je m'y arrête : la Sambre a sa source dans le territoire de Frémy, aux confins du département de l'Aisne, à deux petites lieues de Landrecies.

Déjà la Sambre est navigable à Landrecies ; elle continue de l'être jusqu'à son embouchure, c'est-à-dire jusqu'à la Meuse, et indirectement jusqu'au Rhin.

Tout le monde sait, ou peut aisément savoir, les denrées de première nécessité que produisaient si abondamment la Belgique, le pays de Liége et quantité d'autres provinces dont nos braves et intrépides frères d'armes ont chassé les vils satellites des tyrans coalisés contre la cause de l'égalité et de la liberté.

Le fer, l'acier, le cuivre, l'étain, la potasse, le chanvre, le bois de charpente et de construction, les ardoises, la houille ou le charbon de terre, telles sont les riches productions qui y croissent ou qu'on en extrait.

Il n'est pas étonnant qu'avec ces productions les habitants du pays soient si opulents, et qu'ils soient parvenus à rendre leur terrain un des plus fertiles qui soient dans l'Europe.

Depuis longtemps les cultivateurs et les habitants laborieux du département du Nord, vers le sud-est, ceux de l'Aisne et des Ardennes, pour fertiliser les champs qu'ils exploitent, vont chercher à grands frais le charbon et les cendres dites de mer, qu'on y trouve si facilement, et que les frais de transport rendent trop rares.

Il y a aussi très-longtemps que des ingénieurs instruits, et que leurs talents ont rendus recommandables, ont démontré qu'un petit canal d'une excavation peu coûteuse, également avantageux à la défense de la république et à son commerce, était suffisant pour transporter, avec peu de dépense, ces diverses marchandises dans la majeure partie de la France.

Voici comme s'exprime le général Lafitte, commandant du génie, dans un de ses mémoires qu'on trouve au comité des travaux publics : « Le projet de jonction de l'Escaut à la Sambre et à l'Oise a été détaillé en 1781 et 1782, et nous avons tâché, dit-il,

d'y réunir tous les avantages de la défense et du commerce. »

Par ce projet, Lafitte expose que la longueur de l'excavation pour la jonction de la Sambre à l'Oise, est de quatorze mille toises, et que la dépense se monte à 2 millions.

Duclos', ingénieur en chef du département du Nord, reconnaît, par un tableau de navigation intérieure par lui fait et rédigé à Dunkerque, le 19 ventose dernier, qu'il existe plusieurs projets anciens et modernes, dans les bureaux de la guerre et de l'intérieur, relatifs au canal de jonction de la Sambre à l'Oise, par le Noirieux, entre Guise et Landrecies. Il ajoute, dans ce mémoire, que le département du Nord n'a aucunes pièces ni renseignements à cet égard, pour la partie qui le concerne. Ne doit-on pas supposer que la dernière proposition de cet ingénieur est pour le moins erronée, quand je puis affirmer à la Convention nationale, à la république entière, que j'ai été un de ceux qui présentèrent, dans le mois de décembre 1790, et remirent sur les bureaux du conseil général de ce département un mémoire imprimé qui détaillait les avantages incalculables et l'urgence de cette jonction?

Du moins est-il constant que cet ingénieur a la connaissance intime qu'il existe plusieurs projets anciens et modernes, qui démontrent la facilité de l'exécution du canal.

Or la vue de la carte suffit, supposant la confection de ce canal, pour être convaincu des grands avantages qui résulteraient de la navigation libre et non interrompue de la majeure partie de la république, de Paris notamment, avec une partie de la Belgique et de la Hollande, avec le pays de Liége et le Rhin.

On amènerait facilement dans l'intérieur les riches, les rares, les précieuses productions dont on parlé ; indépendamment des autres avantages qu'offre le retour, on profiterait du retour particulièrement pour remplir les services des convois et approvisionnements des armées. Qui ne sait qu'alors les routes seraient d'un entretien plus facile et moins dispendieux? Qui disconviendra combien l'agriculture et le commerce y gagneraient? L'agriculture est sans doute en souffrance, et languit dans plusieurs départements situés aux frontières, parce qu'elle exige plus de bras, plus de chevaux qu'il n'en reste, notammentdans les cantons que l'ennemi a malheureusement envahis, et qu'il a si cruellement pillés et dévastés; l'agriculture y gagnerait aussi, parce que l'excavation du canal assainirait une grande quantité de terres et de prés, propres d'ailleurs à devenir très-fertiles et abondants. On ajoutera même que les dépenses qu'il occasionnerait au trésor public seraient facilement compensées par la bonification qu'on procurerait nécessairement à l'immense terrain de la forêt de Mormal, appartenant à la nation, et dont les bois jusqu'ici, quoique de toute beauté, n'ont pu être employés à la charpente ou à la construction des vaisseaux.

Ces motifs sont assez frappants pour prétendre qu'il n'est peut-être pas d'entreprise ou de projet qui réunisse plus d'avantages avec aussi peu de dépenses ; ces motifs sont également puissants pour décider en faveur de l'urgence de ce canal, particulièrement dans les circonstances actuelles. Il paraîtra sans doute à tout ami de la patrie que c'est à sa confection qu'on doit employer de suite et sans relâche une partie des prisonniers faits sur nos ennemis.

N'est-il pas temps que ces automates rendent au moins quelques services à une nation généreuse qui les alimente ?

Mais, pour jouir de tous les avantages que ce canal présente, il est indispensable de le faire révolutionnairement pour qu'il soit navigable à la fin de l'hiver prochain. Si cette motion est appuyée, j'en demande le renvoi au comité des travaux publics, pour en faire son rapport dans trois jours.

La Convention nationale renvoie au comité des travaux publics la motion, faite par Sallengros, de faire dans trois jours son rapport sur les avantages que présente la jonction de la Sambre à l'Oise, et sur l'urgence du canal proposé.

**\*\*\*** : Il y a au comité des travaux publics un grand plan, où l'on a disposé nombre de canaux et autres routes également utiles à l'exploitation des richesses de l'intérieur de la république ; la plupart de ces travaux sont de nature à n'être entrepris qu'à la paix ; mais il me semble que l'on en pourrait extraire ce qui concerne le canal de jonction de la Sambre et de l'Oise, qui pourrait être utilement entrepris dès ce moment, en y employant les prisonniers de guerre et les déserteurs. J'appuie donc le renvoi au comité, pour qu'il en fasse un prompt rapport.

**DUHEM** : J'appuie également le renvoi proposé, attendu l'importance de l'objet sur lequel notre collègue vient d'appeler l'attention de l'assemblée ; car en ce moment il épargnerait beaucoup à la république sur les dépenses énormes qu'occasionnent les transports et les charrois des effets nécessaires à nos armées pendant la guerre.

La Convention décrète ces propositions.

**BODIN** : Citoyens, votre comité des transports, postes et messageries, en se livrant à l'examen des diverses réclamations qui lui sont adressées, a fixé particulièrement son attention sur les plaintes de plusieurs entrepreneurs de voitures libres, qui se trouvent inquiétés dans l'exercice de leurs professions, par suite de la loi du 29 août 1790 (vieux style), relative aux postes et messageries, et d'un arrêté du comité de salut public du 6 messidor, lequel prescrit l'exécution de cette loi.

Pour fixer vos idées sur l'objet dont nous venons vous entretenir, il est nécessaire, avant tout, de rappeler ici les articles de la loi du 29 août qui ont trait à la question qui vous est soumise, et l'arrêté du comité de salut public du 6 messidor, ainsi conçus :

Articles II, III et IV de la loi du 26 août 1790 : « Tout particulier, etc. » jusqu'à : « qui ne pourra être moindre de 100 liv., ni excéder 300 liv. »

Appuyée sur ces dispositions prohibitives, la ferme des messageries a poursuivi, devant les autorités chargées d'en connaître, plusieurs entrepreneurs de voitures libres, dont quelques-uns, pour avoir placé au-dessus de leurs portes un tableau, et distribué des cartes indicatives de leur profession, ont été condamnés à une amende de 100 liv.

Ils sont venus auprès de votre comité représenter que la loi du 29 août ne détruit point, dans le fait, le privilège ancien dont elle prononce l'anéantissement, puisqu'elle crée au même instant une ferme investie d'attributions exclusives, non moins attentatoires à la liberté et à la prospérité nationale ; que nombre de citoyens, se fondant sur la loi du 29 août, ont formé de ces sortes d'établissements, d'où il résulte un service actif, et d'autant plus avantageux pour la nation qu'il l'a déchargée en partie des pertes qu'elle éprouve par le régime des messageries ; que le grand mouvement imprimé par les circonstances aux relations intérieures rend ce service particulier plus utile encore ; mais que, n'étant soutenu

par aucune loi positive, il peut éprouver d'un moment à l'autre une cessation qui conduirait les entrepreneurs à une ruine totale et inévitable ; qu'ils transportent les voyageurs et les effets à meilleur compte que les voitures nationales, et avec une égale sûreté et célérité ; enfin, que plus les messageries resteront chargées de voiturer, plus elles perdront, et que plus le service sera divisé, mieux il se fera, et plus la nation y gagnera.

En conséquence, ils ont demandé le rapport de cette partie de la loi du 29 août 1790 qui impose des restrictions aux entrepreneurs de voitures libres.

Le comité de salut public n'a vu, au contraire, dans la tendance qu'ont les entrepreneurs à s'assimiler en tout aux messageries nationales, qu'un principe de détérioration de cette branche d'administration, une perte ou diminution des quatre cinquièmes du revenu qu'elle produit, et que les circonstances actuelles ne permettent ni d'abandonner, ni de changer ; d'ailleurs, ces établissements particuliers se font sur les routes fréquentées et faciles, tandis que le service des routes de traverse est abandonné aux seules messageries nationales, ce qui occasionne un surcroît de dépenses et de difficultés ; qu'on emploie en outre dans ces établissements un grand nombre de chevaux dont la république se trouve privée, ainsi qu'une quantité de fourrages également perdus pour elle ; enfin ces établissements ne font pas, ou ne font que très-imparfaitement le service du roulage.

Telles sont les raisons qui ont décidé le comité de salut public à prescrire l'exécution stricte de la loi du 29 août, et même à en agrandir les dispositions pénales.

Après avoir mûrement pesé ces motifs, et les avoir rapprochés, tant de ceux déduits en opposition par les entrepreneurs de voitures libres que des circonstances dans lesquelles se trouve la république, votre comité a considéré d'abord que les messageries nationales ne peuvent plus aujourd'hui suffire au service journalier ; que partout l'encombrement des comestibles, marchandises et effets destinés, tant aux besoins des départements, des armées de terre et de mer, et que plus le service des administrations, qu'aux opérations commerciales, se fait sentir de la manière la plus fâcheuse ; que quantité de ces objets précieux, comme denrées de toute nature, croupissent et se perdent dans les ports et les magasins de l'État et de commerce, faute de moyens pour être évacués et transportés à temps ; que la navigation intérieure, affaiblie elle-même par le concours de plusieurs causes impérieuses, notamment par le service de la marine nationale, ne peut suppléer à l'insuffisance des transports par terre ; qu'il s'ensuit une stagnation générale dont les effets progressifs se montrent plus alarmants de jour en jour ; ce qui oblige de recourir à des réquisitions multipliées à l'infini, qui, tourmentant et fatiguant l'industrie et la culture, menacent de les paralyser entièrement.

Cet état de choses constaté par votre comité, il n'a pu apprendre sans une vive inquiétude que la disproportion évidente qui existe entre les relations intérieures et les ressources pour y satisfaire occasionne des retards souvent de plusieurs décades, pour le service des personnes et des choses, lorsqu'il serait du plus haut intérêt d'en accélérer la circulation dans un degré de vitesse proportionné à la nature et à l'étendue des besoins, ainsi qu'à la rapidité du mouvement révolutionnaire.

Il a reconnu que, loin de pouvoir nuire, sous aucun rapport, aux messageries nationales, qui, malgré leur activité non interrompue, ne suffisent pas pour remplir, par leurs propres forces, le but de leur institution, les entrepreneurs de voitures se trouvent, dans les circonstances présentes, les auxiliaires naturels de cette administration, et que, si la faculté d'exercer ce genre d'industrie leur était interdite, les bureaux des messageries n'en éprouveraient que plus d'encombrement, le commerce plus d'entraves, et le gouvernement plus de lenteur et de dépenses.

En conséquence, il s'est convaincu que le bien du service public et les intérêts généraux du commerce commandent, en ce moment plus particulièrement que dans tous autres, non-seulement de garantir aux entrepreneurs de voitures libres l'exercice de leur profession, mais encore de les encourager.

C'est d'après ces considérations puissantes, et pour aider d'autant à rendre à la circulation intérieure le ressort et l'activité que comportent les circonstances, que votre comité vous propose le projet de décret suivant :

« La Convention nationale, après avoir entendu le rapport de son comité des transports, postes et messageries, sur les réclamations d'entrepreneurs de voitures particulières, pour le service public, lesquels sont inquiétés dans l'exercice de leur industrie, par suite de quelques dispositions de la loi du 29 août 1790 (vieux style), relative aux postes et messageries ;

« Voulant faciliter et accélérer, par tous les moyens possibles, le transport le plus prompt des personnes, comestibles, effets et marchandises dans toute l'étendue de la république, et généralement rendre à la circulation intérieure tout le ressort et l'activité que les circonstances commandent et peuvent permettre, décrète ce qui suit :

« Art. 1er. La partie de l'article II de la IIIe section de la loi du 29 août 1790 (vieux style), qui défend à tous particuliers, ou compagnies, autres que les fermiers généraux de messageries, coches ou autres voitures d'eau, d'annoncer des départs à jours et heures fixes, et d'établir des relais, non plus de se charger, de reprendre et conduire des voyageurs qui arriveraient en voitures suspendues, si ce n'est après un intervalle du jour au lendemain, entre l'époque de l'arrivée desdits voyageurs et celle de leur départ, est rapportée, ainsi que l'article III de la même section en son entier.

« II. En conséquence, tout particulier est autorisé à conduire ou à faire conduire librement les voyageurs, ballots, paquets, marchandises, ainsi et de la manière que les voyageurs, expéditionnaires et voituriers conviendront entre eux, sans qu'ils puissent être troublés ni inquiétés, pour quelque motif et sous quelque prétexte que ce soit.

« III. Les entrepreneurs des voitures libres ne pourront se prévaloir des autres dispositions des différentes lois relatives aux messageries nationales.

« IV. Toute procédure commencée, tout jugement rendu et non exécuté, contre des entrepreneurs de messageries particulières, pour contravention aux articles de la loi du 29 août 1790, ci-dessus rapportés, seront annulés. »

Ce projet de décret est décrété.

— Delmas, au nom des comités de sûreté générale, de salut public et de législation, présente le projet de décret que nous avons rapporté, sur la police des Sociétés populaires.

PELET : Il y a dans ce projet des dispositions qui méritent un profond examen. Les premières paraissent être conformes aux principes ; mais il ne faut pas mettre d'enthousiasme dans une loi de cette nature ; cela pourrait faire interpréter les intentions de la Convention d'une manière désavantageuse. Je demande l'impression et l'ajournement.

THIBAUDEAU : Ce projet me paraît d'une telle importance qu'il me semble nécessaire, même quand l'ajournement serait adopté, d'éclairer le peuple par une discussion raisonnée.

Je suis effrayé des divers articles de ce projet ; je ne conçois pas comment on pourrait enlever aux agrégations d'hommes libres la faculté de communiquer entre elles. (Murmures.) Je pense, comme tous les membres de la Convention, qu'il n'appartient qu'aux représentants du peuple et aux autorités constituées de concourir au gouvernement, que les Sociétés populaires ne doivent y avoir aucune part active ; mais je sais aussi qu'elles ont des droits inhérents à la qualité des citoyens qui les composent, des droits qu'il n'est pas au pouvoir du gouvernement de leur ôter. Si les Sociétés populaires se sont écartées des bornes que la raison leur prescrit ; si elles ont usurpé sur le gouvernement, vous devez en accuser la législation, qui, dans plusieurs lois rendues depuis l'établissement du gouvernement révolutionnaire, les y a fait participer. Si, comme je le crois, il y a des inconvénients à ce que les Sociétés populaires conservent plus longtemps ce droit, il faut le leur ôter ; il faut qu'elles ne gouvernent plus ; mais il ne faut pas pour cela porter atteinte aux droits que tous les citoyens ont de communiquer entre eux.

Rappelez-vous les services rendus à la république par les Sociétés populaires, tant qu'elles ont été contenues dans de justes bornes ; il n'est pas un membre de la Convention qui ne se fasse honneur d'avoir été de ces Sociétés (on applaudit), et qui ne doive à leur influence le caractère dont il est revêtu (murmures), parce que c'est là où les patriotes se sont fait connaître.

Il ne s'agit pas de détruire ces institutions, personne n'en a l'envie ; mais il faut être prudents dans les mesures à prendre ; il ne faut pas que ces Sociétés puissent influencer d'une manière arbitraire, directe et tyrannique, le gouvernement ; mais aussi il faut qu'elles jouissent de la plus entière liberté.

Ce ne sont point les Sociétés populaires qu'il faut accuser des maux qui ont tourmenté la république, mais le malheur des circonstances, mais les conspirations du gouvernement lui-même ; car c'est le gouvernement qui fait la morale publique. Lorsqu'il donne de bons exemples, lorsqu'il prêche la morale et qu'il la pratique, les citoyens et les Sociétés s'empressent de la suivre. (Applaudissements.) Il n'est pas étonnant que, lorsqu'il était composé d'hommes perfides, qui ne prenaient que des mesures tyranniques, sous l'apparence du patriotisme, les citoyens de bonne foi qui composaient les Sociétés aient été trompés sur leurs intentions et aient commis des fautes. Mais si vous vouliez rechercher tout ce qui a été fait, si vous vouliez convertir les erreurs en crimes, il n'est pas un homme en France qui ne méritât d'être puni.

La latitude qu'on vous a fait donner au gouvernement révolutionnaire est cause, en grande partie, des maux que la république a soufferts ; et vous n'aurez rien fait pour neutraliser tout ce que l'influence des Sociétés populaires a de funeste tant qu'un homme ne sera pas à l'abri d'un autre homme, tant qu'on sera responsable envers les passions des individus, et non envers l'impassibilité des lois.

Sous ce rapport, la loi du 17 septembre a besoin d'être revue ; il importe de bien déterminer ce qu'il faut entendre par gens suspects. J'aime mieux être responsable envers une loi atroce qu'envers les caprices des hommes.

Je crois, citoyens, qu'on ne peut point interdire la correspondance entre les Sociétés, et je demande que les trois comités soient chargés de vous présenter les moyens d'ôter aux Sociétés populaires la part active qu'on leur a donnée dans le gouvernement.

*** : La loi qu'on vous présente intéresse la tranquillité publique, les droits des citoyens, la sûreté et la dignité de la représentation nationale. On parle de cette loi comme si elle prononçait la destruction des Sociétés populaires ; ce n'est pas de cela qu'il s'agit, mais seulement d'étendre sur elles l'action que le gouvernement a et doit avoir sur tous les citoyens, en quelque lieu et sous quelque dénomination qu'ils se rassemblent, afin d'empêcher que le trouble et le désordre ne compromettent la sûreté de l'Etat. En remontant à l'origine des Sociétés populaires on voit qu'elles n'eurent jamais d'organisation, qu'elles se sont formées d'elles-mêmes, par le concours de citoyens que l'amour de la patrie réunit pour renverser le despotisme ; elles se sont ensuite accrues et ont puissamment contribué à détruire la monarchie : mais dans la suite, voulant attaquer un gouvernement libre... (On murmure.)

MERLIN (de Thionville) : Rappelez-vous la conspiration du 9 thermidor.

*** : Dans la suite des temps, ces Sociétés, abusant de leur influence contre le gouvernement qui avait été établi, le renversèrent. (*Plusieurs voix :* Le gouvernement monarchique.) Or vous devez surveiller avec soin une institution qui renverse avec le même succès et le despotisme et la liberté. Je dis qu'elles ont concouru à renverser un gouvernement libre ; et, en effet, le gouvernement n'était pas dans vos mains lorsque le sang coulait par torrents, lorsque les têtes tombaient par milliers dans toute la république. Non, ce n'était pas vous qui gouverniez. (On applaudit.)

Lors de l'heureuse révolution du 9 thermidor, lorsque le peuple vit que vous aviez ressaisi les rênes, que vous vouliez substituer la justice à la terreur, il se tourna vers vous, il vous tendit les bras, et il sentit que, sans l'assistance des Jacobins, Robespierre et ses complices ne fussent jamais parvenus à vous dominer. (Applaudissements.) Or, puisque les Sociétés ont su vous arracher le gouvernement et le mettre entre les mains d'un homme qu'elles ont placé au-dessus de la Convention et au-dessus du peuple, vous devez croire qu'elles ne peuvent être surveillées de trop près.

On vous propose de leur défendre toute affiliation et toute correspondance..... (LEVASSEUR (de la Sarthe) : C'est une bagatelle!) Quel est le gouvernement représentatif? N'est-ce pas celui où les représentants forment le vœu public? Si vous admettez que quelques citoyens ou Sociétés ne soient point assujettis aux lois et puissent s'élever contre la représentation nationale, alors le gouvernement n'est plus qu'anarchique ; alors ce n'est plus que le règne de quelques intrigants qui forceront le peuple et ses délégués d'avoir des volontés qui ne seront jamais entrées dans leur intention.

On a fait des objections relativement à la correspondance ; mais n'est-il pas constant que toutes les pétitions doivent être faites en nom propre, qu'elles ne doivent présenter qu'un vœu individuel ; et je vous demande si, toutes les fois qu'on vous apporte ici un vœu influencé par quelques membres qui jouissent d'une certaine considération dans une Société, vous pouvez regarder ce vœu comme individuel.

L'article qu'on vous propose est conforme aux principes, il n'est qu'avantageux même aux Sociétés ; car, quel est le but de leur réunion? c'est d'exercer la surveillance : mais cette surveillance appartient à tous les citoyens, et non point exclusivement aux Sociétés populaires. Il faut donc faire en sorte que tous les citoyens puissent surveiller individuellement.

Vous avez établi en principe que tous doivent être également protégés et punis par les lois. Or tous les délits doivent être punis, dans quelque lieu qu'ils soient commis. Si dans une Société populaire on pouvait impunément prêcher la révolte contre la Convention, vous verriez bientôt tous les êtres pervers, tous ceux qui n'ont pas le courage d'aller exciter à la sédition dans les lieux publics, vous les verriez bientôt se retrancher dans les Sociétés populaires et provoquer au crime. Nous avons le plus grand intérêt d'empêcher toutes les factions de renaître, et nous savons tous que ce n'est qu'au sein des Sociétés populaires qu'elles se sont formées, parce que c'est là que des hommes infâmes ont abusé de l'influence qu'ils avaient acquise par l'hypocrisie pour soumettre la Convention à leur volonté. Enfin je soutiens que, dès que le projet qu'on vous propose n'attaque pas l'existence des Sociétés populaires, et qu'il ne fait que les soumettre, comme tous les citoyens, à l'action du gouvernement, il doit être mis aux voix.

LEJEUNE : Et moi aussi je veux que les Sociétés populaires rentrent dans leurs bornes ; je veux que les abus disparaissent, et que le gouvernement soit dirigé par la Convention seule ; mais je réclame pour les Sociétés populaires les droits qui sont garantis à tous les citoyens par la volonté suprême du peuple. La nation, en acceptant la constitution, a garanti aux Sociétés populaires la libre manifestation de leurs pensées et de leurs opinions, soit par la voie de la presse, soit de toute autre manière ; c'est aussi ce que porte la Déclaration des Droits de l'Homme. Je vois qu'on veut ôter aux Sociétés le droit de manifester leur opinion. (*Plusieurs voix :* Non, non !) On veut leur ôter le droit naturel et imprescriptible de correspondre entre elles de se communiquer leurs pensées. Pourrait-on l'ôter à un citoyen ? (*Plusieurs voix :* Non, non, point à un citoyen !) Eh bien, on ne peut pas davantage en priver les Sociétés populaires. Ce droit sacré est garanti par la constitution et par les Droits de l'Homme. (On applaudit.) Pourquoi ose-t-on contrarier la volonté suprême de la nation quand elle s'est manifestée ? Je sais qu'on a trouvé dans ces Sociétés des instruments qui ont servi aux ambitieux. Eh bien, il faut que le glaive de la loi frappe les têtes coupables, mais il faut aussi qu'on laisse subsister des institutions qui servent à propager les vertus sociales et la haine de la tyrannie, des institutions qui nous ont sauvés des horreurs de la guerre civile. (Murmures et applaudissements.)

MERLIN (de Thionville) : Elles ne nous ont pas sauvés des assassins ; il faut les arracher de leur sein.

LEJEUNE : Il ne faut pas être ingrats ; il ne faut pas oublier les services immortels rendus par ces Sociétés tant calomniées. (On applaudit.) Il ne faut pas oublier que les tyrans coalisés seraient venus dévorer notre commune patrie sans les secours qui nous ont été donnés par ces Sociétés. (Murmures et applaudissements.) Il n'est aucun observateur de la révolution qui ait pu s'y méprendre ; depuis cinq ans, les projets des ennemis de la patrie et des tyrans coalisés ont tendu à détruire les Sociétés populaires. (Applaudissements.)

*Plusieurs voix :* Il ne s'agit pas de les détruire.

LEJEUNE : Ce n'est que par la police seule que vous pourrez les ramener aux limites qui leur ont été assignées.

Nous avons eu la gloire de faire une constitution républicaine, que le peuple a acceptée ; douze cent mille citoyens ont volé au combat pour la sceller de leur sang : occupons-nous d'effacer du cœur de nos frères les vieilles habitudes monarchiques, propageons l'enthousiasme de la patrie et l'amour de la liberté, et pour cela servons-nous des Sociétés populaires, de ces Sociétés que, dans des jours d'avilissement et d'opprobre, Chapelier et ses partisans voulurent entraver, voulurent organiser à leur manière.

Je conviens qu'il y a d'excellentes dispositions dans le projet de décret, mais je soutiens qu'il faut aussi le temps de le mûrir, et je demande l'impression et l'ajournement à trois jours.

Merlin (de Thionville) : Je demande que le président rappelle la question ; car le dernier opinant ne l'a point abordée. Il a parlé de l'anéantissement des Sociétés populaires, et personne n'a envie de les anéantir.

Rewbell : La discussion qui vient de s'élever servira à éclairer les dispositions du projet de décret. J'adopte les principes posés par Thibeaudeau et par Lejeune, mais j'en tirerai une conclusion différente. (Murmures et applaudissements.) Et moi aussi j'ai juré de maintenir la Déclaration des Droits de l'Homme, et c'est parce que je l'ai fait de bonne foi que je veux la liberté et l'égalité. (On applaudit.) Thibaudeau a été obligé de convenir qu'on avait mal à propos donné aux Sociétés, dites populaires (murmures), une part dans le gouvernement ; il aurait dû ajouter que, si on leur a donné une part, elles ne s'en sont pas contentées, elles ont tout pris. (On applaudit.) Elles se sont établies en Sociétés d'inquisition par toute la république, et ce sont des hommes de cette Société qui l'ont inondée de sang. (On applaudit.) Il est temps de faire cesser cette odieuse inquisition ; il est temps de rapporter cette législation, ouvrage des dominateurs, qui donnaient à ces Sociétés une part active dans le gouvernement ; il est temps de ramener tous les citoyens à l'égalité. (On applaudit.)

La grande difficulté qu'on élève roule sur la correspondance. On dit : Vous ne pouvez pas priver les Sociétés populaires de correspondre entre elles, puisque tous les citoyens ont ce droit. Oui, les citoyens peuvent communiquer entre eux ; mais ils ne communiquent pas par président et par secrétaire. (On applaudit.) Peuple, de quel œil peux-tu voir des gens qui veulent se mettre au-dessus des lois, des gens, qui communiquent entre eux comme citoyens, veulent être plus que les autres citoyens, veulent encore communiquer comme corporation ? (Applaudissements.) Peuple, c'est l'abus de ces corporations qui a fait tous tes malheurs : tu as abattu le monstre du fédéralisme ; tu n'as pas voulu que les sections, les départements communiquassent entre eux ; abats cette correspondance exécrable qui fait le malheur de la république, cette correspondance qui a substitué au fédéralisme des départements le gouvernement de Robespierre, et qui voudrait substituer au gouvernement de Robespierre le fédéralisme des Sociétés populaires. (Applaudissements.)

Voulons-nous être libres ? soyons égaux ; qu'il n'y ait de privilége pour personne, pas plus pour plusieurs que pour un seul. Je défie qu'on trouve dans le projet de décret rien qui blesse l'égalité ; d'après cela, qu'on aille aux voix.

Bentabole : Si l'on insiste sur l'ajournement, je ne m'y oppose point ; mais je crois nécessaire de répondre brièvement à quelques objections qui n'ont été faites que pour égarer le peuple sur la véritable question. (On applaudit.)

On a dit qu'il y avait dans ce projet d'excellentes et de mauvaises choses : vous allez voir qu'en le disséquant, tout ce qu'on y trouve de mauvais disparaîtra, et qu'il n'y restera que le bon.

Il se réduit à deux articles principaux : le premier, qui empêche que les Sociétés populaires agissent en nom collectif, soit dans leurs pétitions, soit dans leurs Adresses ; le second, qui les soumet à l'action du gouvernement, en les obligeant de faire connaître la liste de leurs membres, afin qu'on sache s'il ne s'est pas glissé parmi eux des brigands semblables à ceux qui ont mis dernièrement la république à deux doigts de sa perte ; les autres articles ne sont que d'exécution.

Je vais donc me renfermer dans ces deux bases, et prouver qu'à moins d'être l'ami de l'anarchie et vouloir perdre le fruit de la révolution ; qu'à moins d'être du nombre de ces hommes qui, sous le nom de révolutionnaires, veulent perpétuellement être maîtres de la fortune publique, on ne peut refuser son assentiment à ce projet de décret.

Voici ce que j'adresse à ceux qui veulent que les Sociétés populaires agissent en nom collectif. Je leur dis que le gouvernement révolutionnaire n'a point été établi pour être la proie de quelques factieux qui voudraient tout piller et tout égorger dans la république. (Applaudissements.) Je leur dis qu'il ne faut pas que quelques intrigants abusent de leurs talents dans les Sociétés populaires, et ailleurs peut-être, pour se rendre maîtres de la république. Je leur dis qu'il faut, pour que la Convention, qui a de bonnes intentions, qui veut sauver le peuple, qui veut gouverner avec justice, puisse satisfaire à sa conscience ; je leur dis qu'il faut qu'elle puisse agir librement, et qu'elle n'aura jamais de liberté, qu'elle ne sera jamais maîtresse de sauver la république, tant que les abus qui résultent des affiliations existeront. (On applaudit.) Quand la Convention ne sera plus contrariée par cet autre centre qui s'est élevé à côté d'elle, par ce centre qui égare l'opinion publique, qui ôte à la représentation nationale la confiance et le respect qui lui sont dus, alors on verra que le gouvernement révolutionnaire n'est point un gouvernement de sang, comme il le fut à la faveur des Jacobins qui soutenaient Robespierre. (Applaudissements.)

Quelle raison peuvent donner pour leur opinion ceux qui veulent que la correspondance soit toujours faite en nom collectif ? Veulent-ils que les Sociétés populaires aient plus de pouvoir, plus de priviléges que n'en ont les autorités constituées ? (On applaudit.) Ceux qui disent : Nous voulons maintenir le gouvernement révolutionnaire, font semblant de ne pas savoir que la loi du 14 frimaire, qui l'institue, contient une disposition expresse qui défend aucune fédéralisation, aucune centralisation, aucune correspondance collective d'autorités à autorités. Or, si l'on a craint que les autorités constituées compromissent ainsi la république, pourquoi n'aurait-on pas la même crainte de la part des Sociétés dans lesquelles il s'est trouvé beaucoup d'hommes qui lui ont nui ? Voilà une contradiction qui prouve qu'il existe un centre à côté d'un centre ; s'il doit y avoir deux centres, je demande au peuple quel est celui qu'il veut suivre. (On applaudit.)

On dit que la correspondance en nom collectif ne présente aucun inconvénient ; mais il n'est personne ici qui ne soit convaincu de la mauvaise foi de cette assertion ; car, depuis le 9 thermidor, depuis qu'on a abattu le triumvirat, le gouvernement qui faisait couler des flots de sang, n'a-t-on pas vu la Société populaire de Marseille, qui correspondait avec celle de Paris, se révolter contre la Convention, l'obliger de la dissoudre et de faire tomber le glaive de la loi sur la tête des scélérats qui avaient levé l'étendard de la rébellion, et invitaient les autres Sociétés à l'arborer aussi ? N'a-t-on pas vu les Sociétés de Dijon, d'Aurillac, marcher dans un sens contraire à la Convention, et envoyer partout des Adresses qui empêchaient qu'on suivît les lois? (On applaudit.) Ainsi on ne veut qu'empêcher la correspondance en nom collectif; on ne veut point porter atteinte aux droits qu'ont tous les hommes de communiquer librement entre eux.

Je défie qu'on trouve dans le projet une disposition qui empêche un citoyen membre d'une Société populaire d'écrire à un membre, et même à tous les membres de toutes les Sociétés possibles. On veut seulement empêcher que, par la communication collective, on ne trompe le peuple et on ne fédéralise la république; car, lorsque le peuple entend lire un arrêté signé du président et du secrétaire d'une Société, il croit que c'est là le vœu de la Société entière, tandis que ce n'est l'ouvrage que de cinq ou six intrigants qui la dominent (On applaudit.) Au lieu que si vous obligez tous les membres d'une Société populaire à correspondre individuellement, à signer toutes leurs Adresses et pétitions, alors on n'agira plus légèrement, parce qu'on saura que la signature restera, qu'elle servira à faire connaître si les hommes qui composent la Société sont des hommes moraux, estimables, ou si ce ne sont que des hypocrites et des patriotes de fraîche date.

Ainsi ce projet ne tend qu'à établir l'unité, l'indivisibilité de la république, en assurant aux Sociétés populaires le droit de n'être plus dominées par quelques mauvais sujets, et en démasquant les fripons, que la police saisira aussitôt.

Bourdon (de l'Oise) : Je déclare que, si on veut l'ajournement, je ne prendrai pas la parole; mais il me semble nécessaire de bien faire connaître les dispositions d'un projet dont le but est de nous donner le gouvernement après lequel nous soupirons depuis cinq ans. Depuis cinq ans nous voulons une république représentative. Que sont les Sociétés populaires? Une collection d'hommes qui, semblables aux moines, se choisissent entre eux. (On applaudit.) Je ne connais pas dans l'univers d'aristocratie plus constante et mieux constituée que celle-là. (Applaudissements.) Je ne prétends point par cette pensée porter atteinte au droit que tous les citoyens ont de se réunir paisiblement et sans armes; mais je veux dire que l'aristocratie commence là où une collection d'hommes, par sa correspondance avec d'autres collections, fait triompher d'autres opinions que celle de la représentation nationale.

Il est démontré que ceux qui se sont opposés à la liberté illimitée de la presse ont eu raison; il me semble qu'il doit l'être autant que ceux qui veulent défendre la correspondance en nom collectif sont aussi fous que les partisans de la liberté absolue de la presse. Je le répète, c'est là où est la véritable aristocratie; car ce n'est pas le peuple qui a nommé, qui a constitué ces Sociétés; ce sont elles-mêmes qui se sont donné le nom de populaires, et, lorsqu'on leur donne cette épithète, on ne pèse point assez tout l'abus qu'elles en pourraient faire.

Je ne vois le peuple que dans les assemblées primaires (applaudissements); mais je vois un souverain s'élever à côté du gouvernement représentatif, souverain dont le trône est ici aux Jacobins, quand je vois des collections d'hommes semblables correspondre entre elles. (On applaudit.) J'y mets si peu de passion que, pour avoir l'unité et la paix, je dirais volontiers au peuple : Choisis entre les hommes que tu as nommés pour te représenter et ceux qui se sont élevés à côté d'eux; peu importe, pourvu que tu aies une représentation unique. (On applaudit.)

Oui, que le peuple choisisse entre ses vrais représentants et les hommes qui ont voulu marquer du sceau de la réprobation ceux qui sont chargés de la confiance de la république, et les hommes qui, liés avec la municipalité de Paris, voulaient, il n'y a pas encore deux mois, assassiner la liberté. (Applaudissements.)

Citoyens, voulez-vous faire une paix glorieuse? voulez-vous arriver jusqu'aux anciennes limites de la Gaule? Présentez aux Belges tranquilles une révolution paisible, une république sans représentation à côté de la vraie représentation, une république sans comités révolutionnaires teints du sang des citoyens. Dites aux Belges : « Vous voulez une constitution à peu près libre, nous vous donnons la liberté tout entière; les cicatrices de nos plaies sont encore sur notre visage; venez, serrez-nous dans vos bras, vous aurez la république sans passer par ces malheureuses périodes qui ont fait gémir nos cœurs. » (On applaudit.)

Citoyens, vos ennemis ont empoisonné vos Sociétés populaires et vos sections d'hommes inconnus à ceux qui ont commencé la révolution en 1789, d'hommes qui ne veulent que pillage, que désordre, que meurtres, qu'assassinats: ce sont ces hommes qu'il faut faire rentrer dans la poussière, et c'est ce qu'on vous demande en vous proposant la garantie de la correspondance.

Les agitateurs, sachant qu'il faudra signer, craindront alors d'être connus; ils n'égareront plus si légèrement les citoyens paisibles qui n'apportent dans les Sociétés populaires que de bonnes intentions. (On applaudit. ) Mais, je vous le dis encore, si vous souffrez un centre à côté du gouvernement représentatif, il ne faut plus penser à la république ni à la démocratie. Si vous voulez dégoûter les Belges et tous les peuples jusqu'au Rhin de faire cause commune avec vous, il faut tenir aux mauvais principes qui ont désolé votre pays jusqu'à présent; souvenez-vous que vos ennemis mettent tout en œuvre pour les détourner de s'unir à vous. Comment voulez-vous, leurs disent-ils, qu'on traite avec la France? est-ce à la Convention ou aux Jacobins qu'il faut s'adresser? Mais, citoyens, quand vous aurez de l'unité, de l'ensemble dans votre gouvernement, vous verrez qu'aucun peuple ne déteste la liberté (applaudissements); vous verrez que, si le lion belge fut opprimé, il ne fut jamais esclave; vous verrez qu'il se jettera avec joie dans les bras de l'indépendance. La maison d'Autriche ne tenta jamais de lui ôter l'espèce de liberté dont il a toujours joui, parce qu'elle savait qu'elle n'aurait jamais pu y parvenir; mais elle se servit des infâmes prêtres pour réussir dans ses desseins. Portons à ce peuple généreux une autre religion, portons-lui celle de la liberté et de l'égalité; il l'adoptera certainement. Il pourra arriver que quelques imbéciles ou quelques vieilles femmes veuillent en dégoûter les autres, mais l'homme du peuple, l'homme éclairé sur ses intérêts et sur sa dignité, dira : Voilà la divinité pour laquelle j'ai combattu; je m'attache au peuple qui me l'assure, au peuple qui me rend la libre navigation que m'avaient ravie la Hollande et l'Angleterre.

Citoyens, tout cela dépend de la décision que vous prendrez : si vous voulez le bonheur de votre pays, ne souffrez pas que deux autorités, l'une avouée, et l'autre illégitime, se le partagent et se le déchirent. Ramenez tout à l'ordre, et vous rechérez toutes les plaies, et bientôt le commerce et la prospérité convoleront le peuple de tous ses sacrifices. (Vifs applaudissements. — Les membres de la Convention et les citoyens des tribunes se lèvent, en criant : Vive la république ! — On demande que la discussion soit fermée.)

Duhem : Il existe une loi qui ordonne l'impression de tous les projets de décrets importants... (Il se fait du bruit dans la partie de la salle où est placé Bourdon (de l'Oise).)

Bourdon (de l'Oise) : Toutes vos sottises ne feront rien; il est démontré qu'on ne porte aucune atteinte aux Sociétés populaires, qu'on ne veut que la garantie de la correspondance ; et ceux qui demandent l'ajournement indiquent assez ce que sont actuellement les Sociétés populaires. (On applaudit.) Ils prouvent qu'elles portent la terreur jusque dans l'âme des représentants du peuple. (Applaudissements.) Je demande à tous les citoyens de bien sentir le but de la discussion, de l'approfondir et de voir si la liberté est blessée lorsqu'on veut seulement faire la police des Sociétés populaires. Je demande enfin à tous les représentants qu'ils soient dignes du caractère qu'ils ont reçu de la nation. (Oui, oui, oui! s'écrient tous les membres en se levant. — La salle retentit des plus vifs applaudissements.)

Crassous : Je demande la parole.

Merlin (de Thionville) : Je la demande après lui.

Clauzel : La discussion est trop importante pour qu'elle puisse être fermée; je demande qu'on entende tous ceux qui voudront parler. (On applaudit. )

Crassous : Peut-être la discussion n'a-t-elle pris ce capctère que parce que les mots n'ont pas été assez bien définis, et que parce qu'on ne s'est pas suffisamment bien entendu. Il serait facile de relever une foule de contradictions dans les discours de ceux qui ont parlé en faveur du projet de décret pur et simple, quoiqu'il soit susceptible de beaucoup de modifications. D'abord, on a dit que les Sociétés populaires présentaient le tableau de l'aristocratie la plus caractérisée ; ensuite on les a regardées comme l'institution la plus démocratique. Ici on s'est répandu en invectives contre elles, et là on a été obligé de convenir qu'elles avaient rendu des services multipliés, et qu'elles ont contribué à renverser toutes les tyrannies qui ont voulu s'élever.

*Quelques voix :* Non, non ! Rappelez Crassous à l'ordre.

Crassous : On prétend que, dans les Jacobins comme dans toute autre réunion, il est des hommes qui ont abusé de leur influence ; mais si nous parlons des Sociétés populaires en général, de cette institution précieuse qu'on veut faire servir au maintien de la liberté et de l'égalité, ne nous faisons pas illusion ; expliquons-nous franchement ; le projet porte que toute affiliation, agrégation, fédération et correspondance sont prohibées. (*Plusieurs voix :* En nom collectif.) Il me paraît qu'on ne dispute que sur les mots ; qu'on ne veut pas plus détruire la correspondance entre les réunions de citoyens qu'entre les citoyens eux-mêmes ; car si on voulait détruire la correspondance entre les réunions de citoyens, il faudrait aller plus loin, il faudrait détruire les Sociétés populaires. (*Plusieurs voix :* Non, non !) Les comités n'ont pas fait précéder leur projet de décret d'un rapport qui en déterminât les principes ; je les trouverai dans celui que Lindet fit, il y a quelque temps, en leur nom ; il disait dans ce rapport que les Sociétés devaient observer toujours attentivement la marche du gouvernement. (On applaudit.) Pourquoi donc voulez-vous restreindre cette surveillance en les empêchant de correspondre entre elles ? car c'est la restreindre que d'empêcher deux Sociétés placées aux deux extrémités de la république de se communiquer leurs pensées et leurs opinions. On a le droit de s'éclairer sur les inconvénients qui peuvent résulter d'une loi avant que de réclamer auprès de la représentation nationale les changements qui y sont nécessaires. Si vous n'adoptiez pas les modifications qui vous ont été proposées, vous mettriez le remède à côté du mal. (On applaudit.)

On a dit qu'en s'opposant au projet on voulait détruire la responsabilité des réunions. Je crois que personne n'a cette envie ; car la responsabilité existe de droit ; il y a un principe : c'est que le droit de pétition ne peut se déléguer ; or on ne peut en faire en nom collectif. Mais expliquez-vous franchement.... (*Quelques membres :* Aux voix le décret !) Expliquez-vous franchement : qu'on voie que vous ne voulez pas porter atteinte aux Sociétés populaires ; ce sont des réunions qui sont garanties par la constitution ; qu'on voie que vous voulez toujours leur maintenir, sous quelque dénomination qu'elles existent, leur droit de surveillance, et que la communication entre elles résulte de la correspondance.

Dubarran : Le peu d'habitude que j'ai de porter la parole dans des questions improvisées m'a déterminé à jeter à la hâte quelques idées sur l'objet que j'ai appris, il y a un instant, devoir être soumis à la discussion. Je crois utile de vous le présenter, comme étant le résultat d'une intention pure et uniquement dirigée par le désir d'opérer avec vous le bien commun.

Lorsqu'on traite une matière d'ordre public et de gouvernement, il faut remonter d'abord aux principes généraux ; c'est en eux que repose la garantie de nos droits et de nos devoirs respectifs.

Il existe des Sociétés populaires. Nées du sein même de la révolution, elles en sont devenues une des plus fortes colonnes ; c'est par elles que la tyrannie a été démasquée ; c'est par leur influence que l'esprit public s'est élevé à ce degré d'énergie qui est la sauvegarde de la liberté.

On propose aujourd'hui de circonscrire ces institutions dans des limites dont il importe d'apprécier les avantages ou les dangers. En pesant ainsi les uns et les autres dans la balance de la justice et de l'intérêt national, vous vous assurez d'une décision qui sera conforme à l'utilité générale.

Le projet qui nous est offert tend à supprimer les affiliations ou agrégations des Sociétés, et à couper entre elles tout lien commun de correspondance.

En abordant franchement cette proposition, je la regarde, citoyens, comme injuste, comme impolitique, comme liberticide.

Elle est injuste : car voudrions-nous ôter aux citoyens la jouissance réelle d'un droit qui leur appartient naturellement, je veux dire le droit de se réunir paisiblement, de discuter les intérêts publics, de dénoncer les traîtres, de défendre les opprimés ? Les citoyens réunis en Sociétés ne pourront correspondre ; et cependant la Déclaration des Droits garantit aux citoyens le droit de manifester leur pensée et leurs opinions, soit par la voie de la presse, soit de toute autre manière. Cette disposition de la Déclaration des Droits, je la réclame avec confiance. La Déclaration des Droits est de tous les temps, de tous les peuples, de tous les lieux ; les principes qu'elle consacre, les droits qu'elle garantit, sont immortels et immuables, comme la nature même dans laquelle ils sont puisés.

Les services rendus jusqu'à présent par les Sociétés populaires vous sont garants de ceux qu'elles peuvent rendre encore. Ne les réduisez pas à un état de nullité et d'inertie qui affligerait les patriotes en même temps qu'il deviendrait meurtrier pour la liberté ; ce serait, j'ose le dire, tomber dans le piège que nous tendent depuis longtemps les sectateurs de la tyrannie. Encouragez, au contraire, les Sociétés populaires, et par ce moyen elles continueront de se montrer les sentinelles permanentes de la révolution.

Je dis encore que la mesure proposée serait impolitique : vous devez multiplier et resserrer même les liens d'union et de fraternité qui existent entre les citoyens ; et je n'en vois pas de plus puissant, de plus actif, pour rallier constamment toutes les volontés, toutes les affections vers l'unique centre de la république, je veux dire la représentation nationale ; je n'en vois pas, dis-je, de plus efficace que ces collections d'hommes qui, étrangers à tout système de corporation, n'ayant en main aucune portion d'autorité, limitent leurs travaux à une surveillance continuelle sur les progrès de la révolution. Nous voulons former de bons citoyens ; ne les condamnons pas à un isolement qui serait le poison mortel de l'énergie républicaine. Ce serait livrer l'opinion à une espèce de fédéralisme qui deviendrait inconciliable avec cette identité de vues et d'intérêts auxquels se rattachent les destinées de la nation française.

*Une république démocratique ; une république indivisible,* voilà notre contrat social : nous l'avons tous juré.

Je dis enfin que la mesure dont il s'agit serait funeste à la liberté. Ce n'est pas lorsque la France est encore en guerre contre les tyrans, ce n'est pas lorsqu'il existe encore dans son sein des foyers de royalisme et de contre-révolution, ce n'est pas enfin lorsque le gouvernement révolutionnaire, que nous avons promis de maintenir jusqu'à la paix, doit recevoir de toutes parts les rayons de lumière et le degré d'impulsion nécessaire à son objet, que nous devons priver les Sociétés populaires de tous les moyens d'instruction qui pourront être utiles. Et, en effet, à quoi leur servira-t-il de surveiller les actes des fonctionnaires publics, de découvrir même les trames ourdies contre la liberté, si leurs rapports d'existence sont bornés à ne voir, à ne connaître et à ne discuter que les objets purement locaux qui se passeront sous leurs yeux ? J'en appelle ici à l'expérience du gouvernement lui-même depuis la révolution. N'est-ce pas à la correspondance laborieuse des Sociétés qu'il a été redevable d'une immensité de renseignements qui ont concouru à sauver la chose publique ? Lafayette et Dumouriez, Pitt et Léopold, Capet et toute son infâme cour, les administrations infidèles, les traîtres disséminés dans l'intérieur, enfin tous les apostats de la cause populaire, n'ont-ils pas trouvé leurs premiers dénonciateurs dans les Sociétés patriotiques ?

J'aime encore à rappeler ici que c'est à la correspondance des Sociétés qu'en 1793 plusieurs départements méridionaux durent leur retour aux vrais principes de l'unité et de l'indivisibilité de la république.

Quand une révolution se fait, tous les membres du corps social ont intérêt à voir par eux-mêmes les moyens divers mis en emploi pour consolider l'édifice. La liberté est ombrageuse ; et certes, ce n'est pas un crime, après les épreuves que nous avons faites.

Je pense, citoyens, que les observations que je viens de soumettre à l'assemblée sont suffisantes pour motiver un profond examen de la question qui nous occupe, et en conséquence faire adopter l'ajournement que l'on réclame ; mais si l'ajournement ne passe pas, je conclus dès à présent à la question préalable sur le projet qui vous est présenté.

Dubois-Crancé : Je demande qu'on se borne à discuter le projet de décret, et qu'on ne répande pas dans le peuple l'idée très-fausse qu'on veut détruire les Sociétés populaires.

Thuriot : J'ai écouté bien attentivement ce qui a été dit contre le projet, et j'ose dire affirmativement pour personne ne l'a encore attaqué ; on n'a fait ici qu'une guerre d'opinion. Il s'agit de savoir si la Déclaration des Droits est blessée : elle assure à tous les citoyens le droit de se réunir paisiblement et sans armes. Vous propose-t-on de décréter que les citoyens ne pourront pas se réunir paisiblement et sans armes ? Non. Pourquoi donc prêter cette idée aux autres ? pourquoi la créer pour la combattre et se présenter comme les seuls champions de la république ? Personne ne se dissimule les grands services que les Sociétés ont rendus à la liberté ; et c'est pour cela qu'il faut leur en rendre de signalés, c'est pour cela qu'il faut leur conserver la pureté dont elles doivent s'honorer. ( On applaudit. ) Ce ne sont point les Sociétés qu'on attaque, mais les abus dont gémissent les Sociétés ; c'est la surveillance de tous qui assure à chaque citoyen l'exercice paisible du droit qui lui appartient. Et croyez-vous que cet exercice soit égal, que la garantie en soit suffisante, quand il y a des gens qui vous disent : « Si tu ne veux pas cela, l'échafaud est prêt, tu es mort ? »

Le projet conserve aux citoyens le droit qu'ils ont de faire des Adresses et des pétitions ; mais il exige qu'elles portent les caractères de liberté : c'est là la garantie qu'il faut au peuple, car le peuple n'est pas dans les Sociétés. La souveraineté réside dans l'universalité de la nation ; ce n'est point, comme on l'a dit, sur les Sociétés populaires en général que reposent la garantie de la Société ; c'est une injure atroce faite au peuple : la garantie de la liberté repose sur la noblesse et l'énergie des sentiments de l'universalité des Français.

Si un arrêté passe librement dans une Société, quel est l'homme qui balancera de mettre sa signature au bas de ce qu'il aura approuvé ? ( Applaudissements. ) S'il y a au contraire de l'intrigue, des combinaisons secrètes pour faire adopter une opinion, pourquoi voulez-vous qu'on présente à la France entière, comme le vœu de cinq ou six cents hommes, ce qui ne sera que le vœu de cinq ou six intrigants ?

Croyez-vous, par exemple, que, si l'on eût été instruit des manœuvres criminelles qui se tramaient à Marseille ; si l'on avait su quels étaient ceux qui étaient à la tête de ces complots, au moment où la Société de cette commune fit une Adresse subversive des principes, et dont le but était de porter le feu dans toute la république ; croyez-vous, dis-je, que les bons citoyens, membres de cette Société, y eussent donné leur adhésion ? Non ; c'est parce qu'ils avaient été longtemps trompés sur les hommes qui l'avaient proposée, qu'ils ont cru qu'elle était dictée par le patriotisme, tandis qu'elle n'était que la méditation du crime.

On prétend que l'existence des Sociétés est altérée parce qu'on leur défend la correspondance collective, et l'on se soulève à cette idée : mais l'on ne s'est pas soulevé lorsqu'il a fallu défendre aux administrations de correspondre avec les administrations : alors, pas plus qu'aujourd'hui, on ne portait atteinte aux droits naturels de l'homme ; on n'empêchait pas qu'un membre d'une administration pût écrire à un membre d'une autre administration : on n'empêche pas encore qu'un membre d'une Société populaire puisse parler, écrire, imprimer, envoyer son opinion par toute la république. Il est étonnant que Grassous, après avoir combattu le principe, ait été obligé de dire qu'on ne pourra faire aucune Adresse ni pétition en nom collectif ; et c'est précisément là que ce qu'on veut empêcher... »

Levasseur : Les mots en nom collectif ne sont pas dans le décret.

Thuriot : Si l'on veut que ces expressions y soient d'abondant, il n'y a pas de difficulté.

On demande à aller aux voix article par article.

La discussion est fermée. — Le rapporteur relit le premier article.

Romme : Si je trouvais que les principes qui déterminent ce projet de décret eussent été bien développés dans la discussion, je demanderais qu'il fût mis aux voix ; mais comme je suis persuadé du contraire, je crois devoir demander l'ajournement. ( On murmure. ) Quel est celui d'entre vous qui osera me disputer le droit de voter ? Personne. Eh bien, je veux voter avec réflexion. ( Applaudissements. ) Thibaudeau a fait des propositions qui n'ont pas été prévues par le projet de décret ; Thuriot a développé des principes qui sont aussi les miens, et je désirerais qu'ils fussent exprimés dans les articles. Ce projet en a dix, et j'avoue que je ne sais pas improviser une pareille loi. La précipitation est contraire aux droits du peuple. ( On applaudit. ) J'ai aussi quelques propositions à faire ( plusieurs voix : Fais-les! ) ; mais je ne peux pas improviser. Si les vérités qu'on vous présente aujourd'hui sont constantes, elles ne vous échapperont pas demain. Je demande l'impression et l'ajournement.

Merlin (de Thionville) : Lorsque vous avez décrété la république, vous vous êtes tous levés d'un commun accord, et personne n'a demandé ni renvoi ni rapport. Depuis plusieurs jours vous avez chargé les comités de vous présenter des mesures qu'ils vous proposent aujourd'hui, mesures qu'ils regardent comme devant sauver la république que vous avez créée. Ils ont vu les circonstances s'aggraver tous les jours, et ils ont cru qu'elles ne leur permettaient pas même de prendre le temps de faire un rapport. Ils ont été persuadés que vous sentiriez toute la nécessité de ces mesures, quand vous réfléchiriez que, même depuis le 9 thermidor, ces Sociétés ne cessent de se frotter contre la Convention. Citoyens, il ne faut pas craindre d'aborder cette caverne, malgré les fripons et les morceaux de cadavres qu'on jette aux patriotes qui s'y présentent. Il faut prendre des mesures telles que les fripons et les assassins disparaissent de ces Sociétés, et que les citoyens qui veulent réellement sauver la république puissent s'y réunir et y peser avec tranquillité les grands intérêts de la patrie. Je demande que de même que vous avez décrété la république sans renvoi ni rapport, vous décrétiez aujourd'hui le projet qui vous est présenté pour la sauver. ( On applaudit. )

La discussion est fermée, et l'article I<sup>er</sup> adopté au milieu des plus vifs applaudissements, qui se renouvellent à mesure que les autres articles sont adoptés.

( La suite à demain. )

Payements à la trésorerie nationale.

Le payement du perpétuel est ouvert pour les six premiers mois ; il sera fait à tous ceux qui seront porteurs d'inscriptions au grand livre. Celui pour les rentes viagères est de huit mois vingt et un jours de l'année 1793 (vieux style).

# GAZETTE NATIONALE ou LE MONITEUR UNIVERSEL,

N° 29.  *Nonidi* 29 Vendémiaire, *l'an* 3e. (*Lundi* 20 Octobre 1794, *vieux style.*)

## POLITIQUE.

### TURQUIE,

*Constantinople, le 15 août.* — Il a éclaté, à la fin du mois dernier, à Péra, un incendie qui a consumé plus de quinze cents maisons.

— Un nouveau firman, relatif à la neutralité de la Porte, vient de déterminer l'envoi dans l'Archipel d'une division de la flotte du capitan-pacha, composée d'un vaisseau de ligne, de trois frégates et de deux autres bâtiments.

— Le drogman Morosi a été renvoyé, et remplacé par celui qui l'était dans la dernière guerre contre la Russie. Ypsilanti, prince de Moldavie et de Valachie, a été exilé dans l'île de Rhodes. Massif-effendi, ci-devant ambassadeur à Madrid, a eu le même sort.

— Les ministres des puissances coalisées veulent en vain montrer une bonne contenance, et faire regarder comme avantageux pour eux les divers changements arrivés dans le ministère ottoman. Ils ont les plus vives inquiétudes. Le bruit court ici que la Porte est près d'accéder à la neutralité armée de la Suède et du Danemark.

— La demande faite par les Français qui se trouvent à Constantinople, d'en chasser les intrigants mêlés parmi eux, a plu à la Porte Ottomane. Le ministre de France a été autorisé par le divan à les faire embarquer.

### ESPAGNE.

*Madrid, le 4 septembre.* — La cour, consternée de ses revers, affecte de les attribuer à la trahison de ses esclaves. Un jugement atroce, rendu par son ordre à Bilbao, a déclaré quatorze personnes convaincues de correspondance avec les Français : douze d'entre elles ont été pendues à Pampelune.

Une autre sentence a été prononcée contre douze des principaux officiers qui se sont trouvés à Collioure, à l'époque de la reprise de cette place par les Français ; ils serviront, pendant deux ans, en qualité de soldats, dans les troupes postées sur la côte d'Afrique.

— Le besoin d'hommes se fait tellement sentir que les états de la province de Biscaye ont eu ordre de décréter une levée générale de dix-sept à soixante ans, sans distinction de classe, sous peine de confiscation de biens.

Ce décret et les derniers édits de la cour ont excité une grande fermentation parmi le peuple. L'armée murmure, et les officiers se plaignent hautement. Quelques légers mouvements populaires ont eu lieu à Valence, à Barcelone, à Madrid même.

Dans cette crise, la cour, sans espoir et sans ressources, vient d'ordonner des prières publiques, pour apaiser le courroux céleste.

— Voici l'extrait d'une plate et ridicule proclamation du duc d'Alcudia :

« On ne doit point être surpris que les Français se soient emparés présentement d'un territoire ouvert ; mais ils ne peuvent espérer des victoires ultérieures. Le terrain difficile suffira pour les arrêter. Soyez assurés que le zèle et sage général les laissera occuper le terrain qu'ils ont usurpé, autant que ceci ne le gênera pas ; mais que, du moment où il se proposera de les anéantir, il y réussira. Dissipez donc les craintes qu'on a tâché de vous inspirer ; mais en même temps faites un effort pour vous affermir pour toujours dans vos foyers. La cause de Dieu, loi sacrée vous le préservent ; et ne vous flattez pas que vos champs puissent produire tant qu'il ne sera pas témoin de vos efforts pour les défendre. Alors seulement il vous aidera, il combattra pour vous. Invoquez-le du fond de votre cœur et implorez son secours ; des prières publiques seront faites pour cet effet.

« Mais gardez-vous aussi du découragement, et ne croyez pas que le danger soit extrême. Nous ne manquons pas de moyens à opposer aux ennemis. Le roi abaissera leur orgueil, en se mettant à la tête de son peuple catholique. Votre souverain se repose tranquillement sur la loyauté espagnole ; il cherche à la récompenser en diminuant, autant que possible, sa pompe royale ; pour ne pas vous charger de nouveaux impôts, il réduit ses dépenses autant que le permet la dignité du trône.

« Cette conduite de sa part, l'assiduité avec laquelle il prend part à la gestion des affaires pour vous administrer la justice, ses veilles paternelles méritent une reconnaissance extraordinaire. Imitons son zèle infatigable, remplissons nos devoirs, et que la promptitude avec laquelle nous nous acquitterons, rétablisse et assure notre félicité. »

### PIÉMONT.

*Extrait d'une lettre de Novi, du 1er octobre.* — Les Piémontais ont fait une perte énorme à la dernière affaire du Cairo. Il est entré une grande quantité de blessés dans les hôpitaux d'Alexandrie. On assure que le régiment du duc Antoine a été presque entièrement détruit.

— L'archiduc de Milan est parti le 24 pour Acqui, où il y a en ce moment une confusion épouvantable. Les Français sont en force à Bistagno et à Dego, loin d'Acqui de quatre à cinq milles. Les Austro-Piémontais ont un camp-volant à Tergo. Ils y attendent des renforts, qui n'arrivent point.

— L'émigration est incalculable dans le Montferat. Chacun cherche des expédients pour en faire sortir ses effets, car il existe un édit qui défend de rien laisser sortir de l'État.

— L'amiral anglais Hottam est arrivé dans le golfe de la Spezzia avec deux vaisseaux et une frégate.

*P. S.* On apprend de Gênes que Hottam et Hood y sont en ce moment.

### ANGLETERRE.

*Londres, le 23 septembre.* — Suivant les dernières nouvelles de la Jamaïque, la fièvre jaune, qui avait déjà si cruellement ravagé cette île et une partie des États-Unis d'Amérique, a recommencé d'une manière très-meurtrière.

— On écrit de Liverpool qu'il est arrivé quelques bâtiments de la flotte de la Jamaïque. Le convoi se trouva séparé, le 8 septembre, par un coup de vent ; mais on espère qu'il se sera rassemblé à la Havane, où il devait s'arrêter deux jours pour le commerce espagnol et hollandais.

On affecte aussi d'être rassuré sur le sort de la flotte du Levant.

— La liste du café de Lloyd donne avis de l'arrivée de vingt-cinq bâtiments sur lesquels on était inquiet. On prétend aussi que plusieurs doivent avoir également dépassé Deal pour se rendre dans la rivière. On garde pourtant le silence sur le nom de ces vaisseaux, ce qui rend la nouvelle suspecte ou exagérée.

— Les avis du 17 au 18, *le Général-Grey, le Jeune Héros Francis*, et *Elika*, le brick *le Janus*, sont entrés à Milford ; ils avaient été convoyés par les vaisseaux de ligne *la Vengeance, l'Intrépide* et *le Vésuve*.

Cette flotte partit, le 25 juillet, de Saint-Kilda, et fut séparée, le 25 août, par un coup de vent. Le 3 de ce mois, à minuit, *le Général-Grey* rencontra, lat. 48° 331, long. 24, une flotte de trois vaisseaux de ligne et de trente-six vaisseaux marchands français, gouvernant S.-E. par S.

— Les avis reçus de Portsmouth, le 21, portent qu'il régnait depuis le 18 un vent si violent que toute communication avec Spithead était devenue impossible. Cet ouragan a culbuté quelques chaloupes, et en a entièrement brisé d'autres. Une, appartenant à un transport, a péri avec un homme et quatre enfants mousses.

— Le 17, l'amiral sir Parker, qui a repris le commandement, a été salué en cette qualité, dans le port, par l'amiral Macbride.

## RÉPUBLIQUE FRANÇAISE.

# SOCIÉTÉ

### DES AMIS DE L'ÉGALITÉ ET DE LA LIBERTÉ,

SÉANT AUX CI-DEVANT JACOBINS DE PARIS.

*Présidence de Garnier (de Saintes).*

SÉANCE DU 23 VENDÉMIAIRE.

La Société populaire des Quinze-Vingts, faubourg Antoine, présente le citoyen Dalni, l'un de ses membres, privé de la vue. Ce citoyen prononce, sur les circonstances actuelles, un discours dont la Société arrête l'impression.

*Romme :* Je crois qu'il importe de faire quelques observations sur les dernières paroles de notre frère aveugle : il est bon de dire que les vrais Jacobins sont persuadés que le flambeau de la révolution est dans les représentants du peuple qui, fidèles à leur devoir, s'occupent sans cesse des intérêts du peuple; dans l'énergie et la constance que le peuple montre à soutenir la révolution; dans ceux qui sont armés pour défendre la liberté, et qui portent l'ardeur révolutionnaire au milieu de nos ennemis; dans les Sociétés populaires, qui ne cessent de veiller à l'exécution des lois et d'y concourir de tout leur pouvoir; dans l'ensemble des patriotes, qui ne cessent d'instruire le peuple, et veillent jour et nuit pour faire réussir la révolution; dans l'opinion publique, qui se compose du tribut de celle de chacun de nous : voilà ce qu'il était bon de dire pour faire connaître les principes des Jacobins.

— On demande qu'il soit rendu compte de ce qui s'est passé aujourd'hui à la Convention.

*Dufem :* Dans le court espace de temps où Tallien et ses amis voulaient s'emparer de la Société, j'ai entendu faire la motion, à laquelle je me suis opposé, de nommer des commissaires permanents, pour faire le rapport des séances de la Convention. J'ai dit que ce serait ériger la Société en surveillante et en juge de la Convention, et qu'il n'appartenait à personne de contrôler ce qui s'y passait. Voilà les principes que je professai alors, et que je professerai toujours. Quoique la demande qui vient d'être faite ne parte point d'une mauvaise intention, elle pourrait produire les effets que je crains.

Les résultats de la séance d'aujourd'hui sont à l'avantage des principes et contre les intrigants qui veulent mettre à l'ordre du jour l'amnistie pour les aristocrates, et ériger une Chambre ardente pour juger les patriotes; mais la Convention tout entière, car le décret a été unanime, est restée immobile, a examiné froidement la lutte méprisable de quelques passions individuelles, et a jugé les individus. Parmi les choses qui ont été dites, il y en a une qui mérite d'être remarquée.

Un membre a dit, et c'était son opinion individuelle, que la faction de l'étranger voulait nous faire rétrograder et nous faire conclure la paix sur nos frontières; mais la Convention a prouvé qu'elle voulait une paix durable, une paix cimentée sur les bords du Rhin. La Convention s'est prononcée, non par un décret formel, mais par son indignation contre tout individu qui voudrait faire faire au peuple une paix indigne de lui et de ses armées.

Ne nous arrêtons pas à des discussions individuelles; la Convention nous donne l'exemple de la conduite que nous devons tenir. Restons sur le rocher des principes, toutes les passions viendront se briser auprès. Les principes ne consistent point à alarmer le peuple, tantôt sur les subsistances, tantôt sur des conspirations. Je veux parler de ces libelles infâme qui n'entretiennent le peuple que de complots, et affligent ses meilleurs défenseurs. Si l'on veut savoir quelle est la conduite de tous les patriotes, qu'on les juge depuis deux ans.

Nous avons eu à lutter contre une faction qui sous prétexte d'horreurs commises, voulait faire rétrograder la révolution. Il s'agissait alors de juger Capet, et en mettant toujours en avant cette motion d'ordre, nous avons vaincu. Après la mort de Capet, Dumouriez, la Gironde voulurent renverser la liberté; les patriotes demandèrent une constitution démocratique; le 31 mai la soumit à la discussion, elle fut acceptée. Depuis le 31 mai, la guerre. a été continuellement à l'ordre du jour; nous avons écrasé l'ennemi extérieur. Pendant ce temps, un despotisme s'était établi dans l'intérieur; les patriotes ont patienté pour sauver la république, et ont attendu que l'ennemi extérieur fût chassé, pour renverser celui de l'intérieur. Aujourd'hui les amis de Danton et de toutes les factions, ceux qui nous accusent d'être les continuateurs de Robespierre, et qui le sont plus qu'on ne croit, nous attaquent à leur tour. Ils disent qu'ils n'en veulent qu'aux individus coupables, mais on sait que c'est aux Sociétés populaires, que c'est à la démocratie qu'ils en veulent. Eh bien! le peuple et les Sociétés populaires resteront immobiles, attendront l'ennemi et le forceront à les respecter sur leur terrain. Ils ne s'amuseront pas à des personnalités, à faire la petite guerre de postes; mais aux motions les plus insidieuses ils opposeront les grands principes, les motions tomberont, et avant peu la liberté triomphera et les patriotes obtiendront justice.

*Bassal :* Il n'y a pas de jour que la Société n'apprenne de nouvelles oppressions des patriotes de Paris ou des départements; cette vérité n'est pas si bien sentie qu'elle est prouvée. Lorsque la Convention a proclamé l'exécution de la loi du 17 septembre, elle a voulu comprimer les ennemis de la liberté et protéger les patriotes; mais il est des vérités qui ne sont prouvées qu'après un certain temps et par la multiplicité des faits : je demande que le comité des défenseurs officieux recueille tous les faits qui prouvent l'oppression des patriotes soit de Paris, soit des départements, et qu'il en fasse un rapport.

J'ai encore une autre proposition à faire; il n'est aucun de nous qui n'ait voté avec sa section des remerciements à la Convention pour son Adresse au peuple français; toutes les Sociétés populaires de la république vont aussi s'empresser de remplir ce devoir : je demande que la Société des Jacobins nomme des commissaires pour rédiger une pareille Adresse à la Convention.

Les propositions de Bassal sont adoptées.

La séance est levée.

---

*Commission des secours publics. — Avis.*

Les citoyens chargés de la surveillance des hôpitaux, sous la surveillance immédiate de la commission des secours, seront connus sous la dénomination de citoyens ayant la surveillance des hôpitaux de Paris.

Le bureau central sera placé maison de la commission des secours, où seront adressées toutes les dépêches relatives aux différents hospices. On y traitera tout ce qui a rapport à la comptabilité des économes, aux approvisionnements, aux adjudications et aux affaires générales qui se font par mémoires ou pièces de comptabilité.

Le bureau pour l'admission et les réclamations des indi.

gents et la mise des enchères se tiendra comme ci-devant au Parvis de la Raison.

Il s'ouvrira tous les jours impairs, à dix heures précises du matin.

Quant au bureau central, maison de la commission des secours, il ne sera ouvert qu'à deux heures jusqu'à quatre.

*Les surveillants des hospices civils,* Cousin, Trouart.

---

### TRIBUNAL CRIMINEL RÉVOLUTIONNAIRE.

*N. B.* Les débats de la procédure intentée contre les quatorze membres du comité révolutionnaire de Nantes ont commencé le 25; nous donnerons un précis de la procédure lorsque le jugement aura été prononcé.

*Séance du 4 vendémiaire.* — J. Rosier, âgé de trente-sept ans, né et demeurant à Heyrieux, département de l'Isère, cultivateur et agent national de cette commune;

A. Guignard, âgé de trente-neuf ans, né à Heyrieux, ex-instituteur, cultivateur et officier municipal de cette commune;

J.-M. Dorzat, âgé de quarante-quatre ans, ex-fabriquant de bas, officier municipal d'Heyrieux;

E.-L. Viret, âgé de cinquante ans, né à Valence, département de la Drôme, cultivateur et maire d'Heyrieux;

M.-David Ferrata, âgé de quarante-quatre ans, né à Mur-la-Fontaine, ci-devant Saint-Laurent, cultivateur, membre du comité révolutionnaire d'Heyrieux:

Dorzat, convaincu d'avoir favorisé avec des intentions contre-révolutionnaires les projets de l'infâme Dumouriez, en disant, lorsqu'il apprit la trahison de ce traître: « Je n'en suis pas surpris; la Convention n'est composée que d'un tas de brigands et de scélérats, et surtout la députation de Paris; si les Français veulent un roi, ils en sont bien les maîtres;» en outre Dorzat et Guignard, convaincus d'avoir favorisé les révoltés de Lyon, en députant au département deux commissaires pour lui offrir, avec des intentions contre-révolutionnaires, une force armée de cent hommes, et ce, le lendemain que la municipalité de Lyon fut détruite, et que le parti royaliste triomphait, ont été condamnés à la peine de mort.

Viret, Rosier, David Ferrata, accusés d'avoir comprimé le peuple par la terreur, en l'opprimant par des taxes arbitraires, en gênant les suffrages des Sociétés populaires; d'avoir imposé des taxes exorbitantes sur les indigents, etc., etc., ces faits n'étant pas constants, ont été acquittés et mis en liberté.

— P. Leprince, âgé de soixante ans, né et demeurant à Dreux, ex-chanoine de Mantes;

P. Leforestier, âgé de trente-neuf ans, né à Menil-Bus, district de Coutances, ex-chapelain de Bicêtre et de l'Hôtel-Dieu de Paris, domicilié à Franciade, près Paris;

Convaincus de s'être rendus, le 23 brumaire, avec des intentions contre-révolutionnaires, sur l'extrême frontière de la Suisse, pour se joindre aux ennemis de la république, ont été condamnés à la peine de mort.

— E. Gaudinot, âgé de cinquante-cinq ans, né et demeurant à Corbigny, département de la Nièvre, tanneur et marchand de vin, membre du conseil du district de Corbigny, accusé d'avoir abusé de ses fonctions de commissaire aux ventes des biens des émigrés, pour dilapider les biens nationaux; de s'être rendu coupable d'infidélités dans les acquisitions par lui faites de cuirs pour l'équipement des défenseurs de la patrie; ces faits n'étant pas constants, a été acquitté et mis en liberté.

— J. Revel, âgé de cinquante et un ans, né à Cluse, domicilié à Strasbourg;

N. Cirier-Brutus, âgé de trente-quatre ans, né à Dun, cultivateur;

C. Richard, âgé de vingt-neuf ans, né à Fresne, administrateur du département de la Moselle;

M.-A. Seuil, âgée de quarante-quatre ans, née à Fontainebleau, femme Michel, rue Honoré, ont été mis en liberté.

— M.-S. Porché, âgé de trente-cinq ans, né à Mantes;

A. Trancas, âgé de trente-six ans, né et demeurant à Paris, ciseleur;

B. Vives, âgé de trente-deux ans, né à Sergonvilles, charpentier et brocanteur à Paris;

P.-J. Fritz, âgé de vingt-six ans, né à Strasbourg, marchand de vins à Paris;

P. Frain, âgé de trente ans, né à Saint-Laurent-sur-Loire, cultivateur;

B.-Q. Gaileran, âgé de vingt-quatre ans, brocanteur à Paris;

P. Auvray, âgé de trente ans, né à Mont-Amant, laveur pour les orfèvres, à Paris;

B.-H. Négré, âgé de vingt-neuf ans, commis à Paris;

C.-F. Chevassu, âgé de trente-trois ans, marchand parfumeur à Paris;

B. Carpentier, âgé de trente et un ans, né à Francastel, marchand de vin à Paris;

P. Lallemand, âgé de trente-six ans, né à Villeen-Tardenois, marchand de mousselines à Paris;

J. Douzelot, âgé de vingt-six ans, né à Baste, garçon marchand de vin, chez le citoyen Pichot, rue de la Vieille-Draperie, à Paris;

Attendu le défaut de preuves qu'il ait existé un complot liberticide dans la maison d'arrêt de la Force, seront mis en liberté, s'ils ne sont détenus pour une autre cause.

*Séance du 5 vendémiaire.* — A.-M. Cassenac, âgé de trente ans, né à Nîmes, ex-brigadier au régiment des carabiniers, mercier à Chinon;

M.-A.-C. Breton, âgée de trente-huit ans, née à Chinon, femme de Cassenac;

Convaincus d'avoir tenu ou approuvé à Chinon, les 15 et 18 février 1793 (vieux style), des propos tendant à provoquer l'anéantissement de la république et la dissolution des autorités constituées; mais ne les ayant pas tenus ou approuvés avec des intentions contre-révolutionnaires, ont été acquittés; ils resteront détenus en vertu l'article X de la loi du 17 septembre.

— La commission militaire et révolutionnaire, séant à Tours, par jugement rendu le 5 pluviose, a acquitté Cassenac de plusieurs chefs d'accusation portés contre lui, et sur lesquels il ne pouvait plus être prononcé par le tribunal.

— R.-F. Picot, âgé de cinquante ans, né à Manville-la-Folie, département de la Manche, maître de pension à Valogne;

P.-F. Bichon-Lacour, âgé de vingt et un ans, né à Versailles, domicilié à Paris;

J.-B. Coulon, âgé de soixante-trois ans, né à Libreville, ci-devant Charleville, ex-grand-maître des eaux et forêts;

L.-X. Dantremeuze, âgé de soixante-quatorze ans, né à Charleville, ex-secrétaire des eaux et forêts;

J.-L. Barré, âgé de quarante-neuf ans, né à Dunsur-Loire, ex-maire de cette commune;

J.-J. Foissey, âgé de cinquante-cinq ans, né à Mirecourt, président du tribunal du district de Nancy, et représentant à l'Assemblée législative, ont été mis en liberté.

*Séance du 6 vendémiaire.* — J.-P. Pernet-Maisonneuve, âgé de trente et un ans, né à Pithiviers, département du Loiret, commis marchand à Orléans, ensuite employé dans les hôpitaux militaires, demeurant à Avesnes, accusé d'avoir participé au complot qui a eu lieu à Orléans au mois de mars 1793, pour s'opposer à l'exécution de la loi du recrutement des armées; d'avoir participé à l'assassinat de Léonard Bourdon, représentant du peuple, ces faits n'étant pas constants à son égard, a été acquitté; il sera détenu en vertu de la loi du 17 septembre.

— A. Jacquesson, âgé de trente-huit ans, né à Conches, département de Saône-et-Loire, journalier cultivateur à Saint-Jean-de-Trely, district d'Autun;

J. Rougenot, âgé de trente ans, né et demeurant à Villeneuve-sous-Chasny, département de la Côte-d'Or, même qualité;

Accusés d'avoir exigé, dans le courant de messidor, à Arnay-sur-Arroux, pour leur travail, au mépris de la loi du maximum, un prix excédant celui fixé par cette loi, et d'avoir employé des manœuvres pour empêcher les travaux de la moisson, ces faits n'étant pas constants, ont été acquittés et mis en liberté;

— G. Pâris, âgé de vingt et un ans, né et demeurant à Bremeure, département de la Côte-d'Or, manouvrier, convaincu d'avoir tenu, dans plusieurs communes du département de la Côte-d'Or, des propos tendant à l'anéantissement de la république et au rétablissement de la royauté; mais ne les ayant pas tenus avec des intentions contre-révolutionnaires, a été acquitté;

Convaincu en outre de s'être approprié différents effets confiés par des parents des défenseurs de la patrie, pour être remis à ces derniers aux frontières, de l'avoir fait à dessein de nuire, mais non avec des intentions contre-révolutionnaires, a été condamné à quatre années de fers, en vertu de l'article XIX de la loi du code pénal.

— M. P. Jabonlay, âgée de trente ans, née à Ville-Affranchie, brodeuse, rue Percée-André-des-Arts, à Paris, a été mise en liberté.

*Séances des 7, 8 et 9 vendémiaire.* — Pendant ces trois jours le tribunal s'est occupé de la procédure intentée contre trente-cinq habitants de la commune de Dun, département de la Meuse, prévenus d'avoir entretenu des correspondances et intelligences avec les ennemis extérieurs de l'État, lors de leur invasion sur le territoire français, tendant à leur procurer des secours, etc. Voici les noms de ces accusés:

P. Aublin, âgé de cinquante-six ans, né à Dun, district de Montmédy, membre du conseil général de la commune de Dun en 1792;

J.-P. Lefèvre, âgé de quarante-neuf ans, né à Paris, ex-procureur de la commune de Dun;

H. Destivaux, âgé de trente-quatre ans, homme de confiance de Dhivry, fermier général, ensuite officier municipal de Dun;

F.-C. Rochard, âgée de quarante-cinq ans, femme Bonnet-Verrière, à la vallée de Bienne;

N. Renaudin, âgé de trente-six ans, tailleur d'habits, membre de la commune de Dun;

M.-F. Rochard, âgée de quarante-huit ans, femme Bregeot, ex-militaire à Pierrefitte, district de Saint-Michel;

M.-F. Gérard, âgée de quarante ans, femme de Pérignon, maçon à Dun;

E. Hocmel, âgé de trente-huit ans, tailleur d'habits, membre du conseil général de la commune de Dun;

L. Godet, âgé de quarante-quatre ans, cirier, membre du conseil général de la commun de Dun;

H. Pognon, âgé de soixante-deux ans, vigneron, sergent doyen de la municipalité de Dun;

L. Chepy, âgé de cinquante-six ans, chamoiseur, notable de cette commune;

J.-F. Gauthier, âgé de cinquante-huit ans, membre de cette commune;

P. Bernard, âgé de quarante-neuf ans, né à Dun, brasseur, adjudant au 2e régiment des chasseurs à cheval;

M. Grenet, âgé de soixante et onze ans, né à Haute, ex-contrôleur des actes;

L. Bony, âgé de vingt-huit ans, né à Commune-Affranchie, tisserand à Dun;

N.-J. Bouchier, âgé de quarante ans, cultivateur à Sedan;

F. Henriquet, âgée de soixante ans, femme Faucheux, rentière à Dun;

V. Faucheux, âgée de vingt ans, fille de la précédente;

J.-F. Mellot, âgé de cinquant-six ans, notaire à Dun;

N. Bouy, âgé de cinquante-six ans, commissaire de police en 1792 et vigneron à Dun;

J.-B. Noailles, âgé de cinquante et un ans, greffier du juge de paix du canton de Noard;

M. Remy, âgée de vingt-neuf ans, femme de Charbot, manouvrier à Dun;

C. Annez, âgée de trente-deux ans, femme Hémond, cordonnier à Dun;

E. Brunvarlet, âgé de trente-huit ans, veuve Collin, vigneron à Dun;

C. Colin, âgée de vingt-quatre ans, femme Desbeufs, couturière à Dun;

L.-A. Léo, âgé de vingt-quatre ans, préposé à l'enregistrement à Dun;

P. Jacquet, âgé de cinquante ans, vigneron, officier municipal de Dun;

C. Renaud, âgée de quarante-trois ans, née à Sassy, femme Jacquet;

J. Gouget, âgée de cinquante-deux ans, vigneronne, ex-domestique à Dun;

A. Maçon, âgée de trente-cinq ans, vigneronne et couturière à Dun;

E. Genon, âgée de trente-trois ans, femme de Gérard, tisserand;

M. Bazinet, âgé de soixante-deux ans, garçon boucher, commissaire de police à Dun;

J.-B. Cousin, âgé de quarante-huit ans, né à Germain-en-Laye, vitrier et cultivateur à Dun;

M. François, âgée de cinquante ans, femme de Cunilonbal, maître de poste à Dun;

J.-B. Bobé, âgé de vingt-huit ans, limonadier et cultivateur à La Neuville.

Plus de vingt témoins ont été entendus dans cette affaire; la plupart d'entre eux, en se rappelant des faits matériels, ne se souvenaient qu'avec beaucoup de peine des détails qui pouvaient aggraver ou excuser le délit. Dans les premiers débats aucun n'a reproché aux prévenus d'avoir facilité directement l'invasion; mais tous ont parlé de réception amicale.

Enfin, il est résulté des diverses dépositions, que quelques officiers ont bu et mangé avec les officiers ennemis; des réquisitions ont été faites lorsque les émigrés se sont établis à Dun; la cocarde blanche a été arborée, et le drapeau blanc a flotté sur le clocher; des cris de *vive le roi!* ont été entendus.

Ceux d'entre les prévenus auxquels ces reproches s'appliquaient particulièrement se sont défendus avec plus ou moins de succès; ils ont nié quelques-uns des propos, ils en ont avoué quelques autres; ils ont rejeté ce qu'il y a de répréhensible dans leur conduite sur la difficulté et l'embarras de leur position.

«Premièrement, ont-ils dit, la résistance était impossible; il n'y avait tout au plus que cent cinquante hommes de garde nationale, et la majorité s'était sauvée dans les bois; point de vivres, point de munitions, et trente mille ennemis campaient à une lieue de Dun. Verdun et Stenay étaient pris, et, si l'on eût brûlé une amorce, on eût fait piller et brûler la ville et massacrer les habitants. Il a bien fallu exécuter les réquisitions commandées les armes à la main, et adressées à la municipalité, soit directement par Clairfayt et autres généraux ennemis, soit indirectement par le district, et toujours sous peine d'exécution militaire. Si l'on a fait des honnêtetés aux généraux et autres officiers, c'était pour empêcher le pillage et les mauvais traitements, et par événement on a réussi; on a même obtenu justice contre des hussards ennemis, que l'on a fait punir pour avoir dérobé de l'argent et d'autres objets. Il a pu échapper quelques expressions, quelques réponses contraires aux sentiments républicains ont pu échapper dans ces malheureuses circonstances; mais l'ennemi, et surtout les émigrés, étaient maîtres de Dun, et les sabres commandaient les paroles. »

Telle est la substance des observations faites par les accusés. Les débats se sont passés avec décence, l'instruction s'est faite avec une sévère impartialité. On a écouté avec une attention scrupuleuse et les discours des témoins et la défense des accusés. Après avoir recueilli tous les renseignements qui pouvaient constater la vérité des faits, éclairer la conscience des jurés, et déterminer leur déclaration, le tribunal a prononcé le jugement suivant:

Aublin et Renaud, femme Jacquet, convaincus d'être auteurs ou complice de manœuvres et intelligences qui ont existé au mois de septembre 1792, à Dun, lors de l'invasion du territoire français, tendant à procurer aux ennemis extérieurs de l'État des secours en hommes, argent, vivres et subsistances; en empêchant de couper les ponts qui pouvaient servir leur passage; en arborant la cocarde et le drapeau blancs aux armes de Condé; en foulant aux pieds et brûlant les écharpes municipales et les drapeaux tricolores; en supprimant les couleurs nationales; en maltraitant, vexant et incarcérant les patriotes; en provoquant par des discours et propos l'avilissement et la dissolution de la représentation nationale; enfin, à aider, à favoriser le succès des armes des ennemis sur le territoire français, ont été condamnés à la peine de mort.

Lefèvre, Pognon, Chepy, Bouchier, Léo, Confin, Bobé, convaincus d'avoir participé à quelques-uns de ces délits, mais non avec des intentions contre-révolutionnaires;

Tous les autres, accusés mais non convaincus de ces délits, ont été acquittés et mis en liberté, excepté Henriquet, femme Faucheux, et sa fille, qui resteront détenues comme suspectes, Faucheux père et fils étant émigrés.

---

## CONVENTION NATIONALE.

*Présidence de Cambacérès.*

SUITE À LA SÉANCE DU 25 VENDÉMIAIRE.

LECOINTE (des Deux-Sèvres): Les germes des vertus que le despotisme étouffait se développent maintenant de toutes parts dans la république, et les Français, qui étonnent le monde par leur courage guerrier, peuvent encore lui fournir des modèles de tous les genres de dévouement pour la cause de l'humanité. S'ils combattent avec audace les esclaves et les tyrans, ils savent se secourir entre eux avec intrépidité: la postérité leur devra tout à la fois les palmes de la victoire et les couronnes civiques.

Le comité de secours publics m'a chargé de présenter à votre admiration l'action du citoyen Charlemagne Grimelion, de la commune d'Amiens, et de provoquer pour lui votre justice.

Voici le fait:

Le 22 floréal, Grimelion, père de famille, était sur le bord d'un canal dont les eaux sont profondes et rapides; il y voit tomber la jeune citoyenne Martin. Elle va périr. Grimelion n'oublie pas qu'il est l'unique appui d'une jeune femme enceinte et d'un premier enfant encore en bas âge; mais la mort de la citoyenne Martin est certaine s'il diffère, et il est possible qu'il ne périsse pas en voulant la secourir. Il se précipite après elle, et parvient à la ramener sur le bord et à la rendre à sa famille.

Ce généreux dévouement de Grimelion a sauvé la vie de la citoyenne Martin, mais il a eu des suites funestes pour lui. Depuis l'époque où il fit cet acte de vertu, il a été malade et il l'est encore. Tels sont les faits attestés par un extrait du registre des délibérations du conseil général de la commune d'Amiens. Il a suffi de les exposer pour exciter tout votre intérêt. L'éloge que je voudrais en faire n'y pourrait rien ajouter.

Je me bornerai donc à une réflexion; c'est la considération que les législateurs attachent aux actions vertueuses qui fait les hommes vertueux. Ce sont les honneurs rendus à la vertu par ceux qui tiennent les rênes du gouvernement qui excitent pour elle l'enthousiasme généreux, conservateur des républiques. Hâtez-vous donc de publier le dévouement civique de Grimelion; rendez vos mentions honorables précieuses, en lui en appliquant une; donnez-lui ce témoignage authentique de l'estime nationale; vous le lui devez, car il est deux manières de servir la patrie: l'une en combattant ses ennemis, l'autre en conservant ses citoyens. Enfin, Grimelion est indigent et malade: vous lui devez des secours; on ne saurait trop en répandre dans le sein des bons citoyens. »

Lecointe lit un projet de décret, qui est adopté en ces termes:

« La Convention nationale, sur le compte qui lui a été rendu, par son comité des secours publics, du dévouement civique de Charlemagne Grimelion, père de famille, de la commune d'Amiens, qui, le 22 floréal dernier, se jeta à l'eau dans un canal profond, pour en retirer la citoyenne Martin, qui venait d'y tomber et qui allait y périr, décrète que son nom sera inscrit honorablement au procès-verbal.

« Art. Ier La trésorerie nationale fera passer, sans délai, au receveur du district d'Amiens, la somme de 500 livres, qui sera comptée par lui au citoyen Charlemagne Grimelion, sur la présentation du présent décret.

« II. L'extrait du registre des délibérations du conseil général de la commune d'Amiens est renvoyé au comité d'instruction publique, pour que le récit de la conduite de Grimelion soit consigné dans les annales civiques de la république française. »

— Un secrétaire fait lecture des Adresses suivantes:

*La Société populaire d'Airvaux, district de Thouars, à la Convention nationale.*

« Représentants, enfin le voile qui couvrait les horreurs

de la guerre de la Vendée vient d'être déchiré par vos mains.

« Après dix mois d'oppression, condamnés à dévorer nos maux sans pouvoir nous plaindre, nous commençons à respirer. La tribune de la Convention, dans sa séance du 6 vendémiaire, a fait entendre des vérités terribles pour les conspirateurs, mais bien salutaires, bien consolantes pour nos parages. Elles ont retenti jusque dans les repaires des brigands. Ils gémissent de voir leurs bons amis, leurs puissants protecteurs, revêtus du costume républicain, démasqués et poursuivis par la justice nationale jusque dans le sanctuaire des lois.

« Le patriote reprend son énergie trop longtemps comprimée ; il brise les fers où le despotisme militaire et les intendants de Robespierre le retenaient. Il nous sera donc permis d'épancher notre cœur dans le sein des pères de la patrie ; nous ne serons plus traités de contre-révolutionnaires, ni de complices des brigands, pour nous plaindre lorsque le volcan de la Vendée se rouvrant nous couvrait par des irruptions soudaines de ses laves sulfureuses ; lorsque le feu de la guerre civile, rallumé de nouveau, dévorait nos fertiles campagnes ; lorsque le fer assassin des rebelles perçait le sein de nos femmes et de nos enfants. Nous ne serons plus dénoncés comme ennemis du peuple lorsque nous nous élevions avec force contre les mesures barbares, impolitiques, des généraux, mesures que la philosophie, l'expérience des siècles, la connaissance morale et physique du pays réprouvaient.

« Depuis longtemps nous appelions la vengeance nationale sur la tête des Turreau, des Huchet, des Grignon, que nous regardons avec droit comme les auteurs des désastres horribles qui ont affligé nos contrées.

« Votre décret qui les fait mettre en état d'arrestation est un acte de justice auquel nous applaudissons ; le sang répandu inutilement à grands flots, des milliers de victimes innocentes sacrifiées à la fureur du soldat, les massacres d'officiers municipaux décorés de leurs écharpes, dans différentes communes, l'égorgement de paisibles agriculteurs venant avec sécurité au-devant du drapeau tricolore; l'incendie de tranquilles et utiles habitations ; des viols de toutes espèces, toutes les horreurs, en un mot, commises sous leurs yeux ou par leurs ordres, tels sont les forfaits, les délits dont nous les accusons, et que la postérité la plus reculée leur reprochera avec indignation. L'évacuation, l'incendie de Bressuire, place importante, boulevard qu'on eût dû faire construire s'il n'eût pas existé, et rempli de vrais républicains à qui on n'a pas donné le temps d'emporter leurs effets, est pour nous un crime de lèse-nation qui les poursuivra partout. Nous prenons l'engagement formel, à la face de la république entière, d'articuler tous ces faits et de les prouver authentiquement.

« Ennemis de toute flatterie, nous ne louons pas les nouveaux représentants que nous possédons ; nous attendons le résultat de leurs opérations pour leur payer le tribut de reconnaissance qu'ils mériteront. Cependant nous ne pouvons nous empêcher de rendre justice à leurs vues philanthropiques. Bien pénétrés de la grandeur de leur mission, il puisent dans la justice la plus inflexible, dans l'humanité, dans la douceur paternelle, les moyens de réparer les fautes, les erreurs de leurs prédécesseurs, en continuant à allier une philosophie bienfaisante à la force des armes, en créant une discipline sévère dans l'armée de l'Ouest; en éloignant ces hommes pétris de boue, dévorés de la soif du sang et d'ambition, ils organiseront la victoire. Avec les moyens sages et vigoureux que vous allez employer, il ne nous restera bientôt plus de la Vendée qu'un cruel souvenir.

« Vive la Convention, qui sera toujours notre unique point de ralliement ; vive à jamais la liberté, pour laquelle nous répandrons jusqu'à la dernière goutte de notre sang ! »

(*Suivent deux pages de signatures.*)
Mention honorable et insertion au Bulletin.

*Les citoyens de la commune de Mont-Marat, ci-devant Montmartre, à la Convention nationale.*

« Législateurs, la municipalité, la Société populaire, tous les citoyens de la commune de Mont-Marat, ci-devant Montmartre, se sont pénétrés des principes sacrés, des vérités éternelles que vous nous indiquez pour point de ralliement. Vous avez fait luire à nos yeux une lumière et plus belle et plus pure : grâce à votre Adresse, nous sommes enfin, et pour toujours, éclairés sur nos droits et sur nos devoirs ; nous venons vous en témoigner notre reconnaissance.

« Mais, citoyens représentants, nous avons été surpris que vous eussiez eu besoin de rappeler à quelques Français qu'en vous seuls résidait la puissance nationale.

« Attachés aux travaux de la terre, nous nous bornons à bénir les vôtres, sans nous occuper de ces discussions politiques que les dangers de la patrie et le gouvernement révolutionnaire ont interdites à tous les bons citoyens.

« Cependant votre Adresse nous apprend que des audacieux, que des traîtres ont osé attenter encore à la souveraineté du peuple. Ce n'est sans doute pas dans les Sociétés populaires qu'ils ont élevé leur voix criminelle. Et nous aussi nous avons formé une Société populaire ; mais le but de nos séances est la lecture et l'étude de vos bienfaisants décrets. Jamais nous n'y déchirons la réputation d'un représentant du peuple : nous surveillons les méchants, et nous ne faisons point la guerre aux bons.

« Nous nous souvenons toujours que les Sociétés populaires sont le piédestal des statues de bronze que vous avez érigées à la Liberté et à l'Egalité ; mais nous nous souvenons aussi que le salut public vous commanderait de le briser, de le réduire en poudre, s'il recélait des conspirateurs dont la main perfide eût tenté d'ébranler ces statues sacrées.

« Pères de la patrie, notre confiance en vous est sans bornes ! vous seuls êtes revêtus du pouvoir du peuple ; eh ! qui pourrait ne pas le reconnaître à présent ? Vous prêchez l'humanité, la justice, toutes les vertus sociales.... tandis que vos ennemis et les nôtres ne prêchent que la cruauté, le carnage, la dissolution de la république ! Restez, restez à votre poste ; vous vous montrez si dignes de remplir les glorieuses destinées que vous avez préparées à la France ! Quand nos héros républicains auront fait disparaître de dessus ce globe jusqu'au dernier satellite des tyrans, alors donnez la paix au monde ; faites le bonheur de l'univers.

« Jusques-là tenez dans vos mains puissantes les rênes du gouvernement révolutionnaire ! démasquez l'aristocratie, de quelque voile qu'elle se couvre ; faites passer sous le glaive de la loi les dénonciateurs à gages, les assassins publics, et surtout les faux patriotes. Notre sort est entre vos mains ; nous vous répondons du vôtre. La Convention nationale est environnée de nos cœurs ; avec un tel rempart quel ennemi pourrait-elle craindre ?

« Vive la république, une et indivisible ! Vivent la liberté et l'égalité ! Vivent nos sages représentants ! »

Mention honorable, insertion au Bulletin.

— Une députation du Lycée des Arts est admise à la barre.

*L'orateur* : Législateurs, la France avait une hydre à combattre : les despotes coalisés, le système de l'ignorance et les hommes de sang ; ces trois têtes sont abattues. Législateurs, vous avez rétabli le règne de la justice ; vous avez proclamé celui des arts et de la bienfaisance ; tous les cœurs se rallient autour de vous ; vous êtes investis de la confiance générale, elle ramènera la paix et l'abondance. Que la Convention ne se divise pas, qu'elle soutienne cette marche imposante ; notre bonheur, la gloire et la splendeur de la république sont à jamais assurés.

Quant à nous, occupés uniquement du progrès des arts, nous avons suivi constamment depuis deux ans la même route; nous avions pour boussole l'utilité publique, et rien n'a pu nous égarer.

Aujourd'hui nous venons mêler l'expression de nos sentiments au cri public de la reconnaissance; et, pour vous prouver la nôtre, vous offrir une nouvelle découverte, les élèves du Lycée des Arts, et un trait de bienfaisance digne de votre attention.

La découverte que nous vous présentons, et dont nous déposons ici-le procès-verbal, est une nouvelle fabrication de potasse tirée des sommités du lilas. Après la fleur, il produit une grappe chargée de graines très-abondantes, et les cendres de ces sommités nous ont donné, sur cent livres, soixante-quinze livres de potasse de la plus parfaite qualité, c'est-à-dire un peu plus que le marron d'Inde.

Nous observons que jusqu'ici, d'après les expériences faites sur toutes les espèces de végétaux les plus productifs, on n'a obtenu (produit moyen) en alkali qu'un huitième de cendres, ce qui ne peut entrer en aucune comparaison avec les produits que nous présentons.

En vain objectera-t-on, pour diminuer le prix de cette découverte, que ces productions forment une très-petite récolte.

Nous répondrons que, d'après les lettres que nous recevons de tous les coins de la France, on nous annonce que l'on a recueilli de très-grandes quantités de marrons d'Inde, et qu'on en aurait récolté davantage si l'on avait été prévenu à temps.

Nous ajoutons enfin que les marronniers et les lilas sont des plantations qui viennent très-vite dans le sol le plus ingrat : rien n'est donc plus facile que de les multiplier, et ce n'est pas de notre bonheur seulement que nous avons à nous occuper. Serons-nous éternellement semblables à la génération qui vient de disparaître du sol de la liberté, et qui ne calculait jamais que ses propres jouissances ? Ne nous occuperons-nous pas enfin de travailler pour nos enfants ? et sous cet aspect consolant, ne devons-nous pas dès à présent ne rien négliger pour préparer leur bonheur par toutes les ressources que l'industrie nous présente, et nous hâter de saisir tous les moyens d'ajouter à nos richesses, en nous délivrant de tout ce qui peut nous rendre tributaires des autres nations ?

Gardons-nous donc de perdre un instant, ornons nos routes de marronniers et nos jardins de lilas ; multiplions cet arbuste odoriférant, et il se trouvera que, sous le règne bienfaisant de la liberté, ce sera en couvrant nos pas de fleurs que l'art nous fournira la foudre qui doit achever d'écraser les tyrans.

Le deuxième objet que nous avons à vous présenter, législateurs, c'est le fruit de nos efforts pour l'éducation publique. Au milieu du silence de l'instruction et des orages politiques, nous avons cru remplir vos vues en multipliant nos cours et occupant une jeunesse avide de travail et de connaissances, comme la plante qui se flétrit et languit de l'eau salutaire qui la rafraîchit et la vivifie : quatre cents élèves reçoivent au Lycée une éducation républicaine. Nous vous présentons ceux qui ont montré le plus de dispositions, et dont nous remettons la liste ; ils ont tous juré de ne rien négliger pour s'instruire et se mettre en état de servir et de défendre la république.

Nous réclamons pour eux un local plus sain et des livres élémentaires des arts pris dans les amas inutiles des bibliothèques des émigrés.

Le troisième objet est un acte de bienfaisance qui a été couronné au Lycée, et qui est dû à l'âme sensible d'un bon sans-culottes nommé Cange, que nous vous présentons, et qui est commissionnaire à la porte de la prison dite de Saint-Lazare.

L'orateur lit une pièce de vers du citoyen Sedaine, dans laquelle ce trait d'humanité est consigné, et dont nous avons tiré le récit suivant.

Un citoyen était détenu dans la maison d'arrêt dite de Saint-Lazare ; sa détention plongeait dans la plus affreuse misère sa femme et quatre enfants, qui ne vivaient que de son travail. Inquiet, il envoie chez lui le commissionnaire de la prison pour s'informer de leur sort et leur donner du moins de ses nouvelles. Cange trouve cette famille malheureuse dans les larmes, il entend les cris de la douleur et du besoin... Son âme sensible s'élève à ce spectacle déchirant ; il forme sur-le-champ un dessein que l'exiguité de sa fortune rend surtout plus généreux. Il présente à l'épouse du citoyen détenu 50 livres, en lui disant que son époux a reçu d'un ami une somme plus forte, et qu'il partage avec elle.

Cange retourne à la maison d'arrêt, et n'apporte à l'infortuné détenu que des paroles consolantes sur le sort de sa famille. Il lui remet aussi 50 livres, qu'il suppose avoir été prêtées à son épouse par une de ses voisines ; il ajoute qu'elle a promis de ne pas borner là sa bienveillance.

Peu de jours après, la révolution du 9 thermidor ayant brisé les fers des citoyens incarcérés par des ordres tyranniques, celui-ci vole dans les bras de sa famille. Les deux époux s'informent réciproquement des amis généreux qui les ont secourus dans leur infortune, mais ils ne peuvent se donner aucun renseignement. Au premier mouvement de surprise succède l'idée d'aller interroger le commissionnaire. Cange refuse de les instruire, il veut éluder leurs questions. Enfin, pressé vivement par ceux qu'il a obligés avec tant de délicatesse, il se nomme : « Eh bien, c'est moi. J'ai été témoin de vos peines, je n'ai pu y être insensible. Je n'avais que ces 100 livres, et j'aurais bien voulu en posséder davantage ; je suis doublement content, car j'avoue que l'on m'avait assuré que vous deviez périr. »

*L'orateur ajoute un nouveau trait :* Cange a un beau-frère qui est aux frontières, et dont la femme vient de mourir en laissant trois enfants. En rentrant il trouve sa femme en pleurs. — « Ma pauvre sœur, dit-elle, n'est plus ! Que deviendra cette pauvre famille ? qui en prendra soin ? — Allons, console-toi, dit Cange, ne pleure pas. Je les prends, moi ; nous vivrons tous ensemble. » Il est chargé aujourd'hui de six enfants en bas âge. — Sa demeure est rue faubourg Denis, maison des ci-devant Sœurs-Grises, n° 47.

Le Président : Les arts sont amis de la liberté ; ainsi le jour qui a détruire la tyrannie a été pour les Français un présage assuré que parmi eux les arts seraient conduits à ce point de perfection où ils créent une nature nouvelle. L'attente de la nation ne sera point déçue, et la Convention comptera toujours au rang de ses premiers devoirs d'encourager les arts et ceux qui les cultivent.

Nous avons entendu avec intérêt les détails de la découverte utile qui est due à votre sagacité, et nous applaudissons aux traits généreux du brave citoyen Cange.

Continuez, citoyens, à veiller sur les jeunes gens dont vous dirigez l'instruction ; rappelez-leur qu'ils ne doivent pas oublier le jour où ils ont paru devant les représentants du peuple, et le serment qu'ils ont prêté de demeurer toujours fidèles à la patrie.

La Convention nationale vous invite à assister à sa séance.

La Convention nationale renvoie au comité d'agriculture, pour en faire un prompt rapport, le mémoire du Lycée des Arts sur la quantité d'alkali fixe que l'on peut retirer des sommités du lilas, des marrons d'Inde et autres substances végétales, et à celui d'instruction publique et des secours publics l'action généreuse de Cange, commissionnaire de la maison d'arrêt de Lazare, et décrète que le président donnera l'accolade fraternelle à ce vertueux citoyen, et que le récit de son action, lu par la députation du Lycée des Arts, sera inséré au Bulletin avec la réponse du président.

Le citoyen Cange est admis aux honneurs de la séance, et, sur la demande d'un membre, il est conduit par un huissier auprès du président, qui lui donne l'accolade fraternelle au milieu des plus vifs applaudissements et des cris de vive la république ! Les jeunes élèves défilent dans la salle.

—Goujon, au nom du comité d'agriculture, expose les avantages que les manufactures pourront retirer de la fabrication du minium, inconnue en France jusqu'au moment où le citoyen Olivier s'y est livré avec succès ; il assure que ce citoyen a trouvé le moyen de construire un four qui éloigne tous les inconvénients qui peuvent nuire à la santé des citoyens. Il propose le projet de décret suivant, qui est adopté :

« Le citoyen Olivier est autorisé à construire autant de fours qu'il croira nécessaire pour la fabrication du minium, en se conformant toutefois aux modèles qui ont été soumis à l'examen du comité. »

— La Société populaire de Rambouillet vient réclamer des secours pour des pères de famille, créanciers de la liste civile, et dont le payement éprouve des difficultés qui les réduisent au plus triste état.

Leur pétition est renvoyée au comité des finances.

— La Société populaire de Villejuif et le tribunal du quatrième arrondissement viennent assurer la Convention de leur dévouement à ses principes.

—La Société républicaine des Arts vient rappeler à la Convention les engagements qu'elle a pris en leur assurant sa protection, et elle réclame des encouragements pour ceux qui s'y livrent.

Cette pétition est renvoyée au comité d'instruction publique.

—Plusieurs pétitionnaires sont également admis, et leurs demandes particulières sont renvoyées aux comités qu'elles concernent.

La séance est levée à quatre heures.

### SÉANCE DU 26 VENDÉMIAIRE.

Un secrétaire donne lecture de la lettre suivante :

*Boisset, représentant du peuple dans les départements de l'Ain et de Saône-et-Loire, à la Convention nationale.*

À Châlons-sur-Saône, le 19 vendémiaire, l'an 3e de la république française, une et indivisible.

« Encore un triomphe, citoyens collègues ; le siècle de la liberté élève les âmes et fait éclore les connaissances du génie. Tandis que l'aérostat sauveur continue à seconder nos armes, tandis que l'ingénieux télégraphe nous transmet, avec la rapidité de l'éclair, les élans de notre gloire et la honte de nos ennemis ; tandis que l'avide Anglais, de rage dévoré, voit nos découvertes heureuses avec envie, la chute des ambitieux et des conspirateurs avec crainte et désespoir ; tandis enfin que le cabinet britannique s'épuise en crimes comme en calculs vains, un Français ose concevoir le plan hardi de braver les flots, de pénétrer dans les abîmes profonds où le Rhône s'engloutit.

« Le drapeau tricolore vient de flotter dans les entrailles de la terre ; huit courageux bateliers de Seysselles ont accompagné le brave Bisset, ingénieur, mis en réquisition par le comité de salut public. Le Rhône vient de subir le joug dans ces précipices que l'œil ne peut percer du haut de ces immenses rocs d'où, resserré et bouillonnant, il va se perdre dans des gouffres horribles.

« Que les tyrans et leurs esclaves cessent d'espérer d'assujettir un peuple de héros, vainqueur de la nature.

« C'est au moment où vous avez rendu la liberté au génie, au moment où les arts commencent à respirer l'air pur de la république pour laquelle ils sont nés, que neuf patriotes viennent de conquérir le gouffre de Bellegarde et d'assujettir le courroux du Rhône sous le trident républicain.

« Ce vaste fleuve, navigable dans tous ses points, va donner une plus grande vie au commerce, et doubler les richesses de la république.

« Bisset vous fera passer le récit de son voyage ; en attendant, je demande que vous décrétiez la mention honorable au procès-verbal de sa conduite, du courage des huit bateliers qui l'ont accompagné dans cette périlleuse découverte. Je joins ici leurs noms : ce sont les citoyens Benoît, Viberd, François Molley, Antoine Molley, Pierre Molley, Louis Gros, Aimé Thiboud, Antoine Depigny.

« Courage, fermeté ; tout à vous. BOISSET. »

Cette lettre sera insérée au Bulletin.

GIROT, au nom du comité de commerce : Le comité de commerce vous a présenté, il y a quelque temps, un projet de décret dont vous avez ordonné l'impression ; ce projet a pour but d'encourager les manufactures et le commerce, dont la Convention sent toute l'importance. Depuis qu'il vous a été présenté, les motifs qui l'avaient nécessité se sont accrus, les pétitions se sont accumulées dans votre comité, et de plus en plus la nécessité d'activer les bras manufacturiers, à la veille de demeurer inactifs au milieu des besoins de la république, provoque de votre part une mesure prompte ; cette mesure n'a été prise qu'après avoir consulté la commission des approvisionnements, et après en avoir conféré avec le comité de salut public ; tous ont été de l'avis qu'il était infiniment utile à la chose publique que les matières que les négociants et fabricants tireraient de l'étranger fussent exemptées de la réquisition, et pussent être employées immédiatement à leurs manufactures ; en conséquence, je vous propose le décret suivant :

« La Convention nationale, sur la proposition de son comité de commerce et approvisionnements, décrète :

« Art. Ier. Tout citoyen dont l'industrie et les relations tendent à vivifier le commerce et les manufactures, ou à introduire dans la république des matières premières propres à les alimenter, mérite bien de la patrie.

« II. Le droit de réquisition et de préemption ne pourra être exercé sur les matières premières que les fabricants justifieront avoir fait venir de l'étranger pour l'aliment de leurs fabriques.

« III. Le présent décret sera inséré aux Bulletins des lois et de correspondance. »

Ce décret est adopté.

— Plusieurs Sociétés populaires du département des Deux-Sèvres et de celui de la Vienne se plaignent de l'inexécution de la loi du maximum, et elles demandent que la Convention fasse gronder le tonnerre de la liberté sur les têtes des sangsues du peuple.

Ces pétitions sont renvoyées au comité de commerce.

— L'agent national du district de Dinan annonce à la Convention qu'il vient de découvrir, dans une maison d'émigrés, quatre-vingt-treize marcs d'argent qu'ils avaient enfouis, et qu'il envoie à la Monnaie.

L'assemblée décrète la mention honorable de la conduite de cet agent, qui a été vivement applaudie.

( *La suite demain.* )

---

*Payements à la trésorerie nationale.*

Le payement du perpétuel est ouvert pour les six premiers mois ; il sera fait à tous ceux qui seront porteurs d'inscriptions au grand livre. Celui pour les rentes viagères est de huit mois vingt et un jours de l'année 1793 (vieux style).

# GAZETTE NATIONALE ou LE MONITEUR UNIVERSEL.

**N° 30.**    *Décadi* 30 Vendémiaire, *l'an* 3°.   (*Mardi* 21 Octobre 1794, *vieux style*).

## POLITIQUE.

### PRUSSE.

*Thorn, le 15 septembre.* — L'insurrection est déclarée et complète dans toute la partie de la Prusse située sur la rive gauche de la Vistule. A Sieradz, toutes les troupes prussiennes ont péri par le fer, ou ont été faites prisonnières ; elles n'ont échappé à Lenerie qu'en se jetant dans un château.

Le mouvement révolutionnaire s'est aussi communiqué dans la Prusse sur la rive droite de la Vistule. Le corps commandé par Schonfeld s'est avancé ; les insurgés, à l'approche des Prussiens, avaient abandonné la ville de Gnesne pour se retirer dans les forêts de Rogowo. Les Prussiens s'étant mis à leur poursuite, ont été entraînés au milieu des chemins mauvais, et rendus impraticables par d'énormes abattis. Pendant qu'ils étaient occupés à se dégager, les insurgés sont rentrés d'un autre côté dans Gnesne ; ils ont établi à deux lieues de Czerniewo un camp avec les tentes prises aux Prussiens.

Les Polonais, toujours victorieux, se sont rendus maîtres de la ville d'Exin ; ils ont récemment emporté la caisse de Georgenbourg.

---

## RÉPUBLIQUE FRANÇAISE.

### SOCIÉTÉ

#### DES AMIS DE L'ÉGALITÉ ET DE LA LIBERTÉ,

SÉANT AUX CI-DEVANT JACOBINS DE PARIS.

*Présidence de Garnier (de Saintes).*

SÉANCE DU 25 VENDÉMIAIRE.

*Raisson :* Je demande que la Société, qui veut régler sa marche sur les lois, soit instruite du décret que la Convention nationale a rendu ce matin sur les Sociétés populaires.

*Maure* rend compte des principales dispositions de ce décret, et de la discussion à laquelle il a donné lieu. Il ajoute : « Cette séance n'a point été perdue pour la liberté, puisqu'elle a consacré des principes qui sont dans le cœur de tous les patriotes. »

*Lejeune :* Citoyens, le projet présenté par les comités a été combattu ; des opinions différentes ont été émises ; la Convention nationale s'est prononcée ; la loi est portée, le devoir de tout bon patriote est d'obéir. (Applaudissements.) Quelques dispositions de ce décret étaient contraires à mon opinion ; je les ai combattues en homme libre, parce que j'ai promis au peuple de défendre ses droits, et que je les défendrai jusqu'à la mort. Mais j'ai vu avec peine que, dans la discussion importante qui s'est élevée, peu de membres de la Convention aient pris la parole : il en est cependant à qui l'habitude de parler semblait faire un devoir de monter à la tribune. On a laissé parler ceux qui, avec le plus grand amour du peuple, n'ont pas d'assez grands moyens oratoires pour développer avec intérêt les grandes vérités liées à une question si délicate. Je le dis avec franchise, citoyens, il y a eu de la lâcheté dans cette discussion. (On applaudit.)

Il est dans la Convention nationale beaucoup de représentants du peuple qui assistent régulièrement aux séances, gardent le silence, mais votent toujours pour les principes ; il en est d'autres à qui la nature a accordé le don de la parole, qui ont juré de défendre les droits du peuple, qui ont souvent tenu leur serment, mais qui ont aujourd'hui gardé un silence coupable. (On applaudit.) J'accuse ces membres silencieux d'une circonspection funeste et meurtrière pour la liberté publique.

Je vais dire ici des vérités terribles, qu'un homme pénétré de l'amour de la patrie ne désavouera pas : Ou,

comme on les en a accusés, ces membres sont coupables de tyrannie, ou ils ont travaillé pour le bonheur public. S'ils ont, par leurs veilles et par leurs soins, préparé les succès des défenseurs de la patrie, ont-ils donc pour cela rempli leur tâche ? doivent-ils se taire lorsqu'il est question de défendre les principes et les droits du peuple ? S'ils ont voulu édifier leur autorité sur les débris de la république, ils doivent être punis.

Ce silence est un crime ; si les hommes à talents ne veulent point nous éclairer, quel sera donc le point de ralliement des amis de la liberté ? Les principes, sans doute ; mais si on ne les défend pas, on nous laissera retomber dans la tyrannie ; et moi, je veux la république une et indivisible, et non la tyrannie. (Vifs applaudissements.)

Je veux un gouvernement vigoureux et ferme ; je veux que les Sociétés populaires rentrent dans les limites qui leur sont tracées ; je veux qu'elles travaillent, de concert avec la Convention nationale, à consolider la liberté et l'égalité ; mais je veux aussi que les droits du peuple soient respectés et restent dans toute leur force. (On applaudit.)

Je le répète, citoyens, je m'étonne du silence que gardent depuis deux mois les mêmes hommes qui, il y a quelque temps, occupaient tous les jours la tribune de la Convention et celle des Jacobins. Vous parliez alors des droits du peuple, Billaud et Collot, pourquoi donc vous taisez-vous aujourd'hui qu'il s'agit de les défendre ? Eh quoi ! n'avez-vous rien à dire lorsqu'il s'agit d'organiser l'instruction publique, lorsqu'il faut extirper les habitudes monarchiques, enracinées depuis douze siècles en France ? La république est décrétée ; mais il faut maintenant nous attacher à la faire aimer et chérir ; il faut une éducation qui inspire à nos enfants la haine de la royauté et de la tyrannie, l'amour de la patrie, de la liberté et de l'égalité. (On applaudit.) Rappelez-vous que si les peuples libres de l'antiquité conservèrent longtemps leurs institutions, c'est que l'amour de la patrie était imprimé dans le cœur de tous les citoyens.

*Billaud :* Je remercie mon collègue de m'avoir arraché, ainsi que ceux qui sont dans ma position, de l'état de compression dans lequel nous gémissons depuis longtemps ; je lui aurais de plus grandes obligations, si ce matin il eût provoqué les membres qui ont des droits du peuple gravés dans le cœur à prendre la parole pour le défendre. Avant de juger notre conduite, il faut jeter un coup d'œil sur l'état actuel de la Convention : ceux qui avaient intérêt à ce que nous ne parlassions pas nous ont accusés de vouloir dominer la Convention nationale et les Jacobins, et dès lors nous nous sommes nous-mêmes condamnés au silence ; mais ce silence n'est point faiblesse de notre part. Ne vous y trompez pas, citoyens, il est forcé. Il y avait trois mois que nous n'avions parlé à la Convention nationale quand nous dénonçâmes Robespierre.

D'après la manière dont plusieurs orateurs ont été accueillis, il n'y a pas de doute que, si nous eussions parlé ce matin, nous aurions plus nui que servi la discussion. Il est des circonstances où le silence sert quelquefois mieux que la parole ; et je ne doute pas que les libelles que l'on répand depuis trois mois contre nous n'aient eu pour objet de nous engager dans une dispute littéraire, afin de trouver dans nos réponses ce qu'on n'a pu trouver dans notre silence.

Si jamais le moment arrive de développer notre énergie, il n'est pas un de nous ici qui puisse douter que nous ne nous montrions les amis des droits du peuple, que nous avons défendus et que nous défendrons toujours.

*Collot :* Les reproches qui nous sont faits par notre collègue Lejeune me sont plus sensibles que tous les traits et les accusations lancés contre nous.

Un patriotisme énergique et pur a dicté ces reproches ; mais un patriotisme semblable nous a fait souvent conseiller par nos collègues de ne parler dans ces discussions qu'autant que cela serait indispensable, afin que nos ennemis communs ne puissent pas trouver l'occasion de mettre les passions particulières aux prises avec l'intérêt public. Ma résolution intérieure est de me tenir prêt à parler lorsque nul autre ne se présentera pour exprimer les mêmes pensées; car les inflexibles amis des principes n'ont que les mêmes choses à dire. Ces principes ont été ce matin défendus autant qu'ils pouvaient l'être, et je n'étais point absent..... Au reste, on n'a pas oublié que j'ai parlé plusieurs fois à la Convention sur l'état de douleur et de persécution où se trouvent les patriotes dans beaucoup d'endroits de la république, et sur d'autres objets; mes opinions ont toujours été interprétées d'une manière perfide par les libellistes; lorsque je demandai que la fête de Marat ne fût pas ajournée, ils imprimèrent que sans doute il devait y avoir un massacre à cette fête; l'inquisition tyrannique de la calomnie est portée si loin envers quelques membres, qu'on interprète jusqu'à leurs gestes les plus indifférents, et jusqu'aux mouvements de leurs lèvres, pour en tirer des conséquences absurdes ou atroces; mes collègues auprès desquels j'ai l'habitude de me placer peuvent rendre justice à mes pensées et à mes discours même les plus familiers; car la persécution est poussée si loin, que c'est à cela même qu'on s'attache.

J'ai indiqué au comité de correspondance de la Société, plusieurs objets d'intérêt public à mettre à l'ordre du jour, tels que la vivification du commerce, de l'industrie et des arts, et surtout l'instruction publique; je suis prêt à communiquer ce que j'ai médité à cet égard.

Dans des circonstances difficiles, en 1791, la Société appela un concours sur cette matière; je saisis cette occasion pour jeter dans toutes les chaumières des idées de morale et d'instruction, qui ont profité à la liberté. Je ne fais pas cette citation par orgueil, mais parce que c'est une consolation légitime en ces moments que de me rappeler ce que j'ai fait d'utile. Je suis toujours prêt à combattre pour les principes, à proclamer des vérités utiles et énergiques, à faire mon devoir, et, dussé-je périr, à remplir mes engagements envers ma patrie.

*Crassous :* Le décret de ce matin a dissipé le fantôme créé par l'aristocratie pour faire croire au peuple que les Sociétés populaires voulaient être une puissance intermédiaire entre lui et la Convention. Dès leur institution, les Sociétés populaires ont été les surveillantes des autorités constituées et du gouvernement même. C'est cette surveillance qui constitue la liberté; car le peuple ne pouvant être toujours réuni dans les assemblées primaires, s'est disséminé dans les Sociétés partielles, afin d'avoir l'œil ouvert sur les dépositaires du pouvoir. Voilà le caractère constitutif des Sociétés populaires.

Par les dispositions du décret rendu ce matin, ces Sociétés acquièrent un nouveau degré de force. En effet, le plus grand reproche qu'on leur ait adressé, c'est de se laisser mener par quelques individus. Eh bien, quand quelque écrit sortira maintenant de cette enceinte, il sera signé des hommes courageux qui l'auront approuvé; et si les lâches ne veulent pas le signer, ils en seront les maîtres : la liberté ne peut et ne veut pas être servie par des lâches.

Un des articles de ce décret exige l'envoi de la liste de vos membres à l'agent national près la commission de police et des tribunaux; vous aviez déjà prévu le vœu de la Convention, puisque vous aviez arrêté que la liste de vos membres serait imprimée. Ce n'est pas pour nous cacher que nous venons ici, c'est pour défendre les intérêts du peuple.

*Bassal :* Il est nécessaire de développer le sens du décret, afin que, tout en s'empressant de l'exécuter, on puisse le rendre utile pour les projets de ceux qui l'ont provoqué. Les aristocrates, qui font tout pour anéantir la Convention nationale, se réjouissent du décret qu'elle vient de rendre sur les Sociétés populaires, qui lui écrivent de rester à son poste et de consolider la république. Ne vous alarmez pas cependant, Amis de la Liberté et de l'Égalité; ce décret ne vous humilie point, il rend hommage aux principes, et ôte aux ambitieux les moyens de cimenter leur puissance sur la crédulité de quelques hommes.

L'Assemblée constituante en rendit un à peu près semblable; il n'empêcha point les Sociétés populaires de se serrer pour sauver la liberté.

Votre correspondance se fera de cette tribune et par le moyen de votre journal; si quelques lettres particulières sont écrites à des Sociétés, il n'est pas un patriote qui se refuse à signer et à proclamer les principes qui sont dans nos cœurs. Je demande donc que le comité de correspondance présente un moyen de correspondre avec les Sociétés populaires, sans blesser aucune des dispositions du décret rendu ce matin.

*Monestier* appuie cette proposition.

*Romme :* Autrefois vous vous reposiez du soin d'exprimer vos sentiments sur quelques hommes qui avaient votre confiance; aujourd'hui chacun de nous déposera sa portion d'énergie : chaque Adresse qui sortira d'ici sera autant de levées en masse contre l'aristocratie. Je demande l'ajournement de tout mode de correspondance jusqu'après la communication du décret.

*Goujon :* Quoique ce décret ne soit pas aussi défavorable aux patriotes qu'on l'aurait désiré, il prouve au moins que l'esprit public est aliéné sur les Sociétés populaires. On avait, il y a quelque temps, demandé qu'on apposât les scellés sur les archives de cette Société : n'ayant pu réussir, on a voulu aujourd'hui détruire toute communication entre les patriotes et rompre les liens de la fraternité. Si les projets des ennemis du peuple ont encore une fois échoué devant les principes, c'est que la Convention nationale a fait ajouter au projet de décret qui lui était présenté le mot de correspondance *collective*.

La loi est portée, nous devons nous y soumettre; si elle nous fait souffrir aujourd'hui, un jour elle nous vengera. La loi mène les factieux à l'échafaud, et fait triompher les hommes de bien.

Je le répète, citoyens, nous devons soumission à la loi; mais il faut que les Sociétés populaires se souviennent que les aristocrates veulent l'emporter; que la lice est ouverte entre le crime et la vertu; qu'elles ont à déjouer les manœuvres de ces hommes qui veulent qu'un million de faineants règnent sur vingt-quatre millions de citoyens laborieux et utiles à la république.

*Payau* reproduit avec énergie les mêmes opinions qui ont déjà été émises par les autres orateurs. Il ajoute quelques idées particulières.

« En vain, dit-il, on traite aujourd'hui les Sociétés populaires d'institutions monacales et aristocratiques. Ceux qui les accusent craignent sans doute cet œil du peuple qui surveille les hommes en place, et les dénonce lorsqu'ils s'écartent du sentier de la loi. La révolution ne tournera jamais au profit de l'aristocratie, quoiqu'elle ose déjà prononcer avec impudence la dénomination méprisante de *populace* à l'égard des hommes généreux qui ont le plus contribué à la révolution et à la fondation de la république. Le peuple est un; sa volonté suprême a prononcé, rien ne lui résistera.

Il faut que de cette tribune notre voix soit entendue de nos frères des départements. Traçons, s'il le faut, de notre sang les idées de liberté que nous répandrons dans toute la république.

Je demande qu'il nous soit présenté un mode de correspondre sans blesser les dispositions de la loi. (On applaudit.)

La séance est levée à dix heures.

---

### TRIBUNAL CRIMINEL RÉVOLUTIONNAIRE.

*Séance du 26 vendémiaire.* — P.-F. Methey, âgé de vingt-huit ans, né à Grey, officier municipal de Faucogney, département de la Haute-Saône;

C.-J. Vuilhem, âgé de trente-neuf ans, né à Luxeuil, huissier à Faucogney;

F.-M. Loth, âgé de quarante-quatre ans, né à Faucogney, menuisier;

J.-M. Toillon, âgé de quarante-quatre ans, née à Faucogney, veuve Cordelier, aubergiste;

A.-B. Durand, âgée de vingt-quatre ans, née à Cernez, couturière à Faucogney;

Vuilhem et Toillon, convaincus d'avoir tenu des propos tendant à dissoudre la représentation nationale, à outrager les défenseurs de la patrie, à ébranler la fidélité envers la nation, etc., et de les avoir tenus avec des intentions contre-révolutionnaires, ont été condamnés à la peine de mort.

Mathey et Loth, convaincus d'avoir tenu ces propos, mais non avec des intentions contre-révolutionnaires;

Durand, non convaincu d'avoir tenu ces propos, ont été acquittés et mis en liberté.

— J. Mareschaux, âgé de cinquante-sept ans, né à Bourgueil, parfumeur à Saumur, secrétaire du dépôt des chevaux de remonte, accusé d'avoir arboré la cocarde blanche et noire, à l'effet de seconder les projets liberticides des brigands de la Vendée ; le fait n'étant pas constant, a été acquitté et mis en liberté.

— E. Pognon, âgée de trente-six ans, née à Fossy, département des Ardennes, femme Vatrin, cultivateur à Bethelinville, accusée de propos contre-révolutionnaires, le fait n'étant pas constant, a été acquittée et mis en liberté.

— J.-A. Lavairchere, âgé de quarante-neuf ans, né à Lille, journalier, convaincu d'avoir tenu à Lille des propos tendant à avilir les assignats; mais ne les ayant pas tenus avec des intentions contre-révolutionnaires, a été acquitté et mis en liberté.

*Du 9 vendémiaire.* — L.-J. Chalot, âgé de quarante-deux ans, né et demeurant à Saint-Clément, département de Maine-et-Loire, cercelier, convaincu d'avoir tenu des propos tendant au rétablissement de la royauté, mais ne les ayant pas tenus avec des intentions contre-révolutionnaires, ne jouissant pas de la plénitude de sa raison, a été acquitté et mis en liberté.

— A.-P. Noël, âgé de vingt-six ans, né à Courtivron, département de la Côte-d'Or, marchand de vin à Dijon, convaincu d'avoir tenu dans la maison d'arrêt de Dijon, avec des intentions contre-révolutionnaires, des propos tendant à l'avilissement des autorités, a été condamné à la peine de la déportation, en vertu de la loi du 10 mars 1793.

— C. Lombard, âgé de trente-huit ans, né et demeurant à Besançou, ex-directeur des messageries nationales, accusé d'avoir tenu, en 1790, des propos tendant à l'avilissement de la représentation nationale, etc., le fait n'étant pas constant, a été acquitté et mis en liberté.

*Du 11 vendémiaire.* — F. Lacombe, âgé de trente-sept ans, né à Courlesbonne, département du Doubs, ex-curé de Quingey et ex-administrateur du département du Doubs, convaincu d'avoir tenu dans la Société populaire de Quingey, vers la fin de juin 1793, des discours tendant au fédéralisme ; mais ne les ayant pas tenus avec des intentions contre-révolutionnaires, a été acquitté et mis en liberté.

— P. Lamorlière fils, âgé de quarante-cinq ans, né à Marbois, district de Dun-sur-Loire, cultivateur à Saint-Christophe, accusé, mais non convaincu de manœuvres pratiquées à Nogent-le-Rotrou, tendant à corrompre les citoyens, à l'effet de faire nommer des électeurs suspects d'incivisme par le moyen d'une liste délivrée à plusieurs votants, etc., a été acquitté; il restera détenu comme suspect.

— E.-P. Achin-Courbeville, âgé de quarante-quatre ans, né à Orléans, capitaine de gendarmerie nationale à Dun-sur-Loire, accusé d'avoir excité des troubles, d'avoir exercé des violences envers les citoyens, d'avoir cherché à occasionner la disette, d'avoir secondé les projets de Capet et des fédéralistes ; ces faits n'étant pas constants, a été acquitté et mis en liberté.

*Du 12 vendémiaire.* — J. Raux, âgé de soixante-

quatre ans, né et demeurant à Dun-sur-Loire, ex-chanoine ;

M.-M. Marchand, âgée de quarante-huit ans, née à Dun-sur-Loire, fille, domestique de J. Raux ;

Raux, convaincu d'avoir pratiqué avec des intentions contre-révolutionnaires, des manœuvres tendant à troubler la tranquillité des citoyens par le fanatisme en célébrant des messes et mariages, en dressant des actes au mépris de la loi, en distribuant ou colportant des écrits incendiaires pour égarer le peuple, a été condamné à la peine de mort.

Marchand, convaincue d'avoir gardé ces écrits, d'avoir répandu les messes que Raux célébrait dans la chambre, d'être allé chercher des témoins pour la célébration de ces mariages, ne l'ayant pas fait avec des intentions contre-révolutionnaires, a été acquittée et mise en liberté.

— I. Gond, âgé de vingt-cinq ans, né à Pont-de-Vaux, ex-vicaire et secrétaire de la commune d'Arbigny, département de l'Ain ;

C. Laposse aîné, âgé de trente-six ans, né à Villefranche, tailleur, ex-officier municipal et membre du comité révolutionnaire de Pont-de-Vaux, accusés de propos contre-révolutionnaires, le fait n'étant pas constant, ont été acquittés et mis en liberté.

E. Remacle, homme de loi, et administrateur du district de Bitche ;

J.-B. Guillus-Lacroix, homme de lettres ;

P.-H. Gérard, juge militaire à l'armée de la Moselle ;

M.-E. Vautrin, femme de Gérard ;

J.-F. Durand, homme de loi ;

M.-P. Faber, femme de Durand, tous domiciliés à Bitche, ont été mis en liberté.

---

## CONVENTION NATIONALE.

*Présidence de Cambacérès.*

#### SUITE A LA SÉANCE DU 26 VENDÉMIAIRE.

La compagnie des canonniers de la section de la Montagne, prête à partir pour les frontières, vient témoigner à la Convention le dévouement sincère et inviolable dont ils sont pénétrés pour elle. « Un seul de vos décrets, disent-ils, nous ferait aller jusqu'aux extrémités de l'univers; nous jurons de mourir, s'il le faut, pour défendre la liberté, l'égalité et la république une et indivisible ; nous sommes sur notre départ, le pas de charge bat, nous volons à l'ennemi, et nous périrons ou nous reviendrons vainqueurs. »

La Convention décrète la mention honorable de l'Adresse des canonniers, et son insertion au Bulletin.

CAMBON, au nom du comité des finances : Onze officiers, sous-officiers et soldats du 2e bataillon du Morbihan, échappés aux désastres de Saint-Domingue, et restés seuls d'un bataillon de cinq cent quarante-huit hommes, ont perdu, dans l'incendie du Cap, tous leurs effets.

La loi du 7 mai 1793 leur accorde une indemnité; mais elle exige que les états de perte soient certifiés par les commissaires des guerres, et visés d'un officier de l'état-major de l'armée.

Dans la position où se sont trouvés ces militaires, il leur a été impossible de remplir les formalités de la loi.

Ils se sont adressés à la commission de la marine, qui n'a pas cru devoir prendre sur elle de leur accorder les secours qu'ils réclament.

Le commissaire a soumis cette affaire à votre comité des finances, qui a pensé que la position de ces soldats pouvait les exempter des formalités de la loi, et leur faire accorder quelques secours pour les indemniser des pertes qu'ils ont essuyées en restant fidèles à la république.

Il vous propose en conséquence le décret suivant :

« La Convention nationale, après avoir entendu le rapport du comité des finances, décrète :

« La trésorerie nationale paiera, à présentation, 400 liv. à chacun des citoyens Legoffe, quartier-maître, et Drinet, lieutenant au 2ᵉ bataillon du Morbihan, envoyés en 1792 à Saint-Domingue, et 60 liv. à chacun des citoyens Brohan, Grablet, Launay, Blanc, Torchard, Gelin, Leray, Rolle et Chabert, tous officiers et volontaires du même bataillon, pour les indemniser de la perte de leurs bagages et effets dans l'incendie du Cap. »

« Le présent décret ne sera imprimé que dans le Bulletin de correspondance. »

Ce décret est adopté.

CAMBON : Citoyens, le comité de salut public a arrêté, le 7 thermidor, que la municipalité de Paris connaîtrait en première instance des contestations relatives à l'emprunt forcé, et que l'appel en serait porté au directoire du département.

Mais depuis les événements du 9 thermidor il n'y a plus de municipalité à Paris.

Cependant toutes les sections de Paris ont terminé leur rôle de l'emprunt forcé, et les contribuables adressent leurs demandes en décharge ou réduction, soit à l'agent provisoire des contributions directes de la commune de Paris, soit au département et même à la commission des revenus nationaux.

Les contribuables, en grand nombre, qui se croient en droit de réclamer, sont en souffrance ; un plus long retard pourrait exciter des plaintes et être représenté comme un déni de justice.

Dans cette circonstance, et en attendant que la Convention nationale ait déterminé définitivement par qui seront remplies les fonctions confiées en cette partie à la municipalité de Paris, le comité des finances a pensé que le comité contentieux du département de Paris devait être provisoirement chargé de l'examen et du jugement en première instance, et sauf l'appel au département, de toutes les réclamations de ce genre.

Il y a d'autant moins d'inconvénient que déjà ce même comité contentieux connaît d'abord, et sauf le recours au département, de toutes les contestations relatives aux contributions foncière et mobilière.

Voici le projet de décret.

« La Convention nationale, après avoir entendu le rapport du comité des finances, décrète :

« Que le comité contentieux du département de Paris est chargé de l'examen et du jugement en première instance, et sauf le recours au département, de toutes les réclamations relatives à l'emprunt forcé.

« Le présent décret ne sera imprimé que dans le Bulletin de correspondance. »

Ce décret est adopté.

CAMBON : Citoyens, avant 1789, le brevet général de la taille, arrêté au ci-devant conseil, comprenait non-seulement la somme, tant en principal qu'en accessoire, à lever sur les contribuables des anciennes généralités, mais encore le montant des taxations des collecteurs.

En 1789, le même brevet général n'a compris que la somme à imposer, tant en principal qu'en accessoire, et il a été ordonné que les taxations seraient imposées en sus.

La commission de l'administration provinciale et le mandement du bureau intermédiaire de Calais et Ardres, pour 1789, ont ordonné l'imposition du principal et accessoire.

Mais il n'indiquait pas qu'en sus seraient imposées les remises des collecteurs ; et de fait le montant de ces remises n'a pas été imposé.

Cependant le citoyen Caffiery, receveur des impositions des anciens gouvernements de Calais et Ardres a tenu compte aux collecteurs, pour leurs taxations, d'une somme de 1,015 liv., et a porté cette somme en dépense dans son compte.

Le département de la Somme l'en a rejetée, sur le fondement qu'elle devait être imposée en sus du principal des impositions.

Le citoyen Caffiery a payé cette somme ; il en a réclamé le remboursement auprès des corps administratifs.

Le district a pensé que la commission de l'administration provinciale et le mandement du bureau intermédiaire n'indiquant pas qu'en sus seraient imposées les remises des collecteurs, les administrés ne devaient pas bénéficier de cette omission, qu'ils étaient seuls tenus du remboursement des 1,015 livres, et que cette somme devait être répartie entre les communes des deux ci-devant gouvernements d'Ardres et de Calais.

Mais le département, par arrêté du 29 décembre 1792, considérant que l'usage suivi dans les gouvernements d'Ardres et Calais était de déduire les frais de collecte sur la somme assignée à chaque municipalité pour ses impositions, et qu'il serait injuste et peut-être impossible de répartir entre les communes qui composaient les deux gouvernements dont il s'agit la somme de 1,015 liv. 9 sous 5 den., a arrêté qu'il en serait référé à l'administration générale, et qu'elle serait invitée à donner les ordres nécessaires pour que cette somme fût allouée dans les comptes du citoyen Caffiery.

La commission des revenus nationaux, en convenant des difficultés qu'entraînerait la répartition de cette somme sur les contribuables des départements et districts qui formaient les deux ci-devant gouvernements d'Ardres et de Calais, croyait que le trésor public ne devait pas supporter cette dépense.

Si la ci-devant administration provinciale et le ci-devant bureau intermédiaire avaient suivi les instructions qui leur avaient été transmises à l'époque du département de 1789 ; qu'ils eussent indiqué par leur commission et mandement que les remises attribuées aux collecteurs devaient être imposées en sus, cette difficulté n'existerait pas.

Mais aussi les communes des ci-devant gouvernements de Calais et Ardres auraient supporté cette somme de 1,015 liv. 17 s. 6 den.

Ce seraient donc ces communes qui aujourd'hui devraient pourvoir au payement de cette somme, que le receveur ne peut jamais perdre, puisqu'il n'a fait que se conformer à l'usage suivi jusqu'alors, usage qu'il ne pouvait croire avoir été changé, la commission et mandement des corps administratifs ne s'expliquant en aucune manière sur ce changement.

Le moyen le plus simple de réaliser ce payement serait d'ordonner à chaque commune d'imposer la somme qu'elle devra supporter dans les 1,015 liv. 17 sous 6 den. dont il s'agit, au marc la livre de ses charges locales, lors des prochaines impositions.

Les difficultés de faire cette répartition dans des communautés qui appartiennent aujourd'hui à différents districts et départements nécessiteraient une commission pour régler la quote-part qu'ils devraient payer, et les frais que cette répartition nécessiterait doubleraient peut-être la somme réclamée.

Votre comité des finances, effrayé des difficultés, des lenteurs et des frais qu'entraînerait la répartition de cette somme, a pensé que cette dépense peu conséquente devait être supportée par le trésor public ; il m'a chargé de vous proposer le projet de décret suivant :

« La Convention nationale, après avoir entendu le rapport du comité des finances, décrète que la somme de 1,015 liv. 17 sous 6 den., montant de la taxation allouée aux collecteurs pour la levée de la taille en 1789 dans les anciens gouvernements d'Ardres, et de Calais, sera allouée en dépense dans le compte du citoyen Caffiery.

« Ce décret ne sera imprimé qu'au Bulletin de correspondance, »

Ce décret est adopté.

Cambon : La Convention nationale a rendu, le 6 floréal, un décret qui accorde aux jeunes Irlandais du ci-devant séminaire, rue du Cheva' Vert, à Paris, un secours de 500 livres, pour les aider à retourner dans leur patrie.

Ceux du ci-devant séminaire de Toulouse, en arrestation depuis plus d'un an, réclament la même faveur.

Ils se sont adressés, le 30 thermidor, à la Convention nationale ; leur pétition a été successivement renvoyée au comité de salut public, et de là au comité des finances.

Les motifs sur lesquels ils s'appuient nous ont paru mériter l'attention de la Convention nationale.

Incarcérés depuis longtemps sans secours, éloignés de leurs parents, ils ont été obligés d'emprunter pour subsister ; sans ressources en ce moment, ils n'ont plus d'espoir que dans la bienfaisance nationale.

Ces considérations déterminent votre comité des finances à vous proposer la mise en liberté des pétitionnaires, avec un secours de 500 livres, conformément au décret du 6 floréal qui, dans ce cas, leur sera applicable.

« La Convention nationale, après avoir entendu le rapport du comité des finances, décrète :

« Art. Ier. La disposition de la loi du 6 floréal, qui accorde un secours de 500 livres à chacun des jeunes Irlandais du ci-devant séminaire de la rue du Cheval-Vert à Paris, pour fournir aux frais de leur voyage, s'appliquent à ceux habitués du ci-devant séminaire de Toulouse.

« II. Les dits habitués qui se trouvent en état d'arrestation par mesure de sûreté générale, comme étrangers, seront mis en liberté dans les vingt-quatre heures de la notification du présent décret. La commission de marine et des colonies prendra les mesures nécessaires pour assurer leur départ dans le plus bref délai pour l'Irlande, leur patrie.

« III. Le présent décret ne sera imprimé que dans le Bulletin de correspondance. »

Ce décret est adopté.

Cambon : La loi du 24 août 1793, sur la formation du grand livre de la dette publique, en statuant sur la liquidation des offices comptables, a ordonné (art. LXXIII et LXXIV) « qu'il serait fait de suite opposition, au nom de la nation, sur le montant des certificats de propriété provenant de la liquidation de ces offices, et que les propriétaires ne toucheraient leurs intérêts annuels de leurs finances, postérieurement à 1793, qu'en justificat de leur quittus. »

Il est précédemment dit, article II :

« Chaque créancier de la république sera crédité en un seul et même article, et sous un même numéro, tant du produit des rentes perpétuelles que des intérêts des capitaux dont il sera propriétaire. »

Il résulte de ces dispositions que les comptables, en même temps propriétaires de leurs offices et créanciers de rentes perpétuelles, sont portés au grand livre en un seul article pour leur finance et pour leurs rentes.

L'opposition qui se forme au nom de la républi-

que porte alors nécessairement sur la totalité de l'inscription, et les propriétaires ne peuvent toucher aucune portion de leur revenu.

Il était nécessaire et même indispensable d'ordonner des précautions par une opposition sur les inscriptions, afin de ne pas perdre de vue une garantie que l'ancien gouvernement avait crue nécessaire, et qui aurait pu échapper dans un bouleversement général et une rénovation des anciens titres de propriété.

Des réclamations ont été faites par des comptables, qui, quoiqu'ayant remis leurs comptes au bureau de comptabilité, et obtenu le certificat qui constate qu'ils ne sont pas débiteurs, n'ont pas pu avoir le décret de quittus, et se trouvent, par le fait de l'opposition formée sur leurs inscriptions, privés tout à la fois des intérêts du montant de leur finance et des arrérages de leurs rentes.

Le retard du décret de quittus n'est pas du fait des comptables ; votre comité des finances, section de l'examen des comptes, a déjà plusieurs comptes qu'il vérifie, et sera peut-être nécessaire de réformer quelques dispositions des lois de la comptabilité pour accélérer la vérification des comptes.

Votre comité a pensé qu'il importait de faire une distinction en faveur des comptables qui se sont conformés à la loi en rendant leurs comptes, et qui, par le résultat d'un premier examen, se trouvent quittes envers la nation.

Ceux-ci ne doivent pas souffrir des retards qui ne dépendent pas d'eux.

La justice paraît exiger qu'on leur rende la faculté de toucher leurs revenus.

L'intérêt national demeurera assuré par l'opposition qui sera faite sur la propriété de l'inscription.

Il est juste de prendre toutes les précautions, afin que l'intérêt national ne soit pas compromis ; mais il serait injuste d'exiger des mesures trop sévères et sans une utilité réelle.

Mais aussi les comptables qui n'ont pas remis leurs comptes, ou qui n'ont pas soldé leur débet, doivent éprouver la rigueur des lois auxquelles ils n'ont pas voulu obéir.

Nous avons cru devoir distinguer des comptables les anciens receveurs généraux dont les biens ont été séquestrés jusqu'après l'apurement de leurs comptes ; cette mesure est bien rigoureuse pour ceux qui prouvent avoir soldé leur débet ; aussi avez-vous accordé la permission de prélever sur leurs revenus 18 livres par jour ; il serait juste d'accélérer le rapport sur la vérification de leurs comptes, pour leur fournir le décret de quittus ; votre comité chargé de l'examen du compte, convaincu que des citoyens honnêtes, des pères de famille, peuvent se trouver dans l'embarras par la rigueur de la loi, s'empressera de faire les rapports qui doivent terminer leur comptabilité.

En attendant, je suis chargé de vous proposer le décret suivant :

« La Convention nationale, après avoir entendu le rapport de son comité des finances, décrète :

« Art. Ier. Les comptables propriétaires d'inscriptions sur le grand livre, qui justifieront par certificat du bureau de comptabilité qu'ils sont quittes envers le trésor national, pourront recevoir leur payement annuel.

« II. L'opposition mise au nom de la nation, en vertu des lois du 24 août 1794 (vieux style), restera sur la propriété des inscriptions jusqu'à ce que les comptables aient obtenu leur décret de quittus.

« III. Il n'est pas dérogé, par le présent décret, à la loi du 4 germinal dernier, concernant les receveurs généraux des finances. »

Ce décret est adopté.

Cambon, au nom des comités de salut public et

soldats pouvait les exempter des formalités de la loi, et leur faire accorder quelques secours pour les indemniser des pertes qu'ils ont essuyées en restant fidèles à l· république.

Il vous propose en conséquence le décret suivant :

« La Convention nationale, après avoir entendu le rapport du comité des finances, décrète :

« La trésorerie nationale paiera, à présentation, 400 liv. à chacun des citoyens Legoffe, quartier-maître, et Drinet, lieutenant au 2ᵉ bataillon du Morbihan, envoyés en 1792 à Saint-Domingue, et 60 liv. à chacun des citoyens Brohan, Grablet, Launay, Blanc, Torchard, Gelin, Leray, Rolle et Chabert, tous officiers et volontaires du même bataillon, pour les indemniser de la perte de leurs bagages et effets dans l'incendie du Cap.

« Le présent décret ne sera imprimé que dans le Bulletin de correspondance. »

Ce décret est adopté.

CAMBON : Citoyens, le comité de salut public a arrêté, le 7 thermidor, que la municipalité de Paris connaîtrait en première instance des contestations relatives à l'emprunt forcé, et que l'appel en serait porté au directoire du département.

Mais depuis les événements du 9 thermidor il n'y a plus de municipalité à Paris.

Cependant toutes les sections de Paris ont terminé leur rôle de l'emprunt forcé, et les contribuables adressent leurs demandes en décharge ou réduction, soit à l'agent provisoire des contributions directes de la commune de Paris, soit au département et même à la commission des revenus nationaux.

Les contribuables, en grand nombre, qui se croient en droit de réclamer, sont en souffrance ; un plus long retard pourrait exciter des plaintes et être représenté comme un déni de justice.

Dans cette circonstance, et en attendant que la Convention nationale ait déterminé définitivement; par qui seront remplies les fonctions confiées en cette partie à la municipalité de Paris, le comité des finances a pensé que le comité contentieux du département de Paris devait être provisoirement chargé de l'examen et du jugement en première instance, et sauf l'appel au département, de toutes les réclamations de ce genre.

Il y a d'autant moins d'inconvénient que déjà ce même comité contentieux connaît d'abord, et sauf le recours au département, de toutes les contestations relatives aux contributions foncière et mobilière.

Voici le projet de décret.

« La Convention nationale, après avoir entendu le rapport du comité des finances, décrète :

« Que le comité contentieux du département de Paris est chargé de l'examen et du jugement en première instance, et sauf le recours au département, de toutes les réclamations relatives à l'emprunt forcé.

« Le présent décret ne sera imprimé que dans le Bulletin de correspondance. »

Ce décret est adopté.

CAMBON : Citoyens, avant 1789, le brevet général de la taille, arrêté au ci-devant conseil, comprenait non-seulement la somme, tant en principal qu'en accessoire, à lever sur les contribuables des anciennes généralités, mais encore le montant des taxations des collecteurs.

En 1789, le même brevet général n'a compris que la somme à imposer, tant en principal qu'en accessoire, et il a été ordonné que les taxations seraient imposées en sus.

La commission de l'administration provinciale et le mandement du bureau intermédiaire de Calais et Ardres, pour 1789, ont ordonné l'imposition du principal et accessoire.

Mais il n'indiquait pas qu'en sus seraient imposées les remises des collecteurs ; et de fait le montant de ces remises n'a pas été imposé.

Cependant le citoyen Caffiery, receveur des impositions des anciens gouvernements de Calais et Ardres a tenu compte aux collecteurs, pour leurs taxations, d'une somme de 1,015 liv., et a porté cette somme en dépense dans son compte.

Le département de la Somme l'en a rejetée, sur le fondement qu'elle devait être imposée en sus du principal des impositions.

Le citoyen Caffiery a payé cette somme ; il en a réclamé le remboursement auprès des corps administratifs.

Le district a pensé que la commission de l'administration provinciale et le mandement du bureau intermédiaire n'indiquant pas qu'en sus seraient imposées les remises des collecteurs, les administrés ne devaient pas bénéficier de cette omission, qu'ils étaient seuls tenus du remboursement des 1,015 livres, et que cette somme devait être répartie entre les communes des deux ci-devant gouvernements d'Ardres et de Calais.

Mais le département, par arrêté du 29 décembre 1792, considérant que l'usage suivi dans les gouvernements d'Ardres et Calais était de déduire les frais de collecte sur la somme assignée à chaque municipalité pour ses impositions, et qu'il serait injuste et peut-être impossible de répartir entre les communes qui composaient les deux gouvernements dont il s'agit la somme de 1,015 liv. 9 sous 5 den., a arrêté qu'il en serait référé à l'administration générale, et qu'elle serait invitée à donner les ordres nécessaires pour que cette somme fût allouée dans les comptes du citoyen Caffiery.

La commission des revenus nationaux, en convenant des difficultés qu'entraînerait la répartition de cette somme sur les contribuables des départements et districts qui formaient les deux ci-devant gouvernements d'Ardres et de Calais, croyait que le trésor public ne devait pas supporter cette dépense.

Si la ci-devant administration provinciale et le ci-devant bureau intermédiaire avaient suivi les instructions qui leur avaient été transmises à l'époque du département de 1789 ; qu'ils eussent indiqué par leur commission et mandement que les remises attribuées aux collecteurs devaient être imposées en sus, cette difficulté n'existerait pas.

Mais aussi les communes des ci-devant gouvernements de Calais et Ardres auraient supporté cette somme de 1,015 liv. 17 s. 6 den.

Ce seraient donc ces communes qui aujourd'hui devraient pourvoir au payement de cette somme, que le receveur ne peut jamais perdre, puisqu'il n'a fait que se conformer à l'usage suivi jusqu'alors, usage qu'il ne pouvait croire avoir été changé, les commission et mandement des corps administratifs ne s'expliquant en aucune manière sur ce changement.

Le moyen le plus simple de réaliser ce payement serait d'ordonner à chaque commune d'imposer la somme qu'elle devra supporter dans les 1,015 liv. 17 sous 6 den. dont il s'agit, au marc la livre de ses charges locales, lors des prochaines impositions.

Les difficultés de faire cette répartition dans des communautés qui appartiennent aujourd'hui à différents districts et départements nécessiteraient une commission pour régler la quote-part qu'ils devraient payer, et les frais que cette répartition nécessiterait doubleraient peut-être la somme réclamée.

Votre comité des finances, effrayé des difficultés, des lenteurs et des frais qu'entraînerait la répartition de cette somme, a pensé que cette dépense peu conséquente devait être supportée par le trésor public ; il m'a chargé de vous proposer le projet de décret suivant :

« La Convention nationale, après avoir entendu le rapport du comité des finances, décrète que la somme de 1,015 liv. 17 sous 6 den., montant de la taxation allouée aux collecteurs pour la levée de la taille en 1789 dans les anciens gouvernements d'Ardres, et de Calais, sera allouée en dépense dans le compte du citoyen Caffiery,

« Ce décret ne sera imprimé qu'au Bulletin de correspondance. »

Ce décret est adopté.

CAMBON : La Convention nationale a rendu, le 6 floréal, un décret qui accorde aux jeunes Irlandais du ci-devant séminaire, rue du Cheval Vert, à Paris, un secours de 500 livres, pour les aider à retourner dans leur patrie.

Ceux du ci-devant séminaire de Toulouse, en arrestation depuis plus d'un an, réclament la même faveur.

Ils se sont adressés, le 30 thermidor, à la Convention nationale ; leur pétition a été successivement renvoyée au comité de salut public, et de là au comité des finances.

Les motifs sur lesquels ils s'appuient nous ont paru mériter l'attention de la Convention nationale.

Incarcérés depuis longtemps sans secours, éloignés de leurs parents, ils ont été obligés d'emprunter pour subsister ; sans ressources en ce moment, ils n'ont plus d'espoir que dans la bienfaisance nationale.

Ces considérations déterminent votre comité des finances à vous proposer la mise en liberté des pétitionnaires, avec un secours de 500 livres, conformément au décret du 6 floréal qui, dans ce cas, leur sera applicable.

« La Convention nationale, après avoir entendu le rapport du comité des finances, décrète :

« Art. Ier. La disposition de la loi du 6 floréal, qui accorde un secours de 500 livres à chacun des jeunes Irlandais du ci-devant séminaire de la rue du Cheval-Vert à Paris, pour fournir aux frais de leur voyage, s'appliquent à ceux habitués du ci-devant séminaire de Toulouse.

« II. Lesdits habitués qui se trouvent en état d'arrestation par mesure de sûreté générale, comme étrangers, seront mis en liberté dans les vingt-quatre heures de la notification du présent décret. La commission de marine et des colonies prendra les mesures nécessaires pour assurer leur départ dans le plus bref délai pour l'Irlande, leur patrie.

« III. Le présent décret ne sera imprimé que dans le Bulletin de correspondance. »

Ce décret est adopté.

CAMBON : La loi du 24 août 1793, sur la formation du grand livre de la dette publique, en statuant sur la liquidation des offices comptables, a ordonné (art. LXXIII et LXXIV ) « qu'il serait fait de suite opposition, au nom de la nation, sur le montant des certificats de propriété provenant de la liquidation de ces offices, et que les propriétaires ne toucheraient leurs intérêts au nom des rentes finances, postérieurement à 1793, qu'en justifiant de leur quittus. »

Il est précédemment dit, article II :

« Chaque créancier de la république sera crédité en un seul et même article, et sous un même numéro, tant du produit des rentes perpétuelles que des intérêts des capitaux dont il sera propriétaire. »

Il résulte de ces dispositions que les comptables, en même temps propriétaires de leurs offices et créanciers de rentes perpétuelles, sont portés au grand livre en un seul article pour leur finance et pour leurs rentes.

L'opposition qui se forme au nom de la républi-

que porte alors nécessairement sur la totalité de l'inscription, et les propriétaires ne peuvent toucher aucune portion de leur revenu.

Il était nécessaire et même indispensable d'ordonner des précautions par une opposition sur les inscriptions, afin de ne pas perdre de vue une garantie que l'ancien gouvernement avait crue nécessaire, et qui aurait pu échapper dans un bouleversement général et une rénovation des anciens titres de propriété.

Des réclamations ont été faites par des comptables, qui, quoiqu'ayant remis leurs comptes au bureau de comptabilité, et obtenu le certificat qui constate qu'ils ne sont pas débiteurs, n'ont pas pu avoir le décret de quittus, et se trouvent, par le fait de l'opposition formée sur leurs inscriptions, privés tout à la fois des intérêts du montant de leur finance et des arrérages de leurs rentes.

Le retard du décret de quittus n'est pas du fait des comptables ; votre comité des finances, section de l'examen des comptes, a déjà plusieurs comptes qu'il vérifie ; il sera peut-être nécessaire de réformer quelques dispositions des lois de la comptabilité pour accélérer la vérification des comptes.

Votre comité a pensé qu'il importait de faire une distinction en faveur des comptables qui se sont conformés à la loi en rendant leurs comptes, et qui, par le résultat d'un premier examen, se trouvent quittes envers la nation.

Ceux-ci ne doivent pas souffrir des retards qui ne dépendent pas d'eux.

La justice paraît exiger qu'on leur rende la faculté de toucher leurs revenus.

L'intérêt national demeurera assuré par l'opposition qui sera faite sur la propriété de l'inscription.

Il est juste de prendre toutes les précautions, afin que l'intérêt national ne soit pas compromis ; mais il serait injuste d'exiger des mesures trop sévères et sans une utilité réelle.

Mais aussi les comptables qui n'ont pas remis leurs comptes, ou qui n'ont pas soldé leur débet, doivent éprouver la rigueur des lois auxquelles ils n'ont pas voulu obéir.

Nous avons cru devoir distinguer des comptables les anciens receveurs généraux dont les biens ont été séquestrés jusqu'après l'apurement de leurs comptes ; cette mesure est bien rigoureuse pour ceux qui prouvent avoir soldé leur débet ; aussi avez-vous accordé la permission de prélever sur leurs revenus 18 livres par jour ; il serait juste d'accélérer le rapport sur la vérification de leurs comptes, pour leur fournir le décret de quittus ; votre comité chargé de l'examen du compte, convaincu que des citoyens honnêtes, des pères de famille, peuvent se trouver dans l'embarras par la rigueur de la loi, s'empressera de faire les rapports qui doivent terminer leur comptabilité.

En attendant, je suis chargé de vous proposer le décret suivant :

« La Convention nationale, après avoir entendu le rapport de son comité des finances, décrète :

« Art. Ier. Les comptables propriétaires d'inscriptions sur le grand livre, qui justifieront par certificat du bureau de comptabilité qu'ils sont quittes envers le trésor national, pourront recevoir leur payement annuel.

« II. L'opposition mise au nom de la nation, en vertu des lois du 24 août 1794 ( vieux style ), restera sur la propriété des inscriptions jusqu'à ce que les comptables aient obtenu leur décret de quittus.

« III. Il n'est pas dérogé, par le présent décret, à la loi du 4 germinal dernier, concernant les receveurs généraux des finances. »

Ce décret est adopté.

CAMBON, au nom des comités de salut public et

des finances : J'annonce à la Convention que les conquêtes de la république s'étendant chaque jour, il devient urgent d'ajouter au nombre des représentants du peuple chargés de surveiller les opérations administratives, dans la Belgique particulièrement ; je propose en conséquence d'y envoyer les citoyens Portiez (de l'Oise), et Joubert (de l'Hérault).

Ce choix est confirmé par décret.

DUHEM : J'observe que, la situation politique des peuples conquis par les armes de la république étant changée, leurs lois et leur constitution suspendues, il faut que la république, par l'organe de ses représentants, se prononce et déclare hautement de quelle manière elle prétend se conduire avec les peuples conquis. Je propose de charger les comités de gouvernement d'examiner ces observations, et de présenter leurs vues à cet égard.

Cette proposition est vivement combattue.

Un membre annonce qu'il a un travail préparé sur cette matière : comme Duhem, il pense qu'il est instant de fixer la conduite que le gouvernement français se propose de tenir avec les peuples conquis.

TALLIEN : Je pense, au contraire, que ce n'est pas le moment de traiter cette question aussi délicate qu'importante. Si ce n'était pas un représentant du peuple qui eût fait cette proposition, je craindrais que ce ne fût un piége tendu à la Convention nationale.

Rappelez-vous, citoyens, combien de fois, depuis la guerre, on a cherché à égarer l'opinion publique, tantôt en nous proposant de faire la conquête du monde, tantôt en nous disant qu'il était plus sage de rester dans les bornes de nos frontières. Eh quoi ! c'est alors que les armées de la république sont éloignées, c'est lorsqu'elles sont aux portes de la Hollande, qu'on vient provoquer ici un plan de législature applicable aux pays conquis?

Mon avis, à moi, citoyens, est que la Belgique, comme toutes vos conquêtes, doit être traitée en pays conquis; c'est-à-dire, pour la Belgique, en pays qui a appartenu à la maison d'Autriche, et qui doit nous fournir tous les dédommagements possibles d'une guerre entreprise pour la défense des principes les plus justes. (On applaudit.)

Voudrait-on renouveler le décret du 26 mai? tenterait-on de municipaliser, de chercher encore des alliés dans un pays qui a reçu notre or, notre argent, où nous n'avons jamais trouvé un ami, et où nos soldats ont été assassinés ? Je sais que c'est une grande question à traiter, celle relative aux principes qui doivent nous diriger à l'avenir dans les négociations politiques.

Citoyens, il faut qu'enfin la république reprenne dans la balance de l'Europe la place qui lui appartient; il faut qu'elle prenne une attitude grande comme ses principes.

On l'a dit, je le sais : une république puissante comme la nôtre, ne traite avec ses ennemis qu'à coups de canon. Mais, quoi qu'on ait dit, une république peut avoir une autre diplomatie que celle-là ; et, dans des mains pures, cette dernière peut tirer un grand secours de l'autre. Citoyens, ne précipitons rien, et ne faisons pas aujourd'hui ce qu'il faudra peut-être défaire demain. Je demande donc l'ordre du jour sur la proposition de Duhem, quant à présent ; et l'un de ces jours je vous demanderai la parole pour une motion d'ordre sur la conduite que doit tenir la république dans ses négociations, quand elle sera en situation d'en entendre. (On applaudit.)

Duhem proteste de la pureté de ses intentions dans la proposition qu'il a faite ; il s'étonne qu'on ait paru y trouver un piége ; il la rappelle. « Elle tend, dit-

il, à organiser enfin, d'une manière permanente, les parties administratives des opérations importantes des représentants du peuple en mission dans les pays conquis. » Au reste, il ne partage pas le sentiment de Tallien sur le compte des Belges : il pense qu'il les a mal jugés ; il assure que les peuples en général aiment la liberté, et termine par assurer la Convention qu'il est d'autant plus instant d'adopter une mesure à ce sujet, que la Belgique, en ce moment, est inondée de commissaires dont les opérations se croisent et entravent la comptabilité. Il demande le renvoi de ses observations au comité de salut public, qui présentera un projet de loi.

On ferme la discussion.

On demande l'ordre du jour.

La Convention passe à l'ordre du jour.

— Mathieu, au nom des trois comités de salut public, de sûreté générale et de législation, propose, et la Convention nomme, pour former la commission de police administrative de Paris, les citoyens dont les noms suivent :

Leroux, secrétaire du conseil de discipline militaire de la section de la Montagne ;

Duret, membre du comité de bienfaisance de la section du Faubourg Montmartre ;

Aletz, secrétaire greffier du juge de paix de la section du Mont-Blanc;

Jacquot, ébéniste, rue Basse-du-Rempart ;

Vidoine, rue de l'Echelle, section des Tuileries ;

Gauthier, de la section de Brutus, rue Neuve-Eustache, n° 58 ;

Desetangs, rue de l'Arbre-Sec ;

Poterel, rue Honoré, vis-à-vis le ci-devant Oratoire ;

Ronchas jeune, marchand mercier, rue Denis ;

Beurier, capitaine du bataillon de Gravilliers, rue Meslay, n° 23 ;

Champenois, ancien négociant, rue Apolline, n° 6 ;

Bonquet-Destournelles, rue Bretonnerie ;

Thérouane, marchand de draps, rue Antoine, n° 32 ;

Paté, homme de loi, rue du Milieu-des-Ursins, section de la Cité ;

Barbarin, architecte, rue du Four-Germain, n° 104 ;

Deschamps, ancien commissaire de la section du Gros-Caillou ;

Poteron, orfèvre, rue Révolutionnaire, ci-devant Saint-Louis, vis-à-vis la caserne ;

Menin, Marché-Neuf, section de la Cité ;

Goffet, rue Nicolas, faubourg Antoine ;

Babille, rue du Théâtre-Français.

*Pour la place d'agent national.*

Léger, quai de l'Egalité, n° 4.

LACOMBE : Citoyens, dans l'immensité des offrandes patriotiques dont retentit cette tribune depuis 89, vous distinguerez sans doute avec plaisir le denier du sans-culottes et le don de l'homme modeste qui n'a pas même cherché dans la publicité l'indemnité de son sacrifice.

Je viens vous entretenir, au nom de votre comité des finances, de plusieurs titulaires d'offices, qui, pauvres pour la plupart, ont généralement fait à la république la remise de leurs prétentions aussi justes que bien fondées.

Ces citoyens sont au nombre de cent quarante-huit, et leurs abandons se portent à la somme de 144,118 livres.

Votre comité m'a chargé de vous demander pour ces citoyens la mention honorable et l'insertion au Bulletin.

Cette proposition est adoptée.

LACOMBE : Il vous a été distribué, conformément à la loi, le 12 de ce mois, un projet de décret relatif à la liquidation de différentes créances sur les ci-devant clergé, pays d'états, administrations, communes, arts et métiers. Je suis chargé par le comité des finances de le soumettre à la Convention.

Lacombe en fait lecture; il est adopté en ces termes :

« La Convention nationale, ouï le rapport de son comité des finances, qui lui a rendu compte des vérifications et rapports faits par le directeur général de la liquidation,

« Décrète qu'en conformité des précédents décrets sur la liquidation de la dette publique, et notamment du décret du 24 août dernier, sur la liquidation de ladite dette, et sur les fonds destinés à son acquit pour les sommes remboursables, aux termes de ladite loi du 24 août, il sera payé aux parties comprises en l'état annexé au présent décret les sommes suivantes, savoir :

*Créances sur le ci-devant clergé.*

« Dettes exigibles, cent cinquante et une parties prenantes, 850,435 l. 8 s. 1 d.

« Réclamations particulières proposées en rejet, trentedeux parties, dont les demandes sont évaluées à la somme de 174,101 liv. 16 s. 4 d.

*Pays d'états, administrations et communes.*

« Trois parties prenantes, 722,285 liv. 1 s. 2 d.

« Réclamations particulières proposées en rejet, trois parties dont les demandes sont évaluées à la somme de 10,418 liv. 12 s. 9 d.

*Rentes perpétuelles et viagères.*

« Neuf parties prenantes, 3,585 liv. 12 s.

*Arts et métiers.*

« Une partie prenante, 4,000 liv.

« Réclamations particulières proposées en rejet, une partie dont la demande est évaluée à la somme de 1,494 livres 14 s. 8 d.

« Total pour cent quatre-vingt-dix-huit parties prenantes, 1 million 576,720 liv. 1 s. 1 d.

« Total des rejets, 186,015 liv. 9 d.

« A la charge par toutes les parties prenantes de se conformer aux lois de la république pour obtenir leurs reconnaissances définitives en liquidation pour les sommes qui en sont susceptibles, ou leur inscription sur le grand livre de la dette publique.

« L'état ne sera point imprimé. »

— L'assemblée s'est occupée de la loi sur les émigrés. Plusieurs articles ont été adoptés.

PORTIEZ (de l'Oise) : Depuis que la Convention nationale a jeté un regard sur le commerce, froissé par les mouvements révolutionnaires; depuis qu'elle a invité les citoyens à produire leurs vues sur cette intéressante partie de l'économie politique, chaque jour voit éclore des projets. Des établissements s'élèvent de toutes parts. Le comité des finances peut apprécier le développement des esprits longtemps comprimés dans leur essor par la fatalité des circonstances. Le commerce, sous les auspices d'un meilleur ordre de choses, tourne ses combinaisons vers des objets utiles à la république et aux succès de ses armées.

Aujourd'hui le comité des finances vient vous proposer d'aliéner aux citoyens Beautalon, Albert et Talon, un hôpital général , sis à Riom, département du Puy-de-Dôme , dont les bâtiments n'ont plus de destination depuis le nouveau mode de secours , l'administration des secours à domicile.

L'intention du citoyen Talon et compagnie est d'établir une manufacture en toile, et de consacrer à cet usage les bâtiments de l'hôpital général, servant déjà à la fabrique des cotons.

Le conseil général de la commune de Riom et le district appuient la demande des pétitionnaires; ils la fondent sur ce que les débris de la manufacture actuelle ne pourraient être d'aucune utilité.

Le retard à venir au secours de cette manufacture nuirait à la subsistance et à l'entretien d'un grand nombre de familles.

Le département du Puy-de-Dôme est un de ceux de la république où le chanvre se cultive le plus abondamment, et il est notoirement reconnu comme très-propre à la marine.

La commission des arts et d'agriculture , à laquelle l'ancien comité de salut public l'avait renvoyée, estime qu'il y a lieu d'adopter la demande des pétitionnaires, dans un moment où le besoin de toiles se fait sentir chaque jour, et qu'on ne saurait trop donner de développement à l'activité des citoyens dans cette partie intéressante du commerce.

La commission des revenus nationaux l'a considérée sous le rapport des domaines et des formalités prescrites par les lois, pour les adjudications.

Le comité des finances s'est occupé à concilier l'intérêt des domaines et du commerce avec celui des pétitionnaires.

Il doit dire que, si l'utilité et l'avantage de l'établissement proposé sont démontrés, des certificats de civisme et des délibérations de corps administratifs attestent le civisme et la pureté des mœurs des trois entrepreneurs.

Ils ne demandent ni avances, ni encouragements, ni indemnités, mais seulement que les bâtiments et les ustensiles de la manufacture de coton leur soient vendus, d'après l'estimation par experts.

Votre comité m'a chargé de vous présenter le projet de décret suivant :

« La Convention nationale, après avoir entendu le rapport de son comité des finances sur la pétition des citoyens Beautalon, Albert fils et Talon, négociants de la commune de Riom , décrète ce qui suit :

« Art. Ier. Les bâtiments dépendant de l'hôpital général de la commune de Riom, et qui servaient à la manufacture d'étoffes de fil et coton, et de coton, établie audit lieu sous la direction des ci-devant administrateurs de cet hôpital, ensemble les objets, effets, ustensiles et matières dépendant de ladite fabrique, seront adjugés auxdits citoyens Beautalon, Albert fils et Talon, pour le prix d'estimation rigoureuse qui en sera faite par deux experts nommés, l'un par la commission des revenus nationaux, et l'autre par le directoire de district de Riom, sur la présentation qui lui en sera faite par ledit citoyen Beautalon et ses associés.

« II. Cette estimation sera faite par lesdits experts, en présence d'un commissaire nommé par le directoire du district , et pris parmi les membres qui le composent ; ce commissaire se procurera et fournira auxdits experts tous les titres et renseignements susceptibles de faciliter leur opération.

« III. Aussitôt que cette opération sera terminée et que les experts en auront rédigé leur procès-verbal, ils en adresseront une expédition visée par les administrateurs du district , au comité des finances, qui proposera à la Convention nationale l'adjudication définitive au prix de l'estimation et aux clauses et conditions ci-après.

« IV. Les adjudicataires paieront à la caisse du district, dans le mois à compter du jour du décret à intervenir, et avant d'entrer en possession, le montant de la somme à laquelle seront estimés séparément , par les experts, les ustensiles et matières qui doivent faire partie de l'adjudication , ensemble un dixième du prix auquel seront estimés aussi séparément les bâtiments ; le surplus dudit prix sera acquitté dans les délais et aux termes prescrits pour la vente des domaines nationaux. »

Ce décret est adopté.

La séance est levée à quatre heures.

SÉANCE DU 27 VENDÉMIAIRE.

La séance s'ouvre par la lecture de la correspondance.

On lit les pièces suivantes :

La Société populaire de la Chapelle-Taillefer, district de Guéret, département de la Creuse, écrit à la Convention nationale :

« Contents de cultiver nos champs, nous nous assemblons paisiblement, tous les décadis, pour méditer vos lois bienfaisantes et admirer vos sublimes travaux. Chacun émet librement son opinion, et nous ne connûmes jamais de meneurs parmi nous.

« Tous les coups qui vous sont portés nous sont portés personnellement ; jugez si nous avons frémi en apprenant l'assassinat du représentant Tallien !

« Vous êtes notre unique point de ralliement ; nous n'en connaîtrons jamais d'autre, et nous vous jurons de répandre jusqu'à la dernière goutte de notre sang pour votre conservation. »

Cette Société invite la Convention à faire rentrer dans le néant tous les Robespierristes, en décrétant la liberté de la presse qu'ils craignent tant, et en faisant marcher le gouvernement révolutionnaire sur des principes d'égalité, de justice et d'humanité.

Elle invite encore la Convention à envoyer dans chaque département un de ses membres, pour y diriger l'esprit public, et y atterrer toutes les petites factions, fruit de l'esprit de domination et d'égoïsme.

La mention honorable et l'insertion au Bulletin sont décrétées.

— Un secrétaire fait lecture de la lecture suivante :

LIBERTÉ ÉGALITÉ.

L'administration du département de l'Yonne à la Convention nationale.

Auxerre, le 25 vendémiaire de l'an 3 de la république française, une, et indivisible.

« Citoyens représentans du peuple, au règne des triumvirs succède le règne de la justice et de la vertu ; votre sagesse répare les maux de la terreur, et cette arme des tyrans ne frappera désormais que les satellites de l'Angleterre et de l'Autriche.

« La république entière respire dans votre Adresse au peuple français, et ce peuple, qui depuis son origine n'avait pas encore entrevu l'aurore de la liberté, l'a conquise par la seule force de sa puissance ; il vous en a rendu dépositaires, et vous n'en faites usage que pour assurer son bonheur et sa gloire.

« Les États d'Amérique ne doivent pas être les seuls qui présentent à l'univers le spectacle d'un gouvernement prospère ; il appartient à la république française de leur être unie par les sentimens de la fraternité autant que par la sagesse de ses institutions morales ; et le bonheur des deux mondes repose en ce moment sur le Congrès et sur la Convention nationale de France.

« Peu nous importe le mouvement combiné de l'Europe pour nous asservir ; n'avons-nous pas la baïonnette et le pas de charge, qui nous ouvrent partout le chemin de la victoire ? n'avons-nous pas le télégraphe et l'aérostat, qui trompent la surveillance de nos ennemis ? N'avons-nous pas enfin, citoyens représentans, pour garant de notre liberté ce que vous faites tous les jours pour son triomphe ?

« Le vaisseau va cesser enfin d'être agité par la tempête ; vous allez le fixer au port, en comprimant la scélératesse et l'intrigue, en appelant la vertu seule aux emplois publics, en abattant tous les fantômes d'autorité qui voudraient s'élever à côté de la vôtre, en terrassant le fédéralisme et l'aristocratie, en maintenant jusqu'à la paix le gouvernement révolutionnaire, et en continuant par la fermeté de vos principes, par la sagesse de vos lois, par l'énergie de vos vertus, de mériter d'être les représentans d'une nation qui est digne de la liberté, comme vous êtes dignes de son amour. »

( Suivent les signatures des administrateurs. )

La Convention décrète la mention honorable et l'insertion au Bulletin.

Les citoyens composant les onze sections d'Orléans à la Convention nationale.

« Représentans, le 10 thermidor vous avez délivré la France des tyrans nouveaux qui élevaient, sur les ruines de la liberté, le despotisme le plus barbare ; ces hommes qui si longtemps déguisèrent leurs infernales machinations sous les couleurs du patriotisme, ont enfin porté leurs têtes criminelles sous la hache vengeresse des lois ; mais, n'en doutez pas, représentans, vous n'avez pas assez fait ; ces têtes hideuses, semblables à celles de l'hydre, se reproduisent à chaque instant ; soyez donc des Hercules pour les anéantir ; brisez le sceptre de l'oppression, sous lequel des hommes de sang veulent encore vous tenir asservis ; frappez ces fléaux destructeurs, qui, foulant aux pieds la statue de la justice, présentent partout l'image de la terreur et de la mort.

« L'assassinat de Tallien vous indique assez qu'il est des scélérats qui, pour régner, voudraient détruire la représentation nationale. L'horreur que nous avons éprouvée à la nouvelle de cet événement ne peut se peindre que par la joie bien pure que nous ressentons de la conservation de ce représentant.

« Législateurs, que de crimes vous avez à punir ! L'assassinat d'un représentant qui ose porter le premier coup à la tyrannie, l'Océan rougi par des flots de sang, le sol de la France recélant de toutes paris une foule de victimes qui, du fond de leurs tombeaux, crient vengeance contre leurs assassins, ne suffisent-ils pas pour provoquer la justice nationale ?

« Faites marcher la révolution rapidement vers son but ; communiquez au gouvernement une action forte et nerveuse ; que le patriote pur y trouve un asile contre tout genre de tyrannie ; et les traîtres, les intrigans, les fripons, les dilapidateurs de la fortune publique, la punition de leurs forfaits. Déployez des mesures répressives contre ces satrapes révolutionnaires qui sèment partout l'épouvante, qui ne veulent la terreur que parce qu'elle leur est nécessaire pour ensevelir le vice et la révolution ; vous direz alors : « Nous avons fini la révolution. »

« Au règne de la terreur faites succéder celui de la justice ; maintenez la liberté de la presse, restez fermes à votre poste ; si vous êtes attaqués, le peuple est là pour vous défendre et former un rempart contre le vice et le crime qui voudraient vous assiéger.

« Tels sont les sentimens des citoyens d'Orléans qui n'ont point éprouvé la réaction du modérantisme et de l'aristocratie abattus par la révolution du 10 thermidor ; ils ne reconnaissent d'autorité légitime que la vôtre ; leur dernier soupir sera pour le maintien de la république, une, indivisible et démocratique.

Mention honorable et insertion au Bulletin.

ANDRÉ DUMONT : Vous ne devez pas vous étonner si les départemens ne connaissent pas l'opinion de la Convention, et si l'opinion n'est pas uniforme dans les départemens, puisque les rapports dont elle ordonne l'envoi ne sont imprimés que plusieurs décades après que cet envoi a été décrété.

Le discours de Robert Lindet sur l'état de la république, le rapport de Grégoire sur les encouragemens à accorder aux littérateurs et aux savans, n'ont été remis qu'hier à l'agence des lois, tandis qu'ils devaient être envoyés sous deux décades ; il en est même plusieurs que cette agence n'a pas encore reçus ; cependant la république entretient à grands frais, dans cette agence, de nombreux ouvriers qui n'ont souvent rien à faire, tandis qu'on pourrait les employer à imprimer les rapports dont la Convention décrète l'envoi aux départemens.

Je demande donc que l'agence des lois soit chargée de l'impression des rapports dont l'envoi est ordonné.

Cette proposition est décrétée.

( La suite demain. )

## POLITIQUE.

### ANGLETERRE.

*Londres, du 25 septembre.* — On trouve les plaintes les plus amères contre les Hollandais dans les papiers ministériels. A les en croire, non-seulement ces fidèles alliés ne prêtent aucune véritable assistance aux armées anglaises qui viennent les défendre, mais même ces troupes conservatrices, à leur arrivée dans plusieurs villes des Provinces-Unies, ont eu le désagrément de voir qu'elles n'inspiraient que de la crainte et de l'aversion.

— Un anonyme, qui n'a probablement pas la plus grande confiance dans les talens de M. Pitt, lui a adressé, par le *Morning-Chronicle*, la lettre suivante, au sujet des offres de subside qu'on suppose que lord Spencer a été chargé par le cabinet de Saint-James de faire à l'empereur, pour le retenir dans la coalition.

« La guerre dure depuis dix-huit mois ; un grand nombre de millions ont été dépensés : cependant nous sommes aujourd'hui précisément dans un état de ténèbres semblable à celui dans lequel nous étions au commencement à l'égard du véritable objet de cette guerre.

« Rien n'a pu changer les sentimens du peuple français ; nous voyons au contraire que les victoires des républicains ont ébranlé tous les trônes de l'Europe. D'un côté il y a eu une telle suite de triomphes, de l'autre une telle série de défaites, une telle inactivité et des retraites si multipliées, qu'on ne trouve rien de semblable dans l'histoire militaire du monde.

« Chaque homme qui a péri est mort sans aucune utilité pour l'objet qu'on avait en vue ; chaque guinée qui a été dépensée l'a été en vain, et tous les subsides ont été consumés.

« Tous les esprits reculent à l'aspect d'un carnage qui n'a point d'exemple, et commencent à s'alarmer profondément des suites des dépenses énormes auxquelles la continuation de la guerre doit exposer.

« Si l'on s'en rapporte aux nouvelles qu'on reçoit de l'étranger, il est décidé de payer des subsides à toutes les puissances de l'Europe plutôt que de cesser la guerre. Je n'entreprendrai point d'examiner les motifs qui peuvent porter à une mesure semblable. Je me borne à vous engager de considérer combien cette contrée ou toute autre est loin de pouvoir supporter une exportation d'espèces semblable à celle qui est nécessitée par un subside pareil, si on l'ajoute surtout à la dépense qu'il faut déjà faire chez l'étranger pour soutenir la guerre. Veuillez vous rappeler que le commerce et les ressources de tout espèce dépendent entièrement de la Banque et prévoyant emploi de la Banque d'Angleterre. Il n'est pas nécessaire, monsieur, que nous ayous confiance en vous ou en tout autre ministre ; mais il est par-dessus tout nécessaire que nous puissions nous fier au crédit fondé et au papier de l'Etat en circulation ; et c'est la Banque qui soutient l'un et l'autre. Il faut remercier la Providence que cette confiance n'a jamais été plus forte qu'aujourd'hui, et de ce que ceux qui administrent la Banque sont faits pour la justifier. Mais nous savons tous qu'il est un point que la Banque ne peut dépasser sans manquer de prudence, et y a une ligne de démarcation à tirer, et il faut maintenir une certaine balance entre les espèces et le papier. Détruire cette balance en faisant passer l'argent hors de l'Angleterre, c'est paralyser la grande puissance de la Banque.

« En 1793, les banquiers de la contrée, par une suite du défaut de confiance du public, se trouvèrent forcés de demander un secours considérable en espèces. Quelle en fut la conséquence ? Une détermination, suggérée par la prudence, de resserrer l'escompte et toutes les autres issues. Grand nombre de maisons de commerce et de manufactures tombèrent par cet arrangement.

« Ne perdons pas de vue qu'il y a eu de grandes difficultés à trouver des hommes capables de s'engager pour l'emprunt de 4 millions et demi. Il n'est pas indigne de remarquer que ces espèces n'étaient point envoyées hors de l'Angleterre ; elles ne devaient circuler que dans l'inté-

rieur, et pouvaient rentrer dans un délai très-court, lorsque le public serait parvenu à rendre sa confiance aux banques de la contrée ; mais cette considération ne put empêcher la mesure sage de ne faire sortir le papier que d'une manière limitée. Que doit-il donc arriver si l'on souffre que des millions de nos espèces s'écoulent dans l'intérieur de l'Allemagne, sans qu'ils puissent jamais en sortir pour rentrer chez nous ? Le crédit de la Banque nous a servi, depuis plus d'un siècle, à arrêter les efforts de l'Europe ; mais comme l'espèce est le principe et la grande base de sa stabilité, l'affaiblir sur ce point, ce serait s'exposer à un grand danger.

« Souffrez que je vous demande sur quoi s'appuie la confiance que l'Angleterre a dans la responsabilité de sa Banque ? Croit-elle qu'elle puisse émettre du papier à discrétion, que son crédit est indéfini, que ses ressources sont spéculatives ? Non, sans doute : cette confiance est entretenue par la plus intime conviction qu'il y a toujours dans les coffres de la Banque plus d'argent qu'il n'en faut pour satisfaire à toutes les demandes qui peuvent avoir lieu.

« Tant que le papier ne sort que pour les besoins de la circulation intérieure, la confiance demeure entière ; mais il est de toute probabilité qu'une exportation considérable de numéraire peut opérer une convulsion capable de la détruire entièrement. N'est-il pas possible que ceux qui ont prêté des fonds à la Banque, en voyant leur sûreté s'affaiblir, ne disent tout à coup comme l'empereur et le roi de Prusse : « Donnez-nous de l'or et de l'argent au lieu de papier. »

« L'exportation de 8 millions et plus en or et en argent, peut-elle être d'une faible considération pour une nation qui gémit sous le poids d'une dette de plus de 300 millions et sous celui de taxes montant à près de 20 par année ?

« La véritable puissance de cette nation est le crédit ; c'est lui qui soutient l'armée, la flotte et toutes les espèces de dépenses ; si vous l'affaiblissez, il faut vous résoudre à abandonner les emprunts et détruire ainsi les ressources de la guerre.

« On advance qu'on doit proposer de garantir un emprunt étranger fait en Angleterre ; mais que pourra penser cette contrée d'une prostitution si palpable de la garantie nationale ? Les hommes qui ont des fonds ne diront-ils pas : « Nous ne pouvons avoir de confiance parce qu'il a plu d'être dupes. » Les propriétaires de l'immense dette fondée pourraient-ils voir un tel abandon de principes regardés jusqu'ici comme sacrés, pour maintenir et conserver leur propriété ? Ne sait-on pas que cette propriété est réellement combinée avec le commerce, de manière que si l'un périt, l'autre doit tomber, quoique les revenus des hommes en place et des pensionnaires puissent être plus durables ? »

## RÉPUBLIQUE FRANÇAISE.

*De Paris.* — *Extrait d'une lettre de Lyon, par Jacques Lahoudès, négociant des Vans, département de l'Ardèche, à Corin-Fustier, représentant du peuple.*

« Pour avoir une idée de l'enthousiasme du peuple pour la Convention nationale, il fallait être à la Comédie au moment où la municipalité vint annoncer le décret qui rend à cette commune son nom, et qui confond ses habitans avec tous les Français amis de la patrie. Les cris de *vive la Convention !* ont été mille fois répétés. L'orchestre exécuta le charmant *quathor* de Lucile, et tous les spectateurs chantaient en chorus et avec l'abandon du sentiment :

Où peut-on être mieux qu'au sein de sa famille ? (1)

« Après le spectacle les représentans et les autorités furent invités à un banquet civique. La joie était peinte

(1) On sait que cet air, qui reçoit ici une application populaire, servit plus tard l'enthousiasme des partisans exaltés de la Restauration.

sur tous les visages ; le bonheur était dans tous les cœurs. Que la Convention en masse n'a-t-elle pu voir ce touchant, ce sublime spectacle! Elle ne se serait point méprise sur la cause de la satisfaction générale ; il lui eût été facile de juger combien le règne de la justice est préférable à celui de la terreur. Le crime ne doit pas se confondre avec l'erreur, autrement la liberté cesserait d'exister, et nul n'oserait ouvrir un avis dans la crainte qu'il n'en devînt la victime.

« Augis et Serres se sont bien dignement conduits à Marseille. »

---

### TRIBUNAL CRIMINEL RÉVOLUTIONNAIRE.

*Séance du 13 vendémiaire.* — P. Davesne , âgé de trente-sept ans, né et demeurant à Signi-Librecy, département des Ardennes, membre de la commune de Paris du 10 août, ex-commissaire du pouvoir exécutif;

P. Lefèvre, âgé de cinquante-huit ans, né à Signy-Librecy, aubergiste ;

C. Godebillot, âgé de cinquante-cinq ans, né à Signi-Librecy, ouvrier ;

R. Marandet, âgé de cinquante-cinq ans, né à Lalobe, district de Réthel, cultivateur ;

J.-B. Dome, âgé de cinquante-sept ans , né à Maravay, district de Libreville, laboureur;

J.-B. Barré, âgé de cinquante-neuf ans , né à Signi-Librecy, ex-marchand de bois ;

L. Henry, âgé de cinquante ans, né à Signi-Librecy cultivateur, marchand de bois ;

J.-B.-G. Colle, âgé de trente-sept ans, né à Signi-Librecy, charpentier ;

N. Barthelémy, âgé de cinquante et un ans, né à Signi-Librecy, marchand de bois :

Davesne, convaincu d'avoir fait fabriquer pour le compte de la république, avec des intentions criminelles, une quantité considérable de hampes de piques dont la majeure partie était de mauvais bois;

Convaincu en outre d'avoir commis , à dessein de nuire , des fraudes et malversations , en faisant payer au trésor public pour ces hampes 14 sous , tandis qu'elles n'avaient été payées aux ouvriers que 10 et 11 sous, a été condamné à la peine de mort.

Lefèvre et Godebillot, accusés, mais non convaincus d'avoir favorisé cette fabrication ;

Marandet, Dome, Barré, Henry, Colle, Barthelémy, convaincus d'avoir fabriqué ou fait fabriquer ces hampes, mais non avec des intentions criminelles, ont été acquittés et mis en liberté.

—M.-C. Godard, âgée de soixante-six ans, née à Saumur , département de la Côte-d'Or, veuve Thibault , accusée d'avoir entretenu des intelligences avec les ennemis extérieurs de la république, notamment avec l'émigré Thibault, son neveu; d'avoir conservé dans la maison de cet émigré des monuments de féodalité, prétendant que cette maison lui appartenait toujours; ces faits n'étant pas constants, a été acquittée et mise en liberté.

*Du 14 vendémiaire.*— J. Reveillé , âgé de cinquante et un ans, né à Poiseux-sur-Nièvre , district de Nevers, régisseur de forges et cultivateur, domicilié au château de la Pelouse, même district ;

Accusé mais non convaincu de propos , tenus lors de la plantation de l'arbre de la liberté dans la commune de Poiseux, tendant à troubler la cérémonie ;

Accusé d'avoir favorisé des conciliabules d'émigrés et autres ennemis de la république dans le château de la Pelouse ;

Accusé, en outre , d'avoir tenu , lors de la mort de Capet , des propos contre-révolutionnaires , ces deux derniers faits n'étant pas constants, a été acquitté et mis en liberté.

—M.-A. Galand, âgée de soixante-deux ans , née à Beaulieu , département d'Indre-et-Loire , femme Berthier , ouvrière en linge, rue de Meneurs , n° 269 ;

J.-J.-V. Vernier, âgé de quarante-deux ans, né à Troyes , commissaire des guerres de la 17e division ;

P.-J. Grisnieslin , âgé de trente-six ans , né à Strasbourg , laboureur et aubergiste ;

M.-E. Rœderer, femme Grisnieslin, ont été mis en liberté.

*Du 15 vendémiaire.* — Jérôme Gardet , âgé de quarante-deux ans, né et demeurant à la Tuile , département du Mont-Blanc, cultivateur, convaincu d'avoir tenu des propos tendant à provoquer l'avilissement des autorités constituées et le rétablissement de la royauté, mais ne les ayant pas tenus avec des intentions criminelles et contre-révolutionnaires, a été acquitté et mis en liberté.

Jacques-Augustin Marrin, âgé de trente-neuf ans, né à Lunéville, département de la Meurthe, homme de loi , demeurant à Sarre-Union , département du Bas-Rhin, a été mis en liberté.

*Du 16 vendémiaire.* — P.-A. Chabrignac-Condé, âgé de soixante-cinq ans, né à Dunkerque, ex-noble, ex-capitaine au régiment des carabiniers , cultivateur à Fontevrault;

E.-P. Renard , âgé de cinquante-huit ans , né à Paris, ex-notaire, juge de paix, et cultivateur à Fontevrault ;

F. Drouin , âgé de quarante-deux ans, né à Richelieu, ex-procureur de la commune, marchand et cultivateur à Fontevrault ;

P. Boureau, âgé de quarante et un ans, né à Saumur, ex-huissier à la connétablie, ex-officier municipal de Fontevrault, ex-commis du receveur du district, et cultivateur à Fontevrault;

H.-F.-Guillon Duplessis, âgé de quarante-six ans, né à Mazé, district de Beaujeu, et religieux de Fontevrault;

J. Billard, âgé de soixante-deux ans , né à Signi-Librecy, département des Ardennes, brigadier de la gendarmerie nationale, à Fontevrault;

A. Guerrier, âgé de quarante-sept ans, né à Vicq-sur-Allier, ex-maire et curé de Fontevrault;

Convaincus d'être auteurs ou complices d'une conspiration qui a existé contre le peuple, en entretenant des intelligences avec les rebelles de la Vendée , en employant des manœuvres tendant à favoriser et seconder les brigandages de ces rebelles et leurs complots liberticides et au rétablissement de la royauté, et de l'avoir fait avec des intentions contre-révolutionnaires , ont été condamnés à la peine de mort.

— L.-R. Garreau , âgé de cinquante-quatre ans, né à Larollé, département de la Vendée, ex-frère de l'Oratoire, cultivateur et marchand de bois à Fontevrault ;

L. Guillon, âgé de trente-sept ans, né au Bechet, sergier, à Fontevrault;

Prévenus de ces délits, mais ne les ayant pas commis avec des intentions contre-révolutionnaires, ce dernier ne jouissant pas de la plénitude de sa raison, ont été acquittés et mis en liberté.

— J. Gouffe , âgé de quarante-six ans , né à Poiroux , département des Deux-Sèvres , vigneron à Thézée, accusé de propos tendant à la provocation de la royauté, mais ne les ayant pas tenus jouissant de la plénitude de sa raison, a été acquitté et mis en liberté.

*Du 17 vendémiaire.*—U. Metay, âgé de quarante-neuf ans, né et demeurant à Saint-Martin de la Place, département de Maine-et-Loire , marinier , accusé de correspondance avec les brigands de la Vendée , le fait n'étant pas constant, a été acquitté et mis en liberté.

E. Cellouart, âgé de quarante ans, né à Ville-Bernier, garde-chasse de Lacoste, émigré, vigneron à Chassy, district de Saumur, accusé de manœuvres tendant à faciliter et favoriser les complots des brigands de la Vendée, le fait n'étant pas constant, a été acquitté et mis en liberté;

J.-B. Guespé, âgé de trente-six ans, né à Saint-Martin, district de Châlons ;

C.-E. Fontanges, âgé de vingt-six ans, né à Bayet, département de l'Allier, ex-noble, à Lons-le-Saulnier ;

F. Bonneville, âgé de trente-neuf ans, né à Bagneville, département de la Seine-Inférieure, peintre, imprimeur en taille-douce, rue du Théâtre-Français;

L. Gachelin-Vaubecourt, âgé de quatre-vingt-deux ans, né à Compiègne, militaire, arrêté à Melun ;

P.-T. Charpentier, âgé de trente-neuf ans, né à La Ferté, département de Seine-et-Marne, et lieutenant de la 32e division de gendarmerie, chapelier ;

M.-A. Girault, âgé de soixante-deux ans, né à Orléans, ex-curé de Vermanton, ont été mis en liberté ;

— J. Moreau-Saint-Martin, âgé de trente-huit ans, né à Lavalette, département de la Dordogne, restera détenu jusqu'à la paix.

Du 18 vendémiaire. — F. M. Blondeau, veuve Roland, âgée de cinquante-six ans, née à Paris, y demeurant, rue Montmartre;

A.-L.N. Bérule, veuve Latour-du-Pin-Chamély, âgée de quarante et un ans, née à Paris ;

A.-B.-F. Bérule, ex-noble, âgé de vingt-six ans, né à Grenoble ;

M.-A. Thibault, âgée de vingt-deux ans, née à Beaume, département du Doubs;

J.-D. Trevey, âgé de cinquante ans, né à Arbois;

J. Vauron, âgé de cinquante-six ans, né à Mandeure, département de la Haute-Saône ;

L.-A. Trouche, âgé de trente-sept ans, né à Saure, demeurant à Figanières, département des Alpes;

M.-I. Burrer, âgé de dix-sept ans, né à Schelestat, batelier;

L. Poussin, âgé de trente-six ans, né à Hillerin, département de la Meurthe ;

L.-H.-V. Collardeau, âgé de trente-huit ans, né à Roclibre ;

L.-J.-B. Boucher, âgé de quarante-deux ans, né à Bonnevalle ;

J.-B. Chauveau, âgé de cinquante-cinq ans, né à Saint-Maurice, département d'Eure-et-Loir ;

A.-C. Duquesnoy, âgé de trente-sept ans, né à Bricy, ex-constituant et cultivateur à Vaux, département de la Moselle ;

P.-L. Bouis, âgé de soixante ans, né à Bresse, département du Var, cultivateur ;

P. Carmentran, âgé de vingt-sept ans, né à Tenneuse, département du Lot, garçon cordier ;

S. Caillet, femme de Brioland, brûleur d'eau-de-vie, âgée de cinquante-neuf ans, née à Verry, département de la Marne ;

A. Roteau, âgé de vingt-neuf ans, né à Bourgneuf, département de la Charente, laboureur ;

Ont été mis en liberté.

—P.-A. Dulac, âgé de trente-huit ans, né à Alby, ex-prêtre, ex-noble, à Castres; attendu qu'il n'y a pas lieu à accusation contre lui, mais qu'il est suspect, d'après les renseignements donnés par le comité révolutionnaire de Castres, il restera détenu en vertu de la loi du 17 septembre.

Du 19 vendémiaire.—E.-J.-F. Chieusse-Villapey, âgé de quarante-trois ans, né à Lorgues, département du Var, cultivateur, et négociant à Fréjus, même département, accusé d'avoir employé des manœuvres tendant à propager le système liberticide du fédéralisme, d'avoir entretenu des intelligences avec les rebelles de Lyon, etc., ces faits n'étant pas constants, a été acquitté et mis en liberté.

— R.-M.-L. Loubers, âgé de quarante et un ans, né à Toulouse, ex-avocat et ex-juge du tribunal du district de Toulouse, accusé, mais non convaincu de propos et manœuvres tendant à propager le fédéralisme et à provoquer la dissolution de la république, a été acquitté et mis en liberté.

— P. Crochet, âgé de vingt-deux ans, né à d'Archaupt, département du Mont-Blanc, demeurant à Carouge ;

A. Athase, dit Lapointe, âgé de quarante ans, né à Bots, département des Basses-Pyrénées ;

J. Gavet, âgé de soixante ans, né à Forez, département de Haute-Marne, cultivateur et maire d'Ageville ;

F. Cordier, âgée de soixante-quatre ans, gouvernante de Gavet ;

J.-N. Dépinox, âgé de trente-sept ans, né à Réthel, tapissier-fripier, rue Forez, au Marais;

J.-B. Lanson, âgé de cinquante-trois ans, greffier du juge de paix de Pithiviers;

N.-R. Gausse, âgé de cinquante-trois ans, cordonnier à Beauvais;

E. Lecomte, âgé de quarante ans;

A. Lecourt, âgée de soixante ans, née à Monleymont, département du Mont-Blanc, domiciliée à Beauvais;

C.-A. Sivard-Beaulieu, âgé de cinquante-deux ans, ex-lieutenant général du bailliage de Valogne;

J.-R. Leclerc-Bonneville, âgé de cinquante-cinq ans, demeurant à Valogne ;

J.-P. Poisson, âgé de soixante-dix-neuf ans, vivant de son bien à Valogne;

A.-C.-F. Maillard, âgé de soixante-treize ans, née à Nancy, ex-marquise, veuve d'Harcourt, à Valogne;

L.-L.-F. Brancas-Lauragais, âgé de soixante-deux ans, né et demeurant à Paris;

M.-J.-V. Béatrix, femme Lamerre, âgée de trente-trois ans, née et demeurant à Valogne;

J. Durfus, âgé de soixante-seize ans, ex-noble, cornette et lieutenant dans le régiment ci-devant cuirassiers, né à Valogne, département de la Manche, y demeurant;

J.-B Lecourtois, ci-devant de Sainte-Colombe, âgé de quarante-neuf ans, vivant de son revenu, ex-noble, né à Coutances, département de la Manche, demeurant à Sainte-Colombe, district de Valogne ;

M.-C.-T. Simon, veuve Lamarre, âgé de cinquante-six ans, née à Turteville, département de la Manche, demeurant à Valogne;

B.-J. Schol-Lahaye, femme Berthoult, ex-noble, âgée de vingt-quatre ans, née à Surbille, département de la Manche, demeurant à Valogne;

M.-S.-F. Lemperière, veuve Poirier-Porthail, âgée de soixante-quatre ans, née à Orlande, département de la Manche, demeurant à Valogne ;

M.-A.-J. Campnon, veuve Danneville, âgée de soixante-douze ans, née à Briquebec, département de la Manche, demeurant à Valogne ;

L.-T.-S.-A. Lacour, âgé de quarante et un ans, né à Allové, département de la Manche, vivant de son revenu, ex-noble demeurant à Valogne;

J.-F. Vauquelin âgé de cinquante-trois ans, né à Anneville, département de la Manche, demeurant à Valogne, ex-noble et cultivateur;

J.-F. Jallot, femme Mesnildor, âgée de trente-sept ans, née à Valogne, département de la Manche, y demeurant, ex-noble;

Anonyme-Anquetil de Beaudreville, âgé de cinquante-cinq ans, né à Sartinville, département de la Manche, demeurant à Valogne, ancien militaire, et capitaine du ci-devant régiment Cravate, ex-noble;

Ont été mis en liberté, excepté Brandeville, Jallot, Vauquelin, Lacour, Campion, Lamperière, Lahaye, Simon, Lecourtois, Durfus et Béatrix, qui resteront détenus conformément à la loi du 17 septembre.

*Du 21 vendémiaire.*—François-Antoine Marquet, âgé de quarante-cinq ans, né à Suippe, département de la Manche, ex-avocat, ex-juge du tribunal du district de Sainte-Ménehould, convaincu d'avoir fabriqué des écrits et pratiqué à Montagne-sur-Aisne des manœuvres tendant au soutien de la royauté et à l'avilissement de la représentation nationale, et propre à favoriser les projets des ennemis de la république, en signant, en gardant chez lui une Adresse au ci-devant roi, sur les événements du 20 juin 1792, en calomniant la révolution et les troupes de la république par des écrits et propos, et en traitant ces troupes de brigands, et de l'avoir fait avec des intentions contre-révolutionnaires, a été condamné à la peine de mort.

— François Philippe Chaffard, âgé de trente-deux ans, né à Versailles, chapelier, brigadier au 10e régiment des hussards, à l'entrepôt de Châlons-sur-Marne, arrêté à Montagne-sur Aisne, convaincu d'avoir tenu, le 5 germinal, des propos tendant à l'avilissement et à la dissolution de la représentation nationale, des autorités constituées, et des Sociétés populaires, mais ne les ayant pas tenus avec des intentions contre-révolutionnaires, et ne jouissant pas de la plénitude de sa raison, a été acquitté et mis en liberté.

— Louis-Catherine Bergevin, âgé de quarante-quatre ans, né à Blois, département de Loir-et-Cher, architecte-mécanicien, rue Barouillère, section du Bonnet-Rouge, accusé d'intelligences et de correspondances avec les ennemis de la république, tendant à favoriser les progrès de leurs armes, en saisissant et altérant des passeports et certificats de résidence, ces faits n'étant pas constants, a été acquitté et mis en liberté.

---

## CONVENTION NATIONALE.

*Présidence de Cambacérès.*

### SUITE DE LA SÉANCE DU 27 VENDÉMIAIRE.

Un artiste de la section de Bon-Conseil fait hommage à l'assemblée de quatre gravures représentant des sujets tirés de la *Nouvelle Héloïse* de J.-J. Rousseau.

La Convention décrète la mention honorable de cet envoi.

— L'accusateur public près le tribunal révolutionnaire à Paris écrit à la Convention que, devant mettre en jugement, le 1er brumaire prochain, le procureur-syndic du département de l'Aisne et suppléant de ce département, il sait que dans les comités de la Convention, il existe des pièces nécessaires à l'instruction de cette affaire; en conséquence, il demande que les comités soient autorisés à lui remettre ces papiers sur son récépissé.

Cette proposition, appuyée par Manuel, est décrétée.

— On lit une lettre d'un citoyen qui offre les moyens de faire usage du télégraphe la nuit.

La Convention décrète la mention honorable du zèle de ce citoyen.

— On lit la lettre suivante :

*Turreau, représentant du peuple près les armées des Alpes et d'Italie réunies, à la Convention nationale.*

Nice, le 20 vendémiaire, l'an 5e de la république une et indivisible.

« Citoyens collègues, à trois cents lieues de la Convention, près l'armée d'Italie, où sa confiance m'a placé, arrivant des avant-postes que je viens de visiter, j'apprends à mon retour que la calomnie est restée derrière moi, et que, par l'organe d'un de mes collègues, sans doute mal instruit, elle m'a frappé au milieu de vous.

« La guerre de la Vendée, sur laquelle différents intérêts se reportent, a rappelé, à la séance du 8 vendémiaire, votre attention sur la conduite qu'y ont tenue les représentants que vous y avez envoyés. Tous vous doivent de nouveau le compte qu'ils vous en ont déjà rendu. Je n'abuserai pas de vos moments ; mais l'inculpation dont j'ai été l'objet exige que je vous entretienne quelques minutes de moi.

« Je n'ai jamais gardé le constant et profond silence dans lequel j'avais déposé neuf mois de veilles, de fatigues et de quelques dangers ; continuellement à la tête des colonnes, je n'ai pu partager avec mes collègues l'administration particulière du département, mais j'ai servi la république, dans les champs de la Vendée, de tous mes instants et de tous mes moyens. Peu d'arrêtés ont été signés de moi, ayant constamment suivi l'armée dans toutes ses marches, dans toutes ses actions. La Convention ne sera pas fatiguée par moi du détail des services trop bornés que j'ai pu rendre à ma patrie. Le soldat qui meurt pour elle n'aspire point à se souvenir qu'il ait vécu.

« Je n'ai qu'un fait à vous présenter.

« Mon collègue Maignant, en vous parlant des horreurs dont vos cœurs ont frémi, et dont il vous a assurés que le général Turreau s'était rendu coupable sous les yeux même des représentants, vous a dit que, témoin comme eux de ces atrocités, j'excusai mon parent. C'est à la Convention seule à laquelle je réponde que je quittai l'armée aussitôt qu'un de mes parents en eut le commandement.

« Ce fut en vain que le comité de salut public, au lieu de répondre aux lettres par lesquelles je lui demandais avec instance mon rappel, m'envoya une nouvelle commission pour les départements des Deux-Sèvres et de la Vendée, je tins à la ferme résolution de ne pas rester plus longtemps auprès de l'armée. Je somme tous mes collègues qui dans ce temps y étaient présents, particulièrement Prieur (de la Marne), qui est au milieu de vous, et qui a concouru avec moi à la destruction de l'armée catholique et royale, de déclarer si la crainte d'être soupçonné d'avoir influencé la nomination d'un de mes parents, dont je blâmais hautement la rapidité de l'avancement militaire ; si en même temps l'espèce de pressentiment que j'avais dès lors qu'un jour la malveillance m'associerait aux fautes qu'il pourrait commettre, ne me déterminèrent pas à me rendre au sein de la Convention nationale. Hentz et Garreau, envoyés par elle à cette époque, peuvent pareillement lui attester qu'ils me rencontrèrent à Saumur, retournant à Paris; que ce fut encore vainement qu'ils m'engagèrent à prolonger mon séjour auprès de l'armée. Je leur répondis que quand même l'épuisement total de mes forces physiques, l'usage d'un bras que j'avais presque perdu, enfin la longue et pénible mission que je venais de remplir ne me donneraient pas le droit à quelques moments de repos, il n'était ni dans mes principes, ni dans ma volonté de rester près d'une armée dont je voyais avec peine le commandement décerné à un de mes parents. Ils n'insistèrent pas, et je partis pour Paris.

« Il résulte de ce que je viens vous dire que, loin d'avoir excusé la conduite du général Turreau, je n'ai jamais été le témoin de ses opérations. Certes, s'il s'est rendu coupable des forfaits inouïs qui vous ont été dénoncés et que j'eusse été sur les lieux, toutes les facultés de mon être eussent été consacrées à les prévenir, et, si je n'y avais pas réussi, j'aurais appelé de toutes mes forces le fer vengeur des lois et l'exécration de la république sur la tête de leur abominable auteur.

« S'il fallait dans cet instant vous rendre un compte plus approfondi de mes sentiments et de ma conduite, j'ajouterais : Comment a-t-on pu concevoir le plus léger doute sur la complicité de crimes que désavoue la nature, de la part de celui qui, pendant qu'il combattait l'armée catholique et royale, employa avec ses collègues les mesures les plus humaines pour ramener à la république, pour faire refluer sur les derrières de l'armée les malheureux habitants des campagnes, égarés par le fanatisme, les vieillards, les femmes et les enfants des rebelles ; qui ne consentit jamais à ce que la tête d'un brigand tombât sans la condamnation du tribunal, établi pour les juger ; qui plusieurs fois s'élança entre le fer du soldat égaré et les victimes infortunées dont le sexe et la faiblesse réclamaient protection et clémence ; qui, à son passage à Nantes, alarmé des bruits qui se répandaient, qu'on mettait en jugement des enfants de dix ans, prit avec ses collègues un arrêté pour ordonner qu'ils ne pourraient y être mis qu'au-dessus de seize ans ; qui eut besoin, dans le temps où la Convention crut devoir déployer la vengeance nationale envers un département rebelle, de s'armer de force et de courage pour défendre son âme du sentiment d'une pitié dangereuse ?

« Pardonnez, législateurs, cette expansion d'un cœur accablé sous le poids d'une imputation aussi atroce que peu méritée ; il n'a rien moins fallu pour oser vous entretenir du peu de bien que j'ai pu faire ; et si l'on conservait encore quelques doutes sur la sincérité de ces détails, si quelque action indigne de moi et de la république, dont j'étais le mandataire, a pu souiller le cours de ma mission pendant mon séjour dans ces malheureuses contrées, que Richard, Choudieu, Goupilleau (de Fontenay) Goupilleau (de Montaigu), Ruel, Bellegarde, Gillet, Cavaignac, Méaulle, Merlin (de Thionville), Bourbote, Prieur (de la Marne), et tant d'autres témoins de ma conduite, se lèvent et m'accusent ; j'invoque leur témoignage.

« J'invoque en même temps, Convention nationale, ta justice ; uu de tes membres a été inculpé pendant son absence ; il n'a pu quitter le poste que tu lui as assigné pour venir dans ton sein élever la voix contre une fausse dénonciation. Je demande que ma réponse soit insérée au Bulletin et renvoyée au comité chargé du rapport sur la Vendée. Je dois à la France entière, à toi, à la confiance dont je suis investi, la conviction de l'injustice qui plane sur moi.

« Signé TURREAU. »

Renvoyé au comité de sûreté générale.

— Hourier-Eloi, au nom du comité de division, appelle l'attention de la Convention nationale sur les irrégularités de la démarcation des départements de l'Ain et de Saône-et-Loire. Il propose de réunir en une seule municipalité les deux qui composait la commune de Save-la-Vive, ci-devant la Chapelle-Tecte, et de la faire dépendre du département de Saône-et-Loire.

Cette proposition est adoptée.

MENUAU, au nom du comité des secours : Citoyens, je viens, au nom de votre comité des secours publics, fixer votre attention et réclamer votre justice en faveur des patriotes réfugiés des départements envahis par les ennemis de la république.

Ces citoyens infortunés, presque tous pères de famille, réfugiés loin de leurs foyers, accablés des maux de toute espèce que leur firent éprouver les féroces ennemis de la patrie, sortis presque nus des lieux qui les ont vus naître, pour se conformer aux arrêtés des représentants du peuple alors en mission près l'armée de l'Ouest, ces citoyens, dis-je, se sont retirés à la distance et dans les lieux prescrits par ces mêmes arrêtés avec une résignation et une patience que le patriotisme le plus pur a pu seul soutenir ; et alors, citoyens, il n'est resté à ces hommes fidèles que l'espoir consolant que vous ne les abandonneriez pas.

Cependant, combien leur sort a été à plaindre jusqu'à ce jour ! et que de reproches n'ont pas à se faire quelques-unes des communes où le sort a conduit ces malheureux réfugiés ! Je dis quelques communes, citoyens, car il en est qui se sont conduites d'une manière barbare à leur égard ; et peut-être pourrait-on, sans craindre de se tromper, considérer comme le thermomètre de leurs principes en révolution la conduite de quelques-unes de ces communes à l'égard des réfugiés. Il en est, citoyens, oui, nous le disons avec douleur, il en est qui, bien loin d'avoir fait un accueil fraternel à des hommes malheureux par l'excès même de leur inviolable attachement à la cause de la liberté, les ont traités avec une indifférence et un mépris sans exemple.

Mais il en est aussi de ces communes patriotes et sensibles ; et celles-là (nous ne pouvons le proclamer trop hautement), et celles-là, dis-je, sont le plus grand nombre, qui se sont empressées à procurer aux réfugiés malheureux toutes les consolations de l'amitié et de la fraternité.

Cependant, citoyens, un arrêté du comité de salut public avait fixé un mode d'après lequel les réfugiés devaient être secourus ; mais ce mode prêtait infiniment à l'arbitraire ; et, dans le fait, il en est résulté que, dans tous les départements où se sont retirés les patriotes réfugiés, les secours qu'on leur accordait ont varié dans chaque district ; il en est même où nos frères réfugiés, déjà trop malheureux, ont essuyé des retards, et d'autres où ils ont éprouvé des refus.

De là les milliers de pétitions qui vous ont été adressées, et que vous avez renvoyées à votre comité des secours publics.

C'est donc pour faire cesser, à l'égard de ces secours si bien mérités, toute espèce d'arbitraire, et faire établir dans leur distribution cette uniformité inséparable de la justice, que je viens soumettre à votre discussion un projet de loi.

Citoyens, lorsque des infortunés réclament justice et parlent au nom de l'humanité souffrante, ils sont assurés d'avance d'être favorablement accueillis par la Convention nationale.

Voici le projet de décret :

« La Convention nationale, après avoir entendu le rapport de son comité des secours publics sur les pétitions et les réclamations des réfugiés de l'Ouest, résidant dans diverses communes de la république ; considérant qu'il est juste de venir au secours de tous les citoyens qui ont été forcés de quitter leurs foyers par l'invasion des ennemis de la patrie ; voulant faire cesser toute espèce d'arbitraire dans la distribution de ces secours, décrète ce qui suit :

« Art. Ier. Les citoyens réfugiés des départements envahis par les brigands et autres ennemis de la république, ceux des Isles-du-Vent, sous-le-Vent, déportés et les Corses, ainsi que ceux de tous les établissements français en deçà et au delà du cap de Bonne-Espérance, soit en Afrique, soit en Asie, ont droit à un secours.

« II. Ce secours sera distribué suivant les bases ci-après déterminées.

« III. Les réfugiés et déportés, âgés de moins de soixante ans, recevront le secours de 75 liv. par mois ; les femmes et les enfants au-dessus de douze ans recevront les deux tiers de cette somme ; les enfants au-dessous de cet âge ne recevront que le tiers.

« IV. Les réfugiés ou déportés, âgés de plus de soixante ans, recevront 3 liv. par jour, et les femmes du même âge 40 sous.

« V. Ces déportés ou réfugiés qui, ayant exercé un état ou profession quelconque, ne les exerceront pas dans le lieu où ils se seront retirés, quoiqu'on leur en fournisse l'occasion, ne recevront pas les secours dont il est parlé dans les articles précédents. Les agents nationaux des municipalités veilleront à la stricte exécution de la présente disposition.

« VI. Les déportés ou réfugiés qui travailleront ou seront employés suivant leur état ou profession conserveront le tiers des secours accordés par les articles précédents.

« VII. Ces secours cesseront d'être payés aux réfugiés ou déportés dès l'instant où ils pourront rentrer dans leurs foyers.

« VIII. La commission des secours publics prendra sur les 30 millions mis ° sa disposition par la loi du..... et fera verser sans délai . dons la caisse des receveurs du district, et ceux-ci feront remettre aux municipalités que les réfugiés ou déportés auront choisies pour leur séjour, les fonds nécessaires pour fournir aux dépenses déterminées par la présente loi.

« IX. Les municipalités seront tenues d'envoyer exactement au directoire de leur district un état très-détaillé du nombre des réfugiés ou déportés sur leur territoire, de leur état ou profession, de leur âge et de leur sexe, le tout sous leur responsabilité.

« X. La commission des secours publics fournira, chaque décade, deux états en règle des fonds qu'elle aura envoyés, l'un au comité des secours publics, et l'autre à la trésorerie nationale.

« XI. Les agents nationaux provisoires près les districts surveilleront l'exécution de la présente loi.

« XII. Les directoires de districts recevront et prononceront provisoirement sur les réclamations qui pourront être faites par les réfugiés ou déportés pour l'inexécution de la loi. Ils enverront de suite leur décision motivée à la commission exécutive, qui en fera son rapport au comité de secours publics. »

Ce projet de décret est adopté.

—Gouly fait adopter les articles additionnels suivants :

« Art. I⁰ʳ. Indépendamment des secours accordés par le présent, il sera payé à chaque déporté ou réfugié la somme de 150 livres, imputable sur l'indemnité à laquelle a droit tout citoyen français qui a souffert de l'invasion de l'ennemi, conformément au décret du 14 août 1793 (vieux style).

« II. Les réfugiés ou déportés recevront les secours depuis l'époque où le payement en a été arrêté, suivant le mode établi par la présente loi.

« Le présent décret sera imprimé au Bulletin de correspondance. »

CHÉNIER, au nom du comité d'instruction publique : Citoyens représentants, les arts et les sciences se réveillent à votre voix. Les talents ne craignent plus la hache, et la réputation n'est plus un crime. Votre comité d'instruction publique veut se rendre digne des fonctions importantes dont vous l'avez investi; il redouble chaque jour d'efforts pour opérer promptement la restauration des lettres en France. Une commission sage, éclairée, laborieuse, amie de la philosophie, et par conséquent des hommes, puisque la philosophie les rend meilleurs, « remplace cette commission imbécile et conspiratrice, qui, sous le joug sanglant de Robespierre, organisait avec tant de soin l'ignorance et la barbarie. Il faudra bien encore épurer la commission temporaire des arts, et y porter comme en triomphe ces artistes célèbres et opprimés, qui n'avaient commis d'autre délit que d'avoir offensé, par des succès mérités, l'orgueil d'un rival bassement jaloux. Il faudra écarter cette foule de petits intrigants sans moyens, qui luttaient contre le talent avec la calomnie; qui, sous le règne des triumvirs, obstruaient les avenues du comité de salut public, obtenaient sans peine des réquisitions qu'on refusait au vrai mérite, sollicitaient, mettaient en mouvement toutes les autorités constituées pour faire imprimer leurs brochures, pour faire graver leurs dessins et leur musique, pour faire chanter leurs vaudevilles, pour faire représenter leurs pièces de théâtre, et qui, vrais dilapidateurs de la fortune du peuple, ne rougissaient pas d'élever, aux frais de la république étonnée, des monuments d'ignominie pour la littérature et les arts de la république.

Tandis que le comité d'instruction, marchant avec vous, et fort de votre volonté, rappelle autour de la représentation nationale tous les arts, toutes les sciences, toutes les facultés intellectuelles; tandis qu'il s'occupe sans relâche de donner aux hommes et aux institutions leur proportion naturelle et la liberté qui leur manque, déjà les fêtes publiques, plus sagement dirigées, moins chargées d'oripeaux civiques et de guenilles à prétention, échappent au despotisme des imaginations bizarrement stériles et du caprice en délire, et commencent à porter, je ne crains pas de le dire, un caractère conforme au génie du peuple, un caractère à la fois simple et grand.

Dans la fête célébrée en l'honneur de J.-J. Rousseau, les détails étaient sans recherche, les emblèmes faciles à comprendre, les groupes habilement distribués et convenables au genre de la fête; les inscriptions n'étaient point défigurées par un langage barbare ou par le jargon du bel esprit; la musique n'était ni bruyante ni fastueuse; les romances mélodieuses de Jean-Jacques; les livres qui représentaient son génie; ces Génevois qui ont vécu avec lui, et dont les pères l'ont vu naître; ces cultivateurs, compagnons de ses derniers jours, confidents de ses dernières pensées; ces enfants, ces mères de famille, qui, le livre d'*Émile* à la main, adressaient au grand homme leurs hommages reconnaissants; ces trois républiques confondant leurs drapeaux et se jurant alliance sur les pages sacrées du *Contrat-Social;* tout remplissait l'âme d'une mélancolie religieuse, d'un sentiment délicieux et profond, digne du bon, du sensible Jean-Jacques, digne encore des Français républicains, réparant les fautes de leurs aïeux esclaves, et rendant hommage à la mémoire d'un libérateur du genre humain.

La fête que vous avez décrétée pour l'évacuation du territoire de la république, et qui sera célébrée le 30 vendémiaire, doit être animée du même esprit général, mais offrir dans ses détails un caractère plus mâle et plus sévère. Le comité et la commission d'instruction publique ont voulu cette fois encore avancer de quelques pas vers le but que doivent un jour atteindre les fêtes nationales. Les sages réflexions présentées dans cette tribune ont fait sentir qu'il fallait renoncer à ces processions éternelles qui consument une journée entière, qui fatiguent le peuple sans l'amuser, et qui ne peuvent avoir de motif raisonnable que lorsque l'objet de la fête est de porter au Panthéon la cendre triomphale d'un grand homme. On a senti également qu'il fallait, au moins pour l'instant, renoncer à ces représentations scéniques qui, ne pouvant occuper qu'une très-petite portion du peuple, mais répétées abusivement sur tous les théâtres de France, n'ont fait que donner aux entrepreneurs de ces théâtres l'occasion de réclamer des indemnités dont la somme devient chaque jour plus effrayante.

On a cru devoir présenter aux yeux des Français quelques essais de cette gymnastique que perfectionneront le temps et le génie national. Des jeux militaires, exécutés dans le Champ de la Fédération par cette colonie de Spartiates, par ces jeunes élèves de l'École de Mars, au milieu des trophées de nos quatorze armées triomphantes, au milieu de nos braves soldats, si glorieusement mutilés pour la cause de la liberté; une musique fière et belliqueuse, animant des danses civiques; des hymnes préparant de nouvelles victoires en chantant les victoires passées; le temple de l'Immortalité s'ouvrant devant le peuple, devant ses représentants, devant ses défenseurs, devant les guerriers naissants, qui, dans leurs jeux, s'accoutument à vaincre; le président de la Convention nationale, gravant, pour l'histoire et pour les siècles, sur la pyramide du temple de l'Immortalité, le nom des armées de la république et l'énumération de leurs victoires : voilà les principales images qui ont paru dignes d'être présentées au peuple français triomphant

dés tyrans de l'Europe, et préparant par des conquêtes la paix qu'il doit un jour accorder au monde.

Le reste doit être abandonné au génie de ce peuple même, dont les pensées sont grandes, parce
qu'elles sont libres, et dont la présence agrandit tous
les arts, parce qu'il est près de la nature, que tous
les arts doivent imiter.

*Plan de la fête des Victoires, qui doit être célébrée
le décadi, 30 vendémiaire, l'an 3 de la république une et indivisible.*

Le matin de ce jour, à neuf heures précises, la
force armée des sections de Paris se rassemblera au
Champ de la Fédération, avec drapeaux et flammes.

Les blessés des diverses armées et les militaires
invalides se rassembleront autour du rocher élevé
au milieu du champ.

La Convention nationale se réunira dans la maison de l'Ecole militaire.

Aussitôt que la force armée de Paris, les blessés
et les militaires invalides seront assemblés, la Convention nationale se rendra sur le rocher élevé au
milieu du champ, et qui offrira l'aspect d'une redoute.

L'Institut national de Musique précédera la Convention, et se placera sur le rocher, à l'endroit qui
lui sera indiqué.

Le président, placé avec la Convention nationale
sur le sommet du rocher, prononcera un discours,
après lequel on exécutera le *Chant du départ*, paroles du représentant Chénier, musique du citoyen
Méhul.

Les élèves du camp de Mars feront ensuite l'attaque simulée d'une forteresse qu'ils emporteront
d'assaut.

Cette forteresse soumise, la Convention nationale
descendra du rocher pour se rendre au Temple de
l'Immortalité, au milieu du champ, entre le rocher
et l'Ecole militaire.

Les élèves du camp de Mars, entourant les blessés
des armées, et suivis du char de la Victoire, formeront une marche triomphale qui se rendra au Temple de l'Immortalité, après avoir fait le tour du
Champ de la Fédération.

Les trophées seront déposées au sein de la représentation nationale, et le président, au nom du
peuple français, gravera, sur la pyramide élevée au
milieu du Temple de l'Immortalité, les noms des
armées de la république et l'énumération de leurs
victoires.

L'Institut national de Musique exécutera un
hymne, paroles du citoyen La Harpe, musique du
citoyen Lesueur.

Le soir du même jour, on illuminera le petit monument élevé sur le bassin du Jardin National, en
face du pavillon de l'Unité, et au milieu duquel
sera élevée une urne funéraire consacrée aux mânes
des guerriers morts pour la patrie.

Une députation de la Convention nationale viendra, au nom de la nation entière, déposer sur cette
urne une couronne de chêne.

Des orchestres seront élevés sur les places du
Panthéon, de la Bastille et dans le Jardin National,
et la fête se terminera par des danses, témoignage
de l'allégresse publique.

La Convention décrète l'insertion au Bulletin du
rapport et du plan de la fête.

— Les comités des secours publics et de législation proposent, sur des affaires particulières, plusieurs décrets qui sont adoptés.

La séance est levée à quatre heures.

LAKANAL: Je viens offrir à la Convention nationale et à ma patrie le fruit de mes recherches sur
les manuscrits de J.-J. Rousseau, insérées jusqu'ici
dans des portefeuilles particuliers.

Voici quinze cahiers écrits en entier de la main
de ce grand homme; ils renferment divers morceaux
qui n'ont jamais paru, et les germes des principales
productions de son génie.

On y voit les premiers jets des pensées de ce philosophe et les modifications qu'elles ont éprouvées
avant d'avoir cette perfection admirable de style
qu'on trouve dans tout ce qui est sorti de sa plume.
Ce serait un excellent traité de l'art d'écrire.

Je compte vous offrir bientôt l'original de l'ouvrage du philosophe génevois sur le gouvernement
de Pologne: il fut communiqué dans le temps par
l'auteur à Necker, qui le fit copier et mettre au
net.

Cet ouvrage est d'autant plus précieux, qu'il s'y
trouve plusieurs passages importants qui n'ont pas
été imprimés, parce qu'ils parurent trop forts au
despotisme. Le texte de l'auteur, dénaturé dans toutes les éditions, est ici dans toute sa pureté.

Je demande que les manuscrits que je vous présente aujourd'hui soient renvoyés à votre comité
d'instruction publique, qui accordera à la citoyenne
qui me les a confiés l'indemnité que sa position l'o-
blige de réclamer. (On applaudit.)

Les propositions de Lakanal sont décrétées.

On demande que ces manuscrits soient livrés à
l'impression, pour en faire jouir tous les citoyens.

LAKANAL: J'observe que la librairie Poinsot, qui
prépare une édition complète de Jean-Jacques,
aura communication de ces manuscrits, pour insérer dans son édition des morceaux que ces cahiers
contiennent, et qui n'ont pas encore été imprimés.

Un membre demande le nom de la citoyenne qui
a remis ces manuscrits.

Lakanal nomme la citoyenne Mogurier. Il annonce ensuite que, sous trois jours, il présentera à
l'assemblée nationale un rapport sur les écoles primaires, et que le comité espère que ce projet de
décret pourra satisfaire les vues de la Convention.
(Vifs applaudissements.)

Lakanal demande enfin que la parole lui soit
accordée demain, à deux heures, pour présenter à
l'assemblée un rapport sur les écoles normales. —
Décrété.

— On fait lecture des lettres suivantes:

*Charlier et Pocholle, représentants du peuple à
Lyon, à la Convention nationale.*

« Citoyens collègues, nous avons proclamé le décret qui
rend à la commune de Lyon son ancien nom, et à ses habitants les droits de citoyens, que la rébellion leur avait
fait perdre. Les transports de reconnaissance et de joie qui
ont accueilli ce bienfait sont de sûrs garants des heureux effets qu'il va produire, et des avantages que la
France entière doit en attendre. Nous ne craignons pas de
le dire: le 17 vendémiaire vous a valu une conquête; ou
plutôt, ce jour-là, vous avez fait jouir enfin la république
de celle de l'année précédente, à pareille époque, qu'a-
vaient faite pour elle ses intrépides et généreux défenseurs.

« La fête de J.-J. Rousseau, que nous avons célébrée
hier, nous a fourni une occasion nouvelle de voir se développer dans toute leur énergie les sentiments des Lyonnais
pour la liberté, et leur reconnaissance pour les hommes
qui en proclamèrent courageusement les principes. Jamais concours ne fut plus nombreux; jamais sensibilité ne
fut plus expressive. Nous n'avons pas voulu que les honneurs rendus à l'auteur du *Contrat Social* ne produisissent qu'une impression passagère. Une presqu'île, située
près de Lyon, sur les bords du Rhône, nous a offert un site
propre à retracer l'image touchante d'Ermenonville. Nous
y avons fait planter des peupliers, et construire un céno-

taple. Ce monument sera durable, et confié à la sauvegarde religieuse de toutes les vertus républicaines; les bords qui l'entourent acquerront sans doute, d'année en année, un caractère de plus en plus digne du génie immortel auquel il est consacré. Le ciseau de Chinard y a rendu Rousseau d'une manière qui honore cet artiste. Tous les accessoires de la fête, puisés dans les idées d Rousseau lui-même, ont été bien sentis et exécutés avec un ensemble parfait. La journée a été terminée par des danses autour de la Montagne, des chants civiques et des farandoles patriotiques; rien ne l'a troublée; la gaîté la plus franche a paru rayonner sur tous les visages, et l'espoir le plus consolant luire dans tous les regards : cet espoir est votre ouvrage, et la patrie en cueillera les fruits.

« Salut et fraternité.      POCHOLLE, CHARLIER. »

*Le conseil général de la commune de Lyon à la Convention nationale.*

« Représentants du peuple, nous l'avons reçu ce décret bienfaisant qui nous rend enfin à la république et à l'honneur; nous l'avons présenté à la reconnaissance du peuple; et partout le peuple a montré, par son enthousiasme, qu'il était digne de l'avoir obtenu : en nous donnant une nouvelle vie, vous nous avez imposé de nouveaux devoirs; nous les remplirons tous, citoyens représentants, et Lyon régénéré offrira désormais à la république entière l'exemple de toutes les vertus; désormais elle contemplera dans nos murs autant de défenseurs intrépides de la liberté qu'ils renferment d'habitants; et tandis que les uns combattront partout nos barbares ennemis, les autres s'occuperont à faire renaître de ses cendres notre commerce anéanti. Encouragés par vous, citoyens représentants, ils sauront rappeler cette antique industrie qui faisait le désespoir de l'étranger, et procurait à la France des sources inépuisables de richesses.

« Il est passé le règne de ces dominateurs insolents qui trompaient le peuple, qui lui parlaient sans cesse de sa souveraineté pour s'en attribuer exclusivement l'exercice et la puissance; ils disparaîtront, ces hommes pervers qui défiaient tous les vices, qui couvraient la justice d'une robe de sang, et la vertu, du masque hideux de leurs passions.

« Votre étonnante énergie a rappelé la France au bonheur que des scélérats voulurent lui ravir; Lyon vient d'éprouver plus particulièrement encore les heureux effets de cette grande révolution; mais, citoyens, nous vous en conjurons, achevez votre ouvrage; jetez vos regards paternels sur cette masse de citoyens que l'erreur et non le crime entraîna dans la rébellion, et qui, fuyant une cité que leur travail animait, sont allés cacher leur douleur et leurs regrets dans le fond d'une retraite obscure.

« La plupart de nos ateliers sont sans chefs; des milliers de bras oisifs attendent leur industrie nourricière : rendez-les au besoin du peuple, rendez-les à leurs familles, rendez-les à leur patrie. Dites que leur égarement, expié par une année d'angoisses et d'amertumes, est oublié. Dites que les décrets lancés contre eux vont cesser de les atteindre, et n'abandonnez à la sévérité des lois que les conspirateurs impies, que les sacrilèges ennemis de notre liberté.

« Nous attendons avec confiance ce nouvel acte de votre clémence; et alors, représentants, les magistrats du peuple auront assez vécu, s'ils ont vu le bonheur de leurs concitoyens.

« Mort à tous les tyrans! vive la république! vive la Convention nationale! »

L'insertion de ces lettres au Bulletin est décrétée.

LOUVET, au nom du comité de législation : Citoyens, le tribunal du département de la Côte-d'Or a dans ses prisons trois particuliers qu'il dénonce comme prévenus de délits contre-révolutionnaires.

Il avait écrit au comité de salut public pour avoir l'autorisation d'envoyer ces individus au tribunal révolutionnaire; mais, par votre décret sur l'organisation des comités, les tribunaux ont cessé d'être sous la surveillance des comités de salut public et de sûreté générale; ils ont été placés sous celle du comité de législation, à qui, par cette raison, a été renvoyée la pétition du tribunal criminel du département de la Côte-d'Or.

Votre comité, qui a examiné les délits imputés aux trois individus dont il s'agit, a vu que c'étaient en effet des délits contre-révolutionnaires; en conséquence, il a arrêté de vous proposer d'autoriser ce tribunal à en renvoyer les prévenus au tribunal révolutionnaire.

Mais en même temps le comité a vu que s'il fallait, à chaque fois que ce cas se présenterait, venir vous en entretenir, ce serait s'exposer à la fois et à prendre beaucoup sur votre temps et à laisser languir l'expédition des affaires qu'il est important de maintenir toujours dans une grande activité. Il a considéré d'un autre côté que, depuis la création du tribunal révolutionnaire, les comités de salut public et de sûreté générale ont été autorisés à lui faire directement des renvois, à plus forte raison à autoriser les tribunaux ordinaires à en prononcer vis-à-vis des individus mal à propos traduits devant eux. Il a vu aussi, par la loi sur l'organisation des comités, que le même droit est encore attribué aux comités de salut publie et de sûreté générale, à l'égard des fonctionnaires et citoyens soumis à leur surveillance.

Ces réflexions l'ont conduit à penser qu'il était à la fois dans votre intention et dans l'esprit de votre loi sur l'organisation des comités que le comité de législation, que vous avez chargé de la surveillance des tribunaux, pût, quand un tribunal l'informerait qu'il existe dans les prisons des prévenus de délits contre-révolutionnaires, autoriser ce tribunal à en ordonner le renvoi au tribunal révolutionnaire.

Il a en conséquence cru devoir vous proposer de lui donner ce droit d'autorisation, d'où résulteront accélération dans l'expédition des affaires et épargne de temps pour la Convention.

Voici le projet de décret :

« La Convention nationale, après avoir entendu le rapport de son comité de législation, décrète ce qui suit :

« Art. Ier. Le tribunal du département de la Côte-d'Or est autorisé à renvoyer au tribunal révolutionnaire Jean-Baptiste Thibault et Claude Girardin, tous deux tanneurs à Bligny-sur-Ouche, et Benigne Arcelot, ex-noble, tous trois prévenus de délits contre-révolutionnaires, et actuellement détenus dans les prisons du tribunal criminel du département de la Côte-d'Or.

« II. Dans le cas où il s'élèvera dans les tribunaux des difficultés sur le caractère des délits, le comité de législation est chargé de distinguer ceux qui seront de la compétence du tribunal révolutionnaire, et d'autoriser les tribunaux à en renvoyer les prévenus au tribunal révolutionnaire. »

Ce décret est adopté.

— Louvet fait ensuite rendre le décret suivant :

« La Convention nationale, après avoir entendu le rapport de son comité de législation sur la dénonciation faite par les arrêtés du district de Valence et du département de la Drôme, des 11 floréal et 12 thermidor, des jugements et procédures du tribunal du district de Mezène, département de l'Ardèche, et du juge de paix du canton de Tournon, même département, entre le citoyen Sabatier, maire de la commune de Maures, et la commune de la Roche-de-Glun, sur la propriété et la possession de l'île de Badat, réclamée d'abord pour ces deux communes;

« Déclare nuls et de nul effet lesdits jugements et procédures, comme contraires aux lois des 10 juin et 2 octobre 1793 (vieux style), sur les biens communaux, qui attribuent la connaissance de ces sortes de contestations exclusivement à des arbitres;

« Fait défense au tribunal de Mezène, au juge de paix de Tournon et à tous autres d'en faire de semblables, sous les peines portées par la loi. »

*(La suite demain.)*

## RÉPUBLIQUE FRANÇAISE.

### TRIBUNAL CRIMINEL RÉVOLUTIONNAIRE.

*Séance du 22 vendémiaire.* — Cyr-Salm.-Hégésippe Hennet, âgé de trente-huit ans, né à Bavay, département du Nord, lieutenant de la ci-devant prévôté de Bavay, membre du comité révolutionnaire de Charenton-le-Pont, près de Paris, accusé d'avoir entretenu des intelligences et correspondances avec les despotes coalisés et les émigrés, tendant à leur procurer des secours en hommes et en argent, à favoriser le progrès de leurs armes sur le territoire français, à l'effet de rétablir le despotisme, d'être sorti à différentes époques du territoire français, les faits n'étant pas constants, a été acquitté et mis en liberté.

— Lazare Colas, âgé de quarante-trois ans, né à Toulon, district de Charolles, département de Saône-et-Loire, maçon, à Issy-la-Montagne, même département ;

Etienne Lapetite, âgé de trente-huit ans, né et demeurant à Issy-la-Montagne, charpentier ;

Jacques Frappé, âgé de trente ans, né à Hury, district de Belle-rue-les-Bains, journalier, à Issy-la-Montagne ;

Colas et Lapetite, accusés de manœuvres pratiquées, à propos tenus, le 18 prairial, à Issy-la-Montagne, tendant à l'avilissement des autorités constituées, à empêcher l'exécution des réquisitions en grains pour la subsistance des armées, etc., mais ne l'ayant pas fait avec des intentions contre-révolutionnaires ;

Frappé, accusé, mais non convaincu de ces mêmes délits, ont été acquittés et mis en liberté.

*Du 23 vendémiaire.* — F.-A. Pichard-Caillier, âgé de trente ans, né et demeurant à Fontenay-le-Peuple, propriétaire ;

L.-J.-P.-N. Savary-Calais, âgé de cinquante-six ans, né à Fontenay-le-Peuple, vivant de ses revenus ;

Convaincus d'avoir entretenu à Fontenay-le-Peuple, vers la fin de mai 1793, des intelligences et correspondances avec les brigands de la Vendée ; en acceptant des places dans un prétendu conseil provisoire administratif, nommé par les chefs des brigands ; en s'emparant de tous les pouvoirs pour les exercer sous leurs ordres ; mais ne les ayant pas entretenues méchamment, de plein gré et avec des intentions contre-révolutionnaires,

Savary, accusé en outre d'avoir suivi les brigands à Châtillon, et d'y avoir été membre d'un autre comité central établi au nom de Louis XVII, ce fait, n'étant pas constant, ont été acquittés et mis en liberté.

— H. Robin, âgé de trente-six ans, né à Rocroy, département des Ardennes, ex-cuisinier, remplaçant dans les corps de garde de la section des Arcis, domicilié rue de la Vannerie, n° 25, chez une logeuse ;

Accusé d'avoir tenu le 23 brumaire, dans l'un des corps de garde de la section des Arcis, des propos tendant à provoquer le rétablissement de la royauté, ce fait n'étant pas constant, a été acquitté et mis en liberté.

— P.-M. Hayer-du-Peron, âgé de soixante ans, ex-maréchal de camp, ex-noble ;

L.-A. Dubonnay de Coësbourg, âgé de soixante-deux ans, rue Caumartin ;

M. Marillot, âgé de cinquante-neuf ans, née à

Nuits, département de la Côte-d'Or, veuve Marey ;
Ont été mis en liberté.

La veuve Marey se présentera à sa municipalité une fois par décade.

— V. Canex, âgée de cinquante-huit ans, né à Dijon, ex-marquise ;

E. Lahoussois, âgé de vingt-huit ans, né à Cosne, département de la Nièvre, garçon boulanger ;

G. Bourdon-du-Meage, âgé de quarante-sept ans né à Rongères, département de l'Allier ;

Resteront détenus conformément à la loi du 17 septembre.

*Du 24 vendémiaire.* — François Beaufils, âgé de cinquante-trois ans, né à Meung, district de Mortagne, ex-curé de Saint-Christophe-sur-Loire, convaincu d'avoir employé des manœuvres tendant à corrompre l'esprit public, à égarer le peuple par le fanatisme, en distribuant des ouvrages fanatiques et contre-révolutionnaires ; convaincu en outre d'avoir tenu des propos tendant à ébranler la fidélité des citoyens envers la république, à empêcher la vente des biens nationaux, etc., et de l'avoir fait avec des intentions contre révolutionnaires, a été condamné à la peine de mort.

— Louis Gonel, âgé de dix-sept ans , né à Reims, garçon perruquier à Paris, rue Denis, n° 366, accusé d'avoir insulté, dans la nuit du 12 au 13 pluviose, l'arbre de la liberté, ou la caisse qui l'entourait, les faisceaux d'armes plantés à la porte du corps de garde de la Trinité, mais ne l'ayant pas fait avec des intentions contre-révolutionnaires et jouissant de la plénitude de sa raison (étant très-ivre), a été acquitté et mis en liberté.

— Etienne Jouaneau, âgé de vingt-cinq ans, né à Meung, département du Loiret, tailleur, volontaire de la première réquisition, enrôlé dans les chasseurs des Pyrénées, rue Germain-l'Auxerrois, accusé d'avoir tenté de détourner et vendu à son profit l'équipement et habillement de volontaire qui lui avait été donné par sa section, pour servir dans la première réquisition, après qu'il se fut enrôlé dans le bataillon des chasseurs des Pyrénées, et qu'il en eut reçu l'habillement, le fait n'étant pas constant, a été acquitté et mis en liberté.

*Précis de l'affaire de Vial, cultivateur, maire de Chalonnes en 1792 , membre du premier comité révolutionnaire établi à Angers, et procureur général-syndic du département de Maine-et-Loire.*

Depuis le 24 vendémiaire jusqu'au 29, le tribunal a instruit, dans les séances du soir, le procès intenté contre ce citoyen , âgé de cinquante-deux ans, né à Cipières, district de Grasse, département du Var.

Vial avait été mis en liberté par le comité de sûreté générale ; mais le jour pour son jugement étant dès lors indiqué , les témoins assignés, il a demandé lui-même à être jugé, et s'est rendu volontairement en prison.

On lui reproche l'évacuation de Chalonnes, quelques propos contre Marat, d'avoir mal parlé de quelques représentants et de quelques généraux qui étaient dans la Vendée, et de s'être opposé à un arrêté de Francastel, qui ordonnait aux habitants des îles de la Loire de les évacuer et de se retirer à vingt lieues dans les terres.

Les dépositions des témoins et les débats ont fait connaître des circonstances qui doivent jeter quelque lumière sur les ténèbres qui couvrent encore l'horrible guerre de la Vendée.

Le général Cordelier, d'après les débats, était présent lorsque l'on a fusillé huit officiers municipaux de La Jumellière, revêtus de leurs écharpes; le secrétaire-greffier de cette commune fut du nombre, et cette municipalité était regardée comme la plus patriote du canton.

Gally, un des témoins, a déclaré qu'après avoir servi de guide au général Turreau pendant une journée entière, après avoir mérité tous les remerciements des services qu'il avait rendus, il s'est vu ensuite maltraité par le détachement; on lui enlève ses boucles d'argent, sa cravate, et il reçoit cinquante coups de bâton; il rentre à sa métairie; il trouve un détachement de l'arrière-garde de Turreau qui pille tout dans sa maison; il a beau rappeler que c'est lui qui a servi de guide à l'armée, on ne l'écoute pas; on lui demande son argent, son or; on lui enlève 2,500 l. en assignats; on pille le linge, on brûle les fourrages, les grains; on viole, on brûle les chaumières; les châteaux étaient seuls respectés, et les brigands s'y retiraient.

Puissant, autre témoin, expose qu'il a eu son enfant, âgé de quatorze ans, tué par la même division dans Chalonnes même; les habitants s'étaient réfugiés dans les îles de la Loire. Hentz et Francastel reconnaissaient par un arrêté qu'ils sont d'excellents patriotes, et cependant ils leur ordonnaient d'évacuer sous cinq jours ces îles, d'abandonner leurs domiciles, et de se retirer à vingt lieues dans les terres.

Vial déclare qu'voyant représenté que cet arrêté ouvrait le passage de la Loire aux brigands, il fut député à la Convention pour réclamer contre cet acte impolitique; qu'il fut arrêté à Beaugé, incaroéré à Angers pendant un mois, et envoyé ensuite au tribunal d'*alors*.

Après avoir donné quelques explications relativement à des propos que Thierry, aubergiste, et membre du comité révolutionnaire d'Angers, prétendait que l'accusé avait tenus, Vial l'a interpellé, par l'organe du président, de déclarer ce que sont devenus soixante-quatorze prêtres que l'on croit de Nevers, et qui, renfermés à Angers par le district, ont été envoyés à Nantes le 12 ou 13 frimaire, et s'ils ont péri dans le tourbillon révolutionnaire; en outre, ce que sont devenus quinze cents autres individus parmi lesquels étaient des enfants, et qui ont été conduits, par ordre de la commission militaire, la veille du siége d'Angers, aux Ponts-de-Cé, et de là à Doué; s'il a de plus connaissance que deux ou trois mille hommes ont été noyés ou fusillés?

Thierry a répondu que les prêtres avaient dû être remis entre les mains des administrateurs de Nantes; que la commission a fait son devoir ainsi que le comité révolutionnaire; que des brigands, pris les armes à la main, ont été fusillés.

Vial a répliqué que ces derniers n'étaient pas tous des brigands, puisqu'il y avait des enfants; il a ajouté qu'il avait obtenu un arrêté portant que ceux qui apporteraient leurs armes ne seraient pas punis; que cependant ils ont été fusillés.

Le 27, huit témoins ont été entendus. Un seul a parlé avec force contre l'accusé; mais on pourrait croire, d'après le ton âpre et violent des inculpations de ce témoin, qu'il y a entre eux de l'inimitié.

D'autres n'ont dit ni bien ni mal de l'accusé; d'autres enfin ont fait l'éloge de sa conduite, et l'ont lavé des différents reproches qui lui ont été faits.

Il s'est élevé ensuite quelques débats entre l'accusé et Gautret, accusateur public du tribunal du département de Maine-et-Loire; il en est résulté les déclarations suivantes:

Il y a eu des noyades et des fusillades à Angers:

dans celles d'Angers, comme dans celles de Nantes, il y a eu des femmes et des enfants.

Quelquefois les prisonniers étaient conduits chez Francastel, et, au sortir de chez lui, fusillés à soixante toises de sa maison.

Différents décrets avaient réglé la compétence entre les commissions militaires créées par les représentants et les tribunaux ordinaires; le tribunal réclamait le jugement des prévenus que la loi lui ordonnait de juger; Francastel et Hentz, par une lettre déposée au tribunal criminel du département, ont imposé silence au tribunal, et ont continué de livrer, contre le vœu des décrets, indistinctement les prévenus à la commission qu'ils avaient créée.

La Société de l'Est ayant fait des représentations contre les fusillades exécutées sans jugement, Francastel fit fermer la Société, et le lendemain Bodin, qui, le premier, avait réclamé ces représentations, fut incarcéré, et huit jours après, Vial, qui avait appuyé cette demande, fut arrêté.

Plusieurs témoins ont été encore entendus. Ils ont tous parlé à la décharge de l'accusé, mais ils ont chargé l'ancien comité révolutionnaire d'Angers et plusieurs membres de la commission militaire établie dans la même commune.

Il a été déclaré dans leur déposition que les prêtres noyés à Nantes venaient d'Angers, et que la ville d'Angers les avait reçus de Nevers. Tous ces témoins ont parlé de noyades, de fusillades, dans lesquelles on voyait des femmes et des enfants.

Ils ont déclaré que ces malheureux, allant au lieu du supplice, étaient tellement persuadés qu'il ne s'agissait que d'un transfèrement qu'ils portaient leur pain sous le bras.

Ils ont ajouté que Loisillon, membre de la commission militaire, disait, en parlant des membres de la Société de l'Est, à Angers: «Ce sont des canailles que nous engraissons pour la guillotine.»

Les témoins, du nombre desquels sont les autorités constituées d'Angers, ont parlé des désastres de la Vendée et des atrocités qui y ont été commises. Ils ont appuyé les reproches faits à Francastel et Hentz.

Il restait quinze témoins à entendre; le jury s'est déclaré suffisamment instruit. Les débats ont été fermés.

Le substitut de l'accusateur public, Lecouturier, a prononcé un discours dicté par la plus sévère impartialité.

Réal a défendu l'accusé. «Rendez, a-t-il dit en terminant son plaidoyer, rendez aux rives désolées de la Loire ce vétéran révolutionnaire; l'aurore du bonheur peut encore éclairer ces malheureuses contrées. Assez longtemps les bords de cette rivière n'ont retenti que des cris du désespoir et de la mort; faites qu'on y entende les accents de la joie et de la félicité: replantez-y ce vieil arbre à l'abri duquel les patriotes du canton se sont quelquefois reposés.

«Vial parlera de la révolution du 10 thermidor. Il dira ce qu'il a vu, ce qui se passe; il parlera des travaux de la Convention; et la liberté, que des hommes de sang ont fait craindre, sera adorée.»

Le discours de Réal a souvent été interrompu par les plus vifs applaudissements.

Le président, Letiget, a résumé l'accusation et les défenses; il a terminé par cette idée consolante: «Je n'insiste pas sur les propos reprochés vaguement à l'accusé; les jurés se rappelleront que la calomnie s'appuie bien plus facilement sur un propos que sur un fait; cette facilité exige pour la conviction des preuves plus sévères.»

La déclaration du jury portant qu'il est constant qu'une conspiration a existé pour livrer Chalonnes aux brigands, mais que Vial n'est pas convaincu, et, sur la question relative aux propos, que le fait n'est pas constant, Vial a été acquitté et mis en liberté.

Tous les citoyens présents au jugement ont donné les plus vifs témoignages de satisfaction.

---

# CONVENTION NATIONALE.

### *Présidence de Cambacérès.*

#### SUITE DE LA SÉANCE DU 28 VENDÉMIAIRE.

CAMBON, au nom des comités de législation et des finances : Le 11 brumaire de l'an 2e, la Convention nationale a décrété en principe que la loi qui ordonne le séquestre des biens des étrangers était applicable aux Français qui, sortis de France avant le 5 juillet 1789, n'y étaient pas rentrés.

Cette disposition donne lieu à quelques réclamations qui ont fixé l'attention de votre comité des finances.

Lorsqu'une personne était partie pour des voyages de long cours ou pour les armées, et qu'il s'était passé un temps considérable sans qu'on reçût des preuves de son existence, ou même sur des indices incertains de sa mort, ses parents ou héritiers étaient, en vertu d'un acte de famille ou d'un jugement, mis provisoirement en possession de ses biens, mais la propriété ne leur en était acquise qu'après un espace de temps qui variait suivant les coutumes.

Le séquestre ordonné par la loi du 11 brumaire leur retire ces biens dont ils jouissaient depuis longtemps, qu'ils étaient fondés à regarder comme les leurs. Ils réclament contre cette disposition trop rigoureuse ; ils demandent l'exception des séquestres et l'exécution des actes de famille et des jugements qui avaient alors force de loi, et d'après lesquels ils ont compté le produit du sol qu'ils ont amélioré.

Dans les pétitions de cette nature qui lui ont été présentées, votre comité a distingué les faits suivants.

En 1779, Fidèle Bergues (de Sarrebourg) est parti pour les Indes ; il n'a depuis donné aucunes nouvelles ; seulement on a reçu des avis incertains indiquant qu'il était mort pendant la traversée. Après bien des recherches inutiles, les frères Bergues ont été, par acte du 28 mars 1790, provisoirement autorisés à se partager son bien ; mais la loi du 11 brumaire est venue les en dépouiller.

Pillard père était infirmier à l'armée française dans la Bavière ; après la déroute d'une partie de cette armée à Ingolstad, en 1793, il n'a plus donné de signes de son existence. Des lettres particulières ont attesté qu'il avait été tué, mais on n'a pu se procurer son extrait mortuaire. Les enfants de Pillard, qu'un jugement a autorisés à recueillir la succession, ne peuvent obtenir l'inscription au grand livre d'une rente qui en fait partie.

Votre comité a pensé que ce serait en quelque sorte attenter aux propriétés que d'appliquer avec rigueur la loi du 11 brumaire, dans des cas semblables à ceux qui viennent d'être exposés.

La Convention nationale a voulu punir les Français qui sont restés dans une terre étrangère, sourds à la voix de la patrie qui les rappelait ; mais elle n'a pu vouloir arracher à de bons citoyens des biens dont ils jouissaient sous l'autorité des lois, et qu'ils avaient recueillis de leurs parents morts peut-être pour la défense de l'Etat.

Il a trouvé le moyen de concilier les intérêts de la nation avec la justice due aux particuliers, en vous proposant une exception à la loi du 11 brumaire en faveur des citoyens qui ont été mis en possession, avant le 14 juillet 1789, des biens des absents.

Voici le projet de décret que je suis chargé de vous proposer, tant au nom du comité des finances que de celui de législation, auquel il a été communiqué,

« La Convention nationale, après avoir entendu le rapport des comités de législation, des finances, décrète :

« Les biens des Français absents du territoire de la république avant le premier juillet 1789, dont la jouissance avait été accordée, antérieurement à cette époque, à leurs héritiers ou ayants droit, ne sont pas compris dans les dispositions de la loi du 11 brumaire, qui ordonne le séquestre des biens des Français qui, sortis de la république avant le 1er juillet 1789, n'étaient pas rentrés le 11 brumaire. »

Ce décret est adopté.

CAMBON, au nom des mêmes comités : Par décret du 6 floréal, la Convention nationale a accordé aux comités civils des sections de Paris une indemnité de 3 liv. par journée de travail qu'ils justifieraient avoir employée au service public des citoyens de cette commune.

Un décret du 23 fructidor a réglé le mode de payement de cette indemnité. Il y est dit qu'elle n'aura lieu que pour les journées employées au service public depuis l'établissement de la république, et que ce service serait prouvé par la signature des membres au registre des délibérations ou dans leurs fonctions.

Cette dernière disposition, qui avait paru à la Convention nationale le seul moyen de constater le travail des commissaires et leur droit à l'indemnité décrétée, a excité les réclamations d'un grand nombre d'entre eux, sur les difficultés d'exécution.

Ils représentent que, dans la plupart des comités civils, le registre des délibérations n'est signé que du président ; que les fonctions dont les membres de ces comités sont journellement chargés ne sont pas mentionnées dans les délibérations ; qu'enfin la mesure de produire leurs signatures dans leurs fonctions est presque impraticable.

Ils exposent que les travaux multipliés qu'exigeait d'eux le service public étaient répartis à chacun d'eux, selon les circonstances, sans aucunes formalités, et sans aucun acte qui en pût laisser des traces certaines ; que la nature même de ces travaux ne leur avait pas paru jusqu'alors susceptible d'être constatée dans les formes que la loi a exigées depuis.

En supposant ces objections fondées pour le temps antérieur au décret du 6 floréal, il est toujours vrai de dire que, depuis cette époque, les comités civils eussent dû prendre les précautions convenables pour être mis en état de justifier, ainsi que le voulait la loi, des journées par eux employées au service public, et prévoir que cette justification serait exigée d'eux.

Ils ne l'ont pas fait ; cette irrégularité doit-elle les priver de tout payement ? Votre comité des finances a pensé à cet égard que la Convention nationale, en exigeant des preuves de services, n'a pas eu l'intention de priver d'une juste indemnité les citoyens qui ont servi réellement la chose publique, mais seulement d'en écarter des hommes insouciants qui n'avaient voulu qu'un titre pour s'en parer au besoin ; et, après avoir mûrement discuté et entendu les parties, il s'est réuni à la mesure qu'il vous propose par l'article 1er, et qui paraît tout concilier pour le passé.

Il lui a paru aussi nécessaire de prévenir toute difficulté pour l'avenir en déterminant clairement de quelle manière le travail des membres des comités civils sera désormais constaté. Le président et secrétaire du comité attesteront, sur un registre qui sera tenu dans chaque section, et la présence aux délibérations et l'activité de service au-dedans ou au-dehors.

Le comité doit vous rendre compte de la demande qui avait été faite pour ces comités d'un traitement de 5 livres par jour; dans l'examen qu'il a fait, il a remarqué que les comités civils n'exercent réellement que les fonctions municipales, que ces fonctions sont gratuites dans toutes les autres communes de la république, quoique dans beaucoup de communes les fonctionnaires municipaux soient aussi surchargés qu'à Paris de travaux extraordinaires.

L'indemnité dont il s'agit n'est donc rigoureusement qu'une faveur qui coûtera à la nation près de 900,000 l. par an; elle monterait à 1 million 400,000 l. si on accordait l'augmentation demandée.

Votre comité des finances ne doit point vous dissimuler que l'administration est déjà très-chère, et occasiônne une dépense énorme.

La France occupe déjà un nombre infini d'administrateurs, commissaires, agents et commis salariés; si l'on n'y prend garde, bientôt les deux tiers des Français seront salariés sous différents titres, car ces dénominations ne sont pas difficiles à trouver, et celui qui est parvenu à se faire donner le titre de quelque fonction publique cherche bientôt à s'en faire payer.

Un des grands vices d'un Etat démocratique est le grand nombre des fonctionnaires publics salariés, et ce n'est pas un des moindres reproches qu'on pourra faire aux personnes qui ont provoqué la création d'une armée de cinq cent quarante mille surveillants auxquels on avait promis 3 livres par jour, ce qui occasionnerait une dépense particulière de 1 million 620,000 livres, et par an de 591 millions 300,000 livres.

Heureusement cette dépense n'est pas entièrement payée; votre comité des finances a ajourné jusqu'à ce jour les réclamations qu'on ne cesse de vous faire.

Il se propose de vous faire un rapport à ce sujet, afin de mettre fin à toutes les réclamations. Ce rapport se trouve lié avec les taxes révolutionnaires.

Il vous présentera aussi ses vues sur les moyens qu'il croit nécessaires pour diminuer les dépenses, en diminuant le nombre des fonctionnaires publics.

Tous réclament aujourd'hui des augmentations de traitement; mais la dépense qui s'accroît augmente la circulation des assignats, dont la surabondance causerait à la république de nouveaux embarras.

Les membres des comités civils ont senti la force des raisons de votre comité, et leur patriotisme ne s'est pas démenti; ils n'ont pas balancé à sacrifier à l'amour du bien public leurs premières prétentions.

Quelques-uns d'entre eux nous ont observé qu'occupés depuis deux ans, dans les comités, à des travaux pénibles et assidus qu'ils n'avaient pas cru pouvoir quitter dans les circonstances critiques qui se sont succédé, il devait leur être permis de se retirer pour vaquer à leurs propres affaires.

Votre comité, frappé de la justice de leur demande et de la nécessité de remplacer souvent les fonctionnaires, vous propose de décréter le renouvellement des comités civils par quart tous les trois mois; le comité de législation sera chargé, d'après la loi du gouvernement révolutionnaire, de faire ce renouvellement.

Voici le projet de décret que je suis chargé de vous proposer, au nom de vos comités de législation et des finances.

Hier au soir, après avoir communiqué le projet au comité de législation, le comité des finances a pensé qu'il conviendrait de réduire à douze le nombre des comités civils des sections, ce qui ferait cinq cent soixante-seize personnes encore employées, et diminuerait la dépense de 225,000 livres par an. Je suis chargé de vous faire cette proposition.

« La Convention nationale, après avoir entendu le rapport des comités de législation et des finances, décrète :

« Art. Ier. Les commissaires civils des sections de Paris, qui, d'après le décret du 23 fructidor dernier, doivent prouver, par leur signature au registre ou dans leurs fonctions, les journées qu'ils ont employées au service public, pour recevoir l'indemnité de 3 liv., qui leur a été accordée, seront admis à justifier, pour le passé, leurs journées d'exercice dans leurs fonctions par un certificat qui sera signé par neuf membres au moins du même comité.

« II. Il sera tenu à l'avenir dans chaque comité civil un registre de présence, et les secrétaires constateront chaque jour, par leur signature, les noms des membres présents ou en activité de service.

« III. Le nombre des membres des comités civils des sections de Paris sera réduit à douze; ils seront renouvelés par quart tous les trois mois, par le comité de législation, qui fera imprimer et distribuer à la Convention les noms des citoyens qu'il aura choisis. Le sort décidera quels seront les membres actuels qui sortiront, jusqu'à ce que les comités soient entièrement renouvelés. Le premier renouvellement aura lieu le 1er brumaire prochain.

« IV. Le présent décret ne sera imprimé qu'au Bulletin de correspondance. »

Ce décret est adopté.

SALLENGROS : Citoyens collègues, le comité des secours publics m'a chargé de vous faire le rapport sur la pétition de la citoyenne Ursule d'Aubremé, veuve du citoyen Albert Legros, né à Corbay, en Brabant, chef de brigade au service de la république : il est démontré, par les pièces jointes à cette pétition, que, dans la révolution belgique, Legros a été un des plus fermes soutiens des droits du peuple, et qu'à l'entrée des armées françaises dans la Belgique, le comité militaire du pays, connaissant ses principes républicains et ses talents militaires, lui donna, au mois de novembre 1792, le brevet de colonel, et le chargea de la formation du régiment belge n° 2, qu'on vient de réunir aux armées de la république.

A son arrivée en France, le brave Legros fut fait commandant temporaire de la place de Saint-Quentin, où il se conduisit de la manière à être regretté encore longtemps par les bons patriotes : il passa de là dans la forêt de Mormal, où il prit le commandement des postes avancés; il montra dans plusieurs attaques le courage le plus imposant; mais ayant été attaqué le 17 août 1793, et enveloppé par des forces infiniment supérieures, il fut fait prisonnier et conduit à Raisnes, près Valenciennes, où Cobourg avait établi son quartier général : ce tigre et ses infâmes satellites le firent fusiller, pour assouvir sur lui, sa femme et ses trois enfants, la haine implacable qu'ils portent aux patriotes belges.

Ce fut dans les derniers moments de sa vie que Legros donna les preuves les plus éclatantes de son courage, de son amour et de son entier dévouement à la république française; il a vu les apprêts de sa mort cruelle avec le calme et le sang-froid qui caractérisent le héros, il n'a pas souffert qu'on lui couvrît les yeux, et, s'apercevant de l'admiration ou de la pitié qu'excitaient sa position et sa grandeur d'âme, il dit d'une voix forte : « Quoi! vous tremblez! Ignorez-vous qu'un républicain français sait braver la mort? Je meurs pour la liberté, ajouta-t-il, mais les Français vengeront ma mort. »

Vous entendrez sans doute avec le plus vif intérêt le témoignage de notre collègue Laurent. En voici les termes :

« Ce n'est pas seulement des papiers publics que j'ai tiré les faits remarquables ainsi que les paroles énergiques qu'a prononcées Legros, chef de brigade, lorsque les Autrichiens l'ont assassiné par ordre de Cobourg; mais plusieurs personnes dignes de foi me les ont racontés avec transport, en rendant hommage à ce martyr de la liberté. »

La commune de Saint-Quentin, pour honorer la mémoire de ce héros, qui y a commandé temporairement, a fait inscrire son nom en lettres d'or sur un tableau, entre ceux de Lepelletier et de Marat : il paraîtrait aussi juste que politique de le faire au Panthéon, sur la colonne où seront inscrits ceux des défenseurs intrépides des droits du peuple.

Voici le projet de décret.

« La Convention nationale après avoir entendu son comité des secours publics, décrète :

« Art. I<sup>er</sup> Sur le vu du présent décret, la trésorerie nationale paiera 1,000 liv. de secours provisoire à la citoyenne Ursule d'Aubremé, veuve du citoyen Albert Legros, natif de Corbay, en Brabant, chef de brigade ; renvoie sa pétition et les pièces jointes pour déterminer promptement la pension à laquelle elle a droit, ainsi que ses trois enfants, s'ils sont dans le cas de la loi.

« II. Le comité d'instruction publique est chargé de faire son rapport sur la conduite héroïque du brave Legros. »

Ce décret est adopté.

— On fait lecture de la lettre suivante :

*Ph.-Ch.-Aimé Goupilleau, représentant du peuple, à la Convention nationale.*

Béziers, 28 vendémiaire, l'an 3<sup>e</sup> de la république française, une et indivisible.

« Vous savez comme moi, citoyens collègues, que la dernière ressource des ennemis de la patrie est de calomnier ceux qui se font gloire de la bien servir ; la justice et l'humanité sont converties en modérantisme : si l'on comprime les agitateurs, les sectateurs de Robespierre, ce sont autant de patriotes qu'on persécute.

« Tel est à peu près, depuis un mois, le résumé de la correspondance des Jacobins ; telle est l'épreuve personnelle que j'en ai faite.

« Le n° 153 du *Journal de la Montagne,* qui vient ici de me tomber entre les mains, contient contre moi une dénonciation de prétendus patriotes d'Avignon, à laquelle il est de mon devoir de répondre.

« Reportez-vous, je vous prie, citoyens collègues, au moment où, honoré de votre confiance, je suis venu dans les départements méridionaux.

« Marseille était dans la plus forte agitation ; des agents de la Société populaire de cette commune étaient disséminés sur toutes les parties de la république ; on y criait *vive la Montagne!* d'une aussi bonne foi que les royalistes et les fédéralistes criaient l'an passé *vive la république, une et indivisible!*

« Ce qui s'est passé depuis dans cette commune vous a convaincus qu'on y méditait une contre-révolution, et que, sans l'énergie de nos collègues Auguis et Serres, les troubles les plus funestes, peut-être même la guerre civile, allaient éclater dans le Midi.

« Avignon, situé sur la route de Marseille à Paris, était le rendez-vous des émissaires de Marseille.

« A mon arrivée dans cette commune tout y était en désordre ; on était prêt à s'y égorger. J'en ai instruit les comités de salut public et de sûreté générale ; nuit et jour j'étais obligé de me rendre moi-même à la tête des patrouilles, pour dissiper les rassemblements et faire rentrer les séditieux dans leur devoir.

« A cette époque, il y avait à Avignon deux mille six cents hommes de troupes ; le général de l'armée d'Italie en demanda six cents ; je lui envoyai le 4<sup>e</sup> bataillon de l'Ardèche, qui était composé de mille. Peu de temps après, Jean-Bon Saint-André demanda six cents hommes de supplément au 5<sup>e</sup> bataillon de la Corrèze. Je crus qu'il était intéressant pour le bien général et la tranquillité particulière d'Avignon de ne pas décomposer ce bataillon. Je complétai un corps de six cents hommes de diverses compagnies des volontaires, et il partit pour le Port-de-la-Montagne. Le seul bataillon de la Corrèze resta à Avignon.

« Un nouvel arrêté de Jean-Bon Saint-André donna ordre au 5<sup>e</sup> bataillon de la Corrèze de partir. Je parcourais les districts du département de Vaucluse ; le commandant du bataillon me fit passer cet ordre, et je lui répondis sur-le-champ qu'il n'y avait pas à balancer, et qu'il fallait partir. Il était cependant triste pour moi de me voir réduit à mes propres forces, de voir Avignon privé d'un bataillon qui était parvenu à y maintenir la tranquillité et à imposer à ceux qui voulaient la troubler, et qui n'attendaient que son départ pour y exécuter leur perfide dessein.

« Des lettres particulières m'apprirent à Carpentras que les esprits fermentaient plus que jamais à Avignon, et qu'on y était menacé des plus grands malheurs.

« Le 26 fructidor, j'écrivis à la municipalité pour lui faire part des avis que je recevais ; que je n'y ajoutais pas foi, parce que sûrement elle m'aurait prévenu des dangers s'il y en avait eu à craindre, et je la rendais responsable de tous les événements qui pourraient résulter de son défaut de prévoyance.

« La municipalité d'Avignon me répondit que rien n'était plus faux que les avis qu'on m'avait donnés, qu'on était fort tranquille à Avignon, et qu'il n'y avait rien à craindre.

« Quelle fut ma surprise, le lendemain 27, à quatre heures du soir, d'apprendre par des lettres particulières qu'on s'était battu à Avignon, qu'il y avait eu un citoyen de tué et plusieurs volontaires de blessés ! Je n'hésitai point à partir sur-le-champ ; à onze heures du soir ; je trouvai sur la route une députation de la municipalité, qui venait confirmer ce qu'on m'avait écrit, et m'inviter à me rendre à Avignon. Je répondis que c'était un peu tard à s'y prendre, et je continuai ma route.

« J'ai rendu au comité de sûreté générale de tous les renseignements que j'ai recueillis sur cet événement ; j'ai fait faire des informations que je vais lui envoyer, et qui le convaincront de plus en plus que c'est le bataillon de la Corrèze qui a été provoqué ; que quinze officiers et volontaires ont été grièvement blessés ; qu'un citoyen y a été tué à la vérité, mais que, par ses propos outrageants contre la Convention nationale, il avait provoqué l'indignation des volontaires, qui lui sont fortement attachés.

« Je laisse à ce bataillon le soin de se disculper d'une accusation aussi atroce, et sûrement la Convention saura bien lui rendre justice, comme elle l'a déjà fait. Ne doit-elle même pas déjà être indignée de voir que, dans le même moment où, sur l'attestation de la presque totalité des citoyens d'Avignon réunis en Société populaire, elle décrète que ce bataillon a sauvé cette commune, et la mention honorable de sa bonne conduite, une poignée d'agitateurs de cette même commune se permette de le diffamer en face de toute la France ?...

« Je ne connais pas les noms des signataires de cette dénonciation de prétendus patriotes d'Avignon ; mais il est de la justice de la Convention de les connaître et de les punir, après s'être fait rendre un compte exact des faits.

« Il est donc enfin, j'ose le dire, de venger l'honneur indignement outragé du 5<sup>e</sup> bataillon de la Corrèze, qui, après avoir bravé mille fois la mort dans la guerre de la Vendée, se comporte avec sagesse dans l'intérieur de la république, et ne connaît d'autre principe que celui de la soumission aux lois, son attachement invariable à la Convention, et son dévouement à la patrie.

« Je vous prie, citoyens collègues, d'observer que j'étais à Carpentras, que je n'ai été de retour à Avignon que le 28, à une heure du matin, et que par conséquent j'ai été absolument étranger à l'événement du 27. Comment se peut-il donc faire, comme on le dit dans la dénonciation, que les patriotes soient venus chez moi demander vengeance ? Comment ai-je pu dire : « Il n'y a qu'un homme de tué ! » lorsqu'il est constant que je n'étais pas à Avignon ?

« Ils disent encore, ces fameux patriotes, que le cri de *vive la Montagne!* m'irrite tant que j'ai suspendu les séances de la Société populaire, que j'ai fait enlever tous les canons du fort.

« Ce n'est pas à vous, citoyens collègues, qu'on persuadera que je suis un ennemi de la Montagne ; je m'y suis toujours assis, et, fidèle à la cause et aux intérêts du peuple, je ne m'en détacherai jamais ; mais je ne souffrirai jamais que la Montagne serve de cri de ralliement aux séditieux et aux agitateurs. J'ai mis la plus grande exactitude à instruire le comité de sûreté générale de tous les mouvements excités par des forcenés qui, en criant sans cesse *vive la Montagne!* ne cherchaient qu'à avilir la Convention, à lui supposer deux partis, dont l'un voulait le triomphe, et l'autre la ruine de la république, tandis qu'il n'est pas un bon esprit qui ne soit convaincu que toute la Convention veut le bonheur et le triomphe du peuple; j'aurais désiré que le comité vous eût communiqué les réflexions dont je lui ai fait part sur des faits relatifs à l'affectation que les ennemis de la patrie mettent à se servir de ce cri pour la déchirer, et il est de mon devoir de dire à la Convention qu'il est de l'intérêt général d'y mettre ordre.

« J'ai suspendu les séances de la Société populaire; cela est vrai, et je me félicite de l'avoir fait dans des moments orageux où les motions incendiaires se succédaient jusque dans les places publiques.

« J'ai fait enlever les canons du fort; c'est tout le contraire; j'y ai fait remettre, le 28, ceux qu'on avait enlevés le 27, à l'instigation de quatre officiers municipaux que je regarde comme les auteurs de tous ces troubles, et même du nombre des dénonciateurs, et qui, heureusement pour la tranquillité publique, ne sont plus en place. Les canons avaient été tirés de tous les lieux où ils sont ordinairement; le peuple avait été armé; on lui avait distribué de la poudre et des balles; on avait enlevé tous les fusils de l'atelier des armes; on eût dit que l'ennemi était aux portes d'Avignon, et il ne s'agissait que d'une farandole dansée par quelques volontaires au moment de leur départ, et qui déplaisait à ces agitateurs. J'ai tout fait remettre en place, et, la veille de mon départ, le directeur de l'atelier des armes me marquait qu'il ne manquait plus que treize fusils; il est vrai que depuis j'ai autorisé le commandant de l'artillerie, et sur sa pétition, à faire refondre trois mauvaises pièces et qui n'étaient point de calibre: voilà sans doute l'enlèvement de tous les canons du fort, qui fait un article bien grave de la grande dénonciation.

« Je ne répondrai pas, citoyens collègues, au reproche qu'on me fait de comprimer le patriotisme et de protéger le crime, de mettre en liberté les royalistes, les fédéralistes, etc., et de faire arrêter les patriotes: mes principes vous sont connus; ce n'est pas celui qui a toute sa vie manifesté sa haine contre le fanatisme et l'aristocratie, qui a tout souffert et tout perdu par eux dans la Vendée, qu'on doit soupçonner de les favoriser. Je connais l'intention de la Convention et je la remplis; je connais les lois, et je les exécute; je connais la liberté, la justice et l'humanité, et je les fais triompher... Trop longtemps les citoyens de ces belles contrées ont été dans l'oppression; j'y suis assez tôt pour y faire du bien, mais trop tard pour empêcher mille horreurs de s'y commettre.

« Il serait trop long, citoyens collègues, de vous en faire le tableau; à mon retour, il faudra bien que je vous le fasse, quelque affligeant qu'il soit; il faudra bien que je vous dise que les agents de Robespierre se donnaient la main de Marseille à Avignon, qu'une poignée de scélérats avaient résolu de faire du Midi un vaste cimetière, et de se partager les dépouilles des citoyens qu'ils égorgeaient.

« Je vous démontrerai qu'on y méditait et qu'on voulait sérieusement la contre-révolution, qu'on employait tous les moyens pour y parvenir; qu'on y voulait l'anéantissement des sciences, du commerce, de l'agriculture et des arts; et, pour me servir des termes de ces messieurs, *changer la fortune de main*; qu'à la foire de Beaucaire, à la suite d'une orgie, et par partie de plaisir, on mit tous les négociants en arrestation; qu'à la veille de la récolte plus de quatre mille agriculteurs ont été enlevés à leur famille et à leurs travaux; que les mères des défenseurs de la patrie étaient celles que l'on persécutait de préférence; je les ai vues dans les prisons, livrées au désespoir, mourantes, et tenant dans leurs bras des enfants qu'elles ne pouvaient plus allaiter... J'ai vu à Carpentras, au milieu de quinze cents détenus, le brave Cabanis, aide de camp du général Chalbos, qui s'est si honorablement comporté dans la Vendée, dans les fers avec son père et toute sa famille, qu'il était venu voir par congé, comme pour le punir d'avoir bien servi sa patrie.

« Voilà les aristocrates que je protège; et si c'est un crime de les avoir rendus à la liberté, j'avoue que je suis coupable.

« Je suis bien coupable aussi si c'est un crime de gémir sur toutes les atrocités commises par le tribunal de sang établi à Orange, et dont la mémoire ne doit passer qu'avec horreur à la postérité la plus reculée. Il faudra bien aussi que je vous en rende compte, et votre âme en sera déchirée.

« Je me suis conformé aux lois, à la justice, et je n'ai jamais perdu de vue les intérêts bien entendus de la république.

« Je n'ai point prononcé de mise en liberté sans appeler auprès de moi les agents les plus probes et des commissaires de toutes les autorités constituées, sans avoir des réclamations de communes entières et des Sociétés populaires.....

« Je n'ai fait mettre en arrestation dans le département de Vaucluse que deux individus, Barjavel et Robineau.

« J'ai envoyé au comité de sûreté générale les motifs extrêmement graves qui m'y ont déterminé.

« Je défie les prétendus patriotes d'Avignon de m'en citer d'autres, excepté les membres du tribunal d'Orange, que nous avons fait arrêter, Perrin et moi, sur l'invitation du comité de salut public.

« Lorsque je suis arrivé dans le département de Vaucluse, j'y ai trouvé la consternation peinte sur toutes les figures; j'ai eu le plaisir d'y voir succéder l'allégresse et la confiance. On était parvenu à faire détester la révolution; maintenant on lui est sincèrement attaché, et on bénit la Convention, dont on osait à peine prononcer le nom. Comment se fait-il que la paix règne à Avignon, dans tout le département de Vaucluse, dans ceux que nous parcourons, Perrin et moi; que la justice y triomphe, que les patriotes respirent, que la terreur n'y soit plus que pour les agitateurs, et qu'une poignée de scélérats d'Avignon ait l'audace d'imaginer un système de calomnie contre moi et contre le bataillon de la Corrèze? Je ne les connais pas, citoyens collègues; mais, je n'en doute point, ce sont à coup sûr de ces mauvais magistrats, la terreur de leurs concitoyens, que j'ai été obligé de destituer; ce sont ces gens carnivores, partisans et héritiers de Robespierre, qui regrettent le temps où il leur était loisible de voler et de massacrer impunément; ce sont ces hommes qui, sans cesse le mot de vertu à la bouche et la scélératesse dans le cœur, n'avaient pas de pain il y a six mois, et qui vivent maintenant dans une scandaleuse opulence; ce sont les hommes pervers, dilapidateurs de la fortune publique, voleurs de celle des particuliers, qui s'élèvent de toutes leurs forces contre ces mises en liberté prononcées en faveur de citoyens qui dénoncent leurs rapines, leurs contributions forcées, leurs concussions, toutes les horreurs dont ils se sont rendus coupables.

« Que de pareils hommes m'en veuillent, me dénoncent, je m'honore de leur haine; mais ils ne m'empêcheront pas de remplir mes devoirs.

« Salut et fraternité. P.-G.-A. GOUPILLEAU. »

La Convention nationale décrète l'insertion en entier de cette lettre au Bulletin.

ROVÈRE: Je demande la lecture d'une adresse de la Société populaire de Carpentras; cette Adresse est sur le bureau.

Un secrétaire la lit:

### La Société populaire de Carpentras à la Convention nationale.

« Législateurs, la vérité, dont les accents avaient été étouffés jusqu'à ce jour, se fait entendre de tous les points de la France; la république ne doit son salut qu'à l'énergie brûlante et au vertueux courage que vous avez déployés au milieu des orages formés pour sa ruine. Recevez de nouveau l'expression de notre gratitude. La présence des vertueux représentants que vous avez envoyés dans nos départements vient d'arrêter la marche de la scélératesse en réduisant au silence une faction monstrueuse qui se jouait

Impunément de la vie des hommes. Marseille allait encore devenir le fléau de la république; l'horrible conspiration qui se tramait dans son enceinte était ourdie par les suppôts de Robespierre, soutenus par tous les fripons du Midi, qui, sans mœurs, sans facultés avant la révolution, avaient trouvé dans la pratique du crime le secret de vivre dans l'abondance et dans l'oisiveté la plus crapuleuse.

« C'est à cette classe d'oppresseurs, c'est à leurs intrigues qu'est due une dernière Adresse dite de la Société populaire de Carpentras, qu'on ne trouve point dans ses registres. Ils n'ont pas eu la hardiesse de soutenir cette Adresse, et nous la désavouons authentiquement. Méfiez-vous, représentants, de ces circulaires dictées par l'audace desespérée de voir finir un système oppressif, et n'y voyez que les effets impuissants de ces rançonneurs qui se flattaient de pouvoir traîner encore aux tribunaux de Robespierre des citoyens assez vertueux pour oser dévoiler leurs forfaits.

« Non, représentants, les aristocrates et les modérés n'ont jamais figuré au bureau de la Société populaire de Carpentras. Elle ne marche que d'après les principes de la Convention nationale. Aussi voue-t-elle à l'exécration publique les intrigants qui ont voulu l'entraîner dans leur chute..... Les vrais patriotes vous diront aujourd'hui des vérités auxquelles sans doute vous n'auriez pas été sourds, s'ils avaient pu se faire entendre plus tôt... Nous ne pourrons nous rappeler les mémorables journées des 9 et 10 thermidor sans bénir la Convention nationale, mais aussi sans verser des larmes amères sur les malheureuses victimes immolées dans nos contrées avant cette glorieuse époque.

« Législateurs, achevez donc de purger le sol républicain de tous les fripons; frappez indistinctement tous les scélérats, de quelque masque qu'ils se couvrent et quelque parti qu'ils embrassent; que le gouvernement révolutionnaire ne soit plus que la terreur des méchants, seuls ennemis qui restent à la république. Restez à votre poste; dirigez sur eux la foudre nationale, et vous aurez sauvé la république. »

La Convention décrète l'insertion par extrait de cette Adresse au Bulletin.

*** : Je demande que le commandement du 4e bataillon de l'Ardèche, qui est accusé par la Société populaire de Carpentras d'avoir commis les plus grandes horreurs dans ce pays, soit mis en arrestation.

On demande le renvoi au comité de sûreté générale.

TALLIEN : J'appuie le renvoi. Ce n'est pas sur l'assertion d'un simple individu qu'on peut ordonner l'arrestation d'un citoyen. Je demande que l'assemblée ne porte jamais de décret d'arrestation contre personne, sans avoir entendu un rapport préalable.

*** : Il y a un décret qui consacre la proposition que vient de faire Tallien. Je demande l'ordre du jour, motivé sur ce décret, et qu'on ordonne seulement le renvoi au comité de l'affaire particulière.

Ces propositions sont décrétées.

— Paganel, après un rapport sur les prisons, rapport que l'assemblée a couvert d'applaudissements, et que nous donnerons en entier, fait rendre le décret suivant ;

« La Convention nationale, après avoir entendu le rapport de son comité de secours publics sur l'état des prisons, maisons d'arrêts et de police, de répression, de détention, et hospice de santé, décrète:

« Art. Ier. Le comité de législation présentera à la Convention nationale, dans la première décade du mois de brumaire, un projet de loi sur la police et le régime intérieur des prisons et autres établissements ci-dessus nommés, et provisoirement il donnera des ordres à la commission de police et des tribunaux, pour que les prisonniers de la Conciergerie soient traduits dans une autre prison.

« II. Le comité des travaux publics prendra, sans délai, toutes les mesures nécessaires pour rendre habitables et sa-

lubres les prisons, maisons d'arrêt, de répression, de détention, et hospices de santé, qui sont susceptibles de le devenir, et pour remplacer ceux desdits établissements qui devront être abandonnés par d'autres qui réunissent les avantages de la sûreté et de la salubrité.

« III. Les comités d'agriculture et des arts, de commerce et d'approvisionnements, prendront, sans délai, des mesures pour employer à un travail utile, journalier et non interrompu, les détenus de l'un et l'autre sexe qui se trouveront dans les prisons, maisons d'arrêt, de détention, etc.

« IV. Le comité des secours publics est chargé de procurer aux vieillards, aux infirmes, aux malades, et généralement à tous les détenus, une nourriture saine et suffisante, le linge et les vêtements indispensables.

« La salubrité des prisons est confiée à ses soins par la Convention nationale.

« V. Chacun des comités rendra compte, avant le 20 brumaire, à la Convention nationale, des mesures qu'il est chargé de prendre. »

— Montaut demande que le comité militaire soit également chargé de présenter un projet de décret pour remédier aux abus des prisons militaires. — Décrété.

La séance est levée à quatre heures.

### SÉANCE DU 29 VENDÉMIAIRE

Hourier-Éloi, au nom du comité de division, propose de détacher le hameau de la Gravière de la commune de Varenne-sur-Fevron, district de Louhans, département de Saône-et-Loire, pour le réunir à Frautereau, mêmes district et département.

Il propose encore, au nom du même comité, de réunir la commune de Tagisset, district de Pont-de-Veau, département de l'Ain, à celle de Salnaut, district de Louhans, département de Saône-et-Loire.

Ces deux propositions sont décrétées.

— Dubois-Dubais fait rendre le décret suivant :

« La Convention nationale, après avoir entendu le rapport de son comité des secours publics, décrète que la trésorerie nationale paiera, sur la présentation du présent décret, la somme de 500 livres au citoyen Henri Rançon, dit Sainlouso, canonnier dans la 24e compagnie d'artillerie légère, qui a perdu ses deux mains et un œil en servant la république, ladite somme imputable sur la pension à laquelle il a droit. »

— Maure lit l'Adresse suivante :

*Le conseil général de la commune d'Auxerre à la Convention nationale.*

« Législateurs, les plus vifs applaudissements de nos concitoyens ont accueilli votre Adresse au peuple français: c'était l'élan sublime et naturel de la vertu rendant hommage à la vérité.

« Une proclamation solennelle, faite par la municipalité dans tous les quartiers de la commune, a consacré ce monument de sagesse et de justice. Le peuple, toujours bon juge quand il n'est point égaré par les intrigants, a apprécié les grandes vérités que lui disent ses représentants, et il se tiendra soigneusement en garde contre ces hommes outrés qui, se disant exclusivement ses amis, ne cherchaient qu'à le tromper.

« Législateurs, l'esprit public est excellent dans cette commune; le patriotisme y triomphe; nous n'y connaissons d'autre guide que le pur amour de la liberté, d'autres principes que ceux de l'égalité, de la probité, de l'humanité; d'autre centre de réunion que la Convention nationale. Ces sentiments se sont manifestés par l'enthousiasme général, aux cris de vive la république! vive la Convention nationale!

« La plus douce émotion règne dans les cœurs depuis que vous avez aboli ce féroce système de terreur qu'on voulait propager jusque dans nos fêtes.

« Un gouvernement populaire doit être à la fois fondé

sur l'amour du peuple et sur la justice, et soutenu par la fermeté. Nous abhorrons également les noyeurs, les égorgeurs et les agitateurs.

« Le nom proscrit de roi n'a pas été prononcé dans nos murs comme l'a dit un journaliste ; s'il l'eût été, le peuple, qui est toujours là pour maintenir la liberté, n'eût pas manqué de nous désigner les traîtres, et nous aurions fait alors notre devoir.

« Continuez, législateurs, à déployer cette énergie active et imperturbable qui devient de plus en plus nécessaire pour déjouer toutes les trames des conspirateurs de mille formes, dont nous espérons que l'existence ne sera pas longue. Restez fermes à votre poste, et surtout ne souffrez pas qu'aucune puissance usurpatrice s'élève à côté de la véritable puissance du peuple, la représentation nationale.

« C'est à elle que les plus chers intérêts de la république sont confiés ; elle seule est dépositaire de l'autorité, et nous n'en reconnaîtrons jamais d'autre. »

La Convention décrète la mention honorable et l'insertion au Bulletin de cette Adresse.

— Maure lit ensuite une autre Adresse de la Société populaire d'Auxerre, qui offre à la Convention nationale son adhésion unanime aux principes consignés dans son Adresse au peuple français. Elle fait voir le contraste qui règne entre cette sublime et sincère déclaration des droits du peuple et de ses vertus, et les manifestes équivoques des rois et les déclamations hypocrites des tyrans.

Elle proteste que, toujours ralliée à la voix de la Convention nationale, elle ne connaîtra jamais d'autorité publique que celle émanée de son sein, et qu'elle rivalisera de respect et de confiance pour elle avec tous les patriotes de la république.

« Restez, dit-elle, législateurs, dans la courageuse résolution de faire triompher la justice et de fixer la morale publique. Effacez les ravages des haines et des factions, désarmez la vengeance personnelle, rappelez la nation au travail, aux arts utiles et à l'industrie ; proscrivez l'oisiveté corruptrice ; que le nom français soit autant honoré par l'éclat des vertus que par le succès des armes.....

« Pardonnez à l'erreur, mais punissez les excès qui font frémir la nature, et qui souilleraient les pages de notre histoire.

« Gardez, jusqu'à l'époque de la ruine de nos ennemis, le poste que la patrie vous a confié ; conservez la glorieuse habitude de renverser la tyrannie.

« Tels sont nos sentiments, nos opinions, nos vœux : le triomphe de l'égalité, la gloire du peuple français, et celle de la Convention nationale qui le représente.

« Les membres composant la Société populaire d'Auxerre. »

(Suivent deux pages de signatures.)

MAURE : Quoique cette Société n'ait pas encore reçu le décret de la Convention nationale, qui ordonne que toute Adresse soit signée individuellement, elle a néanmoins fait signer celle-ci par tous ses membres, selon la coutume ; ce qui prouve qu'elle a toujours professé les principes qui ont suscité le décret de la Convention.

La Convention décrète la mention honorable de cette Adresse et l'insertion au Bulletin de correspondance.

— On lit un grand nombre d'autres Adresses, qui toutes remercient la Convention d'avoir substitué le règne de la justice à celui de l'infâme terreur. Toutes protestent de leur entier dévouement pour la représentation nationale et pour les principes qu'elle a manifestés dans son Adresse au peuple.

(La suite demain.)

N. B. Dans la séance du 1er brumaire, Merlin (de Douai) a fait le rapport suivant :

« Citoyens, tandis que, forts de la confiance du peuple et investis de sa puissance, vous faites une guerre ouverte et implacable aux crimes et aux factions qui trop long-temps ont désolé l'intérieur de la république, nos braves armées continuent de poursuivre avec leur courage ordinaire les féroces ennemis qui ont osé s'armer contre elle au dehors.

« Voici le précis des nouvelles qui sont parvenues depuis avant-hier au comité de salut public.

L'armée de Sambre-et-Meuse vient de s'emparer de la forteresse de Stephenswerth, sur la Meuse, au-dessus de Ruremonde.

« L'armée du Nord pousse l'ennemi avec son succès ordinaire.

« Celles du Rhin et de la Moselle ne déploient pas moins de vigueur contre les Prussiens dans le Palatinat. Depuis plusieurs jours elles se sont emparées du poste important de Trarbach, sur la Moselle, et notre collègue Bourbote nous envoie aujourd'hui les clefs de Kreutznach, place qui nous assure une position avantageuse entre Coblentz et Mayence.

« Les représentants du peuple et les généraux se louent beaucoup du bon esprit et de la discipline des troupes. »

### La Société populaire d'Auxerre au rédacteur du Moniteur.

Auxerre, le 22 vendémiaire, l'an 3e de la république.

« Citoyen, dans ton journal de quartidi 24 vendémiaire, page 5, tu as inséré le passage suivant :

« La Société populaire d'Auxerre se plaint de ce qu'on « a mis en liberté des chevaliers du Poignard, qui, dit-« elle, prononcent hautement le nom de roi ; elle demande « le maintien du gouvernement révolutionnaire, l'organi-« sation de la commune de Paris, enfin la punition de « tous les aristocrates. »

« Nous démentons formellement ce passage, faux en partie, et qui ne peut être que l'ouvrage des ennemis des Sociétés populaires. Nous nous sommes plaints effectivement, dans une Adresse du mois de fructidor, de la mise en liberté de plusieurs aristocrates ; mais nous n'avons jamais avancé qu'on eût osé proférer le nom infâme de roi dans la commune d'Auxerre ; un être aussi téméraire n'eût-il pas sur-le-champ subi la peine due à son crime ?...

« La Société a pareillement demandé le maintien du gouvernement révolutionnaire ; mais elle n'a jamais parlé de l'organisation de la commune de Paris, et nous pouvons dire que cette discussion n'a jamais été agitée dans nos séances.

« Nous te prions d'insérer dans ton premier numéro notre lettre, et de substituer la vérité à l'erreur dans laquelle tu as induit tes lecteurs.

« Les membres composant la Société populaire d'Auxerre. »

(Suivent les signatures.)

### LIVRES DIVERS.

*Voyage philosophique et pittoresque sur les rives du Rhin, à Liège, dans la Flandre, le Brabant, la Hollande,* etc., fait en 1790 par George Forster, l'un des compagnons de Cook, traduit de l'allemand, avec des notes critiques sur la physique, la politique et les arts, par Charles Pougens.

A Paris, chez Fr. Buisson, libraire, rue Hautefeuille, n° 20. Deux vol. in-8° de 430 pages chacun, imprimés sur caractères de cicéro Didot. Prix : 10 liv. 10 s. brochés, et 12 liv. 10 s. franc de port, par la poste, pour les départements.

### Payements à la trésorerie nationale.

Le payement du perpétuel est ouvert pour les six premiers mois ; il sera fait à tous ceux qui seront porteurs d'inscriptions au grand livre. Celui pour les rentes viagères est de huit mois vingt et un jours de l'année 1793 (vieux style).

# GAZETTE NATIONALE ou LE MONITEUR UNIVERSEL.

N° 33. *Tridi 3 Brumaire, l'an 3e. (Vendredi 24 Octobre 1794, vieux style.)*

## POLITIQUE.

### ALLEMAGNE.

*Vienne, le 22 septembre.* — L'archiduc Charles, en récompense de ses longs et brillants services, vient d'être nommé feld-maréchal; il servira en cette qualité sous le duc de Saxe-Teschen, à l'armée du Rhin.

Les comitats hongrois ont formé des plaintes énergiques contre les arrestations faites en Hongrie par ordre du gouvernement autrichien; ils réclament surtout l'exercice de leurs priviléges, au moyen desquels les Hongrois ne peuvent être jugés ailleurs que dans leur pays.

On croit que l'empereur se déterminera à envoyer en Hongrie les habitants de cette province qui ont été conduits à Vienne.

— Le séjour des commissaires anglais dans cette capitale est plus long qu'on ne s'y était attendu. Le courrier expédié à Londres avec le traité en est de retour, mais il n'a pas apporté de ratification. Il paraît même qu'il s'est élevé des difficultés assez vives entre les cabinets de Vienne et de Londres. Quoique les véritables motifs de ces difficultés ne soient pas encore connus, le triomphe des armées françaises, les progrès de l'heureuse insurrection des Polonais, les incertitudes dans lesquelles flotte l'esprit germanique, enfin la détestable conduite des soldats du duc d'York, qui, sous un chef toujours plongé dans l'ivresse, ont commis partout des violences affreuses, voilà des bases assez solides pour y appuyer des conjectures très-admissibles.

La maison d'Autriche n'a point d'amis, à cause de sa perfide duplicité en politique; la cour de Saint-James ne peut avoir que des ennemis parmi les princes qu'elle égare et trahit, comme parmi les nations qu'elle tourmente et qu'elle outrage.

Le corps germanique ne paraît pas éloigné de manifester ses défiances sur la cruelle et fausse politique de l'Angleterre.

*Wesel, le 4 octobre.* — On a fait rebrousser chemin aux magasins impériaux que l'on transférait d'ici à Maëstricht, depuis que les Français ont coupé toute communication avec cette ville. Mais les républicains étant maîtres des deux rives de la Meuse, une grande partie de ces munitions est tombée en leur pouvoir.

— Les chefs et les amis de la coalition avaient répandu des bruits calomnieux sur la conduite des Français dans les pays conquis, afin d'indisposer les peuples contre de généreux vainqueurs; mais les peuples ont été détrompés par l'expérience même. Les républicains perçoivent des contributions fixées, prennent sous leur sauvegarde les propriétés, et punissent parmi eux les fautes d'indiscipline avec sévérité. C'est cette modération qui détache de plus en plus les cœurs des Belges et des Allemands du joug de la maison d'Autriche.

Les Français ont mis en réquisition tous les chevaux des villages depuis Anvers jusqu'à Berg-op-Zoom.

Les coalisés se disposent à évacuer totalement la Flandre hollandaise.

Les républicains paraissent ne donner, en ce moment, qu'une attention secondaire au siége de Bréda. On présume qu'ils attaqueront plus sérieusement Maëstricht et Berg-op-Zoom.

Les Hollandais prennent des mesures pour couvrir Williamstadt avec des chaloupes canonnières.

L'armée du duc d'York recule sans s'arrêter; elle se trouve en ce moment entre Grave et Clèves.

La terreur est à Dusseldorf. Tous les fuyards, tous les ci-devant magistrats de la Flandre, qui s'y trouvaient en grand nombre, s'en éloignent avec précipitation. Le gouvernement a eu assez de temps pour faire enlever la fameuse galerie de tableaux.

On écrit de Coblentz que l'épouvante y règne au même degré. On a jeté un pont de bateaux devant cette ville,

Le général autrichien Mélas s'est retiré avec sa division jusqu'à Kaisersech.

La garnison autrichienne de Condé va être échangée à Francfort contre des prisonniers français; elle servira ensuite contre les Polonais, qui ont aussi une manière républicaine de traiter les esclaves de l'Autriche.

### ITALIE.

*Extrait d'une lettre d'Aqui, du 30 septembre.* — Le total des forces autrichiennes et piémontaises destinées à défendre le Montférat se réduit à douze mille hommes, campés dans les environs de cette ville, sous les ordres du général allemand Wallis. Le camp retentit des menaces contre les Français et les Génois. Les circonstances seules, y dit-on, font différer la vengeance impériale.

On tremble à Alexandrie de voir arriver par la Bochetta ou par Oyada une colonne française. La ville est semée de Croates qui se sont trouvés à l'affaire de Dego.

On ose dire que les projets de la cour de Turin échoués sur Savone et sur Finale se renouvelleront contre Gavi.

C'est pour les Français une des plus belles actions de toute la campagne que d'avoir délogé les Austro-Sardes de Cairo. Ils se sont assurés par là des chemins que les Autrichiens auraient suivis pour aller s'emparer de Savone, tentative dans laquelle ils devaient se faire aider par des forces maritimes.

Les troupes battues à Dego forment encore un camp volant, ouvert et sans retranchements. Elles commencent à établir des redoutes dans les environs de cette ville, il y en a une aux Capucins, pour protéger le château, qui pouvait être canonné du haut de ce poste. Les douze mille hommes qui se trouvent dans ces environs, divisés par redoutes et par piquets, seront par là peu difficiles à détruire en détail.

Quelques personnes disent que ces troupes seront renforcées; mais il est impossible de diminuer les autres postes qui sont également en danger. On a fait venir six cents hommes de milices, mais ils font pitié, et prendront les premiers la fuite, comme ils ont déjà fait à l'affaire de Cairo. Ceux qui par leur avait éloignés, voyant que les Français n'avaient fait aucun mal aux habitants de Cairo et des environs, sont rentrés dans leurs foyers.

L'archiduc Antoine est arrivé ici d'Alexandrie.

### ANGLETERRE.

*Londres, du 30 septembre.* — Leurs Majestés, c'est-à-dire le roi et la reine, et même leurs enfants, qui sont aussi un peu majestés, ont quitté Weymouth le 24, pour retourner à Windsor, où les rappelle la prochaine convocation du parlement.

— On a commencé, le 16, à instruire le procès des prisonniers détenus à la Tour, prévenus de haute trahison; ce sont MM. Horne-Toock, Bonney, Thelwall, Merten, Reichter, Hardy et Joyce. On a de même mis en jugement plusieurs individus qui ont pris part aux derniers troubles de Londres.

— Le vieux maréchal de Broglie vient d'obtenir le commandement d'une des légions d'émigrés qu'emploie l'Angleterre, où ils abondent, et qui en est assez embarrassée.

— La vice-royauté de Corse sera donnée au chevalier Elliot, qui fera sa résidence à Bastia; mais on ne lui en délivrera le diplôme que lorsque les envoyés corses auront fait la cérémonie de présenter à S. M. B. la couronne de cette île. Ses fidèles sujets souhaitent qu'elle ne lui soit pas aussi funeste qu'au pauvre roi Théodore.

— On dit que l'amiral Murray s'est emparé de plus de moitié d'un convoi de quarante-huit navires chargé de vivres et munitions pour la France. Mais c'est peut-être là une de ces bonnes fausses nouvelles que le gouvernement emploie de temps en temps pour calmer le peuple, et qu'on ne laisse ensuite démentir que lorsqu'il y a quelque chose d'avantageux à lui annoncer. Ce qui est plus sûr, c'est que la frégate l'*Aurore* a pris et conduit aux îles de Shetland trois des nombreux corsaires français qui croisent dans la mer du Nord.

— S'il en faut croire les dernières lettres d'Espagne du 2d août, qui nous ont été apportées de la Corogne par un paquebot, les Français n'avaient fait aucun progrès ; Pampelune n'a point été attaqué, et n'a point même vu l'ennemi ; l'armée française était derrière Toloss, qui n'est pas prise. On a arrêté quatorze personnes de marque à Bilbao, et douze autres ont été pendues à Pampelune, convaincues d'avoir chargé tous les canons de cette place avec du sable au lieu de poudre, de sorte que, si l'ennemi se fût approché, elle n'aurait pu faire aucune résistance.

---

### RÉPUBLIQUE FRANÇAISE.

*De Paris. — Fête des Victoires, célébrée le décadi 30 vendémiaire.*

Dès le point du jour un rappel général avait invité les citoyens à s'armer pour la fête. Le carillon de la Samaritaine donnait le signal de l'allégresse publique. Mais à peine le soleil avait-il commencé à nous éclairer de ses rayons que l'atmosphère s'était couverte d'un brouillard épais. On eût crû que la nature voulait nous offrir l'image de notre situation politique depuis le premier moment de la révolution. En effet, à peine la liberté avait-elle versé quelques instants sa douce lumière sur la France, que les partisans du despotisme, offusqués de son éclat, avaient cherché à la ternir en soulevant ces vapeurs malfaisantes qui ont longtemps obscurci son horizon.

L'astre de la liberté a dissipé tous ces nuages ; et pendant que la tyrannie succombait dans l'intérieur, les hordes ennemies fuyaient, épouvantées, loin du sol de la république. Ce triomphe de la liberté devait être célébré dans une fête nationale. La sérénité d'un beau jour succéda bientôt aux brumes du matin.

On vit les citoyens de tout âge s'acheminer vers le Champ de la Fédération. La force armée s'y rendait aussi, tambour battant et enseignes déployées. Il était environ deux heures lorsque toutes les sections furent arrivées. Alors la Convention sortit de l'Ecole-Militaire où elle était assemblée, et, au milieu d'une musique triomphale, elle s'avança vers le rocher qui avait changé de forme et qui paraissait une citadelle inexpugnable. Lorsque les représentants du peuple furent placés sur cette forteresse, le président prononça un discours analogue à la cérémonie ; on chanta l'Hymne de la Victoire, et l'Institut national fit retentir les airs de ces accords harmonieux que dirige Gossec.

Un peuple immense couvrait les glacis, et tous les yeux se portèrent sur un fort construit à l'extrémité du Champ de la Fédération, et que les élèves de l'Ecole de Mars devaient prendre d'assaut. Leur cavalerie, dont une partie avait pris les couleurs de nos ennemis, a fait d'abord dans la plaine ce que l'on appelle la petite guerre. Nous n'expliquerons pas en termes de tactique les différentes évolutions de cette jeune armée ; il suffira de dire que les manœuvres ont été exécutées avec une telle précision qu'elles étonnaient de vieux militaires témoins de ces jeux.

Lorsque l'assemblée dans les champs de l'Elide, applaudissait au triomphe des athlètes vainqueurs, c'était à des hommes longtemps exercés qu'elle offrait le laurier de la victoire ; mais ici les représentants de la république française et la multitude de citoyens qui assistaient à ce spectacle intéressant avaient sous les yeux des jeunes gens qui n'ont pas encore atteint leur quatrième lustre, et qui, il y a à peine six mois, n'avaient encore manié

que le soc ou la houlette. Les progrès de cette jeunesse guerrière paraîtront un jour des fables à la postérité, puisqu'ils étonnent même les contemporains.

Lorsque le fort eut été enlevé, et que le drapeau tricolore eut remplacé sur ses tours les enseignes blanches qui y avaient flotté pendant le siège, l'armée victorieuse est rentrée dans le Champ de la Fédération, conduisant avec elle le char de la Victoire, devant lequel on portait des trophées formés de drapeaux ennemis. Les soldats blessés marchaient avec cette jeunesse, animée du désir de les venger ; et ce cortége imposant s'est avancé avec la Convention nationale vers le temple de l'Immortalité, où le président a gravé sur une colonne les noms de nos quatorze armées.

Le soir, le jardin du Palais National a été illuminé ; sur le bassin circulaire qui est en face du pavillon de l'Unité, dans la même île où, dix jours auparavant, on avait déposé les cendres de Rousseau, était une urne que la députation de la Convention nationale est venue orner d'une branche de laurier. C'était un hommage qu'elle rendait à la mémoire de nos braves défenseurs morts dans les combats.

Des danses joyeuses ont terminé la Fête des Victoires, signe du bonheur qui doit couronner les efforts des amis de la liberté.

---

### VARIÉTÉS.

*Diplomatie régénérée.*

La reconnaissance de l'empire de Russie, toujours refusée par Louis XIV, a donné au globe politique une inclinaison que l'indépendance des Etats d'Amérique est loin de pouvoir redresser. Des conspirations à Constantinople, Pétersbourg, Stockholm, Varsovie, à Venise et en France.... ; des abdications de couronne en Pologne, en Savoie, en Espagne.... ; un électeur de Saxe reconnu roi des Polonais, celui de Bavière proclamé empereur, la formation du royaume de Naples et l'hérédité du stathoudérat : voilà, en quatre-vingt-quatorze années, les grands événements, les principales secousses de la diplomatie des rois. Au moins deux cents traités ont été conclus entre eux pour, en terminant une guerre, préparer les moyens d'en commencer une autre, ou stipuler particulièrement des priviléges de commerce, causes des guerres qui le détruisent. Quel a été le résultat de ces traités de paix et de commerce ? Chaque roi a affermi son autorité ; chaque Etat a vu augmenter la dette publique : tous les peuples sont devenus plus dépendants, et dix millions d'hommes ont péri dans les combats dans les deux hémisphères, sur terre et sur mer. C'est là notre siècle politique.

George Guelphe et le stathouder ont perdu moins de sujets, gagné plus d'argent en faisant un plus grand commerce et de plus grandes conquêtes hors de l'Europe. L'empereur, le roi de Prusse et la Russie, qui ont été aux gages de ces deux puissances usurpatrices du commerce général des îles et comptoirs des deux Indes, ne trouvent pas dans l'extension territoriale de leur empire actuel l'indemnité de la dépopulation de leurs anciens domaines.

La révolution de France est un tremblement du monde politique ; ses commotions ne peuvent cesser, nous ne pouvons être en terre ferme que par un nouveau partage entre les puissances, qui expulsera du continent de l'Europe la maison d'Autriche et le stathouder.

La liberté française ne peut pas exister avec deux voisins immédiats disposés à recevoir ou donner des subsides pour l'attaquer, et dont l'un entretient pendant la paix deux cent mille hommes de troupes réglées toujours prêts à pénétrer en dedans des limites entre la France et lui.

La république française aurait donc à solder en temps de paix deux cent mille hommes pour s'opposer à une invasion toujours à craindre. Mais la paix qui, entre les rois, ne diffère de la guerre que par le silence du canon, serait aussi pour la république française une demi-guerre. Le fardeau des taxes nécessaires pour solder deux cent mille guerriers oisifs, et la crainte que ces hommes, soldats par métier et sans interruption, ne deviennent eux-mêmes les ennemis des citoyens, sont contraires à notre républicanisme. Il faut, entre le peuple français et les rois, de fortes barrières, ouvrages de la seule nature.

Nous devons poser les bases de la tranquillité de l'Europe en appelant les puissances étrangères à convenir de nouvelles limites; toutes celles actuellement neutres y trouveront de grands avantages. Des neuf rois coalisés contre la France, deux auront à souscrire à quelques restitutions, et deux perdront leurs couronnes.

Le traité de paix ne garantira ni la royauté absolue ou miste, héréditaire ou élective, ni le républicanisme pur ou mélangé. Ce traité ne contiendra aucune garantie ni exclusion d'aucune forme de constitution; mais il garantira la liberté des mers, le territoire et l'indépendance politique et commerciale de chaque nation. En décomposant les pouvoirs politiques de l'Europe actuelle, une nouvelle combinaison donnera à chaque Etat isolé et réduit à lui-même une grande force réelle, et, par une garantie générale, un équilibre plus naturel et plus stable que celui des traités particuliers, publics ou secrets entre des familles royales.

L'équilibre des individus à couronne est factice, précaire, et fut souvent perdu par l'intrigue d'un cabinet de toilette. La balance des alliés pour l'offensive, contre ceux pour la défensive ou *vice versâ*, était rompue par une infidélité individuelle, fondée sur un intérêt momentané ou un caprice; un nouvel équilibre des puissances rendra chaque Etat fixe, permanent et sans crainte d'aucune agression, ni espoir de s'étendre. Qui voudra entreprendre l'offensive contre tous? Les puissances neutres aujourd'hui, et six de celles en guerre avec la France, auront profit et sûreté dans le plan nouveau; je donnerai la carte des limites à signer par les plénipotentiaires respectifs.

La navigation et la pêche sur et dans toutes les mers, à quatre lieues des côtes, seront permises aux pavillons reconnus par les puissances contractantes. Chacune d'elles réservera à son pavillon la navigation sur ses côtes, ses rivières et entre elle et ses colonies. Aucune ne pourra accorder ni privilèges ni faveurs de commerce; chacune traitera également toutes les autres nations, et interdira absolument toute importation indirecte à tous pavillons quelconques, national ou étranger. Tous traités contraires n'auront aucun effet contre les puissances garantes de l'exécution du nouveau; elles traiteront en ennemies celles qui refuseraient d'y être parties contractantes.

Destructeurs des tyrans, soldats de l'armée française, votre intrépidité, votre désintéressement, votre respect pour les lois civiles et militaires, votre enthousiasme pour la liberté, votre constance à braver les dangers, à supporter les pénibles et glorieux travaux de la guerre, sont au-dessus de tout ce que l'histoire nous a transmis des Grecs et des Romains. Le traité de la liberté des mers, de la paix, de l'indépendance et du commerce de l'Europe, est digne de vous.

Lorsqu'il aura été conclu par les puissances continentales, une de vos quatorze colonnes ira fusiller le roi de Corse à Londres.                                   Duchal.

---

## CONVENTION NATIONALE.

*Discours prononcé au Champ de la Réunion, par le président de la Convention nationale, le décadi 30 vendémiaire, troisième année, jour où l'on a célébré la Fête des Victoires.*

Citoyens, il est encore présent à votre mémoire ce jour où un conspirateur hypocrite vint étaler ici l'appareil fastueux de la tyrannie, et brûler, en l'honneur de la Divinité, un encens qu'en secret il réservait pour lui.

A peine quelques mois se sont écoulés, et voici que le peuple et ses représentants, rassemblés dans cette même enceinte, viennent y proclamer la liberté et la défaite des despotes coalisés contre elle.

Venez, citoyens de tous les âges, de tous les sexes; venez surtout, vous dont la patrie contemple avec reconnaissance les cicatrices glorieuses; et vous, jeunes guerriers, en qui croît chaque jour l'amour sacré de la liberté; et vous qui, blanchis dans les camps, regrettez que votre sang, répandu pour la France, n'ait pas coulé pour la France républicaine; venez tous, entourez ces trophées; pressez-vous autour de cette pompe triomphale; écoutez, et répétez à l'envi le cri de la victoire: *Le territoire de la république est évacué!*

Déjà une première fois elles avaient fui de notre sol ces phalanges barbares, conduites par la trahison et repoussées par le patriotisme; mais l'ennemi fugitif osait encore nous menacer de ses superbes regards. La France était victorieuse; mais l'ennemi couvrait encore nos frontières de ses bataillons.

Que nos triomphes aujourd'hui l'emportent sur cette première époque!... Nous disions alors: nous avons vaincu tel jour, en tel lieu, à telle heure; nous disons maintenant: nous avons vaincu tous les jours, à toute heure, en tout lieu. Nous disions: une telle armée a été défaite. Aujourd'hui nous disons: toutes les armées ont disparu. Autrefois, après la victoire, il nous restait des craintes et des périls; aujourd'hui, plus d'alarmes: la victoire est complète; la fatale coalition de tant de puissances, cette hydre à cent têtes, les a vues toutes abaissées; et le cri du désespoir qu'elle a jeté dans sa fuite a retenti dans toute l'Europe. Qu'ils se glorifient maintenant, les ennemis de la république, de leurs honteux succès!... Qu'ils repaissent leur orgueil du rôle glorieux qu'ils vont jouer dans l'histoire.....

En racontant leurs triomphes éphémères, l'histoire ne tracera que le souvenir de leurs crimes. Elle dira que Condé, Valenciennes, Toulon, Bellegarde leur furent livrés par leurs complices; mais elle dira aussi que ces places ne purent résister à l'énergie républicaine, dirigée par des généraux purs et par des représentants fidèles.

Français! tandis que nos guerriers achèvent au dehors la déroute des satellites du despotisme, qu'un même esprit, dirigeant nos mouvements, ne fasse qu'un seul tout des diverses sections du peuple, qu'un tout du peuple avec ses représentants! et bientôt ces ennemis, jadis si fiers, si menaçants, tomberont aux pieds de la république victorieuse.

Alors, Français!... alors, sur les ailes de la victoire, viendront l'abondance et le bonheur! Comme il nous sera doux de raconter nos maux passés, et de les comparer avec notre félicité présente! Nous dirons à nos enfants: « O vous dont les regards n'ont jamais été souillés par l'aspect d'un trône, apprenez qu'il fut des temps où vos pères courbèrent la tête sous la verge d'un tyran; apprenez les combats par lesquels ils surent conquérir la république; allez au temple de l'Immortalité lire le récit de leurs exploits! »

Heureux enfants!... jouissez du labeur de vos pères; conservez avec soin le précieux héritage de la liberté; songez que toujours on cherchera à vous ravir ce dépôt sacré: défendez-le par votre courage, par votre union, par votre sagesse, par votre dévouement aux vérités éternelles sur lesquelles reposent l'ordre social et la stabilité du gouvernement républicain.

SUITE DE LA SÉANCE DU 29 VENDÉMIAIRE.

*Présidence de Cambacérès.*

PORCHER, au nom du comité de législation : Vous vous rappelez, citoyens, combien la tribune de la Convention nationale a déjà retenti de fois de plaintes et de réclamations qui se sont constamment élevées contre les jugements rendus par le tribunal militaire du deuxième arrondissement de l'armée du Rhin, érigé en commission révolutionnaire par les conspirateurs Saint-Just et Lebas.

Je viens aujourd'hui, au nom de votre comité de législation, et sur le renvoi que vous lui en avez fait, vous faire entendre celle d'un homme qui, d'après toutes les attestations que nous avons en main, nous a paru n'avoir jamais abandonné le sentier du patriotisme.

Un court exposé des faits vous mettra à même de donner votre approbation au jugement qui l'a condamné, ou de le réformer, s'il a mal à propos, comme je le crois, enchaîné le zèle d'un républicain actif, et flétri le cœur d'un homme probe en le confondant avec les dilapidateurs de la fortune publique. Voici les faits.

Le 18 floréal, l'accusateur public militaire requit la mise en jugement révolutionnaire du nommé Lentz, chef de division des transports et convois militaires de l'armée du Haut-Rhin, qui lui avait été dénoncé par les citoyens Josse et Ducoudray, inspecteurs généraux dans cette partie.

Il l'accusa donc, sur cette dénonciation, d'être un agent prévaricateur, un complice de l'aristocratie, un fauteur de l'émigration d'un nommé Latour, et, comme tel, il requit qu'il fût déclaré partisan de l'ennemi, et puni en conformité de l'arrêté de Saint-Just et Lebas.

A en croire Lentz, cette dénonciation était le fruit d'une trame odieuse ; mais je ne crois pas devoir vous donner ici des conjectures pour des raisons : un fait qui m'a paru cependant devoir donner quelque poids à cette idée, c'est que Ducoudray, avant d'être parvenu au grade d'inspecteur général, avait été conducteur en second d'un équipage, et conséquemment sous la surveillance du pétitionnaire, qui était quelquefois sévère. Devenu le supérieur de Lentz, il a pu vouloir se venger des reproches graves que celui-ci lui avait souvent adressés lorsqu'il était son subordonné : ce qu'il y a de certain, c'est qu'on a peine à concevoir comment cet homme, qui faisait arrêter Lentz comme prévenu de délits contre-révolutionnaires, le 1er pluviose, parlait cependant avantageusement de son patriotisme, le 1er germinal, longtemps même après son arrestation, aux agents généraux des charrois.

Cette conduite, comme vous voyez, n'annonce ni franchise ni loyauté de la part de cet homme, et elle fait naître des nuages fondés sur la vérité de sa dénonciation, qui effectivement se trouve être fausse dans ses principales parties, ainsi qu'il résulte du jugement dont je vais vous faire lecture.

(Le rapporteur lit le jugement.)

Vous voyez, d'après la lecture de cet acte, que le système de calomnies et d'horreurs qu'on avait voulu élever contre Lentz n'est étayé d'aucunes preuves. Tous les faits graves ont disparu ; il n'a plus prévariqué dans l'estimation des chevaux et harnais ; il n'existe aucune trace qu'il ait facilité l'émigration de Latour, et entretenu correspondance avec lui.

On se borne à le déclarer convaincu, mais excusable, de prétendus délits dans lesquels votre comité n'a vu que des actes innocents en eux-mêmes et nécessités par la nature des circonstances.

Un homme, en effet, est-il dilapidateur de la fortune publique, lorsqu'il a pris en compensation, dans un parc de la république, environ pour 5 à 6 livres de bois, et qu'il est prouvé même dans l'énoncé du jugement qu'il y en avait déposé pour 30 livres dont il s'était défait malgré ses propres besoins, pour pourvoir à la réparation urgente de caissons, dans un temps où on ne pouvait s'en procurer d'autres ?

Lentz est-il dilapidateur de la fortune publique, pour avoir, avec les chevaux des équipages de la nation, fait un seul voyage avec son épouse, d'Altkirck à Huningue, distant seulement de six lieues, lorsqu'il est prouvé que ce voyage était indispensable, et que ses propres chevaux étaient morts ou malades par l'activité qu'il avait mise à remplir ses devoirs ? Les juges n'ignoraient pas que les employés supérieurs étaient dans l'usage d'en agir ainsi dans de pareilles circonstances ; ils savaient surtout, et je suis muni de cette attestation, que Lentz en avait obtenu la permission de l'administrateur Mallet.

Lentz est-il enfin dilapidateur de la fortune publique, parce qu'ayant reçu, au commencement d'une décade, des rations pour deux chevaux, il n'avait pas remis dans les magasins l'excédant non consommé par l'un d'eux dont la mort avait disposé, lorsqu'il est sûr que cet excédant a nourri des chevaux d'ordonnance ; et que, bien loin que cette quantité eût pu lui suffire, il avait été obligé d'en acheter souvent à ses frais ?

Ce que je viens de vous dire ici, citoyens, est le résultat de toutes les pièces qui ont passé sous les yeux de votre comité, et nous avons généralement pensé que la république serait et plus tranquille, et plus riche, et plus heureuse, si la conscience de tous ses agents ne leur reprochait que de semblables actions.

Non, citoyens, vous ne confondrez pas avec les vampires de la fortune publique un homme qui a les suffrages de toutes les autorités constituées avec lesquelles il a travaillé, parce qu'il s'est constamment montré probe et honnête, un homme qui a su se concilier l'estime des représentants du peuple qui ont été employés à l'armée du Rhin, et particulièrement de notre collègue Riter.

L'explication des faits, les attestations dont je vous ai rendu compte, suffiraient seules pour vous déterminer à le mettre en liberté ; car, en faisant une guerre à mort aux fripons, vous n'avez pas intention de confondre avec eux des hommes qui auraient pu commettre quelques irrégularités inséparables d'une grande administration, lorsque leurs vues étaient pures ; mais vous avez un autre motif pour vous déterminer : c'est la nullité du jugement.

Il ne vous a pas échappé sans doute que cette commission, après avoir jugé révolutionnairement, sans aucunes formes et sans l'assistance de jurés, ce citoyen, s'était trouvée dans la nécessité de l'absoudre, et qu'elle avait été obligée de fonder la vexation qu'elle avait exercée contre lui sur le droit accordé aux tribunaux militaires de punir par forme de discipline ; mais il est évident qu'elle n'avait pas ce pouvoir, il ne lui était pas libre de changer à son gré le caractère et la forme de son institution ; d'être, nouveau Protée, tantôt tribunal militaire, et tantôt tribunal révolutionnaire.

Sans doute ces principes sont commodes à la tyrannie ; mais ils sont repoussés par les plus simples notions de la justice criminelle, et par des législateurs qui veulent donner des juges au peuple, et non pas des bourreaux.

D'après ces considérations, le comité vous propose le projet de décret suivant :

« La Convention nationale, après avoir entendu son comité de législation sur une pétition de Jean Lentz, qui réclame contre un jugement du tribunal militaire du deuxième arrondissement de l'armée du Rhin, érigé en commission révolutionnaire par Saint-Just et Lebas, qui le condamne à tenir prison pendant un an;

« Considérant qu'il est prouvé, tant par les pièces justificatives produites par ce citoyen que par l'énoncé même du jugement, qu'il ne pouvait y avoir lieu à inculpation contre lui pour les faits qui lui étaient imputés;

« Considérant en outre que ce tribunal, agissant comme commission révolutionnaire, ne pouvait lui appliquer les dispositions de l'article XV du titre VI de la loi du 12 mai 1793, que les tribunaux criminels militaires jugeant dans la forme de leur institution peuvent seuls prononcer;

« Casse et annule ledit jugement, et ordonne que Lentz sera sur-le-champ mis en liberté. »

Ce décret est adopté.

— On lit l'Adresse suivante :

*La Société populaire de Nemours à la Convention nationale.*

« Citoyens représentants, et nous aussi nous demandons le maintien du gouvernement révolutionnaire, parce que nous le croyons nécessaire pour amener plus sûrement le vaisseau de la république au port; mais nous demandons que la justice seule en dirige tous les mouvements; qu'elle soit terrible pour les méchants, et la sauvegarde de l'innocence !

« L'expérience ne nous a que trop appris que la terreur est l'arme de la tyrannie, ou l'aliment de l'intrigue et de l'arbitraire. Ce système ne sympathisera jamais avec la morale, qui fut toujours l'amie de la justice et la première science des hommes libres : justice sévère et impartiale, voilà ce que nous demandons; guerre aux fripons, aux intrigants et aux hypocrites, voilà notre vœu très-prononcé; respect à la loi et dévouement sans bornes à la représentation nationale, voilà tel et tel sera toujours notre seul point de ralliement.

« La liberté et l'égalité sont profondément gravées dans nos cœurs, et, forts de nos principes, l'unité et l'indivisibilité de la république, que nous avons tous juré de maintenir, nous rendront toujours étrangers à tout autre parti que celui de la liberté et de la représentation nationale; c'est d'elle seule qu'en enfants bien nés de la liberté nous voulons recevoir le mouvement, comme nous en avons reçu la vie.

« Représentants, continuez à marcher d'un pas ferme dans la carrière que vous avez à parcourir; laissez pour toujours derrière vous les hommes, et que la patrie soit le seul objet de vos travaux et de vos méditations; ravivez la morale publique par l'instruction, et ne souffrez plus que le système de terreur vienne la corrompre; rouvrez les sources de la fortune publique, en dégageant l'agriculture et le commerce des entraves qu'y apporte chaque jour le système mal combiné des réquisitions et préhensions; dirigez sans cesse les Sociétés populaires vers le seul but de leur institution; attachez-les par ce moyen de plus en plus aux principes, pour les détacher des passions et de l'intrigue; rendez à la vertu et aux talents les places usurpées par l'ignorance et l'ambition; punissez sévèrement tous les traîtres; rendez à la société tous ceux qui n'ont été que faibles ou égarés; organisez promptement des fêtes et des jeux publics, pour provoquer la réunion des citoyens le décadi, et remplir par des idées républicaines le vide que laisse dans l'âme de plusieurs l'absence des idées religieuses; enfin, donnez à l'opinion et à la presse une liberté qui n'ait d'autre limite que la calomnie : alors la république sera consolidée. »

Mention honorable et insertion au Bulletin de correspondance.

ANDRÉ DUMONT : Par un décret du 11 de ce mois vous avez chargé le comité de sûreté générale de recevoir de l'accusateur public près le tribunal révolutionnaire les renseignements relatifs à des représentants du peuple qui pourraient être inculpés dans quelques procédures, et de vous proposer les mesures que la justice exigerait. C'est sur ma proposition que ce décret fut rendu ; depuis on m'a fait voir qu'un décret antérieur avait chargé les trois comités réunis de présenter leurs vues à cet égard. Je vous propose en conséquence d'adjoindre au comité de sûreté générale les comités de législation et de salut public.

Cette proposition est adoptée.

DUBOIS-CRANCÉ : Parmi les horreurs qui ont été commises à Nantes, et qui ont été révélées au tribunal révolutionnaire, on en remarque une surtout. Julien Leroy avait été précédemment condamné à quatre années de prison, pour avoir vendu un cheval qui ne lui appartenait pas; il fut enveloppé , par les ordres du comité révolutionnaire de Nantes, dans une des fréquentes noyades que ce comité a fait faire. Cet homme lutta pendant huit heures contre les flots de la Loire, et était parvenu à détacher avec ses dents les liens qui tenaient ses mains; il regagna le rivage ; il fut repris et jeté dans un cachot, afin qu'il ne publiât pas le fait. Je demande si l'assemblée ne considérera pas cette circonstance, à la fois heureuse et cruelle pour cet homme, comme une expiation suffisante de ce qu'il avait fait auparavant; la nature a voulu le rendre à la vie ; c'est à la Convention à le rendre à la liberté. (Applaudissements.)

Cette proposition est renvoyée aux comités de sûreté générale et de législation, pour en faire le rapport dans deux jours.

TALLIEN : Depuis plusieurs jours le tribunal révolutionnaire poursuit avec chaleur une procédure dans laquelle un représentant du peuple se trouve gravement inculpé; je ne sais pourquoi on vous demande la réunion des trois comités pour la suite de cette affaire. Lorsque ce ne sont que de simples individus qui sont accusés, c'est au comité de sûreté générale à veiller à ce qu'ils soient traduits au tribunal révolutionnaire; mais, lorsqu'il s'agit d'un représentant de la nation , je soutiens qu'aucun comité n'a le droit de s'immiscer dans la poursuite d'une pareille affaire; c'est à la représentation nationale seule à s'en occuper. Les comités n'ont pas de rapport à faire; ils n'ont qu'à transmettre à la Convention la lettre du tribunal, qui indique qu'un représentant du peuple est compromis dans une procédure. Le temps est passé où les comités avaient le droit de décimer la Convention, où ils pouvaient venir désigner ici les têtes qu'ils voulaient envoyer à l'échafaud. On n'a déjà que trop porté atteinte à la représentation nationale; il est temps qu'elle se dégage des entraves qui pourraient lui faire courir de nouveaux dangers; il ne faut pas qu'elle souffre qu'aucun comité prenne l'initiative sur elle.

Il y a quelque temps que, dans un discours que Cambacérès nous fit , au nom du comité de législation, il nous proposa des mesures propres à assurer la garantie de la législation nationale; c'est ici le moment de les appliquer. Je demande que Cambacérès reproduise son idée ; je demande que, lorsqu'il s'agira d'une accusation portée contre un représentant du peuple, la Convention, après en avoir été instruite par le tribunal révolutionnaire, nomme douze membres, sur lesquels le prévenu pourra en récuser six. (Murmures.) Ces membres seront chargés de faire l'analyse des pièces produites contre lui, et d'en faire à la Convention le rapport, d'après lequel elle prendra une décision, à l'appel nominal. Je crois ces mesures conservatrices de la liberté et de la représentation nationale; je consens à ce qu'elles soient renvoyées, si l'on veut, à l'examen des trois comités, afin qu'ils nous présen-

38

tent un mode qui ne laisse rien à l'arbitraire, et assure l'intégrité de la représentation nationale.

GOUPILLEAU (de Fontenay) : Le préopinant n'a point à reprocher aux comités établis depuis le 10 thermidor de s'être arrogé aucune initiative sur la Convention, et elle ne craint pas que jamais ils abusent de leurs pouvoirs. D'après le décret du 22, le comité de sûreté générale a dû recevoir les renseignements qui lui ont été transmis par le tribunal révolutionnaire ; il a senti en même temps qu'il fallait donner une garantie à chaque représentant du peuple, lorsqu'il s'agissait de juger la conduite qu'il avait tenue dans une mission ; il a pensé, comme Tallien, que nul des comités ne devait avoir l'initiative sur la Convention ; il a pensé enfin qu'il ne fallait pas qu'un représentant du peuple pût voir dans les membres d'un de ces comités des hommes sans cesse en droit de l'accuser ; c'est pour cela qu'il vous a proposé la réunion des trois comités de gouvernement, afin de concerter la marche à tenir en pareille circonstance, et ne rien laisser à l'arbitraire.

LEJEUNE : Le temps est venu d'aborder la question que Tallien a présentée à la discussion. Depuis trop longtemps le glaive de la loi et le poids de l'ignominie pèsent sur la tête des représentants du peuple ; s'il y a dans cette enceinte des hommes criminels, je veux qu'ils soient frappés ; mais aussi je veux que la Convention ne prononce contre eux que lorsqu'elle sera bien instruite ; il ne s'agit pas ici de rendre un décret d'enthousiasme ; c'est la sagesse seule qui peut sauver le peuple et nous.

Tallien vous propose l'établissement d'une commission ; je ne sais pourquoi on ôterait aux comités la connaissance de ces sortes d'affaires. Cette commission me paraît être une espèce de Chambre ardente, qui pourrait se débarrasser des représentants dont l'énergie lui serait importune.

Tallien demande à rétablir sa proposition.

LEJEUNE : Lisez les annales de la monarchie, et vous verrez que tous les tyrans qui ont voulu gouverner au gré de leurs caprices ont établi de pareilles commissions. Veut-on renouveler ces institutions exécrables, si favorables au crime, si fatales à l'innocence ? Prenez garde que l'Angleterre veut vous amener à détruire la représentation nationale par vos propres mains ; c'est ainsi qu'elle prétend vous donner des fers. La proposition de Tallien tendrait à transmettre au tribunal révolutionnaire l'initiative qu'il ne veut pas laisser aux comités, et qui n'appartient qu'à la représentation nationale seule. Si vous adoptiez ce système, vous mettriez votre existence politique, qui est la sauvegarde de la liberté du peuple, dans les mains d'un tribunal, qui pourrait peut-être devenir l'instrument de l'Angleterre et des puissances coalisées. Je le répète : l'initiative sur vous-mêmes n'appartient qu'à vous seuls ; aussi aviez-vous commis la plus grande erreur en accordant autrefois à vos comités le droit de faire arrêter les représentants du peuple. Je demande l'ordre du jour sur la proposition de Tallien.

PELET : Il est temps que la Convention aborde cette question, qui doit sauver la patrie, car la Convention ne peut la sauver qu'autant qu'elle sera pure, et qu'elle réunira la confiance et le respect du peuple. Lejeune a une grande vérité ; l'infâme coalition veut détruire la Convention, parce qu'elle n'a pas pu détruire nos armées. Le premier moyen qu'elle a employé pour y parvenir a été de faire croire qu'il se formait successivement des factions dans la Convention, afin de nous tuer en détail ; elle a ajouté un second moyen : ce premier. « Dans le cas où celui-ci ne nous réussirait pas, a-t-elle dit, il faudra faire planer sur la représentation nationale les soupçons des crimes les plus atroces, des actions les plus abominables, afin de lui ôter la confiance du peuple. » La révolution du 9 thermidor a déjoué la première partie du plan de l'Angleterre ; elle lui a fait voir que si un système atroce d'oppression avait pu peser pendant quelque temps sur la Convention nationale, ceux qui en avaient été les auteurs avaient payé ce crime de leurs têtes.

Nous ne devons plus craindre les partis ; il pourra s'élever ici des opinions contraires, mais jamais de factions ; nous leur avons donné une trop forte leçon le 9 thermidor. Nous ne pouvons redouter que le second moyen employé par nos ennemis ; nous n'avons à craindre que la calomnie, la dénigration, et c'est là ce qu'il faut rendre inutile. Tout Paris connaît les forfaits exécrables qui sont reprochés à un membre de cette assemblée : il ne faut rien préjuger ; mais il est pressant d'éclairer le peuple qui, depuis trois jours, vient dans cette enceinte pour savoir à quoi il doit s'attendre. (Applaudissements.)

Les trois comités ont toute ma confiance, et je m'attendais qu'ils feraient aujourd'hui ce rapport ; je n'entre point dans les raisons particulières qui les en ont empêchés ; mais je demande qu'après-demain à midi il nous soit fait, que la Convention entende la lecture des pièces et prenne une détermination dans sa sagesse ; car, je le répète, l'opinion publique nous presse. (Applaudissements.)

GOUPILLEAU : Je demande que ce rapport ne consiste que dans la lecture des pièces.

Ces propositions sont adoptées.

ANDRÉ DUMONT : Si le comité de sûreté générale a demandé l'adjonction des deux autres comités, c'était d'abord pour obéir à une loi qui l'ordonnait, et ensuite vous présenter un décret qui assurât l'intégrité de la représentation nationale ; déjà il y a eu dans les trois comités une discussion fraternelle à ce sujet, et, d'après le renvoi que vous venez de leur faire, vous devez espérer que le rapport vous en sera fait sous peu.

Quant à l'affaire particulière, les pièces qui ont été remises au comité ne sont pas de nature à être lues à la Convention ; jamais nous n'accuserons un représentant du peuple que sur des pièces écrites, et non sur des dénonciations, qui souvent ne sont faites que par des criminels pour se sauver. Si l'on admettait des accusations trop légères contre les membres de la Convention, il n'est aucun intrigant qui ne se permît d'accuser tous les députés, et vous verriez que bientôt toute la Convention serait renouvelée.

CAMBACÉRÈS : Ce n'est pas encore le moment de discuter les précautions que la sagesse commande pour donner à la Convention la garantie qui lui est nécessaire ; c'est à vos comités à vous présenter des vues réfléchies à cet égard ; mais il importe, dans ce moment, de relever les erreurs qui ont pu échapper à quelques-uns de nous : Lejeune en a commis une grande ; Tallien a rappelé une proposition que j'avais faite, et qui, dans le temps, obtint un assentiment général. J'avais senti combien la tyrannie des anciens comités avait pesé sur nos têtes ; je me disais : Quoi ! un simple citoyen trouve toujours dans les habitudes de la vie un homme de qui il peut dire : Ce sera lui qui me défendra, qui mettra le tribunal à mêm. de prononcer sur mon sort ; et nous, en voyant les membres des comités de sûreté générale et de salut public, nous devions dire : Voilà les hommes qui peuvent à chaque instant nous priver de la liberté ! C'est pour cela que j'avais pensé qu'on ne devait accorder à aucun comité le droit de faire un rapport, ni de dresser un acte d'accusation contre les membres de la Convention; c'est pour cela que j'avais proposé la formation, par appel nominal, d'une commission instantanée pour examiner l'accusation qui pourrait être portée contre un représentant du peuple, et en faire le rapport.

Je demande si c'est là une de ces Chambres ardentes créées par le cardinal de Richelieu, et si l'on peut supposer à un représentant du peuple dont les principes sont connus l'idée de faire juger ses collègues par une pareille institution. Le peuple nous écoute, et il ne faut pas qu'il puisse prendre le change sur nos intentions.

Il est impossible de considérer la commission que j'ai proposée autrement que comme une commission nommée pour examiner une affaire passagère.

Je me réunis à mes collègues pour demander que les trois comités présentent les mesures qu'ils sont chargés de méditer.

THURIOT : Il n'est pas de question qui exige plus d'attention que celle-ci. On ne peut se dissimuler qu'il existait un pacte criminel entre les puissances coalisées pour assassiner successivement la Convention nationale : les ennemis de l'intérieur étaient liés à ce plan; il était impossible d'avoir combattu longtemps pour la liberté sans s'être attiré l'inimitié de beaucoup d'hommes, d'avoir rempli une mission délicate sans être dénoncé. Je ne veux cependant point assurer l'impunité à des représentants coupables, s'il en existe; mais je veux convaincre le peuple qu'il suffit souvent qu'un homme combatte pour lui, pour qu'on veuille le traduire au tribunal révolutionnaire.

Voyez, citoyens, tout le parti que l'étranger peut tirer de ces avantages pour organiser la calomnie et lui prêter des forces. En révolution, il est des malheurs individuels, inséparables de l'action vigoureuse du gouvernement. Au milieu des passions terribles qui ont tour à tour agité les partis, le gouvernement, souvent égaré par l'intrigue, a froissé dans l'obscurité l'innocent pour le coupable, et quelquefois tous deux ensemble.

Je veux soumettre aux réflexions de mes collègues les propositions qui ont été faites dans les trois comités, afin qu'ils puissent les méditer. Nous avons pensé que, lorsqu'il s'agissait d'accuser un représentant du peuple, il valait mieux regarder trente fois qu'une; nous avons pensé qu'il fallait que ce fussent d'abord les trois comités qui fissent l'examen de la dénonciation, dans la crainte que la passion n'influençât la détermination d'un seul.

Ces inconvénients disparaissent devant la réunion des trois comités, qui sont composés de cinquante membres. Ceux des comités de salut public et de sûreté générale envisagent la dénonciation sous le rapport politique et sous celui de la sûreté de l'État; le comité de législation voit si la loi doit avoir son application dans la circonstance particulière. Si les trois comités sont convaincus que l'intérêt national et que la gravité du délit exigent que la Convention en soit instruite, ils viennent lui dire qu'il y a lieu à examiner. La Convention nomme une commission particulière qui vérifie les faits et les présente à l'assemblée, avec les réflexions politiques, morales et légales qui doivent opérer sa détermination. Voilà les idées qui ont été discutées dans les comités, et que j'invite mes collègues à mûrir, afin que nous puissions faire une loi sage, qui nous mette à l'abri de toute espèce de tyrannie.

\*\*\* : C'est dans le moment où l'on invoque les grands principes de justice pour la sûreté de la Con-

vention que j'appelle son attention sur un objet urgent, dont elle a témoigné le désir de s'occuper. Je ne rappellerai pas des souvenirs amers; mais je suis forcé de dire que les principes qu'on a invoqués aujourd'hui ne sont pas ceux qu'on a toujours suivis dans cette assemblée. (Applaudissements.)

Lorsque, l'année dernière, l'assemblée décréta l'arrestation de plus de soixante de ses membres, sans qu'ils eussent été entendus, sans qu'ils aient eu aucune connaissance des pièces à leur charge, alors elle ne suivait pas les principes qu'elle professe aujourd'hui. Il faut donc que la vérité triomphe, et la justice avec elle; je crois que le moment est venu de la rendre à nos collègues. On avait ordonné que le rapport qui les concerne serait fait avant le 1er brumaire; il ne l'est pas encore. De quoi les accuse-t-on? qu'on s'élève contre eux! Je veux que les formes soient sévères, mais justes, à l'égard des représentants du peuple, de quelque chose qu'ils soient accusés, et c'est pour cela que je dis que ceux-ci ne sont coupables que d'avoir dit la vérité dans un temps où il n'était pas permis de la dire. (Murmures et applaudissements.)

Je demande que la Convention décrète que ceux de ses membres qui ont été mis en arrestation avant le 9 thermidor seront mis en liberté, et rappelés dans son sein. (Applaudissements.)

MERLIN (de Thionville) : Moi aussi je déclare que je veux la sévérité des principes, et que je ne souffrirai jamais qu'on nous ramène à la tyrannie par la persécution. On vient de préjuger l'innocence de nos collègus; j'aime à y croire; mais vous avez décrété qu'il vous serait fait un rapport sur leur compte, vous devez l'attendre. C'est parce que vous voulez qu'on examine sévèrement la conduite actuelle des représentants du peuple qu'il faut aussi examiner celle de ceux-là. Je ne sais pas ce qu'ils ont fait; je combattais alors à Mayence; mais je sais qu'ils sont accusés d'avoir protesté contre les décrets de la Convention. Cette accusation est assez importante pour mériter d'être examinée. Vous avez fixé le délai dans lequel ce rapport vous serait fait; je demande que vous passiez à l'ordre du jour, motivé sur ce décret.

\*\*\* : Moi aussi je veux que mes collègues détenus soient jugés, mais je veux que leurs crimes prétendus soient dévoilés à la tribune. La Convention avait décrété que les pièces à leur charge seraient imprimées, et depuis quinze mois elles ne le sont pas encore; depuis quinze mois la prétendue protestation pour laquelle ils ont été enfermés n'a point encore paru, quoiqu'un décret ait ordonné qu'elle serait imprimée quelques jours après. On ne peut attribuer qu'à la calomnie et à la mauvaise foi qui les persécutaient l'inexécution de ce décret. Je demande qu'enfin on lui obéisse, et que cette pièce soit imprimée avant le rapport.

\*\*\* : Je demande aussi l'exécution du décret, car il y a longtemps que nos collègues eux-mêmes sollicitent un rapport, et ils le provoqueraient pour établir leur innocence d'une manière solennelle, quand bien même la Convention voudrait les dispenser de toute justification, et déclarerait n'en pas avoir besoin. Mais ce qui fera l'objet de ma réclamation, c'est que vous avez décrété que la pièce qui a servi de base à l'arrestation serait imprimée; vous l'aviez décrété lorsque l'arrestation eut lieu; vous l'avez encore décrété récemment; cependant cette prétendue protestation ne voit pas le jour; en supposant que le rapport ne doive être fait que le 1er et non avant le 1er brumaire, n'eût-il pas été néanmoins désirable qu'elle fût connue de la Convention avant le jour du rapport, afin que chacun pût l'apprécier avec réflexion ? Par quelle fatalité votre volonté a-t-elle été déçue à cet égard ? Tout me porte à croire que l'accusation a été enfantée par la calomnie et la mauvaise foi. Je demande que la Convention décrète l'impression dans un délai fixé.

PÉNIÈRES : Je demande que la Convention sache pourquoi son décret relatif à l'impression des pièces n'a point été exécuté.

LECOINTRE (de Versailles) : Je viens d'entendre dire à Bentabole que le comité de sûreté générale n'avait point la pièce. Amar doit l'avoir; il était rapporteur; c'est lui qui nous a certifié son existence. Je demande qu'il soit tenu de la présenter.

AMAR : La pièce dont on parle a été envoyée au tribunal révolutionnaire avec d'autres, parmi lesquelles se trouvaient des lettres de Barbaroux. Elles ont servi de conviction ou de renseignements dans la procédure contre les députés. Les pièces dont je parle avaient été trouvées dans les papiers de Duperret. L'inventaire et le dépouillement en fut fait en présence de Duperret, et le procès-verbal, ainsi qu'un grand nombre de ces pièces, ont été contre-signées par lui. C'est donc au tribunal révolutionnaire qu'il faut chercher ces pièces, dont il ne me reste entre les mains qu'un extrait que je fis alors.

CIGOGNE : D'après la déclaration d'Amar, il y a un parti à prendre; ce ne sera pas sans doute celui de faire usage de l'extrait d'Amar, mais bien de faire ordonner la remise de la pièce par le tribunal révolutionnaire, dans le plus court délai. Il faut bien que cette pièce soit produite, puisqu'elle a été l'unique fondement de l'arrestation et de l'accusation. Je dois dire cependant que je connais un de nos collègues détenu sans l'avoir signée; et j'adjure ici un représentant du peuple, sur la dénonciation duquel Richoux a été arrêté, de faire un acte solennel de justice et de rendre hommage à l'innocence. Duroy a fait comprendre Richoux dans la liste des députés arrêtés, en disant qu'il avait écrit dans le département de l'Eure une lettre contre Marat, et dans laquelle il annonçait peu d'amour pour le gouvernement républicain. Duroy s'engageait à produire cette lettre; il ne l'a point fait, et depuis cette époque Richoux est dans les fers. Duroy sait aujourd'hui que la lettre qu'il a prêtée à Richoux n'a jamais existé; il l'a dit à la femme de ce dernier; et lorsque celle-ci lui a représenté qu'il devait donc proclamer hautement l'innocence de son mari, il a répondu : « Cela pourrait me compromettre ; je sais que votre mari a de bons principes, mais il se mettait du mauvais côté... » (Murmures.)

Duroy demande vivement la parole.

MERLIN (de Thionville) : Je demande le maintien du décret et l'ordre du jour. Notre collègue peut faire part aux trois comités du fait qu'il vient de citer ; mais la Convention ne doit s'occuper de cette affaire, dans ses détails comme dans son ensemble, qu'après le rapport qu'elle a demandé ; c'est le vœu de son décret.

BENTABOLE : Je prends la parole pour le comité de sûreté générale. Il est possible que la pièce ne puisse se trouver rapidement, et on imputerait ce retard à sa lenteur. Pour éviter cet inconvénient, je demande que le greffier du tribunal révolutionnaire soit tenu de remettre les pièces dans les vingt-quatre heures.

La proposition de Bentabole est décrétée, ainsi que l'impression sans délai.

La Convention passe à l'ordre du jour sur les autres propositions.

La séance est levée à quatre heures.

---

## GRAVURES.

*Anacréon*, gravé par J.-L. Anselin, d'après le tableau de J.-B. Restout.

Se vend à Paris, chez l'auteur, rue du Théâtre-Français, au coin de la place de la Comédie. Prix ; 16 liv.

On trouve à la même adresse la gravure connue sous ce titre : *Le siége de Calais*, du même auteur.

*L'Égalité*, patronne des Français. Prix : 3 liv. A Paris, chez le citoyen Beljambe, graveur, rue des Petits-Augustins, près celle du Colombier, faubourg Germain, n° 3; et chez Jauffret, marchand d'estampes, galeries du Jardin de l'Egalité.

---

## LIVRES DIVERS.

*Code des successions, donations, substitutions, testaments et partages*, avec une introduction des tableaux généalogiques et une table alphabétique des matières; par le citoyen A.-C. Guichard, avantageusement connu par ses codes des juges de paix, du tribunal de famille, police, etc., etc., dont il va paraître de nouvelles éditions.

A Paris, chez Garnery, rue Serpente, n° 17. Prix : 3 liv. 10 sous, et 4 liv. 10 sous franc de port, par la poste.

Cet ouvrage est le plus complet qui ait paru jusqu'à présent sur cette matière. Toutes les lois rendues et les réponses aux diverses questions relatives aux donations, successions, etc., etc., jusques et compris le 9 fructidor, y sont renfermées.

— *Code des notaires publics*, avec des formules et des instructions relatives à leur ministère, par le même auteur; et se trouve chez le même libraire; 2 vol. in-12. Prix : 5 liv., et franc de port 6 liv.

Cet ouvrage est non-seulement indispensable aux notaires, mais il est aussi très-nécessaire aux personnes qui veulent contracter.

Le premier volume traite principalement des droits du timbre et de l'enregistrement ; le second, des contrats de mariage et de vente, etc.

— *Les Entretiens de Cicéron sur les vrais biens et les vrais maux*, traduits par Régnier-Desmarais; volume in-12, broché. Prix : 3 liv. 12 s.

— *Les deux livres de la Divination de Cicéron*, traduits par Régnier-Desmarais, suivis du *Traité de la Consolation*, par Morabin, volume in-12. Prix : 3 liv. 12 s., broché.

A Paris, chez les frères Barbou, imprimeurs-libraires, rue des Mathurins.

La rareté excessive et le prix considérable de ces ouvrages ont engagé les frères Barbou à les réimprimer avec le plus grand soin. Ils ont accompagné ces traductions d'un bon texte latin, avantage que jusqu'ici on avait regretté de ne point trouver dans les éditions précédentes.

Ils viennent aussi de faire paraître les *Lettres de Cicéron à Brutus*, *et de Brutus à Cicéron*, avec une préface critique, des notes et diverses pièces choisies, traduites par Prévôt; volume in-12.

---

### Payements à la trésorerie nationale.

Le payement du perpétuel est ouvert pour les six premiers mois; il sera fait à tous ceux qui seront porteurs d'inscriptions au grand livre. Celui pour les rentes viagères est de huit mois vingt et un jours de l'année 1793 (vieux style).

## POLITIQUE.

### PRUSSE,

*Berlin, le 25 septembre.* — Dantzig, Thorn et Memel sont dans les plus vives alarmes. On assure que Kosciusko a envoyé de ce côté une forte division. Kœnigsberg est menacé; le général Men s'en est approché avec un corps de huit mille hommes. Il y a eu déjà un combat très-vif dans les environs de Johannisberg.

Il n'y a plus un seul soldat prussien sur le territoire de Pologne. Toute l'armée de Frédéric-Guillaume a évacué cette contrée, pour aller au secours des différentes provinces prussiennes. Le corps prussien posté à Conin n'a pu résister aux attaques des insurgés : il s'est replié sur Kalisch pour couvrir les grands magasins.

Madalinski, à la tête de dix mille Polonais, a remporté un avantage signalé dans la Prusse orientale.

L'armée prussienne voudrait établir ses quartiers d'hiver dans la Prusse méridionale; mais ce projet doit éprouver les plus grandes difficultés, depuis que les Polonais sont maîtres d'une grande partie de la province, et en ont enlevé toutes les subsistances.

Les frontières de la Silésie sont aussi dans l'état le plus critique. Le roi de Prusse a été obligé de détacher trente mille hommes pour arrêter l'invasion des troupes polonaises.

Le bruit se confirme qu'il a été réclamé de l'empereur un corps de trente mille hommes, comme troupes auxiliaires, en vertu d'un traité qui les met à la disposition de celui des deux États dont les frontières sont exposées à une invasion.

Le gouvernement suédois a fourni à l'armée polonaise de Lithuanie deux cents pièces de canon et dix mille fusils. Ces munitions ont été échangées contre des subsistances que le gouvernement de Pologne a permis aux Suédois de tirer de la Courlande.

*Du 26.* — Les insurgés viennent de recruter jusqu'aux environs de Smygel. Ils se sont emparés de Gollanz, et ont demandé cent recrues armées à Margonindorf. Un de leurs partis s'est montré à Nieszawa, où se trouvent les douanes; un autre a fait une incursion jusqu'à Brzesc, Hamion et même Soldau ; manœuvre habile qui coupe les communications entre les différents corps prussiens. Le plus grand désordre règne du côté de Conin et de Petricaw. Une division polonaise est à Teshar, près de Thorn.

Madalinski a, dit-on, passé le Bug et la Horet; il va fondre sur la Prusse occidentale.

On assure que les Autrichiens ont été attaqués dans les palatinats de Cracovie et de Sandomir, et qu'ils regagnent la Gallicie avec précipitation.

*Du 30.* — Depuis quelques jours Frédéric-Guillaume est à Potsdam.

On vient de publier le journal de la retraite des troupes prussiennes. On n'a pas osé dissimuler une partie du mal que leur ont fait les Polonais.

—L'Académie des Sciences a tenu une séance extraordinaire, qui a été terminée par des observations sur l'invention du télégraphe.

---

## RÉPUBLIQUE FRANÇAISE.

### SOCIÉTÉ

#### DES AMIS DE L'ÉGALITÉ ET DE LA LIBERTÉ,

##### SÉANT AUX CI-DEVANT JACOBINS DE PARIS.

*Présidence de Garnier (de Saintes).*

###### SÉANCE DU 27 VENDÉMIAIRE,

On fait lecture de quelques lettres signées individuellement, et adressées à des membres de la Société. On remarque parmi ces lettres un discours prononcé dans la Société populaire de Grenoble, et envoyé aux Jacobins par son auteur.

La Société en arrête l'impression et la distribution aux tribunes.

— Un des citoyens qui avaient été chargés de réclamer la liberté des membres de la Société arrêtés dernièrement se plaint de l'inutilité de ses démarches. Il demande que la Société nomme six représentants du peuple, qui, pouvant entrer au comité de sûreté générale, agiront en faveur des détenus, et feront leurs efforts pour obtenir leur liberté, s'ils sont innocents.

*Raisson :* Sans doute nous devons nous empresser de prendre des moyens pour briser les fers des patriotes; mais il faut, avant tout, que nous instruisions le comité de sûreté générale de tout ce qui se passe autour de lui. Comment les patriotes en obtiendraient-ils justice si on ne laisse un libre accès qu'à ceux qui surprennent sa justice et sa bonne foi?

Comment se peut-il que le comité soit informé des réclamations des patriotes, lorsque son secrétaire général, qui devrait se sacrifier pour eux, oublie la cause des sans-culottes, pour s'occuper de la défense du ci-devant premier président du parlement de Besançon ? Un tel état ne peut durer, grâce à la justice sévère de la Convention nationale. ( *Non!* non ! s'écrie-t-on de toutes les parties de la salle. ) Voulez-vous connaître le principal motif de la haine que vous portent ce moment vos ennemis ? c'est cette correspondance qui dévoilent toutes les intrigues. N'abandonnons point les malheureux, réclamons-les tous; et si nous ne pouvons obtenir qu'on brise leurs fers, honorons-nous de les partager. (On applaudit.)

Les représentants du peuple chargés de demander au comité de sûreté générale la liberté des patriotes détenus sont les citoyens Massieu, Carpentier, Montaut, Méure, Bernaud et Monestier.

*Crassous :* La dernière séance a fini sans prendre aucun parti sur les différentes propositions qui ont été faites. Chacun a abordé, suivant ses idées, les moyens de tirer parti des circonstances et de donner aux liaisons, aux relations des Amis de la Liberté et de l'Égalité, toute la force, toute la vigueur qui est dans leur âme, et que le décret n'a pu leur enlever. Parmi ces moyens, j'en ai remarqué un bien simple ; c'est celui du journal de la Société, qu'on pourrait, en l'améliorant, rendre l'écho fidèle de nos sentiments et de nos discussions. Je pense toutefois que la première chose que la Société doit faire, c'est une circulaire à tous les hommes libres réunis en Sociétés populaires, circulaire que chacun de nous signera individuellement, et dans laquelle vous ferez voir comment on a voulu vous ériger en autorité constituée, afin de vous saper par les fondements. Dans cette circulaire, vous prouverez que vous n'avez jamais prétendu être une autorité constituée, mais que vous voulez toujours jouir de votre indépendance, afin d'exercer cette surveillance dont on ne peut vous dépouiller sans anéantir les lois. En même temps, vous n'oublierez pas que vous ne devez aucun ménagement aux hommes qui veulent faire adopter des lois qui servent leurs passions; aux hommes qui, à force de pamphlets, veulent faire croire que la Société fait courir les plus grands dangers à la liberté ; à ces hommes qui, éloignés maintenant des Sociétés populaires, les calomnient, tandis que c'est à elles seules qu'ils doivent leur existence politique.

Quand vous aurez ainsi fait connaître vos principes et démasqué vos ennemis, vous serez convaincus que le décret d'avant-hier ne portera aucune atteinte fatale à la liberté; alors on ne pourra plus dire que vous êtes une puissance; on ne pourra plus alléguer qu'on ne sait si c'est avec les Jacobins ou avec la Convention qu'on doit traiter, puisqu'on lui aura fait prendre tous les moyens de détruire les craintes absurdes et chimériques qu'on élève à la faveur de ces mots.

Vous ferez cette Adresse sous le nom des citoyens soussignés, réunis dans la salle des Jacobins, et je suis persuadé que les citoyens qui assistent à nos séances voudront aussi la signer. C'est ainsi que ces hommes probes, qu'on prétend que vous salariez, prouveront à vos ennemis qu'ils ne s'empressent de se rendre assidûment dans vos tribunes que pour s'instruire et se pénétrer de vos principes.

Je demande aussi que la liste des membres de la Société soit dressée dans le délai prescrit par le décret.

Les propositions de Crassous sont arrêtées.

*Maure* : La publicité de cette liste sera le meilleur scrutin épuratoire que vous puissiez faire; car, s'il se trouve dans votre sein, ce que je ne pense pas, des intrigants, des hommes qui passent pour patriotes sans l'être réellement, ils craindront d'être portés sur cette liste, de peur d'être démasqués. Alors on pourra vraiment dire que la Société est *soutirée a clair*. (On rit.)

*Crassous* : Je demande que l'Adresse soit mise en tête de la liste qui sera déposée à la commission de police, afin qu'on puisse dire : Voilà les hommes, voilà leurs principes.

*Maure* : Je ne pense pas que les tribunes puissent signer nos Adresses. La Convention, en exigeant que nous signassions individuellement, a voulu que, s'il se glissait dans une Adresse des erreurs politiques ou des choses dangereuses, on pût retrouver le membre de la Société qui en serait l'auteur.

Un citoyen des tribunes demande la parole pour répondre à Maure, au nom de sa tribune.

*Maure* : Cet exemple vous prouve qu'il ne faut jamais attaquer les principes.

*** : Si les citoyens des tribunes signalent avec nous, les malveillants ne manqueraient pas de dire que nous allons recruter dans les rues et dans les tribunes pour faire signer nos Adresses.

*Maure* : Ne craignez-vous pas, citoyens, de blesser le décret en nommant des défenseurs officieux ? Vous savez qu'il est défendu aux autorités constituées de faire droit à vos demandes collectives; ne craignez-vous pas de donner prise à la malice de ceux qui ont provoqué ce décret pour nous dissoudre? car il en est qui ont eu cette intention. Je demande que le comité de correspondance nous éclaire là-dessus.

*Romme* : Il importe d'exposer clairement et sans ambiguïté ce que vous avez voulu faire, afin que les journaux ne tronquent pas vos sentiments. Vous avez désigné, et non pas nommé, des représentants du peuple qui, n'étant d'aucun comité, voudront consacrer quelques-uns de leurs moments à la défense des malheureux. Vous désignez ces représentants, afin que l'homme réduit à implorer le secours de ses semblables puisse s'adresser à eux ; vous les désignez comme les amis particuliers de l'infortune, toujours prêts à voler à son aide. C'est en leur nom, et non pas au vôtre, c'est d'après l'impulsion de leur propre cœur qu'ils iront réclamer auprès du comité de sûreté générale la liberté des patriotes détenus, et c'est sous ce rapport seul que vous avez bien fait.

La séance est levée.

---

## VARIÉTÉS.

### Ostende, Dunkerque, Bayonne, Marseille.

Ostende est un nouveau port pour la France.

Ce sera une conquête de l'intérêt général sur des exceptions anti-nationales que de compléter la francisation de trois ports principaux de la république.

Les exceptions de Marseille, Bayonne et Dunkerque, sont contraires à l'unité des lois commerciales; le nom de franchise qu'elles ont eu jusqu'ici cachait une servitude réelle : il ne doit plus en exister en France.

La même législation doit identifier toutes les parties de l'empire, et Marseille, Bayonne et Dunkerque être incorporés aussi intimement qu'Ostende.

Que les Etats d'Amérique, de Danemark, Suède, Gênes et Venise, adoptent les nouvelles lois commerciales de France; ils y trouveront le même intérêt que nous à diminuer le commerce maritime des ennemis de la liberté des mers.

#### Projet de décret.

Art. 1er. Les franchises de Dunkerque, Marseille, Bayonne, pays de Labour, tous privilèges et exceptions, sont supprimés.

Les bâtiments venant du Levant, ou suspectés de peste, continueront d'être assujettis à la quarantaine et au dépôt dans les lazarets.

II. Les bureaux et postes des douanes seront placés, et le service des préposés sera fait de manière à comprendre toutes les portions contiguës du territoire de France, en dedans des barrières conservatrices de la navigation et du commerce des Français.

III. Les marchandises qui sont dans les entrepôts des ports et lieux dont les franchises, priviléges et exceptions sont supprimés par l'art. 1er, pourront être admises dans l'intérieur, conformément aux lois et tarifs.

IV. Les objets qui seront importés du Levant, de l'Inde, de la Chine, et dont l'entrée sera prohibée en France, resteront à bord des bâtiments, ou seront mis en entrepôt, et paieront pour chaque mois, pour frais de garde à bord ou d'entrepôt, 1 1/2 pour 100 de leur valeur. On paiera pour un temps moindre de trente jours comme pour les trente jours révolus.

V. Les marchandises importées d'Europe ou du continent d'Amérique, et dont l'entrée sera prohibée en France, ne pourront être admises en entrepôt ni sous garde à bord.

Aucunes denrées, productions ou marchandises, ne pourront être importées par terre, si elles ne sont du produit du sol du continent de l'Europe et de l'industrie de ses habitants.

VI. Les matières premières et articles manufacturés d'Asie, d'Afrique ou du continent d'Amérique, ainsi que les objets manufacturés en Europe, avec des matières importées d'Afrique, d'Asie ou du continent d'Amérique, ne pourront être importés d'Europe, ni par terre, ni par mer, excepté les lingots, et espèces d'or et d'argent, et les ouvrages de ces métaux, dont la main-d'œuvre n'est pas d'un prix excédant d'un cinquième la valeur de la matière.

VII. Les bâtiments étrangers seront admis dans les ports extérieurs et sur les côtes. La navigation intérieure sur les rivières ne sera ni plus permise.

N. B. Voyez le *Moniteur* du 30 germinal, an 2e.

Signé DUCHÉE.

---

## CONVENTION NATIONALE.

### Présidence de Cambacérès.

#### SÉANCE DU 1er BRUMAIRE.

Le conseil général et l'agent national du district de Lisieux, département du Calvados, font passer à la Convention nationale les témoignages de leur reconnaissance pour ses immortels travaux : « Nous avons lu, disent-ils, avec enthousiasme l'Adresse aux Français ; les principes qu'elle contient assurent tout à la fois les destinées de la France et le gouvernement républicain; notre confiance en vous est sans borne; continuez, citoyens représentants, à nous donner des lois sages, comme vous l'avez fait jusqu'à ce jour; et nous, par la pratique de toutes les vertus que vous avez mises à l'ordre du jour, nous consoliderons le bonheur public, objet de votre sollicitude paternelle.

Les membres composant les bureaux de paix et de conciliation du district de Lisieux témoignent à la Convention leurs sentiments de reconnaissance sur l'Adresse aux Français : « Elle est, disent-ils, le gage assuré de la félicité publique à laquelle vous ne cessez, législateurs, de tendre par vos glorieux travaux; permettez-nous de joindre nos acclamations à celles de tous les républicains français qui vous devront leur salut et la prospérité publique. »

Les membres composant le tribunal du district de Lisieux, dans une Adresse à la Convention, disent : « Nous venons, citoyens représentants, de consigner sur nos registres votre Adresse au peuple français ; les vérités éternelles qu'elle proclame, les grands principes qu'elle consacre, les fermes et justes résolutions qu'elle annonce, vont, n'en doutez pas, rallier autour de vous la masse imposante et toujours juste du peuple, qui ne connaît jamais d'autre point de ralliement que ses représentants. Cependant quelques intrigants démasqués, quelques fripons pris la main dans le sac, jettent les hauts cris : selon eux, tout est perdu, la contre-révolution est à l'ordre du jour, parce qu'ils ne dominent plus; parce que le peuple, las de leur tyrannie, se rallie avec énergie aux principes de justice que vous proclamez et pratiquez chaque jour. Restez fermes à votre poste, représentants d'un grand peuple, achevez le grand œuvre que vous avez si heureusement commencé, et comptez sur la reconnaissance et l'inviolable attachement de tous les Français. »

— Lequinio, au nom du citoyen Gamas, fait hommage

à la Convention nationale d'une pièce de théâtre intitulée *Cange ou le commissionnaire de Saint-Lazare*, dans laquelle ce littérateur célèbre l'action de désintéressement de ce vertueux sans-culottes, qui s'est privé de son nécessaire pour alimenter un prisonnier et sa famille indigente.

La Convention nationale décrète la mention honorable du zèle de l'auteur et le renvoi de sa pièce au comité d'instruction publique.

— Les sections des Tuileries, du Faubourg du Nord, de la République et du Bonnet-Rouge, viennent féliciter la Convention et la remercier de son Adresse au peuple français. Elles protestent de leur dévouement à la représentation nationale, et jurent de se rallier toujours autour d'elle.

La mention honorable et l'insertion au Bulletin sont décrétées.

— Un des sociétaires donne lecture des lettres de deux députés détenus, qui demandent à avoir la faculté de se faire transporter chez eux pour rétablir leur santé. Cette autorisation est accordée.

Pénières : Quatre décrets ont ordonné le rapport sur nos collègues détenus; celui d'avant-hier ordonnait l'impression de l'acte qui a servi de base à leur arrestation; cet acte ne se trouve point aujourd'hui dans la distribution; aucun de vos décrets à cet égard n'est exécuté. Il me semble aujourd'hui que nous devons aborder la question.

Je ne jetterai point mes regards sur le passé; je demanderai seulement : Nos collègues, comme députés, comme citoyens, ont-ils eu le droit d'émettre leur opinion sur un événement quelconque? Certes, si tous ceux des représentants du peuple qui ont pensé comme eux eussent dû être jetés dans les fers, il en existerait peu parmi nous; mais j'ai dit que je ne voulais point rappeler le passé. Je ne demanderai point l'ouverture du registre qui est entre les mains de Guyton; je n'interpellerai point Cambon sur les aveux qu'il a faits à cette tribune : non, je veux attendre un temps plus tranquille pour dévoiler à l'histoire des vérités qui ne passeront pas sans doute. A la place de mes collègues, je demanderais un rapport; mais la Convention n'en a pas besoin.

La Convention, d'après la liberté dont elle jouit depuis le 9 thermidor, doit-elle souffrir que près de cent de nos collègues soient détenus dans les fers lorsqu'ils n'ont dit que la vérité? Quand on rend justice à tout le monde, seront-ils les seuls qui ne puissent l'obtenir? Si quelqu'un a des faits à articuler, qu'il monte à la tribune, et je lui répondrai.

Je demande que nos collègues soient rendus sur-le-champ à la liberté, que le rapport soit fait dans quatre jours.

Merlin (de Thionville) : J'annonce, au nom du comité de sûreté générale, que la protestation de nos collègues (car c'est une protestation) lui a été remise hier à minuit; on la copie; elle sera demain dans la distribution.

Si la Convention veut conserver la liberté qu'elle a recouvrée, elle ne doit pas aller selon la tête de certaines personnes; elle doit marcher à son but sans dévier; elle doit entendre un rapport, puisqu'elle l'a ordonné.

Sans doute elle ne verra, dans la démarche de nos collègues, qu'un effet de l'erreur; mais la France verra peut-être que ces hommes, qui réclament leur liberté avec tant de chaleur, ont calomnié la révolution du 31 mai, que toute la France a unanimement applaudie. Pour rendre justice à nos collègues, il ne faut pas aller chercher des millions de coupables.

Guyomard : Je pense avec Merlin qu'il faut attendre le rapport; gardez-vous de l'enthousiasme pour mettre la liberté comme pour mettre en arrestation. (On applaudit.) Gardons-nous surtout de l'impétuosité française, qui fait l'honneur de nos armées, mais qui ne convient pas à des législateurs.

Pour que vos décrets soient respectés, imposez-vous la loi de n'en jamais rendre que dans le calme des passions.

Thuriot : La question sur laquelle on veut enlever une décision précipitée est la plus grande qu'ait à traiter la Convention; nous ne devons pas seulement l'envisager sous le rapport des individus, mais sous le rapport politique. C'est la question de savoir si nous ferons le procès à la révolution du 31 mai. Il est des hommes qui toujours auront à se reprocher d'avoir quitté la ligne du patriotisme, de n'avoir rien fait pour la révolution, d'avoir, pour ainsi dire, ouvert les portes de Paris aux ennemis de la liberté; il ne faut pas se persuader que s'il y a des motifs puissants pour que ces détenus restent en arrestation, un excès de complaisance nous arrachera leur élargissement. Il y avait longtemps que nous étions comprimés lorsque la révolution du 31 mai a sauvé la France. Nous verrons si les hommes qui écrivaient qu'on avait tiré à boulets rouges sur la Convention étaient des hommes de bien. Qui est-ce qui avait établi à Marseille ce tribunal qui sacrifiait les patriotes au fédéralisme? Qui avait créé à Bordeaux ces commissions populaires qui faisaient frémir les amis de la liberté, qui tentaient de fédéraliser partout la république, lorsque la mort était prononcée contre quiconque attentait à son unité? Et nous, qui aimons la liberté, ne craindrons-nous pas de nous ranger du bord d'hommes qui l'ont toujours détestée? Nous sommes comptables aux citoyens qui sont venus jurer à la barre qu'ils mourraient plutôt que de laisser opprimer la Convention. Eh! ne viendraient-ils pas vous reprocher d'avoir sacrifié la liberté publique à la liberté de quelques individus? Ne donnons plus de prise aux déchirements. La Convention, dans l'état où elle est, veut faire le bien; rejetons tout système qui tendrait à lui enlever son harmonie. Est-ce qu'on ne s'aperçoit pas que l'on met un levier terrible dans la main de ceux qui ne veulent pas cette harmonie dans la représentation nationale? La France était satisfaite; vous aviez proclamé les grands principes; pourquoi faire revenir dans votre sein des hommes qui se sont toujours opposés à ceux qui défendaient ces principes? La Convention nationale, ou au moins une partie, en votant la mort du tyran, a renversé la monarchie.

*Plusieurs voix* : Nous avons tous voté la destruction de la monarchie. (*Vive la république!* s'écrient tous les membres en se levant simultanément et agitant leurs chapeaux.)

Thuriot : Citoyens, je disais à la Convention qu'en votant la mort du tyran nous avions contracté un grand acte, que ceux qui avaient tout mis dans ce contrat avaient tout à risquer, et que ceux qui n'y avaient rien mis ne risquaient rien. Je n'examinerai pas si ceux qui ont voté la mort du tyran avec la restriction de l'appel au peuple doivent être confondus; ce n'est pas là la question. J'aime à penser que tous ceux qui n'ont pas fait de protestation sont revenus, et ne doivent faire qu'un avec la représentation nationale. Mais, en résultat, quel sera l'effet de la rentrée des soixante et onze? y avez-vous bien réfléchi, vous qui avez parlé? avez-vous pensé à l'intérêt politique, à votre propre intérêt? Pouvez-vous savoir, si ces hommes n'ont pas changé de système, jusqu'où se portera le délire? et alors quel sera le sort de la république? Est-ce que vous croyez que si l'intérêt de la patrie demandait que trente de nous ne fussent plus dans le sein de la Convention, il ne faudrait pas qu'ils partissent sur-le-champ? La Convention ne doit-elle pas présenter le tableau de l'union? Je suis sûr que, si l'on eût consulté ceux pour qui l'on parle, ils eussent dit à ces défenseurs si zélés : « Vous êtes nos plus grands ennemis. » Je pense donc qu'il faut attendre un rapport, et l'impression de la protestation et de la correspondance. Il faut examiner l'intérêt politique; et qu'on ne pense pas que nous laisserons prévaloir sur lui l'intérêt léger ou criminel d'une faction.

Je demande que la Convention, s'en rapportant à la sagesse de ses comités, passe simplement à l'ordre du jour.

PELET : Je croyais que le 9 thermidor avait éteint parmi nous toutes les passions. La Convention s'est conduite d'après les principes lorsqu'elle a ordonné qu'il fût fait un rapport sur ces détenus. Voilà la marche qui lui convient, c'est la seule qu'elle puisse tenir. Je suis affligé qu'on ait voulu entamer la discussion avant ce rapport : il est de l'intérêt des détenus, il est de l'intérêt de la chose publique que cette affaire soit traitée avec calme. J'ai demandé la parole pour combattre quelques idées de Thuriot; il a dit : « Tout est bien, il faut rester dans l'état où nous sommes, de peur que le peuple vienne nous reprocher....., »

THURIOT : Je n'ai pas dit cela; j'ai proposé d'examiner la question.

PELET : Thuriot est venu vous alarmer sur la manière dont tel ou tel représentant a voté. Souvenez-vous que c'est avec cette tactique qu'on a plongé le poignard dans le sein de la patrie. (On applaudit.) Thuriot a raison lorsqu'il prétend que la question est liée; mais j'ai été fâché de voir qu'il se soit si longtemps appuyé sur les passions qui ont divisé la Convention, lui qui a été si souvent le conciliateur des représentants du peuple. Je demande que nous attendions dans le calme le rapport que les comités sont chargés de faire.

La discussion est fermée.

MERLIN (de Thionville) : L'ordre du jour, motivé sur le décret.

L'ordre du jour est ainsi décrété.

PÉNIÈRES : Je demande que le rapport soit fait dans la décade.

ISORÉ : L'ordre du jour pur et simple !

*Plusieurs voix* : L'appel nominal !

GUYOMARD : Les décrets rendus avaient fixé le délai à aujourd'hui; vous ne pouvez changer de marche; il ne faut pas que d'une affaire de justice on fasse autre chose. Nous nous sommes réunis dans la journée du 9 thermidor; pourquoi nous diviser aujourd'hui? Nous ne voulons point de-tyran; je ne veux pas qu'on fasse le procès à la révolution du 31 mai; mais je ne veux pas non plus que l'on confonde avec cette époque la protestation de nos collègues. Le délai de trois jours me paraît suffisant: d'après le rapport que nous feront les comités, nous serons en état d'ouvrir une discussion; mais il ne faut pas faire présumer que ceux qui voudraient faire quelque chose en faveur de nos collègues veulent faire le procès à la révolution du 31 mai. Je demande donc le délai fixé à trois jours.

*** : Je vois avec douleur qu'une réclamation de nos collègues qui demandent justice ait jeté la division dans cette assemblée : vous avez rétabli les grands principes de cette justice; certes vous ne les repousserez pas lorsqu'ils les invoquent dans cette enceinte; le sort de la république demande, comme ces principes, que les coupables dont les crimes sont connus soient punis : voilà ce que demandent aussi nos collègues.

L'ordre du jour pur et simple serait contraire à ces principes. Nous sommes bien, sans doute ; mais nos collègues, s'ils ont commis des crimes, ne sont pas assez punis ; si au contraire ils sont innocents, ils ont trop souffert ! Nous ne pouvons donc rester comme nous sommes. (On applaudit.) J'ai vu avec

douleur qu'après avoir réclamé la liberté des opinions on l'ait attaquée aujourd'hui. La Convention ne souffrira point de dominateurs ; les différences d'opinion ne peuvent empêcher l'action de la justice. Toutes les divisions ont cessé; l'oppression commune a pesé longtemps sur nos têtes. C'est le 9 thermidor que, d'un commun accord, nous avons renversé le dernier tyran. (On applaudit.) Certes je n'aurais pas été d'avis de faire rentrer nos collègues sans examen ; eux-mêmes ne voudraient pas rentrer sans cette justification.

Je demande que le rapport soit fait au commencement de la décade prochaine. Je suis bien loin de vouloir jeter dans la Convention aucun germe de division ; au contraire, je veux qu'on cherche à rallier, non-seulement tous les représentants, mais tous les citoyens qui nous entendent, pour retrouver cette justice, cette humanité qui fait le caractère des Français ; il faut connaître les faits, il ne faut pas laisser flotter sans cesse cette incertitude désespérante le sort de nos collègues. Si je croyais que leur présence pût amener la division dans cette assemblée , je me garderais bien de la demander ; haine éternelle aux perturbateurs comme aux assassins. Je me résume, et je dis qu'il n'est pas possible que vous ne fixiez pas un délai.

ROUX (de la Haute-Marne) : Il me semble qu'on s'est étrangement écarté de la véritable question. Pénières, en montant à la tribune, a élevé une discussion qui n'était point à l'ordre du jour. Avec deux mots Merlin avait mis fin à tous débats. Puisque les comités n'ont reçu que cette nuit les pièces qui doivent baser le rapport, il ne devait pas y avoir de discussion ; mais puisqu'elle a eu lieu, il s'ensuit qu'il existe, outre la pièce qui basera le rapport, des correspondances déposées au comité de sûreté générale, qui feront connaître les sentimens de ceux dont on réclame la liberté. Il y a eu dans la discussion des idées vraies faussement appliquées ; on a parlé de ces époques qui, dans le temps, ont produit des déchiremens. Tout le monde se dit aujourd'hui républicain, parce que la chose est aisée, parce que nos armées sont victorieuses.

Nous sommes loin de vouloir faire le procès à ceux qui craignaient des tyrans qui n'existaient pas, et que la Convention a fait rentrer dans la poussière lorsqu'ils ont osé lever la tête; mais il ne faut pas en inférer qu'il y a eu plus de mérite, dans le temps, à garder un coupable silence qu'à défendre les vrais principes. Il n'est pas question de savoir si l'on doit rendre justice à nos collègues détenus ; la Convention ne pourrait trouver cette question non résolue que parmi les Autrichiens, les Prussiens et les ennemis de la liberté. Ne citons point ici les faits particuliers qui, dans les temps, ont occasionné tant de discussion; mais j'en citerai un dont j'ai eu la preuve dans le département de la Haute-Marne : c'est que la relation du 31 mai empêcha les fédéralistes du département de la Côte-d'Or de marcher contre Paris. Lorsque cette relation parut, les commissaires de ce département se retirèrent; quel funeste effet n'eussent pas eu les relations opposées ! Je demande que la Convention s'en tienne au décret qu'elle a rendu; laissez à vos comités le temps nécessaire pour préparer ce rapport; ils ne demandent pas mieux que de le faire.

CHAUDRON-ROUSSEAU : Je demande la parole pour un fait. A l'époque du 31 mai, je me rendis de Bayonne à Toulouse pour arrêter le fédéralisme : je saisis une correspondance de Bordeaux qui me fit connaître le plan de division de la république en neuf régions. Je me convainquis de l'approbation donnée par quelques-uns de nos collègues envoyés dans le Midi au plan de Bordeaux et au projet d'élever le petit Capet sur le trône. (*Plusieurs voix*: L'impression !) J'ai envoyé ces pièces au comité de sûreté générale.

MERLIN (de Thionville) : Je demande à notre collègue si ces pièces concernent nos collègues arrêtés, ou ceux qui sont morts ?

*Un grand nombre de voix*: L'impression , l'impression ! .

THURIOT : La lettre a été lue en pleine assemblée; elle était écrite par Rouhier, et la Convention l'a décrété d'arrestation. (Il s'élève des murmures. — On observe que la Convention a passé à l'ordre du jour.)

Thuriot insiste pour avoir la parole. — Le tumulte l'empêche pour quelque temps de l'obtenir. — On insiste pour passer à l'ordre du jour.

THURIOT : C'est pour un fait; c'est pour empêcher le soupçon de planer, que j'ai dit que la lettre avait été écrite par Rouhier; elle se trouvait dans le paquet adressé par Chaudron-Rousseau au comité de salut public. Il n'est pas douteux qu'elle ne tendît au fédéralisme. Je n'en tirerai aucune induction contre nos collègues, car moi aussi je veux la justice. Il faut que les pièces soient imprimées; toutes ne sont pas encore arrivées: quand l'impression sera faite, il faudra encore quelques jours pour les examiner. Si vous voulez l'intérêt de la justice, au lieu de demander une décade, deux décades (*plusieurs voix*: Non, encore un an ! ), je crois qu'il serait infiniment plus sage d'accorder le délai suffisant. Je ne veux point occasionner de choc , je ne demanderai point de peines afflictives. (On murmure.)

*Les mêmes voix*: Point de tactique ! au fait !

LETOURNEUR (de la Manche) : Je demande à vérifier une erreur de fait avancée par Thuriot.

THURIOT : Qu'on relève ce fait , il n'en est pas moins constant qu'une lettre écrite par Rouhier a motivé son arrestation. Je me borne, au surplus, à demander le délai de deux décades. (*Plusieurs membres*: Eh bien, aux voix ce délai !)

LETOURNEUR : Chaudron-Rousseau vient de déclarer un fait extrêmement important. Il a dit qu'étant en mission à Toulouse il avait saisi la correspondance de plusieurs fédéralistes, qui ne tendait pas à moins qu'à rétablir le petit Capet sur le trône. Pourquoi Thuriot a-t-il rejeté sur un collègue mort une inculpation qui doit s'appliquer encore à un autre de nos collègues? Car Bruneton a aussi signé cette lettre. Je déclare que je la connais, et qu'il n'y a pas un mot de ce qui a été dit par Thuriot ; j'en demande l'impression.

TALLIEN : Les faits énoncés par Chaudron-Rousseau et par Thuriot ont sans doute quelque importance; et c'est sous ce rapport que la Convention a eu raison de demander l'impression. Alors on se convaincra que les faits se rapportent ou à des hommes morts, ou à des émigrés, et non à nos collègues qui sont détenus. J'ai été aussi envoyé dans le Midi : j'aurai aussi des renseignements à donner au comité. Je ne viens plaider la cause de personne; je défendrai celle de la justice.

Je dis que la représentation nationale n'appartient pas à quelques individus, à quelque faction , mais à la totalité du peuple français. (Vifs applaudissements.) Je sais qu'aujourd'hui ces principes sont généralement reconnus; mais ils n'ont pas toujours été sentis. Je sais qu'on venait souvent avec des rapports demander les têtes qu'il plaisait aux dominateurs de désigner. Nous avons vu le temps où l'on proscrivit celle de l'homme qui avait dit la vérité sur une des plaies les plus sanglantes de la république , sur la guerre de la Vendée. (*Plusieurs voix*: Phélippeaux ! — On applaudit à plusieurs reprises.) J'étais alors au fauteuil; j'ai vu un représen-

tant du peuple insulter une femme qui demandait les causes de l'arrestation de son mari; je l'ai entendu dire qu'il fallait qu'elle fût admise à la séance pour entendre la condamnation de celui en faveur duquel elle venait réclamer.

Nous devons à la France, nous devons à l'Europe de prouver que nous sommes dignes de donner au peuple français la paix et la justice, que nous sommes dignes de faire son bonheur par nos lois, comme les baïonnettes de nos braves assurent ses triomphes au dehors.

La discussion qui a eu lieu a eu des motifs purs, sans doute, mais elle n'a point été dirigée vers son vrai but : c'était faire une insulte au peuple, comme à nos collègues, que de demander leur réintégration sans un rapport des comités. On l'a dit, et rien n'est plus vrai : sachez vous garantir de l'enthousiasme pour les libertés et les arrestations; il faut qu'elles soient mûries dans le calme, car il n'y a que les lois sages qui méritent le respect des citoyens. Prenez garde, en abordant cette question , de faire le procès à la journée du 31 mai. Il a été extrêmement imprudent celui qui naguère est venu vous dire qu'il existait à cette époque une espèce de protestation de la part du comité de gouvernement d'alors. Sans doute en révolution les hommes ne doivent pas regarder derrière eux.

Le peuple français a dit que cette journée avait sauvé la république; le peuple français l'a dit, vous ne devez pas lui donner un démenti. Ce qui a caractérisé la révolution du 9 thermidor, c'est la justice mise à l'ordre du jour. Il est des représentants en arrestation depuis longtemps, il faut que la nation sache les crimes de ses mandataires ; s'ils en ont commis, il faut qu'ils subissent la peine qu'ils ont méritée, ou, s'ils sont innocents, qu'ils viennent reprendre leurs fonctions; qu'importe quel jour? nous ne sommes plus au temps où l'on écartait les rapports selon les passions particulières. Si les comités ne font pas celui dont ils sont chargés, vous leur rappellerez leur devoir.

Plusieurs députés étaient dans les départements lorsque la pièce qui motiva l'arrestation des soixante et onze fut lue à la tribune. Eh bien , il faut que nous sachions la vérité: depuis dix-huit mois ils souffrent; mais n'est-ce pas une consolation pour l'homme de bien qu'on s'occupe de lui? Terminons donc cette discussion. La Convention a consacré la révolution du 31 mai, elle a décrété une fête, il faut que ce décret soit exécuté; il faut que cet événement soit une de nos grandes époques; il faut que le représentant du peuple sache qu'il est comptable au peuple de ses actions. Je demande le renvoi pur et simple au comité pour faire le rapport aussitôt qu'il sera prêt.

BENTABOLE : Je demande la parole pour un fait. Cambon a annoncé qu'il existait un registre secret, qui constatait qu'il y avait eu un projet pour remettre le petit Capet sur le trône; que ce registre était entre les mains de Guyton-Morveau. Je suis tranquille sur le dépôt qui est entre les mains de notre collègue; mais, comme on pourrait inférer de ce registre qu'on veut faire le procès à la révolution du 31 mai, il faut qu'il soit déposé aux archives nationales. J'ai entendu hier dire à Delmas, qui a dû le signer aussi , que le fait annoncé par Cambon n'était pas exact.

GUYTON : Voici la vérité. Une feuille séparée du registre fut signée par six membres du comité de salut public; elle me fut déposée pour être renfermée dans une armoire où nous mettions nos papiers les plus importants. Le comité nouveau étant assemblé, je lui fis connaître les pièces déposées, et une somme de 10,000 livres qu'on disait envoyée de Marseille à d'Orléans, et je remis la clef.

CAMBON : Citoyens, j'ai fait une déclaration; je ne sais si Delmas se souviendra d'avoir signé ce registre; mais je l'interpelle de déclarer si, à une autre époque, il n'en est pas convenu lui-même. J'ai dit que nous étions six; eh bien , si cinq l'avouent, l'existence du registre sera constante. Guyton vient d'en convenir. Clauzel, le même jour que je fis cette déclaration, me fit un reproche de ce que je ne l'avais pas dénoncé à la Convention. Le 18 mai , le comité de salut public, par l'organe de son rapporteur, vous avait proposé d'entendre le ministre des affaires étrangères et celui de l'intérieur. On disait qu'il se faisait des rassemblements à Charenton. Tel est le sort des révolutions que souvent le crime les prépare, et que le peuple les régularise. Oui, j'ai dit, et les membres s'en souviennent, oui, le comité vous disait : Il y a des intrigues en dessous. Je maintiens ma déclaration; j'ai dit qu'il y avait un registre secret qui constatait que Robespierre, Danton et Pache s'assemblaient à Charenton, et complotaient pour enlever de force vingt-deux membres de la Convention. Je l'ai dit; j'ai consigné ces faits dans le registre secret. A la vérité nous ne nommions pas les individus d'une manière directe. Le comité de salut public vous répétait sans cesse : Prenez garde; n'élevez pas un schisme dans la Convention. J'ai dit que la pétition première, présentée pour demander les vingt-deux membres, a été donnée par Danton : je l'ai vue, mais je l'ai vue seul.

Après le 31 mai, on dit que le comité de salut public était usé; qu'il fallait le remplacer; mais avant j'ai été chargé par le comité de vous dénoncer qu'il y avait un complot pour remettre le petit Capet sur le trône. Lisez un rapport que je fis le 11 juillet; je puis le faire connaître, j'en ai mille exemplaires chez moi. Quel fut le fruit de l'arrestation de Dillon et de tous les conspirateurs? Le lendemain, dans une brochure, Camille Desmoulins calomnia tout le comité. S'il le faut, je me mettrai calomniateur, accusateur; je prendrai tous les caractères qui conviennent à un défenseur ardent de la liberté; je suis prêt à me dévouer à la chose publique; le temps du silence est passé; les menaces ne m'épouvanteront pas; demain je vous permets d'imprimer : je ne répondrai point. Je pense avoir montré du courage le 1er juin au soir, quand on convoqua une assemblée extraordinaire dans cette salle. Quel en fut le résultat? on voulait le décret d'accusation contre vingt-sept membres, dont j'en vois un dans l'assemblée. Le 1er juin, on voulait le décret d'accusation contre ceux qui avaient voté l'appel au peuple; on voulait les faire remplacer par leurs suppléants : j'ai pour preuve du fait votre mémoire et les journaux du temps. Quel était le but de ces hommes-là? de dissoudre la Convention; ce fut toujours le projet de la cour. Il y avait un autre parti qui voulait se mettre à la place de cette cour, mais tout deux voulaient le renversement de la représentation nationale. Examinez ceux qui venaient à la barre demander la mort des soixante-treize, la mort de tous les Feuillants; vous verrez quels sont ceux qui ont établi le système de terreur. (On applaudit.) Faut-il déchirer le voile? (*Un grand nombre de voix :* Oui , oui! — Vifs applaudissements. *Vive la république!* s'écrient presque tous les membres.) Il faut déchirer le voile. Je l'ai promis individuellement, je l'ai promis à la Convention; je vais remplir mon devoir. (On applaudit.)

Le système de terreur n'est pas né de nos jours; il avait précédé l'ouverture de la Convention. On voulait forcer l'Assemblée législative à prononcer la déchéance, parce qu'on voulait substituer à Louis Capet un homme dont la conduite ne méritait pas

les regards du dernier des hommes. L'Assemblée législative résista. Elle appela au peuple, et lui transmit le jugement de cette affaire par la convocation d'une Convention. Bientôt cette Assemblée fut attaquée par tous les moyens. Une époque du 2 septembre fut organisée ; ouvrez les registres de l'histoire, vous y verrez... (*Plusieurs voix :* Nommez les auteurs.) Le 31 août , à six heures du soir, vint un homme de la municipalité; Tallien, portant la parole au nom de la commune de Paris, nous dit : «Nous avons fait arrêter les prêtres perturbateurs, nous les avons mis dans des maisons particulières, et sous peu de jours le sol de la liberté en sera purgé... »

TALLIEN : Je demande la parole pour relever ce fait.

CAMBON : Le lendemain, les calomnies se multiplièrent contre l'Assemblée législative. On la menaça publiquement; on voulait la forcer à quitter les rênes du gouvernement. Nous avions parmi nous les quatre cents qui n'avaient pas voté contre Lafayette; on les insultait, on voulait les assassiner. Mais l'Assemblée voulait que le corps législatif fût transmis intact à la Convention. Voilà de quelle époque date la terreur; on n'a fait que la changer de main. (On applaudit.) On veut nous intimider; mais, je te le déclare, ma tête ne tremblera pas devant toi, vil calomniateur! (On applaudit.) Croyez-vous que je veuille vous engager à revenir sur ces époques? Non; je ferai en sorte de conserver les principes de la représentation nationale. Je dis comme les préopinants : Ne regardons pas en arrière ; je soutiens qu'il a existé un registre secret ; s'il a disparu, entendons nos collègues.

TALLIEN : Le fait rapporté par Cambon n'est pas exact. Le 30 août, autant que je peux m'en rappeler, la commune vint à la barre de l'Assemblée législative réclamer contre sa destitution. J'étais secrétaire-greffier de la commune, et en cette qualité je devais faire partie de la députation; c'est ainsi que le fait s'est passé.

Les massacres commencèrent dans la nuit du 2 au 3 septembre : Grangeneuve ne voulut jamais consentir à aller chercher Jouneau à l'Abbaye. On vint m'en avertir; je dis aussitôt : J'irai à l'Abbaye; j'en retirerai Jouneau, ou je périrai avec lui. Je le sauvai.

DUHEM : C'est un mensonge; c'est le décret que l'Assemblée législative rendit qui sauva Jouneau.

TALLIEN : L'Assemblée législative, instruite des dangers qu'il courait, rendit le décret dont parle Duhem; mais ce fut par mes soins qu'il fut exécuté; car je sauvai Jouneau tué à la barre. Je viens, dans la même nuit, à cette même barre, demander à l'Assemblée nationale qu'elle fît cesser les massacres; le dire que je fis alors fut rédigé sur le bureau, par l'un des rédacteurs du *Moniteur*, et l'Assemblée en ordonna l'insertion au procès-verbal. J'invoque ici le témoignage du frère de Bourdon; qu'il dise s'il n'est pas vrai que les assassins voulurent se jeter sur moi lorsque je m'opposai à ce qu'ils allassent au Temple, et que je leur dis qu'ils me passeraient sur le corps avant que de violer le dépôt que l'Assemblée nationale avait confié à la commune de Paris.

Je demande l'examen le plus étendu et le plus sévère de ma conduite. Si l'on veut revenir sur les événements (non! non! s'écrie-t-on), je pourrai dire tout ce qui s'est passé; mais il est des hommes qui seraient fâchés d'entendre tout dire. Dans les commencements de la Convention j'avais publié un écrit sur ces faits, parce que je vis que c'était un sujet de division parmi les représentants du peuple; depuis, je crus et il me parut qu'on voulait et qu'on devait tirer un voile sur cette époque malheureuse; mais puisqu'aujourd'hui on parle de la conduite que j'ai tenue dans ces temps, je demande qu'elle soit examinée sévèrement. Je ne suis point du nombre de ces hommes qui ont inondé de sang les départements, qui, par des fusillades et des noyades, ont rendu la révolution odieuse ( Applaudissements. ) Puisque vous voulez détourner l'attention publique de dessus vos crimes, puisque vous voulez la reporter des rives de la Loire sur les rives de la Seine, je l'appelle aussi à cet endroit, moi; puisque vous m'accusez du massacre des prêtres réfractaires, j'appelle les regards du peuple sur les milliers de victimes que vous avez immolées dans le Midi, dont vous avez fait regorger la Loire. (Applaudissements.) Dans l'opinion que j'ai émise tout à l'heure, j'ai conservé des ménagements; je n'ai voulu rien dire qui pût ramener la division; mais puisque vous appelez sur moi la vengeance publique, je l'appelle sur vous, anciens membres du comité de salut public; sur vous, anciens membres du comité de sûreté générale (applaudissements); sur vous, représentants envoyés dans les départements du Pas-de-Calais, du Midi et sur les bords de la Loire. (Applaudissements.) Que le peuple prononce entre nous, entre vous et les patriotes qui se sont jetés dans le gouffre de la révolution, et qui sont à présent exposés chaque jour aux poignards que vous et vos satellites tenez perpétuellement levés sur leurs têtes. (Applaudissements.) J'appelle l'examen le plus sévère sur votre conduite et la mienne.

Jamais le sang de l'innocence n'a été répandu par mes ordres, jamais cette idée n'a venu troubler mon sommeil. (Applaudissements.) Je suis pur; interrogez les habitants de Bordeaux; ils vous diront si, parmi eux, j'ai commis des exactions, si j'ai fait punir d'autres individus que les coupables: demandez-en autant à Nîmes, à Nantes, et à toutes les autres parties de la république; vous verrez quelle réponse vous en recevrez. (Applaudissements.) Je ne crois pas que ces accusations se renouvellent; mais si on les reproduit encore, je déclare que, sans attendre l'établissement des formes à suivre pour accuser un représentant du peuple, je m'élancerai au tribunal révolutionnaire, et j'entraînerai l'accusateur avec moi. (Applaudissements.)

BARÈRE : Je dois dire ce dont je me rappelle quant au second fait : si j'ai bonne mémoire, ce fut sur la dénonciation de Garat et Lebrun, ministre des affaires étrangères, que nous eûmes des notions sur les rassemblements qui avaient lieu à Charenton. Je vous fis un rapport à ce sujet le 18 mai; mais il fut imprimé, on le trouvera chez Baudouin et dans le Moniteur. Il y avait alors quelque courage à révéler de pareils faits. (Murmures.)

Quant au registre particulier, il a été déposé dans un lieu secret. Voilà les faits, je les rappelle.

DELMAS : Les intentions de ceux qui ont signé le registre secret n'ont jamais été cachées; et ce qui le prouve, c'est que lorsqu'ils furent remplacés dans le comité de salut public, ils voulaient en faire la déclaration à leurs successeurs. Guyton peut le dire; il y avait à cette époque de la division entre les membres du comité de salut public, parce qu'une partie d'eux n'était pas à la hauteur des autres, qui voulaient dissoudre le corps politique en exaspérant les citoyens, en dilapidant les fonds publics, en assassinant la patrie. (Applaudissements.) En ce sens, j'avoue que je n'ai jamais été révolutionnaire, et que je ne le serai jamais. (Applaudissements.)

Je dois des explications relatives au registre secret. Cambon a dit qu'il avait rapport au projet qui avait été formé par les conspirateurs de mettre le petit Capet sur le trône; cela n'est pas exact; ce registre n'est relatif qu'aux rassemblements que formaient à Charenton Danton, Robespierre, Chabot, Bazire, Pache et autres.

On a cru que Cambon avait voulu dire que les rassemblements de Charenton, à cette époque, avaient pour but de mettre le petit Capet sur le trône, et cette opinion a été insérée dans les journaux.

Clauzel a même reproché à Cambon de ne l'avoir pas dit à la Convention, et celui-ci lui a répondu : « J'en ai fait un rapport. » En effet, il y a deux choses bien distinctes, le complot de Charenton, et celui de Miranda et autres, pour élever le petit Capet à la royauté. Il fut fait sur ce dernier complot un rapport qui a été inséré dans le Moniteur.

Le registre secret, comme je l'ai dit, n'était relatif qu'à l'insurrection qu'on organisait à Charenton, et que toutes les probabilités annonçaient devoir être contre la Convention. Je ne sais si c'était contre la représentation nationale ou contre quelques-uns de ses membres.

Lorsque nous sortîmes du comité, nous nous dîmes : « Il faut écarter ces temps. » Mais vous devez vous rappeler qu'au moment où Saint-Just se présenta ici pour faire le rapport contre Danton et autres, je demandai, par motion d'ordre, que tous les membres des comités se rendissent à la salle; alors j'étais prêt à tout dire, et je communiquai mes intentions à Cochon. Mais Legendre prit la parole, il fut vivement combattu par Fayau, il le fut ensuite autant par Robespierre, et tout le monde sait que, lorsqu'il s'était emparé de la tribune, il n'était plus possible d'y aborder. Je voulais demander alors que Chabot, Bazire et autres fussent traduits à la barre; nous aurions connu tous les conjurés à cette époque, et la révolution du 9 thermidor serait arrivée quelques mois plus tôt.

Je fis part, dans le temps, de notre déclaration à Dubarran, membre du comité de sûreté générale; car j'ai toujours trouvé extraordinaire que Pache, qui a été l'instrument et le centre de toutes les factions.... (vifs applaudissements) n'ait jamais été puni.

Je dis à mes collègues : « Il existe au comité de salut public un registre secret; allez le consulter, et vous verrez quels sont tous les vrais conspirateurs. » J'ai fait tout ce que je devais faire.

Je demande qu'on fasse de plus grandes recherches pour retrouver ce registre, on y verra que des hommes qui n'ont point encore été mis en jugement ont cependant joué un très-grand rôle dans toutes ces conspirations.

Je me rappelle un fait; c'est que, vingt-quatre heures avant l'arrestation de Danton et des quatre autres députés, me trouvant avec Bellegarde au café de la Régence, nous entendîmes Coffinhal faire des propositions qui nous parurent fort extraordinaires. Fabricius était présent. Le lendemain nous nous rendîmes au comité de salut public, pour en faire part à Robert Lindet. Nous lui nommâmes Pache et d'autres conspirateurs qui menaçaient la représentation nationale. Nous avons su que l'acte d'accusation contre les cinq membres avait été rédigé par Robespierre.

COCHON : Tout cela est vrai.

ROBERT LINDET : J'ai été témoin des événements des 31 mai et 2 juin; je ne rendrai pas compte des conférences secrètes, mais de tout ce qui s'est passé au comité de salut public.

La journée du 31 mai fut grande, heureuse, utile et nécessaire. Elle était préparée depuis longtemps. Souvenez-vous quel avait été l'état de la Convention avant cette époque. Depuis longtemps la France nous demandait une constitution, que nos dissensions lui ôtaient l'espoir d'avoir jamais. Partout l'opinion était égarée, et nous ne pouvions la fixer.

Un jour on décrétait l'envoi d'une motion aux départements; le lendemain un membre prononçait une opinion contraire, elle était également envoyée. Aujourd'hui l'on envoyait une Adresse dans un sens, demain on en envoyait une autre dans un sens opposé. L'opinion flottait incertaine; les sections de Paris vinrent vous demander de vous juger vous-mêmes : enfin on sut vous rendre justice; on sut quels étaient les ennemis du peuple; on sut que tous avaient proclamé la liberté et l'égalité, mais que beaucoup ne la voulaient pas. Les sections de Paris vous signalèrent vingt-deux membres comme les ennemis du peuple. Ces membres, qui avaient un grand crédit et de grands talents, crurent qu'ils devaient ériger un tribunal terrible, la commission des Douze, qui alarma la liberté publique.

Plusieurs voix : Au fait!

ROBERT LINDET : Cette commission moins affreuse que ce que nous vîmes depuis....

*Plusieurs voix :* Elle n'a fait arrêter qu'Hébert.

ROBERT LINDET : Je me fais un devoir de parler franchement. Rarement j'ai paru à la tribune ; mais j'ai toujours parlé sincèrement à ceux qui m'ont fait l'amitié de m'écouter, et nul ne me reprochera d'avoir eu l'âme atroce.

Paris et toute la France ensuite réclamèrent contre la commission des Douze.

Rappelez-vous ce que vous étiez avant le 31 mai, et vous aurez les motifs qui ont déterminé ce grand mouvement.

*Plusieurs voix :* Nous ne voulons pas regarder en arrière.

ROBERT LINDET : La désorganisation était totale dans la Convention , le temps se passait en débats stériles ; il n'était plus possible de décréter ni de faire le bonheur du peuple, qui voulait une constitution. Il vint vous dire : Il y a parmi vous vingt-deux citoyens, et ceux qui composent la commission des Douze, qui s'opposent à ce que nous ayons une constitution et un gouvernement....

*Plusieurs voix :* C'est faux, ils ne s'y opposaient pas.

ROBERT LINDET : Je serai toujours narrateur fidèle et jamais apologiste ; jamais je ne substituerai les écarts de mon imagination au récit des faits. Je suis obligé de rappeler la situation de Paris. Toute cette commune voulait l'arrestation des vingt-deux membres.

*Plusieurs voix :* C'est faux]

ROBERT LINDET : On vous apporta le vœu de toutes les sections de Paris....

*Plusieurs voix :* Elles n'avaient pas été consultées.

ROBERT LINDET : Il y a eu alors un grand mouvement dans Paris. Des hommes qui nous demandaient des lois et un gouvernement, des hommes qui nous demandaient compte de nos travaux, et qui ne les voyaient pas avancer, n'étaient pas des contre-révolutionnaires. La commission ne fut pas accueillie, parce que ce n'était pas cela qu'on demandait. Le comité de salut public veillait, il passait les nuits à se faire rendre compte de la situation de Paris : Dufourny et Lullier y venaient ; c'est avec eux que j'ai passé plusieurs nuits. Garat vous rendit aussi des services importants. Je ne parle pas des déclarations des commissaires de sections, je parle du discours que Garat vous fit ici, et dans lequel il vous traça la situation de Paris. Jamais Garat ne fut plus sublime que dans ce moment, où.... ( Murmures. )

MERLIN (de Thionville) : Les murmures et les interruptions que l'on fait éprouver à Lindet me démontrent à moi que l'on touche l'endroit sensible des interrupteurs ; je n'ai été ni du 2 septembre, j'en appelle à Bourdon ( de l'Oise) et Legendre, qui étaient avec moi à Amiens ; pas plus du 31 mai, j'avais le bonheur de défendre ma patrie à Mayence ; eh bien , sans reproches et sans avoir concouru à aucunes machinations, déterminé à n'en souffrir jamais, je regarde comme coupables ceux qui ou l'autre époque ceux qui interrompent ceux qui veulent franchement nous éclairer.

MARIC : Il ne s'agit pas ici de faire l'apologie de Pache, d'Hanriot et d'autres conspirateurs, et de justifier leur conduite. ( Murmures et applaudissements. )

ROBERT LINDET : Sans la journée du 31 mai , vous aviez la Convention de Bourges, dont on demandait le rassemblement depuis deux mois. Le 2 juin, l'arrestation des vingt-deux membres eut lieu. Si j'avais été rapporteur du comité de salut public, je ne vous aurais dit que ce qui s'était passé dans le comité ; mais j'ai su que le rapporteur avait été instruit par des avis particuliers.

J'ai cru important de rendre compte à la France des motifs qui ont amené la journée du 31 mai. Lorsque je fus passer huit jours à Lyon , j'écrivis à mes collègues : « Hâtez-vous de faire connaître à la France les motifs de l'arrestation des vingt-deux membres , car c'est un grand sujet de division dans les départements. » Le rapport fut trop différé ; si on l'avait pressé davantage, il n'y aurait pas eu d'aussi grandes agitations dans toute la république, on n'eût pas levé des armées dans tous les départements. Je fus obligé d'aller aussi dans deux qui étaient coalisés, et où s'étaient réunis les députés de neuf départements qui voulaient fédéraliser la France. Je m'y présentai, et, dès que j'eus dit que la Convention était libre, tous les bataillons disparurent. On ne voulut plus recevoir de lois que de vous ; on se dit : Ceux-là sont nos vrais représentants qui nous donnent une constitution ; rallions-nous à eux, et nous aurons le bonheur. Aussitôt la paix se rétablit dans ces neuf départements.

J'ignore s'il y a eu des délibérations secrètes prises dans le comité , et de quelle espèce elles étaient. Le 17 juillet je n'étais plus à Paris.

Il y a plus de six mois que j'ai dit à mes collègues : Renouvelez-nous ; nos fonctions sont trop longues. Lorsqu'on est venu dire au comité que ses opérations étaient excellentes, je l'ai toujours nié ; j'ai dit que c'était à la patience du peuple , à son dévouement pour la liberté et l'égalité, que l'on devait attribuer l'état où se trouvait la république. J'ai ouvert mon âme à tous ceux qui ont voulu y lire. Je demande aussi qu'on éclaire ma conduite ; je me soumets à tous les jugements.

*Quelques voix :* Il ne s'agit pas de cela.

L'assemblée ferme la discussion , et passe à l'ordre du jour.

MERLIN (de Douai) , au nom du comité de salut public, fait lecture à la Convention des nouvelles reçues des armées. (Voyez la notice à la fin du n° 32.)

— Sur un rapport fait au nom du comité des travaux publics , le décret suivant est rendu :

« La Convention nationale, après avoir entendu le rapport de son comité des travaux publics , décrète :

« Art. Iᵉʳ. Il sera fait un canal d'art et de navigation pour joindre la rivière d'Oise à celle de la Sambre.

« II. La commission des travaux publics est chargée de faire les recherches les plus promptes des plans et mémoires relatifs au projet de ce canal, et, à défaut, elle fera procéder sans délai à toutes les opérations préliminaires et indispensables pour ces sortes de constructions.

« La commission est autorisée à ordonnancer, sur les fonds mis à sa disposition, jusqu'à concurrence d'une somme de 10,000 liv.

« Le présent arrêté sera inséré au Bulletin de correspondance. »

La séance est levée à cinq heures et demie.

### SÉANCE DU 2 BRUMAIRE.

*Présidence de Prieur (de la Marne).*

GUYTON-MORVEAU , au nom du comité de salut public : Vous avez ordonné, le 13 prairial, la formation d'une Ecole de Mars, dans la plaine des Sablons ; vous l'avez mise sous la surveillance de votre comité de salut public, en le chargeant de prendre toutes les mesures d'exécution.

Le moment est venu de vous rendre compte de ces mesures, de vous faire connaître, et au peuple français, le résultat de ce premier essai d'une éducation militaire républicaine ; les principes qui l'ont dirigée , les moyens qu'il a fallu créer révolutionnairement, les fruits que l'on peut déjà s'en promettre , les vues que l'on doit recueillir pour assurer et accroître les avantages de cette institution, d'appeler enfin, sur tous ceux qu'y ont heureusement coopéré, sur la masse des élèves qui ont si bien justifié vos espérances, le regard de la Convention nationale, qui est à la fois leur récompense et le principe de leur émulation.

Tel est l'objet du rapport que le comité m'a chargé de vous présenter.

Ce que vous avez vu décadi, à la fête des Victoires, de la force et de l'adresse des élèves de cette école , dans une lutte préparée pour offrir le simulacre d'un combat, me dispensera de vous retracer toutes les preuves qu'ils en avaient déjà données ; mais l'impression que vous en avez conservée ajoutera sans doute à l'intérêt avec lequel vous entendrez l'exposition des moyens par lesquels on a obtenu des progrès si rapides et véritablement étonnants.

Aussitôt que votre décret a été connu dans les départements, il a fait naître l'ardeur de participer à ce bienfait d'une éducation nationale. Les jeunes gens se sont présentés en foule, les municipalités ont indiqué aux agents nationaux des districts ceux qui étaient dans les conditions imposées par la loi, et à qui elle faisait un titre de préférence de l'indigence de leurs parents ou de leur dévouement pour la patrie : les regrets de ceux que le défaut d'âge ou la faiblesse de leur complexion ne permettait pas d'admettre ont été souvent marqués par des larmes. Plusieurs sont venus à Paris dans l'attente incertaine d'être reçus en remplacement ou comme surnuméraires ; et, ce qui ne doit pas rester ignoré, c'est que la plupart de ces derniers n'ont pu se mettre en route qu'en suite de l'offre généreuse de leurs compatriotes élus de leur faire part de la subsistance qu'ils devaient recevoir.

L'époque de l'ouverture de l'école était très-rapprochée ; la nécessité de profiter de ce qui restait de la belle saison n'avait permis de donner que trois décades pour appeler les élèves de tous les points de la république, rassembler des instructeurs de tout genre, préparer une organisation, disposer un camp pour environ quatre mille hommes, et l'approvisionner de tout ; mais la rapidité du torrent révolutionnaire ne laisse pas apercevoir les frottements, et, dans les entreprises qui sortent des limites posées par l'usage, la force de première impulsion approche plus sûrement du but que le mouvement continuellement retardé par les oscillations d'un régulateur.

Le 20 messidor, la plaine aride des Sablons était couverte de tentes, et présentait un camp fermé de tous côtés par des palissades et chevaux de frise, avec son parc d'artillerie, des baraques pour les chevaux, une enceinte particulière pour servir d'hospice, sous le nom de quartier de santé, presque tous les services montés pour les distributions de subsistances, d'armes, d'habillements, d'équipements, et déjà l'on travaillait à l'élévation de la grande baraque destinée à contenir la totalité des élèves pour y recevoir les instructions orales.

L'organisation à donner à cette nouvelle école était le point le plus important pour réaliser les espérances que vous en aviez conçues ; l'amour de la liberté et de l'égalité, la haine des tyrans, la pratique des vertus républicaines, de la fraternité, qui les rend toutes faciles, les exercices propres à endurcir le corps, à lui donner l'habitude des mouvements réglés, des leçons préparées pour aider l'intelligence, échauffer le courage, effacer l'impression des préjugés, et jeter dans la mémoire quelques vérités utiles, dont le talent se saisit pour se former, dont l'application amène les développements : voilà les bases que votre comité s'est proposées.

Les mœurs tiennent plus qu'on ne pense aux usages ; et quand on est d'accord de la nécessité de régénérer les mœurs d'une nation, ne serait-ce pas une sorte de faiblesse de respecter encore des noms, des formes, qui n'ont pour eux que l'autorité d'un régime proscrit ; qui ne se conservent que parce qu'il est plus facile d'adopter ou d'imiter que de créer et de perfectionner ? Mais c'est précisément quand de si puissants motifs appellent des changements heureux que l'on doit les tenter ; c'est quand on a à sa disposition une jeunesse ardente de patriotisme, encore libre des entraves d'une longue habitude, qu'il est permis d'essayer des innovations dont les fautes mêmes profitent à l'instruction générale. Quelle serait pour les républicains la raison de copier ce qui se fait dans les contrées soumises aux despotes ? Approprions-nous tout ce qui tient essentiellement à la perfection de l'art militaire ; hors de là, ce sont des dissemblances, et non des rapprochements, que nous devons chercher.

Tel est l'esprit qui a dirigé la formation de la petite armée du camp des Sablons.

Au lieu de régiments, de bataillons, d'escouades, et autres divisions communes aux hordes soudoyées par tous les despotes, la troupe des élèves a été partagée en mille, en cent, en dix, qui ont formé des milleries composées de dix centuries, des centuries composées de dix décuries, des décuries composées de dix hommes. Les avantages de cette distribution sont sensibles : elle rentre dans le système décimal que vous avez adopté ; elle prévient bien des obscurités dans la comptabilité ; elle représente bien plus fidèlement la force réunie sous ces dénominations.

Suivant cette méthode, aussi simple que commode, le commandant de la millerie a pris le nom de millerion ; le centurion a fait dans la centurie les fonctions de capitaine ; le décurion, ayant dix hommes sous ses ordres, a remplacé le sous-officier.

La composition de ces sections exigeait une autre attention. A la voix des représentants du peuple, six élèves étaient partis ensemble de leurs districts pour suivre la même carrière dans cette période de leur éducation. Les liaisons préparées entre eux par la localité de la naissance n'avaient pu que se fortifier par cette commune destination et par leur cohabitation dans le voyage ; mais les affections particulières devaient être subordonnées à de plus grands intérêts, à des affections plus générales. Ce n'était pas les enfants de tel district, de tel département, que l'on devait voir dans l'Ecole de Mars, mais les enfants de la grande famille, unis par les liens d'une fraternité républicaine, n'ayant d'autre émulation que celle de servir mieux la commune patrie : c'est le spectacle qu'a offert continuellement le camp des élèves, qui, dès leur arrivée, ont été dispersés de manière qu'à peine il s'en est trouvé deux du même district dans la même centurie.

Pour ce qui est du vêtement, vous aviez paru donner votre assentiment aux vues de votre comité. Pour le rendre plus commode et plus propre à garantir le soldat de l'intempérie des saisons, il a été formé d'un habit descendant jusqu'au genou, marquant la taille, fermant par devant dans toute sa longueur en forme de cotte, attaché dans le haut par un double rang de ganses, le bas portant un feston par impression, les épaules recouvertes par des pièces de buffle, une ceinture imitant la peau du tigre, servant de giberne, un pantalon de drap, des bottines ou des demi-guêtres en toile noire, une cravate rouge, nouée largement sous le collet de la chemise renversé, un bonnet de feutre à bord retroussé par des cordons, un sabre court à la romaine, porté par un baudrier en cuir noir. Voilà ce qui a composé l'uniforme des élèves de l'Ecole de Mars.

Je ne vous ai point parlé de la couleur de l'habit ; c'était là chose la plus marquante quand l'uniforme d'un corps n'était réellement que la livrée de celui qui en avait le commandement ou qui prétendait le tenir en propriété.

L'essai fait à l'Ecole de Mars a prouvé que, sans adopter une seule couleur, il était possible de donner à une troupe tout l'ensemble et la bonne tenue que l'on peut désirer, et l'on sait quelle économie peut en résulter.

Le comité ne dissimulera pas que, si l'uniforme adopté pour les élèves de l'Ecole de Mars a paru dans son ensemble présenter de grands avantages, l'expérience a indiqué des corrections dans quelques parties ; mais je ne vous occuperai pas ici de ces détails, qui seront l'objet d'une note particulière, et qui méritent d'autant plus d'attention qu'ils semblent devoir donner toute la perfection désirable à cette partie du régime militaire.

Le décret du 13 prairial portait expressément que les élèves seraient formés à la frugalité ; vos vues ont encore été remplies à cet égard, de manière à prouver avec quelle facilité cette vertu se naturalise dans une république, et jusqu'où elle peut être portée sans intéresser la santé, sans nuire au développement des forces physiques. L'appétit de cette jeunesse n'a été consulté que pour le supplément de pain; la ration de viande n'a été fournie que deux fois par décade; il n'y a eu de distribution d'eau-de-vie et de vin que dans quelques circonstances rares, et en petite quantité; et pour qu'aucun des élèves ne pût éluder ce régime de sobriété, ni troubler la douce égalité par le spectacle de jouissances non partagées, tous avaient déposé en arrivant les assignats qui leur restaient.

Ces précautions n'ont pas servi seulement à prévenir les maladies, suites trop fréquentes des excès; elles ont écarté les sujets de jalousie, les querelles et toutes les occasions ordinaires de désordre; aussi la police a-t-elle été facile à maintenir.

La police des camps a pour objet l'examen et le jugement de quelques délits qui ne peuvent être assez caractérisés pour que chaque supérieur puisse en ordonner sur-le-champ la punition, en exécution d'un règlement. Votre comité a pensé que c'était une occasion favorable d'essayer une institution qui lui semblait la plus propre à faire disparaître des armées bien des vices et bien des abus. Il suffirait pour cela d'établir un tribunal composé de vétérans jouissant d'une réputation généralement reconnue de probité, de sens droit et de valeur; ils n'auraient pas besoin d'un code écrit pour juger les délits de lâcheté, d'infidélité, de vol : le sentiment qu'ils leur inspireraient, par l'opposition avec ce qu'ils auraient constamment pratiqué pendant leur honorable carrière, leur ferait condamner le vice avec toute la mesure de sagesse qui pourrait se concilier avec les grands intérêts publics. Comme ils n'auraient point d'études, point d'habitudes des formes judiciaires, leur opinion serait plus saine et moins vacillante; ils ne se laisseraient pas égarer par de vains subterfuges; ils accorderaient à la faiblesse humaine l'indulgence qu'elle est quelquefois en droit de réclamer; enfin la décision de ces hommes entourés du respect dû à leur âge, à leurs services, à leurs vertus, ne pourraient manquer d'obtenir l'assentiment général, et inspirerait une retenue salutaire à ceux qui en auraient besoin pour se soustraire à l'empire de leurs passions.

Le tribunal formé sur ce plan à l'École de Mars en a démontré les avantages. Les jugements ont toujours été ramenés à ce juste tempérament que prescrivait la faiblesse de l'âge; et cependant il serait difficile de se faire l'idée d'un aussi grand rassemblement d'hommes armés où la discipline fût plus exacte, la subordination mieux observée, où il y eût moins de vices à punir, moins d'excès à réprimer.

Un essai d'un autre genre a été fait au camp des Sablons, et l'importance de son objet, les avantages qu'on en a obtenus, doivent en faire un article intéressant de ce rapport; je veux parler de la nouvelle forme, du nouveau régime d'hôpital qui y a été établi sous le nom de *quartier de santé*.

Jusqu'alors on avait douté que les malades pussent recevoir sous la tente les secours que leur état exige; l'opinion même de quelques officiers de santé de réputation avait fait abandonner le projet de le tenter; ceux qui ont suivi les armées, qui ont été tant de fois douloureusement témoins des souffrances des malades et des blessés dans les fréquentes évacuations, dans les transports si pénibles pour arriver à un hôpital sédentaire souvent éloigné de plusieurs journées, apprendront avec satisfaction que l'expérience a prouvé que, sous des tentes faites exprès, avec un peu plus d'art, ils peuvent être traités, pansés et guéris aussi commodément, aussi pro-

prement, avec aussi peu de frais que dans les hospices les mieux tenus, et sans courir le risque de voir empirer le mal qu'ils y apportent par le mal que leur communique l'air infect et contagieux que l'on y respire.

Plus de cinq cents élèves, attaqués de diverses espèces de maladies, ont été reçus au quartier de santé, et, malgré le nombre des fièvres putrides et malignes, des fluxions de poitrine, des dyssenteries que les chaleurs de thermidor ont rendues si communes, dix seulement ont été emportés.

La pharmacie, la lingerie, les cuisines, les officiers de santé et la direction étaient également sous la toile, afin qu'il ne manquât rien à la démonstration de la possibilité d'établir un semblable hospice à la proximité des camps. Le service s'y est fait avec la même régularité; il n'y a eu augmentation de consommation d'aucune espèce, et les malades n'ont jamais formé la moindre plainte.

A ce tableau de l'organisation de la troupe en masse je dois faire succéder celui de l'emploi du temps, des divers exercices auxquels les élèves ont été successivement appelés, de la forme et des objets de l'instruction qui leur a été donnée.

Depuis le premier appel, qui se faisait à cinq heures du matin, jusqu'à huit du soir, où le canon commandait la retraite et ne laissait en mouvement que les patrouilles destinées à faire régner le silence, qui est l'ordre de la nuit, la journée a été distribuée de manière que toutes les facultés des élèves recevaient successivement la mesure d'application qu'elles pouvaient supporter; la variété d'occupation tenait lieu de repos; les soins de propreté, la préparation des repas, le service des postes, la lecture, tout avait sa place et servait à l'instruction.

L'école de la position, de la marche des pelotons, de la charge du fusil, occupait d'abord le plus grand nombre; ceux qui montraient plus d'intelligence et de dextérité sortaient des rangs pour commander eux-mêmes l'exercice, et les centuries se réunissaient le soir pour répéter ensemble les manœuvres de l'infanterie.

Pour la cavalerie, il n'eût pas été possible d'exercer à la fois tous les élèves; on devait craindre cependant de blesser l'égalité par des préférences; il ne fallait pas non plus renoncer à l'espérance de retirer pour la république quelque fruit de cette instruction, en en faisant un partage qui n'aurait profité à aucun, qui les aurait tous laissés au premier pas. Tous ces intérêts ont été heureusement conciliés; cent élèves ont d'abord été admis aux leçons d'équitation pendant une décade; les trente qui ont montré plus d'aptitude, qui ont été jugés avoir fait plus de progrès, ont continué cet exercice; ils ont formé progressivement un noyau destiné à seconder par l'exemple les préceptes des instructeurs; et les derniers appelés ont eu, pour regagner l'ensemble, la même facilité que les recrues qui entrent dans un vieux corps. Ainsi, c'est le sort qui a marqué les premiers choix dans chaque centurie; c'est la capacité et les services qu'elle donnait droit d'espérer qui ont décidé les seconds; de pareilles distinctions ne blessent aucunes prétentions; il n'y a point d'autres dans une république.

C'est en suivant la même méthode que l'on a formé en si peu de temps des canonniers en état de manœuvrer avec ceux qui ont vieilli dans cet exercice, et le corps de piquiers que l'on a vu avec tant de légèreté et d'audace se présenter au-devant de la cavalerie en mouvement.

Le peu de temps que l'on a pu consacrer à la pratique de l'art des fortifications a obligé de prendre une autre route, mais toujours sans perdre de vue les mêmes principes.

Ici l'intelligence devait être préparée par les premiers éléments du calcul et de la géométrie, à défaut par l'habitude du dessin, ou du moins se manifester par le fruit des leçons déjà reçues. Des examinateurs ont parcouru toutes les centuries : que l'on ne pense pas que ces examens aient eu quelques traits de ressemblance avec ces concours où l'amour-propre joue un si grand rôle. Il faut en avoir été témoin pour connaître à quel point le sentiment de l'intérêt général peut maîtriser toutes les autres passions. Ceux des élèves à qui les questions étaient adressées les renvoyaient à leurs camarades qu'ils savaient plus en état d'y répondre; on n'eut bientôt plus qu'à regretter que le nombre des candidats fût limité; et la prérogative de ceux-ci ne fut encore que de multiplier la voix de l'instructeur pour transmettre et expliquer à leurs frères les principes d'après lesquels avaient été ordonnés les travaux dont ils étaient chargés.

Mais ce n'était pas seulement pour des exercices que vous aviez institué l'Ecole de Mars; vous aviez marqué l'intention de faire l'essai d'une gymnastique républicaine propre à donner en même temps aux élèves des notions de tous les arts qui sont utiles à la défense de la patrie.

Je vous ai annoncé qu'une grande baraque était destinée à l'instruction orale. C'était un spectacle bien satisfaisant de voir dans une même enceinte trois mille cinq cents élèves, arrivés de tous les districts de la république, réunis sur des gradins demi-circulaires, se maintenir dans l'attitude de l'attention, autant par l'avidité de s'instruire que par la discipline; ne se permettre de mouvements que pour répondre aux élans patriotiques du professeur, que pour applaudir aux actes de discipline proclamés pour l'exemple, et pour épancher leur âme sensible au récit des avantages remportés par les républicains sur les ennemis de la liberté.

Comme, dans l'organisation du camp, on avait cherché la plus grande simplicité, en confiant à un général tout ce qui tenait au commandement et à l'action, en chargeant un commissaire des guerres de toutes les parties de l'administration, l'instruction a été ordonnée dans le système de ces deux attributions.

Un militaire, formé par l'étude et l'observation, a été chargé d'enseigner les principes de l'art de la guerre, les règles de la tactique, les ordres de marche et de bataille, et la castramétation.

Un citoyen, connu par ses recherches dans la science économique, par son application à porter les lumières de la physique dans les ateliers des arts mécaniques, a pris pour but de ses leçons de faire connaître aux élèves tout ce qui est nécessaire pour former et entretenir une armée de cent mille combattants; les matières qu'elle consomme, l'étendue de terrain qu'exige leur production, les métiers qui les préparent, l'ordre de leur approvisionnement, de leur distribution.

Un habile officier de santé a terminé ses cours par l'exposition des moyens de conserver la santé des troupes, de prévenir, d'arrêter la contagion, pour compléter ainsi le système de connaissances qu'il importe à tout individu d'acquérir, pour son propre intérêt et celui de la société, et qui devait entrer dans ce premier essai d'une éducation nationale.

Je ne vous occuperai pas des développements que les professeurs ont donnés à chacune de ces parties; ils vous sont assez connus par les programmes des leçons imprimées pour les élèves, et dont le recueil vous a été distribué.

Venons aux grands résultats. Une des vérités les plus importantes qui se trouve acquise, ou plutôt confirmée, par les essais faits à l'Ecole de Mars, c'est que tout soldat, soit d'infanterie, soit même de cava-

lerie et d'artillerie, peut apprendre, en moins de trois mois, le maniement des armes et toutes les parties de son service, de manière à exécuter en corps nombreux toutes les manœuvres avec une grande précision.

Mais si cette régularité dans les mouvements, jointe à la célérité que donne l'habitude, est indispensable et le premier objet que l'on doit se proposer dans l'instruction des corps militaires, ceux qui sont appelés à les diriger, à les commander, ont besoin de connaissances d'un autre genre; il faut qu'ils sachent disposer ces corps avec avantage sur le terrain, qu'ils puissent juger conséquemment ce que les localités présentent de favorable ou de contraire à leur projets; il faut qu'ils combinent la force et l'adresse, la valeur des troupes, la qualité de leurs armes, tous les moyens enfin de rompre l'équilibre du nombre, ou d'en tirer le plus grand parti : or ceci exige une étude approfondie de tout ce qui tient à l'art de la guerre.

Cet art embrasse des sciences exactes, des connaissances physiques; il doit remonter jusqu'aux moyens producteurs de toutes les fournitures et à l'approvisionnement d'une armée.

Les notions qu'en ont prises les élèves du camp des Sablons ne seront pas sans fruit, et les ouvrages qui ont été publiés dans cette vue produiront au moins le très-grand bien d'exciter l'émulation de nos guerriers, déjà signalés par tant d'exploits contre les satellites des tyrans, et qui voudront se surpasser en appliquant leurs loisirs à découvrir de nouveaux moyens de vaincre et d'anéantir les hordes barbares armées contre la liberté des peuples.

Lorsqu'on a coopéré à un établissement qui a donné tant d'occasions de reconnaître son utilité, il est naturel de s'affectionner à sa durée; mais quand votre décret ne l'aurait pas fixée à l'époque où les élèves ne devaient plus rester sous la tente, ce premier vœu ne pourrait se soutenir contre la réflexion qu'il est de l'essence de cet établissement de cesser pour se renouveler. Les raisons qui vous ont déterminés à placer l'Ecole de Mars dans cette classe sont encore présentes à votre esprit.

Ces jeunes citoyens, appelés de tous les districts pour recevoir les premiers éléments de l'instruction militaire républicaine, devaient y rentrer pour y offrir l'exemple des vertus qu'ils y ont pratiquées, y montrer les fruits rapides de leur application, en faire le sujet de l'émulation de leurs compatriotes, y porter, en un mot, l'esprit de cette fraternité républicaine qu'ils y avaient puisée. Ils devaient se retrouver dans leurs districts pour y attendre la réquisition; sans cela, quel eût été l'objet de cette institution.

L'égalité et la politique s'opposent également à ce qu'ils soient envoyés aux armées pour y former un corps particulier; l'égalité veut encore qu'ils fassent place à ceux que leur âge appelle à participer à leur tour à ce bienfait de la république. Ajoutons que ce serait tromper le vœu de leurs parents qui les attendent; ils désirent eux-mêmes de s'y réunir, de revoir momentanément leurs foyers; du moins le plus grand nombre en a exprimé l'intention.

Enfin leur casernement exigerait des préparatifs, des approvisionnements, une nouvelle manutention auxquels il n'est pas possible de pourvoir avant la levée du camp. Rien n'est prévu pour le transformer subitement en une maison d'enseignement, où il faudrait reprendre en sous-œuvre la première éducation qui manque à la plupart pour en profiter.

Le régime tout différent qu'il faudrait y établir ne serait pas l'ouvrage d'un moment, pour garantir les mœurs des dangers des chambrées, y entretenir une discipline exacte, et faire succéder les exercices de manière que la corruption ne pût y être introduite par l'oisiveté.

Votre comité hésite d'autant moins de vous proposer de maintenir cet article de votre décret, qu'il lui réserve la faculté d'admettre ceux qui le désireraient à d'autres genres d'instruction, suivant l'aptitude et le zèle qu'ils auraient montrés.

Ainsi les plus avancés dans les premières études mathématiques pourront se présenter à l'examen dont vous avez ordonné l'ouverture pour l'admission à l'école des travaux publics.

Ceux qui se sont distingués dans l'exercice de l'équitation pourront, sur leur demande, être envoyés dans les dépôts, ou réunis pour se perfectionner pendant quelques mois, et former une pépinière d'instructeurs dans cette partie.

Il en sera de même de ceux qui auront atteint dans les manœuvres de l'artillerie un degré d'instruction qui pourra les rendre dès à présent utiles à ce service.

Plusieurs seront susceptibles d'emplois de confiance près des agences ou dans les ateliers vers lesquels leur goût les porterait.

Ceux enfin à qui la faiblesse de leur complexion ne laisserait aucune de ces ressources pour cesser d'être à la charge de parents indigents ne seront pas abandonnés par la patrie; votre comité d'agriculture et des arts doit vous proposer d'assigner un fonds pour payer l'apprentissage de divers métiers dont la société éprouve le besoin. Qui est-ce qui aura plus de droit à cette munificence nationale que ces enfants qui, dénués de tout secours, auront à vous offrir, avec les preuves de leur indigence, les témoignages d'une conduite éprouvée par leur séjour à l'Ecole de Mars?

La Convention nationale trouvera juste, sans doute, de donner un témoignage solennel de satisfaction à la conduite et aux progrès des élèves de l'Ecole de Mars, ainsi qu'au zèle des instructeurs et autres agents qui ont concouru à former cet établissement.

Le comité de salut public, pour remplir le vœu de la loi du 13 prairial, a pris des précautions pour que le retour des élèves dans leurs foyers n'entraînât ni confusion, ni abus; sa marche à cet égard sera à peu près la même qu'à leur arrivée : l'on doit encore cet éloge aux Elèves de Mars, qu'il ne s'est élevé aucunes plaintes sur leur conduite en route; ils ont pleinement justifié cette attente de la Convention, que la surveillance fraternelle, c'est-à-dire les bons avis d'un de leurs camarades qui en serait spécialement chargé, suffirait pour prévenir les écarts que l'inexpérience de leur âge aurait pu produire.

Votre comité a pensé aussi qu'il serait convenable que ces jeunes gens gardassent la propriété des objets qui ont été à leur usage personnel au camp des Sablons, et qui consistent dans leur habillement uniforme, leur sabre, trois chemises, un havresac et quelques autres effets d'équipement.

Quant aux armes, à tout ce qui tient à l'artillerie, à l'équipement des chevaux, aux effets de campement, outils, ustensiles et autres fournitures, ils seront réintégrés dans les magasins nationaux.

Pour compléter l'instruction si heureusement commencée par l'Ecole de Mars, il serait à désirer que le comité militaire vous proposât incessamment les moyens d'établir à Paris, et pendant l'hiver, des cours publics sur les diverses branches de l'art et de l'administration militaire, et que le comité d'agriculture vous fît part de ses vues sur l'apprentissage des métiers les plus utiles que la république ferait suivre à ses frais à des enfants de parents peu fortunés, et dont les élèves de l'Ecole de Mars pourraient profiter.

Déjà plusieurs conférences sur des objets d'une si grande utilité font entrevoir la possibilité prochaine de ces institutions.

Voici le projet de décret qui contient ces diverses mesures.

Guyton-Morveau lit un projet de décret qui est adopté en ces termes :

« La Convention nationale, après avoir entendu le rapport du comité de salut public, décrète ce qui suit :

« Art. I⁰ʳ. En conformité de l'article XI de la loi du 13 prairial dernier, le camp des Sablons sera levé, et les élèves de l'Ecole de Mars retourneront dans leurs foyers. Il leur sera en conséquence délivré, par le commissaire de l'Ecole, des états de route, comme ils en ont eu pour venir à Paris, et avec les mêmes précautions.

« II. Les élèves emporteront les effets d'habillement et d'équipement qui ont été à leur usage personnel pendant leur séjour à l'Ecole de Mars, ainsi que leur sabre; ils en conserveront la propriété.

« III. Les fusils, les piques, l'artillerie et tous les objets qui en dépendent, les chevaux et leur équipement, enfin les effets de campement, ustensiles, outils, fournitures, autres que celles mentionnées à l'article précédent, seront rétablis dans les divers magasins nationaux d'où ils ont été tirés.

« IV. Pour plus de facilité, l'évacuation du camp des Sablons commencera à se faire aussitôt après la notification du présent décret, et de manière que l'opération soit achevée le 15 brumaire présent mois.

« Le comité de salut public est chargé de donner les ordres nécessaires pour régler les dispositions de détail relatives à cet objet, afin de prévenir tout abus et d'assurer la conservation des établissements du camp qui ne sont pas susceptibles de déplacement.

« V. Le comité de salut public est autorisé à placer dans les armées de la république, ou employer dans d'autres fonctions, ceux des élèves et des instructeurs qui y seraient propres.

« Le comité prendra en conséquence tous les renseignements nécessaires pour faire ces placements d'une manière convenable, suivant que les besoins de la république l'exigeront.

« VI. Le comité militaire fera, le plus promptement possible, un rapport sur les moyens d'établir pendant l'hiver, à Paris, des cours publics pour perfectionner l'instruction sur toutes les parties de l'art militaire, et sur celles du service des commissaires des guerres.

« VII. Le comité d'agriculture proposera aussi incessamment à la Convention un projet de décret pour faire faire à un certain nombre d'enfants peu fortunés l'apprentissage de divers métiers, dont la nation paiera les frais.

« Les élèves de l'Ecole de Mars pourront être admis à cet avantage, suivant le mode qui sera prescrit, et s'ils remplissent les conditions qui seront exigées.

« VIII. La Convention nationale déclare qu'elle est satisfaite de la conduite des élèves de l'Ecole de Mars et de leurs progrès dans les différents genres d'instruction qui leur ont été donnés, ainsi que du zèle des instructeurs et agents qui ont concouru à former cet établissement.

« La Convention nationale attend des élèves de l'Ecole de Mars qu'ils conserveront les vertus républicaines qu'on leur a fait pratiquer, et que, par leur dévouement à la patrie, ils s'acquitteront envers elle du bienfait qu'ils en ont reçu.

« IX. Le présent décret et le rapport seront insérés au Bulletin de correspondance, imprimés et distribués; il en sera remis un exemplaire à chacun des élèves, instructeurs et autres officiers du camp, par les représentants du peuple près l'Ecole de Mars, qui certifieront à la suite qu'ils ont suivi les exercices du camp depuis son établissement jusqu'à sa levée.

« Cette attestation leur servira à faire entrer cet espace de temps dans l'état de leur service dans les armées de la république. » *(La suite demain.)*

---

*Payements à la trésorerie nationale.*

Le payement du perpétuel est ouvert pour les six premiers mois; il sera fait à tous ceux qui seront porteurs d'inscriptions au grand livre. Celui pour les rentes viagères est de huit mois vingt et un jours de l'année 1793 (vieux style.)

## POLITIQUE.

### ÉTATS-UNIS D'AMÉRIQUE.

*New-Yorck, le 30 Juillet.* — Un citoyen, homme de foi, revenu du Canada, rapporte que les chefs des nations sauvages font de fréquentes visites au gouverneur anglais Limcné, et qu'ils lui apportent des chevelures de citoyens des Etats-Unis. Ce gouverneur, pour les encourger dans ces massacres, les leur paie une guinée la pièce. Ce même citoyen ajoute que les agents des Etats-Unis vers les frontières du Canada ne peuvent plus faire aucune opposition, et que les Anglais sont occupés partout à élever des forts et à faire des levées d'hommes pour disputer aux Etats-Unis les limites reconnues entre les deux puissances.

D'autres lettres nous apprennent que le solliciteur général a été envoyé à Montréal par le gouverneur, lord Dorchester, à l'effet de mettre à exécution le bill d'aubaine passé à Quebec par l'assemblée législative, et que tous ceux qui refuseront de jurer fidélité au roi Georges seront emprisonnés ou contraints de quitter le pays; en conséquence de ces ordres, plusieurs familles sont déjà passées dans le territoire des Etats-Unis, où elles ont reçu un accueil fraternel et hospitalier.

La politique de Pitt est bien aveugle et bien imprévoyante, si elle ne conçoit pas que ces violences et ces atrocités exercées devant la porte du sol de la liberté sont de la plus dangereuse conséquence pour les possessions éloignées du territoire de la Grande-Bretagne. Cependant les émigrations immenses des trois-royaumes doivent mettre en garde le ministère britanique contre son penchant pour exercer un despotisme si peu réfléchi.

L'esclavage des nègres était aussi aboli depuis plusieurs années dans la Nouvelle-Angleterre, New-Hampshire, Massachussets, Rode-Island, Connecticut, Vermont, New-Yorck, New-Jersey, la Pensylvanie, la Delaware et le Kentucky. Un acte du Congrès a prononcé qu'il cesserait pareillement dans les Etats du Midi, la Virginie, les deux Carolines, la Georgie et le Maryland.

L'émancipation du reste de cette classe d'hommes infortunés doit avoir lieu avant le 1er novembre 1795.

La législature de Massachussets a arrêté d'accorder une portion des terres publiques de cet Etat à chaque nègre émancipé : cette portion sera fixée proportionnellement à l'étendue de sa famille. Grâce à l'esprit philantropique qui a inspiré ces législateurs, on va voir sur des laudes incultes et inhabitées s'élever des villages, se former des corps de ferme, en un mot, se réunir des communautés de sociétés civilisées.

La république des Etats-Unis s'occupe de récompenser les officiers et les soldats de l'armée continentale, qui ont combattu avec tant de gloire pour l'établissement de la liberté. Un acte de la dernière session du Congrès donne une certaine quantité d'acres de terre à ceux qui ont servi tout le temps de la guerre, ainsi qu'aux enfants de ceux qui ont péri pendant son cours, et une portion moindre est fixée, d'après le temps de leur service, à ceux qui n'ont porté les armes que depuis que la guerre était commencée. Le Congrès a étendu plus loin sa prévoyance. Dans le dessein d'empêcher que les braves vétérans qui voudraient vendre leur portion de terre ne le fassent à un prix préjudiciable pour eux, il a ordonné que dès à présent ils auraient le choix de les prendre en nature ou d'en recevoir la valeur du trésorier des Etats-Unis, en monnaie sterling, suivant leur prix commun actuel, ou enfin d'en recevoir seulement une partie en nature, et le reste en argent.

(*Extrait des papiers américains.*)

### ALLEMAGNE.

*Cologne, le 20 vendémiaire.* — Voici la proclamation adressée par Gillet, représentant du peuple près l'armée de Sambre-et-Meuse, aux habitants de la ville de Cologne :

Au quartier général, à Cologne, le 17 vendémiaire, l'an 3º de la république française, une et indivisible.

« L'armée victorieuse de la république est entrée sur

votre territoire pour en chasser ses ennemis ; la calomnie nous avait précédés dans ces contrées ; nos ennemis nous ont imputé leurs propres crimes ; ils ont cherché à vous alarmer. Rassurez-vous ; la république française punit ses ennemis, mais elle est l'amie de tous les peuples qui veulent vivre en paix avec elle.

« Restez dans vos habitations ; vos personnes, vos propriétés, vos lois, les objets de votre culte seront respectés ; nous n'y mettons d'autre condition que de rester paisibles et tranquilles.

« La nation française a pris les armes pour la défense de sa liberté, et elle ne les posera que lorsque les tyrans auront renoncé au projet de la subjuguer ; mais elle ne veut point s'immiscer dans le gouvernement des autres peuples ; et, en plaignant leur erreur, elle ne prétendra jamais les forcer à devenir libres.

« La Belgique a été conquise ; ses habitants ont compté sur la générosité de la république, et ils ont trouvé dans ses armées sûreté et protection.

« Que n'avez-vous été témoins de l'allégresse qui a signalé notre entrée dans ces provinces !

« Si quelques désordres ont été commis depuis le passage de la Meuse, l'armée les désavoue : ils sont l'ouvrage des brigands soudoyés par nos ennemis, qui s'étaient glissés à sa suite ; les coupables seront bientôt connus et ils seront punis.

« Aucun motif ne peut donc justifier l'absence de ceux qui abandonnent leurs domiciles. — Celui qui s'absente à l'approche de l'armée, s'il n'est un homme trompé, se déclare par cela seul notre ennemi.

« Il est ordonné à tous ceux qui ont quitté leur domicile d'y rentrer dans l'espace de quinze jours, sous peine d'être réputés émigrés, et leurs biens confisqués.

« Le représentant du peuple français promet, au nom de la république, à tous les habitants du pays conquis, sûreté et protection pour leurs personnes et leurs propriétés.

« Il déclare qu'il ne sera rien changé à leurs lois, à leurs usages, et que chacun conservera le libre exercice de son culte ;

« Mais que quiconque se permettra de prendre les armes contre l'armée française, ou attentera à sa sûreté, en entretenant des intelligences avec l'ennemi ou autrement, sera traité comme ennemi de la république, et puni de mort.

« Signé Gillet. »

---

## RÉPUBLIQUE FRANÇAISE.

### SOCIÉTÉ

DES AMIS DE L'ÉGALITÉ ET DE LA LIBERTÉ,

SÉANT AUX CI-DEVANT JACOBINS DE PARIS.

*Présidence de Garnier (de Saintes).*

PRÉCIS DE LA SÉANCE DU 29 VENDÉMIAIRE.

Maure annonce à la Société que ses frères d'Auxerre ont envoyé à la Convention nationale une Adresse signée individuellement.

*Massieu* : Citoyens, le comité d'instruction publique s'occupe depuis deux mois des moyens d'organiser les écoles primaires d'une manière qui puisse remplir les vues sages et philosophiques qui ont été présentées sur cet objet depuis trois ans ; son travail est prêt, et dans deux ou trois jours il le soumettra à l'examen de la Convention.

Massieu entre dans différents détails sur les opinions, les projets et les mesures déjà prises par le comité d'instruction publique pour le succès de cette branche importante. Il termine par inviter les membres de la Société à traiter cette grande question, afin d'éclairer le comité.

*Maure* : Celui qui se livre à l'instruction de ses concitoyens doit jouir de la considération publique, et doit être assuré d'avoir du pain dans ses vieux jours. Sous l'ancien régime, on avait accoutumé le peuple à regarder les instituteurs comme des hommes à gages et méprisables ; soyons plus justes envers cette classe respectable de citoyens, et apprenons aux jeunes gens à regarder comme un second père celui qui leur aura donné l'instruction.

\*\*\* : J'arrive du Mont-Terrible, et je puis assurer que le peuple de ces contrées a le plus grand besoin d'instruction, surtout dans les montagnes où les prêtres se sont retirés et entretiennent l'erreur. Ce ne sera pas assez de faire des lois sur l'instruction publique ; il faudra que la Convention et les Sociétés populaires désignent des instituteurs instruits et patriotes ; et, à cet égard, le projet que la Société populaire de Delémont fit passer à la Convention, il y a quatre mois, me paraît devoir être adopté. C'est de disséminer sur tous les points de la république les défenseurs de la patrie qui auraient reçu une instruction suffisante, et qui ne pourraient plus continuer leur service, par suite de blessures ; la vue de ces braves guerriers produirait dans l'âme des jeunes citoyens le plus grand amour de la patrie.

L'orateur se plaint de ce que la loi du 8 pluviose, qui établit des instituteurs de langue française dans les pays où cette langue n'est point connue, est demeurée sans exécution.

Massieu : Le comité d'instruction publique a prévu les différentes observations qui viennent d'être faites. Voulant, pour le bonheur de la société, déterminer les hommes probes, vertueux et instruits, à aller habiter les campagnes, il a pensé qu'il fallait, non les enrichir, mais les mettre à l'abri du besoin. En conséquence, il a désigné pour leur servir de logement, et d'établissement pour les écoles primaires, les anciens presbytères.

On n'a pas non plus oublié de faire choix, pour les communes qui avoisinent l'Allemagne, d'instituteurs qui connaissent les deux langues.

\*\*\* : Je demande l'épuration des instituteurs actuels, presque tous entachés des préjugés de l'ancien régime. On nous promet, au moyen de l'Ecole Normale, que dans un an nous aurons de bons instituteurs : jusqu'à cette époque empêchons qu'on ne corrompe la jeunesse.

Goujon distingue deux espèces d'instruction, celle de l'esprit, et celle du cœur. « Sous l'ancien régime, dit-il, l'esprit était éclairé, mais le cœur était corrompu ; l'instruction de l'esprit honore la nation sans doute, mais l'instruction du cœur fait le bonheur du peuple. Heureux celui qui pourrait instruire les hommes à la justice et à la vérité ! ( On applaudit. )

« On ne fera jamais régner l'égalité, tant qu'on fera de l'éducation un moyen de s'élever au-dessus des autres.

« Si vous voulez détruire l'effet funeste qu'a produit l'ancienne instruction, il faut établir pour base de celle que vous allez organiser la modération des désirs, qui fait qu'on ne veut jamais s'élever au-dessus des autres, et une horreur profonde pour l'injustice.

« Je demande que, dans sa première séance, la Société discute les grands principes de l'instruction publique. »

Léonard Bourdon appuie les propositions de Goujon, et demande la parole pour la séance suivante — Accordé.

Séance levée à neuf heures et demie.

## CONVENTION NATIONALE.

N. B. Dans la séance du 1er brumaire soir, Prieur ( de la Marne ) a réuni le plus de suffrages, et a été élu président.

Les secrétaires sont Guimberteau, Goujon et Crassous.

SUITE A LA SÉANCE DU 2 BRUMAIRE.

Présidence de Prieur (de la Marne).

Un secrétaire lit la lettre suivante :

Les représentants du peuple, envoyés dans les départements des Bouches-du-Rhône, du Var et de l'Ardèche, à la Convention nationale.

Marseille, le 20 vendémiaire, l'an 3e de la république française une et indivisible.

« Citoyens collègues, nous avons la satisfaction de vous annoncer que l'atmosphère, qui s'était couverte d'orage à Marseille, commence à devenir sereine et calme. Nous avons été témoins aujourd'hui, en nous rendant au temple de la Raison, de la scène la plus attendrissante. Un peuple immense et bon, la joie dans le cœur et sur le visage, a fait retentir les airs de ses bénédictions pour la Convention nationale, dont les sages décrets viennent de l'arracher à la barbarie et à la scélératesse effrénée des monstres qui l'avaient égaré et trompé, et qui l'entraînaient d'un pas rapide dans un abîme de malheurs par tous les moyens de la terreur et du crime. Ce spectacle du contentement, de la joie et du plus vif attachement à la Convention nationale, après le tableau effrayant du silence le plus morne et de la terreur comprimant toutes les âmes, tableau dont nous avons été témoins auparavant, ce spectacle seul suffirait pour prouver la scélératesse de ceux que nous avons fait arrêter, et nous sommes convaincus que la punition sévère de ces grands conspirateurs peut seule rendre Marseille au bonheur, à l'unité et à l'indivisibilité de la république.

« Nous nous occupons dans ce moment à rassembler les pièces justificatives que nous avons déjà contre eux, et nous allons les faire passer à l'accusateur public du tribunal révolutionnaire ; nous continuerons ainsi nos envois à mesure que nous découvrirons de nouvelles pièces sous les divers scellés.

« Nous pouvons assurer à la Convention nationale que nous espérons tout du bon esprit qui commence à régner à Marseille, pourvu que ces grands coupables ne puissent plus la tromper, l'égarer ou la terrifier. Nous continuerons avec courage à protéger l'innocence et à terrasser le crime partout où nous le trouverons.

« Cependant, d'après le mal et le bien qui se sont succédé rapidement à Marseille depuis 1789, nous nous tiendrons toujours sur nos gardes ; et s'il arrivait encore dans Marseille qu'un nouvel esprit de vertige pût se glisser parmi le peuple et le porter à de nouveaux excès, il ne resterait plus d'autre remède que les mesures les plus rigoureuses.

« Salut et fraternité. Signé Saram, Auson. »

Cette lettre sera insérée au Bulletin.

— Les sections de la Fontaine-de-Grenelle, des Sans-Culottes, du Contrat-Social et de la Fidélité viennent assurer la Convention de leur dévouement à la représentation nationale et aux principes qu'elle professe.

La Convention en décrète la mention honorable.

— On lit les lettres suivantes :

Féraud et Neveux, représentants du peuple près l'armée du Rhin, au président de la Convention nationale.

Neustadt, quartier général, le 26 vendémiaire, l'an 3e de la république française une et indivisible.

« Citoyen président, le 16 vendémiaire, le drapeau dont la république a récompensé le courage de nos frères d'armes leur a été présenté dans la plaine de Montbec. Ils ont tous juré, sous ce signe glorieux, la mort des tyrans et de leurs esclaves ; ils ont tous juré l'attachement et le dévouement les plus entiers à la Convention nationale, à la république une et indivisible, et nous avons marché de suite à l'ennemi.

« Le comité de salut public a dû vous dire déjà que le lendemain nous tuâmes de trois à quatre cents cavaliers et chevaux ; nous lui prîmes cinquante ou soixante hussards, autant de chevaux de selle et quarante-huit chevaux de trait ; nous enlevâmes la ville de Frankendal de vive force, et nous arrêtâmes le courrier de Mayence, chargé des dépêches les plus importantes, que nous avons transmises au comité de salut public. Le lendemain nous tuâmes de vingt-cinq à trente chevaux dans une reconnaissance, et nous prîmes Sechelles, Odembach et la ville de Volsheim, et tous les pays adjacents.

« Le lendemain l'armée de la Moselle et celle du Rhin ont opéré leur jonction à Lautrec, où nous nous réunîmes, les représentants du peuple avec les généraux en chef des armées, pour combiner la marche des deux armées. Le 23, nous nous sommes emparés des villes d'Auterberg, Rockenhausen, Lansberg, Alzem et Oberhouse ; le

24, des villes de Gelnheim et Grunstadt. L'armée de la Moselle, avec laquelle nous agissons de concert, prenait en même temps Trarbach, Bergzabell, Birkenfeld, Oberstein, Kirn, Meisenheim, et marche sur Kreutznacht Demain , sans doute, nous ajouterons aussi à nos conquêtes Phidelsheim, Leiselheim, et Pedersheim, et la ville de Worms.

« Ceux qui jetteront un regard sur la carte seront peut-être étonnés qu'en sept jours de temps nous nous soyons emparés d'une si vaste étendue de pays, des positions les plus formidables dans les plus mauvais temps possibles. Nous poursuivrons nos efforts communs avec la même audace, et ce sera par des conquêtes plus importantes encore que l'armée du Rhin saura prouver la reconnaissance que lui inspire le témoignage de satisfaction publique que la Convention lui a donné au nom de la patrie.

« Salut et fraternité.          *Signé* Féraud, Neveux. »

— Merlin (de Douai), au nom des comités de salut public, de sûreté générale et de législation, présente le projet de décret suivant :

« La Convention nationale, après avoir entendu ses comités de salut public, de sûreté générale et de législation, décrète :

« Art. I<sup>er</sup>. Toute dénonciation contre un représentant du peuple sera portée ou renvoyée devant les comités de salut public, de sûreté générale et de législation.

« II. Si les trois comités pensent qu'il doit être donné suite à la dénonciation, ils déclareront à la Convention nationale qu'ils estiment qu'il y a lieu à examen.

« III. Sur cette déclaration, qui ne sera pas motivée, la Convention nationale nommera, à l'appel nominal, onze de ses membres pour lui faire un rapport sur les faits dénoncés et sur les preuves produites à l'appui.

« IV. Avant de présenter leur rapport à la Convention nationale, les onze membres entendront le prévenu, lui communiqueront les pièces sans déplacement, et lui en feront délivrer copie, s'il le demande.

« V. Après le rapport, s'il tend au décret d'accusation, la Convention nationale décidera s'il y a lieu à l'arrestation provisoire.

« VI. Le rapport sera imprimé et distribué.

« La discussion ne pourra s'ouvrir que trois jours après la distribution.

« VII. Le prévenu sera présent à la discussion, et y sera entendu.

« VIII. Si, après la discussion, la Convention nationale décrète qu'il y a lieu à accusation contre le prévenu, les onze membres présenteront le lendemain un acte qui articulera et précisera les faits sur lesquels l'instruction devra porter.

« IX. Le tribunal qui sera chargé d'instruire ne pourra informer et juger que sur les faits compris dans l'acte d'accusation. »

Pénès : Citoyens, le temps est venu de rétablir tous les principes et de fonder un système de justice universelle qui garantisse l'ordre social, sans lequel il ne peut exister ni bonheur individuel, ni prospérité publique.

Jusqu'ici le mouvement révolutionnaire qui, par sa nature, entraîne tout hors de sa place, la collision des intérêts, le choc des passions et la fureur des partis, avaient semé autour de nous la confusion et le chaos, et ne nous avaient permis que des demi-conceptions, que des idées imparfaites qui se ressentaient de la circonstance qui les faisait naître ; mais aujourd'hui que la république écrase de son pied triomphant et la coalition des rois et les factions de l'intérieur ; aujourd'hui que les Français respirent sous le règne des lois, des mœurs, de la justice, et que la confiance la plus étendue comme la mieux méritée investit la Convention nationale, il est du devoir de chacun de nous de porter son tribut de zèle et de lumières à cette tribune, afin de rectifier ce qu'il y a de vicieux dans nos institutions, de les porter au degré de perfection dont elles sont suscep-

tibles, et de préparer le peuple à jouir enfin de la plénitude de ses droits.

Une grande question s'agite devant vous. Lorsqu'un représentant s'est oublié au point de provoquer contre lui la sévérité des lois, par qui doit-il être jugé, et quelles sont les formes qui doivent être employées dans l'instruction de son procès ? Voici mes idées sur cet objet important.

La Convention nationale n'existe que parce que le peuple en masse ne peut point exercer sa souveraineté et délibérer sur les moyens d'opérer son salut. Mais s'il était possible qu'il se rendît dans un lieu commun, comme autrefois les républiques grecques, et qu'aujourd'hui de petites républiques en Europe, et qu'il se rendît sous ses yeux coupable d'un crime révoltant, croyez-vous qu'au lieu de confier à quelques hommes le droit de le juger, elle ne prononçât pas elle-même sur-le-champ, afin de donner un grand exemple et de venger la majesté du peuple offensée? Eh bien ! ce que la nation ferait, vous qui la représentez, vous ne devez pas balancer à le faire.

Chacun de nous est vis-à-vis de l'autre un dépôt dont nous répondons solidairement à la nation qui nous l'a confié ; et si nous le remettons en des mains qui le violent, qui en abusent, craignons qu'il ne nous soit redemandé un jour, et que la plus terrible responsabilité ne pèse sur nos têtes.

On dit qu'un représentant du peuple n'est qu'un simple citoyen, et que, lorsqu'il se rend coupable, il doit être puni par les voies ordinaires : sans doute, comme individu, il n'est pas plus qu'un autre, ou l'égalité ne serait qu'un être de raison ; mais il est revêtu du plus auguste caractère, et ce caractère ne l'abandonne jamais, tant que son mandat subsiste.

Lorsqu'il émet son vœu dans cette enceinte sur quelque point de politique ou de législation, c'est le peuple qui parle par sa bouche ; la nation est, pour ainsi dire, en lui ; et certes un homme qui est l'organe et l'interprète d'une nation telle que la nation française, doit nous paraître au-dessus d'un simple citoyen.

Loin de moi cependant toute idée d'inviolabilité ! Je veux que les lois l'atteignent d'autant plus vite et d'autant plus sûrement que sa mission lui faisait une obligation plus étroite de les respecter.

Mais, s'il faut au peuple une garantie contre son représentant qui ne serait pas pur comme lui, il en faut une aussi au représentant du peuple contre les manœuvres de l'intrigue, de la malveillance et de la calomnie, auxquelles il est sans cesse en butte ; et cette garantie, je la trouve à ce qu'il soit jugé par les représentants du peuple, puisqu'il ne peut pas l'être par le peuple lui-même qui l'a délégué.

Eh quoi ! citoyens, vous ne statuez qu'avec la précaution la plus scrupuleuse sur les intérêts remis dans vos mains ; vous descendez souvent aux moindres détails pour mieux répondre à la confiance publique ; la plus légère dépense ne peut se faire sans un décret ; et lorsqu'il est question du dépôt le plus précieux, de l'honneur et de la vie de vos collègues, de la conservation de vous-mêmes, de l'existence de la représentation nationale, vous renverriez à d'autres le soin de s'en occuper ; vous verriez par d'autres yeux, ou, pour mieux dire, vous ne verriez pas du tout ! Non, le génie de la France, appuyé aujourd'hui sur la justice et la vérité, m'atteste qu'elles sont passées sans retour ces époques malheureuses où l'on se jouait avec audace de la vie des représentants du peuple ; où, parce qu'ils déplaisaient à tel ou tel individu, ils étaient envoyés à un tribunal de cannibales, c'est-à-dire à la mort.

La Convention nationale, forte du principe que

chacun doit être jugé par ses pairs, ne se bornera pas à lancer des décrets d'accusation contre deux de ses membres qui auront nécessité cette mesure ; elle fera les fonctions de jury de jugement ; elle déclarera qu'ils sont ou ne sont pas convaincus ; elle ne se dessaisira, en un mot, de leurs personnes, et ne les remettra à un tribunal pour l'application de la peine, qu'après s'être assurée qu'ils sont coupables, indignes de représenter le peuple, et les avoir dégradés solennellement ; c'est alors, mais alors seulement, qu'un représentant du peuple devient un citoyen ordinaire, et qu'un tribunal ordinaire doit s'en emparer.

Vous connaissez à présent toute mon idée. On m'objecta, au comité de salut public, où je le produisis en présence des trois comités, que la Convention remplirait alors les deux fonctions de jury d'accusation et de jury de jugement, et qu'il y aurait moins de sûreté pour un représentant inculpé que s'il était jugé par un tribunal. Je ne combattis pas l'objection, parce que mon idée fut soudaine, et ne se présenta pas à mon esprit avec tous ses développements ; mais je l'ai envisagée depuis sous toutes ses faces et sous tous ses rapports, et, loin d'y trouver rien d'alarmant pour les accusés, j'en regarde l'exécution comme leur plus grande sauvegarde, indépendamment du principe conservateur de la représentation nationale, qu'il est temps de consacrer.

En effet, je veux que, lorsqu'une dénonciation sera portée contre un mandataire du peuple, les trois comités de gouvernement vous fassent un rapport sur cette question unique : « Y a-t-il lieu, ou non, à examen ? »

Dans le cas de l'affirmative, une commission est choisie, mais par le sort, parce qu'il faut la garantir de l'influence de tous les intérêts, de toutes les passions, et qu'il n'est aucun de nous qui ne soit digne et capable de remplir toutes les fonctions que peut lui imposer sa qualité de représentant du peuple.

Cette commission examine, entend à charge et à décharge, et vient ensuite vous faire son rapport avec cette déclaration, qu'il y a lieu ou qu'il n'y a pas lieu à accusation. Vous retrouverez là tout l'avantage de la proposition de Cambacérès, qui a obtenu un assentiment général ; mais vous y trouvez de plus le choix par le sort, qui est important, et une troisième opération, la plus essentielle suivant moi, et qui sert de complément aux deux précédentes.

L'acte d'accusation étant porté, la Convention devient un véritable jury de jugement, et toute l'instruction se fait sous ses yeux. Lorsqu'elle est suffisamment instruite, il se fait un appel nominal, dont j'exclus les membres de la commission ; et si le résultat donne la conviction de la majorité contre le prévenu, il paraît à la barre, et le président, au nom du peuple français, le dépouille du caractère auguste de son représentant, et le renvoie par-devant un tel tribunal, pour s'y voir appliquer la peine due à son crime.

Vous voyez, citoyens, que ce plan réunit toutes les qualités que vous pouvez désirer pour assurer au crime le châtiment qu'il mérite, à l'innocence le triomphe qui lui est dû, à la représentation nationale les égards convenables à sa dignité, et seuls garants de son existence.

Trois comités, une commission et la Convention nationale elle-même tout entière, il est impossible que les dénonciations faites contre les représentants du peuple, après avoir passé par ces trois filières, n'en sortent avec tous les caractères de la vérité, et que vous ayez jamais à vous reprocher ni enthousiasme, ni prévention, ni précipitation.

L'objection de la cumulation des deux fonctions de jury d'accusation et de jury de jugement devient nulle lorsque les premières sont confiées à une commission, et que la Convention remplit les secondes.

A la vérité, la commission ne votera point dans ce jugement, de même que la Convention n'aura point coopéré à l'acte d'accusation ; mais cet inconvénient est moins grave que celui de réunir ce qui doit être séparé pour le plus grand intérêt de la justice ; et d'ailleurs il n'est point de considérations qu'il ne faille sacrifier au premier de tous les principes dans un gouvernement représentatif et démocratique : c'est que, par respect pour le peuple, un représentant ne puisse être jugé que par les autres représentants, ne pouvant pas l'être par le peuple lui-même, son juge naturel. M'objectera-t-on les lenteurs et les détails fastidieux d'une procédure devant un corps politique, qui doit plutôt s'occuper à faire des lois ? L'aréopage et le sénat de Rome ne trouvaient point de temps mieux employé que celui qu'ils mettaient à expulser de leur sein ou à envoyer à la mort ceux de leurs membres qui dégradaient leur auguste caractère.

Vous aurez consumé trois mois à juger le dernier tyran des Français, qui ne fut leur représentant que par usurpation : regretteriez-vous trois jours pour prononcer sur le sort d'un véritable délégué, d'un représentant avoué du peuple ? Croyez d'ailleurs, si vous adoptez le projet que je vous propose, que vous n'aurez pas souvent à remplir le douloureux ministère de juger vos collègues.

La majesté de ce tribunal, et la terrible dégradation qui doit frapper le coupable sous les yeux de la France et de l'Europe entière, comprimeront le crime, rendront familière la vertu, et bientôt le peuple français n'aura plus que des représentants dignes de lui.

Je finis par cette observation, et je l'adresse à ceux qui s'obstinent à dire que la Convention ne doit être, en aucun cas, jury de jugement : ne vaudrait-il pas mieux qu'elle le soit en effet, que de le devenir par les conséquences sans l'avoir été ? Où sont les décrets d'accusation qui n'aient pas été des arrêts de mort ?

Voici le projet de décret :

« La Convention nationale décrète ce qui suit :

« Art. Iᵉʳ. Toute dénonciation tendant à compromettre l'honneur ou la vie d'un représentant du peuple sera portée directement à la Convention nationale.

« II. Elle sera signée et appuyée de pièces justificatives, où elle énoncera celles dont on entend se servir.

« III. La Convention nationale en fera le renvoi à ses trois comités de salut public, de législation et de sûreté générale, qui, au vu des pièces remises et de toutes autres qu'ils sont autorisés à recevoir, discuteront, s'il y a lieu ou non à examen, et en feront le rapport dans les trois jours.

« IV. Si la Convention nationale décrète qu'il y a lieu à examen, il sera formé, dans la même séance, une commission de dix-sept de ses membres, choisis par le sort, qui, au vu des pièces transmises par les trois comités, examineront s'il y a lieu à accusation, et feront individuellement leur déclaration à la tribune, dans le même délai de trois jours, par oui ou par non.

« V. Si la déclaration est qu'il y a lieu à accusation, la Convention nationale mettra en état d'arrestation le représentant du peuple accusé, et déclarera qu'il est en jugement devant elle.

« VI. Il sera présent aux débats et à toute l'instruction, sera entendu lorsqu'il le demandera à l'être, et pourra proposer et établir tous ses moyens de justification.

« VII. Lorsque la Convention nationale aura déclaré qu'elle est suffisamment instruite, il sera tenu de se retirer.

« Il sera procédé de suite à un appel nominal, ou à plusieurs appels nominaux, suivant les résultats successifs, où chaque membre s'expliquera sur le fait, l'auteur ou l'intention.

« VIII. Les membres qui auront formé la commission d'abstiendront de voter dans les appels nominaux.

« IX. Si, par le dernier résultat de ces appels nominaux, l'accusé est déclaré convaincu, il paraîtra à la barre, et le président lui adressera ces paroles : « ...... N..... la Convention nationale te déclare convaincu d'avoir...... avec mauvaise intention. Elle te dégrade, par mon organe, du caractère sacré de représentant du peuple, et te renvoie devant le tribunal...... pour l'application de la peine due à ton crime. »

GOUPILLEAU (de Fontenay) : Il serait difficile d'exprimer des idées bien suivies sur une question aussi délicate, sans les avoir méditées auparavant. Cependant il me sera facile de démontrer que ce dernier projet ne doit pas être adopté : d'abord il fait remplir à la Convention les fonctions de jury d'accusation et de jury de jugement. L'auteur du projet a bien senti qu'on pourrait lui faire ce reproche, et, pour l'éviter, il tombe dans une faute plus grande encore : il propose de diviser la Convention en deux chambres. Il est constant que la Convention est une, et que ses délibérations doivent être prises par tous ses membres. Eh bien ! si vous adoptez le projet de décret qu'on vous propose, il en résulterait que la Convention ne pourrait point participer à la délibération de la commission des dix-sept membres qu'on vous propose, et qu'à leur tour ces dix-sept membres ne pourraient pas participer à la délibération générale de la Convention. Ainsi vous scindriez la Convention, ainsi vous établiriez le germe de deux chambres.

Je crois que cela suffit pour exiger au moins une grande méditation du projet.

*** : Il y a deux projets opposés ; cela suffit pour nécessiter l'impression de tous deux, dans une question qui intéresse la représentation nationale. Ce n'est point à elle à prononcer sur la vie ou la mort de ses membres ; car dans une assemblée les passions sont sujettes à être irritées, elles produisent souvent des haines qui pourraient influer beaucoup dans les jugements qu'on porterait. Il pourrait même arriver qu'un représentant du peuple, se rappelant de quelle manière un de ses collègues aurait voté contre un autre auquel il était attaché, se vengerait ensuite de celui-là lorsqu'il pourrait prononcer sur son sort. Je demande l'impression et l'ajournement.

Ces propositions sont décrétées.

( La suite demain. )

## TRIBUNAL CRIMINEL RÉVOLUTIONNAIRE.

*Extrait des débats dans l'affaire des membres du comité révolutionnaire de Nantes.*

L'accusateur public fait lecture de l'acte d'accusation que nous avons publié dans le N° 26, page 237.

*Le président*, aux accusés : Voilà ce dont on vous accuse; redoublez d'attention, vous allez entendre les charges qui vont être portées contre vous.

On procède à l'audition des témoins.

*Guillaume-François Lahennette*, médecin de charité à Nantes : Le 11 ventose dernier, je rencontrai l'accusé Chaux, qui m'aborda et m'invita à faire mon offrande au comité, comme tous ceux qui avaient été incarcérés, ajoutant que, comme ancien notable de la commune, je devais savoir que je n'étais pas sans reproches.

Je représente mon peu d'aisance : Chaux, me supposant gratuitement riche de près de 30,000 livres, taxe lui-même mon offrande à 1,200 livres au moins. J'observe que ma conscience ne me reproche rien, et que cette somme est exorbitante est bien supérieure à la modicité de mes facultés. — Je te conseille de l'exécuter de bonne grâce, autrement tu t'y verras contraint d'une manière désagréable. — Mais je suis absolument sans fonds; attendez donc que mes recouvrements soient effectués. — Point de délai; il faut sur-lechamp faire ton offrande à la chose publique. »

Enfin, une Providence bienfaisante est venue à mon secours et à celui de mes concitoyens; elle a dévoilé les crimes, les atrocités des oppresseurs de Nantes, et dès lors les membres du comité révolutionnaire sont devenus plus accommodants.

*Le président*, à l'accusé Chaux : Répondez à la déposition du témoin.

*Chaux* : Il est vrai qu'à l'époque du 15 mai j'eus occasion de converser avec Lahennette, qui, quoique patriote, n'a pas été exempt d'erreurs, puisque nous avons eu occasion de lui appliquer la loi du 17 septembre 1793.

À l'égard des taxes révolutionnaires dont il parle, je dois observer que la ville était dévorée par la peste et tous les fléaux à la fois.

Carrier avait déclaré à la Société populaire que ces taxes étaient de toute nécessité. Il faut se rappeler le rapport de ce représentant à la Convention, rapport où il fait le tableau le plus déchirant de la cité de Nantes, où il expose qu'il y a disette de fonds, et qu'il faut répartir les taxes sur les nobles, sur les aristocrates et toute la classe des ennemis de la liberté.

Conformément à ce rapport, il m'était bien permis d'engager le témoin à purger ses torts par des sacrifices pécuniaires; mais je me suis borné à l'y inviter : il n'a fait aucun cas de mon invitation; il n'a rien donné, et ce fait prouve qu'il n'a été exercé contre lui aucune contrainte.

*Un juré* : Carrier a-t-il annoncé à la Société populaire la nécessité indispensable de faire des répartitions dans Nantes ?

*Lahennette* : Le fait est vrai.

*Chaux* : J'invite le président à interroger le témoin sur ma moralité.

*Lahennette* : Je déclare avoir été le médecin de l'épouse de Chaux, et avoir connu l'accusé pour bon mari avant la révolution : mais depuis il est devenu chef de faction, et il jouit maintenant d'une assez mauvaise réputation. Il a fait deux faillites, et j'ignore quelles en ont été les causes.

L'accusé entre dans quelques détails justificatifs sur les faillites qu'on lui reproche ; il les attribue à des pertes commerciales, etc.

*Lahennette* : Les malheurs de Nantes, je puis le dire, datent de l'institution du comité révolutionnaire et de sa mauvaise organisation ; on n'y admit que des hommes immoraux. Carrier accordait une protection ouverte au système de terreur propagé dans Nantes : Carrier parlait à la tribune le sabre nu à la main, il allumait toutes les passions haineuses d'un auditoire malheureusement trop docile à l'écouter; telle est l'origine de cette foule d'arrestations arbitraires.

Je dois également parler d'un placard collé sur toutes les murailles, et qui contenait les défenses les plus expresses aux pères, mères, femmes et enfants des détenus, de solliciter pour aucun prisonnier. C'est ainsi que les membres du comité révolutionnaire de Nantes voulaient étouffer la voix de la nature, la sollicitude maternelle, la piété filiale et la tendresse des épouses pour leurs maris.

Cette affiche commençait par ces expressions ridicules : « Le comité tourmenté, désolé, déclare, etc. » On ne remarquait dans cette affiche ni date ni signature.

J'ai eu également connaissance d'une noyade de quatre-vingt-dix prêtres, dont deux vieillards, savoir, Lacombe et Briançon, parvinrent à se préserver, et ne durent le soutien de leur existence pendant quelques jours qu'aux soins généreux du capitaine Laffitte; j'ai été pareillement instruit de tous les mouvements que se sont donnés les membres du comité révolutionnaire pour se saisir de ces deux citoyens soustraits à leur barbarie.

D'abord les noyades se faisaient de nuit; mais le comité révolutionnaire ne tarda pas à se familiariser avec le crime, et dès ce moment les noyades se sont faites en plein jour.

D'abord les individus étaient noyés avec leurs habits; mais ensuite le comité, conduit par la cupidité autant que par un raffinement de cruauté, dépouillait de leurs vêtements ceux qu'il voulait immoler aux différentes passions qui l'animaient.

Il faut aussi vous parler du *mariage républicain* ; il consistait à attacher tout nu, sous les aisselles, un jeune homme à une jeune femme, et à les précipiter ainsi dans les eaux.

*Le président*, à Lahennette : As-tu été le témoin oculaire de cette scène révoltante ?

*Lahennette* : Je n'ai point eu cet affreux spectacle sous les yeux; mais le citoyen Fratel, sa famille, ses voisins, attesteront la vérité du fait; ceux qui devaient faire les frais de la noyade étaient attachés l'un à l'autre par le poignet, et précipités ensemble dans cette situation. Il y a un témoin présent qui pourra d'autant mieux certifier le fait, qu'attaché de cette manière, il n'a été dégagé de son camarade d'infortune que par un coup de sabre qui a coupé la corde par laquelle il était retenu.

*Le président*, à l'accusé Goulin : Avez-vous connaissance de l'affiche qui interdisait toutes sollicitations de la part des parents des détenus, sous peine d'être traités comme suspects, et avez-vous participé à la rédaction de cette affiche?

*Goulin* : Cette affiche n'avait en elle-même rien de répréhensible, parce que les sollicitations n'étaient défendues que dans le domicile des membres du comité révolutionnaire, pour éviter les importunités et même les intrigues; mais dans l'enceinte du comité tout le monde était reçu, tous les mémoires étaient admis, et le comité même en était encombré.

*Le président* : Pourriez-vous dire les solliciteurs étaient bien accueillis; s'il est arrivé de faire droit sur des mémoires, et de prononcer quelques élargissements?

*Goulin* : J'avoue que, naturellement bouillant, et brûlant d'un zèle peut-être trop ardent et mal entendu de la chose publique, ne pouvant me défendre d'une certaine animadversion pour les aristocrates en grand nombre qui sollicitaient la mise en liberté des personnes qui leur appartenaient, j'ai quelquefois brusqué les solliciteurs, mais on m'a toujours trouvé disposé à rendre justice aux innocents qui réclamaient leur liberté.

*Le président* : Pourriez-vous citer quelques-uns des élargissements ordonnés par le comité sur les réclamations qui lui ont été adressées?

*Goulin* : Il est certain qu'il y en a eu, mais je ne puis me les rappeler, et il m'est impossible d'en citer aucun.

*Le président* : Les Nantais, innocentés par le tribunal, étaient-ils du nombre des réclamants auprès du votre comité, et a-t-on fait droit sur leurs représentations.

*Goulin* : J'ai entendu parler de quelques réclamations de leur part; mais il me semble qu'il n'y avait aucune nécessité d'y faire droit.

*Le président* : Cependant la plupart des citoyens qui viennent d'être élargis n'étaient dénoncés par votre comité, que comme des muscadins, ou pour tout autre motif aussi léger.

*Goulin* : Il est fort peu de ces Nantais qui aient été dénoncés pour semblable motif : tous avaient été soumis à la censure de la Société populaire, qui les avait déclarés suspects; et d'ailleurs la loi du 19 frimaire nous autorisait à faire arrêter sans dénonciation.

*Le président* : C'est inutilement que vous invoquez le vœu de la Société populaire, que vous voulez vous étayer de sa décision apparente contre les Nantais qui viennent d'être acquittés : tout le monde sait qu'à cette époque la terreur était à l'ordre du jour, et que la Société populaire de Nantes, ainsi que les autres citoyens, intimidés, fléchissaient le genou devant les tyrans.

*Goulin* : À l'époque où la Société populaire fut consultée, Carrier n'était plus rien dans Nantes; il était remplacé par Prieur, et la terreur avait disparu avec cet homme de sang : je dis plus; je pose en fait qu'il existait contre les Nantais, au comité, des charges qui n'ont pas été produites lors de l'instruction de leur procès.

*Le président* : Mais vous avez donc oublié la déclaration faite par votre comité au ci-devant accusateur public, que vous n'aviez point de pièces contre les Nantais?

*Goulin* : Les observations du comité ne frappaient que sur quinze accusés dont il avait envoyé les charges, et nullement sur les autres.

*Le président* : Pourquoi donc le comité, dont la lettre semble faire un reproche à l'accusateur public d'exiger des preuves plus concluantes, a-t-il négligé de communiquer les renseignements qu'il prétendait avoir contre les autres accusés?

*Goulin* : C'est notre arrestation subite qui nous en a empêchés.

*Le président*, à Bachelier : N'êtes-vous pas le rédacteur de l'affiche qui défendait toute sollicitation aux parents des détenus, ou n'y avez-vous pas adhéré?

*Bachelier* : Je n'y ai adhéré en aucune manière; ma douceur, mon humanité sont trop connues pour qu'on puisse me supposer le partisan de mesures aussi révoltantes.

L'accusé Gallon, interpellé sur le même objet, fait la même réponse.

*Lahennette* : J'ai également entendu dire que le comité révolutionnaire trafiquait de la liberté de ses concitoyens, et qu'il avait reçu une somme de 70,000 livres pour l'élargissement d'un détenu.

*Le président*, au témoin : Quel a été le nombre des personnes incarcérées?

*Lahennette* : C'est principalement sur les talents, la probité, la richesse, que le comité révolutionnaire a exercé toute son inquisition; le nombre en est incalculable.

L'accusé Chaux, interpellé, déclare n'avoir pris aucune part à l'affiche, et avoir même conseillé d'en supprimer les exemplaires.

L'accusé Jolly déclare n'y avoir pris aucune part, et ne l'avoir point signée.

*Le président*, à Goulin : De qui aviez-vous reçu l'ordre d'épurer les prisons?

*L'accusé* : C'est Carrier qui nous en a fait l'injonction la plus expresse.

*Le président* : Mais cette épuration n'a pu se faire que sur les listes de proscription remises par le comité à Carrier, qui pourrait seulement y avoir donné son assentiment.

*Goulin* : C'est Carrier qui a dirigé cette épuration des prisons, et qui nous a désigné les brigands pris les armes à la main.

*Le président* : Combien est-il péri de citoyens dans les prisons?

*L'accusé* : Environ deux mille.

*Le président* : Combien, parmi les morts dans les prisons, y avait-il de citoyens de Nantes?

*Goulin* : Environ cinquante personnes.

*Lahennette* : Ce sont les brigands jetés en foule dans les prisons qui ont infecté ces maisons de détention; comme médecin, j'ai été appelé pour les traiter; je les ai fait mettre en plein air, et ils n'en avaient pas moins l'odeur du cadavre portée à un tel point qu'ils empoisonnaient le lieu de leur résidence et les environs, et exhalaient au loin la putréfaction dont ils étaient atteints.

*Le président*, à Goulin : Savez-vous par qui ont été ordonnées les noyades?

*Goulin* : C'est de Carrier qu'est émané cet ordre, et le 25 frimaire cent vingt détenus ont été précipités dans les eaux; il y a encore eu d'autres noyades, comme je l'ai entendu dire, mais je n'en ai aucune certitude directe. À cette époque, les prisons étaient remplies de brigands, et le dessein d'immoler tous les détenus était suffisamment justifié par les circonstances. puisqu'on ne parlait que de conspirations dans les prisons. Je soutiens que ces mesures, tout extrêmes qu'elles paraissent, étaient inévitables. Parisiens! si vous avez jugé nécessaire la journée du 2 septembre, notre position était peut-être encore plus délicate que la votre; ces noyades, toutes révoltantes qu'elles vous semblent, n'étaient pas moins indispensables que le massacre du 2 septembre, auquel vous vous êtes livrés.

*Le président* : Apprenez à respecter les Parisiens : rendez-leur plus de justice; ils sont au-dessus de vos calomnies : sachez que le vrai patriote n'a jamais été un septembriseur.

Pourriez-vous nous dire s'il y avait des personnes des deux sexes parmi les détenus?

*Goulin* : J'assure le tribunal qu'il n'y avait que des hommes.

*Le président* : Voilà une liste signée de vous, et capable de vous convaincre d'imposture; cette liste est composée de cent cinquante-cinq détenus, et parmi lesquels se trouvaient quinze femmes. La peine de déportation, prononcée le 24 frimaire contre les détenus, est signée de vous.

*Goulin* : Je soutiens qu'il n'y avait, parmi ces condamnés à la déportation, ni femmes ni enfants, et qu'ils ont été extraits des prisons.

*Le président* : L'ordre, le jugement de condamnation que je vous représente est-il, ou non, signé de votre main?

*Goulin* : Je n'avoue ni ne conteste ma signature, parce que je n'ai jamais eu intention de faire périr des femmes, des enfants.

*Le président* : Dites plutôt qu'il a été question d'extraire des prisonniers, mais qu'au moment d'effectuer cette extraction il a été reconnu que les uns étaient morts, et les autres guillotinés.

Étiez-vous organisés en autorité constituée, pour ordonner les noyades et la déportation?

*Goulin* : Cette organisation n'a point eu lieu, mais nous avons opéré sur une liste de conspirateurs fournie par Hubert, par le greffier, l'accusateur public du tribunal révolutionnaire de Nantes, et la femme du concierge des prisons ; voilà nos garants, et d'après lesquels nous n'avons pas hésité de frapper les détenus de la peine qui leur a été infligée.

*Le président :* Voilà, il faut l'avouer, une garantie bien authentique ; il ne manque à votre défense qu'une bagatelle, la vérité, et même la vraisemblance.

*Le président*, à Chaux : Et vous, que répondez-vous sur le même fait ?

*Chaux :* Lambertye et Fouquet étaient les exécuteurs de Carrier ; les noyades et les déportations se sont faites sous ses ordres. Les travaux se distribuaient dans le comité ; les noyades, les déportations me sont absolument étrangères ; d'ailleurs, on peut se rappeler le rapport que Carrier fit à la Convention, rapport où il annonçait froidement, et même avec le ton de l'ironie, que des prêtres réfractaires, enfermés dans un bateau, avaient eu le malheur d'être noyés, par une fatalité du sort qui avait fait couler le vaisseau à fond, et avait ainsi délivré la république de ces ennemis de la liberté.

*Le président*, au témoin : Pourrais-tu donner des renseignements plus précis sur les noyades et les fusillades.

*Lahennette :* J'ai été le témoin oculaire des noyades qui se sont faites de jour, et je puis dire qu'hommes, femmes enceintes, filles, enfants, tout indifféremment était noyé, fusillé, massacré à l'arme blanche, sur la place du Département et autres endroits ; que la garde nationale fut employée pendant six semaines à recourir les fosses des personnes massacrées. C'étaient, disait-on, des brigands qui avaient rendu les armes, des femmes et des filles de détenus.

*Bachelier :* J'invite le tribunal à interroger le témoin sur ma moralité.

*Lahennette :* J'ai connu Bachelier pour un homme humain, mais je ne puis donner aucun éclaircissement sur sa moralité révolutionnaire.

On procède à l'audition du deuxième témoin.

*Beaujoux*, accusateur public près le tribunal du deuxième arrondissement de l'Ouest : Je n'ai aucuns faits précis contre les membres du comité révolutionnaire de Nantes ; je ne suis arrivé qu'en ventose dans cette ville ; j'ai vu ce pays dans la plus grande consternation : on l'attribuait au comité et à ses instituteurs ; j'ai entendu parler des noyades et des fusillades.

Je fus averti par Jolly de l'arrivée de Fouquet et Lambertye, qui se disaient porteurs d'ordres pour enlever des femmes enceintes et des enfants placés dans un endroit particulier, par ordre du tribunal ; ces ordres émanaient, disait-on, de Carrier, qui enjoignait d'obéir très-ponctuellement à ses agents Fouquet et Lambertye, tant de jour que de nuit, et de bien se garder d'entraver leur mission en aucune manière.

J'observe que cet ordre était absolument discordant avec celui des représentants du peuple Hentz et Bourbote, qui ne concernait que les révoltés pris les armes à la main.

Je me suis opposé de toutes mes forces à l'exécution des ordres sanguinaires de Carrier, et cette opposition de ma part m'a valu les menaces les plus fréquentes ; mais, fort de ma conscience, je n'en devins que plus déterminé à sauver d'innocentes victimes, plutôt égarées par les circonstances que coupables de rébellion envers leur patrie.

Je dirai contre Pinard qu'il a été dénoncé à la commission militaire pour un vol de 4,000 liv., de montre et autres objets dont il s'est permis de dépouiller une famille honnête, condamnée à la réclusion parce qu'elle avait les enfants soupçonnés d'émigration.

Un autre fait sur lequel j'ai des renseignements certains, c'est la répartition des taxes établies par le comité sur tous les individus élargis, et ce, pour prétendus frais de voiture ; il a même eu l'impudence de porter ces frais à une somme de 1,300 liv.

*Pinard :* Les individus que j'ai arrêtés étaient bien certainement des brigands, puisqu'ils ont été arrêtés les armes à la main et déguisés en paysans ; les charretiers qui les conduisaient ont été massacrés, et on leur a trouvé des cartes au nom du roi.

À l'égard de la montre dont on parle, je ne l'ai point vue ; j'ai offert la remise des 900 liv. par moi recueillies sur les individus dont il s'agit ; j'en ai fait la déclaration au comité, qui m'a engagé à garder cet argent, en m'assurant que les dépouilles des brigands m'appartenaient, et que je n'en devais aucune restitution ; cette somme a été partagée avec des Américains, et je n'ai eu qu'un cinquième pour ma part.

*Le président*, à Goulin : Que répondez-vous sur le vol fait par Pinard, et par vous approuvé ?

*Goulin :* Je réponds que c'est Carrier qui a autorisé cette retenue, en disant que les 3,000 liv. trouvées sur Gervais Labauche étaient de bonne prise, et que cette dépouille, comme toutes autres, appartenaient aux patriotes qui avaient le courage d'arrêter les aristocrates et tous les ennemis du gouvernement républicain ; quant à moi, je n'ai rien touché de cet argent, je n'ai fait aucune capitulation à ce sujet.

Après quelques explications sur la répartition d'une taxe de 1,300 liv. faite sur les individus mis en liberté, le président interpelle l'accusé Grandmaison.

*Le président*, à Grandmaison : Avez-vous eu connaissance de la noyade des cent vingt-neuf personnes ?

*Grandmaison :* Je sais qu'elle a été ordonnée par Carrier, et nécessitée par une conspiration formée dans les prisons.

Le comité a résisté de tout son pouvoir aux ordres de ce représentant ; mais, le 24 frimaire, Carrier nous témoigna le plus vif ressentiment du retard que nous avions mis dans l'exécution de ses ordres. Je conviens avoir surveillé les noyades jusqu'à l'embarquement des prisonniers, tandis que Mainguet et Jolly les faisaient défiler. Épuisés de fatigue, nous avons fait un repas dans les prisons, mais il n'a pas été fait de repas splendide, comme on l'a prétendu. Dans cette noyade il n'y avait ni femmes ni enfants ; on avait grand soin de les extraire, etc.

*Le président*, à Goulin : Avez-vous pris part aux noyades ?

*Goulin :* Je ne puis m'en défendre ; mais c'est la liste fournie par Carrier qui a déterminé cette mesure ; il ne cessait de nous reprocher de la lenteur, de la modération ; il nous sommait de lui délivrer les hommes par lui proscrits, en disant qu'il se chargeait de leur destruction ; il nous traitait de contre-révolutionnaires, parce que nous nous refusions à des mesures de sang qu'il disait nécessaires pour rétablir le calme dans la commune ; il nous accusait d'être d'accord avec les ennemis du bien public.

*Le président*, à Mainguet : Qu'avez-vous à répondre sur la noyade ? N'êtes-vous pas signataire de l'ordre ?

*Mainguet :* Je ne puis le nier ; mais je n'ai agi que d'après les ordres du représentant Carrier.

*Le président*, à Jolly : Que répondrez-vous sur le même fait ?

*Jolly :* J'opposerai également l'ordre qui m'a été intimé par Carrier de me rendre au comité ; je n'en connaissais pas les motifs : lorsque j'y fus arrivé, il fut question d'aller à la prison du Bouffay, non pas en masse, mais par brigades. On m'ordonna de lier les détenus ; mais, comme je ne me livrais à ces fonctions qu'avec répugnance, beaucoup de prisonniers parvinrent à se détacher, et j'en reçus le reproche ; ils étaient conduits par la compagnie Marat, et je vis mourir un de ces prisonniers.

*Le président :* Cette mort précipitée n'a-t-elle pas été effectuée par un coup de sabre porté sur la tête du détenu ?

*Jolly :* Je n'en ai point la connaissance ; il est mort cependant grand nombre de ces brigands, et je puis les évaluer à dix-huit cents, parce qu'on ne cessait de les charger de maisons.

*Le président :* Dans cette quantité de prisonniers, n'avez-vous pas remarqué des femmes et des enfants ? n'en a-t-il pas été noyé ?

*Jolly :* Aucun n'a essuyé le sort de la noyade ; je n'ai même aperçu aucune femme parmi les détenus.

*Le président*, à Grandmaison : Persistez-vous à soutenir que vous n'êtes point entré dans le bateau qui portait les détenus destinés à la noyade ?

*Grandmaison :* J'y suis effectivement entré, mais ce n'était que pour inspecter l'expédition, et je me suis retiré sur-le-champ.

*Un juré*, à Grandmaison : Mais, de votre aveu, vous aviez reçu l'ordre de faire périr les détenus ; et vous pouviez ignorer le sort qui leur était préparé !

*Grandmaison :* Je l'ai déjà dit ; les membres du comité révolutionnaire n'ont été que les surveillants dans cette expédition.

*Le président*, à Grandmaison : N'a-t-il pas été imaginé par un charpentier une trappe propre à couler à fond le navire des prêtres ?

*Grandmaison :* Le fait est vrai, mais je n'y ai pris aucune part.

*Le président :* Les noyades n'ont-elles pas été dirigées par les listes de proscription des membres du comité révolutionnaire ?

*Grandmaison :* Tout s'est fait par les ordres de Carrier.

*Le président*, à Goulin : Quel a été le terme de ces noyades?

*Goulin* : C'est ce que j'ignore. Le comité n'a participé qu'à une noyade, je le certifie sur mon honneur. (On rit.)

*Le président*, à Bachelier : Cette noyade a-t-elle été ordonnée par le comité révolutionnaire?

*Bachelier* : C'est Carrier qui les a toutes ordonnées; notre devoir, en pareil cas, était d'obéir; nous n'avions aucun droit d'examiner et de discuter les ordres du représentant; il nous reprochait de ne prendre que des demi-mesures; il faut connaître Carrier pour être convaincu de l'inutilité des observations qu'on pouvait lui adresser.

*Chaux* : Je demande à faire une observation essentielle, dût-elle m'être nuisible. Il y avait de grands navires et des galiotes qui n'étaient point destinés aux submersions. Dans ces navires, on avait construit des maisons propres à loger les détenus, et où ils auraient joui de toutes les commodités qu'ils eussent pu désirer; mais Carrier voulait à toute force vider les prisons, ne parlait que de sabrer, de guillotiner, lorsque l'on avait l'air de lui résister. J'ai sollicité pendant un mois un décret d'extraction en faveur des enfants, et ce décret d'humanité je n'ai pu l'obtenir de lui; il ne cessait d'éloigner ma proposition par des délais.

Le troisième témoin, *Guignon*, président de la commission militaire, accuse Goulin d'avoir fait noyer des enfants, quoiqu'ils eussent été mis sous la surveillance du comité.

*Goulin* : C'est Fouquet et Lambertye qui se sont rendus coupables de ces atrocités; d'ailleurs il n'existe aucun arrêté des représentants qui place ces enfants sous la sauvegarde du comité.

*L'accusé Lévêque* : J'ai distribué des enfants à tous les citoyens qui m'en ont demandé; j'ai découvert les noyades, et je me suis efforcé de soustraire les enfants à la recherche du comité; je n'en ai délivré aucun à Fouquet ni aux barbares auteurs des noyades.

*Le président*, à Chaux et à Goulin : Vous êtes bien convaincus d'être les auteurs des noyades dont vous vous défendez?

*Les accusés* : Nous le nions formellement; nous nous sommes même chargés d'alimenter des enfants, et entre autres un de quatre ans; nous l'avons ensuite remis au citoyen Dumayne, et nous ne croyons nullement qu'il y en ait eu de noyés.

*Le président*, aux accusés : Vous ne vous rappelez donc plus l'arrêté du représentant en date du 28 nivôse, lequel avait pour objet de mettre sous la protection de la loi les femmes enceintes et leur famille?

*Les accusés* : Cet arrêté nous est absolument inconnu.

*Le président*, à Chaux : Que répondez-vous sur le fait des noyades?

*Chaux* : Il faut que je parle de la bataille de Savenay, qui s'est livrée le 23 juillet; cette époque est remarquable par les trois cents enfants qui ont été confiés au comité et déposés à l'Entrepôt. Lambertye et Fouquet ne s'en sont pas moins permis de les enlever.

*Le président*, à Goulin : N'avez-vous pas été le complice de cet agent de Carrier?

*Goulin* : Loin d'y consentir, je n'ai cessé de réclamer contre ces exécutions; il n'est sorte de démarches que je n'aie hasardée près de Carrier; mais on connaît toute la fureur de ce représentant; en vain sollicitait-on pour des vieillards, pour des gens incapables, à tous égards, de nuire à la chose publique; on le trouvait toujours inflexible.

*Pinard*, interpellé de nouveau, tombe dans quelques contradictions, relativement à la somme qu'il s'était appropriée en arrêtant la famille Labauche; elles sont relevées par le président et par le témoin, qui ajoute :

« Pour se faire une juste idée de l'humanité des membres du comité révolutionnaire, il faut savoir comment était conçu l'ordre du 18 nivôse, signé *Grandmaison, Chaux* et *Goulin*, et avec quel ton ironique ces membres recommandaient en apparence les plus grands ménagements pour cette famille infortunée. »

*Goulin* : J'ai effectivement signé une lettre relative à la famille Labauche; mais je déclare ne l'avoir point lue : on connaît l'usage des bureaux, où rien n'est plus ordinaire que de donner des signatures sans prendre connaissance du fait.

*Pinard* : Ils m'ont été désignés comme des brigands, et je suis d'autant plus excusable que je ne sais ni lire ni écrire.

*Goulin* : Les Labauche avaient été réellement pris les armes à la main, et ils étaient d'autant plus répréhensibles que, lors de l'attaque de Nantes, ils étaient demeurés dans l'inaction. D'ailleurs, en voyant des ex-nobles masqués en paysans, je ne pus contenir mon indignation.

*Guignon* : Il y avait dans la maison de l'Entrepôt des hommes que la commission militaire avait mis sous la sauvegarde des autorités constituées. Lambertye, l'agent des noyades, se présente dans cette maison pour renouveler ces cruelles exécutions; il veut enlever de force les détenus: l'accusateur public en est informé; il se transporte dans cette prison, on est obligé de requérir la garde nationale. Il fallait que ce Lambertye se crût bien autorisé par Carrier, puisqu'il osa exiger de l'accusateur public une déclaration par écrit qu'il s'opposait à l'exécution des ordres dont lui Lambertye était porteur. La noyade fut donc ajournée; il y eut une députation faite à Carrier, au nom de la commission militaire, pour demander à ce représentant s'il avait signé les ordres dont Lambertye se disait porteur.

Carrier ne répond que par des injures, des déclamations, des menaces de tout sacrifier, de tout faire guillotiner; enfin, dans sa mauvaise humeur, il forme le projet de renouveler le comité, qu'il ne trouvait pas assez docile à ses ordres. Il mande le président de cette commission militaire, bon patriote, mais vieillard faible et pusillanime, et, lorsqu'il est en sa présence, Carrier lui adresse ces paroles :

« C'est donc toi, jean-f...., qui oses donner des ordres contraires aux miens? Apprends que si dans deux heures l'Entrepôt n'est vidé, je te fais guillotiner, toi et toute la commission. » La fièvre chaude saisit le vieillard effrayé, et il périt; on l'entendait crier dans ses accès : « Carrier! gueux! scélérat! es-tu donc parti? as-tu donc délivré notre ville de ta présence? »

*Le président*, au témoin : N'a-t-on pas fait des démarches auprès de la commission militaire pour en obtenir des certificats propres à attester que les noyades ne s'étaient faites que par ordre des autorités constituées?

*Guignon* : J'ai entendu parler de ces démarches, mais je ne puis les certifier.

On procède à l'audition du quatrième témoin.

*Clairval*, employé aux postes, dépose, contre Pinard, du vol fait à la famille Labauche d'une somme de 4,000 liv., d'une montre et autres bijoux; il rend également compte des menaces de Carrier, dirigées contre Gonchon, ex-président de la commission militaire, de le faire fusiller, lui Gonchon et toute la commission, si dans une heure l'Entrepôt n'était pas vidé.

« Cependant, continue le témoin, à cette époque l'Entrepôt ne renfermait que vingt détenus, dont huit ont été reconnus innocents; il y avait encore parmi ces détenus des femmes qui n'avaient pas l'âge pour être jugées, et en général il n'existait aucune preuve contre ces prisonniers, et c'est la raison pour laquelle leur jugement avait été suspendu.

« Malgré l'innocence bien constante des huit détenus dont je viens de parler, cinq ont été enlevés militairement par Lambertye, toujours en vertu des ordres de Carrier.

« En vain se transporta-t-on chez ce représentant pour le convaincre par des pièces authentiques de l'innocence des cinq individus soustraits par Lambertye; Carrier était parti pour sa maison de campagne, où la volupté l'attendait. »

Clairval déclare ensuite que la Société populaire était maîtrisée par Carrier, et influencée par le comité, principalement par Chaux et Goulin.

Ces deux accusés soutiennent qu'ils ne faisaient aucune motion dans la Société populaire.

Le témoin assure que Chaux avait été chargé d'y faire lire la liste des cent trente-deux détenus.

*Chaux* : Je n'ai fait cette lecture que sur l'invitation de Prieur, qui voulait connaître la moralité des Nantais; j'invoque à cet égard le témoignage de ce député.

*Le président* : J'observe au jury qu'avant cette lecture les Nantais étaient déjà traduits, et que l'affiche défendant toute sollicitation de la part des parents des détenus existait à tous les coins de rues, et singulièrement à la porte du comité révolutionnaire.

Clairval donne lecture de l'ordre suivant du représentant du peuple Carrier.

« Au nom de la république française, une et indivisible, à Nantes, le 16 frimaire, l'an 2° de la république,

« Carrier, représentant du peuple près l'armée de l'Ouest, invite et requiert le nombre de citoyens que Guillaume Lambertye voudra choisir à obéir à tous les ordres qu'il donnera pour une expédition que nous lui avons confiée;

« Requiert le commandant des postes de Nantes de laisser passer, soit la nuit, soit le jour, ledit Lambertye, et les citoyens qu'il conduira avec lui;

« Défend à qui que ce soit de mettre la moindre entrave aux opérations que pourront nécessiter leurs expéditions.

« CARRIER. »

On procède à l'audition du cinquième témoin.

*Dubois-Crancé*, député à la Convention : En faisant la visite de la fonderie de Nantes, j'ai eu sous les yeux le spectacle déchirant d'une foule de fossoyeurs rangés le long de la rivière, et qui n'étaient occupés qu'à enterrer des monceaux de cadavres.

Dans l'affaire de Savenay, action décisive pour les républicains contre les brigands, la Vendée était détruite; on comptait à peine quatre cents brigands épars çà et là, et avec le régime de la douceur on pouvait tout terminer; cette guerre est devenue affreuse par les mesures extrêmes prises contre des hommes les plus hospitaliers que l'on puisse trouver; contre des hommes qui n'étaient qu'égarés par des prêtres fanatiques, et qui n'avaient besoin d'être ramenés que par la voie de la persuasion et de l'humanité.

Cependant cette guerre, dont le germe pouvait être étouffé dans son principe, a déjà coûté plus de deux cent mille Français; rien cependant de plus certain que les Vendéens, après l'affaire de Savenay, étaient aux abois.

La Pépinière, l'un des chefs les plus redoutables des brigands, était abandonné de tout le monde; il avait vu incendier toutes ses propriétés, et il était réduit à se loger sous le toit d'un pressoir; un cheval, qu'il laissait errer dans la prairie, n'ayant point d'asile pour le loger, fit découvrir son maître, auprès duquel il alla se réfugier. A l'approche des volontaires; il fut conduit à Nantes et guillotiné.

Je ne sais rien de relatif aux accusés; je n'ai aucun renseignement sur les noyades; mais je puis assurer qu'à mon arrivée dans Nantes j'ai trouvé cette ville dans l'état de stupeur le plus effrayant, et que l'on fuyait les députés de tous côtés.

*Le président*, au jury : Les détails fournis par le témoin vous confirment l'authenticité des renseignements qui vous ont été donnés dans l'affaire de Vial; vous n'avez point oublié que quinze cents personnes sont envoyées à Nantes, par ordre des représentants Bentz et Francastel, pour être jugées, et que, depuis, on n'en a aucunement entendu parler.

Le sixième témoin, Philippes-Tronçjolly, président des tribunaux civil et criminel de Nantes, déclare que, comme accusateur public, il a dénoncé et poursuivi les accusés, qu'il a même dénoncé Carrier; il demande si, sous ces deux rapports, il peut être entendu; le tribunal admet sa déposition.

*Tronçjolly* : L'armée Marat était composée de soixante individus : j'ai entendu dire à Naud que Goulin, lors de la formation de cette armée, opinait hautement pour que les plus scélérats y fussent admis, et qu'à chaque nomination il demandait : « N'y en a-t-il pas encore un plus scélérat ? car il nous faut des hommes de cette espèce pour mettre les aristocrates à la raison. »

Carrier ne parlait que de fusiller, que de faire guillotiner; il semblait avoir le droit de vie et de mort; et ce droit il l'avait transmis à un nommé Lebatteux, aubergiste, auquel les pouvoirs avaient été retirés comme en ayant fait l'usage le plus abusif et le plus cruel.

Philippes-Tronçjolly reproduit dans sa déposition une grande partie des détails qui ont paru dans la procédure des quatre-vingt-quatorze Nantais (discours de Tronçon-Ducoudray). Nous ne publions ici que ce que ce témoin ajoute d'assez important pour éclaircir les faits.

*Tronçjolly* : Les scellés étaient apposés avec des dés de la cuisinière, avec les pouces, et tout était mis au pillage; il n'y a point eu, comme on l'a supposé, de conspiration contre la représentation nationale, mais seulement des troubles momentanés dans la maison du Bouffay.

Goulin menaçait les détenus de les faire décimer; il y a eu vingt-trois noyades, dont deux de prêtres, dirigées par Foucault, commandant à Paimbœuf, et d'autres à Nantes.

Carrier avait donné à ce Foucault, né dans l'indigence, et très-immoral, le droit de vie et de mort; c'est lui qui l'avait revêtu du commandement dont il était investi à Paimbœuf.

Femmes enceintes, vieillards, enfants, tout a été noyé; on compte plus de six cents enfants livrés aux flots.

Philippes retrace les mêmes scènes de cruauté froide déjà consignées dans la déposition de Lahennette; les expressions en sont presque les mêmes; il ajoute : « Depuis longtemps je n'entendais parler que de la cruauté de Carrier; je voulus m'en convaincre par moi-même; je l'invitai à manger plusieurs fois; il me le promit, mais il ne me tenait pas parole.

Enfin Carrier vint souper le 15 frimaire. Carrier a dit à ce souper, sur les observations que je lui adressai relativement à la précipitation avec laquelle il voulait expédier les détenus : « Mais faut-il tant de preuves ? c'est bien plus tôt fait de les jeter à l'eau. Bientôt tu verras sansculottiser les femmes. » Il voulait dire que les femmes ne tarderaient pas à figurer dans les noyades.

Grandmaison s'est permis d'antidater le reçu par lui donné de cent vingt-neuf prisonniers; et ce qui le prouve, c'est la difficulté qu'eut le concierge à trouver la date de la remise des détenus; enfin, par le résultat de mes recherches, je reconnus que les individus réclamés avaient été noyés ou guillotinés.

Je fis imprimer les atrocités du comité révolutionnaire; Carrier, m'en voyant un exemplaire dans les mains, me témoigna qu'il regardait cet écrit comme une plaisanterie, que c'étaient des bagatelles qui ne méritaient pas d'être relevées.

En vain demandai-je au comité des pièces et des procès-verbaux contre les citoyens qu'il m'envoyait à juger; le comité était sourd à toutes mes invitations.

A l'époque du 5 frimaire, l'armée Marat se vantait d'avoir les bras fatigués, épuisés d'avoir donné des coups de plat de sabre aux malheureux qu'elle avait été chargée de noyer.

Je dois informer le jury que Lambertye et Fouquet, amis intimes de Carrier, traduits au tribunal dont j'étais le président, et condamnés à mort, n'ont cessé, dans les débats, de charger Carrier, de diriger contre lui mille imprécations, de rejeter sur lui tous leurs délits.

Je dois cependant dire, à la décharge des membres du comité révolutionnaire, que Lambertye et Fouquet m'ont été dénoncés par ce comité.

C'était par ordre du comité que les brigands qui venaient se rendre volontairement étaient assassinés sur la place du Département, ou, du moins, je l'ai ouï dire ainsi.

A l'époque du 26 frimaire, Carrier ordonnait de faire guillotiner indistinctement les brigands rendant les armes, comme ceux qui étaient pris les armes à la main; lorsque je lui demandais s'il signerait de pareils ordres, il me répondait froidement : « Cela ne fait pas la moindre difficulté. — Mais, lui fis-je observer, il y a des enfants qui, par leur âge, ne sont pas sujets à l'exécution de la loi. » Carrier n'en persista pas moins à vouloir faire guillotiner tout, sans exception. Je me contentai donc de prendre les noms, âges; qualités et demeures des individus dénoncés, et je me dispensai du reste.

Le 29 frimaire, nouveaux ordres de Carrier de faire guillotiner vingt-sept brigands, parmi lesquels se trouvaient des enfants de treize, quatorze et quinze ans, et sept jeunes femmes, dont la plus âgée n'avait que vingt-neuf ans; enfin, mêmes ordres pour faire guillotiner, sans jugement, vingt-quatre autres brigands.

J'observe aux jurés que j'ai été forcé, par la majorité des voix de mes collègues, de prononcer cette décision, bien opposée à mon opinion.

De toutes parts on demandait au comité les enfants dont il était dépositaire; d'abord il en accorda, ensuite il les refusa, et trouva bien plus expéditif de les faire noyer.

Ce comité a reçu plus de 1 million dont il n'a point rendu compte; il s'est contenté de verser 73,000 liv., sans faire raison du surplus, et je ne sais comment expliquer son indélicatesse maladroite aux citoyens de venir déclarer les sommes par eux données, puis quel pouvait être l'objet de cette invitation.

*Le président*, au jury : Il est un dilemme bien simple à opposer aux accusés : ou leur intention était de compter des sommes par eux reçues, ou, au contraire, de se les approprier; dans la première hypothèse, inadmissible d'après la conduite du comité, ils auraient eu soin de garder un tableau fidèle de leur recette; dans la seconde hypothèse, qu'il faut nécessairement admettre, il est de toute évidence que le comité espérait n'être obligé à aucune restitution; et son invitation insidieuse n'avait d'autre but que de profiter des sommes qui ne seraient pas déclarées.

*Troncjolly* (1) : Carrier est signataire d'un ordre qui tendait à dissoudre la Société populaire de Vincent-la-Montagne ; il est encore signataire d'un autre ordre ayant pour objet de faire incarcérer tous les marchands de comestibles, et ces ordres ont été exécutés par la compagnie Marat. Carrier passe sur une place publique ; il voit une femme à la fenêtre, il ordonne de tirer sur elle. Carrier a prêché le pillage des magasins de marchands. Il existait une défense de galoper dans la ville : un militaire préposé pour faire observer cette défense voit passer Carrier au galopait à cheval ; il lui intime la défense qu'il était chargé de maintenir, sans savoir à qui il parlait ; pour toute réponse, Carrier fait passer son cheval sur le corps de la sentinelle. J'observe que je n'ai que des ouï-dire sur les faits dont je viens de rendre compte.

Les récits du témoin paraissent exciter la plus vive indignation. Un des jurés demande à grands cris la présence de Carrier, pour acquérir des renseignements sur les délits dénoncés au tribunal.

*Le président :* J'observe au jury que cette réquisition n'est pas de son ressort ; c'est au tribunal qu'il appartient de juger s'il est ou non nécessaire d'appeler Carrier ; tous les renseignements sont pris pour découvrir et faire punir les complices et continuateurs de Robespierre.

Le jury insiste pour que Carrier soit appelé.

Les juges se retirent pour délibérer ; à leur retour le président déclare que le tribunal connaît ses devoirs, et que jamais il n'aura besoin qu'ils lui soient rappelés.

*Le président,* au témoin : Continue ta déposition.

*Troncjolly :* Il paraît que les noyades étaient mises aux voix, puisque Naud disait que, sans lui et Bachelier, Baron, son beau-frère, aurait été condamné à la noyade ; qu'il n'y avait échappé que d'une voix.

*Réal,* défenseur officieux, demande à faire une interpellation au témoin, pour l'intérêt de ses clients.

*Réal :* On ne cesse de parler de noyades et de fusillades, mais on ne dit pas par qui, pourquoi, et comment ont été faites ces noyades et ces fusillades, et ce sont cependant des faits intéressants à éclaircir.

*Troncjolly :* L'opinion publique en accusait Carrier et le comité révolutionnaire indistinctement.

*Le président,* à Goulin : Lors de la formation de la compagnie Marat, avez-vous dit qu'il fallait choisir les plus scélérats ; et lorsque vous entendies nommer quelques candidats, demandies-vous s'il y en avait de plus mal famés ?

*Goulin :* Le fait n'est ni vrai ni vraisemblable ; j'ai été, au contraire, le premier à proposer de mettre le choix des candidats au scrutin, et j'en ai même fait rejeter quelques-uns.

*Troncjolly :* Je soutiens ma déposition véritable dans tout son contenu.

*Goulin :* Et moi je la nie dans toutes ses parties.

*Naud,* l'un des accusés : Goulin ne se rappelle sans doute pas qu'il a dit, en plaisantant : « Voilà de beaux b......; y en a-t-il de plus scélérats ? »

*Goulin :* J'ai pu dire : voilà de beaux b......, parce qu'il y avait des fripons, mais je n'ai rien dit de plus.

J'ai fait, au reste, toutes les observations propres à épurer la compagnie Marat, mais je n'ai pas toujours été secondé comme je le désirais.

*Le président :* Je vous observe qu'il est constant au procès que cette compagnie n'a été formée que sur la notification par vous faite au représentant que votre comité ne pouvait suffire à la multiplicité des affaires, et que vous avez sollicité l'institution de cette compagnie, qui vous paraissait toute dévouée.

*Goulin :* Je soutiens que Carrier seul, qui nous reprochait journellement notre lenteur, notre négligence, qui ne parlait que de nous destituer, parce qu'il ne nous trouvait pas assez dociles à ses volontés, établit la compagnie Marat ; que lui seul l'avait à sa disposition. Les membres de cette compagnie arrêtaient et incarcéraient, sans ordre du comité.

*Le président :* J'observe à Goulin et à Bachelier qu'aux termes de l'arrêté des représentants du peuple, les arrestations devaient être scellées de trois signatures, et cependant plus de quatre-vingts ordres ne sont signés que de Goulin.

A la suite de quelques interpellations du président à l'accusé Malenguet sur les fusillades, Troncjolly déclare qu'on

---

---

ne se contentait pas de noyer, de fusiller ; qu'on enterrait des citoyens tout vivants.

*Le président,* à Goulin : N'avez-vous pas fait réincarcérer deux citoyens qui étaient parvenus à se sauver, et qui cependant étaient irréprochables ?

*Goulin :* Le fait est vrai ; mais on n'avait dessein de leur faire aucun mal, et ils n'ont été réintégrés que pour conserver le secret de la fusillade.

*Un juge :* Connaissiez-vous la moralité des dénonciateurs ? étiez-vous certains de leur patriotisme ? Avez-vous interrogé les accusés ? avez-vous fait, comme vous le deviez, avant de sacrifier les détenus, des recherches scrupuleuses pour vous convaincre de la vérité ou de la fausseté de la dénonciation ?

*Goulin :* Les prisonniers noyés ou fusillés étaient tous des gens sans aveu ; ils étaient nécessairement coupables, d'après les faits graves par nous recueillis sur les individus échappés à la noyade.

*Le président,* à Goulin : Avez-vous dit devant le témoin que les Nantais avaient été fusillés aux Ponts-de-Cé, et qu'ils n'existaient plus ?

*Goulin :* Je nie formellement avoir annoncé la destruction des Nantais envoyés à Paris ; j'ai seulement dit qu'ils n'étaient plus de notre ressort, qu'ils avaient cessé d'être sous notre surveillance, et que nous les avions remis au représentant Francastel.

A la demande faite s'il était vrai qu'on eût attaché des citoyens l'un à l'autre, pour ensuite les précipiter dans les eaux, les accusés répondent par la dénégation.

*Le président,* à Bolognie : Avez-vous connu la fusillade du 24 frimaire ?

*Bolognie :* Mainguet, Grandmaison, Goulin et Hiet étaient, ainsi que moi, présents à cette descente des prisonniers dans le bateau ; je sais que Carrier est venu, qu'il a parlé secrètement à Goulin, et lui a donné des ordres à l'oreille.

*Le président,* à Goulin : Quels ont été les ordres à vous donnés par Carrier ?

*Goulin :* Carrier voulait que les prisons fussent vidées sur-le-champ, de manière ou d'autre.

*Bolognie :* Je sais aussi que les prisonniers ont été mis dans une grande barque, que Grandmaison y est entré ; mais j'ignore ce qui s'est passé depuis.

*Le président :* Y avait-il des bateliers à côté du grand navire ? Êtes-vous instruit que la gabarre devait être coulée à fond ?

*Goulin :* Je n'ai point vu de petits bateaux, et la noyade projetée m'a toujours été inconnue ; je dirai seulement que Lambertye avait promis de se charger de cette expédition, et qu'il n'a pas tenu parole.

*Le président,* aux jurés : J'observe que les réponses des accusés sont la preuve bien palpable qu'il existait un accord parfait entre Lambertye, Fouquet et les membres du comité révolutionnaire pour faire exécuter les noyades.

*Le président,* à Bolognie : Avez-vous entendu dire que le vaisseau ait été coulé à fond ?

*Bolognie :* Grandmaison m'a appris que les prisonniers s'étaient soulevés, qu'ils avaient fait des mouvements inquiétants, par suite desquels ils avaient été coulés à fond.

*Le président,* à Bolognie et à Grandmaison : L'insurrection des prisonniers et le soulèvement dont vous voulez persuader le tribunal ne sont ni vrais ni vraisemblables, parce qu'il est constant aux débats que les prisonniers avaient les mains liées derrière le dos. Comment se fait-il que cent vingt-neuf personnes aient été submergées par un accident imprévu, et que les exécuteurs soient parvenus à se soustraire au naufrage ?

*Bolognie et Grandmaison :* Il y avait de petits bateaux à la faveur desquels les membres du comité révolutionnaire, préposés à la surveillance du transport des détenus, se sont réfugiés à la rade.

*Le président,* à Goulin : Pourriez-vous nous donner les noms des bateliers payés par le comité ?

*Goulin :* Je n'ai aucune notion sur les noms des bateliers employés et soldés.

*Le président,* à Bachelier : Pourriez-vous dire quel est le nombre des arrêtés pris par le comité ?

*Bachelier :* Il y en a eu trois : l'un était relatif à la remise des enfants au-dessous de seize ans. Cet arrêté n'ordonnait pas, comme on l'a prétendu, la remise indistincte d'enfants de tout âge ; il était d'autant plus fondé en raison, d'autant plus indispensable, que le représentant du peuple avait limité la permission par lui donnée de confier des enfants ; et que certaines personnes abusaient de la facilité qu'ils

Typ. Henri Plon.                                    Réimpression de l'Ancien Moniteur. — T. XXII, page 322

*Carrier à Nantes.*

avaient trouvé à en obtenir, pour retirer dans leur domicile des filles dont ils faisaient leurs maîtresses.

Le président interpelle Bacheller sur la proclamation du comité relative aux sommes reçues. Cet accusé entreprend de prouver la bonne foi du comité et sa propre fidélité comme dépositaire. Le président lui rappelle ses aveux à cet égard dans la procédure des Nantais, et lui observe qu'il varie dans ses nouvelles réponses.

*Le président*, à Goulin : Qu'avez-vous à répondre sur votre lettre relative à Gomel, et dont le *post-scriptum* est conçu en ces mots : « Expédiez-le promptement, ou renvoyez-nous-le, et nous l'expédierons. »

*Goulin* : J'avoue qu'au premier aspect cette phrase présente un sens révoltant ; cependant je n'avais d'autre but que d'épargner à Gomel toutes les anxiétés auxquelles se trouve en proie un accusé dont le jugement se fait attendre longtemps, et il fallait entendre par ces mots : Hâtez-vous de le juger, ou chargez-nous-en, et nous nous en occuperons sans délai.

Le président interpelle Goulin sur son voyage à Paris : il résulte des réponses que lui Goulin, Chaux, le citoyen Gallon, sa femme, sa fille et d'autres personnes, étaient de ce voyage, fait aux dépens de la caisse du comité. Chaux assure qu'il a fourni de ses deniers les dépenses des individus autres que lui et Goulin.

*Le président*, à Chaux : La femme Gallon ne se promenait-elle pas dans Paris avec des bijoux, des diamants précieux, et n'y jouait-elle pas un grand rôle avec vous ?

*Chaux* : La femme Gallon n'a jamais eu l'ambition de se parer avec des diamants ; jamais elle n'en a porté, pas même à Paris ; c'est une femme honnête, qui sait se contenter d'une parure modeste, dont les mœurs sont intactes et bien au-dessus de toutes les calomnies qui voudraient l'atteindre ; parée de sa vertu, elle sait mépriser de vains ornements, souvent l'apanage du crime et de la débauche.

*Le président*, à Goulin : D'après vos aveux, si la dépense totale de ce voyage n'est que de 1,600 liv., et la recette de de 6,000 liv., il est de toute évidence qu'il y a un reliquat de 4,400 liv.

*Chaux* : Les personnes qui ont vécu avec nous à Paris n'ont pas encore payé leur part dans la dépense, et le déficit apparent pourrait procéder de ce défaut de payement.

Les mêmes accusés répondent d'une manière obscure et embarrassée à plusieurs interpellations qui leur sont faites sur le même objet.

*Le président*, à Chaux et à Goulin : Il résulte de cette discussion que vous ne vous contentiez pas de prodiguer les fonds de la caisse pour vous-mêmes, que vous appeliez vos connaissances pour consommer plus promptement ces fonds.

*Le président*, à Bacheller : D'où provenaient les 6,000 l. prises dans la caisse du comité ?

*Bacheller* : C'était le produit de divers dons faits au comité pour la salubrité de l'air.

*Le président* : Ces fonds ne provenaient-ils pas plutôt de Geslin , qui avait donné 30,000 liv. pour n'être pas incarcéré ?

*Goulin* : Geslin , à ma connaissance, n'a donné que 30,000 livres ; et j'observe que ce don n'a pas été fait au comité, mais bien à la municipalité ou à la Société populaire.

*Le président*, à Goulin : N'avez-vous pas reçu de Job une somme de 50,000 livres, ou pour lui rendre la liberté, ou pour la lui conserver ?

*Chaux* : Il est vrai que Job a fait un don de 50,000 livres au comité ; mais ce don n'avait pour but ni la mise en liberté du donateur, ni le maintien de cette liberté.

Job, à l'époque de son bienfait, était incarcéré ; il a depuis été jugé et acquitté par le tribunal, et le don des 50,000 livres n'a aucunement été le jugement d'acquit.

*Le président*, à Perrochaux : La fille Brétonville vous est-elle connue ? n'a-t-elle pas sollicité auprès de vous l'élargissement de son père ?

*Perrochaux* : Mandé à neuf heures du soir chez Brétonville, je m'y rendis sans savoir pourquoi ; on me parla de l'incarcération de Brétonville père ; on me sollicita, on m'engagea à m'intéresser à sa sortie. Je promis de faire examiner les motifs de son arrestation et de lui procurer prompte justice, et rien de plus : on me fit ensuite connaître des besoins pécuniaires ; on parlait de vendre un poêle, une fontaine ; on m'en proposa l'achat ; ces meubles m'étant inutiles, je refusai d'en faire l'acquisition.

On renouvela les demandes d'argent, on me présenta une montre, et je la reçus pour garantie d'un prêt de 25 livres.

*Le président*, à Perrochaux : N'avez-vous pas proposé des sacrifices personnels à la fille Brétonville ?

*Perrochaux* : Je n'ai fait à cette fille aucune proposition malhonnête ; mais je puis assurer que la mère Brétonville m'a fait des offres dont j'ai rougi pour elle et pour sa fille.

*Le témoin Phelippes* : La famille Brétonville m'a assuré que Perrochaux avait sollicité leur fille de lui livrer son honneur ; je sais qu'il n'a pas donné quittance de 50,000 livres par lui reçues ; j'atteste que le comité recevait de toutes mains, et que Goulin n'a fait la proclamation relative à la déclaration des sommes données par les citoyens que parce qu'il a vu dans la caisse plus qu'il ne devait y avoir. Je dirai également, sans vouloir inculper la commission militaire, qu'il s'est fait des noyades en vertu des jugements de cette commission, qu'il a été signé une liste de noyés un mois après cette cruelle expédition.

Debourgues, ci-devant président de la commission militaire, consultait Carrier sur une compétence ; ce représentant lui répondait : « Point tant de raisons ; la guillotine, toujours la guillotine ! » Aussi s'opposait-il à ce qu'elle fût levée. Trois femmes, trop bien partagées de la nature, puisqu'elles plaisaient au féroce Carrier, ont le malheur de l'éveiller ses désirs impudiques. Désirer et jouir, pour un tyran, c'est l'affaire du moment ; il n'a besoin que d'indiquer sa volonté suprême. Carrier sacrifie ces trois femmes à sa lubricité, et, quand il en est rassasié, il les fait guillotiner.

Le président observe au témoin qu'il pousse trop loin ses observations et ses inquiétudes ; il l'invite à citer des faits contre les accusés. Les jurés, observant que les accusés se sont défendus sur les circonstances impérieuses dans lesquelles ils se sont trouvés, interpelle les témoins de déclarer quelle était la situation de la ville de Nantes.

Phelippes répond que la ville était fort tranquille et sans danger, et que l'on a tout fait pour soulever le peuple.

*Le président*, au témoin : A-t-on fait une proclamation qui promettait amnistie aux rebelles, s'ils venaient à résipiscence ?

*Phelippes* : Je l'ai ouï dire ; mais la conduite que l'on tenait avec ces rebelles n'était point de nature à leur inspirer beaucoup de confiance dans cette proclamation, car tous les Vendéens qui venaient se rendre volontairement étaient fusillés ; on n'avait aucun égard à leur reddition volontaire.

Chaux demande à s'expliquer sur la moralité de témoin, qu'il désigne comme sujet à des absences d'esprit ; et pour preuve de son assertion, il annonce que le témoin prononçait des jugements au nom du roi, et que ce n'était qu'après quelques minutes que le témoin se rétractait.

*Phelippes* : J'ai souvent été forcé de taire la vérité pour conserver ma personne ; mais jamais il ne m'est arrivé de pareilles absences.

Naud l'aîné, négociant, armateur avant la révolution, ensuite membre de la compagnie Marat, dépose comme témoin. D'après différents aveux propres à établir sa complicité avec les accusés ; attendu qu'il est constant aux débats que le témoin a participé à la noyade du 25 frimaire ; qu'il a fait avancer son bateau lorsque la gabare s'approcha ; attendu qu'il a conseillé aux prisonniers de racheter leur liberté à prix d'argent ; qu'il s'est rendu coupable de différentes exactions et concussions, le tribunal ordonne qu'il sera mis en jugement, et le fait joindre sur-le-champ aux accusés.

Dans la séance du 28 vendémiaire, Naud l'aîné, devenu accusé, remet au président du tribunal un arrêté conçu en ces termes :

Nantes, le 7° jour de la 1re décade du 2° mois de l'an 2e de la république française.

« Les véritables braves sans-culottes de Nantes, appelés par les représentants du peuple de la Convention nationale et administrateurs du département, se sont assemblés à quatre heures de l'après-midi, provisoirement dans l'une des chambres de la maison Cottin , pour y établir les commissaires qui avaient été convoqués pour former entre eux une compagnie révolutionnaire. Après l'examen, ils ont été reçus. ( Suivent les noms des quarante et un membres qui la composaient. )

« Les représentants du peuple français près l'armée de l'Ouest approuvent et confirment la formation de la compagnie révolutionnaire telle qu'elle est organisée de l'autre part ; lui confèrent collectivement et individuellement à chaque membre, le droit de surveillance sur tous les citoyens suspects de Nantes, sur les étrangers qui y entrent ou y résident, sur ceux qui s'y réfugient, sur tous les accapareurs de toutes espèces sur tous ceux qui chercheront à soustraire ou à reculer frauduleusement les subsistances, marchandises et denrées de première nécessité, ou qui auraient déjà commis de pareils délits. Enfin, ladite compagnie veillera sur tous les malveillants et ennemis de la république française; elle sera tenue de les dénoncer au comité de surveillance établi à Nantes en ce qui le concernera, et aux représentants du peuple s'il s'agit d'un complot contre la liberté nationale et la sûreté générale de la république.

« Chaque membre de la compagnie aura le droit de faire arrêter ou d'arrêter tout individu dont il croira prudent de s'assurer, à la charge de le conduire de suite au comité de surveillance. La compagnie surveillera de plus tous les conciliabules des ennemis de la révolution; elle s'attachera à la découverte de toutes les assemblées appelées *chambres littéraires*; elle dénoncera le tout au comité de surveillance. Les membres de la compagnie arrêteront ou feront arrêter tous les individus qu'ils trouveront assister aux conciliabules ou chambres littéraires. La compagnie exercera la surveillance et les pouvoirs qui lui sont délégués par le présent arrêté, dans toute l'étendue du département de la Loire-inférieure. La force publique obéira partout aux réquisitions qui lui seront adressées, soit au nom de la compagnie, soit au nom individuel des membres qui la composent. La compagnie, et ses membres en particulier, auront le droit de faire des visites domiciliaires partout où ils le jugeront convenable, dans Nantes et dans l'étendue du département de la Loire-inférieure. Nul individu ne pourra s'y opposer, et sera tenu, au contraire, d'ouvrir aux membres de la compagnie les portes de tous les lieux et appartements où ils jugeront convenable de porter leur surveillance et leurs recherches. En cas de refus, les membres de la compagnie demeureront autorisés à faire ouvrir les portes par des gens de l'art, même à les faire enfoncer s'il y a lieu. En cas de rébellion, ils requerront la force armée, qui sera tenu de leur prêter obéissance et secours. Ceux qui auront opposé la rébellion seront saisis sur-le-champ, et punis comme rebelles à l'exercice de l'autorité légitime.

« Signé *les représentants du peuple à l'armée de l'Ouest réunis à Nantes*, FRANCASTEL, CARRIER. »

« Les représentants du peuple, après avoir reconnu l'exactitude que la compagnie révolutionnaire, dite Marat, a mise à exécuter les ordres à elles donnés, accorde à chaque membre de ladite compagnie 10 livres par jour, pour favoriser les besoins de chaque individu. Le quartier-maître sera tenu de faire le payement à l'expiration de chaque décade.

« Nantes, le 30 brumaire, l'an 2ᵉ, etc.

« Signé *le représentant du peuple*, CARRIER. »

On entend un autre témoin.

*Julien Leroi*, né à Montoire, messager cocassier : Depuis deux ans, détenu dans la maison de Bouffay, pour avoir vendu un cheval que j'ignorais avoir été volé, j'y vis entrer, à une époque que je ne puis déterminer, vers les onze heures du soir, des gens armés qui nous demandèrent nos noms, nous commandèrent de faire nos paquets, et nous amarrèrent deux à deux, les mains derrière le dos. Je regardai ce moment comme ma dernière heure; je protestai que je mourais exempt de tout reproche. Cette ingénuité de ma part donna lieu à Ducoux et Grandmaison de faire des plaisanteries sur mon compte. « F.... bête, me disent-ils, ce ne sont pas vos personnes, mais vos biens, que nous voulons : quant à toi, tu meurs de faim dans cette maison; nous allons te conduire dans un endroit où tu seras beaucoup mieux. » Nous appréhendions tous d'être fusillés, et nous demandions à servir la patrie; on nous répondit que nous serions employés à la construction d'un fort. L'un des accusés avait une hache sur l'épaule.

Nous sommes conduits au bois de Lamourette, ensuite au corps de garde de la Machine; l'un de nous, nommé Garnier, parvient à s'évader; injures, menaces, mauvais traitements, tout est employé pour nous contraindre à désigner son asile; Grandmaison, entre autres, nous frappe la tête de coups de crosse de pistolet; c'est Grandmaison qui embarque les prisonniers, et qui, à la faveur d'échelles, nous descend dans la gabare; nos cordes coupées pour faciliter notre descente l'un après l'autre; et, comme cette descente n'était pas exempte de difficultés, Grandmaison imagine de nous prendre par le collet, et nous précipite de cette

manière. Nous faisions tous nos efforts pour nous délier; mais, lorsque nous avions le bonheur d'en venir à bout, à coups de crosse de fusil on nous forçait à nous rattacher. Cependant, au moment où l'on faisait chavirer la gabare qui portait les détenus, j'eus le bonheur de m'évader; et depuis ce temps j'ai toujours gardé la corde qui a servi à m'attacher.

Ma joie ne fut pas de longue durée. Arrêté de nouveau, je suis conduit au département, où je trouvai les accusés Bologne, Levéque, Perrochaux, Bachelier et Jolly. Bachelier rit en me voyant; mais Jolly, l'œil enflammé de colère, opine pour que je sois ref.... à l'eau. (Ce sont ses expressions.) Je dois dire, à la décharge de Bachelier, qu'il s'est opposé à cette cruelle mesure. J'étais presque tout nu; des vêtements me sont donnés par le corps de garde, mais on me bande les yeux. Jeté dans une fosse pleine d'ordures, pendant trois mois je suis privé de la lumière; une demi-livre de pain, une demi-chopine d'eau font toute ma subsistance, etc.

*Le président*, au témoin : Combien étiez-vous dans la gabare?

*Julien Leroi* : Cent soixante-cinq détenus. Argent, montres, boucles d'argent, portefeuilles, tout leur a été volé.

Au moment où on voulait nous persuader que nous allions être transportés à l'île de Jersey, on nous mettait presque nus.

Il n'y avait point de vivres dans la gabare, et notre translation s'est faite de nuit.

Les accusés, interrogés sur cette déposition, en nient les circonstances les plus aggravantes.

*Julien Leroi* : J'observe que Jolly a mis une voile, pour faire croire que nous allions naviguer.

*Jolly* : Je ne connais pas la manœuvre; j'étais commandé par Richard, et j'ai ponctuellement suivi ses ordres, sans en connaître le but; j'ai même porté quelques secours à un homme mourant.

*Le président*, à Jolly : Épargnez-nous ces détails affligeants.

Bachelier soutient n'avoir pris aucune part aux noyades ni aux vols, ni autres excès commis envers les détenus; il ajoute même que la conduite de ses collègues lui a souvent fait verser des pleurs.

*Le président*, à Goulin, Bologne, Grandmaison, Jolly, Perrochaux et autres : Quelles pouvaient donc être vos intentions en dépouillant les prisonniers de toutes leurs ressources, et même de leurs vêtements?

*Les accusés* : Le fait est faux.

Les débats ayant donné occasion de reconnaître que le témoin Leroi, incarcéré pour avoir vendu un cheval volé, n'avait été ni auteur ni complice de ce vol; que, ne sachant ni lire ni écrire, sa bonne foi avait été surprise, et que le comité de sûreté générale devait le faire élargir sous peu de jours, l'auditoire, touché du récit de ses souffrances pendant sa détention, s'empresse de venir au secours de son indigence, et un paquet d'assignats assez considérable est remis à cet infortuné.

*Ducoux*, perruquier, membre de la compagnie de Marat, n'ajoute rien dans ses dépositions à celles des autres témoins.

*Joseph-Hervé Labauche*, propriétaire, rentier, à Nantes, et *Catherine Vernier*, sa femme, sont entendus. Le mari dépose que Pinard l'a frappé et terrassé au moment de son arrestation.

*Le président*, à Labauche : Aviez-vous des armes, soit fusil ou pistolet?

*Le témoin* : Je n'avais qu'un mauvais bâton, sur lequel j'ai coutume d'appuyer ma vieillesse et mes infirmités.

Ma fille, à l'approche des satellites, s'était cachée; mais, m'entendant frapper, elle s'est écriée : « Vous assassinez mon père! » Pinard aussitôt se tourne vers elle; il s'en saisit, en lui disant : « Puisque tu es la fille de ce scélérat, tu viendras avec nous. »

*Le président*, au témoin : Ne vous a-t-on rien pris en vous arrêtant?

*Le témoin* : Il m'a été pris au moins pour 4,000 livres d'assignats, 21 livres en numéraire et autres objets : les assignats ont été volés dans mon sein, où je les avais placés.

Pinard me disait, pour me consoler de ses mauvais traitements : « Il n'y a que deux partis à prendre : c'est de passer à la fusillade, ou de boire à la grande tasse. »

Arrivés au comité, Goulin, dont j'avais lieu d'attendre des égards, me traita de brigand; et lorsque Chaux était d'avis de nous envoyer au Bouffay, je m'aperçus que Goulin lui pressait le pied pour le ramener à sa volonté, qui était de nous faire conduire à l'Entrepôt, maison destinée aux noyades et aux fusillades.

*L'épouse de Labauche :* Heureusement pour nous, le jour de notre arrivée à l'Entrepôt, nous en fûmes extraits par un membre de la commission militaire, car nous aurions été noyés comme les autres l'ont été la nuit même ; il fit plusieurs questions à ma fille cadette, et parut convaincu de notre innocence. Persuadé du moins qu'il n'y avait contre nous que des soupçons légers, il prit le plus vif intérêt à notre malheur, et nous fit transporter sur-le-champ au Bouffay, où nous avons été détenus pendant quarante-six jours. Assignats, numéraire, bijoux, tout nous a été enlevé. Conduits au comité, nous nous plaignions de ces vols. Pinard soutient que nous étions brigands ; il déclara que c'était injustement que nous réclamions 4,000 livres en assignats et des bijoux ; qu'il ne nous avait été pris que 900 livres. Goulin, à ce sujet, adresse la parole à Pinard en ces termes : « Tu ne m'avais pas parlé de ces 4,000 livres ? » Pinard répond : « Nous nous arrangerons. »

On donne lecture d'un ordre signé Goulin, conçu ainsi qu'il suit :

« Le nommé Luxeau, dit Lamoulnière, reconnu de tout temps par son aristocratie, sa femme et sa fille, tous déguisés en paysans, ont été trouvés dans les marais de la Gibaudière, chez la veuve Alliot, ont été saisis et conduits devant le comité révolutionnaire par le citoyen Pinard.

« Ont été trouvés par le même, et trouvés cachés dans le même lieu, le nommé Hervé, dit Labauche, et sa fille, déguisés également en paysans.

« On recommande les gredins ci-dessus qui, outre le crime de s'être cachés déguisés, sont chargés d'avoir deux fils émigrés.

« Ces honnêtes gens sont fatigués, malades, ont besoin des soins les plus délicats ; c'est justice de leur expédier un billet d'hôpital ; en vérité, en vérité, le comité révolutionnaire ne peut s'empêcher de les recommander chaudement à ses frères de la commission militaire et révolutionnaire.

« *Signé* GRANDMAISON, CHAUX et GOULIN. »

« Je certifie cette recommandation écrite de la main de Goulin, laquelle est déposée en original aux pièces du procès de la famille Labauche.

« Paris, ce 26 vendémiaire, etc.

« *Signé* BAIGNON. »

*Le président,* à Goulin : Comment justifiez-vous cet arrêté cruel ?

*Goulin :* Il est de notoriété publique que les Labauche sont de la classe nobiliaire : qu'ils ont des enfants émigrés ; qu'ils ont entretenu des intelligences avec les brigands ; qu'ils ont été arrêtés les armes à la main : tels ont été les motifs qui m'ont déterminé à les faire conduire à l'Entrepôt pour être traités comme ils le méritaient.

*Le président,* à Goulin : Vous observe que tous les délits par vous reprochés à la famille Labauche sont démentis par les témoins entendus jusqu'ici.

*Goulin et Pinard :* Cette famille avait contre elle l'opinion publique, et rien de plus notoire qu'ils étaient des brigands et devaient être traités comme tels.

*Le président,* à Labauche : Quelles observations avez-vous à présenter au tribunal relativement aux inculpations des accusés ?

*Le témoin Labauche :* Lorsque je fus arrêté, j'étais, à la vérité, en grande veste de paysan, mais je n'avais point d'armes ; j'ai deux garçons qui m'ont abandonné, il y a quatre ans, à l'âge de quatorze ans ; ils ont passé à Genève avec des passeports, et depuis ce temps nous n'en avons eu aucune nouvelle. A l'égard de notre moralité avant et depuis la révolution, je puis assurer le tribunal, sans crainte d'être contredit par les témoins, que nous étions des citoyens paisibles, qui n'avions manifesté aucune opinion contraire à la révolution ; nous ne l'avions entravée en aucun genre, et nous étions connus dans les environs pour des hospitaliers, amis de l'indigence et de l'humanité qui demandait à être secourue. Il est encore également faux que nous fussions des nobles ; nous n'avons jamais été que des propriétaires exploitant par nous-mêmes nos terres.

Plusieurs témoins, invités de s'expliquer, attestent à l'unanimité la vérité de cette déclaration.

On procède à l'audition d'un autre témoin.

*Jean-Baptiste Teinglein,* préposé aux subsistances militaires, dénoncé à la commission militaire par la compagnie Marat et le comité révolutionnaire de Nantes, pour dilapi-

dations, avait été condamné par un premier jugement, cassé depuis par la Convention ; ce témoin donne des renseignements sur la noyade du 24 au 25 frimaire. Son récit diffère peu de celui des autres témoins, si ce n'est dans les circonstances qui lui sont personnelles. Nous ne conservons de cette déposition que ce qui peut servir à l'éclaircissement des faits.

*Teinglein :* J'avais entendu un dialogue de deux noyeurs sur le compte du nommé Amar, qui réclamait beaucoup d'effets précieux. « Bon ! disaient ces noyeurs, il n'a pas besoin de ces effets ; demain il sera mort. »

Dans la même soirée, nous entendîmes tirer un coup de pistolet ; il retentit à un tel point à nos oreilles, que nous prîmes tous ce coup pour une fusillade : j'ai su depuis que ce coup avait été lâché sur les marches du Palais contre un malheureux qui refusait de marcher.

Le lendemain la citoyenne Bernard, épouse du concierge, me donne avis que je suis sur la liste de ceux qui doivent être noyés : elle hasarde de se rendre mon avocat auprès des barbares agents du comité ; elle fait valoir mon mémoire présenté au ministre de la justice, l'accueil favorable avec lequel il a été reçu. Elle assure que mon innocence va être proclamée, et qu'elle attend à chaque heure du jour l'ordre de ma mise en liberté. Pour cette fois seulement, peut-être, sur le rapport de ses agents, ce comité tremble de se compromettre ; il ajourne ma mort ; je suis excepté de la noyade, qui ne s'est que trop réalisée contre les infortunés détenus dans la même maison, etc.

*Goulin :* Le témoin, comme il l'a dit, avait été incarcéré comme soupçonné d'avoir dilapidé les fonds de la république ; je nie avoir été sollicité en aucune manière pour l'élargissement dudit témoin, qui me doit cependant la vie.

*Le président :* Il faut avouer que, si le témoin vous doit la vie, beaucoup vous doivent la mort, et je vous observe qu'il existe au procès des preuves écrites que vous êtes signataire de plusieurs ordres de noyades dans lesquelles les femmes enceintes étaient enveloppées.

*Goulin :* Il ne me coûterait pas plus d'en avouer vingt qu'une, parce que ma tête est dévouée ; mais je nie avoir participé à aucune noyade de femmes enceintes, et avoir été sollicité en faveur de Teinglein.

*Le président,* à Chaux : En vertu de l'ordre de Carrier, vous êtes-vous fait livrer, au préjudice de l'approvisionnement de nos armées, par Naudine, six milliers de foin, comme vient de le déclarer le témoin ?

*Chaux :* Il est vrai que, conformément aux ordres de Carrier, j'aurais pu me faire livrer six milliers de foin pour alimenter des bestiaux que j'élevais pour le compte de la nation : mais il est de toute vérité que, sur les observations de Naudine, je me contentai de la livraison de trois milliers, que je payai au prix du *maximum*.

On procède à l'audition d'un autre témoin.

*Georges Thomas,* officier de santé de première classe : Vers la fin de pluviose, je me rends au comité pour réclamer des secours dont l'hospice révolutionnaire, confié à mes soins, avait le plus pressant besoin : j'étais porteur d'une requête présentée par trente-sept jeunes convalescents qui demandaient à s'eurégimenter et à aller combattre les rebelles de la Vendée. Goulin, que je croyais disposé à servir la chose publique de tout son pouvoir, pour toute réponse, met au bas de la requête les mots suivants : « Il est ordonné au citoyen Thomas, officier de santé, de faire conduire les ci-dessus dénommés, sous bonne et sûre garde, à l'Entrepôt. » Le lendemain tous les détenus de cette maison devaient être fusillés ou noyés. Je me promets bien de laisser sans exécution cet ordre sanguinaire. Je montre cependant à plusieurs de mes amis, pour leur faire partager mon indignation ; mais, au lieu de rencontrer des hommes fermes, décidés à résister à l'oppression, je ne trouve que des êtres pusillanimes, frappés de terreur à la voix du despote ; aucun d'eux ne rougit de me donner le conseil affreux d'obéir à l'ordre inhumain qui m'est intimé par Goulin ; tous me disent : « Si tu refuses d'obéir, tu seras noyé sur-le-champ. » Je garde en poche l'ordre de Goulin, et, lorsqu'il m'en demande compte, je réponds que je l'ai perdu.

Je suis le même jour dénoncé à Carrier, par Chaux et Goulin, comme un brigand, un contre-révolutionnaire, un fédéraliste ; mais plus de quatre-vingts plaies dont mon corps est couvert, toutes blessures que j'ai reçues dans la guerre contre les brigands, me justifiaient assez des reproches hasardés contre moi ; la dénonciation n'eut donc point de suite. Peu de temps après, j'ai occasion d'aller chez Carrier, relativement aux proconsuls de l'Amérique, que j'avais introduits auprès de lui, pour entretenir la paix et l'union entre les deux nations : il m'invite à dîner, et dans le cours de ce repas il me dit en riant : « Tu es un j... F..... » Je ne lui fais que cette réponse, aussi en riant : « Si vous n'étiez pas représentant du peuple, vous ne me le diriez pas impunément. »

Le 7 prairial, l'hospice révolutionnaire était dans un dénûment total; l'épidémie faisait des ravages horribles dans toutes les maisons d'arrêt. J'en vis périr dans ledit hospice soixante-quinze en deux jours : on n'y trouvait que des matelas pourris, et sur chacun desquels l'épidémie avait dévoré plus de cinquante individus. Je réitère mes sollicitations auprès du comité.

Chaux répond à ma demande : « Nous ne pouvons plus faire le bien, mais tu peux nous être utile, et tu contribueras à soulager l'humanité. Phelippes a dans les mains 200,000 livres dont nous ne pouvons plus disposer : il nous pourrait; fais une bonne dénonciation bien en règle, et, si tu veux la faire appuyer par quelqu'un que je te désignerai au comité de surveillance de la Société populaire, je t'accorderai tout ce que tu demanderas pour l'hospice révolutionnaire. »

Ce langage me paraît étrange; je me contente de répondre à Chaux que je ne dénonce personne sans preuves, et que je n'en ai aucune contre Phelippes. En vain Chaux me sollicite; je me retire, résolu de ne point répondre à ses instances.

J'accuse le comité révolutionnaire, en général, d'avoir fait noyer ou fusiller quatre à cinq cents enfants, dont les plus âgés n'avaient peut-être pas quatorze ans. Mainguet m'avait un jour donné un bon pour prendre et choisir dans l'Entrepôt deux enfants que je voulais adopter; j'en choisis un de onze ans, et l'autre de dix-sept ans.

Le lendemain plusieurs de mes amis, que j'avais engagés à nourrir et élever chez eux plusieurs de ces êtres infortunés, se rendent avec moi à l'Entrepôt pour les prendre; ces petits innocents n'existaient plus, ils avaient tous été noyés; j'assure en avoir vu la veille dans cette maison plus de quatre à cinq cents.

Cette dernière partie de la déposition de Thomas excite dans l'auditoire un murmure d'indignation.

*Le président*, à Jolly : Que sont devenus les enfants dont parle le témoin?

*Jolly* : J'ai entendu dire qu'ils avaient été noyés, mais je n'en ai pas la certitude directe et personnelle.

*Le président*, au même : N'est-ce pas vous qui les avez conduits à l'eau?

*Jolly* : J'étais tout à la fois soumis aux chefs du tribunal révolutionnaire et de la commission militaire; j'étais obligé d'exécuter ce qu'ils me commandaient; mais je puis assurer que je n'ai été chargé d'aucune noyade d'enfants, ni par le tribunal et la commission, ni par le comité révolutionnaire, et qu'il ne m'en est parvenu aucune connaissance.

*Le président*, à Jolly : Il est cependant prouvé que vous avez contribué à la noyade de cent cinquante personnes, et ce fait est tellement authentique, tellement constant dans les débats, qu'il vous serait inutile de le contester.

*Jolly* : Je déclare n'avoir fait aucune extraction dans l'Entrepôt, que ma mission se bornait à amener les détenus au jury, pour être jugés, soit comme brigands, soit comme coupables de tout autre délit.

*Le président*, à Jolly : Il est encore constant aux débats que vous avez extrait des enfants des maisons d'arrêt.

*Jolly* : Ils ont été extraits pour les garantir de l'épidémie des prisons, et leur faire respirer un air salubre, et je suis persuadé qu'ils n'ont point été sacrifiés.

*Goulin* : Il avait été demandé au comité révolutionnaire un homme robuste pour amener les accusés au tribunal et les contenir; et Jolly a été nommé pour remplir ces fonctions qui faisaient toute son occupation.

À l'égard des enfants prétendus noyés, je déclare que la commission militaire doit être interpellée sur ce fait, parce qu'elle avait la surveillance de ces enfants, et qu'elle a donné son adhésion au sacrifice que l'on en a fait.

Baudoux, accusateur de la commission militaire de Nantes, déjà entendu dans cette affaire, combat l'assertion de l'accusé.

« On peut d'autant moins inculper, dit-il, la commission sur les victimes péries dans l'Entrepôt, où qui ch ont été extraites, que la commission n'avait pas l'administration de cette maison, et n'a cessé d'être induite en erreur sur le régime des prisons. En vain la commission militaire représentait-elle à Carrier et au comité révolutionnaire que les jeunes enfants déposés dans les prisons pouvaient être utiles aux armateurs, et qu'il fallait les leur livrer; Carrier avait prononcé l'arrêt de mort de ces enfants, il eut la barbarie de le faire exécuter.

*Thomas* continue sa déposition : Ayant reçu l'ordre de la commission militaire d'aller constater la grossesse d'un grand nombre de femmes détenues à l'Entrepôt, je trouvai une grande quantité de cadavres épars çà et là; je vis des enfants palpitants ou noyés dans des baquets pleins d'excréments humains. Je traverse des salles immenses : mon aspect fait frémir les femmes: elles ne voyaient d'autres hommes que leurs bourreaux; je les rassure, je leur parle le langage de l'humanité; je constatai la grossesse de trente d'entre elles, plusieurs étaient grosses de sept à huit mois: quelques jours après, je reviens voir ces femmes, que leur état rendait sacrées et chères à l'humanité; je le dis, l'âme brisée de douleur, ces malheureuses femmes avaient été précipitées dans les flots!..... Ces tableaux sont déchirants, ils affligent l'humanité; mais je dois au tribunal le compte le plus fidèle de ce qui est à ma connaissance.

Huit cents femmes et autant d'enfants avaient été déposés dans les maisons de l'Éperonnerie et de la Marlière; cependant il n'y avait dans ces prisons ni lits, ni paille, ni vaisseaux; les détenus manquaient de tout; le médecin Rollin et moi avons vu périr cinq enfants en moins de quatre minutes; ces malheureux ne recevaient pas d'aliments. Nous nous informons des femmes du voisinage et elles ne peuvent pas secourir ces créatures infortunées; elles nous répondent : Comment voulez-vous que nous fassions? Grand-maison fait incarcérer tous ceux qui portent des aliments à nos femmes et à ces enfants. »

J'accuse le comité, en général, de s'être plu à faire incarcérer tous les citoyens probes et honnêtes de la ville de Nantes; d'avoir toléré ce que l'on appelait dans cette ville des *sabrades* : ce genre d'expédition est relatif à sept ou huit prisonniers qui sortaient du comité pour être conduits à l'Entrepôt.

Les conducteurs trouvant qu'il était tard, et que la course était trop longue, massacrèrent ces malheureux sous les fenêtres du comité.

Quant aux noyades, Goulin avait trouvé plaisant d'appeler ces barbares expéditions des *baignades*: ce mot était doux; il offrait une idée agréable, un contraste frappant entre le mot et la chose; on les appelait encore *immersions*, *déportations verticales*; cette dernière dénomination était de l'invention de Carrier.

Vers la fin de brumaire, un batelier, nommé Perdreau, me demande une prise de tabac que je lui donne. « Je l'ai bien gagnée, me dit-il, je viens d'en expédier sept à huit cents. » Perdreau était ivre; alors, profitant de son état pour découvrir la vérité : « Comment donc, lui dis-je, vous y prenez-vous pour expédier tant de monde en si peu de temps?

— Rien de plus aisé, me répondit-il; lorsque je fais des baignades, je dépouille les hommes et les femmes; je les fouille, et je mets leurs vêtements dans un grand mannequin; je les attache deux à deux par les bras et par les poignets; je les fais venir sur le bord de la Loire; ils montent deux à deux dans mon bateau; deux hommes les poussent par derrière et les précipitent, la tête la première, dans l'eau. »

Je lui observe que ces gens pouvaient nager sur le dos et se soustraire ainsi aux flots.

« Nous y mettons bon ordre, répond le batelier; nous avons de grands bâtons avec lesquels nous les assommons; c'est ce que nous appelons le *mariage civique*. »

*Phelippes-Tronçjolly* : Citoyens juges, c'est moi qui ai poursuivi le comité, c'est moi qui ai dénoncé le représentant du peuple Carrier comme complice du comité; il faut donc que sa tête ou la mienne tombe; il faut que la république soit vengée. Je demande qu'il soit ordonné que je me constitue prisonnier jusqu'à ce que la justice nationale ait prononcé, et qu'il soit fait part de mon emprisonnement à la Convention.

Cette demande est vivement applaudie par l'auditoire.

*Le président* : Par un décret de la Convention nationale, le tribunal est investi du droit de faire le procès à tous les complices du comité révolutionnaire; il est chargé de rendre compte, chaque jour, du résultat des débats au comité de sûreté générale; le tribunal s'acquitte exactement de ce devoir. Phelippes est le maître de conserver sa liberté ou de se constituer dans une maison d'arrêt, si quelque concierge veut se charger de le recevoir sans ordre; mais le tribunal ne peut statuer sur sa demande.

*Goulin*, interpellé par le président sur le reproche d'avoir écrit, au bas de la requête de Thomas en faveur de trente-sept jeunes adolescents, l'ordre de les transférer à l'Entrepôt, répond que le fait est faux; il ajoute ensuite que s'il a signé cet ordre, c'était pour soustraire ces jeunes citoyens à l'épidémie qui régnait dans l'hospice.

*Thomas* atteste de nouveau la vérité de sa déposition.

*Le président*, à Goulin : Un homme qui a fait traduire au tribunal révolutionnaire, séant à Paris, plusieurs des cent trente-deux Nantais, sans spécifier d'autres motifs que celui de *muscadins* et de *modérés*, pouvait bien avoir envoyé des individus, seulement coupables de fautes légères, dans une prison où ils devaient trouver la mort.

*Goulin* : Il y avait aussi d'autres motifs pour l'arrestation de ces Nantais.

*Le président* : Vous avez cependant signé le contraire. Rappelez-vous le reste le serment prêté par la compagnie Marat, dans la Société populaire de Vincent-la-Montagne, serment par lequel chaque membre de cette compagnie jurait une guerre à mort aux muscadins et aux modérés.

*Goulin* : Cela peut être; mais reportez-vous aux temps et aux circonstances; les principes qui aujourd'hui paraissent atroces n'étaient alors que révolutionnaires.

*Le président*, à Chaux : Que répondez-vous au reproche de Thomas, relativement aux instances que vous fîtes à ce témoin d'établir contre Phelippes-Tronçjolly une bonne dénonciation bien en règle, et sur la demande d'effets pour l'hospice, qui ne lui ont pas été accordés?

*Chaux* : C'était la municipalité qui était chargée d'administrer les prisons, de les surveiller et de les pourvoir de ce qui leur manquait; on ne peut donc faire un crime au comité du dénûment où se trouvaient ces maisons lors de la visite faite par Thomas, en vertu des ordres du représentant du peuple Bô, qui, je l'avoue avec le témoin, a sauvé Nantes, et l'a délivrée de l'oppression. Si Carrier eût rassemblé à son collègue Bô, le comité révolutionnaire n'aurait jamais été traduit en ce tribunal, et ne serait point obligé de se justifier en ce moment. Quant à la dénonciation qu'on m'accuse d'avoir conseillée, je nie formellement qu'il en ait été question.

Tous les accusés, interpellés de nouveau, persistent à dire qu'ils n'ont pris aucune part aux noyades.

*Le président*, à Jolly : Vous qui alliez journellement dans les prisons; qui étiez, si l'on peut s'exprimer ainsi, le garrotteur par excellence des prisonniers, leur conducteur à la gabarre; vous à qui il est arrivé de soigner plusieurs fois les enfants, pouvez-vous dire au tribunal ce que sont devenus ceux déposés à l'Entrepôt?

*Jolly* : J'ai manié ces enfants plus de dix fois, mais je ne leur ai pas fait une égratignure d'épingle, et j'ignore quel a été leur sort.

*Le président*, à Chaux : Pourriez-vous nous donner des renseignements sur les noyades d'enfants?

*Chaux et Goulin* : Nous désirerions autant, et même plus que le tribunal, avoir des notions certaines sur ces expéditions, que le comité n'a ni ordonnées, ni tolérées; car il ne suffit pas de nous inculper en général, de jeter des soupçons odieux contre les membres du comité en nom collectif; il faut articuler des faits précis, rapporter des preuves authentiques à l'appui de ces griefs. Le comité révolutionnaire ne peut dissimuler qu'il a beaucoup de reproches à se faire, et cependant il soutient que les noyades d'enfants lui sont totalement étrangères.

*Le président*, à Goulin : Vous qui journellement vous permettiez d'envoyer à l'Entrepôt les victimes dont vous aviez prononcé l'arrêt de mort, tels que la famille Labauche, les jeunes citoyens réclamés par Thomas, et tant d'autres, vous serez sans doute plus en état que vos collègues de nous donner des renseignements sur les horreurs commises dans cette maison.

*Goulin* : Toutes ces expéditions se sont faites par les agents de Carrier, Fouquet, Lamberiye et autres, qu'il avait à ses ordres; et je réponds, pour ce qui me concerne, n'en avoir eu connaissance que par la voix publique.

*Le président*, à Grandmaison : Vous êtes accusé par le témoin d'avoir privé de tout secours des femmes qui en avaient le plus grand besoin pour leur détention, en faisant incarcérer les honnêtes citoyens qui se rendaient utiles à ces femmes; avouez-vous ou contestez-vous ces faits?

*Grandmaison* : Les faits sont faux, et je les nie comme étant de toute fausseté.

Le rapprochement et les détails de tant de scènes cruelles, jusque-là ensevelies dans l'ombre du mystère et tout à coup produites au grand jour, le pathétique de quelques dépositions, la dénégation sèche ou les aveux des accusés, leur présence, enfin cette impression produite par une succession non interrompue des mêmes tableaux déchirants, présentés sous différents aspects, et seulement variés de quelques nuances, répandent la consternation sur tous les visages; juges, jurés, citoyens, tous paraissent profondément affectés. Des exclamations involontaires, des murmures d'indignation se font entendre et interrompent pendant quelques instants le calme qui régnait pendant les débats.

On procède à l'audition d'un autre témoin.

*Fourrier*, directeur de l'hospice révolutionnaire, dépose des mêmes faits rapportés par Thomas, relatifs aux trente-sept convalescents; il ajoute :

« Aussitôt l'arrivée du représentant Bô, ces jeunes gens, auxquels on ne pouvait reprocher que des fautes légères, reçoivent de ce député la promesse de leur élargissement.

« Cette conduite équitable forme un contraste bien frappant avec celle de Carrier. Tandis que ce dernier, absent pour ses plaisirs, ajournait la vie de ses concitoyens, son collègue Bô n'ajournait pas la justice; il accueille les représentations de Chamoy, l'un des témoins présents, et prononce la mise en liberté de dix-sept d'entre les jeunes gens détenus; mais, lorsqu'il s'agit de mettre cet ordre à exécution, on n'en trouva qu'un seul existant; les autres étaient déjà morts de maladie.

« J'ai vu périr dans cet hospice cinq cent quatre-vingts détenus en neuf mois; j'ai connaissance que l'on faisait noyer cinquante à soixante enfants à la fois; j'ai entendu parler de noyades : il y en a eu à ma connaissance au moins cinq ou six. »

*Le président*, au témoin : As-tu connaissance du mariage républicain?

*Fourrier* : J'ai entendu parler de ces mariages qui se faisaient en attachant un vieillard à une vieille femme, et un jeune homme à une jeune fille : on les laissait pendant une demi-heure dans cette attitude; on leur donnait des coups de sabre sur la tête, et ensuite on les précipitait dans la Loire. Je dirai, à la décharge de Mainguet, qu'il savait à peine lire; il n'était que l'instrument passif des volontés du comité, qui le contraignait de signer les arrêtés sans en prendre connaissance; ce Mainguet est très-borné, et je le crois plutôt égaré que coupable.

*Thomas*, dans son exposé, avait fait la même déclaration.

*Thérèse-Anastasie Lacroix*, veuve de Dumey, ci-devant régisseur de l'Entrepôt : Dans le mois de septembre 1793 (vieux style), j'ai vu amener à l'Entrepôt cinquante-huit prêtres; tous, par ordre du comité, furent dépouillés de leurs effets, argent et bijoux; cependant un de ces prêtres était parvenu à soustraire aux recherches des inquisiteurs quarante-quatre louis en or, une bague et un cachet d'argent; il me pria de recevoir ces objets en dépôt; j'ai remis le tout au comité, lors de l'enlèvement et de l'extraction de ces prêtres; je sais qu'ils ont été noyés, ainsi que des femmes et des enfants, et que vingt-trois hommes et quatre enfants ont été livrés à la fusillade. Mon enfant, de l'âge de quatorze ans, a été attaché par Lamberiye avec les autres enfants destinés à la noyade; les cris et la réclamation qu'il fit de son père nous ont dévoilé cette infamie. Lamberiye lâcha sa proie; je voulus me plaindre : « Sais-tu, me dit Lamberiye, que ta vie est au bout de mon sabre? »

*Champy aîné*, secrétaire-adjoint pour les armées, est entendu comme témoin; après quelques détails qui pour la plupart lui sont personnels, il ajoute : « Je sais encore que Goulin, sur le prétendu mauvais usage que faisaient les prisonniers du riz qui leur était distribué pour nourriture, se rendit dans la maison où j'étais détenu, et menaça les prisonniers de les faire décimer s'ils continuaient de perdre leur riz. »

*Goulin* : J'ai menacé les détenus, non pas de les faire décimer, mais bien de les faire fusiller; ces mesures de sévérité étaient d'autant plus nécessaires que les comestibles étaient de toute rareté, et que les citoyens de Nantes étaient réduits à une demi-livre de pain. Forget, qui m'avait dénoncé ce délit, a été le témoin oculaire de l'effet salutaire de mes menaces.

*Le président*, à Goulin : Où avez-vous fait conduire les prisonniers anglais et hollandais que vous avez extraits de Sainte-Claire, ainsi que l'a assuré Chamoy?

*Goulin* : Je ne me rappelle pas précisément dans quelle

maison d'arrêt ils ont été transférés, mais j'assure qu'ils n'ont pas été sacrifiés.

*Le témoin Jouson*, dit *Girardeau* : Les prisonniers de guerre dont il s'agit ont été conduits à l'hospice révolutionnaire pour les faire traiter de diverses maladies dont ils étaient attaqués.

*Le président*, à Goulin : Vous ne nierez pas au moins que les autres prisonniers de Sainte-Claire ont été transférés au dépôt, dont ils ne devaient sortir que pour être noyés ou fusillés, et l'extraction, faite par vos ordres, des prisonniers étrangers fournit une nouvelle preuve de votre projet de faire périr les autres détenus en masse.

*Goulin* : Je ne crois pas que les citoyens de l'intérieur, mis en arrestation dans la maison de Sainte-Claire, aient été transférés au dépôt; mais quand cette hypothèse serait aussi bien établie qu'elle ne l'est pas; quand il serait vrai que les détenus de l'intérieur eussent été transférés au dépôt, je soutiens qu'on ne pourrait en conclure, ni qu'on eût voulu les faire périr en masse, ni qu'ils aient été réellement sacrifiés, parce que nombre de détenus ont été conduits à l'Entrepôt, et n'ont été ni noyés ni fusillés.

*Le président*, à Goulin : Vous serez toujours forcé de convenir avec moi que la majorité des détenus déposés dans cette maison a été noyée ou fusillée, et que c'était la prison spécialement destinée à ces sortes d'expéditions.

*Goulin* : Je conviendrai seulement que cette maison était le réceptacle ordinaire des brigands, qu'ils étaient extraits de cette maison pour être traduits devant le tribunal de la commission militaire, qui acquittait beaucoup de ces brigands, et que, quant aux autres condamnés par cette commission, il était de notre devoir de faire exécuter les jugements de ce tribunal.

*Le président*, à Goulin : Vous avez donc oublié qu'il est constant au procès que beaucoup de ces brigands ont été noyés ou fusillés sans jugement; que fort peu d'entre eux ont été acquittés par la commission militaire?

Vous ne vous souvenez donc plus qu'il est constant au procès que l'on qualifiait de brigands tous les citoyens que l'on voulait perdre, tels que la famille Labauche et mille autres; que, sous cette qualification, plus souvent fausse que véritable, les citoyens dénoncés et les détenus étaient conduits ou transférés à l'Entrepôt, la veille d'une noyade déterminée par le comité révolutionnaire, et le lendemain précipités dans les eaux?

*Goulin* : Ces noyades n'étaient pas ordonnées par le comité; elles étaient le résultat d'ordres secrets et particuliers donnés par Carrier à Fouquet et Lambertye, ses agents.

*Le président*, à Goulin : Votre mémoire est sans cesse en défaut. Je vous observe d'abord que vous êtes signataire de plusieurs ordres de noyade, et ce, depuis que Fouquet et Lambertye sont tombés sous le glaive de la loi; que c'était vous singulièrement qui receviez les ordres secrets de Carrier pour les noyades ou fusillades, et que vous étiez particulièrement chargé de transmettre ces ordres à vos collègues, et de les faire exécuter.

*Goulin* : Je n'ai reçu d'ordres secrets que pour une noyade, et je nie avoir pris la moindre part aux autres.

*Le président*, à Bachelier : Avez-vous, ou non, opiné pour que Chamoy fût écroué de l'ordre de Carrier?

*Bachelier* : Je ne me le rappelle pas.

*Chamoy* : Je persiste à accuser Bachelier de m'avoir fait écrouer de l'ordre de Carrier.

### SÉANCE DU 1er BRUMAIRE.

Le jury déclare que sa conscience n'est point assez éclairée; les débats sont continués.

Un nouveau témoin est appelé.

*Bernard Lacaille*, gardien de la maison d'arrêt du Bouffay : Dans la nuit affreuse du 24 au 25 frimaire, deux membres de la compagnie Marat, que je ne connais pas, apportent au Bouffay deux paquets de cordes; vers les neuf heures du soir, ils demandent à enlever cinquante-cinq détenus pour les transférer à Belle-Isle, à l'effet d'y construire promptement un fort; vers les dix heures du soir leur succèdent vingt ou quarante soldats de cette compagnie, ils renouvellent la demande de cent cinquante-cinq détenus. « Je ne puis, leur réponds-je, vous les livrer sans ordre. » Aussitôt deux de ces particuliers sortent, je crois, au comité; ils m'apportent une liste de cent cinquante-cinq détenus, avec un ordre signé de Goulin et Levéque. Je leur observe que plusieurs des individus portés sur la liste des détenus sont en liberté, ou malades dans les hospices, ou morts.

Les soldats de la compagnie Marat, après avoir bu et mangé, développent leurs paquets de cordes et s'amusent entre eux à se lier, pour connaître ceux qui, en ce genre, seraient les plus habiles, et c'est l'accusé Jolly qui remporte le prix. Les portes des chambres des prisonniers s'ouvrent; on les amène à la geôle. Jolly les attache deux à deux, les mains liées derrière le dos.

Grandmaison entre dans la cour et fait faire diligence. Goulin fulmine de ce qu'on ne peut compléter la liste de cent cinquante-cinq prisonniers. « Je t'en ai envoyé quinze ce soir, me dit-il, qu'en as-tu fait? » Je lui réponds qu'ils ont été logés dans les chambres d'en haut. — « Eh bien, qu'on me les fasse descendre. » J'obéis. Au lieu de cent cinquante-cinq, Goulin se contente de cent vingt-neuf; mais ce nombre n'étant pas encore complété, il ordonne de prendre indistinctement les premiers venus, parce que le temps presse; il jure, il demande où ont été envoyés les autres. Je réponds que, pour cause de maladies, ils ont été transférés. « Dépêchons-nous, répète Goulin, la marée baisse; il faut aller prendre les autres à l'hôpital. » Au milieu du désordre et de la confusion qu'ils mettent dans leur expédition, cet article est oublié; enfin, à quatre heures du matin, ces malheureuses victimes dévouées à la mort partent sous le commandement de Goulin et de Grandmaison. Plusieurs d'entre eux n'avaient pas encore subi de jugement, les autres avaient été condamnés par la commission militaire à quelques années de détention, d'autres à quelques mois, et cependant je crois que tous, sans exception, ont été noyés.

Les accusés Chaux et Goulin interrompent le témoin, et réclament à grands cris la parole; elle leur est accordée.

*Goulin* : Citoyens juges et jurés, depuis assez longtemps les humiliations, les haines et les murmures grondent sur nos têtes; depuis assez longtemps des soupçons horribles, accrédités par quelques faits, nous livrent journellement à mille morts, et l'auteur de toutes nos angoisses jouit encore de sa liberté; l'homme qui électrisa nos têtes, guida nos mouvements, despotisa nos opinions, dirigea nos démarches, contemple paisiblement nos alarmes et notre désespoir. Non, la justice réclame celui qui, nous montrant le gouffre où nous nous jetâmes aveuglément à sa voix, est assez lâche pour nous abandonner sur le bord; il importe à notre cause que Carrier paraisse au tribunal; les juges, le peuple enfin, doivent apprendre que nous ne fûmes que les instruments passifs et de ses ordres et de ses fureurs.

Qu'on interpelle tout Nantes; tous vous diront que Carrier seul provoqua, précha, commanda toutes les mesures révolutionnaires.

Carrier força le président du tribunal de faire guillotiner sans jugement quarante Vendéens pris les armes à la main; Carrier força la commission militaire de fusiller légalement trois mille brigands qui empoisonnaient la cité.

Carrier donna droit de vie et de mort sur les rebelles à Lambertye et Fouquet, qui abusèrent de leur pouvoir pour immoler jusqu'à des femmes enceintes et des enfants.

Carrier, lors d'une insurrection au Bouffay, et de la menace d'une invasion de l'armée catholique, proposa aux administrations réunies de faire périr les prisonniers en masse.

Carrier commanda de noyer cent quarante-quatre individus, dont le sacrifice important, croyait-il, au repos de la prison et de la cité. Carrier seul donna enfin cette impulsion terrible qui jeta hors des bornes des patriotes naïfs et égarés.

Citoyens jurés, vous dont le maintien calme annonce l'impartialité, vous ne prononcerez pas sur le sort de tant de victimes égarées sans avoir entendu l'auteur de tous nos maux et de toutes nos fautes. Que Carrier paraisse! qu'il vienne justifier ses malheureux agents, ou qu'il ait la grandeur de s'avouer seul coupable!

Sur le réquisitoire de l'accusateur public, le tribunal ordonne l'envoi de la demande des accusés, signée de Goulin, au comité de sûreté générale, séance tenante.

*Le président*, au même témoin : Ordonnait-on aux prisonniers d'emporter leurs paquets et autres effets à leur usage?

*Le témoin Bernard Lacaille* : On leur recommandait en effet de faire leurs paquets et de se charger de tout ce qui leur appartenait; on leur enjoignait spécialement de ne point oublier leurs portefeuilles, parce que, disaient les conducteurs, c'était l'objet le plus précieux, le plus important.

A son tour Grandmaison est incarcéré au Bouffay; il pleurait; il craignait qu'on ne lui fît un procès pour la noyade. « N'aviez-vous pas, lui dis-je, des ordres de Carrier?

— A la vérité, me répond Grandmaison, Carrier nous avait ordonné de conduire les détenus sur des bateaux, mais non pas de les noyer. »

Depuis quatre mois j'étais absent de chez moi pour cause de maladie, et je n'y rentrai que la veille de la noyade.

J'accuse Pinard d'avoir soustrait beaucoup d'effets dans les maisons des riches; d'avoir pillé, volé et incendié dans la paroisse de Sussay; d'avoir conduit, chez différents membres du comité, du bois qui avait appartenu à des émigrés.

La révolte qui a eu lieu au Bouffay était l'ouvrage de cinq scélérats, piliers de prison; les détenus comme suspects n'y ont nullement participé.

*Le président*, au témoin : Connais-tu Hubert, le dénonciateur de la conspiration des prisons?

*Bernard Lacaille* · C'est un voleur de profession, qui servait de témoin au tribunal. Transféré à Sainte-Claire, il fut mis en liberté, et devint l'espion du comité et de Forget.

*Le président*, à Goulin : Dans la nuit du 24 au 25 frimaire, n'avez-vous pas dit que si les quinze individus, par vous envoyés le soir, n'étaient pas suffisants pour compléter le nombre de cent cinquante-cinq prisonniers, il fallait prendre indistinctement les premiers venus?

*Goulin* : Les quinze particuliers qui furent conduits au Bouffay quelques jours avant la 24 étaient des brigands pris les armes à la main dans les marais de Montoire; ils seraient aujourd'hui des chouans, s'ils n'eussent été arrêtés.

*Le président*, à Goulin : Ces prisonniers, avant d'être noyés, ont-ils été interrogés?

*Goulin* : Cela n'était pas nécessaire; la loi voulait qu'ils fussent fusillés.

L'accusateur public de Nantes déclare que les quinze détenus ajoutés sur la liste pour compléter les cent vingt-neuf n'étaient pas des brigands.

*Le président*, à Goulin : Avez-vous, ou non, ordonné de prendre indistinctement les premiers venus parmi les prisonniers?

*Goulin* : Je le nie.

*Chaux, Grandmaison, Jolly* et *Durassier*, interrogés sur ce qui les concernait chacun en particulier dans la déposition du témoin, ont avoué les principaux faits, et nié les autres.

On appelle un autre témoin.

*Laubry*, médecin : Je ne connais aucun des accusés, je n'ai aucun reproche particulier à leur faire; mais je m'en communiquerai pas moins des renseignements très-importants.

J'ai d'abord été envoyé à l'armée de l'Ouest pour traiter les maladies contagieuses, et par suite j'ai été nommé médecin de la maison de l'Entrepôt; j'ai trouvé les détenus dans un état de misère et de délabrement difficile à peindre.

Mon collègue me témoigna mille fois sa surprise et son indignation d'entendre dire que la guerre de la Vendée était finie, et que cependant il ne cessait d'arriver en foule des blessés. Carrier est instruit de l'opinion manifestée par mon collègue, je ne sais par quel moyen. Il nous invite à dîner; nous nous rendons à l'invitation; nous arrivons à la porte du représentant, suivis, sans nous en douter, de la garde qui venait derrière nous. Carrier était invisible; alors nous présentons notre billet d'invitation, nous entrons.

Carrier était dans le fond de son jardin; du plus loin qu'il nous aperçoit, il entre dans la fureur la plus inconcevable; il tire son sabre, il s'élance sur mon collègue, et demande qui a tenu le propos de la matinée : « C'est moi, répondit mon collègue, c'est moi qui ai le courage d'en soutenir l'authenticité, et qui l'établirai quand il le faudra. » Carrier ne se possède plus; il tire son sabre, dit à mon collègue : « Tu n'es pas digne d'être guillotiné, je vais faire ton affaire sur-le-champ. » Il se livre aux imprécations les plus horribles, aux déclamations les plus révoltantes, croyant sans doute nous épouvanter. Nous soutenons tout le feu de la colère de Carrier qui, après avoir fait beaucoup de bruit, prend le parti de se calmer, quitte son sabre, prend une plume, et, saisi tout à coup d'un nouvel accès, la dépose pour quelques instants, et enfin écrit l'ordre de nous arrêter. Dans le même moment on vient annoncer que les rebelles avaient repoussé nos troupes, et que nous avions éprouvé un échec assez sérieux; cette nouvelle déconcerte Carrier, qui nous traitait de contre-révolutionnaires pour avoir dit que la Vendée n'était pas détruite; il renferme dans sa poche l'ordre de nous arrêter, et permet que nous nous retirions, etc.

*Les deux sœurs Régi*, l'une âgée de dix-sept ans, l'autre

de dix-huit, détenues par jugement jusqu'à la paix, aux Sainte-Claire, à Nantes, reprochent au comité de leur avoir enlevé du linge qu'elles envoyaient de Machecoul chez un nommé Pinau, étant dans l'intention de venir habiter Nantes, depuis l'arrestation de leur mère, qui est morte à Saint-Charles, à Nantes. Pinau réclame le linge; il fut arrêté, et sortit de prison au bout de quinze jours par jugement.

*Goulin* : La mère de ces citoyennes était accusée d'avoir reçu chez elle des émigrés; quant au linge, il est encore au comité.

*Marie-Anne Carré*, fille de confiance chez le citoyen Toinette, négociant à Nantes, accuse Chaux et Goulin d'avoir fait éprouver toutes sortes de mauvais traitements aux deux frères Toinette; d'avoir enlevé de leurs magasins deux cents vingt-sept barriques de vin d'Anjou, des grains, leurs valises qui contenaient de l'or, des lettres de change, des billets et des portefeuilles remplis d'assignats. Elle ajoute :

« On profite de l'absence de Jean-Baptiste Toinette, frère des incarcérés, et, sous le prétexte d'une apposition de scellés qui n'est que simulée, la compagnie Marat se permet de faire ouverture partout, de s'emparer des objets les plus précieux.

« En vain je me plains de ces infidélités; on m'accable d'injures; on me menace de me faire incarcérer.

« Les frères Toinette étaient prêts à rejoindre leur détachement quand on les arrête; ils furent conduits en prison, munis de leurs porte-manteaux qui contenaient toute leur fortune; tous deux y sont morts, et ils laissent douze enfants auxquels on n'a rien restitué, et qui, sans mon secours et ceux de leur tuteur, seraient morts de misère. Ces infortunés n'eussent pas été privés de leurs pères si on eût consenti à les transférer dans leur domicile. L'air pestilentiel qu'ils ont respiré et les mauvais aliments sont les causes de leur mort.

« On peut compter jusqu'à sept appositions et réappositions de scellés dans leur demeure depuis et avant leur arrestation. Gallon vint un jour seul faire des recherches; il trouva un portefeuille, et s'écria : « Voilà ce que je cherchais! » Gallon et Perrocheau venaient souvent sans jugement de faire lever les scellés et de les réapposer.

*Bernard Lacaille* : Je déclare que, lorsqu'il fut question du transfert des malades aux hôpitaux, Mainguet parut s'y opposer : « Plus tôt ils seront morts, dit-il, plus tôt on aura leur bien. »

*Le président*, à Goulin : Que sont devenues les valises des Toinette, remplies d'or, d'assignats et de billets payables au porteur?

*Goulin* : Les Toinette étaient les ennemis de la révolution, et ils avaient manifesté cette haine autant par leurs discours que par leurs actions.

La majeure partie des objets saisis sur eux, lors de leur arrestation, a été déposée au district; les billets à ordre sont de ce nombre; et quant au reliquat des autres objets, il a servi à payer les frais du comité et la compagnie Marat.

*Le président*, à Chaux : Qu'avez-vous fait des vins et des grains appartenant aux frères Toinette?

*Chaux* : Comme ceux des autres citoyens, ils ont été mis en réquisition et vendus au profit de la république.

*Le président* : Vous devez nécessairement savoir dans quelles mains ce produit a été versé.

*Chaux* : Le district a prononcé la vente de ces provisions de bouche, et en a touché le prix.

*Le président* : Pourquoi les Toinette ont-ils été arrêtés? pourquoi ont-ils été dépouillés de tous leur avoir?

*Chaux* : Ils étaient des aristocrates, qui entretenaient des intelligences avec les rebelles de la Vendée, et leurs dépouilles appartenaient de droit à la république.

*Thomas* : Je me suis trouvé à plusieurs combats auprès les brigands de la Vendée; j'ai vu les Toinette combattre à mes côtés; je les ai vus développer l'énergie la plus républicaine et se dévouer entièrement au salut de la chose publique.

Leur vie privée ne mérite pas moins d'éloges; dans tous les temps ils ont rendu de grands services à la patrie; ils soulageaient les infortunés; ils approvisionnaient Nantes de vins, de blés et autres comestibles de première nécessité; mais, aux yeux des jaloux, des hommes cupides, ils avaient de grands torts; ils étaient riches, car ils jouissaient d'une fortune de 150,000 liv.; c'est le seul tort que je leur connaisse.

### DU 9 BRUMAIRE.

On entend un autre témoin.

*La veuve Mallet*, marchande de tabac : J'étais détenue depuis un an au Bon-Pasteur, à Nantes.

J'avais été mise en arrestation sans motifs et dépouillée de tout par la compagnie Marat. A mon arrivée à Paris, j'ai été mise en liberté par le comité de sûreté générale.

Je dois informer le tribunal que Richard, adjudant général de l'armée révolutionnaire, dite Marat, et quatre autres de ses satellites, m'enlevèrent or et argent, 700 livres en assignats, et soixante-dix mille livres de tabac, en prétendant que cette marchandise était en réquisition. Ma batterie de cuisine même ne fut point oubliée.

Après cinq semaines de détention, Perrochaux et Bologuie m'apportent ma liberté; deux jours après, Perrochaux, sous prétexte de me conduire au comité pour obtenir les clefs de mon appartement, m'invite, en chemin faisant, d'aller voir ma sœur, détenue au Bon-Pasteur, et dont il m'avait montré la mise en liberté.

Arrivée dans cette maison, on me déclare que je suis de nouveau prisonnière. J'ai toujours attribué ma réincarcération à la réclamation que j'avais eu l'imprudence de faire des objets qui m'avaient été enlevés. Cette catastrophe inattendue altéra ma santé; pendant mes deux jours de mise en liberté, j'avais entendu parler des noyades et des fusillades; j'expose mes craintes et mes douleurs à Perrochaux, qui chaque jour visitait les prisons; je me plains d'un violent mal de gorge. « Bon ! répond Perrochaux, ce n'est rien ; la guillotine guérira tout cela. » (Il s'élève des murmures d'indignation.)

Un jour, Jolly m'apercevant dit : « N'est-ce pas là la veuve Mallet ? » Et me lançant un regard qui me fait trembler, il ajoute : « C'est bon pour boire à la grande tasse. »

Peu de temps après viennent au Bon-Pasteur de leur deux femmes envoyés par le comité ; je leur vois briser de superbes tableaux ; ils n'épargnent que celui qui représente la mort; ils nous disent avec une ironie cruelle : « Contemple cette image ! »

La citoyenne Mallet termine sa déposition par un tableau du régime affreux de cette prison, où sept cents femmes entassées les unes sur les autres manquaient des choses les plus nécessaires.

« Enfin, ajoute-t-elle, succombant sous le poids de tant d'amertumes, je tombe malade ; une femme de chambre sollicite ma translation chez moi, sous caution ou sous la garde d'un gendarme ; Perrochaux lui dit : « Tu es une f..... bête ; quand cette b........là sera morte, tu gagneras davantage ; tu seras à ton tour la maîtresse. »

*Le président*, à Bachelier : Que sont devenues les soixante-dix mille livres de tabac que l'on prétendait être en réquisition ?

*Bachelier* : Elles ont été vendues par le district, qui en a touché et conservé le prix.

Quant à l'arrestation de la veuve Mallet, j'observe qu'on avait fait arrêter deux femmes portant le même nom : celle-ci fut, par erreur, mise en liberté à la place de Victoire Mallet, femme d'un tourneur.

La veuve Mallet, qui veut vous faire son procès dénué de tout motif légitime, et qui veut vous apitoyer sur ses prétendues souffrances, s'est laissée gardée de vous dire qu'elle avait un cousin parmi les brigands.

Au reste, on aurait tort de nous imputer toutes les arrestations faites à Nantes. L'armée Marat, instituée par Carrier, avait des pouvoirs illimités ; de plus, il existait un comité de surveillance dans la Société populaire de Vincent-la-Montagne ; les membres qui le composaient sont responsables d'un grand nombre d'arrestations.

*Le président*, à Bachelier : Il résulte des faits constatés dans la procédure que la compagnie Marat n'était que l'instrument passif du comité qui dirigeait ses opérations, lui désignait les individus dont il voulait s'assurer, et que l'arrestation de la veuve Mallet, comme celle d'autres, ne peut qu'être imputée au comité révolutionnaire, ordinairement présidé par Bachelier.

*Bachelier* : Je n'ai présidé que rarement le comité ; c'est Goulin qui en était le dominateur, comme agent et ami de Carrier, dont il avait été le secrétaire.

L'un des chefs d'accusation qu'on peut porter contre Carrier, c'est d'avoir placé dans le comité un homme qui l'influençait et le tenait sous la verge de fer du représentant du peuple. Je n'ai aucune connaissance des 700 livres en assignats saisis sur la veuve Mallet ; je n'étais pas alors chargé de la recette.

*Le président*, à Perrochaux : Sous prétexte d'un ordre de mise en liberté délivré en faveur de la sœur du témoin, avez-vous engagé cette dernière à visiter sa sœur dans la maison de détention ?

*Perrochaux* : Je conviens de cette ruse, dont je n'ai usé que par ordre du comité, pour réincarcérer le témoin ; mais je n'ai point dit : « La guillotine guérira tout cela. »

*Le président*, à Jolly : Avez-vous dit au témoin qu'elle était bonne pour boire à la grande tasse ?

*Jolly* : Le fait est faux ; je suis incapable de souhaiter du mal à autrui, comme de lui en faire.

*Le président* : Mais vous n'avez cependant pas éprouvé de répugnance à travailler à ce que vous appeliez boire à la grande tasse.

*Jolly* : J'avoue avoir lié les victimes qui ont été noyées ; mais à mon tour d'autres m'ont garrotté pour me traduire au tribunal révolutionnaire à Paris.

*Le président*, à Durassier : Un jour que vous étiez plongé dans l'ivresse, n'avez-vous pas dressé une liste de proscription au Bon-Pasteur, en vous livrant à mille jurements et imprécations, et n'avez-vous pas porté le témoin sur cette liste de proscription ?

*Durassier* : Je nie le fait.

*Thomas* : Je certifie au tribunal avoir vu Durassier dresser la liste de proscription ; je sortis, pénétré d'horreur, et revins un moment après, revêtu de mon uniforme, armé de mon sabre et de mes pistolets, et je déclarai qu'on marcherait sur mon cadavre avant que d'enlever pendant la nuit aucune femme pour la noyer. Durassier a continué de faire ces listes au Bon-Pasteur jusqu'à onze heures du soir.

Neuf cents femmes qui y étaient détenues étaient dans les plus vives alarmes ; elles étaient persuadées qu'on allait les noyer pendant la nuit ; mais je rassurai ces femmes éplorées, et leur promis de leur servir de bouclier jusqu'à mon dernier soupir. (Applaudi.)

*Gelin* déclare que deux cent mille livres de tabac, qu'il envoyait à Paris, furent saisies par la compagnie Marat, et vendues, et qu'il fut incarcéré.

*Le président*, à Chaux : Avez-vous eu connaissance de cette saisie, et de l'arrestation de la veuve Mallet ?

*Chaux* : Je n'hésiterai point à déclarer que j'ai connu cette arrestation, que je l'ai même approuvée; la veuve Mallet est la femme la plus méchante, la plus vindicative et la plus aristocrate : le comité l'a frappée justement, et elle cherche à s'en venger. Au surplus, que n'appelle-t-on Charette et les brigands en témoignage contre nous ! (Chaux prononce cette dernière phrase avec beaucoup d'impétuosité.)

*Le président*, à Chaux : Je vous rappelle à la décence, à la modération.

*Chaux* : Je persiste à soutenir que l'arrestation de la veuve Mallet est tout à la fois juste et légale, parce qu'elle est une contre-révolutionnaire, et parente d'un brigand.

*Le président*, à Goulin : Pourquoi la maison du Bon-Pasteur manquait-elle de tout? pourquoi avait-on affecté d'y rassembler les femmes en aussi grand nombre, et pourquoi étaient-elles si mal soignées ?

*Goulin* : La police des prisons ne regardait pas le comité : il fallait faire le procès à la municipalité, au district, au département..... (*Quelques voix* : Pourquoi non ?)

*Chaux*, avec véhémence : On élève nos dilapidations à 2 millions ; eh bien, nous sommes réduits à la mendicité; nos femmes vivent de pain et d'eau. On n'a trouvé chez l'un de nous qu'un assignat de 50 sous. On a dit que nous faisions de grandes dépenses à la Conciergerie; j'interpelle la citoyenne Richard : nous dépensions entre nous, par chaque jour, 12 à 13 livres ; cependant Phelippes nous accuse d'avoir volé des millions.

*Goulin* : Si l'on me trouve un assignat, un seul bijou, une seule propriété, une seule créance, je me dévoue à la mort. Depuis trois mois je vis aux dépens de mes collègues. Je n'ai rien, et je m'en fais honneur.

Grandmaison exprime le même désintéressement.

*Pivoteau*, femme de confiance de Bernard, concierge du Bouffay, dépose à peu près des mêmes faits que Bernard; elle déclare de plus que Goulin et Grandmaison montèrent dans une chambre au-dessus de la cuisine, ce dernier ayant le sabre nu à la main ; qu'ils y enlevèrent les deux frères Montreuil, ex-nobles d'Angers; les deux Laurencin, ex-privilégiés de Nantes, tous quatre condamnés à la déportation, et Lechauf de Guernade, condamné à la détention, jusqu'à ce qu'il en ait été autrement ordonné.

Les quatre condamnés à la détention jusqu'à la paix furent noyés. Les quinze détenus que Goulin fit ajouter à la liste, en remplacement de ceux qu'il ne trouvait pas, devaient être mis en liberté dans cinq à six jours.

Goulin et Grandmaison interpellés nient les faits qui leur sont reprochés dans cette déclaration.

Un autre témoin est entendu.

*René Bréjot*, arpenteur : Je déclare que, pendant ma détention à Nantes, je voyais passer de ma fenêtre les malheureux qu'on menait fusiller sur les rochers de Gigan ; j'aurais pu voir tomber les victimes, sans une haie de citoyens qui les dérobait à ma vue. Le soir, à la nuit tombante, j'entendais un bruit plus fort qu'un coup de fusil, mais moins considérable qu'un coup de canon. On me disait que c'était l'explosion d'une boîte placée sur la gabare, pour faire jouer la soupape qui s'ouvrait et faisait submerger les victimes.

Trois mois après, le 8 brumaire, on menait fusiller des femmes ; l'une d'elles portait un enfant de onze mois ; un soldat l'arrache de ses bras, le jette dans ceux de la jeune citoyenne Dufen, sœur de l'adjudant de la garde nationale de Nantes, et lui dit : « Sauve cet enfant ! »

Les fusillades par moi entendues se sont répétées pendant trois jours ; elles duraient deux à trois heures de suite, et j'ai entendu sept à huit fois le bruit sourd de la boîte propre à faire ouvrir la soupape du vaisseau et à submerger les malheureux.

*Chaux*, avec vivacité : Trois mois après le 8 frimaire Carrier n'était plus à Nantes ; Fouquet et Lambertye avaient expié leurs forfaits sur l'échafaud : il ne se faisait plus de noyade.

*Pierre Fournier*, soldat vétéran, lieutenant-colonel temporaire, commandant l'arrondissement du Cours du Peuple, est entendu comme témoin.

*Pierre Fournier* : J'accuse le comité révolutionnaire de Nantes d'avoir calomnié les citoyens de cette commune, d'avoir altéré la confiance de la représentation nationale dans les Nantais, en annonçant et publiant faussement qu'il avait existé une conspiration pour massacrer les mandataires du peuple, les autorités constituées et les chefs militaires de la garnison ; en faisant battre la générale le 23 brumaire, contre tout droit légitime et à l'insu du commandant temporaire ; en faisant braquer des canons sur toutes les places, et en employant les moyens de persuader et convaincre le peuple de cet affreux complot, et pour légitimer, en quelque sorte, les arrestations arbitraires ; projet désastreux et mensonger qui a mis tous les citoyens en défiance les uns contre les autres.

Dans la nuit du 2 au 3 frimaire, sur le bruit de l'approche des rebelles, le commandant Foucaud m'avait ordonné de tenir mes postes dans l'état de la plus exacte surveillance ; à peine avais-je reçu cet ordre important que je me vis arrêter, sans qu'une mesure extraordinaire fût combinée entre le représentant du peuple et le commandant temporaire, qui n'en fut prévenu que vingt-quatre heures après. Cependant les brigands étaient aux portes de Nantes ; les postes que je commandais restèrent pendant vingt-quatre heures à découvert et sans chefs ; et ce fut du fond de ma prison qu'il me fallut donner les ordres nécessaires , jusqu'à ce qu'il y fût autrement pourvu.

Il y eut à Nantes quatre-vingt-seize prêtres de noyés, vers la fin de brumaire ; quatre se sauvèrent à bord d'une galiote hollandaise : ils furent repris et noyés le lendemain. Ce fait m'a été certifié par le nommé Foucaud, qui était présent à la noyade ; il l'a déclaré chez le commandant temporaire, en présence de l'accusé Dubou!! et des chefs d'arrondissement, et en faisant parade d'une paire de souliers qu'il portait à ses pieds, et dont il avait dépouillé un des prêtres noyés.

C'est Goulin, Chaux et Carrier, avec ses acolytes, qui inventèrent la ruse infernale de la conspiration du 22 brumaire, pour faire périr les Nantais. S'ils étaient restés à Nantes, il n'y a point de doute que Carrier ne les eût fait noyer.

*Chaux* : Je déclare au tribunal, et à tout le peuple qui m'entend, que Carrier est des infâmes bourreaux sont les auteurs de tous les crimes qui ont été commis, de tous les massacres effectués, de tous les stratagèmes employés, de toutes les conspirations formées, ou plutôt supposées à Nantes, conspirations qui n'ont été qu'imaginaires ; la lettre écrite par Carrier à la Convention sur la conspiration du 22 brumaire, et consignée au Bulletin du 26 , fournit la preuve de mon assertion. Nous avons tous été sous les poignards de Carrier. On peut nous accuser de tout, excepté d'aristocratie. Celui qui a assassiné le peuple français, celui qui l'a déshonoré, a pu commettre tous les crimes, et supposer une conspiration au moment où les brigands me-

naçaient Nantes. Carrier nous a précipités dans l'abîme, et il est libre ! et il domine sur le peuple dont il a été le bourreau ! (Applaudissements bruyants et redoublés. — Le peuple appelle et crie : *Carrier ! Carrier !*)

*Jeanne Lallier*, poissonnière : J'ai été détenue pendant trois mois au Bouffay, parce qu'on avait prétendu que j'étais aristocrate ; je servais dans cette prison en qualité de cuisinière. Joson-Girardeau conduisait les soldats de l'armée Marat dans toutes les chambres en disant : « Il faut que j'aille voir mes oiseaux en cage. » Ducou disait à Leroy et à Garnier : « Tu pleures, c......... ; nous voulons vous envoyer au pays étranger pour labourer la terre ; nous manquons de vivres ici ; tu nous en enverras. »

Crespin me disait, en me frappant à coups de plat de sabre : « Marche, b........, conduis-nous, et prends garde que ton tour ne vienne bientôt. »

Ducou disait à ses compagnons, en parlant des détenus : « Sont-ils joliment colonnés ! » Et comme il trouvait que l'opération n'allait pas assez vite , il ajoute : « Le temps de les déshabiller, le temps de les fusiller, le temps de les assommer..... c'est bien du temps ! »

Durassier, complètement ivre, prenait tous les détenus qu'il trouvait sous sa main, sans s'embarrasser s'ils étaient sur la liste, et il leur disait avec brutalité : « Marche, b....., comme les autres, etc. »

Les accusés inculpés nient successivement les faits.

## DU 3 BRUMAIRE.

Un nouveau témoin est entendu.

*Victoire Abraham*, femme Pichot, demeurant à la Sécherie, près de Nantes : Je déclare avoir vu , du 18 au 20 brumaire, des charpentiers faire des trous à une sapine ou gabare, et le lendemain j'appris qu'on avait noyé des prêtres. Trois semaines ou un mois après je vis amener, au crépuscule, grand nombre de femmes, dont plusieurs portaient des enfants sur leurs bras. Toutes pleuraient et se plaignaient. « On va nous noyer, disaient-elles, et on ne veut pas nous juger. »

Des citoyens prennent des enfants et les emportent : les cris des mères redoublent ; elles répètent qu'on va les noyer, puisqu'on leur enlève leurs enfants. Des femmes enceintes furent également amenées. On dépose ce qui reste de femmes et d'enfants dans une galiote hollandaise.

Le lendemain matin, nouvelle demande de femmes et d'enfants par quelques citoyens ; Fouquet s'y oppose, en prétendant que les ordres sont changés ; et ces femmes, ces enfants, dont la remise avait été refusée, furent, peu de jours après, noyés.

Lorsqu'on effectuait une noyade, on faisait descendre de la galiote dans un chaland (espèce de bateau) ceux qu'on voulait expédier. Ces chalands avaient des trous pratiqués exprès, par lesquels l'eau s'introduisait et faisait couler le vaisseau ; j'en ai vu plusieurs submergés de cette manière ; il fallait un chaland pour chaque noyade. On a noyé à Nantes pendant deux mois.

Je vis un jour amener des prisonniers sur des charrettes ; ils venaient de l'Entrepôt : on les disposa dans une galiote, où on les oublia pendant quarante-huit heures. On avait eu la précaution de fermer le pont ; lorsqu'il fut ouvert, on trouva soixante de ces malheureux étouffés. On les fit enlever par d'autres prisonniers qu'on venait d'amener. Robin, le sabre à la main, fit jeter ces cadavres dans la Loire. Cette opération finie, il fait mettre à nu tous les prisonniers, hommes, femmes et enfants ; on leur lie les mains derrière le dos, on les fait entrer dans un chaland, où ils sont noyés.

*Le président*, au témoin : Cette noyade s'est-elle faite de jour ou de nuit ?

*Le témoin* : Elle s'est faite en plein jour. J'observe que les noyeurs se rendaient très-familiers avec les femmes, qu'ils les faisaient même servir à leurs plaisirs lorsqu'elles leur plaisaient, et ces femmes, pour récompense de leurs complaisances, obtenaient l'avantage précieux d'être exceptées de la noyade.

*Le président*, au témoin : Pourrais-tu nous donner des renseignements sur la moralité de Robin, dont tu viens de parler ?

*Le témoin* : Dans le principe Robin fut patriote ; mais devenu ensuite l'ami intime de Carrier, son agent direct, il perdit beaucoup dans l'opinion publique, et finit par être vu de mauvais œil ; au surplus, l'accusé Chaux est en état de donner des renseignements plus particuliers que je ne puis le faire sur ledit Robin.

*Le président*, à *Chatix* : Communiquez au tribunal ce que vous savez sur le compte de Robin.

*Chatix* : Je dirai de ce Robin du bien et du mal ; c'est le nouveau Séide d'un nouveau Mahomet. Il sortait du collège ; il s'est battu comme un lion dans la Vendée ; mais dès que Carrier l'eut vu, et se fut lié avec lui, il l'aima éperdument et le perdit en peu de temps. Ses mœurs ont été dissolues ; il est devenu un homme de sang ; il s'est livré aux orgies les plus crapuleuses, aux dissolutions les plus méprisables.

Lavaux et Robin étaient les exécuteurs de Carrier ; ils ont présidé aux noyades ; ils se sont permis de prendre des femmes sur la galiote, d'assouvir leurs brutales passions avec elles, et ensuite ils les sabraient et les noyaient ; cependant Robin était patriote.

Lavaux, aussi jeune homme ardent, lors de sa captivité chez les brigands, grava avec la pointe de son canif, sur son bras ensanglanté : « Je mourrai pour la république ; vive la liberté ! »

On appelle un nouveau témoin.

*Joseph Delamarre*, payeur général des dépenses publiques dans le département de la Loire-Inférieure : Le 6 ou le 7 frimaire, Bologne entre dans mon bureau ; il était porteur d'un ordre signé Carrier, pour toucher une somme de 20,000 liv., destinée à frayer au voyage des cent trente-deux Nantais. En vertu de cet ordre , je compte 20,000 liv. à Bologne, qui m'en donne quittance, mais qui subtilement m'enlève l'ordre en emportant mon argent. Vainement ai-je réclamé depuis cette pièce dont j'avais besoin , ou du moins une expédition signée par le comité révolutionnaire : Bologne s'est obstiné à me refuser l'une et l'autre. Presque dans le même moment, je suis dépouillé de ma place par Carrier, qui la donne à l'un de ses valets, et constitué prisonnier chez moi par Goulin, sous la garde de deux gendarmes, bientôt remplacés par des invalides.

J'ai été huit mois en arrestation sous l'inspection de deux gardiens, à raison de 12 livres par jour, et je ne suis redevable de ma liberté qu'au représentant Bô. Les deux invalides me gardaient le sabre nu à la main ; ils avaient, disaient-ils, ordre de m'égorger si je remuais.

J'ai entendu dire à l'un des gendarmes qui me gardaient qu'il avait vu des femmes qu'on venait de fusiller entassées les unes sur les autres, et ce tas horrible, ces cannibales l'appelaient en riant la Montagne.

*Le président*, à Bologne : Avez-vous reçu du témoin 20,000 livres pour le voyage des Nantais, en vertu d'ordre de Carrier? Est-il vrai que vous ayez emporté furtivement cet ordre , et que vous vous êtes refusé aux justes instances qui vous ont été faites , tant de vive voix que par écrit ?

*Bologne* : J'avoue avoir reçu les 20,000 liv. dont il s'agit, mais je déclare lui avoir donné quittance au témoin. Je suis bien éloigné de contester avoir retiré l'ordre de Carrier, comme pièce de conviction ou pièce d'événement.

*Le président*, à Bologne : Etes-vous porteur de l'ordre de Carrier ?

*Bologne* : Je l'ai laissé à Nantes.

*Le président*, à Goulin : Avez-vous fait arrêter le témoin ?

*Goulin* : Cette arrestation n'est point du tout mon ouvrage ; le mandat d'arrêt est écrit de la main de Saudroc, étranger, et secrétaire de Carrier.

*Le président*, à Goulin : Quel a été l'emploi des 20,000 l. remises par le témoin ? Combien a-t-on dépensé pour le voyage des Nantais ?

*Goulin* : La dépense a été de 8,000 liv., et le comité a compté du surplus entre les mains des autorités constituées.

Le tribunal , sur la demande du témoin , lui donne acte de la déclaration faite par Bologne que l'ordre de Carrier est encore en sa possession, et il ordonne qu'il lui sera délivré une expédition du présent jugement.

*Joseph Vic*, commissaire du comité révolutionnaire et capitaine de la légion nantaise, rend compte de diverses expéditions et saisies d'effets faites dans les maisons des détenus. Il dépose un ordre signé des membres dudit comité, en date du 20 ventôse, en vertu duquel il lui était enjoint de se transporter dans toutes les municipalités de la rive droite de la Loire, pour y faire des arrestations, sceller les maisons, bouleverser les biens, enlever les bijoux, l'argenterie conduire les hommes à Sainte-Claire et les femmes au Bon-Pasteur. Il parle beaucoup de sa probité.

Obligé de parler ensuite de la noyade du 24 frimaire, il nie d'abord y avoir pris aucune part ; il est forcé bientôt après d'avouer qu'il a conduit les victimes au navire fatal.

La citoyenne Lallier, poissonnière, soutient à ce témoin qu'il a partagé toutes les horreurs commises par l'armée Marat, et qu'il a même mangé le souper destiné aux poissonnières qui furent noyés.

L'accusateur public requiert qu'attendu que ledit Vic est prévenu de complicité dans les noyades, il soit sur-le-champ décerné mandat d'arrêt contre lui.

En conséquence, le tribunal ordonne que ce mandat soit décerné contre ledit Vic, sauf à l'accusateur public à rendre plainte , si le cas y échoit.

*Jean-Claude Richard*, adjudant de la compagnie Marat, est obligé de convenir, dans sa déposition, qu'il a participé à l'arrestation et à la noyade des prisonniers du Bouffay, et qu'il a été chargé de faire la liste ; il convient avoir été chassé de l'armée Marat pour avoir dépouillé les prêtres qui furent noyés, et avoir porté provisoirement chez lui les effets, hardes et bijoux qu'il trouva sur eux.

« Je déclare , dit ce témoin, avoir vu au comité révolutionnaire Carrier lors du payement des prêtres. Carrier demande si le comité avait pris des moyens révolutionnaires pour leur expédition. Lamberty, présent , lui répond : « Tu ne te rappelles donc pas que c'est moi que tu en as chargé ? » Carrier, après s'être beaucoup emporté, se retire. Les prêtres furent noyés le lendemain.

Commandé par Lamberty, je m'approchai de la gabare où étaient les prêtres, dans un bateau qui portait trois charpentiers. Ces derniers , fournis par Lassale et Colas, auxquels appartenait la gabare, la firent couler bas à coups de hache. Il fut fait une seconde noyade dont j'ignore les détails.

*Le président*, au témoin : As-tu entendu crier les noyés ?

*Le témoin* : Aucunement.

Une déclaration écrite porte que, Foucault ayant dit un jour à Bachelier qu'il avait deux bateaux à expédier dans la nuit, Bachelier lui sauta au cou, disant : « Tu es un brave homme, et je ne connais pas un meilleur révolutionnaire que toi. »

Foucault, accusé en outre d'avoir tiré un coup de pistolet sur son père, est prévenu d'être l'inventeur et le confectionneur des fameuses soupapes.

Le témoin et Bachelier, interpellés pour ce qui les concerne , nient les faits.

L'accusateur public requiert, et le tribunal lance sur-le-champ un mandat d'arrêt contre Foucault.

*Julien Chartier*, marchand apothicaire et soldat de la compagnie Marat , s'est trouvé de service pour la noyade du 24 frimaire , et déclare avoir conduit les détenus au bateau, en vertu d'une commission signée des représentants Carrier et Francastel. « J'ai fait, dit-il, plusieurs arrestations sous le commandement du capitaine Fleury, et par les ordres du comité révolutionnaire et de ses agents. »

Le témoin est reconnu par la citoyenne Lallier, poissonnière. Consultée par le tribunal, tant sur la moralité de plusieurs témoins que sur celle des accusés : « Je reconnais Chartier, dit cette citoyenne ; je l'ai vu boire dans la cuisine du Bouffay. » Il était aussi acharné que les autres agents du comité. C'est lui qui se permettait de plaisanter les prisonniers, d'insulter à leur situation malheureuse, en disant : « Sont-ils joliment colonnés ! Allons ! dépêchons-nous ; la marée baisse, cela presse. »

Le tribunal, faisant droit sur le réquisitoire de l'accusateur public, lance un mandat d'arrêt contre Chartier.

*Louis-Antoine Détaille*, courtier pour le déchargement des navires, commissaire du comité Marat, et membre de la compagnie Marat , est entendu : Je déclare n'avoir aucune connaissance personnelle des faits, ne pouvoir déposer que des ouï-dire. J'ai donc entendu dire à Foucault, Lamberty et Robin, qu'il se faisait des noyades, et qu'ils en étaient les exécuteurs ; ils me dirent un jour, à un café près la halle : « Nous allons dîner avec Carrier sur la galiote. »

Après la déroute des brigands, à la journée de Savenay, plus de quatre-vingts prisonniers furent amenés sur la place de l'Egalité ; l'officier qui les conduisait alla prendre les ordres de Carrier ; sans doute la fusillade fut ordonnée, puisque ces malheureux furent conduits sur la prairie de

Mauves, où ils furent fusillés : il y avait parmi eux des enfants de seize à dix-sept ans. Suivant des ordres dont je suis porteur, j'ai saisi plusieurs effets et sommes d'argent que j'ai déposés au comité, après avoir eu la précaution d'en faire ma déclaration à la municipalité. Peu s'en est fallu que je ne fusse victime des fureurs de Fouquet.

*Le président*, au témoin : Dis au tribunal ce qui provoqua contre toi la fureur de Fouquet.

*Le témoin* : Un jour, je fis arrêter une fille publique qui vivait alors avec Lamberye. Celui-ci, furieux, vient trouver ma femme ; il s'emporte contre elle, et, jetant un regard farouche sur mes enfants : « F....., s'écrie-t-il, que je vois plains, pauvres enfants ! bientôt vous n'aurez plus de père. » Il voulait me faire noyer. Ce scélérat était l'ami intime de Carrier.

Goulin, Jolly et Grandmaison, inculpés dans cette déposition, affirment que le témoin n'était pas au Bouffay dans la nuit du 24 au 25 frimaire, et qu'il ne peut déposer des faits de cette nuit ; ils s'en rapportent même au témoin, qui rectifie sa déposition à cet égard.

Le témoin Lasalle continue sa déclaration. « Je fus un jour chez le citoyen Hernaud, horloger ; je trouve Louis Naud, accusé, caché dans un cabinet, la tête enveloppée dans une serviette, et le corps essuyait dans une pièce de toile. Il se lève et me dit : « Ah ! mon ami, ne me perds pas ! — Je ne perds personne, lui répondis-je ; mon devoir est de me saisir des coupables et de sauver les innocents, ou plutôt de les respecter. »

« Comme je le soupçonnais de s'être caché dans la maison pour enlever quelques effets, je lui demandai ce qu'il faisait là. — Ma foi, me répondit-il, je suis venu ici pour coucher avec la domestique de la maison, et c'est la seconde nuit que je passe avec elle. »

« Hernaud était alors détenu à Paris avec les quatre-vingt-quatorze Nantais, et sa femme l'avait suivi.

« Chartier, Petit et Gallon étaient présents ; ils firent de vifs reproches à Naud.

« Gallon fut dépêché au comité, et revint avec Goulin, qui autorisa le témoin et ses collègues à mettre en arrestation le domestique d'Hernaud, et réserva au comité le droit de statuer sur Louis Naud, violemment soupçonné d'avoir spolié la maison Hernaud.

« On trouva dans l'embrasure d'une fenêtre trois trous fraîchement bouchés avec du plâtre. On avait entendu frapper toute la nuit dans cette embrasure, et tout autorisait à croire qu'on avait voulu y celer des bijoux ; cependant, après la perquisition la plus exacte par le témoin et ses camarades, on ne trouva qu'un fragment de cuiller d'argent.

Goulin demande la parole ; il observe qu'il s'est assuré qu'avant le 29 juin, jour du siége de Nantes, Hernaud avait envoyé à Rennes les bijoux qu'il avait cachés avant dans les trous, et il cite pour témoin le courrier de Rennes et la famille Hernaud.

Naud avait été exclu provisoirement du comité ; mais son innocence ayant été reconnue, il fut réintégré.

Naud convient avoir été pris en bonne fortune. « J'avais, dit-il, mon habit sur le lit, ma montre accrochée à la cheminée, et mon chapeau sur la table. »

Vic et Chartier attestent la vérité du fait.

Vic ajoute qu'une grande quantité de bijoux fut saisie dans une commode chez Hernaud par Goulin, qui les fit apporter au comité, après qu'on eut fait l'inventaire, et que lui, témoin, en eut rédigé le procès-verbal.

*Le président*, à Goulin : De quel ordre Hernaud a-t-il été arrêté ?

*Goulin* : De l'ordre du comité.

*Le président*, au même : Les scellés ont-ils été, ou non, apposés dans le domicile d'Hernaud ?

*Goulin* : Le citoyen Hernaud avait plusieurs appartements ; les scellés furent apposés partout, excepté sur la commode contenant les bijoux dont on parle en ce moment. L'apposition n'avait point été faite sur ce meuble par égard pour l'épouse du citoyen Hernaud, restée dans ce domicile après l'arrestation de son mari, et qui ne partit qu'au bout de quelque temps pour Paris. On avait cru devoir laisser à la citoyenne Hernaud le libre usage de cette commode ; c'était pour la faire jouir de cette facilité que cette apposition de scellés fut négligée.

*Le président*, à Goulin : Vous ne saviez donc pas que la commode dont il s'agit contenait des bijoux infiniment précieux ?

*Goulin* : Je l'ignorais absolument, et je soutiens qu'aucuns

bijoux n'ont été extraits de cette commode avant la descente du témoin Lasalle dans cette maison.

*Le président* : J'observe aux jurés qu'ils ne doivent pas perdre de vue une circonstance véritablement importante sur la manière de procéder chez Hernaud pendant sa détention à Paris.

En qualité d'horloger, il devait être propriétaire ou dépositaire des bijoux les plus précieux ; sa boutique surtout devait renfermer ces bijoux. Eh bien, il se trouve une commode dans cette boutique, où sont déposés les effets les plus riches, et c'est précisément ce meuble sur lequel on néglige d'apposer les scellés.

Cette omission d'apposition de scellés sur la commode d'Hernaud s'explique facilement lorsque l'on sait que le comité révolutionnaire avait pour louable habitude d'extraire les effets les plus précieux des maisons où il faisait des arrestations avant d'y apposer aucuns scellés.

Cette infraction aux lois n'étonne plus lorsque l'on remarque qu'un membre du comité révolutionnaire s'introduit nocturnement chez Hernaud, que des coups violents portés dans l'embrasure sont entendus dans la nuit ; et que ce membre est surpris caché dans la maison du détenu. En rapprochant toutes ces circonstances, rien n'est plus aisé que de saisir dans cette rencontre, et de pénétrer les motifs qui avaient fait négliger l'apposition des scellés.

Maintenant je demande au témoin, continue le président, si, sur la découverte des bijoux déposés dans ladite commode, les scellés ont été ou non apposés sur ledit meuble.

*Le témoin* : Je crois que l'apposition des scellés s'est faite à cette époque ; mais les bijoux ont été préalablement extraits de la commode, et portés au comité.

Je déclare que Maingué m'a toujours paru, à moi et à beaucoup de citoyens, comme un être très-borné, et dont le rôle consistait plus à obéir aveuglément au comité qu'à agir de son autorité privée.

*Le président*, au témoin : As-tu des renseignements à donner sur les brigands conduits à Nantes après leur déroute à Savenay ?

*Le témoin* : Après cette fameuse journée, qui devait terminer la malheureuse guerre de la Vendée et les généraux, d'accord avec les mandataires du peuple, avaient pris les mesures de clémence capables de ramener les rebelles au giron de la république ; ces brigands furent conduits à Nantes, sur la place de l'Égalité, par un détachement.

Le commandant, persuadé qu'il valait mieux faire grâce à des hommes égarés, et qui s'étaient rendus volontairement, que de les livrer à une sévérité propre à porter le désespoir parmi le reste des rebelles et à donner de la consistance à une guerre qui touchait à sa fin ; le commandant se rend chez Carrier, et revient un quart d'heure après, désolé de n'avoir pu amener Carrier au parti de la clémence. Ces brigands sont donc conduits à la prairie de Mauves, et ensuite massacrés à coups de baïonnette.

*Le président*, au témoin : Avez-vous connaissance des proclamations promettant amnistie aux rebelles qui viendraient se mettre à la discrétion des armées républicaines ?

*Le témoin* : J'ai une connaissance parfaite que ces proclamations ont été faites dans la Vendée, et que cependant, au mépris de l'amnistie promise à ceux qui se rendraient volontairement, une centaine de rebelles qui se trouvaient dans ce cas furent conduits à l'Entrepôt, ensuite massacrés impitoyablement.

*Le président*, à Chaux : De quel ordre ces brigands ont-ils été envoyés au dépôt ?

*Chaux* : Cet ordre émane du comité ; mais je déclare que les brigands dont il s'agit ne s'étaient pas rendus volontairement, comme on veut vous le persuader ; je déclare qu'ils ont été conduits à la commission militaire pour être jugés, et qu'en les faisant fusiller on n'a fait qu'exécuter le jugement de cette commission.

*Le président*, à Goulin : Savez-vous si, au mépris des proclamations, des brigands qui s'étaient rendus volontairement ont été ou non fusillés ?

*Goulin* : Les proclamations qui promettaient sûreté et protection aux rebelles venant à résipiscence sont du 18 octobre 1793 (vieux style) ; toutes les époques sont confondues.

Je dois apprendre au tribunal, pour éclairer sa religion, que les brigands ne se sont rendus volontairement qu'après les victoires éclatantes d'Ancenis et de Savenay, époque à laquelle ils se trouvaient dans l'impuissance de continuer à faire le mal.

Je dois à la vérité d'informer encore le tribunal que Carrier, après avoir fait venir en sa présence ces brigands, les harangua avec le ton le plus affectueux et le plus persuasif, et qu'il fit tous ses efforts pour les ramener au giron de la république. Ces brigands, continue Goulin, feignent d'être de bonne foi; ils retournent dans leurs foyers, avec promesse de revenir avec beaucoup de monde pour se ranger sous les drapeaux républicains.

Cette promesse n'est suivie d'aucun effet; personne ne paraît. Cependant, sur la foi de leurs serments, nos troupes ayant besoin de blé et autres subsistances, on se transporte avec confiance dans les communes que l'on croit rendues à la patrie; mais qu'arrive-t-il? Nos commissaires sont massacrés à leur arrivée.

Chaux demande la parole pour donner des éclaircissements relatifs à la soumission volontaire des brigands; il l'obtient, et parle en ces termes :

« Il faut que le tribunal soit entièrement instruit sur la conduite de Carrier.

« Lorsque les brigands mirent bas les armes, les administrations de Nantes représentent à ce mandataire du peuple qu'il serait plus avantageux de tirer parti des jeunes gens qui viendraient déposer leurs armes volontairement que de les fusiller. Carrier répond : « Il faut que la fusillade et la guillotine roulent. » Alors un commandant a le courage de répondre à Carrier : « Nous sommes des soldats; nous savons combattre, mais non pas assassiner. »

« Fouquet et Lambertye, fidèles agents de Carrier, faisaient trembler toute la ville de Nantes; ils non-seulement ils avaient mis la terreur à l'ordre du jour, mais encore l'horreur.

« La continuation de la guerre de la Vendée doit être attribuée aux cruautés exercées dans cette contrée, et aux généraux de ce temps, qui étaient plus voleurs que soldats.

« Carrier, pendant sa mission à Nantes, a mis constamment en réquisition la terreur, la mort, la Loire, la guillotine et la contre-révolution.

« Carrier, après avoir exhalé sa fureur dans la Société populaire, et avoir menacé d'abattre les têtes des citoyens présents à la séance du 26 frimaire, finit par dissoudre le club, chasser à coups de sabre les membres devant lui, fermer les portes et emporter les clefs. »

*Le témoin :* J'atteste la vérité de ces faits, et je vais y ajouter :

« Un jour Carrier monte à la tribune de la Société populaire, le sabre à la main, et dit : « Il ne faut plus d'accapareurs, de négociants, de fédéralistes, de riches, de modérés; il faut leur foutre la tête à bas. »

« Ce coquin-là, continue le témoin, car je ne puis l'appeler autrement, ne parlait que de guillotine, de sang, de têtes à abattre; tout tremblait à Nantes sous sa domination. Deux cent mille têtes n'auraient pas suffi à sa rage féroce.

*L'accusé Naud :* Je demande à rendre compte d'un fait. J'ai vu un général à cheveux rouges, nommé Hector, à la tête d'un détachement qui conduisait des prisonniers sur la prairie de Mauves; je le suis avec Castrie et Viane; j'arrive : les fusils étaient déjà en joue. Mes camarades et moi relevons les fusils avec nos bras, et nous sauvâmes plusieurs enfants. C'est tout ce que nous pûmes faire.

*Chaux :* On amène un jour au comité un homme sanglant, hideux et défiguré. Il venait d'être fusillé; il avait reçu trois balles et il respirait encore. Le comité l'accueillit avec humanité; il le fit conduire à l'hospice. J'ai entendu dire que c'était un brigand qui s'était rendu volontairement; qu'il était tellement dévoué à la république qu'au moment même où il venait d'être couché par terre par la fusillade, au moment où il venait de recevoir trois balles, au moment où il voyait s'avancer vers lui un Allemand pour lui porter le dernier coup, cet homme recueillit toutes ses forces pour serrer cet Allemand dans ses bras et crier *vive la république!* J'ignore ce qu'il est devenu.

*Le témoin Lallier :* Cet homme a été conduit au Bouffay, où il est mort trois jours après.

*Chaux :* J'ajouterai à mes reproches contre Carrier le fait suivant :

Lors de la députation des autorités constituées vers le représentant pour faire supprimer les fusillades des rebelles, comme je l'ai déjà dit, Carrier répond par ces mots : « Toujours la fusillade et la guillotine. » Sur l'observation ferme et généreuse d'un général : « Nous sommes des soldats et non des assassins, » Carrier entre dans la plus grande fureur; enfin il se calme : il promet de ne plus faire fusiller sans jugement, avant d'avoir écrit à la Convention et à son

collègue Francastel, qui était alors à Angers : et le lendemain, plus de quatre-vingts cavaliers de la Vendée, qui étaient venus librement rendre les armes et demander la paix, sont impitoyablement fusillés.

*Paul Ducoux,* natif de Poitiers, ex-perruquier à Nantes, soldat de la compagnie Marat, entendu d'abord comme témoin, ensuite prévenu d'avoir conduit les victimes qui furent noyées dans la nuit du 24 au 25 frimaire, et de n'être sorti de la gabare qu'au moment où elle chavira, a été mis en jugement et joint aux accusés.

*Nicolas Jomar,* marchand à Nantes : A mon retour de la Vendée, où j'ai été retenu pendant sept mois comme prisonnier, et d'où je ne suis sorti que par le secours d'un détachement de force armée, j'étais dépourvu de tout. J'avais une femme et des enfants à soutenir; je m'adresse à la Société populaire de Vincent-la-Montagne, pour obtenir de l'emploi. La Société me propose comme candidat dans la compagnie Marat; j'en rougis, je suis accepté. Carrier nous assemble chez lui, et fait fermer la porte de la chambre où nous étions tous réunis, et il nous dit : « Je vous crois tous de bons bougres; je vais vous donner des pouvoirs; j'espère que vous les exécuterez, et que vous accomplirez mes volontés. » Il gesticulait, il déclamait, sabre nu à la main, avec cette chaleur qu'on lui vit déployer un jour à la tribune de ladite Société, quand, pour animer son discours, il coupa de son sabre les chandelles qui éclairaient l'assemblée.

J'ai de plus connaissance d'une proclamation qui portait que ceux des brigands de la Vendée qui abattraient leurs haies, et qui se rendraient volontairement, obtiendraient leur grâce. Eh bien, j'ai vu arriver sur la place du Département quatre-vingts à cent cavaliers, jeunes, forts et robustes, sans être accompagnés par aucun détachement; ils furent conduits à l'Entrepôt, et leurs chevaux à la commission militaire.

*Thomas* affirme avoir vu arriver ces cavaliers sur ladite place, sans aucune escorte. J'apprends alors, dit-il, dans ce même endroit, que trois ou quatre d'entre eux proposèrent de retourner dans la Vendée pour en ramener leurs camarades, afin de profiter de l'amnistie. Ils mettaient pour condition qu'on ne ferait aucun mal à ceux qui resteraient. Eh bien, tous sont à l'instant conduits à l'Entrepôt. Ce fait est arrivé quelques jours après la déroute de Savenay, qui eut lieu le 28 frimaire.

« A mon retour de la Vendée, sur l'invitation du comité de lui désigner les chefs de brigands, je dénonce Bouron, beau-frère de Bologne, et quatre-vingt-sept des révoltés, je ne retire d'autre fruit de ma dénonciation que de voir Bouron jugé et mis en liberté, et moi persécuté de toutes les manières.

« A la date du 25 brumaire, envoyé en mission avec Varin pour fermer aux rebelles l'accès d'un poste important, j'en reviens le 30, et de suite je suis accusé de vols, de brigandages de toute espèce. Sur la dénonciation de Richard, je me vois arrêté, conduit à la commission militaire, qui décide qu'il n'y a pas lieu à délibérer.

« Carrier me dit de ne rien craindre; il ordonne de me renvoyer au jugement du comité de discipline de la compagnie Marat, qui me condamne à la détention jusqu'à la paix, quoique précédemment jugé et acquitté par la commission militaire.

« J'accuse Bologne d'être sauté sur moi dans la prison, de m'avoir volé mon portefeuille, et de m'avoir porté plusieurs coups pour me contraindre à remettre ma commission de la compagnie Marat.

« J'accuse Durassier de m'avoir fait désarmer, et tout le comité de m'avoir persécuté et humilié de tout son pouvoir. »

Il est demeuré constant, dans les débats, que Bologne, frère de Bologne, avait servi sous les drapeaux des brigands, et qu'il avait été élargi par tout le comité assemblé à cet effet, sur des réclamations mendiées et de fausses attestations de patriotisme.

Il a été également prouvé que Bologne avait été nommé pour juger Jomar, et qu'il avait abusé de cette mission pour traiter ce témoin avec la plus grande férocité.

*Grandmaison,* inculpé d'avoir deux beaux-frères dans la Vendée, ne s'en est défendu que faiblement.

*Chaux, Goulin, Grandmaison, Bachelier et autres,* accusés d'avoir participé, d'avoir donné leur adhésion aux vexations exercées contre ledit témoin, se sont contentés de nier les faits.

*Le témoin Naud,* devenu accusé, a fait de nouvelles déclarations relatives aux brigands de la Vendée qui venaient se rendre volontairement et en foule, sur la foi des procla-

Carrier dissout le club de la Société populaire de Nantes.

mations qui leur promettaient amnistie; il annonce qu'il s'est rendu à cet effet chez Carrier, pour savoir ce que l'on ferait de ces brigands; que Carrier le traita de bougre de gueux, de contre-révolutionnaire qui ne savait pas son métier, et qu'il le forcerait à remplir son devoir s'il osait s'y refuser; « et ce prétendu devoir, observe Naud, était d'assassiner des gens qui venaient se rendre avec armes et bagages.

« Ce fut à cette occasion, ajoute Naud, que les administrations de Nantes s'assemblèrent et, se rendirent chez Carrier, pour lui demander l'exécution de la proclamation; tout le monde craignait de l'aborder, et lorsqu'il s'agissait de lui envoyer une députation, on se jetait, comme dit le proverbe, chat aux jambes. »

*Jean-Baptiste O'Sullivan*, âgé de trente-trois ans, natif d'Angers, maître d'armes, et nommé par Carrier adjudant de la place de Nantes, déclare qu'il a vu mener à l'Entrepôt des brigands; qu'il les a vu embarquer; qu'il y avait des bateaux à soupape; qu'il a été commandé pour conduire des femmes dans une galiote; qu'il a été témoin oculaire de noyades de brigands et de femmes; que toutes ces expéditions se faisaient par les ordres de Carrier, qui traitait les citoyens de Nantes de contre-révolutionnaires, et disait qu'il ferait venir cent cinquante mille hommes pour en exterminer tous les habitants.

*Le président*, au témoin : Ne vous êtes-vous pas exercé à saigner les brigands au cou avec un couteau dont la lame était très-étroite? Ne vous êtes-vous pas vanté en disant : « J'avais regardé avec attention comment un boucher s'y prenait; je faisais semblant de causer avec ces brigands; je leur faisais tourner la tête, comme pour regarder les passants; je leur passais le couteau dans la gorge, et cela était fini. » (Frémissements d'horreur.)

*Le témoin :* J'étais incorporé dans un bataillon de six cents hommes qui a fait preuve de bravoure contre les brigands, et qui a beaucoup souffert, puisqu'il est réduit à quarante hommes; dans un mouvement d'indignation, j'ai donc pu dire que, si je tenais ces brigands, je les saignerais avec mon couteau, et ce pour venger mes frères d'armes et la patrie de toutes les horreurs commises par ces scélérats; mais je suis incapable d'avoir tenu le propos qui m'est imputé, et encore plus de mettre à exécution la saignée dont on parle, et que je n'ai pu entendre sans frémir moi-même.

*Le président*, au témoin : Je vous observe que vous étiez à dîner dans un jardin de Nantes, que c'est en cet endroit et dans cette occasion que s'est tenu ce propos, et qu'il en existe une dénonciation écrite et émanée d'un fonctionnaire public.

*Le témoin :* Ce propos a été mal saisi et mal rendu; je soutiens que les explications par moi données sur ce propos sont absolument conformes à la vérité.

Sur le réquisitoire de l'accusateur public, le tribunal décerne un mandat d'arrêt contre le témoin O'Sullivan.

*François Coron*, ex-procureur, soldat de la compagnie Marat, et membre de la commission des Trois, instituée par Prieur et Carnot, déclare avoir eu connaissance que sept mille cinq cents brigands ont été fusillés à la carrière de Gigan, et que quatre mille autres ont été noyés. « On m'a de plus assuré, dit le témoin, qu'on avait arraché le fruit à une femme prête d'accoucher; qu'on l'avait mis au bout d'une baïonnette, et qu'on l'avait jeté à l'eau. J'ajoute que, dans la nuit du 24 au 25 frimaire, je me suis rendu au Bouffay avec toute la compagnie Marat; que je m'assis à la geôle et me retirai sur les trois heures du matin. Goulin était arrivé à dix heures du soir.

« Tandis qu'on liait les prisonniers, continue Coron, je remarquai un grand grenadier qui pleurait; je lui en demande la cause; il me répond qu'il est condamné à quinze jours de discipline, et que, sans égard pour cette décision, on va l'envoyer aux travaux publics. Un autre m'observe que, dépouillé par lui-même de tous ses vêtements, il se trouvait tout nu; que, pour couvrir sa nudité, il a eu la faiblesse de prendre un pantalon, et que pour ce vol on va le faire mourir.

« Goulin disait à la tribune de la Société de Sainte-Croix, continue le témoin : « Prenez garde de recevoir parmi vous des modérés, des faux patriotes; il ne faut admettre que des révolutionnaires, des patriotes ayant le courage de boire un verre de sang humain. »

Goulin, interpellé, a nié les faits. A l'égard de son arrivée au Buoffay, il a prétendu y avoir paru, non pas à neuf et à dix heures du soir, comme le disait le témoin, mais bien à trois heures du matin, ayant passé le temps précédent à attendre Carrier pour avoir sa dernière détermination.

A l'égard du verre de sang, Goulin a dit qu'on avait empoisonné ses observations, et que dans tous les cas il se faisait gloire de penser comme Marat, qui aurait voulu pouvoir s'abreuver du sang de tous les ennemis de la patrie.

*Sophie Brétonville* dépose que Perrochaux vint plusieurs fois chez ses parents, sous le prétexte de s'intéresser à l'élargissement de son père, lui promettant sa liberté si elle voulait consentir à ses propositions malhonnêtes.

« Je le repoussai, dit-elle avec indignation, et Perrochaux me menaça d'arranger la dénonciation de mon père, quoiqu'elle ne fût rien dans le principe.

« Perrochaux ne rougit pas de renouveler ses propositions à une autre époque où il était venu nous importuner. Ma mère s'absente quelques instants; Perrochaux en profite pour éteindre la chandelle et m'insulter. Je m'écrie; ma mère revient, et me délivre des attaques de cet homme.

« Perrochaux, me rencontrant un autre jour dans la rue, m'appelle, et me dit qu'il a quelque chose d'intéressant à me communiquer sur la liberté de mon père. Je m'approche dans cette persuasion; mais aussitôt Perrochaux m'entraîne vers un jardin qui était à peu de distance; il en ouvre la porte avec précipitation, et veut me contraindre d'y entrer avec lui, en me répétant sans cesse que, si je veux y consentir, il obtiendra tout pour mon père et ma famille; mais je m'écrie de toutes mes forces, et pour toute réponse je le laisse seul.

« Un autre jour qu'on levait les scellés chez le citoyen Bacot, il se détache de ceux qui l'accompagnent; il vient me visiter; il me trouve tout en pleurs : je gémissais sur la situation de ma mère, qui était dangereusement malade. Il me demande la cause de mes pleurs; je lui en fais part, et il me répond : « Tant mieux! si elle meurt, j'aurai soin de vous; » et de suite il me réitère ses propositions, que je persiste à rejeter.

« Heureusement le comité révolutionnaire fut incarcéré peu de temps après, et j'obtins l'élargissement de mon père du représentant Bô. »

Perrochaux, interpellé, a prétendu que l'humanité seule l'avait conduit chez la famille Brétonville; que la mère lui avait offert la jouissance de sa fille, et qu'il avait rejeté ces offres en observant à cette citoyenne qu'elle déshonorait la qualité de mère.

*La femme Pineau du Pavillon* dépose que son mari était du nombre des cent trente-deux Nantais; qu'elle en a sollicité la liberté auprès du comité de Nantes; que Perrochaux lui conseilla de faire un don de 6,000 livres, qu'elle pourrait réussir par ce moyen.

« J'ajoute, dit le témoin, qu'après le départ de Carrier pour Paris je me transportai en cette ville; à mon arrivée, j'allai trois fois chez ce représentant, pour l'intéresser en faveur de mon mari; il me répondit que tous les Nantais qui étaient traduits au tribunal seraient guillotinés, et que, s'il retournait à Nantes, il en ferait guillotiner bien d'autres.

« La dernière fois que j'allai chez Carrier, il me montra tellement d'humeur qu'il renversa les chaises dans son appartement, et me dit qu'il pourrait bien faire arrêter toutes les solliciteuses, à commencer par moi. »

*Forget*, concierge de la maison d'arrêt dite Sainte-Claire, est entendu.

« J'ai vu, dit-il, des bijoux de grand prix au comité, et qui appartenaient à la veuve Roubault. Ces bijoux consistaient dans une boîte d'or garnie de diamants fins, et appelée *la boîte du prétendant*; des bagues, des montres d'or et autres objets précieux.

« Goulin était dépositaire de la clef de l'armoire renfermant lesdits objets, et Chaux avait la clef du coffre-fort qui contenait les dépouilles des détenus.

« Durassier avait la partie des arrestations; mais, comme je ne le reconnaissais pas pour autorité constituée, je refusai d'exécuter ses ordres. Durassier se plaint de mon refus au comité révolutionnaire, qui m'enjoint d'obéir à leur collègue.

« Souvent il m'est arrivé de dénoncer au comité révolutionnaire la compagnie Marat, comme arrêtant sans mandat; mais ces dénonciations n'avaient pas de suite.

« Durassier faisait souvent des listes de proscription des détenus; il leur faisait donner leur or et leur argent, le portait au comité, et on inscrivait le tout sur des feuilles volantes.

« Un des détenus confia à ma femme 7 louis en or et 7 autres en argent; il est mort depuis.

« Le comité donna ensuite l'ordre de faire transférer de Sainte-Claire à la galiote, et cet ordre est signé de Grandmaison, Chaux, Perrochaux, Mainguet et Lévêque.

« Cet ordre fut suivi d'un autre ordre de faire transférer les prisonniers des villes et des campagnes, les uns à l'Entrepôt, et les autres aux Pénitentes.

« Il s'agissait de faire un établissement national, et de trouver un emplacement convenable pour asseoir cet établissement.

« Au moment où l'on parcourait plusieurs terrains, l'un de ceux qui accompagnaient Chaux lui fit remarquer une maison bien favorable pour l'établissement, en lui disant : « C'est bien dommage que ce terrain n'appartienne pas à la nation, il lui servirait bien en ce moment. — Bon, répond Chaux, il ne s'agit que de faire incarcérer le propriétaire pour s'approprier la maison; il sera trop heureux de racheter sa liberté à ce prix. »

« Chaux avait ouvert une souscription pour réparer un chemin qui n'était utile qu'à lui et à Carrier, qui avait une maison de campagne sur ce chemin.

« Je sais que le représentant Carrier commandait despotiquement le comité, qui disait n'agir que par ses ordres. J'ai entendu dire que, pour se défaire plus promptement des

cent trente-deux Nantais, on avait décidé de faire mettre, parmi ces détenus, un criminel qui, dans la route, devait se sauver; on avait décidé qu'il serait dressé procès-verbal de cette évasion, qu'on en conclurait que les Nantais s'étaient révoltés, et qu'ils seraient livrés à la fusillade.

« Les détenus ne cessaient d'adresser des réclamations au comité, de solliciter des secours; le comité n'y avait aucun égard. Chaux et Goulin disaient à ce sujet : « Tant mieux! s'ils meurent, c'est autant de gagné pour la nation. »

« J'accuse le comité révolutionnaire d'avoir fait lire à la Société populaire l'acte d'accusation contre les quatre-vingt-quatorze Nantais, et d'avoir intrigué de toutes les manières dans cette Société pour avoir son adhésion; mais moi et bien d'autres nous nous sommes opposés de toutes nos forces à cette adhésion, parce que nous étions persuadés que l'accusation portée contre lesdits Nantais n'était que le produit de l'animosité et de la vengeance; cependant, à force d'intrigues, on en est venu à faire déclarer à la Société populaire que le comité avait fait son devoir

« J'accuse Durassier, qui faisait les listes de proscription des détenus, de distinguer par une croix ceux qui devaient être conduits à l'Entrepôt avec les autres qui ne devaient pas y être envoyés. »  *(La suite incessamment.)*

La suite de ce procès, et les explications de Carrier à la Convention, se trouvent dans les nᵒˢ des 2, 3, 10, 12 frimaire et suivants.

# GAZETTE NATIONALE ou LE MONITEUR UNIVERSEL.

**N° 36.** *Sextidi* 6 BRUMAIRE, *l'an* 3°. (*Lundi* 27 OCTOBRE 1794, *vieux style*.)

## POLITIQUE.

### SUÈDE.

*Stockholm, le 24 septembre.* — On procéda hier à l'exécution du jugement des conspirateurs. Ehrenstrom, ci-devant secrétaire du cabinet, a été le premier amené sur la place; il y est resté pendant une heure, attaché à un poteau dressé sur un échafaud. Il a ensuite été conduit à la prison de Smedgarde, où il doit rester jusqu'au 1er octobre, jour fixé pour sa mort.

On a fait lecture du jugement rendu par contumace contre d'Armfeldt, et le bourreau a attaché à un poteau l'inscription où ce jugement se trouve rapporté.

Une heure après, la comtesse Rudenskiold a été amenée; elle s'est trouvée mal sur l'échafaud et n'a pu rester l'heure entière.

Le colonel Aminoff a été le même jour enfermé dans une forteresse où il doit passer le reste de ses jours.

Deux autres complices doivent subir une réclusion pour un temps qui n'est pas limité. C'est le roi qui a fait grâce de la vie à Aminoff et à la femme Rudenskiold.

### ANGLETERRE.

*Londres, du 2 octobre.* — Le convoi destiné pour l'Espagne et la Méditerranée, et parti de Corke le 2 du mois dernier, a été pris, pour la plus grande partie, par les Français. Cet échec est d'autant plus sensible pour le commerce que, quelque temps auparavant, un riche convoi venant des Indes occidentales s'était trouvé dispersé par un coup de vent, et que l'on avait craint qu'un grand nombre de bâtimens ne fussent tombés au pouvoir de l'ennemi; cependant il en rentre tous les jours dans nos ports, ce qui contribue à empêcher les assurances de monter aussi haut qu'on l'aurait cru.

Des lettres apportées par un paquebot de la Jamaïque, arrivé dimanche dernier, disent que l'intérieur de Saint-Domingue est toujours déchiré par les nègres et mulâtres, qui se sont cependant fait repousser en attaquant plusieurs postes anglais. Suivant ces mêmes lettres, le comte de Cifuentès, à peine arrivé à Montechrist, a fait arrêter son prédécesseur dans le gouvernement de la partie espagnole de cette île, comme prévenu d'avoir fourni secrètement beaucoup de secours aux brigands.

— Des lettres d'Halifax, dans la Nouvelle-Ecosse, en date du 23 août, annoncent que tout est tranquille dans le Canada : elles confirment l'interception de quinze navires d'un convoi français, principalement chargé de farines et munitions de guerre pour la France.

— Le 24 du mois dernier, la cour a enfin avoué, dans une gazette extraordinaire, les échecs essuyés dernièrement par l'armée du duc d'York; suivant cette relation, dont on peut douter quant aux détails, les Anglais n'ont eu que huit hommes tués, dix-neuf blessés, et soixante-quatre égarés; mais aussi les Hanovriens et Hessois ont perdu, en morts seulement, plus de quinze cents hommes.

— Il vient d'arriver à Margate deux régimens retirés de la Zélande; ils iront aux Indes occidentales, ou renforceront le petit corps d'armée rassemblé à Cowes.

### ESPAGNE.

*Cadix, le 15 septembre.* — La terreur des armes françaises a pénétré jusque dans ce port. On s'occupe avec activité de prendre des mesures de défense. La baie a été garnie d'un grand nombre de chaloupes canonnières. L'amiral Borja est rentré, et sur-le-champ on a expédié deux frégates à l'amiral Cordova, qui était sorti avec trois vaisseaux de ligne et trois frégates; elles lui portent l'ordre de revenir. Les deux amiraux Borja et Cordova doivent se réunir au-devant d'un riche convoi venant de l'Amérique espagnole. Ce convoi, attendu avec impatience, apporte plus de 20 millions de piastres. On a sur lui les plus vives inquiétudes.

Le mécontentement du peuple se manifeste dans toutes les provinces d'Espagne.

## PAYS-BAS.

*Extrait des nouvelles de Bruxelles, du 26 vendémiaire.*

— Le général Jourdan vient de diviser son armée en plusieurs corps, afin de leur faire border la rive du Rhin vis-à-vis des positions que les Autrichiens occupent à l'autre bord de ce fleuve.

La ville importante de Maëstricht est foudroyée par une artillerie si formidable que bientôt elle ne présentera plus à la vue qu'un vaste monceau de ruines; ce qui fait qu'elle tient plus qu'on ne l'avait cru d'abord, c'est que la majeure partie de la garnison est composée de troupes autrichiennes. Cette garnison nombreuse renouvelle ses sorties très-souvent, malgré la manière vigoureuse dont elle est repoussée chaque fois. Avant-hier elle en fit encore une nouvelle, au nombre de quatre à cinq mille hommes; mais, après une action meurtrière, elle fut chassée avec perte jusque dans les murs de la place.

— La multiplicité des affaires dont le tribunal criminel de cette ville est chargé a engagé les représentans de la république française, Briez et Haussmann, à l'augmenter de quelques nouveaux juges et à le diviser en deux sections; la première a le pouvoir d'infliger des peines corporelles, et la seconde ne connaîtra que des saisies et confiscations.

— L'on vient d'arrêter quatorze individus de cette ville, pour la plupart négocians, et parmi lesquels se trouve un avocat : ils sont accusés d'avoir formé entre eux une association pour mettre en circulation de faux assignats.

## RÉPUBLIQUE FRANÇAISE.

## SOCIÉTÉ

### DES AMIS DE L'ÉGALITÉ ET DE LA LIBERTÉ,

#### SÉANT AUX CI-DEVANT JACOBINS DE PARIS.

*Présidence de Garnier (de Saintes).*

##### PRÉCIS DE LA SÉANCE DU 1er BRUMAIRE.

*Raisson* : Pour déjouer les projets de ceux qui veulent empêcher les Sociétés populaires de s'instruire, ou du moins qui veulent que les lumières ne leur parviennent que lentement, je demande l'impression du procès-verbal de la séance, et qu'il soit envoyé avec la circulaire que le comité de correspondance est chargé de présenter. Ainsi les autres Sociétés verront que les Jacobins sont toujours dignes d'elles et d'eux-mêmes; ainsi nous provoquerons les méditations de tous les amis de la liberté sur l'instruction publique.

— Un citoyen cordonnier de la section des Lombards écrit pour demander à prononcer un discours sur l'instruction publique.

La Société arrête qu'il sera entendu. Voici quelques fragmens de son discours :

« Il n'est pas étonnant que les hommes immoraux qui ont voulu se mettre à la tête du peuple aient trahi leur patrie; sans vertu on ne peut l'aimer ni la servir. Qu'ils sachent, les charlatans en patriotisme, que tous leurs moyens sont usés et que leur règne ne doit pas passer..... Ranimez le courage du faible : le denier de l'indigent et les millions du riche prouvent également la bonne intention; de même celui qui n'a fait que quelques pas pour la liberté, parce qu'il ne pouvait faire plus, et celui qui lui a rendu de plus grands services, ont également bien mérité d'elle; celui qui fait ce qu'il peut s'acquitte de ce qu'il doit. Ainsi vous qui avez le talent de vous faire écouter favorablement et qui pouvez dévoiler les ruses de l'intrigue, vous seriez coupables si vous ne le faisiez pas. Qui se tait devant le crime avec le pouvoir de lui résister devient en effet son appui; l'unique moyen de couvrir sa voix est de lui opposer avec courage celle de la justice. Montrez au peuple français le plus pur objet de ses hommages ; arrache· surtout le masque à ses flatteurs hypocrites, qui, en le nommant souverain, ne laissent pas de le traiter en esclave....

« Les circonstances peuvent exiger des lois particulières, des mesures de sûreté, mais il faut qu'elles soient toujours justes, que toujours elles couvrent l'homme de bien de leur égide impénétrable, et non pas qu'elles l'oppriment.

« Il est un autre objet non moins cher à mon cœur : ce sont les égards légitimes dus à ceux qui ne sont qu'égarés. Qui de nous n'a pas commis une faute ? Qui de nous ne désire pas d'en être excusé ? Le véritable apôtre de la liberté est un homme juste et humain. Ne laissons jamais échapper l'occasion de procurer un défenseur et un ami à la cause de la liberté ; ne nous en laissons point imposer par les beaux discours. A bas les imposteurs et les charlatans ! Des actions, et non des paroles. Que tous ceux qui s'opposent à l'établissement de l'instruction publique soient traités comme les complices de nos ennemis, car ils veulent, en perpétuant l'ignorance des peuples, donner aux premiers les moyens de les asservir.

« Après ces réflexions, je crois pouvoir proposer l'institution de sauvegardes de la justice et de la morale, qui seraient chargées de recevoir les déclarations des citoyens opprimés par les fonctionnaires prévaricateurs, d'en porter les plaintes aux autorités constituées, et de veiller sur l'instruction publique et les bonnes mœurs ; car, sans la connaissance de ce qui convient à la liberté, on ne verra jamais que son image. »

Ce discours est vivement applaudi. La Société en arrête l'impression.

Quelques membres demandent qu'il soit relu à la prochaine séance, et que l'impression soit suspendue.

*Raisson :* Lorsqu'il s'agit d'un discours prononcé, dont la Société n'approuve pas plus la totalité de ce qu'il renferme que la Convention n'approuve tout ce qui est contenu dans les écrits dont elle ordonne l'impression afin qu'ils soient médités, je pense que ce n'est pas le cas de réclamer l'examen de deux séances.

\*\*\* : Ce discours contient les meilleurs principes de morale et de démocratie ; j'en demande l'impression.

La Société confirme son arrêté.

— Un citoyen qui n'est pas de la Société monte à la tribune... « Le peuple, dit-il, a été jusqu'à présent le jouet des factions ; il est temps de lui faire voir que la vérité est une, simple et frappante. Que nous importe que tel ou tel ait raison ou tort ? Peuple, sors du labyrinthe où t'ont plongé des tigres dévorants ; c'est à toi à montrer que tu peux te gouverner toi-même... » (Il s'élève de violents murmures.)

*Raisson :* Le citoyen fait au peuple un appel subversif de tout gouvernement. Je demande qu'il soit rappelé à l'ordre.

L'opinant insiste pour avoir la parole ; la Société passe à l'ordre du jour.

*Lejeune :* Le citoyen qui m'a précédé à cette tribune peut avoir de bonnes intentions, mais les principes qu'il a énoncés sont contraires au gouvernement libre d'une population aussi nombreuse que la France. Si les Sociétés populaires souffraient qu'on professât de pareils principes dans leur sein, c'en serait bientôt fait de la république. Je le demande ; comment est-il possible que vingt-cinq millions d'hommes se gouvernent eux-mêmes ? A Sparte et à Athènes, le peuple ne gouvernait pas ; il s'assemblait dans la place publique pour faire les lois ; il nommait ensuite des magistrats, des commissions pour les faire exécuter. Chez nous, la législature propose les lois, qu'elle soumet aux lumières du peuple, qu'ensuite elle fait exécuter si elles sont adoptées. Voilà les principes de notre gouvernement.

Les Sociétés populaires doivent beaucoup surveiller les discours qui sont prononcés au milieu d'elles, elles doivent se rappeler que la calomnie cherche à les saper par les fondements, afin de détruire la république, qu'elles ont fondée et dont elles sont le rempart.

---

# CONVENTION NATIONALE.

## *Présidence de Prieur (de la Marne).*

### SUITE DE LA SÉANCE DU 2 BRUMAIRE.

Un secrétaire fait lecture d'une lettre d'un représentant du peuple détenu dans la maison d'arrêt des Carmes, qui demande la permission de se retirer dans son domicile pour y rétablir sa santé.

On demande que cette permission lui soit accordée.

*Goujon :* Je demande la parole.

*Plusieurs membres :* C'est pour troubler l'assemblée.

*Goujon :* Il se peut que la politique ait des règles que j'ignore ; pour moi, je ne connais que celles de l'égalité. Hier il s'est élevé une discussion sur nos collègues détenus, et la Convention a chargé ses trois comités d'examiner s'ils devaient ou non rentrer dans le sein de la Convention ; cependant je vois aujourd'hui que, sans un rapport préalable, et sous prétexte de maladie, plusieurs demandent à se retirer chez eux et à y rester sans garde. Déjà, m'a-t-on dit, l'un d'eux s'est présenté ici et a pris sa rétribution comme les autres députés. (*C'est faux !* s'écrient plusieurs membres.)

J'ai deux observations à faire sur la demande qui vous est présentée : la première, c'est que, si nous faisons rendre compte à nos prédécesseurs de ce qu'ils ont fait pour la liberté, d'autres viendront après nous, qui nous demanderont compte aussi de nos actions. (On applaudit.)

La seconde, c'est que, si cette décision blesse l'égalité, tout homme détenu, ayant les mêmes droits aux yeux de l'humanité, doit être également soutenu par la Convention. Il me paraît contraire au régime de l'égalité qu'un fonctionnaire public puisse, lorsqu'il est malade, se faire traiter hors de la prison où il est détenu. (Murmures.)

*Plusieurs membres :* Nos collègues sont innocents ; nous demandons leur liberté.

*Pénières :* Je tiens la pièce imprimée ; je demande à prouver qu'ils doivent être sur-le-champ mis en liberté.

*Plusieurs membres :* Nos collègues gémissent dans les fers, et Carrier est libre ! (Bruit.)

On réclame l'ordre du jour sur la proposition de Goujon.

La Convention passe à l'ordre du jour, et permet au député malade de retourner chez lui.

— La commune et les sections de Dijon rappellent à la Convention que l'on a annoncé dans son sein qu'il y avait dans nos ports beaucoup de matières premières ; que ce fait a été confirmé par un représentant du peuple ; que cependant les fabriques manquent partout de matières premières. Ils invitent en conséquence la Convention nationale à prendre les mesures nécessaires pour mettre ces matières en circulation.

La Convention décrète la mention honorable de cette pétition, et son renvoi au comité de commerce.

— Une députation de la commune et du conseil général expose son dévouement aux principes qui sont aujourd'hui ouvertement et généralement professés dans la république, et elle ajoute qu'elle a arrêté une lecture de l'Adresse au peuple français pendant deux décadis, et ensuite chaque mois ; elle a arrêté en outre que cette Adresse serait réimprimée à ses frais, en nombre suffisant pour être distribuée à chaque père de famille, pour ôter tout prétexte à la malveillance et à l'ignorance, et afin qu'elle pût servir de modèle à chaque citoyen dans sa conduite individuelle.

La Convention en décrète la mention honorable.

— Un membre de la commission chargée de procéder à la levée des scellés apposés sur les papiers de l'infâme Robespierre et de ses complices observe que cette commission se trouve arrêtée dans sa marche, qu'elle éprouve des difficultés, qu'elle a reconnu qu'il lui était nécessaire d'obtenir une augmentation de pouvoir, et d'appeler les détenus Héron et Pijaud pour être présents à la levée de leurs scellés ; en conséquence il propose un décret qui est adopté dans les termes suivants :

« La Convention nationale décrète que les commissaires nommés pour l'exécution du décret du 22 vendémiaire, relatif à Héron et Pijaud, sont autorisés à procéder eux-mêmes à la levée des scellés, après que la reconnaissance en aura été faite par ceux qui les ont apposés, ainsi qu'à la confection de l'inventaire et autres opérations ordonnées par ledit décret, tant en présence qu'en l'absence des membres de l'ancien comité de sûreté générale, après l'invitation qui leur sera faite.

« Ces commissaires sont également autorisés à faire amener Héron et Pijaud pour assister à leurs opérations, toutes les fois qu'ils le jugeront nécessaire. »

MERLIN (de Thionville), au nom des comités de salut public et de sûreté générale : Citoyens, vous avez renvoyé à vos comités de salut public et de sûreté générale réunis l'examen des inculpations faites à notre collègue Dubois-Crancé, spécialement par Couthon, Robespierre et leurs partisans, relativement au siége de Lyon.

Je viens aujourd'hui, au nom des deux comités, vous présenter la série des faits. Vous tirerez vous-mêmes les conséquences qui en dérivent.

Retournant d'abord vers le temps où Dubois-Crancé partit pour le Midi, l'année dernière, plaçons nous au milieu des circonstances qui l'environnaient alors, si nous voulons juger avec équité.

Il fallait anéantir le fédéralisme et soumettre Lyon. Eh bien, mille voix s'élèvent, aujourd'hui qu'elles ne sont plus comprimées par les triumvirs, et déposent que Dubois-Crancé n'a pas démenti sa conduite antérieure.

Les preuves de cette assertion résultent des pièces originales remises à vos comités. Dubois-Crancé, accusé par deux hommes qui n'avaient jamais rien fait pour la patrie qu'ils croyaient asservir, qui étaient investis par une sorte de prestige de l'estime et de la confiance du peuple qu'ils voulaient dominer, qui mettaient à le persécuter un tel acharnement qu'ils le présentaient sans cesse comme un traître digne du dernier supplice, devait sans doute succomber : mais cette persécution même suffirait à sa justification.

Vous connaissez aujourd'hui les motifs qui poussaient ces hommes de sang à se faire, des cadavres des plus zélés défenseurs de la liberté, des degrés pour arriver au trône et dominer par la terreur sur la France, dont ils partageaient d'avance la dépouille à leurs satellites. Cependant cette opinion générale ne complète pas la justification d'un représentant du peuple ; il ne peut avoir le droit de se prévaloir des crimes et de la punition de ses accusateurs s'il a lui-même des reproches à se faire ; mais, s'il est innocent, il ne faut pas que la malveillance puisse faire planer l'ombre du soupçon sur sa conduite.

Vos deux comités, chargés de l'examen de cette affaire, ont vu d'abord que Dubois-Crancé, envoyé en mission à l'armée des Alpes le 1er mai 1793 (vieux style), arrivé à Lyon, y connaît dans l'instant le mauvais esprit qui y règne ; il veut assurer à la république une ville aussi importante ; il fait assembler, de concert avec ses collègues, les corps administratifs en présence du peuple, et les détermine à prendre un arrêté qui, s'il eût été exécuté, aurait sauvé la ville de Lyon.

Cet arrêté se trouve n° 2 des pièces justificatives qu'il a publiées, et qui sont depuis longtemps dans vos mains. Alors la Convention nationale était tourmentée par les divisions qui ont précédé la journée du 31 mai ; cet arrêté fut improuvé par les Girondins ; il resta sans effet.

Dubois-Crancé alla visiter les frontières, le système des contre-révolutionnaires d'alors était de comprimer, d'égorger au nom de la liberté, et, sans quitter l'étendard du républicanisme, de rendre odieux les meilleurs patriotes.

Déjà Bordeaux, Montpellier, Nîmes, Marseille avaient dénaturé leurs Sociétés populaires, incarcéré les patriotes ; Lyon fit aussi sa contre-révolution le 29 mai.

Dubois-Crancé arrive à Grenoble ; toute la correspondance des représentants avec le comité de salut public était interceptée sur cette frontière : il embrasse d'un coup d'œil le danger ; il voit que Lyon va faire manquer les approvisionnements des armées des Alpes et des Pyrénées, et les livrer à l'ennemi ; il veut saisir cette ville dans l'anarchie de sa révolte ; il demande à marcher à l'instant contre elle.

La Convention venait elle-même d'essuyer la révolution du 31 mai ; on redoutait une guerre civile ; on craignait que l'ennemi du dehors ne profitât de cette circonstance ; on défendit de dégarnir la frontière, et Dubois-Crancé fut réduit à la guerre de plume.

Il la fit avec succès ; il désabusa les départements environnants, qui étaient égarés, sur les motifs de la révolte de Lyon ; il fit les proclamations les plus énergiques ; toutes sont consignées dans les pièces justificatives de sa mission, et l'on doit à Dubois-Crancé cette justice, qu'il a étouffé les brandons de la guerre civile la plus dangereuse à la liberté, sans qu'aucun acte de rigueur déplacée ait souillé sa mission.

Enfin, le 14 juillet, la Convention décréta qu'il serait pris des mesures pour forcer la ville de Lyon de rentrer dans le devoir, et elle chargea le général Kellermann de se concerter avec Dubois-Crancé et Gauthier à cet effet.

Déjà des mesures avaient été prises par eux pour attaquer les rebelles de Marseille, et pour les empêcher de se joindre aux Lyonnais ; c'est à ce coup de hardiesse qu'est dû en partie le salut du Midi ; mais il fallait réduire Lyon.

Les contre-révolutionnaires de cette ville avaient eu le temps de se préparer et d'organiser leurs moyens de défense : maîtres d'un des plus riches arsenaux de la république, ils avaient des munitions en abondance et trois cents pièces de canon. Ils avaient fait venir de Suisse et de tous les départements du Midi une foule d'aristocrates expérimentés dans l'art de la guerre ; ils avaient quarante mille hommes bien armés, dont sept mille, casernés, étaient dévoués à leurs chefs, et plus de soixante redoutes furent ajoutées aux moyens de défense que la nature, le cours du Rhône et de la Saône présentaient. D'un autre côté, la frontière était menacée par soixante mille Piémontais. L'armée des Alpes était réduite de soixante-dix bataillons à trente-huit, parce que dix bataillons avaient été envoyés au Rhin, six bataillons étaient passés aux Pyrénées-Orientales, et six autres étaient occupés contre les rebelles de Marseille. Ces quarante-huit bataillons ne pouvaient s'évaluer qu'à cinq cents hommes chacun ; total, vingt-quatre mille hommes, avec lesquels il fallait garder soixante lieues de frontières, menacées par soixante mille Piémontais et Autrichiens, et faire le siège de Lyon. On n'avait d'ailleurs ni attirail de siège, ni munitions de guerre.

Dubois-Crancé et Gauthier n'hésitèrent cependant pas de marcher sur Bourg, avec Kellermann, pour se placer entre Lyon et le Jura, dont les administrateurs dirigés par Dumas, frère du complice de Robespierre, avaient promis des secours aux rebelles ; il fallait parvenir à isoler Lyon et l'attaquer, avec quoi ? avec douze bataillons, huit mille hommes de réquisition, la plupart sans armes, douze bouches à feu, et deux mille coups à tirer.

Cette armée, qu'on a tant exagérée, qui n'était pas de quatorze mille hommes, fut partagée en trois colonnes ; une se plaça entre le Rhône et la Saône, à Calvire, sous les ordres du général Petit-Guillaume, pour intercepter le cours des deux rivières et le grand chemin de Genève, par le département de l'Ain. C'est là où Kellermann établit son quartier général, et les deux représentants Dubois-Crancé et Gauthier s'y fixèrent, pour surveiller les travaux de l'état-major. Une seconde colonne appuya sa droite à la rive gauche du Rhône, et se plaça en parallèle du cours de cette rivière, le long de Lyon jusqu'à La Guillotière : c'est cette colonne, commandée par le général Vaubois et surveillée par le représentant du peuple Laporte, qui a bombardé Lyon. Une troisième colonne, commandée par le général Rivas et surveillée par Reverchon, appuyée à la rive droite de la Saône, couvrait les montagnes de Saint-Rambert, et, passant par la Duchère, où elle avait établi ses batteries en face de Vaise, elle étendait sa droite jusqu'à une redoute construite à la tour de Salvaguy, pour intercepter à la fois la route du Mâconnais et celle de Moulins.

Ainsi, les reproches faits à Dubois-Crancé par l'ancien comité de salut public sur son prétendu généralat, reproches qui ont servi à motiver son rappel le 6 octobre, sont destitués de tout fondement; car il y avait un général et un représentant du peuple à chaque colonne, et la totalité de l'armée était commandée par deux généraux eh chef, Kellermann et Dumay, et après lui Coustard.

Il restait, pour achever la circonvallation, à couvrir la route du Forez et celle de Clermont, depuis la tour de Salvagny jusqu'à Oulins, position que devait venir occuper la colonne du Puy-de-Dôme, mais dont les administrateurs avaient livré aux Lyonnais le général Nicolas, envoyé pour les commander. En conséquence, les Lyonnais sont restés maîtres de ce débouché jusqu'au 20 septembre; ils occupaient Saint-Etienne, Feurs, Montbrison, et tiraient de ces pays leurs subsistances : voilà la véritable cause de la longueur du siège de Lyon. Nous allons voir quelle influence Couthon pouvait y avoir. Il avait fait rendre le décret du 14 juillet contre Lyon; il était membre du comité de salut public; il écrivait à Dubois-Crancé et Gauthier : « Cerner Lyon, lui intercepter ses subsistances, est tout ce que vous pouvez faire en ce moment avec aussi peu de troupes; il ne faut rien tenter de plus, à moins de circonstances impérieuses. »

Cette lettre est datée du 18 août; et le 21 Couthon déclamait à la Convention contre la lenteur du siége de Lyon, et se faisait donner la mission de l'aller terminer. Couthon est parti le 22 août pour faire lever en masse le Puy-de-Dôme; il avait pour adjoint Maignet et Châteauneuf-Randon : alors le Puy-de-Dôme s'est ébranlé, et le 20 septembre il s'est réuni à l'armée devant Lyon.

C'est à cette époque que Couthon écrivait de Clermont à la Convention : « Un bataillon, ou plutôt un rocher du Puy-de-Dôme est tombé dans Vaise. » (On ne s'est battu dans Vaise que le jour de la sortie des Lyonnais, le dernier jour du siége.) Remarquez que, pendant que Couthon accusait Dubois-Crancé de la lenteur du siége, Dubois-Crancé, qui, pendant près de deux mois, n'avait pas quitté la tranchée, où il a eu deux chevaux blessés sous lui, enlevait, l'épée à la main, à cinq lieues de son quartier, ce jour-là, une très-forte redoute, celle d'Oulins, qui découvrait complétement le flanc gauche de l'ennemi, et facilitait l'approche des redoutes de Sainte-Foy, qui furent tournées et enlevées le 24 septembre avec beaucoup de courage. Depuis ce moment, Lyon, cerné de tous côtés, parlait chaque jour de capituler; la faim le dévorait; on s'y nourrissait d'avoine crue et non broyée; et les représentants du peuple, sagement avares du sang d'une armée si faible, qui était

si nécessaire, si attendue devant Toulon, et qui combattait corps à corps depuis deux mois les rebelles, ne firent plus aucune attaque, qui pouvait être dangereuse et qu'ils jugèrent au moins inutile. C'est dans ces circonstances que Couthon, parfaitement instruit par Maignet, arriva le 2 octobre à Sainte-Foy; le 6, un courrier apporta de Paris la nouvelle de la destitution de Dubois-Crancé, Gauthier et Châteauneuf-Randon.

C'est ici, citoyens, que je dois plus particulièrement fixer votre attention.

La lettre du comité, datée du 2 octobre, s'exprimait ainsi : « Dubois-Crancé, Châteauneuf et Gauthier vont être rappelés au sein de la Convention. » Effectivement, le 6, le décret fut rendu, à la demande de l'ancien comité de salut public; mais Couthon, pressé de jouir, n'avait pas attendu le décret; et, sur la lettre du comité, il envoya, le 7 au matin, un trompette à Lyon, avec la proclamation suivante : « La Convention nationale vient de rappeler dans son sein Dubois-Crancé, Gauthier et Châteauneuf; c'est nous qu'elle charge maintenant de faire réduire cette ville rebelle. »

Ici pourrait se terminer mon rapport; car dès ce moment Dubois-Crancé n'était plus revêtu d'aucun pouvoir, et Couthon, exerçant votre puissance à son égard, l'avait paralysé de sa propre autorité, et s'était déclaré responsable de tous les événements postérieurs; mais il est utile que je démontre par de nouveaux traits combien était coupable ce charlatan politique que vous avez puni.

Couthon, en recevant cette lettre du comité, qu'il avait provoquée par des calomnies, feignit la désolation; il appelait le rappel de Dubois-Crancé une calamité, et il l'engagea à rester près de lui, en disant que ses collègues et lui en prendraient l'arrêté sur leur responsabilité. Dubois-Crancé resta à Sainte-Foy, près de Couthon ; mais, l'arrêté n'ayant pas été pris, il ne se mêla de rien.

Tout ce que je rapporte est à la connaissance de nos collègues Reverchon, Laporte, Gauthier et Châteauneuf-Randon.

Tout ce que je rapporte se passait le 7 octobre. Le 8, à cinq heures du soir, une citoyenne de Lyon, nommée Rameau-Beauchaton, vint prévenir Couthon qu'ayant parfaitement rempli la mission que lui avaient donnée, le 5, Dubois-Crancé et Gauthier, le peuple était soulevé contre ses oppresseurs, et que les rebelles se disposaient à faire une sortie par Vaise, ayant Précy à leur tête, le 9, à quatre heures du matin, pour tenter de s'évader.

Pour ne laisser aucun doute sur un objet qui jette le plus grand jour sur la fausseté de la seule inculpation sérieuse faite à Dubois-Crancé, « d'avoir facilité l'évasion des rebelles de Lyon, » voici l'attestation que Couthon lui-même donna, le 13 brumaire, un mois après le siège, à la citoyenne Rameau-Beauchaton.

« Les représentants du peuple envoyés près l'armée des Alpes, après avoir pris lecture de l'attestation délivrée à la citoyenne Beauchaton, femme du citoyen Rameau, ledit certificat signé par les représentants du peuple Dubois-Crancé et Gauthier, sous la date du 10 octobre (vieux style), duquel il résulte qu'elle s'était rendue à La Pape pendant le siège, qu'elle avait été chargée d'une mission secrète et importante pour le succès des armes de la république; sur la réquisition de la dite citoyenne de certifier les faits qui sont parvenus à notre connaissance :

« Nous attestons que, le 8 dudit mois d'octobre, ladite citoyenne est venue nous rendre compte du succès de la mission qui lui avait été précédemment confiée par nos collègues; que nous avons été prévenus par elle d'une manière positive de la retraite méditée par Précy et sa troupe, de l'heure à laquelle elle devait s'effectuer, et de l'endroit par lequel la sortie devait avoir lieu; qu'il résulte du compte à nous rendu que, le 2 au soir, ladite citoyenne s'était transportée de La Pape à Lyon; que la nuit elle a fait faire des affiches qui ont été placardées au coin de plusieurs rues, dans les allées, et jetées çà et là pour faire ouvrir les yeux au peuple.....; que l'on décida un grand nombre de malheureux incendiés à se répandre dans la ville pour demander du pain et l'assemblée des sections; que la déroute fut aussi portée dans différents bataillons, et surtout dans celui de Sainte-Claire, dont les redoutes furent, comme il en était convenu, livrées aux troupes de la république; que, par le désordre qui fut porté dans la ville, on parvint à empêcher l'exécution du projet de Précy, qui était de faire brûler tous les cartons contenant les papiers des administrateurs rebelles, comme aussi de faire égorger les prisonniers, malheureuses victimes de la tyrannie.

« Signé COUTHON, MAIGNET, etc. »

Une autre lettre de la citoyenne Rameau atteste qu'elle n'avait donné connaissance de ces faits qu'à Couthon et Maignet, parce que, d'après leur proclamation du 6, elle devait considérer Dubois-Crancé et Gauthier comme destitués de tout pouvoir; on la tint enfermée chez Couthon pour l'empêcher de communiquer avec Dubois-Crancé.

Des commissaires furent envoyés effectivement le même jour, à quatre heures du soir, chez Couthon, par les sections de Lyon, pour parlementer. On ne put tomber d'accord. C'était le moment de la plus grande surveillance; Dubois-Crancé, quoique destitué et sans fonctions, donna avis à la colonne de Calvire que personne ne se couchât et que l'on fût sur ses gardes; l'adjudant général Sandos répondit sur sa tête que vingt mille hommes ne le forceraient pas. Effectivement personne ne parut pour sortir vers cette colonne, qui était placée militairement à cinq lieues de celle de Vaise, par où les rebelles sont sortis. Dubois-Crancé a donc fait tout ce que pouvait lui dicter son zèle pour la chose publique.

Je vous ai démontré que Couthon savait d'une manière positive la porte par où les rebelles devaient sortir, Précy à leur tête, l'heure à laquelle la sortie devait s'effectuer; cette porte était celle de Vaise, devant laquelle les colonnes surveillées par Reverchon et Couthon étaient en position. Eh bien, Couthon, ayant connaissance de ce qui se passait, comme il le déclare, ne pouvant douter de la vérité du rapport de la citoyenne Rameau, puisqu'il recevait la députation qu'elle avait annoncée; Couthon, instruit de l'heure à laquelle Précy devait sortir, connaissant la porte par laquelle cette sortie devait se faire, Couthon ordonne cependant une suspension d'armes, et ne donne aucune nouvelle à Reverchon, à la colonne placée devant Vaise.

Voici la lettre que le général Doppet écrivait à La Pape; elle est datée de Sainte-Foi, le 9, à deux heures après minuit.

« Les sections ont envoyé ce soir des commissaires à vos collègues; ils sont venus demander la paix. La réponse qu'on leur a faite est digne de la république; je ne sais pas si cela plaira aux moteurs de la rébellion : quoi qu'il en soit, on leur donne aujourd'hui jusqu'à quatre heures après-midi pour faire leurs réflexions. »

Cette lettre est datée du 9, à deux heures du matin. Les rebelles sont sortis ce même jour, à six heures du matin; ils sont sortis par Vaise, que devait surveiller la colonne de Couthon; et quatre heures avant cette sortie l'on fait ordonner une suspension d'armes! Vous pouvez juger maintenant qui l'on doit soupçonner; je dis plus, qui est convaincu d'avoir favorisé la sortie des rebelles. Reverchon, qui était à Limonai, devant Vaise, à qui Couthon ne donna aucun avis, faillit devenir lui-même la victime de tant d'horreurs et de trahisons; mais bientôt il rallia les troupes, les conduisit à la victoire, et les rebelles furent entièrement défaits. Serait-il vrai que la perfidie de Couthon n'eût eu pour objet que d'avoir un prétexte de perdre un jour Dubois-Crancé, de le conduire à l'échafaud?

Toute la conduite ultérieure de Couthon paraît démonter cette affreuse intention. Non content d'avoir calomnié Dubois-Crancé pour lui faire retirer ses pouvoirs lorsqu'il savait qu'il ne restait plus rien à faire devant Lyon, il l'accusa de rébellion à la loi, de cabaler dans Lyon contre son rappel. Ce fait est grave : Couthon obtint du comité de salut public, sur cette dénonciation, l'ordre de le faire arrêter et traduire à Paris par la gendarmerie.

Eh bien, je me contente ici d'observer à la Convention nationale que l'arrêté est du 12 octobre, et que Dubois-Crancé n'est entré dans Lyon que le 9 au soir; qu'il n'est sorti de l'espèce de cachot où l'avait fait mettre Couthon que le 10, à midi; de sorte que, vu la distance qu'il y a de Paris à Lyon, l'inculpation est démontrée matériellement fausse. Tout le monde sait d'ailleurs que Dubois-Crancé est arrivé dans cette assemblée le surlendemain du jour où on l'avait dénoncé comme cabalant pour rester à Lyon.

Depuis ce temps Couthon a fait arrêter toutes les lettres adressées à Dubois-Crancé, toutes les Adresses des Sociétés, celles de l'armée qui justifiaient son innocence et sa conduite. Vous avez vu avec quelle audace il l'a inculpé, il y a huit mois, avec quelle perfidie il a eu l'art de lui rendre justice ensuite, et de lui donner une mission pour l'accabler en son absence. Partout une foule d'espions avaient été attachés à ses pas; de faux témoignages avaient été provoqués; et, malgré les services qu'il a rendus à son pays, il était perdu, il revenait porter sa tête sur l'échafaud, sans l'énergie de la Convention nationale, qui, en se relevant elle-même, arrêta le crime, et rendit la vie et le courage à l'innocence. Voilà les faits.

Merlin propose un projet de décret qui est adopté en ces termes :

« La Convention nationale, après avoir entendu le rapport de ses comités de salut public et de sûreté générale, décrète que dans sa mission près l'armée des Alpes, et notamment à Lyon, Dubois-Crancé a fait son devoir. »

La Convention nationale décrète l'insertion de ce rapport au Bulletin.

La séance est levée à quatre heures.

### SÉANCE DU 3 BRUMAIRE.

*Les représentants du peuple près l'armée de l'Ouest à la Convention nationale.*

Fontenay-le-Peuple, le 24 vendémiaire, l'an 3e de la république une et indivisible.

« Citoyens collègues, le drapeau que vous avez décerné à l'armée de l'Ouest a été apporté au quartier général pendant que nous visitions, avec le général en chef, tous les camps, places et postes que l'armée occupe. A notre retour nous avons fixé le jour de la fête de la réception de ce gage de la reconnaissance nationale au dernier jeudi 20 du courant, et le lieu au camp sous Fontenay-le-Peuple.

« Ce drapeau a été porté au camp par les braves vétérans auxquels vous l'aviez confié. Nous les accompagnions avec le général en chef et les officiers de l'état-major. Le cortège était ouvert et fermé par deux piquets de cavalerie, et la musique du 7e régiment de chasseurs à cheval guidait la marche par des airs patriotiques. Les autorités constituées et une députation de la Société populaire se sont rendues au lieu indiqué, précédées et suivies des bataillons d'infanterie en garnison à Fontenay.

« Tout le cortège étant arrivé au camp, les troupes ont formé un bataillon carré ; les vétérans ont déployé le drapeau, et, parcourant les lignes, l'ont exposé à la vue des défenseurs de la patrie, dont la contenance fière et les yeux animés annonçaient le désir des combats et la certitude du triomphe.

« Rentrés au centre, les vétérans l'ont remis au général en chef, qui l'a reçu au nom de l'armée, comme le prix des victoires qu'elle a remportées et le gage de celles auxquelles elle se prépare. Il a peint, dans un discours, les sentiments qui animaient l'armée en recevant le don précieux que la Convention lui offrait, et qui garantissent les succès dont ce drapeau sera toujours le signal ; il a remercié les braves vétérans, dont le dévouement servira d'exemple à chacun de leurs frères de l'armée de l'Ouest ; il a renouvelé le serment de vaincre ou de mourir ; ce serment a été répété avec énergie par tous les citoyens présents, et suivi des cris unanimes de *vive la république !* *vive la Convention !*

« L'un de nous a prononcé un discours analogue à la fête.

« Il a été donné lecture à chaque corps des nouvelles, arrivées dans la nuit, de la victoire de l'armée de Sambre-et-Meuse à Juliers ; elles ont été reçues aux acclamations de *vive la république !* puis il a été chanté, avec l'accompagnement de la musique, plusieurs hymnes patriotiques. Le drapeau a été rapporté dans le même ordre au quartier général, et déposé chez le général en chef. Ce jour d'allégresse s'est terminé par des plaisirs dont la gaîté, l'ordre et la décence ont fait l'agrément.

« Nous vous adressons ces détails par les vétérans que nous avons eu une grande satisfaction de posséder quelque temps. Leur séjour ici sera utile ; ils ont donné par leur conduite et leurs discours des leçons de courage et de vertus républicaines.

« C'est ici le lieu de vous annoncer que, si la discipline militaire s'était relâchée dans l'armée de l'Ouest, elle s'y rétablit avec des progrès journaliers, et nous ne négligerons rien pour l'y maintenir.

« Le général Dumas s'occupait essentiellement de cet objet ; il a déployé un caractère de justice et d'inflexibilité dont les effets se sont déjà fait sentir. Vous avez jugé utile de le faire passer à une autre armée ; nous lui rendons le témoignage public que celle-ci aura profité de ce qu'il aura fait pendant le court espace de temps qu'il l'aura commandée.

« Salut et fraternité.

« *Signé* DORNIER, FROSSER, GUYARDIN. »

Cette lettre sera insérée au Bulletin.

LOFFICIAL, au nom du comité des décrets et archives : Citoyens, vous avez chargé votre comité des décrets et archives de l'exécution de la loi du 7 messidor, concernant l'organisation des archives de la république.

Votre comité, convaincu de la nécessité d'exécuter promptement cette loi, me charge de vous en proposer les moyens.

L'objet principal de la loi du 7 messidor est de faire ressortir aux archives nationales, comme à leur centre commun, les différents dépôts, greffes et archives existant sur tous les points de la république ; de supprimer une foule de titres inutiles consacrant ou la féodalité, ou la vanité de la noblesse, que dans un gouvernement libre il serait dangereux de conserver ; de mettre en ordre tous les titres, chartres et manuscrits qu'il est de l'intérêt public de conserver, soit qu'ils consacrent la propriété nationale ou particulière, soit qu'ils puissent servir à l'histoire, aux sciences et aux arts, ou à l'instruction publique.

Pour parvenir à ce but, la Convention nationale a ordonné un triage général dans tous les dépôts, greffes et archives de la république.

Votre comité des décrets et archives vous mettra incessamment sous les yeux la liste des citoyens propres à former l'agence temporaire des titres, à Paris, où sont situés les dépôts et archives les plus importants de la république.

Quant à la liste des citoyens qui, dans les départements, doivent être préposés au triage, elle éprouvera nécessairement quelque retard. Votre comité, ne pouvant connaître les personnes propres à ce genre de travail, a arrêté d'écrire à toutes les administrations de district pour lui indiquer deux citoyens distingués par leur civisme, et qui aient les qualités exigées par l'article XVI de la loi du 7 messidor. Il a de même arrêté d'écrire à toutes les administrations centrales de départements, pour, d'après l'art. XX de la même loi, déterminer le nombre des préposés au triage, suivant l'importance des dépôts existant dans chaque département.

Lorsque les districts auront répondu à l'invitation de votre comité, la liste indicative des citoyens propres à cette opération sera communiquée à nos collègues des députations ; nous appellerons leur examen sur les sujets indiqués par les districts, et nous serons assurés alors de ne vous présenter que des hommes également recommandables par leur civisme, leurs connaissances et leur probité ; car il importe extrêmement de n'admettre, parmi les préposés au triage, que des hommes probes et instruits, qui n'anéantissent pas par ignorance ou méchanceté des titres précieux à la république, ou qui n'en conservent pas de l'espèce de ceux si justement proscrits, qu'il serait dangereux pour la liberté de recueillir dans des archives publiques. Nous espérons dans très-peu de temps satisfaire l'impatience de la Convention nationale sur ces deux objets.

Ce qui ne peut être différé plus longtemps, et ce qui doit précéder toutes les opérations dont nous venons de rendre compte, c'est premièrement la nomination des deux dépositaires établis par l'article XXXIII de la loi du 7 messidor, l'un pour la section domaniale, et l'autre pour la section judiciaire et administrative. Cette nomination présente d'ailleurs un objet d'économie assez important, puisqu'en faisant cesser les fonctions d'une foule de dépositaires et gardiens des différents dépôts, greffes et archives existant à Paris, elle fera également cesser leurs traitements, qui surpassent d'environ 40,000 liv. ceux accordés aux dépositaires créés par la loi du 7 messidor, qui ne s'élèvent qu'à 12,800 livres, y compris le salaire de leurs commis. D'un autre côté, l'incertitude des gardiens et dépositaires sur leur sort, et dont la majeure partie ne peut être employée, préjudicie à la république, en ce qu'ils ne se livrent plus avec le même zèle aux recherches et aux travaux qui peuvent être utiles.

L'article XXXIV de la loi du 7 messidor charge votre comité des décrets et archives de vous présenter les deux dépositaires. Votre comité a pensé entrer dans vos vues, et se conformer aux principes de justice qui vous animent, en vous proposant de conserver les anciens gardiens de ces dépôts, qui n'ont pas démérité, et qui ont d'ailleurs les connaissances nécessaires.

Il vous proposera donc de nommer dépositaire de la section domaniale le citoyen Cheyré, qui travaille depuis vingt-sept ans dans ces archives, d'abord comme simple commis, et ensuite comme dépositaire. Ses titres sont son ancienneté, son intelligence dans ce vaste dépôt où il n'existe aucun répertoire ; par un travail assidu il est parvenu à classer tous les titres dans sa mémoire ; ce sont encore les services rendus à la chose publique, qui sont rappelés dans les décrets des 3 et 17 septembre 1793, qui l'établissent gardien de ce dépôt ; ce sont le décret du 20 février 1793, qui lui confirme le titre de gardien qui lui était conféré par les précédents décrets, et celui du 12 brumaire, qui le nomme dépositaire de la section domaniale.

Quant à la nomination du dépositaire de la section judiciaire et administrative, votre comité s'est trouvé dans la nécessité de faire un choix, car il existe plusieurs dépôts judiciaires, un entre autres au Palais de Justice, dont est gardien le citoyen Terrasse ; un autre au Louvre, dont est dépositaire le citoyen Mallet.

Le dépôt du Palais de Justice est le plus considérable ; il contient deux cent quinze pieds de long sur environ soixante de large.

Le dépôt du Louvre, bien moins considérable, sera réuni au Palais de Justice, parce qu'il est impossible de trouver au Louvre un local suffisant pour contenir l'immensité des titres qui sont réunis au Palais de Justice.

Votre comité, pour se décider, a examiné les titres de ces deux dépositaires. Le citoyen Mallet à un esprit d'ordre réunit beaucoup de connaissances ; il était ancien avocat au conseil ; il n'est entré en exercice que par le décret du 12 brumaire dernier.

Le citoyen Terrasse, au contraire, travaille comme commis-greffier judiciaire depuis vingt-huit ans, et est devenu gardien en chef du dépôt le 1er novembre 1790. C'est un père de famille dont le civisme, la probité et les talents ont été attestés par plusieurs de nos collègues ; ainsi tout se réunit avec la justice pour le préférer au citoyen Mallet.

Le second objet, qui est également instant et qui doit nécessairement précéder le triage, c'est la détermination du local propre à recevoir les archives de la section domaniale.

Le dépôt le plus important et le plus considérable, qui réunit les titres les plus précieux pour la république, est celui de la section domaniale, situé au Louvre ; les titres innombrable qu'il contient sont accumulés dans dix-huit pièces. Ce local est beaucoup trop rétréci ; une grande quantité de papiers sont amoncelés sur le parquet, faute d'espace pour les placer convenablement ; d'autres sont arrangés, avec ordre à la vérité, mais dans des greniers, dans des chambres obscures, où il est nécessaire d'avoir de la lumière, même au milieu du plus beau jour, au risque d'incendier des titres précieux et le palais du Louvre.

Il serait impossible à l'agence temporaire de se livrer à ses opérations dans un pareil local et même d'y placer une table dans la plupart des pièces.

Votre comité, qui a vérifié les faits, a reconnu qu'il existait, à la suite de ces archives et du logement qu'occupe le dépositaire de la section domaniale, un emplacement suffisant, qui est occupé par un peintre et un ancien invalide qu'il sera possible de loger dans d'autres appartements vacants, existant au Louvre, s'ils ou d'ailleurs des titres suffisants pour obtenir des logements.

Par ces considérations, le comité des décrets et archives m'a chargé de vous proposer le projet de décret suivant :

« La Convention nationale, après avoir entendu le rapport de son comité des décrets, procès-verbaux et archives sur l'exécution du décret du 7 messidor, concernant l'organisation des archives de la république, décrète :

« Art. Ier. Le citoyen Cheyré, ancien dépositaire des archives du Louvre, est dépositaire de la section domaniale de la république.

« II. Le citoyen Terrasse, ci-devant gardien du dépôt judiciaire au Palais de Justice, est dépositaire de la section judiciaire desdites archives.

« III. Tous dépôts judiciaires existant à Paris seront, après le triage ordonné par l'article VIII de la loi du 7 messidor, réunis au local du Palais de Justice.

« IV. L'appartement occupé actuellement par le dépositaire de la section domaniale, et ceux qui sont à la suite, occupés par le balayeur du Louvre, les citoyens Cohade, ancien capitaine des invalides, et Sauvage, peintre, seront employés, en supplément de l'ancien local, pour recueillir les titres domaniaux. En conséquence, l'inspecteur des bâtiments de la république se fera remettre, sans délai, lesdits appartements, et sera tenu de les faire réparer et distribuer convenablement, en sorte qu'au 1er frimaire au plus tard ils puissent recevoir les titres de la section domaniale.

« V. L'inspecteur des bâtiments fera placer dans le nouveau local les tablettes qui existent dans les anciens dépôts supprimés, et lesquelles il est autorisé à se faire délivrer. Les mémoires de dépenses que ces réparations et distributions exigeront seront arrêtés par le comité des décrets et archives, et ordonnancés par le comité des inspecteurs de la salle.

« VI. Le dépositaire de la partie domaniale sera logé immédiatement au-dessous des archives, dans l'appartement qu'occupe la citoyenne Delaitre, peintre.

« VII. Les citoyens déplacés par les dispositions des articles précédents seront logés, s'il y a lieu, dans les autres appartements du Louvre qui sont vacants.

« VIII. Tous gardiens et dépositaires des différents dépôts, greffes et archives, situés dans la commune de Paris, cesseront leurs fonctions à compter du jour de la publication du présent décret, et leurs traitements cesseront à la même époque.

« IX. Le comité des décrets et archives présentera incessamment la liste des citoyens qui doivent former l'agence temporaire des titres, en exécution des articles XVI et XVII de la loi du 7 messidor.

« X. Le comité des décrets et archives est autorisé à prendre toutes les mesures nécessaires à la conservation des titres, et même à faire apposer les scellés sur les dépôts et archives dont les gardiens sont supprimés. »

Ce décret est adopté.

— Sur la proposition de Julien Dubois, le projet de décret suivant est adopté :

« La Convention nationale, oui le rapport de son comité des finances, considérant que la demande des créanciers de l'émigré Charles-Philippe Capet, qui a pour objet d'être autorisés à vendre sur la place, au Temple, le mobilier, pour l'intérêt des créanciers, ne peut être accueillie, et compromettrait la sûreté publique ; qu'il y aurait le plus grand inconvénient d'admettre le public dans les cours du Temple pour la vente dudit mobilier, déclare qu'il n'y a lieu à délibérer sur la demande desdits créanciers.

« Les meubles et effets mobiliers qui garnissent les appartements du Temple, ci-devant occupés par Charles-Philippe Capet, ci-devant d'Artois, distraction faite des objets mis en réquisition par la commission des arts et par celle du commerce, pour être échangés avec l'étranger, seront transportés dans une maison nationale voisine du Temple, pour être vendus dans la forme ordinaire prescrite par les lois pour la vente des meubles des émigrés.

« Le présent décret sera envoyé manuscrit à la commission des revenus nationaux, qui le fera passer au bureau des domaines nationaux de Paris, pour son exécution. »

— Au nom des comités des décrets et archives, un membre fait un rapport sur l'admission d'un suppléant du département de l'Allier, appelé Chabot. Ce suppléant était inculpé de royalisme ; les comités ont examiné cette accusation ; ils ont effectivement vu dans le procès-verbal une dénonciation de Chabot et de trois de ses collègues par l'assemblée primaire du district de Montluçon, département de l'Allier. Entre autres articles de leurs pouvoirs, le second portait obligation par les députés de conserver en France le pouvoir monarchique. Mais les comités, considérant que ces principes étaient ceux des citoyens composant l'assemblée primaire, et non l'opinion du mandataire, ont pensé qu'il n'y avait point de difficulté à proposer l'admission de Chabot.

Cette proposition donne lieu à une discussion.

Plusieurs membres demandent l'impression du rapport, d'autres la question préalable sur le projet de décret.

Merlin (de Thionville) : Je demande aussi la question préalable; mais comme, dans une affaire qui intéresse la représentation nationale, nous ne devons pas nous en rapporter à des ouï-dire; que le suppléant dont il s'agit est inculpé de royalisme, et qu'il n'est aucun de nous qui veuille s'asseoir à côté d'un royaliste (on applaudit), je demande que le rapporteur nous lise le procès-verbal dont il est question dans ce rapport.

Le rapporteur lit ce procès-verbal. Il est daté du 26 août 1792; il contient quatre articles devant servir d'instruction aux mandataires du district de Montluçon, département de l'Allier : en voici la substance :

Art. I<sup>er</sup>. Maintenir les Droits de l'Homme;

II. Maintenir le pouvoir monarchique en France;

III. S'opposer au rétablissement des distinctions abolies par l'Assemblée constituante;

IV. Ne jamais admettre la loi agraire.

Au reste, le district donne des pouvoirs illimités à ses mandataires, s'en rapportant à leur prudence.

*** : Sans doute ce ne peut être sur le contenu de ce procès-verbal qu'il faut juger la moralité du suppléant Chabot; mais, citoyens, c'est à l'assemblée électorale de son département que cet homme a développé ses principes personnels, et je vous déclare qu'ils étaient dignes du mandat que vous venez d'entendre. Je demande donc la question préalable sur le projet de décret et l'impression du rapport.

Thibault demande la parole pour combattre la dernière proposition.

Romme : Citoyens, pour l'honneur des principes, je demande que cette discussion ne se prolonge pas davantage; elle est insultante pour la souveraineté du peuple. Nous en avons assez entendu, je pense, pour ne pas souffrir que Chabot siège au milieu de nous; je demande aussi la question préalable sur le projet de décret et l'improbation du comité. ( Non, non ! s'écrient plusieurs membres. )

Je demande aussi que tout ce qui a été dit dans cette discussion soit imprimé, que le décret d'improbation soit imprimé à la suite du rapport, et que le comité de sûreté générale soit chargé d'examiner la conduite de Chabot.

La discussion est fermée.

Thuriot propose cette rédaction :

« La Convention nationale décrète que le suppléant Chabot, du département de l'Allier, ne sera point admis dans son sein. »

La Convention se lève tout entière. Le décret est adopté à l'unanimité. (On applaudit.)

— Clauzel, au nom du comité de sûreté générale, demande le rappel du représentant du peuple Dartigoyte.

On demande le motif du rappel.

Goupilleau (de Fontenay) : Le motif de ce rappel est que Dartigoyte dirige des opérations publiques, quoiqu'il ne soit cependant chargé d'aucune mission par l'assemblée.

La Convention rappelle dans son sein le représentant du peuple Dartigoyte.

Chaudron-Rousseau : Je demande que les députés qui depuis plus de trois mois sont en mission dans les départements soient rappelés dans le sein de la Convention.

Pelet : Je demande que le comité de législation présente une loi contre les députés qui, sans avoir une mission de la Convention, remplissent dans les départements des fonctions publiques.

Tallien : L'objet dont on vous entretien mérite d'être discuté solennellement, car nous ne pouvons nous dissimuler qu'il est certains hommes qui cherchent à se perpétuer dans l'exercice du pouvoir, et, accoutumés depuis vingt mois à exercer une dictature dans les départements, ils trouvent difficile de redevenir simples représentants dans le sein de la Convention. (On applaudit.)

Il est temps de rappeler l'égalité dans nos cœurs, et de prendre des mesures telles qu'ils ne puissent se soustraire à l'exécution de la loi; mais il est un objet non moins essentiel et sur lequel j'appelle également votre sollicitude; le voici. Les lois que vous faites ici doivent être également exécutées dans toute la république; cependant telle est la dictature partielle qu'exercent quelques hommes, que l'exécution en est suspendue dans différents départements, pour substituer des arrêtés contraires. Je le sais; les représentants du peuple envoyés dans les départements y ont rendu d'importants services; mais quelques-uns n'ont-ils pas entravé la marche du gouvernement ? L'ancien comité de salut public, instruit de ces faits, devait vous proposer ses vues à cet égard, et Collot d'Herbois, je crois, était chargé du rapport. Je demande que les comités de salut public, de sûreté générale et de législation, examinent s'il ne serait pas prudent de réserver l'envoi de commissaires dans l'intérieur pour les grandes circonstances. Je ne parle pas de ceux en mission auprès des armées, l'expérience a prouvé combien ils ont été utiles. (On applaudit.)

Citoyens, tous les Français sont égaux à vos yeux; il faut que la législation soit égale pour tous; d'ailleurs ne devez-vous pas craindre d'atténuer l'effet révolutionnaire des missions dans les départements en les multipliant? J'appelle encore sur ce point l'attention de la Convention nationale. La représentation doit être une, et non disséminée. C'est à la volonté générale que les citoyens doivent obéir, et non à quelques volontés particulières. Le peuple est las du joug sous lequel des individus l'ont fait ployer. Ici, citoyens, je vous répéterai ce que je vous disais dans la précédente séance : en révolution, il ne faut jamais regarder derrière soi, mais devant soi. Que l'exemple du passé nous serve pour l'avenir; faisons ici des lois sages; que les vengeances particulières cessent. Faisons aimer les vertus et la justice, et que les Français jouissent enfin du fruit de leurs sacrifices. Je demande que la Convention nationale décrète que les comités de salut public, de sûreté générale et de législation, lui présenteront incessamment un projet de loi : 1° sur la peine à infliger à ceux des représentants du peuple qui, après le terme de leurs missions expiré, exercent encore des fonctions; 2° sur les moyens de donner de l'uniformité aux opérations des représentants du peuple envoyés dans les départements, et de réprimer les abus qui peuvent résulter de l'exercice des pouvoirs illimités qui leur sont conférés; 3° de déterminer les circonstances dans lesquelles il convient d'employer ce grand moyen de salut public.

La Convention charge ses comités d'examiner les propositions de Tallien.

( La suite à demain. )

N. B. Dans la séance du 4 brumaire, Richard, au nom du comité de salut public, a fait part à la Convention des nouvelles suivantes.

L'armée du Rhin s'est emparée, le 26 vendémiaire, de la ville de Franckendal; le 27, elle est entrée dans la ville épiscopale de Worms.

L'armée du Nord s'est emparée du fort Saint-André, situé au confluent du Waalb et de la Meuse.

Dans la séance du 5, la Convention a appris que les troupes de la république s'étaient emparées des places de Bingen, Philippine, Sas-de-Gand, Hulst et Axel.

## POLITIQUE.

### ANGLETERRE.

*Londres, du 30 septembre.* — Le retour du roi avec sa famille, de Weymouth à Windsor, qui a eu lieu le 27 au soir, a pensé devenir funeste à ce prince, s'il faut en croire un bruit assez généralement répandu. Peu s'en est fallu qu'il n'ait été assassiné ; au moins est-il certain que le duc de Portland a fait arrêter, samedi au soir, d'après des renseignements, deux particuliers fortement soupçonnés d'en avoir conçu le projet. On les conduisit à huit heures devant le conseil du cabinet, qui crut devoir s'ajourner le lendemain matin à onze heures, pour examiner plus amplement les prisonniers. En effet, ces individus furent conduits, le 28, devant le lord-chancelier, le comte de Mansfield, le lord Grenville, etc. Le magistrat Ford et les procureurs et solliciteurs généraux les accompagnaient.

Les prévenus, nommés Higgins et Lemaître, devaient, à ce qu'on assure, se rendre à Windsor pour assassiner le roi, les uns disent au spectacle, les autres à son passage sur la terrasse, au moyen d'un dard empoisonné lancé par une espèce de fusil à vent, qui pouvait porter à la distance de cent verges. Higgins, garçon apothicaire, s'était chargé d'empoisonner le dard que devait lancer Lemaître, ouvrier en boîtes de montre.

Hier 29, le conseil s'est assemblé de nouveau pour arrêter le nommé Smitt, des papiers duquel on s'est emparé.

On garde séparément et très-soigneusement ces trois individus, qui ont été dénoncés par un certain Upton, leur complice dans l'origine, mais que ses remords ont empêché de poursuivre cette entreprise jusqu'à la fin : il est aussi arrêté.

Le conseil s'assemble encore aujourd'hui relativement à cette affaire.

— Le nouvel acte relatif à la milice de Londres, passé pendant la dernière session du parlement, rencontre toujours les plus fortes difficultés dans son exécution, et l'on rend justice à la perspicacité de Sheridan, qui dans la Chambre des communes combattit ce bill avec beaucoup d'énergie. Les magistrats essaient de former des assemblées préparatoires dans les districts de leur juridiction : ils ne peuvent arriver à aucun résultat. La souscription ne se remplit pas ; enfin, il est presque probable que la levée de ce corps ne se réalisera jamais. Aussi annonce-t-on déjà que le parlement, à sa rentrée, remplacera par un nouvel acte celui-ci, qui a fait que donner lieu à des dissensions entre la magistrature et les citoyens.

— Les directeurs et propriétaires de la Compagnie des Indes, dans leur assemblée du 24 septembre, en ont fixé une autre au 9 octobre, pour présenter au roi une Adresse approbative de la guerre actuelle, et où la Compagnie promettra à S. M. de la seconder de tous ses moyens.

— La flotte de l'amiral Howe est rentrée à Torbay le 22, ayant plusieurs de ses gros vaisseaux endommagés par le mauvais temps : il n'y a eu aucune action pendant cette croisière. Il est également rentré à Plymouth plusieurs vaisseaux, entre autres trois portugais, qui ont des dommages considérables à réparer.

— Le 25, on a vu arriver un courrier de l'armée du duc d'York : on remarque que les bureaux ministériels évitent, aussi longtemps qu'il leur est possible, de parler de ce qui se passe sur le continent ; ce silence produit un très-mauvais effet ; les gens éclairés le prennent pour un aveu de l'état misérable des affaires de la coalition, dont on sait quelque chose, et dont on devine le reste.

Quelque secrètes qu'aient été les conférences qu'a eues l'ambassadeur turc avec M. Pitt, on croit en avoir éventé le motif. Il paraît que ce ministre a témoigné que la Porte était extrêmement mécontente de la conduite des Anglais, qui ont enfreint la neutralité qu'elle veut qu'on garde dans les mers de sa domination.

## RÉPUBLIQUE FRANÇAISE.

*Paris, le 6 brumaire.* — Depuis deux jours, le citoyen Pache, ex-maire de Paris, a fait afficher quatre placards qui attirent les regards curieux des passants. Les deux premiers adressés, l'un à Cambon, et l'autre aux députés détenus dans la maison des Ecossais, n'offrent qu'un déni formel des faits qu'on lui impute relativement à la journée du 31 mai.

Les deux derniers fixent l'attention d'une manière plus particulière. Dans l'un, Pache s'adresse à Delmas ; il le somme de prouver qu'il ait été le chef de toutes les conspirations ; il veut qu'il minute son acte d'accusation, et le fasse traduire au tribunal révolutionnaire.

Le quatrième placard est adressé à Guyton-Morveau, que Cambon a dit être dépositaire des pièces qui prouvent que Pache a assisté à des conciliabules secrets tenus à Charenton. Le silence de Guyton ne suffit pas à Pache. Il exige qu'il monte à la tribune, et dise franchement s'il a ou non entre les mains ces preuves dont parle Cambon.

## SOCIÉTÉ

### DES AMIS DE L'ÉGALITÉ ET DE LA LIBERTÉ,

SÉANT AUX CI-DEVANT JACOBINS DE PARIS.

*Présidence de Garnier (de Saintes).*

SUITE DU PRÉCIS DE LA SÉANCE DU 1er BRUMAIRE.

Duhem : La séance de la Convention nationale a été trop intéressante aujourd'hui pour que les Jacobins ne s'en occupent pas. Il faut d'abord que vous sachiez les nouveaux succès de nos armées. (Duhem rend compte des nouvelles annoncées par Merlin (de Douai.) Ainsi, les complots de ceux qui voudraient nous donner une paix plâtrée dans nos anciennes limites sont déjoués.

Depuis plusieurs jours, l'aristocratie se disposait à obtenir un grand triomphe. Un patriote connu se présentait-il dans quelque endroit, on ne manquait pas de lui faire cette question : « Quand nous rendrez-vous nos soixante députés détenus ? » Cependant les principes de la révolution l'ont emporté. Il s'est engagé une discussion intéressante, dans laquelle, mettant à part les individualités, on a abordé la véritable question, celle de savoir si, sous le spécieux prétexte qu'il a existé un Robespierre et d'autres tyrans de sa trempe, on devait faire le procès à la révolution du 31 mai ? Ceux qui croyaient être fondés dans cette opinion s'appuyaient d'une déclaration de Cambon, relative à cette journée célèbre ; mais des explications lumineuses ont prouvé que cette révolution, ainsi que l'avait jugé le peuple dans ses assemblées primaires, a fondé la république démocratique.

Par suite de ces explications on a vu que des scélérats qui ont agi dans cette révolution n'avaient travaillé que pour eux ; mais le peuple a depuis écrasé les factions et les factieux. Voilà l'esquisse de cette séance, où plusieurs hommes qui, par des raisons particulières à eux-mêmes, avaient abandonné la cause populaire, s'y sont ralliés ; séance dans laquelle les anciens royalistes, les anciens fédéralistes, ont été contraints de se taire et de plier sous la force des principes de la vérité. De ces débats il est résulté beaucoup d'éclaircissements sur plusieurs hommes, entre autres sur Danton, dont on voulait faire un saint ; sur Camille Desmoulins, dont on voudrait faire un martyr ; il a été démontré que Danton était un conspirateur qui avait disputé la domination à Robespierre. Il a été démontré que le général Dillon, celui dont le frère livrait notre première armée, auprès du Pas de Baisieux, le 28 avril 1791 ; que Miranda, ami de Pétion, conspiraient pour mettre le petit Capet sur le trône, tandis que les autres ourdissaient un autre complot à Charenton.

On avait parlé des *continuateurs de Robespierre*, et je crois qu'ils ont été signalés aujourd'hui. Il avait mis la terreur à l'ordre du jour, mais non pas pour ces soixante députés dont on parle, pour les hommes nuls, pour ceux qui n'avaient rien fait dans la révolution, mais pour ces intrépides Montagnards contre lesquels avaient échoué tous ses projets de corruption. Eh bien, quels sont ceux que leurs pamphlétaires, et notamment Tallien et Fréron, attaquent? Ce sont précisément ceux qui, pendant quinze mois, ont été sous les couteaux de Robespierre. Quels sont ceux qui crient qu'on a versé du sang? Ce sont précisément ceux par les ordres de qui il en a été le plus répandu, les hommes qui signaient de sang-froid des bons pour tant de têtes à couper. Il ne faut pas cependant que l'aristocratie conclue de là qu'il n'y a pas d'honnêtes gens parmi les révolutionnaires. La Convention a reconnu à la presque unanimité que tout peuple qui en révolution regarde en arrière est perdu. La conséquence que l'on doit tirer de la séance d'aujourd'hui, c'est que la Convention a consacré les révolutions du 10 août, du 31 mai, du 10 thermidor, sous le rapport que cette dernière avait renversé le tyran; mais elle n'a pas cru pour cela que tous les patriotes fussent des Robespierristes. Depuis huit mois les poignards étaient levés sur lui; et moi, qui ne suis pas un modéré, j'arrêtais depuis cette époque les coups que voulaient lui porter quelques-uns de mes collègues, parce que je voyais que les temps n'étaient pas encore assez favorables. Je vous le demande; si Robespierre avait été abattu quatre mois plus tôt, c'est-à-dire avant que nos frontières eussent été balayées, et que nous eussions eu des victoires devant nous, quels dangers n'aurait pas couru la république?

La Convention a accordé à ses comités le temps d'examiner la protestation et les correspondances des députés détenus. C'est par là qu'on connaîtra les véritables auteurs de la guerre de la Vendée, du fédéralisme du Midi, et des trahisons du Nord. On verra par là que ceux qui voulaient une amnistie universelle sont ceux qui détestent la liberté, l'égalité, ceux qui plaident pour le million contre les vingt-quatre autres millions.

Avant l'ouverture de la séance, les tribunes de la Convention étaient occupées par des gens que nous ne connaissons pas.

*Maure :* Mon collègue se trompe; il veut dire que les femmes à fontanges, les élégants qui remplissent les tribunes, étaient la preuve qu'on n'avait pas choisi les assistants parmi les bons sans-culotes du faubourg Antoine: on avait fait appel à l'aristocratie.

*Dukem :* Mon collègue a exprimé ma pensée. Quand j'ai dit que nous ne connaissions pas ces gens, j'ai entendu qu'ils n'avaient pas des figures dans notre genre, des figures patriotiques. Il y a deux jours que je savais que les tribunes seraient retenues dès six heures du matin, parce que l'aristocratie et le royalisme croyaient emporter la place d'assaut; et voilà pourquoi on entendait ces applaudissements éternels, lorsqu'il échappait un mot aux orateurs ou équivoque ou contre la révolution du 31 mai.

Un membre observe que les tribunes n'ont pas donné le moindre applaudissement au récit de nos victoires.

*\*\*\* :* J'observe qu'il y avait aussi des patriotes dans les tribunes; celle où j'étais s'est soulevée lorsqu'elle a entendu prononcer que Tallien avait dit, en septembre 92, que sous peu de jours le sol de la liberté serait purgé des prêtres qu'il avait fait rassembler dans un lieu particulier.

*Bassal :* On a dit de grandes vérités; on a donné la clef de vérités plus grandes encore. Le moment est venu de rassembler tous les faits, car on en veut à la journée du 31 mai, que nous devons défendre comme une des plus importantes de la révolution. Cambon n'a dit que la moitié de la vérité lorsqu'il a signalé quelques-uns des hommes méprisables qui ont été les auteurs de la terreur; car c'est cette faction qui, depuis le commencement de la Convention, ne s'est occupée que d'entraver sa marche, qui a fait régner dans la France la terreur la plus homicide qu'on ait jamais imaginée.

Le sang de Challier n'a-t-il pas coulé sous le fer des assassins que la faction a protégés contre les ennemis de la Convention? La Convention n'avait-elle pas détruit le tribunal assassin de Marseille, et n'est-ce pas la faction qui a fait mépriser à ce tribunal les décrets de la Convention?

Avant que Paris se fût levé, n'est-il pas sorti de tous les départements une foule de bataillons armés pour venir égorger les patriotes, tandis que Dumouriez paraissait aussi de son côté de marcher sur Paris? Les administrations coalisées avec cette faction ne se servaient-elles pas des fonds publics pour armer contre la patrie?

Voilà les hommes qui ont mis à l'ordre du jour la terreur qu'ils nous reprochent, à nous qui n'avons jamais cherché que de nous défendre des coups qu'ils voulaient sans cesse nous porter. Nous ne parlions pas de tout ceci, nous ne voulions pas renouveler les haines éteintes; mais puisqu'on veut rallumer les passions, ouvrez les archives de l'histoire; défendons-nous avec les armes de la vérité, et jamais nous ne succomberons si nous savons nous en servir avec autant de sagesse que de courage et de fermeté.

*Lejeune :* Les révolutions sont comme des torrents; elles entraînent tout ce qui s'oppose à leur marche; la nôtre a déjà entraîné rois, princes, ministres, intrigants, ambitieux; elle entraînera encore les conspirateurs qui restent. On a dit aujourd'hui de grandes vérités, et j'ai vu des hommes pâlir lorsqu'ils les ont entendues. Nous avons été entourés d'hommes qui voulaient élever leur pouvoir sur les ruines de l'Assemblée législative, pour jouir, pendant une longue minorité, des richesses qu'ils avaient amassées; le peuple les a punis, et punira leurs continuateurs s'ils osent relever la tête.

Lors du 31 mai, l'étendard de la révolte était levé de toutes parts, et l'on n'a dû le salut de la patrie qu'à l'énergie des Parisiens et des représentants. On veut faire le procès à cette journée célèbre; on mettra donc aussi en jugement tous les patriotes qui l'ont approuvée, ainsi que nos braves volontaires qui combattent la Prusse et l'Autriche. L'aristocratie a toujours voulu profiter des circonstances de la révolution: après le 6 octobre, elle intenta un procès aux patriotes devant l'infâme Châtelet; après le 10 août, elle les peignit comme des buveurs de sang, qui ne voulaient que le bouleversement de l'ordre social; après le 10 thermidor, elle les appelle continuateurs de Robespierre.

On a présenté des tableaux qui ont attristé les cœurs sensibles; mais les malheurs particuliers sont inséparables des révolutions, dans lesquelles il ne faut jamais regarder ni à côté, ni derrière soi; il ne faut voir que le but. Si l'on a commis de sang-froid des crimes dans la Vendée, il faut que les auteurs en soient punis; mais prenons garde qu'on veut apitoyer le peuple sur les brigands, et qu'on ne lui parle pas de ses enfants, de ses frères, de ses amis qu'ils ont mutilés, et dont les cadavres sanglants sont disséminés dans ces pays malheureux où le fanatisme de la religion et le fanatisme de la royauté ont allumé une guerre terrible; si l'on a exercé des actes de rigueur inutiles, ce sont des crimes, je le répète, il faut qu'ils soient punis; mais il ne faut pas qu'on s'efforce de nous attendrir sur le sort des scélérats; il ne faut point qu'on cache au peuple que les brigands mangent le cœur de ses enfants et dévorent leurs membres encore palpitants. Je me défie de ces hommes qui, à des époques remarquables n'avaient pas l'humanité qu'ils affectent aujourd'hui, en même temps qu'ils sont altérés du sang de ceux dont ils redoutent l'énergie.

Je le redis, citoyens; à toutes les grandes époques de la révolution, le patriotisme a toujours été persécuté lorsque l'aristocratie a été protégée. Il est impossible qu'un état si violent puisse longtemps durer. La révolution a été faite pour rétablir le peuple dans la plénitude de ses droits imprescriptibles. Qu'on ne vienne pas me dire que les gens qui jouissaient des faveurs de la cour ou des abus de l'ancien régime sont de bons républicains; je juge d'après le cœur humain, et je soutiens qu'il est impossible, lorsqu'on a été nourri au sein des grandeurs et des richesses, d'aimer l'austérité républicaine. C'est le peuple qui a fait et qui a maintenu la révolution, c'est pour lui qu'elle doit être finie : plutôt la mort que de reculer d'un pas.

## CONVENTION NATIONALE.

*Présidence de Prieur (de la Marne).*

SUITE A LA SÉANCE DU 3 BRUMAIRE.

LAKANAL, au nom du comité d'instruction publique : Citoyens représentants, je viens, au nom de votre comité d'instruction publique, vous présenter un plan d'organisation pour les écoles normales que vous avez décrétées. A ce nom seul d'organisation des écoles, un grand intérêt et une grande attente se réveillent dans la nation et dans la Convention. Il y a quelques mois, des hommes qui avaient leurs motifs pour vouloir tout couvrir de ténèbres, étaient près de traiter de criminels ceux qui vous auraient parlé d'instruction et de lumières. C'est surtout des tyrans que vous avez renversés qu'il était vrai de dire qu'ils craignaient les hommes éclairés, comme les brigands et les assassins craignent les réverbères.

Aujourd'hui la Convention gouverne seule la nation qu'elle représente, et le cri unanime de la France et de ses législateurs demande un nouveau système d'enseignement, pour répandre sur tout un peuple des lumières toutes nouvelles.

Il y a longtemps que nous nous sentions pressés de vous parler de cet objet, qui doit à la fois terminer la révolution dans la république française, et en commencer une dans l'esprit humain ; et nous avons espéré qu'en faveur d'un intérêt si grand vous nous permettriez de vous en entretenir avec quelque étendue.

On s'est étonné de ce que, depuis cinq ans que la révolution est commencée, elle n'ait rien fait encore pour l'instruction, et moi-même j'ai gémi souvent devant vous de ce long retard, comme s'il avait occasionné des pertes irréparables, et comme s'il avait été possible de donner plus tôt à la France un bon système d'éducation.

De tels regrets annoncent que nous avons consulté l'impatience de nos désirs plus que la nature des choses, et nos vœux plus que nos moyens.

Pour entreprendre avec succès d'établir un plan d'instruction publique, sur lequel l'esprit humain puisse fonder des espérances qui soient grandes et qui soient légitimes, plusieurs conditions sont nécessaires. Il faut d'abord que les principes du gouvernement soient tels que, loin d'avoir rien à redouter des progrès de la raison, ils y puisent toujours une nouvelle force et une nouvelle autorité. Il faut ensuite que l'expérience, soit celle du temps, soit celle des malheurs, ait consolidé ce gouvernement bon par sa nature ; qu'il soit plein de vie et de mouvement, mais qu'il ne soit plus tourmenté par des orages ; que la liberté n'ait plus aucune conquête à faire, et que le peuple tout entier ait senti que, pour repousser à jamais les attaques criminelles de la monarchie et de l'aristocratie, il faut soumettre la démocratie à la raison ; il faut enfin que l'esprit humain ait fait assez de progrès pour être sûr de posséder les méthodes et les instruments avec lesquels il est facile d'éclairer tous les esprits et de faire tous les progrès.

Jusqu'à cette époque, peut-être jusqu'au moment où je vous parle, aucune de ces conditions n'a existé.

De tous temps les philosophes qui ont eu quelque génie ont connu ou soupçonné la puissance d'une bonne éducation nationale ; de tout temps ils ont deviné qu'elle pourrait améliorer toutes les facultés et changer en bien toutes les destinées de l'espèce humaine ; et, avec cette simplicité de caractère qu'on nourrit dans la retraite et dans les profondes méditations, les philosophes ont proposé quelquefois leurs vues sur ce sujet à des rois... C'était leur proposer de mettre à bas leur trône. Mais les tyrans ont leur instinct, comme les bêtes féroces ; sans beaucoup comprendre ce qu'on leur proposait, ils le redoutaient beaucoup. Ils sentaient confusément que, si les peuples apprenaient à penser, ils apprendraient à être libres, et que les monarchies, fondées sur tant de prestiges, perdraient toutes leurs bases, si les hommes perdaient leurs préjugés et leurs erreurs. Aussi ceux-là mêmes qui, sur les trônes, ont compté les plaisirs de l'esprit parmi les jouissances dont ils se servaient pour se consoler de l'ennui de leur puissance, se sont-ils bien gardés d'établir dans leur empire ces plans d'éducation propres à révéler au peuple et les secrets de sa raison et les secrets de sa grandeur.

D'Alembert a été auprès de Frédéric, et Diderot a été auprès de Catherine. Et la Russie est restée peuplée de barbares, et la Prusse est restée peuplée d'esclaves.

En France, avant la révolution, l'*Emile* parut un roman plus encore que l'*Héloïse* ; et tandis que nos livres semaient dans toute l'Europe le goût de la bonne instruction et les sentiments généreux de la nature et de la liberté, l'intelligence et l'âme naissantes de nos enfants étaient comprimées et étouffées dans les sombres écoles de cette université, qui ne rougissait pas de s'appeler la *fille aînée des rois*.

A la révolution de 1789, amenée par les lumières répandues sur une petite partie de la nation, l'espérance la plus brillante, l'attente la plus universelle étaient celles d'un nouveau plan d'éducation qui mettrait la nation tout entière en état d'exercer dignement cette souveraineté qui lui était rendue. On était impatient de voir remplir par des principes le vide immense que faisaient dans les esprits tant de préjugés anéantis. Mais l'Assemblée constituante, enorgueillie tout à la fois et fatiguée de toutes ses destructions, était arrivée sans force et sans courage au moment des grandes créations ; en rassemblant et en révisant à la hâte les parties éparses de sa constitution, elle les avait comme flétries par les regards et par la faiblesse de ses derniers moments : elle avait voulu concilier deux choses inconciliables de leur nature : la royauté et la liberté. Elle ne pouvait plus savoir quel génie il fallait donner à la nation, puisqu'elle avait uni deux génies opposés et ennemis dans ses lois ; et lorsqu'on vint proposer à sa tribune un plan d'instruction publique travaillé avec soin, elle en écouta la lecture comme si elle n'eût été qu'une académie, et comme si l'ouvrage n'eût été qu'un discours philosophique ; et ce qui, dans la régénération d'un peuple est incontestablement la partie la plus importante, après que la souveraineté est reconnue, et les pouvoirs dans lesquels on en divise l'exercice déterminés, l'instruction publique fut renvoyée à l'Assemblée législative.

Ceux qui avaient quelque pénétration d'esprit et quelque étendue de jugement prévirent dès lors qu'une Assemblée législative ne donnerait pas une nouvelle éducation nationale à la France. L'éducation, en effet, tient si essentiellement aux premières institutions sociales d'un peuple, la constitution doit être tellement faite pour l'éducation, et l'éducation pour la constitution, que toutes les deux sont manquées si elles ne sont pas l'ouvrage des mêmes esprits, du même génie ; si elles ne sont pas en quelque sorte des parties corrélatives d'une seule et même conception.

L'Assemblée législative, qui n'était pas fâchée peut-être d'une mission qui la forçait à se ressaisir d'une portion de pouvoir constituant, ordonna un grand travail. Il fut préparé sur des vues très-vastes. Un esprit véritablement philosophique coordonna toutes les connaissances humaines dans un plan d'enseignement public. Tous les foyers de toutes les lumières étaient tracés ; mais à qui pouvait-on confier le soin de faire jaillir la lumière de ces foyers ? A un roi qui avait le plus grand intérêt de l'étouffer, ou à des corps administratifs que ce roi avait mille moyens de faire entrer dans ses intérêts? Ou l'instruction aurait renversé le trône, ou le trône aurait corrompu l'instruction.

Ce fut un spectacle curieux et instructif, mais affligeant pour les observateurs, de voir alors l'Assemblée législative cherchant de toutes parts des moyens d'écarter la puissance exécutive de la constitution, sans avoir l'air de la détruire, et des moyens de trouver un pouvoir exécutif de l'éducation, plus digne de sa confiance, sans avoir l'air de le créer. Le temps se consuma dans ces recherches dont le but était très-louable, mais dont la finesse était peu digne de la majesté d'une représentation nationale : les événements en quelque sorte se soulevèrent contre ces limites constitutionnelles, qui étaient des barrières élevées entre les lois du peuple français et ses pensées les plus sublimes et ses plus hautes destinées; le trône brisé fit jeter un cri de joie à la France, et d'épouvante aux despotes de l'Europe ; la Convention nationale parut, et le plan d'instruction de l'Assemblée législative, comme celui de l'Assemblée constituante, ne fut plus qu'une brochure.

Née du milieu de tant d'événements qui ébranlaient le monde, incessamment agitée par de nouveaux événements qui naissaient dans son sein et hors de son sein, et auxquels il fallait faire face, la Convention nationale n'a pas pu et n'a pas dû s'occuper en même temps du soin d'éclairer la France, et du soin de la faire triompher. Elle a fait quelques essais pour l'instruction publique, et les a abandonnés, parce qu'elle a senti que le moment n'était pas venu encore où elle pourrait opérer avec toute la grandeur de ses vues, de ses intentions et de ses moyens.

Ce n'est pas au moment où la tempête soulève tous les flots, que l'architecte naval jette les fondements de l'ouvrage qui doit encaisser et contenir l'Océan ; il attend au moins les derniers sifflements et les derniers murmures de l'orage. Lorsque du milieu de tant de crises, de tant d'expériences morales si nouvelles, il sortait tous les jours de nouvelles vérités, comment songer à poser sur l'instruction des principes immuables? Les hommes de l'âge le plus mûr, les législateurs eux-mêmes, devenus les disciples de cette foule d'événements qui éclataient à chaque instant comme des phénomènes, et qui, avec toutes les choses, changeaient toutes les idées, les législateurs ne pouvaient pas se détourner de l'enseignement qu'ils recevaient, pour en organiser un à l'enfance et à la jeunesse : ils auraient ressemblé à des astronomes qui, à l'instant où les comètes secouent leur chevelure étincelante sur la terre, en renfermeraient dans leur cabinet pour écrire la théorie des comètes. C'était une nécessité, c'était une sagesse d'attendre la fin de ce grand cours d'observations sociales, que nos malheurs même avaient ouvert devant nous. Le temps, qu'on a appelé le grand maître de l'homme, le temps, devenu si fécond en leçons plus terribles et mieux écoutées, devait être en quelque sorte le professeur unique et universel de la république.

Tel a été l'état de la France ; mais elle en sort..... Les événements, qui ne s'arrêtent point, se calment. Au dehors nous n'avons plus qu'un cours régulier de victoires; au dedans nous ne sommes plus agités que par le besoin de réparer les insultes faites à la justice, et de fermer les plaies faites à l'humanité. Toutes les crises ont rendu l'égalité des hommes plus parfaite, et tous les malheurs ont fait comprendre qu'il faut donner à la république une puissance exécutrice de ses lois, sous qui tout plie avec gran-

deur, et se nivelle avec fraternité. L'égalité n'est plus seulement un principe, mais un sentiment; et le besoin de l'empire des lois n'est plus seulement une théorie, mais une passion, comme l'amour de la vie et l'horreur de la mort. L'Europe se soumet à la puissance de la république, la république se soumet à la puissance de la raison. C'est le moment où il faut préparer celui où la révolution s'arrêtera dans son accomplissement........ C'est le moment où il faut rassembler dans un plan d'instruction publique digne de vous, digne de la France et du genre humain, les lumières accumulées par les siècles qui nous ont précédés, et les germes des lumières que doivent acquérir les siècles qui nous suivront.

Vous n'avez plus à craindre de rendre immuables, par l'enseignement, les principes de l'ordre social que vous professez. Ce n'est pas une vaine idolâtrie, ce n'est pas un aveugle enthousiasme pour nos dogmes nouveaux, qui nous persuade qu'ils sont les meilleurs, qu'ils sont les seuls bons : c'est une démonstration aussi rigoureuse que celle des sciences les plus exactes. Plus la raison humaine fera de progrès, plus cette démonstration deviendra évidente : vous devez donc poser l'instruction sur cette base; elle est éternelle...... D'une autre part, l'esprit humain, tantôt si timide, tantôt si audacieux dans sa marche, et plus écarté encore des vrais sentiers par son audace que par sa timidité; l'esprit humain, conduit au hasard quand il se dirigeait bien comme quand il errait, a trouvé, après tant de siècles d'égarement, la route qu'il devait suivre et la mesure des pas qu'il devait faire.

Bacon, Locke et leurs disciples, en approfondissant sa nature, y ont trouvé tous les moyens de direction ; un nouveau jour s'est répandu sur les sciences qui ont adopté cette méthode si sage et si féconde en miracles, cette analyse qui compte tous les pas qu'elle fait, mais qui n'en fait jamais un ni en arrière ni à côté ; elle peut porter la même simplicité de langage, la même clarté, dans tous les genres d'idées ; car dans tous les genres la formation de nos idées est la même; les objets seuls diffèrent. Par cette méthode, qui seule peut opérer ce que demandaient Bacon et Locke, qui seule peut recréer l'entendement humain, les sciences morales si nécessaires aux peuples qui se gouvernent par leurs propres vertus, vont être soumises à des démonstrations aussi rigoureuses que les sciences exactes et physiques ; par elle on répandra sur les principes de nos devoirs une lumière si vive qu'elle ne pourra pas être obscurcie par le nuage même de nos passions ; par elle enfin, lorsque dans un nouvel enseignement public elle deviendra l'organe universel de toutes les connaissances humaines, et le langage de tous les professeurs, ces sciences, qu'on appelait hautes, parce que ceux mêmes qui les enseignaient était trop au-dessous d'elles, seront mises à la portée des hommes à qui la nature n'a pas refusé une intelligence commune.

Tandis que la liberté politique et la liberté illimitée de l'industrie et du commerce détruiront les inégalités monstrueuses des richesses, l'analyse appliquée à tous les genres d'idées, dans toutes les écoles, détruira l'inégalité des lumières, plus fatale encore et plus humiliante.

L'analyse est donc essentiellement un instrument indispensable dans une grande démocratie ; la lumière qu'elle répand a tant de facilité à pénétrer partout, que, comme tous les fluides, elle tend sans cesse à se mettre au niveau.

Aucune obligation raisonnable ne peut être opposée à ces idées et à ces espérances, tant qu'elles restent dans la spéculation et dans la théorie. Une grande difficulté se présentait à l'entrée même de leur exécution, lorsqu'on voulait les réaliser.

Où trouver un nombre suffisant d'hommes pour enseigner, dans un si grand nombre d'écoles, des doctrines si nouvelles, avec une méthode si nouvelle elle-même? Il ne faut pas les chercher dans les instituteurs des écoles anciennes, ils n'y seraient pas propres; en général, les universités étaient au-dessous des académies; elles-mêmes étaient au-dessous des vues par lesquelles vous voulez opérer une révolution dans l'esprit humain.

Existe-t-il en France, existe-t-il en Europe, existe-t-il sur la terre deux ou trois cents hommes (et il nous en faudrait davantage) en état d'enseigner les arts utiles et les connaissances nécessaires, avec ces méthodes qui rendent les esprits plus pénétrants et les vérités plus claires; avec ces méthodes qui, en vous apprenant une chose, vous apprennent à bien raisonner sur toutes? Non, ce nombre d'hommes, quelque petit qu'il paraisse, n'existe nulle part sur la terre. Il faut donc les former; et, par ce cercle vicieux et fatal dans lequel semblent toujours rouler les destinées humaines, il semble que, pour les former, il faudrait déjà les avoir.

C'est ici qu'il faut admirer le génie de la Convention nationale.

La France n'avait point encore les écoles où les enfants de six ans doivent apprendre à lire et à écrire, et vous avez décrété l'établissement des écoles normales, des écoles du degré le plus élevé de l'instruction publique.

L'ignorance a pu croire qu'intervertissant l'ordre essentiel et naturel des choses, vous avez commencé ce grand édifice par le faîte; et, je ne crains pas de le dire, c'est à cette idée, qui paraîtsi extraordinaire, qui s'est présentée si tard, que vous serez redevables du seul moyen avec lequel vous pouviez organiser sur tous les points de la république des écoles où présidera partout également cet esprit de raison et de vérité dont vous voulez faire l'esprit universel de la France.

Qu'avez-vous voulu, en effet, en décrétant les écoles normales les premières, et que doivent être ces écoles? Vous avez voulu créer à l'avance, pour le vaste plan d'instruction publique qui est aujourd'hui dans vos desseins et dans vos résolutions, un très-grand nombre d'instituteurs capables d'être les exécuteurs d'un plan qui a pour but la régénération de l'entendement humain dans une république de vingt-cinq millions d'hommes que la démocratie rend tous égaux.

Dans ces écoles, ce n'est donc pas les sciences qu'on enseignera, mais l'art de les enseigner; au sortir de ces écoles, les disciples ne devront pas être seulement des hommes instruits, mais des hommes capables d'instruire; pour la première fois sur la terre la nature, la vérité, la raison et la philosophie vont donc aussi avoir un séminaire. Pour la première fois les hommes les plus éminents en tout genre de sciences et de talents, les talents qui jusqu'à présent n'ont été que les professeurs des nations et des siècles, les hommes de génie vont donc être les premiers maîtres d'école d'un peuple; car vous ne ferez entrer dans les chaires de ces écoles que ces hommes qui y sont appelés par l'éclat non contesté de leur renommée dans l'Europe : ici ce ne sera pas le nombre qui servira, c'est la supériorité; il vaut mieux qu'ils soient peu, mais qu'ils soient tous les élus de la science et de la raison; tous doivent paraître dignes d'être les collègues des Lagrange, des Daubenton, des Berthollet, dont les noms se présentent tout de suite lorsqu'on pense à ces écoles où doivent être formés les restaurateurs de l'esprit hu-

main. Nous vous proposons d'appeler de toutes les parties de la république, autour de ces grands maîtres, des citoyens désignés par les autorités constituées comme ceux que leurs talents et leur civisme ont le plus distingués.

Déjà pleins d'amour pour la science qu'ils possèderont, enflammés d'une nouvelle ardeur par le choix honorable qu'on aura fait d'eux, ravis d'entendre parler de ce qu'ils aiment le plus des hommes dont ils regardent la gloire comme le dernier terme de l'ambition humaine, leurs progrès dans l'art qu'ils étudieront auront une rapidité qui ne peut être ni prévue ni calculée.

Aussitôt que seront terminés à Paris ces cours de l'art d'enseigner les connaissances humaines, la jeunesse savante et philosophe qui aura reçu ces grandes leçons ira les répéter à son tour dans toutes les parties de la république d'où elle aura été appelée: elle ouvrira partout des écoles normales; en repassant sur l'art qu'elle viendra d'apprendre, elle s'y fortifiera, et, en l'enseignant à d'autres, la nécessité d'interroger leur propre génie agrandira leurs vues et leurs talents. Cette source de lumières si pure, si abondante, puisqu'elle partira des premiers hommes de la république en tout genre, épanchée de réservoir en réservoir, se répandra d'espace en espace dans toute la France, sans rien perdre de sa pureté dans son cours. Aux Pyrénées et aux Alpes l'art d'enseigner sera le même qu'à Paris, et cet art sera celui de la nature et du génie. Les enfants nés dans les chaumières auront des précepteurs plus habiles que ceux qu'on pouvait rassembler à grands frais autour des enfants nés dans l'opulence. On ne verra plus dans l'intelligence d'une grande nation de très-petits espaces cultivés avec un soin extrême, et de vastes déserts en friche. La raison humaine, cultivée partout avec une industrie également éclairée, produira partout les mêmes résultats, et ces résultats seront la recréation de l'entendement chez un peuple qui va devenir l'exemple et le modèle du monde.

Citoyens représentants, tels sont les points de vue sous lesquels l'institution des écoles normales s'est présentée à votre comité d'instruction publique. Cette idée, conçue par votre sagesse, est digne d'exciter votre enthousiasme. Revêtus d'un pouvoir sans bornes par la nature de votre mission comme Convention, vous vous féliciterez sans doute d'avoir en vos mains, comme gouvernement révolutionnaire, des moyens tout prêts de faire avec rapidité ce bien immense à la république et au genre humain.

Un homme qu'il est permis de citer devant vous, puisqu'il a honoré le nom d'homme par ses vertus et par ses talents, Turgot, formait souvent le vœu de posséder pendant un an un pouvoir absolu pour réaliser sans obstacle et sans lenteur tout ce qu'il avait conçu en faveur de la raison, de la liberté et de l'humanité. Il ne vous manque rien de ce qu'avait Turgot; et tout ce qui lui manquait, vous l'avez. La résolution que vous allez prendre va être une époque dans l'histoire du monde.....

A la suite de ce rapport, Lakanal propose un projet de décret dont l'assemblée ordonne l'impression et l'ajournement.

La séance est levée à quatre heures.

### SÉANCE DU 4 BRUMAIRE.

Une députation de la section du Panthéon-Français est admise à la barre.

Elle félicite la Convention sur son Adresse au peuple français.

« Vous voulez le bonheur du peuple, dit-elle; vous

en avez donné une preuve en réduisant à la stature ordinaire ce colosse orgueilleux qui voulait faire croire que vous tiriez de lui toute votre force.

« Législateurs, il est des lois rendues sur la proposition des conspirateurs que vous avez frappés, des lois contraires aux principes de la justice, et qui méritent d'être révisées ; celle du 17 septembre est du nombre.

« Les abus auxquels elle a donné lieu, la désolation dont elle a rempli l'âme de tous les bons citoyens, les horreurs dont elle a couvert la république, justifient notre demande. Otez-lui tout ce qu'elle a de vague et d'arbitraire ; qu'elle soit si claire et si précise que celui qui y manquera soit forcé de se condamner lui-même avant d'en être atteint.

« Prouvez-nous de plus en plus qu'au moment où vous reconnaissez que l'innocence a été la victime de la tyrannie, vous en portez le deuil dans vos cœurs. »

On demande la mention honorable et le renvoi au comité de législation et de sûreté générale.

CLAUZEL : Je m'oppose à la mention honorable ; il ne faut pas que les aristocrates pensent que la Convention veuille les protéger, parce qu'elle a mis l'humanité à l'ordre du jour. (On applaudit.)

CAMBACÉRÈS : Je vais arrêter un instant votre attention sur les mesures que l'on réclame de votre sagesse. La loi dont on parle fut rédigée en très-grande connaissance de cause, et après un examen très-approfondi ; et ce n'est qu'en la maintenant exactement que la Convention pourra conserver à l'ordre du jour la sévérité et la justice qui sont nécessaires dans les temps où nous nous trouvons. Qu'on relise cette loi, et l'on verra qu'il est impossible qu'elle atteigne jamais les bons citoyens.

Il est vrai que des préjugés et les liaisons connues de certains individus ont forcé de les mettre dans la classe des gens suspects ; mais la Convention a placé l'exception à côté de la règle, en disant que cette loi ne serait pas applicable à ceux de ces individus qui avaient donné des preuves d'attachement à la révolution ; elle a donné en outre la plus grande latitude au comité de sûreté générale, afin qu'il pût redresser les abus et les erreurs qu'auraient pu commettre les autorités chargées de faire exécuter cette loi. On ne peut craindre que les abus, mais pour cela il ne faut point détruire l'institution ; il faut les prévenir, et c'est ce que la Convention a fait par tous les décrets rendus depuis le 9 thermidor. Il faut aussi que le peuple sache que, pour son salut, la Convention ne permettra jamais que la révolution rétrograde. (Applaudissements.)

Je demande l'ordre du jour même sur le renvoi de la pétition aux comités.

Cette proposition est adoptée.

— Clauzel donne lecture d'une lettre écrite par le représentant du peuple Dartigoyte à son collègue Chaudron-Rousseau. Elle porte que la ville de Toulouse se trouve dans un bien triste état ; il est difficile de concevoir l'audace de quelques intrigants sortis tout à coup de l'obscurité. « Les citoyens les plus probes sont calomniés par ces intrigants, qui se sont mis à la tête de la Société populaire, dit Dartigoyte ; notre arrêté du 3 thermidor a été ballotté de cent manières différentes ; et, dans une Adresse qu'on a communiquée à Mallarmé, on ne rougit pas de donner la lunette de Marat et le tonneau de Diogène à Meillon, patriote du jour, qui a insulté le représentant Paganel, et qui fait les motions les plus insidieuses, sous prétexte d'établir l'égalité. Le peuple

est bon en masse, et la Société irait bien s'il n'y avait pas de fripons. »

CLAUZEL : C'est dans la Société populaire de Toulouse que le germe du fédéralisme a pris naissance ; c'est là où Chabot avait réuni les députés de toutes les Sociétés populaires du Midi. Chaudron-Rousseau et Dartigoyte avaient cru anéantir le parti des terroristes en ordonnant l'arrestation de quelques-uns et les faisant conduire à Auch ; mais ils n'ont pas eu le courage de faire arrêter quatre des principaux de ce parti, qui ont profité de leur liberté pour faire délibérer la Société populaire de Toulouse pendant quatre jours consécutifs, et lui faire arrêter que ces deux représentants ne méritaient pas la confiance du peuple. Mallarmé a aussi été entouré d'abord par ces gens ; il ne les a bien connus que depuis, et il n'a pas eu davantage le courage de les faire arrêter. Ces individus ont eu l'audace d'entraver les arrêtés du comité de sûreté générale et de les faire discuter dans la Société populaire de Toulouse.

Il faut que la Convention montre qu'elle ne veut pas souffrir que personne entrave le gouvernement ou s'attribue une partie de ses droits ; et je demande l'arrestation de ces individus. (Applaudissements.)

CAVAIGNAC : Je demande la parole pour un mot. Les hommes que Chaudron et Dartigoyte ont fait arrêter, et ceux qui restent encore en liberté à Toulouse, avaient formé dans cette ville un comité de surveillance qui s'étendait sur tout le Midi. Ces hommes eurent l'effronterie d'envoyer à la Société de Bayonne, et aux représentants du peuple près l'armée des Pyrénées-Occidentales un député pour nous demander les motifs de l'arrestation d'un membre de la Société de Bayonne, dont le moindre crime était d'avoir voulu faire construire une guillotine roulante et à quatre tranchants. Nous recommandâmes ce député à Dartigoyte, et je crois qu'il lui a rendu justice.

CHAUDRON-ROUSSEAU : Depuis six mois ces intrigants ont constamment entravé les opérations des autorités constituées ; ou ils les paralysaient, ou bien ils leur dictaient les actes qu'elles devaient faire. Quand les membres de ces autorités ne faisaient pas la volonté de ces fripons, ceux-ci les dénonçaient dans la Société populaire et les en faisaient chasser. Vous n'aurez jamais la tranquillité dans ce pays tant qu'Artaud, directeur des postes, qui avait été traduit à Paris, et qui a été élargi je ne sais comment, tant que Desbarreaux, Gerville, comédien, Bellas, secrétaire du district, seront en liberté. Je demande contre eux le décret d'arrestation.

CLAUZEL : L'année dernière le comité de surveillance et la Société populaire de Toulouse, c'est-à-dire les hommes dont on vous a parlé, qui menacent l'un et l'autre, envoyèrent un commissaire auprès du comité de salut public pour demander qu'il y eût sans cesse à Toulouse un congrès de représentants du peuple, qui délibérassent en présence des autorités constituées et de l'état-major. Je fis remarquer au comité que le fédéralisme montrait là le bout d'de l'aile ; Robespierre dit qu'il la montrait tout entière. Je m'opposai à cette demande, et je menaçai de dénoncer le comité à la Convention si elle était accordée.

JARS-PANVILLIER : S'il est une raison pour qu'on ne s'étonne pas qu'il y ait des perturbateurs dans les Sociétés populaires, c'est lorsque le comité de sûreté générale, qui a le droit de les faire arrêter, ne le fait pas. Je demande que la Convention prouve à toute la France que le comité de sûreté générale a toute sa confiance, en lui renvoyant pour prononcer les arrestations dont il s'agit.

GOUPILLEAU (de Fontenay) : Le comité savait bien qu'il avait le droit de faire ces arrestations ; mais il a cru qu'il était bon que ce fût la Convention qui les ordonnât, afin d'imposer davantage aux malveillants.

La Convention décrète les arrestations demandées par Chaudron-Rousseau et Clauzel.

— Richard vient faire part de nouveaux succès sur terre et sur mer.

### Extrait de la lettre de J. Féraud, représentant du peuple.

#### Worms, le 27 vendémiaire.

« Frankendal a été pris hier 26, et nous sommes entrés ce soir, à six heures, dans la jolie ville épiscopale de l'évêque de Worms. On eût dit que le digne prélat avait conjuré contre nous tous les éléments : la pluie, le grésil, nos chevaux s'enfonçant dans les guérets, toutes les routes inondées ; mais le génie de la république avait conjuré aussi de son côté le courage et le mépris de tous les dangers.

« Nos troupes ont été reçues à Frankendal comme des libérateurs ; les habitants se sont empressés de venir audevant de leurs besoins en leur procurant tous les comestibles qu'ils pouvaient désirer, et en les accueillant avec cordialité.

« A Worms il paraît qu'ils seront également bien traités. Je n'y suis que depuis une demi-heure. Vive la république !

« Signé FÉRAUD, représentant du peuple.

« P. S. L'armée du Nord s'est emparée du fort Saint-André, situé au confluent du Waalh et de la Meuse. »

RICHARD : Voici l'état des prises faites par la marine de la république :

### Courrier du 27 vendémiaire. — Prise entrée à Boulogne.

Un bâtiment anglais, chargé de charbon de terre.

### Prises entrées au Port-la-Montagne.

Un navire de 400 tonneaux, chargé de planches et de fer.

Un *dito* de 200 tonneaux, chargé de sucre et autres marchandises.

Un *dito* de 200 tonneaux, chargé de sucre et cuir.

Un *dito* espagnol de 120 tonneaux, chargé de sucre, et ayant à son bord 7,127 piastres.

Un *dito* de 160 tonneaux, chargé de fer.

Un *dito* de 250 tonneaux, chargé de cuir, lin, fer et basane.

Un brick anglais de 150 tonneaux, chargé de plomb, étain, rhum, sucre résiné, cercles de fer, quincaillerie, drogues, indigo, café, étoffes, et quelques autres objets de détail.

Un navire de 350 tonneaux, chargé de fer, planches et toiles à voiles.

Un bâtiment espagnol de 150 tonneaux, coulé bas, après avoir retiré de son bord 10,632 piastres et 10,000 liv. en assignats.

### Courrier du 30 vendémiaire. — Prise entrée à La Rochelle.

Un navire hollandais, chargé de 400 tonneaux de blé, pris par la frégate *la République française*.

### Courrier du 1er brumaire. — Prises faites par la division de la frégate le Flibustier, capitaine Vilmadrin.

Un navire espagnol, chargé de quelques piastres et autres marchandises, arrivé à Brest.

Un navire anglais de 300 tonneaux, chargé de morue, *idem*.

Un paquebot anglais armé de 10 canons de 4.

Plus, dix-huit navires anglais coulés, après en avoir retiré les équipages.

### Courrier du 2 brumaire.—Prises entrées à Lorient.

Un bâtiment anglais de 300 tonneaux, chargé de comestibles, pris par la corvette *le Las Casas*.

Un navire de 300 tonneaux, chargé de dix-neuf cents soixante barils de farine pour l'Angleterre, pris par la même.

### Prises entrées à La Rochelle.

Un navire portugais de 700 tonnaux, armé de 10 canons, chargé d'indigo, sucre, café, riz et cuirs, pris par la corvette *l'Eugénie*, commandée par le citoyen Heraud. Cet officier a déposé à la caisse de Lorient des matières d'or et d'argent trouvées à bord de ce navire,

Savoir : 1,563 portugaises, 138 marcs 2 onces 6 gros de poudre d'or, une coupe de calice en argent, pesant 4 onces, une chaîne d'or avec une madone, 2 creudades d'argent, 3 grandes paires de boucles d'argent, 2 paires de petites, pesant ensemble 3 onces 10 gros.

### Prise entrée à Port-Malo.

Un navire anglais de 350 tonneaux, armé de 16 canons, chargé en plein de poudre de guerre, mousseline, toiles, rhum, mouchoirs, et autres marchandises pour la traite des noirs, pris par la frégate *la Révolutionnaire*.

Total, 17 entrés dans les ports, 19 coulés bas ; en tout, 36.

RICHARD : Voici une lettre du représentant du peuple à Valenciennes :

### J.-B. Lacoste, représentant du peuple, au comité de salut public.

#### Valenciennes, le 1er brumaire, l'an 3e de la république une et indivisible.

« Citoyens collègues, je vous envoie quelques exemplaires des jugements qui ont été rendus par la commission militaire établie à Valenciennes ; ils vous convaincront que les coupables ne trouvent point ici de grâce : mais ces frontières qui, depuis la révolution, ont constamment été le théâtre de la guerre, qui ont eu le malheur d'être arrosées du sang des braves défenseurs de la patrie et d'ardents républicains qui ont été impitoyablement égorgés, qui ont encore plus été effrayées des exécutions arbitraires qui ont eu lieu à Cambrai, ne doivent plus voir d'exemples de mort sans la conviction préalable des coupables et la stricte observation des formes prescrites par la loi. Toute autre conduite produirait dans ce département les effets les plus funestes, et ferait détester la révolution.

« Depuis qu'il est purgé de la présence de l'ennemi, les actes de bienfaisance doivent succéder aux horreurs de la guerre ; et depuis la chute des dictateurs, la justice ne doit plus être une chimère, mais une réalité à l'ordre du jour.

« La commission militaire est toujours en permanence ; chaque jour il se fait des exécutions, et le peuple y applaudit, parce qu'il a l'évidence de la justice.

« La deuxième section du tribunal criminel du département du Nord est déjà établie, en exécution de la loi du 19 vendémiaire.

« Vous trouverez ci-joint l'arrêté pris à cet égard, et j'ose espérer que ses articles rempliront les vues de la Convention nationale.

« Une partie des détenus qui doivent être jugés par ce tribunal est transférée à Douai : on s'occupe du départ des autres.

« Pour ne pas confondre l'innocent avec le coupable, et ne pas renvoyer à ce tribunal des individus qui n'étaient pas de sa compétence, je me suis déterminé à entreprendre une opération qui m'a donné bien de la peine, mais dont j'ai été amplement dédommagé par les actes de justice et de bienfaisance qu'elle m'a mis à portée de rendre, et qui ont fait la plus grande sensation.

« Vous connaissez la liste que je vous ai envoyée des individus mis en état d'arrestation, et leur division en six classes : pour m'assurer de l'exactitude de cette classification, qui est de la plus grande importance, j'ai fait transporter ici l'accusateur public du tribunal criminel du département, et avec lui les agents nationaux du district et de la commune, deux membres de chaque autorité constituée, deux du comité de surveillance, et quatre de la Société populaire; j'ai été dans tous les lieux de détention y faire l'application de ces classifications, et y opérer tous les changements dont elles étaient susceptibles.

« Dans la cinquième classe, qui comprend ceux prévenus de propos et de faits contre-révolutionnaires, et dans la sixième, qui comprend les gens suspects et les autres individus arrêtés par mesure de sûreté générale, j'ai reconnu une infinité d'ouvriers, de laboureurs, de jeunes gens de la première réquisition, tous de la classe des sans-culottes, dont le plus grand nombre était plus à plaindre que coupable; d'autres qui avaient été arrêtés sans motifs fondés : d'autres par la lutte des passions; enfin, un malheureux batelier, pour avoir sauvé du naufrage un paquet de faux assignats de 271,000 livres, qu'il s'était empressé de déposer à la commune, tandis que les ateliers, la culture et la navigation manquent de bras. Je me suis hâté de les mettre en liberté. Le batelier a reçu 300 livres à titre d'indemnité et de gratification, et les cris mille fois répétés de *vive la Convention nationale! vive la république!* qui se sont fait entendre dans le fond de tous ces lieux de détention, ont été la sanction de ces jugements républicains.

« Je vous ai aussi prévenus, chers collègues, que j'avais fait une classe particulière de tous les individus qui, étant sans fortune, se sont laissé entraîner par crainte, ignorance ou perfidie, ont abandonné leurs foyers pour aller se réfugier sur les pays occupés par l'ennemi avec leurs femmes et enfants, et se sont par conséquent rendus coupables d'émigration sans s'en douter; il est de la loyauté française, il est de l'humanité et de la justice de la Convention, qui vient de prendre une attitude sublime, d'accorder la grâce à ces malheureuses victimes de l'ignorance, de la crainte et de l'erreur. Cet acte de clémence rendra encore à la culture des bras, à des familles éplorées les auteurs de leurs jours, à la patrie de nouveaux défenseurs, à la république de bons citoyens; cet acte de clémence contribuera beaucoup à faire oublier à ces frontières tous les maux qu'elles ont soufferts, et à porter toutes les âmes à bénir la révolution.

« Je vous invite donc, chers collègues, à faire lecture de ma lettre à la Convention nationale, et à appuyer ma réclamation pour cette amnistie.

« Salut et fraternité.           J.-B. LACOSTE. »

Renvoyé aux trois comités réunis.

( La suite demain. )

N. B. Dans la séance du 6, Delmas a lu les lettres suivantes :

*Gillet, représentant du peuple près l'armée de Sambre-et-Meuse.*

Au quartier général devant Maëstricht, à Feeterheim, l'an 3e de la république une et indivisible.

« Je m'empresse, chers collègues, de vous annoncer que Coblentz, ce repaire fameux des émigrés, est en notre pouvoir; la division de l'armée de Sambre-et-Meuse commandée par le général Marceau s'en empara hier : c'est ce que j'apprends par des dépêches que je reçois à l'instant du général en chef Jourdan et de Marceau. L'ennemi était retranché devant cette ville; il a été battu; les redoutes ont été emportées de vive force, et l'ennemi a été obligé de passer le Rhin.

« Marceau mande qu'il lui a tué beaucoup de monde, fait des prisonniers, et pris une pièce de canon.

« Salut et fraternité.           GILLET. »

*Jourdan, commandant en chef de l'armée de Sambre-et-Meuse au comité de salut public.*

Au quartier général, à Cologne, le 3 brumaire, l'an 5e de la république française.

« Citoyens représentants, aussitôt que votre collègue Gillet m'eut communiqué que vous désiriez que l'armée de Sambre-et-Meuse dirigeât des troupes sur Coblentz, je donnai ordre au général Marceau de partir avec la division qu'il commande, pour marcher sur cette ville. Ce général, est arrivé le 1er brumaire à Audernach; il y a rencontré des hussards ennemis, et il les a chargés vigoureusement; plusieurs ont été tués, et cinquante bien montés et équipés ont été faits prisonniers. Nous avons eu trois hommes tués ou égarés dans cette affaire.

« Le général Marceau a continué sa marche, et s'est rendu hier devant Coblentz; il a trouvé l'ennemi retranché dans une position avantageuse en avant de cette ville; il a attaqué vigoureusement; les redoutes ont été enlevées de vive force par l'infanterie et tournées par la cavalerie; enfin l'ennemi a été forcé de passer le Rhin, et de laisser au pouvoir des troupes de la république la ville de Coblentz. L'étendard tricolore flotte maintenant sur les murs d'une ville jadis le repaire des déserteurs de la patrie, qui avaient pris pour devise : *L'honneur est à Coblentz.* Oui, sans doute, c'était là qu'on devait trouver l'honneur; mais il appartient aux soldats fidèles à la cause de la liberté, et non à de vils émigrés. Je ne peux pas vous donner, dans ce moment, des détails circonstanciés sur cette affaire, parce que le général Marceau n'a pas eu le temps de me les faire passer. Je vous les enverrai aussitôt que je les aurai reçus.

« Je vous préviens que l'aile gauche de l'armée occupe la ville de Clèves, et correspond, par ce moyen, avec l'armée du Nord.

« Salut et fraternité.           JOURDAN. »

## LIVRES DIVERS.

*Vie et mort républicaine du petit Emilien,* par le citoyen Fréville. A Paris, chez Guelfier jeune, imprimeur-libraire, rue Git-le-Cœur, n° 16. Prix : 1 liv. 10 s., et 2 liv. franc de port.

On ne peut lire sans attendrissement cette histoire simple et naïve d'un enfant qu'une mort prématurée vient d'enlever à ses parents, inconsolables de sa perte. Le petit *Emilien*, à peine âgé de sept ans, avait déjà montré des vertus qui honoreraient des hommes d'un âge mûr. Il semblait ne respirer que pour la république; l'amour de la patrie, qui a dirigé toutes les actions d'une vie trop courte, le soutint dans une longue et pénible agonie.

Les circonstances les plus remarquables de la vie de cet enfant extraordinaire ont été recueillies par son père, et elles forment l'ouvrage que nous annonçons.

Cette histoire, écrite tantôt avec une bonhomie singulière, tantôt avec prétention, offre quelques réflexions utiles à la première éducation de l'enfance; mais on regrette que le mot propre soit trop souvent suppléé par des expressions triviales qui changent la naïveté en bassesse, et que l'auteur ne se soit pas attaché à augmenter l'intérêt de son récit par cette pureté de style qui assurera à *l'Ami des Enfans* une place distinguée dans la littérature.

Quelques articles du petit *Emilien* pourront paraître minutieux au froid célibataire ou à l'époux qui n'a pas le bonheur d'être père; mais ces détails, en apparence puérils, plairont à l'homme sensible, au philosophe, à tous ceux enfin qui aiment à étudier l'enfance et à saisir dans ses pensées ingénues les premiers traits de la raison humaine.

*Payements à la trésorerie nationale.*

Le payement du perpétuel est ouvert pour les six premiers mois; il sera fait à tous ceux qui seront porteurs d'inscriptions au grand livre. Celui pour les rentes viagères est de huit mois vingt et un jours de l'année 1793 (vieux style).

## POLITIQUE.

### POLOGNE.

*Varsovie, le 8 septembre.* — On vient de célébrer ici une fête publique et nationale, en réjouisssance des victoires de l'armée polonaise dans la Prusse méridionale.

La marche du gouvernement acquiert, depuis la levée du siége, plus de vigueur et plus de régularité. Chaque administration connaît et observe ses attributions.

Une proclamation du conseil national vient d'enjoindre à tous les préposés au recrutement de munir chaque nouveau soldat d'une pelisse de peau de mouton. On infère de cette mesure que les opérations militaires seront poussées bien avant l'hiver.

Rien n'arrête les succès des braves insurgés dans la Prusse méridionale. Kosciusko y envoie à ses frères d'armes un renfort de douze mille hommes tirés de son armée.

L'armée de Madalinski, après avoir passé par le Bug et le Narew, menace tout le pays.

Un détachement de quinze cents Polonais s'est emparé de la ville de Sanilno, où se trouvaient réunies plusieurs caisses militaires des environs. Une autre division marche sur la ville de Thorn.

L'insurrection se propage du côté de Kalisch. Toute communication est coupée avec la Silésie. Les succès des insurgés ne sont pas moins remarquables dans la Prusse occidentale. Ils font des incursions fréquentes dans les environs de la Bzoura. Ils ont mis le feu à un grand magasin de farine destiné pour l'armée prussienne. Une partie de cette dernière est occupée à surveiller les châteaux pour empêcher les propriétaires de se réunir aux insurgés de la Prusse méridionale.

Il s'est engagé un combat entre nos troupes et les Autrichiens, dans le palatinat de Sandomir. L'avantage nous est resté. Le général autrichien n'a rallié ses troupes qu'avec peine pour effectuer sa retraite. On assure que les Autrichiens regagnent leur territoire avec précipitation.

### ESPAGNE.

*Madrid, le 15 septembre.* — Les dernières nouvelles venues des armées annoncent qu'il est impossible de chasser les Français de Fontarabie, de Saint-Sébastien et d'Irun. Leurs troupes font souvent des incursions dont les Espagnols ont beaucoup à souffrir. La fameuse fabrique d'armes de Plasenzia a été brûlée et entièrement détruite. Le général espagnol Sangro a voulu tenter sur la frontière d'Aragon une expédition, dont les suites ont été très-malheureuses.

— La cour a publié, avec beaucoup de faste, un petit avantage que les Espagnols viennent d'obtenir sur les Français. Ceux-ci avaient inventorié l'argenterie de l'église de Loyola. La crainte de voir enlever l'effigie et les reliques du bienheureux Ignace fit lever en masse tous les habitants des environs. Après la fusillade de trois heures, les Espagnols eurent le bonheur de sauver ces saintes reliques, qui furent transportées sur-le-champ dans la ville dite la *Vittoria.*

Pour empêcher les restes d'Ignace d'être exposés à l'avenir à un aussi grand danger, la cour les a fait venir de suite à Saint-Ildephonse. Les chanoines de la Trinité se sont mis en marche, après dîner, pour aller au-devant du convoi, par la porte de Ségovie. Les gardes du corps et le Saint-Office ont été accompagnés. Toute la maison du roi était sous les armes : le monarque, sa femme et toute la famille étaient sur un balcon, d'où ils virent passer le cortège. Ils se rendirent ensuite à l'église pour implorer l'assistance d'Ignace dans ces conjonctures difficiles. Les reliques du saint seront envoyées à l'armée pour y ranimer le courage des troupes.

— Un édit du roi enjoint à tous habitants de la province de Vittoria de soutenir par tous les moyens possibles la cause de Dieu, du roi et de la patrie. Il leur est aussi enjoint de dénoncer tous ceux qui voudraient introduire les maximes françaises.

Un autre édit assujettit les membres du conseil d'État à une retenue de 25 pour 100 de leurs honoraires. Le clergé paiera une taxe de 7 millions de réaux, à titre de subside extraordinaire. Les biens de cette corporation sont en outre affectés aux payements des dépenses de la guerre actuelle.

### PIÉMONT.

*Extrait d'une lettre de Novi, du 4 octobre.* — « Les troupes austro-piémontaises sont continuellement en mouvement; mais on a soin de ne pas les conduire où l'on sait que se trouvent les Français. Il est arrivé, le 28 du mois dernier, cent soixante uhlans qui revenaient de Pozzolo, et quelques autres troupes. On a tenu conseil pour décider si l'on formerait un camp volant dans les plaines de Bosco. On s'est décidé à se rapprocher plutôt du fleuve. Les troupes sont très-mécontentes de la fatigue continuelle qu'on leur fait éprouver par un temps froid et pluvieux. Le plus léger mouvement de la part des Français du côté d'Acqui y jetterait le désordre. On a conduit à Alexandrie une grande quantité de chariots chargés de blessés. On parle d'une nouvelle levée; elle sera difficile, surtout si elle est forcée. Les *nobles,* les feudataires, émigrent avec un grand empressement, dans la crainte de devenir les otages du peuple. »

---

### RÉPUBLIQUE FRANÇAISE.

## SOCIÉTÉ
### DES AMIS DE L'ÉGALITÉ ET DE LA LIBERTÉ,
##### SÉANT AUX CI-DEVANT JACOBINS DE PARIS.

*Présidence de Crassous.*

##### SÉANCE DU 3 BRUMAIRE.

*Collot* : Parler de l'instruction publique, c'est déjà quelque chose pour l'instruction publique ellemême. Les besoins pressants du cœur, de l'âme et de l'esprit, sollicitant universellement cette instruction, et la Convention nationale s'en occupe efficacement. Son comité lui a présenté ce matin un projet de décret sur les écoles normales, c'est-à-dire régulatrices et conservatrices des moyens et des éléments de l'instruction publique, qui m'a paru laisser peu de chose à désirer pour cette institution.

Je pense d'abord qu'il faut séparer bien distinctement l'instruction publique de l'éducation républicaine. L'instruction est nécessaire à tous les hommes, de quelque âge qu'ils soient, pour les éclairer et les fortifier dans les principes. L'éducation doit préparer les générations successives que garantit l'éternelle durée de ces principes. L'instruction est un aliment journalier qu'on doit donner à tous les citoyens. L'éducation forte, abondante et pure, ressemble, à mes yeux, à ce fleuve où les poëtes feignent que les dieux de la Fable plongeaient leurs enfants pour les rendre invulnérables. Ainsi, les jeunes républicains recevront de l'éducation une force supérieure pour défendre la liberté et la rendre impérissables.

L'orateur désigne ensuite le but particulier de l'instruction publique.

Il attribue la plupart des maux politiques et des troubles intérieurs à l'ignorance, arme favorite et toujours utile aux conspirateurs, aux ambitieux, aux fripons et aux contre-révolutionnaires.

« L'instruction, dit-il, doit arracher les vieilles racines des anciens préjugés; elle doit apprendre à

45

connaître et à juger les hommes; elle tuera l'é-
goïsme, aussi dangereux dans la moralité individuelle que le fédéralisme l'est dans la moralité politique; elle démontrera et fera sentir l'excellence du
gouvernement démocratique, auquel on s'attachera
d'autant plus qu'il sera bien connu, et que tous les
avantages qui en résultent seront bien expliqués et
fortement sentis. »

Il a parlé ensuite de l'éducation.

« C'est ici, dit-il, qu'il faut oublier bien des para-
doxes trompeurs ou insensés, les mânes de Rousseau, qui les a si victorieusement combattus, se
réjouissent de voir la Convention nationale s'occuper de cette importante matière; en la traitant, c'est
un nouveau triomphe que le comité leur prépare.
Que d'écrits anciens vont devenir inutiles! »

L'orateur indique ici, par aperçu, un plan d'éducation républicaine : elle doit former des corps
sains, agiles et robustes, des âmes fortes et hardies,
des cœurs sincères et courageux, des esprits éclairés
et solides; elle portera sur des arts mécaniques d'a-
bord, comme les plus utiles, sur l'industrie, le commerce, les sciences, et enfin sur les arts de commodité et d'agrément.

Toutes les leçons, toutes les explications devront
être grandes. C'est le canton habité par l'instituteur, tout entier, qui doit lui servir de salle d'éducation. Les rapports entre les deux sexes seraient
établis par l'appui et le secours qu'ils doivent mutuellement se prêter dans la société. Les exercices
du corps ne seraient point fixés seulement au jour
et à l'heure, mais commandés par des circonstances
locales et imprévues, que l'instituteur devrait savoir
se ménager.

L'orateur a parlé aussi du caractère des instituteurs, qu'il désirerait voir choisir, autant que possible, parmi les défenseurs de la patrie blessés dans
les combats. Il voudrait que, pour récompense, un
instituteur qui aurait élevé une génération de républicains, c'est-à-dire qui aurait suivi pendant
quinze ou seize ans les travaux de l'instruction, fût
pourvu d'une propriété nationale, où il pût trouver
ce qui serait nécessaire pour soutenir sa vieillesse
honorable et finir tranquillement sa glorieuse carrière.

Ce discours a souvent été interrompu par de vifs
applaudissements.

# CONVENTION NATIONALE.

### Présidence de Prieur (de la Marne).

#### SUITE A LA SÉANCE DU 3 BRUMAIRE.

Deux braves défenseurs de la république, porteurs du drapeau envoyé à l'armée du Rhin, sont
admis à la barre.

« Pères de la patrie, vous voyez à votre barre deux de
vos enfants qui, pour le soutien des droits du peuple, désireraient n'y pas être, afin d'être utiles aux frontières à repousser les satellites des tyrans couronnés.

« Des combats que nous avons essuyés nous privent
d'une partie de nos membres; mais rien n'a diminué en
nous pour le courage; et s'il était encore besoin de courir
venger la représentation nationale, nous ne serions pas les
derniers.

« Le sort, à la maison nationale des Invalides, où est
notre résidence, a fait choix de nous pour vous présenter
nos hommages le 5e jour des sansculottides, et assister
aux honneurs que vous avez rendus à l'Ami du Peuple, et
nous a procuré l'avantage de voir nos généraux, sous les
ordres desquels nous avons acquis nos blessures.

« Chargés par la Convention nationale de porter le
drapeau qu'elle a décerné à l'armée du Rhin, nous ne

pouvons pas lui dire l'enthousiasme avec lequel tous les
républicains de cette armée l'ont reçu, ainsi que les tableaux de la Déclaration des Droits de l'Homme, et l'Acte
constitutionnel.

« Tous les cris de vive la république! vive la Convention
nationale! vivent les Français! ont retenti au milieu de
deux cent mille soldats, au bruit du canon et de la musique, en face des armées des despotes.

« Après l'inauguration, la voiture sur laquelle nous
étions placés a été entourée de dix mille défenseurs: nous
soutenions la Déclaration et l'Acte constitutionnel; et le
drapeau de la nation française, au milieu de ce cortège,
y a resté tout le temps de notre séjour.

« Trois attaques ont été faites devant nous, les 15, 17 et
20 vendémiaire; nous avons vu avec un égal courage les
représentants du peuple, les généraux et les soldats, tous
charger l'ennemi avec la même valeur; nous avons vu ces
esclaves mordre la poussière; nous avons suivi les représentants Féraud, Nevreux et le général Michaud, qui ont
fait flotter le drapeau que nous avons porté au milieu de
la plus grande victoire.

« L'ennemi a été repoussé de trente-quatre lieues; nous
avons vu arrêter leurs convois, dix-sept voitures chargées
de vivres, le courrier portant les correspondances de Worms
et de Manheim. Il y a six cents de ces coquins en bas,
trois cents faits prisonniers et cinq cents chevaux de prix
avec leurs hussards.

« Nous n'avons rien autre à vous dire que de vous remercier des honneurs que nous avons reçus. Nous sommes
chargés de vous remettre un paquet de la part du général
en chef. »

Un secrétaire fait lecture de la lettre suivante,
renfermée dans le paquet.

*Michaud, commandant l'armée du Rhin, à la Con-*
*vention nationale.*

Au quartier général, à Neustadt, 20 vendémiaire, l'an 3e
de la république une et indivisible.

« Citoyens représentants, à la vue du drapeau que la
Convention a envoyé à l'armée, et des héros mutilés qui,
en le portant, ajoutaient à sa majesté, les soldats de cette
armée ont éclaté par des acclamations unanimes, qui
prouvent combien ils sont sensibles au souvenir et au regard de la patrie, et combien ils sont empressés de décerner à leur tour à la Convention les honneurs du triomphe
pour ses travaux et ses succès.

« L'enthousiasme républicain, un frémissement guerrier se sont mêlés aux sentiments et aux expressions de notre reconnaissance : nous n'avons pas renouvelé le serment
de vaincre; mais nous sommes déjà tous sous les armes,
impatients de faire sentir à l'ennemi le prix de vos dons.
Portées dans les combats, ces couleurs nationales feront
baisser devant elles les orgueilleuses enseignes des despotes.
Flottant sans cesse à nos yeux, elles nous rappelleront
qu'elles se flétriraient si elles n'étaient pas embragées par
des lauriers.

« L'armée a reçu avec la même satisfaction un autre
drapeau, autour duquel les enfants de la patrie se
sont ralliés depuis longtemps, les Droits de l'Homme et
l'Acte constitutionnel; celui-ci a déjà vaincu; il a fait le
tour du globe, porté l'épouvante et la terreur dans les palais, et secoué la mort chez les tyrans. Ah! combien, en
lisant le livre de notre constitution, cette horde de despotes,
partout battue, partout humiliée, doit regretter d'avoir
irrité et outragé une nation si impétueuse et si terrible dans
les combats, qui ne faisait de lois que pour assurer la
tranquillité et la justice dans ses foyers, et qui ne voulait
connaître le mot de guerre, que pour l'écarter à jamais de
ses frontières!

« Salut et fraternité. MICHAUD. »

LE PRÉSIDENT : C'est toujours avec un nouvel intérêt que la Convention nationale voit dans son
sein les enfants de la patrie, et surtout ceux qui, en
répandant leur sang, ont donné comme vous des
preuves de leur amour pour elle. En envoyant à
l'armée du Rhin un drapeau qui doit être le palladium de la liberté et le gage de nouvelles victoires, en

lui envoyant la Déclaration des Droits, la Convention nationale ne pouvait confier ce précieux dépôt en.des mains plus agréables aux défenseurs de la patrie. La préférence des braves vétérans de la révolution ne pouvait que porter au plus haut degré le courage de nos guerriers. Vous avez été témoins de leurs victoires, vous désirez partager encore leurs travaux : la Convention applaudit à votre zèle; mais, avant tout, réparez dans un glorieux repos vos forces épuisées par les blessures, pour les consacrer de nouveau à la patrie.

La Convention nationale décrète l'insertion au Bulletin de ces lettre et Adresse.

— Eschassériaux fait un rapport sur les moyens de faire cesser les abus des réquisitions pour les approvisionnements; la Convention en décrète l'impression et l'ajournement.

— Un citoyen fait hommage à l'assemblée d'un précieux manuscrit arabe.

Mention honorable, insertion au Bulletin et renvoi au comité d'instruction.

BARAILON : Dombay a été enseveli en terre étrangère, et avec lui toutes les richesses qu'il se proposait d'offrir à la patrie.

Si nos collègues ne se fussent trouvés à Brest, on ne sait trop ce que seraient devenus les superbes tableaux de quelques maîtres d'Italie, du Poussin, du Titien, de Raphaël, trouvés à bord de quelques prises.

Ceci doit vous rappeler ce qui arriva dans le seizième siècle. Cortez envoyait aux tyrans d'Aragon et de Castille (Ferdinand et Isabelle) les chefs-d'œuvre en plusieurs genres des Mexicains : ces instruments tranchants de cuivre, aussi durs que s'ils eussent été aciérés; ces peintures extraordinaires où ils avaient exprimé, sur des toiles de coton non moins singulières, l'arrivée des Européens sur leur continent, la forme des vaisseaux qui les avaient transportés, et où ils avaient figuré leurs tonnerres et leurs monstres (c'est ainsi qu'ils nommaient leurs canons et leurs chevaux) : eh bien, des objets si curieux, si intéressants pour l'histoire des arts, surtout pour celle de l'enfance du genre humain, devinrent la proie d'un de nos corsaires, qui, loin d'y ajouter le moindre prix, en usa comme des choses les plus viles, et les détruisit de même.

Il faut qu'on s'aperçoive encore en ceci de l'attention et de la protection que la nation accorde aux arts et aux sciences.

Je demande donc, pour prévenir des pertes telles que celles que je viens d'exposer, que l'on décrète ce qui suit :

« Art. Iᵉʳ. La Convention nationale décrète que les graines, grains, plantes, arbres et arbustes exotiques, les échantillons de carrières et de mines, les livres et manuscrits étrangers, les machines ou modèles de machines inconnues en France, tous les objets en général qui appartiennent à de nouvelles découvertes, propres à faciliter les progrès des sciences et des arts, ou à enrichir le Muséum national, tels que tableaux, médailles, statues, antiquités, estampes, cartes et gravures, pris à l'avenir sur les bâtiments ennemis, lui seront adressés directement par les captureurs, après l'inventaire préalable de l'officier public.

« II. Sur le rapport qui lui en sera fait par ses comités d'instruction publique, d'agriculture et des arts, elle accordera aux captureurs des dédommagements convenables. »

Ce décret est adopté.

— Lofficial propose, et la Convention adopte le décret suivant :

« La Convention nationale, après avoir entendu le rapport de son comité des décrets et des archives, qui lui a rendu compte de différentes demandes faites par plusieurs districts et municipalités, tendant à obtenir une nouvelle collection de lois, attendu que celle qu'ils avaient a été livrée aux flammes, soit par les rebelles, soit par les ennemis extérieurs, lors de leur invasion sur le territoire de la république, autorise son comité des décrets et archives à statuer définitivement sur ces réclamations et sur celles qui pourraient être faites par les municipalités des nouveaux départements.

— L'assemblée s'occupe de la discussion de la loi sur les émigrés.

Plusieurs articles sont décrétés.

La séance est levée à quatre heures.

### SÉANCE DU 5 BRUMAIRE.

On lit la lettre suivante :

*Le représentant du peuple J.-M. Calès, dans le département de la Côte-d'Or, à la Convention nationale.*

Le 1ᵉʳ brumaire, 3ᵉ année de la république française, une et indivisible.

« Citoyens collègues, les espérances que les ennemis de la Convention et de la tranquillité publique avaient fondées sur Dijon sont vaines et chimériques. Cette ville ne renferme, en général, que des amis de la Convention. Qu'ils renoncent à leurs coupables espérances ceux qui croyaient élever à côté de la Convention une puissance rivale, et qui se flattaient de l'organiser de manière à étouffer le vœu du peuple, en faisant entendre une autre voix et son nom.

« Vous venez de pulvériser ce système qui présentait au peuple le scélérat comme un homme vertueux, l'intrigant sous le nom de patriote, et le contre-révolutionnaire comme l'ami chaud et le soutien unique de la révolution.

« La ville de Dijon applaudit à votre décret sur les Sociétés populaires. La Convention va recevoir des Adresses de toutes les sections, qui lui prouveront qu'elle n'a pas d'ennemis ici, si ce n'est dans les cachots.

« Elle verra que l'Adresse de la Société populaire de Dijon n'était point dirigée dans le sens qu'on a voulu lui donner. On entendait se plaindre de quelques élargissements ordonnés mal à propos. Ces élargissements avaient fait répandre le bruit que la Convention voulait élargir tous les aristocrates, pour voir quel effet leur détention aurait produit sur leurs sentiments, sauf à les renfermer s'ils n'en avaient point profité. J'ai détruit cette erreur trop grossière pour résister à mes assertions. J'ai assuré que la Convention ne voulait bannir la terreur du milieu du peuple que pour la garder tout entière pour ses ennemis, mais qu'elle était persuadée que l'aristocrate était incorrigible, et qu'elle ne composait pas avec lui. Mille cris de joie se sont de suite mêlés à des applaudissements nombreux; les bénédictions du peuple se sont élevées vers ses représentants; on a hautement désavoué le sens dans lequel l'Adresse de Dijon avait été prise, et voici la profession de foi qu'on a faite.

« Nous soutiendrons la Convention au péril de la vie; elle doit faire la loi, la faire par sa majorité ou son ensemble, et cinq à six individus n'ont pas le droit de substituer leur volonté à la sienne. Nous ne reconnaîtrons aucune puissance rivale; nous maintiendrons l'exécution des lois; le peuple parlera en masse ou en majorité, et quelques individus ne se diront pas la commune de Dijon.

« Voilà les sentiments dans lesquels sont rédigées les Adresses des sections de Dijon. Je ne parle pas de la Société populaire; elle n'est ici que le peuple suprême, et non un corps, une puissance qui lui fait la guerre. Le parti de la terreur n'existe pas ici, ou, s'il y existe, il y est bien peu de chose; car, sur vingt mille habitants, il n'y a pas six individus qu'on puisse légitimement soupçonner d'être de ce parti. Le peuple l'a bien prouvé dans la fête célébrée décadi 30 vendémiaire. Dans les fêtes précédentes tout le monde restait renfermé dans sa maison; dans celle-ci, les rues, les avenues étaient remplies d'un peuple immense, qui bénissait la Convention de lui avoir rendu la liberté et la tranquillité.

« *Signé* CALÈS. »

Insertion au Bulletin.

— Richard donne lecture des nouvelles suivantes :

*Dourbote, représentant du peuple près l'armée du Rhin et de la Moselle, au comité de salut public.*

Bingen, le 29 vendémiaire, l'an 3° de la république française, une et indivisible.

« L'armée de la Moselle, chers collègues, vient de porter des rives de la Sarre sur celle du Rhin le drapeau tricolore que la Convention nationale lui envoya dernièrement. Nous venons de le promener au sein de la ville de Bingen, qui nous a ouvert ses portes il n'y a qu'un instant, après que nous en avons eu chassé l'ennemi avec quelques coups de canon et une courte fusillade. Il avait cependant, nous a-t-on dit dans le pays, juré de nous vendre cher cette place si importante par sa position avec celles qui l'entourent, et par les deux communications de Mayence et de Coblentz.

« Recevez les clefs de la ville de Bingen ; les habitants nous ont reçus avec de grands témoignages de joie et de satisfaction.

« Il me faudrait des pages d'écriture si je voulais vous rendre du courage et du bon esprit des troupes tous les témoignages avantageux qui leur sont dus. Quand elles sont dans un lieu où les entend crier : Allons dans celui plus avant !

« Salut et fraternité.                                 BOURBOTTE. »

RICHARD : La Flandre hollandaise, depuis notre entrée dans la Belgique, restait intacte. Ses nombreuses places fortes menaçaient d'arrêter notre marche, et nous empêchaient de donner à notre position tout l'avantage dont elle était susceptible. Aujourd'hui tous les obstacles sont vaincus, et ce pays si riche est couvert de nos armées victorieuses. (Applaudissements.)

*Bulletin télégraphique du 4 brumaire, depuis quatre heures et demie jusqu'à cinq heures vingt minutes; transmission de Lille, composée sur le vocabulaire de l'ingénieur.*

« Hulst, Sas-de-Gand, Philippine et Axel sont au pouvoir de la république depuis le 2 de ce mois : un seul Français a été blessé dangereusement.

« *Signé* CHAPPE, *ingénieur du télégraphe.* »

RICHARD : Une lettre de Briez, représentant du peuple à Bruxelles, en date du 2 brumaire, confirmée par d'autres dépêches, nous annonce que, le 29 vendémiaire, l'armée du Nord a battu les débris de l'armée anglaise et hollandaise au delà de la Meuse, du côté de Houtemer. Sept cents prisonniers, quatre pièces de canon et un drapeau sont les fruits actuels de cette victoire.

Ces nouvelles sont entendues au milieu des plus vifs applaudissements et des cris réitérés de : *Vive la république !*

MERLIN (de Thionville) : Tandis que nos armées terrassent l'ennemi de l'extérieur, qui dévorait en espérance les dépouilles du territoire de la liberté, le comité de sûreté générale continue de faire la guerre aux intrigants de l'intérieur. Babœuf, qui avait osé calomnier la Convention, qui avait été condamné aux fers, Babœuf a été se réfugier dans le sein du club électoral, où il a fait un discours encore plus séditieux que le premier. Le club l'a accueilli et en a ordonné l'impression par un arrêté pris en nom collectif. Conformément à la loi, le comité de sûreté générale a fait arrêter Babœuf, le président et les secrétaires du club, pour avoir signé un arrêté pris en nom collectif, et les scellés ont été apposés sur les papiers du club. ( On applaudit vivement.)

La Convention approuve la mesure prise par le comité de sûreté générale.

— Le citoyen Pougens, homme de lettres, fait hommage à la Convention de la traduction qu'il a faite des voyages de Forster.

CHÉNIER : Le citoyen que vous voyez à la barre est intéressant et par ses talents et par son état. Il a perdu la vue après avoir travaillé pendant dix-huit années à un dictionnaire de la langue française, qui sera plus complet que celui de Johnson. Je demande que la Convention agrée l'hommage de ce citoyen, et qu'elle charge le comité d'instruction publique de lui faire un rapport sur le dictionnaire dont j'ai parlé, et sur les moyens de le répandre le plus qu'il sera possible.

Les propositions de Chénier sont adoptées.

TALLIEN : Vous avez, il y a quelque temps, fait un acte de justice à l'égard de Lyon ; vous avez rendu à cette cité importante son nom et la confiance publique ; je viens aujourd'hui vous en proposer un qui intéresse non-seulement une grande commune, mais encore tout un département entier d'une population de six cent mille âmes ; c'est de Bordeaux que je vais vous parler.

Un décret, rendu à l'époque où le fédéralisme menaçait d'incendier le Midi, contient une disposition très-rigoureuse, qu'il était nécessaire alors d'adopter, mais qui pourrait un jour devenir un instrument terrible dans les mains d'hommes passionnés ou sanguinaires.

L'article II du décret du 6 août 1793 (vieux style) s'exprime ainsi :

« Tous les membres qui composent ce rassemblement (la commission populaire de Bordeaux), ainsi que tous ceux qui ont provoqué, concouru ou adhéré à ses actes, sont déclarés traîtres à la patrie et mis hors de la loi ; leurs biens sont confisqués au profit de la république. »

Vous voyez, citoyens, que par cette disposition presque tous les habitants du Bec-d'Ambès peuvent être atteints par cette loi ; car la commission prétendue populaire de Bordeaux, à l'époque de ces manœuvres infernales, eut soin de disséminer dans toutes les parties du département un grand nombre de commissaires qui, présentant la Convention nationale comme étant à Paris sous le couteau d'une faction, égaraient par ce moyen les crédules habitants des campagnes, et parvenaient facilement à les faire donner dans le piége et à extorquer des adhésions.

Les crimes des chefs de la faction de la Gironde sont trop connus de toute la France, et je suis bien loin de vouloir aujourd'hui ni les pallier, ni soustraire les véritables coupables à leur supplice trop justement mérité.

Mais, en même temps que vous punissez le crime, vous voulez pardonner à l'erreur, et vous ne voulez pas confondre l'innocent avec le coupable ; vous ne voulez pas surtout laisser entre les mains des intrigants les moyens de servir leurs vengeances particulières, et vous sentez qu'une loi qui a autant de latitude que le décret du 6 août peut, avec bien de la facilité, devenir une arme terrible entre les bons citoyens ; car Bordeaux a eu aussi son Dumas dans la personne d'un intrigant nommé Lacombe, qui depuis a expié sur l'échafaud ses nombreux forfaits ; d'ailleurs Bordeaux et le département du Bec-d'Ambès ont été soumis à des épreuves assez dures depuis près de deux années, et ont bien expié le tort de quelques intrigants.

Dans le moment où vous voulez donner au commerce de la vie et du mouvement, vous ne choisirez sans doute pas cette époque pour refuser à Bordeaux ce que vous avez accordé à Lyon ; mais je ne veux pas anticiper sur le rapport de vos comités ; je me borne seulement à demander le renvoi de mes propositions, pour en faire un prompt rapport.

Voici le projet de décret :

« La Convention nationale , sur la proposition d'un membre, tendant à obtenir le rapport de l'art. II du décret du 6 août 1793 ( vieux style), renvoie aux comités de salut public, de sûreté générale et de législation, pour faire un rapport dans trois jours. »

Cette proposition est décrétée.

DUMONT: La proposition de Tallien n'est pas la seule de ce genre dont la Convention doive s'occuper. Un grand nombre de citoyens, qui peut-être sont innocents, ont cependant été mis hors la loi par un décret rendu sur la proposition du conspirateur Saint-Just ; ce décret, qui est du 23 ventose, porte que tous ceux qui se seront soustraits à un jugement sont mis hors de la loi ; ce décret était de nature à précéder dignement celui du 22 prairial.

Vous avez chargé le comité de législation de vous présenter les moyens de mettre les citoyens qui s'étaient soustraits en se cachant à la fureur des triumvirs, à portée de justifier de leur résidence ; je pense que vous devez charger le même comité de vous présenter des vues pour que ceux qui se sont soustraits à la barbarie des derniers tyrans puissent paraître devant un tribunal pour se faire juger, sans crainte d'être regardés comme étant hors la loi. Ce serait une atrocité que d'appliquer sévèrement une pareille disposition à des hommes qui ne se sont cachés que pour échapper à la boucherie, lorsqu'ils se présentent pour être jugés.

Le décret de mise hors la loi ne convainc d'aucun crime ; mais c'est l'examen de la conduite d'un homme qui se présente comme coupable ou comme innocent. Je demande que ma proposition soit également renvoyée aux trois comités, pour en faire un rapport.

DUBOIS-CRANCÉ : Je demande que les comités examinent également la proposition que j'ai faite, il y a un mois, de chercher des moyens de maintenir la police des prisons, de manière à ce qu'on ne puisse plus supposer des conspirations de prisons pour faire périr un grand nombre de personnes sans les accuser d'autres crimes.

Les propositions de Dumont et de Dubois-Crancé sont renvoyées aux trois comités.

— Bernier fait lecture d'une lettre du général Danican, employé dans la Vendée, qui donne des détails sur les événements qui ont eu lieu dans ce pays.

« On m'a pris pour un fou, dit-il , lorsqu'on m'a entendu gémir sur la conduite qu'on a tenue dans ce pays. Interroge tes collègues Dubois-Crancé, Alquier; j'ai osé leur dire la vérité, et ils en ont frémi.

« Je prouverai qu'on a massacré des vieillards dans leurs lits, qu'on a égorgé des enfants sur le sein de leurs mères, qu'on a guillotiné des femmes enceintes ; qu'à Laval on en a ainsi fait périr une le lendemain de ses couches.

« Je dirai que j'ai vu brûler des magasins de toute espèce, en quel lieu, à quelle heure , ou par quels ordres. On ne s'est pas contenté de noyer à Nantes; ce genre de supplice était encore en usage à trente lieues en remontant la Loire.

« Je démontrerai que les gens qui font à présent les philanthropes étaient alors des égorgeurs. En dernier lieu, pendant le siège d'Angers, où , par parenthèse, j'ai été suspendu après l'avoir sauvé et après avoir battu quatre-vingt mille hommes, on noyait aux Ponts-de-Cé les gens suspects. »

On demande le renvoi de cette lettre au comité de salut public.

LEVASSEUR (de la Sarthe): Je ne m'oppose point au renvoi. Danican se vante d'avoir sauvé Angers; j'y étais, et je peux donner des renseignements.

Le 15 au matin, nous fûmes attaqués par les brigands, je parcourus les avant-postes avec Danican. Il fit une chute de cheval qui fut si violente, qu'il crut avoir la jambe cassée. Comme je suis chirurgien, j'examinai sa jambe, et je vis qu'il n'y avait rien. Cependant il se mit dans son lit le 13 et le 14, et il en sortit le 15 ; le siége était alors levé.

MERLIN (de Thionville): Le fait annoncé par Levasseur peut être vrai ; mais je dois dire que j'ai fait la guerre de la Vendée avec Danican, et que je le regarde comme l'un des plus braves officiers de l'armée.

DUBOIS-CRANCÉ: La dénonciation de Levasseur n'est pas exacte ; je tiens de Danican lui même que ce n'est pas dans son lit qu'il se fit porter, mais sur le rempart.

LEVASSEUR : Dubois-Crancé n'était pas à Angers, et je prouverai par témoins que j'ai été plusieurs fois dans la chambre de Danican, que je l'ai trouvé dans son lit , et que j'ai assisté aux pansements qu'on lui faisait.

DUBRY : Je demande que la Convention cesse de s'occuper de Danican, et qu'elle renvoie sa lettre au comité de sûreté générale.

Cette proposition est décrétée.

GAUDIN: Il existe au comité révolutionnaire des Sables une déclaration signée par deux officiers d'un bataillon de la Charente, et par un autre citoyen, qui ont attesté qu'ils avaient vu entre les mains du général Carpentier, une pièce signée Turreau, qui lui ordonnait de déclarer la ville des Sables en rébellion, de se retirer au fort Saint-Nicolas, et de mettre le feu à la ville. Je demande que le comité de sûreté générale se procure cette pièce.

On renvoie au comité de sûreté générale.

—Une députation des citoyens de la commune de Lorient est admise à la barre. L'orateur prononce le discours suivant : « Législateurs, les citoyens de la commune du nombre de celles qui anticipèrent la révolution, qui en fut depuis constamment le boulevard dans un département où elle a eu le plus d'obstacles à vaincre, rend à ses représentants un hommage digne d'hommes libres, et qui connaissent leurs droits : l'assurance de sa gratitude pour des mandataires qui s'occupent réellement et efficacement de la félicité commune. Les principes auxquels rappelle votre Adresse seront toujours la base sur laquelle s'appuiera le vrai patriotisme. Nous nous efforcerons d'en propager les principes : et s'ils ne sont pas généralement adoptés, ce n'est que par ces hommes qui osent encore disputer à la raison et à la justice un pouvoir qu'ils ont usurpé et conservé trop longtemps par la terreur. Il y en a beaucoup parmi nous, la loi commence à les rechercher. Aussi votre Adresse n'a-t-elle été promulguée que huit jours après la réception; ils ont craint d'être pris en opposition avec leur conduite ; c'est au spectacle, à l'école des vertus républicaines, qu'un peuple libre s'est plu à se faire retracer l'analyse de ces principes ; et là, un enthousiasme universel manifesté librement, et non mendié, vous assure dans cette commune le règne et la défense de ces mêmes principes que vous mettez à l'ordre du jour.

« Louanges immortelles vous soient rendues, législateurs ; restez inébranlables à votre poste ; exterminez tous les tyrans; raffermissez le règne de la justice ; que la sagesse et la douceur de vos lois efface à jamais de la mémoire des Français ces jours de sang et de deuil qui couvraient toute la république. Vive la république ! vive la Convention nationale ! »

*** : Je demande l'insertion en entier au Bulletin de cette Adresse de la commune de Lorient. Cette insertion est d'autant plus importante, que plusieurs intrigants répandent depuis trop longtemps le poison de la calomnie sur cette commune, qui n'a cessé de donner les preuves de son dévonement à la république.

La Convention décrète la mention honorable et l'insertion en entier de cette Adresse au Bulletin.

— Plusieurs autres pétitions sont entendues et renvoyées aux divers comités qu'elles concernent.

La séance est levée à cinq heures et demie.

### SÉANCE DU 6 BRUMAIRE.

Delmas, au nom du comité de salut public, annonce les nouvelles suivantes :

*Le général en chef au comité de salut public.*

Au quartier général de Longuilana, le 21 vendémiaire, l'an 3e de la république française, une et indivisible.

« Citoyens représentants, d'après le rapport de tous les déserteurs, il paraissait que l'on cachait à l'armée ennemie la reddition de Bellegarde ; je crois qu'aujourd'hui personne n'en ignore. J'ai fait faire un immense pavillon tricolore que nous venons d'inaugurer avec éclat. Vingt-cinq coups de canon, en salut au moment où il s'élevait pour attester le triomphe des républicains, ont dû réveiller l'attention des Espagnols et porter les regards sur cette forteresse, qui n'est et ne sera plus souillée par l'esclavage.

« Au sortir du Sud-Libre, nous nous sommes rendus, avec le représentant du peuple Delbret, au centre de l'armée. Un local convenable était préparé pour lui présenter le drapeau par excellence. Chaque bataillon, chaque arme avait ses députés. Les braves frères d'armes chargés de nous transmettre ce gage de la reconnaissance nationale sont entrés aussitôt dans le cercle, et se sont approchés de l'autel destiné à l'offrande.

« Ils le présentent au représentant du peuple, qui nous développe l'intention et les sentiments de la Convention lorsqu'elle décréta l'envoi d'un drapeau à chaque armée. « Voilà celui des Pyrénées-Orientales, voilà le vôtre.

« Il est interrompu par une explosion patriotique qui sortait du fond des cœurs : le silence renait, et il remet le drapeau au général en chef. « Camarades, s'écrie-t-il, voici le plus beau jour de l'armée des Pyrénées-Orientales. Si la victoire est douce, la reconnaissance de la patrie l'est bien davantage. Vous l'éprouvez en ce moment ; nous l'éprouvons tous en voyant ce témoignage glorieux et sacré de la Convention nationale. C'est le fruit de votre courage, de votre constance, de tous les travaux que vous avez si généreusement fournis pendant cette campagne.

« Nous n'avons pas besoin de jurer de le défendre ; jurons de verser le reste de notre sang pour augmenter son triomphe. Vive la Convention ! vive la république. »

« Ces cris, cent fois répétés avec l'enthousiasme de la liberté, d'une joie bien pure, bien unanime, mêlés de funfares analogues, ont accompagné le drapeau de l'armée dans tous les rangs, pour y recevoir l'hommage de tous les cœurs.

« Citoyens représentants, cette journée sera complètement agréable pour nous si vous pouvez nous acquitter envers les deux braves citoyens qui y ont contribué avec tant de zèle et de fraternité. Nous vous prions de prendre en considération l'intérêt si bien mérité que nous devons à leur sort.

« Salut et fraternité. DUGOMMIER. »

— Delmas propose, et la Convention rend le décret suivant :

« La Convention nationale, après avoir entendu son comité de salut public, décrète que le représentant du peuple Merlin (de Thionville) se rendra sans délai aux armées du Rhin et de la Moselle, avec les mêmes pouvoirs qui sont donnés aux représentants du peuple près les armées. »

— Un secrétaire lit les lettres suivantes :

*Les représentants du peuple près l'armée des Pyrénées-Orientales à la Convention nationale.*

Au quartier général du Boulou, le 21 vendémiaire, l'an 3e de la république une et indivisible.

« Citoyens collègues, c'était hier un jour de fête et d'allégresse dans l'armée des Pyrénées-Orientales.

« Le pavillon qui avait été arboré sur les remparts de Sud-Libre était trop petit pour être aperçu bien distinctement des camps espagnols ; la reddition de cette place y était encore ignorée de la plupart des soldats. Pour qu'ils n'en doutassent plus, nous plaçâmes hier un pavillon beaucoup plus apparent, et nous fimes tirer quelques coups de canon pour fixer sur lui les regards des esclaves. Cette fête fut simple et majestueuse ; le citoyen Candras, commandant du 2e bataillon des côtes maritimes, y prononça un discours dont nous vous envoyons copie.

« Après cette première cérémonie nous nous rendîmes au camp, pour y faire l'inauguration du drapeau que vous avez envoyé à l'armée des Pyrénées-Orientales, au nom de la patrie reconnaissante. Là un autel de verdure avait été élevé à cette tendre mère par les mains de ces mêmes enfants qui chaque jour combattent pour elle. Des détachements de tous les corps étaient rangés autour ; au centre était un corps nombreux de musiciens. Bientôt parut le drapeau porté par les deux militaires blessés que vous avez chargés de le remettre à l'armée. A la vue de ce drapeau, à la vue des deux braves guerriers, tous les cœurs furent émus ; qui pourrait rendre les douces et tendres sensations dont nous fûmes tous agités ! Amour sacré de la patrie, qui pourrait exprimer tout ce que tu fais sentir ! Enfin le drapeau fut déployé au milieu des plus vives acclamations et des serments mille fois répétés de mourir pour le défendre. La cérémonie se termina par des odes où étaient célébrés avec énergie les triomphes de la république, et par l'Hymne à la Liberté.

« Salut et fraternité. DELBERT, VIDAL. »

*Gauthier, représentant du peuple, envoyé dans les départements de l'Isère et du Mont-Blanc, au président de la Convention nationale.*

« Je parcours les départements de l'Isère et du Mont-Blanc ; partout le peuple ne fait entendre que ces cris : *Vive la république ! vive la Convention !* Il déteste les tyrans, et veut rester soumis aux lois ; il réclame justice, il improuve la terreur, il déteste l'aristocratie et s'éloigne du fanatisme ; il aime la liberté et l'égalité ; les brillants succès des armées de la république lui font d'autant plus de plaisir qu'ils mènent à son affermissement.

« Les efforts de l'intrigue sont nuls : c'est une jouissance si douce pour le peuple de n'être plus sous le despotisme de quelques ambitieux, qu'il en fait sans cesse éclater sa joie ; elle forme un contraste singulier avec la couleur et le dépit de ces patriotes exclusifs, qui aiment plus à satisfaire leurs passions que servir la république ; je me fais gloire de les abandonner à leur nullité. La Convention agréera l'hommage respectueux que lui présentent les citoyens des deux départements du Mont-Blanc et de l'Isère, dans toutes les occasions où le représentant du peuple leur parle au nom de la nation. Elle accueillera sans doute l'expression des sentiments de reconnaissance et de dévouement contenus dans le grand nombre d'Adresses que les autorités constituées et les Sociétés populaires lui présentent à l'envi.

« *Signé* GAUTHIER. »

*Les membres composant le comité de surveillance du district des Sables à la Convention nationale.*

« Président, tandis que les tyrans de l'Europe se coalisent contre la république, et que leurs esclaves tombent sous nos coups, les enfants chéris de la liberté se donnent la main des extrémités de l'univers. Les sans-culottes de l'Amérique traversent les mers et trompent la rapacité des forbans ennemis pour nous apporter des vivres, et nous avons le bonheur de les arracher à la fureur des flots.

« Le 2 de ce mois, une tempête affreuse allait briser contre les berges d'Olonne un bâtiment mouillé près de cet écueil. Il avait son pavillon en berne ; nos marins n'en distinguent pas les couleurs, mais ils reconnaissent le vaisseau pour être de construction anglaise ; dans l'incertitude, ils délibèrent s'ils s'exposeront aux plus grands dangers pour lui porter du secours : bientôt le pavillon se déploie et flotte au haut du grand mât ; les étoiles qui y sont empreintes annoncent nos frères de l'Amérique : aussitôt nos marins ne voient plus de dangers ; ils ne voient que des alliés, des frères et des amis à sauver ; ils se précipitent sur une chaloupe : les citoyens Charrier; Chavigneau, père de six enfants, dont l'aîné a six ans ; Bousineau; Pierre Morisson, marin en congé pour se guérir d'une blessure reçue dans le combat naval du 13 prairial; Chambert, vieux marin invalide et hors du service; Lambert, y sont les premiers; ils traversent les flots d'une mer orageuse sur une côte couverte d'écueils ; ils arrivent au moment où le câble, rongé par les rochers, venait d'être coupé ; la perte du vaisseau était inévitable; mais ils montent à bord, l'appareillent promptement, et, par la célérité de leurs manœuvres et leurs connaissances locales, le sauvent de tous les écueils entre lesquels ils sont forcés de passer : tous entrent dans le port aux acclamations de tous les citoyens et aux cris mille fois répétés de vive la république !......

« Quelles délicieuses jouissances pour des Français ! quelle douce félicité ! Un instant plus tard, c'en était fait, et nos frères étaient engloutis. Notre cité, qui avait des braves sur *le Vengeur*, a droit de se glorifier de voir multiplier les émules de ces héros, et nous jurons en son nom, à toute la république, que de si beaux exemples ne seront jamais démentis. »

Renvoyé au comité d'instruction publique,

*Le général en chef, commandant l'armée des Alpes provisoirement, à la Convention nationale.*

« Citoyens représentants, deux de mes braves frères d'armes sont arrivés, le 12 vendémiaire, au quartier général de l'armée, dont j'étais absent depuis quelques jours, ayant été visiter les postes du Mont-Cenis et Bernard, avec le représentant du peuple Cassagnyes.

« Ces républicains ont déposé chez moi le drapeau national destiné à l'armée des Alpes, qu'ils ont reçu des mains de la Convention, avec ordre de l'escorter jusqu'à sa destination. Ce drapeau, n'en doutez pas, citoyens représentants, sera toujours cher au cœur des braves soldats de l'armée que je commande ; il sera notre égide contre les tyrans, et notre guide au chemin de la victoire. J'en ai fait hier l'inauguration avec le petit nombre d'officiers et soldats qui se trouvent à Briançon et au quartier général.

« Salut et fraternité. **Petit-Guillaume.** »

**Merlin** (de Douai) : Chargé par vos comités de salut public, de sûreté générale et de législation, de vous présenter un projet de décret sur la manière dont il doit être procédé à l'égard des représentants du peuple qui pourraient se trouver prévenus de délits, je ne l'ai pas été de vous faire en leur nom un rapport qui aurait exigé un très-long travail, et qui par cette raison même n'aurait pu vous être soumis dans le court délai que vous aviez fixé ; je ne sais pas même si, indépendamment de cette considération, un pareil travail eût dû occuper vos comités collectivement. Autant, selon moi, un rapport est nécessaire quand il s'agit de motiver un projet de décret qui porte sur des faits, autant il est inutile, pour ne pas dire dangereux, dans un grand nombre de cas où il n'est question que de principes. Dans une assemblée délibérante les faits ne peuvent être connus que par l'exposé qu'on lui en donne, et par les preuves sur lesquelles on les appuie. Les principes, au contraire, se présentent d'eux-mêmes à tous les bons esprits, et il est peut-être bien des circonstances où les discussions auraient eu plus de latitude et plus de profondeur, et par conséquent plus d'utilité, si les esprits n'étaient pas dès le premier abord prévenus par un discours étudié, compassé, arrangé de la manière la plus propre à enlever les suffrages.

Ce n'est donc pas un rapport de comité que je viens vous faire sur le projet de loi qui vous est soumis ; je viens, en mon nom seul, vous présenter quelques observations simples et rapides sur la question plus importante que difficile à résoudre, qui a été élevée dans l'assemblée, par opposition au plan des trois comités. Elle consiste, vous vous le rappelez, à savoir si, comme vous le proposent vos comités, vous devez, relativement à des représentants du peuple

qui se trouveraient inculpés, vous renfermer dans les fonctions de jurés d'accusation, ou si, comme vous le propose un de nos collègues, vous devez exercer à leur égard même les fonctions de jurés de jugement.

Je dis que cette question est facile à résoudre ; et, pour en déterminer la solution en faveur de l'opinion de vos comités, je pourrais me borner à cette réflexion, qui vous a été présentée, que, pour établir dans la représentation nationale un jury d'accusation et un jury de jugement, il faudrait au moins momentanément la diviser en deux sections, dont l'une serait chargée d'accuser, l'autre de juger ; division qui touche de bien près à l'idée de deux Chambres permanentes, et qui pourrait y conduire un jour ; division que vous devriez rejeter par ce seul motif ; division enfin qu'il ne serait pas, j'ose le dire, en votre pouvoir d'autoriser, ni de pratiquer, au mépris du principe fondamental et sacré reconnu par tout le peuple français, que la représentation nationale est une et indivisible.

Mais, indépendamment de cette observation péremptoire, il est un point auquel on ne saurait trop s'attacher : c'est qu'un citoyen, pour être représentant du peuple, ne perd pas ses droits de citoyen.

Ainsi, un représentant du peuple a-t-il le malheur d'être inculpé, il faut sans doute que la loi ait, pour l'atteindre, les mêmes moyens que pour atteindre les autres citoyens ; mais il ne faut pas que les moyens de garantie dont elle assure la jouissance aux autres citoyens lui soient refusés. Or, voyons ce que la loi a fait pour les citoyens ordinaires, lorsqu'ils sont inculpés.

Elle veut d'abord qu'ils soient entendus par un officier de police, qui décide, d'après la nature et les preuves de l'inculpation, s'ils doivent être arrêtés provisoirement.

Elle veut ensuite, qu'en cas d'arrestation provisoire, ils soient conduits devant un jury d'accusation, qui prononce sur le point de savoir s'ils doivent être mis en jugement.

Elle veut enfin que, mis en jugement, ils soient traduits devant un nouveau jury, et que ce nouveau jury ne puisse être composé d'aucun des individus qui ont formé celui d'accusation.

Dans cette marche vous voyez deux institutions différentes, dont l'une, renfermée dans la dénonciation, l'arrestation et l'accusation, représente l'action de la société sur chaque individu ; et l'autre, restreinte au jugement, a surtout pour objet la garantie des droits des individus contre la société.

Si un seul pouvoir était chargé de l'une et de l'autre, rien ne lui serait plus facile que d'opprimer les citoyens ; premier et dernier terme de la justice, il ferait tout, seul et sans contrôle ; il pourrait en diriger tous les mouvements vers un but qu'il se serait proposé ; dès lors la porte resterait évidemment ouverte à l'injustice et à la tyrannie.

La loi ayant partagé entre plusieurs pouvoirs qui agissent successivement, les différentes parties de l'administration de la justice criminelle, il n'y a plus de motif pour opprimer, parce que l'oppression serait inutile à chacun de ces pouvoirs. En vain un seul tenterait-il d'abuser de son autorité; celui qui doit le suivre le réprimerait. Qu'un juge de paix, par exemple, veuille nuire à un homme, ou le perdre, il le fera arrêter; mais ce ne sera pas lui qui décidera de la légitimité de l'arrestation ; un autre pouvoir prononcera après lui sur cet objet ; un autre statuera ensuite sur la question de savoir s'il y a lieu d'accuser la personne arrêtée ; un autre enfin jugera si elle est coupable. Ainsi, aucun pouvoir ne disposant seul du cours entier d'une instruction criminelle, nul ne peut espérer que le mouvement particulier qu'il lui a imprimé se prolonge au delà du cercle des fonctions qu'il occupe.

Ainsi, tous les pouvoirs, ne pouvant suivre chacun leur volonté, sont ramenés à une règle commune, qui est la loi.

Ainsi, tous les ressorts de la justice, contenus les uns par les autres, sont forcés d'agir pour un but commun, qui est la justice.

Ainsi, pour garantir le triomphe de l'innocence, comme pour assurer la punition du crime, il faut que toute instruction criminelle soit partagée entre plusieurs pouvoirs successifs.

Voilà quelle est, par rapport aux citoyens ordinaires, la théorie de la procédure criminelle. Elle est, comme vous voyez, parfaitement appropriée à la garantie que tout individu a droit d'exiger du corps social, et elle remplit exactement ce grand objet.

Maintenant je demande par quelle fatalité vous priveriez de cette garantie essentielle et sacrée un représentant du peuple qui se trouverait chargé d'une inculpation ? Et certes ce serait bien l'en priver que de concentrer dans la représentation nationale le pouvoir de dénoncer, de faire arrêter, d'accuser et de juger définitivement un de ses membres.

J'en ai déjà dit assez pour rendre cette vérité sensible ; mais je crois devoir y ajouter encore une observation, qui, sur la question qui s'agite en ce moment, m'a toujours singulièrement frappé.

Dans toute espèce de système d'instruction criminelle, il est évident qu'arrêter un prévenu, c'est une tout autre opération que de juger : il doit donc exister une démarcation essentielle entre l'institution qui a pour but de saisir le prévenu avant la conviction, et l'institution qui n'agit et ne condamne qu'après la conviction. Celle-là, en effet, doit être active et prompte : celle-ci doit être passive et réfléchie ; la première est provisoire, la seconde est définitive ; en un mot, l'une est la police, et l'autre la justice.

Sans doute ces deux institutions ont en général le même but, puisqu'elles tendent l'une et l'autre à la répression des délits et au maintien de l'ordre public. Mais il n'en est pas moins clair qu'elles ont chacune un objet distinct, qui exige une organisation particulière et des moyens différents.

Ainsi, que la représentation nationale, exerçant la police qui lui appartient essentiellement sur ses membres, se saisisse de celui qu'une dénonciation appuyée de preuves préparatoires lui présente comme prévenu de crimes, et qu'après avoir examiné sa conduite, elle le livre à la justice, rien en cela que de conforme aux principes, rien qui ne s'accorde avec l'intérêt du peuple ; mais qu'elle devienne à son égard un pouvoir judiciaire, et que, pour le juger, elle se transforme en tribunal, ce serait faire revivre, pour le perdre, tous les maux qu'a produits, sous l'ancien régime, la confusion du pouvoir d'arrêter et du pouvoir de juger.

C'est une chose bien monstrueuse, en effet, que le même homme puisse d'abord voter mon arrestation et mon accusation, et ensuite me juger.

Eh ! si cet homme est mon ennemi, n'ai-je pas tout lieu de craindre qu'il ne m'arrête, qu'il ne m'accuse que pour me condamner ensuite, ou qu'en définitive il ne me condamne que parce qu'il m'a fait arrêter, que parce qu'il m'a mis en état d'accusation, que parce qu'un mouvement rétrograde coûte à son orgueil ? Est-il donc sage, est-il donc politique d'exposer ainsi un individu à la tentation de commettre une injustice pour couvrir une erreur, et d'échapper à la responsabilité d'une faute par un crime ?

Remettez donc, et remettez toujours la fonction de juger en d'autres mains que la fonction d'arrêter et d'accuser ; vous faites dès lors cesser tous les abus ; chaque institution conserve son caractère, son objet, ses moyens ; l'arrestation et l'accusation ne sont plus que ce qu'elles doivent être, des précautions nécessaires de sûreté et d'ordre public ; chacun s'y plie aisément, l'opinion publique les apprécie sous ce rapport, et personne n'est tenté de s'y soustraire.

Qu'on ne vienne plus nous dire qu'un décret d'accusation équivaut à une décision de jury de jugement, et qu'aucun tribunal n'oserait absoudre un citoyen que la représentation nationale aurait accusé.

Je dis, moi, que raisonner ainsi, c'est outrager la justice elle-même ; je dis plus, c'est insulter à la souveraineté du peuple ; car c'est aussi la souveraineté du peuple qui s'exerce dans les déclarations des jurés du jugement ; les jurés de jugement ne sont, dans les déclarations, que les organes de l'opinion nationale ; et assurément il n'est pas à craindre que des citoyens probes, vertueux et sentant la dignité de la mission qu'ils ont reçue d'exprimer la conviction du peuple sur des faits particuliers, se laissent influencer par d'autres au point de subordonner à l'opinion de ceux-ci leur opinion personnelle.

Aurait-on oublié d'ailleurs que Marat, décrété d'accusation par la très-grande majorité de la Convention nationale, n'en a pas moins été acquitté par le tribunal révolutionnaire ! Et qu'on ne dise pas que lui seul ait eu cet avantage : plusieurs citoyens avant et après lui ont été acquittés par ce même tribunal, quoiqu'ils y eussent été mis en jugement, les uns en vertu de décrets d'accusation, les autres en vertu de décrets d'arrestation ou de traduction.

Je ne répondrai pas aux autres arguments qui vous ont été proposés en faveur du projet que je combats. Ces arguments tombent d'eux-mêmes devant les grands principes dont vous êtes tous pénétrés ; je me borne donc à invoquer la question préalable contre le projet, et à demander la priorité pour celui de vos trois comités.

Raffron demande la parole pour une motion d'ordre.

La parole lui est accordée.

(*La suite demain.*)

---

## LIVRES DIVERS.

*Almanach républicain*, dédié à tous les amis de la révolution, par H. Blanc et P.-F.-X. Bouchard, instituteurs à Franciade. Se vend à Paris, chez Langlois, imprimeur-libraire, rue de Thionville, ci-devant Dauphine, n° 14 ; et Thionville, libraire, rue du Marché-Palu, n° 9. Prix : 1 liv. 13 s.

Cet Almanach, qui a été accueilli favorablement l'année dernière, offre de plus, pour cette année, une instruction sur les nouveaux poids et mesures, mise à la portée des jeunes gens, nécessaire et utile à tout le monde.

Il est enrichi d'un calendrier auquel il n'y a rien à désirer, de notes sur les hommes célèbres de tous les pays et de tous les âges, d'une explication sur les fêtes républicaines, et terminé par un recueil de chansons dont le choix est fait avec autant de goût que de patriotisme.

---

### *Payements à la trésorerie nationale.*

Le payement du perpétuel est ouvert pour les six premiers mois ; il sera fait à tous ceux qui seront porteurs d'inscriptions au grand livre. Celui pour les rentes viagères est de huit mois vingt et un jours de l'année 1793 (vieux style).

## AVIS.

On mettra en vente, primidi 11 brumaire, rue des Poitevins, n° 18, la 58° livraison de l'*Encyclopédie méthodique*, par ordre de matières, composée :

Du tome V, première partie, des *Antiquités*, par le citoyen Monges ;

Du tome III, première partie, de *la Philosophie ancienne et moderne*, par le citoyen Naigeon ;

Et de la sixième partie de l'*Histoire naturelle*, formant la sixième partie des planches de la Botanique, par le citoyen Lamark.

Le prix de cette livraison est de 39 liv., en feuilles, et de 46 liv. 10 s., brochée.

Le port de chaque livraison est au compte des souscripteurs.

## POLITIQUE.

### ANGLETERRE.

*Londres , du 8 octobre.* — L'examen des personnes soupçonnées d'avoir voulu attenter à la vie du roi se continue avec la plus grande activité. Les ministres eux-mêmes forment une espèce de commission, et ils se sont réunis en conseil le 30 septembre et le 1er octobre : ils doivent encore s'assembler aujourd'hui. On a appelé à la dernière séance l'armurier Mortimer, pour avoir son avis sur l'effet qu'aurait pu produire l'arme ; elle lui a paru faite de manière à remplir le but pour lequel on l'avait fabriquée.

Le roi, de retour à Londres avant-hier, a fait tenir en sa présence, à l'hôtel de Buckingham, un conseil auquel ont assisté l'héritier présomptif de la couronne, le grand chancelier, le chancelier de l'échiquier, les lords Mansfield et Fitz-William, les trois secrétaires d'État, lord Amherst et sir William Fauwcett.

On révoqua dans ce conseil la proclamation qui avait fixé au 4 novembre prochain la rentrée du parlement, pour la différer jusqu'au 24 du même mois, et le roi partit sur-le-champ pour Windsor.

Le lendemain tous les ministres se sont encore assemblés à midi, à l'office de lord Grenville, avec sir William Fauwcett, en qui l'on paraît prendre beaucoup de confiance. Ce conseil n'a fini qu'à quatre heures, et on en a expédié le résultat à Windsor.

Le bill de la milice de Londres fait l'objet de la censure et des plaintes les plus amères dans toutes les assemblées du peuple ; on l'a même vivement attaqué dans celle du 27 septembre, tenue à l'hôtel-de-ville. La motion y fut faite d'en suspendre l'exécution. Le lord-maire, treize aldermen et plus de deux cents députés furent témoins des longs débats auxquels donna lieu cette motion, qui finit par être rejetée.

Il paraît que lord Spencer n'a encore rien terminé avec le cabinet autrichien ; car le capitaine Buche, arrivé hier de Vienne chez l'envoyé de l'empereur, a annoncé que les négociateurs anglais devaient s'arrêter dans cette ville jusqu'au 24 du mois dernier. Le ministre impérial tiendra, le 20, un grand conseil, dans lequel il décidera quelle réponse définitive il doit donner : en attendant on continue d'envoyer quelques renforts à l'armée anglaise du continent.

Des lettres de Sheerness portent que, le 25 septembre, il y avait treize transports sur lesquels étaient embarqués, entre autres troupes, un détachement du régiment d'Oxford et des chevau-légers de la reine.

La nouvelle de la retraite du duc d'York au delà de la Meuse a occasionné une baisse considérable dans les fonds publics : elle a, pour ainsi dire, pesé sur le crédit ; elle l'a affaissé d'une manière si effrayante qu'il ne résisterait pas à deux ou trois secousses pareilles ; aussi le bruit commence-t-il à se répandre ici que le ministère, mécontent de la coalition, songe à concentrer des trois-royaumes toutes ses forces de terre, depuis qu'il les voit si mal secondées.

Suivant les dernières lettres d'Espagne, il est arrivé à Cadix une flottille chargée de 10 à 11 millions en espèces pour le compte du roi, et l'on attend incessamment dans le même port la flotte de Buénos-Ayres. Les Portugais ont été moins heureux ; des corsaires français ont pris, à ce qu'on assure, et conduit à l'Ile-de-France, le plus riche de leurs vaisseaux allant du Bengale à Lisbonne.

## HOLLANDE.

*La Haye, le 6 octobre.* — Le fils du stathouder est arrivé des frontières ; il est sur-le-champ reparti pour Nimègue.

Le quartier général des Anglais est dans cette dernière ville. Loin qu'il soit question de se porter en avant, on assure qu'il s'agit d'une retraite définitive.

Les Hessois et les Hanovriens couvrent la Gueldre ; c'est la place de Bommelers-Vaard qui présente aux Français le plus de facilité pour entrer dans la province : on fortifie cette place à la hâte ; mais plusieurs autres passages importants sont ouverts par la prise de Crévecœur.

La cour fait élever des retranchements sur plusieurs points des frontières hollandaises.

## RÉPUBLIQUE FRANÇAISE.

*Paris, le 7 brumaire.* — A mesure que l'on avance dans l'instruction du procès des membres du comité révolutionnaire de Nantes, l'opinion publique se prononce plus fortement. Les cruautés dont cette procédure offre chaque jour le hideux tableau semblent avoir communiqué à toutes les âmes une impression d'horreur et un désir de vengeance qui se manifeste dans tous les groupes et fait le sujet de toutes les conversations. On attend avec impatience l'issue de ce procès.

## SOCIÉTÉ
### DES AMIS DE L'ÉGALITÉ ET DE LA LIBERTÉ,
#### SÉANT AUX CI-DEVANT JACOBINS DE PARIS.
##### *Présidence de Crassous.*

###### PRÉCIS DE LA SÉANCE DU 5 BRUMAIRE.

Après la lecture de la correspondance, on lit le neuvième numéro de l'*Ami du Peuple*, dans lequel le rédacteur s'attache à prouver qu'il existe une différence essentielle entre l'opinion publique et l'opinion du peuple. (Vifs applaudissements.)

*Romme :* La Société a témoigné, par l'attention qu'elle a apportée à cette lecture, que les principes qu'elle entendait étaient les siens. Il est nécessaire de prendre tous les moyens de propager ce qui peut être utile à l'égalité. Je demande que le numéro soit distribué, à la prochaine séance, tant aux membres qu'aux citoyens des tribunes, et qu'il soit fait aujourd'hui une collecte pour en faire les frais.

*\*\*\* :* Je demande en outre que ce journal soit envoyé dans tous les départements et tous les districts.

*Romme :* Si la dernière proposition qui vous est faite était adoptée sans examen, elle pourrait prêter à la calomnie. Je suis persuadé que l'on regarderait l'envoi de ce journal comme un envoi fait en nom collectif, et personne n'ignore qu'on a imprimé que vous vouliez étouffer la loi. Il n'est pas nécessaire d'exposer la Société aux calomnies ; tenons-nous renfermés dans les limites que la sagesse nous prescrit, et confions entièrement la mesure qui vous est proposée aux soins et au zèle des patriotes.

*Massieu :* Je ne vois pas que la loi défende à une Société d'envoyer des imprimés à une autre : ce que nous voulons envoyer n'est pas l'ouvrage de la Société ; il ne sera signé par personne ; en un mot ce n'est qu'un simple envoi d'un objet capable de rallier tous les citoyens aux bons principes ; si l'on pensait que la loi fût blessée, je serais le premier à m'y soumettre.

*Terrasson :* Qu c'est la Société qui veut envoyer un imprimé, ou ce n'est pas la Société ; si c'est elle qui veut faire cet envoi, elle ne peut le faire qu'en nom collectif. Ce n'est pas l'objet qu'il faut considérer, mais l'opération : ou l'opération se fait au nom de la Société, donc elle se fait en nom collectif.... ( Ici des murmures très-violents interrompent l'opinant ; l'ordre du jour l'oblige de descendre de la tribune. )

La proposition de Romme est mise aux voix et adoptée.

Crassous donne une seconde lecture de la circulaire que la Société se propose d'envoyer à tous les amis de la liberté et de la république.

*Reisson :* Je demande que l'on fixe le plus promptement possible le jour où tous les Jacobins devront se signer.

Je demande ensuite qu'elle soit imprimée et affichée dans Paris, accompagnée de tous les noms des signataires. — Adopté sans réclamation.

— Boissel prend la parole sur l'instruction publique.

« L'objet de l'instruction, dit-il, est de rendre les hommes parfaitement démocrates, et de leur inspirer l'intérêt de la pratique des vertus. Rousseau a dit que, pour former une bonne république démocratique, il fallait avoir un peuple de dieux. Les anciennes instructions n'avaient fait que des loups, parce qu'elles avaient établi l'intérêt du vice ; elles avaient fomenté le combat continuel entre des hommes vertueux et ceux qui étaient dominés par leurs passions criminelles.

« L'homme dans l'état de nature appartient à lui-même et à la nature ; dans l'ordre social il doit être élevé par la société et pour la société ; et le grand avantage de ce dernier ordre de choses est que, s'il est obligé de se donner à la société pour opérer le bonheur de tous ses semblables, les autres se sont tous donnés pour opérer le sien. Sous ce point de vue, les instructions ont pour objet de perfectionner les facultés de l'âme et du corps de l'homme, et de diriger tous les membres de la société vers le désir de se rendre heureux l'un par l'autre. C'est en mettant ce principe en action que nous parviendrons à former un peuple de dieux. »

— Un membre commence par se plaindre de ce que la tribune de la Société reste déserte, et que l'esprit public est abâtardi ; il invite les Jacobins à faire en ce moment ce qu'ils ont toujours fait. Il passe ensuite à l'éducation : il pense que le défaut de l'éducation dans l'ancien régime consistait en ce qu'elle était isolée, et que l'on apprenait aux enfants à s'élever les uns au-dessus des autres, sans les former à la pratique des vertus. Pour réparer ce désordre, il lui semble qu'il faudrait rendre l'éducation commune.

Il prétend qu'en agissant ainsi ce n'est point attaquer le droit des parents, parce que les enfants appartiennent en premier lieu à la patrie. Il pense qu'il faudrait faire revivre les coutumes des Spartiates, parmi lesquelles il en trouve quelques-unes qui ont besoin de réforme, telle que l'institution des ilotes. Il termine en demandant que la Société mette à l'ordre du jour la discussion sur la question de savoir si l'éducation sera commune.

Un autre membre pense qu'il ne faut pas retirer d'abord les enfants de la société de leurs parents, et qu'il faut les y laisser pendant quelque temps pour recevoir d'eux l'instruction de l'exemple ; il invite les républicains à s'appliquer continuellement à faire germer et fructifier, par l'exemple qu'ils donneront à leurs enfants, l'amour de la liberté que la main de la nature imprime dans leur cœur. ( Applaudi. )

---

**TRIBUNAL CRIMINEL RÉVOLUTIONNAIRE.**

Depuis le 1er brumaire jusqu'au 4, le tribunal a instruit, dans la salle de l'Égalité, l'affaire de Pierre-Policarpe Pottofeux, ex-procureur général-syndic du département de l'Aisne.

L'acte d'accusation présente une somme de délits plus graves les uns que les autres. Pottofeux est désigné dans cet acte comme un ami intime de Saint-Just, comme complice de Robespierre. On l'accuse d'avoir comprimé par la terreur le département entier ; d'avoir fait incarcérer des patriotes ; d'avoir suborné des témoins par la crainte de la guillotine ; d'avoir contrarié la marche du gouvernement dans la défense des frontières ; d'avoir livré à l'ennemi des munitions de toute espèce ; d'avoir fomenté des insurrections , etc., etc., etc.

Neuf députés du département de l'Aisne ont attesté par leur signature la plupart des faits articulés dans l'acte d'accusation , et cinq membres du district de Laon ont appuyé par écrit ces dénonciations.

Beaucoup de témoins ont été entendus ; au nombre de ces témoins on compte cinq députés, quelques membres du département de l'Aisne, et des membres du district de Laon.

Il est résulté de l'instruction que Pottofeux est un parfait honnête homme , un excellent patriote, un ardent ami de la révolution , un ennemi de toutes les factions.

Quatre députés ont déclaré qu'ils n'avaient aucun reproche à faire à Pottofeux , tandis qu'une dénonciation signée d'eux était la pièce principale qui avait motivé l'acte de son accusation. Cette pièce, qu'ils ont dit avoir signée de confiance , ne tendait à rien moins qu'à envoyer un bon patriote à la mort.

Cinq membres du directoire du district de Laon, ayant su que Pottofeux était en état d'arrestation, se sont empressés d'écrire une circulaire aux communes de leur ressort, pour engager les habitants à déposer ce qui pouvait être à leur connaissance contre l'accuse. Cette circulaire n'a rien produit à sa charge ; plusieurs municipalités ont , au contraire, parlé en sa faveur.

Les cinq administrateurs du district ont écrit contre Pottofeux, incarcéré, une lâche diatribe au comité de sûreté générale ; et , loin d'annoncer au comité aucune lettre des communes qui le proclamaient patriote , ils ont brûlé la lettre de la commune de Bruyères, qui faisait plus particulièrement son éloge.

Cette conduite lâche et atroce a excité les murmures du peuple et l'indignation du président Lériget, de l'accusateur Soubozet et des jurés.

Le tribunal , sur le réquisitoire de l'accusateur public , a ordonné que le comité de sûreté générale sera instruit de la conduite des cinq administrateurs du district de Laon.

Les autres témoins ont , à l'unanimité, fait l'éloge du civisme et des lumières de Pottofeux.

Le jury s'est déclaré suffisamment instruit ; le substitut de l'accusateur public, Soubozet, a déclaré que, d'après les pièces et les débats , il se trouvait dans l'impuissance de défendre l'acte d'accusation.

D'après cette déclaration, Réal, défenseur de l'accusé, s'est abstenu de parler.

Le jury ayant prononcé , à l'unanimité , que les faits résultant de l'acte d'accusation ne sont pas constants, Pottofeux a été acquitté et mis en liberté.

Le président Lériget, après avoir prononcé ce jugement , a adressé à Pottofeux un discours auquel celui-ci a répondu avec beaucoup d'énergie et de dignité.

Le jugement, le discours du président et la réponse du citoyen Pottofeux ont été couverts d'applaudissements.

---

*Brûlement d'assignats.*

Le 9 brumaire, à dix heures du matin, il sera brûlé dans l'ancien local des ci-devant Capucines la somme de 9 millions 722,480 liv. en assignats, provenant de la vente des domaines nationaux et recettes extraordinaires, et à millions 727,320 liv. provenant des échanges ; ce qui forme la somme de 12 millions, laquelle somme, réunie aux 2 milliards 425 millions 688,000 liv., déjà brûlés, forme un total de 2 milliard 442 millions 688,000 liv.

---

## CONVENTION NATIONALE.

### Présidence de Prieur (de la Marne).

#### SUITE DE LA SÉANCE DU 6 BRUMAIRE.

RAFFRON : Citoyens, depuis plusieurs jours, et certes depuis trop longtemps, le tribunal révolutionnaire vous a fait connaître que l'instruction dans l'affaire de Nantes se trouvait arrêtée par l'importance des déclarations des accusés; qu'il était nécessaire que Carrier, notre collègue, intervînt aux débats ; que jusque-là ce procès horrible resterait suspendu; et en effet il reste suspendu.

Dans cet intervalle il s'est élevé une question très-raisonnable et très-importante : celle de savoir quelle forme doit être employée à l'égard des députés accusés de crimes. Vous avez chargé vos comités de vous présenter un mode ; je demande qu'ils s'acquittent très-promptement de ce devoir, attendu l'urgence ; la chose est très-pressée, sans doute ; le peuple atrocement outragé demande vengeance. Venger le peuple, c'est faire le premier, le plus essentiel acte de la justice sociale; il l'attend avec impatience, et n'a pas dissimulé sa douleur de voir siéger au milieu de vous un homme environné de si affreuses préventions.

La voix publique l'accuse d'atrocités qui font frémir, et outragent la nature et l'humanité; cent mille bouches déposent contre lui ; des accusés, des témoins même le chargent, et on est autorisé à penser que le comité de salut public a, sur les évènement des Nantes, des renseignements dont les détails doivent faire horreur.

Heureusement le temps n'est plus où on venait à cette tribune vous présenter de telles atrocités comme des *formes acerbes*; et si Barère a eu l'impudeur d'associer les cruautés féroces de Joseph Lebon aux immortels lauriers que nos braves défenseurs ont remportés à la bataille de Fleurus, sans doute, oui, sans doute, il ne sera pas imité, et Carrier ne trouvera pas un avocat aussi effronté.

Je demande donc que, séance tenante, vos comités vous présentent leur travail, qui doit se réduire, par rapport à Carrier, à un choix de pièces. A-t-il fui ou n'a-t-il pas fait les atrocités dont il est accusé? Tout se réduit là ; et que le tribunal reprenne sur-le-champ son activité pour mettre fin à cette horrible affaire, tout autre cessante; car il ne s'agit pas ici de généraliser la mesure ; ce travail pourrait entraîner des longueurs très-funestes.

C'est pour vous donner cet avis important que je suis monté à la tribune : la lenteur dans l'exercice de la justice enhardit le coupable et désespère l'innocent.

Je fais la même demande à l'égard de Joseph Lebon.

La priorité est accordée à la discussion du projet de décret.

Le rapporteur lit l'article 1er, conçu en ces termes :

« Toute dénonciation contre un représentant du peuple sera portée ou renvoyée aux trois comités de salut public, de sûreté générale et de législation. »

Cet article est adopté.

Le rapporteur lit l'art. II.

« II. Si les trois comités pensent qu'il doit être donné suite à la dénonciation, ils viendront déclarer à la Convention qu'il y a lieu à examen. »

CADROY : Il me semble que la latitude donnée aux trois comités est injurieuse à la souveraineté du peuple. Je ne veux pas que les comités puissent laisser ensevelies dans leurs cartons les dénonciations dont ils ne voudront pas rendre compte.

D'après l'article, il s'ensuivrait que, si les comités ne pensent pas qu'il y ait lieu à examen, ils ne viendront pas le déclarer à la Convention. Voyez quelle latitude et quelle durée vous donnez au soupçon. Le peuple n'aurait-il pas le droit de se plaindre, si vous laissiez vos comités les arbitres absolus des dénonciations portées contre des représentants du peuple? Il n'y a que la Convention qui puisse tranquilliser le peuple et faire taire le soupçon.

Je demande que, dans le cas de l'article II, les comités viennent faire un rapport, dans lequel ils déclareront s'il y a ou n'y a pas lieu à examen.

ALBITTE : Comme la représentation nationale est ce qu'il y a de plus respectable sur la terre, il faut examiner avec la plus scrupuleuse attention les dénonciations portées contre quelques-uns de ses membres.

Ce n'est pas toujours le peuple qui dénonce ; c'est plus souvent l'intrigue. On s'empare de chaque évènement pour lui donner la couleur de ses passions. N'est-il pas arrivé d'ériger en vertu dans une circonstance ce que dans une autre on érigeait en crime ?

Il faut prendre des mesures pour faire respecter et honorer la Convention ; il faut qu'on ne puisse déverser sur tous le soupçon d'un crime imputé à un seul. Le projet de décret ne me paraît pas complet ; il faut que le premier article dise que la dénonciation portée contre un représentant du peuple lui sera communiquée.

Quant à l'article II, vous ne pouvez accorder à vos comités une demi-confiance. Si la dénonciation est grave, ils viendront vous en faire part ; ne leur faites pas l'injure d'en douter ; mais si l'accusation est vague ou absurde, pourquoi ne leur pas donner le droit d'en juger? N'est-ce pas faire un grand mal à la chose publique que d'occuper toujours le peuple de dénonciations? Voulons-nous avoir l'estime du peuple ; commençons par nous estimer nous-mêmes.

Je pense qu'il est inutile d'obliger les comités à déclarer qu'il n'y a pas lieu à examen ; le principe énoncé dans l'article II me paraît suffisant.

GOUPILLEAU (de Fontenay) : Je m'oppose aussi à l'amendement de Cadroy. On a prétendu qu'on laissait trop de latitude aux trois comités, qu'ils pourraient laisser ensevelies dans leurs cartons des dénonciations qui leur seraient portées ; mais je le prie d'observer que, d'après l'article 1er, toute dénonciation sera portée ou renvoyée aux trois comités. Le dénonciateur a toujours le droit d'apporter sa dénonciation à la barre ; la Convention a le droit d'en demander compte aux comités. Si vous adoptiez l'amendement qu'on vous propose, je soutiens qu'avec 1 million Pitt ferait dénoncer successivement tous les membres de la Convention, et tous les jours la tribune ne serait occupée que par les rapports sur cet objet.

DOBEM : J'appuie l'article II par toutes les observations qui ont été déjà énoncées, et j'ajoute : par tous les principes de la démocratie. Le peuple français a pour but l'anéantissement des tyrans. Nous appelons donc sur nos têtes l'animadversion et les haines des ennemis de la liberté, surtout ceux de nous qui ont montré depuis cinq ans le plus de zèle et d'énergie pour la défendre. Il est évident qu'avec l'amendement proposé les comités et la Convention seraient exclusivement occupés de dénonciations contre tous ses membres, et toutes plus ridicules les unes que les autres. Il n'y a pas un représentant envoyé en mission qui n'ait été dénoncé, accusé ; par qui ? par les tyrans, les aristocrates qu'ils ont combattus. Ils ne tiennent pas à la vie, sans doute, ils seront toujours prêts à donner leur tête pour sauver le peuple. Il est sur les dénonciations des principes que je puise dans les anciennes constitutions démocratiques. Chez toutes la dénonciation était sacrée, mais le dénoncé avait une garantie contre le dénonciateur, et il y avait une peine contre celui qui portait une fausse dénonciation. (On applaudit.) Je dis donc que si, dans des démocraties ordinaires, il y avait une garantie de citoyen à citoyen, à plus forte raison doit-elle exister dans une démocratie démocratique... (On rit.) Oui, dans une démocratie représentative, comme la nôtre, où quelques hommes portent tout le fardeau et appellent sur eux toutes les haines, il faut établir la moralité du dénonciateur.

Je voudrais bien voir un chevalier du Poignard accuser un représentant du peuple pour des actes révolutionnaires ! Je voudrais bien voir un gouverneur de la Bastille dénoncer les patriotes qui l'ont prise ! Je voudrais bien voir des brigands de la Vendée venir dénoncer... (on murmure) ceux qui les ont poursuivis ! Il faut qu'un représentant dénoncé puisse dire au dénonciateur : « Tu es un ennemi de la liberté, j'en suis l'ami ; tu ne peux témoigner contre moi. » C'est comme si les Prussiens venaient dénoncer nos soldats qui les battent. Il faut donc une garantie, il faut la moralité du dénonciateur ; il faut une peine contre la fausse dénonciation. Je voudrais qu'un représentant du peuple, jeté au milieu des ennemis de la révolution, obligé de recourir à tous les moyens pour sauver la patrie, pût obliger ses accusateurs à prouver qu'ils ont, pour elle, fait autant que lui. (Nouveaux murmures.)

Je dis donc que l'article II doit être adopté. Les comités écarteront les dénonciations absurdes ; c'est déjà un commencement de garantie en faveur du dénoncé. J'insiste toujours pour la moralité du dénonciateur. J'ai vu dans une constitution grecque qu'un homme qui n'était pas bon citoyen, bon mari, bon père, ne pouvait être admis à dénoncer ; nous devons prendre les mêmes précautions que ces peuples qui, pendant plusieurs siècles, ont joui de la liberté.

CLAUZEL : Je suis d'accord avec Duhem qu'il faut un triple rempart pour garantir la Convention contre la calomnie. Je pense comme lui qu'il n'y a pas un représentant du peuple qui, s'il a fait son devoir, n'ait pour ennemi tous ceux de la liberté ; mais il est tombé dans une erreur : il a dit que tous les représentants du peuple envoyés en mission ont été dénoncés, calomniés. S'il avait consulté les bureaux du comité de sûreté générale, il aurait vu que c'est là moindre partie. (On applaudit.) Quant à la proposition de Cadroy, je la combats, parce que la Convention est toujours la maîtresse de se faire rendre compte d'une dénonciation. J'appuie l'article.

BENTABOLE : Quoique le projet du comité soit bon en général, il n'en est pas moins vrai qu'on peut l'améliorer. On a proposé trois moyens ; j'en appuie deux, j'en combattrai un. La première proposition, c'est que, lorsque les comités auront reçu une dénonciation, ils soient tenus d'en faire le rapport. Je soutiens qu'on ne peut, sans contrarier tous les principes, repousser cette proposition. En effet, si une dénonciation est portée dans les trois comités, qui sont déjà une grande partie de la représentation nationale, il faut que le dénoncé soit lavé du soupçon.

En vain dira-t-on qu'il ne tiendra qu'à Pitt de faire dénoncer tous les membres de la Convention. Il y a

un bon moyen de le déjouer : c'est d'adopter la mesure d'Albitte, de communiquer au dénoncé copie de la dénonciation ; alors il combattra le dénonciateur. La loi porte peine de mort contre le faux témoin ; étendez-la aux faux dénonciateurs. Pitt aura beau prodiguer l'or ; quand il s'agira de la tête, il ne trouvera plus d'agents. A l'égard de la proposition faite pour établir une espèce de barrière par la perquisition sur la moralité du dénonciateur, on a invoqué la législation de Sparte, d'Athènes ; mais c'étaient de petites républiques où tout le monde se connaissait. Cette perquisition pouvait s'y faire ; elle est impossible dans un pays comme la France.

Votre justice criminelle, depuis la révolution, est fondée sur cette grande institution des jurés, dont les anciens n'avaient point connu le mérite. C'est la fonction des jurés qui est la sauvegarde des citoyens ; le peuple les a nommés, c'est en connaissance de leur moralité. En vain demande-t-on cette moralité avec tant de chaleur ; tout cela est pour avoir un moyen de repousser tel ou tel témoin. Lorsqu'on a vu, dans des prétendues conspirations de prisons, recevoir le témoignage de scélérats pour faire égorger deux cents ou trois cents personnes, comment feront les jurés si vous leur prescrivez des règles pour savoir à quels témoins ils doivent s'en rapporter ? Quels seront les brevets avec lesquels on pourra venir en justice sans être repoussé comme un scélérat ! Que Duhem se rappelle qu'à une autre époque il a dit que la conscience des jurés patriotes est la sauvegarde de l'innocence.

THURIOT : Bentabole a détruit dans la seconde partie de son opinion ce qu'il avait avancé dans la première. Loin de nous l'idée que ce soit à des circonstances particulières que l'on doive cette loi générale ! Rappelez-vous l'époque où les représentants du peuple furent envoyés en mission. Ils furent calomniés, dénoncés. On a dit que ç'avait été une très-petite partie ; je soutiens que presque tous l'ont été, tous ceux qui ont fait le bien. Ne nous dissimulons pas que l'on ne peut prendre trop de précautions pour garantir la représentation nationale. On l'a dit, je le répète : la Convention est comme en état de siége à l'égard des puissances coalisées. Duhem vous a dit des vérités garanties par l'histoire. En quel état serait la représentation nationale si nous sommes à la discrétion des fripons ? Que veulent principalement vos ennemis ? l'avilissement de cette représentation. Si vous l'empêchez de faire des lois salutaires, le peuple parviendra à se dégoûter et à nommer une autre représentation, qui, n'ayant pas la même expérience, laisserait de nouveau le champ libre à l'intrigue, et bientôt des scélérats rétabliraient la royauté. Car, soyez-en sûrs, il est des hommes qui ont encore le projet de rétablir la royauté en France. Maintenez avec courage le règne de la justice ; une représentation ne peut s'immortaliser que par les lois et les vertus. N'oubliez pas que des représentants se sont dévoués pour vous. Nourrissez le patriotisme. Est-ce qu'on s'est pu dissimuler que les caractères des dénonciations varient à l'infini ? Il en est qui prennent un caractère grave aux yeux de l'homme qui n'a pas médité les principes et réfléchi sur les révolutions. Souffrirez-vous qu'on vienne à chaque séance vous affliger de dénonciations ? Non, vous ferez tout pour sauver la nation française. Au moment où vous vous occuperiez de fausses dénonciations, qu'arriverait-il ? la malveillance se remuerait pour intriguer. D'ailleurs les faux dénonciateurs seraient punis, ne seraient plus en France, lorsque vous auriez à prononcer sur la dénonciation. Si les cinquante membres au moins qui composent les comités ne voulaient pas vous en rendre compte, est-ce que les membres de la Convention ne se lève-raient pas pour le demander ? Mais si les dénoncia-teurs sont des hommes pervers, qui ont servi le royalisme, l'aristocratie, le fédéralisme, les comités mettront-ils en balance l'honneur d'un représentant du peuple avec l'animosité de ses vils ennemis ? Je suis pourtant loin de penser qu'il faille s'occuper dès à présent des propositions de Duhem. Il faut les mû-rir par la réflexion.

Il est une hypothèse dont Bentabole n'a pas parlé ; c'est celle-ci : dans le cas où la dénonciation tiendrait à une branche de conspiration qu'il fallût poursuivre, viendra-t-on le déclarer publiquement à la Convention avant d'avoir pris les mesures né-cessaires pour arrêter tous les complices? Voudriez-vous qu'on fît indiscrètement cette déclaration sur la dénonciation d'un coquin qui peut-être est du complot ? Ce que vous feriez pour la sûreté particu-lière de chaque citoyen, pourquoi ne le feriez-vous pas pour la représentation nationale? Je demande que l'article 11 soit mis aux voix.

Guyomard insiste pour que les comités déclarent toujours qu'il y a lieu ou non à examen.

Après quelques débats, la Convention ferme la discussion.

Albitte reproduit son amendement, qui est que la dénonciation soit communiquée sur-le-champ au dénoncé.

Tauriot : Il y a des circonstances où l'on ne peut la communiquer sur-le-champ. Il faut mûrir cette idée.

Le Rapporteur : Il n'y a pas d'inconvénient à décréter que cette communication sera faite avant que les comités viennent faire leur déclaration.

Cet amendement est ainsi décrété.

L'article II est décrété ainsi qu'il suit, sans amen-dement :

« Si les trois comités pensent qu'il doit être donné suite à la dénonciation, ils déclareront à la Conven-tion nationale qu'ils estiment qu'il y a lieu à examen.

Bourdon (de l'Oise) : Je propose, par article ad-ditionnel, que les faux dénonciateurs seront envoyés au tribunal révolutionnaire pour y subir la peine portée contre les calomniateurs.

On demande le renvoi aux comités.

Pelet : En donnant aux représentants du peuple une garantie lorsqu'il s'agira de prononcer sur les accusations qui auront été faites contre eux, vous n'avez pas voulu sans doute que le crime restât im-puni. (On applaudit. ) Quoi ! la représentation na-tionale de France craint la calomnie! Quoi! cette re-présentation nationale qui fait trembler l'Europe, qui a châtié un million d'aristocrates, s'occupe, au lieu de mettre au jour toutes ses actions, de se ga-rantir des effets de la calomnie ! Que doit penser de nous l'univers qui nous contemple ? Je sais que plusieurs de nos collègues ont été calomniés ; mais la Convention nationale, en décrétant qu'ils avaient toujours sa confiance, les a vengés des calomnia-teurs. Je le dis avec franchise, citoyens, les motifs qui dirigent cette discussion ne sont pas dignes de la Convention.

Citoyens, on vient de dire à cette tribune que ceux qui, dans les départements, avaient le mieux servi la patrie, étaient ceux qui avaient le plus souffert de la calomnie. C'est une erreur bien grande; car il faudrait en conclure que le représen-tant impliqué dans l'affaire des Nantais est celui qui a rendu de plus grands services à la république. Il existe dans le Code pénal un article contre les ca-lomniateurs; un représentant du peuple ne doit pas avoir une autre garantie que celle qui est accordée à tout citoyen. Je demande la question préalable sur la proposition de Bourdon (de l'Oise).

On demande le renvoi de l'article proposé par Bourdon aux trois comités réunis.

*** : J'avais lieu de penser que, d'après l'article qui vient d'être adopté, on aurait renoncé à la loi contre les calomniateurs de la Convention. Quoi! vous venez de donner aux trois comités la faculté de venir déclarer qu'il n'y avait pas lieu à examiner une dénonciation faite contre un représentant du peuple, et vous demandez une loi contre les calom-niateurs! Mais, pour que la peine fût appliquée, il faudrait qu'un jugement d'un tribunal déclarât qu'un tel a calomnié tel représentant du peuple ; et par l'article que vous venez de décréter vous avez proscrit toute espèce d'instruction judiciaire lorsque les comités viendront déclarer qu'il n'y a pas lieu à examen. Vous voyez qu'il y a une contradiction sensible. D'après cela, j'appuie la question préalable sur la proposition de Bourdon.

On demande de nouveau le renvoi aux trois co-mités.

Tallien : Je crois que cette question est assez importante pour être discutée. Il faut d'abord établir une distinction dans l'article qui vous est proposé ; car si vous laissez subsister le mot générique de *calomniateurs*, vous vous couvrez d'une espèce d'in-violabilité, sous l'égide de laquelle viendront se ranger des hommes perdus de crimes. Sans doute il faut que la représentation nationale soit respec-tée ; mais pour qu'elle le soit, il faut que les hommes immoraux et criminels qu'elle pourrait renfermer puissent être poursuivis, et l'article de Bourdon fermerait la bouche aux hommes même courageux qui auraient des vérités à révéler, dans la crainte que l'intrigue ne les fît ranger dans la classe des calomniateurs. Lorsqu'il s'agira d'une accusation contre un représentant du peuple, il faudra appor-ter à son examen la plus grande attention ; mais l'article qui vous est proposé blesse les principes. J'ai entendu dire à un homme qui avait de grandes vues politiques, à Loustalot, que, si la calomnie devait être réprimée à l'égard d'un individu, elle devait en quelque sorte être permise à l'égard d'un fonctionnaire public.

Duhem : Danton le disait aussi.

Tallien : Danton a pu être coupable, mais il a proclamé des principes qu'on peut rappeler, parce que les principes ne changent jamais ; il n'y a que les hommes qui changent ; et puisqu'on m'a inter-rompu, je relèverai ce qu'on a dit ici il y a quelque temps ; on a dit qu'on avait pris la défense de Ca-mille Desmoulins, qu'on voulait le faire passer pour un martyr de la liberté, et...... ( A la question! s'é-crient plusieurs membres. )

Je reviens à la question. Si vous adoptiez l'article qui vous est proposé, vous donneriez des armes contre vous aux malveillants, qui ne manqueraient pas de dire au peuple que vous voulez étouffer les vérités qu'on pourrait vous dire. (On applaudit.)

Oui, l'homme qui viendra faire une fausse dé-nonciation contre un représentant du peuple, dans le dessein d'avilir la représentation nationale, doit être poursuivi; mais il faudra à cet égard détermi-ner d'une manière bien précise les cas dans lesquels ce faux dénonciateur devra être puni ; il faudra les déterminer de manière à ne pas éloigner de vous la vérité; de manière à ne point recréer la tyrannie d'un comité dominateur; de manière à ce que les hommes investis du plus grand pouvoir puissent être dénon-cés quand l'intérêt public l'exigera; de manière à ce que les hommes qui tiennent entre leurs mains la vie et l'honneur des citoyens puissent être dénoncés quand ils porteront atteinte à la liberté publique, quand ils attaqueront la vie et l'honneur d'un citoyen ; de manière à ce que les hommes qui sont à la tête des administrations publiques et qui régissent les finances de la république puissent être à chaque instant surveillés; de manière enfin à ce que nous puissions toujours nous présenter au peuple avec le caractère de pureté qui lui convient.

Dans les lois émanées de la Convention nationale, il ne doit y avoir rien qui puisse prêter à l'arbitraire, rien qui puisse empêcher l'homme probe de révéler des vérités qu'il croira utiles à son pays.

Je le répète, citoyens, il faut examiner le principe de Loustalot : il n'y a que les petits hommes qui puissent redouter les petits écrits. Il faut que nous nous élevions à la hauteur qui nous appartient; il faut que tous les membres de cette assemblée soient bien convaincus que les libelles ne peuvent pas les atteindre. Citoyens, ne donnons pas à nos ennemis des armes contre nous, et l'occasion de calomnier nos intentions ; que les fonctionnaires publics soient sans cesse ramenés à leur devoir par la voix du peuple.

Je demande la question préalable sur l'article proposé par Bourdon ( de l'Oise ), en ce qui regarde les calomniateurs, et le renvoi du surplus aux trois comités, pour déterminer dans quel cas les avilisseurs de la Convention devront être punis.

DUROY : Je suis d'accord avec Tallien lorsqu'il dit que plus la question est grande, plus elle doit être examinée. Je partirai des mêmes détails qu'il vous a donnés pour vous demander le renvoi aux trois comités.

Je conviens avec lui que la Convention est exposée à la calomnie de tout ce qu'il y a d'impur dans la république. On doit convenir aussi que l'intention de ces hommes infâmes est d'entraver la marche de la Convention en attaquant individuellement chacun des membres qui la composent. C'est sous ce point de vue, c'est-à-dire pour obvier à de pareils dangers, que je demande le renvoi aux trois comités.

*Plusieurs voix :* Le renvoi !

BOURDON (de l'Oise) : Tallien a créé une chimère pour la combattre. Je n'ai pas demandé de peine contre ces êtres immoraux, ces libellistes qui inondent Paris de leurs pamphlets ; j'ai seulement voulu assurer une garantie à la représentation nationale. Tallien est convenu qu'il fallait que l'homme qui se permettait une fausse dénonciation, dont l'effet eût été de conduire à l'échafaud le représentant qui en était l'objet, si elle eût été fondée sur la vérité; Tallien, dis-je, est convenu qu'un tel homme devait être puni, et c'est tout ce que j'ai proposé. (On réclame le renvoi.) Il est bien certain que, quand un ou plusieurs citoyens se présentent pour dénoncer un représentant du peuple, ils font un grand acte de vertu, ou bien une grande injure au peuple qui a nommé ce représentant qu'ils attaquent méchamment. Voilà le véritable point de vue sous lequel on doit envisager ma proposition; et si le préopinant l'avait bien entendue, il ne l'aurait pas combattue.

On réclame de nouveau le renvoi; il est décrété.

*Observation faite par Delmas à la suite des nouvelles lues dans cette séance.*

DELMAS : Citoyens, c'est ici le moment de répondre à quelques individus qui disent, hors de cette enceinte, que le projet du gouvernement est de faire rétrograder les armées sur notre territoire pour faire la paix. Je réponds que les événements prouvent que les armées et ceux qui les dirigent ne sont pas dans la confidence. (On applaudit.)

La séance est levée à quatre heures et demie.

---

On lit les pièces suivantes :

*Pichegru, général en chef de l'armée du Nord, au président de la Convention nationale.*

Au quartier général, à Puszhich, le 20 vendémiaire, l'an 3e de la république une et indivisible.

« Citoyen président, j'ai reçu le drapeau que la Convention nationale a envoyé à l'armée du Nord. Je voulais d'abord vous en accuser la réception et exprimer la reconnaissance de cette armée ; mais les braves qui la composent m'ont observé qu'il ne fallait en faire mention qu'en vous en renvoyant un autre. Ils n'ont pas tardé à se le procurer ; un hussard du 9e régiment le porte ; c'est une portion du résultat d'une petite affaire qui a eu lieu hier entre la Meuse et le Wahal, dans laquelle nous avons pris quatre pièces de canon, six cents prisonniers ; trois cents émigrés ont été taillés en pièces, et soixante-neuf viennent d'être emmenés au quartier-général ; ils ne tarderont pas à subir le sort qui leur est réservé. Vive la république! vive la Convention! »

« Signé PICHEGRU. »

On applaudit. — Insertion au Bulletin.

*L'administration du département de la Côte-d'Or à la Convention nationale.*

« Avant la révolution du 10 thermidor, quelques hommes rassasiés de crimes et couverts d'opprobre avaient usurpé les droits du peuple en feignant de les défendre.

« La Convention nationale, digne du peuple qu'elle représente, a voulu ; et ils sont rentrés dans le néant.

« Alors les principes ont pris la place des mots ; le véritable souverain a reconquis ses droits, et toutes les vertus remplaçant tous les crimes ; les vrais patriotes ont conçu l'espoir de voir bientôt la prospérité succéder au malheur.

« Ce nouvel ordre de choses devait déplaire à tous ceux pour qui l'anarchie est un brevet d'impunité ; aussi ont-ils fait de nouveaux efforts pour diriger, par la calomnie, l'opinion publique contre la Convention nationale, fléau redoutable des conspirateurs, des intrigants et des fripons.

« Pour confondre leur imposture, étouffer leur voix audacieuse et criminelle, et ranimer le courage des hommes de bien, la Convention a proclamé, dans une Adresse solennelle, les principes qui la dirigeaient, et le peuple, éclairé par l'expérience, a reconnu que les principes de la Convention étaient ceux que la nature et la vérité avaient gravés dans son cœur en traits ineffaçables..... O Liberté ! divinité chérie des Français, tes autels ne seront plus souillés par le souffle impur des partisans de la licence, la plus cruelle et la plus dangereuse ennemie.

« Parisiens ! vous qui depuis 1789 avez eu à combattre tous les tyrans et à abattre toutes les tyrannies, à dévoiler toutes les factions, vous venez de mettre le comble à votre gloire par l'assentiment général que vous avez donné aux principes rappelés par la Convention, et vous êtes dignes d'être la garde avancée qui veille à ce dépôt sacré. Si quelques téméraires, emportés par la fureur anarchique, osaient porter une main sacrilège sur la représentation nationale, sonnez l'alarme, et à l'instant nous accourrons nous joindre à vous pour faire de nos corps un rempart à la Convention nationale, et faire triompher ses principes, qui sont ceux des vrais républicains.

« Fait et arrêté à Dijon, en séance publique, le 1er brumaire, l'an 3 de la république, une et indivisible.

« Pour copie :

« Signé VAILLART. »

La Convention nationale ordonne la mention honorable de cette Adresse, et l'insertion en entier au Bulletin de correspondance.

— Dubois-Dubay fait rendre le décret suivant:

« La Convention nationale, après avoir entendu le rapport de son comité des secours publics, décrète que, sur le vu du présent décret, la trésorerie nationale paiera au citoyen Dominique Houlette, soldat volontaire au 10e bataillon d'infanterie légère de l'armée du Nord, qui a perdu un bras des suites de ses blessures, la somme de 300 liv., imputable sur la pension à laquelle il a droit. »

### Letourneur au président de la Convention nationale.

Paris, le 7 brumaire, an 3°.

« Veuillez bien, citoyen président, faire agréer à la Convention l'hommage du livre que je viens de composer sous ce titre : *La Guerre de la Vendée et des Chouans*.

« J'ai mis au grand jour ce que la France a tant d'intérêt à connaître sur ces deux plaies politiques, c'est-à-dire leurs causes productives, les vices qui les alimentent, et leur vrai mode de destruction.

« J'y ai joint un recueil de pièces originales, où quelques généraux contre-révolutionnaires trouveront la conviction complète de leur scélératesse, et où le voile dont les coquins avaient enveloppé ce mécanisme de tyrannie est déchiré sans ménagement.

« Puissent mes concitoyens ne trouver dans cet ouvrage que le sentiment qui l'a dicté, l'amour sincère de la félicité publique !

« *Signé* LETOURNEUR, *représentant du peuple, député par le Morbihan.* »

Mention honorable, insertion au Bulletin.

LAKANAL, au nom du comité d'instruction publique : Citoyens, ce n'est pas assez d'avoir assuré le triomphe de la liberté publique par l'énergie de votre courage et l'ascendant de vos lumières; vous voulez transmettre cette importante conquête à vos enfants; mais ce serait leur léguer un stérile bienfait que de ne pas chercher à leur en garantir la durée. De là naît pour vous le besoin de les préparer par des lumières à conserver cette liberté, fruit des longs efforts et des sublimes travaux de leurs pères; de là la nécessité de l'instruction.

Un peuple éclairé doit se maintenir libre; et comment pourrait-il avoir la faiblesse de traîner des fers, s'il peut se faire une juste idée de l'homme, s'il voit un tyran avec toute l'horreur qu'il inspire?

L'ordre social est fondé sur les lois; les lois s'appuient sur les mœurs; les mœurs s'épurent et se conservent par l'éducation; l'instruction et l'éducation doivent donc marcher ensemble et se prêter un appui mutuel; car, a dit un philosophe célèbre, on ne forme pas l'homme en deux temps.

En renversant la tyrannie, le premier pas à faire, c'est de répandre les lumières; sans elles le froid inactif de l'ignorance gagnerait bientôt jusqu'aux extrémités du corps social, et vous auriez amené les Français à cet état de dégradation où voulait les réduire un des visirs que nous nommions ministres, lequel se flattait que bientôt on n'imprimerait en France que des almanachs.

Il est temps sans doute de pourvoir à l'un des besoins les plus essentiels et les plus négligés de la république; hâtons-nous d'établir l'enseignement, mais sur un plan plus national, plus organique, plus digne, en un mot, de nos futures destinées.

Telles ont été les vues du comité et les intentions qu'il s'est attaché à remplir.

Il est question ici de l'enfance : les écoles primaires doivent s'introduire en quelque sorte dans la société. Notre système de placement est fondé sur les observations faites par les hommes qui ont le plus médité sur l'économie sociale; ils ont démontré que les enfants, depuis six jusqu'à treize ans, forment environ le dixième de la population. En établissant une école primaire par mille habitants, l'instituteur aura environ trente élèves; Rousseau n'en voulait qu'un.

Le bon Rollin pensait que c'était assez de réunir cinq élèves sous un même instituteur.

Placer l'instructeur à la portée des enseignés, lui imposer des fonctions qui ne dépassent pas la mesure de ses forces physiques, économiser tout à la fois les instituteurs et les finances de la république, tels sont les avantages que nous a paru réunir notre système de placement : la population plus ou moins pressé à déterminé quelques modifications.

Ces établissements, pour opérer tout le bien qu'on doit s'en promettre, ne doivent être confiés qu'à des hommes éclairés et vertueux; il faut y appeler le mérite, et en repousser l'intrigue et l'immoralité.

Nous vous proposons d'établir près de chaque administration de district un jury d'instruction. Il est nécessaire d'entrer dans quelques détails sur cette institution nouvelle.

Figurons-nous, sur un espace aussi étendu que la France, vingt-quatre mille écoles nationales, avec près de quarante mille instituteurs ou institutrices: dans ces écoles peuvent recevoir l'instruction première et commune environ trois millions six cent mille enfants.

Voilà un établissement immense et tout à fait national; sa dépense en salaires, prix d'émulation, bâtiments, sera la plus forte que la république ait à soutenir en temps de paix. Peut-on nier que cet établissement ait besoin d'être administré dans sa tenue morale, et surveillé dans la manière dont sera exécuté le genre de service qu'on lui demande? De là l'institution dans chaque district d'un jury d'instruction, composé de trois personnes, et qui se renouvelle. Un jury par département n'aurait pas suffi, et sa surveillance n'eût été qu'illusoire. Si au jury de district on préférait l'administration des corps municipaux, il en résulterait une complication dont l'accroissement serait dans le rapport de cinq cents, qui est le nombre à peu près des districts, à quarante-deux mille, qui est celui des municipalités. Chaque commune voudrait avoir au moins une école, et les fonds publics qu'on peut y destiner, quelque considérables qu'on les suppose, ne pourraient suffire à cette augmentation; d'ailleurs les grandes communes seraient bien pourvues, celles des campagnes le seraient mal, ce qui ne s'accorde pas avec l'égalité républicaine; enfin les écoles seraient plutôt communales que nationales, ce qui est moins favorable à l'unité et à l'intégrité d'une association politique. Les jurys d'instruction doivent agir de concert avec les administrations de district, et correspondre à un point central supérieur, la commission exécutive de l'instruction. Ce principe ne peut pas être attaqué par les amis de l'unité de la république.

Ce n'est peu de monter un grand établissement; il faut provoquer les hommes capables de le remplir. Nous avons dû prévoir que des intrigants travailleraient à supplanter les instituteurs, que des malveillants s'efforceraient de les dégoûter de leurs fonctions, que des hommes prévenus ou séduits élèveraient surtout contre eux des plaintes vagues ou mal fondées. Toutes les précautions sont prises pour repousser d'injustes attaques, pour imposer silence à toutes les voix calomnieusement accusatrices. D'un autre côté, trois motifs puissants appelleront l'homme vertueux et éclairé aux pénibles fonctions d'instituteur national : un traitement qui le fasse subsister dans une médiocrité honorable et républicaine; l'espoir que nous lui donnons d'une retraite paisible et aisée dans les années reculées de la vieillesse; enfin son inscription dans la liste des fonctionnaires publics.

La disposition qui porte l'égalité des salaires pour les instituteurs sur tous les points de la république peut avoir une grande influence sur les progrès de l'amélioration sociale. L'intention du comité n'a pas été de réduire celui qui vit chèrement dans les villes au traitement de celui qui habite la campagne. Ce n'est pas au minimum qu'on a voulu placer l'égalité, c'est au maximum. On a proposé de donner à l'instituteur des campagnes autant qu'à celui des villes : cette vue a paru morale et d'une bonne politique. Tant de motifs attirent les talents et les lumières dans les grandes villes, qu'il est bon d'en repousser une partie au milieu des champs par l'attrait d'une existence aisée; alors seulement je verrai l'égalité dans l'instruction. Serait-elle réelle, en effet, si les hommes et les femmes chargés de la distribuer dans les campagnes n'y étaient retenus que par leur infériorité et l'impossibilité d'être mieux placés ailleurs ?

La fixation des objets d'enseignement qui conviennent au premier âge n'était susceptible aujourd'hui d'aucune difficulté. L'éducation, il faut l'avouer, n'a guère été jusqu'à présent qu'un enseignement littéraire : il fallait en agrandir la sphère et lui faire embrasser la partie physique et morale de l'éducation comme les facultés purement intellectuelles, les talents industriels et manuels comme les talents agréables ; car en vain l'âme est forte si le corps est sans vigueur. « Il faut, dit l'ingénieux et naïf Montaigne, donner à l'esprit un valet robuste. » La véritable instruction s'occupe de tout l'homme, et même, après avoir cherché à perfectionner l'individu, elle essaie d'améliorer l'espèce. C'est aux bons livres élémentaires et à des ouvrages capables de guider les instituteurs qu'il est donné d'atteindre toutes les fins de l'instruction publique. Les ouvrages envoyés jusqu'ici au concours ouvert pour cet objet n'ont pas encore rempli vos vues ; en général, les auteurs ne se sont pas contenus dans les limites du travail qui leur était demandé, de telle sorte que ces divers ouvrages n'empiétassent pas les uns sur les autres, qu'il n'en manquât aucun d'utile, et que tous ensemble pussent offrir un système complet d'enseignement national.

Les citoyens qui ont travaillé pour ce concours ont généralement mêlé des objets très-différents, des *élémentaires* avec des *abrégés*. Resserrer, coarcter un long ouvrage, c'est l'abréger ; présenter les premiers germes, et en quelque sorte la matrice d'une science, c'est l'élémenter. Il est facile de faire un abrégé de Mézeray, tandis qu'il faudrait un Condillac pour faire des éléments de l'histoire. Ainsi, l'abrégé, c'est précisément l'opposé de l'élémentaire ; et c'est cette confusion de deux idées très-distinctes qui a rendu inutiles pour l'instruction les travaux d'un très-grand nombre d'hommes estimables qui se sont livrés, en exécution de vos décrets, à la composition des livres élémentaires. Quoi qu'il en soit, la nation ne sera pas longtemps frustrée du grand bienfait des livres élémentaires ; le comité a pris toutes les mesures pour en assurer la prompte publication. Il a interrogé le génie ; sa réponse sera prompte et digne de vous et de lui.

Il restait un dernier objet à examiner ; je parle des moyens d'entretenir dans les écoles nationales cette émulation généreuse qui fait éclore les talents, les vertus, les belles actions, et sans laquelle le génie le plus heureusement né ne produit rien de grand. Votre comité a vu tous ces avantages se réunir dans la célébration de la fête de la Jeunesse.

Là, en présence du peuple, juge tout à la fois et spectateur, des prix d'encouragement seront distribués aux élèves ; là encore seront solennellement proclamés habiles à exercer des fonctions publiques ceux de nos jeunes citoyens qui, n'ayant pas suivi les écoles nationales, seront néanmoins jugés suffisamment instruits dans les différentes parties de l'enseignement national. Car vous voulez concilier ce qu'on doit à la société avec le droit imprescriptible et sacré qu'a tout tout homme libre d'instruire lui-même son fils et de façonner à la vertu son âme neuve et docile.

Je finis par une réflexion nécessaire. La France ne gémirait pas aujourd'hui sur le vide d'instruction publique, la patrie ne serait pas alarmée sur le sort de la génération qui nous recommence, si les principales bases du plan que nous vous présentons n'avaient pas été rejetées dans la séance du 1er juillet dernier (vieux style), sur la motion de Robespierre : il avait ses vues pour faire repousser ces idées régénératrices. Votre comité, dont j'étais alors, comme aujourd'hui, l'organe près de vous, avait les siennes aussi pour les proposer.

Lakanal lit un projet de décret dont la Convention ordonne l'impression et l'ajournement.

*( La suite demain.)*

*N. B.* Dans la séance du 6, Merlin (de Douai), au nom du comité de salut public, a annoncé la prise de Vanloo, après quatre jours de tranchée ouverte.

— Sur la déclaration de Clauzel, au nom des trois comités, la Convention a décrété que, d'après les renseignements donnés par le tribunal révolutionnaire, il y a lieu à examen de la conduite du représentant du peuple Carrier, et qu'il sera procédé, le soir, à la nomination d'une commission de vingt et un membres pour s'occuper du rapport de cette affaire.

## LIVRES DIVERS.

*Nouveau Calendrier pour l'an 3e de l'ère républicaine,* grandeur de huit pouces et demi sur onze pouces. Ce calendrier, où l'on voit sous un seul aspect les douze mois de l'année, est orné de différents attributs agréablement dessinés; il se vend 2 liv. A Paris, chez Aubert, graveur, rue Jean-de-Beauvais, n° 34 ; et chez Bance, rue Séverin, n° 816.

—*Histoire de Voltaire,* contenant sa vie littéraire et privée, les anecdotes et les succès de chacun de ses ouvrages, etc.; édition augmentée des détails des honneurs qu'il a obtenus pendant sa vie, et de ceux qu'on lui décerne au temple des grands hommes. Six volumes in-8°, d'environ 300 pages chacun. A Paris, chez Royer, libraire, quai des Augustins; et au Club des Etrangers, rue du Mail, n° 10.

— *Réveil des Dames,* ou les Femmes devenues papes, cardinaux, évêques, ministres, magistrats, professeurs, etc.: par un corps académique de dames, d'après le conseil de M. ***.

A Paris, chez l'auteur, au Marché-Neuf, près le Palais-Marchand, n° 40.

### Lycée des Arts.

Décadi 10 brumaire, à onze heures précises du matin, il y aura séance publique, distribution de prix, lectures et concert.

### Payements à la trésorerie nationale.

Le payement du perpétuel est ouvert pour les six premiers mois; il sera fait à tous ceux qui seront porteurs d'inscriptions au grand livre. Celui pour les rentes viagères est de huit mois vingt et un jours de l'année 1793 (vieux style).

# GAZETTE NATIONALE ou LE MONITEUR UNIVERSEL.

N° 40. *Décadi* 10 Brumaire, *l'an* 3e. (*Vendredi* 31 Octobre 1794, *vieux style*.)

## POLITIQUE.

### ALLEMAGNE.

*Vienne, le 20 septembre.* — Depuis la reprise si glorieuse des places de Valenciennes et de Condé, les négociations relatives au traité des subsides, par lequel le cabinet de Saint-James a voulu rattacher plus fortement l'avarice de notre cour à la désastreuse folie de la coalition, se sont tout à coup entravées, et demeurent comme suspendues.

Il s'élève, dit-on, à ce sujet, des difficultés d'autant plus graves que la cour de Londres avait compté sur la reddition prochaine des Pays-Bas. Cette dernière espérance n'étant plus admissible, le gouvernement autrichien vient de déclarer que les intérêts des emprunts qui ont été faits dans la Belgique ne seraient point payés tant que ces provinces resteraient au pouvoir des Français.

Les derniers événements jettent une grande défaveur sur cette délibération; les choses en sont d'ailleurs à un tel point que l'issue de la négociation des envoyés britanniques ne peut être pressentie. On répand le bruit que ces mêmes envoyés, en quittant Vienne, se rendront à Pétersbourg, où ils s'efforceront d'obtenir des secours effectifs de la part de l'impératrice.

Le public dissimule avec peine son mécontentement. Les prisons d'Etat se remplissent tous les jours; le sort des prisonniers est devenu plus rigoureux. La cour fait répandre sur le compte des détenus les bruits les plus sinistres. On s'attend à voir périr dans les supplices un grand nombre de victimes.

On dit que Wurmser, qui a été si fort inculpé par les Prussiens, doit reprendre le commandement général des armées autrichiennes.

*Des rives du Rhin, le 15 octobre.* — Tout est en désordre dans ces contrées. On ne voit que blessés et que fuyards. Les pertes des coalisés ont été incalculables, surtout en cavalerie, dans les dernières affaires de Cologne. Les régiments qui ont le plus souffert sont ceux de Jordis, de Ruetmeister, de l'archiduc Charles. Ces corps ont perdu toute leur artillerie de campagne et de réserve. Le feld-maréchal Otto et le général major Gruber sont prisonniers.

Dans ces circonstances, la coalition est encore forcée de renoncer à l'assistance des troupes prussiennes.

Frédéric-Guillaume rappelle des bords du Rhin plusieurs corps d'artillerie pour les employer dans la Prusse méridionale.

Le reste de l'armée aux ordres de Mollendorf est à peu près inactif.

Plusieurs cours de l'Empire cherchent une dernière ressource dans les proclamations. Elles engagent leurs sujets à s'armer contre ce qu'elles appellent l'ennemi commun.

Un rescrit émané de ces cours déclare qu'on va s'occuper de visiter partout les lignes défensives, de lever, d'organiser et d'équiper une force armée. Les militaires doivent rejoindre leurs corps. Les Etats qui se trouvent sur la ligne défensive doivent se pourvoir de subsistances et établir des magasins. Ce rescrit porte plusieurs autres dispositions dont l'exécution paraît au moins subordonnée à la loi des circonstances.

### HOLLANDE.

*Extrait d'une lettre d'un patriote de Bolleduc.* — C'est une remarque vraie, mais qui paraîtra étrange; nos provinces ont décliné dès qu'elles se sont formées en républiques fédérées sous un chef. La population a diminué de plus des deux tiers dans toutes les villes, et le commerce a suivi cette proportion.

E. Luzac, de Leyde, auteur du livre même traduit *de la Richesse des Hollandais*, quoique zélé stathoudérien, ne cache pas que la république a perdu sa force et sa splendeur aussitôt qu'elle a adopté le gouvernement actuel.

Ceux qui voyagent en Hollande sont étonnés de trouver toutes les villes presque désertes. Leyde, cette superbe cité, jadis si florissante par ses manufactures, qui, dans sa vaste enceinte, renfermait plus de cent mille habitants, n'en compte pas trente mille aujourd'hui. Harlem, Alkmaer, Gouda, Gorcum et toutes les autres villes, excepté Rotterdam, sont encore plus dépeuplées. Le mal est bien plus grand encore en Zélande; il n'y reste presque plus d'habitants, et cette province, dans son désespoir, a souvent voulu se donner à l'Angleterre.

Il n'y a qu'un changement de gouvernement qui puisse apporter remède à ce dépérissement total.

## RÉPUBLIQUE FRANÇAISE.

*Paris, le 9 brumaire.* — Des lettres particulières annoncent qu'il y a eu à Amsterdam, à La Haye et dans plusieurs villes de Hollande, une insurrection.

On prétend que la résolution prise par les états généraux de submerger le pays pour arrêter la marche des Français a soulevé le peuple, et qu'il s'est opposé à cette mesure extrême.

On ajoute que le stathouder et ses partisans ont pris la fuite; d'autres disent qu'il est prisonnier du peuple.

## VARIÉTÉS.

### *Les trois Fleuves.*

L'Escaut, la Meuse et le Rhin, après avoir parcouru des contrées fertiles et peuplées, se rapprochent pour fraterniser et s'unir dans la mer. Les ports de leur réunion sur mer sont sur une ligne de vingt-deux lieues de long, de Flessingue à Catwik, et d'Anvers à Leyde. Amsterdam est à huit lieues du Rhin, entre le Zuyderzée et la mer de Harlem.

C'est sur cette ligne de trente lieues que sont les ports de ce que nous appelons les Provinces-Unies des Pays-Bas, et brièvement la Hollande. Le tout à quarante-huit lieues de long; sa largeur est de quarante.

Voilà un bien petit territoire; mais sa situation donne à la puissance à laquelle il appartient un grand commerce et une grande navigation sur mer et sur fleuves, une grande force relative, un poids très-considérable dans la balance politique.

Ce petit territoire, à mi-chemin pour le commerce du Nord, est tout en fleuves, canaux, arsenaux, ports, magasins et jardins. C'est dans ces ports que sont débarquées les denrées et productions de l'Asie, de l'Amérique, de l'Afrique et de l'Europe. C'est en remontant ces trois fleuves que les denrées et marchandises hollandaises et étrangères pénètrent en Allemagne, en Suisse, en Italie, et même en France. C'est en descendant ces trois fleuves que les grains, les salaisons, les bois, le plomb, le chanvre, le lin, le charbon, le tabac, les vins et le fer sont, dans les ports hollandais, expédiés pour ceux des deux hémisphères. C'est sur ces fleuves qui ont donné à la Hollande de riches colonies, deux cents vaisseaux de guerre, six mille bâtiments de commerce et d'immenses capitaux.

La base du trône de la Compagnie hollandaise des Indes n'est pas dans l'Inde; elle repose sur les eaux de ces trois fleuves. Comparez la Hollande, dix fois plus forte que son petit territoire ne le comporte, à l'Espagne, vingt fois plus faible qu'elle ne devrait l'être par l'étendue du sien et ditesmoi si un fleuve ne vaut pas un royaume, si trois fleuves ne valent pas toutes les mines d'or et d'argent, si la liberté et le commerce ne valent pas le papisme et la paresse, et si la navigation n'est pas le plus riche des trésors?

Si la Garonne, la Loire et la Seine se jetaient dans la mer entre deux points distants de trente lieues; si Bordeaux, Nantes, le Havre étaient placés sur cette courte étendue, le souverain de ces trois ports ne le serait-il pas des trois fleuves, et ayant navigation et commerce, étant propriétaire des deux rives? Quels sont les droits de péage perçus au profit d'un autre souverain, en remontant ou descendant ces trois fleuves, mais à une grande distance de leurs trois embouchures (à Rouen, Saumur, Cadillac), n'ôteraient pas au maître des trois ports la plus grande portion de la force résultante du pays et des hommes arrosés et enrichis par les trois fleuves.

Qu'il n'y ait plus de Hollande; que l'Escaut, la Meuse et le Rhin ne souffrent plus de douanes intérieures, soit impériales, soit hollandaises, ni droits seigneuriaux de péage; qu'ils soient aussi libres que se Rhône, la Seine, la Loire et la Garonne. Le peuple français aura sept fleuves; cette accession naturelle au domaine de la liberté donnera de nouveaux biens nationaux à vendre, estimés 4 milliards. La conquête de ces trois fleuves augmentera le commerce et la marine des Français au moins des trois quarts, avec une extension de territoire et un plus grand nombre de citoyens. Paris ne sera plus trop près des frontières; le roi de Prusse ne comptera plus sur un coup de main.

Les deux Flandres, le Brabant, le pays de Liége, le Palatinat ont été jusqu'ici le théâtre de toutes les guerres; leur bonheur ne sera permanent que lorsqu'il y aura un télégraphe de Paris à Amsterdam, pour annoncer tous les matins le taux du change, le prix des grains, et le nombre des naissances dans ces deux places; alors on pourra, dans ces belles contrées, planter et semer pour soi et non pour l'ennemi; on pourra faire un enfant sans craindre que les Hessois ou des Prussiens, soldés par le roi des Anglais, ne viennent l'égorger dans le sein de sa mère....

L'Angleterre et la Hollande avaient fondé leur puissance politique sur le commerce. Tous les Pitt ont regardé les rois du continent de l'Europe comme des dogues qu'il fallait animer au combat en leur faisant boire de l'eau-de-vie, enflammer la jalousie des uns, caresser l'orgueil des autres, et les épuiser tous assez pour qu'ils ne puissent pas saisir la curée promise par les deux piqueurs. Le breuvage excitatif donné aux dogues royaux sont les subsides. Le prétexte des guerres est la crainte de la monarchie universelle sur le continent de l'Europe. Le résultat est la monarchie universelle sur les mers des deux hémisphères, et le monopole du commerce du monde.

La Hollande, enrichie de son commerce en France, avait interdit l'acte de navigation, que l'Angleterre ne lui permettait pas à elle-même, ni à aucune autre puissance.... C'est pour conserver cette monarchie commerciale que l'Angleterre, dans toutes les guerres, dont le motif n'est jamais autre que l'égoïsme de son commerce, a des troupes à sa solde sur le continent de l'Europe. Russes, Prussiens, Autrichiens, Hessois, Hanovriens, Piémontais.... peu lui importe! L'origine des soldats étrangers qu'elle salarie et le parti à soutenir dépendent de son intérêt du moment. Souvent elle a fait attaquer sur le Danube l'Empire qu'elle a souvent défendu sur le Rhin. Contre quelle puissance continentale n'a-t-elle pas combattu avec des troupes achetées? Quelle est celle qu'elle n'a pas trahie? Elle a des traités pour tous les cas, lorsqu'elle attaque ou est attaquée, lorsqu'un de ses alliés est agresseur ou sur la défensive, lorsqu'elle se fait attaquer directement ou dans la personne d'un de ses alliés. Toujours instigatrice de la guerre, la destruction du commerce rival du sien est son unique objet: aucuns traités ne l'arrêtent; elle connaît d'autre droit des gens que sa volonté suprême; elle a de faux pavillons; elle contrefait les espèces; elle bloque un port neutre, et y entre comme dans un port de paix, et y fait massacrer les Français qui croyaient être hors du lieu du combat; elle achète la clef d'un port ennemi, et met le feu au vaisseau-prison des patriotes qu'elle y tient enchaînés; elle déclare la guerre après l'avoir commencée, ou se fait déclarer celle dont elle est cause; elle saisit tous les bâtiments neutres pour affamer la France, et provoque ces mêmes neutres à se plaindre de la représaille des Français pour éviter la famine. Le commerce de l'Angleterre a pompé tout le numéraire envoyé hors de la France pour ses approvisionnements, et le ministère anglais prétend à l'inviolabilité de ses approvisionnements payés en marchandises. Pitt, Calonne et les émissaires des princes ont ameuté les rois et rédigé les traités de Pilnitz et de Pavie, qui asservissaient et démembraient la France...

Il y aura une paix continentale, dont le traité ne doit admettre ni la présence, ni l'accession du roi de l'île anglaise. Que doit-il avoir de commun avec les rapports politiques des puissances sur le continent? Les puissances contractantes disposeront de l'électorat d'Hanovre, sauf les droits du Danemark.

Polonais, Américains, Danois, Suédois, Turcs, Génois, Vénitiens, vous aurez tous votre quote-part des dépouilles de la tyrannie maritime; vous augmenterez respectivement vos forces des débris du trône commercial élevé dans une île que la politique, comme la nature, doit détacher du continent de l'Europe.

Soldats, l'honneur et la gloire de la nation; citoyens du Panthéon des hommes vivants, armées françaises, la conquête des Pyrénées, des Alpes et des trois fleuves portera tous vos noms au temple de l'immortalité.       Ducos.

---

## CONVENTION NATIONALE.

*Présidence de Prieur (de la Marne).*

### SUITE A LA SÉANCE DU 7 BRUMAIRE.

Charles Millard: Citoyens, les lois les plus bienfaisantes sont celles dont on abuse le plus souvent; l'intérêt personnel en atténue l'esprit par une extension outrée; cet intérêt trouve encore de l'appui dans les considérations humaines qui, mettant les personnes à la place des choses, corrompent, si je puis m'exprimer ainsi, le caractère de justice impartiale qui doit voir l'intérêt public avant l'intérêt privé. C'est un de ces abus que votre comité d'agriculture et des arts m'a chargé de soumettre à votre sagesse.

La loi du 10 juin 1793 (vieux style), sur le mode de partage des biens communaux, dit, article III, section V: Tous les procès qui pourront s'élever entre les communes et les propriétaires, à raison des biens communaux ou patrimoniaux, soit pour droits, usages, prétentions, demandes et rétablissement dans les propriétés dont elles ont été dépouillées par l'effet de la puissance féodale, seront vidés par la voie de l'arbitrage.

Nombre de communes, au moyen de cette disposition, se sont fait adjuger la propriété des biens dont elles prétendaient avoir été dépouillées de cette manière. Personne n'ignore que, soit par les liaisons et relations de ces communes avec les experts arbitres, soit par l'effet de cette propension à seconder les intérêts particuliers, la république se voit frustrée de propriétés importantes.

L'article XII, section IV, de la loi ci-dessus citée, avait bien remédié à l'inconvénient dont on se plaint si généralement, en statuant que la partie des communaux possédés ci-devant par des bénéficiers ecclésiastiques, soit par des monastères, communautés séculières et régulières, soit par les émigrés, soit par le domaine, à quelque titre que ce soit, appartient à la nation, comme telle ne pourra appartenir aux communes, ni sections de communes, dans le territoire desquelles ces communaux sont situés.

Mais un décret subséquent semble détruire cette disposition: il déclare que l'art. XII de la loi du 10 juin ne porte aucune atteinte aux droits qui résultent aux communes dans leurs propriétés et droits dont elles ont été dépouillées par l'effet de la puissance féodale. Ainsi donc, les communes spolieront continuellement la république.

On a déjà présenté à la Convention nationale des exemples de ces abus, à l'occasion des sentences arbitrales qu'avaient obtenues plusieurs communes du département du Haut-Rhin, et elle en fut tellement frappée qu'elle en sursit à leur exécution, en suspendant provisoirement toute exploitation dans les forêts usurpées. Cette mesure paraît devoir être prise pour toutes les communes de la république qui se trouvent dans le même cas; et s'il était besoin d'autres exemples, on citerait encore la commune de Joinville, département de la Haute-

Marne, laquelle a fait exploiter une forêt, valant au moins 1 million, dont elle s'est emparée, sur la succession d'Orléans, en vertu d'un jugement d'arbitres. D'ailleurs, la suspension proposée doit éprouver d'autant moins de difficultés, que ces communes n'ont pas dû compter sur les bois en question pour leur affouage, et qu'elles procèdent irrégulièrement en en disposant de leur autorité privée.

Votre comité vous présentera bientôt ses vues sur les moyens de réprimer ces prétentions ambitieuses, de les réduire à l'exécution des lois. Eh! que l'aristocratie, toujours prompte à empoisonner les intentions les plus pures et les plus salutaires, n'aille pas exciper de notre sollicitude, pour répandre que nous voulons retirer aux communes le bienfait des lois des 25 et 28 août 1792, tandis qu'au contraire nous n'avons d'autre but que leur exécution précise.

Nous avons encore eu pour but de rappeler à votre intérêt ces généreux défenseurs de la patrie, auxquels vous avez assigné une trop juste indemnité dans les propriétés nationales. Eh bien, l'exploitation des forêts étant faite et distribuée, les verriez-vous sans douleur, à leur retour dans leurs foyers, privés du droit de participer aux distributions, droit qu'ils auraient néanmoins cimenté de leur sang?

Citoyens, votre comité sait que la Convention nationale existe autant par la confiance du peuple que par sa volonté; que cette confiance tient également et à la stabilité de votre justice, et à la fermeté de vos principes. Mais nous savons tous, et le peuple le sait comme nous, que son bonheur ne consiste pas à favoriser les usurpations; nous savons tous, et le peuple le sait comme nous, que dans une république démocratique le moindre tort fait à l'intérêt général pèse plus fortement sur chacun des membres de la grande famille. En attendant que l'on puisse vous développer d'une manière satisfaisante cette question aussi importante que délicate, votre comité m'a chargé de vous proposer le projet de décret suivant:

« La Convention nationale, après avoir entendu le rapport de son comité d'agriculture et des arts, décrète que toute exploitation de bois dans lesquels des communes seraient entrées en vertu de sentences arbitrales, demeurera suspendue jusqu'à ce qu'il en ait été autrement ordonné. »

Ce projet de décret est adopté.

— On lit la pièce suivante:

*Les citoyens composant la Société populaire de Nantes et les tribunes à la Convention nationale.*

Nantes, le 15 vendémiaire, l'an 3e de la république une et indivisible.

« Représentants du peuple français, à peine sortis de l'oppression odieuse sous laquelle nous avions si longtemps gémi, environnés de périls chaque jour renaissants, notre énergie s'est accrue en raison de nos dangers, et, dans un premier mouvement, nous nous sommes empressés d'adhérer à l'Adresse de Dijon, qui semblait satisfaire à toute l'indignation que nous inspirent les ennemis de la république.

« Citoyens représentants, nous ne pensions pas alors que les factions pourraient s'en servir comme d'un nouveau moyen de perpétuer les troubles qui n'ont que trop longtemps déchiré le sein de la patrie; nous n'avions pas assez réfléchi sur quelques erreurs de cette Adresse, qui contrastent d'une manière trop frappante avec les sages principes qui vous animent.

« Dévoués sans réserve à la représentation nationale, nous avons cru devoir nous renouveler dans cette circonstance le serment de la regarder toujours comme le seul centre de tous les pouvoirs, et même de toutes les opinions, comme le seul point de ralliement de tous les vrais patrio-

tes; de la seconder de tout notre pouvoir dans ses travaux immortels, et d'immoler toute espèce de faction à la prospérité publique.

« Qu'il est doux pour nous, pères de la patrie, de voir qu'en ce moment la justice a succédé à la terreur; que, grâce à vos soins, l'homme a repris son énergie; qu'on lui a restitué la jouissance de ses facultés physiques et intellectuelles; que le frère peut embrasser son frère; que l'ami peut s'épancher dans le sein de son ami; que le citoyen, par son industrie, peut faire de nouvelles spéculations pour la prospérité commune!

« Citoyens représentants, achevez votre ouvrage..... Faites tomber sous la hache de la loi des hommes indignes de ce nom, qui, pour satisfaire une barbare cupidité, un instinct féroce, égorgent des femmes enceintes, des enfants à la mamelle: faites disparaître du sol de la liberté ces cannibales qui voudraient dénaturer, dégrader le caractère national, et faire d'un peuple franc, à qui les vertus sociales ont toujours été si chères, un peuple d'anthropophages.

« Frappez, législateurs, frappez, au nom de l'humanité; la nature outragée tant de fois demande vengeance; la terre est impatiente de s'abreuver du sang des tigres qui l'ont si souvent rougie de celui de l'innocent. »

La Convention décrète la mention honorable de cette Adresse, et l'insertion au Bulletin.

— On reprend la discussion sur le projet des trois comités.

Merlin (de Douai) lit l'art. III, ainsi conçu: « Sur cette déclaration, qui ne sera pas motivée, la Convention nationale nommera, à l'appel nominal, onze de ses membres pour lui faire un rapport sur les faits dénoncés et sur les preuves produites à l'appui. »

On demande qu'avant de régler le nombre des membres de la commission on discute si, ou non, il y en aura une.

*** : Je combats l'établissement de la commission, elle me paraît inutile et dangereuse. Je la regarde comme inutile, parce qu'on lui attribue des fonctions que la Convention peut exercer elle-même. Il me semble qu'au moment où les trois comités vous déclareront qu'il y a lieu à examen, et déposeront sur le bureau les pièces à l'appui de la dénonciation, la Convention peut en entendre la lecture et examiner les faits. (Murmures.) Si vous accordez à cette commission, quelque mode que vous employiez pour l'élire, un droit d'initiative sur vos membres, vous risquez de retomber dans les inconvénients dont le passé nous a offert des exemples. Que l'expérience nous serve de leçon.

Je vais prouver maintenant que la commission peut être dangereuse. Ou bien elle ne se bornera qu'à vous faire la lecture des pièces, et alors elle est inutile, comme je le disais tout à l'heure; ou bien elle y ajoutera des réflexions. Dans ce dernier cas, cette commission peut occasionner de grands dangers; le passé nous l'a appris; la Convention doit craindre l'influence que pourraient faire sur elle les réflexions de cette commission.

Je demande la question préalable sur son établissement, et que les trois comités, après avoir déclaré qu'il y a lieu à examen, donnent lecture des pièces qui auront fondé cette déclaration.

Albitte: Je trouve que rien ne ressemble plus au peuple que la Convention qui le représente. Si le peuple pouvait prononcer lui-même sur toutes les affaires, il s'assemblerait au Champ-de-Mars et statuerait : mais c'est parce qu'il ne le peut pas, c'est parce qu'il pourrait être trompé par des imposteurs, qui lui attesteraient des faits ou lui produiraient de fausses pièces, qu'il a institué des tribunaux chargés d'examiner les affaires plus attentivement et avec plus de détail.

Il en est de même à l'égard de la Convention nationale : les sept cents membres qui la composent ne peuvent pas tous lire les pièces, tous interroger le prévenu sur les faits ; c'est dans un comité qu'on examine les pièces à charge et à décharge, qu'on entend les déclarations du membre accusé, qu'on lui fait des objections qui éclairent sur les faits. Je demande donc qu'il y ait une commission.

La Convention ferme la discussion et décrète qu'il y aura une commission.

GOUPILLEAU (de Fontenay) : Je demande qu'on détermine les fonctions de cette commission.

LE RAPPORTEUR : Ses fonctions doivent être de faire un rapport sur les faits dénoncés, et sur les preuves résultant des pièces produites à l'appui.

DUBOIS-CRANCÉ : Il faut prévoir la circonstance où l'on pourrait soustraire quelque pièce. Je demande que les trois comités, en faisant leur déclaration, ne remettent à la commission que des copies collationnées des pièces qu'ils auront en leur possession. (Murmures.)

*Plusieurs voix :* Cette motion n'est pas appuyée.

GOUPILLEAU (de Fontenay) : Je crois qu'il faut empêcher que la commission influe sur l'opinion de la Convention ; c'est pourquoi je voudrais que le rapport se réduisît à la lecture des pièces, qu'elles fussent imprimées, et que la commission ne présentât aucun projet de décret.

ROMME : Je demande que la Convention ait tous les moyens de s'éclairer sur l'objet de la dénonciation ; en conséquence, je combats la proposition faite de ne remettre à la commission que des copies collationnées (*Ça n'est point appuyé !* s'écrie-t-on.) Alors je ne la combats plus. Mais, afin que la Convention apprécie bien le rapport, je demande qu'en même temps que les trois comités feront leur déclaration et remettront les pièces, ils les fassent imprimer et distribuer.

La Convention décrète que la commission sera chargée de faire un rapport sur les faits dénoncés et sur les preuves résultant des pièces produites à l'appui.

GOUPILLEAU (de Fontenay) : Je combats la proposition de Romme, et je demande que les pièces ne soient rendues publiques qu'après le rapport de la commission ; car le prévenu, instruit par là du décret qu'on pourrait présenter contre lui, s'échapperait.

PÉNIÈRES : Il y a encore une autre raison. Il serait possible que l'accusé eût une pièce qui atténuât les charges résultant des pièces imprimées contre lui ; et quand vous rendriez publique ensuite cette seconde pièce, vous ne détruiriez jamais l'impression défavorable qu'auraient répandue les premières.

ROMME : Je retire ma proposition.

Le rapporteur lit l'art. IV, ainsi conçu :

« Avant de présenter leur rapport, les membres entendront le prévenu, lui communiqueront les pièces sans déplacement, et lui en feront délivrer copie s'il le demande.

CAMBON : J'ai pensé, comme Goupilleau, qu'il ne fallait pas que le prévenu eût connaissance des pièces à l'époque où les comités feraient leur déclaration, dans la crainte qu'il ne s'échappât ; mais je crois qu'au moment où les comités lui communiquera, il faudrait qu'elles fussent imprimées, afin que la Convention en ait connaissance.

DRIVANS : Les craintes qu'a manifestées Goupilleau se reproduisent ici ; si la commission donne connaissance des pièces au prévenu, et qu'il craigne

le décret d'accusation, il s'échappera. Je pense, comme le préopinant, qu'il ne doit les connaître que lorsque la Convention aura déclaré s'il y a ou non lieu à arrestation.

DUROY : Il faut qu'un représentant du peuple passe par la même filière qu'un autre citoyen. Quand un membre de la société est inculpé, le juge de paix examine les faits, entend les témoins, et décerne le mandat d'amener contre le prévenu. Il l'interroge ensuite ; et si, par ses réponses, l'inculpé ne détruit pas les faits qui sont à sa charge, il lance le mandat d'arrêt. Ici les trois comités remplissent les premières fonctions du juge de paix : ils déclarent ensuite à la Convention qu'il y a lieu à examen ; et c'est en cela que le représentant du peuple, à cause du caractère dont il est revêtu, est plus favorisé qu'un autre citoyen.

La commission recommence ensuite l'opération des trois comités ; et, si elle juge que les preuves acquises peuvent motiver le décret d'accusation, elle le propose à la Convention qui entend la lecture des pièces. C'est alors, c'est-à-dire quand la Convention a jugé si ou non elle doit prononcer le décret d'arrestation provisoire, qu'on doit donner au prévenu copie des pièces.

REWBELL : S'il ne s'agissait que de l'intérêt privé du représentant du peuple, je serais de l'avis du préopinant ; mais il s'agit de la conservation de la représentation nationale et de la conservation de la république, qui serait perdue avec la Convention. Vous ne pouvez pas empêcher qu'un représentant soit entendu avant le rapport ; il faudra même qu'il soit interrogé, pour que ce rapport vous soit fait. Ce ne sera que sur les faits et les pièces qu'il pourra être interrogé ; il faudra donc les lui communiquer ; quand il aura connaissance des pièces, il n'y aura plus de raison pour ne pas lui en donner copie. Si vous adoptiez une autre marche, vous priveriez l'accusé de sa défense légitime ; car il ne pourra pas détruire des faits et des pièces qu'il ne connaîtrait pas ; vous donneriez à la commission une initiative qui a failli perdre la France, et qui nous a mis dans une situation dont nous avons eu la plus grande peine à sortir. Je vote pour l'article.

La Convention adopte l'article IV.

ALBITTE : Je demande que copie de la dénonciation qui sera faite contre les représentants du peuple en mission leur soit envoyée sur-le-champ. (Violents murmures.)

*Une voix :* Oui, pour qu'ils s'échappent plus vite !

GUARRO : Plus un représentant du peuple a la confiance de ses concitoyens, plus il désire la conserver. Il ne faut pas le placer dans une circonstance différente de celle de tous les autres citoyens. Je demande que l'on détermine un délai, celui de six mois, par exemple, après lequel les comités ne pourront pas refuser de donner communication à un représentant du peuple de la dénonciation qui aurait été faite contre lui, afin qu'il puisse la repousser, afin qu'il ne rentre pas dans ses foyers avec la tache d'une dénonciation à laquelle il n'aurait pas répondu.

Cette proposition est ajournée.

MÉAULLE : Je demande que le rapport de la commission ne puisse porter que sur les faits compris dans la dénonciation sur laquelle les trois comités auront déclaré qu'il y a examen, ou sur ceux résultant des pièces remises par les mêmes comités. Prenez garde, citoyens, qu'au moment où la conduite d'un représentant sera soumise à l'examen de cette commission, toutes les passions s'allumeront, toutes les haines se réveilleront, la calomnie s'agitera en cent façons; il faut donc que la commission soit resserrée dans des bornes très-étroites, qu'elle ne puisse pas faire de rapports sur d'autres faits que ceux contenus dans la dénonciation.

THURIOT: La proposition de Méaulle est une conséquence des principes déjà décrétés. Si la commission pouvait étendre son rapport à d'autres faits que ceux sur lesquels les trois comités auraient déclaré qu'il y a lieu à examen, il en résulterait que vous n'auriez plus pour ces nouveaux faits la garantie de l'examen préalable des trois comités réunis. J'appuie la proposition de Méaulle.

Cette proposition est décrétée.

MERLIN (de Douai): A présent il s'agit de déterminer le nombre de membres qui doivent composer la commission. Le comité en propose onze.

GOUPILLEAU (de Fontenay): Avant de déterminer le nombre des membres qui devront composer la commission, je crois qu'il faut arrêter le mode de nomination de ces membres; car, si vous adoptiez l'appel nominal, je voudrais que la commission fût moins nombreuse que si vous la nommiez au sort.

BERNARD (de Saintes): La Convention tout entière est respectable; et puisqu'elle doit être juge, chacun de ses membres peut être rapporteur d'une accusation portée contre l'un de ses collègues.

Je demande que la commission soit nommée par le sort, et soit composée de vingt et un membres. Plus elle sera nombreuse, et plus le rapport qu'elle fera sera conforme à la justice.

***: Il me semble que le sort a plus d'inconvénients que d'avantages pour l'accusé; car il peut tomber sur ses ennemis.

Thirion demande que la commission soit choisie parmi les membres des différents comités, et que le sort décide de ceux qui devront la composer.

RÉAL: J'appuie l'appel nominal: proposer un mode contraire, c'est mettre en question si le sort aveugle doit l'emporter sur la délibération sage de la majorité d'une assemblée délibérante. On semble redouter la majorité; mais n'est-ce pas elle qui prononcera sur le rapport qui sera fait? D'après cela, ne doit-elle pas avoir la même confiance pour nommer la commission que pour prononcer sur l'accusé?

BENTABOLE: Pour vous décider entre les deux questions, il faut savoir si l'on doit mettre en balance la bonté du sort à cette assemblée avec le sort, qui peut tomber sur des hommes qui n'aient ni votre confiance ni celle du peuple.

Je suppose qu'il soit question de prononcer sur les auteurs d'une conspiration; si le sort faisait tomber le choix de la commission sur les complices de cette conspiration, la patrie ne serait-elle pas au bord du précipice? Si Couthon, Saint-Just, Lebas, David et Joseph Lebon avaient été chargés de faire un rapport sur la conspiration de Robespierre, n'aurait-il pas été blanchi? Tous ceux qui croient que la majorité de la Convention n'est pas bonne sont des hommes égarés, ou des factieux qui veulent se ménager la minorité pour parvenir à la domination; moi je ne reconnais que la majorité qui gouverne et qui a la confiance du peuple français. Si la majorité s'égare, il n'y a que le peuple qui puisse la rappeler à son devoir. Ainsi, pour la conservation des principes, je demande que la commission soit nommée par appel nominal.

Ehrmann propose que le sort désigne d'abord cinquante membres, et que parmi ces cinquante membres la commission soit ensuite nommée par appel nominal.

THURIOT: Je ne conçois pas comment on a pu se soulever contre l'une ou l'autre des deux propositions. Par l'appel nominal vous réunirez les lumières, par le sort vous trouverez la pureté; je déclare donc que je n'attache aucune importance à l'adoption de tel ou tel mode; j'en attacherais beaucoup si on ne voulait nommer que sept à huit membres; mais, si on en choisit vingt et un, l'appel nominal ou le sort m'est indifférent.

Un membre a dit qu'il fallait d'abord nommer la commission, et laisser ensuite à l'accusé la faculté de récuser un nombre de membres. Je ne suis point de cet avis: la Convention est une, et mérite également la confiance. Je demande que la commission soit formée de vingt et un membres, et qu'il n'y ait point de récusation.

Gaston se décide pour le sort.

BOURDON (de l'Oise): D'après l'institution sublime des jurés, le sort décide des juges qui doivent prononcer sur un accusé, ce qui fait que chaque citoyen voit dans son voisin le juge de ses faiblesses ou le proclamateur de son innocence; il en doit être de même dans la Convention; chacun de nous doit voir dans son collègue celui qui pourra prononcer sur son sort ou le défendre. Je vote pour le sort.

La discussion est fermée.

THURIOT: Je demande qu'on fixe d'abord le nombre de membres qui devront composer la commission; car, s'il n'est que de onze, je voterai pour l'appel nominal; et, au contraire, s'il est porté à vingt et un, je me décide pour le sort.

On demande que le nombre des membres soit de vingt et un sans récusation.

Cette proposition est adoptée, et l'assemblée décrète que la commission sera nommée par le sort.

Plusieurs propositions sont faites sur la manière de procéder au tirage au sort.

Elles sont toutes renvoyées aux trois comités réunis.

La séance est levée à quatre heures.

### SÉANCE DU 9 BRUMAIRE.

BARAILON: Citoyens, le peuple français est également grand et généreux. Sa majesté serait singulièrement outragée si l'univers pouvait douter un seul instant de sa justice, de son humanité. C'est à ses représentants qu'il a confié son honneur; c'est le plus sacré des dépôts, et ils lui en sont comptables.

Vous parler en même temps des Anglais, c'est vous citer les plus méprisables ennemis de la république; c'est vous nommer les plus féroces, les plus acharnés des vôtres: mais humiliés, vaincus et dans les fers, ils n'en méritent pas moins vos égards, votre attention.

Un individu de cette nation, la plus barbare, la plus avilie de toutes, si elle n'est pas la plus opprimée, se disant commandant de vaisseaux parlementaires, se plaint de plusieurs actes arbitraires, et se prétend victime d'un attentat inouï contre le droit des nations.

Représentants du peuple français, cette assertion vous fait frémir, j'en suis sûr; et la réclamation serait bien étonnante, si elle n'était à la fois aussi atroce, aussi injurieuse que calomnieuse. Cependant il suffit qu'elle soit publique, qu'elle ait retenti dans cette enceinte, pour que vous vous empressiez d'y faire droit. Mais, pour y statuer avec connaissance, il faut savoir les faits, être parfaitement instruit des circonstances.

Le comité de salut public peut seul vous donner les renseignements dont vous avez besoin. Je demande donc qu'il rende compte des motifs de l'incarcération d'Athol-Vood et de ses compagnons.

Voici le projet de décret :

« La Convention nationale décrète le renvoi de la motion de l'un de ses membres, relative à J. Athol-Vood, à son comité de salut public, et le charge de lui rendre compte, dans le plus bref délai, des motifs de la détention de cet officier anglais et des équipages qu'il commandait. »

Ce décret est adopté.

LECOINTE PUYRAVAU, au nom du comité des secours publics : Citoyens, je suis chargé par le comité des secours publics d'intéresser votre humanité et de provoquer votre justice pour la femme et le fils d'un homme mort sur l'échafaud. Les détails suivants vous mettront à même de juger si cette famille méritait ses malheurs, et si la loi demandait le sang qui a été versé.

Le 13 frimaire de l'année dernière, le nommé Pierre Porcher, employé aux bureaux de la mairie, fut arrêté par ordre des administrateurs de police et traduit au tribunal révolutionnaire; un acte d'accusation fut dressé contre lui, et on l'y qualifia de domestique et secrétaire du ci-devant marquis de Bouthillier, en y ajoutant qu'il était sorti avec lui du territoire de la république au mois d'octobre 1791, et qu'il n'était rentré qu'en juillet 1793.

Porcher, mis en jugement et interrogé, soutint qu'il n'avait point été domestique ou secrétaire de Bouthillier; il convint cependant qu'il avait été à Aix-la-Chapelle, avec le ci-devant marquis de Crenolles, au mois d'octobre 1791; mais il ajouta qu'il était rentré sur le territoire de la république aussitôt qu'il avait pu connaître les lois sur les émigrés; qu'il s'était rendu à Lure, département de la Haute-Saône, et que là, mis en jugement, un jury militaire l'avait acquitté, absous et mis en liberté, en audience publique, le 2 août 1793. Cette justification précise ne fut point admise, et, le 24 frimaire, le tribunal révolutionnaire condamna Porcher à la peine de mort, et le même jour il fut exécuté. Le lendemain l'expédition du jugement du jury militaire, dont avait parlé Porcher, arriva, mais il était trop tard.

Je tiens à la main cette expédition en forme, qui prouve que Porcher n'avait point émigré avec le ci-devant marquis de Bouthillier, et qu'il avait été jugé et absous par un jury militaire à sa rentrée sur le territoire de la république.

Je m'interdis toute espèce de réflexions sur ce qui concerne l'homme qui n'est plus; je ne suis chargé que de vous parler de sa femme et de son fils, d'exciter votre humanité et de provoquer pour eux votre justice; ils sont dans l'indigence, privés de toutes ressources. Les faits que j'ai détaillés vous engageront sans doute à les secourir. Ils n'ont pas mérité leur malheur.

Voici le projet de décret :

« La Convention nationale, après avoir entendu le rapport de son comité des secours publics, décrète :

« Art. Ier. La trésorerie nationale paiera à la citoyenne Dupard, veuve Porcher, pour elle et son enfant, la somme de 4,000 liv., à titre de secours.

« II. Ce secours sera payé sur la présentation du présent décret. »

Ce décret est adopté.

— Sur la proposition du même membre, l'assemblée accorde des secours à divers citoyens.

*(La suite demain.)*

*Rapport sur le mode des réquisitions, fait au nom du comité de salut public, par Eschassériaux, dans la séance du 4 brumaire.*

Citoyens, vous avez un objet très-pressant à examiner : un mal se fait ressentir; il n'est point particulier, il porte sur toute la république. La gêne qu'éprouve le commerce, la lenteur des circulations, le défaut d'harmonie dans la marche des subsistances, leur rareté apparente, les détresses locales, les justes réclamations de plusieurs contrées, avertissent depuis longtemps le législateur qu'il existe un vice dans l'organisation des approvisionnements de la république. C'est le système de réquisition qui doit fixer particulièrement votre attention.

Un grand État est un vaste ensemble sur lequel la législation doit sans cesse porter les mains pour en diriger les mouvements. Quand la loi fonde un établissement, il n'y a que l'expérience qui en découvre les défectuosités ou en prononce le succès. Elle ne forme pas même toujours une autorité infaillible. L'expérience d'un temps ne constate quelquefois rien pour un autre temps, et ne peut établir une règle certaine. Tout change et tout varie à chaque instant sur le sol d'un peuple en révolution; il faudrait que le génie des lois révolutionnaires eût la prévision de tous les événements, et il est de sa nature de ne pouvoir saisir jamais que la circonstance, et de bâtir sur un terrain presque toujours mobile. Ses lois, les opérations de son gouvernement, l'état de son commerce, de ses approvisionnements, sont toujours le résultat de la situation politique où se trouve un peuple. C'est la nature des choses qu'il faut accuser plutôt que l'administration. Chaque période que nous avons parcourue est une assertion de ces vérités.

Un peuple en révolution chez lui, obligé de combattre en son sein pour sa liberté, et de porter des armées immenses sur ses frontières contre l'ennemi extérieur, ne ressemble point à une nation dans un état ordinaire, où chaque citoyen trouve dans son atelier ou sur le territoire qu'il cultive une subsistance facile.

Douze cent mille hommes livrés au dehors aux fatigues des combats; une partie de la nation préparant chez elle les arts et tous les besoins de la guerre; toutes les facultés mises en activité pour sa défense; les travaux de l'agriculture poussés révolutionnairement; la nécessité de porter les subsistances d'une contrée de la république à l'autre; un travail continuel appelant tout un peuple à une vie plus active; la justice et le besoin d'un gouvernement démocratique d'assurer la subsistance à tous les citoyens; ces diverses causes ont forcé et doublé les consommations en tout genre de la république.

Les armées, les flottes, les ports de mer, ont demandé tout à coup des approvisionnements; les besoins étaient immenses; il a fallu trouver des moyens extraordinaires pour les remplir. Dans un état ordinaire, c'est le commerce qui porte et distribue partout les objets essentiels à la société. Les ressources du commerce seraient devenues peut-être insuffisantes pour lever tout d'un coup de grandes masses de subsistances et de matières, et les porter rapidement aux armées et dans les ateliers, où il a fallu fabriquer à la hâte tous les instruments de campement et de guerre. Le gouvernement a donc eu besoin de créer une autre puissance pour approvisionner la nation en révolution, et en guerre avec des ennemis nombreux, pour rendre à l'instant l'industrie et tous les genres de productions du territoire tributaires des besoins de la république.

Les réquisitions ont été créées : elles ont fait des

prodiges. Aucune nation n'avait encore offert au monde un plus grand exemple de dévouement, de ressources et de puissance.

Chez les despotes, le gouvernement vexe les citoyens pour composer, pour approvisionner l'armée ; les républicains ont tout donné à la patrie : la gloire de leurs armes pourra seule un jour être mise au rang des beaux sacrifices qu'ils ont faits.

Mais les meilleures institutions se corrompent bientôt; le temps fait découvrir des vices que le législateur n'avait pas aperçus d'abord : le législateur est obligé de changer ou de modifier son ouvrage selon les circonstances.

Le défaut d'ensemble dans les opérations des commissions chargées de diriger les réquisitions, et des agents qui correspondaient avec elles, l'inhabileté de ces agents, le défaut de centralité dans l'exécution, ont rendu à la fin les réquisitions tumultueuses, confuses et souvent impossibles, parce que la loi ne les avait pas assez réglées; l'arbitraire les a mises dans une infinité de mains qui ont paralysé les subsistances dans les canaux qu'elles devaient parcourir.

Le cultivateur, le fabricant, le propriétaire, ont vu frapper de réquisition, entre leurs mains, leurs productions, leurs ouvrages d'art et les objets divers qui composent les approvisionnements. A côté des magasins où ils étaient déposés, on a ressenti tous les besoins de la pénurie : la circulation s'est ralentie, s'est arrêtée, et le commerce est resté sans activité, parce que la réquisition s'était emparée de tout.

Le mauvais choix des agents chargés de diriger les réquisitions est venu aggraver ces maux politiques; ils ont porté trop souvent l'avidité, l'insuffisance et les passions dans les fonctions qu'ils exerçaient pour remplir les besoins de la patrie; ils ont jeté l'alarme au lieu de répandre la confiance, et des mesures outrées ont averti souvent l'égoïsme et l'intérêt de recéler des denrées que demandait l'approvisionnement de la république.

La première pensée de votre comité, en examinant notre situation en subsistances, a été de porter la réforme dans le système des réquisitions: en sentant la nécessité de le conserver encore pour approvisionner rapidement la république, nous avons interrogé ses vices pour y substituer un meilleur ordre. Un cri général s'est élevé contre les réquisitions illimitées; elles absorbaient tout. Nous en avons fixé les bornes et la durée ; la réquisition ne frappera à l'avenir que sur ce qui sera absolument essentiel aux besoins de la république. Tout était arbitraire, indéfini dans le dernier système; tout sera déterminé dans le projet qui vous sera présenté; l'espèce, la quantité des objets requis, le délai de la livraison et l'époque du payement, seront fixés d'une manière précise. Le même tableau offrira à la fois la somme des besoins, et les endroits de la république qui devront contribuer pour les remplir. On n'aura plus de croisements et de transports inutiles. Les approvisionnements seront toujours pris dans les lieux les plus voisins de ceux où ils devront être transportés et consommés.

La confusion était le principal vice des anciennes réquisitions; elles partiront à présent d'un seul centre, et viendront toujours s'y rattacher. Elles sont placées par la loi sous la surveillance active des administrations et des agents nationaux, et nous avons rendu cette surveillance responsable. Une exécution ferme et prompte est imposée aux agents nationaux. Nous avons effrayé par des peines sévères, mais justes, tout agent infidèle qui souillerait sa mission par des cupidités et des rapines, et ferait des besoins de la république un instrument de sa fortune. Chez des républicains, tout vol fait à la patrie est un sacrilége; la loi doit être inflexible envers le coupable.

Nous avons environné les réquisitions de toutes les formes de la justice les moins onéreuses pour les citoyens : ainsi adoucies et limitées, nous pensons qu'elles seront pour eux un devoir et un objet de confiance.

Alors, n'embrassant plus par leur nature que les approvisionnements essentiels aux besoins de la république, tout le reste rentre naturellement dans la circulation et est rendu au commerce ; alors tous les objets, denrées, matières premières, ouvrages d'art et subsistances, sortant des magasins où ils étaient consignés, pour ainsi dire, parcourront insensiblement toute la république, et on verra peu à peu un niveau s'établir entre les besoins et les choses qui doivent les faire cesser ; alors on n'aura plus le tableau de ces détresses partielles qui sont, dans un régime démocratique, une espèce d'injustice envers ceux qui les subissent ; alors le cultivateur, le propriétaire ou fabricant, sûrs de ne pas voir engloutir tout entières leurs récoltes, leurs productions, leurs ouvrages dans une réquisition, s'empresseront de concourir aux approvisionnements de la république; la défiance ne recélera plus les subsistances, parce que la réquisition aura ses bornes et sa justice.

Le système de réquisition ainsi réglé sur des bases justes, l'égoïsme et la cupidité ne peuvent plus avoir de prétexte de se refuser aux besoins de la patrie.

Quel est le citoyen qui ne sent pas dans son cœur que, si la défense de ses propriétés le rend dans tous les temps tributaire de la force qui le protége, il doit l'être, dans ce moment surtout, de la nourriture des braves citoyens qui versent leur sang pour la patrie? Quel est le républicain à qui le salut de la patrie ne doit pas inspirer la pensée de l'économie, et de disposer, pour assurer la subsistance de ses frères, de celle dont il n'a pas rigoureusement besoin? Le même sentiment doit s'étendre naturellement dans toute la république. Il doit exister entre tous les citoyens une solidarité de devoirs, d'humanité et de bienfaisance; une industrie doit en nourrir une autre.

L'habitant des villes et celui des champs ne sont-ils pas liés par des besoins et des secours mutuels? Si les arts, le commerce des villes sont mutuels pour les citoyens qui cultivent les campagnes, les campagnes sont, en échange, naturellement tributaires envers les villes des productions de leur sol. L'intérêt ne se réunit-il pas ici avec les sentiments que la fraternité républicaine commande? Si ces vérités doivent être senties, c'est certainement dans une république, chez un peuple surtout qui a à lutter de toutes ses vertus et de ses efforts contre les ennemis de sa liberté, et qui doit déjà ses triomphes et sa gloire à ses sacrifices.

Rappeler ces sentiments à des républicains, c'est leur rappeler leurs devoirs.

Tel est, citoyens, le résultat du travail que votre comité vous propose pour rectifier les réquisitions. Déjà nous avons pris des mesures d'administration pour donner le mouvement à la circulation des subsistances et des approvisionnements en tout genre dans toutes les parties de la république. La filiation d'obstacles et d'entraves que le défaut d'expérience, la malveillance ou l'incurie avaient jetés dans la marche des subsistances disparaîtra peu à peu.

Votre comité de salut public s'occupe de corriger les mesures qui sont devenues dangereuses, et de préparer divers moyens de rappeler l'abondance parmi nous. On ne peut détruire un abus que lorsqu'il est aperçu. Il a fallu construire à neuf, et on n'avait pas de modèles; la révolution a forcé le gouvernement d'inventer toutes les institutions avec lesquelles il a marché jusqu'ici; il n'y a que l'essai et le temps qui aient pu nous éclairer sur leurs défauts; le temps et les lumières nous ramèneront successivement aux principes que la force des choses nous a fait abandonner pour un moment.

L'économie politique sera enfin rétablie sur ses véritables bases, et le commerce dégagé de ses liens lorsqu'ils pourront être tout à fait rompus sans dangers.

### Décret.

« Art. I<sup>er</sup>. Toutes denrées, subsistances et autres objets nécessaires aux habitants de la république peuvent être mis en réquisition en son nom.

« II. Il n'y aura plus de réquisitions illimitées.

« III. Chaque réquisition désignera l'espèce, la quantité des objets requis, le délai dans lequel sera faite la livraison, et l'époque du payement.

« IV. Elle désignera aussi les districts où elle sera exercée.

« V. Elle sera fixée, autant qu'il sera possible, sur les lieux les plus voisins de ceux où les subsistances et approvisionnements devront être transportés.

« VI. Les réquisitions ne pourront être faites que par la commission des approvisionnements; elle les fera sous la surveillance du comité de salut public.

« VII. Chaque commission fournira au comité un état des besoins et approvisionnements en tout genre qu'exige le service particulier dont elle est chargée.

« VIII. Lorsque des circonstances extraordinaires l'exigeront, les commissions pourront être autorisées par le comité de salut public à faire des réquisitions particulières.

« IX. Un double des états de toutes les réquisitions sera remis au comité de salut public.

« X. Les représentants du peuple près les armées pourront, dans les cas urgents seulement, requérir ce qui sera nécessaire aux besoins des troupes; leurs réquisitions seront soumises à toutes les dispositions ci-dessus. Ils seront tenus d'envoyer, sans délai, copie de leurs réquisitions au comité de salut public et à la commission.

« XI. Toute réquisition sera enregistrée à l'administration du district dans l'arrondissement duquel elle aura été ou devra être exécutée.

« XII. Les municipalités des communes sur lesquelles porteront les réquisitions seront tenues de les faire exécuter, et d'en rendre compte à l'administration du district, sous les peines portées par la loi du 14 frimaire.

« XIII. Les agents nationaux sont tenus de les faire exécuter dans le délai fixé, sous les peines portées par l'article précédent.

« XIV. Tout citoyen sera tenu d'y satisfaire, sous peine de confiscation des objets requis. Les agents nationaux des districts sont tenus de faire les diligences nécessaires pour faire prononcer la confiscation par les tribunaux de district.

« XV. Tout agent, tout administrateur ou commissaire qui sera convaincu d'avoir tourné à son profit, d'une manière quelconque, les réquisitions, sera condamné à six ans de fers.

« XVI. Tout individu qui fera, au nom et pour le compte de la république, des réquisitions sans y être autorisé, conformément aux dispositions de la présente loi, ou qui excéderait celles qu'il serait chargé d'exécuter, sera puni de six ans de fers.

« XVII. Sont néanmoins exceptées les réquisitions qui pourraient être nécessitées par des marches et des mouvements imprévus de troupes.

« XVIII. Il sera pourvu comme par le passé à l'approvisionnement des marchés et des communes.

« XIX. Toute réquisition actuellement existante, qui ne sera pas renouvelée dans deux mois à dater de la présente loi, sera regardée comme nulle.

« XX. Il est dérogé à toutes dispositions contraires à la présente loi. »

Ce projet de décret a été ajourné jusqu'après la distribution.

N. B. Dans la séance du 9, Thuriot a annoncé à la Convention une grande victoire remportée sur les Espagnols par l'armée des Pyrénées-Occidentales. L'ennemi a laissé à peu près deux mille cinq cents hommes sur le champ de bataille; cinquante pièces d'artillerie et deux drapeaux sont tombés en notre pouvoir. Nous sommes maîtres de tous les postes, des fonderies d'Egny et d'Orbaceite, estimées de 25 à 30 millions, et de la fameuse mature d'Iraty.

## LIVRES DIVERS.

Œuvres de Voltaire, nouvelle édition, avec des notes et observations critiques par le citoyen Palissot; 1<sup>re</sup> livraison de vingt volumes brochés en carton. Prix : 120 liv.

A Paris, chez Servière, libraire, rue du Foin-Jacques; et Stoupe, imprimeur, rue de La Harpe.

Cette livraison contient la Henriade, le Théâtre complet, les poëmes de la Pucelle et de la Guerre de Genève, les Mélanges de Poésies, les Lettres mêlées de vers, les Romans et l'Essai sur les mœurs et l'esprit des nations.

C'était à un poète qu'il convenait d'apprécier un de nos premiers auteurs dramatiques; c'était à un homme d'un talent reconnu qu'il appartenait de fixer l'opinion sur Voltaire; enfin, c'était à un homme de lettres, qui a fait ses preuves en plus d'un genre, que devait être réservé le droit de donner la collection des Œuvres de l'un des plus grands et des plus féconds de nos écrivains. Nous osons même penser que Voltaire vivant applaudirait au zèle de Palissot employant ses moments de loisir à donner une édition qui pût faire honneur à tous les deux.

Cette édition a l'avantage de ne pas être au-dessous des engagements que l'on a pris; elle l'emporte de beaucoup sur celle de Kehl, pour la correction du texte, et ne lui cède en rien pour la partie typographique, malgré les obstacles sans nombre qu'a dû apporter le renchérissement de la main-d'œuvre et des matières de première nécessité dans l'impression.

Les notes, dans lesquelles nous avons remarqué avec plaisir les expressions d'un patriotisme éclairé, nous ont paru en général du goût le plus sûr. Les discours préliminaires et la plupart des préfaces nous ont paru dignes de distinguer le texte de Voltaire. Nous ne pouvons en faire un plus grand éloge.

Le prospectus qui est en tête du premier volume est ce que nous avons vu de mieux jusqu'ici en ce genre. Les morceaux littéraires ou historiques qui sont à la suite, notamment celui qui concerne la Henriade, répond victorieusement à tous les détracteurs de la gloire du philosophe de Ferney, que la Convention nationale a d'ailleurs suffisamment vengée en acceptant, avec une mention honorable, l'offre qui lui a été faite de cette livraison.

Nous invitons les libraires associés à faire des livraisons moins volumineuses, pour la commodité des acquéreurs et pour la leur, et à faire jouir le plus promptement les amateurs de la bonne littérature d'une édition qui sera vraisemblablement un jour la seule classique.

### Payements à la trésorerie nationale.

Le payement du perpétuel est ouvert pour les six premiers mois; il sera fait à tous ceux qui seront porteurs d'inscriptions au grand livre. Celui pour les rentes viagères est de huit mois vingt et un jours de l'année 1792 (vieux style).

# GAZETTE NATIONALE ou LE MONITEUR UNIVERSEL.

Nº 41.　Primidi 11 Brumaire, l'an 3e. (Samedi 1er Novembre 1794, vieux style.)

## POLITIQUE.

### ALLEMAGNE.

*De Mergentheim en Franconie, le 12 octobre.* — Les princes qui, dans l'Empire, ont le plus favorisé les émigrés français sont aussi les plus punis de leur imprudence. Ils sont, pour la plupart, dépouillés de leurs États, errants, désespérés, enfin réduits au sort des émigrés eux-mêmes leurs favoris. L'électeur de Cologne, qui avait déjà plusieurs fois changé de séjour, pour raison de sécurité, en est maintenant à tenir conseil sur son itinéraire presque journalier : il va se rendre à Mergentheim comme dans un asile plus sûr contre les républicains de France. Un autre électeur, celui de Trèves, le plus coupable dans l'erreur commune, ayant perdu le sceptre de Coblenz, est parti ; il voyage sans suite, sous le nom de comte de Barby, et doit se rendre dans l'évêché d'Augsbourg. Un troisième souverain, l'évêque de Liége, est caché de manière qu'on ignore en quel coin de l'Allemagne il a choisi une retraite.

### HOLLANDE.

*La Haye, le 10 octobre.* — La cour stathoudérienne se venge de ses défaites contre ses propres généraux. Le commandant du fort de Crèvecœur va être livré à un conseil de guerre, qui examinera la conduite qu'il a tenue lorsque l'armée française s'est emparée du fort. Cet officier est en prison.

L'indiscipline des troupes anglaises excite des plaintes graves. York, leur général, a publié une proclamation qui n'a point eu d'effet.

Une escadre anglaise a mis à la voile, de Middlebourg.

### ANGLETERRE.

*Londres, le 8 octobre.* — Selon les dernières nouvelles reçues des îles à sucre, ces malheureuses colonies continuent d'être exposées aux ravages toujours croissants de la fièvre jaune. Cette espèce de peste désole surtout la Jamaïque. Une lettre du 19 juillet dit positivement : « Mort ou désolation, c'est tout ce dont nous pouvons vous entretenir. Les gens meurent ici par centaines. De mémoire d'homme on ne vit rien de semblable. Les choses en sont au point que nous ne savons comment la flotte pourra partir. *Le Sceptre* a perdu plus de quatre cents hommes ; cela va encore plus mal, s'il est possible, à Saint-Domingue ; et vous pouvez compter sur ce que nous vous disons. Il est indispensable d'envoyer bientôt ici de grands renforts ; autrement il faudra renoncer à l'idée de conquérir, car le peu de troupes anglaises qui restent ne suffiront pas même pour garder le pays qu'elles occupent.

Les matelots étaient si rares à la Jamaïque, au départ des dernières lettres, qu'on leur payait jusqu'à 50 guinées pour la traversée de cette île en Angleterre.

Le bruit court qu'il a été question, dans un des derniers conseils, d'assujettir à la quarantaine tous les bâtiments venant des Indes-Occidentales, avant de les laisser entrer dans aucun des ports de la Grande-Bretagne, et de la leur faire faire aussi rigoureuse qu'aux vaisseaux même qui arrivent du Levant.

Le gouvernement vient, en effet, d'envoyer des troupes pour réparer les pertes d'hommes qu'ont eu lieu aux Antilles.

— On écrit de Plymouth que, le 26, *le Canada* et *l'Alexandre*, de 74 canons; *l'Adamant*, de 50, et *le Thorn*, sloop de guerre, ont mis à la voile avec les flottes et les transports destinés pour Gibraltar et les Indes-Occidentales. Les transports étaient chargés du 82e et du 100e régiment. *L'Alexandre* et *le Canada* doivent les escorter jusqu'au cap Saint-Vincent, d'où ces vaisseaux reviendront dans les ports britanniques, tandis que *l'Adamant* et *le Thorn* continueront de convoyer.

Tout annonce que le gouvernement veut joindre des

forces maritimes aux troupes de terre qu'il envoie aux Indes-Occidentales ; il détache à cet effet neuf vaisseaux de ligne de la flotte de l'amiral Howe : le bruit court que c'est d'après l'avis que les Français venaient d'en envoyer huit aux Antilles.

Les officiers de la flotte de l'amiral Howe sont astreints à coucher à leur bord ; il leur est même défendu de descendre à terre, à ce qu'on mande de Torbay. Cela fait présumer que cette flotte ne tardera pas à se mettre en mouvement.

## RÉPUBLIQUE FRANÇAISE.

## SOCIÉTÉ

### DES AMIS DE L'ÉGALITÉ ET DE LA LIBERTÉ,

#### SÉANT AUX CI-DEVANT JACOBINS DE PARIS.

*Présidence de Crassous.*

#### PRÉCIS DE LA SÉANCE DU 7 BRUMAIRE.

Albitte paraît à la tribune ; il a la parole : « Dès son origine, dit-il, la révolution enfanta les Jacobins ; ils naquirent , et dès l'instant qu'ils virent le jour, je fus Jacobin. Depuis environ deux ans, je suis éloigné de la Convention et de vous ; mes travaux sont enfin terminés ; je reviens et j'accours aujourd'hui pour reprendre ma place au milieu de mes amis et de mes frères. On ne cesse de dire que les Jacobins ont commis des fautes, qu'ils n'ont pas déployé dans toutes les circonstances la mâle énergie, la fermeté inébranlable qu'ils auraient dû montrer : quant à moi, je fais d'autant moins attention à ce reproche que je crois retrouver en eux, à mon arrivée, le même degré de force et de vertu que j'ai vu briller constamment dans toute leur conduite révolutionnaire. »

Ici Albitte, après être entré dans le détail de tout ce qui nous reste encore d'important et de nécessaire à faire pour affermir la république, engage la Société à ne s'occuper que des grands intérêts de la patrie. L'orateur invite surtout les députés membres de la Société à lui soumettre des projets de décret sur tous les points qu'ils jugeront les plus propres à accélérer le bonheur du peuple et à le consolider. Les idées d'Albitte sont accueillies.

— La lecture de la correspondance donne connaissance d'une lettre d'un défenseur de la patrie, au bivouac sous les murs de Grave. Ce citoyen exprime des inquiétudes sur la capitulation de Bois-le-Duc. Il se plaint de ce qu'aucun article ne fait mention des émigrés. Quelques-uns, dit-on, cachés dans des voitures de foin , sont les seuls que l'on ait arrêtés, et l'armée ignore encore aujourd'hui si ces indignes scélérats ont subi la punition qu'ils méritent. L'auteur de la lettre ajoute que nos braves défenseurs ne reçoivent aucun des imprimés ordonnés par la Convention nationale , et que l'on fait courir le bruit, dans l'armée du Nord, que Toulon et Cherbourg sont tombés au pouvoir de l'Anglais.

Albitte interrompt la lecture pour assurer que Toulon est aujourd'hui dans le plus brillant état ; il demande que l'on fasse au plus tôt au militaire, auteur de la lettre, une réponse capable de le désabuser de l'erreur dans laquelle la malveillance seule des aristocrates a pu le plonger.

Léonard Bourdon déclare que les lettres ne parviennent point, et que des comités de surveillance se sont arrogé le droit d'en rompre les cachets ; et pour preuve de cette assertion , il annonce que de trois lettres par lui écrites à des patriotes d'Orléans, aucune ne leur est parvenue.

La lecture est reprise, et, dès qu'elle est achevée, Maure demande le renvoi de cette lettre au comité de salut public, qui ne manquera pas de prendre des mesures aussi expéditives que sévères contre les coupables perturbateurs de nos armées.

Cette proposition est appuyée par Albitte ; des murmures s'élèvent aussitôt dans l'une des tribunes, et soudain l'orateur, se tournant vers l'endroit d'où part le bruit, adresse la parole aux inspecteurs, et leur dit qu'il s'est introduit des ennemis de la liberté dans les tribunes, pour empêcher la discussion. « Le comité de salut public, ajoute-t-il, est composé de bons citoyens; si quelqu'un prétend soutenir le contraire qu'il lève la tête, et je me charge de lui répondre. » Albitte termine en rappelant la motion du renvoi au comité, pour l'engager à prendre des mesures répressives contre les dépositaires infidèles et autres qui osent briser le sceau des lettres. — Adopté.

Léonard Bourdon se plaint de l'état d'oppression auquel sont réduits les patriotes. Du nombre des trente-cinq d'Orléans qui furent mis en liberté à l'époque du 10 thermidor, deux viennent de nouveau d'être mis en arrestation à Beaugency, pour avoir fait lecture de sa réponse à l'*Orateur du Peuple*.

« Dans tous les sens, ajoute-t-il, on travaille l'opinion publique. Le système des factieux est la calomnie.

« C'est une chose assez étrange que d'entendre discourir aujourd'hui dans les cafés, dans les spectacles, des hommes qui naguère encore n'avaient jamais élevé la voix. Certaines personnes expulsées de votre sein en ont pris sérieusement de l'humeur contre les Sociétés populaires, et parce qu'on leur a fait l'honneur de les en chasser, comme elles le méritaient, ne voilà-t-il pas que ces *messieurs*, tout gonflés de colère, trouvent ces Sociétés détestables? Qu'a produit tout cela? Que les contre-révolutionnaires, les modérés, les aristocrates, se sont ralliés au parti de ces *messieurs*, qu'ils font cause commune avec eux, qu'ils se rendent leurs prôneurs, leurs champions : et pourquoi? parce qu'ils ont tous le même but, celui d'anéantir, s'ils le peuvent, jusqu'à la moindre trace des Sociétés populaires.

« Citoyens, vous allez bientôt voir ces intrigants, prix pour dupes les uns des autres, s'arracher réciproquement sous vos yeux le masque dont ils se couvrent, et ne vous laisser en dernier résultat aucun doute sur les motifs de la perfide conduite qu'ils ont tenue jusqu'à ce jour:

« Il est question de porter une loi juste et salutaire contre tout représentant qui aura prévariqué dans l'exercice de ses fonctions. Oui , certes oui , il n'est pas un seul Jacobin qui ne forme le vœu le plus ardent de voir les criminels , quels qu'ils soient, subir la punition exemplaire due à leurs attentats ; mais enfin, s'il faut pour tous les citoyens une garantie contre les fausses dénonciations , à plus forte raison en faut-il une pour ceux que vingt-cinq millions d'hommes ont chargés de l'honorable , mais délicate mission de les représenter.

« Telle est, citoyens, la garantie importante qu'il s'agit aujourd'hui d'obtenir. La calomnie, nous a-t-on dit, est utile dans une république; je ne conçois rien à ce nouveau genre de machiavélisme, et je ne reconnais dans aucune affaire, dans aucune circonstance , dans aucune route , d'autre véritable et sûr guide que la seule vérité. »

Ici l'opinant s'attache à démontrer la nécessité d'établir la peine du talion; il se plaint de ce que cette vérité a été un instant méconnue ; mais il est persuadé que la Convention ne tardera pas à la proclamer solennellement. Il finit par presser tous ses collègues députés de redoubler de zèle, d'activité et d'ardeur jusqu'à ce que ce principe éternel de justice et de raison ait été décrété.

*Lejeune :* Il est à propos de bien distinguer la calomnie de la fausse dénonciation. Il faut abandonner la première au mépris ; quant à la seconde , il faut l'attaquer et la poursuivre avec d'autant plus de chaleur, qu'elle peut conduire les patriotes les plus purs à l'échafaud. Certes , s'il n'existe pas une peine sévère contre le faux dénonciateur, c'en est fait de la liberté. Les propriétés cesseront d'être un objet sacré; l'honneur et la vie des citoyens deviendront l'objet d'un horrible et odieux commerce, et, après avoir lutté pendant un siècle contre toutes les horreurs qu'enfante la méchanceté, nous retomberons, saturés d'opprobres et d'infamies, sous le joug des plus exécrables tyrans.

Chez tous les peuples, citoyens, la fausse dénonciation a excité contre elle l'animadversion des lois ; tous l'ont sévèrement punie. Sous Néron même, sous ce monstre qui avait érigé l'infâme délation en vertu , il ne l'accueillait qu'autant qu'elle avait la vérité pour base.

Faites-vous , s'il vous est possible , une idée des maux auxquels serait exposé un homme probe contre qui se ligueraient cinq à six scélérats acharnés à sa perte ! Quelle ressource resterait-il à cet excellent citoyen si, poursuivi par le crime atroce d'une fausse dénonciation , il ne trouvait pas dans les lois de son pays une garantie assurée contre la perversité et la fureur de ses ennemis ?

Ce défaut de loi est pourtant le système qu'on ose présenter aujourd'hui comme le système protecteur de la république. Si cet affreux système l'emporte , c'en est fait , la liberté s'évanouit , l'égalité se perd, la république chancelle , tombe, s'écrase, et les fers sont son unique partage.

Que deviendra la Convention elle-même, s'il est permis à tout individu de provoquer son avilissement, c'est-à-dire sa perte? car une puissance avilie est une puissance qui n'existe plus. Oui, un corps législatif que se laisse impunément couvrir de mépris est dès lors anéanti. Dès qu'il n'a plus la confiance qui lui est nécessaire pour opérer le bien, le seul qu'il puisse faire encore, c'est de se retirer.

Voilà précisément ce que demandent les tyrans coalisés ; ils brûlent de voir la Convention se dissoudre.

N'en doutez pas, citoyens, c'est pour atteindre un but si flatteur pour eux, qu'ils ont sourdement disséminé parmi nous les soupçons, les défiances, les calomnies et tous ces moyens d'avilissement si largement employés par les factions scélérates que nous signalons , et par les pamphlétaires , leurs trop bruyantes trompettes ; le seul contre-poids qui nous reste pour balancer tous ces efforts liberticides des tyrans et de la tyrannie, des factions et des factieux ; le seul contre-poids, dis-je enfin, est la garantie inévitable et sacrée contre toute fausse dénonciation.

Ici un membre interrompt Lejeune pour lui dire qu'il voit tout en noir. « Dans une république, répond aussitôt l'opinant, il ne faut pas porter si loin la confiance, et, en fait de liberté, on ne doit jamais se reprocher d'être trop ombrageux. »

Lejeune termine son discours en demandant la peine du talion contre les faux dénonciateurs.

Albitte n'adopte pas l'opinion de Lejeune. Comme lui il ne pense pas que le sort de la république dépende entièrement de la décision que prendra la

Convention sur les faux dénonciateurs. « Jusqu'à ce jour, dit-il, les patriotes n'ont cessé d'être poursuivis par la calomnie, et cependant la république en subsiste-t-elle avec moins d'éclat? Ce n'est pas seulement en frappant les ennemis jurés des patriotes que nous sauverons la liberté; c'est en faisant de bonnes et de sages lois. Trouvez bon que je me plaigne de ce que jusqu'à ce jour on a beaucoup moins agi que parlé. Je renouvelle à mes collègues l'invitation que je leur ai déjà faite de se présenter chacun à leur tour à cette tribune, avec un projet de décret utile au peuple. »

*Duhem :* De quoi s'agit-il aujourd'hui? de porter une loi qui serve de rempart au patriotisme. Je ne l'ignore pas, les contre-révolutionnaires de toutes les espèces, des hommes mis en liberté, depuis le 10 thermidor, poussent l'audace au point de dire effrontément qu'il ne se trouve pas un seul homme de bien dans la Convention. Ne nous y trompons pas; notre gouvernement étant représentatif, ce sera toujours contre ses membres que les malveillants de l'intérieur décocheront tous leurs traits empoisonnés; je conclus de cette opinion, que je crois vraie, qu'il faut nécessairement offrir aux délégués du peuple une garantie.

Les ennemis de la liberté et de l'égalité désirent faire de la Convention ce que l'on fait d'un chapelet qu'on veut détruire; on en arrache d'abord un grain, puis deux, puis trois, et enfin on finit par n'en laisser aucun.

Je pense d'abord que du moment où un homme connu pour un bon révolutionnaire sera dénoncé, il faudra s'assurer de la moralité de son dénonciateur et repousser sa déclaration si c'est un contre-révolutionnaire.

Je distingue aussi la calomnie de la fausse dénonciation. Mon avis est qu'on doit livrer au mépris les calomniateurs en titre, qui font aujourd'hui assaut de mensonge et d'impudence; mais je crois aussi qu'il faut nécessairement une garantie contre la malveillance d'un faux dénonciateur.

— Un citoyen du département du Mont-Terrible rappelle qu'il y a un an les aristocrates et les modérés, poursuivis par les patriotes, demandaient à grands cris une garantie contre les dénonciations; il s'étonne après cela qu'on balance à accorder cette justice aux patriotes qui la réclament si instamment aujourd'hui. Après avoir observé que, dans un mouvement contre-révolutionnaire, les modérés n'échapperaient pas plus que les hommes énergiques au fer meurtrier des tyrans et des faux dénonciateurs payés par eux, il conclut par mettre en principe qu'il faut une garantie aux représentants du peuple comme aux autres citoyens.

## CONVENTION NATIONALE.
### COMITÉ DE SALUT PUBLIC.

*Extrait des registres du comité de salut public de la Convention nationale. — Du 8 brumaire, 3e année.*

Les comités de salut public, d'instruction publique et des travaux publics réunis, arrêtent:

Que l'examen pour l'admission à l'école centrale des travaux publics est prorogé, à Paris, pendant la durée du mois actuel.

La commission des travaux publics continuera en conséquence l'inscription des candidats, et leur indiquera le moment où ils pourront être interrogés par les examinateurs.

*Signé les membres du comité.*

Pour copie conforme:

*Dorix, adjoint à la commission.*

Grégoire, au nom du comité d'instruction publique : Citoyens, vous avez mis sous la sauvegarde de la loi tous les monuments des sciences et des arts. Beaucoup de districts se sont empressés de concourir à l'exécution des mesures que vous avez prises pour arrêter les destructions; mais dans d'autres, nous venons vous le dire avec douleur, les destructions continuent.

Tandis que la sagesse de vos décrets atteste la sollicitude des législateurs pour étouffer l'ignorance et faire triompher les lumières; tandis qu'à votre voix les hommes à talents sortent des cachots, et que le génie relève sa tête humiliée, la barbarie et l'esprit contre-révolutionnaire tiennent sans cesse le poignard levé pour assassiner les arts. Une horde de scélérats veut par ces moyens faire haïr la liberté, qu'en dépit de leurs efforts le peuple français ne cessera d'aimer qu'en cessant d'exister.

La correspondance du comité d'instruction publique et de la commission temporaire des arts nous a fait connaître de nouvelles dégradations.

Nous avons pensé qu'il fallait leur donner de la publicité, afin de signaler les coupables, de placarder l'opprobre sur leurs fronts, et de prémunir sans cesse les bons citoyens contre les erreurs de l'ignorance et les insinuations de la perfidie.

A Ussel, à Saumur, à Lons-le-Saulnier, les livres, les tableaux et d'autres objets rares ont été vendus à très-vil prix.

A Mont-de-Marsan, deux belles statues par Mazetti ont été mutilées; d'autres ont failli subir le même sort.

A Reims, on a mutilé un tombeau d'un beau travail, et précipité d'une hauteur de vingt pieds un tableau de Thadée Zucchero; le cadre a été brisé, la toile dégradée a été trouvée dernièrement sur les marches d'un escalier.

A Melun, une belle statue de marbre blanc a été cassée.

A Fontainebleau, un tableau magnifique est en cendres, et l'on a brisé une statue de Fleuve en bronze, qui avait été exécutée sous la direction de Léonard de Vinci.

Au muséum des Plantes, on a outragé le buste de Linnée.

A Bayeux, deux commissaires instruits et patriotes ont sauvé la fameuse tapisserie dont la broderie, attribuée à Mathilde, femme de Guillaume-le-Bâtard, représente les expéditions de son mari dans la grande et la petite Bretagne. Pour la seconde fois ce monument échappe à la destruction; car il faillit périr une première fois en 1562, dans le temps des guerres civiles, une seconde fois dans l'irruption vandalique qui vient d'avoir lieu; mais plusieurs statues d'un bon style et la presque totalité des tableaux qui se trouvaient à la cathédrale et dans les autres églises de Bayeux sont anéanties.

A Douai, on avait donné l'ordre de brûler tous les livres concernant le culte, ce qui pouvait anéantir la moitié des bibliothèques; car la limite à cet égard n'étant pas tracée, à quel terme pouvait s'arrêter la fureur?

A Etain, depuis les anciens inventaires, on a volé dans les bibliothèques des ci-devant Capucins et de la ci-devant abbaye de Châtillon.

A Saint-Serge, près d'Angers, l'église des ci-devant Bénédictins contenait des groupes précieux; on les a brisés. Deux belles statues, le saint Jérôme et le saint Sébastien, avaient échappé à cette rage dévastatrice ; elles viennent d'être détruites, et plus de cent beaux orangers ont péri faute de soins.

A Villefranche, département du Rhône, était une orangerie et une serre chaude : tout est détruit.

A Marly, beaucoup de statues sont bien conservées ; mais qui n'aurait le cœur navré en voyant dans un coin un amas de bras et de jambes cassés à des chefs-d'œuvre ?

A Toulouse on conservait les registres des sentences originales de l'Inquisition. Limborch, qui a fait l'histoire de l'Inquisition, ne s'était procuré qu'avec beaucoup de peine la lecture de ces manuscrits ; actuellement ils sont détruits.

A Verdun, des municipaux, ayant à leur tête un nommé Carache, ont brûlé des tableaux précieux et statues. Les amis des arts regrettent surtout une Vierge de Houdon et un Christ mort, de grandeur naturelle : ce chef-d'œuvre de sculpture, d'un dessin plus correct et d'un ciseau plus hardi peut-être que le monument de Saint-Mihiel, faisait l'admiration des étrangers. Un artiste estimable s'étant présenté à la place de l'exécution, afin de conjurer la fureur, offre de payer chèrement une main pour apprendre à dessiner à ses enfants ; il fut repoussé par les clameurs de la rage, et n'échappa que par le silence et la fuite.

A Versailles était une magnifique tête de Jupiter, dont l'historique mérite une courte digression ; il paraît assez bien prouvé qu'elle date de 442 ans avant l'ère vulgaire, qu'elle est un ouvrage du célèbre Myron, et qu'elle faisait partie du Jupiter colossal qui était dans le temple de Junon, à Samos. Marc Antoine avait fait transférer cette statue à Rome ; Auguste fut tellement frappé de sa beauté qu'il fit bâtir pour elle un temple au Capitole. Cette statue, après avoir orné les jardins des Médicis, fut donnée au cardinal de Grandvelle, qui l'avait placée près de son palais à Besançon, dont les habitants la donnèrent à Louis XIV. Cette tête, quoique exposée aux intempéries de l'air depuis plus de trois cents ans, conservait toute sa beauté. Un Vandale s'est amusé à tirer à balle sur ce monument.

Observez que si, parmi les destructions dont on vient de tracer le hideux tableau, quelques-unes datent déjà d'un an et plus, le grand nombre est d'une date bien postérieure ; et s'il faut y joindre d'autres faits récents, les citations se présentent en foule.

Dans le district de Sarrebourg, les cabinets de Vioménil et de Custine avaient de bons tableaux et d'autres objets rares ; le tout a été vendu au plus bas prix.

A Chantilly, on a vendu récemment, et toujours à vil prix, la musique très-recherchée de Boccherini. Ici un forté-piano de l'Autrichienne a été cédé pour 100 écus : il avait coûté 6,000 livres.

Enfin, il n'y a pas quinze jours que les affiches annonçaient encore, au milieu de Paris, une vente d'objets nationaux, parmi lesquels étaient indiqués des livres, quoique les décrets s'y opposent.

A Thorigny, district de Coutances, plus de trois cents tableaux ont été dégradés, sous prétexte qu'ils contenaient des signes proscrits. L'agent national a soutenu, dit-on, que tel était le vœu de la loi. Si cet homme avait en main les chefs-d'œuvre du muséum, Lesueur et Rubens seraient bientôt anéantis.

Au reste, nous annonçons que des plaintes multipliées s'élèvent contre ce qui se fait, à cet égard, dans le district de Coutances, et votre comité a l'œil fixé sur ceux qui persiflent quand on leur recommande la conservation d'un jardin où se trouvent des plantes rares d'Amérique.

Une lettre de Carpentras, en date du 15 vendé-miaire, donne des détails sur la magnifique architecture de la ci-devant chartreuse de Villeneuve, district de Beaucaire, qui a été vendue. Là était un groupe précieux de figures en ronde-bosse et de grandeur naturelle. Ces figures étaient, dit-on, de la plus belle expression : la draperie surtout était un chef-d'œuvre : c'était la nature dans son choix le plus heureux ; tout est tombé sous les coups du marteau.

Aux portes latérales de la ci-devant cathédrale de Carpentras, deux belles figures (de saint Pierre et saint Paul) ont été réduites en poudre, et l'on regrette également une colonne tirée jadis d'un temple de Diane, dont les ruines existent encore à Venasque.

La même lettre annonce que la rage de détruire est à son comble. D'après de tels désastres, nous craignons sans cesse que la fureur ne se dirige contre cette foule de magnifiques antiquités qui décorent les départements du Midi, et déjà nous avons conçu des inquiétudes pour l'arc triomphal de Marius, près d'Orange.

Voici l'extrait d'une lettre de l'agent national du district d'Arles, en date du 17 vendémiaire dernier ; en augmentant nos craintes, elle porte à l'extrême notre indignation et notre douleur :

« Cette commune (Arles) renfermait des monuments précieux, tels que statues, bas-reliefs, autels votifs, colonnes, etc. ; on en avait formé un muséum par les soins d'un antiquaire, qui avait fait graver ce qu'il y avait de plus remarquable.

« Tout a été détruit, monuments et gravures ; le temple consacré à l'Être Suprême et toutes les propriétés nationales ont été dévastées, et n'offrent plus que des ruines.

« Les livres ont été dilapidés et jetés dans des coins ; la poussière et les rats les dévorent. Je vous prie d'observer, ajoute-t-il, que je ne suis en place que depuis le 24 thermidor, que j'ai trouvé le mal fait, et qu'il ne peut être imputé qu'aux précédentes administrations, sous les yeux desquelles il s'est commis. »

Ici nous appelons les regards des législateurs sur des monuments du moyen-âge qui doivent être conservés, soit pour servir comme bâtiments, soit sous le rapport de l'art. Telle est la ci-devant cathédrale de Chartres, dont il était utile sans doute d'enlever les plombs, car la première chose est d'écraser nos ennemis ; mais, au lieu de remplacer cette couverture par des tuiles ou bardeaux, on laissa à découvert un des beaux édifices de la France, que les outrages de l'hiver feront périr.

Amiens réclame avec le zèle le plus ardent et le plus louable la conservation de sa basilique, un des plus beaux monuments gothiques qui soient en Europe ; la magnificence, la hardiesse et la légèreté de la construction, en font une des plus hardies conceptions de l'esprit humain.

Les mêmes réflexions s'appliquent à celle de Strasbourg, dont la tour est la plus haute pyramide de l'Europe ; peut-être n'est-il pas inutile de dire qu'elle n'est guère inférieure en élévation à la plus haute pyramide d'Égypte, mais qu'elle lui est bien supérieure en bâtisse ; car celle-ci présente dans sa coupe un triangle dont la base est plus grande que la hauteur. Quand le connaisseur contemple ces basiliques, ses facultés, suspendues par l'admiration dont il est saisi, lui permettent à peine de respirer ; il s'honore d'être homme, en pensant que ses semblables ont pu exécuter de tels ouvrages, et la satisfaction qu'il éprouve en les voyant sur le sol de la liberté ajoute au bonheur d'être Français. (On applaudit.)

Les réflexions précédentes nous conduisent à vous

parler du dôme des Invalides ; mais ici des impressions affligeantes viennent de nouveau contrister l'âme.

Un voyageur qui eût quitté Paris sans avoir visité cet édifice eût passé pour un homme étranger aux arts. Sa beauté résultait spécialement de l'ensemble qui en faisait cadencer toutes les parties. Le pourtour extérieur du dôme se faisait remarquer dans le lointain par une ligne circulaire de statues colossales, et par d'autres ornements liés au système de décoration intérieure. Sans doute il fallait effacer des signes proscrits ; mais dans leur changement de caractère il fallait, disent les rapporteurs de la commission des arts, chercher les moyens de les conserver ; actuellement ces statues, pour la plupart, jonchent une cour en morceaux et en tronçons. Il faudra bien qu'on exhibe les ordres en vertu desquels ces destructions se sont opérées.

Quand même ces changements seraient commandés par la nécessité, les dépenses exorbitantes qu'ils entraînent devraient-elles se faire sans l'attache d'une loi ? Il faut un décret pour accorder 100 écus à un citoyen acquitté par le tribunal, et des millions sont absorbés sans décret ! C'est donner toutes les facilités aux dilapidateurs, qui trouvent leur compte à cette multiplication de bâtisses, à ces changements continuels pour placer des commissions, des comités, des bureaux, dont plusieurs entraînent une profusion journalière de dépenses. Les mêmes abus se répètent probablement dans beaucoup d'établissements disséminés sur la surface de la république, parce que c'est la république qui paie. (Applaudi.) L'homme qui n'a même qu'une mesure commune de probité sentira que, s'il est maître de prodiguer son bien, il n'a que le droit d'économiser celui de la nation. Le système fréquemment suivi est précisément l'inverse ; et quand on vient nous dire que 10 écus de plus ou de moins ne sont rien pour le trésor public, on affecte d'ignorer que, pour y verser ces 10 écus, une pauvre veuve, un père de famille ont été couverts de sueur, et que ces légères dépenses feraient par leur accumulation une masse énorme.

La même indiscrétion, ou plutôt la même improbité, préside souvent à des demandes d'objets scientifiques. S'agit-il de livres, d'instruments ; l'utile ne suffit pas, on veut les entourer de luxe : ainsi dernièrement, pour un simple usage, on voulait que la commission temporaire des arts accordât des pendules du plus grand prix. Avec tout ce que le gaspillage et la destruction nous ont enlevé d'objets scientifiques, on eût enrichi une nation ; et, malgré ces pertes, on vous l'a dit, la nation est immensément riche. Les lumières que nos ennemis voulaient éteindre éclaireront leur désespoir et la marche triomphale des arts.

L'esprit contre-révolutionnaire a voulu s'étayer de l'immoralité et de l'ignorance. Déjà l'on a observé que, dans les places où il fallait de la tête, se trouvaient des hommes qui n'avaient que des bras ; comment s'y étaient-ils introduits ? à la faveur de l'intrigue, de la recommandation, de la protection, mots détestables, et qui doivent, comme la chose, être proscrits à jamais du dictionnaire et des mœurs d'un peuple libre. Une telle composition eût bientôt ramené ce temps où un magistrat lançait une sentence contre les paratonnerres, où des parlements prononçaient des arrêts contre l'inoculation, le quinquina et l'antimoine.

D'autres employés avaient fait preuve de capacité, mais dans un genre différent de celui que nécessitaient les fonctions auxquelles ils étaient voués. Si chacun était à la place que comporte son talent, on n'aurait pas vu des subordonnés faire distribuer, pour cataplasmes dans les hôpitaux, une précieuse cargaison de graine de lin de Riga, prise sur un bâtiment ennemi, tandis qu'on pouvait la remplacer par d'autres. Heureusement la commission d'agriculture et des arts s'est empressée de parer à cette inepte décision.

Il est beaucoup de corps administratifs et de municipalités qui réunissent les lumières à l'énergie du patriotisme ; il sera doux un jour de vous en présenter la liste nominative ; mais d'autres font l'ombre au tableau.

Écrit-on pour obtenir des renseignements sur des monuments d'arts ; elles n'y répondent pas, ou leurs réponses sont caractérisées par tous les attributs de l'ignorance. Le fait suivant est curieux à citer.

Les comités des domaines et d'instruction publique ayant envoyé aux administrations de district une circulaire concernant les jardins botaniques, orangeries et plantes rares qui se trouvent dans leurs arrondissements respectifs, la plupart se sont empressées d'adresser des réponses frappées au coin de la raison et de la science ; mais il en est deux autres, que vous nous dispenserez de citer, dont l'une nous marque que, dans son arrondissement, toutes les plantes indigènes et exotiques croissent *naturellement*; et l'autre, par contre, nous assure que, dans le sien, on n'en trouve ni des unes ni des autres ; en sorte que, de ces deux coins de la France, l'un réunirait toute la végétation du globe, et l'autre serait pareil aux sables de l'Arabie.

Le mal est connu, avisons aux remèdes : le premier est l'instruction ; répandons-la abondamment. Dans cette statue, qui est un chef-d'œuvre, l'ignorant ne voit qu'une pierre configurée ; montrons-lui que ce marbre respire, que cette toile est vivante, que ce livre est un arsenal propre à défendre ses droits. C'est faute de lumières, sans doute, qu'à Toulouse on envoyait au parc d'artillerie des ouvrages en parchemin et en vélin : le même abus régnait à La Fère. Une lettre de la commission temporaire des arts l'a fait cesser, et déjà l'on adresse des ballots de parchemins dont le génie des arts, qui, pour féconder la révolution, a fait tant de prodiges, se propose de tirer parti.

Réitérons notre invitation aux Sociétés populaires et à tous les bons citoyens ; qu'ils ne se lassent point de semer les germes de la morale, et de faire circuler les connaissances utiles. Plus un peuple a de lumières et de vertus, moins son code est volumineux. Dans les beaux jours de la république romaine, elle n'avait guerre que les lois des Douze-Tables ; quand elle fut obscurcie par les préjugés et avilie par la corruption, elle eut les *Pandectes*. Pourquoi faut-il que la plupart des peuples ne deviennent sages qu'à l'école du malheur, et que les vérités et les vertus pratiques ne sortent, pour ainsi dire, des décombres de l'ignorance et du vice ? Heureusement le peuple français est si las d'ignorants et de fripons, qu'enfin les hommes sensés et probes sont à l'ordre du jour.

Mais la cause principale des destructions dont nous avons parlé, ce sont la cupidité et les machinations contre-révolutionnaires, car l'ignorance n'en est que l'instrument ; le secret des ambitieux et des tyrans est de repousser les lumières, parce qu'ils sentent bien que les lumières les repousseront : voilà les coupables qu'il faut atteindre.

Cependant sachons toujours discerner l'erreur ou le crime. Ainsi au Paraclet un groupe intéressant, exécuté par ordre d'Abailard, est détruit ; mais qui pourrait inculper la municipalité, lorsqu'elle constate par un procès-verbal qu'elle s'est trouvée dans l'impossibilité de l'empêcher ?

Celle de Liébau, district de Troyes, a fait rouler la

toile d'un tableau, pour le soustraire à la destruction; elle mérite des éloges, quoique par suite de cette opération la peinture soit altérée.

Mais à Issoire un commissaire des guerres, nommé Henri, sous prétexte qu'il a besoin de matelas, enlève aussi les livres. Voilà un voleur; on est à sa poursuite; il faut le sacrifier, s'il est nécessaire, pour écraser les méchants. Votre comité a juré de se cramponner sur ces êtres pervers; et s'il est possible de les traîner sous le glaive de la loi, qu'on ne craigne pas de les frapper. Un de nos collègues l'a dit avec raison: ils ne sont pas du peuple; et celui qui proposait, à Metz, de faire main-basse sur la littérature ancienne et étrangère n'est pas plus Français que les brigands de la Vendée, qui ont livré aux flammes la bibliothèque de Buzay, près Paimbœuf, la seule richesse scientifique de ce district.

Votre comité se propose de surveiller avec plus de soin que jamais tous les monuments des arts qui sont la gloire de la nation, et qui sont une partie de ses richesses; tous les mois il vous rendra compte de son travail à cet égard; il viendra présenter à votre estime ces administrations qui en seront dignes, à votre censure celles qui l'auront mérité. Sans doute les tribunaux redoubleront aussi de vigilance. Tant de ravages ont été commis dans le domaine des arts; et l'on trouve à peine un jugement à citer contre cette classe de voleurs et de contre-révolutionnaires! L'impunité du crime est un outrage à la vertu, une plaie au corps social.

Quand des lois répressives sont muettes, ceux qui en sont dépositaires deviennent complices des délits. C'est une vérité que vous consacrerez sans doute par un décret.

Ce discours a été souvent interrompu par les plus vifs applaudissements.

Voici le décret:

« La Convention nationale, après avoir entendu le rapport de son comité d'instruction publique, décrète:

« Art. Ier. Les agents nationaux et les administrateurs de district sont individuellement et collectivement responsables des destructions et dégradations commises dans leur arrondissement respectif, sur les livres, les antiques et les autres monuments de sciences et arts, à moins qu'ils ne justifient de l'impossibilité réelle où ils ont été de les empêcher.

« II. Dans la décade qui suivra la réception du présent décret, ils rendront compte à la commission d'instruction publique de l'état de la bibliothèque et de tous les monuments de sciences et d'arts qui sont dans leur arrondissement, ainsi que des dégradations et des dilapidations qui auraient été commises.

« III. La commission d'instruction publique et la commission temporaire des arts prendront toutes les mesures nécessaires pour l'exécution du présent décret, sous la surveillance du comité d'instruction publique. Il dénoncera à la Convention nationale les administrations qui auraient négligé de s'y conformer. »

Le décret est adopté. — Le rapport et le décret seront insérés au Bulletin, imprimés et distribués.

— Merlin (de Douai) lit le bulletin télégraphique suivant:

« Le 6, Vanloo est tombé au pouvoir de la république, après quatre jours de tranchée ouverte; la garnison est retournée chez elle avec les honneurs de la guerre.

« L'avantage de cette réduction est immense; la place n'est pas endommagée. » (Vifs applaudissements.)

— L'assemblée reprend la discussion sur le projet de décret relatif aux députés accusés.

Merlin (de Douai) relit les articles décrétés de la loi sur les formalités à remplir pour dénoncer et accuser les représentants du peuple. Les articles suivants sont décrétés sans discussion.

Voici le décret entier:

« La Convention nationale, après avoir entendu ses comités de salut public, de sûreté générale et de législation, décrète:

« Art. Ier. Toute dénonciation contre un représentant du peuple sera portée ou renvoyée devant les comités de salut public, de sûreté générale et de législation réunis, et elle lui sera communiquée avant qu'il puisse en être rendu compte à la Convention nationale.

« II. Si les trois comités pensent qu'il doit être donné suite à la dénonciation, ils déclareront à la Convention nationale qu'ils estiment qu'il y a lieu à examen.

« Cette déclaration ne sera point motivée.

« III. Il sera, immédiatement après, nommé au sort une commission de vingt et un membres de la Convention nationale, pour lui faire un rapport sur les faits dénoncés, et sur les pièces produites à l'appui.

« IV. Pour parvenir à effectuer cette nomination, il sera fait un appel nominal de tous les membres de la Convention nationale, distraction faite de ceux qui seront en mission ou absents en vertu de décret, ainsi que des membres des trois comités ci-dessus désignés, et du prévenu.

« V. Chaque membre appelé se présentera à la tribune; il inscrira son nom sur un bulletin disposé à cet effet, qu'il remettra ostensiblement au président.

« Le président en fera lecture, et le déposera dans une urne qui sera placée sur le bureau.

« VI. Si un membre appelé n'est pas présent à la séance, il sera suppléé, pour l'inscription de son nom, par l'un des secrétaires, qui signera le bulletin.

« VII. L'appel nominal terminé, le président agitera l'urne, et l'un des secrétaires en tirera successivement vingt et un bulletins.

« Le nom de chaque membre compris dans le bulletin sorti sera vérifié par deux secrétaires, et remis au président, qui le proclamera à haute voix.

« VIII. Aucun des membres désignés par le sort ne pourra être récusé ni se récuser.

« IX. Le rapport de la commission ne pourra porter que sur les faits compris dans la dénonciation sur laquelle les trois comités auront déclaré qu'il y a lieu à examen, ou résultant des pièces remises par eux à la commission.

« X. Avant de présenter son rapport à la Convention nationale, la commission entendra le prévenu, lui communiquera les pièces, sans déplacement, et lui en fera délivrer copie, s'il le demande.

« XI. Après le rapport, s'il tend au décret d'accusation, la Convention nationale décidera s'il y a lieu à l'arrestation provisoire.

« XII. Le rapport et les pièces y relatives seront imprimés et distribués.

« La discussion ne pourra s'ouvrir que trois jours après la distribution.

« XIII. Le prévenu pourra faire imprimer et distribuer aux membres de la Convention nationale telles pièces et mémoires qu'il jugera utiles à sa défense.

« XIV. Le prévenu sera présent à la discussion, et y sera entendu sur les faits articulés et précisés qui devront servir de bases à l'acte d'accusation.

« XV. Il ne pourra être rendu de décret d'accusation qu'à l'appel nominal.

« XVI. Si la Convention nationale décrète qu'il y a lieu à accusation contre le prévenu, la commission présentera le lendemain l'acte d'accusation, qui contiendra les faits articulés et précisés sur lesquels le prévenu aura été entendu dans la Convention nationale, et sur lesquels l'instruction devra porter.

« XVII. Le tribunal qui sera chargé d'instruire ne pourra informer et juger que sur les faits compris dans l'acte d'accusation. »

**Pénès :** Je viens reproduire le dernier article de mon projet de décret. Il est d'une justice et d'une moralité profondes. Vous ne devez pas vouloir qu'un caractère aussi grand, aussi auguste que celui de représentant du peuple, repose sur une tête coupable et convaincue. Je demande donc que, lorsqu'un député accusé aura été convaincu, il vienne à la barre, et que le président lui dise... (*Plusieurs voix :* Cela ne vaut rien; l'ordre du jour!)

L'ordre du jour est adopté.

**Pelet :** Pourquoi n'adopterions-nous pas ce qui se pratiquait à Athènes et à Rome? Lorsqu'un fonctionnaire avait commis un délit grave, il était mis à mort, précipité de la roche Tarpéienne. Mais lorsque la liberté publique n'était pas compromise par l'existence de ce magistrat, alors il était banni à perpétuité ou pour un temps. Je demande que cette idée soit mûrie dans les comités ; car j'espère que nous ne nous séparerons pas sans avoir aboli la peine de mort. (On applaudit.)

Le renvoi est décrété.

— Clauzel annonce à l'assemblée que, d'après le compte qui a été rendu aux trois comités, par le tribunal révolutionnaire, de la procédure qu'il instruit contre les membres du comité révolutionnaire de Nantes, ils estiment qu'il y a lieu à examen de la conduite du représentant du peuple Carrier.

La Convention décrète que, ce soir, il y aura une séance extraordinaire pour nommer, conformément à la loi de ce jour, une commission chargée de l'examen de la conduite de Carrier, et de lui en faire un rapport.

La séance est levée à deux heures.

### SÉANCE DU SOIR DU 8 BRUMAIRE.

Dans cette séance, la Convention a procédé, suivant le mode indiqué par le décret du matin, à la création de la commission chargée d'examiner la conduite du représentant du peuple Carrier ; le sort a désigné les citoyens dont les noms suivent :

Monestier, Rivery, Martinet, Arbogaste, Beaudran, François (de la Somme), Romme, Reynaud (de la Haute-Loire), Gauthier jeune (des Côtes-du-Nord), Lefranc, Guérin (du Loiret), Bonnet (de l'Aude), Lervière, Hourier-Eloy, Lanthenas, Dubreuil, Chenier, Laa, Videlot, Marcoz, Bodin.

### SÉANCE DU 9 BRUMAIRE.

**Thuriot,** au nom du comité de salut public : Représentants du peuple, depuis quelques jours les ennemis du bien public répandaient dans l'intérieur que l'armée des Pyrénées-Occidentales n'est pas dans un état imposant, et qu'elle a reçu un échec considérable.

Les Espagnols s'honorent aussi de victoires dans leurs papiers publics.

Vous allez connaître la vérité, et apprendre avec plaisir que les armes françaises sont toujours triomphantes. (Vifs applaudissements.)

L'armée espagnole est en fuite devant l'armée des Pyrénées-Occidentales ; sa déroute est complète ; toutes ses lignes sont forcées, ses redoutes sont évacuées ou emportées, deux mille cinq cents Espagnols sont restés sur le champ de bataille, deux mille cinq cents sont prisonniers. (Les cris de vive la république! retentissent dans toutes les parties de la salle.)

Nous avons pris cinquante pièces de canon avec leurs caissons, beaucoup d'effets de campement et un

grand nombre de fusils, des munitions de guerre et de bouche, et plusieurs magasins de fourrages ; nous sommes en possession des fonderies d'Orbeycette et d'Egny, estimées 25 à 30 millions ; nous sommes aussi en possession de la fameuse mâture royale d'Irati. Cette manière de répondre aux nouvelles mensongères est la seule qui convienne à des républicains qui ont juré de combattre jusqu'à la mort pour le triomphe de la liberté et le bonheur de leur patrie. (Vifs applaudissements.)

Voici les lettres :

*Garrau et Baudot, représentants du peuple près l'armée des Pyrénées-Occidentales, aux membres composant le comité de salut public.*

A Egny, le 30 vendémiaire, l'an 3e de la république une et indivisible.

« L'armée des Pyrénées-Occidentales, citoyens collègues, vient de remporter sur les Espagnols une victoire complète, et remarquable autant par la bravoure ordinaire aux troupes de la république que par les difficultés qu'il a fallu vaincre pour arriver aux positions de l'ennemi. L'attaque a été faite sur une ligne de plus de quarante lieues, et par douze points différents, sur les montagnes les plus escarpées, et à travers les précipices les plus impraticables. Les Espagnols avaient ajouté aux obstacles de la nature toutes les ressources d'une fortification depuis longtemps préparée : chaque montagne était chargée d'une redoute, d'un camp retranché ; chaque passage, d'un fossé ou d'un chemin couvert : l'ardeur de nos frères d'armes s'est partout frayé des chemins; partout leur courage a franchi les retranchements, et la baïonnette a détruit en un jour tous les remparts d'une année.

« La victoire a été à nous dans une circonférence de plus de quatre-vingts lieues ; de Lecumbery à Orchegayia, de Bedaritz à Oubiri, d'Egny à Orbeycette, d'Isoya à Aoyen, et d'Attaniscar à Villa-Nova; partout l'Espagnol a été forcé et mis en fuite. Le résultat général de ses pertes porte les morts à deux mille cinq cents et à peu près autant d'otages. Le nombre en eût été plus grand, si la suite n'eût pas été précipitée, et surtout si nous eussions mieux connu les sentiers et les défilés : un brouillard continuel d'ailleurs a beaucoup favorisé sa retraite ; mais nous sommes restés maîtres de tous les postes, de cinquante pièces d'artillerie, de deux drapeaux, de quelques munitions de guerre et de bouche, et de plusieurs magasins de fourrages. L'ennemi a eu le temps d'en brûler un plus grand nombre. La belle mâture d'Irati, les superbes fonderies d'Egny et d'Orbeycette sont au pouvoir de la république ; ces deux établissements avaient coûté 32 millions à l'Espagne.

« La colonne infernale, commandée par le général Delaborde, a soutenu un combat vif et violent, et a défait entièrement un corps de quatre mille Espagnols, après avoir fait une marche de quarante-trois heures sur quarante-huit.

« Nous vous renvoyons au rapport de ce général et à celui des autres généraux de l'armée.

« Le plan a été parfaitement conçu, et le développement a été aussi bien exécuté que pouvait le permettre une suite d'obstacles inséparables des localités et des longs préparatifs de l'ennemi.

« Toutes les troupes ont un droit égal à la reconnaissance nationale, puisque toutes ont également bien rempli leur devoir. Les fatigues ont accru leur courage et promettent de nouveaux succès à la république.

« Salut et fraternité. GARRAU, BAUDOT. »

*Le général commandant l'armée des Pyrénées-Occidentales aux membres composant le comité de salut public de la Convention nationale.*

De la fonderie d'Egny, le 29 vendémiaire, l'an 3e de la république française, une et indivisible.

L'Espagnol fuit de toutes parts, citoyens représentants; sa déroute est complète, ses lignes sont forcées, ses redoutes évacuées ou emportées, son artillerie dans nos mains, deux mille morts et à peu près un pareil nombre de prisonniers, cinquante pièces d'artillerie avec leurs caissons, et plusieurs attelages, des effets de campement en assez grand nombre et des fusils.

« La Navarre espagnole, conquise presque sous les murs de Pampelune, les fonderies d'Orbeycette et d'Egny, estimees 25 à 30 millions, la fameuse mâture royale d'Irati, sont les trophées utiles et brillants de la victoire de l'armée des Pyrénées-Occidentales.

« Je ne vous remettrai pas ici sous les yeux la marche de nos colonnes, je vous ai rendu compte, dans nos dernières dépêches, du plan d'attaque que j'avais proposé au conseil de guerre, qui l'avait approuvé, et qui avait été adopté par les représentants du peuple ; j'y ai joint un croquis de notre mouvement ; il a été exécuté tel qu'il est tracé sur cette carte.

« Nous avons atteint le but que nous nous étions proposé, celui de forcer l'ennemi à quitter ses lignes, et nous emparer de ses redoutes et de son artillerie, de détruire les fonderies d'Orbeycette et d'Egny, de semer le désordre dans son armée, de lui couper enfin la communication directe avec Pampelune.

« Nous avons réuni ces différents avantages dans les journées des 26 et 27 vendémiaire.

« Des colonnes se mouvant à des distances de près de cinquante lieues sont venues former autour de lui un cercle, d'où il n'aurait pas dû échapper un seul homme, si dans un pays de montagnes, à des distances si considérables, en pays ennemi, on pouvait calculer avec précision les marches, et prévoir les obstacles sans cesse renaissants que l'aveugle hasard se plaît à faire naître.

« L'ennemi, instruit de notre mouvement, de la marche des colonnes, a profité de la nuit du 26 au 27, et d'un brouillard épais, accompagné d'une pluie abondante, pour faire sa retraite par Sangonesa ; il a passé entre les colonnes venant de Tardet et la colonne infernale venant par Lans. Cette dernière colonne, égarée dans les bois par le peu de connaissance des guides, n'est arrivée à Burguet que le 27 au matin ; elle devait y arriver le 26 : les Espagnols ont saisi avec précision notre mouvement et pris le seul chemin de retraite que ce retard leur laissait encore. Je n'en doute point : si la colonne infernale, que j'avais ainsi appelée parce que seule elle eût pu écraser l'armée espagnole réunie, n'avait été retardée, ou s'il eût été sur ce point, je vous le répète, toute l'armée espagnole eût été forcée de mettre bas les armes. Mes présomptions se tournent en certitude par le succès qu'a obtenu son avant-garde, réunie à trois bataillons venant d'Almendos. Ces forces réunies ont eu un combat des plus vifs et des plus opiniâtres à soutenir avec l'armée espagnole, composée d'environ sept mille hommes : ils sont presque tous demeurés sur le champ de bataille, et nos regret mes récoltes.

« Les colonnes venues d'Oyaca et Tolosa sur Lecumberry ont aussi exécuté leur mouvement avec tout le succès possible ; l'ennemi, au nombre de six mille hommes de troupes de ligne, de huit mille paysans, de huit cents chevaux et des pièces d'artillerie, a, pendant longtemps, disputé le passage à nos troupes ; mais notre feu, la charge et la baïonnette ont mis tout à cette lutte entre les hommes de la liberté et les hommes de la tyrannie.

« Les représentants du peuple Garrau et Baudot ont suivi notre mouvement à la tête de nos colonnes : sans doute ils rendront un témoignage satisfaisant de la conduite vraiment héroïque de l'armée des Pyrénées-Occidentales.

« Occupé à donner des ordres pour disposer l'armée dans le meilleur ordre possible, je ne peux vous donner de plus grands détails ; vous les trouverez dans les rapports ci-joints des officiers-généraux qui commandaient : ceux des généraux Frégeville, Dumas, et celui du général Digonet, qui a pris la fonderie d'Egny, et poursuivi avec vigueur l'ennemi jusqu'à Viscarriet, ne me sont pas encore parvenus ; dès que je les aurai, je m'empresserai de vous les faire passer.

« Je ne vous ferai point l'éloge du courage des républicains que j'ai l'honneur de commander : les succès éclatants qui viennent de couronner leurs efforts parlent assez éloquemment pour eux ; mais je dois un hommage public

à leur constance, à leur impassibilité, à leur discipline, à leur sobriété. Le croiriez-vous, représentants? la colonne infernale a marché quarante-trois heures sur quarante huit pour arriver à temps à sa destination, qu'elle aurait atteinte sans la maladresse des guides et le mauvais temps.

« La colonne partie de Tardet, après quatre jours de marche dans les montagnes presque inaccessibles, n'ayant eu pour toute subsistance que trois biscuits, ne s'est pas plainte, et s'est contentée de crier vive la république ! lorsqu'arrivée à Orbeycette je n'ai pu lui faire donner du pain qu'elle était venue me demander. L'ennemi avait brûlé ses fours ; on ne pouvait faire de pain ; on lui a distribué la farine pour en faire de la bouillie. Elle a oublié dans ce repas frugal ses peines et ses fatigues, et n'a plus songé qu'au triomphe de la république. Notre perte se porte au plus à cinquante hommes hors de combat.

« Salut et fraternité. MONCEY. »

Thuriot propose, et l'assemblée adopte le projet de décret suivant :

« La Convention nationale décrète que l'armée des Pyrénées-Occidentales ne cesse de bien mériter de la patrie. »

( La suite demain.)

## MÉLANGES.

Est-il quelque moyen simple de démasquer les faux patriotes? est-il une pierre de touche qui puisse aisément constater quels sont les républicains fidèles que la patrie peut regarder comme ses véritables enfants, comme les colonnes de la liberté ? Oui ; le signalement des uns et des autres est facile à saisir. Le plus simple bon sens suffit pour les discerner.

Celui-là est un patriote véritable, qui a toujours montré son patriotisme à ses dépens.

Et cet autre est un patriote douteux, suspect, faux, qui ne l'a jamais montré qu'aux dépens d'autrui.

Ainsi, quand un citoyen pourra dire : Je suis plus pauvre, ou je ne suis pas plus riche que je ne l'étais avant la révolution ; je n'ai ni désiré, ni cherché les emplois ; dans ceux dont on m'a chargé, je me suis contenté de l'indemnité modérée que la république leur accordait ; mes mœurs ont été simples, ma dépense réglée ; homme public, je me suis occupé de mon devoir, cultivateur, j'ai vu sans regret mes récoltes et mes enfants requis pour le service de la patrie ; manufacturier, artisan, j'ai tâché, en redoublant de travail, de suppléer aux dérangements que prescrivaient les circonstances dont j'attends la liberté qui va en sortir ; commerçant, mes correspondances, mes capitaux ont été consacrés à l'approvisionnement du peuple ; j'ai restreint mes gains autant que je l'ai pu ; j'ai regardé mes pertes comme un supplément de contribution patriotique ;—affirmez que c'est un excellent citoyen. Mais quand un homme dira : J'ai acquis telle autorité, ou tel crédit, dans telle grande commune ; j'y ai gouverné ou influencé ceux qui gouvernaient ; j'ai eu part à tant de marchés ; j'ai exercé tant de commissions lucratives ; j'ai assisté au séquestre de tant de maisons, j'y ai bu hardiment le vin des aristocrates ; et quand vous trouverez chez lui leurs meubles, leur argenterie, leurs bijoux, leurs assignats ; quand vous verrez qu'il a dépensé trois fois le revenu des places qui lui ont été confiées, et que sa fortune, loin d'être diminuée, est plus considérable qu'elle ne l'avait jamais été ; — croyez que c'est un faux patriote.

(Extrait du 704e numéro du Républicain français.)

## LIVRES DIVERS.

Formulaire pharmaceutique à l'usage des hôpitaux militaires de la république française, brochure de 64 pages. Prix : 25 s., et 30 s., par la poste. A Paris, chez Deroy, libraire, rue du Cimetière-André, n° 15, près celle Hautefeuille.

### Payements à la trésorerie nationale.

Le payement du perpétuel est ouvert pour les six premiers mois ; il sera fait à tous ceux qui seront porteurs d'inscriptions au grand livre. Celui pour les rentes viagères est de huit mois vingt et un jours de l'année 1793 (vieux style).

D'APRÈS DES GRAVURES DU TEMPS.

Costumes de 1794, *Merveilleux et Incroyables.*

Typ. Henri Plon.

## POLITIQUE.

### COURLANDE.

*Mittau, le 15 septembre.* — Depuis l'invasion des Polonais dans cette contrée, une partie de la noblesse courlandaise a émigré à Riga; une autre partie s'est réunie au peuple, qui a partout embrassé avec transport la cause des Polonais. La seule ville de Windau a refusé le serment à la république.

Les incursions des Polonais se sont étendues de ce côté jusqu'aux frontières de la Livonie et de la Russie Blanche. La ville de Dunabourg en Livonie en a déjà ressenti les effets.

La cour de Russie, forcée de défendre ses propres Etats, est contrainte de retirer ses troupes de Pologne; elle envoie vers la Courlande le général Derfelden, qui devait se rendre à l'armée sous les murs de Varsovie.

Il résulte d'un état de choses aussi critique que la disette règne dans les provinces russes voisines de la Pologne. Il paraît que ce fléau se fera surtout sentir dans la Russie Blanche. Les denrées sont déjà montées au quadruple du prix ordinaire.

— Les mouvements de troupes sur les frontières de la Turquie, les divers préparatifs qui se font dans cet empire, annoncent qu'on s'y dispose à la guerre.

Le divan a envoyé sur les bords du Danube les janissaires qui se trouvaient à Constantinople et dans les environs. On renforce et on exerce les corps de canonniers. Un grand nombre de bras sont occupés à la réparation et à l'approvisionnement des places frontières.

Le divan ne donne pas moins d'attention à la marine : il y a sur les chantiers cinq vaisseaux, dont l'un de cent vingt pièces de canon, et quatre de soixante-quatorze. On construit aussi une grande quantité de chaloupes canonnières.

La Porte, fatiguée des intrigues et des manœuvres pratiquées par les agents de la coalition, paraît enfin résolue à défendre ses intérêts et sa dignité.

---

### RÉPUBLIQUE FRANÇAISE.

#### LIBERTÉ, ÉGALITÉ, FRATERNITÉ.

*Les représentants du peuple français envoyés près les armées du Nord et de Sambre-et-Meuse aux Bataves.*

« L'armée de la république partout victorieuse a pénétré dans vos contrées; les places les plus formidables sont déjà les unes en notre pouvoir, les autres prêtes à y tomber.

« Souvenez-vous, Bataves, de votre ancienne valeur; voyez l'oppression sous laquelle vous font gémir vos usurpateurs.

« Le moment est venu de secouer le joug et d'anéantir vos tyrans domestiques et extérieurs, qui vous oppriment et veulent vous entraîner dans le précipice creusé sous leurs pas. Vous les voyez déjà saisis de frayeur pâlir sur leurs trônes ébranlés. Un effort énergique va vous rendre l'exercice de vos droits, de votre souveraineté.

« Les Français, ennemis des tyrans et amis des peuples, vous tendent leurs bras victorieux; ils ne viennent point en dominateurs, mais en frères auxquels vous pouvez vous unir en toute confiance; ils ne veulent que s'entourer de peuples libres et vous rendre ce que les despotes vous ont enlevé.

« Votre conduite actuelle va régler vos destins et ceux de votre postérité.

« Montrez-vous dignes de vos ancêtres; ne laissez pas plus longtemps comprimer votre courage par des êtres que l'Europe voue déjà au mépris.

« Comptez sur la bravoure de nos armées républicaines; comptez sur la justice et la fermeté des représentants du peuple français. Vos personnes, vos propriétés, vos usages, vos coutumes, vos opinions religieuses seront partout respectés. Tout désordre, toute vexation, tout acte arbitraire seront sévèrement punis; mais les Français sont incapables d'en commettre, et leurs ennemis même sont forcés de rendre hommage à leur bonne discipline, à leur bonne conduite.

« Ce qui sera fourni pour les besoins des armées sera payé avec exactitude.

« Les représentants du peuple ont fixé un prix favorable aux objets de première nécessité; ils ont tracé les règles qui doivent être observées; ils ne vous parlent point de la solidité et de l'hypothèque immense de notre monnaie républicaine : la Hollande en est suffisamment informée; les manufactures, les productions et le commerce de la république française vous procureront de nombreux moyens de placement et d'échange.

« Citoyens, votre conduite réglera la nôtre; nous jugerons vos sentiments par vos actions, votre amour pour la liberté par les efforts et l'énergie que vous déploierez contre les tyrans; nous jugerons votre affection pour la république française par l'empressement avec lequel vous pourvoirez aux besoins de nos braves défenseurs.

« Donné à Bois-le-Duc, le 30 vendémiaire, l'an 3e de la république française, une et indivisible.

« *Signé* Haussmann, Bellegarde et Lacombe (du Tarn). »

---

## MÉLANGES.

*Le Moniteur* devant être le dépôt des pièces historiques les plus importantes, nous y insérons la déclaration suivante, trouvée dans les papiers de Duperret, et qui a servi de motif à l'arrestation des soixante et onze députés détenus. Elle est imprimée par ordre de la Convention, et doit trouver sa place dans les annales de la révolution.

« Les représentants du peuple français soussignés (1) :

« Considérant qu'au milieu des événements qui provoquent l'indignation de la république entière ils ne peuvent garder le silence sur les attentats commis envers la représentation nationale sans s'accuser eux-mêmes d'une honteuse faiblesse ou d'une complicité encore plus criminelle;

« Considérant que les mêmes conspirateurs qui, depuis l'époque où la république a été proclamée, n'ont cessé d'attaquer la représentation nationale, viennent enfin de consommer leurs forfaits en violant la majesté du peuple dans la personne de ses représentants, en dispersant ou enchaînant quelques-uns d'entre eux, et en courbant les autres sous le joug de la plus audacieuse tyrannie;

« Considérant que les chefs de cette faction, enhardis par une longue impunité, forts de leur audace et du nombre de leurs complices, se sont emparés de toutes les branches de la puissance exécutive, des trésors, des moyens de défense et des ressources de la nation, dont ils disposent à leur gré et qu'ils tournent contre elle;

« Qu'ils ont à leurs ordres les chefs de la force armée et les autorités constituées de Paris; que la majorité des habi-

(1) Note qui se trouve au bas du manuscrit : « Les trente-deux proscrits mis en arrestation partageant sans doute les mêmes sentiments; mais aucun d'eux n'a souscrit la présente déclaration. »

A. M.

tants de cette ville, intimidée par les excès d'une faction que la loi ne peut atteindre, effrayée par les proscriptions dont elle est menacée sans cesse, non-seulement ne peut pas réprimer les manœuvres des conspirateurs, mais que souvent même, par respect pour la loi qui commande l'obéissance aux autorités constituées, elle se voit forcée de concourir en quelque sorte à l'exécution de leurs complots;

« Considérant que telle est l'oppression sous laquelle gémit la Convention nationale qu'aucun de ses décrets ne peut être exécuté s'il n'est approuvé ou dicté par les chefs de cette faction; que les conspirateurs se sont constitués les seuls organes de la volonté générale, et qu'ils ont rendu le reste de la représentation nationale l'instrument passif de leur volonté;

« Considérant que la Convention nationale, après avoir été forcée d'investir d'une autorité illimitée les commissaires qu'elle a envoyés dans les départements et aux armées, et que cette faction a exclusivement désignés, n'a pu réprimer les actes arbitraires qu'ils se sont permis, ni même formellement improuver les maximes incendiaires et désorganisatrices que la plupart d'entre eux ont propagées;

« Considérant que non-seulement la Convention nationale n'a pu faire poursuivre ni les dilapidations de la fortune publique, ni les scélérats qui ont commandé des assassinats et des pillages, mais encore que les conspirateurs, après avoir vu leurs projets échouer dans la nuit du 10 au 11 mars, en ont repris l'exécution avec plus de succès à l'époque des 20, 21, 27 et 31 mai, 1er et 2 juin derniers;

« Qu'à cette dernière époque on a fait battre la générale, sonner le tocsin et tirer le canon d'alarme; que les barrières de la ville ont été fermées, toutes les communications interceptées, le secret des lettres violé, la salle de la Convention bloquée par une force armée de plus de soixante mille hommes; qu'une artillerie formidable a été placée à toutes les avenues du Palais National; qu'on y a établi des grils pour le service des canons, chauffer des boulets, et former tous les préparatifs d'un assaut;

« Que des bataillons destinés pour la Vendée, et retenus à dessein dans les environs de Paris, se trouvèrent au nombre des assiégeants; que des satellites dévoués aux conjurés, et préparés à l'exécution de leurs sanguinaires complots, occupèrent les postes les plus importants et les issues de la salle; qu'ils furent ouvertement récompensés de leur zèle par des distributions de vivres et d'argent;

« Qu'au moment où la Convention nationale se présenta en corps aux avenues du Palais pour enjoindre à la force armée de se retirer, le commandant, investi par les conjurés de la plus insolente dictature, osa demander que les députés proscrits fussent livrés à la vengeance du peuple, et que, sur le refus de la Convention, il eut l'atroce impudence de crier: Aux armes! et de faire mettre en péril la vie des représentants du peuple français;

« Considérant enfin que c'est par des manœuvres de cette nature qu'on est parvenu à arracher à la Convention, ou plutôt à la sixième partie des membres qui la composent, un décret qui prononce l'arrestation arbitraire, qui enlève à leurs fonctions, sans preuve, sans discussion, au mépris de toutes les formes et par la violation du droit des gens et de la souveraineté nationale, trente-deux représentants désignés et proscrits par les conspirateurs eux-mêmes;

« Déclarent à leurs commettants, aux citoyens de tous les départements, au peuple français, dont les droits et la souveraineté ont été aussi audacieusement violés, que, depuis l'instant où l'intégrité de la représentation nationale a été rompue par un acte de violence dont l'histoire des nations n'avait pas encore offert d'exemple, ils n'ont pu ni dû prendre part aux délibérations de l'assemblée;

« Que, réduits par les circonstances malheureuses qui les entourent, à l'impossibilité d'opposer, par leurs efforts individuels, le moindre obstacle aux succès des conspirateurs, ils ne peuvent que dénoncer à la république entière les scènes odieuses dont ils ont tous été les témoins et les victimes.

« A Paris, le 6 juin, l'an 2e de la république française.

« Signé LAUBE-DUPERRET, député des Bouches-du-Rhône; JORACH CABENNEUVE; LAPLAIGNE, député du Gers; CHASSELIN, GIRAULT, DUGUET-DASSÉ, ROUAULT, DUSAULX, LEBRETON, DEFERNON, COUPPÉ, J.-P. SAURINE, QUERNEL; SALMON, député de la Sarthe; LACAZE fils aîné, V.-P. CORREL, J. GUITTER; FERROUX, député du Jura, ayant déjà protesté le 2 de ce mois dans la Convention; JACQUES-ANTOINE RABAUT, FAYELLE, DERABOT, RIBEZAN, E. AUBRY, BAILLEUL, RUAULT, OBELIN, BABEY, député du

Jura; C.-A.-A. BLADE; MAISSE, député des Basses-Alpes; PEYRE; BOHAN, député du Finistère; H. FLEURY, député des Côtes-du-Nord; VERNIER, député du Jura. GRENOT, député du Jura; JARY, député de la Loire-Inférieure; AMION, du Jura, ayant déjà protesté le 2 de ce mois dans la salle de la Convention; LAURENCHOT, id. du Jura; LAURENCEL, de la Manche; SERRE, id. des Hautes-Alpes; SALADIN, id. de la Somme; CHASSET, VALLÉE (de l'Eure); MERCIER, id. de Seine-et-Oise; MAZUYER, (de Saône-et-Loire), ROYER; DUPRAT, député du département des Bouches-du-Rhône; LEFEBVRE, OLIVIER-GE-RENTE, GORILLE, VARLET, DUBUSC, SAVARY, DELAMARRE, DAFRAY-DOUBLAY.

« A Paris, ce 19 juin, audit an :

« PHILIPPE DELVILLE, BLANQUI, MASSA, FAURE; HECQUEL, député de la Seine-Inférieure; R. DESCAMPS, LEFEBVAR (de la Seine-Inférieure); DAUNOU; PERRIER, député de l'Aude, ayant déjà protesté le 2 de ce mois dans la salle de la Convention; BLAUX, député de la Moselle; SCADENS; BRESSON, député des Vosges; MARET; ROUZET (de la Haute-Garonne), ayant déjà protesté le 2 de ce mois; TOURNIER (de l'Aude), ayant déjà protesté le 2 de ce mois dans la salle de la Convention; VINCENT; BLAVIEL, ayant déjà protesté le 2 de ce mois; MOYSSET (du Gers), SAINT-PRIX et GAMON.

« Certifié conforme à l'original.

« A Paris, ce 1er brumaire, l'an 3e de la république française une et indivisible.

« Les membres composant le comité de sûreté générale de la Convention nationale:

« Signé CLAUBEL, président; MONTHAYAU, LEVASSÉUR (de la Meurthe), secrétaires. »

---

## LIVRES DIVERS.

*Guerre de la Vendée et des Chouans*, par Lequinio, représentant du peuple député par le département du Morbihan; vol. in-8e de 260 pages : 3 liv., et 3 liv. 15 sous, franc de port (les lettres de demandes et l'argent doivent être affranchis). Chez Pougin, libraire-imprimeur, rue des Pères, n° 9, et chez les marchands de nouveautés.

Après une introduction qui doit dissiper toutes les inquiétudes sur la guerre de la Vendée, on lit un plan que l'auteur dit avoir remis au comité de salut public trois mois avant la mort du tyran; ce plan se divise en deux parties : dans la première, l'auteur détaille les causes de cette guerre et celles qui l'ont entretenue; dans la seconde, il indique les moyens de la finir; et cette dernière partie se subdivise en mesures militaires et en mesures politiques. Selon Lequinio, ces deux mesures doivent marcher concurremment; il regarde les premières comme inutiles si l'on ne s'empresse d'y associer les secondes et si l'on ne sait les employer avec prudence. Il rapporte ensuite une trentaine de pièces dénonciatives contre plusieurs généraux. Le tout est suivi de réflexions philosophiques qui donnent un grand développement à ce qui précède. Un petit *Traité de la guerre des Chouans* fait connaître leur origine, leurs progrès et les moyens de les détruire. Cette brochure convaincra tous ceux qui la liront que la guerre de la Vendée n'est devenue si désastreuse que par la conduite criminelle de quelques généraux, instruments aveugles ou clairvoyants de la tyrannie, qui avait besoin d'une guerre intestine pour étourdir la multitude, lui devenir nécessaire et régner. Il résulte évidemment de la lecture des pièces originales que le désordre, conseillé, pratiqué même par ces généraux perfides, a grossi sans cesse le nombre des mécontents, et en a fait autant de rebelles, qui se sont réunis au premier noyau des scélérats, composé de ci-devant prêtres, maltôtiers, contrebandiers, vagabonds, déserteurs, et fripons de profession.

Lequinio veut qu'on détruise ceux-ci sans miséricorde, et qu'on ramène par les bons traitements et l'instruction les cultivateurs du pays que les premiers ont fanatisés, et que les mauvais traitements de nos généraux ont détachés de la cause républicaine. C'est dans l'ouvrage même qu'il faut voir les moyens de détails. On retrouvera dans les réflexions philosophiques de l'auteur le style des *Préjugés détruits*; c'est annoncer à nos lecteurs qu'elles sont écrites avec beaucoup de chaleur.

L'ouvrage de Lequinio diffère totalement d'une feuille anonyme de 30 pages in-8°, publiée depuis quelques jours sous le titre de *Guerre de la Vendée.*

On trouve encore chez Pougin, rue des Pères, n° 9, l'*Anthologie patriotique,* ou Recueil de chansons, hymnes, rondes patriotiques; vol. in-18 de 250 pages. Prix : 3 liv., et 3 liv. 15 s., franc de port, pour les départements.

Ce recueil, fait à l'instar de l'*Almanach des Muses,* est précédé d'une gravure analogue, et d'un calendrier pour la troisième année sextile de la république.

# CONVENTION NATIONALE.

## Comité militaire.

*Extrait des registres des délibérations du comité militaire de la Convention nationale, du 6e jour de brumaire, l'an 3e de la république française une et indivisible.*

« Présents les citoyens Gossuin, président ; Dubois-Crancé, secrétaire ; Letourneur, Talot, Calon, Enlart , Bernard-Saint-Afrique , Lémann , Rovère , Louis (du Bas-Rhin) ;

« Le comité militaire arrête que les officiers de santé, dans toute la république, sont invités à présenter, d'ici au 1er frimaire prochain , au comité militaire , les moyens les plus prompts et les plus efficaces de guérir les maladies vénériennes et la gale.

« Pour extrait conforme :

« Signé Gossuin , *président ;* Dubois-Crancé, *secrétaire.* »

### SUITE A LA SÉANCE DU 9 BRUMAIRE.

#### Présidence de Prieur (de la Marne).

Une députation de la commune de Bordeaux est admise à la barre.

*L'orateur :* Citoyens représentants, c'est avec l'assurance naturelle à des hommes auxquels la conscience ne reproche rien, c'est avec la confiance que vous savez si bien inspirer à tous les vrais patriotes, que nous aussi, las d'être les constantes victimes de l'intrigue et de la calomnie, nous venons prouver à la Convention nationale et à la France entière que nous sommes dignes d'être comptés au nombre des enfants de la patrie.

Nous venons prouver que, si nous avons été un instant égarés du sentier révolutionnaire, nous n'avons jamais au moins cessé d'être les amis les plus sincères de la liberté et de l'égalité, de l'unité et de l'indivisibilité de la république.

Patriotes ardents, nous saisîmes sans méfiance la coupe empoisonnée qui nous fut offerte par des hommes aussi artificieux que pervers, et qui jusqu'alors avaient usurpé notre confiance.

Ils le savaient bien, les scélérats, que, pour nous entraîner dans leurs projets liberticides , il fallait nous présenter la liberté menacée, la Convention nationale entourée de poignards, réclamant de toutes parts les secours des vrais amis de la patrie..... C'est ainsi qu'ils parvinrent à nous égarer ; mais jamais nous ne fûmes criminels.

Telle est contre nous la fatalité des circonstances, telle fut la profonde perfidie des hommes qui influencèrent notre opinion, que l'erreur même dont nous sollicitons aujourd'hui l'oubli prouve l'ardeur de notre patriotisme.

Cependant le décret du 6 août comprime encore nos âmes..., et les calomniateurs en profitent pour cacher à la France nos vœux et nos efforts constamment dirigés vers le triomphe de la liberté. Ils voudraient éterniser la persécution et la destruction de nos concitoyens les plus patriotes ; l'idée du calme et du bonheur leur est insupportable, et ces ennemis irréconciliables des vertus ne peuvent vivre qu'au milieu des dilapidations et des larmes.

Sous le règne des tyrans et des triumvirs, les vérités ont été trop longtemps comprimées ; nos sanglots eussent paru criminels : il fallait nous voir assassiner sans oser nous plaindre ; mais aujourd'hui que la justice est triomphante, que les principes suivis par la Convention nationale nous rendent à la liberté, elles doivent paraître au grand jour ; il est temps enfin que vous les connaissiez.

Nous avons toujours été patriotes ardents, et l'instant où nous cessions de le paraître était celui où nous pensions le mieux servir la patrie.

Notre erreur bientôt dissipée, nous avons gémi sur les suites qu'elle pouvait avoir si elle eût été prolongée, et versé des larmes de repentir.

Nous vîmes sans murmurer s'apprêter autour de nous les instruments de la mort, et plusieurs de nos frères, en montant à l'échafaud, n'ont témoigné aucun regret de l'avoir été égarés et de ne pouvoir offrir une seconde vie à leur patrie.

C'est nous, c'est nous-mêmes qui avons découvert, arrêté et livré à la juste sévérité des lois les lâches conspirateurs qui nous avaient entraînés dans l'abîme. Ils ne sont plus.

Voilà nos réponses aux calomnies lancées contre nous ; voilà nos titres pour réclamer le rapport du décret du 6 août. Nous le réclamons avec instance, et nous l'attendons avec confiance de la justice nationale. Si ce n'était assez pour prouver que nous en sommes dignes, nous dirions à ceux qui en douteraient encore : Soixante mille de nos fils ou de nos frères de ce département combattent glorieusement pour la liberté, soit sur les vaisseaux de la république, soit dans les armées, et ils ont autant de successeurs parmi nous qu'il y a de citoyens en état de porter les armes.

Nous leur dirions : Nous avons compté pour rien les millions que nous avons déposés sur l'autel de la patrie ; pourrait-elle ne pas nous compter au nombre de ses enfants les plus fidèles? Nous leur dirions enfin : Depuis plus d'un an nous souffrons la faim, et nous n'avons pas murmuré un instant.

Vive la Convention nationale ! vive la république une et indivisible !

( Suivent quatre-vingt-dix-neuf pages de signatures.)

Le Président : Citoyens , il n'est que trop vrai que des ennemis de la liberté, qui avaient conçu le projet de déchirer la patrie pour s'élever sur ses ruines, sont parvenus, par les manœuvres les plus perfides, à égarer les habitants de la commune de Bordeaux ; mais la Convention nationale sait que, si le peuple peut être un instant égaré, il revient bientôt dans le sentier de la liberté, et demande lui-même justice des traîtres qui l'ont égaré. La Convention nationale a mis la justice à l'ordre du jour. Elle sait distinguer l'erreur du crime, et elle saura concilier l'application de ses principes avec les mesures qu'exige le salut de la république.

La Convention vous invite aux honneurs de la séance.

Paganel : Pendant le temps que mon collègue Garrau et moi sommes restés à Bordeaux, nous sûmes distinguer l'erreur du crime ; nous nous sommes convaincus que des instigateurs avaient répandu dans cette ville un système destructeur de la liberté ; mais les citoyens de Bordeaux et tous ceux du département du Bec-d'Ambès ont toujours été attachés à la révolution. Je convertis en motion la pétition qui vient de vous être faite, et je demande le rapport du décret du 6 août.

GARNIER (de Saintes) : J'ai séjourné pendant quarante jours à Bordeaux ; j'y ai étudié l'esprit du peuple, et je l'ai vu répandre des larmes amères sur l'erreur où il avait été entraîné. La commune de Bordeaux a en sa faveur une excuse de plus que toutes les autres communes où le fédéralisme a fait des progrès : elle ignora pendant plusieurs mois tout ce qui se passait à Paris ; aucun papier, aucun bulletin n'y parvenait. On n'y recevait que les lettres des Girondins, que des courriers partis d'une lieue de Bordeaux prétendaient apporter de Paris, lettres dans lesquelles on ne cessait de dire que Paris présentait l'état le plus désastreux. C'est alors que la commune de Bordeaux se leva pour marcher contre les Parisiens ; mais c'était encore le patriotisme qui inspirait cette démarche, et la meilleure preuve qu'on en puisse donner, c'est qu'elle fut proposée par les patriotes les plus purs, par les hommes les plus ardents. J'ai été témoin que la Société populaire était constamment entourée d'un peuple immense qui remplissait ses tribunes et environnait le lieu de ses séances.

Le décret du 6 août fut rigoureux, mais il était nécessaire au temps où il fut rendu ; aujourd'hui il est inutile ; il attriste les meilleurs citoyens du pays, et je crois que vous devez le rapporter. Vous le devez à leur civisme ; car il est bon de vous dire, citoyens, que, le jour où l'on apprit à Bordeaux le zèle qu'avaient montré les citoyens d'une commune voisine pour venger la mort des braves marins qui montaient le Vengeur, il y eut dans la même soirée huit mille souscriptions de citoyens qui s'engageaient à combattre l'Angleterre.

TALLIEN : Ce que Garnier vient de dire est de la plus grande exactitude ; il n'y a pas de doute que le décret du 6 août doive être rapporté, car il serait dangereux de laisser cette arme entre les mains de quelque homme semblable à Lacombe, président de la commission militaire ; mais la sagesse doit nous guider en tout. Je demande que le rapport que vous avez chargé les trois comités réunis de faire sur cet objet vous soit présenté primidi prochain.

DUBOY : On ne renvoie aux comités que les questions qui ont besoin d'être mûries ; ici les faits sont clairs. Je demande le rapport du décret du 6 août, et qu'on rende à ce département son ancien nom de la Gironde.

GUYOMARD : Quoique je sois de l'avis du rapport du décret, je demande le renvoi aux comités. Une loi du 25 fructidor ordonne qu'avant de rapporter aucun décret on entendra l'opinion d'un comité.

Le renvoi est décrété aux trois comités.

RICHARD : La ville de Beauvais, qui a toujours donné l'exemple de la tranquillité et du patriotisme, se trouve dans la même circonstance que celle de Bordeaux. Cette ville, qui n'a commis d'autre faute que de n'avoir pas accueilli comme il le désirait un nommé Mazuel, l'un des chefs de l'armée révolutionnaire, a été déclarée en état de rébellion sur un faux rapport de ce Mazuel. Je demande que les trois comités examinent aussi si l'on ne doit pas rapporter le décret qui déclare cette ville en état de rébellion ; c'est l'opinion de nos collègues envoyés dans ces départements.

La proposition de Richard est décrétée.

### Discussion sur les écoles normales.

Lakanal reproduit le projet de décret présenté par lui, au nom du comité d'instruction publique, sur les écoles normales.

LEVASSEUR (de la Sarthe) : Il me semble que le nombre de trois élèves par district n'est pas suffisant ; je demande qu'il soit porté à cinq.

PELET : Au lieu de fixer le nombre des élèves à envoyer sur la proportion des districts, je pense qu'il serait plus raisonnable de baser ce nombre sur la population. Il y aurait plus d'égalité.

LE RAPPORTEUR : Quel est le but de l'établissement que le comité vous propose ? C'est de répandre uniformément, et d'une manière prompte, l'instruction dans toute la république. Le comité pense atteindre ce double but. Les trois élèves qui seront envoyés par district pour suivre, à Paris, le cours des écoles normales, ouvriront à leur retour des écoles normales secondes. La population nous a paru une base trop longue et trop difficultueuse pour l'instant. D'ailleurs, qu'arrivera-t-il de celle que nous avons adoptée ? C'est que, dans les départements plus populeux, il y aura plus d'élèves des écoles normales qui y seront établies.

LEPIOT : On ne doit jamais se disposer à commencer un édifice par le faîte. Le comité d'instruction a été chargé de présenter un plan d'institutions républicaines. Je ne nie pas que les écoles normales ne soient nécessaires ; mais avant de former des instructeurs, il faut savoir sur quoi on les instruira. Où puisera-t-on ces instructions ? Ce ne peut être dans des livres qui n'existent pas. Il faudrait donc, avant de discuter le projet des écoles normales, que les livres élémentaires fussent prêts, et que le comité présentât le plan des institutions républicaines. Je demande l'ajournement de la discussion jusqu'à ce nouveau rapport.

EHRMANN : Quand un problème est résolu, il est inutile de le remettre en question. On a formé l'Ecole de Mars ; eh bien, n'a-t-on pas fait des élèves et des instituteurs ? Le succès de cet établissement répond pour ceux qu'on voudra créer. Le génie français fera réussir toutes les grandes entreprises. Vous aviez besoin de poudre et de salpêtre ; il fallait tout créer, tout faire ; eh bien, tout a été créé, tout a été fait. Je demande l'ordre du jour sur la proposition du préopinant, et la suite de la discussion.

La Convention passe à l'ordre du jour.

RAMEL : Pelet a fait une proposition que le rapporteur a combattue, et qui cependant me paraît juste. Il est facile de remédier aux inconvénients que Lakanal a fait entrevoir. Voici comme je conçois cette mesure. Il faudrait que chaque district envoyât un élève ; ensuite, que les districts dont la population excédera vingt mille âmes en envoyassent deux ; ceux qui auront plus de quarante mille âmes, trois, et ainsi du reste.

Cet amendement est adopté.

THIBAULT : Je demande qu'avant l'ouverture des écoles normales on imprime la liste des personnes chargées de composer les livres élémentaires.

LE RAPPORTEUR : Le comité a nommé pour composer ces livres des hommes dont les talents sont connus et estimés. On peut s'en rapporter sans doute à Bernardin de Saint-Pierre pour la morale, à Lagrange pour la géométrie, etc. Voilà quels hommes seront professeurs dans les écoles normales.

THIBAULT: L'observation du rapporteur n'empêche pas que la mienne ne soit adoptée. Les livres élémentaires ne seront pas composés avant l'ouverture des écoles. J'estime les talents, mais encore plus la moralité. Il n'est pas rare de voir des scélérats écrire sur la morale. Robespierre ne parlait que de vertu, Couthon que de justice. Quels exemples pour nous instruire sur l'avenir! (On applaudit.)

L'impression de la liste est décrétée.

Le rapporteur lit l'article qui fixe à quatre mois la durée de l'établissement des écoles normales.

SERGENT: Si les hommes que le comité a désignés in petto pour professer dans ces écoles ne sont pas des charlatans ou des insensés, ils ne pourront jamais en quatre mois atteindre le but de cet établissement. Comment voulez-vous que des jeunes gens qui d'abord auront à se défaire de vieux préjugés, de vieilles habitudes, soient en si peu de temps capables d'aller ensuite former de nouveaux instructeurs ? Il ne s'agit pas de faire naître des fruits en serres chaudes, mais il faut former des hommes instruits et dignes d'instruire leurs concitoyens. Je vois dans le projet du comité le dessin d'un beau tableau ; mais ce n'est qu'une ébauche. Craignons, en ne faisant que des croquis sur l'éducation publique, que la génération suivante ne soit en droit de nous faire des reproches. Point de petits calculs sur cet important objet. Le terme de quatre mois est trop court et absolument insuffisant. Il ne s'agit point ici, comme pour le salpêtre, de travailler en mécanique ; il s'agit de former le cœur ; il faut le temps ; l'intention ne suffit pas ; on ne fait pas en quatre mois des moralistes, des physiciens, des géomètres. Je demande que le délai soit fixé à un an.

COLLOT D'HERBOIS: Si le terme est trop court, l'instruction sera imparfaite ; si vous le prolongez vous ne satisferez pas à l'impatience de tous les citoyens qui vous demandent cette instruction. Je ferai une observation que je soumets au comité lui-même ; je crois par là pouvoir remédier au double inconvénient que je vois à craindre. Il faut que les besoins les plus pressants soient satisfaits les premiers. Je serais d'avis que l'on choisît parmi les élèves-instructeurs qui seront envoyés aux écoles normales ceux qui auraient montré le plus de sagacité ; à mesure qu'ils seraient suffisamment instruits d'une partie des sciences qui doivent composer les cours de ces écoles, on les renverrait dans leurs départements pour y former de nouvelles écoles, et on les ferait sur-le-champ remplacer ici par d'autres élèves ; de cette manière, la propagation de l'instruction serait infiniment plus prompte. Je voudrais que ce remplacement eût ainsi lieu jusqu'à l'entier achèvement des cours des écoles normales.

THIBAUDEAU: L'observation du préopinant part d'une base qu'il a supposée et qui n'existe pas dans le projet du comité. Il ne s'agit point de plusieurs cours sur diverses sciences, mais d'un cours unique sur la meilleure manière d'enseigner ce qui doit faire l'objet des écoles primaires, comme la lecture, l'écriture, l'arithmétique et la morale. Or ces points d'instruction ne peuvent être divisés sans inconvénients. En effet, si l'on renvoyait dans son département un élève qui n'aurait appris qu'à enseigner à lire, le but ne se trouverait pas rempli. Je pense au reste que le terme est trop court. On peut adopter celui que le comité propose, sauf à le prolonger ensuite.

COLLOT: Les observations de Thibaudeau ne détruisent pas les miennes...

*Plusieurs membres:* Aux voix l'article !

GRÉGOIRE: Je crois qu'il vaudrait mieux ne point fixer de terme. L'expérience nous éclairera là-dessus, il sera toujours temps d'y revenir.

Cet amendement est décrété.

Le projet de décret est adopté en entier en ces termes :

« La Convention nationale, voulant accélérer l'époque où elle pourra faire répandre d'une manière uniforme dans toute la république l'instruction nécessaire à des citoyens français, décrète :

« Art Iᵉʳ. Il sera établi à Paris une École normale où seront appelés de toutes les parties de la république des citoyens déjà instruits dans les sciences utiles, pour apprendre, sous les professeurs les plus habiles dans tous les genres, l'art d'enseigner.

« II. Les administrations de district enverront à l'École normale un nombre d'élèves proportionné à la population : la base proportionnelle sera d'un pour vingt mille habitants. A Paris, les élèves seront désignés par l'administration du département.

« III. Le choix des administrations ne pourra se fixer que sur des citoyens qui réuniront à des mœurs pures un patriotisme éprouvé, et les dispositions nécessaires pour recevoir et pour répandre l'instruction.

« IV. Les élèves de l'École normale ne pourront être âgés de moins de vingt et un ans.

« V. Ils se rendront à Paris avant la fin de frimaire prochain ; ils recevront pour le voyage, et pendant la durée du cours normal, le traitement accordé aux élèves de l'École centrale des travaux publics.

« VI. Le comité d'instruction publique désignera les citoyens qu'il croira les plus propres à remplir les fonctions d'instituteur dans l'École normale, et en soumettra la liste à l'approbation de la Convention, et il fixera leur salaire de concert avec le comité des finances.

« VII. Ces instituteurs donneront des leçons aux élèves sur l'art d'enseigner la morale et former le cœur des jeunes républicains à la pratique des vertus publiques et privées.

« VIII. Ils leur apprendront d'abord à appliquer à l'enseignement de la lecture, de l'écriture, des premiers éléments du calcul, de la géométrie pratique, de l'histoire et de la grammaire française, les méthodes tracées dans les livres élémentaires adoptés par la Convention nationale, et publiés par ses ordres.

« IX. La durée des cours normaux sera au moins de quatre mois.

« X. Deux représentants du peuple, désignés par la Convention nationale, se tiendront près l'Ecole normale, et correspondront avec le comité d'instruction publique sur tous les objets qui pourront intéresser cet important établissement.

« XI. Les élèves formés à cette école républicaine rentreront, à la fin du cours, dans leurs districts respectifs ; ils ouvriront, dans les trois chefs-lieux de canton désignés par l'administration de district, une Ecole normale dont l'objet sera de transmettre, aux citoyens et aux citoyennes qui voudront se vouer à l'instruction publique, la méthode d'enseignement qu'ils auront acquise dans l'Ecole normale de Paris.

« XII. Ces nouveaux cours seront au moins de quatre mois.

« XIII. Les Ecoles normales des départements seront sous la surveillance des autorités constituées.

« XIV. Le comité d'instruction publique est chargé de rédiger le plan de ces écoles nationales, et de déterminer le mode d'enseignement qui devra y être suivi.

« XV. Chaque décade, le comité d'instruction publique rendra compte à la Convention de la situation de l'Ecole normale de Paris et des écoles normales secondes qui seront établies, en exécution du présent décret, sur toute la surface de la république. »

La séance est levée à cinq heures et demie.

SÉANCE DU 10 BRUMAIRE.

*Boisset, représentant du peuple envoyé dans les départements de l'Ain et de Saône-et-Loire, à la Convention nationale.*

« Citoyens collègues, les maux qui affligeaient le département de Saône-et-Loire n'étaient point sortis d'une source impure et friponne, mais bien de l'amour de dominer, qui fait naître la tyrannie et les divisions. J'étais instruit par des rapports certains que le district d'Autun, livré à d'affreux déchirements, mettait le peuple dans la cruelle alternative de ne savoir où l'amour de la patrie existait. Il fallait avant épurer dans ma course rapide les autorités constituées qui se trouvaient sur mon passage : je l'ai fait, et de Châlons je me suis transporté à Autun.

« Le lendemain de mon arrivée, je me suis rendu à la Société populaire ; j'ai fait un discours énergique, où j'ai peint les projets de nos ennemis et les crimes des désorganisateurs. J'ai invité le peuple à sortir de sa stupeur, à parler, à dénoncer les abus. Au lieu du peuple, qu'ai-je vu ? quelques hommes naguères soldés par la terreur, des commis des autorités constituées, des fonctionnaires publics, se déchirer, vomir l'un contre l'autre des imprécations ; une arène de gladiateurs se former ; les actions louables dans les premiers jours de l'aurore de la liberté. étaient reprochées ce moment à des magistrats comme des crimes.

« Au milieu de ces tumultueux débats, citoyens collègues, la patrie était oubliée ; les haines, allumées au flambeau de la Discorde, s'alimentaient du feu des passions ; on eût dit que l'âme de Robespierre planait sur la Société populaire d'Autun, et aigrissait toutes les âmes. Deux partis étaient formés ; l'exaspération était à son comble ; l'acharnement n'avait plus de frein ; le peuple seul, témoin des agitations, était calme, et il était méconnu ! Tout à coup un trait de lumière vient m'éclairer, et, animé de votre esprit, devant une nombreuse réunion de citoyens, je suspendis la Société populaire, et annonçai que j'allais former un noyau épurateur. Semblable à l'Adresse sublime que vous décrétâtes le 18 vendémiaire, et qui porta la joie dans tous les cœurs des républicains, cet acte de vigueur attira les nombreux applaudissements du peuple et des sociétaires. Le lendemain j'organisai les autorités constituées ; j'étouffai les partis en prenant, pour composer le noyau épurateur de la Société, des républicains étrangers à toutes les divisions. Citoyens collègues, il est bien satisfaisant pour mon cœur de pouvoir vous dire qu'à la tristesse du terrorisme a succédé la joie et la sérénité ; que le seul amour de la Convention nationale anime les cœurs des habitants d'Autun, et qu'ils sont les dignes enfants de la république.

« Je vais terminer mes opérations, avant de me rendre dans l'Allier, sur les autorités constituées de Saône-et-Loire ; croyez que je hâterai tout pour vous prouver que je suis à la Convention à la vie et à la mort.

« Tout à vous. *Signé* BOISSET. »

Cette lettre sera insérée au Bulletin.

— Richard, au nom du comité de salut public, fait lecture de la pièce suivante :

*Les représentants du peuple envoyés près les armées du Nord et de Sambre-et-Meuse, Bellegarde et Lacombe (du Tarn), aux membres composant le comité de salut public.*

Bois-le-Duc, le 2 brumaire, l'an 3e de la république une et indivisible.

« Nous vous avons annoncé, chers collègues, par la voie du télégraphe, l'affaire qui a eu lieu le 28 vendémiaire entre Meuse et Wahal, entre la division de Souham, de l'armée du Nord, et un corps considérable de l'armée d'York. Avant de vous écrire, nous avons voulu en avoir les détails, et les voici :

« Après la reprise de Bois-le-Duc, les ennemis, craignant que nous tentassions le passage de la Meuse, se répandirent de manière à nous le disputer. N'ayant pas à

l'armée du Nord d'équipages de ponts, ces moyens nous manquant pour passer à force ouverte un fleuve aussi considérable, il était nécessaire d'avoir recours à la ruse. Nous avons en même temps menacé un passage du côté de Grave ; nous avons fait des dispositions ostensibles pour attaquer l'île de Bomel, en face du fort de Crèvecœur.

« L'ennemi a pris le change : il a établi son quartier général entre Wahal et Leck, vis-à-vis Bomel, a jeté beaucoup de troupes dans cette île, et a seulement laissé un corps d'observation devant Grave, pour couvrir Nimègue. Nous avons rassemblé à la hâte tout ce que nous avions de bateaux, et fait construire, dans une nuit, un pont vis-à-vis de Tesselen, et le lendemain notre armée s'est trouvée entre Meuse et Wahal sans que l'ennemi ait eu le temps de s'y opposer.

« L'ennemi a pris des dispositions pour disputer le passage vers Nimègue ; il s'est réuni en masse en face de la division de Souham, qui est la plus forte de notre armée ; elle est de dix-huit à vingt mille hommes.

« Le 28, cette division l'a attaqué sur différents points ; malgré les obstacles du terrain, qui étaient en faveur de l'ennemi, et la résistance qu'il a faite, il a été battu complétement, et le résultat en a été cinq cents prisonniers faits, quatre pièces de canon prises, un drapeau, la légion de Rohan, émigré, entièrement détruite ; de quatre cents qu'ils étaient, il ne s'en est pas échappé soixante, et sur lesquels il n'y en a pas dix qui ne soient hachés de coups de sabre. Nos hussards, las de les sabrer, en ont fait soixante-neuf prisonniers, qui ont été fusillés conformément à la loi.

« Le 3e et le 9e régiment de hussards ont eu principalement occasion de s'y distinguer ; nous vous envoyons le citoyen Jacques Mercier, hussard du 9e régiment, apporter lui-même le drapeau qu'il a enlevé aux ennemis ; il mérite l'attention de la Convention nationale ; nous demandons une sous-lieutenance pour lui.

« Le citoyen Schneider, hussard au 3e régiment, envoie à la Convention un de ces bijoux de l'ancien régime qu'il a pris sur un capitaine de la légion de Rohan, après l'avoir attaqué, sabré, terrassé et fait prisonnier. Ce hussard a déjà plusieurs affaires mémorables sur son compte, dans lesquelles il a fait voir qu'il joignait à la plus grande bravoure la sensibilité la plus intéressante : à l'affaire de Kaiserslautern, il avait pris quelques pièces d'or à un capitaine prussien ; il rencontra un paysan qui avait été volé par les Prussiens ; il lui donna tout ce qu'il avait, en lui disant : « Tu es un père de famille, tu en as plus besoin que moi. » Nous demandons pour lui une sous-lieutenance, ainsi que pour le premier.

« Le citoyen Genois, hussard au 3e régiment, accablé par le nombre, est tombé noyé dans son sang, et n'a pu dire que ces mots : « Je suis content, je meurs pour la république. » Si les ressources de la jeunesse le font revenir, nous demandons pour lui le grade de sous-lieutenant.

« Après avoir parlé de la classe intéressante et nombreuse des simples soldats, il est juste de donner à leurs frères qui les dirigent les éloges qu'ils ont justement mérités. Le général de division Souham s'est conduit avec son intrépidité et son activité ordinaires : il a surveillé tout et s'est trouvé à toutes les attaques. Il a été parfaitement secondé par les généraux Macdonald, Dewinter et Jardon ; ce dernier, qui mérite les plus grands éloges, saisi deux fois par les hussards ennemis, s'en est débarrassé ; il a eu un cheval tué sous lui, a pris un de ceux de ses ordonnances, et a continué la charge à la tête des braves républicains qui ont exterminé la légion de Rohan. Son aide de camp s'est conduit avec bravoure : il a été blessé grièvement. Nous demandons de l'avancement pour lui, mais nous ne savons pas encore quel est son grade ; nous vous l'écrirons incessamment.

« Un détachement du 9e régiment de hussards, après une charge vigoureuse où le général Fox a été vigoureusement sabré, s'est trouvé enveloppé par trois escadrons ennemis, qui, les croyant de bonne prise, leur criaient : « Rendez-vous, hussards. » Mais le brave Thouvenot, qui les commandait, a répondu à coups de sabre : « C'est ainsi que je me rends ! » et, suivi dans son audace par ses compagnons d'armes, il s'est fait jour à travers les escadrons.

« Nous avons cru, citoyens collègues, que vous appren-

*École de Mars* (1794).

driez avec intérêt ces différents détails ; il serait trop long de les multiplier ; mais nous pouvons dire que la division de Souham s'est conduite avec l'audace et l'intrépidité de nos républicains, et c'est tout dire.

« Salut et fraternité.

« *Signé*, BELLEGARDE, J.-P. LACOMBE (du Tarn). »

Le citoyen Jacques Mercier, hussard du 9ᵉ régiment, paraît à la barre, et présente à la Convention un drapeau qu'il a pris aux Anglais.

« Représentants du peuple, dit-il, je sais mieux me battre que parler. Je vous apporte un drapeau que j'ai arraché aux ennemis de la liberté.

« Nous laissons à nos représentants le soin de vous transmettre nos actions ; notre devoir, à nous, est de mourir, s'il le faut, pour l'exécution de vos décrets, et de voir dans la Convention nationale notre premier étendard, autour duquel nous devons nous ranger : je l'ai fait, et suis prêt à le faire encore. »

Un officier de l'état-major de l'armée du Nord, qui accompagne le citoyen Mercier, demande la parole, et dit :

« Représentants, je dois vous observer que le brave hussard qui vous apporte l'emblème du despotisme, qu'il a arraché lui-même à ses satellites, a été cause que trois compagnies de son régiment se sont ralliées, et ont pris tout le bataillon ennemi, qui est le 37ᵉ anglais.

LE PRÉSIDENT : Brave guerrier, la Convention nationale reçoit avec satisfaction l'hommage que tu lui présentes, enlevé par un soldat de la liberté sur les satellites du despotisme. Le témoignage qu'un de tes chefs vient de rendre à ta bravoure est une preuve que l'égalité est établie parmi les Français ; tu dois compter sur la reconnaissance nationale, et je t'invite, ainsi que le citoyen qui t'accompagne, aux honneurs de la séance.

La Convention nationale admet ce brave hussard aux honneurs de la séance, charge le comité de salut public de lui procurer de l'avancement, et, sur la proposition d'un membre, le président lui donne l'accolade fraternelle, au milieu des plus vifs applaudissements.

— Des élèves de l'École de Mars sont admis à la barre :

*L'orateur :* Représentants du peuple français, avant de rentrer dans leurs foyers, souffrez que les enfants de Mars vous offrent par mon faible organe l'hommage de la plus vive reconnaissance.

Occupés du métier de la guerre, exercés seulement dans cet art formidable qui doit purger la terre des tyrans qui la souillent, nous ignorons l'art d'exprimer ce que nous sentons vivement. Dignes représentants, faites grâce à notre âge en faveur des sentiments qui nous animent tous ; nous les allons porter dans nos contrées, et y propager nos principes, ainsi que le souvenir des sublimes exemples de nos augustes représentants, à qui nous jurons de nouveau le plus pur dévouement. Toujours ralliés autour d'eux par le cœur et la même impulsion, le plus léger signal nous verra voler avec ardeur à tous les postes qu'ils daigneront nous fixer, pour y développer avec énergie les talents et les instructions que nous devons à leurs soins bienfaisants, et nous suppléerons à nos jeunes années par le zèle qui enflamme nos cœurs, qui électrise nos âmes, et qui centuplera les forces qui nous manquent.

Pères de la patrie, nous allons loin de vous : dispersés dans nos départements, jetez des regards paternels sur vos enfants adoptifs, qui réclament avec ardeur l'instant de s'acquitter envers vous, envers la patrie. Nous remplirons ce qu'elle attend de nous ; nos serments ne seront pas vains ; nous en attestons le sanctuaire des lois et les mânes honorables dont nous voyons les glorieux monuments dans cette auguste enceinte. Pères de la patrie, recevez ce serment sacré de nos cœurs, et celui de braver les dangers et la mort pour le soutenir avec le bouillant courage des héros de la liberté.

LE PRÉSIDENT : Jeunes citoyens, la Convention nationale a vu avec la plus grande satisfaction les progrès que vous avez faits dans l'art militaire depuis que vous êtes réunis au champ de Mars sous les étendards de la patrie ; elle a appris avec beaucoup de plaisir que, déjà à la hauteur des vrais principes, vous réunissez, à la valeur qui doit caractériser les vrais soldats, l'amour de la discipline, qui est le caractère des vrais républicains.

L'intempérie de la saison ne vous permettant plus de vous livrer aux exercices militaires, vous allez retourner dans vos foyers. A votre arrivée, vos familles vont vous serrer dans leurs bras, vos jeunes camarades vont vous entourer. Dites-leur ce que vous avez vu, ce que vous avez entendu ; inspirez-leur l'amour de la liberté, de l'égalité qui brûle dans vos âmes. Bientôt vous serez les défenseurs de ces deux divinités tutélaires du genre humain ; devenez-en sur-le-champ les apôtres, et que toutes vos paroles, vos actions, annoncent votre haine contre la tyrannie monarchique qui a pesé si longtemps sur vos pères, et contre tous les préjugés qui se liguaient avec elle, étouffaient la raison et rendaient le genre humain malheureux.

La Convention nationale vous admet aux honneurs de la séance.

Les élèves défilent au milieu des applaudissements.

MONESTIER (du Puy-de-Dôme) : La commission des Vingt et Un me charge de vous rendre le compte suivant de ses opérations, et de la difficulté dont elle vous demande une solution prompte et précise, sans laquelle il lui serait impossible de donner à ses travaux la célérité convenable.

La commission s'est assemblée hier matin, 9 ; elle s'est occupée de son organisation : elle s'est fait lire le décret de sa création, en date du 8 ; ensuite l'extrait du procès-verbal de la séance du soir du même jour, dans laquelle le tirage au sort a eu lieu. La lecture de ce procès-verbal a fait reconnaître l'absence de nos collègues Dubreuil et Bonnet (de l'Aude.)

Il a été de suite écrit à l'un et à l'autre, avec invitation de se rendre à la séance du soir, à six heures ; cette séance a eu lieu. L'appel nominal fait sur le tableau rédigé par le comité des procès-verbaux, il a été reconnu que le représentant Bonnet (de l'Aude) était encore absent : il n'a point encore paru dans la séance de ce matin.

Il est né de là la question de savoir si la commission doit être absolument composée de vingt et un membres pour chacune de ses délibérations ; dans le cas où la Convention penserait qu'il n'est pas absolument nécessaire que les vingt et un membres soient présents à chaque délibération, la Convention est invitée à fixer à quel nombre de membres la commission doit agir.

Nous prévenons la Convention que les papiers que nous avons réclamés depuis hier aux trois comités réunis vont nous être remis dans le moment ; cette circonstance rend la décision plus urgente.

*** : Je crois que la commission doit délibérer toutes les fois que la moitié plus un de ses membres seront réunis ; autrement ses opérations pourraient être entravées à chaque instant ; car rien ne peut assurer qu'aucun de ses membres ne sera point obligé de s'absenter pour cause de maladie ou autrement. Si les faits qui circulent dans le public sont exacts, il faut que la Convention ait le courage de se purger. (Murmures.)

*Plusieurs voix :* Ce n'est pas de cela qu'il s'agit !

Boissy : Il me semble qu'on n'est point assez pénétré de l'importance des fonctions de la commission. La lenteur que la Convention a mise pour rendre le décret qui l'établit doit prouver qu'il ne faut pas légèrement porter atteinte à la représentation nationale. Il serait bien cruel qu'un innocent tombât sous le glaive de la loi ; mais le malheur serait encore plus grand si la victime était un représentant du peuple, car alors la Convention serait entamée. C'est pour prévenir un pareil événement qu'on a multiplié les sûretés en faveur de l'accusé ; c'est pour cela que la Convention a voulu que la commission fût composée de vingt et un membres, dont aucun ne pourrait se récuser ; et cependant un membre se récuserait en effet s'il négligeait d'assister aux séances de cette commission. Je demande que la Convention rappelle à l'ordre ceux qui y manqueront, qu'elle prenne des mesures pour les remplacer, mais qu'en aucun cas la commission ne puisse délibérer sans être complète.

Montmayau : Il faut pourvoir au cas où quelques-uns des membres seraient absents, car vous ne pouvez pas leur assurer à tous une santé permanente ; il faut aussi décider si les délibérations de la commission seront prises à la majorité ou aux deux tiers des voix. Je demande que les trois comités réunis nous présentent demain la solution de ces questions. (Murmures.)

Duroy : Il faut que le décret soit exécuté dans toute son étendue ; il faut qu'il le soit avec franchise, avec loyauté ; tout membre de la commission qui ne s'y rend pas est répréhensible ; il ne doit s'en absenter qu'après avoir exposé ses motifs à la Convention, et qu'autant qu'elle les aura juges valables. Il ne faut plus que personne reste dans l'obscurité ; il faut que tout le monde paraisse lorsqu'il s'agit de défendre les droits du peuple, et qu'il n'y ait personne parmi nous dont la présence ne soit constatée qu'au bureau des mandats. C'est en matière criminelle surtout qu'il faut observer toutes les formes, parce qu'elles sont conservatrices de l'honneur et de la vie des citoyens.

La commission doit être composée de vingt et un membres ; il faut que tous participent à ses délibérations. Je demande que Bonnet rende compte des motifs qui l'ont empêché d'obéir au décret qui le nomme membre de cette commission.

Champeaux : Je demande la parole pour un fait. Bonnet est parti en commission depuis cinq jours, et il doit arriver aujourd'hui à midi.

Reynaud : Si la Convention croit que toutes les délibérations doivent être prises par vingt et un membres, il faut qu'elle prévoie le cas où quelques-uns pourraient manquer, sans quoi les opérations de la commission seraient entravées à chaque instant ; il faut aussi qu'elle ratifie ses premiers actes, car ils n'ont pas été faits par vingt et un membres. Ces actes ne sont relatifs qu'à son organisation, et à la demande qu'elle a faite des pièces qui doivent fonder son rapport.

*** : La commission a cru, comme la Convention, qu'elle ne devait délibérer qu'en membre complet ; c'est pour cela qu'il faudra prévoir le cas où quelques membres manqueraient, et ce cas pourra arriver. Aussitôt que notre collègue Dubreuil fut instruit qu'il avait été nommé membre de la commission, il s'y rendit, quoiqu'il fût attaqué d'une fièvre violente ; mais rien ne nous garantit que sa santé lui permettra de continuer à assister régulièrement à nos séances.

Chénier : J'ai énoncé dans la commission l'avis que j'énonce ici ; c'est qu'elle ne doit délibérer qu'en nombre complet ; car, comme on l'a déjà remarqué, ce serait se récuser par le fait que de ne point assister aux séances de la commission ; et si un pareil abus pouvait être toléré, on ne pourrait empêcher personne d'en user. C'est parce que ces fonctions sont pénibles qu'elles doivent peser sur tous.

La Convention nationale décrète que la commission ne pourra délibérer qu'au nombre de vingt et un membres ; elle ratifie les opérations déjà faites par la commission pour son organisation ; elle ordonne que chaque membre qui ne se rendra pas aux séances de la commission sera tenu d'exposer ses motifs à la Convention.

Boudin : Je demande que chaque jour le président de la commission fasse connaître à la Convention les noms de ceux qui manqueront aux séances.

Fayau : Je demande l'ordre du jour, motivé sur l'article que la Convention vient de décréter, et qui oblige les membres de la commission à faire juger leurs raisons d'absence par la Convention.

Cette proposition est adoptée.

— La section Challier vient rétracter l'adhésion que, dans un moment d'erreur, et entraînée par des intrigants, elle a donnée à l'Adresse de la Société populaire de Dijon. Elle jure de ne reconnaître d'autre centre que la Convention.

— Le surplus de la séance est consacré aux pétitionnaires.

## GÉOGRAPHIE.

*Ecole de Mars*, pour apprendre facilement les fortifications suivant la méthode de Vauban.

Cet ouvrage consiste en un grand tableau dans lequel sont figurés tous les principes relatifs à la tactique des fortifications, avec un texte explicatif. Il y a en outre trois cartes : l'une, de la France divisée en quatre-vingt-sept départements ; l'autre, des villes de guerre et des places fortifiées de la république ; l'autre, contenant le théâtre de la guerre du côté du Nord. Volume grand in-8°, broché et cartonné. Prix : 8 liv., et 8 liv. 10 s. franc de port.

A Paris, chez Desnos, géographe, rue Jacques, n° 254.

### LIVRES NOUVEAUX.

*Vocabulaire* de nouveaux privatifs français, imités des langues latine, italienne, espagnole, portugaise, allemande et anglaise, suivi d'un catalogue raisonné des derivains les plus célèbres en ces cinq langues, propre à servir d'institution pour une bibliothèque choisie ; ouvrage essentiel aux orateurs et aux poëtes ; par Pougens, auteur de *la Religieuse de Nîmes*, des *Essais sur les Révolutions du globe*, etc. ; un volume in-8°. Prix : 3 liv., et 3 liv. 15 s. franc de port, pour les départements.

A Paris, de l'imprimerie du Cercle-Social, n° 4, rue du Théâtre-Français ; et chez Deseano, libraire, n°° 1 et 2, Jardin Egalité.

*Payements à la trésorerie nationale.*

Le payement du perpétuel est ouvert pour les six premiers mois ; il sera fait à tous ceux qui seront porteurs d'inscriptions au grand livre. Celui pour les rentes viagères est de huit mois vingt et un jours de l'année 1793 (vieux style).

## POLITIQUE.

### POLOGNE.

*Varsovie, le* 5 *octobre.* — Depuis la levée du siège on travaille avec activité à la réparation des retranchements. On continue les approvisionnements pour les troupes et pour les habitants. La municipalité a combattu, dans toutes les occasions, à la tête des citoyens, contre les Prussiens et les Russes.

On vient de publier, par ordre du conseil national, la liste de tous les lâches magnats qui ont été à la solde de la cour de Russie.

Le tribunal destiné à juger ces traitres a été réinstallé.

— On procède avec succès, en Courlande, à la vente des biens nationaux.

Le général Mirbach, à la tête de dix mille Polonais et Courlandais, est sorti de la Lithuanie, et s'est approché jusqu'à deux lieues de Sodargen.

— Le gouvernement prussien, trouvant ses troupes trop faibles pour garder ses frontières, cherche un moyen de les augmenter. Ses principales craintes semblent particulièrement se porter sur la Silésie : il tremble que la grande armée, aux ordres de Kosciusko, ne fasse une invasion dans cette province.

On a appris avec douleur que Sapieha venait d'être saisi par les Prussiens dans une de ses maisons, et transféré en Prusse.

— La division de cinq mille hommes, établie à Georgenbourg, est destinée à procurer aux autres corps les fourrages et des approvisionnements.

### ITALIE.

*Des frontières du Milanais, le* 15 *octobre.* — La cour de Naples trouve les plus graves difficultés dans l'exécution de son édit sur la levée de seize mille hommes. L'admission qu'elle n'a pas eu honte de se permettre des malfaiteurs et des homicides ne lui suffit pas ; elle vient d'ajouter à son édit une nouvelle disposition. Un grand nombre de jeunes gens s'étaient mariés pour échapper à l'enrôlement. La cour déclare que les mariages contractés depuis le 10 septembre dernier ne pourront exempter de la levée. Les ecclésiastiques de tous les ordres, non encore parvenus au sous-diaconat, sont assujettis à la loi ; singularité que l'on motive sur ce que la guerre est particulièrement entreprise dans l'intérêt de la religion.

— La commission établie pour juger les personnes incarcérées par ordre ministériel a terminé cette procédure ; elle en a condamné neuf au gibet, et cinquante-quatre à l'exil ou à la prison. Un profond mystère a enveloppé jusqu'à ce jour toutes les opérations de ce tribunal.

— Le gouvernement napolitain est aux expédients pour les finances.

La cour de Rome éprouve les mêmes besoins. Le pape a ordonné que tous les gages d'or et d'argent fournis depuis dix-huit mois seraient convertis en espèces monnayées. Le gouvernement reconnaîtra devoir aux propriétaires de ces objets leur valeur intrinsèque, et leur promet une légère indemnité pour le prix de la façon.

Quant au roi de Sardaigne, sa situation est encore plus critique. Les Français victorieux sont à Vado. Amédée a publié un édit, où il presse ses sujets de le seconder de tout leur amour et de toutes leurs forces; mais, comptant peu sur les dispositions animées en espèces monnayées, il multiplie les mesures coercitives.

— On s'occupe, du côté de Valence, d'organiser la masse des habitants armés, pour la réunir à la masse des habitants de Homellina et de Mont-Ferrat. Ghilini, major du régiment de Tortonna, doit commander ces rassemblements tumultueux.

Le camp d'Aqui a été augmenté, et va jusqu'à Terzo.

L'archiduc de Milan, commandant actuel de l'armée autrichienne, a distribué quelques médailles d'or et d'argent à ses esclaves, par forme d'encouragement.

## RÉPUBLIQUE FRANÇAISE.

### SOCIÉTÉ

DES AMIS DE L'ÉGALITÉ ET DE LA LIBERTÉ,

SÉANT AUX CI-DEVANT JACOBINS DE PARIS.

*Présidence de Crassous.*

PRÉCIS DE LA SÉANCE DU 9 BRUMAIRE.

Un officier de santé des armées dénonce le comité de santé établi à Paris, qui place dans les armées des ignorants qui assassinent nos braves défenseurs, blessés ou malades.

Cette dénonciation fait naître d'assez vifs débats, desquels il parait résulter que les hôpitaux militaires sont remplis de *fraters* qui font des opérations auxquelles ils n'entendent rien ; que des ci-devant prêtres, reçus officiers de santé, s'occupent à fanatiser les malheureux défenseurs de la patrie et à se venger en quelque sorte, aux dépens de leur tranquillité et de leur repos, de leur dévouement héroïque et patriotique.

Un membre demande que la Société nomme une commission qui examine ces dénonciations, pour ensuite en rendre compte aux comités de la Convention. (Adopté.)

— *** : Lorsque la plainte est un crime, lorsque les patriotes sont qualifiés des noms odieux de brigands, d'assassins, de contre-révolutionnaires, ne puis-je pas demander à nos frères quel est le devoir des patriotes persécutés? C'est à dire la vérité, vont-ils me répondre ; c'est de la dire tout entière au peuple; car le peuple est la vérité sont tout, et nous ne pouvons rien sans l'un ni sans l'autre. J'entends dire tous les jours à cette tribune : Les patriotes sont opprimés. Mais personne ne m'apprend et pourquoi et comment ils sont opprimés. Il ne suffit pas de dire : Tel mal existe, chacun le voit. Mais le point essentiel, c'est d'en chercher ou d'en trouver le remède.

L'orateur parle ici de l'oppression qu'il dit être exercée contre les patriotes par les aristocrates. Il prétend que ces derniers seraient-sans force s'ils n'étaient pas protégés par quelque puissante autorité. Il se plaint de ce que les patriotes ne jouissent pas de la liberté qui existe seulement pour les contre-révolutionnaires; il pense qu'il existe une faction qui ne veut qu'une demi-liberté pour le peuple, et que cette faction est favorisée.

« A la tête de cette faction, dit l'orateur, je vois briller ces écrivains libellistes qui n'affectent de tant applaudir au châtiment du scélérat Robespierre que parce qu'il allait lui-même leur arracher le masque, et les faire trainer à l'échafaud. Que veulent-ils les perfides, les traitres, que veulent-ils, sinon se revêtir des dépouilles d'un monstre, s'emparer de sa popularité, et dominer à sa place, mais par des mesures entièrement opposées aux siennes? Ils traitent les patriotes de continuateurs de Robespierre ; eh ! qui plus qu'eux-mêmes, mérita jamais mieux cette abominable qualification? N'avons-nous pas entendu Legendre s'écrier à cette tribune : « Mon corps servira de rempart à Robespierre. » Ne sommes-nous pas bien fondés à croire, d'après cet aveu, que ces mêmes hommes, qui, pendant si longtemps, ont rampé aux pieds de Robespierre, ne se sont tous élevés contre lui que pour leur intérêt personnel, et nullement par amour du bien public; et aujourd'hui, pour venger quelques misérables querelles d'amour-propre, ils ne rougissent pas d'opérer la plus terrible et la plus funeste réaction sur les patriotes.

« Mais, citoyens, si une vérité hautement énoncée suffit pour conduire au supplice celui qui l'énonce, plus de doute, il faut se taire : car, outre qu'en pareil cas le sacrifice est absolument inutile, outre qu'il n'en résulte aucun bénéfice pour la patrie, c'est qu'il est affreux de mourir comme un conspirateur, chargé de l'exécration du peuple, lorsqu'on meurt précisément victime de son dévouement pour lui. Et qui donc oserait affirmer que dans

50

tous ceux que le glaive de la loi a frappés jusqu'à ce jour, il n'a pas atteint un seul innocent? Et cependant n'étes-vous pas forcés de le mettre au rang des traîtres, des scélérats, des conjurateurs, pour ne pas courir le risque d'être confondu avec lui et d'être traité comme tel?

« Je finis en demandant que, dès ce jour, la Société s'occupe uniquement à prendre une connaissance entière du système de contre-révolution qui existe, et à pénétrer quel est le but des ennemis de la liberté, afin que nous puissions les arrêter dans leur marche, et les empêcher de parvenir à leur terme. » (Applaudissements universels.)

Un autre membre reproche aux patriotes de se laisser endormir; il prétend que, si l'on y avait bien réfléchi, certains personnages n'auraient pas été représentants du peuple. Il dénonce comme fabriquées à Paris toutes les Adresses qui arrivent des départements. Il demande ensuite aux députés pourquoi ils ne rendent pas compte de leur fortune, en vertu du décret sage qui les y oblige.

Ici Maure se lève et fait observer à l'opinant qu'il induit le peuple en erreur.

« Ses représentants, dit-il, sont justes; ils sont bien éloignés surtout de vouloir s'arroger aucun privilége qui blesserait l'égalité : certes, si Pitt ou Cobourg voulaient payer une motion, ils ne pourraient pas en mettre une en avant qui fût plus conforme à leurs vues que celle qui vient de nous être présentée, et à laquelle cependant je n'attache aucune mauvaise intention de la part de son auteur. »

Des huées et des murmures partis des tribunes interrompent souvent les observations de Maure. Le président s'adresse aux tribunes, en leur disant qu'il n'est pas possible de croire que ceux qui assistent assidûment aux séances éclatent en murmures toutes les fois qu'on parle de la représentation nationale. Le calme rétabli.

*Goujon :* La Société doit accueillir tous les bons citoyens qui se présentent à sa tribune pour y dire la vérité. Si un citoyen ne peut émettre une opinion qui contrarie le sentiment de quelques autres, je soutiens qu'il n'y a pas de liberté. Tout homme doit avoir la liberté de s'exprimer sur le compte des fonctionnaires publics, et nui de nous n'a le droit de soupçonner de malveillance un citoyen qui développe ses idées à cette tribune. C'est au peuple seul, qui l'entend, qu'appartient le droit de le juger. Au surplus, je dois observer au préopinant qu'il n'existe point de loi qui oblige les députés à rendre compte de leur fortune; si cette loi a été rendue, elle a été bientôt rapportée.

Citoyens, la tribune du crime est souvent occupée; de vils libellistes, aux gages des ennemis de la liberté, font souvent retentir les places publiques de leurs atroces calomnies; gardons-nous de repousser de la tribune de la vérité le citoyen qui s'y présente pour communiquer avec ses frères, pour déposer ses idées, ses craintes et ses alarmes dans leur sein. Nous devons tous l'encourager et le soutenir dans ses efforts.

Une des principales causes de nos malheurs, c'est que l'opinion du peuple est travaillée en tous sens, et qu'on s'efforce de l'anéantir pour y substituer une opinion stipendiée.

Mais il est temps que le peuple puisse se convaincre qu'en vain on veut intimider les hommes purs, qu'ils sont imperturbables, et n'en défendent pas avec moins de courage et la liberté et l'égalité. Car enfin, où en veut-on venir en faisant passer tous les patriotes pour autant de satellites d'une faction, et en accolant au premier criminel qu'un malheureux génie a poussé au milieu d'eux? On en veut venir, citoyens, à forcer tous les patriotes à abandonner la cause de la liberté pour se défendre eux-mêmes.

Je ne saurais le dissimuler, le peuple s'est endormi : il est temps que son opinion se prononce avec force, et qu'il prouve au servile troupeau des libellistes qu'il est bien loin d'adopter pour vérités leurs erreurs, leurs mensonges et leurs calomnies.

Proclamons avec énergie devant lui la vérité; il la reconnaîtra, il l'embrassera, et il saura bien s'élever dans son opinion au-dessus de ces hommes odieux qui veulent lui ravir l'égalité, le plus doux, le plus cher de ses biens après la liberté. (Applaudissements.)

Le citoyen qu'on avait précédemment interrompu reprend la parole pour déclarer que jamais l'intention coupable d'inculper la représentation nationale n'entra dans son esprit ni dans son cœur.

*Fayau :* La force des ennemis de la révolution est tout entière dans la faiblesse des patriotes. C'est notre manque d'énergie qui donne aux aristocrates une puissance momentanée. Les oiseaux de mauvais augure ne sortent de leur tannière que pendant la nuit. Est-ce la mort que nous pourrions craindre? Non. Présentons à nos ennemis la poitrine de Marat et le flanc de Lepelletier, et nous les glacerons d'effroi. Qui pourrait encore fermer la bouche aux amis de la liberté? Est-ce la crainte d'être rangés dans la classe des conspirateurs? Mais que peuvent-ils appréhender pour leur bonheur, lorsque sans peur et sans reproche ils ont leur conscience pour appui et le peuple pour juge?

Les patriotes éprouvent aujourd'hui une persécution vive, mais elle ne sera que passagère, et les regrets qui succéderont au triomphe momentané des aristocrates seront éternels. On exige, j'en conviens, plus de preuves de civisme de la part des vétérans de la révolution que de la part de ses ennemis. Soyons calmes, et faisons tête à cette bourrasque avec cette sérénité qui ne cesse de briller sur le front de l'homme qui n'a rien à se reprocher. Et en quoi un patriote serait-il donc plus suspect qu'un aristocrate?

Citoyens, prenons garde au système de calomnie lancé en quelque façon parmi le peuple pour le diviser. Notre premier devoir en ce moment c'est de l'éclairer, c'est de l'attacher à la représentation nationale et au gouvernement républicain par nos discours, et encore plus par nos exemples; voilà, voilà, n'en doutez pas, le seul et vrai moyen de conserver cette liberté, cette égalité qui nous sont si chères, et de les faire à jamais triompher des vains efforts de la rage impuissante de leurs méprisables ennemis.

—Un membre pense que la Société devrait répondre catégoriquement article par article aux divers reproches que lui font les libellistes. Il croit cette mesure nécessaire pour remédier au mal que ces écrits, bien que méprisables, font dans les départements, et pour détruire surtout la croyance qui se propage que les Jacobins sont les continuateurs de Robespierre.

---

# CONVENTION NATIONALE.

### Présidence de Prieur (de la Marne). •

*Rapport sur les prisons, maisons d'arrêt ou de police, de répression, de détention, et sur les hospices de santé, fait, dans une des précédentes séances, au nom du comité des secours publics, par Paganel.*

Un décret du 3 fructidor a chargé votre comité des secours publics de constater l'état actuel des prisons dans la commune de Paris : le comité, d'avance pénétré des motifs d'humanité qui ont déterminé cette mesure, s'est empressé de répondre à la confiance de la Convention; il a nommé mon collègue Merlino et moi pour ses commissaires. Nous avons parcouru et visité dans les plus grands détails tous ces établissements divers; en vous rendant compte de l'état où nous les avons trouvés, nous indiquerons suffisamment ce qui leur manque, et vous ne tarderez pas de satisfaire aux besoins de l'humanité souffrante.

Les établissements que nous venons vous entretenir peuvent être divisés en prisons proprement dites, en maisons d'arrêt ou de police, en maisons de répression, en maisons de détention, en hospices de santé.

*Prisons.* — Il existe des rapports sacrés entre les citoyens prévenus de crime et la société offensée. Dans l'état de détention, les premiers conservent des droits, et celle-ci n'est pas quitte de tout devoir envers eux. La patrie les porte encore dans son sein; elle attache sur ces infortunés des yeux de pitié et d'espérance; elle aspire à leur rendre tout son amour,

Mais si la prison est devenue elle-même un supplice, quelle réparation peut en faire oublier l'horreur et la durée au citoyen dont le magistrat proclamera l'innocence? Et si le crime est reconnu, sera-t-il permis de traîner le coupable à l'échafaud après qu'il a expié son délit par des tourments journaliers dont la lenteur et la durée lui firent mille fois désirer la mort.

Si l'homme criminel est un objet d'intérêt et de pitié, au moment même où le glaive de la loi s'appesantit sur sa tête, souffrirez-vous que les regards consolateurs du gouvernement se détournent de celui qui n'est encore que prévenu de délit? Mérite-t-il cet abandon cruel, l'homme un instant égaré, que sa propre faute éclaire, et que les remords rendent à la vertu? A-t-il dû perdre en un moment ses amis et ses frères, celui qui, succombant sous l'oppression du plus fort, doit incessamment recouvrer avec la liberté les droits de l'innocence qu'il n'eût jamais dû perdre?

Non, les privations cruelles, la misère profonde, l'isolement épouvantable, le lent et douloureux dépérissement auquel sont condamnés des hommes prévenus de crime, n'appartiennent pas à la loi, ne sont pas commandés par la justice. Les organes de la justice et de la loi vous dénoncent au contraire ces attentats de l'ancien régime contre la société et la nature.

Législateurs de la famille des Français, faites disparaître du sol de la liberté ce qui reste encore du régime monstrueux de la tyrannie; nous avons vu des milliers d'hommes courbés sous son sceptre de fer; la royauté semble s'être réservé son empire sur les prisons de la république.

Tout forfait doit être expié par un supplice; ainsi le veut le salut de tous. C'est la seule considération qui puisse justifier le sacrifice de la vie d'un citoyen, et celui de la liberté, plus précieuse encore que la vie. Mais une longue suite de supplices doit-elle être interposée entre la prévention et la reconnaissance du délit? Mais la probité, l'innocence, sur qui pèse trop souvent cette pénible prévention, seront-elles forcées de boire goutte à goutte, jusqu'à la lie, le calice amer de tous les maux réunis dans l'étroite enceinte des cachots!

Il est superflu d'affliger votre sensibilité par un tableau plus détaillé des prisons de la Conciergerie, de la Grande-Force, de Bicêtre: il suffit de dire aux représentants du peuple qui honore le malheur que l'homme le plus coupable expie autant de fois son forfait qu'il compte d'heures dans ces tombeaux ténébreux.

Lorsqu'il y descend, il a le droit de dénoncer à la société à la nature, et d'invoquer contre les hommes son éternelle loi; car les hommes doivent juger avant de punir; car la détention ne doit pas être une peine; car le droit de s'assurer des personnes n'est pas celui de les torturer avant de les juger. Eh bien, l'homme qui attend son arrêt dans les prisons de la Conciergerie eût béni, sur son seuil épouvantable, la main bienfaisante qui lui aurait donné la mort.

De tels cachots suffiraient à la vengeance du plus cruel despote contre des esclaves qui auraient tenté de briser leurs fers en plongeant dans son sein le poignard de Brutus.

Là des hommes respirent éternellement un air infect et saturé de miasmes mortels qui s'exhalent d'un sol pourri, de murailles humides et de leurs propres immondices.

Là une nourriture insuffisante ajoute le tourment d'une faim progressive à mille autres tourments:

8 sous paient chaque jour ce que chaque prisonnier y consomme.

Là une poignée de paille ou un mince matelas est la couche où se laissent tomber, mais où jamais ne reposent les corps mourants des prisonniers. Si de temps en temps ils en sont retirés pour respirer un peu d'air dans une cour commune, ce rapide soulagement ne fait qu'aigrir et prolonger leur tourment. Un soin qui recule leur trépas leur paraît une perfidie; il leur semble qu'on ne leur fait recueillir un peu de force que pour les faire vivre plus longtemps dans le tombeau: en y rentrant, ils se rappellent avec horreur le moment où ils y furent plongés pour la première fois.

Là nous avons trouvé de nombreux enfants, précoces pour le crime, mais que des soins paternels restitueraient à la société. Abandonnés par elle, ils végètent sans crainte et sans espérance; et dans l'excès des vices auxquels ces êtres dignes de pitié s'abandonnent, la vigueur du corps s'épuise, la raison s'affaiblit, leur conscience s'éteint; bientôt ils seront un fardeau pour la société, sans en avoir jamais été l'espérance.

Vous pouvez épargner cette douleur à la patrie, Là une perte à l'agriculture et à la marine, qui vous promettent de les rendre dignes d'elles et de la liberté. La leçon du travail peut encore ouvrir ces tendres âmes aux leçons de la vertu.

Là enfin le plus criminel des hommes cesse bientôt de redouter l'échafaud, et l'innocent est réduit à le désirer.

Représentants du peuple, parlez, et que les satisfactions dues à la société lui soient acquittées sans offense pour l'humanité, sans outrage pour la nature.

*Maisons d'arrêt ou de police.* — Les maisons d'arrêt ou de police présentent un tableau moins hideux. Les privations que les prisonniers y éprouvent leur semblent d'abord plus tolérables, parce que leur séjour dans ces lieux ne doit être qu'un passage rapide; mais, soit qu'il faille l'attribuer aux circonstances, soit qu'on doive en accuser la négligence des juges, cette espérance si chère, si nécessaire au malheur, s'est bientôt évanouie. Bientôt l'avenir n'a plus pour eux que des terreurs, et, fatigués par les fosses terribles que leur imagination enfante, ils cherchent la solitude dans les ténèbres des prisons.

Là beaucoup de malheureux ont cessé d'attendre un jugement qui devait être prononcé dans l'intervalle de vingt-quatre heures. Leur sort est décidé: c'est d'être oublié de la nature entière.

Ces maisons sont en général malsaines; l'air extérieur y circule avec une extrême difficulté; l'avarice et la cruauté ont refusé à ces établissements toutes les précautions qu'exigent des rassemblements nombreux; presque toutes reçoivent ou retiennent plus ou moins les vapeurs méphitiques qu'exhalent des fosses intérieures, étroites et mal soignées.

La santé et la vie des hommes détenus, sont placées sous la sauvegarde de la loi, et dans cet état elles doivent être mieux garanties que lorsqu'ils y veillent eux-mêmes.

Le logement, la couche et la nourriture des citoyens détenus dans les maisons d'arrêt ou de police appellent la sollicitude de la Convention nationale. Notre présence a porté dans ces tristes lieux l'espérance et la consolation: un de vos décrets y portera les soins fraternels et les jouissances qui tempèrent le regret amer de la liberté.

*Maisons de répression.* — Les maisons de répression exigent des réformes promptes et non moins hautement réclamées par la morale que par l'humanité: nous y avons vu l'effronterie et l'impudeur repousser la pitié et ce tendre intérêt que le malheur inspire ; mais aussi nous y avons entendu les accents du remords et de la douleur. Des soins bien dirigés obtiendraient une victoire facile , et des filles aujourd'hui abandonnées à leurs souvenirs dépravés passeraient de la honte de leurs égarements au désir de l'estime publique : l'état d'abandon comble le malheur et souvent la perversité.

Quel triste et humiliant tableau s'offre ici au législateur philosophe qui a calculé l'influence des vices et des vertus des femmes sur les mœurs en général, et qui a médité sur les devoirs d'un gouvernement libre envers un sexe dont la faiblesse a besoin de tout son appui ; dont les charmes , exposés à tous les piéges de la force et de l'adresse , sollicitent avec pudeur toute sa puissance; dont enfin les fautes sont presque toujours les effets des passions d'autrui, comme ses vertus sont plus souvent le résultat de l'éducation que de la mesure de raison que la nature lui a départie.

Tout ce que l'oisiveté engendre de vices , tout ce que les vices ont de plus révoltant, tout ce que la licence inspire de plus effréné se trouve réuni dans ces maisons où sont entassées des femmes déjà corrompues, et dont la société a dû réprimer les débauches, eu même temps qu'elle en a voulu prévenir les suites mortelles.

Mais ce n'est pas assez de rendre la santé à ces victimes du vice ; il faut arracher de leur cœur le vice lui-même. Ne nous contentons pas d'ordonner ce que l'humanité réclame ; séchons les larmes de la pitié , en faisant triompher la vertu. Qu'importe d'effacer les traces de la débauche, si vous n'en avez pas éteint la brûlante passion? Que de sages institutions régénèrent dans ces femmes la nature dépravée; qu'elles puissent rentrer au sein de leurs familles pour y réparer par une vie utile les scandales d'une vie licencieuse , et le gouvernement aura pleinement acquitté sa dette tant envers elles qu'envers la société.

Rendez heureux ceux que vous voulez rendre sages; le travail étanche la soif du vice, et les doux soins de la bonté, en pénétrant dans les âmes, y fécondent les germes des vertus.

Nous devons relever ici un abus bien déplorable et particulier à la maison de la Salpêtrière : là sont de jeunes filles nées dans la maison, ou que l'établissement reçut dès leur enfance ; ne diriez-vous pas qu'elles y sont comme dans un asile qui les défend du torrent des vices jusqu'à l'âge où le travail , une vie active et les fruits d'une instruction soutenue permettront de les laisser sous leur propre garantie? Eh bien, ces filles vivent dans l'oisiveté, ne respirent que l'indépendance, ne sont passionnées que pour la débauche. Elles en sont, dans un âge tendre, l'image la plus effrayante ; et, à l'époque de leur sortie, elles ont presque toutes mérité une perpétuelle réclusion.

Celles-ci transmettent à des enfants plus jeunes le poison qu'ont versé dans leur cœur des compagnes plus âgées.

Dans tous ces établissements la parcimonie et un régime insouciant fixent la permanence des désordres et de la corruption : celui qui murmure contre la faim et la nudité est peu sensible aux leçons de la morale; elle est impuissante sur un être forcément occupé de ses premiers besoins.

En introduisant dans les maisons de correction un travail constant , on diminuerait les dépenses nationales , et l'on tarirait la source des plus grands vices.

Nous avons été sans doute douloureusement affectés par ce tableau des misères humaines ; mais nous nous sommes convaincus d'une vérité bien consolante pour les fondateurs de la liberté , d'une vérité dont la législation doit se saisir pour le perfectionnement des mœurs publiques. La sensibilité change d'objet et se déprave dans son choix ; mais dans ses écarts mêmes elle conserve un penchant pour les objets que lui indique la nature. Des passions viles, l'habitude de l'immoralité , peuvent obscurcir la lumière de la raison , mais elle n'est jamais totalement éteinte. Ces femmes nous ont elles-mêmes indiqué le remède au mal politique que nous vous dénonçons. Oisivement entassées sur leurs couches , elles n'ont cessé de nous dire, tant qu'elles ont pu se faire entendre : Donnez-nous du travail ; nous ne demandons que du travail.

*Maisons de détention.* — Nous avons peu de chose à dire sur les maisons de détention ; presque toutes sont vastes, saines et commodes: ce n'est plus le temps où la terreur planait sur ces demeures , où les cris de mort retentissaient, d'heure en heure, dans les cœurs de ceux qui les habitaient ; où , sous le nom de concierge , un atroce geôlier , d'un signal effroyable rassemblait dans une cour les détenus, pour choisir une à une les victimes que Robespierre avait désignées au poignard d'un tribunal docile à consulter ses craintes, à étudier ses caprices.

Le triomphe de la justice sur la tyrannie a fait succéder dans ces lieux l'espérance à la terreur. Les maux que vous avez fait cesser présagent les biens que vous devez faire ; déjà des regards accoutumés à contempler l'idole que vos mains ont brisée cherchent, avec l'inquiétude du désir , la sainte image de la liberté ; déjà des cœurs nourris d'orgueilleuses illusions s'essaient aux biens réels de l'égalité. Embrassons nos frères dans tous les Français dont les cœurs s'offriront avec les nôtres sur l'autel de la patrie ; mais que la détention réponde à la patrie de celui qui chancelle ; que le glaive des lois frappe celui qui la trahit.

Le 25 vendémiaire , vous décrétâtes l'unité du gouvernement : qu'aucun asile ne se rouvre jamais pour l'ambitieux qui a fomenté des factions , pour l'intrigant qui les a organisées , pour le dilapidateur de la fortune publique, pour ces copartageants des fortunes privées, pour ces héros vandales qui dispersent les arts , persécutent le génie et assassinent la vertu ; qu'enfin un sort semblable soit réservé à tous les brigands qui déchirent le sein de la république, et aux émigrés qui l'assiégent au-dehors. Ceux qui haïssent la révolution en sont moins les ennemis que ceux qui la tont haïr.

Mais les mesures de sûreté n'ayant pu être prévues, le gouvernement doit s'empresser de rectifier tout ce qu'elles présentent d'irrégulier et de contraire à la politique et à la justice. La sagesse doit corriger les fautes ou les erreurs d'une précipitation nécessaire. Pourquoi, par exemple , renfermer des personnes suspectes dans les mêmes lieux qui recèlent des hommes prévenus de crimes? Cette confusion est immorale ; les règles de l'équité la réprouvent.

*Hospices de santé.* — Les hospices de santé ont également dû fixer notre attention. Au nom de la patrie, nous appelons la vôtre sur ces immenses établissements, monuments fastueux de l'orgueil des rois , vastes tombeaux où la tyrannie ensevelissait ses victimes et ses forfaits. C'est là que l'apparence du bienfait couvre la réalité du supplice ; c'est là que le malheureux est conduit par l'espérance , et qu'il vit dans les regrets : le frontispice promet des secours à l'indigence ; l'avarice les lui arrache dans l'intérieur. Une perfide libéralité, bien digne des despotes , n'a élevé des asiles à l'infortune que pour y étouffer ses plaintes , pour cacher au peuple l'excès de ses maux , et pour épargner au gouvernement la nécessité de répondre à la censure publique. L'infirme et l'indigent n'y sont retenus que par les chaîues de la nécessité et par l'effroi d'une plus malheureuse destinée.

Nous avons principalement observé deux abus qui offensent l'humanité et contrarient la saine morale.

Le premier est relatif au régime intérieur des malades, des infirmes et des vieillards.

Nous le dirons avec courage : leur nourriture est plus propre à exciter leurs besoins qu'à les satisfaire.

Une homicide parcimonie les entraîne lentement à la mort, qu'ils ont cru fuir en se jetant dans les bras de la bienfaisance nationale.

De longs détails sur cet objet seraient une injure pour la Convention, dont l'intérêt envers les indigents de la république s'est déjà hautement prononcé.

Les hospices de santé, les hôpitaux, ne furent, sous les rois, qu'une sorte de piége que le gouvernement tendait à la misère confiante, à l'infortune crédule ; vous en ferez un séjour de consolation et de bonheur, jusqu'à l'époque où les résultats d'une législation démocratique en auront rendu l'existence inutile. Les hôpitaux sont un remède aux maux que vous devez détruire ; qu'il soit efficace tandis qu'il est nécessaire.

Le second abus que nous vous dénonçons nuit essentiellement aux progrès des mœurs républicaines ; vous ne serez pas moins prompts à le faire disparaître.

Dans tous les grands établissements de Paris, tels que Bicêtre et la Salpêtrière, l'ancien régime a rassemblé avec une cruelle affectation toutes les misères humaines. Dans l'un, des hommes dégradés par jugement ou prévenus de crimes sont placés à côté de la vieillesse honorée, de la respectable infirmité ; dans l'autre, des citoyennes estimables, des mères de famille, assaillies par des infirmités précoces, ou succombant sous le poids des années, voient près d'elles des filles déshonorées, et qui, pour la plupart, conservent dans ce lieu de répression le ton, les manières et les discours de la plus scandaleuse licence.

Nous ne pensons pas que, dans un gouvernement libre, l'on doive réunir ainsi les objets du mépris général et de la vénération publique, et placer sous le même aspect le malheur et le vice, l'impudeur et la vieillesse.

La durée des abus dérive souvent des embarras que rencontrent dans la loi même les autorités à qui l'exécution en est confiée. Une surveillance trop divisée est nulle, et ne produit aucun résultat : la confusion des pouvoirs en paralyse l'exercice : c'est ainsi que le régime des prisons s'est perpétué avec tous ses vices. Le décret des 22 germinal et 14 fructidor en a confié la réforme à plusieurs autorités, sans fixer avec précision leur attribution respective : simplifiez l'administration, que ses agents marchent sans jamais se heurter, et vous aurez atteint le but de la loi.

La composition du corps politique, comme l'organisation du corps humain, recèle des causes de désordre et de dissolution. Des lois sages, et basées sur la sainte égalité des droits, sont au premier ce que le régime préservatif est pour l'autre ; l'harmonie est, dans tous les deux, le résultat de la prévoyance.

La détention et les tribunaux, la pharmacie et la médecine sont des ressources extrêmes dont l'application, quelque habile que soit la main qui la fait, altère, épuise quelquefois les forces du corps, et le précipite vers le terme de sa vie.

Le despotisme ouvrit des hôpitaux à la paresse servile : que le travail honoré, que l'industrie encouragée les changent en ateliers utiles ; l'ignorance et la misère, fruits corrupteurs de l'inégalité, nécessitèrent les prisons : que l'instruction publique en ferme les portes ; c'est alors que la prospérité générale et le bonheur privé attesteront à l'univers étonné que la législation du peuple français a pleinement répondu aux vœux de la nature.

Telles sont, citoyens collègues, les observations générales que nous avons cru devoir vous présenter. Si les réformes que demandent les mœurs et la salubrité, dans les prisons de Paris, sont importantes par le nombre et les détails, elles sont d'une exécution facile et peu dispendieuse ; mais ce que vous devez ordonner pour cette commune, l'humanité le réclame pour toute la France.

Le tableau que nous venons de vous tracer a déchiré vos âmes ; chacun de vous tend une main secourable aux infortunés dont les douloureux accents retentissent encore dans cette enceinte. Avec quel empressement vous mettrez un terme à tant de misères, lorsque nous vous aurons dit que depuis longtemps la mesure en est comblée dans tous les départements de la république ; lorsque nous vous aurons dit que les prisons y sont plus voraces de la vie des hommes que ne l'est la Conciergerie de Paris, et qu'un régime plus barbare (1) s'y joue plus brutalement de tous les droits et de tous les devoirs. Hâtez-vous de proscrire les prisons du despotisme, et que celles de la république attestent notre respect pour le malheur ; qu'elles soient élevées par la justice, administrées par la fraternité. Voici le projet de décret :

« La Convention nationale, après avoir entendu son comité des secours publics sur l'état des prisons, maisons d'arrêt et de police, de répression, de détention, et hospices de santé, décrète :

« Art. Ier. Le comité de législation présentera à la Convention nationale, dans la première décade du mois de brumaire, un projet de loi sur la police et le régime intérieur des prisons et autres établissements ci-dessus nommés ; et provisoirement il donnera des ordres à la commission de police et tribunaux, pour que les prisonniers de la Conciergerie soient traduits dans une autre prison.

« II. Le comité des travaux publics prendra, sans délai, toutes les mesures nécessaires pour rendre habitables et salubres les prisons, maisons d'arrêt, de répression, de détention et hospices de santé, qui sont susceptibles de le devenir, et pour remplacer ceux desdits établissements qui devront être abandonnés, par d'autres qui réunissent les avantages de la sûreté et de la salubrité.

« III. Les comités d'agriculture et des arts, de commerce et approvisionnements, prendront, sans délai, des mesures pour employer à un travail utile, journalier et non interrompu, les détenus de l'un et l'autre sexe qui se trouveront dans les prisons, maisons d'arrêt, de détention, etc.

« IV. Le comité des secours publics est chargé de procurer aux vieillards, aux infirmes, aux malades, et généralement à tous les détenus, une nourriture saine et suffisante, le linge et les vêtements indispensables. La salubrité des prisons est confiée à ses soins par la Convention nationale.

« V. Chacun des comités rendra compte, avant le 20 brumaire, à la Convention nationale, des mesures qu'il est chargé de prendre.

« VI. Les dispositions du présent décret s'étendent sur toutes les prisons, maisons d'arrêt, de répression, de détention, hospices de santé de la république.

(1) Vous aurez une idée des résultats du régime destructeur des prisons dans toute l'étendue de la république en apprenant qu'il a moissonné dix mille individus dans les seules prisons de Nantes. Assassins de vos frères, vous êtes les plus coupables ennemis de la liberté !          A. M.

SÉANCE DU 11 BRUMAIRE.

Un secrétaire fait lecture de l'Adresse suivante :

*Adresse du conseil général de la commune de Dunkerque à la Convention nationale.*

Dunkerque, le 27 vendémiaire, l'an 3e de la république française, une et indivisible.

« Citoyens représentants, votre Adresse au peuple français a été lue à notre séance publique de ce jour; les applaudissements unanimes et réitérés dont elle a été couverte par tous les membres du conseil et par nos concitoyens présents aux tribunes, nous sont un sûr garant qu'elle renferme l'opinion et le vœu de tous. Maintenez-en les principes avec le même courage qui a abattu les tyrans et toutes les factions liberticides : vous aurez fixé le bonheur de l'humanité.

« Vous avez l'entière confiance du peuple ; dépositaires de sa massue, ne craignez pas de vous en servir pour abattre ses ennemis, de quelque masque qu'ils se couvrent : il a juré la liberté, l'égalité, l'unité, l'indivisibilité de la république ; il tiendra ce serment.

« Les habitants de Dunkerque vous renouvellent le leur par notre organe. Tels ils se sont montrés aux perfides Anglais lorsqu'ils étaient sous leurs murs, tels ils se montreront toujours pour défendre la représentation nationale, leur seul et unique point de ralliement. Vive la république ! vive la Convention !

( *Suivent les signatures.* )

— Roberjot offre à la Convention nationale, au nom de la Société populaire de la Clayette, district de Marcigny, département de Saône-et-Loire, la somme de 1,356 liv. ; et celle de 187 liv., au nom de celle de Bel-Air-les-Foires, ou Saint-Christophe, même district et département, pour la construction du vaisseau *le Vengeur.*

Mention honorable, insertion au Bulletin.

— Johannot, au nom du comité des finances, fait rendre le décret suivant :

« La Convention nationale, sur la proposition de son comité des finances, décrète :

« Art. Ier. La trésorerie nationale ouvrira un crédit de 1 million 500,000 liv. à la commission des administrations civiles, police et tribunaux ; de 6 millions à la commission des travaux publics ; de 10 millions à la commission des secours publics ; de 100 millions à la commission de commerce et approvisionnements ; de 25 millions à la commission des transports, postes et messageries ; de 1 million à la commission des revenus nationaux ; de 10 millions à la commission des armes et poudres.

« Ces fonds seront employés aux dépenses que chaque commission est chargée d'ordonner.

« II. La commission des revenus nationaux ordonnera les frais de bureau nécessaires à la liquidation de la liste civile.

« III. Le présent décret ne sera pas imprimé. »

— Un membre de la commission des Vingt et Un expose que Bonnet (de l'Aube) n'a point encore paru à ses séances. Il demande que la Convention décide si la commission pourra délibérer au nombre de dix-neuf.

BABAILON : J'appuie cette demande. Il se peut faire que, d'un instant à l'autre, un des membres tombe malade ; si la Convention ne fixe point son opinion, alors la commission ne cessera pas d'être entravée dans ses travaux ; elle ne pourra faire, aux termes de la loi, son rapport dans l'espace de trois jours.

La Convention passe à l'ordre du jour, motivé sur son décret d'hier, et envoie un huissier chez Bonnet (de l'Aube), pour lui enjoindre de se rendre à la commission et de motiver les causes de son retard.

OUDOT, au nom du comité de législation : Vous aviez chargé votre comité de salut public, dès le 7 pluviose, de vous faire un rapport sur la question de savoir s'il était nécessaire de mettre en séquestre les biens des détenus comme suspects. Ce comité n'a pu sans doute s'occuper de l'examen de cette question importante. Mais le zèle avait porté un grand nombre d'administrations à mettre le séquestre sans qu'il fût ordonné, et le comité de législation était chargé des réclamations de la part des créanciers des détenus et de ceux qui avaient des partages à faire, des intérêts à démêler avec eux, pour vous engager à fixer un moyen d'obtenir le payement de ce qui leur était dû, et de terminer des affaires dont l'expédition était entravée par le séquestre.

Votre comité de législation crut devoir s'occuper de vous présenter un travail sur ces différentes réclamations : il en donna communication au comité de salut public, à qui vous aviez renvoyé l'examen de la question du séquestre ; mais l'un des triumvirs, Couthon, s'en empara. Notre but était de faire cesser les plaintes et les incertitudes qui résultaient d'un tel état de choses..... Il nous a été impossible de retirer notre projet de ses mains.

Nous avons senti la nécessité de refaire ce travail, après les événements du 9 thermidor, et vous l'avez même ordonné, par votre décret du 23 de ce mois ; et le membre qui avait fait le premier projet (le citoyen Bezard) était sur le point de présenter son nouveau travail au comité, lorsque vous l'avez envoyé en mission. Son projet tendait à régulariser le séquestre, à le rendre uniforme, à établir un mode pour régler l'exercice des actions des créanciers des détenus sur leurs biens. Mais votre comité a pensé qu'avant de confirmer le séquestre il fallait examiner si cette mesure était juste, et si elle était avantageuse à la nation.

Nous nous sommes d'abord demandé en vertu de quelle loi les administrateurs s'étaient crus autorisés à séquestrer les biens des détenus ; nous n'en avons trouvé aucune qui le leur prescrivît.

Nous avons ensuite cherché à connaître pourquoi les juges suspendaient les jugements qui concernaient les détenus : nous n'avons pas vu non plus qu'ils pussent se fonder, à cet égard, sur aucun de vos décrets.

Celui du 8 ventose, rendu sur le rapport de Saint-Just, porte les dispositions suivantes :

« Le comité de sûreté générale est investi du pouvoir de mettre en liberté les patriotes détenus.

« Les propriétés des patriotes sont inviolables et sacrées.

« Les biens des personnes reconnues ennemies de la révolution sont *séquestrés* au profit de la république. Ces personnes seront détenues jusqu'à la paix, et bannies ensuite à perpétuité. »

Il est évident que le rédacteur de ce décret ne connaissait pas l'acception qu'on donne au mot *séquestre*, et qu'il avait pour objet, en se servant de cette expression, non pas seulement de séquestrer, ce qui n'eût été qu'une mesure provisoire, mais bien de *confisquer* les biens de ceux qui sont reconnus et jugés ennemis de la révolution.

Mais il est également certain que, si telle était l'intention de la Convention, elle ne voulait pas aussi que ceux qui étaient incarcérés comme suspects, qui n'étaient pas encore jugés, et qui pouvaient être des patriotes opprimés, fussent traités comme des ennemis reconnus de la révolution.

Ce n'était donc certainement pas aux détenus comme suspects que la mesure du séquestre devait être appliquée.

Il paraît cependant que c'est ce décret qui a servi de prétexte à la plus grande partie des administrations pour séquestrer les biens des détenus.

Le comité de salut public a désiré connaître les différents effets que cette loi avait produits dans la république. On a en conséquence rassemblé tous les renseignements parvenus jusqu'au 20 prairial, soit à la commission, soit à l'administration de l'enregistrement. Il en est résulté que, dans trois départements, on n'a pas cru devoir mettre le séquestre ; que, dans trente, on avait cru devoir adopter cette mesure ; qu'elle avait été confirmée dans douze par des représentants du peuple, et que l'on ignorait encore ce qui avait été fait dans les autres.

Il est inutile de chercher à faire sentir combien de maux sont le résultat de cet exemple funeste de prévenir, de devancer la loi, de l'interpréter à son gré, et d'y ajouter par un faux zèle. Ainsi des administrations ont établi des gardiens de séquestres ; d'autres, des régisseurs ; d'autres ont fait des inventaires, expulsé des fermiers, renouvelé des baux ; d'autres ont voulu faire des ventes : et, dans ce chaos, la commission, consultée sur les diverses manières d'entendre ce qu'on disait être la loi, n'a pu que défendre de faire aucune vente de meubles ou d'immeubles. Mais c'est une chose bien remarquable qu'un pareil abus, et il est bien temps de mettre en vigueur ce principe dont il ne faut jamais s'écarter dans la suite : que les autorités constituées ne doivent jamais se permettre de faire ce que la loi ne dit pas précisément.

Quoi qu'il en soit, examinons la question du séquestre.

Les biens des détenus comme suspects seront-ils séquestrés sans attendre qu'il y ait un jugement rendu contre eux ?

Cette question peut être traitée sous plusieurs points de vue. Il s'agit de savoir si cette mesure est la plus juste à l'égard des détenus, la plus conforme aux intérêts de la nation, et la plus avantageuse au succès de la révolution.

Il faut distinguer des gens détenus comme suspects en trois classes, dans lesquelles il ne faut pas comprendre les conspirateurs, puisque dès qu'il y a, à l'égard de ceux-ci, des preuves suffisantes pour les mettre en jugement, ils sont traduits devant les tribunaux et sont ce qu'on appelle des *prévenus* ou des *accusés*.

Les trois classes qu'on peut faire de ceux qui sont détenus comme suspects sont donc :

1° Ceux qui, sans avoir trempé dans aucune conspiration connue, ou sans être coupables d'aucun crime contre-révolutionnaire, ont manifesté une haine contre le nouvel ordre de choses, telle qu'on ne puisse pas espérer qu'ils deviennent jamais de bons citoyens.

Il est évident, d'après vos principes, que ceux-là doivent être déportés, et qu'ils doivent être traités, à l'égard de leurs biens, comme des émigrés.

2° Ceux qui, étant dans le cas prévu par les lois du 17 septembre, soit par leurs rapports ou leurs liaisons avec d'autres hommes suspects, soit par les opinions qu'ils ont manifestées dans quelques circonstances, peuvent néanmoins être considérés comme ayant été égarés, comme ayant fait des fautes susceptibles d'être excusées jusqu'à un certain point, ou suffisamment expiées par la détention jusqu'à la paix.

3° Enfin il est une autre classe parmi les incarcérés suspects ; et, quoique je ne la croie pas la plus nombreuse, elle est certainement la plus intéressante : c'est celle des patriotes que les hommes qui ont établi le système de terreur, les Hébert, les Robespierre et leurs partisans, ont fait emprisonner parce qu'ils pouvaient nuire à leurs desseins. Enfin, ce sont ceux des amis de la révolution que la calomnie, les haines et l'esprit de parti ont privés de leur liberté.

On sait que le nombre de ces trois classes de détenus est encore assez considérable pour que le séquestre de leurs biens soit une opération très-longue, très-embarrassante et très-difficile. Le séquestre comprend non-seulement l'annotation, mais encore l'administration des biens ; il donne lieu à passer des baux, à vendre des fruits, à faire des réparations. Or, si la nation est obligée de rendre à une grande partie des détenus leurs propriétés, soit parce que leur détention ne durera que jusqu'à la paix, soit parce que la justice exige de mettre incessamment en liberté ceux qui ont été mal à propos incarcérés, il est certain que le séquestre à l'égard de ceux-ci est une chose inutile, injuste, et même onéreuse à la république ; il entraînerait des comptes, des dépenses considérables, et toujours une administration infiniment moins avantageuse que celle des propriétaires.

On ne saurait se dissimuler qu'en beaucoup d'endroits le séquestre n'ait été une occasion de gaspillage, et qu'il n'y ait eu une dilapidation énorme des effets des gens incarcérés. La horde des fripons, qui veut être exclusivement patriote, et qui crie au modérantisme afin de maintenir toutes les mesures exagérées et désastreuses que les triumvirs ont fait prendre, sait bien que le séquestre des biens d'un si grand nombre d'hommes surcharge tellement les administrateurs qu'il est impossible de rien surveiller, et qu'ils auront l'avantage, s'il est maintenu, de s'approprier impunément tout ce qui sera tombé sous leurs mains.

Le séquestre a, sous ce point de vue, des effets d'une grande immoralité. Cette surcharge de travail, et la confusion qu'il occasionne, tendent à corrompre ceux des fonctionnaires publics dont la fidélité, dont la probité n'est pas à toute épreuve, en les rendant dépositaires d'objets dont il est très-difficile qu'on puisse leur demander compte. D'un autre côté, cette foule de gardiens, choisis parmi les classes utiles et laborieuses du peuple, que l'on salarie pour conserver une partie des biens séquestrés, lorsqu'on a si grand besoin des travaux qu'ils sont accoutumés à rendre à la société, ne lui deviendra-t-elle pas onéreuse et redoutable lorsqu'on l'aura accoutumée à une vie molle et oisive ?

Combien cette mesure du séquestre ne paraît-elle pas désastreuse encore si l'on considère qu'elle prive de subsistance des femmes, des enfants, des familles entières, qui n'ont participé en rien à l'incivisme de leurs époux, de leurs pères, et qui ne peuvent obtenir ni la distraction des biens qui leur appartiennent, ni même des secours ; si l'on considère qu'elle suspend une partie des travaux de l'agriculture et du commerce, qu'elle entrave une infinité d'ateliers utiles !

Ainsi, lorsqu'un homme est arrêté, non-seulement les bras qu'il employait sont suspendus par le séquestre, mais encore les citoyens qu'il occupait ne peuvent pas même obtenir ce qui leur est dû.

Ainsi, quand on force les mesures les plus salutaires, on parvient à en faire retomber le poids sur la partie la plus indigente du peuple, et à augmenter la tourmente de la révolution. C'est le plus dangereux des pièges où nos ennemis veulent nous entraîner. Enfin, nos relations commerciales avec l'étranger seraient bientôt absolument anéanties si nous laissions plus longtemps les nations neutres et alliées dans l'inquiétude que l'exécution des transactions particulières de nos négociants pourra être entravée par le séquestre.

Si vous n'étiez pas convaincus qu'il ne peut être appliqué indistinctement à tous les détenus comme suspects, il suffirait de rappeler que vous avez décrété très-fréquemment que ceux qui contreviendront à certaines dispositions légales seront déclarés suspects, et traités comme tels : par exemple, ceux qui vendent des marchandises anglaises ; ceux qui , sous prétexte de maladie , ont voulu se dispenser d'aller aux frontières ; ceux qui ont acheté des souliers destinés aux défenseurs de la patrie ; ceux qui n'ont pas envoyé l'état des chevaux qu'ils ont livrés. Il n'est certainement pas à présumer que vous ayez voulu séquestrer les biens de tant d'individus.

Hâtons-nous donc de restreindre le séquestre autant qu'il est possible , c'est-à-dire aux cas où vous l'avez jugé nécessaire par les dispositions précises de vos lois.

D'après cela , vous penserez sans doute qu'il est extrêmement urgent d'ordonner qu'il soit levé sur les biens de tous les détenus simplement suspects.

Mais, en faisant cet acte de justice , il ne faut pas qu'on puisse en induire que vous permettez qu'on néglige les précautions nécessaires pour convaincre les ennemis de la révolution de leur lâcheté et de leur perfidie.

Il est donc absolument nécessaire, en restreignant cette mesure , d'ordonner que le scellé sera apposé sur les papiers du détenu , immédiatement après son arrestation , et de prescrire , pour sa propre sûreté, qu'il sera procédé à cette opération , et ensuite à la levée du scellé et l'examen des papiers en sa présence et en celle de deux témoins.

La levée du séquestre rend aux détenus l'administration de leurs biens ; il faut donc leur laisser communication avec un ou deux parents ou amis , qui seront agréés par le comité révolutionnaire du district.

D'un autre côté , il paraît indispensable d'empêcher les détenus suspects d'aliéner leurs fonds , sans quoi vous verriez nos ennemis profiter de cette omission pour soustraire à la nation le gage de l'indemnité qui lui est due lorsqu'ils sont reconnus coupables envers elle.

Vous approuverez sans doute que ceux qui sont jugés, comme suspects, devoir être détenus jusqu'à la paix , soient assujettis à une taxe sur leurs biens; car il ne serait pas politique de leur laisser la disposition d'une grande fortune. D'ailleurs, les dépenses occasionnées par les mesures de surveillance que la Convention est forcée de prendre contre les malveillants exigent une indemnité pour la nation.

Vos comités ont cru qu'une taxe annuelle qui serait fixée d'après les règles de l'emprunt forcé pourrait remplir vos vues.

En laissant à ces détenus la gestion de leurs biens, vous devez les intéresser au succès des soins qu'ils y donneront : vous ne voudrez donc pas les réduire à de simples pensions alimentaires; et, en les laissant jouir des améliorations qu'ils peuvent faire , il y a lieu de croire qu'ils s'en occuperont de manière à rendre leur administration très-productive et très-avantageuse.

Nous avons cru devoir vous proposer un article sur la succession des détenus qui ne sont pas prévenus de conspiration. Quoiqu'il résulte implicitement des lois que vous avez rendues que celui qui n'est pas jugé est censé mourir innocent, nous avons pensé , d'après les difficultés que nous ont paru se faire à cet égard les administrateurs, que vous deviez déclarer précisément que les parents de ceux qui mourront dans ce cas leur succéderont comme s'ils étaient décédés en liberté.

A la suite de ce rapport, Oudot propose un projet de décret que la Convention adopte. (Nous le donnerons demain.)

Oudot : Je demande que vous renvoyiez au comité de législation la proposition que je fais d'examiner les moyens de surveiller le séquestre mis sur les biens des pères et mères d'émigrés. Vous ne pouvez vouloir que ce séquestre soit confondu avec celui des biens d'émigrés, qui est une confiscation. Je demande que l'on étende ma proposition au séquestre sur les biens des prévenus de crime.

Le renvoi demandé par Oudot est décrété.

— L'huissier chargé de se rendre au domicile de Bonnet ( de l'Aube) annonce à la Convention, par l'organe de son présidennt, que, depuis quatre à cinq jours , ce représentant est en campagne , mais qu'on lui a écrit de se rendre au poste que la Convention lui a désigné.

\*\*\* : Je demande , afin de donner à la commission l'activité dont elle a besoin , que les deux tiers de ses membres puissent prendre des délibérations.

\*\*\* : J'appuie cette proposition ; la Convention ne doit pas oublier qu'elle a chargé la commission des Vingt et Un de lui faire, dans trois jours, un rapport sur la conduite de Carrier.

Goupilleau ( de Fontenay) : Je demande, par addition à la proposition qui est faite , que les procès-verbaux de la séance de la commission soient signés des membres présents.

Duhem : Hier la Convention nationale, sur une proposition semblable à celle qui vient de lui être faite, passa à l'ordre du jour, motivé sur ce que son intention, en créant une commission de vingt et un membres , avait été que tous ces membres votassent dans toutes les délibérations. Je m'étonne donc qu'elle ait été reproduite aujourd'hui. Il me semble qu'on aurait dû se borner à demander le remplacement du membre absent et ne pas blesser les principes du décret juste et salutaire qui a été rendu. Je demande, afin que la commission ne suspende pas ses travaux, qu'elle puisse délibérer au nombre de vingt membres , et que l'assemblée prenne des mesures contre les députés qui abandonneront leur poste ; car c'est réellement l'abandonner que de ne point remplir les fonctions qui nous sont confiées.

Clauzel : En décrétant une commission de vingt et un membres, l'intention de la Convention n'a pas été qu'un membre absent ou malade pût entraver sa marche et retarder le rapport que la France attend avec impatience, afin de fixer son opinion sur un de ses représentants. Quant à la proposition de Duhem, relative aux membres qui abandonnent leur poste , j'en demande le renvoi au comité des décrets.

On demande que la commission puisse délibérer au nombre de dix-sept membres.

Cette proposition est adoptée , ainsi que celle de Goupilleau ( de Fontenay).

— Charles Duval fait lecture des procès-verbaux des 9 et 10 thermidor. L'assemblée en ordonne l'impression, afin que chaque membre puisse prendre connaissance des faits qu'ils renferment avant que la rédaction des secrétaires soit arrêtée.

La séance est levée à quatre heures.

## LIVRES DIVERS.

*Essai d'une anthropologie, ou la Philosophie de l'homme d'après ses dispositions physiques* ; par J. Ith, citoyen et professeur de Berne. Berne, 1794. Chez Haller, libraire.

### Payements à la trésorerie nationale.

Le payement du perpétuel est ouvert pour les six premiers mois; il sera fait à tous ceux qui seront porteurs d'inscriptions au grand livre. Celui pour les rentes viagères est de huit mois vingt et un jours de l'année 1793 (vieux style).

# GAZETTE NATIONALE ou LE MONITEUR UNIVERSEL.

N° 44.　　*Quartidi* 14 Brumaire, *l'an* 3e. (*Mardi* 4 Novembre 1794, *vieux style*.)

## POLITIQUE.

### ALLEMAGNE.

*Extrait d'une lettre de Hambourg, du 1er octobre.*
— Le conseil national de Pologne vient d'établir un tribunal militaire, composé de dix membres, au nombre desquels se trouve le général Madalinski. C'est devant ce tribunal que seront traduits tous ceux qui se sont opposés au bon ordre, ou qui ont répandu des nouvelles désastreuses.

Les insurgés sont rentrés dans la province de Cujavie.

— On écrit de Suède que les denrées de tout genre y sont devenues d'une extrême rareté. Le gouvernement a dû prendre des mesures à ce sujet.

Les escadres combinées de Suède et de Danemark ne doivent se réunir que vers la fin d'octobre.

— On écrit de Copenhague qu'il s'est élevé dans l'île de Helgoland des difficultés graves au sujet d'un chargement de grains sur un bâtiment prussien. Le gouvernement danois a fait expédier une frégate qui restera en station tant que durera cette affaire.

— Le général polonais Oginski, à la tête d'un détachement, a passé la Dwina, et a opéré une invasion dans la Livonie russe. Cet événement doit obliger les troupes de Catherine à se replier de nouveau.

Un autre corps de dix mille Polonais s'avance sur Dantzig.

Les insurgés ont attaqué, près de Dromberg, le général prussien Szekuli. L'affaire a été sanglante. Le corps de Szekuli a reçu un violent échec : lui-même a été blessé, et on assure qu'il est mort des suites de sa blessure.

Les Prussiens, dans leur retraite précipitée de Blonie, n'ont pas eu le temps de brûler les magasins immenses de fourrages qu'ils y avaient formés. Les Polonais se sont emparés de ce riche butin, et l'ont envoyé à Varsovie. Ils ont aussi trouvé un grand nombre de canons, de mortiers et de boulets, que les Prussiens avaient jetés dans des puits.

*Des bords du Rhin, le 20 octobre.* — Les généraux autrichiens Naveodorf et Melas se sont repliés à la hâte sur Andernach.

On veut mettre la garnison de Mayence en état de faire une longue résistance ; l'électeur a ordonné une levée de cinq mille hommes. On doit amener de Francfort, de Vurtzbourg et d'Anspach, une forte artillerie ; on y attend encore deux compagnies d'artilleurs autrichiens.

L'armée aux ordres de Hohenlohe a dernièrement abandonné sa position. Son aile droite était dès le 11 à Kirn, à deux lieues de Kirchberg ; une autre partie s'est retirée sur Andernach. Cette retraite est la suite des victoires des Français du côté de Kreutznach. Le quartier général de Hohenlohe est en ce moment à Gros-Géran.

Le quartier général de Mollendorf est à Virstadt ; celui de Kalkreuth est à Algesheim, celui du général Buchet dans les environs de Kreutznach.

### PAYS-BAS.

*Extrait d'une lettre de Bruxelles, du 6 brumaire.* — Le siège de Maëstricht se continue avec vivacité. Les républicains assiégeants, après avoir achevé la seconde parallèle et l'avoir entièrement garnie de ses batteries, sont occupés en ce moment à garnir la troisième, qui probablement ne tardera pas à être achevée : la garnison fait encore de fréquentes sorties, mais elle est toujours repoussée avec perte. Les Autrichiens qui se trouvent dans cette place et dans le fort Saint-Pierre la défendent avec plus de vigueur que les Hollandais.

Il vient de passer par Wawre un corps de troupes françaises destiné à aller renforcer l'armée qui fait le siège de Maëstricht ; il escortait un convoi d'artillerie et de munitions de guerre de toute espèce.

## SOCIÉTÉ

### DES AMIS DE L'ÉGALITÉ ET DE LA LIBERTÉ

#### SÉANT AUX CI-DEVANT JACOBINS DE PARIS.

*Présidence de Crassous.*

#### PRÉCIS DE LA SÉANCE DU 11 BRUMAIRE.

Un officier de santé, qui avait parlé dans la séance précédente, monte à la tribune, et parle contre le système qui tend à faire dominer un million de fainéants sur vingt-quatre millions de sans-culottes actifs et laborieux.

« Peuple, s'écrie-t-il, est-ce pour les paresseux et les égoïstes que tu as fait cette constitution sublime, base éternelle de ta prospérité et de ton bonheur ? Non, non ; plutôt mourir cent fois que de souffrir une telle infamie ! Pouvons-nous donc oublier que nous sommes Français, et souffririons-nous qu'un nouvel esclavage vînt nous rendre tous indignes d'un si beau nom et des brillantes destinées qu'il nous promet ?

« Le sang de nos frères assassinés crie vengeance ; les instigateurs de tant de forfaits commis sur nos amis oppriment encore le peuple et les patriotes ; les factieux ont favorisé les accapareurs, et il les favorisent encore : jamais la portion du peuple ne fut plus chétive, plus mauvaise et plus chère qu'en ce moment. Cependant les pays conquis nous fournissent abondamment tout ce qui est nécessaire à la vie ; mais laissons-là les choses, et parlons des individus.

« Je demande d'abord à Fréron pourquoi, pendant sa mission, il a souffert que l'armée de Cartaux fût payée en assignats, lorsque celle de Lapoype était payée en numéraire. Cette conduite excita de grands mécontentements : elle eût pu entraîner des malheurs incalculables. J'en fis ma dénonciation à Robespierre le jeune, qui travaillait alors pour la patrie, et qui a sauvé le Midi par la conquête de Toulon. Je ne vous parle pas ici de sa conduite politique ni de ses principes.

« Tallien me paraît, par son indulgence plénière, s'être concilié tous les scélérats de Bordeaux qui avaient alimenté l'horrible Vendée aux dépens des habitants des campagnes de ces contrées. ( *C'est la vérité !* s'écrie-t-on de toutes parts.) Le peuple a été réduit pendant longtemps à un quart de ration de pain par jour, et il voyait ses ennemis, qui avaient livré Bordeaux aux Anglais, nageant dans une coupable abondance et jouissant sans obstacle de leur liberté, tandis qu'ils auraient dû tomber sous le glaive de la loi. Qu'il nous dise donc ce qu'il entend, ce qu'entendent ses compagnons par la justice ! Cette justice, suivant eux, n'est-elle que la protection accordée aux accapareurs, aux modérés, aux aristocrates et à tous les dilapidateurs qui composent le fameux million dont on nous parle ? Pour mieux réussir dans ses projets et s'investir de la confiance de ce bon peuple, et de pouvoir assouvir sa fureur sur les meilleurs patriotes, ne se serait-il pas prêté un assassin ? (Applaudissements.) Le peuple ne sera pas la dupe de cette ruse : tremblez, perfides ; tremblez ! vous apprendrez enfin ce que peut son énergie.

« Si notre sommeil se prolonge, c'en est fait de la liberté, et nous tombons avec elle. Notre gouvernement proposerait-il la paix? Les brigands coalisés ne voudraient jamais y consentir; l'extérieur ne cesse de s'appuyer de l'intérieur, et de puiser en lui l'espoir de soumettre la France : et d'abord cet espoir est fondé sur l'effrayante mortalité qui règne dans les hospices. »

L'opinant développe ensuite quelques réflexions sur les abus affreux qui existent dans les hôpitaux militaires, et il termine ainsi :

« Je demande que la Société fasse une Adresse à la Convention, et que nous nous prononcions d'une manière digne d'un peuple libre. Si nous périssons en combattant les ennemis de la liberté, du moins notre mort sera-t-elle glorieuse pour nous et instructive pour nos descendants. Nous l'avons juré : la liberté, l'égalité ou la mort ! Tenons notre serment; qui craint le trépas n'en est que plus tôt atteint; qui n'a point l'audace d'affronter le danger y succombe; montrons-nous toujours supérieurs à lui; nous triompherons, et nous vivrons pour faire le bonheur des générations qui déjà se lèvent pour nous admirer et nous vanter. » (Applaudissements.)

Sur la motion d'un membre, le citoyen officier de santé est nommé adjoint à la commission nommée la veille pour examiner les abus qui existent dans les hôpitaux militaires.

— Boissel attire l'attention de la Société sur la cherté des denrées, qu'il regarde comme le malheur public le plus déplorable et en même temps le plus digne d'exciter la sollicitude de tous les bons citoyens.

« Celui, dit-il, qui m'a dénoncé les intrigues qui se pratiquent à Gonesse m'a assuré qu'ayant été nommé pour examiner les moutures, il avait trouvé vingt mille sacs de blé gâté ou germé, que l'on se préparait à moudre pour l'approvisionnement de Paris.

« Autrefois nous avons vu conduire à la voirie des tombereaux pleins de lard gâté et d'une grande quantité de fromages pourris. Aujourd'hui on achète du blé qui n'est pas assez sec; il est urgent d'instruire la Convention de toutes ces dilapidations, afin qu'elle puisse y apporter remède. »

Un membre prend la parole pour donner un démenti à Boissel sur ce qu'il a rapporté relativement aux fromages.

« Je dois en savoir plus que lui, dit-il, en ma qualité de commissaire aux ventes. »

De bruyants murmures coupent la parole à l'opinant, et l'obligent de quitter la tribune.

*Maure :* Je demande que la Société prenne en considération les faits qui viennent de lui être dénoncés, et qu'elle les fasse connaître à la commission des subsistances de Paris et au comité de salut public, section des approvisionnements. La récolte a été prématurée; des pluies inopinées ont fait verser les blés; couchés sur la terre, ils ont contracté une humidité qui en a fait germer une partie; c'est cette humidité qui fait que le pain ne peut pas être d'une entière et parfaite cuisson en dedans. Il ne faut pas attribuer cet accident à la malveillance; c'est au contraire une économie de manger d'abord le blé germé, pour pouvoir conserver le bon et le manger pendant le courant de l'année.

*Bouin :* J'ai demandé la parole pour défendre les principes, et pour rappeler aux citoyens que chacun a le droit de dire ici son opinion pour éclairer ses frères. Si celui qui monte à la tribune est obligé de parler dans un sens qui fait plaisir à ceux qui l'écoutent, s'il ne peut pas dire la vérité sans courir le risque d'exciter des murmures et d'être même couvert de huées, je dis et je soutiens qu'il n'y a pas de liberté d'opinion ; c'est ainsi que la liberté publique se perd. Tant que vous n'écouterez qu'un seul homme, vous n'aurez qu'une opinion ; la vérité vous sera cachée.

Je demande que le citoyen qui avait la parole après Boissel soit entendu.

— Un membre se plaint de ce que les tribunes se permettent des clameurs contre les orateurs qui leur déplaisent; il ne les attribue pas aux bons citoyens qui les composent, mais aux crieurs du journal de Fréron qui s'y introduisent : il invite les bons citoyens à écouter paisiblement, et les assure qu'ils trouveront toujours des amis et des frères dans les Jacobins.

Le président leur fait la même invitation, en leur disant qu'il est de leur intérêt et de celui de la Société de prêter une oreille attentive aux discussions de l'assemblée.

— Boissel proteste que les faits qu'il a avancés sont connus de tout Paris, et qu'il n'en a parlé que pour faire naître l'occasion d'en informer la Convention, afin de la mettre à même de prendre, dans sa sagesse, des mesures propres à procurer des subsistances à un prix auquel le pauvre pût atteindre ainsi que le riche.

Le membre qui avait donné un démenti à Boissel prétend que les fromages dont il a parlé étaient, à la vérité, un peu gâtés, parce qu'ils étaient arrivés pendant les grandes chaleurs, mais il assure qu'ils ont été vendus facilement à leur arrivée.

Le président ayant fait observer à l'opinant qu'il parlait de ce qui s'était passé il y a quatre mois, lorsqu'il s'agit du présent, la Société passe à l'ordre du jour.

— La tribune reste vide pendant quelques instants; cet accident donne lieu à un membre de reprocher aux Jacobins leur pusillanimité. Il les invite à s'occuper de l'objet qui vient d'être soumis à la discussion, et des moyens de faire cesser la disette factice qui a lieu, et de faire sortir des subsistances dont les magasins regorgent. Après avoir dénoncé les marchands qui les emprisonnent et les dérobent à la circulation, pour les vendre ensuite à un prix beaucoup plus cher, il demande qu'on fasse des visites domiciliaires chez eux. Il se plaint de ce que certains boulangers donnent de mauvais pain, tandis que d'autres en donnent de bon qu'ils cuisent avec des farines qu'ils tirent des campagnes. (Des murmures éclatent et obligent l'opinant de descendre.)

*Duhem :* Je ne sais si les interruptions et la crainte d'être arrêté peuvent empêcher quelqu'un de monter à la tribune ; quant à moi, je déclare que ni les applaudissements, ni les huées des ennemis de la chose publique ne pourront m'imposer silence. Je dirai ce que je pense sur la question qui occupe la Société en ce moment, et j'annoncerai que le gouvernement prend des mesures pour l'approvisionnement de toute la république. Je ne sais pourquoi l'on vient réveiller des craintes qui vingt fois ont été dissipées.

En ce moment il y a une disette factice, mais ce ne sont pas des discussions vagues qui peuvent la faire cesser.

La première cause de la disette, c'est l'état de révolution et de guerre dans lequel nous nous trouvons; nous ne pouvons ignorer que la république a douze cent mille hommes sous les armes, et que la plus grande partie de ceux qui la composent ne consommaient pas les provisions qu'on est obligé de leur procurer en ce moment. Il y a en outre deux autres causes subalternes qui semblent d'accord avec la première : d'abord c'est l'avarice, l'égoïsme et la cupidité des accapareurs; ensuite la perfidie et la scélératesse des conspirateurs qui se sont succédé jusqu'à ce moment dans la carrière de la révolution.

Il a été nécessaire de mettre un frein à la cupidité des monopoleurs, et bientôt Chabot, Hébert et autres sont venus crier dans les Sociétés populaires contre le commerce, et par leurs clameurs immodérées ont obligé la Convention à mettre en réquisition toutes les denrées. La mesure était bonne, mais elle a fait beaucoup de mal dès qu'elle a été généralisée. Il ne faut pas croire que la loi du maximum ait fait par elle-même le malheur de la république ; elle l'a au contraire sauvée en donnant un contre-poids à l'avidité mercantile, et en favorisant l'approvisionnement des armées. Nous ne sommes pas aujourd'hui dans la même position ; nous avons des ressources nouvelles et immenses ; cependant l'avarice nous tend encore des pièges ; j'en ai été instruit de la bouche même d'un riche commerçant. Le maximum universel a été un présent de Pitt, que la patience du peuple a fait tourner au profit de la chose publique ; aujourd'hui on voudrait nous donner la liberté indéfinie du commerce, et que le gouvernement daignât s'en rapporter à la bonne foi des marchands pour l'approvisionnement des armées.

Ainsi nos ennemis voudraient nous entraîner d'un extrême dans l'autre ; mais ce sont ces mêmes mesures extrêmes qui plongent la république dans le malheur, et c'est une vérité éternelle que l'on ne peut plus tendre un arc que l'on a une fois forcé.

Il était ridicule de mettre le maximum sur les prunes, sur les abricots et les cerises ; mais il est ridicule aussi d'abandonner tout à la cupidité du riche accapareur. Il faut se défier également de l'un et de l'autre précipice. Les mesures que le gouvernement va prendre seront soumises à l'approbation de la Convention, et sans doute elles acquerront par la discussion un nouveau degré de perfection et d'utilité ; son but est d'approvisionner les armées, les grandes communes, et d'abandonner le reste à la libre circulation.

Bientôt on verra l'abondance renaître, et déjà même, depuis que l'on parle de cet objet, nous avons vu reparaître une certaine facilité de s'approvisionner. Mais, me dira-t-on, les prix sont excessifs ; il faut faire cesser cet abus. Je répondrai : est-ce par les moyens déjà usés que cela peut se faire ? Non. Quand le maximum est établi, les denrées ne se vendent pas moins cher, et le marchand transgressant la loi vous fait payer le secret sous lequel il vous vend. Le prix des marchandises augmente parce que la masse des assignats en circulation est trop considérable ; lorsque la Convention en démonétisera une partie, les prix ne pourront manquer de baisser.

L'opinant termine en annonçant que le projet dont la Convention doit s'occuper sera d'un grand intérêt pour la chose publique, et il invite les citoyens à ne pas applaudir aux mesures exagérées qu'on leur présente.

### AVIS.
#### Dette consolidée perpétuelle.

Le payement de la dette consolidée perpétuelle se fait, pour les six derniers mois de l'an 2 et pour l'année entière, à ceux qui n'ont pas touché les six premiers mois de ladite année.

Les citoyens qui ont retiré leur inscription définitive , et qui désireraient être payés dans les districts, peuvent indiquer les chefs-lieux du district où ils veulent être payés, conformément à la loi du 2° jour des sansculottides.

#### Dette viagère.

Le payement des rentes viagères se fait cumulativement pour deux mois vingt et un jours de l'année 1793 (vieux style) et les six premiers mois de l'an 2.

### SPECTACLES.

Le trait de bienfaisance du bon commissionnaire Cange, proclamé au Lycée des Arts, célébré en vers par Sedaine,

et publié dans tous les journaux, vient d'être mis en scène sur deux théâtres. Les deux pièces ont eu un égal succès. Celle qui a été jouée au Théâtre de la République est du citoyen Gamas. L'autre, représentée sur le Théâtre de la Cité, est des citoyens Armand et Villiers. Cette dernière a tout le mérite que comportait un sujet si simple ; il y a de la sensibilité, du naturel dans les détails ; on n'y assiste point sans verser des larmes.

Il est plus intéressant de voir des enfants en bas âge, qui sont à charge à leur mère sans pouvoir la secourir, que des enfants déjà grands et qui gagnent de l'argent par leur travail, comme l'auteur de la pièce jouée au Théâtre de la République les a montrés. Le rôle de Cange est aussi beaucoup plus vrai dans la pièce du Théâtre de la Cité. Il ne fait point de réflexions sur la bienfaisance ; il y est porté par l'instinct d'un bon naturel, et croit faire une chose fort simple en donnant tout ce qu'il possède à de plus malheureux que lui : enfin le jeu de l'acteur (Tiercelin), qui imite très-bien le ton, le patois et les gestes naïfs des commissionnaires, ajoute à l'illusion et au plaisir du spectateur. Cange lui-même a paru sur le théâtre le jour de la première représentation, et a été couvert d'applaudissements. Sa figure annonce et l'austérité de la vertu, et la douceur de la bonté.

On peut reprocher aux auteurs de la pièce des Variétés d'avoir fait dire à un de leurs personnages que ce trait surpasse tout ce que l'histoire a consacré. Exagérer, c'est affaiblir ; et pour que l'action de Cange paraisse et soit réellement admirable, il n'est pas nécessaire de la placer au-dessus de toutes celles que l'histoire a célébrées.

Nous avons encore un reproche plus grave à faire aux auteurs. Ils ne se sont pas aperçus qu'une phrase servait l'aristocratie ; et sans doute contre leur intention. Un faux patriote propose à l'épouse infortunée de faire mettre son mari en liberté, à une seule condition qui révolte son honneur. « Et voilà, s'écrie-t-elle, les hommes qui, dans les assemblées du peuple, ont toujours à la bouche les mots vertu, patriotisme ! » Cette phrase, applaudie avec enthousiasme, est trop bien saisie par les ennemis du peuple, par tous ceux qui voudraient lui persuader que les citoyens qui travaillent à l'éclairer sont tous des intrigants, des ambitieux et de faux patriotes. Il en est certainement qui cachent tous les vices sous le manteau du patriotisme ; il faut le leur arracher ; mais il est aussi des hommes de bien, qui, en parlant de vertu et de civisme, ne font qu'exprimer les sentiments qui les animent. Que leur restera-t-il, s'ils ne trouvent plus dans l'opinion publique ce sage discernement qui d'un côté frappe les pervers, et de l'autre conserve à l'homme vertueux l'encouragement qu'il a droit d'en attendre ?

## CONVENTION NATIONALE.

### Présidence de Prieur (de la Marne).

#### Rapport fait au nom du comité de législation, par Porcher, dans la séance du 9 brumaire.

Le 27 fructidor dernier, la voix de dix-sept citoyens, dont seize avaient été condamnés à la mort, et le dernier à vingt ans de fers, s'est fait entendre dans le sein de la Convention nationale.

« Représentants du peuple français, vous dirent-ils ,par l'organe d'un homme sensible (le citoyen Duvrac, cultivateur) qu'un mouvement d'humanité intéressa à leur sort, nous venons vous avouer un instant d'égarement et d'oubli. Le désir de venger nos amis et nos proches, l'insolence et l'abus du pouvoir, le cri de l'innocence méconnue, la férocité et le crime encouragés par le silence obstiné de la justice, tout ce qui enfin, chez les peuples les plus probes, les plus près de la nature, les plus éloignés de souffrir une injustice, développa constamment les passions les plus violentes, électrisa nos têtes, arma nos mains égarées, et le sang de Cousin, garde général de la forêt de Brotonne, impunément couvert de celui de nos concitoyens qu'il se plaisait journellement à répandre, coula sous les coups des habitants de plusieurs communes indignées de ses forfaits. Au milieu de cette multitude égarée, dix-sept malheureux pères de famille ont été choisis pour offrir un sacrifice aux mânes de ce monstre. C'est à vous, représentants, qui savez apprécier les événements, leurs causes, l'empire des circonstances, notre ignorance et notre faiblesse, de déclarer s'il doit s'accomplir. »

Ce ton simple, et qui vous parut d'autant plus vrai que les faits consignés dans leur exposé vous furent attestés par quelques-uns de nos collègues, vous firent sentir la nécessité de vous éclairer sur tout ce qui avait trait à cette importante affaire, et vous ordonnâtes à votre comité de législation de vous en rendre compte.

L'homme dont il faut ici vous entretenir commença par faire à Rouen le commerce de toiles. Ce genre de vie ne pouvait convenir à un caractère comme le sien : il abandonna à sa femme le soin de sa boutique, et prit une place de garde dans la forêt de Rouvrai. Occupé à chasser dans les bois, il trouvait dans la vente du gibier, dont il trafiquait ouvertement, de quoi suppléer à la modicité des appointements qu'il recevait de la maîtrise. Etranger à tout sentiment de justice et d'humanité, il devint bientôt la terreur du canton qu'il habitait, et se montra dans toutes les occasions méchant, pervers et féroce.

Le 5 janvier 1792, il trouve dans la forêt de Rouvrai un particulier, nommé Ricard, occupé à ramasser quelques branches d'arbres. A son aspect, ce malheureux veut s'échapper ; un coup de fusil parti de la main de Cousin l'atteint par derrière : quatre jours après cet infortuné n'était déjà plus.

Cette action devait nécessairement le conduire à l'échafaud. Les agents de Capet en jugèrent autrement ; ils n'y virent que du zèle et de la sévérité, et Cousin dut à son assassinat sa promotion à la place de garde général de la forêt de Brotonne : l'impunité de son premier forfait, la récompense qu'elle lui avait méritée ne firent qu'ajouter à son audace et à sa barbarie.

Quelque temps après, il rencontra un journalier de la commune du Trait, appelé Goubert, portant une bourrée sur son dos. Il l'attaque par derrière, le renverse avec son fusil, et lui applique tant de coups de sabre, qu'il le laisse mort sur la place. Le crime ne fut pas, heureusement, consommé, et après de longues souffrances ce citoyen parvint à recouvrer la santé.

Samson et Percy, de la commune d'Etreville ; Lefort, cultivateur à Bourneville ; Guillaume Desbleds, bourrelier en la commune de Croix-sur-Aisier ; Feuilly, domicilié en celle de Bliqueten, tous mutilés par cet homme, porteront toute leur vie la preuve malheureusement indélébile de sa férocité.

Dans les uns, on voit encore les cicatrices profondes de coups de sabre et de baïonnette ; dans les autres, celles produites par l'explosion du fusil ; toutes, en rappelant l'idée de légers délits que la loi n'aurait punis que de peines pécuniaires, font exécrer le monstre qui osa se permettre des moyens répressifs que le code pénal n'indique pas contre les plus grands scélérats.

Je voudrais, citoyens, me hâter de tirer un épais rideau sur le tableau dégoûtant que nous offrent de pareils forfaits, mais je vous dois nécessairement un compte du dernier de tous.

Le 31 mai 1792 éclaira le dernier de ses forfaits. Accompagné de deux gendarmes, Cousin trouva dans sa route, près de la Haie-aux-Brès, le nommé Edouard Quenet, qui conduisait un cheval chargé de fagots. A leur aspect il veut se sauver ; un des gendarmes à cheval le poursuit, lui demande sa serpe, et, sur son refus, lui tire un coup de pistolet, qui heureusement fit long feu. Le malheureux Quenet veut s'échapper entre les chevaux des gendarmes ; il rencontre Cousin, qui lui décharge trois grands coups de sabre, et le renverse baigné dans son sang ; on le lie, on le garrotte, on le conduit dans une maison voisine, jusqu'à ce qu'on eût pu se procurer les moyens de le transporter à Caudebec.

Une infinité de personnes, témoins de cette scène affreuse, conjurent Cousin de ne lui pas faire entreprendre un pareil voyage dans l'état où il se trouve : sa femme, ses enfants tombent à ses genoux ; son frère offre sa fortune pour caution de son délit. Rien ne peut attendrir l'âme de bronze de cet homme.

« Retirez-vous, dit-il à cette famille infortunée ; je vous traiterai comme lui si vous ne cessez de m'importuner. » Enfin, on charge Quenet sur un cheval, on l'y attache, et on va le déposer dans une prison à Caudebec, d'où, après un long évanouissement, on est obligé de le tirer pour le transporter dans un hospice de bienfaisance ; il y resta longtemps dans le plus grand danger. Un officier de santé, par des soins incroyables, lui sauva la vie, mais il ne put lui rendre l'usage d'un bras.

A la vue de ce spectacle, le peuple éprouva un mouvement d'indignation : sa vengeance aurait, dit-on, ce jour-là même atteint Cousin et ses infâmes complices, s'ils n'eussent eu la prudence de s'évader.

Cette série de forfaits toujours impunis produisit l'explosion terrible du 3 juin 1792 ; ce même jour 3 juin était celui qui avait été fixé pour organiser la garde nationale du canton de Routot.

Cette circonstance et un marché considérable avaient déterminé au chef-lieu un rassemblement immense : ce chef-lieu se trouvait tout à la fois le domicile et le principal théâtre sur lequel Cousin avait exercé l'horrible oppression dont je vous ai rendu compte. Retiré cependant paisiblement dans cette commune, il semblait y braver la justice et les lois.

Dès lors on n'entendit plus que des cris de mort s'échapper de tous les groupes ; on se porta dans sa maison : les officiers municipaux accourent sur les lieux, n'épargnent ni zèle, ni prières, pour s'opposer au meurtre de Cousin qu'on venait de découvrir. Ils proposent son incarcération pour le livrer au glaive de la loi ; mais le souvenir d'une impunité constante empêche le succès de cette mesure : Cousin est massacré sous leurs yeux.

« Le coup qui le frappa ne peut trouver d'excuse, écrit au comité de législation l'agent national du district d'Yvetot, que dans l'insurrection du peuple longtemps et trop justement aigri par l'impunité d'un homme immoral et cruel, et dans l'abandon général de tous ses concitoyens, qui le regardaient comme une vengeance légitime. »

Il nous a donc paru tout à la fois injuste et irraisonnable de faire porter tout le poids de cet attentat par dix-sept malheureux pères de famille, dont la vie, jusqu'à ce court instant d'égarement, fut, comme j'en ai ici de nombreux témoignages, constamment irréprochable, et qui ont suffisamment expié leur faute par une vie errante pendant plus de deux ans, et par l'abandon aux horreurs du besoin où ils ont été forcés de laisser pendant ce temps-là tout ce qu'ils avaient de cher.

S'il était nécessaire d'employer d'autres considérations, nous vous rappellerions l'époque du délit, le mois de juin 1792, temps où le patriotisme, par une effervescence sourde qu'il entretenait dans toutes les têtes, se préparait les moyens de renverser le trône et toutes les espèces de tyrannie. Nous vous dirions qu'il serait aussi injuste qu'impolitique de traiter avec trop de sévérité les écarts auxquels le peuple fut alors quelquefois entraîné ; car, avec une soumission trop forte aux lois qu'il bravait journellement lui-même, le tyran nous eût infailliblement replongés dans l'esclavage.

D'après ces considérations, votre comité vous propose le projet de décret suivant :

« La Convention nationale, après avoir entendu son comité de législation sur un jugement du tribunal criminel du département de l'Eure, en date du 23 décembre 1792, qui condamne par contumace à la peine de mort seize particuliers qui sont dénommés, et le dix-septième à celle de vingt années de fers ;

« Déclare ledit jugement comme non avenu , fait défense d'y donner aucune suite ; ordonne que les condamnés, si aucuns sont détenus, seront sur-le-champ mis en liberté. Le présent décret ne sera point imprimé ; il en sera adressé un exemplaire manuscrit au tribunal criminel du département de l'Eure. »

Ce projet de décret est adopté.

*Décret rendu à la suite du rapport d'Oudot sur les biens des détenus. — Du 11 brumaire.*

« La Convention nationale, après avoir entendu le rapport de ses comités de législation , de sûreté générale et des finances, réunis, décrète :

« Art. 1er. Le scellé sera apposé sur les papiers de toute personne arrêtée comme suspecte, en sa présence, ou en celle de son fondé de pouvoir, et de deux citoyens appelés comme témoins.

« II. Dans les trois jours, il sera procédé à la reconnaissance et à la levée du scellé : l'examen des papiers et effets sur lesquels il a été mis sera fait aussi en présence du détenu ou de son fondé de pouvoir, et de deux témoins, ce dont il sera dressé procès-verbal.

« III. S'il se trouve des preuves ou indices de délit ou de crime, le commissaire à la levée du scellé est autorisé à distraire les pièces qui y sont relatives, après les avoir paraphées et fait signer par les témoins, par le détenu ou son fondé de pouvoir, et après avoir fait mention du tout dans son procès-verbal, auquel ces pièces demeureront annexées.

« Expédition de cet acte sera donnée au détenu dans les vingt-quatre heures.

« IV. Les personnes arrêtées pour simple cause de suspicion conserveront l'administration de leurs biens meubles et immeubles pendant leur détention.

« V. Elles pourront avoir communication, aux heures prescrites par la municipalité, avec un ou deux parents ou conseils, pour la gestion de leurs affaires. Les parents ou conseils agréés ou désignés par le comité révolutionnaire du district ou de la commune, s'il y en a un.

« VI. Aussitôt après la publication du présent décret, il sera donné mainlevée, à tous les détenus simplement comme suspects, du séquestre qui peut avoir été mis sur leurs biens, et la libre administration de leurs immeubles et de leurs revenus leur sera rendue.

« VII. Néanmoins le séquestre demeurera et continuera d'être mis sur les biens des pères et mères des émigrés, sur ceux des agents comptables envers la république, détenus pour n'avoir pas apuré leurs comptes , et sur les biens de tous ceux à l'égard desquels il est ordonné en vertu d'une disposition précise des lois.

« VIII. Les biens de celui contre lequel il aura été décerné un mandat d'arrêt pour cause de suspicion, et qui n'aura pu être arrêté, demeureront ou seront aussi séques-

trés, sauf à accorder des secours à sa femme ou à ses enfants, ou à ses père et mère, s'ils en ont besoin.

« La femme du suspect contumace ne pourra rien obtenir ni pour elle, ni pour ses enfants, si elle demande la distraction de ses propres biens, conformément à l'article XVIII ci-après.

« IX. Il est défendu à tous administrateurs de mettre le séquestre sur les biens des détenus comme suspects, ou autres individus prévenus de crimes ordinaires, si ce n'est dans le cas prévu par les lois, à peine de tous dommages et intérêts, et d'être poursuivis conformément à la loi du 14 frimaire.

« X. Toute aliénation , transport, obligation , ou tous autres actes translatifs de la propriété d'immeubles , ou tendant à les grever d'hypothèques , faits ou consentis par les détenus comme suspects ou leur fondé de pouvoir depuis leur arrestation , et postérieurement à la loi du 8 ventose, sont nuls et de nul effet à l'égard de la nation.

« XI. Sont néanmoins exceptés ceux de ces actes qui auraient pour objet d'acquitter des dettes des détenus, constatées par actes authentiques avant leur arrestation, et qui auraient été réellement payées.

« Dans ce cas, ces actes pourront être confirmés par le directoire du district.

« XII. Les contestations qui s'élèveront sur la propriété de leurs biens immeubles, et celles qui auront pour objet des sommes plus considérables que le montant de leur revenu, ne pourront être décidées qu'après avoir entendu l'avis motivé et écrit de l'agent national de la commune, si elles sont portées par-devant le juge de paix, ou des arbitres et du commissaire national, si elles sont pendantes au tribunal de district. En conséquence, l'agent ou le commissaire national exigera la communication des pièces trois jours avant le jugement.

« Les transactions que les détenus pourront faire sur ces contestations n'auront d'effet qu'autant qu'elles seront confirmées par le directoire du district.

« XIII. Les détenus ne pourront être cités devant les bureaux de paix ou de conciliation, sur les contestations mentionnées dans l'article précédent.

« XIV. Ils pourront néanmoins être autorisés par l'administration du district à vendre leurs fonds, si cela est nécessaire pour acquitter une dette exigible, constatée par acte authentique avant leur arrestation, ou pour faire des réparations indispensables.

« XV. Ceux des individus suspects jugés devoir être détenus jusqu'à la paix, sans néanmoins être condamnés à la déportation, paieront une taxe annuelle sur leur revenu.

« XVI. Cette taxe sera égale à celle de l'emprunt forcé établi par la loi du 3 septembre 1793 (vieux style), et sera payée tous les ans, tant que durera leur détention, à compter de l'année correspondante à 1794 (vieux style), d'après les déclarations, formalités et modifications établies par cette loi, et sur les biens qui y sont mentionnés.

« XVII. Néanmoins l'époux d'une personne détenue comme suspecte jusqu'à la paix pourra, s'il n'est pas jugé devoir être aussi détenu, demander la distraction des revenus de ses propres biens.

« Dans ce cas, il sera chargé de l'entretien et de l'éducation des enfants, et il ne sera rien déduit, à leur égard, pour la fixation de la taxe imposée au détenu.

« XVIII. Cette taxe sera payée au profit de la république , sans répétition, à la fin de chaque année, par le détenu ou les préposés chargés de la gestion de ses biens, entre les mains des receveurs de district, sur le rôle qui en sera arrêté par le directoire, et dont il sera envoyé des copies au comité des finances et à la commission des contributions publiques.

« Les quittances qui en seront données au détenu ne serviront qu'à constater sa libération.

« XIX. Si la déclaration qu'il a faite n'est point exacte, il sera puni des peines portées dans la loi du 3 septembre, et en outre sa détention sera prolongée d'un an après la paix.

« XX. Au moyen de la taxe ci-dessus mentionnée, le séquestre est levé sur les biens des détenus jusqu'à la paix.

« XXI. Les parents des détenus morts en état d'arrestation pour simple cause de suspicion, ou qui doivent rester en détention jusqu'à la paix, sans qu'il y ait eu contre eux un jugement portant accusation d'un crime contre-révolutionnaire, leur succéderont comme s'ils étaient décédés en liberté, sans rien préjuger cependant pour ce qui concerne la succession des pères et mères des émigrés. »

### SÉANCE DU 12 BRUMAIRE.

On fait lecture de la lettre suivante :

#### Les sections de Versailles à la Convention nationale.

« Représentants du peuple, votre Adresse au peuple français a été entendue des sections de Versailles avec les sentiments qu'elle devait inspirer à des hommes faits pour la liberté, et qui savent qu'elle n'est qu'un fantôme sans la justice.

« Les principes qu'elle contient, gravés dans nos cœurs, seront à jamais nos guides, et la Convention nationale notre centre et notre point de ralliement ; elle seule, investie de la puissance du peuple, a le droit de la diriger dans la révolution, et nous exécrons comme d'infâmes usurpateurs tous les factieux qui tenteraient de gouverner.

« La France était couverte de deuil ; tout allait mal ; enfin la vertu longtemps outragée a parlé, et le crime s'est tu ; la justice succède à la tyrannie, la sécurité remplace l'épouvante, la pensée reprend son essor ; déjà l'heureuse confiance brille sur tous les visages ; si la France semble sortir du tombeau où les fureurs d'un nouveau Néron et de ses complices l'avaient ensevelie, c'est parce que vous avez proclamé encore une fois les droits imprescriptibles de l'homme, que des scélérats avaient osé couvrir d'un voile funèbre.

« Législateurs, continuez a bien mériter de la patrie ; arrachez le masque aux traîtres, foudroyez les hommes de sang, et la nation se consolera de ses malheurs passés, par l'idée que, restant fermes à votre poste, inaccessibles à la séduction comme à la terreur, vous y maintiendrez les principes que vous avez solennellement décrétés. Vive la République! »

Mention honorable, insertion au Bulletin.

— Une députation de trente-quatre citoyennes employées à l'infirmerie nationale militaire des Invalides est introduite à la barre ; elles se plaignent d'être expulsées du logement qu'elles occupaient, à l'entrée de l'hiver, et au moment où, excédées du surcroît de fatigue que leur ont causé les secours qu'exigeaient les blessures des infortunées victimes de l'explosion de la poudrerie de Grenelle, elles avaient le plus grand besoin de secours. Elles demandent des secours, ou à être employées convenablement à leur sexe.

Sur la proposition de Veau, la Convention décrète que les citoyennes employées à l'infirmerie de la maison nationale des militaires invalides resteront provisoirement à la maison des Invalides, comme avant ce jour ; renvoie la pétition au comité des secours publics, pour qu'il en fasse son rapport au plus tôt.

DUBOIS-DUBAIS : Je demande que la Convention nationale charge son comité des secours publics de lui faire un rapport sur les moyens d'employer les femmes dans les hôpitaux en qualité d'infirmières, aides, etc., au lieu des hommes qu'on y a employés jusqu'à présent.

Cette proposition est adoptée.

— Johannot, au nom du comité des finances, fait rendre le décret suivant :

« La Convention nationale, sur le rapport de son comité des finances ; décrète ce qui suit :

« Art. I<sup>er</sup>. Toutes les pensions accordées par décret, portant le nom des pensionnaires, seront payées par la trésorerie nationale, sur le vu du décret, sans autre formalité que la production du certificat exigé par la loi du 6 germinal.

« II. Les certificats de résidence exigibles pour les payements à faire à la trésorerie nationale seront valables pendant les six mois de la date du visa du directoire du district. »

— On lit une lettre du président de la commission des Vingt et Un, qui annonce que le représentant Bonnet (de l'Aude) s'y est réuni ce matin, et qu'elle est maintenant au complet de vingt et un membres.

LAA : En vertu du décret de son institution, la commission des Vingt et Un avait invité le représentant Carrier à se rendre dans son sein. Elle a été surprise de l'y voir arriver ce matin, accompagné d'un inspecteur de police et de deux officiers, qui l'avaient arrêté. Cet inspecteur a dit avoir des ordres.

*Plusieurs voix* : De qui?

LAA : Comme notre mission se bornait à l'examen de l'affaire, la commission n'a pas cru devoir aller plus loin. Elle a nommé deux de ses membres pour accompagner Carrier avec ces hommes au comité de sûreté générale, qui a pris des mesures dont il vous rendra compte.

GUYOMARD : Le décret que la Convention a rendu n'est point une mesure de circonstance. Il me paraît surprenant que notre collègue Carrier ait été gardé à vue ; déjà les aristocrates répandaient depuis plusieurs jours qu'il s'était évadé. Je crois qu'on ne devait point aller plus loin que ne le portait le décret ; car qu'est-ce qui empêcherait qu'une faction, si elle s'élevait jamais dans le sein de la Convention, ne fît à l'égard des autres membres de la représentation nationale ce que l'on fait aujourd'hui à l'égard de Carrier, et n'opérât sa dissolution totale ? Un homme est toujours innocent pour moi tant qu'il n'est pas convaincu de crime : si Carrier est coupable, il sera puni ; mais jusqu'à ce qu'il soit convaincu, il doit jouir de sa liberté. Voulons-nous redonner à la nation une confiance entière dans la représentation nationale ; attachons-nous aux principes. (Applaudissements.) Quiconque va plus loin que la loi est un tyran. (Applaudissements.) Dans cette circonstance, la représentation nationale a été violée, et la Convention doit sévir contre les auteurs de l'attaque qui lui a été portée.

LAA : C'est précisément parce que la commission a jugé que la représentation nationale avait été attaquée qu'elle nous a députés vers vous, mon collègue Romme et moi, pour vous instruire des faits.

*** : Carrier a été arrêté de la manière la plus atroce ; on lui a mis la main sur le collet, et il a été conduit à la commission par un officier et un gendarme. On a demandé à celui qui l'avait arrêté s'il avait des ordres ; il a balbutié de manière à faire croire qu'il n'en avait pas ; cependant je sais que la commission de police a dit qu'il fallait prendre des mesures pour que Carrier ne sortît pas du département de Paris. Le comité de sûreté générale a mis en arrestation l'officier de police qui l'avait arrêté.

Citoyens, vous ne devez point voir ici seulement l'arrestation de Carrier, mais une attaque faite à la représentation nationale. Je sais que Carrier peut être coupable, et je désirerais qu'il ne le fût pas ; mais je sais aussi qu'il y a ici des gens qui ont des passeports signés des chouans et des brigands de la Vendée. Je demanderais que la commission des Vingt et Un fût chargée d'examiner ces passeports.

LEVASSEUR (de la Sarthe) : On a envoyé à toutes

les barrières le signalement de Carrier : je le tiens d'une personne qui l'a vu et lu. Ainsi l'on cherche à donner à cette malheureuse affaire tout l'éclat..... (Murmures.) Il faut se conduire à l'égard de Carrier comme on se conduirait à l'égard d'un citoyen qui ne serait pas convaincu. Toutes ces mesures ne sont pas dans la loi.

**Romme :** Carrier se rendait à la commission des Vingt et Un ; il s'est aperçu qu'il était suivi. Pour s'en assurer, il s'est arrêté dans un passage ; il a vu que l'homme qui le suivait s'arrêtait aussi : alors il a menacé cet espion, qui se trouva être un inspecteur de police. Cet homme cria aussitôt : « Force à la loi ! » Un gendarme sortit à ce cri, et voulut arrêter Carrier ; celui-ci lui montra sa carte de représentant du peuple : le gendarme le respecta, comme il le devait. Cependant l'inspecteur de police continuait de crier qu'on arrêtât Carrier. Un vétéran, officier du poste, le prit au collet et l'entraîna à la commission des Vingt et Un, quoique Carrier lui montrât sa carte, qu'il méconnut. Notre collègue nous a rapporté que le gendarme lui avait dit qu'il l'accompagnerait jusqu'à la commission pour le protéger. (Applaudissements.) Les informations qu'on a prises ont prouvé que cet inspecteur de police, qui prétendait avoir des ordres, n'en avait réellement pas.

**Legendre (de Paris) :** Depuis plusieurs jours la correspondance de la surveillance de Paris avait appris au comité de sûreté générale que les ennemis du peuple, qui se mêlaient avec lui, essayaient de lui persuader que la Convention avait dessein de sauver Carrier, parce qu'elle voulait éviter que des représentants du peuple, dont la présence était nécessaire dans l'affaire, y parussent. Déjà des mouvements commençaient à se manifester : deux des membres du comité qui sont chargés du bureau de police prirent sur eux d'écrire à la commission administrative de police de Paris une lettre conçue à peu près en ces termes :

« D'après tous les renseignements qui nous parviennent, nous vous chargeons, au reçu de la présente, de faire surveiller, avec toute la prudence qui convient à des républicains, la personne de Carrier ; s'il tentait de sortir du département de Paris, vous le feriez reconduire, avec tout le respect dû à son caractère, au comité de sûreté générale, attendu qu'il n'a ni passeport ni congé. » (On applaudit.)

Les deux patriotes qui ont écrit cette lettre sont Montmayau et Mathieu, et je vous déclare que tous les autres membres du comité viennent d'y apposer leurs signatures. (Applaudissements.) Si vous jugez que nos deux collègues soient coupables, nous le sommes tous : vous pouvez prononcer. Nous n'avons voulu que le bien, et nous le ferons toujours. (Applaudissements.)

Aussitôt que le comité eut appris que Carrier était arrêté, il a ordonné qu'il fût mis en liberté, et a fait mettre en état d'arrestation celui qui l'avait arrêté, parce qu'il n'en avait pas le droit. Le comité a pris sur lui de faire surveiller Carrier, dans la crainte qu'il ne se sauvât, et il faut bien remarquer que, si cet événement était arrivé, c'eût été la Convention qui aurait été compromise. (Applaudissements.) Les malveillants auraient profité de la fuite de Carrier pour la couvrir d'ignominie, en disant qu'elle l'avait favorisé ou par sa lenteur, ou par sa négligence. Je ne me prononce point sur lui ; c'est à la justice à le faire (applaudissements) ; mais j'ajoute que le comité n'a pris cette mesure qu'après que vous avez eu décrété qu'il y a lieu à examiner sa conduite.

**Montmajau :** Je vais raconter les faits tels qu'ils se sont passés. Après que la Convention eut décrété qu'il y avait lieu à examen de la conduite de Carrier, le bureau de police du comité de sûreté générale, qui, depuis quinze jours, recevait des avis qui faisaient craindre la fuite de Carrier, et qui lui faisaient craindre en même temps que, dans le cas où il s'enfuirait, il n'y eût une insurrection dans Paris..... (Murmures.)

**Gaston :** Pour les brigands de la Vendée...

**Montmayau :** Je demande de l'attention, parce que je dis la vérité. On publiait que Carrier avait obtenu un passeport, et l'on avait été vivement alarmé dans un quartier où il demeure, en voyant arrêter à sa porte une voiture conduite par le nommé Léperonnière, employé aux transports militaires. C'est d'après cela que nous avons écrit la lettre dont Legendre vous a rendu compte. L'inspecteur qui s'est avisé d'arrêter Carrier a été lui-même mis en état d'arrestation, et je dois dire qu'un moment après la commission de police est venue demander le mandat d'arrêt contre cet inspecteur. Blâmez-nous si vous le voulez (plusieurs voix : Non, non !) ; nous avons cru bien faire. (Applaudissements.)

**Duhem :** On vient de dire que le comité de sûreté générale avait eu des raisons pour faire surveiller la conduite de Carrier ; je crois que c'est ici le moment de les développer, et ni les libelles, ni les insurrections ne sauraient m'empêcher de les examiner.

Je crois que le comité n'aurait pas dû violer un principe sur de simples dénonciations qui lui ont été faites, et une insurrection est une chose assez sérieuse pour qu'il ait dû en instruire la Convention. On me traitera, si l'on veut, d'homme de sang ; et tous les chouans qui sont à Paris peuvent me calomnier, s'ils le veulent ; je m'en moque. (Murmures.)

Je dis qu'on n'a point assez tenu les yeux ouverts sur la conduite de certains corps constitués, qui s'arrogent la dictature sur la Convention. Je crois que, si l'on avait fait attention à ce tribunal qui a fait afficher dans tout Paris un acte d'accusation, pour prévenir l'opinion publique et capter le suffrage des jurés..... (violents murmures) ; peu m'importe la cause particulière dont il s'agit ; mais je dis qu'on n'affiche que des jugements, et point du tout des actes d'accusation, qui ne sont que des préliminaires des débats, et qui sont souvent détruits par eux ; et je dis que, pour avoir fait afficher celui dont il s'agit, l'accusateur public devrait être mandé à la barre.

D'un autre côté, l'acharnement qu'on manifeste n'est pas dirigé contre un seul homme, et vous verrez, en lisant les libelles, que ceux qui, dans la Vendée, ont tâché de sauver la chose publique en suivant vos décrets (murmures) ; que ceux qui ont manié les finances ; que ceux enfin qui ont montré le plus de courage dans la représentation nationale sont regardés comme coupables ; et j'accuse de ce complot les membres du tribunal révolutionnaire. (Violents murmures.) S'il faut que nous périssions, qu'on nous attaque en masse, qu'on fasse le procès à la révolution. (Violents murmures.)

La Convention n'a pas donné à Fréron la mission expresse de demander chaque jour quelque tête nouvelle ; la police devrait bien veiller à ce que l'opinion publique ne fût pas travaillée comme elle l'est. (Ah, ah ! s'écrie-t-on.) On devrait bien exécuter sans partialité le décret qui défend aux étrangers de rester dans Paris après un terme fixe ; on devrait bien ne pas y souffrir ceux qui viennent pour y déposer avec des passeports signés des chouans.

Le peuple ne prend pas part à toutes ces intrigues

qui se passent dans les ruelles et dans les coulisses ; l'opinion publique n'est pas celle de quinze ou vingt mille muscadins venus de toutes les armées, je ne sais sous quel prétexte ; l'opinion publique ne se forme pas sur celle de cette foule de contre-révolutionnaires qui ont profité du moment de la révolution du 9 thermidor pour sortir des prisons, et qu'on a la funeste indulgence de ne pas y faire rentrer.

Ne vous imaginez pas que c'est seulement à une trentaine de membres qu'on en veut (murmures) : ce que j'ai entendu dire dans plusieurs groupes me prouve que c'est contre la Convention qu'est dirigée toute la haine ; et ces gens qui viennent ici faire la grimace de se serrer autour d'elle n'y viennent pas pour l'embrasser, mais l'étouffer. Le vrai peuple est celui qui ne reste pas muet au récit des actions de nos défenseurs, qui applaudit à leurs victoires.

Je dis tout cela sans crainte, parce que je ne redoute pas le venin de l'aristocratie qui m'attaque jusque dans le sein de la Convention. Je me moque de Fréron et de tous les intrigants (quelques applaudissements) ; je mets ma confiance dans la justice du peuple, et je ne m'inquiète pas des écrits d'un Tallien et d'un tas de libellistes. (Quelques applaudissements.)

Je demande que le comité de sûreté générale fasse examiner les étrangers qui sont à Paris, et qu'il fasse examiner les passeports donnés par les chouans.

REWBELL : Pour moi, je pense qu'il n'y a qu'un peuple, et que ce peuple veut la justice et la liberté ; car je ne confonds pas avec le peuple une poignée de factieux et d'intrigants qui ne cherchent qu'à avilir la représentation nationale. Ne prenez pas le change, citoyens ; cet inspecteur de police doit être examiné de très-près. Sa conduite n'est pas la suite des ordres du comité de sûreté générale, que je défends parce qu'ils sont justes. Je soutiens qu'un représentant du peuple ne doit pas sortir du département de Paris sans passeport et sans congé. Je demande l'ordre du jour.

CIGOGNE : Il était naturel que Duhem calomniât le nouveau tribunal révolutionnaire, composé d'hommes justes, nommés par la Convention. Duhem n'a-t-il pas défendu le tribunal du 22 prairial ? n'en a-t-il pas été l'apologiste ? Je pourrais annoncer un fait qui le concerne. (Plusieurs voix : Cite-le !) Duhem m'a dit : « On veut commencer par nous tuer, et l'on vous tuera après nous. » Je lui répondis : « Il n'y a que les coquins qui craignent la mort..... »

Plusieurs voix : L'ordre du jour !

DUHEM : Je demande à donner une explication...

CIGOGNE : Je ne t'inculpe point, c'est la première fois de ma vie que je t'ai parlé ; mais on inculpe le comité de sûreté générale, qui mérite toute notre confiance. N'est-ce pas lui qui est chargé de la police générale ?... Pour toi, Duhem, fais ton devoir, et personne ne te dira rien.

On insiste pour l'ordre du jour.

L'ordre du jour est adopté. (On applaudit.)

DUHEM : Je demande la parole...

TALLIEN : Je la demande aussi.

LEGENDRE : Je demande que l'ordre du jour soit maintenu ; sans quoi, si l'on rouvre la discussion, nous la voulons tout entière.

La Convention maintient l'ordre du jour.

TALLIEN : C'est pour un objet étranger à la discussion qui vient d'avoir lieu. Je veux réclamer la liberté de trente-quatre canonniers qui sont en arrestation depuis trois mois.

Plusieurs voix : Après les pétitionnaires.

— Une députation de l'Arsenal vient attester le patriotisme du citoyen Giot, arrêté le 17 vendémiaire, et se plaint de ce qu'on n'a pas voulu délivrer les motifs de son arrestation.

Cette pétition est renvoyée au comité de sûreté générale.

— Thibault, au nom du comité des finances, propose le projet de décret suivant :

« La Convention nationale, après avoir entendu le rapport de son comité des finances, décrète :

« Art. I<sup>er</sup>. La commission des revenus nationaux fera dresser sans délai un compte général en débet et crédit de toutes les matières d'or et d'argent qui ont été versées dans les hôtels des Monnaies de la république depuis le 11 juillet 1789 jusqu'à ce jour, et des versements en espèces monnayées en provenant, qui ont été faits à la trésorerie nationale, dans les caisses des receveurs de districts, ou dans celles des payeurs des départements ou des armées.

« II. Ce compte sera remis aux commissaires de la trésorerie nationale, qui le joindront au compte général qu'ils ont été chargés de dresser de toutes les recettes et dépenses de la république, depuis le 1<sup>er</sup> juillet 1791, époque de l'établissement de la trésorerie, jusqu'à ce jour.

« III. Indépendamment du compte exigé par l'art. I<sup>er</sup>, la commission des revenus nationaux fera procéder au compte du denier fin de toutes les matières d'or et d'argent déposées dans tous les hôtels des Monnaies ; elle est autorisée d'employer à la vérification du titre des monnaies fabriquées les feuilles ou pièces de monnaie adressées par les commissaires nationaux, en se conformant d'ailleurs aux dispositions de la loi du 10 avril 1791.

« IV. Les municipalités de la république et les sections de Paris enverront sans délai au comité des finances le procès-verbal contenant le poids des matières d'or, d'argent, fer, métal de cloches, cuivre, étain, etc., qui auront été prises dans les églises, ou provenant des dons patriotiques de leur territoire ; elles indiqueront le nom des personnes auxquelles elles ont été remises. Ces procès-verbaux seront classés par ordre de district, et serviront de contrôle au compte général demandé à la commission des revenus nationaux. »

(La suite demain.)

## LIVRES DIVERS.

L'Ombre de Florian, ou recueil de romances nouvelles, avec une notice sur sa vie et ses ouvrages, et la romance de son tombeau. On y a joint un décadaire pour la 3<sup>e</sup> année de l'ère républicaine. A Paris, chez Tessier, libraire, rue de La Harpe, n° 181.

La gravure et la romance du tombeau de Florian se vendent séparément, dorés sur tranche. On peut les joindre à ses Œuvres, quoique réliées, sans rien gâter. Prix : 10 s., même adresse.

— Anacréon, gravé par J.-L. Anselin, d'après le tableau de J.-B. Restout.

Se vend à Paris, chez l'auteur, rue du Théâtre-Français, au coin de la place de la Comédie. Prix : 16 liv.

On trouve à la même adresse la gravure connue sous ce titre : Le Siège de Calais, du même auteur.

— L'Egalité, patronne des Français. Prix : 3 liv. A Paris, chez le citoyen Beljambe, graveur, rue des Petits-Augustins, près celle du Colombier, faubourg Germain, n° 3 ; et chez Jauffret, marchand d'estampes, galeries du Jardin de l'Egalité.

### Payements à la trésorerie nationale.

Le payement du perpétuel est ouvert pour les six premiers mois ; il sera fait à tous ceux qui seront porteurs d'inscriptions au grand livre. Celui pour les rentes viagères est de huit mois vingt et un jours de l'année 1793 (vieux style).

## POLITIQUE.

### ALLEMAGNE.

*Vienne, le 15 octobre.* — Les troupes employées à l'expédition de Pologne y vont être remplacées par les garnisons que l'Autriche a retirées de Valenciennes et de Condé. On ne conçoit pas bien comment des troupes qui ont été témoins des succès et de la valeur des républicains français serviront plus utilement contre les Polonais, qui ne paraissent pas traiter les despotes avec plus de ménagement.

Le général autrichien Mainesheim, qui a le plus influé dans la malheureuse invasion de la Pologne, vient d'en faire son rapport. Ce général atteste qu'il a fait tous ses efforts pour pénétrer à Varsovie, mais que les difficultés ont été insurmontables. Il oublie de traiter la question de la retraite du roi de Prusse; mais les mystères de cour ne se trouvent pas d'ordinaire dans les pièces officielles des généraux.

— Les deux envoyés britanniques, Spencer et Grenville, ont pris congé de l'empereur le 8 de ce mois, aussitôt après le retour d'un courrier qu'ils avaient expédié à Londres. Il paraît certain définitivement que leur négociation n'a pas eu le succès qu'ils en attendaient, et que tout projet de traité entre l'Angleterre et l'Autriche est maintenant ajourné.

— Il est sorti une nouvelle ordonnance pour forcer tous les Français qui ne peuvent pas prouver une résidence de quatre ans dans cette ville à la quitter sans délai.

— On a mis dernièrement au carcan un officier de police convaincu, suivant les termes du jugement, d'avoir écrit un libelle séditieux.

— On assure que la Hongrie, déjà grièvement offensée de la conduite du gouvernement autrichien, ne consentira point à un nouveau recrutement, et qu'il faudra se borner à quelques levées particulières faites à prix d'argent, comme celle qui a été entreprise sous le nom d'Esterhazy.

— La disette, suite de la mauvaise récolte, menace plusieurs des provinces héréditaires. Les finances sont épuisées; et il est même question de suspendre toute espèce de payement en argent; on se propose de payer à l'avenir en coupons.

*Francfort, le 22 octobre.* — L'assemblée générale du Cercle de Souabe tient en ce moment à Ulm. On s'y occupe d'un projet pour l'organisation des troupes du Cercle et des milices. Il s'élève de grandes difficultés.

— Les nouvelles de Ratisbonne apprennent qu'on a fait, le 6, aux trois collèges de l'Empire, de la part de la cour de Vienne, la proposition de porter le contingent au quintuple.

— Le prince héréditaire de Hesse-Cassel est parti pour Berlin. Le but de son voyage est d'engager le roi de Prusse à se rendre à Hanau, où doit se tenir le congrès relatif aux affaires de l'Empire.

— La cour de Vienne rappelle douze mille hommes de l'armée d'Italie. Elle rassemble en même temps tout ce qui lui reste de troupes en Bohême et en Autriche, pour les faire marcher vers le Rhin.

— La cour de Munich est aux expédients, comme toutes celles d'Allemagne, pour se procurer de l'argent. Il a déjà été ouvert à Manheim, au nom de la cour de Bavière, un emprunt de 700,000 florins, dont l'hypothèque était le bailliage de Heidelberg.

L'offre de ce gage n'ayant pas inspiré de confiance aux prêteurs, l'emprunt n'a pas été à moitié rempli. Aujourd'hui cependant, malgré la défaveur des circonstances, il est question d'ouvrir à Augsbourg un nouvel emprunt de 500,000 florins, à 4 1/2 pour 100.

### ANGLETERRE.

*Londres, du 7 octobre.* — On parle beaucoup dans cette capitale d'un emprunt de 9 millions sterl. ou 265 millions

800,000 liv. tournois, que le chancelier de l'Échiquier se propose de faire. Plusieurs riches maisons de commerce passent pour lui avoir déjà engagé leur parole. Cependant il est sûr que, si cet emprunt se réalise, ce ne pourra être qu'à des conditions extrêmement désavantageuses pour le trésor public.

La baisse des fonds anglais, depuis les derniers échecs sur le continent, est considérable.

Le parti de l'opposition devient plus nombreux et se fortifie tous les jours d'un grand nombre de personnes à qui leurs talents et leur popularité donnent de l'influence, ce qui avait d'abord fait croire et dire que M. Pitt songeait à dissoudre le parlement actuel pour en convoquer un nouveau; mais il y a tout lieu de penser qu'il n'osera tenter un pareil coup dans les circonstances présentes. Elles sont épineuses, et le ministère est constamment occupé du maintien de la tranquillité publique, devenu difficile par la cherté de quelques articles les plus nécessaires, dont la disette fait craindre qu'il n'y ait quelque nouvelle commotion à Londres. Par exemple, ce n'est qu'avec une peine extrême qu'on peut s'y procurer du charbon de terre, dont on fait pourtant une consommation considérable : mais le grand nombre de matelots enlevés par la presse a beaucoup diminué l'arrivage de cet article. Il paraît qu'on craint de manquer de beaucoup d'autres; car on voit dans la *Gazette de la Cour* une nouvelle ordonnance qui porte continuation, jusqu'au 1er février 1795, de la défense d'exporter d'aucun des ports d'Angleterre ou d'Écosse les grains, farines, drèche, bière, biscuit, etc.

Tel est l'état de l'intérieur de la capitale, et à peu près celui de l'Angleterre.

Il faut pourtant ajouter qu'on s'y occupe beaucoup des tentatives faites pour assassiner le roi. Les ministres se sont encore assemblés, le 3 et le 4, pour l'examen des prévenus. Outre les personnes qui ont été déjà nommées, on avait encore arrêté Buks et Hill. Hill fut relâché le 4 ; quant aux autres prévenus, la question de savoir s'ils seront également renvoyés ou mis en jugement sera jugée aujourd'hui, selon toute apparence, par le conseil.

On se permet de croire que cette prétendue conspiration contre la vie du roi n'a existé que dans l'imagination du dénonciateur, et il est probable que le parti que le conseil va prendre confirmera l'opinion qu'on a de cette affaire.

— Deux messagers d'État sont successivement arrivés, le 4 et le 5, du quartier général de l'armée anglaise sur le continent. Quoiqu'on ne connaisse pas au juste la substance de leurs dépêches, on sait pourtant qu'elles ne donnent que des détails fâcheux ; car les lettres particulières de l'armée annoncent l'envoi de tous les gros bagages sur la rive gauche du Wahal et le passage prochain de cette rivière par les troupes.

Le secrétaire d'État au département de la guerre, M. Windham, est revenu avant-hier de l'armée, sans qu'il ait rien transpiré des causes de ce voyage mystérieux.

— Suivant des lettres de Plymouth, du 2, la flotte de l'amiral Howe avait mis à la voile et quitté Torbay la veille. On n'est pas sans inquiétude sur la sortie de cette flotte, dont on attend des nouvelles avec la plus vive impatience ; car il a régné le 4 et le 5 un violent ouragan, qui a même été tel, à ce qu'on écrit de Douvres, que, depuis celui du 1er janvier 1780, on n'en avait point éprouvé de pareil : c'est ce que confirment les avis de Deal et de Plymouth, suivant lesquels plusieurs vaisseaux ont considérablement souffert. La tempête a été assez violente pour arracher quelques-uns de leurs ancres et les jeter à la merci des flots.

Le contre-amiral Macbride a dû mettre à la voile de Torbay le 30 au soir, avec son escadre. On pense qu'il va croiser à la hauteur de Cherbourg.

— La flotte des transports et des vaisseaux marchands destinée pour les Indes occidentales est au moment de partir pour Portsmouth. Elle sera forte de plus de cent voiles. *Le Trusty,* l'un des vaisseaux de guerre qui doivent les escorter, a déjà fait le signal pour les rassembler.

L'amiral Parker va à la Jamaïque commander à la place

de l'amiral Ford, qui revient en Angleterre : il fera le trajet sur *le Raisonnable*, de 74 canons. Le gouvernement général de Tabago et de toutes les dépendances vient d'être donné à sir William Lindsay, qui a déjà prêté le serment d'usage.

— Il paraît qu'on craignait encore, vers la fin du mois dernier, à Jersey, quelques tentatives des Français contre cette île. Les dernières lettres, du 29 septembre, disent qu'on a eu avis d'un embarquement de onze mille hommes à Saint-Malo, qui n'attendent qu'un convoi de frégates pour partir, et que de plus on est parvenu à savoir qu'il y a plusieurs transports dans la baie de Cancale. Le bâtiment par la voie duquel ces lettres ont été reçues a remis au ministère des lettres du lord Balcarras, gouverneur de Jersey ; il l'instruit des renseignements qu'il a reçus sur les menaces des Français, et des précautions qu'il a cru devoir prendre en conséquence.

# CONVENTION NATIONALE.

*Arrêté du comité des pétitions, des dépêches, et de correspondance. — Paris, le 13 brumaire, l'an 2 de la république une et indivisible.*

Le comité des pétitions, des dépêches et correspondance de la Convention nationale, d'après les renseignements qui lui sont parvenus par les représentants du peuple composant le comité de salut public, et diverses autorités constituées, que le Bulletin de la Convention nationale ne parvient pas régulièrement à certaines administrations, ni aux armées de la république, quoique la section de correspondance veille avec la plus scrupuleuse attention à ce que l'envoi de ce Bulletin se fasse tant aux autorités constituées qu'aux états-majors des armées ;

Arrête que, dans le prochain Bulletin, les corps constitués et les états-majors des armées, auxquels sont adressés les Bulletins, seront invités à veiller à ce que ces Bulletins n'éprouvent aucun retard dans leur publication.

Le comité arrête de plus qu'il rendra compte, tous les décadi, à la Convention nationale, des plaintes qui pourraient lui parvenir contre les autorités qui n'auraient pas rempli le vœu de la loi à cet égard.

*Signé* RUDEL, *président;* WARDON, *secrétaire.*

SUITE A LA SÉANCE DU 12 BRUMAIRE.

*Présidence de Prieur (de la Marne).*

CAMBON : Le projet de décret qui vous est présenté servira de contrôle au compte général des recettes et dépenses de la république, que l'assemblée a demandé le 27 germinal, et qui est déjà connu de toute la France.

A trois époques différentes de la révolution, on s'est servi de l'argenterie des églises ; et comme on n'a pu obtenir des comptes à cet égard, je ne doute pas qu'il y ait eu la plus grande dilapidation, à la dernière surtout, où, par suite d'un mouvement imprimé par une faction conspiratrice, on vint de tous les coins de la république offrir avec éclat à la barre de la Convention l'argenterie et les ornements des églises ; et comme aucun ordre n'était établi, soit pour extraire cette argenterie des églises, soit pour le transport, on n'a pas manqué d'en détourner beaucoup. Dans cette dilapidation de la fortune publique les conspirateurs avaient un triple but : d'abord de s'enrichir en volant beaucoup, ensuite d'armer contre la Convention le fanatisme et les préjugés. Ils avaient un troisième objet ; ils répandaient à la tribune de la Convention que toutes ces offrandes produiraient au moins un capital de 2 ou 3 milliards. Or, s'ils avaient pu faire germer cette idée, ils n'auraient pas manqué d'attaquer les représentants du peuple comme dilapidateurs, puisque le fait est que cette argenterie ne produira guère que 25 ou 30 millions ; et voici comment.

Il n'y avait que cinquante mille paroisses dans la république ; il est démontré par l'effet que ces paroisses, l'une dans l'autre, ne possédaient que de 5 à 6 marcs d'argenterie, parce qu'il y a telle paroisse de campagne dont l'argenterie se bornait à un calice, un ciboire, un ostensoire. D'après ce calcul, la totalité de cette argenterie ne produira, comme je le disais tout à l'heure, que 25 à 30 millions, et la châsse de sainte Geneviève, dont on a tant vanté la richesse, n'a produit que 21,000 liv.

Le comité des finances a pris des mesures pour connaître au vrai le montant de l'argenterie qui a été extraite des églises, et découvrir les mains par lesquelles elle a passé. Il est temps que tous les dilapidateurs soient enfin connus et punis. Le comité a déjà reçu environ dix mille procès-verbaux ; il serait à propos que chaque représentant du peuple en prît connaissance, afin de donner les renseignements qui sont à leur connaissance. Je demande que chaque commune de la république fasse passer le procès-verbal de l'argenterie des églises, avec l'indication des personnes qui l'ont enlevée ; par ce moyen l'on connaîtra tous les fripons et tous les dilapidateurs de la fortune publique.

LESAGE-SÉNAULT : Je demande qu'on établisse aussi un compte pour les matières des cloches, où la dilapidation n'a pas été moindre.

CAMBON : J'appuie cette proposition ; j'observe à ce sujet que la conversion des cloches en monnaie, loin d'avoir été utile à la république, a coûté plus de 5 à 6 millions. Voici comment. On a acheté du cuivre à un prix exorbitant, pour le mêler à la matière des cloches ; et cette dépense, jointe à celle de la main-d'œuvre, a donné à chaque pièce une valeur bien au-dessus de la valeur monétaire.

THIBAULT : C'est cette disproportion entre la valeur monétaire et la valeur métallique qui a fait disparaître nos petites monnaies, que des spéculateurs ont accaparées. Le comité s'occupe d'en éverser une autre qui soit à l'abri des spéculations. Quant au projet de décret que je propose, il est nécessaire pour mettre au grand jour les abus qui se sont commis. Les comités révolutionnaires envoyant des gens pour enlever à main armée et de vive force l'argenterie des églises, et l'on sait la réputation de ces comités, tels qu'ils étaient avant leur réorganisation.

Le décret présenté par Thibault, avec les amendements, est adopté tel que nous l'avons donné hier.

BOURSAULT : Une mesure de sûreté générale m'appelait au comité de salut public et aux autres comités. Ce n'est pas sans surprise que j'ai appris qu'on avait dit dans l'assemblée qu'on voulait rétablir un système de terreur relativement à la guerre de la Vendée et aux chouans. J'ai parcouru toutes les communes de ces malheureuses contrées ; je les ai parcourues, parce que je les ai toutes visitées, et ne me suis pas contenté, comme on faisait dans l'ancien régime de cette guerre, de rester au sein des grandes villes. Je puis dire que cette guerre, affligeante sans doute dans ce temps heureux où la Convention prouve, par ses lois bienfaisantes, son amour pour la justice et pour l'humanité, est bien moins terrible qu'elle ne l'aurait été il y a trois mois. On ne comptait pas alors la vie des hommes. Quant aux chouans, on peut les diviser en deux classes : les premiers sont des assassins de profession ; les autres, des paysans fanatisés. Je dois vous rapporter un propos que j'ai entendu. A Redon, organe de vos décrets, j'avais fait inviter les habitants des campagnes insurgées et non insurgées à venir écouter des paroles de paix. Ils dirent : « Si l'on nous parle de justice, nous irons entendre les représentants ; si l'on nous parle de guillotine, nous retournerons dans nos communes reprendre nos fusils. » J'ai trouvé dans ces communes des patriotes à la hauteur de la Convention. J'ai vu un maire, au milieu des chouans, se faire gloire d'aller, revêtu de son écharpe, cultiver ses champs. On a dit qu'il y avait à Paris des hommes venus avec des passeports des chouans. Fiez-vous aux mesures de surveillance de vos comités ; ni les intrigants, ni les royalistes, ni les faux patriotes, ni les chouans n'échapperont à cette surveillance. La Convention a rendu un décret pour faire couper les haies. On avait calomnié cette mesure ; on disait qu'elle allait aigrir les habitants. Je puis vous attester qu'eux-mêmes sont les premiers à demander l'exécution des lois. (On applaudit.)

— Bonnet (de l'Aude) écrit qu'absent pour des opérations relatives à l'instruction publique, aussitôt qu'il a eu connaissance de sa nomination à la commission des Vingt et Un, il s'est empressé de se rendre à son poste.

PORCHER, au nom des trois comités de législation, de salut public et de sûreté générale réunis : Citoyens, des députés de la commune de Bordeaux vinrent, il y a deux jours, solliciter à votre barre le rapport de l'article du décret du 6 août qui déclare traîtres à la patrie, met hors de la loi, et confisque les biens de tous ceux qui ont provoqué, concouru ou adhéré aux actes d'une commission dont l'existence est heureusement anéantie depuis plus de quinze mois.

Leur voix, appuyée fortement dans cette enceinte par tous ceux de nos collègues qui, chargés de votre confiance dans le département, ont été le plus à même d'en étudier la situation politique, ne vous aurait pas permis sans doute de différer cet acte de justice, si la réflexion ne vous eût porté à penser que vous deviez à la sûreté du gouvernement, et même à la commune de Bordeaux, de n'adopter cette mesure que dans le cas où un examen sévère et réfléchi de la part de vos comités de salut public, de sûreté générale et de législation, vous aurait convaincus de sa justice et de son utilité.

Je viens, en ce moment, vous présenter le résultat de cet examen : ma tâche ne sera ni difficile, ni douloureuse à remplir. Je n'ai pas ici à vous présenter le tableau désastreux des événements qui nécessitèrent le décret qu'on désire effacer de votre code. Ce n'est plus ce département qui le premier rompre le faisceau qui les unit tous, attisa dans la France le feu de la révolte, et souffla le germe de la désobéissance. Instruit à l'école du malheur, cruellement dupe et victime de la séduction de quelques intrigants, il jure aujourd'hui à la souveraineté du peuple que vous représentez une obéissance éternelle.

Depuis longtemps, il faut le dire, le soupçon même ne pouvait plus planer sans injustice sur cette cité célèbre ; l'histoire, en racontant sa révolte, en accusera sans doute les instigateurs et les chefs ; mais elle dédaignera les intentions pures de la masse du peuple ; elle n'oubliera pas que, dans une commune où des bataillons se formaient dans un clin d'œil, à la voix des représentants de la nation, pour voler aux frontières ou combattre les brigands de la Vendée, la richesse et la malveillance réunies, en prodiguant leur or, purent à peine séduire deux cents hommes pour marcher contre la représentation nationale.

Citoyens, ne craignons pas de devancer l'histoire et de diriger l'opinion de nos neveux. Oui, il exista dans cette commune des ambitieux, des intrigants

et des traîtres que la souveraineté nationale dut atteindre et punir ; mais il y exista aussi des zélateurs ardents de la liberté, qui ne durent leur écart qu'à leur amour pour elle, et que nous devons maintenant protéger. Lorsqu'une erreur enracinée conduisait au crime, lorsqu'elle menaça d'un coup mortel l'unité du gouvernement, la raison, la justice, les droits du peuple compromis exigèrent contre elle, de notre part, des mesures promptes et sévères : mais qui de nous ne sent que ce serait aujourd'hui trahir à la fois la politique et la morale si nous les prolongions lorsqu'elle est entièrement dissipée ? Sans dévier des principes sévères qui peuvent assurer, dans ces moments difficiles, la tranquillité et la sûreté du gouvernement, dont nous sommes responsables ; également éloignés de faire usage des armes dévorantes de la tyrannie et des pavots mortels du modérantisme, nous avancerons avec fermeté dans la carrière, et nous n'irons pas chercher, à des époques reculées des actes imprudents, des propos indiscrets, pour tourmenter des hommes qui, depuis, ont souvent fait oublier leurs fautes en rendant des services réels à la révolution.

Nous avons enfin appris, depuis le 9 thermidor, par quels heureux fils nous pouvons bientôt sortir de cet état horrible, qui n'offrait pour perspective, aux amis inquiets de la patrie, que la mort ou le retour du despotisme ; ces fils sont la justice et l'humanité mises en action.

Investis du double pouvoir de protéger et de punir, le premier doit être notre état habituel ; le plus sacré comme le plus doux de nos devoirs est de rallier autour de la représentation nationale et de la liberté tous les hommes qui nous offriront une garantie suffisante de leur amour pour elle ; et cette garantie précieuse, vos comités viennent vous assurer qu'ils l'ont trouvée dans la conduite actuelle des habitants de Bordeaux.

Il ne peut entrer dans le compte que je vous dois de vous retracer ici toutes les causes qui ont contribué à l'égarer ; mais, de l'aveu même des représentants envoyés sur les lieux, une des plus impérieuses, et qui trouvera aisément son excuse dans vos cœurs, fut son ardent amour pour la liberté.

S'il s'agissait donc de juger isolément l'erreur dont les Bordelais se sont rendus coupables ; si vous aviez à prononcer à part sur un égarement dont la date remonte à plus de quinze mois, et qui ne laisse en ce moment de trace que ce qu'il en faut pour leur rappeler le danger de s'attacher aux hommes et d'oublier les principes, vos comités, dans ce cas-là même, ne craindraient pas d'invoquer en leur faveur votre indulgence. Mais la justice attend de nous que nous fixions votre attention sur toute la vie révolutionnaire de la commune de Bordeaux. Représentants, loin de vous cet affreux système qui ne calcule que les fautes sans tenir compte des vertus. Si on objecte à cette commune qu'elle laissa échapper de ses murs une centaine d'hommes égarés, qui marchèrent pendant quelques milles contre l'autorité nationale, que la plupart d'entre eux croyaient servir, il lui sera libre sans doute de rappeler cette belle campagne de Moissac, où l'élite de ses guerriers, équipés, armés et défrayés par elle, et parcourant plus de cinquante lieues de terrain, offrit, dans le Midi, le premier exemple de ce que peut l'élan du peuple libre, et ne rentra dans ses murs qu'après avoir assuré dans ceux de Montauban le triomphe du patriotisme contre le fanatisme et l'aristocratie.

Eh quoi ! ne l'avons-nous pas vue, à presque toutes les époques de la révolution, mériter par ses principes, son amour pour les lois, son dévouement à la liberté, l'estime et les éloges des représentants du peuple ! Vos comités sont convaincus que tous les services rendus à la patrie sont toujours présents à votre mémoire, et que vous n'avez point oublié que soixante mille hommes sortis du sein de ce département combattent en ce moment avec autant de gloire que d'intrépidité les ennemis de la république sur les deux éléments ; vous savez aussi que des dons immenses ont constamment alimenté le trésor national, que des fournitures de toutes espèces ont rempli vos magasins, et que, dans une seule fois, elle y déposa cinquante mille chemises pour l'usage de nos guerriers.

Tant de services rendus à la patrie ne seraient-ils rien à vos yeux ? Pourriez-vous également oublier tout ce qu'elle a fait pour vous témoigner un vif et sincère repentir de ses fautes ?

La construction de deux frégates, la mendicité abolie, l'hôpital militaire meublé, le tout à ses frais, les navires des armateurs offerts, la loi du maximum religieusement observée, la privation des subsistances nécessaires à la vie supportée sans regret et sans murmures, le respect le plus profond pour la représentation nationale hautement professé dans son enceinte, tel est le tableau fidèle de la situation politique de cette cité fameuse, depuis que les auteurs seuls de ses maux ont péri sous le glaive des lois. Un individu seul, Pierre Sers, qui fut président du département de la Gironde, a trouvé les moyens de se soustraire à la vengeance nationale ; il fuira pour toujours le sol de la liberté, ou il y trouvera la mort.

Citoyens, il est temps d'exercer dans cette commune un grand acte de justice ; il est temps de rendre au travail et au bonheur des républicains dont l'expression de sentiments nous a paru sincère : il existe à Bordeaux comme ailleurs, des hommes qui ne peuvent vivre qu'au milieu des dilapidations et des larmes, et qui voudraient y entretenir un système d'oppression. Eh bien, que ces méprisables individus soient encore déjoués ; qu'ils trouvent leur malheur, puisque tel est leur sort, dans tous les heureux que vous ferez ; et puisse, pour l'avantage de ma patrie, ce malheur ne jamais trouver de terme !

Nous n'aurions pas, sans doute, entièrement rempli vos vues si nous terminions ce rapport sans examiner la question de savoir si on doit rendre à ce département la dénomination sous laquelle il fut originairement connu ; la solution de cette question nous a paru simple et facile. Commune-Affranchie, coupable d'une erreur plus longue et plus funeste à la patrie, a repris son nom ; celui de Bec-d'Ambès pourrait également être effacé. Lorsqu'un pardon en effet est le fruit d'une justice méritée, il pourrait être utile d'anéantir ce qui rappellerait le plus léger souvenir des fautes qui l'ont nécessité.

Mais vos comités ont observé que les députés de Bordeaux n'avaient pas reçu de mandat à cet égard ; qu'il existait d'ailleurs dans les armées de la république beaucoup de bataillons sortis du sein de ce département, qui se sont formés avec cette dénomination ; que ces bataillons l'ont identifiée, pour ainsi dire, avec la victoire, dont il ne peut plus être séparé, et qu'il serait en quelque sorte injuste et impolitique d'effacer la moindre trace de tout ce qui peut servir à rappeler le souvenir de la gloire de nos guerriers. Ces motifs seuls ont déterminé vos comités à ne point mettre de disposition à cet égard dans le projet de décret que nous allons vous présenter.

« La Convention nationale, après avoir entendu ses comités de législation, de salut public et de sûreté générale réunis ;

« Considérant que les auteurs de la création de la commission dite populaire, établie à Bordeaux, et des actes contre-révolutionnaires qui en ont été la suite, ont tous été atteints par la justice, et que Pierre Sers, mis hors la loi, est le seul qui s'y soit soustrait, décrète ce qui suit :

« Art. 1er. Il ne sera plus exécuté de poursuite en vertu de l'article II de la loi du 6 août 1793 ; en conséquence, aucun citoyen ne pourra, à l'avenir, être inquiété en raison des dispositions de cet article.

« II. Il n'est rien changé par le présent décret en ce qui concerne Sers, président du département de la Gironde : il reste hors de la loi. »

Ce décret est adopté.

— Pelet saisit cette occasion pour demander que les communes de la république qui, dans un temps où tous les noms furent changés contre des dénominations romaines, grecques ou révolutionnaires, changèrent les leurs contre ceux de Montagne, Marat, etc., reprennent leurs premiers noms. Il prévient l'objection qui pourrait lui être faite relativement aux communes qui portent des noms de saints ; elles pourront faire comme on fait à Paris, où l'on dit faubourg Denis, rue Honoré, etc.

Duhem déclare être en partie de l'avis de Pelet ; il dit même avoir porté plusieurs réclamations au comité de division, chargé de présenter un travail à ce sujet. Mais il pense que les dénominations qui tiennent à des titres proscrits, à la féodalité ou au royalisme, doivent disparaître à jamais ; en conséquence, il conclut pour demander qu'on attende le rapport du comité de division.

Cette dernière proposition est décrétée.

La séance est levée à quatre heures.

### SÉANCE DU 13 BRUMAIRE.

Un secrétaire fait lecture des lettres suivantes :

*Le représentant du peuple Musset, envoyé dans les départements du Puy-de-Dôme, de la Corrèze et du Cantal, à la Convention nationale.*

Clermont-Ferrand, le 4 brumaire, l'an 3e de la république une et indivisible.

« Chers collègues, jouissez ; le peuple français est partout magnanime ; partout il reconnaît ses droits et ses devoirs. Les habitants de Clermont, indignés qu'on leur ait assez peu rendu de justice pour croire qu'ils regrettaient l'infâme Couthon et son odieux système, ont témoigné par les plus sublimes élans leur amour pour la liberté et leur aversion pour les tyrans. Que n'avez-vous été, comme moi, chers collègues, témoins des séances mémorables où l'Adresse de la Convention au peuple français a été lue et apostillée, pour ainsi dire, à chaque phrase, par les réflexions les plus touchantes, où j'ai partagé avec le peuple de Clermont la satisfaction de voir l'innocence rendue à ses droits, et ses oppresseurs livrés à l'ignominie !

« Non, non, jamais la postérité ne pourra rappeler sans attendrissement les épanchements énergiques que des pères, des mères, des enfants rendaient à la Convention par la douce effusion de leurs sentiments mutuels ; et cependant la justice seule a présidé aux jugements qui ont été prononcés. C'est la loi du 17 septembre (vieux style) à la main, c'est d'après l'avis motivé du comité révolutionnaire, et au sein du peuple réuni dans le lieu des séances de la Société populaire, que j'ai opéré. Les citoyens de Clermont me chargent d'être auprès de vous l'organe de leurs sentiments ; ils se sont exprimés dans l'Adresse que je vous envoie, et qu'ils ont signée individuellement ; rendez-la publique, pour faire taire la calomnie, qui ne sait pas distinguer une poignée d'intrigants de la masse imposante et pure qui compose la majorité de la commune de Clermont.

« Salut et fraternité.      MUSSET. »

*Garrau et Baudot, représentants du peuple près l'armée des Pyrénées-Occidentales et les départements environnants, au citoyen président de la Convention nationale.*

A Egny, l'an 3e de la république française, une et indivisible.

« Citoyen président, l'armée des Pyrénées-Occidentales,

en remportant une victoire signalée sur les Espagnols, le 26 et le 27 vendémiaire, a vengé en même temps une injure d'ancienne date faite à la nation française. Nos ancêtres, du temps de Charlemagne, furent défaits dans la plaine de Roncevaux; l'orgueilleux Espagnol, en mémoire de cet événement, avait élevé une pyramide sur le champ de bataille; vaincu à son tour au même endroit par les Français républicains, déjà son propre sang en avait effacé les caractères; il ne restait plus que le fragile édifice, qui a été brisé à l'instant même. Le drapeau vivant de la république flotte aujourd'hui là où était le souvenir mourant de l'orgueil des rois, et l'arbre nourricier de la liberté a remplacé la massue destructive des tyrans. Une musique touchante et guerrière a suivi cette inauguration; les mânes de nos pères ont été consolés, et l'armée de la république a juré de vaincre pour la gloire du nom français de tous les âges, et pour le bonheur de la postérité.

« La nouvelle de plusieurs pièces d'artillerie découvertes sous les décombres du beau village du Burguet, incendié par l'ennemi, a augmenté l'allégresse commune, en même temps que plusieurs malades espagnols et quelques prisonniers français, trouvés mourants au milieu des flammes, ont excité une horreur générale contre la nation lâche et barbare que nous combattons, et le cri universel de *guerre a mort aux tyrans!* a été exprimé avec le besoin pressant de l'exécuter pour débarrasser la terre de ses oppresseurs, et faire revivre tous les droits de l'humanité.

« Salut et fraternité.

« *Signé* M.-A. BAUDOT, GARRAU. »

*Les représentants du peuple près l'armée des Pyrénées-Orientales à la Convention nationale.*

Au quartier général de Boulon, le 20 vendémiaire, l'an 2e de la république une et indivisible.

« Citoyens collègues, il manquait à la collection des drapeaux pris sur les soldats du despotisme, et à l'arrestation bien authentique de la honte et de la déroute de nos ennemis, d'y joindre ceux pris sur les satellites du tyran de Madrid par la brave armée des Pyrénées-Orientales. Ces intrépides défenseurs ne connaissent ni retranchements, ni obstacles; tout cède à leur bravoure; et cette armée, qui a déjà bien mérité plusieurs fois de la patrie, se rendra toujours digne de vivre dans un gouvernement qui a pour base la liberté et l'égalité, qu'elle jure de défendre jusqu'à son dernier souffle. Elle vous avec tous les bons citoyens une haine implacable aux aristocrates, aux modérés, aux intrigants et aux ambitieux. *Vive la république!*

« Salut et fraternité.

« J.-N. VIDAL, DELBERT. »

BEAUCHAMP, au nom du comité de législation : Il y a diversité d'opinions sur le point de savoir devant quels juges doivent être portées les questions d'état civil. Assez ordinairement les tribunaux de district s'en sont attribué la connaissance, et la loi du 12 brumaire, mal entendue ou perfidement interprétée, est restée en partie sans exécution.

Nous nous sommes convaincus de cette vérité dans l'examen de l'affaire dont le comité m'a chargé de vous rendre compte, et dans plusieurs autres de même nature qui lui ont été renvoyées. Il est donc important que la Convention nationale prenne une détermination qui, quoique particulière, suffira pour rappeler les tribunaux qui ont erré dans les vraies limites de leurs devoirs.

Alexandrine-Henriette Martine se prétend fille née hors mariage de Henri Charbonnel et de Benoîte Coup.

Henri Charbonnel est mort en 1792 (vieux style), sans enfants légitimes, après avoir disposé de ses biens en faveur de la femme Vente, sa sœur.

Alexandrine, appelée par la loi du 12 brumaire à recueillir tous les biens de la succession, dans le cas où elle parviendrait à établir sa descendance de Henri Charbonnel, s'est pourvue, à cet effet, au mois de pluviose dernier, devant le tribunal du 2e arrondissement de Paris, en demandant la réformation de

son acte de naissance, qui la suppose née d'un père inconnu.

Le tribunal a recueilli toutes les preuves de possession d'état produites par Alexandrine, et, par jugement du 22 ventose, elle a été reconnue et déclarée fille de Henri Charbonnel.

Munie de ce jugement et de son acte de naissance rectifié, elle s'est présentée dans le département de la Haute-Saône, pour se saisir d'un domaine de la succession. La veuve Vente, en sa qualité de sœur et légataire universelle de Henri Charbonnel, son frère, avait exercé ses prétentions sur le domaine, qui s'est trouvé en séquestre, d'abord dans la supposition qu'il pouvait appartenir à Vente, tombé sous le glaive de la loi, et ensuite parce que la veuve Vente ne rapportait pas de certificats de résidence, conformément à la loi sur les émigrés.

L'administration exerçait ainsi éventuellement (elle y était fondée) les droits que pouvait avoir la veuve Vente sur le domaine dont il s'agit. C'est à ce titre qu'elle a refusé à Alexandrine la levée du séquestre.

Le refus de l'administration a été motivé sur ce que le jugement du 22 ventose, qui déclare Alexandrine fille de Henri Charbonnel, a été rendu par des juges incompétents, contre les dispositions de la loi du 12 brumaire, qui attribue la connaissance des questions d'état à des arbitres du choix des parties.

Dans cet état de choses, Alexandrine, âgée seulement de cinq ans, réclame par l'organe de sa mère; elle demande que la Convention nationale confirme le jugement du tribunal du 2e arrondissement, comme conforme à la loi. Selon elle, le décret du 12 brumaire n'a pas enlevé aux tribunaux le droit de connaître des questions d'état, mais seulement celui de prononcer sur les questions d'intérêts pécuniaires, qu'elle a attribuées à des arbitres.... Le ministère public doit être entendu sur toutes les questions d'état, ce qui ne peut se faire que devant les tribunaux..... Enfin, la loi du 12 brumaire, suivant Alexandrine, est étrangère aux questions d'état.

Depuis lors, ajoute-t-on, l'usage même depuis la loi du 12 brumaire; et si le jugement du 22 ventose venait à être cassé pour raison d'incompétence, non-seulement Alexandrine serait exposée à perdre son état, puisque deux des principaux témoins sont morts, mais encore il faudrait faire subir le même sort à un grand nombre de jugements semblables; ce qui porterait le désespoir dans l'âme de beaucoup de malheureux enfants qui, sans famille et sans appui, ne peuvent invoquer contre l'injustice du sort que la nature et la loi.

Toutes ces réflexions ont été pesées dans votre comité; mais il a pensé que, puisque le temps est venu de donner aux lois toute leur force et d'en régulariser l'exécution, il ne devait pas, sous aucun prétexte, vous proposer de sanctionner les écarts des autorités constituées.

En vain on dira que la loi du 12 brumaire n'embrasse que le règlement des droits des enfants nés hors mariage dans les biens de leurs pères, que la nécessité d'entendre le ministère public repousse toute idée de compétence des arbitres sur les questions d'état.

Ces objections tombent d'elles-mêmes, pour peu qu'on s'attache à voir la loi dans son ensemble, au lieu d'en diviser les dispositions et l'esprit. Elle comprend tout, jusqu'à la nature des preuves de possession d'état nécessaires pour déterminer une décision favorable des arbitres. Et quand, après avoir tout prévu, la loi dit que « toutes les contestations qui en naîtront seront terminées par arbitres choisis par les parties, » comment peut-on vouloir encore que les tribunaux aient le droit d'en connaître? Comment veut-on qu'il soit nécessaire de faire participer le ministère public à ces contestations, puisque le législateur n'en a pas fait un devoir? Une seule considération dans l'affaire particulière a arrêté l'attention du comité : c'est que deux des principaux témoins, entendus par le tribunal du 2ᵉ arrondissement sur les faits de possession d'état articulés par Alexandrine, sont morts. Vous ne voulez pas sans doute que les dépositions précieuses de ces deux témoins soient perdues pour elle; qu'une faute dans laquelle on l'a entraînée puisse compromettre son état et la ravir à la famille que la nature et les lois lui ont assignée. Nous vous proposons donc de lui conserver comme authentiques les preuves qu'elle a recueillies, par l'impossibilité où elle se trouve de les recueillir de nouveau.

Cette détermination nous a paru un acte de justice commandée par les circonstances particulières, sans blesser l'exécution de la loi.

Voici le projet de décret :

« La Convention nationale, après avoir entendu le rapport de son comité de législation sur la pétition d'Alexandrine-Henriette Martine, tendant au maintien du jugement du tribunal du 2ᵉ arrondissement de Paris, du 11 ventose dernier, qui l'a déclarée fille de Henri Charbonnel et de Marie-Benoîte Coup ;

« Considérant que la loi du 12 brumaire ne laisse aucun doute sur la question de compétence en matière de possession d'état, puisqu'elle décide que toutes les contestations qui pourront avoir lieu sur son exécution seront terminées par arbitres ;

« Considérant que le jugement du tribunal du 2ᵉ arrondissement sur la demande d'Alexandrine-Henriette Martine est contraire aux dispositions de la loi du 12 brumaire, et notamment aux articles VIII et XVIII ;

« Considérant néanmoins qu'Alexandrine-Henriette Martine pourrait être exposée à perdre son état par la mort arrivée depuis peu de ses deux principaux témoins, si les preuves recueillies par le tribunal du 2ᵉ arrondissement étaient rejetées pour raison d'incompétence ;

« Casse et annule le jugement dont il s'agit; renvoie les parties et les preuves déjà faites par-devant des arbitres, conformément à l'article XVIII de la loi du 12 brumaire. »

Ce projet de décret est adopté.

CAMBON, au nom du comité des finances : Citoyens, votre comité des finances m'a chargé de vous proposer des mesures qui ont pour but de venir au secours de trois ou quatre cents citoyens indigents et malheureux, qui ont été forcés dans leur misère de recourir aux usuriers et de leur aliéner à vil prix une propriété, fruit de leur travail et de leur économie.

Ce n'est plus de l'agiotage que je viens vous entretenir, c'est de l'usure, fléau très-désastreux, qui ne sert qu'à ruiner les malheureuses victimes qui sont forcées d'avoir recours à ce triste expédient.

Un grand nombre de propriétaires de rentes viagères, se trouvant dans une position malheureuse et obligés de se procurer des ressources, ont vendu leurs rentes à condition de réméré, c'est-à-dire qu'ils mettaient en gage leur propriété, puisqu'ils se réservaient la faculté d'en recouvrer la jouissance en remboursant la somme qu'on leur fournissait.

Lorsque vous avez réglé le mode de liquidation et de répartition du capital provenant des rentes viagères, vous avez dû déterminer le sort des acquéreurs et des vendeurs, avec faculté de réméré.

Sur la proposition du comité de salut public, vous décrétâtes, le 8 messidor, que les personnes qui ont acquis des rentes viagères avec la condition de réméré n'auraient droit qu'à un capital qui ne pourrait pas excéder celui qu'elles ont fourni.

Cette disposition était fondée en principe, car il n'était pas juste qu'un acquéreur, avec condition de réméré, dont la propriété et la jouissance devaient fi-

nir lorsqu'on lui rembourserait le capital qu'il avait fourni, eût droit à un capital plus fort.

De tous temps les gouvernements ont senti la nécessité de punir l'usure; ce serait la récompenser que de payer à l'acquéreur à réméré le capital qui reviendra par la liquidation; c'est ce qui serait cependant arrivé, si la disposition du décret du 8 messidor n'avait pas été adoptée.

Car supposons qu'un propriétaire d'une rente viagère de 1,000 livres, constituée sur sa tête à 10 pour 100, ait été obligé, il y a dix ans, d'aliéner 800 livres de cette rente pour 6,000 livres de capital; au taux de l'emprunt, l'acquéreur n'aurait dû jouir que de 600 livres de rentes. Il s'est donc procuré une rente de 200 liv. en sus du taux fixé par le contrat, et si aujourd'hui cette rente de 800 livres produisait un capital de 8,000 livres, il bénéficierait encore de 2,000 livres, qui naturellement doivent appartenir au vendeur.

Cette proposition est si juste, qu'elle n'a pas besoin d'autres développements.

Nous avons hésité longtemps si nous ne vous proposerions pas de diminuer, sur le capital qui reviendra à l'acquéreur, les intérêts qu'il a reçus en sus du taux fixé par le contrat; mais nous avons été arrêtés dans cette idée par la considération que cet acquéreur aurait pu obtenir directement du gouvernement un intérêt égal à celui accordé à son vendeur, et qu'alors il n'aurait pas été obligé d'unir sa fortune au sort et à l'existence d'un étranger, qui souvent aurait pu compromettre sa propriété, soit en s'exposant à des voyages de long cours, soit par un déplacement qui aurait mis le propriétaire dans l'impossibilité de se procurer le certificat de vie nécessaire pour recevoir le payement annuel, soit par divers accidents.

Dans ces circonstances, il devient difficile d'évaluer le risque de l'acheteur, et de déterminer ce qui est usuraire. Le travail qu'on voudrait faire pour y parvenir, donnerait lieu à des difficultés inextricables, et finirait par entraver la liquidation qu'il est instant de terminer.

Votre comité a pensé que la disposition du 8 messidor, qui a déterminé que l'acquéreur à réméré, n'aura droit que jusqu'à concurrence du capital qu'il a donné, doit avoir son exécution.

Mais cette même loi faisait bénéficier la nation de la portion du capital de la rente viagère qui n'était pas due à l'acquéreur; à la vérité, vous avez fait des exceptions en faveur des vendeurs indigents, puisque vous avez chargé vos comités des finances et de salut public d'examiner les pétitions des citoyens indigents qui auraient vendu à condition de réméré, et d'y statuer en rendant aux indigents le bénéfice que la nation pourrait faire sur la liquidation.

Votre comité des finances a reçu déjà quatre cents pétitions qui réclament cette faveur de la loi; presque toutes sont appuyées de certificats d'indigence et autres témoignages favorables; dans toutes on remarque le propriétaire d'une petite rente, forcé de la vendre, pour se procurer quelques fonds, à trois ou quatre usuriers toujours les mêmes, qui faisaient métier d'acheter ces rentes à des conditions plus ou moins ruineuses pour le malheureux.

Les pétitionnaires retracent les circonstances fâcheuses qui les ont forcés d'aliéner, le défaut de moyens qui les a empêchés d'exercer leur faculté de réméré, et le droit qu'ils ont à l'exception bienfaisante décrétée en leur faveur.

Quelques-uns observent que si la loi ne leur avait pas enlevé la faculté qu'ils s'étaient réservée de rentrer dans leur propriété, ils auraient pu prendre des arrangements avec leur acheteur.

Cette assertion paraît d'autant plus probable que

nous pouvons assurer la Convention que la plupart des acquéreurs des rentes avec faculté de réméré auraient désiré éviter de faire connaître les conditions qu'ils avaient imposées à l'indigence, et nous sommes persuadés que, si la loi leur eût permis de rétrocéder leurs droits à leurs vendeurs, ils se seraient empressés de s'en dessaisir.

Votre comité des finances, d'après l'examen qu'il a fait de ces diverses pétitions, a pensé que vous deviez accorder aux vendeurs la faculté de rentrer dans leur propriété d'ici au 1er nivose, et de dispenser les vendeurs de l'obligation qui leur est imposée de s'adresser aux comités des finances et de salut public, de prouver leur indigence pour rentrer dans leur propriété.

Il est constant que ceux qui ont acheté des rentes à réméré ont prêté avec usure, et que ceux qui se sont mis sous la main pesante de ces usuriers sont des malheureux qui y ont été contraints par la nécessité.

La loi du 8 messidor laisse un espoir au vendeur qui a été forcé par le besoin d'aliéner sa propriété, et elle le soumet à des formalités toujours longues, pénibles et même désagréables, pour rentrer dans cette propriété.

Ces vendeurs indigents ne doivent pas trouver pire condition avec vous. Votre comité a pensé qu'il serait indigne d'une grande nation de vouloir profiter de bénéfices provenant d'une usure, dont le résultat tourne au préjudice de l'indigence.

Il vous propose donc de rapporter l'article XV de la loi du 8 messidor, et de rendre, par un décret général, aux propriétaires qui ont vendu, l'excédant de la liquidation que cette loi ne leur attribuait que par exception.

Ils doivent avoir aussi le même droit qu'ils avaient avant la loi qui a soumis les rentes viagères à la liquidation, celui de les racheter en prenant avec leurs acquéreurs les arrangements qu'ils trouveront convenables.

Les vendeurs à réméré auront la faculté d'opter pour une rente viagère, ou pour une inscription, sur le grand livre, du capital qui leur reviendra par la liquidation.

Le délai dans lequel ils pourront exercer la faculté de réméré sera fixé au 1er nivose, pour ne pas retarder trop la liquidation; mais ils auront jusqu'au 1er ventose pour se faire reconnaître à la trésorerie nationale.

En adoptant ces mesures, vous avez une nouvelle occasion de prouver aux malheureux et aux indigents l'intérêt que vous prenez à leur sort et votre empressement à venir à leur secours. Vous rendez une propriété à ceux qui avaient perdu l'espoir de la recouvrer, et vous mettez fin à près de quatre cents pétitions.

Voici le projet de décret que je suis chargé de vous proposer :

« La Convention nationale, après avoir entendu le rapport de son comité des finances, décrète :

« Art. Ier. Les personnes qui ont vendu leurs rentes viagères avec faculté de réméré pourront rentrer d'ici au 1er nivose prochain dans la propriété de leursdites rentes, en rapportant à la trésorerie, d'ici à cette époque, le consentement de leur acheteur.

« II. Ceux qui ne rapporteront pas ce consentement dans le délai fixé, mais qui se présenteront d'ici au 1er ventose prochain à la trésorerie nationale, auront droit au capital provenant de la liquidation, qui excèdera la somme qu'ils ont reçue lors de l'aliénation.

« III. Les vendeurs avec faculté de réméré auront l'option de convertir en une inscription sur le grand livre de la dette consolidée, ou sur le grand livre de la dette viagère, le capital qui leur reviendra par la liquidation, ainsi qu'il est fixé par les décrets des 23 floréal et 8 messidor.

« IV. Ceux qui n'auront pas déclaré, d'ici au 1er ventose prochain, s'ils entendent ou non conserver des rentes viagères seront considérés avoir opté pour des rentes viagères jusqu'à concurrence du maximum déterminé par les lois. »

Ce projet de décret est adopté.

CAMBON, au nom du comité des finances : La loi du 13 septembre 1792 a ordonné la vente de toutes les rentes constituées en argent, appartenant à la nation, dont la perception était confiée à la ci-devant régie nationale.

La vente en est ordonnée dans la forme des biens nationaux.

Au lieu de suivre ces formalités, le receveur de l'agence de l'enregistrement à Valréas, district d'Orange, département de Vaucluse, a vendu de son propre mouvement, à différents particuliers, plusieurs créances acquises à la république par la suppression des ordres religieux, jusqu'à concurrence de 30,856 livres 5 s. Les ventes ont été passées devant notaires, et le prix s'est élevé au taux du capital énoncé dans l'acte constitutif.

Le montant en a été versé dans la caisse du district d'Orange.

Dans la rigueur, ces ventes ne paraissent pas régulières; mais comme l'intérêt de la république est conservé, que le prix en a été porté à sa valeur, et que les acquéreurs sont de bonne foi, votre comité a pensé que ces ventes pouvaient être confirmées sans tirer à conséquence pour aucun autre cas.

Il vous propose le projet de décret suivant :

« La Convention nationale, après avoir entendu le rapport de son comité des finances, décrète que les ventes faites par le receveur de l'enregistrement à Valréas, district d'Orange, département de Vaucluse, des créances nationales, montant à 30,856 livres 5 sous, sans que les formalités prescrites par la loi du 13 septembre aient été suivies, sont déclarées valables, et auront leur exécution. »

Ce projet de décret est adopté

— Paganel, au nom du comité des secours, fait un rapport sur la demande des citoyennes employées à l'hospice des Invalides, qui ont présenté hier une pétition à la Convention, tendant à rester provisoirement à leur poste, dont ce comité leur avait été renvoyées pour les remplacer par des hommes.

Il expose les motifs qui ont déterminé la conduite du comité. Les citoyennes réclamantes, et particulièrement la nommée Viat, étaient des créatures de Dumas, de Robespierre et de tous les conspirateurs, qui avaient peuplé les établissements publics de leurs partisans, afin d'y faire germer leurs principes et d'y poser les fondements de la tyrannie qu'ils voulaient établir. Depuis ce temps-là l'intrigue troublait l'existence, jusque-là paisible, que la patrie accorde dans cette retraite à ses braves défenseurs. Nulle économie dans les dépenses, nul ordre dans les registres, la persécution et l'expulsion des officiers de santé les plus recommandables par leur probité et par leurs talents. Après trente ans de service, Sabathier, connu de l'Europe entière par ses connaissances chirurgicales et son habileté dans son art, avait été éconduit, incarcéré, ainsi que plusieurs autres, et il est probable qu'on leur préparait un traitement plus indigne encore.

On recevait dans la maison des empiriques qui, par des préparations perfides, empêchaient les bons effets des remèdes ordonnés par les anciens officiers de santé.

Enfin, l'immoralité s'y portait à des excès que le rapporteur du comité croit devoir passer sous silence par respect pour la Convention.

Tels sont les motifs qui ont engagé le comité à opérer dans le régime de cet hospice des changements qui sont le résultat des éclaircissements qu'il a pris depuis quatre mois sur son administration intérieure.

Le rapporteur entre dans quelques détails sur les intrigues des femmes exclues de cet hospice, pour y introduire le système de ceux qui les avaient nommées, et pour s'y faire réintégrer; il ajoute qu'elles se sont présentées aux Jacobins à cet effet.

Les Jacobins ont nommé deux commissaires pour prendre des informations. Léonard Bourdon était un de ces commissaires. Le rapporteur ajoute qu'étant allé à l'hospice avec un de ses collègues, il rencontre deux élèves de la maison d'éducation de Léonard Bourdon, qui étaient venus interroger les malades sur leur position; qu'ensuite il trouva ces mêmes jeunes gens, dont l'un avait bien dix-sept ans, à table chez la femme Viat; que l'un d'eux répondit et parla de la manière la plus grossière à son collègue.

Le rapporteur observe que si les attentions tendres et délicates des femmes les rendent propres à soigner les malades dans les hospices, cela ne s'applique que pour les maisons où elles ont reçu de longue main une éducation convenable, mais qu'on ne peut sans danger leur confier ce ministère dans une grande ville, lorsqu'on est obligé de prendre des sujets qui n'ont pas été formés pour cette destination.

Le rapporteur termine en demandant le rapport du décret rendu hier, qui maintient provisoirement les femmes de l'hospice des Invalides dans leurs fonctions.

La Convention rapporte son décret.

LÉONARD BOURDON : Je ne m'attendais pas que le rapporteur du comité des secours publics, en nous rendant compte d'un objet aussi important pour le bien public que les soins que l'on doit aux défenseurs de la patrie blessés, s'arrêterait à un petit incident auquel deux enfants de la Société des Jeunes Français ont donné lieu. Je fus nommé par la Société des Jacobins, avec deux autres citoyens, pour prendre connaissance des faits contenus dans une Adresse présentée à cette Société par une vingtaine de citoyens qui avaient tous perdu quelque membre à la défense de la patrie. Ils se plaignaient de l'aristocratie qui régnait dans l'administration des Invalides, de ce qu'on voulait les priver d'une femme qui leur tenait lieu de mère. (*Oui, une mère!* s'écrie-t-on.) Je me rendis aux Invalides, et j'usai en cela du droit qu'ont tous les citoyens de s'informer comment sont traités les défenseurs de la patrie qui ont été mutilés à son service. Je parcourus, avec les deux citoyens qui m'avaient été adjoints, les infirmeries, et les premiers objets qui frappèrent mes regards furent des crucifix, des images de la Vierge..... ( *Plusieurs voix* : Ce n'est pas là la question ; aux voix !) Président, maintiens-moi la parole.

*** : On devrait dire la messe tous les jours au commencement de la séance, pour plaire à ces messieurs. (Violents murmures.)

CLAUZEL : Président, si tu suivais le vœu de l'assemblée, ce scandale ne serait pas arrivé.

LE PRÉSIDENT : Je rappelle à l'ordre tous ceux qui prennent la parole sans me l'avoir demandée. Je la maintiendrai à Bourdon, à qui elle appartient.

CLAUZEL : Président, il est étonnant que tu ne consultes pas l'assemblée quand une grande partie de ses membres le réclame. Tu viens de dire que personne ne devait prendre la parole sans l'avoir obtenue ; mais il me semble que, quand un membre prend la parole pour insulter une partie de l'assemblée, tu dois le rappeler à l'ordre.

CAUMONT : Je demande que le membre qui a osé insulter une partie de l'assemblée lorsqu'elle émettait son vœu soit rappelé à l'ordre.

Plusieurs voix appuient cette motion.

TALLIEN : Cette discussion est indigne de la Convention. Il faut approuver les mesures prises par le comité des secours publics, et passer à l'ordre du jour sur le reste.

La Convention ferme la discussion, et approuve les mesures prises par le comité des secours publics.

LÉONARD BOURDON : Je demande si l'assemblée a passé à l'ordre du jour sur les grandes vérités que j'avais à dire relativement à la maison des invalides et à la situation des blessés.....

Léonard Bourdon est interrompu par l'arrivée de plusieurs défenseurs de la patrie, qui apportent un grand nombre de drapeaux pris sur les ennemis de la république.

( *La suite demain.* )

N. B. Dans la séance du 14, Robert Lindet a fait, au nom des trois comités, un rapport sur le maximum ; l'impression et l'ajournement à trois jours ont été décrétés. Une discussion s'est élevée, à la suite de ce rapport, relativement aux subsistances, aux objets de première nécessité, aux objets de luxe, au respect pour les propriétés, et aux moyens de retirer de la circulation le plus grand nombre possible d'assignats.

Les comités des finances, de commerce et d'agriculture sont chargés de faire un rapport sur ce dernier objet.

---

### LIVRES DIVERS.

*Recherches sur les causes des principaux faits physiques*, par J.-B. Lamarck, professeur de zoologie au Muséum national d'Histoire naturelle ; 2 vol. in-8°.

A Paris, chez Maradan, libraire, rue du Cimetière-André-des-Arcs, n° 9. Prix : 12 liv. broché, et 14 liv. franc de port.

Depuis plusieurs années on croyait que l'air et l'eau étaient des composés, que le feu était le dégagement du calorique opéré par la combinaison de l'oxygène avec le combustible.

Cette théorie, confirmée en apparence par les expériences les plus décisives, est renversée par le système du citoyen Lamarck. Selon lui, l'air est un élément, aussi bien que le feu et l'eau. Les phénomènes des dissolutions ne dépendent point de ce qu'on appelle les affinités. La nature, loin de tendre à former des composés, tend au contraire à les détruire ; de là des idées nouvelles sur la chaleur, la combustion, la fermentation, les causes de l'accroissement et du dépérissement des êtres organiques, la formation des minéraux, etc., etc.

Les découvertes nouvelles avaient fait une révolution dans la physique et la chimie ; l'ouvrage du citoyen Lamarck ne peut manquer d'y opérer une contre-révolution ; si ces principes sont aussi certains que les conséquences qu'il en tire. Sa logique est souvent pressante, et on se sent porté à conclure avec lui contre l'autorité des grands hommes dont il combat le système.

Les recherches du citoyen Lamarck méritent l'attention des savants ; c'est à eux qu'il appartient d'en discuter les principes. L'importance du sujet, et le nom de l'auteur, connu depuis longtemps par d'excellents ouvrages, ne permettent pas de le juger sans un examen très-approfondi.

— *Voyage en Afrique et en Asie*, principalement en Japon, pendant les années 1770 à 1779, servant de suite au *Voyage de D. Sparmann*, par Charles Thunberg ; traduit du suédois, avec des notes du traducteur ; in-8°, broché ; 7 liv. Chez Fuchs, libraire, quai des Augustins, n° 26.

---

*Payements à la trésorerie nationale.*

Le payement du perpétuel est ouvert pour les six premiers mois ; il sera fait à tous ceux qui seront porteurs d'inscriptions au grand livre. Celui pour les rentes viagères est de huit mois vingt et un jours de l'année 1793 (vieux style).

## BEAUX-ARTS.

*Catalogue des ouvrages dessinés et gravés par* François-Anne DAVID, *graveur, qui se trouvent à Paris, chez l'auteur, rue Pierre-Sarrasin, n° 13.*

(Il faudra affranchir les lettres et le montant des demandes. Les amateurs peuvent être assurés d'avoir un choix de belles épreuves, en s'adressant directement à l'auteur.)

*Antiquités d'Herculanum*, ou les plus belles peintures antiques, et les marbres, bronzes, meubles, etc., trouvés dans les excavations d'Herculanum, Stabia et Pompeïa, avec les explications françaises, par P.-S. Maréchal ; 8 vol. in-4° et in-8°.

Cet ouvrage immense est un de ceux qui embrassent à la fois le plus de connaissances en tout genre. C'est le dépôt le plus complet qui existe des monuments de l'antiquité. Les savants qui le consultent journellement y vont puiser des lumières capables d'éclaircir leurs doutes sur l'histoire et la mythologie. Les usages civils et religieux des peuples anciens s'y retrouvent presque tous attestés par les chefs-d'œuvre de l'art, toujours préférables aux autorités graves et aux conjectures les plus ingénieuses. Les restes précieux de trois grandes villes, fondées avant le siége de Troie, et placées sous le plus beau ciel de l'Italie, découvertes après dix-sept siècles d'oubli, donnent sans doute une foule d'objets intéressants pour les différentes classes d'amateurs.

Cet ouvrage est composé de 8 volumes, contenant 635 planches, sur lesquelles se trouvent gravés 1,095 sujets. Prix, chaque volume, format in-4°, premières épreuves, en feuilles, à 60 liv., ci. 480 liv.

Les mêmes, 8 vol. format in-8°, à 40 liv., ci. 320 l.

*Antiquités étrusques, grecques et romaines*, ou les plus beaux vases étrusques, grecs et romains, imprimés sur papier d'Hollande, et les peintures rendues avec les couleurs qui leur sont propres, accompagnées de leurs explications, par d'Hancarville ; 5 vol. in 4° et in-8°.

Outre les explications des peintures contenues dans ces volumes, on y traite de l'origine des Etrusques, de leurs lettres, de leurs mœurs, de l'ancienneté de l'ordre toscan, de la sculpture, de la peinture, des temps qui précédèrent et qui suivirent l'invention de la sculpture jusqu'à la prise de Troie, l'an 3505 de la période julienne, 1209 ans avant J.-C., enfin des temps qui suivirent la guerre de Troie jusqu'à la mort d'Alexandre-le-Grand.

Cet ouvrage est composé de 5 volumes, contenant 360 planches, du même format et même caractère que les *Antiquités d'Herculanum*. Prix, chaque vol. in-4°, en feuilles, à 60 livres, ci. . . 300 liv.

Les mêmes, 5 vol. in-8°, à 40 livres. . . 200 liv.

*Muséum de Florence*, ou collection des pierres antiques, statues et médailles de la galerie et du cabinet du grand duc de Toscane, avec leurs explications françaises, par Mulot et Maréchal ; 6 vol. format in-4°.

Entre toutes les productions de ce genre il n'en est pas sans doute de plus précieuse, de plus intéressante et de plus considérable que la publication des richesses qui se trouvent à Florence, principalement dans le cabinet du grand duc de Toscane.

Cette collection est composée d'environ 600 planches, divisées en 3 volumes de 1227 pierres antiques,

2 vol. de 660 médailles, et 1 vol. de statues. Prix, chaque vol., 84 liv.; les 6 vol. . . . . . . 504 liv.

Et les mêmes 6 vol., premières épreuves au bistre sanguin anglais, sur papier vélin, à 120 liv., ci. 720 l.

Le tome IV vient de paraître.

*Histoire d'Angleterre*, depuis la descente de Jules-César jusqu'à la mort de l'amiral Bing, représentée par figures, d'après les dessins de Lejeune, peintre, et accompagnée de discours, par Letourneur et Guyot, contenant 96 planches, format in-4°.

Une suite de tableaux qui représente une nation dans son origine, ses anciennes coutumes, civiles, morales et religieuses ; ses révolutions, ces grands résultats dont on aime à se souvenir, ces événements importants qu'on voudrait avoir vus, en un mot cette trace visible et différemment colorée que laisse un peuple dans l'espace de sa durée, et qui forme comme sa vie nationale et sa véritable existence dans l'univers : une semblable collection ne peut manquer de plaire en réunissant l'agrément à l'utilité, en offrant aux jeunes gens un attrait de plus pour s'instruire, aux gens instruits le plaisir de voir retracées sous leurs yeux des images dont leur mémoire conserve les idées ; aux amateurs un portefeuille intéressant et agréable.

Cette histoire est composée de 2 vol., contenant 96 planches. Prix, chaque volume, 100 liv., ci. 200 l.

Et les premières épreuves, imprimées au bistre sanguin anglais, sur papier vélin, à 150 livres le vol, ci. . . . . . . . . . . . . . . . . 300 liv.

*Histoire de France*, depuis l'élection de Pharamond jusqu'à nos jours, représentée par figures, d'après les dessins de Lejeune, peintre, accompagnée de discours, par Guyot et Maréchal ; 5 vol. format in-4°.

Rien ne se fixe mieux dans notre mémoire que les faits dont nous sommes témoins ; rien conséquemment de plus propre pour instruire que de rendre, pour ainsi dire, présents à nos yeux, par le secours d'un art permanent, les faits passagers des nations. Cette histoire nationale fait connaître autant les lois et les mœurs que les siéges et les batailles, le citoyen dans ses foyers autant que le Français en rapport avec les différents peuples de l'Europe, et le génie national autant que les vicissitudes des échecs de la gloire de la nation.

Dans cette composition, concertée entre l'artiste et l'écrivain, le burin a fait son choix des actions les plus animées et des moments les plus décisifs, et l'histoire, par son récit, a enchaîné les tableaux de manière que toutes les masses sont unies entre elles pour y marquer les traces d'un grand peuple, toujours intéressant dans sa mobilité même, et dont le génie a toujours préparé les plus grands événements.

Pour porter cet ouvrage au degré de perfection possible, l'artiste a fait accompagner toutes les gravures d'une bordure qui caractérise chaque race, tant par les différentes armes d'usage en ces temps-là que par des attributs qui désignent les différentes révolutions et les découvertes qui ont été faites dans les sciences, les arts, etc.

Cette histoire est composée de 5 volumes, avec les mêmes caractères que celle d'Angleterre. Prix, chaque vol. en feuilles, 100 livres, ci. . . . . 500 liv.

Et les premières épreuves au bistre sanguin, sur papier vélin, à 150 livres, ci. . . . . . . . 750 liv.

On pourra se procurer ces ouvrages reliés, en

ajoutant 10 livres par volume pour l'in-4°, et 5 liv. par in-8°, veau écaillé, et doré sur tranche.

Le tome IV vient de paraître.

## LIBRAIRIE.

*Principes de J.-J. Rousseau sur l'éducation des enfants*, ou instruction sur la conservation des enfants, et sur leur éducation physique et morale, depuis leur naissance jusqu'à l'époque de leur entrée dans les écoles nationales. Ouvrage indiqué pour le concours, suivant le décret de la Convention nationale du 9 pluviôse dernier. A Paris, chez Aubry, libraire, rue Baillet, n° 2, près celle de la Monnaie. Prix : 1 liv. 5 s., et franc de port 1 liv. 10 sous.

C'est une vérité bien reconnue qu'*Emile* n'est le livre que des gens instruits. L'auteur de l'extrait que nous annonçons en a fait le livre de tout le monde. Il a réuni et renfermé dans des cadres simples tout ce que le sublime auteur d'*Emile* a écrit de plus important sur la première éducation, et tout ce qui est d'une pratique facile. C'était la seule manière de répandre les excellentes leçons qu'il nous a données sur cette intéressante partie.

## GÉOGRAPHIE.

*Géographie universelle de Busching*, 16 vol. in-8°.

Les progrès des armées républicaines invitent le patriote à s'instruire de la situation ainsi que de l'état physique, moral et politique des nouveaux pays dont elles augmentent journellement le territoire de la république française. La géographie de Busching offre des détails précieux sur ces divers pays. Cet ouvrage, traduit de l'allemand, a été jusqu'ici reconnu pour le plus complet dans son genre. La description de l'Allemagne forme à elle seule six volumes ; celle de la France, deux ; les Etats du nord et du midi de l'Europe comprennent les huit autres volumes ; de sorte que cette partie du monde, qui a été seule traitée par ce géographe célèbre, forme une suite de seize gros volumes in-8°, la plupart de 750 à 800 pages, dont le prix actuel, broché, est de 100 livres, chez l'éditeur Treuttel, imprimeur-libraire, à Strasbourg.

On trouve dans la même librairie, à Strasbourg, les articles suivants. En ajoutant 30 sous par volume in-8° aux prix marqués, on les recevra francs de port par toute la république.

*Œuvres complètes de Louis de Saint-Simon*, sur le règne de Louis XIV et de Louis XV ; 13 vol. in-8° brochés. Prix : 45 livres. Le même ouvrage sur papier vélin, très-grand format, en feuilles, 130 livres.

*Œuvres complètes de Frédéric II*, roi de Prusse ; vraie édition originale en 20 volumes in-8°, brochés, 60 liv. Le même ouvrage sur papier vélin, très-grand format, en feuilles, 180 liv.

*Lettres sur Frédéric II*, ouvrage destiné à servir de complément à la vie de Frédéric II, roi de Prusse, par Laveaux ; 3 vol. in-8°, formant les tomes 5, 6 et 7, brochés, 12 liv. Le même ouvrage, format in-12, 3 vol., brochés, 9 liv.

*Tableau des révolutions de l'Europe du moyen âge*, enrichi de tablettes chronologiques, par Koch ; 2 vol. in-8°, brochés, 10 liv.

*Livre élémentaire de morale*, par le professeur Salzmann; 3 vol. in-8°, de plus de 400 pages chacun, avec vignettes, brochés, 10 liv.

*Histoire de la rivalité de Carthage et de Rome*, par Dampmartin ; 2 vol. in-8°, brochés, 8 liv.

*Magasin historique pour l'esprit et le cœur* ; in-8°, broché, 3 liv.

*Essai d'un art de fusion à l'aide de l'air du feu*, par Ehrmann ; suivi des mémoires de Lavoisier sur le même sujet, avec des planches ; in-8°, broché, 5 liv. 10 sous.

*P. Virgilii Maronis Bucolica, Georgica et Æneis, ex. ed.* Brunck, un vol. in-4°, imprimé avec les caractères de Jacob, élève de Baskerville, sur papier vélin, très-grand format, édition de luxe.

On peut aussi s'adresser, pour les ouvrages ci-dessus, au citoyen Onffroy, libraire, rue Victor, n° 11, à Paris.

## HISTOIRE NATURELLE.

*Collection coloriée*, la plus complète et la plus nombreuse qui ait jamais paru, concernant tout ce qu'il y a de plus rare et de plus curieux parmi les animaux, les végétaux et les minéraux, formant 30 vol. grand in-folio, et renfermant 1,500 planches ; ouvrage utile aux amateurs et aux curieux en tout genre, aux médecins, aux naturalistes, aux agriculteurs, aux fabricants en soie, en linon, en coton, en porcelaine et faïence, en fleurs artificielles, et généralement à tous ceux qui ont recours aux belles productions de la nature. Ceux qui désireront se procurer cette collection sont priés de se faire inscrire chez le citoyen Buchoz, qui en est l'auteur, rue des Grands-Augustins, n° 26, à Paris ; il n'en peut fournir au plus que trois collections par année, ce qui les rendra toujours très-rares. En s'inscrivant, on paiera une partie du montant du prix ; les premiers inscrits ont les premières collections.

## MÉDECINE. — CANCER AU SEIN.

*Fin du tableau des attestations de plusieurs médecins et chirurgiens célèbres de Paris, promises dans le dernier supplément, n° 19.*

Attestations relatives au cancer du sein de plusieurs citoyennes de Paris, guéries par le caustique du citoyen Dorez, ancien chirurgien de l'hôpital militaire du Cap-Français, île Saint-Domingue, maître en chirurgie reçu à Saint-Cosme, à Paris, et maître apothicaire reçu au collège de pharmacie dudit Paris.

*Troisième attestation.* — « Vu, il y a huit ans, le sein « de la citoyenne Germain, demeurant à Paris, rue Co- « peau, n° 12 ; je l'ai trouvé parfaitement guéri d'un can- « cer, et de par le caustique du citoyen Dorez. Aujour- « d'hui 6 fructidor, j'ai vu de nouveau le sein de ladite « citoyenne ; je l'ai retrouvé toujours bien guéri, et sans « aucune dureté.

« Certifié véritable, 6 fructidor, an 3°.

« Signé SALLIN, *officier de santé, médecin de la sec-* « *tion de la Montagne.*

« Visé au comité civil de ladite section, 21 du même « mois. Signé PAU, ROBILAD, *commissaires.* »

*Quatrième attestation.* « Vu, dans le commence- « ment de 1789, le sein de la citoyenne Abraham, mal- « tresse couturière, rue des Marmousets, en la Cité, n° 29. « Il était cancer absolument, et avait seize pouces de cir- « conférence à sa base, et cinq et demi de hauteur ; j'ai « été présent à l'application du caustique, et j'ai suivi le « traitement jusqu'à sa guérison.

« Aujourd'hui 16 fructidor, j'ai vu de nouveau le sein « de ladite citoyenne, je l'ai retrouvé toujours bien guéri « et sans aucune dureté.

« Certifié véritable le jour ci-dessus, an 3°.

« Signé SAILLANT, *médecin de la section du Panthéon-* « *Français.*

« Visé au comité civil de ladite section, le 7 fructidor.

« Signé BLANCHET, MAGNIEUX, *commissaires.*

« Signé GEOFFROY, *médecin, de la section de l'Homme-* « *Armé*, le 7 fructidor.

« Visé au comité civil de ladite section, le 8 du même « mois. « Signé PIEMON, NICOLAS, *commissaires.* »

Le citoyen Cosnier, cité dans le précédent supplément n° 19, a vu la guérison de la citoyenne Abraham, comme les citoyens Geoffroy et Saillant. Son attestation a été faite et signée, à Rueil, le 16 fructidor, même jour que les citoyennes Germain et Houiller.

*Cinquième attestation.* — « Vu, il y a près d'un an, le « sein de la citoyenne Lousecroulen (vivant de son bien) , « rue Pagevin, venant d'être guérie d'une tumeur cancé- « reuse que j'avais vu avant le traitement par le caustique « du citoyen Dorez. Cette citoyenne jouit de la meilleure « santé, et sans aucune apparence de ce mal, qui est par- « faitement guéri.

« Certifié véritable, 19 fructidor, an 2°.

« Signé Duvour, *médecin, en la section de Marat.*

« Vu au comité civil de ladite section, le 10 des mêmes « mois et an.

« Signé Halisse, *commissaire.*»

*Sixième attestation.* — « Vu, il y a plusieurs années, « une tumeur au sein de la citoyenne Verniquet. Ne l'ayant « plus revu jusqu'à ce jour, 21 fructidor, je ne peux dire « quelle augmentation elle avait acquise; la vérité est « qu'elle n'y est plus, qu'elle a été anéantie par le causti- « que du citoyen Dorez, que le sein est bien guéri, et que « la citoyenne paraît jouir d'une bonne santé.

« Certifié véritable, jour ci-dessus, an 2°.

« Signé Mertaud, *professeur d'anatomie comparée au Muséum d'histoire naturelle*, etc., etc.

« Vu au comité civil de la section des Sans-Culottes, 22 « fructidor, an 2°.

«Signé Marol, Bourse, Seroux, Oser, *commissaires.* »

Lecteurs, relisez le supplément n° 219, 9 floréal, l'an 2°; vous y verrez que la tumeur qu'avait vue le citoyen Mertrud, au sein de la citoyenne Verniquet, était bien différente lorsque le citoyen Dorez a entrepris de la guérir, 1° par son volume, 2° parce que c'était un cancer décidé par les douleurs et les élancements que la malade y ressentait.

La citoyenne Verniquet, femme du citoyen de ce nom, ex-architecte du jardin national des Plantes, etc., y demeure encore; mais elle a déjà sa nouvelle demeure, maison de Pons, rue des Pères, près celle Taranne, faubourg Germain.

La citoyenne Houiller, citée dans le dernier supplément n° 19, était épicière, rue Antoine, vis-à-vis la prison de la Force, et elle va demeurer d'ici à quinze jours maison d'un notaire, rue Martin, n° 265, près celle Grenier-Lazare.

Les lecteurs pourront encore parcourir les autres suppléments, notamment celui n° 166, 30 ventôse, l'an 2. Ils verront les détails de la guérison de la citoyenne Sabarndorf.

Dans le prochain supplément le citoyen Dorez donnera l'explication sur le changement du mot *caustique* donné par les médecins, et celui de *topique désorganisant* qu'il lui donne. Il déclare d'avance que la guérison de ce cruel mal ne consiste pas seulement dans la préparation du remède, mais bien dans la connaissance du lieu où est située la dureté.

Le citoyen Dorez invite les personnes qui lui écriront de mettre 5 livres ou plus dans leurs lettres, qui sont souvent fort longues, pour honoraires de la réponse à la consultation.

Il demeure rue et île de la Fraternité, ci-devant Saint-Louis, n° 105, près l'ancienne place du Pont-Rouge; il n'est chez lui tous les jours que depuis une heure après midi jusqu'à trois. Les lettres doivent être affranchies.

## ANNONCES.

### Bulletin de Littérature, des Sciences et des Arts.

Une Société de littérateurs, affligée de voir les belles-lettres, les arts et les sciences dans une léthargie voisine de l'anéantissement, et guidée par le désir de leur rendre toute la vigueur qui leur est nécessaire pour concourir à la prospérité de la république française, a résolu de donner au public une feuille périodique, dans laquelle seront annoncés et analysés tous les ouvrages nouveaux, en tout genre, dignes d'être connus.

Cette feuille, d'un intérêt majeur par les moyens qu'elle offrira aux auteurs pour la propagation de leurs ouvrages, paraîtra tous les dix jours à dater du 10 brumaire. Elle sera in-8°, plus ou moins volumineuse, selon la quantité d'ouvrages qui auront paru dans le cours de la décade, ou plutôt selon la longueur des analyses qu'on en fera. Elle sera intitulée : *Bulletin de Littérature, des Sciences et des Arts.* Ce Bulletin deviendra, pour ainsi dire, nécessaire aux personnes préposées à l'instruction publique, à celles qui font une étude particulière de tout ce qui a rapport aux sciences, et surtout aux citoyens qui sont amateurs de former une bibliothèque de livres choisis et intéressants.

Décrets en faveur des artistes et des arts, récompenses et honneurs accordés à l'industrie, découvertes, inventions, expériences nouvelles, tout ce qui aura rapport aux belles-lettres, aux arts et aux sciences, sera recueilli avec soin dans ce Bulletin.

Les rédacteurs annonceront gratis et analyseront tous les ouvrages dont on leur adressera un exemplaire.

Les livres, estampes, brochures, etc., et les abonnements, doivent être adressés, franc de port, au citoyen directeur du *Bulletin de Littérature*, rue du Croissant, n° 16, au coin de la rue Montmartre, à Paris.

On souscrit aussi à Marseille, chez le citoyen Achart, bibliothécaire national au district.

Le prix des abonnements est de 5 livres pour six mois, et de 10 livres pour un an, franc de port, pour toute la république.

---

*Poudres purgatives, propres à combattre l'affection des nerfs, chasser les vents et purger les glaires; découverte du citoyen Doussin, connu sous le nom de Dubreuil, docteur en médecine, à Paris.*

Le bureau général de ce remède est toujours dirigé par le citoyen La Chapelle, rue de la Vieille-Monnaie, n° 20 ; 2 livres la prise; vingt suffisent souvent pour rétablir la santé.

Le citoyen Dubreuil est convaincu que la plupart des maladies nerveuses dépendent des glaires. Voici une de ses observations sur la cause de l'épilepsie, le plus haut degré des maladies nerveuses, qu'il a reconnu appartenir à ce genre d'humeur; il s'agit d'un épileptique qu'il traita avec le plus grand succès en 1789. Cette observation, adressée aux professeurs chargés de la rédaction du *Journal de Médecine* de Montpellier, en 92, a été publiée l'année dernière dans le *Journal général de France;* la voici :

« Les selles et les urines extrêmement noires et muqueuses me confirmèrent dans l'opinion que j'avais toujours eue que l'épilepsie, ainsi que bien d'autres maladies nerveuses, reconnaissent pour cause une humeur glaireuse, qui parfois se résout dans la masse des liqueurs, et circule avec elles (alors le malade est tranquille) , et parfois se dépose sur l'organe où une affection de l'âme vive et de la nature de celle qui détermine le systole du cœur a établi un foyer d'irritation (ce qui nécessite la crise) . »

On peut se traiter d'une maladie ordinaire, occasionnée par la présence des glaires, avec la même manière de se servir du remède qu'on trouve au bureau général, rue de la Vieille-Monnaie, n° 20 ; mais l'épilepsie exigeant un traitement méthodique, on s'adressera directement au citoyen Doussin, rue Neuve-Eustache, n° 32.

---

*Bureau des biens à vendre, rue Avoye, n° 87 et 165, vis-à-vis celle de Braque, à Paris.*

*Beau domaine patrimonial,* département du Gard, avec grande maison de propriétaire, dans une superbe position, île de Piot, sur le Rhône, avec cent arpents de terre, et cent quatre-vingts arpents dans l'île de la Barthalasse, ensemble ou séparément. — *Beau domaine patrimonial,* département des Bouches-du-Rhône, à sept lieues de la mer, avec sept cent quatre-vingt-trois arpents de terre. — *Beau domaine patrimonial,* ci-devant terre de Villandry, près Tours, produisant 28,000 liv. — *Domaine patrimonial,* ci-devant terre de Ronnay, entre Argentan et Falaise, ayant maison de propriétaire, quatre corps de ferme formant un hameau de quarante feux, produisant

9,000 livres, en un ou plusieurs lots, ensemble ou séparément. — *Superbe maison patrimoniale* et meublée, avec beau jardin, et quatre-vingt-onze arpents de terre, ensemble ou séparément. — *Deux fermes* provenant des religieux d'Evreux, l'une située plaine de Neufbourg, près Elbeuf. et Louviers, pouvant produire 12,000 livres ; la seconde près Pacy-sur-Eure, produisant 5,000 livres. — *Domaine du Carroy*, situé près Nangis, ayant maison de propriétaire, corps de ferme et environ trois cents arpents de terre. — *Ferme de Bois-Elien*, près Coulomiers en Brie, et trois cents arpents de terre, produisant 5,000 livres. La majeure partie du prix de ces deux objets est à la nation. — *Ferme patrimoniale du Tremblay*, près Courtalain, département d'Eure-et-Loire, à trente lieues de Paris, produisant par année de bail 1,654 livres. — *Belle ferme* près Magny, à quatorze lieues de Paris, produisant 3,000 liv. S'adresser pour ces objets au bureau.

Le répertoire imprimé des objets dont la vente est confiée au bureau est adressé, tous les mois, sans abonnement et franc de port, à Paris et dans les départements, à ceux qui le font demander.

On souscrit au bureau pour le Tableau des biens particuliers, et au Journal des domaines nationaux qui sont à vendre. Prix de l'abonnement : 45 livres pour trois mois, 24 liv. pour six mois, et 36 liv. pour l'année ; et pour les départements, 18 liv., 30 liv. et 48 liv., franc de port. Ce journal paraît tous les jours.

---

*Collection complète du* Moniteur *à vendre*, depuis son origine jusqu'au 1er vendémiaire, l'an III de la république, s'adresser aux citoyens Lambert et compagnie, négociants, au Jardin Egalité, la galerie à gauche en entrant par la rue Honoré, à l'enseigne du *Sauvage*. — Ceux qui auraient souscrit pour cette feuille depuis la réunion de la Convention, le 21 septembre 1792, seront libres de ne prendre que ce qui est antérieur à cette époque.

---

*Procuration encyclopédique ou générale*, par le citoyen Tuttel, notaire à Paris, rue Neuve-des-Petits-Champs, ou des Capucines , n° 5. Ce projet de procuration , qui paraît exiger la prescience de toutes les conventions qui peuvent résulter des divers rapports sociaux, est susceptible, par l'étendue des pouvoirs et par sa concision et sa distribution, d'être utile à ceux qui ont à donner ou rédiger promptement des procurations étendues. Il se vend à l'adresse ci-dessus.

---

*Poudre fine à la violette*, purgée à l'esprit de vin, à 25 sous la livre ; et pommade au citron fin , à 6 liv. la livre , rue Montorgueil , n° 154, dans la porte cochère en face de la rue Bon-Conseil.

---

### Lettre relative au remède du citoyen Archidet.

J'ai quarante-deux ans. J'ai été attaqué de rhumatisme de vingt-sept à vingt-huit ; les accès ont parcouru successivement toutes les parties et ont fini par se fixer à la tête et à la poitrine. Les douleurs étaient si fortes que j'étais comme fou. J'ai vu beaucoup de médecins. J'ai essayé de tous les remèdes connus. J'ai tenté jusqu'à des bains de marseille et de vinaigre, sans aucun succès. Enfin j'ai vu, en 89, le citoyen Archidet. En huit jours de son traitement les douleurs se sont calmées, et en vingt j'ai été guéri. Je n'ai pas eu depuis un seul accès. J'ai ressenti quelques douleurs vagues, si légères que je n'y ai rien fait ; mais je dois dire que je n'ai suivi aucune des précautions qu'il prescrit.

J'aurais rendu plus tôt ce témoignage si le C. Archidet ne s'y était refusé jusqu'au rapport des citoyens Darcet, Deyeux et Duhamel. Il a paru ; le citoyen Duhamel a même annoncé dans les journaux qu'il n'avait pas eu d'accès depuis qu'il usait de ce remède. Je m'empresse donc de rendre à son auteur un témoignage qui aura d'autant plus de poids que ma cure est ancienne et que ma déclaration est précédée de témoignages authentiques.

RICARD, quai de la Vallée.

Le citoyen Archidet demeure à Paris, rue des Victoires-Nationales, n° 19.

## MÉLANGES.

### Innocence reconnue.

Barbier-Dufay fils, lieutenant-colonel des chasseurs à cheval de la légion du Nord, a été injustement accusé, et par jugement de la commission militaire près les Côtes de Brest et de l'Ouest réunies, condamné, le 19 frimaire, comme coupable d'un vol fait à la république d'environ vingt écus en étapes.

L'iniquité de ce jugement était telle que, d'après un rapport fait par Merlin (de Douai), au nom du comité de législation, la Convention nationale a décrété que Dufay et son coaccusé Guerinet seraient traduit au tribunal criminel de l'armée des Côtes de Brest, pour y être jugés de nouveau. Les témoins ont été entendus, Barbier-Dufay et son défenseur ont été écoutés, les pièces ont été vues des juges, la vérité s'est montrée dans tout son jour, et Dufay a été acquitté et mis en liberté le 29 fructidor. Guerinet, reconnu seul coupable, a été condamné à six années de fer.

Ce jugement a été rendu en présence d'une foule immense de citoyens que la singularité de l'affaire avait attirés, et dont la plus grande partie ne pouvait supposer Dufay coupable du délit qu'on lui imputait, connaissant ses qualités morales, sa bravoure et son patriotisme.

### AVIS.

Le citoyen Laffecteur, médecin, propriétaire du rob *antisiphilitique* pour la guérison des maladies vénériennes, fournisseur des hôpitaux de la marine, demeure toujours rue d'Angoulême, n° 11, boulevard du Temple. (Il prévient le public qu'il n'a point d'associé.) Les malades qui ne voudront pas se traiter chez eux trouveront chez lui des appartements propres et commodes.

Connu depuis près de vingt ans par les succès multipliés de son rob, il l'offre à tous ceux de ses concitoyens qui ont le malheur d'être infectés d'un virus vénérien, soit nouveau, soit ancien et invétéré ; il se chargera même avec empressement de ceux dont le mal aurait résisté aux moyens ordinaires, et il répond de leur parfaite guérison. Il n'exigera rien des malades qu'il entreprendra, s'ils n'obtiennent pas du remède tous les succès qu'ils doivent en attendre.

Ses titres à la confiance du public sont :

La guérison de plus de douze cents malades par année, et l'approbation du gouvernement qui en continue l'usage dans les hôpitaux de la république.

On trouve aussi chez le citoyen Laffecteur une modification particulière de son rob *antisiphilitique*, appropriée au traitement des gonorrhées, qui les guérit radicalement dans l'espace de vingt-cinq à trente jours.

Deux bouteilles de ce remède, dont le prix est le même que celui du rob, suffisent pour la parfaite guérison.

Les personnes qui désireraient de plus longs détails, les trouveront dans le supplément du *Moniteur* du 30 floréal.

---

### Riz de pomme de terre.

Le citoyen Grenet donne avis à ses souscripteurs qu'il vient d'achever de faire porter aux différents carrosses et diligences les instruments qui lui ont été demandés dans les départements pour faire le riz de pomme de terre. Que si l'arrivée de ces boîtes à leur destination éprouvait quelques retards, ce ne pourrait être que par la multiplicité des paquets (autres que les siens) déjà enregistrés, qui remettrait les envois aux départs suivants. Il continuera de faire passer dans les départements cet instrument aussi simple qu'utile, tout autant qu'il pourra se procurer des ouvriers et du ferblanc. Le prix est toujours de 15 liv., compris la brochure, qui contient trois feuilles et demie, avec une gravure et l'emballage ; cette brochure se vendra séparément à ceux qui la désireront, et il en fera passer à cet effet aux imprimeurs-libraires des départements qui lui en demanderont. Sa demeure est toujours rue de Tracy, porte Denis, n° 5 (en noir) ; et, au prochain terme, maison attenant, n° 6, Il faudra affranchir les lettres et l'argent.

# GAZETTE NATIONALE ou LE MONITEUR UNIVERSEL.

N° 46.    Sextidi 16 Brumaire, l'an 3e. (Jeudi 6 Novembre 1794, vieux style.)

## POLITIQUE.

### POLOGNE.

*Varsovie, le 20 octobre.* — Les feuilles publiques ont parlé de propositions faites par le roi de Prusse aux Polonais pendant le siège de Varsovie; on sait aujourd'hui ce qui a donné lieu au bruit qui en a couru. Quelques jours avant que l'armé et la capitale fussent informées de l'insurrection de la Prusse méridionale, Frédéric-Guillaume envoya le général Manstein dans le camp polonais. Ce général Manstein est le même qui accompagnait le roi de Prusse et Brunswick en Champagne. Arrivé dans le camp, il eut une entrevue avec le général Zalonezck. Le Prussien, après quelques propos oiseux, parut vouloir entamer le véritable objet de sa mission. On assure que le général polonais l'interrompit sur-le-champ, en lui demandant des nouvelles de Dumouriez. Une saillie si heureuse et si française, pourrait-on dire, attendu sa prestesse, déconcerta entièrement Manstein, qui se retira.

On n'a su à Varsovie l'insurrection de la Prusse méridionale que quelques jours après qu'elle eut éclaté. Cette heureuse nouvelle et celles de toutes les victoires de la république ont donné lieu à des fêtes nationales. Le conseil a invité Kozciusko à s'y rendre; ce général a répondu que ses occupations militaires l'en empêchaient; il proteste dans sa lettre qu'on doit tout au courage des soldats, aux efforts des citoyens et à la sagesse du gouvernement.

Il a été distribué aux soldats qui se sont le plus distingués des anneaux d'or avec cette inscription : *La patrie à ses défenseurs.*

### ALLEMAGNE.

*Manheim, le 24 octobre.* — Le quartier général du Prussien Mollendorf est en ce moment à Wiesbaden, et celui du général Benjewski est à Heppenheim.

— Les Français continuent avec activité leurs ouvrages à Mundeheim et à Friesenheim. C'est la marche victorieuse des républicains sur Bingen, par le Hundsruch, qui a déterminé le général prussien Mollendorf à faire repasser le Rhin à son armée entière sur plusieurs ponts de bateaux.

— Le général autrichien New a pris possession, le 19, du gouvernement de Mayence; il y succède au général prussien Kalkstein, qui a pris congé le même jour.

La garnison de Mayence a été renforcée ces jours-ci de neuf à dix mille hommes de troupes hessoises et palatines; on doit s'efforcer de la porter à dix-huit mille hommes; cinquante chariots de munitions y seront envoyés de l'armée autrichienne.

Une grande partie du conseil de l'électeur quitte la ville par prudence; les plus courageux des conseillers y resteront avec le chancelier Albini.

### ANGLETERRE.

*Londres, du 10 octobre.* — Le conseil a fait subir hier un nouvel interrogatoire aux personnes prévenues d'avoir voulu assassiner le roi. Bailey et Barker ont été élargis, et l'on croit que les autres seront aussi bientôt mis en liberté. On continue de garder leur dénonciateur, Upton, qui pourrait bien avoir inventé cette conspiration, ou du moins avoir grossi la liste des complices.

Le roi est venu le 8 de Windsor à Londres. Le même jour il donna audience aux lords Portland, Chatham, Grenville et Amherst, et le lendemain une audience particulière au chancelier de l'échiquier.

Le secrétaire d'Etat Wyndham, de retour de La Haye, passa près de deux heures avec le roi, auquel il fit examiner différents mémoires relatifs à sa mission. Le même jour il se tint à l'office du lord Portland, qui avait présenté M. Wyndham, un conseil complet, à l'issue duquel on

expédia un messager d'Etat au lord Saint-Helens, ambassadeur à La Haye.

— Le gouvernement britannique paraît s'occuper beaucoup de la manière dont la Hollande est menacée par les Français, qui ont déjà envahi une partie de son territoire. On prétend en conséquence que tous les corps de troupes réglées, complets ou non, ont reçu l'ordre de passer sur le continent, et qu'on les grossira de quatre régiments catholiques levés en Irlande.

— Le 8, un des commissaires des Etats-Unis eut avec M. Pitt une conférence qu'on pourrait appeler une altercation; car, quoi qu'en disent les papiers et les agents ministériels, que ces négociations finiront par consolider la paix, les nouvelles d'Amérique, et particulièrement celles d'Halifax, dans la Nouvelle-Ecosse, annoncent que le peuple des Etats-Unis laisse éclater partout une grande envie de voir déclarer la guerre à la Grande-Bretagne.

## RÉPUBLIQUE FRANÇAISE.

*De Paris. — Lettre de la commission des travaux publics aux comités civils des six sections de Grenelle, des Invalides, de l'Unité, du Bonnet-Rouge, des Piques et de la République, relative aux pères de famille qui doivent loger les élèves de l'Ecole centrale des Travaux publics.*

« Un des objets vers lequel le comité de salut public a porté plus particulièrement son attention, dans les mesures qu'il a prises pour l'établissement de l'Ecole centrale des Travaux publics, a été de procurer aux élèves qui doivent être admis à cette école, et qui ne seront pas domiciliés à Paris, des moyens assurés et convenables d'existence, et des logements préparés lors de leur arrivée dans cette commune.

« Il a cru devoir tranquilliser leurs parents, en prémunissant ces jeunes citoyens contre les dangers et les embarras qui résulteraient infailliblement de leur jeunesse et de leur inexpérience, s'ils étaient abandonnés à eux-mêmes, sans aucune surveillance.

« Ces moyens simples et naturels consisteraient à les mettre en pension, soit séparément, ou en très-petit nombre, chez de bons citoyens, vivant de leur travail, aimant à se rendre utiles et recommandables par leur patriotisme et par la pratique des vertus républicaines, qui pourraient leur donner les mêmes soins, exercer sur eux la même surveillance que des pères de famille doivent avoir pour leurs enfants.

« C'est en conséquence que la commission des travaux publics s'adresse au comité civil de la section de..... pour avoir des renseignements sur les moyens de remplir à cet égard les vues présentées dans le rapport fait le 8 vendémiaire à la Convention nationale, au nom des trois comités de salut public, d'instruction publique et des travaux publics réunis, et pour l'engager à ouvrir, le 1er brumaire, un registre sur lequel s'inscriront les citoyens de cette section qui auront le désir et les facilités de pouvoir prendre un ou plusieurs élèves en pension.

« La commission invite en outre le comité civil à prévenir ses concitoyens, dans l'assemblée générale de la section du 30 vendémiaire, que le registre est ouvert, et qu'il sera clos au 20 brumaire, et de leur faire connaître l'objet de l'invitation qui leur est faite, et les avantages qu'ils pourront en retirer eux-mêmes, soit pour l'instruction de leurs propres enfants, soit par le service essentiel qu'ils rendront dans cette circonstance à la chose publique.

« La commission joint ici une instruction relative aux engagements à contracter par les citoyens qui s'inscriront ; le comité civil est invité à la leur communiquer.

« Il sera nécessaire que le comité civil nomme quatre commissaires pour visiter tous les citoyens inscrits au registre, pour prendre et lui donner des renseignements, qui puissent le mettre à même de faire un choix convenable.

« Le comité civil n'accordera sans doute ses suffrages qu'à ceux qui ont une réputation bien reconnue de probité, de bonnes mœurs, et qui ont constamment donné l'exemple du travail et du civisme qui caractérisent un bon républicain.

« Le 28 brumaire, le comité civil remettra à la commission des travaux publics la liste de ceux des citoyens qui, s'étant fait inscrire au registre, auront d'ailleurs paru aux commissaires nommés à cet effet par le comité civil remplir les conditions exigées.

« Cette liste sera formée en remplissant les colonnes d'un tableau dont le modèle sera remis au comité civil de la section.

« La commission des travaux publics engage les membres composant le comité civil de la section de...... à rappeler aux citoyens de cette section que c'est un lien cher et doux, en même temps qu'il est bien propre à unir toutes les parties de la république, que l'échange que peuvent faire entre eux de bons pères de famille des soins réciproques à rendre à leurs enfants mutuels, que les besoins de la patrie obligent à quitter leurs foyers, et qui retrouveraient ainsi les avantages qu'ils retiraient de la surveillante sensibilité de leurs parents.

« Signé Lecamus et Rondelet, commissaires des travaux publics.

« Pour copie conforme :

« Dupin, adjoint à la commission. »

---

### TRIBUNAL CRIMINEL RÉVOLUTIONNAIRE.

*Du 14 brumaire.* — Le tribunal a instruit dans la salle de l'Égalité, contre les citoyens Commerel, ex-prêtre, président du district de Sarreguemines ; Catherine-Eléonore Linanges, veuve Lowenstein, ci-devant princesse ; J.-C. Boutet, chef de légion de la garde nationale et ex-vice-président du même district ; la femme Boutet, et Philippe, ci-devant chef de bureau du district de Sarreguemines.

L'acte d'accusation reproche à Boutet des dilapidations commises par lui, soit dans l'évacuation des châteaux de Deux Ponts, Saarbruck et Bliecastel, soit dans la vente des effets enlevés aux ennemis, etc.

Commerel est accusé de dilapidations de vins de l'émigré de Vergennes.

La veuve Lowenstein est comprise dans cette partie de l'accusation ;

Et Philippe est accusé d'avoir exigé, dans sa place de commis, des rétributions qui ne lui étaient pas dues.

Dix témoins, au nombre desquels sont les dénonciateurs, ont été entendus.

Aucun des faits n'ont été prouvés, et les témoins, les dénonciateurs eux-mêmes, ont déclaré que les accusés étaient d'excellents patriotes.

Tous les témoins ont également déclaré que la veuve Lowenstein n'était connue que par des actes bien prononcés de patriotisme et d'humanité. Son seul délit est d'être, ce qu'il lui est impossible de n'être pas, fille de son père et mère de son fils. Elle est depuis quarante ans naturalisée en France, dont elle n'est jamais sortie, et son fils est le premier des princes possessionnés qui ait accepté des indemnités.

L'accusateur public, Lecouturier, a terminé son résumé en déclarant que les délits ne lui paraissaient pas prouvés.

Le jury ayant déclaré à l'unanimité les faits non constants, les accusés ont été acquittés et mis en liberté au milieu des applaudissements du public.

---

## CONVENTION NATIONALE.

*Présidence de Prieur (de la Marne).*

### SUITE DE LA SÉANCE DU 13 BRUMAIRE.

Le général de brigade Despinois, accompagné de plusieurs de ses frères d'armes, paraît à la barre ; il présente à la Convention vingt-six drapeaux pris sur l'ennemi. s'exprime ainsi :

« Dignes représentants d'un peuple libre, nous venons enlacer aux palmes du Nord les palmes du Midi ; nous vous apportons, au nom de l'armée des Pyrénées-Orientales, vingt-six drapeaux et deux guidons, gages de ses triomphes multipliés et des honteuses défaites de l'Espagnol. Nous ne vous retracerons point la glorieuse carrière qu'elle a parcourue ; vous avez mis à ses travaux la plus douce récompense, la seule qu'envie son courage : vous avez écrit dans les fastes immortels de la république la journée mémorable du Boulou, les victoires signalées du 30 floréal, du 26 thermidor, et les combats de Belvès.

« Vous avez consacré par vos décrets ce jour où la garnison de Bellegarde, tourmentée par la faim, implora la clémence française. Notre territoire entièrement affranchi ; la mort et les ravages portés dans les superbes manufactures d'armes, dans les fonderies de ces usurpateurs ; cinq cents bouches à feu, quinze mille fusils, trésors militaires qui enrichissent nos parcs et nos arsenaux ; des milliers d'esclaves anéantis ou faits prisonniers, tels sont les fruits de ses efforts et de sa valeur.

« Mais ce n'est point assez pour nos frères d'armes d'avoir purgé nos plaines et nos murs envahis, d'avoir précipité du haut des Pyrénées l'insolent ennemi qui osa les franchir ; commandez-leur de nouveaux succès, ordonnez qu'aux voûtes triomphales du temple de la Liberté une place soit destinée pour leurs nouveaux trophées, et bientôt ils la rempliront.

« Fidèles interprètes de leurs sentiments auprès de vous, organes de leur profonde reconnaissance et de leur dévouement inaltérable, nous vous jurons de vaincre, d'achever à votre voix d'écraser les tyrans et les sectateurs de la tyrannie ; nous vous jurons de cimenter de tout notre sang, s'il le faut, l'édifice du bonheur que vous avez fondé pour le peuple français, et que vous venez d'asseoir sur les bases immuables de la justice et de la probité. Vive la république ! vive la Convention nationale !

« Citoyens représentants, je suis chargé d'ajouter aux trophées de l'armée des Pyrénées-Orientales cette épée, que le citoyen Joseph, caporal des Allobroges, natif de la côte d'Angole, a enlevée au général espagnol Saint-Maurice, et qu'il vous remet comme une offrande civique. » ( Vifs applaudissements. )

Le Président : Soldats de la patrie, la Convention nationale voit avec le plus vif enthousiasme et le plus douce émotion ces drapeaux que la valeur de l'armée des Pyrénées-Orientales a enlevés aux satellites des tyrans.

Bellegarde et une partie de la frontière du Midi avaient été livrées à l'ennemi par la plus lâche des trahisons ; votre valeur les a reconquises. Des montagnes fameuses nous séparaient de l'Espagne : vous les avez franchies. Vous avez trouvé au delà des monts des victimes de la tyrannie : vous avez brisé leurs fers ; le flambeau de la raison a éclairé les peuples des contrées que vous avez parcourues ; les liens de la douce fraternité les ont réunis aux républicains ; et c'est alors que nous avons pu dire avec raison qu'il n'y avait plus de Pyrénées.

Digne émule des autres armées de la république, l'armée des Pyrénées-Orientales a enrichi les fastes de notre heureuse révolution d'un grand nombre de victoires que ces drapeaux attesteront encore à nos neveux. Leur vue embrasera leurs cœurs du feu sacré de la liberté ; ils seront comme vous les apôtres de la raison et de l'humanité, et la terreur des despotes.

Portez à vos braves compagnons d'armes l'assurance que, tandis qu'ils combattent avec tant de gloire les ennemis extérieurs, la Convention nationale leur conservera le dépôt précieux de la liberté et de l'égalité que le peuple français lui a confié; assurez-les encore que le but unique de ses travaux est le bonheur universel.

La Convention nationale vous invite aux honneurs de la séance.

Sur la proposition d'un membre, le président donne l'accolade fraternelle au général Despinois et à ses compagnons d'armes, au milieu des plus vifs applaudissements.

— Le citoyen Druges, capitaine au 7ᵉ régiment de hussards, est admis à la barre.

Duroy observe que ce brave militaire a reçu trente-cinq blessures, qui le forcent de suspendre la continuation de ses services. D'autres membres attestent la bravoure de ce républicain.

Le président, s'adressant à ce capitaine, dit :

« Intrépide soldat, la Convention nationale a entendu avec le plus grand intérêt le récit de tes actions guerrières. Trente coups de sabre et cinq coups de feu te mettent, pour quelque temps, dans l'impossibilité de poursuivre ta glorieuse carrière; va dans le sein de ta famille rétablir les forces que tu brûles encore de consacrer au service de la république, et reparais bientôt sous ses drapeaux. Il est doux pour moi d'être en cet instant l'interprète des sentiments que ta présence inspire à la Convention nationale; mais j'éprouverai encore une plus grande satisfaction en te donnant en son nom l'accolade fraternelle. »

Le président donne à ce brave hussard l'accolade au milieu des plus vifs applaudissements, et il est admis aux honneurs de la séance.

— Organe du comité de salut public, Richard propose le remplacement du général Dumerbion, commendant en chef l'armée d'Italie, par le citoyen Schérer, général de division à l'armée de Sambre-et-Meuse. — Décrété.

Richard propose encore la nomination du citoyen Mangoury, ci-devant consul de la république près les États-Unis de l'Amérique, à la place de commissaire des relations extérieures, ci-devant occupée par le citoyen Buchot.
— Adopté.

Bernard (de Saintes) : Je demande à Richard si c'est pour cause de retraite ou de destitution que Dumerbion est remplacé.

Richard : C'est pour cause de maladie. Dumerbion, depuis un an malade, ne peut suffire au service actif exigé pour le commandement de l'armée d'Italie.

Albitte : Je saisis cette occasion pour donner à la conduite de Dumerbion les éloges qu'elle mérite. Patriote pur, excellent soldat, toujours il a bien mérité de la patrie, et mon collègue Salicetti et moi l'avons vu, quoique malade, monter à cheval, dans une circonstance importante, et conduire à la victoire nos colonnes républicaines. (On applaudit.)

*** : J'atteste que Dumerbion est non-seulement un général républicain, mais un des généraux les plus instruits de la France. Je voudrais que l'estime de la Convention et sa reconnaissance fussent consignées dans le considérant du décret.

Cette proposition, vivement applaudie, est décrétée.

La séance est levée à quatre heures.

### SÉANCE DU 14 BRUMAIRE.

Bordas, au nom du comité des finances : Citoyens, si je viens encore vous parler de la liquidation des dettes des émigrés, c'est que j'ai sans cesse devant les yeux la classe la plus nombreuse et la moins fortunée de leurs créanciers (1); c'est que je pense toujours aux besoins dont ils sont accablés; c'est qu'il faut les secourir aujourd'hui même, demain peut-être il serait trop tard; c'est qu'enfin je ne crains pas de fatiguer votre attention quand j'intéresse votre justice et votre sensibilité.

Vous avez déjà fait beaucoup pour ces créanciers, mais il vous reste encore beaucoup à faire. Vous

(1) Dans la séance du 4 brumaire, au moment où Eschasseriaux jeune et Lakanal désiraient à la tribune, plusieurs citoyens des tribunes s'écrièrent : « Avant d'apprendre comment nos enfants seront élevés, il faut savoir comment nous leur donnerons du pain »        A. M.

l'avez senti vous-mêmes, et, pour atteindre le but que vous vous êtes proposé, vous avez mis en réquisition les lumières de vos deux comités de législation et des finances. En partageant vos désirs, ils ont cherché à prévoir et ils ont discuté toutes les propositions qui pourraient vous être faites. Le résultat de leur délibération s'est fixé sur la nécessité d'une commission centrale, isolée de toute autre administration déjà existante. Ils ont reconnu que c'était l'unique moyen d'assurer les prompts succès d'une opération qui, depuis deux ans et demi qu'elle est confiée aux corps administratifs, n'a fait encore aucun progrès marqué.

J'ai développé, citoyens, les grands motifs qui sollicitent cet établissement. Ils ne sauraient vous être étrangers; il serait même inutile et fastidieux de vous les rappeler.

Mais ce n'est pas assez d'être pénétré de ce qu'ils ont d'impérieux; il faut décréter cet établissement, il faut lui donner l'existence et la vie. Que tardons-nous à créer la commission dont nous avons tous senti la nécessité? Que tardons-nous à faire nommer le commissaire et l'adjoint dont elle doit être composée?

J'aime à vous dire que le comité s'occupe sans relâche de poser les principes d'après lesquels cette commission marchera, qu'il agite même des questions importantes sur la composition de l'actif des émigrés par rapport à leurs créanciers; mais je dois vous dire aussi que la création de cette commission, que son existence, sont indépendantes de la solution des autres questions. Commençons donc, et au nom des deux comités je vous invite à commencer par former cette commission. Jetons ensemble un coup d'œil sur les avantages qui doivent en résulter.

Avez-vous nommé le commissaire et son adjoint; qu'aussitôt on leur indique un local pour établir leurs bureaux. Là, dès le même instant, ils s'occupent à recevoir, à diviser, à classer dans un ordre désormais devenu invariable tous les titres, tous les papiers que les districts et les départements sont tenus de leur faire passer de tous les points de la république. Ils ouvrent avec tous les corps administratifs, avec toutes les commissions exécutives, une correspondance nécessaire pour se procurer les renseignements dont ils ont besoin. Ils s'entourent de tous les moyens d'exécution, et méditent sur l'organisation définitive de la commission, organisation d'où dépend plus qu'on ne pense le succès de l'entreprise, et qui ne peut être que le fruit de la réflexion et de l'expérience. Il est sensible que tous ces travaux préparatoires et indispensables demanderont le sacrifice de quelques mois.

Cependant les comités continuent toujours à poser les bases sur lesquelles doit porter la liquidation; ils examinent, ils discutent les projets qui leur sont présentés, et ils adoptent ceux qui concilient le mieux les principes de la justice avec les intérêts de la république, avec ceux des créanciers; ils trouvent même auprès de la commission établie des renseignements faciles et précieux; et quand la commission est en mesure d'ouvrir ses bureaux, quand elle peut commencer ses opérations, le code des lois d'après lequel elle doit procéder est complet, et rien alors ne peut plus retarder son action.

Veut-on au contraire ne penser à la commission que lorsque toutes les difficultés relatives à la liquidation des dettes auront été prévues et décidées; veut-on que cette commission ne sorte, pour ainsi dire, c'est en ajourner indéfiniment la création, c'est vouloir perdre sciemment un temps précieux, puisqu'après celui que les comités et la Convention auront employé à discuter les principes, il faudra que la commission en emploie beaucoup encore à s'organiser, à se mettre en état d'user de tous les moyens d'agir qui lui auront été préparés d'avance.

Considérez ce qui s'est passé à l'égard de la liquidation des dettes de l'Etat. Si l'on eût attendu pour y travailler que toute la partie législative qui devait la diriger eût été complète, on aurait couru risque d'attendre longtemps, puisque quelques-unes de ces lois viennent encore tout récemment d'être rendues. Mais on a mieux fait, on a d'abord établi une direction générale. Les lois sont ensuite venues successivement et à mesure qu'on en a senti le besoin, et aujourd'hui les parties les plus considérables de cette liquidation sont terminées.

C'est la marche qu'il faut ici tenir pour une opération bien plus importante, et qui offre bien d'autres détails.

Citoyens, au nom de l'humanité, écartous toutes les mesures qui pourraient entraîner des délais. Si vous différiez plus longtemps l'établissement d'une commission que nous désirons, vous mettriez, contre votre vœu, le désespoir dans l'âme d'une foule de bons citoyens. Eloignés de nous, ils ignorent que vos comités calculent les moyens les plus propres à assurer leur prompt payement. Du fond de leur asile, innocemment injustes, ils accusent notre indifférence. Montrons-leur que nous n'avons jamais oublié la cause du peuple ; ils ne peuvent en juger que par le fruit de nos travaux. Créons donc cette commission, et l'espoir renaît dans leurs cœurs ; ils oublient ce que leur ont coûté trois années d'attente ; ils voient une administration qui enfin va s'occuper d'eux, qui ne s'occupera que d'eux, qui les écoutera ; ils sont consolés, ils sont presque déjà payés.

Burdas présente un projet de décret dont la Convention ordonne l'impression et l'ajournement.

— Robert Lindet, au nom des trois comités de commerce, de législation et de salut public, présente un nouveau mode de fixer le maximum des grains.

« Vos comités, dit-il, ont balancé les avantages et les inconvénients de la loi du maximum ; ils ont examiné s'il convenait de fixer un maximum uniforme pour toute la république. Le tableau général de la France à bientôt résolu cette question première. La nature a divisé la république en deux parties bien distinctes quant à son sol et à ses productions. Dans l'une, la culture est aisée et les productions abondantes ; dans l'autre, la culture difficile rend cependant trois ou quatre pour un. Le maximum uniforme aura augmenté considérablement le prix des grains dans la moitié de la république, et considérablement diminué dans l'autre moitié. Dans quarante départements, ce prix a toujours été infiniment au-dessous du maximum, et dans quarante autres beaucoup au-dessus ; vous aviez donc manqué votre but par un maximum uniforme : vous vous proposiez d'encourager l'agriculteur en lui fournissant dans l'augmentation du prix des grains des moyens de s'indemniser des frais de culture et de semence, et le maximum uniforme avait précisément produit le contraire. On vous avait entraînés dans cette mesure par l'avantage d'établir une balance égale ; mais la nature s'y opposait, et jamais le législateur ne doit être en opposition avec la nature. Vos trois comités ont donc pensé que la fixation du maximum devait été calquée sur la nature du sol et sur les productions de la France.

« Ils ont ensuite examiné s'il convenait de conserver un maximum pour la fixation du prix des grains ; grande question qu'il est temps d'aborder, que le républicain doit fixer avec un œil sévère, puisqu'elle touche aux plus grands intérêts. Mais cette question a cessé d'en être une lorsque les grands besoins de cette année ont été calculés, lorsque les manœuvres de l'agiotage, les spéculations de l'avarice, les fraudes de la malveillance, et peut-être même les combinaisons perfides de l'aristocratie ont été senties. La libre circulation ne pourrait subvenir à toutes les demandes.

« Le maximum supprimé, le prix ne pourrait être soumis à aucune mesure, l'avidité mercantile à aucune règle, le mécontentement du peuple à aucune réflexion ; tous ces inconvénients seraient aggravés par l'impatience des citoyens qui se rendraient en affluence dans les marchés, conduits par la crainte de manquer, et par l'impossibilité où serait le gouvernement d'apaiser l'impatience en faisant vendre des grains achetés dans l'étranger. Ces considérations ont décidé vos comités à vous proposer de maintenir la loi du maximum, mais fixée sur une base juste. Celle qui a paru à vos comités assurer la justice et aux cultivateurs et à la classe des citoyens qui achètent des grains, c'est le prix de 1790, augmenté de moitié en sus. Le prix de cette année a paru le plus uniforme et le plus régulier. L'augmentation de moitié en sus a paru nécessaire à vos comités pour compenser l'augmentation des frais de culture. »

Lindet fait lecture d'un projet de décret. On en demande l'impression et l'ajournement.

TALLIEN : Il ne peut y avoir de doute sur la nécessité d'ajourner ce projet, afin que chacun de nous ait le temps de le méditer et de réfuter les nombreux sophismes qu'il renferme. Cette discussion sera utile, car elle fera approfondir la question, qui n'est qu'esquissée dans le rapport. Il faut que la Convention s'occupe du prix de toutes les denrées, qu'il soit tel que le cultivateur et le consommateur y trouvent également leur intérêt.

Je reviendrai aussi sur une proposition qui a déjà été faite, sur celle de faire rendre à la commission de commerce compte des fonds qui ont été mis à sa disposition. Il faut savoir ce qu'elle a fait pour pourvoir aux besoins du peuple ; il faut savoir pourquoi, à l'entrée d'une saison rigoureuse, il n'y a, dans une commune aussi importante que celle de Paris, ni bois, ni charbon (applaudissements) ; du charbon surtout, qui sert à tous les usages domestiques, à tous les ateliers, à tous les arts. On me dit qu'en parlant de cela je sème des inquiétudes ; et moi je soutiens le contraire : c'est en éclairant le peuple sur les causes de cette disette qu'on l'empêchera de se porter à aucun mouvement.

On me dit encore qu'on n'ajourne pas la faim ; non certainement, mais on n'ajourne pas plus les autres besoins du peuple ; et si le maximum peut les accroître, il faut le rejeter. C'est pour examiner cette question que je demande l'ajournement du projet de décret.

Je demande encore que la commission de commerce rende compte des nombreux millions en écus qui ont été mis à sa disposition pour acheter des grains. Je ne demande la reddition de ce compte qu'en ce qui peut être publié, car je ne veux pas qu'on fasse connaître aux Anglais nos moyens d'approvisionnements, ni tout ce qui peut tenir à nos relations extérieures ; mais je demande pour le surplus un compte exact. (Applaudissements.)

*** : Je demande que la distribution du projet de décret soit faite demain, et que la discussion s'ouvre le jour suivant.

BEFFROY : La Convention a déjà eu occasion de remarquer que c'est en précipitant les décisions qu'on fait de mauvaises lois. Je demande l'ajournement de celle qu'on propose en cet instant à trois jours après sa distribution. Il faut pouvoir combiner des mesures sur lesquelles on ne soit pas obligé de revenir sans cesse, et qui n'occasionnent pas des pertes énormes à la république. Je déclare, quelque défaveur qu'on puisse éprouver en attaquant l'opinion de trois comités, que je combattrai ce projet-ci, et lui en substituerai un autre. Ce sera à l'assemblée à juger ma proposition.

GASTON : Il faut se hâter, autrement les spéculations vont se faire de toutes parts.

La Convention ajourne la discussion de ce projet de décret à trois jours après la distribution.

CAMBON : Je crois que la Convention, en ajournant ce projet à trois jours, vient de rendre un décret très-sage ; car une pareille loi mérite d'être bien examinée. C'est peut-être à la motion qui fut faite ici de fixer le pain uniformément à 2 sous la livre par toute la république que nous devons les plus grands maux. (Applaudissements.) En même temps qu'on ouvrira la discussion sur le projet qu'a présenté Lindet, il faudra la faire rouler sur la loi du maximum. Lorsque le gouvernement a quelque chose à vendre, il le vend sur le pied du maximum, et d'autres personnes le revendent ensuite à 4 ou 5 pour 100 de bénéfice. (Applaudissements.) C'est ainsi que le cacao provenant des prises faites par les bâtiments de la république sur l'ennemi n'est vendu, dans les ports de mer, que 18 sous la livre, qu'il est ensuite revendu à Paris 18 francs. Nous vendons à bon marché, et nous achetons cher. On se plaint de ce qu'il n'y a pas de sucre ici ; on demande des réquisitions pour en faire venir ; on en prive les autres départements : le maximum n'est pas suivi, et le gouvernement paie tous ces frais. Peut-être plusieurs de ses agents s'entendent-ils ensemble (applaudissements), et ont-ils pour associés ceux qui disent ici au peuple : « Si tu veux cela, tu le paieras tel prix. » (Applaudissements.) Il est temps d'examiner loyalement les besoins de la république et les causes du renchérissement des denrées ; il faut y porter un œil sévère, et si l'on reconnaît après qu'il faille faire quelques sacrifices, personne ne s'y refusera. (Applaudissements.) Il faut, en entamant cette discussion, nous faire rendre compte de toutes les opérations qui ont été faites : il est impossible que le gouvernement soit commerçant. (Applaudissements.)

Il fut un temps où nous étions très-heureux lorsqu'on pouvait arrêter des motions désorganisatrices. Ces motions ne sont pas nées dans le sein de la Convention ; elles ont été provoquées par des pétitions. On ne cessait de dire que la propriété n'était autre chose que l'usufruit, que la république pouvait se suffire à elle-même, et qu'il fallait nous passer des étrangers, qui étaient tous des aristocrates et des tyrans. C'est ainsi qu'on nous a plongés dans l'abîme de maux dont nous avons tant de peine à sortir. (Applaudissements.)

Notre industrie peut nous procurer facilement des moyens d'échange ; mais il faut exciter le travail ; l'oisiveté est notre plus grand mal (applaudissements) ; vous allez en avoir un exemple.

On avait organisé un gouvernement qui, en simple surveillance, coûtait 591 millions par année ; aussitôt tous les hommes accoutumés au travail de la terre et à celui des ateliers abandonnèrent leurs occupations ordinaires, occupations qui les rendaient utiles à leurs concitoyens, pour se placer dans ces comités révolutionnaires où ils n'avaient rien à faire, et où ils jouissaient d'une certaine autorité en recevant 3 liv. par jour. (Applaudissements.) Voilà une des grandes sources de nos maux, source qu'il faut tarir. Je demande que les comités de salut public, des finances et de commerce, nous présentent un travail général sur le maximum, et les moyens de régulariser les opérations de la commission des approvisionnements, qui doit pourvoir aux besoins de la république, mais ne pas faire le commerce à elle seule. Il est temps enfin de faire cesser cette grande lutte de l'intérêt d'une agence du gouvernement contre l'intérêt particulier de chaque citoyen.

Les propositions de Cambon sont décrétées.

PÉNIÈRES : Il y a déjà plusieurs décades qu'on a renvoyé au comité de commerce la question de savoir s'il ne serait pas utile au commerce de permettre l'exportation des objets de luxe. Je demande qu'incessamment le comité fasse son rapport.

THIBAULT : J'observe à l'opinant qu'un décret a déjà été rendu sur cet objet.

COUPPÉ (de l'Oise) : Je demande que les réquisitions soient ajoutées au travail général que les comités doivent faire sur le maximum.

RÉAL : J'appuie le travail général que l'on demande sur les subsistances ; mais je ne crois pas qu'il soit dans l'intention de la Convention de vouloir retarder la discussion du projet de décret présenté par Robert Lindet.

*Plusieurs membres :* Non ; l'ajournement est prononcé à trois jours.

PELET : Je demande la parole pour un article additionnel à la proposition de Cambon. Je pense que, si la loi du maximum est une des causes de la pénurie que nous éprouvons, et de quelque importance qu'il puisse être de discuter les questions dont l'assemblée vient d'ordonner le renvoi à ses comités, cependant ce serait abuser le peuple et la Convention, ce serait tromper l'espoir public, que de laisser croire que le travail des comités fera renaître l'abondance. La cause la plus réelle de la cherté et de la rareté des denrées est dans nos finances ; elle est dans la circulation de 6 milliards d'assignats, quand les productions du sol de la France ne s'élèvent qu'à la valeur de 2 milliards. Ce qu'il faut donc demander, c'est un rapport où l'on nous fasse connaître l'influence de cette grande quantité d'assignats sur le prix des denrées. Il ne faut pas avoir un grand génie pour s'apercevoir que c'est là qu'est réellement le mal. Ce n'est pas en captant des applaudissements qu'on sauvera la chose publique, c'est en traitant les grandes vérités. (On applaudit.)

Je le répète : il est reconnu que le territoire de la France ne fournit que 15 à 18,000 millions de productions ; comment veut-on que l'équilibre ne soit pas rompu par une circulation de 6 milliards d'assignats ? Nos finances ont trop été négligées ; il y a de grandes économies à faire. Pourquoi souffrons-nous sous nos yeux mêmes qu'on retourne en tous sens le jardin des Tuileries et les édifices nationaux ? Il faut arrêter tous les genres de dilapidations. Il faut faire rentrer les impositions arriérées. Pourquoi ne paie-t-on rien dans le département de Paris, par exemple ? Je demande que le comité des finances nous présente le tableau des finances de la république. (Vifs applaudissements.)

*** : Cambon vous a fait une observation bien juste quand il vous a dit que les comités révolutionnaires coûtaient à la nation 80 millions..... (*Cinq cents* s'écrient plusieurs membres.)

CAMBON : J'observe à l'assemblée qu'ils n'ont jamais été payés. (On applaudit.)

*** : Ils se sont payés par leurs mains. (Oui, oui ! — On applaudit.) Ce ne sont pas là les plus grandes pertes qu'ils ont occasionnées à la république ; celles qui lui ont fait le plus de tort existent dans l'incarcération des agriculteurs. La terre ne produit rien sans bras. Vous avez, il est vrai, rendu un décret pour que la liberté fût rendue à ces cultivateurs ; mais il n'est pas exécuté partout. Je citerai, entre autres départements, celui des Bouches-du-Rhône, où il est demeuré sans exécution ; cependant la prospérité publique en dépend.

On observe que l'exécution de ce décret est un objet qui concerne le comité de sûreté générale.

TALLIEN : La motion incidente qui vient d'être faite n'a pas un rapport direct à la question qu'on traite.

L'assemblée a ordonné la mise en liberté des cultivateurs, mais elle a sagement fait de laisser à son comité de sûreté générale le soin de distinguer entre eux. Il ne faut pas confondre avec ces hommes des hommes qui ne sont cultivateurs que depuis deux jours ; il ne faut pas que ceux qui n'ont pas de durillons aux mains puissent profiter des bienfaits de cette loi pour rentrer dans la société. (On applaudit.)

Je reviens à la question principale.

Pelet vient d'élever une question importante et qui doit rester invariablement à l'ordre du jour. Voilà des discussions utiles et qui honoreront la Convention ; c'est ainsi que vous parviendrez à sonder les plaies de l'Etat et à les cicatriser. (On applaudit.) Ce ne sont pas les débats particuliers qui scandalisent l'Europe, des dissensions occasionnées par des passions individuelles ; ce sont de sages décrets qui feront le bonheur du peuple. (Vifs applaudissements.) Le bonheur du peuple, voilà notre devoir comme notre vœu. Portons donc nos regards sur cette immense circulation d'assignats ; disons au peuple la vérité tout entière ; qu'il sache que ce n'est pas seulement à la malveillance et aux événements qu'il doit attribuer la cherté des denrées, mais aussi au grand nombre d'assignats mis en circulation, que nous devons nous occuper de retirer avec sagesse. Oui, cette masse énorme doit disparaître dans un temps donné ; c'est la bravoure de nos armées qui va réduire nos dépenses (on applaudit) ; c'est elle qui va faire que nous aurons moins de troupes à entretenir. Il faut entamer cette question.

Je ne crains pas qu'on m'accuse de jeter l'idée de la paix ; mais il est vrai, très-vrai de dire que c'est la baïonnette victorieuse de nos intrépides frères d'armes qui, en repoussant les ennemis fugitifs au delà du Rhin, et en nous faisant rentrer dans nos anciennes limites, diminuera la masse de nos anciennes dépenses ; c'est elle qui vous met en état de donner la paix à une portion de nos ennemis qui viendront vous la demander et souscrire aux conditions que vous leur dicterez. (On applaudit.) Mais, en diminuant les dépenses, il faut aussi, comme le dit Cambon, diminuer le nombre des individus qui existent sans rien faire, qui avaient un revenu annuel sans autre tâche que celle de vexer les citoyens. Du travail pour tous, que tout citoyen soit utile et honnête ; voilà l'égalité, voilà la vraie démocratie. Rappelons au peuple que celui qui vit du travail de ses mains est seul respectable, et que le fainéant devrait, en quelque sorte, être exclu de la société. Je demande que la proposition relative aux moyens de diminuer la masse des assignats, et toutes les autres, soient renvoyées aux comités, pour vous faire à cet égard un rapport détaillé d'ici à deux décades.

CAMBON : La masse des assignats en circulation n'est pas difficile à connaître ; elle est imprimée, elle est affichée dans le comité des finances, qui chaque mois en soumet le tableau à la Convention. Ce n'a

pas été pour votre comité un petit travail que celui de débrouiller le chaos des finances, et de remonter jusqu'aux Assemblées constituante et législative, qui n'ont fait que le rendre plus obscur et plus pénible. Lorsque la Convention rend des décrets pour des payements, le comité est obligé d'obéir ; mais il s'estime heureux d'avoir, par une force d'inertie, sauvé au trésor public 591 millions, dans un temps où il était dangereux de les refuser aux hommes qui prétendaient y avoir droit. Le comité demande-t-il des pièces justificatives ; on lui dit : « Tu opposes des formes, tu entraves tout ; » et s'il manque des blés, c'est sur lui qu'on en jette la faute, parce qu'il prépare à la Convention les moyens de voir clair dans les dépenses de la république. Jamais le comité des finances ne s'est opposé à la diminution de la masse d'assignats en circulation ; au contraire, il avait une mesure prête, vous étiez à la veille d'en jouir ; mais on a voulu la paralyser ; nous nous en plaignîmes à la Convention, et l'on proposa la loi du maximum. Toutes les mesures que nous avions prises devinrent nulles. Cela ne suffit pas ; alors vinrent des lois qui firent disparaître de la société les hommes qui auraient rempli l'emprunt forcé de 1 milliard. Non, la quantité d'assignats en circulation n'est point un problème ; il en reste 6 milliards 400 millions. On a voulu pendant longtemps insinuer la démonétisation des assignats à face royale. Comme ils étaient, pour la plus grande partie, de petites valeurs, on voulut s'en faire un moyen de soulever le peuple contre la Convention. Nous résistâmes à ces insinuations. Enfin, dans un moment de violence on nous força la main ; alors vinrent les lois ; et cependant nous insistâmes et nous réussîmes à borner cette opération aux assignats au-dessus de 100 liv. Il ne faut pas jeter sur un comité toute la responsabilité pour des maux qu'il aurait prévenus si l'on était venu à son secours. Eh bien, aujourd'hui nous appelons à notre aide toutes les lumières. (Une voix : Il ne faut pas les persécuter, les arrêter !) Je n'ai jamais fait arrêter personne. Parmi vos dépenses, il en est de deux classes : les unes sont inévitables ; habiller, nourrir, équiper, récompenser les défenseurs de la patrie ; donner des secours, des indemnités, des pensions à leurs familles, voilà ce qui constitue cette première nature de dépenses : celui qui s'y opposerait serait un monstre à proscrire de la république. (On applaudit.) Mais il en est d'autres sur lesquelles vous pouvez porter un œil réformateur. Déjà vos lois ont affranchi la nation des frais énormes du culte. Vous avez à payer vos administrations ; mais lorsque, dans une révolution, tous les hommes sont neufs en principes politiques, en pratique administrative, on doit se borner à leur accorder le strict nécessaire. Il s'élève actuellement autour de vous une clameur générale. Tous les fonctionnaires publics demandent une augmentation de traitement. Vous avez en effet porté dans cette partie la plus grande économie ; la majeure partie des traitements ne passe pas 6,000 liv. excepté pour vingt ou vingt-cinq personnes : encore faut-il que les employés de la république trouvent leur existence à le servir.

Il y a dans Paris des hommes à systèmes qui entravent tout. Croiriez-vous qu'à votre ancienne salle on vient de faire une dépense de 7 à 800,000 livres, qui ne sera d'aucune utilité pour la république ? (De violents murmures éclatent dans toute l'assemblée.) Vous aviez rendu un décret fort sage. S'il avait toujours été exécuté, vous auriez prévenu beaucoup de mouvements salariés peut-être par des partis contraires. Vous aviez décrété, le 30 germinal, qu'on ne paierait plus aucunes dépenses sans pièces justificatives. En effet, les anciens ministres ordonnançaient sans cette précaution, et l'on payait souvent pour des objets qui n'avaient point été fournis. Autre abus : on donne des à-comptes qui finissent toujours par excéder les dépenses et aggraver le désordre de la comptabilité. Apportez donc ici la sévérité la plus grande ; exigez que vos commissions exécutives vous présentent des pièces justificatives pour tout. Songez que vos dépenses sont énormes, qu'il en coûte à la république 300 millions par mois. En 1792 la France a dépensé 1,800 millions et en 1793 2 milliards. Sans doute vous ne pouvez réformer les secours attribués aux femmes, aux veuves, aux enfants, aux pères et mères des défenseurs de la patrie ; mais vous avez le système de commerce exclusif dans la main du gouvernement, système qui occasionne des pertes énormes. On nous force d'acheter en écus des denrées qui reviennent, je suppose, à 21 liv. le quintal, et que l'on donne à 14 liv. ; voilà donc 7 liv. de perte. Sans doute il faut, dans les circonstances où nous nous trouvons, il faut faire des sacrifices, sans quoi vous organiseriez la famine ; mais il faut un respect inviolable pour les propriétés. (On applaudit à plusieurs reprises.) Voilà la base unique de votre système de finances. Nous n'avons cessé de vous le dire, je vous le dirai sans cesse avec la franchise que vous me connaissez : qui est-ce qui voudra acquérir des domaines nationaux s'il n'a pas la certitude que sa propriété lui sera garantie ? (Nouveaux applaudissements.) Si l'on porte la moindre atteinte aux propriétés provenant des biens des émigrés, des déportés, votre système financier croule encore. Les biens qui provenaient du clergé sont connus ; ils étaient vendus presque en totalité avant votre réunion. Il y a les domaines et les forêts, agrandis par les possessions des émigrés. Le système des biens à vendre résulte de votre législation. Plus vous respecterez les propriétés, plus vous trouverez d'acquéreurs. (Les applaudissements recommencent.) On ordonne des démolitions de bâtiments d'églises ; certes je n'aime pas plus les églises qu'un autre, mais elles peuvent être vendues utilement ; ceux qui les démolissent attaquent la propriété nationale. Il est impossible de vous donner un tableau précis, ni même approximatif, des revenus nationaux, par exemple, dans la Vendée, dont presque toutes les terres appartiennent à la république par l'effet de l'émigration ou de la déportation. Je le répète, il faut que tous les membres viennent à notre aide. Sans doute, avec le déficit de nos recettes et l'énormité de nos dépenses, le moyen de retirer les assignats de la circulation n'est pas un moyen aisé ; mais, pour parvenir à le trouver, ayez une comptabilité bien réglée, bien exacte, et surtout probe, et que tous nos collègues viennent à cette tribune et dans le comité apporter le tribut de leurs lumières et le fruit de leur expérience et de leurs réflexions. (On applaudit.)

La Convention charge les comités des finances, d'agriculture et de commerce, de méditer les moyens de retirer le plus possible d'assignats de la circulation.

— Cambacérès observe à la Convention que les variations dans la législation occasionnent dans l'état des choses et des personnes des vicissitudes et des changements nuisibles à la fortune et au bonheur des citoyens ; qu'il a été rendu hier, sur une motion d'ordre, un décret qui anéantit les dispositions de la loi du 12 brumaire. Cette loi renvoie clairement à la disposition des arbitres les questions d'état ; elle a été rendue d'après un rapport discuté du comité de législation, préparé par une discussion mûrie, et soumis aux débats de l'assemblée. Elle a reconnu alors que les arbitres, choisis librement et par l'effet de la confiance de leurs concitoyens, qui ne parta-

geaient pas les opinions de l'esprit des anciens tribunaux, porteraient sur les questions d'état des jugements plus équitables, plus impartiaux et plus conformes à l'esprit des lois nouvelles.

Cambacérès ajoute à ces considérations que l'intrigue sollicite souvent ces motions d'ordre qui tendent à demander le rapport de décrets déjà rendus ; que souvent des femmes débauchées espèrent d'obtenir par cette voie artificieuse l'anéantissement des lois qui contrarient leurs intérêts. Il demande le rapport du décret rendu la veille, et le renvoi des dispositions qu'il contient au comité de législation.

Pons (de Verdun) s'y oppose ; il invoque le témoignage du comité, auquel Cambacérès n'a pas assisté. Il prétend que le décret rendu la veille est tout entier en faveur des malheureux ; que le tribunal des arbitres n'offre des chances à l'intrigue que pour les puissants et riches. Il est entendu avec impatience, et interrompu dans son discours.

La Convention décrète la proposition de Cambacérès.

\*\*\* : Plus de deux cents victimes, dans le département de la Meuse, ont été traînées sur les bords de la Loire, et attendent le moment qui doit achever leur déportation ; je viens aujourd'hui demander à la Convention de prononcer en leur faveur un sursis. La plupart ont satisfait à la loi, et n'en sont pas moins compris dans cette mesure ; cependant cette mesure terrible, cette déportation entraîne dans les plus grands malheurs des sans-culottes, qui se trouvent dépouillés, ainsi que leurs familles, par l'effet de cette loi.

Je ne viens point ici prendre leur défense ; mais je viens appeler votre attention sur la garantie nationale : si vous pouviez douter du danger de voir la garantie sociale attaquée impunément, je n'aurais qu'à vous rappeler ce qui est arrivé, et ce qui peut encore arriver. Plusieurs de ces hommes ont marché avec les patriotes ; plusieurs ont paru à la tête de nos colonnes pour combattre les ennemis de la révolution. C'est par ces considérations seulement que je demande à la Convention d'accorder un sursis à la vente du mobilier et à la déportation de ces hommes.

*Plusieurs voix* : Le renvoi aux comités !

\*\*\* : Vous avez déjà ordonné à leur égard un renvoi aux comités ; c'est sur la confiance de ce renvoi que plusieurs de ces malheureux sont rentrés. Quel est donc le représentant de la nation qui a pu ordonner une telle mesure ? Quelle différence entre cet arrêté et le tribunal de Couthon et de Robespierre ? quelle différence entre cette mesure et celle qu'ordonna le tyran Louis XIV ? Ce n'est pas assez faire pour la liberté que de détruire la tyrannie ; il faut faire aimer cette liberté, et ce ne peut être que par la justice.

Je ne demande point la liberté de ces hommes condamnés à la déportation ; mais je demande qu'ils soient gardés provisoirement dans des maisons de détention.

Gaston : Je ne veux point blâmer les vues d'humanité qui viennent de vous être présentées par mon collègue ; elles me paraissent toujours louables, et nous serions enchantés de les pouvoir rendre à la liberté que désespérés de commettre contre eux une injustice ; mais pourquoi vouloir nous faire toujours préjuger en faveur de l'aristocratie, en faveur de cette caste impure de prêtres, auteurs coupables des troubles de la Vendée, qui se sont fait un cruel plaisir de nager dans le sang ; en faveur de ces hommes qui ont armé des bras parricides contre leur patrie ? Attendrissons-nous sur les maux de la patrie, et non sur ceux de quelques fanatiques, et ne prenons aucune mesure sur les arrêtés des commissaires de la Convention sans avoir entendu ceux qui les ont cru devoir prendre et les motifs qui les ont déterminés. Ne prenons aucun parti en faveur des hommes de sang, des barbares qui ont voulu étouffer la liberté. Si quelques-uns de nos collègues ont été trop loin, vous êtes loin de les approuver, et vous n'avez jamais voulu faire couler le sang des Français. Je demande donc l'ordre du jour sur la proposition qui vous a été faite.

REWBELL : Il ne s'agit pas ici des prêtres réfractaires, qui se sont toujours montrés les ennemis de la révolution; leur sort est décidé, ils doivent être mis à mort; il s'agit de ceux de cette profession qui ont servi la révolution par des vues d'intérêt personnel ou par d'autres motifs; il s'agit de ceux même qui ont feint de l'embrasser; mais comme dans le nombre de ces hommes il peut s'en trouver de bonne foi, que dans le nombre de ceux qui ne se sont pas déclarés ouvertement les ennemis de la patrie, et qui ont peut-être consulté leurs intérêts particuliers, il en est peut être plusieurs qui peuvent être dirigés vers un but utile, je ne crois pas que l'assemblée doive préjuger les mesures que les représentants du peuple ont cru devoir prendre sur les lieux, pour les empêcher de fanatiser les malheureux habitants qui leur avaient accordé quelque confiance. Toutes ces mesures, et les motifs qui les ont déterminées, sont consignés dans des arrêtés qui ont été envoyés à vos comités de gouvernement. (Applaudissements.)

Je demande le renvoi des propositions qui vous ont été faites à vos trois comités.

Le renvoi est décrété.

— Porcher fait rendre le décret suivant :

« La Convention nationale, après avoir entendu son comité de législation sur un jugement rendu par le tribunal de cassation, en date du 25 prairial, qui déclare qu'il y a lieu à la prise à partie intentée par Etienne Bernard contre les juges du tribunal du district séant au Blanc, département de l'Indre, les condamne solidairement en 4,000 livres de dommages et intérêts, et à l'affiche du jugement :

« Considérant que, de l'aveu même du tribunal de cassation, ledit Etienne Bernard n'a pas justifié suffisamment que les juges dont il se plaignait se fussent conduits par haine ou par jalousie;

« Considérant qu'il est prouvé par le relevé du contrôle du Blanc, attesté par le percepteur de l'enregistrement et les officiers municipaux de cette commune, qu'il n'a souffert aucune altération dans sa fortune, puisqu'au mépris de la radiation il a constamment exercé les fonctions de notaire;

« Considérant enfin qu'il ne résulte de l'examen des actes des 13 avril et 19 juin aucuns motifs pour autoriser une prise à partie;

« Décrète qu'elle casse et annule le jugement du tribunal de cassation du 25 prairial dernier; défend d'y donner aucune suite, et ordonne la restitution des sommes perçues, si aucunes ont été exigées en vertu dudit jugement.

« Le présent décret ne sera point imprimé; il en sera adressé un exemplaire manuscrit au tribunal du district du département de l'Indre. »

La séance est levée à trois heures et demie.

N. B. — Dans la séance du 15, après une discussion très-vive, la Convention a chargé les trois comités de gouvernement de lui présenter les moyens capables d'empêcher aucun représentant du peuple de prêcher la révolte contre la Convention.

— Elle a procédé à l'appel nominal pour le remplacement par quart des membres du comité de salut public. Le résultat y a appelé les citoyens Cambacérès, Carnot, et Pelet (de la Lozère).

## MUSIQUE.

Le tombeau de Florian, à Sceaux; romance, paroles de L.-F. Jauffret, musique de J.-F. Guichard. Prix : 1 liv. 5 s.

A Paris, chez Tessier, rue de La Harpe, n° 151, où l'on peut se procurer la collection des œuvres de Florian.

## LIVRES DIVERS.

Eléments d'algèbre, par Léonard Euler, traduits de l'allemand; avec des notes et des additions (sous presse).

Depuis plusieurs années on ne trouvait plus cet ouvrage que très-difficilement et à un prix excessif. L'éditeur croit rendre service aux jeunes gens qui se destinent à l'étude des mathématiques de leur présenter un ouvrage dont le nom d'Euler suffit pour faire l'éloge.

— La Politique anglaise dévoilée, ou les Moyens de rendre les colonies à la France; brochure de quatre feuilles, présentée à la Convention nationale; par Jacques Mignard, du département de l'Yonne.

A Paris, chez l'auteur, rue Montmartre, n° 100 et 108. Prix : 25 s., franc de port.

— La Loi naturelle, ou Catéchisme du citoyen français, par C.-F. Volney; deuxième édition augmentée. Paris, l'an 2° de la république française; in-18, broché : 1 liv. 5 s. Chez Fuchs, libraire, quai des Augustins, n° 23.

On trouve chez le même libraire : Voyage chez les différentes nations sauvages de l'Amérique septentrionale, par J. Long; in-8°, broché : 5 liv. Cet ouvrage paraît depuis quelques mois.

— La Philosophie des Sans-Culottes, ou Essai d'un livre élémentaire pour servir à l'éducation des enfants; présenté au comité d'instruction publique, par Nicolas Petterson.

A Paris, chez Fuchs, libraire, quai des Augustins, n° 23; in-18. Prix : 1 liv. 5 s., broché.

— Traité grammatical, ou Manière uniforme d'écrire et de prononcer, à la portée des citoyens de tout âge, pour faire cesser les patois et les mauvais accents, etc.; par le citoyen Renault, secrétaire-commis au comité d'instruction publique.

Se trouve à Paris, chez le citoyen Langlois, libraire, rue de Thionville; chez le citoyen Jaquot, rue Percée, n° 8 : et chez l'auteur, rue Cassette, faubourg Germain, n° 44, avec assortiment de livres d'éducation.

— Voyage philosophique et pittoresque sur les rives du Rhin, à Liège, dans la Flandre, le Brabant, la Hollande, etc., fait en 1790 par George Forster, l'un des compagnons de Cook, traduit de l'allemand, avec des notes critiques sur la physique, la politique et les arts, par Charles Pougens.

A Paris, chez Fr. Buisson, libraire, rue Hautefeuille, n° 20. Deux vol. in-8° de 450 pages chacun, imprimés sur caractères de cicéro Didot. Prix : 10 liv. 10 s. brochés, et 12 liv. 10 s, franc de port, par la poste, pour les départements.

— Code des successions, donations, substitutions, testaments et partages, avec une introduction des tableaux généalogiques et une table alphabétique des matières; par le citoyen A.-G. Guichard, avantageusement connu par ses codes des juges de paix, du tribunal de famille, police, etc., etc., dont il va paraître de nouvelles éditions.

A Paris, chez Garnery, rue Serpente, n° 17. Prix : 3 liv. 10 sous, et 4 liv. 10 sous franc de port, par la poste.

### Payements à la trésorerie nationale.

Le payement du perpétuel est ouvert pour les six premiers mois; il sera fait à tous ceux qui seront porteurs d'inscriptions au grand livre. Celui pour les rentes viagères est de huit mois vingt et un jours de l'année 1793 (vieux style.)

### AVIS DE L'ANCIEN MONITEUR.

Le prix de la souscription est actuellement de 22 liv. 10 s. pour trois mois, de 40 liv. pour six mois, et de 90 liv. pour l'année entière, pour les départements, y compris les cinq jours sansculottides.

L'abonnement pour Paris est de 19 liv. 10 s. pour trois mois, de 39 liv. pour six mois, et de 78 liv. pour l'année, y compris également les cinq sansculottides.

Il faut avoir soin de charger les lettres qui renferment des valeurs, attendu le grand nombre de celles qui s'égarent, et de les adresser, franches, au citoyen Aubry, directeur du bureau, rue des Poitevins, n° 18.

Nous invitons les souscripteurs et agents des postes à ne point s'adresser au citoyen Cretot, qui n'est chargé d'aucune mission de notre part pour recevoir les abonnements, et à n'employer, à Paris, que le moins possible d'agents intermédiaires, dont le peu d'exactitude expose les souscripteurs à des retards considérables dans les expéditions, et, par suite, à nous porter des plaintes graves qui ne doivent pas être imputées au bureau.

## POLITIQUE.

### TURQUIE.

*Constantinople, le 18 septembre.* — De nouveaux changements vont avoir lieu dans le ministère; on assure que Jussuf-Pacha, qui a déjà été deux fois grand visir, sera rappelé de Jedda pour reprendre ce poste important une troisième fois.

Le ministre des affaires étrangères, Rachiff-effendi, a définitivement obtenu la démission qu'il sollicitait depuis longtemps; son successeur est Docri-effendi, premier roësnametsi, ou contrôleur des finances. Ce nouveau ministre a acquis au congrès de Schistow, où il était plénipotentiaire, une grande habitude des affaires diplomatiques, et des connaissances fort étendues sur les intérêts respectifs des cours de l'Europe, ainsi que sur leurs systèmes et sur leur esprit.

Ces dispositions de Docri-effendi, et la haine éclairée que le visir présumé Jussuf-Pacha porte aux injustes puissances qui forment la coalition contre la république française, annoncent des hostilités très-probables dans ces conjonctures, d'autant que le capitan-pacha (général de la mer) partage les opinions de Jussuf sur la justice de la cause que soutient une nation belliqueuse contre les cours coalisées.

— Rien n'était plus capable d'accélérer une rupture avec l'impératrice de Russie qu'un accident que la Porte a cru devoir terminer à l'amiable, attendu la nature de l'événement. Voici le fait.

Le Grand Seigneur, dans une de ses promenades, se rendit à la prairie près de Bujukdéré, où il dîna sous des tentes. Ayant permis aux spectateurs de s'approcher pour voir les différents jeux qu'on exécutait, l'envoyé de Russie, qui s'y trouvait *incognito*, comme c'est l'usage, s'approcha de trop près de la tente du prince; l'officier de garde lui dit de se retirer. Le ministre russe n'ayant pas déféré à cet avis, l'officier lui mence de son bâton de commandement; on l'avertit du caractère de celui qu'il menaçait; mais il n'en tint aucun compte et frappa. Le Grand Seigneur, informé de ce qui se passait, fit sur-le-champ dégrader l'officier et l'envoya au sérail pour être puni. Depuis, le bostangi-bachi a reçu ordre de faire une visite publique au ministre russe, en forme de réparation, et de lui offrir un présent.

— Le divan a fait prendre dernièrement une note exacte de tous les bâtiments mouillés ici. Cette note est relative tant aux ports auxquels ils appartiennent qu'au nombre de leurs canons. On ignore encore le véritable but de cette mesure, mais il est à remarquer qu'on s'est toujours attaché aux vaisseaux portant pavillon russe et autrichien,

Les préparatifs de terre et de mer se continuent avec une grande vigueur. Le capitan-pacha est en ce moment aux Dardanelles, où l'on construit des vaisseaux de ligne. On s'occupe avec la même activité dans l'armée de terre de tout ce qui peut assurer le succès d'une campagne. Les janissaires et les chasseurs préparent leurs tentes.

### ALLEMAGNE.

*Hambourg, le 10 octobre.* — Le cabinet de Londres n'a pas tenu la parole qu'il avait donnée dans une déclaration relative au commerce des grains, aux approvisionnements et aux réclamations contre la saisie des vaisseaux suédois et danois. Il n'a donné aucun ordre ni pour faire restituer les vaisseaux, ni pour faire payer les cargaisons. Les plaintes les plus vives ont été renouvelées à ce sujet par le commerce de Copenhague. Cette conduite astucieuse, digne du système britannique, a confirmé dans leur défiance les gouvernements de Suède et de Danemark. L'un et l'autre persévèrent à garder leur attitude ferme et menaçante. Ils s'occupent avec la même ardeur de faire respecter leur neutralité.

La flotte combinée continue de mouiller dans le Sund.

— Il vient de paraître deux escadres dans la mer du Nord, une russe et une anglaise. La première, après avoir séjourné quelque temps dans la rade de Copenhague, a mis à la voile. Il n'y est resté qu'un vaisseau de ligne et une frégate, pour être réparés.

L'escadre anglaise vient dans ces parages pour protéger le commerce des puissances coalisées, ruiné par les Français.

---

## RÉPUBLIQUE FRANÇAISE.

## SOCIÉTÉ

### DES AMIS DE L'ÉGALITÉ ET DE LA LIBERTÉ,

#### SÉANT AUX CI-DEVANT JACOBINS DE PARIS.

*Présidence de Crassous.*

##### PRÉCIS DE LA SÉANCE DU 13 BRUMAIRE.

Le citoyen Maison, adjoint aux adjudants généraux de l'armée de siège devant Maëstricht, adresse au citoyen Certain une lettre dont on fait lecture : elle renferme des détails intéressants sur le siège de cette ville et la bravoure de nos soldats. Le même citoyen envoie cinq lettres d'émigrés, dont sont également lues; on y voit que est l'excès de leur misère. Les peuples qui leur ont donné asile partagent la haine et le mépris qu'ils ont inspirés à leur pays; les tyrans eux-mêmes les abandonnent et sont forcés de céder à l'impulsion générale. Au milieu de tant de maux, ils n'espèrent plus que dans l'anéantissement des Jacobins.

La Société arrête l'impression des lettres, la distribution aux membres de la Convention, à ses membres, aux citoyens des tribunes et aux Sociétés populaires.

— Un secrétaire fait lecture d'une pétition de la citoyenne Piat, employée à l'hospice de la maison nationale des Invalides, destituée par un arrêté du comité des secours publics, confirmé par un décret de la Convention,

Léonard Bourdon expose les faits relatifs à cette citoyenne et à ses compagnes; il loue leur zèle, leur exactitude, leurs soins empressés pour le soulagement des malades; néanmoins il s'oppose à ce qu'il soit nommé des commissaires pour l'examen des motifs qui ont déterminé la destitution.

La proposition est adoptée, et la Société passe à l'ordre du jour.

*Galisot :* Dans notre dernière séance, j'ai mis en avant quelques idées sur l'oppression qu'éprouvent aujourd'hui les patriotes ; je dois à la Société les développements dont la matière est susceptible. Il existe une faction populicide, qui tend à ramener le gouvernement d'un seul par la voie de l'oligarchie ; il existe trois classes d'hommes qui veulent la contre-révolution : les premiers sont ceux qui ne nous pardonneront jamais la perte de leurs priviléges et des honneurs avilissants de l'ancien régime ; ils conservent toujours l'amour de leur état passé et la haine de ceux qui le leur ont enlevé. L'autre classe d'hommes qui demande la contre-révolution, c'est celle des vampires qui ont accumulé des millions : ils n'aiment pas le gouvernement démocratique, parce que, semblable à la nature, il n'est fondé que sur le mouvement de tous les membres qui le composent. Il est encore d'autres hommes qui n'aiment point la révolution, et qui sont les arcs-boutants de la faction qui opprime les patriotes ; je veux parler des muscadins.

On s'était proposé d'utiliser les pères de famille en les plaçant dans les emplois ; cependant les rues et les promenades sont encore pleines de ces muscadins qui promènent leur oisiveté, après être sortis des bureaux. Ainsi ces enfants de l'ancien régime sont faits pour être toujours les mieux traités, et pour recevoir des appointements considérables, tandis que des pères de famille versent leur sang sur les frontières ; des époux vertueux rempliraient bien mieux les places que tous ces hommes, car ils n'attachent leur bonheur qu'à la prospérité de la république et au triomphe de la révolution.

Je m'attends bien à être traité de désorganisateur par l'aristocratie ou le fréronisme. Oui, je suis un désorganisateur, si c'est l'être que de trouver mauvais que les sans-culottes exposent journellement leur vie et supportent toutes les fatigues de la guerre, tandis que l'ignorance et la paresse vivent dans le sein de la mollesse et des délices, et que les *messieurs* travaillent tranquillement dans les boudoirs et les coulisses au gouvernement génois ou vénitien. Ce sont ces mêmes hommes qui accusent aujourd'hui les patriotes de robespierrisme, et qui se plaignent de l'oppression. Il n'y a que les hommes libres qui ont droit de se plaindre du despotisme ; dans un temps de révolution l'aristocratie a besoin d'être comprimée.

Vils calomniateurs, vous qui avez été révolutionnaires à la glace, comment se fait-il que vous soyez devenus des patriotes par excellence et les ennemis du despotisme ? Vous auriez pleuré Robespierre s'il n'avait frappé que des patriotes purs. Il est temps de donner l'éveil à la Convention. Nous avons tous juré de mourir libres ; voici le moment de tenir notre serment.

Représentants montagnards, dites à la Convention que les vrais patriotes veulent le gouvernement démocratique, et la sévérité accompagnée de la justice ; qu'ils détestent l'arbitraire autant que le modérantisme, et que leur cri de ralliement est : vivent la Convention et les patriotes ! périssent les ennemis du peuple, les tyrans passés, présents et futurs ! (Applaudissements unanimes.)

*Crassous :* Jusqu'ici nous avons parlé des pamphlets et des calomnies que l'on répand contre nous, mais nous n'avons pas dit un mot des moyens principaux employés par l'aristocratie, et sur lesquels elle a fondé ses succès.

Le procès qui s'instruit en ce moment au tribunal révolutionnaire est le point d'appui sur lequel ils étaient leurs manœuvres, et c'est autour de cette affaire importante que nous les voyons s'agglomérer. Tous les moyens ont été mis en œuvre pour s'emparer de l'opinion publique. Un acte d'accusation contre le comité révolutionnaire de Nantes a été affiché avec profusion. Il est rédigé dans un style et avec des réflexions capables de surprendre l'opinion des citoyens. L'on avait besoin de cette opinion pour pouvoir comprendre un représentant dans cette affaire. La Convention, qui a reconnu le projet, a résolu de prendre des précautions pour qu'un représentant ne fût pas abandonné à la fureur des tyrans.

Les rapports qui arrivent du tribunal révolutionnaire prouvent que les accusés obtiennent difficilement la parole. Ceux qui assistent au tribunal sont des personnes qui ont intérêt de tirer un grand parti de cette affaire. Certains journalistes corrompent et dénaturent les débats pour favoriser l'aristocratie. Il est un fait qui a été dit dans le sein de la Convention ; c'est qu'il y a au tribunal des témoins qui sont venus à Paris munis de passeports des chouans. Cette classe d'hommes, qui n'aima jamais la révolution, répand de toutes parts des bruits mensongers sur ce procès ; ce sont eux qui envoient à la police des avis portant que le peuple s'insurgera si Carrier n'est pas livré. (*Non, nous ne voulons pas nous insurger !* s'écrient les tribunes.) Ainsi les dépravateurs de l'opinion croient pouvoir asservir le peuple à leurs fantaisies ; mais ils ne pourront jamais y réussir.

Crassous expose ensuite tout ce qui s'est passé à l'occasion de l'arrestation illégale de Carrier par un inspecteur de police.

« Remarquez, ajoute-t-il, la liaison qui existe entre les avis donnés à la police et au comité de sûreté générale, et la conduite de cet inspecteur de police. Pour donner de l'importance à ces bruits, on débitait que Carrier était parti depuis deux jours, tandis que sans cesse il se rendait à la Convention. Au moment où Carrier a été arrêté par l'inspecteur de police, il y avait dans l'endroit des hommes apostés pour l'accabler d'injures et lui prodiguer les noms les plus abominables.

« Fixons les yeux sur ces hommes qui accusent les Jacobins de vouloir dissoudre la Convention, et voyons si ce ne sont pas eux qui veulent au contraire cette dissolution en soulevant l'opinion contre elle. Mais ils se trouveront engloutis dans l'abîme qu'ils creusent aux représentants par cette même opinion qu'ils cherchent à séduire. Les patriotes sont actuellement en présence ; l'attaque a été préparée du côté de nos ennemis par des insinuations perfides contre les Jacobins, et maintenant elle a commencée : il s'agit de bien défendre avec notre énergie.

« Je demande que le tableau des horreurs qui se sont continuellement commises dans la Vendée soit toujours présent à nos yeux.

« De toutes nos guerres, la plus malheureuse est sans doute celle de la Vendée : les maux de la république s'étaient accrus jusqu'à un tel point que l'âme devait s'exaspérer, et qu'il était impossible de se contenir dans les mesures qu'il était nécessaire de prendre pour sauver la patrie ; c'était l'humanité, violée par des forfaits inouïs, qui criait que l'on vînt à son secours.

« Vous tous qui aimez la liberté, qui savez ce qu'il faut faire pour la sauver, et qui avez calculé les dangers de la patrie, songez à ce que vous avez à faire en ce jour pour la défendre et pour l'empêcher de tomber sous les efforts de l'aristocratie. »-(On applaudit.)

*** : Nos ennemis ont changé de système ; d'abord ils ont essayé de faire le procès au 31 mai ; mais, voyant qu'ils n'y pouvaient réussir, ils ont voulu le faire à toute la révolution. Aujourd'hui l'on représente comme des assassins les mesures prises pour sauver la patrie. Un témoin a déposé au tribunal révolutionnaire que vingt-cinq prêtres avaient demandé leur grâce, et qu'on n'avait pas voulu la leur accorder ; comme si c'était un crime d'avoir refusé la grâce de ces scélérats qui ont fomenté la guerre civile. On dit au peuple que l'on a noyé et que l'on a fusillé ; mais on ne lui dit pas si ces individus avaient fourni des secours aux brigands ; on ne rappelle pas les cruautés commises envers nos volontaires, que l'on pendait à des arbres et que l'on fusillait à la file. Puisque l'on demande vengeance pour les brigands, que les familles des deux cent mille républicains massacrés impitoyablement viennent donc aussi demander vengeance ! Ne nous y trompons pas : le système de nos ennemis n'est pas seulement de faire guillotiner Carrier ; les aristocrates de Lyon, de Marseille, et de tous les lieux où des représentants ont été envoyés pour sauver la patrie, se promettent après cela de venir déposer contre tels et tels. Par ce moyen des représentants fidèles à la cause du peuple subiraient le sort dû aux conspirateurs. Ceux qui veulent arriver à l'exécution de ce projet sont tous les ennemis de la révolution, le Marais fangeux, en un mot, le million de fainéants et d'égoïstes.

*Bouin :* Il ne s'agit pas de défendre Carrier ; c'est la cause de la liberté, de la Convention et des patriotes que nous avons à soutenir. Le grand procès qu'instruit le tribunal révolutionnaire s'applique à tous les hommes révolutionnaires. On oublie les malheurs de la Chapelle, du Champ-de-Mars, de la Vendée, pour s'attacher à poursuivre ceux qui ont le plus contribué à détruire cette guerre affreuse, et l'on voit en liberté tous les hommes qui ont applaudi autrefois au massacre des patriotes. On a cherché à prévenir l'opinion contre Carrier, et à le faire regarder comme criminel avant d'avoir bien pris connaissance des faits qui peuvent l'accuser ou le justifier; mais l'opinion publique n'est pas encore arrivée où les aristocrates voudraient l'amener. Ceux qui attaquent aujourd'hui Carrier sont les mêmes qui l'ont flatté, qui l'ont imité, et qui sont devenus ses ennemis quand ils ont été chassés d'ici.

Quand l'Autrichien était prêt de franchir le Nord, que l'Espagnol menaçait le Midi, que l'intérieur était agité par les guerres les plus sanglantes, il a fallu prendre les mesures qui pouvaient seules sauver la patrie, et il fallait punir quiconque ne travaillait pas pour la liberté. S'il était un individu qui eût commis des actions de rigueur dans une intention différente de celle de sauver la patrie, il devrait être immolé; mais si la chose publique a nécessité ces actions, nous devons tous défendre avec zèle sa réputation s'il est attaqué.

A la marche que l'on tient actuellement, il faudrait inviter M. le marquis de Lafayette, et tous les émigrés ses amis, à venir prendre place au tribunal révolutionnaire; ils trouveraient protection.

L'opinant rappelle les circonstances difficiles dans lesquelles les patriotes se sont trouvés plusieurs fois, et les invite à faire ce qu'ils ont fait dans toutes les époques pour la liberté.

*Levasseur :* Je vois des hommes poursuivis comme criminels par des individus que j'ai vu fouler aux pieds ce qu'il y a de plus sacré pour satisfaire leur orgueil et leurs passions. On nous parle d'humanité; mais quelle a été l'humanité de ceux qui ont provoqué si longtemps la perte et la mort des patriotes? Une guerre civile est nécessairement accompagnée d'horreurs que l'on ne peut prévenir. On s'attendrit aujourd'hui sur le sort des brigands, et l'on a oublié que ces monstres avaient fait périr nos volontaires en leur remplissant la bouche et les narines de cartouches auxquelles ils mettaient le feu. On oublie que nos frères excédés de fatigue et obligés de rester derrière l'armée étaient massacrés par des femmes qui avaient applaudi l'armée à son passage. On s'attendrit sur le sort de ceux qui étaient dans les prisons, et qui conspiraient pour s'échapper et égorger les patriotes.

Levasseur raconte que, s'étant trouvé à Saumur lorsque les brigands devaient en faire le siège, on vint lui annoncer que sept cents brigands criaient *vive le roi!* dans la prison. Il fut obligé de les faire partir pour Orléans, sous une escorte assez faible; ces scélérats se révoltèrent en route, et l'on fut obligé d'en fusiller quelques-uns ; les autres voulurent encore brûler une maison qui leur servait de prison, afin de pouvoir s'échapper. Il dépose que ceux qui ont échappé en plusieurs occasions sont les mêmes qui ont renouvelé la guerre, et qui forment les rassemblements de chouans. Il annonce que nouvellement encore ces malheureux sont entrés chez la femme d'un receveur des deniers de la république, qu'ils ont ouvert le ventre de cette femme qui était enceinte, et tué son enfant.

C'est dans le temps que se commettent ces horreurs que l'on s'attendrit en faveur des brigands; et l'on ne parle pas du scélérat Gensonné, qui est allé avec son ami Dumouriez organiser la Vendée. Serait-on fâché que cette guerre atroce fût finie? Les chefs de la faction de la Gironde sont punis; mais tous ceux qui la composaient ne sont pas encore anéantis.

*Billaud-Varennes :* La marche des contre-révolutionnaires est connue, car elle n'est pas nouvelle. Quand, sous l'Assemblée constituante, on voulut faire le procès à la révolution, les patriotes furent massacrés au Champ-de-Mars, les Jacobins furent appelés désorganisateurs. Après le massacre du 2 septembre, on les appela des buveurs de sang.

Voilà ce qu'on fit lorsqu'il fut question de réviser la constitution ; aujourd'hui les patriotes sont attaqués de nouveau, parce que l'on veut réviser la révolution tout entière.

On a mis en liberté des nobles et des aristocrates; une de Tournelles, qui a avoué publiquement qu'elle n'aimait rien tant que le roi; des dilapidateurs des deniers publics qui n'ont pas encore rendu leurs comptes. Ce sont ces hommes qui accusent les patriotes; ils se réunissent à des individus couverts de dettes et de turpitudes, et qui vivent avec des femmes d'émigrés.

On accuse les patriotes de garder le silence; mais le lion n'est pas mort quand il sommeille, et à son réveil il extermine tous ses ennemis. La tranchée est ouverte; les patriotes vont reprendre leur énergie et engager le peuple à se réveiller. Les hommes qui n'ont pas voulu transiger avec les ennemis du peuple, et qui ont conduit les scélérats à l'échafaud, voilà ceux que l'on attaque, voilà ceux qui périront ou qui sauveront la liberté.

J'appelle tous les hommes qui ont combattu pour la révolution à se mettre en mesure pour faire rentrer dans le néant ces lâches qui ont osé l'attaquer.

Ce n'est point à quelques individus qu'on en veut, c'est à la Convention entière : il faut la défendre et l'empêcher de tomber dans le précipice. Nous avons mille fois exposé notre vie ; si l'échafaud nous attend encore, songeons que c'est l'échafaud qui a couvert de gloire l'immortel Sidney. Ayons la gloire de renverser les scélérats qui attaquent les amis du peuple, ou périssons en le défendant.

La séance est levée à quatre heures,

---

## VARIÉTÉS.

Il est temps d'instruire le public et les artistes de l'Opéra-Comique national des motifs qui m'ont déterminé à faire paraître sous mon nom la musique du drame lyrique intitulé *Arabelle et Vascos* : le premier a été d'épargner au citoyen Marc, auteur de cette musique, les désagréments attachés à un début ; le second, de donner aux artistes du théâtre Favart un compositeur de plus, et de montrer à la république un talent qui pourra lui devenir cher.

Je ne me suis point dissimulé les dangers que j'avais à courir en me chargeant de la responsabilité de cet ouvrage ; mais une bonne école, une musique à la fois pittoresque, énergique et chantante, l'empreinte d'une main sûre et d'une méthode excellente qui peut faire honneur à notre école française, tout m'a rassuré. J'étais si intimement persuadé de la beauté de plusieurs morceaux de cet opéra, que j'en eusse regardé la chute comme une injustice ; et, dans ce cas, j'aurais eu le courage de la supporter. Enfin le succès a couronné mon espoir, et j'en rends la gloire à qui elle appartient tout entière. J'atteste maintenant que c'est moins l'amitié pour le musicien que son talent qui m'a déterminé à la démarche que j'ai faite, et que j'eusse entrepris la même chose pour tout autre artiste qui eût eu le même génie. Mon extrême amour pour les arts et leur gloire est entré pour tout dans le péril auquel je me suis exposé.

Je déclare en outre n'avoir point fait une note dans la musique du citoyen Marc, ni même donné un conseil ; car si l'un de nous deux pouvait en donner à l'autre, ce ne serait pas moi, puisque, dans un temps où je savais à peine les éléments de mon art, le compositeur dont je parle avait déjà remporté un prix de musique sur quarante-cinq rivaux qui concouraient avec lui.

LESUEUR.

---

## THÉÂTRE DE L'OPÉRA-COMIQUE NATIONAL.

Il serait difficile de donner une exacte analyse de la pièce intitulée *Encore une Victoire*, jouée à ce théâtre. Ce n'est qu'une suite de scènes sans beaucoup de liaison, dans lesquelles l'auteur a célébré nos triomphes dans le Brabant et à Liége, la bassesse des émigrés, la férocité de nos ennemis, les actes de bravoure et de générosité des Français et de leurs frères les Liégeois. Cette pièce est de Dantilly; la musique est de Kreutzer ; on y a surtout applaudi un duo très-comique et très-original entre deux émigrés gascons. Il est parfaitement chanté par Sollier, et Paulin le seconde très-bien.

# CONVENTION NATIONALE.

*Présidence de Prieur (de la Marne).*

**SÉANCE DU 15 BRUMAIRE.**

On admet quelques pétitionnaires.

— On réclame l'appel nominal pour le renouvellement par quart des membres du comité de salut public. — D'autres membres demandent qu'on remette à deux heures pour commencer.

BENTABOLE : En attendant que la Convention procède à l'apel nominal, je lui demande d'arrêter ses regards sur un objet qui n'importe pas moins au salut public. Depuis le 9 thermidor elle fait tous ses efforts pour substituer la justice à la terreur, pour ramener la tranquillité dans la république, enfin pour sauver la France ; et pendant ce temps il est des hommes qui, dans une Société trop fameuse, travaillent à détruire tout l'ouvrage de la Convention.

Je vous dénonce les discours atroces prononcés avant-hier aux Jacobins par plusieurs citoyens que quelques-uns de nos collègues ont entraînés. Je vais vous lire un passage du *Journal de la Montagne*, et vous verrez de quelle manière Billaud a eu l'audace de s'exprimer dans cette Société.

« On accuse les patriotes de garder le silence ; mais le lion n'est pas mort quand il sommeille, et à son reveil il extermine tous ses ennemis. La tranchée est ouverte ; les patriotes vont reprendre leur énergie et engager le peuple à se réveiller. » (Quelques applaudissements partent de diverses parties de la salle.)

DUROY : Tu as sauvé ton frère de la guillotine !

On entend quelques voix des tribunes et d'une partie de l'assemblée crier : *La liberté !*

DUHEM : La liberté des opinions ou la mort, s.... coquin.

Bentabole monte à la tribune ; les injures qu'on lui adresse l'empêchent pendant très-longtemps de reprendre la parole.

BENTABOLE : Je ne sais pourquoi la motion que je viens de faire m'attire une nuée d'invectives.

*Quelques voix :* Tu ne veux la liberté que pour toi.

DUHEM : On sait quels sont les nobles et tous les conspirateurs que tu as fait rentrer en liberté.

BENTABOLE : Quand j'aurai exposé à la Convention les observations que j'ai le droit de lui faire, et que mon amour pour le bien public me commande impérieusement..... (Quelques murmures ; vifs applaudissements réitérés.) Si les raisons que je donne sont mauvaises, il sera facile de les détruire par de bonnes ; mais pour cela il ne faut pas m'invectiver de la manière la plus atroce. (Applaudissements.)

TALLIEN : C'est à la Convention que tu dois parler, et non à quelques individus. Je demande la parole après toi. (Quelques murmures. — Applaudissements.)

BENTABOLE : Je demande à la Convention de m'éclairer et d'éclairer le peuple, de nous indiquer quelle est la route qu'il faut suivre pour sauver la patrie. D'un côté, je vois l'Adresse de la Convention, qui doit servir de guide à tous les vrais patriotes ; tous ont applaudi aux principes et aux intentions que leurs représentants ont manifestés dans cette Adresse, et cependant on dit qu'il faut que le peuple se réveille. Contre qui doit-il se réveiller ? ce ne peut être que contre la Convention. (Quelques murmures.)

*Quelques voix :* Contre toi !

BENTABOLE : J'abandonne à des hommes plus en état que moi le soin de vous développer la perfidie de ce discours ; je me contenterai de vous faire remarquer que, s'il faut que le peuple se réveille, c'est une preuve que la Convention ne marche pas bien, et qu'elle ne remplit pas ses devoirs. (Applaudissements.) Est-ce dans un moment où nos armées sont victorieuses de toutes parts, où la Convention épure toutes les autorités constituées, punit les assassins (applaudissements redoublés) ; est-ce dans le moment où la représentation nationale annonce à l'Europe qu'elle veut un gouvernement digne de la nation, un gouvernement établi sur la justice et sur l'équité ; dans le moment où la république prospère autant qu'il est possible, est-ce dans un pareil moment qu'il faut dire au peuple qu'il doit se réveiller ? Je demande que celui qui a tenu ce propos l'explique, et nous dise pourquoi ce lion qui dort doit se réveiller ? (Vifs applaudissements.)

On entend de plusieurs parties de la salle des cris : *Vive la Convention !*

Billaud s'apprête à parler de sa place ; plusieurs membres demandent qu'il aille à la tribune.

Billaud insiste pour rester à sa place ; la volonté de l'assemblée se manifeste, et il est obligé de lui céder. (On applaudit vivement.)

RUAMPS (en montrant l'une des tribunes des journalistes) : Président, je demande que tu fasses arrêter ce chouan qui est dans la tribune des rédacteurs du *Moniteur* (1) (Bruit.)

BILLAUD, à la tribune : Je ne désavoue pas l'opinion que j'ai émise aux Jacobins. Tant que j'ai cru qu'il ne s'agissait que de querelles individuelles, j'ai gardé le silence ; mais quand j'ai vu l'aristocratie se lever et menacer plus que jamais... (On rit. — Quelques applaudissements. — Il se fait du bruit dans une des tribunes publiques.)

LE PRÉSIDENT : Je demande du silence ; la Convention représente le peuple français, et elle ne veut pas être troublée dans les délibérations importantes qu'elle prend maintenant. (Le bruit se renouvelle ; on entend un grand nombre de voix crier : *Arrêtez !* Celui qui cause ce bruit est chassé de la tribune.)

BILLAUD : J'ai dit que les contre-révolutionnaires levaient la tête plus que jamais. Il faut être de la plus insigne mauvaise foi ou bien ne pas y voir clair, pour nier ce fait. J'ai dit qu'on avait élargi les aristocrates les plus gangrenés, entre autres une femme nommée de Tourzelles, cette femme qui fut gouvernante des enfants de France, qui a assuré à la commune qu'elle donnerait mille vies pour sauver celle du petit Capet, cette femme pleine d'astuce, qui peut à elle seule former un noyau de contre-révolution. (On rit.) J'ai dit qu'on rendait à la liberté des gens de cette espèce, tandis qu'on arrêtait de braves sans-culottés, des hommes qui étaient indispensablement nécessaires à leurs familles, et dont les sections sont obligées de prendre soin depuis qu'ils en sont séparés. Je crois que, quand j'ai parlé de cette manière, je n'ai point attaqué la Convention. Il ne s'agit pas de faire des Adresses au peuple et d'en détruire l'effet par la conduite que l'on tient en secret. Personne ne peut nier qu'on ait protégé les contre-révolutionnaires, tandis qu'on a frappé tous ceux qui ont soutenu la révolution. (Quelques applaudissements.) On ne peut pas mal interpréter l'idée que j'ai eue d'inviter le peuple à se réveiller sur les dangers qui l'environnent. C'est le sommeil des hom-

---

(1) Pour répondre à toutes les inculpations de cette nature qui nous ont déjà été faites, et à celles qui pourraient l'être par la suite, nous déclarons que, depuis que la Convention a pris possession de la salle où elle siége maintenant, nous occupons une tribune différente de celle que Ruamps a déjà signalée plusieurs fois.　　　　　　　　　A. M.

mes sur leurs droits qui les amène à l'esclavage. (Les applaudissements se renouvellent.)

*Plusieurs voix :* Est-ce que la Convention ne veille pas ?

Billaud descend de la tribune. (On applaudit.)

TALLIEN : Lorsque je suis entré dans l'assemblée, la discussion venait de s'ouvrir ; je ne sais ce qui l'a provoquée ; mais, puisque l'on a commencé à parler des Jacobins, puisque l'on a commencé à signaler ces hommes qui veulent écarter le peuple des sentiers de la justice et le porter à tourner ses mains contre la Convention... (Quelques murmures. — *Oui, oui !* s'écrie-t-on de toutes parts ; les plus vifs applaudissements se font entendre.)

Il est donc du devoir d'un représentant fidèle à la cause du peuple de dire à cette tribune, qui fut toujours celle de la vérité.... (quelques murmures), de déchirer le voile dont s'enveloppent ces hommes. (Applaudissements.)

On a dit qu'à Paris comme à Maëstricht la brèche était ouverte ; eh bien, représentants dignes de votre mission, soyez-y tous sur la brèche. (*Oui, oui !* s'écrient tous les membres de la Convention. — Les plus vifs applaudissements se prolongent.) Puisque l'on demande des vérités, j'en vais dire. Ce sont les hommes qui ont peur parce qu'ils voient le glaive de la justice suspendu sur leurs têtes criminelles, ce sont ces hommes qui voudraient faire rétrograder la révolution ; ce sont là les véritables conspirateurs. (Applaudissements.)

Lorsqu'ils ont vu que la Convention portait le flambeau dans toutes les parties de l'administration, lorsqu'ils ont vu que toute la France se prononçait avec énergie contre les hommes de sang (*oui, oui !* s'écrie-t-on de toutes parts en applaudissant), contre ceux qui voudraient en perpétuer le système abominable, ils se sont dit : « Effrayons tous les bons citoyens ; répandons qu'on va attaquer toutes les époques de la révolution, et nous réunirons à notre parti tous ceux qui y ont contribué. » Ils ont voulu faire considérer comme révolutionnaires ces assassinats horribles qui ont ensanglanté les bords de la Loire, et par lesquels on a fait périr beaucoup de patriotes. (Applaudissements.) Lorsque ces hommes ont vu que l'individu qu'on accuse de tous ces crimes, pour lequel nous avons été les premiers à demander toutes les sauvegardes possibles, afin que l'innocent ne fût pas confondu avec le coupable, afin que l'on pût examiner si les mesures qu'il avait prises avaient été commandées par le salut de la chose publique, ou bien si ce n'étaient que des assassinats ordonnés de sang-froid ; lorsqu'ils ont vu, dis-je, que cet homme était poursuivi, que la Convention s'occupait de la connaissance de ses crimes, ils ont été dire aux Jacobins qu'il fallait que le peuple s'éveillât, afin qu'à la faveur du mouvement qu'ils voulaient exciter ceux qui avaient approuvé les mesures prises par Carrier pussent trouver un moyen de salut. (Applaudissements.)

BILLAUD-VARENNES : Je déclare que je n'ai point approuvé les mesures de Carrier.

TALLIEN : C'est dans le moment où cette affaire s'instruit, où la Convention a fait taire dans le cœur de chacun de ses membres le sentiment d'indignation pour attendre la voix de l'impartiale justice, qu'on veut détourner l'opinion publique et le glaive vengeur de dessus les têtes coupables. (Applaudissements.) Il ne peut exister deux autorités rivales dans la république. (*Non, non !* s'écrie-t-on de toutes parts. — Les applaudissements se prolongent.) On ne peut souffrir que des hommes qui pendant longtemps ont gardé le silence aillent ensuite dans une Société populaire blâmer tout ce qui a été fait

dans le sénat. Le peuple veut l'unité de la représentation nationale. (*Oui, oui !* s'écrie-t-on. — Les plus vifs applaudissements se font entendre.) Il ne veut pas qu'on aille en aucun lieu déverser l'ignominie sur ses représentants. Nous nous sommes abstenus de retracer des époques malheureuses, parce que nous n'avons pas voulu rappeler des sentiments douloureux, parce que nous savons que les plus grands accidents sont inséparables des révolutions, parce que nous pensons que l'on ne doit s'occuper que de cicatriser les plaies de l'Etat ; mais nous sommes certains aussi que la Convention ne souffrira pas qu'un homme à qui elle avait remis tous les pouvoirs nécessaires pour faire le bien, siège parmi ses membres lorsqu'il ne s'est servi que du fer de l'assassin. (Applaudissements.) Je ne prendrai dans ce moment aucune conclusion ; il suffit que cette tribune ait répondu à ce qui a été dit dans une autre ; il suffit que l'unanimité de la Convention se soit fortement prononcée contre le système de sang. (Quelques murmures. — Vifs applaudissements.)

Vous dites que les aristocrates lèvent la tête ; vous vous plaignez de ce qu'on a mis en liberté des individus qui peuvent conspirer. J'ignore si une femme peut à elle seule former un noyau de contre-révolution. (On rit.) Je ne la connais pas, je ne sais qui l'a mise en liberté ; mais si elle peut être dangereuse, il est des comités auxquels vous pouvez vous adresser, et qui sauront bien l'empêcher de nuire. Ne venez pas pour cela faire flotter l'opinion du peuple entre votre système sanguinaire et le système de la justice ; celui-ci seul doit régner. (Vifs applaudissements.)

LEGENDRE (de Paris) : Je demande la parole à mon tour. (Les applaudissements redoublent.)

TALLIEN : Je répète ici ce que j'ai écrit, ce que j'ai imprimé ; il est entré dans les projets de quelques hommes de sauver un individu qu'ils savent être coupable ; mais que ceux qui veulent porter atteinte aux principes, à l'énergie, à la pureté du peuple, aillent conspirer dans une autre salle ; pour nous, nous resterons ici, bien décidés à anéantir tous ceux qui ne veulent pas le règne de la justice. (Les applaudissements redoublent.) Il ne s'agit point ici d'une querelle particulière ; je ne récriminerai point lorsqu'il est question du grand intérêt public, et je ne sais point m'occuper de moi quand je vois que l'on veut assassiner la patrie. (Quelques murmures. — *Oui, oui !* s'écrie-t-on de toutes parts en applaudissant.)

J'invite la Convention à prolonger cette discussion pour éclairer le peuple ; car il ne faut pas que les amis, que les défenseurs officieux, que les partisans du crime, se flattent de nous empêcher de faire notre devoir ; nous l'avons juré ; le peuple triomphera, et ses ennemis seront anéantis. (Vifs applaudissements.)

BOURDON (de l'Oise) : Avant d'entrer dans le mérite de la discussion qui a été jetée dans la Convention, je pense qu'il faut être calme, il faut marcher d'un pas ferme à travers les diverses passions et les partis qui veulent déchirer la république. Quel spectacle présentez-vous à l'Europe depuis la mort du tyran et la désorganisation du brigandage dont il avait couvert la France entière ? Vous présentez le spectacle d'un peuple immense qui s'était laissé opprimer par amour de la liberté, et qui, ramené par ses représentants aux principes de justice et d'humanité, veut terminer enfin la plus belle comme la plus glorieuse de toutes les révolutions. Voilà l'état de la France. Et c'est parce que l'on voit l'ordre se rétablir, qu'on désespère de plus dominer le peuple, de l'assassiner là et de le voler ici (vifs applaudissements), qu'on veut exciter des mouvements. Je crois avoir exprimé le vœu de la majorité des représentants, qui, libres de toutes passions et n'étant animés que de celle du bien public, veulent marcher à travers tous les écueils au but de la révolution. (*Oui, oui!* s'écrie-t-on de toutes parts.)

Parmi les citoyens qui composaient la république, il s'est trouvé une classe qui n'a pas voulu la servir. Vous avez été obligés de vous adresser à la classe pauvre, qui en général l'a bien servie ; mais on ne peut nier que parmi ces braves défenseurs il y ait eu, comme dans les incendies, des égorgeurs et des voleurs.

L'aristocratie, presque morte, tente de se relever ; d'un autre côté les fripons s'agitent, parce qu'ils ne voient plus l'espoir de voler. Marchons ferme entre ces dangers : que m'importent les pamphlets et les meneurs des Jacobins? Nous sommes bien petits si nous tremblons devant une poignée d'intrigants. Les pamphlets peuvent avoir des dangers ; mais souvent ils découvrent des vérités ; elles restent, tandis que la calomnie passe. Les Jacobins ont trop longtemps dominé la France. (Vifs applaudissements.)

Je causais dernièrement avec un de leurs partisans ; il me niait qu'ils eussent jamais gouverné la république. «C'est vrai, lui répondis-je, ils ne faisaient que conduire les citoyens à l'échafaud. » (Les applaudissements redoublent.)

Citoyens, remarquez quelle est la position où vous vous trouvez : vos armées sont victorieuses de toutes parts ; les grands propriétaires d'Angleterre, dans la crainte de la révolution qui s'y prépare, émigrent aux Etats-Unis d'Amérique ; la Hollande secoue ses fers ; les courageux Polonais font une diversion puissante et glorieuse dans le Nord ; l'ordre se rétablit dans la république ; ne souffrez pas qu'on le trouble davantage : soyez calmes, soyez dignes de vous-mêmes. Connaissez tout votre bonheur, et ne faites pas succéder à la superbe séance d'hier une séance où les passions causent les plus grands orages. Hier vous avez prouvé invinciblement que vous vouliez fonder le bonheur du peuple, que vous vouliez chercher les brigands partout, même jusque dans les commissions organisées par Robespierre ; aujourd'hui ne verrons-nous que des passions ? (*Non, non !* s'écrie-t-on.) Je vois d'un côté les faiseurs de pamphlets dont nous ne devrions pas nous occuper (murmures) ; d'un autre, de prétendus meneurs des Jacobins, qui sont à présent, je vous assure, de bien petits meneurs. (On rit.) Le comité de sûreté générale a déjà su comprimer une Société contre-révolutionnaire qu'on regardait comme l'avant-garde des Jacobins ; il en a fait justice ; il la fera également des Jacobins. (Vifs applaudissements.) Marchons droit au but de nos travaux. Il est désolant pour le peuple français que ses représentants soient agités par une poignée d'hommes qui, parce qu'ils se haïssent, veulent agiter toute la république. (Murmures.) Que la main droite comprime les uns, que la gauche pèse sur les autres, et que la Convention ne donne point à ces objets une attention qui n'est digne que de celle du comité de sûreté générale, à qui je demande qu'elle renvoie la surveillance des agitateurs.

Legendre (de Paris) : On veut obscurcir l'horizon politique par un nuage formé des vapeurs du crime. (Vifs applaudissements.) Les corsaires politiques n'ont point encore fait leur moisson ; ils regrettent ce qui leur est échappé, et c'est aux Jacobins qu'on cherche à jeter un voile trompeur sur les yeux du peuple ; mais, citoyens, vous connaissez les meneurs, vous saurez distinguer d'eux ceux qu'ils

égarent par leurs motions insidieuses ; et, s'il arrivait, je ne dis pas une insurrection, car il ne peut venir qu'une révolte de la part des Jacobins (les applaudissements se prolongent pendant très-longtemps), alors vous sauriez quel parti vous auriez à prendre : quand on connaît les chefs de la révolte, elle cesse à l'instant. Vous avez pour l'empêcher un grand mobile, celui de l'opinion publique, le levier du peuple, qui est tout entier pour la Convention (*oui, oui !* s'écrie-t-on de toutes parts), et qui ne soutient point une poignée de misérables. Voulez-vous connaître les gens qui blâment les mesures que vous avez prises ; eh bien, sachez qu'ils avaient couvert la France de spectres, de paralytiques. J'interpelle mon collègue Bourdon de dire si, en visitant les prisons, nous n'y avons pas trouvé un très-grand nombre d'individus qui ressembleraient plus à des spectres qu'à des hommes, des vieillards aux yeux caves et renfoncés, qui étaient couverts de la crasse de la misère, des sourds, des muets, accusés de conspiration.

Bourdon (de l'Oise) : Tout cela est vrai ; on avait emprisonné ces hommes parce qu'ils étaient vieux et riches.

Legendre : Quels sont ceux qui blâment ces opérations ? C'est une poignée d'hommes de proie. (Vifs applaudissements.) Regardez-les en face ; vous verrez sur leurs figures un vernis composé avec le fiel d'un tyran. (Les applaudissements se renouvellent.) La Convention est plus forte qu'une poignée d'hommes sanguinaires qui crient sans cesse qu'on demande leurs têtes. Quant à moi, je prends le peuple à témoin que je voudrais que l'Auteur de la nature les condamnât à ne jamais mourir. (Les applaudissements redoublent.) Leurs forfaits, écrits dans l'histoire, se retraceraient à la postérité, qui les verrait traîner à une caducité misérable. Je dirais à mes enfants, à mes neveux : « Soyez honnêtes gens ; craignez le châtiment du crime ; il ne meurt jamais, et il pâlit de honte lorsqu'il rencontre un homme de bien. » (Les applaudissements se renouvellent.) Je le répète, si les révoltés, qui voudraient nous encombrer de cadavres, lèvent encore la tête, vous les connaîtrez ; leurs dupes vous les livreront elles-mêmes ; car le peuple s'unit toujours à ses représentants pour frapper les scélérats. (Vifs applaudissements.) Marchez avec le peuple ; ne l'abandonnez pas ; il ne vous abandonnera jamais. (Les applaudissements recommencent.) Il mettra les scélérats sous le glaive de la loi.

De quoi vous plaignez-vous ? est-ce de ce que l'on ne fait plus incarcérer par centaines ? de ce que l'on ne guillotine plus cinquante, soixante et quatre-vingts personnes par jour? Ah! je l'avoue, en cela notre plaisir est différent du vôtre. (Vifs applaudissements.) Avant que la Convention eût rendu un décret qui chargeait les deux comités de sûreté générale et de salut public de prendre des mesures pour déblayer les prisons, on ne faisait périr que sept à huit individus par jour ; après ce décret on en guillotina vingt-cinq, trente, cinquante, soixante, et jusqu'à quatre-vingts par jour, parmi lesquels il y avait des coupables, car je le prétends pas prendre la défense des contre-révolutionnaires, mais parmi lesquels aussi il y avait des innocents. Voilà votre déblayage, à vous ; le nôtre n'est pas semblable. (Applaudissements.) Nous nous sommes portés aux prisons ; nous avons fait le bien autant que nous avons pu ; si nous nous sommes trompés, nos têtes sont là pour en répondre ; elles sont appuyées sur des bases de vertus. Ne devrions-nous pas être contents? Nous voulions vous faire oublier que nous réparions vos crimes, et cependant vous allez dans une Société dont vous avez fait un repaire affreux, vous allez pour y égarer le peu de peuple qui s'y porte. Mais ne vous y trompez pas : vos partisans ne sont point nombreux ; parmi les citoyens qui assistent à vos séances, beaucoup n'y vont que pour vous connaître et vous apprécier. (Vifs applaudissements.)

Le peuple doit être éclairé ; il doit voir que la Convention ne veut pas se laisser mener par quelques factieux ; je ne désigne personne, c'est à chacun à se reconnaître. (Applaudissements.) Je défie qui que ce soit de me reprocher d'avoir bu un verre d'eau plutôt avec celui-ci qu'avec celui-là. Je ne vois personne, je ne marche qu'avec ma conscience. (Applaudissements.) J'ai assez éprouvé la tyrannie du moderne Catilina, j'ai assez été entouré de ses sourds et de ses muets ; et le souvenir des dangers que j'ai pourus vient de me faire perdre une épouse chère à mon cœur ; c'est encore un sacrifice à la patrie. (Applaudissements.) J'ai survécu à tous ces périls, et vous ne me ferez pas mourir de peur. (Vifs applaudissements.) Le comité de sûreté générale est investi de l'autorité nécessaire, et je vous réponds qu'il saura comprimer ceux qui feront des motions de révolte aux Jacobins. (Nouveaux applaudissements.) Mais la Convention doit se rappeler que c'est à elle à mettre la main sur les plus grands coupables ; elle doit savoir que ceux qui font les motions les plus séditieuses sont dans son sein. Qu'ils ne croient pas réussir, ces prêcheurs de révolte contre la Convention ! qu'ils sachent qu'il n'est pas un père de famille, pas un seul bon citoyen qui ne fasse un rempart de son corps à la représentation nationale. (Les plus vifs applaudissements se font entendre.)

Je demande que, toutes les fois qu'elle apprendra que quelques-uns de ses membres aura prêché la révolte aux Jacobins (quelques murmures ; vifs applaudissements ), elle sévisse fortement contre eux, et que, pour punir les autres séditieux, elle s'en repose sur son comité de sûreté générale. ( Nouveaux applaudissements.)

BENTABOLE : Les principes qui ont été énoncés par les préopinants sont gravés dans le cœur de tous les hommes de bonne foi et de probité ; et j'en vais tirer une conséquence digne d'un grand peuple qui veut finir la révolution ; si les membres de la Convention sont les premiers à faire des motions pour engager le peuple à la révolte, comment y aurait-il de la justice à faire incarcérer les hommes qui suivent leur impulsion, quand on ne sévit pas contre les chefs? (Applaudissements.)

BILLAUD-VARENNES : C'étaient là les propos de Robespierre. (Murmures.)

BENTABOLE : Il est impossible que la Convention et ses comités puissent établir l'ordre lorsque les représentants du peuple eux-mêmes prêchent la révolte.

*Quelques voix :* Allons donc !

*D'autres :* Oui, oui !

BENTABOLE : On a dit que la brèche était ouverte et que les partis étaient en présence. Je demande si ce n'est pas là prêcher la guerre civile. Tenez les rênes du gouvernement d'une main ferme ; faites trembler les factieux et les conspirateurs ; sachez que les puissances vaincues n'attendent que le moment de vous demander la paix ; mais croyez-vous qu'elles veuillent jamais traiter avec la Convention lorsqu'elles verront dans son sein un parti qui entraîne le peuple à la révolte, qui veut tout bouleverser, un parti qui veut égorger les membres qui lui sont opposés ? La Convention est responsable de tous les malheurs qui pourront arriver, si elle ne

montre pas au peuple la route qu'il doit suivre. (Applaudissements.)

Je sais à quoi je m'expose, en attaquant ouvertement quelques-uns de mes collègues. (*Ne crains rien !* lui crie-t-on de toutes parts.) Mais, puisqu'on vous présente le défi, il faut que la majorité l'accepte, (*Oui, oui, nous l'acceptons !* s'écrie la grande majorité de l'assemblée en se levant.) Je suis décidé à périr pour la république et pour la représentation nationale , tant qu'elle professera les principes qu'elle professe aujourd'hui ; principes qui font son éloge et qui lui attirent le respect même de nos ennemis, car ils commencent à nous respecter, nos ennemis, depuis qu'ils nous voient marcher dans les sentiers de la justice. Epargnons au monde, citoyens, le spectacle ed crimes à la laveur desquels on veut rétablir aujourd'hui la monarchie. Je demande que le comité de sûreté générale vous présente les mesures pour empêcher qu'aucun représentant du peuple aille prêcher la révolte contre la Convention... (Applaudissements.)

REVERCHON : Je n'entre point dans les disputes qui agitent les passions dans cet instant ; je me contente de dire que, depuis deux mois que je suis au comité de sûreté générale, et que je suis attaché à la correspondance, je ne cesse de voir que partout le peuple est véritablement attaché à la Convention (*Oui, oui,* s'écrie-t-on de toutes parts en applaudissant.) Nous sommes assurés des bonnes intentions du peuple ; occupons-nous donc de faire des lois, et laissons de côté les passions particulières. Je demande, attendu que les comités veillent pour vous, que vous passiez à l'ordre du jour. (Murmures.)

*Plusieurs membres :* L'appel nominal !

GOUPILLEAU (de Fontenay) : On a beaucoup crié contre les mises en liberté ; eh bien, je déclare que, depuis trois mois que je suis au comité de sûreté générale, j'en ai fait le plus que j'ai pu. (Vifs applaudissements.) Maintenant je demande à ceux qui s'en plaignent si ce sont les gens qu'on a rendus à la liberté qui vont dans les Sociétés populaires agiter le peuple. (Applaudissements.) Je leur demanderai si ce ne sont pas plutôt ceux qui les ont fait incarcérer (nouveaux applaudissements), si ce ne sont pas ceux qui les ont pillés, qui les ont volés ? (Les applaudissements se renouvellent.) Je déclare que les décrets qui ont été rendus depuis le 9 thermidor, et la conduite qu'a tenue le comité de sûreté générale depuis la même époque, ont fait chérir la Convention (oui, oui! s'écrie-t-on de toutes parts en applaudissant vivement), parce qu'ils étaient basés sur la justice. Je déclare qu'en sortant du comité de sûreté générale, j'emporte la douce idée que nos collègues qui y restent sont pénétrés des mêmes principes que nous, et qu'ils continueront de faire le bien que nous avions accoutumé de faire. (On applaudit vivement.)

CLAUZEL : Une correspondance très-sûre a appris au comité de sûreté générale que les propositions de révolte qu'on fait faites aux Jacobins ont été dictées par un comité d'émigrés qui se trouvent en Suisse (*Ah ! ah ! ah !* s'écrie-t-on.— Un grand silence succède.) On a oublié de vous instruire qu'un membre de cette assemblée a dit, le lendemain du jour même que ce décret rendu sur la police des Sociétés populaires, qu'il fallait prendre les moyens de rendre ce décret nul, ou au moins de l'éluder...

*Beaucoup de voix :* C'est Crassous !

CLAUZEL : Nos collègues à Marseille ont déjoué la conspiration qui avait été ourdie dans la Société populaire ; ils nous ont écrit qu'ils avaient fait périr des individus de cette Société, qui, en montant sur l'échafaud, ont crié : *vive l'Angleterre !* Notre collègue à Dijon nous écrit qu'il a découvert dans cette commune des meneurs d'une armée révolutionnaire qu'il a cassée, et qui était en correspondance avec cette Société. Je vous demande d'après cela si vos comités ne doivent pas s'empresser de vous proposer des mesures capables d'arrêter tous les maux qui pourraient provenir de pareilles causes? (On applaudit vivement. )

Il est de la sagesse de la Convention de prévenir tous les reproches qu'on pourrait lui faire ; il est de sa sagesse de ne pas permettre que quatre ou cinq factieux de cette assemblée aillent agiter le peuple et l'égarer dans les Sociétés populaires. De quel droit punirait-elle une Société qui se mettrait en révolte contre elle, si ceux qui l'y excitent avaient un brevet d'impunité? Il faut empêcher que le sang du peuple ne soit répandu ; il faut empêcher que quatre ou cinq individus, car les autres ne sont qu'égarés, aillent porter le trouble et le désordre dans une Société pour ensuite bouleverser la république entière. Je demande que les trois comités de gouvernement soient chargés de nous proposer des mesures qui empêchent aucun représentant du peuple de prêcher la révolte contre la Convention. (Vifs applaudissements.)

Cette proposition est décrétée au milieu des applaudissements.

— Le président donne lecture d'une lettre qu'il vient de recevoir ; elle est conçue en ces termes :

« Si la Convention veut savoir la vérité, je la lui dirai à sa barre. Je lui démontrerai qu'il existe une conspiration tendant à son anéantissement, en reproduisant un nouveau système de terreur... »

On interrompt en demandant le renvoi de cette lettre aux trois comités. — Il est décrété.

— On procède à l'appel nominal pour le renouvellement par quart des membres du comité de salut public ; les membres sortants sont Laloi, Treilhard et Echassériaux. Nous avons donné hier les noms de ceux qui les remplacent.

— Un pétitionnaire est introduit ; il dit :

« Législateurs, c'est dans le temple de la Liberté, dans le sanctuaire des lois, c'est au pied du tribunal suprême d'une nation belliqueuse et libre, qui va dicter des lois à l'Europe étonnée et vaincue, qu'un prisonnier de guerre vient dénoncer la conduite odieuse de l'Angleterre envers trois mille de ses compagnons d'infortune, au compte de cette puissance.

« Les premiers enfants de la liberté, vainqueurs d'Arlon, armée de la Moselle, et bientôt après à Turcoing, Verwick, Menin et Marchiennes, en l'armée du Nord, livrés dans cette dernière ville par le plus lâche des scélérats à vingt mille satellites des tyrans coalisés, pendant une nuit la plus affreuse et la plus obscure, abandonnés de presque tous leurs chefs, faits prisonniers de guerre après un combat de six heures, malgré la surprise, la trahison et l'inégalité du nombre ; ces valeureux défenseurs des Droits de l'Homme gémissent depuis quarante décades sous le joug odieux de ces fiers insulaires.

« Une paye de 6 liards du pays par jour, quelquefois sans pain, souvent sans paille, presque toujours couverts de haillons, sans souliers et sans linge ; des prisons obscures et infectes pour casernes, voilà comment a été traitée la division de Marchiennes, à la solde de l'Angleterre, jusqu'au moment où la horde coalisée, à l'aspect du drapeau tricolore, a fui du Brabant, et est allée ensevelir sa honte et sa défaite dans les forteresses de la Hollande. Alors les dignes commissaires du tyran de Londres nous ont fait bivouaquer, sans paille et sans habits, dans des marais situés sur le bord du Rhin, jusqu'au 1er vendémiaire, où le redoutable Jourdan les a forcés à mettre ce fleuve entre lui et nous.

« Plusieurs de nos malheureux frères d'armes ont péri dans ces marais, victimes de la faim, de la soif et de la nudité ; et les autres, couverts de paralysie et de lèpre, ne doivent leur existence qu'aux soins fraternels du citoyen Cornet, officier de santé au 6e régiment de hussards, qui a refusé de l'or, un cheval et un moyen assuré de briser ses fers, pour donner ses soins à quatre cents malades. Ce sacrifice de la liberté à l'humanité souffrante mérite de figurer dans les fastes de la république.

« Législateurs, le cœur déchiré des souffrances de mes frères, j'ai échappé à la vigilance de ma garde, et suis venu de suite vous demander vengeance de pareils attentats aux droits de la guerre, et solliciter l'échange de ces martyrs de la liberté.

« Signé VINSON, *fourrier au 102e régiment, ci-devant principal au collège de Saint-Jumin.* »

La Convention décrète que cette pétition soit renvoyée au comité de salut public ; qu'il soit fait mention honorable du don fait par le pétitionnaire de la petite monnaie qu'il a apportée de sa prison d'Angleterre, et insertion au Bulletin de correspondance.

La séance est levée à quatre heures.

— Dans la séance qui eut lieu le 15 brumaire au soir, la Convention a procédé à l'appel nominal, pour le renouvellement par quart des membres du comité de sûreté générale. Ceux qui en sortent sont Merlin (de Thionville), Legendre (de Paris), André Dumont, et Goupilleau (de Fontenay.)

On a nommé, pour les remplacer, Barras, Laignelot, Garnier (de l'Aube), et Armand (de la Meuse).

---

*La commission des travaux publics à ses concitoyens.*

Paris, le 16 brumaire, l'an 2e de la république une et indivisible.

« Les citoyens sont avertis que les bureaux des travaux publics de la ci-devant commune de Paris, établis au ci-devant Palais-Cardinal, seront transférés, le 18 brumaire, à la maison des travaux publics, ci-devant Palais-Bourbon, et que dès ce jour on pourra y venir prendre et donner des renseignements relatifs aux affaires publiques, depuis deux heures jusqu'à quatre heures.

« Signé LECAMUS et RONDELET, *commissaires des travaux publics.*

« Pour la commission : DUPIN, *adjoint.*»

---

*Payements à la trésorerie nationale.*

Le payement du perpétuel est ouvert pour les six premiers mois ; il sera fait à tous ceux qui seront porteurs d'inscriptions au grand livre. Celui pour les rentes viagères est de huit mois vingt et un jours de l'année 1793 (vieux style).

## POLITIQUE.

### SUÈDE.

*Stockholm, le 12 octobre.* — Le baron de Staël, ci-devant ambassadeur en France, et qui depuis a négocié l'alliance de la Suède et du Danemark, va se rendre incessamment en Suède.

— L'ordonnance qui prohibe l'entrée du café en Suède est à la veille d'être supprimée. Le gouvernement paraît être décidé à cette mesure par les fortes réclamations de la Compagnie des Indes occidentales, qui attend plus de deux cent mille livres de cette production.

— Ehrestrom a été conduit, le 8 de ce mois, sous une forte escorte, à la place des exécutions. On l'a descendu de voiture au milieu des exhortations de deux ministres qui le préparaient à la mort. Le glaive était déjà suspendu sur sa tête quand il arriva une lettre de pardon. On déclara au coupable qu'il devait la vie à la seule commisération du régent. Il fut ensuite conduit à pied à la forteresse de Caristein, où il restera jusqu'à la fin de ses jours.

### ALLEMAGNE.

*Vienne, le 15 octobre.* — Avant-hier mourut ici le général d'artillerie comte de Browne, âgé de cinquante-trois ans.

— Les principaux prisonniers arrêtés il y a quelque temps comme conspirateurs sont : Iniz, docteur en droit ; Todstin, négociant ; Indanciz, agent hongrois ; Bideck, professeur de mathématiques ; son frère, employé au bureau du conseil ; Hanke, médecin de Vienne ; son frère, ex-bibliothécaire à Olmutz ; le baron de Kiedel, qui a enseigné les mathématiques à l'empereur ; son frère, médecin-lieutenant pensionné de l'empereur ; Huckl, ci-devant receveur des droits d'entrée ; Martinowitch, ci-devant prieur et nommé par l'empereur à un prieuré en Hongrie ; Hebenstreit, lieutenant de police à Vienne ; Brandstander, membre de la magistrature de Vienne ; de Troll, ci-devant commissaire de police à Lemberg ; Frück, curé de Feldkirken dans la Haute-Autriche ; Cilowski, membre du conseil de guerre, chez qui on a trouvé plusieurs bonnets rouges ; Cnenicy-Fridoli, manufacturier ; général comte de Stubenberg, de Gratz en Styrie ; Wolstein, professeur en médecine vétérinaire ; Gellineck, maître d'hôtel ; Gothardi, ex-directeur de police, etc. (*Extrait d'une feuille périodique imprimée en Allemagne.*)

### PRUSSE.

*Berlin, le 8 octobre.* — Les villes de Bromberg et de Fordam viennent de tomber au pouvoir des Polonais ; les garnisons se sont rendues prisonnières. Dans la première il s'est trouvé des magasins bien approvisionnés. Après cette expédition brillante, les vainqueurs se sont avancés dans la province, dont la reddition entière ne peut être retardée. La division envoyée par Kosciusko a fait sa jonction avec les insurgés, et s'étend de plus en plus dans le district de Neiz.

L'armée prussienne vient d'être complétement battue près de Barezim ; elle a perdu toute son artillerie. Le général Bæknil était venu au secours ; mais un boulet de canon lui fracassa la cuisse, et il fut atteint au même instant d'une balle dans la poitrine ; tombé de cheval, il fut fait prisonnier par les insurgés ; il vivait encore ; il mourut peu de temps après. Le désordre occasionné par cet événement mit la déroute dans les troupes prussiennes. Elles se sont retirées du côté de Schutz.

La Prusse occidentale n'est pas moins vivement menacée ; dix-huit mille Polonais l'ont déjà entamée sur plusieurs points.

En Lithuanie les insurgés se renforcent. L'effroi s'est déjà répandu jusqu'aux portes de Memel.

— La cour de Berlin avait osé, au milieu de ses défaites, établir à Thorn un tribunal pour juger les insurgés, ses vainqueurs ; mais elle annonce aujourd'hui, quoique ses pertes soient encore plus considérables, que les circonstances ont forcé ce tribunal à suspendre ses fonctions. On a sans doute, par la même raison, suspendu les fonctions de président des trois Chambres de la Prusse méridionale, lesquelles venaient d'être conservées à Bucholiz, ci-devant ministre prussien à Varsovie ; c'est celui que les Polonais, au commencement de leur insurrection, ont si généreusement laissé partir.

### ITALIE.

*Extrait d'une lettre de Livourne, du 15 octobre.* — Un vaisseau de guerre suédois a dernièrement appareillé de ce port avec un convoi de navires chargés de grains et de comestibles pour la France. Il a été attaqué en route par des vaisseaux napolitains qui l'attendaient au passage ; mais, ne se trouvant pas en force, il a viré de bord et est rentré ici.

— On apprend de Gênes que le citoyen Villard y est arrivé, le 5 de ce mois, pour y remplacer Tilly en qualité de ministre de la république française.

— La cour de Portugal, sur les instances de la cour d'Espagne, a ordonné la marche de cinq mille hommes vers les frontières de France.

— On écrit de Cadix que la grande flotte marchande, venant d'Amérique, y est entrée. Elle portait de grandes richesses tant en argent qu'en productions des diverses contrées de l'Amérique espagnole.

---

## RÉPUBLIQUE FRANÇAISE.

*Paris, le 17 brumaire.* — Un citoyen de Dôle, département du Jura, nous écrit qu'on vient d'arrêter dans le canton de Berne, au pays de Vaud, une société de fabricateurs de faux assignats. Les chefs de cette bande sont un nommé Sunth, anglais et Wagner, bourgeois de Berne, d'une des deux cent trente-six familles souveraines de ce canton. Les collaborateurs étaient des Français et des Suisses.

## SOCIÉTÉ
### DES AMIS DE L'ÉGALITÉ ET DE LA LIBERTÉ,

#### SÉANT AUX CI-DEVANT JACOBINS DE PARIS.

*Présidence de Crassous.*

#### PRÉCIS DE LA SÉANCE DU 15 BRUMAIRE.

La Société renvoie au comité des défenseurs officieux des réclamations faites en faveur d'un citoyen mis la veille en arrestation.

La tribune reste vacante quelques moments : un membre demande que les Jacobins ne restent pas dans le silence, parce que la stérilité de leurs séances donne du courage à leurs ennemis.

*Arena :* Le vaisseau de la république a été sauvé lorsqu'il a été battu par la tempête la plus orageuse :

comment ne se sauverait-il pas lorsque nous touchons au port? J'ai parcouru le midi de la France, et partout j'ai vu l'aristocratie triomphante, le patriotisme opprimé, et les patriotes traités de brigands. Quelle est donc cette métamorphose, après cinq ans de révolution?

Quel est donc ce silence des patriotes de cette cité célèbre, qui a fondé la liberté? Les hommes de courage seraient-ils anéantis? S'il en existe encore, qu'ils se montrent, et la patrie sera sauvée; qu'ils ne craignent pas la tactique de nos ennemis, elle est toujours la même. Le perfide Léopold ne déclara la guerre qu'aux Jacobins, et il eût facilement consenti à la paix si l'on eût voulu en France consentir à faire le sacrifice des Jacobins. Maintenant que la guerre a donné pour résultat le triomphe de la république, les tyrans et leurs dignes suppôts, recommencent à attaquer la société populaire, à avilir la monnaie nationale, à jeter des germes de division dans le sein de la Convention. Il est temps d'éclairer la Convention et de lui faire voir que les patriotes qui l'ont défendue contre le fédéralisme gémissent actuellement dans les fers. C'est une vérité que je dirai jusqu'à la mort; oui, la Convention est trompée par les aristocrates et par la faction qui veut dominer, et qui sans doute est soudoyée par l'étranger.

Aujourd'hui on a empoisonné les opinions qui avaient été proférées à votre tribune; l'on a dit que les Jacobins avaient sonné le tocsin contre la Convention. Eh quoi! aurait-on pu penser que vous n'êtes pas tous dévoués à la Convention nationale? (Nous le sommes tous! s'écrient les membres.)

La Convention n'a qu'à parler, et nous irons tous nous présenter au-devant des baïonnettes des aristocrates et des coalisés; mais par la raison que nous lui sommes entièrement soumis, il est de notre devoir de lui découvrir le précipice où des méchants veulent le plonger, et de lui faire connaître l'aristocratie qui prétend en ce moment lui être fidèlement attachée. Je dis qu'il n'y a que les patriotes qui peuvent avoir le désir de la défendre, parce que ce sont les patriotes seuls qui ont appelé une représentation populaire.

Montrons donc à la Convention la vérité que l'on s'efforce de lui cacher; qu'elle sache enfin que nous sommes toujours les mêmes, et que les sans-culottes ne cesseront jamais d'être fidèles aux lois et d'en faciliter l'exécution. Si quelques dians échappent à leur bouillant patriotisme, qu'on ne vienne pas dire qu'ils ont été dirigés contre la Convention, mais contre l'aristocratie seule.

Jacobins, je dois vous recommander une chose digne de votre attention: jusqu'à présent vous avez laissé les tribunes de la Convention aux hommes nouvellement élargis, que la notre est toujours entourée. A peine un Montagnard ouvre-t-il la bouche que les tribunes s'efforcent de lui imposer silence par leurs cris: si vous avez quelques moments à votre disposition, allez vous-mêmes dans ces tribunes; vous y applaudirez aux bonnes motions, et vous improuverez celles qui ne seront pas dans le sens de la démocratie: ne restons pas chez nous tandis que l'aristocratie assiège les tribunes.

*** ; Il n'est pas temps de dissimuler que la république est dans un moment de danger. L'aristocratie a déployé tous ses ressorts, le royalisme est affiché dans Paris: on cherche à faire le procès à tous ceux qui ont aidé à renverser le fédéralisme; partout le véritable patriote est traité de scélérat et d'homme de sang. Les Brissotins aussi nous appelaient des septembriseurs; ils avaient aussi, sous la direction de Roland, un bureau d'esprit public, dont ils se servaient pour nous présenter aux yeux du peuple comme des cannibales.

La tribune des Jacobins reste vide, parce qu'il semble que les prisons n'ont été ouvertes que pour y plonger les patriotes. Mais, parce qu'il règne un système de persécution, faut-il que nous oubliions notre ancienne énergie? Non, citoyens; plus il y aura de patriotes dans les prisons, et plus le peuple verra que les hommes qui s'élèvent si fort contre la terreur n'ont voulu que la changer de côté.

— Tissot annonce la mise en liberté de Bacot, ex-maire de Nantes, qui a cherché à avilir la représentation nationale, et qui a été complice des fédéralistes. Il annonce aussi qu'un homme mis hors de la loi a publié des écrits en faveur de la faction de la Gironde.

L'opinant est invité à nommer cet homme mis hors de la loi; Tombe dit que c'est Derbouin, ci-devant membre de la commission des Douze.

Boutn : Si nous étions sous le règne de la tyrannie, notre devoir serait de mourir. Nous sommes libres, nous devons parler pour nous éclairer mutuellement. Quelle est la cause de nos maux et de nos inquiétudes? C'est le système de diffamation qui se prépare. Il ne se prononce pas ici une opinion que l'on ne tourne en crime les choses les plus innocentes. Par quelle fatalité la Convention donne-t-elle sa confiance aux ennemis du peuple, au lieu de se réunir aux véritables défenseurs de la patrie?

Pourquoi ses liaisons avec nous sont-elles rompues comme avec des ennemis dangereux? S'il était vrai que des hypocrites, qui se sont fait une habitude de haïr la révolution en paraissant l'aimer, se fussent introduits ici, ne devrait-elle pas nous en informer, et ne pas nous frapper indistinctement? Les hommes sortis des prisons se rapprochent de la représentation nationale et se lient avec elle; et nous, on nous dépeint comme des ennemis cruels et jaloux de son autorité.

Aujourd'hui l'on criait dans les rues que nous avions défendu ici un individu; jamais un individu seul n'a pu être l'objet de nos combats; les principes seuls, voilà notre boussole. Nous redoutons l'erreur dans laquelle on veut entraîner les citoyens nos frères, et le système de calomnie et de diffamation que l'on médite. Le but de ce système est de répandre la défiance et le soupçon parmi les républicains et de comprimer l'opinion des patriotes. S'il réussissait, la liberté n'existerait plus que contre ceux qui travaillent sincèrement à l'affranchissement de la liberté.

Massieu : De vils libellistes, qui ne vivent que d'imputations vagues, osent dire que les Jacobins sont des hommes de sang: ils appellent tous les jours la vengeance du peuple contre six, douze et même vingt représentants énergiques et de bonne foi. On a dit aujourd'hui qu'il y avait dans cette Société des hommes qui correspondaient avec un comité d'émigrés établi en Suisse; il m'est permis de dire que ce fait est une calomnie tant qu'il ne sera pas démontré.

La Société est autorisée et intéressée à demander au comité de sûreté générale s'il y a dans sa correspondance des renseignements assez sûrs pour qu'un de ses membres ait pu faire publiquement cette inculpation. Si je croyais qu'il y eût dans cette Société des ennemis du bien public, je serais le premier à les dénoncer; mais aujourd'hui on la traite comme une poignée de conspirateurs et de factieux. Jusqu'à présent on s'est contenté de déclamations vagues contre les Jacobins; on n'a pas osé dire qu'on désirait les voir périr tous jusqu'au dernier, car alors nos ennemis montreraient trop évidemment le bout de l'oreille.

Lorsque cette Société est inculpée, je crois que plusieurs membres ont le droit d'aller au comité de sûreté générale et de lui dire : Nous savons qu'un de vos membres a accusé la Société de protéger des hommes qui correspondent avec les émigrés. Si le fait est vrai, nous serons les premiers à livrer ces monstres au glaive de la loi ; mais qu'il nous soit permis d'insérer votre réponse dans les papiers publics s'il est vrai que ce ne soit qu'une simple allégation. Cette démarche est conforme aux lois, elle est dictée par les principes de la plus exacte justice. C'est dans de pareilles démarches que se trouve le vrai courage de la liberté, ce sont les seules qui conviennent aux Jacobins.

*Mauré :* Je ne crois pas que la mesure proposée par Massieu soit convenable. Si l'inculpation dont il s'agit eût été faite par un simple particulier, elle ne serait pas aussi grave qu'elle est étant faite au milieu des représentants, et par un membre du comité de sûreté générale, dont les fonctions s'étendent jusqu'à intercepter les correspondances des ennemis de la liberté. Il me semble que la Société devrait nommer douze de ses membres pour aller à la barre demander les noms de ceux qui ont correspondu avec les émigrés, parce que nous sommes prêts à les livrer sur-le-champ.

Allons à la Convention ; nous avons à faire à des hommes justes, nous y serons accueillis. Si l'inculpation est calomnieuse, nous ne demandons pas la punition de son auteur. Que la seule punition de nos détracteurs soit le mépris. Votre pétition, présentée à la barre, aura un effet puissant dans toute la république ; elle fera tomber cet échafaudage d'imbécillité et de mensonge. Je demande que la pétition soit rédigée sur-le-champ, afin que nous puissions la signer dans cette séance ; et la présenter demain.

*Après quelques débats, les propositions de Mauré sont adoptées.*

— Léonard Bourdon présente quelques réflexions qui sont insérées dans la pétition. Massieu en donne lecture à la Société ; elle est adoptée avec de légers changements, et tous les membres s'empressent d'aller la signer.

La séance est levée à dix heures.

# CONVENTION NATIONALE.

*Présidence de Prieur (de la Marne).*

### SÉANCE DU 16 BRUMAIRE.

Sur le rapport de Paganel, le décret suivant est rendu :

« La Convention nationale, après avoir entendu son comité des secours publics, décrète :

« Art. 1er. L'hospice dit Beaujon, dans le faubourg du Roule, est et demeure supprimé.

« II. Les élèves de l'hospice Beaujon seront reçus parmi les Élèves de la Patrie, ou rendus à leurs parents, s'ils les réclament.

« III. Les citoyennes Maupetit, Marianne Desombres et Antoinette Sivor, ci-devant sœurs de la Charité, recevront le traitement fixé par les décrets des mois d'octobre 1790 et août 1792.

« IV. La commission des secours publics fera dresser un état de tous les effets et meubles qui étaient à l'usage dudit hospice, et présentera, dans le plus bref délai, un rapport au comité des secours sur le plus utile emploi desdits effets.

« V. Le présent décret sera imprimé au Bulletin de correspondance. »

## Article additionnel.

« Les citoyennes nommées à l'article III recevront chacune, à titre de récompense, une somme de 300 liv. »

CHAZAUD : Citoyens, vous avez, par votre loi du 12, restreint dans de justes bornes la mesure du séquestre, et vous avez aussi corrigé quelques abus dans le mode d'apposition et levée des scellés : mais il s'en faut de beaucoup que vous les ayez tous fait disparaître. En voici un qui ne saurait être indifférent à votre sollicitude.

Un père de famille (et il y en a peut-être mille dans le même cas dans cette cité immense, sujette à des changements presque continuels d'habitation), le citoyen Mala, marchand tapissier, avait, depuis le 21 messidor dernier, fourni aux citoyens Filhon et Emmery, ci-devant jurés au tribunal révolutionnaire, alors logés maison dite de la Conception, rue Honoré, n° 365, divers meubles, dont il a joint l'état à son mémoire.

Depuis, ces citoyens ont été mis en état d'arrestation, comme complices des conspirateurs que vous avez anéantis, et les scellés ont été apposés non-seulement sur leurs papiers, mais encore sur tous les meubles et effets garnissant leurs appartements. C'est en vain que Mala a demandé la distraction de ceux qui lui appartenaient ; on l'a constamment éconduit, parce qu'il n'y a pas de loi qui l'autorise.

Ce citoyen souffre d'autant plus des suites de cette mesure qu'outre qu'il est privé de ses meubles, qui dépérissent, et dont il n'a encore retiré aucun produit, il paie journellement à un de ses confrères le loyer d'une partie des effets par lui réclamés, qui lui manquaient pour compléter l'ameublement.

Il doit éprouver d'autant moins de difficulté dans sa demande en distraction et délivrance de ses effets qu'il a fourni à l'agence nationale des scellés des preuves irrévocables de son civisme et de la légitimité de sa réclamation.

Voici le projet de décret que je vous propose :

« La Convention nationale, sur la demande du citoyen Mala, convertie en motion par un de ses membres, décrète :

« Qu'à la diligence de l'agence des domaines nationaux, section des scellés, en présence d'un des représentants du peuple chargé de la surveillance de ceux apposés sur les meubles et effets des prévenus de complicité avec Robespierre et autres conspirateurs, distraction et délivrance seront faites au citoyen Mala, tapissier, des meubles qu'il a fournis à loyer aux citoyens Filhon et Emmery, ci-devant jurés au tribunal révolutionnaire, depuis mis en état d'arrestation, et à cette époque logés maison ci-devant de la Conception, rue Honoré, n° 365, à la charge de justifier devant les autorités constituées de son civisme et de la légitimité de la réclamation desdits effets, contradictoirement avec lesdits locataires détenus ou leurs fondés de procuration.

« Charge les comités de législation, de sûreté générale et des finances réunis, de lui présenter incessamment un projet de loi qui détermine un mode uniforme et général de distraction et délivrance aux tapissiers et fournisseurs à loyer, domiciliés, des meubles et effets qu'ils justifieront, par titres ou registres en bonne forme, être dans les maisons et appartements ci-devant occupés par des conspirateurs ou des prévenus de complicité dans les conspirations, où les scellés ont été ou pourraient être à l'avenir apposés. »

Ce projet de décret est adopté.

LEQUINIO : J'avais hier la parole pour une proposition relative à l'objet qui avait occupé la séance, lorsque vous voulûtes passer à l'appel nominal.

Voici mes idées en peu de mots ; elles intéressent essentiellement le salut du peuple et sa liberté. Lorsque le colosse tyrannique. de la royauté subsistait encore, il était nécessaire d'unir toutes les puissances et tous les moyens pour le renverser : alors l'influence des représentants dans une Société populaire se trouvait nécessaire pour l'encourager et l'éclairer, de même que l'influence de la Société sur les représentants, afin de les instruire de l'intrigue de la cour et de ses ministres, et du parti qui les soutenait. Mais aujourd'hui que la révolution est faite, aujourd'hui que jusqu'à l'ombre de l'antique royauté est anéantie; aujourd'hui qu'il ne nous reste plus qu'à consolider le système républicain par des lois philosophiques, à en répandre les principes par l'instruction, et à le faire aimer par l'effusion de la douce philosophie, quel pourrait être l'effet de cette influence réciproque des représentants sur une Société populaire et de cette Société sur les représentants?

On le sent assez, la même cause produit les mêmes effets; le résultat serait donc et ne pourrait être autre chose que des mouvements politiques et convulsionnaires.

La révolution est à son terme; où pourrions-nous donc aller encore? Quel pas aurions-nous encore à faire en avant, qui ne tendît à nous plonger dans le précipice?

Dans la position où se trouve la république, tout mouvement révolutionnaire serait un déchirement, et, sous quelque masque qu'il se voile, quiconque cherche à l'exciter n'est qu'un contre-révolutionnaire, un ennemi décidé de la révolution, ou de ses faux amis, cent fois plus dangereux encore que ses ennemis connus.

Ne nous le dissimulons pas, et soyons francs; les Jacobins ne seraient que ce qu'ils doivent être si les représentants cessaient de se rendre au milieu d'eux. Je suis resté constamment dans cette Société tant que je l'ai cru bon à la chose publique; aujourd'hui j'y renonce solennellement. Je renonce de même à toute autre société, quelle qu'elle soit, jusqu'à la fin de la Convention; et par le peu de raisons que je viens de donner, je crois avoir démontré suffisamment la nécessité d'un décret qui défende désormais aux représentants d'être membres d'aucune Société politique pendant la tenue de la Convention.

Le plus honnête d'entre nous et le plus attentif sur soi-même s'expose toujours à s'y faire influencer, et à ne rapporter ici, au milieu du peuple que nous représentons, que l'opinion de la Société, le plus souvent même que celle d'un ambitieux, qui a su arracher à la Société cette opinion par ses singeries patriotiques et sa charlatanerie oratoire : voilà pour l'homme de bonne foi.

Calculez ensuite pour celui d'entre nous que l'envie de se pousser dominerait, qui serait tourmenté par le désir de se faire des partisans, et qui regarde les tempêtes révolutionnaires comme un moyen efficace d'arriver promptement à la gloire, à la fortune et à la domination; et voyez si vous n'êtes pas comptables au peuple français de ne point interdire à vos membres l'occasion de ces désastres politiques.

Je n'ai point pour but ici ni d'attaquer les Jacobins, ni aucune autre Société populaire; elles sont essentielles au peuple, et l'esprit public ne se répandra que par elles.

Je veux qu'il y en ait une dans chaque village ; je veux qu'elles remplacent ces antiques rassemblements, destructeurs de la liberté, où la tyrannie religieuse venait asservir la raison elle-même pour affermir la tyrannie politique.

Dans tous les temps, ce que les despotes ont craint le plus, c'est l'effusion des lumières, ce sont les rassemblements populaires, ce sont les discussions du peuple sur ses propres intérêts, sur ses droits et sur les devoirs de ses gouvernants.

Or, puisque de pareils rassemblements furent de tout temps le sujet de la haine des despotes, il faut bien que ce soient les soutiens de la liberté, les moyens d'instruction, l'objet de l'affection du peuple.

On ne saurait donc trop multiplier les Sociétés populaires; mais, actuellement que la révolution est faite, il faut qu'elles se bornent à leur véritable institution; il faut qu'elles cessent d'être des échelles destinées à l'élévation de quelques ambitieux, de quelques intrigants, de quelques tyrans masqués de patriotisme.

Nous sommes arrivés près du fleuve dont nous cherchions avec une soif ardente les eaux salutaires; ayons le courage de nous y reposer ; cultivons son rivage en paix ; semons ce rivage de fleurs, et sachons jouir de la félicité sur ses bords : si nous avions l'imprudence de vouloir voguer encore, nous serions bientôt entraînés par les vents, nous serions écrasés contre mille écueils, ou plongés par le torrent dans un gouffre de calamités.

Je propose à la Convention le décret suivant :

« Il est interdit à tout représentant d'être membre d'aucune Société politique pendant la durée de la Convention. »

Lanot, Duhem, Audouin, Clauzel demandent la parole.

Elle est accordée à Lanot.

LANOT : Citoyens, si j'étais monté à la tribune pour faire la proposition qui vient de vous être présentée par le préopinant, j'y serais monté avec sang-froid, et je n'aurais pas pâli... (Quelques applaudissements.)

CLAUZEL : Je demande la parole pour une motion d'ordre. (Bruit.)

LANOT : Quand je monterai à cette tribune, j'y apporterai la franchise d'un républicain... (*A la tribune!* s'écrient plusieurs membres.)

Lanot monte à la tribune.

*Plusieurs voix :* Ne pâlissez donc pas !

LANOT : Il est étonnant que quand un citoyen vient dire la vérité on étouffe sa voix. Je les signale : les voilà les hommes qui ne veulent pas entendre la vérité... (Lanot désigne plusieurs membres qui siégent en face de la tribune.)

CAUMONT : Président, je demande que vous rappeliez à l'ordre l'orateur ; il avance un fait faux.

LANOT : Vous êtes un menteur !

Une grande partie des membres se soulève et demande que Lanot soit rappelé à l'ordre. (Bruit.)

LE PRÉSIDENT : Je rappellerai vivement à l'ordre ceux des membres qui ne parleront pas avec décence à l'assemblée; j'y rappelle Lanot. (Vifs applaudissements.)

LANOT : Tout représentant rappelé à l'ordre a le droit de se justifier; je déclare donc qu'en venant à la tribune j'ai été assailli, insulté; ainsi le président a eu tort de me rappeler à l'ordre.

LE PRÉSIDENT : J'ai rappelé à l'ordre Lanot pour avoir dit à son collègue qu'il était un menteur.

LANOT : Parce qu'il m'a dit que je n'avais pas été insulté.

CAUMONT : Il n'a pas été assailli, comme il l'a avancé.

CLAUZEL : Si vous m'aviez accordé la parole, président, ces débats n'auraient pas eu lieu.

LANOT : J'avais demandé la parole pour répondre à quelques observations de Lequinio, et je vais le faire avec la franchise d'un républicain dégagé de tout esprit de parti.

Le préopinant a proposé un projet de décret qui, selon moi, est attentatoire à la liberté et aux droits de l'homme. (Murmures et quelques applaudissements.) Il vous propose de décréter qu'aucun membre de cette assemblée, qu'aucun membre d'une autorité constituée ne puisse siéger dans une Société populaire. L'opinant aurait dû ajouter, comme une conséquence naturelle de sa proposition, que nous n'aurions plus la permission de parler chez nous-mêmes, celle de penser. (Murmures.) La proposition n'a point été faite de bonne foi, car on sait qu'il est impossible d'empêcher des hommes qui ont fondé la république d'être membres des Sociétés qui en sont les soutiens. On vous a fait hier et aujourd'hui un grand étalage du mot Jacobin ; je sais qu'ils sont en discrédit dans l'opinion de quelques individus : eh bien, je déclare, moi, que je suis Jacobin…. (Quelques applaudissements.)

*Plusieurs membres :* Et nous aussi.

LANOT : Celui qui n'est pas Jacobin n'est pas l'homme de la liberté (violents murmures), parce que les Jacobins sont les hommes de la vertu et de la justice ; et ceux qui ne sont pas Jacobins ne sont pas tout à fait vertueux. (Nouveaux murmures.) Je demande la question préalable sur la proposition de Lequinio.

CLAUZEL : Et moi aussi je m'oppose au projet de décret présenté par Lequinio ; il n'est jamais entré dans l'intention de la Convention nationale d'interdire aux membres de cette assemblée d'aller dans les Sociétés populaires. (On applaudit.) Mais hier, citoyens, vous devez vous rappeler que j'exposai à la Convention qu'elle serait responsable envers toute l'Europe ; oui, envers toute l'Europe ; car j'espère que bientôt la liberté y régnera seule. Je lui disais donc qu'elle serait responsable de l'agitation dans laquelle quatre ou cinq membres de cette assemblée entretenaient les Jacobins, si elle ne prenait pas des mesures sévères contre les meneurs de cette Société. (Oui, oui! s'écrient plusieurs membres et des citoyens des tribunes.) Vous n'avez pas, sans doute, perdu la mémoire que quelques membres de cette assemblée ont provoqué à la....

DUHEM : Nomme-les?

*Plusieurs membres :* Toi, toi!

Duhem réclame la parole sur instance.

CLAUZEL : Je dois rendre à Duhem la justice qui lui est due; Duhem est bon patriote, mais il se laisse entraîner par des hommes qui veulent perpétuer la Vendée, par les hommes qui veulent ramener le système de terreur.

Je vous rappelle, citoyens, qu'hier vous avez renvoyé à vos trois comités les propositions qui vous furent faites relativement aux mesures à prendre contre les hommes qui cherchent à porter la Société des Jacobins, non à l'insurrection, mais, comme on vous l'a dit, à la révolte. (Vifs applaudissements.) Je demande qu'on passe à l'ordre du jour sur la proposition de Lequinio, car vous aurez encore besoin des Sociétés populaires pour comprimer l'aristocratie. (On applaudit.) Mais il faut que l'assemblée se prononce contre une poignée de factieux qui regrettent l'ancienne tyrannie. (On applaudit.)

On demande l'ordre du jour.

DUHEM : Je demande la parole pour provoquer sur ma conduite l'examen des trois comités, afin de donner un démenti formel à Clauzel, qui vient de m'accuser:.... (A la tribune, à la tribune! s'écrient plusieurs membres.)

Duhem monte à la tribune.

DUHEM : Il y a assez longtemps qu'un certain nombre d'hommes font peser le soupçon sur la tête de plusieurs de leurs collègues, pour que ceux que l'on calomnie aient le droit de demander justice. Autrefois le tyran que nous avons abattu nous assommait avec une massue de plomb, aujourd'hui on nous tue à coups d'épingle. (On rit.) Il faut, puisqu'on prétend qu'il existe des factieux, les attaquer en face et ouvertement; on a dit que j'avais provoqué à la révolte : je demande qu'on le prouve, ou j'imprimerai sur le front du calomniateur le cachet de l'ignominie.

Ce n'est pas d'aujourd'hui qu'on attaque les Jacobins ; on les attaqua sous l'Assemblée constituante, sous la Législative; aujourd'hui c'est la même chose...a (Ce ne sont pas les mêmes! disent plusieurs membres.) Ce sont les mêmes, car j'en ai toujours été.

BOURDON (de l'Oise): Même le 9 thermidor?

DUHEM : Non, car il y avait huit mois que Robespierre m'en avait chassé.

J'espère que, sous trois jours, les comités nous feront connaître les cinq factions qui veulent porter les Jacobins à la révolte, et ici je dois vous faire connaître la vérité. Il faut que vous sachiez que ceux qui accusent les Jacobins de se laisser mener en ont été les meneurs. Après le 10 thermidor, c'est Lequinio, Tallien, Fréron et Dubois-Crancé qui ont épuré cette Société.

DUBOIS-CRANCÉ : Si j'avais épuré les Jacobins, tu n'y serais plus.

DUHEM : Je n'y suis rentré qu'une sous la présidence de Delmas, quelques jours après que tu en as été chassé.

Quand ces hommes ont vu qu'ils ne pouvaient plus diriger la Société à leur manière, et, comme ils me l'ont avoué, qu'on ne pouvait plus rien faire de bon des Jacobins; ils..... (Vifs applaudissements.)

*Plusieurs membres :* Ils avaient raison.

BOURDON (de l'Oise): Je demande la parole pour une motion d'ordre.

DUHEM : On ne peut pas m'interrompre malicieusement au milieu d'une phrase ; il faut que je m'explique.

Je dis que, quand ces messieurs ont vu qu'ils ne pouvaient pas faire agir les Jacobins dans le sens de leur faction, et qu'ils ne pouvaient pas réaliser la prédiction de Tallien d'un 10 fructidor, ils se sont déchaînés contre eux.

Je ne suis pas étonné de cette réaction, qui est dans le sens des émigrés tués par nos frères d'armes.

*Plusieurs voix :* Dites des émigrés qui sont en Suisse.

DUHEM : Je vais en parler.

Bourdon réclame la parole avec force, pour empêcher, dit-il, d'avilir la Convention.

Duhem veut continuer ; le bruit qui se fait pendant quelques instants l'empêche d'être entendu.

Bourdon (de l'Oise) s'élance à la tribune. (Vifs applaudissements.)

On demande que la parole lui soit donnée. — L'assemblée la lui accorde.

BOURDON (de l'Oise): Citoyens, vous ne devez point permettre que la Convention devienne chaque jour le jouet des viles passions de quelques hommes. (Vifs applaudissements.) Vous avez des comités de gouvernement ; si vous n'en êtes pas contents, renouvelez-les ; s'ils ont votre confiance, rapportez-vous-en à eux du soin de balayer les Sociétés populaires des hommes qui prêchent la révolte ; croyez qu'ils sauront faire exécuter vos décrets.

Citoyens, contemplez les destinées de la république, songez à recueillir les fruits de nos succès. Que cette assemblée, qui depuis le 10 thermidor a fait le bonheur des Français, ne donne pas à l'Europe le spectacle d'hommes qui se déchirent pour cinq à six intrigants de part et d'autre.

Remarquez que ces scènes vraiment scandaleuses se reproduisent les jours où il y a quelques nominations à faire, et voyez si elles ne sont pas produites par la plus plate ambition. Je demande que la Convention, plus forte que les passions individuelles, et qui fait trembler l'Europe, passe à l'ordre du jour sur le projet de décret qui lui a été présenté.

Cette proposition est adoptée.

LE PRÉSIDENT : Je reçois ce billet.

« Citoyen président, douze membres de la Société des Amis de la Liberté et de l'Egalité, séant aux Jacobins, demandent à être admis pour lire une pétition. »

*Quelques voix :* Demain, demain.

La Convention consultée ordonne l'admission.

BOURDON (de l'Oise): Avant que la députation soit admise, je demande qu'elle soit interpellée pour savoir si c'est une pétition individuelle.

*Plusieurs membres:* Oui.

La députation est introduite à la barre.

*Paillardelle,* orateur de la députation : Citoyens représentants du peuple, les citoyens soussignés, membres de la Société des Amis de la Liberté et de l'Egalité, séant aux Jacobins, inviolablement attachés à la Convention nationale, seul centre du gouvernement comme l'espoir du salut public, ont été profondément affligés en apprenant que quelques membres de cette Société ont été accusés d'un grand crime.

Un représentant du peuple, dont les paroles tirent un grand poids de ses fonctions au comité de sûreté générale, a dénoncé une correspondance de Jacobins avec un comité d'émigrés en Suisse. Il faut que les Jacobins non-seulement soient purs, mais encore soient reconnus pour tels.

Les Jacobins demandent qu'il soit fait un rapport, afin que les coupables, s'il y en a, soient punis. (Quelques applaudissements s'élèvent d'une des tribunes.)

Le président répond à la députation que c'est à leur amour pour la représentation nationale, à leur soumission à ses lois, que l'on reconnaît les vrais patriotes ; que c'est en donnant l'exemple que les Jacobins se rendront, comme par le passé, redoutables aux ennemis de la liberté.

CLAUZEL : Les représentants du peuple qui émettent dans cette assemblée les opinions que leur amour pour la patrie exige d'eux n'en doivent compte qu'à la Convention ; cependant, comme on pourrait, de la pétition présentée à cette barre, induire que le représentant qui a parlé hier a voulu dénoncer toute la Société, il n'est pas inutile d'en dire ici deux mots.

Dans une contrée étrangère, où il y a un ministre de la puissance qui a juré à la république française la plus mortelle haine, ce ministre est convenu avec les Lameth et d'autres émigrés qu'on ne pouvait vaincre la France que par la division. Ils ont dit : Il faut diviser la Convention, qui est l'effroi des puissances coalisées, d'avec les Sociétés populaires ; il faut faire demander la tête de trois à quatre cents membres ; il faut qu'un homme dise que, si cinq à six hommes avaient autant de courage que lui, les affaires changeraient bientôt ; il faut envoyer à Marseille des émissaires qui la soulèvent. (Emissaires qui, punis par le glaive de la loi, ont crié : *Vive Louis XVII!*) N'a-t-on pas vu le président des Jacobins, ce même jour où la Convention prenait des mesures qui ont sauvé le Midi ; demander l'ajournement de ces mesures ? On voudrait bien connaître cette correspondance fidèle, qui instruit le gouvernement des complots liberticides. Vous ne supposerez pas que des scélérats, qui ne manquent ni de

talent ni d'esprit, entretiennent des correspondances avec toute une Société ; mais il y a quelques membres payés par Pitt et Cobourg pour semer le trouble et la discorde, dernier moyen qui reste aux ennemis de la république triomphante.

BASSAL : Je suis étonné que Clauzel me représente comme ayant cherché à exciter le feu dans le Midi. Je me suis opposé à la mise hors de la loi ; je m'y opposerai toujours, parce que cette mesure est atroce et injuste. Quant à la motion que j'ai faite, je demande si ce n'a pas été avec la dignité qui convient à un représentant du peuple.

CLAUZEL : Bassal ne s'est pas seulement opposé à la mise hors de la loi, il a demandé aussi l'ajournement des mesures salutaires que prenait la Convention. Au surplus, je ne cherche pas à inculper Bassal ; mais je dis qu'il y a des émissaires des puissances étrangères qui cherchent à attiser ici le feu de la discorde.

MAURE : Je demande à faire une motion d'ordre. La démarche de la Société des Jacobins est pure. (On murmure.) La Société populaire des Jacobins n'envoie point demander compte des opinions énoncées dans la Convention ; les Jacobins connaissent trop les principes, ils ont trop de respect pour la représentation nationale ; mais la correspondance dénoncée existe ou n'existe pas. Les membres de la Société ont le droit de demander qu'on nomme les coupables, s'il y en a. Je demande l'insertion de la pétition au Bulletin. (On murmure.)

REWBELL : Maure vient de parler dans les vrais principes, il a fait sentir que les Jacobins ne devaient pas être plus purs que les autres citoyens, qu'il y a entre tous la plus parfaite égalité. Nous ne devons donc pas nous occuper plus longtemps des Jacobins. Si, chaque fois qu'on avance un fait à cette tribune, tous les citoyens venaient en demander compte, il faudrait les entendre tous, décréter l'insertion au Bulletin de toutes leurs pétitions. Je demande l'ordre du jour.

L'ordre du jour est adopté.

TALLIEN : Il y a environ deux décades que la Convention a renvoyé au comité de sûreté générale pour lui faire un rapport sur trente-quatre canonniers de la section des Droits de l'Homme qui sont détenus à la Force depuis trois mois. Ce sont tous des hommes du peuple, des pères de famille ; j'ignore s'il se trouve des coupables parmi eux, mais il faut au moins leur rendre justice. Je demande que le rapport soit fait dans trois jours.

LÉONARD BOURDON : La proposition n'est pas assez généralisée. Il y a beaucoup de patriotes impliqués dans l'affaire du 9 thermidor. Je demande un rapport général du comité sous trois jours.

Cette proposition est décrétée.

MAREC, au nom de la commission des colonies et du comité de sûreté générale : Citoyens, vous avez entendu à votre barre, le 10 de ce mois, une nouvelle réclamation en faveur des citoyens se disant commissaires des patriotes de Saint-Domingue. Vous avez renvoyé la demande de leur mise en liberté à votre commission des colonies et à votre comité de sûreté générale, en les chargeant de vous faire, sous trois jours, pour tout délai, un rapport qui vous mît à portée de juger s'il y a lieu ou non d'accorder ce qu'on vous demandait.

Vos comités ont vu dans ce décret de renvoi l'impatience où vous paraissiez être de statuer enfin sur une réclamation tant de fois élevée dans cette enceinte, et ils se sont empressés de s'en occuper et de vous soumettre le résultat de leurs délibérations. Je suis dans ce moment leur organe ; je serai le narrateur fidèle de la discussion à laquelle ils se sont livrés.

Ils ont observé d'abord que, par le décret de renvoi dont je viens de parler, vous sembliez avoir retiré le droit que, par deux décrets antérieurs, vous aviez solennellement délégué à vos trois comités réunis de salut public, de sûreté générale, de marine et des colonies, le droit de prononcer la mise en liberté des divers colons incarcérés en exécution de la loi du 19 ventose dernier. Ils n'ont pu s'empêcher de remarquer aussi qu'aucun motif fondé de plainte sur le retard qu'éprouvent les opérations de votre commission des colonies n'a dû amener une telle variation entre des décrets rendus à des époques si rapprochées.

Quoi qu'il en soit, votre dernier décret était formel, et vos deux comités y ont vu l'expression d'une volonté à laquelle tout doit céder.

C'est pour s'y conformer que votre commission des colonies, du moment qu'elle a eu connaissance du décret du 10 de ce mois, a reporté ses regards sur un objet qui avait fait la matière de ses premières délibérations, c'est-à-dire la question de la mise en liberté des divers colons détenus. Mais je ne dois pas le dissimuler : votre commission, en se livrant aujourd'hui à un nouvel examen de cette question, ne s'est pas trouvée plus à portée de la décider par la connaissance des faits qu'elle ne l'était les premiers jours de sa création. Depuis plus d'un mois qu'elle est établie, elle n'a eu ni dû avoir d'autre soin que celui de recueillir des divers dépôts publics et autres, les papiers relatifs à l'importante affaire des colonies. Elle s'est constamment occupée de ce rassemblement. Tous ses membres ont, à cet égard, une destination et une tâche à remplir, et la remplissent avec tout le zèle dont ils sont capables ; mais le volume des papiers à inventorier est tel, la nécessité de faire cette opération avec sagesse et précaution est telle, le nombre des dépôts est tel, enfin, que vous apprendrez, je pense, sans étonnement, que votre commission possède à peine en ce moment dans ses archives la centième partie des papiers qu'elle devra rassembler.

J'ajoute que l'opération à laquelle se livrent en ce moment, dans les différents dépôts, les membres de la commission, est et doit être purement mécanique ; qu'il ne s'agit, quant à présent, que d'inventorier les pièces, que d'en décrire la forme, la contexture matérielle ; et que, lors même (ce qui ne peut manquer d'arriver) qu'il tomberait sous la main des membres chargés de cet inventaire des pièces de la plus haute importance, des pièces de conviction contre tel ou tel individu, telle ou telle association ou classe d'individus, il ne peut être question d'en faire sur-le-champ la base d'une accusation ou le fondement de toute autre mesure. Votre commission, convaincue que tout se tient dans cette grande affaire ; que les moindres faits se lient à des faits plus importants ; que toutes les pièces doivent s'expliquer, s'étayer les unes par les autres ; que les fils de la conjuration qui a existé dans les colonies sont disséminés, enveloppés dans un dédale jusqu'à présent inextricable ; qu'il faut tâcher de saisir l'ensemble des événements ; qu'il faut les voir d'abord par masses, pour pouvoir descendre ensuite dans les détails et y discerner la vérité à travers les nuages dont elle a été jusqu'à ce jour obscurcie ; votre commission, dis-je, pénétrée de la nécessité de la plus sévère circonspection, s'est imposé la loi de rassembler d'abord autour d'elle tous les matériaux, tous les éléments de son travail ; de s'occuper ensuite de les classer, de les subdiviser dans l'ordre qu'elle jugera le plus convenable ; puis d'examiner à fond, de discuter chaque pièce, chaque point de fait ; de rapprocher tous les événements, d'entendre et de confronter tous les individus qui se trouveront à sa portée, et de poser enfin les bases et de projeter le plan du grand rapport qu'elle devra soumettre à la discussion de vos trois comités.

Il était entré cependant dans ses vues de s'occuper le plus tôt possible du sort des divers colons incarcérés dès avant et depuis le 19 ventose dernier ; mais, conformément à un arrêté qu'elle prit dans les premiers jours de sa réunion, elle s'était aussi imposé la loi d'ajourner l'examen de toutes les pétitions faites à cet égard jusqu'à ce qu'elle eût entre ses mains des documents, des renseignements positifs. Elle craignait de compromettre, par un empressement mal entendu et par une trop grande facilité à céder à des réclamations instantes, mais dont elle ne pouvait encore se démontrer la légitimité ; elle craignait, dis-je, de compromettre l'intérêt public, d'égarer votre justice, et d'altérer ou de perdre, par une fausse démarche, la confiance dont elle a tant besoin.

Depuis qu'elle est en fonctions, l'opération longue et minutieuse de la levée des scellés et de la confection des inventaires n'est point assez avancée, malgré tous ses efforts, pour qu'elle puisse avoir une opinion prononcée en ce moment, ni sur aucun des colons, ni sur aucune circonstance des troubles qui ont agité vos colonies ; car vous ne penserez pas sans doute qu'elle ait dû en puiser la connaissance dans ces écrits multipliés qui, depuis quelque temps, sont sortis de tant de cerveaux plus ou moins exaltés, et où la vérité, si elle existe, ne se montre pas au moins avec le caractère qui semble lui appartenir.

Dans cette position, dans la nécessité de répondre cependant au vœu manifesté par votre décret de renvoi du 10 de ce mois, votre commission a pensé que, relativement aux citoyens se disant commissaires des patriotes de Saint-Domingue, on ne pouvait s'appuyer, quant à présent, pour proposer leur mise en liberté, que sur une considération ; c'est qu'étant pour tout le moins, vis-à-vis la Convention nationale, dans les mêmes termes que leurs principaux adversaires, je veux dire accusés et accusateurs à la fois ; c'est que n'étant pas, ce semble, plus inculpés par l'opinion publique ou en butte à de plus graves accusations que ces mêmes adversaires ; c'est qu'enfin, n'ayant pas encore été mis sous la main de la justice ou traduits devant les tribunaux par un acte d'accusation en forme, ils devaient être traités par vous de la même manière que ces adversaires, je veux dire encore jouir de la même liberté provisoire que vous avez accordée aux ex-commissaires civils Polverel et Santhonax, en suspendant l'effet du décret d'accusation dont vous les aviez d'abord frappés.

Telle a été l'opinion de votre commission des colonies et de votre comité de sûreté générale.

L'un et l'autre ont pensé de plus que, quel que doive être le sort futur des principaux accusés et des principaux accusateurs dans cette affaire, il n'y avait aucun inconvénient, aucun danger à donner à ceux-ci la même liberté dont jouissent ceux-là, puisque l'intérêt réel des uns et des autres, leur intérêt le plus important, est de pouvoir résider à portée de la Convention nationale, sous les yeux même des comités chargés de l'instruction de ce grand procès ; puisque la surveillance du gouvernement est tellement active en ce moment, qu'on peut être parfaitement tranquille sur l'inutilité des tentatives de tout grand coupable qui essaierait de se soustraire à la justice nationale ; puisqu'enfin le droit d'exercer la police de sûreté réside toujours dans votre comité de sûreté générale, et qu'au premier avis, à la première demande de votre commission des colonies, il peut s'assurer de la personne de tel ou tel individu prévenu.

Vos deux comités n'ont pas manqué à cette occasion de prendre en considération les motifs qui ont fait rendre la loi du 19 ventose, relative aux colons, et la manière dont elle a été exécutée. On se rappelle que certains d'entre eux furent accusés dans le temps d'avoir intrigué, avec quelques membres du comité révolutionnaire de Nantes, pour empêcher le départ du général Josuet, chargé d'aller porter aux Iles-du-Vent le décret d'éternelle mémoire sur l'abolition de l'esclavage.

Dans la juste indignation que vous inspira cette machination contre-révolutionnaire, vous décrétâtes la mise en accusation de tous les colons connus pour avoir été membres de l'assemblée générale de Saint-Marc, de l'assemblée coloniale de Saint-Domingue et du club qui se tenait à l'hôtel Massiac. Il paraît que ce décret a été eu général exécuté de la manière la plus arbitraire. D'une part, l'ancienne administration de police à Paris s'est abstenue de faire arrêter plusieurs membres du club Massiac; divers comités révolutionnaires ont mis aussi de la négligence ou de la partialité dans l'exécution de la loi; d'une autre part, les comités de surveillance du département, soit par une fausse interprétation de la loi, soit en exécution d'un arrêté du comité de salut public, antérieur au 9 thermidor, ont fait arrêter indistinctement tous les colons qui se sont trouvés sous leurs mains, soit qu'ils eussent été membres ou non de quelques-unes des assemblées dont on a parlé, soit même qu'ils provinssent ou non des Iles-sous-le-Vent; de sorte qu'environ trois mille colons sont, suivant toute apparence, arrêtés en vertu d'une loi qui semblait n'avoir dû frapper que sur un nombre beaucoup moins considérable d'individus.

Il est de votre justice et de votre humanité de faire cesser au plus tôt l'effet de toutes ces rigueurs arbitraires. Votre commission des colonies n'attend que les listes et les renseignements qu'elle doit trouver dans les dépôts publics pour s'occuper activement du sort de tant d'infortunés et proposer aux trois comités réunis, conformément au décret du 9 vendémiaire, les mises en liberté d'une foule de malheureux indignement proscrits.

En attendant, votre commission et le comité de sûreté générale m'ont chargé de fixer un moment votre attention sur un personnage qui a figuré jusqu'à présent dans l'histoire des événements relatifs aux troubles des colonies, et qui est en arrestation depuis plus d'un an pour des motifs que la commission n'a pas été jusqu'à présent à portée d'apprécier. Ce personnage est le citoyen Raymond, se disant député extraordinaire des ci-devant hommes de couleur, en faveur duquel s'élève plus d'un témoignage honorable à côté des dénonciations dont il a pu être l'objet. Sans approfondir, quant à présent, les causes de sa longue détention, il semble qu'il doit être mis aujourd'hui sur la même ligne que les principaux accusés et les principaux accusateurs dont on a parlé, et que la justice et l'humanité réclament sa faveur le même traitement.

Voici le projet de décret:

« La Convention nationale, après avoir entendu le rapport fait au nom de la commission des colonies et de son comité de sûreté générale, décrète ce qui suit :

« Art. Ier. Les citoyens Page, Bruley, Thomas Millet, Clausson, Duny et Larcheveque-Thibaud, se disant commissaires des patriotes de Saint-Domingue, et Legrand, leur secrétaire, seront sur-le-champ mis provisoirement en liberté.

« II. Le citoyen Raymond, se disant député extraordinaire des ci-devant hommes de couleur, sera aussi mis sur-le-champ provisoirement en liberté.

« III. Les scellés apposés sur les papiers des uns et des autres seront levés de la manière prescrite par les décrets des 9 vendémiaire et 13 du présent mois.

« Les citoyens mis en liberté ne pourront habiter la maison où les papiers dits archives coloniales sont déposés sous les scellés, tant que l'opération de la levée des scellés ne sera point achevée.

« IV. La commission des colonies se fera rendre compte de la manière dont la loi du 19 ventose a reçu son exécution, et proposera incessamment aux trois comités réunis de salut public, de sûreté générale, de marine et des colonies, les mesures qu'elle jugera convenables pour faire cesser toute détention arbitraire, résultant de la fausse application de cette loi. »

Ce décret est adopté.

La séance est levée à quatre heures.

N. B. Dans la séance du 17, Bréard, au nom du comité de salut public, a annoncé que l'escadre française, depuis longtemps bloquée dans le golfe de Juan sur la Méditerranée, est actuellement mouillée en rade de Toulon.

L'ordre du jour a amené la discussion sur le maximum. Le rapporteur des comités proposait, par le premier article du projet, de le fixer, pour les grains et la paille, au prix de 1790, avec la moitié en sus. Dartgoyte a demandé par amendement qu'on ajoutât un tiers à cette moitié; l'article a été adopté avec cet amendement.

## LIVRES DIVERS.

Le Sens commun, ouvrage adressé aux Américains, dans lequel on traite de l'origine et de l'objet des gouvernements, de la constitution anglaise, de la monarchie héréditaire et de la situation de l'Amérique septentrionale,

Traduit de l'anglais de Thomas Payne, seconde édition corrigée. Prix ; 1 liv. 10 s., et 1 liv. 15 s., par la poste. A Paris, chez Guffier jeune.

— Nouvelle Grammaire italienne pour les citoyens, format in-4°. A Paris, chez Desenne, libraire, au Jardin-Egalité.

— Étrennes des républicains français, contenant le nouveau calendrier, avec les fêtes décadaires, un recueil d'hymnes, odes, suivies du Catéchisme militaire, pour apprendre sans maître l'exercice en peu de temps, et du Code pénal militaire, utile aux officiers de tout grade. A Paris, chez Guffier, libraire, rue Gît-le-Cœur, n° 16.

## GRAVURES.

Portrait de Kosciusko, célèbre général polonais, faisant la révolution de Pologne; ovale de cinq pouces trois lignes de haut, dessiné d'après nature, en 1793, au physionotrace, par Quenedey, rue Croix-des-Petits-Champs, n° 10 et 81, à Paris, où il se vend. Prix : 2 liv.

Il est représenté invoquant le ciel pour qu'il puisse se battre encore pour la liberté de sa patrie.

Voyage à Cythère, gravé d'après Mallet ; neuf pouces six lignes de haut sur sept pouces six lignes de large. Chez le même, Prix : 3 liv.

## Payements à la trésorerie nationale.

Le payement du perpétuel est ouvert pour les six premiers mois; il sera fait à tous ceux qui seront porteurs d'inscriptions au grand livre. Celui pour les rentes viagères est de huit mois vingt et un jours de l'année 1793 (vieux style).

# GAZETTE NATIONALE ou LE MONITEUR UNIVERSEL.

N° 49.   *Nonidi* 19 Brumaire, *l'an* 3ᵉ. (*Dimanche* 9 Novembre 1794, *vieux style*.)

## DIPLOMATIE.

*Des droits des peuples ; des principes qui doivent diriger un peuple républicain dans ses relations étrangères*, par Eschassériaux l'aîné.

Tandis qu'une grande nation renverse le despotisme par ses armes, et fonde par ses lois la liberté du monde, je viens examiner si, parmi les diverses institutions que la révolution a frappées, elle en doit laisser encore subsister une qui forme un contraste frappant avec la nature du gouvernement républicain. Je viens examiner ce système des monarchies absolues, que les tyrans ont appelé politique : ce système qui a tourmenté depuis trois cents ans ou bouleversé l'Europe, a vendu à la tyrannie la liberté et le sang des peuples de cette vaste contrée, et est allé porter des chaînes et des crimes presque dans toutes les autres parties du monde.

Du sein des connaissances humaines et des monuments de l'histoire s'élève une science obscure, mais vaste et profonde ; elle n'appartient point aux temps généreux et purs de l'antiquité ; elle eût été repoussée des conseils et des annales des républiques ; elle appartient tout entière aux siècles du despotisme, surtout à ces monarchies du moyen-âge, qui auraient voulu, chacune à part, asservir tout le genre humain. Elle ne fut point l'ouvrage des philosophes ; les vrais philosophes n'écrivent que pour le bonheur du monde : elle n'est point sortie du cœur des peuples, mais c'est de leur sang que la traça la main des rois : elle fut le code de la tyrannie : cette science est la diplomatie.

Lorsque le peuple français a détruit chez lui tous les préjugés qui constituaient la servitude ; lorsqu'il a consacré dans ses lois les maximes éternelles de la raison et de la nature, c'est un devoir pour lui de commencer la régénération de l'opinion sur la politique, et d'exprimer son vœu sur un objet qui intéresse toutes les nations.

Je viens donc examiner ce que l'on a appelé jusqu'ici diplomatie, quels sont ses droits à la raison et à la justice universelle.

Je vais entrer dans les cabinets des despotes pour en révéler les secrets, et montrer au grand jour le crime ambitieux se cachant pour délibérer dans l'ombre sur la destinée des nations. Il est temps que le génie de la liberté attaque corps à corps les institutions qui font le malheur des peuples, et ne les abandonne que lorsqu'il les aura détruites. Les peuples sauvages n'ont point de diplomatie : conserver et défendre par la force et l'intrépidité des armes, voilà la nature de leurs communications.

Chez les anciens républicains, les traités étaient les ordres et les lois que les vainqueurs imposaient aux vaincus : quelques traités d'alliance sont les seuls fragments qui nous restent de la diplomatie des anciennes républiques. Le temps a détruit ou entraîné dans l'oubli la politique des monarchies antiques ; leur histoire ne nous a transmis que les révolutions et des conquêtes. Chaque despote opprimait ou bouleversait dans ses Etats, ou conquérait au loin, lorsqu'il en avait la puissance.

Il faut remonter vers des siècles plus modernes, pour trouver l'origine de la politique. Ce n'est que parmi les princes de l'Europe et leurs ministres qu'est né cet art perfide et trompeur qu'ils sont convenus depuis d'appeler diplomatie.

Deux époques surtout ont signalé le règne de la politique : la première fut celle où l'ambition des papes résolut d'asservir la terre en faisant descendre du ciel le droit de commander aux hommes ; la fourberie et le fanatisme furent les bases et les instruments des nouveaux et absurdes tyrans de Rome ; l'abrutissement et l'esclavage en ont depuis été l'ouvrage : c'est à l'histoire à redire tant de crimes et tant d'infortunes.

Charles-Quint et François Iᵉʳ vinrent à une autre époque offrir au monde le scandale de leurs rivalités, de leurs forfaits et de leurs faiblesses. L'ambition, qui porta pour la première fois les armes des Français en Italie, avait déjà ramené en France cet esprit de fourberie, de ruse et d'intrigue qui agitait alors les petits princes qui se disputaient entre eux l'ancien territoire des Romains. Machiavel, né avec une âme républicaine, mais écrivant au milieu des conspirations, avait déjà tracé la théorie de cette politique criminelle, dont l'exemple avait corrompu son génie.

Les deux despotes qui enchaînèrent longtemps à leur destinée les destinées de l'Europe, dont l'un renversa par elle la liberté de son pays, et eut à maintenir les vastes domaines qu'il avait usurpés, imprimèrent à la politique cette sorte de grandeur qu'inspire souvent à l'imagination étonnée l'audace des grands forfaits.

L'ambition de ces deux princes, qui tourmenta la terre, qui convoqua à leurs querelles les autres despotes, qui unit pour la première fois les intérêts du Nord et du Midi à ceux des maisons d'Autriche et de France, répandit et développa partout le génie funeste de la politique, qui s'empara bientôt des rois et de leurs ministres.

Les Médicis, les Guise, les Mazarin, nourris dès leur enfance des crimes de la politique italienne, appelés sur le trône et auprès du trône, dont les mains perfides tinrent malheureusement si longtemps les destinées de la France, bouleversèrent l'Europe par le pouvoir de cet affreux génie.

Avant le fourbe Mazarin, le sanguinaire Richelieu, devenu, par la politique, despote d'un roi timide et faible, tenta, par cet art aussi, de porter la célébrité et la terreur de son nom jusque dans les cours étrangères.

La guerre de la Succession, en montrant un des premiers trônes du monde aux espérances des tyrans, en développant les ressorts des intrigues, en faisant agir à la fois toutes les cours en sens divers, en fatiguant d'impatience tous les désirs de l'ambition, acheva de fonder toute la puissance de la politique, et créa la diplomatie.

Alors la diplomatie gouverna le monde ; cette science funeste, fille de la tyrannie, usurpa la place des droits de la nature, qui sont les droits des hommes vivant ensemble ou existant en sociétés séparées. Ce fut la diplomatie qui commença, conduisit les guerres, chercha les alliances, médita des vengeances, projeta des agrandissements, des envahissements, créa des rivalités, médita l'abaissement et la ruine d'un rival, forma des confédérations et des ligues, tantôt aspira à la monarchie universelle, et tantôt inventa pour la détruire ce système d'équilibre et de balance politique, objet éternel des méditations et des vains efforts de tous les politiques dont le talent se confond avec le malheur des peuples.

La force et l'ignorance mirent, dans les siècles barbares de la féodalité, les hommes dans les fers ;

l'adroite politique des cours vint consacrer leur servitude. C'est à la philosophie, qui doit approfondir les causes des infortunes, à montrer celles qui ont ramené les peuples d'un esclavage à un autre esclavage, à venger leurs droits envahis, à réparer l'injure des révolutions et des temps ; c'est à elle à dénoncer tous les maux qu'a produits la politique.

Jetons les yeux sur le vaste théâtre de l'Europe; examinons ce qui s'est passé depuis trois siècles; qu'y voyons-nous? des peuples courbés presque partout chez eux sous le joug des lois tyranniques; des sociétés d'hommes, composées d'esclaves et de despotes qui les oppriment; au dehors, le même système de servitude réduit en code sous le nom de diplomatie. Qu'y voyons-nous? La guerre dévastant, ensanglantant tour à tour les différentes contrées, des traités faits et aussitôt rompus; la fourberie, la ruse, l'intrigue, l'usurpation organisées dans tous les cabinets; la perfidie portée par des ministres de cour en cour, de transaction en transaction; la haine soufflée dans le cœur des peuples par l'ambition des rois; des peuples, appelés à s'aimer par le sentiment de la nature, s'entre-tuant et versant leur sang pour des caprices; des territoires violés, audacieusement envahis, partagés par les usurpateurs; des peuples arrachés de leurs foyers, jetés à trois mille lieues de leur patrie, pour aller encore combattre sur des plages étrangères, pour l'insatiable pouvoir de leurs chefs; l'or et le sang de ces mêmes peuples sacrifiés à la vengeance de quelques hommes, aux seuls intérêts de leur domination; l'art d'asservir et de tromper réduit en science par quelques fourbes, et le crime ambitieux enchaînant partout la liberté : tel est le tableau des événements que l'histoire transmet à la pensée du philosophe.

Quelle est la cause de tant d'infortunes? c'est que les nations n'ont eu pour garantie de leur liberté et de leur tranquillité que la volonté mobile de quelques hommes; c'est que leur sûreté, leur indépendance n'ont reposé jusqu'ici que dans les mains intéressées à les tenir dans les chaînes; c'est qu'une politique fondée sur l'artifice et la force, a usurpé l'exercice de leurs droits; que le droit de la nature et des nations est resté impuissant ou ignoré dans les livres et dans le cœur de quelques hommes libres, et que la tyrannie a toujours été en activité pour asservir; c'est que de lâches écrivains ont vendu leurs talents aux despotes, et ont consacré les maximes de la servitude; c'est que, lorsque les préjugés et les ans ont enchaîné les hommes, il leur faut des prodiges de courage pour briser leurs fers.

Dix siècles d'esclavage viennent d'achever leur fatale révolution; quel est celui qui, pendant cet âge de fer, a osé réclamer les droits du genre humain? quel monument a osé parler de sa liberté? où sont les annales et les actes publics où elle soit solennellement consignée? où sont les traités où les peuples aient stipulé pour leurs intérêts, où ces intérêts précieux soient consacrés? où sont les traités scellés par la fraternité, l'union et le bonheur des peuples? Ils n'ont été, pour la plupart, que le langage de l'ambition du plus fort, de l'asservissement du plus faible, et le germe de toutes les guerres qui ont ensanglanté le continent; ils ont été le refuge de toutes les haines, de toutes les passions qui agitèrent le cœur des rois. Quel est le traité qui ait été sacré pour celui qui a pu impunément le rompre? La guerre a tonné sur la tête des peuples, d'un pôle à l'autre; le sang qu'elle a versé a ensanglanté toutes les contrées; il n'est point de peuple qui n'ait été en guerre avec ses voisins; la multitude des traités de paix ne fait qu'attester la multitude des guerres qui ont embrasé le monde; des siècles d'agitations et de troubles ont toujours succédé à quelques heureux jours de paix. Qui donc a produit tant de révolutions et de malheurs, si ce n'est cette politique aveugle, injuste, qui, remettant toujours à quelques hommes le droit de prononcer sur la destinée des peuples, a livré le monde à leurs caprices?

Parcourez l'histoire, ce tableau fidèle où se retracent tous les crimes de la politique, où l'on voit au grand jour le jeu compliqué de ses ressorts; parcourez ces volumes d'instructions adressées aux ambassadeurs envoyés dans les cours; ces instructions où l'art de tromper est caché sous les formes séduisantes, mais perfides, de l'urbanité des cours; pénétrez l'âme de ces ministres qui remuèrent le monde pour servir l'ambition d'un maître; transportez-vous dans les cabinets où furent signés la plupart des traités : qu'y verrez-vous? l'ambition d'un homme.

L'avide Charles-Quint, presque seul possesseur du Nouveau-Monde, anéantit la liberté de son pays et bouleverse l'Europe pour faire, de l'indépendance de cinq à six États, l'héritage de sa famille; un ministre à son tour bouleverse tout, pour arracher à ses descendants cet héritage; toutes les cours sont agitées; les territoires de tous les peuples sont parcourus par les plénipotentiaires; les négociations se croisent, se pressent; vingt armées sont précipitées sur les champs de bataille; à peine il en échappe la moitié au carnage des combats; et c'est une passion, une vengeance, un favori, l'intérêt d'une seule maison, qui a ébranlé, ensanglanté l'Europe!

C'est encore la gloire ambitieuse de quelque famille, qui, se reproduisant sous toutes les formes diplomatiques, a enfanté ces alliances politiques qui n'ont été jusqu'à nos jours que l'alliance du despotisme avec le despotisme, un pacte de l'orgueil avec l'ambition, et ont placé les affections particulières de quelques individus au lieu des grands intérêts des nations.

Les alliances des rois n'ont point empêché une seule guerre; elles en ont fait naître mille; les alliances des États despotiques sont des conjurations contre la liberté des peuples.

Combien de sang n'ont pas coûté aux peuples ces systèmes d'agrandissements enfantés par l'avide puissance des cours, ces éternelles rivalités des maisons régnantes! Combien de fois les peuples ne se sont-ils pas battus pour mettre un imbécile sur le trône!

L'Europe a été déchirée pendant trois cents ans pour la famille des Bourbons et pour les tyrans de l'Autriche; vingt traités ont été faits pour réunir les descendants des Capet et des princes d'Allemagne; vingt fois la haine héréditaire et l'ambition parjure de ces couronnes ont rompu les traités les plus solennels. C'est toujours l'or des peuples, c'est leur sang versé dans les batailles, c'est leur liberté opprimée, leurs droits sacrifiés, qui ont cimenté ces funestes alliances. L'Europe a été couverte de trônes puissants, d'esclaves et d'infortunées victimes.

Les projets de monarchie universelle soulevèrent et armèrent tous les États contre Charles-Quint et Louis XIV; l'ambitieuse politique de ces deux princes a dévoré, à deux époques différentes, des millions d'hommes et des trésors immenses. Elle enfanta dans l'âme de leurs rivaux ce système d'équilibre et de balance politique qui a partagé l'Europe en plusieurs partis, mis les peuples dans une attitude menaçante les uns envers les autres, créé les méfiances et les haines nationales, et placé une des plus belles parties du monde dans un état de guerre continuelle et de schisme politique.

Que les courtisans et les ministres ambitieux, que les écrivains lâches, les vils flatteurs des cours appellent la balance politique le chef-d'œuvre de la diplomatie : l'ami de l'humanité y voit, avec des larmes, la cause de la plupart des malheurs des peuples modernes.

C'est cet affreux système de la politique qui, sans éteindre les grandes ambitions, a rendu les armées nombreuses constamment nécessaires pour la balancer, et créé l'effrayant pouvoir des tyrans.

C'est la nécessité des armées permanentes qui a forcé les impôts, amené les vexations. Les impôts, en pompant la fortune des peuples, ont accéléré, accru l'avidité et la corruption des gouvernements ; ils ont fait naître l'oppression, le despotisme et l'esclavage au dedans, la haine et la jalousie des peuples au dehors, les prohibitions et les chaînes que la politique imposa au commerce que la nature avait créé libre pour toutes les nations.

Cette révolution, qui a rendu d'une manière rapide les gouvernements militaires, est devenu un obstacle presque invincible au retour de la liberté des peuples de l'Europe ; et voilà l'ouvrage de cette politique qui a conduit jusqu'ici les destinées de vingt peuples (1).

Livrer les nations aux déchirements, leur liberté à l'oppression, leur territoire aux invasions des usurpateurs, n'est pas le plus grand des maux qu'elle ait produits.

Que dirons-nous de ces ligues, fruit des rivalités de l'insatiable domination, de la vengeance des cours ; de ces ligues qui ont menacé tant de fois une partie de l'Europe de la dévastation et des chaînes de l'autre ; de ces ligues qui, semblables à ces fléaux qui traînent après eux la ruine et la mort, finissent elles-mêmes par n'offrir qu'un monstrueux assemblage, bientôt dissous par des haines et des divisions longtemps funestes au repos et à la liberté des peuples? Sans doute elles sont nécessaires; le sentiment de la nature les légitime et les sanctifie, mais c'est contre la tyrannie qui opprime, contre la force injuste qui envahit, contre le brigandage des despotes ou des conquérants : elles sont des crimes et des conjurations, comme les alliances des rois, quand elles se forment contre la liberté des peuples.

Quel monument d'horreur pour la postérité ne sera pas cette convention de Pilnitz, ce traité de l'audace et de la scélératesse des tyrans? Oui, cette transaction du crime contre la liberté sera un jour pour la postérité un acte solennel d'accusation contre tous les despotes de la terre ; les hommes libres, en foulant aux pieds la cendre des lâches ligueurs de

(1) Si on approfondissait tous les maux de la politique, si on balançait ici son influence, on la verrait encore, après avoir corrompu le génie des gouvernements, usurper la place de la justice et des vertus morales qui doivent les conduire ; on la verrait, après avoir amené des révolutions toujours fatales à la liberté, descendre bientôt dans les mœurs publiques, les corrompre et les détruire ; placer entre les hommes et dans les affaires une dissimulation profonde, créer cet art perfide de parjurer sa conscience, de faire mentir les sentiments du cœur, et de faire un jeu de ce qu'il y a de plus sacré sur la terre, de la foi des hommes : de là plus de liaisons intimes et pures dans la société, plus de franchise, plus de confiance dans les mœurs, plus de sûreté dans les paroles. L'art trompeur de la politique est celui des monarchies, parce qu'il apprend aux fourbes à enchaîner la probité franche, à se jouer des vertus des âmes simples, parce qu'il fait une société composée de brigands et de victimes. L'expérience des derniers temps a assez confirmé cette vérité, sans l'appuyer de nouvelles observations. **A. M.**

Pilnitz, vengeront l'humanité du sang qu'ils auront fait répandre.

Mais non : il est des forfaits contre l'humanité dont la vengeance n'appartient pas tout entière à la postérité. Si la nature a placé des récompenses sur la terre à côté des mortels bienfaisants, il est des supplices qui poursuivent les tyrans jusqu'au tombeau : une voix accusatrice s'élève contre eux dans le cœur des amis de la liberté, d'un pôle à l'autre; un burin vengeur a déjà dénoncé aux âges à venir les horreurs dont les brigands ligués ont souillé l'asile des peuples ; que dis-je ! ils ont tracé eux-mêmes leurs crimes en lignes de sang, prononcé leur jugement et commencé déjà leur infamie.

Il était réservé aux siècles du despotisme d'offrir au monde des rois ligués contre les efforts généreux d'une nation qui a voulu être libre (1); mais le

(1) Si la plus sainte des causes avait besoin jamais d'être justifiée ; si toute une nation qui s'est levée pour la défendre n'était pas un signe éclatant de sa justice, voici le langage que nous pourrions tenir à nos ennemis, en face du monde et de la postérité qui nous jugera.

Oui... nous avons conquis notre liberté; nous voulons la défendre au prix de tout le sang qui nous reste ; vous qui ne pouvez la supporter, cette liberté qui nous est chère, qui voulez la détruire, ouvrez notre histoire, et lisez notre malheur. Le monde a retenti du bruit des maux que le despotisme a fait endurer à nos pères ; notre cœur, même au milieu des jours de la liberté, en conserve encore la douloureuse empreinte.

Les écrivains, ceux de tous les peuples, ont retracé partout ces infortunes, cet opprobre de plusieurs siècles dont notre courage nous a affranchis. Vous le savez ; sortant tout à coup du plus odieux esclavage, nous avons renversé ces bastilles où le despotisme nous précipitait vivants ; nous avons acheté par tous les sacrifices, par notre sang, cette liberté que la nature a donnée aux hommes de toutes les contrées, mais que la force nous avait ravie : nous sommes libres ; nous voulons l'être.

Si l'expérience et la philosophie, éclairant enfin les maux de votre gouvernement et les vices de vos lois, vous indiquaient les moyens de réparer vos malheurs; si votre courage, tentant le sublime ouvrage de votre régénération, avait pu réussir dans une si belle entreprise ; si votre justice, s'élevant enfin au-dessus du stérile bonheur de l'ambition, abjurant les crimes d'une politique injuste, rendait aux peuples de vos contrées ces droits que la société a garantis à tous les hommes réunis, mais que le despotisme, la superstition et les préjugés ont enlevés à vingt générations dès leur berceau ; de quel droit, nous, au lieu d'envier, de rechercher votre bonheur, de respecter votre régénération; de quel droit, violant toute foi publique, armant nos conseils d'une politique sanguinaire, et jurant la destruction de vos lois devenues la propriété de toutes les nations, parce qu'elles sont l'expression de la nature ; de quel droit irions-nous lever des armées contre vous, porter le feu dans vos cités, soudoyer l'infâme trahison dans vos foyers, ravager votre territoire, désoler vos malheureux habitants, et acharner sur vous les ennemis de votre liberté? De quel droit, après avoir rougi une terre libre de tout le sang d'une guerre civile, irrité le fanatisme, voudrions-nous encore y ramener le spectre affreux du despotisme? Ah! sans doute il ne régnerait que sur des ruines : mais qui serait responsable de tout le sang pour lui donner la vie, si ce n'est les hommes féroces qui seraient venus souiller les premiers, par des meurtres, le territoire d'un peuple libre?

Si nous pouvions nous déshonorer par de tels forfaits; si tant de crimes trouvaient des apologistes dans l'Europe, quel peuple barbare, dans quelque contrée qu'il habite, ne pourrait pas se vanter d'être plus humain, plus généreux que nous? Eh bien! cette politique qui vous paraît horrible, qui viole la loi sacrée des peuples, qui anéantit tous les pactes de paix formés entre les nations, cette politique est la vôtre envers nous.

Ah! s'il est quelque chose de touchant et de sacré sur la terre ; s'il est un peuple dont on doive respecter les droits, c'est celui sans doute qui, longtemps opprimé sous un régime funeste, travaille à sa régénération et à adoucir ses destinées.

Nous vous le répétons, nous sommes libres ; nous voulons

génie de liberté triomphera des complots criminels des rois ; il vengera tant d'attentats à ses droits : j'en jure par vous, peuples qui avez eu aussi à lutter contre la tyrannie ! par vous, braves contemporains de Guillaume Tell, qui précipitâtes du haut de vos rochers les oppresseurs de votre pays et les esclaves de l'Autriche, dont la ligue invincible acheva de briser le joug qui déshonora vos ancêtres !

Par vous, courageux Bataves, dignes de plus généreux descendants, dont la pauvreté héroïque vainquit les armes et les richesses du tyran le plus puissant de l'univers ; qui, après avoir versé votre sang si longtemps pour la liberté de votre pays, en posâtes les bases sacrées sur les bûchers sanglants du féroce duc d'Albe..... Heureux, après avoir fondé une des plus florissantes républiques, de ne pas voir vos descendants devenus les complices des rois !

Par vous, peuple magnanime du Nouveau-Monde, héros américains, dont sept ans de guerre et de sacrifices pour la liberté ne rebutèrent pas le courage ; dont la justice a consacré la plus belle des causes, et qui, après avoir englouti dans vos plaines les armées de l'Angleterre, ne lui avez laissé que des débris pour aller reporter sur ses rivages le déshonneur et la honte !

Dans le récit des saintes insurrections de la liberté contre la tyrannie, l'histoire ne t'oubliera pas, Kozciusko. Quel présage pour toi, brave Polonais ! Venge ton pays ; ne pose les armes que lorsque tu auras purgé la terre des anciens Sarmates, de la horde impure des esclaves qui la souillent. Vois tous les yeux des amis de l'humanité attachés sur la cause sacrée que tu défends. La postérité, confiante dans le succès de tes armes, et juste, aura marqué ta place parmi les libérateurs de leur pays. Songe que les rois coalisés ne sont rien auprès d'un peuple qui veut être libre ; mais souviens-toi que c'est pour le peuple que doivent se faire les révolutions, et que celui qui conquiert la liberté pour lui seul, qui ne fait une révolution que pour lui-même, est égal à celui qui trahit la patrie.

Oui, la nature, la justice, qui vengent tôt ou tard les droits de l'humanité, n'ont pas livré le monde aux tyrans ; elles ont établi sur la terre un juste équilibre de forces en faveur des peuples.

Depuis les jours où l'on vit sortir des villes de l'Achaïe cette ligue redoutable qui rappela à elle les dernières vertus de la Grèce, pour défendre sa liberté contre les rois de Macédoine et la conquête de Rome; depuis ces jours de l'héroïsme, le soleil a éclairé, le succès a couronné six insurrections heureuses contre la tyrannie. Les oppresseurs ont disparu, la liberté est restée sur le sol des nations qui ont eu le courage de combattre pour elle. Non, vous ne mourrez point, âmes magnanimes de tous les pays qui avez combattu pour la liberté. Il n'est point pour vous de tombeau.

Tandis que le temps précipite successivement les générations dans l'oubli, vous seuls arriverez au milieu des applaudissements des siècles, à l'immor-

l'être ; mais si, au mépris de la foi publique, au mépris des lois les plus solennelles qui unissent les nations, vous vous obstinez à détruire la liberté de notre patrie, nous vous jurons, en face des nations et du ciel témoin de la justice de notre cause, une vengeance terrible, et nous ne poserons les armes, nos efforts pour défendre notre liberté contre le fer des tyrans ne cesseront que lorsque la liberté sera triomphante, ou que, rendant aux dieux une âme libre, nous n'aurons plus de sang à répandre.

C'est par ce langage énergique et vrai que nos ennemis seront confondus aux yeux de la postérité, aussi juste que reconnaissante ; c'est ainsi que tout peuple libre doit répondre à tout ennemi qui veut opprimer sa liberté. A. M.

talité : les plus doux souvenirs s'attacheront à jamais à votre mémoire ; c'est sur cette terre que vous avez arrosée de votre sang, que le cœur de l'homme libre aime à se reposer encore du pénible et hideux spectacle des contrées défigurées par le despotisme et l'esclavage.

Il est donc une vérité démontrée par l'ordre des événements politiques : toutes les ligues que l'amour de la patrie, que le sentiment de l'oppression formèrent entre les peuples qui tentèrent de se dérober à l'esclavage ont été heureuses ; elles ont cimenté la liberté ; elles ont régénéré les peuples pour une longue suite de siècles ; elles ont servi à fortifier dans les cœurs la haine de la tyrannie.

Comparez ici, avec ces associations vertueuses, les ligues formées par le crime et l'ambition des princes. Quel est leur but politique ? c'est l'esprit d'agrandissement, c'est l'intérêt toujours de la puissance qui les soutient et les nourrit ; c'est la ruine des libertés nationales.

Comparez encore ces confédérations souveraines, dont les racines profondes touchent aux siècles barbares, se lient aux préjugés serviles de l'ignorance ; ces confédérations dont le génie a vieilli infusé dans les mœurs, et que le temps a changées en un despotisme constitutionnel, qu'ont-elles produit ; la servitude de vingt peuples dont l'histoire vante encore l'antique indépendance.

Voyez à présent l'Allemagne, ce foyer des intrigues, des jalousies, des prétentions des petits souverains qui la composent ; ce théâtre toujours agité d'une politique inquiète, où une multitude d'ambitions qui se croisent, se craignent, se rivalisent, a été forcée de donner la dictature à l'ambition d'un seul, sous le nom d'empereur. Quelle idée, quelle garantie le peuple a-t-il de sa liberté ? Quelle espérance de la conquérir un jour dans un pays où le despotisme a autant d'appuis que de souverainetés ; où la constitution, l'ouvrage du despotisme qui transige avec le despotisme, reporte encore l'Allemagne sous l'esclavage féodal du douzième siècle ; où la servitude constitutionnelle du peuple est le premier élément de l'indépendance des princes du corps germanique ? Croyez-vous que les peuples vivant sous la plus rigoureuse tyrannie, ne sont pas plus près de la liberté que sous une pareille constitution ?

Sous un despote, une nation, pour conquérir ses droits, n'a qu'un sceptre à briser, un trône et une cour à détruire : ici, c'est le joug de fer de cent princes armés pour garder leurs anciennes usurpations ; ce sont les préjugés d'une servitude organisée par dix siècles qu'il faut renverser pour arriver à la liberté : ailleurs c'est la force qui asservit les peuples ; ici c'est la politique qui les enchaîne.

Telle est, en général, l'influence des ligues des princes sur l'indépendance des peuples. Tel est le caractère de cette politique qui médite et qui agit toujours sur les mêmes principes, depuis trois cents ans, dans les différents cabinets de l'Europe ; qui se transmet de souverains en souverains, de traités en traités, d'alliances en alliances, de combinaisons politiques en combinaisons nouvelles ; et qui a fondé contre la liberté et le repos des peuples, un vaste système d'oppression et de servitude.

Il n'y a donc point de paix heureuse et longue à attendre, de sûreté et de repos pour le sang et la liberté des hommes ? Une partie du monde sera donc toujours agitée par des commotions violentes, et livrée à des déchirements continuels ?

Tant que l'Europe sera régie par de faux principes ; tant que le droit public ne reposera pas sur les bases immuables de la raison, de la justice et de la nature : tant que les peuples ne seront pas appelés à régler eux-mêmes leurs droits, leurs affaires, sur ces sentiments éternels ; tant que leurs intérêts seront à la merci des oppresseurs ; tant qu'une ambition avide et inquiète pourra trafiquer des peuples comme d'une propriété, et verser leur sang comme celui d'un troupeau de bétail ; tant que les hommes seront opprimés dans leurs foyers, ou arrachés de là pour être violemment jetés comme des victimes dévouées entre les passions et les vengeances des despotes et les caprices de leurs ministres.

Nous venons de tracer le triste tableau de la politique des cours et des révolutions convulsives qu'elle a entraînées à sa suite ; nous avons montré les usurpations antiques du pouvoir ; examinons les droits des peuples pour fixer les bases de l'ordre que prescrit la justice pour la tranquillité de la terre, et la nature de la politique qui convient à une nation républicaine.

L'ignorance, la superstition, la force des tyrans ont pu ravir ou faire oublier aux hommes le sentiment même de leurs droits les plus sacrés ; mais l'injustice qui envahit, le despotisme qui opprime, ne sont jamais des titres. En vain la vile adulation et la lâcheté se sont efforcées de consacrer leur usurpation ; la postérité n'évoque devant elle les actes de la tyrannie que pour les juger, la raison et la justice pour la confondre.

C'est le hasard, l'incorporation ou la conquête qui a fixé chaque peuple sur son territoire ; ces titres doivent être sacrés, inviolables ; les méconnaître, il n'y aurait plus que confusion, anarchie et destruction.

Le droit de conquête, quand il n'est pas légitimé par la défense, est un droit injuste, parce qu'il est celui de la force ; mais après la conquête le crime reste à l'usurpateur, au conquérant ; on ne peut en demander compte à ses successeurs ; le territoire envahi, sur lequel une nation a vécu pendant des siècles, est devenu son héritage. Rejeter ce principe, ce serait plonger le monde dans un état de guerre continuelle.

Le monde est une révolution permanente ; tout a changé tour à tour ; les peuples se sont succédés les uns aux autres : ici, une nation a été chassée par une autre ; là, elle a été détruite par le glaive ; là, elle a tombé sous le joug d'un vainqueur ; là elle s'est agrégée à une domination étrangère, là encore, de la chute et des débris d'un grand peuple sont sorties plusieurs nations qui ont partagé ensemble un immense territoire ; le temps entraînant avec lui le consentement des générations, la prescription de plusieurs siècles a consacré ces changements. Otez ou dérangez cet ordre, vous verrez un grand procès s'établir entre les nations ; chaque peuple viendrait réclamer, les armes à la main, l'héritage de ses ancêtres, et il n'y aurait plus de raison pour que les descendants des peuples du Midi, qui furent chassés, vaincus ou dépouillés la plupart de leur territoire par les peuples de la Germanie, à l'époque de l'invasion du cinquième siècle, ne vinssent demander les pays et les droits qui furent enlevés par la conquête à leurs pères ; il n'y aurait plus de raison pour que chaque peuple ne vînt réclamer contre les partages opérés par la force des révolutions, par les changements ou la chute des dynasties et par les traités, quelque injustes, quelque tyranniques qu'ils aient pu être ; il n'y aurait plus de raison pour que les descendants des tyrans ne voulussent régner encore dans les pays d'où la haine et le courage des peuples opprimés chassèrent leurs odieux ancêtres. Il faut donc, pour la tranquillité des peuples, admettre pour un droit incontestable le silence des générations et la prescription des temps qui ont consacré les changements opérés par les révolutions : l'intérêt et le bonheur du genre humain exigent que ce principe soit immuable.

C'est lui qui rend inviolables pour toutes les nations le territoire que chaque peuple occupe, inviolables les lois qui le gouvernent : son territoire, son existence, ses lois, sont une propriété à laquelle on ne peut porter atteinte sans le mépris de la foi publique. Tout peuple en état de paix doit en respecter un autre, parce qu'ils vivent indépendants, qu'ils forment un état de civilisation et de société séparé ; qu'un pacte, une volonté politique différente les ont réunis.

Cette maxime, que la justice réclame, sera une éternelle accusation contre les conquérants et les usurpateurs. Le désir de civiliser des peuples conquis, de rétablir ou de leur donner un gouvernement plus heureux, ne peut jamais justifier les invasions d'un territoire étranger ; hors la défense naturelle, tout conquérant est un usurpateur qu'aucune loi ne peut absoudre ; tout changement ou établissement qu'il opère par la force chez un peuple est un attentat ; il a violé toutes les lois de la nature et des gens.

La conscience des nations, la postérité jugeront avec une justice égale le crime des premiers brigands qui envahirent et détruisirent le Nouveau-Monde, sous prétexte d'y renverser l'idolâtrie, de donner des lois et une religion à ses infortunés habitants, et le crime des brigands coalisés pour rétablir, sous le nom de bon ordre, la tyrannie en France, et des lâches usurpateurs qui ravagent le territoire de la Pologne pour lui donner la paix.

Le développement de ces principes nous amène à l'établissement des droits politiques de tout peuple républicain, à fixer enfin les véritables bases du droit de la nature et des peuples formés en sociétés séparées.

Les nations, comme les hommes, par leurs besoins réciproques, par des communications que leur position physique a rendues nécessaires, par la nature de leurs passions même, sont appelées à vivre ensemble ; les peuples même vivant dans un état barbare ont des intérêts à agiter et à conduire avec leurs voisins. Dans quelque état de civilisation où le hasard et les révolutions aient placé les nations, elles ne peuvent s'isoler les unes des autres. L'isolement d'une seule serait funeste à toutes. La séparation individuelle de chaque société serait un malheur pour l'humanité entière ; les lumières, l'industrie et les arts seraient bannis de la terre, et cet état du monde, bientôt changé en une vaste solitude, serait l'avant-coureur des infortunes et de la barbarie.

La nature de l'homme et des choses a donc créé des communications entre les peuples ; mais si la forme des gouvernements a varié jusqu'ici les communications, si elles ont reposé sur des bases injustes, si des droits sacrés ont été oubliés ou méprisés, un peuple républicain ne peut les méconnaître ; il doit les venger de l'oubli, les consacrer d'une manière solennelle. Un des premiers principes, celui que nous avons rappelé, est l'inviolabilité de son territoire, la propriété de ses lois ; un de ses droits les plus précieux est de fixer la nature de ses liaisons politiques avec les peuples étrangers ; un de ses devoirs est d'en régler tellement l'exercice qu'il ne puisse porter atteinte ni à ses lois, ni à sa sûreté, ni à son indépendance.

Les traités sont le fondement et la première règle des liaisons sociales des peuples entre eux : dirigés par des cœurs purs, ils peuvent faire le bonheur du monde. Une despotique ambition les a rendus la source de toutes les grandes infortunes. C'est dans ces actes publics que la volonté des peuples est solennellement consignée; c'est dans ces actes que le républicain ne doit jamais jurer que la paix des nations. Obligé de remplir avec sainteté ses engagements, jamais il ne doit vouloir et signer que la justice. Mais il est des caractères sacrés auxquels on doit reconnaître ses transactions d'avec celles des autres gouvernements. Que les familles des rois s'allient; que leur inquiète ambition, que leur ombrageuse puissance aillent chercher des garanties dans les traités; que, dans une transaction secrète, une maison prépare l'abaissement ou la ruine d'une autre maison; que le despotisme aille dans les cours étaler le faste et l'orgueil des ambassades; qu'un ministre perfide mette sa gloire à en tromper un autre; que le premier caprice rompe tout à coup, fasse écrouler l'échafaudage et le mensonge de vingt traités; un peuple républicain ne doit voir son indépendance que dans sa force, sa puissance que dans sa souveraineté; elles ne doivent point être le jouet des traités, de la parole des rois et du consentement d'aucun peuple; sa liberté ne serait point entière si sa garantie reposait pas tout entière dans lui-même; ce n'est point un traité, c'est le peuple seul qui doit être le rempart de la liberté du peuple.

*Ses alliances*, on l'a déjà dit à la tribune de la Convention nationale, doivent être dans la défense réciproque, dans l'amitié des peuples, dans les bienfaits du commerce, et non dans la vanité des dynasties et l'orgueil des cours.

*Sa ligue :* il est armé par la nature contre tout tyran qui veut opprimer ou envahir.

*Sa confédération :* avec tous les peuples amis de la liberté.

*Ses rivalités :* la gloire d'aimer la liberté plus qu'aucun peuple du monde.

*Sa monarchie universelle :* la liberté des mers; les mers ne doivent avoir d'autre maître que l'industrie.

*Sa balance politique :* d'être l'égal et le frère de tous les peuples.

*Ses projets d'agrandissement et de conquêtes :* de respecter le territoire, les lois et le sang des peuples.

*Ses affaires étrangères :* de répandre partout les bienfaits de son industrie, de ses arts, et les productions de son territoire.

*Son territoire :* il est ouvert aux arts et aux hommes persécutés.

*Ses traités :* ils doivent être faits par le peuple et non par quelques courtisans; ils doivent être publics; le secret n'appartient qu'au crime et au cœur des tyrans.

*Sa diplomatie :* la franchise, la justice et l'égalité.

*Ses ministres :* des citoyens modestes, qui aillent porter la paix aux nations libres, et à la cour des rois l'irréfragable volonté de vingt-cinq millions d'hommes, si les rois attentent à sa liberté.

*Ses moyens de conserver son indépendance et de repousser les injures nationales :* son respect pour la foi publique des traités, la justice de sa cause et la force de ses armes.

Telle doit être la politique d'un peuple républicain, et les principes sur lesquels il se doit être fondée (1).

(1) Les tyrans accusent la révolution française pour détourner l'attention des peuples de leurs crimes. Rétablir devant eux les bases et les maximes sacrées de la politique d'un peuple républicain, c'est réfuter leurs calomnies et confon-

Jusqu'ici le monde n'a offert qu'un morne spectacle de nations vivant isolées, ou n'ayant, pour ainsi dire, entre elles, d'autre communication que la guerre; toujours reportées, après quelques années de trève, dans un état d'hostilité; le craignant, regardant sans cesse autour d'elles avec défiance; après s'être dévorées sur un continent, portant leurs fureurs au delà des mers; enflammant le monde entier de leurs haines; se précipitant mutuellement dans les combats; souvent ne connaissant de terme à leurs différends que la ruine et la destruction, périssant même par leurs succès; quelquefois fatiguées de leurs passions ambitieuses, cherchant quelques moments de repos dans des transactions passagères, et trouvant toujours des germes de guerre dans les actes mêmes qu'elles avaient faits pour assurer leur tranquillité; sans cesse punies de la violation ou de l'ignorance des principes par des agitations et des déchirements.

Il faut enfin un terme à tant d'infortunes; ce terme arrivera quand la diplomatie ne sera plus une science et un code, mais un sentiment; quand la politique ne sera plus l'art du mensonge et du crime entre les mains de quelques hommes, mais une justice universelle; quand l'une et l'autre embrasseront dans leurs saintes maximes et les lois de la nature et l'amour du genre humain.

Heureux le peuple français, si, après avoir donné au monde le modèle d'une constitution où les droits de l'homme et du citoyen sont établis, il offrait en-

dre la lâche audace de leurs méfaits. Tandis que le succès de nos armes leur prouve la justice de notre cause, il faut leur prouver aussi la justice de notre morale; il faut leur prouver que les violateurs du droit des gens ne sont pas ceux qui veulent établir la liberté dans leur pays, mais ceux qui s'arment pour renverser la liberté des peuples, et enrichir leur territoire. Il faut que l'âge présent les accuse, comme les accusera la postérité.

En posant les vrais principes qui doivent diriger un peuple républicain dans ses relations nécessaires avec les autres nations, nous n'avons pas entendu tracer un plan actuel de politique avec les féroces ennemis qui nous font la guerre; le canon et la victoire, voilà quelle doit être pour le présent notre manière de diplomatiser avec eux; telle est la politique qui convient à tout peuple en insurrection contre les tyrans. Tandis qu'une infâme coalition intrigue, remue, menace, corrompt du fond des cours pour opprimer la liberté, notre intérêt, notre devoir est d'appeler à sa défense tout ce qu'il y a d'amis de la liberté, d'une extrémité de la terre à l'autre; de faire retentir partout le bruit des chaînes dont la coalition menace même l'indépendance de tous les gouvernements. Démasquer le crime, détruire les efforts secrets de la diplomatie perfide de nos ennemis par les contre-forces d'une politique vigoureuse; dénoncer l'oppression et le brigandage exercés également par les puissances coalisées, et sur ceux qu'elles ont forcés de monter avec elles sur le théâtre de la guerre, et sur ceux que la justice a empêchés d'entrer dans leur querelle impie, et sur ceux dont ils ont violé, dont ils devraient respecter le paisible territoire : voilà la conduite que prescrit aux fondateurs d'une grande république la sûreté de toutes les nations.

La destruction du commerce des mers, la ruine de l'industrie et de la prospérité de l'Europe, les usurpations, les projets d'agrandissement des usurpateurs, la violation ouverte du droit des gens; le despotisme, un sceptre de fer à la main, et traînant partout après lui l'esclavage; voilà le tableau qu'il faut présenter à tous les peuples, pour leur inspirer l'horreur des tyrans ligués contre la liberté de l'Europe; voilà le danger imminent dont nous devons avertir les gouvernements qui ont gardé jusqu'ici une sécurité dangereuse.

Voilà la seule diplomatie que nous prescrivent les circonstances. Quand la victoire et la défaite de nos ennemis auront fixé le sol mobile des événements politiques, c'est alors qu'il nous sera permis de tracer les grands intérêts de la nation, d'asseoir nos limites, et d'organiser, d'après les maximes politiques qui conviennent à une grande république, nos divers rapports commerciaux avec les autres peuples et leurs gouvernements.

A. M.

core aux nations le modèle d'une politique où les droits et la liberté de chaque peuple fût respectée, où le langage seul de la franchise et de la liberté parlât dans les transactions; d'une politique qui éteignît dans le cœur des chefs toute idée, tout sentiment d'ambition, d'agrandissement et de conquête; dans le cœur des peuples, toutes les haines nationales; d'une politique qui ne se fît pas un jeu de ses serments, une habitude de la violation des traités; qui, en respectant les limites que la nature a posées, les lois que la volonté de chaque peuple s'est données, les transactions que la foi publique a rendues sacrées, ne reconnût d'autre communication que celle de la bienveillance, de la générosité et des bienfaits. Ah! croyons que la nature humaine peut atteindre ce sentiment sublime, qu'il ne faut pas tant d'efforts pour arriver à la vertu.

Mais si le délire de l'ambition, si la soif du pouvoir rendaient les gouvernements et les peuples qu'ils conduisent incapables des vertus politiques dont nous venons de tracer le tableau, qu'ils voient le mépris des siècles s'élever sur leur tête, et qu'ils frémissent au jugement inexorable de l'opinion de la postérité; qu'ils sachent que le temps, qui engloutit tout, ne veut pas que le crime meure, et l'arrête sur le bord du tombeau pour le juger; qu'ils apprennent que la justice a fait de la tombe un supplice pour le crime, une récompense pour la vertu. La puissance d'un peuple, ses triomphes, s'il ne fut pas vertueux, ne peuvent séduire l'absoudre de l'inflexible tribunal placé par elle au-dessus des nations qui figurent sur le globe. Les juges de ce tribunal sont tous les hommes vertueux que la nature fait naître de temps en temps pour le bonheur de l'espèce humaine; c'est la conscience et la voix du genre humain, seuls juges infaillibles sur la terre : les Carthaginois ne sont plus, mais l'opinion qui flétrit le parjure a gravé sur la tombe de ce peuple un déshonneur immortel.

Il est des vérités qu'il faut faire entendre encore à tous les gouvernements. Les temps d'une honteuse ignorance sont passés, les droits des peuples sont proclamés, les idées souveraines d'une éternelle justice ont déjà parcouru la terre. Ce n'est plus le fer à la main que les chefs des nations doivent espérer longtemps de gouverner les hommes; il faut que la raison, des lois justes, parlent à leur obéissance. La force, sans la justice, ne peut désormais être obéie; ce ne sera pas toujours dans les mystères des cabinets des rois que quelques courtisans prononceront sur les destinées de trente nations; que les agents de quelques despotes pourront discuter seuls entre eux et disposer à leur gré des intérêts du genre humain. Assez longtemps l'ambition ou la vengeance des rois ont abusé du droit terrible de la guerre; le sang des peuples ne doit plus couler que pour la cause seule de la liberté : c'est la main de la liberté seule qui doit signer les traités, où les droits et le bonheur des peuples furent tant de fois oubliés et sacrifiés. Qu'est-ce qu'un traité où l'intérêt d'une maison, où le nom d'un roi est gravé vingt fois à chaque page, où le nom sacré du peuple n'est jamais prononcé? Une vingtaine d'hommes doivent-ils toujours être tout dans l'univers, et le reste compté pour rien?

Oui, la diplomatie, comme l'histoire, a flatté les tyrans; les rédacteurs des traités, comme les historiens, ont été les vils instruments du pouvoir; au milieu de mille lâches écrivains qui ont consacré l'esclavage, l'espace de plusieurs siècles n'offre pas un écrivain courageux qui ait osé discuter les droits des peuples.

La diplomatie, vendue au despotisme, n'a pas osé révéler ses crimes; elle les a consacrés. Un lâche silence a trahi la vérité sacrée. La flatterie seule a eu l'audace. Les forfaits enhardis n'ont plus redouté la conscience du genre humain opprimé, et le droit de vie et de mort sur les nations a été laissé à la disposition des tyrans. Politiques des cours, voilà les crimes dont la philosophie t'accuse!

Mais un jour consolant pour l'humanité, un jour viendra sans doute, où les peuples, tour à tour se réveillant de la longue torpeur de la servitude, et se ressaisissant de leurs droits, briseront tous les instruments qu'inventa la tyrannie pour les tenir dans les fers : ce jour, où les hommes ne voudront plus que la liberté, la justice et le bonheur, sera le dernier de cette politique des gouvernements despotiques, qui, faisant des nations des sociétés esclaves, ennemies les unes des autres, était un obstacle invincible à leur rapprochement et à leur union.

Oui, la révolution, l'ouvrage du génie et du courage d'un grand peuple, doit amener cette époque heureuse où une confraternité universelle, fondée sur des lois justes, sur une morale commune, unira les nations; alors peut-être on verra descendre parmi les peuples de l'Europe et se réaliser ce projet sublime qui fut jadis le rêve d'un homme de bien, qui n'a existé jusqu'à nos jours que dans le tableau des âges fortunés, et que la tourbe politique, d'un sourire impie, a rejeté jusqu'ici comme impossible, et relégué parmi les chimères.

---

## CONVENTION NATIONALE

*Présidence de Prieur (de la Marne).*

**SÉANCE DU 17 BRUMAIRE.**

Clausel, au nom du comité de sûreté générale, donne lecture de la lettre suivante:

*Le représentant du peuple J.-M. Calès, envoyé dans le département de la Côte-d'Or, à ses collègues membres du comité de sûreté générale,*

« Chers collègues, il me tardait d'avoir des renseignements suffisants pour vous rendre compte de l'état où se trouvait la ville de Dijon quand j'y suis arrivé, des changements qu'on peut et qu'on y doit opérer.

« Cette ville a éprouvé les effets de la terreur comme toutes celles de la république; il s'y est commis des fautes, des horreurs, des injustices et des crimes; mais heureusement c'était l'ouvrage de peu de personnes.

« La Société populaire faisait tout trembler ici; corps administratifs, citoyens, districts voisins, tout était soumis à ses lois, et trois ou quatre hommes lui en donnaient à elle-même; cette Société et la municipalité ne faisaient qu'un même corps; les lois étaient méconnues ou méprisées; on arrêtait et détenait arbitrairement les citoyens et les voyageurs : on faisait plus, on mettait *hors la loi* par arrêté de la municipalité : j'ai les actes en main. Sous prétexte de garder les prisons, elle avait encore une armée révolutionnaire, que j'ai cassée il y a deux jours, laquelle coûtait 6,000 liv. par mois, et ne reconnaissait pas le chef de la force armée, et servait d'appui aux intrigants. Ces soldats, tous ouvriers, ne travaillaient plus; leurs occupations étaient de remplir les tribunes du club, où eux et leurs femmes appuyaient par leurs applaudissements les vues des meneurs, et faisaient taire par leurs menaces les citoyens qui voulaient les combattre. Tandis que les citoyens vivaient dans les pleurs et les alarmes, les chefs de cette faction faisaient de fréquents festins; on n'était point reçu parmi les convives si on ne portait un calice dont on se servait en forme de verre. Jugez quelle impression devait faire sur l'esprit du peuple dix à douze citoyens réputés pour des Hercules de patriotisme, qu'on voyait traverser la ville avec un calice chacun sous le bras, et qui admettaient dans la salle à manger les habitants des campagnes qui avaient quelques demandes à faire, et qui étaient frappés par la vue de douze à quinze calices qui couvraient la table. Bien des gens se retiraient indignés de la chose même, et les plus clairvoyants l'étaient de ses effets. Mais tout cela n'était que l'accessoire du grand ressort qu'on faisait agir pour parvenir à son but ; on voulait, ici comme ailleurs, détruire telle ou telle caste, telle personne, et, pour y parvenir, on avait changé l'esprit de la loi sur les émigrés ; on prétendait qu'elle n'avait été dictée qu'en vue de sacrifier tous les aristocrates à qui on n'avait aucun crime à reprocher ; on ne se contentait pas de prêcher cette doctrine, on la mettait en pratique.

« Delmasse, chef du bureau des émigrés à l'administration du département, mettait sur la liste des émigrés celui qu'on avait désigné, puis on l'empêchait d'obtenir des certificats de résidence dans sa section ; pour y parvenir, on rebutait les témoins, en leur faisant des reproches de ce qu'ils servaient des aristocrates ; quand ils observaient qu'ils ne témoignaient que pour leur résidence, alors on les récusait ; et ce qui est plus étonnant, c'est que tel qui avait été admis à témoigner vingt fois était refusé la vingt-unième. Pour terminer l'opération, Delmasse tâchait d'influencer l'administration du département, pour qu'elle prît des arrêtés contre les prévenus ; quand il ne pouvait réussir, il changeait les arrêtés favorables, et présentait à la signature des administrateurs des arrêtés contraires. Quand on l'eut surpris, il se présenta audacieusement à l'administration, la menaçant de la dénoncer à la Société populaire si elle ne rapportait son arrêté. Dès que ces horreurs m'ont été prouvées, j'ai fait arrêter ce scélérat, couvert depuis 1792 du masque du patriotisme, et je vous envoie le procès-verbal que m'a remis l'administration, pour que vous décidiez de son sort.

« Il y a ici des changements à faire ; je vais y procéder avec les mêmes précautions que j'ai mises quand il s'est agi de décider du sort du détenu.

« Mais, avant de finir ma lettre, il faut que je vous prévienne que Dijon était l'intermédiaire qui liait Marseille et Paris ; on a vu la cabale lire des lettres de ces deux villes, et les jeter au feu.

« Salut et fraternité.                                 CALÈS. »

— Le représentant du peuple Goupilleau, envoyé dans les départements de Vaucluse, du Gard, de l'Hérault et de l'Aveyron, écrit au comité de sûreté générale et annonce qu'il arrive du département de l'Aveyron, de l'Hérault et du Gard. Il observe que, de concert avec son collègue Perrin, ils n'ont pas perdu un instant pour y épurer et réorganiser toutes les autorités constituées, conformément à la loi du 7 vendémiaire. Il est actuellement dans le département de Vaucluse, et espère être bientôt en état de faire passer à la Convention le tableau général. Il a trouvé partout les esprits assez tranquilles, « et tout s'y rallie, dit-il, de plus en plus à la Convention nationale, excepté que ce pays est délivré d'une poignée de scélérats qui l'agitaient ; j'y ai trouvé même le calme si bien rétabli depuis l'événement du 27 fructidor, que je me détermine à rouvrir enfin les séances de la Société populaire, que les circonstances dont je vous ai fait part m'avaient forcé de suspendre, et j'espère que l'esprit public gagnera encore à l'épuration sévère qui y sera faite. »

Il adresse au comité de sûreté général trois liasses de papiers : la première est relative aux événements qui ont eu lieu le 27, au sujet de la dénonciation calomnieuse que l'on s'est permise contre lui aux Jacobins ; la deuxième concerne Barjavel, ci-devant accusateur public au tribunal révolutionnaire d'Orange, actuellement détenu à Paris ; la troisième concerne Molin, qui est aussi détenu à Paris.

Ces lettres sont renvoyées aux comités de salut public et de sûreté générale.

— Un secrétaire lit les lettres suivantes :

*Le représentant du peuple, envoyé dans les départements du Nord et du Pas-de-Calais, au président de la Convention nationale.*

Le 15 brumaire, l'an 3ᵉ de la république une et indivisible.

« Citoyen président, depuis ma lettre du 4 vendémiaire dernier, l'esprit public n'a rien perdu de son énergie dans ces deux départements.

« Avant la sublime Adresse de la Convention nationale aux Français, le peuple de ces deux départements professait déjà et proclamait hautement les principes qui y sont énoncés.

« Egalement ennemis de la domination des Capet et de celle de Robespierre, adversaires implacables des partisans des rois, et de cette autre espèce d'hommes qui, tyrans par essence, croyaient qu'il leur était permis d'asservir tous les autres, au nom même du patriotisme, les citoyens de ces deux départements ne sont pas disposés à souffrir qu'il s'élève parmi eux quelques nouveaux dominateurs, au grand scandale de la vraie liberté.

« Le temps n'est plus où, à la faveur de quelques images chéries, des orateurs perfides faisaient embrasser au peuple un vain fantôme lorsqu'ils le dépouillaient de la réalité.

« Plus de tyrannie, plus d'arbitraire ; guerre aux aristocrates reconnus et aux fripons : voilà l'esprit dont on est ici universellement animé ; à l'égard de ceux qui voulurent dominer, ils sont renvoyés au noviciat de l'égalité ; et si l'on en excepte ceux qui se rendirent les plus coupables, on les croit par là même assez punis.

« Celui qui aime et sert son pays se lève et se couche tranquille, bénissant la Convention, qui a proclamé le règne de la justice ; il est prêt à tout sacrifier à sa patrie, où les lois ne sont plus une chimère.

« Ceux-là connaîtraient bien peu le cœur humain, qui croiraient qu'un tel état de choses ne sert pas la cause de la révolution bien plus puissamment que les vexations, dont le système de terreur fut trop longtemps le prétexte.

« L'esprit de ces départements est essentiellement bon ; et quoique, par leur situation, ils se soient trouvés plus grevés que beaucoup d'autres, on n'y entend de plaintes que celles qui sont arrachées par l'extrême besoin.

« Il est de la justice de la Convention de venir à leur secours ; j'ai déjà fait connaître une partie de leurs besoins à divers comités et commissions. Pour me résumer, dans la partie maritime du département du Nord on était un peu plus dégagé de l'esprit de superstition qui y règne encore, je dirais qu'ici tout va bien, et j'espère qu'on ne tardera pas à le dire.

« Salut et fraternité.                    Signé BERLIER. »
(*La suite demain.*)

N. B. Dans la séance du 18, des lettres des représentants du peuple près l'armée de Sambre-et-Meuse, et du général Jourdan, ont annoncé la prise de Maëstricht, après douze jours de tranchée ouverte ; la garnison, qui était nombreuse, a été faite prisonnière de guerre. On y a trouvé deux cents bouches à feu et des magasins considérables.

— D'autres lettres, écrites par les représentants du peuple près l'armée de la Moselle, ont donné les détails de la prise de Reinsfeld, fort dans lequel les moyens de défense les plus formidables ont échoué dans peu de jours devant la valeur républicaine.

---

*Payements à la trésorerie nationale.*

Le payement du perpétuel est ouvert pour les six premiers mois ; il sera fait à tous ceux qui seront porteurs d'inscriptions au grand livre. Celui pour les rentes viagères est de huit mois vingt et un jours de l'année 1793 (vieux style).

# GAZETTE NATIONALE ou LE MONITEUR UNIVERSEL.

N° 50.     *Décadi* 20 Brumaire, *l'an* 3°. (*Lundi* 10 Novembre 1794, *vieux style*).

## POLITIQUE.

### ALLEMAGNE.

*Francfort, le 30 octobre.* —L'armée autrichienne, déjà repoussée au-delà du Rhin, se voit encore obligée de reculer loin des bords de ce fleuve. Ces contrées sont assez peu fertiles, et les provisions y sont épuisées. L'armée, dans sa retraite, a perdu tous ses magasins. On assure publiquement qu'elle est contrainte à se retirer même au-delà du pays de Nassau.

Les différentes cours d'Allemagne mettent peu d'ardeur à compléter l'armement de l'Empire. L'électeur de Mayence et l'évêque de Felde sont les seuls qui aient montré à ce sujet quelques dispositions à seconder les vues de l'Autriche; mais dans plusieurs lieux, notamment à Wirtemberg, le prince et les habitants ont énoncé une opinion absolument opposée. Le ministre palatin a déclaré à l'assemblée du cercle du Haut-Rhin « qu'on ferait bien de penser aux moyens de rétablir la paix, et de se concerter à cet effet. »

Cependant l'empereur a fait parvenir aux cercles de Franconie et de Souabe le mémoire de son ministre Seldick, déjà présenté aux cercles du Haut et du Bas-Rhin. Ce mémoire a été appuyé auprès du cercle de Franconie par une note remise au nom du roi de Prusse.

Cette note porte en substance :

« Que la cour de Berlin accède entièrement aux propositions de l'empereur, ces deux puissances étant pleinement autorisées par les sacrifices qu'elles ont faits pour la défense de l'Empire à exiger de leurs co-Etats, en ce moment surtout où le danger devient plus imminent, tout ce que demandent d'eux le patriotisme et le courage qui caractérisent la nation germanique. »

On ajoute « que la cour de Londres, en s'engageant à payer des subsides à celle de Berlin, n'a aucunement acquis le droit de disposer des troupes de S. M. prussienne, lesquelles continueront d'agir pour la défense de l'Allemagne, de la manière que S. M. trouvera le plus convenable, et qu'elle aura concertée avec les puissances alliées. »

*Manheim, le 26 octobre.* — L'épouvante est à son dernier terme dans ces contrées. On vient d'apprendre que les armées françaises du Rhin et de la Moselle, aussi redoutables par leur nombre que par leur courage et par leurs victoires, sont réunies en ce moment sous les murs de Mayence, et qu'elles se disposent à attaquer avec vigueur.

Manheim est dans la même situation. Une division de l'armée française est devant cette place. On travaille aux préparatifs du siège. Les habitants extérieurs se disposent à seconder les républicains.

La prise de Reinsfeld vient d'accroître la consternation générale.

### SUISSE.

*Extrait d'une lettre de.... du 25 vendémiaire.* — Nous donnons la chasse sans relâche aux émigrés. Les cantons protestants en font, en général, bonne et prompte justice; il en serait de même chez les cantons catholiques s'ils n'étaient pas, au moins quelques-uns d'eux, beaucoup trop influencés par les prêtres. Plusieurs émigrés s'étaient établis colporteurs de faux assignats; le canton de Berne vient d'en condamner un à être enfermés pendant six ans dans une forteresse : deux autres balaient les rues à Bâle, avec un écriteau sur le dos.

### HOLLANDE.

*Extrait des nouvelles d'Amsterdam, du 25 octobre.* — Des citoyens, au nombre de plus de huit mille, ont présenté au magistrat une pétition, dans laquelle ils s'opposent au projet du stathouder de mettre une garnison étrangère dans cette ville, mesure effrayante, disent-ils pétitionnaires, qui exposerait cette ville au pillage et aux horreurs que les troupes anglaises ont commises dans la Gueldre. Cette pièce est d'un style vraiment républicain.

Les citoyens qui l'ont envoyée aux états généraux sont

Strapfort et Wircher, également connus par leurs talents et leur patriotisme.

On apprend qu'il est arrivé à La Haye des députations des provinces de Frise, de Groningue et d'Overyssel, pour énoncer le désir ardent de ces provinces de voir cesser une guerre si malheureuse, et déclarer qu'elles sacrifieront tout ce désir, même la forme de gouvernement.

—On écrit de La Haye que l'amiral Kinsbergen y est arrivé de la Zélande. Il a eu une conférence avec le stathouder et son fils aîné, et il est parti sur-le-champ pour la défense du Zuyderzée.

La garnison de Berg-op-Zoom a donné de l'inquiétude. Il s'y est élevé une rixe entre les Hollandais et les troupes hessoises, et les dernières ont été soutenues par les Anglais.

—Le prince d'Orange a fait signer le 10, par tous les habitants de Werkendam et de Hardinxveld, une délibération dont on ignore l'objet.

—Nimègue est investi; Bréda est vivement pressée. Les républicains, maîtres de Venloo, portent la terreur au delà de la Meuse, dans toute la Gueldre, et pénètrent de plus en plus dans la Westphalie prussienne. La forteresse de Wesel est à la veille de voir toutes ses communications coupées.

### PAYS-BAS.

*Extrait des nouvelles de Bruxelles, du 16 brumaire.* — Les troupes anglaises qui gardaient Nimègue l'ont abandonné. Alors le commandant a fait démolir les faubourgs et abattre les arbres qui pouvaient en faciliter l'approche à l'armée républicaine. L'ennemi, en se retirant, a jeté dans Nimègue une assez forte garnison autrichienne, avec ordre de se défendre jusqu'à ce que l'on vienne la secourir.

—Les avis venus de la Hollande annoncent qu'il y éclate partout des mouvements insurrectionnels, et notamment dans la province d'Utrecht, où le stathouder a fait faire quelques exécutions militaires qui lui ont aliéné le peu qui lui restait de partisans.

—Le général français qui commande dans le district de Bréda fait acquitter les fournitures qu'il a requises par des lettres de change sur la maison Nettines, banquiers de la cour de Vienne à Bruxelles.

### RÉPUBLIQUE FRANÇAISE.

*Paris, le 19 brumaire.* — Il y a quelques jours que les scellés avaient été mis sur les papiers du Club électoral; ils viennent d'être apposés, par un nouvel ordre du comité de sûreté générale de la Convention, sur tous les papiers de cette Société.

*Commission de l'organisation et du mouvement des armées de terre. — Avis du 17 brumaire.*

L'ouverture du concours pour l'examen des élèves qui se destinent à servir dans l'arme de l'artillerie, qui devait avoir lieu le 1er frimaire, est prorogé jusqu'au 1er pluviose; ce concours sera ouvert jusqu'au 15 ventose, conformément à l'arrêté du comité de salut public, du 9 du présent mois de brumaire.

L.-A. Pille.

*Commission exécutive des transports, postes, messageries, remontes et navigation intérieure. — Avis.*

La commission étant informée qu'une très-grande quantité de lettres sont mises au rebut, faute de bonnes adresses; que les défenseurs de la patrie sont par là privés en grande partie des secours et des nouvelles qu'ils attendent de leurs parents ou amis, et qu'on lui impute, ainsi qu'à ses agents, le défaut de réception de ces lettres, elle invite ses concitoyens à mettre des adresses bien positives sur toutes les lettres pour la poste, ainsi que sur tous les paquets, malles, ballots ou caisses destinés à être transportés par les messageries nationales.

Morraux, Liévain, Lemercier.

*Du 18 brumaire.* — Le tribunal a instruit, dans la salle de l'Egalité, le procès du général Kellermann. Il était accusé d'avoir, par l'effet de ses relations avec la faction fédéraliste, affecté d'apporter la plus criminelle négligence dans l'organisation de l'armée des Alpes, etc.

Les témoins ont rendu justice à ses talents militaires, à sa loyauté, à son humanité et à sa probité; il a été acquitté et mis en liberté d'une voix unanime, et aux acclamations publiques.

Le président, unissant son assentiment aux éloges que lui ont donnés les témoins, a terminé son discours en disant que l'histoire unirait sur la tête de Kellermann les lauriers qu'il avait cueillis au Mont-Blanc avec ceux qu'il avait moissonnés à Valmy.

— Bergasse, ex-constituant, a été condamné, comme suspect, à la détention jusqu'à la paix.

# CONVENTION NATIONALE.

### *Présidence de Legendre.*

#### SUITE DE LA SÉANCE DU 17 BRUMAIRE.

*Ritter et Turreau, représentants du peuple près l'armée des Alpes et d'Italie, à la Convention nationale.*

#### Nice, le 5 brumaire, l'an 3e de la république française, une et indivisible.

« L'armée d'Italie, citoyens collègues, a reçu hier le drapeau que lui a décerné la patrie. Les postes séparés et importants qu'elle occupe sur les hauteurs des montagnes ne permettent pas, sans nuire à leur défense, de la rassembler sur un même point. Nous avons pensé que trois députés de chaque corps, choisis et envoyés par leurs camarades au quartier général, pourraient y recevoir en son nom le gage de la reconnaissance nationale, et en reporter l'expression à leurs frères d'armes. Le jour consacré par vous à célébrer l'évacuation du territoire français par les tyrans coalisés nous a paru le plus convenable pour cette réunion. Nous vous exprimerions difficilement avec quel enthousiasme ces défenseurs de la patrie ont reçu ces marques précieuses de son souvenir. Au moment où ces guerriers, couvert d'honorables mutilations, remirent à l'armée le prix de sa valeur, et lui rendirent, en la personne du plus ancien soldat, le baiser fraternel de la Convention, les cris mille fois répétés de *vive la république* et *vive la Convention ! se* font entendre; ils annoncent que les cœurs serré se réunis autour de la représentation nationale et de l'étendard tricolore y jurent de nouveau l'anéantissement des tyrans, des conspirateurs, et le triomphe de la liberté.

« Nous avons répondu aux bénédictions unanimes que nous avons recueillies pour la Convention, en annonçant que si elle avait juré une guerre à mort à tous les brigands de l'intérieur, à tous les fripons, à tous les dilapidateurs de la fortune publique, elle réservait un attachement sans bornes aux généreux défenseurs de la patrie, une continuelle sollicitude pour leurs familles intéressantes.

« Nous vous faisons passer les paroles fraternelles que nous leur avons adressées.

« *Signé* F.-J. RITTER, TURREAU. »

#### FÊTE CIVIQUE DU 30 VENDÉMIAIRE.

*Discours de Ritter et Turreau, représentants du peuple, à leurs frères d'armes, en leur remettant le drapeau envoyé par la Convention nationale, au nom de la patrie reconnaissante, à l'armée d'Italie.*

« Vainqueurs de Toulon, de Nice, d'Onelle, de Lonano, vous en un mot qui, au moment où vous avez tous les armes, n'avez fixé les regards de la France que sur votre courage et vos succès; soldats de la liberté, il vous était bien dû, il est bien légitime, le tribut que la nation offre aujourd'hui à la brave armée d'Italie : ce drapeau, monument de la reconnaissance publique, l'est en même temps

de votre gloire; recevez-le des mains de vos braves frères d'armes; les honorables blessures dont ils sont couverts les rendent dignes de vous le présenter. Ils ont payé leur dette à la patrie; la patrie se sert d'eux pour vous payer la sienne : que ne doit-elle pas, en effet, à ceux qui prodiguent chaque jour leur sang pour elle, à ceux qui, pour vaincre ses ennemis, ont, en quelque sorte, vaincu la nature? Les satellites de la royauté, défendus par des montagnes jusqu'alors inaccessibles, s'y croyaient inexpugnables : mais que ne peuvent les soldats de la liberté !... Bientôt ces rocs escarpés, ces montagnes élevées deviennent pour eux les degrés qui les conduisent à la victoire.

« Vous avez planté de vos mains triomphantes l'étendard tricolore sur la cime de ces monts. C'est en vain que ces bandes d'esclaves ont, dans leur rage impulsante, voulu l'en arracher; c'est en vain qu'à la dernière sans-culottide ils osèrent encore se mesurer avec vous; le pas de charge, la victorieuse baïonnette ne tardent point à enfoncer leurs rangs; et ceux qui échappent à vos coups vont porter jusque sous les murs d'Alexandrie leur terreur, leur défaite et leur ignominie.

« Continuez, braves soldats, à bien mériter de la patrie; et tandis que ses ennemis fuient épouvantés devant les légions républicaines, la Convention nationale, forte de la volonté du peuple, voulant irrévocablement son bonheur, terrassera tous ceux qui voudraient y porter atteinte. Elle ne souffrira pas que la paix des foyers que vous avez si généreusement abandonnés, pour défendre votre pays, soit jamais troublée. Elle ne permettra pas que vos familles éprouvent un instant les horreurs de l'indigence; c'est en portant tous ses soins, toute sa sollicitude, sur vos mères, vos épouses, vos enfants, qu'elle s'efforcera d'acquitter votre généreux dévouement. Envoyés par elle près de vous pour vous transmettre l'expression des sentiments qui l'animent; chargés du devoir bien cher à nos cœurs de nous assurer de vos besoins et de les faire cesser, croyez que notre empressement à les prévenir égale votre héroïque constance à supporter les privations qui vous entourent. C'est avec bien de l'amertume que nous les avons vues, et déjà les ordres sont donnés pour que désormais ils n'existent plus.

« Si vous aviez quelques nouvelles plaintes à former, adressez-vous aux représentants du peuple; ils sont là pour vous rendre justice.

« Il eût été doux pour eux de pouvoir réunir l'armée qui vous a députés et de lui exprimer ces sentiments. Soyez ses interprètes auprès d'elle. Dites bien à vos camarades que nous sommes leurs frères, leurs amis; dites-leur que nous partagerons toujours leurs fatigues, leurs dangers, et que nous affronterons les premiers la mort pour le triomphe de la liberté, de l'égalité et l'affermissement de la république une et indivisible.

« *Signé* F.-J. RITTER et TURREAU. »

ROBERTOT, au nom du comité d'agriculture et des arts : Je viens, au nom de votre comité d'agriculture et des arts, vous proposer de rapporter l'article III de votre décret du 15 nivose, qui défend, sous les peines de confiscation et de quatre années de fers, de fabriquer des cuirs de veau à la manière dite à l'anglaise.

Quels qu'aient été les motifs qui vous aient décidés à proscrire à cette époque un procédé qui fait une branche considérable de commerce et d'exportation pour l'Angleterre, et dont l'avantage est généralement reconnu, des motifs plus puissants encore doivent vous déterminer aujourd'hui à laisser aux citoyens qui connaissent cette fabrication la faculté de pouvoir s'y livrer.

La manière de préparer les cuirs est bien loin d'avoir atteint la perfection : la fabrication des cuirs de veau à la façon dite à l'anglaise économise la main d'œuvre et donne de la qualité aux cuirs; sous ces rapports, bien loin d'être défendue, proscrite, vous devez au contraire l'accueillir, la protéger, l'encourager.

Vous avez reconnu la nécessité de favoriser les arts; vous avez senti que c'est par les arts, par leur progrès, par leur perfection, que la nation française

*Les représentants donnent à l'armée d'Italie le drapeau décerné par la Convention nationale.*

peut se ménager une source de richesse industrielle dont les produits sont incalculables.

C'est par les arts que vous créez des objets qui servent si facilement aux échanges des nations, et que vous vous ménagez un aliment favorable au commerce national.

C'est par leur perfection que l'on obtiendra une préférence et des avantages bien marqués. Établir que l'encouragement et l'admission d'un procédé peuvent être utiles à la république, c'est vous présenter l'occasion de le protéger.

Vous ne voulez pas être si désavantageusement tributaires en produits industriels d'une nation qui veut tout concentrer, tout rapporter à elle; si vous voulez affaiblir l'Angleterre, partagez son industrie, saisissez-vous des arts qu'elle aura perfectionnés : vous lui enlèverez par là des moyens qui ont contrebalancé jusqu'à présent votre puissance et vos forces.

Ce sont ces considérations qui ont engagé votre comité d'agriculture et des arts à vous présenter le projet de décret suivant :

« La Convention nationale, après avoir entendu le rapport de son comité d'agriculture et des arts, rapporte l'article III du décret du 15 nivôse, qui défend, sous les peines de confiscation et de quatre année de fers, de préparer le cuir de veau à la manière dite à l'anglaise. »

« Ce projet de décret est adopté.

— Le citoyen Mangin père, architecte, offre à la Convention nationale la planche d'une gravure représentant une partie de Paris avec des projets d'embellissements. Il abandonne de bon cœur tous les bénéfices résultant de la vente au profit des braves soldats de la république, qui combattent si glorieusement pour la patrie et pulvérisent tous les vils satellites des despotes coalisés contre la liberté et l'égalité.

— La Société populaire de Dunkerque annonce à la Convention nationale que la lecture de son Adresse au peuple français a été couverte des plus vifs applaudissements. Elle engage les représentants du peuple à ne pas souffrir que les complices de Robespierre, les hommes de sang, les ambitieux, les intrigants, les oppresseurs du peuple, qui ont déshonoré le sol de la république, empruntent encore le nom de patriotes, osent prétendre à l'honneur de défendre la cause de la liberté et de l'égalité.

RAFFRON : Les revers trop multipliés que les troupes de la république ont éprouvés dans la Vendée, la perfidie, la cruauté, l'atrocité de toutes les espèces d'ennemis que nous avaient suscités dans ce malheureux pays l'aristocratie, le fanatisme, le fédéralisme, le royalisme coalisés avec l'étranger, l'avaient couvert de dévastations, et menaçaient les départements environnants, et même la république entière, d'un embrasement funeste. Alors la Convention ne crut pas devoir se tenir renfermée dans les règles de la modération qu'elle avait suivies jusque-là; les grands dangers de la patrie lui ont paru commander une rigueur excessive.

Vous ordonnâtes donc de poursuivre à outrance ces êtres féroces et dénaturés, et de ne point faire de quartier à l'ennemi armé qui n'avait pas respecté et ne respectait pas les droits sacrés de l'humanité : tels sont les ordres que portent vos décrets.

Mais vous n'avez jamais ordonné de manquer de foi à celui à qui on avait promis amnistie; vous n'avez jamais ordonné d'égorger celui qui tendait les bras désarmés pour demander grâce; vous n'avez jamais ordonné de noyer, de massacrer des enfants à la mamelle ni d'éventrer les femmes enceintes; voilà les crimes horribles que l'on impute à Carrier. C'est cela seul que la commission des Vingt-et-Un est chargée d'examiner, ce sur quoi elle doit vous faire un rapport. C'est aujourd'hui le neuvième jour depuis qu'elle a été nommée.

Y a-t-il des preuves de ces faits, ou n'y en a-t-il pas? Tout le travail de la commission se réduit à cet examen. Faut-il donc tant de temps? Il n'y a point ici de fil de conjuration à découvrir, à suivre; pourquoi donc cette lenteur?

Je demande que la Convention nationale enjoigne à la commission des Vingt-et-Un d'accélérer ses opérations, et de faire son rapport demain au plus tard, dût-elle passer la nuit; le temps est précieux.

Il faut enfin faire cesser les inquiétudes du public et éclaircir tous les soupçons.

BOURDON (de l'Oise) : C'est un spectacle bien touchant sans doute de voir un homme dont la carrière est presque achevée s'indigner contre le crime et réclamer son châtiment. Mais aussi, pourquoi les sociétés ont-elles droit de vie et de mort sur leurs membres? Ce n'est pas pour donner à des milliers d'individus l'horrible droit d'en tuer un; c'est pour prévenir le crime, en rendant son supplice plus solennel, et en effrayant les méchants par un exemple salutaire. Tout en louant le zèle de mon estimable collègue, je demande que la Convention reste calme. Le comité de sûreté générale a déjà détruit tous les doutes que l'on pouvait avoir sur lui par la conduite qu'il a tenue dans cette malheureuse affaire. La commission fera incessamment son rapport; elle y travaille, comme le demandait Raffron, jour et nuit, avec le même zèle, avec la même indignation qu'il vient d'exprimer. Ne pressons rien; un jour de plus sera pour elle encore un jour d'examen. Il faut que ce jugement passe sans tache à la postérité; il faut que nulle passion humaine n'en souille, n'en altère la pureté. (On applaudit.) Si Carrier est coupable, qu'il boive l'ignominie à longs traits; chaque jour de sa vie n'est-il pas déjà un supplice pour lui? Il est là, ne craignez pas qu'il s'échappe; la loi saura bien l'atteindre. Que la Convention prouve, par son calme et sa dignité, qu'elle ne croit pas légèrement au crime, mais qu'elle garde toute son énergie pour l'écraser quand il est connu. (Nouveaux applaudissements.) Je rends justice au zèle de mon estimable collègue, c'est l'amour même de l'humanité qui l'a égaré. Je vous demande l'ordre du jour.

La Convention passe à l'ordre du jour.

CAMBON, au nom du comité des finances : Citoyens, la malveillance est toujours à la porte de la Convention; elle cherche quelquefois à agiter les passions; et lorsque nous nous occupons des moyens de venir au secours du peuple et de ses intérêts les plus chers, elle profite des discussions que la confection des lois nécessite pour jeter de nouvelles alarmes.

A la séance d'avant-hier vous commençâtes la discussion sur les moyens de retirer des assignats de la circulation; la malveillance profite de cette discussion pour annoncer que vous allez démonétiser une partie des assignats.

Cette mesure, qui a été adoptée pour certains assignats à face royale au-dessus de 100 livres, fut nécessitée pour réprimer la malveillance et l'aristocratie qui avaient établi un agiotage dans l'échange des assignats à face contre les assignats républicains de 100 livres, qui perdaient alors jusqu'à 10 pour 100.

Aujourd'hui ce sont les mêmes assignats qu'on veut discréditer; on n'a pas oublié que c'était le premier assignat républicain qui a été émis, et qui a rappelé dans les échanges le mot sacré de république française. On veut les assimiler aux assignats à face, que vous avez justement démonétisés, et on cherche à altérer le crédit national en pays étranger, puisque c'est le seul assignat qui, étant de forte valeur, peut être importé à moindre frais.

Hier au soir votre comité des finances s'occupait du renvoi que vous lui avez fait, lorsque les commissaires vinrent lui annoncer que plusieurs citoyens avaient demandé l'échange des assignats de 400 livres contre ceux de plus petite valeur, et que cet échange n'avait été occasionné que par les craintes qu'on avait inspirées sur son démonétisage.

Votre comité des finances a cru qu'il était important de rassurer les citoyens sur les craintes qu'on voudrait leur inspirer : nous nous occupons du renvoi que vous nous avez fait ; mais nous ne proposerons jamais aucune mesure qui tende à discréditer la monnaie républicaine, et on n'a pas proposé à votre comité de démonétiser les assignats de 400 livres.

Le crédit des assignats repose sur l'affermissement de la république ; et dans ce moment les défenseurs de la liberté, qui ont coopéré si puissamment à la révolution, nous procurent encore, par les succès de leurs armes, les moyens d'augmenter le crédit des assignats et d'en retirer une partie.

Votre comité des finances a cru qu'il était important de déjouer la malveillance en vous annonçant qu'il ne croit pas qu'il soit nécessaire de démonétiser les assignats.

La Convention nationale décrète que le rapport de son comité des finances sera imprimé dans le Bulletin de correspondance.

Dupay : Je viens vous proposer un grand acte de justice, et j'ose espérer que ma demande sera bien accueillie.

Sans doute la Convention doit exercer toute sa sévérité, toute sa puissance, toute la justice nationale, sur les chefs, les auteurs et complices qui ont préparé et consommé la scission de Saint-Domingue avec la France, et qui depuis ont appelé et reçu dans divers points les Anglais et les Espagnols, après avoir fait des traités avec eux.

Mais comme l'intention de la Convention nationale est de ne pas confondre l'erreur avec le crime, ni les dupes et les instruments aveugles avec les vrais coupables et les principaux agents des gouvernements étrangers ; je propose le projet de décret suivant :

« La Convention nationale décrète que tous les colons des îles françaises seront mis en liberté, excepté ceux qui composaient le club de l'hôtel Massiac. »

Bourdon (de l'Oise) : La proposition que vient de faire notre collègue prouve qu'il rend justice aux citoyens des colonies. Les grands propriétaires qui ont livré Saint-Domingue et les Antilles aux Anglais, les intrigants qui tenaient à Paris le club de Massiac et y machinaient tous les projets de conspiration, voilà les vrais coupables, voilà ceux que la justice doit atteindre ; mais ce n'est pas au petit planteur que doit s'étendre la vengeance nationale. Vous avez rendu la liberté aux hommes de couleur ; vous avez vu qu'ils se sont battus avec le courage des hommes libres. Cependant il faut guider leur inexpérience, car quelques-uns ont été induits en erreur. Quelles étaient les instructions de Polverel et de Santhonax? de ne distinguer que deux classes d'hommes, esclaves et libres. Ils ne voulaient pas qu'on détruisît subitement l'esclavage, et en cela ils écoutaient la politique plutôt que l'humanité. Traitons nos frères comme nos amis ; s'ils ont commis des erreurs, ils en sont assez punis par la spoliation de leurs biens ; s'ils sont criminels, la loi les frappera partout où ils seront. Ils n'ont plus rien. Il est temps de nous réunir de sentiments : votons la liberté de tous ces malheureux. La commission des colonies saura bien atteindre les coupables. Décrétons donc qu'ils seront libres, excepté ceux du club de Massiac, qui ont trahi leurs frères. (On applaudit.)

Cette proposition est décrétée.

Barère, au nom du comité de salut public : J'annonce à la Convention nationale que l'escadre de la république, qui depuis longtemps était bloquée dans le golfe de Juan par les Anglais et les Espagnols, est maintenant mouillée en rade de Toulon. (Vifs applaudissements.) Les Anglais avaient eu l'insolence d'annoncer dans leurs papiers publics que notre escadre avait été brûlée ; mais la bravoure de nos marins leur a donné un démenti, et bientôt, j'espère, ils leur prouveront qu'ils savent se venger. (On applaudit.) Je dois ajouter que, depuis son trajet du golfe de Juan au Port-la-Montagne, l'escadre n'a trouvé aucun ennemi.

A la suite de ces nouvelles, Bréard propose, et l'assemblée décrète que les représentants du peuple Goupilleau (de Fontenay) et Projean se rendront dans le plus bref délai près l'armée des Pyrénées-Orientales, pour y exercer les mêmes pouvoirs qui sont donnés aux représentants du peuple envoyés près les armées.

—Robert Lindet, au nom des comités de salut public et des finances, reproduit à la discussion le projet de décret sur le maximum.

Desvars (de la Charente) propose que ce maximun soit établi de manière qu'il décroisse chaque mois ; il pense qu'alors les cultivateurs s'empresseront de fournir les marchés.

Un membre combat cette proposition, qu'il regarde au contraire comme capable d'arrêter la circulation des grains. Il suppose un commerçant qui achèterait dans un département, au maximum du mois, du blé qui, par la lenteur des transports, n'arriverait à sa destination, pour être vendu, qu'au maximum décroissant ; ce qui ruinerait absolument le commerce. Il demande la question préalable sur la proposition de Desvars.

La question préalable est adoptée.

La discussion s'élève sur l'article Ier.

Réal : Je demande que le maximum des grains soit porté, dans les quarante départements méridionaux, au double du prix de 1790. Voici mes motifs :

Il résulte d'un procès-verbal dressé par le directoire du district de Grenoble, et que la députation de l'Isère a mis sous les yeux du comité de salut public, que le quintal de grains pour semence s'est vendu, de gré à gré, au prix de 60 à 70 livres sous les auspices du décret du 26 fructidor, qui permettait d'en traiter librement.

Je tire de ce fait deux conséquences :

La première, c'est qu'il serait impossible de lever le maximum, et de laisser à l'avidité des propriétaires de grains la faculté de les porter à un prix exorbitant. C'est une vérité généralement sentie.

La seconde, c'est qu'il faut élever ce maximum dans une proportion telle que le cultivateur y trouve le remboursement de ses avances, et le juste salaire de ses peines. Or il est évident que, si le maximum n'est élevé qu'à la moitié en sus du prix de 1790, les cultivateurs des départements méridionaux seront froissés par cette mesure et forcés à livrer leur grain au-dessous de ce qu'il leur coûte à eux-mêmes. En voici la preuve.

Il est reconnu dans les départements méridionaux que le produit commun de la récolte est de 4 pour 1, y compris la semence. Ainsi donc un quintal de blé qui a coûté cette année 70 livres à un cultivateur du Midi en produira quatre quintaux, dont le prix, d'après le maximum fixé à la moitié en sus du prix de 1790, se porterait à peu près à 21 liv. le quintal ; d'où il suit que les quatre quintaux que retirera cette année le propriétaire du Midi lui produiront une somme de 84 livres. Sur ce produit prélevons 70 livres pour le prix de semence ; il ne reste que 14 livres, somme évidemment insuffisante pour faire face aux frais de culture, aux contributions, et au juste salaire qu'il doit retirer de son travail.

Il me paraît donc démontré que le maximum proposé par les comités ne remplit pas, vis-à-vis les départements méridionaux, le but que se propose la Convention ; car l'exemple que j'ai pris du département de l'Isère peut s'appliquer aux autres départements méridionaux.

Je conviens cependant que plusieurs circonstances, telles que le défaut momentané de bras pour battre les grains, la nécessité de semer et la qualité supérieure du grain des semences ont concouru à la hausse de ce prix ; mais le calcul que je viens de faire prouve toujours que le maximum proposé est insuffisant pour les départements du Midi, tandis qu'il est très-avantageux aux départements du Nord.

Je propose donc de fixer deux maximum, savoir : l'un, pour les quarante-cinq départements du Nord, qui serait fixé à la moitié en sus du prix de 1790 ; l'autre, pour les quarante départements méridionaux, qui serait porté au double du prix de 1790. Il serait facile de tirer cette ligne de démarcation.

Roux combat l'établissement de deux maximum différents par les inconvénients qui en naîtraient.

Dartigoyte fait aussi sentir la nécessité d'augmenter le maximum pour les départements du Midi. Il demande, par amendement, que, si l'on ne veut établir qu'un seul maximum, il soit porté aux deux tiers en sus du prix de 1790.

Ce dernier amendement est décrété.

La séance est levée à quatre heures.

### SÉANCE DU 13 BRUMAIRE.

On lit la correspondance.

Le conseil général de la commune d'Aubusson écrit : « Les disciples de l'infâme Robespierre demandent que la liberté soit remise sous l'égide de la terreur : selon eux, les opinions sont des délits ; la liberté de la presse, un abîme que l'aristocratie a creusé sous les pas des patriotes. Législateurs, que les Sociétés populaires soient circonscrites dans les justes bornes. »

— Les Sociétés populaires de Grasse, de Vincennes ; les citoyens de Clermont-Ferrand, de Monetay, de Therouane et de Villefranche (Aveyron), expriment à peu près les mêmes sentiments, et jurent de faire un rempart de leurs corps à la Convention contre les factieux qui voudraient ramener la terreur et continuer à désoler l'agriculture, le commerce et les arts.

Toutes ces Adresses, dont on lit une notice très-étendue, seront honorablement mentionnées au procès-verbal.

— Boissy-Danglas fait un rapport sur les moyens d'encourager et d'utiliser le Lycée républicain établi à Paris au Palais de l'Egalité. Il propose de destiner une somme de 20,000 liv. à cet objet.

La Convention ordonne l'impression de ce rapport et l'ajournement du projet de décret. — Nous le donnerons quand il sera reproduit à la discussion.

— Roux observe, par motion d'ordre, qu'il est intéressant qu'il n'existe point de lacune entre le décret rendu hier, sur le nouveau maximum des grains, et l'adoption des autres articles de ce projet de décret. Il se fonde sur ce que, tout le monde spéculant sur la nouvelle augmentation des grains, les marchés resteraient déserts. Il demande que Lindet soit appelé à la tribune.

— Dès le commencement de la séance, le bruit se répandait que Maëstricht était pris. La joie était peinte sur tous les visages. Richard monte à la tribune ; les plus vifs applaudissements l'y accompagnent.

RICHARD, au nom du comité de salut public : L'armée de Sambre-et-Meuse vient d'ajouter de nouveaux lauriers à ceux dont elle est couverte. Maëstricht est au pouvoir de la république. (Toute la Convention se lève aux cris de *vive la république !* et de nombreux applaudissements expriment la satisfaction générale.)

Cette place, une des plus fortes de l'Europe, devait arrêter longtemps des troupes qui auraient eu moins de dévouement ; cette place est tombée entre les mains de l'armée de Sambre-et-Meuse après onze jours de tranchée ouverte. (Applaudissements.)

Les difficultés que présentait ce siége sont incroyables ; mais elles ont été surmontées par une bravoure et un courage plus incroyables encore.

La tranchée a été inondée ; il a fallu triompher de tous les éléments pour obtenir la victoire. (Nouveaux applaudissements.)

Voici les lettres officielles :

*Les représentants du peuple près les armées de Sambre-et-Meuse au comité de salut public.*

Au quartier général devant Maëstricht, à Pettersheim le 14 brumaire, l'an 3e de la république française, une et indivisible.

Citoyens collègues, Maëstricht est à la république. La place s'est rendue ce matin, à cinq heures, après douze jours de tranchée ouverte. Nous ne vous dirons point combien cette entreprise était difficile, surtout dans une saison aussi avancée. On sait que Maëstricht est une des plus fortes places de l'Europe ; elle était défendue par une garnison nombreuse et plus de deux cents pièces d'artillerie. La contenance des assiégés semblait annoncer d'abord qu'il faudrait recourir aux derniers moyens pour la réduire ; mais la célérité et l'audace de nos travaux, et le feu terrible de notre artillerie, les ont bientôt convaincus que toute résistance était inutile. La garnison s'est rendue prisonnière de guerre. (On applaudit.)

« L'armée de Sambre-et-Meuse s'est montrée digne d'elle-même dans cette grande entreprise ; elle a bravé avec une confiance et un courage au-dessus de tous éloges le mauvais temps et le feu des batteries de la place. Accoutumés à vaincre, les soldats s'indignaient qu'une place isolée osât leur résister ; jamais on ne vit plus de zèle dans les travaux ; les jours de tranchée semblaient être pour chaque soldat un jour de fête. (Applaudissements.) Nous devons des éloges aux officiers de toutes les armes. Le général Kléber commandait en chef l'armée du siége ; Bollemont, l'artillerie, et Marescot dirigeait les travaux du génie. Un grand accord a régné dans toutes les opérations, et tous ont parfaitement rempli leur devoir. Le nombre des républicains que nous avons à regretter est d'environ soixante, et cent blessés.

« Nous ne pouvons encore vous donner l'état des magasins, ou de l'artillerie et des munitions ; on s'occupe d'en dresser des inventaires que nous vous enverrons aussitôt qu'ils nous auront été remis.

« Salut et fraternité.

« Signé FRÉCINE, BELLEGARDE et GILLET. »

*Jourdan, commandant en chef l'armée de Sambre-et-Meuse, aux membres composant le comité de salut public.*

Au quartier général, à Pettersheim, le 13 brumaire l'an 3e.

« Citoyens représentants, je vous envoie le citoyen Ducheyron, mon adjudant général, pour vous prévenir que Maëstricht a capitulé hier au soir. La garnison sortira le 17 avec les honneurs de la guerre. Les troupes qui la composent poseront les armes sur les glacis ; elles se rendront prisonnières de guerre ; elles seront conduites jusqu'aux premiers postes ennemis, et ne pourront porter les armes contre la république qu'après avoir été échangées.

« Cette place, une des plus fortes et des plus en état de défense, n'a tenu que douze jours de tranchée ouverte, et doit sa prompte reddition à la bonne intelligence qui a régné entre le général Kléber, qui commandait les troupes, le général Bollemont qui commandait l'artillerie, et le général Marescot, qui commandait le génie.

58

« Les troupes ont travaillé avec une ardeur incroyable, et les travaux ont été poussés avec une rapidité étonnante. Notre perte est d'environ cent cinquante hommes tués ou blessés.

« Je ne connais pas encore la force de la garnison, mais on la porte de sept à huit cents hommes, et la place est pourvue d'une artillerie formidable. Tous les détails, de même que les drapeaux, seront remis aux représentants du peuple aussitôt que la garnison sera sortie.

« Salut et fraternité. JOURDAN. »

*Bourbotte, représentant du peuple près les armées du Rhin et de la Moselle, au comité de salut public.*

Coblentz, le 11 brumaire, l'an 3° de la république française, une et indivisible.

« Après avoir chassé l'armée prussienne tout entière au delà du Rhin, après nous être rendus maîtres de la rive gauche du fleuve, depuis Mayence jusqu'à Coblentz, et avoir fait tomber ce principal repaire des brigands royaux et des émigrés, il nous restait encore, chers collègues, à forcer les Autrichiens de nous céder, avant la perte de Mayence, celui qu'ils occupaient sur la même ligne entre Dopper et Bacarat, et qui, coupant nos communications dans cette partie de la rive gauche du Rhin, nous causait une gêne fatigante. Le fort de Reinsfeld, à la défense duquel la nature et l'art ont également contribué, ce fort protégé d'ailleurs par des batteries nombreuses et établies sur la rive droite du Rhin, donnait encore à l'ennemi la faculté de s'étendre sur la rive opposée, de faire des incursions dans le pays d'où nous l'avions repoussé, et de communiquer librement d'un bord à l'autre au moyen du pont volant qu'ils avaient établi sur cette partie du Rhin.

« Le général Vincent, auquel l'ordre de s'emparer de ce fort avait été donné, prit, pour en aller faire la reconnaissance, un moyen que je ne crois pas devoir vous laisser ignorer. Ce général n'ayant pas la vue très-bonne, et voulant s'approcher d'assez près pour bien connaître par lui-même les coins par lesquels on pourrait attaquer, se dépouilla de l'uniforme de général, prit celui de soldat, et feignit d'être en sentinelle perdue, avec un fusil de munition au bras. L'ennemi tira sur lui plusieurs coups de carabine; mais, ne s'attachant point à sa personne avec autant d'acharnement que s'il eût cru fusiller un chef, le général Vincent prit le temps de bien reconnaître et la position du fort et celle où l'on pourrait établir des batteries. Il profita de la nuit pour faire tous les ouvrages nécessaires à l'attaque de cette place; son artillerie de position, augmentée de quatre obusiers et de quatre pièces de 12, fut amenée devant la citadelle, contre laquelle avait aussi marché la division du général Debrun. Vainement l'ennemi voulut-il faire usage des batteries tant du fort que de celles placées sur la rive droite, où il avait un nombre considérable de pièces de gros calibre. Les moyens développés par le général Vincent lui parurent si décisifs que les troupes qui composaient la garnison du fort se sont précipitées sur la rive droite, et cette place, où il paraît, par tout ce qu'on y a laissé, qu'on avait l'intention de la défendre longtemps, est tombée de cette manière au pouvoir de la république. Nous y avons trouvé trente-neuf bouches à feu, dont la majeure partie en bronze et de gros calibre, des mortiers, des fusils, deux cent cinquante tentes, presque toutes d'officiers, des munitions de guerre et de bouche de toute espèce et en très-grande quantité, particulièrement en poudre, et en outre un château dont tous les appartements, meublés d'une manière distinguée, annoncent à penser que l'ennemi ne s'attendait pas à en être sitôt délogé. Il croyait bien, en nous abandonnant cette place, qu'il nous allait faire regretter de nous en être approchés. Il avait préparé tous les moyens de le faire sauter aussitôt que nous y serions entrés. On a trouvé dans un souterrain une mèche allumée qui devait communiquer le feu au magasin à poudre et à plusieurs bombes, dont l'explosion allait avoir lieu quand le génie tutélaire qui veille sur tous les républicains nous l'a fait apercevoir assez tôt pour l'empêcher.

« Les magistrats de Giwerbs, que le fort de Reinsfeld défend, sont venus nous apporter les clefs de cette ville; je vous les envoie avec celles de Coblentz, qui n'avaient pas été remises aussitôt l'entrée de nos troupes dans cette place, dont les habitants paraissent ne pas s'habituer fa-

cilement à nos figures, et moins encore à nos mœurs républicaines.

« Salut et fraternité. BOURBOTTE. »

RICHARD : Vous voyez que ce n'est pas seulement l'armée de Sambre-et-Meuse qui ne cesse de remporter des trophées sur nos ennemis. L'armée de la Moselle, qui, par sa marche fière et rapide, a forcé le Prussien et l'Autrichien de repasser le Rhin, vient aussi de s'emparer d'une place très-importante; elle marche à de nouveaux triomphes.

Votre comité vous propose de décréter que les armées de Sambre-et-Meuse et de la Moselle ne cessent de bien mériter de la patrie.

Ce décret est adopté au milieu des plus vifs applaudissements.

— Sur la proposition de Richard, la Convention autorise le comité de salut public à envoyer deux représentants du peuple en mission secrète.

— Lindet monte à la tribune. Il soumet à la discussion la suite du projet de loi sur la fixation du prix maximé des grains. Tous les articles, résultat du principe décrété par le premier, sont adoptés après de légères observations; quelques-uns sont renvoyés aux comités pour une nouvelle rédaction. (Nous nous empresserons de donner ce décret dès qu'il sera complet.)

CAMBON : Vous venez de rendre à l'agriculture une partie des encouragements dont elle a besoin; mais il est de votre devoir de jeter un coup d'œil sur la classe des citoyens qui, ayant un traitement fixe, vont être obligés d'augmenter leurs dépenses, à cause de l'augmentation du maximum. Il ne faut pas que le rentier, le fonctionnaire public, le pensionnaire, l'homme salarié par la nation souffrent de cette loi; il faut qu'ils en soient indemnisés, et que leurs traitements soient augmentés dans la proportion du maximum. Je demande que cette question soit soumise à la discussion.

DUHEM : La motion de Cambon mérite la plus sérieuse attention. Je crois, comme lui, qu'il faut indemniser la classe qui souffre de la progression du prix des denrées, comme celle des petits rentiers, de ceux dont le revenu est au-dessous de 2,000 livres; car il me semble qu'il ne doit pas être question de ceux qui ont 5 ou 6,000 livres : et quant à moi, je déclare que 6,000 liv. sont suffisantes à un patriote pour vivre à l'aise. (Applaudissements.) Je voudrais qu'en discutant la proposition de Cambon on s'occupât aussi de celle que je fais, de rapporter le décret qui ordonne la retenue du cinquième sur les rentes au-dessous de 2,000 livres. Considérez combien l'homme qui n'a que 400 livres de rente, sur lesquelles on lui retranche 80 livres, doit être grevé de cette réduction.

CLAUZEL : Il est une infinité de propriétaires qui sont à la veille d'être ruinés par la loi qui annule les ventes à cause de la lésion d'outre-moitié, parce qu'on les rembourse avec une monnaie qui ne leur produit pas le tiers de ce qu'ils avaient autrefois. (Murmures.) Je suppose qu'on me rende aujourd'hui 10,000 livres, prix d'un bien que j'avais acheté il y a six ans; ces 10,000 livres, qui à cette époque me rapportaient 500 livres de rente, ne me vaudraient pas aujourd'hui 250 livres, à cause de la baisse des assignats. (Murmures.)

CAMBON : Il ne faut point attaquer les actes passés de bonne foi. Vous avez porté à 24 et 26 livres le blé qui autrefois ne valait que 16 livres, parce que le système monétaire n'est plus le même. Je ne dirai pas qu'il ne faut point d'impôt, parce que je pense que, dans un temps calme, il faudra une recette annuelle, et dès que vous avez supprimé l'impôt mobilier, dès qu'il ne se perçoit plus, il faut que les portefeuilles le remplacent. Je pense que celui qui a un traitement fixe doit recevoir une augmentation proportionnée à celle du blé....

On demande le renvoi du tout au comité des finances.

TALLIEN : Je demande la parole ; il y a de la perfidie dans la discussion.

CAMBON, se précipitant à la tribune : Je dis ce que je pense, et l'on m'en fera demain un chef d'accusation si l'on veut. Je dirai toujours la vérité, malgré les actes d'accusation et les libelles de certains hommes qui sont là bas. (Il montre le côté où figurent Tallien et Fréron. — Une partie de l'assemblée applaudit.) Entrons en lice, Tallien et moi ; qu'il ait le courage de m'accuser, si je suis coupable. (Applaudissements.)

Une voix : Ce n'est pas à l'ordre du jour.

CAMBON : Si l'on vous disait que vous êtes des voleurs, ne voudriez-vous pas vous justifier ? Je ne répondrai point par des libelles ; je me présente corps à corps avec mon adversaire. Je demande qu'on examine ma conduite et mes opinions depuis l'Assemblée législative. (Applaudissements.) Vous devez à la tranquillité publique de ne pas laisser planer le soupçon sur une administration qui a su résister à toutes les factions. Que l'assemblée vienne en masse examiner les comptes ; je ne demande pas dix minutes pour lui faire connaître l'état de toutes les caisses.

Viens m'accuser, Tallien ; je n'ai rien manié, je n'ai fait que surveiller : nous verrons si, dans tes opérations particulières, tu as porté le même désintéressement ; nous verrons si, au mois de septembre, lorsque tu étais à la commune, tu n'as pas donné ta griffe pour faire payer une somme de 1 million 500,000 livres dont la destination te fera rougir. (On applaudit.) Oui, je t'accuse, monstre sanguinaire, je t'accuse. (Mêmes applaudissements d'une partie de l'assemblée.) On m'appellera Robespierriste, si l'on veut ; ma conduite démentira toutes les calomnies ; je ne veux aucune de mes opinions. Je t'accuse d'avoir trempé tes mains, du moins par tes opinions, dans les massacres qui ont été commis dans les cachots de Paris.

Une voix : C'est étranger aux finances. (Murmures.)

CAMBON : Je t'accuse d'avoir honoré le brigandage. (Bruit.)

ISORÉ : Ce sont les ouvriers d'Orléans.

DUHEM : Il faut en finir avec ces coquins-là !

CAMBON : Je t'accuse d'être venu ici, lorsque je défendais courageusement la propriété, comme je le fais aujourd'hui, dire que le brigandage était nécessaire ; cette motion est écrite. Je t'accuse d'avoir méconnu l'assemblée en disant : «Vous avez beau décréter, la commune n'exécutera pas.» Ces mots sont consignés dans les procès-verbaux. Tu as administré à Bordeaux, et tu n'as pas rendu compte. Si l'on avait eu le courage de ne pas souffrir que l'opinion publique fût jamais pervertie, il n'y aurait pas eu tant de tiraillements, car je vois et nous paralysant, car je crois bientôt voir les faiseurs de pamphlets vouloir m'ôter le droit de parler ici ; mais j'ai du courage ; mes opinions ont toujours été publiques, elles ont été fondées sur les décrets qui ont été discutés et imprimés à l'avance. J'ai fait dire à Tallien que je ne l'attaquerais jamais ; je ne sais si c'est à cause de cela qu'il a dit que la calomnie était une des vertus du républicain ; mais il ne faut pas laisser planer le soupçon sur ma tête. Si vous ne me croyez pas digne de votre confiance, retirez-la-moi ; mais qu'on aille voir à la trésorerie ; on y trouvera un ordre si parfait qu'il n'y a pas un denier de déficit. A toute heure on peut avoir un compte balancé de toutes les recettes et de toutes les dépenses. Si je suis coupable, que ma tête tombe ; je ne me refuserai point à

l'examen de ma conduite, je ne récuserai aucune commission. Ma motion est dans mon cœur. Vous nous avez forcés de dire des vérités ; eh bien, il faut que personne ne souffre dans le nouveau système ; il faut rendre à toutes les classes de la société, comme aux agriculteurs, les droits qu'on ne peut leur ravir. Le système des assignats n'est pas de nous ; il est de l'Assemblée constituante ; nous avons dû le maintenir.

REWBELL : Il n'y avait pas un sou dans les caisses ; il fallut bien créer les assignats.

CAMBON : Ma motion occasionnera à la république une dépense de 80 à 100 millions, mais elle aura produit un acte de justice. Je m'attends bien que demain on publiera que j'ai voulu perdre l'esprit public ; qu'un Tallien me déchirera dans ses pamphlets périodiques ; mais je demande qu'on m'accuse en face, et qu'on ne m'attaque pas en secret, sans quoi j'aurai la loi du talion pour toi, Tallien. (Applaudissements.)

TALLIEN : Je ne répondrai pas en ce moment aux injures qui m'ont été adressées, parce que je suis dans le sein de la Convention, et que je sais y faire mon devoir. Lorsque j'écris, je signe, et je suis toujours prêt à donner à ceux qui se prétendront inculpés les moyens de justification possibles. Quoi qu'on fasse en ce moment pour anéantir l'énergie des patriotes (applaudissements), je soutiens que j'ai le droit de dire ce que je pense. Ce que j'ai imprimé, je l'ai signé ; et si ceux qui se prétendent inculpés avaient des moyens de justification, ils pouvaient me les communiquer. (Murmures.)

Une voix : Tu es donc le censeur de la Convention ?

BENTABOLE : Président, mettez l'ordre dans l'assemblée. Puisque Cambon a été entendu dans le silence, Tallien doit l'être de même.

Plusieurs voix : Nous ne sommes pas ici aux Jacobins.

LEGIOT : Je demande la parole.

Un membre : Sommes-nous sous la domination des libellistes ?

TALLIEN : Ce n'est pas sur ce qui m'est personnel que je prends la parole, mais sur la proposition de Cambon. Si la discussion avait été fermée, on aurait pu emporter de cette séance des idées dangereuses.

La proposition de Cambon me paraît inconvenante et impolitique. Lorsqu'il fut question de diminuer la masse des assignats, on demanda que les comités présentassent les moyens sages pour retirer de la circulation la trop grande quantité d'assignats, qui était la seule cause du surhaussement des denrées. N'est-il pas évident qu'en augmentant encore les dépenses de l'État on augmente le nombre des assignats, et par suite le prix des denrées, et qu'enfin on nous amènera à faire dans trois mois ce que nous faisons aujourd'hui ? Voilà ce que je voulais dire ; je voulais exposer que plus on émettrait d'assignats, plus on ferait renchérir les denrées. (On applaudit.) Je voulais dire qu'on ne devait s'occuper que de la diminution des dépenses publiques pour diminuer la masse des assignats en circulation.

On a senti aussi qu'il fallait revenir sur un acte d'injustice, sur la disposition qui retient un cinquième des rentes ; je pense qu'on aurait dû aller plus loin, et qu'il fallait dispenser de l'imposition des citoyens qui n'ont qu'une petite rente ou qu'une petite pension. (Murmures, applaudissements.)

CAMBON : La constitution s'y oppose. Elle veut que tous les citoyens concourent proportionnellement aux dépenses publiques.

TALLIEN : Il me semble que, de toutes les propositions qui ont été faites, celle de Duhem était celle sur laquelle on devait le plus insister, afin de procurer aux petits propriétaires les moyens d'exister; tandis que si l'on se contente d'augmenter les salaires et les rentes, le gros propriétaire en profitera comme le petit, et le malheureux sera toujours malheureux. Je demande que la discussion se prolonge sur cette motion.

Je le répète, je ne m'occupe point ici des injures; mais, lorsque la Convention voudra entendre les dénonciations, je prends l'engagement de répondre à tout, et j'espère que les membres de cette assemblée qui m'accordent quelque estime (murmures, applaudissements) croiront que je ne demanderai pas des délais éternels; car je vais insister pour qu'on examine ma conduite. (Applaudissements d'une partie de l'assemblée.)

GOUPILLEAU (de Fontenay): Ce n'est pas sur la question principale que je demande la parole; je veux seulement dire ce que je pense sur l'incident. Nous ne pouvons nous dissimuler que l'art de la calomnie est porté à sa perfection. (Applaudissements.) Je déclare qu'en émettant cette opinion je n'ai en vue que la chose publique, et que je mets les individus de côté. Depuis quelque temps, lorsqu'on veut jeter de la défaveur sur un représentant du peuple, on répand des libelles contre lui. (Applaudissements.) Ce n'est pas pour moi que je me plains; ce n'est ni par des écrits, ni par des paroles que je répondrais aux calomniateurs, mais avec mon bras. (Applaudissements.)

RUAMPS: Si l'assemblée voulait adopter ce principe, ces messieurs ne calomnieraient pas tous les jours.

GOUPILLEAU: On a professé un étrange principe, lorsqu'on a dit à cette tribune: « Pourquoi les individus qui se prétendent inculpés ne m'envoient-ils pas leur justification. »

DUQUESNOY: Oui, au tyran Tallien!

GOUPILLEAU: Je demanderai de quel droit un individu vient s'ériger ici en tribunal universel. Comment! on pourra calomnier, et l'on en sera quitte en disant: J'ai eu tort! Je déclare que tout faiseur de libelles, tout journaliste qui est en même temps représentant du peuple, est l'homme le plus méprisable à mes yeux. (Applaudissements.) Un représentant doit tout son temps à la patrie. (Applaudissements.) Je déclare que ce que je dis s'applique indistinctement à tous les représentants qui font des journaux et des libelles. (Applaudissements.) Un représentant doit être au comité ou à la Convention, et, aux heures où il ne peut être à l'un ou à l'autre de ces deux postes, il doit s'occuper à méditer les objets qui seront discutés dans la Convention. Il ne doit pas faire un vil trafic de la calomnie, ni calculer si, en disant du mal de tel ou tel individu, il vendra six mille feuilles de plus que s'il n'en parlait pas. Je demande que la Convention renvoie à l'examen des trois comités la question tant de fois débattue de savoir si un représentant du peuple peut être en même temps journaliste.

LEJIOT: Il reste peu de choses à dire après les vérités fortes qui viennent d'être exprimées. J'adopte tout ce qu'a dit Goupilleau, même sa manière de répondre aux vils libellistes auxquels nous devons lancer des regards de mépris.

Tallien, en nous disant que ceux qu'il avait inculpés dans son journal pouvaient lui donner leur justification, ne nous a-t-il pas donné là la mesure de son ambition? Son arrière-pensée n'est pas seulement sans doute de gagner quelque argent avec des libelles, mais d'acquérir, s'il était possible, de la considération de manière à devenir dangereux pour la liberté publique. (Applaudissements.) Le peuple, qui a su saisir Robespierre, saura saisir à son tour les autres intrigants et les faire rentrer dans la poussière. Mais je remarque que les discussions qui ont lieu sur des matières semblables agitent l'esprit public et ne l'éclairent pas; elles ne produisent aucun bien, ne font connaître aucun principe et entraînent beaucoup de mal. Songeons plutôt à faire de bonnes lois. Il est utile peut-être de redresser l'opinion publique que des calomniateurs veulent corrompre; mais le peuple est juste: et, si tous les citoyens ne sont pas également instruits, ils ont au moins tous l'instinct qui leur fait apprécier les hommes; et tel qui a commencé avec une grande réputation finit par être méprisé, lorsque ses intentions perverses sont connues. N'est-il pas vrai que, dans cette assemblée, Tallien a recueilli des applaudissements qu'il croyait avoir mérités; aujourd'hui l'opinion publique se prononce, non contre lui, mais contre les libellistes; c'est une preuve que la calomnie n'est pas une vertu du républicain, et que le peuple la hait dès qu'il la connaît. (Applaudissements.)

BENTABOLE: On a objecté qu'il ne fallait pas qu'un représentant du peuple pût, dans un journal, émettre son opinion sur un autre représentant, et l'on a conclu de là qu'il fallait ôter à tous les représentants le droit d'être journaliste. Moi, je dis que cette proposition blesse le droit garanti à tout citoyen de publier ses pensées. En effet, un représentant qui écrit dans un journal ce qu'il pense sur les individus et les choses ne fait qu'émettre son opinion dans un lieu autre que la Convention.

MAURE: Qu'il aille aux Jacobins. (Applaudissements et murmures.)

BENTABOLE: Prenez garde, vous qui ne voulez pas que les représentants du peuple soient journalistes, que vous faites le même reproche qu'on vous adressait, en vous disant que vous feriez beaucoup mieux d'exprimer ici les idées qui peuvent être utiles à la chose publique, que d'aller dénigrer la Convention dans les Sociétés populaires. (Des murmures s'élèvent dans la partie qui venait d'applaudir, l'autre fait entendre des applaudissements prolongés.)

DUQUESNOY: Les intrigants sont reconnus, ils ne sont pas dangereux. Le foyer de l'intrigue est dans ceux qui calomnient les patriotes et les Sociétés populaires. (Bruit.)

BENTABOLE: Je réclame la parole.

DUQUESNOY: Ils sont cinq ou six.

BENTABOLE: Rappelez-vous le temps où un écrivain courageux, où un de vos meilleurs défenseurs, Marat.

Quelques voix: Vous n'êtes pas dignes de l'imiter.

DUROI: Marat fut un honnête homme, et il est mort pauvre.

BENTABOLE: Marat s'est vu forcé par l'amour de son pays d'attaquer des représentants du peuple, des ministres, des généraux. On demande dans ce temps qu'il fût interdit aux représentants du peuple d'être journalistes. La Convention rendit un décret qu'elle fut obligée de rapporter, parce qu'elle sentit combien il était injuste et dangereux.

Bentabole descend de la tribune. (Des huées partent des galeries. — Un mouvement d'indignation se manifeste dans une grande partie de l'assemblée.)

Un membre: Voyez-vous que ce sont des femmes qui garnissent vos tribunes?

Plusieurs voix: Président, rappelez à l'ordre ceux qui insultent la représentation nationale. — L'agitation continue.

Un grand nombre de membres demandent la levée de la séance; d'autres la rupture des débats par un décret d'ordre du jour.

CLAUZEL: Goupilleau demande lui-même l'ordre du jour sur sa proposition.

L'assemblée passe à l'ordre du jour sur le tout.

La séance est levée à quatre heures et demie.

N. B. Dans la séance du 19, la commission des Vingt-et-Un a annoncé qu'elle ferait primidi 21 le rapport sur Carrier.

## POLITIQUE.

### POLOGNE.

*Des bords de la Vistule, le 9 octobre.* — Une affaire de la plus grande importance a eu lieu le 16 septembre, sur les bords du Bog, près de Brescck en Lithuanie, entre les Polonais et le général Buwarow.

Les Russes, après avoir passé le fleuve, ont chargé les Polonais à l'arme blanche. Le combat qui s'est engagé sur l'aile gauche des insurgés est devenu général. La charge a été reprise plus de dix fois; la fureur a été pareille des deux côtés; on s'est battu pendant plus de huit heures. La victoire est demeurée incertaine pendant un si long temps. La perte a dû être considérable de part et d'autre; mais les braves Polonais, écrasés par le nombre et ayant perdu la plus grande partie de leur artillerie, ont cédé le champ de bataille.

Le général Suwarow a dû s'approcher de Varsovie. A peine Kozciusko a-t-il été informé de cette malheureuse affaire qu'il a passé la Vistule à Praga.

Le sort de la Pologne ne peut dépendre d'une seule bataille; mais si le premier effet du génie et de la valeur de Kozciusko n'obtient pas, dans cette grande circonstance, des avantages dignes de sa cause, on peut craindre un échec affligeant pour la liberté polonaise.

### ALLEMAGNE.

*Vienne, le 5 octobre.* — Le 1er de ce mois, il s'est tenu un conseil extraordinaire, auquel ont assisté tous les membres du collège de guerre et tous les ministres de la cour de Vienne. L'empereur était présent et, qui a duré depuis neuf heures du matin jusqu'à quatre heures de l'après-midi. Le résultat n'en est point encore connu. On a seulement remarqué qu'aussitôt après que cette assemblée fut séparée, le ministre des affaires étrangères, Thugut, a dépêché plusieurs courriers aux cours de la coalition; d'autres ont été sur-le-champ envoyés aux armées.

Le prince de Lichtenstein, qui avait été éloigné de toutes fonctions publiques et déclaré incapable de succéder à son frère, pour avoir nommé *citoyen français*, vient, dit-on, de rentrer dans les bonnes grâces de l'empereur.

Les deux envoyés anglais, Spencer et Grenville, ont quitté cette capitale avec des démonstrations d'humeur et de mécontentement.

*Hambourg, le 25 octobre.* — On apprend de Berlin que Frédéric-Guillaume, depuis son retour de l'armée, ne sort point de Potsdam. Il n'a paru qu'une seule fois dans sa capitale, et il n'y a pas couché.

Le ministère prussien va éprouver des changements. Schulenbourg demande sa retraite. On a élevé à de nouvelles fonctions tous ceux qui ont accompagné le roi dans son expédition. Le général Mœnstein doit être placé à la tête du collège de la guerre.

La cour de Berlin garde le plus profond silence sur les opérations des insurgés. Les victoires continuelles de ces derniers réduisent presque à rien les fonctions du département chargé de l'administration de la Prusse méridionale et de la Prusse occidentale. Il n'existe presque plus de communication entre ces provinces et la Prusse proprement dite.

Un gros corps de troupes polonaises a passé la Vistule à Plotzk, ce qui cause les plus vives alarmes dans la ville de Posen.

— Les armées de la coalition sur le Rhin sont dans un tel état de détresse qu'elles sont en ce moment obligées de recourir au roi de Prusse, malgré l'extrême besoin d'hommes et d'argent où lui-même se trouve. C'est le prince héréditaire de Hesse-Cassel qui a été chargé de cette mission. Il s'est rendu en conséquence auprès de Frédéric-Guillaume.

— On apprend par des lettres de Smyrne qu'il y est entré depuis quelque temps deux caravelles turques, l'une de 60 et l'autre de 40 canons. Elles n'ont fait aucune démonstration qui tendît à empêcher la sortie de divers cor-

saires armés par les Français. On avait annoncé que des bâtiments turcs devaient croiser continuellement dans la baie; ces lettres annoncent qu'ils resteront dans la rade.

### ANGLETERRE.

*Londres, le 10 octobre.* — Edmond Burke, qui a déshonoré ses cheveux blancs en passant comme un lâche transfuge du camp de l'opposition dans le parti ministériel, vient d'obtenir du roi le prix de sa désertion. Il consiste dans une pension viagère de 1,200 livres sterlings, dont le versatile vieillard ne jouira probablement pas longtemps.

— Le bruit court qu'on a fait à Woolwich l'essai d'une espèce de télégraphe; son but principal est de faire parvenir des nouvelles pendant la nuit, à l'aide de lettres ou caractères convenus de neuf pieds du haut, coupés dans une planche peinte en noir et illuminée par derrière au moyen de réverbères. Le gouvernement se promet des résultats très-avantageux de cette machine, dont on ne conçoit pas trop bien la disposition; elle servira, en cas d'invasion ou de tout autre accident, sur les côtes, et il y aura une chaîne de signaux communiquant avec la capitale.

— On a reçu des nouvelles de la Guadeloupe par Antigoa et New-York. A en croire celles de cette dernière ville, il y a eu le 29 une affaire sanglante à la Pointe-à-Pitre, dont les Français ont eu tout l'avantage. Ils sont restés maîtres de la place. Les lettres d'Antigoa disent que les Anglais n'ont pas tout à fait quinze cents hommes à la Guadeloupe. Trois vaisseaux américains sont parvenus, à ce qu'elles ajoutent, à entrer dans la Pointe-à-Pitre avec des provisions pour les Français, quoique l'escadre anglaise fût en station devant la place.

Tous les détails précédents sont confirmés par une foule de lettres reçues au café de Lloyd, qui en ajoute d'autres également fâcheux. Par exemple, une lettre d'Harwich, en date du 7, s'exprime ainsi :

« Un ouragan terrible, accompagné de pluie, d'éclairs et de tonnerre, s'est fait sentir dimanche au soir et hier; heureusement il n'a point maltraité les vaisseaux qui se trouvaient dans ce havre; mais nous avons le chagrin d'annoncer aux intéressés que plus de vingt navires, dans leur trajet à Londres, ont été jetés sur la côte. Il est affligeant d'être obligé d'ajouter qu'on n'en sauvera rien, si ce n'est les voiles et les cordages; la plupart sont de grands vaisseaux chargés de charbon. Nous avons vu arriver ici les équipages de deux de ces navires; mais nous n'avons pu savoir si les autres ont réussi à se sauver.

« La plupart des hôpitaux des différents régiments, et surtout ceux qu'on avait construits en bois couvert de chaume, pour mettre à l'abri les malades, ont été renversés sur les infortunés qui s'y trouvaient. En déblayant les débris, on en a retiré quelques soldats dans l'état le plus déplorable. »

— L'ouverture des séances de la commission spéciale instituée pour juger les individus renfermés à la Tour, comme prévenus de haute trahison, a eu lieu le 2 de ce mois à Clerkenwell-Green. Cette commission est composée du lord *chief-justice*, des *common-pleads*, du lord chef baron de l'échiquier; des juges Grosse, Lawrence, Buller, et du baron de Hotham.

Le roi a nommé pour les conseils de la couronne le procureur et le solliciteur général, le sergent ès-lois Adair, membre des Communes, MM. Garow, Waddes et plusieurs autres.

Les commissaires se réunirent à neuf heures du matin à Sergent's-Inn, d'où ils se rendirent processionnellement à Smithfield. Ils y trouvèrent les sherifs et officiers du comté de Middlesex, qui les accompagnèrent jusqu'à Stickishall. Toute la route était garnie de constables ou huissiers, et les cours et rues adjacentes garnies d'une foule immense.

Les commissaires s'étant placés, on donna lecture de l'acte qui les autorisait; les grands jurés prêtèrent le serment d'usage, et trente-six témoins présentés par la couronne furent également admis à jurer qu'ils déposeraient avec vérité. Le lord *chief-justice* adressa ensuite un discours aux jurés, dans lequel il exposa qu'ils étaient appelés à prononcer sur une accusation d'une telle importance que depuis un siècle il ne s'en était pas présenté d'aussi grave. Il prétendit que l'exemple de la France devait servir de leçon contre l'introduction de l'anarchie ; il avança que la vie, la liberté et les biens de chaque Anglais étaient protégés par la loi et le roi, en sa qualité de chef de la loi. Il en conclut que tout individu qui s'efforçait de renverser cette colonne devait passer pour un ennemi de la prospérité publique, et que ce crime une fois constaté méritait le châtiment exemplaire prononcé par la loi du pays ; que les jurés appelés par le roi, et placés entre la couronne et le public, devaient se regarder comme également destinés à consulter les intérêts de l'un et de l'autre, et ne pas perdre de vue que la constitution attribue au roi une juste et immémoriale prérogative dont il ne doit faire usage que pour le bien du peuple, et que c'est dans cette idée que la personne du roi est considérée en Angleterre, aux yeux de la loi, comme le centre de la sûreté du peuple.

Le lord chief-justice explique ensuite aux jurés que c'est à eux, et à eux seuls, qu'il appartient de déterminer si les faits qu'on va soumettre à leur examen constituent ou non le crime de haute trahison. Il fait l'historique de toutes les lois sur cette matière, portées par Edouard III. Par exemple, comploter, imaginer la mort du roi, est, suivant la loi, un crime capital : mais celui de haute trahison étant le plus noir qu'elle connaisse, sa punition étant en conséquence la plus sévère de toutes, la loi accorde au prévenu, s'il est innocent, tous les moyens de défense possibles. Dans tous les autres cas, la déposition d'un témoin irréprochable suffit pour opérer la conviction. En matière de haute trahison, dans le dessein de protéger le sujet, la loi exige la déposition de deux témoins pour prouver chaque acte apparent essentiel à ce crime. Un tel acte doit renfermer deux considérations : d'abord la matière du fait, secondement l'intention ou dessein qui doit accompagner cet acte.

Le président de la commission s'appuie ensuite de l'avis de Mathieu Hale et de Michel Foster, qui l'un et l'autre disent qu'on doit compter parmi les crimes de haute trahison non-seulement tout acte qui a une tendance directe contre la vie du roi, mais encore tous les actes médiats qui ont la même tendance ; par exemple, tout acte de déposer, d'emprisonner le roi, d'effectuer une invasion ou de tenter d'en procurer une, tenter de renverser la consitution, événement auquel l'amour du roi pour elle ne lui permettrait pas de survivre, doit être considéré comme un complot contre la vie du roi ; car, en avouant que ce cas n'est pas exprimé dans le texte des statuts sur les trahisons, du moins faut-il convenir qu'il en est une conséquence nécessaire.

Alors est venu s'offrir naturellement l'examen de cette question : des assemblées tenues pour obtenir la réforme parlementaire sont-elles légales ? Le président de la commission ne peut se dissimuler qu'elles le sont. Il leur reconnaît, généralement parlant, le droit de se former ; mais il croit qu'elles peuvent être regardées quelquefois comme des crimes de haute trahison, et il se demande dans quel cas. La réponse lui paraît bien simple : c'est quand ces assemblées s'éloignent de ce but avoué ; quand, sous le masque de la demande de cette réforme, des hostilités sont entreprises contre la constitution. Le projet d'une Convention doit être le principal fait soumis à l'examen des jurés. Dans d'autres temps, ce projet aurait pu n'être pas dangereux ; mais dans les conjonctures actuelles il suffit pour exciter les soupçons et la jalousie du gouvernement. On verra des Sociétés appelées à se réunir ensemble, et le langage qu'elles ont employé est celui dont se sont servi ceux qui ont produit des maux semblables en France.

Le principe reconnu, suivant le même orateur, est qu'on ne peut obtenir aucun changement dans la constitution que par l'intermédiaire du parlement ; qu'essayer d'en obtenir d'ailleurs et par d'autres voies est plus qu'illégal ; qu'il y a dans cet acte attentatoire crime de haute trahison, et que les jurés ont à décider si les prévenus ont voulu procurer une réforme dans la Chambre des communes, sans l'autorité du parlement, ou même contre cette autorité.

Le lord chief-justice a fait ensuite quelques observations sur le crime moins considérable de mispresion (1). Il a ensuite exhorté pour la seconde fois les jurés à juger de la manière la plus impartiale.

Retirés dans leur chambre, les jurés ont commencé pa examiner les témoins.

Le lendemain, 3 octobre, le président de la commission et deux juges se sont présentés pour recevoir les bills portés contre les personnes accusées de haute trahison.

Après une heure d'attente, et avertis que les jurés n'étaient pas encore prêts à donner leur rapport, la cour s'est ajournée au lendemain, dix heures du matin.

Le 4, le lord chief-justice et un juge ont paru derechef sur le banc, pour recevoir le rapport des jurés ; un d'entre eux est venu, au nom de ses collègues, dire que les charges étaient si volumineuses, et les témoins si nombreux, qu'il n'était pas au pouvoir du grand jury de se décider dans le cours de la journée sur les bills qui leur étaient soumis.

La cour s'est ajournée au lendemain.

Le 5, les jurés n'étant pas encore en état de donner une décision, la cour s'est de nouveau ajournée.

Le 6, le lord chief justice étant prévenu que les grands jurés étaient prêts, a monté au banc, muni des témoignages par écrit et autres renseignements : après quelques minutes, les jurés ont paru, et ont déclaré que les charges leur avaient paru suffisantes pour trouver véritable le bill de haute trahison contre treize des accusés sur quatorze. En voici les noms :

Thomas Hardy, Jean Horne-Tooke, Jean-Auguste Bonney, Stewart, Kydd, Jérémie Joyce, Thomas Wardel, Thomas Holcroft, John Richter, Mathieu Moore, Jean Thelwel, Richard Hodson et Jean Baxter.

Jean Lovate est le seul des prévenus qui ait été excepté du bill.

Le procureur général a demandé, suivant l'usage, que les accusés eussent un conseil, avec lequel ils communiquassent librement ; il a également requis, au nom de la loi, que l'on donnât à ce conseil et au procureur des prévenus une copie de l'indictment et de tous les documents nécessaires pour leur défense.

La cour a fait droit sur ces diverses propositions, et le lord chief-justice a déclaré qu'on délivrerait aux accusés, dix jours au moins avant qu'ils parussent en jugement, des copies de l'indictment, et il a répété que tout ce qui pourrait servir à leur défense leur serait fourni avec exactitude.

Les jurés ont demandé l'impression du discours ; mais l'orateur s'y est modestement refusé, sous prétexte qu'il n'avait parlé que sur de simples notes.

### RÉPUBLIQUE FRANÇAISE.

*Commission des travaux publics. — Avis.*

La commission des travaux publics prévient les examinateurs des élèves qui se sont présentés dans les différentes communes de la république, pour être admis à l'école centrale des travaux publics, qu'il est indispensable que les comptes qu'ils doivent rendre de ces examens parviennent sans retard à la commission, afin qu'elle puisse faire son travail pour l'admission de ces élèves, en comparant le résultat de ces examens avec celui de ceux qui ont eu lieu à Paris, et afin qu'elle puisse soumettre son travail à cet égard aux comités de la Convention nationale, conformément à la loi du 7 vendémiaire.

*Signé* LECAMUS et RONDELET.

### *Brûlement d'assignats.*

Le 19 brumaire, à dix heures du matin, il a été brûlé, dans l'ancien local des ci-devant Capucines, la somme de 8 millions en assignats, provenant de la vente des domaines nationaux et recettes extraordinaires, lesquels, joints aux 3 milliards 438 millions 683,000 livres déjà brûlés, forment un total de 2 milliards 446 millions 683,000 liv.

(1) Ou mépris de la personne du roi, de son autorité, et négligence à dénoncer les complots contre sa personne, et même sa prérogative.                    A. M.

# CONVENTION NATIONALE.

### Présidence de Legendre.

#### SÉANCE DU 19 BRUMAIRE.

Pelet annonce, au nom du comité de salut public, les prises suivantes :

*Courrier du 3 brumaire. — Prises entrées à Brest.*

Un paquebot anglais, ayant à son bord 60,000 piastres qui ont été versées sur la frégate la *République française.*

*Entrées à Marseille.*

Trois navires pris par la frégate la *Vestale*, dont un évalué à 1 million.

*Entrées à Nice.*

Un bâtiment chargé pour Livourne de deux mille cinq cents quintaux de sucre et de trente-quatre quintaux de cacao.

*Courrier du 5 brumaire. — Prises entrées à Brest.*

Un navire anglais, chargé de café et de gingembre, pris par la frégate la *Concorde nationale.*

Un navire chargé de morue, pris par la corvette l'*Euglnie.*

Un navire de 640 tonneaux chargé de planches pour Lisbonne, pris par la frégate la *Tamise.*

Un bâtiment espagnol de 150 tonneaux, armé de 10 canons, chargé de cuirs et huile de baleine, échoué à Audierne, près Brest.

*Entrées à Lorient.*

Un bâtiment chargé de morue, pris par la frégate la *Danaé.*

*Courrier du 8 brumaire. — Prises entrées à Nice.*

Un navire chargé de sucre, café, cacao, indigo, cochenille et cuirs secs, venant de Cadix et allant à Livourne.

Un navire chargé d'huile, savon, marbre, graine de genièvre, etc.

*Courrier du 16 brumaire. — Prises entrées à Rochefort.*

Un bâtiment anglais de 200 tonneaux, chargé de morue.

Un *idem* de 130 tonneaux, chargé de sardines.

Une corvette espagnole de 150 tonneaux, armée de 12 canons, chargée de sucre, rhum et cacao.

*Entrées à Bordeaux.*

Un navire anglais de 400 tonneaux, doublé en cuivre, chargé de coton filé, bouille et autres marchandises.

Un *idem* de 10 tonneaux.

*Courrier du 18 brumaire.— Prises entrées dans la Loire.*

Deux navires anglais chargés de poissons salés.

*Entrées à Antibes.*

Un bâtiment venant de Barcelone, chargé de sucre et cochenille pour Livourne.

LAKANAL, au nom du comité d'instruction publique : Citoyens représentans, vous avez ordonné à votre comité d'instruction publique de vous soumettre la liste des citoyens que nous croyons les plus dignes de remplir les fonctions d'instituteurs dans l'école normale de Paris.

Après une mûre délibération, nous vous soumettons les citoyens Lagrange, Charles Bonnet, Berthollet, Garat, Bernardin-de-Saint-Pierre, Daubenton, Haüy, Volney, Sicard, Monge, Thouin, Hallé.

La Convention confirme la nomination faite par le comité.

*** : Vos comités de salut public, de commerce et des finances réunis, s'occupent sans cesse de remplir les vues bienfaisantes que vous avez manifestées pour la régénération du commerce ; ils sont forcés quelquefois de jeter les yeux sur le passé, pour marcher d'un pas plus ferme dans l'avenir ; ils rassemblent les leçons de l'expérience, et s'éclairent également par tout ce que le génie de la liberté a fait de mémorable, et même par les fautes qu'il n'a pu éviter dans ses premières entreprises.

La Convention a, dans un si court espace de temps, achevé de si grandes choses qu'elle peut avouer quelques erreurs. Il est digne d'elle, sans doute, de marquer avec courage, de la hauteur où elle s'est placée, les écueils contre lesquels sa prudence a pu échouer dans une carrière aussi brillante et aussi orageuse.

Avant que vos comités vous présentent un ensemble de mesures propres à vivifier le commerce, ils vous proposent d'en adopter une qui devient plus pressante et plus nécessaire de jour en jour, et sans laquelle toutes les autres seraient inutiles.

Elle plaira surtout aux cœurs droits et aux esprits élevés. Ce double caractère doit être celui du législateur, et nous sommes sûrs d'intéresser vivement la Convention en la rappelant aux principes de l'équité la plus rigoureuse et de la politique la plus magnanime.

Vous aviez ordonné par un décret le séquestre des biens des sujets des puissances avec lesquelles nous sommes en guerre.

Vos comités de commerce et des finances, prévoyant les funestes effets de ce décret, vous engagèrent à le rapporter.

Sur une pétition, et sans rapport préalable, ce décret fut de nouveau surpris à votre sagesse.

Les circonstances où la Convention se trouvait alors placée hâtèrent sans doute cette décision.

L'Espagne avait prononcé la première le séquestre des biens des Français, et, dans un juste mouvement d'indignation, vous crûtes devoir user de représailles. Qu'on ne reproche donc point à la nation française d'avoir commencé cette violation de la foi publique. Cet exemple fut donné par une cour, et c'est une des raisons qui doivent nous empêcher de le suivre.

Aujourd'hui on vient vous prouver que ce décret a causé une partie des maux auxquels vous cherchez des remèdes, et qu'il ne peut exister avec lui ni commerce, ni relations extérieures. Traçons-en rapidement les conséquences politiques, morales et commerciales ; elles sont toutes également désastreuses.

Quelle doit être la politique de la France ? de frapper les rois de terreur, et de gagner les peuples par la confiance, la franchise et la loyauté. L'idée de sa justice doit se mêler toujours à celle de sa puissance. Qu'elle laisse les ministres d'une cour appauvrie et corrompue chercher des ressources d'un moment dans un déshonneur éternel. Elle sait que la politique des nations libres se compose des plus purs éléments de la morale. Tout ce qui corrompt la morale est anti-républicain. Tout ce qui est injuste est bientôt nuisible.

Ces vérités, qui ne sont pas moins applicables aux gouvernemens qu'aux particuliers, ne peuvent être trop proclamées à cette tribune. Elles sont fondées sur tous les résultats de l'expérience des siècles, et la question qu'on traite ici les confirme encore.

Sans doute les nations en guerre peuvent suspendre les engagemens contractés d'Etat à Etat ; mais peut-on rompre les transactions d'individu à individu, les engagemens qui doivent être sacrés entre commerçans, sans violer tous les principes, sans même rendre impossible le rétablissement de toute espèce de commerce ?

Il est un sentiment du juste et de l'injuste qui est dans le cœur des hommes de bien ; ceux-ci se regarderont-ils libérés de leurs engagemens ? n'aimeront-ils pas mieux supporter tout le poids de votre décret que d'être infidèles à leurs transactions ?

On dira qu'il fallait bien interrompre tout commerce avec nos ennemis ; mais ce n'est pas votre séquestre qui a opéré cette rupture commerciale ; la position des armées seule empêche ce commerce direct.

C'est toujours par l'intermédiaire des puissances neutres qu'en temps de guerre les relations commerciales ont pu subsister ; votre intention n'était pas sans doute de les détruire, et c'est là pourtant le résultat de votre décret.

Si votre décret était maintenu comme l'une des maximes de votre gouvernement, les neutres n'envisageraient qu'avec défiance une nation qui donnerait cette atteinte au premier principe du commerce fondé sur la bonne foi. Une rupture avec nous est pour eux au nombre des événements possibles, et par conséquent ils ne feraient aucune avance à des Français, dans la crainte de se voir frappés de la même mesure ; de là naîtrait une grande difficulté dans les échanges, et l'impossibilité de rétablir un commerce qui ne peut exister sans crédit.

Les neutres ne nous cèdent aucuns approvisionnements sans tenir par avance des contre-valeurs ; déjà même il en est qui exigent des garanties pour sûreté de leurs transactions, et votre décret arrête les affections généreuses des peuples que la liberté nous a donnés pour premiers amis.

Si de ces hautes considérations nous descendons à de plus particulières, les injustices et les abus ne sont pas moins frappants.

Nous avons vu que la morale et la politique improuvaient à la fois le décret dont on demande la révocation ; nous allons démontrer qu'il fut et qu'il est encore un des plus grands fléaux du commerce.

Ce décret en a nécessité un autre qui, quoique destiné à tempérer la rigueur du premier, a cependant excité de toutes parts les plus vives et les plus justes réclamations. Les fonds séquestrés entre les mains des particuliers étaient garantis par la nation ; vous transformâtes ce séquestre en dépôt, et, pour pourvoir à la sûreté du dépôt, vous en ordonnâtes le versement à la trésorerie nationale ; il en est résulté cependant des vexations inévitables que vous ne pouvez permettre plus longtemps.

Remarquons surtout quel a été le résultat de ce versement. Vous avez en dépôt pour environ 25 millions, valeur assignats, et l'on évalue ce que l'on vous a saisi au delà de 100 millions, valeur dans l'étranger.

On pourrait insister avec avantage sur la perte immense qui en est résultée pour nous, et rien ne prouverait mieux la solidité des assertions précédentes ; mais on répondra sans doute que, si on lève le séquestre, les étrangers n'en garderont pas moins ce qu'ils ont saisi.

Eh bien, plaçons-nous dans la position la plus défavorable. Partons de la supposition que les étrangers ne lèveront pas le séquestre ; en devons-nous moins reconnaître les principes généraux qui servent de base à la foi publique ? Des peuples anciens les ont professés quelquefois contre leur propre avantage, tant le génie de la liberté élevait alors les âmes ! Ici ces grands sacrifices ne sont pas nécessaires ; l'intérêt, d'accord avec la probité, dit : Soyez justes envers les autres pour être utiles à vous-mêmes.

Daignez vous mettre un moment à la place des négociants paralysés par ce décret ; il pèse encore sur eux, et cependant vous désirez leur rendre l'activité qu'ils ont perdue. Peuvent-ils continuer leurs affaires quand ils sont exposés à voir saisir par leurs créanciers étrangers les valeurs qu'ils pourraient avoir en pays neutre ?

Ajoutez à ce danger les difficultés sans nombre occasionnées par le décret qui ordonne le dépôt des sommes séquestrées à la trésorerie nationale.

Vous forcez les particuliers à payer, tandis qu'ils obtenaient des délais de leurs créanciers.

Vous les forcez à payer à un change onéreux, tandis qu'ils attendaient une époque plus favorable pour se libérer.

Vous n'avez admis à la compensation que les fabricants seulement, tandis que la justice est une, et doit être applicable à tous.

Est-il juste, par exemple, que l'on refuse la compensation à un Français quelconque, qui doit en Espagne, et à qui il est dû en Allemagne ?

Est-il juste (et cette observation est de la plus haute importance) qu'un citoyen qui, au lieu d'avoir fait passer ses fonds dans l'étranger, est resté débiteur à l'étranger, soit précisément celui qui se trouve puni de sa confiance dans la révolution ?

Est-il juste qu'un citoyen que vous avez forcé de donner du papier sur l'étranger, en lui remboursant en assignats au pair, c'est-à-dire 2,400 liv. pour 100 liv. sterling, soit obligé de verser à la trésorerie, pour 100 livres sterling qu'il doit à l'étranger, 7,025 liv., au change de 10 pour 100 ?

Est-il juste que, quand la trésorerie paie, elle donne 2,400 liv., tandis qu'elle exige 7,025 liv. pour le même objet qui doit être déposé ?

Que sont dans la balance, près de tant d'inconvénients, les 25 millions de dépôt que vous a procurés ce décret ?

Observons même que, sur ces 25 millions déposés, se trouvent de fortes parties de propriétés belges. Déjà arrivent les plaintes des principales villes de la Belgique. Elles réclament le respect promis à leurs propriétés par les représentants du peuple envoyés dans cette contrée. Sans doute vous écouterez leurs réclamations, comme vous avez écouté celles des villes anséatiques, et vous ne vous priverez pas, en prolongeant le séquestre de leurs biens, des ressources immenses que vous présentent le commerce et les ateliers de ce pays manufacturier.

Des Belges avaient acquis des biens en France, et ils sont séquestrés. Quels unions de nations neutres, après cet exemple, seront tentés d'en acquérir ? Votre sagesse n'a pas besoin d'en entendre davantage. Elle voit que les avantages du décret sont tous illusoire, et que les maux qu'il a causés sont réels et profonds.

C'est ce décret qui a entraîné les réquisitions de papier sur l'étranger, les arrêtés impolitiques sur les exportations et importations, et tous ceux qui, en entravant les moyens d'échange, nous conduisaient à l'épuisement.

Ce sont les mesures nécessitées par ce décret qui ont fait exporter votre numéraire, et qui ont forcé la commission de commerce et approvisionnements d'employer des ressources ruineuses pour acquitter ce qu'elle tirait de l'étranger.

C'est ce décret et toutes les mesures qui en ont été la suite qui vous ont fait travailler vous-mêmes à avilir le change dans l'étranger, à discréditer vos assignats, à détruire la confiance, et à ruiner ainsi le commerce.

C'est ce décret enfin qui vous a conduits à faire vous-mêmes tout ce qu'auraient pu faire vos plus cruels ennemis, c'est-à-dire à augmenter tous vos besoins en diminuant tous les moyens d'y pourvoir. Peut-être répandra-t-on des alarmes nouvelles en faisant retentir le mot d'agiotage. Sans doute il est un agiotage scandaleux que la loi peut et doit réprimer ; mais ne tombons pas dans l'excès contraire. Quand la tyrannie paraît, le commerce fuit ; il ne prospère que là où l'indépendance et la sûreté l'appellent.

Tous les motifs réunis s'élèvent donc contre ce décret.

Sans le crédit il n'y a point de commerce, et vous le frappiez ainsi dans ses premières bases.

Lorsque, dans un mouvement sublime, vous avez

décrété la république, vous avez en quelque sorte promis au monde entier l'exemple de toutes les vertus, essence du gouvernement républicain. Il ne faut pas, en entrant dans la carrière, imiter les calculs de la fausse et coupable politique des rois.

Que les peuples qui redoutent le plus vos armes se confient à votre parole, et que votre loyauté fasse des conquêtes dans les lieux où vos forces ne peuvent atteindre.

D'ailleurs, nous l'avons prouvé, la France, en maintenant ce décret, attenterait à sa propre dignité en pure perte pour ses intérêts; et, en cédant à des inspirations plus élevées, elle recueille des avantages certains de la justice.

En effet, les 25 millions mis en dépôt à la trésorerie seront bientôt réduits à 16 par les réclamations des Belges.

Quoi! pour la jouissance momentanée d'une si faible somme, devons-nous exposer aux reproches de toutes les villes commerçantes de l'Europe la renommée de la nation française?

Persisterons-nous à détruire tous les moyens de crédit et d'échange que nous offriront les peuples neutres, dès que nous aurons fait renaître leur confiance?

N'est-il pas temps enfin de donner au commerce plus que des espérances, et de réaliser les plans de régénération que lui ont fait attendre vos promesses?

Quel plus beau moment pour réparer une erreur que celui où l'on ne peut vous taxer de faiblesse?

Vos armes sont victorieuses de toutes parts; c'est quand vous faites trembler tous les tyrans par votre courage que vous devez rassurer tous les peuples par votre justice. Que rien ne manque à des triomphes si mémorables et si inouïs, et que la plus brave des nations prouve au monde entier qu'elle est aussi la plus équitable et la plus généreuse.

Vos comités réunis vous proposent le projet de décret suivant :

« La Convention nationale, après avoir entendu le rapport de ses comités de salut public, de commerce et des finances réunis, décrète :

« Art. Ier. Il ne sera plus donné de suite aux décrets relatifs au séquestre des biens de sujets des puissances avec lesquelles nous sommes en guerre.

« II. Les sommes versées à la trésorerie nationale en conséquence de ces décrets seront remboursées à ceux qui ont fait le dépôt. »

On demande l'impression et l'ajournement.

Plusieurs membres s'y opposent.

MONNOT : Je demande aussi l'impression et l'ajournement du projet de décret qui vous est proposé. Au comité des finances, lorsque ce projet de décret fut soumis à l'examen, on en demanda d'abord l'ajournement à des temps plus reculés, ensuite qu'il fût soumis aux comités réunis du commerce et de salut public; sans doute ces comités étaient peu nombreux lorsqu'ils arrêtèrent de vous le présenter.

Citoyens, lorsque le projet de décret relatif au séquestre passa au comité des finances, plusieurs membres le regardèrent comme impolitique, l'Espagne seule nous ayant donné cet exemple. Je le regardai, moi, comme très-nuisible aux Anglais, parce que j'étais persuadé que, si cette nation commerçante avait eu quelque avantage dans cette mesure, elle nous eût prévenus. Ce décret, je le sais, citoyens, a fait un grand tort aux émigrés (vifs applaudissements); mais il n'a porté aucun préjudice à la classe qui a cru à la révolution. Les négociants que ce décret frappait ont demandé du temps pour faire le versement au trésor public des sommes qu'ils devaient à la nation; il leur en a été accordé; de cette manière le commerce n'a nullement souffert; d'ailleurs, en temps de guerre, ne doit-on pas em-

ployer toutes sortes de moyens pour couper les vivres à ses ennemis? (On applaudit.) Je demande l'ajournement du projet de décret qui vous est présenté.

BOURDON (de l'Oise) : Je rends grâce au génie de la liberté qui veille pour écarter les projets de ses ennemis. Il est inconcevable qu'on vienne abuser de tous les principes de justice et de morale pour égorger la nation française alors qu'elle est victorieuse. Comment le rapporteur, abusant encore des mêmes principes, n'a-t-il pas proposé de rendre aux Anglais tous les vaisseaux pris à leur commerce, et de ne garder que ceux de guerre? Comment n'a-t-il pas aussi proposé de ne donner à nos canons et à nos fusils de direction que contre les têtes couronnées, et d'épargner leurs satellites? Il est bien étrange qu'on vienne dans ce moment nous présenter des mesures utiles tout au plus à quelques agioteurs (on applaudit); qu'on vienne proposer de faire durer la révolution cinq ou six ans de plus, et d'envoyer des fonds aux émigrés. (Nouveaux applaudissements.) Pourquoi ne proposerait-on pas demain de rendre Maëstricht? Ne voit-on pas dans ce projet le contournement le plus astucieux? C'est, dit-on, pour raviver le commerce? Eh quoi! voulez-vous faire le commerce avec les émigrés? Mais, si vous voulez vraiment raviver le commerce, prenez une partie du rapport qui me paraît très-bonne, celle d'accorder des primes aux commerçants les plus industrieux. Je vous y trompez pas, nos ennemis sentent bien qu'ils ne peuvent plus nous atteindre par les armes; c'est par l'astuce, pas de petites et perfides machinations, qu'ils nous attaquent. Ravivez le commerce, personne de nous ne s'y oppose; ne laissez pas enlever à ce commerce ses matières pour les tenir mortes; mais ce n'est pas aux banquiers anglais et hollandais qu'il faut rendre ces marchandises; c'est aux négociants français. Le projet de décret qu'on vous propose a été reçu avec une défaveur trop générale pour que je m'arrête plus longtemps à le combattre. Je demande qu'il soit écarté par la question préalable; et à l'égard de la partie du rapport qui concerne les primes, j'en demande le renvoi aux comités de commerce et des finances.

CAMBON : J'ai combattu, dans son temps, la mesure du séquestre sur les biens des étrangers; voici quelles étaient mes raisons. On voulait couper toutes nos relations commerciales. L'Angleterre a besoin du commerce pour soutenir son crédit. Jamais les Anglais n'auraient été assez hardis pour commencer cette mesure. Il était nécessaire pour eux que nous donnassions le premier exemple. La commission des finances avait convaincu que beaucoup de banquiers de France avaient transplanté leur fortune en pays étranger. Elle disait : Si nous saisissons en France nous saisirons peu; et en saisissant chez les étrangers, on nous saisira beaucoup. Aussi n'avons-nous fait entrer à la trésorerie nationale que 7 à 8 millions de ces saisies. Le comité des finances vit avec douleur décréter le principe du séquestre, qui favorisait les dilapidations, qui attentait à la propriété. Il crut qu'il était digne de la nation française de veiller à la propriété de tous, pour qu'à la paix tous rentrassent dans leurs droits. Il établit donc ses raisons et proposa le décret. Il disait : En temps de guerre, je requiers; mais jamais la filière de la propriété ne se perdra si nous me rendez ce que vous aurez saisi chez vous. L'assemblée, avec le *maximum*, avait décrété le droit de préhension sur toutes les marchandises. Elle pouvait alors vous négociants : Si j'ai besoin de vos capitaux en pays étrangers, le *maximum* peut les atteindre. En ordonnant le dépôt, vous prouvâtes aux étrangers que vous n'abuseriez jamais de la confiance qu'ils avaient eue dans la loyauté française. Vous sentîtes qu'on ne pouvait porter dans les dépôts du numéraire ; alors, stipulant pour les étrangers, vous dîtes : Il faudra porter les assignats au taux qu'ils doivent avoir d'après ces valeurs, parce qu'à la paix nous voulons être justes. Ce système n'attaquait point la propriété. Il y a certainement une grande différence entre le cultivateur qui met dans son champ ses sueurs et ses semences pour faire venir du grain que vous prenez au *maximum*, et ce négociant qui, craignant la révolution, a placé ses fonds en pays étranger. Alors vous pouvez mettre ses marchandises en réquisition ; mais avec les étrangers vous ne pouvez pas suivre la même marche.

Vous avez donc voulu un dépôt, et par là vous n'attentiez pas à la propriété. Vous saviez distinguer les commerçants d'avec vos ennemis. Nous devons être justes envers tout le monde. Nous avons donné aux négociants de Hambourg et de l'Allemagne une marque de cette justice ; mais nous ne prendrons pas une mesure qui favoriserait, sans fruit pour nous, les tyrans d'Espagne, de Piémont, d'Angleterre, etc.

Je demanderais qu'il fût ordonné que le dépôt des marchandises appartenant aux étrangers des pays où sont entrées les armées de la république sera rendu à ses propriétaires. Par exemple, nous sommes entrés dans la Belgique ; eh bien, nous dirons : « Le dépôt était une mesure de sûreté contre les tyrans ; mais, dès que vous êtes libres, nous vous rendons vos biens. Nous avons pris dans la guerre des précautions pour que vos propriétés fussent respectées ; les assignats ont été portés à la valeur des effets ; vous ne perdrez rien. » Voilà ce qui honore la nation française. (On applaudit.)

Il faut donc vous prononcer. Je sais que quelques négociants se plaindront. Il y en a qui avaient contracté pour valeur en numéraire ; ils se libéreront aux termes de leur contrat. Ce parti est juste, il est digne de vous ; l'intérêt particulier doit céder à l'intérêt général. Mais, encore une fois, ne croyez pas que, parce que vous lèveriez aujourd'hui la saisie des biens des étrangers avec lesquels vous êtes en guerre, l'Angleterre, qui a perçu 100 millions de cette saisie chez elle, voudra imiter votre conduite, après avoir usé de représailles.

Je me résume, et je demande que le dépôt, tenant à l'égard des Anglais, des Hollandais, des Espagnols, etc., soit levé pour tous les étrangers des pays où les armées de la république sont entrées. Je demande en outre que, pour ne point porter préjudice aux négociants français, et ne point leur donner des motifs de crier que nous leur pressurons les sommes qu'ils doivent aux habitants des pays avec lesquels nous sommes en guerre, nous nous contentions de recevoir une caution signée d'eux, qui sera, en place, déposée à la trésorerie nationale. (On applaudit.)

Barère dit qu'il va démontrer la nécessité de rejeter le projet de décret par de courtes réflexions ; parce que ceux à qui le projet de décret pourrait être favorable sont :

1° Les émigrés sans ressources dans toute l'Europe, et qui cachent leurs perfides espérances derrière de prétendus avantages du commerce ;

2° Les puissances à qui il faut du numéraire pour solder leurs troupes, qui n'en ont plus, et qui pourraient s'en procurer par ce moyen ;

3° Enfin, les agioteurs de toute espèce, qui nous ont fait, au moral comme au physique, le plus grand mal, et avili le plus qu'ils ont pu le signe national. Aussi demande-t-il qu'on excepte de la proposition de Cambon, qu'il croit grande et digne d'être mûrie par un comité, les banquiers agioteurs de Bruxelles, qui nous ont fait le même mal.

Du reste, Barère demande le renvoi au comité des propositions de Bourdon et de Cambon, et la question préalable sur le projet de décret.

Ces propositions sont vivement applaudies ; elles sont décrétées ; les applaudissements recommencent.

— Un secrétaire lit la lettre suivante :

*Le représentant du peuple Berlier, envoyé dans les départements du Nord et du Pas-de-Calais, au président de la Convention nationale.*

« Citoyen président, les administrateurs du district de Boulogne viennent de me transmettre un trait de bravoure et d'humanité de plusieurs marins, qui n'ont pas craint d'exposer leur vie pour sauver du naufrage quatre hommes prêts à périr, et qui montaient un navire qui vint échouer sur leurs côtes. Ils m'invitent à mettre ce trait sous les yeux de la Convention nationale.

« Sachant combien de pareils actes honorent l'humanité et appellent les imitateurs, je m'empresse de répondre au vœu des administrateurs du district de Boulogne en te faisant passer les détails de cette affaire, certifiés par le secrétaire adjoint du district de Boulogne.

« Salut et fraternité.            *Signé* BERLIER. »

Voici les détails donnés par l'agent national de Boulogne-sur-Mer.

« Le 17 vendémiaire, vers les onze heures du matin, ils aperçurent un bâtiment à trois mâts, qui, en remorquant un autre plus petit sans mâture et sans voiles, semblait entraîné vers la côte des Dunes, et il était prêt à échouer. S'étant trouvé, vers les onze heures du matin, à trois quarts de lieue de la batterie de Saint-Frieux, cette batterie lui tira un coup de canon. Alors, au lieu de pavillon national qu'il portait, il hissa pavillon anglais. Sur le coup de canon, il coupa la remorque, abandonna l'autre bâtiment, et cingla à toutes voiles dans la partie ouest-sud-ouest.

« Ce bâtiment abandonné était emporté vers la côte par le vent, et ne pouvait tarder à atterrir ; il n'a pas tardé à échouer : il était de construction hollandaise, mâté à galiote, ne lui restant que le petit mât. Nous y aperçûmes quatre personnes agitées sur le pont, cherchant à se procurer, par le moyen d'une planche attachée à des bouts de cordage, les moyens de se sauver. Nous leur fîmes les signaux pour les empêcher de se hasarder ; la mer étant au plus bas, et craignant l'impétuosité de son retour, on se détermina à prendre toutes les précautions nécessaires pour les sauver. Deux d'entre eux s'élancèrent sur une pièce de bois qui tenait à la chaîne que nous avions établie pour les secourir. Cette manœuvre réussit. Un troisième pensa être la victime de sa faiblesse et disparut sous l'eau : trois marins s'exposèrent à périr, et parvinrent à sauver ce malheureux, qui reparut : il n'est âgé que de quatorze ans. Le quatrième a été également sauvé. Nous devons les plus grands éloges aux marins, presque tous attachés aux équipages des canonnières *la Surprise*, *la Méchante*, et au lougre commandé par le capitaine Bellet, mais particulièrement aux citoyens J.-J. Fourmentin, J.-Augustin Huret et J.-P. Huret. Les marins du bâtiment échoué, quoiqu'ils soient nos ennemis, ont été traités avec beaucoup d'humanité. Nous présumons que le chargement sera conservé. »

Renvoyé au comité d'instruction publique.

La séance est levée à quatre heures.

*Rapport sur le Lycée républicain, fait par Boissy, au nom du comité d'instruction publique, dans la séance du 18 brumaire.*

De quelques noms pompeux et mensongers que la tyrannie se décore, sa politique n'en est pas moins la même : c'est de détruire tout ce qui ne coïncide pas avec elle, et d'anéantir d'avance tout ce qui pourrait un jour la combattre. Le despotisme des rois et celui des dictateurs ont suivi la même marche ; tous ont voulu arrêter l'essor de l'esprit humain, afin de pouvoir mieux enchaîner l'homme. On ne voulait point d'instruction sous les triumvirs que vous avez frappés, comme on n'en voulait point sous les des-

potes qui ont trop longtemps enchaîné la France.
Robespierre avait rétabli la censure, enchaîné la liberté de la presse, comme les Lenoir et les Sartines, et posé des bornes à la pensée. Peut-être même cette commission exécutive dont vous avez mis le chef hors la loi était-elle plus dangereuse encore que les quatre-vingts censeurs royaux qu'elle remplaçait, parce qu'elle avait moins de franchise, et que c'était au nom de la liberté qu'elle conspirait à river nos chaînes. Il est temps aujourd'hui de rendre aux lettres, aux sciences et aux arts leur indépendance et leur énergie ; il est temps d'effacer par vos institutions régénératrices le long opprobre où nous avons gémi. Le plus grand besoin de l'homme libre, c'est d'être éclairé, comme la politique des despotes est d'anéantir et de comprimer les lumières. Toujours et dans tous les empires le peuple a acquis quelque degré d'instruction en acquérant quelque degré de liberté.

Tout est préparé pour faciliter au peuple français l'acquisition de toutes les lumières et le perfectionnement de toutes les connaissances. La révolution n'a pas seulement renversé toutes les institutions du despotisme, elle a banni de tous les esprits ces vieux préjugés, ces antiques erreurs qui semblaient en défendre l'accès et à la raison et à la vérité.

« Les philosophes, qui, depuis Bacon, a dit un écrivain de nos jours, travaillaient à régénérer l'esprit humain, demandaient, comme la condition la plus nécessaire, que toutes les notions que l'on y avait gravées en fussent préalablement effacées. » Ce qu'ils demandaient inutilement, la révolution vient de l'accomplir, et les événements de quelques années ont plus fait que les livres de plusieurs siècles. En s'agitant pour briser ses chaînes, l'homme a secoué tous ses préjugés ; en se saisissant du droit de la nature, il a ouvert son esprit à toutes les leçons de la sagesse, et le marbre où vous devrez graver les immortels préceptes de la philosophie et de la justice n'attend plus que votre burin. Mais il ne faut pas que l'instruction ne soit l'apanage que de quelques hommes. Le despotisme, qui ne voulait point de lumières, ou qui du moins ne voulait pas qu'elles devinssent générales, capitulait avec l'ignorance : il consentait quelquefois à laisser se développer l'instruction à condition qu'elle ne fût destinée qu'à un petit nombre d'hommes, dont il espérait ne devoir rien craindre.

Vous adopterez un système plus conforme à l'égalité et aux principes sacrés dont vos lois sont la conséquence ; vous ne voudrez pas que le savoir soit dans les mains d'un petit nombre d'hommes un nouveau moyen d'en asservir d'autres. Il ne peut y avoir de liberté là où les éléments de toutes les sciences ne pourraient pas être la propriété de tous. Celui qui ne sait pas l'arithmétique, a dit, à cette tribune, un de nos prédécesseurs, est dans la dépendance de celui qui en connaît les premiers éléments.

On disait, dans l'ancien régime, que le peuple français était le plus éclairé de la terre ; cela n'était pas exact ; il y avait en France des hommes les plus éclairés de l'univers ; mais la masse du peuple n'était pas instruite, et c'est pour cela qu'elle n'a cessé d'être esclave que lorsque le fardeau de la tyrannie est devenu insupportable. Ce n'est pas parce qu'il y a des richesses colossales dans un État qu'il est opulent ; c'est parce que tous les citoyens y sont dans l'aisance.

Les lois civiles bien organisées doivent tendre à diviser les propriétés sans les enfreindre pour multiplier les propriétaires. Il faut donc aussi diviser la science, qui est la plus précieuse des propriétés, afin que nul citoyen n'en soit tout à fait dépourvu. Tout homme doit savoir quelque chose chez un peuple qui ne veut reconnaître aucune espèce d'inégalité ; tout homme doit pouvoir tout apprendre chez une nation qui ne veut d'autre grandeur que celle du peuple, ni d'autre puissance que celle de la raison et de l'esprit.

La nature crée les dispositions, et distribue entre les hommes les premiers germes du talent ; mais l'enseignement seul les développe et les fait tourner au bonheur de la société qui les accueille ; il ne faut pas que ses bienfaits soient inutiles, et qu'un seul homme puisse être appelé vainement à une carrière plutôt qu'à une autre. Un empire où il se rencontre un seul individu dont le génie puisse être exposé à s'éteindre faute de culture n'est pas sorti de la barbarie, et peut encore offrir un champ où le despotisme peut germer.

Un bon système d'enseignement est donc aussi nécessaire au maintien de la liberté et à la prospérité de l'État qu'un bon système de législation, ou plutôt il en fait partie, il en est le véritable complément, parce que les lumières doivent finir par être la seule puissance dominatrice de l'univers. C'est aux législateurs sans doute, non pas à révolutionner la science, je ne sais pas ce que ce mot veut dire, mais à en rendre les résultats usuels et à en fixer les théories.

Vous l'avez senti, citoyens représentants, en adoptant avec empressement l'établissement des écoles normales, lesquelles, en donnant à ceux qui professent les véritables éléments de l'enseignement, fixent les produits de toutes les méditations humaines, et empêchent que l'esprit humain ne puisse jamais rétrograder.

Vous compléterez ce beau plan en l'étendant à toutes les sciences. Il ne faut rien faire à demi pour un peuple dont la régénération est complète ; et le moyen de ne pas élever l'homme à toute la hauteur où il lui est donné d'atteindre serait d'apercevoir des limites au développement de ses facultés..... Mais, en créant un nouveau système d'enseignement et d'instruction, en promulguant un nouveau code pour l'exercice de la raison humaine, vous ne dédaignerez point ce qui existait déjà, quand ce qui existait déjà peut être conservé avec avantage.

Paris renfermait dans son sein un établissement d'autant plus précieux qu'il était le seul résultat de l'amour des sciences et des arts, et que, sans patentes, sans privilèges, sans récompenses d'aucune espèce, il rassemblait les plus précieux moyens de propager cette instruction qui n'est pas seulement destinée à la jeunesse, mais qui est propre à tous les âges, qui peut l'effet peut, en dirigeant les pensées de ceux qui savent le mieux réfléchir, concourir d'une manière si efficace au perfectionnement du peuple entier.

En 1786, c'est-à-dire quelques instants avant l'expiration de l'ancien régime, et au moment où les esprits, tourmentés par les derniers crimes du despotisme et agités par le besoin de la révolution qui devait naître, se dirigeaient naturellement vers tout ce qui pouvait accroître la masse de nos connaissances ; en 1786, des hommes alors considérables, mais qui, remis à leur place, ont paru depuis si petits, conçurent l'idée vraiment louable de réunir dans un même lieu tout ce qui, dans les arts et dans les sciences, pouvait être offert avec quelque succès à ce qu'on appelait alors les gens du monde et intéresser ceux qui pouvaient désirer le perfectionnement de ce qu'ils savaient déjà plutôt que les premières notions de ce qu'il importe à tous d'apprendre ; les hommes les mieux choisis dans les sciences et dans les lettres se chargèrent d'y professer les théories qu'ils avaient pratiquées, et l'on vit, pour la première fois peut-être, les arts enseigné par ceux mêmes qui s'y étaient le plus distingués. Il paraît à peu près certain toutefois que le but des fondateurs du Lycée, car c'est du Lycée républicain dont je parle, n'était pas de propager les lumières, mais de s'emparer de leur direction, pour en faire tourner l'influence au maintien d'une autorité dont la philosophie et la raison réclamaient déjà si impérieusement l'anéantissement.

Quoi qu'il en soit, c'est à cette époque qu'ils instituèrent le Lycée, où l'on admira bientôt la réunion et l'ensemble des cours d'enseignement les plus utiles et des leçons les plus intéressantes sur toutes les parties de l'instruction. Ces leçons, surtout celles qui avaient pour objet l'histoire et la littérature, ne tardèrent pas à déplaire aux despotes d'alors, dont les courtisans s'aperçurent bientôt qu'il était plus aisé de favoriser les progrès de l'esprit humain que d'en restreindre la direction; leur suppression fut plus d'une fois arrêtée dans les conciliabules de Versailles. Desprémesnil dénonça plus d'une fois au parlement le Lycée, où La Harpe, en analysant Montesquieu, osait combattre ses erreurs sur la monarchie, et où Garat, en traçant l'histoire des républiques anciennes, façonnait déjà nos âmes à l'énergie républicaine. Séguier prépara des réquisitoires, et Breteuil des lettres de cachet; mais l'opinion publique défendit le Lycée. On sentit dès lors la nécessité de le respecter, et l'on n'osa frapper un établissement auquel le public se portait en foule.

Les fondateurs du Lycée l'avaient enrichi d'une bibliothèque composée des meilleurs livres, d'un superbe cabinet de physique, et de tous les ustensiles nécessaires à l'enseignement de la chimie, et le produit des souscriptions payées par ceux qui voulaient suivre les cours suffisait à ses dépenses; il s'est entretenu ainsi, sans autre secours que lui-même, jusqu'au commencement de cette année, et il a eu les précieux avantages de traverser tous les orages révolutionnaires en conservant au milieu de nous le flambeau d'un enseignement d'autant plus précieux qu'il était presque unique.

Mais, le nombre des souscripteurs ayant essuyé une diminution progressive, l'administration, qui n'a d'autre intérêt que l'amour des lettres, et dont tous les soins sont gratuits, est dans l'impossibilité de continuer à subvenir à des dépenses dont la source est excessivement diminuée; elle s'est adressée à la commission d'instruction publique, et celle-ci n'a pas balancé d'exposer à votre comité la détresse où le Lycée se trouve, et de lui demander un secours pour lui.

Votre comité a considéré qu'il ne s'agissait point ici de créer un établissement nouveau, mais d'empêcher l'un de ceux qui subsistent encore d'être irrévocablement anéanti, mais d'utiliser des sacrifices déjà faits pour le progrès des sciences et des lettres, mais de conserver pendant quelques instants encore, et pendant l'interrègne de l'enseignement, un asile où les beaux-arts puissent rallumer le flambeau où doit éclairer le reste du monde. Votre comité a donc cru que la munificence nationale devait soutenir le Lycée pendant cette année, puisque cette année ne ressemble à aucune de celles qui lui succederont. Il s'est fait rendre compte de l'état de situation où cet établissement se trouve, et il en résulte que les dépenses s'élevaient annuellement à 39,755 l., tandis que la recette n'est que de 17,750 l.; il existe donc un déficit d'environ 20,000 liv. que votre comité vous propose de combler, afin que la nécessité de satisfaire à ses engagements ne force pas l'administration de se dissoudre et d'employer à sa liquidation les valeurs qu'elle possède tant en livres qu'en machines de physique. Ainsi, par une

somme de 20,000 liv., vous laisserez à la république la jouissance de cabinets infiniment précieux, lesquels, sans être sa propriété, n'en sont pas moins consacrés à son utilité journalière.

Votre comité ne vous proposera pas même de donner cette somme d'une manière purement gratuite; il sent que vos bienfaits cesseraient d'être une justice si vous ne les appliquiez de la manière la plus utile au peuple que vous représentez; il vous proposera de recevoir en échange un certain nombre de souscriptions qui seront distribuées aux citoyens peu aisés, et qui contribueront par là à étendre l'instruction sur la classe qui peut se la procurer avec le moins de facilité.

Voici le projet de décret:

« La Convention nationale décrète:

« Art. I^er. Il est accordé aux administrateurs du Lycée républicain une somme de 20,000 liv. à titre d'encouragement, et pour subvenir aux frais de cet établissement.

« La commission nationale de l'instruction publique est autorisée à faire payer cette somme aux administrateurs.

« II. Il sera remis à la disposition de la commission d'instruction publique quatre-vingt-seize billets d'admission aux cours qui doivent être faits par les différents professeurs du Lycée.

« III. La commission d'instruction publique prendra les mesures les plus convenables pour en faire une distribution égale dans les quarante-huit sections de Paris, aux jeunes gens qui, par leurs talents, leurs dispositions et leur civisme, se seront rendus dignes de cet encouragement.

« IV. Le présent décret ne sera point imprimé. »

N. B. Dans la séance du 26, Rewbell a fait part à l'assemblée des détails donnés aux comités réunis de salut public, de sûreté générale, de législation et militaire, sur le rassemblement qui s'est porté hier soir aux Jacobins; il a fait ensuite lecture du projet de décret suivant, arrêté par ces comités.

« Les séances de la Société populaire des Jacobins sont suspendues jusqu'à ce qu'il en ait été autrement ordonné.

« Les comités de salut public, de sûreté générale et de législation réunis, présenteront incessamment un projet de loi sur les calomniateurs. »

Après une discussion assez vive, et sur l'observation faite par plusieurs membres qu'une incommodité survenue à Laignelot l'avait empêché de faire le rapport dont il était chargé par les quatre comités, la Convention a décrété qu'un rapport détaillé lui serait fait sur l'événement d'hier, et qu'elle entendrait la lecture des pièces qui sont déposées au comité de sûreté générale.

## LIVRES DIVERS.

*Entretien sur la Pluralité des Mondes*, par Fontenelle. Dijon, de l'imprimerie de Causse; petit in-8°, papier vélin.

Ce volume, précieusement exécuté, et orné du portrait de Fontenelle, très-bien gravé par Saint-Aubin, se vend à Paris, chez Renouard, rue Apolline, n° 25; broché, 9 liv.; solidement relié en carton, 10 liv.; relié de même, le portrait avant la lettre, 12 liv.

Il sera suivi des œuvres de Gessner, des œuvres choisies de Saint-Réal, de la *Grandeur des Romains*, par Montesquieu, imprimées de même format, aux dépens du même Renouard, chez lequel ces diverses éditions seront incessamment mises en vente.

*Payements à la trésorerie nationale.*

Le payement du perpétuel est ouvert pour les six premiers mois; il sera fait à tous ceux qui seront porteurs d'inscriptions au grand livre. Celui pour les rentes viagères est de huit mois vingt et un jours de l'année 1793 (vieux style).

# GAZETTE NATIONALE ou LE MONITEUR UNIVERSEL.

N° 52.  *Duodi 22 Brumaire, l'an 3e. (Mercredi 12 Octobre 1794, vieux style).*

## POLITIQUE.

### ALLEMAGNE.

*Des bords du Rhin, le 23 octobre.* — Les seizes otages mayençais, enlevés il y a deux ans par les républicains et emmenés par eux à Nancy, viennent d'être renvoyés dans leur patrie.

Les Français victorieux s'avancent à grands pas dans le Hundsruck. Les généraux de l'armée alliée ont pris la précaution de faire transporter sur les derrières de l'armée les boulangeries et les bagages.

Les environs du Rhin offrent en ce moment le spectacle de troupes autrichiennes d'un côté, et de troupes françaises de l'autre.

Les Français se sont emparés, dans les environs de Cologne, d'un grand nombre de bateaux hollandais richement chargés, qui étaient sur le Rhin. Cette dernière ville leur a livré une grande quantité d'objets de première nécessité.

Le bombardement de Dusseldorff par les Français a eu lieu le 6 de ce mois, et a duré depuis dix heures du matin jusqu'à deux heures de la nuit. Le château, les écuries de l'électeur et onze maisons ont été en flammes.

### PRUSSE.

*Berlin, le 15 octobre.* — La situation présente de l'Allemagne occupe d'autant plus Frédéric-Guillaume que la coalition, qui l'accuse hautement d'infidélité, a, pour le trahir elle-même, des moyens secrets dont les préliminaires éclatent dans ses honteux démêlés avec la Pologne : c'est le bruit commun qu'il se rendra incessamment dans la Haute-Saxe, à une assemblée des princes de l'Allemagne, laquelle prendra le titre de congrès, ou toute autre dénomination, selon les circonstances.

L'insurrection polonaise, qui a presque dévoré si rapidement la Prusse méridionale, et qui menace de plus anciennes possessions de la maison de Brandebourg, semble avoir donné au cabinet de Berlin un caractère de réflexion tout particulier. Les dernières nouvelles ont vivement inquiété sur Dantzig, sur Thorn et Graudentz, et même sur le sort de la Poméranie. On a donné ordre de faire marcher vers la Prusse occidentale les gardes du corps et le régiment des gendarmes à pied, en garnison à Potsdam. Les régiments d'infanterie de Bizeh et de Stettin, et celui des cuirassiers de Marwitz, doivent se rendre à la même destination.

### PAYS-BAS.

*Bruxelles, le 17 brumaire.* — On bat l'ennemi avec ses propres armes. Les munitions de guerre qui se sont trouvées dans la forteresse de Venloo vont servir pour le siège de Nimègue.

Il paraît, d'après les dispositions des armées anglaise et hollandaise, qu'elles voudraient effectuer leur jonction, afin de faire ensuite les derniers efforts pour dégager Nimègue. Le stathouder, avec son second fils, s'est rendu à l'armée, dans l'intention de ranimer le zèle refroidi des troupes. La faction d'Orange est abattue et consternée dans toute la Hollande.

Dans une des dernières affaires entre les troupes stathoudériennes et les républicaines, le régiment hollandais dragons de Bylaud a été à peu près détruit.

## CONVENTION NATIONALE.

*Présidence de Legendre.*

**SUITE DE LA SÉANCE DU 19 BRUMAIRE.**

Lindet relit la rédaction du décret relatif à la réquisition des grains ; elle est adoptée ainsi qu'elle suit :

« La Convention nationale, après avoir entendu le rapport de ses comités de salut public, des finances et de commerce ;

« Considérant qu'en fixant le maximum du prix des grains par la loi du 11 septembre 1793 (vieux style), elle s'était proposé de prévenir le surhaussement du prix des denrées de première et absolue nécessité, et d'assurer aux cultivateurs un prix dans lequel ils trouveraient le remboursement de leurs avances et le salaire de leurs travaux ; que la fixation de prix décrétée pour l'année dernière n'a pas suffisamment rempli ce double objet ; qu'elle le remplirait bien moins encore dans le cours de l'année présente ;

« Que les frais de culture, de récolte, d'ensemencement, ont exigé des avances plus considérables que les années précédentes ;

« Que si, dans la moitié de France, le prix des grains en 1790, était au-dessous de celui qui a été fixé par la loi du 11 septembre, le prix des grains, dans l'autre moitié de la république, était, à la même époque, et avait toujours été plus élevé que le maximum ;

« Qu'une culture facile, n'exigeant que de médiocres avances, suivie d'abondantes récoltes, avait maintenu les grains à bas prix dans plus de quarante départements ; qu'une culture plus difficile, exigeant de plus fortes avances et suivie de plus faibles récoltes, qui donnèrent trois ou quatre pour un, avait soutenu les grains à un prix plus élevé dans plus de quarante autres départements ;

« Que le maximum uniforme avait assuré à la moitié des départements une augmentation de prix qu'exigeaient l'intérêt de l'agriculture et la justice due aux cultivateurs ; qu'il avait occasionné une diminution de prix très-sensible dans les autres départements, où l'agriculture réclamait, pour ses faibles productions, une augmentation qui couvrit ses avances ;

« Que l'on ne peut maintenir un maximum uniforme dans toute l'étendue de la république, puisque les frais de culture, les avances et le produit des récoltes diffèrent si sensiblement dans chaque département et dans chaque district ;

« Que les circonstances ne permettent pas de supprimer le maximum ; que la liberté illimitée du commerce des grains serait bientôt suivie d'une augmentation de prix qui exciterait des réclamations générales, compromettrait la subsistance des deux tiers des citoyens, et serait une source funeste de désordre ; que, dans une année où la consommation doit encore être excessive, et où la prudence fait un devoir de tirer des grains de l'étranger, le prix des grains de l'intérieur s'élèverait chaque jour jusqu'à ce que le cultivateur en obtint le prix que l'on paie à l'étranger ;

« Que l'intérêt même des cultivateurs, celui de tous les citoyens et la tranquillité publique exigent que le maximum du prix des grains soit fixé dans chaque département et dans chaque district ;

« Que ce maximum doit avoir pour base le prix que valaient les grains en 1790 dans chaque district ; que, si quelques contrées éprouvèrent alors des pertes qui occasionnèrent accidentellement une augmentation de prix, cette augmentation fut peu sensible, la circulation qui était alors en pleine activité ayant établi l'équilibre et les proportions ;

« Que cette base est la meilleure et l'unique que l'on puisse adopter ;

« Que le prix commun des grains, des foins, pailles et fourrages, en 1790, dans chaque district, et une augmentation de moitié en sus, doivent former le maximum du prix de ces denrées dans chaque district ;

« Que le cultivateur trouvera dans ce prix le remboursement de ses avances et le salaire si légitime de ses utiles travaux ;

« Que la portion du peuple qui achète des grains pour sa consommation trouvera, dans la facilité de s'approvisionner, dans l'économie de son temps, le dédommagement de l'augmentation qui doit résulter du nouveau maximum ;

« Que la difficulté de faire approvisioner les marchés, d'obtenir et de faire exécuter des réquisitions, a occasionné une perte de temps et des dépenses incalculables, les citoyens ayant été presque journellement occupés à chercher les moyens de se procurer des subsistances ;

« Que les cultivateurs n'auront désormais aucun prétexte de différer ou de retarder l'exécution des réquisitions qui leur seront adressées et l'approvisionnement des marchés ; qu'ils s'empresseront de concourir au succès des travaux d'un gouvernement sage et juste ; que la nation entière manifestera toute son énergie pour faire maintenir et respecter une loi nécessaire qui concilie tous les droits, tous les intérêts, pour en dénoncer et faire punir la violation ou l'infraction ;

« Décrète ce qui suit :

« Art. Iᵉʳ. A compter du jour de la publication du présent décret, le maximum du prix de chaque espèce de grains, de foins, de pailles, de fourrages, sera fixé dans chaque district sur le prix commun de 1790, augmenté de deux tiers en sus ; de sorte que, dans les districts où le prix du froment était, en 1790, de 10 livres le quintal, il sera fixé à 16 livres 13 sous 4 deniers ; dans les districts où il était de 12 livres, il sera fixé à 20 liv., et sera réglé dans tous les districts dans la même proportion et suivant la même progression.

« II. Dans les districts où l'abondance des grains avait fait descendre le prix du quintal de froment au-dessous de 10 liv., et avait fait descendre le prix des autres grains dans la même proportion, le maximum du prix du froment ne pourra être fixé au-dessous de 16 liv. le quintal, et celui des autres grains sera fixé dans la même proportion.

« III. Les agents nationaux près les districts feront dresser et arrêter, dans le jour de la réception du présent décret, par les directoires de district, le tableau du maximum du prix des grains, foins, pailles et fourrages, et en adresseront dans le jour une expédition à la commission du commerce et des approvisionnements, avec l'extrait certifié des registres des marchés de 1790.

« On distinguera dans les tableaux le maximum du prix des matières, suivant leurs différentes qualités.

« IV. Dans les districts où il y a plusieurs marchés dans lesquels on tenait registre du prix des grains, le maximum sera réglé sur le prix commun de tous les marchés en 1790, augmenté des deux tiers en sus.

« V. Tous les grains, foins, pailles et fourrages qui seront fournis et livrés dans les magasins nationaux, à compter de ce jour, seront payés sur le pied fixé par le présent décret.

« Ceux qui auront reçu, sur le pied du présent maximum, le payement des grains, pailles et fourrages qu'ils verseront dans les magasins nationaux, dans l'intervalle de ce jour à celui de la réception du présent décret dans les districts, recevront le supplément du prix qui leur sera dû.

« VI. Dans les communes chefs-lieux de district, le prix du pain sera fixé par la municipalité et vérifié par le directoire du district.

« Pour les autres communes, le prix sera fixé par la municipalité du chef-lieu du canton, qui en informera l'agent national du district.

« La fixation réglée par les municipalités sera provisoirement exécutée ; et, dans le cas où les directoires de districts jugeraient qu'il y aurait erreur, et que les municipalités persisteraient à soutenir leur fixation, l'agent national du district en rendra compte à la commission du commerce qui en fera son rapport aux comités de salut public et de commerce, chargés de régler toutes les difficultés d'exécution.

« VII. Nul ne pourra vendre ses grains, foins, pailles, et fourrages à un prix supérieur au maximum fixé pour le lieu où la vente aura été faite, sous peine d'une amende égale au prix de l'objet vendu, pour la première contravention.

« En cas de récidive, l'amende sera égale au double du prix de l'objet vendu.

« Elle sera égale au triple, au quadruple de l'objet vendu, en cas de troisième ou quatrième contravention.

« Ces peines seront prononcées par le juge de paix du lieu du domicile du vendeur ou du lieu où la vente aura

été faite, sur la poursuite de l'agent national de la commune du district, ou sur celle du dénonciateur.

« VIII. La commission de commerce et des approvisionnements est chargée de faire exécuter le présent décret, qui sera publié par la voie du Bulletin de la Convention. »

— Eschassériaux soumet à la discussion le projet de décret relatif aux réquisitions.

THIBOUT : Les agents et sous-agents de la commission des subsistances ont commis un grand nombre de vexations ; ils forçaient les particuliers à leur vendre des denrées au maximum, et ils les revendaient ensuite bien au delà du prix qu'ils les avaient payées.

Je demande que ces agents soient tenus de rendre compte de toutes les réquisitions qu'ils ont imposées sur les citoyens.

Cette proposition est adoptée, et le décret rendu en ces termes :

« Art. Iᵉʳ. Toutes denrées, subsistances et autres objets nécessaires aux besoins de la république, peuvent être mis en réquisition en son nom.

« II. Il n'y aura plus de réquisitions illimitées.

« III. Chaque réquisition désignera l'espèce, la quantité des objets requis, le délai dans lequel sera faite la livraison, et l'époque du payement.

« IV. Elle désignera aussi les districts où elle sera exercée.

« V. Elle sera fixée, autant qu'il sera possible, sur les lieux les plus voisins de ceux où les subsistances et approvisionnements devront être transportés.

« VI. Les réquisitions ne pourront être faites que par la commission des approvisionnements ; elles seront sous la surveillance du comité de salut public.

« VII. Chaque commission fournira au comité un état des besoins et approvisionnements en tout genre qu'exige le service particulier dont elle est chargée.

« VIII. Lorsque des circonstances extraordinaires l'exigeront, les commissions pourront être autorisées par le comité de salut public à faire des réquisitions particulières.

« IX. Un double des états de toutes les réquisitions sera remis au comité de salut public.

« X. Les représentants du peuple près les armées de terre et de mer pourront, dans les cas urgents seulement requérir ce qui sera nécessaire aux besoins des troupes. Leurs réquisitions seront soumises à toutes les dispositions ci-dessus ; ils seront tenus d'envoyer sans délai copie de leurs réquisitions au comité de salut public et à la commission.

« XI. Toute réquisition sera enregistrée à l'administration du district dans l'arrondissement duquel elle aura été ou devra être exécutée.

« XII. Les municipalités des communes sur lesquelles porteront les réquisitions seront tenues de les faire exécuter, et d'en rendre compte à l'administration du district, sous les peines portées par la loi du 14 frimaire.

« XIII. Les agents nationaux seront tenus de les faire exécuter dans le délai fixé, sous les peines portées par l'article précédent.

« XIV. Tout citoyen sera tenu d'y satisfaire, sous peine de confiscation des objets requis ; les agents nationaux des districts seront teus de faire les diligences nécessaires pour faire prononcer la confiscation par les tribunaux de district.

« XV. Tout agent, tout administrateur ou commissaire qui sera convaincu d'avoir détourné à son profit, directement ou indirectement, les réquisitions, sera condamné à six ans de fers.

« XVI. Tout individu qui fera, au nom et pour le compte de la république, des réquisitions sans y être autorisé conformément aux dispositions de la présente loi, ou qui excéderait celles qu'il serait chargé d'exécuter, sera puni de six ans de fers.

« XVII. Sont néanmoins exceptées les réquisitions qui pourront être faites par les autorités constituées, lorsqu'elles seraient nécessitées par des marches et des mouvements imprévus de troupes, et desquelles il sera rendu compte, ainsi qu'il est prescrit par l'article XXI.

« XVIII. Il sera pourvu comme par le passé à l'approvisionnement des marchés et des communes.

« XIX. Toute réquisition actuellement existante, qui ne sera pas renouvelée dans les deux mois à dater de la présente loi, sera regardée comme nulle.

« XX. Il est dérogé à toutes dispositions contraires à la présente loi.

« XXI. La commission de commerce et approvisionnements rendra compte, d'ici au 1er nivose, de toutes les réquisitions des denrées et marchandises qui ont été mises par elle ou ses agents, en désignant la quantité et la qualité desdites denrées et marchandises. Les agents nationaux de district et les gardes-magasins de la république, chacun pour ce qui le concerne, enverront au comité de salut public les états ou bordereaux desdites réquisitions. Tous les citoyens sont invités à dénoncer les abus ou fraudes qui ont eu lieu sur cet objet.

« XXII. La Convention nationale renvoie à son comité de salut public l'examen des mesures convenables pour que les citoyens n'éprouvent aucun retard dans le payement des objets mis en réquisition entre leurs mains, et pour que les objets requis ne restent pas en leurs mains assez longtemps pour les priver de leur valeur, et les empêcher de subsister pendant qu'ils ne peuvent en disposer. »

CAMBON : L'assemblée n'aura jamais au juste le compte qu'elle demande sur les réquisitions si elle n'ordonne un compte général et en grand des matières, comme elle l'a ordonné des deniers. La trésorerie est obligée de rendre compte de la quantité d'assignats qu'elle a reçus, soit par les créations ou les recettes, et ensuite à porter des pièces justificatives des dépenses ; mais ses fonctions se bornent là. Aujourd'hui je demande un compte égal et général des matières ; que, quand d'un côté la trésorerie produit une pièce pour prouver qu'elle a payé tant pour des souliers, par exemple, d'un autre côté la nation se fasse rendre le compte justificatif de l'emploi de ces souliers ; et ainsi des achats de blés, de draps, etc. Voilà le moyen de connaître tous les fripons, tous les dilapidateurs. (On applaudit.)

Pelet appuie la proposition de Cambon, et fait sentir la nécessité d'avoir une comptabilité distincte de la trésorerie.

Un membre demande qu'on fasse aussi rendre compte des taxes révolutionnaires qui ont été imposées. « Ce sera le vrai moyen, dit-il, de distinguer les vrais et les faux patriotes, ceux qui l'ont été pour la révolution de ceux qui ne l'ont été que pour eux. » (On applaudit.)

CAMBON : Le comité des finances s'est déjà occupé de cet objet : lorsque l'impulsion fut donnée pour la levée de ces taxes, que je ne crains pas d'appeler une mesure vraiment contre-révolutionnaire, je vins, au nom du comité, demander un décret pour qu'il fût rendu compte de ces taxes, et pour qu'elles entrassent dans le trésor public. Comme ces taxes n'étaient levées que par des agents particuliers, le comité ne crut pas devoir les laisser sous sa surveillance ; il s'adressa aux districts, et même aux municipalités, pour savoir d'eux ce qui avait été levé dans leur arrondissement. Trois cent quatre-vingt-dix-neuf districts ont déjà rendu compte, et 23 millions sont entrés au trésor national ; 5 ou 6 millions ont été dépensés pour divers objets ; c'est à la Convention à décider si elle veut les allouer. Je demande en conséquence la parole pour demain ou après, afin de soumettre à la Convention le compte qui a été dressé à la trésorerie, et un rapport que j'ai tout prêt, et qui embrassera non-seulement les taxes révolutionnaires, mais aussi les taxes mises sur les riches, les offrandes volontaires, et que parfois on peut soupçonner d'avoir été un peu forcées ; tous objets dont on refuse de rendre compte, sous prétexte que le décret ne concerne que les taxes révolutionnaires.

Il faut que tout soit connu ; c'est ici le moyen de connaître bien des fripons et des dilapidateurs. Bien des gens se sont faufilés dans les Sociétés populaires et se sont ensuite rendus trésoriers de ces offrandes ; mais il faut que la lumière soit portée partout. (Vifs applaudissements.)

L'assemblée décrète que Cambon aura la parole duodi, et renvoie les propositions qui ont été faites à ses comités.

— La discussion est reprise sur la loi relative aux émigrés, article de la pénalité du crime d'émigration.

ESCHASSÉRIAUX : Avant de vous proposer des dispositions pénales contre la complicité avec les émigrés, je crois devoir vous présenter, pour les motiver, quelques observations essentielles sur les différents cas qui constituent cette complicité.

Parmi ceux auxquels vous avez reconnu ce caractère, il en est dont les nuances ne doivent point échapper au législateur, qui doit toujours peser dans la balance de l'équité les peines qu'il prononce.

En effet, si l'on considère le but de l'action dans laquelle réside cette complicité, on sentira qu'il existe réellement entre les complices des émigrés une différence qui doit également s'étendre aux peines que doit leur appliquer la loi.

Ceux, sans doute, qui ont pris une part active aux complots des émigrés, qui leur ont fourni des secours, ou porté des citoyens à se joindre à ces perfides et scélérats ennemis de la république, doivent être associés à leurs peines, comme ils l'ont été à leurs forfaits ; mais en doit-il être ainsi de ceux qui n'ont eu, dans leurs relations avec les émigrés, que l'intention de les soustraire au châtiment qui leur est réservé ? On ne peut se dissimuler la gravité de leur délit ; mais lorsqu'il s'agit de l'application de la peine, on reconnaîtra aisément qu'il en est entre les délits des uns et des autres une différence bien marquée, et que les motifs de ceux qui ont réellement secondé et favorisé les projets des émigrés doivent être jugés sous un autre rapport que ceux qui ont déterminé l'action qui constitue la complicité des autres.

Pour fixer à cet égard vos idées, je pense qu'il suffira de vous rappeler que vous avez reconnu cette différence en ne prononçant, dans la loi du 28 mars 1793, que la peine de quatre années de fers contre ceux qui auraient favorisé la rentrée d'un ou plusieurs émigrés sur le territoire de la république. De là naturellement on doit induire que votre intention n'est pas, si vous jugez que cette disposition doive être maintenue, d'en séparer des cas qui lui paraissent analogues. En effet, recéler un émigré ou favoriser sa rentrée sur le territoire de la république ne sont-ils pas des délits identiques qui concourent évidemment au même but, celui d'atténuer les dispositions pénales de la loi à l'égard de l'émigré, et ne s'ensuit-il pas par cela même qu'il doit y avoir parité ou au moins approximation de peines pour ces mêmes délits ?

C'est d'après ce rapprochement que j'ai cru, avec les membres qui composent la commission chargée de la révision des lois sur les émigrés, devoir vous proposer de décréter une semblable peine contre ceux qui seraient convaincus de cette espèce de complicité avec les émigrés. Quant à ceux qui ont fabriqué de faux certificats, leur délit a dû paraître beaucoup plus grave, en ce qu'il soustrait en même temps à la loi et la personne et les biens de l'émigré, et c'est sous ce rapport qu'il a été jugé convenable de donner plus d'intensité à cette peine. Au reste, si, dans le projet qui vous a été présenté, l'opinion de la commission n'était pas celle que je vous soumets en ce moment, c'est qu'elle se trouvait alors obligée de la subordonner à une loi funeste, celle du 22 prairial, qui frappait indistinctement de la même peine tous les délits qui ont trait à la révolution ; mais cette loi n'existant plus, vous jugerez sans doute qu'il est de votre sagesse de revenir aux principes que vous avez déjà consacrés, en reconnaissant qu'une loi qui prononce des peines disproportionnées aux délits est presque toujours illusoire, en même temps qu'elle excède les bornes d'une juste sévérité.

Plusieurs membres ajoutent des observations à celles du rapporteur.

Les articles suivants sont décrétés.

### TITRE IV.

*Peines contre les émigrés et leurs complices.*

SECTION PREMIÈRE.

« Art. Ier. Les émigrés sont bannis à perpétuité du territoire français, et leurs biens sont acquis à la république.

« II. L'infraction de leur bannissement sera punie de mort.

« III. Les enfants émigrés qui seraient rentrés ou rentreraient sur le territoire de la république après les délais fixés par la loi pour leur rentrée seront déportés s'ils n'ont pas atteint l'âge de seize ans, et punis de mort s'ils enfreignent leur bannissement après être parvenus à cet âge.

« IV. Ceux qui, domiciliés dans les pays réunis à la république, ne sont rentrés dans ces mêmes pays, ou sur toute autre partie du territoire français, que postérieurement aux époques après lesquelles ils ont dû être considérés comme émigrés, seront tenus d'en sortir dans les deux décades de la publication de la présente loi, à peine d'être traités comme les émigrés qui ont enfreint leur bannissement, ou déportés dans le même délai, s'ils sont actuellement en état de détention.

« V. Les complices des émigrés désignés dans les paragraphes Ier, II, III et IV de l'article IX du titre Ier de la présente loi, seront punis de la même peine que les émigrés.

« VI. Seront condamnés à dix années de fers ceux qui auront fabriqué de faux certificats de résidence pour les émigrés, et à quatre années de la même peine ceux convaincus d'avoir recélé des émigrés, ou facilité leur rentrée sur le territoire français ; ils seront en outre responsables sur leurs biens des dommages que leur délit aura pu occasionner à la république. »

### SÉANCE DU 20 BRUMAIRE.

Duval ( de l'Aube ), l'un des secrétaires, tient le fauteuil en l'absence du président.

— On fait lecture de la correspondance. Toutes les Adresses félicitent la Convention sur le courage avec lequel elle a renversé les triumvirs, sur celui qu'elle déploie contre les continuateurs de Robespierre. Elles l'invitent à resserrer les Sociétés populaires dans les justes bornes qui leur sont prescrites, et à ne point souffrir qu'elles empiètent sur le gouvernement.

Elles l'invitent aussi à frapper les intrigants, les agitateurs, les fripons, les dilapidateurs de la fortune publique.

La Convention nationale décrète que toutes ces Adresses seront honorablement mentionnées au Bulletin.

Cohen-Fustier, au nom du comité des finances, section des domaines : L'établissement d'une nitrière artificielle, sa propagation sur tous les points de la république, et la satisfaction due à son auteur à raison de son éviction d'un local destiné à l'exécution, a fixé les sollicitudes de votre comité des finances,

section des domaines ; et je viens vous proposer, en son nom, le projet de décret qui en fait le résultat ; je vous transmets préalablement les principales circonstances qui en ont fait la base.

Le citoyen Fabre, pénétré des difficultés qu'éprouve la composition du salpêtre, se décida, il y a environ un an, à réaliser l'idée qu'il avait conçue d'en former la matière élémentaire dans nos foyers par le moyen d'une nitrière artificielle. Le ci-devant château de Sens lui présenta les ressources nécessaires ; le bail lui en fut adjugé, en germinal, pour trois années ; il fut spécialement chargé d'ensemencer les terres en tabac, attendu que ses feuilles sont de l'essence de la composition.

Le marché avait été conclu avec l'autorité du comité de salut public ; Fabre y avait en outre contracté l'engagement d'instruire douze enfants femelles, pour y recueillir des notions transmissibles dans les différentes parties de la république. L'engagement touchait à son exécution lorsque Fabre fut évincé du local en vertu d'un nouvel arrêté du comité de salut public, par l'empire du besoin public, et le fermier se disposa à vider les lieux ; il persista néanmoins dans l'exécution de son projet. Les maisons et enclos de Chassi, propriété nationale dans le district de Meaux, lui parurent propres pour le remplacement, et il s'adressa au même comité pour en faire l'acquisition en un seul lot, et pour en payer le montant en inscriptions sur le grand livre.

Ces nouvelles propositions furent renvoyées aux commissaires des armes et poudres, et des revenus nationaux ; leur objet fut trouvé très-intéressant pour la chose publique.

La nouvelle organisation du gouvernement a attribué à votre comité des finances l'examen des dispositions de Fabre ; le renvoi lui en a été fait. Celui-ci a proposé, en additionnant à sa première offre, de loger gratuitement, d'élever dans l'art de la salpêtrerie, du salin, de la potasse, de la nitrerie, de la culture et fabrication du tabac, cinquante Enfants de la Patrie ; il a pris avantage de ses indemnités à raison de l'éviction préalléguée, et il a demandé d'être admis à stipuler l'acquisition dudit domaine, d'après une estimation rigoureuse, en persistant dans ses précédentes demandes. La commission des armes, poudres et exploitation des mines, fut chargée de l'examen de toutes les demandes et propositions.

La commission a fait son rapport ; il en résulte que l'établissement est des plus utiles, attendu qu'il donne une grande latitude à un genre d'exploitation peu connu en France, et il déclare qu'il y a lieu d'accorder les facultés demandées ; elle ajoute que des pareilles ont été accordées dans des circonstances moins intéressantes.

Votre comité a apprécié l'affaire avec réflexion ; il a vu d'un côté que le payement de l'adjudication dont il s'agit en inscriptions sur le grand livre, sans doublement en assignats, serait pernicieux pour la république dans les circonstances pénibles dont elle est affligée : que l'adjudication en un seul lot, et sur une simple estimation rigoureuse, contrarie formellement les lois fondamentales dans la partie ; il a considéré, d'autre part, que la nation est véritablement comptable envers Fabre d'une indemnité, à raison de l'éviction du domaine de Sens ; que l'établissement proposé procure la ressource d'une nouvelle branche d'industrie et de commerce indigène, au moyen duquel le gouvernement préviendra annuellement une exportation de 10 à 12 millions en numéraire pour le payement des salpêtres tirés ordinairement de l'Inde, des échelles du Levant et de l'Espagne ; il a prévu que la fabrication ferait cesser les difficultés qu'on éprouve d'ailleurs pour l'importation d'une matière absolument nécessaire, surtout dans les circonstances présentes.

Nous avons d'ailleurs été frappés de l'utilité de l'engagement par lequel Fabre se soumet à loger gratuitement et élever dans l'art de la salpêtrerie, du salin, de la potasse, de la nitrerie et de la culture et fabrication du tabac, des bras jusqu'ici habitués à des occupations presque stériles, cinquante jeunes femmes ; nous avons considéré l'offre comme très-puissante pour propager les procédés dont il s'agit sur tous les points de la république ; en un mot, le comité a prévu les moyens les plus favorables pour pouvoir remplir le vœu de la Convention d'être toujours en mesure pour résister aux ennemis de la république, et pour faire fleurir les arts. D'après ces réflexions, il s'est déterminé, en rejetant la proposition de payer en seules inscriptions sur le grand livre le montant des maisons et terres de Chassi, d'accéder à celle en acquisition en un seul lot et d'après une estimation rigoureuse, sur différentes bases, toutes conservatrices des intérêts de la nation. Je suis chargé en conséquence de vous proposer le projet de décret suivant :

« La Convention nationale, après avoir entendu son comité des finances, section des domaines, sur la demande du citoyen Fabre, d'être reçu à acquérir les maisons et enclos de Chassi, dans le district de Meaux, pour y établir une nitrière artificielle, décrète ce qui suit :

« Art. Ier. Il sera incessamment procédé à l'estimation rigoureuse et exacte des maisons et enclos de Chassi, district de Meaux, par trois experts nommés, l'un par la commission des revenus nationaux, le second par le directoire du département, et le troisième par le directoire du district.

« II. Ces experts procéderont en présence d'un tiers expert nommé par le citoyen Fabre, pour avoir voix instructive ; le procès-verbal sera adressé au comité des finances, qui en fera son rapport à la Convention, pour décréter l'aliénation définitive, si elle est jugée convenable.

« III. Fabre payera le prix des objets qui lui seront adjugés dans les termes et suivant les modes portés par les lois sur l'aliénation des domaines.

« IV. Il sera tenu d'établir dans lesdites maisons et enclos une nitrière artificielle pour la composition du salpêtre, auquel effet il sèmera du tabac dans les terres ; il élèvera en outre, dans les règles de l'art, cinquante jeunes femmes, et les logera gratuitement.

« V. Le citoyen Fabre ne pourra réclamer aucune indemnité à raison de sa non-jouissance du ci-devant château de Sens, à lui affermé pour le susdit établissement.

« VI. A défaut par l'adjudicataire d'exécuter tous les susdits engagements dans les quatre mois de la publication du décret d'adjudication, il sera déchu de son utilité, sans répétition des payements qu'il aura faits.

« VIII. La commission d'agriculture et des arts est chargée de surveiller l'exécution du présent décret. »

Ce décret est adopté.

— On admet les pétitionnaires.

— Réal soumet à la Convention la pétition de trois jeunes gens du département de l'Aisne, qui, étant les seuls soutiens de leurs mères, avaient obtenu de leur municipalité la faculté de se faire remplacer dans le recrutement des trois cent mille hommes, et qui cependant ont été poursuivis ensuite et condamnés à vingt années de fers.

Lejeune demande le renvoi de cette pétition au comité de législation.

« Ce sont d'excellents patriotes, dit-il, que les ennemis du peuple poursuivent. » (On applaudit.)

**Duhem** : Puisqu'on assassine les patriotes à Paris, on peut bien les assassiner ailleurs. (Applaudissements.)

**Duroy** : Je demande la parole après le renvoi.

**Duhem** : On nous tuera ici. (Bruit.)

— Un homme s'agite violemment dans une des tribunes ; il parle très-haut et fait des gestes menaçants ; quelques tribunes latérales l'applaudissent.

Un grand nombre de membres se lèvent, indignés de cette audace.

Gaston parle dans le bruit.

**Thibault** : J'arrive dans l'assemblée, et je ne sais point quelle est la cause de cette agitation ; mais, quel que soit l'objet de la discussion, il est de la dignité de la Convention de ne pas souffrir qu'elle soit influencée. (Applaudissements.) Je vous dénonce un individu qui, dans cette tribune, a osé prendre la parole (*oui, oui !* s'écrie-t-on de toutes parts) dans un lieu où elle est réservée aux seuls représentants du peuple, qui a osé les menacer et mêler sa voix à la leur ; c'est là une violation à la représentation nationale. (*Oui, oui !* s'écrie-t-on.)

Duroy et Duhem demandent la parole. Le président annonce qu'il a donné des ordres pour faire arrêter l'individu désigné par Thibault. — Il est en effet arrêté quelque temps après.

**Duhem** : Je ne m'occupe point des individus, je ne songe qu'à la chose publique. On a dénoncé à la tribune plusieurs membres de cette assemblée comme complices des émigrés qui sont en Suisse ; on a même annoncé qu'il existait une correspondance ; c'est cette annonce qui a suscité le mouvement aristocratique d'hier. (On rit et on murmure.) Comme il n'y a que les principes, que la vérité, qui doivent et qui puissent influencer la Convention, et non pas quelques individus, je demande pour mes collègues, et pour moi, qui suis accusé individuellement, que les comités de gouvernement soient tenus de lire cette correspondance à la tribune, et je me réserve ensuite de les dénoncer au peuple français. S'il faut que nous périssions, nous périrons. (Applaudissements.) Assez et trop longtemps le gouvernement a été influencé par de petites cabales ; je les dénoncerai ; j'ai dans ma poche les signatures des scélérats qui étaient à la tête de la révolte d'hier, et qui sont venus nous assassiner. Vous verrez que tout se tient dans la contre-révolution : ce n'était pas aux individus réunis aux Jacobins qu'on en voulait, mais aux représentants du peuple qui s'y portent.

*Quelques voix :* Oui, oui ! (Murmures.)

**Duhem** : On a menacé, on a frappé sous leurs yeux des représentants qui étaient venus pour établir l'ordre : et les individus qui se sont rendus coupables de cette faute ont été mis en liberté. Il faut que ceux qui, depuis cinq ans, n'ont pas varié sur la ligne révolutionnaire, que ceux qui, comme moi, n'ont rien à se reprocher, périssent aujourd'hui ou sauvent la patrie. (Applaudissements.) Il faut que le peuple sache apprécier ces libelles infernaux, protégés par l'apathie de ceux qui ont la force publique en main. Il faut que tout le monde soit à sa place. S'il y a des conspirateurs parmi les Jacobins, la liste est au département ; que le gouvernement les saisisse, mais qu'il ne nous laisse pas assassiner.

Si au moins hier, lorsque nous étions entourés de blessés, de femmes, d'enfants assommés par les contre-révolutionnaires ; si, lorsque nous avions arrêté les assassins que nous avions pris en flagrant délit, les poches pleines de pierres, après avoir brisé nos portes et pris nos serrures, car ils ne perdaient pas la tête ; alors, si nous avions reçu du gouvernement un coup d'œil, je ne dis pas de protection, mais de compassion, nous aurions été contents.

Si les membres des comités du gouvernement étaient venus nous visiter au milieu de ce bombardement, ils auraient vu des patriotes blessés, dont le cœur palpitait de joie à la nouvelle de la prise de Maëstricht et au cri de *vive la Convention!* Ils auraient vu les assassins que nous avions arrêtés dans nos sorties; car nous faisions là des sorties comme dans une ville de guerre; ils auraient vu ces assassins protégés par les patriotes et couverts du bonnet de la liberté. Et voilà les hommes qu'une faction vendue à l'aristocratie, qu'un Tallien, un Fréron, Tallien surtout, que je dénoncerai lorsqu'on aura lu les lettres, voudraient faire passer pour des contre-révolutionnaires! Les troupes étaient à la gauche de notre salle, et les assassins à la droite. C'est aux représentants qu'ils en voulaient; en venant du Palais-Royal, ils le disaient hautement, et moi-même j'en ai saisi un; je l'ai remis entre les mains de la force armée, et on lui a rendu la liberté un instant après.

Bourdon (de l'Oise): J'y étais, et je dirai aussi les faits. (Murmures de quelques tribunes; l'indignation de la Convention les apaise bientôt.)

Duhem: Dis donc, dis donc!

Rewbell s'élance à la tribune.

Clauzel: Je demande que le président du comité de sûreté générale rende compte de ce qui s'est passé cette nuit dans la séance des quatre comités de salut publique, de sûreté générale, de législation et militaire réunis.

Duroy: Je demande la parole au nom de la Convention.

Clauzel: A peine le comité de sûreté générale... (Bruit.) Je veux vous rendre compte de ce qui s'est passé; je dois avoir la parole.

Duroy: Je la demande contre le comité de sûreté générale.

Clauzel. Nous étions hier au comité de sûreté générale, mes collègues Bourdon, Beverchon et moi, lorsque, sur les huit heures, on vint nous annoncer qu'il y avait un rassemblement aux Jacobins: sur-le-champ nous convoquâmes les comités militaire, de salut public et de législation. Nous nous réunîmes et nous ordonnâmes à une force armée d'aller engager le peuple, au nom de la loi.....

*Quelques voix*: Ce n'est pas le peuple.....

*D'autres*: Si, si!

Duhem: C'est le peuple du Palais-Royal.

Bentabole: Président, fais respecter la Convention.

Amar prend le fauteuil.

Clauzel: Pour engager, au nom de la loi, ces individus à se retirer. On a dit que les comités de gouvernement ne s'étaient point occupés de ce rassemblement, et à peine furent-ils réunis qu'ils arrêtèrent que trois membres de chacun des comités militaire, de salut public et de sûreté générale, monteraient à cheval pour porter des secours aux assiégés.

Duhem: Oui, après deux heures de bombardement.

Clauzel: Comme les quatre comités sont encore réunis, je demande qu'ils viennent ici pour être présents au compte que rendra le président du comité de sûreté générale. (Applaudissements.)

La proposition de Clauzel est adoptée.

Duroy: Absent de la Convention pendant près de dix-huit mois, je n'ai pu partager ses travaux et les services qu'elle a rendus à la chose publique que par ceux que j'ai rendus moi-même dans les départements et près des armées, et que je rapporte à la masse commune. Je n'ai pas été témoin des différentes intrigues, des différentes factions, des différentes cabales qui se sont succédées tour à tour. Je ne suis pas de la Société des Jacobins, parce que je pense qu'un représentant du peuple, qui est de la grande Société populaire, se doit tout entier à ses fonctions. (Applaudissements.) Si les Jacobins ont fait du bien, ils ont aussi fait du mal, et je n'ai pas voulu en être, afin de me réserver la plénitude des fonctions que je tiens du peuple pour encourager le bien et réprimer le mal. (Applaudissements.)

Je suis monté à la tribune pour stipuler les intérêts, non d'une Société, non des intrigants du Palais-Royal, mais de la république entière. (Applaudissements.) Je dirai les faits qui sont à ma connaissance avec ingénuité et avec vérité.

Hier soir, je sortais, à huit heures, du comité des secours publics, et je me retirais chez moi, lorsque je vis, près de la salle de la Convention, une femme éplorée, décoiffée, et dont la tête était tout en sang. Elle me dit qu'une foule de personnes venues du Palais-Royal avaient fait le siège des Jacobins. Je me rendis dans la rue Honoré, et j'examinai avec calme tout ce qui se passait. Je vis une trentaine d'hommes au plus qui considéraient attentivement les personnes qui sortaient des Jacobins, et les couvraient de boue et de huées; je remarquai que les assaillants étaient tous des faquins du Palais-Royal, qui avaient quitté pour un instant le lieu de leur débauche pour troubler la tranquillité publique. Ils disaient à ceux qui sortaient : « Voilà pour t'apprendre à venir où tu n'as que faire. » Ils disaient aux femmes qu'elles ne devaient pas plus aller dans les tribunes des Jacobins que dans celles de la Convention, et que leur véritable place était dans leur ménage. (Vifs applaudissements.) Je vis des citoyens prendre de ces femmes sous le bras, pour les soustraire à la fureur de ceux qui les maltraitaient..... J'entends dire que c'est bien fait. (Bruit.)

Guyomard: Duroy, point de perfidie, point de fausse interprétation. Je demande que notre collègue répète ce qu'il a dit, et je me charge de te répondre. (Applaudissements.)

Pérès: Je vais m'expliquer, non pas pour Duroy, que je ne crains pas, mais pour la Convention, mais pour moi. J'ai dit que ceux qui avaient pris des femmes pour leur sauver des coups avaient bien fait. (Applaudissements.)

Duroy: Je rencontrai un de mes collègues que je ne connais pas, et qui me dit que trois ou quatre coupe-jarrets avaient assommé un malheureux vieillard.

*Une voix*: Duroy, tu n'as peut-être pas mieux entendu que tout à l'heure.

Duroy: J'entendis des hommes crier : Vive la Convention! d'autres : Vive la république! Les premiers répétaient : Vive la Convention! les autres répétaient : Vive la république!

*Plusieurs voix*: Et d'autres encore criaient : Vivent les Jacobins! (Murmures.)

Duroy: Aux murmures que j'entends, je vois qu'on ne veut pas écouter la vérité; cependant je la dirai tout entière. (Applaudissements.) Dans ce moment je vis des patrouilles qui passaient au milieu du tumulte sans l'empêcher.

Becker: Il fallait, toi, leur ordonner d'arrêter ceux qui excitaient le tumulte.

Duroy: Je conclus de tous ces faits que nous n'avons pas de police, pas de gouvernement. (Murmures.) Si nous avions eu une police et un gouverne-

D'APRÈS UN DESSIN DU TEMPS.

Émeute à la sortie des Jacobins.

Réimpression de l'Ancien Moniteur. — T. XIII, page 474.

Typ. Henri, Paris.

ment, les coupables auraient été arrêtés ; on n'aurait pas permis qu'on couvrît de boue et qu'on fouettât des femmes. (Il se fait du bruit dans une partie de la salle.)

**Guyomard :** Président, maintiens la parole à Duroy ; je lui répondrai.

**Duroy :** Si la police avait fait son devoir, si nous avions eu un gouvernement, on n'aurait pas laissé si longtemps sous l'oppression des poignards des assassins du Palais-Royal des citoyens assemblés paisiblement pour discuter les intérêts de la patrie. (Eclats de rire.)

**Plusieurs voix :** C'est ici que l'on discute les intérêts de la patrie.

**Bentabole :** Il ne faut pas laisser flotter plus longtemps l'opinion publique. (Violents murmures d'une partie de l'assemblée.) Je demande qu'on fasse le rapport. (Mêmes murmures.)

**Lesage-Sénault :** Bentabole n'était pas hier à son poste ; il a eu peur, il s'est caché.

**Bentabole :** Je demande à répondre. Je n'ai su qu'en arrivant à la Convention ce qui s'était passé. (Murmures.) Je déclare qu'on m'a inculpé gratuitement ; je ne suis pas sorti hier de chez moi.

**Duroy :** Je vous ai présenté les faits sans passion. (On rit.) Depuis mon retour à la Convention, j'ai sérieusement examiné la situation où elle se trouve. J'ai remarqué qu'elle avait remporté une grande victoire sur une faction qui compromettait la liberté publique, mais j'ai remarqué aussi que d'autres factions avaient survécu à celle-là. Certains hommes, oubliant le respect qui est dû à la Convention et la hauteur où elle s'est élevée le 9 thermidor, ont voulu s'emparer des rênes du gouvernement et diriger l'opinion publique. Je suis convaincu qu'il s'est opéré une réaction dangereuse. J'ai été singulièrement étonné à mon retour de voir des gens qui, avant mon départ, vivaient républicainement, qui, comme nous, marchaient à pied, étaler aujourd'hui un faste insolent et fréquenter les aristocrates. (Nomme-les ! s'écrie-t-on de toutes parts.) J'ai vu... (Nomme-les !) J'ai vu... (Nomme-les !) Je prie ceux qui ne se reconnaissent pas au tableau que je fais de me laisser continuer. (Nomme-les ! crie-t-on de nouveau. — On applaudit.) J'ai vu, ou plutôt j'ai appris que ces gens allaient chasser dans le parc du Rincy, qu'ils avaient des femmes.....

**Baudin :** Et ceux qui vont à Clichy, tu ne les nommes pas! Ils ont des femmes aussi ; en veux-tu la liste? Les voilà (en montrant une des extrémités de la salle) ! (On applaudit.)

**Duroy :** J'ai vu des hommes qui, dans des temps plus affreux, faisaient voiturer au supplice des charretés de malheureux, venir ici prêcher l'humanité. (Bruit.) J'ai vu...

**Clauzel :** N'avilis pas la représentation nationale.

**Duroy :** La représentation n'est pour rien dans tous ces reproches.

**Plusieurs voix :** Tu ne nommes personne ; cela pèse sur tous.

Cambacérès entre dans la salle ; la grande majorité de l'assemblée le presse de prendre le fauteuil à la place d'Amar ; il monte au milieu des plus vifs applaudissements.

**Duroy :** Je dirai la vérité quand vous aurez le courage de l'entendre. (Bruit.) J'ai vu le modérantisme se relever. Qu'est-il arrivé de là ? qu'à force de

crier après les patriotes, de les accoler injustement à des hommes qui devaient être proscrits, on a incarcéré les patriotes et rendu les aristocrates à la liberté. (Applaudissements. — Murmures.) Il est arrivé de là que, l'aristocratie prenant le dessus dans les départements et les Sociétés populaires, on vous a fait des Adresses qui se ressentaient de l'esprit de modérantisme. (On rit.) Quand il y aura un comité de sûreté générale qui veuille entendre la vérité, je lui déposerai des pièces qui prouveront ce que je dis. Vous avez entendu des vérités : eh bien, des hommes corrompus ont écrit dans les départements et mendié des suffrages...

**Plusieurs voix :** Qui, qui ?

**Duroy :** On fait fermenter les passions ; je déclare que je verserai mon sang avec la représentation nationale. (Applaudissements.) Je ne parle pas pour ceux qui ne cherchent qu'à mendier des applaudissements, mais pour sauver mon pays, s'il est possible, pour empêcher l'aristocratie de nous présenter un roi d'ici à quinze jours. (Murmures.) L'aristocratie a fait hier un essai. (Applaudissements. — Murmures.) Je sais que vous serez encore là comme dans la nuit du 9 thermidor. (Oui, oui! s'écrie-t-on de toutes parts.)

Souvenez-vous que nous ne faisons pas de petites erreurs, que la moindre faute que nous commettons peut coûter la vie à des milliers de citoyens. Tant que vous ne tiendrez pas sur l'aristocratie une main compressive, elle se relèvera. Je sais bien qu'en disant ces vérités j'ai excité les passions de certaines personnes qui se sont reconnues aux tableaux que j'ai faits (applaudissements) ; mais ce n'est pas à ceux-là que je parle ; c'est aux députés purs qui ont voté la mort du tyran. (Violents murmures. — Un grand nombre de membres demandent vivement que Duroy soit rappelé à l'ordre.) Je parle à ces députés purs, qui, convaincus que le tyran était coupable de tous les crimes qu'on lui reprochait, ont cru..... (On demande de nouveau que Duroy soit rappelé à l'ordre.)

**Plusieurs voix :** Le rapport du comité!

**D'autres :** Laissez dire Duroy.

**Duroy :** Nous ne nous entendrons jamais toutes les fois qu'on n'entendra qu'une partie d'un discours sans en entendre la fin. Je parle aux députés qui, après avoir déclaré le tyran convaincu de ses crimes, ont cru qu'il n'est pas de l'intérêt de la patrie de le condamner à mort ; je les estime cent fois plus que ceux qui n'ont fait périr le tyran que pour en mettre un autre à sa place.

**Plusieurs voix :** Nous ne voulons pas de ton estime.

**Duroy :** Voilà mon opinion sur la marche de la Convention. De tout ce que j'ai dit, je conclus que vous n'avez pas de comité de gouvernement chargé de la sûreté générale qui ait bien rempli vos intentions. Je demande qu'à cette séance, et par appel nominal, on renouvelle le comité de sûreté générale. (Quelques applaudissements. — Violents murmures.)

**Clauzel :** Je demande que Rewbell, qui présidait hier les quatre comités réunis, rende compte des délibérations qui ont été prises.

La parole est accordée à Rewbell.

**Rewbell :** Citoyens, hier la séance du comité de sûreté générale s'était prolongée jusqu'à cinq heures ; mais au premier avis du trouble qui se manifestait, les membres se réunirent, et à huit heures tous étaient à leur poste. Ce n'est pas moi que les quatre comités ont choisi pour être leur organe ; ce ne sera donc pas un rapport que je vais vous faire, mais simplement un récit des faits, et le résumé des opinions qui ont été émises dans les comités lorsque je présidais.

Un membre de cette assemblée a dit aux Jacobins que les partis étaient en présence. Je crois qu'il s'est trompé ; il n'y a qu'un parti en France, celui qui veut sauver la république. (Vifs applaudissements. — Oui, oui ! s'écrie-t-on de toutes parts.) Comme il n'y a qu'un parti, il ne doit y avoir qu'un seul cri de ralliement, et ce cri de ralliement doit être : Vive le peuple ! vive la république ! vive la Convention nationale ! (On applaudit.) Tout autre cri qui servirait de ralliement à une faction n'est qu'un cri de révolte, un cri de guerre civile : c'est d'après ce principe que vos comités se sont conduits : vous allez les juger.

Les yeux les moins exercés à la tactique des factions devraient s'apercevoir que ce qui se passe en ce moment n'est qu'une suite et une conséquence de ce qui a lieu depuis quinze mois. Avez-vous donc oublié que le but des hommes qui sont venus ici commander à la Convention, et lui faire des demandes qui ont conduit plusieurs de ses membres à l'échafaud, était d'avilir la représentation nationale, pour être les dominateurs de la France ? Ce fait existe.

Dunem : C'est au Palais-Royal qu'on avilit la Convention nationale.

Rewbell : Oui, je suis sur la brèche ; ma vie est à la patrie, je l'offre ; mais avant de la perdre j'aurai le courage de dire toute la vérité. (Vifs applaudissements.) Où la tyrannie s'est-elle organisée ? où a-t-elle eu ses suppôts, ses satellites ? C'est aux Jacobins. Qui a couvert la France de deuil, porté le désespoir dans les familles, peuplé la république de bastilles, rendu le régime républicain si odieux qu'un esclave courbé sous le poids de ses fers eût refusé d'y vivre ? les Jacobins. (Vifs applaudissements.) Qui regrette le régime affreux sous lequel nous avons vécu ? les Jacobins. Si vous n'avez pas le courage de vous prononcer en ce moment, il n'y a plus de république, parce que vous aurez des Jacobins. (Nouveaux applaudissements.)

Gaston : Je déclare pour le salut de la république... (Grand bruit.)

Plusieurs voix : La parole est à Rewbell.

Rewbell : Sans doute il est des aristocrates ; mais que chacun de nous descende dans sa conscience, qu'il jette un coup d'œil sur l'intérieur de la république ; il verra que ceux qui dans les départements sont les patriotes les plus exagérés étaient aristocrates au commencement de la révolution. (On applaudit.) Etaient-ce les aristocrates, à la manière de certaines gens, qui dans la nuit du 9 au 10 thermidor conspiraient contre la république ? Etaient-ce les aristocrates qui, dans cette nuit célèbre, remplissaient les tribunes des Jacobins et de la commune rebelle ? Etaient-ce les aristocrates qui voulaient assassiner la représentation nationale ? Etaient-ce les aristocrates qui voulaient dominer pour se gorger d'or ? Non, c'étaient les Jacobins ! (On applaudit.)

Pouvez-vous vous dissimuler, sans passer pour des lâches, que le système qui existait aux Jacobins avant le 9 thermidor ne soit le même que l'on suit maintenant ? Quel est le Jacobin rebelle qui soit tombé sous le glaive de la loi depuis le 9 thermidor, si ce n'est le vice-président ? S'il y avait un président aux Jacobins dans la nuit du 9 au 10 thermi-

dor, il y avait aussi une assemblée ; pourquoi avoir puni l'un et fait grâce aux autres ? Quelles sont maintenant les tribunes des Jacobins ? les mêmes du 9 thermidor : elles sont composées de Furies de guillotine (on applaudit), qui ne font d'autres métiers que de les remplir, et de venir assiéger celles de la Convention nationale. (On applaudit.) Souffrir que de misérables factions se mettent au-dessus de la Convention nationale, quelle honte pour nous !

Depuis quelque temps, des gens soudoyés par la faction se mêlaient aux groupes, et affectaient de se mettre en opposition avec la Convention nationale pour sonder l'opinion publique. Le premier jour, ce petit manège leur a réussi ; mais le second jour, le peuple avait ouvert les yeux, et les battants ont été battus. (On rit.) Alors, grand bruit ; ils ont dit que tout était perdu parce que des Jacobins avaient reçu quelques coups de bâton. (On rit et on applaudit.) Ce qu'on faisait il y a quelques mois se répète aujourd'hui : des gens sans aveu se mêlent dans les groupes, et, je ne sais pourquoi, crient les uns : Vivent les Jacobins ! et les autres : Vive la Convention !

Dunem : C'est faux ! (Bruit.)

Plusieurs membres : C'est vrai !

(La suite demain.)

— N. B. La séance du 21 brumaire a duré depuis le matin jusqu'à neuf heures du soir. Romme a fait, au nom de la commission des Vingt et Un, le rapport sur les inculpations faites contre Carrier. Il a annoncé que la commission estimait qu'il y a lieu à le décréter d'accusation.

L'accusé a été entendu dans sa défense. Il a dit qu'il prouverait que les témoins appelés au tribunal étaient des brigands ou des complices des brigands de la Vendée ; il a défié que l'on citât contre lui aucun arrêté, aucun écrit qui prouvât qu'il eût autorisé les fusillades et les submersions qui ont eu lieu sans jugement, sinon de quelques brigands pris les armes à la main.

Il a exposé que, par l'usage des dépositions vocales, dénuées de preuves écrites, les ennemis du peuple pourraient attaquer la représentation nationale en son entier ; qu'aucun des représentants du peuple en mission, aucun des anciens comités de la Convention ne seraient exempts de ces attaques. Il a attribué les malheurs dont on lui impute le crime à l'effervescence de la guerre civile ; il a peint les atrocités exercées par les brigands envers les patriotes immolés par tous les genres de supplices. « Les mesures de représailles qui ont été prises, a-t-il ajouté, ont été les suites du décret de la Convention du 19 mars 1793, qui porte que tous les aristocrates, tous les ennemis du peuple sont mis hors de la loi. »

Enfin il s'est plaint de la conduite du tribunal révolutionnaire, et a dénoncé le président, l'accusateur public, et tous les jurés actuellement occupés à l'instruction du procès des membres du comité révolutionnaire de Nantes.

La discussion a été ajournée à trois jours après l'impression des pièces.

Après quelques débats incidentiels, étrangers au fond de la question, la Convention a décrété que Carrier serait provisoirement en arrestation chez lui, sous la garde de deux gendarmes.

---

*Payements à la trésorerie nationale.*

Le payement du perpétuel est ouvert pour les six premiers mois ; il sera fait à tous ceux qui seront porteurs d'inscriptions au grand livre. Celui pour les rentes viagères est de huit mois vingt et un jours de l'année 1793 (vieux style).

## RÉPUBLIQUE FRANÇAISE.

*Paris, le 23 brumaire.* — Les séances de la Société des Jacobins, des 17 et 19 brumaire, ont été en grande partie remplies par des discours de Léonard Bourdon et de Duhem. Tous deux se sont plaints en général des manœuvres des ennemis du peuple contre les Sociétés populaires, de la réaction de l'aristocratie contre les patriotes. Le premier, après avoir déclaré que bientôt les ennemis des Jacobins seraient terrassés, a accusé le tribunal révolutionnaire d'avoir entendu en déposition contre Carrier des contre-révolutionnaires de la Guadeloupe et des chouans de la Vendée. Duhem a dénoncé Tallien comme cherchant à provoquer une paix partielle ou plâtrée, et voulant resserrer la France dans ses anciennes limites. Il a fait voir les avantages de la possession de toute la rive gauche du Rhin, tant pour la défense de la république que pour ses approvisionnements et la dissémination de son papier-monnaie.

Les rassemblements qui s'étaient formés le 19 au soir pour en demander la dissolution se sont renouvelés hier; des commissaires des comités de la Convention s'y sont portés. Ils ont promis au peuple que la Convention ferait justice de ceux qui voulaient faire d'une Société populaire un foyer de révolte. Pendant ce temps, la Société s'occupait de lire la Déclaration des Droits, dont on répétait les articles relatifs à la résistance à l'oppression. Dans la nuit, les quatre comités de la Convention, réunis pour prendre des mesures sur la tranquillité publique, ont fait mettre les scellés sur le lieu des séances de la Société et sur ses archives.

## CONVENTION NATIONALE.

*N. B. Dans la séance du 18, après la lecture de la lettre relative à la prise de Reinsfeld, le décret suivant a été rendu :*

« Sur la proposition de Pierret, la Convention décrète la mention honorable de la conduite du général Vincent et l'insertion au Bulletin. »

**SUITE DE LA SÉANCE DU 20 BRUMAIRE.**

*Présidence de Legendre.*

\*\*\* : Les pièces déposées au comité prouveront que plusieurs Jacobins ont été assassinés au Palais-Royal.

REWBELL : Hier on nous amena au comité de sûreté générale cinq individus. Après les avoir entendus, il en est résulté que dans les groupes on avait maltraité des gens qui criaient *vive la Convention nationale !* (Des murmures s'élèvent dans une partie de la salle; plusieurs membres démentent le fait; d'autres l'attestent.)

DUHEM : Ils avaient été arrêtés le poignard à la main. Rewbell ment au peuple français.

PONS (de Verdun) : Ce que dit Rewbell est faux.

REWBELL : J'observe à mon collègue Pons, qui me donne un démenti, que le fait dont je parle s'est passé hier matin, et qu'il n'était pas au comité.

DUQUESNOY : Les prétendus Jacobins dont parle Rewbell sont du Palais-Royal; ils crient *Vivent les Jacobins !* pour les faire exterminer.

RUAMPS : Il y a plusieurs assassinats de commis.

*Plusieurs membres :* Tu n'as pas la parole. (Bruit.)

RUAMPS : Je demanderai la parole jusqu'à ce que l'on me tue; j'en ai vu qui voulaient nous égorger. (Grand bruit.)

Duhem et Ruamps parlent dans le tumulte.

*3e Série.—Tome IX.*

LESAGE-SÉNAULT : Je demande que Laignelot, rapporteur des comités, ait la parole.

CLAUZEL : Laignelot avait été nommé rapporteur par les comités, mais une incommodité l'a empêché de se préparer. Les comités ont été inculpés; la Convention a décrété que Rewbell, qui les présidait, rendrait compte de ce qui s'était passé; je demande qu'elle fasse respecter son décret. (On applaudit.)

LESAGE-SÉNAULT : Je demande la parole pour un fait.

*Plusieurs voix :* Quand Rewbell aura fini.

GOUPILLEAU (de Fontenay) : Je demande, par motion d'ordre, que Rewbell soit entendu dans le silence. A la fin de cette discussion il se trouvera des hommes qui, mettant de côté les passions et les individus, parleront pour les principes et en faveur de la chose publique.

THURIOT : On n'a point chargé Rewbell de dire les diatribes qu'il vient de débiter. (Rumeurs.)

*Plusieurs membres :* Président maintenez la parole à Rewbell.

REWBELL : Il me semble qu'on oublie que j'ai la parole par décret, et que je ne fais que rendre compte de ce que j'ai vu, sans y rien ajouter. J'adjure Thuriot de déclarer si j'ai proféré une parole qui n'ait été dite au comité.

BILLAUD-VARENNES : On n'a point dit à l'assemblée..... (Murmures.) Je demande la parole pour un fait.

REWBELL : Ces interruptions doivent faire voir clair à tout le monde. (Oui, oui ! s'écrient plusieurs membres.)

LALOI : Président, demande à l'assemblée la force nécessaire pour faire respecter ses décrets.

\*\*\* : Ce tumulte prouve que les Jacobins influencent la Convention. (Quelques applaudissements. — Murmures.)

REWBELL : Il est évident qu'en m'interrompant sans cesse on me fait perdre le fil de mes idées et la suite des faits que j'avais à révéler à la Convention.

Je disais donc qu'étant au comité de sûreté générale, à trois heures, on y amena plusieurs individus : les uns se plaignirent d'avoir été maltraités parce qu'ils avaient soutenu la Convention nationale. (Murmures dans une partie de la salle. — Plusieurs membres attestent le fait.) Parmi ces individus était une femme qui mérite votre intérêt, parce que vous avez décrété qu'elle a bien mérité de la patrie; elle se plaignait aussi d'avoir été maltraitée pour avoir crié : vive la Convention! D'autres, au contraire, portaient des plaintes de ce qu'on les avait insultés en criant : vivent les Jacobins! Vous le voyez, citoyens, les deux partis se trouvaient réunis au comité. Il est résulté de leur interrogatoire que les personnes rassemblées dans la cour des Tuileries criaient, les unes : vivent les Jacobins! les autres : vive la Convention nationale! et que, toutes les fois que ceux-ci faisaient entendre ce cri si cher aux Français, on leur répondait par un cri de faction. Quel était cet homme qui criait si fort vivent les Jacobins? un domestique qui depuis quatre jours était sans place. Nous l'avons arrêté, parce qu'il était sans aveu, et nous avons renvoyé les autres, quoiqu'ils eussent proféré le même cri.

J'ai été chargé par le comité d'expliquer les principes qui le dirigeaient; je sais vous les soumettre, parce que vous jugerez s'ils sont mauvais et si le comité mérite d'être renouvelé. Les voici.

Citoyens, le comité m'a chargé de vous faire connaître les principes qu'il professe : il ne peut y avoir qu'un seul cri de ralliement pour tous les Français, et ce cri doit être : Vive le peuple! vive la république! vive la Convention nationale! parce que dans ce cri se trouvent réunis la souveraineté et le gouvernement; les autres cris pourraient être interprétés à mal, et pourraient servir de ralliement aux factions et aux haines. Défiez-vous de l'exagération de part et d'autre, et retournez chez vous en bons citoyens. Voilà ce que je leur ai dit de la part du comité; ces principes sont-ils mauvais? (Vifs applaudissements.)

Pons (de Verdun) : Citoyens, j'étais dans l'erreur; mon collègue parle de ce qui s'est passé le matin, et moi, je parlais de la nuit.

Rewbell : Comme il s'agit principalement de justifier en ce moment la conduite du comité de sûreté générale, je dois ajouter qu'avant cette scène le comité, voulant assurer la tranquillité publique, m'avait député au comité militaire avec un autre de mes collègues, pour l'engager à renforcer le poste de la Convention ; j'annonce aux malveillants que les mesures ont été tellement prises qu'il n'y a rien à craindre.

Hier soir, à huit heures, plusieurs membres du comité de sûreté générale s'étaient déjà rendus à leur poste, lorsqu'on vint avertir le comité du trouble qui se manifestait. Et ici, citoyens, je vais vous rendre compte des faits tels qu'ils ont été rapportés au comité. On nous avait annoncé qu'un groupe très-nombreux s'était porté aux Jacobins; heureusement qu'un de nos collègues vint nous rassurer sur la force de ce groupe, en disant, ce que nous ignorions à l'assemblée, que les Jacobins n'avaient été assiégés que par une trentaine d'individus. (On rit dans une partie de l'assemblée.)

J'avoue que le rapport fait au comité de sûreté générale annonçait un groupe considérable. A l'instant même où nous apprîmes cet événement, nous convoquâmes les comités de salut public, de législation et militaire, afin d'aviser aux mesures à prendre ; et aussitôt des patrouilles nombreuses se portèrent au lieu du rassemblement, ayant à leur tête deux membres du comité. Ce qui nous a déterminés à nous porter nous-mêmes sur le lieu de la scène, c'est qu'on nous avait dit que la vie de plusieurs de nos collègues était en danger. Barras nous représenta que ce n'était pas le moment de délibérer, qu'il fallait d'abord délivrer nos collègues qui se trouvaient au milieu des Jacobins, parmi cette tourbe de factieux, et les ramener dans notre sein. (On applaudit.) Le rapport que nous firent nos collègues nous rassura sur la suite de cet événement; il portait que plusieurs citoyens étaient allés aux Jacobins, en avaient voulu enfoncer les portes, mais qu'ils se retirèrent paisiblement à la voix des représentants du peuple. Ce rassemblement, suivant un autre rapport, a commencé au Palais-Royal, où plusieurs individus criaient : Vivent les Jacobins ! à bas la Convention nationale! Le peuple indigné les poursuivit, et... (Violents murmures d'une partie de l'assemblée.)

Dubem : Combien as-tu payé ceux qui t'ont fait ce rapport, Rewbell? (Rumeur.)

Rewbell : Je dis les faits tels qu'ils ont été rapportés aux comités, et je prie mes collègues de me relever si je me trompe; car il est possible qu'un homme qui a passé trois nuits ait la mémoire moins fraîche que ceux qui reposent toutes les nuits. Je disais donc que ce cri avait attiré sur eux d'autres citoyens, qui les poursuivirent jusqu'aux Jacobins. Un de nos collègues, digne de foi, a rapporté que ces scènes s'étaient renouvelées aux Tuileries, où il avait reconnu trois membres de la Société des Jacobins, qui criaient : vivent les Jacobins ! et qui tenaient des

propos capables d'occasionner une émeute. (Murmures d'une partie de l'assemblée.) Il paraît qu'on s'était concerté.

Le fait rapporté aux comités réunis a donné lieu à une discussion très-bien motivée ; je ne puis rapporter ici toutes les opinions qui ont été émises; je me contenterai de vous soumettre le résultat de celles de Laignelot, Barras, Bourdon (de l'Oise), Delmas et Bréard, qui ont très-bien parlé.

Plusieurs membres : Thuriot, Prieur et Cambacérès ont aussi parlé ; tu ne parles pas d'eux.

Rewbell : Il est vrai que je dois une réparation à Thuriot, car il a parlé souvent et longuement; je devais m'en souvenir. (Rires et murmures.)

Thuriot : J'avoue que Rewbell ne voulait pas qu'on parlât quand on n'était pas de son avis. (Murmures.)

Ruamps parle dans le tumulte.

Rewbell : Je n'ai jamais compris l'opinion de personne; dans la discussion qui a eu lieu aux comités, tout le monde a parlé, et à six heures du matin, au moment où on allait prendre une délibération, on nous amena plusieurs individus qui avaient été arrêtés. On demanda qu'ils fussent entendus avant de rien statuer, leur déposition pouvant jeter de grandes lumières sur la question que l'on agitait; ces individus furent conduits au comité de sûreté générale, où on les interrogea.

Il est résulté de l'interrogatoire de ces citoyens un fait certain : c'est que des pierres ont été jetées dans les croisées de la salle des Jacobins, que les groupes ont été dispersés par la force armée, et que ce n'est qu'après leur dispersion que les Jacobins ont fait des sorties et ont maltraité quelques individus qui se trouvaient dans les cours et qui s'en retournaient paisiblement chez eux. (On rit et on applaudit.)

Ruamps : Ce rapport tend à l'assassinat des patriotes. (Bruit dans une partie de l'assemblée.)

Dubem : Ce rapport a été dicté à Rewbell par ses amis Fréron et Tallien; on n'a oublié les coups de pistolet qu'on a tirés sur nous, et les poignards qu'on a saisis sur les prisonniers.

Laignelot : Président, fais cesser ces personnalités. Sommes-nous les représentants d'un grand peuple? délibérons-nous en ce moment? Je demande que tout le monde s'explique avec caractère et dignité.

Rewbell : On ne veut pas faire attention que je rapporte les déclarations de ces individus ; ce qu'ils ont dit est-il vrai, je n'en sais rien; ils ont dit qu'il n'y avait plus de groupes, qu'ils s'en retournaient chez eux lorsqu'ils furent assaillis de coups de bâton; et en effet ils étaient tout ensanglantés; qu'ils ont été poussés dans la Société des Jacobins succombant sous les coups qui leur étaient portés. Parmi eux était un enfant de quinze ans qu'on avait traité d'aristocrate et de contre-révolutionnaire parce qu'il avait un sabre. Cet enfant descendait sa garde; son billet nous l'a attesté. Il nous a déclaré qu'étant entré dans la Société des Jacobins, plusieurs membres tirèrent de leurs poche des cordes pour l'attacher, ainsi que les autres citoyens qu'ils avaient arrêtés. (Mouvements d'indignation.) Ils ont été ainsi conduits chez le commissaire de police, qui, ne sachant qu'en faire, les a renvoyés au comité de sûreté générale. Après les avoir interrogés séparément, le comité a renvoyé les blessés chez eux pour se faire panser, et personne ne venant déposer contre les autres, ils ont été également rendus à la liberté. (Applaudissements.)

Après avoir entendu ces individus, les comités reprirent leur délibération; le résultat ne fut pas de détruire les Sociétés populaires, comme voudraient le faire croire plusieurs personnes; mais on a observé que parmi les Jacobins il y avait encore des hommes du 9 thermidor, et que, si nous ne voulions pas voir élever autorité contre autorité, les séances de cette Société devaient être suspendues pendant quelque temps. (Applaudissements.)

J'espère qu'après que les opinions auront été émises, et qu'on aura entendu la lecture des pièces qui sont au comité, ceux qui veulent sincèrement le bonheur de leur patrie se joindront à l'avis des comités, qui n'a eu contre lui que quatre voix. (On applaudit.)

Mais en même temps que vous prendrez cette mesure pour assurer la tranquillité des citoyens, il faut que la représentation nationale soit respectée ; il ne faut pas qu'en sortant de chez lui le matin un représentant du peuple entende crier dans les rues des diffamations contre lui, et c'est l'objet du second article du projet de décret que les comités doivent vous présenter. (On applaudit.) Nous avons été presque unanimement convaincus que ceux qui diffamaient la Convention nationale en totalité ou dans la personne de quelques-uns de ses membres, et que ceux qui sans cesse s'injuriaient, travaillaient l'un et l'autre pour la tyrannie, et Thuriot a parfaitement parlé sur cette matière. (On applaudit.)

Voilà les détails que la Convention a désiré connaître. Je vais maintenant lui faire lecture des deux articles du projet de décret arrêté par les comités. C'est à ceux de mes collègues qui les ont appuyés à faire sentir en ce moment la nécessité de leur adoption ; pour moi, je les regarde comme devant seuls sauver la chose publique ; les voici :

« Les séances des Jacobins seront suspendues jusqu'à ce qu'il en ait été autrement ordonné.

« Les comités de législation, de salut public et de sûreté générale, présenteront incessamment un projet de loi contre les calomniateurs. » (On applaudit.)

On demande à aller aux voix sur ces propositions.

CAMBOULAS : Il est échappé un fait à Rewbell. Je demande que l'on communique à la Convention la correspondance du comité d'émigrés, en Suisse.

CLAUZEL : Je demande que le comité de salut public en donne connaissance. (Vifs applaudissements.)

LETOURNEUR (de la Manche) : Il appartient à l'un des membres qui ont été chargés par les quatre comités de se rendre sur les lieux de rendre compte de ce qui s'est passé. (Oui, oui ! s'écrie-t-on.) Je ne viens point exciter les passions, je viens dire la vérité.

On a prétendu que les comités s'étaient mal comportés ; il importe que la Convention soit instruite des mesures qu'ils ont prises ; il importe que les braves Parisiens sachent que le comité militaire ne les dirige que par un esprit de bien public. (Applaudissements.) Dès hier après midi le comité militaire avait été instruit par celui de sûreté générale de la nécessité de doubler le poste de la Convention, et de commander des réserves pour les jours suivants ; toutes ces mesures furent prises. Le soir, le comité étant assemblé, on vint lui annoncer qu'il se formait un rassemblement autour des Jacobins : trois membres de chacun des comités y allèrent. Partout nous entendîmes crier : vive la Convention ! partout nous ne vîmes que de bonnes intentions, partout les citoyens s'éloignèrent à notre voix. Il y avait autour des Jacobins environ soixante personnes qui paraissaient très-échauffées, et qui criaient : A bas les Jacobins ! Nous leur représentâmes que c'était là un cri de faction ; que, s'ils avaient quelque tort à reprocher aux Jacobins, il fallait qu'ils s'en plaignissent à la Convention. Cet attroupement se dissipa à l'instant ; nous eûmes le même succès dans la rue Honoré. Pendant tout le temps que nous fûmes là, aucun citoyen ne fût frappé ; tous prêtèrent le plus grand silence. Nous ne savons pas ce qui s'est passé

dans l'intérieur. Une députation des Jacobins vint cependant nous prier d'entrer dans leur sein ; nous y serions entrés, car nous aimons les Société populaires, mais cette démarche eût été au moins indiscrète ; car, pendant que nous aurions été dedans, les troubles auraient pu recommencer au dehors, et nous aurions exposé la représentation nationale à être attaquée dans nos personnes.

Le seul événement qui se soit passé en notre présence est du fait de Duhem, qui sortit des Jacobins, saisit un individu et le fit entrer dans la salle. Je ne sais ce qui avait provoqué cette action, mais je la vis avec peine ; car elle pouvait servir de nouveau stimulant aux assaillants, qui voulaient à toute force avoir leurs camarades arrêtés. Voilà ce que les comités ont fait ; je crois qu'ils ont rempli leur devoir. (Oui, oui ! s'écrie-t-on. — Vifs applaudissements.)

DUHEM : Je dois rendre les faits tels qu'ils se sont passés. Il y avait deux heures que nous étions assiégés (Tu étais dehors, lui crie-t-on), lorsque nous apprîmes que la police était faite au dehors par des représentants du peuple ; nous leur envoyâmes une députation. Voyant que cette députation ne rentrait pas, je sortis ; je vis Bourdon (de l'Oise) et d'autres de mes collègues qui tâchaient de calmer les insurgés. (On rit.) J'étais placé au milieu des chevaux de mes collègues, et j'entendis dire très-distinctement derrière moi par un des assassins qui nous ont assassinés... (On rit.) Si cela vous plaît mieux, je dirai des honnêtes gens. J'entendis dire : « Voilà Duhem ; c'est un buveur de sang. » (Applaudissements. — Murmures.)

LESAGE-SÉNAULT : Assez et trop longtemps..... (Plusieurs membres s'élèvent contre une tribune qu'ils désignent.)

LE PRÉSIDENT : L'ordre est donné de faire vider la tribune, et de faire respecter la Convention nationale.

PRIEUR (de la Marne) : Je demande la parole. Ce n'est pas des tribunes ni de la tribune que nous avons à nous plaindre, mais d'un point intermédiaire qui se trouve entre cette tribune et celle de là-bas. Il est bien douloureux pour des hommes sages, probes, fermes, qui font tout leur possible pour se neutraliser au milieu des passions, de voir à quel point l'on profite de toutes les circonstances pour animer les esprits. (Applaudissements. — Murmures.) Je ne fais aucune proposition, mais j'invite tous les citoyens qui entourent la Convention à imiter le calme qu'elle présente.

DUHEM : En entendant ces expressions et l'agitation sourde qui régnait autour de moi, je me retournai du côté de celui qui avait tenu ce propos, et je lui dis à voix basse : « Me voilà ; que me veux-tu ? — Tiens ! buveur de sang, en voilà ; bois-en ! » Il me mettait le poing sous le nez. Je le saisis ; un de mes collègues me le demanda. Je ne voulus le remettre qu'à la force armée ; je ne voulus de même remettre un assassin que j'avais pris à la porte de notre salle qu'à la force armée, quoique mon collègue Carnot me le demandât ; car il faut que vous sachiez qu'on a brisé nos portes, et qu'on est venu contre nous avec des pistolets et des poignards. Je remis ces hommes à un officier de garde qui me parut un excellent citoyen, et qui conserva la plus grande sagesse. Il me dit qu'il avait l'ordre verbal de conduire au corps de garde de la section ; mais il m'observa que son escouade n'était pas assez forte, et que les brigands qu'on avait pris pourraient bien être dégagés par les groupes qui se trouvaient sur les derrières. Ensuite un commandant prit ces individus, qu'il conduisit au corps de garde ; mais il est certain qu'on ne voulait pas seulement traîner les femmes dans la boue, mais avoir les têtes des représentants du peuple. (Murmures.) Au reste, les applaudissements indécents, je dirai même atroces, qui sont partis de cette petite tribune, où il y a constamment des contre-révolutionnaires, prouvent les intentions des assassins qui se sont présentés, à nos portes, le poignard à la main. Ma tête ne tient à rien pour sauver le peuple; mais je défie les scélérats qui attaquent la représentation nationale et les Jacobins (murmures), qui n'attaquent les Sociétés populaires que parce qu'elles sont garanties par la Déclaration des Droits de l'Homme, que parce qu'elles sont l'avant-garde de la Convention; je défie les hommes méprisables qui, tous les jours, colportent des listes de proscription contre leurs collègues; je les défie de ternir la réputation des vrais patriotes. (Applaudissements.) Oui, ce n'est pas pour ces individus que je parle, c'est pour le maintien de la Déclaration des Droits.

On a dit que les Jacobins n'avaient pas été épurés; mais la liste des membres de cette Société est entre les mains de l'autorité publique: qu'on arrête ceux qui sont coupables, mais qu'on ne fasse pas le procès aux Sociétés populaires. Ce ne sera pas en venant poignarder les citoyens paisibles... (On rit.)

BILLAUD-VARENNES: Vous riez des massacres!

DUHEM: Ce n'est pas le poignard à la main, les poches pleines de pierres (on rit), en brisant les portes, les fenêtres, en assommant les femmes et les enfants dans l'intérieur de la salle....

*Une voix*: Et ce que vous avez fait dans la Vendée?

DUHEM: Ce n'est pas en venant achever la mutilation de nos camarades de la Société (car il y en a qui ont perdu des bras et des jambes à la défense de la patrie, et ils se croyaient au milieu des Prussiens et des Autrichiens), ce n'est point ainsi qu'on demande l'exécution de la loi; ce n'est pas le tout de crier: vive la Convention! lorsqu'on viole les principes, lorsqu'on outrage tous les droits du peuple. Et nous aussi nous n'avons eu qu'un cri, celui de vive la Convention! et Prieur (de la Marne) est venu dans notre salle à travers les pierres et les couteaux. Ceux qui demandent la proscription des citoyens ne veulent pas la paix, mais la guerre civile. (Applaudissements.) Une des grandes causes de cet assassinat public est le décret rendu hier; c'est de la rue Vivienne, c'est du Palais-Royal, c'est de ce centre de corruption qu'est parti cet attroupement. (Applaudissements.) Depuis quatre jours on n'entendait parler que de l'extermination des Jacobins, et, à la délivrance du charbon, on a écrasé de malheureuses femmes qui parlaient pour eux; on les a jetées dans la rivière. (Quelques murmures.)

BILLAUD-VARENNES: Le désordre a été tel qu'on n'a pas pu délivrer de charbon.

DUHEM: C'est le décret rendu le matin sur les finances, qui a déjoué l'agiotage de la rue Vivienne, qui a déjoué tous les intrigants de Genève qui ont pactisé avec Pitt. (Applaudissements.) Si je voulais me traîner dans des libelles comme tant d'autres écrivains, je dirais que tout cela a été machiné dans les boudoirs de madame Gabarus, dont le père a établi la banque de Saint-Charles et voudrait régir nos finances, et qui fait attaquer les meilleurs patriotes par Tallien.

Je demande que la Convention entende tout, qu'elle nous laisse tous parler, et s'il faut mourir pour le peuple, nous mourrons. (Applaudissements.) Nous demandons aussi la lecture des fameuses lettres de la Suisse, et l'on verra que ce n'est point nous qui entretenons des correspondances avec les émigrés.

PÉNIÈS: Je vais dire des vérités; je ne divaguerai pas, et je n'userai pas de la parole aussi longuement que Duhem pour rappeler des faits étrangers.

Je réponds à Duroy. J'ai entendu dire dans des groupes précisément ce que nous a rapporté Duroy: on y disait que les comités de gouvernement ne valaient rien, et qu'il fallait les renouveler. Un citoyen ayant exprimé qu'il avait quelque confiance en Bourdon (de l'Oise), on lui répliqua qu'il avait avili les Sociétés populaires. J'ai entendu dire encore: « Comment voulez-vous que le gouvernement aille, puisque la police est confiée au comité de sûreté générale, en qui nous n'avons pas confiance? Il faut y mettre des Montagnards bien prononcés. » (Des rumeurs et quelques éclats de rire partent d'une partie de l'assemblée.)

BAUDIN: Oui, des Amar, des Voulland et des Vadier.

*Une autre voix*: Carrier!

PÉNIÈS: Un particulier ayant dit qu'on avilissait mal à propos le gouvernement, on lui répondit que les patriotes étaient incarcérés, que les aristocrates étaient élargis, et l'on insista sur le renouvellement des comités. On dit: Nous serons appuyés fortement, car toutes les tribunes de demain seront pour la motion. (Mêmes murmures.)

DUROY: Je n'ai été dans aucun groupe.

PÉNIÈS: J'ai entendu un autre citoyen, qui paraissait très-échauffé, dire: « Mais quand vous auriez les tribunes, vous n'auriez pas la majorité de la Convention. » On lui répondit: « Tais-toi, aristocrate; tu es un modéré. » Il fut chassé et battu. (Murmures.) Tous ces faits se sont passés en présence de beaucoup de personnes, et elles en déposeront au comité de sûreté générale. Duroy a cherché à calomnier ce comité; il a traité Rewbell de fripon et de voleur.

DUROY: Ce sera une explication à avoir.

GOUPILLEAU (de Fontenay): Je demande la parole pour une motion d'ordre. (Murmures.)

***: Comment voulez-vous qu'on nous respecte si nos collègues eux-mêmes nous traitent de contre-révolutionnaires? Duquesnoy vient de dire: « Il faut se défaire de ces coquins, parce que ce sont des contre-révolutionnaires. » (Un mouvement d'indignation s'élève dans une partie de l'assemblée. — Duquesnoy parle dans le tumulte.)

PÉNIÈS: Tous ces faits se rapportent à ceux qui vous ont été cités par Duquesnoy. On excite les citoyens les uns contre les autres, en les empêchant d'avoir confiance dans la Convention. (Murmures dans une partie de l'assemblée, applaudissements dans l'autre.)

*Une voix*: Ce n'est pas ici qu'il faut dire ce qui se passe dans les groupes.

PÉNIÈS: Je vous le répète, on ne s'occupe que d'avilir les comités de gouvernement, parce qu'on les craint. Je demande la lecture des lettres de Suisse.

GOUPILLEAU (de Fontenay): La discussion qui s'est élevée tient trop essentiellement à la chose publique pour que la Convention puisse prendre légèrement une détermination. On a présenté des faits qui ont été combattus; on parle de pièces qui ont été lues dans les quatre comités, de renseignements particuliers, de rapport; je pense que plus les moments sont orageux, plus la Convention doit être calme. Nous avons traversé les orages de la révolution, nous franchirons encore ce pas. (Applaudissements.)

Je demande que la Convention invite tous les citoyens à l'ordre et à la tranquillité; que les quatre comités soient tenus de faire un rapport circonstancié, de lire les pièces, et que la Convention, ne voyant que la chose publique, sévisse de la manière la plus sévère contre tous ceux qui cherchent à porter atteinte à la liberté. (Applaudissements.)

Je demanderai que, dans cette discussion, les représentants du peuple s'élèvent à la hauteur où ils doivent rester ; qu'ils ne considèrent les individus que pour les atteindre, s'ils sont coupables.

Je demande le renvoi du tout aux quatre comités, et que la séance soit levée.

La proposition de Goupilleau est adoptée.

La séance est levée à quatre heures et demie.

### SÉANCE DU 21 BRUMAIRE.

On admet à la barre une députation.

*L'orateur :* Représentants du peuple, la république est menacée par des agitateurs contre-révolutionnaires qui arborent l'étendard de la révolte, qui calomnient les époques glorieuses de la révolution, et font une guerre ouverte au patriotisme. Des mouvements séditieux se propagent dans cette commune depuis plusieurs jours. Des citoyens, des femmes, des enfants ont été insultés, frappés, assassinés par un attroupement armé. La propriété a été violée ; une Société populaire a été troublée, et la représentation nationale outragée dans plusieurs de ses membres.

Il est du devoir des dépositaires de l'autorité de faire poursuivre selon la rigueur des lois, et notamment de celle du 25 juillet 1793, les perturbateurs des Sociétés populaires, les assassins et les vils ennemis de la république. Il est de l'intérêt des membres du souverain d'exiger que les audacieux infracteurs des lois soient punis.

Au nom de la section des Amis de la Patrie, nous venons demander à la Convention nationale la prompte punition des attentats commis contre les personnes, les propriétés et les Sociétés populaires, garanties par la constitution démocratique acceptée par le peuple français, et qu'il saura défendre contre ses ennemis.

Vive la république démocratique, une, indivisible et impérissable ! vivent les droits de l'homme ! vivent la constitution républicaine de 1793 et la représentation nationale !

LE PRÉSIDENT, à la députation : Le dernier sentiment que vous venez d'exprimer, le cri de *vive la représentation nationale !* rassemblera dans tous les temps les vrais amis de la patrie. (On applaudit.) Si les aristocrates relevaient la tête, à ce cri tous les patriotes se rallieront, et les aristocrates seront bientôt anéantis.

LEJEUNE : Je demande que cette pétition, qui contient les principes consacrés dans la Déclaration des Droits de l'Homme et dans la constitution, soit insérée au Bulletin avec mention honorable.

*Plusieurs voix :* Non ; le renvoi aux quatre comités.

BABAILON : Je n'épouse aucun parti ; mais, toutes les fois qu'on viendra jeter ici des germes de division (vifs applaudissements), je tâcheral de les étouffer. Je ne puis ignorer qu'on a cherché à égarer les sections. Je le répète, je n'épouse aucun parti ; mais je dis qu'il suffit qu'on ait jeté une pomme de discorde pour que tous les gens de bien se réunissent. (Une grande partie de l'assemblée et des spectateurs applaudissent à plusieurs reprises.) Je demande que la pétition soit renvoyée aux quatre comités. Ils ont votre confiance ; rapportez-vous-en à leur zèle et à leur justice ; ils veillent quand vous dormez. (Nouveaux applaudissements.)

*Un grand nombre de membres :* Aux voix le renvoi !

DUBEM : Je demande la parole.

*Les mêmes membres :* Le renvoi !

Dubem s'élance à la tribune ; les cris de renvoi l'empêchent de parler. Il veut insister ; les cris recommencent.

Le renvoi est mis aux voix et décrété. (Les applaudissements redoublent et se prolongent.)

Dubem paraît aux prises avec quelques-uns de ses collègues. Il remonte à la tribune. (A bas ! lui crient plusieurs membres. Il en redescend. — Les mêmes applaudissements recommencent.)

FAYAU : Dubem était à la tribune.....

*Plusieurs voix :* Tu n'as pas la parole ; la discussion est fermée ; le renvoi est décrété.

On demande qu'avec le renvoi, la mention honorable et l'insertion au Bulletin soient décrétées.

Le président rappelle l'état de la délibération, et annonce cette dernière proposition.

*Plusieurs voix :* Le renvoi pur et simple.

On demande la priorité pour la troisième proposition, qui réunit les deux autres.

*Les mêmes voix :* Non ; non ! Le renvoi est décrété qu'il soit maintenu purement et simplement.

Fayau insiste pour avoir la parole.

Le président met aux voix la question de priorité. Elle est accordée au renvoi pur et simple.

Léonard Bourbon, Gaston, Ruamps demandent la parole.

Le président met aux voix la proposition du renvoi ; elle est décrétée. (Nouveaux applaudissements d'une partie de l'assemblée et des tribunes.)

*Plusieurs membres de l'extrémité gauche :* L'appel nominal !

Ils descendent pour aller signer cette demande. L'assemblée reste quelque temps dans l'agitation.

GOUPILLEAU (de Fontenay) : Je demande la parole.

LE PRÉSIDENT : Au nom de la patrie, je réclame l'ordre et le silence.

GOUPILLEAU : On ne peut se dissimuler que, lorsque la pétition dont il s'agit, a été lue, il y avait au moins cent cinquante membres qui n'étaient pas présents ; j'en demande une nouvelle lecture, afin qu'on puisse prononcer en connaissance de cause.

BAUDIN : Je demande la parole pour un fait. Le travail de la commission des Vingt et Un est achevé. (On applaudit.)

GIROARD : Sous le prétexte qu'il manquerait quelques citoyens à la séance, on viendrait tous les jours recommencer les délibérations.

CLAUZEL : Je demande moi-même une seconde lecture de l'Adresse.

La seconde lecture est décrétée.

Un des secrétaires relit la pétition.

Une partie de l'assemblée applaudit à plusieurs reprises.

LAVASSEUR (de la Sarthe) : L'appel nominal !

CLAUZEL : Rewbell va vous annoncer un fait important relatif à la délibération.

*Plusieurs voix :* L'appel nominal !

CLAUZEL : On ne s'oppose pas à l'appel nominal, mais entendons Rewbell d'abord.

*Un grand nombre de membres :* Le rapport sur Carrier. On demande que la Convention l'entende séance tenante.

Cette proposition est décrétée.

(De nouveaux applaudissements se font entendre de presque toutes les parties de la salle.)

— Romme est à la tribune.

FAYAU : Je demande la parole.

*Plusieurs voix :* La parole est au rapporteur.

Romme, au nom de la commission des Vingt et Un fait son rapport. Il annonce que cette commission s'est renfermée dans les dispositions de la loi du 8 brumaire, qui fixe la nature de ses fonctions et le mode de travail qu'elle devait suivre. Elle a reçu le 10 les pièces relatives à Carrier ; elle a pris dès cet instant toutes les précautions nécessaires pour en constater le nombre, la nature, l'état, et en assurer la conservation. Quatre autres envois successifs de pièces lui ont été faits par les comités réunis ; toutes ont été communiquées au représentant du peuple Carrier, qui en a reçu copie sans déplacement et a été entendu autant de fois qu'il l'a désiré.

Le rapporteur donne ensuite l'analyse des pièces dont voici la substance :

Carrier, quelques jours après son arrivée à Nantes, a fait entendre, en présence du représentant du peuple Ruelle, les plus grandes imprécations contre les habitants de Nantes. Il a déclaré que, si on ne lui dénonçait pas les contre-révolutionnaires, il ferait incarcérer tous les marchands et négociants, pour les faire décimer et fusiller. Il a tout fait pour occasionner une émeute dans Nantes, afin de la faire déclarer en état de rébellion, disant qu'elle était le repaire des brigands de la Vendée. Il a déclamé souvent, à la tribune de la Société populaire, contre les riches, à donné le signal de proscription contre eux, a partagé leurs trésors avec ses satellites. Il voulait soulever le peuple contre les marchands. Toutes les familles étaient dans le deuil ; chacun était réduit à une demi-livre de pain par jour ; il menaçait de faire déclarer Nantes en état de rébellion, et faire marcher la force armée contre cette commune.

Il a dit : « Comme le f.... comité révolutionnaire travaille-t-il donc ? Il fallait faire tomber cinq cents têtes, et l'on n'en voit pas une. » Il a fait arrêter tous les courtiers, tous les interprètes, les acheteurs et acheteuses, les revendeurs et revendeuses de denrées de première nécessité, sans exception. Il a molesté un juge de paix et voulu jeter au feu un greffier, parce qu'il s'était refusé à une levée illicite de scellés. Il se plaignait du comité révolutionnaire de Nantes, et l'accusait de ne prendre que des demi-mesures. Il n'était accessible que pour l'état-major ; il maltraitait les députations qui lui étaient envoyées par les Sociétés populaires et les admistrations. Il a fait arrêter un officier général pour lui avoir parlé en homme libre. Il a maltraité, menacé, fait arrêter des citoyens qui avaient fait la motion de le rayer de la Société populaire s'il s'obstinait à ne pas fraterniser avec elle. Il a reçu avec des soufflets des membres de la Société populaire, et à coups de sabre des officiers munipaux qui lui demandaient des subsistances. Il a dit à un maire, qui lui demandait du pain pour sa commune, que la sentinelle avait eu tort de ne pas lui passer sa baïonnette au travers du corps. Il a écrit au général Haxo, le 28 frimaire : « J'apprends, mon brave général, que les commissaires de la Vendée veulent partager les subsistances avec ceux de la Loire-Inférieure. Il est bien étonnant que la Vendée réclame des grains. Il entre dans mes projets, il est dans l'intention de la Convention d'enlever tous les grains de ce pays, de brûler les maisons, de détruire les habitants qui ont déchiré la patrie par une guerre atroce. Fais tout enlever ; en un mot, qu'il ne reste rien dans ce pays maudit ; que tout soit envoyé à Nantes. »

Il se disait malade à la campagne ; il était à Nantes et bien portant. Toutes les lettres étaient interceptées. On n'osait plus parler, écrire, penser ; l'esprit public était mort. Un volontaire de la section des Gardes-Françaises représentait à Carrier qu'une escorte de quinze hommes était trop faible pour accompagner un convoi parti de Nantes. Carrier tira son sabre comme pour le frapper, le menaça de la guillotine. Le convoi partit, fut pris par les brigands, et douze hommes furent tués.

Un marinier lui demandait quand il lèverait l'embargo mis sur les bateaux de la Loire ; il lui répondit : « Je vais te le dire. » Il tire son sabre, et lui en porte un coup que celui-ci n'évite qu'en fuyant. »

On aurait pu s'emparer de Charette et de son état-major, si l'on eût suivi les projets de la Société populaire de Nantes ; Carrier ne voulut pas les adopter. Ce fut par ses ordres que fut formée la compagnie Marat, dont chaque membre recevait 10 livres par jour de salaire, et dont les fonctions étaient de surveiller les citoyens de Nantes, les étrangers, les accapareurs, de donner des mandats d'arrêt contre les gens qui leur paraîtraient suspects, de faire des visites domiciliaires partout, et de requérir la force armée pour enfoncer les portes qu'on refuserait d'ouvrir. On reproche à Carrier d'avoir investi de pouvoirs illimités un nommé Batteux, chef d'une armée révolutionnaire, qui s'est permis les plus affreux excès. Quand ce Batteux fut arrêté par ordre du représentant du peuple Tréhouard, Carrier le fit mettre en liberté, et défendit à tout que ce fût d'attenter à sa personne. Il publia un arrêté portant défense d'obéir à ce représentant, sous prétexte que c'était un fédéraliste.

On accuse Carrier d'avoir mis en place des hommes sans mœurs, des banqueroutiers, des jeunes citoyens de la première réquisition ; d'avoir approuvé les comptes d'un nommé Normand, convaincu de

malversation, et de lui avoir donné une autre place de 8,000 livres, prix du commerce qu'il entretenait avec sa femme... Pendant le séjour de Carrier à Nantes, quatre-vingts prêtres réfractaires furent noyés par ses ordres, quoiqu'ils ne fussent sujets qu'à la déportation. Carrier reprochait sans cesse à la commission militaire de ne pas juger assez vite les brigands, quoiqu'elle en eût jugé plusieurs mille en un mois.

On accuse Carrier d'avoir fait fusiller un escadron entier de brigands qui s'étaient rendus avec armes et bagages, après une amnistie solennellement proclamée. Plusieurs femmes ont été, dit-on, noyées pour n'avoir pas voulu consentir à la passion de Carrier. Plusieurs témoins ont assuré avoir vu les ordres de Carrier pour noyer des trois cents personnes à la fois. Lambertye et Goulin, membres du comité révolutionnaire de Nantes, ont déposé l'original d'un ordre par lequel Carrier les autorisait à requérir la force armée pour des *expéditions secrètes*. (C'est ainsi qu'il appelait les noyades.) Une foule de lettres parlent aussi de ce qu'on appelait à Nantes le *mariage républicain* ; il consistait à lier un jeune homme nu sur une fille, et à les précipiter ainsi dans les flots. Enfin, on reproche à Carrier de n'être jamais sorti de Nantes, de n'avoir jamais été à la tête des armées républicaines, d'avoir passé les nuits dans des orgies bacchiques, avec le comité révolutionnaire de Nantes, et d'avoir bu ensemble à la santé de ceux qu'ils avaient envoyés, disaient-ils, *boire à la grande tasse*. Un canonnier dépose aussi avoir été témoin de ces noyades, exécutées par Lambertye, qui se disait muni d'ordres de Carrier.

Des témoins déclarent avoir vu Carrier dîner avec ses satellites dans le bateau même qui servait à exécuter les noyades ; y faire venir des femmes enlevées par les sicaires, et les précipiter ensuite dans la Loire après en avoir joui.

La femme Brovin vint un jour lui demander la permission de voir son frère, qui était incarcéré : « Bientôt, lui répondit-il, ton frère sera f.... à l'eau ; et si tu répliques, je t'y ferai f...... aussi. » Il la rappela ensuite, et lui offrit la liberté de son frère si elle voulait assouvir sa passion. Elle refusa, et le lendemain son frère fut noyé.

Une lettre adressée au tribunal révolutionnaire par un citoyen de Nantes porte que Carrier fit fusiller sans jugement un citoyen qui nuisait aux liaisons qu'il entretenait avec sa femme.

La lecture de ces pièces est fréquemment interrompue par des frémissements d'horreur et d'indignation.

Le rapporteur présente le vœu de la commission, qui estime qu'il y a lieu à accusation contre le représentant du peuple Carrier.

On demande la lecture de la loi du 8 brumaire. Romme la lit.

*Plusieurs voix :* L'arrestation provisoire !

Carrier demande la parole ; il monte à la tribune au milieu des murmures.

*Un grand nombre de membres :* Aux voix l'arrestation provisoire !

Le Président : Carrier demande à être entendu ; aux termes de la loi, il doit avoir la parole.

Durand-Maillane : Aux termes de la loi dont je viens d'entendre la lecture, ce n'est point aujourd'hui que Carrier doit être entendu, mais bien après l'impression et la distribution des pièces ; c'est son intérêt comme celui de la justice. Je demande qu'il ne soit entendu que le jour de la discussion.

Dartigoyte : Je ne crois pas que la Convention ait entendu par sa loi priver un accusé de parler aussitôt après le rapport. Si nous n'entendons pas notre collègue, nous allons sortir d'ici avec une certaine prévention résultant des pièces lues par le rapporteur. (Quelques murmures.) Je demande que Carrier ait la parole.

CHAZAL : Qu'on l'entende ; ce que la loi ne défend pas est permis.

LE PRÉSIDENT : Je vais consulter l'assemblée...

BOURDON (de l'Oise) : La Convention ne peut délibérer si le prévenu doit être entendu, car il s'ensuivrait qu'elle pourrait en d'autres cas lui refuser la parole. D'après les principes, ce qui n'est pas défendu par la loi est permis. Je le répéterai toujours, il faut que ce jugement passe sans tache à la postérité. (On applaudit.)

LE PRÉSIDENT : Carrier, tu as la parole.

Carrier lit un discours justificatif qu'il commence par déplorer la fatalité des événements dans l'institution d'un gouvernement, fatalité qui, pour les fonctionnaires publics, rend la roche tarpéienne voisine du Capitole. Il y a six mois que sa tête était couverte de lauriers ; aujourd'hui, il est accusé ; serait-ce parce qu'il a éteint les torches du fanatisme qui embrasaient plusieurs départements, parce qu'il a pris toutes les mesures pour empêcher une descente de trente mille Anglais et émigrés qui se préparaient dans les îles de Jersey et de Guernesey, parce qu'il a si puissamment contribué à finir la guerre qui menaçait de rendre le royalisme à la France, parce qu'il a envoyé au tribunal révolutionnaire le neveu de Pitt, le frère de Grenville ?

Il dit que, ne pouvant l'accuser de dilapidation, de conspiration, on l'attaque sur des mesures de détails auxquelles il n'a point eu de part. Il s'élève contre le tribunal révolutionnaire, présidé, dit-il, par un homme qui appartient à la Vendée, puisque Dobsent est né dans le département des Deux-Sèvres, et composé de royalistes, de fédéralistes, de contre-révolutionnaires, de brigands et de chouans, dont la horde vient ensuite peupler les tribunes de la Convention pour influencer ses délibérations. Il déclare que la femme dont la déposition a fait tant d'impression était une brigande ; il dit que ce procès est celui de Charette contre les vainqueurs de la Vendée.

Il rappelle les époques où ce brigand passa la Loire avec soixante mille hommes ; du moment où il fut chargé de le poursuivre avec les généraux Haxo et Dutruy, Charette fut battu, Noirmoutiers fut pris ; dans toutes les occasions les femmes se battaient, ainsi que les enfants ; les plus jeunes portaient des cartouches. Au Mans, ces rebelles tombèrent sous le fer des soldats de la liberté ; à Ancenis, trois mille périrent par le fer et dans les flots. Ces faits annoncés à la Convention y furent vivement applaudis. Tous les brigands qu'on a conduits à Nantes avaient été pris les armes à la main. Il demande où sont les arrêtés, où sont les ordres signés de lui, pour faire précipiter dans la Loire des femmes et des enfants. Il défie qu'on lui en produise un seul.

Il dit que ce n'est point lui qui a créé le comité révolutionnaire de Nantes ; il n'est entré dans cette commune que deux mois après sa formation. Il cite un arrêté pris de concert par lui, Bourbotte et Turreau, par lequel il était défendu à la commission militaire de mettre en jugement des enfants depuis douze ans et au-dessous jusqu'à seize. Il avoue l'arrêté donné à Lambertye, qu'il avait arraché des mains des brigands prêts à le fusiller ; mais cet arrêté est du 16 frimaire, et l'événement des prêtres était du 28 brumaire. D'ailleurs cet arrêté portait l'ordre au commandant de le laisser passer, et il aurait pu faire les noyades sans sortir, puisque le port est dans la cité. S'il en a signé d'autres, c'est de confiance, sans les consultre ; ils ne sont ni de son écriture ni de celle de son secrétaire ; ceux dont il a eu connaissance ne portaient que l'ordre de faire fusiller les brigands pris les armes à la main, mais la loi était formelle.

Il lit un décret de la Convention qui met hors de la loi tous les ennemis du peuple, tous ceux qui arboraient la cocarde blanche, etc. Il ajoute qu'il y avait longtemps qu'on ne faisait plus de prisonniers brigands lorsqu'il arriva à l'armée de l'Ouest.

Il s'appuie encore d'une proclamation de la Convention nationale, répandue dans cette armée et conçue en ces termes : « Il faut que les brigands de la Vendée soient exterminés avant le mois d'octobre. » Il rappelle aussi que, Levasseur (de la Sarthe) ayant proposé à la Convention une amnistie en faveur des rebelles de la rive gauche de la Loire, sa proposition fut couverte d'une improbation universelle. Il déclare que cette guerre n'a repris de la consistance qu'après son départ, et parce qu'on a attaqué les communes soumises ; mais le général Haxo, avec lequel il a fait la guerre, n'en a pas attaqué une seule.

Il s'élève ensuite contre ses dénonciateurs ; il dénonce Phelippes-Tronçjoly, comme un intrigant, un homme immoral, un fédéraliste, un contre-révolutionnaire. Il dénonce au peuple français, à la Convention, le président du tribunal révolutionnaire, l'accusateur public, son substitut Petit, et tous les jurés de la section qui doit juger le comité révolutionnaire de Nantes, comme suivant le complot d'attaquer la Convention, de la détruire et de favoriser les brigands.

Il présente un tableau révoltant des horreurs qui ont été commises de la part des rebelles ; il s'indigne de ce que l'on s'apitoye sur eux lorsque les défenseurs de la liberté ne trouvent pas de vengeurs. Il se déchaîne contre les preuves vocales, et dit que, si elles étaient une fois admises contre un député, elles perdraient bientôt la Convention tout entière. On ne manquerait pas d'accuser tous les représentants du peuple qui ont été en mission dans la Vendée, à Lyon, à Marseille, à Toulon ; de faire le procès à la révolution française ; de condamner les héroïnes des 5 et 6 octobre, les vainqueurs de la Bastille, les héros du 10 août, les soutiens du 31 mai, et les journées des 2 et 3 septembre. Il termine par déclarer que la patrie est en péril et la Convention en danger, qu'il a fait d'avance le sacrifice de sa vie, mais qu'il ne fera jamais celui de son honneur.

Pendant, tout le cours de cette lecture, qui dure plusieurs heures, la Convention garde le plus profond silence ; et lorsque les spectateurs manifestent des mouvements d'indignation ou quelques applaudissements, le président rappelle les uns et les autres au respect qu'ils doivent à un représentant du peuple accusé.

On demande l'impression et l'ajournement.

*Plusieurs voix :* La proposition est inutile ; la loi existe.

La Convention passe à l'ordre du jour, motivé sur l'existence de la loi.

On demande l'arrestation provisoire.

CARRIER : Mon arrestation provisoire est superflue ; les brigands n'ont jamais vu mes talons. (Quelques applaudissements.)

CHARLES : Il est une observation essentielle : c'est qu'une matière aussi importante ait été agitée et poussée au point où nous la voyons sans qu'on ait posé la base radicale, sans qu'on ait parlé de la dénonciation.

Je demande que la Convention complète sa loi du 8 brumaire, en décrétant que la dénonciation portée contre un représentant du peuple sera rédigée d'une manière textuelle, et que la première opération sera de la lire à la tribune. (Quelques applaudissements.) La France entière a reçu un grand éveil sur cette affaire ; la chose publique doit en profiter ; les aristocrates doivent être confondus. (On applaudit.) Quel que soit le résultat, le patriotisme doit triompher. Il y a ici coupable ou innocent ; s'il y a coupable, il faut qu'il soit puni ; alors c'est le triomphe de la justice ; s'il y a innocent, il lui faut justice, mais il la faut encore à ses calomniateurs. (Vifs applaudissements d'une partie de l'assemblée et de quelques tribunes.)

Il est des considérations politiques et révolutionnaires qui doivent engager la Convention à examiner si la dénonciation, en supposant qu'elle soit juste, ne tient pas à des intentions telles qu'après y avoir fait droit on se trouverait à des actes contre-révolutionnaires. (Mêmes applaudissements.)

Prenez garde que la nation ne dise : Un représentant du peuple a été justement puni, mais c'est l'aristocratie qui l'a fait punir. L'aristocratie profitera de cet exemple dans d'autres circonstances pour opprimer le patriotisme et la vertu. Je prie donc la Convention, je la supplie, au nom du bien public, de ne pas ménager à nos ennemis du dedans et du dehors le plus léger avantage. J'insiste pour qu'elle décrète que la dénonciation sera rédigée textuellement, signée du dénonciateur, et que la première opération à faire sans la lecture de cette dénonciation. ( Nouveaux applaudissements. )

*** : La révolution n'est que la justice mise en action. Faisons ce qui est juste, et les aristocrates seront toujours terrassés. (On applaudit.)

Romme : La loi que vous avez faite serait évidemment un poignard mis entre les mains d'un tribunal ou d'une commission contre la représentation ; car elle est remplie d'imperfections et d'omissions. Il est essentiel que celui qui accuse un représentant du peuple ne reste pas dans l'ombre, ( Applaudissements. ) Il faut que les représentants du peuple aient les moyens d'étouffer la calomnie qui s'attache à leurs pas.

J'ai vu parmi les faits qui vous étaient cités en action, absolument contradictoires, évidemment calomnieuses. Je ne dis qu'ils le soient tous, mais il a été impossible à la commission de vérifier les faits, de distinguer dans la moralité des dénonciateurs ce que valent les dénonciations. (Applaudissements. — Murmures.)

La plus grande partie des faits sont fondés sur des déclarations ou sur des dépositions qui ont été provoquées ou mendiées, et vous serez surpris lorsque vous saurez que la déclaration d'hommes qui ont été traduits au tribunal révolutionnaire pour les actes de férocité qu'ils ont commis fait foi contre Carrier. Où est l'esprit public qui met en balance l'homme justement soupçonné, l'homme qui est traduit devant la justice, avec celui qui est investi du caractère de représentant du peuple ? Où est la justice nationale qui permet à un tribunal de recueillir des déclarations sans y être autorisé ? ( Quelques applaudissements d'une partie de la salle. — Murmures dans l'autre. — Même mouvement dans les tribunes.)

D'après ce vu des pièces, je n'en connais qu'une seule qui soit signée, n'ayant fait mon travail que sur des copies collationnées.

Baudin : Le fait est faux ; le rapporteur a vu les pièces quand il l'a voulu. (Vifs applaudissements.)

Pissart : Romme, tu te conduis lâchement.

Plusieurs membres de la commission se précipitent à la tribune ; il se fait un grand tumulte ; le président se couvre. Le calme renaît peu à peu.

Baudin : Je déclare que Romme seul a été d'un avis opposé à celui de tous ses collègues ; il a dit qu'il ne pouvait voter quant à présent. (Murmures.) Romme a eu communication des originaux des pièces toutes les fois qu'il l'a voulu, (Plusieurs voix : C'est vrai !) Je citerai les deux arrêtés qui sont signés de Carrier, et par lesquels il a donné ordre de faire exécuter, sans jugement, les enfants de treize ans et des femmes, (Mouvement d'indignation.)

*** : Romme a eu raison, car on ne nous a jamais remis les originaux des dénonciations.

Merlin ( de Douai ) : Je demande la parole pour soutenir la loi, qui est méconnue et calomniée. ( Applaudissements. ) La loi dit que le rapport ne pourra parler que sur les faits compris dans la dénonciation ; mais elle ne dit pas que la commission ne pourra en rechercher la preuve, en réunissant toutes les pièces ; c'est, au contraire, l'objet de son travail. (Applaudissements.) Au surplus, on oublie que cette affaire s'est engagée d'une manière toute particulière. ( Quelques rumeurs dans l'extrémité de la salle. )

Par un décret rendu avant la loi dont on parle, la Convention avait chargé le tribunal révolutionnaire de poursuivre l'affaire de Nantes, et de rendre compte chaque jour au comité de sûreté générale du résultat de l'instruction. (Applaudissements.)

Vous avez, par un autre décret, chargé les comités de salut public, de sûreté générale et de législation, d'examiner l'affaire de Carrier ; au surplus, ceux qui voudraient une dénonciation signée ne font pas attention combien ce système est ridicule. Je suppose qu'il arrive au comité de sûreté générale des pièces de conviction contre moi, et que celui qui les aura envoyées ne se fasse pas connaître ; eh bien, parce qu'il n'y aura pas de dénonciateur, on ne pourra donc pas me poursuivre quoiqu'il soit bien constant que j'aie commis un crime ? (Applaudissements.) En fait d'ordre judiciaire, il faut toujours que les représentants du peuple se rapprochent des citoyens le plus qu'il est possible. (Applaudissements.) Eh bien, d'après la loi

sur l'ordre judiciaire, toutes les fois qu'un homme fait une dénonciation devant un officier public, sans vouloir la signer, celui-ci est obligé de poursuivre la dénonciation, parce que ce n'est pas pour l'individu qu'on poursuit, mais pour l'intérêt de la chose publique. (Applaudissements.) Ainsi le refus ou la mauvaise foi du dénonciateur ne peuvent pas arrêter l'instruction. Je demande l'ordre du jour sur les objections de Chasles. (Applaudissements.)

L'assemblée passe à l'ordre du jour. (On applaudit.)

Romme : Il m'était impossible de disposer seul des pièces pour faire mon travail ; j'en ai demandé des copies. J'étais, il est vrai, sûr de leur fidélité, puisque je les ai collationnées moi-même. Je n'entends pas, par cette déclaration, infirmer le rapport, mais seulement dire que je n'ai pas voulu me charger du soupçon qu'auraît pu faire naître la disposition des pièces.

On demande l'ordre du jour.

*** : On a argué du défaut de dénonciation dans l'affaire de Carrier ; j'en citerai plus de trente. Comme membre de la commission,... ( Murmures dans une extrémité de la salle. ) Je me résume à demander l'arrestation de Carrier. (Applaudissements.)

Le président rappelle cette proposition. (Les applaudissements se renouvellent dans une partie des tribunes. ) Il la met aux voix ; à peine la première épreuve est-elle faite, que la salle retentit de nouveaux applaudissements, et des cris de vive la république ! vive la Convention ! Ces cris redoublent lorsque le président prononce le décret d'arrestation.

Quelques membres réclament l'appel nominal. Le président demande quel est le nombre des signataires qui le veulent. ( Tous, tous ! s'écrie-t-on. — On applaudit vivement. )

Carrier : Il est clair qu'après m'avoir entendu la Convention a passé à l'unanimité à l'ordre du jour sur l'arrestation provisoire demandée contre moi. ( Non, non ! s'écrie-t-on de toutes parts. ) Il faudrait au moins, pour qu'elle prît ce parti de rigueur, qu'il y eût des arrêtés de moi ( il y en a ! s'écrie-t-on ), et vous n'en avez pas vu. (Violents murmures. ) La loi dit que, si le rapport tend à l'accusation, la Convention décidera s'il y a lieu à l'arrestation provisoire. ( Plusieurs voix : C'est décidé. ) Je suis accusé, je suis citoyen français, je suis représentant du peuple. ( Rumeurs. ) Je me souviens qu'après avoir victorieusement repoussé toutes les calomnies prodiguées contre moi, ( murmures ) des membres provoquèrent mon arrestation provisoire ; alors je dis qu'il ne fallait adopter cette mesure qu'autant qu'on me verrait le dessein de fuir, et je ne l'ai jamais eu ( murmures ) ; et la Convention s'est bornée à décréter l'impression des pièces. ( Nouveaux murmures. ) A présent, si la Convention veut prendre une autre détermination, je lui demande de décréter que je serai prisonnier chez moi.

Plusieurs membres demandent que Carrier ait des gendarmes ; les uns en proposent deux, les autres quatre.

Lejeune : Un régiment.

La Convention décrète que Carrier restera en arrestation chez lui sous la garde de quatre gendarmes, aux frais de la nation. (On applaudit.)

Painou (de la Marne) : Nous venons d'être prévenus au comité militaire qu'il se forme un nouvel attroupement autour des Jacobins.

Clauzel : Je demande que les comités de sûreté générale, de salut public, militaire et de législation, se rassemblent sur-le-champ, et que la séance soit levée. ( Applaudissements. )

La Convention décrète qu'elle lève la séance. Les applaudissements, les bravo et les cris mille fois répétés de vive la république ! vive la Convention ! retentissent dans la salle et se prolongent.

Il est neuf heures du soir.

N. B. Dans la séance du 22, la Convention a appris la prise de Nimègue et du fort de Schenck, du vaisseau anglais l'Alexander, de 74 canons et de quarante-trois bâtiments ennemis.

— Elle a approuvé la conduite des quatre comités, qui ont fermé, la nuit dernière, la salle des Jacobins.

## POLITIQUE.

### PÓLOGNE.

*De la Vistule, le 12 octobre.* — Kosciuska a tenté, le 10, la grande expédition qui avait été annoncée, (*Voyez* le nᵒ 54.) Les armées se sont trouvées en présence à dix lieues de Varsovie. Tous les rapports annoncent que les Russes ont remporté dans cette affaire une victoire signalée sur les Polonais; que ces derniers ont perdu presque toute leur artillerie; que plus de deux mille soldats et cent officiers, parmi lesquels se trouvent les généraux Sikrakowski, Kamluski, Senizowich, etc., ont été faits prisonniers; Kosciusko lui-même, grièvement blessé à l'épaule, se trouve, dit-on, parmi ces derniers. L'armée russe était commandée par les généraux Ferzen, Suwarow et Gallitzin,

Cet événement, dont cependant il est à croire que les détails ont été exagérés par les gazettes prussiennes dont ils sont tirés, donne les plus grandes inquiétudes sur le sort de Varsovie et de la liberté polonaise.

### ALLEMAGNE.

*Hambourg, le 30 octobre.* — On apprend par les nouvelles de Ratisbonne que la diète de l'Empire a accédé, le 13 de ce mois, après de vifs débats, à la demande faite par la cour de Vienne de la levée du quintuple contingent. Vingt et un envoyés n'ont pas opiné, donnant pour motif qu'ils attendaient de nouvelles instructions. D'autres se sont excusés sur l'impossibilité où se trouvent les Etats qu'ils représentent de soutenir de pareilles dépenses; quelques-uns ont proposé des amendements. L'envoyé de Bavière a dit qu'on devrait s'occuper des moyens d'obtenir une paix honorable; il a été appuyé. L'envoyé de Suède pour le duché de Holstein a déclaré formellement qu'il rejetait la proposition.

— L'escadre réunie de Suède et de Danemark a effectué la séparation à Helsingfors. Les vaisseaux danois qui en faisaient partie sont rentrés dans la rade de Copenhague. On a débarqué les troupes de ligne qu'ils avaient à bord.

— La cour de Copenhague vient d'envoyer le fils du premier ministre Bernstorf en qualité de ministre plénipotentiaire à Stockholm. Le but de cette mission est de resserrer les liens d'amitié qui unissent les deux nations, et sur lesquels repose leur sûreté commune.

### PRUSSE.

*Marienwerder, le 17 octobre.* — Les insurgents sont en ce moment à Schwiz. Là ils ont exigé de la bourgeoisie le serment de fidélité à la république, et ont établi un comité de salut public. Neubourg est à la veille de recevoir une semblable visite. Un grand nombre de fourrageurs mettent à contribution les environs de Thorn et d'Ostrolenko. Les insurgents se montrent fréquemment en deçà de la Vistule.

Le général polonais Dombrowski, qui les commande, a convoqué une diète à Schwiz.

Le contingent prussien de vingt mille hommes, aux ordres du général Kalkreuth va quitter le Rhin pour rentrer dans l'intérieur; il sera employé dans la Prusse méridionale.

### HOLLANDE.

*Bois-le-Duc, le 26 octobre.* — La cour stathoudérienne voit tous les jours s'évanouir l'espérance des secours qu'elle croyait tirer des armées alliées. La Hollande est en ce moment abandonnée à elle-même. Le stathouder et le prince héréditaire se sont rendus à Amsterdam pour aviser à des moyens de défense.

Les nouvelles journalières des armées sont propres à augmenter les alarmes de la cour. Les troupes anglaises et hollandaises ont abandonné leurs positions les plus importantes, et laissent ainsi toutes les provinces découvertes. Dès le 7, York faisait des préparatifs pour se retirer au delà du Rhin. Les bagages et munitions ont déjà passé ce fleuve.

Le murmures, les plaintes, les protestations les plus vigoureuses éclatent de toutes parts. La mesure proposée des grandes inondations a causé tant de tumulte qu'on est obligé d'y renoncer solennellement.

Le besoin d'argent est extrême; on vient d'ouvrir à La Haye un emprunt à 5 pour 100; ce qui est extraordinaire, même inouï, en Hollande.

### ANGLETERRE.

*Londres, le 12 octobre.* — Il s'est tenu dernièrement plusieurs conseils d'Etat, où l'on s'est particulièrement occupé de la situation critique de la Hollande.

Les papiers ministériels, qui veulent soutenir les espérances de leur parti, prétendent que le duc régnant de Brunswick va prendre le commandement en chef de l'armée du duc d'York, à laquelle se réunira une division considérable de troupes prussiennes. C'est fort bien fait aux papiers ministériels de se permettre ce petit mensonge qui ne nuit à personne; mais on ne conçoit pas tel comment le gouvernement a pu autoriser l'atroce calomnie à laquelle on a donné une forme officielle: c'est une note de Hood, portant ordre de n'user d'aucune cargaison venant de l'est, attendu qu'il doit partir de Gênes des vins empoisonnés.

Il est toujours question de renforcer l'armée, et l'on continue à faire des recrues pour le continent.

On assure que le fils du roi, Ernest, doit partir sous quinze jours pour se rendre à l'armée.

Quant aux troupes destinées à protéger les côtes, il paraît qu'elles ne lèveront leurs camps que lorsqu'il y aura suffisamment de barraques construites ou disposées pour les recevoir, et ces espèces de casernes ne seront prêtes que vers le milieu de décembre.

La flotte de l'amiral Howe est rentrée à Torbay le 6 de ce mois; on assure qu'elle a peu souffert de l'ouragan de la veille, et qu'elle doit ressortir au premier bon vent.

— On a de fortes inquiétudes au sujet du convoi attendu de la Méditerranée, sous l'escorte de l'amiral Cosby, et contre lequel on dit que les Français ont envoyé une forte escadre.

— Nous avons ici le chancelier de l'échiquier d'Irlande qui vient d'arriver. Il doit arrêter avec M. Pitt le plan de finances qui aura lieu pour l'année prochaine, et se concerter avec le ministre sur le système que l'on suivra dans la prochaine session du parlement d'Irlande.

### ITALIE.

*Du 12 octobre.* — Le général piémontais a exécuté une attaque sur plusieurs points à la fois, dans l'intention de reconnaître quelles étaient les forces des Français. Cette opération a fait découvrir que, dans la vallée de Sture, dans celle de Limon et vers Ormea, les Français gardaient toujours des positions avantageuses,

Villars, ministre plénipotentiaire français, s'est rendu à Gênes; le gouvernement a envoyé le complimenter. Drake, ministre plénipotentiaire anglais y est aussi arrivé.

Les Français ont formé leur camp à Savone, Vadu et Finale. La quantité des neiges est déjà considérable; on ne pense pas que les opérations de la campagne puissent se prolonger.

## RÉPUBLIQUE FRANÇAISE.

*De Paris. — Extrait d'une lettre adressée au quartier général de l'armée devant Mayence. — Du 16 brumaire.*

L'électeur de Cologne a fait les instances les plus vives près de Clerfayt pour l'engager à livrer bataille ; mais ce général lui a repondu qu'il n'avait pas envie de se faire battre de nouveau.

La conférence de Hanau entre les princes d'Empire qui avoisinent le Rhin vient de se terminer. On paraît très-indécis sur les mesures à prendre dans les circonstances très-critiques où l'Empire se trouve.

L'empereur a fait assurer la ville de Francfort de sa très-gracieuse protection ; mais il y a mis la condition que chacun de ses habitants paierait la sixième partie de tout ce qu'il possède en biens meubles et immeubles. On a pensé que les Français seraient plus accommodants, et qu'il y aura 2 pour 100 à gagner à les laisser arriver. On s'est donc contenté de faire recommander Sa sacrée Majesté impériale. au prône, et de lui permettre de faire une collecte en ville, ce qui rendra très-peu de chose, parce qu'on se souvient encore que François avait aussi pris le Brabant sous sa protection, c'est-à-dire qu'il lui avait escamoté 50 millions, et qu'il s'est sauvé avec cette somme pour ne plus revenir. Cette manière de protéger est d'une invention toute nouvelle ; il ne faut donc pas s'étonner si les peuples d'Allemagne y ont si peu de confiance, et qu'ils disent tout haut : Dieu nous préserve de la protection de l'empereur !

*Bouillon, le 13 novembre.* — La procédure qui s'instruit ici contre les perturbateurs du repos public avance vers son terme ; plus de deux cent cinquante témoins qui avaient été entendus sont confrontés depuis huit jours avec les accusés. Ces derniers sont au nombre de quatorze ou quinze. Les trois principaux coupables sont en fuite, et seront jugés par contumace. C'est le peuple de tout le pays qui doit se rassembler et juger en pleine campagne.

---

## CONVENTION NATIONALE.

### *Présidence de Legendre.*

#### SÉANCE DU 22 BRUMAIRE.

Un des secrétaires annonce à la Convention l'hommage d'un recueil de recherches et d'observations sur les différentes méthodes de traiter les maladies vénériennes, et particulièrement sur les effets du remède connu sous le nom de Rob antisiphilitique, par Laffecteur, copropriétaire de ce remède.

On demande le renvoi au comité d'instruction publique, et la mention honorable.

DUHEM : Cet ouvrage est du ressort des comités des secours et de la guerre. Le procédé qu'il annonce a guéri une foule de soldats dans les armées de mer; il aura le même succès dans les armées de terre. Il a même guéri des maladies incurables ; car il faut que vous sachiez que, dans tous les genres de maladies, il y en a d'incurables. Je demande donc le renvoi aux comités des secours publics et de la guerre.

La mention honorable et ce renvoi sont décrétés.

— Le citoyen Siard, au nom de la Société populaire de Fontainebleau, offre 1,009 liv. et deux médailles d'argent, pour l'augmentation des forces navales.

— Le citoyen Raymond fait hommage d'une carte du département du Mont-Blanc ; elle réunit la gradation décimale, et son rapport avec l'ancienne.

La mention honorable et le renvoi au comité d'instruction publique sont décrétés.

— On fait lecture de la correspondance.

Lecarpentier se plaint de l'inexécution du décret qui veut que les étrangers ne soient point admis dans l'intérieur de la salle ; il demande l'exécution sévère de ce décret.

Levasseur (de la Sarthe) appuie cette proposition.

*** : Ces étrangers sont pour la plupart des factieux qui viennent ici nous insulter.

GASTON : Les loges des journalistes sont aussi pleines d'intrigants qui huent la Convention.

La lecture de la correspondance est continuée.

— Un député, du nombre des soixante et onze, demande à être autorisé à rentrer dans son domicile pour le rétablissement de sa santé. — Accordé.

— Druy, capitaine de hussards, dont on a déjà fait connaître les actions héroïques, obtient une indemnité de 2,000 et tant de livres pour les pertes qu'il a faites. A cette occasion un membre fait connaître un nouveau trait de ce brave républicain. Lorsque les Prussiens assiégeaient Bitche, il traversa toute la cavalerie ennemie, fut porter des dépêches dans la place, et rapporta la réponse. (Vifs applaudissements.)

— Thibaudeau, au nom du comité d'instruction publique, fait nommer Sieyès et Lakanal représentants près l'Ecole Normale de Paris. (On applaudit.)

— Des citoyens demandent qu'il soit sursis au jugement qui les condamne à une amende pour avoir laissé aller leurs vaches dans une forêt nationale.

Clauzel demande l'ordre du jour, motivé sur la nécessité de ne point laisser dévaster les propriétés nationales sur lesquelles reposent la fortune publique et la garantie des récompenses des défenseurs de la patrie.

L'ordre du jour est adopté.

— La section du Mont-Blanc en masse se présente. Une députation est introduite à la barre.

*Cavaignac*, orateur : Citoyens législateurs, toute la France a applaudi à votre Adresse sublime ; rappelant au Français tous les sentiments de son existence, elle lui présage d'avance toutes les délices de la liberté. Délivrée de ces hommes qui l'opprimaient par la terreur, qui la fanatisaient par leur astuce perfide, la section du Mont-Blanc, une des premières, est venue vous en féliciter : elle revient aujourd'hui vous apporter les craintes du peuple. Citoyens législateurs, il est inquiet, non pas sur vos travaux, non pas sur votre conduite : vous possédez toute sa confiance ; mais il est des individus pour qui le trouble est un besoin ; cette prudence et cette lenteur, compagnes de la justice, sont pour eux de grands moyens d'exaspérer les passions, d'exciter le désordre, et c'est alors qu'ils se flattent de trouver l'impunité.

Vous êtes investis de tous les pouvoirs du peuple. Que les mesures générales frappent également et l'ancienne aristocratie et l'aristocratie des terroristes. Législateurs, sans les lois les plus sévères, vous verrez toujours à côté de vous de ces Sociétés qui, cherchant à rivaliser, à neutraliser vos pouvoirs, nous replongeraient bientôt dans le despotisme. Là où les droits du peuple et de ses représentants sont méconnus ou avilis, nous ne voyons plus qu'un rassemblement dangereux et plus dangereux encore, lorsque les ramifications de ses complots se prolongent jusqu'aux extrémités de la république. Maintenez le droit des Sociétés populaires, mais surtout empêchez-les de se centraliser ; frappez les perturbateurs.

Si le citoyen de Paris n'a pas plus de droits que celui du hameau le plus faible, pourquoi les Sociétés populaires de Paris auraient-elles plus de droits, plus de pouvoirs que celles des communes de la république les moins peuplées? ( Vifs applaudissements. ) Placés dans cette enceinte par le peuple, et pour assurer son bonheur par des lois sages , ayez toujours présente cette vérité, que tous les instants que vous font perdre les dénonciations vagues qui avilissent la Convention nationale sont autant d'années perdues pour la félicité du peuple.

Tels sont les sentiments des citoyens composant la section du Mont-Blanc.

Vivent la liberté , l'égalité, la république une et indivisible! vive la Convention nationale ! (On applaudit à plusieurs reprises.)

LE PRÉSIDENT, à la députation : Citoyens, les principes que vous venez d'énoncer au nom de la section du Mont-Blanc sont purs ; ils sont ceux des vrais patriotes qui ne veulent que le bien de leur pays ; ils devraient vous mettre à l'abri de la calomnie dont vous vous plaignez.

Que le peuple soit rassuré : la Convention ne fera qu'un avec lui.

Toute la nation est témoin de la marche ferme et juste qu'elle a prise , surtout depuis la journée mémorable du 9 thermidor. Eh bien , citoyens, elle ne s'en départira que lorsque le bonheur des Français sera parfaitement établi sur les bases éternelles de la liberté et de l'égalité; c'est ce qu'elle jure par mon organe. Elle vous invite aux honneurs de la séance. (On applaudit.)

La Convention décrète la mention honorable de cette Adresse, et l'insertion au Bulletin.

— Une députation de la section de la Fraternité est admise.

*L'orateur :* Citoyens représentants, nous venons, au nom de la section de la Fraternité, vous exprimer la joie qu'elle a ressentie en voyant rentrer dans son sein des hommes amis des principes et des lois , des patriotes vertueux.

Les cris de l'innocence persécutée ne sont pas en vain parvenus jusqu'à vous; vous avez rendu des pères à leurs familles , des citoyens à la patrie, des héros à la gloire.

C'est sur les bases de la morale et de la vertu que vous avez fondé la république ; c'est par des lois sages et justes que vous l'affermirez. Si les factieux méditaient encore de couvrir la France de deuil et de sang ; s'ils osaient conspirer de nouveau , les sentinelles du 9 thermidor sont là ; elles veillent aux portes du sénat. Guerre aux terroristes, guerre aux fripons, guerre aux évangélistes de la révolte contre la représentation nationale! voilà le cri du peule.

*Vive la république! vive la Convention nationale!*

LE PRÉSIDENT : Citoyens, l'énergie , on nous l'a dit déjà, l'énergie a commencé la révolution, c'est à la sagesse à la terminer ; cependant, au lieu de jeter des regards attristés sur quelques jours nébuleux qui ont accompagné les orages inséparables d'une grande révolution, voyons plutôt les jours sereins que nous prépare la victoire, et qui doivent assurer la prospérité d'un grand peuple. Fixons parmi nous le règne de la fraternité, qui n'aime ni le sang ni les persécutions , mais qui rejette également et le froid égoïsme qui calcule , et le modérantisme qui étouffe en caressant, et par des détours astucieux se fraie un chemin à la domination.

La Convention nationale saura éviter ces deux écueils ; forte de tout ce qu'elle a fait pour le peuple, elle saura en assurer le bonheur. Que ses représentants soient donc ses uniques guides; il ne peut en avoir de plus sûrs; eux seuls doivent être son éternel point de ralliement.

La Convention reçoit vos observations avec satisfaction, et vous invite aux honneurs de la séance.

Les citoyens défilent dans la salle , au milieu des applaudissements de la Convention , qui décrète la mention honorable de l'Adresse, et des acclamations des tribunes.

CARNOT, au nom du comité de salut publique : Citoyens, le comité de salut public m'a chargé de vous annoncer les nouveaux succès de nos armées de terre et de mer. L'armée du Nord a pris Nimègue et le fort de Schenck; la division navale du contre-amiral Nielly a pris le vaisseau anglais l'*Alexander*, de 74 canons, commandé par le commodore Rodney-Bling; et enfin quarante-trois vaisseaux de commerce ennemis ont été ou pris ou coulés à fond par les frégates et corsaires de la république.

Citoyens, c'est donc en vain que de coupables et lâches libellistes ont tenté d'énerver le courage des armées françaises en s'efforçant de leur ôter la confiance qu'elles ont dans la Convention nationale et dans les membres du gouvernement qu'elle a choisis. La honte écrase les pamphlétaires ; la gloire couvre les défenseurs de la république, et l'ennemi des factions brave également et le poignard de l'assassin et la dent du reptile; il a une horreur égale et pour ceux qui vivent de sang et pour ceux qui vivent de fiel. L'homme dont la vie est sans reproche repose en paix sur sa conscience , et ne craint la calomnie que parce qu'elle le sort de l'obscurité qu'il désire. Quelque impure qu'en soit la source, il s'en afflige , non pour lui-même , mais pour la probité qu'elle blesse , pour l'esprit public qu'elle égare , pour la représentation nationale qu'elle avilit et qu'elle outrage.

Voici la lecture des dépêches.

*Les représentants du peuple français près des armées du Nord et de Sambre-et-Meuse, Bellegarde et Lacombe (du Tarn), aux membres composant le comité de salut public.*

Nimègue, du 18 brumaire, l'an 3° de la république française, une et indivisible.

« Nous annonçons, citoyens collègues, la prise de Nimègue. Nous n'avons pas besoin de vous en démontrer l'importance ; nous y avons pris trois bataillons , formant à peu près douze cents hommes, quatre-vingts bouches à feu, presque toutes en bronze. Nous n'avons pas encore les détails des poudres, munitions et autres objets, ni des vivres qui peuvent s'y trouver; les officiers de chaque arme procèdent en ce moment à l'inventaire des objets qui les concernent.

« La reddition de cette place paraît due aux dispositions savantes qui ont été faites par le général Moreau, et à la prise du fort de Schenck; tous les moyens ayant été rassemblés pour faire au-dessous de ce fort un passage sur le Wahal, les ennemis se sont cru tournés et n'ont pas voulu tenter le sort d'une bataille.

« Les Anglais ont donné une marque de leur loyauté ordinaire. Ils ont fait les premiers la retraite, et , quand ils ont eu passé le Wahal, ils ont tiré sur les Hollandais et détruit entièrement le pont, de sorte que ceux-ci ont été obligés de se rendre prisonniers. Ils ont , ce matin , déposé les armes sous les glacis de la ville, et vont en France prisonniers de guerre.

« Voilà donc le fameux duc d'York qui fuit au loin devant les Français qu'il méprisait tant, et qui paraît avoir autant de loyauté vis-à-vis des alliés de sa nation que de bravoure vis-à-vis de ses ennemis.

« Les Français ont montré leur intrépidité ordinaire. Une sortie de cinq mille hommes ennemis a été repoussée par les simples gardes de la tranchée, et par un bataillon que commandait le général de brigade Jardoh. Nos troupes ont fondu avec une telle impétuosité sur l'ennemi que quatre cents sont restés sur la place; la sortie entière a été repoussée jusqu'au chemin couvert, et nous n'avons eu dans notre retraite que soixante hommes tant tués que blessés par le canon de la place.

« Les canonniers ont tiré avec leur adresse ordinaire. Deux batteries, composées de six pièces en tout, ont rompu deux fois le pont de bateaux du Wahal, malgré le feu croisé des batteries ennemies, qui étaient composées de plus de quarante pièces de canon.

« Salut et fraternité.

« Signé LACOMBE (du Tarn), BELLÉGARDE. »

*Le représentant du peuple près les ports et côtes de Brest et de Lorient au comité de salut public.*

Brest, le 17 brumaire, l'an 2e de la république française, une et indivisible.

« Citoyens collègues, la fortune, qui semblait avoir oublié la seule armée navale de la république, vient enfin de nous donner signe de souvenir : nous avons un beau vaisseau de 74 de plus.

Le contre-amiral Nielly, qui vient de mouiller à deux heures après minuit, a expédié sur-le-champ un canot au général, qui n'a pas perdu un moment pour m'apporter cette heureuse nouvelle. Le vaisseau s'appelle l'*Alexander*, commandé par le commodore Rodney-Bline, qui venait d'escorter un convoi avec un autre vaisseau que sa marche, le gros temps et la brume nous ont enlevé.

« Je n'ai pas d'autres détails; je vous les donnerai par le prochain courrier.

« Salut et fraternité.

« Signé A. FAURE (de la Creuse). »

*Courrier du 21 brumaire.* — Prises faites par la division de la frégate la République Française, capitaine Pilot.

Vingt-huit bâtiments anglais richement chargés, dont un ayant à son bord 400,000 livres en espèces;
Dix navires anglais coulés par cette même division.

*Prises entrées à Lorient.*

Un brick anglais de 200 tonneaux, chargé de liqueurs, huile, savon et chandelle;
Un *idem*, de 112 tonneaux, chargé de salaisons.

*Prises entrées à Nice.*

Un bâtiment venant d'Espagne, chargé de fruits secs, pris par le brick *le Gerjaut*.
Deux *idem*, richement chargés, pris par le chebec *le Brave Sans-Culottes*.

*Prise faite par la division du contre-amiral Nielly.*

L'*Alexander*, vaisseau de 74 canons, commandé par le commodore Rodney-Bline.

— Quantité de drapeaux paraissent à la barre, au milieu des plus vifs applaudissements et aux cris de *vive la république!*

Pajol, aide de camp du général Kléber, s'exprime ainsi :

« Citoyens représentants, je viens déposer au sein de la Convention trente-six drapeaux que l'armée de Sambre-et-Meuse vient, tout récemment, d'enlever à nos ennemis. Un leur a été arraché au mont Palisel, quatre au célèbre combat d'Esueur, et trente un autres ont été déposés sur le glacis de Maëstricht devant les soldats de la liberté. Onze jours de tranchée ouverte, trois jours de bombardement, le zèle infatigable dans les travaux et le dévouement héroïque de nos frères d'armes ont étonné la garnison de cette place, et valent à la république une conquête qui seule pourrait couronner glorieusement la plus brillante campagne.

Continuez, pères du peuple, à cultiver de nou-

veaux lauriers; l'armée de Sambre-et-Meuse est toute prête à les cueillir. (Vifs applaudissements.)

LE PRÉSIDENT : Citoyen, gloire aux armées triomphantes de la république!

C'est par leurs heureux efforts que nous voyons chaque jour en cette enceinte le signe fastueux de la puissance des rois s'abaisser devant l'étendard républicain.

Il était donc dans la destinée du Français de donner la liberté aux hommes et aux choses!

Le Belge et le Batave respirent, et les fleuves de l'Escaut, de la Moselle et de la Meuse, débarrassés du joug autrichien, vont enfin se précipiter libres dans le Rhin affranchi également.

Continuez, braves républicains, à signaler au dehors votre invincible valeur, et vos frères du dedans ne se lasseront point de cultiver les lauriers destinés à vous ceindre le front.

La Convention nationale vous invite à venir recueillir dans son sein les témoignages d'estime et de fraternité qui vous sont dus. (On applaudit.)

— Carnot fait lecture de la lettre suivante :

*Gillet, représentant du peuple près l'armée de Sambre-et-Meuse, au comité de salut public.*

Au quartier général, à Maëstricht, le 18 brumaire, l'an 2e de la république, une et indivisible.

« Je vous envoie, chers collègues, par un aide de camp du général Kléber, trente-six drapeaux hollandais et autrichiens; trente et un appartiennent à la garnison de Maëstricht; quatre ont été pris à la bataille de l'Ourt, et un à Mons, avec deux pièces de canon de 17, par la 122e demi-brigade d'infanterie et la 32e division de gendarmerie, le 13 thermidor dernier. Il en reste un trente-septième qui fait partie de ceux pris à la bataille de l'Ourt, que je vous enverrai lorsque le chef de l'état major de l'armée me l'aura remis.

« Nous avons trouvé à Maëstricht : 1° trois cent cinquante-deux bouches à feu, parmi lesquelles il y en a trois cent deux de bronze, presque toutes de gros calibre : cette formidable artillerie ne provient pas toute de la place; les Autrichiens avaient fait de Maëstricht leur place d'armes et y avaient laissé le reste de leur artillerie de siège; voilà pourquoi nous n'avions pu, à notre grande étonnement, mettre la main dessus en les poursuivant de la Meuse au Rhin; 2° trois cent quatre-vingts milliers de poudre, non compris ce qui est employé à l'arsenal et dans les mines; 3° quatorze mille fusils, outre ceux de la garnison.

« La fameuse tête de crocodile est trouvée : c'est dans son genre l'un des plus beaux morceaux d'histoire naturelle qui existe.

« Salut et fraternité.                    GILLET. »

CARNOT : Votre comité me charge de vous proposer les décrets suivants :

*Premier décret.* — « La Convention nationale déclare que l'armée du Nord ne cesse de bien mériter de la patrie. »

*Second décret.* — « La Convention nationale déclare que la division du contre-amiral Nielly a bien mérité de la patrie. »

*Troisième décret.* — « La Convention nationale, après avoir entendu le rapport de ses comités de salut public, de commerce et approvisionnement, décrète :

« Le représentant du peuple Eudet se rendra sans délai dans les ports de Dunkerque, Calais, Dieppe, et le Havre;

« Le représentant du peuple Romme, dans ceux de Honfleur, Cherbourg, Port-Malo, Nantes et Paimbœuf;

« Le représentant Blutel, dans ceux de La Rochelle, Rochefort, Bordeaux et Bayonne;

« Le représentant Mariette, dans ceux de Cette, Marseille, Port-la-Montagne et Nice.

« Ils seront investis des mêmes pouvoirs que les représentants envoyés dans les ports de Brest et de Lorient, pour les opérations relatives aux marchandises qui se trouvent

*Présentation des drapeaux pris par l'armée de Sambre-et-Meuse*

en magasin dans ces deux ports; ils se conformeront aux instructions qui leur seront données par le comité de salut public. »

Tous ces décrets sont adoptés au milieu des applaudissements.

— Un membre du comité de commerce et approvisionnements donne lecture d'une lettre des commissaires envoyés dans les ports de Brest et de Lorient, qui donne les détails des prises immenses faites sur l'ennemi, en huile, savon, potasse, sucre, etc., et des moyens qu'ils prennent pour les garantir des dilapidateurs, et les faire circuler dans l'intérieur. Il donne aussi lecture d'une lettre des représentants du peuple près l'armée du Nord, qui marquent que quatre mille bêtes à cornes sont en route pour repeupler les districts dévastés, et qu'ils vont envoyer beaucoup d'huile de poisson.

Ces lettres seront insérées au Bulletin.

BARAILLON : On vient de se plaindre des dilapidateurs ; je dois faire connaître à la Convention un fait qui regarde ces sangsues de la fortune publique. Une partie de diamants de 1 million a été prise à Toulon. Comme il est dans l'intention de l'assemblée de punir les brigands et les dilapidateurs, je demande que les comités fassent un rapport sur les propositions que j'ai faites il y a quelques jours.

DUBOIS-CRANCÉ : Il est un autre genre de dilapidateurs contre lesquels l'assemblée doit se prononcer particulièrement, parce qu'ils se sont fait un appui de la loi pour voler. La plupart des gens mis en arrestation, soit comme nobles destitués, soit par ordre des comités révolutionnaires, rendus à la liberté parce qu'aucun fait ne s'est trouvé à leur charge, n'ont pas trouvé en rentrant chez eux une paillasse pour se coucher. On avait tout vendu, et c'est pour cela sans doute qu'on les avait incarcérés. Je demande que les comités présentent un projet de loi qui puisse atteindre ces dilapidateurs. Il faut donner au peuple une justice réelle, et non illusoire.

BARAILLON : Il y a dans le projet de décret que j'ai présenté un article qui concerne cet objet.

L'assemblée décrète que les comités réunis de salut public, de sûreté générale et des finances, feront, dans le plus court délai, un rapport sur les propositions faites par Baraillon.

CLAUZEL : Je demande que Laignelot, qui a été chargé par les quatre comités réunis de faire un rapport sur les événements de cette nuit, soit entendu. (Vifs applaudissements.)

La parole est accordée à Laignelot.

LAIGNELOT : Les quatre comités militaire, de salut public, de sûreté générale et de législation, m'ont chargé de vous rendre compte des motifs qui ont déterminé l'arrêté qu'ils ont pris hier, et dont je vais vous donner lecture.

Laignelot le lit ; il porte : 1° que les quatre comités réunis arrêtent de suspendre les séances de la Société des Jacobins (des applaudissements partent de tous les côtés de leur salle) ; 2° que la salle sera fermée à l'instant et les clés déposées au secrétariat du comité de sûreté générale (les applaudissements redoublent) ; 3° la commission administrative de police est chargée de l'exécution de l'arrêté, dont il sera rendu compte à la Convention.

LAIGNELOT : La passion n'est entrée pour rien dans cette détermination ; elle a été dictée par le seul intérêt de la patrie. Nous avons rendu justice au bien qu'ont fait les Jacobins, et en les fermant, nous avons respecté les principes auxquels nous ne pouvions porter aucune atteinte ; nous avons cru qu'il fallait admettre partout des Sociétés populaires, parce qu'elles sont inhérentes au gouvernement républicain (applaudissements) ; mais nous n'avons point vu dans la Société des Jacobins une Société vraiment, purement populaire. (Vifs applaudissements.)

Nous y avons vu des hommes à peine connus dans la révolution, menés par quelques hommes qui y sont trop connus peut-être (les applaudissements redoublent), et dont il est temps d'abattre l'influence; car elle pourrait être funeste à la république. (Nouveaux applaudissements.) Nous avons pensé qu'il était fatal pour la France, qu'il était indécent, qu'il était déshonorant pour la Convention nationale qu'une poignée d'hommes sans mœurs, qui n'aiment point leur pays, qui n'ont jamais embrassé la cause du peuple que pour la trahir..... (Vifs applaudissements.)

DUQUESNOY : Je déclare que je suis Jacobin, et que j'aime mon pays.

LAIGNELOT : Nous avons cru qu'il était honteux pour la république que la Convention qui la représente, souffrît plus longtemps qu'une poignée d'hommes semblables osassent rivaliser avec elle. (Bravo, bravo ! s'écrie-t-on de toutes parts en applaudissant vivement.) Les Jacobins ont été protégés, soutenus, lorsqu'ils n'ont rivalisé que de vertu, et non pas de puissance, avec l'autorité légitime. (Les applaudissements se renouvellent.) S'ils étaient encore ce qu'ils furent autre fois, les vrais amis du peuple, auraient-ils voulu avilir la Convention? (Quelques murmures dans une extrémité de la salle. — Oui, oui ! s'écrie-t-on de toutes parts. — On applaudit.)

Quelques membres demandent qu'on fasse sortir de la salle des citoyens qui s'y trouvent. « Ce sont des pétitionnaires qui ont été admis aux honneurs de la séance, disent un grand nombre d'autres ; ils doivent y rester. »

LAIGNELOT : Serait-il donc nécessaire qu'on rappelât à des représentants du peuple des principes qui doivent être gravés dans leurs cœurs? Dans quel gouvernement bien ordonné a-t-on vu deux pouvoirs rivaux? dans quelle république a-t-on vu un gouvernement à côté d'un gouvernement? dans quel pays a-t-on vu, à côté de l'autorité légitime, une autorité capricieuse qui n'est avouée par qui que ce soit (vifs applaudissements), une autorité qui veut usurper la puissance du peuple? Le 9 thermidor, les Jacobins étaient en pleine révolte. (Oui, oui ! s'écrie-t-on de toutes parts en applaudissant.) Depuis le 9 thermidor, les Jacobins, usant de l'impunité, croyant que la représentation nationale n'avait ni courage, ni caractère, qu'elle les regardait comme l'arche sacrée à laquelle il n'était pas permis de toucher, ont continué leur plan de révolte. (Vifs applaudissements.) On a osé dire dans cette Société, et ce propos a été applaudi par toutes les tribunes, que la brèche était ouverte, que les armées étaient en présence. Je vous demande s'il doit y avoir deux partis en France ; il n'y a qu'une république, il ne doit y avoir qu'une Convention. (Vifs applaudissements.) Les Jacobins sont une faction, et tout ce qui est faction est punissable. (Nouveaux applaudissements. — Bravos répétés.)

Les comités, qui aiment la patrie, quoi qu'on en dise (les applaudissements redoublent), qui ne veulent pas de déchirements, qui voudraient pouvoir rallier tous les membres de la Convention (les applaudissements se renouvellent), ont pensé qu'il était utile pour la liberté publique d'étouffer un foyer de discorde, de factions et de dissensions. (Applaudissements redoublés.) Les comités ont pensé que tout le peuple applaudirait à la mesure sublime qu'ils ont prise. (La salle retentit d'applaudissements qui se prolongent pendant longtemps.) Ils ont cru que, dès que l'opinion publique s'était aussi fortement prononcée qu'on l'a remarqué hier, il était de leur devoir de lui obéir, il était de leur devoir d'empêcher que le sang ne fût versé. (Vifs applaudissements.)

Nous n'avons jamais eu l'intention d'attaquer les Sociétés populaires, je le répète, et nous nous sommes dit : Nous n'avons le droit de fermer les portes que là où il s'élève des factions et où l'on prêche la guerre civile. (Applaudissements.) Mais les Sociétés de sections sont vraiment les Sociétés du peuple. (Nouveaux applaudissements.) Nous les maintiendrons ; la Convention les maintiendra. (Oui, oui! s'écrient tous les membres. — On applaudit vivement.) Je demande que la Convention approuve les mesures prises par les quatre comités pour assurer la tranquillité et affermir la liberté publique. (On applaudit de nouveau.)

Aux voix! aux voix! s'écrie-t-on de toutes parts.

CHARLES : L'appel nominal !

Oui, oui! l'appel nominal! s'écrient tous les membres.

DUQUESNOY : Cet arrêté est impolitique ; mais s'il est nécessaire au salut du peuple, je l'appuie.

Le président met aux voix.

L'arrêté des comités est approuvé à la presque unanimité. — La séance se lève au milieu des plus vifs applaudissements, des bravos, et des cris mille fois répétés de vive la république! vive la Convention!

Il est trois heures.

### SÉANCE DU 23 BRUMAIRE.

Un des secrétaires fait lecture d'une lettre de Carrier, qui se plaint de ce que les ordres donnés aux gendarmes qui le gardent chez lui l'empêchent d'avoir un secrétaire et de recevoir les visites de ses amis. Il demande que la Convention lui accorde cette double faculté.

La Convention l'autorise à prendre un secrétaire et à recevoir ses amis en présence de ses quatre gendarmes.

BARAILLON : Il y a un siècle qu'on ne parle plus de prêtres, de purgatoire, conséquemment d'obit et de fondations. Il ne s'agit plus maintenant d'envoyer des âmes en paradis en marmottant quelques mots latins. Eh bien, l'on ne doit donc plus payer pour ces mystiques fascinations? Cependant il existe encore un soin dans la république où l'on acquitte pour cet objet des rentes, droits et devoirs censiers. Je demande le renvoi de l'Adresse qui annonce ces écarts au comité de législation, pour y statuer promptement.

Cette proposition est décrétée.

DUHEM : Il ne faut pas s'étonner de l'abus dont se plaint Baraillon, depuis qu'on met en liberté tous les prêtres rétractaires. (On murmure.)

CHATEAUNEUF-RANDON : Je demande la parole sur l'observation de mon collègue Duhem, pour annoncer un fait bien contradictoire. Il y a quinze jours que je me présente continuellement au comité de sûreté générale pour obtenir la liberté d'un ci-devant prêtre de Sézanne, qui a prêté le serment aussitôt qu'il a été prescrit par la loi, qui a toujours prêché l'obéissance aux décrets, le respect et le dévouement à la représentation nationale, et cela dans un temps où le fanatisme exerçait le plus ses ravages. Cet homme est le frère d'un sans-culottes de Paris. Certes, si quelques citoyens ont des droits à la protection et à la justice du gouvernement, ce sont ceux qui, placés dans des classes sans doute dangereuses, ont toujours marché sur la ligne la plus droite du patriotisme et de la vertu. Je demande que mon observation soit renvoyée au comité de sûreté générale.

Ce renvoi est décrété.

DURAND-MAILLANE : Il y a une grande différence à faire, pour les mises en liberté, entre ce qu'on appelle prêtres constitutionnels, qui ont tout fait, tout souffert pour la révolution, et les prêtres non constitutionnels. Je demande que la Convention nationale charge son comité de sûreté générale de prendre cette différence en grande considération dans ses arrêtés sur les mises en liberté des prêtres en général.

Cette observation est renvoyée au comité.

Un citoyen est admis à la barre : Citoyens représentants, les artistes, après avoir aidé à secourir la patrie, s'efforceront de prouver à leurs représentants le désir qu'ils ont de rendre leurs talents utiles.

Le citoyen Taveau, sculpteur, natif de Rennes, département de l'Ille-et-Vilaine, paraît devant vous pour faire hommage à la patrie du buste d'un des plus illustres martyrs de la liberté, de celui de Sauveur, né à Rennes, et président du tribunal du district de Roche-Sauveur, département du Morbihan, massacré par les brigands de la Vendée à la Roche-Bernard, nommée depuis, par décret de la Convention, la Roche-Sauveur. Ces brigands lui brûlèrent les yeux le premier jour, lui coupèrent les deux mains le second ; le troisième, ils voulaient lui arracher le cri infâme de vive le roi! mais ce vertueux républicain n'eut qu'un cri, et ce fut celui de vive la république! Enfin il rendit sa belle âme et s'endormit au sein de la liberté, en proférant ces paroles mémorables : « Je suis content ; je meurs pour la république. »

Je ne vous propose pas ce buste comme le seul modèle du brave Sauveur ; je puis vous assurer qu'il est aussi le modèle du cœur des patriotes de la ci-devant Bretagne, et qu'il n'en est pas un qui ne désire mourir comme lui pour le soutien de l'unité et l'indivisibilité de la république. (On applaudit.)

La Convention nationale décrète la mention honorable et l'insertion au Bulletin de l'offrande que le citoyen Taveau, sculpteur, fait à la patrie, et charge la commission des arts d'apprécier le mérite de l'ouvrage et de l'artiste, afin de l'employer, s'il y a lieu.

— Un des secrétaires donne lecture de l'Adresse suivante :

Les administrateurs du district de Tanargue, au président de la Convention nationale.

« Citoyen président, naguère nous t'apprîmes l'arrestation du scélérat Dominique Allier, complice de l'infâme Saillant ; aujourd'hui nous t'annonçons la mort de son ami Louis Pelet, dit Pialéty. Ce conspirateur avait eu l'audace de se rendre en plein jour dans la commune de Gravière, de se placer sur le chemin public dans le hameau de Folcherand, et là, armé d'un fusil à deux coups, de deux pistolets et d'un sabre, il arrêtait les passants, leur présentait du vin, et les pressait, le fusil sous la gorge, de porter la santé du roi Louis XVII. Imagine l'horreur qu'inspirait une pareille proposition à des Français qui ont renversé le trône et la royauté, et qui lui font une guerre à mort.

« La municipalité, instruite à temps, a rassemblé quelques gardes nationaux, s'est portée sur le chemin public où était Pelet ; vouloir l'arrêter vivant, c'était exposer des pères de famille à une mort certaine. Un scélérat aussi intrépide ne se serait pas laissé prendre sans effusion de sang. La garde nationale l'a abordé par une décharge ; le premier coup lui a traversé le corps : cependant il a eu la force de fuir dans une vigne, où il a enfin expié ses forfaits. Il reste encore quelques-uns de ses complices errants dans les bois, mais ils ne tarderont pas à subir le même sort ; les patriotes exercent sur eux une surveillance infatigable.

« Citoyen président, dis à la Convention que, tant qu'elle restera dans l'attitude imposante où elle s'est placée depuis l'heureuse révolution du 9 thermidor, le peuple, qui l'admire avec confiance, lui restera attaché, et rendra vains et inutiles tods les efforts des conspirateurs. (On applaudit.)

La mention honorable et l'insertion au Bulletin sont décrétées.

BARAILLON : J'attendais depuis longtemps la discussion sur l'organisation des écoles primaires pour présenter les idées que j'ai développées à ce sujet. Comme cette discussion est encore retardée, et que l'objet en est très-instant, je demande la parole à la Convention.

La parole lui est accordée.

Baraillon prononce un discours à la suite duquel il propose un projet de décret que la Convention renvoie au comité d'instruction publique pour y être examiné et médité, afin d'entrer, s'il y a lieu dans le plan d'organisation des écoles primaires.

(Nous donnerons ce discours dans un prochain numéro).

GIRAUD, au nom du comité de commerce et des approvisionnements : Toutes les fois qu'on s'est occupé des douanes dans les différentes assemblées législatives, on les a toujours considérées comme des barrières protectrices du commerce et de l'industrie nationale; leur origine fiscale a été épurée.

Ce ne serait pas rendre justice à la Convention que de croire qu'elle ait voulu maintenir le régime vexatoire et tyrannique qui s'était emparé de cette branche de gouvernement comme de toutes les autres. En les rappelant à leur destination première, vous ne pouvez pas vouloir que quelques-uns des vices qui les faisaient détester sous un roi soient maintenus sous une administration populaire, ou tout doit avoir l'empreinte de la source pure dont il sort.

C'est d'après le sentiment intime de ces vérités que votre comité de commerce et d'approvisionnements s'est déterminé à vous proposer, sinon d'abroger, du moins de modifier l'article XXI du titre VI de la loi du 4 germinal. Cet article est ainsi conçu :

« Toutes transactions, compositions, départs et remises avant ou après le jugement sont prohibés et déclarés nuls. »

Les circonstances qui accompagnent ou suivent la découverte d'une contravention démontrent souvent qu'elle a été commise involontairement.

Cependant la commission des revenus nationaux ne peut adoucir la peine prononcée pour le délit ; il en est résulté que, depuis cette loi, plusieurs citoyens ont été traduits en jugement pour de prétendus délits; d'autres, pour avoir manqué à des formalités qu'ils ne connaissaient pas, et pour des objets d'une très-petite valeur qu'ils n'avaient évidemment que pour leur consommation, ont été condamnés à des peines pécuniaires qui ne sont réservées qu'au coupable de fait et d'intention. L'innocence de quelques-uns était tellement évidente que les saisissants, malgré l'exiguïté de leurs appointements, ont fait la remise aux condamnés de ce qui leur revenait dans le produit des amendes.

Des réclamations multipliées, adressées à votre comité, appuyées des faits qui les nécessitent; l'aveu, l'opinion de la commission des revenus nationaux, qui sollicite une disposition qui rende moins pénibles les fonctions de rigueur qu'elle est obligée de remplir en poursuivant des condamnations contre des citoyens souvent plus ignorants que coupables, ont déterminé votre comité de commerce, d'approvisionnements, à fixer pour quelques instants l'attention de la Convention nationale sur cette partie de sa législation, pour l'engager à réparer les injustices qui ont été commises et à en prévenir de nouvelles, sans déroger cependant aux lois qui prononcent des peines contre les vrais coupables d'infraction aux règlements prohibitifs.

Pour faire sentir plus particulièrement la nécessité de la modification que votre comité regarde comme utile, il citera quelques faits qui, en même temps qu'ils vous convaincront de la justice de cette modification, vous feront apprécier la différence qu'il y a entre une simple contravention et une fraude, entre l'ignorance des formes et l'intention manifeste de les violer avec une intention coupable.

Des citoyens habitant les bords de la Seine, qui, n'étant point sujets, avant la loi du 17 vendémiaire, à prendre des congés, n'en ont pas pris, en passant par Rouen, pour alimenter en écorces d'arbres les tanneries de Caudebec employées aux services des armées, sont poursuivis pour la confiscation de leurs bateaux, évalués 10,000 liv., et pour l'amende encourue.

L'agent de la commune de Caudebec a requis des bois pour la commune ; ils ont été transportés sur un bateau dont le propriétaire n'a pas pris de congé; on poursuit la saisie du bateau et l'amende, et cependant il est évident que, dans l'un et l'autre cas, il n'y a pas eu intention de frauder ; mais comme nul ne peut prétexter de son ignorance de la loi, ils seront condamnés si vous ne venez à leur secours.

Un aubergiste au port Navalo, département du Morbihan, avait chez lui quatre-vingt-douze livres de beurre salé ; sous prétexte que l'entrepôt est défendu dans les deux lieues des frontières, on a saisi ce beurre, et le juge de paix a condamné le malheureux aubergiste à 555 liv. d'amende, qui ont été acquittées.

Un soldat, canonnier, en garnison à Bouillon, mettait ses boucles d'argent dans sa poche lorsqu'il voyageait, pour leur conserver leur lustre; un certificat du commandant atteste ce fait, et qu'il les avait depuis longtemps; d'ailleurs elle sont conformes pour le modèle à celles qu'il avait à ses jarretières ; ce soldat a été condamné à une amende de 500 livres.

Un capitaine américain, qui vous apportait du grain de Hambourg et qui avait chargé au Havre, pour Bordeaux, du fer et du charbon de terre, se trouve avoir dans sa malle huit écus de 6 liv. qu'il avait reçus à Hambourg ; il a été mulcté pour une pareille amende.

Un cordonnier, voisin d'une commune située sur les frontières, achète pour son travail journalier quelques livres de cuir ; il est arrêté et condamné à la même peine.

Ces faits, pris entre une infinité de faits pareils, suffisent pour vous convaincre que le législateur, pour être souverainement juste, doit déterminer le mode pour adoucir une disposition de loi qu'il a voulu rendre juste, et non vexatoire, qui ne doit atteindre que l'homme coupable, et non le citoyen dans lequel la bonne foi est caractérisée.

Par exemple, n'y a-t-il pas une grande distance

dans le délit de celui qui pendant la nuit prend une route détournée pour éviter le bureau des douanes, et celui qui, en plein jour, passe sans y arrêter, et est saisi à dix pas pour cette contravention?

La loi, de laquelle ne peuvent s'éloigner ceux qui l'appliquent, ne fait cependant point de différence.

Il appartient au législateur de prévenir cette erreur qui lui est échappée. Votre comité pense vous en offrir un moyen en vous proposant le projet de décret suivant :

« La Convention nationale, après avoir entendu son comité de commerce et des approvisionnements sur la nécessité de modifier les dispositions des articles XXI et XXIII du titre VI de la loi du 4 germinal, relative aux défenses de faire aucune remise sur les saisies concernant les douanes, décrète ce qui suit :

« Art. 1er. Lorsqu'une saisie pour contravention aux lois sur les douanes ne sera motivée que sur l'omission d'une formalité, et que les circonstances feront présumer que la contravention est involontaire, la commission des revenus nationaux est autorisée, d'après le compte qui lui en sera rendu par le receveur et l'inspecteur, à faire sur la confiscation et l'amende telle remise qu'elle jugera convenable, à la charge de fournir à la fin du mois au comité chargé de la surveillance des douanes l'état des affaires ainsi terminées, avec les motifs de la remise accordée.

« II. Les dispositions de l'article ci-dessus auront leur exécution pour les saisies effectuées depuis la promulgation de la loi du 4 germinal.

Ce projet de décret est adopté.

La séance est levée à quatre heures.

---

## THÉÂTRE DE LA RÉPUBLIQUE.

Une comédie intitulée la Perruque blonde! Ce titre assez piquant avait attiré la foule. Les femmes se doutaient bien qu'on en voulait au ridicule trop commun aujourd'hui parmi elles de déguiser des beaux cheveux naturels sous une hideuse crinière factice ; aussi quelques-unes d'entre elles n'étaient pas disposées très-favorablement pour la pièce nouvelle, et cette bagatelle a été jugée sévèrement dans un temps où le public est coutumier d'une excessive indulgence.

Un négociant d'Elbœuf envoie sa fille à Paris travailler chez une lingère ; le jour même de son arrivée chez cette marchande, il s'y donne un bal ; Adèle y paraît dans la mise la plus simple, avec un extérieur qui répond à la candeur de son caractère ; elle y fait la conquête de Dorval, jeune homme aussi sage qu'aimable. Mais bientôt un fat, neveu de la lingère, se met sur les rangs ; comme Adèle doit être riche un jour, la tante favorise les prétentions du petit-maître, et Dorval est éconduit.

Entraînée par l'exemple, et docile aux leçons de Valcourt, la jeune personne suit et outre même les modes ; il est clair qu'elle ne peut se passer d'une perruque blonde.

Ce n'est pas tout : Adèle a dans Paris un oncle que son père a prévenu, par écrit, de son voyage, mais sans lui donner l'adresse de la lingère ; en sorte que cet oncle sait bien l'arrivée de sa nièce, mais il ignore sa demeure. Dans la règle, la jeune personne aurait dû aller voir son oncle en arrivant ; mais le goût de la toilette et des plaisirs l'ont distraite de ce devoir, dont elle ne s'est pas encore acquittée depuis quinze jours qu'elle est dans la capitale.

C'est ici que la pièce commence. Dorval, l'amant rebuté, vient chez l'oncle, dont il n'est pas connu ; il l'informe de la conduite d'Adèle, de la métamorphose qui s'est faite en elle, et n'oublie pas la perruque dont elle s'est affublée ; mais il ajoute que le fonds de son heureux naturel n'est pas encore

gâté ; il avoue enfin qu'il en est amoureux. L'oncle, fort content du jeune homme, l'invite à revenir dîner avec lui.

A peine Dorval est sorti qu'Adèle arrive, mise avec beaucoup d'élégance et déguisée par sa perruque blonde ; son oncle feint de la méconnaître ; elle insiste et montre son passeport ; il porte qu'elle est brune, le front découvert, etc... L'oncle se sert du signalement pour appuyer son persifflage. Adèle est fort embarrassée. Dorval revient ; elle invoque son témoignage, mais celui-ci prend le parti de l'oncle ; il assure qu'il ne reconnaît point en elle la jeune personne si simple et si naturelle avec laquelle il a dansé une fois. Adèle sort au désespoir. L'oncle écrit alors à sa nièce de venir dîner chez lui ; elle y vient en effet dans le costume modeste d'une ouvrière ; c'est alors que son oncle la reconnaît, et lui raconte à elle-même qu'une élégante, une femme ridicule, s'est présentée chez lui, sous le nom de sa nièce ; mais qu'il n'en a pas été la dupe. Tout finit par l'explication et le pardon que le bon oncle accorde. La scène épisodique d'un perruquier gascon, qui vient demander le payement de la perruque qu'il a fournie, est fort gaie, et jouée plaisamment par Dugazon.

Les détails de ce petit ouvrage ont de la gaieté, du naturel, de l'esprit, et sont semés de traits d'une force morale fort sage ; aussi ont-ils été souvent applaudis. Mais il s'y est trouvé souvent des redites, des mots maladroits ; les dernières scènes surtout ont offert une situation trop prolongée : ces défauts ont été saisis, et ont excité des murmures d'improbation. Avec quelques changements, la pièce aura probablement du succès, et les femmes raisonnables seront les premières à rire d'une plaisanterie très-innocente. On voit d'ailleurs, dans toute la pièce, que l'auteur (le citoyen Picard), en cherchant à corriger un léger ridicule, s'est plu à rendre hommage à tous les charmes moraux et physiques dont la nature a gratifié la plus aimable moitié du genre humain.

---

## LIVRES DIVERS.

*Description du blanchiment des toiles et des fils par l'acide muriatique oxygéné, et de quelques autres propriétés de cette liqueur, relatives aux arts*; par Berthollet. Paris, l'an 3e de la république française (1794) ; in-8e, broché, 1 liv.; chez Fuchs, libraire, quai des Augustins, n° 28.

*Portrait de J.-P. Marat*, peint d'après nature, par J. Boze, et gravé par E. Beisson ; treize pouces et demi de haut sur dix et demi de large, avec ces vers :

Peuple, vois ton ami, qui pour la liberté,
Au péril de ses jours, t'a dit la vérité.

PAR LUI-MÊME.

Prix : 6 liv. A Paris, chez Boze, cour du Louvre, au pavillon des archives, près la Société des Arts ; et chez Beisson, rue Bourtibourg, n° 272.

Cette gravure, faite d'après le seul portrait peint d'après nature du vivant de Marat, par J. Boze, réunit la plus brillante exécution, une manière ferme et vigoureuse, à la ressemblance la plus frappante, ce qui doit rendre ce portrait précieux aux amateurs des arts et de la liberté.

---

## ERRATA.

*Nota.* Guérin, membre de la commission des Vingt et Un, a élevé la voix dans la discussion du 21 pour affirmer les faits exposés par Baudin, à l'occasion des observations de Romme.

---

### Payements à la trésorerie nationale.

Le payement du perpétuel est ouvert pour les six premiers mois ; il sera fait à tous ceux qui seront porteurs d'inscriptions au grand livre. Celui pour les rentes viagères est de huit mois vingt et un jours de l'année 1793 (vieux style).

# GAZETTE NATIONALE ou LE MONITEUR UNIVERSEL.

N° 55.   *Quintidi 25 Brumaire, l'an 3e. (Samedi 15 Novembre 1794, vieux style.)*

## POLITIQUE.

### ALLEMAGNE.

*Vienne, le 20 octobre.* — L'électeur de Cologne, dépouillé de ses Etats par la valeur française et par la faute de la maison d'Autriche, vient de se réfugier dans cette capitale.

— Il circule ici un bruit singulier. Des personnes répandent, soit qu'elles-mêmes en aient reçu l'ordre, soit qu'elles-mêmes en aient connaissance, que François n'est pas éloigné de renoncer à la dignité impériale, et que, dans une conférence de tous les ministres, à laquelle il a assisté, il a manifesté hautement qu'il était las de soutenir plus longtemps une guerre désastreuse. Cette nouvelle, vraie ou fausse, n'a pu déplaire au public, et a paru rendre quelque faveur aux billets de banque. On a donc vu avec humeur arriver récemment des courriers du cabinet de Pétersbourg; car on ne peut douter que le contenu des dépêches qu'ils apportent ne soit un nouveau stimulant pour exciter la cour de Vienne à soutenir ses efforts contre la France.

— Le ministre prussien Lucchesini est de retour dans cette résidence; il a déjà eu une conférence avec Thugut, ministre des affaires étrangères. Le plénipotentiaire de Berlin s'est sans doute attaché particulièrement à ramener la maison d'Autriche à son premier système contre la Pologne. On ne doute plus en effet que, de notre côté, les hostilités ne recommencent contre cette république courageuse et infortunée, puisque déjà nos troupes se sont mises en mouvement dans la Gallicie. Les Polonais ont peut-être manqué de politique en harcelant trop les Autrichiens, lors de leur dernière retraite.

Le général de Wins est revenu de l'armée d'Italie. Il n'a pas rendu un compte satisfaisant de la situation où elle se trouve, et il n'a pas dissimulé que dans le Mantouan et dans le Milanais les émigrations étaient de plus en plus alarmantes.

*Ratisbonne, le 25 octobre.* — Si la demande faite par la cour de Vienne à la diète de la levée du quintuple contingent avait pour but, comme beaucoup de personnes l'assurent, de faire ouvrir les yeux aux princes de l'Empire sur leur déplorable situation, ce projet a eu un plein succès. L'envoyé palatin a fait le premier des remontrances tendant à la paix.

Le 20, l'électeur de Mayence, en sa qualité de grand chancelier de l'Empire, a fait faire à l'assemblée des états, par son ministre dictatorial, des insinuations pacifiques. Voici cette pièce qui est un monument historique.

« L'éminentissime électeur a vu par le rapport de son directoire, sous la date du 6 de ce mois, que le protocole s'est ouvert sur le décret de la cour impériale au sujet du quintuple contingent, et que ce décret a déjà réuni les suffrages des deux premiers collèges. Son Altesse aura soin de mettre sur pied son quintuple avec toute la célérité qui sera en son pouvoir, et elle fera les derniers efforts pour répondre au danger toujours croissant qui menace la patrie.

« Elle se persuade également que tous ses co-Etats s'appliqueront avec la même ardeur à ce que, pour la campagne prochaine, l'Empire ne présente une force capable de remplir l'objet que l'on s'est proposé. S. A. toutefois ne saurait dissimuler son directoire que le vote inséré au protocole de la part de l'électeur palatin, que l'on ait dès à présent à cœur d'aviser aux moyens de mettre fin, par une paix acceptable, à une guerre souverainement ruineuse, est d'autant plus digne d'attention, et d'être mis en délibération, que S. M. I. elle-même, dans le décret émané de sa cour, en faisant la proposition du quintuple, s'est déclarée prête à écouter et à prendre en considération toutes les idées qui pourront lui être offertes dans la vue de rendre l'Empire au bien-être.

« L'Empire germanique a dû prendre fait et cause pour ceux de ses Etats qui, en Alsace et en Lorraine, souf-

fraient de la violation de leurs droits, et la guerre qu'il fait n'a eu jusqu'ici d'autre but que le maintien des stipulations de la paix de 1648, garantie par la France même; il n'a jamais été question de s'immiscer dans les affaires intérieures du gouvernement français. Mais au lieu de parvenir à cette fin, l'Empire a perdu une province après l'autre, et les pays antérieurs, quoique non occupés par l'ennemi, ont extraordinairement souffert. S. A. est donc d'avis, et il lui paraît salutaire autant que nécessaire, que, tout en faisant avec ardeur les préparatifs d'une nouvelle et peut-être plus heureuse campagne, l'on prouve à nos citoyens pacifiques que l'on est en effet sérieusement disposé à donner la paix à l'Empire d'Allemagne.

« L'Empire peut, sans hésitation, déclarer à la nation française qu'il ne songe qu'à sa conservation, et non à son agrandissement, et qu'il n'est nullement dans l'intention de se soucier de ce qui se fait dans l'intérieur de la France.

« Par là la nation française apprendra qu'il ne dépend que d'elle de vivre en paix avec l'Empire germanique; et si, contre toute attente, elle refuse de donner les mains à la paix, si elle se montre en contradiction avec les principes qu'elle professe, les habitants de la Germanie en resteront convaincus qu'il ne leur reste plus qu'à supporter patiemment les inconvénients de la guerre, puisque c'est faire à leur propre conservation les sacrifices qu'une guerre de cette nature rend nécessaires à chaque individu qui aime sa patrie et sa propre existence.

« Par toutes ces considérations, S. A. E. regarde comme un des devoirs de sa qualité de grand chancelier de ne pas laisser sans suite le vœu ci-dessus mentionné de la cour électorale palatine, et elle charge son directoire d'en faire l'ouverture, sans perte de temps, tant au principal commissaire impérial qu'à tous les ministres, envoyés et conseillers de la diète générale, afin que cet objet, de la plus majeure importance, puisse, conformément à l'ancien usage, être mis en délibération le plus promptement possible, et qu'il s'ensuive, sous peu de temps, une avis de l'Empire à S. M. I.

« A la question si la déclaration pacifique doit avoir lieu est naturellement liée la question de savoir comment on s'y prendra pour la faire. Elles sont en union si étroite qu'on ne peut les séparer l'une de l'autre, et qu'il faut les débattre et les résoudre en même temps.

« S. A. E. est dans la pensée que la seconde question trouve dans l'Empire d'Allemagne une réponse des plus faciles. L'Empire combat pour le maintien de ce qui, par la paix fondamentale de 1648, garantie par la couronne de Suède, aujourd'hui neutre, forme son état de possession; il n'y a donc aucune difficulté à prier S. M. le roi de Suède d'intervenir efficacement pour le lui procurer. La couronne de Suède ne déclinera certainement pas cette médiation honorable, dès que l'Empire aura déclaré qu'il ne demande que ce qui est conforme à la paix de Westphalie. Le roi de Suède est un des membres distingués du corps germanique, et doit, comme tel, être essentiellement intéressé au bien-être de la patrie, pour laquelle ses contingents ont aussi à combattre.

« Le même rapport existe à l'égard de Sa Majesté le roi de Danemark qui, en sa qualité de roi, a également pris le parti de la neutralité. Son Altesse électorale est donc d'opinion que l'Empire doit requérir les cours de Suède et de Danemark, à l'effet d'interposer leurs meilleurs offices pour lui obtenir une paix acceptable. L'hiver est à la porte; les négociations de paix pourraient être conduites pendant l'hiver, si les deux cours qui viennent d'être nommées s'employaient sans délai à amener précisément une cessation d'armes et d'hostilités. Son Altesse électorale n'a ici d'autre objet en vue que le bien et le repos de l'Empire, envers lequel elle a, comme co-Etat et comme grand chancelier, des devoirs à remplir. Elle est conséquemment très-éloignée de prétendre à faire quoi que ce soit qui puisse contrarier ceux de ses augustes co-Etats, qui, comme puissances, ont pris part active dans cette malheureuse guerre. »

Trèves, Cologne, l'électeur palatin, celui de Brandebourg et la majorité des princes ont voté sur-le-champ pour la proposition.

## HOLLANDE.

*Amsterdam, le 8 brumaire.* — Dans la Gueldre, on cherche à disputer aux Français le terrain pied à pied, et près de l'étang formé par le Leck on élève, du côté d'U-trecht, de bonnes batteries.

Les personnes de distinction qui ont quitté la mairie de Bois-le-Duc, et y ont des biens, ont reçu de la part des Français l'ordre d'y retourner, faute de quoi leurs biens seraient vendus au profit de la république française.

On n'a encore rien de positif sur le succès de la députation que les États de Frise ont envoyée à La Haye. Voici quel est son objet :

Les états de Frise s'étant formés, le 30 septembre, en assemblée générale, on y débattit la question principale de savoir : Si ce qui avait été inutilement soutenu à La Haye par une commission particulière, c'est-à-dire par MM. B. Ilingers, de Franecker et de Haveren de Wulsinga, ne devait pas être résolu par une délibération commune; et s'il n'était pas de la prudence et même du devoir que cette province, pour son propre intérêt, se séparât des autres, et travaillât à son propre bien, par des moyens qui appartiennent à elle?

En conséquence elle propose :

1° De reconnaître la république française;

2° De changer la constitution de la Frise au gré de la république française;

3° De s'allier avec elle;

4° De renoncer à l'alliance avec l'Angleterre et la Prusse;

5° De sacrifier les intérêts particuliers du stathouder et de sa maison.

Ces objets furent agréés en deux séances consécutives, où les familles de Lyndt et de Hambreck, attachées au stathouder, refusèrent de voter.

Quatre commissaires furent nommés à l'effet de porter cette résolution à La Haye.

## RÉPUBLIQUE FRANÇAISE.

*De Paris.* — *Avis du comité de salut public aux imprimeurs.*

Les imprimeurs font usage de potasse pour nettoyer leurs caractères; mais le besoin qu'on a de cette substance pour la fabrication du salpêtre prescrit une économie sévère dans son emploi; les bons citoyens doivent tâcher de s'en procurer sans porter atteinte à celle qui est destinée au salpêtre, et d'éviter les pertes sur celle dont ils ne peuvent se passer.

Indépendamment des cendres des végétaux dont on extrait des potasses, on peut s'en procurer en mettant à la presse les lies de vin qu'on trouve facilement dans les grandes communes, et en calcinant le résidu dans une chaudière de fer; cette calcination doit être prolongée en renouvelant les surfaces pour brûler les parties combustibles.

Le tartre des tonneaux est encore plus propre à fournir une excellente potasse, qui est alors connue sous le nom de sel de tartre.

On fait brûler le tartre, après l'avoir distribué dans des cornets de papiers, pour qu'il ne forme pas une masse, et que l'air pénètre toutes ses parties; on favorise l'accès de l'air par l'arrangement des cornets au milieu des charbons. On calcine ensuite le résidu.

Quand la potasse a servi à nettoyer les caractères, elle n'est point détruite; elle s'est combinée avec l'huile et forme une espèce de savon; pour la rétablir, on n'a qu'à faire évaporer la liqueur savonneuse, et calciner le résidu dans une chaudière de fer, et on obtient, avec très-peu de perte, la quantité de potasse qui a été employée.

Les imprimeurs s'empresseront sans doute de s'assujettir à cette opération, pour épargner à la république l'emploi d'une substance nécessaire à sa défense.

Ils peuvent aussi remplacer la potasse par la soude, qui est également propre à leur objet; mais la soude et la potasse, dans leur état ordinaire, se combinent difficilement avec l'huile; on leur donne beaucoup plus d'activité par le moyen de la chaux, qui les dégage d'une substance qui s'opposait à leur combinaison. Il sera donc avantageux de mêler une moitié de chaux avec la soude ou la potasse avant de les dissoudre, et alors il faudra une quantité moindre de ces sels pour obtenir le même effet.

*Extrait du registre des délibérations du département de Paris.*

**Du 17 brumaire, l'an 2e de la république une et indivisible.**

Le département, délibérant sur l'exécution de la loi du 9 brumaire, relative à l'établissement des écoles normales; Convaincu que le succès de cet établissement, dont les résultats heureux doivent répandre dans toute la république les principes de morale et d'instruction si nécessaires au maintien de la liberté et à la restauration des mœurs, dépend en grande partie du bon choix des élèves qui vont être désignés;

L'agent national entendu dans son réquisitoire, arrête :

1° Il sera ouvert au secrétariat du département un registre pour y recevoir les noms et demeure des candidats qui se présenteront.

2° Les candidats déposeront, en venant se faire inscrire, leurs actes de naissance et les certificats attestant leur bonne conduite et leur patriotisme.

3° Ils y joindront un mémoire ou déclaration signé d'eux des fonctions qu'ils ont exercées, des travaux auxquels ils se sont livrés, du genre de connaissances qu'ils ont acquis.

4° Ce registre sera clos le 15 frimaire prochain.

5° Les candidats inscrits seront convoqués à des jours fixes, à dater du 15 frimaire, pour être examinés, afin de juger ceux qui réuniront les qualités morales et politiques et les dispositions nécessaires pour être admis au nombre des élèves. Cet examen se fera par deux administrateurs et quatre citoyens nommés par le département.

6° Le nombre des élèves sera déterminé par le département, d'après les tableaux de population qui seront mis sous ses yeux.

7° Le présent arrêté sera imprimé avec la loi du 9 brumaire, relative à l'établissement des écoles normales, affiché et envoyé aux quarante-huit sections, pour être lu à la prochaine assemblée décadaire.

Signé Housaau, *président;* Dupin, *secrétaire général.*

*Extrait d'une lettre du citoyen Berger, capitaine au 9e régiment de hussards, à son frère, à Paris.*

**Au bivouac, sous Nimègue, le 1er brumaire, l'an 3e de la république française, une et indivisible.**

« Le 25 vendémiaire, nous eûmes une affaire très-vive et très-glorieuse pour le régiment. Nous nous emparâmes de trois pièces de canon du 37e régiment d'infanterie anglaise, et un de ses drapeaux, sur lequel j'avais passé deux ou trois fois au grand galop avec ma compagnie, fut ramassé par un hussard qui était resté un peu en arrière. Ce drapeau a été depuis apporté à la Convention. Tout allait mal pour moi ce jour-là; ma compagnie fut rechargée et surprise par un régiment de cavalerie qui fit sur elle un feu d'enfer. Je tombai au pouvoir de l'ennemi, je fus son prisonnier pendant un quart d'heure. Trois braves hussards de ma compagnie me délivrèrent en tuant ceux qui me tenaient et l'officier qui ordonnait de faire feu sur moi. Je dois donc la vie à ces braves camarades. Je fis mon rapport de cette action aux généraux, et leur fis connaître mes libérateurs. J'obtins du colonel Thouvenot que le premier grade qui serait vacant fût pour le brave Manuel; qui reçut dans le genou un coup de pointe qui m'était réservé. Si le rapport que les généraux doivent faire à la Convention ne faisait pas mention de ce trait, charge-toi de le faire connaître. »

# CONVENTION NATIONALE.

*Présidence de Legendre.*

*Discours prononcé par Barailion dans la séance du 23 brumaire, promis dans le numéro d'hier.*

Législateurs, j'ai à parler des écoles primaires et sur le projet qui vous a été présenté par votre comité. Personne ne connaît mieux que vous l'urgence de l'instruction publique ; elle est depuis longtemps généralement désirée, universellement attendue. Mais à quoi servirait d'adopter tel ou tel système s'il est prouvé d'avance qu'aucun de ceux qui vous ont été proposés ne peut conduire à votre but ; s'il est bien constaté que celui de votre comité, notamment, serait peut-être le plus infructueux de tous.

Vous aurez avec lui un grand nombre d'instituteurs ; la république fera une dépense énorme, et vous ne compterez par la suite qu'un très-petit nombre d'élèves, peut-être même pas un seul vraiment instruit ?

Il n'est pas un chapitre du projet présenté contre lequel on ne puisse faire des objections raisonnables ; les uns, tels que le second, laissent beaucoup à désirer ; ils entraveraient, ils retarderaient donc nécessairement et l'organisation et l'exécution.

Dans d'autres, tel que le troisième, l'on ne donne pas assez de pouvoir aux vrais régulateurs de l'instruction, à ce jury qui est bien conçu, mais qui n'est pas suffisamment autorisé; qui sera utile, mais qui, pour le devenir, ne doit être asservi à aucune autorité étrangère à son objet.

Pour vous épargner, législateurs, l'ennui d'une longue et presque stérile discussion, pour ménager d'ailleurs des moments précieux à la chose publique, je porterai uniquement votre attention sur le quatrième chapitre du projet que j'attaque. Détruire les fondements d'un édifice, c'est le renverser ; or ce chapitre est la base de tout le système.

Il en est la base, puisqu'il indique réellement tous les objets à enseigner, puisqu'il règle le régime des écoles.

Mais si je démontre que l'instruction, telle qu'elle vous est offerte, est impraticable, si je prouve qu'elle est aussi vicieuse dans ses moyens qu'elle serait nulle dans ses effets, il deviendra inutile de s'occuper de l'institution de pareilles écoles et de la nomination des instituteurs.

Pour que l'on me comprenne plus facilement, je dois vous donner lecture de l'art II du chap. IV du projet de décret, qui a pour titre : *Instruction et régime des écoles primaires;* il est ainsi conçu :

« Dans l'une et l'autre section ( une pour chaque sexe ) de chaque école, on enseignera aux élèves :

« 1° A lire et à écrire, et les exemples de lecture rappelleront leurs droits et leurs devoirs ;

« 2° La Déclaration des Droits de l'Homme et du Citoyen , et la constitution de la république française.

« 3° On donnera des instructions élémentaires sur la morale républicaine ;

« 4° Les éléments de la langue française , soit parlée, soit écrite;

« 5° Les règles du calcul simple et de l'arpentage ;

« 6° Des instructions sur les principaux phénomènes et les productions les plus usuelles de la nature. On fera apprendre le recueil des actions héroïques et les chants de triomphe. »

Vous remarquerez facilement que l'instituteur aura dix objets à enseigner , quoiqu'on les ait compris en six; ils sont tous très-distincts.

Vous remarquerez également que ce projet ne présente pas ce qui est le plus essentiel à savoir, et indique des sujets qui sont pour le moins inutile ; je m'explique.

Quant à ce qui est le plus essentiel, pourquoi imiter l'astronome qui , les yeux toujours fixés au ciel , s'engouffre dans le puits qu'il ne voit pas, qu'il ne s'occupe pas d'éviter ? et ce qui l'environne est-il plus précieux pour l'homme que lui-même ? Son existence lui importe-t-elle moins que de savoir comment se forme la grêle , par exemple, qui ravage, qui détruit ses récoltes , et dont il ne peut se garantir ? Pourquoi donc ne pas lui apprendre à se conserver , à prolonger la durée de sa frêle machine ?

Que l'on prononce encore si la santé et la propagation des animaux, qui concourent à ses travaux, qui adoucissent ses fatigues, qui contribuent à sa nourriture , ne méritent pas autant son attention que celle de la république elle-même.

L'on ne manquera pas de m'objecter la très-grande difficulté que l'on suppose à concevoir , à retenir tout ce qu'il faudrait apprendre à cet égard. L'on s'épouvantera également d'avance de l'immensité des matières.

Eh bien, j'annonce hautement que les préceptes d'hygiène , de prophylactique et d'art vétérinaire à donner aux élèves , sont moins difficiles à saisir que les règles d'arithmétique, et n'exigent pas plus de temps ; tout dépend de la manière d'exposer et d'expliquer.

Ensuite, si l'on me prouve qu'il importe au sexe de savoir l'arpentage, je me serai lourdement trompé lorsque j'ai dit que l'on proposait des sujets au moins inutiles ; mais ce n'est là , sans doute , qu'un vice de rédaction.

Mais pour trop vouloir l'on ne fait rien; pour trop exiger l'on rend tout impossible. Peut-on croire de bonne foi qu'un seul individu puisse suffire à un pareil enseignement, à l'enseignement de dix objets différents, parmi lesquels se trouvent la grammaire, l'arithmétique, la géodésie , les éléments de physique , d'histoire naturelle, la morale, et jusqu'à la prosodie.

Nos forces physiques ne sont pas moins bornées que vos facultés morales. Hercule avait quelquefois besoin de fuseaux , Newton s'est délassé sur l'Apocalypse.

L'on me répondra, sans doute, par la distribution des moments de la journée , par la classification des élèves , et par la facilité, l'attrait, la brièveté des méthodes dont on usera.

Je répliquerai d'abord que cette distribution ne pourra convenir aux gens de la campagne , et les cultivateurs seuls offrent déjà les deux tiers de ceux qui sont à instruire ; — elle ne conviendra guère mieux aux artisans des villes dont tous les moments sont calculés.

La classification que l'on peut m'opposer, qui paraît même spécieuse , n'est vraiment qu'illusoire attendu l'arrivée continuelle de nouveaux élèves à l'école.

Quant à la facilité, l'attrait , la brièveté des méthodes que l'on se propose d'employer , je réponds qu'il au temps à tout , et que nécessairement la journée serait trop courte. J'assure même que l'instituteur, après avoir bien sué, n'aurait rien fait le soir. Des leçons données à la course ne sauraient jamais fructifier; des principes énoncés rapidement ne pourraient être retenus , surtout de la part d'enfants toujours inattentifs, qui ne sentent pas la valeur des mots, qui souvent même n'entendent pas la langue, auxquels il faut conséquemment tout expliquer, itérativement répéter, et dont le plus grand nombre ne manifeste jamais une conception bien vive. Tous ses efforts deviendraient donc inutiles; il serait nécessairement accablé par la multitude des élèves et par le nombre des sujets à enseigner.

J'admire ensuite par quelle magie l'on prétend allier les choses les moins faites pour l'être; assujettir, par exemple, le même instituteur à faire balbutier l'a, b, c à des marmots, et le transporter subitement à l'enseignement des sciences et des belles-lettres.

Nul, je le répète, ne peut excéder ses forces physiques et morales, nul ne peut à la longue vaincre sa répugnance. Je défie l'instituteur chargé de l'enseignement de tant de parties divergentes, quelque zélé qu'on le suppose, de remplir ses devoirs. Il est facile d'en concevoir, d'en prédire le dégoût, et bientôt l'apathie, l'insouciance.

Comment d'ailleurs espère-t-on trouver assez de sujets pour l'enseignement projeté?

Enfin, pourquoi ce projet laisse-t-il à désirer si le jury d'instruction sera oui ou non salarié?

Avant de vous exposer mes vues, je crois devoir insister sur ce dernier article.

Je pense que, si l'on paie le jury d'instruction, vous aurez presque partout ceux que vous ne voulez pas. Il vous faut des philanthropes, de vrais républicains; oui, de vrais républicains: j'appuie sur ce mot, parce qu'il n'est pas assez généralement senti. Or, de pareils hommes ne se paient pas, ne s'achètent jamais: leur conscience, l'honneur de servir la patrie, voilà leur récompense.

Je me résume et je conclus: attendu l'impuissance de trouver autant de sujets qu'il en faudrait pour l'enseignement des sciences et belles-lettres, spécialement nécessaires à un républicain;

Attendu l'impossibilité de doubler les écoles primaires et les instituteurs, par la nécessité où l'on serait d'établir deux degrés d'instruction dans chaque commune, ou de renoncer au projet que l'on présente;

Attendu que, parmi les instituteurs, les uns auront des dépenses de plus, des livres, des instruments à acheter, des études à faire, dont les autres n'auront aucun besoin;

Attendu qu'il est de l'intérêt public de signaler les bons, d'enflammer leur zèle, d'honorer leurs succès;

Attendu enfin qu'il importe au Français libre d'être réellement instruit, par-dessus tout à chaque individu de savoir se conserver, de pourvoir à ses besoins, de multiplier ses jouissances;

Je demande que l'on décrète:

1º Qu'il y aura un instituteur et une institutrice par chaque deux mille habitants, lesquels seront uniquement chargés d'apprendre aux élèves à lire, écrire, les quatre premières règles d'arithmétique, les Droits de l'Homme, la constitution française, et les préceptes de morale républicaine;

2º Qu'il y aura indépendamment des écoles de canton, où l'on enseignera la grammaire française, les règles de l'arpentage, les éléments de physique, d'hygiène, de prophylactique, de l'art vétérinaire et l'histoire de la révolution;

Et au sexe, à la place de l'arpentage, quelques règles de médecine sur la menstruation, la grossesse, les couches, les suites de couches, l'allaitement et la manière d'élever à la patrie des enfants sains et robustes;

3º Que les instituteurs seront réputés fonctionnaires publics; qu'ils en auront le rang dans toutes les fêtes et cérémonies nationales;

4º Que leur salaire, dans les communes, sera fixé à 1,000 liv.; celui des instituteurs et institutrices de canton, à 1,200 liv.;

5º Que le jury d'instruction n'aura point de salaire, mais la récompense de ceux qui auront bien mérité de la patrie; qu'ils seront d'abord nommés par des administrations de district; ensuite, le gouvernement révolutionnaire ayant cessé, par le peuple; que leurs délibérations ne seront soumises qu'au seul comité d'instruction publique de la Convention nationale, et à ceux qui seront par la suite légalement constitués;

6º Et enfin, que les instituteurs et institutrices qui se seront distingués dans leurs élèves recevront chaque année, au chef-lieu de district, chaque jour de la fête de la Jeunesse, outre une couronne civique une indemnité proportionnée à leurs succès, laquelle ne pourra jamais excéder la somme de 300 liv., dont le jury d'instruction sera seul le juge et le distributeur.

Si quelqu'un, en s'applaudissant de son ignorance, ose ridiculiser ce que je propose relativement à l'hygiène, à la prophylactique, et pour l'instruction particulière du sexe, ce ne serait jamais à coup sûr un législateur.

Je réponds au Hottentot, j'apprends aux sycophantes que les quatre cinquièmes du genre humain ne périssent avant l'heure, ne sont estropiés, ne demeurent infirmes et ne végètent dans un état de faiblesse, que par défaut de cette instruction.

Je leur annonce que la dégénérescence de l'espèce, qui fait surtout des progrès si effrayants depuis trois générations, n'a pas d'autres causes.

Où sont ces Gaulois, nos ancêtres, dont la force, la corpulence, la haute stature en imposaient aux Romains? — Où sont ces hommes de montagne, naguère si fiers de leur vigueur et de leur taille, chez lesquels le luxe et la débauche ne se sont jamais introduits, et que j'ai cependant vus s'éclipser sous mes yeux? — Pourquoi les petits-fils de ces colosses ne sont-ils plus que des Lapons par la hauteur et des pygmées par la faiblesse? — Pourquoi la dépopulation va-t-elle croissant, et, une fois extrême, ne se répare-t-elle plus? Le ci-devant Berry se ressent encore du sac de Bourges, et chaque pas atteste l'anthropophagie de César.

Ce que je vais dire paraîtra à bien des gens un étrange paradoxe, sans doute; j'en suis fâché: je n'en dirai cependant pas avec moins d'assurance que du système d'instruction publique qu'adoptera la Convention dépend la solution du problème si la Vendée se repeuplera ou demeurera déserte.

Un système parfait en ce genre peuplera les landes, les pays les plus stériles de la république, en moins d'un siècle; et les Françaises, quoique beaucoup moins fécondes que les Chinoises, n'en couvriront pas moins notre sol de leur progéniture.

Au reste, je le proclame à dessein; oui, il est plus aisé de pénétrer les élèves des principes les plus nécessaires de médecine humaine et vétérinaire qu'à un manufacturier, à un manouvrier, de leur apprendre à filer le coton pour mousseline, à la manière des Indes.

Le choix doit être bien facile entre ce qui tient à la multiplication, à la conservation, à la santé de l'homme, et ce qui n'appartient qu'aux arts de luxe ou de pur agrément.

Mais terminons par une vérité: l'anthropologie n'appartient pas plus aux grandes perruques de l'ancien régime que la didactique à la chausse de Rabelais.

Quel que soit votre jugement, législateurs, l'on ne saurait au moins me disputer l'envie de faire le bien. Trente ans de réflexions et d'expériences me donnaient quelques droits à vous présenter mes vues; ma mission me le prescrivait impérieusement; ma patrie m'en fait un devoir.

Il n'est pas une seule assertion, un seul mot que je ne puisse appuyer de preuves; mais plus accoutumé à méditer qu'à parler, j'ai dû me borner à vous offrir des résultats.

Je pourrais dire avec un célèbre rhéteur, Quintilien, que l'éloquence ne guérit pas les maladies; or, la plus horrible, la plus affreuse, la plus intraitable de toutes celles qui affligent le corps politique, c'est, sans contredit, l'ignorance. Elle fait en ce moment de grands ravages, des progrès alarmants; vous en êtes prévenus, et vous trouverez promptement les moyens d'arrêter et d'anéantir ce terrible fléau.

La Convention nationale décrète l'impression de l'opinion de Baraillon sur les écoles primaires, l'ajournement, et le renvoi à son comité d'instruction publique.

### SÉANCE DU 24 BRUMAIRE.

On fait lecture de la correspondance. Toujours des félicitations sur le courage qui a abattu les triumvirs; toujours des invitations à comprimer leurs continuateurs, à faire taire les terroristes; toujours des protestations d'attachement et de fidélité à la république et à la Convention nationale; toujours, enfin, nouveaux serments de détruire tout ce qui voudrait rivaliser avec elle et usurper sa puissance.

La Convention décrète que toutes ces Adresses seront honorablement mentionnées au Bulletin.

— Un membre du comité de commerce expose que le transport des réquisitions éprouve des entraves; le comité propose, pour les faire cesser, le décret suivant :

« Art. 1er. Les cultivateurs qui transporteront leurs grains d'un lieu à un autre, en vertu de réquisitions qui auront été faites, ne recevront aucune indemnité lorsque le lieu indiqué pour le dépôt ne sera pas éloigné de plus de deux lieues.

« II. Dans le cas où le lieu indiqué pour le dépôt des réquisitions serait éloigné de plus de deux lieues, le requis recevra pour le transport le prix fixé par la loi du 2 germinal.

« III. La loi du 2 germinal continuera d'être exécutée selon les formes antérieures. »

— Un membre du comité de commerce, après avoir exposé que l'impôt de 20 pour 100 mis sur les cotons et laines, les laines non filées, les noix de galles, etc., venant de l'étranger, nuit au commerce, fait décréter la suppression de ces différents droits.

CLAUZEL : Citoyens, à peine le décret d'avant-hier fut-il rendu que l'assemblée, ivre de la joie que les victoires de la république avaient répandue dans tous les cœurs, leva sa séance sans ordonner l'impression du rapport de Laignelot. Je demande aujourd'hui qu'il soit inséré au Bulletin et envoyé aux Sociétés populaires. Cette mesure est d'autant plus nécessaire que l'on cherche à faire croire que l'intention de l'assemblée est d'anéantir les Sociétés populaires; le rapport de Laignelot prouve le contraire.

LEVASSEUR (de la Sarthe) : Je demande aussi l'envoi du décret aux Sociétés populaires; mais je m'oppose à ce que le rapport de Laignelot soit imprimé. Ce rapport a été improvisé, et j'étais assis à côté de plusieurs membres des comités de salut public et de législation, qui m'ont assuré n'en avoir eu aucune connaissance. C'est donc l'opinion d'un membre qui vous a été présentée, et non celle des comités.

Je demande que les quatre comités présentent une nouvelle rédaction du rapport; alors la Convention, si elle le juge à propos, en ordonnera l'impression.

CLAUZEL : S'il s'agissait de réfuter ce que vient de dire Levasseur, certes je ne manquerais pas de moyens; je prouverais à la Convention que Laignelot n'a rapporté qu'une très-petite partie de la discussion qui a eu lieu aux comités; mais j'observe que, la presque unanimité de la Convention ayant approuvé le rapport de Laignelot, elle ne peut s'opposer à son impression. (On applaudit.)

GASTON : Il est impossible que les comités aient approuvé un rapport qui est sorti du cerveau de Laignelot au moment où il montait à la tribune. (Rumeurs.)

*Plusieurs membres :* La Convention l'a approuvé !

GASTON : D'ailleurs la postérité saura que ce rapport contient d'atroces calomnies envers cent membres de la Convention qui se sont lancés les premiers dans la carrière de la révolution (rumeurs), qui, à la face de l'Europe, ont combattu... (Mêmes interruptions.) On ne m'accusera pas sans doute de lâcheté, moi, qui avec mes braves frères...

*** : Il ne s'agit pas de toi.

GASTON : Si chaque membre de l'assemblée voulait se rendre compte à lui-même de la conduite des représentants fidèles contre lesquels sont dirigés plusieurs traits de ce rapport, il dirait certainement que ces représentants n'en peuvent être atteints; c'est pourquoi je demande, préalablement à l'impression du rapport, son renvoi aux quatre comités.

La Convention décrète l'impression du rapport de Laignelot, et l'envoi aux autorités constituées et aux Sociétés populaires.

Gaston et Taillefer réclament dans le tumulte contre le décret rendu.

LEGENDRE, *président :* Le décret est rendu; on ne m'intimidera pas par des vociférations. (Applaudissements.)

— Un défenseur de la république, blessé, se présente à la barre pour réclamer des secours.

L'assemblée charge son comité des secours de faire sur-le-champ droit à la demande de ce brave républicain.

LANOT : Le brave défenseur que vous venez d'entendre à votre barre me détermine à vous faire une demande. Il n'est pas un de nous qui ne soit pénétré d'admiration pour le courage de nos défenseurs; il n'est pas un de nous qui ne veuille leur assurer les bienfaits de la nation. Je demande donc que les récompenses qui seront accordées aux citoyens qui versent leur sang pour le soutien de la république soient regardées comme la première dette nationale à acquitter.

*Plusieurs voix :* Ce décret est rendu.

On demande l'ordre du jour, motivé sur l'existence de la loi.

*Cette proposition est adoptée.*

DUBOIS-DUBAIS : La Société populaire de Caen, qui s'est toujours montrée fidèlement attachée à toutes les vertus qui caractérisent le vrai républicanisme, me charge de présenter à la Convention nationale l'extrait du procès-verbal de quelques-unes de ses séances. Il contient l'expression vive des sentiments qui l'animent pour la Convention nationale, seule autorité légitime, et hors de laquelle, dit-elle, il n'y a point de salut. Elle regarde comme ennemie de la patrie toute association qui, sous quelque dénomination que ce puisse être, contrarierait ses travaux, et prétendrait rivaliser de puissance avec elle ; elle jure haine aux royalistes, aux aristocrates et aux terroristes ; elle adhère à tous les principes de justice et d'humanité d'après lesquels la Convention nationale a pris la ferme et inviolable résolution de gouverner le peuple français ; elle demande en outre que la Convention nationale, aujourd'hui bien convaincue du bon esprit qui dirige les citoyens de la commune de Caen, rapporte le décret par lequel il était ordonné d'élever une colonne infamante sur les ruines du château de cette commune.

Citoyens, j'adjure ici la justice qui vous anime ; ce que vous avez fait pour la commune de Lyon, vous le devez à plus forte raison pour celle de Caen, dont l'égarement n'a été purement que le résultat de l'ardent patriotisme de ses habitants, inquiets sur le sort de la représentation nationale. Ils prirent les armes dès qu'on leur eut persuadé qu'elle n'était pas libre ; ils les mirent bas sans effort dès qu'on les eut convaincus du contraire. Je vous demande, citoyens, s'il est une conduite qui caractérise mieux le vrai patriotisme ?

Ce qui prouve encore qu'ils n'étaient guidés que par des vues pures, c'est que pas un patriote n'y a été persécuté, c'est que l'aristocratie ne s'est pas mêlée à leur mouvement, c'est qu'en même temps ils contenaient et menaçaient les rebelles de la Vendée, et se disposaient à combattre les Anglais, s'ils eussent osé approcher de leur côte.

Oui, l'erreur des citoyens du Calvados n'a été qu'une erreur patriotique, et conséquemment une erreur honorable par ses motifs. Notre collègue Robert Lindet, dont le nom sera toujours cher aux citoyens de ce département, a tellement senti cette vérité qu'il a sans cesse travaillé à détourner de dessus leurs têtes la foudre qui les menaçait.

La Société populaire, loin de former une corporation particulière, n'y est plus que le peuple tout entier ; en un mot, ce département est l'image de ce qu'est le peuple de Paris, dégagé de ses meneurs perfides et livré à son propre sentiment, de ce bon peuple qui vous témoigne chaque jour, avec une effusion si touchante, son horreur pour les mesures sanguinaires que les tyrans trop justement abhorrés avaient mises en pratique.

Je convertis en motion la réclamation de la Société populaire de la commune de Caen, et je demande que la Convention nationale décrète qu'elle rapporte le décret par lequel il était ordonné qu'il serait élevé une colonne sur les ruines du château de Caen, injurieuse aux intentions pures qui n'ont cessé de diriger les citoyens de cette commune, et en général ceux du département du Calvados. (On applaudit.)

Je demande aussi la mention honorable des sentiments que la Société exprime, et l'insertion par extrait de l'extrait de ses séances adressé à la Convention.

Ces dernières propositions sont adoptées.

La Convention décrète le renvoi du tout au comité de salut public, pour en être fait un prompt rapport.

— Bentabole lit les Adresses suivantes :

*Les citoyens composant la Société populaire de Strasbourg à la Convention nationale.*

« Représentants du peuple, vous avez annoncé la ferme résolution de punir, de renverser les factieux, les féroces assassins, les égorgeurs et les fripons ; la France, en applaudissant à votre courage, vous soutiendra de son énergie.

« Mépris pour ces hommes ambitieux qui n'ont aimé la révolution que pour leur propre intérêt, et qui ne perpétuent les désordres de l'anarchie que pour conserver leurs profits illégitimes, et en faire de nouveaux aux dépens de la sueur du peuple.

« Attachement inaliénable à la Convention nationale et au gouvernement révolutionnaire, dégagé des abus et des vexations dont l'avaient souillé les ennemis du peuple et de la liberté ; soumission inviolable aux lois émanées de l'autorité nationale, et résolution de terrasser toute autorité colossale ou faction qui voudrait les détruire ou les décrier.

« Tels sont les vœux des membres de la Société populaire et en général des citoyens de Strasbourg. » (Vifs applaudissements. )

*(Suivent trois pages de signatures.)*

*La Société populaire de Saint-Dizier à la Convention nationale.*

« .... Loin de nous le système de ces continuateurs du tyran que vous avez détruit, qui osent dire que la justice ne peut s'accorder avec le gouvernement révolutionnaire ; ils la redoutent, persuadés que bientôt leurs crimes seront connus, et qu'ils ne pourront échapper au glaive de la loi. Citoyens représentants, restés à votre poste ; continuez par votre fermeté de déjouer les ennemis du peuple : maintenez le gouvernement révolutionnaire fondé sur la justice ; tous les vrais républicains vous soutiendront dans votre carrière, etc. » (On applaudit.)

— On lit une Adresse de la Société populaire d'Uzès, dont une très-grande partie des membres qui la composent demandent individuellement la liberté ou la mise en jugement de leur concitoyen Alexandre Voulland, général divisionnaire et ex-commandant temporaire de la commune de Marseille en état de siège.

VOULLAND : C'est pour la seconde fois, citoyens collègues, que la Société populaire de la commune d'Uzès a cru de son humanité de faire entendre ses justes réclamations en faveur du citoyen Voulland, mon oncle.

Depuis près de deux mois il gémit dans une maison d'arrêt, rongé de dégoûts , et d'une maladie scorbutique qu'il a contractée dans l'exercice de ses fonctions. Il est détenu en exécution de votre décret de la 5e sansculottide, intervenu à l'occasion des troubles qui éclatèrent à cette époque dans la commune de Marseille.

Vous n'avez point oublié que l'enlèvement d'un nommé Regnier, traduit au comité de sûreté générale par ordre des représentants du peuple Serres et Auguis, fut la première cause de ces troubles. Regnier avait annoncé dans une lettre qu'il écrivait, et qui fut interceptée, le projet d'égorger les prisonniers détenus à Marseille. Quels qu'aient été le prétexte et la cause des troubles survenus à Marseille, ils ne peuvent jamais être imputés au général Voulland ; il n'en a jamais été accusé, ni même soupçonné par les représentants du peuple dans leur correspondance. Ils savaient que, lorsque les mouvements qu'ils ont dénoncés éclatèrent à Marseille, le général Voulland, qu'ils avaient cru devoir destituer, n'était plus dans cette commune ; aux termes de leur arrêté, il était parti dans les vingt-quatre heures ; il était en route pour se rendre dans sa commune, lorsque Regnier fut arraché de vive force, par deux cents hommes masqués, des mains de l'escorte qui devait l'amener à Paris.

Le général Voulland était au sein de sa famille et commençait à soigner sa santé, lorsque de nouveaux troubles se manifestèrent à Marseille, au milieu desquels nos collègues ont été méconnus, insultés, et ont même couru quelques dangers.

Vous avez autorisé la formation d'une commission militaire, à laquelle vous avez délégué le droit de poursuivre et de venger l'attentat qui vous fut dénoncé par nos collègues. Une procédure instruite sous leurs yeux a d'abord désigné cinq individus, qui sont tombés sous le glaive de la loi. Vingt-sept autres individus, par arrêté de nos collègues, sont envoyés au tribunal révolutionnaire de Paris, pour y être jugés sur les preuves et les pièces produites contre eux : aucune n'appelle le soupçon sur la tête du général Voulland. Quoique je sois son neveu, mes collègues ne l'auraient point épargné ; ils ne le devaient point, ils ne l'auraient pas fait. Le général Voulland ne demande point de grâce, et je ne réclamerai jamais pour lui qu'une prompte justice. Il est étranger, je ne crains pas de l'avancer, à tous les complots qui peuvent avoir été tramés à Marseille pendant tout le temps qu'il y a commandé ; il n'est point non plus un vil conspirateur. Quand on aime autant sa patrie, quand l'a servie avec autant de zèle et de dévouement que ce vieil officier, on ne conspire pas contre elle à soixante et onze ans.

Il importe à un vieux soldat de la révolution, qui touche au terme de sa carrière, il importe à ses amis, et surtout à sa famille, qu'il soit constant qu'il ne fut jamais un conspirateur, un avilisseur de la représentation nationale, et surtout un vil septembriseur.

Je me résume, et je demande que la Convention nationale décrète que son comité de sûreté générale lui fasse, le plus tôt possible, un rapport concernant le général Voulland, à l'occasion des troubles survenus à Marseille.

Un membre demande que le comité de salut public soit adjoint au comité de sûreté générale.

Lanot appuie cette demande et celle de Voulland, et il ajoute que le rapport soit fait dans trois jours, et que les comités soient autorisés, s'ils le jugent à propos, d'ordonner la mise en liberté sans être tenus d'en rendre compte à la Convention.

— Cadroy obtient la parole pour une motion d'ordre.

CADROY : Vous avez rempli l'attente de la nation. Ces cris mille fois répétés : vive la Convention ! font tressaillir vos âmes ; vous conduisez au port, d'une main hardie et puissante, le vaisseau de la république : devant sa marche rapide les écueils s'abîment, les rochers s'engouffrent. Vous avez vaincu ; je viens vous inviter à profiter de la victoire. Les traits de cette physionomie nouvelle que vous avez donnée à la France vous disent que vous êtes dignes du peuple que vous représentez ; mais qu'est-ce que la physionomie d'un peuple qui peut changer mille fois dans un siècle, mille fois dans une année de révolution ? Ce sont les habitudes entières du corps social qu'il faut changer, qu'il faut rendre stables, pour atteindre à la gloire qui vous est destinée, et assurer au peuple le bonheur qu'il attend de vous.

Robespierre dominait par la fausse opinion qu'il avait donnée de ses talents, de ses fausses vertus ; il dominait dans les clubs de toute la république par l'organisation qu'il avait su donner au club des Jacobins de Paris ; il dominait dans les corps militaires par la sujétion et la dépendance où il les avait mis du comité de salut public dont il était le régulateur et le chef.

Il dominait par les comités de tous les genres qui couvraient le sol de la république, et qui aboutissaient au premier comité de Robespierre, comme des rayons se rapportent à un centre. Les administrations même, despotisées tantôt par les comités révolutionnaires, tantôt par les meneurs des clubs, recevaient leur direction des volontés de ce tyran.

Ce système d'horreur et de mort établi, organisé, consolidé, n'a reçu presque aucun échec par la mort de Robespierre ; il attend un nouveau chef.

Telle est notre situation actuelle. Ne vous y trompez pas ; au milieu de vos triomphes, vos ennemis épient le moment de ternir votre gloire et de détruire vos succès. Le terrorisme rugit encore autour de vous, et l'aristocratie, chamarrée de toutes les couleurs, couverte de toutes les livrées, enveloppée de tous les masques, veille aux portes du sénat français.

Vous avez mis l'action de la justice et l'exemple des vertus à l'ordre du jour ; eh bien, l'hypocrite malveillance ne parle plus que justice et vertu : son ton est modeste, sa voix est mielleuse, son œil est serein ; sa perfidie est toute dans son cœur, et l'intrigue, son émissaire fidèle, guette toutes les places auxquelles vous avez attaché des fonctions publiques. Tous ses efforts, toutes ses menées n'ont qu'un objet : l'accaparement de tous les pouvoirs ; tous ses moyens, servis par les vices et les crimes, n'ont qu'un but : la ruine de la république. C'était l'objet et le but de Robespierre.

C'est à vous à déjouer tous ces complots ; pour y réussir, détruisez les instruments qu'il avait préparés pour sa tyrannie ; dirigez vous seuls l'opinion publique ; épurez, éclairez les administrations ; rectifiez tous les choix ; réglez les Sociétés populaires, dites-leur qu'elles n'auront pas la souveraineté ; proscrivez tout retour aux armées révolutionnaires ; garantissez aux conquérants de nos frontières la droiture, la fidélité des généraux ; améliorez le régime des finances ; ne perdez pas un instant de vue la masse des assignats en circulation ; que vos efforts tendent à les diminuer ; nommez au peuple des administrateurs amis du peuple ; qu'aucune branche de l'arbre politique ne vous échappe, qu'aucune surtout ne se détache du tronc.

De bonnes lois et des agents fidèles, voilà tout le secret d'un gouvernement heureux.

Pour obtenir ce double avantage et écarter les inconvénients qui le font perdre, voici quelles sont mes idées : centralisez tous les pouvoirs ; que les principes de tous les ressorts politiques soient dans vos mains ; que votre œil voie tout, et que vos bras embrassent tout.

Dites aux Sociétés populaires ce qu'elles sont, ce qu'elles doivent être ; dites-leur qu'elles sont toutes égales entre elles ; qu'il n'y a point parmi elles de primogéniture ; qu'elles sont nées avec le peuple, que leurs droits sont les mêmes : que rien ne lui tant absurde que de voir une société-mère, à moins qu'elle ne prenne sa maternité dans l'enfantement du monstre Robespierre ; que rien ne serait si révoltant, si contraire à l'égalité, que de voir encore dans une démocratie des Cordeliers, des Jacobins : les premiers ont voulu détruire le gouvernement révolutionnaire et la Convention ; les seconds ont conspiré le 9 thermidor contre la liberté. Tous deux, unissant, on ne sait par quel miracle, l'aristocratie et l'anarchie, en avaient formé le tyran Maximilien, dont ils furent les coopérateurs, les sicaires, les valets et les complices.

Exigez de vos comités un compte exact de leurs

opérations; qu'ils surveillent les autorités constituées, et qu'une vigilance permanente les mette à
même de proposer des lois réfléchies, calculées et
propres à maintenir l'harmonie politique.

Qu'il ne soit plus permis aux commissions ni à
leurs agents de mettre dans leurs opérations un secret qui peut couvrir toutes les fraudes. Appelés
dans ces commissions des pères de famille qui soient
cautionnés par leur civisme et leur moralité, au lieu
de ces égoïstes dont l'intrigue fait le seul mérite, et
qui reçurent le brevet d'entrée de la protection de
Robespierre.

Que l'agriculture reçoive sans délai les encouragements que vous lui devez; que les canaux et les
routes portent votre bienfaisance et la fertilité sur
tous les points de la république; que nos relations
commerciales relèvent nos manufactures; que les
arts et le commerce hâtent le retour des richesses
nationales; que le citoyen, sur ses foyers, reçoive du
soldat l'échange des subsistances dont il s'était d'a-
bord privé pour lui.

Que les représentants envoyés par vous en mission
n'interrompent pas la distribution de vos bienfaits;
qu'ils assujettissent toutes leurs opérations à vos
lois; qu'ils vous instruisent de toutes leurs mesures
par la correspondance; que tout tienne de vous les
ordres, le mouvement et la vie.

N'oublions jamais qu'un des premiers devoirs des
dépositaires de la souveraineté du peuple est de ne
pas souffrir que des mains étrangères s'emparent de
la puissance souveraine; que la Convention nationale ne peut laisser usurper la gloire d'achever la
révolution et de cimenter le bonheur public; que la
représentation nationale est le centre unique de tous
les pouvoirs, le levier de toutes les forces et de tous
les ressorts politiques. Remplissons tous les jours le
serment que nous avons fait d'exterminer les tyrans
de toutes les formes, d'anéantir les fripons et les intrigants; défendons notre garantie et notre responsabilité en sauvant la patrie. (On applaudit.)

Voici le projet décret:

« Les Sociétés populaires sont sous la protection spéciale du gouvernement.

« Les Sociétés populaires ne gouvernent point, elles ne
délibèrent point; tout acte d'administration, toutes fonctions publiques leur sont interdits.

« Leur organisation, leurs papiers et registres sont soumis à l'examen des autorités constituées.

« Aucune Société n'a la primauté sur une autre; elles
sont toutes isolées et indépendantes entre elles.

« Aucune ne peut prendre une dénomination particulière; en conséquence, aucune ne peut se dire Société des
Jacobins, des Feuillants, des Cordeliers.....

« La maison occupée par la ci-devant Société des Jacobins est destinée à un atelier d'armes.

« L'agent national de chaque district et les comités révolutionnaires instruiront, chaque décade, la Convention de
tout ce qui est relatif à la police des Sociétés populaires et
à la sûreté publique, des progrès de l'esprit public; ils
adresseront à la Convention, dans le courant de frimaire,
l'état nominatif de tous les fonctionnaires publics civils
et militaires, des fournisseurs et employés aux réquisitions de leur arrondissement; avec le tableau de leur fortune avant et depuis la révolution; ils indiqueront leur
domicile, et feront connaître leur moralité et leur profession.

« Les comités de la Convention rendront compte successivement de la situation politique de la France et de
l'exécution des lois, chacun dans la partie qui les concerne.

« La discussion sur les subsistances, sur l'agriculture,

sur l'instruction, sur les finances et le commerce, sont à
l'ordre de tous les jours.

« Les représentants du peuple en mission dans les départements rendront compte directement à la Convention
de leurs opérations; leur correspondance sera lue chaque
jour à l'ouverture de la séance.

« Les comités de salut public, de sûreté générale et de
législation réunis, présenteront dans le courant de la décade prochaine un projet de loi en forme de règlement sur
la nature et la discipline des Sociétés populaires, sur les
pouvoirs des représentants en mission, et sur les moyens
de les diriger de manière à ce que le bonheur du peuple
n'en puisse être altéré. »

« Le rapport ordonné sur la question de savoir s'il convient de conserver, de supprimer, de réformer les commissions exécutives ou les agences, sera fait dans le courant
de frimaire. »

La Convention décrète l'impression, l'ajournement et le
renvoi aux trois comités réunis, du discours et du projet
de décret présentés par Cadroy. (La suite demain.)

---

## Lycée des Arts.

*Séance publique du 10 brumaire. — Extrait sommaire
des travaux.*

Ce concours a été considérable et l'assemblée très-bril-
lante. C'est toujours nouvel intérêt et nouvelle preuve
d'estime et de satisfaction de la part du public. Nous ne
pouvons qu'esquisser ici les principaux travaux.

On a fort applaudi le discours d'ouverture de Desaudrai
sur le nouveau Conservatoire des Arts et sur les récompenses accordées aux savants par la Convention. Le député
Grégoire y a reçu le juste tribut d'éloge et de reconnaissance qu'il mérite, comme rapporteur et comme constant
et zélé défenseur des arts.

— Cependant un citoyen s'est levé et a observé que c'é-
tait à la Convention seule en masse que l'on devait rapporter tout sentiment de reconnaissance pour les décrets
bienfaisants qu'elle rendait. Le secrétaire a répliqué que
les premiers remerciements du Lycée avaient été portés
solennellement à la barre de la Convention, le 25 vendémiaire dernier, ce qui ne pouvait pas exclure les témoignages d'estime dus particulièrement aux talents du rapporteur, et qu'à cet égard l'opinion du Lycée était bien
prononcée; qu'il était si loin de se plier aux adorations particulières que, dans le moment de terreur générale, avant
le 9 thermidor, une couronne ayant été demandée au directoire assemblé pour le dictateur Robespierre, elle avait
été solennellement refusée.

— Laval a fait ensuite un rapport sur des pompes ingénieuses à incendies et désobstruant présentées par l'artiste Desmarets. — Médaille décernée.

— Desaudrai en a fait un sur trois nouveaux pressoirs
imaginés pour être construits sans vis et sans écrou, et en
évitant l'emploi des gros bois, objet qui avait pour but de
satisfaire à la demande de nos frères infortunés du Morbihan, dont tous les pressoirs ont été brûlés et dévastés.
— Le modèle présenté par Dumas, ingénieur, a été couronné.

— Enfin Molé a fait, sur les célèbres actrices Dumenil et
Clairon, un discours qui a été couvert d'applaudissements,
et dont l'impression a été votée. Une double couronne a
été décernée.

La séance a été terminée par un concert où les artistes
Vauthy et Dury ont été fort applaudis.

---

## LIVRES DIVERS.

*Le véritable Évangile*, par le citoyen Gallet, in-8° de
64 pages, seconde édition. À Paris, chez Guefﬁer jeune, libraire, rue Git-le-Cœur, n° 16.

# GAZETTE NATIONALE ou LE MONITEUR UNIVERSEL.

N° 56.    Sextidi 26 Brumaire, l'an 3e. (Dimanche 16 Novembre 1794, vieux style.)

## POLITIQUE.

### DANEMARK.

*Copenhague, le 10 octobre.* — On ne désarmera que partiellement l'escadre qui est rentrée dans le port, selon l'usage en temps de guerre.

Quant aux sept autres vaisseaux de ligne dont on avait ordonné l'équipement, ils sont tous rentrés dans le bassin, excepté *le Dannebrog*, de 60 canons, commandé par l'aide de camp général Helbst, qu'on y attend.

— Il s'est élevé quelques troubles dans le bailliage de Segeberg; on en a arrêté les auteurs; et tout est rentré dans l'ordre.

### ALLEMAGNE.

*Fresenheim, le 28 octobre.* — Les républicains se préparent toujours avec vigueur à l'attaque de la citadelle de Manheim. Ils occupent trois ou quatre cents paysans à construire des ouvrages avancés.

— Mayence est sérieusement menacée. Le 23, il y est arrivé six cents hommes de cavalerie autrichienne avec un train d'artillerie.

— On apprend de Biergebourg que le quartier général de l'armée impériale va y être incessamment transféré, et que cette armée prendra ses quartiers sur le bord du Rhin.

L'armée prussienne cantonne sur la rive droite du Rhin, depuis Guntersblum, sur la droite en descendant le Rheingak, jusqu'à Johannisberg. Les détachements s'étendent jusqu'à Lorch et Kaub. Le quartier général de Mollendort est toujours à Hockheim, celui de Hohenlohe à Gros-Gérau, et celui de Kalkreuth à Wiesbaden.

### HOLLANDE.

*La Haye, le 30 octobre.* — L'anglais Elliot est arrivé le 29 dans cette ville.

— Cinq des provinces de l'Union vont demander qu'on s'occupe des moyens de faire la paix avec la république française. Cette disposition si générale; elle effraie la cour stathoudérienne; car les états de Hollande ont fait afficher une proclamation contre les signataires d'Adresses et de pétitions où l'on se permettrait de traiter des affaires du gouvernement.

— Le baron Davids est parti pour Londres avec une mission secrète; il est accompagné par l'envoyé britannique Wyndham. Il doit, assure-t-on, déclarer au cabinet de Londres que, vu la situation désespérée des Provinces-Unies, les états généraux sollicitent la faculté de se soustraire à la coalition, pour faire une paix séparée avec la France.

Il ne faut néanmoins recevoir qu'avec circonspection ces bruits, jetés en avant peut-être pour affaiblir le courage et l'heureuse exaltation de nos défenseurs: c'est l'énergie de la guerre, c'est la constance qui assure une paix solide. Sans doute plusieurs des puissances liguées contre la France sont réduites à un épuisement qui leur fait désirer la paix; sans doute le moyen, pour la république française, de terminer avec succès cette guerre, est de diviser ses ennemis; une paix partielle et successive affaiblira les soutiens de la coalition, et leur enlèvera à jamais l'espoir d'en renouer le fil; mais c'est en se préparant à soutenir avec vigueur une nouvelle campagne, que la France pourra réaliser ce vaste projet de politique.

— Les restes de l'armée anglaise se retirent à la hâte dans le pays d'Utrecht: on élève des batteries de ce côté, pour mettre le bord des rivières en état de défense.

La conduite du prince de Hesse-Philipstadt, relativement à la reddition de Bois-le-Duc, devait être examinée par un conseil de guerre dont le prince de Nassau-Usingen était président; mais le prévenu a pris la route d'Allemagne.

## CONVENTION NATIONALE.

*Présidence de Legendre.*

**SUITE DE LA SÉANCE DU 24 BRUMAIRE.**

Audouin : Je crois que nous touchons à l'époque

où les hommes qui se sont tenus jusqu'à présent le plus isolés doivent élever la voix dans cette enceinte.

La république tourmentée longtemps par les factions qui ont voulu déchirer la patrie pour s'en partager les lambeaux, attend son salut de la Convention nationale.

Oui, tous les Français qui ont dans le cœur la liberté gravée, fixent leurs regards sur cette assemblée, réunie au bruit du canon destructeur du trône, et victorieuse par ses vertus des nombreux obstacles qu'elle a rencontrés dans sa course révolutionnaire.

Vous avez beaucoup fait, législateurs, pour arriver au but que vous vous êtes proposé, la félicité publique; mais il vous reste encore beaucoup à faire. Votre sagesse empêchera les déchirements nouveaux que voudraient occasionner les débris des factions, et le fanatisme expirant, et le royalisme déhonté, et l'aristocratie délirante, qui irait, si vous n'y preniez garde, jusqu'à augmenter votre puissance pour vous présenter ensuite au peuple comme usurpateurs de ses droits, vous avilir et vous dissoudre.

La Convention nationale évitera ce piège, et ne perdra jamais de vue les devoirs qui lui ont été imposés.

Qu'elle est grande la mission que nous avons à remplir! L'égalité, la liberté, la république démocratique sont proclamées; mais tous ces noms sublimes ne seront que des mots, tant que les lois qui dérivent naturellement de notre constitution populaire ne seront pas écrites en caractères ineffaçables. Vous avez décrété, et tous les Français ont sanctionné par leur adhésion, le gouvernement révolutionnaire : ce gouvernement doit exister jusqu'à la paix; il doit exister dans sa pureté primitive; juste envers les bons, juste contre les méchants. Mais ces drapeaux suspendus aux voûtes de vos salles, mais ces chants de victoire qui frappent vos oreilles, mais ces lauriers qui ceignent le front des intrépides défenseurs de la patrie, mais ces cris lugubres des rois humiliés ne nous annoncent-ils pas l'heure où nous devrons poser pour borne de la révolution le gouvernement républicain?

O vous qui soupirez après l'amélioration de l'agriculture, vous qui appelez le commerce et les arts, vous qui demandez que le numéraire en circulation soit proportionné à vos richesses territoriales, vous qui désirez des travaux régénérateurs du sol français, vous tous, amis de l'égalité, des mœurs et de la liberté, vous verrez vos vœux remplis par la Convention nationale et par le courage des armées.

Les armées! il me semble déjà voir ces phalanges guerrières apporter dans cette enceinte, au pied de cette arche, dépositaire du pacte social, les trophées qui attestent leurs triomphes; il me semble entendre ces généreux républicains réclamer les lois bienfaisantes pour l'affermissement desquelles ils ont versé leur sang dans les combats. (On applaudit.)

• Nous avons chassé, vous diront-ils, loin de notre territoire les satellites de la tyrannie; nous avons marché à pas de géant contre les rois et leurs esclaves; vous avez décrété souvent que nous avions bien mérité de la patrie; nos législateurs songeaient à nos victoires : ont-ils travaillé à nous en assurer les fruits? ont-ils écrasé les ennemis de l'intérieur, tandis que nous pulvérisions les ennemis du dehors? ont-ils donné des colonnes à l'édifice constitutionnel porté pendant deux ans sur les épaules du peuple, et préservé, par notre courage et nos fatigues, des attaques de la coalition impie armée contre la république? Jouirons-nous dans nos chaumières, au milieu de nos familles, des douceurs d'une paix honorable et solide, achetée par tant de sacrifices? Pourrons-nous glorieusement sillonner la terre que nous avons contribué à affranchir? Pourrons-nous cultiver les arts que nous avons abandonnés pour voler à la défense de la patrie? Pourrons-nous faire fleurir le commerce après avoir moissonné des lauriers? et la France aura-t-elle toutes les vertus après avoir combattu tous les vices? »

Citoyens, que le langage de nos braves frères d'armes retentisse dans nos âmes! que chacun de nous (après la grande affaire qui va nous occuper) emploie tout son temps, tous ses soins à servir sa patrie : que l'éducation nationale, les institutions républicaines, le code civil, le code criminel, le code militaire, le système des finances, enfin toutes les lois qui doivent être basées sur la constitution acceptée par le peuple français, deviennent notre principale étude.

Repoussons par ce bel ordre de travail tous les débats qui n'ont point pour but la chose publique. Je ne suis point ici pour entrer en lutte avec les passions ou être témoin de leurs combats : je n'y ai été envoyé que pour concourir à sauver mon pays par la sagesse des lois. Consumer son temps pour le peuple, c'est la meilleure manière de répondre aux calomnies et aux chansons aristocratiques. (Applaudissements.) Le calomniateur n'avilit que lui-même; l'aristocratie n'est brave que dans ses couplets; et celui-là n'a rien à redouter des méchants, qui n'a rien à craindre de sa conscience.

Disons franchement à ces hommes qui parlent avant le temps et d'assemblées primaires et de législature, que nous ne demeurerons pas ici un jour de plus qu'il ne sera nécessaire. Ah! qui de nous, s'il ne consultait que son propre goût, ne préférerait pas la solitude à ce tourbillon d'affaires et d'événements dont nous sommes enveloppés? Mais nous devons obéir au peuple; mais nous devons établir, d'après la constitution de 93, la nouvelle distribution du territoire français; mais nous devons conduire le char de la révolution jusqu'au bout de la carrière qu'il a à parcourir; mais nous devons, pendant sa course, préparer les lois conservatrices de l'acte constitutionnel, afin qu'il n'y ait aucun intervalle entre l'anéantissement du gouvernement révolutionnaire et l'établissement du gouvernement républicain. (Applaudissements.)

C'est dans la discussion solennelle de ces lois que les vrais amis de la liberté apporteront à cette tribune le fruit de leurs travaux, le tribut de leurs lumières; chacun de nous y sera entendu avec cet intérêt qu'inspire l'amour de la patrie et le désir de la rendre heureuse; le peuple satisfait sortira de nos séances en bénissant ses législateurs. Nos journées seront pleines, puisque nous aurons travaillé au bonheur de nos concitoyens et à notre propre bonheur. Pourrions-nous être heureux si le peuple ne l'était pas? Aussi, quand on me dit que tel ou tel homme, qui pourrait être utile à sa patrie, conspire contre elle, je ne puis m'empêcher de le plaindre, tout en détestant son crime. Eh quoi! misérable, tu te donnes tant de peines pour trouver l'échafaud et l'infamie, et il te serait si aisé d'obtenir l'estime publique et une gloire durable! Sers ton pays, au lieu de machiner sa perte à laquelle tu ne parviendras pas. Eh! quand il y parviendrait, ne serait-il pas la première victime des tyrans dont il aurait embrassé la cause? Quel coin de terre reste-t-il au conspirateur? un tombeau ignominieux.

Quelle récompense? les galères de la postérité. Mais écartons ce hideux tableau, ne touchons point à des plaies qui saignent encore; oublions ceux qui ont oublié la patrie, et réunissons tous nos moyens, toutes nos forces, toutes nos intentions pour cicatriser les blessures qu'a reçues la liberté; défendons-la d'une main contre ceux qui tenteraient de défigurer son image ou de l'ensevelir tout entière sous le trône du royalisme ou sous les pieds de l'aristocratie, et travaillons, de l'autre, à cimenter la république pour laquelle tant de sang a coulé, et si pur et en si grande abondance.

Citoyens, pénétrons-nous bien de cette vérité; que les fibres du corps politique ne sont point à leur place; de là ce malaise général que nous ressentons. Attachons-nous à laisser agir la nature dans notre législation; attachons-nous à laisser faire au peuple tout ce qu'il peut faire par lui-même et sans danger pour la liberté publique. Presque toutes nos lois sont autant de ligaments qui serrent dans tous les sens le corps politique; occupons-nous de rompre ces entraves, plus puissantes pour la contre-révolution que les rois et leurs complices. Que tous les mouvements du corps politique soient tellement libres, tellement naturels, qu'ils concourent à lui donner cette santé forte et vigoureuse qui le rendra invincible. Ce n'est pas de cette effrayante multiplicité de lois que sortira la félicité publique : le bonheur sera dans un petit nombre de lois gravées, pour ainsi dire, par les mains de la nature. Qu'elles seront belles ces journées où, ne craignant plus de voir dans notre voisin un ennemi de la patrie, nous pourrons renvoyer chez les nations barbares le supplice des fers, et briser à jamais la hache sanglante de la mort! ces journées où nous tirerons de notre constitution républicaine les précieuses conséquences qui en dérivent si naturellement; ces journées où, réformant tant de lois indigestes, incohérentes, source éternelle de divisions, de déchirements, d'abus, de mécontentement; ces journées enfin où, coupant d'une main sagement hardie toutes les lisières du peuple français, les législateurs n'auront, en quelque sorte, besoin que d'un ruban tricolore et d'un épi de blé pour faire régner dans la république la fraternité et le bonheur. Je demande que la Convention nationale invite chacun de ses membres à s'occuper des lois organiques de la constitution, que le peuple français embrassera avec transport après avoir traversé le torrent révolutionnaire et dicté aux ennemis de son indépendance une paix honorable et solide.

Plusieurs membres demandent l'impression de ce discours et le renvoi aux comités de salut public et de législation.

Cette proposition est décrétée.

Barère : Citoyens, je viens aussi vous parler de la préparation des lois organiques de la constitution républicaine; et ce qui m'a porté à faire cette motion d'ordre est l'état actuel des esprits, qu'on cherche à égarer, à agiter dans tous les sens propres à l'anarchie.

Les circonstances actuelles et l'amour de mon pays... (quelques murmures dans une partie de la salle), oui, l'amour de mon pays, dont j'ai donné quelques preuves depuis cinq ans, me font un devoir de déposer dans le sein de la Convention quelques alarmes dont les plus zélés patriotes ne peuvent se défendre.

La révolution du 9 thermidor a abattu le tyran et la tyrannie; le règne de la justice et de l'égalité a dû lui succéder. Mais, par une fatalité attachée à tout ce qui tient aux révolutions, tout est changé autour de nous, excepté la victoire et le courage des armées. Passions, intérêts, fraternité civique, projets, diplomatie, opinion publique, tout a pris du moins des formes nouvelles. L'esprit de parti a paru renaître, quand la chute des triumvirs devait nous rallier tous dans un même faisceau ; des dissensions intestines se propagent dans quelques parties de l'intérieur, quand nos ennemis du dehors sont abattus ; des haines particulières s'alimentent tous les jours de mille rapports divers, de mille craintes factices ; les instruments qui ont servi à établir la liberté sont avilis et brisés ; des hommes tirés du sein du peuple, appelés aux mêmes travaux, associés aux mêmes fonctions, voués aux mêmes périls, se surveillent comme des ennemis acharnés, et disputent au lieu de discuter ; la liberté d'opinion n'est pas le domaine de tous.

Les aristocrates vindicatifs voudraient abuser d'une majorité législative, comme des accapareurs se servent des matières premières, et la calomnie couvre de ses poisons ceux qui se sont sacrifiés pour la liberté ; cependant il n'est aucun de nous qui oublie qu'une assemblée chargée d'établir l'unité de la république doit en donner l'exemple.

C'est en vain que des applaudisseurs intéressés s'agglomèrent à Paris depuis quelques jours, et accourent de toutes les parties de la république ; c'est en vain qu'ils voudraient changer le temple des lois en une arène de gladiateurs : nous ne partagerons pas leurs funestes passions ; c'est à la sagesse de la Convention nationale, c'est au génie de la liberté que nous sommes redevables si les troubles que ces hommes passionnés fomentent n'ont pas éclaté encore.

Au milieu de ces agitations, le parti de l'étranger, dont je ne cesserai jamais d'accuser les complots que lorsqu'ils seront détruits, le parti de l'étranger, qui, selon moi, a depuis le commencement de la révolution dû organiser un comité secret à Paris, continue de distribuer ses rôles pour tourmenter l'opinion du peuple, pour avarier l'esprit public, pour calomnier les patriotes énergiques, pour diviser la Convention nationale. Ce n'est pas ici une fable que je viens répéter : l'étranger a le plus pressant intérêt, au milieu des victoires républicaines qui l'écrasent, l'étranger doit faire sans doute ses derniers efforts pour égarer les citoyens, pour assoupir le peuple, pour intercepter ou corrompre les lumières, dénaturer les volontés, surhausser le prix des matières de première nécessité, faire perdre à l'ouvrier auprès des boutiques un temps précieux, et faire accuser la liberté de tous les abus qui n'appartiennent qu'aux circonstances de la guerre ou aux intrigues de nos ennemis cachés dans l'intérieur de la république.

Décadi dernier ( et le fait s'est passé en présence du neveu de Cambon ), un contre-révolutionnaire a essayé l'effet que produirait le cri plusieurs fois répété : *A bas la république !* (Violents murmures.)

*Quelques voix* : La preuve !

BARÈRE : Si l'on ne veut entendre des faits, si toutes les vérités ne plaisent pas, je cesserai de les dire.

\*\*\* : Ce jour-là j'étais dans le Jardin National ; on criait : *Vive la Convention !* Je criai : *Vive la république !* On me répondit, en me donnant un coup de poing : *Vive la Convention !* ( Rires et murmures.)

BARÈRE : Mais d'aussi misérables essais ne décèlent que l'audace des ennemis déhontés de la liberté. Dans quelques groupes on insinue les mots de paix et de royauté ( mêmes murmures) ; mais le peuple n'est pas la dupe de cet alliage. Quelques politiques vantent la prééminence de la constitution anglaise et les bienfaits de la constitution américaine. A côté de ces insinuations politiques s'ourdissent tous les jours des trames odieuses contre quelques membres de la Convention. Les moyens d'exécution de tous ces complots sont dans quelques Anglais disséminés dans Paris, dans quelques contre-révolutionnaires échappés des départements vendéens et chouans (rires et murmures dans une partie de la salle), ou dans quelques hommes que les Anglais nous ont envoyés des colonies, et dans les mécontents de la révolution.

Un projet sanguinaire, dont le secret a échappé à des aristocrates, est de faire périr quelques députés énergiques qui les embarrassent, de faire menacer et frapper plusieurs autres, et de transiger ensuite avec des députés qu'on espère inutilement d'intimider par des violences publiques. La Convention nationale a prouvé à toutes les époques de la révolution, par sa sagesse courageuse et son intrépidité inébranlable, qu'elle ne craint pas plus ses ennemis de l'intérieur que ses ennemis du dehors.

On voudrait donc, au milieu de tant de crimes froidement calculés, et sous les yeux du peuple généreux qui a fait si heureusement toutes les révolutions glorieuses de la liberté, préparer sur les cadavres sanglants des quelques patriotes une paix plâtrée ou une transaction peu solide.

Une politique perfide est basée, dit-on : 1° sur le danger que les rois de l'Europe entrevoient en laissant dans le continent européen une démocratie puissante, une république bien organisée, une égalité constitutionnelle ; 2° sur l'intérêt des anciennes castes privilégiées et des ambitieux de tous les partis, qui trouveraient dans une constitution modifiée un sénat ou une Chambre de représentants. ( *Jamais, jamais !* s'écrie-t-on de toutes parts. — L'assemblée entière se lève pour démentir un pareil projet. — Les tribunes partagent ce mouvement et applaudissent à plusieurs reprises.)

Tant de folie n'a pu éclore dans la tête de ces contre-révolutionnaires, qui ne connaissent sans doute ni l'esprit du peuple français ni l'énergie de la Convention nationale, que parce qu'ils spéculent mal sur l'exaspération momentanée des opinions contraires et sur l'échauffement des esprits aigris par des événements antérieurs. Tous ces misérables projets d'un jour ne peuvent obtenir aucun résultat favorable à aucun intérêt, à aucune passion ; et les orages passagers ne feront que désigner plus particulièrement les ennemis de la révolution.

Comment les intrigants qui rôdent dans Paris et autour de la Convention ont-ils pu espérer de s'emparer ainsi des victoires innombrables de douze armées, de mettre à profit contre le peuple les succès des sans-culottes, et de donner quelque triomphe à l'aristocratie au prix du sang de tant de milliers de républicains qui ont péri sur les frontières et dans les pays ennemis, pour assurer la liberté française ?

Agents corrompus et secrets des gouvernements royaux, croyez-vous que, sous les yeux d'une Convention énergique et pure, les armées républicaines combattent avec tant d'avantage les hordes étrangères, pour revenir à quelque espèce de tyrannie ? croyez-vous que les sans-culottes se battent intrépidement pour ressusciter l'aristocratie ; que les frontières sont rougies du sang du peuple, pour élever quelques ambitieux subalternes ? croyez-vous que les soldats de la liberté ont conquis, avec la rapidité de la foudre, les campagnes d'Italie, les vallées de l'Espagne, les villes de la Hollande, les plaines de la Belgique et les riches contrées de l'Allemagne, pour éprouver, sur leurs foyers, quelque oppression, ou recevoir le joug des anciens préjugés? Le peuple de l'intérieur se sera-t-il laissé froisser par toutes les tempêtes politiques, pour échouer contre les efforts de l'égoïsme et de l'aristocratie? Non, ne l'espérez pas.

Les rois sont ceux à qui il convient de demander la paix; ils ont besoin de laisser respirer leurs esclaves des dangers, des fatigues et des tournois sanglants qu'ils leur ont donnés; ils ont besoin de pressurer tranquillement leurs sujets, pour remplir leurs caisses épuisées; mais, pour y parvenir plus sûrement, ils ont préféré de faire en France une guerre moins coûteuse et plus efficace, en employant la corruption et l'intrigue, la calomnie et l'assassinat.

Ils ne manqueront pas, pour obtenir une paix moins humiliante de faire dire au peuple que les bienfaits de la paix vont le dédommager en un instant de tant de sacrifices et de privations inévitables pendant la guerre; que l'abondance va couvrir nos ports et nos cités, que l'agriculture va se ranimer, et que l'ordre public va renaître.

Sans doute un jour la paix fera jouir le peuple français de tous les bienfaits de la liberté; il n'est pas un député qui ne vote avec enthousiasme la signature d'un traité solide, honorable et digne de républicains victorieux; car nous n'avons fait la guerre que pour arriver à la paix, et nous n'avons fait la guerre avec tant de vigueur que pour jouir plus sûrement de la constitution que les Français ont acceptée le 10 août 1793, et pour démontrer aux gouvernements européens que nulle puissance sur la terre ne peut empêcher un peuple belliqueux d'être libre quand il le veut l'être, et de se donner le gouvernement et la constitution qui lui paraît la plus convenable. Ainsi la paix ne saurait être faite en altérant une seule ligne de cette constitution républicaine, palladium de nos libertés et caution des droits de l'homme.

Le système anglais qui tourmente sans cesse notre révolution, après avoir essayé plusieurs fois de l'accaparer, le système anglais est de ne laisser exister nulle part, en Europe, de constitution britannique. Le système de ces insulaires est de ne laisser établir aucune grande république, de bannir l'égalité et les droits de l'homme des constitutions politiques, et de présenter leur charte et leur organisation royale et parlementaire comme le maximum de la liberté. Le spectacle du bonheur des Français, par l'influence prochaine d'une constitution démocratique, est le tocsin journalier sonné en France contre les tyrans, les mylords et les sénateurs.

Déjà les échos de Londres affectent d'élever des discussions sur la forme de gouvernement qui convient à un grand pays, comme si le vœu du peuple français n'était pas déjà bien prononcé pour la république démocratique; comme si le genre de gouvernement exercé par une représentation nationale n'était pas la meilleure garantie de la liberté publique, et le rattachement le plus assuré de toutes les parties de la république au centre commun?

Mais qu'ai-je besoin de réfuter ici les politiques du despotisme, quand je n'ai à soutenir que la volonté commune d'un peuple libre. Il ne reste donc plus aux méditations de la Convention nationale, dans cette partie, que les moyens d'organiser les parties de la constitution qui concernent les agents du gouvernement, les élections, les administrations, la division du territoire, et les formes des jugements.

Si l'on trouvait cette motion précoce, je répondrais que, pour ne laisser aucun intervalle entre la cessation du gouvernement révolutionnaire et l'exercice du gouvernement constitué, et pour faire jouir le plus tôt possible le peuple des avantages de lois constantes, égales pour tous, il faut préparer d'avance les lois organiques de la constitution de 1793; déjà un décret de la Convention ordonne à ses comités de s'occuper de cet objet; et j'ai cru, au milieu des agitations de l'intérieur, devoir rappeler le devoir des comités, ou cette volonté de l'assemblée nationale; je l'ai fait, comme on rappelle dans les tempêtes qu'il y a une ancre au vaisseau. Ma motion ne peut nuire aux progrès de la révolution, mais plutôt les assurer.

Si les comités sont trop chargés de travaux urgents et journaliers pour entreprendre cette partie des lois organiques, une simple commission, choisie par la Convention, pourrait y travailler. C'est ainsi que vous avez préparé le code civil, quoique vous soyez encore au milieu des agitations révolutionnaires. C'est ainsi que vous jetez les fondements de l'instruction publique, quoique vous ne puissiez avoir encore qu'une instruction révolutionnaire. C'est ainsi que vous vous occupez de régénérer le commerce et de ranimer l'industrie nationale, quoique vous soyez au milieu des obstacles et des calamités de la guerre.

Mais j'ai pensé qu'en décrétant ce travail préparatoire, vous donnez aux bons citoyens la certitude que vous visez le port au milieu de la tempête; vous indiquez aux mécontents le terme de leurs vaines clameurs; aux intrigants, l'assurance que les maux qu'ils préparent ne seront pas de longue durée; aux tyrans de l'Europe, qu'ils doivent désespérer de nous ravir nos droits et d'empoisonner notre liberté; vous donnez enfin au peuple une caution nouvelle qu'il pourra bientôt jouir de ses droits et ne voir plus régner sur lui que sa propre volonté, la liberté, l'égalité et les droits de l'homme.

Je conclus à ce que la Convention charge quelques membres des comités de législation, ou une commission de cinq membres, de préparer d'avance les lois organiques de la constitution acceptée par le peuple français, le 10 août 1793.

PELET: Le sujet des discours que nous venons d'entendre est de la plus grande importance; mais il est bon de remarquer que c'est au moment où nous devons ne nous occuper que de battre l'ennemi, qu'on nous propose de faire les lois organiques de la constitution.

Je ne ferai aucune observation sur les changements bien extraordinaires qui se sont opérés dans une partie des membres de cette assemblée. Je ne dirai pas que ceux qui étaient le plus opposés au gouvernement constitutionnel, que ceux qui faisaient un crime à leurs collègues d'oser parler de constitution, sont ceux aujourd'hui qui se précipitent dans l'arène et la demandent à grands cris, (Applaudissements.)

Je vois dans cette proposition un piège infiniment adroit pour décourager nos frères d'armes et encourager nos ennemis; car Pitt connaît la situation de l'Europe, il sera éternellement l'ennemi du nom français, et il sait que tous les peuples, fatigués de la guerre et admirateurs du courage des Français, pensent à leur demander la paix. (Applaudissements.) Il entre dans la politique du gouvernement britannique de mettre tout en œuvre pour empêcher que cette paix soit conclue; or, je vous le demande, quel moyen plus adroit peut-il employer, pour y parvenir, que celui de diviser la Convention? (Applaudissements.) Quel moyen plus adroit peut-il employer que celui de vous porter à vous occuper des lois organiques de la constitution, tandis que toutes vos réflexions doivent se porter sur les mesures à prendre pour écraser vos ennemis? (Applaudissements.) Comment est-il possible qu'en faisant des lois, nous puissions pourvoir aux besoins des armées et diriger la guerre avec vigueur ?

Lorsque vous eûtes la sublime idée de déclarer que la France formerait une république, vous ne doutiez pas qu'il y eût dans votre sein des hommes qui, en prêchant l'intérêt du peuple, n avaient en vue que leur intérêt particulier (applaudissements); des hommes qui ont certainement des continuateurs ; mais leurs continuateurs ne seront pas plus heureux qu'eux-mêmes.

Vous avez, depuis le 9 thermidor, pris une marche sublime ; vous avez fait disparaître la terreur, à laquelle quelques-uns de vos membres applaudissaient, à laquelle ils attribuaient le bonheur de la France; cependant, depuis cette journée, sans écha-faud, sans tuerie, nos frères d'armes ne cessent pas un instant de battre nos ennemis. (Vifs applaudissements.)

On dit qu'il y a à Paris des chouans, des agents de Pitt, des aristocrates ; je le crois aussi qu'il y en a ; mais, si je les connaissais, je ne viendrais pas le dire à cette tribune (applaudissements); j'irais les dénoncer au comité de sûreté générale, afin qu'ils ne pussent échapper. (Nouveaux applaudissements.)

On parle de la nécessité de s'occuper des finances, du commerce, de l'agriculture ; nous sommes tous convaincus de l'importance de cet objet. Mais vous avez dû remarquer qu'en vous disant cela on n'a pas manqué de déclamer contre les propriétaires, contre les marchands ; comme si le commerce pouvait être fait sans commerçants. (Applaudissements.)

Je crois devoir à l'acquit de ma conscience de dire à la Convention qu'après avoir détruit le système de terreur, qui bientôt nous aurait réduits à l'esclavage, il faut encore prendre garde que les partisans de ce système abominable ne nous jettent dans l'excès contraire. (On applaudit.) Autant nous avons montré d'énergie pour abattre le système de terreur, autant nous devons en avoir pour repousser le système nationicide de modérantisme. (Applaudissements.) S'il y a des aristocrates, vous devez les signaler, inviter les bons citoyens à les désigner, et à les faire réincarcérer. (Oui, oui ! s'écrie-t-on.) Les brigands, les satellites de Robespierre, découragés, désespérés, voudraient établir l'excès contraire d'une hypocrite modération, car ces gens sans moralité sont à tous les partis... (On applaudit.)

Quand on parlait d'établir la république, des gens prétendaient qu'elle ne pourrait jamais exister parce que la nation était trop corrompue, parce qu'il ne pouvait point y avoir une république composée de vingt-cinq millions d'hommes. Les infâmes qui disaient que la nation était corrompue la jugeaient sur l'iniquité qui était au fond de leur âme. Le peuple français aime la liberté ; ce penchant qui le domine irrésistiblement est-il celui de la corruption ? Il a été crédule, sans cesser d'être guidé par l'amour de la liberté ; il a été longtemps entraîné par des caméléons politiques qui le trompaient avec ce mot (vifs applaudissements) ; maintenant il a des lumières qui sont fondées sur l'expérience ; il connaît les hommes et, s'il est convaincu que vos travaux tendent à son bonheur, il vous suivra, il vous soutiendra.

Mais souvenez-vous aussi que, s'il voyait s'élever dans cette assemblée une faction qui l'écartât du vrai but de la révolution, il saurait bientôt la faire rentrer dans la poussière. Vingt-cinq millions d'hommes n'ont pas besoin d'autre sentinelle qu'eux-mêmes ; ils n'ont pas besoin d'une corporation infâme pour garder la statue de la Liberté. (Vifs applaudissements.) Il n'est pas un individu en France qui ne vaille une société populaire, qui ne soit prêt à dénoncer l'homme infâme qui voudrait égarer le peuple et attenter à sa souveraineté.

Je le répète, il faut surveiller le modérantisme. (Applaudissements.) Cette faction, qui n'existait que d'une manière métaphysique, serait bientôt organisée d'une manière physique et réelle, si nous n'y prenions garde, car les partisans de Robespierre ne veulent que le désordre et l'anarchie, et quand ils ne peuvent pas dominer dans une faction, ils se rejettent dans une autre. (Vifs applaudissements.)

La situation de la France mérite de fixer toute votre attention. De tous côtés nous remportons des victoires signalées, et soyez persuadés que les tyrans coalisés ne sont pas à se repentir de nous avoir déclaré la guerre. Vous les verriez bientôt à votre barre, si la cour britannique ne les en empêchait ; la seule chose dont nous devions nous occuper est d'écraser ce gouvernement infâme.

La majorité des hommes qui ont voulu mener la Convention a été mise à sa place, ils ont péri sur l'échafaud ; il reste encore quelques-uns de leurs partisans, laissons-les dans la boue où ils se sont enfoncés. Que les mœurs des représentants du peuple soient un miroir dans lequel on verra l'opinion publique. (Applaudissements.) Ne faites pas un pas qui ne soit su et qui ne doive l'être. Si vous voulez que le peuple français continue de vous estimer, et qu'il ait l'orgueil de dire : « Voilà mes représentants, » soyez grands dans vos actions publiques et dans vos actions particulières. (Applaudissements.) C'est ainsi que vous déjouerez toutes les factions du dehors et du dedans ; ainsi vous présenterez un front inexpugnable à tous les lâches coquins qui voudraient vous diviser par des motions insidieuses; ainsi nous concourrons tous au grand œuvre de l'achèvement de la révolution. (Applaudissements.)

TALLIEN: Après l'opinion qui vient d'être émise par mon collègue Pelet, il ne me reste que peu de choses à dire sur le fond de la proposition qui a été faite ; mais je crois qu'il est nécessaire de relever quelques faits avancés par l'un des opinants. Je ne veux pas parler ici du discours d'Audouin, parce qu'il ne renferme qu'un plan de travail qu'il propose à l'assemblée d'adopter ; celui de Barère, au contraire, est atrocement perfide : on y remarque le dessein d'accréditer les bruits que répandent les aristocrates pour faire croire que c'est encore une nouvelle faction qui a proposé les décrets salutaires que vous avez rendus dernièrement ; tel est mon avis sur cette seconde édition du rapport du dernier comité de salut public. (Applaudissements.) Quoi ! vous osez dire que ce n'est pas le peuple qui a fait la dernière révolution? Car ne vous y trompez pas, citoyens, c'est une révolution salutaire qui vient de s'opérer ; le peuple a, le 9 thermidor, abattu la tyran, et le 21 brumaire la tyrannie. (Nouveaux applaudissements.) Vous dites que ce n'est pas le peuple qui, dans la grande discussion qui vous a occupés il y a peu de jours, faisait retentir cette enceinte des cris de *vive la Convention !* Je le vois, vous craignez que, quand vos crimes seront totalement à découvert, le même peuple ne fasse retomber sur vous toute son indignation. (Applaudissements.)

Vous disiez aussi, vous et vos amis, avant le 9 thermidor : « Cette décade a vu tomber un grand nombre de têtes, et les armées ont été victorieuses ; que la décade prochaine en voie tomber un plus grand nombre, et nos succès sur les frontières seront plus multipliés. »

Hommes méprisables ! qui avez jeté un voile sur les vertus du peuple, vous lui faisiez accroire que c'étaient les nombreux supplices que vous ordonniez qui attachaient la victoire à nos drapeaux, et vous passiez sous silence la bravoure et l'intrépidité des immortels défenseurs de la patrie! (Applaudissements.) Eh bien, vos supplices, vos assassinats, ont été remplacés par la justice, et c'est depuis ce temps que nos soldats ont vaincu. (Vifs applaudissements.)

Aujourd'hui que nos braves frères d'armes font flotter l'étendard tricolore sur les bords du Rhin, dont ils se sont rendus maîtres, et que leur intrépidité va bientôt forcer les trônes ébranlés à se courber devant la majesté du peuple français et réclamer une paix qui ne peut que lui être honorable; aujourd'hui que le France peut, en se débarrassant d'une partie de ses ennemis, reporter la gloire de ses armes sur les bords de la Tamise et écraser le gouvernement anglais (toute l'assemblée se lève avec des acclamations unanimes; la salle retentit d'applaudissements), vous voulez faire croire aux départements qu'une faction nouvelle vient de s'emparer des rênes du gouvernement, et prépare une paix honteuse pour la république!

Il est vrai, les hommes qui ont abattu le tyran le 9 thermidor, les hommes qui ont détruit une autorité rivale de la représentation nationale forment, à la vérité, une faction redoutable (applaudissements), c'est celle des vingt-cinq millions de Français contre les fripons et les scélérats. (On applaudit à plusieurs reprises.) Cette faction veut le règne de la loi égale pour tous, et ne souffrira pas plus le rétablissement de la terreur que l'établissement du modérantisme à la manière des aristocrates. (Nouveaux applaudissements.) Cette faction sait qu'il n'est pas nécessaire d'élever un grand nombre de bastilles pour gouverner; il suffit de bonnes lois et, ce qui est le fondement de toute législation, des mœurs, de la justice et de la probité. (Vifs applaudissements.)

Vous avez cité quelques propos qui ne sont connus que de vous, et que peut-être vos affidés ont répandus à dessein. Je vais vous en rapporter un, moi, qui est à la connaissance d'une grande partie de cette assemblée: en sortant de cette séance mémorable où le crime avait succombé, un sans-culottes, qui faisait partie du grand nombre de citoyens qui entouraient cette enceinte, prit la main d'un de nos collègues, et la lui serrant, lui dit: «Vous avez fait là un grand acte d'humanité!» Il avait bien raison le patriote qui parlait ainsi, car la loi et vous avez puni un homme qui avait abusé des pouvoirs qui lui étaient confiés, pour commettre toutes sortes de crimes, était un jour de triomphe pour l'humanité. (Vifs applaudissements.)

Si je voulais faire un rapprochement du discours qui vous a été présenté avec ce que disaient d'autres conspirateurs, je vous rappellerais qu'Hébert fut aussi, dans d'autres temps, demander aux Cordeliers l'établissement de la constitution. Je dirais qu'on s'élève contre les comités de gouvernement, parce qu'ils font et feront toujours le bien, parce qu'il n'est plus membre de ces comités... (Vifs applaudissements.) Mais je ferais aussi une invitation à ces mêmes hommes; je leur dirais: Enfermez-vous dans vos cabinets, méditez-y sur vos crimes, et venez ensuite à cette tribune apporter le tribut de vos remords. Si les idées que vous présentez tendent au bonheur du peuple, nous nous empresserons de les adopter, sans examiner la source d'où elles découlent. (Vifs applaudissements.)

Sans doute il faut qu'une commission s'occupe d'organiser la constitution; mais il faut que les comités de gouvernement rétablissent l'ordre dans l'intérieur; il faut apprendre aux gouvernements étrangers que ce n'est plus avec un simple comité qu'ils auront à traiter, mais avec la masse des représentants de vingt-cinq millions d'hommes. (Vifs applaudissements.)

C'est en ce moment surtout que vous êtes vraiment grands aux yeux de l'Europe. Depuis longtemps des hommes qui aiment sincèrement la république aspiraient à un nouvel ordre de choses; ce nouvel ordre de choses est arrivé le 9 thermidor; la justice, reprenant son empire, et étendant ses rameaux sur toute la république, a rallié tous les Français. (On applaudit.) Que le gouvernement prenne des mesures sages pour faire une paix honorable avec quelques-uns de nos ennemis, et, à l'aide des vaisseaux hollandais et espagnols, portons-nous ensuite avec vigueur sur les bords de la Tamise, et détruisons la nouvelle Carthage. (Toute l'assemblée se lève au bruit des applaudissements.) Je demande l'ordre du jour sur la proposition faite par Audouin et Barère.

PELET: Quand je me suis élevé contre les motions insidieuses, j'ai entendu parler des propositions qui nous sont quelquefois faites à la barre; il n'est point entré dans mon esprit d'attaquer les intentions d'aucun de mes collègues.

*Plusieurs membres demandent que la séance soit levée.*

*L'assemblée décrète le contraire.*

*Barère demande la parole.*

LEGENDRE, *président:* Barère, tu as la parole. Je la demande à l'assemblée pour te répondre.

BARÈRE: J'avais demandé la parole pour savoir si les inculpations faites par mon collègue avaient quelque trait à moi. Il vient d'assurer le contraire; je n'ai rien à dire.

CHAZAL: Je te les applique, moi.

*Chazal monte à la tribune; il est applaudi.*

MÉAULLE: La patrie n'est pour rien là-dedans. Je demande l'ordre du jour.

*Quelques voix: Levez la séance!*

MASSIEU: Comment, dans des moments semblables, nous allons nous livrer à des dissensions!

LEGENDRE: Il est de l'intérêt de la république de ne pas lever la séance.

RICHARD: Je demande la parole pour une motion d'ordre. La Convention ne doit s'occuper que d'objets utiles au peuple, et je ne vois ici qu'une dispute qui ne peut amener aucun résultat avantageux. On vient de dire qu'il était utile de démasquer les fripons; ce n'est pas ainsi qu'il faut le faire, car nous aurons deux cents discussions de cette nature avant de les démasquer tous. (Murmures.) Sans doute il est nécessaire que la Convention connaisse les fripons, s'il y en a dans son sein; mais elle a sagement pris des mesures pour s'épargner de longs déchirements; elle a rendu une loi qu'on doit exécuter lorsqu'elle peut recevoir son application. Nous avons déjà entrepris de grands travaux, et le temps que nous avons à y donner ne sera peut-être pas suffisant pour les terminer; il ne faut pas perdre les moments en vain. Je demande qu'on passe à l'ordre du jour, et qu'on ne s'occupe pas de disputes particulières.

*Cette proposition est adoptée.*

*La séance est levée à quatre heures.*

### SÉANCE DU 25 BRUMAIRE.

La Convention, sur la demande du citoyen Lepinet, marchand de vin en gros, tendant à faire ordonner l'ouverture des écluses de Nemours, pour faire passer les bateaux chargés de vin pour Paris et Versailles, décrète le renvoi de sa pétition au comité de commerce, pour y statuer sous trois jours, après s'être concerté avec la commission de la navigation de l'intérieur, et en rendre compte à la Convention.

LOUIS (du Bas-Rhin): Citoyens, je viens, au nom de vos comités de salut public et militaire, vous faire part de quelques observations, et vous soumettre des mesures qui leur ont paru importantes, relativement à la situation de la force armée de Paris, et à des circonstances qui peuvent influer sur la prospérité des armées de la république.

« Les premiers regards qui se portent sur l'organisation du service militaire à Paris ne permettent pas de douter combien les corps qui en sont chargés diffèrent de l'institution commune. D'un côté, on remarque de nombreuses divisions militaires formées sans adjonction d'aucune compagnie de canonniers, tandis qu'il existe réellement des compagnies de canonniers que la solde dont elles jouissent, leur création et l'ordre de service qui leur est particulier, rendent absolument étrangères à ces divisions. .

« Mais, s'il est important d'organiser la garde nationale suivant le décret du 13 mars 1792 (vieux style), il n'est pas d'un moindre intérêt de mettre les compagnies de canonniers soldés, et actuellement à Paris, à portée de servir plus utilement encore la chose publique; elles y semblent principalement appelées par les circonstances dans lesquelles se trouvent les armées françaises; en effet, la rapidité des conquêtes qui signalent leur marche victorieuse ne pourrait manquer d'affaiblir considérablement ces armées si leurs canonniers volontaires étaient incessamment obligés de demeurer dans chaque place ou fort nouvellement conquis, pour en assurer eux-mêmes le service.

Vos comités de salut public et militaire, s'étant occupé des moyens de prévenir la nécessité de semblables disséminations, vous présentent comme vraiment dignes de veiller à la conservation de ces boulevards devenus si importants pour la république celles des compagnies de canonniers formées à Paris qui y sont encore existantes. Elles méritent d'autant plus cette préférence que déjà depuis longtemps elles ont paru ambitionner un service plus actif que celui dont elles sont aujourd'hui chargées; vos comités, en les proposant pour cette nouvelle destination, ont pensé que c'était seconder, autant qu'il est possible, leur attente, et offrir à la Convention nationale l'occasion de donner une nouvelle marque de confiance à des républicains dont les services dans le cours de la révolution, l'expérience et le patriotisme sont également reconnus.

Le rapporteur termine par un projet de décret, qui est adopté en ces termes :

« La Convention nationale, après avoir entendu le rapport de ses comités de salut public et militaire, décrète :

« Art. Ier. Il sera procédé sans délai à la formation d'une compagnie de canonniers volontaires par section, à Paris, conformément à la loi du 13 mars 1792 sur l'organisation de la garde nationale.

« II. Le comité de salut public pourra disposer, pour les besoins des armées, des compagnies de canonniers soldés actuellement à Paris.

« III. Il sera délivré des congés à tous ceux des canonniers soldés qui ne seront pas dans le cas de faire la campagne. »

— Armand (de la Meuse), au nom du comité de sûreté générale, donne connaissance d'un rapport fait par la commission de police au même comité; il porte que la Société populaire des Quinze-Vingts, faubourg Antoine, va être désormais le point central des Jacobins, du Club électoral et de tous leurs partisans.

« Le 24 brumaire, après la lecture du procès-verbal, Trouville, commandant en second la force armée, y donna lecture d'un libelle dans lequel la Convention est trainée dans la boue. Ce n'était là qu'un prélude : une nuée de gens inconnus, se disant membres des Jacobins et du Club électoral, se sont présentés dans la salle, en disant : « Braves citoyens du faubourg Antoine, vous qui « êtes les seuls soutiens du peuple, vous voyez les malheu- « reux Jacobins persécutés; nous vous demandons à être « reçus dans votre Société. Nous nous sommes dit : Allons « au faubourg Antoine, nous y serons inattaquables : réu- « nis, nous porterons des coups sûrs, pour garantir « le peuple et la Convention de l'esclavage. »

« La Société a arrêté que tous ceux qui se présenteraient seraient admis sans autre examen. Fiers d'être reçus, ils se sont permis les propos les plus atroces contre la Convention et le gouvernement, ont provoqué l'insurrection en lisant plusieurs fois avec emphase cet article de la déclaration des Droits de l'Homme : « Quand le gouverne- « ment viole les droits du peuple, l'insurrection est pour le « peuple, et pour chaque portion du peuple, le plus sacré « des droits et le plus indispensable des devoirs. »

« Les esprits étaient dans la plus grande fermentation, lorsque le président Trouville lut une lettre du nommé Edouy, détenu au Luxembourg, dans laquelle il appelait les hommes de sang les seuls vrais patriotes. Après mille vociférations, voyant qu'ils ne pouvaient parvenir à leurs fins, les nouveau venus proposèrent une Adresse pour la séance prochaine, qui fut indiquée au samedi; Adresse qui contiendrait le récit de ce qui s'était passé dans cette séance, et ils promirent d'amener une grande quantité de frères.

« Les membres de la Société n'ont rien dit; ce sont ceux qui étaient venus des autres sections qui ont tout fait. Blay, du comité révolutionnaire de la section des Quinze-Vingts, parla avec la plus grande circonspection. Les femmes tenaient plus de la moitié de la salle, et l'on promit une forte recrue pour samedi. »

Armand : Ce rapport, que nous a envoyé la police, prouve qu'il est des agitateurs qui provoquent l'insurrection; il prouve aussi qu'ils se sont trompés lorsqu'ils ont cru avoir des complices dans les braves citoyens du faubourg Antoine et dans la Société des Quinze-Vingts. Elle leur a montré, par le silence méprisant qu'elle a gardé sur leurs propositions, que le règne des agitateurs est à son terme, et que les vainqueurs de la Bastille et les destructeurs du trône dans la journée du 10 août ne seront jamais les complices des hommes atroces du 9 thermidor.

Ce n'est pas pour prémunir l'opinion publique contre leurs menées que le comité vous donne connaissance de ces faits; l'opinion publique saura toujours distinguer les fripons des honnêtes citoyens; mais c'est pour apprendre à tous les intrigants que le gouvernement est à leur suite, que nous vivons, que nous dormons avec eux, si toutefois le crime peut dormir.

Nous savons quels sont ceux qui se proposent d'acheter vingt mille bonnets rouges; nous savons aussi quels sont ceux qui courent chez tous les marchands révolutionnaires une grande quantité de pistolets, n'importe à quel prix et à quelles conditions. Les comités ne cessent de veiller et de mériter votre confiance; et je vous annonce que Trouville et Tissot, deux des chefs de ce mouvement, doivent être arrêtés dans cet instant. (On applaudit vivement.)

Tallien : Ce rapport nous fait connaître quels sont les projets des hommes qui, en se réunissant aux débris des factions, crurent pouvoir parvenir à égarer cette portion intéressante du peuple qui fut toujours l'amie des lois et de la Convention. Je pourrais ajouter quelques détails à ce qui vient de vous être dit, car je demeure dans ce quartier. On sait venu me rapporter qu'on avait tout fait pour tromper les braves citoyens du faubourg Antoine; mais ils ont répondu : « Ce n'est pas avec les hommes qui viennent crier dans notre société que nous avons renversé la Bastille et que nous avons fait le 10 août; nous ne les connaissons pas. » Ils étaient indignés des propos qu'on leur avait tenus.

Il est d'autres moyens qu'on emploie pour égarer le peuple; l'un des principaux est cette disette factice des objets de première nécessité, du charbon surtout, qu'on ne distribue plus qu'en un seul lieu. J'en ignore la raison. Tandis que nous éprouvons cette disette, on assure que le canal de Briare et tous les lieux circonvoisins regorgent d'approvisionnements dont nous ne soyons pas la moindre partie. Il semble qu'on veuille à tout prix exciter des mouvements; car on va jusqu'à intervertir l'ordre que le peuple a établi lui-même à ces distributions, ordre qu'il ne conserve qu'en passant les nuits; et il est arrivé ce matin que, pour avoir voulu le déranger, il s'est fait sentir quelques secousses assez violentes.

Je l'ai dit, et je le répète, il y a dans l'administration des subsistances de Paris la plus grande malveillance. (Applaudissements.) Je ne doute pas qu'on n'ait eu le projet d'affamer Paris, et celui des hommes dont les complots sont découverts aujourd'hui est de retarder les arrivages pour occasionner du trouble. (Applaudissements.)

Je ne doute pas que les comités de gouvernement n'aient pris des mesures pour l'empêcher; mais ce n'est pas assez; il faut qu'ils fassent paraître devant eux ces administrateurs des subsistances, qu'ils leur demandent pourquoi ils ont laissé dans les ports une infinité d'objets de la première nécessité, qu'on est obligé de jeter à la mer. (Applaudissements.) Il faut que les comités se fassent rendre compte, et je ne dis pas ceci pour exciter l'opinion publique, mais pour qu'on fasse diminuer les besoins du peuple; il faut que les comités se fassent rendre compte des approvisionnements amoncelés dans les édifices publics de Paris, la ci-devant église de Saint-Sulpice, par exemple, où l'on assure que l'huile ruisselle ; il faut qu'on sache pourquoi cette huile n'a pas été distribuée, pourquoi, tandis que les négociants de Paris et des départements vont demander à la commission des approvisionnements des réquisitions particulières pour alimenter leur commerce ; pourquoi, dis-je, on les leur refuse, tandis que, comme j'en ai la preuve, on en donne à un homme qui n'a jamais été commerçant, et qui va dans les ports acheter une quantité considérable de cacao à 20 sous la livre, pour le revendre ensuite 18 francs. (On murmure.)

Il faut protéger le commerce, mais pour cela il faut repousser ces intermédiaires qui se glissent entre le marchand en gros et le débitant ; il faut empêcher que ces hommes aillent, avec des réquisitions données par la faveur, leur ôter les moyens de pourvoir aux besoins du peuple à des prix modérés. (Applaudissements.) Occupez-vous du peuple, et ne croyez pas que quelques hommes parviendront à l'égarer ; ne croyez pas que les habitants des faubourgs marcheront à leur voix contre vous ; non, c'est toujours autour de la Convention qu'ils se rallieront. (Vifs applaudissements.) Moi, je vous réponds que le peuple qui vit dans les ateliers, dans les manufactures, chérit la Convention, et c'est là le vrai peuple, celui qui travaille, et non pas ces misérables qui vivent à ne rien faire, si ce n'est du mal. (Vifs applaudissements.) Le vrai citoyen est celui qui travaille pour nourrir sa femme et ses enfants, celui qui sait s'imposer des privations, celui qui, lorsqu'il n'a pas de lumière pour achever sa journée, dit : « Nos représentants veillent pour moi, ils m'en procureront demain. »

Les bonnes citoyennes sont ces femmes respectables qui restent chez elles (vifs applaudissements) à soigner leur ménage, élever leurs enfants (les applaudissements redoublent), et non pas, comme l'a dit un de nos collègues, ces furies de guillotine qu'on voyait toujours dans les tribunes des Jacobins, ne sachant rien, ne connaissant rien, applaudissant à tort et à travers, à tout ce qui était bon et mauvais, pourvu que cela sortît de la bouche qu'on leur avait désignée. (Applaudissements.) Ce ne sont pas de pareilles gens qui forment l'opinion du peuple, mais bien ces bons citoyens qui ont envoyé leurs enfants aux frontières, dont le cœur et la fortune sont à la patrie, qui ne font que des vœux pour elle, qui ne désirent rien tant que de la voir prospérer. (Applaudissements.)

Non, agitateurs, qui que vous soyez, vous ne ferez point d'insurrection (applaudissements) ; il n'y en aura que contre les fripons. (Nouveaux applaudissements.)

Avoir parlé de ces hommes, c'est avoir déjoué leurs complots ; laissons-les se traîner dans la boue ; le mépris public les couvre, et ils feront tant que bientôt les vertueux habitants du faubourg Antoine leur diront : « Vous venez pour déshonorer le lieu où la liberté a pris naissance ; mais nos piques, qui ont servi dans toutes les occasions remarquables, nos piques sont encore là ; elles nous serviront à faire un rempart contre vous à la Convention, à la liberté et à l'égalité. » (Vifs applaudissements.)

Ce n'est point assez d'avoir envoyé dans les ports des représentants du peuple, pour faire venir les marchandises nécessaires aux besoins de la vie ; il faut, je le répète, que les comités de gouvernement sachent pourquoi il n'y a point à Paris d'approvisionnements de bois et de charbon ; il faut qu'ils prennent des mesures pour faire punir les coupables. Munissez cette citadelle de la révolution, donnez au peuple tout ce dont il a besoin, et vous verrez que bientôt on saura faire la différence du gouvernement de la Convention d'avec celui des Jacobins. (Applaudissements.)

RAWSALL : C'est au comité de salut public à vous dire comment ils ont été. Au 9 thermidor ; j'ai tout lieu de croire qu'ils étaient vides. Je veux seulement vous instruire d'un fait. On avait dit au comité de sûreté générale qu'un grand nombre de marchandises dépérissaient dans ces magasins, et que l'on regelait dans l'huile. Goupilleau et moi nous nous y sommes rendus par ordre du comité. Nous n'avons pas trouvé du tout de fromage gâté dans l'édifice des Quatre-Nations, où l'on prétendait qu'il y en avait ; on nous dit qu'il avait été distribué. Nous

y avons vu du fromage de Hollande, du riz, etc., nouvellement arrivés.

Nous n'avons trouvé à Saint-Sulpice que de l'huile de poisson ; nous avons remarqué qu'il en coulait un peu sur le carreau ; mais les marchands épiciers qui nous accompagnaient nous dirent que cela arrivait d'ordinaire, parce que les tonnes suintaient toujours. Ils nous firent même observer que cela devait être plus sensible là qu'ailleurs, parce que, l'édifice étant carrelé, l'huile ne pouvait pénétrer dans la terre. Nous avons ordonné qu'on commençât par distribuer les tonnes qui suintaient le plus.

CAMBACÉRÈS : Puisque la Convention arrête son attention sur la partie essentielle des subsistances, il est de mon devoir de lui dire que le comité de salut public s'occupe activement et continuellement de cet objet ; mais il faut que la Convention et le peuple n'oublient pas qu'il est infiniment délicat et qu'il est même dangereux d'en parler. C'est une des parties de l'administration publique qui demande une grande vigilance jointe au secret.

Les hommes que la Convention a chargés de sa confiance ont besoin de s'entourer de toutes les lumières possibles, et si l'on n'a pas pu mettre dans cette partie du service public toute la célérité nécessaire, il faut l'attribuer à la gravité des circonstances et aux fausses mesures qui ont pu être prises antérieurement. Trois d'entre nous sont chargés spécialement de cet objet ; nous nous en occupons continuellement, et il ne se passe pas une séance du comité de salut public sans qu'on en parle ; enfin j'assure la Convention et le peuple qu'il a été pris des mesures pour réparer les erreurs qui ont pu être faites et donner à cette partie toute l'activité dont elle a besoin ; mais il faut que la Convention et les bons citoyens réchauffent le zèle des comités en rendant justice à leur civisme et à leur bonne volonté. (Applaudissements.)

La Convention passe à l'ordre du jour.

— Les citoyens de la commune de Coutances félicitent la Convention sur ses travaux.

« Continuez à bien mériter de la patrie, disent-ils ; faites toujours régner la justice et la vertu avec la sévérité des lois. Le vœu du peuple n'est pas douteux ; comme lui, vous voulez la liberté dans toute sa plénitude, et non un règne de sang et de terreur. »

— La Société populaire d'Aurillac rétracte un moment d'erreur qui lui fit donner son adhésion à l'Adresse de Dijon. Elle déclare que cette adhésion fut le fruit des intrigues de quelques hommes qui égarèrent son civisme ; elle jure de ne reconnaître jamais que la Convention pour unique point de ralliement. Elle invite l'assemblée à faire insérer au Bulletin sa rétractation. (On applaudit.)

Cette demande est adoptée.

( La suite demain. )

### Au rédacteur.

Paris, 25 brumaire.

« La discussion qui s'est engagée à la suite de mon opinion nécessite une explication. J'ai énoncé ma pensée ; elle a été, est et sera toujours indépendante de toutes suggestions étrangères. L'accueil que la Convention nationale a fait à ma motion prouve assez d'ailleurs que je n'ai rien dit qui ne soit écrit dans toutes les âmes. J'ai toujours cru, et je crois encore, que le gouvernement révolutionnaire doit subsister jusqu'à la paix ; mais je crois aussi que notre devoir est de préparer les lois qui le remplaceront, afin de ne laisser aucun champ à l'anarchie et aux factions.

« Je ne pense pas, au surplus, qu'on puisse, même qu'on veuille empoisonner mon opinion ; je l'ai énoncée avec franchise, parce que je la crois bonne.

« Signé AUDOUIN, représentant du peuple. »

### Payements à la trésorerie nationale.

Le payement du perpétuel est ouvert pour les six premiers mois ; il sera fait à tous ceux qui seront porteurs d'inscriptions au grand livre. Celui pour les rentes viagères est de huit mois vingt et un jours de l'année 1793 (vieux style)

## POLITIQUE.

### ÉTATS-UNIS D'AMÉRIQUE.

*Du 5 septembre.* — Les dispositions les plus défavorables se soutiennent contre le gouvernement de la Grande-Bretagne. On ne serait pas éloigné d'une rupture, si les intérêts commerciaux ne ralentissaient quelquefois l'ardeur du ressentiment : la correspondance officielle entre le secrétaire d'État et l'ambassadeur ou les agents anglais est sans cesse remplie de plaintes, de reproches et d'explications.

— Une lettre de Canandaigua dément absolument la nouvelle qui s'était répandue de la réunion des Six-Nations aux Sauvages qui sont en guerre avec la république. On attribue surtout le maintien de la paix à l'évacuation de la presqu'île.

On parle beaucoup en ce moment d'un traité projeté entre les États-Unis et les Six-Nations, et l'on espère qu'il sera facile de lever les difficultés qui pourraient se trouver dans les négociations.

Les Américains ne dissimulent pas la haine qu'ils portent aux Anglais ; elle éclate à chaque instant. La majeure partie voudrait que cela finît par une guerre ouverte. Il n'est question que de plaintes, de reproches et d'explications dans les rapports qui ont nécessairement lieu entre le secrétaire d'État et l'ambassadeur ou les agents de la Grande-Bretagne.

Il est dit dans une lettre du 26 août, adressée à Nathanael Falconer, gardien du port de Philadelphie, par Thomas Mifflin, que les bâtiments de guerre et les officiers anglais éprouvent dans les ports de la domination des États-Unis le traitement le moins amical. L'envoyé britannique va jusqu'à dire qu'on leur a refusé de faire de l'eau, et qu'on a employé divers moyens pour faire déserter les matelots.

— On éprouve beaucoup de peine à établir les droits d'*accise* imposés par le Congrès. Les habitants des comtés occidentaux des États de Philadelphie se sont assemblés à ce sujet à Pittbourg, et ont arrêté des remontrances vigoureuses, où ils disent qu'une taxe qui porte sur les liqueurs qui forment la boisson la plus commune d'une nation, agissant sur le peuple en proportion du nombre, et non en proportion des fortunes, est injuste en elle-même et oppressive pour le pauvre.

Il y a donc eu fermentation dans les esprits ; mais l'État de Pensylvanie et le gouvernement de l'Union étant convenus de nommer respectivement des commissaires, on est fondé à croire que ce sujet ne troublera point la tranquillité dans cette contrée.

### ANGLETERRE.

*Londres, le 17 octobre.* — Mercredi dernier le secrétaire d'État au département de la guerre, M. Wyndham, assista au conseil privé qui se tint au sujet de la position critique de la Hollande ; il y amena le baron Davids, envoyé de cette puissance. Tous les deux doivent repartir immédiatement pour La Haye. Après les dispositions de cinq des Provinces-Unies pour une paix séparée, les négociations que l'on dit commencées à Bâle entre la république française et l'une des puissances de la coalition, les irrésolutions de la cour de Vienne, encore incertaine si elle acceptera le subside que lui offre la Grande-Bretagne, et les victoires remportées de tous côtés par les armées françaises, il ne reste plus d'espoir à Pitt que dans une guerre civile en France. Un émissaire de la Vendée a voulu faire croire que les royalistes avaient trois bonnes armées ( dont celle des chouans est forte au moins de vingt mille hommes), qui n'attendent que les secours qu'ils se promettent de la part des alliés. On termina la conférence de mercredi par la lecture des lettres du lord Fitz Gérald, envoyé auprès des treize Cantons.

— Il n'est pas encore bien sûr que la rentrée du parle-

ment ait lieu en novembre. L'interrogatoire des prisonniers d'État, les dispositions qui restent à faire au ministre pour préparer la réussite de l'emprunt qu'il a besoin de faire et qui ne manquerait pas d'exciter les réclamations du parti de l'opposition, tout cela retardera probablement encore la rentrée de ce parlement, que la cour finirait, au reste, par corrompre comme les autres. Il faut pourtant avouer que déjà les papiers de l'opposition se livrent à des spéculations sur ce dernier objet. Ils les font porter principalement sur la banque des évêques : en supposant que les vingt-six évêchés d'Angleterre ont un revenu de 94,000 liv. sterling, et les vingt-deux d'Irlande un de 74,000 ; ils trouvent, et avec raison, que le délabrement des finances britanniques demande des secours bien autres que ceux que lui présentent d'aussi faibles moyens.

Le système des finances anglaises, qui menace ruine déjà depuis si longtemps, est encore ébranlé par la circulation de beaucoup de faux billets de banque.

— Les prisonniers d'État renfermés à la Tour ont reçu leur bill d'accusation, avec une liste de quelques centaines de citoyens dans le nombre desquels ils auront à choisir les jurés qui les absoudront ou les condamneront ; leur affaire semble prendre une tournure inquiétante, et l'interrogatoire commencera de lundi en huit, sans plus de délai, au tribunal d'Oldbailey.

La conduite du roi dément elle-même les bruits perfidement répandus par le ministère, d'une prétendue conspiration. Il paraît si peu craindre contre ses jours qu'il s'est dernièrement rendu seul, et sans aucune escorte, dans la campagne du prince Ernest.

— L'émigration d'Irlande en Amérique augmente tous les jours. Les principaux fermiers et habitants de la province de Connaught ont pris le parti d'acheter des terres sur l'Ohio, et d'aller s'y établir.

— Des lettres du lord Dorchester, gouverneur du Bas-Canada, et datées du 13 septembre, rendent compte d'une affaire qui a eu lieu entre les Américains et un corps de trois cents hommes de troupes britanniques, dans le voisinage du détroit, au sujet de la démarcation. Le général américain y a perdu vingt de ses milices et une cinquantaine d'Indiens. On espère néanmoins que cet acte d'hostilité n'augmentera pas la mésintelligence et n'entraînera pas dans les dangers d'une nouvelle guerre.

### HOLLANDE.

*Amsterdam, le 14 brumaire.* — Voici une pétition qui pourra devenir célèbre, et qui a été présentée au magistrat par les citoyens d'Amsterdam.

*Aux bourgmestres et échevins de la ville d'Amsterdam.*

Représentent, avec les égards convenables, les soussignés, citoyens et habitants de cette ville :

Que jusqu'ici ils se sont reposés entièrement sur la sagesse et les bonnes intentions du magistrat pour l'adoption de toutes les mesures qui, dans les circonstances actuelles sont les plus propres à assurer de la manière la plus efficace le bien-être de la bonne bourgeoisie de cette ville, sa sécurité et sa tranquillité, ainsi que la conservation de sa vie et des possessions de tous les habitants.

Néanmoins les soussignés se croient bien informés que la liberté des délibérations du magistrat a été considérablement gênée par l'apparition inattendue dans cette ville de Leurs Altesses le prince héréditaire d'Orange et le duc d'York, et que l'arrivée de ces deux illustres personnages n'a d'autre but que de pousser le magistrat à consentir à des mesures dont l'exécution est entièrement pernicieuse aux habitants de cette ville et de toute la province.

Les soussignés, laissant ici de côté dans quelles vues ces deux illustres personnages peuvent s'être rendus en cette ville, ont appris avec frayeur et anxiété que depuis leur arrivée il a été mis en délibération, à l'assemblée municipale, si cette ville doit être mise ou non en état de défense à l'approche des armées françaises, et que la résolution y aurait été prise de la déclarer en état de siège ;

Qu'à cette fin le magistrat aurait de même consenti à former les inondations autour de la ville, à lever, s'il était nécessaire, les écluses, et à percer même les digues de la mer, pour rendre les effets de l'inondation plus assurés;

Qu'en outre le magistrat aurait consenti à recevoir dans nos murs, pour les défendre, un nombre considérable de troupes anglaises.

Les soussignés ne peuvent en aucune manière acquiescer à de pareilles mesures, et, par cette raison, pour autant que le magistrat pourrait avoir été forcé, par la présence du prince héréditaire d'Orange et du duc d'York, à les adopter, ils sont prêts à faire paraître publiquement qu'elles ne sont aucunement agréables aux habitants de cette ville ni conformes à leurs désirs.

Les soussignés demandent formellement au magistrat à quels desseins les deux susdits personnages ont apparu dans cette ville; ils déclarent publiquement ne pouvoir acquiescer à aucune résolution quelconque qui pourrait tendre à une défense militaire de cette ville, et qu'ils sont fermement décidés à défendre ouvertement la ville et leurs possessions contre toute tentative d'une défense militaire quelconque;

Que surtout l'introduction d'une garnison anglaise dans Amsterdam n'obtiendra jamais leur consentement; mais qu'au contraire les soussignés s'opposeront de vive force à ces hordes pillardes, qu'une publication itérative de leur propre chef n'a pu faire rentrer dans l'ordre, et qu'ils considèrent l'approche de ces troupes comme le signal donné par le magistrat aux bourgeois pour commencer une insurrection dont les suites resteront uniquement à la responsabilité du magistrat.

Pour prévenir ces suites effrayantes, les soussignés, dans un péril aussi imminent, s'adressent encore aux bourgmestres et échevins, en les priant sérieusement de ne jamais concourir à adapter aucunes mesures tendant à exposer cette ville à une défense militaire, et moins encore à consentir à l'admission de ces hordes indisciplinées et spoliatrices, qui déjà se sont rendues fameuses par une conduite infâme; à laquelle leur chef paraît ne pouvoir plus mettre de bornes;

Enfin, que le magistrat, se reposant sur les bonnes intentions de la bourgeoisie et des habitants de cette ville, se conformera entièrement au vœu et à l'exigence impérieuse des circonstances actuelles, sans se rendre responsable, par une défense inconsidérée, de la ruine et du malheur de tous les susdits habitants.

## PAYS-BAS.

*Extrait d'une lettre de Bruxelles, du 23 brumaire.* — Voici comment s'exprime une feuille allemande :

« En général, on s'accorde à dire que les Français, depuis le supplice de Robespierre, se conduisent dans les pays conquis avec la plus grande modération.

« Nous en avons ici des preuves sous les yeux, dans toutes les contrées occupées par l'armée républicaine. Le général français a publié à Cologne une proclamation, par laquelle il promet sûreté de personnes et de propriétés, et liberté de suite à tous les habitants. Ces promesses sont ponctuellement exécutées. La meilleure discipline est établie, et la conduite loyale des soldats républicains leur concilie la bienveillance générale.

« Les contributions se perçoivent avec une grande exactitude : partout on recueille les objets et productions nécessaires aux besoins des armées. Les Français ont mis en réquisition à Cologne tous les métaux, toutes les denrées propres à l'aliment, à l'armement et à l'équipement des troupes. À Aix-la-Chapelle on a exigé un grand nombre de rations de pain, de viande, d'eau-de-vie, de foin, de paille, et entre autres soixante mille aunes de drap, dix mille paires de souliers et mille couvertures, etc.

« Les Prussiens qui sont restés vers le Rhin doivent se rendre dans la Westphalie, pour y couvrir les possessions prussiennes. On assure que le feld-maréchal de Mollendor a annoncé, dans un ordre général, la cessation du traité de subsides conclu par le roi de Prusse avec l'Angleterre.

« Quelques mouvements, occasionnés par les manœuvres d'un petit nombre de mauvais citoyens, viennent d'avoir lieu à Tournay, à Ath et à Enghien. À Tournay, des moines augustins avaient formé un plan de contre-révolution. Aussitôt que les représentants du peuple ont eu appris ces mouvements séditieux, ils ont envoyé un bataillon avec quatre pièces de canon pour les réprimer.

« Deux moines contre-révolutionnaires de Tournay ont été traduits devant le tribunal criminel de cette ville. Ils ont été convaincus de projets criminels tendant à faire révolter le peuple; en conséquence, ils ont été condamnés à la peine de mort, et fusillés le 19. »

---

# CONVENTION NATIONALE.

*Présidence de Legendre.*

## SUITE DE LA SÉANCE DU 25 BRUMAIRE.

Les Sociétés populaires de Chambon et de Chenopceau, et les patriotes monaldiers d'Arles, expriment les mêmes sentiments sur l'Adresse aux Français. Les derniers s'expriment ainsi :

« Les Arlésiens vous remercient d'avoir donné au peuple une boussole pour le conduire dans la carrière révolutionnaire; ils vous remercient de lui avoir présenté le miroir où il reconnaîtra ses amis et ses ennemis. Qu'ils tremblent maintenant ces patriotes exclusifs, qui ne se plaisent que dans le meurtre et le pillage! qu'ils tremblent ces hommes pervers, qui voudraient dénaturer le vice et la vertu, et altérer ainsi la morale publique! qu'ils tremblent ces terroristes qui voudraient plonger dans la plus affreuse des tyrannies un peuple qui combat pour la liberté! La Convention vient de jurer leur perte; et les Français, à l'exemple de leurs représentants, veulent la justice, la probité, le règne des lois et l'anéantissement des fripons. »

— Le général de brigade d'Espinoy, de l'armée des Alpes, est admis à la barre. Il obtient la parole.

« Citoyens représentants, je m'acquitte auprès de vous d'un devoir sacré pour mon cœur, pour celui de nos frères d'armes; je viens, au nom du général Dugommier, demander, pour le brave Labarre, les honneurs que la patrie reconnaissante décerne aux services signalés de ses défenseurs, morts en combattant pour elle.

L'armée d'Italie, les plaines de Boulon, les remparts de Collioure et de Port-Vendres ont vu tour à tour se déployer son courage et son civisme inaltérable.

Le premier des généraux de l'armée d'Italie, il marcha sur Toulon rebelle; il commandait une colonne à l'attaque du fort Pharon; il fut proclamé dans cette enceinte l'un des vainqueurs de la nuit mémorable du 27 au 28 brumaire.

Aux plaines de Boulou, dans cette journée décisive pour les armes de la république et pour l'affranchissement de son territoire, on le voit, à la tête de la cavalerie française, achever la déroute des Espagnols, tomber sur leurs bagages et s'emparer d'une partie de cette immense artillerie qui passe en notre pouvoir.

Son zèle ardent et infatigable ne se dément point devant Collioure.

Le 19 prairial, entre Roses et Figuières, il charge, à la tête de quelques escadrons, plusieurs régiments espagnols; il est blessé, il tombe sur le champ de bataille; des grenadiers l'emportent, et, les voyant pressés par l'ennemi; « Laissez-moi, mes amis, rentrez dans vos rangs et combattez pour la république; je suis content, je meurs pour elle : *Vive la république!* »

Citoyens représentants, ces dernières expressions retentiront dans vos cœurs; cet élan d'une âme généreuse et sublime ne sera pas perdu pour la gloire. Les mânes de Labarre seront satisfaits; vos mains attacheront sur sa tombe le laurier immortel que son sang a fait naître.

Législateurs, décrétez que son nom soit inscrit sur la colonne du Panthéon, à côté des noms de Dagobert et de Langlois dont il fut le compagnon d'armes et l'ami; le souvenir de son dévouement et celui de ses dernières paroles..... (On applaudit.)

Le président répond au pétitionnaire, qui est admis aux honneurs de la séance.

*** : Je sais que le général Labarre a eu le bonheur de mourir pour sa patrie dans les plaines de Catalogne, à la tête d'un corps de cavalerie qu'il commandait. Je dois ajouter qu'il a aussi sauvé la vie à notre collègue Soubrany, qui était entouré par un parti ennemi.

Je demande l'insertion de la pétition au Bulletin, et le renvoi de la demande au comité d'instruction publique. Ces propositions sont décrétées.

— Une députation de la Société populaire de Melun est introduite.

*L'orateur* : Citoyens représentants, le 7 messidor dernier, la Société populaire de Melun a voté l'ouverture d'une souscription pour l'armement et l'équipement d'un vaisseau destiné à augmenter la marine française et à achever de ravir à la superbe Angleterre le sceptre des mers qu'elle a usurpé.

Les sommes déjà apportées par soixante-quatorze communes du district de Melun s'élèvent à la somme de 41,444 liv. 11 sous 8 den.; elle vous fait hommage de cette somme qui, sans doute, recevra chaque jour un accroissement par celles qui vous seront offertes par les autres communes. Puisse leur réunion et celle de vos constants efforts parvenir au but qu'elle s'est proposé, de réduire l'Angleterre à devenir tributaire de la république française. (On applaudit.)

Le président répond à la députation.

La Convention ordonne la mention honorable de l'Adresse, et insertion au Bulletin de la nomenclature des communes qui ont participé au don, ainsi que la réponse du président.

— Une députation des artistes du Théâtre de l'Egalité est admise.

*Verteuil*, orateur : Législateurs, vous avez mis les vertus à l'ordre du jour; l'humanité est sans doute la première.

Nous sommes dans le sein de la Convention nationale les organes d'une nombreuse société d'artistes, dont les talents fournissent à l'existence de quinze cents citoyens composant leurs familles.

Nous exercions notre art sous l'administration d'administrateurs intelligents, dans le plus beau théâtre et le mieux situé de Paris, lorsque nos directeurs, victimes des pamphlets du *Père Duchesne* et du club électoral, furent incarcérés, sur le réquisitoire de Chaumette, agent national de la commune. Nous restâmes sans guides; sans ressources, abandonnés à nous-mêmes. Ce ne fut que par grâce, et par une sorte de compassion pour nos familles, que la commune nous laissa la jouissance du Théâtre National, où nous vécûmes de privations pendant six mois, employant nos modiques recettes à payer les dépenses préparatoires que nécessitaient les grands ouvrages que nous devions offrir au public, et que nous avions puisés dans les fastes et faits héroïques de notre glorieuse révolution. C'est à l'instant où nous allions les mettre en scène que nous reçûmes l'arrêté du comité de salut public, en date du 27 germinal, qui disposait de notre théâtre en faveur des artistes de l'Opéra, et nous translatait au théâtre du faubourg Germain. La lettre du ministre de l'intérieur ne nous permit aucun délai que celui de trois jours. Alors la petitesse de notre nouvel atelier ne nous permit aucune possibilité de pouvoir mettre en activité tous nos genres de talents, et nos dépenses premières furent perdues pour nous et pour la progression des arts.

Un nouvel arrêté du comité de salut public, en date du 18 prairial, établit l'organisation provisoire des théâtres. D'après un régime particulier pour ceux des Arts et de l'Egalité, il fut nommé pour eux un agent national surveillant la recette, la conduite et le payement des artistes. Nous fûmes consolés de nos maux par l'honneur d'appartenir au gouvernement, et par l'espérance de voir effectuer le projet accepté depuis trois mois pour l'agrandissement de notre salle.

Un troisième arrêté du comité de salut public, en date du 5 thermidor, réunit à notre Société les artistes du ci-devant Théâtre-Français, et cette augmentation nous engage à solliciter des comités une prompte organisation; on nous renvoya après celle du Théâtre des Arts; et puisque la munificence nationale a réglé son sort, nous croyons pouvoir venir à notre tour, sous le niveau de l'égalité, réclamer les secours et l'organisation que nous avons droit d'attendre du gouvernement.

Nous avons remis, depuis six décades, aux comités réunis des finances et de l'instruction publique, le tableau financier de notre théâtre. Il prouve qu'il existe, après cinq mois de travail et de zèle, et malgré notre réunion aux talents des artistes du Théâtre-Français, un déficit pour le complément du payement de tous, provenant autant du retard à former l'organisation que du malheureux emplacement de notre théâtre, situé dans un quartier éloigné et désert. C'est la rentrée de ce déficit que nous venons réclamer.

Les pétitionnaires sont admis aux honneurs de la séance.

Un membre demande le renvoi de cette pétition au comité, pour qu'il organise cette partie d'instruction publique.

Cette proposition est décrétée.

— Un jeune citoyen est admis à la barre; il lit la pétition suivante :

*Gabriel-Jean Fouinat, âgé de quatorze ans, à la Convention nationale.*

« Citoyens représentants, j'ai payé cher le sentiment de tendresse que la nature inspire aux enfants pour leurs pères.

« Après avoir passé quatre mois dans les prisons, je viens d'être acquitté par le tribunal révolutionnaire; je n'étais coupable d'aucun délit; j'avais réclamé la liberté de mon père détenu depuis huit mois, et fait connaître la conduite du représentant du peuple Maure à l'égard des patriotes de Tonnerre... Mon projet de lettre était adressée au citoyen Turreau, votre collègue; je le perdis dans les rues; on le remit à Fourcade, agent national du district, qui eut la cruauté de me faire arrêter, et me renvoya à la municipalité, dont plusieurs membres et l'agent national de la commune lui sont entièrement dévoués.

« Ces fonctionnaires ont accumulé de grandes prévarications pour satisfaire leur vengeance contre une famille, en la jetant dans la désolation d'être privé du père et du fils; maintenant que mes fers sont brisés, je viens vous les dénoncer.

« Ils ont violé les droits de l'humanité en ma personne; car, d'après les décrets, nul n'est présumé criminel avant seize ans. Je n'en avais que quatorze. Je n'étais coupable d'aucun délit, le jugement le porte.

« Ils ont fait abus d'autorité en retenant la minute de la lettre que j'écrivais au citoyen Turreau, votre collègue, au sujet de mon père, pour en faire une base de conspiration. Cet abus est un attentat à la correspondance libre qui doit exister entre les citoyens et les représentants.

« Ils ont commis un acte arbitraire en me faisant arrêter et incarcérer sans les formalités prescrites par les lois révolutionnaires : au lieu de sept signatures sur le mandat d'arrêt, trois s'y trouvent seulement, au mépris de vos plus récents décrets sur les mesures de sûreté générale.

« Ils ont encore violé la loi dans mon interrogatoire, car ils ne m'ont pas demandé mon âge, et cependant c'était le moyen de ne pas aller plus loin.

« Pour tous ces faits et autres détaillés dans ma justification imprimée ci-jointe, je suis autorisé par les lois à demander à la Convention la prise à partie contre les citoyens sus-dénommés, attendu que, méchamment et à dessein de nuire, ils ont prévariqué dans leurs fonctions, et commis à mon égard toutes les vexations qui sont le sujet de ma pétition.

« Vous n'ignorez pas, citoyens, combien des arrestations aussi longues sont dispendieuses et obèrent les familles. N'est-il pas juste au moins que ceux qui les occasionnent par méchanceté les supportent? D'ailleurs, ces mêmes individus ne s'attachent exactement qu'à vexer les meilleurs citoyens.

« Vous avez vu à votre barre, il y a trois décades, un vieillard victime de leurs persécutions, le citoyen Sylvestre. Aujourd'hui vous y voyez un enfant de quatorze ans, dont l'innocence mérite protection, et dont le civisme et l'honnêteté ont été reconnus. »

Le président témoigne au pétitionnaire l'intérêt de l'assemblée, qui renvoie sa réclamation au comité des secours.

— Santhonax, ci-devant commissaire civil à Saint-Domingue, se présente à la barre :

Citoyens représentants du peuple, la vertu calomniée ne doit pas rester dans le silence; elle doit éclairer les esprits prévenus; elle doit confondre les calomniateurs.

La France a droit d'être étonnée que Polverel et Santhonax, arrivés de l'Amérique depuis le 16 thermidor, n'aient pas donné un compte public de leur mission; mais elle sera bien plus surprise encore, lorsqu'elle saura que les scellés apposés sur leurs papiers ne sont pas levés, et qu'au milieu des calomnies atroces dont on les abreuve journellement ils sont condamnés au silence par l'impossibilité de produire leurs pièces justificatives.

Ouvrez nos archives, vous reconnaîtrez les crimes que Page, Bruslé et consorts ont tant d'intérêt de tenir ensevelis; vous verrez les intelligences criminelles entretenues par les assemblées coloniales avec le gouvernement anglais; vous verrez les membres de ces assemblées arborer la cocarde et l'écharpe noire, à la nouvelle des justes décrets qui rendaient aux hommes de couleur une partie de leurs droits.

Vous les verrez appeler les armées anglaises lors de l'insurrection des noirs, et mettre un embargo de trente-sept jours sur les bâtiments français, pour intercepter toute communication avec la métropole.

Vous les verrez enfin, à l'imitation des gouvernements les plus despotiques de l'Europe, défendre, par un arrêté du 3 septembre 1791, à tout libraire, imprimeur, colporteur, etc., de publier, de vendre ou distribuer aucun écrit concernant la révolution de France, sous peine, contre les contrevenants, d'être poursuivis comme perturbateurs et incendiaires publics.

Nous produirons au grand jour le traité passé à Saint-James, le 25 février 1793, entre le ministre Pitt et les planteurs de Saint-Domingue.

Nous produirons la correspondance des émigrés à la Nouvelle-Angleterre ou à la Jamaïque avec les municipalités principales de la colonie.

Nous produirons les circulaires adressées aux commandants des troupes de la république par les principaux meneurs de l'assemblée de Saint-Marc, pour les inviter à livrer aux Anglais les places fortes de l'île.

Nous produirons les lettres originales de Page et de Bruslé.

« L'Assemblée nationale, écrivent-ils huit jours avant la célèbre journée du 10 août, est sans respect pour la constitution, sans respect pour les propriétés; le peuple se lasse de son audace; on touche ici au moment de la crise; elle ne paraît pas devoir être favorable aux décréteurs actuels. »

Larchevêque-Thibaut écrivait quelque temps auparavant : « On est ivre en France de la liberté, mais cela ne durera pas; qu'on arrête les gens suspects, qu'on saisisse les écrits où le mot même liberté est prononcé.....

« Il n'y a de salut pour nous que dans l'indépendance, non pas de la France, mais de l'assemblée nationale. »

Presque à la même époque, Daugy, autre commissaire des colons émigrés, écrivait de Paris : « Si l'on vous parle (et on vous en parlera) d'actes d'adhésion de notre part aux décrets de l'Assemblée nationale touchant les colonies, demandez ce que valent des obligations contractées entre deux guichets. »

Raboteau, commissaire des émigrés, adjoint à Page et Bruslé, écrivait de Gibraltar, en mars 1793 :

« Je vais à Londres pour consommer le grand œuvre; j'espère que ma lettre te trouvera sous la domination anglaise; il y a longtemps que nous soupirons après elle. »

Comment pourrait-on s'étonner de leur correspondance clandestine, puisqu'en France, au milieu de Paris, ils osaient blasphémer vos principes, déclamer contre vos décrets? Est-il un seul de ces marchands d'hommes qui soit venu vous féliciter sur l'immortelle déclaration du 16 pluviôse? Ne disent-ils pas journellement que la liberté a perdu les Antilles? N'ont-ils pas fait imprimer que les colons s'étaient mis sous la protection anglaise, et que Polverel et Santhonax luttaient contre la bienfaisance d'une nation ennemie, qui voulait conserver les propriétés coloniales?

Ainsi, nous, qui luttions contre les Anglais, sommes les contre-révolutionnaires; et Page et Bruslé, qui vantent la protection de Sa Majesté britannique, sont des patriotes.....

Le pétitionnaire, à la suite d'autres citations à la charge de ses accusateurs, demande :

1° Que la Convention nationale décrète qu'elle suspend son opinion sur l'affaire de Saint-Domingue jusqu'après le rapport qui en sera fait par sa commission des colonies;

2° Qu'il soit incessamment procédé à la levée des scellés mis sur les archives de la ci-devant commission civile de Saint-Domingue.

Le pétitionnaire est admis à la séance, et sa pétition renvoyée à la commission des colonies.

— On lit une Adresse de la Société populaire de l'Isle, département de Vaucluse.

« Lorsque les représentants Rovère et Poultier, dit-elle, furent envoyés dans cette contrée pour organiser le nouveau département créé par vous, sous le nom de département de Vaucluse, et démembré de celui des Bouches-du-Rhône, ils vivifièrent partout le patriotisme opprimé et portèrent partout le bonheur et la tranquillité dans toutes les familles. Toujours prêts à secourir l'indigent, leurs jours se comptèrent par des bienfaits; l'aristocratie fut anéantie, nous joulmes d'une existence nouvelle. Ah! dignes représentants, vous nous quittâtes trop tôt, pour aller confondre les calomnies dirigées contre vous par une faction nouvelle; et ces beaux jours s'évanouirent.

« Bientôt livrés à de nouveaux dangers, Robespierre, nouveau Catilina, parlant toujours vertu et probité, entouré de satellites sanguinaires, dictant ses ordres avec un goût tyrannique; ce mangeur d'hommes, pour exercer plus sûrement ses actes de barbarie, fit remplir les cachots des plus chauds patriotes; les maisons d'arrêt s'encombrent de cultivateurs, d'artisans, de vieillards, de femmes enceintes ou allaitant leurs enfants; il en périt même faute de secours: la terreur s'empare de toutes les âmes; pas un citoyen qui n'eût à regretter un des siens; les opinions ne peuvent plus se manifester dans les Sociétés populaires, devenues désertes par la fuite de leurs membres menacés par la faction. Encore quelques jours, c'en était fait de la république; le despotisme renaissait plus furieux que jamais, et, la détestable conjuration se consommant dans le silence, l'échafaud aurait de suite étouffé les cris du désespoir, retentissant d'un bout à l'autre de la république.

« Instruit de nos malheurs, un décret émané de votre sagesse suspendit toute espèce d'exécution; les dignes représentants du peuple Goupilleau et Perrin arrivèrent dans nos contrées; leurs cœurs sensibles se soulèvent; ils frémissent au récit des horreurs qui se sont commises, et donnent la liberté à nombre d'innocentes victimes. Des milliers d'arpents de terre abandonnés par nos agriculteurs incarcérés, ou que la terreur avait fait fuir, sont cultivés. Oui, Goupilleau et Perrin, la justice et le bonheur ont suivi vos pas; le bien que vous nous avez fait nous retrace sans cesse les jours heureux dont nous jouissions pendant la mission, dans ces contrées, de vos collègues Rovère et Poultier, vertueux comme vous.

« Nous ne balançons pas de placer au même rang dans notre opinion les dignes représentants du peuple Serre et Auguis, qui, par leur sagesse et leur énergie, ont su arrêter les progrès d'une faction qui s'élevait dans Marseille, par une suite de ce même système destructeur.

« Représentants, nous jurons unanimement de ne jamais nous séparer de la Convention, notre seul et unique appui; de périr avec elle plutôt que de souffrir qu'on lui porte la moindre atteinte, de rester debout jusqu'à ce que vous ayez assuré le bonheur du peuple. Plaine, Marais, Montagne, Muscadins, et toutes espèces de distinction nous sont inconnues, notre seul point de ralliement étant la Convention, et notre cri: Vivent la république française, une et indivisible; la liberté, l'égalité et la Convention! Périssent les traîtres et les conspirateurs! » (On applaudit à plusieurs reprises.)

Cette Adresse sera insérée au Bulletin avec mention honorable.

— Les fondés de pouvoirs des colons de Saint-Domingue sont admis à la barre.

*L'orateur*: Citoyens représentants, vous venez de décréter la mise en liberté des colons détenus dans les diverses parties de la république; vous aviez, le jour précédent, décrété la liberté provisoire des fondés de pouvoirs des patriotes de Saint-Domingue, depuis si longtemps repoussés de votre barre; ils y parviennent enfin aujourd'hui.

Ceux qui, pendant quatre ans, luttèrent constamment contre les efforts des agents de l'Angleterre chargés de la ruine du commerce national, sont-ils

des patriotes? Ceux qui disputèrent si longtemps à ses agents les débris fumants des îles à sucre, réduites en cendres, sont-ils patriotes? Ceux qui pouvaient conserver leurs riches cultures sous la bannière des despotes coalisés, et qui cependant, sous les auspices du pavillon de la république, se sont retirés aux Etats-Unis, où, sans asile, sans vêtements, sans pain, ils tendent les bras vers vous, ceux-là sont-ils des patriotes?

Eh bien, législateurs, ce sont ceux-là qui nous ont envoyés vers vous « Allez, nous ont-ils dit, allez vers les représentants du peuple français, accuser les dictateurs que nous envoya le dernier tyran, au moment où il conspirait contre la souveraineté du peuple: accusez Polverel et Santhonax; ils nous ont privés de la consolation de donner notre assentiment au décret qui constitue la France en république. Dites aux législateurs de la France que, le poignard et la torche à la main, Polverel et Santhonax nous ont forcés à fuir le sol que notre industrie fertilisait pour la prospérité nationale; dites-leur que, ruinés, proscrits, punis par eux de notre amour pour la mère-patrie, nous n'en jurons pas moins fidélité inviolable à la république française une et indivisible. »

Tels sont, citoyens représentants, les expressions de leur dévouement à la France; elles sont consacrées dans cette pièce dont nous allons vous donner lecture.

L'orateur lit un procès-verbal dont voici l'extrait:

« L'an 1793, le 2e de la république française, et le 22e du mois d'octobre, trois heures de relevée, les colons français de Saint-Domingue, réfugiés dans la ville de New-York, se sont réunis dans la salle patriotique des états, lieu de leurs séances, conformément à l'ajournement de la séance du 19 du courant.

« L'Adresse à la Convention nationale et à tous les républicains français a été généralement approuvée.

« Un membre a développé avec énergie les vertus civiques, les principes invariables, la fermeté courageuse de ces victimes arrachées du sein de leurs familles par les satellites de Santhonax. L'on est passé au scrutin pour la nomination des commissaires auprès de la Convention nationale. Le dépouillement nous a donné ces noms si chers à nos cœurs, Larchevêque-Thibaut, Daugy, Raboteau, Page, Bruslé, Lavergne, Verneuil, Hugues, actuellement à New-York, qui tous, individuellement ou collectivement, réunis à nos compatriotes nommés à Philadelphie et dans les autres villes des Etats-Unis, sont chargés de dénoncer tous les ennemis, tous les auteurs des désastres sanglants de Saint-Domingue...

« Nous les chargeons spécialement de se présenter à la barre de la Convention nationale, pour y prononcer, au nom de la colonie et en notre nom particulier, le serment solennel de fidélité à la mère-patrie, et d'y faire connaître nos vœux sincères pour le succès de ses armes et la défaite entière de ses méprisables ennemis. »

L'orateur reprend la parole. Il demande en terminant qu'au lieu d'un inventaire mécanique et stérile des papiers qui sont sous les scellés, examen en soit fait, selon l'usage, sans déplacer; qu'immédiatement après cet examen la discussion contradictoire ait lieu sans délai, et avec toute la publicité possible; qu'un tachygraphe recueille les expressions littérales de chacune des parties, afin de les transmettre fidèlement chaque jour à la Convention et au peuple français.

Un membre observe que la Convention ne peut prononcer sur ces pétitions contradictoires que sur le rapport des commissaires des colonies. La pétition est en conséquence renvoyée à cette commission, et les pétitionnaires sont admis aux honneurs de la séance.

LAKANAL : Citoyens , depuis longtemps la partie éclairée de la nation demande une bonne traduction de Bacon , l'illustre philosophe anglais. Cet ouvrage est indispensable aujourd'hui pour les écoles normales que vous avez fondées. Il existe une version des écrits de ce célèbre analyste dans les papiers d'un des conspirateurs que vous avez frappés. Cette version est attribuée à un littérateur distingué.

Votre comité d'instruction, propagateur de toutes les lumières, nous a chargés , Deleyre notre collègue, et moi, d'examiner cette traduction, de la comparer avec l'original , et de présenter sans délai le résultat de notre travail. On sait que Deleyre a donné aux lettres l'*Analyse de la philosophie de Bacon ;* ainsi son opinion, dans cet examen, doit être d'un grand poids.

Bacon , pauvre , négligé dans sa patrie, légua en mourant son nom et ses écrits aux nations étrangères ; c'est à nous , c'est aux hommes de la liberté à recueillir la succession des martyrs de la philosophie. Je demande que la Convention nationale autorise son comité d'instruction publique à faire imprimer aux frais du gouvernement la traduction dont il s'agit, si , d'après le rapport des commissaires nommés, le comité estime que cet ouvrage n'est pas indigne du philosophe anglais , et qu'il peut contribuer aux progrès de la philosophie et de la raison.

La proposition faite par Lakanal est adoptée.

Séance levée à dix heures.

### SÉANCE DU 26 BRUMAIRE.

Le citoyen Delormel fait hommage à la Convention nationale d'un ouvrage qui a pour titre : *Projet de Langue universelle.* « Cette langue, dit-il , par la simplicité de ses moyens et la facilité de ses combinaisons, aurait le double avantage de classer dans la mémoire les objets des sciences , et de devenir promptement universelle, comme l'art du calcul.»

BARAILON : Je convertis en motion la pétition de Delormel. Il y a à peu près un siècle que les savants s'occupaient d'une langue universelle. Ils tentèrent en vain de réaliser ce projet ; la tour de Babel s'en mêla. Il serait à désirer que le pétitionnaire pût réussir à rendre le genre humain à lui-même, à empêcher l'isolement de chaque peuple. Je demande donc la mention honorable de l'offrande, son insertion au Bulletin , et le renvoi du projet et de la pétition au comité d'instruction publique, pour l'examiner et lui en faire son rapport.

Ces propositions sont décrétées.

— La commission centrale de bienfaisance se présente à la barre.

Etablie par un décret du 17 mars 1793 , elle comptait que ses travaux finiraient le 1er vendémiaire, époque à laquelle la commission des secours devait les continuer. Mais un nouveau décret de la Convention lui a ordonné de rester à son poste jusqu'à ce que la commission des secours soit bien organisée. Elle demande que la Convention lève les difficultés qui suspendent depuis quelque temps la distribution des secours.

JARS-PANVILLIERS : C'est à tort que l'on donne des inquiétudes sur la distribution des secours ; s'il y a eu quelques difficultés, la commission des secours les a levées.

La pétition est renvoyée au comité des secours.

— Lakanal , au nom du comité d'instruction publique , soumet à la discussion le projet de décret sur les écoles primaires.

Il lit le chapitre Ier.

### *Institution des écoles primaires.*

La discussion s'ouvre article par article. Voici l'article Ier :

« Les écoles primaires ont pour objet de donner aux enfants de l'un et l'autre sexe l'instruction rigoureusement nécessaire à des hommes libres. »

LEVASSEUR (de la Sarthe) : Je demande la radiation du mot *rigoureusement.*

BOISSY - D'ANGLAS : Les écoles primaires sont créées pour enseigner ce qui est rigoureusement nécessaire à l'instruction des hommes libres ; c'est là ce qui établit leur différence avec les écoles secondaires. Je demande que le mot *rigoureusement* soit maintenu.

AUDREIN : Il ne faut point présenter au peuple d'abstraction métaphysique ; dès qu'il y a le mot *nécessaire,* il est inutile d'y joindre le mot *rigoureusement.*

La radiation est décrétée et l'article adopté.

Le rapporteur lit l'article II.

« Les écoles primaires seront distribuées sur le territoire de la république en raison de la population : en conséquence il sera rétabli une école primaire pour mille habitants.

DUBOIS-CRANCÉ : Je voudrais que le comité eût mieux ménagé l'intérêt de ceux qui ont le plus besoin d'instruction et le moins de moyens pour s'en procurer. Il faudrait que les communes trouvassent cette instruction sans sortir de chez elles.

LOUCHET : Pour établir un instituteur dans chaque commune, les revenus de la république ne suffiraient pas.

DUROY : Si l'on adoptait la proposition de Dubois-Crancé , il faudrait un instituteur non-seulement pour chaque commune , mais encore pour chaque village ; car il y a des communes formées de la réunion de plusieurs villages. Tous ceux qui ont vécu à la campagne savent que les enfants peuvent faire une demi-lieue pour aller chercher l'instruction. Je suis persuadé qu'avec le projet du comité vous aurez tout ce qui est nécessaire pour le moment. D'ailleurs, il vaut mieux donner sur-le-champ des moyens d'instruction , et ne pas rechercher la perfection la plus rigoureuse.

LE RAPPORTEUR : D'après les calculs les plus connus, une population de mille habitants donne environ cent enfants de l'un et l'autre sexe ; de manière qu'un instituteur aura environ cinquante enfants à instruire. Si vous augmentez le nombre des élèves, vous excédez les forces des instituteurs ; si vous augmentez le nombre des instituteurs, vous ôtez l'émulation, et vous grevez le trésor public. Nous avons tout concilié en disant : Nous établissons une école primaire pour mille habitants ; mais , s'il y en avait de mille à dix-neuf cents, il en serait établi une seconde.

L'article est adopté.

Le rapporteur lit l'article III.

« Dans les lieux où la population est trop dispersée, il pourra être établi une seconde école primaire, sur la demande motivée de l'administration du district, et d'après un décret de l'Assemblée nationale. »

Cet article est décrété.

Il lit l'article IV.

« Dans les lieux où la population est pressée, une seconde école ne pourra être établie que lorsque la population s'élèvera à deux mille individus, la troisième à trois mille habitants complets, et ainsi de suite. »

Cet article est adopté.

Le rapporteur lit l'article V.

« Dans toutes les communes de la république, les ci-devant presbytères sont mis à la disposition des municipalités pour servir tant au logement de l'instituteur qu'à recevoir les élèves pendant la durée des leçons. »

ROMME : Dans plusieurs communes, en vertu d'arrêtés pris par les représentants du peuple en mission, on a mis en location les presbytères, qui ne se trouvent plus aujourd'hui sous la main des communes. Il faut donc que les baux soient résiliés.

LE RAPPORTEUR : Telle est l'intention du comité. Il a entendu respecter les objets vendus ; mais ceux qui n'ont été que donnés à bail doivent servir aux écoles primaires.

L'article V est adopté avec l'amendement de Romme.

LECARPENTIER : Je demande que les frais d'entretien et de réparation soient faits par les communes.

EHRMANN : Je demande le renvoi de cette proposition au comité.

LE RAPPORTEUR : Cette difficulté lui a été présentée. Il a cru que qui veut la fin veut les moyens. Vous avez décrété la gratuité des écoles primaires. Il a donc pensé que c'était au trésor public que devaient être pris tous les fonds nécessaires à ces établissements. Au surplus, je ne m'oppose pas au renvoi.

BOUSSY : Le renvoi me paraît inutile. Je demande que l'article reste adopté comme il est.

RÉAL : Votre intention n'est pas sans doute que les instituteurs aient des logements somptueux. En chargeant les communes de veiller aux frais d'entretien, de distribution, elles s'en acquitteront avec économie. Je demande le renvoi.

Le renvoi est décrété.

« Dans les communes où il n'existe plus de ci-devant presbytère à la disposition de la nation, il sera accordé, sur la demande des administrations de district, un local convenable pour la tenue des écoles primaires. »

Le rapporteur lit l'article VI.

« Chaque école primaire sera divisée en deux sections, l'une pour les garçons, l'autre pour les filles ; en conséquence, il y aura un instituteur et une institutrice. »

Cet article est adopté.

Il lit l'article VII.

« Il y aura près de chaque administration de district un jury d'instruction composé de trois membres, nommés par le conseil d'administration de district, et pris hors de son se in. »

La Convention décrète cet article,

## CHAPITRE II.

### Jury d'instruction.

Le rapporteur lit l'article 1er.

DURAND-MAILLANE : Sans attaquer l'institution du jury, je voudrais qu'il n'eût pas le choix définitif des instituteurs ; qu'il fût seulement chargé de présenter la liste aux pères de famille, qui y donneraient leur approbation ; car ils ont un intérêt puissant à cet établissement des écoles primaires.

BARAILON : Je demande que l'article soit adopté avec les amendements que je vais proposer. La Convention n'entend pas que le gouvernement révolutionnaire durera toujours. Pendant sa durée, l'article est bon ; mais, lorsque les circonstances auront fait succéder à sa marche celle de la constitution républicaine, il ne sera plus suffisant. Je demande donc qu'on y ajoute, « pendant la durée du gouvernement révolutionnaire, et après, par le peuple. »

LE PRÉSIDENT : L'amendement de Durand-Maillane est-il appuyé ?

GUYOMARD : Je l'appuie très-fort.

LE RAPPORTEUR : Je crois qu'il est aisé de concilier les deux amendements en faisant concourir les parents à la nomination des instituteurs, et en adoptant l'addition proposée par Barailon.

EHRMANN : Je m'oppose au dernier amendement. Il s'agit de savoir si le peuple voudra conserver l'élection dans toutes les circonstances. Je dis que non. Nommera-t-il, par exemple, les jurys de paix ? Ne faut-il pas connaître les individus qui réunissent les connaissances nécessaires aux fonctions qu'on veut leur confier ? Ce qu'on demande est directement contraire aux intérêts du peuple. Je demande que l'article soit adopté.

GUYOMARD : Je ne m'oppose pas à l'article ; mais je demande que l'amendement de Barailon soit décrété. Il s'agit de savoir si vous faites une loi permanente. Si c'est une loi de circonstance, mettons l'article aux voix. C'est aux administrations, c'est aux représentants du peuple à être chargés du soin de nommer les instituteurs.

Dans le second cas, c'est au peuple qu'appartient et que doit revenir le droit de les nommer. Relativement à l'amendement de Durand-Maillane, je demande si vous regardez la loi que vous faites comme politique, alors je n'ai rien à dire ; ou comme civile ; dans ce cas, je dis que non-seulement les pères de famille doivent concourir à son exécution, mais encore les mères, puisque vous faites une démarcation entre les deux sexes, en nommant les institutrices.

DUROY : Je ne nie pas que les pères et mères n'aient beaucoup d'intérêt à avoir de bons instituteurs ; mais, si vous vous en rapportez à eux, il va naître des difficultés sans fin, sans nombre ; au lieu que si la nomination se fait par les administrations de district, elles auront un tableau des candidats propres à remplir ces sublimes fonctions ; et alors tout se fait sans peine. Vous ne fatiguez point le peuple par des assemblées qui ne seraient pas même communales, puisqu'il y a des cantons où plusieurs villages concourent à former une commune.

MAILHE : Je soutiens que vous ne pouvez, quand le gouvernement révolutionnaire sera arrivé à son terme, priver le peuple de nommer ses instituteurs ; tous les raisonnements ne détruiront pas ce droit sacré. Quant à l'amendement par lequel on propose de consulter les mères de famille, je dis qu'il serait ridicule de les faire entrer pour quelque chose dans l'exécution des lois. Malheur aux gouvernements qui introduisent les femmes dans l'administration de la chose publique. (On applaudit.)

L'article est adopté avec les amendements de Barailon.

Le rapporteur lit l'article II.

« Les fonctions de jury d'instruction seront d'examiner, d'élire et de surveiller les instituteurs et les institutrices des écoles primaires. »

Cet article est adopté.

Il lit l'article III.

Le jury d'instruction sera renouvelé par tiers à chaque nouvelle administration.

Le commissaire sortant pourra être réélu.

BABAILON : Cet article ne peut pas être adopté ; car, tant que durera le gouvernement révolutionnaire, les administrations ne seront point renouvelées ; et, quand il ne subsistera plus, ce sera le peuple lui-même qui nommera ce jury. Je demande donc la question préalable sur cet article.

MARIE : Sans doute l'article tel qu'il est rédigé ne peut pas être adopté ; mais il ne faut pas non plus le rejeter par la question préalable , votre intention ne pouvant être de perpétuer ce jury ; je demande que la rédaction suivante soit adoptée :

« Le jury d'instruction sera renouvelé tous les six mois. »

Cette rédaction est adoptée.

### CHAPITRE III.

#### Des instituteurs.

Les deux premiers articles sont adoptés en ces termes ;

« Art. Ier. Les nominations des instituteurs et des institutrices élus par le jury d'instruction seront soumises à l'administration du district.

« II. Si l'administration refuse de confirmer la nomination faite par le jury, le jury pourra faire un autre choix. »

Le rapporteur lit l'article III.

« Lorsque le jury persistera dans sa nomination et l'administration dans son refus, elle désignera pour la place vacante la personne qu'elle croira mériter la préférence : les deux choix seront renvoyés à la commission d'instruction publique, qui prononcera définitivement entre l'administration et le jury. »

Clauzel voit dans cet article le rétablissement de l'ancienne hiérarchie de collège ; il pense que si la Convention laisse à une administration quelconque le droit de diriger l'instruction publique , cette administration pourra par la suite renverser le gouvernement ; il demande que, lorsqu'une difficulté s'élèvera entre un jury d'instruction et une administration de district, elle soit portée à la commune la plus voisine, qui prononcera définitivement.

L'article et l'amendement de Clauzel sont adoptés.

Une discussion s'élève ensuite sur le chapitre en entier.

Barailon demande qu'il soit renvoyé à un nouvel examen des comités, parce qu'il ne peut subsister que pendant le temps que durera le gouvernement révolutionnaire.

Garnier (de Saintes) appuie cette proposition. Il pense que la liberté reposant essentiellement sur l'instruction publique , les lois qui organisent cette partie du bonheur public , doivent être stables et ne pas être assujetties aux temps ni aux événements.

Le rapporteur fait sentir la nécessité d'organiser promptement l'instruction publique. Il ne s'oppose pas à ce que des lois générales soient préparées ; mais il demande que celle qu'il présente soit adoptée, et existe pendant tout le temps que durera le gouvernement révolutionnaire.

L'observation de Lakanal est accueillie, et les articles IV, V, VI, VII, VIII, IX, X et XI, qui composent ce chapitre, sont adoptés ainsi qu'il suit :

« IV. Les plaintes contre les instituteurs et les institutrices seront portées directement au jury d'instruction.

« V. Lorsque la plainte sera en matière grave, et après que l'accusé aura été entendu, si le jury juge qu'il y a lieu à destitution, sa décision sera portée au conseil général de l'administration du district, pour être confirmée.

« VI. Si l'arrêté du conseil général n'est pas conforme à l'avis du jury, l'affaire sera portée à la commission d'instruction publique, qui prononcera définitivement.

« VII. Tous ceux qui rempliront l'honorable mission d'instruire les enfants de la république seront placés au rang des fonctionnaires publics.

« VIII. Les instituteurs et les institutrices des écoles primaires seront tenus d'enseigner à leurs élèves les livres élémentaires, composés et publiés par ordre de la Convention nationale.

« IX. Ils ne pourront recevoir chez eux, comme pensionnaire, ni donner de leçon particulière à aucun de leurs élèves ; l'instituteur se doit tout à tous.

X. La nation accordera aux citoyens qui auront rendu de longs services à leur pays dans la carrière de l'enseignement une retraite qui mettra leur vieillesse à l'abri du besoin.

« XI. Le salaire des instituteurs sera uniforme sur toute la surface de la république ; il est fixé à 1,200 liv. pour les instituteurs et à 1,000 liv. pour les institutrices. Néanmoins, dans les communes dont la population s'élève au-dessus de vingt mille habitants, le traitement de l'instituteur sera de 1,500 livres, et celui de l'institutrice de 1,200 livres. »

— Sur le rapport de Paganel , le décret suivant est rendu :

« La Convention nationale, après avoir entendu son comité des secours publics sur les secours provisoires accordés par le décret du 14 mai 1792 ( vieux style ) aux enfants des habitants de Saint-Domingue , qui se trouvaient en France pour leur éducation, et dont les parents ont souffert des derniers troubles qui ont agité cette colonie ou y ont péri, décrète :

« Art. Ier. Les enfants des habitants de Saint-Domingue et de toutes autres colonies françaises , âgés de moins de quinze ans, qui se trouveront en France pour leur éducation, et dont les parents ont souffert des derniers troubles qui ont agité ces colonies, ou de l'invasion de l'ennemi, seront reçus parmi les Enfants de la Patrie.

« II. Pour recevoir ce bienfait de la nation, les conditions seront les mêmes que celles exigées par le décret du 14 mai 1792.

« III. La commission des secours publics liquidera, d'après les bases établies par ladite loi du 14 mai 1792, les arrérages dus jusqu'à ce jour aux instituteurs et institutrices qui ont été chargés de soigner et d'élever lesdits enfants des colons au-dessous de l'âge de quinze ans.

« IV. Le présent décret sera imprimé au Bulletin de correspondance. » *( La suite demain, )*

---

### LIVRES DIVER

# GAZETTE NATIONALE ou LE MONITEUR UNIVERSEL.

N° 58.　　*Octidi* 28 Brumaire, *l'an* 3e. (*Mardi* 18 Novembre 1794, *vieux style*.)

## POLITIQUE.

### ANTILLES.

*Extrait d'une lettre de Kingston, du 9 août.* — La ville du Fort-Dauphin, dans la colonie de Saint-Domingue, demanda sans être assiégée le secours des Espagnols, et leur fut livrée. Un article de la capitulation portait que l'entrée de la ville serait défendue aux nègres révoltés ; mais à peine fut-elle rendue que les Espagnols publièrent que tous les Français qui voudraient se rendre au Fort-Dauphin y trouveraient sûreté et protection, et même des secours pécuniaires pour les rétablir dans leurs propriétés. Séduits par ces promesses, des Français s'y rendirent en grand nombre de l'Amérique septentrionale, de la Jamaïque. Lorsque les Espagnols crurent avoir réuni un assez grand nombre de victimes, le massacre commença.

Le nègre Jean-François, le chef des révoltés, des massacres et des incendies ; Jean-François qui, passé depuis au service d'Espagne, fut fait lieutenant général et décoré de l'ordre du Mérite, entra sans le moindre obstacle dans la ville, à la tête de sa troupe, composée de cinq à six cents hommes. Les rues retentirent des cris : vive le roi d'Espagne ! la mort à tous les Français ! A l'instant on se mit à tuer.

Un officier espagnol, Mont-Calvos, sauva quelques Français en les couvrant de l'uniforme de son régiment, mais partout ailleurs les Espagnols poussaient les victimes sous le couteau de leurs assassins. Le commandant Caracola ne fit pas un mouvement pour s'opposer à cette boucherie.

Jean-François, à la tête de sa troupe, se rendit sur la place publique ; là, il eut une conférence avec le commandant Caracola et le prêtre Vasquez. Il baisa respectueusement la main de ce dernier.

A l'instant Jean-François donna un coup de sifflet, et à ce signal le massacre redoubla. Il dura trois heures.

Cinquante à soixante blancs épargnés par les moins barbares des tueurs furent mis sur un vaisseau. Le généreux Mont-Calvos et quelques-uns de ses amis en sauvèrent un plus grand nombre. Pendant ce temps, les nègres, restés maîtres de la ville, la mirent au pillage.

Une partie de ceux qui échappèrent furent envoyés à Montechrist, où on les mit dans une grange ; là ils furent embarqués sur un bâtiment américain, et conduits au môle Saint-Nicolas. Ils y ont dressé un procès-verbal de toutes ces horreurs ; ils ont entendu les nègres se plaindre du retour des propriétaires, en disant que ce n'était pas là ce qu'on leur avait promis.

Jean-François fit compter sept cent soixante et onze cadavres.

Outre les troupes espagnoles qui étaient dans la ville, plusieurs bâtiments de la même nation mouillaient dans la rade.

*Nota.* Ces détails sont tirés de diverses pièces rapportées dans le *Times* anglais.

### ALLEMAGNE.

*De Coblentz, le 4 novembre.* — Quoique cette ville soit tombée au pouvoir des Français, le magistrat est resté dans l'exercice de ses fonctions, telles que la police, la distribution des quartiers, la livraison des fourrages, etc.

Deux membres du magistrat ont été, de la part du général français, requérir le commandant autrichien du Thal d'annoncer à tous les habitants réfugiés de Coblentz et de l'autre rive du Rhin qu'ils pourraient retourner dans leurs foyers sans obstacle, et avec la garantie de leurs personnes et de leurs propriétés.

— Une partie de l'armée autrichienne se dispose à aller prendre des quartiers d'hiver dans la Franconie ; le reste ne tardera pas à l'imiter ; le général Ocsaï a reçu des ordres en conséquence.

— On écrit que le duc de Brunswick va joindre quatre

mille hommes de ses troupes à celles du pays de Hanovre, pour former un cordon destiné à couvrir ces contrées.

— Les Prussiens continuent de se retirer des bords du Rhin, et cette retraite se fait de la manière la plus paisible. Le roi de Prusse a fait annoncer à son armée que le traité de subsides avec la Grande-Bretagne ne subsistait plus.

### RÉPUBLIQUE FRANÇAISE.

*Paris, le 27 brumaire.* — La Société appelée Club électoral, parce qu'elle s'assemblait dans la salle des électeurs, avait interrompu ses séances depuis que les scellés avaient été mis sur ses papiers ; elle vient de les reprendre dans une des salles du Muséum ; plusieurs membres de la ci-devant Société des Jacobins s'y sont réunis. Ce n'est pas néanmoins que ce soit une Société libre, une assemblée publique et populaire proprement dite, car tous les citoyens n'y sont pas admis ; les candidats n'y sont reçus qu'après un examen sévère de leur conduite, de leurs principes, de leur système révolutionnaire. Il en résulte qu'une opinion à peu près uniforme règne dans cette assemblée, qu'on y discute peu, quoiqu'on y parle beaucoup. Un mécontentement sensible contre les dernières mesures du gouvernement perce dans tous les discours : une fermentation sourde s'y laisse entrevoir. On y jure obéissance aux décrets de la Convention ; mais n'y exerce-t-on pas avec trop de passion peut-être le droit qu'a tout citoyen de discuter publiquement les lois de son pays ? On proclame la résolution de respecter la représentation nationale ; mais les représentants du peuple individuellement n'en sont pas moins attaqués avec aigreur, poursuivis quelquefois avec un acharnement contraire aux égards que demande leur caractère.

L'opinion publique ne peut donc être représentée par celle de ces associations privées qu'un système particulier dirige, et qu'une organisation établie par l'intérêt des anciens dominateurs pourrait tendre à séparer du peuple. Souvent même elles se divisent entre elles d'opinions, et forment des partis différents, au gré des intrigues qui les influencent. L'opinion publique, au contraire, n'est qu'une comme il n'y a dans la nation qu'une majorité.

Des tribunes ont été formées dans le nouveau local de cette Société ; elles sont remplies en grande partie par des femmes ; celles-ci approuvent facilement tout ce qui est extrême, admirent tout ce qui est spécieux, applaudissent à tout ce qui est emphatique ; plusieurs même parlent en public. Toutes paraissent apporter dans ces discussions plutôt la curiosité ou l'enthousiasme et l'exaltation naturels à leur sexe que l'art de discerner les vérités qu'elles y cherchent ; on les a vues successivement demander, avec le Club électoral, l'anéantissement du gouvernement révolutionnaire, aujourd'hui démentir cette opinion. Elles ne sont constantes que dans l'amour de la liberté ; toujours prêtes à embrasser les partis les plus extravagants, les opinions les plus erronées, souvent mêmes les plus contraires à leur caractère. Elles cherchent l'instruction. Il est temps en effet que le flambeau d'une instruction vraiment nationale dirige tous les citoyens, éclaire leur opinion dans toutes les discussions publiques auxquelles ils sont appelés, et remplace les prestiges de la crédulité.

Les ouvrages polémiques se multiplient. La Société des Jacobins, que des écrits journaliers proclamaient dans les places publiques depuis le 9 thermidor accusaient du crime de complicité avec Robespierre et la municipalité rebelle, est encore l'objet de tous les pamphlets, même depuis sa dissolution. Beaucoup ne contiennent que des diatribes dans lesquelles toutes les bornes de la liberté de la presse sont méconnues ; publiées par des spéculations mercantiles, favorables à l'aristocratie qui croit trouver dans ces excès des moyens de faire rétrograder la révolution, ils n'ont qu'un médiocre succès parmi le peuple, plus jaloux de chercher des vérités utiles que d'acheter de mauvaises épigrammes. D'autres discutent plus impartialement les moyens d'affermir la liberté, ceux de régénérer les Sociétés populaires, jadis utiles, et de concilier leur existence, leur indépendance même, avec l'unité d'action du gouvernement et la surveillance dont il doit environner toutes les institutions qui peuvent influer sur l'opinion ou sur la tranquillité publique. L'arme du ridicule est maniée par plusieurs avec un égal succès ; elle suffit aujourd'hui pour atteindre les restes d'un parti dépouillé depuis longtemps de tout moyen de puissance réelle ; la persécution lui rendrait sa force, et de misérables intrigues deviendraient bientôt, par l'effet même de l'oppression, des factions redoutables.

L'amour des proscriptions n'entre pas dans l'âme des patriotes ; ils savent oublier des écarts que l'effervescence d'un mouvement de révolution a fait naître ; ils pardonnent l'erreur pour ne poursuivre que le crime ; ils attaquent les grands coupables, mais avec toutes les formes propres à préserver l'innocence ; et, loin d'imiter les excès qu'ils condamnent, ils laissent la justice se charger elle-même du soin de sa vengeance.

La dissolution de la Société des Jacobins n'a point altéré la tranquillité publique. Les patriotes qui assistaient à cette Société se soumettent aux mesures que les circonstances ont commandées. Ils surveillent l'aristocratie qui chercherait, par une réaction funeste, à profiter de cet événement. Un petit nombre d'agitateurs se répandent depuis quelques jours dans les faubourgs, où ils prêchent envain la révolte, se plaignant d'être opprimés. Les cris de vive la république et vive la Convention l ont étouffé les clameurs de la sédition partout où elles ont cherché à se faire entendre.

Des patrouilles parcourent les rues ; des corps de réserve, formés par le zèle des citoyens, garantissent la tranquillité publique.

Les écrits périodiques qui circulent avec le plus d'activité, sont : l'*Ami des Citoyens*, par Tallien, et l'*Orateur du Peuple*, par Fréron, députés. Ces écrits contiennent journellement des dénonciations contre les représentants du peuple qui assistaient aux séances des Jacobins, et contre plusieurs autres qu'ils accusent également d'avoir été les fauteurs du système de terreur et de tyrannie qui a pesé sur la France et sur la représentation nationale.

Dans son n° 27, l'*Orateur du Peuple* a particulièrement dénoncé Carnot, réélu au comité du salut public, comme ayant partagé les crimes de Robespierre, signé l'assassinat de Camille Desmoulins, Phélippeaux, etc., cherché à livrer la Convention à Fleuriot et à Dumas, rédigé la proposition de renommer Fouquier-Tinville au tribunal révolutionnaire.

Il paraît que ces inculpations n'ont pas empêché le comité de salut public d'accorder sa confiance à Carnot, dont les talents militaires sont connus. Sa nomination au comité, faite à une grande majorité de suffrages, prouve qu'il est généralement estimé dans la Convention. On lui attribue la plupart des plans de campagne qui ont été suivis cette année, et on lui fait partager la gloire des succès qui les ont suivis. Cette opinion s'est accréditée même dans les pays étrangers, comme on le voit par l'article suivant :

*Article traduit du Morning-Chronicle, du 24 octobre (3 brumaire).*

Après avoir rendu compte du rapport de Carnot sur la reprise de Valenciennes, de Condé, etc., le *Morning-Chronicle* ajoute :

« Carnot, qui parle ainsi de Robespierre, n'a jamais eu rien de commun avec les factions intestines qui ont inondé sa patrie d'un torrent de sang ; il a donné toute son attention et appliqué tous ses talents aux moyens de repousser les ennemis de l'extérieur et d'éteindre la guerre civile ; il jouit de la confiance et de l'estime de tous les partis, et on ne l'a jamais attaqué comme partisan ou agent de Robespierre. C'est à lui, comme premier directeur des opérations militaires, que les Français sont redevables de toutes leurs victoires. Merlin ( de Thionville ) a dit de lui, que ses collègues ont tacitement avoué, que toutes les fois que ses plans ont été suivis, les républicains étaient vainqueurs, et que, lorsqu'on s'en écartait, on était toujours battu. »

## VARIÉTÉS.

Les travaux du Panthéon Français sont prêts à s'achever. Ce monument, consacré à la postérité dont il doit conserver les jugements en transmettant d'âge en âge la mémoire des grands hommes, est digne de cette destination. La solidité de l'édifice (1) et la beauté de sa construction justifient les dépenses que l'on continue de faire depuis plusieurs années pour tous les ornements accessoires qui peuvent concourir à son embellissement. Ces travaux sont soumis à des concours, et les artistes appelés à préparer aux fondateurs de la liberté ce séjour de l'immortalité se montrent à l'envi jaloux d'ajouter à la reconnaissance de la patrie le tribut de leurs talents.

Plusieurs plans ont été proposés. Le citoyen Viel, architecte distingué, vient d'en publier un : il envisage le Panthéon sous les rapports qui doivent le caractériser : *Panthéon*, demeure des dieux, est parmi nous la demeure des *indigètes* qui ont fait honneur à l'esprit humain.

Le pourtour de ce temple doit présenter une frise courante où le ciseau retrace la marche graduelle du génie ; il dépeint comment furent créées les connaissances, et comment, par l'écriture peinte, appelée hiéroglyphique, on chercha à les transmettre, ainsi que les faits divers ; comment enfin les lumières se propagèrent en faisant des recherches agricoles. Ces objets sont détaillés depuis longtemps dans un ouvrage que Viel n'a mis au jour que sous le nom modeste de *Idées philosophiques*. Ces idées s'étendent jusqu'à la construction ou l'ordonnance de jardins élysées qui doivent entourer le Panthéon.

L'intérieur de ce temple doit offrir la révolution sur une autre frise courante, ses efforts, ses incidents, ses nuances et ses modifications ; l'artiste homme de lettre peut seul en donner les idées poétiques ; il sonde au-dessous de l'écorce, et perce ces apparences qui font souvent prendre au vulgaire le pénombre pour la lumière ou les effets pour les causes.

Le souterrain du Panthéon ne peut être un caveau séparé de ce monument : il doit y jouer le premier rôle, en être le vrai temple, puisqu'il récélera les restes de ceux qui ont honoré leur patrie. Les morts doivent en quelque sorte y paraître vivants, et décorer eux-mêmes leur demeure. Viel offre la décoration qui seule permettra plus de trois cents sarcophages dans ce seul souterrain, sans en gêner le pourtour, ce que ne feraient point nos artistes qui à peine en placeront quinze. Cette décoration consiste dans des hermès dont chacun contiendrait les cendres ou ossements d'un indigète. Chaque hermès n'occuperait que deux pieds tout au plus, sur un pied d'épaisseur, formant entre eux une espèce de galerie. Des guirlandes d'immortelles festonneraient de l'un à l'autre. La voûte de ce souterrain pourrait même être ouverte sur un léger espace, entouré d'une balustrade sur le pavé du Panthéon, entre le dôme et le fond de ce temple, afin d'offrir plus d'ensemble, et pour qu'on ne puisse admirer ce temple sans penser ou sans voir les vestiges précieux qu'il renferme.

L'auteur de ce plan s'offre depuis longtemps aux artistes les moyens d'apprécier l'allégorie et le langage poétique des anciens dans ce qu'ils ont offert de tableaux, de bas-reliefs ou de statues, enfin tous les objets symboliques qui peuvent orner notre architecture.

### Commerce et agriculture.

Quel moment plus favorable, quelle circonstance plus heureuse que de profiter des fruits qu'un grand nombre de victoires nous donnent chaque jour ? Ce sera la plus belle récompense pour nos braves républicains ; elle sera toujours présente à leurs yeux lorsqu'ils verront le sol qui les a vus naître arrosé par les sueurs des ennemis qu'ils ont vaincus, des canaux qui donnent la vie à l'État creusés par les bras de ces vils esclaves. Le commerce est l'âme d'une république, les canaux et les rivières en sont les veines, qui portent la vie des extrémités au centre, et du

(1) Ce monument a néanmoins tané depuis dans certaines parties. La dernière restauration et les embellissements de l'anté usage ont été faits pendant les années 1835, 37 et 38.

centre aux extrémités. La Convention sentira l'importance de ce que je demande, surtout dans ces moments où les moyens de transports sont si rares. Nous sommes à côté de magasins immenses, et nous en jouissons trop tard; les canaux nous les transporteraient à peu de frais; ils entretiennent l'abondance partout, avec le quart moins de bras. Employons cinquante mille déserteurs, qui sont, quoi qu'on en dise, cent mille hommes de moins pour l'ennemi, et cent cinquante mille pour nous si nous les employons à confectionner tous les canaux que la Convention a arrêtés; qu'elle en ordonne de nouveaux partout où ils seront possibles; donner l'ouvrage à tâche à ces hommes, à tant la toise cube; les diviser en petit nombre; le prix sera relatif à la position où ils se trouvent. Que de travail ils feront en peu de temps! On les surveillera tant à l'ouvrage qu'au dépôt; ils ne demandent qu'à travailler: pourquoi ne profiterions-nous pas de ce moyen, nous qui avons tant besoin de bras? Si l'on profite de cette circonstance pendant cet hiver, je vois la France monter au plus haut degré de bonheur; le commerce, l'agriculture et les arts prospéreront; la Convention, en qui tout pouvoir réside, continuera de jouir de la confiance et de l'amour du peuple français.

Paris, 26 brumaire de l'an 3e républicain.

HÉNION, *agent général.*

---

## CONVENTION NATIONALE.

*Arrêté du comité de salut public.*

Le comité de salut public, considérant que, le décret du 7 décembre 1792 (vieux style), il n'a été rien innové aux lois antérieures, suivant lesquelles nul ne peut sortir du territoire de la république sans avoir obtenu un passeport du département des affaires étrangères;

Que les lois des 6 fructidor et 7 vendémiaire dernier n'ont point dérogé à cette disposition;

Arrête que le commissaire des relations extérieures continuera à délivrer des passeports, après néanmoins qu'ils auront été soumis au visa du comité de salut public, à ceux qui, voulant sortir du territoire de la république, auront obtenu de l'administration de leur département un passeport suivant les formes décrétées par la loi du 7 décembre 1792 (vieux style).

*Les membres du comité de salut public.*

SUITE A LA SÉANCE DU 26 BRUMAIRE.

*Présidence de Legendre.*

On lit la lettre suivante:

*Le citoyen Mathey, commandant du fort d'Alais, à la Convention nationale.*

« Représentants du peuple, vous avez appris par l'administration du district de Tanargues, département de l'Ardèche, que l'infâme Dominique Allier, agent et continuateur de Saillant et de Charrier, cherchait à renouer les fils de leur trame contre-révolutionnaire tant de lois rompue; que ce brigand et ses complices devaient se porter d'abord sur Alais, s'emparer du fort, des magasins, et égorger les meilleurs patriotes, dans la liste desquels on m'avait honorablement mis à la tête.

« Mais ce que vous n'avez pas su, peut-être, c'est qu'à peine la garde nationale de cette commune fut avertie des dangers qui menaçaient ces contrées qu'elle fut sous les armes en un instant, et se porta partout où sa présence paraissait nécessaire. Les canonniers montrèrent un zèle au moins égal; en un clin d'œil ils furent à leur poste et rangés autour de leurs pièces. La ville et le fort furent bientôt mis en état de défense respectable. De nombreuses patrouilles étaient à la découverte lorsque nous apprîmes qu'Allier et quelques-uns de ses complices étaient arrêtés à Pont-Cèze, ci-devant Saint-Ambroise, commune du district d'Alais. La garde nationale, jalouse de donner des preuves de son dévouement à la patrie, n'ayant pas com-

battre ces scélérats, voulut au moins s'assurer de leurs personnes. Elle se mit en marche dans la nuit, et les traduisit dans les prisons du fort. Il est à remarquer qu'ils y entrèrent enchaînés, le jour même où ils croyaient, suivant leurs projets, s'en rendre maîtres par la force des armes. Ils ont été gardés soigneusement jusqu'à ce jour; demain ils partent pour être conduits et livrés au tribunal révolutionnaire, en vertu de votre décret.

« En vous prévenant de leur arrivée prochaine, j'ai cru devoir vous faire connaître le zèle et le dévouement qu'ont montrés, dans cette circonstance, les gardes nationales et les canonniers de cette commune. *Vive la république! vive la Convention!*

« *Signé* MATHEY. »

Renvoyé au comité de salut public.

SAINT-MARTIN, au nom du comité des secours publics: Citoyens, la commission des secours publics a fait part à votre comité de quelques difficultés qui se sont élevées relativement à l'exécution de la loi du 13 prairial, rendue en faveur des familles des défenseurs de la patrie. La plupart de ces difficultés lui ont paru s'évanouir lorsqu'on se pénétrait de l'esprit de la loi et qu'on en pesait les termes avec réflexion. Une seule a suspendu quelques instants son jugement, et il a pensé que l'arrêté qu'il avait pris à cet égard méritait d'être mis sous vos yeux et soumis à votre approbation.

Voici de quoi il s'agit.

Suivant votre loi du 21 pluviose, les femmes et enfants, les pères, mères et autres ascendants des défenseurs de la patrie, les frères et sœurs orphelins de père et mère, ont droit à des secours pécuniaires lorsqu'il est constaté que le travail de ces militaires fut une ressource nécessaire à la subsistance de leurs familles. Le titre III de cette loi règle et détermine les bases d'après lesquelles ces secours doivent être accordés; je n'ai pas besoin de vous rappeler qu'ils doivent être payés pendant toute la durée du service du défenseur de la patrie.

Le titre III, article III, IV, V et VI, est consacré à régler les indemnités, pensions et secours des veuves de ces mêmes défenseurs: on y distingue, sous certains rapports, ceux qui sont morts dans les combats de ceux qui ont perdu la vie en activité de service ordinaire.

Les articles VIII et IX sont ainsi conçus:

« Les pères et mères, dont un ou plusieurs enfants sont morts en défendant la patrie, recevront six années des secours qu'ils reçoivent annuellement, et dans la proportion indiquée par l'art 1er du titre III du précédent décret, etc.

« Chacun des autres parents désignés dans le titre II recevra, dans le même cas, trois années des secours auxquels il a droit de prétendre. »

Il paraît indubitable que les deux articles s'appliquent tant aux familles des guerriers qu'à moissonnées le fer ennemi qu'à celles des guerriers morts en maladie naturelle; car dès qu'ils sont morts en activité de service, on doit dire qu'ils sont morts en défendant la patrie.

Un doute s'est élevé sur les termes de l'article VIII du titre 1er de la loi du 13 prairial; cet article porte:

« Les pères et mères et autres parents des défenseurs de la patrie, morts dans les combats ou en faisant un service requis et commandé, recevront en secours provisoire une année de ce qu'ils ont droit de prétendre, conformément aux articles VIII et IX de la loi du 21 pluviose, sauf retenue sur le déficit. »

Le défenseur de la patrie mort de maladie naturelle, occasionnée par les fatigues de la guerre ou autrement, est-il assimilé, sous le rapport des secours dus à ses père, mère et autres parents, au défenseur de la patrie qui a perdu la vie sur le champ de bataille, ou de la suite des blessures reçues dans le combat; et le secours provisoire, accordé par l'article que je viens de transcrire, est-il dû à l'un comme à l'autre? Voilà la question.

Votre comité des secours a pensé que les termes formels de la loi lui imposaient le devoir de prononcer la négative. Ses motifs sont énoncés dans l'arrêté suivant, qu'il soumet à votre approbation.

### Arrêté du comité des secours publics.

Sur la question de savoir si le défenseur de la patrie mort actuellement en activité de service ordinaire doit être assimilé, sous le rapport des secours provisoires que l'article VIII de ladite loi accorde à ses parents, à celui qui a été tué en combattant ou faisant un service requis et commandé;

Le comité, considérant que ce serait violer la disposition littérale de la loi que de l'étendre aux père et mère et autres parents des défenseurs de la patrie morts de maladie ordinaire, puisque l'article VIII sus-énoncé ne parle exactement que des défenseurs de la patrie « morts dans les combats ou en faisant un service requis et commandé, »

Considérant que ces derniers mots, « ou en faisant un service requis et commandé, » ne peuvent s'entendre que d'une mort qui est à la suite d'un service extraordinaire;

Arrête qu'aux termes du susdit article le secours provisoire n'est point dû aux parents des défenseurs de la patrie qui ont péri de mort naturelle, en activité de service ordinaire;

Arrête en outre que cet arrêté sera soumis par le membre rapporteur à la Convention nationale, pour avoir son approbation.

La Convention confirme cet arrêté.

SAINT-MARTIN : Citoyens, c'est un jour heureux pour votre comité des secours publics que celui où il peut vous mettre à portée de réaliser, en faveur des familles indigentes de nos braves défenseurs, les secours annuels que vos décrets leur assurent.

Déjà vous avez abondamment pourvu au besoin d'un grand nombre de respectables familles; aujourd'hui soixante-dix-neuf autres vont recevoir les mêmes bienfaits.

Citoyens, en parcourant ces honorables listes de guerriers morts au champ de l'honneur et de la victoire, votre comité s'est senti pénétré d'une vénération profonde; il s'est dit : Où sont les trésors qui pourraient payer un dévouement si héroïque?

Sans doute il n'est qu'une récompense digne du citoyen soldat, du citoyen qui expose sa vie pour la liberté de son pays : c'est le laurier dont la patrie orne sa tête ou couvre son tombeau.

Mais si le généreux sentiment qui l'anime le rend insensible pour lui-même à tout autre intérêt que celui de sa gloire, ne croyons pas qu'il puisse jamais devenir indifférent sur le sort de sa famille. Comment pourrait-il braver la mort avec intrépidité s'il était troublé par l'idée qu'en cessant de vivre la misère va dévorer les objets de ses plus tendres affections?

Législateurs, vous avez délivré le soldat français de cette crainte, la seule qui pût entrer dans son cœur. C'est par la bienfaisance de vos lois que vous l'avez embrasé de cet enthousiasme sublime, de ce courage indomptable qui le rend la terreur des despotes coalisés, et fixe la victoire sous nos drapeaux.

Législateurs, la gloire du nom français est votre ouvrage; vous avez créé des armées de héros, et je ne crains pas de dire que ces héros doivent aujourd'hui vous servir de modèle.

Oui, la France est sauvée si la Convention natio-

nale déploie désormais contre les ennemis du dedans, de quelques couleurs qu'ils se parent, le grand caractère que ses guerriers ont déployé contre les ennemis de l'extérieur; si, comme eux, nous sommes fermes, intrépides, inaccessibles à toute crainte; si, comme eux, réunis et serrés autour de la bannière où sont écrits ces mots sacrés : « Liberté, Egalité, Justice, » nous suivons invariablement la ligne qu'ils nous indiquent; si, comme eux, nous ne regardons en arrière si ce n'est pour contempler les obstacles que nous aurons surmonté par le courage, les écueils que nous aurons évités par la prudence; si, comme eux enfin, nous n'avons tous qu'une passion et qu'un but. l'affermissement de la république et le bonheur du peuple.

Le rapporteur présente un état de secours et de pensions dont la Convention ordonne le payement.

— Ménuau fait rendre, au nom du même comité, le décret suivant :

« La Convention nationale, après avoir entendu le rapport de son comité des secours publics sur l'interprétation à donner à l'article additionnel de la loi du 27 vendémiaire, qui détermine les secours et indemnités à accorder à tous les réfugiés et déportés, qui porte qu'il sera payé à chaque réfugié ou déporté, à titre de secours, une somme de 150 livres, décrète que ce secours sera distribué, savoir : 150 l. à chaque réfugié ou déporté âgé de plus de vingt ans, 100 liv. à chaque femme, et 50 liv. à chaque enfant âgé de moins de vingt ans. »

— Un autre décret est rendu en ces termes :

« La Convention nationale, après avoir entendu le rapport de son comité des secours publics sur la pétition de la citoyenne veuve Phélippeaux, décrète

« Que la trésorerie nationale paiera, sur le vu du présent décret, à ladite veuve Phélippeaux, à titre de secours, la somme de 665 liv. 12 sous 6 den.

« Le présent décret sera imprimé au Bulletin de correspondance. »

RAFFRON, au nom du comité d'agriculture et des arts : La place de second commissaire de la commission d'agriculture et arts étant devenue vacante par la mort du citoyen Letellier, votre comité d'agriculture et des arts s'est occupé du soin de le remplacer par un bon choix.

Les témoignages avantageux qui ont été rendus à votre comité sur les connaissances du citoyen Lhéritier jeune, dans l'agriculture pratique, l'économie rurale et les arts mécaniques, ainsi que de son patriotisme, ont obtenu au citoyen Lhéritier les suffrages unanimes du comité, qui me charge de vous proposer le projet de décret suivant :

« La Convention nationale, après avoir entendu le rapport de son comité d'agriculture et des arts, nomme le citoyen Lhéritier jeune à la place de commissaire de la commission d'agriculture et des arts vacante par le décès du citoyen Letellier. »

Ce décret est adopté.

— Un citoyen est admis à la barre; il présente une épée que son fils arracha à un colonel anglais qu'il a tué. Ce jeune homme est mort ensuite pour la patrie, et en rendant le dernier soupir il a demandé que son père portât cette épée en mémoire de son amour pour son pays et de sa tendresse filiale.

« Voici cette arme, dit le père de ce jeune héros. Je demande qu'il me soit permis de la porter, à la honte des tyrans et de leurs vils suppôts, afin d'exécuter les dernières volontés de ce jeune républicain. Si j'ai la douleur de ne plus voir au milieu de ma famille un fils chéri, il me reste la douce consolation de le voir vivre dans les cœurs républicains; je jure, comme lui, d'être toujours fidèle à la représentation nationale, et de répandre jusqu'à la dernière goutte de mon sang pour le maintien de la liberté. »

L'assemblée décrète la mention honorable et l'insertion au Bulletin.

La séance est levée à quatre heures.

### SÉANCE DU 27 BRUMAIRE.

Un grand nombre de Sociétés populaires et de communes félicitent la Convention sur son Adresse au peuple et sur la fermeté qu'elle a montrée en abattant les tyrans. « Votre Adresse, disent-elles, a été lue et écoutée avec attendrissement. Nous avons adopté avec enthousiasme les grands principes qu'elle renferme. Maintenez le gouvernement révolutionnaire jusqu'à la paix. N'épargnez pas plus les ennemis du dedans que nos armées n'épargnent ceux du dehors. Protégez le commerce, l'agriculture et les arts. Maintenez toujours la justice à la place de la terreur et de la tyrannie la plus cruelle. Ne souffrez aucune autorité entre vous et le peuple. Pour nous, respect aux lois, confiance entière en la représentation nationale, voilà nos sentiments. »

— Les braves marins composant l'armée navale qui a pris le vaisseau anglais l'*Alexander*, de 74 canons, font don à la patrie du butin trouvé dans ce vaisseau, le plus fort qui soit entré dans Brest depuis cent ans.

Leur Adresse exprime l'amour le plus sincère de la patrie et leur attachement inviolable à la Convention.

Bréard : Je demande qu'il soit fait mention honorable du don de ces braves marins ; je demande aussi que le président écrive une lettre de félicitation à l'armée navale de Brest.

Baraïlon : C'est la division de l'amiral Nielly qui s'est emparée du vaisseau l'*Alexander* ; c'est à eux seuls que le président doit adresser la lettre de félicitation.

Bréard : Notre collègue ignore sans doute les usages des armées navales : toutes les fois qu'une division a fait une prise, l'armée entière y a sa part.

La proposition de Bréard est décrétée.

— Les ouvriers de l'atelier de la Fraternité sont admis à la barre ; ils se plaignent de ce qu'étant venus ce matin à sept heures pour entrer dans leur atelier on leur a fermé la porte. Ils attribuent cette action au refus qu'ils ont fait précédemment de travailler le matin pendant une demi-heure à la lumière, afin de ménager la chandelle pour leurs concitoyens. Ils se plaignent de ce que leur administration se permet de casser les chefs les plus instruits pour y substituer des hommes ignorants. Ils demandent aussi une augmentation de payement, vu la cherté des denrées.

Desvars : Cette pétition a deux objets : celui de demander une augmentation d'appointements ; je demande que cet article soit renvoyé au comité de salut public. Quant au refus qu'on leur a fait ce matin de leur ouvrir les portes de leur atelier, je demande que l'assemblée les autorise à y rentrer sur-le-champ ; il est indigne qu'on refuse à des citoyens utiles les moyens de pourvoir à leur subsistance.

Pierret : Je demande le renvoi de cette pétition aux comités de salut public et de sûreté générale, pour que le premier occupe ces braves patriotes ou donne une indemnité à ceux qui ne seront pas employés, et que le second examine si la malveillance n'est pas pour quelque chose dans cette affaire.

— Les membres de la Société populaire de Montauban, département du Lot, écrivent à la Convention nationale qu'ils viennent de lui voter des remerciements sur son Adresse au peuple français.

« Nous les avons signés individuellement, disent-ils ;

mais beaucoup de nos frères ont témoigné à cette occasion leur regret de ne pouvoir épancher avec nous leurs cœurs dans ceux des législateurs, vu qu'ils ne savent pas signer. Sans doute, d'après vos sages lois, il viendra ce jour heureux où nul citoyen n'éprouvera, par aucun genre d'ignorance, la moindre difficulté dans l'exercice de ses droits ; mais, en attendant, nous vous demandons, législateurs, que vous fassiez présenter un mode d'après lequel les citoyens qui ne savent pas écrire puissent manifester leur vœu et adhésion aux Adresses auxquelles ils voudront prendre part. »

La mention honorable de cette Adresse, l'insertion au Bulletin et le renvoi au comité d'instruction publique sont décrétés.

Montmayau : On avait répandu que notre collègue Goupilleau avait été assassiné sur la grande route à peu de distance de Paris. Le peuple inquiet s'est porté aux barrières ; on a visité les passeports et les papiers de tous ceux qui se sont présentés, afin de trouver le coupable ; le comité de sûreté générale a expédié un courrier à la municipalité de Villejuif. L'agent national nous a répondu que ceux qui avaient été attaqués étaient des voyageurs de Lyon, qu'on avait volés, et dont le postillon avait été tué. Le comité a pris des mesures pour faire saisir les coupables.

Taillefer : Il n'est pas étonnant que les scélérats arrêtent sur les routes, car on n'exerce pas la moindre surveillance. J'ai fait cent cinquante lieues pour me rendre à Paris sans qu'on m'ait une seule fois demandé mon passeport à l'entrée ni à la sortie d'une commune. Je demande que mon observation soit renvoyée au comité de sûreté générale, pour faire cesser cet abus et les malheurs que ce défaut de surveillance peut occasionner.

Cette proposition est adoptée.

On demande que l'annonce faite par Montmayau soit insérée au Bulletin.

L'assemblée l'ordonne.

Audouin : La Convention doit toujours donner des exemples éclatants de la sévérité de sa justice, soit qu'elle punisse un coupable ou qu'elle venge un innocent. On nous a distribué aujourd'hui les pièces relatives à Carrier. Le décret porte que la discussion s'ouvrira trois jours après la distribution ; je demande que la Convention s'explique, et dise si cette discussion aura lieu décadi ou le 1er frimaire.

La Convention fixe la discussion à primidi.

— Le citoyen Gillion, officier municipal de la commune de Maubeuge, fait don à la patrie, par l'organe du représentant du peuple Sallengros, d'une pièce en or portant l'effigie du despote de l'Angleterre.

La Convention nationale accepte l'hommage, décrète la mention honorable de ce don, et l'insertion au Bulletin de correspondance.

— Un citoyen hors d'état de servir la république par les blessures qu'il a reçues à l'armée demande une place qui le mette à l'abri du besoin : sa mère réclame des secours.

Baraïlon : Citoyens, vous avez à récompenser la veuve d'un défenseur de la patrie qui a combattu à Mayence et dans la Vendée ; vous avez aussi à récompenser son fils, qui, voyant son père tomber à ses côtés, lors de la mémorable journée de Cholet, n'en battit qu'avec plus de vigueur la charge sur les brigands. Il avait la France entière et un ami de plus à venger.

Vous avez décrété l'insertion au Bulletin de cette action vraiment républicaine ; elle ne peut vous être indifférente, elle ne peut pas être oubliée. L'une expose ses besoins, l'autre vous demande une place relative à ses talents.

Je convertis leur pétition en motion, et j'en demande le renvoi aux comités des secours et de salut public.

Le renvoi est décrété.

— Le médecin Mittié se plaint, par l'organe d'un membre, de la commission de santé, qui ne veut pas admettre son spécifique anti-vénérien.

Barailon répond que l'on ne doit pas jeter de défaveur sur une commission où se trouvent des hommes de mérite, rigoureusement impartiaux, et qui rend des services journaliers. Il demande le renvoi de la plainte de Mittié aux comités des secours publics et militaire.

Cette proposition est décrétée.

— Les citoyens ouvriers de l'atelier d'armes de l'île dite de la Fraternité se présentent à la barre. Ils se plaignent de la rigueur des règlements auxquels ils sont assujettis, notamment de ce qu'on les force de commencer leurs travaux à six heures et demie du matin dans un moment de pénurie de chandelle. Ils demandent la cassation de ce règlement, qu'ils disent rempli de dispositions arbitraires, dictées par la tyrannie.

La Convention renvoie cette pétition au comité de salut public, et autorise les ouvriers à rentrer dans leur atelier.

— Le citoyen Marie, admis à la barre, fait lecture, au nom de la Société populaire de Chartres, de l'Adresse suivante :

« Votre décret qui ferme les Jacobins a été reçu par les amis de la liberté, réunis à Chartres, avec cet enthousiasme qu'inspire la reconnaissance d'une grande mesure après-la crainte d'un grand danger.

« Vous avez encore une fois sauvé la patrie, représentants du peuple, en anéantissant la horde impure qui osait balancer votre autorité et usurper les pouvoirs du peuple, dont vous êtes les seuls dépositaires. Votre décret vient de les atteindre ; que l'œil de votre surveillance ne les perde pas de vue. Ce mémorable décret remplit le double but de consacrer l'existence impérissable des Sociétés populaires et de vouer au mépris et au néant ces dangereux meneurs qui parodiaient vos séances, croyant un moment pouvoir rivaliser la représentation nationale.

« Depuis longtemps nous nous étions prononcés, et, dans notre dernière assemblée encore, pressentant votre décret, et engagés par l'un de nos membres à juger entre la Convention et la Société des Jacobins, voyant au mépris cette mère prétendue qui espérait faire égorger ses enfants par ses enfants, nous fîmes retentir les voûtes de notre salle des cris répétés de *vive la Convention ! vive la république une et indivisible !*

« Quatorze armées toujours victorieuses vont de toutes parts portant à la fois l'effroi aux tyrans et la liberté aux peuples. Bientôt toutes les nations environnantes et vaincues par nos armes vont se réunir pour jurer avec nous, sur l'autel de la patrie ombragé des étendards tricolores, non cette paix politique des rois, mais cette union éternelle que des nations seules peuvent contracter ensemble. Encore quelque temps, et les portes de Janus vont être murées, et les clefs des Jacobins, déposées entre vos mains, serviront à fermer l'antre de la guerre, en ouvrant pour jamais les portes du temple de la paix. »

*(Suivent deux cent quatre signatures.)*

La lecture de cette Adresse est souvent interrompue par des applaudissements.

Le Président : Citoyens, la Convention main-tiendra les Sociétés populaires que garantit la constitution, les Sociétés populaires qui sont les plus fermes appuis de la liberté. La conspiration des Jacobins date du 9 thermidor ; c'est depuis le 9 thermidor que le peuple et la Convention ont les yeux ouverts sur eux. La Convention saura distinguer les hommes égarés des meneurs coupables, et faire gronder la foudre sur la tête des ennemis de la patrie.

Que l'orage ne vous effraye point, citoyens : ce sont les tempêtes qui purifient les mers ; elles repoussent dans les cavités des rochers le fucus et le varech qui couvraient la surface de l'Océan : ainsi le peuple éclairé, le peuple, en se levant, rejettera loin de lui ces reptiles venimeux dont l'existence outrage la nature. La Convention ne souffrira pas que des meneurs perfides abusent du caractère dont ils sont revêtus pour égarer des citoyens peu éclairés ; nous poursuivrons de tout notre pouvoir ceux qui prennent les noms de lion, de tigre (vifs applaudissements), et nous ne connaîtrons que des hommes. Nous consulterons toujours le génie de la liberté et le bonheur du peuple, parce que ce sont là des guides qui n'égarent jamais.

Dites à votre commune, à votre Société, à tous les citoyens de votre arrondissement, que la Convention veille sur toute la république, qu'elle saura punir les méchants et rendre justice aux bons. (Vifs applaudissements.)

La Convention décrète qu'il sera fait mention honorable de l'Adresse, et qu'elle sera, ainsi que la réponse du président, insérée au Bulletin.

Rovère : Représentants du peuple, je viens, au nom de vos comités militaire et de sûreté générale, réclamer un acte de justice pour des citoyens probes et vertueux que Robespierre et ses complices avaient signalés comme leurs ennemis, quelques jours avant que leurs têtes néroniennes tombassent sous le glaive vengeur des lois.

Tandis que, forts de votre confiance, vous jugiez les hommes par vous-mêmes, que vous croyiez à leur amour pour la liberté parce qu'ils vous en entretenaient sans cesse, des monstres méditaient votre perte et celle de la république entière. Environnés de complices, la crainte les entourait aussi. Saint-Just, l'infâme Saint-Just imagina de désarmer tous les citoyens de Paris qui avaient manifesté de l'attachement à la Convention, qui s'étaient prononcés pour la justice, pour l'humanité, pour la vraie liberté, qui ne peut exister sans les vertus sociales.

Un arrêté du comité de salut public, en date du 4 thermidor (à ce que l'on présume), car vos comités ont inutilement réclamé la minute ou l'extrait, un arrêté, dis-je, enjoignait aux comités révolutionnaires de chaque section de désarmer les citoyens de Paris. Cet ordre dictatorial fut exécuté ; les armes furent déposées au comité de salut public ; elles devaient sans doute être distribuées aux complices de Robespierre, de Saint-Just, de Dumas, de Couthon, et de toute cette horde qui a déchiré la nation française par le meurtre, l'assassinat et le cachot.

Vous étiez au bord du précipice si votre courage, aidé du génie tout-puissant de la liberté, n'avait lancé la foudre sur ces audacieux conspirateurs, qui, pour détourner votre attention, venaient sans cesse vous occuper de conspirations factices ou chimériques, tandis que vos têtes étaient déjà inscrites sur le livre de mort de ces tigres altérés de sang et de rapine.

Tantôt c'était la faction des alarmistes, le lendemain celle des exagérateurs ; après, celle des pacificateurs ; enfin, celle des taciturnes, des observateurs, et la véritable faction des contre-révolutionnaires, de vos assassins, était parmi vous, paraissait journellement à cette tribune, abusant de vos pouvoirs et de ceux que le peuple vous avait confiés.

Les citoyens de Paris, consternés de voir à chaque instant leurs voisins, leurs femmes, leurs enfants, conduits aux cachots et à l'échafaud, exécutèrent avec obéissance et en silence l'ordre du comité de salut public pour le désarmement. De nombreuses réclamations, appuyées sur des récépissés ou des procès-verbaux, ont été adressés à votre nouveau comité de salut public; conformément à la loi du 7 fructidor, il a renvoyé à votre comité militaire, qui en a référé à celui de sûreté générale; ils m'ont chargé de vous présenter le projet de décret suivant:

« La Convention nationale, après avoir entendu le rapport de ses comités militaire et de sûreté générale réunis, décrète:

« Art. Ier. Le comité militaire demeure autorisé à faire restituer aux propriétaires les armes enlevées par ordre du comité de salut public dans la première décade de thermidor dernier.

« II. Les réclamants seront obligés d'établir leur propriété par un récépissé ou un procès-verbal visé par le comité révolutionnaire de leur arrondissement, qui attestera qu'ils sont bons citoyens.

« III. Le comité militaire, après le délai de deux mois, fera porter dans les arsenaux de la république les armes non réclamées ou refusées pour motif d'incivisme. »

Ce projet de décret est adopté.

— Un secrétaire fait lecture de la lettre suivante:

*Les représentants du peuple près les ports et côtes de Brest et de Lorient à la Convention nationale.*

Brest, le 23 brumaire, l'an 3e de la république une et indivisible.

« Citoyens collègues, nos collègues Lien, Desrues et moi, nous étant rendus hier à bord de *la Montagne* pour voir *l'Alexander*, les braves marins de l'armée navale y vinrent, par députations de cinq hommes par chaque vaisseau, nous réitérer le serment que nous avions reçu, et qu'ils ont présenté à la Convention nationale, d'arborer à bord de l'amiral anglais le drapeau qu'elle leur a adressé; ils nous invitèrent ensuite à offrir en don à la république le premier vaisseau anglais de 74 canons qui soit entré dans Brest depuis plus de cent ans.

« Nos collègues et moi, nous leur témoignâmes la confiance que nous avions dans leur valeur et leurs serments; chaque phrase fut terminée par les cris bien naturels et bien sincères de vive la république! vive la Convention! et mort aux perfides Anglais!

« La même députation nous conduisit à terre, et vint déposer à notre domicile le pavillon de *l'Alexander*, que je me suis chargé de vous adresser, et que vous recevrez par le premier courrier. Nous nous rendîmes ensuite à la Société populaire, où l'on se pressa de nous recevoir. Tous les cœurs se dilatèrent au nom de la patrie, de la liberté, de la Convention nationale.

« Les citoyens de Brest nous jurèrent que, si les Anglais étaient assez téméraires pour mettre le pied sur la terre de la liberté qui les avoisine, tous, jusqu'aux vieillards, abandonneraient leurs femmes et leurs enfants pour aller les exterminer. Ils ont offert de compléter eux-mêmes les garnisons des vaisseaux, si elles ne l'étaient pas au moment où le comité de salut public ordonnerait le départ de l'armée.

« Après mille témoignages de l'union la plus intime et la fraternité la plus franche, nous nous rendîmes au pied de l'arbre chéri des Français, où se termina cette journée, qui ne sera pas perdue pour la liberté.

« Salut et fraternité. FAURE (de la Creuse). »

La Convention nationale, sur la proposition de Bréard, décrète la mention honorable de la conduite des braves marins, et l'insertion au Bulletin, et charge le président de leur écrire une lettre de satisfaction.

— Champeaux fait rendre le décret suivant:

La Convention nationale, après avoir entendu le rapport de son comité de marine et des colonies, déclare commun avec les marins servant sur les vaisseaux de la république le décret rendu le 2 thermidor, relativement à la somme à accorder par chaque journée de marche aux troupes qui composent l'armée de terre; en conséquence elle décrète:

« Art. Ier. Les premiers et seconds maîtres, les contre-maîtres, les quartiers-maîtres; les premiers et seconds maîtres canonniers, les aides-canonniers; les premiers et seconds armuriers; les pilotes-côtiers; les maîtres et seconds maîtres calfats, les aides; les maîtres et seconds maîtres voiliers, les aides, ainsi que les chefs de timonerie, dont les grades sont correspondants avec ceux de sergent-major et de sergent, recevront par chaque jour de marche, calculée à cinq lieues de poste, une somme de 2 liv. 15 sous.

« II. Les timoniers et matelots vétérans dont les grades correspondent avec ceux de caporal-fourrier et de caporaux recevront par chaque jour de marche, calculée comme ci-dessus, une somme de 1 liv. 5 sous.

« III. Les matelots ordinaires, les novices et les mousses, qui sont correspondants avec les fusiliers, recevront pour même cause et par jour une somme de 1 livre 10 sous.

« IV. L'insertion du présent décret au Bulletin de correspondance tiendra lieu de promulgation. »

---

*Suite de la discussion sur les écoles primaires.*

## CHAPITRE IV.

*Instruction et régime des écoles primaires.*

Lakanal, rapporteur, lit l'article Ier.

« Les élèves ne seront pas admis aux écoles primaires avant l'âge de six ans accomplis. »

LE RAPPORTEUR: Le comité, en proposant de n'admettre les élèves qu'à six ans, a cru que cette marche était conforme à celle de la nature.

L'article est adopté.

Il lit l'article II.

« Dans l'une et l'autre section de chaque école on enseignera aux élèves:

« 1° A lire et à écrire, et les exemples de lecture rappelleront leurs droits et leurs devoirs;

« 2° La Déclaration des Droits de l'Homme et du citoyen, et la Constitution de la république française;

« 3° On donnera des instructions élémentaires sur la morale républicaine;

« 4° Les éléments de la langue française, soit parlée, soit écrite;

« 5° Les règles du calcul simple et de l'arpentage;

« 6° Des instructions sur les principaux phénomènes et les productions les plus usuelles de la nature; on fera apprendre le recueil des actions héroïques et les chants de triomphe. »

LE RAPPORTEUR: Je vais répondre à quelques objections qui ont déjà été faites sur cet article. On a dit qu'il n'était pas possible que les élèves puissent apprendre ni les instituteurs enseigner tant de choses à la fois. Je commence par déclarer que ces objets sont d'une nécessité absolue, car il est évident qu'il faut que les enfants connaissent leurs droits, leurs devoirs, la constitution de leur pays, leur langue, les règles du calcul. Il est évident qu'il faut qu'ils sachent assez de physique pour n'être plus trompés ni effrayés sur les phénomènes de la nature. Ensuite je fais une observation : c'est que toutes ces connaissances seront bientôt dilucidées dans les livres élémentaires qui paraîtront avant deux mois.

BARAILON : Je suis d'un avis tout contraire à celui du rapporteur. Je soutiens qu'il n'est pas possible qu'on puisse apprendre ni enseigner dix objets à la fois ; je soutiens qu'il n'est pas possible de trouver un assez grand nombre d'instituteurs versés dans toutes ces connaissances pour les enseigner à la fois à deux ou trois cents élèves qui viendront successivement aux écoles pendant quatre à cinq ans. Comment veut-on que le même instituteur qui aura montré l'a, b, c à des marmots passe sur-le-champ à des objets d'étude d'une assez grande difficulté ? Il n'en fera que des ignorants. On a englobé dans le même article deux objets très-distincts : les écoles primaires et les écoles de canton.

COLLOT D'HERBOIS : Je pense que c'est dans les écoles normales qu'on donnera à l'instruction publique la direction qu'elle doit avoir. Je profiterai de cette occasion pour appuyer une proposition qui fut faite par le préopinant. Assurément il est de la première nécessité d'éclairer l'esprit, de former le cœur des enfants ; mais il est aussi très-indispensable de leur enseigner les moyens de conserver la santé et la force du corps. Or c'est en leur enseignant l'hygiène qu'ils acquerront ces moyens. Ce n'est pas un cours complet de chirurgie que je réclame, mais les connaissances les plus simples de cette partie de la médecine, il met un homme en état de se conserver et d'être utile à ses semblables. Par exemple, dans nos armées, quand un républicain est blessé, si un autre républicain savait mettre le premier appareil sur la blessure, nous perdrions moins de défenseurs de la patrie. Je demande que le comité de salut public fasse composer une instruction élémentaire simple, claire et facile sur cet objet.

LE RAPPORTEUR : Barailon pense qu'il est impossible de faire marcher de front tant de connaissances ; mais comme les élèves seront cinq à six ans dans les écoles primaires, c'est pour les dernières années de l'enseignement qu'on gardera les connaissances les plus difficiles. Relativement aux observations de Collot, le comité d'instruction publique n'a pas pensé que ce fût dans les écoles primaires que l'on dût donner des leçons d'hygiène, mais aux parents et aux instituteurs ; car des enfants de six à sept ans ne seraient pas capables de faire l'application de ces principes. Il fait rédiger une instruction élémentaire pour les instituteurs et les parents.

MAILHE : Je ne vois dans l'article aucun objet qui ne soit d'une absolue nécessité ; mais je crois qu'on en a omis un qui me paraît indispensable pour des républicains : ce sont les éléments de l'histoire ; c'est par l'histoire qu'ils apprendront à détester la tyrannie en voyant le tableau des maux qu'elle a produits, des crimes qu'elle a commis, des horreurs qu'elle a causées chez tous les peuples. Je demande donc, et je crois que personne n'en contestera la nécessité, qu'on ajoute aux connaissances qui seront données dans les écoles primaires, des éléments d'histoire ; j'entends parler des principales époques, et surtout des principales horreurs commises par les tyrans.

LE RAPPORTEUR : Le comité a pensé qu'il fallait apprendre aux enfants les éléments de l'histoire des peuples libres ; mais il a cru que cet objet devait rentrer pour eux dans les divers développements de la morale et de la constitution républicaine.

BOISSY D'ANGLAS : Barailon pense qu'on veut enseigner trop de choses à la fois ; mais je lui demande ce qu'il voudrait que l'on rayât de l'article.

BARAILON : Je vais le dire. Il viendra chaque jour dans une école des élèves qui ne sauront rien, pendant qu'il y en aura d'autres qui auront eu, en venant plus tôt, quelques éléments d'instruction. Il est impossible à un homme seul, quelque zélé, quelque intelligent qu'il soit, de suffire à cette double manière d'enseigner tant d'objets. La république aura dépensé énormément sans utilité ; car je demande, où trouvera-t-on quarante instituteurs au moins par district qui sachent la physique, la botanique ? Je voudrais qu'on se bornât à enseigner, dans les écoles primaires, à lire, à écrire, les quatre premières règles de l'arithmétique, les Droits de l'Homme, la Constitution et les préceptes de la morale républicaine, et cet article sera encore assez chargé, sauf à recourir pour les autres connaissances aux écoles de canton dont je demande l'organisation.

MASSIEU : L'objection de Barailon est applicable à toute école possible. En effet, il n'en est point qui ne soit dans le cas d'admettre tous les jours des enfants qui sont moins avancés, puisqu'ils arrivent plus tard. Il ne s'agit point ici de suivre la méthode moutonnière et routinière de nos anciens maîtres d'école. Si, comme nous avons lieu de l'espérer, nous avons de bons livres élémentaires faits par d'excellents esprits, ces livres ajouteront à la bonne méthode que le comité a cherché et pense avoir rencontrée. Tous ces objets de l'article sont indispensables, si vous ne voulez pas que les demi-savants des villes despotisent les habitants des campagnes. Allez à l'école des sourds-muets, où il se trouve des élèves depuis quatre ans jusqu'à vingt-cinq ; tous s'entre-aident les uns les autres. Si les instituteurs savent, comme nous n'en doutons point, répandre les principes de fraternité et d'affections mutuelles, les élèves s'aimeront, s'entre-aideront ; ils ne seront pas comme autrefois, où l'on ne puisait souvent dans les écoles que des sources de jalousie, de haine, d'ambition et d'aigreur, de toutes les passions qui font le malheur des hommes. Vous verrez alors des écoles dont vous n'avez point eu d'exemples. Le comité d'instruction publique a reçu d'un excellent homme de la ci-devant Alsace une lettre où il mande qu'il a enseigné en six mois de temps, à quarante enfants de sept ans, la botanique et les premières notions de la médecine.

EHRMANN : J'ajoute que ces enfants font encore eux-mêmes des cartes géographiques.

MASSIEU : Les enfants sont susceptibles de toutes ces connaissances. Je voudrais qu'on leur enseignât aussi les premiers principes de la musique. Quand tous ces objets seront traités dans des livres élémentaires faits par des hommes de génie, rien ne sera plus facile. J'engage mes collègues à visiter les écoles des sourds-muets et des aveugles-nés. Je demande le maintien de l'article.

L'article II est adopté.               *(La suite demain.)*

---

*Payements à la trésorerie nationale.*

Le payement du perpétuel est ouvert pour les six premiers mois ; il sera fait à tous ceux qui seront porteurs d'inscriptions au grand livre. Celui pour les rentes viagères est de huit mois vingt et un jours de l'année 1793 (vieux style).

## POLITIQUE.

### TURQUIE.

*Constantinople, le 30 septembre.* — Ceux des Français dont la présence ici avait paru dangereuse à leurs compatriotes ont été embarqués au nombre de cinquante sur des bâtiments turcs faisant voile pour Marseille.

— L'agent de la république française a présenté dernièrement au Grand Seigneur un mémoire historique contenant le récit de toutes les opérations des armées françaises.

— Les parages de l'Archipel sont remplis de corsaires et d'armateurs français. Les puissances coalisées font à ce sujet les protestations les plus opiniâtres; leurs efforts ont été inutiles.

— On construit aux Dardanelles trois vaisseaux de 74 canons. Le capitan-pacha est allé lui-même en surveiller la construction.

On travaille ici avec la plus grande activité à mettre la flotte en état de sortir au printemps prochain.

— Toutes les forteresses sur les bords du canal ou de la mer Noire sont mises en état de défense. Le gouvernement occupe dix mille hommes à ces travaux. On augmente les troupes de terre, et on les exerce sans relâche.

### ITALIE.

*Du Milanais, le 28 octobre.* — La cour de Naples éprouve une grande pénurie d'argent. Un édit a ordonné la réunion des diverses banques en une seule, qui sera divisée en sept caisses, et portera le titre de banque nationale.

Une autre ordonnance presse de nouveau les corps religieux de Naples et de tout le royaume de se défaire de toute l'argenterie qui n'est pas d'une absolue nécessité pour l'exercice du culte. On assigne 4 pour 100 de la valeur de ces objets à ceux qui en feront le sacrifice. On peut juger de la détresse du gouvernement par la chaleur qu'il met à cette opération.

On vient d'établir à la Monnaie un nouveau fourneau pour fondre l'argenterie des églises et celle qui pourra être fournie par les habitants : le produit doit servir à frapper une petite monnaie.

Le manque d'espèces n'est pas moins sensible dans les États du Pape. La cour de Rome a fixé un délai de quinze jours pour la reconnaissance des gages d'argent au-dessus de la valeur de trois écus, à quelque somme qu'ils montent. Ces objets, et l'argenterie que les particuliers voudront apporter, seront pris au compte du gouvernement, avec un intérêt de 4 pour 100 et la promesse d'être remboursé dans l'espace de cinq ans.

— On annonce qu'il s'est élevé des troubles dans la Valteline et dans le pays des Grisons. On a demandé des troupes au gouvernement de Lombardie.

### HOLLANDE.

*La Haye, le 10 novembre.* — Les Provinces-Unies voient approcher la crise la plus forte qui ait encore menacé la maison d'Orange. Le stathouder a fait publier dans les provinces de Hollande et de Gueldre l'Adresse suivante :

*Aux habitants de la Gueldre et de la Hollande,*

« Mon illustre père m'a autorisé à inviter tous les bons citoyens à voler à la défense de leurs frontières, de leur religion et de leur pays.

« Ainsi je vous requiers, braves habitants de la Gueldre et de la Hollande, de vous unir et de prendre les armes pour la défense de vos maisons, de vos terres, de votre vie

et de votre propriété. Voici des armes, de la poudre et des balles; saisissez-les d'un bras vigoureux. Pas un de nous à moins qu'il ne le désire lui-même, ne sortira de sa province; mais que chacun de vous, dans vos districts respectifs, empêche l'ennemi d'avancer plus loin. Braves et fidèles compatriotes, battons-nous tous jusqu'au dernier soupir pour notre chère patrie. Soldats, citoyens, gens de la campagne, réunissons-nous tous sous la même bannière. Je combattrai avec vous pour sauver la patrie. Puisse le Dieu des armées nous accorder la victoire ! »

## CONVENTION NATIONALE.

*Comité de sûreté générale et de surveillance.*

La loi du 7 fructidor a fixé la compétence des seize comités de la Convention nationale.

L'observation scrupuleuse de cette loi doit mettre une parfaite harmonie dans le corps social.

Elle attribue au comité de sûreté générale la police générale de la république. Le premier moyen d'exercer cette police est de rattacher au comité les correspondances que les agents nationaux des districts doivent entretenir tous les dix jours, conformément à la loi du 26 frimaire, et qui ne sont encore parvenues qu'en très-petit nombre.

Ils ne doivent, dans leurs comptes décadaires, ne lui laisser rien ignorer de ce qui concerne :

1° L'exécution des lois et des mesures de sûreté, tant de la part des administrés que de celle des administrateurs de district, des comités de surveillance et des municipalités, auxquels elle est confiée;

2° La moralité, la probité, l'assiduité et la capacité des membres de ces différentes autorités constituées, et l'esprit dont ils sont animés;

3° La tranquillité intérieure, les conspirations qui pourraient être tramées contre l'égalité et la liberté, sous quelque masque, dans quelque lieu et de quelque manière que ce soit;

4° Les divisions entre les citoyens, entre les autorités constituées, entre les membres de ces autorités; les germes, les causes de ces divisions, les noms et qualités des diviseurs;

5° L'esprit public, les journaux, les écrits sous le rapport de l'aristocratie, du fanatisme, de l'intrigue, du modérantisme, de l'agitation, du brigandage.

Il sera facile aux agents nationaux de remplir les vues du comité en correspondant exactement avec lui. Ils doivent veiller spécialement à ce qu'il ne s'introduise aucun assignat faux, et à ce qu'il ne se fasse aucune exportation de numéraire ou de subsistances à l'étranger.

*Signé les représentants du peuple composant le comité de sûreté générale.*

---

*Projet de restauration et de perfectionnement des écoles vétérinaires et d'éducation animale, présenté à la Convention nationale le 17 vendémiaire, 3e année, par Ludot, député du département de l'Aube.*

Citoyens, la Convention nationale a invité ses membres à lui offrir tous les moyens propres à animer l'agriculture et le commerce; je viens remplir son vœu en lui soumettant quelques idées en ce genre ; mon travail a pour objet de tirer l'art vétérinaire de l'espèce d'anéantissement auquel on a semblé l'abandonner, et de lui redonner toute l'activité dont ses différentes parties sont susceptibles.

L'art vétérinaire ne se borne pas à la science de guérir les chevaux des maladies dont ils peuvent être attaqués ; il embrasse tout ce qui peut tendre à élever, à conserver, à propager l'espèce des animaux domestiques destinés au commerce et à l'agriculture.

Il faut, pour parvenir à ce but, examiner quels sont les moyens qui doivent y conduire plus sûrement.

Il semble qu'il consiste dans la formation d'un certain nombre d'élèves et dans l'organisation la mieux combinée de ces écoles. On peut donc considérer l'institution proposée sous les points de vue suivants :

### Combien d'élèves est-il nécessaire de former ?

Il est bon d'observer qu'il y a peut-être plus de trente mille individus disséminés sur la surface de la république, dont l'occupation exclusive est de ferrer les chevaux, mulets, bœufs, etc., et de traiter tous les animaux des maladies qu'ils essuient.

Or on ne peut se dissimuler que la plupart des individus livrés à ce soin sont peu instruits.

Il est donc indispensable de les remplacer successivement par des sujets versés dans l'art dont il s'agit.

On sentira surtout cette nécessité si, considérant l'art vétérinaire sous le rapport particulier de la guerre, on fait attention que les pertes des chevaux qu'elle entraîne par les seules blessures ou maladies font une loi de placer auprès des armées des sujets assez habiles pour diminuer les effets de ce fléau. Ainsi il serait difficile de déterminer le nombre d'élèves à former.

### Mode de réception des élèves.

L'art vétérinaire se divise en cours de théorie et cours de pratique. Les premiers se bornent au développement des principes ; étant publics et gratuits, tous les citoyens auront le droit de s'y présenter.

Quant aux autres, comme les opérations qu'ils entraînent nécessitent des frais, et qu'ils ne doivent pas être faits en pure perte, on ne pourra s'y livrer et être admis à manipuler qu'on n'ait acquis les connaissances préliminaires qui conduisent à ce genre d'instruction.

### Admission et entretien des élèves.

On proposerait de créer un certain nombre de places gratuites dans les écoles pour perfectionner les sujets déjà imbus des premiers éléments de l'art ; les élèves à admettre seraient pris parmi les garçons maréchaux, les fils de cultivateurs indigents, pâtres et bouviers qui seraient reconnus s'être occupés de l'éducation des animaux, et qui sauraient lire et écrire, et des défenseurs de la patrie morts en combattant pour elle.

Ils seraient entretenus aux frais du gouvernement pendant toute la durée des cours.

Les artistes perfectionnés par cette voie, ceux qui le seraient par leurs propres moyens, suffiraient sans doute aux besoins des communes et des armées de la république.

### De l'enseignement qui doit se faire dans les écoles vétérinaires.

On y traitera principalement des différentes maladies des animaux et de l'art de les guérir ; ainsi, l'anatomie, la physiologie, la connaissance extérieure des animaux, l'art de les choisir, de les améliorer, leur éducation ; la matière médicale, la botanique, les maladies externes et internes, les maladies épizootiques et contagieuses, les opérations, la pratique de l'art, la théorie du roulage, l'équitation, telles sont les différentes parties qui doivent constituer l'art vétérinaire.

### Les professeurs.

Le feu roi de Prusse sentit tellement la connexité de cette science avec celle de la guerre que, par les relations qu'il eut avec Bourgelat (1), fondateur des écoles vétérinaires à Lyon, il le consulta pour savoir si, dans une affaire de cavalerie, la charge au trot était préférable à celle au galop ; l'artiste opina pour le trot.

Le premier but à remplir est de perfectionner l'institution avant que de multiplier les établissements.

L'un des moyens pour y parvenir est de diviser l'enseignement et d'appliquer un professeur à chaque branche d'instruction.

Il serait donc nécessaire d'attacher à l'école de Paris sept professeurs : 1° un pour l'anatomie et la physiologie ; 2° un pour la ferrure et la pratique des opérations ; 3° un pour la matière médicale, la botanique et l'économie rurale ; 4° un pour les maladies internes et externes, et pour les épizooties ; 5° un pour l'éducation des animaux et la science de leurs engrais ; 6° un pour la connaissance extérieure et le choix du cheval, du bœuf, ainsi que leur travail et leur régime ; 7° un enfin pour l'équitation et le roulage.

Indépendamment des professeurs dont il est ici question, il faudrait encore attacher à chacun d'eux un aide qui pourrait les remplacer, et auquel on attribuerait de modiques appointements. On réduirait à quatre les professeurs de l'école de Lyon.

### Des moyens d'exécution.

Il en existe de plusieurs sortes : nous avons parlé des emplacements et des professeurs ; il faut de plus que chaque établissement renferme un amphithéâtre pour y faire des leçons, des écuries pour les chevaux malades, des étables, des bergeries, des chenils, des toits à porcs, des poulaillers, des salles pour des laboratoires de dissection et de pharmacie, des ateliers de forge, des facilités pour établir des logements, des cours vastes, un clos étendu, en un mot tout ce qui tend à l'établissement de l'éducation des animaux domestiques.

Les édifices nationaux pourront remplir ces vues, et le couvent de la ci-devant abbaye Victor, de Paris, sera propre à remplacer l'école d'Alfort, établie à Charenton.

L'intérêt public exige que l'école d'Alfort soit transférée à Paris, parce que cette commune est le centre des sciences et des moyens.

Il est indispensable d'avoir des collections de démonstration. Ces collections sont de trois espèces : celles d'anatomie, celles de pathologie ou des maladies, celles des machines et des instruments. La collection d'anatomie doit offrir une série de pièces qui donne à celui qui les étudie la faculté d'apprendre toute l'anatomie par ordre analytique, et d'arriver de cette étude à la pratique de la dissection, de manière qu'après la démonstration on puisse, à l'aide

(1) Ce Bourgelat fonda l'École vétérinaire de Lyon en 1762, et celle d'Alfort en 1766.

d'une courte instruction, raisonner le mécanisme de ces pièces et leur usage.

La collection des maladies exige le même régime et les mêmes procédés que l'anatomie ; ce qu'on a dit à l'égard de l'une s'applique donc à l'autre.

La collection des machines est également nécessaire ; il faut rassembler les instruments des opérations, des modèles de harnais, de mors, de fers ou jougs, et généralement de toutes les machines destinées à atteler les animaux domestiques.

### Des forges.

La pratique de la forge et de la ferrure est longue à acquérir, et ce n'est pas dans les écoles que les élèves pourront commencer cette partie; ainsi, qu'ils y arrivent exercés ou non, on ne peut offrir, dans ce genre, que des moyens de perfectionnement étendu.

### De l'équitation.

L'enseignement de l'équitation exige des chevaux, des écuries, un manége couvert, un autre découvert, et un vaste espace pour les évolutions. L'art de l'équitation tient tout à la fois à l'art vétérinaire et à la perfection du cavalier.

On ne peut se dissimuler qu'en tout temps la république sera forcée d'entretenir une cavalerie plus ou moins nombreuse, suivant les circonstances, et que si le cavalier, à la différence du fantassin, ne peut être formé qu'à la longue, il faut l'exercer à l'avance et ne pas attendre pour l'employer l'instant du combat.

La France produit les meilleurs chevaux de guerre qui existent pour les cinq espèces d'armes adoptées; le cavalier, dragon, hussard ou chasseur, l'artillerie et les charrois. Souvent la mauvaise manière de les instruire contribue à les user plutôt qu'à les former. Le peu de soin qu'on en prend, le mauvais système qui a fait couper la plupart des chevaux, et leur fait par conséquent perdre une partie de leurs forces, la mauvaise nourriture, le travail forcé, la destruction des haras, et plusieurs autres causes qu'on pourrait indiquer, tendent à détériorer et même à anéantir l'espèce.

### De l'éducation des animaux.

L'éducation des animaux est une des branches les plus importantes de l'art vétérinaire. Il faut instruire par les exemples, rendre sensibles les démonstrations en mettant sous les yeux des élèves ceux des animaux dont on est dans le cas de leur tracer l'éducation. On s'occupera alors de cette étude avec méthode, et ce qui n'a été presque entièrement jusqu'ici que l'effet des circonstances, de l'instinct du talent, sera enfin le produit de l'art et sera régularisé.

Le moyen d'atteindre ce but serait de former une véritable école d'économie rurale, qui serait consacrée à des expériences relatives à l'objet dont il s'agit ; on y entretiendrait une portion de tous les animaux que le climat permet d'élever.

L'établissement proposé est d'un tel avantage pour la république que, sous le rapport seul des chevaux, le plan soumis à la Convention devrait être adopté.

Je m'appuierai d'une réflexion de Buffon. A la fin de son article sur le cheval : « Je ne puis, dit ce célèbre naturaliste, terminer l'histoire du cheval sans marquer quelques regrets de ce que la santé de cet animal utile et précieux a été jusqu'à présent abandonnée aux soins et à la pratique souvent aveugle de gens sans connaissance et sans lettres. La médecine, que les anciens ont appelée médecine vétérinaire, n'est presque connue que de nom. Je suis persuadé que, si quelque médecin tournait ses vues

de ce côté-là, il ferait de cet état son objet principal, et en serait bientôt dédommagé par d'amples succès; que non-seulement il s'enrichirait, mais même qu'au lieu de se dégrader il s'illustrerait beaucoup, et cette médecine ne serait pas si conjecturale et si difficile que l'autre.

« La nourriture, les mœurs, l'influence du sentiment, toutes les causes, en un mot, étant plus simples dans l'animal que dans l'homme, les maladies doivent aussi être moins compliquées, et par conséquent plus faciles à juger et à traiter avec succès, sans compter la liberté qu'on aurait tout entière de faire des expériences, de tenter de nouveaux remèdes, et de pouvoir arriver sans crainte et sans reproche à une grande étendue de connaissances en ce genre, dont on pourrait même, par analogie, tirer des inductions utiles à l'art de guérir les hommes. »

Le rapporteur propose un projet de décret en vingt articles, dont les dispositions ont été développées dans le rapport.

Le projet de décret est ajourné à une séance prochaine.

### SUITE DE LA SÉANCE DU 27 BRUMAIRE.

*Présidence de Legendre.*

*Suite de la discussion sur les écoles primaires.*

Le rapporteur lit l'article III.

« III. Dans les contrées où l'on parle un idiome particulier, l'enseignement se fera en même temps dans l'idiome du pays et en langue française, de manière qu'elle devienne dans peu de temps d'un usage familier à tous les citoyens de la république. »

DUHEM : Je vais proposer, comme doutes, quelques observations sur cet article. Je voudrais qu'au lieu de donner la faculté d'enseigner dans l'idiome on se bornât à l'enseignement en langue française. Par là vous forceriez bientôt tous les habitants des départements qui conservent des idiomes à ne parler que la langue-mère. Si au contraire vous donnez vos leçons dans les deux langues, vous consacrez naturellement l'idiome, le patois barbare ; vous accoutumez les citoyens à regarder le français comme une langue savante, à se faire une espèce de gloire de conserver celle que parlent leurs parents ; au lieu que si les enfants étaient instruits forcément dans la langue française, ils finiraient par y habituer peu à peu même leurs parents. Je désirerais donc que la langue française fût la langue dominante dans les écoles, sauf à faire usage de l'idiome comme d'un moyen accessoire. Je prie le rapporteur de donner son opinion à cet égard.

LE RAPPORTEUR : Il est impossible, dans l'ordre actuel des choses, d'enseigner exclusivement dans la langue française. Il faut d'abord se faire entendre des élèves, qui, dans les pays d'idiomes, arriveront aux écoles à six ou sept ans, n'entendant, n'ayant parlé que cet idiome. Il faut encore qu'ils puissent eux-mêmes être entendus des autres citoyens; autrement vous en feriez de petits êtres isolés, très-malheureux.

Au surplus, le comité d'instruction publique n'a point perdu de vue la nécessité de rendre la langue française dominante, et la rédaction de l'article le prouve, puisqu'il y a mis ces mots : « De manière qu'elle devienne dans peu de temps d'un usage familier à tous les citoyens de la république. » Il n'a voulu, en laissant subsister les idiomes dans l'enseignement, s'en servir que comme d'un véhicule qui fît mieux comprendre la langue française.

ROMME : Il est facile, je crois, de concilier toutes les opinions ; c'est d'adopter cette rédaction : « L'enseignement sera fait en langue française; les idiomes ne seront employés que comme moyen auxiliaire. »

MASSIEU : J'appuie cette rédaction ; la langue française est déjà devenue, je ne sais par quel empire, c'est sans doute par celui de sa beauté, de sa clarté, par celui des ouvrages sublimes qu'elle a produits dans tous les genres; la langue française, dis-je, est devenue la langue universelle de l'Europe. C'est donc une raison pour que, dans les écoles de la république, cette langue soit préférée exclusivement autant que possible, et que, si les idiomes sont nécessaires, ils ne soient employés que comme des langages subsidiaires; mais avant tout parlons aux enfants la langue de leur pays, la langue française.

LE RAPPORTEUR : Il n'y a qu'à ôter de l'article l'alternative de l'idiome, et alors l'article satisfera tous les esprits.

AUDREIN : Je demande que nous nous en tenions au principe, et que nous décrétions simplement que l'enseignement sera fait en langue française.

ERHMANN : Si vous adoptez cette rédaction, vous allez jeter la consternation dans tous les départements frontières, où, dans ceux du Rhin, par exemple, on ne parle et on n'entend que l'allemand. Décréter que l'enseignement se fera exclusivement en langue française, c'est comme si vous décrétiez qu'à Paris on apprendra en grec les arts et les métiers. Je demande la priorité pour la rédaction de Romme.

BOISSY : Elle n'est pas française.

D'autres la demandent pour celle du rapporteur.

La priorité est accordée à la rédaction de Romme.

L'article III est adopté avec cet amendement.

Le rapporteur lit les articles suivants, qui sont successivement adoptés sans réclamation.

« IV. Les élèves seront instruits dans les exercices les plus propres à entretenir la santé et à développer la force et l'agilité du corps. En conséquence, les garçons seront élevés aux exercices militaires, auxquels présidera un officier de la garde nationale désigné par le jury d'instruction.

« V. On les formera, si la localité le comporte, à la natation ; cet exercice sera dirigé et surveillé par des citoyens nommés par le jury d'instruction, sur la présentation des municipalités respectives.

« VI. Il sera publié des instructions pour déterminer la nature et la distribution des autres exercices gymnastiques propres à donner au corps de la force et de la souplesse, tels que la course, la lutte, etc.

« VII. Les élèves des écoles primaires visiteront plusieurs fois l'année, avec leurs instituteurs et sous la conduite d'un magistrat du peuple, les hôpitaux les plus voisins.

« VIII. Les mêmes jours ils aideront, dans leurs travaux domestiques et champêtres, les vieillards et les parents des défenseurs de la patrie.

« IX. On les conduira quelquefois dans les manufactures et les ateliers où l'on prépare des marchandises d'une consommation commune, afin que cette vue leur donne quelque idée des avantages de l'industrie humaine et éveille en eux le goût des arts utiles.

« X. Une partie du temps destiné aux écoles sera employée à des ouvrages manuels de différentes espèces utiles et communs.

« XI. Il sera publié une instruction pour faciliter l'exécution des deux articles précédents, en rendant la fréquentation des ateliers et le travail des mains vraiment utiles aux élèves.

« XII. Des prix d'encouragement seront distribués tous les ans aux élèves, en présence du peuple, dans la fête de la Jeunesse.

« XIII. Le comité d'instruction publique est chargé de publier sans délai des règlements sur le régime et la discipline interne des écoles primaires. »

Le rapporteur lit l'article XIV.

« XIV. Les jeunes citoyens qui n'auront pas fréquenté ces écoles seront examinés en présence du peuple à la fête de la Jeunesse ; s'il est reconnu qu'ils n'ont pas les connais-

sances nécessaires à des citoyens français, ils seront écartés, jusqu'à ce qu'ils les aient acquises, de toutes les fonctions publiques.

LEFIOT : Si les enfants ne vont pas aux écoles primaires, ce ne sera pas tant leur faute que celle de leurs parents. Je voudrais donc, pour prévenir cet inconvénient, que l'éducation fût commune (on murmure), et qu'on établît des peines contre les parents qui n'enverront pas leurs enfants aux écoles.

*Plusieurs membres :* La motion n'est pas appuyée ; aux voix l'article!

L'article XIV est adopté.

Le rapporteur lit l'article XV et dernier.

« XV. La loi ne peut porter aucune atteinte au droit qu'ont les citoyens d'ouvrir des écoles particulières et libres, sous la surveillance des autorités constituées. »

CHABLES : Si vous permettez d'ouvrir des écoles particulières, il peut en résulter que les écoles publiques seront désertes. Cependant vous ne voulez pas forcer la volonté des parents ; mais comme il ne faut point souffrir de schisme dans la morale républicaine, ne pourrait-on pas concilier tous les avantages en assujettissant les instituteurs particuliers à une police très-sévère, et les élèves à des examens plus rigoureux ?

LE RAPPORTEUR : Le comité avait un grand problème à résoudre : il était obligé de concilier ce qu'on doit à la société avec ce qu'on doit à la nature. Vous ne pouvez ôter à un père instruit d'ailleurs la faculté d'élever et d'enseigner ses enfants. (On applaudit.)

ROMME : Il est essentiel que les enfants contractent de bonne heure entre eux les affections républicaines qui doivent influer sur le reste de leur vie. Je demande que les enfants, qui pourront d'ailleurs recevoir une instruction particulière, soient tenus d'aller en commun prendre des leçons de gymnastique.

*Plusieurs voix :* L'ordre du jour!

La Convention passe à l'ordre du jour, et adopte l'article XV.

— Clauzel fait lecture de la lettre suivante :

*Lettre du représentant du peuple Calès, dans le département de la Côte-d'Or.*

« Citoyens collègues, j'ai changé les corps constitués de Dijon avec de telles précautions que ceux qui ont été rejetés n'osent se plaindre, et la cabale même est forcée d'approuver mon choix.

« Je fus instruit que trois sections s'étaient prononcées contre la cabale, et que trois autres avaient été dominées par elle ; j'assemblai und des sections agitées avec une de celles qui ne l'étaient pas, et, tempérant ainsi l'une par l'autre, j'établis le plus grand ordre et la liberté la plus parfaite dans les assemblées : tout le monde parla librement, pour et contre. Je me fis rendre un rapport sur tout ce qu'on imputa à chacun des officiers publics : un administrateur du département fut accusé d'avoir décerné un mandat d'arrêt en ces termes : « Il sera arrêté, et sa femme, s'il en a une. » Le maire fut peint comme le tyran de Dijon ; Beaupoil, administrateur du département, Guyot, juge de paix, comme ses ministres; Delmasse, commis du département, comme exécuteur du plan de la cabale dont je parlerai avant de finir.

« On accusa le maire de refuser des passeports à volonté, la municipalité et les meneurs des sections de refuser des certificats de résidence; Beaupoil, trouvant une chasse d'argenterie avec une note qui désignait le maître, dit : « C'est égal, il n'y a qu'à faire émigrer ce b.....-là. »

« Ligeret, accusateur public du tribunal criminel, fut accusé d'être le plus cruel de tous ; on lui imputa d'avoir dit aux acteurs qui représentaient une pièce : « Vous jouez un opéra ; je vais, moi, vous donner une tragédie; aujourd'hui, pour le premier acte, on en expédiera trois, demain cinq ; puis, quand on y sera accoutumé, il faut qu'il tombe une tête dans chaque famille. »

« On accuse ces gens-là d'appeler la gendarmerie, l'exécuteur et le prévenu en même temps et avant le jugement, d'aller assister aux exécutions en cérémonie et précédés d'un tambour, et de bien d'autres faits horribles en moralité et subversifs de l'ordre social.

« Leur système d'oppression était aussi cruel que bien combiné ; quand ils voulaient perdre un homme, ils le menaçaient de l'arrêter ; l'homme prenait la fuite, et le lendemain on le mettait sur la liste des proscrits ; puis, pour le forcer à revenir, la municipalité le déclarait hors de la loi.

« Le comité de sûreté générale a dû recevoir deux de ces actes que je lui ai envoyés ; véritablement ils ne se servaient de cet acte que pour épouvanter les gens et les forcer à se rendre en prison, crainte que l'habitant des campagnes, égaré, ne leur tirât dessus ; mais aussi ils n'en avaient besoin que pour cela, car un homme mis sur la liste des émigrés était un homme perdu. Je vous ai déjà écrit qu'on lui faisait refuser des certificats dans les sections, puisqu'on forçait ou trompait le département pour qu'il prît un arrêté défavorable, et qu'il obligeât le tribunal à faire couper la tête sans jugement. A ces horreurs il s'en mêlait d'autres, fruits de l'ignorance et de la cupidité, qui n'étaient pas moins funestes, quoique leur effet fût moins sensible pour les gens mal instruits.

« On avait chassé les bibliothécaires et les médecins de leur place, et des membres de la municipalité exerçaient ces deux fonctions. Marat-Chaussin, prêtre, était médecin des prisons, et cela dans un temps où une dyssenterie contagieuse ôtait la vie d'abord aux prisonniers et avait ensuite attaqué les habitants ; ces hommes ignorants avaient entassé six cents malades dans des églises propres au plus à en contenir deux cents. Les bons médecins étant morts ou emprisonnés, et les blessés des hôpitaux livrés à l'ignorance, jugez dans quel état était la ville !

« Enfin l'air est devenu plus doux, le système politique plus humain ; ces fléaux sont bannis pour ceux qui respirent encore ; ceux qui sont morts sont une juste cause de regrets pour les bons citoyens ; et les enfants, poursuivant les intrigants déplacés quand ils traversent les rues, commencent à leur faire sentir les tourments des vengeances du peuple.

« A présent on agite la Société populaire ; on tâche d'y appeler les mécontents ; je le laisse faire, et vous promets de déjouer ce nouveau complot.

« *Signé* CALÈS. »

CLAUZEL : Je demande l'insertion de cette lettre au Bulletin, afin de faire connaître au peuple les intentions et les sentiments de ceux qui voudraient ramener le système de terreur dont nous sommes heureusement délivrés. (Applaudissements.)

Cette proposition est décrétée.

BARÈRE : L'abus atroce dont notre collègue parle dans sa lettre n'a pas été commis seulement à Dijon. Dans toute la république des autorités constituées se sont permis de mettre les citoyens hors la loi, de sorte qu'un grand nombre de Français sont frappés d'anathème par des autorités illégitimes. Il n'est point dans l'intention de la Convention de laisser subsister de pareils actes. Je demande que le comité de législation soit chargé de nous faire un rapport à cet égard.

Cette proposition est adoptée.

ISORÉ, au nom du comité d'agriculture et des arts : Malgré les besoins impérieux que la voluptueuse voracité multiplie sans cesse, je crois devoir mettre sous les yeux de la Convention nationale, en défendant les droits de la nature, l'état dans lequel tomberaient les précieux troupeaux de l'agriculture, si une loi répressive ne retenait la cupidité scandaleuse de certains cultivateurs qui livrent à la boucherie les brebis fécondes et leurs agneaux ; l'exemple du passé doit préparer une juste retenue pour la conservation de ces animaux utiles et estimés.

Souvenons-nous qu'il est péri trois cent mille agneaux de la production de l'année dernière, et

que la même chose pourrait arriver cette année. Le comité a su apprécier ce qu'il en coûte à l'agriculture, et, après des convictions effrayantes, il s'est empressé de préparer le remède qu'il nous charge de vous présenter ; ce n'est pas en vain que vous protégez l'art qui ne peut supporter aucune altération sans nuire à l'existence de la société. Vous l'avez dit, législateurs, et à votre voix le courage et l'industrie champêtres se sont éveillés, les campagnes ont soif de lois conservatrices des troupeaux : c'est la loi seule qui impose à l'intérêt mercantile, et la raison la provoque au nom de la nature ; l'usage précipité du produit des troupeaux est un meurtre nuisible ; et la nourriture et le vêtement de l'homme sont livrés aux spéculations destructives de l'approvisionnement futur des subsistances et du commerce manufacturier.

Votre comité a cru que c'était à lui à parler contre ces abus, et non-seulement il vous demande une loi répressive pour conserver les brebis fécondes et leurs agneaux, mais encore il réclame en faveur de la fécondité pour empêcher que les agneaux femelles ne soient livrés à la castration. Cette précaution peut contribuer beaucoup à la propagation, et s'il est de l'intérêt du gros cultivateur d'exercer cette industrie rigoureuse, en même temps le contraire arrive dans la multiplication générale de l'espèce. Si la Convention nationale a senti les conséquences de ce rapport, elle adoptera à l'instant le projet de décret suivant :

Le rapporteur lit un projet de décret qui est adopté en ces termes :

« Art. 1er. Il est défendu à qui que ce soit, et notamment aux bouchers, de tuer aucune brebis qui n'a pas l'âge de quatre ans.

« II. Il est pareillement défendu à tous propriétaires de bêtes à cornes de soumettre à la castration aucun agneau femelle, et ils soustrairont également à la castration un agneau mâle, par quarantaine de brebis.

« III. Les municipalités sont chargées de surveiller et de dénoncer les contrevenants au présent décret. La police correctionnelle prononcera une amende de 10 liv.

« IV. Le comité d'agriculture est chargé de présenter des moyens pour la propagation des bêtes à cornes. »

La séance est levée à quatre heures.

### SÉANCE DU 28 BRUMAIRE.

Le citoyen Hoffmann, négociant à Strasbourg, fait hommage à la Convention nationale d'un traité intitulé *Observations sur le maximum*, dans lequel il développe les avantages et les inconvénients de cette loi, et propose une loi additionnelle sur le maximum.

Sur la demande d'un membre, la Convention décrète la mention honorable de l'offre, et le renvoi au comité d'agriculture et de commerce.

— Des citoyens admis à la barre lisent la pétition suivante :

*Les ouvriers composant l'atelier de la Réunion, rue Avoye, à la Convention nationale.*

*L'orateur :* Appelés par vous, citoyens législateurs, à la fabrication extraordinaire des armes pour aider à cimenter la vertu sur la terre, nous sommes sortis de nos travaux particuliers pour obéir à la patrie et à l'amour de la liberté qui nous commandait.

Cet établissement si utile pour vaincre les traîtres a besoin d'une organisation définitive. Occupés sérieusement à servir la cause des vertueux patriotes, notre attention laborieuse ne nous permet point de voir le chaos des choses dont nous sommes aujourd'hui les victimes. Les premiers obstacles à vaincre furent notre inexpérience et le défaut de pratique ; mais le courage éluda le premier, et nos instructeurs nous trouvèrent des moyens.

Notre administration fait nommer des commissaires tous les mois dans notre atelier, pour correspondre avec elle et faire des réclamations.

L'un d'eux annonce les mauvaises qualités des fers et des aciers, et du prix qui augmente journellement, des corps de platines qui ne sont point soudés, des vis de mauvaise qualité, des pénuries de limes et outils de localités ; elle se rejette sur le comité de salut public, sur les fournisseurs ou magasiniers.

L'administration est impérative avec ses agents pour la rigueur de son règlement, qu'elle nous donne pour loi, sans modification, puisque, dit-elle, elle n'est rien d'elle-même.

Vient-elle visiter les ateliers ; alors ils ne sont plus nationaux ; la fraternité n'est qu'un mot, l'égalité une chimère, et la liberté un fantôme ; nous les voyons, le chapeau sur le front, menaçant, accompagner et marcher sur des esclaves, vexant et renvoyant à leur gré ce qui ne leur plaît pas, et nous désignant tous comme des malheureux.

Attachés à nos travaux, nous nous consolons en doublant de courage, et, conduits par le génie de la patrie , nous accélérons les instruments qui servent à détruire les esclaves et nos tyrans ; mais deux commissaires viennent alternativement nous troubler par leur présence inutile. Nous portons , au terme, nos confections à l'inspecteur, qui ne fait point de différence d'un défaut de perfection à celui essentiel.

Dans ce labyrinthe, où la raison et les principes sont méconnus, resterons-nous infortunés dans nos demandes et vexés dans nos travaux? Non, vous êtes nos pères, et la justice n'a d'autre asile qu'ici.

Nous vous demandons, législateurs, une administration versée dans la manipulation et métallurgie, et dont les principes soient renfermés dans les vertus républicaines ; une organisation classée et définitive, où les prix fixés, et annexés en proportion des besoins de la vie, portent la consolation aux vieillards, aux pères de famille, et l'émulation aux jeunes gens, de manière que, selon la mutation des choses, tout se trouve proportionnellement. Une police raisonnée suffit pour ramener un artiste à son devoir ; l'atelier étant plutôt composé d'honnêtes citoyens que de brigands, ceux-ci ne seront jamais soufferts sitôt qu'ils seront connus. Ce n'est point avec la tyrannie que l'on conduit des hommes qui mettent tout leur bonheur à travailler pour défendre la liberté, l'égalité, et à respecter toutes les vertus républicaines.

Cette pétition est renvoyée au comité de salut public, pour en faire le rapport incessamment.

*Les administrateurs du district d'Arras, à la Convention, sur l'évenement du 21 brumaire.*

L'opinion publique vient de remporter sa bataille de Fleurus.

La brèche était ouverte , le terrorisme avait amoncelé autour de lui tous ses serpents. Le crime adossé au nom colossal de Jacobin avait osé proposer la lutte de corps à corps avec le peuple et ses représentants.

Mais tel est le destin de tous les conspirateurs et de tous les forfaits de s'éclipser devant le génie protecteur de notre république naissante comme des ombres légères. Hier les Jacobins existaient, leur audace inspirait, répandait encore la terreur à l'innocence paisible ; aujourd'hui ils ne sont plus, et la liberté leur survit toujours.

L'haleine dévorante qui depuis un an desséchait les principes s'est évanouie devant les rayons de la vertu ; que l'arbitraire, ce père de l'oppression, cache donc sa tête hideuse dans la tombe du dictateur.

Une étincelle électrique , partie de la masse du peuple, vient de faire crever ce sombre nuage dont le sein renfermait la foudre meurtrière, et qui ne pesait sur l'opinion publique que pour la soulever sans cesse et la déchirer par des convulsions toujours renaissantes.

Qu'un horizon de bonheur s'offre maintenant à tous les regards, que la république voie sa base d'airain appuyée sur des lois immuables, parce qu'elles sont émanées des principes, qui ne changent jamais, en dépit des travestissements bizarres dont les affublaient nos anciens décemvirs.

Vous méritez, législateurs, une couronne civique, et nous vous l'offrons digne de vous, dans cette ivresse de joie que répand autour de vous la victoire qui sera l'époque la plus glorieuse dans l'histoire de vos travaux.

Anathème aux factieux ! gloire à la Convention ! triomphe pour les droits du souverain ! voilà les cris unanimes dont Arras retentit aujourd'hui, et dont nous nous rendons les échos auprès de vous.

( *Suivent les signatures.* )

*Liberté, égalité, fraternité, justice, mort aux terroristes! — Les citoyens de la commune de Clermont-Ferrand, département du Puy-de-Dôme, à la Convention nationale.*

Citoyens représentants, le département du Puy-de-Dôme était subjugué par les dominateurs, par les déprédateurs, par les faux patriotes de tous les masques. Le représentant du peuple Musset paraît, précédé de l'égalité, de la justice et des mœurs. La liberté, enchaînée par la terreur, brise ses liens et s'élance dans leurs bras ; nous voilà libres !

«Guerre aux terroristes, aux intrigants, aux fripons ! s'est écrié Musset. Peuple, reprends une attitude digne de toi ; qu'elle soit grande ! exerce en ce jour tes droits imprescriptibles et inaliénables. »

Le peuple, par un élan sublime, répète : « Guerre aux terroristes, aux intrigants, aux fripons ! »

Aussitôt la justice saisit sa balance, pèse les autorités constituées, les tribunaux, tous les fonctionnaires publics : «Prononce sur ces hommes, dit-elle au peuple ; ils sont les voiles du vaisseau de la république... Reçoivent-ils leur mouvement de la Convention nationale? »

Le peuple répond : les agitateurs se taisent, fuient ou se cachent ; les autorités constituées s'épurent ; de vrais républicains, des hommes vertueux, de sincères amis du peuple et de l'unité de la république occupent tous les postes. La terreur disparaît, les victimes sont rendues à la liberté : l'ami retrouve son ami, les citoyens des frères ; les familles réunies confondent leurs embrassements ; la joie renaît, des acclamations universelles se font entendre: *Vive la république ! vive la Convention !* (On applaudit.)

( *Suivent dix pages de signatures.* )

Ces Adresses seront inscrites au Bulletin.

COUTURIER, au nom du comité des inspecteurs du Palais National : La Convention a renvoyé à son comité des inspecteurs du Palais National la pétition du citoyen Salleles, représentant du peuple, député du département du Lot, tendant à être payé de son indemnité des mois de prairial et messidor, à raison de l'absence qu'il a faite, en vertu du congé à lui donné le 23 floréal.

Le citoyen Salleles était ci-devant receveur des consignations à Cahors, distant de cent soixante lieues de Paris.

Le 16 germinal, la Convention nationale a décrété que les ci-devant receveurs des consignations et les commissaires aux saisies réelles rendraient compte de leurs gestions et de celles de leurs prédécesseurs à partir de l'époque où les fonds de leurs caisses ont été versés au trésor public, et convertis en contrats de constitution, en vertu de la déclaration du 24 juin 1721 (style esclave.)

Le citoyen Salleles fut forcé par cette loi de se rendre chez lui pour y satisfaire, et nul autre motif ne l'a déterminé à prendre un congé que celui d'obéissance à la loi et d'intérêt public ; et la Convention nationale lui délivra un congé de deux mois, fondé sur les mêmes motifs.

Le citoyen Salleles partit le 2 prairial pour aller rendre son compte. De retour à son poste dès le 19 messidor, il se présenta au comité des commissaires de la salle, pour être payé de son indemnité des mois de prairial et messidor.

Le comité, qui ne connaît que la loi qui l'autorise à décerner des mandats, lorsque la cause de maladie ou de rétablissement de santé est exprimée dans le congé, ne s'est pas cru suffisamment autorisé à délivrer un mandat au profit du citoyen Salleles par un simple renvoi de bureau, quoique son droit soit fondé sur les principes éternels de la justice distributive et de l'égalité ; mais il a pensé qu'il était de son devoir de faire un rapport à la Convention nationale non-seulement sur le cas particulier du citoyen Salleles, mais un rapport général tendant à provoquer un décret qui mette à même le comité d'inspection de décerner des mandats indistinctement à tous ceux qui auront été dans le cas d'obtenir des congés.

L'Assemblée constituante, après elle l'Assemblée législative, ont déterminé que les 18 fr. payés par jour aux représentants du peuple étaient purement une indemnité en compensation des pertes résultant de leur absence et de l'éloignement de leurs affaires domestiques ou de leur commerce ; mais elles auraient dû prévoir le cas d'une absence urgente et indispensable de la part d'un député éloigné pour établir une égalité parfaite entre tous les représentants. Cette égalité ne peut exister tant que ceux des départements éloignés auront à supporter la perte de leur indemnité, outre les frais de leur transport dans les cas légitimes, pendant que ceux qui sont domiciliés ont l'avantage de surveiller leurs affaires, et même de les améliorer, sans être exposés à la moindre déduction.

Aucun citoyen des départements éloignés ne voudrait accepter de députation aux conditions actuelles, excepté les riches qui, à l'exemple des Girondins, voudraient bien qu'il n'existât aucune indemnité, pour, à ce moyen, écarter tous les patriotes, qui, pour l'ordinaire, ne sont pas fortunés. On a beau dire que la mission d'un représentant est un acte civique qui ne doit respirer que le désintéressement, même le sacrifice de sa vie et de sa fortune ; cela est bon à dire, à la vérité ; il n'est pas moins vrai que, si les pères de famille sont émus de ces sentiments, leurs enfants doivent être élevés et éduqués aussi bien que ceux des députés favorisés par la localité.

L'indemnité accordée aux représentants est suffisante pour l'existence sobre et frugale, quoique dans le moment actuel et qui dure déjà depuis longtemps, les pères de famille qui n'ont pas de fortune mènent une vie languissante ; mais comme il faut que la justice distributive soit univoque et égale pour l'un comme pour l'autre, la Convention sentira sans doute, par l'exemple que fournit la position du citoyen Salleles, que, pour que cette égalité existe dans toute sa latitude entre le député domicilié et celui éloigné, ce dernier doit au moins récupérer son indemnité légitime pendant le temps d'une absence fondée sur des motifs purs et reconnus indispensables par le décret de congé ; et, en ce cas, les députés qui viennent de loin ne seraient pas encore au niveau de ceux qui sont constamment dans leurs foyers, à la surveillance de leurs affaires et à l'abri de tous dangers.

La Convention nationale sera d'autant plus convaincue de la justice de cette mesure lorsqu'elle saura que beaucoup de représentants des départements des frontières ont essuyé des pertes et des pillages immenses pendant leur séjour à l'assemblée, tandis que ceux qui étaient domiciliés ou avoisinants du lieu des séances n'ont eu qu'à applaudir aux succès des armées de la république sur les frontières, sans avoir été exposés à aucun inconvénient. C'est d'après ces motifs, et autres à suppléer par les membres qui composent la Convention, que le comité des inspecteurs vous présente le projet de décret suivant :

« La Convention nationale, après avoir entendu le rapport de son comité des inspecteurs du Palais National, décrète ce qui suit :

« Art. Ier. Le comité des inspecteurs du Palais National est autorisé à délivrer des mandats au profit du citoyen Salleles, représentant du peuple, pour le recouvrement des indemnités qui lui sont dues durant son absence, pendant les mois de prairial et messidor.

« II. A l'avenir, les représentants du peuple qui auront obtenu un congé par décret de la Convention nationale percevront à leur retour l'indemnité arréragée et frais de transport pendant le temps de leur absence, sur les mandats qui leur seront délivrés par le comité des inspecteurs du Palais National. »

Ce projet de décret est adopté.

— Richard, au nom du comité de salut public, donne lecture des dépêches suivantes :

*Lettre des représentants du peuple près les armées du Nord, de Sambre-et-Meuse, aux membres composant le comité de salut public.*

Au quartier général, à Radestein, le 26 brumaire, an 3e.

« L'armée du Nord, chers collègues, est victorieuse partout où elle se présente, soit dans les petites, soit dans les grandes occasions ; nous vous annonçons encore deux succès partiels qu'elle vient de remporter.

« Le général Moreau, commandant en chef par *interim* l'armée du Nord, ayant su que la garnison de Wesel avait jeté un corps d'environ cinq cents hommes dans Burich, qui commençait à se retrancher, donna l'ordre au général Vandamme de l'attaquer, et d'établir dans ce local les batteries pour détruire les bateaux et ponts volants établis devant cette ville.

« L'ordre a été exécuté hier matin avec la plus grande bravoure ; les retranchements ont été forcés, l'ennemi a été chassé, et a perdu quatre cent cinquante hommes, du nombre desquels sont cinquante prisonniers.

« Notre perte est peu conséquente ; le second bataillon de la 44e demi-brigade d'infanterie et le 14e bataillon de chasseurs s'y sont particulièrement distingués.

« C'est à la faveur du poste que nous avons enlevé que, dans la guerre de Sept-Ans, l'ennemi passa le Rhin presque en présence de l'armée française, et la battit peu de jours après.

« Le 17 de ce mois, le chef de bataillon Watelette, du 10e bataillon du Calvados, commandant le bivouac de Putten, informé que la garnison de Berg-op-Zoom faisait souvent des reconnaissances, résolut d'en enlever une ; il prit de forts détachements du 25e régiment d'infanterie, du 3e bataillon de l'Oise, du 6e de la Seine-Inférieure, du 10e du Calvados, et deux détachements de cavalerie du 20e régiment ; ils arrivèrent au point du jour à une demi-lieue de Berg-op-Zoom, et s'embusquèrent. Ne voyant venir personne sur les huit heures du matin, ils s'approchèrent jusque sous les murs de la place, qui les accueillit d'une vive canonnade. La garnison fit une forte sortie; mais les républicains français, avares de poudre, les chargèrent, la baïonnette en avant, leur tuèrent cent hommes et firent quatre-vingts prisonniers. Nous n'avons perdu qu'un cavalier et un capitaine de grenadiers. C'est ainsi que nous amusons le tapis en attendant que Monseigneur le duc d'York veuille accepter une affaire générale et décisive. (On applaudit. )

« *Signé* BELLEGARDE, LACOMBE (du Tarn). »

*Le général en chef Dugommier, commandant l'armée des Pyrénées-Orientales, aux membres composant le comité de salut public.*

Au quartier général de Lagullana, le 12 brumaire, l'an 3e de la république française, une et indivisible.

« Citoyens représentants; je reçois à l'instant des nouvelles de la 5e division; elle vient d'avoir quelques succès. L'adjudant général Gilly me marque qu'il vient de faire, par ordre du général Charlet, une reconnaissance très-avancée. Il s'est porté successivement, avec les grenadiers et chasseurs, sur Otores et Dory; de là ils ont poussé jusqu'à Castella, qu'ils ont enlevé de vive force. La prise de Castella est remarquable. Les Espagnols avaient sept retranchements les uns derrière les autres, formés par des lignes de rochers que la nature semblait avoir arrangés pour sa défense. La résistance de ses habitants avait toujours été si opiniâtre qu'elle leur avait mérité de la part de leur tyran un drapeau blanc portant les armoiries d'Espagne; cette prise a malheureusement coûté la vie à un brave républicain; neuf autres ont été blessés. On a trouvé dans Castella des caisses de munitions et du blé que l'on n'a pu emporter; l'on y a mis le feu; leur camp, leurs baraques, les maisons crénelées, tout a été détruit et renversé. Huit Suisses ont quitté l'ennemi aux cris de *vive la république!* Le décret de guerre à mort a été exécuté sur tous les Espagnols qu'on a pu atteindre.

« *Signé* DUGOMMIER. »

— Sur le rapport de Lozeau, le décret suivant est rendu :

« La Convention nationale, après avoir entendu le rapport de son comité des finances sur la pétition de la citoyenne Lecointe, tendant à être maintenue dans la possession de différents domaines provenant de Jean Guillot, adjugés à Louis XV par arrêt du 10 mai 1732, et revendus aux héritiers Salles, le 2 juin 1733;

« Considérant que ces biens ne peuvent être regardés comme domaniaux, puisqu'ils ont été acquis à titre singulier et revendus avant leur consolidation au domaine.

« Déclare nulle la prise de possession faite par le régisseur du domaine desdits biens.

« Le présent décret sera imprimé au Bulletin de correspondance. »

— Cambacérès fait rendre le décret suivant :

« Art. 1er. Dans la séance du 11 frimaire, la discussion s'ouvrira sur le projet du code civil présenté par le comité de législation.

« II. Elle se continuera les duodi, sextidi et nonidi de chaque décade.

« III. La Convention rapporte son décret par lequel elle ordonnait la réimpression du projet de code civil. »

( *La suite demain.* )

## MÉLANGES.

### Au rédacteur.

Paris, le 27 brumaire, l'an 3e de la république.

« Je viens de lire, citoyen, dans ton Numéro de ce jour, qu'à la séance d'hier, sur la discussion des écoles primaires, j'ai demandé « que l'entretien du logement des instituteurs fût à la charge des communes. » C'est une erreur de rédaction ou d'impression, que je te prie de rectifier dans ton prochain Numéro; car au contraire j'ai demandé que l'entretien de ces logements fût à la charge de la nation, et j'en développai les raisons. Je rédigeai par écrit ma motion, qui fut renvoyée à l'examen des comités d'instruction et des finances.

« Salut et fraternité.

« LECARPENTIER, *représentant du peuple.* »

---

*Mémoire pour rendre la salle de la Convention nationale plus sonore, et l'Institut national de Musique plus agréable au peuple;* par F. Chamouland, président de la section des Arcis, auteur de diverses inventions morales et physiques.

L'expérience sur les sons produits par l'organe humain ayant démontré que le mécanisme de la voix ressemblait parfaitement à un instrument à cordes et à vent, le citoyen Chamouland propose d'appliquer en grand le moyen employé pour augmenter les sons qu'on tire des cordes instrumentales : ce moyen est de les fixer près d'un coffre vide, construit avec des corps élastiques.

« Places, dit-il, suivant le même principe, des caisses en triangle dans tous les angles de la salle, faites comme des caisses d'instrument, du même bois s'il est possible, et arrondies par leur sommet, avec de petites ouvertures sur leur base, comme aux clavecins, guitares, etc.

« Si on s'aperçoit qu'on ne les faisant point porter sur les murs l'effet devient trop puissant et forme des échos, on les détruira en les appliquant directement sur la muraille.

« On pourrait aussi, ajoute-t-il, boiser la salle avec des caisses plates instrumentales d'un pouce d'espace dans l'intérieur. »

Telles sont les bases qui servent d'appui à l'idée de l'auteur, et sur lesquelles doit poser l'application particulière qu'il promet d'en donner pour quadrupler les sons de l'Institut national de musique et augmenter sa mélodie.

Si ce projet offre une possibilité de succès, il serait bien à désirer pour le public, et surtout pour ceux qui s'appliquent à rendre compte des discussions de la Convention nationale, qu'il fût adopté pour la salle de la Convention, dont la construction est aussi incommode que peu agréable.

### Brûlement d'assignats.

Le 29 brumaire, à dix heures du matin, il sera brûlé, dans l'ancien local des ci-devant Capucines, la somme de 8 millions en assignats, provenant de la vente des domaines nationaux et recettes extraordinaires, lesquels, joints aux 2 milliards 446 millions 683,000 livres déjà brûlés, forment un total de 2 milliards 454 millions 683,000 liv.

### LIVRES DIVERS.

*Timoléon,* tragédie en trois actes, avec des chœurs, par Marie-Joseph Chénier, député à la Convention nationale, musique de Méhul; précédée d'une ode sur la situation de la république durant l'oligarchie de Robespierre et de ses complices. Prix : 40 sous.

A Paris, chez Maradan, libraire, rue du Cimetière-André-des-Arcs, n° 9; et Desenne, libraire, maison Egalité, n° 1 et 2.

*Cours d'études pour les jeunes gens,* par Condillac; 6 vol. in-18, fig., et orné du portrait de l'auteur, contenant discours et leçons préliminaires, la grammaire, traité de l'art de raisonner, traité de l'art de penser, traité de l'art d'écrire l'histoire; 15 liv., et 18 liv., franc de port.

Cet excellent ouvrage a été rédigé pour être mis entre les mains de la jeunesse républicaine. L'on ne pourra jamais avoir chez soi un cours d'instruction plus parfait et plus analogue aux principes sacrés de la liberté, et pour devenir aussi bon législateur que citoyen éclairé.

Il faut affranchir lettre et argent au citoyen Dufart, imprimeur-libraire, rue Honoré, maison d'Auvergne, n° 100, section des Tuileries, à Paris.

— *La Vérité tout entière sur les vrais acteurs de la journée du 2 septembre 1792.*

A Paris, au bureau de *l'Ami des Citoyens,* rue de la Monnaie, n° 27, et chez tous les marchands de nouveautés.

### Payements à la trésorerie nationale.

Le payement du perpétuel est ouvert pour les six premiers mois; il sera fait à tous ceux qui seront porteurs d'inscriptions au grand livre. Celui pour les rentes viagères est de huit mois vingt et un jours de l'année 1793 (vieux style).

## POLITIQUE.

### ALLEMAGNE.

*Vienne, le 30 octobre.* — Il est arrivé à Prague en Bohême un corps de mille hommes tirés des divers régiments d'infanterie, lequel a dû se mettre en marche dès le lendemain pour les frontières, afin d'y être incorporé dans l'armement contre la Pologne. D'autres détachements, tant d'infanterie que de cavalerie, y sont encore attendus pour compléter ces troupes. Il est aussi question de mettre en état de défense toutes les places fortes de la Bohême.

Il paraît douteux que le général de Wins, nouvellement revenu de l'armée d'Italie, soit remis à la tête des troupes. Il est allé prendre les eaux à Baden.

— François est revenu de son château de Luxembourg, où il avait été passer quelque temps. De fréquentes conférences ont eu lieu, depuis son retour à Vienne, entre les différents membres du corps diplomatique. On a remarqué que les ambassadeurs d'Angleterre et de Hollande y assistaient avec assiduité.

*Neuwied, le 8 novembre.* — Un gros corps de républicains a filé de Coblentz vers Andernacht. Une forte batterie a été établie par les Français au-dessous de Wallerstein, du côté de Niederwerth, dans la vue de s'opposer à toute espèce de débarquement. L'armée républicaine a aussi placé quelques canons sur la rive du Rhin, vis-à-vis d'une petite île près de Walendaer, dans laquelle les Autrichiens se sont retranchés.

Il ne reste plus du côté de Dusseldorf, ni au-dessous de cette ville, de grosse cavalerie autrichienne, mais seulement quelques régiments de hussards et de dragons.

Le général autrichien d'Oczal a quitté Rothenhanen pour aller prendre à Orkheim le commandement de l'aile gauche, qui s'étend jusqu'au-dessous de Boppart. Le général Marcandin commande l'aile droite à Niederberg derrière Ehrenbreisten.

Le régiment de Lacy a été envoyé à Mayence.

Le général Mélas a donné l'assignation des cantonnements à chaque régiment; la cavalerie ira du côté de Nassau, et l'infanterie sera répartie le long du Rhin. Le quartier général est transféré à Ems.

### PRUSSE.

*Berlin, le 21 octobre.* — Les gazettes ministérielles ont rendu compte de la dernière affaire des Russes en Pologne, sous les ordres du général Fersen. Elles confirment l'entière défaite et la prise du brave général Kosciusko. Voici l'extrait de ce rapport.

« Le général polonais ayant appris l'avantage remporté près de Brezesc, en Lithuanie, par les Russes, sous les ordres de Suvarow, sur un corps de Polonais, commandé par Sierakowski, se détermina à se mettre en marche, à la tête de vingt-cinq mille hommes. A quelques lieues de Varsovie il détacha un corps de dix mille hommes, à la tête duquel il se mit dans le dessein de couper le général Fersen, qui, à la tête de douze mille hommes, était en marche pour rejoindre le général Suvarow. Il laissa les autres quinze mille hommes contre ce dernier, qui, croyant que l'armée entière de Kosciusko s'approchait, jugea à propos de battre en retraite.

« Kosciusko se proposait, après avoir livré bataille au général Fersen, de rejoindre sa première division de quinze mille hommes. Il attaqua avec la plus grande vigueur; les Polonais repoussèrent deux fois les Russes; mais, par suite d'un changement de position, Kosciusko se trouva, avec un corps peu considérable, coupé du reste de son armée. Celle-ci commença alors à se débander. Il rallia plusieurs fois les troupes qu'il avait près de lui avec la plus grande intrépidité, et parut toujours le premier à la charge. Depuis la confédération de Cracovie, il portait

ordinairement un habit de paysan; ce jour-là même il était sous ce costume. Un cosaque qui ne le connaissait pas le blessa par derrière avec sa lance; il tomba de cheval. Les Polonais s'apercevant de sa chute poussèrent un cri d'effroi et prononcèrent son nom. Kosciusko se releva, fit encore quelque pas, lorsqu'un officier lui porta sur la tête un coup de sabre qui l'étendit par terre sans connaissance.

« On croit qu'il ne survivra pas à son malheur, ses blessures étant mortelles (1). Il avait ordonné aux siens, avant la bataille, de le tuer à coups de fusil au moment où ils le verraient prêt à tomber entre les mains des ennemis, et l'on assure qu'effectivement plusieurs Polonais lui ont rendu le triste service de tirer sur lui quand ils l'ont vu faire prisonnier. Sans l'exclamation de ses compagnons il aurait pu demeurer inconnu. »

### ANGLETERRE.

*Londres, le 21 octobre.* — L'emprunt que l'empereur a essayé d'ouvrir en Angleterre n'ayant point eu de succès, M. Pitt a dessein, à ce qu'on assure, de le faire garantir par le nouveau parlement; il serait même possible que cela se fît convoquer plus tôt que la cour ne se l'était proposé.

— L'amiral Hood, qui est retourné dans l'île de Corse pour y régler définitivement avec le chevalier Elliot les affaires du gouvernement, se rendra de là à Gibraltar, d'où il reviendra ici au printemps prochain.

— L'amirauté a envoyé à tous les ports l'ordre d'assujettir à une quarantaine tous les vaisseaux venant du détroit de l'Amérique; il est défendu de laisser débarquer soit des personnes, soit des marchandises; ces précautions sont inspirées par la crainte de la fièvre jaune qui moissonne tant de monde dans les Antilles.

— La malle de Hollande n'était pas encore arrivée hier 20, quoiqu'il fût déjà tard. On apprend par des lettres de Flessingues que les Français ont intercepté la communication directe entre cette place et l'armée anglaise.

— Les présents de l'empereur de la Chine à Sa Majesté britannique sont renfermés dans dix-neuf ballots que l'on porta mardi dernier à Buckingham-House, pour en faire l'ouverture. On ne croit d'une valeur égale à ceux que l'ambassadeur Macartney a présentés à Sa Majesté tartaro-chinoise, qui a eu grand soin de s'en informer, afin que les siens y répondissent.

— Le payeur des rentes d'Angleterre vient de s'honorer aux yeux des gens de lettres en faisant ériger dans l'île de Whigt un monument à la mémoire de Churchill, qu'on peut regarder comme le Juvénal anglais.

— Suivant les derniers avis reçus d'Espagne, le projet d'y faire lever le peuple en masse s'est évanoui en fumée; on a résolu même en promettant des récompenses. Aujourd'hui on promet la prison et la confiscation de leurs biens à ceux qui refusent de s'enrôler, et cela ne réussit pas davantage. Il faut avouer que c'est jouer de malheur.

— Si le ministre américain, M. Jay, ne parvient pas à seconder les vues de notre ministère, il est réellement à craindre que la mésintelligence ne soit poussée jusqu'à une rupture entre les deux Etats. La *Gazette de la Cour* vient de publier l'extrait d'une lettre du lieutenant général Cimcoë au secrétaire d'Etat Dundas, datée de Novhall, le 30 août 1794, qui mérite d'être connue. Elle peut jeter quelque jour sur la délicatesse de notre position avec les Américains. La voici:

« Je profite de l'occasion qui se présente de vous faire parvenir cette dépêche par M. Hammond, que j'ai eu soin d'informer à temps d'un événement important qui vient d'arriver.

« M. Wagne, à la tête de l'armée des Etats-Unis, a pénétré jusqu'au fort de Miami, qu'il a sommé de se rendre. Le major Campbell s'en est défendu, et il paraît que le général a fait un mouvement rétrograde.

(1) Kosciusko survécut à ses blessures. Il est mort, en 1819, à Soleure.

« Il m'est impossible d'exprimer la haute idée que m'a donnée la conduite sage, ferme et modérée du major Campbell, dans une conjoncture aussi délicate et aussi difficile. Ce qui dans cette conduite est relatif à la partie militaire, et a mérité à un degré éminent les plus justes éloges, vous a été mandé, je l'espère, par lord Dorchester, qui est absolument à portée d'en juger pertinemment; mais je serais injuste envers moi-même si je négligeais de vous manifester l'espérance, à la fois modeste et sérieuse, où je suis que la noble conduite de ce brave homme, qui, au fond d'une province commise à mes soins, a su en détourner les plus grandes calamités, et, dans une position des plus critiques, est parvenu à soutenir avec dignité le caractère national, fixera votre attention, à laquelle je la recommande, et sera couverte de l'approbation de S. M. »

Ce que la réception de cette dépêche a fait circuler au sujet d'un combat livré aux Américains semble demander confirmation. M. Adams, fils du vice-président, qui va à La Haye en qualité de ministre, est arrivé à Londres. Il a quitté Boston le 17 septembre, et jusque-là les papiers américains n'avaient pas dit le mot de l'affaire en question.

— Voici quelques renseignements venus des États-Unis, qui présentent l'affaire des troubles, occasionnés par l'impôt mis sur les liqueurs fortes, et dont nous avons déjà parlé, sous un jour très-différent; suivant cette version, ce serait le peuple, ou, pour mieux dire, une partie du peuple, qui aurait tort.

« Il y a eu une insurrection dans les provinces septentrionales de la Pensylvanie, sur les bords de l'Ohio, vers le ci-devant fort Duquesne, appelé ensuite fort Pitt, et aujourd'hui Pittsbourg. Cette contrée est habitée presque en entier par des gens venus d'Irlande et du nord de l'Écosse. Ils s'opposent à un droit d'accise que les États-Unis ont mis sur les liqueurs distillées, et qui se perçoit même à un plus haut taux dans toute l'étendue des autres provinces.

« On y a envoyé de Philadelphie des commissaires; mais toutes les propositions faites à l'amiable ont été vaines. Les mécontents se sont même soulevés contre les Anglais, et ils menacent de s'étayer des armes britanniques si on ne leur ôte pas l'accise qui les offusque, quoiqu'elle ait lieu dans la Grande-Bretagne.

« L'opposition est due à quelques boute-feux que l'on dit gagnés, et qui, par leurs artifices, ont mis en fermentation la masse entière du peuple. Si cela se trouve vrai, ce sera une nouvelle cause de rupture. Les États n'en sont pas moins résolus d'employer la force contre les insurgés et contre cette Vendée de l'Amérique. La milice de New-Jersey y est allée, et dans toute l'étendue de la république américaine on a pris unanimement le parti de ne laisser gouverner que par la majorité des suffrages, et non par l'opinion de quelques mécontents. »

## HOLLANDE.

*Amsterdam, le 10 brumaire.* — Le gouvernement se porte à toutes les mesures extrêmes d'oppression et de rigueur. Il vient de faire arrêter et de jeter dans les fers six des principaux signataires de l'Adresse insérée dans notre feuille du 23. L'ex-pensionnaire Visser est de ce nombre; six autres n'ont évité le même sort qu'en prenant la fuite. Van Stanphorst, dont on devait espérer peut-être un dévoument plus courageux, s'est aussi enfui. Les désastreuses inondations vont leur train.

— Le bourgmestre de La Haye a résigné sa place. Parmi les motifs qu'il a allégués, il a dit :

« L'immoralité, cette mère de l'athéisme, est à son comble; les finances sont dans un délabrement auquel il est devenu impossible de remédier jamais. Les charges qui portent le peuple sont énormes, et néanmoins hors de niveau avec les dépenses publiques. Les pays de la généralité ont été dévastés et pillés par les alliés; dans l'intérieur, une discorde qui anéantit tout, tandis qu'au dehors les armées d'un peuple puissant, à qui rien ne résiste, sont entrées sur le territoire de la république et à la veille de faire la conquête de cette province. Quand on parviendrait à les en empêcher en ayant recours aux inondations,

l'habitant de la campagne sera toujours réduit par celles-ci à l'état le plus déplorable. »

## ESPAGNE.

*Madrid, le 1er octobre.* — Le convoi d'Amérique, venant de Lima et de Buenos-Ayres, est entré partie à Cadix, partie à La Corogne. La cour en a reçu la nouvelle. Ce convoi apporte beaucoup d'argent appartenant aux intéressés. Cet argent sera versé dans le trésor royal, et les propriétaires recevront en échange des billets portant reconnaissance, ou une espèce de papier-monnaie.

Il est revenu avec le convoi deux corvettes, sous les ordres du capitaine Malaspina; ce sont les mêmes qui ont été expédiées en 1789 pour faire un voyage d'observation autour du globe. Le public attend avec avidité le récit de cet utile voyage.

— La cour fait toujours faire des levées d'hommes; elle publie aujourd'hui que la Navarre en offre quatre cents. Il sera créé une nouvelle compagnie de gardes du corps, sous le nom de Compagnie Américaine.

## ITALIE.

*Rome, le 25 octobre.* — On écrit de Naples que l'argenterie enlevée dans les églises cause une fermentation extrême parmi le peuple.

On se rappelle la conjuration que la cour imagina, il y a quelque temps, dans le dessein de se défaire de diverses personnes qui parlaient trop haut du despotisme royal. Vingt conspirateurs, arrêtés et jugés tels par une commission royale, avaient été conduits, ces jours derniers, sur la place publique pour y subir la mort; déjà les têtes de trois d'entre eux étaient tombées, lorsqu'un coup de feu, parti du milieu de la foule, a été le signal d'un soulèvement général. Les sbires ont fui; les troupes n'ont pas bougé, les autres condamnés ont été délivrés, et le peuple a fondu sur toutes les personnes qui tenaient à la cour, et en a fait un assez grand carnage. La cour n'a point balancé à se sauver à la hâte, et on ne sait pas jusqu'où sera poussée cette véritable insurrection. On attend avec impatience des détails ultérieurs sur ce soulèvement, dont plusieurs lettres ont donné la première nouvelle, mais dont les circonstances ont peut être été exagérées.

## PAYS-BAS.

*Extrait des lettres de Bruxelles, du 28 brumaire.* — Différents corps de l'armée française filent le long des deux rives de la Meuse, dans l'intention de s'emparer de quelques forts qui les bordent, et qui pourraient nuire à la marche de l'armée en Hollande.

On ne retrouve, depuis la prise de Nimègue, aucune trace de l'armée des alliés.

— Il paraît certain que le duc d'York s'est embarqué pour retourner à Londres. Son départ a été déterminé par les triomphes des Français et par la haine que portent les Bataves à son armée pillarde, qui s'est fait détester par des excès en tout genre. On en donne aussi pour motif les dispositions pacifiques des Hollandais et les démarches de cinq provinces de l'Union, qui demandent la paix, dont les articles ne doivent sans doute être écoutés que dans les murs d'Amsterdam.

— La conduite ferme et prudente des représentants du peuple a fait rentrer dans l'ordre diverses communes égarées.

## RÉPUBLIQUE FRANÇAISE.

*Paris, le 29 brumaire.* — Le comité de sûreté générale vient de faire arrêter Raisson, membre de la Société des Jacobins, ci-devant limonadier à Paris, puis secrétaire général de l'administration du département, ensuite commissaire de la commission des subsistances, commerce et approvisionnement. Sa conduite dans les dernières circonstances, l'influence qu'il avait cherché à s'acquérir dans sa section, les Adresses et circulaires qu'il avait rédigées, présentées à la barre, ou publiées au nom de la Société des Jacobins, avaient fixé depuis quelque temps l'attention du gouvernement. Caraffe, Bouin et plusieurs autres membres ont également été arrêtés.

Tous les hommes qu'on a vus naguère chercher à faire prévaloir leurs intérêts ou leurs passions sur l'autorité de la loi, à fonder une domination éphémère sur l'avilissement du pouvoir légitime ; tous ceux enfin dont l'expérience a dévoilé l'ambitieuse prétention à un patriotisme exclusif, et l'hypocrite affectation d'une popularité qu'ils attachèrent à tous les genres d'exagérations ou d'excès, sont aujourd'hui l'objet de la surveillance des autorités constituées. Les plus turbulents ont été arrêtés ; les autres jouissent des bienfaits d'une modération qu'ils ont si longtemps calomniée. La sagesse du gouvernement contraste avec leur intempérance, le calme des citoyens avec leurs fureurs. Les principes de justice, qu'ils prétendaient autrefois ne pouvoir être favorables qu'aux aristocrates, sont aujourd'hui leur sauvegarde.

L'aliment des factions est anéanti ; les clameurs de l'intrigue ne sont plus un moyen de parvenir au pouvoir : il ne reste à l'ambition que le masque difficile de la justice ; sous des lois sages, c'est l'intérêt même des hommes qui les porte à la vertu.

Les tribunes populaires vont s'agrandir ; accessibles désormais à tous les citoyens, elles ne seront plus le trône des passions et des partis, mais le siège d'où la raison étendra son empire. Les discussions publiques prendront un plus grand caractère ; le génie de la liberté, secouant les entraves de la terreur, rendra aux citoyens leur énergie, aux hommes instruits le courage de la vérité. Déjà les principes du bonheur public se développent dans des écrits avant-coureurs de la philosophie renaissante ; la liberté de la presse en est le germe. La morale se régénère au sein de la paix intérieure ; les agrégations, ou les individus qui s'en étaient déclarés les organes, sont jugés par elle, et l'opinion nationale désavoue toutes ces doctrines particulières. L'économie politique se crée de nouveaux systèmes ; les véritables principes du commerce commencent à être discutés et sentis.

Au milieu des innombrables pamphlets que Paris voit éclore on distingue d'excellents ouvrages, consacrés non à la déclamation, mais au raisonnement, non à la réaction des partis, mais à l'instruction du peuple. Voici comment un de ces écrivains peint la situation actuelle de l'esprit public :

« Tous les Français se rapprochent aujourd'hui ; tous se cherchent, ont besoin de s'expliquer, de se pardonner leurs différentes erreurs ; tous jouissent avec orgueil des triomphes de leur patrie : ceux même qui les appelaient le moins par leurs vœux, veulent aujourd'hui prendre part à tant de gloire. Ne comptons pas tous ceux que la vanité, que la crainte, que d'étroites combinaisons nous ramènent. Malheur à qui ne sert la république qu'avec un sentiment de servitude ! La loi, il est vrai, n'a rien à lui demander ; mais l'opinion le maintient dans l'abjection où il s'est placé lui-même.

« Sans doute il est un nombre plus considérable d'hommes qui, peu passionnés d'abord pour la république, craignaient ce sublime essai que nos forces et notre courage ont fait réussir : eh bien, ils contemplent aujourd'hui le but où nous sommes arrivés ; et en abordant sur le rivage ils mesurent avec étonnement l'espace que crée le but qu'ils ont franchi. C'est à nous, qui les avons précédés dans cet immortel voyage, à dissiper par degré leur étonnement, à rappeler leurs forces ; c'est

un abri qu'ils nous demandent d'abord, c'est un abri que nous leur devons.

« Si nous ne voulons point souffrir au sein de la république l'inertie, l'indolence, la tiédeur, n'y condamnons pas des individus, des familles, des castes entières.

« ...... Remarquez comme, depuis les premiers jours de notre sérénité, tout se ravive, tout s'anime. Entendez le commerçant : il ose déjà concevoir une spéculation utile à sa patrie. L'artiste sourit déjà à la pensée d'un tableau où son génie s'exercera sans contrainte. L'homme de lettres voit avec enthousiasme le moment de faire sortir notre littérature et notre langue même de l'abjection où les barbares l'ont traînée. »

Les mécontentements, les projets d'agitation et de révolte, qui avaient déterminé les comités de gouvernement à ordonner un service extraordinaire de la force armée, n'ont pris aucun caractère alarmant.

La plus grande tranquillité règne dans Paris, et les mesures de prudence qui avaient été prises paraissent n'avoir plus d'objet. On n'emploie aujourd'hui que les moyens ordinaires de police. L'effervescence d'un petit nombres d'individus, agitateurs ou égarés, est reléguée dans quelques clubs qui existent sous les auspices de la liberté, mais dont on surveille les mouvements. La fermentation qui s'y manifeste n'est donc que très-partielle, et l'on espère qu'elle n'influera pas sur l'opinion qui sera émise dans la prochaine assemblée des sections de Paris.

## CONVENTION NATIONALE.
### Présidence de Legendre.
#### SUITE DE LA SÉANCE DU 28 BRUMAIRE.

Le président donne lecture d'une lettre de Carrier, dans laquelle il demande :

1° Que la Convention lui accorde un délai d'une décade pour méditer sa défense ;

2° Qu'elle lui communique le rapport imprimé de la commission ;

3° Que l'accusateur public soit tenu de lui faire passer les copies ou originaux des lettres de Phelippes-Tronçjolly.

Après quelques discussions, l'assemblée passe à l'ordre du jour sur la première demande de Carrier, et accorde les deux autres.

— Lakanal présente la rédaction définitive du décret sur la formation des écoles primaires : elle est adoptée ainsi qu'il suit :

« La Convention nationale, après avoir entendu le rapport de son comité d'instruction publique, décrète :

#### CHAPITRE Ier.
#### *Institution des écoles primaires.*

« Art. Ier. Les écoles primaires ont pour objet de donner aux enfants de l'un et l'autre sexe l'instruction nécessaire à des hommes libres.

« II. Les écoles primaires seront distribuées sur le territoire de la république à raison de la population ; en conséquence, il sera établi une école primaire par mille habitants.

III. Dans les lieux où la population est trop dispersée, il pourra être établi une seconde école primaire, sur la demande motivée de l'administration du district, et d'après un décret de l'assemblée nationale.

• **IV.** Dans les lieux où la population est pressée, une seconde école ne pourra être établie que lorsque la population s'élèvera à deux mille individus ; la troisième à trois mille habitants complets, et ainsi de suite.

• **V.** Dans toutes les communes de la république les ci-devant presbytères non vendues au profit de la république sont mis à la disposition des municipalités, pour servir tant au logement de l'instituteur qu'à recevoir les élèves pendant la durée des leçons. En conséquence, tous les baux existants sont résiliés.

• **VI.** Dans les communes où il n'existe plus de ci-devant presbytères à la disposition de la nation, il sera accordé, sur la demande des administrations de district, un local convenable pour la tenue des écoles primaires.

• **VII.** Chaque école primaire sera divisée en deux sections, l'une pour les garçons, l'autre pour les filles. En conséquence, il y aura un instituteur et une institutrice. »

### Chapitre II.

#### Jury d'instruction.

• **Art. Ier.** Les instituteurs et les institutrices sont nommés par le peuple ; néanmoins, pendant la durée du gouvernement révolutionnaire, ils seront examinés, élus et surveillés par un jury d'instruction composé de trois membres désignés par l'administration du district, et pris, hors de son sein, parmi les pères de famille.

• **II.** Le jury d'instruction sera renouvelé par tiers tous les six mois.

• Le commissaire sortant pourra être réélu. »

### Chapitre III.

#### Des instituteurs.

• **Art. Ier.** Les nominations des instituteurs et des institutrices élus par le jury d'instruction seront soumises à l'administration du district.

• **II.** Si l'administration refuse de confirmer la nomination faite par le jury, le jury pourra faire un autre choix.

• **III.** Lorsque le jury persistera dans sa nomination, et l'administration dans son refus, elle désignera, pour la place vacante, la personne qu'elle croira mériter la préférence : les deux choix seront envoyés au comité d'instruction publique, qui prononcera définitivement entre l'administration et le jury.

• **IV.** Les plaintes contre les instituteurs et les institutrices seront portées directement au jury d'instruction.

• **V.** Lorsque la plainte sera en matière grave, et après que l'accusé aura été entendu, si le jury juge qu'il y a lieu à destitution, sa décision sera portée au conseil général de l'administration du district, pour être confirmée.

• **VI.** Si l'arrêté du conseil général n'est pas conforme à l'avis du jury, l'affaire sera portée au comité d'instruction publique, qui prononcera définitivement.

• **VII.** Les instituteurs et les institutrices des écoles primaires seront tenus d'enseigner à leurs élèves les livres élémentaires, composés et publiés par ordre de la Convention nationale.

• **VIII.** Ils ne pourront recevoir chez eux, comme pensionnaire, ni donner de leçon particulière à aucun de leurs élèves : l'instituteur se doit tout à tous.

• **IX.** La nation accordera aux citoyens qui auront rendu de longs services à leur pays dans la carrière de l'enseignement une retraite qui mettra leur vieillesse à l'abri du besoin.

• **X.** Le salaire des instituteurs sera uniforme sur toute la surface de la république ; il est fixé à 1,200 livres pour les instituteurs, et 1,000 livres pour les institutrices. Néanmoins, dans les communes dont la population s'élève au-dessus de vingt mille habitants, le traitement de l'instituteur sera de 1,500 livres, et celui de l'institutrice de 1,200 livres. »

### Chapitre IV.

#### Instruction et régime des écoles primaires.

• **Art. Ier.** Les élèves ne seront pas admis aux écoles primaires avant l'âge de six ans accomplis.

• **II.** Dans l'une et l'autre section de chaque école, on enseignera aux élèves : 1° à lire et à écrire et les exemples de lecture rappelleront leurs droits et leurs devoirs ; 2° la Déclaration des Droits de l'Homme et du Citoyen, et la Constitution de la république française ; 3° on donnera des instructions élémentaires sur la morale républicaine ; 4° les éléments de la langue française, soit parlée, soit écrite ; 5° les règles du calcul simple et de l'arpentage ; 6° les éléments de la géographie et de l'histoire des peuples libres ; 7° des instructions sur les principaux phénomènes et les productions les plus usuelles de la nature. On fera apprendre le recueil des actions héroïques et les chants de triomphe.

• **III.** L'enseignement sera fait en langue française. L'idiome du pays ne pourra être employé que comme un moyen auxiliaire.

• **IV.** Les élèves seront instruits dans les exercices les plus propres à entretenir la santé et à développer la force et l'agilité du corps. En conséquence, les garçons seront élevés aux exercices militaires, auxquels présidera un officier de la garde nationale, désigné par le jury d'instruction.

• **V.** On les formera, si la localité le comporte, à la natation : cet exercice sera dirigé et surveillé par des citoyens nommés par le jury d'instruction, sur la présentation des municipalités respectives.

• **VI.** Il sera publié des instructions pour déterminer la nature et la distribution des autres exercices gymnastiques propres à donner au corps de la force et de la souplesse, tels que la course, la lutte, etc.

• **VII.** Les élèves des écoles primaires visiteront plusieurs fois l'année, avec leurs instituteurs, et sous la conduite d'un magistrat du peuple, les hôpitaux les plus voisins.

• **VIII.** Les mêmes jours ils aideront dans leurs travaux domestiques et champêtres les vieillards et les parents des défenseurs de la patrie.

• **IX.** On les conduira quelquefois dans les manufactures et les ateliers où l'on prépare des marchandises d'une consommation commune, afin que cette vue leur donne quelque idée des avantages de l'industrie humaine et éveille en eux le goût des arts utiles.

• **X.** Une partie du temps destiné aux écoles sera employée à des ouvrages manuels de différentes espèces utiles et communs.

• **XI.** Il sera publié une instruction pour faciliter l'exécution des deux articles précédents, en rendant la fréquentation des ateliers et le travail des mains vraiment utiles aux élèves.

• **XII.** Des prix d'encouragement seront distribués tous les ans aux élèves, en présence du peuple, dans la fête de la Jeunesse.

• **XIII.** Le comité d'instruction publique est chargé de publier sans délai des règlements sur le régime et la discipline interne des écoles primaires.

« XIV. Les jeunes citoyens qui n'auront pas fréquenté ces écoles seront examinés en présence du peuple à la fête de la Jeunesse ; s'il est reconnu qu'ils n'ont pas les connaissances nécessaires à des citoyens français, ils seront écartés, jusqu'à ce qu'ils les aient acquises, de toutes les fonctions publiques.

« XV. La loi ne peut porter aucune atteinte au droit qu'ont les citoyens d'ouvrir des écoles particulières et libres sous la surveillance des autorités constituées.

« XVI. La Convention nationale rapporte toute disposition contraire à la présente loi. »

DUHEM : Il a été fait hier, à la fin de la discussion sur les écoles primaires, une réflexion qui mérite d'être pesée. Vous avez ordonné qu'il serait composé des livres élémentaires ; vous avez institué des écoles normales ; vous avez pris enfin toutes les précautions possibles pour que la jeunesse française reçût partout la même éducation ; cependant , par un autre article, je vois qu'il est permis d'ouvrir des écoles particulières, sous l'autorisation des corps constitués. Je crains que, par l'effet de cet article, les écoles publiques ne deviennent, à l'égard des écoles particulières, ce qu'étaient autrefois les écoles de pauvreté à l'égard de celles où l'on payait ; je crains qu'elles ne soient fréquentées que par les enfants des sans-culottes, et que messieurs les riches n'envoient les leurs dans les autres. Je ne crois pas que l'examen que tous les enfants devront subir à la fête de la Jeunesse puisse nous rassurer sur les inconvénients des écoles particulières, car rien n'empêchera les maîtres d'endoctriner ces petits messieurs à cette époque. (Murmures.)

LE PRÉSIDENT : Il n'y a plus de messieurs, il n'y a que des enfants de la patrie. Je rappelle à Duhem qu'il doit parler avec la décence qui convient à un législateur.

DUHEM : C'est une expression échappée. Je regarde ces écoles particulières comme une institution à côté d'une institution. Les instituteurs ne sont pas astreints à se servir des mêmes livres élémentaires ; rien n'est prévu pour s'opposer à l'aristocratie des richesses. Je demande que le comité d'instruction publique s'occupe de cet objet, qui importe plus qu'on ne pense à l'établissement de la démocratie.

LECOMTE : Le préopinant a tant à cœur le système d'égalité qu'il veut établir à quelque prix que ce soit, qu'il ne peut pas supporter qu'un citoyen ait plus de mérite qu'un autre ; qu'il ne peut pas supporter que, dans un examen public, des citoyens manifestent des dispositions plus heureuses que d'autres.

DUHEM : Ce n'est pas ça.

LECOMTE : Dès que tu le désavoues, je n'en veux pas davantage. Je demande l'ordre du jour sur la proposition.

ROMME : Je pense que, si vous voulez donner des institutions républicaines à vos enfants, vous ne devez pas vous en tenir à ce que vous avez fait hier. Il faut que la surveillance nationale entre dans les écoles particulières, pour s'assurer qu'ils y sont élevés dans un bon esprit, et qu'on leur enseigne les principes de républicanisme.

Je crois que le comité d'instruction publique doit être chargé d'examiner : 1° si le choix des instituteurs particuliers ne doit pas être soumis à quelques formalités qui assurent que ces fonctions ne seront confiées qu'à des hommes dont les mœurs sont pures ; 2° s'il ne conviendrait pas que ces hommes fussent astreints à se servir des mêmes livres élémentaires que ceux qui seront d'usage dans les écoles publi-

ques ; 3° s'il ne conviendrait pas de prescrire à leurs élèves les mêmes exercices gymnastiques qu'à ceux des écoles publiques ; 4° enfin, s'il ne serait pas nécessaire que les examens fussent plus fréquents, et que sur certaines parties ils fussent faits par les jeunes gens eux-mêmes ; car ils seront plus justes que beaucoup d'instituteurs que vous placerez à côté d'eux.

DUBOIS-CRANCÉ : Je demande si l'on ne veut pas permettre à un père d'élever son fils ?

THIBAULT : Je ne répondrai point à Romme. Déjà hier on voulut apporter des entraves au droit qu'ont tous les citoyens d'ouvrir des écoles primaires sous la surveillance des magistrats. Cette proposition fut rejetée, et j'espère qu'elle le sera encore aujourd'hui. Je veux faire une observation sur le projet en général.

Vous n'aurez jamais de gouvernement tant que les dépenses excéderont la recette ; or les frais qu'occasionnera ce projet me paraissent énormes. (Murmures.)

Je demande que vous chargiez le comité des finances de vous présenter les moyens de diminuer ces frais, en conservant d'ailleurs toutes les autres dispositions du décret.

*** : Je demande la question préalable sur toutes les propositions. On a craint que les jeunes gens qui seront élevés dans les écoles particulières ne viennent briller dans les examens, aux dépens des élèves des écoles publiques : je réponds qu'il faut choisir les instituteurs de ces dernières écoles de manière à ce que ce soient leurs élèves qui éclipsent les autres.

Déjà cette question a été agitée, et l'on a reconnu que l'on ne pouvait pas priver un père de la faculté d'instruire son enfant. On a senti qu'on ne pouvait que surveiller l'instruction particulière, afin qu'elle fût ce que la patrie a le droit d'exiger qu'elle soit, et c'est ce qu'on a fait par le décret d'hier. Tout est terminé à cet égard.

Quant à la proposition de Thibault, je dis que ce n'est pas sur l'instruction publique qu'il faut économiser. Elle produit de trop grands biens pour qu'on doive y mettre de la parcimonie. Prenez garde d'ailleurs que, si le trésor public ne la payait pas, les parents des enfants la supporteraient, et le pauvre, qui a de la famille souvent plus que le riche, serait obligé d'y contribuer pour une somme plus forte que ce dernier. En la faisant supporter par la nation, au contraire, vous en dispensez le pauvre, car il ne paie pas d'impôts, et vous la faites porter sur le riche, et même sur le célibataire qui autrement n'y aurait pas contribué.

LAKANAL : Je trouve que les observations de Romme sont d'un très-grand poids. S'il ne faut pas porter atteinte au droit que les parents ont d'élever leurs enfants , il faut surveiller aussi les éducations particulières, afin qu'elles contribuent au maintien et à la prospérité de la république. Ainsi, je crois qu'il serait avantageux que le comité trouvât le moyen de concilier ce qui est dû à la faculté qui appartient au père d'élever son enfant avec les droits que la patrie a sur ce dernier.

BOISSIEUX : Je m'oppose au renvoi. Le décret d'hier prévient toutes les craintes qu'on a manifestées. Aux termes de ce décret, nul ne peut être admis à aucune fonction publique s'il n'a pas les connaissances qu'il exige ; d'un autre côté, les municipalités sont chargées de surveiller les écoles particulières ; enfin la loi exige un examen de tous les enfants, soit qu'ils reçoivent une éducation particulière, ou l'éducation publique.

Il est impossible, comme on l'a dit, de priver un

père de la faculté d'élever son enfant, et je ne vois pas pourquoi l'on s'opposerait à ce que l'éducation particulière fît, si cela est possible, de meilleurs sujets que l'éducation publique.

LEVASSEUR (de la Sarthe) : Je vais poser un principe qu'on ne contestera pas : c'est que les enfants appartiennent à la patrie plus qu'à leurs pères et mères. (Murmures.) La patrie doit donc veiller sur l'éducation de tous indistinctement. Il faut que les écoles particulières soient surveillées comme les écoles publiques, qu'on oblige les pères et mères à se servir des mêmes livres d'usage dans ces dernières écoles, à ne leur apprendre que les mêmes sciences, que les mêmes choses. J'appuie le renvoi des propositions au comité d'instruction publique.

CLAUZEL : Je m'oppose au renvoi. Je suis d'accord avec le préopinant que les enfants appartiennent plus à la patrie qu'à leurs parents ; mais on a déjà dit que les autorités constituées étaient chargées de la surveillance des écoles particulières. Il semble d'ailleurs qu'on oublie qu'il s'agit ici de Français républicains ; pourquoi mettre des entraves inutiles à l'éducation des enfants ? Robespierre vous les proposait aussi ces entraves, parce qu'il détestait la liberté, je ne prête pas le même sentiment à celui qui a parlé avant moi, mais je dis qu'il ne faut pas entraver le zèle des pères de famille. Je demande l'ordre du jour sur toutes les propositions.

L'ordre du jour est adopté.

— Monnet propose, au nom du comité des décrets et archives, la nomination des citoyens qui doivent composer l'agence temporaire des titres, à Paris, pour faire le triage de toutes les archives domaniales ou judiciaires qui existent.

Ce décret est adopté en ces termes :

« La Convention nationale, après avoir entendu son comité des décrets, procès-verbaux et archives, sur l'exécution des articles XVI et XVII de la loi du 4 messidor dernier, décrète :

« Art 1er. L'agence temporaire des titres, à Paris, sera formée des citoyens ci-après nommés :

« Liebbe, âgé de soixante ans, ancien bibliothécaire de l'Abbaye de Saint-Germain, rue Taranne, n° 38, section de l'Unité ;

« Villiers-Terrage, âgé de cinquante ans, ancien premier commis des finances, puis chez le ministre de l'intérieur, ensuite à l'agence des lois, rue et section du Mont-Blanc ;

« Blondel, âgé de cinquante ans, ancien avocat, rue des Vieilles-Tuileries, n° 220 ;

« Maurice Reboul, âgé de quarante-huit ans, ancien archiviste du collège de l'Egalité, ci-devant Louis-le-Grand, depuis 1769, rue Jacques, au collège, section du Panthéon ;

« Mallet, âgé de quarante ans, ex-dépositaire de la section judiciaire du Louvre, au Louvre, section du Muséum ;

« Bouyn, âgé de quarante-huit ans, employé aux archives du ministre de l'intérieur depuis 1783, rue Croix-Chaussée-d'Antin, n° 967 ;

« Rousseau, homme de loi, rue Antoine, maison du miroitier, près le corps de garde ;

« Danthonay, âgé de quarante-cinq ans, ci-devant exerçant le ministère public à la Connétablie, rue Guénégaud, n° 20 ;

« Temple, du département de l'Aveyron, ancien secrétaire de la légation de Suède en France.

« II. L'agence temporaire des titres, à Paris, sera divisée en trois sections.

« III. Elle entrera en activité le 1er frimaire prochain. »

— Guyton-Morveau, au nom du comité de salut public, fait un rapport sur la pétition présentée hier par les ouvriers de l'atelier d'armes de l'île de la Fraternité. Sur la demande de ces citoyens à la journée de n'entrer qu'à sept heures dans leur atelier, le comité a pris un arrêté qui acquiescera à cette demande. Sur leurs plaintes, relativement à une administration qui les vexe, le comité a vu en effet que cette administration était mauvaise, puisqu'elle était dirigée par des hommes placés par les triumvirs. Il propose à ce sujet de décréter que l'atelier de l'île de la Fraternité sera mis sous l'inspection de la commission des poudres et salpêtres. Une troisième réclamation de ces ouvriers était une augmentation de paye. Le rapporteur observe que cette réclamation ne peut regarder les ouvriers à la journée, dont le moindre, fût-ce un enfant de quatorze ans, reçoit jusqu'à 4 liv. par jour. Il considère que les victoires de la république étant aussi considérables, il n'est pas essentiel que le gouvernement continue à faire des dépenses aussi énormes que celles qu'il a faites ; que si plusieurs ouvriers de cet atelier, amenés des armées pour ce travail, ne peuvent se borner au prix qui leur est donné par journée, il leur est libre de retourner à leur bataillon, avec lequel ils étaient si généreusement partis pour la défense de la patrie. Le rapporteur conclut en demandant qu'il soit décrété qu'il n'y a pas lieu à délibérer sur la demande en augmentation de paye.

Toutes ces propositions sont adoptées.

SAINT-MARTIN, au nom du comité des secours publics : Votre comité, après avoir examiné avec la plus sévère attention la question de savoir si la loi du 13 prairial pourrait être applicable à la citoyenne Sopplis, veuve Desruelles, a unanimement voté pour la négative.

Il a considéré qu'il est dans la lettre et dans l'esprit de cette loi de n'accorder des pensions et des secours qu'aux veuves et aux familles des citoyens qui sont morts en défendant la patrie, ou en faisant un service requis ou commandé ;

Que le citoyen Desruelles ne se trouve ni dans l'un, ni dans l'autre de ces cas. Il n'est pas mort en défendant la patrie, nul doute à ce sujet ; il n'est pas mort non plus en faisant un service requis et commandé : il était bien en réquisition pour travailler à la manufacture nationale d'armes établie aux ci-devant Cordeliers, mais on ne peut pas présumer qu'il soit mort dans l'exercice de ses fonctions, ou de la suite des fatigues de ces mêmes fonctions, puisqu'il a été trouvé noyé dans la Seine. A-t-il été assassiné ? a-t-il été tué dans une rixe, ou bien s'est-il noyé par accident, ou volontairement ? C'est ce qu'on ignore ; mais, je le répète, le genre de sa mort écarte toute présomption qu'elle soit la suite de son service de maître forgeron à la manufacture d'armes.

Ce serait ouvrir une trop large porte aux abus, ce serait constituer la république en des dépenses au-dessus de ses forces, que d'étendre les dispositions de la loi du 13 prairial aux familles de tous les citoyens employés par la nation, qui meurent accidentellement, ou de maladie naturelle, hors de l'exercice de leurs fonctions.

Cette loi est juste, bienfaisante, digne de la munificence d'une grande nation ; jamais, chez aucun peuple, la patrie ne donna des secours si abondants aux familles indigentes des citoyens qui meurent à son service ; mais il faut prendre garde de ne pas la rendre inexécutable en lui donnant une extension qui épuiserait le trésor public.

Ce sont ces considérations qui ont déterminé votre comité à arrêter que la veuve Desruelles n'avait point droit à la pension.

Mais, comme cette veuve, chargée de trois enfants en bas âge, est dans l'indigence, comme elle a été attirée à Paris par la réquisition de son mari, comme ce voyage lui a occasionné des pertes, et qu'elle est sans moyens pour regagner ses foyers, le comité m'a chargé de vous proposer de lui accorder un nouveau secours de la somme de 400 liv., une fois payée; je vous propose le décret suivant :

« La Convention nationale, après avoir entendu son comité des secours publics sur la pétition de la citoyenne Supplis, veuve Desruelles, maître forgeron, travaillant à l'atelier d'armes établi aux ci-devant Cordeliers de Paris,

« Décrète que, sur le vu du présent décret, la trésorerie nationale paiera à la veuve Desruelles la somme de 400 liv. à titre de secours et indemnité, pour l'aider à retourner avec ses enfants au lieu de son domicile. »

Ce décret est adopté.

La séance est levée à quatre heures.

### SÉANCE DU 28 BRUMAIRE.

On lit la correspondance.

*Extrait de l'Adresse des citoyens de Villefranche-sur-Saône, département du Rhône, réunis en Société populaire.*

« Pères de la patrie, les membres composant la Société populaire de Villefranche sont et demeureront inviolablement attachés à la république une, indivisible et démocratique.

« La Convention nationale est pour eux l'unique centre d'union, leur seul point de ralliement.

« Ils mourront tous plutôt que de souffrir qu'il y soit porté aucune atteinte.

« Ils seront toujours pénétrés du respect le plus profond, de la soumission la plus parfaite aux lois émanées d'elle.

« Ils ont voué l'amitié la plus fraternelle à toutes les Sociétés populaires, et prononcent anathème contre tous ceux qui en voudraient la dissolution.

« Ils ont juré une haine éternelle à tous les tyrans, les dominateurs, les aristocrates, les modérés, et à toutes les espèces d'intrigants et de fripons.

« Ils ont applaudi avec enthousiasme à la chute des conspirateurs, et souhaitent le même sort à tous ceux qui paraîtront.

« Ils ont promis que désormais pour eux les principes seraient tout, et les individus rien.

« Votre Adresse au peuple français a été lue et entendue avec l'enthousiasme qui caractérise des hommes libres, qui aiment la vertu et la justice, qui désirent de tout leur cœur d'en voir affermir l'empire, et qui font tous leurs efforts pour faire triompher la république de tous ses ennemis.

« Nous vous faisons passer la somme de 3,600 livres en assignats; c'est une portion de la souscription que nous avons ouverte pour contribuer à l'équipement des vaisseaux. Bientôt nous vous ferons passer le supplément. Tous les ateliers de ce district pour la fabrication du salpêtre sont dans la plus grande activité.

« Il en a déjà été déposé 43,703 livres, provenant des différentes livraisons des chefs-lieux de canton.

« Villefranche, pour sa part, a fourni 6,873 livres. » (On applaudit.)

*(Suivent plusieurs pages de signatures.)*

Mention honorable.

RÉAL, au nom des comités de salut public et des finances réunis : Citoyens, favoriser le commerce, l'agriculture et les arts, encourager tous les établissements propres à développer l'industrie nationale, tel est le vœu bien prononcé de la Convention.

C'est pour entrer dans vos vues générales de bien public que je viens vous proposer, au nom de vos comités de salut public et des finances réunis, d'utiliser les bâtiments de la ci-devant abbaye des Prémontrés, en les aliénant sur le pied de l'estimation, pour y établir une manufacture de verrerie, une fabrique de salpêtre, et une de potasse.

L'abbaye des Prémontrés, située dans un local entouré de montagnes et couvert de bois, n'est propre qu'à l'établissement d'une usine à feu : on ne peut tirer aucun autre parti de ces bâtiments, qui ne sont pas susceptibles de division.

Les terres, prairies et domaines qui en dépendaient ont été vendus en petits lots distincts et séparés, conformément à la loi.

Il ne reste plus que quelques arpents de terre autour des bâtiments, un moulin et des étangs dont les eaux sont nécessaires pour donner l'action aux usines qu'on se propose d'y établir.

Deux fois ces bâtiments ont été adjugés à la chaleur des enchères, et à deux acquéreurs insolvables : la première fois au citoyen Dominique, ouvrier menuisier, au prix de 519,000 livres; et la seconde, sur sa folle enchère, à Maurice Prudhomme, sabotier, au prix de 310,000 liv. Ces acquéreurs, dans l'impuissance de fournir le premier à-compte, ont fait signifier leur désistement.

Pour éviter un pareil résultat dans une troisième adjudication, la municipalité de Prémontré et l'administration du district de Chauny ont pensé que le parti le plus avantageux à la nation était d'aliéner, sur le pied de l'estimation, ces bâtiments à quelque entrepreneur ou société, pour y établir une manufacture qui raviverait un pays pauvre et stérile, en augmentant nos richesses commerciales.

Le citoyen Cagnon, artiste connu dans la verrerie pour fabriquer des verres de chimie et de pharmacie supérieurs à ceux des Anglais, s'est présenté pour acquérir ces bâtiments, à la charge d'y établir une manufacture de verrerie, une fabrique de salpêtre et une de potasse.

Consultés sur les avantages de cette proposition, le district de Chauny, les commissions des revenus nationaux, d'agriculture et des arts, et des secours publics, ont unanimement émis un vœu favorable pour l'établissement proposé.

La commission des secours publics a surtout observé que la manufacture de verrerie offrirait des ressources précieuses pour le service des hôpitaux militaires, qui avaient un besoin pressant de verres de pharmacie.

Déterminés par des motifs d'intérêt public, vos comités de salut public et des finances ont pensé que la Convention devait faciliter un établissement qui sera un jour de quelque poids dans la balance du commerce, et qui dès à présent nous procurera des objets nécessaires à nos armées, objets que nous serions obligés de tirer en partie de l'étranger. Les mêmes motifs ont engagé vos comités à imposer à l'acquéreur l'obligation de maintenir l'établissement proposé pendant un temps déterminé.

Enfin l'adjudicataire qui se présente ne demande ni secours, ni avance. C'est sur le pied d'une estimation rigoureuse qu'il paiera les immeubles qui lui seront aliénés.

Voici le projet de décret que je suis chargé de vous proposer :

« La Convention nationale, après avoir entendu le rapport de ses comités de salut public et des finances, section des domaines, réunis, sur la soumission faite par le citoyen Cagnon, d'acquérir les bâtiments, terres, étangs et moulins restant à vendre de la ci-devant abbaye des Prémontrés, pour y établir une manufacture de verre, une fabrique de salpêtre et une de potasse, décrète ce qui suit :

«Art. I<sup>er</sup>. Il sera incessamment procédé à l'estimation exacte et rigoureuse des bâtiments, cour, jardin, clos, terres, prés, étangs, moulins et autres dépendances restant à vendre de la ci-devant abbaye des Prémontrés, district de Chauny, département de l'Aisne.

« Cette estimation sera faite par trois experts nommés, l'un par la commission des revenus nationaux, le second par le directoire du département de l'Aisne, et le troisième par le directoire du district de Chauny.

«II. Ces experts opéreront, en présence d'un autre expert nommé par le citoyen Cagnon, qui aura voix instructive ; ils adresseront leur procès-verbal au comité des finances, qui en fera son rapport à la Convention nationale, à l'effet de décréter l'aliénation, s'il y a lieu.

« III. L'adjudicataire paiera le prix des objets qui lui seront aliénés, dans les termes et de la manière prescrite pour l'aliénation des domaines nationaux.

« IV. L'adjudicataire sera tenu de réaliser l'établissement proposé dans une année à compter du décret d'adjudication, et de le maintenir au moins l'espace de dix années ; faute par l'adjudicataire de remplir ces conditions, il sera évincé des bâtiments et autres propriétés à lui adjugés, et ne pourra répéter le premier payement qu'il aurait fait en conformité de l'article précédent. »

Ce décret est adopté.

BEAUCHAMP, au nom du comité de législation : Citoyens, je viens vous rendre compte d'une réclamation qui dépend de la question de savoir si les ecclésiastiques sujets à la déportation par la loi du 26 août 1793 (vieux style) ont pu disposer valablement de leurs biens avant leur sortie du territoire français.

Pierre-Maurice Puinesge, prêtre, passa en pays étranger pour obéir à la loi du 26 août. Le 31 août, du même mois, avant son départ, il fit donation d'un domaine qu'il possédait dans le district de Limoges à deux de ses neveux ; la donation fut enregistrée le 15 septembre suivant. Les biens donnés furent séquestrés, d'après la loi qui classe les prêtres déportés parmi les émigrés ; les donataires ont demandé la levée du séquestre : le district de Limoges y a donné son assentiment ; mais le département de la Haute-Vienne s'y est refusé, par une délibération du 28 messidor, sous le prétexte que la donation est annulée par l'article I<sup>er</sup> de la loi du 17 nivose.

Voici les faits.

Il est incontestable que les ecclésiastique qui se sont déportés en exécution de la loi du 26 août ont pu disposer de leurs biens ; car aucune loi ne les avait expropriés.

Le décret du 17 septembre dernier (vieux style) les a assimilés aux émigrés ; dès lors leurs biens ont été acquis à la république.

Celui du 22 ventose est venu ensuite expliquer celui du 17 septembre ; et il en résulte que les seuls biens des prêtres déportés volontairement, en exécution de la loi du 26 août, qui soient soumis à la confiscation sont ceux dont ils n'avaient pas disposé dans les formes authentiques avant le 17 septembre dernier, et que tous ceux dont ils avaient disposé par actes devenus authentiques avant cette époque sont exceptés de la confiscation.

Votre comité a donc pensé que la donation faite par le prêtre Puinesge à ses neveux, étant revêtue de toutes les formes exigées par la loi, devait recevoir son exécution.

Les motifs tirés de la loi du 17 nivose ne lui ont

pas paru applicables à l'espèce. Cette loi annulle toutes les donations postérieures au 14 juillet 1789 (vieux style). Mais au profit de qui ? c'est au profit des héritiers légitimes, c'est pour le maintien des principes de l'égalité des partages. Il n'appartient qu'à ceux qui sont lésés de réclamer le bénéfice de cette loi et la violation du principe.

Nous n'avons pas eu recours à d'autres motifs pour sentir la nécessité de vous proposer l'annulation de la délibération du département.

Voici le projet de décret :

« La Convention nationale, après avoir entendu le rapport de son comité de législation sur la pétition de Maurice Puinesge, qui demande, au nom de ses enfants, la levée du séquestre mis sur les biens à eux donnés par Pierre-Maurice Puinesge, prêtre, déporté en exécution de la loi du 26 août 1793 (vieux style) ;

« Considérant que la donation dont il s'agit a été faite le 31 août 1792, et est devenue authentique par la voie de l'enregistrement, le 15 septembre suivant ; qu'ainsi elle se trouve textuellement dans la classe des actes déclarés, valides par l'article V de la loi du 22 ventose ;

« Considérant que la loi du 17 nivose, qui annulle toutes donations faites depuis et y compris le 14 juillet 1789, n'est fondée que sur l'égalité des partages, et ne regarde que les héritiers lésés, seuls en droits de réclamer contre la violation de ce principe sacré ;

« Déclare nul l'arrêté du département de la Haute-Vienne, en date du 28 messidor, qui a maintenu le séquestre sur les biens donnés par Pierre-Maurice Puinesge à ses neveux, et leur en accorde main-levée.

« Le présent décret ne sera pas imprimé ; il sera envoyé manuscrit au département de la Haute-Vienne pour son exécution. »

Ce décret est adopté.

— Sur le rapport du même membre, le décret suivant est rendu :

« La Convention nationale, après avoir entendu son comité de législation sur la pétition de Germain Lombardat, tailleur à Auxerre, condamné à quatre ans de fers pour avoir soustrait de la maison de Boucher-la-Rapelle, père d'émigré, des scellés et meubles desquels il était gardien, *une partie de farine dans une serviette* ;

« Considérant que la farine dont il s'agit avait été laissée, lors du séquestre mis sur les biens de la Rapelle, à la disposition de sa famille pour son usage, et qu'elle n'était pas sous la garde de Lombardat ;

« Considérant qu'il ne pouvait y avoir lieu à condamner Lombardat à quatre années de fers que dans le cas où le jury aurait déclaré que la farine volée excédait la valeur de 10 livres ;

« Considérant que non-seulement ce préliminaire n'a pas été rempli, mais encore qu'il est matériellement impossible de renfermer dans une serviette la quantité de trente-trois livres de farine, nécessaire pour former une valeur de 40 livres ;

« Déclare nuls la déclaration du jury de jugement et le jugement rendu le 24 prairial contre Germain Lombardat, et le renvoie devant le tribunal de police correctionnelle.

« Le présent décret ne sera pas imprimé ; il sera envoyé manuscrit à l'accusateur public près le tribunal criminel du département de l'Yonne. »

(*La suite demain.*)

---

*Payements à la trésorerie nationale.*

Le payement du perpétuel est ouvert pour les six premiers mois ; il sera fait à tous ceux qui seront porteurs d'inscriptions au grand livre. Celui pour les rentes viagères est de huit mois vingt et un jours de l'année 1793 (vieux style).

# GAZETTE NATIONALE ou LE MONITEUR UNIVERSEL.

N° 61. *Primidi 1er Frimaire, l'an 3e. (Vendredi 21 Novembre 1794, vieux style.)*

## POLITIQUE.

### DANEMARK.

*Elseneur, le 25 octobre.* — L'escadre française qui a croisé quelque temps dans la mer du Nord est rentrée dans le port de Bergen, en Norwége. Cette escadre est composée de plusieurs vaisseaux de ligne, frégates et autres bâtiments inférieurs. Ces forces navales, après avoir stationné quelque temps dans cette mer, se réuniront à Bergen, pour, de là, conduire en France les nombreuses prises qui sont à leur voyage.

On travaille à Bergen à l'équipement des prises, pour les mettre en état de faire le voyage.

Une division anglaise s'était montrée dans ces parages, quelque temps avant l'arrivée de l'escadre française; mais depuis ce moment elle a disparu. On présume que les mauvais temps qui ont régné dans ces mers ont empêché les Anglais de découvrir l'escadre française, et que ceux-ci auront été contraints d'aller se réfugier dans leurs ports.

### HOLLANDE.

*La Haye, le 30 octobre.* — La cour stathoudérienne a quitté la maison du Bois, pour revenir dans cette capitale. Le stathouder est parti à la hâte pour Arnheim et pour Utrecht, afin d'arrêter les suites du mécontentement causé par les excès des troupes anglaises; mais, avant son départ, pour donner l'exemple du dévouement patriotique, il a envoyé à la Monnaie sa vaisselle d'or et d'argent. Le prince d'Orange a imité cet exemple.

— Les Français menacent vivement la province de Hollande. Leur intention paraît être d'y pénétrer par la Gueldre.

— L'envoyé anglais Elliot s'est rendu d'ici à Brunswick. Il paraît certain qu'il est chargé de la part du gouvernement britannique, de proposer avec instance au duc régnant le commandement en chef de l'armée qui était sous les ordres du duc d'York. Il paraît qu'il aura également celui des troupes hollandaises.

— Spencer et Grenville, ci-devant agents plénipotentiaires du cabinet de Saint-James auprès de la cour de Vienne, sont passés par ici pour retourner à Londres. Il est confirmé que leur mission n'a point eu de succès.

Lord Malmesbury n'a pas été plus heureux dans la négociation dont il était chargé pour obtenir qu'une partie de l'armée prussienne marchât à la défense de la Hollande.

Le général Mollendorf a déclaré ne vouloir défendre que le Rhin. En conséquence, lord Malmesbury va quitter son poste auprès du roi de Prusse, et doit se rendre incessamment ici.

### ITALIE

*Du territoire de Gênes, le 30 octobre.* — Le secrétaire d'État de la république de Gênes a reçu une visite officielle du citoyen Villars, nouveau ministre de la république française à Gênes, et la lui a rendue.

— L'ancien ministre français Tilly a été consigné aussitôt après son arrivée à Vado. On assure qu'il a été mis sur-le-champ sous la garde de quelques gendarmes qui doivent le mener à Paris.

— Le ministre anglais Drack a pris congé du doge; il retourne à Londres.

— Les opérations militaires paraissent être momentanément suspendues. Le général autrichien Argenteau est en ce moment retranché sur la colline qui domine le fort de

Ceva. Le corps d'armée du général Colly et celui de Colloredo couvrent ses flancs.

## RÉPUBLIQUE FRANÇAISE.

*Paris, le 29 brumaire.* — Nous recevons des frontières de la Suisse la note suivante sur les émigrés :

« Les émigrés retirés en Italie se plaignent amèrement de la rigueur de leur situation. On s'y occupe, comme ailleurs, d'en diminuer le nombre. On les repousse de Milan, de Rome, de Naples. On oblige ceux qui sont à Livourne de passer en Corse; à Trieste, on exige des répondants, une profession, de l'argent. Venise, qui avait admis un grand nombre de ces fugitifs, ne veut plus en entendre parler. Bientôt il ne leur restera d'autre asile que la tombe.

« Il paraît que les prêtres n'éprouvent pas un sort plus heureux que les autres, et qu'ils couvrent de malédictions les aristocrates qui ont concouru à les décider à abandonner la cause de la raison et de la liberté. »

*Port-la-Montagne, le 22 brumaire.* — Hier les vaisseaux ont célébré, par trois salves d'artillerie, l'inauguration du drapeau envoyé par la Convention à l'armée navale de la Méditerranée.

— D'après un arrêté du représentant du peuple Jean-Bon Saint-André, tous les vaisseaux ont ordre d'être prêts, sous dix jours, à tenir la mer.

## AVIS.

L'expérience ayant démontré que l'affluence journalière du public dans le bureau du grand livre occasionnait un retard inévitable dans l'expédition des inscriptions définitives, attendu qu'il est impossible aux employés, constamment occupés à écouter les réclamations, de trouver le temps d'y satisfaire;

Les citoyens qui, par quelque difficulté que ce soit, n'ont pu encore retirer leurs inscriptions, sont invités à ne se présenter, pour faire leurs réclamations, que *les jours pairs* de chaque décade. On emploiera pour cet objet le plus de commis possible, pour moins faire attendre les réclamants.

Les autres jours seront consacrés à l'examen des difficultés qui donnent lieu aux réclamations, et ce travail paisible et non interrompu mettra les employés à même de satisfaire le public beaucoup plus promptement.

*Avis aux créanciers ou prétendants droits sur l'actif de la ci-devant Nouvelle Compagnie des Indes.*

Les intéressés dans la société connue sous la dénomination de ci-devant Nouvelle Compagnie des Indes sont prévenus de nouveau qu'aux termes de la loi du 17 fructidor dernier, tous créanciers ou prétendants droits sur l'actif de cette Compagnie devront fournir leurs titres entre les mains des commissaires vérificateurs, agents ou préposés de la Société, avant le 1er nivose prochain, à peine de déchéance prononcée par ladite loi.

Le bureau est toujours établi place des Piques, n° 1525, où l'on pourra se présenter tous les matins, excepté les jours de décadi.

## CONVENTION NATIONALE.

*Décret du 25 brumaire.*

« Sur la proposition d'un de ses membres, et d'après

les renseignements avantageux fournis par plusieurs représentants du peuple sur la bonne conduite qu'a tenue et la bravoure qu'a fait éclater le 1er bataillon de la ci-devant 33e division de la gendarmerie à pied, aujourd'hui 32e, dans les différentes actions où elle s'est signalée contre les brigands de la Vendée.

« La Convention décrète que ledit bataillon a bien mérité de la patrie, et confirme la nomination qu'il a faite, de l'agrément du représentant du peuple en mission, des différents officiers dont il a été fait choix en remplacement de ceux morts au poste d'honneur et sur le champ de bataille. »

### SUITE A LA SÉANCE DU 29 BRUMAIRE.

*Présidence de Legendre.*

Le représentant du peuple David, retenu dans la maison d'arrêt du Luxembourg, écrit à la Convention qu'ayant entrepris un tableau qui demande des soins, il lui soit permis de retourner à son atelier.

Boissy d'Anglas : Vous ne devez point avoir deux poids et deux mesures : vous avez décrété que Carrier, contre lequel il y a des accusations très-graves, aurait la faculté de demeurer chez lui, sous la garde de quatre gendarmes. Je demande que David, qui est moins inculpé, puisse jouir de la même faveur, et qu'il lui soit permis de retourner à son atelier avec deux gendarmes.

On demande que cette lettre soit renvoyée au comité de sûreté générale, pour en faire un prompt rapport.

Cette dernière proposition est décrétée.

*Les citoyens de la commune de Bar-sur-Ornain, réunis en Société populaire, à la Convention nationale.*

« Représentants du peuple, votre décret ferme la salle des Jacobins ; elle fut autrefois l'asile des patriotes, elle n'était plus que l'antre des conspirateurs. C'est de là que sont sortis les modernes Catilinas, depuis Dumouriez jusqu'à Robespierre ; c'est là qu'on méditait de détruire la représentation nationale. Dispersés comme des brigands, le 9 thermidor, ils n'avaient qu'ajourné leurs complots parricides. Gardez-vous de rallier ces serpents dangereux qui se replient en mille manières pour blesser à mort la vertu et la justice. Qu'ils ne trouvent plus d'asile ! qu'ils restent errants et abandonnés ! ils apprendront que le crime seul est en minorité dans la république ; lorsqu'il n'aura plus de repaire, la vertu n'aura plus rien à craindre.

« Ils faisaient la guerre aux patriotes ; ils voulaient être exclusivement pour dominer plus à leur gré. On peut maintenir la révolution sans cette agrégation monstrueuse des Jacobins. Le peuple a fait le 9 thermidor sans eux et malgré eux ; les Sociétés populaires peuvent exister, et elles existaient sans Société-mère. Notre point de ralliement sera la représentation nationale. Vive la république ! vive la Convention ! » (On applaudit.)

*( Suivent quatre pages de signatures.)*

La Convention décrète la mention honorable de cette Adresse, et l'insertion au Bulletin.

— Un pétitionnaire est admis.

« Citoyens représentants, la commune de Firmin et de Vineuil, toujours animée des principes de la révolution, attachée au respect qu'elle a pour la Convention, et toujours prête à vous faire un rempart du corps de chaque individu qui la compose, pour anéantir les projets liberticides des malveillants, m'a député vers vous, pour vous faire l'offre de la somme de 162 livres, qu'elle a recueillie dans l'arrondissement de sa commune, pour subvenir aux besoins des veuves et blessés à la plaine de Grenelle.

« Elle m'a chargé en outre d'être l'organe de ses intentions, qui sont d'être toujours soumise aux décrets émanés de l'assemblée nationale, en vous assurant qu'elle se joindra à toutes les communes voisines, chaque fois que le besoin l'exigera, pour se saisir des ennemis du bien public qui oseraient faire quelque tentative sur la représentation nationale, ne reconnaissant qu'elle pour son point de ralliement. Vive la Convention ! vive la liberté ! » ( On applaudit.)

Mention honorable, et insertion au Bulletin.

— Les ouvriers platineurs de l'atelier des Quinze-Vingts sont admis à la barre.

*L'orateur* : Législateurs, vous voyez devant vous une partie des braves habitants des faubourgs, que les intrigants voudraient corrompre pour servir leurs infâmes projets ; mais nous regardons avec mépris ceux qui veulent séduire le peuple et attenter à la représentation nationale. Chaque jour nos bras sont occupés à forger les foudres qui terrassent nos ennemis : nous avons juré d'être libres, et nous le jurons encore ; mais nous répugnerons toujours aux formes qui nous assimilent aux esclaves. (On applaudit.)

Nous vous demandons donc :

1° La suppression des appels nominaux, puisque nous ne sommes payés qu'en raison de nos ouvrages ;

2° De ne pas travailler, à la séance du matin, avant le jour ; la chandelle est trop rare ;

3° Nous demandons une augmentation de paye, vu la cherté des denrées ;

4° Que l'on mette à notre tête des connaisseurs tant en besogne qu'en matière, et non des ignorants.

L'assemblée décrète l'envoi de cette pétition au comité de salut public, et l'insertion par extrait au Bulletin.

Raffron, au nom du comité d'agriculture et des arts : Citoyens, vous avez nommé, le 26 de ce mois, le citoyen Lhéritier jeune, à la place de second commissaire de la commission d'agriculture et arts, sur la proposition qui vous en a été faite par votre comité d'agriculture et arts.

Le comité a reconnu depuis que le nom de celui que le citoyen Lhéritier jeune remplace n'a pas été énoncé tel qu'il est, par erreur.

La place de second commissaire de cette commission était devenue vacante par l'incarcération et la non-occupation du citoyen Gâteau, créature de Saint-Just, qui n'avait même jamais exercé.

Le comité me charge donc de vous proposer de rectifier ainsi cette erreur.

« La Convention nationale nomme le citoyen Lhéritier jeune à la place de second commissaire de la commission d'agriculture et des arts, devenue vacante par l'incarcération et la non-occupation du citoyen Gâteau. »

La mort du citoyen Thuillier (et non par Tellier) a fait encore vaquer une place de commissaire adjoint dans cette commission. Le comité vous proposera incessamment de nommer à cette place.

Le décret proposé par Raffron est adopté.

Porcher, au nom du comité de législation : L'article V du décret du 7 vendémiaire, concernant la composition, l'organisation et le complément des autorités constituées, a imposé à votre comité de législation l'obligation de veiller à ce que la chaîne des pouvoirs les plus intéressants pour le maintien de l'ordre public ne fût jamais rompue. Cette tâche importante est plus difficile qu'on ne le croirait d'abord, et fait l'objet de toute sa sollicitude ; et déjà, à l'aide des renseignements qui lui ont été transmis, principalement par ceux de nos collègues que des connaissances locales mettaient à même de donner des avis salutaires, il vient vous indiquer, pour compléter plusieurs tribunaux, tant criminels que civils, et quelques départements, des sujets propres à assurer la marche du gouvernement révolutionnaire, de ce gouvernement dont les formes doivent être plus promptes, plus rigides, plus appropriées aux dangers dont vous débarrassez chaque jour notre horizon politique, mais qui ne peut avoir rien d'effrayant pour le citoyen honnête et paisible ; car il ne peut jamais admettre dans les éléments qui doivent lui servir de base le moindre atome de ce qui pourrait porter l'empreinte de la tyrannie.

Le mépris et l'indignation publique ont élevé entre vous et les hommes qui osèrent professer des principes contraires un rempart qu'il ne leur sera jamais possible de franchir.

Des citoyens intègres, patriotes, doués de connaissances judiciaires et administratives, que la vertu seule ne peut jamais suppléer, vont être appelés dans toutes les parties de la république pour fortifier ce rempart ; alors toutes les espérances coupables de tous vos ennemis seront déjouées. Lorsque toutes les fonctions de la Société reposeront entre des mains pures et fidèles, que pourra contre le bonheur commun la rage impuissante de quelques hommes auxquels il ne reste pour patrimoine civil et politique que le fruit de leurs rapines et la célébrité que donnent le crime et les forfaits dont ils se sont couverts?

Le rapporteur propose un décret qui est adopté en ces termes :

« La Convention nationale, sur la présentation de son comité de législation, décrète :

« Tous les citoyens nommés en la liste annexée au présent décret entreront chacun dans les fonctions qui lui sont désignées.

« Le présent décret ne sera imprimé qu'au Bulletin de correspondance. La commission des administrations de police, civiles et tribunaux est chargée de l'exécution. »

*Liste des citoyens nommés pour remplir les places vacantes dans les tribunaux civils, criminels, de commerce, et dans les directoires des départements conformément aux dispositions des articles V et VI de la loi du 7 vendémiaire dernier.*

« *Département de la Drôme, tribunal criminel.*— Humbert Lony (administrateur du district de Montélimart), accusateur public.

« *Département de Maine-et-Loire, tribunal criminel.* —Jacques Gautret (d'Angers), accusateur public. ( Il a déjà rempli la même place. )

« *Département du Lot, tribunal de commerce.*—Revellat, cadet (négociant), juge ; Jean Garisson, suppléant ; Ternaud-Debia, idem ; Dumas neveu idem ; Mariette d'Auriol, idem.

« *Département de l'Yonne, tribunal de commerce.*— Cornillet fils (tanneur), juge suppléant ; Chattat (architecte), idem ; Bougis (marchand), idem ; Renard (marchand), idem. »

#### Tribunaux civils de district.

«*Département de la Drôme, district de Nyons.* — Jean-Jacques Jacomin père, juge suppléant.

« *District de Die.*—Roussel père (ex-officier municipal), juge suppléant ; Morand père (capitaine des vétérans à Die), idem.

*Département de l'Yonne, arrondissement du Mont-Armance.*— Louis Boudard le jeune (ex-greffier de juge de paix), juge suppléant ; Jean Boucheron aîné (ci-devant praticien), idem.

« *Département de l'Ariège, district de Pamiers.*— Avignon jeune (ex-avoué), juge suppléant ; Borelly aîné (ex-avoué), idem ; Biard (ex-avoué), idem ; Baille aîné (homme de loi), idem.

« *District de Saint-Girons.*—Vidal (défenseur officieux), juge suppléant.

*Département de la Haute-Saône, district de Lure.*— Gousset (homme de loi), juge suppléant.

« *District de Vesoul.*—Étienne Thomas (ex-avoué), juge ; Gabriel Magny (ex-avoué), juge suppléant ; Meunier cadet ( juge au ci-devant bailliage), idem ; Grissot cadet ( marchand), idem.

« *District de Gray.*—Garret (homme de loi), juge suppléant.

« *District de Champlitte.*—Poncelin (ex-avoué), juge suppléant.

« *Département de l'Allier, district de Val-Libre.*— Pierre Meilheuras (juge suppléant).

« *Département du Lot, district de Gourdon.*—Belly-Davignan (homme de loi), juge suppléant.

« *Département de la Manche, district de Rocher-la-Liberté.*—Denis Silly aîné (homme de loi), juge suppléant ; Cauchard-Chambert (maire de Thorigny), idem.

« *District de Cherbourg.*—Vastel (ancien président de ce tribunal), juge suppléant. »

#### Directoires de département.

« *Département de la Haute-Loire.*—Arnaud (officier de santé), administrateur ; Caillard (homme de loi), idem.

« *Département de Paris.*—Leblanc, administrateur. ( Il a déjà rempli la même place. ) »

— Sur le rapport de Bion, les décrets suivants sont rendus.

« La Convention nationale, après avoir entendu le rapport de son comité des transports, postes et messageries, considérant que la loi du 17 vendémiaire, an 2 de la république, autorise à faire aux maîtres de poste une avance pour remplacement de chevaux ; mais que la somme de 300 liv., à laquelle s'élève le maximum de cette avance, est évidemment trop faible, attendu les circonstances actuelles, décrète :

« Art. Ier. Les avances à accorder aux maîtres de poste pour achats de chevaux seront faites conformément à la loi du 17 vendémiaire, 2e année.

« II. Les avances pourront être portées provisoirement jusqu'à la somme de 1,000 liv. pour chaque cheval à remplacer.

« Le présent décret ne sera point imprimé. »

« La Convention nationale, après avoir entendu le rapport de son comité des transports, postes et messageries, décrète ce qui suit :

« Art. Ier. Le comité des transports est autorisé à établir, sur la réquisition des conseils généraux des communes et sur l'avis des districts, dans tous les lieux de la république où la plus grande utilité l'exigera, des bureaux pour le dépôt et la distribution des dépêches, l'enregistrement des voyageurs, le chargement et la remise des sommes et valeurs, des paquets, ballots et marchandises.

« II. Les chargements et transferts seront faits de la même manière.

« III. Le comité est autorisé à choisir et nommer les directeurs de ces différents établissements, tant lors de leur création qu'en cas de vacance par démission, décès ou destitution, parmi trois citoyens qui lui seront présentés par les conseils généraux des communes et sur l'avis des districts.

« IV. Il est dérogé à toutes les lois contraires aux dispositions de la présente. »

— Sur le rapport de Chazal, le décret suivant est rendu :

« La Convention nationale, après avoir entendu le rapport de son comité de législation sur la procédure instruite et le jugement rendu le 24 floréal, par le tribunal criminel du département de l'Yonne, dans les formes des lois des 7 et 30 frimaire, contre Pierrette Morot, accusée de falsification de quittances, de déclarations infidèles, de recels et divertissements de titres, dans l'intention d'établir qu'elle a payé de ses seuls deniers des fonds acquis en commun avec Jacques Morot, son frère, émigré ; et contre Barthélemy Finot, accusé de complicité;

« Considérant qu'il ne peut être procédé dans les formes de la loi du 7 frimaire, suivant l'article Ier, que contre « les membres ou commissaires des corps administratifs, les préposés aux séquestres ou ventes, et les gardiens ou dépositaires prévenus de malversations dans les biens nationaux, » que le tribunal criminel du département de l'Yonne a mal à propos regardé Pierrette Morot, attendu sa propriété indivise avec son frère, émigré, comme dépositaire et régisseur des biens communs, puisqu'elle était dépouillée de tout dépôt et régie par la main-mise de la nation, à l'époque où les faux ont, dit-on, été pratiqués, et où elle a fait usage des quittances arguées pour obtenir la mainlevée; et que d'ailleurs il est évident que la loi du 7 frimaire, qui concerne les seuls fonctionnaires publics, en nommant les dépositaires, a entendu les dépositaires publics, qualité qu'n'eut jamais l'accusée;

« Considérant que, si l'on n'a pu ainsi procéder extraordinairement contre elle et Barthélemy Finot en vertu de la loi du 7 frimaire, sans une interprétation et une extension forcée de la même loi, on ne l'a pas pu non plus en vertu de celle du 30 frimaire, relative aux complices des émigrés, les altérations, les fausses affirmations, les divertissements et recels prétendus n'ayant été commis que dans l'intention étrangère à Jacques Morot, émigré, d'établir la propriété exclusive de sa sœur sur les biens communs saisis au préjudice de la république saisissante, comme l'énoncent et l'acte d'accusation et la déclaration d'un jury spécial;

« Décrète que la procédure et le jugement dont s'agit sont annulés, et renvoie les prévenus devant le directeur du jury du district d'Avallon, pour dresser un nouvel acte d'accusation; s'il est déclaré qu'il y a lieu, l'accusation sera portée au tribunal criminel du département de l'Aube. »

— On lit l'Adresse suivante :

*Les citoyens soussignés, de la commune de Nantes et de la Société populaire, à la Convention nationale.*

Nantes, le 9 brumaire, l'an 3e de la république française, une et indivisible.

« Citoyens représentants, c'est dans le temple de la justice et de la liberté, c'est au milieu des mandataires fidèles d'un peuple magnanime, que les Nantais, constants dans leurs principes énergiques et purs, toujours pénétrés de la même confiance dans la représentation nationale, s'empressent de déposer dans son sein leurs justes craintes et leur indignation.

« Représentants du peuple français, vous qui, déjà convaincus que ce n'est pas par la terreur, dont l'empire affreux ne s'élève qu'au milieu des forfaits et des désolations, qu'on peut consolider un gouvernement heureux; vous dont les actions sublimes prouveront à jamais que le règne seul des vertus assure la prospérité des républicains, nos cœurs, en s'épanchant dans votre sein paternel, se remplissent déjà d'espérance et de joie.

« Mais que veulent donc encore ces hommes féroces, toujours si prompts à criminaliser l'innocent, à accuser ceux qui les démasquent; qui n'invoquent la punition du coupable que pour écarter un témoin qu'ils redoutent, et anéantir une preuve de conviction; qui ne s'agitent que pour défendre leurs complices, et voiler leurs attentats ?..... Ils voudraient entraver la marche du temps; mais que peuvent tous leurs efforts réunis contre sa puissance ?..... Ils s'élèvent contre la vérité; mais rien ne peut obscurcir ses rayons bienfaisants... Ils ne font que retarder leur supplice... Leurs accusateurs sortent du fond même des tombeaux où ils croyaient les avoir engloutis !... Le triomphe de l'homme probe est assuré; la dernière heure du crime a sonné...

« Mais craignons encore jusqu'à son ombre même, redoutons toujours le méchant; il conspire sans relâche contre la vertu; son existence est odieuse, et son impunité est un acte d'accusation contre la sécurité de l'homme de bien. Et nous qui avons combattu avec tant de courage pour la liberté, nous qui déclarons une guerre à mort à tous ses oppresseurs, nous qui avons bien mérité de la patrie, nous serions,

par notre silence, les complices du crime, nous aurions la lâcheté d'oublier un grand coupable !... Non !... non !...

« Citoyens représentants, comme vous, fidèles à nos serments, nous vous dénonçons l'infâme Carrier : ses forfaits s'élèvent de toutes parts contre lui; tout ici les atteste ;... nous le dénonçons à la représentation nationale; qu'il a voulu avilir; nous le dénonçons au peuple entier dont il a trahi la confiance et tant de fois compromis la souveraineté !.....

« Carrier s'est rendu coupable de ces crimes en donnant les ordres les plus arbitraires à des hommes justement exécrés; à tous ces agents qu'il trouvait si dociles à servir sa fureur, ces monstres qui voulaient tout détruire dans cette cité, jusqu'à la racine (ce sont leurs expressions); à des Fouquet, à des Lambertye, dont le glaive de la justice a terminé l'affreuse existence; ces animaux féroces, que Carrier appelait ses meilleurs amis, des patriotes par excellence, et qui, de tant de victimes innocentes qu'ils firent périr, ne conservèrent que deux femmes ex-nobles, qu'ils ne réservèrent encore que pour leurs vils plaisirs et ceux du tyran Carrier; en donnant à des hommes déjà éprouvés par l'opinion publique les pouvoirs d'arrêter indistinctement toutes les personnes qui leur paraîtraient suspectes et celles qui leur seraient dénoncées comme telles.

« Permis, disait-il dans l'un de ses ordres, aux citoyens Fouquet et Lambertye de passer partout où besoin sera, avec un gabareau chargé de brigands, sans que personne puisse les interrompre ni troubler dans ce transport.

« Carrier, représentant du peuple près de l'armée de l'Ouest, requiert le nombre des citoyens que Guillaume Lambertye voudra choisir à obéir à tous les ordres qu'il leur donnera pour une expédition que nous lui avons confiée; requiert les commandants des postes de Nantes de laisser passer, soit de nuit, soit de jour, ledit Lambertye et les citoyens qu'il conduira avec lui; défend à qui que ce soit de mettre la moindre entrave aux opérations que pourra nécessiter leur expédition.

« Nantes, le 16 frimaire, l'an 2 de la république une et indivisible.

« *Signé* CARRIER. »

« En ordonnant de faire incarcérer tous les courtiers et agents de change sans distinction, soit qu'ils exercent cette profession, soit qu'ils l'aient exercé avant la révolution;

« En ordonnant l'arrestation de tous les acheteurs et acheteuses, de tous les vendeurs et vendeuses de denrées de première nécessité;

« En ordonnant au tribunal criminel du département de la Loire-Inférieure de faire guillotiner sans jugement des brigands pris, disait-il, les armes à la main, et parmi lesquels étaient des femmes et des enfants de treize et quatorze ans; il appelait ces jeunes enfants des louveteaux qu'il fallait étouffer;

« En se mettant en fureur lorsqu'on se refusa de faire périr sans jugement les prisonniers en masse, et en reprochant au président du tribunal criminel de ne pas juger aussi légèrement qu'il l'aurait désiré;

« En menaçant de sabrer et en maltraitant les administrateurs qui venaient lui parler au nom de la chose publique;

« En abusant du nom de la loi pour dissoudre, sans aucun motif, la Société populaire de Vincent-la-Montagne, où il ne se présentait jamais que comme un forcené, le sabre à la main; où il prêchait sans cesse la subversion des principes, et provoquait le peuple au meurtre et au pillage; où, quelques jours avant son rappel trop longtemps

Inhumation des cadavres sur les bords de la Loire.

différé, il osa dire : « Encore un instant, et je déclare « la ville de Nantes en rébellion, et je ferai marcher « contre elle les troupes de la république ; »

« En repoussant les commissaires de cette Société qui venaient lui communiquer des mesures sur la guerre de la Vendée, et lui indiquer des moyens sûrs pour arrêter Charette, chef des brigands;

« En frappant indignement un autre commissaire, le citoyen Malgogue, qui venait lui porter une lettre de la Société sur le même objet, et qu'il aurait étranglé dans sa fureur, s'il n'avait pas été retenu par quâtre militaires, témoins de cette horrible scène ;

« En renvoyant avec cruauté le maire de la commune de Nantes et un notable qui venaient lui demander du pain pour leurs concitoyens exténués de fatigues et de besoins, regrettant seulement que la sentinelle ne leur eût pas passé sa baïonnette au travers du corps, et recevant même devant eux les dégoûtantes caresses de ces femmes dissolues dont il était toujours entouré. C'est à l'une d'elles, qu'il instruisit à trahir son mari, qu'il dit avant son départ : « Sois tranquille, ma bonne amie, tous mes « amis me sauveront ; mais les Nantais se rappelle-« ront le nom de Carrier : il faut que Nantes périsse « par l'eau et le feu ; »

« En dînant avec les bourreaux sur les bâtiments encore chargés des dépouilles de leurs victimes, buvant à la santé de ceux qui venaient, disaient-ils, de boire à la grande tasse, sur ce même fleuve qui jadis semblait porter avec orgueil les denrées les plus précieuses pour l'utilité commune, et qui, depuis le règne du tyran, ne roulait plus qu'en gémissant ses flots ensanglantés;

« En s'abandonnant chaque jour à la débauche la plus effrénée ; en prolongeant ses orgies, qui n'étaient interrompues que pour lui demander ce qu'il fallait faire des hommes, des femmes, des femmes enceintes et des enfants, que l'on amenait par centaines. « Belle demande ! répondait-il ordinaire-« ment ; qu'on les égorge, qu'on les noye, qu'on les « fasse boire dans le verre des calotins; » et lors-qu'on lui demandait si c'était-là sa dernière sentence: « Suis-je donc représentant du peuple, disait-il, ou « ne le suis-je pas? Voulez-vous aller à leur place?» Alors on se retirait en obéissant.

« C'est avec cette férocité qu'il insulta au malheur d'une jeune fille, qui venait lui demander la liberté de son frère, Michel Brévet, marchand de bœufs, détenu arbitrairement ; il ne répondit aux gémissements de cette infortunée que par ces abominables imprécations : « Que son frère serait bientôt f.... à « l'eau, qu'il en périrait bien d'autres avec lui, que « les trois quarts de la ville de Nantes y passe-« raient.... » Elle revint le lendemain demander à Carrier quel sort enfin l'on réservait à son frère.... « Leur jugement à tous est prononcé dès leur arri-« vée à Nantes, lui répondit-il, celui d'être noyés « sans autres formalités ; que lui seul rendait les ju-« gements; que, si elle récidivait, il la ferait f.... à « l'eau avec les autres...... » Elle voulut insister, il la jeta à la porte, en la maltraitant. Elle était à peine au bas de l'escalier qu'il la rappela et lui promit la liberté de son frère, si elle voulait se laisser aller à sa passion. Sa réponse fut sublime, mais inutile.... « Je ne veux pas d'un malheur en faire deux, lui ré-« pondit-elle avec l'accent de la douleur la plus pro-« fonde ; d'ailleurs mon f. ère n'en serait pas mieux.» Il la renvoya au comité révolutionnaire, où il était convenu qu'elle serait reçue avec la même barbarie. L'infortunée qui sollicite pour l'innocence, pour son frère, ne se rebuta point. Elle revint chez le tyran lui demander au moins la grâce de porter du pain à

son trop malheureux frère..... Elle n'en put arracher que ces mots affreux : « Il n'en pas besoin, il a « assez bu... »

« C'est par cette conduite atroce que Carrier a prolongé la guerre de la Vendée ; c'est en faisant fusiller impitoyablement des communes entières qui se rendaient volontairement qu'il a tout réduit au désespoir , en mettant ainsi les brigands entre la mort et le crime ; et lorsqu'il rappelle avec tant de complaisance , dans son mémoire , les horreurs qu'ils ont commises, c'est sans doute pour faire oublier ses forfaits.

« C'est alors que Carrier, coupable de tous ces attentats, se plaignant de ne pas recevoir de nouvelles de la Vendée, à l'instant même où les brigands augmentaient de force et d'audace, s'était retiré dans une petite maison auprès de Nantes, où il croyait apparemment pouvoir se soustraire aux regards des hommes vertueux...... où il prolongeait bien avant dans la nuit ses orgies bruyantes, où ses satellites et lui buvaient à la coupe du crime, et se réjouissaient à la pensée du massacre , et ces bals scandaleux dont les Messalines faisaient tout l'ornement, cherchant sans doute, au milieu de ces bacchanales modernes, à étouffer, non ses remords, mais les gémissements des malheureux que les échos et les vents plus sensibles auraient pu reporter jusqu'au sein de ses plaisirs. Et Carrier ose dire, dans ce qu'il appelle un rapport, ce mémoire indigeste, aussi calomnieux que perfide, qu'*il n'avait fait que passer à Nantes*;

« *Il n'a fait que passer !*....... Eh ! ces infortunés qui lui redemandent le pain et les vêtements qu'il leur arrache, le champ qu'ils fertilisaient et qu'il fit dévaster, les fruits de leurs pénibles travaux qu'il livra au pillage, et l'humble toit qui leur servait d'asile devenu la proie des flammes..... ne disent-ils pas assez que Carrier parcourut ces contrées ?.... *Il n'a fait que passer !*... Eh ! ces déserts qu'il créa.... ces routes de sang qu'il ouvrit près de nos remparts, ne sont-ils pas des monuments qui attestent à jamais sa présence ?,... *Il n'a fait que passer !*..... Eh ! ces pères tendres, ces mères éplorées qui cherchent en vain leurs enfants,..... ces fils désespérés qui ne retrouvent plus leurs parents,..... ces amis sensibles qui ne peuvent exister sans leurs amis, qu'il fit périr de même ;... eh ! ces faibles et touchantes créatures qui appellent encore à grands cris leurs mères, et qui, privées d'un lait nourricier, expirent loin du sein maternel ;..... tout ne prouve-t-il pas que Carrier ne vécut que trop longtemps au milieu de nous ?.... *Il n'a fait que passer !*..... Eh ! ne compte-t-il donc pour rien les quatre mois consécutifs où sa présence a pesé sur nos têtes?... *Il n'a fait que passer !*.... C'est la lave enflammée du volcan qui détruit, dessèche, brûle tout ce qui se trouve sur son passage,..... qui porte partout l'épouvante et la désolation.... Carrier ! on ne peut songer à ce monstre, sans frémir encore d'indignation et d'horreur !... On ne sait comment exprimer sa scélératesse....... Les noms manquent aux crimes...

« Mais, citoyens représentants, vous ne pouvez vous le dissimuler, Carrier n'est que le lieutenant d'une faction pour qui le bonheur du peuple semble être un malheur ; cette faction qui voulait ensevelir la liberté sous des monceaux de cadavres, assassiner les vertus, insulter au génie en détruisant les monuments des arts, outrager la nature en avilissant ses plus belles productions, en voulant dégrader l'espèce humaine......; cette faction implacable qui déteste tout ce qui est beau et grand, et pour qui l'humanité même est un crime.

« Représentants du peuple français , ah ! craignez

que cette faction n'emploie tout pour suspendre le supplice de Carrier, afin de détruire les témoins qui pourraient le confondre, ou pour soustraire à un jugement ce criminel dont elle appréhende les révélations !

« Citoyens représentants, vous frémissez !... Que serait-ce donc si vous aviez été témoins des forfaits de Carrier ! Mais vous nous avez entendus...... nos maux sont déjà adoucis..... le crime sera puni !

« Les citoyens de la commune de Nantes et de la Société populaire soussignés. »

*(Suit un grand nombre de signatures.)*

La Convention en ordonne l'impression et le renvoi à la commission des Vingt et Un.

— Le citoyen Lalande, inspecteur du collége de France, écrit que les professeurs de cet établissement précieux mettent leurs exercices sous la protection spéciale de la Convention, et qu'ils l'invitent à envoyer un commissaire pour assister à l'ouverture des exercices, qui aura lieu le 1er frimaire, à cinq heures du soir.

Renvoyé au comité d'instruction publique.

— Isoré fait lecture de la rédaction du décret qui défend la castration des brebis.

BARAILON : Je demande que l'on explique ce que c'est que la castration des brebis. Bien des gens ne sauront ce que veulent dire ces mots, et il faut qu'un décret soit clair et à la portée de tout le monde.

*** : J'observe au préopinant qu'il n'est pas d'agriculteur, possesseur de troupeaux, qui ne sache la signification de ces mots.

BOURDON (de l'Oise) : En matière d'agriculture, toute loi qui contient des prohibitions est presque impossible dans son exécution. Ce n'est pas par des lois répressives que vous atteindrez le but que vous vous proposez. C'est en parlant à l'intérêt particulier, c'est en accordant des primes au laboureur que vous parviendrez à faire exécuter les dispositions du décret dont vous venez d'entendre la lecture. Je demande qu'il soit de nouveau renvoyé au comité d'agriculture, qui vous en présentera une nouvelle rédaction.

La Convention rapporte le décret rendu dans la séance du 27, sur la proposition d'Isoré, et ordonne le renvoi demandé par Bourdon (de l'Oise).

— Le rapporteur du comité de législation rend compte des réclamations élevées contre un jugement du tribunal criminel du département de Seine-et-Oise, qui condamne la citoyenne Joannet, de la commune de Versailles, pour avoir tenu des propos subversifs de la tranquillité publique.

Après avoir prouvé la légitimité des réclamations, il propose de casser le jugement, d'ordonner que la citoyenne Joannet sera de nouveau mise en jugement.

THIBAULT : Le tribunal du département de Seine-et-Oise est très-répréhensible pour avoir agi au delà des pouvoirs qui lui étaient confiés, et pour avoir condamné à la déportation une citoyenne qui devait être renvoyée à la police correctionnelle.

Connaît-on une peine plus terrible que celle de la déportation ? Après la guerre, il sera du devoir du corps législatif de revenir sur l'établissement de cette peine. Je demande que l'on rappelle à l'exécution des lois les autorités constituées qui s'en écartent. J'appuie la proposition faite de casser le jugement, et je demande en outre la mise en liberté de la citoyenne qui a été condamnée.

LE RAPPORTEUR : J'observe au préopinant que, d'après l'examen des pièces, l'accusée paraît être dans le cas de la loi du 7 juin. C'est donc aux tribunaux criminels à prononcer. Je demande l'adoption du projet de décret.

Le projet de décret est adopté.

— Clauzel, au nom du comité de sûreté générale, propose de nommer les représentants du peuple Cadroy et Expert aux lieu et place d'Auguis et Serres, dont les pouvoirs sont expirés, et de les charger de parcourir les départements des Bouches-du-Rhône et du Var.

*** : J'observe que les pouvoirs de ces derniers s'étendaient jusqu'au département de l'Ardèche ; qu'ils n'ont exercé aucune fonction dans cette partie ; que la présence des représentants y est cependant absolument nécessaire, soit pour déjouer les complots des anarchistes, soit pour y régénérer les autorités constituées. Je conclus en conséquence à ce que les pouvoirs de Cadroy et d'Expert soient étendus sur le département de l'Ardèche.

CLAUZEL : Je réponds que les comités révolutionnaires de ce département sont entièrement organisés ; que le comité de législation s'occupe de la régénération des autres autorités constituées. Je demande à la Convention l'ordre du jour sur la dernière proposition.

L'ordre du jour est adopté.

La séance est levée à quatre heures.

### SÉANCE DU 30 BRUMAIRE.

Une députation de la section de la Cité est admise à la barre.

*Le citoyen Gérard*, portant la parole : Citoyens représentants, le malheur a toujours sur vos âmes les droits les plus sacrés ; il suffit de faire entendre ici les gémissements de sa voix pour que cette enceinte en répète et proclame, avec autant de douleur que de force, les accents douloureux.

Une jeune citoyenne, appelée Dufour, a présenté, décadi dernier, à l'assemblée de la section de la Cité, sa triste et douloureuse situation. Elle a été entendue avec le plus tendre intérêt et le plus touchant attendrissement ; mais cette assemblée n'ayant ni moyens, ni ressources conformes et suffisants, elle a nommé deux commissaires, un de ses secrétaires et moi, pour porter dans votre sein son impuissance et ses vœux.

Cette citoyenne, mère de trois petits enfants, vivait du métier de blanchisseuse en fin ; mais, soit l'exil des uns, soit la mort des autres, soit la misère et le dépouillement de ceux-là, soit encore la cherté et la disette des aliments et des substances nécessaires à son état, elle se trouve sans état, sans d'autres ouvrages que ceux lui procurer sa section, et vous savez que cette espèce d'occupation ne donne que par intervalle, n'est nullement journalière ; et, fût-elle habituelle, qu'elle ne peut procurer à une ouvrière, encore faut-il qu'elle soit seule et sans enfants, qu'à grand'peine les premières nécessités de la vie.

Son mari est employé dans les charrois des armées de la Moselle, en qualité de conducteur en chef ; mais, n'en ayant eu aucune nouvelle depuis deux ans, loin de trouver dans un époux chéri et un tendre père, pour elle et ses enfants, des ressources et des consolations, elle n'en éprouve, par l'incertitude de son existence, qu'une inquiétude et qu'un tourment qui aggravent ses besoins et empoisonnent encore sa peine et sa douleur.

La loi semble ne lui rien accorder. Vos décrets sur les secours ne font qu'atteindre et considérer les femmes, les mères des défenseurs de la patrie ; du moins votre comité des secours n'a pas cru devoir les étendre plus loin.

Mais, s'il m'est permis de prendre l'esprit plutôt que la lettre de vos décrets, pourquoi votre juste et géadreuse bienveillance eût-elle excepté de ces dispositions les conducteurs, ne les eût-elle pas élevés aux mêmes avantages que les défenseurs?

Un conducteur, me tromperais-je? un conducteur n'est-il pas également l'homme de la nation? ne court-il point de dangers? n'a-t-il jamais à combattre? Celui qui consacre les veilles, les jours, son repos et sa vie, pour alimenter et nourrir les besoins des défenseurs de la patrie, n'en serait-il pas lui-même le défenseur? l'ennemi ne le dévore-t-il pas comme sa proie? n'est-il pas plus avide de rapines que de guerre et de combats? de plonger son fer dans le sein de ceux qui veulent garantir et sauver, lui disputer nos munitions et nos convois, que dans le sein même des citoyens qui n'ont qu'à militer et à combattre?

D'ailleurs n'est-il pas dans tous vos cœurs, n'est-il pas de la dignité des représentants du peuple, de saisir tous les détails, d'embrasser toutes les infortunes, de secourir tous les malheurs, de porter dans les cœurs flétris et déchirés la consolation, la douceur et la vie?

Aussi je vous demande aujourd'hui, au nom de la section de la Cité, augustes et sacrés représentants du peuple français, de descendre sur tous les besoins de cette triste victime de l'infortune, de la malheureuse femme, je devrais dire peut-être de la malheureuse veuve de ce conducteur de nos armées; d'écouter aussi les larmes et les cris des trois tristes fruits de son amour conjugal comme de son amour pour la patrie; d'embrasser dans vos regards la classe entière de tant d'autres mères de cette ville, qui sont dans la même position et les mêmes besoins; de décréter, en un mot, que vous appelez aux mêmes secours les femmes des conducteurs que celles des défenseurs. Si leur sang, le sang de ces mères éplorées, était utile au salut de la république ou au salut de ses mandataires, elles vous l'offrent volontiers. Hélas! c'est tout ce qu'elles possèdent la plupart, et c'est peut-être aussi tout ce qu'il leur reste à donner à leurs enfants, n'ayant plus de lait pour les alimenter et les nourrir. Vive la république! vive la Convention!

Cette pétition est renvoyée au comité des secours.

— Des citoyens et des citoyennes sont admis à la barre. Ils lisent la pétition suivante:

« Citoyens représentants, vous voyez devant vous un père infortuné, une femme malheureuse, une famille désolée.

« Nous venons vous demander, au nom de la justice et de l'humanité, le sursis à l'exécution d'un jugement du tribunal criminel du département de l'Oise, qui condamne à vingt années de fers le nommé Levasseur, notaire public à Chantilly.

« Quoique âgé, j'ai servi la révolution dans ma commune, j'ai été appelé à la place de maire; j'ai été renouvelé dans cette place par une suite de la confiance que je devais qu'à mon patriotisme, que le grand âge ne pourra jamais affaiblir.

« Mon fils (le citoyen Levasseur), notaire à vingt ans, notaire de campagne, peut-être trop jeune pour un état dont il ne connaissait pas assez toute l'importance, s'est livré à la révolution dans ses détails.

« Je vous l'affirme, citoyens représentants, mon malheureux fils a tout sacrifié pour elle: appelé à toutes les places d'activité, il a été obligé à des déplacements réitérés et nuisibles à son état; il a tout négligé pour servir sa commune, pour remplir les obligations qu'il avait contractées en acceptant des fonctions gratuites, auxquelles ses concitoyens l'appelaient.

« Son état a été négligé, et c'est de de fait qu'il est résulté des erreurs dans des actes, erreurs qui, caractérisées de faux, ne pouvaient préjudicier cependant à aucun

citoyen, ni porter avantage à mon fils; erreurs qui, aux termes mêmes de la loi, ne devaient être punies que d'une amende, et cependant l'ont conduit à un jugement criminel qui le condamne à vingt années de fers.

« Citoyens représentants, au nom de l'humanité et de votre justice, accordez un sursis à l'exécution de ce jugement terrible, et ordonnez que votre comité de législation vous présente un rapport sur cette procédure, qui est peut-être susceptible d'une scrupuleuse révision, et porterait sûrement cette affaire à un nouveau jugement. »

La Convention décrète qu'il sera sursis provisoirement au jugement rendu contre le citoyen Levasseur, notaire à Chantilly, par le tribunal criminel du département de l'Oise.

— Les ouvriers de l'atelier de la maison Jemmapés et du Bonnet-Rouge sont admis à la barre.

Ils présentent à la Convention leurs réclamations sur la modicité de leurs journées et les abus qui existent dans leurs payements; ils observent que beaucoup d'entre eux n'ont que 4 liv. par jour, et non 18 liv. comme on a voulu l'insinuer dans le public.

Il faut qu'ils paient deux gardes par mois, qui leur coûtent 4 liv. chaque, outre ce qui leur est demandé pour les gardes de surveillance et patrouilles, qui ne laissent pas de revenir souvent. Outre cela, ils sont encore deux jours par décade où ils ne gagnent rien. Ils terminent en demandant à la Convention de choisir quatre ou six commis parmi les simples ouvriers, à l'effet de prendre les renseignements les plus justes sur leurs réclamations et en constater la vérité.

... : Ordinairement l'ouvrier ne fait que des demandes justes, parce qu'il sait se contenter de peu, et qu'il ne prétend qu'à ce qui lui est absolument nécessaire pour vivre. Je suis moi-même armurier et en état de juger des abus considérables qui se trouvent dans ces différentes manufactures. Il est temps d'y remédier: je demande donc qu'il soit créé une commission de six membres, choisis parmi les artistes qui sont dans la Convention, pour examiner les dépenses qui ont été faites dans ces établissements depuis leur époque, et voir quelles sont les ressources de la république. Il y a dans ces administrations une légion de commis, mieux payés que ne le sont les députés mêmes.

Cette proposition est décrétée.

La pétition des ouvriers est renvoyée à cette commission.

— La commune de Gennevilliers félicite la Convention sur son Adresse au peuple français et sur son décret qui supprime les Jacobins. Elle dénonce le nommé Roger Lesault, se disant agent du comité de salut public, qui, dans la commune de Gennevilliers et celles qui l'avoisinent, a commis les actes les plus arbitraires. Elle demande la réincarcération de cet individu, qui, à force d'intrigues, a obtenu sa liberté et une indemnité du gouvernement.

Cette pétition est renvoyée au comité de sûreté générale, et la Convention décrète la mention honorable des sentiments qu'elle renferme.

— La commune et la Société populaire de Blaye, département du Bec-d'Ambès, jurent de n'avoir d'autre centre que la Convention nationale et de se réunir à elle dans tous les dangers de la patrie.

La mention honorable est décrétée.

— La commune de Charenton se plaint de ce que son maire a été indignement pillé par des gens armés, qui ont dit agir en vertu de la loi; elle demande des secours pour ce malheureux patriote, père d'une nombreuse famille...

Cette pétition est renvoyée au comité de secours.

— Julien Carentan, prévenu d'avoir volé 188,000 liv. à la république, réclame, par l'organe de ses parents, un prompt jugement qui lui rende la liberté s'il est innocent, ou le punisse s'il est coupable.

Renvoyé au comité de sûreté générale.

— On lit les Adresses suivantes :

*Les membres composant le directoire du département du Pas-de-Calais à la Convention nationale.*

« Un seul cri se fait entendre dans tous les points de notre département : Vive la république ! vive la Convention ! les Jacobins ne sont plus ! Ce cri unanime, qu'accompagnent mille transports d'allégresse, annonce quelle victoire signalée vous venez de remporter sur tous les ennemis de la chose publique, dont les agents siégeaient dans une enceinte jadis célèbre, mais devenue, depuis la journée mémorable du 10 thermidor, un lieu de troubles, un centre de division et un foyer d'insurrection, par le despotisme qu'y exerçait une poignée d'intrigants et de factieux....

« Grâces vous soient rendues, citoyens représentants; votre attitude imposante, votre énergique fermeté, viennent encore une fois de sauver la patrie ; vous avez dissous une compagnie devenue anti-populaire, où l'on méditait, où l'on préparait le malheur du peuple, en essayant de le tromper et de lui faire croire qu'on voulait son bonheur.

« Continuez, fermes soutiens de la patrie, à vous montrer de plus en plus dignes de l'honorable mission qui vous est confiée. Le peuple vous chérit ; il a confiance en vous, il attend tout de vous ; vous ne tromperez pas ses espérances. Maintenez les Sociétés populaires, mais maintenez-les indépendantes les unes des autres ; ne souffrez plus ces dénominations particulières de Feuillants, de Cordeliers, de Jacobins, de Société-mère, qui blessent même le système de l'égalité ; rendez les Sociétés populaires ce qu'elles n'auraient jamais dû cesser d'être, des assemblées de citoyens qui, pal une surveillance active et des discussions sages, veillent au salut de la patrie et préparent son bonheur.

« Restez à votre poste, citoyens représentants, jusqu'à ce que nos braves armées aient anéanti les tyrans et leurs satellites ; jusqu'à ce que la république triomphe de tous ses ennemis intérieurs, qui bientôt deviendront eux-mêmes la proie de leurs crimes et de leur scélératesse.

« A cette époque heureuse, vous recevrez à juste titre la couronne civique, et la patrie vous reconnaîtra tous pour les libérateurs de la patrie. » (On applaudit.)

La Convention nationale décrète la mention honorable de cette Adresse, et l'impression dans le Bulletin.

— Une députation est à la barre.

*L'orateur :* Citoyens représentants, les habitants de la commune de Choisy-sur-Seine, instruits qu'on doit incessamment procéder à la vente d'une maison considérable, dite des Menus-Plaisirs, propriété nationale, sise audit Choisy ; considérant d'ailleurs que ce bâtiment, solide et spacieux, peut contenir l'administration du district avec tous ses bureaux, procurer un pied à terre aux administrateurs tant du directoire que du conseil, un logement pour chacun des chefs de bureau, et renfermer dans le même local le comité révolutionnaire, la gendarmerie, la maison d'arrêt, des magasins particuliers, un grenier d'abondance, et généralement tout ce qui peut intéresser l'administration.

Que ce bourg, heureusement situé sur le bord de la Seine, est à la portée du plus grand nombre des communes et on ne peut plus favorable pour l'apport des marchandises et des subsistances ;

Qu'on pourrait à peu de frais épargner sur le trésor national une somme de 300,000 liv. qu'exigerait tout autre établissement, qui, à raison de la disposition dudit lieu, ne réunirait jamais les mêmes avantages que nous offrons.

Nous joignons à cela l'assentiment de dix-sept communes à l'orient de Choisy, trop heureux de trouver cette occasion de payer à la Convention nationale le tribut de notre parfait dévouement, d'applaudir à son énergie, à ses travaux, à ses triomphes et au plan sublime qu'elle a formé de conduire au port le vaisseau de la république, non sur des flots de sang, mais sur des eaux pures, paisibles et majestueuses. Pour nous, véritables républicains, qui travaillons toujours pour la cause publique, nous vous faisons part qu'il est sorti de nos mains trois mille neuf cent soixante-huit livres de salpêtre.

Vive le peuple ! vive la république ! vive la Convention ! (On applaudit.)

Renvoyé aux comités des domaines et de division.

— *Un citoyen obtient la parole :* Législateurs, le citoyen Delaplanche, architecte, vient vous offrir pour hommage le fruit de dix-huit mois de travail ; en un mot, un projet et plan à l'usage des pouvoirs législatif, exécutif, administratif et judiciaire, comprenant généralement tous les objets qui peuvent y avoir rapport, suivi de réflexions relatives à un plan général convenable à toute la république française, sur une division plus claire de départements, districts et communes, percement de routes, chemins, canaux et rivières.

La Convention nationale, pénétrée plus que jamais que le meilleur moyen d'entretenir les mœurs d'une grande nation était de propager les sciences et les arts, a réveillé le génie des artistes en les invitant à mettre au jour les plus belles idées que la liberté pût leur suggérer, et qui se ressentissent de l'énergie républicaine.

Vous ne pouviez mieux vous adresser, législateurs ; c'est dans les artistes, en général, que vous rencontrerez le sublime caractère de la liberté, leur véritable élément.

Dans ce projet l'on verra une division plus claire de la France en quatre-vingt-dix-sept départements, dans lesquels j'ai compris la Flandre autrichienne, le Hainaut, le Brabant, toute la basse Autriche, en bordant le Rhin jusqu'à la Roër. Avec quel plaisir je vois aujourd'hui mes vœux prophétiques se réaliser en partie !

Dans ce projet l'on verra aussi des routes au nombre de quatre-vingt-seize, qui, rayonnant à prendre du point central, iront en droite ligne et sans interruption jusqu'aux frontières. Indépendamment de ces routes, il sera fait quatre canaux, qui, partant aussi du point central, iront jusqu'aux frontières, du nord au sud, et de l'est à l'ouest.

Je vous offre encore le dessin d'un four extraordinaire, dont on pourrait se servir avec succès à l'armée. Il est propre à cuire toutes sortes de comestibles avec toutes sortes de combustibles, tourbe, charbon de terre et bois de toute nature.

Renvoyé au comité d'instruction publique.

*(La suite demain.)*

---

## LIVRES DIVERS.

---

*Payements à la trésorerie nationale.*

# GAZETTE NATIONALE ou LE MONITEUR UNIVERSEL.

### N° 62.   Duodi 2 Frimaire, l'an 3e. (Samedi 22 Novembre 1794, vieux style.)

## POLITIQUE.

### ALLEMAGNE.

*Vienne, le 28 octobre.* — On croit que le baron de Thugut, ministre des affaires étrangères, se dispose à donner sa démission. Son successeur présumé sera probablement le comte de Metternich. Rien n'est décidé; quoi qu'il en soit, le ministre Thugut travaille sans relâche et ne prend aucun repos.

— Le feld-maréchal Wartensleben a été nommé général d'artillerie, et le colonel prince de Hohenlohe, commandant des dragons de Waldeck, a été créé général-major.

— Le prince polonais Adam Czartorinski est de retour en cette ville. Il faisait venir, comme en lieu de sûreté, des effets pour la valeur de plusieurs millions. Ces richesses sont tombées entre les mains des avides Russes. L'empereur lui a promis d'interposer à ce sujet ses bons offices auprès de l'impératrice de Russie.

— Il y a des mouvements insurrectionnels en Gallicie. Cette province est celle de Lodomerie éprouvent la plus grande disette.

— On a découvert à Inspruck une espèce de club secret, composé spécialement de jeunes gens.

*Francfort, le 6 novembre.* — Un corps de vingt mille Prussiens, aux ordres du général Hohenlohe, va se mettre en marche pour le Brandebourg. Il s'avancera sur cinq divisions; il doit arriver en vingt-sept jours à la frontière brandebourgeoise. Cette disposition militaire a été résolue d'après un mémoire remis au directoire du cercle du Haut-Rhin, le 29 octobre, par le ministre prussien Hochstetter.

— On apprend de Munich que le ban provincial, qui donne environ dix mille hommes, a été convoqué. On se dispose à l'exercer au maniement des armes et aux évolutions militaires.

— Un édit de la cour de Bavière, du 24 octobre, porte à 2 florins par mesure l'accise de toutes les espèces de grains, l'orge comprise, qui seront exportées de l'autre côté du Lech. Cet édit doit être mis à exécution sur-le-champ.

— Voici, d'après les rapports officiels, quelle est la position actuelle des Autrichiens sur la rive droite du Rhin : le corps du général Mélas occupe le pays depuis Ehrenbreitstein jusqu'au Raab et à l'As. A la droite de ce corps est celui du général Nevendorf, qui s'étend par Neuwied, jusqu'à Unkel et Linz. Là commence l'armée de Clairfayt, qui va jusqu'à Dusseldorf. A la gauche du général Mélas sont les Prussiens, les Saxons et quelques autres troupes de l'Empire. Les gazettes allemandes ne manquent pas d'augmenter dans leurs récits le nombre de ces troupes, suivant leur usage.

### PRUSSE.

*Dantzig, le 15 octobre.* — A la nouvelle que les insurgés se montraient du côté de Kaunitz, on a pris sur-le-champ des mesures de défense. Les remparts sont garnis de canons; on fait des patrouilles nuit et jour, et l'on envoie sans cesse à la découverte.

Une partie de la garnison est campée sur la montagne dite Bischofsberg. On établit des batteries dans le village de Kraust. Tous les arbres sont coupés autour de la ville, et on renouvelle les palissades. La garnison ne consiste qu'en deux régiments, aussi son service est-il très-rigoureux; mais elle doit être augmentée du régiment de Schwerin. Le gouverneur de la ville a fortement insisté pour que les bourgeois montassent la garde, afin de maintenir la tranquillité intérieure. Les négociants et les différents métiers se sont assemblés pour délibérer sur cette demande,

### ANGLETERRE.

*Londres, le 24 octobre.* — Le roi est revenu à Londres le 22, pour assister à un conseil extraordinaire destiné à la réception de la couronne de Corse. Le duc de Portland y présenta les commissaires de ce pays, qui remirent au roi l'acte où on l'en reconnaît souverain.

— Il arrive fréquemment des dépêches du duc d'York au cabinet britannique; et, le 21, un messager lui apporta des lettres de Francfort, adressées par lord Spencer et Thomas Grenville. Le bruit que ces deux négociateurs n'ont point rempli l'objet de leur mission à Vienne se soutient toujours.

Le 17, il s'était tenu un conseil général de tous les ministres, auquel on avait admis l'ambassadeur de l'Empire, avec qui le chancelier de l'échiquier et le ministre des affaires étrangères eurent ensuite une conférence particulière.

— Des bruits de paix ont fait hausser, le 22, les fonds publics d'environ 2 pour 100 : néanmoins les préparatifs de guerre continuent, et le gouvernement vient d'ordonner en Irlande la levée de seize régiments tant de cavalerie que d'infanterie : d'ailleurs toutes les troupes se rassemblent vers les ports.

— On dit que l'armée sous les ordres de lord Moyra, qui monte à mille hommes, doit s'embarquer en toute diligence à Southampton.

Le gouvernement s'occupe également d'augmenter ses forces de mer : plusieurs frégates ont été mises en commission.

Les vents contraires ont retenu jusqu'ici la grande flotte à Torbay, circonstance d'autant plus contrariante pour le gouvernement qu'il est fondé à croire, d'après divers avis, que la flotte française est sortie de Brest, forte de vingt-sept vaisseaux. Cela augmente l'inquiétude qu'on avait sur le convoi de la Méditerranée.

On s'était flatté d'abord qu'il avait pu partir de Gibraltar le 18 du mois dernier; mais on a reçu des nouvelles de cette place par le cutter *la Sincerity*, arrivé dernièrement à Portsmouth : il en résulte qu'à son départ l'amiral Cosby avait fait le signal pour les vaisseaux qui devaient mettre à la voile sous son escorte, et que ce jour était fixé seulement au 5 de ce mois. La plus grande partie de la flotte marchande s'était pourtant mise en route quelque temps auparavant sous le convoi de *l'Amérique*, de 64 canons, du *Hommey*, de 50, et de la frégate *l'Impétueuse*, qui avait été appelée à Cadix et à Lisbonne pour y prendre les vaisseaux marchands de ces ports.

On n'est pourtant pas d'accord sur le nombre des vaisseaux mis en mer par les Français pour s'emparer de ce riche convoi. Suivant les uns, c'est la flotte entière; d'autres ne parlent que de dix-sept vaisseaux de ligne, qu'un bâtiment anglais, arrivé depuis peu dans un des ports de la Grande-Bretagne, a, dit-on, rencontrés.

— Huit vaisseaux de l'escadre de l'amiral Howe sont entrés à Plymouth, le 20, pour s'avitailler. Les équipages croient qu'ils rejoindront la grande flotte; mais d'autres personnes pensent qu'on les enverra dans les Antilles.

— Sir Robert Ainslie, ambassadeur à Constantinople, vient d'arriver ici, où, depuis quelque temps, on a vu arriver aussi successivement les ambassadeurs qui résidaient à La Haye, à Pétersbourg et à Madrid.

# RÉPUBLIQUE FRANÇAISE.

### TRIBUNAL CRIMINEL RÉVOLUTIONNAIRE.

*N. B.* La difficulté de se procurer du papier du format de cette feuille nous force d'insérer ici la suite des suppléments que nous avions promis d'annexer au N° 68 (1).

### Suite de la procédure contre les membres du comité révolutionnaire de Nantes.

*Forget* donne des détails intéressants sur la Vendée.

Plus de dix mille brigands, à ma connaissance, dit-il, sont venus se rendre volontairement par l'entremise de quelques envoyés; ils offraient de poser les armes, de livrer leurs chefs. Eh bien! ceux qui venaient porter ces paroles de paix ont été cruellement massacrés et fusillés par les ordres de Carrier.

À l'époque du 24 au 25 vendémiaire, j'ai déposé au comité de salut public le tableau de tous les assassinats, de toutes les horreurs commis dans la Vend·e, tant par les généraux de la république que par ses autres mandataires.

J'ai demandé quatre cents hommes à Carrier, pour ménager une entrevue avec les brigands et écouter leurs propositions, qui me paraissaient les plus avantageuses pour la république, en ce qu'elles épargnaient le sang d'une infinité de bons citoyens, et fournissaient le moyen de terminer une guerre désastreuse; mais Carrier me refusa le détachement.

Il paraît même que, plusieurs généraux étaient parfaitement d'accord avec les hommes de sang pour prolonger la guerre de la Vendée, et même l'éterniser. Je vais citer un fait à l'appui de mon opinion.

Le général Duquesnoy n'avait pu voir avec indifférence certaines femmes de brigands; il essaie donc de les séduire; mais, n'en pouvant venir à bout, il prend le parti de les faire *magnétiser*; il fait noyer des femmes et des enfants à la mamelle; il s'intitule le boucher de la Convention, et dit qu'il en serait volontiers le bourreau.

*François Fleurdepied*, guichetier de la maison du Bon-Pasteur, dépose contre Perrochaux et Bolognis. Il déclare que, pendant plusieurs jours de suite, différents citoyens venaient lui demander le matin si tels ou tels individus avaient été envoyés la nuit à la noyade.

*Le président*, au témoin : A-t-on fait des enlèvements nocturnes dans la maison d'arrêt confiée à tes soins?

*Le témoin :* Je ne m'en rappelle aucun, si ce n'est l'enlèvement de la citoyenne Chandenier, que j'ai vue disparaître sans en connaître les motifs.

Ce qu'il y a de certain, c'est que la citoyenne Chandenier a été retirée de la maison du Bon-Pasteur, pour être transférée au dépôt, maison, comme l'on sait, destinée aux noyades.

Cette déclaration est appuyée par la veuve Dumey, qui déclare que la femme dont il s'agit a été conduite à la galiote pour être noyée, en vertu du jugement de la commission militaire.

*Baujoux*, accusateur public de cette commission, observe que la citoyenne Chandenier n'a point été jugée par la commission, et que, si elle a été noyée, comme on l'annonce, cet ordre n'a pu émaner que du comité révolutionnaire ou de ses commettants.

*Le président*, au témoin : A quel nombre portes-tu les femmes et les enfants immolés dans ladite maison?

*Le témoin :* Selon moi, il y a eu plus de deux mille quatre cents individus sacrifiés, en ne parlant que des femmes et des enfants.

(1) Il paraît qu'en effet la disette du papier était grande à cette époque, car tous les journaux de ce temps sont imprimés sur des papiers bleuâtres, gris ou jaunes, qui en rendent la lecture très-fatigante.

*Julie Vincenau*, femme de Codry, gendarme est entendue.

À l'époque du 21 octobre (vieux style), dit-elle, je dénonçai la femme Randreau comme recélant chez elle de l'argenterie de l'église de Notre-Dame.

Chaux, instruit par ma dénonciation, vient enlever ce précieux dépôt, et le porte au comité.

Bachelier m'avait déclaré avoir remis lui-même cette argenterie à la Monnaie, entre les mains du citoyen Thomas. Celui-ci m'a déclaré n'avoir jamais reçu d'argenterie de Bachelier.

Quant à Chaux et à Goulin, ils ont toujours paru ignorer ce qu'elle était devenue.

Les accusés nient le fait.

Le témoin *Laurent* est entendu.

Je ne puis articuler aucun fait précis contre les accusés, dit-il; mais je déclare avoir vu la Loire couverte de sang, et sur les bords de cette rivière une femme qui paraissait avoir été noyée. J'ai beaucoup entendu parler de noyades et de fusillades et d'autres cruautés de ce genre; l'opinion publique, un cri général accusaient Carrier de toutes ces monstruosités; tout le monde était scandalisé des débauches de ce représentant avec des femmes perdues de réputation; il avait mis la terreur à l'ordre du jour à un tel point que Nantes et les environs étaient dans les plus grande stupeur.

*Réal*, défenseur officieux pour la majorité des accusés, profite de cette déposition pour observer au tribunal qu'il n'a point encore été fait de rapport sur le réquisitoire de Goulin ; il demande que le tribunal fasse dresser procès-verbal de la déposition du témoin Laurent, pour être joint aux pièces justificatives produites par les accusés qui lui ont accordé leur confiance, et qu'il déclare ne pouvoir défendre si Carrier n'est appelé, s'il n'est entendu contradictoirement avec ses clients.

Ces observations sont vivement applaudies par tout l'auditoire, qui réclame à grands cris Carrier.

*Le président* attend le retour du calme, et dit : Je répète au peuple qui m'entend que, par décret de la Convention, le tribunal est investi du droit de poursuivre et faire juger les complices et continuateurs de Robespierre, et qu'il lui est enjoint de rendre compte jour par jour de cette instruction; le tribunal communique journellement aux autorités constituées le résultat des débats de chaque séance.

Un autre témoin est appelé.

*François Bertrand*, inspecteur des transports militaires, déclare qu'il a été fait des noyades, mais qu'il ne sait à qui elles doivent être attribuées.

*Prosper-Vincent Bonamé*, agent national, déclare connaître tous les accusés, excepté Pinard.

En ma qualité d'agent national, dit le témoin, comme chargé de faire approvisionner les communes du département de la Loire, il m'a fallu communiquer avec Carrier; ce représentant avait amené la terreur à l'ordre du jour, à un tel degré qu'on redoutait de l'aborder, et que plusieurs fonctionnaires publics, obligés de correspondre avec lui, aimaient mieux suspendre leurs opérations administratives que d'aller prendre ses ordres. Jaloux de remplir mes devoirs, à tel prix que ce fût, et d'ailleurs vivement pressé par le vœu général, par le besoin extrême de vivres où se trouvaient Nantes et les communes voisines, je me décide à voir Carrier, pour m'accorder avec lui sur les moyens de faire cesser la disette en tout genre, et de ramener, s'il était possible, l'abondance. Je me rends donc chez lui; je demande à lui parler, je suis introduit; je le trouve au lit; je lui expose le sujet de ma visite : il

se lève avec fureur, et me dit de le laisser tranquille.
J'observe à Carrier que l'objet dont je lui parle mérite toute son attention; que Nantes se trouve dans
le besoin le plus urgent de subsistances; que les
circonstances sont impérieuses; qu'il n'y a point de
temps à perdre pour aviser aux moyens de ravitail-
ler Nantes et les communes adjacentes. Carrier méprise toutes mes représentations; en vain j'insiste,
je lui observe de nouveau que Nantes est dans le
plus grand dénûment de comestibles, que les habitants en réclament à grands cris; Carrier m'adresse
cette réponse; « Le premier bougre qui me parle de
subsistances, je lui fous la tête à bas. J'ai bien à faire
de toutes vos sottises! Je retourne à la commune;
je fais mon rapport au conseil, qui s'empresse de
donner satisfaction aux pétitionnaires en leur faisant
délivrer le peu de vivres qui restait encore; ensuite
le conseil délibère sur les mesures à prendre pour
l'avenir; on arrête d'envoyer une députation à Carrier, qui avait tellement imprimé la terreur qu'on
ne trouva personne pour composer la députation.

Un jour j'interrogeai Goulin sur le tribunal qui
instruirait l'affaire des Nantais, et qui prononcerait
leur jugement; Goulin me répond : « Ils n'iront pas
jusqu'à Paris. »

Valton, vieillard sexagénaire, avait quelques affaires contentieuses à faire juger. On le pressait de
justifier de certaines pièces décisives dans son procès; pour en obtenir la prompte expédition du commis de district, il offre à ce dernier une somme de
12 liv.; le commis conclut de ces offres qu'on a
voulu le séduire, lui faire commettre une injustice;
Valton est aussitôt dénoncé et mis en arrestation.
Le comité publie qu'il a été arrêté un brigand portant un fusil sur la crosse duquel le nom de Valton
était écrit en toutes lettres; j'observe que le détenu
dont il s'agit est un homme de probité, incapable
de fournir des armes aux brigands et de correspondre avec eux en aucune manière..... On commence
par lui enlever son portefeuille.

Je me permets cependant de réclamer les contrats
appartenant à Valton; Goulin me les refuse en disant que c'était autant de gagné pour la république.

*Le président*, au témoin : A quelle somme se portaient les contrats réclamés par Valton?

*Le témoin* : Il y avait pour 5,000 liv. J'instruis
Valton de la nécessité de solliciter son jugement; son
épouse le demande, et n'obtient rien. Je m'adresse
à Perrochaux et lui demande la liberté de Valton :
je ne suis pas plus heureux que sa femme. J'ai appris depuis que Perrochaux, membre du comité,
sollicité par la citoyenne Beudan en faveur de Job,
demandait de l'argent pour son élargissement; je
sais que cette mise en liberté a coûté 50,000 liv. au
citoyen Job.

J'ai entendu dire que Goulin liait les prisonniers,
et les conduisait à l'eau.

On ne cessait de faire des taxes arbitraires pour la
salubrité de l'air et les frais du comité. Goulin demandait 30,000 livres à Courtois et Lévi pour leur
contribution à cette taxe, et leur répartition fut réduite à 6,000 livres. Liotto était porté pour une
somme de 60,000 liv.; on l'avait forcé de souscrire
pour cette somme. Cependant, par égard pour des
pertes par lui éprouvées, pour différents bienfaits,
les 60,000 livres, pour le payement desquelles on
n'accordait à Liotto qu'une décade, sont réduites à
24,000 livres. Toutes les fois que je me suis présenté au comité, j'ai remarqué beaucoup de désordre, et je voyais Goulin manier journellement des
bijoux de grande valeur.

..... Je sais qu'autant il y avait de détenus conduits
à l'Entrepôt, c'était autant de noyés.

*Le président*, à Goulin : Avez-vous refusé la remise des contrats appartenant à Valton; avez-vous
dit : « C'est autant de gagné pour la république? »

*Goulin* : Je n'hésite pas à faire l'aveu de cette réponse, qui est sortie de ma bouche dans la meilleure
foi; j'étais d'autant plus porté à croire cette confiscation fondée, que Valton était connu pour un aristocrate, pour le complice des rebelles.

*Le président*, à Perrochaux : Sollicité pour la
mise en liberté d'un détenu, et singulièrement en
faveur de Job, n'avez-vous pas demandé de l'argent?
n'avez-vous pas reçu une somme de 50,000 livres
pour la mise en liberté de Job?

*Perrochaux* : Le comité avait besoin d'argent
pour la salubrité de l'air; on faisait des répartitions
sur tous les citoyens, ou plutôt on les invitait à faire
des sacrifices pour l'intérêt général; je promis donc
de parler à Job; je l'engageai à faire une offrande
de 50,000 livres à la chose publique; il le fit, et
cette somme n'a pas été, comme on l'a prétendu, le
prix de l'élargissement de Job; car cette liberté lui
a été rendue, non pas par le comité, mais bien par la
commission militaire, qui a jugé Job et l'a innocenté.

*Le président*, à Chaux : Obligiez-vous les citoyens à souscrire pour la réparation d'un chemin
qui conduisait à votre maison de campagne? Avez-
vous fait souscrire le témoin pour cette confection
de chemin?

*Chaux* : La souscription a été volontaire pour
tous les citoyens, et le témoin, comme tous les
autres, à cet égard n'a reçu qu'une simple invitation.

On procède à l'audition du témoin *Girault*, ex-
avocat, ex-membre de l'Assemblée constituante :

Après l'affaire de Savenay, dit-il, je vis quatre de
nos soldats amener des cavaliers brigands en grand
nombre; j'entendis ceux-ci faire l'aveu de leurs erreurs, en témoigner les plus vifs regrets et offrir de
se rendre sous la condition d'avoir la vie sauve. Si
on voulait leur faire grâce, et à ceux qui restaient
dans la Vendée, ils s'engageaient à amener leurs chefs
pieds et mains liés, et à déterminer la majorité de
leurs communes à venir se ranger sous les drapeaux
de la république. Si des propositions aussi avantageuses eussent été acceptées, il ne serait plus question de Vendée; mais les hommes de sang, les complices des despotes, étaient bien éloignés de donner
leur adhésion à des mesures propres à les dépouiller des pouvoirs dont ils étaient investis, à des mesures qui les anéantiraient en un instant, et qui leur
enlevaient tout espoir de contre-révolution; aussi
eus-je la douleur de voir massacrer, fusiller impitoyablement environ une centaine de ces brigands,
qui étaient venus se rendre volontairement avec
chevaux, armes et bagages; et cette cruelle expédition se fit le lendemain de l'arrivée de ces hommes
égarés, au mépris des proclamations qui leur promettaient sûreté et protection.

*Naud* : Je demande la parole pour faire une observation importante.

Envoyé dans cette circonstance chez Carrier, pour
prendre ses ordres et lui demander le traitement
que l'on ferait aux rebelles qui venaient rendre les
armes en réclamant la faveur de l'amnistie promise
par les proclamations, j'invite le représentant à
s'expliquer à ce sujet, je me permets de solliciter
la grâce de nos frères trompés par des fanatiques et
des contre-révolutionnaires. « F....., s'écrie Carrier,
vous ne voyez donc pas que c'est un piége? Vous
ne savez pas votre métier; on vous trompe par une
soumission apparente; on veut bouleverser la ville.
Vous êtes des lâches, des j....f...., qui ne savez pas
faire face à l'ennemi. Point de grâce; il faut fusiller
tous ces scélérats. »

Je me retire vers le département; je lui fais mon rapport, je lui dénonce les propos de Carrier; on se contente de gémir, et rien de plus.

Le témoin ajoute que Goulin, deux heures avant la mort de son père, lui avait donné des coups de bâton dans son lit.

*Marie Vieutau*, témoin : Je déclare que, le 11 ventose, vers les sept heures du matin, il se présente un particulier à moi inconnu, armé de deux pistolets, chez le citoyen Bailly, mon oncle, qui n'était pas encore levé, à cause de son grand âge. Cet aventurier, ne pouvant parler à mon oncle, me charge de lui notifier l'ordre de se rendre au comité sur les dix heures. J'en fais part à ce citoyen, qui, attendu ses infirmités, m'envoie pour lui audit comité; je me présente, je demande ce que l'on veut; on me répond que c'est de l'argent. « Mais quelle est donc cette femme-là? se disent les membres du comité; elle n'a pas l'air patriote; on le juge facilement à sa mine. » J'assure le contraire, et je réitère que je suis venue, par l'empêchement du citoyen Bailly, et je demande quelle somme on exige de lui. Je m'efforce d'attester mon civisme et celui de mon oncle : on dit que c'est un aristocrate, qu'on le fera incarcérer; enfin, on me dit qu'il faut 10,000 l. Je déclare que le citoyen Bailly n'est pas riche, qu'il lui est de toute impossibilité de contribuer pour une somme aussi exorbitante. Sur mes observations, la somme est donc réduite à 5,000 liv.; je souscrivis pour cette somme le 11 ventose, et je la payai le 13 dudit mois. En faisant ce payement j'observe que les 5,000 liv., par moi comptées ont été empruntées, et que le citoyen Bailly, à raison des pertes sérieuses par lui faites, n'a aucun espoir de pouvoir se libérer de cette somme envers le prêteur. Je demande un reçu, on me le fait espérer à une époque plus reculée.

Le 17 prairial, le citoyen Bailly est appelé de nouveau au comité pour des affaires importantes; j'y retourne : on me fait écrire que la somme de 5,000 liv., par moi payée à l'acquit dudit Bailly, est pour la salubrité de l'air; je renouvelle ma demande pour avoir une quittance, afin de pouvoir me faire rembourser; Chaux me répond qu'elles ne sont pas encore imprimées, et que, quand elles le seront, j'en aurai une; mais je n'ai jamais pu l'obtenir.

Chaux et Goulin, interpellés sur les faits, les avouent.

*Le président*, à Bachelier : Etes-vous l'auteur de ces taxes exorbitantes levées sur les citoyens?

*Bachelier* : Je n'y ai eu aucune part, et j'assure qu'il ne s'est ouvert un registre pour les souscriptions que d'après la motion du représentant du peuple Carrier à la Société de Vincent-la-Montagne.

(*La suite incessamment.*)

## CONVENTION NATIONALE.

*Présidence de Legendre.*

SUITE DE LA SÉANCE DU 30 BRUMAIRE.

Un secrétaire donne lecture de l'Adresse suivante :

*A la Convention nationale.*

« Vingt-deux pères de famille viennent réitérer leur réclamation contre un abus de pouvoir et la violation de la loi, commis par l'ancien comité de salut public.

« Tel était le but des conspirateurs de tout désorganiser, afin de mieux réussir dans leurs infâmes projets, qu'un arrêté de ce comité, du 14 prairial, détruit une de vos plus sages institutions en temps de guerre, celle des inspecteurs nationaux, créés pour tous les transports et convois, par la loi du 25e jour du 1er mois de l'an 2e.

« Quel a été l'objet de leur création? une surveillance et des fonctions très-importantes à la république, qui éprouve les plus grandes pertes en tous genres depuis qu'ils ont été contraints d'en suspendre l'exercice.

« Quel est le prétexte de l'arrêté portant suppression de ces inspecteurs? » Que n'entrant pas dans l'organisation de la commission des transports militaires, leurs fonctions sont réputées avoir cessé du jour de l'établissement de cette commission. »

« Mais elle représente, quant aux transports militaires, l'ancienne régie des charrois; elle a la même administration; elle fait exécuter par ses agents, qui ont leurs préposés et employés. Elle ne peut suppléer par elle-même à des fonctions qui nécessitent une activité soutenue et une présence continuelle aux armées.

« L'on nous assure que la division des dépôts de l'agence des transports vient de nommer des inspecteurs généraux et d'autres ambulants, qui se sont rendus aux armées avec chacun deux ou trois chevaux et un cabriolet, 6,000 liv. d'appointements par an, et 15 liv. d'indemnité par jour. La quatrième division de cette agence y a déjà les siens, pour les mouvements qui la concernent. La cinquième en a également pour les mouvements de l'intérieur dont elle est chargée. On parle maintenant d'inspecteurs artistes-vétérinaires qui vont aller en tournée.

« L'intérêt national exige que l'on ne confie point aux parties intéressées l'inspection des objets déterminés par les articles V, VI, VII et VIII de la loi du 25 vendémiaire. Nous osons nous flatter d'avoir sauvé plusieurs millions de la dilapidation.

« Tout prouve que la mesure prise par la loi qui nous nomme était indispensable aux intérêts de la république.

« Cette loi ne peut être rapportée que par une autre loi; un arrêté n'a point cette essence. Il ne peut abroger ni anéantir aucune loi. Nous réclamons les principes; vous les maintiendrez, législateurs; aucune considération ne peut y porter atteinte. Si quelques-uns de nous sont reconnus ne point avoir la capacité suffisante, qu'on leur donne des successeurs.

« En conséquence, nous vous demandons l'exécution de la loi, et d'être renvoyés au poste qu'elle assigne à chacun de nous.

« *Signé* CASIMIR EDELINE, J.-B. ROUX, JEUNESSE, NOEL, BERGERAT, LESAINT, JOSSE, MATHIEU, DUFOUR, DECOUDRAI, etc. »

Renvoyé au comité de salut public et militaire.

— Une députation du comité de bienfaisance de la section de Paris dite de Popincourt est introduite.

*L'orateur* : Citoyens représentants, les travaux immenses dont vous êtes chargés ne vous ont pas empêchés de jeter un regard paternel sur les enfants de la patrie, accablés sous le poids de l'infortune et de l'indigence.

Plusieurs motions, dictées par l'humanité de la plupart de vos membres, ont été accueillies avec transport dans votre sein, et renvoyées unanimement par vous à vos comités des secours et des finances réunis, qui vous ont fait rendre des décrets dignes des représentants d'une nation grande et généreuse, et qui ont été applaudis par tous les cœurs sensibles et humains.

Mais, citoyens, ce n'est pas assez que le vœu de la nation se soit prononcé par votre organe; ce n'est pas assez qu'une loi bienfaisante soit promulguée; il faut encore qu'elle ne soit pas étudiée, et qu'enfin elle ait son plein et entier effet.

Organes de plus de trois mille individus, dont nous avons déposé le tableau à la commission centrale de bienfaisance établie par la loi du 28 mars 1793 (vieux style) et confiés à nos soins par le concours de nos concitoyens, nous venons déposer sous vos yeux le tableau de la misère sous laquelle ils gémissent : ici, l'un couche sur le plancher, enveloppé de paille; là, un autre n'a que des lambeaux pour se couvrir; dans un autre, la mère couche avec son fils, le frère avec sa sœur, quoique dans l'âge de puberté; d'autres enfin, vieux, infirmes ou estropiés, manquent du plus strict nécessaire.

De ce nombre sont encore ces mères chéries de leurs époux, à qui la nature, se joignant aux vœux de la république, ordonne, sans consulter leurs besoins, d'augmenter l'espoir de la patrie par la fécondité, et que nous sommes obligés de secourir même dès leur premier enfant, afin de conserver l'un et de soutenir l'autre.

Nous ne savons par quelle fatalité se trouve arrêtée la distribution qui devait être faite pour le mois de fructidor, et qui avait été annoncée en recevant celles de messidor et thermidor.

Nous avons, de plus, les dépenses de vendémiaire et de brumaire, pour lesquelles il ne nous reste en caisse qu'une modique somme de 590 livres.

Le secours provisoire accordé par la loi du 28 juin 1793 (vieux style) n'est applicable qu'à environ cinq cents individus, au lieu de trois mille et plus, dont les soins nous sont confiés.

Nous ne doutons pas, citoyens représentants, qu'en vous exposant les douleurs de nos amis communs, vous n'ordonniez aux comités à qui il vous plaira de renvoyer notre pétition de faire verser promptement le baume salutaire à consolider les plaies qui commencent à s'ouvrir, et à déterger celles où la gangrène commence.

Pour nous, nous allons leur porter les paroles de consolation qu'il plaira aux représentants de nous donner par l'organe du président, et les assurerons de la persuasion où nous sommes que les comités se rendront le plus tôt possible au vœu qu'aura exprimé la Convention, et en joignant leurs voix aux vôtres nous ferons retentir l'air du cri chéri de tous les vrais républicains, de vive la Convention nationale ! vive la république, l'une et l'autre indivisibles !

Cette pétition est renvoyée au comité.

— Le citoyen Bélanger, architecte, succède à la barre.

Citoyens représentants, au mépris d'une maxime des Droits de l'Homme, j'ai éprouvé une violation de propriété, et j'en accuse l'ancien comité révolutionnaire de la section de Robespierre, celui de la section des Piques.

Une maison, dans cet arrondissement, composait toute ma fortune ; sa valeur et son produit étaient le gage de mes créanciers.

En vendémiaire de l'an 2, elle était louée et occupée en grande partie, lorsque le comité des Piques, expulsant mes locataires, s'en empara sans ma participation, pour en faire une petite bastille à sa convenance.

Le 20 de ce même mois, les membres de ce comité me firent appeler au milieu de la nuit, pour me signifier l'arrêté qu'ils avaient pris de s'emparer de ma maison. J'eus beau réclamer contre violation de propriété, la réponse fut : « Ta maison, ou en prison. »

J'arguai de la Déclaration des Droits, des indemnités qu'exigeraient mes locataires, si subitement évincés, pour toutes les dépenses de convenance et d'embellissement qu'ils avaient faites dans cette maison ; j'exposai de plus qu'elle était décorée de beaucoup d'objets précieux dans les arts, faits pour servir de modèles ; que tous ces détails se dégraderaient par la multitude des détenus ; que tout cela donnait ouverture à des indemnités considérables, sur lesquelles il fallait statuer ; la réplique fut : « Ta maison ou en prison. Quant aux indemnités : nous avons des logements vacants à la Force et à Saint-Lazare pour les locataires et pour toi. »

On devine aisément, à cette époque, quel parti j'avais à prendre ; au surplus, je n'eus ni le temps de délibérer ni de composer. Douze factionnaires du poste furent incontinent envoyés à ma maison ; six heures me furent données pour les déménagements, et de suite soixante-deux individus y furent envoyés en arrestation ; pour lors l'entrée de ma maison me fut absolument interdite.

Le lendemain 21, le département, après avoir entendu le comité des Piques et moi, feignit de prendre mon silence pacifique, depuis vingt-quatre heures, pour une adhésion tacite, et dès-lors mes droits sur ma propriété furent sacrifiés aux instances astucieuses du comité révolutionnaire qui s'était présenté en masse ; j'obtins seulement, comme par grâce, que l'architecte du département serait (seul) chargé de statuer s'il y avait même lieu à indemniser.

Je ne me permettrai aucune réflexion sur ce jugement ; il me suffira de dire que les Luillier et les Momoro siégeaient dans cette assemblée.

La nuit des vengeances disparut enfin, et le jour à lui dans tout son éclat ; ma liberté m'a été rendue avec la faculté de réclamer mes droits, et je m'en sers utilement.

Une loi des 27 et 28 germinal, derniers articles 17 et 20, enjoint à tous citoyens d'instruire la Convention des actes d'oppression dont ils auraient été victimes, etc.

Ma maison évacuée, dit-on, depuis quelques jours, par la surveillance du comité de sûreté générale, est dans un état de dépérissement qui exige toutes sortes de réparations urgentes, devenues aujourd'hui très-dispendieuses ; des objets d'art de tous genres y ont été déplacés, usés et brisés. On sent facilement qu'une habitation destinée pour deux ou trois locataires paisibles et soigneux est bientôt dégradée par un grand nombre de prisonniers qui, loin d'avoir intérêt à la conservation de leur cage, voudraient voir des ouvertures à toutes les fenêtres.

Au surplus, on prétend que le comité des Piques a levé sur ces détenus des contributions représentatives de loyers ; comme je n'ai vu nulle part dans la loi du 17 septembre qu'il y fût autorisé, me serais-je davantage à partager le produit d'une concussion illégale et sur laquelle ce comité pourrait être recherché ? Ses membres prétendent encore avoir régi sous les ordres du comité de sûreté générale, et s'appellent de l'abus d'autorité qu'ils ont exercé à mon égard sur ce que, dans les mandats qu'ils en ont reçus, pour détenir, soit pour mettre en liberté, ma maison y était particulièrement désignée sous le nom de *Maison d'arrestation des Anglais*.

C'est dans cette incertitude, et après tant de vexations, que je viens, citoyens représentants, réclamer votre attention, attendu que, dans le mélange qui se rencontre ici de mon intérêt privé avec l'intérêt politique, il peut y avoir à examiner le produit de cette contribution révolutionnaire et son emploi ; ce qui m'interdit l'exercice de toute action, m'abandonnant avec confiance à la justice de la Convention, ou des comités auxquels il lui conviendra me renvoyer.

Dans un moment où les arts et l'industrie sont encouragés, elle ne souffrira pas qu'un artiste, père de famille, qui est resté constamment attaché à la patrie, qui a naturalisé en France plusieurs découvertes utiles aux arts et au commerce, soit privé par l'effet d'une puissance plus que révolutionnaire du seul revenu qui lui reste pour satisfaire ses créanciers et faire exister sa famille.

La Convention nationale renvoie la pétition aux comités des finances et de sûreté générale réunis, pour en faire prochainement un rapport.

La séance est levée à quatre heures.

## SÉANCE DU 1er FRIMAIRE.

On fait lecture de la lettre suivante :

*Les citoyens soussignés, réunis en Société populaire régénérée de Cherbourg, à la Convention nationale.*

Cherbourg, le 24 brumaire, l'an 3e de la république française, une et indivisible.

« Citoyens représentants, dégagés de l'influence et délivrés de l'oppression qui avaient enchaîné jusqu'à notre pensée, rendus à la dignité de notre être et à la hauteur de notre destinée, nous venons applaudir en hommes libres à la sagesse et au courage que vous n'avez cessé de déployer ; nous venons vous exposer des principes que la liberté même a gravés dans nos cœurs, et que ni la rage des factions, ni les efforts de l'intrigue n'ont pu effacer.

« Armés de la massue du peuple, et forts de sa conscience et de votre énergie, vous avez terrassé tous les conspirateurs, vous avez anéanti avec l'infâme Robespierre ce système de sang et d'horreur, qui, frappant à la fois l'innocent et le coupable, avait plongé dans la consternation et l'effroi les âmes les plus pures, les plus républicaines, et proscrit le mérite et le talent pour faire disparaître avec les lumières tout ce qui portait l'empreinte de la vertu.

« Continuez, dignes représentants du peuple, de faire

une guerre implacable à l'intrigue et au crime, quels que soient et leur forme et leur asile ; ne souffrez pas que, sur la tombe impure des derniers tyrans, s'élèvent de nouvelles factions ; ne souffrez pas que les dignes légataires de leur séditieuse audace viennent encore braver ou rivaliser l'autorité nationale dont vous êtes seuls dépositaires, violer ou éluder vos décrets, corrompre l'opinion que vous seuls devez diriger, et étouffer sous leur système meurtrier les principes éternels que vous avez proclamés dans votre sagesse, et que votre justice éclairée se plaît à exercer.

Pour nous, vieux et sincères amis de la liberté et de l'égalité, nous qui, en gémissant sur les horreurs commises en leur nom, avons toujours béni et soutenu la révolution mémorable qui nous a rétablis dans nos droits, nous ne cesserons de voir en vous et nos bienfaiteurs et nos guides. Reconnaître la Convention nationale pour le seul et unique point de ralliement ; maintenir de tout notre pouvoir le gouvernement révolutionnaire, qui seul peut hâter la ruine de tous nos ennemis, répandre les principes de la morale et de la vertu, garant salutaire de la stabilité des républiques ; défendre les patriotes dans l'oppression, les secourir dans le malheur, démasquer et poursuivre les intrigants, signaler à l'opinion publique ces contrebandiers de patriotisme, qui ne se sont attachés au char de la révolution que pour en arracher les dépouilles, dénoncer les fripons, les dilapidateurs et les traîtres, surveiller les autorités constituées sans le entraver, poursuivre le royalisme, l'aristocratie et le fanatisme jusque dans leurs derniers retranchements ; distinguer l'erreur du crime ; ne point confondre le patriotisme sage et éclairé avec le froid égoïsme et le modérantisme hypocrite : embrasser avec transport tous les moyens de consolider la révolution en la faisant aimer, et de plonger à jamais dans le néant et ses faux amis et ses ennemis : voilà notre but, voilà nos principes, et nous y sommes fidèles, nous en faisons le serment entre vos mains. Les représentants du peuple et des républicains connaissent le prix et la force de notre dévouement.

*(Suivent deux pages de signatures.)*

La Convention décrète la mention honorable de cette Adresse et son insertion au Bulletin.

Les sections de Paris demandent à être admises à la barre.

CALON : Je demande que les pétitionnaires ne soient point admis aujourd'hui à la barre. La séance doit être occupée par une discussion majeure, et je demande qu'elle soit entièrement consacrée à cet objet.

*** : Quand le grand ordre du jour sera arrivé, les pétitionnaires ne seront plus entendus ; mais jusqu'à ce moment je demande qu'ils soient tous admis.

MONNEL : Je demande que, si les pétitionnaires sont admis jusqu'à l'instant de la discussion, ils soient tenus d'évacuer la salle lorsqu'elle commencera.

L'assemblée passe à l'ordre sur cette proposition, et les pétitionnaires sont admis.

La section Lepelletier est admise à la barre.

*L'orateur :* La section Lepelletier, constante dans l'opinion qu'elle doit avoir des événements qui viennent de se passer, a vu d'un côté la Convention nationale lutter avec force et dignité pour le peuple, tandis que de l'autre des hommes audacieux et entreprenants s'efforçaient de la rivaliser et d'attenter à la souveraineté nationale.

Dans cet état de crise, les citoyens de la section Lepelletier sont restés fermes à leur poste, déterminés à mourir pour faire exécuter vos décrets. Ils attendaient, ils désiraient celui que vous avez rendu pour la dissolution des Jacobins.

Représentants du peuple, ce nouveau triomphe de la liberté est d'autant plus mémorable que vous n'avez employé d'autres armes contre des machinateurs, à qui tous les moyens étaient bons, que votre amour pour le peuple.

Que cette victoire éclatante de la vérité sur l'imposture, et de la probité sur le brigandage, soit le signal de la chute de tous les intrigants ; que les caméléons politiques ne puissent plus changer de forme ; qu'ils conservent malgré eux la seule qui leur soit naturelle et sous laquelle ils ont paru dernièrement aux yeux du peuple, et ce sera leur supplice.

En vain voudront-ils composer leurs voix et leurs gestes sur ceux de l'homme juste, parce que l'heure de son triomphe est venue ; en vain, après avoir fait précipiter au fond des cachots et traîner à la mort ceux qui se plaignaient de l'oppression du gouvernement, viendront-ils proposer des mesures de modérantisme et de relâchement : inutilement aussi feront-ils succéder à leurs derniers discours, véritables cris de révolte et de guerre civile, d'autres discours d'une expression radoucie ; le peuple, aussi sage qu'ils sont hypocrites et méchants, ne tombera plus dans leurs pièges.

Citoyens représentants, le gouvernement révolutionnaire fut longtemps confié à des mains malfaisantes, qui s'en servirent pour faire couler le sang de l'innocence ; mais aujourd'hui que la force et l'action du gouvernement résident dans la Convention nationale même, nous vous en demandons la continuation ; il est bien juste du moins qu'il serve à comprimer le crime dans son insolente audace.

Nous vous demandons surtout de rester à votre poste, et vous continuerez de mériter le nom de pères de la patrie.

LE PRÉSIDENT : La Convention fera sentir aux hommes qui se prétendent ici sur la brèche qu'elle a autant de vigueur que nos frères d'armes ; s'ils terrassent les Autrichiens au Nord, nous les terrasserons à Paris. (Vifs applaudissements.) La Convention a compté sur la sagesse et l'énergie du peuple ; elle a frappé les coups que réclamait son bonheur, bien sûre qu'elle était de trouver des bras pour enchaîner le lion vorace qui voudrait le dévorer. (Nouveaux applaudissements.) Elle voit avec plaisir que le peuple de Paris n'égarera jamais ses frères des départements ; elle voit avec plaisir que les hommes qui ont renversé le trône, et qui détruisent tous les caméléons politiques, conserveront fidèlement le dépôt qu'ils ont reçu, la Convention nationale. (Vifs applaudissements.) L'assemblée vous invite à assister à sa séance.

On demande que l'Adresse et la réponse du président soient insérées au Bulletin.

Cette proposition est décrétée.

LE PRÉSIDENT : Si la Convention veut ordonner l'impression de mes réponses, je la prie d'inviter les rédacteurs du *Moniteur* d'en tenir note, car je ne les écris jamais. (Oui, oui ! s'écrie-t-on.)

La section de la Fontaine de Grenelle succède.

*L'orateur :* La section vient en masse applaudir à vos glorieux travaux. C'en était fait de la liberté si vous n'eussiez étouffé le crime. Une Société jadis célèbre et utile, que des intrigants et des factieux avaient rendue le foyer de toutes les conspirations, menaçait la représentation nationale et la république entière par ses attentats ; elle avait l'audace de s'appeler à l'opinion, et elle l'assassinait ; elle voulait commander à l'opinion, et elle usurpait toute souveraineté. Le peuple s'est levé, l'opinion s'est prononcée ; vous avez parlé, et les factieux ne sont plus.

Dignes représentants, achevez votre ouvrage ; le monstre abattu semblait se débattre encore dans la fange. Votre sagesse a arrêté ces derniers mouvements d'un impuissant désespoir. Vengez les lois et frappez les coupables. Ils extermineraient jusqu'au dernier de vous et de nous si jamais ils en avaient la force.

Le courage de nos guerriers repousse les tyrans étrangers; le vôtre nous défend contre des tyrans mille fois redoutables. Votre justice a couronné nos victoires; continuez par vos mesures d'assurer nos succès. On voulait replonger la France dans la barbarie, et faire rétrograder la nature humaine de plusieurs siècles par le terrorisme. Vous avez rappelé le commerce; les talents et les vertus; environnez-vous de toutes les lumières; appelez près de vous le mérite modeste, et jusqu'ici persécuté. Toute la force du gouvernement est dans l'opinion; que les autorités constituées, jusqu'ici remplies d'intrigants et d'agents ineptes, soient promptement épurées; que les fonctionnaires publics rendent compte de leur conduite et de leur fortune; que des hommes justes et éclairés soient placés dans les administrations; que la liberté des Français soit avouée par l'humanité; qu'aucun crime des factieux ne paraisse servir de base au bonheur public, et la confiance, le patriotisme, le respect pour les lois renaîtront partout. Le réveil du lion devait être terrible; mais le peuple, plus fort que le lion, le mettra dans l'impuissance de nuire.

Maintenez dans sa pureté le gouvernement révolutionnaire, que les malveillants attaquent après en avoir si étrangement abusé, et dans l'impossibilité d'en abuser encore. Ce gouvernement provisoire n'est ni arbitraire ni injuste par sa nature; il est l'asile de la liberté tant qu'elle est menacée par des factions: c'est le dépôt de toute autorité légitime dans vos mains, tant qu'on peut craindre des ambitieux et des usurpateurs. Conservez ce dépôt sacré; vous le rendrez au peuple quand il pourra le recevoir sans danger.

Législateurs, vous avez plusieurs fois décrété que les armées de la république ont bien mérité de la patrie. La section de la Fontaine-de-Grenelle déclare que la Convention nationale a bien mérité du peuple.

Le Président: La Convention voit avec plaisir la portion du peuple français qui habite Paris applaudir aux mesures qu'elle a prises. Lorsqu'un pilote est secondé par un équipage aussi valeureux que le peuple français, il est sûr de conduire le vaisseau au port (applaudissements); il est sûr de braver tous les orages; il peut sans danger affronter les tempêtes; il précipite dans les gouffres de la mer les forbans politiques qui voudraient s'attacher à lui. Lorsque le vaisseau sera mouillé dans le port, la cargaison en sera distribuée au peuple. (Vifs applaudissements. — Les cris de *vive la république!* se font entendre de toutes parts.) La Convention a entendu avec plaisir l'expression de vos sentiments; elle invite tous les bons citoyens à se rendre aux assemblées de leurs sections : que la sagesse, la prudence et le patriotisme y président. Comptez sur les efforts de la Convention, qui périra plutôt que de ne pas sauver le peuple. (Vifs applaudissements.)

La section de Mutius-Scœvola vient ensuite.

*L'orateur :* Citoyens représentants, la section de Mutius-Scœvola vient désavouer formellement à votre barre l'adhésion qui fut surprise, le 20 brumaire, vers la fin de la séance, à un très-petit nombre de citoyens égarés par le langage astucieux des commissaires de la section de la Montagne.

Toujours ferme dans ses principes, la section de Mutius-Scœvola, au 9 thermidor, vint la première dans votre sein protester de son dévouement à la représentation nationale. Le 31 vendémiaire, elle vint

vous féliciter d'avoir abattu les tyrans, d'avoir fait succéder la justice, et d'avoir donné au peuple une boussole qui, en dirigeant toutes ses démarches, doit le faire arriver infailliblement au port de la prospérité. Elle vient aujourd'hui vous féliciter d'avoir, par votre décret du 22 brumaire, pulvérisé la tyrannie, étouffé les germes de la guerre civile et donné une nouvelle consistance au gouvernement républicain et démocratique que le peuple veut et qu'il aura, malgré les efforts de ces intrigants, de ces cannibales, de ces êtres encore dégouttants de sang, qui ne se feraient point un scrupule de perdre leur patrie pourvu qu'ils parvinssent à se soustraire au supplice que méritent leurs forfaits.

Continuez, citoyens représentants, à poursuivre ces tigres, ces lions, qui, endormis sur des monceaux de cadavres, ne doivent se réveiller que pour déchirer, pour dévorer de nouvelles victimes: poursuivez-les, quelques repaires qu'ils choisissent; qu'ils n'aient d'autre asile que la solitude du crime, d'autre société que les remords, s'ils en sont encore susceptibles. Abandonnez-les au supplice le plus terrible qu'ils puissent éprouver; qu'ils vivent pour voir le peuple entier jouir, malgré eux, d'un bonheur qu'eux seuls ne goûteront pas; qu'ils vivent pour entendre le peuple, dans les transports de la plus vive allégresse et de la plus douce reconnaissance, répéter mille fois ces cris qui leur déchireront le cœur, ces cris qu'ils n'ont jamais proférés que pour égarer plus sûrement leurs concitoyens : Vive la république! vivent les mœurs! vive la justice! vive la Convention nationale!

Le Président: La section de Mutius-Scœvola a prouvé plus d'une fois, dans le cours de la révolution, qu'elle était digne de porter le nom de ce fameux Romain. Je m'honore d'avoir fait mes premières armes dans cette section.

La Convention espère que votre sagesse vous fera distinguer les hommes qui n'ont été que dans l'erreur d'avec les vrais criminels; elle espère que vous abandonnerez les haines particulières; que vous ne verrez que le but, le maintien du gouvernement révolutionnaire, pour arriver à la constitution républicaine qui fera le bonheur du peuple. La Convention vous invite à la séance.

Mention honorable, insertion en entier au Bulletin.
La section des Droits de l'Homme est admise.

*L'orateur :* Une Société jadis célèbre, mais depuis conspiratrice, a prétendu rivaliser de pouvoir avec la Convention nationale.

Vous avez bien mérité de la patrie en détruisant cette agrégation monstrueuse, usurpatrice des droits du peuple.

Les scélérats! ils avaient osé dire qu'ils feraient un rempart de leurs corps à leurs lâches complices; mais le peuple, dont ils avaient usurpé le nom, a déjoué leurs viles manœuvres.

La section des Droits-de-l'Homme vient en masse seconder votre mâle énergie; elle ne connaît d'autre point de ralliement que la Convention nationale; elle attend avec impatience que les conspirateurs courbent leurs têtes chargées de crimes sous le glaive de la loi.

Le Président: Les mesures que la Convention a prises ont été sanctionnées par l'opinion publique. Cette force irrésistible a prouvé que si des hommes qui ont le caractère du lion, qui en ont emprunté la crinière (on rit et l'on applaudit vivement) sans en avoir ni la force ni le courage, ont cru dompter le peuple, ils se sont étrangement trompés ces hommes, puisqu'ils en portent encore le nom. Il en est qui ont parlé comme eux, parce qu'ils étaient égarés par eux, parce qu'ils étaient trompés par leur caractère, effrayés par leur réputation colossale, par le pouvoir dont ils abusaient. La Convention est appuyée sur la raison et sur la force du peuple; elle étendra une main de fer sur les coupables, elle la retiendra pour ne pas frapper l'innocent.

Citoyens, vous avez prouvé à tous les départements que, s'il s'élève encore quelque animal cruel, vous saurez le terrasser : allez dans vos sections, éclairez ceux qui ne sont que trompés ; abandonnez les haines particulières, qui ne servent qu'à diviser les bons citoyens, et réunissez-vous à la Convention pour conduire au port le vaisseau de la république.

*La section de la Montagne est admise.*

*L'orateur* : Une Société jadis populaire rivalisait vos pouvoirs ; usurpant la souveraineté, elle dictait impérieusement des lois à la république par ses correspondances, par ses nombreuses affiliations ; elle avait trouvé le secret de s'emparer de toutes les administrations, de les peupler d'individus entièrement à sa disposition pour mieux multiplier ses moyens de désordre et d'anarchie et nous reconduire plus promptement sous le despotisme. Les dangers de la république croissaient en proportion des pouvoirs de cette secte conspiratrice ; ses chefs étaient autant d'Omars du dernier Mahomet ; formés à son école, ils avaient hérité et de ses fureurs et de sa perfidie ; il voulaient couvrir la France de Séides, en fanatisant les citoyens, en semant partout la terreur et la proscription. Citoyens législateurs, vous avez vu le précipice, et votre sage décret du 22 brumaire l'a comblé.

D'où sont sortis tous les maux qui ont désolé depuis plusieurs mois la république ? n'est-ce pas de ce foyer de contre-révolution ? D'où sont sortis les grands conspirateurs, ces derniers tyrans qui ont couvert la France de sang et de deuil ? n'est-ce pas de ce foyer de contre-révolution ? Où ont-ils trouvé des défenseurs et des amis ? n'est-ce pas dans ce foyer de contre-révolution? Législateurs, le glaive de la loi les a frappés, mais la tyrannie n'en existait pas moins après eux. C'était l'hydre de Lerne ; n'en abattre qu'une seule tête, elle renaissait sur-le-champ ; nouvel Hercule, vous les avez abattues toutes du même coup ; c'est là une des victoires les plus signalées sur les despotes coalisés. Vous avez détruit, renversé leur dernier espoir ; vous avez rendu en même temps au vrai patriote son courage et son énergie, au peuple sa dignité, aux Sociétés populaires tout leur caractère, en les purgeant du venin qui les infectait; tous les citoyens renaissent.

Législateurs, parmi ceux qui composaient ce rassemblement, nous aimons à nous le persuader, il s'y trouvait beaucoup d'individus séduits, égarés ; mais, le prestige une fois détruit, ils n'en deviendront que plus zélés défenseurs de cette liberté qu'auparavant ils outrageaient.

La section de la Montagne, dans sa séance d'hier, une des plus nombreuses qui se soient tenues depuis longtemps, a unanimement applaudi à votre énergie ; elle a arrêté de se rendre dans votre sein, pour vous en témoigner sa joie ; elle renouvelle le serment de défendre de tous ses moyens la représentation nationale, de combattre la tyrannie, sous quelque masque et dans quelques lieux qu'elle se présente. Vive la république une et indivisible ! vive la Convention nationale !

Le Président: La Convention maintiendra les Sociétés populaires, qui sont garanties par la constitution, avec le même courage qui a fermé la Société des Jacobins, cette Société qui a rendu jadis à la patrie des services qui lui mériteront des pages honorables dans l'histoire, mais qui, depuis le 9 thermidor, n'était plus que la fosse aux lions. (Applaudissements redoublés.) La Convention aura les yeux fixés sur le bonheur du peuple ; elle enterrera les animaux féroces dans leur repaire. (Applaudissements.)

— La section des Amis de la Patrie désavoue l'Adresse présentée en son nom à la Convention nationale, il y a dix jours; Adresse dans laquelle on demandait justice exemplaire de ceux qui écrivaient contre les Jacobins. Elle applaudit au décret qui suspend les séances de cette Société.

Le Président : La protestation que vous venez de faire contre cette Adresse vous prouve combien il est nécessaire que les bons citoyens assistent à leurs sections : le crime veille quand le patriotisme s'endort.

Citoyens, redoublez d'activité ; mais qu'elle soit dirigée par la raison, par l'amour de la patrie. Serrez-vous les uns contre les autres; pardonnez à vos ennemis ; qu'ils marchent avec vous pour le salut de la patrie. Oubliez les haines personnelles ; les tyrans ne les fomentaient qu'afin d'exciter les divisions et de régner plus aisément. Eclairez celui qui n'est qu'égaré ; joignez-vous à vos représentants ; et, en dépit de tous nos ennemis, nous établirons le gouvernement républicain sur des bases solides et durables.

*Mention honorable, insertion au Bulletin.*

\*\*\* : Vous venez d'entendre le véritable vœu de la section des Amis de la Patrie ; celui qu'on vous apporta, il y a dix jours, n'était que l'ouvrage de quelques intrigants qui avaient à leur tête un nommé Cayeux, ci-devant commensal de la maison de Condé, et que je vous donne pour un franc royaliste. Ce Cayeux fut membre de la commune de Paris, et même chargé de l'administration des subsistances de cette ville. Vous vous rappelez comment elle fut approvisionnée, malgré les sommes énormes qui furent données pour cet objet. J'appelle l'attention du comité de sûreté générale sur ce Cayeux, et sur ceux qui l'accompagnaient, et qui ne valent sûrement pas mieux que lui.

*Renvoyé au comité de sûreté générale.*

*(La suite demain.)*

*N. B.* — Le reste de la séance a été consacré à entendre Carrier. Il a répondu à chaque fait l'un après l'autre. Ses réponses ne sont point encore terminées. La Convention a ajourné à demain midi.

---

## LIVRES DIVERS.

*Petit Calendrier* pour l'an 5º de la république française, avec les mois et jours correspondants à l'ancien calendrier, propre à mettre sur tabatière, médaillon ou portefeuille ; petite bordure de cuivre, dorée et autres. Se vend à Paris, chez Benoist, rue de la Bretonnerie, nº 3, section des Droits de l'Homme. Prix : 9 liv. la douzaine.

—*Ecole de Mars*, pour apprendre facilement les fortifications suivant la méthode de Vauban.

Cet ouvrage consiste en un grand tableau dans lequel sont figurés tous les principes relatifs à la tactique des fortifications, avec un texte explicatif. Il y a en outre trois cartes : l'une, de la France divisée en quatre-vingt-sept départements; l'autre, des villes de guerre et des places fortifiées de la république ; l'autre, contenant le théâtre de la guerre du côté du Nord. Volume grand in-8º, broché et cartonné. Prix : 8 liv., et 8 liv. 10 s. franc de port.

A Paris, chez Desnos, géographe, rue Jacques, nº 254.

## POLITIQUE.

### RÉPUBLIQUE FRANÇAISE.

*De Paris.* — Voici l'extrait d'une lettre, en date du 25 brumaire, du quartier général, à Crevelt.

« Le quartier général vient de quitter Cologne ; il est maintenant à Crevelt, mais nous n'y resterons pas long-temps. L'armée s'avance à grands pas dans la Hollande, et le quartier ira incessamment à Nimègue. Il est arrivé de Liège des députés hollandais, qui nous ont appris que les états généraux, effrayés de la marche rapide des Français, avaient décidé l'inondation ; mais que le peuple, qui craint moins les Français que de voir son pays ruiné, s'est révolté, et a forcé le stathouder à évacuer le territoire hollandais. Dieu veuille que cette nouvelle soit vraie ! elle serait l'avant-courrière de la paix avec la Hollande. »

## CONVENTION NATIONALE.

*Présidence de Legendre.*

SUITE DE LA SÉANCE DU 1er FRIMAIRE.

Ménuau : Je viens, au nom de votre comité des secours publics, présenter à la Convention nationale un de ces grands traits de courage dont les hommes libres sont les seuls capables, et dont ils peuvent seuls sentir tout le prix. Vous verrez avec la plus douce satisfaction des cœurs sensibles et bienfaisants voler au secours de plusieurs infortunés, prêts à être ensevelis sous les ruines de beaucoup de maisons écroulées naguère dans l'enclos du Temple ; exposer leur propre vie pour arracher ces malheureux à une mort certaine, et leur offrir ensuite de partager leurs habitations et leurs aliments, en attendant que la bienfaisance nationale ait pu les atteindre.

Vous distinguerez surtout les citoyens Desforges, ouvrier, père de cinq enfants, et Boussard, qui n'ont pas craint de se précipiter au milieu des ruines et des décombres, et de braver les dangers les plus imminents, pour enlever une famille tout entière aux horreurs de la mort la plus certaine et la plus affreuse.

Mais ce qui vous peindra le vrai républicain, et ce qui vous forcera de répandre des larmes d'attendrissement, citoyens, ce sera de voir le citoyen Desforges, ouvrier, pauvre, père de cinq enfants, refuser de venir réclamer la bienfaisance nationale, dans la crainte de dénaturer par cette démarche sa belle action, et ne former d'autre vœu que celui de voir son nom inscrit dans le recueil des actions héroïques et vertueuses.

Ce dernier fait a été transmis et attesté à votre comité par notre collègue Poullain, qui, pénétré des grands principes de justice qui dirigent la Convention, a pensé avec raison que c'était bien servir la république que de proclamer à cette tribune l'exemple de courage et de vertu donné dans ce moment par les citoyens Desforges et Boussard.

Oui, braves citoyens, vos noms seront mentionnés honorablement dans le procès-verbal des séances de la Convention nationale, et les ennemis de la patrie frémiront de rage en voyant l'impuissance où ils seront toujours de détruire une république, défendue au dehors par des armées sages autant que courageuses, et affermie au dedans par des actes aussi fréquents de vertu et d'humanité. ( On applaudit. )

D'après un tableau aussi touchant, voici le projet de décret que je suis chargé de vous présenter :

« La Convention nationale, après avoir entendu le rapport de son comité des secours publics sur un trait de courage et d'humanité exercé par les citoyens Desforges et Boussard, pères de plusieurs enfants, qui n'ont pas craint d'exposer leur vie pour sauver celle de plusieurs citoyens, décrète ce qui suit :

« Art. Ier. La trésorerie nationale, sur le vu du présent décret, paiera au citoyen Desforges, ouvrier, pauvre, et père de cinq enfants, la somme de 1,200 livres à titre de récompense nationale.

« II. Il sera fait au procès-verbal de la séance de ce jour mention honorable de l'action courageuse des citoyens Desforges et Boussard, et il leur sera envoyé à chacun un extrait du procès-verbal.

« III. La Convention nationale renvoie les pièces au comité d'instruction publique, pour faire insérer dans le recueil des actions héroïques celle des citoyens Desforges et Boussard.

« IV. Le présent décret sera imprimé au Bulletin de correspondance. »

Le Président : Le comité de sûreté générale me fait demander à quelle heure il doit faire venir Carrier.

*Plusieurs voix :* A l'instant !

La Convention autorise le comité de sûreté générale. (On applaudit.)

Le Président : On me demande si c'est dans la salle ou à la barre que Carrier sera introduit.

Boudin : La Convention n'a pas entendu, en décrétant dans sa loi qu'on pourrait prononcer l'arrestation provisoire, que le représentant du peuple contre qui cette mesure de précaution serait prise descendît à la barre.

Merlin (de Douai) : Carrier est aujourd'hui ce qu'il était la dernière fois qu'il a été entendu. Or il l'a été à la tribune ; il doit donc l'être encore.

La Convention décrète qu'il sera entendu à la tribune.

Le Président : La Convention va remplir les fonctions de jury d'accusation ; c'est toujours pour elle un jour de deuil d'avoir à prononcer contre un de ses membres. J'invite donc tous les citoyens qui assistent à la séance à ne donner, lorsque Carrier paraîtra et sera entendu, aucun signe d'approbation ni d'improbation. (On applaudit.)

Un membre commence un rapport sur les colons. Il est bientôt interrompu.

Le Président : J'annonce à la Convention que Carrier est dans la salle.

Carrier paraît, accompagné des gendarmes qui le gardent ; on lui déclare qu'il peut monter à la tribune. Il y monte ; la parole lui est accordée.

Carrier : Citoyens, dans une affaire aussi importante que celle sur laquelle vous avez à prononcer, il est juste que tous les citoyens qui assistent dans les tribunes fassent le plus grand silence et apportent à m'écouter la plus sérieuse attention. Le moindre bruit, le moindre tumulte pourrait me faire perdre le fil de mes idées.

Le Président : Je renouvelle à tous les citoyens présents l'invitation que je leur avais déjà faite, et j'espère que Carrier n'aura pas à se plaindre.

Carrier : J'en étais persuadé d'avance ; mais, dans une assemblée nombreuse, il est presque impossible qu'il n'y ait un peu de rumeur. Je prie les spectateurs de s'en abstenir.

Le rapport de la commission, tel qu'il m'a été présenté avant-hier, à trois heures, ne m'a pas permis de faire un discours pour en suivre toutes les allégations. J'avais commencé à analyser toutes les pièces. Cette analyse n'est point encore faite ; cependant, à mesure que je lirai les faits, ou qu'on me les lira, j'y répondrai ; à moins que la Convention ne préfère que je lise l'analyse que j'ai commencée.

*Plusieurs voix :* Comme tu voudras.

DUBOIS-CRANCÉ : L'accusé doit avoir toute latitude dans sa défense.

CARRIER lit :

Première liasse. — Septième pièce. (Déclaration de Giraud, directeur des postes à Nantes.) — « Carrier, six jours après son arrivée à Nantes, fit entendre, en présence du représentant du peuple Ruelle, les imprécations les plus véhémentes contre tous les habitants de Nantes, et principalement contre les marchands et négociants ; il déclara que, si ces derniers ne lui étaient pas dénoncés sous peu de jours, il les ferait tous incarcérer, et ensuite décimer pour être guillotinés ou fusillés. Ruelle lui observe que ce qu'il avançait était injuste et barbare ; Carrier le traita de révolutionnaire à l'eau douce, et continua ses imprécations. »

CARRIER : Citoyens, Giraud, qui a fait cette déclaration par écrit, est reconnu à Nantes pour un homme fanatique. Il a adhéré à toutes les délibérations fédéralistes. C'est un royaliste très-prononcé. Il a toujours été le partisan des prêtres réfractaires. On l'a même accusé d'avoir des intelligences avec les royalistes de la Vendée. Est-il étonnant que l'esprit de fanatisme et de contre-révolution l'ait porté à faire, dans une pièce qui n'a aucune authenticité, des dénonciations calomnieuses contre un représentant du peuple qu'on s'attache à persécuter ? Les propos qu'on me prête sont faux. Si mon collègue Ruelle est présent, je l'interpelle de déclarer ce qu'il sait. (*Quelques voix :* Il est absent.) Au surplus, cette déclaration n'a aucune authenticité ; elle est isolée, rien ne l'appuie, rien ne la prouve ; elle ne peut donc faire foi.

Quatrième liasse.—Première pièce. (Lettre de Gauthier et de la Société populaire de Nantes.) — « Il a fait tout pour occasionner une émeute dans Nantes, afin de la faire déclarer en état de rébellion. »

CARRIER : Quel aurait été mon but ? N'aurais-je pas été la victime d'une émeute, s'il y en avait eu une ? Puisque j'ai tout fait, on devait au moins citer un fait de ce tout, un indice quelconque. On devait dire quels moyens j'ai employés pour exciter une émeute. Il fallait des préparatifs, des mouvements. On ne cite rien ; ce n'est qu'une déclaration vague et insignifiante. Au reste, la Société populaire de Nantes qui a fait cette déclaration, a rendu, dans des lettres postérieures, justice à mon patriotisme et à mon républicanisme, surtout aux mesures que j'avais prises pour finir la guerre de la Vendée.

Première liasse. — Dixième pièce. (Lettre aux comités de salut public et de sûreté générale, sans signature.) — « Il a souvent déclamé à la tribune de la Société contre les riches, a traité les Nantais de contre-révolutionnaires, d'égoïstes, a dit que leur ville était le repaire des brigands de la Vendée. »

CARRIER : A Nantes, comme partout ailleurs, j'ai parlé contre tous ceux qui n'aimaient pas la révolution ; j'ai parlé en faveur des patriotes partout où m'appelait ma mission. J'ai toujours dirigé mes principaux soins vers le peuple, parce que toujours j'ai eu pour principe que, dans les révolutions, ceux qui ont de la fortune peuvent se tirer d'affaire, et que ceux qui n'en ont pas sont les seuls qui souffrent. Ce sont donc ces derniers qui ont toujours attiré ma sollicitude. Ce qu'il y a de constant, c'est que tous les prisonniers que nous avons arrachés aux brigands, et j'en ai délivré dix mille, nous ont déclaré que toutes les nouvelles, les brigands les tiraient de Nantes ; qu'ils en avaient aussi tiré des vivres, des munitions, des cartouches. Il est constant qu'il

y a toujours eu à Nantes des chefs de brigands. De mon temps, il en est venu quatre dans mon cabinet. Le moyen qu'ils employaient pour entrer dans Nantes était de se déguiser en paysans ; ils suivaient les charrettes que l'on conduisait dans cette commune, et par ce moyen les brigands y entretenaient ainsi des intelligences. Malgré les précautions que je prenais pour tenir nos mesures militaires secrètes, jamais nous n'en avons pu prendre que les brigands de la Vendée n'en aient été instruits. Au 29 juin, à l'époque où Nantes fut attaqué, il est constant qu'il y avait dans Nantes quatre mille repas préparés pour les brigands, et quatre mille drapeaux blancs prêts à être arborés.

Première liasse. — Neuvième pièce. ( Lettre d'Orieux au tribunal révolutionnaire, appuyée d'un procès-verbal de la Société populaire de Nantes.) — « Il donnait le signal de proscription sur les riches, faisait fouiller leurs trésors et partageait avec ses satellites. Dans les administrations, dans la Société populaire, il provoquait le peuple contre les négociants. »

CARRIER : Je le répète, jamais je n'ai établi de ligne de démarcation entre les citoyens. Nous avons, Francastel et moi, pris un arrêté pour empêcher les accaparements ; il s'en faisait beaucoup à Nantes ; mais est-ce là fouiller des trésors ! Les denrées coloniales se vendaient cent fois par jour ; et parce que j'ai pris des mesures pour arrêter l'agiotage et le monopole, peut-on dire que j'ai donné le signal de proscription sur les riches ? Peut-on dire que j'ai partagé leurs trésors avec des satellites ? Mais, si je les avais partagés, j'aurais de la fortune : eh bien, je porte le défi le plus formel de prouver, je ne dis pas que dans tout le cours de ma vie j'aie fait tort d'une obole à quelqu'un, mais que je possède avec ma femme au delà d'un capital de 10,000 liv. Puisqu'on m'a fait une inculpation si atroce, il fallait donc dire quels trésors j'avais pillés, avec quels satellites je les ai partagés. Il y a dans l'assemblée plusieurs de mes collègues qui me connaissent depuis plusieurs années ; je les interpelle tous : qu'ils disent s'ils ne m'ont pas toujours connu d'une probité sévère et austère. J'interpelle les membres de ma députation et ceux de mes collègues qui ont fait à Paris leur droit avec moi. Et quel est l'homme qui fait la déclaration ? c'est un nommé Orieux, ancien pilier de tripot de jeu, à Nantes : qui jamais n'a eu ni mœurs, ni principes ; qui, las de traîner une vie errante et vagabonde, s'est fait huissier, et se vend à qui veut l'acheter : c'est un des plus mauvais garnements qui soient sur le pavé de Nantes.

Vingt et unième liasse.—Sixième pièce. (Déclaration faite par Cousine, ci-devant homme de confiance de Carrier ; n'a su signer.) — « Étant à table avec sept ou huit personnes, il a dit qu'il aurait voulu voir Nantes en contre-révolution ; il l'eût châtiée comme il faut. »

CARRIER : Cette déclaration est faite par un nommé Cousine, qu'on dit avoir été mon homme de confiance. Je déclare que jamais je n'ai eu d'homme de confiance. Si on a voulu parler d'un nommé Cousin, attaché à mes collègues comme, avant mon arrivée à Nantes, ce qu'on appelait un domestique, certes ce n'est pas là un homme de confiance. Voyez jusqu'où on porte le raffinement de la méchanceté, d'aller lui arracher des déclarations ! Au reste, elles ne sont pas authentiques. Il y est dit qu'il ne sait point signer ; elles n'ont été reçues par aucun officier public.

Et encore, que signifie le propos qu'on arrache à cet homme ? Il peut bien se faire que j'aie dit : Si Nantes eût été en contre-révolution, je l'aurais châtiée comme il faut ; mais pourquoi aurais-je voulu la voir en rébellion ? Quoi ! pour voir des maux ? Dans toute la ci-devant Normandie, dans toute la ci-devant Bretagne, j'ai fait tout pour y mettre le calme et la tranquillité; partout je les ai rétablis. Rouen était dans une fermentation qui faisait craindre que le fédéralisme n'y triomphât. Il y a ici des collègues qui m'y ont vu; qu'ils disent si je n'ai pas tout fait pour approvisionner cette commune et y rétablir les principes. A Caen, à Cherbourg, à Rennes, tous ceux qui m'y ont vu peuvent attester les efforts incroyables que j'ai faits pour y éteindre le fédéralisme. Partout je l'ai éteint.

Il y a ici des députés de Port-Malo et de Rennes; qu'ils disent le bien, oui, le bien, que j'ai opéré dans leurs communes. Et l'on voudrait que je fusse venu à Nantes pour y fomenter la rébellion! Mon intérêt, comme mon devoir, était de faire le contraire; d'ailleurs, cette déclaration est encore isolée.

*Première liasse. — Neuvième pièce.* (Lettre signée *Orieux*, timbrée de Nantes, sans date, adressée au tribunal révolutionnaire.) — « Toutes les familles de Nantes étaient sous l'oppression et dans le deuil : chacun était réduit à une demi-livre de mauvais pain par jour, et Carrier menaçait alors Nantes de la déclarer en état de rébellion. »

CARRIER : C'est toujours Orieux qui parle. Je déclare que, toutes les fois que je me suis trouvé dans les fêtes publiques, à la Société populaire, partout j'ai vu le peuple m'entourer, être dans la joie et tranquille.

A la fête de la reprise de Toulon, après la bataille de Savenay, un peuple immense est venu chez moi; tout Nantes était dans l'allégresse. Y a-t-il un seul, oui, un seul Nantais qui dise qu'il s'est plaint de moi; au contraire, tous s'en louaient.

C'est au comité révolutionnaire que l'on attribue l'origine de la terreur qu'on prétend qui s'est établie à Nantes. Eh bien! ce n'est pas moi qui ai établi ce comité. Je n'y suis revenu qu'un mois après son établissement. Jamais il n'a reçu de moi d'autre ordre que celui d'arrêter les acheteurs des denrées de première nécessité.

Jamais Nantes n'a été réduit à une demi-livre de pain par jour. Pendant six mois cette commune n'a reçu aucun secours du gouvernement. Eh bien, au moyen des réquisitions que j'ai faites par terre et par la Loire, j'ai alimenté cent mille hommes; toute l'armée attestera ces faits. C'est immédiatement, et peu de jours après mon départ, qu'on a senti les privations.

*Première liasse. — Sixième pièce.* (Déposition de Throuard, citoyen de Nantes.) — « Carrier a dit un jour : « Comment ce f..... comité révolutionnaire travaille-t-il donc? Cinq cents têtes devaient tomber, et je n'en vois pas encore une. »

CARRIER : Citoyens, le propos que le déclarant me prête est d'une fausseté insigne. Il n'est venu qu'une seule fois chez moi, il a été bien reçu. La déclaration, au reste, est isolée. Par qui est-elle faite? par un individu dont le gendre a été traduit au tribunal révolutionnaire, sur un ordre de moi. D'ailleurs il a dit avoir entendu ce propos derrière la porte. Eh bien, il y avait entre la porte et le cabinet où je travaillais une pièce où mes collègues et moi avions mis une sentinelle pour empêcher la trop grande affluence.

*Huitième liasse.* (Lettre de Julien fils, trouvée dans les papiers de Robespierre.) — « Une justice doit être rendue à Carrier : c'est qu'il a, dans un temps, écrasé le négociantisme, tonné avec force contre l'esprit mercantile, aristocratique et fédéraliste. »

CARRIER : Il me semble que je n'ai rien à répondre à ces faits. Je déclare que ce négociantisme que j'ai écrasé est l'accaparement. Je n'ai jamais voulu entraver le commerce. J'ai dans mes pièces des lettres qui prouvent que j'ai adressé au comité de salut

public différents négociants qui demandaient à aller acheter des grains en Amérique.

*Onzième liasse. — Deuxième pièce.* (Arrêté de Carrier; lettre du conseil permanent de Nantes.) — « Il autorise la municipalité de Nantes à disposer de la somme de 183,000 livres pour ses besoins, à la charge de la remplacer par les sous additionnels, ou par une imposition sur les riches de Nantes. Le conseil général de la commune a déclaré ne pouvoir remplacer cette somme, parce que l'imposition n'a pas eu lieu. »

CARRIER : J'ai autorisé la commune de Nantes à disposer de cette somme, d'après une pétition signée de la municipalité qui me la présenta. J'ai oublié d'apporter cette pièce. Si la Convention l'exige.....

BOUDIN : Ce n'est pas là un crime.

*Plusieurs voix :* Non, non!

*Quatorzième liasse. — Première pièce.* (Ordre de Carrier au comité révolutionnaire, du 10 pluviose.) — « Carrier a fait arrêter, sans exception, tous les courtiers et tous ceux qui depuis la révolution ont exercé ce métier scandaleux dans l'enceinte de cette commune. »

CARRIER : Il est bon que vous sachiez ce que c'est que cette engeance. Ces courtiers étaient partis de Paris pour aller s'établir à Nantes; ils y ont porté l'esprit de monopole et d'accaparement. Ils vendaient les denrées coloniales jusqu'à cent fois par jour à la hausse et à la baisse. Ils allaient dans d'autres communes les accaparer, et revenaient dire aux habitants que les denrées avaient manqué. Par ces menées ils les avaient portées à un prix exorbitant. Je donnai ordre au comité révolutionnaire de les arrêter; je ne crois pas que ce soit un crime.

*Idem.* (Arrêté de Carrier, du 12 pluviose.) — « Il renouvelle l'ordre au comité d'arrêter sur-le-champ, et sans nulle exception, les acheteurs et revendeurs des denrées de première nécessité, à peine de forfaiture et de complicité avec les accapareurs des premiers besoins du peuple, qui en font un trafic honteux en les vendant au-dessus du maximum déterminé par la loi. Il a fait arrêter tous les interprètes, tous les acheteurs et acheteuses, tous les revendeurs et revendeuses des denrées de première nécessité, sans exception. »

CARRIER : Ils allaient, dans les avenues de Nantes, acheter les denrées de première nécessité; ensuite ils les revendaient aux riches à un prix fort au-dessus du maximum. Les artisans et les sans-culottes m'en firent leurs plaintes. Je déclarai que, si l'abus ne cessait pas, je ferais arrêter tous ceux qui le commettaient. Il continua, j'en fis arrêter quelques-uns; l'abus cessa, et les denrées reparurent. Au reste, si les acheteurs avaient été vexés, croyez-vous qu'ils ne réclameraient pas aujourd'hui? Aucun d'eux ne se plaint; c'est donc une preuve que les mesures étaient justes, et qu'il n'y a point eu de vexation.

*Idem.* (Ordre de Carrier, du 11 pluviose.) — « Il s'est fait donner les motifs des arrestations de tous les individus suspects détenus à Nantes, et de ceux qui sont envoyés à Paris. »

CARRIER : Je ne crois pas que ce soit là un crime.

*Première liasse. — Cinquième pièce.* (Rapport fait au département de la Loire-Inférieure par Froust, officier municipal, et arrêté du département.) — « Carrier avait requis des grains, pour la commune de Nantes, sur le district de Saumur. La municipalité de Rozier, par ordre du district, avait arrêté les bateaux chargés de ces grains, quoiqu'ils fussent déjà payés; des commissaires du département de la Loire-Inférieure, accompagnés de deux officiers municipaux et de deux députés du département de la Vendée, viennent chez le représentant du peuple, lui témoigner leur sollicitude sur cet embargo et lui demander de le lever. Carrier reçoit durement et avec mépris cette députation, l'écoute avec impatience, et lui répond que cela ne le regardait pas; que c'était à eux à écrire au département de Mayenne-et-Loire; que ses collègues avaient pu donner des réquisitions qui se trouvaient en opposition avec la sienne. La violence de Carrier a été telle que la députation a cru devoir se retirer pour ne pas compromettre sa représentation, et peut-être le représentant du peuple lui-même. »

CARRIER : Je me rappelle très-bien que j'observai à la députation qui vint chez moi, non durement, comme il est rapporté dans la déposition, mais avec beaucoup de calme, qu'il était nécessaire que j'écrivisse à mes collègues pour savoir le motif de l'embargo mis sur les grains destinés pour Nantes, et m'assurer s'ils n'étaient pas réservés pour l'armée. J'invitai aussi la députation à écrire de son côté au département de Mayenne-et-Loire. Comme la députation insistait pour me faire lever cet embargo, je lui répondis un peu brusquement que cela ne dépendait pas de moi, et elle se retira.

Première liasse. — Neuvième pièce. (Lettre d'Orieux.) — « Carrier a molesté un juge de paix nommé Malonnières, et a voulu jeter dans le feu son greffier, pour n'avoir pas voulu signer une levée illicite de scellés. »

CARRIER : Remarquez, citoyens, que c'est toujours cet Orieux qui me dénonce. Je nie le fait.

Vingtième liasse. — Seconde pièce. (Déposition de Goullin, membre du comité révolutionnaire de Nantes.) — « Il reprochait au comité d'être contre-révolutionnaire, et de ne prendre que des demi-mesures. »

CARRIER : Cette déclaration a été faite par un accusé. Je n'ai point tenu le propos qu'il me prête. Il ne signifie rien. D'ailleurs la déclaration d'un accusé n'est d'aucun poids vis-à-vis de la justice.

Vingtième liasse. — Deuxième pièce. (Déposition faite au tribunal.) — « Il protégeait le comité révolutionnaire, qui a causé tant de maux aux Nantais. »

CARRIER : C'est le premier témoin qui a déposé dans le procès qui s'instruit contre le comité révolutionnaire de Nantes, a déclaré ce fait ; mais il ne cite aucun acte émané de moi qui prouve la protection que j'accordais au comité. Je n'ai donné au comité révolutionnaire aucun pouvoir, aucun ordre; je le défie d'en produire un seul, si ce n'est celui de faire arrêter les courtiers et les revendeurs. D'ailleurs l'homme qui a fait contre moi cette déclaration est le premier provocateur des arrêtés liberticides qui ont été pris à Nantes. Il est le rédacteur d'un acte coblentzien, par lequel les sections de Nantes déclaraient qu'elles ne reconnaissaient plus la Convention nationale; qu'elles ne recevraient plus dans leurs murs aucun représentant, et qu'une force armée marcherait sur Paris. Il est aussi rédacteur d'un second arrêté, rédigé dans le même sens. Jugez maintenant, citoyens, quelle foi on peut ajouter au témoignage d'un pareil homme.

Huitième liasse. (Lettre de Julien fils à Robespierre.) — « Carrier est invisible pour les corps constitués, les membres du club et tous les patriotes; il n'est accessible qu'aux gens de l'état-major. »

CARRIER : Il est vrai que, pendant que la guerre de la Vendée a donné les plus grandes craintes, j'ai reçu rarement les citoyens de Nantes; j'étais occupé, de concert avec les chefs de l'armée et les commandants des ports, à prendre des mesures propres à arrêter les progrès des brigands. Je n'ai jamais voulu prendre, en présence des citoyens de Nantes, des délibérations militaires, parce que je craignais, quoiqu'il y eût dans ces administrations d'excellents patriotes, que quelque indiscrétion ne nous nuisît. Les mesures que j'ai prises, de concert avec les chefs de l'armée, valurent à la république dix-huit victoires successives.

Première liasse. — Neuvième pièce. (Lettre d'Orieux.) « Il jette de la défaveur sur les trois corps administra-

tifs, en les assemblant pour les traiter de sots et de fripons. »

CARRIER : C'est toujours l'huissier Orieux, qui n'a pu même conserver son état, parce qu'il l'exerçait d'une manière scandaleuse, qui m'inculpe. Il prétend que j'ai traité des corps administratifs de fripons; jamais, non jamais un pareil propos n'est sorti de ma bouche. Plusieurs membres de ces administrations ont été entendus, et aucun n'a déposé contre moi; s'ils avaient eu à se plaindre de ma conduite, sans doute ils eussent saisi cette occasion, où tout semble se réunir pour m'accabler, pour se venger.

Onzième liasse. — Deuxième pièce. (Arrêté de Carrier, du 12 pluviose, an 2.) — « Carrier a fait amener devant lui, par la force armée, Champenois, potier d'étain, officier municipal. »

CARRIER : Le motif qui m'autorisa à décerner un mandat d'amener contre cet homme fut qu'il voulait que je lui confiasse deux cents hommes d'infanterie et cinquante hommes de cavalerie, pour s'emparer, disait-il, de Charette. Je crus voir dans cette demande le projet de faire massacrer mes frères d'armes, et je fis expliquer Champenois. Cet homme vint me demander ensuite communication de ma correspondance avec la Convention nationale; je la lui refusai. Eh! quelle confiance pouvais-je avoir dans ce Champenois, qui est un perruquier, et qui se flattait de prendre Charrette, avec lequel il avait vécu. Tout ceci me donna des soupçons; je le fis amener chez moi, et le renvoyai après quelques explications.

Onzième liasse. — Deuxième pièce. (Arrêté de Carrier, du 16 pluviose.) — « Il l'a destitué de ses fonctions, pour lui avoir parlé en homme libre. »

Première liasse. — Quatrième pièce. (Déclaration de Lacour, adjudant général de la garde nationale de Nantes, le 4 vendémiaire, an 3. — Lettre de Julien à Robespierre, du 16 pluviose. ) « Carrier a reçu brutalement et accablé d'invectives Jean-Baptiste Lacour, administrateur du district de Nantes, lorsqu'il vint lui demander, au nom de l'administration, de compléter le nombre de ses membres. Le même jour Carrier a envoyé chercher Lacour, lui a témoigné devant plus de quinze personnes son repentir du mauvais accueil qu'il lui avait fait le matin, disant que, sur le rapport de quelques patriotes, il l'avait cru aristocrate, et l'avait destitué, mais que, mieux instruit, il venait de le réintégrer.

« Il a chargé un secrétaire insolent de recevoir les députations de la Société.

« Il a fait arrêter de nuit, comparaître devant lui, maltraité de coups, menacé de la mort ceux qui se plaignaient devant lui qu'il n'y eût un intermédiaire entre le représentant du peuple et le club, organe du peuple, ou qui demandaient que Carrier fût rayé de la Société s'il ne fraternisait pas avec elle.

CARRIER : Jamais de ma vie je n'ai donné l'ordre à mon secrétaire de recevoir mal les députations de la Société populaire; au contraire, j'ai recommandé qu'on les entendît toutes les fois qu'il s'en présenterait.

On se plaint de ce que j'ai fait arrêter de nuit plusieurs citoyens. Pourquoi Julien, qui cite ce fait, ne nomme-t-il pas un seul citoyen que j'aie fait arrêter? Je n'ai fait arrêter que Champenois; s'il y en avait eu d'autres, ils n'auraient pas manqué de se plaindre.

Cinquième liasse. — Première pièce. (Lettre de Lebeaupin, datée de Nantes, du 22 vendémiaire; copie certifiée par la Société populaire. ) — « Il a reçu des membres de la Société avec des soufflets, et des officiers municipaux à coups de sabre, lorsqu'ils lui demandaient des subsistances, étant réduits à demi-livre de mauvais pain par jour; et n'étant pas sûrs d'en avoir le lendemain. »

CARRIER : Ce Lebeaupin qui a fait cette déclaration

doit être connu de mes collègues de Rennes ; je leur demande s'il n'est pas royaliste et contre-révolutionnaire décidé. Il a été obligé de quitter Rennes pour aller habiter Nantes, où il était moins connu. Il se plaint d'avoir reçu des soufflets ; je nie le fait. Les officiers municipaux qu'il dit que j'ai maltraités n'ont fait aucune plainte contre moi.

Il dit que les habitants de Nantes étaient réduits à une demi-livre de mauvais pain par jour. J'atteste à la Convention, et toute la garnison de Nantes pourra déposer de ce fait, que, pendant mon séjour dans cette commune, les habitants n'ont souffert aucune réduction dans les subsistances. Ce n'est qu'après mon départ que la disette s'est fait sentir ; et, quand c'eût été pendant le temps que j'y étais, pourrait-on m'en faire un crime ? Je n'ai reçu, pendant six mois que je suis resté à Nantes, aucun secours du gouvernement, excepté un convoi venu de Brest, que mon collègue Bréard m'a envoyé. C'est au bon ordre que j'ai établi, et aux subsistances que j'ai tirées de la Vendée, que Nantes a dû son salut.

**Vingtième liasse. — Neuvième pièce. (Déclaration de témoins, rapportée dans une lettre de l'accusateur public. — « Il n'a jamais voulu écouter ni recevoir les deputations que les différents corps administratifs lui envoyaient pour le prévenir de ce qui passait dans la commune, lui demander des secours en vivres, ni lui donner des renseignements sur la guerre de la Vendée. »**

CARRIER : Je déclare que j'ai constamment reçu chez moi et entendu toutes les députations des corps administratifs et des Sociétés populaires ; si ce n'est que, lorsque la guerre exigeait des mesures secrètes, je refusais de les recevoir. Je dois dire qu'alors je ne voulais pas communiquer avec les corps administratifs, parce que tous les renseignements qu'ils m'avaient donnés sur la guerre de la Vendée s'étaient trouvés faux.

**Troisième liasse. — Deuxième pièce. (Procès-verbal de la Société populaire de Nantes, du 28 fructidor.) — « Il a dit à un magistrat qui lui demandait du pain pour sa commune que la sentinelle avait eu tort de ne pas lui passer sa baïonnette au travers du corps. »**

CARRIER : Comme la calomnie envenime tout ! Il me souvient qu'après avoir passé plusieurs nuits, je prenais quelque repos ; tout à coup le maire de Nantes entre chez moi. Je lui dis : « Pourquoi entres-tu si précipitamment ? » Il me répondit qu'il avait forcé la sentinelle : « Une consigne est sacrée, lui dis-je, et tu t'exposais à ce que le factionnaire te passât son sabre au travers du corps. »

**Onzième liasse. — Quatrième pièce. (Extrait des minutes déposées au greffe de la municipalité de Nantes, du 25 frimaire, an 2e.) — « A la séance du 25 frimaire de la Société populaire; Champenois, officier municipal, dit que l'armée de l'Ouest dispose des grains destinés à l'approvisionnement de Nantes. Les habitants des Deux-Sèvres et de la Vendée prétendent aussi à ces grains. Champenois fait voir que ces prétentions sont injustes; il propose d'envoyer trois commissaires chez le représentant du peuple, pour le prier de s'expliquer sur cet objet. »**

**Dix-neuvième liasse. — Pièce unique. (Copie de la lettre du représentant du peuple Carrier, du 23 frimaire, au général Haxo.) — « J'apprends à l'instant, mon brave général, que des commissaires du département de la Vendée veulent partager avec ceux du département de la Loire-Inférieure les subsistances ou fourrages qui se trouveront dans Bouin ou dans Noirmoutier. Il est bien étonnant que la Vendée ose réclamer des subsistances, après avoir déchiré la patrie par la guerre la plus sanglante, la plus cruelle. Il entre dans mes projets, et ce sont les ordres de la Convention nationale, d'enlever toutes les subsistances, les denrées, les fourrages, tout, en un mot, de ce maudit pays; de livrer aux flammes tous les bâtiments, d'en exterminer tous les habitants, car je vais incessamment t'en faire passer l'ordre; et ils voudraient encore affamer les**

patriotes, après les avoir fait périr par milliers ! Oppose-toi de toutes tes forces à ce que la Vendée prenne ou garde un seul grain. Fais-les délivrer aux commissaires du département séant à Nantes ; je t'en donne l'ordre le plus précis, le plus impératif : tu m'en garantis, dès ce moment, l'exécution. En un mot, ne laisse rien que le pays de proscription : que les subsistances, denrées, fourrages, tout, absolument tout, se transporte à Nantes.

**« Signé le représentant du peuple CARRIER. »**

CARRIER : Cette lettre, dans le passage même qui semble m'inculper, est conforme aux décrets de la Convention nationale. En effet, pouvions-nous laisser à la disposition des brigands les grains et les fourrages ? Un autre décret porte de livrer aux flammes les bois et les maisons, et d'exterminer les habitants de la Vendée, c'est-à-dire les brigands ; ce sont les propres expressions de la proclamation de la Convention ; elle porte que les brigands de la Vendée doivent être exterminés avant le 1er d'octobre. J'entends dire, à mes côtés, qu'il y a de la différence entre les brigands et les habitants de la Vendée ; cette différence, je l'ai faite moi-même ; je n'ai jamais poursuivi, de concert avec le général Haxo, que les brigands qui avaient pris les armes contre la république ; et je cite Goupilleau pour garant du fait que j'avance. Si je me suis servi, dans ma lettre au général Haxo, du mot *habitants*, c'est une mauvaise expression, car je n'ai pu entendre, et je n'ai entendu, en effet, que les brigands pris les armes à la main. D'ailleurs, citoyens, dans la Vendée, où je me suis constamment battu contre Charette, aucune commune ne s'est soumise ; je n'ai donc pu exercer d'actes de rigueur contre les brigands qui se seraient rendus. Plusieurs sont venus se réfugier à Nantes, et j'ai fait la défense expresse qu'on les inquiétât en aucune manière. J'ai fait la guerre de la Vendée avec le général Haxo, dont le nom est honorablement inscrit sur la colonne du Panthéon ; aucun reproche n'a été fait à ce général ; comme je ne l'ai jamais quitté, on ne peut me faire aucun crime pour mes opérations militaires.

**Huitième liasse. — (Lettre de Julien fils, du 16 pluviose, trouvée dans les papiers de Robespierre.) — « Il se dit malade et à la campagne, et l'on sait qu'il est en ville et bien portant.**

**« Il a de tous côtés des espions ; les discours sont écoutés, les correspondances interceptées ; on n'ose ni parler, ni écrire, ni même penser : l'esprit public est mort.**

**« Il a mis la terreur à l'ordre du jour contre les patriotes; il rejette leurs avis, comprime leurs élans. »**

CARRIER : Julien fils, qui a écrit cette lettre, peut attester lui-même que, quand il est venu chez moi, il m'a trouvé malade et au lit ; sur quarante jours, je n'avais pas dormi vingt heures.

Je déclare que de ma vie je n'ai eu d'espions que dans la Vendée, pour connaître la marche des brigands.

Pendant le fort de la guerre, on est venu me dire qu'il était prudent d'intercepter les correspondances ; je m'y suis refusé, j'ai toujours respecté le secret des lettres. J'aurais peut-être dû les intercepter à Nantes, car il est prouvé qu'on correspondait avec les brigands ; mais je ne l'ai pas fait.

**Deuxième liasse. — Première pièce. (Déclaration de Dechartres devant le comité de surveillance de la Société populaire de Tours.) — « Un convoi allait partir de Nantes, escorté de quinze hommes seulement. Un volontaire de la section des Gardes-Françaises de Paris observe au représentant du peuple que cette escorte était trop faible. Carrier tire son sabre, il menace de la guillotine. Le convoi partit, fut pris par les brigands; douze hommes de l'escorte furent tués. »**

CARRIER : Cette déclaration est faite par un nommé Dechartres. J'observe et j'affirme que, pendant tout le temps que je suis resté à Nantes, pas un seul convoi n'a été enlevé par les brigands. Les convois que je faisais partir de Nantes étaient toujours escortés au moins de trois cents hommes ; toute la garnison attestera ce fait. S'il en eût été autrement, sans doute plusieurs témoins l'eussent déposé au tribunal révolutionnaire ; mais, citoyens, connaissez ce Dechartres : il s'annonçait comme ayant la confiance des brigands ; je vous le demande, citoyens, comment l'eût-il acquise s'il n'eût servi avec eux ?

Je n'étais pas à Nantes quand Dechartres dit avoir été arrêté ; j'étais à Cholet, où je battais les brigands qui se portèrent sur Ancenis. Dechartres dit m'avoir parlé le 18 octobre, et à cette époque j'étais à Cholet ; je me rendis ensuite à Nantes ; mais huit jours au moins se sont écoulés pendant cet intervalle. Ce n'est donc pas à moi qu'il a parlé, et qui l'ai fait emprisonner.

**Deuxième liasse. — Première pièce. — (Déclaration du même.)** — « Un citoyen se plaint de ce que le cuisinier de Carrier s'approvisionnait tous les jours de volailles avant l'heure du marché, à tout prix, et en telle quantité qu'il n'a pu en trouver lui-même pour sa femme, qui était malade. Carrier le fait venir chez lui, le menace de la prison, dont il n'échappe qu'en réclamant le droit de la liberté et de l'égalité. »

CARRIER : Comme on porte contre moi l'esprit de rage et de méchanceté ! Mes collègues qui sont venus chez moi savent que je ne me mêle pas de ce que je mange. Né dans les montagnes d'Auvergne, j'ai été accoutumé de bonne heure à la frugalité.

**Première liasse. — Sixième pièce. — (Déposition de Throuard, datée de Nantes, le 14 vendémiaire, l'an 3.)** — « Throuard se présente avec sa fille devant le représentant du peuple Carrier, pour l'engager à permettre que Doryo, dont la santé était mauvaise, ne partît pas pour Paris avec les autres prisonniers ; Carrier passa dans une autre chambre, le pétitionnaire l'y suivit ; Carrier prit un chandelier, menaça de l'en frapper, et le mit brusquement à la porte. »

CARRIER : J'observe que jamais de ma vie je n'ai commis cet acte de violence.

**Troisième liasse. — Deuxième pièce. (Procès-verbal de la Société populaire de Nantes, séance du 28 fructidor, an 2.)** — « Carrier ne paraissait à la tribune de la Société populaire que la menace à la bouche, et le sabre à la main. »

CARRIER : Le sabre à la main ! Jamais de ma vie je ne l'ai mis en pareille circonstance ; quand j'arrivais de l'armée, je l'avais à mes côtés ; j'allais à la Société populaire avant même de descendre chez moi, lui faire part des nouvelles.

**Première liasse. — Neuvième pièce. (Lettre d'Orieux, et précis des débuts du tribunal révolutionnaire.** — « Il ne sortait pas de la banlieue de Nantes. »

CARRIER : C'est toujours Orieux qui me dénonce. Si vous pouviez entendre tous les défenseurs de la république qui composent l'armée de l'Ouest, ils déclareraient de quelle manière je me suis montré avec eux dans toutes les occasions ; et la Société populaire elle-même a déclaré que j'étais l'un de ceux qui avaient le plus contribué à achever la guerre de la Vendée.

**Cinquième liasse. — Douzième pièce. (Lettre de Lebeaupin, datée de Nantes, le 22 vendémiaire, an 3. Pour copie : Les président et secrétaires de la Société populaire.** — « Cinq cents patriotes étant arrivés à Nantes, à huit heures du soir, chassés, ainsi que la garnison de Mortagne, par les brigands, l'officier municipal chargé de distribuer les billets de logement, après m'en être acquitté, alla rendre compte des événements à la Société. Il témoigna son indignation contre ceux qui trompaient la Convention sur la guerre de la Vendée, qu'on croyait éteinte ; et, pour les connaître, la Société envoya des commissaires à Car-

rier, comme membre de la Société, pour lui demander communication de sa correspondance avec la Convention, qu'il devait sans doute instruire des dégâts que faisaient les brigands, qui journellement égorgeaient les patriotes. L'insolence du secrétaire, la fermeté de l'officier municipal, l'un des commissaires, formèrent une scène violente qui est consignée au procès-verbal de la Société. Le lendemain Carrier vint, le sabre à la main, à la Société, et dit que, si elle ne rapportait pas son procès-verbal de la veille, il allait déclarer Nantes en état de rébellion, et y faire fondre soixante mille hommes pour la détruire comme Lyon. Il se retira, fit fermer la Société pendant trois jours, fit porter les registres chez lui, où sans doute il arrangea le procès-verbal. »

CARRIER : Il y a un faux matériel dans cette déclaration de Lebeaupin. Je vous ai annoncé ce qu'était ce Lebeaupin, un contre-révolutionnaire décidé. Je vous observe qu'à l'époque où Mortagne fut repris par les brigands, j'étais rentré dans le sein de la Convention. Jamais je n'ai laissé de subsistances à Mortagne et à Cholet ; je les faisais conduire à Nantes.

Il y a un second faux dans cette déclaration. Mon collègue Lequinio était présent à la séance de la Société dont parle Lebeaupin, et je l'interpelle de déclarer s'il est vrai que je m'y suis présenté le sabre à la main et la menace à la bouche ?

LEQUINIO : Je me suis trouvé à une séance où l'on reprochait à Carrier d'y être venu avec un sabre, et d'avoir même battu quelqu'un ; mais, dans cette séance, je n'ai rien vu du fait dont il est question.

CARRIER : Ainsi le faux témoin est reconnu. Ah ! si les débris de la colonne de Mayence, si tous les braves bataillons qui ont fait la guerre avec moi, entendraient toutes ces horreurs, ils frémiraient d'indignation. Dernièrement j'ai vu un défenseur de la patrie, couvert de blessures, à qui les calomnies qu'on prodigue sur mon compte causaient une telle affliction, qu'il en versait des larmes de sang. Ne voyez-vous pas, citoyens, que ce sont tous faux témoins, tous aristocrates, tous coquins, tous brigands de la Vendée, qui se coalisent contre moi, parce que j'ai terminé cette guerre ; car, je vous le répète, au moment où j'ai quitté ces contrées, il n'y avait pas trois cents brigands armés, ils n'avaient aucunes munitions de guerre ni de bouche, et aujourd'hui ils en sont bien fournis : qui les leur a données ? Est-ce moi, chétif individu ; moi, vrai sans culottes, moi bon et brave républicain ? Si vous connaissiez bien les ressources de la Vendée, vous verriez quels sont les motifs du procès qu'on m'intente aujourd'hui. Ce sont les villes voisines qui alimentent les brigands ; ce sont elles qui leur donnent des fusils et des cartouches ; car ce ne peut pas être l'Angleterre, lorsque nous sommes maîtres de l'île de Noirmoutier et de Bouin. Je le répète ; ces Vendéens, qui étaient au nombre de deux cent cinquante mille, qui avaient trois cents pièces de canon portant le nom des frères Périer, dont tous les fusils nous appartenaient ; ces Vendéens ont été détruits, à l'exception de trois cents ; tous leurs canons et fusils ont été repris ou jetés dans la Loire. Qui donc peut leur en avoir donné de nouveaux depuis mon départ ? Tous ceux de nos défenseurs qui avaient été pris par eux, et qui revenaient ensuite, tous les brigands que nous avons attrapés, nous ont déclaré qu'ils tiraient leurs munitions de Nantes ; et c'est parce que je leur ai enlevé tous les moyens de s'en procurer, qu'ils se soulèvent aujourd'hui contre moi.

Quant à la suspension de la Société populaire, j'avais pris, avec plusieurs patriotes, le parti de l'ordonner, pour la rétablir de suite. Tout cela fut fait de concert.

Onzième liasse.—Première pièce. (Extrait des registres de la Société de Vincent-la-Montagne, séance du 20 frimaire, an 2ᵉ. — Lettre de Julien fils à Robespierre.) — « Un extrait du procès-verbal de la Société de Vincent-la-Montagne, séance du 25 frimaire, présente une autre cause de cette suspension. Un militaire remet sur le bureau un échantillon du mauvais pain qu'on distribuait aux défenseurs de la patrie, et demande la punition du munitionnaire. Le général Vimeux reconnaît la mauvaise qualité du pain. Carrier, croyant avoir été calomnié, témoigne son mécontentement, demande le nom de l'orateur qui a soutenu la calomnie. Il dit que le président et les secrétaires lui en répondraient, qu'ils seraient sur-le-champ mis en arrestation et la Société dissoute. Il ordonne, au nom de la loi, que les registres de la Société seront portés chez lui. Par un arrêté du représentant du peuple, la Société rouvre ses séances le 26, après trois jours de suspension. »

CARRIER : C'était un militaire qui avait déserté son poste, et à qui j'ai dit de le rejoindre, parce qu'il devait d'autant moins s'en éloigner qu'il était chef de bataillon ; sur le surplus on s'est trompé. Ce n'est pas l'échantillon du mauvais pain qui a donné lieu à la suspension de la Société ; elle avait été convenue avec les patriotes.

Vingtième liasse. — Neuvième pièce. (Déclarations de témoins, rapportées dans une lettre de l'accusateur public.) — « On aurait pu s'emparer de Charette et de son état-major, si Carrier eût voulu entendre une députation de la Société populaire, qui avait des moyens à proposer, et il eût donné deux cents hommes d'infanterie et cinquante de cavalerie. La députation fut très-mal reçue et même maltraitée. »

CARRIER : Je n'ai jamais maltraité aucune députation ; mais je n'ai pas voulu consentir à donner deux cent cinquante hommes pour prendre Charette, parce que c'eût été les envoyer à la boucherie.

Dixième liasse. — Deuxième pièce. (Lettre de la Société populaire de Vincent-la-Montagne au représentant du peuple Carrier, du 11 pluviôse, an 2ᵉ.) — « La Société de Vincent-la-Montagne a envoyé cinq de ses membres auprès du représentant du peuple, pour concerter avec lui les moyens de faire cesser ses inquiétudes sur le sort de la guerre de la Vendée. Cette députation est mal reçue par le secrétaire de Carrier, qui lui ferme la porte. Elle avait de grandes mesures à lui communiquer, pour assurer la capture de Charette. »

CARRIER : Je ne sais ce qui s'est passé entre mon secrétaire et les députés de la Société populaire. Si mon secrétaire ne s'est pas bien conduit, ce n'est pas ma faute. Quant aux mesures qu'on voulait me proposer, c'étaient les mêmes dont il est parlé dans le chef d'accusation précédent.

Deuxième liasse. — Première pièce. (Extrait des registres du comité de surveillance de la Société populaire de Tours, an 3ᵉ.) « Charles Dechartres, chasseur du 15ᵉ régiment, pris par les brigands au mois d'août dernier (vieux style), s'en est sauvé au 17 octobre suivant, avec Louis-Jean Douillard, Jean Mouardan, officiers municipaux de Saint-Julien de Concelles. Ayant obtenu la confiance des brigands, il était instruit qu'ils se portaient sur Ancenis. Envoyé à Carrier par le département, il l'avertit qu'en envoyant six cents hommes de ce côté-là on ramasserait les traîneurs des brigands, qui ne voulaient pas passer la Loire. Carrier les traita d'imposteurs et d'aristocrates, commanda vingt fusiliers, et les fit mettre séparément dans la prison du Bouffay. Les officiers municipaux sortirent cinq ou six jours après. Dechartres fut mis en liberté un mois après, par jugement de la commission militaire. »

CARRIER : Je n'ai point traité cet homme d'imposteur ni d'aristocrate, car je n'étais pas à Nantes, mais à Cholet, au moment où les brigands se portèrent sur Ancenis. Il dit qu'il m'a averti d'envoyer six cents hommes pour ramasser les traîneurs ; mais mon collègue Merlin se porta dans le même temps sur Ancenis avec huit cents hommes, où il atteignit les traîneurs des brigands. Ainsi la mesure dont parle ce Dechartres fut prise par mon collègue. Lors qu'ils passèrent la Loire à Ancenis, j'étais avec Merlin, qui se détacha de Saint-Florent pour les poursuivre de plus près. J'arrivai à Nantes cinq ou six jours après, et mes collègues Ruelle et Bourault me recommandèrent un homme qu'ils avaient fait arrêter. Il se disait échappé de la Vendée, et prétendait avoir des renseignements très-précieux à donner sur les brigands ; mais ses déclarations avaient paru suspectes, et l'on trouvait dans ses poches des cocardes blanches et des ordres donnés par des chefs de brigands. On enveloppa dans la même mesure deux autres hommes. Voilà ce que je connais de cette affaire, et je ne me souviens pas d'avoir jamais vu ce Dechartres.

Sixième liasse. — Première pièce. — « Le directeur général des charrois ayant été incarcéré, les dénommés cherchent à s'évader ; les chevaux abandonnés meurent dans les dépôts, dans les rues ; les voitures sont éparses, découvertes, brisées ; les subordonnés ne sont pas payés, et crient ; la réunion ne se fait pas. Il fallait porter au mal un remède prompt : l'inspecteur général des charrois militaires se présente chez Carrier pour lui en parler ; son secrétaire le fait mettre à la porte par quatre fusiliers avant d'avoir pu proférer quatre paroles.

« Carrier, à une seconde visite, dit à l'inspecteur qu'il s'occuperait de cette affaire, mais qu'il voulait prendre du repos, et qu'il se f..... de toutes ses régies, qu'il les ferait tous guillotiner quand il s'en occuperait. L'inspecteur a voulu insister ; Carrier l'a menacé de le faire mettre à la porte par les grenadiers de sa garde. »

CARRIER : Je parlai à l'inspecteur, ensuite au secrétaire, et tout se termina amiablement. Au reste, on peut entendre l'inspecteur, et il dira que ce ne sont que des propos qui n'ont eu lieu entre lui et le secrétaire, et que cela n'était pas de conséquence. Je me plaignis des dilapidations et de la négligence qui avaient lieu. J'avais écrit au ministre de m'envoyer des patriotes, des gens sûrs. Je n'en avais pas alors. Je ne pouvais destituer personne sans avoir quelqu'un pour le remplacer. L'inspecteur écrivit à Blondel qu'il vînt à Nantes. Je crois que ce Blondel est employé au comité de salut public. On pourrait l'entendre pour savoir de quelle manière j'en ai agi avec lui. Aussitôt qu'il me dénonçait des dilapidateurs je les faisais arrêter, et je les remplaçais ; plusieurs même ont été condamnés aux fers.

Troisième liasse. — Première pièce. (Arrêté pris à Nantes, le 7 brumaire, an 2ᵉ, signé Francastel, Carrier. — « Carrier et Francastel approuvent la formation et l'organisation de la compagnie révolutionnaire, donnent à Joseph Padilleau le droit de surveiller tous les citoyens suspects de Nantes, les étrangers, ceux qui s'y réfugient, les accapareurs, ceux qui soustrairaient les subsistances et autres denrées nécessaires.

« Il veillera sur tous les malveillants, les dénoncera au comité, aux autorités constituées et aux représentants du peuple, s'il s'agit de complot contre la liberté.

« Il arrêtera tout individu dont il croira prudent de s'assurer, et les conduira de suite au comité ; il surveillera tous les conciliabules des ennemis de la révolution, s'attachera à découvrir les assemblées appelées chambres littéraires, arrêtera tous les individus qu'il trouvera assistant à ces assemblées.

« Il exercera ses pouvoirs dans tout le département de la Loire-Inférieure.

« La force publique obéira aux ordres de la compagnie ou des membres individuels qui la composent.

« Il fera des visites domiciliaires partout où il le jugera convenable, se fera ouvrir les portes de tous les lieux et appartements qui pourront appeler sa surveillance ; en cas de refus, Padilleau est autorisé à les faire enfoncer ; en cas de rébellion, il requerra la force armée ; et ceux qui auront opposé la rébellion seront saisis et punis comme rebelles à l'exercice de l'autorité nationale. »

CARRIER : On nous présenta Padialleau comme un excellent patriote, comme un homme qui connaissait beaucoup Nantes et les environs. Beaucoup de brigands entraient dans cette ville ; il s'y faisait des accaparements ; l'agiotage était extrême. Nous déléguâmes des pouvoirs à Padialleau, et ces pouvoirs se bornaient à la surveillance. Comment voulez-vous que dans une ville qui est environné par les brigands, où ils ont des correspondances journalières, d'où ils tirent toutes les munitions, on n'ait pas besoin d'une surveillance active? Le peuple manquait de tout ; la disette était extrême. Nous avons cru, Francastel et moi, que nous n'avions d'autre moyen de faire cesser les plaintes du peuple que de donner des pouvoirs à Padialleau pour rechercher ses ennemis.

Treizième liasse. — Deuxième pièce. (Ordre de Carrier au comité révolutionnaire de Nantes, le 30 brumaire, an 2.) — « Carrier accorde à chaque membre de la compagnie révolutionnaire, dite *Marat*, la somme de 10 liv. par jour; ordonne au quartier-maître de payer à la fin de chaque décade. »

CARRIER : Je ne vois pas où est le crime de cette disposition.

Treizième liasse. — Troisième pièce. (Arrêté de Carrier, du 8 frimaire, an 2.) — « Le représentant du peuple Carrier subordonne entièrement à la surveillance du comité les opérations de la compagnie révolutionnaire ; enjoint à tous les membres de cette compagnie de ne faire aucune arrestation, aucune descente, sans un réquisitoire signé de trois membres au moins du comité. »

CARRIER : C'est un surcroît de précautions que j'avais prises, afin de ne pas être trompé par les membres de cette compagnie, dont on m'avait garanti le patriotisme, mais que je ne connaissais pas.

Quatrième liasse. — Première pièce. (Arrêté du comité révolutionnaire, du 24 brumaire, an 2; signé *Grandmaison, Goulin, Richelot*, confirmé le 6 brumaire par Carrier.) — « Carrier confirme un arrêté en neuf articles, du comité révolutionnaire de Nantes, qui a pour objet de faire arrêter et conduire à Paris toutes les personnes soupçonnées d'avoir trempé dans un complot qui se tramait à Nantes contre les administrateurs, les représentants du peuple et tous les républicains ; ce complot a été découvert par des écrits saisis sur des brigands. »

CARRIER : Effectivement on me fit voir des lettres prises sur les brigands, qui constataient qu'il y avait eu des complots à Nantes contre les autorités constituées et le représentant du peuple...

(On remarque que la voix de Carrier s'affaiblit.)

BERNARD (de Saintes) : Personne de nous ne veut juger cette cause sans être instruit des faits et des réponses de Carrier. Je n'entends rien de ce qu'il dit; sans doute que la fatigue de cette longue séance ne lui permet pas de parler plus haut. Nous ne voulons pas mettre de précipitation dans cette affaire. Carrier est gardé à vue ; il ne s'échappera pas ; je demande que la séance soit continuée à demain ; je demanderais même que les faits imputés à Carrier fussent imprimés à mi-marge, avec ses réponses à côté. (Murmures.) Comme il me paraît qu'on ne veut pas adopter cette deuxième proposition, je me borne à la première.

MONESTIER : J'appuie aussi la première proposition seulement.

Cette proposition est décrétée.

La séance est levée à sept heures et demie.

N. B. Dans la séance du 2, la Convention a décrété, après une vive et longue discussion, qu'il sera envoyé un courrier extraordinaire à Nantes, pour apporter les pièces originales déposées au tribunal criminel de la Loire-Inférieure ; se réservant néanmoins la faculté de prononcer le décret d'accusation, si elle se trouve assez éclairée.

— Clauzel, à la fin de la séance, qui n'a été levée qu'à sept heures et demie, a annoncé que les comités de sûreté générale et militaire avaient, d'après des inquiétudes qui leur avaient été données, jugé nécessaire d'augmenter de six mille hommes la force armée de Paris.

La discussion sur Carrier sera continuée demain.

---

# MÉLANGES.

## Au rédacteur.

Quelques journaux ont parlé de la fin tragique de Jean-Simon Loiserolles père, guillotiné le 8 thermidor ; mais il s'est glissé dans le récit qu'ils en ont fait quelques inexactitudes ; je vais les réformer, j'ai vu les pièces.

Loiserolles père était détenu à Saint-Lazare avec son fils.

Le système des conspirations des prisons, si heureusement imaginé au Luxembourg, venait d'être mis en pleine activité à Saint-Lazare, et avait déjà réussi complétement pour une première fournée, par les soins de Vernet, concierge, qui s'était formé sous Guyard, au Luxembourg.

On apprend à Saint-Lazare qu'une seconde liste de mort allait commander une seconde fournée, et les malheureux prisonniers attendaient dans le silence du désespoir le fatal appel.

Le 7 thermidor, sur les quatre heures du soir, l'huissier du tribunal se présente avec la liste mortuaire.

On appelle Loiserolles : c'était *Loiserolles fils* que la mort appelait; Loiserolles père n'hésite point à se présenter ; il compare ses soixante et un ans aux vingt-deux ans de son fils ; il lui donne une seconde fois la vie ; il descend, il est conduit à la Conciergerie.

Il y reçoit l'acte d'accusation dressé par arrêté du comité de salut public, et motivé sur une conspiration de prison.

Cet acte portait le nom de Loiserolles fils.

Le lendemain le père paraît à l'audience avec ses vingt-cinq compagnons d'infortune.

L'acte d'accusation, qui est joint aux pièces, porte *François-Simon Loiserolles fils*, âgé de vingt-deux ans.

L'énoncé du jugement, dressé d'avance sur l'acte, portait les mêmes désignations ; le greffier se contenta d'effacer le nom de *François*, et d'y mettre au-dessus celui de *Jean*.

Enfin, les questions soumises pour la forme aux jurés, et dressées d'avance sur le même acte d'accusation, contenaient les noms et la désignation portés dans l'acte d'accusation ; mais, lors de l'appel, Coffinhal s'est contenté d'effacer le nom de *François* pour y substituer celui de *Jean*; d'effacer le mot *fils* pour y substituer celui de *père*; il surcharge grossièrement les deux chiffres, et de vingt-deux il en fait soixante et un, et il ajoute l'ancienne qualité du père, dont l'acte d'accusation ne parle point.

Et Jean-Simon Loiserolles, contre lequel il n'y avait point d'acte d'accusation, a été mis à mort le 8 thermidor !

Et ce père respectable a gardé le silence !

Lecteurs, quel atroce assassinat ! quel sublime sacrifice !

*Signé* RÉAL.

---

*Épitaphe de Robespierre, par le citoyen Orell, bailly de Fraunenfeld, en Suisse.*

Loin du glorieux cénotaphe
Qu'au Panthéon semblait lui dresser le destin,
Robespierre, en deux parts, ici repose enfin ;
Il fallait sans tarder faire son épitaphe,
Ou bien celle du genre humain.

---

*Payements à la trésorerie nationale.*

Le payement du perpétuel est ouvert pour les six premiers mois ; il sera fait à tous ceux qui seront porteurs d'inscriptions au grand livre. Celui pour les rentes viagères est de huit mois vingt et un jours de l'année 1793 (vieux style).

## CONVENTION NATIONALE.

*Présidence de Legendre.*

### SÉANCE DU 2 FRIMAIRE.

CALON : Quantité d'étrangers sont admis dans l'enceinte de la Convention ; je demande qu'on maintienne le décret, et qu'on fasse sortir ces citoyens.

LE PRÉSIDENT : Je ne me suis point opposé à ce qu'ils entrassent, parce que, si j'étais accusé, je voudrais que l'enceinte où je parlerais fût assez spacieuse pour contenir tout le peuple français. (Applaudissements.)

CALON : Les tribunes sont ouvertes pour le public.

LE PRÉSIDENT : Les tribunes sont pleines ; les citoyens qui sont là tiennent des places qui ne sont occupées par personne. Au surplus, la Convention n'a qu'à se prononcer et faire la loi ; je la lerai exécuter.

On réclame de toutes parts l'ordre du jour.

L'assemblée passe à l'ordre du jour.

*** : La Convention ne peut avoir deux poids et deux mesures. Je demande que, d'après le décret que vous venez de rendre, vous rapportiez celui qui exclut les étrangers de la salle.

*Plusieurs voix :* L'ordre du jour !

*** : Si la Convention nationale veut que le peuple exécute les décrets, qu'elle les exécute elle-même.

*** : Je demande si ceux-là sont les amis du peuple, qui ne veulent pas s'en entourer. (Applaudissements.)

LANOT : Je déclare ici que jamais... (Murmures.)

— Carrier monte à la tribune.

LE PRÉSIDENT : La séance d'hier ne sera pas perdue pour l'histoire. (Bruit dans une partie de la salle.) Le peuple qui y a assisté a prouvé, par son silence, son respect, qu'il était digne de la liberté. Citoyens, vous êtes invités à ne point oublier que c'est un jour de deuil pour la république, celui où un représentant est réduit à répondre à des accusations dirigées contre lui.

Je vous invite à garder le silence le plus parfait et à ne donner aucune marque d'approbation ni d'improbation. Vous devez vous pénétrer de cette idée, que la position d'un accusé est la plus respectable pour l'humanité.

CARRIER :

Première liasse. — Troisième pièce. (Expédition de la commission déposée par Dardare, sellier, au greffe du juge de paix du 3e arrondissement de Nantes ; ladite expédition certifiée par Herbert, greffier. Au dos est un certificat de Boussard, général de brigade, de la bonne conduite de Dardare dans cette mission, et daté du 1er des sansculottides.) — « Carrier a sanctionné un arrêté du comité révolutionnaire de Nantes, en date du 6 frimaire, 2e année, par lequel le comité nomme Etienne Dardare inspecteur du convoi des prisonniers envoyés de Nantes à Paris, lui donne les pouvoirs les plus étendus pour tout ce qui est relatif aux voitures et aux voituriers, fixe son traitement, pour cette fonction, à 10 liv. par jour, en recevant en outre le remboursement de tous les frais ordinaires et extraordinaires. »

On se plaint de ce qu'on n'entend pas Carrier. Un membre propose, afin de lui épargner tant de fatigues, qu'un secrétaire lise les chefs d'accusation.

Cette proposition est adoptée.

CHATEAUNEUF-RANDON : Le meilleur moyen d'empêcher que Carrier ne soit interrompu, c'est d'empêcher qu'il ne se fasse du tumulte. Il faut que les citoyens qui sont entrés dans la salle y restent ; mais il ne faut pas souffrir qu'il y en entre d'autres, afin d'éviter du bruit.

Cette proposition est décrétée.

CARRIER : Cette sanction qu'on me reproche, loin de tourner contre moi, ne doit déposer qu'en ma faveur. On me demanda de faire traduire au tribunal révolutionnaire les prisonniers dont on parle ; j'y consentis. Mon collègue, Prieur (de la Marne), doit avoir connaissance de ce fait. Je nommai Dardare pour transporter ces prisonniers à Paris ; je le chargeai de se procurer à cet effet des voitures et des voituriers. Ainsi cet arrêté est on ne peut plus sage.

Quinzième liasse. — Quatrième pièce. (Lettre à la Convention nationale, par Mancel, ancien administrateur du département du Morbihan, en date du 18 vendémiaire, an 3e, renvoyée au comité de sûreté générale, le 28.) —

« Avant la loi du 14 frimaire, Lebatteux entra dans le Morbihan, à la tête d'une armée révolutionnaire, et, sans faire connaître ses pouvoirs, sa marche au département, il se porte à Noyal-Mussillac, où plusieurs habitants des communes voisines s'étaient rassemblés dans l'église. Lebatteux prit ce rassemblement pour un attroupement, fit arrêter et fusiller huit individus qu'on lui désigna comme les chefs, quoique deux d'entre eux produisissent des certificats de civisme en bonne forme. Lebatteux levait des contributions dans les communes par où il passait, et n'en rendait compte à personne.

« Il arrive avec son armée révolutionnaire au chef-lieu du département, et, dans ce même instant, l'administration reçoit du représentant du peuple Carrier une lettre faite pour jeter la terreur dans les esprits ; il traitait les administrateurs de scélérats. L'administration s'occupait encore de cette lettre, et allait répondre au représentant du peuple, lorsque Lebatteux parut, entouré de militaires ; il reprochait au département d'avoir voulu faire marcher contre lui. On lui demande ses pouvoirs ; il les produit, les fait lire, et demande l'enregistrement. Sa volonté était de plus illimités et de plus arbitraires : le département dépêcha sur-le-champ un courrier au représentant du peuple Carrier, qui répondit que, puisque l'administration avait été épurée par des représentants du peuple, il l'engageait à agir, d'accord avec Lebatteux, pour l'anéantissement des aristocrates, des modérés.

« Le soir, un citoyen nommé Mouquet, revenant de Paris, annonce à la Société populaire le décret du 14 frimaire, que la Convention venait de rendre, et qui supprimait les armées révolutionnaires. Lebatteux, après la séance, chercha Mouquet, le frappa et le fit traîner en prison chargé de fers. Le lendemain il fit tirer de la maison de détention huit individus qu'il fit fusiller ; Mouquet, à la sollicitation du département, fut mis en liberté.

« La loi du 14 frimaire fut enfin connue. Avril, général de l'armée révolutionnaire, se retira avec sa troupe dans ses cantonnements ; Lebatteux traita de faiblesse cette obéissance à la loi. Mécontent du département, qui lui reprochait de ne pas avoir concerté avec lui ses opérations, il partit le lendemain.

« Tréhouard, représentant du peuple, était alors à Redon. Instruit par l'administration de la conduite de Lebatteux, il le fit arrêter ; mais Carrier lui rendit la liberté, et enjoignit aux autorités constituées et aux troupes de ne point reconnaître Tréhouard pour représentant du peuple.

« Lebatteux, encore délégué de Carrier, donna carte blanche aux gendarmes de Malestroit, pour conduire devant lui tous ceux qu'ils croiraient suspects. Guéraut et Lacroix furent arrêtés par eux et fusillés, sans connaître les motifs de leur arrestation, sans interrogatoire, sans jugement, et sans qu'on ait demandé au district de Pluërmel des renseignements sur leur compte.

« Lambertye ayant demandé à Carrier carte blanche pour aller dans le Morbihan , Carrier refuse. »

CARRIER : Au moment où la grande armée des brigands était prête à entrer dans le Morbihan , ce département se souleva ! ces faits sont connus de mes collègues Prieur et Bourbote. Je chargeai le général Avril de dissiper les révoltés. L'administration du district de Redon , et il est bon de vous dire que cette commune est la clef du département du Morbihan , la communication qui l'unit à celui d'Ille-et-Vilaine, le district de Redon m'envoya le procureur-syndic et Lebatteux , pour me demander que je confiasse à ce dernier une force armée pour empêcher les brigands d'entrer dans le Morbihan par Redon.

Je donnai ordre aux administrateurs de couper le pont et de placer deux pièces d'artillerie pour repousser les brigands , s'ils se présentaient : car, s'ils eussent pénétré dans le Morbihan , ils y auraient fait une recrue considérable. Il n'est pas un seul de mes collègues du département du Morbihan qui ne sache qu'il ne fallait qu'une étincelle pour l'incendier. Ils savent qu'on a trouvé naguère une liste de généraux qui devaient être à la tête de trente mille hommes, qui devaient se révolter dans le Morbihan ; et c'est là ce qui y a nécessité l'envoi de quatre représentants.

Tous ceux qui connaissent le Morbihan savent que c'est là où la Vendée prit naissance , que les brigands passèrent la Loire et vinrent ensuite dans la Vendée. Lebatteux me fut présenté comme un patriote ; je lui confiai un bataillon de la colonne de Mayence, et non point de l'armée révolutionnaire. Je défie qui que ce soit de prouver que j'aie jamais levé une armée révolutionnaire ; et où l'aurais-je prise dans la ci-devant Bretagne ? Vous savez combien il fut difficile d'y trouver des hommes, lorsqu'il s'est agi de marcher contre les brigands.

Je donnai à Lebatteux un bataillon de Mayence, avec l'ordre d'agir hostilement contre tous les brigands qui se trouveraient dans les rassemblements contre-révolutionnaires portant les armes contre la république. Je prie mon collègue Dubignon, qui a vu mon arrêté , de dire s'il porte autre chose. Si Lebatteux a abusé de mes pouvoirs , c'est une chose qu'il faudrait examiner contradictoirement avec lui , je n'en dois pas être garant.

Il est vrai que j'écrivis une lettre un peu âpre à l'administration du département du Morbihan ; mais je n'y avais pas consigné le mot infâme de scélérat ; jamais une pareille expression n'est sortie de ma bouche. Je leur reprochai de ne point exercer une surveillance telle qu'elle pût empêcher et prévenir les soulèvements. Les administrateurs me répondirent qu'ils avaient été régénérés par mes collègues ; je leur écrivis alors la lettre la plus honnête, la plus amicale, la plus fraternelle, et je les invitai à se concerter avec Lebatteux ou avec le général Avril, qui commandait dans cette partie , pour empêcher que les brigands se rassemblassent.

Mon collègue Tréhouard m'écrivit que Lebatteux abusait de ses pouvoirs, qu'il faisait arrêter les patriotes. Je répondis à Tréhouard , je lui exposai ce que j'avais fait, je le priai d'agir de même et de ne pas quitter le Morbihan. Je ne connaissais pas Tréhouard ; il avait été appelé ici pendant que j'étais en mission. Plusieurs patriotes vinrent me porter des plaintes contre lui ; je les entendis sans rien faire. Mais lorsque je vis que les troubles du Morbihan prenaient de l'accroissement, que deux fois on avait été obligé de repousser les révoltés , que trois mille Anglais et émigrés étaient prêts à fondre sur nos côtes , que la grande armée des brigands était près d'entrer dans le Morbihan, où ils auraient fait une recrue considérable, et que, dans ces circonstances , Tréhouard avait quitté le Morbihan, j'avoue que je crus aux rapports qui m'avaient été faits contre lui ; je crus qu'ils avaient de la réalité. Je pris l'arrêté dont il est question ; je ne le désavoue pas. J'en suis incapable ; vous n'entendrez jamais que la vérité sortir de ma bouche. Cet arrêté est très-mauvais ; j'ai eu grand tort de le prendre , je le confesse ; et si la Convention pense que j'ai mérité quelque peine pour l'avoir fait, elle peut prononcer.

Depuis j'ai vu ici Tréhouard ; il ne m'a fait aucun reproche, et j'atteste qu'il n'a porté aucune dénonciation contre lui. Un de mes collègues me donna des renseignements sur lui , et je fus très-fâché de m'être comporté ainsi à son égard. Cet arrêté ressemble à celui que Javogues avait pris à l'égard de Couthon ; et, je le répète, si la Convention me croit coupable pour l'avoir pris, qu'elle m'inflige la peine qu'elle voudra.

Je ne me rappelle pas que jamais Lambertye m'ait demandé carte blanche ; mais, puisqu'on dit que j'ai refusé cet individu, cela prouve que j'ai bien pu en refuser d'autres. Si mon collègue Dubignon est présent, je le prie de dire si mon arrêté ne portait pas ce que je vous ai rapporté.

DUBIGNON : Je n'étais pas dans la séance lorsque Carrier a invoqué mon témoignage ; je demande qu'il me dise sur quoi.

CARRIER : N'est-il pas vrai que j'ai confié à Lebatteux un bataillon de Mayence, pour agir hostilement contre les contre-révolutionnaires qui se trouveraient rassemblés portant les armes contre la république ?

DUBIGNON : C'est le mot pour mot de l'arrêté que j'ai vu dans les mains de Carrier.

CARRIER : Ainsi , il n'y a rien de condamnable là dedans.

Première liasse. — Dixième pièce. ( Lettre aux comités de sûreté générale et de salut public. Tours , le 28 fructidor, l'an 2 , sans signature. ) — « Il a confirmé par sa signature la nomination de gens sans mœurs, ayant fait faillite, que le comité révolutionnaire avait choisis pour rechercher les gens suspects et les incarcérer ; il leur a donné des ordres. »

CARRIER : Je ne connaissais personne quand je suis arrivé à Nantes ; je devais naturellement avoir confiance dans les personnes que mes collègues Phélippeaux, Ruelle et Gillet, qui étaient à Nantes depuis six mois, avaient appelées dans les places ; c'étaient eux qui avaient nommé les membres du comité révolutionnaire, de la municipalité, du département. Si ces fonctionnaires m'ont trompé, moi et mon collègue Francastel , en nous présentant des gens sans mœurs , ce que j'ignore , est-ce sur moi qu'on doit rejeter leur immoralité ? Quel est celui de nos collègues qui n'a pas été trompé dans quelques-uns de ses choix ?

Première liasse. — Huitième pièce. ( Lettre écrite de Nantes, le 20 vendémiaire, l'an 3, à l'accusateur public près le tribunal révolutionnaire de Paris, signée Orienz. ) — « Carrier avait nommé Normand directeur de l'hôpital des Ursulines ; il se trouva un grand déficit de linge et d'effets ; le représentant du peuple lui a apuré ses comptes, et lui a donné à Paris une place de 9 à 10,000 liv.

« Il a fait entrer dans les hôpitaux, comme officiers de santé, des muscadins de vingt à vingt-deux ans , qui n'avaient jamais manié de lancettes, ni de livres de chirurgie ; il les a par là soustraits à la réquisition ; dans le nombre se trouvent Caylus et Fonbonne. »

CARRIER : Le premier fait est matériellement faux. Normand avait été nommé trois ou quatre mois avant mon arrivée à Nantes. Il avait été appelé dans sa place par un nommé Bouvet. Si l'on prouve que ce soit moi qui l'ai nommé, je provoque sur moi la peine la plus capitale.

J'ai si peu apuré les comptes de Normand, que Bô peut attester que ces comptes n'étaient pas apurés même six mois après mon départ.

Bô : Ce que dit Carrier est vrai ; il n'était plus à Nantes lorsque le compte fut arrêté. Les faits relatifs aux individus dont il est parlé plus bas sont encore faux. Caylus est un chirurgien qui a étudié à Montpellier ; l'autre, Fonbonne, est un père de trois enfants, qui a eu l'estime de notre collègue Bourbote et d'autres.

CARRIER : Voilà deux faux matériels. On prétend que c'est moi qui ai nommé Fonbonne, tandis qu'il avait été placé par mes collègues Boursault et Ruelle, lorsque je couchais au bivouac. Jugez, par cette multiplicité de faux, de la confiance que doit inspirer cette nuée de contre-révolutionnaires, de conspirateurs, de complices de brigands, qui poursuivent un patriote, le vainqueur et le destructeur de la Vendée.

Vingtième liasse. — Deuxième pièce. (Troisième témoin, Précis des débats sur le procès du comité révolutionnaire de Nantes, signé Leblois, Lettre d'envoi du 17 vendémiaire, l'an 3, au comité de sûreté générale.) — « La commission avait des soupçons sur Robin, secrétaire de Carrier ; elle avait dessein de le faire arrêter ; mais il a été soustrait à ses poursuites; il est placé, dit-on, dans l'armée du Nord. »

CARRIER : Je monte à l'échafaud sur-le-champ, si l'on prouve que cet homme ait jamais été mon secrétaire. Il est venu me parler au nom de la Société de Nantes ; mais jamais il n'a écrit deux mots pour moi.

Vingtième liasse. — Première pièce. (Déposition de deux témoins, dont l'un a vu, l'autre ouï dire, et déclaration de quelques accusés, Lettre de l'accusateur public près du tribunal révolutionnaire, au comité de sûreté générale, du 25 vendémiaire, l'an 3, signée Leblois.) — « Pendant le séjour du représentant du peuple Carrier à Nantes, le comité révolutionnaire a fait embarquer et noyer quatre-vingts prêtres réfractaires, qui n'étaient sujets qu'à la déportation. »

CARRIER : J'ignore et j'ai toujours ignoré si le comité révolutionnaire a pris la mesure dont il est question. J'ai su l'événement dans le temps, et j'en ai fait part à la Convention. On m'a dit qu'ils avaient péri tout naturellement ; j'ignore si le comité révolutionnaire a commis un acte arbitraire ou non.

Première liasse. — Neuvième pièce. (Lettre signée Orieux, sans date, timbrée de Nantes, adressée à l'accusateur public près le tribunal révolutionnaire.) — « Carrier a fait noyer ces prêtres, après une orgie avec le comité révolutionnaire. »

CARRIER : Tout à l'heure c'était le comité révolutionnaire qui avait commis le fait, et maintenant Orieux, cet homme dont les faux multipliés sont reconnus, vient dire que c'est moi qui l'ai fait après une orgie. Des orgies, moi ! j'ai toujours vécu avec la plus grande partie de mes collègues. Il y en a ici qui me connaissent depuis mon enfance ; d'autres me connaissent depuis quatorze ans ; j'ai fait mon droit ici avec quelques-uns ; je les interpelle tous de dire s'ils m'ont jamais vu faire une seule orgie, s'ils m'ont jamais vu une seule fois ce qu'on appelle un peu gris. Quelle confiance voulez-vous ajouter à la déclaration de cet Orieux, qui a fait au moins trois faux matériels, de cet huissier déhonté, de ce concussionnaire reconnu ?

Vingtième liasse. — Deuxième pièce. (Déclaration de Bachelier, prévenu.) — « C'est lui qui a ordonné cette noyade. »

CARRIER : Qui ne sait pas que Bachelier est un des prévenus, qui, pour s'échapper, rejette tout sur moi !

Pièce du deuxième envoi fait à la commission, le 12 brumaire. Déclaration d'Olive Recapet, ci-devant cuisinière de Normand, dans le temps où le représentant du peuple Carrier était à Nantes. La déclarante n'a su signer. — Extrait des registres des déclarations du comité de surveillance de Nantes. Pour copie conforme, le 3 brumaire, l'an 3. Ont signé les membres du comité.) — « Rollin, médecin en chef de l'armée de l'Ouest, et Laurent, dépensier de l'hôpital des Ursulines à Nantes, soupant avec Carrier chez Normand, directeur de l'hôpital, burent à la santé des calotins qui avaient bu à la grande tasse. »

CARRIER : C'est une cuisinière, probablement mécontente de celui chez lequel elle était, qui vient faire une pareille déclaration. Est-il probable que Rollin, Laurent, Normand et moi, ayons pu porter une santé si atroce ? À quel but, à quel propos l'aurions-nous fait ? Des hommes qui ont un cœur et une âme peuvent-ils porter une santé aussi horrible ? C'est une personne qui ne sait point signer, dont la déclaration est isolée, dont l'authenticité n'est pas garantie par un serment, que l'on croirait sur un pareil fait ! La séparation des gens attachés de ceux aux gages desquels ils étaient produit ordinairement des mécontentements et des haines, et c'est à de pareils motifs qu'on doit cette déclaration.

Vingt et unième liasse. — Première pièce. (Dénonciation de Pierre Sourrisseau. Nantes, le 26 vendémiaire, l'an 3. Pour copie conforme, le 29 vendémiaire, signé les membres du comité révolutionnaire de Nantes.) — « Pierre Sourrisseau dépose que Foucault jeune, un de ceux qui amenaient la gallote qu'on avait employée à l'expédition des prêtres, lui a ordonné, de la part du représentant du peuple Carrier, de laisser son portail d'entrée ouvert toute la nuit, pour une expédition secrète qu'il avait à faire. »

CARRIER : Il paraît que Sourrisseau est un homme vendu à qui veut l'acheter ; mais, en supposant que cette déclaration fût vraie, j'atteste que je n'ai jamais vu ni connu Foucault, si Sourrisseau avait reçu de ma part l'ordre de tenir sa porte ouverte, il en représenterait un écrit, je n'ai jamais vu cet homme. Je subis la peine capitale dans la minute si l'on me prouve un ordre arrêté signé de ma main à cet égard. Comment voulez-vous que la déclaration isolée d'un homme, déclaration qui n'est pas même assermentée, et qui est reçue par un comité qui ne cherche qu'à me trouver des ennemis, puisse faire foi contre moi ?

Première liasse. — Neuvième pièce. (Lettre signée Orieux, sans date, timbrée de Nantes, adressée à l'accusateur public, à Paris.) — « Il a causé la mort à une foule de braves défenseurs de Nantes en leur faisant respirer un air pestiféré par les cadavres nombreux laissés sur la terre pendant plusieurs mois, en leur faisant monter la garde dans des prisons infectes. »

CARRIER : C'est encore le faux témoin Orieux, l'huissier déhonté, qui m'accuse. Il est vrai que plusieurs Nantais sont morts d'une maladie pestilentielle qui régnait à Nantes, et qui y fut apportée par les brigands. Mes collègues Turreau, Prieur (de la Marne) et Bourbote ont même manqué d'en périr ; mais pouvais-je empêcher cette contagion ? Ce qu'il y a de certain, ce que j'établis une commission de santé, et que j'ordonnai de faire des fumigations partout. Je fis, avec la pompe à feu, laquelle personne ne pensait, et c'est moi qui l'ai imaginé, je fis nettoyer les rues, les prisons, les coins et recoins de la ville de Nantes, et c'est par cette précaution que la contagion cessa à l'instant. Les officiers de santé peuvent attester ces faits.

Quatrième envoi fait à la commission, le 18 brumaire, an 3. (Lettre de Bignon, président de la commission militaire de Nantes, le 24 vintose, an 3.) — « Il a régné à Nantes pendant quelque temps une maladie pestilentielle qui avait pris sa source dans la maison d'arrêt de l'Entrepôt, destinée aux brigands qu'on y amenait de toutes parts. »

« La commission militaire y a resté pendant un mois, depuis huit heures du matin jusqu'à dix heures du soir ; elle jugeait de cent cinquante à deux cents brigands par jour ; depuis le 7 nivose jusqu'au 28, elle en a jugé plus de quatre mille. »

CARRIER : Ainsi, il est constaté qu'il régnait à Nantes une maladie pestilentielle qu'il n'était pas en mon pouvoir d'empêcher.

Je déclare, et la garnison attestera ce fait, que pendant le séjour que j'ai fait à Nantes il n'y est pas entré au delà de trois mille brigands, et c'étaient de ceux qui avaient passé la Loire. Il est vrai qu'il y en avait dans les prisons ; la commission les a jugés ; jamais je ne me suis mêlé de ces jugements ni de leur exécution ; ainsi je n'ai jamais participé en aucune manière aux exécutions horribles dont on parlera dans un instant. La commission jugeait, c'était à elle à faire exécuter ses jugements ; il n'était pas en mon pouvoir de les arrêter ni de les précipiter.

Douzième liasse. — Première pièce. (Arrêtés de Carrier, au bas des listes, les 27 et 29 frimaire.) — « Vingt-quatre brigands, dont deux de treize, et deux de quatorze ans, pris les armes à la main, sont exécutés à mort sans jugement. Vingt-sept brigands des deux sexes, de dix-sept ans et au-dessus, pris les armes à la main, sont exécutés sans jugement. »

CARRIER : Je déclare que je n'ai vu que les copies des deux arrêtés dont on me parle. Il peut se faire que je les aie signés de confiance, comme je l'avais fait pour plusieurs autres ; mais j'affirme qu'ils ne sont écrits ni de ma main, ni de celle de mon secrétaire, tant j'étais loin de les avoir délibérés, puisque ces arrêtés comprennent des femmes et des enfants, tandis que je les ai exceptés par un arrêté dont je vais donner lecture. (Il lit un arrêté pris le 12 nivose par Bourbote, Carrier et Turreau, portant autorisation aux membres du comité révolutionnaire de Nantes pour délivrer de jeunes brigands aux citoyens qui voudraient s'en charger, sous la condition d'en faire leur déclaration à la municipalité, et défense de mettre en jugement de jeunes brigands depuis douze ans jusqu'à seize.) Ce n'est pas là tout : j'offre de prouver, et les faits existent, que les premiers brigands qui arrivèrent à Nantes, j'envoyai de suite les faire distribuer dans les hôpitaux , et je déclare qu'ils y vivent encore. Quelques-uns ont été moissonnés par la maladie pestilentielle ; mais j'offre , oui , j'offre de prouver que tous ceux qui sont venus me demander de jeunes brigands en ont obtenu de moi. Je ne me rappelle point d'avoir signé ces arrêtés. Mais, en supposant que je l'eusse fait, que portent-ils ? d'exécuter des brigands pris les armes à la main. Les décrets m'y autorisaient : je n'ai pu ni dû , d'après m'a conduite , d'après l'autre arrêté pris avec mes collègues, vouloir y comprendre des enfants. Ce fut Bourbote qui voulut qu'on n'épargnât les enfants que jusqu'à seize ans ; Turreau et moi nous voulions que ce fût jusqu'à dix-huit. Enfin , ces arrêtés sont conformes aux lois rendues par la Convention. Celle du 19 mars 1793 met hors de la loi tous ceux qui sont prévenus d'avoir pris part aux révoltes dans la Vendée , d'avoir arboré la cocarde blanche. J'en vais donner lecture.

BOUDIN : Je demande qu'après la lecture de la loi du 19 mars il soit donné également lecture d'un décret postérieur , du 1er août ; car il ne faut pas que la Convention soit, aux yeux du peuple, couverte de l'opprobre d'avoir ordonné des massacres.

CARRIER : Je vais lire d'abord la proclamation du 17 octobre ; elle porte que la Convention décrète que la guerre de la Vendée sera terminée avant la fin d'octobre.

Il entame ensuite la lecture de la loi du 19 mars, qui met hors de la loi les brigands de la Vendée pris les armes à la main, et ceux qui auraient servi leurs projets.

CLAUZEL : Je demande qu'on donne lecture de l'article II.

On lit l'article II, qui porte que « les brigands pris les armes à la main seront mis à mort dans vingt-quatre heures, mais après que le fait aura été constaté par une commission militaire établie ad hoc. »

CARRIER : Eh bien , mon ordre, en le supposant de moi, est adressé au président du tribunal révolutionnaire de Nantes ; c'était à lui à faire la reconnaissance. (Quelques murmures.) Un moment, citoyens, un moment : écoutez , je vous prie. Que porte l'arrêté ? de les faire exécuter... (Quelques voix : Sans jugement ! )

CLAUZEL : Il est de l'honneur de la Convention que le peuple qui nous entend ne perde pas de vue que l'arrêté porte d'exécuter sans jugement.

CARRIER : Mais au moins, citoyens, au moins faut-il que je voie ces arrêtés.

*** : Nous devons en effet permettre à Carrier de voir les originaux de ces arrêtés. Il en existe un dans les cartons de la commission des Vingt et Un. Je demande que le président le fasse apporter sur le bureau.

BOUDIN : Les originaux dont Carrier demande la représentation n'existent pas dans les cartons de la commission. Il n'y en a que des copies en forme, faites au greffe du tribunal de la Loire-Inférieure, où les originaux sont déposés.

MONESTIER : J'avais demandé la parole pour faire la même observation : ces originaux sont déposés au procès de Fouquet et Lambertye.

DUBOIS-CRANCÉ : Je demande la lecture de l'article VI de la loi du 19 mars. Il faut que l'opinion publique soit éclairée sur tous les faits. Jamais la Convention ne se chargera de l'odieux des violations de sa loi.

BOUDIN : Je rappelle que j'ai demandé aussi la lecture de celle du 1er août.

On donne lecture de ces dispositions, qui portent que les brigands qui poseraient bas les armes, qui ramèneraient leurs camarades à la république, ou qui livreraient leurs chefs, ne seront point mis à mort, et seront seulement détenus jusqu'à ce que la Convention en ait autrement ordonné ; et que les femmes, enfants et vieillards seront transportés dans l'intérieur, pour y recevoir tous les secours qu'exige l'humanité.

CARRIER : La proclamation du 1er octobre fut envoyée avec profusion à toute l'armée de l'Ouest. Je déclare que, dans toutes les colonnes, avant mon arrivée à l'armée, sitôt qu'on avait pris des brigands, on les fusillait. J'interpelle ici la franchise et la loyauté de mes collègues, des gendarmes ; qu'ils disent si , avant mon arrivée , on ne les fusillait pas sans jugement.

CLAUZEL : Oui, sur le champ de bataille, par suite des lois de la guerre. Mais la proclamation n'a pas ordonné qu'aileurs les prisonniers fussent exécutés avant qu'une commission militaire les eût reconnus ; elle n'a pas ordonné qu'on fît noyer des femmes, des enfants et des vieillards. Il importe de rappeler ces faits.

CARRIER : Il y a, je crois, un décret qui déclare la guerre à mort aux brigands. Ceux-ci avaient été pris les armes à la main ; ils étaient dans le cas dont vient de parler Clauzel. On dit qu'il s'y trouvait des femmes et des enfants. Comment peut-on le croire, puisque je les ai exceptés ? (Quelques voix : Deux mois après !) Un moment, citoyens : comment voudriez-vous que j'eusse fait dans un temps ce que j'ai défendu dans un autre ? J'ai toujours laissé à la commission le droit de juger. Rappelez-vous les époques.

D'APRÈS UN DESSIN DU TEMPS.

Lequinio brûle la cervelle à un prisonnier.

Tip. Henri Plon.

Réimpression de l'Ancien Moniteur. — T. XXII, page 620.

Vous souvient-il qu'alors plusieurs collègues, plusieurs généraux vous ont écrit qu'on avait fait fusiller des prisonniers sans forme de procès, et que la Convention y a applaudi et a ordonné l'insertion de la lettre au Bulletin? Elle a couru toute la France.

LEQUINIO : Je demande à rétablir le fait. La lettre que j'écrivis à la Convention nationale a été insérée dans le Bulletin, ensuite dans le mémoire de Francastel, et depuis dans un petit ouvrage que j'ai publié sur la Vendée. Dans la prison de Fontenay-le-Peuple, il se trouvait non pas quatre mille cinq cents brigands; c'est une erreur du Bulletin, mais quatre à cinq cents. Il y avait eu une insurrection, non pas à la façon de celle du Luxembourg, mais une insurrection véritable. Toute la geôle avait manqué d'être égorgée. Le sang avait coulé. La municipalité vint m'avertir. Je dis au maire : « Je vais tout faire rentrer dans l'ordre. » J'allai chercher mes pistolets. J'entrai seul dans la première pièce. Je vis un des chefs de la révolte couvert de sang; je lui brûlai la cervelle. Je descendis, et ordonnai à la garde de tuer le second chef.

À peine étais-je à Rochefort que j'appris que l'armée de Charette allait investir Fontenay-le-Peuple. J'écrivis que, si cet investissement avait lieu, il fallait fusiller les brigands qui étaient dans la prison, sans procès. (On murmure.) Dans ce moment-là il se trouvait dans la ville une multitude de faux patriotes et de brigands. Si je n'avais pas pris ce parti, toujours dans la supposition d'une attaque, je mettais les patriotes entre deux feux, je les exposais à être égorgés par derrière pendant qu'ils se défendraient contre les assiégeants. J'étais bien sûr que l'armée de Charette aimerait mieux ne pas faire ce siège que d'exposer quatre à cinq cents des siens à être fusillés. Eh bien, c'est à cette mesure conditionnelle que Fontenay-le-Peuple a dû sa conservation.

*Plusieurs voix* : L'ordre du jour!

LE PRÉSIDENT : Carrier a la parole.

CARRIER : Ce que vient d'exposer mon collègue Lequinio n'est point dans le Bulletin qui contient sa lettre. Nous lisions le Bulletin, et nous voyions que la Convention approuvait sa mesure; nous ignorions les circonstances. Lequinio parle des circonstances où il s'est trouvé. Je veux bien croire que ce soient les circonstances qui l'aient porté à donner cet ordre; mais certes jamais Lequinio n'a été environné de circonstances pareilles à celles dont j'étais accablé. J'étais à Nantes, deux armées de brigands sur chaque rive de la Loire, toutes deux aux portes de Nantes, toutes entretenant des relations avec les habitants, qui leur fournissaient des secours, des vivres, des munitions. On conspirait dans les prisons de Nantes. Il y avait eu une conspiration dans mon collègue Gillet. Il y a même une lettre de lui, par laquelle il marque que le comité révolutionnaire a tous les pouvoirs et qu'il peut même les excéder. J'articule à la Convention que plus de deux mille brigands enfermés se soulevèrent, que le commandant temporaire fit marcher l'artillerie et tirer à mitraille; je n'avais donné aucun ordre. Il y eut encore une autre conspiration. Le projet était d'incendier les quartiers de la ville; on fut obligé de quadrupler la garde : voilà dans quelles circonstances je me suis trouvé. Il faut donc que je voie les arrêtés. Il peut se faire qu'ils ne soient pas signés de moi; mais, s'ils le sont, j'affirme et je déclare qu'ils ne sont écrits ni de ma main ni de celle de mon secrétaire. Je prie la Convention de vouloir bien examiner ces arrêtés; mais toujours je reviens au fait que tous les généraux faisaient fusiller les brigands.

GAYVERNON : La loi ordonne bien que le tribunal fera la reconnaissance : si donc l'arrêté portait sans reconnaissance, je dirais : Carrier a eu tort; mais il porte sans jugement. Il n'est pas contraire à la loi... (Violents murmures.) Nous n'avons pas de preuve que la reconnaissance n'ait pas été faite. Il peut so faire que la loi ait été exécutée.

CLAUZEL : Il ne faut que lire la liste qui est à la page 123 des pièces remises, pour se convaincre que les dénommés dans cette liste n'ont pas été jugés conformément à la loi.

BOUDIN : L'ordre du jour sur les observations des préopinants.

CARRIER : Il faudra toujours bien qu'on me représente les minutes; car la Convention ni moi ne pouvons savoir si j'ai effectivement signé ces arrêtés; je ne me le rappelle pas, et j'ai cependant bonne mémoire. Quand les individus sont hors la loi, il ne faut pas de jugement, il ne faut qu'une reconnaissance; vous en avez eu la preuve le 9 thermidor. Peut-on savoir d'ailleurs si, dans les listes qu'on présente, on n'a pas intercalé après coup des noms de femmes et d'enfants?

GAYVERNON : Je demande la parole. (On murmure.)

*** : Je demande qu'on n'interrompe pas Carrier.

BOUDIN : Je demande que Gayvernon ait la parole, afin d'éclaircir les faits.

On demande que Carrier ne soit pas interrompu.

BOURDON (de l'Oise) : La mesure que la Convention semble vouloir prendre ne peut être dans son cœur; oui, il est impossible qu'elle soit dans son cœur, car elle est contraire à l'institution des jurés. Nous sommes ici jurés; toutes les fois que, dans le cours des débats, il y a des interpellations, vous devez entendre tous ceux qui ont à parler. Que penserait-on de la justice de la Convention si, dans la même séance, elle accordait la parole à ceux qui parleraient contre Carrier, et qu'elle le refusât à ceux qui parleraient en sa faveur? Remarquez bien que nous voilà ici bien important; si ce fait est vrai, il est contraire aux lois.

CLAUZEL : Je soutiens que la reconnaissance n'a pas été faite, puisque, dans les listes, il se trouve des enfants de treize à quatorze ans.

*** : Il ne faut pas que la Convention oublie qu'elle n'est ici que jury d'accusation, et non jury de jugement; ce serait confondre tous les principes. Si vous établissiez une discussion sur chaque article, vous feriez les fonctions de juges, vous influenceriez singulièrement le tribunal. Je demande que la parole soit maintenue à Carrier, car vous influenceriez même la Convention.

MERLIN (de Douai) : La conduite que la Convention doit tenir est tracée par la loi du 8 brumaire. Elle porte que la discussion s'ouvrira trois jours après le rapport. Il est impossible de délibérer sans discussion. L'embarras vient de ce que, pour établir d'autant plus la garantie des représentants du peuple, nous avons été forcés de conserver des formes qui n'existent pas dans l'institution ordinaire du jury; car l'accusé n'est pas alors entendu. Dans cette cause nous n'avons ni juges de paix, ni directeur du jury. Je demande que la discussion continue d'avoir lieu article par article.

BENTABOLE : Il est question de constater si la loi a été violée. Je vois deux listes qui comprennent des enfants de quatorze et dix-sept ans. Je remarque que dans ces listes les reconnaissances n'ont point été faites. La loi n'a pas été exécutée; car la loi excepte les vieillards, les femmes et les enfants. Voilà donc la violation de la loi.

BERNARD (de Saintes) : Je prie le président d'inter-

7 1

peller Carrier si le président du tribunal a été lui faire des observations sur son arrêté.

CARRIER : Le président ne m'en a pas parlé. Je le répète, je ne me rappelle pas d'avoir signé ces ordres. Si je les ai signés, ils ne sont pas écrits de ma main, ni de celle de mon secrétaire. Qui est-ce qui vous assurera que les listes ne sont pas de la main du président, que les noms n'ont pas été changés, qu'il n'y en a pas eu d'intercalés? J'en ai vu une dans une grosse brochure que ce président a fait imprimer.

CADROY : Carrier se retranche à dire que la pièce n'a pas été écrite de sa main ; il doute même qu'elle existe. La pièce est-elle probante pour nous ? Oui: c'est une copie en forme, délivrée par un tribunal qui a la minute. (Quelques murmures.) Chacun parle ici d'après sa conscience ; je crois remplir mon devoir en parlant d'après la mienne. N'oublions pas, citoyens, que nous sommes ici jury d'accusation, et non jury de jugement. Ce sera devant ce dernier qu'on discutera l'authenticité de la pièce, qu'on examinera si elle existe ou non ; il suffit que devant le jury d'accusation la pièce existe légalement. Dans le fond, il est certain que le représentant du peuple a fait lui-même la fonction que la loi déléguait à d'autres ; car il a déclaré au tribunal que les femmes et les enfants avaient été pris les armes à la main ; or c'était à une commission militaire à le constater, et je n'en vois pas une.

LEFIOT : La liste du 27 frimaire est rapportée deux fois : la première aux pages 46 et 47 ; elle commence par Thomas Juchiome, âgé de vingt-six ans, etc., et finit par François Mainguet, âgé de trente et un ans. On y lit :

« Pour ordre, au citoyen Phélippes, président au tribunal criminel, de faire exécuter *sur-le-champ*, *sans jugement*, les vingt-quatre brigands ci-dessus, etc. Nantes, 27 frimaire, an 2 de la république française, une et indivisible et impérissable. *Signé* CARRIER. »

*Pour copie conforme. Signé* MABELLE, greffier.

La seconde, aux pages 113, 114 et 115. Elle commence aussi par Thomas Juchiome, et finit par François Mainguet, et porte seulement :

« Pour ordre, au citoyen Phelippes, président du tribunal criminel, de faire exécuter *sur-le-champ* les vingt-quatre brigands, etc. Nantes, 27 frimaire, l'an 2 de la république une et indivisible.

« *Signé* CARRIER. »

En marge est écrit :

« Pour chiffrature, PHELIPPES. »

Vous voyez donc dans cette dernière il n'y a point *sans jugement* et *impérissable*. Ce n'est donc plus la même pièce. S'il était question d'établir la propriété d'un arpent de terre, je vous dirais que jamais une copie collationnée sans la partie appelée n'a été admise en justice ; et vous l'admettriez lorsqu'il s'agit de la vie d'un citoyen, d'un représentant du peuple! Mais cette objection, je la ferai lors de la discussion.

BOUDIN : Je demande que Lefiot lise la seconde pièce jusqu'au bout.

LEFIOT lit :

« Soussigné, président du tribunal révolutionnaire, ayant avec moi pour adjoint le commis-juré soussigné, avons rapporté procès-verbal de ce que devant, pour servir à ce qu'il appartiendra, et être présenté au tribunal et à l'accusateur public, pour faire ce qu'ils jugeront convenable.

« Nantes, ce 27 frimaire, l'an 2 de la république française.

« *Signé* PHELIPPES et BOUVIER. »

« Le tribunal, vu le procès-verbal inscrit sur le présent registre, rapporté par le président, et l'ordre déposé au greffe, à lui adressé par le représentant du peuple ; ouï l'accusateur public dans ses conclusions, a déclaré acquis et confisqués au profit de la république les biens des vingt-

quatre particuliers arrêtés les armes à la main, nommés et désignés dans le susdit ordre inscrit sur le registre, le tout conformément aux articles VII et VIII de la loi du 19 mars ; ordonne qu'une expédition du présent sera, à la diligence de l'accusateur public, adressée au département.

« Fait à l'audience publique, où présidait Phelippes, et assistaient Lenormand, Lepelet, Lecoq et Davers, juges du tribunal ; présent Goudet, accusateur public.

« Pour expédition. *Signé* RANET, *commis juré*.

« Pour copie conforme. *Signé* PHELIPPES. »

La pièce précédente existe une seconde fois dans la liasse du cinquième envoi. La seule différence est la note suivante, qu'on lit à la marge :

« Procès-verbaux rapportés par Phelippes, lors président du tribunal révolutionnaire du département de la Loire-Inférieure, séant à Nantes, constatant l'exécution des ordres donnés par le citoyen Carrier, représentant du peuple, pour faire guillotiner sans jugement divers individus des deux sexes, pris les armes à la main.

« Ces pièces prouvent que Phelippes n'a agi en cette circonstance que malgré lui, et par pure obéissance ; d'ailleurs, c'est l'accusateur public qui a fait faire l'exécution.

« Si Phelippes n'eût pas obéi, on aurait dit qu'il ne voulait pas reconnaître la Convention, ni les commissaires, auxquels il fit des représentations inutiles.

« La loi défend de faire guillotiner avant quatorze ans. »

GARNIER (de Saintes) : La Convention, par son décret du 1er août, a voulu la fin de la guerre de la Vendée ; mais, par un sentiment d'humanité et de justice, elle ordonna que les femmes et les enfants seraient transportés dans l'intérieur. Si cependant les femmes ont été prises les armes à la main ; si, comme après la déroute de Laval, elles massacraient nos prisonniers ; si des enfants combattaient avec elles, la Convention n'a pas voulu sauver les assassins de nos braves défenseurs.

LEVASSEUR (de la Sarthe) : Il n'est pas parlé dans la seconde liste de faire exécuter sans jugement. On envoie au président du tribunal vingt-quatre brigands, mais on ne lui défend pas de faire exécuter la loi.

BOURDON (de l'Oise) : J'ai demandé la parole uniquement pour faire sentir combien le raisonnement d'un des préopinants serait funeste à la liberté. Il est certain que, si nous en venions à cette aberration de principes de croire qu'un représentant du peuple peut être mis en accusation sur des copies collationnées, la liberté serait bientôt compromise. Je remarque dans les listes des variantes ; l'une porte *sans jugement*, celle-là est contraire à la loi ; l'autre de faire juger *sur-le-champ*.

*Plusieurs voix :* Exécuter!

BOURDON (de l'Oise) : Que devons-nous faire ? Nous ne voulons pas sacrifier un représentant du peuple. (Violents murmures.) Le *sur-le-champ* pourrait être interprété avant les vingt-quatre heures de la loi. (Nouveaux murmures.)

Je déclare que jamais je ne serai mu par aucun esprit de parti ni de haine. Il est certain que si le mot, *pour ordre d'exécuter sans jugement*, est de la main de Carrier, il est coupable. Je demande que les originaux soient apportés. (Quelques applaudissements.)

CARRIER : Deux observations viennent de vous être présentées ; l'une par Garnier, l'autre par Bourdon. Quant à celle de Garnier, elle est constante. Toutes les femmes, tous les enfants qui ont passé la Loire se sont battus comme les brigands. À Dôle, un bataillon de femmes s'est battu contre nos tirailleurs. À Pontorson, les enfants se sont battus, ainsi qu'elles, aussi bien que les hommes. Les femmes étaient à l'avant-garde à Château-Gontier. À la bataille de Laval, les femmes ont égorgé nos prisonniers.

J'interpelle les braves grenadiers de la Convention d'attester tous ces faits.

On vous a fait remarquer une variante incontestable dans les deux listes ; et, comme l'a dit Bourdon, le mot *sur-le-champ* n'empêche pas la reconnaissance par le tribunal. La Convention ne peut prendre une détermination sans voir les originaux. Je conclus donc, comme Bourdon, à ce que les pièces soient apportées.

GUÉRIN : Il n'est pas question dans ce moment-ci de décréter l'apport des originaux des arrêtés pris par Carrier ; vous n'avez pas encore entendu les réponses au surplus du rapport. Vous ne savez donc pas s'il ne sortira pas des preuves suffisantes pour éclairer votre conscience. La proposition qui vient de vous être faite est au moins imprudente dans ce moment-ci, car il n'appartient pas à un membre d'influencer la Convention, et elle peut avoir cet effet.

L'un des hommes qui les premiers ont eu le malheur d'examiner cette horrible affaire peut vous assurer que l'arrêté dont il est ici question est l'un des moins atroces. Je les ai tous examinés, et je puis vous assurer ce fait. La variante dont on se plaint est que, dans l'un des arrêtés qui sont sous vos yeux, il y a *exécuter sans jugement*, et dans l'autre *exécuter sur-le-champ*. Mais est-ce à des Français libres que l'on veut faire croire que ces mots, *exécuter sans jugement*, ne signifient pas mettre à mort sans autre forme de procès ?

Les commissions que la Convention a nommées étaient destinées à juger les coupables ; et, dès qu'un représentant du peuple s'est permis de faire exécuter sans jugement, il est coupable. (Quelques murmures.) L'erreur ou l'ignorance ont pu seules dire que les mots *exécuter sur-le-champ* pouvaient s'interpréter dans ce sens : exécuter après que la reconnaissance exigée par la loi aura été faite. *Exécuter sur-le-champ* signifie, dans mon sens, sans examiner si les enfants de douze ans et les femmes ont été réellement pris les armes à la main ; d'ailleurs il est constant qu'il n'a été procédé à aucun jugement contre les individus compris dans la liste qui est sous vos yeux. Puisqu'on élève des difficultés sur l'arrêté du 27, je consens à le regarder comme nul dans ce moment-ci ; mais celui du 29, par lequel plusieurs femmes ont été mises à mort sans jugement, est-il nul aussi ? Je crois avoir démontré que l'arrêté du 29 suffisait seul pour déterminer l'opinion des membres ; je combats maintenant la proposition principale qui a été faite. On a prétendu qu'il fallait faire venir les pièces originales, et que sans elles il était impossible d'asseoir son opinion. Sans doute il est important, dans le cas où un tribunal sera chargé de prononcer sur l'affaire qui nous occupe en ce moment, d'avoir sous les yeux les pièces originales ; mais les faire venir avant que vous ayez pris une détermination, ce serait faire injure à vos trois conseils réunis qui...... (Quelques murmures.) Je dis que ce serait contrarier votre loi que de vous arrêter à ce fait isolé ; il en existe plus de vingt sans celui-là, et je déclare, d'après ma conscience, que.... (Murmures.) J'ai déjà émis mon opinion comme membre de la commission des Vingt et Un, je puis donc faire une déclaration d'après ma conscience. Je demande que Carrier réponde au surplus de l'accusation qui est faite contre lui, et je déclare qu'il y a des preuves plus que suffisantes pour prononcer le décret d'accusation.

*** : Nous sommes ici pour entendre Carrier dans ses défenses, et nous ne devons pas nous laisser influencer par un de nos collègues.

GUÉRIN : Je demande l'ordre du jour sur la proposition qui a été faite, et que Carrier continue sa défense. Vous ne devez pas oublier surtout, citoyens, que les décrets de la Convention sur la Vendée ordonnaient de frapper surtout les hommes de l'ancien régime qui égaraient le peuple ou le portaient à la révolte. Eh bien, sur les listes que vous avez sous les yeux, vous n'y verrez seulement que les noms de malheureux cultivateurs.

MILHAUD : Citoyens, dans une affaire qui intéresse le sort d'un représentant du peuple dont la vie est liée aux droits individuels des citoyens, et est unie à l'intérêt politique de la nation, il faut que les passions soient bannies, et que la justice seule règle la conduite des législateurs. Je ne sais pourquoi un de mes collègues vient de dire qu'une majorité imposante s'était prononcée dans cette question....

*Plusieurs membres* : Il n'a pas dit cela.

MILHAUD : Pour moi je déclare que je ne suivrai d'autre impulsion que celle que me dictera ma conscience.

J'examine la question qui occupe en ce moment l'assemblée ; je vois deux arrêtés de Carrier adressés au président du tribunal criminel du département de la Loire-Inférieure, par lesquels il l'invitait à faire, à l'égard de vingt-quatre individus dont il lui faisait passer la liste, ce qui était convenable.

J'observe d'abord que le président de ce tribunal, en faisant ce qui était convenable, devait se conformer à la loi.

En second lieu, je rappellerai les observations politiques et sages faites par Garnier (de Saintes). Dans une guerre aussi désastreuse pour la patrie, il faut examiner si des individus, malgré la faiblesse de leur âge ou de leur sexe, n'avaient pas mérité la vengeance des Français. Le fanatisme, ainsi que la liberté, a ses martyrs. On a vu des enfants des rebelles périr en criant *vive le roi!* comme Barra est mort en criant *vive la liberté!* Je demande que les originaux des pièces soient apportés, et que, dans l'appel nominal qui aura lieu, chaque député ait le droit, ainsi que dans le procès de Capet, de motiver son opinion.

BENTABOLE : La proposition qui vous a été faite doit fixer toute votre attention, parce qu'elle tend, sans que celui qui l'a faite en ait eu l'intention, à vous faire dévier du but et de la marche que vous avez voulu suivre lorsqu'il s'agit de prononcer contre l'un de vos membres. En effet, la loi que vous avez rendue sur la garantie de la représentation nationale porte : qu'après avoir examiné toutes les pièces qui lui auront été remises, la commission des Vingt et Un vous soumettra son avis. Ce n'est donc pas principalement sur les pièces qui font la base du rapport que l'assemblée doit se déterminer, mais bien sur l'avis de la commission. (Murmures.) Citoyens, ce n'est pas sur l'avis de la commission que j'ai voulu dire, mais sur son rapport. La Convention, après avoir examiné les pièces qui sont à l'appui, peut déclarer s'il y a, oui ou non, lieu à accusation.

Si vous vous déterminiez dans ce moment-ci à vous faire apporter les originaux demandés, il en résulterait que ce serait sur ces pièces seules que vous baseriez votre accusation, tandis que c'est sur l'ensemble des pièces qu'elle doit se déterminer, et d'après la conviction de votre conscience. D'après le rapport qui vous a été distribué et l'impression des pièces, chaque membre peut, sans avoir besoin d'une pièce isolée ; chaque membre peut, dis-je, descendre dans sa conscience et examiner quel degré de confiance il doit accorder à telles ou telles pièces qui sont sous ses yeux. Je déclare qu'il serait ridicule de suspendre l'instruction de cette affaire pour attendre un nouvel apport des pièces. Je demande qu'elle soit continuée en présence de l'accusé, et que, sans désemparer, l'assemblée prenne une détermination.

LE PRÉSIDENT : La proposition de Bentabole est-elle appuyée ? (*Oui, oui!* s'écrient plusieurs membres.) Je la mets aux voix.

Bourdon (de l'Oise) : Président, la mienne est aussi appuyée. Je demande à répondre à Bentabole. (Bruit.)

Le Président : Tu as la parole.

Bourdon (de l'Oise) : Je n'ai rien proposé qui tendît à interrompre la suite de l'instruction du procès qui est commencé ; et ce n'est pas par une opinion qui a l'air de jeter de la défaveur sur un de ses collègues qu'on doit enlever un décret à l'assemblée. J'ai demandé, afin d'affermir davantage la garantie de la représentation nationale, sur laquelle repose la liberté publique, qu'un représentant du peuple ne soit pas jugé sur de simples pièces collationnées. (Bruit.) Je suis d'autant moins suspect dans cette affaire que j'ai émis mon opinion avec les trois comités, je l'ai émise franchement ; je demande à le faire encore dans ce moment-ci, Je demande que, dans cette affaire, la justice la plus sévère et la plus impartiale soit observée. Voyez dans quel abîme vous pourriez précipiter la représentation nationale, si...... (Murmures.) Eh quoi ! avez-vous donc oublié le fait atroce dont faillirent être les victimes vos deux collègues Barras et Fréron ? Oubliez-vous donc que leurs signatures ont été falsifiées ? et si vous vous étiez bornés, pour prendre une détermination, à de simples pièces collationnées, n'aurait-elle pas été funeste à vos collègues ?

La justice doit être égale pour tous. Je le sais, dans les faits qui sont reprochés à Carrier, il y en a qui font frémir la nature ; eh bien, c'est parce qu'ils semblent être plus atroces que vous devez prendre toutes sortes de mesures pour vous assurer de leur réalité. Croyez que le peuple, qui dans ce moment demande des crimes qui semblent avoir été commis, applaudira lui-même au décret que je vous ai proposé. Dans le court espace de trois fois vingt-quatre heures on peut se procurer les pièces, et pendant ce temps l'instruction se continuera toujours. (Bruit.)

Les formes que je réclame ne sont point méprisables ; elles sont l'objet des vœux d'une grande partie de cette assemblée ; et, si on les eût toujours suivies, nous aurions à regretter moins de malheurs et moins d'injustices. En réclamant une mesure qui n'interrompt pas la discussion, je défie au calomniateur le plus atroce de voir autre chose dans l'objet de ma demande que le désir d'assurer à la représentation nationale une garantie qui soit à l'abri de toutes les passions. Et ne croyez pas, citoyens, que celui qui a manqué d'être guillotiné pour avoir sauvé douze mille brigands voulût défendre un collègue qui aurait commis des atrocités. Oui, citoyens, mon collègue Goupilleau et moi, nous avons manqué de périr sur un échafaud pour avoir pensé que la clémence seule pouvait terminer cette guerre désastreuse, et avoir sauvé douze mille brigands. (Murmures.)

Le Président : J'invite Bourdon à ne pas confondre la Convention nationale avec les tyrans qui l'opprimaient.

Bourdon (de l'Oise) : C'est parce que je ne confonds pas la Convention nationale avec une poignée de brigands qui gouvernaient, que je ne veux pas que la Convention s'éloigne en ce moment de la justice qui a toujours été la règle de sa conduite. J'ai demandé l'apport des arrêtés, parce que je ne crois pas que, dans une affaire de cette importance, l'assemblée puisse se décider sur des pièces collationnées. Cette mesure, comme je l'ai déjà dit, n'empêchera pas la continuation de la discussion. Si l'assemblée se trouve suffisamment éclairée sans les pièces originales, elle prononcera ; dans le cas contraire, mon observation reste dans toute sa force, et dans tous les cas la mesure que je propose ne peut qu'avancer le jugement de cette affaire ; car, en supposant que les pièces originales ne soient pas nécessaires pour convaincre l'assemblée, elles seraient indispensables au tribunal que vous chargeriez de cette affaire, et qui ne pourrait prononcer sans les avoir sous les yeux. Je demande donc qu'un courrier extraordinaire soit chargé d'aller à Nantes chercher les pièces.

*Plusieurs membres :* Aux voix la proposition de Bourdon !

*D'autres :* La question préalable !

Palet : Je demande la parole pour une motion d'ordre.

Clauzel : Je la réclame pour relever un fait.

La parole est accordée à Clauzel.

Clauzel : Mon collègue Bourdon vient de dire que, pour avoir usé de clémence envers les rebelles, sa tête a manqué de tomber sous le glaive de la loi ; je l'interpelle de déclarer si c'est la Convention nationale qui le tenait sous l'oppression ou toute autre autorité ?

Bourdon (de l'Oise) : J'ai déjà déclaré que c'était la portion scélérate de cette assemblée que vous avez envoyée à l'échafaud.

Palet : Si je ne me trompe, le point qui divise en ce moment l'assemblée est de savoir si les variantes dont on se plaint ne sont que l'effet d'une faute d'impression, ou si elles existent réellement dans la pièce originale. La seconde question est de savoir si la Convention peut prononcer sur des copies collationnées, ou si les pièces originales sont nécessaires pour déterminer son opinion. La troisième est de savoir si la discussion sera interrompue, ou si elle continuera. Il me semble que quelques mots vont mettre la Convention d'accord ; il faut d'abord charger la commission des Vingt et Un d'examiner si les variantes existent véritablement dans les copies collationnées, ou si elles ne sont que de véritables fautes d'impression. Sur la seconde question, il me semble que la Convention peut prononcer sur des copies collationnées ; quant à la troisième, la Convention peut, sans interrompre la discussion, envoyer un courrier extraordinaire à Nantes, pour rapporter les pièces originales qui y sont ; car si la Convention nationale n'en a pas besoin pour asseoir son opinion, elles serviront au tribunal qui prononcera définitivement, Ainsi, sous tous les rapports, il n'y a pas d'inconvénient à adopter la proposition de Bourdon.

Durand-Maillane : Remarquez, citoyens, que nous ne remplissons ici que les fonctions de jury d'accusation, et non celles de jury de jugement. Je vous le demande : quand les pièces seront arrivées, si le prévenu nie sa signature, de quelle manière vous y prendrez-vous pour la constater ? (Murmures.) Ce n'est pas à nous de recueillir les pièces ; c'est au tribunal qui sera chargé de l'affaire ou au prévenu lui-même, s'il le juge nécessaire à sa défense. Je demande donc la question préalable sur la proposition de Bourdon : ce n'est pas sur l'ensemble des pièces que vous avez sous les yeux que vous devez prendre une détermination.

Mailhe : Si la proposition de faire venir les pièces devait interrompre la discussion, je l'aurais vivement combattue ; mais comme il ne s'agit point de cela, je tais un raisonnement bien simple. Après la discussion qui aura lieu, la Convention nationale se trouvera assez éclairée pour prononcer sans les pièces, et alors elle passera outre ; si, au contraire, elle a besoin de ces deux pièces pour fixer son opinion, elle serait obligée de les envoyer chercher ; cela entraînerait un temps considérable. Vous avez encore beaucoup de faits à discuter ; il est impossible de terminer dans cette séance. Quand bien même l'accusé aurait répondu à tout ce qu'on lui reproche, plusieurs membres pourraient demander la parole et faire naître des débats très-longs. Plus l'accusation est atroce, plus vous devez y apporter de maturité pour prendre une détermination. La France entière applaudira aux sages lenteurs que vous aurez apportées ; et, s'il faut envoyer Carrier au tribunal, tout le monde applaudira à votre décret, et personne ne pourra le calomnier. Je demande donc qu'un courrier extraordinaire parte sur-le-champ pour aller chercher les pièces, et que cependant la discussion se continue.

Cette proposition est décrétée.

(*La suite demain.*)

N. B. La séance du 5 a été employée à la discussion sur Carrier : elle a été suspendue à cinq heures. La Convention a décrété qu'elle reprendrait à sept heures du soir, et que la discussion serait terminée sans désemparer.

---

*Payements à la trésorerie nationale.*

Le payement du perpétuel est ouvert pour les six premiers mois ; il sera fait à tous ceux qui seront porteurs d'inscriptions au grand livre. Celui pour les rentes viagères est de huit mois vingt et un jours de l'année 1793 (vieux style).

## CONVENTION NATIONALE.

*Présidence de Legendre,*

SUITE DE LA SÉANCE DU 2 FRIMAIRE.

CLAUZEL ; Je demande à faire un amendement. Il est important que la Convention s'assure que les pièces lui parviendront. Je demande qu'elles soient accompagnées par une escorte. (Applaudissements.)

BOUDIN : Je demande qu'on n'apporte pas seulement les deux arrêtés, mais toutes les pièces relatives au procès de Fouquet et Lambertye.

TALLIEN : Je demande qu'on fasse venir les cadavres des malheureuses victimes.

LECOINTRE (de Versailles) ; Il est clair comme le jour qu'on ne veut pas juger Carrier.

*Plusieurs voix :* L'appel nominal !

*D'autres ;* Le rapport du décret !

CAMBACÉRÈS : Je demande la parole pour une motion d'ordre.

Toutes les précautions que vous croyez devoir prendre, les lenteurs mêmes, sont autant d'hommages que vous rendez aux principes ; elles régulariseront la marche de l'affaire présente, et seront la sauvegarde de l'avenir. Mais il faut prendre garde que, par un décret qui n'a peut-être pas été assez réfléchi, la Convention ne s'embarque dans une discussion longue et sans objet. Il faut que nous fassions marcher le gouvernement, et nous n'y parviendrons jamais tant que nous tiendrons des séances de sept à huit heures, sans avancer d'un pas dans cette affaire. Je demande à ceux qui ont réfléchi sur ce rapport s'ils croient que la discussion pourra être continuée pendant le temps qu'on ira chercher les pièces ; cela me paraît inconciliable. Cependant vous ne pouvez pas trop vous dispenser de représenter les pièces à ceux de vos membres qui voudront les voir pour fonder leur jugement, car vous vous êtes écartés ici des règles ordinaires au jury d'accusation, afin d'assurer la garantie de la représentation nationale.

Je ne reviens point sur le décret qui a été rendu ; mais je demande que la Convention fixe les jours et les heures qui, à compter de demain, seront consacrés à l'affaire de Carrier. (Non, non ! s'écrie-t-on.) Vous ne pourrez jamais terminer cette affaire dans une séance, fût-elle de cinquante heures, et quand même vous obligeriez le prévenu de continuer à vous donner des éclaircissements, malgré qu'il vous déclarât que ses forces sont épuisées ; car après cela chaque membre aura le droit de présenter ses idées sur chaque chef d'accusation, et peut-être trente membres voudront-ils parler sur chacun. En supposant que tous les obstacles soient levés, restera encore à savoir si vous pourrez statuer sans voir les pièces qui sont à Nantes. (Oui, oui ! s'écrie-t-on.) Ensuite il faudra passer à l'appel nominal ; on motivera son opinion, comme dans l'affaire de Marat et de Capet, et tout le monde sait que ces appels nominaux durent vingt-quatre heures. Pendant ce temps le gouvernement ne marche point ; car les membres de la Convention, étant obligés d'assister à la séance, ne pourront pas être dans les comités. Le peuple veut qu'on examine la conduite de Carrier, et il n'entre point dans l'intention d'aucun de nous d'oublier cette affaire, ou de sauver Carrier, s'il est cou-

pable. (Non, non ! s'écrie-t-on.) Je demande que la Convention se sépare, et que, tous les jours, depuis deux heures jusqu'à cinq, on s'occupe de cette affaire.

BENTABOLE : Cette proposition tendrait à faire le procès à la commission des Vingt et Un. (Murmures.) Je demande si, lorsque cette commission, après avoir examiné scrupuleusement toutes les pièces, est venue vous proposer le décret d'accusation, vous pouvez faire croire qu'elle a donné une opinion à la légère ? (Quelques murmures. — Oui, oui ! s'écrie-t-on.) Tous ceux qui sont instruits des circonstances de cette malheureuse affaire doivent pouvoir prononcer s'il y a ou non lieu à accusation, et toutes les difficultés qu'on oppose ne sont que des mesures dilatoires, des échappatoires. (Quelques murmures. — Oui, oui ! s'écrie-t-on. — Les citoyens applaudissent vivement.) Si vous vous arrêtez à ces premières difficultés, il n'y aura pas de raison pour ne pas ordonner la comparaison des écritures, pour ne pas faire venir tous les témoins, pour ne pas faire venir les instruments qui ont servi à des horreurs dont on n'a jamais eu d'exemple. Il faut faire venir les bateaux à soupape. (Vifs applaudissements.)

CARRIER : J'ai des preuves écrites....

BENTABOLE : Si vous entrez dans tous ces détails, vous vous érigez en tribunal définitif ; si vous vous déterminez ensuite pour le décret d'accusation, il ne restera plus rien à examiner aux jurés, et ils se trouveront forcés d'envoyer l'accusé à l'échafaud. (C'est vrai ! s'écrie-t-on en applaudissant.) Je conclus à ce qu'on entende le prévenu autant qu'il le voudra, qu'on donne ensuite la parole à ceux qui voudront parler pour ou contre, et qu'on passe enfin à l'appel nominal ; ceux qui voudront motiver leur opinion en seront les maîtres. Je demande le rapport du décret, et que la discussion soit continuée jusqu'à ce que la Convention soit suffisamment éclairée.

DUBOIS-CRANCÉ : Je demande à relever un fait important. Il n'y a pas de contradiction entre les deux listes dont on a parlé. La première est celle signée de Carrier ; l'ordre qui est à la suite est l'ordre verbal que le tribunal reçut sur les observations qu'il fit à Carrier, et qu'il consigna sur ses registres.

*Plusieurs voix :* Le rapport du décret !

MAREC : Il y a en effet deux ordres, l'un du 27, et l'autre du 29 frimaire. La variante reprochée à celui du 27 n'est pas reprochée à celui du 29. De là il est probable que l'ordre consigné sur les registres du tribunal est un ordre verbal, confirmatif de celui du 27.

*Plusieurs voix :* Le rapport du décret !

CARRIER : Citoyens, dans une affaire si importante....

MILHAUD : C'est insulter à la Convention que de dire qu'elle veut sauver Carrier. (Murmures.) Vous fûtes plusieurs mois à discuter sur l'affaire de Capet, de cet usurpateur de la souveraineté nationale ; et lorsqu'il s'agit d'un représentant du peuple, vous voudriez décider de suite ! (Rumeurs.) Je demande que la justice soit mise à l'ordre du jour dans cette affaire. (Murmures.) Si Carrier est coupable, il montera à l'échafaud ; déjà il est tombé des têtes criminelles des deux partis ; et puisque le peuple a eu le courage de faire tomber plusieurs têtes, il aura bien celui d'en faire tomber une encore, si elle est coupable.

Thuriot : Je m'oppose au rapport du décret. Nous avons juré de ne laisser reparaître aucun genre de tyrannie ; c'est la justice qui doit nous diriger, et les passions doivent être étouffées. (Murmures.) La première des listes paraît être la pièce fidèle qui a été transcrite sur les registres, et l'autre n'est qu'une feuille volante mise par hasard...

*Plusieurs voix :* On n'a jamais dit cela.

Thuriot : Je vais expliquer mon idée. Je dis que, dès qu'il y a deux listes, c'est à la dernière que vous devez vous arrêter, parce qu'elle présente une inculpation moins grave. La première est intitulée : *Extrait des minutes,* et elle doit être au greffe ; mais la pièce authentique est sur les registres d'audience criminelle, car elle est intitulée : *Extrait des registres des audiences.* La position est ici infiniment délicate, car ces hommes qui nous ont envoyé ces expéditions seraient grandement coupables si les minutes n'existaient pas, et je ne connais pas d'ordre qui puisse forcer un tribunal à violer la loi. (Violents murmures.) Lorsque la loi parle, le magistrat doit périr plutôt que de la violer. (Violents murmures.)

Je vois dans cet arrêté le tribunal rappeler trois articles de la loi, et cependant il s'en écarte au même moment. (Murmures.) Je suis d'avis que les crimes soient punis promptement ; mais, comme Cambacérès, je dis que la justice doit être rendue avec les précautions nécessaires. Je crois que la mesure qu'il a proposée s'accorde avec le décret qui a été rendu, et je demande qu'elle soit mise aux voix.

Merlin (de Douai) : Mailhe n'a pas proposé de discontinuer la discussion ; elle pourra au contraire avoir lieu jusqu'à ce que la Convention soit éclairée, et elle pourra même prononcer sans attendre l'arrivée des pièces. Après avoir bien examiné les listes et le procès-verbal, il m'est prouvé que les mots *sans jugement* ont été omis dans la seconde pièce ; mais ce qui est prouvé pour moi ne l'est pas pour tout le monde : il faut donc discuter. Remarquez au surplus que, de quelque manière et à quelque époque que vous prononciez, il faudra que les pièces arrivent ; car si le prévenu est traduit au tribunal, il aura le droit d'exiger la représentation des pièces. Je demande donc que le décret soit maintenu.

Rewbell : Les débats que vous venez d'entendre sur le fait de la question, sur l'état des pièces, prouvent que le procès actuel sera un procès interminable. Il est dans mon âme que le prévenu ait toute latitude pour se défendre ; mais il ne faut pas, par de fausses comparaisons, nous faire dévier des principes. On a parlé du procès de Capet ; mais dans ce procès la Convention remplissait les fonctions de tribunal, au lieu qu'ici nous ne sommes que jurés d'accusation. Eh ! qui est-ce qui a le droit de marquer le terme où ma conscience sera éclairée ? Si j'ai la conviction sans cette pièce, pourrez-vous me forcer d'attendre qu'elle soit venue pour émettre mon vœu ? c'est donc à la majorité de la Convention à décider du fait. Si la majorité demande à aller aux voix, à émettre le vœu de sa conscience, l'apport de cette pièce ne doit pas empêcher d'aller aux voix. Si l'on est de bonne foi, si l'on veut que le défaut de cette pièce ne puisse arrêter les débats, décrétez clairement que le décret que vous avez rendu n'empêchera point la continuation de la discussion.

Mailhe relit la rédaction de ses propositions.

Tallien : Je demande la parole, moins sur la rédaction que sur le décret en lui-même. Je crois que ce décret est inutile, qu'il est attentatoire à la dignité de la Convention. Les dernières mesures sont en contradiction avec les premières. Car, pourquoi demander des pièces si vous vous réservez la faculté de prononcer sans ces pièces ? C'est, comme l'a dit le préopinant, à la majorité de la Convention à statuer sur la question de savoir si ces pièces sont absolument nécessaires à la continuation de la discussion. Ce n'est que lorsque la délibération sera terminée, ce n'est que lorsque vous aurez rappelé les opinions des différents membres, ce n'est que lorsque vous irez à l'appel nominal, que vous déciderez cette nécessité des pièces. On vous l'a dit encore : vous n'êtes qu'un jury d'accusation, et non un jury de jugement. Votre position est absolument différente de celle où vous mit le procès de Capet. Il sortait de votre délibération pour monter à l'échafaud. Ce serait donc, et l'on n'a pas répondu à cette partie de l'opinion de Bentabole, ce serait donc, en traduisant d'après les preuves un représentant du peuple au tribunal révolutionnaire, l'envoyer à la mort. Je demande la suspension du décret jusqu'à ce que la majorité de la Convention ait prononcé par l'appel nominal, et ait décidé si les pièces sont nécessaires.

Bourdon (de l'Oise) : C'est toujours la même aberration de principes dont on se sert pour faire violer à la Convention une forme conservatrice : il est bien certain que personne n'a dans son cœur l'intention de sauver un criminel ; mais il est bien certain qu'on ne peut prononcer l'accusation d'un représentant du peuple sur des pièces collationnées. (On murmure.) Je vous en conjure, maintenez ce principe qu'on ne pourra décréter d'accusation un député sur des pièces collationnées. (Nouveaux murmures.) Comment pouvez-vous vous élever contre ce principe, lorsque vous vous rappelez qu'on a, sur des pièces collationnées et reconnues fausses, diffamé Barras et Fréron ? La contradiction qu'on croit voir dans le décret n'y existe pas ; il est digne de la Convention, il est conservatoire des principes. Il peut s'appliquer à ceux même qui réclament contre. Puisqu'ils sont patriotes, ils peuvent être accusés et calomniés. Je demande donc le maintien du décret et la continuation de l'examen des accusations.

Clauzel : Il s'agit ici d'objets infiniment graves. Je demande aussi que le décret soit suspendu jusqu'au moment où la discussion sera terminée. Une fois que Carrier aura fini ses observations, chaque membre fera les siennes ; mais, s'il prenait envie à quelqu'un d'éterniser cette affaire (quelques murmures), c'est à la majorité de la Convention à demander que la discussion soit fermée, que chaque membre monte à la tribune, et dise, à l'appel nominal, s'il y a, oui ou non, lieu à l'accusation.

Carrier : Il est très-vrai que la Convention n'exerce ici que les fonctions de jury d'accusation ; mais encore faut-il que, pour prononcer, elle puisse baser sa détermination sur des motifs ou des pièces suffisants. Mais pouvez-vous porter un décret d'accusation sur des pièces qui contiennent des variantes aussi contradictoires ? Comment pourriez-vous préciser votre décision relativement à ces arrêtés sur des copies collationnées ? Il est donc de toute justice que le décret soit maintenu.

*Plusieurs membres :* Aux voix la rédaction !

La Convention ferme la discussion.

On demande une nouvelle lecture.

Mailhe relit sa rédaction.

On insiste pour la suspension du décret.

*Plusieurs voix :* L'ordre du jour !

L'épreuve est deux fois douteuse ; un grand nombre de membres réclame l'appel nominal.

Après quelques nouveaux débats assez vifs, la rédaction de Mailhe est adoptée en ces termes :

« La Convention nationale décrète ce qui suit :

Art. 1er. Toutes les pièces originales relatives à l'affaire de Carrier, et qui se trouvent à Nantes, notamment les arrêtés des 27 et 29 frimaire, et les pièces originales relatives au procès de Fouquet et Lambertye et à la compagnie Marat, seront apportées sans délai au comité de sûreté générale, après avoir été cotées et paraphées par l'agent national près le district de Nantes, qui en constatera l'état.

« II. Le conseil général de la commune de Nantes est chargé, sous sa responsabilité, de l'exécution de l'article précédent ; ceux qu'il commettra pour porter lesdites pièces sont autorisés à requérir pendant la route une force armée suffisante.

« III. La discussion sera néanmoins continuée ; et si la Convention nationale se trouve d'ailleurs suffisamment éclairée, elle prononcera qu'il y a ou qu'il n'y a pas lieu à accusation.

« IV. Le comité de sûreté générale enverra sur-le-champ le présent décret, par un courrier extraordinaire, au conseil général de la commune de Nantes. »

CLAUZEL : Citoyens, il importe à la tranquillité publique que la discussion de l'affaire qui vous occupe en ce moment se termine promptement. Je ne dissimulerai pas que les comités de sûreté générale et militaire réunis ont été obligés, d'après les renseignements qui leur sont parvenus, d'augmenter la force armée. (Murmures de quelques membres.) Il était de mon devoir d'instruire la Convention que des malveillants, l'aristocratie peut-être (*plusieurs membres :* Faites-les arrêter ! ), pour avilir la représentation nationale, voulaient faire croire que son intention était de traîner cette affaire en longueur. Je dirai plus : c'est qu'on a tenté de soulever Paris en faveur de Carrier ; des émissaires du crime ont parcouru les sections pour engager une lutte entre les citoyens qui la habitent et la Convention nationale. D'après ces renseignements, vos comités ont cru devoir augmenter la garde ordinaire de six mille hommes. Dira-t-on qu'il fallait attendre , pour prendre ces mesures, que des malheurs fussent arrivés ? Je ne le crois pas. Le devoir du législateur est de prévenir le mal, et non pas d'appliquer le remède quand le mal est venu. Je demande , afin de faire taire les malveillants, et de terminer cette affaire, que demain, à onze heures précises, Carrier monte à la tribune, et continue sa défense.

Cette proposition est adoptée.

CRASSOUS : Je demande , au nom des secrétaires, que la Convention procède à leur renouvellement.

*Plusieurs membres :* Après que l'affaire de Carrier sera terminée.

La séance est levée à sept heures.

### SÉANCE DU 3 FRIMAIRE.

Un secrétaire donne lecture de la lettre suivante.

*Ph.-Ch. Goupilleau, représentant du peuple dans les départements de Vaucluse, du Gard, de l'Hérault et de l'Aveyron, à la Convention nationale.*

Des ruines de Bedouin, le 18 brumaire, l'an 3e de la république française, une et indivisible.

« Citoyens collègues, les réclamations de la Société populaire de Carpentras, sur tout ce qui s'est passé à Bedouin, n'ont pas été vaines, puisque vous avez ordonné qu'il en fût fait un rapport. Avant qu'il se fasse, il est de mon devoir de vous dire la vérité et d'éclairer votre religion. Je vous la dirai sans haine, sans partialité, mais le cœur pénétré de douleur.

« La commune de Bedouin, située à trois lieues de Carpentras, au pied du mont Ventoux et dans un terrain fertile, était composée de cinq cents maisons habitées par

deux mille citoyens. Elle compte deux cent soixante volontaires aux armées. Un arbre de la liberté y fut coupé la nuit du 13 au 14 floréal, et l'on assure qu'il ne le fut que par cinq ou six mauvais sujets.

« Maignet, alors représentant du peuple dans ce département, trouva cette action très-criminelle, et il eut raison. Son devoir était d'en faire punir les auteurs ; mais tous les habitants de Bedouin n'étaient certainement pas coupables. On ne pouvait accuser de complicité des citoyens, des femmes, des enfants qui, tranquilles dans leurs maisons et dans les bras du sommeil, ne se doutaient même pas du délit.

« Cependant toute la commune de Bedouin devait être victime de cinq ou six individus. Par plusieurs arrêtés de Maignet que j'ai entre les mains, toutes les communes environnantes devaient même y être comprises.

« Un autre arrêté du 11 floréal condamne Bedouin aux flammes ; il s'exécute. Le 4e bataillon de l'Ardèche, commandé par Suchet (1), y mit le feu, et Bedouin n'existe plus.

« Rien n'est épargné, pas même les édifices publics et nationaux : l'hôpital, dont le linge et le trésor furent pillés, la maison commune bâtie à neuf, celle où se tenait le comité de surveillance, les moulins à huile, les fabriques de soie, tout y est consumé ; on ne voulut pas même permettre qu'on enlevât les soies, et dans un seul magasin il en fut brûlé pour 60,000 liv. qu'on pouvait sauver.

« Une commission composée des hommes les plus féroces et les plus sanguinaires y fut établie ; j'y vois pour accusateur public Barjavel, qui, à Avignon, à Orange, à Bedouin, partout, se trouve où il y a de la terreur à disséminer et du sang à répandre. Bientôt soixante-six habitants périssent sur l'échafaud ou à coups de fusil, et on pousse le raffinement de la cruauté jusqu'à entraîner les autres qu'on avait arrêtés sur le lieu même où le sang de leurs proches ruisselait. Là on les faisait monter dans des voitures pour les transférer dans différentes maisons d'arrêt du département.

« Lego, jadis notaire à Paris, agent national du district de Carpentras, sur la dénonciation duquel le tout s'était fait, dénoncé, de toutes parts pour ses iniquités, comme agent de Robespierre, et courbé sous le poids de la haine publique, Lego est nommé commissaire exécutif de ces ordres. Non-seulement il les exécute, mais il en donne lui-même de plus cruels encore. J'en ai trouvé signés de lui et encore affichés sur des ruines, qui déclarent la commune de Bedouin en contre-révolution et tous ses habitants suspects de complicité, pour n'avoir pas déclaré les auteurs des attentats commis contre la liberté. Et il a démontré qu'ils ne le pouvaient pas. Ces faits et une infinité d'autres m'ont déterminé à le destituer comme indigne de la confiance publique, et à lui appliquer la loi du 17 septembre, (vieux style).

« Il a été défendu à aucun habitant de mettre le pied à Bedouin, et son fertile territoire a été condamné à la stérilité. Que sont devenus les infortunés habitants ? C'est ici, citoyens, que vous allez partager ma sensibilité.

« Les uns errent dans les montagnes et n'osent retourner dans leur pays, qu'ils croient encore soumis au régime de terreur qui les en a chassé. Les autres, qui ont eu plus de hardiesse, ainsi que treize femmes, que l'humanité du comité de sûreté générale a rendues à la liberté, sans autre ressource que la pitié publique, sans autre asile que des cavernes qu'ils ont creusées dans la terre, jettent d'un côté, et en pleurant, leurs regards sur les ruines de leurs habitations, où il ne leur est même pas permis de pénétrer, et de l'autre sur la Convention dont ils réclament à grands cris la justice.

« Au milieu de ces ruines, sur lesquelles je me trouve en ce moment, je l'invoque moi-même cette justice ; je l'invoque pour ces infortunés de tous les âges, condamnés, par l'iniquité et l'inhumanité de quelques hommes, à la misère la plus profonde et à des larmes éternelles ; je l'invoque pour des jeunes orphelins qui seraient morts abandonnés, s'ils n'avaient été secourus par des étrangers ; je l'invoque pour ces mères de nombreuses familles, pour

(1) Louis-Gabriel Suchet, devenu depuis maréchal de l'empire, duc d'Albuféra, fut l'un des plus illustres lieutenants de Napoléon.

ces mères des défenseurs de la patrie, qui devaient s'attendre à des secours, et jamais à un sort aussi funeste.

« Cette commune, ainsi que je vous l'ai dit, a fourni deux cent soixante volontaires aux armées. J'ai entre les mains des lettres de plusieurs; les unes lis disent à leurs pères, qu'ils croient encore vivants : « Ne nous commandez pas d'être républicains..... Je ne suis pas au « service de la république pour la tromper..,.. Je lui suis « attaché pour la défendre jusqu'à la mort. »

« Dans d'autres ils témoignent de l'inquiétude de ne pas recevoir de leurs nouvelles; dans d'autres encore ils demandent à leurs officiers municipaux de leur en donner. Malheureux !.... ils exposent continuellement leur vie pour la patrie. Bientôt ils reviendront vainqueurs, couverts de blessures honorables, pour jouir en paix, au sein de leur famille, du bonheur que leur prépare le triomphe de la liberté, et ils ne trouveront plus ni parents, ni asile.

« Non, ce ne sera pas là leur récompense, et vous empêcherez bien qu'ils n'accusent leur patrie d'ingratitude.

« Soyons grands et généreux comme le peuple que nous représentons; faisons-leur oublier par la bienfaisance et la justice les horreurs dont il a été à se plaindre, et surtout ce plan abominable de destruction générale, si perfidement combiné du nord au midi de la France.

« Si les seuls arrêtés de Maignet s'opposaient à ces vues, ils n'existeraient plus, et c'eût été un devoir pour moi de les rapporter; mais ils sont confirmés par un de vos décrets, et je dois respecter ce décret jusqu'à ce que la Convention l'ait rapporté elle-même. Je n'ai pu prendre que des mesures provisoires, que je soumets à votre approbation.

« J'ai encore établi des commissaires qui recueilleront avec soin les plaintes et les renseignements sur ce qui s'est passé à Bédouin, et qui sont chargés de les transmettre aux représentants du peuple, s'il s'en trouve alors sur les lieux, et, dans le cas contraire, au comité de sûreté générale de la Convention.

« C'est ici, citoyens collègues, que sous quelques jours se terminera la commission dont vous m'avez honoré. Les autorités constituées sont partout épurées et réorganisées.

« Si j'emporte avec moi le regret de n'avoir pas fait tout le bien que je voulais, et que la brièveté du temps ne m'a pas permis de faire, j'emporterai au moins la satisfaction d'avoir fait succéder dans ces départements la justice et l'humanité au système de crimes et d'atrocités à l'aide duquel on en aurait bientôt fait un désert. La paix et le bon ordre y règnent. L'esprit public y est assez généralement bon. Je crois avoir rempli mes devoirs, et cela me suffit.

« Salut et fraternité,        PH.-CH. GOUPILLEAU. »

Maignet demande la parole. — La Convention renvoie cette affaire à l'examen des comités de salut public et de sûreté générale.

— Raffron demande la parole pour une motion d'ordre; elle lui est accordée.

RAFFRON : Citoyens, je vous prie de fixer votre attention sur l'observation que je vais vous proposer; elle est importante; je ne serai pas long.

Le désir d'apporter toute l'exactitude possible dans l'examen de la grande affaire qui occupe la Convention nationale a fait embrasser des prolonge qui vous mèneront à la vérité, au but que vous vous proposez, mais avec des lenteurs, en se garantissant toutefois de la précipitation.

La séance d'hier a été paralysée par la très-grande discussion à laquelle l'assemblée a cru devoir se livrer sur les moyens de défense que Carrier a apportés. Il a contesté de diverses manières l'authenticité de la copie collationnée d'un ordre signé de lui, rapporté parmi les pièces. Cette objection du prévenu a occupé l'assemblée pendant trois heures, et a fait rendre un décret qui peut reculer de quinze jours le terme de vos travaux dans cette affaire.

Citoyens, vous êtes jurés d'accusation et non jurés de jugement; il n'est pas nécessaire que vous ayez la conviction sur chacun des faits énoncés dans le rapport de votre commission; car alors votre prononcé serait un jugement, comme on l'a très-bien dit hier, et non une accusation.

Il fallait donc, après que Carrier a eu donné tous ses moyens de défense sur l'ordre signé de lui, dont les principaux sont :

Qu'il n'a pas signé cet ordre qui est invraisemblable, et qui répugne à son humanité;

Qu'il l'aura signé de confiance;

Que l'ordre n'est pas écrit en entier de sa main;

Qu'il faut lui représenter la pièce originale, et non une copie, quoique collationnée;

Toutes réponse que peut faire un prévenu pour sa défense, mais qui ne le justifient certainement pas; il fallait, dis-je, que la Convention, après l'avoir entendu sur ce point, passât à un autre article. Telle est la conduite du jury d'accusation, qui ne doit point entrer en discussion sur le rapport de la commission des Vingt et Un, lesquels sont au nombre de quatre-vingt-deux, et forment un vaste tableau des affreux griefs auxquels personne n'attache certainement pas une égale gravité.

Ainsi, la Convention doit faire dans le rapport un choix des faits les plus graves qui y sont contenus, et qui sont appuyés de pièces justificatives.

Après que Carrier aura répondu ce qu'il pourra répondre sur un article, il doit passer à un autre, et ainsi de suite. Il ne doit y avoir ni accusateur dans l'assemblée, ni défenseur; les pièces seules, sans commentaire, doivent parler, et Carrier répondre. C'est la force de ses réponses qui doit balancer dans votre esprit le poids des inculpations écrites et de leurs preuves.

Les faits principaux ayant été opposés par simple lecture à Carrier, et ses réponses entendues, l'assemblée doit procéder à l'appel nominal (et je demande que ce soit aujourd'hui), à l'appel nominal, dis-je, dans lequel chacun votera suivant la conviction qu'il aura acquise, laquelle conviction ne peut pas s'accroître par des faits légers ou moins importants.

Telle est la marche que vous devez tenir dans cette malheureuse affaire : celle que vous avez suivie jusqu'à présent entraîne nécessairement des longueurs absolument inutiles, et cause la perte d'un temps précieux, qui est une nouvelle plaie pour la république.

Cette lenteur peut ébranler la tranquillité publique. Je vous le dis la vérité, j'ai fait mon devoir.

GUILLEMARDET : Les faits doivent être lus l'un après l'autre, et le prévenu doit avoir la faculté d'y répondre. Il est ridicule de proposer une autre manière de procéder. J'espère que la discussion ne se prolongera pas plus longtemps qu'aujourd'hui; et, quand elle se prolongerait, la manière légère dont on a prononcé jusqu'à présent sur le sort des députés doit faire ouvrir les yeux à la Convention. Ce que vous faites aujourd'hui pour Carrier sera peut-être fait dans un autre temps pour vous. (Murmures.) Je demande qu'on maintienne le décret d'hier.

RAFFRON : Je ne veux point de mesure précipitée. On vous a distribué les cahiers des charges pour vous instruire particulièrement, et non pas pour établir un plaidoyer qui peut durer trois mois. (Applaudissements.) Je ne demande pas qu'on prenne des accusations au hasard; je demande qu'on choisisse les plus graves. Le plus vaut le moins.

LE PRÉSIDENT : Carrier est très-d'accord avec ceux qui veulent prolonger cette affaire; car il me fait dire qu'aujourd'hui il est malade. (Violents murmures.)

*Plusieurs voix :* L'appel nominal!

LANOT : Président, tu dis que Carrier a écrit qu'il est malade; eh bien, il n'est d'accord avec personne, pas avec moi toujours; car, quoiqu'il soit malade, je demande qu'il paraisse ici. Je ne connais pas d'accord entre le crime et la vertu; je demande qu'il paraisse ici, s'il n'est pas réellement malade, ou que, s'il l'est, sa maladie soit constatée.

*** : Il n'est pas étonnant que Carrier soit malade. S'il l'est réellement, il faut lui donner des secours; s'il ne l'est pas, il faut qu'il vienne ici. Je demande que le comité de sûreté générale envoie des gens de l'art pour constater le fait.

TAILLEFER : L'assemblée a décrété que la discussion s'ouvrirait aujourd'hui à midi; il faut que Carrier vienne.

CROGEER : Je suis convaincu que Carrier est malade;

mais savez-vous quelle est la maladie qui le tourmente ? c'est la conviction de ses crimes. (Applaudissements.) Les faits sont constatés, les actes sont connus ; Carrier ne les a pas niés ; il a seulement tergiversé sur quelques mots omis dans une copie. Quel est l'homme de bonne foi pour qui il n'est pas constant que les fusillades, que les noyades, que les égorgements ont eu lieu ? En supposant que Carrier ne les ait pas ordonnés, ne devait-il pas les empêcher ? Il avait au contraire des conversations journalières avec les membres de ce comité sanguinaire, et il leur a laissé commettre toutes les horreurs qui font frémir la nature. J'ai entendu faire hier une distinction ridicule et sophistique ; croit-on que les scélérats vont chez un notaire passer un acte de leurs crimes ? Je demande qu'on consulte la Convention pour savoir si elle est assez instruite pour procéder à l'appel nominal.

LE PRÉSIDENT : Je demande à prouver que l'on veut sauver Carrier. (Vifs applaudissements.)

Legendre quitte le fauteuil.

LEGENDRE (de Paris) : Je n'accuse personne ; mais je déclare qu'il est démontré pour moi que ceux qui ont voulu faire aux Jacobins un rempart de leurs corps à Carrier sont encore ici pour le sauver. (Vifs applaudissements.) La discussion qu'on a élevée hier est partie du haut de ce côté. (En montrant l'extrémité gauche. — On applaudit.) On a demandé des preuves matérielles ; eh bien, si vous en voulez, faites refluer la Loire à Paris (applaudissements), faites amener les bateaux à soupape, faites venir les cadavres des malheureuses victimes qu'on a sacrifiées ; ils sont en assez grand nombre pour cacher les vivants. (Nouveaux applaudissements.) Le peuple a les yeux ouverts, et personne ne le trompera sur cette affaire. (Les applaudissements redoublent.)

Tous ceux des membres de cette assemblée qui ne sont mus que par des principes de justice ont cédé à tout hier, afin qu'on ne pût lui faire aucun reproche ; mais il ne faut pas que la Convention se laisse mener. (Non, non ! s'écrient tous les membres en se levant. — On applaudit vivement.) S'il n'y avait que la justice qui réclamât ici, je n'aurais point pris la parole, parce que je respecterai toujours ce sentiment d'humanité, ce penchant qui ont tous les hommes de bien à croire les autres aussi probes qu'eux, et dont les plus grands scélérats abusent. (Applaudissements.) Mais je ne souffrirai jamais qu'on trompe la Convention et le peuple : je n'aurai jamais d'ami que parmi les amis de mon pays, et je dénoncerai tous ceux qui prétendraient à devenir des meneurs, fussent-ils mes frères, mes parents. (Vifs applaudissements.) La prétendue maladie de Carrier ne peut las l'empêcher de le juger ; jetez les yeux sur le calendrier ; comptez le nombre de jours qu'il a demeuré à Nantes, et vous aurez compté le nombre de ses crimes. (Les applaudissements redoublent.)

Je demande qu'il soit sommé de se rendre dans le sein de la Convention, et que, s'il n'y vient pas, on procède à l'appel nominal. (Nouveaux applaudissements.)

Cette proposition est décrétée.

Legendre reprend le fauteuil.

— On lit une Adresse de Dijon, une autre de Thionville, et on admet les sections des Champs-Elysées et du faubourg Montmartre.

La Convention ordonne l'insertion au Bulletin de les Adresses, que nous donnerons avec celles qui vont les suivre.

LE PRÉSIDENT : L'huissier qui vient de se transporter chez Carrier me rapporte qu'il s'habille, et qu'il va se rendre ici.

Je renouvelle l'invitation que j'ai faite au peuple de garder le plus grand calme à l'entrée de l'accusé et pendant les débats ; j'invite les citoyens à ne manifester aucun signe d'approbation ou d'improbation.

Carrier entre : le plus grand silence règne parmi les membres et les citoyens des tribunes.

Septième liasse. (Lettre de Carrier à la Convention, le 30 frimaire, et qui fut imprimée dans les journaux.) — Il annonce à la Convention nationale qu'on amène les brigands à Nantes et à Angers par centaines ; la guillotine ne pouvant y suffire, il les fait fusiller ; il invite son collègue Francostel à en faire autant à Angers. »

CARRIER : La lettre que j'écrivis alors à la Convention nationale fut insérée au Bulletin ; en décrétant cette insertion, la Convention lui a donc donné une approbation formelle ; s'il en eût été autrement, la Convention ne m'eût-elle pas rappelé dans son sein ?

Quatrième liasse. — Première pièce. (Lettre aux représentants du peuple de Nantes, 25 germinal, signée Gauthier, notable. ) — « C'est par ordre de Carrier que les femmes enceintes ont été noyées avec une foule de bons patriotes ; il a fait noyer un homme qui nuisait au commerce qu'il avait avec sa femme. »

CARRIER : Ces horreurs sont avancées par Gauthier, dans une lettre dont je tiens ici copie, et dans laquelle se trouve un faux matériel. Il y est dit que dans le département de la Loire-Inférieure se trouvait un nommé Grammont qui s'entendait avec Carrier pour opprimer les Nantais. Jamais de ma vie je n'ai parlé à Grammont, à Nantes ; je ne l'ai même vu à Paris que sur les théâtres. Il y a mieux, c'est que ce Grammont avait quitté l'armée avant mon arrivée, et qu'avant son départ il était attaché à la colonne de Saumur, et moi à celle de Mayence. Je demande à mes collègues qui étaient attachés à la colonne de Saumur de déclarer si ce Grammont n'avait pas quitté l'armée avant mon arrivée à Nantes. Citoyens, si je vous ai prouvé qu'il existait dans cette lettre un faux, quelle confiance pouvez-vous ajouter aux autres allégations qu'elle renferme ?

BOURBOTTE : Je suis le représentant du peuple qui ait suivi le plus longtemps la guerre de la Vendée. J'y suis resté quinze mois. Je connais le Grammont dont il s'agit ; il n'a jamais été attaché à la colonne de l'armée de l'Ouest stationnée à Nantes, et il a quitté l'armée avant l'arrivée de Carrier. J'ajoute que j'ignore d'ailleurs si Grammont a vu et a parlé à Carrier.

CARRIER : Vous voyez donc, citoyens, qu'il est impossible d'ajouter foi au contenu de cette lettre, puisqu'il est démontré qu'elle contient un faux matériel. Cet homme horrible, oui, horrible, ose avancer que j'ai eu la barbarie de faire noyer des femmes enceintes. Mais où sont les preuves qu'il donne à l'appui de cette assertion ? Il n'en existe aucune. Je sais que le comité révolutionnaire qui a donné ces ordres atroces a prétendu qu'il ne faisait qu'obéir aux ordres verbaux que je lui avais transmis. Je vous le demande, citoyens, ce fait est-il croyable ? En supposant même que j'eusse donné ces ordres au comité, n'aurait-il pas exigé que je les lui donnasse par écrit ? Or je défie mes nombreux ennemis, je défie les ennemis de la révolution qui sont en grand nombre à Nantes, de montrer cet ordre signé de moi : s'ils le représentent, à l'instant, oui, à l'instant, je monte à l'échafaud.

On me reproche d'avoir persécuté une foule de patriotes. Pendant dix mois que je suis resté à Nantes, aucun patriote n'a eu à se plaindre de moi. Si le fait qu'on avance était vrai, les parents ou les amis de ces patriotes persécutés n'auraient-ils pas fait entendre leurs réclamations ? On a bien dit au tribunal révolutionnaire que le comité avait fait périr une foule de brigands, mais on n'a pas dit qu'un seul patriote eût été enveloppé dans ses mesures désastreuses.

On m'accuse d'avoir fait noyer un homme qui, dit-on, nuisait au commerce que j'avais avec sa femme. Mais, grand Dieu! qu'on nomme donc seulement l'homme ou la femme, et à l'instant je subis la peine capitale. Quoi! citoyens, ce serait sur des dénonciations aussi vagues que vous pourriez prononcer contre moi? Je ne le crois pas. Cette lettre, vous le voyez, ne porte aucun caractère d'authenticité; elle est signée Gauthier; je ne sais si c'est le même qui vient d'être mis en jugement avec le comité révolutionnaire de Nantes. Cette lettre, je le répète, contient un faux matériel; on ne peut donc y ajouter foi. »

LOFFICIAL : Il ne suffit pas, citoyens, que Carrier nie avoir donné l'ordre de faire noyer des femmes enceintes; je demande qu'il dise pourquoi il n'a pas empêché ces noyades, et qu'en ayant eu connaissance il n'en ait pas fait punir les auteurs.

CARRIER : On me demande pourquoi, étant sur les lieux, je n'ai pas pris des mesures pour empêcher des femmes enceintes d'être noyées?

Je réponds que je n'ai pas toujours resté à Nantes, que j'allais souvent à l'armée et aux différents postes.

Ce n'est pas tout, citoyens; à Laval, à Angers, à Saumur, à Châteaugonthier, partout on a fait les mêmes choses qu'à Nantes. Je veux bien croire que mes collègues étaient à Saumur ignoraient ce qui s'y passait, comme j'ignorais moi-même les crimes qui se commettaient à Nantes; mais il n'est pas moins vrai qu'il y a eu des noyades à Saumur.

Il y a plus; c'est qu'à Château-d'Eau, où était en garnison la légion de Nantes, des brigands ont été précipités dans la Loire, et que le comité révolutionnaire de Paimbœuf est accusé d'avoir ordonné de pareilles exécutions. Je ne l'ai su que par les pièces qui sont actuellement sous les yeux de la Convention. Quant à ce qui s'est passé à Laval, c'est un général qui l'a écrit, il y a quelque temps, à l'assemblée, et depuis un volontaire me l'a confirmé.

Mais, citoyens, dans toutes les dépositions qui ont été faites au tribunal révolutionnaire, y a-t-il un seul homme qui dise m'avoir prévenu de ce qui se passait? Non, citoyens, pas un seul Nantais ne m'a prévenu de ce qui se passait. Eh bien, citoyens, puisqu'aucun d'eux n'a porté la scélératesse jusqu'à déclarer qu'il m'avait averti, vous devez donc croire que je l'ignorais; les brigands étaient livrés à la commission qui les jugeait, et je ne m'en mêlais pas.

*** : Carrier vient de dire qu'à Saumur on avait fusillé et noyé des femmes enceintes; je déclare, pour l'honneur de mes collègues qui étaient dans cette commune, que le fait est faux.

*** : Carrier vient d'inculper la légion de Nantes; je déclare qu'elle n'a pas voulu exécuter des ordres sanguinaires qui lui ont été donnés.

CARRIER : Il existe une lettre de Romainé, qui prétend qu'à Château-d'Eau des brigands ont été précipités dans la Loire.

THURIOT : Carrier doit se justifier et non accuser.

CARRIER : Je n'accuse personne; je veux prouver seulement que je me suis trouvé dans la même position que mes autres collègues.

THURIOT : Quand cela serait, cela ne te justifierait pas.

*** : Un témoin a déclaré avoir reproché à Carrier, en soupant un soir avec lui, de faire toujours noyer; celui-ci répondit : « Tu en verras bien d'autres;

nous avons des femmes à sansculottiser, c'est-à-dire à noyer. » Donc Carrier était instruit des noyades.

BOURDON (de l'Oise) : Jamais on n'a reproché à aucun de nos collègues envoyés dans la Vendée les atrocités qu'on impute à Carrier; ils se sont tous conduits avec humanité.

LETOURNEUR : Que Carrier se défende, et n'accuse personne.

CARRIER : J'ai eu le malheur d'être mal entendu de la Convention. A Dieu ne plaise que j'accuse personne! Ce que j'ai dit, c'est que ces scènes malheureuses s'étaient passées à Saumur et à Angers; et dernièrement encore un gendarme me l'attesta. Je suis loin d'accuser mes collègues; mais je voulais démontrer que, puisque ces mêmes excès avaient eu lieu dans ces communes, où étaient des représentants du peuple qui sans doute l'ignoraient, je pouvais bien n'avoir aucune connaissance de ce qui se passait à Nantes. Quant à Château-d'Eau, il y a une lettre qui constate que ces faits s'y sont passés, et il n'y avait d'autre garnison que la légion nantaise.

Huitième liasse. (Lettre du représentant du peuple Bô à l'accusateur public près le tribunal révolutionnaire de Paris. Paris, 18 fructidor, l'an 2, signé Bô.) — « Le comité révolutionnaire de Nantes, interrogé s'il avait reçu des ordres du représentant du peuple pour les mesures atroces qu'il avait prises, envoya aux représentants du peuple Bô et Bourbote un arrêté écrit et signé de la main de Carrier, portant que les détenus seraient transportés à Belle-Ile, à raison de l'épidémie qui régnait dans les prisons et dans la commune de Nantes. »

*** : Je parle au nom de mes collègues du département de la Mayenne; jamais nous n'avons eu connaissance qu'il y ait eu des noyades à Laval.

LE PRÉSIDENT : J'observe à la Convention que l'on s'écarte de la véritable question.

DUBOIS-CRANCÉ : Je vois entrer Prieur (de la Marne); je le prie de déclarer s'il n'est pas vrai qu'il ait envoyé un exprès à Carrier pour le sommer de finir ses noyades.

PRIEUR (de la Marne) : Je ne me rappelle pas d'avoir envoyé un courrier à Carrier, mais je me souviens qu'après la bataille de Savenay je me rendis à Nantes, où je restai vingt-quatre heures malade; pendant cet intervalle, mon secrétaire m'avertit que, Carrier ayant quelque inquiétude sur les prisonniers qui étaient à Nantes, il se disposait à prendre contre eux des mesures extraordinaires. Je priai Carrier de passer chez moi, il y vint; je lui fis part de ce qu'on m'avait rapporté, et je lui dis : Sur le champ de bataille il est permis d'exterminer les brigands de quelque manière que ce soit; mais, lorsqu'ils sont faits prisonniers, c'est à la commission militaire à prononcer, et sous peu elle doit arriver à Nantes. (On applaudit.)

En arrivant à l'armée, nos braves défenseurs me dirent : « Représentant, il y a six mois que nous combattons sans faire de mal aux prisonniers; quand les brigands prennent de nos frères, ils les massacrent impitoyablement. » Je leur répondis : « Eh bien! je marcherai à votre tête, et nous ne ferons point de prisonniers. » Je dis à mon collègue Bourbote : « Si jamais je me trouvais cerné par les brigands, et si j'étais dans l'impossibilité de pouvoir m'échapper, je te prierais de me passer ton sabre au travers du corps; je te rendrais le même service si tu te trouvais dans la même position. » (On applaudit.)

J'invitai donc Carrier à attendre l'arrivée de la commission militaire, qui était à Savenay, et qui avait seule le droit de prononcer sur les prisonniers. Carrier me le promit. Je ne me contentai pas de cette première invitation ; le lendemain je lui envoyai mon secrétaire la lui réitérer, et je partis ensuite avec mes collègues Bourbote et Turreau. Carrier resta seul à Nantes.

CARRIER : J'interpelle Prieur de déclarer quel était le nombre des brigands qui était dans les prisons de Nantes.

PRIEUR ; La commune le portait à trois mille.

CARRIER : Eh bien, citoyens, la commission militaire en a jugé quatre mille.

PRIEUR : On m'interpelle de déclarer si j'ai dit à Carrier de faire cesser les noyades. Je déclare lui avoir dit de faire cesser toutes mesures extraordinaires, et d'attendre l'arrivée de la commission militaire. Mon secrétaire lui fit, en mon nom, la même recommandation.

THURIOT : Carrier soutient qu'il n'a point eu connaissance des noyades, et qu'il n'a donné aucun ordre pour les expéditions. Je lui demande d'expliquer l'arrêté du 28 frimaire, par lequel il ordonne à la garde de Nantes de laisser sortir de jour et de nuit Lambertye et son escorte. C'est principalement dans cet arrêté qu'existe le corps du délit ; je l'invite donc à se justifier.

REWBELL : Il y a à la neuvième liasse une lettre de Julien fils à Robespierre, dans laquelle on trouve ce passage :

« On assure qu'il a fait prendre indistinctement, puis conduire dans des bateaux et submerger dans la Loire tous ceux qui remplissaient les prisons de Nantes. Il m'a dit à moi-même qu'on ne révolutionnait que par de semblables mesures, et il a traité d'imbécile Prieur (de la Marne), qui ne savait qu'enfermer les suspects. »

DUBOIS-CRANCÉ : J'interpelle mon collègue Laignelot de déclarer si Carrier ne lui a pas dit, à son passage à Nantes pour aller à Brest : « Tu es bien heureux, tu auras un plus grand bassin que moi. »

LAIGNELOT : Lorsque je passai à Nantes pour me rendre à Brest, je fus chez Carrier ; il me parla de ses noyades, et me dit en présence de Beaudit : « Tu es plus heureux que moi ; tu as un plus grand bassin, et des bâtiments à ton service. »

CARRIER : Quand Prieur vint à Nantes, il régnait dans cette commune une maladie pestilentielle parmi les brigands prisonniers, et qui faisait les plus grands ravages ; Prieur lui-même en était atteint. Le tribunal vint se plaindre à moi et me proposa des mesures ; je lui répondis : « Je ne sais que faire ; la commission militaire va arriver et jugera les prisonniers. » Il me dit ; « Mais il faudrait les transporter hors de la ville. » Je leur indiquai moi-même un local où ils furent déposés. C'est dans ces entrefaites que Prieur (de la Marne) arriva à Nantes ; il me recommanda de ne prendre aucune mesure extraordinaire contre les prisonniers, et je le prie de déclarer si on m'accusait d'en avoir fait précipiter dans la Loire.

PRIEUR (de la Marne) : Quand j'arrivai à Nantes, où je restai seulement vingt-quatre heures, je ne vis qu'une députation de la Société populaire, qui ne me parla nullement de noyades ; mais il était question alors de prêtres qu'on disait avoir été précipités dans la Loire, mais on n'en accusait pas Carrier. J'allai ensuite à Lorient ; et quand je revins à Nantes, j'entendis parler de noyades. Aucune déclaration ne fut faite contre Carrier ; la seule accusation qui ait été portée contre lui est qu'on lui reprochait d'avoir dit à la Convention nationale qu'il n'y avait à Nantes que des aristocrates.

CARRIER : Vous voyez, citoyens, que Prieur n'a parlé que de prêtres qui ont péri dans la Loire ; je l'avais appris moi-même, et j'en avais fait part à la Convention dans une lettre que je lui écrivis alors, et qui fut insérée au Bulletin.

On a aussi parlé de brigands noyés à Ancenis, quand ils voulurent passer la Loire. Je le savais aussi, et je l'écrivis dans le temps à l'assemblée. J'avais fait établir des chaloupes canonnières sur les bords de la Loire, et, au moment où ils en tentèrent le passage, la mitraille les précipita dans ce fleuve.

Vous voyez que Prieur a déclaré m'avoir dit de ne pas prendre de mesures extraordinaires contre les prisonniers, et non de les faire cesser : je n'en avais pris aucune. Il déclare aussi qu'il existait dans les prisons de Nantes trois mille brigands. La commission en a jugé quatre mille ; je n'en ai donc distrait aucun.

Je réponds actuellement à Thuriot.

*Plusieurs membres* : Réponds d'abord à Laignelot,

CARRIER : Thuriot me parle de l'arrêté du 16 frimaire ; cet arrêté, plusieurs de mes collègues savent qu'il n'avait d'autre objet que de donner à Lambertye une commission d'espion. Je prie Bourbote de déclarer si le fait n'est pas vrai.

BOURBOTE : Je n'en sais rien.

THURIOT : Il ne fallait pas, pour exercer l'espionnage, autoriser Lambertye à sortir de Nantes avec une escorte de cinquante hommes, ni lui donner l'ordre d'extraire des prisons des hommes et des femmes, et de les noyer.

CARRIER : Lisez l'ordre, il n'y a pas un mot de cela.

THURIOT : C'est une double perfidie ; puisque tu avais la scélératesse de commander ces cruautés, il fallait au moins avoir la franchise de le déclarer dans tes arrêtés.

CARRIER : S'il le fallait, je prouverais que ce Lambertye n'était chargé par moi que d'espionner les brigands de la Vendée ; je sais qu'un particulier a déclaré qu'il avait vu un ordre signé de moi, dans lequel je disais de laisser passer Lambertye avec un gabarreau chargé de brigands ; si on me représente cet ordre, je passe condamnation.

BOURDON (de l'Oise) : La preuve que ce Lambertye n'était pas un espion se tire de l'ordre lui-même.

*Au nom de la république une et indivisible.*

À Nantes, le 17 frimaire, l'an 2e de la république une et indivisible.

« Carrier, représentant du peuple près l'armée de l'Ouest, invite et requiert le nombre des citoyens que Guillaume Lambertye voudra choisir à obéir à tous les ordres qu'il leur donnera pour une expédition que nous lui avons confiée : requiert le commandant des postes de Nantes de laisser sortir, soit de nuit, soit de jour, le dit Lambertye et les citoyens qu'il conduira avec lui ; défend à qui que ce soit de porter la moindre entrave aux opérations que pourront nécessiter leurs expéditions. »

*** : Carrier a dit à la commission, lorsqu'on lui présenta cet ordre donné à Lambertye, que c'était pour prendre Charette ; il n'était pas question d'espion alors.

CARRIER : J'ai dit à la commission que j'avais donné à Lambertye le pouvoir de me servir d'espion dans la Vendée et d'arrêter Charette ; car il avait dit qu'il connaissait très-bien ce brigand et qu'il pouvait s'en emparer ; mais la preuve que ce n'est point avec cet ordre qu'il a fait noyer, c'est que les prêtres avaient péri le 25 brumaire, et mon arrêté n'est que du 16 frimaire.

BOURDON (de l'Oise) : Quelle était l'expédition dont Lambertye était chargé ?

CARRIER : De s'assurer de la personne de Charette.

BONNET (de l'Aube) : Si Prieur, qui n'a passé que vingt-quatre heures à Nantes, a eu connaissance des horreurs qui s'y sont commises, Carrier a dû en avoir connaissance aussi et les poursuivre, ou il n'a pas fait son devoir.

DARTIGOYTE : Si Lambertye avait été espion, il aurait eu besoin d'hommes de confiance, au lieu que l'ordre porte des réquisitions contraires. Je demande quelles pouvaient être les opérations d'un espion. (BOURDON : Le mot *expédition* explique tout.) L'ordre porte *opérations et expéditions* ; ce qui explique assez qu'il s'agit de noyades. Si c'eût été un espionnage, il aurait dû faire des dépenses ; il faudrait que Carrier eût ordonnancé le compte de Lambertye.

CARRIER : Mes collègues et moi nous avons eu des espions dans la Vendée ; je ne crois pas qu'ils aient écrit les comptes. Quant à moi, je déclare que Lambertye m'a rendu ses comptes verbalement, et que je l'ai payé de même verbalement.

BRÉARD : Je demande que Carrier réponde à Laignelot.

CARRIER : Je proteste à la Convention que je ne me rappelle pas avoir tenu jamais les propos qu'il me prête.

LAIGNELOT : Avant que Carrier fût dénoncé, j'avais dit ce fait à plusieurs de mes collègues. J'allai voir Robespierre, qui était incommodé ; je lui peignis toutes les horreurs qui s'étaient commises à Nantes ; il me répondit : « Carrier est un patriote ; il fallait cela dans Nantes. » Lorsque Lambertye et Fouquet furent guillotinés, Carrier dit : « On a guillotiné les deux meilleurs patriotes de Nantes, j'en aurai vengeance, ou je me la ferai moi-même. » Plusieurs de mes collègues ont, comme moi, entendu ce propos.

JARS : Il ne s'agit ici que de constater que Carrier a eu connaissance des noyades. Eh bien, il écrivait le 25 brumaire que quatre-vingt-dix prêtres avaient été noyés ; il peignait cet événement comme un accident. Quelque temps après il écrivit que les prêtres avaient péri dans les flots, et il ajoutait : « Cet événement n'est pas nouveau. »

CLAUZEL : Il faut que vous sachiez que ces quatre-vingt-dix prêtres n'étaient point sujets à la déportation. Ils étaient septuagénaires, et la loi les exceptait ; il y en avait un de quatre-vingt-cinq ans.

COREN-FUSTIER : Lorsque Carrier écrivait sa lettre, nous crûmes que tous les prêtres avaient été noyés par un accident.

SEVESTRE : Je déclare à la Convention qu'à mon retour de mission mon premier soin fut de dire à Carrier : « Tu as commis des horreurs à Nantes ; tu as traduit des Nantais au tribunal révolutionnaire ; je les connais, il y en a qui ont secondé la révolution, qui sont d'excellents patriotes ; ils ne seront pas condamnés par le tribunal. — Eh bien, me répondit-il, je les ferai tous guillotiner. » (Mouvement d'horreur.)

DUMONT (du Calvados) : Je dois rappeler à la Convention un mot que j'ai entendu de la bouche de Carrier. Robespierre régnait encore ; la proposition fut faite à l'assemblée de déporter tous les prisonniers alors détenus ; Carrier dit : « Oui, déportés à ma manière. » Je l'ai entendu.

MERLIN (de Douai) : Cette discussion se prolonge beaucoup plus que l'intérêt public ne l'exige ; mais je demande, pour les principes, que la parole reste à Carrier tant qu'il voudra, et qu'on aille ensuite aux voix.

CARRIER : Je réponds à mon collègue Dumont que, la proposition n'ayant jamais été faite de déporter les prisonniers, je n'ai pu tenir le propos qu'il me prête.

Quant à Sevestre, il m'a dit : « Tu as traduit des Nantais. — Oui, lui répondis-je, parce qu'il y avait des notes graves contre eux. » Il me dit encore : « Tu as agi avec rigueur. » Je lui répondis : « Je sais bien que les Nantais te diront que je me suis comporté avec rigueur. » Je l'interpelle de déclarer si je ne lui ai pas dit que j'avais tout fait pour empêcher les Nantais d'être jugés par le tribunal de Robespierre.

SEVESTRE : Je maintiens ma déposition.

Première liasse. — Dixième pièce. ( Lettre aux comités de salut public et de sûreté générale. Tours, 28 fructidor, l'an 2, sans signature. — « Il a fait fusiller tout un bataillon de cavalerie ennemie, qui est venu se rendre à Nantes avec chevaux, armes et bagages, à la suite d'une amnistie. »

CARRIER : Je suis en état de prouver que ce bataillon de cavaliers, qui n'était pas un bataillon, puisqu'il n'y en avait que trente, fut pris les armes à la main, et que je le fis conduire en prison. Tous demandaient à servir la république ; jamais je n'ai donné ordre de les fusiller.

Vingtième liasse. — Neuvième pièce. (Lettre de l'accusateur public, le 9 brumaire, l'an 3. — Septième témoin.)
« Nombre de révoltés qui venaient de déposer leurs armes ont été sabrés sur la place du Département.

« Il a fait noyer indistinctement des femmes, filles et enfants venus de la Vendée, et qui étaient dans une prison.

« Il autorisa une commission militaire à faire fusiller tous les gens de la campagne, dont une partie n'avait jamais pris les armes.

« Il a fait investir dans la nuit différentes communes de campagne. On a ramassé tous les habitants qui, depuis plus de deux mois, restaient tranquilles, cultivant leurs champs ; ils ont été tous fusillés indistinctement, sans être interrogés.

« Il a fait incarcérer toutes les femmes ou filles soi-disant suspectées d'inconduite ; il les a fait ensuite noyer.

« Par ordre de Carrier et du comité révolutionnaire, toutes les filles suspectées d'avoir été, il y a un an ou deux, à la messe d'un prêtre réfractaire, ont été incarcérées. »

CARRIER : Tous ces faits-là sont dans une lettre sans signature, et ne mérite aucune confiance. Jamais je n'ai donné d'ordre pour juger les habitants des campagnes ; jamais je n'ai fait investir aucune espèce de campagne ; jamais je n'ai attaqué les brigands qu'en corps d'armée. Quant aux femmes et aux filles suspectes d'inconduite, je les ai occupées à travailler au linge des soldats. — Carrier lit un arrêté qu'il prit à ce sujet. (*La suite demain.*)

N. B. Le 4, à deux heures du matin, à la suite de l'appel nominal, Carrier a été décrété d'accusation à la majorité de quatre cent quatre-vingt-dix-huit voix contre deux votes conditionnels.

---

### Payements à la trésorerie nationale.

Le payement du perpétuel est ouvert pour les six premiers mois ; il sera fait à tous ceux qui seront porteurs d'inscriptions au grand livre. Celui pour les rentes viagères est de huit mois vingt et un jours de l'année 1793 (vieux style).

## CONVENTION NATIONALE.

*Présidence de Legendre.*

#### SUITE DE LA SÉANCE DU 3 FRIMAIRE.

Vingtième liasse. — Septième pièce. (Ces faits sont attestés par Giraud, ex-constituant, Forget et un autre témoin. Leur déclaration est consignée dans une lettre de l'accusateur public au comité de sûreté générale.)—« Trois témoins déclarent que, le 29 frimaire, an 2, quatre vingts et quelques brigands, armés et équipés, se sont rendus sur la place du Département; ils exprimèrent leurs regrets d'avoir servi contre la république, déclarèrent venir, au nom de toute l'armée, pour se rendre et livrer leurs chefs, pieds et mains liés ; que trois d'entre eux se détacheraient pour porter l'acceptation, et que les autres resteraient en otages.

« Les corps constitués s'assemblèrent, firent prévenir le représentant du peuple, qui fit conduire les brigands à l'Entrepôt : ils ont subi le même sort que d'autres détenus. »

Carrier : Ils ont été jugés par la commission militaire. Jamais je n'en ai rien su du tout. Dans le temps où Nantes était désolée par la peste, je chargeai la commission de s'occuper du sort des brigands. Elle les jugea : je ne m'en suis pas occupé depuis cette époque.

Première liasse. — Septième pièce. ( Déclaration de J.-B. Giraud, directeur de la poste, à Nantes, le 14 vendémiaire, l'an 3.) — « Un soir, vers les huit heures, deux militaires se présentèrent à la portière de la voiture de place dans laquelle était Carrier, à la porte de la Société populaire; ils lui annoncèrent qu'ils arrivaient d'Ancenis avec trois cents prisonniers dans un bateau, et qu'ils ne savaient où les conduire. Carrier leur répondit : « Comment f..... « imbéciles que vous êtes, f......-moi tous ces b.....-là dans l'eau, et que demain il n'en soit plus question ! »

« Le lendemain, le bruit général était que dans la nuit on avait noyé un très-grand nombre de prisonniers arrivés d'Ancenis. »

Carrier : Jamais je n'ai eu connaissance qu'il soit arrivé aucun prisonnier d'Ancenis à Nantes; jamais je n'ai tenu le propos qu'on me prête. Eh ! comment Giraud eût-il entendu seul ce propos à la Société populaire, d'où je ne sortais qu'accompagné de plusieurs personnes qui l'auraient entendu de même?

Ce Giraud est un aristocrate très-prononcé, qui a adhéré aux actes liberticides de Nantes, et qu'on a accusé d'être attaché aux prêtres fanatiques. Il ne mérite donc aucune confiance.

Troisième liasse. — Première pièce. (Lettre de la Société populaire de Tours à celle de Nantes, du 16 vendémiaire an 3. Pour copie conforme : signé Leroux, président; Goubeau, Ceroust, Crouxet, secrétaires.) — « La Société populaire de Tours, instruite par l'indignation publique des actes de férocité commis sur des femmes enceintes, des enfants, des magistrats du peuple, invite la Société de Nantes à lui faire connaître la vérité; elle lui demande des éclaircissements prompts et fidèles sur la conduite de Carrier, Hentz et Francastel, enfin de tous les représentants du peuple qui ont exercé dans la commune de Nantes le droit sacré de la Convention nationale. »

Carrier : Vous voyez par cette déclaration qu'une conjuration est formée contre tous les représentants qui ont été envoyés dans la Vendée. Vous voyez qu'on demande déjà des renseignements sur Hentz et Francastel ; on a déjà cherché à les impliquer dans une procédure du tribunal révolutionnaire ; bientôt on rappellera tous ceux qui ont fait la guerre de la Vendée ; on attaquera successivement tous les représentants du peuple. Vous verrez un jour si ma prédiction est vraie. Remarquez que c'est à Tours,

dans la Société populaire, que s'ourdit cette conspiration. Un jour vous saurez la vérité sur la guerre de la Vendée. On a eu l'impudeur d'écrire à la Convention qu'à l'affaire de Villiers nous n'avions perdu que six cents hommes, et trente mille républicains ont été massacrés sur le champ de bataille.

Ménuau : C'est faux. ( On murmure. )

Clauzel: Il ne convient pas que la Convention reste sous l'opprobre dont l'accusé veut la couvrir.

Carrier : Je ne la calomnie pas, je cite des faits. A l'affaire de Coron, trois mille brigands ont mis en déroute cent mille soldats qui portait les armes pour la république. (Il s'élève de violents murmures.) Laissez-moi venir à ma conclusion. C'est parce que j'ai contribué le plus à éteindre la guerre de la Vendée, qu'on veut me perdre.

Première liasse. — Douzième pièce. ( Douze personnes étaient au souper, au nombre desquels étaient Guesdon, directeur de l'hôpital, Hardouin, Jeannet, Lucas, Ducos, tous officiers de santé au même hôpital, leurs épouses; Hector, général de brigade. C'est ce qu'apprend une dénonciation signée Chéreau, chirurgien aide-major et chirurgien en chef de l'avant-garde de l'armée des Côtes de La Rochelle, et envoyée au comité de sûreté générale de la Convention nationale. Copie conforme, signée Merlin (de Thionville), Legendre, Reverchon, et renvoyée à Laignelot, représentant du peuple, le 20 vendémiaire, l'an 3.) — « En soupant chez Guesdon, directeur de l'hôpital militaire d'Ancenis, Carrier dit qu'il y avait à Nantes un grand nombre d'aristocrates. « Vous avez vu comme « je les ai menés; j'en ai fait fusiller et noyer une grande « partie, mais pas tous; il en reste encore beaucoup. J'en « aurais fait autant à Rennes si j'y étais demeuré plus « longtemps. »

« Vous avez vu passer, ajouta-t-il, les cent trente Nan- « tais que j'envoyais à Paris ; ils n'étaient pas destinés à « y arriver ; j'avais écrit à Francastel, qui était à Angers, « de les faire noyer là ou aux Ponts-de-Cé; mais ce foutu « colon n'a pas osé. »

Carrier : Un seul particulier fait cette déclaration. Il cite plusieurs personnes comme présentes au souper; je ne les ai pas vues. Y a-t-il un seul Nantais, oui, un seul, qui ait été victime ? Ce témoin dit que j'en aurais fait autant à Rennes ; mais il y avait dans cette ville assez de conspirateurs pour les traduire au tribunal révolutionnaire. Eh bien , je n'y ai traduit personne; j'ai seulement fait arrêter quelques individus.

Le Président : Carrier demande à se reposer un instant.

Dubois-Crancé : Je demande que la séance soit suspendue jusqu'à six heures, qu'ensuite la Convention termine cette affaire sans désemparer.

Cette proposition est décrétée.

La séance est suspendue. Il est quatre heures.

La séance reprend à six heures et un quart.

Deuxième liasse. — Deuxième pièce. (Dénonciation de Perotte Brevete, qui ne sait signer, renvoyée par le comité de surveillance de la Société populaire au comité de surveillance du district, le 21 vendémiaire, an 3. Signée Quentin, vice-président, Jacques-Gabriel Mercier, secrétaire par *interim*. Pour copie conforme, au comité de surveillance révolutionnaire à Nantes, ce 12 vendémiaire, l'an 3. Signé Durance, Lenoir, Jacques-Martin Carrail, président, Vaumon, Paillon, Pelé et Subtil. ) — « Michel Brevete, natif de Saint-Julien, était détenu à l'Entrepôt ; sa sœur, Perotte Brevete, tailleuse, demeurant à Nantes, aussi native de Saint-Julien, demanda au représentant du peuple quel serait le sort du détenu, Carrier demanda l'âge du détenu ; elle répondit trente-six ans. « S'il n'avait que dix-« huit ans, je pourrais te le remettre, dit Carrier ; mais il « est bon à f..... à l'eau, et bien d'autres à sa suite, et les « trois quarts de Nantes. »

« Une seconde fois Perotte Brevete se jeta à ses genoux, lui demanda une permission par écrit d'aller voir son frère dans la prison, pour savoir quel serait son sort. Carrier répondit que leur jugement était fait sitôt qu'ils arrivaient à Nantes, qu'ils étaient noyés sans formalités. Elle demanda à voir son jugement. Carrier dit que c'était lui qui rendait ces jugements, et ajouta que, si elle récidivait, il la ferait aussi jeter dans l'eau avec les autres ; et la frappant avec le fourreau de son sabre, il l'a mit à la porte. Lorsqu'elle fut au bas de l'escalier, il la rappela et lui dit que, si elle voulait se laisser aller à sa passion, elle allait avoir son frère. Elle s'y refusa, et lui dit de nouveau : « Donnez-moi un ordre par écrit pour aller voir « mon frère. » Carrier dit qu'il ne donnait aucun ordre par écrit, et la renvoya au comité révolutionnaire, qui ne la satisfit point.

« Le lendemain, ayant appris que son frère avait été transféré dans le bâtiment où l'on faisait périr les prisonniers, désirant lui porter un morceau de pain, elle en demanda la permission à Carrier, qui lui dit, en la menaçant, que son frère n'avait pas besoin de pain, qu'il avait assez d'eau à boire, et que, si elle répliquait, il lui ferait subir le même sort. La nuit suivante les prisonniers ont péri. »

CARRIER : Perrotte Brevete est une brigande ; tous les habitants de Saint-Julien, sa commune, ont porté les armes contre la république : ils y ont été engagés par les femmes qui combattaient avec eux, et qui exerçaient les plus grandes cruautés. Brevete est sœur d'un brigand qui a été pris les armes à la main, puisqu'elle dit elle-même qu'il était dans l'Entrepôt à Nantes, et que l'on n'y mettait que des brigands saisis les armes à la main. Quelle foi peut mériter une brigande contre le destructeur de la Vendée ? J'atteste tout ce que j'ai de plus sacré sur la terre que je ne l'ai jamais vue. Comment serait-elle entrée chez moi, puisque, pendant tout le temps que je suis resté à Nantes, j'ai donné l'ordre de ne laisser entrer chez moi aucune femme de la campagne ? Si elle était entrée chez moi, je l'aurais fait arrêter comme une brigande ou comme l'espion des brigands.

Je n'ai jamais de ma vie frappé aucune femme. Celle-ci a l'impudeur d'avancer que je suis descendu d'un second étage pour lui faire des propositions infâmes et crapuleuses. S'il était vrai que la rage et l'abrutissement se fussent emparés de moi à un tel point, l'aurais-je frappée ? lui aurais-je tenu le langage brutal qu'elle me prête ?

Que ceux qui me connaissent depuis mon enfance, que ceux qui m'ont fréquenté dans la Convention, que ceux qui m'ont suivi dans ma mission disent quelle est ma conduite, quels sentiments j'ai toujours eus. Qu'on interroge l'armée de l'Ouest et mes collègues qui y ont été avec moi ; ils attesteront que j'ai fait tous mes efforts, surtout à Montaigu et à Cholet, pour faire respecter le sexe. Et l'on pourrait croire que j'ai violé les règles de la pudeur ! Savez-vous où cette déclaration atroce a été fabriquée ? C'est dans le prétendu comité de Tours, près de la Société populaire qui la première a provoqué celle de Nantes à vomir contre moi les plus atroces inculpations.

Troisième liasse. — Deuxième pièce. (Lettre de la Société populaire de Nantes en réponse à celle de Tours. Nantes, ce 21 vendémiaire, l'an 3.) — « Des femmes, des enfants égorgés, massacrés ;

« Des magistrats en écharpe allant au-devant des colonnes républicaines, fusillés ; des milliers de détenus, des révoltés qui se rendaient, fusillés ou noyés sans jugement ;

« Des agriculteurs travaillant à la terre, massacrés sur les champs, un grand nombre de patriotes sacrifiés et détruits ;

« Voilà le fruit de l'insouciance, de la malveillance de plusieurs représentants du peuple qui ont vu toutes ces atrocités sans rien dire ; d'autres y ont participé. »

CARRIER : Vous voyez que cette déclaration ne s'applique pas à moi , mais à tous les représentants du peuple qui ont été dans la Vendée,

Deuxième liasse. — Troisième pièce. ( Déclaration de Vailli , canonnier, signée par lui à l'original, et dont la copie conforme, signée le 24 vendémiaire, l'an 3, par le comité révolutionnaire de Nantes, est jointe aux pièces.) — « Dans le courant de brumaire, l'an 2, un canot portant huit personnes, et suivi d'un gabareau chargé de quatre-vingt-dix prêtres, se présente à minuit et demi vers le ponton de la Samaritaine, en station devant la Sécherie, pour aller à bord. Le factionnaire refusait le passage à on n'exhibait pas des ordres supérieurs ; Fouquet et Lambertye, qui commandaient, présentèrent des pouvoirs signés de Carrier, et conçus à peu près en ces termes : « Per-« mis aux citoyens Fouquet et Lambertye de passer partout « où besoin sera , avec un gabareau chargé de brigands, « sans que personne puisse les interrompre ni les troubler « dans ce transport. » Le factionnaire les laissa passer sous la batterie du ponton. Un quart d'heure après, il entendit les cris et reconnut les voix de ceux qui étaient dans le gabareau, et qu'on faisait périr de la manière la plus féroce.

« Environ un mois après, le même factionnaire était sur le même ponton, entre onze heures et minuit, deux autres gabares chargées d'hommes s'arrêtèrent à la Prairie-au-Duc ; le factionnaire et ses camarades ont vu plus de huit cents personnes des deux sexes, dépouillées inhumainement, noyées, coupées par morceaux et fusillées. Leurs habits, leurs bijoux furent vendus le lendemain matin au plus offrant par ceux mêmes qui avaient été leurs bourreaux.

« Il y eut une troisième noyade dont on se dit ni l'époque, ni le lieu ; elle est racontée par le même factionnaire ; les victimes, cette fois, furent attachées deux à deux.

« Il y a eu une quatrième noyade qui a été dirigée comme les trois autres, vue et racontée par la même personne, qui estime qu'il a péri ainsi plus de deux mille individus.

« Les mêmes hommes ont dirigé les quatre expéditions ; ils n'ont montré leurs pouvoirs que la première fois. »

CARRIER : Ce que vous venez d'entendre sont des mesures auxquelles je n'ai point participé. Quant à l'énonciation de l'ordre qu'on m'attribue, elle contient deux faux matériels. De ma vie je n'ai connu Fouquet, de ma vie je ne lui ai donné aucun ordre. Le restant de la déposition ne me concerne pas, parce que je n'ai jamais pu participer à de pareilles horreurs.

Première liasse. — Première pièce. (Déclaration de Vaugeois, accusateur près la commission militaire du deuxième arrondissement, et Dumont, président au tribunal criminel militaire du même arrondissement, faite au tribunal révolutionnaire, le 23 vendémiaire. ) — « Lambertye et Fouquet se disposaient un jour à faire enlever plusieurs femmes, dont quinze enceintes, de la prison de l'Entrepôt, ainsi que des enfants de huit ans et au-dessus ; l'accusateur public et un des membres de la commission militaire s'opposaient à cet enlèvement, au nom de l'autorité dont ils étaient investis, et leur demanda leurs pouvoirs ; Lambertye, après quelques difficultés, et lui avoir dit qu'il avait fait bien d'autres expéditions semblables, lui donna copie d'un ordre signé Carrier.

« Le lendemain Carrier envoie chercher la commission ; elle était à son poste.

« Le président se rend chez le représentant du peuple, qui, en le voyant, lui dit avec fureur : « C'est donc toi qui « t'opposes à mes ordres ! Puisque tu veux juger, juge « donc ; et si l'Entrepôt n'est pas vidé dans deux heures je « te fais fusiller. » Le président se retira, et se rendit à l'Entrepôt. Lambertye et Fouquet furent arrêtés par le comité et traduits devant la commission militaire ; Lambertye exhiba le même ordre que dessus, signé Carrier, dont voici la teneur :

« Au nom de la république, etc., Carrier, représentant du peuple près l'armée de l'Ouest, invite et requiert le nombre de citoyens que Guillaume Lambertye voudra choisir à obéir à tous les ordres qu'il leur donnera pour une expédition que nous lui avons confiée ; requiert le commandant des postes de Nantes de laisser sortir, soit de nuit, soit de jour, ledit Lambertye et les citoyens qu'il conduira avec lui ; défend à qui que ce soit de mettre les moindres entraves aux opérations que pourront nécessiter leurs expéditions. »

« La pièce originale est annexée au procès de Fouquet et Lambertye, qui ont déclaré, lors de leur jugement, n'avoir eu d'autre ordre de Carrier, par écrit, que celui-là. Lambertye déclara que c'était en vertu de cet ordre qu'il avait noyé les prêtres et plusieurs hommes, femmes et enfants, en différentes fois. »

CARRIER : Le déclarant ne parle que d'un arrêté donné à Lambertye. Je ne vois pas la pièce originale ; la copie peut être tronquée, inexacte. La Convention l'a si bien senti, qu'elle a décrété hier que les pièces originales seraient apportées.

Je me souviens d'avoir donné un ordre à Lambertye, mais il n'avait d'autre but que de surveiller les brigands, de s'assurer de Charette ou de le détruire. Si cet arrêté avait été donné pour faire noyer des brigands, il n'aurait pas contenu l'ordre de laisser passer hors du port, puisque le port est dans la ville.

On reproche à Lambertye d'avoir, en vertu de cet arrêté, noyé des prêtres réfractaires qui devaient être déportés à Guernesey ; mais la lettre qui l'annonce est du 27 brumaire, et mon arrêté est du 17 frimaire, c'est-à-dire un mois après. Si Lambertye avait abusé de ses pouvoirs, pourrait-on m'en faire un crime ? Pourquoi le déclarant ne m'a-t-il pas dénoncé ces excès ? Il est venu plusieurs fois chez moi avec ses camarades, et il ne m'en a jamais parlé.

Quant au propos du président de la commission, je déclare, et j'en aurai la preuve, que ce président n'entra pas chez moi, qu'il ouvrit la porte de mon appartement, et se tint derrière. Je lui demandai pourquoi il n'entrait pas ; il me répondit qu'il était attaqué de la contagion, et qu'il craignait de me la communiquer. Je l'invitai à dire à ses collègues de ne plus pénétrer dans les prisons pour juger les brigands, mais de les faire venir dans un endroit convenable, et de les juger le plus tôt possible. Ce président est mort trois jours après, car on périssait tout de suite de cette maladie, ou bien l'on en guérissait dès le lendemain du jour qu'on l'avait gagnée.

Vingtième liasse. — Première pièce. — (Lettre de l'accusateur public près le tribunal révolutionnaire au comité de sûreté générale, le 25 vendémiaire, l'an 3, signée Leblois, contenant la déposition de deux témoins, dont l'un a vu et l'autre ouï dire ; elle contient aussi la déclaration de quelques accusés.) — « Les membres du comité révolutionnaire, aujourd'hui associés, avouent qu'ils ont pris part à ces exécutions, mais ils disent avoir reçu les ordres verbaux de Carrier. Il n'en donnait d'écrits que pour la déportation ou la translation de ces victimes ; il les faisait ensuite périr par des ordres particuliers donnés au comité, et notamment à Goulin.

« C'est par ses ordres que Lambertye et Fouquet ont fait plusieurs mariages républicains ; ils appelaient ainsi l'action de mettre nus un jeune garçon et une jeune fille, de les attacher ensemble, et de les jeter à l'eau. »

CARRIER : Vous voyez que le comité, ayant donné plusieurs arrêtés, a imaginé, pour se tirer d'embarras, de reverser sur moi toutes les inculpations. On prétend que j'ai donné des ordres particuliers à Goulin ; mais où sont-ils ? On ne prend pas de mesures aussi violentes sans un ordre émané du représentant du peuple ; or je défie que le comité fasse voir le moindre arrêté de moi qui les ait autorisées.

On parle d'un fait atroce qui n'est pas constant au procès ; mais, en le supposant vrai, il faudrait que je l'eusse ordonné pour m'en faire un crime. Or il n'y a pas un seul ordre de ma part. Je le demande à mes collègues Milhaud, Bô, Mirande, qui me connaissent dès l'enfance ; je le demande à ceux qui m'ont fréquenté, à ceux qui m'ont vu arriver dans le sein de la Convention ; je les adjure tous, au nom de l'honneur qu'on veut me ravir, de dire s'ils me croient capable de commettre de pareilles horreurs de sang-froid ; je les adjure de dire s'ils ont jamais rien vu en moi qui approchât d'une pareille férocité.

Vingtième liasse. — Deuxième pièce. (Précis des débats concernant le procès du comité révolutionnaire de Nantes, le 27 vendémiaire, signé Leblois ; déclaration du Goulin, prévenu. Troisième témoin.) — « Chaux, l'un des prévenus, traduit au tribunal révolutionnaire, déclare que Carrier a tiré le sabre sur lui, lorsqu'il réclamait la liberté de plusieurs enfants.

« Le 25 frimaire, il a fait noyer sans jugement cent vingt scélérats.

« A l'instant du supplice, Lambertye et Fouquet ont déclaré que Carrier leur avait donné l'ordre verbal de noyer les prêtres.

« Il a menacé de la guillotine une députation de la commission militaire pour lui demander s'il avait signé l'ordre dont l'original existe ; il l'a nié.

« Carrier soupant chez le septième témoin, celui-ci lui reprocha de toujours noyer ; Carrier dit : « Tu en verras bien d'autres ; nous avons des femmes à tanceloutiser ; » c'est-à-dire noyer. »

« Une femme était à une fenêtre sur la place sur laquelle Carrier passait ; on assure qu'il donna ordre de tirer sur elle.

« Le président de la commission militaire le consultait sur une compétence ; Carrier répondit : « La guillotine, « toujours la guillotine. »

« On assure qu'il a fait noyer trois belles femmes dont il avait joui. »

CARRIER : C'est un prévenu qui fait cette déclaration contre moi. Je demande à mon collègue Bourbotte s'il n'est pas vrai que nous avons pris ensemble un arrêté pour sauver les enfants de la peine qui était portée contre les brigands.

BOURBOTTE : Le fait est vrai. Je n'ai jamais signé qu'un acte avec Carrier, et c'est celui-là qui avait pour objet de soustraire au supplice les jeunes gens au-dessous de seize ans.

TREILHARD : Je demande à Bourbotte pourquoi cet arrêté a été pris ? si ce n'est pas lorsqu'on eut connaissance qu'on avait noyé des enfants ? car il existait un décret qui portait les mêmes dispositions.

*** : Cet arrêté a été pris lorsqu'il n'y avait plus personne à noyer.

BOURBOTTE : Je connaissais le décret dont parle Treilhard : mais il ne déterminait pas l'âge auquel les jeunes gens devaient être soustrait au supplice. En passant à Nantes pour me rendre à Noirmoutier, je vis Carrier qui me dit que les prisons de Nantes renfermaient un grand nombre de brigands faits prisonniers après l'affaire de Savenay, parmi lesquels il y avait beaucoup d'enfants. Nous arrêtâmes que ceux au-dessous de seize ans ne seraient pas traduits devant la commission. Voilà le motif que m'a présenté Carrier ; je n'en connais pas d'autres.

CARRIER : Voilà comme la calomnie se mêle dans cette affaire. Vous avez mené Marat au tribunal révolutionnaire, et vous voulez m'y mener. Vous voyez, d'après ce que vient de nous dire Bourbote, que ce n'est point, comme la rage de la calomnie vient de le vomir, parce qu'il n'y avait plus d'enfants à noyer que cet arrêté fut pris, car j'en avais déjà fait une distribution aux citoyens de Nantes. J'en avais donné un qui avait dix-huit ans passés à un marinier ; j'en donnai trois au citoyen Boussain, directeur de l'hôpital de Nantes. Voici cet arrêté. (Il le lit.)

Comme le décret ne fixait pas l'âge, je n'osai pas prendre de détermination à moi tout seul : car vous savez sous quel despotisme nous vivions. J'avais donné à trois communes, près d'Indre, des garanties pour empêcher qu'on n'attentât à ces communes, et je leur avais recommandé de ne les montrer qu'à nos braves défenseurs s'ils se présentaient ; car, si elles avaient été vues de quelque agent exécutif, j'aurais été sur-le-champ traîné à l'échafaud comme complice des brigands. Vous savez que nos collègues Bourdon et Goupilleau ont été pendant très-longtemps sous la hache de la loi, pour avoir usé d'indulgence.....

*Plusieurs voix :* Dis donc des assassins!

Bourdon (de l'Oise) : Je dois dire que si quelques membres du gouvernement ont blâmé nos mesures, et ont voulu nous mettre sous le couteau , il en est d'autres aussi qui ont versé des larmes de joie au récit que nous leur fîmes des victoires que nous avions remportées en suivant l'indulgence.

Carrier : Je ne devais connaître que les décrets et les proclamations de la Convention nationale; je devais les diriger et non les suspendre. Le témoin qui dépose ces faits est Phelippes-Troncjolly, cet homme qui le premier a provoqué les inculpations horribles qui ont été faites contre moi ; et vous allez voir comment il m'a écrit depuis mon départ de Nantes. Mon collègue Bô a vu les lettres, et les originaux en sont déposés au tribunal révolutionnaire.

On lit ces lettres.

Dans la première, datée de Nantes, le 15 germinal, Phelippes dit à Carrier :

« Parmi les collègues que tu m'as donnés, il y en a deux qui ne sympathisent pas avec moi, et qui t'ont prévenu contre moi. Je viens d'apprendre qu'après une maladie longue tu as nommé à ma place. Je ne suis pas affligé d'avoir perdu ma présidence, mais je me consolerais pas d'avoir perdu la confiance d'un représentant tel que toi. Tu étais mal entouré à Nantes ; redoute Goulin et les impressions qu'il pourrait te donner. Il fait le patriote depuis deux ans, et , escorté par Grandmaison, qui a obtenu des lettres de grâce pour un meurtre, il a commis sans doute à ton insu des actes arbitraires. Ils ont fait lier et garrotter les prisonniers dans les prisons, et n'ont pas rapporté les actes de ceux qu'ils ont mené noyer. Personne ne te rend plus justice que moi, qui suis patriote et républicain. »

Carrier : Avant la lecture de la seconde lettre, remarquez, citoyens, que j'étais parti de Nantes le 28 ventose, et que, le 15 germinal , cet homme, qui vomit les plus grandes horreurs contre moi, m'écrit une lettre dans laquelle il me dit : « On a sans doute à ton insu commis des meurtres dans les prisons ; » ensuite : « Personne ne te rend plus de justice que moi. » Et auparavant il dit : « Je ne me consolerais pas d'avoir perdu la confiance d'un représentant tel que toi. » Cette lettre , que je ne sollicitais pas, atteste que tout a été fait à mon insu au comité. Il a écrit à plusieurs de mes collègues, et jamais il ne leur a parlé de moi ; il y a une contradiction manifeste entre sa déclaration et sa conduite.

On lit la seconde lettre ; elle est datée du 3 prairial.

Les particuliers que j'accuse par mon acte du 23 du mois dernier, dit Phelippes, répandent le bruit que c'est vers toi que j'ai voulu diriger mon accusation ; c'est une calomnie, je n'en ai jamais eu l'intention. Tu es trop bon républicain pour avoir trempé dans les délits que mon devoir m'oblige de dénoncer à la justice. Rends-moi justice ; des méchants t'ont trompé sur mon compte en te disant que j'étais attaqué d'une maladie mortelle. J'ai obéi au sursis qu'on a mis à ma poursuite ; je n'agirai que dans le cas où il me parviendra des ordres. »

Carrier : Vous voyez que ce Phelippes, qui a répandu les libelles les plus atroces contre moi, qui a concerté ses calomnies avec la coalition de Nantes, me dit que je suis trop bon républicain pour avoir trempé dans ces délits, et qu'il n'a jamais pensé à m'accuser. Je vous demande si cet homme, qui a été traduit au tribunal révolutionnaire pour cause de fédéralisme, mérite la moindre confiance. J'ai su qu'à la fin de thermidor, au moment où il fut amené à Paris avec les quatre-vingt-quatorze Nantais, qu'il a lancé un libelle infâme contre moi. Il est visible que ce sont ces quatre-vingt-quatorze Nantais, liés à la conjuration qui me poursuit, qui ont engagé Phelippes à me susciter un procès infâme.

Deuxième envoi. — Neuvième pièce. (Déclaration de Pierre Robert, batelier, faite à l'invitation du comité de surveillance de Nantes, et consignée au registre des déclarations, le 1er brumaire, an 3; le déclarant a dit ne savoir signer. Pour copie conforme, 4 brumaire, an 3. Signé les membres du comité.) — « Pierre Robert, batelier, domicilié à Nantes, déclare avoir été forcé de conduire son bateau pour l'exécution de quatre noyades qui ont eu lieu l'hiver dernier, dans l'espace d'environ cinq semaines. Un nommé Affilé le somma, au nom du représentant du peuple Carrier, de tenir sa gabare prête vis-à-vis la cale Chorand.

« La première noyade eut lieu sur cinquante-huit personnes attachées deux à deux.

« Huit jours après, huit cents personnes, de tout âge, de tout sexe , furent conduites et noyées vis-à-vis Chantenay.

« La troisième noyade eut lieu huit jours après sur quatre cents individus, liés deux à deux, les mains derrière le dos , aussi vis-à-vis Chantenay.

« Dix jours après, il y eut une quatrième noyade sur environ trois cents individus des deux sexes , de tout âge, qui furent conduits vis-à-vis Chantenay.

« Les mariniers employés à ces quatre expéditions étaient sans cesse menacés, battus par les commandants pour aller plus vite ; ils n'ont été payés que pour la première expédition. »

Carrier : Je déclare à la Convention nationale que jamais je n'ai connu ce nommé Affilé. Sans doute on se sera servi de mon nom ; mais je défie qu'on représente un ordre de ma main. D'après le procès qui s'instruit maintenant au tribunal révolutionnaire, il est constant que le comité de Nantes a payé à cet homme deux ou trois gabares.

Cinquième liasse. — Première pièce. (Lettre de Lebeaupin. Nantes, le 22 vendémiaire, l'an 3. Pour copie conforme, Leroux, président de la Société ; Goubeau, Lecomte, secrétaires.) — « Carrier n'est jamais sorti de Nantes ; il n'a jamais eu le courage de paraître à la tête des armées.

« Il passait les nuits à Nantes dans des orgies horribles, dont grande partie sur les bâtiments où les victimes qui avaient mérité leurs regards étaient précipitées, de leurs bras, au fond de la Loire. »

Carrier : Dans une première déposition de cet homme, mon collègue Bô vous a prouvé qu'il existait trois faux matériels.

Je demande à mes collègues, qui ont été avec moi à l'armée, si je n'ai pas toujours été avec eux à la tête des colonnes.

Je n'ai jamais passé une seule nuit hors de chez moi, et très-souvent j'y travaillais avec les généraux et les officiers de l'état-major.

Vingt et unième liasse. — Première pièce. (Dénonciation de Pierre Sourissau. Nantes, 26 vendémiaire, an 3. Pour copie conforme. Nantes, le 29 vendémiaire, signé les membres du comité de surveillance. ) — « Plusieurs repas ont été donnés sur la gabarre qui a servi à l'expédition des prêtres. Carrier y est venu manger deux ou trois fois. »

CARRIER : Je ne connais pas ce Sourissau ; mais il est bon que vous sachiez que dans Nantes tout ce qui vit ou lutte contre l'indigence est à l'encan de qui veut l'acheter. Or je demande quelle confiance la Convention peut avoir dans la déposition de cet homme.

Première liasse. — Neuvième pièce. (Lettre signée Orieux, sans date, timbrée de Nantes, à l'accusateur public du tribunal révolutionnaire de Paris. ) — « Il passait son temps en orgies avec ses satellites, marquait les victimes avec Forget, le comité révolutionnaire, Girardet et Benard.

« Il a forcé par la terreur Dueros à lui donner sa maison, dont il faisait son sérail. »

CARRIER : C'est encore Orieux qui fait cette déclaration. Je vous ai démontré hier que ses dépositions contenaient plusieurs faux matériels ; son témoignage ne peut donc pas être reçu aujourd'hui.

Je n'ai vu Forget qu'une seule fois ; il jouissait d'une réputation de patriote ; je ne connais point Girardet. Quant à Benard, c'est le maire de Nantes ; or je vous demande s'il est croyable que j'aie fait des orgies avec le maire de Nantes.

Dueros m'a cédé, non pas sa maison, mais un petit réduit dans le fond de son jardin ; j'étais malade, et je fus m'y reposer pendant quelque temps. La Société populaire vint m'y voir plusieurs fois, mon collègue Lequinio aussi ; j'invoque son témoignage, et je le prie de déclarer s'il ne m'a point trouvé seul, et au lit.

Lequinio demande la parole.

BOURDON (de l'Oise) : L'exécution du décret! Président, maintenez la parole à Carrier, et souvenez-vous de la confession générale de Lequinio.

Lequinio insiste pour avoir la parole.

L'assemblée passe à l'ordre du jour.

Deuxième envoi. — (Extrait des registres des déclarations faites au comité de surveillance de Nantes, le 4 vendémiaire, an 3. Pour copie conforme, les membres du comité. ) — « Colas Fréteau, marinier, accompagné d'un citoyen, s'est présenté, en nivose, chez le représentant du peuple Carrier, à Nantes, pour lui remettre une pétition signée de cinquante mariniers, tendant à lever l'embargo qui avait été mis sur tous les bateaux de la Loire. Carrier était avec deux femmes auprès du feu ; il lui répondit : « Je vais te dire quand l'embargo se lèvera. » Il saute sur son sabre, se précipite sur le pétitionnaire, et lui porte un coup qu'il n'évita qu'en fermant la porte promptement. »

CARRIER : Ils me fatiguaient pour lever l'embargo, je leur disais qu'il m'était impossible de le faire, parce que les brigands approchaient de Nantes.

Deuxième envoi. — (Déclaration de Louise Courand, lingère à Nantes, du 3 brumaire, l'an 3. Extrait du registre des dénonciations, du comité de surveillance de Nantes. Pour copie conforme, les membres du comité. ) —

« Il entretenait avec la femme de Normand, directeur de l'hôpital de Nantes, un commerce contraire aux bonnes mœurs et scandaleux.

« Journellement on venait solliciter auprès de cette femme les grâces qu'on voulait obtenir de Carrier.

« Elle faisait fabriquer habituellement de petits pains au lait avec la farine destinée aux besoins de l'hôpital, et les faisait porter clandestinement chez Carrier par un nommé Picot, lorsque Carrier ne mangeait pas chez elle.

« Carrier étant un jour chez la femme Normand, la déclarante, ennuyée de travailler, tant pour Carrier que pour d'autres personnes de la maison, vint demander qui la paierait. Sur le rapport qu'on en fit à Carrier, il répondit : « La guillotine. »

CARRIER : Ceci doit vous démontrer jusqu'à quel point on porte contre moi le raffinement de la méchanceté. Le fait dont il s'agit est-il seulement croyable ? Non, citoyens, et vous-mêmes ne pouvez y ajouter foi, et je me refuse, moi, à y répondre.

Deuxième liasse. — Première pièce. (Dechartres déclare l'avoir entendu, et fait consigner sa déclaration dans les registres du comité de surveillance de la Société populaire de Tours, du 2 vendémiaire, an 3. — Dechartres dit l'avoir vu. ) « Des commis du bureau de l'état-major ont dit entre eux qu'il fallait aller dans telle rue, enlever telles ou telles femmes, et les mener chez Carrier qui les avait demandées pour se divertir.

« Il faisait noyer des femmes après en avoir joui. »

CARRIER : On prétend par là que c'était le général Vimeux et son état-major qui prêtaient les mains à ces infâmes expéditions ; or je prie mon collègue Bourbote d'attester la conduite de ce général, et de déclarer s'il est possible d'ajouter foi à cette déposition :

On dit que je faisais périr des femmes après en avoir joui. Qu'on en cite une, oui, une seule, et je cesse de vivre. Il n'y a pas d'horreurs comparables à celles qu'on m'impute ; si j'avais commis cette atrocité, j'en mourrais de douleur ; mais, citoyens, c'est ce Dechartres dont je vous ai parlé hier qui a fait cette déclaration ; elle est aussi fausse que les précédentes.

Troisième envoi. — Seule pièce. (Lettre des commissaires de la commune de Nantes, Houdet et Roussel, au comité de sûreté générale de Nantes, le 6 brumaire, an 3. La réponse de Carrier fut entendue de plusieurs citoyens envoyés des départements pour réclamer des subsistances ; les membres de la commission eux-mêmes en ont été témoins. Signé Houdet, commerçant, et J. Roussel, fabricant. ) — « Deux commissaires de la commune de Nantes étaient venus, en germinal, à Paris, pour solliciter des subsistances ; ils instruisirent Carrier de l'état de détresse où se trouvait Nantes ; Carrier y prit part, et offrit son appui auprès du comité de salut public ; les commissaires ne crurent pas devoir l'accepter.

« Le lendemain ils rencontrèrent Carrier dans le vestibule de la commission de commerce ; ils l'engagèrent à appuyer leur demande. Au lieu du langage consolant de la veille, il leur répondit : « Demander pour Nantes! je demanderais qu'on portât le fer et la famine dans cette ville abominable! Vous êtes tous des coquins, des contre-révolutionnaires, des brigands et des scélérats ; oui, je serai encore nommé une commission par la Convention nationale ; j'irai moi-même la tête ; je ferai sortir le peu de « patriotes qu'il y a dans Nantes ; que dis-je! il n'y en avait qu'un, et vous l'avez fait guillotiner, scélérats! Je ferai rouler les têtes dans Nantes, et je la régénérerai. »

CARRIER : Citoyens, comment pourriez-vous ajouter foi à des propos aussi invraisemblables ? Je vous demande si de pareils discours peuvent sortir d'une tête tant soit peu organisée. Non, citoyens, il n'y a qu'un fou qui pût seul les avoir proférés ; cette lettre est signée Houdet, et cet homme est un prêtre échappé de la Vendée. Il a fait à peu près ce qu'a fait l'évêque d'Agra. Cet évêque était d'abord curé de Dôle ; il avait prêté son serment, puis il l'a rétracté, et a rejoint les brigands de la Vendée ; il en est de même de Houdet ; il a vécu longtemps avec eux, je puis le prouver.

Quatrième envoi. — (Lettre de Lignon, président de la commission militaire de Nantes, 25 ventose, an 2. ) — « Lambertye et Fuoquet avaient une mission de Carrier, représentant du peuple ; mission moitié écrite, moitié verbale, à ce qu'ils disaient, pour faire des expéditions, tant de jour que de nuit. Cette mission consistait à couler bas un

74

bateau chargé de prêtres condamnés à la déportation. Ils prenaient à l'Entrepôt des individus, et les noyaient sans aucun jugement. La commission s'oppose par écrit à cet enlèvement de prisonniers, sans un ordre d'elle ; ils s'en plaignirent à Carrier, qui envoya chercher la commission militaire. Gonchon s'y rendit seul. Carrier lui dit : « Te « voilà j.....f..... de président qui t'opposes à mes ordres : « eh bien ! juge donc dès que tu veux juger ! Si, dans deux « heures, tous les prisonniers de l'Entrepôt ne sont pas « jugés, je te fais fusiller. » Gonchon se rendit à l'Entrepôt avec un membre de la commission ; ils jugèrent les dix derniers brigands qui y étaient ; il s'aperçurent avec étonnement que de huit hommes qu'ils avaient mis de côté, faute de preuves suffisantes pour les condamner, cinq avaient été jetés à l'eau ; six femmes grosses, condamnées à mort avec sursis, avaient subi le même sort.

« Sitôt le départ de Carrier, le comité révolutionnaire a fait arrêter ces deux noyeurs et les a traduits devant la commission. Dans leurs interrogatoires ils ont dit qu'ils n'avaient rien fait que par les ordres verbaux de Carrier. La commission militaire envoya une députation au représentant du peuple, qui répondit qu'il n'avait jamais donné d'ordres à Fouquet, mais qu'il avait donné à Lambertye une mission par écrit, et non d'autres. »

CARRIER : J'ai déjà répondu aux inculpations insérées dans cette déclaration. J'ai répondu à celle qui concerne la commission, et à celle qui regarde le président. Fouquet et Lambertye ont déclaré qu'ils n'avaient rien fait que par les ordres de Carrier. Voilà toujours ce que diront ceux qui veulent se soustraire aux poursuites légitimes que l'on fait contre eux. Les membres du comité révolutionnaire de Nantes disent aussi qu'ils n'ont agi qu'en vertu d'ordres verbaux donnés par moi, comme si sur de simples paroles ils auraient commis les atrocités dont on les accuse. Je suis donc autorisé à demander que l'original de l'ordre que j'ai donné à Lambertye soit représenté, non pas pour traîner cette affaire en longueur, car je désire pour ma tranquillité qu'elle soit promptement terminée, mais pour fixer l'opinion des membres de la Convention. C'est à la Convention à juger si elle peut prononcer sans avoir sous les yeux les pièces originales.

Cinquième envoi. — (Extrait des registres d'audience du tribunal révolutionnaire de la Loire-Inférieure, séant à Nantes, du 27 frimaire, signé Rance, commissaire. Pour copie conforme, signé Phelippes. Trouvé dans les papiers de Robespierre. ) « Les membres du tribunal criminel militaire ont fait, le 27 frimaire, au représentant du peuple Carrier des représentations conformes aux lois des 19 mars, 10 mai, 5 juillet derniers, qui lui ordonnent à Carrier, d'exécuter sans jugement vingt-quatre brigands pris les armes à la main. Carrier avait donné verbalement de nouveaux ordres, le tribunal a fait consigner ses représentations sur son registre. »

CARRIER : Il y a dans cette déclaration une inexactitude bien frappante. Dans le rapport de la commission il est dit que les ordres ont été donnés au tribunal lui-même, et dans les pièces imprimées il paraît que c'est le président qui les a reçus. Je déclare n'avoir donné aucun ordre au tribunal, mais bien au président : mais, comme l'arrêté dont il s'agit ne m'a point été représenté, j'ignore s'il est signé de moi et s'il est conforme à l'original.

— Les chefs d'accusation sont épuisés. Carrier demande et obtient la parole pour lire un discours sur l'affaire qu'on lui intente. Il commence par dire qu'il a repoussé victorieusement toutes les inculpations, qu'il a fait connaître la vie, la conduite incivique et le moral des individus qui ont fabriqué dans l'ombre le système imaginé pour le perdre, qu'il en a fait sentir les contradictions palpables et les faux matériels qui y fourmillent. Il s'appuie sur le défaut d'authenticité des pièces, qui ne méritent aucune

confiance, puisque ce ne sont que des copies collationnées. Il annonce que, si l'on admettait la preuve testimoniale, on perdrait les patriotes, parce que les aristocrates se présenteraient à tour de rôle pour se rendre accusateurs et témoins. Encore, si l'on pouvait l'admettre, faudrait-il entendre le témoignage de toute l'armée avec laquelle il a combattu, et tous les représentants du peuple avec lesquels il s'est trouvé. Il rappelle la situation de Nantes au moment où les premiers représentants du peuple y furent envoyés, les insultes et les outrages qu'ils y reçurent des habitants et du maire Baco. On y donnait comme une injure le nom de Marat à tous les patriotes, et l'aristocratie de Nantes n'en avait pu trouver qu'un seul auquel elle pût donner ce titre, le citoyen Morel, excellent républicain, jugé du nombre des patriotes dans cette commune.

Angers et Saumur avaient été pris et mis au pillage par les brigands ; ils marchaient contre Nantes ; on en était instruit dans cette commune, et l'on ne prenait aucune précaution pour sa défense.

Le général Canclaux déclare qu'il ferait sauter la ville si l'on n'y faisait pas la plus vigoureuse résistance. Il rappelle les quatre mille repas préparés la veille de l'attaque. Il déclare que, depuis son arrivée à Nantes et à l'armée de l'Ouest, les troupes de la république avaient constamment défait les hordes des brigands ; qu'on avait pris à Charette son dernier canon. Comment donc, demande-t-il, la guerre de la Vendée, qui était terminée à son départ, s'est-elle renouvelée jusqu'au point de devenir inquiétante pour la république ? Il en accuse l'incivisme des Nantais. Il faut, ajoute-t-il, avoir tout le courage d'un homme qui a fait son devoir pour soutenir toutes les humiliations dont on l'abreuve. On parle d'humanité, et il ne peut faire un pas sans rencontrer des figures anti-humaines, sans entendre des voix barbares demander son sang. Eh bien, s'écrie-t-il, qu'on vienne donc se boire jusqu'à la dernière goutte. Il se plaint d'avoir été insulté. (Des murmures d'indignation l'interrompent.....)

LE PRÉSIDENT : Je déclare que j'ai donné à l'officier de garde l'ordre le plus formel de faire respecter Carrier ; s'il a à se plaindre, qu'il parle.

CARRIER : Je ne me plains pas du président, ni de l'officier de garde, ni des gendarmes ; mais je me plains d'avoir été mal écouté, interrompu..... ( De nouveaux murmures se font entendre. Plusieurs voix : C'est faux ! ) Je ne me plains point de la Convention ; mais il y a eu des murmures ; et lorsqu'un accusé parle, on ne doit pas perdre une seule de ses paroles.

Il revient à sa défense. Il annonce que, le lendemain de son arrivée à Nantes, ses collègues Hentz et Prieur (de la Côte-d'Or) vinrent le trouver et l'engager à se mettre à la tête de l'armée de l'Ouest pour finir la guerre de la Vendée. Il arriva à Nantes le 8 octobre. Dès le 5 le comité révolutionnaire de Nantes avait des exécuteurs à ses ordres. C'est le 10 du même mois qu'il partit, d'après les ordres du comité de salut public, pour se rendre à l'armée. Il n'en revint à Nantes que plus d'un mois après. Il accuse le comité révolutionnaire d'avoir, à son insu et sans sa participation, pris toutes les mesures extraordinaires qu'on lui reproche, et surtout d'avoir donné l'ordre du 15 frimaire, pour faire fusiller les brigands.

Une nouvelle preuve qu'il donne de n'avoir point trempé dans ces horreurs, c'est que Phelippes-Troncjolly ne dirigea d'abord ses accusations que contre le comité révolutionnaire de Nantes. Il interpelle ses collègues Bourbotte et Bô de déclarer s'ils ont entendu faire la moindre plainte contre lui de la part des Nantais.

Bo : On a invité tous les citoyens de Nantes à porter à la commune leurs plaintes contre le comité révolutionnaire; aucun ne s'est permis un seul mot contre Carrier.

Bourbote : Parmi les plaintes que j'ai entendu faire à Nantes des horreurs qui s'y étaient commises, jamais on ne m'a prononcé le nom de Carrier.

*Quelques voix* : A quelle époque?

Bourbote : Il y avait longtemps que Carrier était de retour dans le sein de la Convention, lorsque je fus envoyé à Nantes ; c'est le 21 floréal que je me rendis dans cette commune.

Carrier : Il est donc bien constant, d'après la déclaration de mes collègues, que Nantes n'avait aucun reproche à me faire. J'ai donc eu raison de vous dire que ce sont les pamphlets de tous les libellistes, et notamment de Fréron (il s'élève quelques murmures), oui, de Fréron , parce que j'avais demandé son expulsion des Jacobins avec celle de Tallien ; ce sont ces pamphlets qui ont provoqué contre moi toutes les persécutions et les calomnies. Oui , c'est avec le journal infâme de Fréron qu'elles ont commencé. Voilà ce que les bons esprits doivent avoir toujours présent. Est-ce moi d'ailleurs qui l'ai ordonnée cette expulsion? Et, je le répète, la persécution que j'éprouve n'a commencé qu'à l'époque où il a vomi mille et mille horreurs contre moi, ainsi que contre tous les membres les plus estimables.....

Cambon : Contre toute la Convention. ( Les murmures recommencent.—Cambon demande la parole; ses gestes annoncent qu'il est très-animé : il paraît vouloir s'élancer de sa place; il est retenu par les membres qui l'environnent. — Après quelques instants de tumulte, la parole est rendue à Carrier.)

Carrier : Nulle puissance au monde ne peut ravir à mon âme l'expression de ce qu'elle sent : or, d'après la déclaration que vous venez d'entendre, il est constant que Nantes n'avait dirigé aucune plainte, aucun reproche contre moi. Je déclare à la Convention, au peuple français , à la postérité, que les persécutions que j'éprouve, je les dois, oui, je les dois au journal infâme de Fréron. Je ne suis rien qu'un chétif individu dans la république, amant passionné de la liberté, homme incorruptible; j'interpelle tous ceux qui m'ont connu depuis que j'existe de dire s'il est possible d'élever le moindre nuage sur la pureté de mes intentions et sur ma probité. Eh bien, je déclare que ce sont les pamphlets infâmes de Fréron qui ont provoqué tous les contre-révolutionnaires de Nantes à se déchaîner contre moi.

Il faut que la Convention se fasse rendre compte de ceux qui, au commencement de la guerre de la Vendée, ont livré nos armées, notre artillerie, aux brigands, et qui ont fait massacrer deux cent mille républicains.

Bourdon ( de l'Oise ) : C'est Danton et Robespierre.

Cambon élève de nouveau la voix ; elle est étouffée par de violents murmures.

Le Président : La parole est à Carrier.

Carrier : Eh bien, puisque j'ai la parole, que les mères, les veuves, les parents, les orphelins, les amis des deux cent mille républicains qui ont péri dans la Vendée sachent que, tandis que les brigands les massacraient, les torturaient..... (Il se fait du bruit dans l'extrémité de la salle. )

Le Président : Citoyens, remplissez vos fonctions; vous vous injurierez quand vous ne serez plus dans l'assemblée.

Carrier : Ceci tient au salut public.

*Plusieurs voix* : Dis tout ! ( Quelques applaudissements.)

Carrier : Eh bien, que les mères, les veuves, les parents, les orphelins, les amis des deux mille républicains qui ont péri dans la Vendée sachent que, tandis que les brigands les torturaient, Tallien, qui avait la mission d'assister à cette guerre, Tallien était à Tours ; et Santerre fut s'y rallier après l'affaire de Vihiers, c'est à dire à trente lieues du champ de bataille. On eut l'impudeur de marquer à la Convention que six cents républicains seulement avaient péri, tandis que trente mille avaient été massacrés. (L'assemblée frémit d'impatience et d'indignation.)

Ménuau : C'est faux! Je demande la parole; président, consulte l'assemblée pour savoir si je l'aurai.

*Une voix* : L'appel nominal !

*Plusieurs membres* : Non, non !

Le Président : Carrier a la parole.

Carrier : Pour le fait que j'ai avancé sur l'affaire de Vihiers, j'en appelle au témoignage de toute l'armée ; il doit l'emporter sans doute sur tout autre témoignage. Quant à l'affaire de Coron, j'ai articulé ce matin plusieurs faits qui y sont relatifs. Voici comme elle s'est passée..... (Il s'élève de nouveaux murmures.)

Dubois-Crancé : Carrier n'a plus rien à dire pour sa défense. Je demande l'appel nominal.

Le Président : Carrier observe qu'il va se renfermer dans les bornes de sa défense.

Tallien : Je demande que Carrier ait toute latitude pour se disculper.

Carrier : Je vais continuer ma défense. Puisque les renseignements que je croyais devoir donner sur les commencements de la guerre de la Vendée ne sont pas entendus, je demande, au nom du salut public, que la Convention en examine les causes. Je le déclare, Tallien et Fréron me sont suspects, non pas parce qu'ils m'ont attaqué, mais parce que je crois qu'ils ne sont pas animés de l'amour de la patrie. J'invite le peuple à tenir les yeux ouverts sur leur conduite ; tant mieux s'ils ne travaillent que pour son bonheur.

Coren-Fustier : Qu'il se renferme dans sa défense !

Carrier reprend son discours ; il annonce que, quoi qu'on en ait dit, on a commis à Angers, à Saumur, à Laval, etc., les mêmes horreurs qu'à Nantes; qu'il est bien éloigné de croire que ses collègues soient plus coupables des unes que lui des autres ; mais il demande pourquoi on lui donne cet horrible initiative de la diffamation. Il déclare que c'est parce que leurs ennemis n'ont pas cru réussir en les attaquant en masse, mais un à un. « Ainsi, ajoute-t-il, la Convention fait son procès à elle-même. » (Nouveaux mouvements d'horreurs.)

Lecointre (de Versailles) : Tant mieux !

Carrier dit que ce procès est celui du royalisme contre le patriotisme, du fanatisme contre la philosophie ; il se compare à Calas, que cet esprit de fanatisme conduisit à l'échafaud. Il dit que l'orateur de Rome fit périr dans les prisons tous les complices de Catilina, sans forme de procès. Accusé, il se rend au sénat, et pour toute justification ne profère que ces paroles : « J'ai sauvé Rome et la république. » Il rappelle encore le trait du jeune Horace, dont la main tua sa sœur , parce qu'elle pleurait son amant qu'il venait d'immoler en combattant. Il demande si Rome tua Cicéron et Horace. Il passe ensuite à l'article de sa fortune ; il répète qu'il ne possède, avec sa femme, pour toute espèce de bien, qu'un capital de 10,000 liv.

Carrier demande quelques moments de repos ; ils lui sont accordés. Il reprend la parole , et termine ainsi :

« C'est à tort qu'on m'accuse d'avoir éternisé la guerre de la Vendée. Elle était terminée quand je revins au sein de la Convention nationale. Est-ce ma faute si elle est rallumée depuis mon départ? Je vous ai fait l'exposé de ma conduite politique ; toute l'armée de l'Ouest peut confirmer par son témoignage la véracité de mon récit. Maintenant que la Convention prononce, qu'elle juge mes intentions ; mais surtout qu'elle se rappelle que je n'ai participé à aucune mesure de détail ; elles étaient incompatibles avec ma mission et mon caractère. Au reste , les barbaries des brigands avaient nécessité des mesures sévères. Il n'y avait pas une seule famille patriote qui n'eût à pleurer un père, un fils, une épouse, un mari, un frère, une sœur, un parent, un ami.

« Les massacres de Machecoul, de Saumur, étaient récents ; on entendait encore les cris des femmes suspendues par les pieds sur des brasiers ardents, et les gémissements des hommes à qui les brigands avaient crevé les yeux et coupé les oreilles. L'air semblait retentir encore des chants civiques de vingt mille martyrs de la liberté qui avaient répété *vive la république!* au milieu des tortures. Environné de ces orages, comment l'humanité, morte dans ces crises terribles, eût-elle pu faire entendre sa voix? La froide raison pouvait-elle compasser exactement ses mesures? Ceux qui s'élèvent contre moi, qu'eussent-ils fait à ma place ! Etait-il au pouvoir de l'homme d'arrêter le torrent de la révolution? fut-il au pouvoir de la Convention même de prévenir les excès commis à Lyon, à Marseille, à Toulon, dans l'Aveyron, dans la Lozère? Pressé par les tempêtes politiques, j'ai néanmoins terminé une guerre terrible, dont les pieds de géant menaçaient de fouler la France entière. J'avais juré, la main tendue sur l'autel de la patrie, de sauver mon pays ; j'ai tenu mon serment. J'ai conservé Nantes à la république. J'envisage le brasier de Scœvola, la ciguë de Socrate, la mort de Cicéron, l'épée de Caton, l'échafaud de Sidney ; j'endurerai leurs tourments, si le salut du peuple l'exige. Je n'ai vécu que pour ma patrie , je saurai mourir pour elle. »

On demande qu'il soit procédé à l'appel nominal.

Cette proposition est décrétée.

CARRIER : J'ai le calme de la bonne conscience, j'ai le courage d'un républicain. Marat fut présent à l'appel nominal. (*Plusieurs voix* : Non, non!) Comme l'appel nominal sera motivé par plusieurs de mes collègues qui pourraient se tromper sur les dates et sur les époques (on murmure) , je dois avoir la faculté de les relever. La dernière grâce que je demande à l'assemblée , c'est de me permettre d'assister à l'appel nominal. (*Un grand nombre de voix* : Non!)

MERLIN (de Douai) : La loi du 8 brumaire et les principes s'opposent également à la demande de Carrier. La loi porte que le prévenu sera présent à la discussion ; il y a été présent, la loi est remplie à cet égard. Lui permettre d'assister à l'appel nominal, ce

serait aller au-delà de la loi, ce serait outrager les principes ; je crois que je n'ai pas besoin de m'expliquer davantage.

La Convention décrète unanimement que Carrier sera reconduit dans son domicile.

On procède à l'appel nominal sur la question de savoir s'il y a lieu à accusation contre le représentant du peuple Carrier.

(*La suite à demain.*)

*N. B.* Dans la séance du 5, la Convention a approuvé la rédaction de l'acte d'accusation de Carrier.

— Richard a annoncé que l'armée des Pyrénées-Orientales avait battu les Espagnols, et leur avait causé une grande perte. On leur a pris une grande quantité de bouches à feu, des effets de campement pour douze mille hommes.

Le général Dugommier a été tué d'un obus. Son nom sera inscrit au Panthéon.

Plusieurs divisions de l'armée de la Moselle ont battu la garnison de Luxembourg, et l'ont repoussée jusque sur les glacis de la place. Nous occupons toutes les positions avantageuses à un demi-lieue autour de cette forteresse.

---

### LIVRES NOUVEAUX.

Tome XIII<sup>e</sup> de l'*Histoire de la Décadence et de la Chute de l'Empire romain*, par Gibbon. Prix : 6 liv., et 7 liv., franc de port, par la poste.

On pourra se procurer au même prix tous ceux qui précèdent le tome XIII<sup>e</sup>.

A Paris, chez Maradan, libraire, rue du Cimetière-André-des-Arcs, n° 9.

— *Nouveau système sur les granits, les schistes, les mollasses et autres pierres vitreuses*, par F. Bertrand ; brochure in-8°. Prix : 50 sous, et 55 sous, franc de port, par la poste.

— *Callias*, ou *Nature et Patrie*, drame héroïque en un acte et en vers, par Hoffmann. Prix : 25 sous.

*Stratonice*, comédie héroïque en un acte et en vers, par le même. Prix : 25 sous.

*Timoléon*, tragédie, etc. Prix : 40 s., et 45 s., franc do port, par la poste.

— *Eléments de la géographie productive et commerciale de la république française* ; in-12. Prix : 2 liv., broché.

A Paris, chez Fuchs, libraire, quai des Augustins, n° 28.

— *Recueil de recherches et d'observations sur les différentes méthodes de traiter les maladies vénériennes*, et particulièrement sur les effets du remède connu sous le nom de *Rob antisiphilitique*, par Laffecteur, copropriétaire de ce remède ; in-8° de 150 pages d'impression, caractère Didot, présenté à la Convention nationale. Prix : 25 s., pour Paris, et 30 s., franc de port, pour les départements.

A Paris, chez l'auteur, rue des Petits-Augustins, n° 1276.

---

#### Payements à la trésorerie nationale.

Le payement du perpétuel est ouvert pour les six premiers mois ; il sera fait à tous ceux qui seront porteurs d'inscriptions au grand livre. Celui pour les rentes viagères est du huit mois vingt et un jours de l'année 1793 (vieux style).

Typ. Henri Plon.

*Réimpression de l'Ancien Moniteur. — T. XXII, page 248.*

*Mort de Dugommier* (Bataille de Saint-Laurent de la Monga, 17 novembre 1794).

*Mort du général Dugommier.*

Réimpression de l'Ancien Moniteur — T. XVII, page 185.

Typ. Henri Plon.

# GAZETTE NATIONALE ou LE MONITEUR UNIVERSEL.

N° 67. Septidi 7 Frimaire, l'an 3°. (Jeudi 27 Novembre 1794, vieux style.)

## CONVENTION NATIONALE.
### Présidence de Legendre.

**SUITE DE LA SÉANCE DU 3 FRIMAIRE.**

*Appel nominal sur l'accusation contre Carrier.*

LE PRÉSIDENT : Ceux qui voteront pour le décret d'accusation diront *oui* ; ceux qui voteront contre diront *non*.

— Un secrétaire appelle successivement tous les membres, en commençant par le département de la Meurthe, dont le tour était de commencer l'appel.

*Nota.* Nous allons transcrire les noms des députés de chaque département, en désignant les absents : le mot *oui* ou *non* indiquera le vote de chaque députation.

*Département de la Meurthe.* — Mallarmé (mission), Michel (congé) ; Levasseur, Bonneval, Lalande, Zangiacomi fils, Colombel, Jacob. — *Oui.*

*Meuse.* — ROUSSEL : Carrier ne s'étant pas justifié des atrocités qui lui sont imputées, je vote en conséquence le décret d'accusation contre lui.

Moreau (congé), Marquis (malade), Bazoche (malade) ; Pons (de Verdun), Humbert, Hermand, Antoine Garnier. — *Oui.*

*Mont-Blanc.* — GRENUS : J'accuse Carrier d'avoir, par arrêté du 4 nivose an 2, défendu à tout citoyen d'obéir aux ordres de Tréhouard, représentant du peuple, investi de pouvoirs par la Convention nationale.

Je l'accuse d'avoir, par arrêté du 27 frimaire an 2, ordonné au citoyen Phelippes, président du tribunal criminel, de faire exécuter sur-le-champ, sans jugement, vingt-quatre brigands pris les armes à la main, dont deux de treize, et deux de quatorze ans.

Je l'accuse d'avoir, par arrêté du 19 frimaire an 2, ordonné au même de faire exécuter sans jugement vingt-sept brigands des deux sexes.

Je l'accuse d'avoir, par arrêté du 16 frimaire an 2, donné à Guillaume Lambertye des pouvoirs illimités pour requérir les citoyens, soit de jour, soit de nuit, pour une expédition qu'il lui avait confiée, avec réquisition aux commandants des postes de Nantes de laisser passer ledit Lambertye et ceux qu'il conduisait avec lui ; en conséquence, je l'accuse d'avoir participé aux noyades, sans jugement, exécutées par Lambertye ou ses agents, ou de ne les avoir pas empêchées.

Gentil (congé) ; Dubouloz, Duport, Marcoz, Gumery, Carelly, Balmain, Marin, Dumas. — *Oui.*

*Mont-Terrible.* — Rougemont (malade) ; Lhemann. — *Oui.*

*Morbihan.* — LEQUINIO : Je dois hommage à la vérité dans tous ses points ; je n'ai pas vu d'orgies chez Carrier pendant les trois jours que j'ai passés dans sa maison à Nantes ; et c'est ce que je voulais répondre à l'interpellation qu'il m'a faite sur ce sujet ; mais j'accuse Carrier d'avoir ou ordonné, ou du moins toléré une série de mesures contre-révolutionnaires il ne se peut plus propres à faire détester le gouvernement républicain ; or, dans l'un comme dans l'autre cas, il est coupable. Je l'accuse encore d'avoir attenté à la souveraineté du peuple en défendant à des citoyens, à des autorités constituées, de reconnaître le représentant du peuple Tréhouard ou de lui obéir, et je dis *oui*.

Gillet (mission), Bruce (mission) ; Lemailliaud, Audrein, Michel. — *Oui.*

*Moselle.* — COUTURIER : Ce ne sont point les noyades, les fusillades, ni même les soupapes prétendues de l'inven-

3ᵉ Série. — Tome IX.

tion de Carrier qui fixent mon opinion, parce que le mode de destruction des ennemis et brigands contre la république ne peut être jugé criminel que par son intention bonne ou mauvaise.

Mais je regarde Carrier comme un agent affidé, un instrument et un flagorneur de ceux des membres pervers et infâmes de l'ancien comité de salut public, qui ont voulu s'approprier les rênes du gouvernement, et nous subjuguer tous par la terreur et la tyrannie qu'ils avaient mises à l'ordre du jour. La preuve en existe dans le maintien de Carrier et de ceux qui marchaient dans le même sens dans leur mission, dans le rappel de ceux qui ne marchaient pas ainsi, et dans leur remplacement. L'arrêté dictatorial, fou et extravagant, que Carrier s'est permis de prendre contre notre collègue Tréhouard (chargé comme lui de pouvoirs illimités), sous l'invocation de l'appui du comité de salut public, est à mes yeux la preuve invincible de sa complicité avec les tyrans sortis dudit comité : c'est dans cette intime persuasion que je dis *oui*, et que je vote le décret d'accusation contre Carrier.

THIRION : Je dis *oui*, parce que plusieurs des faits articulés contre Carrier m'ont paru malheureusement assez graves et assez fondés pour établir une forte présomption ; c'est au tribunal qu'il appartiendra d'acquérir la conviction. Mais si, à mes yeux, les délits révolutionnaires de notre collègue Carrier sont probables, les desseins contre-révolutionnaires de plusieurs de ses dénonciateurs ne le sont pas moins. J'espère que la Convention nationale, en se montrant sévère contre l'homme de la révolution qui a outrepassé ses devoirs et la loi, acquerra un nouveau droit de frapper quiconque tenterait de renverser le gouvernement populaire et démocratique que la nation française a solennellement adopté.

C'est dans cette confiance entière en la Convention nationale, dont les principes républicains sont bien connus, que je vote, quoique avec douleur, le décret d'accusation contre mon collègue Carrier.

Merlin (mission), Bentz, (absent) ; Becker, Bar, Kacher. — *Oui.*

*Nièvre.* — LEFIOT : Les motifs qui déterminent l'opinion que je vais émettre sont puisés particulièrement dans les pouvoirs donnés par Carrier, le 16 frimaire, au féroce Lambertye, son agent, et ensuite dans l'arrêté attentatoire à la représentation nationale, que Carrier a pris contre Tréhouard, le 4 nivose ; Carrier a fait l'aveu de l'existence de ces deux actes, et à la séance du matin il n'a pas nié le contenu du premier ; je suis donc dispensé d'en consulter les originaux. Mais je demande que, si l'accusation a lieu, elle soit rédigée de manière que la preuve testimoniale ne soit admise, ni dans l'instruction, ni dans le jugement d'un représentant du peuple ; c'est un principe conservateur de la liberté, que dans un procès de cette nature on ne peut opposer au prévenu que les actes qu'il avoue, ou qui, lui étant représentés, sont constatés émaner de lui. Je vote pour l'accusation.

Sautereault (mission), Guillerault (congé), Jourdan (mission), Dameron, Legendre, Goyre-la-Planche. — *Oui.*

*Nord.* — DUHEM : Je dis *oui*.... et j'invite la Convention nationale et le peuple français à surveiller et à détruire une faction fondée sur un infâme système de calomnies et de crimes ; faction soudoyée par l'étranger, *faction dictatoriale de l'opinion publique* (1). J'accuse Tallien et Fréron d'être les

(1) Ayant été interrompu en prononçant les mots *faction dictatoriale*, etc., je n'ai pu faire entendre toute ma pensée, et l'on a voulu croire que j'accusais la vraie, l'infaillible opinion publique, *l'opinion du peuple*, d'être une faction ; mais

chefs de cette faction, et je les dénonce à la France entière.

LESAGE-SENAULT : En remplissant les fonctions importantes, mais terribles et pénibles de juré, en votant le décret d'accusation contre un de mes collègues, la justice la plus rigoureuse sans doute doit être la base de mon vote et de mes actions. Je n'ai point l'intime conviction de tous les crimes imputés à Carrier. Les preuves matérielles ne me sont point évidemment démontrées, mais les preuves morales me paraissent suffisamment acquises pour voter son décret d'accusation.

Mais, citoyens, des membres du tribunal révolutionnaire ayant accusé Carrier, lui à son tour ayant dénoncé le tribunal, je pense que ce tribunal, pour son honneur, aura la pudeur de ne pas vouloir le juger.

Je demande donc qu'il soit jugé par un autre tribunal, ou du moins qu'une autre section que celle qui instruit l'affaire des Nantais le juge.

BOYENVAL : Si, dans les arrêtés qu'on impute à Carrier des 27 et 29 frimaire au 2, et dont on ne rapporte que des copies dont la fidélité est contestée par le prévenu, il est dit *sans jugement*, je dis *oui*. S'il n'y est pas dit *sans jugement* en l'original, je dis *non*.

Carpentier (absent), Poultier (absent), Briez (mission) ; Merlin, Gossuin, Sallengros, Jean-Marie Aoust, Mallet. — *Oui.*

*Oise.* — L. Portiez (mission), Godefroy (absent), Bezard (mission), Augé (mission), Couppé, Calon, Massieu, Mathieu, Isoré, Bourdon, Daujon. — *Oui.*

*Orne.* — Castaing (congé) ; Plat-Beauprey, Duboë, Desgrouas (la Prise), Thomas, Fourny, Julien, Dubois, Colombel, Jacob-Gérard Desrivières. — *Oui.*

*Paris.* — COLLOT D'HERBOIS : Pénétré des mêmes sentiments que vient d'exprimer notre collègue Thirion ; plein des mêmes espérances garanties par l'impassible et pure justice qui dirige la Convention nationale, persuadé qu'elle fixera son attention sur les motifs qui dirigent les dénonciations contre les représentants du peuple, je dis *oui*.

FRÉRON : Malgré les injures atroces qui m'ont été prodiguées dans cette séance par des hommes qui redoutent avec raison l'énergie et la franchise de ma plume, rien ne m'empêchera de voter suivant ma conscience. Au nom du peuple français, pour l'honneur de la représentation nationale, pour venger les milliers de victimes que Carrier a immolées, je demande le décret d'accusation contre lui, et je dis *oui*.

BILLAUD : Je vote pour l'acte d'accusation ; mais j'espère, comme Thirion, que l'impassible et pure justice de la Convention nationale veillera sur les suites des dénonciations qui se multiplient contre ses membres.

Boursault (mission) ; Lavicomterie, Legendre, Raffron, Panis, Sergent, Robert, Boncher, Fourcroy, Bourgain, Desrue, Vaugeois, Laignelot. — *Oui.*

*Pas-de-Calais.* — Bollet (mission) ; Carnot, Duquesnoy, Personne, Guffroy, Enlart, Dubrancq, Garnier (d'Ardres). — *Oui.*

*Puy-de-Dôme.* — ROMME : Je n'ai pas voté dans la commission des Vingt et Un, parce que je n'étais pas assez éclairé.

Les réponses de Carrier sur chaque fait du rapport, les débats qui ont eu lieu et que j'ai suivis avec attention, me permettent de prononcer aujourd'hui,

Il est évident que ces mots ne signifient rien autre chose, si ce n'est que Tallien et Fréron, réunis aux contre-révolutionnaires empoisonnent l'opinion, égarent le peuple, étouffent la vérité, et avilissent la Convention nationale. Voilà leur infâme conduite. DUHEM.     A. M.

Une commission militaire était établie à Nantes pour juger les brigands : dans vingt et un jours elle a pu prononcer sur quatre mille individus.

Malgré cette marche rapide de la justice, Fouquet et le comité révolutionnaire de Nantes ont exécuté ou fait exécuter plusieurs noyades.

Carrier était alors à Nantes, il avait des relations fréquentes avec Lambertye et le comité. Ou il a commandé les noyades, ou il les a tacitement approuvées en ne les empêchant pas ; dans les deux cas, je l'accuse.

Carrier a donné des pouvoirs indéterminés à Lambertye, qui en a fait plusieurs fois usage pour noyer des hommes, des enfants tirés des prisons.

Carrier sanctionnait par son silence les applications féroces de son propre arrêté : je l'accuse.

Carrier a délégué à Lebatteux des pouvoirs illimités qui lui donnaient le droit de vie et de mort sur les citoyens ; Carrier n'a pas révoqué ces pouvoirs monstrueux, lorsque la loi du 11 frimaire le lui commandait ; je l'accuse.

Lebatteux, dénoncé pour avoir commis plusieurs actes arbitraires et atroces dans le Morbihan, fut mis en état d'arrestation par Tréhouard, membre de la Convention, et envoyé en mission dans les départements de l'Ouest.

Carrier remit Lebatteux en liberté, proclama infâme son arrestation, défendit aux autorités civiles et militaires de reconnaître Tréhouard pour représentant du peuple et d'obéir à ses ordres.

L'arrêté que Carrier a pris dans cette circonstance est contraire aux lois, et attentatoire à la souveraineté du peuple ; je l'accuse. Je demande néanmoins que la Convention examine sous ses rapports politiques le délit relatif à Tréhouard, sans cependant retarder en aucune manière la marche de la justice sur les différents chefs d'accusation énoncés contre Carrier.

Je demande en outre que tous ceux qui seront reconnus avoir fait de fausses dépositions ou des déclarations calomnieuses soient poursuivis avec toute la rigueur des lois, que les débats qui vont avoir lieu au tribunal soient imprimés et distribués à la Convention, et qu'aucun autre écrit ne puisse être jeté dans le public sur cette affaire.

Gibergues, Maignet, Soubrany, Girod-Pouzol, Rudel, Blanval, Monestier, Laloue, Jourde. — *Oui.*

*Hautes-Pyrénées.* — Féraud (mission) ; Gertoux (malade), Lecrampe (malade), Picqué, Gueham, Barère. — *Oui.*

*Basses-Pyrénées.* — PÉMARTIN : Citoyens, c'est avec un système d'injustice, de barbarie et de férocité qu'on avilit les nations, que tôt ou tard on les subjugue et qu'on les rend esclaves. La conduite de Carrier pendant son séjour à Nantes me prouve qu'il n'a pas eu d'autre but.

Le silence qu'il a gardé pendant que cette commune était livrée aux angoisses de la douleur et de la mort, ses liaisons intimes avec les auteurs de tant d'atrocités, la protection ouverte qu'il leur a constamment accordée me démontrent jusqu'à l'évidence que c'est lui seul qui a donné l'impulsion aux instruments de tant de crimes, et que celui-là est le premier coupable qui a abusé de ses pouvoirs en les tolérant ou en les faisant commettre.

Son arrêté du 16 frimaire, par lequel il donne des pouvoirs indéfinis à Lambertye, fameux conducteur de bateaux à soupape, exécuteur effréné des noyades dont les détails alarment la pudeur et font frémir l'humanité, fournit une preuve matérielle qu'il était de connivence avec ce monstre, qui heureusement a expié ses forfaits sous le glaive de la loi avec Fouquet et son associé. Carrier en a exprimé ses regrets, il a promis d'en tirer vengeance.

Ceux des 27 et 29 frimaire me présentent un tyran qui, en faisant exécuter des hommes, des femmes et des enfants, *sans jugement*, s'est mis au-dessus de la loi, en violant les formes conservatrices de l'innocence que votre sngrese avait établies, par vos décrets des 19 mars 1er août 1793 (vieux style).

Son quatrième arrêté du 4 nivose achève de développer son caractère despote, et démontre de plus en plus quels étaient ses principes.

Tréhouard, notre collègue, revêtu des mêmes pouvoirs que lui, avait fait arrêter Lebatteux, prévenu de plusieurs délits, tels que taxes révolutionnaires et fusillades arbitraires;

Par sa pleine et souveraine puissance, Carrier, son protecteur, le met en liberté, présente Tréhouard comme un contre-révolutionnaire, et prononce anathème contre les autorités constituées et tout individu qui reconnaîtra l'autorité dont il était revêtu par votre mission.

Ce crime d'un autre genre que les autres, dont Carrier a été forcé de vous faire l'aveu, en se soumettant à la punition que vous voudriez infliger, est un attentat à la souveraineté nationale.

Tel est l'aperçu rapide de cette fameuse et dégoûtante affaire; hâtons-nous, citoyens, de prouver à la France entière, que dis-je? à l'Europe, qui a les yeux fixés sur nous, que nous ne partageons ni ses principes, ni ses actions; prévenons les reproches qu'elle pourrait nous faire un jour d'avoir été solidaires de tant de crimes, si, aujourd'hui que chacun de nous peut enfin exprimer son vœu, nous ne nous élevions avec autant de force que d'indignation contre celui qui les a fait commettre.

Rappelons-nous enfin du principe que nous avons consacré, que les délits des mandataires du peuple ne doivent jamais être impunis; pénétré de cette salutaire maxime, je vote pour le décret d'accusation contre Carrier.

Neveu (mission), Vidal (mission); Comte, Cazeneuve, Laz. — *Oui.*

*Pyrénées-Orientales.* — MONTÉAUL : C'est avec un cœur pénétré de douleur que je me vois obligé de prononcer contre un de mes collègues ; mais, comme la Convention nationale a déclaré qu'elle poursuivrait les tyrans et tous ceux qui attenteraient à la souveraineté nationale, comme il me paraît constant que Carrier y a attenté en dégradant un de nos collègues en sa qualité de représentant du peuple, que Carrier n'a rien fait pour empêcher les atrocités commises à Nantes; après toutes les lumières que nous avons acquises par les débats, et d'après un examen sévère des pièces du procès, je vote pour le décret d'accusation, et je dis *oui.*

Cassanyes (mission); Fabre, Delcasso. — *Oui.*

*Haut-Rhin.* — Ritter (mission); Laporte (malade), Pflieger aîné (congé); Rewbell, Johannot, Albert aîné, Dubois. — *Oui.*

*Bas-Rhin.* — LAURENT : Quels que soient les pouvoirs d'un représentant du peuple en mission, il doit respecter ceux de ses collègues ; il doit suivre sévèrement les formes de la justice, et ne point outrager la nature. Les noyades sont d'ailleurs un genre de supplice aussi nouveau qu'atroce, et proscrit par les décrets de la Convention. Je vote pour l'acte d'accusation.

BENTABOLE : C'est en vain qu'on cherche à vous persuader que lorsque la Convention nationale se voit forcée de sévir contre un homme qui s'est jeté dans le parti de la révolution, c'est attaquer la révolution.

Cette opinion est le subterfuge de tous ceux qui veulent masquer leurs crimes du manteau de la révolution.

Il n'est aucun gouvernement sur la terre qui puisse avouer les crimes commis en son nom, tels que les atrocités dont est accusé Carrier, et qui malheureusement ne paraissent que trop évidentes.

Je pense que la Convention nationale doit s'empresser d'annoncer à toutes les nations que, lorsque le sang innocent a été versé, on ne peut en éluder la vengeance à l'abri d'une révolution glorieuse, qui ne peut être appuyée par le crime, et qui sera le triomphe de la vertu.

En conséquence, je vote pour le décret d'accusation.

Ruhl (malade) ; Louis, Ehrmann (1), Arbogaste, Christiani. — *Oui.*

*Rhône-et-Loire.* — PATRIN : Les atrocités commises par Carrier sont affreuses ; elles font frémir la nature, et appellent sur sa tête la vengeance des lois. Mais son plus grand crime, à mes yeux, c'est l'attentat formé contre la puissance souveraine du peuple, dont il s'est rendu coupable en défendant, par un arrêté, aux autorités constituées et aux armées de reconnaître pour représentant du peuple notre collègue Tréhouard, revêtu des pouvoirs de la Convention. Cette usurpation d'un pouvoir supérieur à celui de la représentation nationale est le plus grand crime que puisse commettre un républicain. Je vote pour le décret d'accusation. Je dis *oui.*

NOEL POINTE : Les longs débats qui ont eu lieu sur le procès de Carrier, les déclarations formelles faites en sa présence par plusieurs de nos collègues, ont jeté un grand jour et tranquillisé les consciences.

Néanmoins je déclare à la Convention nationale et au peuple entier qu'ayant lu avec la plus sévère attention et scrupuleusement examiné le rapport de la commission des Vingt et Un, mon opinion était formée sur Carrier par la pleine et entière conviction de ses crimes.

Il en coûte, il est vrai, à un cœur sensible, à une âme humaine, de prononcer sur une affaire de cette nature, et surtout contre un collègue ; mais, partout où se trouve le coupable, je veux qu'il soit indistinctement puni.

Pour que l'humanité outragée soit vengée, il faut qu'elle se fasse violence pour laisser un libre cours à la justice. Je vote en conséquence pour le décret d'accusation.

Dubouchet (malade), Micher (absent), Forest (absent); Dupuis fils, Marcellin Beraud, Pressavin, Moulin, Cusset, Javogues fils, Lanthénas, Fournier, Noailly, Borron. — *Oui.*

*Haute-Saône.* — Dornier (mission); Gourdan, Vignerot, Siblot, Chauvier, Balivet, Bolot. — *Oui.*

*Saône-et-Loire.* — Gelin (congé), Baudot (mission); Moreau (congé); Reverchon, Guillemardet, Bertucat, Mailly, Montgilbert, Chambord, Millard, Boberjot. — *Oui.*

*Sarthe.* — Froger (congé); Richard Primaudière, Boutroue, Levasseur, Sieyès, Letourneur, Lehaut. — *Oui.*

*Seine-et-Oise.* — LECOINTRE (de Versailles) : Carrier est couvert de crimes.

Le premier crime qu'il a commis appartient à lui seul exclusivement ; il le rend susceptible du décret d'accusation.

Les crimes subséquents de Carrier appartiennent autant et plus à la majorité des membres du comité de gouvernement, qui les ont connus, permis, tolérés pendant plus de dix mois, sans les avoir réprimés, punis ou dénoncés à la Convention nationale, comme ils le pouvaient et le devaient faire ; ces derniers crimes sont donc autant leurs crimes que ceux de Carrier, sans cependant que Carrier cesse d'en être criminel. Je vote donc pour le décret d'accusation contre Carrier.

TALLIEN : Impliqué d'une manière directe dans la discussion qui a eu lieu, je me serais abstenu de voter dans cette affaire, s'il ne s'agissait pas d'un grand intérêt politique ; mais je suis représentant du peuple, mais je dois à mes commettants et à moi-même compte de ma conduite. La loi violée, la justice méconnue, l'humanité outragée me font un devoir de prononcer le décret d'accusation contre Carrier ; et je déclare en même temps que je provoque l'examen le plus sévère de toute ma conduite publique depuis

(1) L'état de santé l'ayant obligé de se retirer avant qu'il fût appelé, il a donné au président une note dans laquelle il déclare à la Convention nationale que l'amour de la justice et l'horreur que lui inspire le crime lui commandent impérieusement de voter pour le décret d'accusation contre le représentant du peuple Carrier.          A. M.

le moment où j'ai été appelé à l'honneur de représenter le peuple ; opinions, actions, je soumets tout au creuset épuratoire de l'opinion publique ; en conséquence je dis oui.

CHÉNIER : Absent un instant de la séance, j'ai laissé passer mon tour de voter. Ceux qui se permettraient de croire que j'attendais le vœu de la majorité pour énoncer le mien ignoreraient sans doute que, membre de la commission des Vingt et Un, j'avais eu l'occasion de me prononcer avant eux. La discussion qui a eu lieu dans la Convention nationale n'a fait que confirmer mon opinion. Ami de la liberté que les assassins ont égorgée, de l'humanité qu'ils ont foulée aux pieds, je vote comme j'ai voté dans la commission des Vingt et Un ; je dis qu'il y a lieu à accusation contre Carrier.

DUPUIS : Pour l'honneur de l'espèce humaine, j'accuse Carrier.

Haussmann (mission), Goujon (malade) ; Bassal, Alquier, Audouin, Treilhard, Roi, Richaux, Vénard. — Oui.

*Seine-Inférieure.* — ALBITTE l'aîné : Une guerre affreuse s'est élevée dans la Vendée pendant la révolution ; Carrier y a été envoyé pour l'apaiser. Il fallait des moyens vigoureux pour la terminer ; Carrier est prévenu d'en avoir employé d'effrayants, de terribles. Si Carrier, investi de pouvoirs illimités dans des circonstances aussi difficiles, avait démontré évidemment l'absolue nécessité de l'emploi de ces moyens pour le salut public, je dirai non ; mais Carrier n'en a pas prouvé la nécessité, et a même nié d'avoir participé à ces mesures, ce qui en démontre l'inutilité ; et il existe des pièces qui emportent les plus fortes présomptions.

En conséquence, je vote contre Carrier le décret d'accusation, adoptant, pour le surplus, le vœu de notre collègue Thirion et la partie de celui de notre collègue Lesage-Senault, par laquelle il demande que, vu la récusation faite par Carrier de plusieurs membres de la section du tribunal révolutionnaire chargée de l'affaire de Nantes, il soit jugé par une autre section du même tribunal. Je dis oui.

Pocholle (mission), Blutel (mission), Mariette (mission), Bourgeois (malade) ; Yger, Lecomte, L. Revelle, Albitte jeune. — Oui.

*Seine-et-Marne.* — Himbert (congé) ; Opoix (congé) ; Mauduyt, Bailly (de Juilly), Tellier, Cordier, Viquy, Geoffroy jeune, Bernard (des Sablons), Defrance, Bernier. — Oui.

*Deux-Sèvres.* — LOFFICIAL : Comme je suis convaincu que les atrocités commises à Nantes, ordonnées ou autorisées par Carrier, ont renouvelé la guerre de la Vendée, qui après l'affaire de Savenay et la prise de Noirmoutier était presque éteinte, qu'il a abusé de son pouvoir pour opprimer les habitants de Nantes, et forcé cette commune à se soulever, je vote pour le décret d'accusation.

Auguis (mission) ; Chauvin (mission) ; Lecointe-Puyravau, Jars-Panvillier, Dubreuil-Chambardel, Cochon. — Oui.

*Somme.* — Martin (congé), André Dumont (congé) ; Rivery, Gantois, Delecloy, Louvet, François, Hourier-Eloy, Sellier, Piquer, Vasseur. — Oui.

*Tarn.* — Lacombe-Saint-Michel (mission) ; Campmas, Marvejouls, Gouzy, Rochegude, Meyer, Dettel, Terral ; Tridoulat. — Oui.

*Var.* — Roubaud (malade), Cruves (mission) ; Escudier, Charbonnier, Ricord, Barras. — Oui.

*Vendée.* — GAVNIS : J'accuse Carrier, non-seulement pour avoir enjoint aux autorités constituées et aux troupes de ne point reconnaître son collègue Tréhouard pour représentant du peuple ; non-seulement pour les atrocités qu'il a ordonnées ou souffertes à Nantes, mais encore pour la lettre qu'il a écrite au général Huxo, le 28 frimaire, dans laquelle il lui ordonne de ne laisser ni grains ni fourrages dans la Vendée ; il lui annonce qu'il va incessamment lui faire passer l'ordre de livrer aux flammes tous les bâtiments, et d'exterminer tous les habitants de ce malheureux pays. Pouvait-il ignorer qu'un quart au moins du département de la Vendée n'avait jamais été révolté, qu'au contraire il s'était défendu courageusement contre et qu'il avait obéi à toutes les réquisitions des représentants ; qu'il est la plus riche et la plus belle partie de ce département? Il contient ses trois principales villes, Fontenay, les Sables-d'Olonne et Luçon. On a cherché par toutes sortes de moyens à faire révolter ces restes précieux d'une des nourrices de la France, on avait même commencé à les brûler ; ces faits seront prouvés quand il s'agira du procès des généraux Turreau, Huchet et autres dévastateurs contre-révolutionnaires ; j'ai donc la plus forte présomption que Carrier a servi les complots de ces hommes perfides.

MAIGNET : Je vote pour le décret d'accusation. Je demande en même temps que la Convention nationale recherche scrupuleusement les complices de Carrier.

Mes relations continuelles dans les malheureux pays de la Vendée me donnent lieu de croire qu'il en existe principalement parmi les généraux de l'armée de l'Ouest, qui ont ordonné les exécutions les plus barbares, et ont cherché à prolonger cette guerre cruelle.

J.-F. Goupilleau (mission), P.-C. Goupilleau (mission), Musset (mission), Girard (malade) ; Fayau, Morisson, Garos. — Oui.

*Vienne.* — INGRAND : Je dis oui avec douleur, car je suis loin d'accuser les intentions de Carrier.

Je ne l'accuse pas non plus sur les dénonciations individuelles faites contre lui, mais sur les arrêtés qu'on lui reproche, et pour avoir laissé, lorsqu'il était à Nantes, exécuter des mesures que réprouvent la justice et l'humanité, et d'autant plus criminelles, qu'il n'a pas prouvé qu'elles fussent commandées par le salut public.

Creuzé-Latouche (congé) ; Piorry, Dutrou-Bornier, Martineau, Bion, Thibaudeau, Creuzé-Paschal. — Oui.

*Haute-Vienne.* — Bordas (mission) ; Gay-Vernon. — Oui.

*Vosges.* — Poulain-Grandpré (congé), Couchey (congé), Perrin (mission), J.-C. Chérrier (mission) ; Jullien Souhait, Balland. — Oui.

*Yonne.* — MAURE : Citoyens, je suis profondément affligé de voir que, dans une affaire si sérieuse et si importante, il se soit manifesté tant de passions.

J'ai lu et médité avec la plus grande attention le rapport et les pièces qui ont été présentés à la Convention par la commission des Vingt et Un.

J'ai écouté attentivement les défenses du prévenu et les débats qui ont eu lieu.

J'ai reconnu que le représentant du peuple Carrier, était fortement prévenu d'avoir insulté à la majesté du peuple et à la représentation nationale, dans la personne de notre collègue Tréhouard ; d'avoir autorisé ou souffert que la nature et l'humanité fussent outragées de la manière la plus atroce ; que les lois fussent violées ouvertement, lorsqu'il était envoyé pour les faire aimer et respecter ; en conséquence, je vote pour le décret d'accusation.

BOURBOTTE : Quoiqu'après vingt mois d'absence par mission, je ne sois rentré dans le sein de la Convention nationale que depuis hier, et que je n'aie pu entendre, ni connaître en totalité tout ce qui, dans l'affaire de Carrier, pouvait porter à la conviction des faits qu'on lui impute, et éclairer la conscience d'un juré d'accusation, ainsi que chaque membre de l'assemblée en a eu la faculté ; cependant comme le renvoi à un tribunal n'est pas la certitude d'une sentence de mort, s'il est vrai que la justice soit encore à l'ordre du jour, et que par conséquent tout accusé peut être absous s'il prouve n'être point coupable, je vote pour le décret d'accusation contre Carrier. Mon opinion est fondée sur l'existence de trois pièces avouées et signées par lui, et dont le contenu empêche que, malgré sa justification à l'égard de plusieurs faits, il ait pu s'affranchir entièrement de tous ceux qui lui sont imputés; mais je déclare en ce moment qu'en votant ainsi pour ce décret d'accusation mon âme est atteinte d'un sentiment d'oppression et de douleur, parce que je crois que, si Carrier s'est rendu coupable des atrocités qu'on lui reproche, il n'en eut pas l'intention, et que, s'il commit des crimes, ils furent ceux de l'erreur et d'un patriotisme délirant.

Jeanbon-Lanou : Carrier ayant, de son aveu, donné par écrit des pouvoirs illimités au scélérat Lambertye, pour des expéditions nocturnes et secrètes ;

Ayant outragé et méconnu la représentation nationale, dans la personne de notre collègue Tréhouard;

Carrier ayant ordonné contre le vœu de la loi, contre l'intention exprimée de la Convention nationale, au tribunal criminel militaire de Nantes, de faire exécuter sans jugement, sans reconnaissance et sans interrogatoire préalable, des vieillards, des femmes et des enfants ; je déclare, après avoir examiné les pièces relatives au procès, que je suis convaincu que Carrier est complice de la noyade des prêtres, ainsi que de toutes les abominations et atrocités commises par le Lambertye et le comité révolutionnaire de Nantes, pendant son séjour dans cette cité. En conséquence, je vote l'accusation.

Turreau (mission) ; Précy, Hérard, Finot, Villetard. — *Oui.*

*Saint-Domingue.* — Belley : S'il est prouvé que Carrier a commis tous les crimes énoncés dans le rapport de la commission des Vingt et Un, je vote pour le décret d'accusation; si les faits ne sont pas constants, je vote contre.

Mille (malade) ; Dufay, Boisson, Garnot. — *Oui.*

*Ain.* — Gauthier (mission), Deydier, Jagot, Merlinot, Ferrand. — *Oui.*

*Aisne.* — Boucherau (mission); Loysel (mission); Jean Debry, Beffroy, Belin, Petit, Piquet, Lecarlier, Dupin jeune. — *Oui.*

*Allier.* — Giraud (mission); Dehaye (malade); Chevalier, Martel, Forestier, Beauchamp. — *Oui.*

*Hautes-Alpes.* — Borel, Izoard. — *Oui.*

*Basses-Alpes.* — Derbez-Latour (absent); Bouret (mission); Claude-Louis Reguis, Marc-Antoine Savornin. — *Oui.*

*Alpes-Maritimes.* — Dabiay (absent).

*Ardèche.* — Boissy-d'Anglas, Saint-Martin, Glaizal, Coren-Fustier, Toulouse. — *Oui.*

*Ardennes.* — Blondel, Ferry, Dubois-Crancé, Vernon, Robert, Baudin, Thierriet, Piette, — *Oui.*

*Ariége.* — Clauzel : A mon grand regret, je ne suis que trop convaincu que la conduite de Carrier, depuis qu'il fut envoyé dans la Vendée, jusqu'au moment où il a quitté votre tribune, n'a été qu'un tissu d'actes inhumains et contre-révolutionnaires. Je ne rappellerai pas les scènes dégoûtantes, les atrocités qui se commirent à Nantes, pendant le séjour qu'y fit ce mandataire infidèle : quels moyens plus propres à faire abhorrer notre sublime révolution ! Suivons les pas de Carrier : de retour à Paris, n'alla-t-il pas au club des Cordeliers provoquer la révolte contre la Convention nationale ?

Eh ! dans toute sa défense, a-t-il omis une seule ressource de l'art oratoire pour tâcher, s'il lui eût été possible, de couvrir d'opprobre la représentation nationale ? N'a-t-il pas prétendu que tous nos

autres collègues, envoyés dans ces contrées infortunées, l'avaient imité, lui avaient même donné l'exemple de ces cruautés? Enfin, ne l'avons-nous pas vu vouloir associer la Convention nationale tout entière à ses crimes, tandis qu'elle en frémit d'horreur, et que, par ses lois sages sur la malheureuse guerre de la Vendée, elle avait ordonné que les révoltés, pris les armes à la main, seraient, avant d'être punis, traduits devant une commission, pour constater le fait, et qu'elle avait excepté les vieillards, les femmes, les enfants, des mesures rigoureuses commandées par le salut du peuple. Je vote donc le décret d'accusation contre Carrier.

Gaston : Je vote pour le décret d'accusation, avec cette clause expresse que les témoins et l'accusateur Phelippes-Troncjolly, dont Carrier se plaint amèrement, et qui paraissent avoir avancé des faits faux contre lui, dont on peut conclure qu'il existe un vaste plan de conspiration contre la représentation nationale, seront sévèrement examinés dans leur conduite, et renvoyés à un tribunal s'ils sont reconnus coupables d'un crime qui intéresse le sort de la république, que j'adore.

Je demande, en outre, que la section du tribunal révolutionnaire, qui a pris dans cette affaire une initiative dangereuse contre les représentants du peuple s'abstienne de le juger, et qu'il soit renvoyé devant une autre section du même tribunal.

Vadier (absent); Campmartin, Espert, Lakanal.— *Oui.*

*Aube.* — Robin (mission); Ludot (mission); Courtois, Duval, Bonnemain, Pierret, Douge, Garnier, Alex. David. — *Oui.*

*Aude.* — Maragon (malade); Girard (malade); Azéma, Bonnet, Ramel, Morin. — *Oui.*

*Aveyron.* — Bô : Quoique, pendant mon séjour à Nantes, il ne m'ait été fait aucune dénonciation contre Carrier, ni verbalement, ni par écrit; quoique plusieurs témoins qui ont déposé contre lui me soient suspects; vu les trois arrêtés consignés dans le rapport de la commission des Vingt et Un, et ne faisant que fonction de juré d'accusation, je vote contre Carrier le décret d'accusation.

Lobinhot, Bernard-Saint-Affrique, Camboulas, Second, Joseph Lacombe, Louchet, Boux, Saint-Martin-Valogne. — *Oui.*

*Bouches-du-Rhône.* — Pelissier (mission); Granet, Durand-Maillane, Moïse Bayle, Rovère, Laurent, Leblanc. — *Oui.*

*Calvados.* — Lomont : Quelle que soit la peau dont veuillent se couvrir les monstres qui peuvent encore exister sur le territoire de la république, toujours la Convention nationale s'empressera de les frapper dès qu'elle pourra les reconnaître. Je ne vois dans Carrier qu'un monstre, et je vote contre lui le décret d'accusation.

Couard (congé); Dubois-Dubais, Bonnet, Vardon, Taveau, Jouenne, Dumout, Legot, Lemoine. — *Oui.*

*Cantal.* — Milhaud : L'homme obscur, qui aurait toujours vécu dans ses foyers, au sein de sa famille vertueuse, aurait pu terminer ses jours paisibles en bon citoyen ; mais souvent arraché à sa modeste obscurité, et revêtu d'une grande autorité, il se trouve entraîné, emporté par le torrent révolutionnaire, et se précipite lui-même dans l'abîme, en se livrant aveuglément à des mesures ultra-révolutionnaires. Je suis cependant bien loin de partager l'opinion de ceux qui pensent que dans les suites de cette circonstance difficile et pénible, on puisse concevoir la moindre crainte pour le sort de la représentation nationale.

Le jour où, réunis dans le sanctuaire des lois, les fondateurs de la république démocratique accusent un de leurs collègues, est un jour de triomphe pour la justice et la liberté, qui sont inséparables.

Oui, la Convention est aux yeux de l'univers une famille

de frères de Brutus, qui frappe avec douleur un de ses membres lorsqu'il prévarique, et devient par sa vertu stoïque le creuset national où doivent être épurés tous les amis et tous les ennemis du peuple. La Convention, au milieu de la république, est dans sa masse le rocher majestueux contre lequel viendront se briser et disparaître toutes les écumes enfantées par les orages de la révolution. Eh! sans doute, quand le sénat français fait lever le glaive de la loi sur la tête d'un représentant qui aurait abusé de ses grands pouvoirs, sans doute un seul regard de cette auguste assemblée fera rentrer dans le néant le royaliste hypocrite qui quelquefois ose mêler ses cris impunis et perfides à la voix franche et sublime du peuple. Un seul de ses regards, dis-je, fera rentrer dans le devoir tous les ingrats qui, sous le règne de la justice et de l'humanité, auraient l'audace d'abuser de la liberté que la bienfaisance du gouvernement, fruit des victoires nationales, vient de leur accorder.

Je vote l'accusation contre Carrier.

Lacoste (mission); Thibault, Méjansac, Mirande, Bertrand, Chabanon. — *Oui*.

*Ile de Cayenne.* — André Pomme (mission).

*Charente.* — Bellegarde (mission); Chedaneau (mission); Guimberteau, Chazeaud, Devars, Brun, Crévelier, Maulde. — *Oui*.

*Charente-Inférieure.* — BERNARD ( de Saintes) : Je déclare à la Convention nationale que j'ai fortement désiré que Carrier pût se justifier de tous les faits qui lui ont été imputés, et que je désire de même que ce soit le dernier de mes collègues sur le sort duquel j'aie à prononcer. Et en cela je ne crains pas d'être démenti en assurant que j'exprime le vœu de tous les citoyens qui m'ont donné leur confiance; car, si l'on disait à ces bons citoyens des campagnes qui m'ont nommé, qu'un de leurs représentants a commis un crime, vous les verriez élever douloureusement leurs bras vers le ciel; vous les entendriez s'écrier : « Cela n'est pas possible, nous désirons bien que cela ne soit pas; mais si malheureusement il existe un coupable, il faut bien le punir. » C'est à ces traits que je reconnais des citoyens vertueux , amis sincères de l'humanité et de la justice, et non pas à ces exclamations passionnées, à ces désirs si cruellement manifestés , de voir traîner un représentant du peuple à l'échafaud, quelque coupable qu'on le suppose.

Je déclare encore que l'opinion d'un de mes collègues, qui a excité quelques murmures, ne m'a pas paru indigne de considération : je parle de celle qui a motivé l'accusation sur la condition de l'existence des arrêtés de faire exécuter des brigands, des femmes et des enfants sans jugement; car, indépendamment du contraste qui se trouve dans le même arrêté, deux fois transcrit dans notre distribution, il est un fait assez conséquent qui n'a point été relevé: c'est que ces arrêtés ont été produits par le président du tribunal criminel de Nantes, traduit lui-même au tribunal révolutionnaire comme prévenu d'avoir fait périr des hommes sans jugement, et qu'il ne serait pas étonnant que, pour échapper à la peine qu'il voyait suspendue sur sa tête, ce président eût attesté, ou fait attester par son greffier, la sincérité d'une pièce capable d'opérer son salut; présomption assez permise tant que la minute dont Carrier n'avoue pas l'existence ne reparaîtra pas.

Mais comme il est d'autres faits graves imputés à Carrier, dont les uns sont prouvés par ses écrits, et que de fortes présomptions se présentent pour faire croire à la réalité de quelques autres; comme les arrêtés, dont les minutes ne paraissent pas, sont certifiés conformes à l'original par des fonctionnaires publics, ce qui nous donne d'assez fortes présomptions que ces arrêtés existent; comme enfin nous ne remplissons ici que les fonctions de jury d'accusation, et qu'il appartiendra à celui de jugement de

distinguer la présomption d'avec la réalité, d'examiner la nature des preuves, le degré de confiance que mériteront les témoins , et les intentions de l'accusé, je crois être assez instruit pour déclarer Carrier prévenu de délits capables de le faire traduire en jugement.

Au reste, je ne pense pas, comme quelques-uns de mes collègues, que la Convention nationale doive récuser d'elle-même une section du tribunal révolutionnaire; car il pourrait se faire qu'elle récuserait des jurés et des juges contre le vœu de l'accusé, qui seul peut proposer ses moyens de récusation, dans les formes prescrites par la loi, sauf à en faire juger la validité.

Je vote donc pour le décret d'accusation contre Carrier purement et simplement.

Nion ( mission ) : Bréard , Eschassériaux aîné , Ruamps, Garnier, Lozeau, Giraud, Vinet, Dautriche, Eschassériaux jeune. — *Oui*.

*Cher.* — ÉLIE DUGOMME : Les fonctions que nous remplissons dans ce moment sont pénibles pour les âmes sensibles et pures; mais l'amour de l'humanité et de la justice me force d'accuser Carrier d'avoir avili la représentation nationale, en souffrant, en autorisant les actes les plus atroces, les plus barbares, qui soient jamais entrés dans l'âme des plus cruels anthropophages. J'accuse Carrier d'avoir mis tout en usage pour faire abhorrer notre glorieuse révolution.

En conséquence, je vote pour le décret d'accusation contre Carrier.

Foucher (mission); Pelletier (mission); Allessour, Boucheton, Fauvre-Labrunière. — *Oui*.

*Corrèze.* — PÉNIÈRES : Par humanité , je vote pour le décret d'accusation contre Carrier.

Brival (mission); Borie, Lanot, Lafond, Rivière, Plazanet. — *Oui*.

*Corse.* — Mottedo (mission); Salicetti (absent); Arrighi (mission); Chiappe, Casabianca , Bosio. — *Oui*.

*Côte-d'Or.* — Trullard (mission); Berlier (mission) ; Lambert (congé); Prieur, Guyot (malades); Guyton-Morveau , Oudot , Marey jeune, Rameau, Édouard. — *Oui*.

*Côtes-du-Nord.* — Fleury (congé); Champeaux, Gauthier, jeune, Guyomard, Gondelin, Coupard. — *Oui*.

*Creuse.* — Huguet (mission); Faure (mission); Debourges, Coutisson-Dumas, Jaurand, Baration, Texier. — *Oui*.

*Dordogne.* — Pinet aîné (mission); Lacoste (congé); Roux-Fazillac, Taillefer, Peyssard , Cambort, Allafort , Meynard, Bouquier aîné. — *Oui*.

*Doubs.* — Michaud (mission); Besson (mission); Quirot, Seguin, Monnot, Vernetey. — *Oui*.

*Drôme.* — JULIEN : Depuis longtemps mon opinion sur Carrier est formée; depuis longtemps j'ai la conviction la plus intime que sa conduite à Nantes a été barbare, tyrannique, et par cela même contre-révolutionnaire, ou moins par le fait. Mon fils m'avait appris à le connaître, et les je crois devoir dire à la Convention que ce jeune républicain a le premier dénoncé Carrier au comité de salut public , provoqué et obtenu son rappel. — La lettre de mon fils à Robespierre, trouvée dans les scellés de ce conspirateur, et dont extrait a été produit dans le rapport de la commission des Vingt et Un , ne fut pas la seule qu'il écrivit à la même époque et sur le même sujet : il en écrit une à Barère, une au comité de salut public, et une à moi : elles furent apportées à Paris par deux députés de la Société populaire de Vincent-la-Montagne, de Nantes, que je conduisis moi-même au comité de salut public : je dois dire en faveur de ceux qui le composaient alors qu'au récit des faits imputés à Carrier, et au vu des lettres et des pièces, ils parurent tous indignés; qu'aucune voix ne s'éleva en sa faveur, et que son rappel fut décidé sur-le-champ. Ainsi, ce fut mon fils qui délivra Nantes de l'oppression de Carrier, et qui dans cette occasion comme dans tout le cours de sa vie révolutionnaire, servit bien sa patrie, la justice et l'humanité.

D'après ces motifs et ceux que j'ai puisés dans le rapport de la commission des Vingt et Un, et dans la discussion à laquelle il a donné lieu, je crois devoir voter et je vote le décret d'accusation.

Boisset (mission); Colaud, Jacomin, Martinel, Quiot. — *Oui.*

*Eure.* — Bouillerot (mission); Francastel (malade); Duroy, Lindet, Topsent, Robert Lindet, Bidault. — *Oui.*

*Eure-et-Loir.* — Loiseau (mission); Chasles (absent); Lonqueue (malade); Bourgois, Derouzières, Frémenger, Julien Maras. — *Oui.*

*Finistère.* — Queinec (congé); Guezno, Marec, Guermeur, Boissier, Gamaire. — *Oui.*

*Gard.* — CHAMBON-LATOUR : D'après la conviction que j'ai acquise par les débats, j'accuse Carrier comme agent ou complice des comités de salut public et de sûreté générale, et de tous les bourreaux qui ont déchiré ma patrie.

CHAZAL : Il a existé une contre-révolution ; Carrier fut un des plus féroces instruments des oppresseurs de ma patrie, des tyrans du peuple français et de ses représentants ; des tigres qui avaient substitué à la Liberté, à cette vierge céleste, une Furie infernale couverte de crêpes sanglants, armée de poignards fratricides. Dénoncé pour tous les crimes qu'on nous a prouvés dans cette séance et les précédentes; dénoncé à Robespierre par Julien fils, Carrier serait-il resté impuni, s'il n'eût été leur complice et leur agent ? C'est aussi le motif qui l'a sauvé, lorsqu'aux Cordeliers il voila les Droits de l'Homme, noyés à Nantes, et provoqua l'assassinat de cette assemblée redoutée, de cette assemblée vertueuse qui a su, le 10 thermidor, briser le joug affreux de la France, rendre à la nation sa souveraineté usurpée, et qui sait enfin l'accuser lui-même aujourd'hui. Je dis qu'il y a lieu.

Leyris (mission); Bertezène (congé); Voulland, Jac. — *Oui.*

*Haute-Garonne.* — Projean (mission); Calès (mission); Mailhe, Delmas, Pérès, Ayral, Drulhe, Mazade, Alard. — *Oui.*

*Gers.* — BOUSQUET : Je suis intimement convaincu que Carrier a commis des crimes à Nantes ; c'est lui-même qui m'a dit qu'il a fait noyer des prêtres réfractaires et des brigands : c'est donc au nom de la justice et de l'humanité outragées que je vote pour le décret d'accusation.

Maribon-Montaut, Cuppin, Barbeau-Dubarran, Laguire, Ichon. — *Oui.*

*Bec-d'Ambès.* — Gérrau (mission); Jay-Sainte-Croix, Deleyre, J. Ramard. — *Oui.*

*Guadeloupe.* — Dupuch, Lion, Pautrizel. — *Oui.*

*Hérault.* — CAMBON : Ayant été chargé par le premier comité de salut public de vous proposer un plan de travail, de surveillance et de correspondance pour les représentants du peuple députés près les armées; plan dont vous approuvâtes les dispositions et la rédaction par votre décret du 7 mai 1793, et où se trouvent écrits les pouvoirs qui furent délégués aux représentants du peuple députés près les armées de l'Ouest, qui combattaient les rebelles de la Vendée, je dois être pénétré des obligations que vous leur avez imposées. Personne n'a cité, pendant la discussion, la loi du 7 mai 1793, dont la connaissance peut devenir nécessaire lors du jugement, et qu'il est important que la France et la postérité connaissent, puisque dans l'instruction de votre comité de salut public, que cette loi a approuvée, se trouvent consignés les principes de justice, d'humanité et de gouvernement qui ont dirigé la Convention dans ces temps difficiles.

Cette instruction portait expressément que « le premier devoir et le plus pressant des représentants du peuple députés près les armées des côtes de l'Océan était de concourir de tout leur pouvoir a éclairer les citoyens égarés, à dissiper les rebelles, à faire punir les brigands, les chefs des révoltés, et à rendre à la patrie des citoyens que la séduction, l'ignorance et les préjugés en avaient séparés. »

Ainsi, les représentants du peuple députés près les armées ont eu des pouvoirs écrits, qui devaient régler leur conduite ordinaire. La Convention leur avait en outre délégué des pouvoirs illimités pour sauver la patrie. C'est sur ces bases que j'établis mon opinion.

Carrier, dans ses opérations, a attaqué, méconnu et injurié la représentation nationale; son arrêté du 4 nivose an 2, contre le représentant du peuple Tréhouard, arrêté qu'il a reconnu avoir signé, et pour lequel il a été obligé de s'en rapporter à la sagesse de la Convention, me fournit la conviction nécessaire pour l'accuser sur ce chef.

Carrier a participé à des actes atroces exercés à Nantes contre l'humanité. Son arrêté du 16 frimaire an 2, qui charge Guillaume Lembertye d'une mission secrète, et sa défense à la séance de ce matin sur cet arrêté, me fournissent la conviction nécessaire pour l'accuser sur ce second chef.

Si les pièces que vous avez envoyé chercher à Nantes étaient arrivées, je motiverais également mon opinion sur les deux arrêtés des 27 et 29 frimaire an 2, attribués à Carrier, et qu'il dénie.

Carrier, dans sa défense, bien loin de me prouver que les arrêtés d'après lesquels je l'accuse fussent nécessaires pour sauver la patrie, m'a fourni au contraire la conviction qu'il aurait été de son devoir de s'opposer aux actes qui en ont été la suite et le résultat, puisqu'il a prétendu n'y avoir pas participé.

Les fonctions de jury d'accusation que j'exerce dans ce moment n'exigent que la conviction qui m'est acquise; ce sera le jury de jugement qui examinera les preuves à l'appui et les intentions qui ont dirigé Carrier.

Je vote donc le décret d'accusation contre Carrier, comme étant prévenu :

1° D'avoir attaqué, méconnu et injurié la représentation nationale par son arrêté du 4 nivose an 2;

2° D'avoir participé, par l'effet de son arrêté du 16 frimaire an 2, aux actes atroces exercés à Nantes contre l'humanité.

L'affaire dont nous nous occupons me confirme dans l'opinion que j'ai toujours eue, et qui se trouve consacrée dans l'instruction de votre premier comité de salut public, qu'une grande responsabilité est la suite inséparable d'un grand pouvoir, et que ceux qui en sont investis doivent se pénétrer que leur succès et leur gloire dépendent de leur énergie, de leur courage, et surtout de leur prudence.

La Convention appréciera sans doute, dans l'acte d'accusation qui sera rédigé, quel est le degré de confiance qu'on doit accorder, en révolution, à des dépositions contre ceux qui ont été investis de pouvoirs illimités; elle examinera dans sa sagesse s'il n'y aurait pas lieu de craindre que ces dépositions ne fussent suscitées par des vengeances, des haines et des intérêts particuliers, blessés par des mesures que l'intérêt général aurait impérieusement commandées.

Joubert (mission); Bonnier, Curée, Viennet, Cambacérès, Castilhon. — *Oui.*

*Ille-et-Vilaine.* — SÉVESTRE : Les crimes de Carrier me sont démontrés; ils sont en si grand nombre, et d'une telle atrocité, que la postérité mettra peut-être en doute si un seul homme a pu les commettre tous; Il semble que la nature ait voulu faire connaître par lui jusqu'où elle pouvait étendre ses forces du côté du mal; nous avons tous dans nos missions suivi l'impulsion de notre caractère; la latitude de notre liberté, pour faire le bonheur ou le malheur du peuple, n'a point eu de limites. La plupart de mes collègues, envoyés dans les départements pour y exercer la puissance nationale, ont, je le crois, bien rempli leur devoir; mais Carrier, à chaque pas qu'il a fait, a été la honte et le fléau de l'humanité.

Toute la France a dans ce moment-ci les yeux fixés sur la Convention nationale; depuis longtemps le peuple a prononcé dans cette affaire, nous ne faisons que confirmer son vœu.

Je vote pour le décret d'accusation.

CH. DUVAL: Je vote pour le décret d'accusation, motivé sur la violation de la loi seulement.

Tréhouard (mission); Chaumont, Dubignon, Beaugeard, Maurel. — *Oui.*

*Indre.* — Thabaud (malade); Porcher, Pépin, Boudin, Lejeune. — *Oui.*

*Indre-et-Loire.* — VEAU: C'est un devoir pénible d'avoir à accuser; néanmoins Carrier a toléré par son silence, et autorisé par les pouvoirs indéterminés qu'il a conférés à Lambertye, les assassinats et les atrocités dont Lambertye et ses complices se sont rendus coupables; ces atrocités ont eu nécessairement une telle notoriété, qu'il a été impossible à Carrier de les ignorer.

Carrier a défendu d'obéir aux ordres du représentant Tréhouard. Je dis *oui.*

Buelle (mission); Ysabeau (mission); Nioche, Pottier, Bodin, Champigny, Aubin-Champigny. — *Oui.*

*Isère.* — Servonat (congé); Génissieux (mission); Genevois, Amar, Réal, Boissieu, Charrel, Baudran, Prunelle (de Lière).— *Oui.*

*Ile-de-France.* — Serres (mission); Gouly. — *Oui.*

*Jura.* — Prost (malade), Bonguyode. — *Oui.*

*Landes.*—Ducos aîné (mission); Lefranc, Cadroy, Dizès, Dartigoyte. — *Oui.*

*Loir-et-Cher.* — LECLERC: Comme je suis convaincu, par une double preuve, des faits qui font la matière du procès de Carrier, et par une instruction de quatre séances, relativement à sa mission, que ce représentant du peuple a fait un criminel abus de ses pouvoirs en donnant à Nantes des ordres arbitraires, barbares et sanguinaires, au mépris des lois sur la guerre de la Vendée, contre le droit des gens et l'intérêt national, je déclare qu'il y a lieu à accusation contre Carrier.

Frécine (mission); Foussedoire (mission); Grégoire, Brisson, Venaille. — *Oui.*

*Haute-Loire.* — Delcher (mission); Lemoyne (mission); Reynaud, Faure, Barthélemy. — *Oui.*

*Loire-Inférieure.* — Lefebvre (congé), Villers (mission); Méaulle, Chaillou, Fouché. — *Oui.*

*Loiret.* — GUÉRIN: J'accuse Carrier d'avoir prolongé la malheureuse guerre de la Vendée, en commandant ou autorisant les horreurs qui ont été commises à Nantes.

Je l'accuse de tous les actes arbitraires et sanguinaires qui ont eu lieu à Nantes pendant son séjour.

Je le regarde comme l'auteur de tous les maux qui ont affligé et qui désolent encore cette contrée.

A mes yeux, il est complice des noyades et fusillades citées au rapport.

Mes preuves sont les arrêtés des 27 et 29 frimaire.

Enfin, je l'accuse d'avoir violé ses pouvoirs, en les déléguant dans les termes les plus illimités. Je me fonde sur son acte du 26 frimaire.

Il est coupable d'attentat à la souveraineté du peuple; cela est prouvé par son arrêté atroce contre le représentant du peuple Tréhouard.

Ainsi, je persiste à voter pour le décret d'accusation.

LÉONARD BOURDON: D'après les arrêtés pris par Carrier, je vote contre lui pour le décret d'accusation.

LOMBARD-LACHAUX: Les cris de tant de malheureux immolés au mépris de vos décrets ont retenti dans le fond de mon cœur. La nature a été outragée dans ce qu'elle a de plus sacré; j'ai frissonné d'horreur au récit de tant d'atrocités; tout m'impose la loi de voter pour le décret d'accusation; je dis *oui.*

Gentil, Garran-Coulon, Lepage, Pellé, Delagueulle, Gaillard. — *Oui.*

*Lot.* — Delbret (mission); Jean-Bon Saint-André (mission); Laboissière, Cledel, Salles, Montmayau, Cavaignac, Boigues, Albouys. — *Oui.*

*Lot-et-Garonne.* — Boussion (congé); Vidalot, Laurent, Paganel, Claverie, Guyet-Laprade, Fournel, Cabarroc. — *Oui.*

*Lozère.* — Monestier (mission); Barrot, Châteauneuf-Randon, Servière, Pelet. — *Oui.*

*Maine-et-Loire.* — DELAUNAY *jeune:* Comme je ne veux plus que des chancres politiques dévorent mon pays; comme je veux sincèrement la fin de la guerre de la Vendée; comme je suis convaincu que la conduite de Carrier est l'une des premières causes de la prolongation de cette guerre, je dis *oui*, il y a lieu à accusation contre Carrier.

Choudieu (malade); Pérard (mission); Dandenac jeune (malade); Dandenac aîné, Lemaignen, Menuau, Talon. — *Oui.*

*Manche.* — Gervais-Sauvé, Poisson, Lemoine, Letourneur, Ribet, Pinet, Lecarpentier, Havin, Bonnescœur, Engerran, Bretel, Michel Hubert. — *Oui.*

*Marne.* — Charlier, Charles Delacroix, Batelier (tous trois en mission); Blanc (congé); Drouet (absent); Thuriot, Deville, Poulin, Armonville, Prieur. — *Oui.*

*Haute-Marne.*—Guyardin (mission); Roux (mission); Monnel, Valdruche, Chaudron, Laloy, Wandelaincourt. — *Oui.*

*Martinique.* — Janvier-Litté, Crassous. — *Oui.*

*Mayenne.* — Grosse-Durocher (congé); Joachim Esnue (absent); Bissy jeune, Enjubault, Serveau, Plaichard-Chottière, Villars, René-François Lejeune. — *Oui.*

La séance est levée à deux heures du matin, le 4.

---

## LIVRES DIVERS.

## CONVENTION NATIONALE.

### *Présidence de Legendre.*

#### SUITE DE LA SÉANCE DU 3 FRIMAIRE.

*Nota.* C'est par erreur que la séance a été indiquée comme levée à la fin du numéro d'hier.

LE PRÉSIDENT : Voici le résultat de l'appel nominal : sur cinq cents votants, quatre cent quatre-vingt-dix-huit ont voté pour le décret d'accusation, et deux ont voté conditionnellement. Je prononce que la Convention nationale a porté le décret d'accusation contre Carrier.

RAFFRON : Je demande que la Convention décrète que Carrier sera traduit sur-le-champ dans la maison de justice de la Conciergerie, et qu'il sera désarmé soigneusement. (Vifs applaudissements.)

Cette proposition est décrétée.

MONESTIER (du Puy-de-Dôme) : J'invite les membres de la commission des Vingt et Un à se réunir ce matin à onze heures, afin de dresser l'acte d'accusation.

*** : La Convention est composée de sept cent soixante membres, et je ne vois que cinq cents votants ; il n'y a cependant pas deux cent soixante députés, tant en mission qu'absents par congé, ou malades.

BOUDIN : Vous en avez séquestré soixante-treize.

CLAUZEL : Pour entrer dans les vues du préopinant, je demande que l'appel nominal soit imprimé. On saura ainsi quels sont ceux qui, n'étant pas en mission, n'ayant point de congé, ou n'étant point malades, ne se sont pas rendus dans le sein de la Convention.

DUHEM : Avec les motifs.

Ces deux propositions sont décrétées.

DUHEM : Je demande que l'appel nominal soit envoyé aux armées. C'est une position assez intéressante du peuple français pour que nous devions la faire participer à nos séances autant qu'il sera possible. Je voudrais qu'elles fussent ici pour voir que nous sommes tous dignes de présenter le peuple.

FRÉRON : J'appuie la proposition de Duhem. Il faut que les motifs soient imprimés, afin que le peuple français puisse apprécier ce que c'est que la faction dictatoriale de l'opinion publique. (On rit et on applaudit.)

La proposition de Duhem est adoptée.

La séance est levée à deux heures et demie du matin.

#### SÉANCE DU 4 FRIMAIRE.

La séance s'ouvre à midi. De nombreuses Adresses félicitent l'assemblée sur le décret qui ferme la salle des Jacobins. D'autres vouent à l'ignominie et à la vengeance des lois les noyeurs, les fusilleurs et les terroristes.

Ces diverses Adresses obtiennent la mention honorable et l'insertion au Bulletin.

— Le représentant du peuple Loiseau, chargé de veiller à l'approvisionnement de Paris, écrit qu'il vote pour le décret d'accusation contre Carrier, pour avoir commis des actions d'anthropophage dans sa mission à Nantes.

Insertion au Bulletin.

Vadier et Poultier envoient leurs votes d'accusation contre Carrier ; ils prétextent qu'une maladie les a empêchés de se trouver à l'appel nominal.

L'assemblée passe à l'ordre du jour.

Ehrmann assure la Convention que ce n'est point une maladie politique qui l'a empêché hier de se trouver à l'appel nominal. Il demande que la déclaration qu'il remit hier par écrit sur le bureau, au moment où il fut obligé de se retirer pour indisposition, soit insérée au procès-verbal, à la suite de l'appel nominal.

Cette proposition est décrétée.

— La section de Brutus défile ensuite.

*L'orateur :* Représentants du peuple français, il appartient à un peuple d'émettre son vœu avec franchise et fermeté ; c'est surtout dans le sein de sa représentation qu'il doit épancher ses craintes et ses alarmes.

De toutes les factions, celle qui menaça le plus la liberté publique, celle dont les suites malheureuses furent incalculables, celle qui porta les coups les plus sensibles au corps social, c'est sans doute la faction Robespierre. L'ignorance et la corruption, telles étaient ses uniques idoles. De nombreuses bastilles s'élevaient sur tous les points de la république, la mort moissonnait sur l'échafaud des milliers de victimes ; le commerce était proscrit, l'agriculture méprisée ; les sciences et les arts gémissaient sous la verge de la tyrannie ; la vertu était un moyen de contre-révolution.

Nuit du 9 au 10 thermidor, nuit à jamais mémorable, tu vivras dans le Panthéon de l'histoire ! Si un ambitieux projetait encore l'asservissement de son pays, il se ressouviendrait de toi, et le tyran sera abattu.

Mais, représentants du peuple, nous vous le disons avec franchise, votre ouvrage est imparfait ; vous avez à la vérité terrassé le tyran, mais ses complices existent encore ! Ils ne sont pas tous tombés sous la massue nationale. La faction des hommes de sang n'a pu voir avec indifférence le triomphe des principes et de la vertu ; aussi s'est-elle agitée en tous sens pour faire revivre le terrorisme : elle s'est coalisée avec tous les crimes pour égarer l'opinion publique, pour la tenir dans une fluctuation perpétuelle, alimenter l'anarchie et secouer le brandon de la guerre civile. Mais les continuateurs sont connus, l'indignation publique les a signalés ; la France entière réclame à grands cris leur juste châtiment ; leurs efforts seront vains ; le peuple restera fidèle à la représentation nationale ; le peuple n'aime pas plus les crimes des uns que les *formes acerbes* des autres.

Une Société trop fameuse, sans doute, autrefois soutenue, honorée, respectée par le peuple, mais qui dès longtemps a perdu son antique gloire, en devenant le repaire de toutes les factions ; en un mot, la Société des Jacobins était le point de réunion des grands conspirateurs.

Ce fut là qu'on osa dire, avec une impudence dont l'impunité étonne tous les amis de la liberté et de l'égalité, « que les deux partis étaient en présence, qu'il fallait se tenir sur la brèche ; que le lion ne faisait que sommeiller, que son réveil serait terrible. »

Contre qui donc tourneraient ses fureurs, si ce n'est contre le peuple et la Convention nationale ? Eh bien, représentants, il faut enchaîner le lion ; il faut que son réveil ne soit terrible qu'aux oppresseurs, aux dominateurs, aux dilapidateurs, aux égorgeurs, aux noyeurs et aux royalistes.

Quant à nous, inviolablement attachés à la Convention nationale, nous ne souffrirons jamais qu'une puissance rivale s'élève à côté de toi. Nous ne perdrons jamais de vue ce grand principe consacré par l'histoire des peuples qui ont brillé dans l'antiquité : Que c'est la pratique de toutes les vertus qui conduit au véritable bonheur. Notre dernier cri sera vive la république une et indivisible ! vive la Convention nationale !

Les enfants de Brutus font hommage à la Convention d'un républicain armé qui, sous la conduite du chef de brigade Boisson-Quincy, vole à l'armée des Pyrénées-Orientales combattre les satellites du despote espagnol. Ces deux citoyens sont membres de la section de Brutus. La section observe à la Convention que le citoyen Boisson-Quincy, chef de brigade, est appelé à cette armée par le brave Dugommier. Elle est persuadée d'avance que ce brave militaire aura toutes les vertus de l'infatigable Dugommier.

Le Président, à la députation : Une Société jadis fameuse par ses services patriotiques, mais qui n'était plus qu'un rassemblement de fripons et de dupes, cette Société conspirait contre la représentation nationale ; l'opinion publique et la Convention ont surveillé ensemble, elles ont détruit ce repaire où des hommes féroces prêchaient la désorganisation et la calomnie contre la Convention. Quelque étendue que soit la carrière que la Convention et le peuple ont à parcourir, ils arriveront au bout. L'homme de bien a pour sa tranquillité le témoignage de sa conscience ; il se présente sans crainte à la postérité, et il ne craint pas d'en être repoussé.

Vous, guerriers, rappelez-vous que lorsque les tyrans avaient besoin de soldats, ils les recrutaient au milieu des débauches ; dans un pays libre, c'est la vertu qui appelle les citoyens à la défense de la patrie. Si vous arrivez un peu tard, soulagez vos frères ; dites-leur que nous combattrons les ennemis du dedans avec le même courage qu'ils combattent ceux du dehors.

— Les citoyens de la section de Guillaume-Tell défilent ensuite.

L'orateur : Législateurs, les citoyens composant la section de Guillaume-Tell viennent applaudir, dans le sein de la Convention, au décret du 22 brumaire, qui suspend les séances d'une Société qui rivalisait l'autorité des représentants du peuple français. Cette Société se disait populaire, et le peuple n'y était pas admis ; elle se disait amie de la liberté, et les opinions étaient enchaînées par elle, et l'on y combattait la liberté de la presse ; elle se disait amie de l'égalité, et les membres qui la composaient, héritiers des priviléges anéantis, étaient les seuls distributeurs des places ; ils se les partageaient, ou ne les donnaient qu'à leurs partisans, et en éloignaient les autres citoyens : elle se disait amie de la Convention, et elle protégeait les conspirateurs démasqués par elle ; et tandis que la Convention proclamait le règne heureux de la justice et de l'humanité, elle exaltait le peuple à réclamer le règne affreux de l'injustice et de la terreur ; elle chargeait un comité de lui présenter les moyens d'éluder la loi ; elle proclamait la guerre civile ; elle disait que le lion dormait, qu'il allait se réveiller et égorger ; que les partis étaient en présence, qu'il fallait monter sur la brèche et y périr ; elle applaudissait au récit des horreurs commises sur les bords de la Loire, et déclarait qu'elle ferait un rempart aux auteurs de ces crimes.

Législateurs, le peuple dormait en effet, puisqu'il a souffert si longtemps une conspiration contre sa représentation. Les citoyens de Guillaume-Tell, réveillés par la déclaration de guerre faite dans la séance des Jacobins, le 18 brumaire, ont enfin senti la nécessité de se montrer : ce n'est plus cette poignée d'hommes féroces qui, l'année dernière, à pareille époque, est venue vous demander neuf cent mille têtes ; c'est la masse des citoyens de la section de Guillaume-Tell, qui vient applaudir aux travaux de la Convention ; c'est une section du peuple assemblée légalement, qui vient vous demander la punition de ceux qui ont levé l'étendard de la guerre civile, qui vient aussi vous demander des mesures efficaces pour qu'à l'avenir les citoyens, convaincus que l'insouciance et la pusillanimité ont servi fortement la cause du dernier tyran, sortent de cet état de stupeur qui a failli perdre la république, afin que le vœu des sections soit le vœu de la généralité des citoyens qui les composent, et non pas le vœu d'une poignée d'intrigants qui les oppriment. (On applaudit. )

Le Président : Le patriote dont votre section porte le nom a pris à témoin les rochers de la Suisse que ce n'est pas le nombre qui terrasse la tyrannie, mais le courage et l'amour de la patrie. La section de Guillaume-Tell a toujours montré un courage qui fut avoué par la raison et par le patriotisme. Vos représentants auront toujours les yeux ouverts sur les coupables ; et si les terroristes voulaient encore lever la tête, si un instant de faiblesse suspendait la vengeance nationale, nous porterions nos yeux des bords de la Seine aux bords sanglants de la Loire, nous irions aux tombes de ces victimes, nous en exhumerions ces idées qui nous donneraient le courage de terrasser ceux qui veulent ramener la terreur.

La Convention applaudit à vos sentiments ; conservez-les

dans vos assemblées ; éclairez ceux qui ne sont qu'égarés, dénoncez les coupables. La loi frappera les derniers et ménagera l'innocent.

— Les citoyens de la section des Gardes-Françaises, en masse, succèdent.

L'orateur : Citoyens représentants, des mesures ont été prises dans votre séance ; ces mesures vigoureuses ont achevé de sauver la liberté

Oui, législateurs, vous avez anéanti une Société qui a voulu vous rivaliser ; Société qui, célèbre par ses services, ne l'est pas moins devenue par le nombre des traîtres sortis de son sein ; Société qui a eu l'orgueil de se qualifier de Société-mère, et qui ne craignait pas de chercher à dominer toutes les Sociétés populaires, tous les citoyens individuellement, et la Convention elle-même.

Admirateurs de vos efforts en faveur de la liberté, nous jurons, avec vous, guerre à mort aux intrigants, à tous les cannibales, et que notre seul cri de ralliement sera : Vive la république ! vive la Convention nationale !

Le Président : Tous ceux qui assistaient aux séances de cette Société ne sont pas coupables ; beaucoup étaient égarés par des hommes à réputation colossale.

Il ne faut plus souffrir qu'il soit élevé d'idole au milieu du peuple français. Il sera heureux, celui à qui le peuple dira à la fin de sa carrière : « Tu as bien fait ton devoir. » Jusque-là on ne doit juger le lendemain que ce qu'il a fait la veille.

Les hommes qui égaraient la Société des Jacobins ne sont pas inconnus ; ils sont connus ; leur front porte le sceau de l'ignominie (vifs applaudissements) ; leurs crimes sont écrits dans les pages de l'histoire.

Citoyens, vivez en frères dans vos sections ; aimez les lois ; maintenez le gouvernement révolutionnaire jusqu'à ce qu'on puisse y substituer le gouvernement républicain.

— Les ouvriers armuriers de l'atelier Marat présentent une pétition.

« Depuis que vous avez terrassé, disent-ils, le triumvirat, le 9 thermidor, et que vous travaillez sans cesse à écraser les hommes de sang, les immoraux, les dilapidateurs, les fripons et les intrigants ; tandis enfin que vous proclamez l'humanité, la terreur se propage de plus en plus dans notre atelier.

« Citoyens représentants, les denrées augmentent chaque jour, et on diminue la journée de plusieurs, parce qu'on exige ce qu'il est impossible de faire, faute d'outils.

« Nous nous résumons en demandant :

« 1° Que la porte de l'atelier reste ouverte toute la journée, mais que l'ouvrier qui s'absentera plus d'un quart d'heure pendant le travail perde un tiers de sa journée ;

« 2° L'augmentation du prix des journées et de quelques pièces mal payées, au prorata des denrées ;

« 3° Que la journée finisse à sept heures du soir, mais qu'on ne prenne qu'une demi-heure au déjeuner ;

« 4° Que si l'inspecteur casse des pièces bonnes en les visitant, elles resteront à sa charge. »

Tavrau : Examinez dans quelles circonstances on a jeté l'esprit de division dans les ateliers ; c'est au moment où nous nous occupions le plus de l'affaire de Carrier.

Je vois en général beaucoup d'abus dans toutes les administrations de la république. N'est-il pas inconcevable d'y voir encore une nuée de commis ? C'est surtout vers l'administration des subsistances que mes regards se portent : est-il possible que trois mois après la récolte la plus abondante, la pénurie soit aussi grande, et que le peuple manque de subsistances ? Je demande que le comité de gouvernement s'occupe de faire disparaître les abus qui se trouvent dans les agences.

Quant aux pétitionnaires, ils n'ont pas besoin de verroux ni de grilles pour travailler.

Turreau convertit en motion la demande des pétitionnaires.

Gutton : Mon collègue Turreau n'était sans doute pas présent au rapport qui fut fait dernièrement au nom du comité de salut public, sur la pétition des onvriers de l'atelier de l'Ile de la Fraternité. A la suite de ce rapport, je proposai la suppression du conseil d'administration. Après que cet arrêté eut été pris, je croyais la Convention satisfaite : maintenant il se répand le bruit que les commissions sont inutiles. Je demande à ceux qui parlent ainsi, s'ils se sont rendu compte des suites que pourrait avoir leur suppression ; par exemple, si l'on réformait la commission des armes, qui travaille sans relâche et nous fournit la foudre qui terrasse nos ennemis : croit-on que nous n'en ayons plus besoin ? (Il ne s'agit pas de cela ! s'écrie-t-on.)

GUYTON : J'entends dire que je me fais des fantômes pour les combattre. La Convention n'a-t-elle pas déjà décrété qu'il serait nommé une commission, tandis que deux membres étaient déjà chargés des détails qu'on voulait lui confier. Le comité de salut public doit vous proposer le rapport de ce décret. Je demande que la pétition soit renvoyée à 'en comité.

TAVEAU : J'appuie le renvoi ; car, loin de penser qu'il faille suspendre la fabrication d'armes, je déclare que le Français ne sera tout à fait libre que quand chacun pourra avoir, au pied de son lit, son fusil et la Déclaration des Droits de l'Homme. (Applaudissements.) Je ne crois pas que les commissions et les agences soient inutiles, mais je vois avec peine la multitude de commis qui y fourmillent ; beaucoup d'entre eux n'y sont que pour s'exempter de la réquisition. La commission des subsistances est composée d'agents ignorants ; je demande donc que le comité de gouvernement supprime les commis dont la suppression sera nécessaire.

BASSAL : J'appuie les observations de Taveau, mais je ne demande pas le renvoi aux trois comités réunis. Ils ne manquent pas de zèle, mais il leur serait impossible de parcourir même le labyrinthe des bureaux, et de voir à la fois cette foule incalculable de commis qui égalent les ouvriers, sinon par leur nombre, du moins par les dépenses qu'ils occasionnent.

Je demande qu'il soit fait un état de tous les commis qui sont dans toutes les administrations. Cet état présentera le nom, le prénom, l'âge, la profession de l'employé avant son installation ; il sera imprimé et distribué, et l'on formera une commission qui révisera ces détails, et elle fera un rapport à la Convention nationale.

GUYTON : La Convention a décrété, sur la proposition d'un membre, qu'il serait nommé une commission, composée de gens instruits, choisis dans son sein. Je crois qu'elle n'a point rempli ses vues dans cette affaire, car l'exécution en est impossible, et le comité de salut public en demandera le rapport. Le comité a pensé que, si vous n'aviez pas confiance en lui, il ne pouvait non plus avoir deux responsabilités ; celle de faire, et celle de ne pas faire. Voulez-vous donc désorganiser le gouvernement ? Il n'est pas temps encore d'arrêter la fabrication des armes. Notre collègue Legendre (de la Nièvre) a fait un grand travail là-dessus ; je demande que la Convention suspende toute décision jusqu'au rapport que j'en dois faire incessamment au nom du comité de salut public.

GUYOMARD : Je ne pense pas non plus qu'il faille arrêter la fabrication des armes. Mais, après les grandes tourmentes, on peut revenir sur les événements qui nous ont guidés. Comme l'a dit mon collègue, il y a une légion de commis dans les administrations, qui ne savent pas même écrire. Autrefois, quand un homme était éclairé, on l'appelait aristocrate, et on le chassait ; il faut maintenant que les places soient occupées par ceux qui sont le plus en état de les remplir.

Quant aux ouvriers qui sont à la barre, je demande le renvoi de leur pétition au comité de salut public. Je ne suis pas pour la formation d'une commission. Leur multitude détruit l'influence des comités.

L'on voit aussi dans les places une foule de jeunes gens de dix-neuf à vingt ans, qui devraient être aux frontières ; eh bien, leurs places doivent être données à des pères de famille ; ainsi trois cents commis feraient l'ouvrage de neuf mille.

DUQUESNOY : Dans les charrois et les transports militaires, les abus sont inconcevables ; j'ai reçu des nouvelles très-sûres qui me marquent qu'en très-peu de temps dix-huit cents chevaux ont péri. Si cela continue, nous n'aurons bientôt plus de chevaux, et ce ne sera pas étonnant. Ces administrations sont composées ( j'en ai envoyé le tableau au comité de salut public, et aussi aux Jacobins, car alors je les croyais dans les bons principes, avec les noms, l'âge et les demeures) ; ces administrations, dis-je, sont composées de prêtres, de nobles, de muscadins et de jeunes gens de la première réquisition ; il s'en trouve au moins dix sur cent qui ne sont pas en état de remplir leurs fonctions. J'ai proposé dans le temps des mesures utiles ; je demandais que chaque administration de district fût tenue de fournir deux hommes très-instruits, ce qui aurait fait tout à coup douze mille.

LECOMTE : Vous avez déjà entendu, dans cette enceinte, des plaintes contre les comités de gouvernement ; un membre même a précédemment proposé de changer le comité de sûreté générale, et de le renouveler séance tenante. ( Applaudissements.)

MAURE : Je demande l'ordre du jour. (Murmures.)

LECOMTE : Maure, ne m'interromps pas, que je ne perde pas le fil de mes idées. J'observe donc que, sur la simple observation d'un de nos collègues, l'assemblée décréta une commission de six membres ; c'est-à-dire que, sur une simple observation, une partie essentielle du décret d'organisation du comité de salut public a été éludée ; le comité de salut public, par le décret qui l'a formé, avait l'administration des armes ; par le décret qui établit la nouvelle commission, vous la lui ôtes. Je demande si votre intention, en ne pouvant l'attaquer en masse, est de l'attaquer par partie : on demande aujourd'hui une nouvelle commission, c'est pour le neutraliser. Cela diminuera-t-il les dépenses? au contraire, cette nouvelle commission exigera de nouvelles dépenses, cette commission aura des commis aussi. J'avoue que les abus de la bureaucratie sont très-grands; mais leur origine remonte au temps où ceux qui tenaient les rênes du gouvernement voulaient sa ruine.

Or je demande comment des misérables qui battaient le pavé, des misérables sans instruction, affublés d'un bonnet rouge et d'une culotte longue...... (Murmures.) Je demande que la Convention suspende ses mesures jusqu'à ce que le comité de salut public ait fait son rapport.

BASSAL : Il ne s'agit pas ici d'attaquer le gouvernement ; j'ai demandé que l'on fit un tableau des commis, où sera joint le nom, l'âge, l'état primitif...

Plusieurs voix : Tu avais demandé aussi une commission.

CAMBACÉRÈS : Citoyens, les mesures proposées en ce moment ont été déjà prises, à deux différentes fois, dans l'année qui vient d'expirer. Les comités, depuis leur nouvelle organisation, ont pris les mesures nécessaires pour se faire remettre les listes nominatives des commis. Mais ici, citoyens, il est bon que je fasse une observation. Une grande nation ne peut exister sans gouvernement , et un gouvernement ne peut exister s'il reçoit à chaque minute des atteintes directes ou indirectes , qui , ne fissent-elles que retarder sa marche d'une heure , sont un grand mal. On a vous a dit, par exemple, que les bureaux des commissions étaient peuplés de jeunes réquisitionnaires, de ci-devant prêtres, de ci-devant nobles, et qu'il fallait les renvoyer. Certes cette idée est spécieuse ; elle porte un vernis d'utilité publique qui entraîne les applaudissements. Eh bien , je déclare, moi, que cette mesure est contre-révolutionnaire dans son exécution, et je vais le prouver. Quoi ! citoyens, ne vous dégagerez-vous jamais de certaines préventions ? Qu'importe l'homme ? ce sont des talents qu'il faut à la république. Qu'importe ? ce sont des services que demande le gouvernement. Point d'exclusions définitives; elles sont injustes et dangereuses. C'est avec de pareils moyens que pendant trois ans, et antérieurement à la mémorable révolution du 10 thermidor, on avait rempli les places d'hommes révolutionnaires à la manière des conspirateurs. Il arrivait qu'il fallait dix personnes pour faire ce qu'auraient fait deux hommes instruits, et encore était-ce mal fait. Il ne suffit pas d'être patriote , il faut des moyens pour remplir une place. Je demande l'ordre du jour, motivé sur les dispositions du décret qui charge le comité de salut public d'épurer les commissions, et le rapport du décret qui a nommé la commission ; décret qui tend en effet à détruire l'autorité des comités.

MAURE : Je veux que la république soit juste. Il faut renvoyer des places ceux qui ne sont pas en état de les remplir, et y mettre des gens qui sachent bien travailler. Mais si la Convention est juste, elle ne doit pas permettre que ceux qui n'ont pas eu le courage de voler nos combats évitent l'ignominie qui les attend. Les administrateurs, au lieu de placer leurs amis, feront des amis à la révolution ; la faveur ne fera plus entrer dans les bureaux , des amis, des frères , des cousins.

*Une voix :* Tu avilis la Convention ; l'ordre du jour!

MAURE : Je demande pour les jeunes gens eux-mêmes, pour leur honneur, qu'ils soient renvoyés où le devoir les appelle , et qu'ils ne restent pas dans les bureaux où la honte et l'ignominie les attendent, quand leurs braves frères d'armes auront battu les ennemis.

On met aux voix la proposition de Cambacérès. — Elle est décrétée.

MONTMAYAU : Rien n'est si vrai que les épurations des bureaux sont pressantes, puisque, dans les comités même, on a falsifié des signatures pour mettre des contre-révolutionnaires en liberté. Les ouvriers sont de vrais sans-culottes, mais on jette le trouble dans leurs ateliers; le temps qu'on leur fait passer à venir ici est un moyen de contre-révolution. Depuis deux décades , plus de douze cents ouvriers sont venus perdre leur temps ici. Nous connaissons les hommes qui agitent sans cesse les sections et les ateliers , et qui veulent soulever les faubourgs; mais il y a ici des hommes qui ont la confiance du peuple. Le peuple veut finir enfin ; il est las du désordre ; un de ces vingt-quatre millions de citoyens demande que la justice règne dans la république. Ces hommes qui agitent sections , ateliers , sociétés populaires, qui soulèvent la Convention nationale, sont ces hommes placés par Robespierre ; il faut savoir les connaître. Je demande que le comité de salut public et de sûreté générale prennent toutes les mesures pour faire régner la paix et l'ordre dans les ateliers.

Cette proposition est mise aux voix et décrétée au milieu des applaudissements.

ROMME : Je demande à faire une motion d'ordre. Il est étonnant que la loi qui accorde des pensions aux défenseurs de la patrie , à leurs veuves , à leurs enfants, loi qui reçoit son exécution dans les départements, ne soit point exécutée à Paris. Je demande que le comité des secours s'occupe de faire lever les difficultés, et fasse un rapport à ce sujet à la Convention.

SAINT-MARTIN : Notre collègue Romme n'était sûrement pas à la séance, lorsque le comité des secours a fait quatre ou cinq rapport à la Convention sur les militaires , et leurs veuves et enfants. Le comité s'occupe sans relâche de cet objet, qui ne laisse pas d'être long , parce qu'il faut connaître le temps du service pour régler les pensions ; il faut que la commission en fasse son rapport , et que le comité le révise : cependant je puis annoncer d'avance , au nom du comité , que dans quatre ou cinq jours il sera fait un rapport général sur la liquidation générale des militaires et de leurs veuves.

BOURBOTE : J'arrive de l'armée de la Moselle, et je puis sans injustice accuser les autorités constituées qui n'exécutent pas les lois bienfaisantes de la Convention. J'ai vu moi-même des veuves des défenseurs de la patrie qui, depuis dix-huit mois, n'avaient encore rien reçu.

PAGANEL : J'invite Bourbote et tous ceux de nos collègues qui ont quelques renseignements à donner à les apporter au comité, qui s'empressera d'en faire usage. Nous nous livrons à un travail continu, qui vaut mieux que toutes les phrases. (On applaudit.) Que nos collègues nous secondent, et rendons-nous conjointement utiles.

COLLOT D'HERBOIS : Le retard dont on se plaint ne doit être attribué qu'aux avances que sont obligés de faire les commissaires distributeurs de district , ou à la négligence de la trésorerie à remplir les avances qu'ils ont faites. Je demande que le comité des secours prenne des moyens pour savoir si les avances faites par les commissaires ont été remboursées, et qu'il fasse un rapport pour que la loi ne souffre plus de retard.

Toutes les propositions sont renvoyées au comité des secours.

— Un secrétaire fait lecture de la lettre suivante :

*Le représentant du peuple, délégué par la Convention nationale dans les départements de l'Aisne et de l'Oise, au président de la Convention nationale.*

Beauvais, le 2 frimaire, l'an 2ᵉ de la république une et indivisible.

« Citoyen président , annonce à la Convention nationale que les opérations dont elle m'a chargé sont terminées dans le département de l'Aisne.

« Dis-lui que j'ai fait le possible pour appeler les fonctions administratives des citoyens à la fois révolutionnaires et honnêtes gens; que je crois y être parvenu. Me voilà depuis quelques jours dans le département de l'Oise. Peu avancé encore dans cette carrière révolutionnaire, j'y ai goûté déjà la satisfaction la plus douce. Il est délicieux pour mon cœur de te la faire partager.

La fête du Malheur a été célébrée à Beauvais décadi dernier; la vieillesse, l'indigence et la nature y ont été honorées et secourues. J'ai été le distributeur de la reconnaissance nationale; c'est un des plus beaux moments de ma vie.

J'ai embrassé, au nom de la Convention, les êtres les plus intéressants...... Les larmes du sentiment ont coulé de tous les yeux; tout le monde était heureux de la grandeur de la république et de la justice de la Convention.

« Il ne manque plus à la félicité des habitants de Beauvais que la proclamation du décret sollicité par Richard, le 8 du mois dernier.

« Le crime afflige cette cité ; que la justice la console, et que la gloire lui soit rendue.

« Tout à la République et à la Convention!

« Signé Pénard »

*** : Je demande le renvoi au comité de salut public, pour faire un rapport qui annule le décret par lequel cette commune a été déclarée en état de rébellion.

LEGENDRE (de Paris) : Il n'est pas besoin d'un renvoi pour cela ; je demande expressément le rapport de ce décret. J'ai été envoyé dans cette commune, en qualité de commissaire du conseil exécutif, avec Jean Debry et Merlin (de Thionville), tous deux députés alors à l'Assemblée législative ; nous parlâmes aux habitants de cette commune ; nous les excitâmes à voler à la défense de la patrie ; il ne resta à Beauvais que les vieillards, les femmes, les filles et les enfants. (On applaudit.) La Convention a été trompée depuis par les conspirateurs qui égaraient l'opinion.

LEVASSEUR (de la Sarthe) : Je rends la même justice aux habitants de cette commune. Ils ont toujours été attachés à la liberté et à la Convention ; il est très-vrai que l'assemblée et le comité de salut public ont été abusés par un rapport faux en tous ses points.

*** : Par Mazuel.

ISORÉ : Je demande l'insertion de la lettre au Bulletin. La commune de Beauvais n'a jamais été déshonorée, malgré les menées du contre-révolutionnaire Mazuel et autres qui l'ont calomniée. La Convention nationale a déjà chargé le comité de salut public de faire un rapport à ce sujet, et j'invite Richard, rapporteur, à le présenter au plus tôt.

L'insertion de la lettre est décrétée.

La Convention décrète à l'unanimité le rapport du décret qui déclare la commune de Beauvais en état de rébellion.

La séance est levée à trois heures.

SÉANCE DU SOIR DU 4 FRIMAIRE.

Cette séance, consacrée au renouvellement du bureau, donne Clauzel pour président, et pour secrétaires Porcher, Boudin, et Rovère.

SÉANCE DU 5 FRIMAIRE.
*Présidence de Clauzel.*

La section de la Cité est admise.

*L'orateur* : Législateurs, si tant de fois des députations des sections, qui ne vous apportaient que le vœu d'une douzaine de factieux, vinrent vous féliciter sur des lois rendues à une époque où la terreur pesait sur vos têtes comme sur les nôtres, il est aujourd'hui du devoir des hommes pour qui la république ne fut jamais un vain nom de vous présenter le tribut de leur reconnaissance pour la proscription de ce système affreux, et nous vous l'offrons.

Une Société trop longtemps égarée par le dernier tyran, dirigée depuis sa chute par ses lâches courtisans, voulait rivaliser de pouvoir avec vous ; ses séances sont suspendues, et le calme dont nous jouissons est la preuve la plus certaine de la sagesse de vos mesures.

LE PRÉSIDENT : Les Sociétés populaires n'ont pas été instituées pour rivaliser d'autorité avec la représentation nationale, la propagation des principes de justice, d'humanité, de vertu, et corriger les mœurs, voilà leur tâche : ce devoir consolant pour l'homme de bien ne pourra jamais sympathiser avec ces êtres ambitieux, corrompus, à caractère farouche, qui ne connaissent que le désordre et l'anarchie.

Citoyens, sachez distinguer et donner votre confiance à ces hommes modestes, désintéressés et laborieux ; défiez-vous des intrigants qui ont sans cesse les mots vertu, liberté, dans la bouche, pour mieux vous tromper et vous entraîner plus sûrement à la tyrannie.

La Convention nationale vous invite à assister à sa séance.

— La section de Bonne-Nouvelle est introduite.

« Législateurs, dégagés par vos efforts du joug des oppresseurs et des hommes de sang, qui naguère, par la terreur, nous avaient enchaînés et nous comprimaient, pour ainsi dire, dans un silence de mort, nous nous hâtons de déposer dans votre sein l'expression de la joie et de la satisfaction que nous avons ressentie à la lecture de votre sage décret qui suspend cette Société d'énergumènes qui prétendaient qu'à la faveur de leurs conciliabules nocturnes ils maintiendraient un gouvernement désorganisateur et sanguinaire, par lequel ils espéraient rivaliser la représentation nationale, et ainsi anéantir le règne de la justice et des vertus que vos serments nous garantissent.

Si nous sommes privés, si nous souffrons momentanément de la rareté des denrées les plus nécessaires à nos besoins journaliers, la cause ne provient-elle pas d'une administration mal-entendue, et dans laquelle il a été introduit des ignorants ou des êtres immoraux, instruments perfides et créatures idolâtres des derniers dominateurs ?

Maintenez, législateurs, le gouvernement révolutionnaire, si utile aux succès de vos importantes fonctions.

La députation est admise à la séance.

*Les citoyens de Thionville à la Convention nationale.*

« Tu viens de décréter la fin des malheurs publics. Les citoyens de Thionville n'ont jamais été les derniers à t'exprimer leur reconnaissance.

« Juge du bonheur et de l'ivresse auxquels nos âmes peuvent à peine suffire ; ah ! que n'es-tu toute entière présente à nos transports, comme le juste, l'humain représentant Loisel, comme l'intrépide, le bienfaisant représentant Merlin ; ils entendent nos cris de joie ; ils jouissent avec nous des fruits de la victoire ; ils voient le bonheur public.

« Nous te bénissons ensemble, ô toi qui viens de fermer le refuge du crime, l'antre de la discorde, et le dernier asile de la terreur.

« La vertu triomphante n'a plus à redouter les efforts du crime abattu.

« Sauveurs de la patrie, pas plus de paix avec les assassins et le reste des conspirateurs de la nuit du 9 thermidor qu'avec les rois ; ils se prêtaient un mutuel appui ; nos enfants puniront les rois ; foudroie le crime : et bientôt dans la paix et le bonheur nous jouirons du fruit de tant de travaux, nous jouirons de la liberté, notre unique divinité, et de la douce égalité. »

*(Suivent plusieurs pages de signatures.)*

— Des Adresses de Verdun, de Dijon, de Cambrai, de L'Aigle, de Phalsbourg, d'Arras, de la Tarrie, de Donjerre (département de la Drôme) ; du district de Bordeaux ; du département du Mont-Blanc, des citoyens d'Abbeville, de Châtillon, d'Antibes, d'Alais, de La Rochelle, et une infinité d'autres dont il serait trop long de donner la nomenclature, contiennent l'expression des mêmes sentiments.

La Convention en décrète la mention honorable.

— La section du Muséum vient demander la liberté des citoyens Bayeux et Degmi, incarcérés à la suite de la révolution du 9 thermidor, et dont elle atteste le civisme.

LEGENDRE (de Paris) : Le comité de sûreté générale a été chargé de faire un rapport sur les arrestations faites par suite de la révolution du 9 thermidor ; il l'avait confié à Amar, qui est sorti du comité au moment où il allait le faire. Depuis, Laporte en a

76

été chargé, et Laporte est malade. Cependant le rapport ne se fait pas, et des citoyens nécessaires à leurs familles, des citoyens qui n'ont été coupables que d'erreur, languissent dans les prisons, tandis que les grands coupables jouissent de l'impunité. Si je me trompe , l'opinion publique me redressera ; mais les trois conspirateurs fieffés, les intimes de Robespierre, qui ne se sont divisés que sur les victimes, sont encore dans la Convention. (Applaudissements.) Ces hommes jouissent de la liberté de faire le mal ; et des hommes qui ont détruit le trône, qui ont abattu le tyran, qui ont terrassé les Girondins, sont encore attachés à ces misérables par l'astuce qu'ils savent employer. Mais ils ouvriront les yeux, ils connaîtront bien ces trois vils caméléons.

Je demande que le rapport du comité de sûreté générale, sur les arrestations ordonnées à la suite de la révolution du 9 thermidor, soit fait dans les premiers jours de la décade prochaine. (Applaudissements.)

BILLAUD-VARENNES : Je demande la parole.

LEGENDRE : Je demande à répliquer. Je vous accuse tous, malheureux !

MONTMAYAU : Le comité s'occupe de l'affaire dont il s'agit ; j'en ai vu toutes les pièces, et j'assure qu'il n'y est pas question des trois hommes dont il s'agit. Je ne sais si Legendre a des pièces que nous ne connaissons pas, mais je n'ai pas trouvé, dans celles que j'ai examinées, une seule ligne qui pût inculper les trois hommes dont il s'agit. Nous avons toujours marché entre deux partis.....

*Plusieurs voix :* L'ordre du jour !

BENTABOLE : Je demande la parole pour une motion d'ordre. (Murmures.)

DUQUESNOY : Montmayau a la parole pour une motion d'ordre ; elle doit lui être maintenue.

CHATEAUNEUF-RANDON : Je demande que la voix de la vérité et de la vertu sans tache soit enfin entendue.

MONTMAYAU : Vous vous rappelez qu'on nous a dit ici que nous étions des oisons, des moutons (murmures); on a profité de notre inexpérience pour nous tromper. Depuis le 9 thermidor, la Convention a été digne du peuple ; depuis ce temps elle a dû s'apercevoir que des partis ont voulu succéder à Robespierre : on vous a signalé le règne du lion ; moi je vous signale celui des vipères, celui des hommes qui distillent le venin de la calomnie sur des représentants du peuple qui travaillent dix-huit heures par jour; qui , depuis cinq ans, luttent contre le royalisme, le fédéralisme et l'aristocratie. La calomnie est au moral ce que le poison est au physique. Je suppose que douze journalistes se distribuent la tâche de calomnier les représentants du peuple ; ils auront bientôt détruit la Convention. (Quelques applaudissements. — Murmures.) Les uns voudraient dominer par les Sociétés populaires, les autres par les journaux ; il faut que les chefs se taisent, car toutes les factions trouveront leur tombeau ici. Je demande que le comité de législation présente, sous trois jours, la loi contre les calomniateurs.

BENTABOLE : On n'aurait pas dû s'opposer à la motion que je voulais faire terminer la discussion, car je ne voulais que demander l'exécution de la loi. La Convention a cru qu'elle ne devait pas s'occuper de dénonciations hasardées, mais qu'elle devait les approfondir lorsqu'elles étaient fondées. C'est pour cela que vous avez décrété que, lorsque quelqu'un de vos membres serait dénoncé, les comités examineraient la dénonciation, afin que ces membres ne fussent pas diffamés mal à propos. C'est la conduite qu'il faut tenir ici.

LECARPENTIER (de la Manche) : Il est affligeant de voir des représentants se déchirer entre eux. S'il y a des dénonciations fondées, qu'on suive la voie qu'indique la loi, et qu'on ne vienne pas à tout instant empêcher ici la marche du gouvernement révolutionnaire. La Convention ira au but, elle traversera les déchirements qu'occasionnent les passions en se heurtant réciproquement. Il s'agit ici de la question la plus importante que la Convention ait à traiter, de la liberté des opinions dans son sein ; mais il ne faut pas qu'on la porte au point de répandre un nuage sur la réputation des personnes, sans preuves précises.

Lorsque Legendre a pris la parole, il ne s'agissait uniquement que de savoir si le rapport des détenus par suite de la révolution du 9 thermidor serait fait dans la décade prochaine. J'appuie cette proposition et celle de Montmayau, et je demande qu'on passe à l'ordre du jour sur le surplus.

Cette proposition est adoptée.

— La commission des Vingt et Un présente la rédaction de l'acte d'accusation contre Carrier.

LOFFICIAL : Je ne vois pas que, dans l'acte d'accusation qui nous est proposé par la commission des Vingt et Un, il soit question de la lettre écrite par Carrier au général Haxo, par laquelle il lui disait « d'enlever toutes les subsistances de la Vendée ; qu'il fallait en exterminer tous les habitants, détruire toutes les habitations ; que telle était l'intention de la Convention nationale, et qu'il lui en ferait passer incessamment l'ordre. » Cette lettre présentait un corps de délit, puisque l'intention contraire de la Convention nationale était manifestée par les décrets des 19 mars, 10 mai, 5 juillet et 1er août 1793. En conséquence, je demande qu'il en soit fait mention dans l'acte d'accusation.

Plusieurs autres membres parlent dans le sens de cette proposition.

\*\*\* : Je trouve, en effet, dans cette lettre deux délits graves : le premier , d'avoir présenté ces horreurs comme ordonnées par les lois de la Convention ; le second, d'avoir ainsi fait périr beaucoup de patriotes; car le quart de la Vendée, peut-être le tiers, n'était pas en rébellion. Et qu'ont fait les généraux en suite des ordres de Carrier ? Ils faisaient assembler une commune entière ; les officiers municipaux avec leurs écharpes étaient en tête : eh bien , quand ils étaient assemblés , on fusillait tout , femmes et enfants ; on pillait la commune, et on la brûlait.

Treilhard pense que cette lettre, qui explique les pouvoirs donnés par Carrier à Lambertye, doit bien faire preuve au procès, mais non pas motiver un article de l'accusation.

Un membre observe que le tribunal ne pouvant instruire que sur les articles portés en l'acte d'accusation , il est nécessaire d'en faire un de cette lettre.

LOFFICIAL : Je demande à répondre à mon collègue Treilhard.

Il est d'autant plus intéressant que l'acte d'accusation qui vous est présenté établisse un chef d'accusation sur cette lettre, que, d'après la loi sur la garantie de la représentation nationale, la procédure contre Carrier ne peut s'instruire, et le jugement ne doit se prononcer que sur les chefs d'accusation portés contre lui. D'ailleurs, citoyens, je vois deux corps de délit dans cette lettre: le premier est d'avoir calomnié la Convention nationale en disant que l'intention de la Convention nationale était d'exterminer tous les habitants de la Vendée et d'en incendier tous les bâtiments, tandis qu'elle avait manifesté une intention contraire par ses décrets que j'ai précédemment cités, et notamment par celui du 1er août 1793.

Le second corps de délit naît de ce qu'il est présumable que cette lettre a paru, aux généraux perfides qui commandaient les troupes de la république dans les départements insurgés, une autorisation suffisante pour détruire ce fertile pays, et en égorger tous les habitants sans distinction d'âge ni de sexe, de patriotes ou de rebelles ; car ce n'est que depuis cette lettre que les actes de barbarie les plus atroces, et que la postérité ne pourra pas croire, ont été commis dans ces départements. Il faut que vous sachiez, citoyens, que les généraux, pour détruire plus sûrement et plus promptement les habitants de ce malheureux pays, avaient imaginé d'envoyer à chaque commune l'ordre de se réunir à telle heure, et dans tel champ qu'ils désignaient. Les habitants, qui étaient bien éloignés de soupçonner la perfidie des généraux, pensant obéir aux ordres de la Convention nationale, se rendaient au lieu indiqué, hommes, femmes et enfants, leurs officiers municipaux, décorés de leurs écharpes, en tête ; la troupe arrivait ; les trop confiants habitants s'attendaient à voir des frères qui venaient recevoir leurs serments de fidélité à la république ; mais ils ne trouvaient que des assassins qui les fusillaient lâchement et sans miséricorde, allaient ensuite piller les maisons de la commune et les brûlaient ; les malades et les infirmes étaient inhumainement massacrés dans leurs lits. Il est évident que si ces communes avaient été du parti des rebelles, elles n'auraient pas obéi aux ordres des généraux. C'est cette conduite plus qu'atroce, ce sont les expéditions sanglantes faites à Nantes, sous les yeux ou par ordre de Carrier, qui ont allumé de nouveau cette guerre presque éteinte, en forçant la presque totalité des habitants, qui ne voyaient que la mort, à se réunir à Charette pour se conserver la vie. Tous les rapports s'accordent à dire qu'avant ces cruautés Charette n'avait pas sous ses drapeaux plus de quatre ou cinq cents hommes ; une vérité est qu'à cette époque un grand nombre de communes étaient restées fidèles à la république, avaient combattu les rebelles et n'avaient pris aucune part à la révolte : certainement elles n'ont pas été plus respectées que les autres ; en conséquence, je propose l'article additionnel qui suit :

« La Convention nationale accuse Carrier d'avoir écrit au général Haxo, le...... que l'intention de la Convention nationale était d'exterminer tous les habitants de la Vendée, et d'en incendier toutes les habitations ; que c'est depuis cette lettre que les généraux ont incendié un grand nombre de communes, ainsi que les fermes, et égorgé les habitants, sans distinction d'âge ni de sexe, de patriotes ou de rebelles.

Cet article est adopté.

Leflot demande qu'on renvoie à un comité à examiner si on peut admettre des preuves testimoniales contre un représentant du peuple.

Guérin, *rapporteur* : Je combats cette proposition comme contraire aux vrais principes, ceux de l'égalité.

S'il était possible d'élever à cet égard des doutes, il en résulterait l'impunité des horreurs commises à Nantes, et dont est accusé Carrier, si d'ailleurs on n'avait pas des écrits de cet accusé qui certifient les plaintes publiques ; au surplus les témoins doivent toujours être appréciés sur leur moralité.

Thibault : Si l'on n'admettait pas les preuves testimoniales, un représentant pourrait impunément assassiner en plein jour. Je suppose qu'un représentant requière la force armée pour arrêter un de ses collègues ; en serait-il moins coupable, pour n'avoir pas pris d'arrêté ? Et ceci n'est point une supposition gratuite ; cela est arrivé à Leflot.

Leflot : Je défie qu'on prouve rien contre moi ; je demande que Thibault porte sa dénonciation au comité.

Thibault : Je n'ai pas dénoncé, mais cité un fait.

Leflot réclame la parole avec instance. Thibault la demande aussi. Leflot insiste pour que Thibault soit entendu.

Chazal observe qu'il s'agit non d'individus, mais de principes.

L'assemblée passe à l'ordre du jour sur cet incident.

Réal : Et moi aussi je pense qu'il est des cas où un représentant du peuple ne pourrait être traduit en jugement sur de simples preuves testimoniales. Citoyens, cette question tient aux plus grands intérêts de l'ordre social. La garantie de la représentation nationale sera toujours le plus ferme rempart de la liberté publique. Pour résoudre cette question, il suffit de distinguer les cas.

Sans doute, lorsqu'il existe un corps de délit constant et des preuves écrites, revêtues d'un caractère authentique contre un représentant, on doit admettre les preuves testimoniales qui viennent à l'appui. Mais, si un mandataire du peuple était accusé d'un de ces crimes qui ne laissent aucune trace matérielle du délit, et qu'il n'y eût d'ailleurs aucun écrit émané de lui à sa charge, pensez-vous qu'il fût sage et politique de l'accuser sur de simples témoignages, toujours équivoques lorsqu'ils sont dénués du concours des autres preuves ? Je ne le pense pas, moi ; les représentants du peuple seront toujours le point de mire des ennemis de la liberté. Il faut donc les garantir de leurs atteintes meurtrières.

Au reste, cette question est oiseuse. D'une part, les lois sages que vous avez faites sur cette matière, les filières par lesquelles doit passer une dénonciation contre un représentant, garantissent suffisamment la représentation nationale, et assurent au peuple l'action de la loi contre ses mandataires infidèles ; d'autre part, dans l'affaire de Carrier, il n'y a malheureusement que trop de preuves écrites, émanées de sa main, pour justifier notre décret d'accusation. Je demande que l'on passe à l'ordre du jour sur toutes les propositions incidentes, et que l'on discute article par article l'acte d'accusation.

Cette proposition est adoptée.

Un membre propose d'ajouter au premier article, relatif aux individus que Carrier ordonnait d'exécuter sans jugements, ces mots : *amenés à Nantes*. Il observe que cette conduite de Carrier est ce qui constitue le délit qui est imputé, en ce qu'on aurait pu faire fusiller sur-le-champ de bataille les brigands pris les armes à la main, et que les faire amener à Nantes était un raffinement de barbarie.

Réal voudrait que l'on ajoutât aussi par sous-amendement : *contre le vœu formel de la loi*.

Le premier amendement seul est adopté. Il sera ajouté à l'article.

Sur des articles suivants, portant l'inculpation contre Carrier d'avoir fait fusiller des brigands sans jugement, Devars demande que le mot *prétendus* précède *brigands*, car enfin, dit-il, c'est Carrier qui les appelait ainsi, et rien n'est moins constaté que cette qualification. Je demande qu'il soit dit des *prétendus brigands*.

Guérin, rapporteur, observe que, dans la rédaction de l'acte d'accusation, la commission s'est servi des expressions consignées dans les pièces.

Boudin : J'insiste pour que l'article soit adopté comme il est conçu. Croyez-vous rendre Carrier plus coupable par cette distinction ? Eh ! ne l'était-il pas assez en faisant fusiller ou noyer, sans jugement préalable, les brigands eux-mêmes ?

L'article est adopté comme il est rédigé, et successivement les autres articles de l'acte d'accusation.

En voici la rédaction.

*Acte d'accusation contre le représentant du peuple Carrier.*

« La Convention nationale, après avoir entendu la commission des Vingt et Un ;

« Accuse le représentant du peuple Carrier, l'un de ses membres :

« 1° D'avoir, le 27 frimaire, l'an 2°, donné à Phelippes, président du tribunal criminel du département de la Loire-Inférieure, séant à Nantes, l'ordre écrit de faire exécuter, sans jugement et sur-le-champ, vingt-quatre brigands qui venaient d'être arrêtés les armes à la main, et amenés à Nantes, dont deux de treize, et deux de quatorze ans ; d'avoir, le même jour, réitéré verbalement l'ordre précédent, quoique Phelippes lui eût reprenté qu'il contrariait les lois des 19 mars, 10 mai et 5 juillet 1793 (vieux style) ;

« 2° D'avoir, le 29 dudit mois de frimaire, donné l'ordre écrit audit Phelippes de faire exécuter sans jugement vingt-sept brigands qui avaient été arrêtés les armes à la main, et qui avaient été amenés aussi à Nantes, dans le nombre desquels se trouvaient sept femmes ;

« 3° D'avoir autorisé une commission militaire à faire fusiller les gens de la campagne, dont une partie n'avait jamais pris les armes, et d'avoir fait investir dans la nuit différentes communes de campagne, dont ensuite les habitants, qui depuis plus de deux mois restaient tranquilles, cultivant leurs champs, ont été tous fusillés indistinctement, sans avoir été interrogés ;

« 4° D'avoir fait noyer ou fusiller un très-grand nombre de brigands, qui s'étaient rendus à Nantes sur la foi d'une amnistie ;

« 5° D'avoir fait subir à quatre-vingts et quelques cavaliers brigands, armés et équipés, le même sort qu'à d'autres détenus, quoiqu'ils eussent déclaré venir, au nom de toute l'armée ennemie, pour se rendre, livrer leurs chefs pieds et mains liés ; que trois d'entre eux se détacheraient pour porter l'acceptation, et que les autres resteraient en otages ;

« 6° D'avoir ordonné ou toléré diverses noyades d'hommes, d'enfants et de femmes, dont plusieurs enceintes ;

« 7° D'avoir donné des pouvoirs illimités au nommé Lambertye, qui s'en est servi pour les noyades de prêtres, autres personnes, et pour des mariages qu'il appelait républicains, et qui consistaient à mettre nus un jeune garçon et une jeune fille, les lier ensemble et les jeter ensuite à l'eau ;

« 8° D'avoir défendu à tous citoyens d'obéir aux ordres du représentant du peuple Tréhouard, pour lors revêtu des pouvoirs de la Convention nationale, en le déclarant partisan de tous les fédéralistes, royalistes, modérés et contre-révolutionnaires des pays qu'il avait parcourus ; et cela, parce que le représentant du peuple Tréhouard avait fait mettre en arrestation le nommé Lebatteux, qui, muni des pouvoirs illimités de Carrier, et à la tête d'une armée dite révolutionnaire, s'était livré à plusieurs actes arbitraires, avait fait arrêter et fusiller huit individus, quoique deux d'entre eux produisissent des certificats de civisme en bonne forme ;

« 9° D'avoir écrit au général Haxo, le 23 frimaire ;

« que l'intention de la Convention nationale était de « faire exterminer tous les habitants de la Vendée, « et d'en incendier toutes les habitations ; »

« C'est depuis cette lettre que quelques généraux ont fait incendier un grand nombre de communes de ce pays, ainsi que les fermes, et fait égorger les habitants, sans distinction de sexe, d'âge, de patriotes et de rebelles ;

« 10° Et d'avoir donné au chef et à chacun des membres de la compagnie dite *Marat* des pouvoirs qui mettaient dans leurs mains les moyens d'attenter à la liberté, à la sûreté et aux propriétés de tous les citoyens.

« En conséquence, la Convention nationale décrète que Carrier sera traduit devant le tribunal révolutionnaire, à Paris, pour y être jugé sur les faits ci-dessus, conformément à la loi.

« Charge sa commission des Vingt et Un d'envoyer, dans le plus bref délai, à l'accusateur public près ce tribunal, toutes les pièces dont elle est dépositaire, relatives à la conduite de Carrier. »

BOUDIN : La Convention nationale doit tirer parti du grand acte de justice que vous venez de consommer, en essayant de faire rentrer dans le giron de la république des frères que les fureurs de Carrier en ont peut-être fait sortir, ou en tiennent éloignés.

Un des grands délits dont Carrier est accusé, c'est d'avoir fait périr un grand nombre de brigands qui s'étaient rendus à Nantes, sur la foi d'une amnistie en faveur de ceux qui mettraient bas les armes.

Cette violation de la foi promise est encore présente à l'esprit des rebelles. Leurs chefs s'en servent pour les retenir dans le crime. Plusieurs d'entre nous savent très-bien qu'on n'a aucune confiance dans les proclamations de ceux de nos collègues en mission dans ces contrées malheureuses. On ne se fie qu'aux promesses qui émanent directement de la Convention nationale.

Ils peuvent justifier leur défiance sur la conduite de Carrier, ainsi que sur l'improbation de la Convention nationale elle-même à la proposition faite par notre collègue Levasseur d'accorder une amnistie aux rebelles qui mettraient bas les armes.

Je crois que la Convention nationale devrait enfin se prononcer d'une manière formelle à cet égard.

En attendant, je crois qu'elle ferait une chose salutaire à la république, si elle voulait adopter le décret que je vais lui proposer.

« La Convention nationale décrète que l'acte d'accusation porté contre Carrier sera imprimé et placardé et affiché dans tous les lieux environnant ceux qui seront encore infestés par des rebelles de la Vendée et des chouans.

« Les représentants du peuple en mission dans ces départements informeront directement la Convention de l'exécution du présent décret. »

LEGENDRE (de Paris) : Il ne faut rien préjuger sur la décision du tribunal révolutionnaire. Je demande l'ajournement jusqu'après le jugement de Carrier.

L'ajournement est décrété.

LEGENDRE : Je demande aussi que l'acte d'accusation ne soit pas inséré au Bulletin ; car, comme le Bulletin est placardé partout, cela produirait l'effet que nous voulons éviter.

PIERRET : L'acte d'accusation ne préjuge rien ; c'est un acte émané de la Convention, et qui doit, comme tous les autres, être inséré au Bulletin.

THIBAULT : Il faut que le peuple sache que la Convention a le courage d'accuser ses membres lorsqu'ils lui paraissent coupables ; il faut qu'il connaisse les motifs de l'accusation, et pour cela il n'y a pas d'autre moyen que d'insérer l'acte d'accusation au Bulletin.

L'insertion est ordonnée. (*La suite demain.*)

LIVRES DIVERS.

*Histoire du lion de la ménagerie du Muséum national d'Histoire naturelle, et de son chien;* brochure in-18, avec figure. Prix : 10 s.; 18 s., avec figure enluminée, et 2 liv.; format in-8°, avec une gravure très-belle.

A Paris, chez Ouchet, rue et maison Serpente, et au Muséum d'histoire naturelle.

# GAZETTE NATIONALE ou LE MONITEUR UNIVERSEL.

N° 69.    *Nonidi* 9 Frimaire, *l'an* 3e. (*Samedi* 29 Novembre 1794, *vieux style*.)

## CONVENTION NATIONALE.
### Présidence de Clausel.

#### SUITE DE LA SÉANCE DU 5 FRIMAIRE.

Une députation de la section des Champs-Elysées est admise.

*L'orateur :* La section des Champs-Elysées, qui était jalouse de provoquer les premières mesures qui ont consacré l'existence des Sociétés populaires en les rappelant à leur institution, ne l'est pas moins aujourd'hui de féliciter la Convention du décret qu'elle a porté contre ce reste de la faction du dictateur, séant aux Jacobins, contre ces individus qui, semblables à nos anciens privilégiés, n'avaient de leurs prédécesseurs que le nom, sans en avoir aucune vertu, et prétendaient rivaliser les mandataires du peuple.

Courage, représentants ! fournissez la carrière que vous vous êtes tracée ; c'est au but que les couronnes civiques vous attendent. Ecrasez dans votre course tous ces reptiles venimeux qui cherchent à obstruer votre passage, et qui n'ont de monstruosité que pour le sang innocent dont ils se sont gorgés.

LE PRÉSIDENT : Nos armées victorieuses partout font chanceler les tyrans sur leurs trônes ; la Convention nationale saura aussi remplir le vœu du peuple : elle déclare une guerre à mort à tous les factieux, à tous les intrigants, à tous les terroristes, à tous les déprédateurs de la fortune publique, à tous les ennemis du peuple, de quelque masque qu'ils se couvrent. Le règne de la vertu et de la justice est arrivé ; c'est sur ces bases que la représentation nationale veut fonder la république qui doit rendre tous les Français heureux.

Lorsque Capet existait, les Jacobins ont sauvé la chose publique par leur énergie ; leur salle était alors le séjour de la vertu ; ils ont hâté la destruction du despote ; mais, en renversant le trône, la Convention a juré d'anéantir la tyrannie. Depuis le 9 thermidor, la Société des Jacobins a voulu rivaliser avec la représentation nationale ; elle est devenue le repaire des factieux, des agitateurs : il était du devoir des représentants d'un peuple libre, fidèles à leur serment, de fermer une enceinte souillée par le crime.

— La section du Faubourg-Montmartre succède.

*L'orateur :* La section vient applaudir au parti de sagesse et de prudence qui a dicté votre décret du 22 brumaire, relatif à la clôture du lieu des séances d'une Société délibérant sur nos intérêts politiques, et qui, par cela seul, ne pouvait élever dans l'Etat qu'un schisme et un système de division, toujours contraire à l'unité et à la tranquillité de vos fonctions et de notre gouvernement.

Nous déposons sur l'autel de la patrie la somme de 2,350 liv. ; sous que nous avions destinée pour armer un cavalier de la secte dont personne de nous ne veut aujourd'hui porter le nom ; nous désirons tous qu'elle soit plus utilement employée à la construction d'un des vaisseaux de la république. Nos concitoyens nous ont dit : « Assurez nos représentants qu'ils doivent compter sur notre activité infatigable pour maintenir la tranquillité de leurs délibérations. Dites-leur que la peste et l'hydrophobie ont aussi leurs crises, mais que les enragés et les pestiférés sont assujettis, dans les hospices, à des traitements particuliers. Si quelqu'un, en parlant de cette Société qui fut, rappelait des services rendus alors à la liberté, convenez-en...; mais observez que les plantes et les reptiles vénéneux entrent aussi dans la composition des médicaments les plus salutaires, mais qu'il n'en faudrait pas conclure que nos pharmacies dussent être encombrées de ciguë et de vipères, etc.

« Enfin, dites à nos représentants que ce n'est point aujourd'hui un parti qui fait le procès à l'autre ; que c'est la raison qui soumet l'intrigue, et la justice qui terrasse le despotisme. »

LE PRÉSIDENT, à la députation : Citoyens, comptez sur l'énergie de la Convention comme elle compte sur le courage du peuple ; les mesures de justice sont à l'ordre du jour. Trop longtemps le peuple a gémi sous l'oppression d'une poignée d'hommes féroces. Souvenons-nous que, quelques services qu'un homme ait rendus, il n'est qu'un atome dans la masse des individus ; n'élevons plus d'idole ; comptons avec les hommes au jour le jour ; louons aujourd'hui ce qui est digne d'éloges, louons demain ce qui en mérite encore ; c'est ainsi que nous nous tiendrons constamment dans la mesure de la justice. Assez de citoyens ont été égorgés sans formes : la Convention ne souffrira pas qu'on les viole. Elle accepte votre don, et vous invite à la séance.

— La section de la Halle-au-Blé présente une Adresse énonciative des mêmes sentiments.

— La section des Amis de la Patrie est admise.

*L'orateur :* Citoyens représentants, la section des Amis de la Patrie, en masse, vient désavouer formellement devant vous l'arrêté pris le 20 brumaire dans son assemblée, à la suite duquel il vous fut, le 21, présenté une pétition par une poignée d'hommes, dont les chefs, encore couverts du sang innocent qu'ils ont fait verser, ont eu l'imprudente audace de vous dire qu'elle était le vœu général de leurs concitoyens.

L'assemblée générale a fait justice de cette pétition, et a ordonné qu'elle serait rayée des registres de ses séances, comme liberticide et contre-révolutionnaire, tendant à abolir le gouvernement qui a sauvé la France pour en remettre les rênes dans les mains de ces hommes qui ont souillé la république par des cruautés inconnues jusqu'à nos jours.

Nous venons vous féliciter de votre décret qui suspend les séances des Jacobins. Périssent ceux qui par la terreur voudraient replonger la patrie dans le deuil et rivaliser de pouvoir avec le peuple, représenté par la Convention nationale !

LE PRÉSIDENT : La protestation que vous venez de faire contre cette Adresse vous prouve combien il est nécessaire que les bons citoyens assistent à leurs sections : le crime veille quand le patriotisme dort.

Citoyens, redoublez d'activité, mais qu'elle soit dirigée par la raison, par l'amour de la patrie ; serrez-vous les uns contre les autres ; pardonnez à vos ennemis, qu'ils marchent avec vous pour le salut de la patrie. Oubliez les haines personnelles : les tyrans ne les fomentaient qu'afin d'exciter les divisions et de régner plus aisément. Eclairez celui qui n'est qu'égaré ; joignez-vous à vos représentants, et, en dépit de tous nos ennemis, nous établirons le gouvernement républicain sur des bases solides et durables.

RICHARD, au nom du comité de salut public : Citoyens, l'armée des Pyrénées-Orientales a remporté de nouveaux succès, et la république a perdu un bon général.

Voici les lettres officielles :

*Le représentant du peuple près l'armée des Pyré-*
*nées-Orientales à la Convention nationale.*

À Laguilaas, le 26 brumaire, l'an 3ᵉ de la république
une et indivisible.

« Citoyens collègues, l'armée espagnole fut attaquée
hier à sa droite et à sa gauche, tandis que le centre était
menacé par une réserve proportionnée à nos forces. Partout les républicains ont combattu avec le plus grand
acharnement. Notre colonne de droite, commandée par le
général de division Augereau, a exterminé toute la gauche
de l'ennemi ; l'artillerie, les camps qu'il avait été au point
sont eu notre pouvoir ; nous ne connaissons pas encore le
nombre des bouches à feu qui ont été prises, mais il doit
être considérable. Les tentes et effets de campement suffiraient pour dix à douze mille hommes. Le camp des émigrés se trouvait précisément dans cette partie de l'armée
ennemie ; nos braves frères d'armes les ont traités suivant
l'indignation et l'horreur qu'ils inspirent ; mais, fatigués
sans doute de carnage, ils ont accordé la vie à mille
Espagnols ou Portugais qui ont posé les armes, et qu'on a
conduits à Perpignan. Les efforts de notre gauche sur la
droite des ennemis ont été vigoureux ; mais les ennemis
ayant singulièrement renforcé ce point par plusieurs lignes
de redoutes, et la colonne qui les y attaquait n'ayant pu
être bien nombreuse, nous n'avons pas pénétré de ce côté-
là. Le général de division Sauret, qui commandait notre
gauche, s'est conduit, dans ces attaques, avec toute la
valeur et la prudence d'un guerrier républicain expérimenté.

« La colonne du centre n'a été occupée qu'à des diver-
sions : les généraux, commandants, officiers, soldats, tous
se sont conduits avec valeur ; notre artillerie à cheval,
commandée par le général Guillaume, et notre cavalerie,
commandée par le général Dogue, qui étaient en réserve
sur le centre, n'ont pas eu occasion de satisfaire à l'impatience qu'elles avaient de se mesurer à leur fantaisie avec
l'ennemi. Le général Victor, chargé d'une fausse attaque
sur Spouilles, par le col de Bagnols, l'a très-bien dirigée ;
enfin tous nos frères d'armes ont combattu de manière à
mériter la reconnaissance publique.

« L'attaque fut vive et meurtrière, la défense fut opiniâtre ; nous ignorons le nombre des morts et des blessés
ennemis, mais il doit être considérable, notamment vers
notre droite.

« Nous avons à regretter la mort du général en chef Dugommier ; nous étions sur la montagne Noire, où il était
monté pour être mieux à même de voir et diriger les opérations ; les ennemis jetaient sur cette montagne une
quantité considérable d'obus ; un de ces obus tomba sur la
tête du général, qui mourut sur le coup. Je lais enterrer
sur le fort de Sud-Libre ; je laisse à la Convention nationale le soin d'honorer sa mémoire et de secourir ses enfants.

« Ce n'est ici qu'un premier aperçu de l'expédition d'hier ;
nous vous ferons parvenir de plus grands détails aussitôt
que nous les aurons recueillis.

« Salut et fraternité.                                 DELBERT. »

RICHARD : Le comité me charge aussi de vous annoncer les nouveaux triomphes de l'armée de la
Moselle ; elle s'est emparée d'un poste important, et
a repoussé tout ce qui s'opposait à sa marche victorieuse.

*Le général Moreau, commandant l'armée de la*
*Moselle, aux représentants du peuple composant*
*le comité de salut public.*

Saulveiller, le 2 frimaire, l'an 3ᵉ de la république
française, une et indivisible.

« Sitôt, citoyens représentants, que la forteresse de
Reinsfeld fut au pouvoir de la république, je fis marcher
la division sous les ordres du général Debrun sur Luxembourg, pour, avec les forces qui étaient déjà dans cette
partie, en faire le blocus.

« Le 29 brumaire, le général Debrun arriva, avec les
troupes qu'il commande, à la hauteur d'Yenglester, et le
30 il poussa, avec son avant-garde, une reconnaissance
du rôle de la route de Luxembourg à Liège. Il a rencontré
l'ennemi près de Blaschoidt et Lorenteveiller, au nombre

d'environ douze cents hommes d'infanterie et huit cents de
cavalerie. Cette cavalerie a chargé la nôtre, qui n'était
composée que de deux compagnies de dragons du 5ᵉ régiment, qui ont soutenu valeureusement ce choc, ont re-
chargé à leur tour, et ont culbuté l'ennemi, qui a eu
douze hommes tués, une trentaine de blessés et six prisonniers, ainsi que seize chevaux pris. Les deux compagnies de dragons, capitaines Rovillais et Fortier, se sont
conduites avec la plus grande bravoure, ainsi que les
grenadiers du 38ᵉ régiment du 1ᵉʳ bataillon des Vosges ;
et, en général, toute la troupe a montré le plus grand
courage dans cette action, qui ne nous a coûté qu'un dragon et un grenadier blessés, avec quatre chevaux aussi
blessés. L'adjoint Dobres s'est parfaitement comporté ; il a
eu son cheval blessé d'un coup de feu. Le capitaine Fortier
a été blessé à la main et au pied.

« Le 1ᵉʳ frimaire, toutes les troupes se mirent en marche
pour prendre position devant cette forteresse. La division
du général Debrun balaya la forêt de Gennevald, où l'ennemi était fort d'environ quatre mille hommes d'infanterie,
deux cents hussards, de l'artillerie et des abattis considérables. Le feu fut vif de part et d'autre, mais l'ennemi a
été forcé de céder, malgré tous ses avantages, à la valeur
républicaine, et de nous abandonner trois pièces de canon,
dont deux de 7, et quatre caissons ; on croit même qu'il a
été obligé de laisser d'autres objets dans la forêt de Strafen ;
on en est à la recherche.

« L'action a duré depuis onze heures du matin jusqu'à
la nuit ; l'ardeur emporta tellement nos frères d'armes
qu'ils ont été fusillés jusqu'aux palissades des ouvrages
avancés.

« Les brigades sous les ordres des généraux Huet et Lo-
duchelle ont poussé l'ennemi avec la plus grande valeur,
et avec une telle précipitation qu'il n'a pu se rallier que
sous le canon de la place, où il a fait résistance, mais avec
beaucoup de perte ; elles leur ont pris vingt-quatre hommes d'infanterie, et tué un plus grand nombre. Partout la
troupe s'est conduite avec la plus grande bravoure.

« Toute la garnison de Luxembourg était sortie, à l'exception d'un bataillon et deux compagnies d'un autre ;
partout elle a été repoussée avec beaucoup de perte.

« Nous occupons toutes les positions avantageuses autour de la place, et éloignées d'une demi à trois quarts de
lieue.

« Salut et fraternité.                                 MOREAU. »

RICHARD : Le comité de salut public me charge de
vous proposer le décret suivant :

« La Convention nationale, après avoir entendu le rapport de son comité de salut public, décrète :

« Que le nom du général Dugommier, commandant en
chef de l'armée des Pyrénées-Orientales, tué à la bataille
du 27 brumaire, sur la montagne Noire, d'un coup d'obus,
sera inscrit sur la colonne élevée au Panthéon à la mémoire
des défenseurs de la patrie.

« La Convention charge son comité de salut public de
prendre des renseignements sur la famille de Dugommier,
et de lui en rendre compte. »

Ce décret est adopté.

Dubois-Crancé observe que Dugommier avait été
choisi par ses concitoyens de la Martinique pour les
représenter à la Convention nationale ; mais que,
regardé comme plus utile à la tête des armées de la
république, il y avait été envoyé de préférence. Dubois-Crancé demande que ce fait soit aussi consigné
sur la colonne. (Adopté.)

Porcher fait lecture de la lettre suivante, adressée
à la Convention nationale par un adjudant général
de l'armée de Dugommier et son ami particulier.

*L'adjudant général Boyer jeune au président de la*
*Convention nationale.*

Laguilaas, le 26 brumaire, l'an 3ᵉ de la
république.

« Citoyen président, pénétré, comme je le suis, des
bonnes dispositions de la Convention nationale à l'égard
des enfants qui ont perdu leur père en défendant honorablement la cause de la république ; pénétré de la reconnaissance qu'elle conserve à leur souvenir et de la certitude

qu'elle s'empressera d'accorder à une famille malheureuse toutes les consolations que réclame sa déplorable situation, je viens fixer un instant votre attention sur celle du brave général Dugommier, mort au milieu de ses triomphes et au comble de sa gloire. Ayant été honoré plus particulièrement de sa confiance, et ayant connu, pendant sa vie, les ressources et les facultés qu'il pouvait avoir, je vais vous donner des renseignements exacts, et que personne ne pourrait vous donner avec plus de vérité.

« Le général Dugommier jouissait en Amérique, avant la révolution, de 2 millions de biens ; à cette époque il fut un des premiers à embrasser avec enthousiasme la cause de la liberté. Son patriotisme hautement prononcé le fit nommer colonel des gardes nationales de la Martinique ; la défense vigoureuse du fort Saint-Pierre, qu'il soutint à leur tête contre les troupes rebelles du traître Béhague, est connue de tout le monde. Les patriotes des colonies étant alors réduits à un petit nombre et gémissant dans la plus grande oppression, il fut envoyé en France par ses concitoyens, pour y solliciter des secours contre les ennemis de la révolution.

« Il vint donc en France en 1792, et fit alors auprès des ministres tout ce qu'il put pour délivrer ces contrées éloignées de l'état d'oppression qui les accablait. Les communications ayant été interrompues, il prit le parti de rester en France et de se vouer de nouveau à la défense de la patrie.

« Il fut employé comme général de brigade à l'armée d'Italie ; il eut ensuite le commandement du siège mémorable de Toulon, et fut enfin nommé général en chef de l'armée des Pyrénées-Orientales. C'est à ses sages dispositions que l'on a dû les fameuses journées des 11 et 12 floréal, la prise de Saint-Elme, Collioure, Port-Vendres et Bellegarde, tous les succès, enfin, de cette armée, et l'évacuation totale du territoire de la république par les Espagnols.

« Toutes ces victoires lui avaient mérité, à juste titre, le nom de libérateur du Midi ; il était enfin il était parvenu au plus haut point de gloire, et il ne manquait plus à ses triomphes que de mourir les armes à la main, comme il est mort hier 27, en donnant ses ordres pour le nouveau succès qui a couronné cette journée.

« En mourant il laisse deux fils, tous deux adjudants généraux dans cette armée, dignes héritiers des vertus républicaines de leur père ; c'est le seul héritage qu'il leur a transmis, et ils n'ont absolument d'autres ressources que leurs appointements ; et une fille qu'il adorait, et qui dans ce moment est à Marseille, et se trouve sans aucun moyen d'existence. Sa femme, qui est restée dans les colonies, auprès de sa mère, se voit, à l'âge de cinquante-six ans, dans la plus affreuse détresse, ayant vu tous ses biens devenir la proie des rebelles, et les Anglais étant, pour cet instant, maîtres de la partie qu'elle habite.

« Un autre de ses fils s'était embarqué sur la flotte destinée à porter des secours aux Iles-du-Vent ; le vaisseau qu'il montait fut séparé des autres par une bourrasque, et on n'a aucune connaissance de son sort.

« Voilà, en peu de mois, la triste situation de la famille du brave général Dugommier, qui n'a d'autre ressource que dans la bienfaisance et la reconnaissance nationales.

« Outre les quatre enfants dont je viens de parler, le général Dugommier avait encore un fils et une fille naturels ; il prenait soin de leur enfance, et avait placé l'un dans une maison d'éducation à Belleville près Paris, et l'autre auprès de sa fille à Marseille. Ces deux enfants se trouvent aujourd'hui seuls et étrangers dans le monde, sans aucune espèce de fortune, leurs mères étant deux personnes de couleur. Ne pensez-vous pas comme moi, citoyen président, que la Convention nationale se fera un plaisir et même un devoir d'assurer l'existence et l'éducation de ces deux infortunés ?

« Voilà, citoyen président, les réflexions que mon cœur m'a dictées ; en vous les communiquant, c'est un tribut que je paie à l'amitié et à la mémoire d'un homme auquel nous devons tous la plus grande estime, et qui va exciter les regrets de la république entière.

« Salut et fraternité. Boyer jeune. »

Cette lettre est renvoyée au comité de salut public, pour donner des renseignements sur la famille du général Dugommier.

La Convention ordonne en outre l'insertion au Bulletin.

MAREC : Je me sens pressé de rappeler à l'assemblée un fait qui honore encore le brave général que nous venons de perdre, et qui retrace cette honorable pauvreté dans laquelle vivaient les premiers généraux de la république romaine : c'est ici un trait digne des Camille et des Fabricius, et des beaux temps de Rome.

Dugommier avait perdu une immense fortune dans les colonies en s'y dévouant à la défense de la république. Lorsqu'il fut nommé à Paris général de brigade, au mois de septembre 1793, il y vivait dans un tel état de dénûment qu'il fut obligé de solliciter auprès de la Convention nationale une avance de 1,000 écus pour pouvoir faire ses équipages. J'étais alors membre du comité de la marine et des colonies, et Dugommier se donna la peine de venir chez moi pour me prier d'appuyer sa demande ; ce que je fis avec autant de zèle que d'attendrissement.

Sans ce léger secours, Dugommier ne serait peut-être pas parti ; et c'est aussi peut-être à cette cause si mince en apparence qu'ont tenu les immortelles victoires de Toulon, de Collioure, de Saint-Elme et Bellegarde, etc., qui placent Dugommier sur la ligne des plus célèbres généraux de l'antiquité. (On applaudit.)

La Convention ordonne l'insertion de ces faits au Bulletin.

— Letourneur (de la Sarthe) informe la Convention nationale que le général de brigade Dutertre lui a écrit en date du 29 brumaire, et lui annonce que les mesures de justice et d'humanité que l'on prend pour la Vendée semblent devoir mener cette guerre à son terme prochain.

« Les chouans viennent tous les jours, dit ce général, se jeter dans nos bras, et disent que, puisqu'on abat les échafauds, ils renoncent à combattre leurs frères. »

La Convention ordonne la mention de ces faits au Bulletin.

La séance est levée à trois heures.

### SÉANCE DU 6 FRIMAIRE.

OUDOT, au nom du comité de législation : La veuve Pagnon est donataire universelle en usufruit des biens de son mari, par leur contrat de mariage du 30 avril 1780.

Pour profiter de cet avantage, les lois portent qu'il faut faire insinuer les donations mutuelles dans quatre mois après le décès du prémourant.

Jean-Pierre Pagnon est décédé au service de la république, le 26 juillet 1793 (vieux style) ; son décès n'a été connu de sa veuve que dans le courant du mois de prairial dernier, par voie indirecte, ce qui l'a déterminée à s'en faire délivrer un certificat, qui lui a été expédié le 20 dudit mois de prairial.

Ce décès est arrivé lors du blocus de Valenciennes ; l'armée ayant été enfermée dans cette commune, il n'a pas été possible à la veuve Pagnon de s'assurer du décès de son mari.

Dans cette position, n'ayant pu satisfaire à la loi, elle demande une exception en sa faveur pour faire valider sa donation.

Cette demande a paru à votre comité de toute justice.

Vous lui avez renvoyé une autre pétition absolument semblable, présentée par les citoyens de la section de la Halle-aux-Blés en faveur de la citoyenne Bouley, veuve Guenin, qui n'a appris la mort de son mari que huit mois après son décès, et qui a fait insinuer, immédiatement après, une donation que lui avait faite son mari. Cette formalité n'étant pas été remplie dans le délai de quatre mois, elle demande qu'elle soit validée par la Convention.

La section de la Halle-aux-Blé expose de plus qu'il y a un grand nombre de veuves qui sont dans la même position.

Votre comité a donc pensé qu'il serait avantageux pour la chose publique de vous proposer une disposition générale à cet égard.

Voici le projet de décret :

« La Convention nationale, après avoir entendu le rapport de son comité de législation sur les pétitions de Marie-Catherine Goulet, veuve Pagnon, et de la citoyenne Bouley, veuve Guenin, et des citoyens de la section de la Halle-au-Blé ;

« Considérant que le délai de quatre mois fixé par les lettres-patentes du 3 juillet 1769 pour faire insinuer les dons mutuels entre les époux, à compter du jour du décès du prémourant, est trop court relativement aux veuves des fonctionnaires publics éloignés de leur domicile et des défenseurs de la patrie, qui ne peuvent souvent avoir, pendant un si court espace de temps, des nouvelles certaines de la mort de leur mari, décrète ce qui suit :

« Art. Ier. La citoyenne veuve Pagnon demeure autorisée à faire insinuer la donation insérée dans son acte de mariage, en date du 30 avril 1780, pendant un mois, à compter de ce jour, et que cette insinuation vaudra comme si elle avait été faite dans les quatre mois.

« II. L'insinuation de l'acte de donation mutuelle entre les époux Guenin et Bouley, qui n'a eu lieu que huit mois et dix-sept jours après la mort dudit Guenin, décédé au service de la patrie, vaudra comme si elle avait été faite dans les quatre mois après le décès.

« III. Les veuves des défenseurs de la patrie, et celles des fonctionnaires publics employés hors de leur domicile ordinaire, auront un an, à compter de la mort de leur mari, pour faire l'insinuation des dons mutuels faits en leur faveur. »

Ce décret est adopté.

OUDOT : Par acte passé devant le chancelier du consulat de la république française à New-York, le 13 mars 1794 (vieux style), 23 ventose dernier, dont l'expédition a été certifiée par le consul de France, le citoyen Jean-Baptiste-Claude Hooke, habitant des Cayes, île de Saint-Domingue, a fait donation entrevifs, à sa nièce Agathe Hooke, en considération de son mariage avec le citoyen Carruyer, d'une somme de 100,000 livres.

Cet acte, passé à New-York, ne peut être enregistré dans le domicile du donateur, à cause des troubles qui existent à Saint-Domingue. Nos collègues de cette colonie ont attesté ces faits par un certificat qui a été mis sous les yeux du comité.

Dans ces circonstances, la citoyenne Carruyer demande à être autorisée à faire l'enregistrement de son acte et de l'acceptation dans un des bureaux à Paris, et à y acquitter les droits.

Votre comité n'a pas cru que vous puissiez refuser cette autorisation, à la charge néanmoins que l'enregistrement ne vaudra qu'à l'égard des parties contractantes, et qu'il sera renouvelé dans le lieu du domicile du donateur aussitôt qu'il sera possible de le faire.

Voici le projet de décret :

« La Convention nationale, après avoir entendu le rapport de son comité de législation sur la pétition de la citoyenne Agathe Hooke, femme Carruyer, tendant à obtenir la permission de faire insinuer dans l'un des bureaux d'enregistrement de Paris une donation qui lui a été faite par un habitant des Cayes de Saint-Domingue, attendu l'impossibilité de faire procéder à cette formalité dans le lieu du domicile du donateur ;

« Considérant que les communications avec les différentes parties de la colonie de Saint-Domingue, soit du Nord, soit de l'Ouest, soit du Sud, sont nulles et absolument interrompues, décrète que la citoyenne Carruyer demeure autorisée à faire insinuer dans l'un des bureaux de l'enregistrement de la commune de Paris la donation qui lui a été faite, en faveur de son mariage, par le citoyen Jean-Baptiste Hooke, à New-York, le 23 ventose dernier, par-devant le chancelier du consulat de la république, ainsi que l'acceptation de cette donation, et que cette insinuation vaudra comme si elle avait été faite dans le lieu du domicile du donateur, sans néanmoins qu'elle puisse être opposée à des tiers habitants de la colonie de Saint-Domingue jusqu'à ce qu'elle ait été réitérée dans le lieu du domicile du donateur. »

Ce décret est adopté.

ROMME : Je reçois une lettre d'un homme qui a vécu trois mois sous le même toit avec Carrier, et qui demande à faire une déclaration sur son compte.

BOISSY : Tout est terminé à l'égard de Carrier ; les déclarations ne doivent plus être reçues maintenant que par le tribunal.

— Un membre, au nom du comité des secours publics, propose divers projets de décrets qui accordent à des défenseurs de la patrie des secours qu'ils ont réclamés.

CAMBON : Je demande si la Convention nationale entend qu'on paie sur ces décrets. Malgré tout l'ordre qui règne dans les finances, quelques-uns de nos collègues, qui ont osé afficher le royalisme, ont dit qu'il fallait décréter le régime de Louis XIV ; ils ont dit que, lorsque ce tyran soutenait la guerre contre toutes les puissances coalisées, il n'avait dépensé que 219 millions par année, tandis que les dépenses de celle-ci montent à 2 milliards ; ainsi l'on veut faire croire que la Convention est la dilapidatrice des fonds publics. Je sais qu'on veut un nouveau 31 mai ; je sais que Dufourny, qui a fait le 2 septembre, que Dufourny, qui est toujours avec la maudite députation de Paris, que j'ai dénoncée et qui s'est grossie, ne cherche qu'à faire un nouveau 31 mai. Je demande la parole pour un rapport général sur les finances, et ensuite je démasquerai ceux qui veulent rétablir le royalisme et faire un second 31 mai ; car je sais qu'il existe des listes de proscription contre plusieurs membres de cette assemblée. Qu'on examine ma conduite. Vous vous contentez d'appuyer, par des applaudissements, certaines motions ; ce n'est pas assez, il faut faire tomber ma tête si elle est coupable, mais il ne faut pas laisser planer injustement le soupçon sur ceux qui ont bien servi la patrie.

*** : La sortie de Cambon n'a aucun rapport avec les décrets que l'on propose, et il n'y a pas de doute que la trésorerie doit payer toutes les lois que la Convention l'ordonne.

Ces décrets sont adoptés.

PERRIN (des Vosges) : Je vous dois un compte sommaire de mes opérations dans les départements du Gard, de l'Hérault et de l'Aveyron.

L'Adresse de la Convention a été reçue avec enthousiasme dans ces trois départements ; partout on a vu avec la plus vive satisfaction que la justice n'était plus un vain mot, et partout le peuple vous bénit à chaque instant du jour.

Le département du Gard avait été agité par des mouvements de fédéralisme et de fanatisme ; tout est éteint ; les chefs des rebelles ont été punis ou sont en fuite. Il ne restait plus que quelques hommes égarés, que, par prudence, on avait entassés dans les prisons ; je les ai rendus à la liberté ; j'ai prêché la confiance, et je n'ai laissé dans l'âme du méchant d'autre terreur que celle que lui inspire le sentiment de ses crimes. (Applaudissements.)

J'ai cru bien servir mon pays en rendant à la liberté des cultivateurs et des négociants qu'on n'avait emprisonnés que parce qu'ils avaient de la fortune. (Nouveaux applaudissements.)

J'ai cru que ceux-là n'étaient point les amis de la patrie, qui, la veille de la foire de Beaucaire, avaient fait incarcérer ces négociants et privé huit mille ouvriers d'occupation. (Applaudissements.)

J'ai cru que ceux-là n'étaient point les amis de la patrie, qui voulaient ne laisser que 25,000 liv. de capital à ceux qui avaient une fortune excédante, et j'ai pensé qu'ils ne s'arrêtaient à ce maximum que parce qu'ils ne l'avaient point encore volé. (Applaudissements.)

J'ai dit et je répète qu'il faut que le négociant, qui expose sa vie et ses biens sur les mers, soit sûr de transmettre à ses enfants le gain qu'il aura fait au péril de ses jours ; j'ai dit qu'il fallait que le riche secourût le pauvre, mais que, sous ce prétexte, il ne fallait pas voler le riche.

Il est des maux que je n'ai pas pu réparer, ceux qui ont été occasionnés par un tribunal atroce que vous connaîtrez bien dans la suite ; j'ai été convaincu que la hache de la loi avait été remise entre les mains d'hommes qui, n'écoutant que leurs passions, avaient fait périr leurs ennemis particuliers en les qualifiant du titre d'ennemis publics. J'ai fait interroger tous les détenus, et ils étaient en grand nombre.

Il y avait à Nîmes un magistrat féroce qui désignait avec un doigt de sang les victimes qu'il voulait qu'on sacrifiât. Son nom est en horreur dans tout le Midi, et l'on ne se souviendra que Courbis a été maire de Nîmes que pour couvrir sa mémoire de malédictions.

J'ai vu des pièces qui m'ont prouvé que cet homme atroce, imitant le Caligula que nous avons frappé le 9 thermidor, ajoutait aux listes des détenus qu'on lui présentait, ou la condamnation aux galères, ou la déportation à la Guyane, selon que sa scélératesse l'y portait.

J'ai trouvé l'esprit public généralement bon dans le département de l'Hérault ; cependant les districts de Béziers et de Saint-Pons renfermaient quelques jongleurs, quelques prêtres qui y excitaient des mouvements : je les ai éloignés à vingt lieues de l'endroit où ils prêchaient leurs fourberies. J'ai pris la même mesure dans l'Aveyron. Je n'ai privé de la liberté que ceux qui s'opposaient au bien que je voulais faire en votre nom. La liberté est le plus précieux de tous les biens, pour lesquels nous combattons depuis six ans, et qu'il ne faut pas ravir à personne sans cause légitime. (On applaudit.) Partout j'ai cherché à faire aimer la révolution, partout je l'ai présentée sous des formes agréables, et je suis bien sûr d'avoir rempli les intentions de la Convention. (Oui, oui! s'écrie-t-on en applaudissant vivement.)

Citoyens, nous voulons tous le bonheur du peuple ; ne nous déchirons pas entre nous si nous voulons que nos concitoyens ne se déchirent pas entre eux. Que ceux de nos collègues qui ont reçu quelques talents de la nature les emploient à éclairer leurs frères plutôt qu'à faire des diatribes dégoûtantes. (Applaudissements.) Si nous voulons que la paix règne dans la république, il faut qu'elle règne ici. Si je savais qu'un de mes collègues eût commis quelque prévarication, j'irais dire la vérité aux trois comités, et je ne viendrais pas ici faire planer le soupçon sur la tête de personne.

Citoyens, nous avons vu ici de ces faiseurs de phrases qui trompaient le peuple et la Convention. Tous les intrigants se sont détruits eux-mêmes, et j'aime à croire qu'il n'en reste plus parmi nous ; mais si cependant il y en avait encore, il faudrait en faire justice sans nous déchirer ; car ce n'est qu'autant que nous nous respecterons nous-mêmes que le peuple nous respectera. (Applaudissements.)

La Convention décrète que le rapport de Perrin sera inséré au Bulletin.

Thuriot, au nom du comité de salut public : Représentants du peuple, par décret du 5 nivose dernier, la Convention nationale a exclu les étrangers du droit de représenter le peuple français.

L'application de cette loi peut-elle se faire à Dentzel, député du Bas-Rhin ?

Telle est la question sur laquelle vous avez à prononcer.

Dentzel est né en 1757 à Durkeim, ville ci-devant dépendant de la principauté de Linange.

Il s'est embarqué pour l'Amérique avec les régiments que la France y a fait passer pour soutenir la cause de la liberté.

En 1783 il s'est fixé à Landau.

Le 22 janvier 1784, il y a épousé la fille du bourgmestre.

Au mois de mars suivant il a sollicité et obtenu des lettres de naturalité qui ont été homologuées au conseil souverain d'Alsace.

Il demeurait encore à Landau lors de l'élection des députés à la Convention nationale ; les électeurs du département du Bas-Rhin le nommèrent.

Pour conserver le caractère de représentant, il invoque la constitution de 1791, qui avait force au moment de son élection.

« Ceux là, porte-t-elle, sont réputés Français, qui, nés hors du royaume, de parents étrangers, auront résidé en France pendant cinq ans, qui y auront acquis des immeubles, ou épousé une Française, ou formé un établissement d'agriculture ou de commerce, et prêté le serment civique. »

Dentzel invoque aussi la constitution républicaine, qui porte :

« Tout étranger qui, âgé de vingt et un ans, domicilié en France depuis une année, y vit du fruit de son travail, ou acquiert une propriété, ou épouse une Française, ou adopte un enfant, ou nourrit un vieillard, est admis à l'exercice des droits de citoyen français. »

Il rappelle le décret du 30 mars 1793 (vieux style), qui a prononcé la réunion à la république de Worms, Durkeim et autres communes.

L'esprit de la loi du 5 nivose dernier paraît se concilier facilement avec les motifs de décision que Dentzel fait valoir en sa faveur sur la question de droit qui vous occupe seule, et dont la solution ne peut rien préjuger, dans tous les cas, relativement à l'affaire de Landau.

Le but de la loi a évidemment été de ne point admettre et de ne point conserver dans le sein de la représentation nationale des hommes attachés par les intérêts les plus puissants aux nations en guerre avec la France ; des hommes envoyés en France depuis le 14 juillet 1789 pour servir, par leurs intrigues et par leurs crimes, la cause des tyrans ; des cosmopolites accoutumés à être les espions et les instruments coupables des cabinets des puissances coalisées ; des hommes qui, après avoir parlé et écrit en faveur du royalisme, prennent, pour le mieux servir encore, le masque du patriotisme, enveloppent les amis de la liberté, et parviennent progressivement à les égarer et à leur faire déchirer le sein de leur patrie ; des hommes enfin sans domicile, sans état, sans existence, vivant du produit de leurs calomnies, de leurs forfaits et de leurs trames criminelles contre la liberté publique.

Il y avait six ans que Dentzel était domicilié en France lorsque la révolution a commencé ; il y en avait cinq qu'il était naturalisé Français et avait épousé une Française.

Son pays, qui avait été réuni à la France par décret du 30 mars 1793, est en ce moment possédé par les Français. Il est père de quatre enfants nés en France.

Tout semble donc se réunir pour déterminer à prononcer que la loi du 5 nivose ne peut lui être appliquée.

Votre comité de salut public m'a chargé de vous proposer le décret suivant :

« La Convention nationale, après avoir entendu son comité de salut public, considérant que Dentzel était naturalisé Français dès 1784, qu'il est né dans un pays dont les Français sont actuellement en possession ; qu'il est père de quatre enfants nés en France ;

« Déclare que la loi du 5 nivose dernier ne peut lui être appliquée, et qu'il conserve le caractère de représentant du peuple français. »

Ce décret est adopté.

— Sur le rapport de Dubois-Dubais, les décrets suivants sont rendus :

« La Convention nationale, après avoir entendu le rapport de son comité des secours publics, décrète que la trésorerie nationale paiera, sur le vu du présent décret, au citoyen Venée-Moussée, volontaire au 2ᵉ bataillon de la Charente-Inférieure, blessé grièvement d'un coup de biscaïen au service de la république, la somme de 200 liv., à titre de secours provisoire, imputable sur la pension à laquelle il a droit. »

— « La Convention nationale, après avoir entendu le rapport de son comité des secours publics, décrète que la trésorerie nationale paiera, sur le vu du présent décret, au citoyen Ambroise Ploux, ayant eu la cuisse cassée par un boulet, au service de la république, la somme de 200 liv. à titre de secours provisoire, imputable sur la pension à laquelle il a droit. »

COLOMBEL, au nom du comité de sûreté générale: Aussitôt après la journée du 10 août, l'Assemblée législative ayant envoyé des représentants aux armées, les trois commissaires chargés de se rendre à celle que commandait Lafayette furent arrêtés le 14 août par le conseil général de la commune de Sedan, qui prit à ce sujet une délibération unanime, très-coupable dans ses motifs comme dans son résultat, mais qui porte aussi des caractères manifestes d'aveuglement et de suggestions.

L'administration du département séant à Mézières n'avait pas méconnu le caractère des représentants ; mais elle ne publiait point les lois du 10 août et jours suivants, et le 15 elle prit aussi un arrêté pour en suspendre l'envoi aux municipalités. Huit administrateurs se préservèrent de l'égarement de leurs collègues, et se déclarèrent opposants.

Le district de Sedan prit de son côté un arrêté répréhensible qu'il consigna sur le registre, mais il ne lui donna point de publicité, et la chose demeura si secrète qu'on n'en eut connaissance que d'après une recherche faite en floréal dernier, c'est-à-dire au bout de vingt et un mois.

L'influence de Lafayette, sa grande réputation, les récits calomnieux qu'il fit faire de la journée du 10 août, furent la cause de l'égarement de ces trois autorités constituées. Son émigration leur dessilla les yeux ; la prison des représentants fut ouverte à l'instant, et chacune des trois administrations fit une rétractation de ses erreurs. Le département donna à la sienne tout l'éclat qu'elle devait avoir ; le district se contenta d'en rédiger une sur ses registres, où elle demeura ensevelie dans le même secret que la délibération.

Les commissaires élargis, convaincus de la bonne foi des autorités constituées, de l'attachement que le peuple avait pour elles, et de la nécessité du concours des officiers civils de la frontière pour le service des armées, les confirmèrent dans leursfonctions.

Ceci se passa le 20 août. Ainsi, en moins de six jours, toutes les fautes furent désavouées ; elles ont été depuis réparées par une conduite irréprochable,

tellement qu'on n'a pas articulé un seul fait postérieur, qu'on n'a pas même élevé un soupçon contre aucun des cinquante et un citoyens impliqués alors dans cette affaire, et que beaucoup d'entre eux ont été appelés de nouveau par élection aux fonctions publiques.

Cependant trois nouveaux commissaires de l'Assemblée furent envoyés le 17 août 1792 avec mission spéciale de procurer l'élargissement de leurs collègues, et de faire traduire à la barre le seul maire de Sedan et les administrateurs du département, signataires de l'arrêté du 15.

Le décret ne fait pas même mention du district de Sedan, parce qu'aucun délit ne lui était imputé.

A l'arrivée des nouveaux commissaires, leurs collègues étaient libres, et les administrations maintenues par eux ; il fut unanimement résolu par tous six, après mûre délibération, d'écrire à l'Assemblée pour lui demander ses ordres ; ils n'en reçurent aucuns.

A leur retour ils rendirent à la tribune un compte exact et détaillé de ces faits ; leur rapport ne contient absolument rien sur le district ; on en a vu la raison.

Le conseil général de la commune de Sedan, qui aurait pu chercher un motif d'excuse dans l'exemple d'une administration supérieure, garda le silence ; les patriotes les plus zélés se turent également sur ce fait, parce qu'encore une fois il était parfaitement ignoré.

Les commissaires terminèrent leur rapport par demander « l'approbation provisoire des mesures qu'ils avaient prises dans le département des Ardennes. »

L'Assemblée, par son décret du 1ᵉʳ septembre 1792, approuva (purement et simplement) la conduite de ses commissaires et « les mesures qu'ils avaient prises à l'égard des administrations. »

Le rapporteur conclut de ces faits, qu'il développe, que les administrateurs de Sedan ont été depuis injustement incarcérés.

Il lit ensuite la lettre suivante :

### Charles Delacroix à son collègue Colombel.

Sedan, le 3 brumaire, l'an 3ᵉ de la république une et indivisible.

« Citoyen collègue, j'ai appris que tu étais chargé du rapport à faire à la Convention de l'affaire concernant les administrateurs du district de Sedan en août 1792 (vieux style). Toutes les autorités constituées de cette commune réclament ces citoyens, la plupart pères de famille, cultivateurs, et dont plusieurs n'ont, depuis 1792, cessé d'être, à la satisfaction publique, membres de différentes autorités constituées, épurées et conservées par les représentants du peuple qui m'ont précédé dans cette mission. Accélère, je t'en prie, ce rapport, et fais en sorte que ces citoyens ne languissent pas plus longtemps privés de la liberté.

« Signé CH. DELACROIX. »

Le rapporteur termine par proposer un décret qui est adopté en ces termes :

« La Convention nationale, après avoir entendu le rapport de son comité de sûreté générale, décrète :

« Art. 1ᵉʳ. Les onze administrateurs du district de Sedan en août 1792 (vieux style) seront mis sur-le-champ en liberté.

« II. Les scellés apposés sur leurs lettres, papiers, meubles et effets, seront levés par les agents nationaux de leurs communes respectives. »

GIRAUD, au nom des comités de salut public, des finances, de commerce et approvisionnements réunis : Toutes les vues de la Convention nationale doivent se tourner vers les moyens de faire cesser quelques mesures que la force des circonstances et des événements l'ont contrainte d'adopter. Sans doute que ceux qui peu à peu vous ont amenés à concentrer dans une même main, dans une seule maison, toutes les denrées, toutes les marchandises, toutes les subsistances de la république, avaient des vues moins pures que celles qu'ils paraissaient vous présenter.

Mais si le vœu bien prononcé des Français pour la république a fait surmonter des difficultés sans nombre ; si le peuple, dans cette circonstance comme dans beaucoup d'autres, a su, par son énergie, faire tourner à bien un état de choses dont ses ennemis espéraient profiter pour le conduire à sa perte, il est de la prudence du législateur de ne pas trop forcer ce bon esprit et de le réserver pour les grandes crises de la révolution.

Vous entendez tous les jours des réclamations sur les besoins des matières premières nécessaires à nos manufactures ; on vous demande de toutes parts des subsistances, dont l'intempérie des saisons a privé beaucoup de nos districts, à la veille de la plus riche récolte.

Vos comités voudraient vous proposer de remédier à tous ces maux à la fois ; mais si le mal vient, pour ainsi dire, spontanément, il faut appliquer avec prudence les remèdes nécessaires au corps politique comme au corps humain.

La difficulté des charrois, par la pénurie de chevaux et de bras que le service des armées de la république exige, multiplie les empêchements de satisfaire aux demandes faites par différents districts.

Vos comités se sont occupés des moyens d'atténuer ces circonstances impérieuses ; ils croient les avoir trouvés en engageant le commerce particulier à importer des denrées dont l'arrivée, par ce canal, diminuera d'autant sur les ports les besoins, et contribuera à y entretenir une abondance dont l'heureux effet se fera sentir de proche en proche, et permettra à votre comité de salut public de secourir avec plus d'efficacité les municipalités éloignées de ces secours maritimes.

La Convention doit être bien convaincue que, pour faire prospérer le commerce et l'agriculture, il faut la plus grande liberté dans les spéculations de ceux qui s'y livrent : la liberté est la pierre fondamentale de tous les bonheurs.

Il est donc nécessaire que le négociant soit libre de toutes les entraves depuis le commencement de ses opérations jusqu'à ce qu'elles soient entièrement consommées. Il ne doit pas seulement être libre pour traiter avec l'étranger, il faut qu'il soit libre lorsqu'il distribue dans l'intérieur les subsistances et les matières qu'il a fait importer ; vous devez lui garantir la liberté la plus illimitée d'en disposer par des traités, par des contrats, par des échanges, et par tous les moyens que le commerce et l'industrie peuvent lui procurer ; des entraves dans la distribution suspendraient le fruit de ses opérations, et l'obligeraient d'abandonner les spéculations les plus hardies et les plus utiles.

Vous avez hautement proclamé l'encouragement du commerce ; ce principe ne demande point de longs commentaires pour son application : liberté sur deux points, dans l'achat chez l'étranger, et la distribution dans l'intérieur ; garantissez la circulation, et laissez agir.

Nous avons apprécié les déclamations contre les commerçants ; nous savons actuellement que ceux qui les propageaient ne désiraient que le déplacement des fortunes. Le gouvernement doit protection à toutes les classes du peuple. Il faut enfin mettre en action cette vérité que l'expérience des siècles a burinée dans le cœur de ceux qui veulent et désirent sincèrement le bonheur de la république : c'est que son bien-être général ne se forme que du bien-être particulier des individus qui le composent.

Vos comités, pénétrés de la vérité de ces assertions, les ont prises pour base du décret que j'ai à vous proposer en leur nom, décret dont le but est d'attirer dans nos ports des denrées tirées de l'étranger par le commerce particulier, et par cela même d'alléger les opérations de la commission de commerce. Ce décret sera un bienfait pour les communes maritimes. Mais en même temps nous avons cru nécessaire de prendre quelques précautions, non pas contre les abus, il n'en est point à craindre, mais contre les ennemis du peuple, qui l'égarent en le trompant ; contre les agitateurs, qui craignent de perdre leur influence par le retour de l'ordre naturel des choses. Tels sont les motifs du projet de décret que je soumets à la Convention nationale, au nom des comités de salut public, de finances, de commerce et d'approvisionnements réunis. Voici le décret :

« La Convention nationale, après avoir entendu le rapport de ses comités de salut public, de finances, de commerce et d'approvisionnements réunis, décrète :

« Art. Ier. Toutes les denrées et marchandises de première nécessité importées dans la république par la voie du commerce extérieur seront à la libre disposition des propriétaires ; elles ne pourront être soumises à la réquisition.

« II. Lors de l'arrivée de ces denrées et marchandises dans les ports de France ou dans les communes de leur destination, quand cette arrivée aura lieu par les frontières de terre, il sera fait à la municipalité du lieu la déclaration de leur quantité et qualité.

« III. Il sera donné à la municipalité au déclarant une copie certifiée par elle de sa déclaration. »

Ce décret est adopté.

— Cambon fait un rapport sur les taxes révolutionnaires. (Nous le donnerons demain.)

La séance est levée à trois heures.

### SÉANCE DU 7 FRIMAIRE.

POULTIER : Je viens payer un tribut à la chose publique ; je viens vous soumettre des réflexions et vous proposer des mesures propres à ranimer le commerce et revivifier l'industrie.

Je puis me tromper, mais il faut que vous écoutiez tout ; à travers les erreurs, il se rencontrera des vérités disséminées, qui, réunies en un faisceau par vos comités, dirigeront vos déterminations définitives.

Il ne suffit pas de vaincre ses ennemis ; il faut encore assurer, par une administration prévoyante, des ressources réparatrices aux besoins de ceux qui ont souffert.

Obligés jusqu'alors de multiplier les sacrifices pour la cause de la liberté, nous n'avons point calculé les dépenses pour la faire triompher. Semblables aux matelots battus par l'orage, qui, oubliant l'avenir pour le présent, jettent à la mer jusqu'à leurs provisions, nous n'avons rien ménagé pour conduire au port le vaisseau de l'État, si longtemps agité par les tempêtes. Cette profusion, qui a dû paraître indiscrète, a été dans nos mains un moyen actif de déployer cette énergie révolutionnaire qui a déconcerté les funestes projets de nos ennemis.

Aujourd'hui nous devons tendre une main secourable aux départements qui ont le plus souffert des désastres de la guerre, et leur procurer des avantages qui, en faisant leur bonheur particulier, amènent nécessairement la prospérité publique.

On ne peut se dissimuler que les habitants du Nord ont vu ravager leurs propriétés ; ils ont vu périr jusqu'aux germes des productions, et cet anéantissement des matières premières a fait ressentir un contre-coup funeste au commerce de ces contrées. Vous porterez sur elles un regard attentif et consolateur ; si, sous l'empire des tyrans, elles ont pu mettre à contribution tout le reste de la terre, à quelle hauteur ne s'élèveront-elles pas sous l'empire des lois et de la liberté? Oui, c'est au commerce à rouvrir les sources de l'abondance que la terreur avait taries, et à réparer toutes les pertes causées par l'ignorance.

Trop longtemps, à cette tribune même, le commerce a été flétri d'inculpations qu'une sévérité trop exagérée a pu surprendre à la bonne foi, ou plutôt que l'esprit contre-révolutionnaire voulait propager.

On a dit que le commerce n'avait point de patrie; il eût fallu dire plutôt que le commerce n'a point d'ennemis, ou qu'il fait tourner leurs efforts au profit de la république; il eût fallu dire qu'au milieu des fléaux de la guerre, tandis que les armées et les flottes portent avec elles la dévastation et la mort, le commerce est le médecin bienfaisant qui adoucit nos maux; par lui, par ses combinaisons hardies, souvent même par ses sacrifices, une moisson de richesses console la patrie de tout ce qu'elle a souffert. Gardons-nous d'en conclure que jamais son influence ambitieuse puisse guider ou entraver le gouvernement; celui-ci, au contraire, doit le diriger, et encourager d'une main invisible ses efforts, et en recueillir les avantages.

Un temps viendra, sans doute, où tous les Français ne connaîtront d'autre mobile que l'amour de la patrie, où ils ne connaîtront plus d'intérêt particulier; mais le soin de son bien-être, de préparer par son travail l'existence de sa famille, serait-il donc un crime? Et le gouvernement ne doit-il pas, au contraire, mettre en jeu l'intérêt privé pour servir l'intérêt général? C'est à lui à veiller partout, à protéger les talents, à réprimer ce qui est nuisible, à encourager ce qui est utile. Qu'il ne persécute point ce qui prospère; en un mot, que le gouvernement soit la Providence, et non pas le fléau des particuliers.

Déjà votre déclaration de protéger le commerce l'a fait sortir de son assoupissement léthargique; il se souvient qu'il est encore des ressources; il est déjà où trouver les matières qui nous manquent; son œil a percé l'horizon; il ne lui faut plus que des échanges.

Mais quinze armées sur pied, toujours agissantes, ont beaucoup consommé, et ont dû nécessairement le faire : il faut journellement les alimenter et les entretenir, et il est temps de s'occuper de rendre au commerce la possibilité de continuer cet entretien.

Il faut retrouver les matières premières dont le malheur des temps a fait négliger la culture; par exemple, celle du lin et du chanvre, aliment premier d'une branche importante de commerce aujourd'hui anéantie, et qu'il faut raviver; qui, après bien des mutations, devient indispensable aux fabriques de papier, dont l'emploi est aujourd'hui immense.

Cette culture occupait une multitude de bras depuis les rives de la Somme jusqu'à celle de la Seine et au delà. Je vous proposerai de la faire renaître en exemptant pendant quelques années d'impositions ceux qui s'y livreront. Il en sera de même, dans le Midi, de la garance, si nécessaire aux teintures, et du soin des troupeaux dont la laine peut, avec le temps, s'améliorer et nous affranchir du tribut que nous payons à nos voisins. Je pense donc que, pour commencer à réaliser ces grands principes d'équité naturelle et d'administration paternelle, les cultivateurs dont les possessions ont été longtemps désolées par les hordes sanguinaires de nos ennemis méritent les premiers votre sollicitude. Fécondez ces terres desséchées, et que les productions de l'industrie reviviflent ces plaines immenses couvertes de ruines et de stérilité, et que les habitants de ces contrées, passant tout à coup du malheur à l'aisance, ne reconnaissent la bonté du gouvernement républicain

que par ses bienfaits. En conséquence, je vous soumets le projet de décret suivant :

« La Convention nationale, voulant venir au secours des habitants des frontières du Nord, dont les possessions ont été, depuis quatre ans, ravagées par les soldats de la tyrannie; considérant que la première dette de la république est celle due à ces braves citoyens qui, depuis le commencement de la guerre, ont repoussé les tyrans coalisés; considérant que le séjour des armées de la république sur cette partie de nos frontières, et encore plus la présence désastreuse des hordes ennemies, a presque totalement anéanti la culture du lin et du chanvre qui formaient autrefois la richesse de ce pays fertile; voulant donner aux habitants de cette partie de la république un témoignage non équivoque de la reconnaissance nationale, et réparer, autant qu'il est au pouvoir de la nation, les maux qu'ils ont soufferts, décrète :

« Art. Iᵉʳ. Les cultivateurs des départements du Nord, du Pas-de-Calais, de la Somme et de l'Aisne, qui se livreront à la culture du lin et du chanvre, seront exempts, pendant quatre années, d'impositions territoriales.

« II. Les comités de salut public et de commerce réunis sont chargés de prendre les mesures convenables pour encourager et aider cette culture par tous les moyens que leur prudence jugera nécessaires. »

La Convention renvoie le projet de décret aux comités réunis de commerce, des finances et d'agriculture. (La suite à demain.)

*N. B.* Dans la séance du 8, Richard a annoncé que l'armée des Pyrénées-Orientales avait mis les Espagnols dans une déroute complète, leur avait pris toute leur artillerie, des tentes pour cinquante mille hommes, et qu'elle les poursuivait encore.

— La Convention a décrété qu'il serait envoyé sans délai aux Etats-Unis d'Amérique un drapeau aux couleurs nationales, en signe de l'union et de la fraternité qui unissent à jamais le peuple américain et le peuple français.

*De Paris.* — Extrait d'une lettre écrite, le 15 brumaire, des frontières d'Allemagne.

Beaucoup de mes lettres de Berlin sont interceptées; cependant il m'en arrive quelques-unes de temps en temps, et je viens d'en recevoir une qui contient quelques détails intéressants.

Il paraît d'abord que l'affaire de Kosciusko n'est qu'une fable dans tout son entier, et que les soupçons qu'elle m'inspirait étaient très-fondés. Suivant ce que j'apprends, les Russes ont fait un prisonnier dont le nom ressemble à celui de Kosciusko; et comme il n'existe pas sur la terre de menteurs plus intrépides que les gens de cette nation, ils ont forgé cette histoire sur la ressemblance du nom, pour jeter le découragement parmi ceux des Polonais qui ne sont point à portée de connaître la vérité. On dit, au contraire, que Kosciusko a battu les Russes en deux occasions, l'une sous le commandement de Souwarow, l'autre sous celui de Repnin : peut-être se porte-t-on aussi vers l'excès opposé. Cependant il y a une lettre, venue par la Gallicie, dans laquelle on assure, sans autres détails, que Kosciu-ko, loin d'avoir été fait prisonnier, avait battu les Russes et leur avait pris seize canons. Ainsi il est raisonnable de croire que le général polonais continue de combattre pour la belle cause de la liberté, et qu'il a eu un avantage quelconque sur les Russes. Il est évident que sur les affaires de Pologne les papiers publics d'Allemagne ne méritent pas la moindre créance, le lieu de la scène étant de trois côtés environné par le territoire que se sont approprié les trois cours qui dévorent la Pologne, et la vérité ne pouvant franchir ce trajet sans y être défigurée comme il convient à leurs intérêts.... Il faut conclure de tout ceci que les affaires des Prussiens, en Pologne, ne sont pas, à beaucoup près, en aussi bon train qu'ils veulent le faire croire depuis quelques semaines; mais comme ils ont grande envie d'avoir la paix avec la république française, ils voudraient, pour l'obtenir plus avantageuse, dérober aux Français, au moins en grande partie, la connaissance de l'extrême besoin qu'ils en ont.

# GAZETTE NATIONALE ou LE MONITEUR UNIVERSEL.

N° 70. Décadi 10 Frimaire, l'an 3<sup>e</sup>. (Dimanche 30 Novembre 1794, vieux style).

## POLITIQUE.

### HOLLANDE.

*Extrait d'une lettre d'Amsterdam, du 14 novembre.* — Cette ville est en état de fermentation. De fortes patrouilles parcourent les rues. La maison de ville est gardée par une force armée considérable; personne ne peut y entrer sans avoir une affaire particulière à traiter.

Les états généraux ont déclaré aux états de Frise que, s'ils ne retirent leur résolution relative à la paix, les troupes hollandaises, anglaises et prussiennes entreront en campagne sur le territoire et y vivront à discrétion.

Les envoyés de Prusse et d'Angleterre ont appuyé cette déclaration; mais ces mesures menaçantes n'ont fait qu'accroître le mécontentement et le trouble.

La faction d'Orange marche à grands pas vers sa ruine. Les patriotes courageux, qui les premiers ont signé l'Adresse énergique pour s'opposer aux inondations et à l'admission d'une garnison étrangère, ont été cités au tribunal criminel.

Wischer et quatre ou cinq autres ayant comparu ont été traînés en prison.

Staphorst, averti à temps, a cédé aux instances des patriotes; il a trompé la vigilance des tyrans en fuyant à Brème.

Enfin le despotisme stathoudérien vient de se livrer à l'excès le plus capable de pousser à bout l'indignation des patriotes.

Les inondations ont eu lieu depuis Rhenen jusqu'au Zuiderzée; l'eau s'y trouve à la hauteur de trois pieds et quelques pouces. Les écluses de Grep ont été ouvertes. Les environs de Narden et d'Amersfort sont aussi sous l'eau; l'inondation d'Amsterdam est résolue.

Le Zuiderzée sera défendu par quelques bâtiments aux ordres de l'amiral Van-Dam.

Les troupes qui ont évacué la Flandre hollandaise ont été envoyées partie aux frontières, partie à Berg-op-Zoom, pour renforcer la garnison.

*Du 15.* — Le duc de Brunswick est arrivé à Arnheim pour prendre le commandement des débris de l'armée anglaise et hollandaise.

Le parti stathoudérien espérait qu'une division autrichienne de vingt-cinq mille hommes, aux ordres du général Warneck, qui avait descendu le Rhin, allait se joindre aux troupes d'York et d'Orange pour défendre les Provinces-Unies; mais tout à coup on a vu la plus grande partie de cette division retourner sur ses pas, et le reste, après avoir passé un bras du Rhin à Sandéry, se replier sur Wesel.

### ITALIE.

*Savone, le 9 novembre.* — L'armée française s'est éloignée de Finale et a formé un camp à Sportono, lieu plus commode pour les transports et les débarquements.

— Cinq individus ont été arrêtés, sur la réquisition du ministre de France à Gênes, comme prévenus de distribution de faux assignats, et enfermés dans la Tour. On a donné tous les ordres nécessaires pour se saisir de leurs complices.

— L'archiduc de Milan a quitté le camp austro-sarde d'Acqui pour retourner dans sa capitale.

« Sa Sainteté, disent les lettres de Rome, ne pouvant plus secourir de son propre trésor le clergé français émigré, met des impôts sur ses sujets pour alimenter ces généreux défenseurs de la religion. Pie VI a donc exigé, jusqu'à nouvel ordre, d'une confrérie dite des Stigmates, une contribution de 500 écus par mois, pour subvenir aux besoins des prêtres français. »

— Il s'est fait à Livourne, pour le compte des Français, un grand nombre d'acquisitions de coton et autres marchandises du Levant, propres aux manufactures.

### RÉPUBLIQUE FRANÇAISE.

#### TRIBUNAL CRIMINEL RÉVOLUTIONNAIRE.

*Salle de la Liberté.* — *Du 5 frimaire.* — On a donné lecture du décret du 4, portant qu'il y a lieu à accusation contre Carrier, qu'il sera traduit à la Conciergerie, et que les scellés seront mis sur ses papiers.

Aussitôt Réal, défenseur de quelques-uns des accusés, a pris la parole, et a demandé qu'en attendant l'acte d'accusation, et jusqu'à ce que l'instruction puisse se faire contradictoirement entre Carrier et les accusés présents, les débats soient suspendus.

Le tribunal s'est retiré dans la salle du conseil pour délibérer; il est rentré dans la salle d'audience, et l'accusateur public, attendu que le décret du 22 vendémiaire ordonne au tribunal d'instruire de suite la procédure contre les membres du ci-devant comité révolutionnaire de Nantes et contre leurs complices, que l'acte d'accusation contre Carrier et les motifs de cet acte ne sont pas officiellement connus, a requis que les débats fussent continués. Le tribunal a fait droit à ce réquisitoire.

Boivin, commandant temporaire de Nantes, a encore été entendu. Interpellé par Réal, il a répondu qu'il avait connu les noyades, comme tous les habitants de Nantes, mais qu'il n'y avait eu aucune part.

« Lambertye et Fouquet, a-t-il dit, passaient devant les postes en montrant les ordres dont ils étaient porteurs, et que l'on connaît. Je n'ai pas cru que ce fût le comité qui eût ordonné ces noyades, parce que Lambertye et Fouquet, qui les exécutaient, ont été, sans doute en récompense, promus au grade de lieutenants généraux. D'ailleurs la police de Nantes ne m'appartenait pas, parce que cette ville n'était pas en état de guerre. »

Des accusés et Réal, défenseur officieux, ont prétendu que Nantes était en état de siège; et alors, a dit Réal, le commandant temporaire ne devait être primé que par le représentant. Boivin a soutenu que la ville n'était pas en état de siège; mais on a judicieusement observé que, dans les deux hypothèses, Boivin a rempli son devoir, puisqu'il s'est opposé à la fusillade et qu'il l'a empêchée.

Le 7, à onze heures et un quart, a été amené à l'audience J.-B. Carrier, âgé de trente-sept ans, né à Yolet, près Aurillac, homme de loi et député à la Convention nationale.

Le greffier a donné lecture d'un procès-verbal du 6, tendant à l'interrogatoire de Carrier, d'où il résulte qu'il récuse le président, l'accusateur public, la section des jurés qui instruit le procès du comité, et qu'il a refusé de répondre.

Il a aussi donné lecture d'un jugement du tribunal, qui déclare qu'il statuera sur les moyens de récusation allégués par Carrier.

On a donné lecture de l'acte d'accusation. Carrier a réclamé deux formalités : l'interrogatoire, et une liste de jurés tirés au sort. Le président a cité la loi du 12 vendémiaire. Carrier a insisté.

L'accusateur public a démontré la faiblesse des moyens de récusation ; il a demandé la continuation des débats.

Le tribunal, après un long délibéré, attendu la connexité de l'affaire de l'accusé Carrier avec celle du comité, et que l'article XIII de la loi du 3 septembre 1793 déclare que la même section connaîtra des affaires qui feront suite et seront connexes, et attendu que les motifs de récusation sont vagues, a ordonné qu'il sera passé outre.

Le débat entre Carrier, les coaccusés et les témoins, a aussitôt commencé.

### Collège de France.

Le citoyen Salmade fera le cours d'anatomie pour le citoyen Portal.

Il le commencera le 11 frimaire, à quatre heures et demie, et le continuera les jours suivants, à la même heure.

---

# CONVENTION NATIONALE.

### Présidence de Clausel.

#### SUITE DE LA SÉANCE DU 7 FRIMAIRE.

Un secrétaire fait lecture de la correspondance. Toutes les Adresses sont autant de félicitations sur la suspension des séances des Jacobins.

— Le citoyen Flassier se plaint de ce que le représentant Crassous, étant en mission dans le département de Paris, l'a destitué des fonctions de juge de paix qu'il remplissait à Bourg-l'Egalité, sans qu'il ait spécifié dans son arrêté les causes de cette destitution, « quoiqu'il soit dit, ajoute-t-il, que je ne serai point inquiété. »

Comme cette destitution est une infamie politique, il demande que le représentant Crassous donne les motifs de cette destitution.

On demande le renvoi de cette réclamation au comité de législation.

Le renvoi est décrété.

CRASSOUS : J'irai, et j'exposerai mes motifs.

— On lit les lettres suivantes :

*Le représentant du peuple en mission dans les départements du Cher et de l'Indre au président de la Convention nationale.*

Bourges, le 25 brumaire, l'an 3e de la république une et indivisible.

« Citoyen président, une société d'amateurs, qui donne à Bourges un spectacle également agréable et instructif, m'a remis 900 liv. destinées au soulagement des blessés lors de la malheureuse explosion de Grenelle ; je dépose cette somme entre tes mains, et je demande mention honorable pour cet acte d'humanité.

« La commune de Bourges est fidèle aux principes qu'elle a suivis depuis le commencement de la révolution. Je ne puis surtout donner trop d'éloges au zèle et à la sagesse de la Société populaire. Le même esprit anime les départements du Cher et de l'Indre; on croirait qu'ils ont toujours vécu sous le régime républicain. J'ai fait mon possible pour démasquer les intrigants, les agitateurs, et pour les éloigner des fonctions publiques.

« Il existe encore dans quelques communes des campagnes un reste d'attachement aux erreurs religieuses; mais le temps, la sagesse des mesures, et surtout l'organisation de l'instruction publique achèveront ce grand ouvrage.

« En finissant ma mission, j'emporte la satisfaction de pouvoir assurer que, dans les deux départements de l'Indre et du Cher, on ne reconnaît pour point de réunion que la Convention nationale, et que partout on chérit ses principes et sa justice.

« Salut et fraternité. CHÉRRIER, »

*Le représentant du peuple Musset, envoyé dans les départements de Puy-de-Dôme, de la Corrèze et du Cantal, à la Convention nationale.*

« Le système affreux de Robespierre, chers collègues, affligeait le département du Cantal plus que toute autre partie de la république. Ces scélérats y trafiquaient de la manière la plus infâme de la liberté, des biens et de la vie de tous les citoyens : ils emprisonnaient ceux qui jouissaient d'une fortune légalement acquise pour les en dépouiller, et se débarrassaient souvent de ces témoins de leurs concussions en les envoyant au tribunal de sang ; ils faisaient aussi égorger de la même manière de pauvres sans-culottes dont ils redoutaient la surveillance.

« Par des Adresses liberticides, ces scélérats avaient empêché l'heureuse révolution du 9 thermidor de déchirer le crêpe qui couvrait ce département. Ce n'est que trois mois après cette glorieuse époque que les rayons de la justice qui triomphe dans toute la France ont dissipé la terreur et l'effroi, et rendu aux patriotes leur énergie.

« En ma présence, les citoyens d'Aurillac ont démasqué et confondu les hommes de sang et les fripons qui les opprimaient; ils se sont empressés de désavouer les Adresses que ces hommes perfides avaient faites en leur nom et leur avaient fait signer en les menaçant de la réclusion ; ils m'ont prouvé que, comme partout ailleurs, le peuple aime la justice, et ne reconnaît pour centre unique et seul point de ralliement que la Convention nationale.

« Incessamment, chers collègues, je vous ferai parvenir l'expression de leurs véritables sentiments. Aidé des bons citoyens, j'ai pris des mesures pour que les coupables subissent la peine que leur ont méritée leurs forfaits, et pour empêcher qu'à l'avenir de semblables atrocités ne s'y commettent ; j'ai composé les autorités constituées de patriotes fermes et énergiques, qui ne souffriront pas qu'il soit porté atteinte aux droits du peuple.

« Maintenant que ce département est rendu à la liberté, je vais me rendre dans la Corrèze, où je poursuivrai avec le même zèle les malveillants de toute espèce ; j'espère, en développant les principes de la Convention nationale, y assurer le triomphe de la république.

« Salut et fraternité.

« *Le représentant du peuple J.-M. MUSSET.* »

— Raffron obtient la parole pour une motion d'ordre.

Citoyens, je ne viens point vous exposer les pénibles devoirs que vous restent à remplir ; vous les avez sans doute présents à l'esprit, et le grand courage que vous avez montré dernièrement est un sûr garant que vous en aurez autant pour achever cette importante et douloureuse opération.

Je viens seulement vous prémunir contre une lenteur qui pourrait être mal interprétée.

Ce que vous venez de faire règle absolument ce que vous avez à faire : les cas sont parfaitement semblables ou d'une égale gravité; vous comprenez que je sollicite votre activité sur les crimes imputés à nos collègues Joseph Lebon et David.

Le long temps qui s'est écoulé depuis leur arrestation semblerait en affaiblir les motifs; innocents, ils ont droit de se plaindre ; s'ils sont coupables, c'est le peuple qui se plaindra, et il doit être écouté ; et Carrier lui-même, du fond de sa prison, somme aujourd'hui votre impartialité. Si vous n'étiez pas également sévères envers ceux-ci, Carrier accuserait votre accusation.

Pénétrons hardiment dans cet antre de Cacus :

nos travaux recevront la plus belle récompense qui puisse être ambitionnée, l'affermissement de la république, qui sera fondée sur la vertu ; car le peuple aussi deviendra vertueux. Je ne cesserai de l'appeler à cette grande réforme, dont il a besoin.

Et vous, mes collègues, vous vous joindrez à moi, comme je me joins à vous ; marchant tous d'un pas ferme dans ces sentiers qui ne sont difficiles que pour ceux qui ne les fréquentent pas, nous y entraînerons nos concitoyens; ils goûteront nos leçons de vertu, parce qu'elles seront accompagnées de l'exemple.

Je conclus à ce que l'examen de la conduite de Joseph Lebon et de David soit confié à une commission dans les formes que vous avez décrétées, pour en être fait un très-prompt rapport à l'assemblée, qui statuera définitivement.

Cette motion est renvoyée aux trois comités.

— La section de l'Observatoire est admise à la barre.

L'orateur énumère les triomphes de la république contre tous ses genres d'ennemis.

« Continuez, législateurs, dit-il, à terrasser tous les rivaux de l'autorité nationale ; enchaînez, punissez les factieux de tout genre. Que l'honnête homme, que l'homme instruit ne soient plus réduits à trembler honteusement devant l'audace de l'ignorant et du scélérat!

« Cherchez pour les places le mérite modeste qui se cache ; écartez sans hésiter l'intrigant sans pudeur qui se met toujours en avant.

« Tenez d'une main ferme et assurée les rênes de l'autorité ; continuez à mettre dans les choix de vos comités cette sagesse que nous admirons, et qui nous présage le bonheur ; mais quand une fois vous avez investi de votre confiance les membres du gouvernement, ne permettez plus que l'intrigue jette la défaveur sur leurs opérations; ce moyen est le seul, mais il serait infaillible, qui puisse amener le désordre et l'anarchie.

« Ne perdez jamais de vue que vous êtes les représentants d'une nation généreuse, qui a remis entre vos mains ses destinées présentes et celles des générations futures.

« Sacrifiez à ce noble, à cet orgueilleux souvenir, toutes les haines, tous les ressentiments, toutes les passions individuelles.

« Concourez tous de tous vos efforts, de tous vos moyens, à nous faire oublier par le règne de la justice, des lois et de l'ordre, et surtout par votre union, les horreurs dont ce malheureux pays a été trop longtemps, hélas! le théâtre sanglant ; et alors tous les Français, qui depuis trois mois commencent à respirer, qui entrevoient enfin l'aurore de la félicité, viendront à votre barre répéter, avec la section de l'Observatoire, les cris si satisfaisants, si flatteurs pour vous : Vive la république! vive la Convention!»

Moreau, au nom des comités d'agriculture et de commerce : Les armes de la république terrassent l'Anglais sur le continent ; la marine française approvisionne nos ports aux dépens des marchands de Londres : il est encore un autre genre de succès que nous pouvons obtenir sur eux, et nous triompherons du génie de ce peuple orgueilleux déjà vaincu par nos armes.

Maître du Bengale, l'avare Anglais nous vend au poids de l'or les mousselines des Indes jusqu'à présent inimitables en Europe. Nous lui arracherons cette branche de commerce ; nous tarirons cette source de richesses ; la France pourra non-seulement épargner 40 millions que lui coûtent annuellement ces mousselines, mais même en fournir seule aux autres nations, mettre l'Anglais dans l'impossibilité de leur en vendre une seule aune ; et bientôt ce torrent qui entraînait sans retour l'or de l'Europe dans l'Inde, détourné en grande partie, viendra enrichir le sol de la liberté.

Tels sont, citoyens, les avantages qu'a fait entrevoir à vos comités d'agriculture et de commerce l'examen de la pétition du citoyen Barneville, que vous leur avez renvoyée le 26 floréal.

Il offre de former à Paris une manufacture de mousselines superfines, à l'imitation de celles des Indes.

La machine qu'il a inventée pour la filature du coton est très-ingénieuse, et d'une grande simplicité ; elle est en même temps susceptible d'une grande quantité de variantes dans son action ; en sorte que, quoique toutes les broches et bobines soient mises en mouvement par une seule roue, néanmoins on a la faculté de ralentir ou d'accélérer à volonté la rotation de chacune d'elles en particulier ; de manière qu'une ouvrière peut filer du fil extrêmement fin tandis qu'une autre filera du fil moyen sur la même machine. C'est aussi par cette raison que l'on peut y filer dans le même temps du coton, du lin, de la soie, de la laine, etc. Mais l'inventeur, ayant désiré d'être unique dans un genre, l'a spécialement appliquée à la filature des cotons fins, propres à la fabrication des mousselines superfines, égales ou supérieures à celles des Indes.

L'invention de Barneville ne ressemble en rien aux machines anglaises, ni pour la marche, ni pour le résultat. L'objet de ces machines, tant celles faites sur les principes d'Artwright, qui en fut le premier inventeur et le plus habile directeur, que celles connues sous le nom de Jennys, est la filature du coton très-gros. Ces premières peuvent donner vingt-cinq à trente mille aunes de fil dans une livre ; les secondes peuvent aller jusqu'à quarante mille aunes, et ne peuvent être trop encouragées, à cause de la facilité de leur établissement. Ces filatures sont propres à la fabrication des grosses toiles, à la bonneterie et autres ouvrages de même espèce.

Les plus belles filatures des machines d'Artwright et des Jennys sont si grosses qu'on ne pourrait pas en faire de pareilles sur la machine Barneville, dont le plus gros degré porte cinquante mille aunes dans une livre.

Dans l'Inde, une ouvrière ne tire qu'un seul fil à lois, tandis que sur la machine Barneville chaque ouvrière en file deux.

Le rapporteur développe tous les autres avantages de célérité, d'économie, de commodité et de perfection qui résultent de l'invention de Barneville. Il propose à la suite de cet exposé le décret suivant :

« Art. Ier. La trésorerie nationale tiendra à la disposition de la commission d'agriculture et des arts une somme de 200,000 livres, qui sera versée, sous caution, au citoyen Barneville, pour être par lui employée à la formation et exploitation de la manufacture de mousselines superfines, à l'imitation de celles des Indes, dont il a proposé l'établissement.

« II. Le citoyen Barneville ne sera même tenu de fournir qu'un cautionnement de 180,000 livres, 20,000 livres lui restant pour remboursement du capital de sa pension viagère, qui demeurera supprimée à dater du jour du versement des fonds entre ses mains.

« III. La commission proposera, dans le plus court délai, un local convenable audit établissement.

« IV. Le citoyen Barneville jouira de cette somme et de
ce local, sans intérêts, pendant l'espace de dix ans.

« V. La commission d'agriculture et des arts est chargée
de rendre compte à la Convention, tous les trois mois, des
progrès de cette manufacture. »

SÉVESTRE : J'appuie vivement le projet de décret ;
il est clair, et tout le monde le sent, que le commerce de l'Inde ne se fait qu'avec de l'or. Nos commerçants rapportent en échange leurs mousselines
et y laissent leur or; dans la suite les mousselines
s'usent, et il ne nous reste rien, tandis que dans
l'Inde on jouit encore de notre numéraire. Ainsi, ce
commerce est tout à notre désavantage : les 200,000 l.
que la Convention accordera seront un encouragement pour les arts; ils ne seront pas donnés sans
garantie; et si ce sont des intrigants qui nous les ont
demandés, nous serons toujours à même de les retirer : 200,000 francs ne font jamais que 10,000 francs
par an, et l'on ne peut ni ne doit ménager quand il
s'agit de l'intérêt public.

CAMBON : J'ajouterai une nouvelle considération
à celle du préopinant. Il est incroyable que, sur
vingt-quatre millions d'âmes, la république ait si
peu de bras consacrés aux arts mécaniques. Nous ne
pouvons nous dissimuler que nous sommes tributaires de l'Inde, puisque la France seule tire à peu
près les deux tiers de ses mousselines. Ce qui a donné
aux Anglais de la supériorité sur nous, c'est qu'ils
ont multiplié les machines, tandis que nous faisons
tout avec la main-d'œuvre. Cette mousseline que
nous voyons ici est sans doute moindre que la plus
belle des Indes, mais elle l'emporte sur d'autres du
même pays ; je pense donc que l'établissement proposé pourra être un germe utile d'industrie, qui
prendra peut-être des accroissements, et nous affranchira un jour entièrement de la dépendance où nous
sommes vis-à-vis de l'Inde pour les cotonnades. Je
demande seulement qu'on prenne les précautions
nécessaires pour n'être pas dupes de l'intrigue.

RICHAUD : Sans doute nous devons encourager les
établissements utiles; sans doute nous devons favoriser les inventions nouvelles qui économisent la
main-d'œuvre, et qui peuvent transplanter chez
nous les fabriques étrangères; mais, citoyens, je dois
vous dire que la fabrication de la mousseline n'est
pas nouvelle en France; on en fait à Rouen, à Saint-
Quentin, à Troyes, et dans le ci-devant Beaujolais
surtout ; j'en ai vu là d'aussi belles que les échantillons que l'on vous présente... J'entends dire que l'on
n'en fait pas de plus belles dans l'Inde ; moi je déclare que j'en ai vu de beaucoup plus belles, mais
ce n'est pas de cela qu'il s'agit. Si nous devons des
encouragements, c'est surtout aux manufactures
utiles, telles que les draperies, les toiles, et tous les
objets de première nécessité. Les meilleures manufactures sont ordinairement celles qui s'établissent
naturellement; au surplus, si l'invention de cette machine est utile, la loi a pourvu à l'encouragement;
mais quant à ce qui est proposé par le projet de décret, j'en demande le renvoi aux comités de commerce et des finances, pour avoir leur avis.

BOURDON (de l'Oise) : J'observe, citoyens, qu'il
n'y a aucun inconvénient à accorder ce qui nous est
demandé. Ces mousselines ont passé dans les mains
de gens qui connaissent celles des Indes, et il est reconnu que, si elles ne les valent pas entièrement,
elles pourront du moins se perfectionner. D'ailleurs,
on vous a donné des marchandises pour une partie
des avances qui sont demandées, et des cautions
pour le reste.

Le projet de décret est adopté.

— Sur le rapport de Pomme, le décret suivant
est rendu.

« La Convention nationale, considérant que la loi du
16 octobre 1791, qui supprime toutes les places de personnes attachées près du ministre de la marine à Paris, et
n'ayant point de fonctions actives et permanentes, n'a pu
s'appliquer à un artiste distingué, dont les fonctions joignent à une activité et une permanence reconnues un genre
d'utilité peu commun ; après avoir entendu le rapport de
ses comités de marine et colonies, et des finances, décrète
ce qui suit :

« Art. Ier. Ferdinand Berthoud, horloger mécanicien
de la marine, continuera d'être employé au service de la
marine; son traitement reste fixé à 6,000 livres, y compris
les frais de logement des pendules et de l'atelier du travail.
Les arrérages qui lui sont dus lui seront payés sur ce pied,
sur les fonds du département de la marine.

« II. La pension de 3,000 livres, dont 1,000 livres reversibles sur la tête de son épouse, accordée à Berthoud,
en exécution d'un traité passé entre l'ancien gouvernement
et cet artiste, est confirmé; néanmoins Berthoud ne
pourra jouir cumulativement de sa pension et de son traitement.

« A son décès, son épouse jouira de la pension de
4,000 livres reversibles sur sa tête.

« III. La Convention nationale décrète la mention honorable de l'hommage fait par Ferdinand Berthoud d'un
exemplaire de ses ouvrages, et en ordonne le dépôt à la
Bibliothèque nationale. »

— Portiez fait rendre le décret suivant :

« La Convention nationale, sur le rapport du comité
des finances, décrète :

« Art. Ier. Toutes les pensions accordées par décret portant le nom des pensionnaires seront payées par la trésorerie nationale sur le vu du décret, sans autre formalité
que la production du certificat exigé par la loi du 6 germinal.

« II. Les pensionnaires liquidés par décret, sur le rapport du directeur général de la liquidation, joindront à
l'extrait du décret un certificat de propriété, qui leur sera
délivré par le directeur général de la liquidation, suivant
le mode annexé au présent décret.

« III. Les certificats de résidence exigés pour les payements à faire à la trésorerie nationale seront valables pendant les six mois de la date du visa du directoire du district. »

*Modèle de certificat.*

« Je soussigné, directeur général de la liquidation, certifie que... né le... et compris dans le décret du... pour
une pension de...... dont les arrérages doivent commencer
à courir à compter du.... a rapporté à la liquidation les pièces nécessaires pour qu'il puisse toucher à la trésorerie nationale, conformément au décret du 12 brumaire an 3,
la pension qui lui a été accordée.

« A Paris, ce..... »

PÉNIÈRES, au nom du comité de législation : Citoyens,
votre comité de législation vient appeler un instant
vos regards sur les prisons du département du
Nord, où quinze cents individus, la plupart cultivateurs, arrêtés comme complices des ennemis, attendent de vous, dans un morne et respectueux silence, une explication qui peut les rendre à leurs
familles ou les envoyer à l'échafaud : cet intérêt sacré me promet toute votre attention.

Lorsque les féroces Autrichiens et les lâches Anglais, unissant aux moyens ordinaires de la guerre
les armes plus redoutables de l'intrigue, de la perfidie et de la trahison, achetaient plutôt qu'ils ne prenaient nos places, et portaient la terreur et la dévastation dans les campagnes, vous prîtes des mesures
vigoureuses contre ces faux ou tièdes amis de la liberté que la présence du danger intimide, qui caressent un maître dès qu'il se présente en vainqueur,

ou qui préfèrent à une belle mort la plus honteuse servitude.

Par un premier décret du 7 septembre 1793, vous déclarâtes traîtres à la patrie et vous mîtes hors la loi tout Français qui aurait accepté des fonctions publiques dans les parties de la France envahies par les despotes coalisés ; par un second décret du 17 du même mois, vous rendîtes ces dispositions communes à tout Français employé à un service public, ou jouissant de quelque bienfait national, qui, après l'invasion du lieu de sa résidence ou de l'exercice de ses fonctions, ne serait pas rentré aussitôt dans le territoire non envahi ; un troisième décret du 26 frimaire dénombra les autorités constituées comprises dans la rigueur des précédents, traça un mode d'exécution qui atteignait les personnes et les biens, et détermina la manière dont les coupables devaient être jugés.

Cette marche ferme et rapide annonçait la sainte colère dont vous enflammait la présence des satellites de la tyrannie ; elle annonçait votre indignation contre les déserteurs de la cause de l'égalité, et votre sollicitude sur la contagion de l'exemple ; mais un nouvel ordre de choses est prêt à éclore. Le génie de la liberté ouvre la campagne, et, sous ses auspices, les champs de la Belgique se couvrent de lauriers que moissonnent nos valeureux républicains Fleurus surtout est le théâtre de leur gloire ; l'ennemi fuit épouvanté ; nos places sont reprises, nos frontières redeviennent libres, et des chants de victoire succèdent partout aux accents de la douleur ou au silence de la consternation.

Pourquoi faut-il qu'au milieu de ces triomphes il y ait des vengeances à exercer?

Des traîtres ont favorisé les progrès de l'ennemi, des lâches ne s'y sont pas opposés ; mais la différence des temps en va mettre une dans vos dispositions. Vous tempérerez la rigueur des lois précitées, qui auraient dépeuplé une partie intéressante du sol français, et votre main paternelle ne frappera qu'autant que l'exigeront le besoin et le salut de la patrie.

C'est dans cet esprit que vous portâtes la loi du 16 fructidor, qui diminue le nombre des personnes mises hors la loi, en ne comprenant dans cette mesure, quelquefois salutaire, toujours terrible, que celles attachées aux armées ou employées à leurs suite.

Il fallait, pour compléter cette loi bienfaisante, une disposition qui enjoignît aux tribunaux de ne pas confondre la terreur, l'égarement ou la faiblesse, avec des intelligences perfides et des trahisons caractérisées, c'est-à-dire une disposition qui rétablît la question intentionnelle que l'art. XXIV de la loi du 26 frimaire leur avait défendu de poser.

Les individus arrêtés avaient d'autant plus lieu de l'espérer, qu'à cette époque le dernier tyran avait payé de sa tête infâme tout le sang dont il avait couvert la France ; que la justice, qui n'était armée sous son règne que d'un glaive exterminateur, avait repris ses poids et ses balances, et qu'une loi formelle du 23 fructidor avait enjoint au tribunal révolutionnaire d'employer cette formule protectrice dans tous ses jugements. Quand la Convention nationale rendue à elle-même on ne soupire pas longtemps après un acte de justice, et tout le bien qu'on lui indique, elle s'empresse de le faire. Aussi des bénédictions universelles accompagnent ses travaux, et le succès le plus glorieux en marquera le terme. Vous consacrâtes donc, le 14 vendémiaire, ce principe de tous les temps et de tous les lieux : « qu'il n'y a point de crime là où il n'y a point en intention de le commet-

tre, » et vous décrétâtes, comme une conséquence nécessaire, comme une émanation forcée de ce principe éternel, qu'à l'avenir, dans toutes les affaires soumises à des jurés de jugement, les présidents des tribunaux criminels seraient tenus de poser la question relative à l'intention, et les jurés d'y prononcer par une déclaration formelle et distincte, à peine de nullité.

Les tribunaux chargés, par la loi du 26 frimaire, de juger les suspects dont je parle, devaient voir que celle du 14 vendémiaire la révoquait dans cette partie par les termes généraux dans lesquels elle est conçue ; qu'il suffisait que les prévenus, même ceux mis hors la loi, eussent le droit de porter leurs réclamations devant un jury de jugements, comme le leur assure l'article XXI de ladite loi du 26 frimaire, pour que la question intentionnelle dût être posée à leur égard.

Cependant ils ont eu des doutes, et ces doutes se sont accrus, notamment au tribunal criminel du département du Nord, depuis qu'en exécution du décret du 19 vendémiaire il y a été créé une seconde section chargée d'expédier ces sortes d'affaires. Tel est le premier objet de son référé du 29 brumaire dernier. Il en est un second qui mérite également toute votre attention.

L'accusateur public vous observe que, parmi les individus qui attendent leur jugement, il s'en trouve un grand nombre prévenus de faits qui sont hors des attributions données par les diverses lois au tribunal auprès duquel il exerce son ministère. Tels sont ceux d'avoir, pendant l'invasion de l'ennemi, porté un ruban noir au bras, une cocarde noir, une croix de Saint-Louis ; d'avoir repris des costumes religieux, des fonctions curiales perdues par le refus de serment ; de s'être réjoui publiquement de l'arrivée des émigrés ; d'avoir déchiré des écharpes aux trois couleurs ou abattu des arbres de la liberté. Faudra-t-il amener à grands frais à Paris une horde de semblables contre-révolutionnaires ? Votre comité ne l'a pas pensé, soit à raison de la difficulté et même du danger qu'il y aurait dans le déplacement et le transport ; soit parce que ces crimes entrent naturellement dans la compétence qu'il a été dans votre intention d'accorder à ce tribunal, et sans laquelle il serait sans cesse arrêté ou entravé dans ses opérations ; soit enfin parce que le tribunal récemment formé par nos collègues Berlier et Lacoste est composé d'hommes fermes, éclairés, énergiques et justes, et qu'il mérite conséquemment la confiance nationale, qu'il ne tardera pas à justifier.

Le comité vous proposera donc de donner à ce tribunal toute la latitude de pouvoirs dont il a besoin pour remplir complètement la tâche qui lui a été imposée.

A l'égard de la question soumise par ce même tribunal, s'il doit peser l'intention des prévenus, et si la loi du 14 vendémiaire a suffisamment abrogé celle du 26 frimaire, qui le lui défendait, vous la renvoyâtes, par décret du jour d'hier, à votre comité, avec pouvoir d'y statuer définitivement.

Le comité de législation, animé de vos principes, qui sont ceux de l'humanité et de la justice combinés avec ce qu'exige la vigueur du gouvernement révolutionnaire, a été unanime sur l'affirmative, mais il a pensé en même temps qu'elle ne devait pas être résolue par un simple arrêté ; qu'elle était assez importante par sa nature, son objet et les conséquences de sa solution, quelle qu'elle soit, pour que la Convention nationale doive prononcer elle-même. Il a pensé qu'il était d'autant plus nécessaire d'y mettre de la publicité et de la solennité que d'autres tribunaux criminels des départements frontières, moins scrupuleux peut-être que celui du Nord, exécutent encore à la lettre la loi du 26 frimaire et compromettent ainsi la vie des citoyens.

Le comité de législation le déclare donc, et la Convention nationale doit le proclamer, point de crime, point de délit, de quelque genre qu'il soit, s'il n'est accompagné de la volonté de le commettre. Juger un prévenu sans en apprécier l'intention, c'est blesser les premiers éléments de la raison et de la morale; l'envoyer à la mort sans s'assurer par le préalable qu'il l'a méritée, c'est un attentat à la vie des citoyens, c'est un meurtre judiciaire. Eh! si nous jugions de l'intention par l'événement, si nous nous accoutumions à voir des crimes dans toutes les actions nuisibles à la société, ne retomberions-nous pas sous la tyrannie exécrable d'où nous sortons? Et, par une décadence successive, ne serions-nous pas bientôt aussi barbares que nos ancêtres, qui faisaient des procès en forme à des animaux malfaisants? ne serions-nous pas aussi stupides que ce peuple de l'antiquité qui punissait des statues dont la chute écrasait quelque citoyen? Oui, royalistes déguisés, contre-révolutionnaires hypocrites, qui avez tenu en présence de l'ennemi une conduite équivoque, afin de pouvoir l'interpréter à votre avantage, en cas que l'événement trompât vos espérances; oui, vous serez jugés d'après l'intention, et vous serez frappés aussi impitoyablement par la loi que ces partisans effrénés du despotisme, qui en ont ouvertement secondé les efforts, que les prédicateurs fougueux de la monarchie, qui voient en elle seulement, et dans ses accessoires, la suprême félicité.

Mais vous serez aussi jugés d'après l'intention, vous, honnêtes habitants des campagnes, vous, paisibles et laborieux cultivateurs que l'erreur ou le désir de la conservation de vous-mêmes peut avoir engagés dans des démarches imprudentes, mais en qui ne s'est jamais éteint ni le feu sacré de la liberté, ni le sentiment de l'amour de la patrie. Votre charrue oisive appelle vos bras nerveux; vos champs incultes, image des fureurs de la guerre, attendent que vous leur rendiez la fécondité. Du sein de leurs chaumières à demi embrasées par un ennemi féroce, vos mères, vos femmes et vos enfants ouvrent leurs bras pour y recevoir des fils, des pères et des époux dont la privation les afflige plus sensiblement que la misère qui les environne.

Non, le jour n'est pas éloigné où vous serez rendus à la tendresse, au travail, à l'industrie, à toutes les vertus domestiques et sociales. En attendant, tressaillez de joie au fond de vos cachots, en apprenant que la Convention nationale a réformé la loi du 26 frimaire, et qu'elle vous fournit tous les moyens de faire éclater votre innocence; bénissez-la sans cesse, car sans cesse elle s'occupe du bonheur du peuple, qui lui en a remis le soin. Grande dans la prospérité, plus grande dans les revers, toujours la justice la précède, et l'humanité la suit.

En butte à toutes les tempêtes, elle les conjure par son courage; environnée de mille écueils, elle les évite par sa prudence. Français, votre confiance en elle ne sera point trompée; malgré tous les déchaînés des passions et des partis, elle amènera le vaisseau de l'État au port de la félicité publique.

Le rapporteur termine par un projet de décret qui est adopté en ces termes:

« La Convention nationale, après avoir entendu le rapport de son comité de législation sur le référé de la seconde section du tribunal criminel du département du Nord, du 29 brumaire dernier, dans lequel elle demande si la question intentionnelle doit être posée dans des affaires dont la connaissance spéciale lui est attribuée par le décret du 19 vendémiaire, ainsi que sur le référé, sous la même date, de l'accusateur public près ce tribunal, dans lequel il expose les embarras et les entraves que va éprouver cette section à raison des limites de sa compétence et de la variété des délits dont sont prévenus ou dont se trouveront coupables, par les débats les individus arrêtés en exécution des lois des 7 et 17 septembre 1793, et 26 frimaire dernier;

« Considérant qu'à la vérité la loi du 26 frimaire défend de poser la question intentionnelle, mais que depuis est intervenue celle du 14 vendémiaire, qui consacre le principe d'éternelle vérité, qu'il ne peut exister de crime là où il n'y a point eu l'intention de le commettre, et qui ordonne en conséquence que la question relative à l'intention sera posée dans toutes les affaires soumises à des jurés de jugement; qu'ainsi cette loi générale, étant postérieure à la première, l'abroge naturellement et de droit;

« Passe à l'ordre du jour; et au surplus décrète ce qui suit:

« Tous les individus arrêtés en exécution des lois des 7 et 17 septembre 1793, et 26 frimaire dernier, seront jugés par la section du tribunal criminel du département du Nord qui en est spécialement chargée, de quelques crimes et délits qu'ils soient prévenus ou trouvés coupables, la Convention nationale lui donnant à cet effet tous les pouvoirs nécessaires et non attribués par les lois précédentes.»

GARNIER (de Saintes): A la suite de la loi du 27 germinal, loi nécessitée par les circonstances où la république se trouvait alors, et qui ordonnait aux ci-devant nobles de sortir de Paris et des places fortes et maritimes, le comité de salut public prit un arrêté que les circonstances commandaient également, et qui défendait aux nobles de se retirer dans les départements voisins de la Vendée.

Par une fausse interprétation de cet arrêté, on l'appliqua aux nobles qui habitaient ces départements, et on les força d'en sortir: beaucoup d'entre eux, contre qui il n'y avait aucune cause de suspicion, plusieurs agriculteurs depuis l'enfance, sont morts dans leur exil, de misère et de douleur.

Je demande qu'il leur soit permis de retourner dans leur domicile. Je pense aussi que peut-être, aujourd'hui que la Convention a saisi d'une main ferme les rênes du gouvernement et qu'elle maîtrise les événements, la loi du 27 germinal elle-même pourrait être renvoyée à un nouvel examen des trois comités.

Je demande le renvoi de ces deux propositions aux trois comités de salut public, de sûreté générale et de législation.

Dubem appuie le renvoi; il est décrété.

— Le citoyen Mercier, libraire, en reconnaissance de ce que la Convention a brisé ses fers, lui fait hommage d'un poëme sur le despotisme, qu'il a fait en prison.

L'assemblée décrète la mention honorable de l'hommage et le renvoi de l'ouvrage au comité d'instruction publique.

— Fourcroy, au nom des comités de salut public et d'instruction publique, fait un rapport souvent et vivement applaudi, dans lequel il développe la nécessité d'avoir des écoles de médecine et de chirurgie. Une des raisons qu'il fait surtout valoir, c'est l'obligation de remplacer par des gens habiles les officiers de santé morts dans nos armées. « La Convention, dit-il, n'apprendra pas sans sensibilité que plus de six cents d'entre eux sont morts pendant et par suite de leurs travaux.

« Ils sont heureux, puisqu'ils sont morts pour leur patrie. »

Le rapporteur, après avoir exposé le plan d'instruction adopté par les comités, propose un projet de décret dont l'assemblée ordonne l'impression, ainsi que du rapport, et elle ajourne la discussion à trois jours.

— Ramel rappelle la loi rendue hier, qui affranchit des

réquisitions les denrées de première nécessité introduites par la voie du commerce extérieur; il craint que ces mots de *première nécessité* n'élèvent des difficultés sans fin, vu toutes celles qu'il y a à fixer quelles denrées sont de première nécessité.

On propose de supprimer ces mots de *première nécessité*.

Un membre observe qu'alors on introduira en France les objets manufacturés dont l'assemblée a cru devoir prohiber l'introduction pour protéger l'industrie nationale.

Ramel propose de substituer, aux termes *de première nécessité*, ceux-ci : *non prohibées*.

Cette proposition est adoptée.

La séance est levée à trois heures.

### SÉANCE DU 8 BRUMAIRE.

Le comité des secours est entendu sur la réclamation de dix femmes dont les maris ont été suppliciés à Arras, département du Pas-de-Calais; l'extrême misère de ces citoyennes, dignes d'un meilleur sort, a déterminé le comité à proposer un soulagement de 300 liv. à chacune d'elles, qui sera envoyé par la trésorerie à l'agent national d'Arras. —Adopté.

—L'accusateur public près le tribunal criminel de Paris écrit qu'hier le comité révolutionnaire de la section du Bonnet-Rouge a été jugé; que dix membres, convaincus de faux, de dilapidation de deniers de la république, ont été condamnés à vingt ans de fers et six heures d'exposition, et deux acquittés et mis en liberté (Piccini et Laloue).

CLAUZEL : Votre comité de sûreté générale, qui ne veut point dépasser les limites des pouvoirs que vous lui avez délégués, m'a chargé de vous lire les pièces suivantes :

La première est une lettre de l'accusateur public près le tribunal révolutionnaire de Paris, qui annonce que le tribunal a rendu officiellement le décret d'accusation contre Carrier.

La seconde est une lettre du même, qui accuse la réception de l'acte d'accusation dressé par la commission des Vingt et Un, et décrété par la Convention, et qui demande les pièces qui sont à l'appui de l'accusation.

La troisième est une lettre du président du même tribunal, qui apprend la récusation que Carrier a faite de lui, de l'accusateur public, et de toute la section qui est occupée de l'affaire du comité de Nantes.

La quatrième est une lettre de Carrier au président de la Convention, par laquelle il réclame le droit accordé à tout accusé d'être jugé par des jurés choisis par le sort.

La cinquième est le jugement du tribunal, qui après un long délibéré, déclare qu'attendu la connexité de l'affaire de l'accusé Carrier avec celle du comité de Nantes, la même section connaîtra de l'accusation portée contre Carrier.

La Convention passe à l'ordre du jour.

— Clauzel, au nom du comité de sûreté générale, propose le projet de décret suivant :

« La Convention nationale, ouï le comité de sûreté générale, décrète que le représentant du peuple Gredel se rendra dans les départements de la Vienne, Haute-Vienne et de la Creuse;

« Le représentant du peuple Robin, dans ceux de l'Yonne et Seine-et-Marne;

« Et le représentant du peuple Thuriot, dans les départements de Rhône-et-Loire, Saône-et-Loire, de l'Ain et de l'Isère.

« Ils sont investis des mêmes pouvoirs qu'ont les représentants du peuple en mission dans les autres départements. »

BOURDON (de l'Oise) : Thuriot est membre des comités de gouvernement; je m'oppose à ce qu'il soit nommé avant qu'il soit rentré dans le sein de la Convention. Ne souffrons pas, citoyens, qu'on désorganise les comités, et que les pouvoirs restent toujours dans les mêmes mains; je demande donc que Thuriot ne soit point nommé.

On observe que Thuriot partirait le lendemain de sa sortie du comité de salut public.

BOURDON (de l'Oise) : Il est faux aussi que Thuriot ait été proposé aux comités.

PIERRET : Je demande l'ajournement de la liste présentée par le comité de sûreté générale, et qu'à l'avenir, pour mettre la Convention à portée de juger de la convenance des envois en mission, le comité de sûreté générale fasse imprimer et distribuer les nominations qu'il devra faire.

BERNARD (de Saintes) : Je pense que c'est une grande question que celle de savoir s'il est utile ou non d'envoyer encore des représentants du peuple en mission dans l'intérieur de la république. Il est nécessaire, je crois, de rappeler à la Convention que presque partout les opinions particulières des membres envoyés ont influencé leurs opérations de telle manière que chaque département pendant ce temps semblait avoir une législation particulière, et que par ce moyen l'exécution des lois et la marche des autorités constituées ont souvent été entravées. J'invite la Convention à faire cesser enfin ces tiraillements dangereux pour la chose publique. Je demande donc la question préalable sur les nouvelles nominations proposées par le comité de sûreté générale, jusqu'à ce qu'il ait fait un rapport qui prouve la nécessité de créer de nouvelles missions.

CLAUSEL : Je vais le prouver. Chacun sait le mal que les partisans de Robespierre ont fait dans les départements, et j'ai lieu de m'étonner que ceux qui s'opposent aujourd'hui à l'envoi des commissaires n'aient pas fait cette observation, qui leur paraît si juste, avant d'aller en mission. (Applaudissements.) Je puis protester que le comité de sûreté générale est avare de cette mesure, et qu'il ne la prend que quand les circonstances l'exigent. Nous savons tous jusqu'où ont été les efforts des terroristes et des hommes de sang pour arrêter les heureux effets de la révolution du 9 thermidor dans certaines parties de la république; à Dijon, à Toulouse, etc., on s'est permis d'arrêter la circulation des écrits utiles, du Bulletin même. Citoyens, c'est pour mettre un baume salutaire sur les blessures encore saignantes des patriotes, et pour comprimer les méchants et assurer enfin l'exécution des lois, que le comité a cru devoir vous proposer des nominations. Je demande donc l'adoption du projet de décret, à l'exception de Thuriot, dont je consens l'ajournement, en observant toutefois à Bourdon que Rewbell et Reverchon étaient présents au comité lorsqu'il fut proposé.

CAMBOULAS : Après ce que vient de dire Clauzel, il est facile de résoudre cette question, qui a été mise en avant par Bernard (de Saintes). Dans des temps orageux la Convention envoie des commissaires dans les départements; mais elle doit auparavant consulter les députés des départements sur le choix des commissaires. Jusqu'ici le comité de sûreté générale a suivi cette marche. Depuis longtemps l'agriculture, l'industrie étaient paralysées; tout homme qui avait des talents utiles à la société par ce fait devenait suspect et était incarcéré : ne convient-il pas aujourd'hui que la Convention ne s'identifie pas avec des mesures pareilles, qu'elle cherche à réparer tant de maux par des lois sages et positives, en tendant une main secourable à ceux qui ont été opprimés? Il est temps que la Convention réprime les malveillants, qu'elle suive l'impulsion donnée par la police, par sa correspondance.

Lorsque le comité de sûreté générale proposera quelques commissaires, citoyens, c'est à vous d'examiner s'ils ont les talents et la prudence qu'exige une mission importante. Voilà vos devoirs. Je demande que la discussion se termine là, et que le projet de décret soit adopté.

*** : Tout en appuyant les observations de Camboulas, je désirerais qu'aucun membre du gouvernement ne pût être envoyé en mission qu'un mois après sa sortie.....

*Plusieurs voix :* Après trois mois.

*** : Car il est possible qu'un intrigant, pendant son séjour aux comités, prépare une mesure contrerévolutionnaire, qu'il irait ensuite exécuter lui-même après son remplacement.

GRANET : Je demanderais pour article additionnel que le comité de sûreté générale fût tenu de consulter les membres des députations avant d'envoyer des commissaires.

CLAUZEL : Si cette proposition est appuyée, je demande à répondre. (*Non, non !* s'écrie-t-on.)

BOURDON (de l'Oise) : Je ne conçois pas comment de motion en motion on parvient à faire faire ainsi des lois exclusives. La Convention doit avoir toute la latitude convenable pour faire le bien. Il lui suffit d'avoir le droit qu'elle a conquis le 9 thermidor de pouvoir infirmer ou confirmer les nominations qui lui sont proposées. Ce sont-là des restes monarchiques. (Murmures.) Je dis qu'il n'est rien de si mauvais. Je m'explique. La Convention n'est-elle pas la maîtresse de dire : Tel ou tel individu me convient ou ne me convient pas. A quoi sert donc de proposer un terme après la sortie des comités ? Je demande l'ordre du jour sur cette proposition, motivé sur le droit que la Convention a de statuer sur les nominations.

GUYOMARD : Je ne sais pourquoi on reproduit ici des idées monarchiques. Je trouve, moi, la proposition faite très-démocratique. Nous ne voulons pas que tel qui a le pouvoir intrigue pour le conserver. Je demande, moi, que les membres des comités puissent ici se retremper dans l'égalité au milieu de nous avant de retourner à d'autres emplois, s'ils en sont dignes. (Applaudissements.) Citoyens, vous avez voulu qu'entre le remplacement et la réélection à un comité de gouvernement il y eût un mois d'intervalle ; je demande la même proportion entre l'exercice du pouvoir et la mission. (Applaudissements.)

Cette dernière proposition est adoptée, et l'assemblée décrète que le représentant du peuple Letellier se rendra dans les départements de Rhône-et-Loire, Saône-et-Loire, de l'Ain et de l'Isère.

RICHARD, au nom du comité de salut public : Nous vous avons annoncé, il y a deux jours, que l'armée des Pyrénées-Orientales avait attaqué les Espagnols dans un poste avantageux ; ils ont opposé au courage des républicains une nombreuse artillerie ; mais ils ont lui devant nos baïonnettes, et toute l'artillerie est restée entre nos mains. (Vifs applaudissements.)

*Les représentants du peuple près l'armée des Pyrénées-Orientales à la Convention nationale.*

A la Jonquière, le 30 brumaire, l'an 3e de la république une et indivisible.

« Citoyens collègues, bataille et victoire complète.

« Dans la journée du 27, la division de droite, commandée par le général Augereau, s'était emparée de tous les camps de gauche de l'armée espagnole, ainsi que je vous l'ai écrit le 28 ; aujourd'hui nous tenons le reste ; les Es-

pagnols sont en pleine déroute, et nous ne leur donnerons guère le temps de se rallier.

« Des redoutes, des batteries sans nombre, garnies d'une artillerie formidable, ont été emportées à la baïonnette, et la plupart sans tirer un coup de fusil ; l'ennemi a résisté d'abord avec opiniâtreté ; mais enfin, après quatre heures de combat, il s'est vu forcé de céder à la valeur des républicains ; il nous a abandonné tous ses camps, son artillerie et ses équipages. Il y a au moins des tentes pour cinquante mille hommes ; nous ignorons le nombre des bouches à feu et des autres effets qu'il nous laisse ; le combat vient de finir, et nous n'avons pas encore eu le temps de compter ; mais nous avons tout.

« Les républicains ont fait un carnage terrible. Demain nous vous ferons connaître les détails, et en même temps nous frapperons de nouveaux coups sur ceux de nos ennemis qui n'auraient pas eu la prudence de fuir assez loin de nous.

« Soldats, officiers, généraux, tous se sont battus avec une intrépidité incroyable. En vous faisant parvenir les détails, nous tâcherons de vous faire connaître les principaux traits par lesquels on se sera distingué, et ceux qui en sont les auteurs.

« Salut et fraternité.     VIDAL, DELBERT. »

Après la lecture de cette lettre, Richard propose, et la Convention adopte le projet de décret suivant :

« La Convention nationale, sur le rapport de son comité de salut public, décrète que l'armée des Pyrénées-Orientales ne cesse de bien mériter de la patrie.

« Les nouvelles officielles lues aujourd'hui à la Convention nationale seront insérées au Bulletin, et envoyées à toutes les armées de la république. »

— Guyton-Morveau fait un rapport sur l'état de la manufacture d'armes de Paris.

Ce rapport donne lieu à une discussion dans laquelle Noël Pointe et Reverchon ont soumis des calculs très-judicieux sur le parti qu'on tire de cette manufacture. Ils ont fait sentir que l'éloignement où elle était des matières premières, les frais de transport, le salaire des ouvriers, qu'on était obligé d'augmenter à proportion de la cherté des denrées dans une grande ville, augmentaient de beaucoup le prix des armes sans en hâter la fabrication.

Cette discussion a été terminée par un décret qui renvoie à l'examen du comité la question de savoir s'il ne serait pas plus convenable de répartir les ouvriers sur les divers points de la république où se trouvent les matières premières, et où l'on a établi des ateliers. (*La suite demain.*)

## LIVRES DIVERS.

*Procès criminel des membres du comité révolutionnaire de Nantes, etc.*, instruit par le tribunal révolutionnaire établi à Paris. Première partie, format in-12, ornée d'une gravure représentant les noyades, fusillades, les mariages républicains dont il est question dans cette procédure. Prix : 2 liv., et 2 liv. 10 s., franc de port, avec garantie en cas de perte.

S'adresser au directeur du *Bulletin de littérature*, rue du Croissant, n° 16, à Paris.

La suite est sous presse, et paraîtra successivement.

## Lycée des Arts.

Décadi 10 frimaire, à onze heures précises du matin, il y aura séance publique, distribution de prix, lecture et concert, dans lequel la citoyenne Candeille touchera du forté-piano.

## Payements à la trésorerie nationale.

Le payement du perpétuel est ouvert pour les six premiers mois ; il sera fait à tous ceux qui seront porteurs d'inscriptions au grand livre. Celui pour les rentes viagères est de huit mois vingt et un jours de l'année 1793 (vieux style).

# GAZETTE NATIONALE ou LE MONITEUR UNIVERSEL.

N° 71.   *Primidi* 11 Frimaire, *l'an* 3e. (*Lundi* 1er Décembre 1794, *vieux style*.)

## POLITIQUE.

### ÉTATS-UNIS D'AMÉRIQUE.

*Extrait des gazettes américaines, du 25 septembre.*

Les troupes des États-Unis viennent d'obtenir un avantage signalé sur les Indiens. La guerre continue toujours avec vigueur contre ces dangereux ennemis ; mais le dernier échec, en les affaiblissant, a mis la dissension dans leurs diverses tribus. Ils s'étaient réunis en assez grand nombre pour attaquer le fort de Recovery. Ils ont été repoussés avec une grande perte, et un de leurs chefs est resté sur le champ de bataille. Ils ont pris la plus haute idée du général américain Wayne.

Le général Washington doit marcher lui-même contre les insurgés de Pittsbourg.

— Il paraît que des hostilités partielles ont déjà eu lieu entre les États-Unis et la Grande-Bretagne. Une lettre du secrétaire d'État Randolphe, adressée à l'envoyé britannique, fait connaître que le gouvernement américain a les sujets de plainte les plus graves contre la cour de Londres, et particulièrement contre le gouverneur du Haut-Canada, Simcoë.

On lui reproche une invasion sur le territoire des États-Unis. Il n'a point répondu aux plaintes portées contre lui. Le secrétaire d'État Randolphe annonce qu'il regarde ce silence comme un aveu positif du fait ; que d'ailleurs il a des avis certains que des officiers et des soldats anglais se sont trouvés parmi les Indiens, à l'attaque de la Recovery.

« Les Américains, continue sir Randolphe, avaient commencé un établissement sur le lac Ontario, à plus de soixante-dix milles des possessions anglaises. Le gouverneur du Haut-Canada a fait signifier au capitaine Williamson un ordre d'abandonner cette entreprise. Cet ordre a été envoyé sous escorte militaire. Le style en est hautain et menaçant. » Enfin une lettre porte que la garnison du Miami a été contrainte par un parti anglais de se retirer en laissant quatre pièces de canon. Le général américain Wayne a depuis ordonné la destruction de ce fort.

### ALLEMAGNE.

*Extrait d'une lettre de Hambourg, du 14 novembre.* — Toutes les lettres de Russie annoncent que la cour de Pétersbourg éprouve les plus sérieuses alarmes sur le défaut total de subsistances. Les denrées de première nécessité sont d'une rareté extrême, surtout dans les provinces frontières chargées de l'approvisionnement des armées. La cause de cette disette vient de ce que la principale consommation était en grains tirés de la Pologne. Cette ressource est totalement anéantie.

— Catherine est, dit-on, particulièrement affectée des troubles de la Courlande. La meilleure partie de la noblesse s'est réunie aux insurgés.

— Les dernières nouvelles de Constantinople portent que le ministère ottoman a fait venir les drogmans de toutes les nations, et leur a déclaré qu'il était résolu de casser le tarif actuel des douanes et de rétablir l'ancien tel qu'il avait été arrêté, il y a deux ans, entre Hassan-Aga et l'ambassadeur des Provinces-Unies.

— L'internonce de l'empereur a eu à Constantinople un entretien avec le reiss-effendi, en présence de deux ulémas. Il paraît que le but principal de cette conférence était de s'occuper des difficultés que la cour de Vienne éprouve à faire évacuer aux Bosniaques les places que la Porte lui a cédées en vertu du dernier traité de paix. Le Divan a envoyé des ordres précis à ce sujet ; mais les habitants refusent de se soumettre au joug autrichien.

— Le ministre de la république française a eu, depuis quelque temps, de fréquentes conférences avec le Divan.

*Des bords du Rhin, le 15 novembre.* — Le quartier général de la division de Mélas est, depuis le 2, à Ems.

— Un commissaire français s'est rendu à Coblentz ; il a assemblé la municipalité, et lui a signifié, au nom de la république française, les réquisitions auxquelles la ville doit se soumettre. Elle fournira trente mille paires de souliers. Les marchands doivent déclarer ce qu'ils ont de marchandises en magasin, et ce qu'ils ont vendu depuis l'arrivée des Français. Les Français sont logés dans les maisons des nobles émigrés.

— Les républicains ont élevé un arbre de la liberté devant la porte d'Andernacht. La plus grande tranquillité règne dans cette dernière ville. L'exercice du culte y est continué ; chacun reste libre dans son opinion religieuse. Le cuivre, l'étain, et les autres métaux y ont été mis en réquisition.

— Les préparatifs continuent avec vigueur contre Mayence. Le gouverneur de cette place, Huff, a été frappé d'apoplexie.

— On écrit de Vienne qu'il s'y fait toujours des dispositions militaires. Le conseil de guerre a ordonné un nouveau recrutement. Cobentzel et le ministre des affaires étrangères Thugut ont quitté Vienne, chargés d'une mission dont le but est encore un secret.

Le landgrave de Hesse-Cassel a fait conduire à Hanau le général hessois qui commandait à Rheinsfeld quand les Français s'en sont emparés.

On transporte des munitions de guerre et des provisions de toute espèce dans la forteresse d'Ehrenbreistein. Les Autrichiens y sont en assez grand nombre.

Les Autrichiens, pour rendre la forteresse plus redoutable, ont commencé à couper la cime de la montagne située vis-à-vis, et qui égalait la partie gauche d'Ehrenbreistein, du côté de la route de Francfort. On a construit sur ce dernier point un bastion qui s'élève de trente pieds au-dessus de la montagne.

### PRUSSE.

*Berlin, le 30 octobre.* — Les insurgés ont de nouveau exigé de fortes livraisons de fourrages du côté de Lista. La Silésie se trouve toujours menacée d'une invasion prochaine.

— Des lettres du district de Neff, en date du 20 de ce mois, annoncent que les Polonais paraissaient alors vouloir faire le siège de Thorn. Celles de leurs troupes qui se trouvaient devant cette place avaient déjà rassemblé une grande quantité de sacs de terre, de fascines et d'échelles. Tout se préparait pour un assaut. Les Polonais ont fait conduire à Varsovie, comme otages, un grand nombre de prisonniers civils et militaires, faits dans les possessions prussiennes.

Les braves Polonais n'ont pas perdu l'espoir de conserver leur liberté, malgré les efforts de leurs ennemis. Les moyens de défense sont encore loin de leur manquer. Outre l'armée principale, Madalinski, Dombrowski commandent des corps séparés, et d'autres dirigent la masse des citoyens armés.

Le cabinet de Berlin ne se dissimule pas les difficultés de cette guerre. Aussi s'est-il déterminé à rappeler vingt mille hommes de l'armée du Rhin. Le collège de guerre a pris tous les arrangements nécessaires pour que ces troupes puissent se rendre en Pologne.

---

## RÉPUBLIQUE FRANÇAISE.

*Trésorerie nationale. — Liquidation et payement de la dette viagère.*

Les commissaires de la trésorerie nationale préviennent leurs concitoyens qu'en conséquence de l'arrêté du comité des finances de la Convention nationale du 7 de ce mois, tous les créanciers viagers dont les noms propres commencent par la lettre *A*, et qui ont des rentes viagères sur une seule tête, dont personne n'avait l'expectative ni la survie, pourront se présenter primidi prochain, 11 frimaire, au bureau déjà établi à Paris pour la demande des inscriptions au grand livre, où ils retireront leur inscription viagère en remettant le récépissé de titres qui leur avait été délivré aux bureaux de liquidation.

Ils seront payés de suite du semestre échu au 1er vendémiaire, en se présentant aux bureaux de vérification et de payement.

Les autres lettres des parties de même nature étant liquidées, et n'ayant plus d'autre retard à éprouver que celui nécessaire pour expédier les inscriptions, le payement en sera incessamment ouvert, et le public en sera averti par des avis subséquents.

---

### Brûlement d'assignats.

Le 9 frimaire, à dix heures du matin, il a été brûlé, dans l'ancien local des ci-devant Capucines, la somme de 8 millions 999,993 liv. en assignats, provenant de la vente des domaines nationaux, recettes extraordinaires et échanges, lesquels, joints aux 2 milliards 454 millions 683,000 liv. déjà brûlés, forment un total de 2 milliards 463 millions 682,993 liv.

---

## CONVENTION NATIONALE.

### Présidence de Clausel.

#### SUITE DE LA SÉANCE DU 8 PRIMAIRE.

Le général Despinoy, introduit à la barre, prononce le discours suivant :

« Citoyens représentants, le vainqueur de Gillette, de Toulon, de Collioure, le vengeur du Midi, Dugommier, n'est plus : il est tombé sur ses lauriers : et déjà, habiles à les compter, vous avez consacré son nom ; mais sa cendre est à Bellegarde ; sa cendre, pressée par ses compagnons d'armes, attend dans ces murailles les honneurs du tombeau. Vous ne permettrez pas qu'une vile poussière souille les restes sacrés d'un héros ; vous ne souffrirez point que la terre le dévore en présence des guerriers qu'il inspira et des regrets qu'il a toujours vaincus. Achevez donc votre ouvrage.

« Ami de Dugommier, j'ose élever ma voix jusqu'à vous, législateurs. Couvrez d'un mausolée la dépouille mortelle de l'un de vos plus dignes collègues, d'un soldat philosophe, d'un sage. Ordonnez que dans le fort de Sud-Libre s'élève un monument qui retrace à la fois la carrière qu'il a parcourue, et la fin glorieuse dont il a scellé ses travaux. Eh ! quel Panthéon plus fait pour sa cendre, que cette même enceinte qu'il vient de rendre à la liberté, que ces superbes monts d'où sa valeur et son génie précipitèrent l'orgueilleux Espagnol ? Avec quel saint respect s'approcheront ses frères d'armes de la tombe qui renferment leur chef et leur ami ! avec quel sentiment profond ils iront jurer sur son urne de l'imiter, de le venger ! Si l'on vit jadis, au tombeau de Maurice, des soldats aiguiser leurs sabres, et dès lors se croire invincibles, combien des guerriers républicains seront-ils plus doucement émus, à l'aspect des restes de Dugommier que la reconnaissance publique aura recueillis par vos mains ! C'est ici, dirontils, que repose un représentant du peuple, un général, l'effroi des tyrans, l'ami des hommes et des vertus. Ici son ombre illustre plane encore sur nous ; du haut de ces remparts elle enflamme nos courages et sourit à nos nouveaux triomphes. » ( On applaudit. )

MILHAUD : Plus sages que les Romains, vous n'avez pas voulu décerner les honneurs du triomphe aux généraux pendant leur vie ; mais il est beau de voir les défenseurs de la patrie réclamer des récompenses pour leur chef, qui a péri à son service.

Vous avez déjà décrété que les noms de plusieurs généraux seraient inscrits sur la colonne du Panthéon ; mais Dampierre, couvert de blessures, mais vaincu , a obtenu les honneurs décernés aux grands hommes ; et n'en devons-nous pas à la cendre de Dugommier , de cet homme qui enchaîna toujours la victoire, qui n'est connu que par les services qu'il rendit à son pays ? Je ne demande pas pour lui ceux du Panthéon, je sais qu'il faut attendre que la postérité ait prononcé ; mais j'appuie la demande qui vous est faite par son ami. Qu'on lui élève un tombeau dans l'enceinte de Sud-Libre ; son ombre planera sur la montagne voisine de cette place ; elle excitera nos soldats à ne jamais rétrograder. Ils se souviendront que le dessein de leur chef était de porter son camp, cet hiver, sous les murs de Barcelone. Une seule bombe jetée dans les immenses magasins de cette place l'eût fait rendre aussitôt, et rien n'eût plus arrêté sa marche sur Madrid.

Je demande qu'il soit élevé un tombeau à Dugommier.

Renvoyé au comité d'instruction publique.

MERLIN ( de Douai ) , au nom du comité de salut public : Citoyens, toujours attentif à seconder vos vues dans tout ce qui peut intéresser la gloire du peuple que vous représentez, et consolider ses rapports avec les nations alliées ou amies, votre comité de salut public vous propose aujourd'hui de vous acquitter , envers le peuple américain, d'une dette à laquelle vous désirez depuis longtemps de satisfaire.

Depuis le moment où l'Amérique vous a offert son drapeau , il ne s'est point écoulé un seul jour où, en élevant vos regards vers cette voûte, et y voyant flotter ce signe chéri de l'alliance d'un grand peuple, notre aîné dans la conquête de la liberté, vous n'ayez paru regretter que le drapeau de la république française n'eût pas encore volé au delà des mers lui porter un gage réciproque de l'estime et de l'amitié du peuple français.

Sans rappeler ici les travaux extraordinaires et les occupations sans cesse renaissantes qui n'ont pas, jusqu'à présent, permis à votre comité de salut public de vous proposer de reconnaître, par un présent égal, celui que vous avez reçu, il me suffira d'observer que vos regrets même lui donneraient un nouveau prix , si d'ailleurs on pouvait accuser de retard un hommage que vos vœux pour la prospérité de l'Amérique et l'union de nos communes destinées ont toujours aussi constamment devancé ; et sans doute nos frères des États-Unis l'ont déjà ainsi jugé.

Mais ne semble-t-il pas (qu'il me soit permis d'ajouter cette réflexion), ne semble-t-il pas que cet état, en quelque sorte , la victoire elle-même qui vous ait commandé de différer l'envoi de votre drapeau, pour l'orner de nouveaux lauriers, et pour le rendre ainsi, j'ose le dire, plus digne encore d'être échangé contre le leur ?

Oui , nos fidèles amis vont l'accueillir non-seulement comme le gage d'une éternelle confraternité, mais comme le signe précurseur de l'anéantissement de la tyrannie, et de cette félicité pure et durable que le triomphe de la liberté peut seul assurer aux deux mondes.

Il leur dira, ce drapeau, dans son langage de gloire, qu'il s'est enfin élevé sur les débris de la faction des rois et de la coalition des conspirateurs, à une hauteur où il peut désormais braver leurs attentats et garantir tous les engagements que le peuple français a juré de remplir.

Que l'époque de cet échange fraternel soit à jamais aussi , pour ces deux peuples également dignes de la liberté , celle de leur inviolable amitié ! que les couleurs de leurs glorieux étendards se mêlent et se confondent comme leurs sentiments! qu'à leur seul aspect la terreur frappe et mette en fuite les tyrans! que la confiance rallie les hommes libres, les vrais amis de l'égalité, de la justice et de l'humanité! (On applaudit.)

Votre comité vous propose de décréter qu'il sera, sans aucun délai, envoyé aux Etats-Unis d'Amérique un drapeau aux couleurs nationales.

Cette proposition est décrété en ces termes :

« La Convention nationale, après avoir entendu son comité de salut public, décrète :

« Art. I⁰ʳ. Il sera, sans aucun délai, envoyé aux Etats-Unis d'Amérique un drapeau aux couleurs nationales.

« II. Ce drapeau sera présenté au Congrès en signe de l'union et de la fraternité éternelles des deux peuples américain et français. »

JOHANNOT, au nom du comité des finances : Votre comité des finances m'a chargé de vous proposer de mettre des fonds à la disposition des diverses commissions administratives, pour pourvoir aux dépenses courantes.

Votre comité a pensé qu'il fallait profiter de cette occasion pour rappeler à votre souvenir et faire connaître au public l'organisation de la trésorerie nationale. Il n'y a plus ni ténèbres ni mystères dans tout ce qui regarde les finances.

La trésorerie nationale est surveillée par six commissaires ; tous les revenus de la république y sont versés : rien n'en sort qu'en conséquence de vos décrets. Les dépenses sont ordonnancées par vos diverses commissions administratives. Elles ne sont payées à la trésorerie que lorsqu'elles sont appuyées des pièces de comptabilité fondées sur ces décrets.

Un contrôle est chargé de vérifier si les pièces justificatives qui accompagnent les ordonnances sont fondées sur un décret ; c'est ce contrôle qui fait découvrir les abus que vous avez si souvent réformés, sur le rapport de votre comité des finances.

Ainsi, par cette forme de comptabilité, la responsabilité ne peut être illusoire, puisqu'il en résulte que la trésorerie nationale est responsable des deniers, comme les commissions qui ordonnancent sont responsables de l'emploi des matières.

L'ordre et l'exactitude du travail ajoutent encore à la clarté des opérations.

Chaque jour la trésorerie nationale arrête l'état de recette et de dépense, et le dépose dans vos comités.

Chaque jour elle est en état de produire son compte de deniers avec toutes les pièces à l'appui, et votre comité des finances prépare un rapport général sur cet objet, à la suite duquel il doit demander à la Convention qu'elle nomme une commission parmi ses membres, pour en examiner et vérifier tous les détails.

Lorsque vous mettez, par décret, des fonds à la disposition des commissions administratives, la trésorerie paie jusqu'à concurrence de l'emploi de ces fonds ; mais elle ne paie, comme on l'a déjà dit, que lorsque la dépense est fondée sur un décret.

Ainsi, en mettant aujourd'hui 20 millions à la disposition de la commission des secours, vous ne décrétez pas une nouvelle dépense, mais cette commission ordonnancera, jusqu'à concurrence de cette somme, les secours que vous avez accordés aux défenseurs de la patrie, par votre loi du 14 prairial; aux réfugiés, par votre loi du 27 vendémiaire ; aux blessés par l'explosion de la poudrerie de Grenelle, et autres dépenses que vous avez ordonnées par décret.

La trésorerie ne paiera qu'autant que les ordonnances seront conformes à ces lois.

Rien n'est plus simple et plus facile dans sa marche que cette organisation.

Si vous cessiez un moment de mettre des fonds à la disposition de vos commissions, vous suspendriez à l'instant tous les payements dans la république ; car, d'après la loi du 80 germinal, la trésorerie ne peut acquitter aucune ordonnance que sur les fonds mis par un décret à la disposition des commissions.

Votre comité vous propose le décret suivant :

« La Convention nationale, sur la proposition de son comité de finances, décrète :

« Art. I⁰ʳ. La trésorerie nationale ouvrira un crédit de 1 million 500,000 livres à la commission des administrations civiles, police et tribunaux ;

« De 6 millions à la commission des travaux publics ;

« De 20 millions à la commission des secours publics ;

« De 100 millions à la commission du commerce et approvisionnements ;

« De 80 millions à la commission des transports, postes et messageries ;

« De 2 millions à la commission des revenus nationaux ;

« De 6 millions à la commission des armes et poudres ;

« De 400,000 livres à la trésorerie nationale ;

« De 2 millions à la commission d'instruction publique ;

« De 500,000 livres à la commission d'agriculture et des arts ;

« De 1 million à la commission des relations extérieures,

« Ces fonds seront employés aux dépenses que chaque commission est chargée d'ordonnancer.

« Le présent décret ne sera pas imprimé. »

CAMBON : Je ne m'oppose pas au décret, mais je veux faire remarquer à la Convention que c'est à tort qu'on attaquerait le comité des finances ou quelques-uns de ses membres, en disant que sans cesse les oreilles sont frappées des dépenses qu'il propose. Le comité des finances a toujours marché unanimement, jamais il n'a proposé aucune dépense; il s'y est au contraire toujours opposé; et il a mérité le reproche de ténacité parce qu'il ne voulait pas consentir à toutes celles qu'on projetait. C'est inutilement qu'on en fera décréter sans avoir fait mettre à la disposition de la trésorerie les fonds nécessaires pour les acquitter ; tous les mois elle publie l'état de sa situation : elle met la plus grande publicité dans toutes ses opérations. Ce ne peut être que des fripons qui crient contre elle ; car, s'il fallait citer toutes les dépenses extraordinaires, toutes les dépenses inutiles qu'elle a arrêtées, on en ferait des volumes.

La Convention adopte le projet de décret proposé par Johannot.

RÉAL, au nom du comité des finances : Citoyens, il existe à Orléans une filature de coton qui mérite, par son importance, de fixer l'attention du gouvernement.

Cet établissement remonte à 1787 ; il fut dû principalement aux soins et à l'industrie de Foxlow, citoyen français, copropriétaire et directeur de cette manufacture. On pourra y occuper jusqu'à deux mille ouvriers, lorsqu'il aura reçu toute l'activité dont il est susceptible.

Philippe Capet, ci-devant Orléans, avait fourni la majeure partie des fonds ; les six-septièmes des actions lui appartenaient ; l'autre septième appartient au citoyen Foxlow.

Le 17 février 1790, il fut fait entre eux un traité

de société, sous la raison de Foxlow et compagnie.

Une clause essentielle de ce traité est qu'en cas de mort de l'un des associés, ses héritiers ou ayants cause ne pourront, dans aucun cas, disposer de leurs actions qu'après en avoir offert par écrit la préférence aux associés survivants.

Foxlow reclame aujourd'hui l'exécution de cette clause de son traité vis-à-vis de la nation , qui a succédé aux droits d'Orléans , tombé sous le glaive de la loi.

Votre comité des finances a examiné cette demande sous le double rapport de l'intérêt public et du droit privé.

Sous le premier rapport , il a pensé qu'un établissement aussi précieux que celui de la filature d'Orléans, qui utilise les bras de deux mille ouvriers pris parmi les femmes, les enfants et les vieillards, et qui fournira un jour un poids sensible dans la balance du commerce , devait être maintenu et encouragé.

Sous le rapport du droit privé , votre comité a unanimement pensé que la nation succédant aux droits d'Orléans n'avait et ne pouvait exercer d'autres droits que les siens ; que la justice distributive commandait l'exécution de l'acte de société du 17 février 1790, portant que les héritiers et ayants cause de l'un des associés ne pourraient disposer de leurs actions sans en avoir offert par écrit la préférence à l'associé survivant.

Cette clause est incompatible avec une adjudication par enchère.

Ainsi l'intérêt public et la foi due aux traités se réunissent pour faire adjuger au copropriétaire de cette filature, sur le pied d'une juste estimation, la portion qu'a la nation dans cet établissement.

C'est l'objet du décret que je suis chargé de vous proposer.

« La Convention nationale , après avoir entendu le rapport de son comité des finances, décrète :

« Art. Ier. Il sera incessamment procédé à l'estimation exacte et rigoureuse des bâtiments et emplacements dépendant de la filature de coton établie à Orléans, ensemble des matières fabriquées ou non fabriquées, effets mobiliers, mécaniques et ustensiles servant à l'exploitation.

« II. Cette estimation sera faite par trois experts nommés, l'un par la commission des revenus nationaux, l'autre par le directoire du département du Loiret, et le troisième par le directoire du district d'Orléans.

« III. Ces experts dresseront aussi un état de situation de l'actif et du passif de cet établissement ; ils opéreront en présence d'un autre expert nommé par le citoyen Foxlow , copropriétaire et directeur de cet établissement, qui aura voix instructive.

« IV. Les experts adresseront leur procès-verbal d'estimation au comité des finances, qui proposera à la Convention nationale l'adjudication définitive, s'il y a lieu.

« V. L'adjudicataire sera tenu de payer le prix, savoir : un sixième dans le mois à compter du décret d'adjudication, et les autres sixièmes d'année en année, en sorte que la totalité du prix soit payée dans l'espace de cinq années à compter du décret d'aliénation. »

Ce décret est adopté.

La séance est levée à quatre heures.

### SÉANCE DU 9 FRIMAIRE.

Un secrétaire annonce que le comité de correspondance a reçu une lettre adressée au président, pour remettre à Carrier.

Renvoyé au comité de sûreté générale.

— Forestier, représentant du peuple dans le département des Hautes-Pyrénées , annonce qu'il vient de finir sa mission dans ce département. « Partout, dit-il, il a fait succéder la justice à la terreur, et les lois à l'anarchie. Il va commencer sa mission dans le département des Basses-Pyrénées.

— Une citoyenne qui a plusieurs enfants aux frontières et qui tient à bail, de la nation, une maison garnie, a vu sa maison déserte, parce qu'elle a rendu à la république le service signalé de lui dénoncer l'ex-ministre Lebrun , qui logeait chez elle. Cette citoyenne demande des indemnités.

Renvoyé au comité des secours.

— Les citoyens de la commune de Bordeaux expriment leur joie de la clôture des Jacobins. « Et nous aussi , disent-ils, nous sommes révolutionnaires ; mais nous renoncerions à cette qualité, s'il fallait être anthropophages pour la conserver. »

Mention honorable.

Oudot , au nom du comité de législation : La loi du 29 septembre 1793 , en fixant le maximum du prix des denrées, dit, article XII : « Que les marchés passés à des prix inférieurs au maximum seraient exécutés comme ils pouvaient et devaient l'être avant le présent décret.

Cette loi porte , article VIII : « Que le plus haut prix des salaires et journées sera fixé au même taux qu'en 1790 , auquel il sera ajouté moitié de ce prix en sus. »

Les ouvriers des maîtres de forges ont réclamé l'exécution de cette disposition.

Des maîtres de forges ont fait , avant la loi , des marchés de fournir, à d'autres maîtres de forges, des fontes en gueuse. Comme le prix a été calculé sur les dépenses d'alors, il s'est trouvé inférieur à celui fixé par la loi du maximum du district.

Les acheteurs ne veulent pas payer les fontes au-dessus du prix de leurs marchés. Abusant de l'article XII , ils exigent impérieusement l'exécution de ces marchés, pour gagner des sommes considérables en ruinant leurs vendeurs , tandis que ceux-ci sont obligés de payer des prix de fabrique bien plus considérables aux ouvriers qui exigent l'augmentation portée par la loi du 29 septembre.

Le citoyen Gris a vendu , le 4 novembre 1787 (vieux style), aux citoyens Georgin et Borromée , quatre cent mille livres de fonte en gueuse par an, pendant huit ans, à commencer du mois de mars 1788, au prix de 68 livres le millier. Depuis la suppression de la marque des fers, ce prix a été réduit à 61 liv. 8 s. 9 d.

La loi du 29 septembre ayant augmenté considérablement les mains-d'œuvre, les citoyens Georgin et Boromée se sont refusés à toute augmentation, à cause de la disposition de l'article XII.

Plusieurs questions semblables ayant été portées devant les tribunaux, les juges ont ordonné l'exécution pure et simple des marchés, parce qu'ils ne peuvent pas se permettre d'interpréter une loi.

La loi du maximum a voulu mettre un frein à la cupidité des marchands ; mais l'article XII , en confirmant les marchés faits, n'a sûrement pas entendu parler de ceux qui ont pour objet des marchandises qui ne sont pas fabriquées. Votre comité a pensé qu'il serait effectivement contraire à l'esprit de la loi, qu'il serait injuste que l'on forçât à livrer , en vertu de la loi du 29 septembre , des marchandises au-dessous du maximum , dont la fabrication aurait été augmentée par cette même loi. Il a cru que cela n'avait nullement été dans le vœu des législateurs, mais qu'il était nécessaire d'expliquer nettement à cet égard l'intention de la Convention nationale.

Il m'a chargé de vous proposer le projet de décret suivant :

« La Convention nationale, après avoir entendu le rapport de son comité de législation sur la pétition du citoyen Gris, maître de forge à Larré, district de Châtillon-sur-Seine, tendant à savoir si l'article XII de la loi du 29 septembre 1793 (vieux style), relative au prix des denrées, qui confirme les marchés passés à des prix inférieurs au maximum, comprend aussi les marchés faits à longues années avant la loi du maximum, et qui ont pour objet des marchandises nos fabriquées avant cette loi, et dont la fabrication est augmentée par le salaire accordé aux ouvriers en vertu de cette même loi ;

« Considérant qu'il serait injuste de forcer à livrer des marchandises, qui n'auraient point été fabriquées à l'époque de la loi du maximum, à un prix inférieur, lorsque le prix de la fabrication aurait été augmenté par cette même loi ;

« Décrète que, dans tous les marchés antérieurs à la loi du 29 septembre 1793, qui avaient pour objet des marchandises qui n'étaient pas fabriquées à cette époque, et dont la fabrication est augmentée par le prix du salaire des ouvriers fixé par cette loi ; les vendeurs pourront exiger une indemnité.

« Cette indemnité sera fixée de gré à gré par les vendeurs et acheteurs, ou par des experts, d'après l'augmentation de la fabrique des marchandises, résultant de cette cherté des salaires des ouvriers, qui a eu lieu en vertu de la même loi. »

Ce décret est adopté.

LECOINTRE (de Versailles) : Citoyens, le 23 fructidor dernier, il a été établi par notre collègue Ysabeau une commission de révision à Bordeaux.

Le 6 vendémiaire, cette commission a fait le rapport suivant sur le jugement rendu, le 22 messidor, par la commission militaire de cette commune, contre Jean-Jacques Lassime, ex-conseiller aux ci-devant requêtes du Palais :

« D'après la lecture des pièces, faite en entier, la commission de révision a été d'avis que le jugement de la commission militaire du 22 messidor doit être cassé ou annulé, que la mémoire de Jean-Jacques Lassime soit réhabilitée, qu'il soit donné mainlevée de tous séquestres, et qu'il soit fait remise à ses victimes héritiers de tous ses biens confisqués au profit de la république.

« Signé RAYNAUD, président ; BONO, MALARTY, COISLON et GATINEAU, membres et suppléants de la commission de révision, et SICARD, secrétaire-greffier.

« Le 10 brumaire, le représentant du peuple Ysabeau, en séance à Bordeaux, vu le rapport de la commission, arrête :

« Que la mémoire du citoyen Jean-Jacques Lassime, dont la tête est tombée par jugement de la ci-devant commission militaire de Bordeaux, est réhabilitée ; que ledit jugement, en date du 22 messidor, est annulé ; que les biens séquestrés en vertu dudit jugement seront rendus aux héritiers dudit Lassime ; charge l'administration du département de faire mettre à exécution le présent arrêté ; charge aussi la commission de révision de faire imprimer deux mille exemplaires desdits rapport et présent arrêté, et de les faire afficher partout où besoin sera.

« Fait en séance, le 10 brumaire de l'an 3 de la république une et indivisible.

« Signé Ch. Alex. YSABEAU ; VALETTE, secrétaire de la commission nationale.

« Collationné conforme à l'original déposé au secrétariat de la commission de révision.

« Signé SICARD, secrétaire général. »

Citoyens, malgré les pouvoirs illimités dont jouit un représentant du peuple, il n'a pu, sans un décret spécial qui l'autorise, instituer une commission de révision ; vos décrets s'opposent à toute nouvelle institution de tribunal ou commission extraordinaire avec pouvoir de juger, sans un décret ; mais dans cette circonstance, citoyens, quoique persuadé comme notre collègue Ysabeau, que la commission militaire, dirigée par les principes de nos anciens tyrans, a commis presque autant d'assassinats juridiques qu'elle a prononcé de jugements, je crois que notre collègue n'a pu, sans un décret spécial, créer une commission de révision : sans doute vous ne le croyez pas non plus.

C'est à la Convention nationale seule qu'il appartient de prendre des mesures de grande justice, pour réformer les injustices, les cruautés et les iniquités judiciaires commises pendant le règne du terrorisme ; ouvrage des scélérats qui voulaient, en punissant de grands coupables, sans doute, faire périr aussi un grand nombre de bons citoyens dont les talents, les richesses, les lumières faisaient ombrage à leur ambition.

Je demande donc que la Convention nationale décrète :

1° Que son comité de salut public lui rende compte, dans la présente séance, de la conduite du représentant du peuple Ysabeau dans la commune de Bordeaux, et des motifs que ce représentant a dû lui donner lorsqu'il a créé une commission de cette nature, sans y être autorisé par décret ;

2° Que ladite commission est cassée, et que les actes émanés d'elle, ainsi que tous les arrêtés que le représentant Ysabeau a pris, en conséquence des avis motivés donnés par cette commission, sont annulés ;

3° Que les trois comités de salut public, de sûreté générale et de législation réunis proposent, sous trois jours, à la Convention nationale, s'il y a lieu, quant à présent, à décréter une loi pour l'institution de tribunaux ou commissions chargés de réviser ou réformer, par un mode général, les abus qui ont eu lieu dans les jugements des tribunaux et commissions révolutionnaires, afin que, par une loi générale pour toute la république, une sûre et prompte justice soit rendue aux patriotes qui ont été victimes, mais qu'en aucun cas la mémoire d'un contre-révolutionnaire ne puisse être réhabilitée, et que les ennemis de la patrie ne puissent abuser du bienfait de la loi.

Je demande que la Convention renvoie à ses comités de salut public, de sûreté générale et de législation, la proposition que je fais de casser la commission de révision instituée à Bordeaux par le représentant du peuple Ysabeau, et d'annuler les actes émanés de cette commission, et les arrêtés pris en conséquence, pour en faire un prompt rapport.

Ce renvoi est décrété.

Sur la proposition faite de présenter, s'il y a lieu, quant à présent, une loi générale pour la révision des jugements des commissions militaires et tribunaux révolutionnaires, la Convention décrète qu'il n'y a pas lieu à délibérer.

DUFAY : Citoyens, il est pénible pour moi d'avoir à me plaindre devant vous d'un collègue ; mais il s'agit du grand intérêt général de la république ; cela me promet votre attention, et me fait espérer un accueil favorable, puisque c'est un devoir.

Vous avez autorisé vos comités, par un décret général, à faire imprimer sous le nom de la Convention. Par un abus de ce décret, un de nos collègues, Gouly, vient de publier avec ces mots, Imprimé par ordre de la Convention, des vues générales sur les colonies.

Ces vues générales sont le développement très-prononcé du système colonial, qui tourmente nos colonies depuis cinq ans, qui a amené leur ruine instantanée, et qui est la cause que nous sommes aujourd'hui privés de ces ressources précieuses.

Ces vues générales, j'ose le dire, sont anti-sociales,

79

anti-républicaines, anti-politiques, évidemment contraires à l'unité, à l'indivisibilité de la république ; et il est impossible que l'esprit même le plus imbu des préjugés du fédéralisme colonial et de l'indépendance du corps législatif n'en soit pas révolté.

Mes collègues et moi nous nous sommes rendus au comité de salut public, pour lui exposer les dangers et les conséquences funestes de cet écrit, s'il venait à être publié dans nos colonies. Les différents membres ont partagé notre mécontentement, ont improuvé cet écrit, l'ont trouvé comme nous très-impolitique, et nous ont même conseillé de vous en parler, comme étant les seuls qui puissiez y porter remède, et empêcher d'avance les mauvais effets qu'il pourrait produire, s'il était connu dans nos colonies.

Si cet écrit, fait dans le sens des colons grands planteurs, propriétaires d'hommes, et ne voulant pas reconnaître depuis cinq ans les lois françaises, est envoyé à Saint-Domingue, on y verra, sous le nom respectable et respecté de la Convention, que les colonies appartiennent à elles-mêmes, aux peuples qui les habitent. Si ce principe est vrai, elles appartiennent donc aux grands planteurs qui en sont les souverains (quoiqu'ils doivent 2 milliards à la France) ! Et alors que devient la souveraineté nationale? Mais, si elles appartiennent aux peuples qui les habitent, elles appartiendraient bien plus réellement à la grande majorité, à la grande masse du peuple, c'est-à-dire aux noirs ou naturels du pays qui les ont fécondées, arrosées de leur sueur, et même de leur sang ; et si ce principe s'accréditait, que deviendrait encore la souveraineté nationale?

Mon collègue Gouly est colon ; ainsi il a pu se tromper : mais moi, je me souviens que les décrets disent explicitement que les colonies font partie intégrante de la république française, et que la constitution républicaine dit que « la république est une et indivisible ; » et certainement aucun département n'a le droit de se croire une puissance, et de consulter particulièrement, c'est-à-dire accepter ou rejeter les lois qu'il vous plairait de décréter.

Dans cet écrit on a l'impudence de révoquer en doute un de vos décrets, un de ceux qui honorent le plus la Convention nationale, qui a reçu une sanction universelle et des félicitations de toutes les parties de la république , le décret du 16 pluviose , qui, en même temps qu'il honore l'humanité, est un levier révolutionnaire, un volcan qui doit dessécher bientôt les eaux de la Tamise, réduire à l'inaction les vaisseaux de l'Angleterre, et faire de la France la première puissance maritime et commerciale.

Ce décret bienfaisant et juste n'est pourtant que le corollaire de l'article XVIII de la Déclaration des Droits ; et certes cette déclaration est inviolable et irrévocable.

Ce décret a été mûrement réfléchi, il a subi trois rédactions, ainsi il a été soumis trois fois à votre jugement. Il a été envoyé par votre comité de salut public à Saint-Domingue, traduit en anglais, en espagnol , en hollandais , publié partout avec le plus grand appareil, reçu avec les plus vifs transports , aux acclamations mille fois répétées de *vive la Convention nationale! vive la république française! vive le peuple français!*

Ce décret est pleinement exécuté ; et aujourd'hui un membre de la Convention, sous l'autorité apparente de la Convention , dit en propres termes dans son projet de décret , après avoir professé toutes les hérésies politiques les plus dangereuses, qu'il faut régler l'époque de l'exécution de ce décret, comme si cette exécution était éventuelle.

Cette équivoque, cette incertitude apparente, peuvent être le signal de nouveaux désastres et de calamités irrémédiables. Pense-t-on que des hommes, qui reçoivent un immense bienfait des mains d'une grande nation puissent, de sang-froid, se le voir arracher au même moment? Que diront-ils, que feront-ils, s'ils voient qu'on veut les faire enchaîner par la même main qui les a délivrés? Vos ennemis vont peindre cet écrit , et le projet de décret qui le suit , comme une révocation de vos principes et de vos bienfaits ; ils chercheront à *déconfiancer* la Convention nationale, à égarer les noirs et naturels du pays qui combattent pour la république, et à les révolter ; ceux-ci se croiront trompés, et rien ne pourra plus les ramener à nous : ce n'est pas sans doute là le but qu'on se propose.

Prétendre établir un nouveau joug de servitude, si ce n'est pas une cruauté horrible, c'est au moins une folie qui fait pitié : mais, je le déclare à la Convention, ce serait tenter une chose impossible, oui impossible même à toutes les forces de la France ; ce serait compromettre l'autorité nationale ; ce serait pervertir la morale, détruire tous les principes ; ce serait prêter à nos ennemis des armes contre nous, aux Anglais eux-mêmes, qui accuseraient l'instabilité de nos lois , et calomnieraient notre gouvernement.

Citoyens, ce qu'on ose vous proposer dans cet ouvrage, qui n'était pas fait pour être distribué dans le temple de la Liberté, est la répétition ou la continuation de ce qui s'est fait jusqu'à ce jour pour les colonies, des décrets faits et défaits, et des notes toujours contradictoires. Mais, sans doute , la Convention, éclairée par les événements antérieurs, plus sage, plus clairvoyante que les deux Assemblées qui l'ont précédée , ne suivra pas leurs exemples et leurs variantes.

Je respecte trop la Convention pour douter un instant de ses principes. Je me repose sur sa sagesse.

Je demande, non pas que la Convention improuve positivement mon collègue, mais déclare qu'elle n'a pas donné son approbation à l'écrit dont je me plains , qui n'est que l'opinion isolée d'un de ses membres, et non émise à la tribune, et qu'elle veuille bien ordonner l'impression de mes observations , et comme mesure conservatoire d'une de nos plus précieuses possessions commerciales, leur insertion au Bulletin, pour servir de contre-poison par la publicité.

Bourdon (de l'Oise) : Il n'a pu entrer dans la tête d'aucun fondateur de la liberté et de la république, dans l'esprit de ceux qui ont fait la Déclaration des Droits de l'Homme, de prétendre que cette déclaration ne contenait que les seuls droits des hommes blancs. D'après cette vérité, il ne reste plus à la Convention qu'un seul parti à prendre : c'est de déclarer que l'impression de l'écrit de Gouly n'a été ordonnée ni par elle, ni par aucun de ses comités.

Lecomte : En appuyant les réflexions de mon collègue Bourdon, je demande que les trois comités de salut public , de sûreté générale et de législation, examinent les principes qui ont dicté l'ouvrage de Gouly, et que, dans le cas où ils les trouveraient aussi contre-révolutionnaires et aussi subversifs de la souveraineté nationale qu'on vient de le dire, ils en fassent un rapport à la Convention nationale.

Bourdon (de l'Oise) : Il faut que la Convention se prononce sur-le-champ contre cet écrit, qu'elle ne peut approuver.

Pelet : Il faut que la Convention nationale sache que le comité de salut public s'est occupé des colonies, et que Gouly a assisté à toutes les séances où il en a été question. Je m'étonne donc qu'ayant connaissance des mesures prises par le comité, il ait publié l'écrit dont on se plaint. Je l'ai lu cet écrit, et je déclare que les principes qu'il contient sont contraires à l'intérêt de la nation, et attaquent les droits des homme de couleurs, que vous avez reconnus par un décret formel. Qu'importe la couleur quand on est utile à sa patrie! Gouly était présent lorsque le comité a chargé l'un de ses membres, qui s'en occupe tous les jours, de faire un rapport à la Convention sur nos colonies. Je le répète, l'écrit que notre collègue a publié m'a étonné; il me semble qu'il aurait dû attendre le rapport du comité.

J'ai vu ce matin Gouly, et je n'ai pu lui dissimuler ma façon de penser : il s'est retranché sur la liberté des opinions, et sur le décret qui invite chaque membre à publier par la voie de l'impression les idées qu'il croira utiles à l'intérêt général; je lui ai représenté que, sous ce prétexte, on pouvait attenter à la liberté publique et faire le plus grand tort à la république, et que son écrit en fournissait la preuve.

En attendant le rapport que doit lui faire son comité de salut public sur les colonies, je demande que la Convention désavoue l'écrit publié sous son nom par le représentant du peuple Gouly.

*** : Le décret dont vient de parler notre collègue Pelet, et qui autorise chaque membre de cette assemblée à publier ce qu'il croira utile à l'intérêt général et à donner de l'activité au commerce, a donné lieu à la naissance de plusieurs feuilles qui circulent dans le public, et qui font le plus grand mal. Je demande qu'à l'avenir aucun député ne puisse faire imprimer un ouvrage sans qu'il ait été approuvé par un censeur qui..... (Les plus violents murmures éclatent dans toutes les parties de la salle. —*La liberté de la presse!* s'écrient plusieurs membres.) J'entends parler des ouvrages que l'on annonce être approuvés par la Convention nationale, et alors ils doivent être lus par un.... (Nouveaux murmures.)

BOURDON ( de l'Oise) : Voici la rédaction que je propose :

« La Convention nationale déclare que l'écrit de Gouly, ayant pour titre : *Vues générales sur l'importance du commerce des colonies, et le caractère du peuple qui les cultive, ainsi que sur les moyens de faire la constitution qui leur convient*, contenant 72 pages in-4°, et finissant par ces mots, *et de faire exécuter le présent décret sans délai*, n'a pas été imprimé par son ordre, ni par celui d'aucun de ses comités, et qu'elle en improuve les principes. »

Ce décret est adopté.

LECARPENTIER : Dans l'ouvrage dont l'assemblée vient de désavouer les principes, il est dit formellement que la constitution des colonies doit être indépendante de la nôtre; que si Saint-Domingue consent à recevoir des conseils de la France, elle ne doit jamais en recevoir de lois.

C'est un représentant du peuple qui tient ce langage; c'est un homme qui est censé avoir contribué à donner à la France une constitution républicaine, qui en lie toutes les parties, qui cherche maintenant à la déchirer.

Si un représentant du peuple pouvait impunément attenter ainsi à l'unité et à l'indivisibilité de la république, il en résulterait les plus grands malheurs.

Je demande que le comité de sûreté générale porte ses regards sur l'écrit de Gouly, et vous en fasse un rapport.

PELET : En désavouant les principes renfermés dans l'ouvrage de Gouly, l'assemblée a fait tout ce qu'elle devait faire. Si vous adoptiez la proposition qui vous est faite, vous attenteriez au droit sacré des opinions et à la liberté de la presse. Quoiqu'on en abuse, elle doit exister dans toute sa latitude.

Je demande l'ordre du jour sur la proposition de Lecarpentier.

*** : L'abus qu'on vient de faire d'un décret qui permet aux représentants du peuple de faire imprimer tout ce qu'ils croient utile aux intérêts de la république prouve que ce décret doit être rapporté.

Je demande que la Convention nationale décrète qu'aucun de ses membres ne pourra faire imprimer une opinion sous son nom qu'après que cette opinion aura été lue à la tribune.

L'assemblée passe à l'ordre du jour sur cette proposition.

— Reverchon, au nom du comité de sûreté générale, fixe l'attention de la Convention sur l'établissement de la commission de révision créée à Bordeaux.

Il donne lecture du procès-verbal d'une séance de cette commission, qui contient les faits déjà exposés par Lecointre dans sa motion d'ordre : il fait sentir l'importance d'arrêter au plus tôt de pareils excès, et propose de casser cette commission et de rappeler le représentant Ysabeau.

BOURDON (de l'Oise) : Il est bien étonnant, quand la Convention nationale a fixé les principes qui doivent guider sa justice, qu'un homme qui était en mission à Bordeaux lors de ces jugements prétendus iniques (car je ne crois à l'iniquité d'un jugement que lorsqu'elle m'est bien démontrée) ; il est bien étonnant, dis-je, que cet homme, pour cacher ses fautes, veuille aujourd'hui, de son autorité, faire casser ces jugements. On vous a présenté ici une pétition qui a excité toute votre sensibilité; c'est celle des frères Renaud; elle avait pour objet une révision comme Ysabeau en a fait à Bordeaux; mais la Convention, fidèle aux principes, a conservé le respect dû à l'institution des jurés ; et, pour ne pas manquer à ce qui est aussi dû à l'humanité, elle a ordonné les indemnités auxquelles les pétitionnaires avaient droit. Ysabeau s'autoriserait-il de ses pouvoirs illimités? Mais la Convention , en déléguant de tels pouvoirs à un commissaire, n'a jamais prétendu qu'il pourrait exercer l'autorité suprême : non , un seul homme ne peut jamais avoir cette autorité. (On applaudit. ) Nous serons justes , nous serons humains ; mais il arrive aujourd'hui ce que nous a prédit notre estimable collègue Goupilleau : il vous a dit qu'on ne se contenterait pas de la justice que vous vouliez exercer; qu'on voudrait réagir : vous ne le souffrirez pas. (On applaudit.)

Si l'on vient réclamer de justes indemnités, vous les accorderez; mais vous ne laisserez jamais porter d'infraction au principe.

Bourdon propose un projet de décret qui, après une courte discussion, est adopté comme il suit :

« La Convention nationale casse l'arrêté du représentant du peuple Ysabeau, du 23 fructidor, portant création d'une commission de révision, et les arrêtés qui ont été rendus à la suite, et rapporte son décret de ce jour, portant renvoi de cet objet aux trois comités de salut public , de sûreté générale, et de législation; ordonne que le citoyen Ysabeau, représentant du peuple, se rendra sur-le-champ dans le sein de la Convention nationale. »

— Sur des rapports du comité de législation, plusieurs décrets sont rendus , portant renouvellement de différents comités civils des sections de Paris.

MAREC : Ce n'est point assez de supprimer une commission de révision, dont l'institution est contraire à tous les principes, et dont les opérations tendaient, avec des motifs apparents de justice et d'humanité, à renverser tout le système de notre législation et de notre crédit public, et nous conduire à grands pas vers la contre-révolution. Si l'on ne peut se dissimuler qu'un grand nombre de victimes innocentes a été sacrifié sous l'affreux régime dont nous venons de nous affranchir, la Convention nationale ne serait pas exempte de reproches, si elle ne prenait enfin tous les moyens qui sont en son pouvoir pour sécher les larmes d'une foule de familles éplorées. Ses principes, à cet égard, sont bien connus. Je dis plus, elle les a formellement consacrés dans la séance du 30 fructidor dernier. Ce jour, il se présenta à sa barre des pétitionnaires pour réclamer contre un jugement pareil à ceux que l'on révisait dernièrement à Bordeaux. Elle passa à l'ordre du jour sur cette réclamation; mais elle décréta, sur ma proposition, que son comité des secours publics leur ferait incessamment un rapport sur le mode d'exécution de la loi du..... 1790 (vieux style), qui, en déclarant acquis au profit de la nation les biens des condamnés, promettait des pensions alimentaires à leurs veuves et à leurs enfants.

Ce rapport n'a point encore été fait, sans doute, parce que son objet n'est point de la compétence du comité des secours publics.

Je demande que les comités de législation et des finances en soient chargés, et qu'ils nous présentent enfin ce rapport si intéressant, dans deux décades pour tout délai.

Cette proposition est décrétée.

THIBAUDEAU, au nom du comité d'instruction publique : L'accident qui consuma en grande partie une des bibliothèques les plus précieuses de Paris, celle de la ci-devant abbaye Germain, excita la sollicitude du comité d'instruction publique sur la conservation des monuments utiles aux sciences et aux arts. Il s'est occupé de cet objet important avec tout l'intérêt qu'il devait lui inspirer. Il a chargé la commission temporaire des arts de visiter à Paris tous les dépôts nationaux, et de lui présenter les moyens de les préserver des incendies. Il a reçu des différentes parties de la république des réclamations sur une foule d'abus qui existent dans cette partie; il est urgent de prendre des mesures pour les faire cesser.

Par une fatalité inconcevable, il existe des ateliers d'armes ou de salpêtre et des magasins de fourrages dans des bâtiments où sont établis la plupart des bibliothèques, dépôts de livres, cartes ou collections précieuses.

Si l'on ne savait que les besoins pressants du gouvernement ont pu déterminer à confondre ainsi des éléments aussi contraires, on serait tenté d'en accuser la malveillance.

Il ne faut pas entraver, par un respect aveugle pour tout ce qui tient aux sciences et aux arts, la fabrication des moyens de défense utiles à la république; mais la nation possède assez de bâtiments pour séparer des établissements qu'il est contraire à l'intérêt public de laisser subsister ensemble. Il est nécessaire qu'ils soient isolés.

Vous vous occuperez sans doute de cet objet, lorsque vous organiserez définitivement l'instruction publique; en attendant, il faut prendre les moyens les plus prompts pour conserver les établissements et les dépôts provisoires.

Votre comité vous propose le décret suivant :

« La Convention nationale, après avoir entendu son comité d'instruction publique, décrète :

« Art. Ier. Il ne sera établi à l'avenir aucun atelier d'armes, de salpêtre ou magasin de fourrages et autres matières combustibles, dans les bâtiments où il y a des bibliothèques, muséum, cabinets d'histoire naturelle et autres collections précieuses d'objets de sciences et d'arts.

« II. Dans le cas où des ateliers ou magasins et des dépôts d'objets de sciences et d'arts se trouveraient réunis dans le même local, ou dans des bâtiments voisins, les administrateurs de district prendront les mesures les plus promptes pour éviter les incendies, et pour déplacer même l'établissement dont la translation sera la plus facile et la moins dispendieuse.

« III. Les agents nationaux des districts rendront compte, dans un mois, de l'exécution de la présente loi à la commission d'instruction publique.

« IV. La commission temporaire des arts est chargée de l'exécution du présent décret à Paris.

« L'insertion du présent décret et du rapport au Bulletin de correspondance tiendra lieu de publication. »

Ce décret est adopté.

— Clausel, au nom du comité de sûreté générale, donne lecture de deux lettres : l'une de Carrier, adressée au président de la Convention nationale, pour qu'il lui soit délivré des pièces nécessaires à sa défense, et qui se trouvent sous les scellés apposés sur ses papiers ; la seconde, de l'accusateur près le tribunal révolutionnaire, qui, en faisant passer au comité de sûreté générale la demande de Carrier, lui adresse celle de prendre les mesures convenables pour que les pièces à la décharge de cet accusé lui soient remises, et pour que celles à sa charge, et qui pourraient également se trouver sous les mêmes scellés, soient remises au ministère public.

Le rapporteur propose de faire, sans délai, lever les scellés chez Carrier, par la commission des Vingt et Un.

On observe qu'aux termes du décret cette commission n'existe plus.

Treilhard propose, et l'assemblée adopte le projet de décret suivant :

« La Convention nationale, après avoir entendu lecture de deux lettres, l'une du représentant du peuple Carrier à la Convention, l'autre de l'accusateur public auprès du tribunal révolutionnaire au comité de sûreté générale ;

« Décrète que les scellés apposés sur les papiers et effets de Carrier seront levés dans le jour, par l'officier public qui les a apposés; et ce, en présence d'un substitut de l'accusateur public du tribunal révolutionnaire, et après l'invitation faite à Carrier de nommer, s'il le juge à propos, un fondé de pouvoirs pour assister à cette levée. Toutes les pièces qui y seront réclamées, comme pouvant servir à charge ou à décharge de Carrier, seront inventoriées et déposées au greffe, et il en sera donné communication à Carrier ou à son défenseur officieux. »

— Ramel, au nom du comité des finances, fait un rapport et propose un projet de décret relatif aux contributions de 1794.

L'assemblée ordonne l'impression du projet de décret et du rapport, et ajourne la discussion.

La séance est levée à quatre heures.

---

## LIVRES DIVERS.

*Le Sens commun*, ouvrage adressé aux Américains, dans lequel on traite de l'origine et de l'objet des gouvernements, de la constitution anglaise, de la monarchie héréditaire et de la situation de l'Amérique septentrionale.

Traduit de l'anglais de Thomas Payne, seconde édition corrigée. Prix : 1 liv. 10 s., et 1 liv. 15 s., par la poste. A Paris, chez Gueffier jeune.

---

### Payements à la trésorerie nationale

Le payement du perpétuel est ouvert pour les six premiers mois; il sera fait à tous ceux qui seront porteurs d'inscriptions au grand livre. Celui pour les rentes viagères est de huit mois vingt et un jours de l'année 1793 (vieux style).

## POLITIQUE.

### SUÈDE.

*Stockholm, le 26 octobre.* — On a lu, le 25, dans toutes les églises, une publication par laquelle le roi, en récapitulant tout ce qu'il a fait pour la chose publique depuis son avénement au trône, témoigne le désir de pouvoir compter sur la confiance du peuple dans un temps où des troubles intérieurs et les calamités de la guerre désolent tant d'autres États. Le roi y parle de ses soins à conserver la paix, de son alliance avec le Danemark, des faveurs accordées à la liberté de la presse, de son indulgence envers ses ennemis personnels, de l'impartialité dans l'administration de la justice, de l'accueil fait au mérite et des récompenses qui lui sont décernées, etc.

— Le gouvernement avait donné des ordres pour acheter en Poméranie vingt-huit mille tonneaux de grains. Cette opération ayant manqué, il s'occupe de pourvoir, par d'autres moyens, à la disette dont plusieurs provinces suédoises commencent à souffrir.

— Le baron de Kleinckowstrom, président du tribunal de Wismar, et le baron de Nolken, ministre de Suède à Vienne, sont de retour ici.

— La plupart des matelots qui servaient sur l'escadre danoise sont répartis sur des vaisseaux marchands; les troupes holsteinoises sont envoyées à Kiel.

— Les actions de la banque dano-norwégienne acquièrent tous les jours du crédit.

### ALLEMAGNE.

*Ratisbonne, le 10 novembre.* — L'électeur de Saxe, les princes de Wirtemberg et de Bade, ont donné leur adhésion entière au rescrit de l'électeur de Mayence. (Voyez n° 55.)

Les ministres de l'empereur à la diète ont reçu des instructions de leur cour relativement à ce rescrit. Ils ont depuis fait différentes ouvertures, entre autres celle-ci : que l'empereur, comme chef de l'Empire, ne s'opposait point à ce qu'on s'occupât des moyens d'obtenir une paix convenable; qu'il attendait la décision de l'Empire; que, comme co-État, il croyait qu'on devait s'en tenir à la première question, savoir : *Si une proposition de paix doit avoir lieu*; et renvoyer cette *proposition peut se faire*; qu'il croyait qu'on devait continuer la levée du quintuple, pour se mettre en état de continuer la guerre, s'il le fallait, ou de faire une paix convenable.

### ITALIE.

*Gênes, le 1er novembre.* — L'amiral Hood est parti pour l'Angleterre, après avoir remis le commandement de la flotte au vice-amiral Hottam. On croit qu'il aura pour successeur l'amiral Parker.

— Le citoyen Villars, ministre plénipotentiaire de la république française à Gênes, s'est rendu au palais du doge pour le complimenter. Ce ministre, après avoir reçu du doge et des deux gouverneurs assistants les marques de la plus grande considération, s'exprima en ces termes :

« Je viens, au nom de la république française, resserrer encore plus les liens qui unissent à la république de Gênes. La neutralité que le gouvernement génois a adoptée est une nouvelle preuve de la justice qui le dirige. Les Français ont été souvent calomniés et représentés comme des hommes qui renversent toute espèce d'ordre politique et social, et ressemblent plutôt à une horde de cannibales qu'à un peuple civilisé. Les hommes justes et sages ont rejeté ces insinuations perfides.

« Les Français n'ignorent pas que leurs intentions ont été calomniées lorsqu'on les a vus passer sur le territoire génois; mais je déclare, au nom de ces mêmes Français dont je suis l'envoyé, que cette apparente invasion n'a eu d'autre objet que de maintenir le bon voisinage avec la sérénissime république. Je renouvelle le vœu solennel que

fait aujourd'hui la France de maintenir avec la république de Gênes cette communauté d'intérêts, cette digne fraternité qui unit les deux peuples, et je proteste que, dans mes travaux politiques avec le gouvernement génois, j'aurai toujours pour guide la loyauté, compagne inséparable de la vertu. »

### PIÉMONT.

*Acqui, le 4 novembre.* — Un édit du mois dernier défend les emmagasinements et l'exportation du blé; une autre disposition de cet édit ordonne qu'à l'avenir la vente de toute espèce de grain soit faite dans les marchés publics, dès qu'elle excédera la mesure d'un sac. Les propriétaires des campagnes et les agriculteurs seront tenus d'y envoyer l'excédant de leur consommation annuelle. Le prix sera maintenu à un taux modéré par un juge du lieu, à qui l'on rendra compte de tous les achats qui surpasseront le nombre de cinq sacs.

La cour espère par cette loi remédier à l'extrême rareté des grains qui se fait partout sentir dans ses États.

— Le numéraire a disparu. Le gouvernement va faire fabriquer des billets de la valeur de 50 sous et de 3 liv.

— Les différents corps de l'armée commencent à prendre leurs quartiers d'hiver.

— Le général Colli, à son passage à Turin, a eu avec le roi une conférence secrète. On a placé un cordon de troupes à Céva et à Dégo. Des ordres ont été donnés pour fortifier Mondovi, Cherasco, Asti et quelques autres places.

— Le plan des quartiers est ainsi disposé : quelques bataillons de Croates resteront à Acqui, à Sylvano-Adorno et à Possile-Formigaro; la cavalerie sera à Voghera, trois bataillons seront à Alexandrie, deux à Tortona, trois à Pavie, deux à Lodi, un à Milan et un à Crémone.

## RÉPUBLIQUE FRANÇAISE.

### TRIBUNAL CRIMINEL RÉVOLUTIONNAIRE.

*Suite de la procédure du comité révolutionnaire de Nantes.*

*Jeanne Lavigne*, marchande à Nantes, est entendue.

« Le citoyen Phelippes, dit ce témoin, logeait chez moi à l'époque du 2 frimaire; il me dit alors qu'il allait passer la nuit au greffe; je lui en demande la cause.» Demain, me répond-il, je vous « le dirai. Il revient le lendemain : « Je suis bien « content, me dit-il, on voulait noyer sans jugement « les détenus; on voulait les faire périr en masse; le « coup n'a pas réussi, et je m'en réjouis. »

« Peu de jours après, Carrier vint souper chez moi avec Phelippes; la conversation s'engage sur les mesures de sûreté que nécessitent les circonstances; j'entends Carrier dire à ce sujet à Phelippes : « Vous « êtes un tas de bougres de juges, un tas de j....f..... « auxquels ils faut cent preuves, cent témoins pour « faire guillotiner un homme; foutez-les moi à l'eau, « c'est bien plus tôt fait. »

« A la date du 24 au 25 frimaire, j'entends plusieurs cris perçants; je mets la tête à la fenêtre, et j'aperçois beaucoup de personnes en bonnets de nuit; on les menait toutes du côté de l'eau. Quelques-uns de ces malheureux ne pouvant marcher, j'entendis dire à l'un des conducteurs : « Arrive donc, « bougre de gueux; je te fous cent coups de plat de « sabre si tu n'avances plus promptement. »

« Le lendemain je retrouve la femme Bernard, qui me dit : « Je ne suis pas encore revenue de ma « peur; si vous aviez vu cette nuit à la prison Gou-

« lls.et Grandmaison lier les malheureux prison-
« niers pour les mener noyer, ce spectacle vous eût
« fait horreur ! »

« Un jour Carrier envoie chercher Phelippes ; il
était à dîner avec moi ; Phelippes se transporte sur-
le-champ chez Carrier. Le soir il me rend compte
des motifs pour lesquels Carrier le faisait appeler ;
c'était pour faire guillotiner sans jugement trente
brigands qui avaient rendu les armes.

*Le président*, au témoin : As-tu connaissance
d'autres faits !

*Le témoin :* J'ai entendu dire que les brigands,
avec leurs femmes et enfants, avaient été conduits
à la place destinée aux fusillades; que quarante
détenus de l'Eperonnière ont été fusillés, et que
les femmes et enfants renfermés dans cette maison
étaient sans feu et sans lit, et qu'ils manquaient de
tout.

L'accusateur public de Nantes déclare qu'on a
agité la question de savoir si on ferait périr les prisonniers en masse.

On procède à l'audition du témoin *Champenois*
(potier d'étain et officier municipal); il déclare
n'avoir aucuns faits à articuler contre les accusés, et
cependant avoir des détails intéressants à communiquer.

« J'indique Carrier, dit-il, comme l'auteur de
tous les maux qui ont désolé la commune de Nantes;
il a exercé dans cette commune la dictature la plus
arbitraire ; il pouvait faire beaucoup de bien, il n'a
fait que du mal.

« La guerre de la Vendée faisait gémir les
patriotes; ces rebelles savaient tout ce qui se passait
dans nos armées, connaissaient à l'avance tous nos
plans d'attaque et défense.

« Un habitant de la campagne vient un jour me
trouver, pour m'informer que rien n'est plus facile
que de se saisir de l'infâme Charette, chef des brigands, parce que, dans le moment présent, il le loge,
et que sa femme le panse de ses blessures. Je fais
part de cette dénonciation à deux patriotes; on décide
d'en faire mention à la Société populaire ; on détermine une députation chez Carrier, à l'effet de lui demander deux cents hommes d'infanterie et cinquante
hommes de cavalerie pour assurer la capture de
Charette; j'étais de cette députation avec Forget. On
arrive chez Carrier, on demande à lui parler ; le secrétaire, parent de ce représentant, répond que son
maître est malade ; que depuis trois semaines il a
cessé de correspondre avec les généraux, et qu'il est
impossible de traiter avec lui d'aucune affaire ; et il
ajoute : « Lui écrire comme lui parler n'est pas plus
« praticable l'un que l'autre ; quand vous seriez des
« patriotes enragés, il ne vous en écouterait pas da-
« vantage. »

« De retour à la Société populaire, nous faisons
notre rapport; tous les bons citoyens sont indignés
du traitement indécent avec lequel nous avons été
accueillis par le secrétaire du représentant : on s'é-
tonne qu'un mandataire du peuple ne soit pas visible lorsqu'il s'agit de seconder le vœu de ce même
peuple, de stipuler ses intérêts dans une circonstance aussi sérieuse. Enfin, cédant au mouvement
d'indignation dont je suis frappé, j'opine le premier
pour qu'il soit formé une députation qui
serait chargée de sommer Carrier de se rendre aux
séances de la Société, sous peine d'en être rayé
comme membre.

« Carrier avait des espions partout; ma motion
lui est connue, et le lendemain, en vertu d'une
lettre de cachet lancée par Carrier, je suis enlevé
de mon domicile et conduit devant lui par quatre
fusiliers.

« Carrier, après bien des b..... et des f....., les
mots cent fois répétés de *sacré gueux*, *sacré coquin*, affecte un certain calme ; il m'invite à être
plus prudent, mais de ce ton mielleux propre à
me persuader qu'il ne serait pas fâché de me ranger de son parti ; il entame même la conversation ;
mais je rompe brusquement avec ce serpent dangereux, et je me retire. Je dois mon salut à mon
énergie.

« Margogne est un jour chargé par la Société populaire d'une lettre pour Carrier, qui se permet de
frapper le porteur de cette missive, et de le renvoyer sans lui donner d'autre audience, d'autre satisfaction.

« Il lui est arrivé plusieurs fois de prétendre qu'il
nourrissait toute la ville de Nantes; il menaçait
sans cesse les habitants de les faire déclarer en rébellion. « Savez-vous, nous répétait-il journelle-
« ment, que mes armées sont là, que je puis décla-
« rer votre ville en rébellion, et vous faire tous
« exterminer ! »

« Après la victoire du Mans, on annonce à Carrier que cinquante ou soixante rebelles sont venus
se soumettre; ils promettent de livrer leurs chefs et
d'amener avec eux plus de cinq cents Vendéens, si
on veut les laisser retourner dans leurs pays et
faire grâce à leurs camarades. Que fait Carrier dans
cette circonstance vraiment importante? Au lieu
d'accueillir favorablement les pétitionnaires, il refuse de les admettre, il ne veut pas les écouter.

« Sur l'invitation faite à Carrier d'en référer à la
Convention nationale, même refus.

« Plusieurs membres d'administrations, secondés
des patriotes, se réunissent pour délibérer sur cet
objet, pour faire des représentations à Carrier ; tous
reçoivent le même accueil.

« Enfin arrive un courrier porteur d'une lettre de
Westermann, qui annonce la soumission volontaire
des rebelles. « Je puis les vaincre, disait Westermann, mais ne vaut-il pas mieux ménager le sang
des bons patriotes, tourner leurs armes contre d'autres ennemis ? » J'attends vos ordres, ils dirigeront
« ma conduite avec les rebelles. » Carrier laisse cette
lettre sans réponse, il ne donne point d'ordre.

« J'ai vu nombre de ces malheureux venir se
rendre volontairement, et former des vœux bien
prononcés de voir accepter leurs propositions.......
On ne les a pas moins fusillés.

« Après une victoire éclatante sur les rebelles, on
ordonne en réjouissance une illumination dans
Nantes; les citoyens de cette ville sont en retard de
quelques minutes pour illuminer leur logement ;
Carrier ordonne aux soldats de faire feu sur ces citoyens, qu'il traite de contre-révolutionnaires, et
de suite il autorise les volontaires à se loger confusément partout où ils voudront, de manière que
certains citoyens sont obligés de loger jusqu'à vingt
à trente personnes à la fois, et sont de cette manière
privés de leurs lits et de leur nécessaire.

« Enfin, je dirai que Carrier ne voyait que des
êtres immoraux, et qu'il avait la conduite la plus
scandaleuse. »

*Le président*, au témoin : Sais-tu par quels ordres
agissait le comité révolutionnaire ?

*Le témoin :* Chaux et Goulin m'ont assuré qu'ils
ne faisaient qu'exécuter les ordres de Carrier, que
ces ordres étaient en leur possession, et qu'ils les
conserveraient jusqu'à la mort.

*Le président*, au témoin : Quels sont les membres
du comité qui voyaient Carrier le plus fréquemment?

*Le témoin* : Chaux et Goulin voyaient habituellement Carrier, dont la porte était fermée aux patriotes.

On appelle un autre témoin.

*Jean-Hilaire Godin*, propriétaire de moulin et agent de la commission de commerce, déclare connaître Naud, Chaux, Goulin, Jolly et Grandmaison ; il reproche à ces membres du comité révolutionnaire beaucoup d'arrestations arbitraires ; il accuse Jolly d'avoir commis une infinité d'horreurs dans la commune de Sauteron, et singulièrement d'avoir fait arrêter la femme Belin, dangereusement malade, et à un tel point qu'on fut obligé de la déposer dans une maison voisine ; il déclare que l'agent national avait demandé à la femme Belim 2,000 écus pour la remise en liberté de son mari.

« J'ai entendu dire à Carrier, en s'habillant, continue le témoin, qu'il était assez content des expéditions nocturnes, que cela allait assez bien. Lorsque je fis à ce représentant la demande de subsistances pour les Nantais, il me répondit : « Les Nantais ne « sont pas patriotes ; au lieu de demander pour eux « des subsistances, j'empêcherai de leur en fournir. « Fouquet et Lambertye étaient les seuls pa- « triotes que je connusse dans Nantes ; on les a fait « mourir, mais je saurai venger leur mort. »

Jolly interpellé répond qu'il n'a fait qu'exécuter les ordres à lui donnés, qu'il n'a jamais cessé d'être honnête homme et de bonne foi.

*Benjamin Pustrel*, rentier et planteur de Saint-Domingue, dépose connaître Goulin, Jolly et Gallon ; il accuse Goulin d'avoir fait arrêter sa femme et son fils pour avoir logé un homme suspect ; « mais ce motif n'était imaginé que pour légitimer l'arrestation de ma famille, dit le témoin, que pour couvrir la vengeance de Goulin, fâché de n'avoir pu réaliser le mariage de sa fille avec mon fils. Mes effets les plus précieux ont été pillés par Jolly, et autres qui l'accompagnaient. »

*Marie Hévau*, marchande à Nantes, est interrogée en témoignage.

« J'ai remarqué, dit-elle, parmi beaucoup de femmes détenues dans cette maison, une, entre autres, enceinte et couverte de vermine ; elle n'attendait que le moment d'accoucher ; elle avait la mort sur les lèvres. Pour s'introduire dans ce repaire empoisonné, pour en soutenir l'odeur infecte, il fallait être muni des liqueurs les plus spiritueuses.

« En vertu de la permission qui m'avait été donnée de faire un choix, je parcours les salles ; je vois une multitude incalculable d'enfants ; dans une seule salle il y en avait plus de trois cents qui n'attendaient que le moment d'expirer. Attendu les exhalaisons fétides qui sortaient de cette salle, je reste à l'entrée ; je les invite à venir me trouver, en leur disant que je veux leur faire du bien, les placer avantageusement ; il n'en vient que six ; ils pouvaient à peine se remuer.

« Peu de temps après, je retourne à l'Entrepôt : il n'y avait plus d'enfants ; ils avaient été noyés. Je me charge d'une pauvre femme qui m'avait intéressée par sa situation malheureuse, par son air de franchise et de bonne foi ; je lui donne asile pendant quelques mois ; mais, forcée d'obéir à l'arrêté du comité qui ordonnait de ramener les détenus qui avaient été confiés, j'interdde la femme Gallon ; je la prie de m'obtenir du comité la permission de garder l'infortunée de cette maison, je reste à l'entrée ; je n'avais lieu que de me louer. « Je me garderai bien, dit la femme Gallon, « de faire une pareille demande au comité ; je me « compromettrais, moi et mon mari. Croyez-moi,

« continue cette femme, ne vous chargez pas de pa- « reille canaille ; vous allez vous rendre suspecte. » Je fus donc obligée de me défaire de la malheureuse que je logeais, et nous nous séparâmes l'une de l'autre avec de grands regrets. »

*Le président*, au témoin : As-tu des faits particuliers contre les accusés présents ?

*Le témoin* : Je vis un jour Goulin recevoir une lettre ; il l'ouvre, paraît en lire quelques mots, et la referme aussitôt, en disant : « Je ne m'intéresserai pas pour ce coquin ; il me suffit de voir la signature d'une lettre pour prendre mon parti : il est bien d'autres scélérats comme celui-là dont la tête doit tomber. »

*Le président*, à Goulin : Qu'avez-vous à répondre sur cette déposition ?

*Goulin* : Celui qui m'écrivait était un fédéraliste.

La femme *Laillet*, qui a déjà fait plusieurs déclarations, y ajoute en ce moment ; elle rend compte d'une exécution de plusieurs personnes encore fort jeunes.

« Six citoyennes, nommées Lameterye, dit le témoin, furent envoyées, avec leur domestique, au Bouffay. Carrier envoie l'ordre pour la destruction de leurs corps. Bernard, concierge, me charge de leur annoncer cet arrêt fatal. Je fais passer ces jeunes personnes dans une chambre, et je leur dis : « Mes « amies, votre dernière heure approche ; prépa- « rez-vous à la mort ; à neuf heures vous ne serez plus ; « c'est Carrier qui l'ordonne. Vous serez toutes con- « duites dans la même voiture. » La plus jeune d'entre elles, âgée de seize ans, me donne cette bague : (Elle représente ce bijou au tribunal.) Ces infortunées se plaignent de n'avoir point été entendues, de n'avoir pas été jugées ; elles se prosternent la face contre terre ; elles adressent leurs prières à l'Etre suprême, sont ensuite conduites au supplice, et guillotinées sur la place, sans jugement, ainsi qu'environ trente-sept autres individus, qui attendent le coup fatal, pendant plus d'une heure, au pied de la guillotine.

« Le bourreau, ajoute le témoin, est mort deux ou trois jours après, de chagrin d'avoir guillotiné ces femmes. »

Un autre témoin, déjà entendu, s'exprime en ces termes :

« J'atteste avoir vu, sur les bords de la Loire, des cadavres nus de femmes vomis par ce fleuve ; j'ai vu des morceaux de cadavres d'hommes dévorés par les chiens et les oiseaux de proie ; j'ai vu dans des gabares submergées des cadavres encore attachés, et surnager à moitié. »

*Villemin*, négociant à Nantes, tuteur des enfants mineurs des deux frères Toinette, dont il a déjà été parlé, dépose contre les accusés Goulin, Grandmaison et Gallon. Il confirme par sa déclaration les faits articulés par Carré, gouvernante de ces enfants, réduits, ainsi que plus de trente membres de la même famille, à la plus affreuse misère par les rapines du comité révolutionnaire.

Les accusés répondent que la fortune des Toinette était acquise par des voies illégitimes, que c'étaient des aristocrates, qu'ils l'ont confisquée au profit de la république, et qu'ils offrent d'en rendre compte.

Les reproches dirigés par Goulin contre Toinette sont combattus par une foule de témoins et d'autres citoyens présents à l'audience, qui se sont empressés de venger la mémoire de ces deux victimes. Tous rendent justice à leur civisme, à leur probité et à leur humanité.

Il résulte des déclarations faites en leur faveur qu'ils envoyaient tous les ans dix mille barriques de vin pour la consommation de Paris; que, lors de la disette qui se fit sentir à Nantes en 1793, les négociants se cotisèrent pour une somme de 1 million 100,000 liv., dans laquelle les frères Toinette versèrent 300,000 liv., et qu'avec cette somme on fit venir d'Amsterdam, de Hambourg et des autres villes anséatiques, pour 2 millions de blé, dont la moitié fut envoyée à Paris et l'autre fut pour Nantes.

*Dorvo* a attesté que, sans cet approvisionnement, qui servit à la première campagne contre les brigands de la Vendée, la ville de Nantes aurait péri de famine et succombé sous les efforts de ces brigands.

*Giraud*: Les frères Toinette ont soulagé l'humanité, alimenté la patrie, combattu les brigands; et au moment même de leur arrestation ils partaient encore pour les combattre.

*Villemin*; Les Toinette étaient probes et humains; mais la probité, la vertu, les talents et la fortune étaient alors autant de titres de proscription, et la vertu avait été assassinée par le crime.

C'est ainsi que, d'après les principes des Hébert, des Chaumette, des Ronsin, des Hanriot, des Robespierre et autres vandalistes, on assassinait le commerce afin d'asservir la France.

(*La suite incessamment.*)

## CONVENTION NATIONALE.

*Arrêté du comité de salut public de la Convention nationale, du 26 brumaire, l'an 3e de la république française.*

Le comité de salut public, considérant qu'il importe à la république que les services de ses braves défenseurs soient constatés d'une manière positive, afin qu'ils puissent, ainsi que leurs familles, jouir sans obstacles des récompenses et secours qui leur sont accordés, arrête ce qui suit:

Art. 1er. Tous les conseils d'administration des régiments, légions, bataillons et compagnies, soit de ligne ou de volontaires nationaux, de quelque arme que ce soit, maintenant dévoués à la défense de la patrie, auxquels il a été adressé, par la commission de l'organisation et du mouvement des armées de terre, des registres destinés à recevoir les noms et signalements de tous les sous-officiers et volontaires composant lesdits corps, et qui n'en ont pas encore renvoyé le double en dépôt dans les bureaux de la commission des armées, sont tenus de le faire dans deux mois, à compter de ce jour, pour tout délai, à peine, de la part des membres composant les conseils d'administrations, de destitution.

II. Sont pareillement tenus lesdits conseils d'administration, sous la même peine que celle portée en l'article précédent, d'envoyer à la même commission, le premier de chaque mois, les états de recrues et mutations qui seront survenus à leurs corps pendant le cours du mois précédent; ces états seront formés sur les feuilles imprimées qui leur seront adressées à cet effet.

III. Les commissaires ordonnateurs des guerres, chargés de la police des troupes, veilleront à l'exécution du présent arrêté.

*Signé* CARNOT, FOURCROY, CAMBACÉRÈS, L.-B. GUYTON, MERLIN (de Douai), PELET et RICHARD.

THIBAUDEAU, au nom du comité d'instruction publique: Citoyens, le comité de salut public ouvrit des concours, dans le mois de floréal dernier, pour l'élévation du monument dédié, sur la place de la Victoire, à la mémoire des citoyens morts pour la patrie dans la mémorable journée du 10 août; pour la figure de la Nature régénérée, sur les ruines de la Bastille; l'Arc de Triomphe du 6 octobre, sur le boulevard; la figure de la Liberté, sur la place de la Révolution; la figure du Peuple Français terrassant le fédéralisme; la Colonne qui doit être élevée au Panthéon en l'honneur des guerriers morts pour la patrie, et pour la statue de J.-J. Rousseau. Le comité de salut public appela les architectes à composer et à développer les projets et les plans d'architecture civile qui conviennent à une république pour ses divers monuments publics; il appela tous les artistes à représenter à leur choix, sur la toile, les époques les plus glorieuses de la révolution.

Quelques artistes se sont empressés de répondre à cette invitation du gouvernement; les projets exposés n'offrent point en général d'heureux résultats; plusieurs circonstances ont empêché le talent de se développer dans ce concours: d'abord le terme trop court qui avait été fixé. On n'aura jamais que des productions médiocres lorsqu'on exigera des artistes des plans, des projets ou des modèles, dans un temps à peine suffisant pour en concevoir l'idée. Un autre vice du concours, c'est que les arrêtés qui l'établissaient n'en indiquaient point de programme et n'en désignaient point les prix.

Cependant il ne faut pas que les espérances des artistes soient trompées, que leurs travaux soient perdus pour eux et pour la nation. Il faut juger ce qui a été déposé au concours pour encourager le talent; les artistes le demandent, ils l'attendent depuis longtemps, et c'est une justice qui leur est due, que le commandent aussi l'intérêt et la gloire de la république.

Les idées ne sont point encore fixées sur le meilleur mode d'organisation des jurys destinés à juger les ouvrages d'art. Le dernier jury fut nommé par la Convention nationale; mais tout le monde sait que ce fut un seul homme qui fournit la liste des citoyens qui le composaient.

Le principe moral de toute élection est qu'elle doit être faite par ceux qui peuvent le mieux la faire, et qui ont le plus grand intérêt à ce qu'elle soit bien faite.

Ainsi, on a pensé qu'il était beaucoup plus convenable que les concurrents présentassent une liste d'artistes parmi lesquels le comité d'instruction publique désignerait ceux qui doivent composer le jury.

Cette forme d'opérer réunit deux avantages: les concurrents choisissent, pour ainsi dire, les arbitres de leurs talents, et le comité intervient ensuite pour l'intérêt de la république.

Ce mode avait déjà été employé, par une loi de l'Assemblée législative du 7 décembre 1791, pour le jugement des ouvrages exposés au Salon.

Votre comité n'indique point, dans ce moment, la nature des récompenses qui seront accordées aux artistes dont les ouvrages auront obtenu le suffrage du jury; il se réserve de le faire après le jugement, et dans un travail général qu'il prépare sur les encouragements et les récompenses que la république doit décerner aux arts. Cette dette est arriérée depuis longtemps; on a beaucoup parlé des arts; mais, nous devons le dire, on n'a encore rien fait pour eux ; la médiocrité audacieuse et jalouse a profité des circonstances pour comprimer le talent modeste. Il faut que la patrie, délivrée de ses modernes oppresseurs, relève le courage des artistes recommandables par leurs travaux, qu'elle les arrache à la misère, qu'elle leur accorde à tous la même protection, qu'elle appelle tous les peintres à ressaisir leurs pinceaux pour retracer d'une manière digne du peuple les époques glorieuses de la révolution, et qu'elle leur assure que leurs talents ne seront pas pour eux une source de proscription, mais un titre à la reconnaissance nationale.

Le rapporteur propose un décret qui est adopté en ces termes :

« La Convention nationale, après avoir entendu le rapport de son comité d'instruction publique, décrète :

« Art. I<sup>er</sup>. Il sera nommé un jury, composé de vingt-sept membres, pour juger les ouvrages de peinture, sculpture et architecture, remis au concours ouvert par les arrêtés du comité de salut public des 5, 12 et 28 floréal.

« II. Tous les citoyens qui ont concouru se réuniront, le 20 frimaire, dans la salle dite de Laocoon, au Louvre, pour désigner quarante citoyens concurrents, dont ils transmettront les noms au comité d'instruction publique, qui en choisira vingt-sept pour former le jury, et treize pour suppléants.

« III. Les objets proposés au concours seront réunis dans les salles de la ci-devant Académie de Peinture, au Louvre ; le comité des inspecteurs du Palais-National y fera transporter dans trois jours ceux qui sont dans le vestibule de la Convention ; les salles seront ouvertes à tous les membres du jury à compter du 25 frimaire.

« IV. Le jury s'assemblera en séance publique le 26 frimaire.

« V. Le jury prononcera d'abord, sur chaque partie du concours, s'il y a lieu à accorder des prix.

« VI. Si le jury estime qu'il y a lieu à accorder des prix dans une ou plusieurs parties, les membres procéderont au jugement, par appel nominal, sans discussion, et donneront par écrit les motifs de leur opinion. Ils prononceront définitivement, à chaque séance, sur une partie du concours.

« VII. Chaque membre du jury donnera aussi son avis par écrit sur les prix qu'il estimera devoir être accordés, et sur les ouvrages qu'il croira dignes d'être exécutés aux frais de la nation.

« VIII. Le jury tiendra procès-verbal de ses opérations ; il le fera passer au comité d'instruction publique, qui en ordonnera l'impression et en fera un rapport à la Convention nationale.

« IX. Le comité d'instruction publique fera un rapport sur les moyens d'encourager les arts d'une manière utile à la gloire de la république.

« X. Le présent décret et le rapport seront imprimés au Bulletin de correspondance ; l'insertion tiendra lieu de promulgation. »

## SÉANCE DU 10 FRIMAIRE.

Un des secrétaires donne lecture de la lettre suivante :

*Charlier et Pocholle, représentants du peuple à Lyon et dans les départements de Rhône et Loire, à la Convention nationale.*

Lyon, le 7 frimaire, l'an 3<sup>e</sup> de la république une et indivisible.

« Citoyens collègues, l'un de nous vient de parcourir les deux départements dans lesquels vous nous avez envoyés. Il a vu partout les marques de l'attachement le plus fidèle à la Convention nationale, et la plus entière confiance dans les mesures qu'elle prend pour assurer le salut de la patrie. La masse des bons citoyens se prononce de plus en plus pour les principes qui vous dirigent ; l'humanité console les infortunés que la persécution avait plongés

dans le désespoir, et la justice relève les âmes dont la terreur avait comprimé les ressorts et presque anéanti l'énergie.

« Quelques campagnes sont malheureusement encore travaillées par le fanatisme ; l'ami de la patrie s'afflige de voir de vains préjugés retarder la marche d'une révolution qui doit triompher de toutes les erreurs. Mais l'instruction publique va renaître ; tous les talents, appelés par vous à seconder les progrès de la raison, s'élancent dans la carrière qui leur est ouverte, et bientôt, sans doute, les enfants de la superstition et du mensonge fuiront devant les lumières que de nouveaux instituteurs, créés par vos soins, vont répandre.

« Vous pouvez juger de l'ascendant que les rêveries mystiques conservent encore sur certains esprits par ce qui vient de se passer dans le district de Montbrison.

« Une secte nouvelle, mélange extravagant de judaïsme, de christianisme et d'autres systèmes non moins insensés, s'y propageait depuis quelque temps dans l'ombre. Tout à coup elle a osé se produire au grand jour et se manifester par les symptômes les plus alarmants pour la tranquillité publique. Séduits par quelques meneurs perfides, ses partisans sortaient en foule de leurs foyers, abandonnaient leurs champs, leurs propriétés, leurs cultures, et se réunissaient de divers lieux pour marcher, disaient-ils, à Jérusalem.

« On ne sait où se fût arrêté cette pieuse émigration si la vigilance des administrations de Commune-d'Armes n'eût surpris une partie des voyageurs, et si de promptes mesures n'eussent été employées pour prévenir les rassemblements nouveaux que le zèle de ces fanatiques aurait pu former.

« Les renseignements que nous nous sommes procurés sur leurs opinions n'inspirent pas moins de pitié que d'indignation ; c'est l'alliance assez commune du crime et de la sottise, de la simplicité et de l'hypocrisie, de l'imbécillité et de l'imposture. On ne peut douter que la majeure partie de la troupe n'ait été entraînée de bonne foi ; ces illuminés devaient, avant de se rendre à Jérusalem, traverser le désert pour y faire pénitence de leurs péchés ; les apôtres de cette nouvelle doctrine avaient eu l'art d'y mêler quelques formes constitutionnelles ; c'est même en apparence un des points fondamentaux de leur religion de ne vouloir ni rois, ni prêtres ; ils aspirent à fonder une république qui sera, disent-ils, la république de Jésus-Christ. Peut-être n'est-il pas indifférent d'observer que c'est du cerveau d'un prêtre assermenté que sont sorties toutes ces idées.

« Nous vous épargnons une foule de détails, résultats honteux d'une vie errante, et dont presque toutes les sectes illuminées offrent l'exemple. Vous apprendrez avec plaisir que le même instant qui a vu naître ce vagabondage scandaleux l'a vu presque aussitôt se dissiper. Sans doute les chefs avaient un plan plus vaste et des relations plus étendues. L'autorité publique veille pour en découvrir le fil et pour en déjouer les complots ; nous veillerons aussi jusqu'à ce que vous nous ayez envoyé des successeurs.

« Nous vous rappelons que, le 11 de ce mois, les pouvoirs que vous nous avez confiés expirent. Lyon est assez tranquille : le travail et la sécurité renaissent ; l'industrie redouble d'efforts pour réparer ses pertes et ses malheurs ; des mesures sont prises pour que la plaie des dilapidations qui ont dévoré la fortune publique soit enfin sondée.

« Nous vous envoyons copie d'un arrêté que nous venons de prendre pour assurer enfin à la république les possessions de tous genres qu'elle a acquises dans cette commune, et pour offrir en même temps aux associés des nombreux individus que le glaive de la loi a frappés la facilité de reprendre leur commerce ; vous rendrez justice aux intentions qui nous ont dirigés, et vous pèserez dans votre sagesse les dispositions que nous avons cru devoir adopter.

« Salut et fraternité. »

La Convention décrète que cette lettre sera insérée au Bulletin, et que l'arrêté sera renvoyé aux comités de commerce et d'agriculture.

BOUDIN : Il paraît constant que les prêtres assermentés et insermentés veulent rallumer le flambeau du fanatisme. Je pense que tous les prêtres, assermentés ou insermentés, qui seront trouvés dans les lieux où il éclatera des émeutes, doivent être mis en arrestation. Je demande que cette proposition soit renvoyée à l'examen des trois comités.

LECOINTRE (de Versailles) : Je demande la question préalable sur cette proposition. Loin de prévenir les mouvements, cette mesure servirait à en faire naître. Les malveillants, certains que les prêtres seuls seraient punis des troubles qui auraient lieu, iraient en exciter dans toutes les communes. Nous avons besoin de tranquillité, et il ne faut pas alarmer les citoyens. Les autorités constituées sont dans chaque lieu pour réprimer les agitations et pour saisir ceux qui les excitent. La proposition qu'on vous fait serait une nouvelle espèce de terrorisme mise à l'ordre du jour.

GUYOMARD : J'appuie la question préalable. Le meilleur moyen d'éteindre le fanatisme est d'éclairer le peuple ; versez sur ce flambeau le ridicule et le mépris ; mais ne tentez pas de le comprimer, car vous ne feriez que lui donner plus de force.

La Convention passe à l'ordre du jour sur la proposition de Boudin.

BENTABOLE : Je demande que, pour éclairer le peuple, le comité d'instruction publique fasse, dans le courant de la décade, le rapport sur les fêtes décadaires.

Cette proposition est décrétée.

— On lit les Adresses suivantes :

*Les citoyens de Nancy à la Convention nationale.*

« Citoyens représentants, vous venez de faire cesser cette lutte scandaleuse dont s'indignaient tous les amis de la patrie.

« Ils sont voués à l'obscurité et au mépris ces insensés qui, abusant de leur funeste influence dans une Société célèbre, voulaient élever à côté de vous une puissance rivale, comme si le peuple français eût pu balancer entre quelques misérables intrigants et les hommes qui, par leurs services et leur courage, ont si bien mérité sa confiance et son amour.

« Poursuivez, dignes représentants, le cours de vos glorieuses destinées ; continuez à tenir d'une main ferme et intrépide les rênes du gouvernement, et frappez avec la rapidité de la foudre quiconque chercherait à entraver votre marche héroïque et sublime.

« Le peuple sait que tous vos pas tendent vers la félicité publique ; exterminez sans pitié les monstres qui chercheraient à retarder l'instant où vous la fixerez sur des bases inébranlables.

« Représentants chéris, les cœurs de tous les Français sont à vous ; les nôtres vous sont particulièrement dévoués ; nos biens, nos vies même sont à votre disposition ; un mot de votre bouche, et nous serons toujours prêts à en faire le sacrifice à la patrie. »

*Les citoyens de Sedan, réunis en Société populaire, à la Convention nationale.*

« Législateurs, la Société populaire de la commune de Sedan se fait un devoir de vous féliciter sur les mesures sages que vous avez prises pour anéantir à jamais cette horde impure qui avait l'audace de vous rivaliser, et qui a failli perdre la liberté.

« Jadis nous nous serions glorifiés de porter le nom de Jacobins, parce qu'alors les Jacobins servaient la patrie ; ils étaient les sentinelles avancées de la Convention, et plus d'une fois ils avaient bien mérité d'elle..... Mais lorsqu'ils ont voulu s'ériger en maîtres, lorsqu'ils ont fait de leur temple un repaire de brigands, lorsqu'ils ont voulu combattre les principes de la Convention nationale, alors nous avons dit : Non, ce ne sont pas là les vrais soutiens de la patrie ; ce ne sont pas là les amis de la liberté et de l'égalité ; mais ce sont les mêmes hommes qui conspiraient dans la nuit du 9 au 10 thermidor ; ce sont ces mêmes hommes qui voulaient que le glaive des lois frappât indistinctement les coupables et les innocents, comme si la république ne pouvait s'affermir que sur des monceaux de cadavres.

« Continuez, législateurs, à déjouer toutes les factions ; punissez les traîtres, les conspirateurs ; faites rentrer dans le néant ces êtres vils et méprisables qui cherchent à vous rivaliser, et nous dirons, avec les vrais républicains : « La Convention nationale ne cesse de bien mériter de la patrie. »

Le comité révolutionnaire de la commune de Sedan s'exprime ainsi :

« Législateurs, la révolution du 24 brumaire fera époque dans les annales de la république. Croyez que tous les hommes purs sont pour vous, comme tous les fripons sont pour ceux qui vous assassinaient. Poursuivez-les sans relâche : c'est votre devoir ; nous vous les montrerons, et la justice les atteindra. Restez à votre poste ; nous, comme les braves habitants du faubourg Antoine et de tout Paris, nous ne porterons les armes que pour combattre vos ennemis et ceux de la liberté et de l'égalité.

« Vive le peuple français ! Vive la Convention nationale ! »

— Les citoyens composant la Société populaire de Langres écrivent à la Convention qu'ils ont, avec tous les citoyens qui assistent à leur séance, applaudi aux sages mesures qu'elle vient de prendre contre les scélérats qui voulaient s'ériger un trône dans le lieu même où furent jetés les premiers fondements de la république. « Puisque la salle des Jacobins, disent-ils, a été envahie par les ennemis du peuple, qui en ont fait un arsenal d'intrigues, de cabales et de discorde, que des portes de fer en ferment à jamais l'entrée ; les patriotes purs, accoutumés à s'y rassembler, se réuniront à leur vrai point de ralliement, tandis que les factieux iront à leur destinée. »

*Les citoyens de la commune de Bordeaux à la Convention nationale.*

« Citoyens représentants, et nous aussi nous prétendons mériter la qualité d'hommes révolutionnaires ; mais nous la rejetterions avec horreur si, pour la conserver, il nous fallait devenir anthropophages.

« Nous vous vouons à l'infamie, propagateurs hideux de ce système horrible, et (puissiez-vous en mourir de rage !) nous applaudissons avec enthousiasme à la doctrine bienfaisante et douce de la Convention nationale ; nous pensons encore avec elle que l'imposture et la calomnie sont les ennemis les plus dangereux de la patrie. Nous avons des droits à l'assurer, citoyens représentants, car depuis longtemps nous en faisons la cruelle expérience ; mais cessez enfin, vils intrigants, cessez d'espérer qu'à force de menées et de machinations vous parviendrez à tromper plus longtemps l'opinion publique sur les intentions du peuple de Bordeaux. Disparaissez à jamais du sol de la république, où vous n'avez été déposés que par une erreur de la nature ; et vous, monstres altérés de sang, n'abandonnez pas vos dignes collègues, ressouvenez-vous qu'ils ont préparé vos jouissances. Ah ! qu'il serait beau le jour qui purgerait la France et la terre de tous les êtres que l'humanité réprouve ! Les rois semblent les avoir déchaînés contre nous pour nous diviser et nous asservir. Eh bien, nous acceptons le défi ; quelque désagréable que soit le rapprochement ! nous les combattrons tous, et nous les vaincrons ; car le crime pâlit à l'aspect de la vertu.

« Restez fermes et inébranlables à votre poste, citoyens représentants ; continuez à faire trembler les ennemis du peuple par une contenance intrépide ; continuez à montrer aux nations avilies par l'esclavage les sublimes vertus des hommes libres et déterminés à mourir pour la conservation de leur liberté.

« Vive la république une et indivisible ! vive la Convention nationale ! »

*Les citoyens composant la Société populaire de Toul, département de la Meurthe, à la Convention nationale.*

« Citoyens représentants , loin de nous le système de ces continuateurs du tyran que avons avez détruit, qui osent dire que le gouvernement révolutionnaire ne peut se concilier avec la justice! La conduite ferme et sage que vous avez tenue depuis les mémorables journées des 9 et 10 thermidor prouve à la France et à l'Europe étonnée que vous savez tout à la fois vaincre, gouverner, et faire le bonheur du peuple.

« Nous vous invitons à rester à votre poste et à vous maintenir dans cette attitude imposante qui doit consolider la gloire de la république.

« Pour nous, nous jurons de mourir, s'il le faut, pour votre défense, qui est celle de la liberté et de l'égalité, sans lesquelles il ne peut exister de bonheur sur la terre. Vive la Convention nationale ! vive la république ! »

La Convention nationale décrète la mention honorable et l'insertion de ces différentes Adresses au Bulletin.

*Les citoyens composant la Société populaire et les citoyens de la commune du Havre-Marat à la Convention nationale.*

« Législateurs, de grands intérêts dirigent nos réclamations ; nous allons fixer votre attention sur les besoins les plus pressants du peuple, sur les denrées de première nécessité.

« Depuis longtemps la malveillance nous a voulu persuader que la disette existait ; jusqu'à présent nous avons eu la conviction qu'elle n'a été que factice.

« Des républicains, des hommes qui connaissent les privations, vous témoignent plus de confiance ; ils ne croient point à la disette : la fertilité de notre sol, l'industrie nationale en sont les plus sûrs garants ; mais ils pensent qu'il y a des méchants intéressés à la faire naître. C'est dans cette vue sans doute, et pour tarir les sources de l'abondance, qu'on peut avilir le commerce. On a malignement confondu l'égoïste avec le commerçant laborieux qui, aux dépens de son repos, aux risques de sa fortune, provoque sans cesse l'activité de l'industrie, vivifie la circulation dans les moments les plus difficiles. Aussi le vrai commerçant, réduit à une nullité inquiétante, ne peut plus se qualifier de ce titre jusqu'alors honorable.

« Législateurs, il faut vous le dire, le commerce a changé de mains, ou, pour vous parler plus franchement, le commerce n'existe plus.

« Des fripons, par une fausse interprétation de la loi sur les accaparements, se sont emparés des dépôts réservés à l'avenir. Ils ont su les disséminer dans l'intérieur, et les dérober ainsi aux recherches de la surveillance comme aux besoins du peuple. C'est entre les mains de ces hommes qui se disent colporteurs, forains ou regrattiers, que sont les objets de première nécessité. Sourds à la voix de l'indigence, sans entrailles, rebelles aux lois, ils tournent à leur seul profit l'avantage d'une mesure provoquée pour le bien-être du peuple ; ils parcourent les campagnes, en enlèvent les productions, et empêchent ainsi l'approvisionnement des marchés.

« Sans eux, la loi du maximum, dictée par des circonstances impérieuses, se sont emparés salutaire ; mais ils l'ont rendue nulle, on pourrait dire funeste, parce que l'équilibre qui devait la faire agir est malheureusement rompu.

« La commune du Havre-Marat, toujours pénétrée de l'obéissance à la loi, s'est tellement distinguée à cet égard qu'il ne lui reste plus aucunes denrées, qu'elle est forcée de tirer de l'intérieur celles nécessaires à ses approvisionnements, et qu'elle est exposée à manquer de beaucoup d'objets utiles à ses besoins journaliers.

« Voilà, législateurs, les abus qu'entraîne un commerce de fraude et de brigandage : nous vous les dénonçons, parce que notre surveillance ne peut l'atteindre.

« On vous a dit dans cette enceinte que le premier maximum n'était qu'un présent de la cour de Londres ; nous craignons aujourd'hui que ces odieuses manœuvres ne soient une suite du système que vous détruisez tous les jours, un fatal présent de Robespierre.

« Législateurs, votre sollicitude veille à nos besoins ; vous connaissez les abus, hâtez-vous de porter remède à de si funestes calamités ; rendez au commerce l'activité et la confiance : cette mesure seule peut diriger des opérations utiles aux besoins de tous.

« Nous ne venons pas, législateurs, vous tracer des devoirs, mais remplir les nôtres, vous faire part des réflexions que nécessite l'intérêt général, et confondre l'expression de notre imperturbable attachement à vos décrets, avec les cris chéris de vive la république! vive la Convention nationale ! »

Cette Adresse est renvoyée au comité du salut public et de sûreté générale.

— Des élèves de David sont admis à la barre.

*L'orateur :* Représentants du peuple , élèves de David, nous ne dirons pas s'il est coupable, nous ne dirons pas s'il est innocent ; pleins de confiance et de respect en la Convention nationale, nous attendons en silence le rapport que le comité de sûreté générale est chargé de faire sur sa conduite ; nous nous bornons à vous représenter que David, incarcéré depuis quatre mois, voit chaque jour sa santé dépérir. Cette situation cruelle émeut sans doute vos âmes sensibles, et nous espérons de votre justice que vous ne repousserez pas plus longtemps, pour David, la mesure que vous avez adoptée en faveur de vos collègues ; comme eux vous le rendrez à sa famille, à l'instruction de ses élèves, et aux travaux d'un art qu'il a toujours consacré à la propagation des vertus républicaines, auxquelles il a voué ses pinceaux bien avant la révolution ; comme eux aussi il attendra dans son domicile le rapport qui doit le signaler à la république comme un homme trompé, mais dont l'âme est restée pure au milieu des orages qui ont couvert l'horizon politique.

Pères de la patrie, vous qui sans relâche travaillez au bonheur de la nation, vous avez senti que l'instruction publique est la source d'où découlent les vertus qui viennent soutenir et alimenter la liberté ; de là sont venus les décrets bienfaisants que vous avez rendus pour l'encouragement des sciences et des arts. Suivez la marche qui vous rend dignes de la législation d'un peuple éclairé et libre ; rendez David aux arts, à la peinture et à l'instruction publique qui le réclament ; ne laissez pas plus longtemps ses talents dans l'avilissement : qu'il soit rendu à son atelier et à ses élèves.

Le président répond aux pétitionnaires que leur démarche en faveur de David, qui les a instruits dans l'art sublime de la peinture, honore également leur sensibilité et leur reconnaissance. « Mais la Convention, continue le président , doit, quand un de ses membres est accusé, le juger avec la plus impartiale justice, afin qu'il soit puni s'il est coupable, ou, s'il est innocent, que la confiance dont il a besoin pour exercer sa mission lui soit rendue sans réserve. » (On applaudit.)

CHÉNIER : Je ne veux pas pallier les torts de David. Je sais combien il a été injuste envers les artistes, et personne ne connaît plus que moi peut-être jusqu'où il a poussé la prévention. Mais tout aurait été beaucoup mieux dans la révolution si l'on n'avait pas mis les passions particulières à la place de l'intérêt public, et si les factions qui se sont succédé tour à tour n'avaient pas pris à tâche de traîner sous le glaive de la loi des citoyens qui n'avaient commis d'autre crime que celui d'avoir attaqué les hommes de tel ou tel parti.

David a été fanatique de Robespierre, mais beaucoup d'autres ont été aussi fanatiques que lui ; beaucoup d'autres ont plus que lui servi les crimes de ce tyran, et ils ne sont point incarcérés.

C'est à tort qu'on a comparé David à Joseph Lebon; il n'existe aucune parité entre eux. Celui-ci est accusé par une grande commune d'avoir avili la représentation nationale par des crimes atroces; on ne reproche à David qu'une extrême rigueur dans ses fonctions comme membre du comité de sûreté générale, et sa prévention contre les artistes dont les talents lui portaient quelque ombrage; mais ce ne sont pas là des crimes.

Quant au talent de David, il n'est pas contesté. Avant la révolution, son pinceau avait tracé des tableaux qui attestent son amour pour la liberté; vous avez encore au milieu de vous deux tableaux qui sont l'hommage de son patriotisme. Sans doute ce patriotisme a été plus ardent qu'éclairé; mais la leçon que vous lui avez donnée doit lui faire sentir ce que vaut le sang d'un homme, et nous devons espérer que dorénavant il ne traînera pas sous la hache de la loi, ou sous celle de l'opinion, ce qui est à peu près la même chose, ceux dont les talents pourraient l'offusquer.

Il est nécessaire que David soit jugé, je le demande moi-même; mais en attendant je crois que la Convention pourrait lui accorder d'être gardé chez lui.

RAFFRON : On ne peut faire valoir dans cette occasion les talents de David; tout homme, quels que soient ses talents, ne mérite aucun égard s'il est coupable. Je n'ai point assimilé David à Lebon; leur cause n'est point pareille; mais tous deux sont prévenus, et j'ai demandé que tous deux fussent jugés. Je crois que la Convention doit passer à l'ordre du jour, motivé sur le décret qui charge les trois comités d'examiner la conduite de David.

BOISSY : Je suis aussi d'avis qu'il faut que les trois comités examinent la conduite de David; mais lors même que les comités déclareraient qu'il y a lieu à examen, vous ne pourriez lui refuser d'être gardé chez lui par quatre gendarmes, ainsi que vous l'avez accordé à Carrier. Or, pourquoi ne lui feriez-vous pas, aujourd'hui que rien n'est encore articulé contre lui, une faveur que vous ne lui refuseriez pas lors même que les soupçons seraient plus fondés? Je demande que David soit gardé chez lui par deux gendarmes.

COREN-FUSTIER : La Convention ne peut point avoir deux poids et deux mesures. J'ignore s'il y a ou non des charges contre David; mais je dis que, si vous élargissez David, il faudra aussi que vous élargissiez Lebon.

La Convention passe à l'ordre du jour.

— Des commissaires de Guernesey, chargés de réclamer l'échange de leurs camarades déportés des îles Martinique et Sainte-Lucie, et prisonniers en Angleterre, sont admis à la barre.

L'orateur : Citoyens représentants, vous voyez encore à votre barre des patriotes des îles françaises du Vent. Ils ne viennent pas vous retracer le tableau déchirant de tous les maux qu'ils ont supportés; vous les leur avez fait oublier en décrétant qu'ils ont bien mérité de la patrie. Un devoir sacré les ramène auprès de vous; ils ont de vrais compatriotes dans les fers; ils viennent demander que vous les brisiez, et que vous rendiez enfin à la patrie des enfants qui brûlent de la servir.

Déportés des Iles-du-Vent et conduits à Guernesey par une double violation du droit des gens, l'Anglais permit que quatre d'entre eux allassent en France, sur leur parole d'honneur, solliciter leur échange. Nous eûmes l'avantage d'être désignés pour remplir cette honorable mission. Depuis longtemps nous le sollicitons en vain, cet échange, auprès des comités de salut public, de la marine et des colonies; nous nous présentons enfin à vous pour en obtenir l'effet.

Beaucoup de ces malheureux sont des vieillards ou des pères de famille, mais ils sont tous des soldats de la révolution ;-Dugommier, ce brave général, qui, en ce moment, fait fuir devant lui les phalanges espagnoles, a été leur compagnon d'armes; il les connaît, il les a conduits au combat, et souvent ils ont vaincu sous lui les ennemis de la patrie; s'ils ont enfin succombé, ils n'ont pas à rougir de leur chute. Ces ardents défenseurs de la liberté et de l'égalité sont maintenant dans l'état le plus affreux; ils souffrent, mais ils.ne murmurent pas.

Sortant d'un climat brûlant, presque nus, ils ont à supporter une saison d'autant plus rigoureuse pour eux que leur tempérament y est peu fait. Ils succomberont infailliblement sous le poids de leurs souffrances, si vous ne venez promptement à leur secours; et cependant ils ne voudraient perdre la vie qu'en servant leur pays. Leur courage, leur constance, leur patriotisme et leur entier dévouement sont des titres, sans doute, pour émouvoir votre sensibilité.

Citoyens représentants, la justice et l'humanité sont à l'ordre du jour. Déjà vous avez satisfait en leur faveur à la première de ces vertus, puisque vous avez reconnu qu'ils ont bien mérité de la patrie; vous allez sans doute satisfaire à la seconde en décrétant leur échange, et ils pourront alors venir exprimer, au sein de la représentation nationale, leur reconnaissance et leur inviolable attachement à la république; ou si, enfin, ils sont condamnés à ne plus revoir leur patrie, permettez-nous de retourner auprès d'eux pour dégager notre parole, les consoler par le récit de nos victoires, partager leur sort, et répéter avec eux les cris de tous les Français : Vive la république! vive la Convention!

CRASSOUS : Je demande que cette pétition soit renvoyée au comité de salut public. Les citoyens que vous voyez ont trouvé le moyen de s'échapper de Guernesey; ils se sont jetés dans une chaloupe, et, après être restés quarante heures sans manger, ils ont abordé sur le territoire français. Ils se prosternèrent en arrivant, et baisèrent la terre de la liberté; les sentinelles voisines, témoins de cet action, recueillirent ces bons patriotes et les firent reconduire à Cherbourg. Je demande qu'il leur soit accordé des secours.

DUFAY : Je dois dire que ces citoyens ont bien servi la liberté dans les colonies.

La pétition est renvoyée aux comités des secours et de salut public, pour en faire un prompt rapport.

— Le surplus de la séance est employé à entendre des pétitions particulières.

La séance est levée à quatre heures.

N. B. — Dans la séance du 11, Carnot a présenté, au nom du comité de salut public, un projet de proclamation portant amnistie aux habitants des départements de l'Ouest qui poseraient les armes.

Plusieurs députés de ces départements ont annoncé qu'ils avaient concerté des mesures pour terminer la guerre de la Vendée, mesures qu'il est nécessaire de faire coïncider avec l'amnistie; en conséquence, on a décrété l'ajournement de la proclamation, et que les députés des départements de l'Ouest se réuniraient ce soir au comité de salut public.

## POLITIQUE.

### ALLEMAGNE.

*Francfort, le 18 novembre.* — Le siége de Mayence et le blocus de Luxembourg paraissent en ce moment former les deux objets principaux des mouvements de l'armée française.

— L'ordre de la cour de Vienne, qui porte que les cantonnements seront resserrés davantage, a été envoyé par le général Clairfayt et va être exécuté.

— La ville de Ratisbonne pouvant être menacée par les armées républicaines, le procureur général de la diète a proposé de prier les ministres de Danemark et de Suède de demander aux généraux français des lettres de sûreté pour cette cour suprême, afin d'éviter les mouvements sans nombre qui résulteraient d'un déplacement. Le procureur général pense que ce projet est d'une exécution d'autant plus facile que, dans les villes tombées jusqu'à ce jour au pouvoir des Français, les membres de la régence et du magistrat n'ont éprouvé aucune inquiétude. L'électeur de Mayence a fortement appuyé cette proposition.

### PRUSSE.

*Thorn, le 12 novembre.* — Les braves Polonais continuent de montrer la plus grande énergie contre les efforts des Prussiens, et il est constant, malgré les assertions contraires des gazettes prussiennes, que leurs divers détachements s'étendent de plus en plus dans la Prusse occidentale. Les villes de Kulm, d'Unislew et d'Althausen sont tombées récemment en leur pouvoir; ils ont imposé partout de fortes contributions. Il leur est resté d'excellentes positions dans la Prusse méridionale. Ils ont mis dans le meilleur état de défense la ville de Kolo, qui paraît être regardée comme leur quartier général.

Pendant que le général Poniatowski arrêtait les Russes, les généraux Madalinski et Dombrowski faisaient leur retraite sur Varsovie dans le plus grand ordre. Ils ont emmené avec eux plus de mille chariots chargés de ce qu'ils ont enlevé dans les possessions prussiennes et un grand nombre de chevaux pris dans les environs de Bromberg. Ils sont entrés dans les retranchements de Varsovie.

— On assure que Frédéric-Guillaume a ôté le commandement de ses troupes au général Schwerin, pour le donner au général Favrat.

— La division s'est mise parmi les généraux russes : le général Denisow se plaint vivement du général Fersen ; il s'est retiré à Léopold en Gallicie ; il se dispose à reprendre la route de Pétersbourg.

— On croit remarquer dans la conduite des Russes un changement de système ; leur première barbarie fait place à une bienveillance affectée à l'égard des Polonais.

— La cour de Berlin a envoyé des proclamations dans toutes les provinces où l'insurrection a éclaté, afin de ramener le peuple à d'autres sentiments. On y parle de la tendresse paternelle du roi, qui a bien voulu sacrifier les amusements du carnaval prochain pour destiner l'argent qui y serait employé au soulagement des familles qui ont perdu des parents dans la guerre. Ces exhortations royales n'ont encore produit aucun effet.

— Les troupes autrichiennes qui se trouvent sur les frontières de la Pologne doivent être augmentées ; on croit même que les garnisons de Valenciennes et de Condé ont reçu l'ordre de se porter en Gallicie.

On donne pour motif de ces dispositions subites que les troupes autrichiennes dispersées dans les palatinats de Sandomir et de Lublin ont été attaquées à diverses reprises par les Polonais.

— Un corps de cinq mille Polonais s'est emparé du pays de Johannisberg, enclavé dans les possessions prussiennes, et l'a mis à contribution.

## PAYS-BAS.

*Extrait d'une lettre de Bruxelles, du 6 frimaire.* —On écrit de La Haye que les six patriotes Wischer, Van der Heyde, Van der Kolcker, William Janssen, Keusker et un autre, signataires de la fameuse pétition du 14, arrêtés sur la demande de l'ambassadeur d'Angleterre et traduits devant un tribunal, ont été condamnés à six années de prison, suivies d'un bannissement perpétuel. Ce nouveau crime stathoudérien n'a fait qu'accroître dans le cœur des patriotes le besoin de la vengeance.

— L'inondation depuis Rhenen jusqu'au Zuiderzée est déjà parvenue, à six pouces près, au plus haut degré d'élévation où elle puisse atteindre.

— La cour de La Haye a fait garnir de batteries et d'ouvrages de défense toutes les rives du Wahal, dans la vue d'empêcher les Français de pénétrer plus avant dans la province d'Utrecht ; mais trois colonnes républicaines se disposent à passer le Wahal au-dessus de Nimègue, pour balayer la rive droite de cette rivière jusqu'à Gorcum.

— Le prince Ernest, l'un des fils du roi Georges, est arrivé à La Haye, et est allé rejoindre à Utrecht son frère, le duc d'York.

— Les républicains ont cessé de travailler aux ouvrages qu'ils élevaient sur la rive du Rhin. Il y a un camp près de Cologne.

— Le délai fixé pour la rentrée des fugitifs de Cologne a dû être prorogé de six semaines. Plus de deux cents personnes, tant du Brabant que de Liége, ont repassé le Rhin le 4 et le 5 novembre, précédées d'un trompette autrichien ; il s'y trouvait plusieurs fabricants qui revenaient des foires de Francfort et de Leipzig.

— On désire ici généralement la liberté du commerce des Pays-Bas avec la France ; cette loi donnerait aux habitans de ce pays un débouché pour l'échange des assignats contre divers objets qui leur manquent, et dont le sol de la république abonde.

Les différentes agences de commerce établies dans cette ville viennent d'être supprimées. Toutes les affaires qui étaient de leur ressort ont été renvoyées à l'administration centrale.

## RÉPUBLIQUE FRANÇAISE.

### TRIBUNAL CRIMINEL RÉVOLUTIONNAIRE.

*Suite de la procédure du comité révolutionnaire de Nantes.*

Leroux, capitaine de navire à Nantes, donne des renseignements sur la noyade des quatre-vingt-dix prêtres insermentés, et qui s'étaient soumis à la loi de la déportation. Deux de ces victimes se sauvèrent, et furent recueillies par le capitaine La Florie, qui fut mandé au comité et menacé de la prison. Il déclare avoir entendu dire que cette première noyade a été faite par les ordres de Carrier.

« Le capitaine Boulet, qui a vu toutes les noyades, m'a assuré qu'un jour, en hissant les ancres de son bâtiment, les câbles soulevèrent des sapines remplies de quatre à cinq cents noyés. » Il ajoute qu'environ cent trente femmes de mauvaise vie, renfermées à Mirabeau, maison de détention, ont disparu ; qu'il ignore ce qu'elles sont devenues.

Couron, ex-procureur, soldat de la compagnie Marat, déjà entendu dans ses dépositions, déclare qu'étant à Oudon, quatre-vingt-six cavaliers brigands vinrent se rendre volontairement ; qu'il fut un de ceux qui, au nombre de quarante, les conduisirent sur la place de l'Egalité, à Nantes, où ils arrivèrent à onze heures du matin, et qu'à une heure ils furent fusillés au poste de Bourg-Fremée, d'où il a vu cette expédition.

On représente et prouve à ce témoin que ce n'étaient point des cavaliers, mais des hommes d'infanterie; qu'il paraissait surprenant qu'absent depuis quinze jours, et les ayant escortés, il se fût trouvé de garde à ce poste le jour même de son arrivée.

Pinard reproche à Couron d'avoir volé un lingot d'or au maire de Saint-Maure, et de l'avoir fait incarcérer pour lui avoir refusé du blé.

L'accusateur public près la commission militaire déclare que Couron s'est vanté d'avoir eu connaissance que l'expédition faite au Bouffay, dans l'horrible nuit du 24 au 25 frimaire, avait pour but une noyade; on lui rappelle qu'il avait avoué s'être trouvé depuis les dix heures du soir jusqu'à trois heures du matin au Bouffay, dans cette même nuit.

Sur le réquisitoire de l'accusateur public, le tribunal a lancé un mandat d'arrêt contre Couron, comme prévenu d'être complice de cette noyade.

On donne ensuite lecture de plusieurs listes de brigands qui se sont rendus volontairement; elles s'élèvent à quinze cent soixante-trois hommes et huit femmes. Tous ces malheureux ont été conduits à l'Entrepôt par ordre du comité.

Le président interpelle Foucault de déclarer ce qu'étaient devenues les dépouilles des prêtres. Il répond que Carrier, ayant été consulté sur ce qu'on en ferait, s'était écrié : « F....., ceux qui ont fait l'ouvrage, n'est-ce pas pour eux! » Foucault déclare n'avoir eu aucune part à ces dépouilles, qui furent déposées sur la galiote où Lambertye donna un grand repas; d'après la déclaration de Leroux, elles se portaient à 40,000 livres.

*Le président*, à Bacheller : Pourquoi a-t-on battu la générale et fait tant d'arrestations arbitraires?

*Bacheller* : Il faut le demander à Carrier. Il faut que Carrier lui-même vienne satisfaire à cette interpellation, et à mille autres qu'il a provoquées. On s'est borné jusqu'à présent aux faits qui paraissent à notre charge dans l'instruction présente, sans examiner aux ordres de qui nous avons obéi. Si nous sommes les agents de Carrier, il faut que Carrier paraisse. (La salle retentit de bravos, et des cris répétés : *Carrier! Carrier!*) Paris possède la Convention nationale : Paris lui doit obéissance, et lui obéit; Nantes possédait Carrier, et ses ordres nous paraissaient des décrets. Cependant on nous représente comme des noyeurs, des fusilleurs, des massacreurs : c'est sous les ordres de Carrier que nous avons travaillé, et cet homme-là ne paraît pas, il ne vient pas! Il trouve plus de sécurité à nous laisser au bord de l'abîme! Peut-on établir une complicité entre celui qui commande et celui qui exécute? Celui qui fait mouvoir la machine est le seul coupable. Que Carrier paraisse donc, ou qu'on renonce à jeter sur nous tout l'odieux de ces iniques mesures.

Bacheller tombe en défaillance; le président lui fait donner des secours. Un instant après, l'accusé, revenu à lui, s'écrie : « Des infortunés sont-ils donc des dilapidateurs! »

*Le président*, à Bacheller : Est-ce Carrier qui a ordonné les arrestations?

*Bacheller* : Ces mesures ont été prises dans l'assemblée des corps administratifs; on nous a forcé la main. Carrier ne cessait de répéter que les riches favorisaient la guerre de la Vendée (en effet, on avait arrêté une femme qui portait des lettres et de l'argent aux rebelles); que les accapareurs étaient d'intelligence avec eux; que les riches ne donnaient aucun secours aux pauvres; qu'il y avait dans Nantes un foyer de contre-révolutionnaires. Les patriotes furent induits en erreur par la sévérité même de ces mesures, d'autant plus qu'elles firent disparaître les correspondances, empêchèrent les secours de parvenir aux brigands, qui furent dès lors dans la misère.

*Le président*, à Bacheller : Mais, si vos mesures extraordinaires avaient pour but de vous assurer des hommes suspects, pourquoi, dans ces arrestations, le bon citoyen était-il confondu avec les mauvais? Pourquoi des patriotes reconnus partageaient-ils le même sort des contre-révolutionnaires? Comment justifier des proscriptions aussi révoltantes, aussi illimitées?

*Bacheller* : Toute la classe des riches était suspecte dans les circonstances difficiles où nous nous trouvions; il a donc fallu frapper également celui qui pouvait nuire comme celui qui en réunissait le pouvoir et la volonté.

*Vallé*, négociant à Nantes, est entendu. Il accuse le comité de concussions; il se plaint de n'avoir pu obtenir son certificat de civisme que moyennant 6,000 liv., taxe fort au-dessus de ses facultés, qu'on l'a forcé de payer en le menaçant de le faire arrêter.

Il accuse le comité d'avoir fait incarcérer son gendre, nommé Puffin, et de l'avoir mis du nombre des cent trente-deux Nantais qui devaient être fusillés en chemin, parce qu'il avait dévoilé l'agiotage de Chaux, membre du comité.

*Chaux* : Les sommes dont parle le témoin ont été bien réellement payées; elles ont été employées pour l'utilité publique.

*Liautaud*, lieutenant général de l'ex-amirauté, est appelé; il déclare avoir été taxé à 50,000 livres.

Le témoin ajoute : « J'ai entendu parler des noyades auxquelles Bolognie et Grandmaison avaient participé; on m'a assuré que ce dernier avait la cruauté de couper à coups de sabre les doigts des infortunés qui cherchaient à s'accrocher au bateau pour se soustraire à la noyade. J'ai entendu dire que ces expéditions étaient commandées, provoquées par Carrier. »

*Le président*, à Bolognie et à Grandmaison : Que répondez-vous à la déposition du témoin?

*Les accusés* : Les faits sont faux.

*Lechantre*, négociant à Nantes, dépose qu'étant de garde au poste central du Port-au-Vin, dans la nuit du 24 au 25 frimaire, René Naud lui apporta une réquisition, sur les deux heures du matin, pour se transporter, avec douze de ses camarades, à l'effet de renforcer le poste du Bouffay. « Arrivé à ce poste, dit-il, j'aperçus alors René Naud; je le nommai par son nom. « Foutre, me dit-il, je sais mon nom; tu ne dois pas me nommer; je ne suis déjà pas trop à mon aise ici! »

« Je vis que j'avais commis une imprudence. Nous escortâmes le dernier détachement de ces victimes jusqu'au corps de garde de la Machine; nous les mîmes à bord de la gabare, où il y en avait déjà beaucoup. »

Lechantre donne plusieurs autres renseignements sur cette noyade; il termine en disant que Tabouret, témoin assigné, donnerait de plus grands détails sur cet objet.

*L'accusé Naud* : J'ignore si c'était un ordre dont j'étais porteur, mais je conviens avoir demandé une force armée, et avoir dit au témoin de ne pas me nommer.

*Tabouret*, voilier à Nantes, déclare qu'étant de garde au même poste il se rendit au Bouffay, où un soldat de la compagnie Marat lui dit qu'on allait transférer les prisonniers à Belle-Isle.

« Ils furent, dit-il, conduits à la gabare. On nous dit que les prisonniers s'y révoltaient ; on nous y fit monter cinq ou six. Il n'y avait pas de révolte. On ferma l'entrée avec des planches qui furent clouées ; on cloua de même les panneaux ou sabords. Je voulus sortir, je ne le pus. Je priai Affilé, conducteur de la gabare, de me mettre à terre. Il me répondit qu'il ferait ce qu'il pourrait. La gabare fut démarrée, on la fit marcher ; je m'assis. On disait tout bas : « A l'île Chaviré. » Avant d'arriver, j'entendis des cris épouvantables ; ces malheureux criaient : « Sauvez-nous, il est encore temps ! » Ils s'étaient détachés ; ils passaient leurs mains et leurs bras entre les planches, et criaient miséricorde. J'ai vu Grandmaison avec son sabre abattre les bras de ces victimes. (Ici l'auditoire frémit d'horreur ; des cris d'indignation se font entendre.) J'avais envie de me précipiter dans la Loire en voyant de pareilles atrocités. Ducoux, Crespin et Maurice étaient sur cette gabare, mais je ne les ai vus porter aucuns coups.

« Dix minutes après, j'entends des charpentiers placés dans des batelets frapper la gabare à grands coups de hache ; la gabare enfonçait. Nous ne fûmes pas avertis ; je me crus perdu ; nous soutâmes dans des batelets qui nous conduisirent à terre. Je vis Goulin sur le port. Affilé m'a dit que l'on avait pratiqué à la gabare deux petits sabords de dix-huit pouces, qu'on déclouait à coups de hache.

*Le président*, à Goulin : Avez-vous eu connaissance de cette noyade ?

*Goulin* : J'ai su qu'Affilé et les charpentiers ont été chargés du détail de cette exécution ; c'est le représentant qui m'a donné l'ordre de procurer la gabare ; Grandmaison, Bolognie et moi nous y sommes trouvés pour surveiller l'exécution, mais j'ignorais qu'il fût question de noyade.

*Le président*, à Bolognie : Vous ne saviez sans doute pas que tous ces préparatifs étaient destinés pour une noyade ? vous ne l'avez appris qu'en la voyant s'effectuer sous vos yeux ?

*Bolognie* : J'ai trop de bonne foi pour tenir un pareil langage ; j'assure au contraire que tous les membres du comité ont été prévenus de cette noyade, la veille du jour où elle devait avoir lieu, par Carrier, qui était venu au comité à ce sujet.

*Le président*, à Grandmaison : Avez-vous été informé de cette noyade ? y avez-vous assisté, et coupiez-vous les doigts des malheureux qui voulaient échapper à la noyade ?

*Grandmaison* : Goulin s'est rendu chez Carrier, mais j'ignore pour quels motifs ; il est faux que j'aie coupé les bras des victimes avec mon sabre ; ce sont des volontaires qui ont commis cette barbarie. Affilé nous a prévenus de la submersion de la gabare, qui est descendue tout doucement et perpendiculairement.

*Le président*, à Grandmaison : Il vous serait inutile de persister à nier votre acte de cruauté envers les prisonniers lorsque tous les témoins s'accordent à vous en accuser.

Le témoin *Trappe*, serrurier, dépose d'une conduite de cinquante-cinq prêtres à l'Entrepôt, par ordre du comité. « Je vais chez Carrier, dit le témoin, à l'effet de savoir ce que l'on fera de ces détenus, si on leur laissera une infinité de bijoux précieux dont ils sont munis. Je ne trouve pas le re-

présentant ; mais, au moment où j'allais rendre compte de ma mission au comité, je rencontre Carrier, et je lui demande ses ordres sur les prêtres de l'Entrepôt, sur les effets dont ils sont saisis. « Emporte tout, me dit Carrier ; embarque-moi tous ces bougres-là, et que je n'en entende plus parler. » Ces prêtres ont été dépouillés, la noyade s'est faite, et j'ai remis le tout à Richard, qui est demeuré dépositaire d'une grande quantité d'assignats et de bijoux de grand prix. Carrier, en apprenant que l'expédition était faite, m'en témoigna ses regrets en me disant : « Foutre, c'était à Lambertye que je réservais cette exécution ; je suis fâché qu'elle ait été faite par d'autres. »

Le témoin *veuve Dumey* vient à l'appui de cette déclaration ; elle déclare qu'après la noyade des cinquante-cinq prêtres, dont on a précédemment parlé, Lambertye, lui mettant le sabre sur la poitrine, lui dit : « G...., tu me répondras des dépouilles de ces prêtres. » Elle assure que Fouquet et Lambertye avaient toute la confiance de Carrier, et qu'ils étaient ses fidèles agents pour les noyades.

Le témoin *Moreau* dépose de la même noyade de prêtres.

« Étant de garde au poste de Launay, près l'Entrepôt, j'ai vu arriver, dit-il, cinquante-cinq prêtres qui venaient d'Angers ; j'ai vu arriver au corps de garde le nommé Blot, qui, au nom du comité, requiert un sergent et quatre soldats de garder ces prêtres. Richard est venu ensuite ; il a ordonné au sergent de les faire passer les uns après les autres dans un cabinet, où ils ont été tous dépouillés ; les effets ont été confiés à Lebrun, et rendus à Richard, qui les a emportés. »

*Le président*, à Richard : A-t-il été dressé procès-verbal des effets enlevés aux détenus, et qu'a-t-on fait de ces effets ?

*Richard* : La rédaction d'un procès-verbal aurait demandé trop de temps. J'ai demandé un sac, où tout a été déposé ; le sac a été cacheté, et le dépôt remis à la maison de l'Entrepôt.

*Le président*, à Richard : Il est bien constant au procès que vous avez participé à la noyade des prêtres, que vous y avez donné toute votre adhésion, puisque vous avez consigné à la sentinelle les bateliers qui devaient noyer ces prêtres ; il est également certain que vous avez acheté beaucoup de bien depuis cette expédition.

*Richard* : J'ai perdu plus de 2,000 écus à la révolution.

*Martin Naudille*, ci-devant inspecteur de l'armée de l'Ouest, et à présent régisseur des fourrages, est entendu.

« Étant un jour chez Carrier à Nantes, dit ce témoin, Lambertye dit à plusieurs généraux qui étaient dans l'appartement de ce représentant, en leur montrant la rivière : « Il y en a déjà passé deux mille huit cents. »

« L'un de ces généraux demande ce que l'on entend par l'indication ; Carrier répond : « Eh bien, oui ! deux mille huit cents dans la baignoire nationale. » (Ce fait est du mois de nivose.)

« J'ai vu aussi dans le même temps Lambertye et Fouquet conduire environ cinq cents hommes et deux cent cinquante femmes, tous attachés. On me dit qu'on les conduisait à l'eau.

« Étant un jour chez Carrier pour des objets de ma mission, et refusant d'obéir aux ordres de ce mandataire, ce dernier voulut me sabrer ; mais on lui enleva son sabre, et on le jeta sur le lit. »

Le directeur de l'hospice révolutionnaire assure que cette scène s'est passée en sa présence, le jour même que Carrier voulait aussi le jeter par la fenêtre.

*Affilé le jeune,* charpentier marinier, déclare que, dans la nuit du 15 au 16 frimaire, étant de garde au poste de la Sécherie, vers minuit ou une heure, Richard, sergent de la compagnie Marat, vint lui dire qu'on avait besoin de lui pour une expédition secrète, pour une baignade. « On fait donc venir une gabare avec deux barges. Nous travaillons toute la nuit à la préparer, à clouer des planches; l'expédition n'a pas lieu. Le 17, je suis mandé au comité, où étaient, je crois, Chaux, Grandmaison, Goulin et Bachelier; Carrier présidait. Colas, lieutenant de port, Goulin, Bachelier et moi, nous passâmes dans un cabinet : on conféra sur les moyens de préparer la gabare. Carrier et le comité m'ont toujours requis au nom de la loi. (Le témoin dépose ses réquisitions, signées de plusieurs membres du comité.)

« Peu de temps après le 17, Lambertye et Fouquet amènent les prêtres pendant la nuit; on les fait entrer dans la gabare; les charpentiers travaillent, et la gabare est engloutie; il n'y avait dessus cette gabare que Fouquet, Lambertye, Foucault, Sullivan et Gauthier.

« Le comité requiert les bateliers, et moi je requiers les charpentiers.

« Le comité m'a payé, en trois fois, environ 200 l.; j'ai contribué à trois noyades. »

*Le président,* au témoin : Il paraît constant, d'après une déclaration en règle, qu'il y a eu quatre noyades : la première de cinquante-huit personnes, la deuxième de huit cents individus de tout âge et de tout sexe, sur deux bateaux; la troisième, de quatre cents individus de tout âge et de tout sexe; la quatrième, à bord de deux navires, est de trois cents individus, également de tout âge et de tout sexe.

Affilé persiste à soutenir qu'il n'a assisté qu'à trois noyades, notamment à celle du 24 au 25 frimaire, où l'on procéda de même qu'à la première, et assure que Grandmaison lui a dit avoir coupé avec son sabre les doigts des malheureux, et qu'il leur avait plongé son sabre dans le sein. (Nouveaux frémissements d'horreur.) Goulin, Grandmaison, Naud, négociant, étaient sur la gabare et commandaient l'expédition.

Le même témoin dépose avoir vu dans l'armoire de Richard beaucoup de montres et autres bijoux. « J'en ai, dit-il, fait l'observation à la femme Richard, qui m'a répondu que son mari en avait apporté bien d'autres. »

Les accusés inculpés, invités à s'expliquer de nouveau sur les mêmes faits, fournissent les mêmes réponses que ci-dessus.

On donne lecture des ordres annoncés par Affilé. — Ils sont signés par les membres du comité.

Le témoin déclare que Carrier lui avait ordonné, au nom de la loi, d'obéir en tout à César, l'un de ceux qui dirigeaient les noyades; les accusés invoquent les mêmes ordres pour leur justification.

*Le président,* à Bachelier : Il est bien constant, comme vous le voyez, que vous êtes signataire d'ordres de noyades. Il est bien singulier que votre mémoire soit toujours en défaut que dans des actes qui vous accusent si fortement; on aura de la peine à concevoir que vous ne vous rappeliez pas avoir signé une mission secrète pour laquelle vous avez recommandé toute la célérité, tout le zèle dont ces travaux étaient, selon vous, susceptibles, et pour lesquels vous promettiez un payement, un salaire généreux, si vous obteniez aussi prompte satisfaction que vous paraissiez le désirer. Pour moi, si j'avais fait une

mauvaise action, les remords m'assassineraient perpétuellement; je m'en souviendrais toujours.

*Bachelier :* Tu as raison, président; si, en faisant une mauvaise action, tu avais agi de ton propre mouvement, le reproche continuel viendrait t'assiéger; mais si, comme nous accusés, comme les membres du comité révolutionnaire de Nantes, tu n'avais fait qu'obéir, que céder aux ordres, aux impulsions de la représentation nationale, tu gémirais sans doute de t'être trouvé en place dans des circonstances aussi difficiles, aussi impérieuses; tu accuserais la fatalité du sort de t'avoir donné des fonctions publiques, de t'avoir mis dans l'obligation d'exécuter les ordres d'un tyran; mais tu ne te croirais pas coupable.

Affilé continue: « Le 3 nivose, Fouquet m'ordonna de me rendre chez Marie, marchand de bateaux pour lui demander les deux qu'il lui avait promis, ainsi que des charpentiers; il m'en procura quatre pour faire les soupapes, et des mariniers pour faire descendre les bateaux en face de l'Entrepôt.

« Fouquet s'y trouva et m'ordonna d'aller chercher des cordes pour amarrer les prisonniers, et des crampons de fer pour attacher les cordes au fond des bateaux.

« Pendant que j'étais chez le cordier, on faisait la soupape. A mon retour Fouquet dit : « Tenez-vous prêts; ce soir ils seront embarqués. » Et à neuf heures du soir ces malheureux furent conduits de l'Entrepôt aux bateaux, au nombre d'environ cinq cents.

« Lechantre, Hocqmar, Chevalier, et autres membres de la compagnie Marat, dévalisaient les victimes à bord, et les mariniers les pillaient encore à fond de cale, pendant que Fouquet me menaçait de me noyer comme les autres si je n'obéissais pas; et ses réquisitions étaient toujours au nom de la loi.

« Deux batelets étaient attachés à chaque gabare : on leur fit prendre le large; la soupape s'ouvrit; les sabords furent levés. Les prisonniers criaient miséricorde, pendant que ceux qui étaient sur le pont s'élançèrent dans les batelets, et que, dans leur désespoir, les victimes s'écriaient : « Sautons aussi dans leur batelet, et ils périront avec nous. » Mais ceux qui voulaient le tenter furent repoussés à coups de sabre.

« Chevalier, Hocqmar, Fouquet et Lambertye étaient les principaux acteurs de cette tragédie.

« Après cette expédition, nous nous rendîmes chez la Thomas, aubergiste, où les effets de ces malheureux avaient été déposés; on les porta ensuite chez Sécher, tonnelier, où ils furent partagés.

« J'avais été payé pour les frais de la deuxième et troisième noyade; mais ceux de la première ne l'étaient pas, parce que le comité avait prétendu que ceux qui avaient enlevé la masse devaient payer.

« Lambertye me conseilla de m'adresser à Carrier, et Carrier me fit payer. »

Affilé, par suite de ses détails sur les noyades, annonce encore le fait suivant :

« Etant à bord pendant deux nuits et deux jours, sans pouvoir sortir, j'ai néanmoins trouvé le moyen de procurer des secours à des femmes qui mouraient de faim; j'ai vu Lambertye emmener la femme de chambre d'une belle comtesse, et venir le lendemain la reprendre. Le comité a payé deux gabares; mais j'ignore qui a payé les bateaux. »

Plusieurs témoins entendus, savoir *Arnoult,* médecin, *Carié,* ancien marchand de draps, administrateur et trésorier, *Wilmès,* marchand, parlent de nouveau des taxes arbitraires faites par le comité révolutionnaire, et singulièrement exigées par Chaux et Goulin; ils reprochent à ces derniers des propos qui annonçaient leur dessein d'envahir les fortunes des citoyens sous prétexte d'en procurer le bénéfice à la nation; ils s'expliquent favorablement à l'égard des coaccusés Vic et Chartier, qui en prennent occasion de se plaindre d'être rangés au nombre des accusés, attendu, prétendent-ils, qu'ils n'ont participé à aucune des noyades.

*Moutier*, forgeron à Nantes, donne de nouveaux détails sur les noyades et fusillades, comme la plupart s'étant effectuées dans son quartier.

« A la dernière noyade, dit ce témoin, je me rends chez Carrier pour du vin en réquisition; sa porte était entr'ouverte. J'entends Carrier adresser la parole à Fouquet, Lambertye et Robin. « Il faut que « vous opériez cette après-dînée, sans exception de « qui que ce soit. » Fouquet répond : « Ne t'embar- « rasse pas, représentant, ton affaire sera faite ce « soir. » Je n'ai osé pénétrer plus loin, parce que je n'entendais parler que de sabrer et couper; j'avais peur d'être coupé moi-même, parce que Carrier me paraissoit un coupe-tête. Quand Fouquet sortit, je lui demandai ce que disait Carrier : « Viens ce soir « à trois heures à la Sécherie, et tu le verras, » me répondit-il. Le soir même il y eut une noyade d'hommes, femmes et enfants.

*Le président*, au témoin: Toi qui as presque été le témoin oculaire de toutes les noyades, à combien évalues-tu la totalité des victimes?

*Le témoin :* On peut en compter au moins neuf mille.

On avait mis de côté quatre cents enfants pour les soustraire aux cruautés des exécuteurs. Carrier donne l'ordre de les noyer, et l'ordre est ponctuellement exécuté. Il dit à ce sujet à l'ordonnateur qui avait fait déposer ces enfants à la Cayenne, antérieurement à l'ordre de noyade : « Tu veux sauver ces enfants; tu es un scélérat, je te ferai guillotiner. » Je tiens le fait d'Hévin, auquel les menaces ont été faites, et qui me les a racontées tout en tremblant.

Carrier, passant un jour au poste de Chenot, demande où sont les bateaux avec lesquels on noie ces gens. « Les voilà, représentant, » lui répond-on en les lui indiquant. « C'est bien commode,» répond Carrier.

Vingt-quatre à vingt-cinq jeunes gens des rebelles viennent se rendre volontairement au comité avec leurs armes et bagages, et demandent du service dans les armées de la république; le comité feint d'adhérer à ces propositions, et trois heures après les jeunes gens sont guillotinés.

Enfin, Carrier dit à la Société populaire que les Nantais étaient des scélérats, et qu'il fallait jouer à la boule avec les têtes des Nantais.

*Badeau*, négociant à Nantes : Étant de garde au Bouffay le jour où les autorités constituées délibérèrent si l'on ferait périr les prisonniers en masse, Mainguet, accompagné nommé Guillette, dit à Martin, caporal, et à moi, que tous les détenus à Nantes seraient fusillés dans la journée, et qu'on allait faire partir un courrier pour faire fusiller en route les cent trente-deux Nantais partis pour Paris. Le propos de Mainguet me parut d'autant plus vraisemblable qu'à la Société populaire on avait proposé de nommer trente hommes vigoureux pour une opération majeure.

(*La suite incessamment.*)

# CONVENTION NATIONALE.

*Présidence de Clauzel.*

### SÉANCE DU 11 FRIMAIRE.

Un sècrétaire fait lecture de la lettre suivante:

*Dulaure, député, à la Convention nationale.*

« J'ai adressé depuis un mois une pétition à la Convention; elle n'a pas même été lue. Je n'ai point attendu les circonstances pour exprimer mes sentiments; je n'ai suivi que l'impulsion d'une conscience pure : ennemi de toutes les factions, je n'en ai caressé aucune. Comment eussé-je été complice des conspirateurs, moi qui n'ai signé aucune déclaration liberticide, qui n'ai jamais assisté aux conciliabules secrets? J'invoque le témoignage de tous mes collègues sur ma moralité; je suis entré pauvre à la Convention, j'en suis également sorti pauvre; aujourd'hui fugitif et réduit à vivre du travail de mes mains, j'éprouve tous les tourments de la misère. Les plus grands criminels ont droit de réclamer justice; pourquoi ne pourrais-je l'obtenir de mes collègues? Je me présente seul à l'œil de la surveillance la plus sévère; j'appelle sur ma conduite politique l'examen le plus rigoureux. Si mon sang est utile à ma patrie, je suis prêt à le répandre; mais du moins je supplie la Convention de se faire faire un rapport à mon égard. »

Cette lettre est renvoyée aux trois comités de gouvernement.

— Une députation de la commune de Brest est admise à la barre.

*L'orateur :* Citoyens représentants, entendez les cris d'une commune aussi célèbre par son patriotisme que malheureuse par les persécutions qu'elle a subies.

Les habitants de Brest, qui ont été accusés d'avoir voulu livrer le port, faire insurger l'armée navale mouillée à Quiberon, nous ont ordonné de les disculper d'une imputation sur laquelle le massacre même de ses patriotes n'a pu depuis treize mois amener un seul commencement de preuve.

Eh quoi ! tant de services rendus à la révolution ne les justifient-ils point? Interrogez les officiers du ci-devant grand corps de la marine ; ils vous diront que, sans les Brestois, le premier port de l'Europe allait devenir la proie de l'aristocratie; interrogez les habitants des campagnes ; ils vous diront que, sans les Brestois, le fanatisme obtenait une bannière.

Ouvrez les annales de la liberté : aussitôt la nouvelle du 14 juillet 1789, les pères de famille souscrivirent pour composer une force armée, et envoyèrent leurs fils servir ici de remparts à la représentation nationale. Feuilletez les registres de Pontivy ; les jeunes gens de Brest n'ont-ils pas été des premiers à signer le fameux pacte fédératif?

Une foule de dons patriotiques, les secours accordés aux soldats de Château-Vieux, la surveillance du port, l'armement des côtes, la compression du fanatisme et de la Vendée qu'on organisait autour d'eux, tout ne parle-t-il pas en leur faveur? Ces bataillons qui ont si bien servi la liberté dans les deux hémisphères, ces cohortes valeureuses dont le sang a rougi, le 10 août, les murailles du palais où vous siégez, tant d'actions enfin que nos annales célébreront, ne suffiraient-elles pas pour écarter jusqu'à l'odieuse idée d'assimiler les républicains de Brest aux royalistes de Toulon ?

Représentants, la ville de Brest a possédé dans son sein un de ces individus de sang dont les individus ne peuvent se classer que dans la catégorie des monstres ; on y comptait deux hommes que le tyran voulut récompenser dans la loi du 22 prairial, par laquelle il les conserve juges au ci-devant tribunal révolutionnaire de Paris. L'accusateur public de celui de Brest a hautement avoué que le sang a rougi, que l'exécuteur composait un parterre avec vingt-six têtes de suppliciés.

Ce tribunal a destitué trois jurés qui s'étaient refusés à voter la mort d'un accusé ; les apprêts du supplice se commandaient avant le jugement : il a retenu dans les cachots vingt-cinq matelots parce qu'ils ne dénonçaient pas leurs officiers. Les faits que nous venons de rapporter sont attestés par tout Brest.

Représentants, plus de deux cents marins sont détenus pour les affaires de Quiberon, Toulon, le vaisseau *le Révolutionnaire* et le combat du 17 prairial, dont beaucoup, depuis quatorze mois, attendent que la justice nationale les délivre de la vie ou de l'esclavage. Nous observerons cependant qu'un tribunal révolutionnaire est inhabile à juger des délits à la mer, et que c'est compromettre la sûreté des prévenus que d'y traduire des marins pour faits militaires.

Confiants dans votre justice, les Brestois attendent tout d'elle ; ce n'est pas du sang et des proscriptions que nous demandons, ce sont des mesures qui peuvent sauver la république.

Cette Adresse est renvoyée aux comités de salut public et de sûreté générale.

— On admet à la barre plusieurs députations des sections de Paris.

La section de Marat est introduite.

*L'écrivain, orateur :* Citoyens représentants, la section Marat serait tous les jours à votre barre si elle venait vous féliciter toutes les fois que la sagesse de vos décrets vient exciter sa reconnaissance et son admiration. Econome d'un temps que vous savez si bien employer pour le salut de la patrie, elle laisse accumuler vos bienfaits, et, lorsque vous avez formé un vaste faisceau, elle vient l'embrasser et vous.

Justement et profondément indignée des atrocités commises sur différents points de la république, elle vous déclare qu'elle sera toujours en garde contre les intrigants, les conspirateurs, et qu'elle dévoilera sans pitié tous les hommes féroces, et ne reconnaîtra désormais de qualification que celle de républicain.

Recevez, représentants du peuple, nos félicitations sur votre fermeté à déjouer l'intrigue, sur votre décret bienfaisant qui arrête la marche criminelle d'une Société jadis fameuse par son patriotisme, mais qui n'était plus qu'un repaire de factieux conspirant contre la représentation nationale. Les doux épanchements de la fraternité cimenteront bien mieux la république que l'effusion du sang. Désormais on ne confondra plus les assassinats avec les exécutions juridiques. Par des lois sages vous soutiendrez le républicanisme qui anime les citoyens ; par la pureté des mœurs publiques vous appellerez à l'amour de la patrie ; par l'éducation vous formerez des enfants qui sauront être libres ; par tous les moyens combinés d'instruction vous associerez tous les individus à l'intérêt commun et au bonheur public.

Législateurs, nous concevrions des vives inquiétudes sur le haussement rapide et effrayant de tous les objets de première nécessité si nous ne voyions avec reconnaissance que vous avez porté votre attention sur l'administration des subsistances, sur la liberté des denrées, sur les réquisitions, et sur la protection due au commerce.

Nos braves frères d'armes versent leur sang sur les frontières ; le nôtre est prêt à couler pour seconder les efforts de la Convention, qui est notre seul point de ralliement.

Point de répit ; nulle pitié pour les tigres altérés de sang qui ont couvert de deuil le sol de la liberté. Il faut qu'elles périssent. Nous avons juré de mourir libres ; nous avons juré une haine implacable aux méchants.

— Une députation de la section des Arcis est admise à la barre.

*F. Chamoulaud, orateur :* Représentants du peuple, on l'a dit avec raison à votre tribune : « Les sections de toutes les communes de la république sont les vraies Sociétés populaires. » C'est là où le peuple peut délibérer le plus utilement sur les affaires publiques ; c'est là où il doit être plus jaloux d'exprimer son vœu : il est donc important que tous les citoyens ne négligent point de les fréquenter ; il faut que chacun y vienne, dans le moment actuel, pour étouffer la voix perfide de ces *patrio-sanguinaires* errants, qui, n'ayant plus de noyau, peuvent se répandre dans les assemblées du peuple pour corrompre l'opinion publique,

et chercher à élever de nouveaux remparts à leurs crimes, après avoir été chassés de la brèche sur laquelle ils osaient défier la représentation nationale elle-même.

Hâtez-vous, représentants, de faire échouer leurs funestes projets en invitant tous les citoyens, d'une manière particulière, à se rendre fréquemment aux assemblées de leur section.

La section des Arcis se fait un devoir en même temps d'applaudir aux grandes mesures que vous avez prises.

Conservez toujours, mandataires du peuple, ce caractère de justice et de fermeté que vous avez déployé depuis le 9 thermidor, et tous les bons républicains se plairont à répéter avec nous ce cri, l'expression du cœur des vrais Français ! Vive la représentation nationale !

— La section du Pont-Neuf est admise.

*L'orateur :* Représentants du peuple, la section du Pont-Neuf, nommée par exception Révolutionnaire en vertu du décret surpris à votre religion sous le règne de Robespierre, de la commune rebelle et de leurs complices, qui en avaient écarté la liberté, la franchise et l'énergie, a repris son premier nom par son assemblée générale.

Sous ce nom, qu'elle n'a jamais déshonoré par aucun excès et qu'elle vous prie de lui conserver, elle vous apporte le rapport de l'arrêté pris par quelques intrigants ou dupes, portant adhésion à celui du ci devant club électoral et de la section du Muséum contre le gouvernement actuel.

Elle vous félicite de votre Adresse au peuple français ; elle compte sur la parole que vous avez donnée au peuple de lui assurer l'égalité, la liberté, la sûreté des personnes et des propriétés, le maintien de la justice, la paix et le bonheur. Elle vous félicite de la suspension d'une Société qui avait imaginé pouvoir faire au tyran un trône de vos cadavres et des nôtres.

Elle vous demande la punition prompte et sans pitié de ces Mandrins politiques, qui, ne voulant que d'une liberté de contrebandiers, ont égaré, stupéfié, égorgé le peuple, afin de l'asservir.

Elle vous demande surtout l'épuration de toutes les autorités, composées en grande partie de leurs partisans. Vive la république ! vive la Convention !

— La section du Contrat-Social succède à la barre.

*L'orateur :* La section du Contrat-Social vient en masse applaudir à vos glorieux décrets. Après avoir abattu le tyran, vous avez détruit la tyrannie ; vous avez renvoyé la terreur dans l'âme de ceux qui en faisaient l'instrument de leurs crimes : le grand caractère que vous avez déployé est digne de la haute mission que la nation vous a confiée. Le faible est maintenant assuré d'un appui, l'homme de bien de la protection des lois, et le coupable saisi de crainte éprouve enfin que le règne de la justice est arrivé.

La section du Contrat-Social, ferme dans les principes, ayant entendu la lecture d'une Adresse de la Société populaire de Mâcon dont les principes sont contraires à l'ordre et à la tranquillité publique, l'a improuvée, et a arrêté à l'unanimité qu'elle serait renvoyée au comité de sûreté générale.

— La section de Bonne-Nouvelle est admise.

*L'orateur :* Citoyens représentants, la section de Bonne-Nouvelle, dont la fortune n'égale pas le zèle et le patriotisme, nous députe vers vous pour déposer sur l'autel de la patrie une somme de 6,065 livres qu'elle destine à l'augmentation des forces navales de la république.

Elle vous charge en même temps de vous exprimer son attachement inviolable à la représentation nationale et au gouvernement révolutionnaire que vous avez décrété, son entière soumission à ses lois, et sa haine implacable pour les tyrans et pour tous les ennemis de la cause sacrée du peuple.

Puisse bientôt la liberté faire flotter triomphants les pavillons républicains sur les mers, et voir tomber des mains d'un peuple orgueilleux et perfide le sceptre et la domination qu'il a si indignement usurpés !

— On introduit la section de l'Homme-Armé.

*L'orateur :* Représentants du peuple, nos braves, nos sages armées savent triompher des tyrans ; pour vous, triomphez ici de tous les scélérats : triomphez et des complices du despotisme qui ne voudraient pas permettre aux droits de l'homme de résister à l'orgueil, et des perturbateurs de la république, prétendus patriotes par excellence, qui, se prévalant des droits de l'homme pour les anéantir autour d'eux, poursuivent de tous côtés, dans leurs fureurs hypocrites et intéressées, la liberté, l'industrie, les talents, les vertus, les opinions et les propriétés.

Chaque jour, au bruit des victoires extérieures, donnez-nous une bonne loi; formez une institution salutaire; répandez la lumière et l'instruction; créez des encouragements réels, soutenus, efficaces, pour la culture, l'industrie, le commerce, les sciences et les arts; ramenez par l'indulgence les esprits égarés; secourez la pauvreté laborieuse; flétrissez la paresse, la dissipation et le vice; vengez l'honneur sur la probité, les bonnes mœurs, le désintéressement, le vrai patriotisme; versez l'ignominie sur les méchants, les ennemis de la volonté du peuple et les charlatans de tous les genres.

Tenez d'une main ferme les rênes du gouvernement révolutionnaire; renouvelez, épurez, remplissez de citoyens éclairés les autorités, les administrations, les bureaux; repoussez avec une défiance égale et ceux qui voudraient disperser sans règle les pouvoirs arbitraires dans les mains impures des intrigants, et ceux qui proposent de ramener avant le temps l'exercice de l'autorité constitutionnelle dans la main du peuple, qu'ils se flattent d'agiter et d'égarer encore.

— La section de Bon-Conseil est admise.

*L'orateur*: Citoyens représentants, ce n'est plus la terreur ni l'intrigue qui amènent devant vous une poignée de citoyens coupables ou égarés pour applaudir à des Adresses contre-révolutionnaires comme celle de Dijon, à des mesures atroces dictées par des hommes de sang que vous avez abattus. Vous voyez devant vous une masse de patriotes à qui le calme et l'espérance sont rendus, et qui, sans autre impulsion que celle de leur conscience, viennent librement exposer à la France entière, dans la personne de ses représentants, leur adhésion aux grandes mesures de salut public que la Convention a prises. Pénétrés de la grandeur de vos devoirs et des droits que vous tenez du peuple souverain, vous avez obéi à sa voix ; vous avez fait, par vos décrets, ce qu'il aurait fait en masse ; vous avez fermé l'antre où se tramaient tous les crimes, où s'aiguisaient tous les poignards ; vous avez fermé cette boîte de Pandore d'où sortaient toutes nos divisions et tous nos maux ; vous avez dissipé le nuage de sang qui obscurcissait l'horizon politique.

Nous ne venons point réveiller les passions et les haines ; loin de nous le sentiment affreux de la vengeance : nous sommes prêts à embrasser nos frères égarés au moment où ils abjureront leur erreur ; mais la patrie en deuil réclame la punition des grands coupables ; elle demande à grands cris que des hommes dont la France attendait son bonheur, et qui ont été ses bourreaux, regorgent le sang qu'ils ont bu. Ce n'est pas leur mort que nous vous demandons ; assez et trop longtemps des flots de sang ont inondé le sol français ; que, pour la durée de leur supplice, ils vivent dans l'opprobre et dans l'ignominie ; que ces lions, ces tigres, ces vautours à face humaine, soient enchaînés comme des bêtes féroces, exposés aux regards des humains comme des phénomènes et des fléaux de la nature ; que leurs figures hideuses, que leurs forfaits, gravés en lettres de sang, lassent reculer le crime épouvanté.

Mais c'est peu, législateurs, de prévenir le retour du crime ; acquérez de nouveaux droits à la reconnaissance des Français en ranimant toutes les vertus sociales, en préparant par de bonnes lois le retour des mœurs, et en faisant fleurir le commerce, l'agriculture et les arts. La France attend de vous sa félicité : que son bonheur soit votre ouvrage !

*Le président*, à la députation : Il était déraisonnable de s'imaginer que, parce que la Société des Jacobins de Paris avait rendu de grands services à la révolution, la république française devait en récompense lui laisser usurper les rênes de son gouvernement, pour les faire passer dans les mains du despotisme ou de l'anarchie. Aussi la Convention nationale s'est-elle empressée de détruire un instrument que faisaient mouvoir à leur gré les ennemis de la patrie au moyen de l'or qui coulait à grands flots de Londres à Paris.

Superbe Albion, île orgueilleuse, penses-tu que le trident de Neptune te soit exclusivement confié ? Dans ton délire insensé, ton sénat n'osa-t-il pas s'écrier que l'airain ne devait point retentir sur le vaste empire des mers sans la permission de l'Angleterre ?

Sais-tu que ton père Albion eut l'audace d'attaquer Hercule parce qu'il n'avait pas ses flèches, et qu'il voulut l'empêcher de passer le Rhin ? Sais-tu que Jupiter, dans son mépris, l'accabla d'une grêle de pierres ?

Ainsi donc ce sang orgueilleux circule encore dans tes veines ! Ainsi donc tu pensais, parce que nos derniers tyrans, ensevelis dans la mollesse et dans la crapule des cours, avaient donné dans ton ambition, que les Gaulois pourraient encore supporter ton insolence ?

Français devenus républicains, l'univers attend de vous sa liberté ; rendez-la aux habitants de la terre et de l'onde ; ne posez les armes que lorsque vous aurez anéanti la nouvelle Carthage !

Parisiens belliqueux, que dans toutes vos assemblées de section la guerre contre l'Angleterre soit le sujet de vos méditations ; que son gouvernement soit anéanti ! Il est l'auteur, le provocateur et l'instrument des malheurs qui nous ont affligés ! Allez, ne dormons plus jusqu'à ce que la chute du trône de Georges ait averti les peuples qu'il est temps de se réunir, et de vivre tous en paix.

— La section Poissonnière succède.

Citoyens représentants, l'erreur est enfin dissipée; la section Poissonnière vient en masse vous féliciter sur vos travaux, vos succès, et vous déclarer qu'elle abhorre tout ce qui peut tendre à rivaliser avec la Convention.

En reconnaissant la nécessité des principes stables de la justice, et d'un centre unique et commun d'où ils partent comme de leur source, nous avons rétracté à l'unanimité, dans notre assemblée dernière, l'adhésion que la précipitation et la surprise avaient fait donner à l'Adresse de Dijon et à celle de Grenoble.

Elle proteste de son dévouement à seconder vos desseins en même temps qu'elle se livre à l'espoir que la Convention mettra une vigilance soigneuse à rendre aux citoyens de la section incarcérés leur liberté, s'ils ne sont pas reconnus coupables.

La Convention ordonne la mention honorable de toutes ces Adresses et leur insertion au Bulletin.

— Une députation du comité de bienfaisance de la section de Montreuil est admise à la barre.

*Pelsez, orateur* : Législateurs, organe de l'humanité souffrante, le comité de bienfaisance de la section de Montreuil se présente avec confiance à votre barre pour y déposer ses vives sollicitudes sur la misère affreuse à laquelle est livrée une foule de malheureux patriotes des deux sexes.

Quel tableau déchirant pour des âmes sensibles de voir que, dans le nombre de trois mille individus luttant contre le besoin, il s'en trouve plus de huit cents qui n'ont qu'un peu de paille pour reposer leur tête et réparer un peu les forces que les fatigues du jour avaient épuisées !

Il n'est aucun de vous, législateurs, qui ne versât des larmes de sang s'il était, comme nous le sommes tous les jours, témoin des privations d'objets les plus nécessaires à la vie des infortunés pour qui nous implorons votre bienfaisance.

Ici il verrait le fils couché avec la mère, faute d'un grabat ; là, la fille avec le père ; ailleurs de jeunes innocents, entassés la nuit les uns sur les autres, couchés sur la terre, couverts de haillons, et leur mère incertaine d'avoir le lendemain un morceau de pain pour apaiser leur faim dévorante.

Quelles sont ces victimes des premiers besoins ? Ce sont les destructeurs de la Bastille et du trône ; ce sont les intrépides guerriers du 10 août ; c'est une partie des habitants du faubourg Antoine, dont le respect pour la Convention s'est montré dans toutes les occasions et ne se démentira jamais.

Par quelle fatalité n'est-il parvenu aucuns fonds depuis le mois de fructidor ?

Le comité de bienfaisance a tout fait pour prévenir les plus pressants besoins ; il est en avance d'une somme de 5,000 livres.

Législateurs, nous vous demandons les secours les plus prompts pour trois mille victimes de la misère, qui, dans ce moment, souffrent de besoin, et crient avec nous : Vive la république ! vive la Convention, l'une et l'autre indivisibles !

Cette pétition est renvoyée au comité des secours.

CARNOT, au nom du comité de salut public : Citoyens, je viens, au nom de votre comité de salut public, fixer votre attention sur les malheureuses contrées que ravagent depuis si longtemps les chouans et les brigands de la Vendée. Cette guerre, il est vrai, n'offre plus rien d'alarmant pour la liberté ; mais on ne peut la dire terminée, et il est à craindre que le théâtre de cette guerre sanglante, comme celui de toutes les guerres civiles, ne demeure infesté de scélérats qui troubleront longtemps encore peut-être le repos des citoyens. Les mesures les plus propres à la terminer ont été prises. La discipline et l'activité ont été rétablies dans les armées ; des chefs connus par leur capacité, leur humanité, leur désintéressement, ont pris la place de ceux dont on accuse la barbarie d'avoir surpassé celle des brigands qu'ils devaient combattre. Des dispositions militaires ont été arrêtées sous les nouveaux chefs, et nous croyons avoir lieu d'en attendre les plus heureux succès. Mais, pour que ces mesures aient une grande efficacité, il a paru à votre comité indispensable d'y joindre des mesures de morale qui se trouvent entre les mains de la Convention nationale seule.

Vous seuls, en effet, citoyens, vous devez aujourd'hui ramener, par un acte authentique, chez ces hommes égarés qui suivent l'étendard de la révolte, la confiance qui faisait poser les armes à la plupart d'entre eux. Ils ont été trompés si souvent qu'aucune promesse ne peut les rassurer si elle n'est émanée de la Convention elle-même. Je ne retracerai pas les perfidies qui peuvent justifier cette défiance invincible ; trop souvent le récit de ces malheurs est venu porter la tristesse dans cette enceinte ; aujourd'hui c'est du remède qu'il faut nous occuper.

Déjà les essais qu'ont faits les représentants du peuple du système d'indulgence allié à celui de la force et de la discipline ont obtenu des effets très-sensibles, et tout annonce que, si la Convention nationale elle-même proclamait le pardon de tous les hommes séduits qui ont reconnu leur erreur et qui désirent aujourd'hui rentrer au sein de la république, elle obtiendrait promptement le terme si désiré de tant de maux qui la déchirent, et qui font la dernière espérance de ses ennemis.

« Le désespoir et la rage, nous écrit un de nos collègues, se sont concentrés dans ces départements par une conséquence fort simple. D'un côté, peine de mort contre tous ceux qui ont pris part aux attroupements armés, soit dans la levée des trois cent mille hommes, soit dans l'affaire de la Rouerie ; peine de mort contre tous les prêtres réfractaires ; peine de mort contre tous les fédéralistes qui se sont sauvés et qui sont réputés émigrés ; peine de mort contre tous ceux qui recéleront, communiqueront, entretiendront des correspondances avec ces différents individus ; et les deux tiers des habitants de la campagne, peu instruits et fanatisés, ayant eu des liaisons avec tel prêtre, tel noble, tel fédéraliste, tel brigand, ne voient qu'une mort assurée. Voilà, chers collègues, voilà la vraie cause des vingt, trente, cinquante assassins dans tel ou tel district. »

Citoyens, la Convention nationale seule peut faire cesser un tel ordre de choses, fondé sur la loi qui repousse invinciblement une multitude de citoyens égarés qui voudraient poser les armes et rentrer paisiblement dans leurs foyers.

Votre comité de salut public a pensé que rien aujourd'hui ne s'opposait à l'adoption d'une pareille mesure, aucunement contraire à la dignité nationale, et qu'elle ne peut qu'opérer les plus prompts et les plus heureux effets.

En conséquence, il m'a chargé de vous proposer le projet suivant d'une proclamation rédigée sur ces bases.

Carnot lit la proclamation.

LOFFICIAL : Sans doute il est nécessaire d'accorder une amnistie aux habitants des bords de la Loire ; mais je ne crois pas que la proclamation qu'on vous propose soit suffisante. Les représentants du peuple de ces départements se sont réunis pour concerter des mesures que je crois pouvoir être très-utiles.

Je demande l'ajournement à demain, parce que dans cet intervalle mes collègues et moi nous présenterons au comité de salut public les plans que nous avons concertés.

CARNOT : Le comité s'empressera toujours de profiter des lumières qu'on lui communiquera. La proclamation qu'il vous propose en ce moment a été rédigée d'après les renseignements donnés dans la Vendée, et d'après le modèle fourni par une proclamation faite par Boursault, et qui obtient les plus heureux succès.

CHARLES LACROIX : Je crois qu'outre la proclamation il faut un décret positif ; le rapport lui-même en a démontré la nécessité. La proclamation tend bien à réveiller des sentiments qui n'auraient jamais dû s'éteindre dans des cœurs français ; mais elle ne prouve rien de positif, rien de précis. Il faut surtout mitiger les lois trop sévères portées contre les rebelles qui ne sont qu'égarés.

DELAUNAY : Les députés des départements de l'Ouest se sont réunis depuis quelque temps pour présenter les moyens de ramener l'ordre et la soumission aux lois dans ces départements ; ils ignoraient qu'il serait donné lecture aujourd'hui d'une proclamation. J'appuie l'ajournement demandé par Lofficial.

La Convention ordonne l'ajournement à demain, et charge le comité de salut public de présenter un projet de décret à la suite de la proclamation.

La séance est levée à quatre heures.

---

N. B. — Dans la séance du 12, Carnot, au nom du comité de salut public, a présenté de nouveau une proclamation suivie d'un projet de décret portant amnistie aux habitants des départements de l'Ouest qui poseraient les armes dans le mois qui suivra la publication. — L'un et l'autre ont été adoptés.

## POLITIQUE.

### TURQUIE.

*Constantinople, le 6 octobre.* — Les Français jouissent auprès du divan de la considération que leur donnent la renommée des triomphes de la république française et la conduite qu'ils tiennent ici. Les intrigues et les calomnies des ministres étrangers ne peuvent plus les atteindre. Ils viennent de célébrer dans une fête les victoires de leur patrie ; il y a eu à cet effet dans la maison nationale un concert patriotique où tous les Français se sont rendus ; le signal avait été donné par vingt et un coups de canon tirés du seul vaisseau français qui fût en rade. Le concert s'est ouvert par l'hymne des Marseillais, et s'est terminé par une ronde autour de l'arbre de la liberté.

Une autre fête dans le même esprit a eu lieu à Smyrne. Un vaisseau turc qui se trouvait en rade a tiré onze coups de canon ; les frégates nouvellement rentrées et les vaisseaux neutres l'ont appuyé de leur artillerie.

— L'ambassadeur britannique a présenté à la Porte un long mémoire contre la prétendue violation de la neutralité.

Il dit « qu'on a vu à Smyrne des bâtiments s'armer pour aller en course contre les Anglais, sans le moindre obstacle de la part du gouvernement ; que les vaisseaux français ont fait des prises à la vue des forteresses turques, etc. »

Il ajoute « que ce qui est permis à l'une des parties paraîtrait devoir l'être à l'autre ; que les Anglais n'attaquent leurs ennemis que là où ils sont assurés qu'il n'y a ni fort, ni pavillon turc, afin d'éviter tout ce qui pourrait s'appeler une insulte faite à la juridiction de la Porte ; que les Français, au contraire, paraissent avoir des titres et des privilèges exclusifs de la part du gouvernement turc. »

L'ambassadeur termine en disant que la Porte doit faire cesser la partialité ou la trop grande facilité de ses officiers et commandants, qu'elle doit maintenir le bon ordre dans ses États à l'aide d'une force armée respectable, et qu'alors nulle irrégularité, nul excès ne sera plus reproché à la nation anglaise.

Ce mémoire n'est pas plus capable de rassurer la Porte sur la bonne foi britannique que de la faire changer de système.

### ALLEMAGNE,

*Vienne, le 5 novembre.* — Les lettres de Ratisbonne apprennent que le cabinet de Copenhague a été formellement requis par le collège de la diète de se porter médiateur entre la France et les puissances coalisées. On prétend savoir par des avis postérieurs que le ministre danois a remis un mémoire qui annonce les dispositions de sa cour à se charger de la médiation demandée.

— Il avait été fait à Belgrade et à Semlin des achats considérables de cuivre et de plomb ; le gouvernement autrichien vint à s'aviser que ces achats pourraient bien avoir été faits pour le compte de la république française ; mais les acheteurs s'étant déclarés sujets de la Porte, on n'a point osé les faire arrêter.

— La correspondance diplomatique est en ce moment très-active entre la cour de Vienne et celle de Pétersbourg. On croit généralement qu'il s'agit des circonstances dans lesquelles se trouve le nord de l'Europe.

D'un autre côté, le bruit se répand que le ministère ottoman cherche à établir une communication plus étroite avec la Suède.

Quelques personnes assurent que le cabinet de Berlin s'agite beaucoup pour parvenir à connaître le véritable but de ces diverses négociations.

*Mergenstein, le 12 novembre.* — On attend ici l'électeur de Cologne.

— Mayence est chauffé d'une manière terrible.

— Les lettres de Manheim parlent de différents mouvements parmi les troupes autrichiennes, qui semblent indiquer le projet de tenter de nouveau le passage du Rhin.

— Le landgrave de Hesse-Cassel est arrivé avec ses gardes à Giessen ; quatorze mille hommes de ses troupes, et quelques milliers de chasseurs recrutés dans ses possessions, doivent se porter sur les bords du Rhin. Le landgrave a fait enrôler jusqu'à ses gardes-chasse.

*Bayreuth, le 15 novembre.* — Il se répand en Allemagne, dans les États prussiens, et particulièrement à Berlin, un *Mémoire sur la situation actuelle de la Pologne.* L'auteur de cet écrit examine quelles sont les forces et les ressources de tout genre que peut opposer cette république naissante aux efforts de la Prusse et de la Russie. Il en résulte que la Pologne, si l'on considère ses propres moyens de défense et les circonstances où se trouvent les puissances qui lui font la guerre, n'a rien à craindre de leurs efforts.

— On est informé par les dernières lettres de Varsovie que le commandant général de la force armée polonaise sera désormais sous la direction immédiate du conseil national ; arrangement politique conforme aux dispositions de l'acte d'insurrection dressé à Cracovie. La solde des troupes et toutes les dépenses publiques sont faites en assignats. Les corps polonais qui ont fait des incursions sur le territoire prussien donnent aussi des assignats en payement de tous les objets dont ils ont besoin pour leur habillement ou pour leur nourriture.

Les ouvrages de défense qui couvrent Varsovie du côté du faubourg de Praga ont été soigneusement réparés.

— Les préposés aux postes étant presque tous dévoués à, ils allèrent délibérer, les correspondances sont fréquemment interrompues. Ce défaut de communications entre les ennemis de la Pologne n'a pas peu contribué à procurer aux insurgés une partie de leurs succès.

### ANGLETERRE.

*Londres, le 5 novembre.* — Point de nouvelles depuis quelque temps de l'armée destinée à protéger la Hollande, et par conséquent beaucoup d'inquiétude. Les bruits de paix continuant néanmoins de se soutenir, les fonds publics se soutiennent aussi à un taux assez élevé relativement aux circonstances présentes.

Il règne toujours beaucoup d'activité dans le cabinet, qui continue à faire courir les grands chemins aux messagers de la couronne. Le 1er de ce mois il a expédié des courriers au duc d'York et à l'ambassadeur d'Angleterre à Pétersbourg ; il en avait été dépêché un, la veille, au même lieu par l'ambassadeur russe qui se trouve à Londres.

— Enfin, après plusieurs séances très-prolongées, on a terminé hier le fameux procès intenté contre Thomas Hardy ; c'est l'avocat Erskine qui l'a défendu, le même qui prit, il y a un an et demi, la défense des ouvrages de Thomas Payne. Le lord *chief-justice* baron Eyre prononça, le 4, un discours qui dura jusqu'à huit heures du soir. Nous ne savons si l'auditoire en fut fatigué ; mais l'orateur le fut au point d'être obligé d'en remettre au lendemain la conclusion. Il entretint encore ce jour-là les jurés pendant trois heures. Libres enfin de se retirer dans leur chambre, ils allèrent délibérer, et rentrèrent à trois heures de l'après-midi, bien convaincus de l'innocence de l'accusé, qu'ils déclarèrent non coupable, au grand chagrin de la cour et à la grande satisfaction des nombreux spectateurs ; car la salle retentit d'applaudissements. Les voitures de l'avocat et de son client furent dételées par la foule, qui les traîna en triomphe jusque chez eux. Le premier juré, Thomas Buck, se trouva si ému en prononçant le verdict d'absolution, qu'il s'évanouit.

— On est enfin parvenu à arranger les différends qui

s'étaient élevés relativement à l'administration de l'Irlande, et le comte Fitz-William ira incessamment remplacer dans cette île, en qualité de vice-roi, le comte Westmoreland.

— Suivant des lettres Plymouth, la flotte commandée par l'amiral Howe est entrée le 31 à Torbay, pour y attendre des renforts. En effet, il est sorti trois jours auparavant de Plymouth sept vaisseaux de ligne avec cette destination, et l'on disait que la grande flotte française tenait la mer avec supériorité de nombre. La flotte de lord Howe ne doit pas tarder à repartir, puisque le 2 de ce mois l'amirauté lui a expédié des dépêches en toute hâte.

## PAYS-BAS.

*Extrait d'une lettre de Bruxelles, du 8 frimaire.* — Une partie de l'armée de Sambre-et-Meuse va entrer en quartiers d'hiver. Déjà la division aux ordres du général Championnet se prépare à quitter Creveld pour aller hiverner dans le pays de Juliers et de Limbourg. Le général Kléber, qui a fait le siége de Maëstricht, est parti le 3 frimaire de Cologne, avec tout son état-major, pour aller prendre la direction du siége de Mayence.

— Les représentants du peuple viennent d'arrêter un mode d'administration pour les provinces belgiques. Il sera établi dans le chef-lieu de chaque province une commission d'arrondissement chargée de toutes les affaires; ces commissions seront surveillées par l'administration centrale, résidant à Bruxelles.

— Parmi les pièces trouvées dans les archives de l'ancien gouvernement, on a découvert une trentaine d'ordonnances de payement, dont la moindre est de 30,000 florins, pour dépenses secrètes. C'est l'ancien secrétaire d'Etat Crumpipen qui en était chargé.

## RÉPUBLIQUE FRANÇAISE.

*De Paris.* — La célèbre cause de l'enfant réclamé par deux mères, qui a été commencée, il y a environ deux mois, au tribunal du troisième arrondissement, séant au ci-devant Châtelet, et qui n'avait été suspendue que pour acquérir de nouvelles preuves, au milieu des incertitudes qui balançaient l'opinion publique, sera reprise et plaidée le 14 de ce mois, à cinq heures précises du soir.

Jamais cause ne fut plus digne, par ses détails et son objet, de la curiosité et du tendre intérêt des véritables mères.

### Procès-verbal de l'arrestation de Carrier.

Le citoyen Laffond, adjudant de la section de la Cité, et de garde à la Convention du 3 au 4, la nuit, a reçu, à deux heures du matin, le décret d'accusation contre Carrier, avec l'injonction de procéder sur-le-champ à son arrestation. En conséquence, Laffond, accompagné de l'huissier porteur du décret, d'un officier de gendarmerie et d'un détachement de la garde du grand poste, est entré dans le domicile de Carrier. Il a trouvé dans l'antichambre les quatre gendarmes commis à sa garde, et, dans la chambre, Carrier couché dans son lit.

Après la lecture qui lui fut faite du décret, Carrier fut invité à se lever. Il demanda alors qu'on lui permît de tirer les rideaux de son lit. Laffond le lui refusa, fondé sur ce que la décence ne s'opposait point à ce qu'un homme s'habillât devant d'autres hommes. Carrier insista fortement, et, d'après le refus absolu et bien prononcé, il s'inclina vers la ruelle de son lit; il y saisit de sa main droite un pistolet à deux coups qu'il porta avec vivacité vers sa bouche. Laffond, effrayé du geste, se précipite sur lui, et, après une courte, mais vive résistance, il parvint à le désarmer.

Il est à observer que Laffond n'avait pas vu le pistolet, qu'il ne pouvait même en soupçonner l'existence, attendu que les armes avaient été précédemment enlevées; il avait cru, par la nature du geste, que l'intention de Carrier était d'avaler du poison qu'il avait su se procurer. Carrier désarmé fut contraint de se lever; mais, adressant la parole à Laffond : « Jamais, lui dit-il, les patriotes ne te pardonneront de m'avoir empêché de me brûler la cervelle. — Je viens au contraire, lui répondit Laffond, de m'acquitter envers eux d'une dette bien sacrée en obéissant au décret de la Convention et en l'exécutant dans son entier. »

Sur la route de la prison, Carrier, moins irrité, sollicita vivement Laffond de lui faire parvenir son traitement de représentant du peuple; et, en y entrant, il demanda au concierge une chambre aérée, parce qu'accoutumé à respirer l'air des montagnes, le grand air lui était plus nécessaire qu'à tout autre.

### TRIBUNAL CRIMINEL RÉVOLUTIONNAIRE.

*Suite de la procédure du comité révolutionnaire de Nantes.*

*Le témoin Latour* : Le plus grand calme régnait partout, et principalement la consternation et la terreur. On imagina une conspiration. Malgré tous les services que j'avais rendus dans cette journée, je fus incarcéré avec plus de trois mille citoyens qui le furent successivement.

*Le président,* à Bachelier : Vous êtes sans doute en état de nous donner des renseignements sur cette fameuse conspiration ?

*Bachelier* : A cette époque les patriotes étaient insultés et opprimés; les aristocrates osaient lever une tête audacieuse. Carrier et Gillet avaient été vexés; des correspondances avec les brigands avaient été saisies; les auteurs ou complices de ces derniers délits avaient déjà perdu leurs têtes sur l'échafaud.

Tous ces rapprochements firent probablement donner des ordres à ce sujet.

*Le président,* à Bachelier : Je vous observe que vous aviez signé, avant la conspiration, une liste qui fut remise à Saladin; qu'alors on arrêta aussi des patriotes, des sans-culottes, et des citoyens qui s'étaient battus contre les brigands de la Vendée.

*Bachelier* : Je ne puis me rappeler tous ces faits; au surplus, Carrier a donné des ordres; j'ignore s'il a eu tort ou raison.

*Le témoin* : J'ai encore un fait important à communiquer au tribunal.

« Goulin dit un jour à ma mère, déclare le témoin Latour, au moment où elle réclamait la liberté de sa fille : « Elle est bien heureuse, ta fille, que je ne « l'aie envoyée en prison que pour quelque temps; « car il ne dépendait que de moi de l'envoyer à « Paris et de la faire guillotiner. »

Peu de temps après j'ai été arrêté. Richard, chargé de cet acte vexatoire, a très-parfaitement rempli les vues du comité, puisqu'il m'a dépouillé de mon argent, de mon argenterie, sans vouloir m'en donner des reconnaissances; il n'a pas même oublié mes certificats de civisme.

*Goulin* : L'arrestation de la fille Latour était fondée sur plusieurs conversations contre-révolutionnaires reprochées à cette fille. Quant à celle du père, entendu comme témoin, je déclare que ce Latour, lors de l'invasion de Machecoul, a été membre d'un comité contre-révolutionnaire; lors de son arresta-

D'APRÈS UN DESSIN DU TEMPS.

Typ. Henri Plon.

Réimpression de l'Ancien Moniteur. — T. XXII, page 846

Arrestation de Carrier.

tion, il a été trouvé saisi de certificats qui attestaient le fait, avec mention que dans cette place il n'avait pas commis de vexations.

*Le témoin* : Le fait est vrai ; mais il est notoire que j'ai été forcé de remplir ces fonctions.

*Leroux* : Ceux que l'on traitait alors de conspirateurs s'étaient mieux battus contre les brigands que ceux qui, à cette époque, jouaient le rôle de patriotes ; et si, le jour de la Saint-Pierre, jour de l'attaque de Nantes, il y eût eu dans cette ville l'ombre de conspiration, cette ville malheureuse eût été livrée aux brigands.

*Le témoin Jomard* : Je déclare que ce fut à peu près vers ce temps-là que Durassier écrivit à Crespin une lettre dans laquelle il était dit : « Tu as laissé la « compagnie Marat sans armes ; nous avons inventé « une conspiration pour incarcérer les aristocrates, « et pour avoir leurs armes. »

Durassier nie le fait.

*Jomard* : J'atteste avoir lu cette lettre avec deux de mes camarades.

*Bourdin*, forgeron à Nantes, parle de plusieurs fusillades.

« La dernière que j'ai vue, a-t-il dit, était d'environ quatre-vingts femmes ; elles furent d'abord fusillées, ensuite dépouillées, et restèrent ainsi toutes nues pendant trois jours sans être enterrées. J'enlevai de l'Entrepôt un jeune homme de treize ans ; le comité révolutionnaire ayant ordonné de rendre tous les enfants qui avaient été extraits de cette prison, Jolly, qui se vantait de juger les détenus, me fit signer que cet enfant était malade, et je le gardai pour lui sauver la vie ; mais le citoyen Aigues, qui avait aussi obtenu un enfant de quatorze ans, se conforma à l'ordre du comité, et le lendemain cet enfant fut fusillé.

*L'accusateur public de la commission* : J'atteste que les quatre-vingts femmes fusillées ont été jugées comme étant hors de la loi.

*Naud*, boisselier, parle de la translation des cent trente-deux Nantais à Paris ; il a déclaré que Lalloue, l'un des trente à quarante septembriseurs à Paris, se proposa en qualité de courrier pour faire revenir de Paris les cent trente-deux Nantais à Orléans, afin de les y noyer. Il se croyait propre à cette expédition ; il commença par vanter ses exploits. « Il fallait voir, disait-il en plein comité, comment nous les expédiions à Paris, les premiers jours de septembre ! » Il était d'avis de faire périr tous les patriotes de 1789. La porte du comité lui fut interdite. Lalloue était voleur, et l'un des intimes amis de Carrier ; il fut nommé membre du tribunal révolutionnaire militaire qui condamna à mort Fouquet et Lambertye. Ce dernier, pendant l'instruction de cette procédure, fit à Lalloue plusieurs reproches, entre autres de l'avoir accompagné lorsqu'il enleva cette belle comtesse et sa femme de chambre de dessus une galiote hollandaise. Lalloue ne continua pas cette procédure, et vint à Paris trouver Carrier.

*Veaujoix* instruit le tribunal que Lalloue se disait adjudant général, qu'il allait fréquemment au comité de salut public, qu'il était l'ami de Robespierre, qu'il s'était trouvé à toutes les débauches de Carrier, et qu'il le croyait actuellement à l'armée du Nord.

Leroux ajoute que Lalloue lui avait dit qu'il était le neveu de Robespierre.

*Lambert*, sculpteur à Nantes, a été témoin des noyades exécutées de jour et de nuit. « J'ai vu, dit-il, les rives de la Loire couvertes de corps morts ;

j'ai vu sur ses rives des cadavres d'enfants de sept à huit ans ; j'ai vu le cadavre d'une femme toute nue qui serrait encore son enfant dans ses bras ; j'ai vu des cadavres nus de jeunes filles et de jeunes garçons. »

*Fratel*, marchand voilier à Nantes, parle aussi de noyades et de fusillades ; malgré la défense barbare du comité, il a aussi soustrait un enfant à la mort.

Chaux, interpellé de déclarer s'il a connaissance de cette défense, répond qu'il ne se la rappelle pas ; qu'il peut cependant se faire qu'il l'ait signée.

Le président donne lecture de ces ordres ; l'un fait défense aux citoyens de retirer désormais des enfants ; l'autre ordonne à ceux à qui il en a été confié de les réintégrer à l'Entrepôt.

*Goulin* : Ces arrêtés ont été pris pour empêcher Lambertye d'extraire des enfants de l'Entrepôt.

Chaux ajoute que, par respect pour les mœurs, le comité avait employé cette mesure, attendu que la femme Papin avait retiré de l'Entrepôt des filles de dix-sept à dix-huit ans, et en avait formé un sérail.

*Besse*, commis aux contributions, a vu déshabiller en plein jour, attacher et jeter à l'eau des prisonniers.

*Marie Ricore*, domestique d'Ernault, horloger à Nantes, se plaint des mauvais traitements qu'elle a éprouvés lors des perquisitions faites par les membres du comité et autres dans la maison dudit Ernault, et des vols qui furent commis par les agents du comité.

Le président lit la pièce suivante :

*Extrait d'une permission donnée par le comité révolutionnaire.*

« Le comité de surveillance permet aux citoyens Maniant et Morin de requérir la force armée qu'ils jugeront convenable pour une expédition secrète.

« Nantes, 26 vendémiaire, etc.

« Signé GOULIN et CHAUX. »

*Le président* : Pourriez-vous nous dire quel était le but de cet ordre que vous avez signé ?

*Chaux* : Cette réquisition fut donnée pour arrêter les chefs des brigands, et non pour des noyades et fusillades.

On donne ensuite lecture de deux arrêtés du comité.

Le premier, du 26 août, invite Forget à donner la liste des détenus dans la maison des Sainte-Claire aux porteurs du présent ; signé *Goulin*.

Le second, du 29 du même mois, ordonne à Forget de faire transférer sur un bâtiment hollandais les détenu, jusqu'au nombre de quarante-cinq.

Lévêque déclare que, sur l'observation de Forget qu'il y avait des pestiférés aux Sainte-Claire, le transfèrement en avait été ordonné.

Des témoins assurent que plusieurs des quarante-cinq détenus en question ont été mis en liberté, et que d'autres sont morts.

Bachelier assure qu'il n'est résulté de ces ordres aucune noyade ni fusillade.

D'après plusieurs dépositions, il paraît constant que les noyades ont commencé à Nantes vers les premiers jours de frimaire.

*Lebrun*, teinturier, et soldat de la compagnie Marat, convient qu'il s'est trouvé au Bouffay dans l'horrible nuit du 24 au 25 frimaire, mais qu'il n'a fait que tenir la chandelle ; il nie avoir lié les détenus, les avoir fouillés, et s'être permis aucuns mauvais traitements ni soustractions....

Le témoin *Laillet* observe qu'elle a vu Lebrun marcher sur un cadavre qui manqua de le faire tomber.

*Pierre Mergault*, huissier à Nantes, confirme de nouveau l'authenticité des proclamations faites dans les communes insurgées de la Vendée, proclamations faites par ordre des représentants, et au mépris desquelles des rebelles venant se rendre volontairement ont été fusillés.

« Carrier, dans une assemblée des corps administratifs, s'écriait un jour : « Ah ! il faut prendre une « hache, et enfoncer les magasins de ces coquins de « négociants. »

« Les habitants de Nantes, continue le témoin, n'ont depuis longtemps que de mauvais pain noir, fait de fèves et de jarasses ; tantôt ils sont réduits à une livre, tantôt à une demi-livre de pain par jour, et à mon départ de cette ville on n'en délivrait à chaque individu qu'une demi-livre. J'assure que plusieurs citoyens sont morts de faim. »

*Julien Miné*, ex-curé de Franciade, ensuite de Saint-Thomas-d'Aquin, à Paris, ex-évêque constitutionnel de Nantes, enfin président du département de la Loire-Inférieure, retrace les mesures révolutionnaires prises dans cette ville à l'arrivée et pendant le séjour de Carrier, et les excès qui en sont résultés.

Il donne plusieurs renseignements, entre autres sur les deux séances tenues par les administrations les 14 et 15 frimaire, où l'on proposa de faire périr les prisonniers en masse. Goulin et plusieurs autres individus ont proposé ou appuyé ces mesures de sang. Il détaille le scandale de ces séances, où les mesures les plus atroces étaient proposées par les membres du comité révolutionnaire.

*Petit l'aîné*, marchand de vin et membre du conseil de département, confirme la vérité des faits énoncés par Miné.

*Le président*, au deuxième témoin : Lors de ton entrée au comité, en quel état as-tu trouvé les comptes ? Tenait-on registre des sommes et autres effets apportés au comité ? Existait-il un état des taxes révolutionnaires, et donnait-on des quittances aux citoyens qui venaient payer leur contribution de ces taxes ?

*Le témoin :* Je ne me suis mêlé ni de la recette ni de la dépense ; cependant, en travaillant au compte, j'ai remarqué un article de dépense porté pour une somme de 20,000 livres, lequel n'était pas justifié. On se contentait de porter sur des feuilles volantes les objets déposés au comité, de faire une liste des sommes perçues pour les taxes révolutionnaires, mais on n'en donnait pas de quittances.

Le même témoin déclare qu'il se faisait au comité, par ordre de Carrier, des ventes de bijoux et d'argenterie ; que le général Vimeux acheta une douzaine de couverts ; que Chaux, Bachelier, Grandmaison et lui en prirent plus ou moins, et ne les payèrent pas.

*Etienne Burgault*, commis au bureau des classes, passait sur la place du Bouffay sur les deux heures ou minuit ; il vit du mouvement, des soldats, des voitures, des files de prisonniers. La curiosité le porte à descendre dans la geôle, où il reste jusqu'à trois heures du matin.

Il voit entrer les malheureux dans la gabare, et se retire.

*Bretonville père*, tenant chambres garnies, se plaint des propositions malhonnêtes faites à sa fille par Perrochaux ; il offre de les répéter. On demande un autre témoin.

*Jean Ionnet*, paveur, déclare avoir vu un bateau submergé, plein de femmes noyées, au nombre d'environ cent.

Elles étaient nues, et attachées aux bords du bateau. Il a vu des hommes les délier et les enterrer dans une grande fosse. A l'époque où l'on vida l'Entrepôt, il vit jeter de la galiote dans la Loire des cadavres d'hommes et de femmes.

Une nuit qu'il était de garde à l'Entrepôt, il vit lier, fouiller et enlever cinq à six cents hommes attachés par les bras deux à deux ; ils furent embarqués à la Calle-Sagory, et noyés bientôt après. Il vit un jour fusiller à Gigan vingt-sept hommes : c'étaient des Allemands qui fusillaient tous les jours.

*Ives Bertaud*, commis, appointé à 10 livres par jour, membre de l'ancien comité révolutionnaire et du nouveau, donne des détails sur les sommes immenses apportées au comité, sur les ventes des bijoux et autres effets.

Il se fit adjuger un jour six petites cuillères à raison de 28 livres 10 sous.

Ce témoin a beaucoup de peine cependant à se persuader que les accusés avec lesquels il a précédemment opéré soient coupables des délits qui leur sont imputés.

(*La suite incessamment.*)

## THÉATRE DE L'OPÉRA-COMIQUE NATIONAL.

Tous les théâtres se sont empressés de célébrer l'action bienfaisante du généreux Cange, qu'une association savante, celle du Lycée des Arts, a fait connaître et proclamée la première. Tous les auteurs sensibles se sont emparés de ce sujet intéressant ; tous ont senti que, pour l'adapter à la scène, ils devaient l'entourer des accessoires qui doivent servir à compléter une action dramatique ; mais la plupart ont eu le tort de puiser ces accessoires hors de leur sujet. Presque tous ont cru devoir mettre un scélérat en opposition avec l'homme vertueux sur lequel ils appelaient l'intérêt ; comme si la vertu n'avait pas assez d'éclat par elle-même pour ressortir sur toute espèce de fond.

Marsollier, qui vient aussi de traiter ce sujet en opéra, dont Dalayrac a fait la musique, n'a fait aucun usage de cette ressource. Son action se passe dans le jardin de la prison de Lazare. Le commissionnaire Cange, aimé de tous les prisonniers, qui l'ont surnommé le *Bon-Enfant*, distingue *Georges*, qui ne lui fait pas faire de commissions parce qu'il n'a pas de quoi le payer. Ce Georges est horriblement inquiet de sa femme et de ses enfants, dont il n'a depuis deux mois aucune nouvelle, et, quoiqu'elle demeure fort loin, le bon Cange s'offre à y voler. Cette tendre épouse a été malade ; elle arrive à la prison, et en est durement repoussée par le geôlier revêche. Cange, qui la reconnaît à son langage, emploie plusieurs petites ruses pour la faire entrer dans le jardin ; il trouve même le moyen de lui faire apercevoir son mari de loin, et de former de cette entrevue un tableau délicieux. Cet homme vraiment généreux, touché des besoins de l'un et de l'autre, emploie le moyen que l'on connaît pour leur faire accepter chacun un billet de 50 liv., en quoi consiste toute sa fortune. Le billet qu'a reçu la femme de Georges lui sert à retirer des papiers dont elle avait besoin pour obtenir l'ordre de sortie de son mari. Le dénouement est connu.

Parmi les personnages secondaires, l'auteur a tracé l'esquisse d'un jeune muscadin, fort occupé de lui-même, qui raconte à tous les prisonniers son histoire (fort peu piquante), et qui ne leur demande la leur, qu'il n'écoute pas, que pour acquérir le droit de recommencer. Ce caractère est plein de vérité, et il a de plus le mérite de ne pas présenter un rôle odieux, mais celui d'un jeune étourdi mal élevé, mais qui a un bon cœur. Fleuriot fait rire et est applaudi dans ce rôle. Meynier joue fort bien celui de Cange ; mais peut-être sa sensibilité ne perce-t-elle pas assez à travers la gaîté qu'il y met. D'Herbez Saint-Aubin et la citoyenne Philippe remplissent fort bien les rôles de Georges et de sa femme.

Cet ouvrage est fait de manière à n'être pas seulement une

Pièce du moment : une action généreuse est faite pour réussir dans tous les temps. D'ailleurs le régime des prisons y est peint avec beaucoup de vérité, et l'on voudra longtemps avoir sous les yeux ce tableau d'un régime abhorré, pour en empêcher à jamais le retour.

Dire que la musique est de Dalayrac, c'est dire qu'elle est simple, mais élégante, d'une mélodie agréable, sensible, toujours assortie au ton des personnages et de la situation.

# CONVENTION NATIONALE.

### Présidence de Clauzel.

#### SÉANCE DU 12 FRIMAIRE.

Un secrétaire donne lecture d'une lettre de Carrier, dans laquelle ce dernier dit que la commission militaire établie à Nantes, qui déclarait n'avoir condamné que quatre à cinq cents brigands, en avoue déjà dix-huit cents. Cependant il est constant qu'en calculant les jours qu'elle a été en fonctions, et le nombre des brigands qu'elle a fait exécuter, il s'en trouve au moins quatre mille de mis à mort ; elle en jugeait cent cinquante ou deux cents par jour. Il conclut de là qu'il se trouve des contrariétés dans les dépositions, et il demande en conséquence le dépôt au greffe du tribunal révolutionnaire des registres de la commission militaire de Nantes. Le tribunal révolutionnaire lui a refusé cette juste demande, sous prétexte qu'il voulait par là gagner du temps. Il s'adresse à la Convention, dont il réclame la justice et l'impartialité.

BARAILON : Citoyens, la mission de l'assemblée est finie ; elle a chargé le tribunal révolutionnaire de toute cette affaire ; je pense qu'elle ne doit plus s'en occuper. Je demande l'ordre du jour.

L'assemblée passe à l'ordre du jour.

CARNOT : D'après votre décret d'hier, les députés des départements de l'Ouest se sont réunis au comité de salut public, et ils ont concerté ensemble les moyens de terminer la guerre de la Vendée. Voici le projet de décret et la proclamation que je suis chargé de vous présenter.

### PROCLAMATION.

*La Convention nationale à tous ceux qui ont pris part aux révoltes qui ont éclaté dans les arrondissements des armées de l'Ouest, des Côtes-de-Brest et des Côtes-de-Cherbourg.*

Depuis deux ans vos contrées sont en proie aux horreurs de la guerre ; ces climats fertiles, que la nature semblait avoir destinés pour être le séjour du bonheur, sont devenus des lieux de proscription et de carnage. Le courage des enfants de la patrie s'est tourné contre elle-même ; la flamme a dévoré les habitations, et la terre couverte de ruines et de cyprès refuse à ceux qui survivent les subsistances dont elle était prodigue.

Telles sont, ô Français, les plaies douloureuses qu'ont faites à la patrie l'orgueil et l'imposture. Les fourbes ont abusé de votre inexpérience. C'est au nom du Ciel juste qu'ils armaient vos mains au fer parricide ; c'est au nom de l'humanité qu'ils dévouaient à la mort des milliers de victimes ; c'est au nom de la vertu qu'ils attiraient chez vous des scélérats de toutes les parties de la France, qui faisaient de votre pays le réceptacle de tous les monstres vomis du sein des nations étrangères.

Oh ! que de sang répandu pour quelques hommes qui voulaient dominer ! O vous qu'ils ont entraînés, pourquoi faut-il que vous ayez rejeté la lumière qui vous était offerte pour ne saisir qu'un fantôme cruel ? Pourquoi faut-il que vous ayez préféré des maîtres à des frères, et les torches du fanatisme au flambeau de la raison ?

Que vos yeux se dessillent enfin. N'est-il pas temps de mettre un terme à tant de calamités ? Affaiblis par des

pertes multipliées, désunis, errants par bandes éparses, sans autre ressource que celle du désespoir, il vous reste encore un asile dans la générosité nationale. Oui ! vos frères, le peuple français tout entier veut vous croire plus égarés que coupables ; ses bras vous sont tendus.

La Convention nationale vous pardonne en son nom si vous posez les armes, si le repentir, si l'amitié sincère vous ramènent à lui ; sa parole est sacrée, et si d'infidèles délégués ont abusé de sa confiance et de sa vertu, il en sera fait justice.

Ainsi la république, terrible envers les ennemis du dedans comme elle l'est envers ceux du dehors, se plaît à rallier ses enfants égarés. Profitez de sa clémence, hâtez-vous de rentrer au sein de la patrie. Les auteurs de vos maux sont ceux qui vous ont séduits. Il est temps que les ennemis de la France cessent de repaître leurs yeux du spectacle de nos dissensions intestines ; eux seuls sourient à nos malheurs, eux seuls en profitent ; il faut déjouer leur politique impie, il faut tourner contre eux les armes qu'ils ont apportées chez vous pour notre destruction.

Français, n'appartenez-vous donc plus à ce peuple sensible et généreux ? Les liens de la nature sont-ils brisés entre nous, et le sang des Anglais a-t-il passé dans vos veines ? Massacrerez-vous donc les familles de vos frères, vainqueurs de l'Europe, plutôt que de vous unir à eux pour partager leur gloire ? Non, l'éclair de la vérité a frappé vos regards ; déjà plusieurs d'entre vous sont rentrés, et la sécurité a été le prix de leur confiance. Revenez tous ; que les foyers de chacun de vous deviennent plus sûrs et plus paisibles. Que l'abondance renaisse, que les champs se cultivent, que les communications se rétablissent. Ne songeons plus qu'à nous venger ensemble de l'ennemi commun, de cette nation implacable et jalouse, qui est parmi nous les brandons de la discorde ; que l'Europe républicaine se dirige tout entière contre ces violateurs des droits de tous les peuples ; que tout s'anime dans nos ports ; que l'Océan se couvre de corsaires, et qu'une guerre à mort passe enfin, avec tous ses fléaux, des bords de la Loire aux bords de la Tamise.

### Décret.

« La Convention nationale, après avoir entendu le rapport de son comité de salut public, décrète :

« Art. 1er. Toutes les personnes connues dans les arrondissements de l'Ouest, des côtes de Brest et des côtes de Cherbourg, sous le nom de rebelles de la Vendée et de chouans, qui déposeront leurs armes dans le mois qui suivra le jour de la publication du présent décret, ne seront ni inquiétées ni recherchées dans la suite pour le fait de leur révolte.

« II. Les armes seront déposées aux municipalités des communes que les représentants du peuple indiqueront.

« III. Pour l'exécution du présent décret, les représentants du peuple Ménuau, Delaunay, Gaudin, Lofficial, Morisson et Chaillon se rendront dans les départements qui composent l'arrondissement de l'armée de l'Ouest, et les représentants Guerno et Guermeur dans les départements qui composent les arrondissements des armées des côtes de Brest et de Cherbourg.

« Ces représentants sont investis des mêmes pouvoirs que les autres représentants envoyés près lesdites armées et dans les départements. »

L'assemblée adopte le projet de décret et la proclamation au milieu des plus vifs applaudissements.

MASSIEU : Nous avons tous voté pour le décret ; mais ne serait-il pas convenable de ne point étendre cette faveur aux chefs des révoltés.

On réclame vivement l'ordre du jour.

La Convention passe à l'ordre du jour.

CHARLES DELACROIX : L'intention de la Convention est de ramener le calme dans ces départements ; pour y parvenir, il faut que ces citoyens soient sûrs de ne jamais être poursuivis.

Je demande qu'il soit délivré à ceux qui viendront remettre leurs armes un certificat qui leur servira dans le cas où l'on voudrait les inquiéter.

BARAILON : Cette mesure me paraît mauvaise ; ces

hommes savent qu'ils sont coupables, et ils ont un grand intérêt à ne pas être connus. Vous voulez qu'on ne puisse pas les rechercher, et pour cela il ne faut pas que leurs noms soient connus.

CHARLES DELACROIX : Il faut cependant trouver un moyen de distinguer ceux qui obéiront au décret d'avec ceux qui n'y obéiront pas.

BARAILON : Alors je demande que le certificat ne soit délivré qu'à ceux qui le demanderont ; car il ne faut pas forcer ceux qui ne voudraient pas être connus à l'être.

TAVEAUX : La Convention vient de donner sa confiance à des collègues estimables, qui sauront allier la justice, l'énergie et la prudence. Vous décrétez une amnistie afin d'effacer jusqu'à la trace de la révolte, et la proposition qu'on vous fait tendrait à laisser subsister des preuves parlantes de la rébellion de ceux qui auraient déposé les armes.

GASTON : Il n'est personne qui ne doive applaudir aux sentiments qui animent la Convention pour rendre la paix à la république ; mais il n'entre pas dans son intention de faire grâce à ceux qui ne sont pas vraiment de la Vendée, à ceux qui ont été sous les drapeaux blancs. Si nous n'y prenions garde, la Vendée serait la voie par laquelle tous les émigrés de Coblentz, de l'Angleterre et d'ailleurs rentreraient en France. Je demande que l'amnistie ne s'étende qu'aux vrais habitants de la Vendée.

ROUX (de la Haute-Marne) : Je demande l'ordre du jour sur toutes les propositions additionnelles. Le décret est senti par la Convention ; tout le monde en désire les effets qu'on s'en promet, et nous devons croire au succès, puisque l'exécution est confiée à des collègues estimables, qui connaissent les localités et la cause du mal, et dont plusieurs ont même été victimes des désastres qui ont ravagé ce malheureux pays ; mais il ne faut pas retirer d'une main ce que l'on donne de l'autre. Ne croyez pas jamais les émigrés viennent déposer les armes. Il ne s'agit ici que des hommes égarés qu'on a révoltés contre la république ; le décret que vous avez rendu contient tout ce qu'il faut pour les détacher de leurs chefs et pour ramener la paix. Je demande l'ordre du jour sur toutes les propositions additionnelles.

La Convention passe à l'ordre du jour.

BIDAUT, au nom du comité de commerce : Vous avez travaillé utilement à assurer la subsistance du peuple et les besoins de vos armées, rendu au commerce une partie de ses droits et de son activité, et aux manufactures un encouragement bien nécessaire, en rouvrant vos ports aux marchandises étrangères et surtout aux matières premières. Ne doutez pas des efforts que vont faire les vrais amis de la patrie pour ramener l'abondance au sein de la république.

Il vous suffira de saisir toutes les occasions de confirmer les principes que vous avez consacrés, et de faciliter par tous les moyens possibles la prompte circulation des matières commerciales. Mais si vous comptez sur les marchandises que le commerce particulier se procurera chez l'étranger, ne devez-vous pas aussi tirer tout le parti possible des marchandises étrangères arrivées dans vos ports sans le secours du commerce et des échanges ? Votre comité veut parler des prises faites sur les ennemis de la république.

Les prises vous fournissent des marchandises de première nécessité et de luxe, de consommation et de prohibition ; ce que ne peut faire le commerce ; et il arrive souvent que l'insuffisance des lois a forcé de garder et de laisser dépérir dans les ports des marchandises, ou qui semblaient prohibées, ou qui étaient de nature à être mises en réquisition, ou faute de moyens pour les livrer rapidement à la circulation, ou enfin faute d'action pour les vendre à l'étranger par la voie de l'exportation. Cependant, tant qu'il existe une quantité quelconque de marchandises prises sur les ennemis de la république, la main de la réquisition semble devoir les respecter, parce qu'alors elles deviennent une propriété individuelle et même nationale, et par leur reflux dans l'intérieur elles établissent une concurrence démontrée nécessaire à la base du prix des matières de la même nature.

Hâtez-vous donc de fixer la destination et l'emploi des prises faites sur l'ennemi, en classant les matières de consommation, les matières premières utiles aux fabriques et manufactures, et des marchandises dont l'importation est prohibée par les lois. Hâtez-vous de fixer le mode de réquisition, de la part de la commission du commerce, sur les objets de consommation et d'approvisionnements que les prises vous procurent ; de livrer à la libre circulation les matières nécessaires aux manufactures ; de disposer des marchandises prohibées qui vous arrivent, et enfin de donner à chaque espèce de matière commerciale la destination que l'intérêt national exige.

Récompensez ceux qui font des prises, et qui ont dû compter sur le prix de leur courage ; évitez le dépérissement, dans les ports et les magasins, des marchandises confiées à la garde de la malveillance ou de l'ineptie.

Votre comité a pensé que si, par votre décret du 6 de ce mois, vous avez engagé l'étranger et le commerçant français à vous approvisionner des denrées et marchandises non prohibées, en lui en laissant la libre disposition, vous devez accorder la même liberté pour les marchandises provenant des prises faites sur les ennemis ; vous le devez également pour les marchandises propres à vos manufactures, que le commerce a fait arriver à grands frais de l'étranger ou de nos colonies, qui ont, en très-grande partie, été mises en réquisition par la commission du commerce à leur arrivée dans les divers ports de la république, et dont le prix est infiniment au-dessous de leur achat.

Il ne faut, pour vous en convaincre, que comparer le taux actuel du fret et de l'assurance des navires avec celui qui se payait avant la guerre que la liberté et la vertu soutiennent avec tant d'avantages contre l'esclavage et le crime. Le fret, qui était ordinairement à 150 livres le tonneau pour les marchandises venant de l'Inde, est maintenant porté jusqu'à 400 livres ; et l'assurance, qui était de 5 à 6 pour 100, est à 50, 60 et même 75 livres.

Aussi beaucoup de commerçants ont-ils prouvé à vos comités que le prix de ces marchandises que la loi autorise ne suffit pas, à beaucoup près, pour les rembourser de leurs frais et des droits qu'ils ont été obligés d'acquitter à leur arrivée dans les ports de la république.

La commission de commerce a également des matières premières propres aux fabriques, dont elle a traité, à très-haut prix, avec l'étranger. Jusqu'ici la mise en circulation de sa part s'en est faite avec des pertes énormes pour la république.

Votre comité a pensé que ces sacrifices étaient impolitiques et ne satisfaisaient pas les intérêts du peuple.

En effet, qui est-ce qui a profité de cette bienveillance nationale ? des spéculateurs avides, des agioteurs ennemis de l'humanité ; ils semblaient être les canaux par où devait s'écouler, pour ainsi dire, la sollicitude paternelle de la Convention, et il n'en est sorti que la pénurie des matières commerciales, et une cherté excessive, contraire à vos vues de bienfaisance. Par exemple, tel marchand a obtenu des sucres à 40, 50 sous et 3 liv. au plus, qui les a vendus de 9 à 12 livres; tel autre a acheté des cotons de 2 à 3 liv., suivant les différentes qualités, qui a retiré, par livré, un bénéfice de 12 à 15 livres; un autre, enfin, a acheté des aluns 8 à 10 sous la livre, qui les a vendus jusqu'à 5, 6 et 7 livres. Votre comité ne vous cite que ces exemples, sur une infinité d'autres qui sont parvenus à sa connaissance; mais ils suffisent pour vous démontrer que votre intention a manqué son effet, et que l'intérêt du peuple à cet égard est nul.

Votre comité, en se résumant, pense que la liberté du commerce est la base de son activité, de son étendue et de ses ressources; que l'abondance et la prospérité publique en découlent nécessairement; que les entraves qu'on y apporte enchaînent la spéculation, énervent l'industrie et détruisent les intérêts particuliers, qui, en ce cas, font la masse de l'intérêt général.

C'est pourquoi votre comité, après en avoir conféré avec la section du commerce, les comités de salut public et des finances, vous propose le projet de décret suivant, par une suite nécessaire de celui du 6 de ce mois:

« Art. Iᵉʳ. Toutes les marchandises provenant des prises seront vendues en vente publique, au plus offrant et dernier enchérisseur; elles seront considérées entre les mains de l'acquéreur comme produites du commerce extérieur; en conséquence elles pourront être revendues aux prix convenus de gré à gré.

« II. Sont exceptées les denrées et matières nécessaires à l'approvisionnement de la marine et des armées, qui seront laissées à la disposition de la commission de commerce et approvisionnements, ainsi que les marchandises prohibées. La commission de commerce donnera au comité de salut public et de commerce l'état des marchandises qu'elle croira nécessaires au service des armées.

« III. Toutes les denrées coloniales et marchandises venues de l'étranger par le commerce particulier, même celles actuellement en réquisition, resteront à la libre disposition des expéditeurs ou commerçants, qui pourront les vendre à prix convenus de gré à gré.

« L'insertion du présent décret au Bulletin tiendra lieu de promulgation. »

Ce décret est adopté.

Porcher, au nom du comité de législation : Je viens encore, au nom de votre comité de législation, remplir un devoir difficile. Vous nous avez chargés d'une opération véritablement importante, de laquelle dépend le maintien du gouvernement révolutionnaire, et qui peut avoir une influence majeure sur la tranquillité publique et l'achèvement de vos travaux : c'est celui de vous indiquer, dans toute l'étendue de la France, des hommes que la talents modestes et des vertus réelles, réunis à un civisme qui ne sait pas composer avec les principes et les dangers de la patrie, doivent appeler aux fonctions publiques.

Le peuple, toujours prêt à faire tous les sacrifices que la liberté exige, vous a confié le plus précieux de ses droits, celui qui constitue essentiellement sa liberté politique, le choix de ses magistrats, parce qu'il a senti que, dans les circonstances orageuses où il était placé, il ne pouvait exercer sans danger toute l'étendue de sa souveraineté.

Peuple, nous répondrons à une confiance dont nous recevons chaque jour des preuves si touchantes et si douces. Dégagé maintenant de toute influence étrangère et oppressive, tu sentiras quelle différence immense il existe entre des hommes qui, perpétuellement occupés de ton bonheur par devoir et par intérêt, n'ont d'autre but que d'amener le vaisseau de l'État au port, et une poignée d'intrigants qui, sans autre mission, sans autre droit que le funeste égarement qu'ils surent inspirer, usurpèrent ta puissance pour t'opprimer, attaquèrent la représentation nationale, ouvrirent la porte au crime, dissipèrent une partie de la fortune publique et privée, et l'inondèrent ainsi d'un déluge de maux. Puisses-tu, après avoir été conduit sur le bord de l'abîme, en avoir mesuré toute la profondeur; puisses-tu n'être plus dupe de ces brigands politiques qui, ne te flattant que pour mieux t'accabler, te conduisirent successivement à la prison, à l'échafaud ou à la misère, en se réservant toutes les espèces de jouissances, s'il est vrai qu'il soit possible d'étouffer les remords et de goûter les plaisirs dans le sein des forfaits!

Le comité prie instamment ses collègues de vouloir bien le seconder dans cette importante fonction; il les conjure de regarder comme un de leurs premiers et de leurs plus pressants devoirs de ne pas perdre un seul instant pour accélérer les renseignements dont il a besoin.

Le peuple a faim de la tranquillité intérieure et du bonheur qu'elle procure, et il est aisé de sentir que ce n'est que de la bonté du choix des fonctionnaires publics qu'il peut attendre l'un et l'autre.

Celui d'entre nous qui, dégagé de toutes passions, de tout attachement personnel, a passé quelques instants à donner à son département un juge intègre, un administrateur vertueux, ne les a pas perdus; il a payé une partie de sa dette envers la patrie, envers ses commettants; et, si un représentant du peuple pouvait désirer d'autre récompense que le bien même qu'il a fait, il la trouverait sans doute dans la reconnaissance de ses concitoyens.

A la suite de ce rapport, Porcher présente plusieurs décrets qui sont adoptés.

Mathieu : Citoyens, je viens, au nom du comité de sûreté générale, donner un démenti le plus formel au récit calomnieux et royaliste inséré depuis plusieurs jours dans les feuilles publiques, et répété avec une sorte d'affectation au moins très-répréhensible. Le comité y est présenté comme ayant donné des instituteurs aux enfants de Capet, enfermés au Temple, et porté des soins presque paternels pour assurer leur existence et leur éducation.

Voici le journal et l'article dont les autres périodistes n'ont été que les trop dociles échos : c'est le Courrier universel du 6 frimaire, rédigé par Nicollo et Poujade.

« Le fils de Louis XVI profitera aussi de la révolution du 9 thermidor. On sait que cet enfant avait été abandonné aux soins du cordonnier Simon, digne acolyte de Robespierre, dont il a partagé le supplice. Le comité de sûreté générale, persuadé que, pour être fils d'un roi, on ne doit pas être dégradé au-dessous de l'humanité, vient de nommer trois commissaires, hommes probes et éclairés, pour remplacer le défunt Simon; deux sont chargés de l'éducation de cet orphelin; le troisième doit veiller à ce qu'il ne manque pas du nécessaire, comme par le passé. »

Le premier devoir du comité, pour écarter cette fable du royalisme, est de présenter à la Convention un récit simple des mesures par lui prises pour assurer le service du Temple et la garde des enfants du tyran.

A l'époque du 9 thermidor, un nouveau gardien avait été placé au Temple par le comité du salut public. Un seul gardien a depuis paru insuffisant au comité de sûreté générale. Un citoyen d'un républicanisme éprouvé fut demandé à la commission de police administrative de Paris ; indiqué par elle , il fut adjoint au premier pour remplir cette fonction ; et comme , aux yeux des hommes prévenus ou ombrageux, la permanence de deux individus au même poste éveille l'idée d'une séduction possible avec le temps, pour compléter et assurer d'autant mieux la détention des enfants du tyran , le comité arrêta que , chaque jour et successivement , l'un des comités civils des quarante-huit sections de Paris fournirait un membre pour remplir , pendant vingt-quatre heures, les fonctions de gardien, concurremment avec les deux nommés à poste fixe.

Le comité a regardé cet ensemble de mesures comme nécessaire pour ôter au récit fabuleux tout air de vraisemblance, et à la malveillance soit active, soit calomniatrice , tout prétexte de plaintes ou d'agitations.

Pour la partie militaire du service de ce poste , le comité de sûreté générale s'est concerté avec le comité militaire ; plusieurs représentants l'ont visité, et les deux comités se sont assurés que le service s'y faisait avec exactitude et ponctualité.

Par cet exposé l'on voit que le comité de sûreté générale n'a eu en vue que le matériel d'un service confié à sa surveillance , qu'il a été étranger à toute idée d'améliorer la captivité des enfants de Capet, ou de leur donner des instituteurs. Le comité et la Convention savent comment on fait tomber la tête des rois, mais ils ignorent comment on élève leurs enfants.

Si le royalisme voulait élever la voix , il serait à l'instant anéanti ; pour en ôter la pensée aux ennemis de la chose publique et prévenir les conspirations qui trop souvent sont le produit de la faiblesse du gouvernement, le comité doit annoncer qu'il a pris, dans cette circonstance, des mesures contre les coupables, et qu'il saura, fidèle aux principes, faire respecter les lois et le gouvernement, et empêcher que l'on ne provoque une perfide pitié sur les restes de la race de nos tyrans, sur un enfant *orphelin* auquel il semble que l'on voudrait créer des destinées.

Depuis plusieurs jours le bruit se répandait que les assignats démonétisés reprenaient quelque crédit ; on s'efforçait de leur donner une sorte de valeur dans l'opinion. Nul doute que tous ces bruits, les uns relatifs au rejeton d'une race abhorrée , les autres à des signes retirés de la circulation, ne dussent concourir au même but et s'étayer mutuellement. Ainsi l'esprit public s'affaiblissait, des fluctuations étaient imprimées à l'opinion publique ; mais, en dépit de toutes les manœuvres et de toutes les trames, le crédit national s'affermira sur les plus solides bases, la tranquillité publique sera maintenue, et le fils de Capet , ainsi que les assignats à effigie, restera démonétisé.

CAMBON : Je dois aussi détruire un bruit qui s'est propagé dans Paris, et peut-être dans toute la république ; on publiait que la trésorerie nationale achetait actuellement tout l'or et l'argent, qu'elle payait jusqu'à 100 livres, 150 livres et 200 livres une pièce d'or de 24 livres, et l'argent à un prix proportionnel. Je déclare, et tous mes collègues du comité des finances le certifieront, que, depuis la loi du 8 avril 1793, qui défend la vente du numéraire , la trésorerie n'a acheté ni numéraire ni lingots; qu'elle ne s'est jamais écartée ni ne s'écartera jamais des obligations qui lui sont imposées par la loi. Ce bruit pouvait avoir de la connexité avec celui qu'on a répandu sur Capet fils et sur les assignats démonétisés. J'ai cru devoir faire cette déclaration, afin de détruire l'espoir qu'on aurait pu en concevoir.

BARAILON : Je demande l'insertion au Bulletin du rapport du comité de sûreté générale et de la déclaration faite par Cambon.

Cette proposition est adoptée.

— Un secrétaire fait lecture de l'Adresse suivante :

*Les commissaires de l'atelier patriotique de Montpellier, pour la fabrication du salpêtre , à la Convention nationale.*

« Citoyen président, la patrie annonçait des besoins, et une fabrique de salpêtre fut bientôt formée dans notre commune. Mais satisfaire à une obligation imposée par la loi n'eût été rien pour nous ; il nous fallait aussi fournir des moyens pour préparer la foudre qui doit renverser le trône des tyrans : une Société patriotique a ouvert un second atelier, et nous avons l'avantage d'avoir déjà remis, depuis le 9 germinal jusqu'au 9 brumaire, la quantité de trente et un mille deux cent quarante-trois livres de ce sel précieux. Accoutumés jusqu'ici à donner l'exemple de tous les sacrifices dont les communes s'honorent, nous avons gardé un silence bien doux pour des citoyens qui se livrent avec enthousiasme à des devoirs sacrés; mais pardonnez à de vieux amis de la liberté de vous parler de ce qu'ils viennent de faire, non comme un hommage, mais comme une nouvelle garantie des sentiments qui les animent, et de leur désir constant de se consacrer au service de la république. »

La mention honorable et l'insertion de cette Adresse au Bulletin sont décrétées.

— Letourneur, au nom du comité militaire, propose un règlement pour la garde nationale de Paris.

L'assemblée en adopte la rédaction.

La séance est levée à quatre heures.

*N. B.* — Dans la séance du 13, la Convention, après une assez longue discussion sur les abus qui résultent de la multiplicité des commissions exécutives, des dépenses scandaleuses de leurs agents, a chargé les seize comités de nommer chacun un de leurs membres pour former une commission qui examinera les moyens de faire cesser les abus, de rendre la liberté au commerce, et s'occupera de la question de savoir si l'on doit diminuer ou supprimer les commissions.

## GÉOGRAPHIE.

*Le département du Mont-Blanc*, réuni à la république française, divisé en sept districts et quatre-vingt-trois cantons, gradué d'après la division décimale du quart du méridien; par J.-B. Raymon, ingénieur-géographe. Prix : 6 liv.

Cette carte a été présentée à la Convention nationale, qui en a décrété la mention honorable, l'insertion au Bulletin, et le renvoi au comité d'instruction publique.

A Paris, chez l'auteur, rue des Maçons-Sorbonne, n° 441, et chez le citoyen Béraud, ingénieur-géographe, cour Guillaume, rue de la Loi.

## LIVRES DIVERS.

*Portrait de Kosciusko*, célèbre général polonais, faisant la révolution de Pologne ; ovale de cinq pouces trois lignes de haut, dessiné d'après nature, en 1793, au physionotrace, par Quenedey, rue Croix-des-Petits-Champs, n°s 10 et 81 , à Paris, où il se vend. Prix : 2 liv.

Il est représenté invoquant le ciel pour qu'il puisse se battre encore pour la liberté de sa patrie.

*Payements à la trésorerie nationale.*

Le payement du perpétuel est ouvert pour les six premiers mois : il sera fait à tous ceux qui seront porteurs d'inscriptions au grand livre. Celui pour les rentes viagères est de huit mois vingt et un jours de l'année 1793 (vieux style).

# GAZETTE NATIONALE ou LE MONITEUR UNIVERSEL.

No 75. *Quintidi* 15 Frimaire, *l'an* 3e. (*Vendredi* 5 Décembre 1794, *vieux style*.)

## POLITIQUE.

### ALLEMAGNE.

*Vienne, le* 12 *novembre.* — Thugut, ministre des affaires étrangères, a été chargé d'une mission secrète; il paraît certain qu'il se rendra à Ratisbonne.

— L'état des affaires de la coalition dans le Midi prend une tournure sérieuse et alarmante. La cour vient de recevoir un courrier dépêché par le gouvernement général de la Lombardie autrichienne; ce courrier a fait le trajet avec une vitesse extraordinaire. L'archiduc Ferdinand informe l'empereur par cet exprès que le ministre anglais à Gênes est venu à Alexandrie pour lui demander, au nom de l'amiral Hood, une réponse catégorique et par écrit à cette question : « Les généraux qui commandent les troupes autrichiennes en Italie ont-ils l'inclination d'entreprendre quelque chose avant l'hiver, à l'effet de faire quitter aux Français la rivière de Gênes ? » L'amiral avait ajouté qu'à défaut d'une telle intention de leur part il ne pouvait rester plus longtemps dans ces parages, sans aucun but d'utilité, et qu'il serait dans la nécessité de faire sa retraite dans les ports de l'île de Corse. Enfin le ministre anglais a déclaré que, dans le cas où les généraux autrichiens se refuseraient à une pareille demande, ou seraient difficulté de concourir au but proposé, lord Hood ferait imprimer sa correspondance avec l'archiduc Ferdinand et les autres généraux impériaux, afin de convaincre le public que depuis trois mois il n'a cessé de s'offrir inutilement pour seconder par mer les opérations qu'on entreprendrait par terre, qu'ainsi l'on ne devait pas s'en prendre à lui si la campagne s'était passée absolument à rien faire.

Le cabinet paraît avoir été très-affecté de ces nouvelles dextérités diplomatiques. Il se plaint, ou affecte de se plaindre de ceux de ses généraux qui commandent sur la frontière d'Italie.

Le grand chambellan Rosemberg est parti pour cette contrée, le jour même de l'arrivée de ce courrier. On assure même qu'il est chargé de remettre aux généraux qui commandent en Lombardie des instructions contenant l'ordre positif de réparer, s'il est possible, les fautes qui paraissent y avoir été commises.

Les ministres se plaignent hautement de la conduite du général Wallis. On l'accuse de peu de déférence aux ordres de l'archiduc Ferdinand, général en chef.

La cour paraît compter beaucoup sur le succès de la mission du chambellan Rosemberg.

Il est certain, au reste, que la conduite des envoyés britanniques auprès des petits États d'Italie est insolente et tyrannique. Personne n'a oublié, en Europe, le mémoire impérieux qui a été remis, il y a deux ans, au grand duc de Toscane, par lord Hervey, alors ministre de la cour de Londres à Florence.

Son successeur vient de présenter un mémoire nouveau, écrit du même style. Il y invite le grand duc à prendre des mesures défensives plutôt que de donner aux puissances coalisées des motifs de croire qu'il est d'intelligence avec la république française.

Le ministre anglais prétend que le grand duc est dirigé par des personnes amies des principes de la liberté; il demande qu'elles soient bannies de Toscane, et déclare que, s'il ne reçoit promptement une réponse satisfaisante sur ces deux objets, il se retirera. Il est allé à Livourne en attendant la réponse de la cour.

*Leipzig, le* 27 *octobre.* — La foire célèbre de cette ville a beaucoup souffert cette année par la banqueroute de tous les juifs de Brody. Ces juifs devaient une grosse somme, échue au terme de la foire; ils se sont donné le mot pour atermoyer leurs créanciers, en n'offrant le payement de leurs dettes que dans dix années. On craint qu'une faillite aussi considérable n'en entraîne beaucoup d'autres dans diverses maisons de commerce d'Allemagne.

On n'accepte plus dans le commerce le papier de banque de Hollande.

— Il a été publié à Dantzig une ordonnance prussienne, qui défend l'exportation de toute espèce de denrées. Trois mille lasts d'orge avaient été achetés pour le compte du Danemark, mais ils ont été débarqués au moment où ils allaient partir. La récolte a été mauvaise dans presque toutes les possessions prussiennes, et le prix des grains est considérablement augmenté depuis qu'il n'est plus permis d'en tirer de la Pologne.

Le conseil national de Varsovie s'occupe sans relâche de la vente des starosties qui ont été déclarées domaines nationaux, et doivent servir d'hypothèque aux assignats polonais.

— Une escadre russe, venant d'Archangel sous les ordres de l'amiral Powaliskin, est entrée dans la rade d'Elseneur, afin de poursuivre de là sa route pour Cronstadt, où elle est attendue. On croyait généralement que cette escadre resterait dans le Nord, et qu'elle hivernerait dans quelque port d'Angleterre.

Le cabinet de Pétersbourg a expédié, il y a quelque temps, un courrier à Londres pour demander à ce sujet l'agrément du ministère britannique; mais il paraît que l'amiral russe n'a pas jugé à propos d'attendre des ordres ultérieurs. Bientôt toutes les forces maritimes de Russie, après avoir fait une courte apparition sur les mers, se trouveront en hivernage dans les ports de Cronstadt et de Revel.

*Extrait d'une lettre de Hambourg, du* 18 *novembre.* — « Les insurgés de Pologne sont arrivés jusqu'à Zullichau, dans le Brandebourg, et ont brûlé des villages à quatre lieues de Francfort-sur-l'Oder.

« Trente mille paysans se sont révoltés aux environs de Sprottau et Grumber, dans les terres qui appartiennent aux comtes de Carolat, de Dosna et de Knobelsdorf.

« On a traité de révolte le vœu très-légitime des habitants qui ont demandé que le nouveau code de lois fût mis en exécution. Ce code est achevé depuis cinq ans. Le sort du paysan y est adouci, mais le gouvernement le trouve trop populaire pour le mettre en vigueur. Les pauvres paysans qui n'ont nullement commis de désordres, mais qui ont simplement nommé des représentants pour porter leurs justes réclamations au trône, ont été d'abord bercés de promesses, fusillés après; le reste a été passé par les verges de quatre cents soldats. On a massacré de cette manière des vieillards, à d'autres on a confisqué les biens. Les pasteurs et maîtres d'école ont été mis à la forteresse de Spandau. Malgré toutes ces horreurs, l'esprit de liberté fermente plus que jamais parmi les garçons de métier et dans les universités d'Allemagne.

« Des vingt mille Prussiens qu'on fait venir du Rhin, il en est parti la première division de dix mille. Ces troupes sont moins destinées contre les Polonais que pour étouffer les suites du mécontentement général qui menace d'éclater partout.

## RÉPUBLIQUE FRANÇAISE.

### TRIBUNAL CRIMINEL RÉVOLUTIONNAIRE.

*Suite de la procédure du comité révolutionnaire de Nantes.*

**Lamarie**, statuaire, et officier municipal à Nantes, dépose contre Chaux, Goulin, Perrochaux, Bachelier et autres.

« J'ai vu, dit le témoin, une affiche intitulée : *Serment de Marat*. Cette affiche était conçue de manière à faire frémir tous les bons citoyens. On renonçait par ce serment à l'amitié, à la parenté, à la fraternité, à la tendresse paternelle et filiale : enfin, on faisait l'abnégation des sentiments les plus propres à honorer la nature et le corps social.

« Une autre affiche, intitulée : *Au nom du comité*

*révolutionnaire*, ordonnait aux citoyens qui, sur réclamations, avaient eu le bonheur d'obtenir des enfants pour les alimenter et en faire l'éducation, de ramener ces enfants à l'Entrepôt, sous peine d'être déclarés suspects.

« Je dirai, à la décharge de Mainguet, que j'ai obtenu par son moyen la remise de plusieurs malheureux dont j'ai pris soin. Ensuite est arrivé le représentant Bô, qui a ramené la justice à l'ordre du jour. »

*Le président*, au témoin : À qui appartenait l'administration des prisons ?

*Le témoin :* Cette administration faisait partie des fonctions municipales.

*Le président :* Pourquoi donc la municipalité ne s'opposait-elle pas à l'enlèvement des détenus ?

*Le témoin :* Ces enlèvements se faisaient toujours au nom des représentants du peuple, et le comité s'autorisait toujours de leurs ordres. Carrier et le comité avaient jeté la terreur dans les esprits, et tous les citoyens craignaient d'être déclarés suspects.

*Un juré :* La municipalité devait faire respecter ses pouvoirs, se faire maintenir dans ses droits par le représentant ; pourquoi ne l'a-t-elle pas fait ?

*Le témoin :* Le représentant ne voulait rien entendre ; il traitait de contre-révolutionnaires tous ceux qui venaient réclamer les droits de l'humanité et de la justice en faveur des détenus.

*Le juré :* La municipalité a-t-elle fait des protestations contre l'enlèvement des détenus ? où sont-elles ?

*Le témoin :* Il me semble que la municipalité a protesté contre les extractions multipliées des détenus ; mais je ne sais où sont ces protestations.

*Le juré :* La municipalité ne paraît pas avoir fait son devoir.

*Le témoin :* Le représentant commandait despotiquement ; il exerçait un empire tyrannique sur toutes les autorités.

*Le juré :* Il fallait s'adresser à la Convention.

*Le témoin :* On craignait l'interception des correspondances ; il était dangereux, dans les circonstances, de dénoncer Carrier ; on avait à redouter l'influence de Robespierre dans le comité de salut public.

*Le témoin Champenois :* Je certifie de nouveau qu'il n'était pas possible d'aborder Carrier sans être traité de brigand, de contre-révolutionnaire, sans essuyer les invectives les plus atroces, et sans s'exposer à tous les accès violents de sa fureur ; enfin, fatiguée d'une telle tyrannie, la Société populaire, dont toutes les administrations faisaient partie, envoie des commissaires à Paris : ils sont chargés, pour le comité de salut public, d'une lettre contenant un tableau fidèle de l'état d'oppression dans lequel Nantes gémit sous la verge sanguinaire du féroce Carrier : ils ont beaucoup de peine à s'introduire, à pénétrer dans la Convention ; ils remettent à Robespierre leurs paquets, contenant les instructions les plus motivées sur les vexations et cruautés de Carrier ; nous invitions la Convention à rappeler cet homme de sang, à nous envoyer un homme prudent, humain, généreux ; je n'ai pas besoin de dire au tribunal la raison pour laquelle nous n'avons point eu de réponse : nous adresser à Robespierre, c'était nous livrer à un tyran, à l'apôtre des cruautés, des barbaries du tigre des serres duquel nous voulions sortir.

*Le président*, à Champenois : La municipalité était-elle composée de patriotes ?

*Champenois :* Ils étaient tous amis de la liberté, mais plus ou moins ardents les uns que les autres. Gillet et Phélippeaux étaient reconnus pour bons citoyens dans le département ; ils s'y sont toujours montrés en vrais patriotes.

*Le témoin Lamarie*, après avoir satisfait à différentes explications demandées, continue sa déposition.

Après avoir parlé des assemblées qui eurent lieu les 14 et 15 frimaire, dans lesquelles il fut proposé de faire périr les prisonniers en masse, il indique Grandmaison, Bachelier, Goulin et Chaux, comme présents à ces assemblées ; il accuse Goulin d'avoir opiné pour les *grandes mesures*.

Il déclare avoir entendu dire à Chaux, à voix basse, ces mots : « Nous avions d'abord pris d'autres mesures ; c'était d'introduire dans les prisons un homme affidé, qui y aurait provoqué une insurrection, et ce prétexte nous aurait servi à les faire tous fusiller. »

Les administrateurs ont contrarié ces mesures de tout leur pouvoir, et de ce nombre était Miné, qui portait la parole pour tous.

Phelippes est arrivé : il s'est aussi opposé de toutes ses forces aux mesures de proscription ; il a développé la plus grande énergie en cette rencontre, et a déclaré qu'il mourrait plutôt à son poste que de souffrir que la loi fût violée.

Lamarie déclare en outre qu'un jour, s'étant rendu au comité pour y solliciter quelques grâces, il avait eu occasion de faire des observations sur la manière leste avec laquelle on y traitait les affaires, surtout lorsqu'il s'agissait des propriétés, de la liberté et de la vie des citoyens, et que Chaux lui répondit : « Nous marchons ici sur les corps morts et sur les jolies femmes. »

Le témoin ajoute qu'étant à déjeuner chez Crucy, architecte, avec Lévêque et Perrochaux, ce dernier lui dit : « Nous nous proposons de faire sortir de prison une jeune fille, sous la condition de la mettre en chambre. »

Il reproduit le propos déjà reproché à Chaux, au sujet d'un emplacement avantageux et propre à former un club : « Pour s'emparer de ce terrain, il ne s'agit que de faire incarcérer le propriétaire ; il sera trop heureux de racheter sa liberté à ce prix. »

Les accusés interpellés par le président nient ces faits.

*Le président*, à Bachelier : Avez-vous des explications à donner sur les propos qui vous sont imputés ?

*Bachelier :* À l'égard des enfants des brigands, j'ai dit : « Les fanatiques guérissent difficilement ; il est bien à craindre que des enfants élevés dans de pareilles erreurs ne ressemblent un jour à leurs pères. Renard, maire de Nantes, connu pour un bon patriote et un homme humain, faisait à ce sujet une comparaison sur les chats, qui font bien de manger les rats. »

*Le témoin* continue sa déposition : En vertu d'une lettre du ministre de la marine, je fus nommé commissaire par la municipalité, pour aller faire le relevé des détenus condamnés légalement à la déportation.

Lorsque je m'occupais de faire ce relevé, j'apprends par la voie publique que l'on fait courir le bruit d'une grande conspiration, formée dans les prisons, et que l'on se propose de purger ces prisons sous ce spécieux prétexte. Bien persuadé que cette conspiration n'était imaginée que pour autoriser des mesures ultra-révolutionnaires, je cours chez Phelippes, président du tribunal, pour l'engager à couvrir ces prisonniers de l'égide de la loi. Mais il n'était plus temps ; le comité, ardent dans l'exécution de ses projets, nous avait devancés ; lors donc que je retourne le lendemain dans la prison pour continuer mon relevé, la concierge Bernard m'informe que tous les prisonniers ont été enlevés pendant la nuit par ordre du comité, et qu'ils ont tous été noyés.

*Crespin*, perruquier, négociant en vins, membre de la compagnie Marat, convient avoir été commandé pour la noyade de cent vingt-neuf détenus au Bouffay, et avoir assisté à cette expédition. « J'étais, dit-il, sur la gabare ; j'ai vu ces malheureux passer leurs bras et leurs mains à travers les fentes ; j'ai vu Grandmaison sabrer ces malheureux ; je l'ai vu plonger son sabre dans une des fentes, et j'ai entendu l'un de ces prisonniers s'écrier : « Ah ! le scélérat, il me perce ! » Tous, à fond de cale, jetaient les plus grands cris, et disaient : « Est-ce donc des républicains qui se conduisent aussi cruellement ! »

J'étais un jour sur la place du Bouffay avec René Naud ; nous vîmes Carrier dans un fiacre, et au pied de la guillotine vingt et quelques individus. Naud s'approche de Carrier, et lui dit : « As-tu besoin d'un Marat ? — Oui, f....., j'en ai besoin ; allez chez l'accusateur public et chez les juges, qu'ils viennent sur-le-champ. Les juges s'étant rendus au Bouffay, Phélippes m'envoya chez Carrier, lui dire que, parmi ceux qu'il voulait qu'on guillotinât sans jugement, se trouvaient deux enfants de quatorze ans, et deux autre de treize ans. Carrier s'écrie avec fureur, en se retournant contre sa cheminée : « Sacré mille dieux ! dans quel pays suis-je ?.., tout comme les autres ! »

J'ai vu Chaux et Goulin s'entretenir ensemble sur le quai pendant l'embarcation, et la noyade des cent vingt-neuf détenus du Bouffay.

Grandmaison répond que les sabrades sur la gabare avaient été faites par des volontaires ; qu'au surplus il était ivre, et n'avait agi que d'après les ordres de Carrier.

*Lucas*, perruquier, et soldat de la compagnie Marat, convient avoir assisté à une noyade exécutée par Fouquet et Lambertye ; il convient encore avoir fait beaucoup d'arrestations.

La femme *Laillet*, poissonnière, accuse le comité d'avoir fait dans les prisons le choix des victimes, d'avoir brisé des scellés, etc.

Deux autres témoins, *Nicolon* et *Lecocq*, appuient les dépositions précédentes.

*Fonjonne*, directeur général des hôpitaux à Nantes, expose que, dînant un jour avec Pocholle, adjudant général, et un jeune homme, nommé Delille, ce dernier lui dit avoir appris qu'il y avait à l'Entrepôt une famille intéressante, nommé Jourdan, composée de la mère et de ses filles, dont la plus âgée n'avait que vingt ans, et dont la plus jeune en avait treize. « Le jeune Delille m'engage de me joindre à lui, continue le témoin, pour aller soustraire la plus jeune à l'horreur de son sort. Nous nous transportons à cette prison ; on nous indique un cachot affreux pour sa puanteur et son obscurité. Nous demandons une chandelle, et en cherchant cette famille jusque dans la paille, où ces infortunées se pressaient les unes contre les autres pour se garantir du froid, nous trouvâmes des femmes mortes dans cette paille, et la jeune fille cachée, moitié d'épouvante et de froid, dans les habillements de sa mère. Celle-ci, loin d'accepter nos offres et nos secours :

« Non, dit-elle, ma fille périra avec moi ; nous périrons toutes ensemble. » Nous crûmes, par humanité, devoir employer la force, et je l'emmenai chez moi ; je la fis laver et habiller, et je la remis, pour éviter toute calomnie, à un homme d'un âge mûr et de confiance. Elle mourut huit mois après.

« À l'époque du 20 frimaire, je vois passer sur la place de l'Égalité, continue le témoin, environ deux cents brigands que le général Hector faisait conduire à la plaine de Mauves pour les faire fusiller ; je remarquai parmi ces infortunés des femmes et des enfants de tout âge. Je ne puis tenir à ce spectacle déchirant pour tout homme sensible ; je cours chez moi, je fais seller un cheval, et je vole à ladite plaine, où devait s'exécuter la fusillade. J'arrive au moment où les victimes sont déjà agenouillées pour recevoir le coup fatal ; je fends les baïonnettes, je me fais jour à travers des milliers de fusils, et j'enlève, je dérobe à la mort huit enfants de onze à douze ans qui allaient être fusillés comme leurs pères.

*Chartier*, marchand à Nantes, et *Moutier*, forgeron, déposent de faits semblables.

*Laurency*, armurier à Nantes, dépose avoir vu débarquer trois cents hommes tous nus, et les mains liées derrière le dos ; des femmes ont été prises dans un navire hollandais, et conduites à la noyade ; il a vu un jeune homme abattre, à coups de sabre, la tête de deux détenus, âgés de dix-huit ans, en chantant *la Carmagnole* ; ces deux infortunés ont été ensuite traînés par les pieds et jetés à l'eau. Le même témoin dépose avoir vu, ainsi que Naudet, secrétaire du comité de salut public, nombre de rebelles venir se rendre volontairement, lesquels, au mépris des proclamations, ont été jetés à l'eau.

*Dubreuil*, soldat de la compagnie Marat, qui s'est trouvé au Bouffay dans la nuit du 24 au 25 frimaire, a dit avoir vu quinze individus à grandes culottes partir les derniers pour l'embarquement. Ce fait a rappelé les quinze derniers détenus qui furent ajoutés à la liste fatale des cent cinquante-cinq, quoiqu'ils ne fussent arrivés au Bouffay que la veille de la noyade.

Les noms de ces quinze dernières victimes sont écrits sur la liste d'une autre main et d'une autre encre.

*Richard*, l'un des accusés, reconnaît qu'ils sont de son écriture, et qu'il les a écrits sous la dictée de Goulin, à mesure qu'on les faisait descendre.

*Goulin* déclare ne pas se rappeler ces faits.

*Louis Naud* avoue avoir signé plusieurs ordres, parce qu'il était menacé de Carrier par son coaccusé Grandmaison.

« Un jour qu'il se faisait une liste de proscription, dit Bachelier, Goulin dit à Naud que, s'il sortait du comité, il le suspecterait. Nous étions tous sous la verge de Goulin ; nous n'étions pas libres. »

Carrier lui-même vint à notre comité nous traiter de contre-révolutionnaires. Nous étions pères de famille, Goulin ne l'était pas ; mais il était l'agent et l'instrument aveugle de Carrier, qui l'a perdu, et qui nous a perdus nous-mêmes.

*(La suite incessamment.)*

---

*Avis aux militaires.*

La commission de l'organisation et du mouvement des armées de terre informe les officiers qui ont droit à être brevetés, dans les différents corps en activité de service aux armées de la république, qu'ils ne peuvent recevoir leurs brevets, s'ils ne produisent à ladite commission, rue de Varennes, faubourg Germain, leur acte de naissance.

Une grande quantité de brevets signés ne peut être envoyée faute de cette pièce, indispensable pour constater l'identité.

Il faut avoir soin d'écrire en marge de ces actes l'armée, l'arme, le corps, la compagnie, et le nom lisible des militaires ; on n'a pas besoin de rappeler qu'il y a peine des fers contre ceux qui font usage de fausses pièces ou qui ne les concernent pas. Les précautions sont prises pour éviter les abus, et saisir les tribunaux des pièces de délits de ce genre. Ces abus, qui étaient communs dans l'ancien régime, ne peuvent se renouveler lorsque la vertu, la justice et la vérité sont à l'ordre du jour.

J.-A. Pille, *commissaire.*

---

# CONVENTION NATIONALE.

*Présidence de Clauzel.*

SÉANCE DU 13 FRIMAIRE.

La section des Piques est admise.

*L'orateur :* Législateurs, nous venons vous offrir notre obéissance aux lois, nos bras pour les défendre, notre constance à les exécuter. Nous ne pourrions point présenter à la Convention un hommage plus digne d'elle.

Voilà bientôt six ans que nous combattons pour la liberté ; ce bien précieux nous est commun à tous. Nous l'avons acheté par nos sacrifices, nous l'avons mérité par notre courage, et nous le défendrons jusqu'à la mort.

Mais que le glaive de la justice nationale s'appesantisse sur les scélérats qui ont voulu nous le ravir ! que les assassins qui ont rempli la France de deuil et de carnage trouvent enfin la punition de leurs crimes : voilà le vœu des citoyens de la section des Piques.

Si la section des Piques a été induite en erreur en prenant, il y a environ deux mois, un arrêté pour aller aux Jacobins, elle vient vous annoncer qu'ayant reconnu qu'elle avait été influencée par certains individus, elle a pris une délibération dans son assemblée générale du décadi 10 frimaire, pour que ledit arrêté fût rayé de ses registres, afin qu'il fût regardé comme nul et non avenu. Nous venons cette fois conduits par nous-mêmes ; c'est l'amour de la patrie qui seul nous amène ; c'est la vérité qui nous ouvre la bouche.

Ils ne nous abuseront plus ces pervers qui voulaient nous faire accroire que le peuple n'est pas le public, et que le public n'est pas le peuple.

Ils ne nous égareront plus ces factieux qui semblaient ne vouloir de la liberté que pour nous réduire à l'esclavage.

Ils ne nous tromperont plus ces faux patriotes dont les sophismes corrompaient la raison publique, dont les mains hardies cherchaient à usurper l'autorité suprême ; tantôt invoquant la Déclaration des Droits quand il s'agissait de réprimer leur tyrannie, tantôt substituant aux lois légitimes leurs féroces caprices lorsqu'il était question de persécuter.

Nous les connaissons enfin ces monstres exécrables qui ont assassiné l'innocence dans les bras de la patrie ; ce n'est pas la France seule, mais l'humanité tout entière qui vous demande vengeance.

Nous ne connaissons ni le lion endormi, ni le tigre qui se réveille, ni ces expressions gigantesques dont se sont servis certains membres de la ci-devant Société des Jacobins que vous avez si justement anéantie.

Nous n'aimons, nous ne voulons, nous ne respirons que la justice ; sans justice il n'est point de vertu, et sans vertu point de république.

La mention honorable et l'insertion au Bulletin sont décrétées.

— La section du Temple est admise à la barre.

*L'orateur :* Citoyens représentans, la liberté triomphe ! les tyrans coalisés tremblent ; ceux de l'extérieur à l'aspect des armées républicaines, et ceux de l'intérieur à la lecture de vos lois. En vain les premiers cherchent-ils à se rassurer sur des trônes déjà chancelants, et les autres à se soustraire à la vengeance publique : ils seront tous punis de leurs complots. Les Français, partout victorieux, poursuivent les despotes couronnés ; la Convention livre à la justice les véritables conspirateurs.

Ils avaient tous juré le déclirement de la république ; leurs projets sont déjoués. Les cris de la guerre civile se faisaient entendre, vous en avez éteint les torches déjà fumantes par votre décret sur les séances de cette Société, qui voulait rivaliser de puissance avec la représentation nationale ; le terrorisme, les vexations et les assassinats étaient à l'ordre du jour : le décret d'accusation contre le représentant Carrier vient de prouver à l'univers que l'égalité, la justice et la vertu sont les bases de notre gouvernement républicain.

Législateurs, continuez vos immortels travaux ; que votre surveillance soit toujours active sur les manœuvres des malveillants ; que vos mesures soient sévères contre ces agitateurs sans aveu, sans foi et sans principes, qui cherchent le désordre parce que le désordre convient à leur plan liberticide ; qu'elles soient vigoureuses contre ces tigres, partisans et complices de Robespierre ; contre ces hommes qui regrettent le régime de terreur, parce que lui seul peut convenir à leur immoralité et à tous les crimes dont ils sont capables ; que le gouvernement révolutionnaire, aujourd'hui l'effroi de ceux qui en abusaient pour faire des victimes, soit conservé jusqu'à ce que la masse nationale ait atteint les brigands de toute espèce, et qu'elle ait frappé ceux de ces monstres qui, en se permettant des actes arbitraires et sanguinaires, outrageaient encore la nature, les mœurs et l'humanité.

La section du Temple avait aussi ses intrigants, ses agitateurs, elle avait ses oppresseurs dans le ci-devant comité révolutionnaire ; ce comité, composé par la commune rebelle, dénoncé aux comités de gouvernement avant et depuis le 9 thermidor, avait plongé dans les fers des citoyens amis et défenseurs de la liberté, des patriotes vertueux, que cette section a vus rentrer avec joie dans son sein.

Pères de la patrie, faites le bonheur de la grande famille ; complétez l'instruction publique ; portez des regards attentifs sur les finances, sur les commissions exécutives et administratives ; fixez un terme à l'épuration des autorités constituées ; que les lois assurent la tranquillité et la félicité du peuple français.

Le cri des citoyens de la section du Temple sera toujours : Vive la république ! Vive la Convention nationale !

La mention honorable et l'insertion au Bulletin sont décrétées.

— Une députation de la commune de Conches vient féliciter la Convention sur le décret qui a fermé la salle des Jacobins.

Mention honorable, insertion au Bulletin.

LEGENDRE (de Paris) : Je demande le renvoi au comité de sûreté générale : les preuves s'y accumulent contre les chefs, contre les meneurs de cette Société, qui jouissent encore de l'impunité. Ils ont osé envoyer des émissaires dans les départements ; croyez-vous que ce soit pour vous bénir ? Non, je le répéterai toujours, ce sont ces chefs qu'il faut punir, et non cette tourbe d'hommes égarés. Citoyens, voici une comparaison qui me paraît on ne peut plus applicable au sujet : si le berger, chargé de la conduite de mon troupeau, le laissait aller dans le champ de mon voisin, sans doute il faudrait sévir contre mon berger, mais on ne pourrait pas égorger mon troupeau. (Applaudissements.) Qu'on ne me dise pas d'aller porter ma dénonciation aux trois comités, que j'appartiens à la faction des vipères. Non, j'appartiens à la nature, à la vérité, à mon pays, à moi ! (Nouveaux applaudissements.) Oui, citoyens, ce sont les chefs qu'il faut punir ; l'opinion publique les a déjà frappés du décret d'accusation. Je ne cesserai de vous les dénoncer ; rien ne m'arrachera mon courage. (Les applaudissements redoublent.) Je demande le renvoi de la pétition au comité de sûreté générale, qui la pèsera dans sa sagesse, et vous en fera un rapport.

Cette proposition est décrétée.

Cochon, au nom du comité de salut public : Citoyens, depuis quelques jours des bruits alarmants se sont répandus sur l'état des approvisionnements de Paris, tant en grains que bois et charbon. Inspirer au peuple des craintes sur les subsistances, c'est fournir à ses ennemis le moyen de l'agiter et de troubler sa tranquillité.

Mais, pour dissiper toutes les inquiétudes et rétablir la confiance, il suffira à votre comité de vous rendre compte des mesures qu'il a prises pour l'approvisionnement de Paris, de cette commune dont le sort est si essentiellement lié à celui de la révolution et à la cause de la liberté.

Avant le 9 thermidor la municipalité de Paris était particulièrement chargée de l'approvisionnement de cette commune. La révolution du 9 thermidor, en anéantissant cette municipalité conspiratrice, a nécessairement occasionné quelques légères suspensions dans le cours des mesures prises pour cet approvisionnement. Votre comité de salut public s'empressa cependant d'en conférer provisoirement le soin à votre comité de commerce ; mais chacun sait que tout nouvel établissement, tout passage d'un ordre de choses à un autre, entraîne inévitablement des lenteurs et des retards dans l'administration. Si donc il y a eu des inquiétudes à concevoir, c'eût été à cette époque critique et non aujourd'hui, lorsque les choses ont repris leur assiette ordinaire, lorsque le succès des mesures prises depuis cette époque a assuré d'une manière certaine l'approvisionnement de cette commune dans toutes ses principales consommations.

Nous ne vous dissimulerons pas cependant que l'état de cet approvisionnement, à la suite du 9 thermidor, pouvait faire craindre une crise malheureuse. C'est par les mesures extraordinaires qu'on l'a évitée ; c'est en redoublant d'activité qu'on est parvenu à un état de choses plus rassurant et plus consolant pour tous les citoyens.

A l'époque de la récolte, les magasins de Paris se ressentaient de la pénurie qui pesait sur toute la France : les mesures prises par l'ancienne municipalité ou par ses agents étaient loin d'être proportionnées aux besoins ; et particulièrement en bois et charbon. Les états dressés par les agents étaient infidèles ou inexacts : ainsi, dès le principe, de grandes fautes préparaient de grands maux. Depuis, les travaux de la moisson et ceux des semences ont singulièrement ralenti la rentrée des réquisitions. On sait que ces deux époques sont celles où les approvisionnements des grandes villes éprouvent le plus de difficultés.

Les circonstances ont produit d'autres obstacles qu'il a fallu vaincre ; il en est qui sont nés même des lois bienfaisantes faites pour l'avantage de l'agriculture, telle que la loi du 26 fructidor.

Des cultivateurs, sous le prétexte d'acheter des grains pour les semences, en ont fait un commerce frauduleux, et les ont par là soustraits aux réquisitions.

D'autres ont éludé la réquisition, sous le prétexte que le produit de leurs champs n'offrait que le juste équilibre de leurs besoins pour nourriture et pour semences. Tous étaient favorisés par les municipalités, composées, pour la plupart, de cultivateurs intéressés à ces connivences mutuelles.

D'un autre côté, les premières discussions sur la loi du maximum ont en quelques lieux suspendu l'effet des réquisitions. Le cultivateur, s'attendant à une augmentation de prix ou à la suppression même du maximum, refusait de donner ses grains à un prix faible, qui, dans beaucoup d'endroits, le remplissait à peine des frais de labour, de semence et de récolte.

Enfin la malveillance, qui répandait dans les campagnes qu'on formait à Paris des magasins immenses, où on laissait gâter une partie des grains, fournissait aux cultivateurs et aux autorités constituées un nouveau prétexte pour colorer leur négligence à fournir les contingents qui leur étaient demandés.

Telles sont les causes qui, ralentissant les versements dans les magasins de Paris, ont exigé de votre comité une surveillance perpétuelle sur le mouvement journalier de cette branche de l'administration.

La commission de commerce et celle des transports n'ont pas été un seul jour sans être interrogées sur les progrès de leurs opérations à cet égard. Des blés venus du Havre ont couvert le déficit qui aurait pu résulter du retard des versements des vingt-cinq districts qui fournissent leurs grains à Paris.

Avec ce moyen, nul besoin ne s'est fait sentir : Paris a eu du pain en abondance, quoique la consommation ait augmenté de plus d'un tiers.

Paris peut être non moins tranquille pour l'avenir ; car ce qui n'a pas été fourni des contingents des mois passés, par les districts destinés à l'alimenter, reste en accumulation pour les mois futurs, et assure l'approvisionnement bien au-delà de la récolte prochaine.

Les ordres les plus pressants sont donnés aux agents nationaux ; les prétextes trouvés par la malveillance sont écartés ; le service des transports est monté : tout à prix du mouvement uniforme et l'on peut dire inaltérable ; en un mot, la masse des réquisitions frappées sur des lieux où, malgré l'infidélité des recensements, les moyens de fournir sont connus, assure son approvisionnement jusqu'au mois de brumaire, et ce qui existe aujourd'hui dans les magasins suffit pour dissiper toute inquiétude, quand bien même des événements imprévus ralentiraient pendant quelque temps les arrivages.

Le comité a eu également de grandes difficultés à vaincre pour l'approvisionnement en bois et charbon.

Un concours remarquable de circonstances avait contribué à faire naître ces difficultés : les ordres donnés pour les coupes qui devaient fournir au besoin de l'hiver où nous entrons n'ont pas été donnés en temps propice ; la municipalité de Paris avait oublié que c'est surtout en cette partie d'approvisionnement qu'il faut des dispositions à l'avance pour assurer des arrivages qui ne peuvent se réaliser que longtemps après. Il est résulté de cette incurie que les coupes ont été faites trop tard. D'un autre côté, l'extraction du lieu des ventes, aux divers ports sur les rivières, s'est ralentie par le défaut de chevaux, dont on se plaint généralement dans les campagnes. Les autorités constituées d'une petite ville, de prétendus patriotes masqués sous les noms de Brutus, Scévola, Manlius, etc., se sont permis de retenir sur les ports plus de soixante mille voies de bois destinées pour Paris. On a vu ces mêmes individus empêcher par des incarcérations vexatoires des entrepreneurs de flottage de faire leur service ordinaire.

D'autres causes ont nui à la cuisson et à l'arrivage du charbon de bois ; les charbonniers, en outre, ont souvent cessé leur travail, parce qu'ils ne se trouvaient pas assez payés ; mais ce qui a surtout pu faire craindre de manquer de charbon de bois à Paris, c'est que les maréchaux, les serruriers, les ateliers à forges, ne pouvant se procurer du charbon de terre, ont fait des consommations considérables de charbon de bois : cette disette de charbon de terre a été occasionnée en grande partie par la fermeture du canal de Briare. Vous avez déjà connaissance de cette malheureuse circonstance, qui a nui si essentiellement aux arrivages des denrées en tout genre.

Voilà, citoyens, la réunion des circonstances qui ont rendu extrêmement difficile l'arrivage des combustibles à Paris : votre comité a senti que, pour réparer les fautes précédentes, des moyens ordinaires étaient insuffisants : il fallait créer des ressources subites qui ne pouvaient exister que dans les forêts nationales voisines des rivières qui descendent à la Seine.

Votre comité a donc eu recours à des mesures révolutionnaires ; des représentants ont été envoyés dans les départements au nord et à l'est de Paris ; ils ont visité les ports de toutes les rivières ; les mariniers ont été appelés à leurs devoirs par des moyens particuliers ; les bateaux ont été requis pour les services les plus essentiels ; les trains ont repris leur activité. Un exemple de rigueur justement exercée à l'égard des membres coupables des autorités constituées de Clamecy a atterré la malveillance : des coupes extraordinaires s'exploitent de toutes parts, à vingt lieues comme à deux lieues de Paris ; Vincennes et Boulogne, Marly et Montagne-du-Bon-Air vont vous fournir de bois et de charbon.

Partout les voituriers et les charbonniers se livrent au travail avec une ardeur nouvelle : une juste augmentation leur a été accordée. Des bœufs vont suppléer au défaut des chevaux pour extraire les bois des coupes ; enfin, rien n'est négligé pour aviver les abattis, les charrois et la navigation.

Les ressources qui nous sont annoncées par nos collègues Robin et Jourdan, et dont ils ont préparé les débouchés, pourront suffire non-seulement aux besoins de cet hiver, mais même à ceux de l'année prochaine : ainsi ils travaillent à la fois pour le présent et pour l'avenir. Paris se ressentira plus d'une année de leur activité révolutionnaire, et bientôt leurs mesures feront la certitude de l'approvisionnement de l'hiver prochain comme de celui où nous sommes, qui nous a donné pendant quelque temps de si vives inquiétudes.

Je finis par vous annoncer que le canal de Briare vient enfin de s'ouvrir, et que plus de cent quatre-vingts bateaux apportent à Paris des charbons de terre et de bois, du métal de cloche, et des denrées que la Loire verse ordinairement dans la Seine.

Aussitôt que les pluies ou les neiges auront fourni de l'eau aux étangs nourriciers de ce canal intéressant, de pareils convois se répéteront et faciliteront le transport des vins et autres marchandises qui, dans le premier arrivage, n'ont pu trouver place, parce qu'il a fallu donner la préférence aux objets qui les primaient dans l'ordre des besoins.

Je dois vous ajouter que votre comité n'a pas borné ses soins à la commune de Paris ; il a étendu ses sollicitudes à toutes les parties de la république ; il s'occupe avec relâche des moyens d'assurer l'approvisionnement de toutes les grandes communes, et de subvenir aux besoins de tous les départements où la récolte a été moins abondante.

Voici le projet de décret que votre comité m'a chargé de vous proposer, pour donner à ceux de nos collègues qui ont été chargés d'assurer l'approvisionnement de Paris toute l'autorité qui leur est nécessaire pour la suite des opérations qu'ils ont si heureusement commencées :

« La Convention nationale, après avoir entendu le rapport du comité de salut public sur les opérations des représentants du peuple Robin et Jourdan, chargés d'assurer les approvisionnements de Paris en bois et charbon, approuve les mesures prises par lesdits représentants ;

» Décrète qu'ils continueront de suivre leurs opérations ; décrète en outre que les représentants du peuple Roux et Loiseau continueront de même leurs opérations. »

Ce projet de décret est adopté.

CH. DELACROIX : La commune de Reims est à la veille d'éprouver la plus grande disette de bois, malgré que, dans les forêts qui l'avoisinent, il y ait des bois abattus depuis deux ans. Je demande que le représentant du peuple BÔ, qui est chargé d'organiser les autorités constituées du district de Reims, soit aussi chargé d'approvisionner cette commune du bois dont elle a besoin.

DUBOIS-CRANCÉ : Dans le temps que j'étais en mission dans le département d'Ille-et-Vilaine, j'ai vu de très-beaux bois dont on avait ordonné la conservation, afin que les émigrés auxquels ils appartenaient les retrouvassent à leur retour. Non-seulement on n'a pas fait dans ces bois les coupes extraordinaires que vous avez décrétées, mais encore on n'a fait aucune coupe ordinaire depuis 1789. La faute ne doit pas être rejetée sur les administrations de ce pays ; elles étaient menées par des hommes qui leur étaient supérieurs, et qui se déguisaient ici à l'aide du bonnet rouge. Lorsque je demandai pourquoi ces bois n'étaient pas exploités, on me répondit que la république gagnerait davantage à les vendre sur pied. Je demande que le comité de salut public veille à ce que toutes les coupes soient faites, et nous ne manquerons jamais de bois.

Les observations de Dubois-Crancé sont renvoyées au comité,

LECARPENTIER (de la Manche) : Je demande l'ordre du jour sur la proposition de Delacroix. C'est un devoir pour les représentants du peuple envoyés dans les départements de veiller à leur approvisionnement.

*** : Je m'oppose à l'ordre du jour. Notre collègue Sautereau a ordonné, il y a un mois, une coupe de bois pour l'approvisionnement de la commune de Rouen. Il a fallu obtenir, sur cet arrêté, la sanction de la commission des revenus nationaux, et, depuis un mois, on est encore à l'avoir.

CAMBON : Je demande l'ordre du jour pur et simple sur toutes les propositions. Si l'on accordait à tous les représentants du peuple, envoyés dans les départements, le droit de faire faire des coupes, bientôt toutes les forêts seraient attaquées et ruinées.

La proposition de Cambon est adoptée.

DUQUESNOY : Dans les départements du Nord, du Pas-de-Calais, et dans tous ceux où les armées ont séjourné, les arbres qui bordaient les chemins ont été abattus. Je demande qu'il soit pris des moyens pour renouveler ces plantations.

La proposition de Duquesnoy est renvoyée aux comités d'agriculture et des travaux publics.

BEFFROY : Je demande que les comités d'agriculture et de législation s'occupent de l'organisation forestière, car il règne les plus grands abus, il se commet les plus grandes dilapidations dans cette partie. On a encore la mauvaise habitude d'accorder aux marqueurs 7 sous par chaque pied d'arbre qu'ils marquent. Ces hommes, au lieu d'indiquer les arbres qui dépérissent, marquent les ormes et les frênes qui se trouvent le plus près d'eux, de sorte que bientôt vous serez réduits à acheter au poids de l'or les bois nécessaires aux instruments aratoires.

Cette proposition est renvoyée au comité d'agriculture.

PELET : Citoyens, ce n'est pas seulement sur les bords du Rhin, aux Alpes et aux Pyrénées, que les braves soldats de la république se dévouent pour la cause de la liberté.

La garnison de Cayenne, placée au delà des tropiques, y montre un patriotisme brûlant comme le climat ; exemple d'ordre et de discipline militaire, elle a supporté avec courage et patience les fatigues et les intempéries d'un sol et d'un ciel embrasés.

Résignée sans murmure aux privations les plus sensibles, se passant de pain, se nourrissant de cassave, elle brûle du désir de combattre les ennemis de son pays.

En attendant qu'ils se présentent, elle éclaire, elle instruit les nègres affranchis par le décret du 16 pluviose. L'ivresse de la liberté ayant paru, dans le premier moment, ralentir les travaux de la culture des nègres, ces nouveaux citoyens ont été mis sur-le-champ en réquisition, et la récolte a été suivie avec avantage.

L'enseigne de vaisseau Polony, commandant la corvette l'*Oiseau*, a quitté les côtes de la Guyane le 13 vendémiaire ; des calmes, des vents faibles et contraires l'ont tenu quarante-quatre jours de traversée ; pendant sa croisière sur les côtes de l'Amérique, il a approvisionné la colonie aux dépens du commerce hollandais.

Dans sa route en Europe, il a ramassé un brick anglais, chargé de morue sèche. Ce brave officier a ramené à Lorient son équipage plein de santé et de républicanisme. Il se présente à votre barre pour vous offrir, au nom de ses camarades, un don patriotique, fruit honorable de leur valeur.

Je demande qu'il soit admis.

L'admission est décrétée.

Le citoyen Polony est admis à la barre.

« Représentants, le commissaire civil, délégué à Cayenne par la Convention nationale, m'envoie vous porter ses dépêches avec treize croix de ci-devant Saint-Louis, une médaille en or, une montre, deux paires de boucles, deux cuillers, une fourchette en argent ; objets qui m'ont été remis par diverses personnes pour vous être présentés.

« J'ai laissé, il y a quarante-quatre jours, cette colonie dans l'état le plus tranquille. Les propriétaires, par l'effet d'un accord libre et mutuel avec les ci-devant esclaves, devenus leurs métayers, cultivent et récoltent les denrées de la Guyane, de plus en plus féconde en productions de tout genre.

« L'équipage de la corvette l'*Oiseau*, que je commande, m'a chargé d'offrir en don patriotique à la Convention nationale deux mille trois cent quatre-vingt-quatre pièces de monnaie étrangère, trouvées sur l'une des prises hollandaises, et de plus une somme de 2,876 liv. 14 sous sur ses parts de prises. »

LE PRÉSIDENT : La Convention nationale voit avec plaisir à sa barre l'envoyé de l'équipage de la frégate l'*Oiseau*, venant de Cayenne. L'état consolant dans lequel tu as laissé la colonie et ses habitants est bien satisfaisant pour tous les bons Français. Bientôt, la liberté des mers rendant les communications plus faciles, nos frères de Cayenne reprendront avec nous un commerce réciproquement utile, et le courage de sa garnison contribuera à faire repentir l'Anglais de nous avoir attaqués.

En attendant, la Convention nationale accepte l'offrande que tu es chargé de déposer sur l'autel de la patrie commune ; je t'invite en son nom aux honneurs de la séance.

La Convention nationale décrète la mention honorable et l'insertion au Bulletin de la lettre et du don fait par l'équipage du vaisseau l'*Oiseau*, et charge le comité de salut public de procurer à l'enseigne de vaisseau Polony l'avancement dont il est susceptible.

— Garnier (de Saintes), au nom du comité des transports, postes et messageries, fait un rapport sur les agences et la commission exécutive, chargées de cette partie du gouvernement : il retrace les embarras et les obstacles que les commissions offrent en général à la marche du gouvernement ; il croit qu'elles seraient plus sagement et plus économiquement remplacées par des agents responsables ; qu'on ne peut surtout pas conserver ensemble des agences et des commissions, qui, ayant un objet égal avec des pouvoirs inégaux, n'offrent qu'une rivalité de pouvoirs, une dépense énorme, et des rouages inutiles au gouvernement.

Il développe les différents objets dont le comité s'occupe ; les routes, les canaux, la navigation intérieure, les postes.

Il propose, au nom du comité, la suppression de la huitième commission exécutive établie pour les transports, postes et messageries, ainsi que les quatre agences ; de les remplacer par une direction placée sous la surveillance immédiate du comité, qui sera divisée en quatre sections, qui s'occuperont chacune des divers objets qui leur seront confiés.

THIBAUDEAU : Le projet de décret que l'on vous présente ne fait que changer le nom d'une administration sans en déraciner les abus. Il est des réflexions générales dont la Convention doit enfin s'occuper relativement aux commissions : je crois, moi, que le pouvoir est trop disséminé. Lorsque nous en avons décrété l'organisation, nous étions mus par une jalousie bien pardonnable sans doute envers la centralisation de ce pouvoir. La Convention doit méditer les moyens de resserrer le ressort qui doit faire agir le gouvernement. Il faut aussi porter un œil attentif sur l'organisation monarchique des bureaux des différentes commissions. Si l'on n'est pas revêtu d'un caractère public, on ne peut parvenir dans ces bureaux, ni finir ses affaires. L'organisation actuelle ne conviendrait qu'à un gouvernement qui ne voudrait point payer ses dettes. On consomme le temps et les deniers de la république en démolitions, en constructions, en distributions, en déménagements ; les employés se servent de ses meubles et de son linge. Une autre source des abus et des tiraillements du gouvernement se trouve dans la mauvaise administration de la commission de commerce et des approvisionnements. Eh ! n'est-il pas ridicule de charger cinq individus d'approvisionner exclusivement vingt-cinq millions d'hommes ! C'est le moyen d'avoir toujours une disette factice au milieu de l'abondance. Je conclus en demandant le renvoi du projet qu'on vient de proposer aux comités de gouvernement, afin qu'ils s'occupent des moyens de diminuer l'infâme bureaucratie qui nous dévore ; d'empêcher les agents de la république d'étaler à ses dépens un faste scandaleux et de dilapider ses meubles, enfin pour qu'ils présentent une mesure plus utile et moins absurde que celle de la commission de commerce et des approvisionnements.

MASSIEU : La commission temporaire des arts a reçu, depuis environ deux mois, une foule de dénonciations contre tous les agents de la république, qui s'approprient des lits, des pendules, même du linge qui lui appartiennent. Il y a même un chef de bureau qui couche dans un lit de 30,000 francs.

BOURDON (de l'Oise) : On ne finirait pas si on voulait retracer toutes les dilapidations qui se commettent en cette partie. Il faut s'occuper des moyens de les faire cesser ; mais il ne faut pas, par des renvois perpétuels aux trois comités, entraver sans cesse la marche du gouvernement, en les forçant à des réunions qui se multiplient à l'infini avant de rien produire d'utile. Chaque commission exécutive correspond avec un comité chargé de la surveiller ; eh bien, décrétez que chacun de ces comités se fera rendre compte de l'organisation des commissions et du nombre de leurs employés.

On me fait une observation, qu'il n'y a pas besoin de le décréter ; à la bonne heure, mais qu'on exécute donc les décrets. Il vaut beaucoup mieux s'en rapporter aux divers comités, qui sont plus près de chaque commission, qui correspondent journellement avec elles, que d'entraver, comme je le disais tout à l'heure, la marche du gouvernement.

TAVEAUX : Thibaudeau a proposé une mesure beaucoup plus générale ; c'est celle que j'avais faite il y a quelque temps, pour charger les comités de gouvernement d'examiner la question de savoir si l'on ne pourrait pas diminuer le nombre des rouages trop multipliés depuis le 9 thermidor ; faire payer des loyers à ceux qui sont logés aux frais de la république ; réduire ou même supprimer les commissions exécutives.

COLOMBEL : Il me semble que la proposition du renvoi aux comités de gouvernement ne peut souffrir de difficulté. Je demande donc que le renvoi soit décrété.

GARNIER (de Saintes) : Je prie la Convention de fixer son attention sur la situation actuelle du gouvernement. Nous vous l'avons dit : il y a trop de rouages, il y a trop de dissémination dans les comités depuis le 9 thermidor ; mais si l'on charge les comités de gouvernement de méditer des vues sur cet objet, il en arrivera un plus grand relâchement encore dans les ressorts de la machine administrative. Il serait bien plus simple et bien plus sage de s'en tenir au décret du 27 fructidor, c'est-à-dire que les comités fussent chargés, chacun dans sa partie, de se faire rendre compte par les commissions auxquelles ils correspondent.

Je demande donc que les divers comités nomment un de leurs membres pour former une commission, qui s'occupera du travail dont la discussion actuelle fait sentir la nécessité, et qui le présentera à la Convention, après en avoir référé aux trois comités de gouvernement.

**THIBAULT :** Jusqu'ici vous n'avez établi que des commissions et des régies ; tout va mal, parce que ceux qui sont à la tête de ces établissements ne songent qu'à s'enrichir. Cela ne serait point arrivé si vous eussiez donné, par exemple, vos postes et messageries par adjudication à une compagnie d'hommes sages et probes. Vous n'auriez point une disette factice, si vous n'aviez pas créé une commission exclusive de commerce et d'approvisionnement ; si vous aviez rendu au commerce toute sa latitude ; si vous n'aviez pas établi un maximum inexécuté et inexécutable ; enfin, si vous n'aviez pas établi des réquisitions presque exclusives. Portez vos yeux sur les diverses commissions : vous verrez une nuée de commis plus insolents et plus dispendieux que ceux de l'ancien régime, inaccessibles dans leurs bureaux, inhabiles à leurs occupations. On écrit, on imprime mille fois plus, et on ne fait point de besogne. Vous verrez finir ces abus quand vous serez las de parcourir le cercle que nous parcourons depuis longtemps. Sous aucun régime, sous aucun gouvernement sage, vous ne verrez établir une commission de commerce et d'approvisionnement. Il s'est formé à Orléans une compagnie de bons citoyens qui ont mis en avance une somme considérable, et qui sont disposés à tirer de l'étranger des denrées pour les répandre dans la république. C'est par là que vous établirez la concurrence, et c'est par la concurrence que vous ferez cesser la disette et la cherté des denrées. Tout le monde veut être commis ; il n'y a pas de jour que je ne reçoive une foule de lettres ou de visites de gens qui veulent être payés par le trésor public. Je leur réponds à tous : « Si vous voulez être sur la liste des commis qui vont être supprimés, il ne tiendra qu'à vous. » (On rit. — On applaudit.) Je me résume, et je dis que le mal ira croissant tant que vous n'aurez pas une balance exacte entre la recette et la dépense ; je ne parle pas des dépenses extraordinaires, nécessitées par la révolution ; mais, pour les dépenses fixes, il faut enfin les connaître et en établir la quotité. Je demande que chaque comité qui a la surveillance immédiate d'une commission examine : 1° l'organisation de cette commission, 2° la formation des bureaux, 3° le nombre des commis à supprimer.

**LEGENDRE :** En appuyant les observations très-sages qui viennent d'être faites, il est pourtant une question autour de laquelle je crois qu'il ne faut point tourner, mais qu'il faut aborder franchement ; c'est celle de savoir si la loi du maximum est nécessaire. Je soutiens qu'elle n'est point exécutée ; or une loi qui n'est pas exécutée est un brevet dans la main des fripons. (Vifs applaudissements.) En abordant cette question, mon intention est que la discussion tourne au bien de mon pays ; si je me trompe, j'invite mes collègues à relever mes erreurs. Je disais donc qu'une loi qui n'est pas exécutée est un brevet dans la main des fripons, qui se servent des dispositions de la loi pour s'emparer du commerce en achetant et vendant en cachette, tandis que l'honnête homme ne peut s'approvisionner, de peur de violer la loi. Il ne faut point attaquer celle-ci avec inconsidération, mais je demande que le comité de commerce se réunisse avec celui des finances pour examiner si l'on doit conserver une loi qui n'est exécutée nulle part, ou revivifier le commerce.

**CHAZAL :** Les dispositions calamiteuses de l'ancien gouvernement ont excité la surveillance et la sollicitude de vos divers comités ; cinq d'entre eux ont nommé une commission qui va s'occuper de l'examen de la loi du maximum et de la commission de commerce et d'approvisionnement ; alors elle présentera ses vues aux trois comités de gouvernement, qui les communiqueront à la Convention.

**BOISSY-D'ANGLAS :** Je demande que la commission dont on parle examine aussi la question de savoir s'il faut conserver les commissions exécutives, ou ne garder à leur place qu'un chef de bureau et un premier commis.

**CHARLES DELACROIX :** Il ne faut pas que cette discussion soit perdue pour le bien de la république. Les agents des commissions étalent un luxe insolent ; le comité des domaines a voulu souvent en arrêter les excès ; mais l'ancien gouvernement lui répondait toujours qu'il fallait que les agents de la république étalassent une espèce de magnificence pour la splendeur du gouvernement. Je demande que d'ici au 1er nivôse le mobilier somptueux, distribué aux diverses commissions, soit restitué au trésor public.

**CAMBON :** Ramel a un rapport tout prêt sur cet objet.

Garnier rappelle la proposition qu'il a faite de charger les comités de nommer un de leurs membres pour former une commission, qui s'occupera des diverses mesures qui ont été présentées.

Cette proposition est décrétée.

*( La suite à demain.)*

*N. B.* Dans la séance du 14, Merlin (de Douai), au nom du comité de salut public, a démenti les bruits répandus par la malveillance, et accrédités par les ennemis de la liberté, sur les prétendues négociations de paix entamées avec les puissances coalisées. Il a déclaré, dans un discours vivement et fréquemment applaudi, que le gouvernement voulait aussi la paix, mais glorieuse comme ses triomphes, mais digne de la république et de ses braves défenseurs.

---

## LIVRES DIVERS.

*Cange, ou le Commissionnaire bienfaisant*, trait historique en un acte, représenté pour la première fois sur le théâtre de la Cité-Variétés, le 10 brumaire de la 3e année républicaine. Prix : 20 sous ; et se vend au profit du citoyen Cange, chez Plassan, libraire, rue du Cimetière-André-des-Arcs, n° 10.

Cette pièce, dont nous avons rendu compte dans le n° 44 de cette feuille (article *Spectacles*), est des citoyens Villier et Gouffé.

— *Traité des opérations de chirurgie*, par Bertrandi, traduit de l'italien par Sollier de la Romillais, nouvelle édition ; in-8°, fig., broché. Prix : 6 liv. 10 s. A Paris, chez Théophile Barrois le jeune, libraire, quai des Augustins, n° 18.

—*Code des successions, donations, substitutions, testaments et partages*, avec une introduction des tableaux généalogiques et une table alphabétique des matières ; par le citoyen A.-C. Guichard, avantageusement connu par ses codes des juges de paix, du tribunal de famille, police, etc., etc., dont il va paraître de nouvelles éditions.

A Paris, chez Garnery, rue Serpente, n° 17. Prix : 5 liv. 10 sous, et 4 liv. 10 sous franc de port, par la poste.

---

*Payements à la trésorerie nationale.*

Le payement du perpétuel est ouvert pour les six premiers mois ; il sera fait à tous ceux qui seront porteurs d'inscriptions au grand livre. Celui pour les rentes viagères est de huit mois vingt et un jours de l'année 1793 (vieux style).

# GAZETTE NATIONALE ou LE MONITEUR UNIVERSEL.

N° 76.  Sextidi 16 Frimaire, l'an 3e. (Samedi 6 Décembre 1794, vieux style.)

## POLITIQUE.

### ALLEMAGNE.

*Bonn, le 24 novembre.* — Le duc de Brunswick a formellement refusé le commandement des troupes anglaises et hollandaises, qui lui avait été offert par le gouvernement britannique.

— Les Français ont bombardé Emmerich. La sommation qui a précédé ce bombardement portait qu'on eût à livrer tous les bateaux qui étaient dans le port.

— Il y a en ce moment dans les environs de Wesel une grande quantité de troupes républicaines. Ces dernières élèvent de forts retranchements sur la montagne d'Offenberg, à une lieue au-dessus de Wesel. Les Autrichiens se retranchent de leur côté derrière la petite-ville de Buderich.

— Il n'est plus question de l'arrivée d'un corps de Prussiens. L'armée prussienne gardera sa position sur le Haut-Rhin.

— Le siège de Mayence continue avec la plus grande vigueur. Une autre division de l'armée républicaine dirige ses mouvements contre Manheim. Les villages de Friesenheim et d'Oggersheim, qui en sont voisins, ressemblent à des forteresses. Le camp des Français s'étend depuis Oggersheim jusqu'à Mundenheim. L'œil, aussi loin qu'il peut s'étendre, n'aperçoit que retranchements et les troupes de la république française.

### ESPAGNE.

*Madrid, le 25 octobre.* — On assure que la cour, effrayée des événements de la guerre, s'occupe de changer entièrement le plan de campagne, et que des instructions ont été envoyées en conséquence aux commandants des places frontières et aux généraux. Le général La Union doit se rendre incessamment auprès du cabinet.

— La cour de Lisbonne s'occupe en ce moment de quelques préparatifs militaires. Il s'agit de procéder à une nouvelle organisation des troupes. On a rassemblé quelques régiments pour former la garnison de la capitale.

## RÉPUBLIQUE FRANÇAISE.

### TRIBUNAL CRIMINEL RÉVOLUTIONNAIRE.

*Suite de la procédure du comité révolutionnaire de Nantes.*

*Sandroc*, commis chez un négociant à Nantes, chef de division des convois militaires, déclare que, lorsqu'il était secrétaire de Carrier, il a vu souvent Goulin et Chaux venir chez ce représentant. Il parle d'un dîner que Lambertye et Fouquet donnèrent à Carrier sur une galiote hollandaise.

Quand il y arriva, il trouva vingt couverts. A la fin de ce repas, Lambertye raconta fort au long l'histoire d'une noyade à laquelle il avait présidé, et s'étendit beaucoup sur la manière dont il avait sabré des victimes qui s'efforçaient de se sauver à la nage. Tous les convives, dans la crainte d'être noyés, applaudirent aux prouesses de Lambertye ; « et moi, dit le témoin, je frémissais d'horreur. » Carrier aimait tant la guillotine, il avait tant de goût pour ce glaive national, qu'il en voulait en tête et en queue de l'armée.

Les accusés, interpellés sur l'objet de leurs habitudes journalières chez Carrier, répondent qu'ils n'allaient chez ce représentant que parce qu'ils y étaient mandés.

*Bigot*, concierge pendant six à sept mois de la galiote où furent renfermés soixante-seize prêtres réfractaires, déclare qu'on en a envoyé trente-deux à Brest, trente et un à Rochefort, et soixante-six au Bouffay, où ils ont été conduits depuis peu, où ils sont encore, et les autres sont morts.

*Réal* saisit cette occasion pour observer qu'il paraît constant par les débats, qu'avant l'arrivée et après le départ de Carrier il n'y a eu aucune noyade à Nantes, et qu'elles n'y ont eu lieu que pendant son séjour dans cette commune.

*Hérié*, menuisier, et membre du comité révolutionnaire de Nantes, après avoir parlé d'une commission des Douze, pour faire la recherche des correspondances des négociants avec les colons de Saint-Domingue, et des perquisitions faites, en vertu d'ordres du comité de salut public, chez les négociants, déclare que la terreur commença dans Nantes à l'époque où l'on fit courir le bruit d'une conspiration, lorsqu'à cette occasion le canon fut braqué au Port-au-Vin, et que cette même terreur cessa au départ de Carrier. Ce représentant faisait trembler les aristocrates, et les patriotes n'étaient pas plus en sûreté que les ennemis de la chose publique.

*Berthé*, charpentier de bateau, a vu le premier bateau qui a servi à la noyade des prêtres : à chaque côté il y avait deux trous carrés, par où l'eau entrait.

Il a encore vu plusieurs autres gabares échouées, et toutes construites de même, et on en voit encore plusieurs dans la Loire.

On amena un jour, de l'Entrepôt, un grand nombre de prisonniers ; on les fit descendre dans une galiote, et on en cloua l'entrée. Quelques jours après on en jeta à l'eau environ quatre-vingts qui étaient morts ; ou en reconduisit seize à l'Entrepôt, pour nettoyer cette prison, en leur promettant leur grâce.

Pendant leur absence, ceux qui étaient dans la gabare furent noyés. A leur retour, ils s'aperçurent que leurs camarades avaient péri : ils firent des difficultés pour descendre dans la gabare, et le lendemain ils subirent le même sort que les autres.

« J'ai encore vu, ajoute le témoin, noyer plusieurs centaines de femmes de dix-huit à vingt ans. »

*Griault*, matelot de la Durance, donne de nouveaux détails sur les noyades ; les expéditions dont il a été le témoin oculaire étaient toujours de trois à quatre cents individus pour le moins ; on y remarquait de jeunes femmes, d'autres enceintes ; il en est même accouché dans le navire destiné à engloutir et la mère et son fruit.

« On y voyait encore avec douleur, ajoute-t-il, des enfants de quatre, cinq, six et sept ans, également précipités dans les flots : c'est ainsi que des innocents, de petits êtres infortunés, étaient ravis à la lumière ; qu'ils étaient privés de l'existence au moment même où ils commençaient à peine à l'apercevoir. C'est ainsi que les barbares agents de Carrier, des hommes qui n'en avaient que le nom, disons plutôt des monstres dont l'humanité ne cessera de rougir, arrachaient sans pitié du sein de leurs tendres mères de faibles victimes qui semblaient agiter leurs bras, leurs petites mains, pour lutter contre une mort à la vérité prématurée, mais malheureusement trop certaine pour eux. »

« Ces prisonniers n'avaient pour nourriture qu'une demi-livre de pain ; il leur est même arrivé d'en être totalement privés pendant plusieurs jours. J'ai vu des noyades se faire en plein jour. »

*Proust*, voilier, parle de la noyade du 24 au 25 frimaire ; il dépose avoir vu Goulin et Grandmaison ; avoir aussi connaissance des perquisitions faites chez les négociants par ordre du comité qui avait formé une commission de douze membres pour visiter les correspondances desdits négociants ; il sait également qu'il a été pris vingt-sept marcs d'argenterie chez le citoyen Lavercey ; il ignore ce que cette argenterie est devenue.

« J'ai vu plusieurs fois Carrier à la Société populaire, dit le témoin ; je l'ai vu le sabre nu à la main, menaçant de faire guillotiner le premier qui s'apitoierait sur le sort des individus condamnés à la noyade.

« C'est ainsi qu'en agissent les destructeurs de l'espèce humaine. Arrivés à un degré de cruauté qui étouffe dans leurs âmes tout sentiment d'humanité, qui comprime chez eux la nature, au point de le rendre muette, lors même qu'elle devrait se faire entendre plus que jamais, les barbares seraient fâchés de rencontrer des êtres sensibles ; ils craindraient de le devenir, de se voir livrés à des remords qui tôt ou tard viennent les déchirer, en punition de leurs forfaits.

*Batallon*, *Kernet* et *Grut*, les deux premiers sous-lieutenants dans le 4e bataillon du régiment de la Guadeloupe, déposent avoir eu connaissance, comme les précédents témoins, des noyades et fusillades.

*Trogolfe-Laborie*, Américain, dépose d'une noyade de quatre-vingt-dix prêtres conduits d'abord à l'hôpital, ensuite aux Sainte-Claire, et puis jetés à l'eau.

Il se plaint ensuite de la soustraction d'une malle, faite par le comité.

*Hérisson*, charcutier, est entendu.

« Je déclare, dit le témoin, avoir été traité de scélérat par les membres du comité, pour avoir réclamé une fille qui n'était nullement coupable ; on me répondit que je ne devais pas me mêler de ces gens-là. Mon neveu et mon beau-frère ont été fusillés sans aucuns motifs plausibles, et j'ai aussi eu la douleur de me voir enlever mes enfants pour être noyés : l'un d'eux a tenté de se sauver, de se soustraire des mains des barbares exécuteurs ; il y était en effet parvenu, lorsque les noyeurs, désespérés de voir échapper leur proie, ont eu la cruauté de fusiller cet enfant : je devais être noyé moi-même, pour avoir dit à un ami de Carrier que ce représentant n'était pas patriote, puisqu'il avait facilité l'évasion de la femme Templorié, qui était émigrée : on m'a incarcéré, et pendant ma détention on m'a volé toutes mes viandes de charcuterie.

*Champenois* : Le tribunal ne doit pas être surpris de ce que la boutique d'un marchand de comestibles soit pillée, parce que ces brigandages étaient autorisés par le représentant Carrier qui menaçait, à la Société populaire, tous les approvisionneurs de faire rouler leurs têtes, s'ils ne livraient au public leurs marchandises ; il voulait même qu'on enfonçât les magasins des marchands, et que leurs provisions fussent abandonnées au pillage du peuple.

*Le président*, à Goulin : Pourquoi les enfants du témoin ont-ils été noyés? Pourquoi a-t-on tiré un coup de fusil sur l'un de ces enfants qui voulait se sauver? Pourquoi son neveu et son beau-frère ont-ils été fusillés ? Pourquoi la boutique du témoin a-t-elle été dévastée, et par quel ordre ces exécutions se sont-elles faites?

*Goulin* : Toutes les noyades et fusillades se sont faites par l'ordre de Carrier, et sur ses indications. Les confiscations se sont également faites par ses ordres ; le comité ignorait assez souvent quels étaient les motifs qui faisaient agir le représentant, quelles étaient les raisons qui déterminaient les exécutions par lui commandées ; je ne puis donc donner les causes des noyades et fusillades exécutées contre la famille du témoin.

*Le président*, au témoin : Quels étaient les fusilleurs?

*Le témoin* : C'étaient presque toujours des Allemands auxquels ces expéditions cruelles étaient confiées.

*Martin Huet*, couvreur ; *Vernet*, taillandier, et *Elsdardande*, substitut de l'accusateur public du tribunal militaire de l'armée de l'Ouest, déposent aussi des noyades et fusillades.

« Mais pendant mon séjour à Nantes, dit le dernier témoin, substitut de l'accusateur public, le despotisme était tellement à son comble que le roulement d'une voiture annonçait l'arrestation d'une victime, tant la terreur était à l'ordre du jour. »

*Le président*, au témoin : Quels étaient les auteurs de cette terreur, propagée dans Nantes?

*Le témoin* : On n'en connaissait pas d'autres que Carrier et le comité révolutionnaire.

*Le président*, aux accusés : Que répondez-vous sur cette déposition, qui vous indique comme faisant cause commune avec les propagateurs de la terreur dans Nantes?

*L'un des accusés* : De tous les moyens moraux propres à faire juger sainement la conduite du comité révolutionnaire, il n'en est point de plus saillant et qui entraîne une conviction plus complète que l'examen des gradations éprouvées par ce comité, suivant les diverses impulsions qu'il reçoit des représentants du peuple en mission dans la ville de Nantes.

Patriotes sévères, qui voulez découvrir la vérité, étudiez l'attitude et la marche du comité, à telle ou telle époque, et jugez-le.

D'abord vous le verrez ne marchant qu'avec la loi, n'agissant qu'avec sagesse et fermeté sous Prieur (de la Marne) et autres.

Vous le verrez ensuite inflexible et révolutionnaire avec Hentz et Francastel; vous le verrez enfin ultra-révolutionnaire jusqu'à un excès condamnable, sous le bras de fer du farouche Carrier.

Voyons d'abord dans quelles dispositions Carrier arrive à Nantes. Il aborde dans cette ville, horriblement prévenu contre les habitants de cette commune. Cette prévention *sourçait* même des rapports de ses prédécesseurs.

Carrier se croyant donc à Nantes comme au centre de la Vendée ; Carrier voyant cette ville livrée à tous les abus et à tous les fléaux, Carrier ne rêve que conspirations, qu'assassinats ; Carrier, fortement pénétré de ce principe, que la république ne sera calme, et le peuple heureux, que lorsque tous les ennemis de la république ne seront plus, Carrier provoque, commande à grands cris l'arrestation des gros coquins d'aristocrates et d'accapareurs. (C'est ainsi que Carrier nomma toujours les riches modérés et les égoïstes.) Ses ordres sont accueillis, et bientôt la ville est purgée des hommes suspects qui la trahissaient ou l'affamaient.

Carrier, du caractère le plus bouillant, le plus irascible ; Carrier, malheureusement entouré, à la fin de sa mission, d'hommes atroces et immoraux ; Carrier, ayant sucé leurs principes meurtriers et désastreux, fut poussé à des excès qui eussent été salutaires, s'ils eussent été restreints.

Carrier, enfin, ressembla, dans l'origine de sa mission, à un fleuve majestueux qui ne quitte son lit que pour fertiliser les campagnes; mais Carrier, une fois influencé par le crime, c'est-à-dire par les scélérats Lambertye et Fouquet, devient un torrent dévastateur qui submerge et les propriétés et les hommes.

Il abusa donc, sans mauvais dessein sans doute, du caractère franc, expansif et impétueux de Goulin. Carrier l'entraîna dans l'abîme, et Goulin, à son tour, y entraîna des collègues que sa moralité et son républicanisme lui rendirent d'autant plus faciles à gagner.

Si Carrier eût terminé sa mission à l'époque où des scélérats et des femmes s'emparèrent de son esprit et de ses sens, sa mémoire serait bénie ; tandis qu'ayant étendu ses fureurs jusque sur les patriotes, il a emporté leur haine et presque leur mépris.

De ces différentes fluctuations que l'on remarque dans notre conduite avec les divers représentants du peuple, il s'ensuit la conséquence nécessaire que nous n'avons fait qu'obéir aux ordres qui nous étaient intimés par les commissaires de la représentation nationale, que céder aveuglément ou plutôt respectueusement aux impulsions qui nous ont été données par l'autorité supérieure ; que nous nous sommes toujours conformés aux principes des mandataires du peuple, et n'avons jamais erré tant que nous avons eu de bons guides.

Le témoin *Michelot*, maréchal des logis de la gendarmerie, désigne Carrier comme un despote, comme un tyran qui semait la terreur et l'effroi au milieu de tout ce qui l'environnait ; il déclare que c'est avec ce ton despotique que Carrier s'est annoncé dans Nantes.

« Sauvigny, dit le témoin, se présente chez Carrier, pour lui adresser quelques observations ; il en est traité de la manière la plus injurieuse. Sauvigny insiste pour se faire entendre ; Carrier le frappe de son sabre, et le poursuit avec cette arme, pour continuer ses outrages.

« J'étais un jour de garde chez Carrier ; je l'entends donner l'ordre d'aller arrêter un commis, domicilié chez un commissaire des guerres. L'ordre est exécuté : le commis est ammené, traduit devant Carrier, qui lui fait essuyer les plus mauvais traitements, pour avoir, disait-il, délivré à tort un billet de route à un militaire. Carrier, par suite de son emportement contre le commis, mande le commissaire des guerres, auquel il fait subir le même traitement : il les menace de les faire fusiller tous deux dans sa cour, et finit par les faire incarcérer à Sainte-Claire. Il prit encore fantaisie à Carrier de faire arrêter le général Moulins, sans motif apparent ; et cet ordre fut exécuté. » (*La suite incessamment.*)

## CONVENTION NATIONALE.
### Présidence de Clausel.

*N. B.* Dans la séance du 12 frimaire, Fourcroy a reproduit à la discussion son projet de décret sur l'établissement d'une Ecole centrale de Santé à Paris.

Nous allons faire connaître son rapport, lu dans la séance du 7.

Fourcroy, au nom des comités de salut public et d'instruction publique : En instituant une école centrale des travaux publics, qui va être en activité dans quelques jours, la Convention nationale a ouvert une source d'instruction qui manquait à la république française ; elle a fondé une des bases sur lesquelles l'édifice des sciences et des arts consacrés à la prospérité publique va s'élever sans obstacle et avec rapidité ; elle a donné un nouveau degré d'importance à l'ensemble des connaissances exactes, dont on négligeait beaucoup trop l'application utile ; elle a ranimé le courage et le zèle des citoyens qui s'occupent de l'avancement de ces connaissances.

Les comités de salut public et d'instruction publique viennent aujourd'hui appeler la sollicitude de la Convention sur une autre branche d'instruction, dont le besoin se fait également sentir pour le service et l'entretien des armées de la république ; la constance de leur succès y est également attachée. C'est de la santé et de la vie de nos frères d'armes, c'est des moyens de les secourir dans leurs maux, et d'apporter à cet objet important toutes les ressources dont le génie des Français peut disposer, que je viens, au nom des deux comités, entretenir aujourd'hui la Convention nationale.

Les nombreux bataillons des républicains, chargés du soin de la défense de la liberté et de l'égalité, exigent à leur suite une grande quantité d'hôpitaux pour recueillir et soigner ceux des soldats de la patrie que les fatigues des marches, l'intempérie des saisons, d'honorables blessures, enlèvent pour quelque temps à la gloire qui les appelle encore, ou au repos domestique qui les attend ; plusieurs milliers d'officiers de santé sont employés dans les hôpitaux militaires et dans les camps ; il faut remplacer ceux que des maladies graves arrachent à leur service, et ceux dont des épidémies meurtrières privent la république. La Convention apprendra avec sensibilité que plus de six cents officiers de santé ont péri depuis dix-huit mois, au milieu et à la suite même des fonctions qu'ils exerçaient ; si c'est une gloire pour eux qu'ils soient morts en servant la patrie, c'est un besoin pour la république de réparer cette perte.

Cependant, tandis que ce besoin devient de jour en jour plus urgent, le moyen d'en former manque presque entièrement dans les différentes parties de la république. Les écoles de médecine sont fermées depuis la suppression des universités, dont un régime gothique les avait constituées une des parties. Sur dix ou douze écoles de l'art de guérir, qui formaient autrefois des élèves, à peine y en a-t-il deux auxquelles il reste une petite partie de leur ancienne activité. Celle de Paris est entièrement détruite, et les scellés sont encore placés sur les lieux qui renferment le dépôt littéraire consacré à l'étude de cet art.

Vous ne voulez pas que la vie et la santé de nos frères soient confiées à des mains inhabiles, et cependant le manque d'étude et d'examen conduit nécessairement à ce dangereux résultat.

Les sciences utiles qui forment la base de l'art de guérir, la chirurgie, l'anatomie, qui avaient fait tant de progrès en France, et dont les livres élémentaires français servent encore de guides et de modèles aux hommes qui les cultivent en Europe, sont négligées, et leurs progrès sont ralentis ; la chimie appliquée à la physique des animaux, qui permet à l'homme de s'éclairer sur sa nature, de se secourir dans ses maux, de détruire le danger des maladies les plus graves qui menacent son existence, de rendre nulle l'action délétère et contagieuse de quelques autres, cette branche de la physique, qui ne peut être avancée que par des hommes occupés de la connaissance de l'organisation animale, est arrêtée dans sa marche.

Il en est de même de la connaissance des eaux minérales, qui intéressent de si près les besoins de la vie ; de la recherche des médicaments indigènes qui doivent remplacer, avec tant d'avantage pour la république, les drogues exotiques devenues un besoin pour nos malades, comme les parfums de l'Asie et les aromates de l'Inde sont devenus un besoin pour l'Européen amolli.

La nécessité d'organiser promptement des cours d'instruction sur l'art de guérir, pour former des hommes qui manquent à nos armées, offre à la Convention l'heureuse occasion de créer une partie de l'enseignement qui n'a jamais été que tronquée et incomplète en France.

Malgré les écoles assez nombreuses qui existaient dans l'empire français, puisqu'on y comptait au moins trente Facultés ou collèges de médecine, il n'y en avait pas une seule où les principes de l'art de guérir fussent enseignés dans leur entier. A Paris même on ne trouvait cette instruction complète qu'en réunissant à grands frais les cours particuliers que plusieurs professeurs habiles donnaient dans leurs maisons. La profession de médecin était presque la seule où celui qui savait n'était point utile à celui dont il aurait dû guider les pas ; l'apprenti ne s'instruisait que par ses propres fautes.

Des examens trop faciles, et par conséquent presque nuls, multipliaient le nombre des docteurs ignorants et des charlatans avides. Désolées par des épidémies désastreuses, les campagnes trouvaient des fléaux encore plus destructeurs dans les conseils de l'inexpérience ou de l'empirisme ; des mélanges médicamenteux, vicieux ou altérés, étaient livrés, au lieu de remèdes salutaires, aux malheureux cultivateurs.

Les jeunes gens qui aimaient leur art suppléaient à ce défaut d'instruction par des lectures ; mais, souvent mal dirigés dans leurs choix, et embarrassés par le fatras des bibliothèques médicales, ils lisaient longtemps avant d'apprendre des choses vraiment utiles ; les plus sensés y apprenaient au moins qu'ils devaient observer longtemps avant d'agir ; mais combien n'y en avait-il pas qui s'éloignaient de cette sage direction, et qui, à la place de l'expérience éclairée qu'on aurait dû leur donner, se voyaient forcés de suivre une aveugle routine ? Le temps de faire cesser tout ce mal est arrivé ; l'occasion de créer un enseignement de l'art de guérir complet et digne de la nation française s'offre aujourd'hui aux législateurs ; ils n'oublieront pas qu'organiser en grand un enseignement complet des différentes branches de l'art de guérir dans le centre de la république, c'est élever un temple à la nature, c'est vivifier à la fois plusieurs des canaux qui font circuler l'industrieuse activité des arts et des sciences dans toutes les ramifications du corps social.

La nécessité et l'utilité d'une école de santé ne peut plus être un problème pour des hommes accoutumés à désirer et à faire le bien de leur pays. Voyons maintenant les moyens d'exécution qui sont en notre pouvoir, et faisons connaître avec quelques détails le plan de cet établissement.

Presque au milieu de Paris, et dans un quartier que nos pères avaient consacré à l'étude et aux lettres, s'élève un des monuments nationaux les plus beaux et les plus majestueux dont l'architecture ait décoré cette cité. Quoique désavantageusement, entouré de bâtiments qui le masquent, et de masures qui le déshonorent ; quoique resserré dans sa profondeur et son étendue, le local de la ci-devant Académie de Chirurgie peut cependant suffire à l'instruction qu'on doit y donner, et le genre de distribution que l'architecte y a employé le rend plus que tout autre propre aux exercices qu'exige l'enseignement de l'art de guérir. Un amphithéâtre spacieux, des salles assez vastes pour y placer les collections de livres, de pièces anatomiques, de machines et d'instruments, un hospice destiné à présenter les cas les plus rares et les plus instructifs parmi les maladies qui affligent l'humanité, sont disposés de manière à y établir sur-le-champ l'École centrale de Santé. Quelques changements légers suffiront pour y recevoir plus commodément les élèves, et pour rendre leurs études plus profitables.

L'intérieur de ce monument se trouve, il est vrai, insuffisant pour admettre tous les élèves à l'instruction pratique qu'ils doivent recevoir, pour les former aux dissections anatomiques, aux opérations chirurgicales, aux expériences physiques et chimiques ; mais un bâtiment national voisin, et même une simple portion de ce bâtiment, qui formait le ci-devant couvent des Cordeliers, fournira l'espace convenable pour établir les salles destinées à ces exercices pratiques.

Nulle part, en France, on n'avait encore réuni tous les matériaux nécessaires à une instruction complète dans l'art de guérir.

Il faut, pour l'étude de cet art considéré dans son ensemble, une bibliothèque, une suite de pièces anatomiques, une collection d'instruments et d'appareils de chirurgie, une réunion de machines de physique destinées à démontrer les principales propriétés des corps, l'ensemble des productions de la nature employées comme médicaments.

La plus grande partie de ces objets manque à la ci-devant Académie de Chirurgie : le despotisme et la vanité, qui avaient fait élever ce monument, ne s'étaient point occupés de le meubler.

Mais la république trouvera dans ses richesses presque toutes les ressources nécessaires pour fournir aux bases de l'instruction, en réunissant aux livres, aux pièces anatomiques, aux instruments et aux machines auxquelles il existe déjà dans le local de l'Académie de Chirurgie, les livres qui étaient placés dans le local de la Faculté de Médecine ; les pièces d'anatomie humaine contenues dans la belle collection de l'école vétérinaire d'Alfort et dans le cabinet de l'Académie des Sciences, les livres et les manuscrits qui appartenaient à la Société de médecine. La commission exécutive d'instruction publique sera d'ailleurs autorisée, sous la surveillance du comité d'instruction publique, à faire la recherche de tous les objets que ces dépôts nationaux ne pourraient pas fournir.

Pour rendre l'enseignement de l'art de guérir complet, il faut montrer successivement la physique appliquée à l'économie animale, la structure du corps humain, le jeu de ses organes, la nature, la différence et les caractères des maladies internes et externes auxquelles l'homme est sujet, les remèdes qu'on oppose à leurs effets destructeurs, l'art de les connaître et de les préparer, les instruments par lesquels on guérit les maladies externes, et les moyens de s'en servir, les maux particuliers aux femmes et aux enfants, le rapport de l'art salutaire avec la salubrité publique, et avec les lois qui la maintiennent.

Il ne suffit pas de donner des leçons et de faire des cours publics sur toutes les branches de la science de la nature ; le défaut de l'ancienne méthode, outre qu'elle n'embrassait pas cet ensemble indispensable pour un enseignement complet, c'est qu'on se bornait en quelque sorte à des paroles pour les élèves ; la leçon finie, l'objet n'en était plus retracé sous leurs yeux : il s'évanouissait promptement de leur mémoire. Dans l'école centrale de santé, comme dans celle des travaux publics, la pratique, la manipulation, seront jointes aux préceptes théoriques. Les élèves seront exercés aux expériences chimiques, aux dissections anatomiques, aux opérations chirurgicales, aux appareils. Ce qui a manqué jusqu'ici aux écoles de médecine, la pratique même de l'art, l'observation et le traitement des malades, deviendra une des principales parties de cet enseignement. Trois hospices, celui de l'Humanité pour les maladies externes, celui de l'Unité pour les maladies internes, et celui de l'École même, pour les cas rares et compliqués, offriront aux élèves, une fois instruits dans les connaissances de la théorie, la partie la plus immédiatement utile de leur apprentissage, le complément de toutes les autres.

Douze professeurs sont nécessaires pour la totalité des cours et des démonstrations comprises dans le projet d'enseignement. Il faut prendre ces professeurs parmi les citoyens les plus éclairés dans chacune des sciences qui doivent être enseignées ; il faut que le choix des hommes placés à la tête de cette école puisse prouver à l'Europe que la révolution française n'a pas anéanti les lumières et les grands talents. Douze adjoints partageront le travail des professeurs, et dirigeront les élèves dans la pratique des expériences et des opérations qui servent de base aux connaissances dont on vient de présenter le tableau.

L'intention que vous avez manifestée de raviver les sciences utiles, et de favoriser leurs progrès, exige que les professeurs et leurs adjoints soient uniquement attachées à ces fonctions. Il faut donc que leurs salaires suffisent à leurs besoins. Des hommes qui ont consacré vingt ans de leur vie à l'étude, pour acquérir des connaissances profondes et devenir capables de les transmettre à d'autres, doivent être traités par la patrie qui les emploie de manière à ne pas être tourmentés par l'inquiétude domestique, et à puiser dans l'exercice de leurs talents utiles les ressources suffisantes pour soutenir leur existence et celle de leurs familles.

Le comité d'instruction publique prendra des mesures pour améliorer à l'avenir le sort des citoyens utiles qui se dévouent à l'enseignement, et dont les travaux trop désintéressés n'ont offert pour perspective à leur vieillesse que le malheur et l'oubli. Livrés tout entiers à l'étude et aux recherches dans les sciences qu'ils seront chargés d'enseigner, les professeurs de l'Ecole centrale de Santé pourront donc travailler à l'agrandissement des connaissances humaines. En formant des élèves habiles, ils concourront en même temps au bonheur public, par leurs découvertes, et les fruits de leurs veilles ne resteront point enfouis, comme ils l'ont été trop longtemps, faute de moyen pour les répandre.

D'importants ouvrages commencés, tels que ceux de Bertin sur les artères, de Vicq-d'Azir sur l'anatomie du cerveau, sur les vaisseaux lymphatiques ou absorbants, sur la description des organes des animaux, comparés aux organes de l'homme; ceux de Chaussier sur la nomenclature anatomique; de Dessault et Chopart sur la chirurgie; de Perret, sur les instruments, seront continués avec ardeur; les travaux industrieux de Pinson et de la citoyenne Biberon sur l'anatomie artificielle, seront repris avec une nouvelle activité; les recherches si importantes des Rouelle, des Bucquet, des Poulletier, sur la chimie animale, seront suivies avec constance : les manuscrits précieux sur l'anatomie et les diverses branches de l'art de guérir, déposés dans les archives des ci-devant Académie des Sciences, Faculté et Société de Médecine, Ecole de Chirurgie, seront tirés de dessous la poussière qui les recouvre, et rendus à l'utilité publique; et la république, enrichie par l'héritage des savants illustres dont on a trop négligé les productions, verra dans ceux qui leur ont succédé, et qui seront appelés pour recueillir leurs découvertes, des continuateurs habiles de leur gloire et de leurs succès.

La médecine et la chirurgie sont deux branches de la même science : les étudier séparément, c'est abandonner la théorie au délire de l'imagination, et la pratique à la routine toujours aveugle; les réunir et les confondre, c'est les éclairer mutuellement et favoriser leurs progrès. Ceux des élèves qui préféreront la pratique des opérations se livreront plus particulièrement à cette partie de l'art de guérir : il n'y aura plus de distinction ridicule entre deux arts à qui la nature commande d'être inséparables.

Les comités de salut public et d'instruction publique ont pensé que le besoin indispensable d'officiers de santé, ainsi que la nécessité de faire partager également tous les districts de la république aux bienfaits de cette nouvelle institution, exigeaient, par rapport aux élèves de l'Ecole centrale de Santé, la même mesure que celle qui a eu tant de succès dans les cours révolutionnaires sur la fabrication de la poudre et des canons, dans l'éducation militaire de l'Ecole de Mars.

L'approbation que la Convention a donnée à cette méthode, dans les décrets qu'elle a rendus dernièrement sur l'Ecole centrale des travaux publics et sur l'Ecole Normale, a engagé les comités à vous proposer de faire venir un élève de chaque district à Paris. Le mode du choix, analogue à celui que vous avez décrété pour l'Ecole centrale, n'en différera que par le genre de connaissances exigées pour les élèves.

Une bonne conduite, des mœurs pures, l'amour de la république et la haine des tyrans; une éducation assez soignée pour qu'on soit assuré que les élèves possèdent les premiers éléments des sciences exactes, et surtout la culture de quelques-unes de celles qui servent de préliminaires à l'art de guérir, telles que la physique, l'histoire naturelle, la chimie ou l'anatomie, seront les conditions nécessaire pour être appelé à l'Ecole centrale de Santé. Le choix sera confié à deux officiers de santé, désignés dans chaque chef lieu de district par la commission de santé, et réunis à un citoyen recommandable par ses vertus républicaines, choisi par l'agent national de district. Les élèves seront rendus tous à Paris pour le 15 nivose : ils y recevront un traitement égal à celui des élèves de l'Ecole centrale. Des règlements particuliers, dont le comité d'instruction publique sera chargé, assureront l'ordre des leçons, des exercices, les fonctions des professeurs, de leurs adjoints, du directeur, du conservateur et du bibliothécaire, le mode des examens nécessaires pour reconnaître le degré d'instruction acquise par les élèves, et dirigeront en général tout ce qui tient au régime de l'enseignement et au perfectionnement de l'art dans l'Ecole de Santé.

Tel est le plan d'un établissement si désiré et si nécessaire, dont la république française fournira le premier modèle à l'Europe, et qui contribuera à répandre parmi tous les citoyens le goût des connaissances utiles, en même temps qu'il favorisera les progrès d'un art dont l'ignorance et l'impéritie peuvent tant abuser. L'institution de l'Ecole centrale de Santé, les succès de l'enseignement qui y sera suivi, donneront l'exemple pour les autres parties de la république. Des écoles naguère encore fameuses pour l'art de guérir en recevront l'utile influence. Le comité d'instruction publique, témoin des avantages de la méthode d'instruction donnée dans l'Ecole centrale de Santé, indiquera les moyens de la porter également dans plusieurs autres départements, dont l'éloignement du centre exige des établissements analogues; car personne ne doute de l'insuffisance d'une seule école de l'art de guérir pour toute la république française. Les citoyens éclairés dans cet art, et propres à l'enseigner dans les départements, doivent donc redoubler d'ardeur, et se préparer à répondre aux vues que le comité d'instruction publique se propose de présenter incessamment à la Convention sur cet objet important. Le même comité sent aussi la nécessité de substituer au mode ancien et barbare de réception une méthode simple d'examen et d'épreuve, qui fournira aux autorités les moyens de défendre les républicains contre les atteintes de l'empirisme et de la charlatanerie.

L'organisation de l'Ecole centrale de Santé à Paris, substituée à l'enseignement de l'Ecole de Médecine, qui est entièrement anéantie depuis plusieurs années, doit l'être également à celui de l'Ecole de Chirurgie, qui, sans être totalement détruite, a cependant beaucoup souffert des circonstances; mais, en créant une institution complète pour les deux parties de l'art de guérir, la Convention ne voudra pas être injuste envers de bons citoyens qui ont contribué, tant qu'il leur a été possible, a répandre l'instruction. Son comité d'instruction publique placera dans l'École centrale les professeurs distingués qui n'ont pas cessé leurs fonctions, et proposera à la Convention les moyens de reconnaître les longs services de ceux pour qui un âge avancé et des infirmités que la vieillesse traîne après elle rendent l'enseignement un fardeau trop pesant. Les 300,000 livres qui ont été mises à la disposition du comité lui permettront de tirer des horreurs de la misère quelques-uns des professeurs de l'ancienne École de Chirurgie, qui ne touchent pas même, depuis près d'une année, la modique rétribution qui leur était due, et dont ils ont le plus urgent besoin.

Parmi les élèves de l'École centrale de Santé, le comité ne vous propose point de comprendre les pharmaciens, parce qu'alors le nombre des élèves indiqué serait bien au-dessous des besoins, et parce qu'aussi les études pour l'exercice de la médecine et de la chirurgie sont beaucoup plus étendues que celles qui sont nécessaires à la pharmacie. Cette profession a d'ailleurs, à Paris, une école toujours ouverte, et qui depuis longtemps est plus complète que celles qui étaient destinées à la médecine et à la chirurgie. La botanique usuelle, l'histoire naturelle des drogues, la chimie pharmaceutique et la pharmacie proprement dite y sont enseignées avec toute l'étendue et tout le soin convenables à cette étude.

L'élève en pharmacie joint à ces leçons la pratique dans les laboratoires des pharmaciens chez lesquels il demeure, et dont il partage les travaux ; il ne lui manque donc rien de ce qui est nécessaire pour le former.

Très-peu de changements sont nécessaires pour rendre l'instruction pharmaceutique plus complète, et le comité d'instruction publique s'en occupera avec la célérité que le bien public exige.

Le rapporteur propose un projet de décret, sur lequel il s'élève une légère discussion, à la suite de laquelle il est adopté en ces termes.

« La Convention nationale, après avoir entendu le rapport de ses comités de salut public et d'instruction publique réunis, décrète ce qui suit :

« Art. 1er. Il sera établi une École de Santé à Paris, à Montpellier et à Strasbourg ; ces trois écoles seront destinées à former des officiers de santé pour le service des hôpitaux, et spécialement des hôpitaux militaires et de marine.

« II. Les bâtiments destinés jusqu'ici aux Écoles de Médecine et de Chirurgie, dans les communes de Montpellier et de Strasbourg, seront consacrés à ces écoles. Celle de Paris sera placée dans le local de la ci-devant Académie de Chirurgie, auquel on réunira le ci-devant couvent des Cordeliers.

« III. On y enseignera aux élèves l'organisation et la physique de l'homme, les signes et les caractères de ses maladies d'après l'observation, les moyens curatifs connus, les propriétés des plantes et des drogues usuelles, la chimie médicinale, les procédés des opérations, l'application des appareils, et l'usage des instruments, enfin les devoirs publics des officiers de santé. Les cours sur cette partie de l'instruction seront ouverts la publie en même temps qu'aux élèves dont il sera parlé ci-après.

« IV. Outre cette première partie de l'enseignement, les élèves pratiqueront les opérations anatomiques, chirurgicales et chimiques; ils observeront la nature des maladies au lit des malades, et en suivront le traitement dans les hospices voisins de l'école.

« V. L'enseignement théorique et pratique sera donné par huit professeurs à Montpellier, six à Strasbourg, et douze à Paris. Chacun de ces professeurs aura un adjoint, pour que les leçons et les travaux relatif à l'instruction et au perfectionnement de l'art de guérir ne puissent jamais être interrompus. Ces professeurs seront nommés par le comité d'instruction publique, sur la présentation de la commission d'instruction publique.

« VI. Chacune des écoles aura une bibliothèque, un cabinet d'anatomie, une suite d'instruments et d'appareils de chirurgie, une collection d'histoire naturelle médicinale. Il y aura, dans chacune, des salles et des laboratoires destinés aux exercices pratiques des élèves dans les arts qui doivent assurer leurs succès.

« Le comité d'instruction publique fera recueillir, dans les différents dépôts nationaux, les matériaux nécessaires à ces collections.

« Il y aura dans chaque école un directeur et un conservateur : celle de Paris aura de plus un bibliothécaire.

« VII. Les Écoles de Santé de Paris, Montpellier et Strasbourg, seront ouvertes dans le courant de pluviôse prochain.

« Les professeurs de ces écoles et leurs adjoints s'occuperont sans relâche de perfectionner, par des recherches suivies, l'anatomie, la chirurgie, la chimie animale, et en général toutes les sciences qui peuvent concourir à l'avancement de l'art de guérir.

« VIII. Les Écoles de Chirurgie situées à Paris, à Montpellier et à Strasbourg seront supprimées et refondues avec les nouvelles Écoles de Santé qui vont y être établies d'après le présent décret.

« IX. Il sera appelé, de chaque district de la république, un citoyen âgé de dix-sept à vingt-six ans, parmi ceux qui ne sont pas compris dans la première réquisition.

« Trois cents de ces élèves seront destinés pour l'école de Paris, cent cinquante pour celle de Montpellier, et cent pour celle de Strasbourg.

« Le comité d'instruction publique déterminera, d'après les localités, ceux des districts dont les élèves seront envoyés à chacune des trois écoles de santé.

« X. Pour choisir ces élèves, la commission de santé nommera deux officiers de santé dans chaque chef-lieu de district : ces officiers de santé, réunis à un citoyen recommandable par ses vertus républicaines, nommé par le directoire de district, choisiront l'élève sur son civisme et sur ses premières connaissances, acquises dans une ou plusieurs des sciences préliminaires de l'art de guérir, telles que l'anatomie, la chimie, l'histoire naturelle ou la physique.

« XI. Ces élèves, munis de leur nomination, signée par les examinateurs et les agents nationaux de leur district, se rendront à Paris, à Montpellier et à Strasbourg pour le 1er pluviôse prochain; ils recevront pour leur voyage le traitement des militaires isolés en route, comme canonniers de première classe, conformément au décret du 2 thermidor dernier.

« XII. Les élèves de chacune des trois Écoles de Santé instituées par le présent décret seront partagés en trois classes, et suivront différents degrés d'instruction relativement à leur avancement. Ceux qui, à quelque époque de leurs études que ce soit, auront acquis les connaissances nécessaires à la pratique de leur art dans les hôpitaux et dans les armées, seront employés à ce service par la commission de santé, qui en sera informée par les professeurs réunis de chaque école.

« XIII. Les élèves recevront par chaque année un traitement égal à celui des élèves de l'École centrale des Travaux publics. Ce traitement ne durera que pendant trois ans. Ceux des élèves qui sortiront avant ce terme pour être employés au service des armées seront remplacés, pendant la durée de trois ans, par un pareil nombre pris, suivant le mode déjà déterminé, dans les districts dont les élèves quitteront les écoles.

« XIV. Les traitements des professeurs, de leurs adjoints, des directeurs, des conservateurs, et en général de tous les employés des Écoles de Santé, seront fixés par les comités d'instruction publique et des finances réunis.

« XV. Les Écoles de Santé seront placées sous l'autorité de la commission d'instruction publique, qui en fera acquitter les dépenses sur les fonds qui seront mis à sa disposition. Cette commission prendra toutes les mesures nécessaires à l'exécution du présent décret, en les soumettant à l'approbation du comité d'instruction publique.

« XVI. Le comité d'instruction publique fera incessamment un rapport sur la manière d'organiser l'enseignement de l'art de guérir dans les communes de la république où étaient établies des Écoles de Médecine et de Chirurgie, sur l'étude de la pharmacie, et sur les moyens de récompenser les services de ceux des professeurs de ces écoles que l'âge et les infirmités rendent incapables de continuer leurs fonctions. »

Un des secrétaires fait lecture de l'Adresse suivante :

*Adresse de la Société populaire et révolutionnaire de Renan, district de Brest, à la Convention nationale, relativement à la suspension des séances des Jacobins, ordonnée d'après le rapport des comités réunis.*

*Extrait de la Déclaration des Droits de l'Homme et du Citoyen.*

« Art. VII. Le droit de manifester sa pensée et ses opinions, soit par la voie de la presse, soit de toute autre manière, le droit de *s'assembler paisiblement*, le libre exercice des cultes, ne peuvent être interdits.

« La nécessité d'énoncer ces droits suppose ou la présence, ou le souvenir récent du despotisme. »

*Extrait de l'Acte constitutionnel.*

« Art. CXXII. La constitution garantit à tous les Français l'égalité, la liberté, la sûreté, la propriété, la dette publique, le libre exercice des cultes, une instruction commune, des secours publics, la liberté indéfinie de la presse, le droit de pétition, le droit de se réunir en Sociétés populaires, la jouissance de tous les droits de l'homme. »

*(Suivent les signatures.)*

ANDRÉ DUMONT : Citoyens, vous avez fermé l'antre des Jacobins, mais vous n'avez pas assez fait pour la tranquillité publique, puisque vous n'avez puni aucun des coupables auteurs de la révolte qui s'y prêchait ouvertement ; ils continuent à agiter dans le silence les Sociétés populaires ; ils ne négligent rien, à la faveur de l'impunité, pour aliéner les Français de la Convention ; ils vous rappellent, avec une ironie indécente, la Déclaration des Droits, tandis que tous leurs efforts, tandis que le système de sang et de terreur que vous avez détruit paralysaient tous les droits des citoyens et mettaient à leur place la mort et le brigandage. Il est donc important à la tranquillité publique que la Convention nationale prenne des mesures vigoureuses, qu'elle remonte à la source impure de toutes ces intrigues, et qu'elle fasse tomber la tête des complices de la tyrannie que vous avez détruite. — (On applaudit.)

En conséquence, je propose à la Convention de décréter le renvoi de cette Adresse au comité de sûreté générale, et de le charger de prendre sur-le-champ toutes les mesures que la tranquillité et la justice exigent.

BAUDIN : J'observe à la Convention que c'est sur la pétition des Jacobins que nous avons fait dormir la constitution qu'ils réclament aujourd'hui pour eux.

La proposition d'André Dumont est décrétée.

La séance est levée à quatre heures.

MERLIN (de Douai), au nom du comité de salut public : Citoyens, encore une nouvelle intrigue de nos ennemis. Quelque parfaitement combinée qu'elle leur paraisse, quelque succès qu'ils se flattent d'en obtenir, elle ne sera pas plus tôt signalée que vous la verrez échouer, comme tant d'autres, contre le simple exposé de vos principes et de leur conduite.

Vous avez sans doute déjà observé avec quelque étonnante rapidité les bruits de paix se répandent depuis quelque temps, avec quelle affectation on cherche à les propager.

Vous avez surtout remarqué la source d'où ils sont sortis. On n'entend plus citer que des extraits de papiers publics et secrets, des lettres particulières, dont les auteurs, non contents d'annoncer cette paix comme prochaine, l'établissent comme faite, tantôt avec quelques-unes des puissances belligérantes, tantôt avec toutes, et aux conditions qu'il plaît à ces ridicules plénipotentiaires d'imaginer.

Votre comité de salut public n'appellerait pas votre attention sur ces vains bruits, s'il ne s'agissait que d'indiquer ce qu'ils ont de peu fondé, d'absurde et de contradictoire dans leurs détails ; mais il est important de révéler à la nation tout ce qu'ils recèlent de perfide dans leur origine et de dangereux dans leur but.

Rien sans doute de tout ce qu'on aurait à vous annoncer de nouveau en ce genre, de la part des principaux cabinets de la coalition, ne serait fait pour vous étonner. Les épreuves que vous avez faites de leur politique vous ont trop instruits pour vous y laisser tromper, quelque forme que puisse prendre leur machiavélisme.

Vous n'ignorez plus aucun des détours de leur marche insidieuse : vous savez que tous les moyens leur conviennent ; calomnies, trahisons, attentats contre ce qu'il y a de plus sacré parmi les hommes, corruption, excès de tout genre, voilà, depuis l'instant qui a vu ourdir la trame de leurs crimes, sous le nom de traité, voilà, dis-je, les armes ordinaires avec lesquelles ils vous combattent dans cette guerre qu'ils ont déclarée à la liberté, à la justice, à l'humanité ; mais ce qu'il y a peut-être de plus remarquable, c'est que si, dans le nouvel essai qu'ils font aujourd'hui de leur politique et de la crédulité des peuples, ils sont toujours fidèles à leur système de perfidie, au moins ils ne se piquent pas d'être conséquents, et l'on voit clairement que la contradiction ne leur coûte rien.

Rappelez-vous avec quelle affectation ils publiaient naguère que, déterminés à n'avoir désormais pour voisins que des gouvernements basés sur la démocratie, nous ne consentirions jamais à faire la paix avec aucune nation, qu'elle n'eût préalablement changé le mode de son gouvernement, et qu'elle ne se fût constituée en république.

Rappelez-vous en même temps tout ce qu'ils ont soldé chez nous et au dehors d'écrivains, de sectaires, d'orateurs de toutes les espèces, pour accréditer cette misérable opinion.

Quel était l'effet qu'ils attendaient de tant de soins et d'avances ? celui de vous mettre en contradiction avec vous-mêmes, de vous faire violer vos propres principes, de faire retomber sur le peuple français, et avant tout sur sa représentation, le mépris dû à tant de folies, qui n'étaient que leur propre ouvrage ; de défavoriser dans l'esprit des autres nations les vérités sublimes que vous aviez proclamées, de les alarmer, de les faire trembler sur vos dispositions, et de les associer ainsi par la plus abominable imposture à la cause de la tyrannie.

Mais, sur ce point comme sur tant d'autres, la vérité s'est fait jour à travers les nuages de la calomnie, et bientôt l'opinion générale de l'Europe a cessé de prêter au peuple français des projets insensés qui n'avaient reçu leur crédit éphémère que des perfides insinuations de nos ennemis, et qui n'ont jamais existé que dans quelques têtes, maintenant tombées sous le glaive de la loi.

Dès lors il a fallu changer de batterie, et on l'a fait. Ce n'est plus comme les conquérants du monde, ce n'est plus comme les destructeurs de tous les gouvernements qu'on nous représente ; à entendre les politiques de Londres et de Vienne, nous sommes devenus tout à coup les plus ardents zélateurs de la paix ; jamais peuple n'a été plus facile que nous en négociations ; jamais coalition armée ne s'est prêtée de meilleure grâce à se dissoudre ; jamais le rameau d'olivier n'a été offert et accepté de part et d'autre avec plus d'empressement.

Tels sont les bruits insidieux que répand aujourd'hui la faction des ennemis de la liberté ; et pourquoi ? pour amortir l'ardeur de nos armées, pour arrêter leur marche triomphale, pour les désorganiser, pour enchaîner, par une aveugle confiance dans les dispositions mensongères d'une fausse paix, l'activité de nos préparatifs ; pour étouffer en nous toute énergie révolutionnaire ; pour nous abaisser enfin, par l'inévitable effet du moindre ralentissement dans l'exécution de ces mesures auxquelles nous devons nos succès, à un état de faiblesse et d'apathie qui nous mettrait dans l'impossibilité d'atteindre le but de nos victoires.

Mais voici l'espoir surtout qu'attachent nos ennemis à ces bruits si faussement et si malignement exagérés ; c'est en offrant au peuple français cette douce image du repos et du bonheur qui doivent être le prix de tant de travaux et de sacrifices, de lui faire sentir dans ce même instant, avec plus de vivacité, le tourment de ses longues fatigues et de ses pénibles privations; c'est d'aigrir ses pensées, de lui inspirer des défiances sur la conduite de son gouvernement, d'exciter ses plaintes et ses murmures, de lui faire considérer ceux qu'il a chargés de son salut comme refusant les offres qu'on leur fait et ne retardant ses jouissances que pour conserver le pouvoir dont il les a investis : de là pour nous les maux qui doivent naître du seul défaut de confiance ; de là les divisions intestines, l'anarchie enfin, et pour eux le triomphe certain de leurs armes. Tel est le but des complots de ces perfides pacificateurs.

Comment devons-nous donc désirer la paix ? comme le terme, je ne dirai pas seulement de toutes les calamités inséparables de l'état de guerre, mais encore comme la fin de toutes ces agitations, de ces troubles domestiques qui tiennent nécessairement à l'état de révolution. C'est sous ce double rapport que nous devons la désirer ; il faut éteindre à la fois ces deux volcans qui n'ont pas cessé de se correspondre du dehors à l'intérieur avec une aussi effrayante continuité; il faut nous assurer de la solidité du terrain sur lequel nous avons à établir les bases de la gloire et du bonheur de la république ; il faut donc le sonder à une grande profondeur, et ne plus nous en tenir à de perfides apparences de calme, que suivraient peut-être bientôt les plus funestes bouleversements.

Nos triomphes et nos principes nous permettent à la fois et de vouloir et de dire ce que nous voulons; notre justice sera toujours inséparable de notre gloire ; oui, nous voulons la paix, mais nous la voulons garantie par notre propre force et par l'impuissance où nos ennemis seront à jamais de nous nuire.

Quant aux intentions de la plupart de nos ennemis, si nous en jugeons par l'effet que doit produire sur eux le sentiment de leurs maux présents, et par les craintes dont ils doivent être frappés pour l'avenir, nous croirons volontiers qu'ils désirent une paix prochaine.

Certes il ne peut être éloigné ce temps où, éclairés par la foudre républicaine qui les a frappés tous à la fois, plusieurs de ces gouvernements, ameutés contre nous par l'Angleterre, ne pourront fixer sans effroi l'abîme dans lequel cette odieuse puissance a pensé les précipiter; où l'Espagne, par exemple, ouvrira les yeux sur les projets ourdis dans le cabinet de Saint-James; où elle remarquera la constante assiduité avec laquelle ce gouvernement étudie la mer du Sud, tous les soins qu'il met à consolider sa puissance dans l'Inde, pour se ménager de là furtivement une route vers l'Amérique, tomber à revers sur le Mexique et le Pérou, que convoite depuis si longtemps son insatiable cupidité, et s'en emparer à force ouverte, dès qu'il le pourra sans danger;..... où calculant enfin ses véritables intérêts, elle reconnaîtra que l'Angleterre est sa seule et véritable ennemie, et que, de tous les dangers qui la menacent, il n'en est pas de plus redoutables pour elle que ceux qui peuvent naître de sa confiance dans une aussi perfide alliée.

Cet instant doit être encore celui où, ingrate envers la nation à qui elle devait sa liberté, infidèle à la liberté même, la Hollande, déplorant, mais trop tard peut-être, son funeste égarement, craindra de voir ses trésors, ses vaisseaux, ses établissements dans les deux mondes tomber au pouvoir de ces tyrans des mers, dont elle avait autrefois contenu l'audace.

Sans doute aussi que la Prusse, celui peut-être de tous les gouvernements qui devait le plus s'applaudir de voir s'élever une grande république sur les ruines d'une monarchie dont le honteux traité de 1756 avait fait un si puissant renfort pour l'astucieuse maison d'Autriche ; sans doute, dis-je, que la Prusse finira par s'apercevoir que c'est dans une paix solide avec la France, et dans son union intime avec les puissances du Nord qui l'avoisinent, qu'elle peut trouver les seuls principes de sa durée, la seule force qui, malgré la politique de son cabinet et la tactique de ses armées, elle puisse raisonnablement opposer à la dévorante ambition de la Russie.

À l'égard de nos autres ennemis, soit que leur vanité les ait volontairement attachés, ou que leur impuissance les ait enchaînés, contre leur gré, à la coalition, tous l'accusent également, et depuis longtemps, par leurs regrets et leurs murmures; tous n'aspirent qu'au moment où ils pourront en briser les funestes liens ; plusieurs même, effrayés, avec raison, du désespoir des principales puissances belligérantes, paraissent enfin sentir le besoin de se réunir pour empêcher le partage de leur territoire, partagé qu'ils savent bien être projeté par leurs dignes alliés, comme un moyen d'acquitter en partie les frais de leurs honteuses campagnes.

Si l'on nous demande maintenant quelles sont les dispositions du peuple français, organes de sa volonté, nous répondrons que, toujours juste, toujours magnanime, toujours jaloux de son honneur autant que de sa liberté, il saura distinguer ses ennemis et les motifs de leur agression ; que, même dans les lois que ses victoires lui donneront le droit de dicter, il ne confondra point les ridicules prétentions de la faiblesse et de la vanité avec l'intraitable orgueil et la perfide puissance de la tyrannie; qu'il aura surtout égard à la situation de ceux que la crainte et la violence ont contraints de marcher à la suite des chefs de cette ligue insensée; qu'enfin, en traçant de sa main triomphante, les limites dans lesquelles il lui conviendra de se renfermer, il ne repoussera aucune des offres compatibles avec ses intérêts et sa dignité, avec son repos et sa sûreté.

Telle est sa politique ; elle marche à découvert, comme la gloire de ses armes. Il traitera avec ses ennemis, comme il les a combattus, à la face de l'univers, qu'il prend pour témoin de sa justice comme il l'a eu pour témoin de ses victoires.

Voilà ce qu'on peut publier et croire de nos intentions; voilà ce que nous avouerons toujours, et nous ne changerons pas.

Disons-le donc ici, pour que la république entière en retentisse, pour que nos braves armées le répètent à l'envi. Non, Français, non, vous n'oublierez pas la cause qui vous a fait prendre les armes et les seules conditions auxquelles vous pouvez les poser; non, vous ne vous êtes pas avancés si noblement dans cette glorieuse carrière pour vous arrêter au moment d'en toucher le but; et, si près de le saisir, vous ne laisserez pas échapper le prix de vos combats; non, vous n'aurez pas fait tant de sacrifices, vous n'aurez pas tant de fois bravé les fatigues et la mort, pour abandonner à la tyrannie, déjà si près de succomber, la liberté et la patrie ; non, encore une fois, que vos ennemis ne l'espèrent pas! Qu'à la honte de leur cause et de leurs détaites se joigne encore celle de cette dernière perfidie; qu'elle retombe tout entière sur eux seuls..... Bientôt nous leur prouverons, par de nouveaux efforts et par de nouveaux triomphes, que nous voulons aussi la paix, mais une paix digne de nos intrépides défenseurs, mais une paix digne du peuple qui s'applaudit chaque jour d'avoir remis dans des mains aussi courageuses la défense de ses droits. Oui, c'est à celle-là seule que nous aspirons; et, pour tout dire en un mot, là où le peuple français ne regardera plus la guerre comme nécessaire, soit pour réparer les outrages faits à sa dignité, soit pour préserver des nouveaux attentats de la perfidie, là seulement il enchaînera la victoire, là seulement il commandera la paix.

*(La suite demain.)*

N. B. Dans la séance du 15, la Convention a appris qu'une division de l'armée des Pyrénées-Occidentales avait remporté un avantage sur les Espagnols, à qui elle a tué mille hommes ; que celle des Pyrénées-Orientales s'est emparée du château de Figuières, où elle a trouvé cent soixante et onze pièces de canon, deux cents milliers de poudre et une quantité considérable de munitions de toute espèce. La garnison, composée de neuf mille sept cents hommes, a été faite prisonnière de guerre. Le général en chef espagnol La Union a été trouvé mort sur le champ de bataille.

— On a procédé à l'appel nominal pour le renouvellement du comité de salut public. Les membres sortants sont Thuriot, Cochon et Bréard; ils ont été remplacés par Boissy-d'Anglas, Dubois-Crancé et André Dumont.

*Payements à la trésorerie nationale.*

Le payement du perpétuel est ouvert pour les six premiers mois : il sera fait à tous ceux qui seront porteurs d'inscriptions au grand livre. Celui pour les rentes viagères est de huit mois vingt et un jours de l'année 1793 (vieux style).

## POLITIQUE.

### ALLEMAGNE.

*Neuwied, le 24 novembre.* — Les Français ont dernièrement dirigé une canonnade terrible contre les ouvrages de défense qui couvrent Manheim. Ils tiraient sur les flèches de trois endroits différents, tandis que leurs travailleurs élevaient une redoute près de la traverse établie à côté de la chaussée d'Oggersheim. Ils ont depuis perfectionné cette redoute, et commencé sur la gauche une ligne correspondante à celle de droite.

— Le général New a pris le commandement de Mayence depuis que le général Huss a été attaqué d'apoplexie. On prétend que la garnison est forte de dix-huit à vingt mille hommes.

### ITALIE.

*Gênes, le 18 novembre.* — Il est arrivé le 8, dans ce port, un vaisseau corse venant d'Ajaccio. Il a rapporté que les habitants, divisés d'opinion, en sont venus aux mains, et qu'à son départ on entendait un bruit terrible de mousqueterie. La discorde est parmi les perfides Paolistes. Les Anglais ont réuni leurs forces de terre à Saint-Florent, et leur escadre est encore à l'ancre dans ce port.

— Il est passé au port Maurice deux mille Français qui ont été renforcés en route.

— Les troupes austro-sardes ne sont point encore en quartiers d'hiver. Il paraît même qu'elles ne les prendront que lentement, parce qu'on remarque des mouvements continuels parmi les troupes républicaines, et qu'on croit être instruit qu'il leur est arrivé des renforts de Marseille. Les quartiers n'en sont pas moins désignés.

— Le duc de Chablais, fils d'Amédée, passait dernièrement au bourg de Pallone, en Piémont. Une multitude d'hommes et de femmes l'entoura en criant : *Du pain, du pain!* Le mouvement devint sérieux contre les boulangers. La disette est en effet au dernier point. On attendait de Sicile des provisions qui ne sont point arrivées.

— On organise une espèce de levée forcée dans la province d'Albe.

### PAYS-BAS.

*Extrait d'une lettre de Bruxelles, du 12 frimaire.* — « L'armée républicaine se dispose à attaquer d'une manière plus sérieuse la ville de Grave, sur la Meuse, et le fort Saint-André, qu'elle tient cernés depuis longtemps. On dresse des batteries contre ces places.

« L'armée du Nord songe à passer le Wahal; ce passage n'a été jusqu'ici différé que par la crue des eaux.

« De nouvelles troupes s'avancent vers Bréda, pour en former le siège.

— « La garnison de Luxembourg, bloquée par les troupes françaises, a fait dernièrement une sortie. Elle a été repoussée dans la ville sans avoir obtenu le moindre succès.

« Luxembourg est une des clefs d'Allemagne; sa garnison est composée de douze mille hommes; c'est le feld-maréchal Bender qui y commande, et il a sous ses ordres les généraux Warneck et Multel, avec un état major nombreux. »

## RÉPUBLIQUE FRANÇAISE.

### TRIBUNAL CRIMINEL RÉVOLUTIONNAIRE.

*Suite de la procédure du comité révolutionnaire de Nantes.*

**Duchesne**, tailleur, commissaire bienveillant à Nantes, dépose de plusieurs noyades et levées de scellés.

**Caton**, maître des postes aux chevaux à Nantes, dépose contre Chaux, Bachelier, Goulin et Bolognie,

il reproche aux coaccusés les noyades, les fusillades, les incarcérations multipliées, et tous les actes arbitraires énoncés dans l'acte d'accusation.

**Goulin** essaie de se justifier des vexations qui lui sont reprochées; il cite Carrier pour son garant; mais un témoin lui reproche d'avoir fait incarcérer l'un de ses créanciers, nommé Montaudoin, auquel il devait une somme de 100,000 liv.

*Le président*, aux accusés : Que répondez-vous sur les actes arbitraires qui vous sont reprochés?

*Bachelier* : Il faut comparer la conduite du comité révolutionnaire, dans les différentes occasions où il a été forcé de sévir contre les citoyens, à celle d'un général que l'on introduit dans une ville, et auquel il est ordonné de mettre tout au pillage. Assurément un général qui exécuterait de pareils ordres ne serait pas dans le cas d'être incriminé, parce qu'il n'aurait fait qu'obéir à l'autorité supérieure; il en doit être de même du comité qui, dans les actes les plus ré voltants qui lui sont reprochés, n'a fait que se con former à la volonté de Carrier. C'est donc à ce dernier à venir justifier ses ordres.

Ce nouveau réquisitoire de Bachelier est, comme les précédents, couvert des applaudissements du peuple, qui reproduit pendant quelques minutes le nom de *Carrier! Carrier!*

*Fonteneau*, marin-graveur à Nantes, dépose des noyades de prêtres, dont il désigne le coaccusé Foucault comme le principal auteur.

Foucault répond qu'il était-incorporé dans un bataillon de neuf cents hommes, dont il ne reste que quarante-deux, tous les autres ayant péri de la main des rebelles; qu'il a effectivement participé aux noyades dont parle le témoin, mais qu'il fallait obéir ou mourir.

*Le témoin* : Je sais de plus qu'il a été noyé beaucoup d'enfants qui avaient été mis de côté pour le service de la république.

*Noël*, marin à Nantes, dépose avoir vu beaucoup d'hommes que l'on se disposait à conduire aux galiotes meurtrières, et avoir remarqué, au fond de l'eau, un navire rempli de cadavres.

*Laurent fils*, armurier, déclare avoir vu déposer dans une sabine des prisonniers que l'on a d'abord dépouillés; ensuite, avoir vu tirer une trape de la sabine, et les malheureux coulés à fond. « On avait choisi dix-huit prisonniers pour nettoyer le navire, dit le témoin; ils se flattaient d'être épargnés, leur espérance fut vaine. Le navire une fois nettoyé, ils furent jetés à l'eau l'un après l'autre, par ordre de Carrier. Des femmes, des enfants, ont subi le même sort; les mariniers avaient des batelets à la faveur desquels ils s'éloignaient, ils criaient aux victimes dévouées à la mort : « Allons, sacrés gueux, dépê-chons donc, point d'exception; il faut que tout marche, que tout y passe! »

*Hicqueau*, administrateur du département, dépose contre Gallon, Mainguet et Bachelier. « Les scellés, dit le témoin, ont été apposés chez Rozelly, émigré; et, suivant la louable coutume du comité, aucune des formalités prescrites par la loi n'a été observée. Le témoin donne des détails à cet égard. Il accuse ensuite Carrier et le comité révolutionnaire des noyades et autres actes arbitraires.

*Chaux* : Je prie le président de vouloir bien interpeller le témoin s'il n'a pas eu connaissance de la réponse faite par un général à Carrier, qui voulait faire fusiller tous les rebelles sans aucune distinction de ceux que l'on prenait les armes à la main, et de ceux qui venaient se rendre à discrétion ?

*Le témoin :* J'ai entendu dire qu'un général répondit à ce sujet à Carrier : « Nous savons vaincre, mais non assassiner. »

Mainguet et Gallon, accusés d'avoir figuré dans l'apposition des scellés faite illégalement chez Rozelly, émigré, conviennent d'avoir négligé les formes, mais ils soutiennent n'avoir fait aucune soustraction.

*Bignon*, président de la commission militaire de Nantes, donne de nouveaux détails sur les noyades et fusillades de femmes et enfants, et il en accuse le comité révolutionnaire, qui dirigeait ces expéditions.

*Juguet*, juge du tribunal du district de ladite ville, dépose avoir lu sur les registres dudit tribunal un ordre signé Carrier, portant de fusiller sans jugement soixante personnes, dont vingt-six femmes et quatre enfants, âgés de douze à treize ans.

*Gervais-Poupon*, détenu depuis trois ans, en vertu de jugement de la police, ci-devant marin et garçon guichetier dans la prison du Bouffay, dépose que, dans la nuit du 24 au 25 frimaire, à vu arriver dans cette prison la compagnie Marat, sur les neuf heures du soir, avec des paquets de cordes ; que par ordre du comité révolutionnaire elle fit ouvrir toutes les chambres, et provoqua l'appel de tous les détenus ; plusieurs membres de ce comité, entre autres Goulin, Grandmaison, Jolly, Durassier et Ducoux, figuraient dans cette expédition nocturne. Durassier était porteur de la liste, Ducoux et Jolly lièrent les prisonniers, et Grandmaison invitait les satellites à accélérer leur besogne, parce que, disait-il, « la marée baissait, qu'il n'y avait pas de temps à perdre, et qu'il fallait faire diligence. »

Le témoin observe que la compagnie Marat se permit de prendre dans l'infirmerie un gendarme condamné à deux ans de fer ; que ce gendarme, quoique sur le point d'obtenir sa liberté, fut lié comme les autres, comme devant subir le même sort. Vers la fin de cette nuit horrible, qui ne fut marquée que par des proscriptions, on ne suivait plus de listes, on prenait indistinctement tous les prisonniers qui se trouvaient sous la main ; et c'est au milieu de ce désordre, de cette confusion, que seize individus arrivés ce même jour au Bouffay, et qui n'avaient pas encore été interrogés, furent compris dans le nombre de ceux qui devaient être noyés. La nuit s'avançait, il était quatre heures ; Grandmaison, qui sans doute avait de bonnes raisons pour redouter la lumière, dit à ses camarades : « Il est temps, partons ; le reste à demain. »

Il est donc question de se mettre en marche pour conduire les prisonniers à leur destination.

« J'observe, continue le témoin, que les infortunés, marqués par le comité du sceau de la réprobation, étaient conduits à coups de bourrades et traînés par les cheveux, et si j'eusse ouvert la porte du cachot de Tintelin, témoin présent, il aurait été noyé comme les autres, parce que l'on prenait le premier venu, sans s'occuper des causes bonnes ou mauvaises de la détention. »

Les accusés renouvellent leur dénégation pure et simple.

*Jean Boussy*, marchand de parasols, et soldat de la compagnie Marat, parle de la même noyade, à laquelle il a vu les mêmes personnes, et donne les mêmes détails que le précédent témoin.

*François Olivier*, en détention au Bouffay et cultivateur, dépose de la même noyade et des mêmes circonstances qui l'ont accompagnée dans la maison du Bouffay : Goulin, Grandmaison, Jolly, Ducoux et autres, ci-devant dénommés, figuraient dans cette

maison ; ils étaient armés de sabres et de pistolets, et en frappaient les prisonniers.

*Bernard Seguinel*, menuisier à Nantes, et soldat de la compagnie Marat, rend compte du mode d'organisation de cette compagnie. « Chaux et Goulin, dit-il, m'emmènent un jour et me conduisent chez Carrier avec d'autres ; lorsque nous sommes en présence du mandataire du peuple, nos introducteurs nous désignent pour des citoyens sur lesquels on peut compter. » Tant mieux, répond Carrier ; soyez « sûrs, mes enfants, que la république vous paiera « bien. » De la demeure du représentant, nous nous rendons dans l'église ci-devant Saint-Pierre, où l'on procède à l'élection des chefs de la compagnie Marat. Fleury est nommé capitaine ; Richard, adjudant ; RenéNaud, quartier-maître, et Durassier, secrétaire.

« Dans le mois de frimaire, continue le témoin, le capitaine nous assemble à la maison Coltin, et nous conduit ensuite au comité révolutionnaire : nous y trouvons Goulin, Bacheller, Grandmaison et autres, qui nous ordonnent de nous transporter au Bouffay pour en extraire les prisonniers, à l'effet de les transporter à Belle-Ile en mer. Inquiet sur ce qui allait se passer, j'obéis aux ordres du comité. Goulin et Grandmaison me conduisent de nouveau chez Carrier avec Lambertye. Le représentant, ne me reconnaissant pas, demande qui je suis. C'est un Marat, répondirent Goulin et Grandmaison qui passent avec Carrier dans une autre chambre, sans doute pour recevoir ses ordres et nous les notifier.

« Arrivé au Bouffay, je remarque Ducoux et Jolly, qui liaient les prisonniers ; j'en conduis une partie au corps de garde, où je les laisse, et de suite je me retire.

« J'ai entendu dire que tous les détenus qui avaient été extraits de la prison du Bouffay avaient été noyés ; mais je déclare n'y avoir pris d'autre part que celle de les déposer au corps de garde. »

*Chatelier*, cultivateur à Nantes, dépose que Chaux était absent de Nantes lorsque la conspiration des prisons fut imaginée.

*Le témoin Jomard :* Il doit toujours demeurer pour constant que la générale a été battue dans Nantes à l'époque désignée. La conspiration dont il s'agit était si peu sérieuse, que dans le même temps Richard écrivait à Crespin qu'il avait laissé la compagnie Marat sans armes, « mais qu'on avait imaginé un moyen pour procurer des armes aux patriotes, et désarmer les gens suspects. » Richard ajoutait : « La générale bat en ce moment, mais ne t'en effraie pas, je t'en dirai la raison à ton retour. »

*Richard :* Je n'ai pas un souvenir bien précis d'avoir écrit cette lettre.

Le tribunal, sur le réquisitoire de l'accusateur public, ordonne que Crespin se transportera à son domicile pour y prendre la lettre dont il s'agit, accompagné d'un huissier qui visitera ses papiers, en dressera procès-verbal, et déposera le tout audit accusateur.

Le témoin *Dumans*, cultivateur et canonnier à Nantes, déclare qu'il a vu la terreur à l'ordre du jour, mais qu'il en ignore la cause.

*Marie Soucet*, veuve Careil, ex-noble, dépose qu'elle et sa famille, n'ayant rien à se reprocher, étaient restés paisiblement à la campagne, dans la persuasion où ils étaient que, satisfaisant à toutes les demandes qui leur étaient adressées, les corps administratifs continueraient de les prendre sous leur sauvegarde, et de les maintenir dans le repos et la tranquillité. Ils vivaient donc dans cet espoir consolant, lorsqu'un jour, au moment où ils s'y attendaient le moins, ils virent leur maison investie par un détachement de gendarmes commandé par le co-accusé Pinard.

Ces gendarmes s'introduisent dans la maison de la déposante ; ils fouillent dans ses papiers, ils se saisissent de ce qui leur convient le mieux, et emportent le tout avec 4 à 5,000 livres en assignats, et 21 louis en or appartenant à sa belle-sœur.

Le détachement, après cette expédition, sinon glorieuse, au moins lucrative, s'éloigne de la maison et promet de revenir le lendemain. « Cette promesse, dit le témoin, avait jeté l'alarme et l'épouvante parmi nous ; nous aurions bien volontiers fait le sacrifice de ce qui nous avait été enlevé, pour être délivrés de la crainte du retour ; mais notre destinée était de voir notre domicile entièrement spolié, de le voir incendier, et d'être traînés de prisons en prisons. Pinard est donc revenu la nuit même avec son détachement. Ils prennent le peu d'argent qui nous reste ; nous en cherchons de tous les côtés pour le leur offrir, à condition qu'il ne sera rien fait à la maison ; ils acceptent, et la maison est incendiée.

Vingt jours avant le pillage de notre maison, Pinard était venu avec d'autres individus marquer nos chevaux ; tout en parcourant notre maison, il témoignait à ses camarades la surprise de ne pas trouver cette maison plus riche, mieux garnie, et il disait à ce sujet qu'il en avait brûlé de plus belles. J'entendis quelqu'un des siens lui répondre que ce n'était pas là ses plus beaux faits.

*Le président* à Pinard : Que répondez-vous sur la déposition du témoin ?

*Pinard :* Cette maison était dénoncée au comité comme servant de retraite aux brigands ; d'ailleurs nous n'avons agi que sur les ordres de Carrier, qui nous a fait donner un détachement de cinquante hommes. Au surplus, ce détachement a pu être irrité par l'agression des domestiques de la maison, qui les avaient poursuivis à coups de fusil dans un bois.

*Le témoin :* Nous n'avions de domestiques que des femmes et un vieillard.

*L'accusé Pinard :* Il était si vrai que nous agissions par les ordres de Carrier, qu'à mon retour j'allai rendre compte de ma mission, lui porter les calices et autres ustensiles d'église, et qu'il voulut en cette rencontre me faire boire dans le calice, et me dit pourquoi je n'avais pas tué tous ces bougres-là. J'observe que nous n'avons chargé chez la déposante que des fourrages, tels que foins et avoines, environ pour douze voitures, et que le reste des effets était peu conséquent. J'ai reçu les 800 liv. offertes, dans l'espérance où j'étais que c'était le moyen de sauver l'incendie, en leur promettant le partage de cette somme ; au reste, on en a usé avec la famille Careil comme avec tous les brigands que nous étions autorisés à dépouiller et à tuer ; et toutes les communes voisines de celle de la déposante étaient infectées de la présence des rebelles.

*Le président,* à Pinard : Il est constant au procès qu'à la date du 22 octobre 1793, temps auquel la déposante a été expulsée de son domicile, il n'y avait pas de brigands.

*Un témoin déjà entendu :* Je suis de la Melonière, et j'atteste que toutes les fermes de ce canton ont été dévastées par Pinard, entre autres un château, devenu propriété nationale, qui a été détérioré de toutes les manières, et dans lequel on a commis des dégâts de nature à produire une perte de 80,000 livres pour la nation.

*Le président,* à Pinard : Que répondez-vous sur ces nouveaux faits ?

*Pinard :* Je réponds que le château dont on parle servait de réceptacle aux brigands ; qu'il contenait des vivres pour alimenter les rebelles, et que d'ailleurs la municipalité a fait dans ce château un enlèvement considérable de meubles.

L'accusé Chaux manifeste son indignation de voir la discussion se prolonger sur des châteaux. « Vous avez donc oublié, s'écrie-t-il, le décret lancé contre les asiles des riches et des privilégiés ; ce décret qui porte : *Guerre aux châteaux, aux palais, la paix aux chaumières.* C'est des châteaux principalement que partaient toutes les tirades des brigands ; c'est de ces forteresses construites par le despotisme que s'élançaient les foudres de guerre contre les républicains. N'a-t-on pas décrété la démolition des châteaux comme autant de forts qui menaçaient la liberté ; et les communes où ces châteaux ont été démolis n'étaient-elles pas insurgées ?

(*La suite incessamment.*)

---

# CONVENTION NATIONALE.

*Présidence de Clauzel.*

#### SUITE DE LA SÉANCE DU 14 FRIMAIRE.

ANDRÉ DUMONT : Je demande l'impression du discours de Merlin (de Douai), la traduction dans toutes les langues, et l'envoi à toutes les armées et à toutes les communes, afin que tous les Français disent comme la Convention : La paix, mais une paix solide et glorieuse.

Je profite de cette occasion pour vous dénoncer les manœuvres affreuses qu'on emploie pour répandre l'alarme dans les départements. On écrit d'ici dans les départements du Nord, du Pas-de-Calais, dans tous ceux que Lebon a désolés, que la Convention est prête à fléchir et à faire une paix honteuse. Cela prouve la nécessité indispensable de répandre ce rapport ; cela prouve en même temps qu'il faut que le comité de sûreté générale surveille de près les meneurs de la faction que vous avez déjouée, et qui font courir ces bruits dans les départements.

Lorsque j'étais en mission dans celui de la Somme, je fus obligé pendant longtemps de tromper la Convention pour sauver mon pays ; j'y ai vu Lebon faire tomber les têtes de tous les ci-devant nobles, de tous les riches, de tous les négociants. Savez-vous comment on s'y prit pour que je ne m'opposasse pas à toutes ces atrocités? On fit d'abord revenir Lebon ici ; on me rappela ensuite, et l'on renvoya Lebon. Vous ne m'aviez donné des pouvoirs illimités que pour faire le bien ; le comité de salut public, plus grand, plus puissant que la Convention, donna à Lebon le droit de vie et de mort sur tous les citoyens. C'est d'accord avec les monstres qui dirigeaient ce comité, qu'il a plongé dans le deuil le nord de la France ; c'est avec le ton arrogant que lui donnaient les pouvoirs dont ils l'avaient revêtu, qu'il m'écrivit qu'il avait envoyé chercher dans mon département treize personnes dont il allait faire tomber les têtes.

Il est temps qu'un homme semblable soit mis en jugement ; il est temps qu'on traduise aussi devant la justice cet ancien accusateur public du tribunal de Robespierre, Fouquier-Tinville. L'instruction de leur procès nous fera découvrir leurs chefs, ceux qui leur commandaient toutes les horreurs dont ils se sont rendus coupables. (Vifs applaudissements.) Je demande que la Convention décrète que sous huit jours les trois comités lui feront un rapport sur la conduite de Joseph Lebon. (Les applaudissements redoublent.)

Les propositions d'André Dumont sont décrétées.

TALLIEN : Le rapporteur et les propositions qui

viennent d'être faites prouvent irrésistiblement la grandeur de la Convention ; on ne peut voir sans plaisir que la France commence à prendre vis-à-vis de l'Europe l'attitude qui lui convient. Secondons les généreux efforts de nos frères d'armes, faisons la guerre avec vigueur ; mais, en même temps, tenons avec les puissances qui ne sont point entrées dans la coalition la conduite que mérite celle qu'elles ont tenue à notre égard ; unissons ainsi la force à la sagesse, la guerre à la diplomatie.

On a dit, et il est bon de le répéter, que notre ancien gouvernement avait employé tous les moyens possibles pour faire de tous les autres peuples autant d'ennemis de la France ; sans doute que le nouveau gouvernement a employé encore tous les moyens contraires pour resserrer les liens qui nous unissent aux peuples qui sont restés neutres. C'est au temps qu'il faut laisser le soin de détruire les trônes qui pèsent encore sur la terre ; mais c'est à nous qu'il appartient de donner de grands exemples de sévérité contre les ennemis de l'intérieur, de force contre ceux de l'extérieur, et de franchise et de fraternité aux peuples qui ne se sont point armés contre notre liberté ; c'est ainsi que la France prendra dans l'Europe la place qui lui est assignée.

Je veux ajouter une proposition à celles qui ont déjà été faites. Sans doute Lebon et Fouquier-Tinville doivent être traduits devant le tribunal révolutionnaire ; mais je pense qu'il faut aussi un rapport des comités sur les incarcérations faites par suite des journées des 8 et 9 thermidor. Je crois qu'il faut distinguer entre ceux qui n'ont été qu'égarés, entre ceux qui, par ces excès, croyaient servir la patrie, et ces agents directs d'un gouvernement atroce, ces jurés du tribunal révolutionnaire pour qui c'était un plaisir de condamner à mort sans juger, sans entendre, ces hommes qui allaient répandre la terreur dans tous les départements.

Le peuple nous dit de jeter un regard d'indulgence sur les premiers, de les rendre à leurs occupations primitives, de les forcer à aimer l'humanité qui leur pardonne leurs fautes ; de leur faire préférer le plaisir d'être utiles à leurs concitoyens à la barbare jouissance de les vexer comme membres des comités révolutionnaires ; de bannir la terreur même de leur âme, enfin de les porter à inspirer la vertu à leurs enfants, en leur en donnant l'exemple. La loi nous trace les devoirs que nous avons à remplir à l'égard des seconds ; elle nous ordonne de diriger son glaive sur eux (vifs applaudissements), de venger la république de ces bourreaux féroces, de ces ordonnateurs de massacres, de ces chefs de pillage et de dévastations ; de ces hommes qui ne goûtaient de plaisir que lorsque le sang leur suait par tous les pores. Je demande que la Convention ordonne au comité de sûreté générale de mettre en liberté les hommes égarés dont j'ai parlé, et de faire traduire sans délai les seconds au tribunal révolutionnaire. Je demande en outre qu'il rende compte à la Convention de l'exécution du décret.

Les propositions de Tallien sont adoptées au milieu des plus vifs applaudissements.

MÉAULLE : J'annonce à la Convention que déjà le comité de sûreté générale a employé deux séances, qui ont duré jusqu'à trois heures du matin, à mettre en liberté les hommes dont a parlé Tallien, et il s'occupe sans cesse de remplir la première proposition de notre collègue.

LETOURNEUR, au nom du comité militaire : Citoyens, avant la fameuse époque du 9 thermidor, tous les détails relatifs à la garde nationale de Paris étaient administrés par le corps municipal, qui avait établi en conséquence une commission connue sous le nom de commission administrative de police. Du moment où votre comité militaire a été informé de l'existence de cette commission, il s'est empressé de se faire rendre compte des attributions qui lui sont confiées, et il s'est convaincu que cette institution est contraire à tous les principes que la Convention nationale a adoptés pour la formation des commissions exécutives, puisque celle dont il est question est absolument indépendante, et ne ressortit d'aucun des comités créés par la loi ; en conséquence, votre comité militaire, après s'être concerté avec celui des finances, s'est déterminé à vous proposer la suppression de cette commission, dont les attributions diverses doivent naturellement être réunies aux commissions exécutives.

Voici le projet de décret que je suis chargé de vous soumettre.

« La Convention nationale, après avoir entendu le rapport de ses comités militaires et des finances, décrète :

« Art. 1er. La commission créée par la ci-devant municipalité de Paris, pour surveiller les détails et l'acquittement des dépenses relatives à la garde nationale de Paris, est supprimée, et le traitement des employés de ladite commission cessera à compter du 1er nivose.

« II. Ladite commission sera tenue de rendre de suite les comptes de son administration, conformément à la loi.

« III. Les commissions exécutives demeurent chargées, chacune en ce qui la concerne, de tous les détails relatifs à la garde nationale de Paris. »

Ce décret est adopté.

— Sur le rapport du même membre, les décrets suivants sont rendus :

« La Convention nationale, sur le rapport de son comité militaire, décrète que les tambours qui, ayant été détachés de la garde nationale de Paris pour faire le service près l'École de Mars, justifieront être rentrés, à l'époque de la levée du camp, dans leurs sections armées respectives, pour y reprendre leur service, seront payés de leur solde sur l'ancien pied, jusqu'à ce qu'il ait été pourvu à leur replacement, en exécution du règlement du 26 brumaire. »

— « La Convention nationale, après avoir entendu son comité militaire, décrète :

« Art. 1er. Les commandants et adjudants des casernes de Paris sont supprimés.

« II. Il sera attaché un commandant seulement à chacune des casernes de la Courtille et de Babylone : les deux officiers qui sont maintenant pourvus de cet emploi continueront d'en exercer provisoirement les fonctions ; ils auront le grade de capitaine, et jouiront de la solde attachée à ce grade par la loi du 2 thermidor.

« III. Les officiers supprimés par les dispositions du présent décret, ainsi que les deux commandants conservés, à qui il est dû un arrérage de traitement, en sont rappelés et payés jusqu'à ce jour sur le taux fixé par leur formation.

« IV. Le comité de salut public est chargé de pourvoir au replacement de ceux desdits officiers supprimés sur le compte desquels il lui sera rendu des témoignages avantageux. »

— « La Convention nationale, après avoir entendu le rapport de ses comités militaires et des finances, décrète :

« Art. 1er. A compter du 1er nivose prochain, il sera alloué aux citoyens ci-après désignés le traitement qui suit :

« II. A chacun des adjudants généraux de la garde nationale de Paris, la somme de 4,000 livres par an ;

« III. A chacun des adjudants de section la somme de 3,000 livres par an ;

« IV. A chacun des sous-adjudants de section, la somme de 2,500 livres par an ;

« V. A chacun des tambours instructeurs de la garde nationale, la somme de 5 livres par jour.

« Il leur sera délivré en outre, tous les deux ans, un habit, un gilet et deux culottes uniformes, une paire de bottes et un chapeau.

« VI. A chacun des tambours caporaux, la somme de 3 livres par jour.

« Il leur sera délivré le même équipement qu'aux tambours instructeurs.

« VII. A chacun des tambours attachés aux compagnies de la garde nationale, la somme de 2 liv. 10 s. par jour.

« Il leur sera fourni tous les deux ans un habit, un gilet, deux culottes uniformes, deux paires de guêtres noires et un chapeau.

« VIII. Au moyen de la solde attribuée par l'article précédent auxdits tambours, ils demeurent chargés de tout ce qui est relatif à leur entretien personnel et à celui de leurs caisses. »

— On lit les lettres suivantes :

*Leyris et Bouret, représentants du peuple envoyés par la Convention nationale dans le département du Morbihan et autres, au président de la Convention nationale.*

Lorient, le 3 frimaire, l'an 3e de la république française, une et indivisible.

« Citoyen président, c'est un spectacle bien intéressant pour les représentants du peuple en mission dans les départements maritimes, que celui du pavillon ennemi humilié, contraint par nos braves marins à entrer dans nos ports et à y apporter des approvisionnements de tout genre. Nous en avons joui ce matin. Le navire anglais *la Philipps*, du port de 130 tonneaux, chargé de morue sèche, venant de Terre-Neuve et allant à la Barbade, est entré à Lorient, où il a été conduit par une de nos corvettes. Nous nous empressons de transmettre à la Convention cette nouvelle.

« Salut et fraternité. LEYRIS, BOURET. »

*Gauthier, représentant du peuple envoyé dans les départements de l'Isère, du Mont-Blanc, des Hautes et Basses-Alpes, à la Convention nationale.*

Grenoble, le 24 brumaire, l'an 3e de la république une et indivisible.

« Citoyens collègues, j'ai terminé l'épuration des autorités constituées et des Sociétés populaires dans les départements de l'Isère et du Mont-Blanc ; j'y ai établi le règne des lois à la place de la terreur ; j'ai soustrait les anciens patriotes à la tyrannie des intrigants, qui ne cherchent dans le gouvernement révolutionnaire que l'occasion de dominer ou de s'enrichir ; j'ai la satisfaction d'avoir rempli le vœu du peuple, puisque partout il a applaudi à ce que j'ai fait, et béni les décrets de la Convention, auxquels je me suis conformé.

« Je n'ai pu jusqu'à présent prendre que des mesures provisoires dans les départements des Hautes et Basses-Alpes.

« Pour répondre à la confiance de la Convention, je vais m'occuper plus spécialement de ces deux départements, dans lesquels je trouverai beaucoup à faire.

« Les neiges ne me permettant pas d'aller partout chercher la vérité et réparer les injustices ; je fais parvenir dans toutes les municipalités une proclamation. Je ne doute pas de l'empressement de tous les bons citoyens à m'éclairer. De mon côté, je m'efforcerai de rendre toutes mes opérations stables, en les fondant sur la justice et l'amour du bien public. »

— Sur le rapport de Guyton-Morveau, le décret suivant est rendu :

« La Convention nationale, après avoir entendu le rapport de ses comités des secours publics et de salut public :

« Considérant qu'en exécution des lois des 27 février et 14 août 1793 (vieux style), et 6 frimaire de l'an 2e, il est dû une indemnité aux propriétaires de la manufacture de fusils de Maubeuge, soit à raison de l'incendie de la plus grande partie de ses usines et bâtiments par les ennemis de la république, et dont l'estimation a été faite le 16 ventose dernier par experts nommés par la municipalité de Ferrière-la-Grande, soit à raison de la cessation du travail de ladite manufacture et de la dispersion de ses ouvriers par l'effet des réquisitions, décrète :

« Il sera payé par la trésorerie nationale, aux propriétaires de ladite manufacture, une somme de 200,000 liv., tant pour leur tenir lieu de toute indemnité à eux résultant des incendies, dévastations, cessation de travail, que par forme d'encouragement auxdits propriétaires pour reconstruire et remettre en activité ladite manufacture pour la partie des canons de fusil, platines et baguettes, conformément à la soumission par eux faite à la commission des armes et poudres, sous la condition de l'approbation par la Convention nationale.

« Dans l'indemnité ci-dessus réglée ne sont comprises les répétitions que ces propriétaires peuvent avoir à faire pour livraisons d'armes et fournitures de matières et outils qu'ils justifieraient avoir faites à la république. »

— Une députation est introduite. — L'orateur lit la lettre suivante :

*Extrait des registres de l'assemblée générale de la section Lepelletier, du 10 frimaire.*

« L'assemblée de la section Lepelletier, justement indignée contre plusieurs de ses membres, qui, jetés par l'intrigue dans ses comités, ont usé de leurs pouvoirs pour complaire au dernier tyran en opprimant le peuple, ou pour faire leur profit en le dépouillant sous des prétextes injustes;

« Considérant que les épreuves par lesquelles le peuple a passé pendant le système de la terreur ne doivent pas se reproduire, et que le règne des buveurs de sang est passé :

« Arrête à l'unanimité qu'elle sollicitera de la Convention nationale un décret additionnel à celui du... concernant les commissaires de section, à l'effet d'être autorisée à faire rendre compte à tous les fonctionnaires publics et de leur gestion en cette qualité, et de leur fortune antérieure et postérieure à la révolution.

« En conséquence, elle nomme les citoyens Villière, Beudon, Julien, Lauchon, Lafut, etc., pour porter le présent à la Convention nationale. »

Cette Adresse est renvoyée aux comités de sûreté générale et des finances.

— Une députation de la section des Invalides est admise à la barre.

*L'orateur* : Citoyens représentants, organes de la section des Invalides, composée de la portion du peuple la moins fortunée de cette immense cité, nous venons offrir à la république une somme de 3,795 liv., destinée à la construction d'un vaisseau, pour pousser devant nous sur les ondes de la mer le lâche et avide Anglais, comme nous l'avons chassé des plaines de la Belgique, où il semble n'être venu que pour poser lui-même des couronnes de laurier sur la tête de nos soldats républicains. Qu'ils tremblent, ces vils écumeurs de mer ! En abattant le règne de l'injustice et des modernes Caligulas, la Convention a rendu à nos bras nerveux toute leur force et toute leur énergie.

La section félicite ensuite la Convention de ses travaux.

— La correspondance offre une foule d'autres Adresses de félicitation, qui seront insérées au Bulletin.

La séance est levée à quatre heures.

## SÉANCE DU 15 FRIMAIRE.

Un secrétaire fait lecture de la lettre suivante :

Du 1er frimaire, l'an 3e de la république.

*A la Convention nationale.*

« La mise hors la loi ne convient d'aucun crime. »
(André Dumont, à la séance du 4 brumaire, an 3.)

« La mise hors la loi est une mesure injuste et atroce. »
(Bassal, à la séance du 16, même mois.)

« Robespierre et ses complices me proscrivirent en votre nom, et me dévouèrent au massacre. J'y ai heureusement échappé jusqu'ici; garantissez-moi ; que je ne périsse pas sans avoir été entendu et jugé.

« Vous avez écrasé le tyran qui m'opprimait, vous avez

frappé de mort la plupart des individus et des corporations qui conspiraient avec le monstre, pour me perdre, pour asservir, piller, égorger les citoyens.

« Depuis quatre mois il vous est permis d'être justes, et chaque jour vos décrets prouvent que vous en avez la ferme volonté; c'est la justice uniquement que je réclame, la justice la plus sévère, comme la plus impartiale.

« Je fus arrêté sur une dénonciation que, libres encore, vous déclarâtes calomnieuse, à la presque unanimité.

« Je fus arrêté en vertu d'un décret que des conspirateurs vous arrachèrent à force armée, après trois mois de siège et de résistance, sans qu'il y eût à ma charge le moindre indice.

« Je fus proscrit à la voix de Saint-Just et de Barère, pour des délits chimériques, déclarés postérieurs à mon arrestation, sans autre preuve, sinon que j'avais fui les juges assassins auxquels on voulait me livrer, et qui ont immolé vos collègues.

« Mon seul crime fut d'avoir été fidèle mandataire du peuple; d'avoir, avec le plus entier abandon de mes intérêts particuliers, défendu courageusement ses droits et sa liberté. La plus exécrable tyrannie qui ait jamais désolé la terre a trop justifié mes cris d'alarme; elle a vérifié déplorablement ma prédiction du 2 juin.

« Cependant je languis depuis bientôt dix-huit mois dans un cachot; si je vis, c'est dans l'ombre du silence et de la mort, dans les angoisses réservées aux plus grands criminels.

« Est-ce trop demander si je vous supplie de n'être pas envers moi plus avares des formes que vous ne l'avez été pour la tigre de l'Ouest, pour l'assassin de trente et à quarante mille Français.

« Eh bien, qu'il me soit seulement permis de paraître où il vous plaira, pour vivre si je démontre mon innocence, pour expirer sous le glaive de la loi si je suis trouvé coupable; que ma cause soit discutée et décidée d'une manière quelconque, pourvu qu'elle n'exclue pas la justice.

« Que pour prix de mon dévouement patriotique je sois sauvé du carnage; qu'en un mot je ne sois pas massacré, que je sois jugé.

« Veuillez, citoyens représentants, vous faire rendre compte, par vos comités de gouvernement, de ma pétition du 18 vendémiaire dernier, qui leur a été transmise en triple original, et provisoirement donnez-moi la ville de Paris ou celle de Rennes pour prison.

« Signé LARJUINAIS, l'un des *représentants proscrits* en 1793. »

La Convention nationale décrète le renvoi de cette lettre aux comités de salut public, de sûreté générale et de législation, pour en faire un rapport sous trois jours.

— Les habitants de la commune de Bedouin, département de Vaucluse, se présentent à la barre.

*L'un d'eux :* Citoyens représentants, les habitants de la commune de Bedouin, à qui ses ruines ont fait donner le nom de *Bedouin l'anéanti*, se présentent à vous, maintenant que la plainte est permise, et que l'humanité n'est plus un crime.

Le représentant du peuple Goupilleau, qui dans nos climats a fait succéder la justice à la terreur, la vertu au crime, le règne des lois au brigandage et au meurtre, vous a rendu compte de notre infortune; il a touché des âmes sensibles, il a touché les vôtres.

Citoyens représentants, ce ne sera pas en vain que nous aurons été malheureux; il en résultera un grand bien pour la patrie, puisque notre exemple imposera à ses véritables amis des devoirs plus rigoureux à remplir, et une surveillance plus active sur ceux qui veulent sa ruine. Cette idée nous console; mais nous ne pouvons résister au désir de vous parler de nous, puisque nous avons été traduits sur la scène tragique, et que l'on a fait croire à la France entière que nous méritions l'infamie qu'on a imprimée sur nos fronts.

On a supposé qu'une nouvelle Vendée existait dans notre pays; on avait besoin d'une fiction de ce genre pour établir le trône de Robespierre dans les contrées méridionales; et de suite elle est enfantée par une imagination brillante, mais mensongère, et ses éclairs ont été suivis de la foudre.

Nous allons vous dire la vérité; elle a pour garant la simplicité rustique consignée dans diverses dépositions faites par-devant des juges de paix. Pardonnez la longueur de nos plaintes; un enfant malheureux soulage ses peines en les versant dans le sein paternel.

« Notre commune, comme toutes celles de la république a eu ses faux patriotes. Des hommes perdus de réputation, et chargés de dettes et de vices dans l'ancien régime, ont porté leur immoralité dans le nouveau. Accoutumés à vivre dans l'inaction, ils n'ont jamais pu se plier au travail; ils ont toujours cherché les moyens de se préserver des épines révolutionnaires, pour n'avoir que les biens de la révolution; c'est ce qui a donné lieu aux contributions, aux taxes révolutionnaires, à toutes les filouteries imaginées pour vivre aux dépens des autres.

Depuis longtemps les fripons de notre district avaient arrêté un plan de pillage dans une commune aisée, pour renouveler leurs moyens épuisés d'une existence intempérante et scandaleuse. Ils en avaient tenté une fois le préliminaire dans la commune de Crillon; mais leur peu de succès leur fit jeter les yeux sur la nôtre.

Pour réparer ce qu'ils avaient perdu, ils arrachent nuitamment un petit arbre de la liberté, dans un lieu isolé et hors l'enceinte de la commune. Le président de la Société populaire préside à ce forfait, selon l'aveu même de nos ennemis, et, à la pointe du jour, les coupables accusent de cet attentat les habitants presque encore ensevelis dans le sommeil. On sonne l'alarme; des soldats viennent bientôt porter le fer et le feu dans la commune et dans le territoire.

Une commission municipale y est organisée; elle se précipite, à la tête de son cortège effrayant, dans tous les lieux où son avidité lui promet un riche pillage; elle répand partout la désolation et la mort, avant même d'employer les formes légales pour constater le délit qui aurait pu servir de prétexte à son crime.

Cinq cents maisons sont livrées aux flammes, le fruit de nos moissons perdu sans profit pour la république, nos récoltes dévorées en un instant par un essaim de vautours accourus de toutes parts, l'enceinte du sol de notre commune frappée de stérilité par un arrêt formel. Mais la nature, qui se joue des desseins des hommes, semble acquérir plus de fécondité. Nos vers à soie, répandus par les campagnes, vont déposer leurs riches trésors sur le sommet des arbres qui les nourrissent.

Il se forme un tribunal de sang : l'accusateur public Barjavel se concerte chaque jour avec les bourreaux pour le nombre des victimes; les habitants qui ne peuvent point désigner les vrais coupables le deviennent tous, et le fer frappe indistinctement toutes les têtes.

Si quelques scélérats ont été punis de cet attentat, dont ils sont seuls les auteurs, des hommes probes sont tombés sous le glaive de la loi dans ce jour de deuil pour la patrie et pour la liberté. La moindre défense contre les inculpations imputées aux divers habitants n'était point entendue; elle était absorbée par les roulements du tambour, ou interrompue par cette formule barbare : « Tu n'as pas la parole! » Ainsi les uns ont péri pour avoir un fils émigré, et ce fils servait depuis longtemps sur la frontière; on a les certificats de son corps; ils étaient consignés dans les registres de la commune : les autres, pour être prêtres réfractaires; et leur prestation de serment est authentique; ceux-ci ont été traduits à l'échafaud quoiqu'ils eussent quitté la commune depuis longtemps et qu'on ne pût les mettre en cause pour le délit qui nous a été imputé; ceux-là ont été mis hors la loi comme s'ils y avaient participé, quoiqu'ils n'aient au service des armées de la république; enfin, nos propriétés ont été envahies; on a flétri notre honneur, on s'est joué de notre existence, comme si nous avions été en Flandre, exposés aux incursions du féroce Autrichien et du vil Anglais.

Ici les idées les plus déchirantes viennent tourmenter nos esprits. Ce n'est pas nous seuls que nous envisageons dans nos plaintes; les deux cent quatre-vingts soldats fournis par notre commune, et dont la majeure partie a volé de plein gré à la frontière, avant même la réquisition, excitent dans ce moment notre vive sollicitude. Ils reviendront un jour, le front ceint des lauriers de la victoire; hélas! ils ne verront plus que des cendres et des ruines dans les lieux qui les ont vus naître; ils redemanderont aux montagnes qui nous environnent les auteurs de leurs jours, des frères, des épouses ; et sans doute il sortira de la terre qui les a engloutis une voix lamentable qui criera : « Ils ne sont plus! » Ainsi, nos frères d'armes, au lieu de trouver dans nos cœurs des consolations, dans notre alliance des secours, n'auront pour se vêtir que les haillons de la misère, et la coupe du malheur pour s'abreuver. Point de char de triomphe pour eux ; au milieu des transports de la joie publique, ils n'auront en partage que la tristesse et les pleurs ; et ce sera sur les tombeaux de leurs parents indignement massacrés, à l'ombre des cyprès funèbres, qu'ils iront se reposer des fatigues de la guerre. Ciel! était-ce là le prix réservé à leurs exploits et à leurs nombreux sacrifices?

Citoyens représentants, les horreurs dont nous avons été les témoins et les victimes ne doivent point être impunies ; il vous reste encore à écraser bien des monstres qui ont répandu avec plaisir le sang des hommes. Vous le ferez : la France ensanglantée l'attend de vous. Effacez l'ignominie qu'on a versée sur vos chaumières, dont il est sorti tant de défenseurs de la cause du peuple. Nos vieillards, nos femmes, nos enfants, échappés par la fuite au fer des assassins, n'ont point échappé à la misère. Vous leur donnerez des secours, nous osons l'espérer. Vous nous donnerez des paroles de consolation à leur porter dans les cavernes qui, après l'incendie de nos habitations, leur ont servi de retraite, et où quelques-unes de nos épouses ont enfanté.

Législateurs de la France, pères du peuple, vous vous montrerez sévères envers le crime, justes envers l'innocence, et vous prendrez part à nos malheurs en les soulageant. Nous demandons secours et réhabilitation.

Vive la Convention ! vive la justice !

GOUPILLEAU (de Montaigu) : Il appartient à un homme qui a vu les ruines de Bedouin d'en parler. Oui, citoyens, j'ai vu de mes propres yeux les horreurs dont le bruit était déjà venu à vos oreilles, et je me suis convaincu de leur vérité : ou plutôt ce que j'ai vu est au-dessus de tout ce qu'on a pu dire, et de tout ce que l'imagination peut concevoir.

Dans une nuit fort obscure un arbre de la liberté fut coupé, on ne sait par qui. Le représentant du peuple auquel j'ai succédé prit un arrêté qui obligeait les habitants de déclarer les coupables ; plongés dans le sommeil, ils ne les avaient pas vus, ils ne purent les indiquer ; alors un autre arrêté déclara cette commune en rébellion , et cinq cents maisons, qui la composaient, furent livrées aux flammes.

Dans la lettre que j'ai écrite à la Convention, je n'ai rien dit qui ne fût vrai, et je ferai incessamment un rapport sur toutes mes opérations dans le département de Vaucluse ; mais avant je ne puis m'empêcher de dire quelques mots sur Bedouin ; j'ai vu encore, sur des ruines de maison , des affiches qui défendaient d'en approcher. Les champs ont été condamnés à la stérilité ; les habitants, qui étaient assez aisés, ont été condamnés, les uns à la mort, les autres aux cachots, ou réduits à la plus affreuse misère.

Les nombreuses manufactures de soie de cette commune ont été brûlées ; soixante mille livres de cette matière première, destinées à alimenter une manufacture , ont été consumées par les flammes. Les farines et les bâtiments nationaux ont eu la priorité pour la destruction. Des poudres ont été apportées pour faire sauter une église neuve, qui avait coûté plus de 200,000 liv.

Voici un fait plus obscure :

Une jeune fille, âgée de dix-huit ans, nommée Saumont, va chez un homme revêtu d'un grand pouvoir , pour réclamer en faveur de son père. « D'où es-tu? lui demande le barbare ? — De Bedouin, » répondit-elle. Aussitôt elle est arrêtée, et deux jours après elle monte à l'échafaud avec son

père. (Mouvement d'horreur. — *Nomme les scélérats!* s'écrient un grand nombre de membres. *Qu'ils périssent tous !*)

GOUPILLEAU : A ce récit vous frémissez d'horreur, citoyens ; et si, comme moi, vous eussiez été à Bedouin, vous emporteriez jusqu'au tombeau le souvenir des cruautés dont cette commune a été le théâtre et la victime.

A Orange, j'ai fait combler une fosse pleine de cinq cents cadavres ; j'en ai fait aussi combler six autres destinées à recevoir douze mille victimes ; déjà l'on avait fait venir quatre milliers de chaux pour les consumer.

Dans cette même commune on a guillotiné un vieillard de quatre-vingt-sept ans, en enfance depuis six, et des enfants de dix à dix-huit ans.

Je ne veux pas m'étendre davantage sur tant de crimes. Voilà les malheureux devant vos yeux ; vous les secourrez: l'humanité l'exige, votre devoir vous le commande. Vous ne souffrirez pas plus longtemps que ces citoyens errent sur le sommet des montagnes, ni qu'ils restent ensevelis dans le fond des grottes qu'ils ont creusées, et qui leur servent d'asile.

Je demande donc provisoirement que tous les habitants de Bedouin soient libres de rentrer dans leur pays; que le comité de salut public et celui de sûreté générale soient tenus de faire, sur cette affaire, un rapport dans trois jours.

BOUDIN : Je déclare à mes contemporains et à la postérité que je n'ai jamais trempé dans ces atrocités. (Toute l'assemblée se lève d'un mouvement spontané et fait la même déclaration.)

ANDRÉ DUMONT : C'est faire retentir trop longtemps cette enceinte des atrocités commises par Robespierre et ses complices, atrocités qui ont déshonoré la plus belle rév·tion. Il est temps que la Convention prenne les mesures que l'humanité et la nature outragées commandent. Goupilleau n'a pas nommé le monstre qui s'est rendu coupable de ces cruautés ; je vous l'ai fait connaître dans la nuit du 9 thermidor. Je demande que les trois comités de gouvernement se réunissent à l'instant pour recevoir la déclaration de Goupilleau ; il ne faut pas que l'homme qui a commis tant de crimes jouisse plus longtemps de la liberté. (On applaudit.) Ne croyez pas cependant qu'à l'exemple du tyran Robespierre je demande son arrestation sans qu'au préalable sa conduite ait été examinée; non, il faut que le décret sur la garantie de la représentation nationale reçoive son exécution; mais il faut aussi que la justice et l'humanité soient promptement vengées. Je demande donc que les trois comités se réunissent sur-le-champ, et viennent déclarer, comme ils l'ont fait pour le monstre qui occupe maintenant le siége du tribunal révolutionnaire, s'ils estiment qu'il y a lieu à examen de la conduite de Maignet.

LEGENDRE : C'est en vain que la Convention nationale prendrait des mesures partielles. Les canaux de la raison sont ouverts; la vérité va luire enfin aux yeux de la représentation nationale. (Vifs applaudissements.) Comment et par quelle fatalité des horreurs pareilles à celles qu'on vient de nous peindre ont-elles pu se reproduire sur tous les points de la république, quand la Convention nationale veut le bien, quand elle avait nommé un comité de salut public à qui elle avait confié les rênes du gouvernement, qui devait sans cesse avoir les yeux ouverts sur ce qui se passait, arrêter les atrocités qui se commettaient journellement, et qui ne vous en a rien dit? Eh quoi! ces atrocités avaient-elles donc une existence si naturelle qu'elles ne soient pas venues à sa connaissance? Citoyens, de quelle utilité est à une république un comité de gouvernement qui ne sait les nouvelles de l'intérieur que par les papiers étrangers? Vous aviez mis des fonds à la disposition de votre comité de salut public ; ils étaient destinés à lui procurer des renseignements sur la situation exacte de la France ; qu'en a-t-il fait? Pour moi, je déclare, avec toute l'énergie qui caractérise mon âme, que l'ancien comité de salut public est coupable de ne vous avoir fait aucun rapport à cet égard. (On applaudit.) Quoi! on noyait à Nantes, on fusillait à cent vingt lieues de Paris, et le comité n'en savait rien! On égorgeait, on brûlait des communes, on portait la désolation dans les familles, et le comité n'en savait rien! On envoyait dans le nord un Lebon ; il y commettait toutes sortes d'atrocités ; il y employait des formes que l'on osait appeler *acerbes*, et le comité de salut public n'en aurait rien su! Je dis qu'il en savait quelque chose, car Barère est venu le défendre à cette tribune. (Vifs applaudissements.) Je déclare que la Convention ne doit garder aucun ménagement.

Citoyens, faites le procès aux coupables, ou la postérité vous le fera en masse. (Nouveaux applaudissements.) J'appuie les propositions d'André Dumont ; je les appuie avec cette intention, que vous prendrez les mesures convenables pour que la malveillance et l'aristocratie ne viennent pas à la traverse. Oui, employez les formes, prenez tout le temps nécessaire, et prouvez au peuple que vous voulez la justice, et que celui qui est revêtu de grands pouvoirs et qui en abuse pour l'opprimer est plus coupable à vos yeux que le voleur de grands chemins.

Citoyens, le peuple vous a confié l'exercice de sa puissance pour faire le bien. Si vous en abusez, voyez quel supplice vous attend. (On applaudit.) Je demande que vous jetiez enfin les yeux sur les membres de l'ancien comité du gouvernement. Eh! qu'on ne me dise pas que toutes les passions doivent être ensevelies dans la tombe de Robespierre ; il n'y a pas de passions ici, nous suivons tous l'impulsion de la justice. (On applaudit.)

Citoyens, souvenez-vous que la modestie, compagne de la vertu, devient une faiblesse criminelle lorsque l'intérêt du peuple exige que l'on se prononce. Que l'on ne dise pas : Je ne suis pas accoutumé à parler en public. Ni moi non plus, citoyens, je n'avais pas l'habitude de la tribune ; mais l'amour de la liberté donne de l'énergie. J'invoque tous mes collègues à remiser leur modestie et à développer toute leur énergie. Je provoque aussi la déclaration formelle de tous les pères de famille qui ont été témoins ou victimes des atrocités qui ont eu lieu. Garder le silence dans un moment où la justice réclame une prompte vengeance serait le plus grand des crimes.

ROVÈRE : Je déclare à la Convention nationale que j'ai eu le courage de dénoncer à l'ancien comité de salut public les horreurs que l'on commettait dans mon département. Un matin j'allai me plaindre de Maignet ; Robespierre me répondit : « Nous en sommes fort contents ; il fait beaucoup guillotiner. » J'ai deux témoins de ce fait. Je ne me tins pas pour battu : je renouvelai mes démarches, au risque de voir exécuter ici le jugement de mort porté contre moi à Orange. Couthon était en correspondance avec Maignet ; c'est lui qui lui dicta les mesures atroces qu'il a prises, et qui ôt confirmer tous ses arrêtés par l'ancien comité de salut public. Voilà la vérité, citoyens ; j'ai eu le courage de la dire même sous la tyrannie de Robespierre. Aujourd'hui que la justice est à l'ordre du jour, la Convention nationale viendra au secours des infortunés qui viennent de se présenter à sa barre. Il y a onze jours que ces malheureux sont en route. Je demande que vous accordiez à chacun d'eux un secours provisoire de 500 livres. (On applaudit.)

On demande le renvoi de la proposition de Rovère au comité des secours, pour en faire un rapport sous trois jours.

Cette proposition est adoptée.

BRÉARD : Sans doute les individus dont il est question ont le plus grand besoin de secours, et la Convention ne doit pas balancer à leur en accorder ; mais il faut aussi porter ses regards sur la malheureuse commune de Bedouin. Je n'examine pas dans ce moment-ci quels sont les individus qui ont ordonné les atrocités dont cette commune a été le théâtre ; ce qu'il importe maintenant, c'est de donner un asile aux habitants de Bedouin, c'est-à-dire de rétablir leurs habitations. Je demande donc que le comité de sûreté générale vous présente ses vues sur les moyens de rendre les habitants de Bedouin à leurs anciens domiciles, et, en attendant, de leur procurer des secours pécuniaires, sauf ensuite à examiner quels sont les auteurs des atrocités qui vous ont été dénoncées.

Cette proposition est adoptée. Le comité de sûreté générale fera son rapport sous trois jours.

*** : Au moment où vous portez vos regards sur les communes dévastées, je dois vous faire part d'une réclamation portée au comité de législation par plusieurs milliers de citoyens, habitant les départements méridionaux, qui, pour se soustraire aux mandats d'arrêt lancés contre eux, c'est-à-dire à la mort qui les attendait, ont abandonné leurs foyers. Cette réclamation tendait à les faire rayer de la liste des émigrés, sur laquelle leurs tyrans les ont inscrits. Je demande que le comité de législation fasse droit à leur demande.

BECKER : J'annonce également à l'assemblée que les cruautés de Saint-Just et de Lebas ont fait fuir plus de dix mille habitants des départemens des Haut et Bas-Rhin, tous laboureurs ou gens de métier, qui ne peuvent être réputés émigrés. Je demande également que le comité de législation porte ses regards sur ces malheureux.

Ces observations sont renvoyées au comité de législation.

LECOINTRE (de Versailles) : Depuis le 13 fructidor que la Convention nationale a rendu un décret contre moi, j'ai recueilli et fait imprimer les pièces qui regardent les membres de l'ancien comité de salut public. Demain je devais monter à la tribune et en donner lecture à la Convention ; mais je demande, pour épargner ses moments, qu'elle veuille en décréter le renvoi à ses trois comités de gouvernement, qui les examineront. On ne dira pas maintenant que je n'ai point de pièces : les voici, elles sont toutes imprimées ; je demande à la Convention si elle veut que je les lui fasse distribuer. (Oui, oui ! s'écrient plusieurs membres.)

L'assemblée décrète le renvoi à ses trois comités réunis des pièces annoncées par Lecointre, et ordonne qu'elles lui seront distribuées.

André Dumont lit la rédaction de sa proposition ; elle est adoptée en ces termes :

« La Convention nationale renvoie à ses comités de salut public, de sûreté générale et de législation, les déclarations faites par le représentant du peuple Goupilleau relativement aux atrocités commises dans le département de Vaucluse ; les charge de prendre sur-le-champ les plus grands renseignements, et de lui en rendre compte dans le délai de trois jours. »          (La suite demain.)

N. B. Dans la séance du 16, la Convention s'est occupée de la discussion du code civil, dont plusieurs articles ont été décrétés.

### AVIS DE L'ANCIEN MONITEUR AUX SOUSCRIPTEURS.

Nous avions espéré que l'augmentation modique que nous avons faite il y a deux mois, et longtemps après tous les autres propriétaires de journaux, suffirait, avec des sacrifices considérables de notre part, pour tenir le prix de l'abonnement au *Moniteur* à ce dernier taux; mais le prix des matières premières, et surtout celui du papier, s'est tellement accru depuis cette époque que nous sommes encore forcés d'augmenter l'abonnement de notre feuille; nous nous empresserons également de le diminuer lorsqu'une réduction dans le prix des matières premières et dans celui de la main-d'œuvre nous permettra de nous livrer à cette mesure. En conséquence, et à compter du 1er nivôse prochain, la souscription, pour Paris, sera de 90 liv. par an, de 48 liv. pour six mois, et de 25 liv. pour trois mois.

La souscription, pour les départements, sera de 102 liv. par an, de 54 liv. pour six mois, et de 28 liv. pour trois mois, à commencer toujours du 1er d'un mois de notre ère républicaine.

Nous prévenons nos souscripteurs que nous n'avons aucun bureau intermédiaire à Paris pour la recette des abonnements.

Les lettres et l'argent doivent être adressés, francs, au citoyen Aubry, directeur du bureau, rue des Poitevins, n° 18.

Il faut avoir soin (attendu le grand nombre de lettres qui s'égarent) de charger celles qui renferment des assignats.

Tout ce qui regarde la composition du *Moniteur* doit être adressé aux rédacteurs, rue des Poitevins, n° 18, en affranchissant les lettres et paquets.

## POLITIQUE.

### SUÈDE.

*Stockholm, le 8 novembre.* — Le gouvernement s'occupe avec beaucoup de soin d'augmenter et d'améliorer ses forces maritimes; il vient de prendre divers arrangements qui tendent à ce but.

— On écrit de Scanie qu'il y a eu quelques troubles dans cette province. Quelques révoltés en troupe ont mis le feu à deux biens dits *nobles*, dont l'un appartient au seigneur de Borringe, et l'autre au sénateur comte Beckfris. Les circonstances de cet événement ont paru être d'une nature assez sérieuse pour qu'il en fût fait un rapport au gouvernement.

### ALLEMAGNE.

*Wesel, le 20 novembre.* — Il n'y a eu en Hollande que des inondations partielles; mais il ne paraît pas que les habitants se laissent égarer au point de souffrir qu'on effectue la grande inondation; celle-ci consiste à percer les digues; l'eau s'élève alors dans le pays au niveau de la mer; le terrain qu'elle couvre est pour longtemps ruiné. On n'ignore pas d'ailleurs que cette calamité entre dans le plan de conspiration de nos alliés les Anglais.

— On écrit de Munster que les troupes autrichiennes commencent à prendre leurs quartiers d'hiver dans les environs de Doulmens.

— Les Français continuent avec vigueur les préparatifs de siège contre la forteresse de Manheim. La plus grande partie de l'armée prussienne aux ordres de Mollendorf défend le cordon qui s'étend depuis Kaub jusqu'à Gerosheim. Cette partie de la rive du Rhin est protégée par des retranchements et des batteries établies sur différents points.

— Le général major Ruchel a été chargé de la défense des îles du Rhin dans le voisinage de Mayence.

*Hanovre, le 15 novembre.* — Le gouvernement germano-britannique de ce pays vient de faire publier l'ordonnance suivante, dans laquelle on le surprend à donner le secret de sa faiblesse et de ses besoins.

« Georges III, etc. Dans la situation critique où se trouvent actuellement les affaires, et dans la sollicitude pater-nelle avec laquelle nous veillons à la sûreté et au bien-être des pays et sujets que Dieu nous a confiés, nous avons fixé notre plus scrupuleuse attention sur les mesures qui, à l'aide de la Providence divine, peuvent les mettre à l'abri des dangers auxquels une invasion ennemie non prévue pourrait les exposer. Et d'autant qu'une augmentation considérable de nos régiments d'infanterie existant dans le pays est une des mesures que la pressante nécessité; nous, après avoir pris en très-grande considération toutes les circonstances de la chose, avons résolu que, à l'exception des hommes tenant fermes et censives, à la place desquels les baillages et juridictions feront marcher des gens non possessionnés, il se fera une levée de tous les individus appartenant à nos régiments provinciaux, à l'effet de les joindre à nos dix régiments d'infanterie se trouvant dans le pays, et de les incorporer pour le service et la défense de la patrie. »

### ITALIE.

*Du territoire de Gênes, le 15 novembre.* — Il est rentré dans le port de Gênes une felouque française armée en guerre, conduisant un navire anglais dont elle s'était emparée. Ce bâtiment, venant d'Amérique et destiné pour la Corse, était chargé de farine, de rhum et d'autres objets.

— Le tribunal des inquisiteurs d'Etat a déclaré innocents et a mis en liberté les patriciens Serra, Negro, Giustiniani, qui avaient été arrêtés pour l'effet d'une intrigue. Ce jugement a paru flatter le public. Vincent Negro, le chirurgien Bonomi et le médecin Bath sont aussi sortis de prison, et ont obtenu la permission de travailler à leur défense.

— Les troupes françaises qui sont sur les différentes parties de la rivière font des mouvements qui paraissent inquiéter les Austro-Sardes.

## RÉPUBLIQUE FRANÇAISE.

### TRIBUNAL CRIMINEL RÉVOLUTIONNAIRE.

*Suite de la procédure du comité révolutionnaire de Nantes.*

*François Cornet*, cent trente-quatrième témoin, gendarme à cheval, dépose que, quinze jours après l'affaire d'Ancenis, au mois de nivôse dernier, un détachement de trente-six jeunes gens, dont lui témoin faisait partie, fut chargé de conduire à Nantes une cinquantaine de brigands, pour y être jugés conformément à la loi. « A peine étions-nous sortis de la ville, dit le témoin, que le commandant de ce détachement, dont je ne me rappelle pas le nom, fit fusiller quatre à cinq de ces brigands. Peu de temps après, d'autres eurent le même sort. Ces infortunés avaient sans doute remarqué combien ces expéditions arbitraires me déchiraient le cœur; ils venaient tous se ranger autour de moi; ils réclamaient mon humanité, dans la persuasion où ils étaient que je pouvais leur sauver la vie; mais ils se trompaient, parce que j'étais sous les ordres d'un commandant auquel je ne pouvais me dispenser d'obéir. J'ai remarqué parmi ces brigands des jeunes gens de quinze à seize ans.

« Vingt malheureux sont de nouveau extraits des prisons, par nous conduits, et fusillés comme les précédents. »

Le témoin *Juliette* dépose des mêmes faits.

*François Varin*, perruquier, membre de la compagnie Marat, déclare n'avoir été en exercice que pendant vingt et un jours, et avoir fait beaucoup d'arrestations par ordre du comité.

*Jean Gaulier*, maître d'écriture à Nantes, et admis dans le comité révolutionnaire, cherche à justifier les opérations du comité relatives au maniement des fonds. Cependant il dit que Goulin lui a avoué avoir assisté à une noyade de vingt-quatre à vingt-cinq prisonniers, et en avoir frémi d'horreur.

On fait au témoin différentes interpellations sur les effets d'argenterie distraits à leur profit par les membres du comité. Il répond qu'il croit qu'une partie de ces effets ont été payés à raison de 52 liv. le marc.

*Le président*, au témoin : Peux-tu dire au tribunal par qui le marc d'argenterie a été évalué à 52 livres ?

*Le témoin* : C'est Bolognie qui a fait cette évaluation.

*Le président* : J'observe aux jurés que, dans le moment même où les membres du comité se permettaient de s'approprier, à raison de 52 livres le marc, de l'argenterie dont ils étaient comptables, la nation avait beaucoup de peine à s'en procurer à un prix bien supérieur à celui déterminé par le comité.

*Le président*, au témoin : Le comité n'a-t-il pas pris un arrêté relatif à la vente des bijoux, et n'est-ce pas en vertu de cet arrêté que s'est faite cette vente ?

*Le témoin* : La vente des bijoux a été provoquée par le représentant du peuple ; elle a été annoncée à son de trompette ; mais dans cette vente les diamants n'ont pas été compris.

Le président interpelle le témoin sur une lettre signée par lui, et ainsi conçue :

*Les membres du comité révolutionnaire à l'accusateur public.*

LIBERTÉ , ÉGALITÉ , FRATERNITÉ OU LA MORT.

Nantes, ce 19 prairial.

« Citoyen , nous demander des pièces de conviction contre les Nantais traduits à votre tribunal , des charges plus concluantes , des faits plus précis contre des gens aussi évidemment coupables , c'est vouloir nous réduire à l'impossible , c'est vouloir ralentir les mesures révolutionnaires. N'est-ce pas assez d'avoir des brigands à nos portes sans encore en avoir dans notre sein ? Si les faits , les charges par nous produits vous paraissent trop vagues , ces gens, plus que suspects , resteront sous la férule de la commission militaire , qui les jugera et nous débarrassera de cette besogne dégoûtante.

« *Signé* GAULIER père. »

*Le président* : Comment avez-vous pu signer cette réponse sans auparavant prendre des renseignements sur ces Nantais, que l'on désignait comme convaincus de contre-révolution ?

*Le témoin* : J'ai signé cette lettre comme mille autres qui ont pu m'être présentées , m'en rapportant entièrement aux membres chargés de la correspondance.

*Goulin* : Je prie le président de demander au témoin s'il a été ou non forcé de signer quelques arrêtés pris par le comité.

*Le témoin* : Je n'ai jamais essuyé aucune contrainte de la part du comité pour aucune signature. Je dois dire aussi que je signais avec confiance tout ce qui m'était présenté , et que je n'ai jamais vu les délibérations suivies de quelque arrêté.

*Goulin* : Le témoin doit cependant savoir que les feuilles volantes contenaient un résumé de toutes les opérations du comité , et qu'à ce résumé étaient jointes les pièces venant à l'appui, et ce résumé était mis au net sur un registre particulier.

*Le président*, à Goulin : Vous qui paraissez avoir été chargé du soin de rédiger les arrêtés et de les faire mettre au net, pourriez-vous nous dire où sont les registres contenant les arrêtés dont vous parlez, les résumés dont vous entretenez le tribunal ?

*Goulin* : On a dû les trouver au comité.

J'avoue de bonne foi que c'est moi qui conduisais presque tous les travaux du comité ; je n'hésite point à déclarer que, si le comité a mal opéré , s'il est un coupable parmi ses membres , c'est moi seul qu'il faut reconnaître, c'est moi seul qu'il faut frapper ; je sais mourir pour ma patrie, dont j'ai cru faire le bien en la délivrant des brigands et des ennemis en tout genre qui osaient contrarier son vœu pour la liberté. J'ai pu me tromper sur les moyens de servir ma patrie, sur les moyens de lui rendre le calme et la tranquillité , de bannir la disette et de faire renaître l'abondance dans mon pays ; mais je n'ai jamais voulu lui nuire. Au surplus, j'offre ma tête pour l'expiation de mes fautes , pour celles de mes collègues que j'ai pu égarer ; je le répète , je saurai mourir pour tous les collègues qui m'environnent : je déclare que je serais fâché d'en voir périr un seul. C'est moi qui dois payer pour tous ; je me sens assez d'énergie pour marcher à l'échafaud avec la même courage, la même fermeté que l'on m'a vu déployer dans tout le cours de la révolution.

*Bachelier* : Les témoins sont paralysés ; on les interpelle sur de petits objets , et ils n'osent déposer contre Carrier. Nous sommes comme des soldats à qui un général aurait donné ordre de faire fusiller tous les habitants d'une ville ; on ferait le procès aux soldats, et on laisserait tranquille le général qui aurait donné l'ordre.

Carrier ne voulait pas que nous fussions chercher des subsistances dans la Vendée, mais dans les magasins des riches. Il parlait toujours de faire rouler des têtes.... Voyez la conduite du comité sous les différents représentants qui sont venus à Nantes.... Je ne murmure point contre la manière dont on procède envers nous ; mais je demande qu'on s'instruise, et qu'on sache enfin quelle a été la position de Nantes , et qui est la cause de tous ses malheurs.

(*La suite incessamment.*)

## CONVENTION NATIONALE.

*Présidence de Clausel.*

SUITE DE LA SÉANCE DU 15 FRIMAIRE.

CAMBACÉRÈS, au nom du comité de salut public : Citoyens, en attendant le moment où le peuple français pourra commander une paix honorable et solide , nos armées républicaines continuent à faire une guerre victorieuse. Hier vous avez proclamé à la face de l'univers les principes d'équité qui dirigeront votre diplomatie ; aujourd'hui nous venons vous annoncer de nouveaux triomphes qui établissent que les soldats de la liberté entendent seconder l'intention où vous êtes de ne vouloir qu'une paix garantie par notre force et par l'impuissance de nos ennemis à nous nuire.

De Bayonne à Perpignan les Espagnols , prisonniers, fugitifs ou morts , viennent de laisser en nos mains une de leurs plus importantes places ; de riches magasins, effets mobiliers, munitions, cartouches, approvisionnements de toute espèce. Il ne s'agit plus désormais de reprendre des villes que la trahison avait enlevées à la république ; c'est aux armées de la république à s'emparer des plus fortes places de nos ennemis ; et tandis que l'armée des Pyrénées-Occidentales, domptant la contrariété des éléments, remportait à Olave un avantage considérable, l'armée des Pyrénées-Orientales prenait possession du château de Figuières.

La capitulation qui a remis en notre pouvoir cette forteresse honore la révolution, puisqu'elle présente tout à la fois ce caractère de grandeur qui distingue la nation française, et ce respect pour les principes de l'organisation sociale que vous avez si solennellement proclamés.

Voici les lettres qui contiennent les détails intéressants dont je suis chargé de vous donner connaissance.

*Les représentants du peuple près l'armée des Pyrénées-Orientales à la Convention nationale.*

Du château de San-Fernando de Figuières, le 8 frimaire, l'an 3e de la république une et indivisible.

« Citoyens collègues, comment pourrons-nous vous dire tout ce qui s'est passé ! comment vous peindre tout ce que nous avons vu depuis dix jours dans l'armée des Pyrénées-Orientales ! Pourquoi la France, pourquoi l'Europe entière n'ont-elles pu être témoins des événements extraordinaires et glorieux qui viennent d'avoir lieu ?

« Le comité de salut public vous donnera connaissance du rapport que le général en chef provisoire de l'armée a fait sur les opérations des 27 et 30 brumaire, et qu'il envoie au comité de salut public ; vous y verrez les détails et le développement d'une des plus brillantes victoires qui aient été remportées par les armées de la république. Figurez-vous tout ce que l'armée et l'art ont pu réunir d'obstacles ; figurez-vous quatre-vingts ou cent redoutes sur les positions les plus avantageuses, hérissées de canons et formant plusieurs lignes de défense ; figurez-vous quarante à cinquante mille hommes répandus dans tous ces forts et dans des retranchements, l'ouvrage de six mois ; figurez-vous toutes ces redoutes, l'artillerie et la mousqueterie qui les défendaient ; figurez-vous enfin quatre-vingts volcans vomissant à la fois le fer et le feu. Eh bien, tout fut emporté en moins de trois heures. Nos bataillons avançaient l'arme au bras au milieu des boulets et de la mitraille, et tout cédait à leur baïonnette. Point de prisonniers dans la journée du 30 : tout fut égorgé. Trois généraux espagnols furent tués. L'un d'eux voulut se défendre contre l'adjudant général chef de bataillon Duphot, qui lui passa son sabre au travers du corps. Le général en chef de l'armée espagnole, comte de La Union, fut trouvé mort sur le champ de bataille. Nous vous envoyons sa décoration militaire.

« Nous vous avons dit, dans notre lettre du 28, ce que nous avions d'hommes tués ou blessés dans l'affaire du 27 ; le nombre de ceux qui ont péri ou qui ont été blessés dans la journée du 30 est encore beaucoup moindre. L'ennemi, repoussé de toutes parts dans cette journée, prit la fuite ; sa déroute fut complète.

« Après nous avoir abandonné tous ses camps et son artillerie, il voulut s'arrêter sur les hauteurs de Llers, où il avait préparé un camp retranché sous le canon du château de Figuières ; mais il fut poursuivi si vigoureusement qu'il fut obligé d'abandonner cette position, et de fuir encore six à sept lieues plus loin. Le soir même, le fameux fort San-Fernando de Figuières fut investi de toutes parts par nos tirailleurs, et quelques bataillons tournèrent contre la place des canons que les ennemis avaient établis pour la défense du camp de Llers. Le lendemain Figuières et Roses furent cernées par nos bataillons. Le général Pérignon fit au gouverneur du château de Figuières une sommation vigoureuse de rendre la place ; on a parlementé deux ou trois jours. La capitulation fut signée hier : aujourd'hui la place est à la république. La garnison, ou pour mieux dire une armée de neuf mille cent sept hommes, a mis bas les armes et s'est rendue prisonnière de guerre. Nous trouvons sur les remparts plus de cent cinquante pièces de canon, des approvisionnements immenses. Nous vous en ferons passer l'état quand il sera dressé.

« Voilà, citoyens collègues, les résultats des brillantes journées des 27 et 30 brumaire. La terreur est parmi nos ennemis ; vous en jugerez par la reddition d'une place aussi importante et aussi fameuse que celle de Figuières ; mais cette terreur est juste : les républicains se battent de manière à exterminer tout ce qui ose résister à leurs efforts.

« Nous allons sommer Roses ; bientôt nous vous en apprendrons la reddition. »

« *Signé* DELBREL et VIDAL.

« *P. S.* Au premier jour nous vous ferons passer les drapeaux pris sur l'ennemi : le nombre n'en est pas encore connu, mais il est considérable.

« Nous vous adresserons également l'état des nominations que nous avons faites ou que nous avons à faire pour l'avancement de certains militaires.

« Nous vous envoyons ci-joint un état des magasins et approvisionnements trouvés dans le château. Le nombre des prisonniers est de neuf mille quatre cents. »

*Résumé des états de situation des magasins de subsistances militaires, au moment de la reddition du fort de Figuières, sauf la vérification.*

*Artillerie.* — Cent soixante et touze bouches à feu, deux cents milliers de poudre et approvisionnement proportionnels.

*Finances.* — Trente et une caisses renfermant les finances des corps de troupes et les chapelles ; à vérifier.

*Vivres et denrées de siège.* — Farine, 10,000 quintaux ; *idem*, 820 barils ; biscuits, 2,266 quintaux ; port salé, 1,804 quintaux ; morue sèche, 800 quintaux ; haricots, 250 quintaux ; riz, 1,108 quintaux ; pois, 100 quintaux ; fromage, 209 quintaux ; huile, 157 quintaux ; tabac à fumer, 40 quintaux ; vermicelles, 6 quintaux ; semouille, 2 quintaux ; savon en barre, 3 quintaux ; poivre, 2 quintaux ; vin rouge, 1,000 pipes de douze quintaux chaque ; eau-de-vie, 80 pipes *idem* ; vinaigre, 30 pipes *idem* ; fèves, 2,000 fanègues ; orge, 6,590 fanègues ; sel, 100 fanègues ; cannelle, 20 livres ; cloux de girofle et épiceries, 20 livres ; safran, 8 livres ; chocolat, 65 livres ; chandelles, 2 quintaux ; moutons vivants, 2,000 ; bœufs, 31.

*Effets de casernement.* — Couvertures, 10,000 ; oreillers, 4,000 ; paillasses, 8,000 ; draps de lit, 20,000 ; tréteaux, 3,000 ; bois de chauffage, 25,000 quintaux ; paille à coucher, 220 quintaux ; lampes, 400 ; tables, 400 ; bancs, 200 ; falots, 18.

Certifié véritable, sauf vérification, par le soussigné, commissaire général de l'armée des Pyrénées-Orientales, au fort de Figuières, le 8 frimaire, 3e année de la république française une et indivisible.

*Signé* PROUST.

*Garrau et Baudot, représentants du peuple près les armées des Pyrénées-Occidentales, aux représentants du peuple, leurs collègues, composant le comité de salut public.*

A Bayonne, le 7 frimaire, l'an 3e de la république une et indivisible.

« La contrariété des éléments, chers collègues, n'arrête point le courage de l'armée des Pyrénées-Occidentales. Des positions fatigantes par la nature des montagnes, et qui étaient devenues plus encore par les pluies et les neiges continuelles, avaient fait penser aux Espagnols qu'ils pourraient harceler impunément les divisions les plus exposées de notre armée ; mais il n'en a pas été ainsi, et les Espagnols ont été battus comme à l'ordinaire.

« Le 4 de ce mois, la division du général Marbot fut attaquée ; les avantages furent d'abord peu conséquents ; mais enfin nos troupes s'avancèrent à volonté dans le pays, et prirent des positions favorables à Olave. Cependant, leurs cartouches ayant été épuisées, l'ennemi revint le lendemain à la charge avec des forces supérieures ; la division française, n'ayant plus que ses baïonnettes pour défense, s'est rangée en bataille, et au pas de charge a enfoncé les colonnes ennemies, culbuté sa cavalerie, tué plus de mille

hommes; et mis tout le reste en déroute. *Vive la république!*
« Salut et fraternité.

« *Signé* Garrau, M. A. Baudot. »

*Pérignon, général en chef provisoire de l'armée des Pyrénées-Orientales, aux représentants du peuple composant le comité de salut public de la Convention nationale.*

Au château de Figuières, l'an 3e de la république française, une et indivisible.

« Citoyens représentants, Figuières, ce superbe château, est à la république, armé de plus de cent cinquante bouches à feu, et muni de grands magasins qu'on reconnaît en ce moment. L'armée française y est entrée aujourd'hui à neuf heures; la garnison est de neuf mille cent sept hommes. Vous verrez par la capitulation quel est son sort.

« Citoyens représentants, je doute fort qu'on puisse, même dans deux mois, avec tout le zèle possible, vous dire toutes les ressources en tout genre que nous trouvons dans les brillantes conquêtes que l'armée vient de faire avec tant de rapidité. Demain je tâteral Roses, et, quoi qu'il en soit, l'armée ne tardera pas à le compter dans ses triomphes.

« Je joins ici le procès-verbal de la prise de possession du château de Figuières, et la capitulation.

« Salut et fraternité. PÉRIGNON. »

### Capitulation du château de Figuières et sa reddition.

Aujourd'hui 7 frimaire, l'an 3 de la république française une et indivisible, entre Vincent de Ortuzard, lieutenant-colonel d'artillerie, et Joseph-Antoine Quixano, lieutenant-colonel d'infanterie, capitaine au régiment du Prince, fondés des pouvoirs ci-annexés de don André de Torrès, gouverneur du château de Figuières, d'une part, et Dominique-Catherine Pérignon, général de division des armées de la république française, commandant en chef l'armée des Pyrénées-Orientales, d'autre part, a été convenu et arrêté ce qui suit :

Art. 1er. Le château de Figuières, dit de Saint-Ferdinand, sera rendu à l'armée française, avec toute son artillerie, munitions et magasins de tout genre, demain à neuf heures du matin.

Le gouverneur fera connaître, par ses officiers du génie, aux commissaires envoyés par le général français, les mines qui sont dans la place.

II. La garnison et les troupes auxiliaires portugaises qui en font partie sortiront par la porte principale : la cavalerie, le sabre à la main, étendards déployés, sonnant la trompette et battant les timballes; l'infanterie, avec drapeaux déployés, portant les armes et tambour battant; elle sera prisonnière de guerre, et, après avoir défilé par le chemin qui conduit à la Jonquière, au milieu de l'armée française, toute l'infanterie espagnole ou portugaise posera les armes, les rangera en faisceaux le long de la route, et giberne à côté : les porte-drapeaux quitteront leurs drapeaux, et les tambours leurs caisses.

Quant à la cavalerie, elle ne mettra pied à terre qu'à la Jonquière, où elle laissera les chevaux et déposera en même temps son armement et ses étendards. Tous les drapeaux qui peuvent se trouver au château de Figuières, appartenant à des corps qui ne s'y trouvent pas actuellement, seront aussi rendus au vainqueur. Il sera permis à la garnison de Figuières de se faire précéder, en sortant du fort, de quatre pièces de canon de 4 et de deux obusiers de 6 pouces, les canonniers ayant la mèche allumée, et le train nécessaire au service des pièces; cette artillerie sera laissée, par les Espagnols, au même lieu que les fusils.

III. Il est promis à la garnison prisonnière qu'aussitôt que l'Espagne aura rendu à la république le nombre de prisonniers français qu'elle lui doit en exécution de la capitulation de Collioure elle aura la priorité pour les échanges qui pourront avoir lieu après.

IV. Il est accordé à la garnison de Figuières, tant officiers que soldats, d'emporter leurs effets personnels. Les officiers se serviront des chevaux à eux appartenant jusqu'à Toulouse : ils pourront prendre leurs domestiques, et pour la conduite de leurs équipages il leur sera fourni les chevaux et voitures nécessaires. Les chevaux des officiers seront remis sans harnais aux agents de la république.

V. Le gouverneur du château fera connaître la caisse générale de la garnison, les caisses des corps particuliers qui en font partie, et celle des corps qui pourraient en avoir, ainsi que celles des administrations militaires. Le général français enverra trois commissaires à l'effet de vérifier les fonds qu'elles peuvent contenir et en dresser procès-verbal en présence de trois commissaires espagnols nommés par le gouverneur, ces fonds appartenant à la république. Quant aux papiers, comptes et documents relatifs à la comptabilité des corps, ils seront laissés à la disposition du gouverneur, auquel on facilitera les moyens de les faire parvenir à l'armée espagnole.

VI. Tous les employés aux finances, aux hôpitaux, et généralement tous ceux qui ne servaient pas sous les armes, auront la faculté de se retirer en Espagne avec leurs effets personnels et les papiers relatifs à leur exercice.

VII. En exécution de la loi portée par la Convention nationale relative à la violation de la capitulation de Collioure, les prêtres qui se trouveront au château seront retenus comme otages.

VIII. Le gouverneur du château de Figuières demeure expressément tenu de déclarer et faire reconnaître les émigrés français, s'il y en a dans le fort.

IX. Les commissaires espagnols à la capitulation ayant réclamé sûreté pour les habitants, respect pour les propriétés et la liberté du culte, et les secours pour les blessés et malades, il leur a été répondu que toute stipulation à cet égard était inutile, puisque l'humanité et les lois de la république le commandent.

X. Le général français prendra possession, au nom de la république française, du château, une heure avant que la garnison entière qu'il comporte n'y entre. Le gouverneur lui remettra le contrôle nominatif de chaque corps prisonnier, ainsi que des employés à renvoyer en Espagne.

Fait et arrêté au camp du Moulin, jour et an ci-dessus.

Signé Vinc. de Ortuzard, J. Ant. de Quixano; Pérignon, *général de division, commandant en chef l'armée des Pyrénées-Orientales.*

Cambacérès : Ainsi, citoyens, vous voyez s'évanouir ces bruits répandus depuis quelques jours, et que la malveillance se plaisait à accréditer; ainsi disparaissent ces fausses nouvelles d'échecs, de désastres éprouvés par les armées de la république, et qui sont si fortement démentis par leurs victoires continuelles; ainsi la France, s'élançant vers ses hautes destinées, triomphera partout de ses ennemis, et devra à vos soins ces jours de paix et de prospérité dont l'espérance lui serait ravie si nous cessions d'être animés des mêmes sentiments, et si nous voyions renaître ces temps d'agitations, de troubles et d'horreurs, dont il faudrait effacer jusqu'au souvenir.

Vous prévenez, citoyens, le projet que votre comité de salut public croit devoir vous soumettre, et vous vous empresserez de donner aux défenseurs de la liberté un juste témoignage d'admiration, qui, en électrisant leur courage, fera souhaiter à tous les Français d'unir leurs efforts à ceux de leurs frères d'armes, et de s'associer ainsi à leurs travaux et à leur gloire.

Voici les deux projets de décret que votre comité de salut public me charge de vous proposer :

« La Convention nationale, après avoir entendu son comité de salut public, décrète que l'armée des Pyrénées-Orientales et celle de Pyrénées-Occidentales ne cessent de bien mériter de la patrie. »

— « La Convention nationale, décrète que le discours du rapporteur du comité de salut public, la lettre des représentants du peuple Baudot et Garrau, celle du général Pérignon, et la capitulation du château de Figuières, seront insérées au Bulletin. »

Ces projets de décrets sont adoptés au milieu des plus vifs applaudissements.

— Clauzel donne lecture d'une lettre de l'accusateur public près le tribunal révolutionnaire au comité de sûreté générale. Il envoie une lettre adressée à Carrier, et timbrée de Flavigny. « Je n'ai pas voulu prendre sur moi de l'ouvrir, » dit-il.

« Je vous envoie aussi la liste des témoins que Carrier veut faire entendre à sa décharge. Vous y remarquerez les noms de plusieurs généraux et officiers de l'armée de l'Ouest, ainsi que ceux d'un grand nombre de députés à la Convention. Le tribunal n'a pas cru devoir permettre qu'ils fussent assignés, parce qu'il a craint d'abord que la procédure ne traînât trop longtemps; ensuite, parce qu'il s'est rappelé les dangers qu'il pourrait y avoir à obliger une foule d'officiers à quitter leurs postes; enfin, parce qu'il a cru que, les députés à la Convention ayant voté le décret d'accusation contre Carrier, ils ne pouvaient être entendus à sa décharge. Au reste, j'attends vos ordres. »

Clauzel donne ensuite lecture de la liste des témoins que Carrier désire faire entendre. Il a ajouté au bas : « Demain je donnerai une nouvelle liste. »

Plusieurs membres demandent l'ordre du jour.

BENTABOLE : Je demande aussi l'ordre du jour; mais il est important de ne pas laisser sans réponse un principe faux avancé par l'accusateur public, parce qu'il peut avoir des dangers. Aucune loi ne doit limiter le droit de témoignage; aucune loi ne doit limiter le droit qu'ont les jurés d'éclairer leur conscience. Il peut y avoir des cas où le témoignage des représentants du peuple soit nécessaire pour prouver l'innocence d'un de leurs collègues accusés. Après cette explication, je demande l'ordre du jour sur la lettre de l'accusateur public relative à Carrier.

DUBOIS-CRANCÉ : Il existe une loi qui ordonne que les militaires dont ont réclamera le témoignage le feront par écrit sur les lieux où ils se trouveront, afin que leur absence ne compromette pas l'intérêt de la république. Il faut se conformer à la loi. Je demande l'ordre du jour.

La Convention passe à l'ordre du jour.

— Une députation de la section de la Fidélité est introduite.

L'orateur : Et nous aussi, citoyens législateurs, nous sommes pénétrés d'admiration pour vos sublimes travaux.

Nous venons, au nom de la section de la Fidélité, pour vous féliciter de l'énergie que vous avez déployée depuis le 9 thermidor : l'arbitraire détruit, l'homme sanguinaire abattu sous la hache de la loi, l'innocent rendu à la liberté, le dénoûment d'un grand procès qui alarmait l'humanité outragée, votre décret sur cette Société qui rendit en son origine de si grands services à la révolution, et qui était devenue le refuge des factieux; enfin les principes contenus dans les Droits de l'Homme, que vous avez consacrés en les renfermant toutes dans les limites d'où elles n'auraient jamais dû sortir.

Nous déposons une somme de 3,426 liv. 9 sous 6 deniers, pour coopérer à la construction d'un vaisseau qui remplacera le Vengeur, protégera notre commerce, et se rendra digne du nom redoutable qu'il portera, étant monté par nos braves marins. (On applaudit.)

Mention honorable et insertion au Bulletin.

— Becker demande la parole. — Il lit une lettre qu'il a reçue de Sarreguemines, portant plainte que

Bidault père, administrateur du directoire du district, nommé pour présider à la confection de l'inventaire et par conséquent à l'estimation du mobilier de feu Jean-Nepomucène Lallemand, tombé sous le glaive de la loi, a prélevé sa petite provision sur les vins trouvés dans ses caves, à un maximum qu'il a luimême réglé. Il est entré dans des détails sur le peu de délicatesse des administrateurs infidèles qui, en tout, ne cherchent que leurs intérêts, toujours au préjudice de la nation. Ces vins appartenant à la nation, Bidault, se les étant appropriés, s'est rendu coupable d'une infidélité majeure envers la nation, en mésusant de son autorité, en s'appropriant des objets qu'il n'aurait dû se procurer que par l'enchère.

Il demande le renvoi de cette lettre au représentant du peuple Génevois, dans le département de la Moselle, pour vérifier les faits et faire rendre la justice que sa sagesse lui dictera.

Ce renvoi est décrété.

ANDRÉ DUMONT : Au commencement de cette séance, la Convention a renvoyé à ses trois comités une lettre de Lanjuinais; j'observe que mon collègue Devérité se trouve dans le même cas. C'est sur ma proposition qu'il a été mis en état d'arrestation, et je crois devoir déclarer la vérité à cet égard. Il avait envoyé dans son département un exemplaire de notre constitution, et un autre de celle présentée alors par Condorcet, avec ce mot en tête : Choisissez. Je crus voir dans cette expression une instruction perfide, et je provoquai en conséquence un décret d'arrestation.

Pendant mon absence, Devérité fut mis hors de la loi sans autre forme de jugement, sans autre accusation, et il existe dans Paris. Il ne s'est trouvé dans les comités aucune autre accusation que la mienne; j'ai cru devoir cette déclaration à l'assemblée, et je suis prêt à la réitérer quand l'assemblée sera plus nombreuse.

Je demande donc que les trois comités fassent incessamment un rapport sur Devérité dont le sort ne peut être assimilé, selon moi, qu'à celui des soixante-treize de nos collègues.

La proposition d'André Dumont est décrétée en ces termes :

« La Convention nationale charge ses comités de salut public, de sûreté générale et de législation, de lui faire, dans le délai d'une décade, un rapport sur la demande du citoyen Devérité, député du département de la Somme. »

— L'assemblée procède à l'appel nominal pour le renouvellement par quart des membres du comité de salut public.

Les membres sortant sont Thuriot, Cochon et Bréard; ils sont remplacés par Boissy-d'Anglas, Dubois-Crancé et André Dumont.

La séance est levée à six heures.

SÉANCE DU SOIR DU 15 FRIMAIRE.

On lit les lettres suivantes :

*Le représentant du peuple délégué dans les départements de l'Ain, Saône-et-Loire et l'Allier, à la Convention nationale.*

Marigny, le 7 frimaire, l'an 3e de la république française, une et indivisible.

« Le département de Saône-et-Loire est tout entier à la république; je viens d'y terminer mes opérations par le district de Marigny, dans lequel j'ai, depuis un mois, pris des mesures pour éteindre le fanatisme.

« Je puis assurer la Convention qu'une chasse donnée à quelques prêtres réfractaires dans les bois qui en dépendent et l'arrestation de quelques fanatiques, ont écrasé le petit repaire vendéen : il fallait prendre des mesures énergiques comprimer la malveillance et la turpitude. Vous trouverez ci-joint l'arrêté que j'ai pris. Sans ces moyens, tous les coquins, les aristocrates, les robespierristes auraient tenté d'allumer dans cette partie de la Loire la guerre civile et de perpétuer ses désastres.

« Tout ce département est composé d'un peuple bon, laborieux et républicain. Partout j'ai rencontré l'amour de la liberté, la confiance dans vos opérations et dans votre justice ; partout j'ai trouvé la haine des tyrans dans les cœurs, et la plus sainte indignation contre les trames des ambitieux et des traîtres ; partout enfin le peuple s'est élevé à la hauteur qui convient au vainqueur des despotes européens. Point de trève avec le crime ! s'écrie-t-on de toutes parts ; respect à la Convention nationale !

« Citoyens collègues, toutes les autorités constituées, comités de surveillance, sont organisés, et les Sociétés populaires épurées ; tout marche au gré de la patrie, dans la route des vertus et de l'honneur.

« Je me suis transporté dans le département de l'Allier : il respire ; le terrorisme a disparu ; le peuple a recouvré son entière liberté ; il a repris son énergie ; il a montré ses maux, et je me suis empressé de les faire cesser. Il est bien quelques fonctionnaires publics qui ont servi par leur conduite extrême les trames du triumvirat ; mais je me suis reporté aux époques, et l'erreur n'a point été frappée.

« Les districts de Moulins, Gannat, Cusset, Val-Libre et Montmarault sont organisés et régénérés ; le peuple de ce département est le même que celui de toute la république. Son cri est : La liberté ou la mort ! son vœu, l'entier anéantissement des rois, des fripons et des hommes de sang. Dans peu de jours je vous annoncerai la fin de ma mission dans le département de l'Allier. D'avance recevez d'abord du peuple des trois départements que vous m'avez confiés l'assurance d'un inviolable attachement pour vous, et d'un respect sans bornes pour les décrets que vous rendez pour le bonheur de tous.

« Tout à vous.
                                        Signé BOISSET. »

*Boursault, représentant du peuple près les armées des Côtes-de-Brest et de Cherbourg, et départements contigus, à la Convention nationale.*

A Rennes, le 11 frimaire, l'an 3e de la république française, une et indivisible.

« J'apprends à la Convention nationale que j'ai cru pouvoir violer le caractère d'ambassadeurs dans la personne de quelques galériens échappés de Brest, et de prêtres réfractaires qui, passés il y a huit mois en Angleterre, ont été depuis quinze jours vomis sur nos côtes. Ils venaient traiter, au nom de la cour de Londres, des assassinats par lesquels la diplomatie de Pitt espérait contrebalancer dans ces départements nos victoires du Nord et du Midi. Quelques-uns de ces messieurs, et notamment le curé de Maygnan, sont depuis trois jours entre mes mains.

« Je fais passer au comité et leur interrogatoire et leurs finances, consistant en 6,529 liv. en numéraire, 25,497 l. en assignats de fabrique royale, et cent six marcs trois gros provenant de la vaisselle du noble brigand Puysaye. Nous apprenons que Pitt est réduit à prendre ce scélérat pour son conseiller intime, et que le peuple anglais, plus que persuadé de l'affermissement de notre république, commence à se lasser. Je ne crains pas d'annoncer à la Convention que tous les projets liberticides cédant bientôt au génie de la liberté, les habitants de ces campagnes ouvriront enfin les yeux ; les jeunes gens égarés rentrent sous les drapeaux de la république ; les épouses, les vieillards, les enfants retrouvent leurs maris, leurs pères, leurs soutiens ; et si quelques événements malheureux et partiels affligent encore l'humanité, l'espoir d'un entier succès n'est pas éloigné de nos cœurs.

« La Convention nationale a vaincu tous ses ennemis par sa justice, son humanité, sa bienfaisance et sa vérité : bientôt, disent les habitants de la Vendée et de ces départements, le sang putréfié de cet homme, qui a si longtemps fait couler le nôtre, va satisfaire à nos malheureuses contrées. Nous respirons enfin, nous oublierons tout, puisque la Convention nationale veut elle-même essuyer nos larmes.

« J'ai cru devoir, de concert avec mes collègues Brue et Bollet, donner une prolongation à ma proclamation du 26, et dont l'effet dément journellement les terrifieurs à gage. Qu'ils sont coupables ceux-là qui se plaisent à grossir des événements malheureux, qui annoncent partout des rassemblements qui n'existent que dans leur tête et dans leur cœur ! Ne semblent-ils pas dire aux nobles aristocrates, aux prêtres réfractaires, aux fripons : Allez grossir le noyau qui se forme là-bas ? Ils ressemblent à ce médecin qui condamne toujours les malades à la mort, au lieu de les guérir : ils sont les plus dangereux assassins de leur patrie ; mais je supplie la Convention de se méfier de leurs suggestions perfides. Les principes d'éternelle justice qu'elle a adoptés, et dont nous sommes ici les organes, anéantiront avant peu tous ses ennemis intérieurs et extérieurs.

« J'ai parcouru les campagnes de la Mayenne, d'Ille-et-Vilaine, de la Loire-Inférieure, et souvent, presque seul au milieu des habitants, j'ai vu que le vrai moyen de les attacher à la république était de leur inspirer de la confiance. La représentation nationale leur imprimait un tel caractère, que le respect le plus libre et le plus inviolable sécurité régnaient autour de moi. A la Gravelle, plus de six mille hommes se sont rassemblés sur mon passage, et écoutaient avec avidité et inquiétude vos décrets : les mots de clémence et d'humanité ont fait couler les larmes de tous : quelques-uns, encore dans l'erreur, l'ont abjurée subitement : à l'instant même, les administrateurs du district d'Ernée m'écrivent qu'ils sont tous rentrés ; je vais demain à Port-Malo, et de là dans le département des Côtes-du-Nord. Le zèle infatigable de mes collègues obtient les mêmes résultats : la discipline se rétablit dans l'armée, et nous espérons que sa conduite épurée et soutenue lui obtiendra sans doute par la suite une mention honorable.

« Disposez de moi à la vie et à la mort. »

THIBAULT : J'assure à la Convention que les assignats et l'argenterie que Boursault nous annonce sont déjà arrivés ; les assignats et le numéraire ont été portés à la trésorerie nationale, et l'argenterie à la Monnaie.

A l'égard des assignats de fabrique royale dont il est question dans cette lettre, j'annonce qu'ils sont si mal faits que l'homme du coin , l'homme le moins éclairé, peut les reconnaître ; ainsi les citoyens ne doivent concevoir aucune inquiétude d'une contrefaçon aussi maladroitement exécutée.

Je demande donc le renvoi aux comités des finances, pour qu'il puisse vérifier si les sommes reçues sont les mêmes que celles annoncées par cette lettre.

La Convention nationale décrète l'insertion de cette lettre au Bulletin, et son renvoi aux comités de sûreté générale et des finances.

— On procède à l'appel nominal pour remplacer, dans le comité de sûreté générale, les membres sortants, qui sont Levasseur (de la Meurthe), Colombel (de la Meurthe), Lesage-Senault et Clauzel.

Les membres entrants sont : Legendre (de Paris), Goupilleau (de Montaigu), Lomont (du Calvados), et Boudin (de l'Indre).

La séance est levée à dix heures.

### SÉANCE DU 16 FRIMAIRE.

On lit la correspondance ; elle se compose de nombreuses Adresses de félicitation de toutes les parties de la république.

— Une députation du conseil général de la commission de Cosne-sur-Loire est à la barre :

*L'orateur :* Citoyens représentants, lorsque nous voyons de toutes parts le bandeau de l'erreur se déchirer, l'humanité, la justice reprendre leurs droits, et la liberté succéder à l'esclavage sous lequel tous les Français ont été comprimés pendant la tyrannie de Robespierre, nous nous croirions coupables si nous ne déposions dans votre sein le récit des maux que nous avons soufferts et les justes alarmes dont nous sommes encore saisis pour la chose publique.

Depuis que Chaumette est venu prêcher dans ce département l'athéisme et l'anarchie, ses partisans n'ont cessé, dans notre commune, de faire la guerre aux talents et à la vertu : affectant un patriotisme qui n'était que sur leurs lèvres, ces mêmes individus ont accaparé les places; ils en ont expulsé les vrais amis de la liberté. La Société populaire de Cosne a constamment été menée par les agents et les correspondants de Robespierre; le crime et la terreur y ont été et sont encore à l'ordre du jour.

Taxes révolutionnaires, réquisitions arbitraires, incarcérations des patriotes, toutes espèces de manœuvres et de scélératesses ont été employées par ces intrigants pour détruire l'esprit public, affaiblir l'amour de la liberté et dégoûter de la révolution. Lorsque de véritables patriotes ont voulu s'opposer à toutes ces vexations, ils ont été traités de conspirateurs, et, fidèles aux serments qu'ils avaient fait de vivre libres ou de mourir, ils ont péri sur l'échafaud.

Le comité révolutionnaire de Cosne a poussé l'audace jusqu'à mettre hors de la loi un citoyen qui était en fuite, comme si un acte de pareille nature pouvait appartenir à une autre autorité qu'à celle de la Convention. Depuis la chute de Robespierre, nos égorgeurs, ivres de sang, et souvent de vin, ne cessent de prêcher la dissolution de la Convention; il ne publient que des maximes séditieuses, et cherchent à faire envisager à une partie du peuple qu'ils ont égarée, comme une crise suscitée par les malveillants, le règne de la justice et du vrai républicanisme, dont les heureux effets se propagent dans tous les départements.

Dernièrement encore les citoyens Legendre, président; Tallien, Merlin (de Thionville) et Dubois-Crancé, dont les malveillants redoutent l'énergie, ont été traités, dans la Société populaire, de dilapidateurs de la fortune publique et de scélérats; leurs cris et leurs exclamations ne cessent d'être *vivent les Jacobins! vive la Montagne!* comme si les Français pouvaient reconnaître d'autre autorité suprême que celle de la Convention.

Ces véritables contre-révolutionnaires ont offert à leurs indignes patrons, les Jacobins, toutes leurs facultés et leurs corps pour seconder et assurer le succès de leurs intrigues : accoutumés à verser le sang, nos petits tyrans pleurent la clôture de ce temple infernal, où se forgeaient les poignards qui se répandaient dans les départements, et qui ont assassiné tant de patriotes.

Citoyens représentants, faites donc luire pour nous ces jours de justice qui éclairent les contrées voisines; délivrez-nous de ces monstres dilapidateurs, dont les vœux et les efforts continuels sont de déchirer la république, de tuer la liberté, et de nous livrer ensuite à la fureur des tyrans coalisés. Non, ils n'y parviendront pas; nous nous joindrons à tous les amis de la patrie, et nous périrons plutôt que de laisser rétrograder la révolution; nous ne souffrirons pas qu'il soit porté atteinte à l'unité de la Convention; nous ne souffrirons pas non plus qu'il s'élève une puissance rivale de l'assemblée nationale; elle seule a notre confiance, et nos corps sont prêts à lui servir de remparts pour la défendre; et notre cri de ralliement sera toujours : Vive la Convention! guerre à mort aux tyrans, aux dilapidateurs de toute espèce! vive la liberté! vive la Convention nationale!

*(Suivent les signatures, au nombre environ de deux cents.*

LE PRÉSIDENT, à la députation : La tête de l'hydre abattue, la queue ne remuera pas longtemps. Si les disciples du conspirateur Chaumette, si les correspondants, les continuateurs du scélérat Robespierre se montrent encore, ils auront le même sort. Mettre hors de la loi est un acte terrible, dont la Convention seule a pu se servir dans des circonstances extraordinaires, et qu'aucune autorité subalterne n'a jamais pu se permettre.

Dénigrer les représentants du peuple qui se sont élevés contre l'anarchie et le terrorisme est la marche ordinaire de ceux qui regrettent de ne pouvoir plus continuer le brigandage et le vol que cet exécrable système tolérait.

Il suffit de désigner le nouvel antre de Cacus, dont se plaignent les maires et officiers municipaux, le conseil général et les citoyens de la commune de Cosne, pour que les scélérats qu'il renferme soient bientôt poursuivis par la justice nationale.

La Convention renversera toujours, comme elle l'a fait jusqu'ici, tous les projets insensés de ceux qui voudraient porter atteinte à l'autorité souveraine du peuple : elle vous voit avec satisfaction applaudir à ses travaux. Je vous accorde, en son nom, les honneurs de la séance.

Perrin (des Vosges) dénonce un acte arbitraire de ce comité de Cosne, non renouvelé, et dont un membre a voulu le forcer d'aller au comité, quoiqu'il eût montré son passeport en forme. Le peuple de Cosne, toujours dévoué à la liberté, invita Perrin à obtenir vengeance de la tyrannie de ce comité. Perrin termine par demander le renvoi de la pétition au comité de sûreté générale, pour y faire droit.

Rovère déclare qu'il a dans sa poche les preuves de semblables délits de la part de comités révolutionnaires qui ont mis des citoyens hors de la loi.

Le renvoi est décrété en ces termes :

« La Convention nationale ordonne la mention honorable et l'insertion au Bulletin de cette Adresse et de la réponse du président, et le renvoi aux comités de sûreté générale et de législation, pour faire un rapport, sous trois jours, sur les excès commis par le comité révolutionnaire de la commune de Cosne.

— Des citoyens de la Société populaire de Vire, département du Calvados, déclarent qu'éloignés du théâtre des intrigues, ils ont adhéré aux maximes des Jacobins, tant qu'ils ont professé sans tache la doctrine de l'unité; mais que dès lors qu'ils ont arboré l'étendard sanglant de la révolte, ils ont cessé de faire pacte avec des agitateurs qui conspiraient la division de la république. « Nous n'aurons point à rougir, disent ces citoyens, de notre affiliation à la Société des Jacobins, car ils nous ont privés de leur correspondance, désespérant sans doute de trouver parmi nous des hommes propres à favoriser leur système de subversion. »

Ils applaudissent aux mesures prises par la Convention à l'égard de la correspondance et affiliation des Sociétés populaires : ils les regardent comme un préservatif efficace contre les machinations et les intrigues qu'y s'y tramaient. Ils l'invitent à ne pas souffrir que de nouveaux Titans bravent impunément la foudre de Jupiter. « Le châtiment des conspirateurs et des traîtres, disent ces citoyens, est un hommage rendu à la vertu des citoyens paisibles. » (On applaudit.)

— Sur le rapport de Florent Louvet, le décret suivant est rendu :

« La Convention nationale, après avoir entendu le rapport de son comité de législation sur le référé du tribunal criminel du département des Pyrénées-Orientales, qui, après avoir refusé de poser, malgré la demande unanime des jurés, la question intentionnelle à l'égard d'un fonctionnaire public accusé de négligence, tant dans l'exécution que dans l'application des lois, a prononcé contre cet accusé les peines prononcées par la loi du 14 frimaire contre ces sortes de délits, et cependant a arrêté qu'il serait sursis à l'exécution de son jugement jusqu'à ce qu'il ait été décidé si la question intentionnelle devait être posée dans ce cas :

« Considérant que, même en s'en rapportant à l'état de la législation existante au 9 thermidor, et que, d'après l'article IV de la loi du 21 floréal, le tribunal criminel du département des Pyrénées-Orientales ne pouvait se dispenser de poser la question intentionnelle réclamée par les jurés, décrète ce qui suit :

« Art. Iᵉʳ. Le jugement du tribunal criminel du département des Pyrénées-Orientales, du 19 fructidor, rendu contre Augustin Aymerich, juge de paix du canton d'Estagel, est cassé et annulé.

« II. Augustin Aymerich, à raison des délits qui lui sont imputés, est renvoyé par-devant le tribunal criminel du département de l'Aude.

« Le présent décret ne sera inséré qu'au Bulletin de correspondance. »

— La discussion s'ouvre sur le projet de code civil.

CAMBACÉRÈS : Vous avez voulu présenter au peuple français un recueil de préceptes, où chacun pût trouver sans peine les règles de la vie civile.

Le premier projet de code avait été rédigé dans cet esprit; mais, en le discutant, votre sagesse vous fit découvrir en lui diverses imperfections que votre comité de législation fut chargé de faire disparaître.

On observa surtout que, dans quelques titres, les rédacteurs avaient placé tout à la fois les principes et les développements, tandis que d'autres titres ne contenaient que des bases isolées.

Cette différence, effet inévitable de la rapidité avec laquelle l'ouvrage avait été conçu et exécuté, ne pouvait point soutenir l'épreuve d'un examen sévère et réfléchi. Il était donc nécessaire de la faire cesser.

En effet, la législation civile, qui, semblable au génie familier, conseille le citoyen dans toutes ses démarches et se mêle à toutes ses actions, doit être réduite à une forme telle que tous les esprits puissent la saisir et l'avoir toujours présente.

C'est pour atteindre ce but que, dans le projet sur lequel la discussion va s'ouvrir, votre comité de législation s'est singulièrement attaché à séparer les principes des développements, les règles des corollaires, et à réduire l'ouvrage à des axiomes que l'intelligence puisse suivre sans peine dans leurs conséquences, et dont l'application laisse subsister peu de questions.

Un tel ordre de travail peut néanmoins donner lieu à quelques objections, et il n'est point dans l'intention de votre comité ni de vous les déguiser, ni de les laisser sans réplique.

On peut dire que, si la multitude des lois offre des dangers, leur trop petit nombre peut nuire à l'harmonie sociale; que le projet, tel qu'il est présenté, éprouvera des difficultés dans l'exécution; que la prudence ne permet point de le publier sans en éclairer les dispositions par des articles de détail, et que le code nouveau ne serait pour la nation qu'un demi-bienfait s'il n'était complété par un décret contenant des règles simples sur l'exercice des actions, et sur la forme de procéder en matière civile. Voici notre réponse :

Lorsque vos lois civiles seront réduites à des principes généraux, exprimés avec laconisme et clarté, elles se graveront facilement dans la mémoire des hommes. Chacun trouvera en soi les règles de sa propre conduite; la science des lois cessera d'être un dédale où le plus habile se perd, et ainsi vous ferez tomber d'un seul coup toutes les têtes de l'hydre de la chicane.

Jetez les yeux sur le projet que le comité vous présente, vous ne tarderez point à reconnaître que le premier livre est celui qui paraît nécessiter le plus des lois de développement.

Le second livre, qui traite des biens, et le troisième, qui traite des obligations, ne contiennent que des principes qui règlent, soit la conduite du citoyen dans l'administration de ses affaires, soit la conduite des juges lorsqu'ils sont appelés à prononcer sur des différends.

L'objection ne serait donc dans toute sa force qu'à l'égard du premier livre; et s'il est vrai qu'il soit indispensable de déterminer le mode de constater l'état des citoyens, et de faire aux lois existantes sur cette matière toutes les améliorations dont elles sont susceptibles, ce travail deviendra bien plus facile et plus sûr lorsque votre opinion sur les grandes bases de la législation civile sera définitivement fixée. D'ailleurs, si la marche de la discussion nous force de reconnaître le besoin de ces lois de détail, chacun de nous pourra énoncer ses vues particulières, et contribuer ainsi à perfectionner les décrets rendus par les trois assemblées sur l'état des personnes.

Enfin, si une procédure plus simple est commandée par la régénération qui s'est opérée dans nos mœurs et dans nos lois, il n'est personne qui ne reconnaisse que ce travail se lie à celui de l'organisation judiciaire, objet important sur lequel je me propose de présenter au comité de législation le résultat de mes méditations, lorsque la destination que vous m'avez donnée aura pris fin.

J'ai pensé, citoyens, que l'exposé que vous venez d'entendre, en éclairant la discussion, la rendrait plus rapide, et hâterait ainsi le moment où le peuple jouira enfin des bienfaits d'une législation qu'il désire depuis des siècles, et qu'il était réservé à la Convention nationale de lui offrir.

Je vais reprendre les articles du projet de code civil.

*(La suite demain.)*

*N. B.* Dans la séance du 17, la Convention a suspendu l'exécution des décrets de mise hors la loi.

Elle a ensuite fixé à primidi prochain le rapport que les comités de gouvernement sont chargés de faire sur les soixante-treize représentants du peuple mis en état d'arrestation.

## LIVRES DIVERS.

*L'Ombre de Florian*, ou recueil de romances nouvelles, avec une notice sur sa vie et ses ouvrages, et la romance de son tombeau. On y a joint un décadaire pour la 3ᵉ année de l'ère républicaine. A Paris, chez Tessier, libraire, rue de La Harpe, n° 151.

La gravure et la romance du tombeau de Florian se vendent séparément, dorés sur tranche. On peut les joindre à ses Œuvres, quoique reliées, sans rien gâter. Prix : 10 s., même adresse.

---

*Payements à la trésorerie nationale.*

Le payement du perpétuel est ouvert pour les six premiers mois; il sera fait à tous ceux qui seront porteurs d'inscriptions au grand livre. Celui pour les rentes viagères est de huit mois vingt et un jours de l'année 1703 (vieux style).

## POLITIQUE.

### TURQUIE.

*Constantinople, le 30 octobre.* — Les troupes ottomanes exercées depuis longtemps par des officiers européens manœuvrent avec plus d'art et plus d'ensemble. Elles ont défilé, le 11 de ce mois, devant le grand visir dans la plaine de Tsistilick. Elles y ont fait différentes évolutions, et ont pris un fort d'assaut. On y a remarqué beaucoup de précision et d'habileté. Le grand visir a fait distribuer des récompenses.

— Il règne une grande sécheresse dans les environs de cette capitale. Il n'est presque pas tombé de pluie ici ni le long de la mer Noire depuis plus de six mois. La Porte est obligée de tirer des grains de la Syrie et de l'Egypte.

— Un vaisseau français est parti sous pavillon tricolore et va faire en Syrie un chargement de trois mille mesures de blé pour le compte du gouvernement. Les ministres étrangers ont été requis de lui donner des laissez-passer à ce sujet.

— La tranquillité paraît être rétablie en Egypte. Le tribut annuel s'y paie à la Porte avec régularité. Quoi qu'il en soit, les beys ne renoncent point à leur système d'indépendance. Leurs prétentions restreignent beaucoup l'autorité du gouverneur ottoman résidant au Caire.

— Les négociations entamées au sujet des limites de Bosnie se continuent avec activité entre l'envoyé de Russie et le ministre ottoman.

On a envoyé aux Bosniaques des ordres menaçants d'évacuer sans délai les places cédées par le traité de paix.

— Machmud pacha, vassal réfractaire d'Albanie, n'a cessé d'inquiéter les provinces voisines.

Le gouvernement a fait des efforts pour réduire ce rebelle, mais toutes ses tentatives ont été infructueuses.

### ALLEMAGNE.

*Francfort, le 25 novembre.* — La cour de Vienne s'est engagée à fournir à l'armée d'Empire le contingent de l'électorat de Hanovre et des autres possessions allemandes du roi d'Angleterre. On ignore encore les clauses de ce marché.

— Le général Beurnonville s'est échappé de la forteresse d'Olmütz, où il était prisonnier.

Ayant un jour obtenu la permission de se promener, accompagné de deux gardes, il s'avança un peu loin dans la campagne. Deux hommes à cheval parurent tout à coup, tenant un cheval de main; Beurnonville s'en empara, et disparut sur-le-champ. On se mit à sa poursuite; mais l'on n'est parvenu à arrêter que l'un des deux inconnus.

### RÉPUBLIQUE FRANÇAISE.

*De Paris.* — Le citoyen Lallemand a été envoyé par le comité de salut public près la république de Venise. Voici la lettre de créance qu'il a présentée au sénat.

*Les représentants du peuple français, composant le comité de salut public de la Convention nationale, chargé par décret du 17 fructidor de la direction des relations extérieures, à la république de Venise, amie et fidèle alliée de la France.*

Paris, 1re sansculottide, an 2e.

« Nous avons nommé pour résider près de vous, en qualité d'envoyé de la république française, le citoyen Lallemand. Les bons témoignages qui nous ont été rendus de la conduite tenue par ce républicain dans les fonctions qui lui ont été confiées nous ont persuadés qu'il s'acquittera, à notre satisfaction et à la vôtre, des devoirs que lui imposeraient nos instructions et l'intérêt évident de la bonne harmonie entre les deux nations.

« Il est chargé de manifester à la république et au gouvernement de Venise que les principes politiques du peuple français sont ceux de la justice et de l'égalité entre les deux nations, qui seuls peuvent garantir la sûreté, la liberté et l'indépendance respective des peuples.

« Nous invitons le sénat à donner créance à tout ce qu'il dira au nom de la république française, et à croire qu'il lui est surtout recommandé d'entretenir l'amitié qui existe et doit à jamais exister entre les deux républiques.

« Pour extrait :

« Thuriot, C. Cochon, Carnot, Prieur, Eschasseriaux, Treilhard, Delmas. »

*Réponse du sénat de Venise à la note du citoyen Lallemand, du 24 novembre 1794 (vieux style), ou 2 frimaire, 3e année.*

« Le sénat reçoit avec une satisfaction véritable, et comme un témoignage de la continuation de la correspondance amicale qui a subsisté jusqu'ici entre la nation française et celle de Venise, la note que vous lui avez remise le 13 du courant, pour notifier le caractère d'envoyé près de nous, en remplacement du chargé d'affaires.

« Le sénat a été très-touché de la teneur des lettres de créance, et des instructions que vous avez de cultiver la bonne correspondance entre les deux nations, de même que des assurances de la continuation des dispositions personnelles que vous avez manifestées, il y a plusieurs années, à Naples et à Messine, en faveur de la république, et dont nous espérons que vous continuerez à nous donner de nouvelles preuves pendant l'exercice du ministère qui vous est confié.

« Le sénat, inébranlable dans la profession des maximes d'une exacte neutralité, saisit avec empressement cette occasion pour vous assurer qu'il continuera à l'observer avec le même soin. En conséquence, vous pouvez être persuadé que vous jouirez, conformément au caractère ministériel dont vous êtes revêtu, des égards convenables et des privilèges, de même que de la protection que les lois accordent également aux indigènes et aux étrangers qui demeurent dans nos Etats et qui y tiennent une conduite paisible et conforme à nos usages.

« Pleins de confiance dans la juste réputation dont vous jouissez, nous nous flattons que vous voudrez bien transmettre à votre gouvernement l'expression franche de ces sentiments, en y joignant en même temps l'assurance du plaisir que nous éprouvons à saisir cette occasion de lui donner une nouvelle marque de notre désir bien sincère d'entretenir l'ancienne amitié et bonne intelligence. Infiniment sensibles aux choses flatteuses contenues dans votre note, nous nous fai-ons un plaisir de rendre justice à la conduite tenue par M. Jacob pendant tout le temps qu'il a été chargé d'affaires, et aux soins qu'il s'est donnés pour nous transmettre les intentions amicales et cultiver la bonne harmonie et correspondance entre les deux nations. C'est pourquoi nous avons fait remettre à M. Jacob le présent d'usage, comme une marque particulière de notre gratitude, de notre considération et affection. »

### TRIBUNAL CRIMINEL RÉVOLUTIONNAIRE.

*Suite de la procédure du comité révolutionnaire de Nantes.*

Gicquenau, témoin entendu, observe que, sur les représentations faites à Carrier par les administrations, que dans le nombre des prisonniers qui venaient se rendre volontairement il pouvait se trouver des patriotes forcés de suivre le torrent ; qu'il était prudent d'en instruire Francastel, alors à Angers, et la Convention, avant de prendre un parti de rigueur, Carrier avait répondu : « J'ai des ordres; je ne puis faire grâce, je me ferais guillotiner. » Il ajouta : « Vous êtes des trembleurs; vous ne devez pas vous apitoyer sur le sort des brigands. »

Les témoins *Mony*, *Boulet* et *Chevalier*, tous trois membres de la compagnie Marat, parlent de la noyade du 24 frimaire, avec toutes les circonstances qui ont accompagné cette affreuse expédition. Boulet, l'un de ces témoins, comme fortement prévenu d'avoir pris une part active à cette noyade, a été mis en état d'arrestation.

*Drouin*, négociant à Nantes, dépose des arrestations arbitraires qui se sont faites dans cette ville, et des expéditions cruelles dont elles ont été suivies.

Il accuse Bachelier d'avoir dit des injures à un citoyen dont il n'avait pu obtenir un emprunt.

*Le président*, à Bachelier : Vous n'avez sans doute aucune part à cette affiche placardée partout, au nom du comité révolutionnaire, et faisant défense à tout citoyen, parent des détenus, de solliciter en faveur de ces derniers?

*Bachelier* : Cette affiche ne défendait pas, comme on le prétend, aux parents des détenus de faire des représentations en leur faveur, mais bien aux membres du comité de recevoir des sollicitations dans leurs domiciles, afin d'éviter l'inconvénient éprouvé par les ci-devant parlementaires, qui faisaient de leurs maisons des antichambres de cour.

*Le président*, au témoin : Existait-il une affiche qui défendait aux marchands bijoutiers, orfèvres et fripiers, de se trouver à la vente des bijoux, et d'y mettre des enchères?

*Le témoin* : Je me souviens en effet de cette affiche qui annonçait la vente des bijoux, et qui défendait à tous marchands d'y assister sous tel prétexte que ce pût être.

*Le président*, à Bachelier : Avez-vous connaissance de cette affiche?

*Bachelier* : J'en ai entendu parler ; mais je n'y ai contribué en aucune manière.

*Le président*, au même : Pourriez-vous nous dire quel était le but de la défense faite aux marchands, par le comité, d'assister à la vente des bijoux et d'enchérir? Ces défenses ne pouvaient avoir d'autre objet que de procurer à vil prix l'acquisition des bijoux à certains individus, en éloignant les gens de l'art qui connaissaient la juste valeur de ces bijoux, et pouvaient les porter à leur taux?

*Bachelier* : Les gens qui achètent pour revendre n'offrent pas toujours la juste valeur des objets mis en vente, et souvent ils se coalisent ensemble pour se faire adjuger à vil prix les effets sur lesquels ils veulent bénéficier ; et c'est sans doute pour éviter cet inconvénient que le comité révolutionnaire avait écarté les bijoutiers et autres marchands de la vente desdits bijoux, et qu'il leur avait même défendu d'y présenter des enchères.

On peut d'autant moins soupçonner le comité révolutionnaire d'avoir voulu se faire adjuger par cette défense les bijoux dont il s'agit pour une somme médiocre, qu'il était même défendu à tous les membres de se trouver à cette vente.

*Jean Pradeau*, fabricant d'armes, ne dépose que d'un seul fait ; c'est d'avoir vu conduire à l'Entrepôt plusieurs prisonniers qu'il a appris avoir été noyés.

*Julien Coussin*, tonnelier, et garde-magasin de la compagnie Marat, déclare avoir fait quelques arrestations par ordre du comité ; avoir, entre autres, arrêté la femme de chambre du citoyen Deridélière, négociant, chez lequel il a été pris une somme de 40,000 liv.

Le même témoin déclare avoir conduit deux fois à la gabare une vingtaine de personnes, et le lendemain il apprit qu'elles avaient été noyées. Jolly et Ducoux, ajoute le témoin, liaient les détenus.

*Naud* déclare que la somme de 40,000 liv., appartenant au citoyen Deridélière, a été inscrite sur les registres.

Le 145e témoin, *Pasquier*, réfugié à Beaupreau, arrêté à Nantes en y arrivant, et acquitté par la commission militaire organisée en ladite ville, parle de la noyade du 24 au 25 frimaire. Il déclare, en frémissant, que, dans la nuit horrible où cette cruelle expédition fut exécutée, comme faisant partie des détenus de cette maison d'arrêt, il a été appelé comme les autres pour remplir la noyade, mais qu'il n'est point descendu, et que son camarade, Pineau, a été pris, lié et garrotté comme les autres ; il a été aussi témoin de l'extraction des détenus au Bouffay ; mais il ne reconnaît aucun des accusés, et ne peut dire si quelques-uns d'eux s'y trouvaient.

Le 146e témoin, *Bouvier*, membre de la compagnie Marat, dépose de la noyade du 24 au 25 frimaire, comme le précédent ; de plusieurs arrestations par lui faites, suivant les ordres du comité, et singulièrement de celle de Pichelin, père et fils.

*Julien Petit*, tonnelier, membre de la compagnie Marat, membre du comité, parle de la noyade des détenus dans la maison du Bouffay, expédition dont on a déjà donné plusieurs détails.

*Viau*, tanneur, et commissaire bienveillant, déclare que, par ordre du comité, il a été arrêter dans l'île Feydeau d'honnêtes citoyens, et qu'il a apposé le scellé dans leur domicile ; qu'il a entendu parler des noyades, mais n'en a aucune connaissance personnelle.

*Jean Jollin*, aubergiste, dépose de la noyade de l'Entrepôt, et que, dans la nuit, il a vu Fouquet et Lambertye noyer les détenus ; il déclare avoir été chargé de différentes arrestations, avoir emporté de l'argenterie de différentes maisons, entre autres trois louis en or et six couverts d'argent, et avoir remis le tout à Perrochaux.

*Le président*, à Perrochaux : Qu'a-t-on fait de l'or et de l'argent dont parle le témoin?

*Perrochaux* : Le tout a été porté à la Monnaie.

Sur le réquisitoire de l'accusateur public, le témoin Boussy, prévenu d'être complice des noyades, est mis en jugement avec les accusés, et Bordet est mis en état d'arrestation.

*Fontaine*, employé aux subsistances, et garde-magasin des vivres, dépose que, vers la fin de brumaire, il s'est transporté à l'Entrepôt, conformément au mandat signé de trois membres du comité, pour fournir des subsistances aux détenus ; il donne des détails sur les mauvais traitements qu'on faisait éprouver aux prisonniers, aux femmes, aux enfants. « Plusieurs de ces derniers, dit-il, à peine nés, ont été arrachés de la mamelle de leurs mères. »

*Chaux* : Je demande la parole ; j'ai une dénonciation importante à faire contre Carrier.

Chaux, après avoir obtenu la permission de s'expliquer, commence sa dénonciation en ces termes :

« Carrier, dans mon dernier voyage à Paris, se plaignit à moi de Phelippes : il me dit qu'il fallait le faire arrêter; qu'il avait donné des ordres à Nantes pour faire insérer dans chaque jugement que l'on rendrait les noms d'un certain nombre d'hommes qui avaient été noyés, et que l'on devait insérer une dizaine de ces noms dans chaque jugement. « J'ai fait part au comité de salut public, me dit Carrier, de ce qui s'est passé à Nantes; il ne faut pas faire juger Lambertye, c'est un patriote trop précieux; je compte le faire venir à Paris pour le présenter au comité de salut public, qui ne laissera pas son talent sans récompense. »

*Vaujolx*, accusateur public de la commission militaire de Nantes : J'atteste la vérité des faits articulés par Chaux; je déclare que Carrier m'a tenu le même propos, et j'ajoute qu'il m'a menacé de me faire guillotiner si je jugeais Lambertye.

*Chaux* : Goulin arrive chez Carrier avec un nommé Pointel et le représentant du peuple Fouché. Remarquez que voilà cinq individus, Carrier, Fouché, Pointel, Goulin et moi : ces individus doivent converser ensemble, mais ils se séparent, et la conversation ne s'engage qu'entre Carrier et Goulin, qui ont ensemble une explication des plus vives. « Je te ferai toujours reculer devant ma pointe, » dit Carrier à Goulin, et de suite il propose un duel à son interlocuteur. Fouché, autant que je puis croire, était présent.

J'observe à Carrier que nous sommes à Paris sans force, et qu'il ne doit pas en abuser pour nous insulter. Cependant on feint de se réconcilier; Carrier affecte de louer les exploits d'Elie Lacoste, et en présence de Dauvray il dit que, si Lambertye est guillotiné, il fera sauter le comité révolutionnaire, qu'il qualifie de *clémentin*, et qu'il dit être l'ouvrage de Phélippeaux.

Le soir du même jour, Carrier me conduit au comité de sûreté générale, et en ma présence il a recommandé Lambertye à trois membres de ce comité dont je ne connais pas les noms : il dit que Lambertye est un bon révolutionnaire; qu'il s'est à la vérité compromis, mais qu'en considération de son patriotisme il faut passer bien des erreurs.

Le 28 germinal, je reçois la nouvelle de la mort de Lambertye; je vais à la séance des Jacobins avec Goulin, et ce dernier, sans le savoir, se place du côté où Carrier avait coutume de siéger. Une nouvelle discussion s'engage entre Carrier et Goulin; remarquant que l'explication devenait sérieuse, je me réunis à mon collègue. Carrier dit avec vivacité qu'il faut faire *expédier* le comité; mais que ce n'est pas là la plus grande affaire, qu'il faut sauver Lambertye. La nouvelle que j'avais reçue de la mort de ce dernier me pesait sur le cœur; je brûlais d'en informer Carrier, mais je ne savais comment m'y prendre, « Mais tu penses à sauver Lambertye; as-tu fait quelques démarches pour lui? as-tu pris les moyens de le tirer d'affaire? Si tu ne faisais que d'y penser en ce moment, peut-être ne serait-il plus temps. » Telles sont les observations que j'adresse à Carrier. « Oh! j'en réponds, réplique d'abord Carrier, je suis sûr d'en venir à bout. » Alors j'affecte de reproduire mes observations, je les répète de manière à être comprises de Carrier, et pour cette fois il m'entend; il me saisit, il entre dans ses convulsions ordinaires et dans la fureur; il fait voltiger son bâton au-dessus de nos têtes. Goulin se contentait de marmotter à voix basse; mais moi j'ai assez d'énergie pour faire face à Carrier. « Tu ne m'imposeras pas, lui dis-je; tu vois ici deux victimes des représentants du peuple; respecte en nous une portion de ce même peuple. » Cornet était présent à cette dernière partie de la conversation.

Nous entrons dans un café; nous y trouvons Legendre, député; nous lui contons notre rixe avec Carrier; il nous conseille de nous rendre au comité de sûreté générale : nous nous y présentons, mais nous ne pouvons être introduits.

Carrier veut se plaindre à la Convention; mais sa voix est étouffée par un cri universel d'improbation.

*Goulin* : A la sortie de la séance des Jacobins, Carrier nous traite de scélérats, et, faisant voltiger son bâton noueux sur moi, il nous dit, en parlant de la mort de Lambertye : « Vos têtes m'en répondront. »

*(La suite incessamment.)*

## CONVENTION NATIONALE.

*Présidence de Clautel.*

### SUITE DE LA SÉANCE DU 16 FRIMAIRE.

La discussion s'ouvre sur le Code civil.
Les articles Ier et II sont adoptés.
On lit l'article III.

« Le droit privé embrasse l'état des personnes, les propriétés, les transactions sociales. »

GIROD-POUZOL : Je demande que l'on substitue les mots *droit civil* à ceux *droit privé*, parce qu'ils offrent une idée plus étendue.

HERMANN : Je propose de remplacer les mots *transactions sociales* par ceux-ci : *conventions*..... Je pense que l'on saisit le motif qui détermine mon amendement, ainsi je ne le développerai pas.

CAMBACÉRÈS : Je dois vous rendre compte des motifs qui ont déterminé votre comité de législation à se servir des expressions contre lesquelles on réclame. Le mot *convention* n'a pas été employé, parce qu'il a plusieurs acceptions dans la langue française, tandis que les transactions désignent véritablement les actes de la vie civile et les embrassent tous. A l'égard de la proposition de substituer ces mots: *droit civil*, à ceux-ci : *le droit privé*, je dois vous dire que nous avons adopté cette dernière expression, parce que le droit civil contient non-seulement les dispositions qui règlent les rapports des citoyens entre eux, mais encore des lois qui ont une plus grande affinité avec celles du droit public. De sorte que le droit civil n'offrait pas véritablement une opposition assez marquée avec le droit public. Nous l'avons trouvée, cette opposition, en employant les mots *droit privé*, et nous nous en sommes servis.

HERMANN : Les motifs de mon amendement n'ont pas été saisis, je vais les énoncer. Presque tous les peuples se servent du mot *convention* dans le sens où je le propose; presque tous les peuples aussi ne regardent comme une transaction que le contrat qui intervient sur un procès. Mon but était de conserver le sens que l'usage a donné aux mots.

Cette observation n'a aucune suite. — La Convention adopte l'article.

« Art. IV. Le citoyen appartient à la patrie.
« Les actes qui constatent son état civil sont inscrits sur les registres publics. »

BRIVAL : On a omis dans cet article une chose essentielle. On n'y parle point du décès, qu'il est cependant bien important de constater. Je demande que cette omission soit réparée.

CAMBACÉRÈS : Il est important de saisir dans une loi tout le sens des mots qui la composent. Les mots *état civil* signifient toutes les manières d'être des citoyens par rapport à la société. Ainsi il n'est pas douteux que le décès ne soit constaté par ceux qui y ont intérêt, comme la naissance et le mariage.

THURIOT : L'observation de Brival n'est pas fondée. Si l'on parlait du décès dans l'article, il faudrait y parler aussi de la naissance. Quand vous dites état civil, vous dites tout. La naissance en est le commencement, et la mort en est le terme.

. L'article est adopté.

« Art. V. Les étrangers, pendant leur résidence en France, sont soumis aux lois de la république;

« Ils sont capables de tous les actes qu'elles admettent. »

GIROD-POUZOL : Je lis dans l'acte constitutionnel :

« Tout étranger âgé de vingt et un ans accomplis, qui, domicilié en France depuis une année,

« Y vit de son travail,

« Ou acquiert une propriété,

« Ou épouse une Française,

« Ou adopte un enfant ;

« Ou nourrit un vieillard ;

« Tout étranger enfin qui sera jugé par le corps législatif avoir bien mérité de l'humanité,

« Est admis à l'exercice des droits de citoyen français. »

Je sais bien que, dans le code que nous discutons, il ne s'agit pas de droits politiques, et qu'il n'y est question que de droits civils; mais, afin qu'il n'y ait aucun doute sur l'intention du législateur, je demande que l'on dise dans l'article : les étrangers sont capables des *actes civils.*

CAMBACÉRÈS : Je ne vois aucun inconvénient à adopter la rédaction qui est proposée.

ROMME : Il est essentiel que cet article fasse connaître aux étrangers et aux Français ce que la loi garantit aux uns et aux autres. Les droits politiques appartiennent aux Français seuls : mais les étrangers qui viendront habiter la France doivent y jouir de la protection de nos lois. On convient qu'il ne s'agit point ici de droits politiques : il est donc essentiel de dire qu'il n'y est question que des droits civils. J'appuie l'observation de Girod comme extrêmement essentielle.

CAMBACÉRÈS : Lorsque Girod a fait son amendement, je ne me suis pas opposé à ce qu'il fût admis. Comme on insiste maintenant, je crois qu'il est nécessaire de fixer les idées sur ce que nous traitons dans ce moment-ci. Il est certain que nous ne nous occupons ni de développements de l'acte constitutionnel, ni de droit des gens. Nous discutons le code civil, et il est certain que, si nous ajoutons le mot civil à chaque article où il conviendrait, nous prolongerions inutilement sa rédaction. Vous avez voulu que le code civil fût court, que chaque article offrît en peu de mots une idée claire et juste. Les rédacteurs ont exécuté votre idée ; ils ont été avares de mots. Au reste, en lisant le Code, on sera prévenu que c'est le code civil, et l'on ne pourra croire que les idées qu'il renferme soient applicables à d'autres droits que le droit civil.

L'amendement est écarté par la question préalable, et la Convention adopte l'article.

L'article VI est adopté.

On lit l'article VII.

« Celui qui est né dans le dixième mois de la dissolution du mariage n'est point l'enfant du mari décédé ou divorcé. »

BRIVAL : L'expérience apprend qu'un enfant peut naître dans le commencement du dixième mois de la grossesse, ainsi je demande que l'on étende le délai jusqu'au dixième mois accompli.

MAILHE : On fonde sur l'expérience l'amendement

qui vous est proposé. Quant à moi, je crois que l'on n'en citerait d'autres exemples que ceux qui ont été arrachés à la complaisance des médecins. La morale veut que vous soyez avares des jours que vous accordez pour assurer la paternité. Je sais bien qu'il n'est pas juste de n'accorder que jusqu'au neuvième mois accompli ; mais je pense de plus qu'il serait absurde et souverainement immoral d'accorder le dixième mois entier. N'oubliez pas dans cette discussion l'abus que l'on a fait du délai sur lequel vous discutez, et les divers systèmes des médecins à cet égard, et les grâces de ce genre qu'ils n'accordèrent jamais qu'aux gens riches. Pour éviter un seul inconvénient peut-être, n'ouvrez pas la porte à des abus journaliers.

Je demande que le délai soit fixé à la moitié du dixième mois. Cet article me paraît très-important par ses rapports avec la morale publique. Accorder le dixième mois entier, ce serait nous déshonorer aux yeux des nations. Il est constant que la complaisance seule peut supposer une aussi longue grossesse.

*** : Le préopinant a dit que, si l'on accordait le dixième mois, ce serait immoral, absurde, et que cela nous déshonorerait aux yeux des nations éclairées. Il n'est cependant personne qui ne sache que les maladies, le chagrin et plusieurs autres causes peuvent retarder la marche de la nature dans le développement du fœtus ; il est aussi absurde d'accorder neuf mois et demi que d'en accorder dix. Au reste, nous avons des collègues éclairés en médecine et en physiologie ; je demande qu'ils soient entendus.

*** : L'on convient que les hypothèses qui ont été rapportées sont très-rares. Vous faites des lois pour les règles générales, et non pour des exceptions. Je demande le maintien de l'article.

HERMANN : Cet objet, citoyens, est de la plus haute importance. Nous devons examiner ici la question du terme le plus long des grossesses, sous le double rapport de la physiologie et de la jurisprudence.

Les physiologistes n'ont point une opinion déterminée et unanime. Les anciens et les modernes offrent, pour la plupart, de l'incertitude, et ils sont divisés d'opinions : les uns soutiennent l'avis des plus longues gestations, les autres le contestent ; il en est même qui les prolongent jusqu'au deuxième et troisième mois après le terme naturel. Quoi qu'il en soit, vous avez dans la Convention plusieurs hommes savants qui vous attesteront unanimement que les grossesses ont ordinairement pour terme la fin du neuvième mois, et que ce terme commun est rarement dépassé. Il suffit cependant que la nature puisse quelquefois s'écarter de sa marche pour que le législateur n'expose pas la réputation d'une femme honnête. Cette précaution est d'autant plus juste que la femme qui se trouverait dans cette hypothèse supporterait seule les suites affreuses de l'honneur flétri.

Maintenant, si vous raisonnez comme moralistes et comme politiques, quelle durée donnerez-vous à la grossesse? Je pense que, pour mettre fin à tous les procès que ces événements peuvent produire, vous devez fixer un terme rigoureux et fatal. Je le porterai à neuf mois et dix jours pour les femmes robustes, et à dix mois accomplis pour tous les cas extraordinaires. Nous suivrons en cela l'exemple des Romains, qui nous valaient bien en fait d'observation à cet égard. Dans les vingt jours que je propose d'accorder, vous comprenez presque tous les cas; il ne reste plus que les phénomènes, que les lois ne peuvent et ne doivent pas prévoir. Observez d'ailleurs que le prolongement de ce délai ne porte aucune atteinte à l'accusation d'adultère, qui peut toujours être intentée contre la femme qui voudrait par un crime frustrer une famille d'une partie des biens qui lui appartiennent. Enfin il faut aussi prendre en considération le nouveau calcul des mois.

**LEVASSEUR :** Il est impossible de rien affirmer sur la durée des grossesses, parce que nous n'avons pas encore pris la nature sur le fait. Il est constant que les femmes accouchent avant le neuvième mois, et que souvent aussi elles n'accouchent qu'après. Ces écarts de la nature tiennent à des causes que ce n'est point ici le lieu de discuter.

La différence des époques existe et se rapporte à la différence des sujets. Ainsi, je pense que, pour ne pas exposer la réputation d'une femme d'honneur, il conviendrait d'accorder quelques jours après les neuf mois, et que dix jours suffiraient. Il y aurait beaucoup d'inconvénients à fixer à neuf mois le terme précis de l'accouchement.

**BAR :** L'article, tel qu'il est garantit à la société que la malveillance pour une famille ou que l'inconduite d'une femme n'usurpera pas la propriété légitime d'une autre. Considérez que cet article a principalement rapport à la dissolution du mariage.

Cette dissolution s'opère par la mort ou par le divorce. Il est impossible de ne pas calculer les dangereux effets d'un long délai dans le cas du divorce.

Je conclus de cette observation, que je ne développerai pas davantage, que l'article est conforme à la saine morale, et qu'il repose d'ailleurs sur les règles générales de la nature.

**THIRION :** Les réflexions du préopinant m'ont frappé. Ne perdez pas de vue les causes du divorce et les effets qu'elles peuvent produire avec le secours d'une loi trop favorable aux termes des grossesses. Il ne s'agit pas ici de traiter la question en naturalistes, car il serait ridicule de prétendre donner des lois à la nature. Mais il faut calculer les inconvénients des délais que l'on vous propose, et j'en vois moins à adopter l'article tel qu'il est. Il est certain qu'alors vous ne vous exposez pas à introduire des étrangers dans les familles et à favoriser involontairement l'immoralité.

Ne craignez pas de compromettre par une loi rigoureuse l'honneur des femmes. Quelque délai que vous leur accordiez, l'opinion n'en flétrira pas moins celle qui en aura joui dans une latitude plus qu'ordinaire. Il est vrai que, dans les cas très-rares d'une longue grossesse, l'enfant ne jouira pas des droits de sa naissance ; mais sa mère ne l'abandonnera point.

Ainsi, sous tous les rapports, l'adoption de l'article offre moins d'inconvénients.

**\*\*\* :** Il suffit qu'un seul enfant puisse perdre ses droits par une loi trop rigoureuse, pour que vous deviez en adoucir la rigueur.

**BRIVAL :** L'intérêt de la république est de favoriser les mariages. Craignez de éloigner les filles, si leur honneur doit être compromis lorsqu'elles accoucheront quelques jours après les neuf mois de grossesse.

**VRAU :** Il est immoral de fixer au neuvième mois accompli le terme fatal de la grossesse, parce que c'est supposer implicitement de l'immoralité. Vous devez surtout garantir l'état des enfants, et sous ce point de vue il faut accorder un délai ; mais je voudrais distinguer le cas où le mariage finit par la mort de celui où il finit par le divorce. La première hypothèse doit évidemment être plus favorable que la dernière.

**LEVASSEUR :** Les douleurs de l'accouchement durent quelquefois cinq jours. Il serait possible qu'elles commençassent le dernier jour du neuvième

mois, et qu'elles se prolongeassent dans le dixième. Qu'arriverait-il alors ? ou la loi serait trop rigoureuse, ou bien l'on se servira du prétexte que je vous rapporte pour s'y soustraire, et dans l'un et l'autre cas le but du législateur sera manqué.

**RÉAL :** Il faut dans cette discussion prendre un juste milieu, et accorder dix jours pour les erreurs de la nature. J'appuie la proposition de traiter le divorce avec la plus grande rigueur. Il faudrait préciser le délai et le faire courir du jour de la demande en divorce, et non du jour qu'il est prononcé ; car on ne peut supposer dans l'intervalle aucun rapprochement entre les époux, et la durée de la grossesse présumée se trouverait gagner beaucoup de temps.

**DUBOUCHET :** Toutes les bonnes lois dérivent de la nature ; les meilleures sont celles qui s'en rapprochent davantage. Il serait sans doute à désirer que dans cette question importante nous pussions nous décider par la marche de la nature elle-même ; mais, on vous l'a dit, nous n'avons encore que des conjectures à cet égard ; cependant il est à peu près certain que la grossesse dure neuf mois. Je crois que les autres observations que l'on a faites, et qui contrarient cette règle générale, sont le résultat de la fausseté ou de l'ignorance. C'est ainsi qu'un arrêt du parlement de Paris a déclaré être de la famille des Conty un enfant né après douze mois de grossesse ; pour nous, la politique nous commande d'assurer le sort des enfants ; la morale nous défend de présumer l'inconduite des femmes. J'appuie donc le prolongement du délai, et, afin de concilier la marche de la nature et les vues de la morale et de la politique, je propose de le fixer à quinze jours après le neuvième mois.

**CAMBACÉRÈS :** Si je n'avais à défendre que mon opinion personnelle, je m'empresserais d'adopter l'amendement proposé ; mais je suis ici l'organe du comité de législation, et je dois avant tout vous rendre compte du vœu de la majorité.

On s'est d'abord occupé des caractères distinctifs de la paternité naturelle, et on a calculé une règle sur laquelle repose la tranquillité des familles, et dont l'origine se perd dans la nuit des temps ; c'est celle qui veut que le mariage indique le père.

L'on a fait ensuite tomber sur un article succinct, toutes les questions sur les posthumes, dans la solution desquelles les médecins et les juges ont souvent, autrefois, méprisé les décisions de la nature, pour se déterminer par l'intérêt de gens puissants et accrédités. Tantôt, pour couvrir la honte d'une fille sans pudeur, l'on a resserré le terme de la gravidation, et quelques mois ont paru suffire pour faire adjuger à un époux complaisant un enfant dont la conception se reportait naturellement avant le mariage : tantôt, pour excuser les infidélités conjugales et assurer au fruit du crime une succession dérobée à d'autres héritiers, l'on a reculé le terme de la nature, et l'on a jugé qu'un enfant né après plusieurs mois de veuvage pouvait appartenir à l'époux décédé.

L'on ne prétend pas contester à la nature le droit de s'écarter quelquefois de ses règles accoutumées ; mais on a cherché à concilier la vraisemblance avec ces écarts ou avec ces caprices possibles de la nature, en fixant à neuf mois la plus longue durée de la gravidation.

Tels sont, citoyens, les motifs qui ont décidé le comité.

Voici mon opinion personnelle. Je vais citer un exemple, il pourra jeter un grand jour dans la discussion.

Le mari meurt subitement ou par accident, soit

dans le jour, soit au moment même où sa femme a conçu; cette femme peut sans doute accoucher dans les premiers instants du dixième mois, et par conséquent hors du neuvième; dans cette hypothèse, l'honnêteté publique ne répugne-t-elle pas à ce que l'on suppose qu'un acte du plus honteux dérégement a été commis par cette veuve infortunée à côté du cadavre de son époux; l'humanité permettra-t-elle que, par une conséquence funeste de cette supposition, en versant l'ignominie sur la mère, on enlève l'état et la fortune de son enfant?

Est-il bien démontré que rien ne peut suspendre le cours du travail de la nature dans l'enfantement; ne voit-on pas assez fréquemment, au contraire, des accouchements laborieux prolongés pendant plusieurs jours, soit par la position de l'enfant, soit par la nécessité des opérations de l'art; tandis que, dans des circonstances plus favorables, ils auraient été terminés vingt-quatre heures, où même quarante-huit heures auparavant; et cependant le seul instant indivisible qui sépare le neuvième mois du dixième, s'écoulant dans cet intervalle, la veuve est vouée au déshonneur, et l'enfant à la misère.

Le temps de la gestation de nos animaux domestiques est calculé avec autant d'exactitude que de précision, surtout dans la campagne, et tous les cultivateurs ont observé des différences et des inégalités considérables dans sa durée; peut-on affirmer que la compagne de l'homme n'en éprouve jamais? Le jeu des passions, la mobilité de son existence et la vivacité de ses affections, tout en elle ne semble-t-il pas indiquer une source inépuisable de variétés dans les résultats de son organisation et dans les époques de la maturité du fruit précieux dont elle est dépositaire?

Il a encore été remarqué que, d'après le nouveau calandrier, les neuf mois de grossesse ne seraient composés que de deux cent soixante-dix jours, et que dans l'ancien calcul ils en auraient formé deux cent soixante-treize au moins, et auraient pu s'élever jusqu'à deux cent soixante-seize.

Ces considérations me déterminent à penser qu'il faut fixer le terme à neuf mois et demi.

L'article est adopté avec cet amendement.

— Des rentiers viagers sont admis à la barre.

*Pouchet*, portant la parole: Citoyens représentants, des vieillards infirmes et malheureux, qui voient, pour ainsi dire, échapper de leurs bouches le pain qu'ils ont cru s'assurer par plusieurs années de travaux, de peines, d'économie, de prévoyance et de privation, élèvent aujourd'hui leur voix, leur voix tremblante, jusqu'à vous, pour solliciter le rapport de la loi, art. XXXII, § V, qui supprime la réversibilité des rentes viagères sur plusieurs têtes.

Cet article XXXII, s'il pouvait subsister, serait un arrêt de mort contre nous; et sûrement telle n'a pu être l'intention des pères du peuple.

Sans nous permettre, législateurs, une discussion qui ne convient point à des êtres aussi faibles que nous, souffrez cependant que nous prévenions les funestes effets de la loi contre laquelle nous réclamons, par son application à un seul exemple.

Nous supposons un homme et une femme de soixante ans, ayant, aux approches de la caducité, vendu le fonds d'un commerce modeste et peu lucratif, pour s'en constituer 1000 à 1200 liv. de rente viagère, reversible de l'un à l'autre. Cette somme, à peine suffisante pour un individu, réduite à la moitié (même sans retenue), pourra-t-elle suffire au survivant, dans un temps où les infirmités et les besoins croissent avec l'âge?.. Nous vous le demandons, législateurs, nous vous le demandons, hommes justes, sensibles et vrais, qui avez pris pour devise, égalité, justice, humanité...

Ajoutons que si la survivance sur deux têtes n'est point

conservée, surtout entre époux, une grande portion de citoyens qui ont confié à la nation le fruit de leurs veilles, de leurs travaux et de leurs économies, pour s'assurer un morceau de pain sur la fin de leurs jours, vont être réduits au désespoir, à la misère la plus affreuse et à l'abandon le plus cruel; car, ou ils seront forcés de se faire inscrire sur le livre de la dette consolidée perpétuelle, pour ensuite vendre cette inscription, afin de satisfaire à des besoins pressants qui ne cessent de les assaillir de toutes parts, et alors l'agioteur, que l'on a voulu ou prétendu écarter, sera là, à la piste, et saura profiter de leur détresse pour acheter à vil prix cette faible ressource qui leur restera; ou bien, s'ils sont obligés de partager en deux la rente qu'ils ont, alors autre anxiété et inquiétude: l'un des deux époux viendra à mourir, et certes celui-là ne sera pas le plus malheureux; car il sera délivré de toutes peines et misères... Mais celui ou celle qui survivra se verra au comble de tous les maux: soit le mari, il aura perdu une femme qui l'aimait, qui le soulageait dans ses besoins et ses infirmités, et avec elle la moitié de ses revenus; soit la femme, elle aura à regretter un époux qu'elle chérissait, et sera réduite à la dernière infortune, dans un moment où les besoins et les dépenses sont à peu près les mêmes; car, pour deux époux avancés en âge et intimement liés, il ne faut que même logement, même feu, même lumière, comme pour un seul individu; de plus, le survivant, vu ses infirmités, sera obligé d'avoir recours à des mercenaires qui lui coûteront infiniment plus que l'époux ou l'épouse qu'il aura à pleurer.

Ce sont ces motifs, législateurs, qui nous déterminent à réclamer contre la loi sur la réversibilité; convenons qu'elle fut proposée presque dans un moment d'agitation et de troubles; nous osons donc en appeler au calme de la réflexion.

Pères de la patrie, ne laissez point subsister un pareil monument, qui plonge une infinité de familles de la classe malheureuse dans le désespoir. Il déparerait trop vos œuvres.

Législateurs, vous dont toutes les veilles, tous les travaux, tous les instants, sont consacrés au bonheur du peuple, vous ne souffrirez point, oh! non, non, vous ne souffrirez point que la portion la plus respectable de ce peuple soit la victime d'une pareille réduction. Elle ferait son malheur sans presque aucun profit pour la république...

Augustes représentants du premier peuple de la terre, daignez vous rappeler les mœurs sévères de cette antique et sublime Sparte que vous avez, en quelque sorte, choisie pour modèle; rappelez-vous le respect qu'on y portait aux vieillards... Ce n'est pourtant pas du respect que nous demandons; ce que nous désirons, c'est le pain que nous avons gagné, le pain qui est nécessaire pour prolonger notre défaillante vie, le pain qu'on veut nous ôter de la main par une loi qui, encore une fois, ne fait, à notre égard, que des malheureux sans aucun bénéfice pour la nation, parce qu'en dernière analyse notre misère nous fera retomber à la charge de la république.

Nous vous demandons donc qu'en vous faisant remettre sous les yeux, dans le plus bref délai, la loi contre laquelle nous réclamons, article XXXII, § V, vous jetiez sur notre caducité ce dernier regard d'intérêt qu'inspirent des êtres faibles et mourants...

Durand-Maillane appuie cette pétition comme intéressant spécialement de vieux domestiques qui ont confié à la nation le produit de leurs économies.

Sur sa demande, la Convention renvoie à ses comités des finances et des secours, pour faire un rapport dans huit jours au plus tard.

Monnot, au nom du comité des finances: Le bruit s'est répandu dans le public que, deux jours avant le décret du 9 octobre 1793, qui séquestre les biens des étrangers, la trésorerie avait acheté, d'une seule personne, pour 10 millions de traites de France sur l'Angleterre, traites dont le vendeur Boydker avait reçu le montant à la trésorerie, et dont il s'était vanté que jamais la valeur ne serait payée à Londres.

Les quatre sections du comité des finances, instruits de ce bruit qui pourrait nuire à la chose publique en altérant la confiance due aux opérations de la trésorerie, ont nommé quatre commissaires pour vérifier ce fait, dont il était de leur devoir de rendre compte à la Convention ; ces commissaires, après avoir vérifié les registres de la trésorerie, relatifs à l'achat qu'elle! aisait du numéraire avant le décret prohibitif, ont reconnu que ce bruit était absolument faux, et en ont dressé procès-verbal, contenant le détail des opérations faites par la trésorerie avec la maison Boydker, pour l'achat du numéraire à Londres.

*Procès-verbal.*

« Cejourd'hui 11 frimaire de l'an 3e de la république une et indivisible, nous soussignés, députés à la Convention nationale, commissaires nommés en exécution de l'arrête du comité général des finances, en date du 8 du courant, nous étant transportés cejourd'hui à la trésorerie nationale, pour vérifier sur les livres de comptabilité le montant des traites sur l'Angleterre, achetées de la maison Boydker, pendant le mois de juillet jusqu'au 14 août 1793 (vieux style), avons reconnu, d'après l'examen que nous avons fait, article par article, sur les livres qui nous ont été communiqués par les commissaires de la trésorerie nationale, que les traites sur l'Angleterre, achetées de cette maison, à commencer depuis le 1er juillet jusqu'au 14 août 1793, se portent à la somme de 24,853 liv. 10 sous 2 den. sterl. qui, évaluées en livres tournois, font celle de 2,174,829 liv. 12 sous ; que sur ces effets il y a eu de protesté celle de 8,096 liv. 9 sous 4 derniers évaluées en livres tournois à 503,591 liv. 5 s. 7 den. ; que la note insérée dans la feuille intitulée *l'Orateur du Peuple*, du 27 brumaire dernier, dans laquelle le rédacteur prétend que, d'après une pièce intéressante, trouvée sous les scellés de Robespierre, « la trésorerie nationale a acheté de la maison Boydker, l'avant-veille du 9 octobre 1793 (vieux style), jour du décret qui atteint les maisons anglaises et autres sujets de la Grande-Bretagne, et qui ordonne leur arrestation et la confiscation de leurs biens, pour 10 millions de traites sur Londres, et en a reçu le montant, » est dénuée de toute vérité, dès qu'il est démontré au contraire que ce qui a été acheté de cette maison l'a été, non l'avant-veille du 18 vendémiaire ou 9 octobre 1793, mais en juillet et août même année; qu'il n'a été rien acheté depuis celte époque; que la somme des traites ne s'est portée qu'à 2,174,829 liv. 12 sous, et non à 10 millions, comme on l'a avancé dans la feuille de *l'Orateur du Peuple* du 27 brumaire.

« De tout quoi nous avons donné le présent rapport pour être remis au comité général des finances, en exécution de son arrêté, lequel nous certifions sincère et véritable.

« A Paris, les jour et mois ci-devant dits.

« *Signé* P. LOISEAU, PRESSAVIN, GUMERY, JACOB. »

Sur la demande de Monnot, la Convention décrète l'insertion de ce procès-verbal au Bulletin.

La séance est levée à quatre heures.

### SÉANCE DU SOIR DU 16 FRIMAIRE.

On procède au renouvellement du bureau : Rewbell est élu président. Les secrétaires de remplacement sont Girod-Pouzol, Letourneur (de la Manche), et Dubois-Dubais.

La séance est levée à dix heures.

### SÉANCE DU 17 FRIMAIRE.

*Présidence de Rewbell.*

PORCHER : Citoyens, vous vous rappelez que, dans les premiers jours de brumaire, des députés de Bordeaux se présentèrent à votre barre, pour demander le rapport du décret du 6 août ; décret qui mettait non-seulement hors de la loi les membres de la prétendue commission populaire de salut public, établie dans cette commune, mais encore ceux qui avaient provoqué, concouru ou adhéré à ses actes.

Nous n'étions plus heureusement dans ces temps où on confondait l'erreur avec le crime, et dans lesquels un sentiment d'humanité coûtait infailliblement la vie à ses auteurs.

On demandait de toutes parts à aller aux voix, et on voulait accorder, au moment même, l'objet de cette demande ; mais sur l'observation faite, qu'un rapport était important pour convaincre la France que la Convention se décidait dans cette circonstance plus par un sentiment de justice que par celui d'une sensibilité irréfléchie, vous vous déterminâtes à le renvoyer à vos trois comités.

Chargé de ce rapport, j'avoue que j'avais partagé les sentiments qui m'avaient paru animer la masse presque entière de la Convention, et j'avais proposé aux comités une absolution générale sans aucune exception ; quelques membres crurent cependant qu'elle était indispensable à l'égard de Sers, président du département de la Gironde, auquel on attribue principalement les maux et les calamités qui désolèrent alors ce département.

Cette proposition obtint le vœu de vos comités et successivement la vôtre.

Je viens cependant de recevoir une lettre de Jean-Bon Saint-André, qui réclame fortement contre cette exception ; il me conjure d'obtenir de vous un nouvel examen de ce qui est relatif à ce particulier, qu'il regarde comme un homme probe, intègre, qui a constamment porté dans son cœur l'amour de son pays. Il a joint à sa lettre un mémoire qui atteste en effet que Sers a rendu des services essentiels à la révolution.

Porcher lit la lettre suivante :

*Jean-Bon Saint-André à son collègue Porcher.*

Port-la-Montagne, le 30 brumaire, l'an 3e de la république.

« J'ai applaudi, mon cher collègue, comme tout le monde, au sage rapport que tu as fait sur l'affaire de Bordeaux, et au décret qui en a été le résultat. Cependant si j'eusse été présent à la séance, j'en aurais combattu l'exception de toutes mes forces, parce qu'elle est une injustice. Je connais parfaitement Bordeaux ; j'ai été lié avec Pierre Sers ; la diversité d'opinions politiques m'en avait à peu près fait un ennemi. Eh bien, je dois cet hommage à la vérité, que Pierre Sers est un homme droit et probe ; qu'il n'a jamais eu dans son cœur que l'amour de son pays, et que, même en se trompant, il croyait le servir. Les erreurs de Pierre Sers sont les crimes de Gensonné. Je sais par quels moyens celui-ci était parvenu à capter sa confiance, et de quelle indigne manière il en avait abusé; ces détails me sont connus. Je les aurais développés à la tribune; je ne puis point le faire dans les courtes bornes d'une lettre, mais j'affirme que le décret ne rappelle à Bordeaux des hommes profondément tarés et très-suspects n'exclut qu'un honnête homme, qui est père de famille.

« Je t'envoie un mémoire qu'un ami de cet infortuné m'a fait passer. Prends la peine de le lire, il contient la vérité. Tu as fait honneur aux Bordelais de leur expédition sur Montauban. Eh bien, Pierre Sers en fut le principal promoteur; j'entretenais alors avec lui une correspondance suivie; j'étais intéressé dans cette affaire malheureuse, puisque ma tête fut alors mise à prix par les aristocrates de Montauban, et nul ne sait mieux que moi les soins qu'il s'est donnés dans cette occasion pour faire triompher la cause de la liberté.

« Il est digne de toi, mon cher collègue, il est digne des trois comités, digne de la Convention, d'effacer cette exception, j'ose le dire, peu honorable pour vous tous. Eh quoi! quand vous pardonnez à toute une ville, vous paraissez encore redouter un homme! Non, il ne sera pas dit que la Convention ait voulu appesantir sa vengeance sur un individu. Prends toi-même, mon cher collègue, cette cause.

« Mais, si les efforts que je fais en ce moment pour sauver un malheureux étaient sans effet, à quelque époque que je reparaisse dans le sein de la Convention, j'en ferai la motion expresse, tant je suis intimement convaincu de la pureté des intentions d'un homme qu'on n'avait entraîné dans le parti qu'à force de ruses et de perfidies.

« Salut et fraternité.

« Signé JEAN-BON SAINT-ANDRÉ. »

PORCHER : Je demande le renvoi de cette lettre et du mémoire aux trois comités, pour en faire un prompt rapport ; mais je demande surtout que l'exécution du décret qui le met hors de la loi reste suspendue. Il s'agit ici de la vie d'un père de famille, d'un citoyen, d'un homme enfin, et je suis convaincu que la Convention nationale ne refusera jamais de se faire éclairer lorsqu'on lui dira qu'il est question d'un objet aussi essentiel.

Boudin demande que cette mesure soit étendue à tous les individus mis hors de la loi.

Cette demande est appuyée fortement par Porcher ; il cite différentes erreurs qui ont été commises en ce genre, et il expose les dangers auxquels elles peuvent donner lieu.

La Convention rend, sur sa proposition et celle de Boudin, le décret suivant :

« La Convention nationale décrète la suspension provisoire de l'exécution des décrets de mise hors la loi rendus jusqu'à présent, et renvoie aux comités de salut public, de sûreté générale et de législation, pour faire un prompt rapport sur cet objet.

— Sur le rapport de Monnet, le décret suivant est rendu :

« La Convention nationale, après avoir entendu son comité des décrets, procès-verbaux et archives, déclare que le citoyen Beauquesne, employé en qualité de secrétaire-commis au bureau des procès-verbaux, n'a point été compris dans les décrets des 9 et 10 thermidor, portant arrestation et mise hors de la loi contre Robespierre, Hanriot, Dumas et autres mentionnés auxdits décrets ; en conséquence décrète :

« Art. 1er. Le nom du citoyen Beauquesne, secrétaire attaché au bureau des procès-verbaux de la Convention, sera rayé du jugement rendu par le tribunal révolutionnaire, le 10 thermidor, ainsi que de l'affiche dudit jugement.

« II. Le même nom sera également rayé sur l'expédition envoyée au tribunal révolutionnaire, par la commission des administrations civiles, police et tribunaux, signée : Pour copie conforme : Hermann.

« III. Les mots contenus en marge de la minute du décret du 10 thermidor, et contre Hanriot, ex-commandant de la garde nationale, seront insérés dans l'expédition envoyée par le bureau des procès-verbaux à l'agence de l'envoi des lois.

« IV. La Convention nationale charge son comité des décrets, procès-verbaux et archives, de surveiller la prompte exécution du présent décret.

« V. Le présent décret sera inséré aux Bulletins de correspondance et des lois. »

( La suite demain. )

N. B. — Dans la séance du 18, la Convention, sur le rapport des trois comités, a rappelé dans son sein les soixante-treize députés qui avaient été mis en état d'arrestation : elle a étendu ce décret à Duluure, Devérité, mis hors la loi ; Couppé (des Côtes-du-Nord), et Thomas Payne. Elle a rapporté la loi du 27 germinal sur la police générale. Elle a renvoyé aux mêmes comités, pour en présenter la rédaction demain ou après, la proposition de Cambacérès, d'accorder une amnistie à tous ceux qui avaient été persécutés à raison de leurs opinions, et pour des faits contre-révolutionnaires autres que ceux compris dans le code pénal.

# LIVRES DIVERS.

*Histoire abrégée de l'établissement des Européens dans les deux Indes ;* ouvrage utile à l'éducation de la jeunesse ; 2 vol. in-12, broché. A Paris, chez Théophile Barrois le jeune, libraire, quai des Augustins, n° 18.

— *Vocabulaire de nouveaux privatifs français,* imité des langues latine, italienne, espagnole, portugaise, allemande et anglaise, suivi d'un catalogue raisonné des écrivains les plus célèbres en ces cinq langues, propre à servir d'institution pour une bibliothèque choisie ; ouvrage essentiel aux orateurs. Un volume in-8°. Prix : 3 liv., et 3 liv. 15 s. franc de port, pour les départements.

A Paris, de l'imprimerie du Cercle-Social, n° 4, rue du Théâtre-Français ; et chez Deseane, libraire, n° 1 et 2, Jardin Egalité.

— *Voyage en Afrique et en Asie,* principalement au Japon, pendant les années 1770 à 1779, servant de suite au *Voyage de D. Sparmann,* par Charles Thunberg ; traduit du suédois, avec des notes du traducteur ; in-8°, broché : 7 liv. Chez Fuchs, libraire, quai des Augustins, n° 26.

— *Nouvelle Grammaire italienne pour les citoyens,* format in-4°. A Paris, chez Deseane, libraire, au Jardin-Egalité.

— *Étrennes des républicains français,* contenant le nouveau calendrier, avec les fêtes décadaires, un recueil d'hymnes, odes, suivies du *Catéchisme militaire,* pour apprendre sans maître l'exercice en peu de temps, et du *Code pénal militaire,* utile aux officiers de tout grade. A Paris, chez Gueffier, libraire, rue Git-le-Cœur, n° 15.

— *Instructions tirées des exemples des animaux,* sur les devoirs de la jeunesse, à l'usage des écoles primaires ; suivies d'observations sur les avantages de la république ; un volume in-18, avec figures. Prix : 30 sous. A Paris, chez Maradan, libraire, rue du Cimetière-André-des-Arcs, n° 9.

— *Œuvres de Voltaire,* nouvelle édition, avec des notes et observations critiques par le citoyen Palissot ; 1re livraison de vingt volumes brochés en carton. Prix : 180 liv.

A Paris, chez Servière, libraire, rue du Foin-Jacques ; et Stoupe, imprimeur, rue de La Harpe.

# GRAVURES.

*Voyage à Cythère,* gravé d'après Mallet : neuf pouces six lignes de haut sur sept pouces six lignes de large. Chez le même. Prix : 3 liv.

— *Anacréon,* gravé par J.-L. Anselin, d'après le tableau de J.-B. Restout.

Se vend à Paris, chez l'auteur, rue du Théâtre-Français, au coin de la place de la Comédie. Prix : 16 liv.

On trouve à la même adresse la gravure connue sous ce titre : *Le Siége de Calais,* du même auteur.

— *L'Egalité,* patronne des Français. Prix : 3 liv. A Paris, chez le citoyen Beljambe, graveur, rue des Petits-Augustins, près celle du Colombier, faubourg Germain, n° 31 ; et chez Jouffret, marchand d'estampes, galeries du Jardin de l'Egalité.

## Lycée des Arts.

Décadi 20, à onze heures précises, il y aura examen public des élèves devant leurs parents et les commissaires des sections, qui y sont invités.

## Payements à la trésorerie nationale.

Le payement du perpétuel est ouvert pour les six premiers mois ; il sera fait à tous ceux qui seront porteurs d'inscriptions au grand livre. Celui pour les rentes viagères est de huit mois vingt et un jours de l'année 1793 (vieux style).

## POLITIQUE.

### POLOGNE.

*De Posnanie, le 18 novembre.* —Il paraît confirmé que les braves et malheureux Polonais ont éprouvé un nouvel échec sous les murs même de leur capital. Le faubourg de Varsovie, dit Praga, a été enlevé de vive force par les Russes. On assure que l'ennemi a fait en cette occasion un très-grand nombre de prisonniers, parmi lesquels se trouvent des généraux et des officiers de tous grades. Le général Jasinski a été tué.

Des avis ministériels, insérés dans les feuilles prussiennes, viennent aussi d'annoncer que le duc de Holstein-Beck, par un mouvement bien combiné, avait enveloppé, entre Wiena et Bhona, un corps de deux mille Polonais, aux ordres du général Grabouwski, et l'avait forcé à capituler.

— Le conseil suprême a reçu du général Kosciusko la lettre suivante :

*Lettre de Kosciusko au conseil supérieur national.*

« Je m'adresse au conseil suprême dans une affaire qui intéresse l'honneur de la nation ainsi que celui de l'armée. Cent trente et quelques officiers qui ont été faits prisonniers à la malheureuse journée du 10 prièrent que l'on voulût bien les traiter sur leur parole d'honneur ; le général Fersen s'empressa de les faire jouir de la douceur qu'ils demandaient ; mais, le dirai-je ! il s'en est trouvé neuf parmi eux qui, dans la bassesse de leur âme, ont oublié ce qu'une parole d'honneur a de sacré, et, sans consulter ni leur propre réputation comme officiers, ni les suites fâcheuses que leur lâche conduite peut avoir pour les braves camarades qu'ils ont laissés en arrière, se sont enfuis du camp des Russes. N'ajoutons pas à tant de malheurs que nous prépare le destin la perte de ce qui doit avoir à nos yeux l'importance la plus grande, la perte de l'honneur et de la réputation ! Que, par une punition exemplaire des fugitifs, le gouvernement apprenne aux nationaux et aux étrangers l'indignation dont il pénètrent des procédés aussi bas et la sévérité avec laquelle il sait les punir. En conséquence, je prie l'illustre conseil national de donner des ordres prompts et précis à l'effet de mettre aux fers et de renvoyer au camp du général Fersen les indignes guerriers que je lui dénonce. S'ils ne se trouvaient pas à Varsovie, je prie le conseil national d'en faire partout la recherche, de les rendre, et d'en casser et d'en publier les noms dans les gazettes. Je suis dans la conviction qu'un pareil acte de bassesse affectera douloureusement les dignes membres du conseil, et je ne doute nullement qu'ils ne remplissent à cet égard les vœux que je leur adresse au nom de tous les officiers qui se trouvent ici. (Suivent les noms des neuf fugitifs.)

« A Okrze, le 16 octobre.

« Signé THADÉE KOSCIUSKO. »

*Réponse du conseil supérieur national au ci-devant généralissime Thadée Kosciusko,*

« Digne généralissime, le conseil pleure la patrie dans votre malheur, et jamais il ne met dans le destin la confiance qu'il mettait dans votre vertu. Le civisme et votre exemple ne nous permettent pas de désespérer de la destinée de la patrie. Aussi longtemps qu'il sera en votre pouvoir de vous communiquer au conseil, nous ne désirons rien plus ardemment que de vous voir lui exposer, sans aucune retenue, tous vos propres besoins et tous ceux des valeureux guerriers qui étaient les compagnons de vos exploits, et sont aujourd'hui ceux de votre infortune.

« Le prix que nous mettons à votre retour est si grand

que, pour vous ravoir, nous rendrions volontiers à l'ennemi tout ce que nous avons de ses prisonniers, et chacun de nous ferait sans hésiter le sacrifice de sa liberté pour vous faire obtenir la vôtre.

« C'est à vous, digne généralissime, qu'il était réservé de goûter le bonheur de recevoir de vos contemporains l'hommage de ce respect universel qui n'est accordé que par la postérité la plus reculée.

« Tels sont les sentiments, telles sont les expressions du conseil ; j'y joins, comme président, ce que ma sensibilité commande à mon estime personnelle.

« Signé DOMBROWSKI, *président du conseil suprême.* »

---

## RÉPUBLIQUE FRANÇAISE.

### TRIBUNAL CRIMINEL RÉVOLUTIONNAIRE.

*Suite de la procédure du comité révolutionnaire de Nantes.*

Chaux observe qu'il s'est fait, à l'insu du comité, nombre d'extractions auxquelles eux accusés n'ont aucune part, mais bien ordonnées et dirigées par Fouquet et Lambertye, agents de Carrier ; il soutient que le comité n'a point fait extraire d'enfants des maisons d'arrêt, qu'il a encore moins donné des ordres pour faire noyer des enfants.

Le témoin *Fontaine* déclare avoir vu extraire des détenus ; il atteste qu'il n'était pas donné de reçus aux concierges, et que le billet d'ordre tenait lieu de reçu.

*Chaux :* Les témoins sont venus vous dire que les prisonniers étaient dans le plus grand dénûment, qu'il régnait la plus grande malpropreté dans les maisons d'arrêt, qu'on y avait remarqué un enfant couché dans l'ordure la plus dégoûtante ; mais on s'est bien gardé de vous dire que les commissaires bienveillants entraient journellement dans les prisons ; que c'était à eux à y établir la propreté, à faire nettoyer l'enfant dont le mauvais état paraissait fixer leur attention.

*Le président :* Il est constant au procès que le comité avait l'inspection générale des prisons, qu'il devait se faire rendre compte de la manière dont elles étaient administrées, et faire cesser les abus qui pouvaient s'y être introduits.

*Bachelier :* Pour décider si ces réformes étaient bien faciles à effectuer, à faire ordonner par l'autorité supérieure, il faut demander au témoin si Carrier était ou non d'un accès facile.

*Le témoin :* Je ne puis dissimuler que Carrier était l'homme le plus furieux, le plus emporté ; que tout le monde tremblait, et même fuyait à son aspect. J'en puis parler en connaissance de cause, puisque j'ai essuyé toute la violence de son emportement. J'allai un jour le trouver pour lui parler de subsistances ; Carrier, du plus loin qu'il m'aperçoit, s'écrie : « C'est donc toi qui dois à la commune de Paimbœuf ! » N'ayant jamais contracté d'enfants envers cette commune, j'assure ne rien lui devoir. « Comment, sacré gueux, tu oseras nier ta dette ! » Et de suite Carrier me prend par le collet et me jette à terre. Naturellement faible, et d'ailleurs pris à l'improviste, Carrier n'eut pas de peine à me ren-

verser. A peine étais-je relevé que Carrier répète :
« Eh bien, sacré coquin, nieras-tu encore ta dette? »
Je suis alors obligé de jouer le rôle de Sosie, de ce
domestique pris pour son maître, et d'avouer l'exi-
stence d'une dette que je n'avais jamais contractée.
« Eh bien, dis-je à Carrier, si je dois, je paierai. »

*Jean Disquer*, gendarme, dépose qu'il a reçu différentes missions pour Carrier, qu'il lui a porté plusieurs lettres, et qu'il a reconnu dans ce député plutôt un lion rugissant qu'un mandataire du peuple.
Il déclare avoir été chargé de l'arrestation de
Foucault pour le traduire au tribunal révolutionnaire, et que ce dernier a avoué avoir contribué à la
noyade des prêtres, mais n'y avoir participé que d'a-
près les ordres de Carrier.
L'accusateur public requiert qu'il lui soit donné
acte de l'acte d'accusation qu'il porte contre les témoins Boussy et Bordet, comme complices des noyades et autres exécutions de ce genre, et que ces témoins soient mis en jugement, pour le procès leur
être fait comme aux accusés.
Le tribunal, faisant droit sur le réquisitoire dudit
accusateur, lui adjuge ses conclusions, et ordonne
que Boussy et Bordet seront joints aux accusés.

*Louis Viot*, cloutier, et membre de la compagnie
Marat, déclare d'abord être le beau-frère de Louis
Naud, et le parent éloigné de Perrochaux, tous deux
accusés ; il reproduit les détails des noyades.

*Jacques Gauthier*, coutelier, et membre de la compagnie Marat, dépose que, mandé au comité, il s'y
rend vers les dix heures du soir ; arrivé au comité,
on lui commande d'aller chercher Lambertye ; il le
rencontre en chemin, et lui communique les ordres
qu'il a reçus ; Lambertye refuse d'y déférer. Les
membres du comité renvoient de nouveau le témoin
vers Lambertye, pour l'avertir de venir pour une
expédition ; Lambertye s'y refuse de nouveau, en déclarant qu'il n'a point d'ordres de Carrier. Alors les
membres du comité, savoir Goulin, Grandmaison
et autres, se réunissent sur la place pour délibérer
sur ce qu'ils doivent faire. Lambertye paraît, on dit
qu'il faut aller chez Carrier ; j'entendis Goulin dire
à Lambertye : « Mais il est étonnant que tu fasses des
difficultés ; c'est toi qui ordinairement es chargé de
ces expéditions. » Grandmaison et Mainguet étaient
présents. « Quant à moi, dit le témoin, ne doutant
de ce dont il s'agissait, je me suis empressé de me
retirer. »

*Le président*, au témoin : N'as-tu pas reçu quelque mission particulière?

*Le témoin* : Je suis parti avec un convoi de détenus sans savoir où j'allais, sous la conduite d'un officier qui devait les rendre à leur destination.

*Le président* : N'as-tu pas fait d'autre conduite?

*Le témoin* : J'ai accompagné seize personnes prises à l'Entrepôt, et qui devaient être noyées par
Fouquet et Lambertye ; Foucault était de cette expédition. Dans le nombre des prisonniers que l'on
conduisait à l'eau je reconnus deux soldats de Westermann. Je parle à Fouquier ; je lui demande la
grâce de ces soldats ; il me répond : « N'es-tu donc
pas républicain de t'intéresser pour des brigands? »
J'insiste, et je parviens à les sauver.

J'ai vu la noyade des prêtres d'Angers ; il y eut à
ce sujet une rixe entre Richard et Lambertye ; ils se
disputaient la gloire de cette expédition. Il fut con-
convenu qu'on irait chez Carrier pour décider la
question, et Carrier opina en faveur de Lambertye.
Ce fut Richard qui eut le soin de fouiller les prêtres ; il comptait tellement faire la noyade qu'il avait
tout préparé la veille.

*Le président*, au témoin : As-tu vu ce que sont
devenus ces prêtres?

*Le témoin* : J'étais sur la gabare lorsqu'ils furent
noyés.

*Le président* : Pourrais-tu nous dire de quel ordre
s'exécutaient les noyades?

*Le témoin* : A la première noyade, il y eut un ordre
de Carrier, et, sur le besoin que l'on eut d'un détachement, Lambertye en fit la demande à Boivin,
commandant de la place.

*Le président*, au témoin : Sais-tu qui a ordonné
les autres noyades?

*Le témoin* : Je n'en ai pas une certitude bien précise, mais je crois pouvoir assurer que c'est Carrier
ou le comité révolutionnaire ; et ce fait est d'autant
plus vraisemblable que Lambertye, traduit au tribunal révolutionnaire, demandait Carrier à grands
cris et à faire entendre des témoins. On peut d'autant moins douter de l'adhésion de Carrier à ces
sortes d'exécutions, que Carrier, trois jours après les
noyades, donna un repas splendide sur les galiotes
aux expéditionnaires. Le général Hector, Laloi, juge,
et beaucoup d'autres, étaient de ce dîner.

Carrier, entouré de ses adulateurs, de ses com-
plaisants, tire de sa poche un écrit qu'il disait adresser à la Convention ; la lettre commençait par ces
mots : « Une malheureuse catastrophe a précipité des
prêtres dans la Loire ; c'est ainsi qu'une certaine fatalité paraît accompagner jusqu'au tombeau les prêtres et les nobles.... »

Carrier, sans doute, dans un mouvement de joie
et de reconnaissance, embrasse plusieurs fois Lambertye, en lui disant qu'il est le meilleur révolutionnaire.

*Coron* déclare avoir lu des ordres signés Carrier,
et ainsi conçus : « Lambertye est autorisé à exécuter
une expédition à lui connue. »

*(La suite incessamment.)*

---

## CONVENTION NATIONALE.

### COMITÉ DE SALUT PUBLIC.

*Extrait des registres des arrêtés du comité de salut pu-
blic de la Convention nationale, du 17 frimaire, l'an
3e de la république française, une et indivisible.*

Le comité de salut public, considérant que les représentants du peuple près les armées du Nord et de Sambre-
et-Meuse ont, par un arrêté récent, levé la défense précédemment faite de passer de l'intérieur de la république
française dans la Belgique sans une autorisation particulière émanée d'eux ou du comité de salut public ;

Arrête qu'à compter du jour de la publication du présent arrêté par la voie du Bulletin de correspondance, les
passeports pour la Belgique ne seront plus sujets aux formalités prescrites par la loi du 7 décembre 1792, et qu'en
conséquence tout passeport suffisant pour aller d'un lieu de
l'intérieur de la république dans un autre le sera également pour aller de l'intérieur de la république dans la
Belgique.

*Signé* MERLIN (de Douai) ; A. DUMONT, RICHARD,
DUBOIS-CRANCÉ, PRIEUR (de la Marne) ; FOURCROY,
CARNOT.

---

SUITE DE LA SÉANCE DU 17 FRIMAIRE.
*Présidence de Rewbell.*

GIROD-POUZOL, au nom du comité de législation : Je viens

vous présenter le vœu de votre comité de législation sur un jugement du tribunal criminel d'Arras, qui condamne Antoine Forceville à la peine de la déportation à vie, pour avoir enfermé dans son portefeuille une chanson incivique et une bague de crin sur laquelle étaient les deux lettres initiales J. M., et ces deux mots : *la reine.*

Ce jeune militaire est entré au service de la république avant l'âge de la première réquisition. Il a eu à se reprocher une erreur répréhensible que les juges ont considérée et punie comme un crime.

Traduit devant le tribunal d'Arras, il a subi son interrogatoire. Il a reconnu les lettres, les chansons écrites de sa main et la bague.

Les sentiments exprimés dans ses lettres à une jeune citoyenne n'ayant aucun rapport avec la révolution, il n'en a point été fait mention dans l'interrogatoire. On n'a fait aussi aucune mention dans l'interrogatoire de la bague de crin.

Les juges du tribunal criminel d'Arras se sont bornés à l'interroger sur la copie de la chanson incivique qui s'est trouvée dans son portefeuille. Forceville a reconnu son écriture; il a déclaré qu'en passant à Chauny il avait trouvé l'original de la chanson chez la veuve Gillois, et qu'il avait eu l'imprudence de la copier. On lui a demandé pourquoi il n'avait pas emporté l'original. Il a répondu qu'il avait à se reprocher cet oubli.

La bague de crin a été produite au procès; elle a même servi de motif au jugement rigoureux qui a été rendu contre Antoine Forceville. Cette bague contenait , suivant l'énoncé des dispositions du jugement, ces deux lettres initiales, J. M., et ces deux mots : *la reine.*

Le jeune Forceville déclare, dans un mémoire signé de lui, que la bague dont il s'agit ne contenait que huit lettres initiales : E. T. J. L. R. D. G., qu'il explique par ces mots : *En toi j'aime la reine des Grâces.*

Les juges du tribunal d'Arras ont cru voir dans ces lettres des sentiments indignes d'un Français; ils ont cru y trouver des vœux en faveur d'une femme que l'Autriche a vomie sur notre territoire pour y répandre toutes les calamités humaines, d'une femme dont toute la vie a été une longue suite de conspirations contre la liberté du peuple français, et qui a enfin subi la peine de ses crimes.

Mais on ne trouve point sur cette bague les lettres initiales de la ci-devant reine. On est étonné de voir que les juges du tribunal criminel aient donné à ces lettres tracées une interprétation qui a servi de fondement à un jugement si sévère.

Le jeune militaire déclare que c'était pour une jeune citoyenne que cette bague avait été faite, et les lettres initiales qu'il a tracées semblent être plutôt destinées à l'objet de ses premières affections. Les juges du tribunal criminel d'Arras n'ont pas dû donner une interprétation si défavorable à ces lettres; ils n'ont pas dû fonder sur cette interprétation le jugement terrible qui bannit pour toujours le jeune Forceville du territoire de la république.

Le rapporteur entre dans de plus longs détails sur les dispositions de ce jugement. — Il continue ainsi :

« Il existe dans la république un grand nombre de citoyens chez lesquels on a trouvé de pareilles chansons et qui ont été rendus à la liberté après quelques mois , et souvent après quelques jours de détention. Traiterons-nous avec plus de rigueur un jeune homme de seize à dix-sept ans, qui a fait l'aveu de son erreur et de ses imprudences, que des hommes vieillis dans les intrigues et dans la haine de nos principes républicains? Ce n'est point par des chansons que l'on peut arrêter le cours de cette grande révolution , qui s'est faite dans nos mœurs et dans notre gouvernement. Plaignons ceux qui n'ont pas senti brûler dans leur cœur le feu sacré de la liberté, qui ont porté leurs regards serviles sur des écrits que la liberté désavoue, mais ne les repoussons pas pour toujours du sein de la république. Ne confondons pas les erreurs avec les crimes, et parmi les erreurs distinguons encore celles de la première jeunesse. Soyons justes et sévères, mais ne souffrons pas que les juges soient plus sévères que nos lois révolutionnaires , et que leurs passions viennent se mettre à la place des lois.

Le jeune Forceville a expié ses erreurs par une longue détention. Sa présence n'a jamais été un sujet de trouble et d'agitation sur le territoire de la république ; il n'a jamais cherché à agiter les esprits; il n'a jamais cherché à exciter des troubles; on ne lui reproche aucun propos, aucune plainte, aucun murmure sur les événements de la révolution... Votre comité vous propose le décret suivant :

« La Convention nationale, après avoir entendu le rapport de son comité de législation, décrète que le jugement du tribunal criminel d'Arras , qui condamne Antoine Forceville, chasseur au 9e régiment, à la peine de la déportation à vie, soit annulé. »

Ce décret est adopté.

SAINT-MARTIN , au nom du comité des secours : Vous avez renvoyé à votre comité des secours publics la pétition de la citoyenne Bernard, veuve Vincent.

Cette citoyenne demande la confirmation de l'arrêté pris en sa faveur par les représentants près l'armée d'Italie, le 10 floréal dernier.

Il résulte de cet arrêté que le citoyen Vincent était employé, en qualité de chirurgien de la troisième classe, au service des hôpitaux militaires près l'armée d'Italie, et qu'il est mort à son poste, des suites d'une fièvre putride dont il a été attaqué en donnant ses soins aux défenseurs de la liberté.

Point de doute que cette mère de famille et son enfant n'aient des droits à la bienfaisance nationale.

Votre comité n'a pu qu'applaudir sur le rapport et l'arrêté que je viens de mettre sous vos yeux; mais il a pensé en même temps que cet arrêté ne pouvait pas recevoir votre sanction.

Il est contraire aux lois existantes à cette époque, 10 floréal de la 2e année républicaine.

Et en effet , en supposant qu'un officier de santé près d'une armée, mort d'une maladie occasionnée par les fatigues de ses fonctions, doive, aux termes de la loi du 9 nivose, être assimilé au défenseur de la patrie qui est tombé sous le fer ennemi ( ce qui paraît contraire à la lettre de cette loi du 9 nivose), les représentants ne pouvaient pas, sans substituer leur volonté à celle de la Convention nationale, accorder à la veuve Vincent le tiers du traitement de son mari.

Je dis de plus que l'arrêté dont il est question ne peut point se concilier avec les dispositions de la loi du 13 prairial, qui est la dernière portée en cette matière.

Aux termes des articles Ier, II, III et IV de cette loi, toute citoyenne, veuve d'un citoyen mort en défendant la patrie ou faisant un service requis et commandé au nom de la république, et qui justifie n'avoir pas des moyens suffisants pour subsister, a droit à une pension dont le minimum est de 300 liv. et le maximum de 1,500 liv.

On atteint le maximum par une augmentation progressive de 50 livres par année de service effectif du citoyen , la dernière devant être comptée double.

Voilà la règle qu'il faut suivre pour déterminer la pension due à la citoyenne veuve Vincent. On ne pourrait la faire jouir de celle que l'arrêté des représentants lui accorde que par un privilége spécial, et le régime républicain n'admet point de priviléges.

Tels sont les motifs qui ont déterminé votre comité à vous proposer le projet de décret suivant :

« La Convention nationale, après avoir entendu le rapport de son comité des secours publics sur la pétition de la citoyenne Bernard, veuve du citoyen Vincent, chirurgien de la troisième classe, employé aux hôpitaux militaires, mort en activité de service, décrète ce qui suit :

« Art. I<sup>er</sup>. L'arrêté du 10 floréal dernier, par lequel les représentants du peuple près l'armée d'Italie ont accordé provisoirement à la citoyenne veuve Vincent, à titre de pension alimentaire pour elle et son fils, le tiers du traitement dont jouissait son mari, à raison de son grade dans les hôpitaux militaires à l'époque de son décès, est annulé.

« II. Les secours et pensions que ladite veuve est en droit de réclamer pour elle et pour son fils seront réglés et fixés d'après les dispositions de la loi du 13 prairial et autres antérieures, dont elle maintint l'exécution. »

Ce décret est adopté.

— Eschassériaux appelle l'attention de la Convention sur l'état de langueur où gémissent les arts, l'agriculture et le commerce.

Vous avez, dit-il, lancé la foudre sur vos ennemis ; prouvez à l'Europe que vous n'avez pas voulu porter la hache destructrice sur l'industrie nationale.

Les matières premières semblent être épuisées parmi nous ; les ouvriers découragés ont porté chez l'étranger leurs talents utiles, et ses manufactures se sont enrichies des pertes de nos manufactures. Mais le commerce, semblable, dans une grande nation, à un corps robuste atténué par une longue maladie, peut trouver les remèdes de la politique la guérison de son agonie, et se relever plus fort, plus vigoureux que jamais. Déployez pour le ranimer l'énergie que vous avez montrée dans la guerre ; l'industrie impatiente n'attend que le signal de sa résurrection. Que vos portes s'ouvrent partout aux artistes de tout genre que la crainte avait exilés sous une longue anarchie et pendant le vandalisme de Robespierre.

Eschassériaux termine en proposant un projet qui tend à déclarer que toute liberté et toute protection seront accordées au commerce ; qu'il sera créé un conseil de commerce ; que tous les ouvriers qui sont sortis du territoire de la république pour chercher du travail ailleurs y seront rappelés ; que des avances seront faites aux cultivateurs, fabricants et manufacturiers ; que les plantations de lin et de chanvre seront spécialement favorisées, les lois sur les douanes modifiées, et enfin tous les canaux entrepris pour la navigation de l'intérieur terminées.

Thibaudeau : Je pense que ce projet de décret ne remplira pas les intentions de la Convention. Le commerce et l'industrie sont dans un tel état qu'il est moins question de créer que de détruire tout ce qui a été fait de mauvais. Le meilleur moyen de ranimer le commerce est de lui accorder la plus entière liberté. (Vifs applaudissements.) En vain vous créerez des corporations pour favoriser le commerce ; en vain vous les composeriez des premiers négociants, des hommes les plus habiles de l'Europe : vous n'obtiendrez jamais des résultats aussi avantageux que ceux que vous donneront les spéculations particulières de chaque citoyen.

On n'a point encore abordé la seule, la véritable question : c'est celle de savoir si la loi du maximum doit subsister. Je la regarde, moi, comme désastreuse ( vifs applaudissements ), comme la source unique de tous les malheurs que nous avons éprouvés ; elle a ouvert une large carrière à tous les fripons, elle a couvert la France d'une foule de contrebandiers, et ruiné les hommes de bonne foi qui respectaient vos lois. (Applaudissements.)

Une autre mesure qui a singulièrement nui à l'approvisionnement de la république et qui a porté les plus funestes coups au commerce, c'est l'acte de navigation, qu'on a décrété dans le moment où tous les matelots du commerce étaient employés sur les vaisseaux de la république. Il était impossible que, dans une pareille circonstance, nous pussions nous passer de la navigation étrangère pour faire le commerce et le cabotage. De là point d'approvisionnements nouveaux ; de là la perte des prises faites sur nos ennemis, et qui se sont pourries dans les magasins tandis que nous manquions de tout. (Applaudissements.)

Je sais que la liberté indéfinie peut donner lieu aux plus grands inconvénients, mais je sais aussi que, toutes les fois que vous violerez la liberté du commerce, vous tomberez dans des inconvénients encore plus grands ; je sais que, toutes les fois que le gouvernement voudra tout réglementer, il perdra tout.

Je demande que la Convention charge ses comités de lui présenter leurs vues sur le rapport ou modification de la loi du maximum. Je demande aussi l'impression du discours d'Eschassériaux. Il contient des vues utiles ; et, quoique je ne pense pas qu'il soit nécessaire de donner des encouragements au commerce là où l'on lui laisse toute la liberté dont il a besoin, je crois que l'anéantissement où il a été plongé exige qu'on prenne des mesures extraordinaires pour le relever.

Je termine en faisant observer que ce n'est pas la Convention qui a mis le commerce à deux doigts de sa ruine, mais bien les conspirateurs qui méditaient celle de la France.

*** : On parle de rapporter la loi du maximum, mais elle est abolie depuis longtemps. (On murmure.) Tous les négociants qui respectent les lois ont été forcés de cesser leur commerce, parce qu'ils ne pouvaient plus supporter la concurrence avec les fripons...

Clausel : Toute discussion sur cette matière, avant le rapport des comités, ne peut que servir l'agiotage. Je demande l'impression du discours d'Eschassériaux, le renvoi aux comités pour lier les vues qu'il contient à celles qu'ils sont chargés de présenter sur le système général d'économie publique.

Cette proposition est décrétée.

Legendre ( de Paris ) : On assure que le rapport sur la loi du maximum doit être fait duodi. J'engage tous mes collègues qui ont des connaissances sur cette matière à cette discussion toute la solennité dont elle est susceptible, afin de prouver au peuple que la Convention ne veut pas maintenir une loi désastreuse.

Bourdon (de l'Oise) : Quand le commerce a reçu une plaie profonde, il faut bien prendre garde de la rendre incurable en la fermant trop vite. Je demande que le rapport dont est chargée la commission des quatre comités marche d'un pas égal avec celui sur le maximum ; car il est impossible de rien faire de bon sur l'économie politique sans avoir un ensemble de principes qui puissent servir de base.

Cette proposition est décrétée.

— Johannot propose, et la Convention adopte le projet de décret suivant :

« La Convention nationale, après avoir entendu le rapport de ses comités de commerce, de législation et des finances réunis, décrète ce qui suit :

### TITRE PREMIER.

*Établissements de commerce ou manufactures dans lesquels étaient intéressés des individus dont les biens ont été confisqués au profit de la république.*

« Art. I<sup>er</sup>. Les citoyens intéressés dans des établissements de commerce ou manufactures, dont un ou plusieurs associés ont été frappés de confiscation, remettront au directoire de leur district, dans une décade de la publication du présent décret, l'acte de leur société, et tous autres qui contiendraient des stipulations d'intérêt entre eux. Ces actes seront certifiés véritables par lesdits associés, cotés et paraphés sur-le-champ par l'administration du district, qui restera dépositaire d'une copie collationnée desdits actes.

« II. Ils présenteront dans le même délai les registres-journaux des opérations faites pour le compte de la société. Ces registres seront également cotés et paraphés sur-le-champ par l'administration du district, et leur seront rendus, à la charge par eux de les représenter à toute réquisition.

« III. Si les scellés empêchaient la remise des actes de société et registres désignés ci-dessus, ils seront levés sur-le-champ par le juge de paix, à la réquisition des parties intéressées, et réapposés s'il y a lieu.

« IV. Une décade après la remise des registres et contrats de société, les associés, les veuves et enfants des individus dont les biens auront été confisqués déclareront par écrit, entre les mains de l'administration du district, s'ils consentent à se charger pour leur compte de la masse de l'actif et du passif de la société, et d'entretenir en activité lesdits établissements aux conditions portées au présent décret.

« V. Dans le cas où les associés ou autres individus admis par l'article précédent auront déclaré qu'ils offrent de se charger de la masse de l'actif et du passif de la société, il sera nommé quatre experts arbitres versés dans les affaires de commerce ; deux seront choisis par les associés ou autres admis, et deux par le directeur des domaines du département ; et en cas de partage dans les opinions, l'administration du district nommera un sur-arbitre.

« VI. Ces arbitres procéderont en présence des associés ou admis à l'évaluation des marchandises et effets, meubles et immeubles servant à l'usage de la société, et ils dresseront l'état de l'actif et du passif, après avoir évalué séparément les créances douteuses et mauvaises.

« VII. Il sera alloué à chacun des experts arbitres ou sur-arbitres 45 liv. par jour, et le payement sera pris sur la masse de la société, ainsi que tous les autres frais de bureau.

« VIII. Les experts remettront à l'administration du district, dans le délai d'un mois au plus tard à partir du jour de leur nomination, l'état arrêté et signé de l'actif et du passif, et de ce qui reviendra à la nation pour la portion compétant les associés frappés de confiscation, déduction faite de tous frais.

« IX. Le directoire du district, après s'y être fait autoriser par l'administration du département, donnera aux associés ou autres contractants acte de cession et abandon de toutes les propriétés de la société, à charge par eux d'acquitter toutes ses créances, conformément aux états arrêtés et signés, portés en l'article précédent, et de payer le montant de la portion revenant à la nation, telle qu'elle aura été liquidée dans lesdits états.

« X. Le payement de la somme appartenant à la nation sera fait, un quart dans un mois, et les trois autres quarts de six en six mois, avec les intérêts.

« XI. Il sera donné par lesdits contractants, entre les mains du directoire de district, un cautionnement valable pour sûreté des engagements et payements portés aux deux articles précédents.

« XII. Dans le cas où il résulterait, des états dressés conformément à l'article VIII, que l'actif de la société est inférieur au passif, le district convoquera les créanciers, et leur donnera acte de l'abandon de toute prétention de la part de la nation, et les créanciers se réuniront ensuite pour agir ainsi qu'il est d'usage à l'égard des maisons de commerce en faillite.

« XIII. Il n'est pas dérogé par le présent décret aux conditions contenues dans les contrats de société.

### Titre II.

*Établissements de commerce et manufactures desquels les individus frappés de confiscation étaient seuls propriétaires.*

« Art. XIV. Dans le cas où des individus frappés de confiscation possédaient seuls leurs établissements de commerce ou manufactures, les veuves et les enfants, ou, à défaut, des citoyens versés dans cette partie de commerce, choisis par l'administration de district, seront admis à se charger de la masse de l'actif et du passif des établissements, aux conditions portées au présent décret.

« XV. A défaut d'offre à cet égard, l'administration de district fera publier, par la voie des affiches, le détail, la nature, l'étendue et la situation desdits commerces, usines et ateliers, et les conditions portées au présent décret en faveur de ceux qui se chargeront de ces établissements.

« XVI. Si, un mois après la publication ordonnée par l'art. XV, aucun citoyen ne s'était présenté pour se charger de la suite de ces établissements auxdites conditions, il sera procédé à la liquidation dans la forme prescrite par les lois.

### Titre III.

*Dispositions générales.*

« Art. XVII. Dans les communes de Lyon, Bordeaux, Marseille et Nantes, le directeur des domaines nationaux sera aidé, dans les liquidations ordonnées par le présent décret, par un bureau de commerce, composé d'un nombre suffisant de négociants expérimentés, lesquels seront choisis par les représentants du peuple en mission, ou à défaut par le comité de commerce de la Convention.

« Le district leur assignera un local pour leurs séances ; les frais de bureau seront payés comme ceux des directoires relatifs aux biens confisqués.

« XVIII. Seront admis à la liquidation, conformément aux usages de commerce, les billets, factures et autres effets commerciaux, quoiqu'ils n'aient pas été enregistrés, pourvu cependant qu'ils se trouvent portés à leurs dates respectives sur les registres desdits commerçants, tenus en bonne forme.

« XIX. Les administrateurs de district, qui, par l'article XIV, doivent faire choix des citoyens propres à se charger de la suite des commerces et ateliers, le feront, dans les quatre communes ci-dessus désignées, sur l'indication du bureau de commerce.

« XX. Les tribunaux de commerce jugeront toutes les difficultés relatives à la liquidation ordonnée par le présent décret ; ces tribunaux seront promptement rétablis dans les communes où ils ont cessé leurs fonctions.

« XXI. Les dispositions du présent décret sont applicables à toute espèce de commerce, même de banque, et à tout genre de fabriques et usines.

« XXII. La Convention nationale rapporte la loi du 24 messidor, relative au recouvrement de l'actif appartenant à la république par la condamnation des banquiers et commerçants.

« XXIII. Les associés dans les établissements dont portion se trouverait sujette au séquestre ou au dépôt en conserveront la libre et entière administration, en donnant bonne et valable caution devant le directoire de district. »

GUÉRIN : Je viens rappeler à la représentation nationale un des devoirs importants qu'elle a à remplir ; il ne nous suffit pas d'avoir consigné les grands principes de justice dans la sublime Adresse aux Français ; il ne suffit pas non plus qu'en réponse aux félicitations des diverses communes de la république cette assemblée, par l'organe de ses présidents, manifeste l'intention bien prononcée de protéger l'innocent, d'éclairer l'homme égaré, de terrasser les seuls coupables ; il faut que les mandataires du peuple donnent aussi un exemple éclatant de l'amour de la vérité envers la portion nombreuse de la Convention qui reste encore éloignée du sénat où le peuple a fixé son poste.

Sachons rester aussi énergiques que nous l'étions dans la nuit immortelle du 9 au 10 thermidor. Je parle d'hommes purs à d'autres hommes qui le sont et doivent toujours l'être; ainsi mon langage ne froisse aucune passion.

Ils sont loin déjà de nous les temps d'affreuse mémoire où la tyrannie étouffait avec un succès si rapide et si constant la voix de la vertu; ainsi ayons le courage de consommer le bien que l'excès même du mal a produit.

Citoyens, le peuple, que l'on a si souvent égaré, le peuple notre souverain, le peuple, qui abhorre le crime, s'empresse de toutes parts pour applaudir aux actes de justice qu'il vous est possible actuellement de multiplier; ne lui laissez pas désirer davantage de voir sa représentation complète.

Je pourrais entrer ici dans des développements dont les conséquences démontrent jusqu'à la plus parfaite évidence l'innocence de soixante-treize de nos collègues; mais qu'est-il besoin de défendre la probité de patriotes dont le crime, si c'en pouvait être un, a été d'être plus clairvoyants que d'autres? Ils vous ont signalé les traîtres que depuis vous avez livrés au glaive de la loi; et certes, le jour où la commune conspiratrice, où Robespierre et ses perfides complices ont été mis hors la loi, a été le jour où vous avez reconnu que la calomnie seule agissait lorsque nos collègues ont été dénoncés.

Mais, citoyens, votre impatience est la mienne; nous pourrions, nous devrions peut-être rappeler à l'instant nos collègues à leur poste; car il s'agit ici d'une mesure qui n'a pas besoin de l'espèce d'initiative d'un comité. Dans cette affaire, la seule politique à suivre est de rendre hommage à la vérité.

Il ne serait pas nécessaire non plus d'attendre ici les méditations de votre gouvernement; en effet, quel est celui qui, parmi nous, n'a pas, comme le peuple entier, la conviction de l'intégrité et du civisme des soixante-treize? Qui pourrions-nous redouter en adoptant le parti de leur rendre leur existence politique? Sont-ce les vrais patriotes? Ils sont leurs amis; oui, leurs amis. Sont-ce les ennemis de notre révolution? Ah! sans doute ce sera déplaire, ce sera déranger un de leurs plans, celui de diffamation, que de remplir cette partie de vos devoirs; mais, citoyens, je suis jaloux aussi, moi, de la gloire de nos collègues; je veux que la loi juste sur la garantie de la représentation leur soit appliquée; je conçois volontiers à ce retard.

Les fers qui chargeaient naguère les mains de ces sénateurs ont été en quelque sorte des couronnes civiques, puisqu'ils les devaient à leurs vertus. Aujourd'hui ils jouissent d'une partie de leur liberté; car, rendus à votre pouvoir, à votre volonté de faire le bien, vous avez déjà ouvert leurs prisons: hâtez-vous donc de prononcer définitivement.

Laissez, si vous le voulez, à votre gouvernement l'honneur de provoquer la proclamation de leur innocence; mais au moins que les paroles d'un homme libre, d'un de vos collègues, que vous entendez à cette tribune, avertissent vos comités de l'urgence du rapport.

On demande que le rapport sur les soixante-treize députés mis en état d'arrestation soit fait primidi prochain.

Cette proposition est adoptée.

— Danjou fait rendre le décret suivant :

« La Convention nationale, après avoir entendu le rapport de ses comités de législation, décrets, et procès-verbaux et archives, décrète :

« Art. Ier. Les dispositions des articles VII, VIII et IX de la loi du 19 vendémiaire, relatives au tribunal de police correctionnelle de Paris, sont rapportées.

« II. Les titres, minutes et registres de la police municipale contentieuse et correctionnelle seront réunis à la section judiciaire des archives nationales, conformément à la loi du 7 messidor.

« III. Les greffiers ou dépositaires de ces titres, minutes et registres, qui sont restés en activité de service jusqu'à présent, recevront leur traitement jusqu'au jour de la publication du présent décret. »

— Jars-Panvillier propose le décret suivant, qui est adopté :

« La Convention nationale, après avoir entendu le rapport de son comité des secours publics, décrète ce qui suit :

« Art. Ier. La trésorerie nationale paiera, à titre de pension, aux défenseurs de la patrie infirmes ou blessés, dénommés dans les deux états annexés au présent, la somme de 235, 420 liv. 4 sous 9 den., qui sera répartie entre eux dans les proportions établies dans lesdits états.

« II. Ceux desdits militaires dont les pensions ont été réglées suivant les dispositions des articles II, III, IV et VII de la loi du 6 juin 1793 ( vieux style ), en jouiront en date du jour de leurs blessures; ceux qui ont été traités conformément aux dispositions de l'article VIII de la même loi jouiront de leurs pensions à dater du jour où ils auront cessé de recevoir la subsistance, et les autres à dater du jour où ils auront cessé de toucher leurs appointements.

« III. Il sera fait déduction aux pensionnaires des sommes qu'ils auront reçues, soit à titre de secours provisoires, soit à compte sur leurs pensions; ils se conformeront d'ailleurs aux dispositions générales des lois précédemment rendues sur les pensions.

« IV. Il n'y a lieu à délibérer sur la réclamation des citoyens Joseph Maguenet et Louis-Joseph Ducrocq, capitaines invalides, tendant à les faire jouir des dispositions de la loi du 6 juin 1793, non plus que sur celle des citoyens Biatrice et Pierre Beaudouin contre la fixation des pensions qui leur ont été accordées en vertu des décrets précédents.

« V. Les états annexés au présent décret ne seront pas imprimés. »

— On lit la rédaction du décret suivant, qui est adopté :

« La Convention nationale, après avoir entendu le rapport de ses comités de législation et des finances, décrète ce qui suit :

« Art. Ier. Les parents et les alliés, jusqu'au degré de cousin-germain inclusivement, ne peuvent être en même temps, l'un receveur de district, et l'autre administrateur du directoire ou agent national du même district.

« II. Le parent ou allié au degré prohibé, qui aura été nommé le dernier à l'une des places de receveur, d'administrateur ou d'agent national du même district, est tenu de se démettre de ses fonctions dans la décade de la publication du présent décret.

« III. Il sera procédé sans délai au remplacement du démissionnaire, selon les formes prescrites.

« IV. Le receveur démissionnaire rendra de suite à son successeur, sous la surveillance de deux membres du directoire, le compte de clerc à maître, prescrit par la loi, de ses recettes et de ses dépenses, depuis le 1er vendémiaire de l'an 3, sur les contributions et autres recettes de toute nature de l'année courante.

« V. Les deux membres du directoire procéderont en même temps à une nouvelle vérification des registres et journaux des recettes et des dépenses de toute nature faites par le receveur démissionnaire antérieurement au 1er vendémiaire de l'an 3, en comparant les époques auxquelles les recettes et les dépenses ont été effectuées; ils compareront pareillement les résultats de cette vérification avec ceux du bordereau général du premier exercice républicain qui a dû être envoyé par tous les receveurs à la trésorerie nationale, en exécution de la loi du 10 fructidor.

« VI. Les directoires de district sont chargés de l'exécution du présent décret. »

La séance est levée à quatre heures.

### SÉANCE DU 18 FRIMAIRE.

MERLIN (de Douai) : En exécution de votre décret d'hier et de plusieurs autres rendus précédemment, les comités de salut public, de sûreté générale et de législation, se sont occupés de l'affaire de nos soixante-treize collègues qui ont été mis en état d'arrestation. Voici le projet de décret qu'ils m'ont chargé de vous proposer.

Le rapporteur lit le projet de décret, par lequel la Convention rappelle dans son sein les soixante-treize députés dont il proclame la liste.

Ce projet est adopté au milieu des plus vifs applaudissements et des cris de vive la Convention!

MONESTIER (du Puy-de-Dôme) : Je demande que ce décret soit étendu au citoyen Dulaure, député du département du Puy-de-Dôme, qui n'a jamais été mis en arrestation.

GUYOMARD : Il est un autre de nos collègues à qui ce décret doit encore s'étendre : c'est Couppé (des Côtes-du-Nord).

Dans le temps où la Convention était opprimée, où aucun de ses membres n'osait dire son opinion, Couppé, effrayé, s'éloigna à quelques lieues de Paris. Lacroix, celui qui est tombé sous le glaive de la loi, fit la proposition, à laquelle je m'opposai de toutes mes forces, de déclarer Couppé, démissionnaire.

Cette proposition fut adoptée, et Couppé dépouillé d'un caractère qu'il avait reçu du peuple, et que le peuple seul pouvait lui ôter. Si Couppé eût été coupable d'un crime, il fallait qu'il fût jugé; s'il n'a commis qu'une faute, il l'a bien payée par sa captivité dans les cachots.

Je demande qu'il soit aussi rappelé dans le sein de la Convention, quoiqu'il ait été remplacé; car il est mort un membre de notre députation, et sa rentrée ne souffrira aucune difficulté de ce côté.

BRÉARD : Il n'y a pas de difficulté à rappeler Couppé; car Despinassy, qui est dans la liste, se trouve dans le même cas que Couppé.

ANDRÉ DUMONT : Je demande aussi que la Convention rapporte le décret rendu contre notre collègue Devérité. Ce n'est que par erreur qu'il a été compris dans le décret de mise hors la loi, car il n'existe aucune pièce contre lui. Il a tout fait pour la révolution, il s'est ruiné pour elle.

BRÉARD : Je demande que tous ceux de nos collègues qui vont rentrer dans le sein de la Convention touchent leurs indemnités.

Les propositions de Monestier, de Guyomard, d'André Dumont et de Bréard sont décrétées.

THIBAUDEAU : Il reste encore à la Convention à faire un grand acte de justice. Je réclame en faveur d'un des plus zélés défenseurs de la liberté, de Thomas Payne..... (Vifs applaudissements.) Je réclame en faveur de cet homme qui a honoré son siècle par son énergie à défendre les droits de l'humanité, qui s'est si glorieusement distingué par le rôle qu'il a joué dans la révolution d'Amérique. Je n'ai jamais entendu articuler aucun reproche contre lui. Il avait été naturalisé Français par un décret de l'Assemblée législative; il fut nommé par le peuple. Ce n'est que par intrigue qu'il a été chassé de la Convention; on a prétexté un décret qui excluait les étrangers de représenter le peuple français. Il n'y en avait que deux dans la Convention : l'un est mort, je n'en

parle pas; mais Thomas Payne, celui qui a puissamment contribué à établir la liberté chez une nation alliée de la république française, Thomas Payne existe encore, il existe dans la misère. Je demande qu'il soit rappelé dans le sein de la Convention. (Vifs applaudissements.)

Cette proposition est adoptée.

Merlin relit le décret avec les divers amendements, qui sont définitivement adoptés en ces termes :

« La Convention nationale, après avoir entendu ses comités de salut public, de sûreté générale et de législation, décrète :

« Art. 1er. Les représentants du peuple J.-G. Casenenve, Laplaigne, Roubault, Girault, Chastellin, Dugué-Dassé, Lebreton, Dusaulx, J.-P. Sourline, Queinet, Salmon, V. C. Corbel, J. Guiter, Perroux, J.-Antoine Rabaut, Fayolle, Aubry, Ribereau, Deroizey, Bailleul, Rouault, Obelin, Babey, Blad, Maisse, Peyre, Bohan, Honoré Fleury, Vernier, Grenot, Amyon, Laurenceot, Jouy, Serres, Laurence, Saladin, Mercier-Lefebvre, Olivier, Gérente, Royer, Garilhe, Philippe Delleville, Varlet, Dubusc, Bianqui, Masse, Delamarre, Faure, Hecquet, Deschamps, Lefebvre (de la Seine-Inférieure), Daunou, Périès, Vincent, Tournier, Rouzet, Blaux, Blaviel, Marboz, Giroust, Esladens, Moissel, Saint-Prix, Soulgnac, Richou, Dulaure, Faye, Lacroix (de la Haute-Vienne), Rivaud, Dubray, Doublet, Michet, Forêts, Brusel, Despinassy, ci-devant mis en état d'arrestation, rentreront sur-le-champ dans le sein de la Convention nationale.

« II. Le décret qui a déclaré que le représentant du peuple Couppé était censé avoir donné sa démission est rapporté.

« III. La Convention nationale rapporte également le décret qui a mis hors de la loi le représentant du peuple Devérité.

« IV. Le représentant du peuple Thomas Payne, ayant été déclaré citoyen français par un décret de l'Assemblée législative, n'est pas compris dans la loi qui exclut les étrangers de la Convention nationale.

« V. En conséquence des trois articles précédents, les représentants du peuple Couppé, Devérité et Thomas Payne rentreront sur-le-champ dans le sein de la Convention nationale.

« VI. Le comité des inspecteurs du Palais National fera payer incessamment aux représentants du peuple dénommés dans le présent décret les indemnités qui leur sont dues à compter du dernier payement qui leur en a été fait.

« Le présent décret sera imprimé au Bulletin de correspondance. »

BOURDON (de l'Oise) : Je viens, au nom des trois comités de législation, de salut public et de sûreté générale, vous proposer le rapport de la loi du 27 germinal sur la police générale de la république. (Vifs applaudissements.) Tout le monde sait que les hommes sur lesquels cette loi portait ont été traités avec une barbarie inconcevable; car, malgré qu'ils n'eussent pas été jugés suspects par les comités révolutionnaires de Paris, qu'on n'accusera certainement pas de douceur, ils furent obligés de s'éloigner de Paris.

Le but de celui qui avait commandé cette loi est facile à deviner, et des notes écrites de sa main ne permettent pas de douter qu'il ait voulu établir sa tyrannie sur les cadavres des hommes qui composaient ce qu'on appelait autrefois les deux premières classes et la classe intermédiaire. En renvoyant de Paris tous les ci-devant nobles, il ôtait aux citoyens de cette ville qui travaillaient pour eux les moyens d'exister. Ainsi il marquait les hommes qu'il voulait perdre, et il augmentait la classe des nécessiteux, c'est-à-dire l'armée de gens à 40 sous. Vos comités, pénétrés des motifs qui vous animent, ont cru que c'était le jour où vous rappellez vos collègues que vous deviez rapporter la loi du 27 germinal, afin de prouver au peuple que vous ne vouliez pas seulement être justes envers vos collègues, mais envers tous les citoyens. (Vifs applaudissements.)

Un de mes collègues m'a dit que des représentants du peuple avaient pris des arrêtés qui coïncidaient avec cette loi; je demande qu'ils soient annulés.

GARNIER ( de Saintes) : Il est dans votre cœur de compléter la mesure de justice qu'on nous propose. Je vous observai, il y a quelques jours, que, le lendemain de la loi du 27 germinal, le comité de salut public avait ordonné aux ci-devant nobles habitant des villes maritimes de la Vendée de s'en éloigner à vingt lieues; ce sont, pour la plupart, des agriculteurs, qui n'ont jamais été suspects à personne. Je demande que cet arrêté soit aussi annulé.

MONTMAYAU : Ce n'est pas assez de rapporter la loi du 27 germinal, il faut encore établir l'égalité. Cette loi était contraire à l'égalité, parce qu'elle donnait des lettres de noblesse, je veux parler des *passes* que prenaient ceux qui étaient obligés de s'éloigner de Paris : je demande qu'ils soient anéantis.

BOURDON ( de l'Oise) : Cet amendement fut proposé hier à la réunion des trois comités, et on l'a retiré comme inutile. Nous ne connaissons plus de noblesse en France (applaudissements), et ce serait une marque de pusillanimité que de croire qu'un misérable passe de police puisse jamais balancer la volonté souveraine du peuple français. Je demande l'ordre du jour, motivé sur la loi qui anéantit toutes les distinctions. (Applaudissements.)

L'ordre du jour est adopté.

Les autres propositions sont décrétées ainsi qu'il suit :

« La Convention nationale, après avoir entendu le rapport de ses comités de salut public, de sûreté générale et de législation réunis, rapporte la loi du 27 germinal sur la police générale de la république, à l'exception des articles I<sup>er</sup> et II, et annule tous les arrêtés du comité de salut public et des représentants du peuple portant de semblables dispositions. »

RICHARD : Il y a quelque temps qu'on vous donna connaissance d'une lettre des représentants J.-B. Lacoste et Roger-Ducos, en mission dans les départements du Nord, dans laquelle ils vous parlaient des citoyens mis en arrestation après la prise de Valenciennes. Dans le nombre il s'en trouva beaucoup que la terreur avait forcés de fuir. Ce sont presque tous des pères de famille et des cultivateurs. Vous aviez chargé vos comités de prononcer sur leur sort; mais ils ont pensé qu'il serait dangereux de prendre une mesure générale, et que les représentants sur les lieux statueront mieux sur cette affaire. En conséquence, les comités m'ont chargé de vous présenter le projet de décret suivant :

« La Convention nationale, après avoir entendu le rapport fait au nom de ses trois comités de salut public, de sûreté générale et de législation, décrète que les représentants du peuple J.-B. Lacoste et Roger-Ducos, en mission dans les départements du Nord et du Pas-de-Calais, sont autorisés à statuer sur la mise en liberté de ceux des citoyens mis en état d'arrestation après la prise de Valenciennes, qu'ils jugeront, à raison des motifs qui ont déterminé leur conduite, n'être pas dans le cas d'être traduits soit au tribunal révolutionnaire, soit aux tribunaux criminels. »

Ce projet de décret est adopté.

CAMBACÉRÈS : Le décret qui rappelle dans le sein de la Convention nationale des collègues longtemps éloignés de nous doit être pour la France entière un monument élevé à la tranquillité et au bonheur. (Applaudissements.)

La révolution, semblable à un torrent rapide, a suivi une marche inégale; elle a entraîné dans son cours ceux qui ont mal jugé les événements qu'elle a produits, et partout elle a opéré des effets divers, quoique le principe fût le même.

Ainsi, dans quelques départements, les citoyens se sont réunis à la nouvelle de certains bruits qui paraissaient menacer la liberté des représentants du peuple. De là ces délibérations, ces Adresses, ces résolutions actives, instruments ménagés par l'ambition de quelques-uns; mais qui, de la part du plus grand nombre, n'étaient que le résultat d'une intention pure.

Dans d'autres lieux, des hommes passionnés pour la liberté se sont livrés avec excès à des mesures destinées à la défendre, mais qui, n'étant point régularisées, ont été souvent des moyens d'oppression.

Tel a été l'effet du mouvement imprimé à la révolution; il a occasionné des divisions intestines, des haines, des défiances, et il prépare encore de plus grands maux si la Convention nationale, comme un esprit régénérateur, ne se hâte d'y remédier en se débarrassant de tout ce qui pourrait entraver sa marche.

Il faut que le niveau de l'égalité, qui a pesé sur toutes les têtes, pèse aussi sur des opinions émises sans discernement et sur des actes faits sans réflexion. (On applaudit.) Il ne faut pas que l'on abuse plus longtemps des fautes passées pour imprimer aux citoyens un caractère de réprobation (nouveaux applaudissements); il ne faut pas surtout que l'enthousiasme chez quelques-uns et l'amour extrême de l'ordre chez quelques autres deviennent un sujet de persécution. (Les applaudissements redoublent.)

La Convention nationale, animée du même esprit, n'offrira aux ennemis du dedans et du dehors qu'un faisceau redoutable; il ne lui reste plus qu'à prononcer un pardon qui fera de tous les Français un peuple d'amis et de frères. (Les applaudissements se renouvellent.)

Ne croyez pas cependant, citoyens, que je cherche ici à appeler votre indulgence sur des hommes coupables qui ont souillé la révolution par leurs excès, ou les véritables conspirateurs; mais, fidèles aux principes proclamés par votre Adresse, vous saurez épargner l'erreur et frapper le crime.

Je propose en conséquence une amnistie pour tous les faits relatifs à la révolution, lorsque par leur nature ils ne seront point réputés délits par le code pénal; et comme cette proposition a besoin d'être développée, si la Convention en décrète le principe, j'en demande le renvoi à vos trois comités de gouvernement. (On applaudit.)

DUQUESNOY : Je demande le renvoi au comité pour en faire un prompt rapport.

BOURDON (de l'Oise) : Ce que vient de dire Cambacérès est gravé dans tous les cœurs; mais une loi trop générale pourrait être dangereuse. Nous avons malheureusement encore besoin de mesures de sévérité pour comprimer des hommes qui souffleraient le feu de la discorde si nous ne les veillions pas de près. Hier on a annoncé aux trois comités qu'on voulait déporter quelques hommes ignorants, sous prétexte de fanatisme; ils s'y sont opposés; mais, je le répète, il serait dangereux de rendre à la liberté des hommes qui pourraient secouer les torches de la guerre civile. Je demande, en appuyant la proposition de Cambacérès, qu'elle soit renvoyée aux trois comités, pour en présenter la rédaction demain ou après. (Applaudissements.)

Cette proposition est décrétée au milieu des cris de *vive la Convention! vive la république!*

( *La suite à demain.*)

## POLITIQUE.

### ITALIE.

*Savone, le 25 novembre.* — Les Français, après avoir mis en réquisition toutes les bêtes de somme sur les rives de l'Albenga jusqu'à Savone, et indiqué leur réunion à Loano, se sont portés en grand nombre dans le Piémont par la Bardinette et la Galestrina. On croit que le but de cette expédition est un enlèvement de fourrages.

On va tracer une route de Finale à Savone. Une grande quantité d'ouvriers est déjà occupée à l'exécution de ce projet.

— Le gouvernement génois ayant établi un nouveau mont-de-piété, l'argenterie superflue des églises servira de gages.

L'archevêque de Gênes a publié un bref du pape qui ordonne à toutes les églises, couvents, oratoires, etc., de dresser un tableau des vases d'or et d'argent qu'ils possèdent.

## CONVENTION NATIONALE.

*Présidence de Rewbell.*

#### SUITE DE LA SÉANCE DU 18 FRIMAIRE.

Maure, au nom de l'administration du département de l'Yonne, prie la Convention de statuer sur la demande en indemnité des citoyens qui se sont empressés d'aller au secours de leurs frères du département de Seine-et-Marne, manquant de bras pour les travaux des moissons. Le nombre en a été si grand que plusieurs, ne pouvant avoir d'occupation, furent obligés de subvenir aux frais de route, de séjour et de retour.

Renvoyé au comité des finances.

— La Société populaire d'Auxerre instruit la Convention des progrès que fait la superstition dans quelques communes de ce district ; elle l'invite à y remédier par l'instruction.

Renvoyé au comité de sûreté générale.

— Roberjot fait lecture d'une Adresse de la Société populaire de Châlons-sur-Saône.

« Nous venons, disent les membres de cette Société, applaudir à la fermeté énergique et à la prudence qui vous ont dirigés dans la grande mesure que vous avez prise en suspendant les séances des Jacobins.

« Représentants du peuple, vous avez senti que, dans un gouvernement populaire, il ne fallait pas deux autorités ; que l'usurpation du pouvoir légitime tendait à l'avilissement de ceux qui en sont revêtus, et conduisait insensiblement à l'anarchie et au despotisme.

« Assez et trop longtemps le royalisme, le modérantisme, l'hypocrisie, l'immoralité et la tyrannie ont eu dans la Société des Jacobins alternativement des idoles, des autels et des adorateurs ; il était temps de dessiller les yeux des bons citoyens, qui étaient la dupe des meneurs et des jongleurs qui la dominaient. Le salut de la patrie exigeait cet acte de rigueur : le rapport du comité de sûreté générale et votre décret le prouvent d'une manière évidente. »

BARAILON : Citoyens, je dois vous donner lecture d'une pétition d'un ex-prêtre, âgé de quatre-vingt deux ans, et accablé d'infirmités.

Il lit la pétition du citoyen Brugier, détenu dans la ci-devant abbaye du Buis, à Aurillac, qui expose ses infirmités, et qui annonce qu'elles ont paru d'une telle gravité au représentant du peuple Bô,

qu'il a précédemment ordonné sa translation, et que cependant, un arrêté du département l'ayant réintégré dans la prison, il espère de l'humanité de la Convention qu'elle lui restituera la liberté.

BARAILON : Je demande qu'il soit permis à ce vieillard de se rendre dans le sein de sa famille, seule capable de le soigner, ou le renvoi au comité de sûreté générale, pour y statuer le plus promptement. Je dois observer à la Convention que ni elle ni son comité ne m'ont jamais vu solliciter en faveur d'ex-prêtres ou d'ex-nobles : je sais trop ce que je dois à mon pays ; mais celui-ci excite des sentiments d'humanité ; mais il réclame votre justice, et je dois d'autant plus m'intéresser pour lui qu'il fut longtemps mon ennemi particulier, non par méchanceté, car il en est incapable, mais à raison de sa faiblesse, de son aveuglement, de son entourage ; il était guidé et conseillé par des moines.

GRÉGOIRE : Telle a été la cruauté exercée contre des prêtres, que cent quatre-vingt-sept, dont plusieurs du département de la Meuse, ayant été injustement transportés à Rochefort, ce nombre est réduit à soixante ; les autres sont morts de mauvais traitements d'humanité et de misère. Si, pour mettre un homme en liberté, l'on demandait s'il est procureur, avocat ou médecin, cette question indignerait, et pour élargir l'individu dont parle Barailon, on demande s'il est prêtre ! Quel que soit un individu, s'il est mauvais citoyen, frappez-le ; s'il est bon citoyen, protégez-le. Tant que l'on suivra des principes contraires, on n'aura que le régime des sots, des fripons et des tyrans, et ce régime existe encore en grande partie. Ce sont là des vérités que je défendrai toujours d'une manière intrépide.

J'appuie la demande de Barailon, et je demande qu'enfin le règne de la tyrannie et de la persécution finisse.

Barailon présente un projet de décret qui est adopté en ces termes :

« La Convention, sur la pétition de Joseph Brugier, ex-prêtre, âgé de quatre-vingt deux ans, et très-infirme, qui demande à être renvoyé de la maison de réclusion dans le sein de sa famille, décrète le renvoi à son comité de sûreté générale pour y statuer promptement. »

BOISSY-D'ANGLAS : Vous avez mis à l'ordre du jour la justice et l'humanité, et vous prouvez chaque jour que ce ne sont pas de vains mots ; mais la justice n'est pas la pusillanimité, ni l'humanité la faiblesse. Vous saurez de la même main frapper les désorganisateurs, les hommes de sang et les fanatiques aristocrates ; vous saurez à la fois déjouer les complots des anarchistes et ceux de ces hommes imbéciles qui osent aspirer encore à rétablir au milieu de nous l'empire odieux des préjugés, en oubliant dans leur délire que c'est vous seuls qui les avez arrachés à la tyrannie qui les accablait.

Le département de l'Ardèche, qui a échappé comme par miracle aux crimes des hommes de sang ; le département de l'Ardèche, dont les satellites de Couthon parcouraient les campagnes au moment de la célèbre journée du 9 thermidor, pour lui choisir de nombreuses victimes ; le département de l'Ardèche vient d'être un instant menacé par les attentats du fanatisme : des prêtres constitutionnels ont parcouru l'un de ses districts, celui de Mazan, pour en égarer les habitants, et ils ont poussé l'audace jusqu'à rétracter le serment qu'ils avaient prêté, et à adresser leur rétractation au district. Mais le peuple de ces contrées plus d'une fois couvertes de sang par les crimes du fanatisme, ce peuple simple et bon, qui veut avec vous la république et la liberté, a rejeté leurs suggestions perfides. L'administration du district a pris des mesures pour assurer le châtiment de ces scélérats, dont elle a ordonné l'arrestation ; et, sur le réquisitoire de l'agent national, elle a fait une Adresse aux citoyens, où respirent la philosophie et la raison.

Je demande le renvoi au comité de sûreté générale des pièces qu'on vient de recevoir.

Le renvoi est décrété, ainsi que la mention honorable de la conduite de l'administration et de l'agent national du district.

Pénès, au nom du comité de législation : Citoyens, vous déclarâtes, le 4e jour des sansculottides, que les municipalités et comités des sections qui refuseraient des certificats de civisme seraient tenus d'exprimer les motifs de leurs refus ; que les citoyens auxquels les municipalités auraient refusé des certificats pourraient s'adresser au directoire de leur district, qui, après avoir vérifié les motifs du refus, accorderait ou refuserait le certificat de civisme.

Le sens de cette loi est bien évidemment de constituer les municipalités et les comités des sections juges du civisme en premier et dernier ressort, dans le cas où ils en accordent de favorables, puisqu'ils sont dispensés alors de donner les motifs sans la connaissance et l'examen desquels une autorité supérieure ne pourrait prononcer que ces certificats ont été justement ou injustement accordés.

Ce n'est donc que lorsque les municipalités et les comités de section refusent des certificats demandés que, tendant une main indulgente aux citoyens, vous leur ouvrez dans les directoires de district une sorte de tribunaux d'appel où ils peuvent faire réformer l'ouvrage de la haine, de la prévention ou de l'erreur.

Cette double disposition est marquée au coin de votre sagesse ordinaire. Vous avez pensé qu'un individu ne pouvait être mieux apprécié dans ses qualités morales et civiques que par ceux de ses concitoyens avec lesquels il a des relations habituelles et journalières ; mais comme un pareil refus tire à de grandes conséquences par ses effets, vous avez en même temps voulu qu'il ne fût pas définitif pour le citoyen qui l'éprouve.

La clarté de cette loi n'a pas empêché les difficultés de naître et de se multiplier au point d'en paralyser presque l'exécution. Nous en avons fait disparaître quelques-unes par le décret additionnel du 14 vendémiaire.

La suite de la correspondance de votre comité de législation l'oblige de vous proposer encore quelques articles qui posent le principe, et qui achèvent de dissiper tous les doutes.

Le principe est bien dans la loi, mais il y est enveloppé ; il faut l'en extraire pur, dégagé de toute conséquence, et dire que les municipalités et les comités des sections sont les juges naturels du civisme des citoyens qui habitent lesdites sections ou municipalités. Alors on ne viendra plus vous demander si les certificats donnés par les autorités sont de simples notes qui doivent être prises en considération, et si le véritable certificat de civisme ne réside pas dans l'approbation motivée que donnent les autorités supérieures ; doute auquel ont donné lieu les décrets des 26, 29 et 30 janvier 1793, en se servant, lorsqu'ils parlent d'un certificat de ci-

visme, des mots de donné ou délivré par les municipalités ; de visé, vérifié ou approuvé, tantôt par les districts, tantôt par les départements, et quelquefois par tous les deux, sans distinction. Alors on verra que, les municipalités et les sections formant un tribunal dans cette partie, le district, tribunal supérieur, n'a rien à juger si les porteurs des certificats de civisme n'en appellent point devant lui ; alors enfin sera dissipé le principal doute, si le droit de viser, attribué aux districts, leur conserve celui d'approuver ou d'improuver, d'admettre ou de rejeter.

C'était même une question à examiner si, le visa devenant ainsi une opération purement mécanique, il ne devait pas être supprimé comme inutile ; mais votre comité a pensé qu'il devait être maintenu à titre de légalisation, pour donner aux certificats de civisme un caractère plus authentique, et prévenir des faux d'autant plus ordinaires que les formes de ce qui en est l'objet sont plus simples et plus faciles. Car si nous devons alléger autant que possible, pour les bons citoyens, la rigueur des mesures que commande la révolution, il faut bien prendre garde aussi que les méchants n'abusent de ces mêmes mesures lorsqu'elles sont trop relâchées.

Nous vous proposons donc le visa des districts, mais des districts seulement, les départements étant, pour ainsi dire, hors du gouvernement révolutionnaire, et la formalité réduite comme je l'ai dit remplissant d'ailleurs suffisamment l'objet pour lequel elle est instituée.

On aurait pu désirer peut-être que le visa eût été encore appliqué par les comités de surveillance, avec d'autant plus de raison que c'est là qu'aboutissent des dénonciations souvent ignorées des municipalités ; mais, d'un autre côté, les comités étant uniques aujourd'hui dans les districts, et placés près des administrations de districts ; étant possible d'ailleurs qu'ils y soient incessamment réunis, suivant la proposition qui vous en a été faite, votre comité a pensé que ce visa supplémentaire ne serait qu'une vaine redondance.

Il ne faut point cependant que les renseignements que les comités peuvent faire passer aux districts, ou que les districts peuvent y aller puiser, soient perdus pour la vérité. S'ils sont assez graves contre le porteur d'un certificat de civisme pour faire présumer que les municipalités ne l'auraient pas accordé si elles les eussent connus, les districts leur en donneront connaissance, et ajourneront le visa jusqu'à ce qu'elles aient statué. Ainsi seront respectés tout à la fois et l'intérêt public qu'il faut avoir toujours présent, et le principe non moins sacré qu'il ne faut point compromettre l'existence civile des citoyens, et que pour cela ils doivent avoir pour juges de leur civisme les autorités les plus immédiates.

Enfin, ni la loi du 4e jour des sansculottides, ni celle additionnelle du 14 vendémiaire, n'avaient dérogé à la multitude des lois préexistantes sur les certificats de civisme ; cette omission avait induit plusieurs personnes à cumuler indistinctement toutes les formalités prescrites, ce qui doublait et triplait leur embarras, au lieu de le diminuer. C'est donc pour remplir l'esprit de ces lois et les vues de bienfaisance qui vous les ont dictées que votre comité, persuadé que les nouvelles formalités obvient à tout, vous propose une dérogation formelle à toutes les lois antérieures sur cette matière. Si dans une bonne législation il ne faut rien dire de trop, il ne faut aussi rien omettre de ce qui est nécessaire.

À la suite du rapport, le décret suivant est rendu :

« La Convention nationale, après avoir entendu le rapport de son comité de législation sur les nouvelles difficultés qui se sont présentées dans l'exécution de la loi du 4e jour des sansculottides, décrète ce qui suit :

» Art. Ier. Les municipalités et les comités des sections sont les juges naturels du civisme des citoyens qui habitent lesdites sections ou municipalités.

« II. Les certificats de civisme seront visés par les directoires de district ; mais le visa ne sera que l'action de constater la vérité des signatures des officiers qui les ont délivrés. En conséquence il ne pourra être refusé ni retardé sous aucun prétexte.

« III. Cependant, si les districts ont par-devers eux des preuves matérielles ou écrites de l'incivisme des individus porteurs de certificats, ils ajourneront jusqu'à ce que les municipalités ou comités de section aient statué sur ces pièces, qui leur seront transmises dans les trois jours de la présentation des certificats au visa.

« IV. Au moyen de la présente loi, de celles du 4e jour des sansculottides et du 44 vendémiaire dernier, toutes les lois précédentes relatives aux certificats de civisme sont et demeurent abrogées.

La séance est levée à quatre heures.

SÉANCE DU 19 FRIMAIRE.

Un des secrétaires fait lecture de la lettre suivante :

*C.-Alexandre Ysabeau, représentant du peuple, à la Convention nationale.*

Bordeaux, le 3 frimaire, l'an 2e de la république française, une et indivisible.

« Citoyens collègues, je viens de recevoir votre décret du 9 de ce mois, et je m'empresse d'y obéir. Au moment où j'ai cessé d'exercer ici des pouvoirs, j'ai rendu compte au comité de salut public des raisons qui m'obligeaient à attendre mon successeur, et elles étaient de nature à ne pouvoir être désapprouvées.

« Lorsque j'ai institué une commission pour me donner son avis sur les jugements rendus par la commission militaire, je n'ai fait qu'obéir d'une part à la voix de la justice qui réclamait contre une partie de ces jugements, et de l'autre au renvoi qui m'en a été fait officiellement par le comité de législation, de concert avec celui de salut public. Voici le texte de ce renvoi, daté du 9 fructidor :

« Le comité de législation a d'abord pensé que c'était au » comité de salut public à faire rendre justice à ces citoyens » et à examiner la conduite de la commission militaire » qui s'est permis de pareilles vexations ; mais, après en » avoir conféré avec nos collègues de ce comité, nous » avons cru que, si les commissions militaires établies par » les représentants du peuple avaient commis des erreurs » ou des injustices, nous ne devions pas laisser échapper » l'occasion de fournir aux représentants l'avantage et la » satisfaction de les réparer. »

« J'eusse été très-blâmable de ne pas me conformer à ces sages dispositions, et les familles des patriotes massacrés par l'infâme Lacombe et ses satellites auraient porté jusqu'à vous leurs vives et justes réclamations.

« Dans cette institution j'ai pris les précautions que le patriotisme exigeait : 1° en enlevant tout espoir à ceux qui avaient été condamnés par de justes motifs ; 2° en faisant pour cet examen un choix d'hommes intègres pris dans chacun des tribunaux. Vous pourrez vous en convaincre en lisant de nouveau l'arrêté que vous avez cassé. Cette mesure plonge dans la douleur et la consternation tous les vrais républicains qui composent la presque totalité de cette grande commune, par l'air de triomphe qu'elle donne aux buveurs de sang qui l'ont opprimée ; elle semble être le présage du renouvellement d'un système abhorré. Pour vous persuader de l'intrigue, il n'est besoin que de vous énoncer le fait suivant. Votre décret du 9 était conçu ici

textuellement et m'a été annoncé le 40 au matin... Je livre à vos réflexions ce fait extraordinaire, et qui peut être attesté par plus de vingt mille citoyens.

« Depuis que la justice n'est plus un mot vide de sens, j'ai dû, en m'entourant de sages conseils, en satisfaisant aux arrêtés de vos comités, indiquer le tribunal auquel pouvaient recourir les victimes des fureurs atroces, des vengeances personnelles et de l'avidité des odieux personnages qui ravageaient la France ; car je pense qu'il ne faut pas livrer à l'opprobre, à la misère et au désespoir éternel une foule de familles qui présentent des preuves légales et authentiques du civisme et de l'innocence des infortunés dont elles pleurent la perte.

« Citoyens collègues, j'ai rempli vos vues en faisant bénir le nom de la patrie et la Convention nationale par tous les citoyens des deux départements que vous m'avez confiés ; et sans doute je ne serai pas puni d'avoir mérité la haine des méchants en rendant justice exacte à ceux qu'ils opprimaient.

« Au reste, j'ai combattu avec succès l'aristocratie, le fanatisme, le fédéralisme et l'hébertisme ; je me sens la force de repousser avec la même ardeur le système d'oppression et de carnage, parce qu'ainsi le veut le peuple dont nous sommes les mandataires.

« Salut et fraternité. C.-A. YSABEAU. »

Cette lettre est renvoyée aux comités de salut public, de sûreté générale et de législation.

— Un membre, au nom du comité d'instruction publique, lit l'instruction suivante :

*Extrait du registre des arrêtés du comité d'instruction publique de la Convention nationale, du 18 frimaire, l'an 2 de la république française une et indivisible. — Instruction sur le traitement à employer contre la morsure des animaux enragés, et l'hydrophobie qui en est la suite.*

Le comité d'instruction publique, pour se conformer au décret du 12 frimaire qui lui enjoint de publier, par la voie du Bulletin de la Convention, la méthode curative et les recettes les plus éprouvées contre la morsure des animaux enragés, prévient ses concitoyens qu'ils doivent avoir la plus grande confiance en celles qu'on va leur indiquer.

Il faut d'abord savoir :

1° Que le signe caractéristique de la rage est l'horreur de l'eau, ce qui lui a mérité le nom d'hydrophobie ;

2° Que l'animal qui en est atteint est plus ou moins baveux et écumant ;

3° Que cette bave, produit de la salive, est virulente, et qu'en l'introduisant dans le corps par la morsure elle inocule la maladie.

On commencera le traitement par bien laver les environs des plaies avec de l'eau tiède, pour emporter le bave qui pourrait s'y être attachée.

On emportera ensuite, sur-le-champ, les chairs mordues avec un instrument tranchant, ou on les cautérisera avec un fer ardent, ou avec de l'esprit de nitre ou de vitriol, vulgairement connu sous les noms d'eau-forte et d'huile de vitriol.

Nous prévenons qu'une fausse pitié ne doit ni intimider ni arrêter l'opérateur ; il s'agit de soustraire le sujet à une maladie affreuse, à une mort certaine.

On hâtera la suppuration ; on épargnera des douleurs au malade en couvrant et en remplissant les plaies d'un cataplasme de mie de pain avec le lait, appliqué tiède, et renouvelé toutes les quatre heures.

On frictionnera ensuite les environs des plaies avec l'onguent mercuriel, fait au tiers ou à moitié.

Ces frictions seront multipliées, rapprochées, et la dose de l'onguent proportionnée aux forces et au danger.

Si le péril est imminent, si les morsures ont été nombreuses, et si le malade a été sans secours, il faut agir de manière à exciter promptement la salivation. L'on peut em-

ployer demi-once, une once, et même plus, de cet onguent, surtout s'il ne contient qu'un tiers de mercure.
L'on a vu cette méthode vigoureuse réchapper des individus chez lesquels la maladie était déjà déclarée.

Il n'est pas moins urgent, dans cette extrémité, d'emporter, ou de brûler, ou de cautériser les chairs qui ont été
mordues, quand même la cicatrice serait parfaite. Il est
constant que toutes les plaies se rouvrent lorsque l'hydrophobie se manifeste.

Et ont signé au registre les membres du comité d'instruction publique de la Convention nationale :

CHÉNIER, THIRION, BARAILON, MASSIEU, PLAICHARD,
BONNET, VILLARS, THIBAUDEAU.

L'insertion au Bulletin est décrétée.

BRÉARD : La Convention avait chargé plusieurs de
ses membres de la levée des scellés qui étaient chez
nos collègues mis en état d'arrestation ; leurs papiers ont donc été transportés au local de la commission. Par le décret d'hier, nos collègues doivent
rentrer dans toute leur propriété ; je demande à la
Convention qu'elle nous autorise, Laloi et moi, qui
sommes les seuls membres qui restent de cette commission, à leur rendre tous leurs papiers.

Cette proposition est décrétée.

GRÉGOIRE : La Convention a fait hier un grand
acte de justice envers soixante-seize de nos collègues, et sans doute que les comités s'occupent du
sort de ceux qui ne sont pas encore rentrés ; mais il
en est un sur lequel je crois devoir attirer leur attention. Je n'examine pas quelles ont été les opinions de Lanjuinais, ni s'il a eu ou n'a point eu tort;
mais ce que je sais, c'est qu'il a un cœur droit, et
tous ceux qui le connaissent lui rendront cette justice. (Oui, oui ! s'écrie-t-on en applaudissant vivement.) J'ai un fait à citer à cette occasion. Comme
lui j'ai été membre de l'Assemblée constituante, et
j'ai constamment observé sa conduite. En arrivant
à Versailles, le premier homme que je vis fut Lanjuinais, le premier serment que nous nous fîmes fut
d'abattre le trône et la féodalité, et il l'a tenu. Je
demande que les comités s'occupent de cette affaire,
et qu'ils en fassent le rapport dans trois jours.

GIROD-POUZOL : Il faut que les comités fassent un
pareil rapport sur tous nos autres collègues qui ne
sont pas encore rentrés.

*Plusieurs voix :* Oui, oui !

GIROD-POUZOL : Il a fallu des mesures extraordinaires dans les crises de la révolution ; mais elles
ont servi à opprimer les citoyens sous le règne de la
tyrannie ; sous celui de la justice elles doivent cesser. Je demande qu'aucun citoyen ne puisse être
mis à mort sans avoir été jugé. Je propose que les
trois comités soient chargés de nous faire un rapport
à cet égard sous trois jours.

La Convention décrète le renvoi aux trois comités pour
faire, sous trois jours, un rapport sur tous les députés mis
hors la loi.

MAILHE : Je demande que les mêmes comités
soient tenus d'examiner le décret qui porte qu'on
scrutera la conduite politique des suppléants arrivant à la Convention pour remplacer les députés
morts ou démissionnaires.

*Plusieurs voix :* Le rapport, le rapport du décret !

MAILHE : On dit qu'il faut sur-le-champ décréter
le rapport : j'appuie moi-même cette proposition ;
ces suppléants étaient calomniés, persécutés par des
hommes qui voulaient dissoudre la Convention nationale ; j'ajoute que je connais des suppléants qui
gémissent encore dans les fers, sans autre crime
que celui d'avoir mérité par leur patriotisme et

leurs vertus la haine des intrigants. Je demande
donc le rapport du décret, véritablement attentatoire
à la souveraineté du peuple.

REWBELL : Nous sommes tous d'accord sur les motifs qui ont fait rendre ce décret ; mais n'en violez
pas un autre qui ordonne qu'on ne pourra révoquer
des décrets sans un rapport préalable ; car vous ne
pouvez prévoir jusqu'où l'enthousiasme nous entraînerait. Je ne doute pas que le décret contre lequel on réclame ne soit rapporté, mais je voterai
toujours pour les principes. Je demande le renvoi
aux comités, pour en faire un prompt rapport.

Ce renvoi est décrété.

*** : Je demande la parole pour une motion d'ordre relative à la discussion qui vient d'avoir lieu à
l'égard de nos collègues. Il en est un dont le patriotisme est bien connu, que la persécution a forcé de
donner sa démission ; c'est Larevellière-Lépaux ;
mais un décret porte que les démissionnaires qui ne
seront pas remplacés seront toujours censés représentants du peuple. Lépaux n'a pas été remplacé ; je
demande qu'il soit fait un rapport à ce sujet.

*Plusieurs voix :* Qu'il vienne reprendre ses fonctions !

Un membre demande que ce décret soit étendu à Ober-
menil, qui se trouve dans le même cas.

PELET : Je demande le renvoi aux trois comités,
pour savoir si les députés dont on parle ont été
remplacés. Gardez-vous même de faire le bien par
enthousiasme.

MAILHE : J'appuie le renvoi ; car si les députés
dont on parle avaient quitté leur poste avant d'être
remplacés, je demanderais l'ordre du jour.

CREUZÉ-LATOUCHE : Il est très-vrai que Larevellière-Lépaux n'a pas été remplacé, qu'il est resté à
son poste, et qu'il n'a disparu que parce qu'on vint
une nuit pour l'enlever ; alors il se cacha pour
échapper aux tyrans qu'il avait combattus avec tant
d'énergie et de vertu.

Le renvoi est décrété.

BOUDIN, au nom du comité de sûreté générale :
Citoyens, votre comité de sûreté générale est informé que quelques directeurs de coupe-jarrets et
de voleurs de portefeuilles ont imaginé de réunir
dans le même endroit tous les ouvriers employés
dans les ateliers de Paris à la fabrication des armes.

Ces messieurs ont spéculé qu'à l'aide d'un pareil
rassemblement, qui ne manquerait pas d'assoupir
un certain nombre des acteurs et des spectateurs, il
serait plus aisé de fouiller dans les poches et de faire
ce qu'ils appellent une bonne journée.

Votre comité a pensé qu'un moyen infaillible de
faire avorter ces spéculations d'un genre neuf était
de les dénoncer à la tribune de la Convention nationale.

Les braves sans-culottes employés à la fabrication
des armes seront avertis de se tenir en garde contre
de pareils stratagèmes, et les bons citoyens de surveiller de plus près ces perturbateurs de la tranquillité publique.

Votre comité ne néglige pas d'ailleurs les précautions convenables pour prendre sur le fait les chefs
et les provocateurs de pareils rassemblements.

BOUDIN : Les départements de Vaucluse et de la
Drôme ont demandé qu'il leur fût envoyé un représentant. Le comité de sûreté générale me charge de
vous proposer d'y envoyer Jean Debry.

La Convention confirme cette nomination.

BOISSY-D'ANGLAS : Je demande que les pouvoirs de Jean Debry soient étendus au département de l'Ardèche, où les autorités constituées ont besoin d'épuration, et où le fanatisme cherche encore à exciter des mouvements contre-révolutionnaires.

Cette extension est décrétée.

DUSSAULX : Citoyens collègues, ce jour, ce grand jour de la justice nationale, précédé de tant d'autres non moins consolateurs, nous rappelant à nos fonctions, remplit enfin les vœux du peuple et nos vœux les plus ardents. Il nous rend la liberté que, vous le savez, nous n'aurions jamais dû perdre, et l'honneur que l'on avait tenté vainement de nous ravir ; mais la vérité, tôt ou tard, surmonte l'imposture, démasque l'intrigue, remet tout à sa place, les choses et les hommes.

En effet, notre patriotisme constant, et même antérieur à la révolution, notre vigilance dans ces convulsions désastreuses dont la France gémit encore, notre infatigable vigilance, suivie d'un dévouement dont l'histoire parlera, n'ont-ils pas été reconnus et avérés dès que la Convention a triomphé de ses tyrans ? Gloire, bonheur et respect à la Convention nationale! (On applaudit à plusieurs reprises.) Tel est le cri des vrais patriotes. (Nouveaux applaudissements.) Tous, dans les conjonctures actuelles, la regardent comme l'ancre, la dernière ancre du vaisseau de la république, à peine sorti de la tourmente. (Les applaudissements recommencent et se prolongent.)

On n'osera donc plus, dans cet auguste sanctuaire, devenu la terreur du crime et l'asile des opprimés, attenter sans pudeur et sans remords à la représentation nationale; on n'osera plus, du haut de cette tribune qui perd ceux qui la souillent, renouveler contre les ennemis déclarés de la violence et de l'anarchie tant d'accusations vagues, contradictoires et manifestement calomnieuses, accusations de jour en jour démenties par les faits ; car enfin, que voulions-nous avant notre brusque détention, longtemps avant? le bonheur du peuple, sa gloire, c'est-à-dire de bonnes mœurs et de bonnes lois, des lois égales, fixes et immuables.

Que voulons-nous maintenant? tout ce que nous avions tant désiré. Mais nous voulons encore vous prouver, ainsi qu'à l'univers entier, que, si nos corps se sont affaiblis et presque usés dans les réduits fétides, dans les tombeaux de cette abominable et récente tyrannie que vous avez foudroyée le 10 thermidor, nos âmes, retrempées par le malheur, y ont repris une nouvelle énergie. (Applaudissements.) D'ailleurs, c'est là que nous avons appris à compatir aux maux de nos semblables, à n'opposer à nos ennemis que la patience, au lieu d'injures et d'inutiles représailles. Ainsi vous vous revoyez prêts à seconder fraternellement, de tout votre zèle, de toutes nos forces, et vos travaux immenses, et vos généreuses intentions. ( Nouveaux applaudissements. )

Et vous qui avez compati à notre sort, généreux compatriotes, peuple français couronné par la victoire, vous dont nous n'avons pas un seul instant cessé d'être aussi les représentants fidèles, vous verrez, dans la nouvelle carrière qui s'ouvre devant nous, si nous étions dignes de votre choix. Sans doute que, considérant la nature des circonstances où tant de vicissitudes ont réduit la Convention nationale, vous n'en exigerez que la sorte de bien conforme à ces circonstances difficiles, et non des miracles ; car il en faudrait un pour fermer sur-le-champ toutes les plaies de la république ; pour vous rendre, parmi tant de passions désorganisatrices, tant d'ignorance, de rapacité, et surtout tant d'ennemis conjurés au dehors, il faudrait, dis-je, un miracle pour rendre, au gré de votre juste impatience , le calme, l'abondance et l'entière sécurité. Ce ne peut plus être aujourd'hui, frères et amis, que l'ouvrage du temps, du courage, de la vertu, et surtout de la concorde, de l'unité, sans lesquelles nous manquerions le but vers lequel nous tendons depuis plus de cinq ans; car c'est ainsi qu'ont été fondées et affermies les grandes , les belles républiques et les plus florissantes.

Citoyens collègues, vous nous avez entendus : qu'est-il besoin de l'affirmer? Abjurant tous les fâcheux souvenirs, mais nous félicitant toujours et de n'avoir jamais désespéré du salut de la nation, et de la constance avec laquelle nous avons supporté nos fers, nous n'aurons sous les yeux que le bien public, dans nos cœurs que l'amour de la patrie régénérée.

Loin de nous toute sorte de ressentiments; nous les avons laissés au fond de nos cachots. (Le plus vifs applaudissements éclatent de toutes parts.) Et si nous en eussions rapporté quelques-uns, pour être dignes de vous et de nos commettants, nous les sacrifierions à l'instant à l'union fraternelle que nous réclamons, et dont les premiers nous donnerons l'exemple.

Tels furent, tels sont encore , en dépit des longs tourments et des outrages dont, à votre insu, nous avons été pendant treize mois, jour et nuit, et sans autres consolations que celles de nos consciences, assaillis par des monstres avides , par des monstres altérés de larmes et de sang..... et qui vous en voulaient autant qu'à nous..... (on applaudit à plusieurs reprises ) ; tels sont, citoyens collègues, nos véritables sentiments.

Regardez mes compagnons d'infortune ; tous francs, sincères et généreux, leur silence et leur maintien en disent bien plus que mon discours.

Dussaulx descend de la tribune au milieu des acclamations universelles.

La Convention décrète à l'unanimité l'impression de ce discours et l'insertion au Bulletin.

GRÉGOIRE : J'appelle l'attention de la Convention sur les abus qui existent à la poste aux lettres. Il est temps que ces abus effroyables fassent place à une administration sage et utile.

RICHOUX : les abus de la poste aux lettres ne viennent que d'une colonie d'intrigants qui s'y sont introduits, sans rien savoir, pas même lire, et qui volent ainsi l'argent de la nation. La poste aux lettres était auparavant une machine admirablement montée ; il faut la remettre sur l'ancien pied, y rappeler tous les hommes instruits qu'on en a chassés, et balayer tous les fripons, tous les ignorants qui ont pris leurs places. (On applaudit.)

Ces observations sont renvoyées au comité des transports et messageries.

— Un des secrétaires donne lecture de la lettre suivante :

*L'accusateur public du tribunal criminel du département de Paris à la Convention nationale.*

« Citoyens représentants, au récit d'une belle action, tous les cœurs bien nés s'épanouissent de joie et d'admiration. Qu'il soit permis à un simple fonctionnaire public de mêler sa voix reconnaissante à des milliers d'hommages qui vous seront rendus pour avoir rappelé dans le sein de la Convention vos dignes et braves collègues, qu'un coup de tempête avait dispersés. Ils ont souffert pour la patrie, et par votre noble courage ils ont été délivrés et replacés au rang des législateurs ; ils attesteront à la fois nos malheurs passés et la gloire de vos bienfaits présents ; ils seront le gage d'alliance qui unira tout les Français ; ils établiront avec vous les saintes lois de la justice et de l'humanité et, oubliant tout ressentiment personnel, ils ne s'occuperont, comme vous, que du salut du peuple français, et de fonder la république sur les bases éternelles. Le vaisseau de l'Etat ne sera plus désormais battu par les vents et les flots mutinés : il a reçu dans son enceinte un heureux lest qui le fera marcher majestueusement. Quant à ceux dont les mains audacieuses avaient poussé le char de la révolutions sur les bords de l'abime, que, pour leur supplice, ils vivent ! qu'ils ne soient enchaînés que par leurs remords, et qu'ils soient les témoins de la prospérité publique! Mais que du moins leur présence ne souille plus la représentation nationale ; elle doit être pure comme la vertu , et généreuse comme elle. (On applaudit.)

« Salut et fraternité. LEBLOIS. »

L'insertion au Bulletin est décrétée.

— Taveaux rappelle à la Convention ce qui s'est passé dans le Calvados ; il expose que, d'après l'attestation des députés qui ont été envoyés, le fédéralisme n'a jamais existé dans ce département ; que les mouvements qui ont eu lieu n'ont eu pour principe que l'égarement des bons citoyens, à qui l'on avait persuadé que la Convention n'était ni libre ni en sûreté, et qui voulaient marcher à sa défense. Il demande en conséquence le rapport du décret qui ordonne qu'une colonne infamante sera érigée près de Caen.

DUMONT (du Calvados) : Il faut ne laisser aucune trace de la tyrannie : le fédéralisme est un mot qu'on a inventé pour perdre les bons citoyens ; Lindet luimême vous a dit qu'il n'y avait pas de fédéralisme dans le Calvados. J'appuie donc la motion faite par Taveaux. Je demande aussi qu'on revoie toutes les lois faites par Robespierre, et dont la plupart ne sont que des instruments de tyrannie. (On applaudit.)

*** : Au lieu de revenir sur le passé, l'assemblée doit s'occuper à faire de bonnes lois.

CIGOGNE : Ou le préopinant a la mémoire bien courte, ou il doit savoir que la Convention n'en a pas fait d'autres depuis le 9 thermidor ; mais il est des lois faites par le tyran qui déshonorent l'humanité , et qui ne doivent pas déshonorer la Convention. (Nouveaux applaudissements.)

PAGANEL : Il y a déjà un décret qui charge le comité de réviser toutes les lois.

DUMONT : Il faut briser toutes les armes de la tyrannie : la loi du 23 ventose existe encore ; c'est avec cette loi qu'on a forgé les conspirations des prisons ; c'est par cette loi qu'on entassait sur la même charrette le sans-culottes et le millionnaire , la cuisinière et la duchesse, l'innocent et le coupable. ( On applaudit.)

THURIOT : On vous a dit que le comité de législation était chargé déjà de classer les lois ; il faut le charger aussi de réviser les lois pénales, et, à mesure qu'il en trouvera qu'il croira contraires à la justice, il vous en proposera le rapport.

TALLIEN : Sans doute, il faut révoquer toutes les lois qui ne sont pas dans les principes adoptés par la Convention ; mais sur la motion de Thuriot j'ajoute une observation : c'est qu'il ne s'agit pas seulement du code pénal, mais des lois qu'on appelait de circonstance , rendues sur les rapports de l'ancien comité de salut public ; celle du 23 ventose, par exemple, que Saint-Just fit rendre, et qui, outre les dispositions pénales, en contient encore d'autres aussi arbitraires. Il faut qu'il y ait un poids égal , de manière que partout il y ait une seule et unique volonté.

Je demande donc que la Convention fixe ses regards sur tous ces objets, et que non-seulement le comité de législation, mais encore les deux comités qu'on appelle de gouvernement soient chargés de faire ce travail, afin de donner au gouvernement révolutionnaire une marche uniforme et constante.

Il faut qu'ils fassent aussi un rapport sur une mesure à laquelle je demande qu'ils attachent toute leur attention : c'est la suppression des comités révolutionnaires.

Ceux qui ont observé la marche des choses ont pu apercevoir que, quoique ces comités, depuis leur épuration par la révolution du 9 thermidor, ne commettent plus les actes vexatoires et tyranniques reprochés à leurs prédécesseurs, cependant ils sont composés d'hommes qui sont aussi susceptibles de passions et de ressentiments particuliers. Il est inutile de laisser aux frais de la république une foule de fonctionnaires publics dont les occupations ne sont pas bien importantes , et qui peuvent être remplies par ceux qui existent déjà. Il est temps de rendre à l'agriculture et au commerce des milliers de bras dont on n'aurait jamais dû les priver. (On applaudit.) Je demande que les comités de salut public, de sûreté générale et de législation s'occupent d'un rapport sur la suppression des comités révolutionnaires.

THURIOT : Le comité de commerce est aussi chargé de réviser une foule de lois, et cet objet n'est pas le moins important. Je crois qu'il faut une disposition plus étendue. Il faut charger d'une pareille révision tous les comités, chacun dans la partie confiée à sa surveillance. Les raisons d'économie et d'ordre public doivent vous déterminer à voter à l'instant la suppression des comités révolutionnaires. Avant leur création, il existait des lois qui confiaient à des autorités les fonctions attribuées depuis à ces comités. Rendez aux premiers fonctionnaires la surveillance qu'ils avaient d'après ces lois. Vous ne pouvez vous dissimuler que, si les actes de vengeance sont plus rares, les passions individuelles agiront toujours plus ou moins dans ces comités. Je demande donc que, sans renvoi, la Convention décrète à l'instant la suppression des comités révolutionnaires.

*Plusieurs voix* : Non, non ! le renvoi!

CLAUZEL : Je demande la parole. Il y a perfidie dans la proposition.

BOURDON (de l'Oise) : C'est parce qu'on n'a plus la guillotine dans la main..... ( L'agitation règne un moment dans l'assemblée.)

THURIOT : Je croyais que nous en étions arrivés au point où un représentant du peuple pouvait présenter tranquillement ses idées sans provoquer contre soi les injures et les vociférations. Tallien avait proposé des vues que j'ai appuyées parce que je les croyais justes. Il suffit que mes collègues me combattent ; je serai toujours le premier à me joindre aux observations qui m'auront éclairé et convaincu, mais jamais je ne m'écarterai des principes. Je demande donc, moi aussi, le renvoi aux comités ; ils examineront la proposition, et le jour où ils croiront que le moment est arrivé d'en faire le rapport , ils viendront à la tribune.

PERRET : On vient d'agiter une question de la plus haute importance ; elle touche au gouvernement. Ceux qui connaissent le cœur humain ont bien dû s'attendre que certains hommes qui, entraînés par l'impulsion, je ne dis pas de leur cœur, mais de leur esprit, avaient précipité le char révolutionnaire d'une manière terrible, voudraient à présent le pousser en sens contraire ; mais craignez que l'inconsidération ne ramène l'anarchie. N'oubliez pas que naguère le club électoral est venu vous demander la suppression des mêmes mesures qu'il avait lui-même provo-

*Dernière scène d'un comité révolutionnaire* (1794).

quées il y a un an. Les Jacobins s'étaient réunis au club électoral. Croyez-vous que les intentions de tous ces hommes fussent pures? Les Gusman, les Proly ont disparu, mais ceux qui se cachaient derrière eux en seconde ou en troisième ligne suivent toujours le même plan ; ils veulent toujours la dissolution de la représentation nationale. Qu'on fasse attention aux mouvements que pourrait exciter la suppression subite qu'on vous propose; songez surtout aux troubles qu'elle pourrait porter dans les campagnes. Le fanatisme y lève encore la tête ; il faut une autorité qui puisse le comprimer. Les corps administratifs ayant déjà une influence sur les choses, vous ne devez pas leur en donner une sur les personnes. Consultez le comité de sûreté générale; il vous dira que le fanatisme s'agite encore. Ce n'est point par la persécution que je crois qu'on ramènera le calme ; les comités et la Convention respecteront toujours la liberté des consciences, mais on ne doit pas souffrir qu'elle donne lieu à des rassemblements dangereux. Je crois bien qu'un jour viendra où vous supprimerez les comités révolutionnaires ; mais il faut auparavant perfectionner votre police. Vous pourriez, au lieu de les supprimer subitement, ne pas renouveler les trois membres qui doivent en sortir dans un mois; par ce moyen ils se trouveraient, de douze, réduits à neuf, le mois suivant à six, ensuite à trois, et seraient supprimés dans quatre mois. (On murmure.)

CLAUZEL : J'ai demandé la parole pour faire une simple observation : c'est que les comités révolutionnaires actuels se sont servis de tout leur pouvoir pour déjouer les manœuvres des terroristes, des buveurs de sang. (On applaudit.) Je n'examinerai pas quels sont les hommes qui vous proposent les mêmes mesures que le club électoral ; mais il est étrange que des hommes qui ont eu une part active dans le gouvernement infâme que nous avons abattu vous proposent aujourd'hui de détruire le gouvernement révolutionnaire. Je demande l'ordre du jour. (On applaudit.)

ANDRÉ DUMONT : Il est bon que la Convention, que le peuple sachent que les comités actuels poursuivent avec vigueur les brigands des anciens comités, les malfaiteurs, les agents de Robespierre. C'est pour arrêter ces poursuites, pour étouffer la vérité, que le club électoral vous a demandé d'abolir le gouvernement révolutionnaire. Ne laissez aucun espoir d'impunité aux fripons : toutes les plaies se découvriront; les fripons, les terroristes seront punis, réduits à l'impossibilité de nuire, et alors la république sera sauvée. J'appuie l'ordre du jour. (Nouveaux applaudissements.)

BOURDON (de l'Oise) : Quand ces comités exerçaient une tyrannie épouvantable, celui qui en aurait demandé la suppression eût passé pour vouloir la perte de son pays; aujourd'hui qu'ils sont plus forts parce qu'ils sont justes, on veut les détruire. Cette motion est bien inconsidérée, s'il n'y a pas eu de mauvaises intentions. (On murmure.) Il ne faut pas de renvoi; vous paralyseriez ces comités, et il faut qu'ils agissent : supprimez-les, demain on dira qu'il n'y a plus de gouvernement révolutionnaire. Nous le voulons tous, non comme il était, mais plus fort, parce qu'il est juste. (On applaudit.) C'est pour avoir ce gouvernement juste et fort que nous avons fait la belle révolution du 9 thermidor, et non pour que la clique jacobine se joigne au royalisme. Les Jacobins étaient la noblesse du patriotisme ; ils ne sont pas si éloignés des royalistes, car les uns et les autres veulent dominer, gouverner, opprimer. (On applaudit.) Conservez donc les co-

mités révolutionnaires, qui, d'une main, compriment les royalistes, et de l'autre les Jacobins. Voulez-vous les uns ou les autres? (Non, non! s'écrie-t-on de toutes parts. — Vifs applaudissements.)

TALLIEN : Je réclame la parole.

*Quelques voix :* La clôture de la discussion !

LEGENDRE (de Paris) Voulez-vous avoir la liberté des opinions? Qu'un membre puisse se tromper sans être traité de malintentionné ni de coquin. (On applaudit.)

TALLIEN : Je ne répondrai point à ce qu'il peut y avoir eu de direct dans les opinions des préopinants.

BOURDON (de l'Oise) : Je déclare que je n'ai eu l'intention d'attaquer personne.

TALLIEN : J'ai usé du droit qu'a tout représentant d'émettre son opinion ; je dirai toujours la mienne. (On applaudit.) J'ai pensé et je pense encore que le gouvernement révolutionnaire doit avoir une grande latitude; je reconnais combien il est nécessaire d'exercer la surveillance active dont on parle; mais je ne pense pas, comme Bourdon, que cette surveillance existe seule dans les comités révolutionnaires. Il me semble que l'on fait ici une guerre de mots. Si j'avais proposé de supprimer les comités révolutionnaires sans les remplacer, j'aurais commis une hérésie politique; mais j'ai seulement proposé de transporter leurs attributions à d'autres autorités, de confier la surveillance qu'ils exercent aux administrations de district. Sans doute, dirigés par l'esprit qui les anime en ce moment, ces comités sont utiles; mais ils peuvent en changer, et alors ils seraient très-dangereux : ils ouvrent un trop vaste champ aux passions. La question est donc de savoir s'ils ne pourraient pas être remplacés d'une manière avantageuse, et c'est cette question sur laquelle j'ai appelé l'attention de vos comités. Je reviens donc à ma première proposition. Chargez vos comités de réviser les lois révolutionnaires, et de porter leurs regards sur l'institution des comités révolutionnaires.

Il est un autre objet sur lequel j'appelle aussi toute l'attention de l'assemblée; c'est le secret des lettres, que les anciens comités révolutionnaires se permettaient de violer sur tous les points de la république; ils avaient des agents qui scrutaient jusqu'aux pensées même, de sorte qu'un ami n'osait épancher dans le sein de son ami ses craintes ou ses espérances. Je demande que les comités révolutionnaires et les autorités constituées respectent le secret des lettres, sauf à examiner si cette violation ne doit pas être quelquefois permise sur les frontières des pays où l'on est en guerre et dans la Vendée ; car il ne faut laisser aucun espoir aux ennemis. Je demande donc que l'intérieur le secret des lettres soit sacré, et que des peines capitales soient portées contre ceux qui le violeraient. (On applaudit.)

BENTABOLE : C'est avec raison que plusieurs des préopinants ont engagé la Convention nationale de se défier de la proposition qui lui était faite de supprimer les comités révolutionnaires. Il s'agit de savoir maintenant s'il est encore nécessaire de surveiller les ennemis de la république. Je pense que, pendant tout le temps que durera la guerre, il faut sans cesse avoir les yeux ouverts sur les contre-révolutionnaires cachés, qui en secret correspondent avec les ennemis, et les instruisent de ce qui peut leur être favorable. Les comités révolutionnaires sont donc indispensables pour les réprimer.

Le temps n'est pas éloigné où l'on traitait de contre-révolutionnaires les hommes qui demandaient l'abolition du gouvernement révolutionnaire. Les Jacobins surtout disaient qu'on ne voulait pas de gouvernement révolutionnaire, afin de perdre ceux qui leur déplaisaient; et aujourd'hui qu'il n'y a plus de Jacobins, on cherche à discréditer les opérations de la Convention nationale, et l'on veut détruire le gouvernement révolutionnaire. Je laisse à la Convention le soin d'apprécier le mérite de ceux qui tiennent cette conduite; les comités révolutionnaires sont régénérés, ils font le bien. Je demande que l'on passe à l'ordre du jour sur la demande qui a été faite de les supprimer.

CLAUZEL : Il faut que la Convention sache que l'on avait attiré à Paris un grand nombre de buveurs de sang, et qu'il se tenait des assemblées nocturnes chez ceux qui disaient aux Jacobins que la Convention faisait la contre-révolution. C'est à l'activité des comités révolutionnaires que vous devez la découverte de ces assemblées nocturnes. Je demande l'ordre du jour sur leur suppression.

Cette proposition est décrétée.

LEGENDRE (de Paris) : Il est un principe éternel; depuis que vous avez mis la justice à l'ordre du jour, vous ne devez pas souffrir qu'il soit violé ; c'est la liberté des opinions. (On applaudit.) Du temps de Robespierre, appuyé de ses complices, si vous éleviez ici la voix en faveur d'un homme accusé, vous étiez vous-même traité comme coupable. Ne souffrons plus cet excès ; ne souffrons pas qu'un député soit injurié pour avoir émis son opinion. Tous les hommes n'ont pas la même force de caractère. Il n'est au pouvoir de personne de m'enlever la mienne (on applaudit); mais il est des gens timides qui souvent diraient de bonnes choses, et qui se taisent dans la crainte d'être traités de coquins. Je demande que le premier qui dira d'une motion qu'elle est insidieuse ou perfide soit sévèrement rappelé à l'ordre et censuré au procès-verbal. (On applaudit.)

Plusieurs voix : Le règlement y est formel.

On rappelle la proposition de Tallien, relative au secret des lettres.

RICHOUX : Si j'ai le droit de dire ici mon opinion, je dois avoir aussi celui de l'écrire librement à ma famille, à mes amis. (On applaudit.) Ces abus ont pour cause une colonie d'intrigants qui se sont glissés dans l'administration des postes, qui ne savent ni lire ni écrire, et qui mangent le pain de la république. Je demande leur épuration.

LEBLANC : Il n'y a peut-être pas dans la république une commune où le secret des lettres ait été plus violé qu'à Aix. Les lettres des représentants du peuple étaient décachetées et interceptées; et lorsque je fus me plaindre de cette tyrannie aux anciens comités de gouvernement, ils ne firent aucun droit à ma plainte. Je demande que le comité de sûreté générale porte ses regards sur les directeurs des postes.

BARRAS : Il faut aborder franchement la question. Le secret des lettres est violé dans toute la république; cela vient de la mauvaise administration des postes. Je demande qu'elle soit renouvelée. (On applaudit.) Chaque jour une multitude de citoyens vient se plaindre de cette violation du secret des lettres, et de ce que les journaux ne parviennent pas à leur adresse. L'administration des postes n'a fait aucun droit à ces plaintes; je demande qu'elle soit épurée.

CIGOGNE : Ce n'était pas l'administration des postes qui violait le secret des lettres, mais bien les sections et les anciens comités révolutionnaires.

Aujourd'hui que vous avez un comité chargé spécialement de surveiller l'administration des postes, vous pouvez être persuadés que tout ira bien. Je demande le renvoi de toutes les observations qui ont été faites au comité des transports et messageries.

*** : Indépendamment de la violation du secret des lettres dont on se plaint à si juste titre, il existe à la poste des réclamations pour plus de 100,000 liv. appartenant aux différents journalistes. Quand ils viennent réclamer ce qui leur est dû, on leur demande de représenter une reconnaissance qu'on a eu soin de leur enlever. Je demande le renvoi de mon observation au comité des transports.

La Convention décrète que le secret des lettres ne sera plus violé dans l'intérieur de la république, et renvoie au comité des transports les observations faites sur l'administration des postes. (La suite demain.)

N. B. Dans la séance du 20, Richard, au nom du comité de salut public, a annoncé une nouvelle victoire remportée par l'armée des Pyrénées-Occidentales ; quatre à cinq cents prisonniers, quatre drapeaux, une pièce de canon de bronze, la seule qui restât aux Espagnols, la prise de la caisse militaire, de trois villes, dans deux desquelles il existe douze fonderies de canons, tels sont les avantages résultant de cette victoire.

— La séance est consacrée aux pétitionnaires.

## LIVRES DIVERS.

Despotisme des ministres de France, ou Exposition des principes et moyens employés par l'aristocratie pour mettre la France dans les fers, par Billaud-Varennes; 3 vol. in-8°, brochés; 18 liv., franc de port.

## GRAVURE.

Tableaux gravés des principaux événements de la révolution française, 4e livraison. Prix : 6 liv., imprimé sur papier vélin in-folio. A Paris, chez les citoyens Lépine et Niquet, graveurs, rue du Faubourg-Jacques, n° 212; et à Bordeaux, chez Jogau, rue du Chapeau-Rouge, n° 15.

Les trois livraisons qui précèdent celles que nous annonçons représentent les préliminaires de la révolution; elles se vendent 18 liv.

Le texte historique qui doit accompagner chaque tableau forme une souscription séparée dont les auteurs ne fixent ni le prix, ni l'époque de la publication. « Les événements, observent-ils dans leur prospectus, peuvent être représentés au moment même; les jugements de l'histoire ont besoin d'être médités. » Mais ces deux objets ne sont pas rigoureusement liés l'un à l'autre, et l'on peut ne prendre que les estampes seulement. Pour cette raison on a eu soin de mettre au bas une explication précise du sujet qu'elles représentent.

Nous ajouterons que les dessins pris sur place, gravés avec beaucoup de soin, et offrant une image fidèle des notions, des lieux, des personnages même qui y ont figuré, feront de ces tableaux, quoique isolés du texte historique, une collection aussi précieuse qu'intéressante.

Chaque livraison contient deux gravures. Celles de la quatrième livraison représentent : 1° le rassemblement formé sur le Pont-Neuf, le 16 avril 1788, pour obliger les passants à se mettre à genoux devant la statue d'Henri IV ; 2° l'attroupement du faubourg Antoine contre la maison de Réveillon, le 16 avril 1789.

## Payements à la trésorerie nationale.

Le payement du perpétuel est ouvert pour les six premiers mois; il sera fait à tous ceux qui seront porteurs d'inscriptions au grand livre. Celui pour les rentes viagères est de huit mois vingt et un jours de l'année 1793 (vieux style).

## RÉPUBLIQUE FRANÇAISE.

### TRIBUNAL CRIMINEL RÉVOLUTIONNAIRE.

*Suite de la procédure du comité révolutionnaire de Nantes.*

*Goulin :* Il faut absolument que le comité soit purgé de l'accusation atroce d'avoir fait noyer des enfants ; et, sur ce fait, je prie le président de vouloir bien interpeller Vaujoix, accusateur, qui doit être en état de donner des renseignements.

*Le témoin Vaujoix :* J'ignore s'il a été, ou non, noyé des enfants ; je ne puis donner aucunes lumières sur la question.

*Goulin et Chaux :* En ce cas, il faut faire la même interpellation à la veuve Dumey, et lui demander si on remettait au concierge des listes de prisonniers quand on en faisait l'extraction.

*La veuve Dumey :* Mon mari seul s'occupait de la réception et de la remise des détenus, et je n'ai jamais su ce qui se pratiquait à cet égard.

*L'accusateur public :* J'observe que les registres des détenus n'étaient que des feuilles volantes, qui paraissent dans le plus mauvais état.

*Henri Ferdinand,* menuisier, dépose qu'il a vu fusiller trente femmes, dont l'une de dix-huit ans, et la plus âgée de trente ans, et que Jolly paraissait chargé de les faire descendre.

Jolly en est convenu, et s'est de nouveau défendu en alléguant qu'il l'avait fait en vertu d'ordres supérieurs.

*Joseph Fonteneau,* fabricant de mouchoirs à Nantes, dépose qu'il a été requis pour deux noyades, composées d'hommes et de femmes ; que Fouquet et Lambertye étaient à la tête de ces deux expéditions.

*Le président,* au témoin : Sais-tu si des brigands se sont rendus volontairement, et quel traitement on leur faisait ?

*Le témoin :* De garde à l'Entrepôt, j'ai vu fusiller plusieurs de ces rebelles qui étaient venus se rendre à discrétion.

*Le président,* au témoin : As-tu connaissance de l'arrêté tendant à faire reconduire à l'Entrepôt les enfants dont les citoyens s'étaient chargés ?

*Le témoin :* J'ai entendu parler de cet arrêté, et de son exécution par les citoyens qu'il pouvait concerner.

*François Laucher,* inspecteur général d'artillerie : Pendant mon séjour momentané à Nantes pour mon service, j'étais logé dans une auberge tenue par Blanchard Lamusse. Un jour, vers les dix heures du soir, cette auberge fut investie par ordre du comité révolutionnaire, et on emmena tous ceux qui s'y trouvaient. Lamusse fut arrêté dans son lit, et conduit avec sa femme au comité, qui décide que celle-ci sera conduite à la maison de l'Eperonnière. Je m'oppose à cette incarcération, et je déclare répondre de tous les événements. Quant à Blanchard Lamusse, après quelques explications, il est renvoyé par le comité, qui n'ose le retenir, n'ayant point contre lui de charges assez sérieuses ; mais, pour se ressaisir de sa proie, il imagine de charger Giret d'aller trouver Carrier avec Dubreuil et Lebrun, pour le prévenir

contre Lamusse et le recommander à toute la sévérité du représentant. Lamusse et sa femme sont donc conduits chez Carrier, qui, après avoir entendu les explications respectives, finit par statuer en disant aux citoyens dénoncés : « Si le comité vous a renvoyés, vous êtes libres ; au surplus, ajoute-t-il en s'adressant aux membres de la compagnie Marat, si vous avez de nouveaux griefs contre Lamusse et sa femme, vous pouvez les reconduire au comité, qui prononcera sur leur sort. »

Giret et Lebrun s'empressent de se rendre les premiers au comité. Lamusse, qui en pressentait les motifs, dit à Dubreuil : « Tu vois, mon ami, que l'on a envie de me perdre ; je te prends à témoin de la décision de Carrier, et je t'engage à soutenir la vérité. » Dubreuil le promet ; mais aussitôt qu'il paraît à la maison du comité on lui dit qu'il ne peut être admis. Dubreuil insiste ; il exhibe ses pouvoirs comme membre de la compagnie Marat ; enfin on le reçoit : il déclare qu'on ne peut se dispenser de rendre la liberté à Blanchard Lamusse, et que le représentant a dit n'avoir aucuns motifs pour s'y opposer. Alors Grandmaison s'écrie : « Si Lamusse est acquitté, je lui fends la tête en sortant du comité. »

*Le président,* aux accusés : Que répondez-vous sur cette déposition ?

*Les accusés :* Blanchard Lamusse était un ex-parlementaire de Rennes, dont le civisme était plus que suspect, et qui s'était permis dans des promenades publiques de tenir les propos les plus contre-révolutionnaires.

*Claude Giret,* peintre et membre de la compagnie Marat, dépose avoir fait plusieurs arrestations par ordre du comité, sans pouvoir s'en rappeler aucune.

*Le président,* au témoin : Est-ce le comité révolutionnaire, est-ce la compagnie Marat qui a commis tous les actes arbitraires ?

*Le témoin :* La compagnie Marat n'a jamais agi que par les ordres de Carrier ou ceux du comité.

*Chaux :* Je soutiens que différentes arrestations se sont faites par la compagnie Marat sans ordre du comité.

*Le président :* J'observe que la compagnie dont il s'agit tenait tous ses pouvoirs du comité révolutionnaire, qui dirigeait tous les mouvements de cette compagnie.

*Chaux :* Je ne puis m'empêcher de dire que le tribunal met aux prises la compagnie Marat avec le comité révolutionnaire.

*Le président :* Le tribunal n'a d'autre but que de savoir qui, du comité révolutionnaire ou de la compagnie Marat, a été influencé dans ses travaux, et de distinguer l'innocent du coupable.

*Chaux :* J'ai toujours pensé que le comité avait limité les pouvoirs de la compagnie Marat, et je m'étonne que cette limitation ne se trouve pas au dos de chaque commission.

*Un juré :* J'observe à Chaux qu'il n'existe aucune trace des limites dont il parle, et qu'il n'est pas possible d'y croire.

*Chaux :* Je n'en suis pas moins persuadé qu'il existe un arrêté du comité qui limite les pouvoirs de la compagnie Marat.

*La citoyenne Candry,* un des témoins, déclare

que Giret se prenait souvent de vin, et qu'il se permettait de faire des arrestations de son propre mouvement.

**Mathurin Coffinard**, vitrier et administrateur du district de Nantes, dépose qu'au mois de brumaire 1793, nommé par ses collègues pour délibérer sur la proposition faite aux corps administratifs de faire périr les prisonniers en masse, il se rend à l'assemblée, et rencontre Gicqueneau, qui lui dit que la mesure sanguinaire a été adoptée par le comité. Aussitôt les trois corps administratifs, d'un commun accord, envoient notifier au commandant la défense d'exécuter l'ordre barbare, et aux concierges celle de ne laisser extraire aucun prisonnier.

*Le président*, au témoin : As-tu connaissance des noyades et fusillades, et sais-tu quels en sont les auteurs?

*Le témoin* : Je n'ai que des ouï-dire sur les noyades, mais je sais que Fouquet et Lambertye étaient chargés de ces exécutions; on m'a dit aussi que des brigands se rendant à discrétion n'en avaient pas moins été fusillés.

*Le président*, au témoin : As-tu quelques renseignements sur une fusillade qui s'est faite à la porte du comité?

*Le témoin* : Je m'en retournais un soir chez moi; je rencontre Ramer, qui veut me persuader qu'à l'instant même on fusille des prisonniers sur la place. N'entendant aucun bruit ressemblant à une fusillade, je prends l'avertissement pour un conte; mais mon erreur n'est pas de longue durée; en avançant vers le comité, je vois venir à moi un homme dégouttant de sang; il m'aborde, lui et un autre, avec son sabre, et me dit : « Voilà comme nous les arrangeons. » Les victimes, au nombre de sept, avaient été massacrés à coups de sabre.

Le lendemain, à huit heures du matin, j'ai occasion de passer du côté du comité; je remarque du sang, des cheveux et des chapeaux sur la place.

*Le président*, au témoin : Les corps étaient-ils encore sur la place?

*Le témoin* : Les cadavres avaient été enlevés par ordre de la municipalité; on disait que c'étaient des brigands.

*Le président* : J'observe aux jurés que j'ai en ma possession une pièce qui atteste dans tout leur contenu la vérité des faits articulés par le témoin; il est constant d'après cette pièce que les sept prisonniers sabrés sortaient du comité, et qu'ils furent expédiés sur la place.

*Le président*, à Goulin : Avez-vous connaissance de cette exécution?

*Goulin* : C'est la première fois que j'en entends parler.

*Le président* : Je vous observe que l'ordre de fusillade est signé d'un membre du comité, et que c'est le même qui a fait enlever les cadavres le lendemain. — Connaissez-vous Lacroix?

*Goulin* : Aucunement.

Tous les accusés, interpellés l'un après l'autre sur la sabrade dont il s'agit, déclarent n'en avoir aucune connaissance.

*Le président*, au témoin : Quelle opinion as-tu de la moralité des accusés?

*Le témoin* : Dans l'origine de la révolution, je les regardais comme patriotes; mais je ne puis dissimuler qu'ils se sont permis bien des actes arbitraires dans les fonctions du comité, et que les arrestations se faisaient sur les motifs les plus légers.

*Bachelier* : Il faut bien distinguer la marche du comité dans les différentes missions des représentants du peuple, et surtout pendant celle de Carrier. Aussitôt l'absence de cet homme inabordable, de ce despote auquel personne ne pouvait résister, le comité a tenu un registre exact des détenus, et cette liste était bien exactement portée tous les jours au district.

*Le président*, au témoin : Ces faits sont-ils vrais?

*Le témoin* : En les avouant je ne fais que rendre hommage à la vérité.

*Le président*, au même : Les listes remises au district contenaient-elles les motifs de l'arrestation des détenus?

*Le témoin* : Après le départ de Carrier, toutes les arrestations étaient motivées dans les listes qui nous étaient destinées.

*Goulin* : La loi du 14 frimaire n'a été promulguée à Nantes que le 14 nivose, et nous n'avons pu nous y conformer avant de l'avoir reçue.

*Le président*, à Goulin : Si les arrestations avaient toujours été motivées, si les formalités eussent été observées, les détenus n'auraient pas gémi si long-temps dans les prisons sans obtenir justice.

*Chaux* : Le district est d'autant moins fondé à blâmer aujourd'hui nos mesures, qu'il a écrit au comité de sûreté générale une lettre approbative de notre conduite.

*Goulin* : On dit que le terreur était dans Nantes; elle n'y a jamais existé que pour les aristocrates, que pour les riches égoïstes, que pour les agents d'émigrés, que pour les fanatiques et les accapareurs; mais les sans-culottes, mais les républicains, mais les indigents n'ont jamais trouvé que des appuis, que des consolateurs dans le comité révolutionnaire de Nantes.

A Paris, l'on ne voit, l'on n'entend, l'on n'accueille que les Nantais frappés par la loi; nos adversaires ont beau jeu. Seuls ils parlent, seuls ils sont crus. C'est à Nantes, c'est devant le peuple de cette ville, que notre procès devrait s'instruire; c'est devant lui que nous pourrions confondre nos calomniateurs. Les sans-culottes de Nantes n'ont pas le moyen de faire des voyages coûteux, n'ont pas la ressource de venir à Paris cabaler et accaparer l'opinion publique; la partie n'est pas égale, et ne peut le devenir à cent lieues de l'endroit où se sont passés nos actes et nos prétendus forfaits. Comment balancer ce désavantage? courber la tête, attendre tout de l'opinion publique, et surtout du patriotisme des jurés.

On ne cesse de nous reprocher la scène du Bouffay, mais il faut en connaître les circonstances. Une épidémie effrayante, apportée par les brigands, régnait dans les prisons de Nantes; une insurrection éclate au Bouffay. La liste des révoltés et de leurs complices fut demandée par le représentant; elle lui fut remise, et ces deux motifs d'alarme lui firent prendre à leur égard le même parti que pour les cinquante Vendéens envoyés à Phelippes. La seule différence fut le genre de supplice; le même motif de terreur fit obéir à des ordres qui émanaient, disait-il, et de ses pouvoirs et de la nécessité.

Les préposés à cette extraction furent séduits par les circonstances et par les ordres despotiques de Carrier, ordres qu'il appuyait de mesures déjà exécutées en d'autres lieux.

La confiance aveugle dans la représentation nationale précipita dans l'abîme ceux qui eurent la faiblesse de se prêter à ses vues.

Voilà les fautes irréparables de quelques membres du comité ; mais, hélas! plus à plaindre que coupables, leur conduite, pure jusqu'alors, devrait leur valoir quelque indulgence.

Jurés, vous qui voyez nos fautes et en même temps notre bonne foi ; vous qui maintenant, éclairés par les débats sur notre caractère, ne devez voir en nous que des têtes chaudes, mais des cœurs francs, désintéressés et pénétrés de l'amour de la patrie, vous aurez pitié de pauvres sans-culottes qui abhorrent à tel point les ennemis de la république qu'ils voudraient n'en former qu'une seule tête pour l'abattre d'un seul coup, et délivrer ainsi leur pays des traîtres qui le déchirent.

Indulgence, citoyens jurés, indulgence pour des patriotes qui, sous l'égide de la représentation nationale, ont consenti à des mesures ultrà-révolutionnaires ; qui sentant même, il faut l'avouer, l'empire des circonstances, en étaient plus disposés à leur adoption.

Pourriez-vous, pour réparer des torts, des crimes même, ajouter aux cadavres de patriotes à des cadavres de brigands et de conspirateurs? Pourriez-vous, vous reportant sur les auteurs de semblables mesures, joindre aux cendres de tous les traîtres celles des républicains énergiques qui les immolèrent à leur juste fureur?

Angers, Saumur, Lyon, Marseille présentent les mêmes scènes, et leurs ordonnateurs sont paisibles, et en nous poursuivant vous contractez l'engagement de les poursuivre un jour.

On dit que la terreur a été dans Nantes; et moi je dis qu'elle est au milieu des patriotes qui n'osent révéler la vérité, qui tremblent encore au souvenir d'un tyran qu'ils croient encore voir la foudre en main ; les patriotes redoutent encore l'influence de Carrier dans la Convention.

*Le président*, à Goulin : C'est à tort que vous voudriez inculper le tribunal sur la manière d'instruire à votre égard; on n'y voit régner que la justice et l'équité; vous voyez le tribunal entrer dans les détails les plus minutieux pour découvrir la vérité, et il sera toujours plus flatté de rencontrer des innocents que des coupables.

*Le président*, au témoin : D'où venait la terreur dans Nantes?

*Le témoin* : On ne pouvait l'attribuer qu'à Carrier.

*Charles-Mathurin Sauvage*, tonnelier, membre de la compagnie Marat, dépose de la noyade du 25 frimaire, et qu'il était sur le Cours lorsqu'il vit le général Hector faire conduire à la plaine de Mauves quatre-vingts prisonniers, parmi lesquels étaient quatre ou cinq enfants de quatorze ou quinze ans, qui furent fusillés comme les autres.

*Philippe Hélin*, portefaix à Nantes, dépose de la noyade du poste de la Sécherie. Il déclare que, requis par Lambertye et Carrier pour se rendre à ce poste, il y trouva Lambertye, et des volontaires qui montaient la garde.

Il dépose également avoir lu les ordres qui étaient signés de Carrier et de Boivin ; il était défendu de parler aux détenus et d'en recevoir aucun don. Le bâtiment était chargé d'environ cinquante femmes; on les faisait monter l'une après l'autre pour les précipiter dans l'eau, ainsi que des enfants et des jeunes gens de quinze ans. Cette expédition se faisait sur une galiote hollandaise dont Lambertye se disait propriétaire.

Plusieurs femmes enceintes et de jeunes garçons restèrent dans le bâtiment.

A la suite de cette déposition, l'accusateur public requiert que les témoins O'Sullivan et Gauthier soient mis en jugement et joints aux accusés, comme étant leurs complices, ce qui est ordonné et exécuté sur-le-champ. (*La suite incessamment.*)

---

## CONVENTION NATIONALE.

*Présidence de Rewbell.*

*Rapport sur les taxes révolutionnaires, présenté à la Convention nationale par Cambon, au nom du comité des finances, à la séance du 6 frimaire.*

Les taxes révolutionnaires ont été établies par des représentants du peuple en mission, par des administrations, par des municipalités, par des sections, et même par des commissaires délégués : elles ont été presque toutes réparties et perçues par des agents nommés exprès : presque tout leur produit a été versé dans des caisses particulières ; les fonds en provenant devaient servir à payer les frais d'armement, d'équipement, et la solde des citoyens qui se levaient en masse pour la défense de la liberté et de l'égalité ; les secours ou indemnités dus aux pères, mères, femmes et enfants des défenseurs de la patrie qui se trouvaient dans le besoin ; les secours que la nation doit à l'indigence et au malheur ; les traitements que les circonstances obligeaient d'accorder à certaines fonctions qui étaient exercées par des citoyens peu fortunés ; enfin, pour divers besoins extraordinaires.

Ces mesures étaient nécessaires, peut-être même indispensables, lorsque les indemnités dues aux défenseurs de la patrie et à leurs familles étaient promises, mais que le mode de leur payement et de leur répartition n'était pas encore décrété ; lorsque les secours que la nation doit aux indigents n'étaient pas déterminés par la loi; lorsque la volonté nationale n'avait pas exigé le service personnel de tous les citoyens indistinctement, depuis dix-huit jusqu'à vingt-cinq ans ; lorsque les égoïstes, perdant de vue leurs intérêts les plus chers, sourds à la voix de la patrie, refusaient leur service personnel pour la défense des frontières envahies et de leurs propriétés, et essayaient même de résister à une mesure qui n'avait d'autre but que de retirer une partie des assignats qui étaient en circulation; lorsque la république trahie de toutes parts, presque toutes les armées désorganisées, il fallait en improviser de nouvelles pour arrêter et repousser les ennemis que la trahison avait introduits dans quelques-unes des places frontières et dans les ports, ou pour réprimer la guerre civile qui éclatait en plusieurs endroits, et obtenait même des succès alarmants; lorsque l'agiotage et la malveillance accaparaient et exportaient les denrées et marchandises, faisaient augmenter leur prix d'une manière alarmante, discréditaient les assignats afin de nous priver de cette ressource si nécessaire pour la révolution, et cherchaient à nous mettre dans l'impossibilité de pouvoir fournir aux armées les munitions, les vivres, les armes, les effets de campement et d'équipement qu'on réclamait de toutes parts, qui ne se trouvaient pas dans les magasins nationaux, et que les accapareurs qui les avaient en leur pouvoir refusaient de vendre à un prix quelquefois quintuple de leur valeur ordinaire; lorsque la France bloquée, les frontières et les côtes presque sans défense, étaient menacées sur tous les points, la famine à l'ordre du jour, et qu'il fallait tout approvisionner et mettre sur une défensive redoutable; lorsque les payements en numéraire se multipliaient à l'infini, tandis que le trésor public était à la veille d'en manquer; lorsque le gouvernement, sans autorité, méconnu et même attaqué par presque toutes les administrations, était entravé dans toutes ses opérations, au point que dans l'intérieur de la république sa correspondance, ses agents, les armes, les fonds publics, les convois militaires étaient interceptés, emprisonné, arrêté et employé contre l'autorité nationale ; enfin, lorsque les lois étaient sans force et sans vigueur, et que la patrie se trouvait dans le plus grand danger.

Les taxes révolutionnaires, nécessaires dans un moment de crise, risqueraient de compromettre la liberté si leur perception était trop prolongée ; il est donc du devoir des législateurs de les arrêter lorsque les dangers sont passés.

Des fripons ont profité des taxes révolutionnaires pour augmenter leur fortune ; ils se sont dépouillés du chapeau à plumet, des habits brodés et de l'épée, pour, avec un bonnet rouge, une moustache et une carmagnole, commettre mille vexations, et rendre odieux l'habit et le nom du sans-culotte, qu'ils ont tenté en vain de déshonorer et d'avilir.

Heureusement les circonstances ont changé ; les ennemis coalisés ont été obligés de fuir nos ports et nos places fortes ; la terre de la liberté n'est plus souillée par leur présence, les armées de la république se sont emparées du territoire et des places fortes qui appartenaient aux tyrans, et où leurs satellites espéraient trouver un asile. Ainsi, malgré tous les efforts de la coalition, le Rhin forme dans ce moment une limite inexpugnable du territoire de la république française. Ne perdons pas un instant pour régulariser et supprimer même certaines mesures que les circonstances avaient rendues nécessaires, et punissons ceux qui peuvent en avoir abusé.

Nous avons à gémir sur des excès qui ont été commis ; mais, en mettant la probité et la justice à l'ordre du jour, gardons-nous d'accuser en masse les citoyens qui ont été chargés du devoir terrible d'exécuter les lois révolutionnaires ; craignons de tomber dans un excès contraire ; craignons de servir des passions, craignons surtout de commettre des injustices. Les patriotes qui, dans les moments de danger, ont bien rempli leur devoir, méritent d'être distingués ; car, si nous n'y prenons garde, il pourrait se faire que, sous prétexte de vols et de dilapidations, les malveillants parvinssent à faire poursuivre et même punir indistinctement tous les agents de la révolution ; ils pourraient même tenter, sous ce prétexte, l'anéantissement du gouvernement démocratique que le peuple français a accepté ; ils diraient bientôt que les citoyens peu fortunés ne sont pas dignes de remplir des fonctions publiques ; ils auraient l'air de se rallier momentanément à la classe qu'on appelle intermédiaire, pour remporter cette première victoire ; s'ils réussissaient, fiers de leur premier succès, ils accuseraient bientôt ceux qui les ont aidés, et, sous le prétexte de dilapidations et de vols, ils chercheraient bientôt à s'emparer exclusivement des rênes du gouvernement, et à nous asservir.

Heureusement ces moyens ne peuvent avoir qu'un succès éphémère ; mais il est de notre devoir d'éclairer le peuple sur les pièges qu'on pourrait lui tendre, en lui instruisant que le gouvernement républicain n'est favorable qu'aux intrigants et aux voleurs. Prouvons-lui que la probité ne sont pas de vains mots, et que si, dans un moment de révolution, il s'est commis des vols et des dilapidations, la loi saura distinguer et punir ceux qui s'en sont rendus coupables, quels que soient leur masque et l'influence politique qu'ils paraissent avoir acquise. Rappelons-lui que, sous l'ancien régime, un courtisan, valant à lui seul plus que cent des fonctionnaires qui pourraient se trouver dans le cas d'être punis, se glorifiait impunément des vols, des excès et des dilapidations qu'il avait commis, sans que personne eût lui en demander compte.

Notre premier devoir, afin d'ôter à la malveillance les moyens de calomnier et poursuivre en masse ceux qui ont exécuté les lois révolutionnaires, est d'exiger des comptes très-détaillés de ceux qui ont eu le maniement, et même la surveillance des deniers, effets et marchandises de la république. Prenons des mesures pour connaître les vols et les dilapidations qui ont été commis avec le produit des sommes provenant des recettes dites révolutionnaires, qui ont été faites sans ordre et sans méthode, afin de pouvoir distinguer et faire punir ceux qui les ont fait tourner à leur profit, et pour rendre justice aux hommes probes qui ont bien rempli leurs fonctions.

Vous n'avez pas attendu jusqu'à ce jour pour vous occuper de la reddition des comptes des taxes révolutionnaires ; aussi, pour vous mettre à même de connaître les dispositions qu'il est nécessaire d'adopter, je vais vous rappeler les divers décrets qui les ont autorisées, et qui ont établi le mode de leur comptabilité.

Vous avez autorisé particulièrement, le 9 mai 1793, les sections de Paris à prendre les mesures convenables pour effectuer le recrutement demandé pour la guerre de la Vendée.

En exécution de cette loi, les sections de Paris ont contracté divers engagements, et, pour en acquitter le montant, elles ont établi des taxes révolutionnaires.

Cet exemple a été suivi par plusieurs départements, districts et municipalités.

Le 18 août 1793, vous avez approuvé l'arrêté pris par les représentants du peuple Chabot et Bô, qui établissait une taxe de guerre sur les gens suspects.

Presque tous les représentants du peuple envoyés dans les départements ont établi des taxes sous diverses dénominations et en prescrivant diverses formes.

Le 5 septembre 1793, vous avez accordé une indemnité de 3 livres par jour aux membres des comités de salut public qui ont été appelés ensuite aux comités révolutionnaires ; le fonds pour cette dépense devait être fait au moyen d'une taxe sur les riches.

Le décret du 14 frimaire an 2 porte qu'aucune taxe ne pourra être établie qu'en vertu d'un décret.

Votre comité des finances vous annonça, le 16 frimaire an 2, que le recouvrement et l'emploi du produit des taxes révolutionnaires étaient inconnus au gouvernement, qu'il était par conséquent impossible de les surveiller, et de prévenir les abus et les dilapidations qui pouvaient se commettre ; il vous dit que la trésorerie nationale n'avait reçu aucunes sommes provenant de ces taxes ; il vous témoigna les craintes qu'il avait que des personnes, à la faveur d'un patriotisme emprunté et d'un costume pour lors à la mode, ne se fussent mises sur les rangs pour s'enrichir de leur produit ; il vous propose et vous décrétâtes que les taxes établies par des autorités incompétentes ou par des comités révolutionnaires seraient versées à la trésorerie nationale.

Le 16 frimaire an 2, vous déclarâtes nuls les arrêtés des représentants du peuple ou des comités révolutionnaires portant taxe sur des citoyens ou réquisition de matières d'or et d'argent ; mais le lendemain, sur la proposition du comité de salut public, vous rapportâtes ce décret.

Le 15 nivôse an 2, vous ordonnâtes que les comités révolutionnaires, et tous ceux qui avaient perçu ou fait percevoir des taxes révolutionnaires, militaires ou autres, seraient tenus d'en rendre compte.

Cette loi n'avait pas été entendue, parce qu'elle ne déterminait ni le mode de comptabilité, ni les personnes auxquelles les comptes devaient être rendus ; d'un autre côté, on avait cherché à éluder la loi du 16 frimaire an 2, en lui donnant une fausse interprétation, et on n'avait fait aucun versement à la trésorerie.

Votre comité des finances vous propose, le 30 germinal an 2, des mesures afin de hâter la reddition des comptes et le versement des deniers que vous aviez ordonnés ; sur sa proposition vous chargeâtes les commissaires de la trésorerie nationale du soin de faire rentrer dans les caisses nationales le montant des taxes révolutionnaires, et de se procurer le compte des dépenses qui auraient été acquittées avec leur produit.

Un arrêté du comité de salut public, du 27 prairial an 2, inséré au Bulletin de la Convention du 29 du même mois, étendit ces dispositions à toutes les recettes extraordinaires auxquelles les circonstances avaient donné lieu ; il exigeait qu'on rendît compte, non-seulement des taxes révolutionnaires, mais encore des emprunts, des saisies ou confiscations des espèces d'or ou d'argent, des échanges du numéraire contre des assignats, des dons volontaires, et il règle le mode de comptabilité pour l'argenterie des églises.

Les citoyens qui avaient perçu ou reçu en dépôt quelqu'un de ces objets étaient obligés d'en adresser le compte, avant le 1er fructidor, à l'agent national du district.

Les officiers municipaux des communes où il avait été fait des perceptions de cette nature étaient tenus d'en faire un relevé qu'ils devaient adresser de même à l'agent national, avec les pièces et procès-verbaux qui pouvaient justifier les recettes et leur emploi.

L'agent national devait faire imprimer et afficher dans toutes les communes du district le relevé desdits comptes, suivant les modèles qui devaient lui être envoyés par la trésorerie nationale.

La publicité de ces comptes, leur affiche, leurs détails circonstanciés, et de fortes peines mises devant les yeux des comptables ou dépositaires qui auraient été tentés de retenir les deniers ou effets en provenant, devaient suppléer au défaut des moyens authentiques pour en constater la recette.

Les réclamations qui pouvaient s'élever après l'affiche du compte sur des faussetés, omissions ou mauvais emplois, devaient être adressées à l'agent national du district, qui devait vérifier les faits et en transmettre le résultat aux commissaires de la trésorerie nationale.

Le directoire devait donner son avis et ses observations sur la recette desdits comptes et sur l'allocation ou rejet des dépenses.

L'agent national devait transmettre le tout aux commissaires de la trésorerie nationale avant le 1er vendémiaire, et il devait faire verser sans délai les reliquats desdits comptes dans les caisses des receveurs de district.

Les commissaires de la trésorerie nationale furent chargés de correspondre avec les agents nationaux et les directoires de district, pour l'exécution tant de la loi du 80 germinal que de cet arrêté qui en était le développement.

Le 16 fructidor dernier, vous avez décrété que les défenseurs de la patrie qui servent sous les drapeaux de la république, par suite de l'enrôlement fait par les communes ou sections, seraient assimilés, eux et leur famille, à ceux qui jouissent des secours ou des indemnités portés par la loi du 13 prairial an 2.

Les communes ou sections, qui avaient promis une condition plus avantageuse, ont été obligées de parfaire l'excédant, et de se procurer les fonds par les mêmes moyens qu'elles avaient employés jusqu'alors, conformément au décret du 9 mai 1793.

Enfin, le 19 vendémiaire an 3, vous avez renvoyé à votre comité des finances la proposition qui vous fut faite de remettre aux contribuables les taxes révolutionnaires imposées dans divers départements.

Telle est la législation que les circonstances ont établie sans bases et sans principes, et qu'il est important de régulariser, afin de ne pas laisser exister une fluctuation dans les opinions et une diversité dans les opérations, ce qui est très-contraire à l'ordre que vous voulez établir.

Avant de vous présenter les vues de votre comité, je dois vous rendre compte de l'exécution qu'ont reçue ces différentes lois.

Les commissaires de la trésorerie nationale ont correspondu d'abord avec toutes les administrations de district, et depuis avec les agents nationaux, pour leur demander les renseignements les plus détaillés relativement aux taxes révolutionnaires, dons volontaires, saisies, emprunts, etc.; ils leur ont adressé des modèles de comptes pour les mettre à portée de guider les communes sur la forme de ceux qu'elles auraient à rendre.

Les premiers résultats de cette correspondance sont réunis dans un état général remis par les commissaires de la trésorerie à votre comité des finances: tous les districts pour lesquels il était parvenu des réponses au moment de la formation de cet état y sont divisés en trois classes.

La première comprend les districts qui ont répondu qu'il n'y avait eu ni taxes révolutionnaires, ni dons civiques: ils sont au nombre de deux cent trois;

La seconde comprend ceux dans lesquels il n'y a eu que des dons civiques: vingt-six seulement se trouvent dans ce cas;

Enfin, la troisième comprend ceux où il y a eu des taxes révolutionnaires et des dons civiques: cette dernière classe est composée de cent trente-trois districts.

Ainsi, on sait cent soixante-deux districts seulement avaient répondu d'une manière positive lorsque l'état général a été formé; les autres cent quatre-vingt-neuf ou n'avaient pas encore répondu, ou n'avaient fait que des réponses insuffisantes: il a été écrit plusieurs fois aux uns et aux autres pour presser l'exécution de la loi.

On ne peut se dissimuler que la reddition et vérification de compte sont d'une exécution extrêmement difficile, si l'on considère qu'en général aucunes formes n'ont été remplies pour l'établissement des taxes révolutionnaires, et que la perception en a été confiée à une foule d'agents divers. On voit, par exemple, dans le district de Montbrison, qu'il n'a été arrêté aucun rôle, et qu'il n'a point été tenu registre des recouvrements.

Dans le district d'Hazebrouck, il a été levé diverses sommes et enlevé divers effets dans les maisons par quelques individus se disant membres d'une armée révolutionnaire; plusieurs des sommes et effets enlevés et déposés au comité de surveillance ont été restitués aux particuliers; 30,000 livres ont été versées dans la caisse du payeur de l'armée, par Beauvoisin, qui était à la tête de cette prétendue armée révolutionnaire.

Dans le district de Vervins, les taxes ont été levées avec des formes très-vexatoires sur des citoyens qu'on incarcérait et qu'on mettait ensuite en liberté moyennant une rétribution.

Dans le district de Villefranche, de l'Aveyron, les administrateurs avaient annoncé que la recette était de 138,025 liv., tandis que le bordereau du receveur de district ne la porte que pour 41,919 liv.; il paraît que cette différence provient des dilapidations pour lesquelles le représentant du peuple Bô a fait traduire devant les tribunaux deux membres du comité de surveillance.

Le bruit public nous annonce que la recette des taxes a été exécutée d'une manière très-irrégulière, s'il faut en croire divers avis; il paraît qu'on a employé dans plusieurs endroits les mêmes formes et les mêmes moyens que dans les districts d'Hazebrouck et de Vervins; on assure même que plusieurs perceptions ont été faites par des personnes qui n'ont pas voulu fournir le récépissé des sommes qu'elles percevaient.

Ce n'est donc qu'avec la plus grande peine que l'on peut saisir la trace de ce qui s'est passé; et les premiers détails donnés par les administrations de district se ressentent nécessairement de ces difficultés. Il faut discuter ces renseignements incomplets, relever les inexactitudes qu'ils présentent, indiquer les nouvelles recherches à faire pour arriver autant que possible à compléter les résultats et à connaître le véritable montant des recettes.

La publicité que les agents nationaux ont ordre de donner aux comptes qui leur seront rendus pourra donner lieu à des déclarations utiles de la part des contribuables qui ne se trouveraient pas portés sur ces comptes; et si quelques comptables infidèles avaient dissimulé une partie de leur recette, nous aurions l'espoir de parvenir ainsi à les reconnaître et à les convaincre.

Votre comité a pensé qu'il serait convenable de convertir en loi les dispositions de l'arrêté du comité de salut public du 27 prairial an 2, afin de leur donner une plus grande autorité et de les rendre plus authentiques. Il vous propose de supprimer la peine de mort qui y était portée, conformément à la loi du 22 prairial, contre les dilapidateurs. Nous avons cru devoir écarter tout ce qui était porté dans cette loi de sang et avoir recours au code pénal qui a été décrété par l'Assemblée constituante, cette législation étant plus analogue aux principes de justice que vous avez adoptés.

Nous vous proposons donc de charger en même temps les commissaires de la trésorerie nationale de faire imprimer, lorsque les renseignements des districts, dont la situation varie actuellement tous les jours, seront définitivement réunis, et au plus tard d'ici au 1er germinal prochain, l'état sommaire des recettes et dépenses provenant des taxes révolutionnaires, et de les faire distribuer à tous les membres de la Convention, afin que chacun de nous puisse examiner et prendre les renseignements nécessaires pour s'assurer si les résultats du compte cadreront avec les connaissances qu'il pourra avoir, et mettre ainsi à portée les commissaires de la trésorerie de faire les nouvelles recherches qui seraient jugées utiles à l'intérêt public.

*(La suite demain.)*

---

**SUITE DE LA SÉANCE DU 19 FRIMAIRE.**

Pelet, au nom du comité de salut public, annonce les prises suivantes :

*Courrier du 24 brumaire. — Prises faites par la division de la frégate* la Vestale, *capitaine Laindet.*

Un navire anglais de 200 tonneaux, chargé de morue ;

Un *idem* espagnol, chargé de deux mille quatre cents quintaux de légumes secs ;

Deux navires chargés de diverses marchandises ;

Un *idem* de 150 tonneaux, chargé de deux cent cinquante barriques de vin de Malaga, fer et acier ;

Un bâtiment espagnol coulé à fond.

*Prise entré au Fort-Hercule.*

Un bâtiment espagnol chargé de diverses marchandises.

*Courrier du 26 brumaire. — Prises entrées à Bordeaux.*

Un navire anglais chargé d'huile d'olive, pris par la frégate *la Républicaine française ;*

Un navire anglais de 100 tonneaux, chargé de morue, coulé à l'approche des côtes.

*Courrier du 30 brumaire. — Prises entrées à Rochefort.*

Une galiote hollandaise de 600 tonneaux, chargée de sel, cuir et laine, prise par la frégate *la Républicaine française ;*

Un navire anglais de 100 tonneaux, chargé de fruits secs, pris par la frégate *la Citoyenne française.*

*Prise entrée en rivière de Nantes.*

Un navire anglais de 250 tonneaux, chargé de charbon de terre.

— Sur le rapport de Dubois-Dubais, le décret suivant est rendu :

« La Convention nationale, après avoir entendu le rapport de son comité de secours publics,

« Décrète que la trésorerie nationale paiera, sur le vu du présent décret, au citoyen Pierre Pinsard, volontaire dans le 16e bataillon d'infanterie légère, dont le bras a été emporté d'un boulet de canon à la bataille de Fleurus, la somme de 300 liv., à titre de secours provisoire, non imputable sur la pension à laquelle il a droit ;

« Et renvoie à son comité d'instruction publique ce qui est relatif à la conduite héroïque de ce militaire. »

*Suite de la discussion sur le code civil.*

Cambacérès lit l'article VIII.

« L'enfant d'une femme non mariée ne peut être re-

connu que par l'homme qui n'était pas marié deux cent quatre-vingt-six jours avant la naissance de cet enfant, »

Cet article est adopté.

Cambacérès lit l'article IX.

« Toute reconnaissance est sans effet si elle n'est confirmée par l'aveu de la mère, quand elle peut le donner. »

EHRMANN : Je demanderais qu'on expliquât ces mots : « Quand elle peut le donner, » si c'est dans le cas de mort, absence outre-mer ou de démence.

LE RAPPORTEUR : Vous avez voulu que le code civil fût court, et c'est pour cela qu'il ne contient que les bases de la législation : nous présenterons ensuite les lois de développement. Ouvrez le décret du 17 septembre 1793, et vous verrez quels sont les divers cas où le consentement de la mère peut être suppléé, ceux de mort, de démence, etc. Nous avons pensé que la mère, étant le témoin le plus incontestable de la paternité, devait contribuer à l'établir, mais aussi que, dans le cas où elle ne pourrait le donner, il fallait qu'on pût aller en avant, et ce n'est que cela que nous avons voulu exprimer ici.

L'article est adopté.

Cambacérès lit l'article X.

« La loi n'admet pas la recherche de la paternité non avouée.

« Elle réserve à l'enfant méconnu par sa mère la faculté de prouver contre elle sa filiation. »

PONS (de Verdun) : Je crois que cet article est susceptible de faire naître quelques observations. Il me semble, d'après le sens qu'il présente, qu'un homme qui aurait reconnu dans des écrits émanés de sa main, tels que des lettres adressées à des amis, ou même une correspondance continue entre la mère de l'enfant et lui, ou par des déclarations verbales faites devant un grand nombre de témoins, qu'il est le père de l'enfant, pourrait revenir contre ces deux aveux, parce que l'écrit ne serait point un acte public exigé par la loi, et qu'elle n'admet point dans ce cas le témoignage verbal. Ainsi la maternité serait incontestable, et la paternité dépendrait de l'aveu qu'un homme voudrait faire ou ne pas faire ; ainsi la mère resterait chargée de son enfant, et le père s'en débarrasserait par une dénégation, quoique tout concourût à prouver qu'il est l'un des auteurs de ses jours. Je demande le renvoi de l'article au comité pour y être examiné.

MAILHE : Cet article ne règle que la manière dont l'aveu devra être fait ; ce n'est que par la suite qu'il faudra régler ce mode. Je pense que cet aveu doit être fait par écrit ; mais je pense aussi que les recherches inquisitoriales sur la paternité sont le plus grand scandale qui puisse affliger les mœurs. Je soutiens qu'en décrétant que les aveux de la paternité devront être écrits vous aurez beaucoup fait pour la morale publique ; vous aurez repoussé ces idées absurdes, reçues dans l'ancien régime, qu'un homme pouvait séduire une femme déjà âgée, ou qu'une femme pouvait séduire un homme, assertions ridicules qui donnaient naissance à des procès ruineux ; vous aurez enfin proscrit le libertinage, et encouragé les unions légitimes. Je demande que l'article soit décrété tel qu'il est.

*** : Mailhe vient de prouver qu'il est nécessaire que les aveux de la paternité soient écrits ; je vais encore ajouter un motif de plus à ceux qu'il vous a présentés. Vous savez, citoyens, combien les jeunes gens en général ont de jactance ; combien il en est qui se flattent d'avoir eu un commerce avec des femmes qu'ils n'ont jamais vues. N'y aurait-il pas à craindre, si l'on n'admettait que le témoignage verbal, qu'on n'attribuât à un de ces présomptueux la paternité d'un enfant qui ne lui appartiendrait pas? Ainsi une femme, pour couvrir sa faute ou pour trouver un appui à la place de celui qu'elle aurait perdu, chargerait un homme du fruit de sa débauche qu'il n'aurait jamais partagée avec elle, et outragerait la justice et les mœurs. Je conclus qu'il faut que les aveux de la paternité soient écrits.

DURAND-MAILLANE : Les préopinants ne font pas attention que l'article X n'est que le complément, que la suite immédiate du principe que la Convention a consacré dans l'article VI, et qui est conçu en ces termes : « L'enfant a pour père celui que le mariage désigne, ou celui qui le reconnaît dans les formes prescrites, ou celui qui l'adopte ; » de sorte qu'on ne peut attaquer l'article X sans attaquer l'article VI. Il suffirait, pour faire cesser la difficulté, de répéter ici ces mots : «dans les formes prescrites.»

LE RAPPORTEUR : Pour pouvoir bien apprécier cet article, il faut entrer dans des détails un peu étendus. Lorsque la Convention se rassembla, un cri général se fit entendre en faveur de ces enfants qu'on appelait naturels, et qu'il était temps d'appeler libres. Le comité de législation vous présenta sur cette matière une loi que vous adoptâtes ; mais vous sentîtes en même temps que, si la justice réclamait que vous missiez les enfants nés hors mariage au même rang que ceux qui étaient nés d'une union légitime, l'intérêt de la société et celui de la morale publique exigeaient aussi que vous prissiez des précautions pour empêcher qu'on abusât des dispositions sages de cette loi. Aussi celle du 12 brumaire pourvut-elle au moyen d'empêcher la fraude, et l'on y est parvenu; car il résulte de la correspondance du comité de législation que peu de procès de ce genre ont réussi, parce que peu de personnes ont été en état de fournir la preuve exigée par la loi.

Personne n'ignore combien, dans les habitudes de la vie, il est facile de répandre la présomption d'une paternité qui n'a jamais existé; c'est pour cela que la loi du 12 brumaire a exigé la reconnaissance du père.

Vous avez encore prévu le cas où il n'existerait plus ; et vous avez dit qu'alors on suppléerait au défaut de sa reconnaissance par la preuve des soins donnés, à titre de paternité, pour l'entretien et l'éducation de l'enfant, et vous avez fait dépendre cette preuve des actes publics ou privés émanés du père. Il s'est élevé des difficultés sur ce mot actes; on a craint que le payement des frais de gésine, d'entretien et de nourrice, qu'un homme aurait fait par bienfaisance pour une femme et son enfant, ne fût regardé de sa part comme une reconnaissance de l'enfant, comme un aveu de sa paternité, et l'on a substitué le mot écrit au mot acte. Voilà l'état actuel de la législation sur cette partie.

Cette loi, qu'on peut appeler de circonstance, n'a rien de commun avec le code civil, dont les principes doivent être éternels; il s'agit d'établir un système de morale et de justice. Il ne faut point opposer la faiblesse du sexe; il faut que toutes les femmes sachent bien que, toutes les fois qu'elles se livreront à un homme sans avoir pris les précautions nécessaires pour assurer l'état de l'enfant qui pourrait naître de leur commerce, elles seront exposées à en être seules chargées.

Je soutiens que l'article dont il s'agit délivrera les mœurs d'un ennemi, et donnera un frein de plus aux passions. Il faudra cependant laisser subsister l'ancienne loi pendant un espace de temps, parce qu'on ne peut pas exiger que ceux qui ont vécu sous les habitudes anciennes l'austérité de mœurs qu'on n'acquiert que sous le régime républicain.

Il est évident que la justice et la morale publique se réunissent pour repousser le système admis jusqu'à ce jour, et pour vouloir que la paternité soit avouée par celui à qui on l'attribue. La loi du 12 brumaire doit subsister jusqu'à l'adoption des lois organiques qui développeront le code ; ce sera par ces lois que vous prescrirez les formes de l'aveu. Vous voulez qu'un homme qui n'est pas marié puisse reconnaître l'enfant à qui il aura donné le jour ; mais il faut que ce soit avec les formalités nécessaires, sans quoi il vaudrait autant abolir le mariage.

L'article est adopté.

La séance est levée à quatre heures.

### SÉANCE DU 20 FRIMAIRE.

RICHARD, au nom du comité de salut public : Nous vous avons annoncé, il y a quelques jours, une victoire éclatante remportée par l'armée des Pyrénées-Orientales ; aujourd'hui c'est de l'armée des Pyrénées-Occidentales que nous allons vous entretenir.

Voici la lettre des représentants du peuple près cette armée :

*Les représentants du peuple près l'armée des Pyrénées-Occidentales à leurs collègues du comité de salut public.*

Au quartier général, à Saint-Sébastien (pays conquis), 15 frimaire, l'an 2e de la république une et indivisible.

« Vos désirs et vos vœux sont remplis, citoyens collègues ; les Biscaïens ont été battus, mis en déroute, et l'armée du général Ruby n'a dû son salut, lui-même, qu'à la fuite. La division de droite de l'armée de la république s'est ébranlée le 7, et s'est mise en mouvement le même jour sur trois colonnes; l'une commandée par le général de brigade Laroche, marchant par Aspéitia ; la seconde commandée par le général de brigade Schilt, marchant par Guettaria ; la troisième, commandée par le général de division Henri Frégeville, ayant sous ses ordres le général de brigade Merle, venant de Lecumbery, marchant par Villaréal.

« Le 8, l'armée républicaine et l'armée espagnole furent en présence ; à midi l'attaque commença par la colonne des grenadiers, commandée par le chef de bataillon Gravier, et quelques compagnies d'infanterie légère et tirailleurs ; les colonnes commandées par les généraux Laroche et Schilt agirent de concert, culbutèrent l'ennemi, le chassèrent de toutes ses positions. La victoire se décida presque au même moment de l'attaque en faveur des républicains ; environ trois cents Espagnols ont mordu la poussière, deux cents sont en notre pouvoir, parmi lesquels cent cinquante gardes-wallonnes, qui, nés Français, ont mis bas les armes et sont venus se confondre dans les rangs des républicains. Les fruits de cette victoire sont quatre drapeaux, dont l'un du bataillon des gardes-wallonnes, les deux du régiment de Medina-Celi, et l'autre du régiment des volontaires de Guipuzcoa, une pièce de canon de bronze, l'unique qu'eût l'armée espagnole, la caisse militaire et les magasins du quartier général de Bergara ; des munitions de bouche et de guerre, douze fonderies, toutes en activité, que l'ennemi dans sa fuite n'a pu détruire, et qui, placées dans le territoire occupé par les troupes de la république, forment pour la nation une masse inappréciable de richesses, et quatre à cinq mille fusils ou carabines. Nous avons trouvé dans la ville de Bergara, quartier général des ennemis, et dans la maison du général Ruby, une quantité considérable de matières d'or et d'argent provenant de vases et décorations des églises que le pieux général espagnol avait dévotement pillées lui-même, pour éviter la profanation des Français.

« Les deux jolies villes d'Ascuatia et d'Aspéitia sont au pouvoir de la république ; une nombreuse garnison, aux ordres du général de brigade Schilt, lui en assure la propriété.

« Nous ne pouvons vous donner des nouvelles des gardes du corps du roi d'Espagne, parce que leur haute noblesse ne leur a pas permis de se mesurer avec les sans-culottes français; ils ont pris la fuite au galop, pour nous faire connaître l'agilité de leurs chevaux andaloux. Si le général Frégeville n'eût pas été égaré dans les montagnes par le guide qui conduisait la colonne, c'en était fait de l'armée espagnole aux ordres du général Ruby, qui s'est sauvé lui-même à la nage, laissant son bel habit brodé, qui est devenu la casaque d'un tambour de grenadiers qui le suivait le sabre à la main.

« Témoins de la bonne conduite des généraux, officiers et soldats, nous ne nous permettons de particulariser les actions d'aucun; tous ont bien mérité de la patrie.

« Les 9, 10 et 11 ont été employés à constater ou à évacuer les magasins de l'ennemi vaincu; nous sommes ensuite rentrés à Tolosa, où nous avons fait solennellement l'inauguration du drapeau et de la couronne civique que vous avez envoyés à l'armée des Pyrénées-Occidentales. Cette récompense civique a été reçue avec les transports d'une joie pure et vive par les troupes formant un bataillon carré, en présence des prisonniers de guerre, et les drapeaux des vaincus foulés aux pieds des vainqueurs.

« Le général en chef Moncey vous rendra compte des détails militaires, et, en faisant envoi des quatre drapeaux pris à cette dernière expédition, il y joindra celui des autres drapeaux pris dans la Navarre.

« Salut et fraternité.

« Signé GARRAU, BAUDOT, DELCHER. »

CREUSÉ-PASCAL : Citoyens, il existe une infâme conspiration dont j'ai les preuves en main. Il est important que vous sachiez à temps les complots des conspirateurs, pour que vous puissiez les déjouer. Je demande donc que la Convention m'autorise à faire imprimer toutes les pièces officielles qui me sont parvenues.

ANDRÉ DUMONT : Il paraît indispensable, avant que la Convention décrète l'impression des pièces dont parle notre collègue, qu'il soit invité à aller au comité de sûreté générale les communiquer, afin qu'on puisse prendre sur-le-champ les mesures convenables. Après, la Convention décrétera, si elle le juge à propos, l'impression des pièces.

Cette proposition est décrétée.

CREUSÉ-PASCAL : La conspiration a eu lieu, et des faits nous le prouvent. Je pense qu'il est inutile d'aller auparavant au comité de sûreté générale. Y a-t-on été lors des noyades et des fusillades? Je demande à être autorisé à faire imprimer les pièces qui m'ont été confiées, parce que je ne puis m'en dessaisir.

ROVÈRE : J'ai beaucoup de confiance en nos comités, mais je demande que notre collègue soit autorisé à faire imprimer d'abord ses pièces, sauf à lui d'aller après au comité de sûreté générale. Je ne dis point que le comité puisse en abuser, mais je suis bien aise de dire ici que l'on a escamoté beaucoup de pièces depuis le 9 thermidor (applaudissements), même de celles qui regardaient les complices de Robespierre.

TREILHARD : Je m'oppose à ce qu'on adopte les deux mesures proposées, parce qu'elles sont contradictoires. Pourquoi, en effet, invite-t-on notre collègue à aller au comité de sûreté générale? C'est parce qu'il y a des mesures à prendre pour arrêter la fuite des coupables; l'impression des pièces les avertirait qu'ils sont connus; par conséquent l'autorisation que vous donneriez de faire imprimer ces pièces détruirait celle que vous avez donnée d'aller au comité de sûreté générale les communiquer. Il y a eu des pièces égarées, je l'avoue, mais c'est ici un cas particulier, et il est impossible que cela arrive; au surplus notre collègue fera enregistrer les pièces s'il les laisse, ou il les gardera après en avoir donné connaissance; car le décret ne porte pas de les laisser, mais de les communiquer. Je demande donc l'ordre du jour.

PIERRET : Il n'y a rien de si facile d'accorder ces deux propositions; notre collègue n'a qu'à aller d'abord au comité de sûreté générale communiquer les pièces; le comité les fera ensuite imprimer.

PERRIN : Je demande que notre collègue soit tenu seulement de communiquer les pièces au comité de sûreté générale; il les remportera, et le comité nous dira s'il faut les faire imprimer ou non.

La Convention passe à l'ordre du jour.

Creusé-Pascal sort pour aller au comité de sûreté générale.

— On admet quelques pétitionnaires.

CHARLES DELACROIX : Je demande la parole sur une des pétitions qu'on vient de vous présenter.

Citoyens, j'ai toujours regardé comme le premier devoir des représentants du peuple en mission de faire respecter et chérir la Convention nationale. Ce principe, toujours sacré pour Musset, mon collègue dans le département de Seine-et-Oise, et pour moi, nous a déterminés à faire exécuter avec la plus grande célérité la disposition de la loi concernant les meubles et immeubles de la liste civile qui, dans les communes où il n'existait pas de biens communaux, assurait un arpent de terre à chaque chef de famille. Nous avons pris des arrêtés pour cet objet. Ainsi, le génie de la liberté et la bienfaisance nationale assuraient à quinze cents pères de famille du travail et du pain; mais le génie de la fiscalité paraît vouloir en décider autrement : il veut enlever à ces citoyens pauvres et laborieux le champ qu'ils ont mis à profit et arrosé de leur sueur, et qui les attachait à la Convention nationale par les doux liens de la reconnaissance, à la patrie par ceux de la propriété. Ainsi, des agents subalternes osent manquer au respect dû à la représentation nationale, et violer des arrêtés qui durent être pour eux des lois sacrées tant que vous ne les avez pas annulés. Je demande le renvoi de la pétition qui vient de vous être présentée au comité des finances, qui sera chargé de vous en faire un rapport et d'examiner la conduite des agents de la commission des revenus nationaux.

Cette proposition est décrétée.

CHARLES DELACROIX : Vous allez juger la conduite de ces agents. L'un d'eux, Deschives, nommé commissaire pour la levée des scellés chez le receveur des domaines de Versailles, y a trouvé des copies de quelques-uns de nos arrêtés; il s'est permis de consigner dans ce procès-verbal que ce receveur nous avait influencés pour ces arrêtés, qu'il prétend être contraires à la loi du 13 juin 1793. Je demande que sa conduite soit examinée par le comité des finances.

Cette proposition est adoptée.

(La suite demain.)

N. B. — Dans la séance du 21, différentes sections de Paris sont venues applaudir à la rentrée des soixante-treize députés.

---

*Payements à la trésorerie nationale.*

Le payement du perpétuel est ouvert pour les six premiers mois; il sera fait à tous ceux qui seront porteurs d'inscriptions au grand livre. Celui pour les rentes viagères est de huit mois vingt et un jours de l'année 1793 (vieux style).

## POLITIQUE.

### RUSSIE.

*Pétersbourg, du 15 octobre.* — La cour vient de faire faire un dénombrement de tous les habitants mâles contribuables de la Russie. La première classe, celle des négociants, bourgeois et ouvriers, monte à 544,391 hommes; la seconde, celle des *voituriers*, monte à 37,711 hommes; la troisième, celle des paysans, monte à 11 millions 232,209 hommes. Le total monte à 11 millions 614,000 contribuables.

En y ajoutant un nombre égal de femmes, et en outre la population mâle et femelle des cinq gouvernements de Kolivan, Tobolsk, de Permak, du Caucase, des îles Kasily, les troupes de terre et de mer, la noblesse, le clergé, les employés à la cour et aux tribunaux, les colons, etc., la population entière est évaluée à 27 millions.

— Il vient de paraître un ukase relativement aux fabriques d'eau-de-vie; cette ordonnance étend à tous les gouvernements de l'Etat la ferme de l'eau-de-vie établie dans ceux de Tambow et de Toula.

Le premier article détermine ce que chaque noble pourra brûler d'eau-de-vie pour son usage; le deuxième admet les nobles à contracter pour cette ferme avec le gouvernement; le troisième enjoint au sénat de faire un règlement sur le mode des marchés à conclure. Par le quatrième il est ordonné à toutes les administrations chargées de la police de veiller à ce que ceux qui auront conclu des marchés suivant le mode prescrit ne commettent pas de fraude.

— Deux nouvelles ordonnances ont été publiées. L'une porte qu'il sera fait un recrutement dans tout le gouvernement de Russie, y compris celui de Pétersbourg, pour compléter les armements de terre et de mer.

On est prévenu par l'autre qu'il va être levé une recrue par deux cents âmes, à compter du 15 octobre de cette année au 1er janvier 1795, époque où le complétement doit être terminé; que les années de service pour les recrues des gouvernements d'Igislaw, Breslaw, Minsk, Polotsk et Mobillow sont fixées à vingt, et que les marchands et les Juifs ont à payer la taxe de 500 roubles pour chaque recrue dans ces gouvernements.

### PAYS-BAS.

*Bruxelles, le 15 frimaire.* — Les représentants du peuple près les armées du Nord et de Sambre-et-Meuse, réunis à ceux envoyés dans les départements du Nord et du Pas-de-Calais,

Informés que plusieurs citoyens désirent contracter mariage devant le magistrat, à l'instar de ce qui se passe en France;

Considérant qu'en maintenant les usages reçus dans la Belgique, il reste toujours pour principe que les parties peuvent y renoncer quand l'ordre public n'est point blessé;

Voulant concilier ce qui est dû en cette matière aux principes de la liberté individuelle avec les usages conservés du pays;

Arrêtent ce qui suit:

Art. 1er. Le magistrat est autorisé, dans toute l'étendue de la Belgique, de donner acte de mariage aux parties qui se présenteront à cet effet devant lui, après néanmoins la publication qui aura lieu conformément aux lois de la république. Il pourra aussi, lorsqu'il en sera requis, donner acte des naissances et décès. Le tout sera constaté dans des registres spécialement tenus à cet effet.

II. Hors le cas d'une réquisition expresse au magistrat de la part des citoyens intéressés, les mariages, naissances et décès continueront d'être constatés, comme par le passé, par les ministres du culte, sans qu'à cet égard ils puissent être inquiétés en aucune façon.

*Signé* PORTIEZ (de l'Oise), T. BERLIER, ROGER-DUCOS, BRIEZ, J.-B. LACOSTE et N. HAUSSMAN.

### SUISSE.

*Extrait d'une lettre de Frawendelt, du 20 novembre.* — On disait qu'un chambellan du roi de Prusse était arrivé à Bâle, la grande clef du temple de Janus sur le pan de sa robe; mais l'on tient pour certain que le lieutenant-colonel baron de Meiring, de l'état-major du roi de Prusse, est parti le 8 de ce mois pour se rendre à Bâle, accompagné d'un secrétaire intime. Il est permis de dire au public que c'est pour l'échange des prisonniers; mais le public croit que c'est pour négocier la paix, dont la Prusse doit avoir besoin.

---

### RÉPUBLIQUE FRANÇAISE.

#### TRIBUNAL CRIMINEL RÉVOLUTIONNAIRE.

*Suite de la procédure du comité révolutionnaire de Nantes.*

*Templé*, 163e témoin, cordier à Chantenay, dépose avoir vu Fouquet, armé de son sabre, frappant des prisonniers sur un chaland qu'il a fait ensuite couler à fond. Ce chaland portait des hommes et des femmes dont il ne savait pas le nombre. « Il y a eu, dit-il, plusieurs noyades, et dans la première le bateau a été perdu. Je le croyais chargé de femmes, mais un de mes ouvriers m'assura qu'il n'était composé que d'hommes. »

*Le président*: Connais-tu la moralité des accusés?

*Le témoin*: J'ai fait quelques affaires avec Chaux, singulièrement pour une somme de 600 liv. dont je n'ai point été payé, parce qu'il est tombé en faillite.

*Chaux*: J'observe au président qu'il fait aux témoins des interpellations étrangères à la procédure. J'ai fait beaucoup d'affaires de commerce; j'ai toujours bien payé, et j'aurais continué de remplir mes engagements avec la même exactitude si la guerre de 1784 n'avait dérangé mes rapports commerciaux.

Chaux ajoute, avec l'accent de la colère et de la douleur: « Mes humiliations sont si grandes que je mourrai avant la fin du procès.»

*Debourges*, 164e témoin, commandant en second le 6e bataillon de la 2e légion de la garde nationale, et rédacteur au comité de législation: J'ai vu, pendant six semaines consécutives, faire des fusillades, et conduire beaucoup de prisonniers à la mort. Etant de ronde, et passant à Gigan, je précédai le détachement qui escortait pour la quatrième fois des femmes condamnées à mourir. Arrivé à la carrière, je trouvai soixante-quinze cadavres de femmes étendus sur la place, tout nus, et le dos en l'air: ces femmes étaient toutes de l'âge de quinze à dix-huit ans: Quand elles avaient le malheur de ne pas tomber sur le coup qui devait les anéantir, on avait la cruauté de les achever.

*Le président*, au témoin: Ces femmes étaient-elles jugées avant d'être fusillées?

*Le témoin*: Je crois que la commission militaire

avait **déterminé** leur sort , et qu'elles étaient expédiées en exécution de ses jugements.

Le 165e témoin, *Baudet*, constructeur de navire, dépose que deux inconnus sont venus, au nom de la loi , le requérir de fournir des ouvriers pour la confection des sabords d'une gabare qui , disaient-ils, devait être conduite dans une petite rivière , pour être coulée à fond , et fermer par ce moyen le passage des rebelles.

« Je fournis, dit le témoin , les ouvriers qui m'étaient demandés, et le lendemain j'appris par l'un de ces ouvriers que le bateau dont il s'agit avait servi à noyer des prêtres.

« J'ai vu sur les rives de la Loire , jusqu'à Paimbœuf, une infinité de cadavres, dont beaucoup de femmes nues, et que les municipalités riveraines étaient obligées de faire enterrer. »

*Sourisseau* , négociant, 167e témoin : Vers la fin d'octobre 1793, Foucault vint à huit heures du soir ordonner de la part de Carrier de laisser les portes ouvertes pour une expédition. Je ne voulus point y consentir, mais je remis une seconde clef pour passer au besoin. Deux jours après, Foucault revient, et me dit qu'il n'entend pas que la porte soit fermée.

Le lendemain, quoique la clef propre à faciliter la sortie de la ville eût été remise à Foucault, on n'en demande pas moins à Heurtaud, garde-magasin chez Margerin, la clef du local servant audit magasin. En vain observe-t-on qu'il y a des marchandises ; la clef est prise de force , et de suite des membres de la compagnie Marat se rendent à la galiote. Heurtaud se promenait sur la rivière, et, comme sa présence gênait les agents des noyades dans leurs opérations , ceux-ci le somment de se retirer, sous peine de le voir descendre à terre pour lui couper la tête et le jeter à la rivière. L'un des noyeurs déclare s'opposer à cette mesure vexatoire ; mais Heurtaud n'est pas moins consigné au poste central.

Les exécuteurs s'occupent toute la nuit à décharger les effets des prêtres et à les transférer dans le magasin de Margerin. Quelques jours après, Foucault amène chez lui douze futailles, dans lesquelles il entasse tous les effets des prêtres ; il les fait charger sur des voitures à bras, et emporte le tout. Foucault , se trouvant de nouveau avec Heurtaud, l'engage à oublier le passé, et l'invite à nettoyer la galiote , dans laquelle on devait donner un dîner à Carrier.

Heurtaud a assuré que, descendant dans la galiote pour la nettoyer , les cheveux lui dressèrent à l'ouverture d'une malle remplie de hardes tellement teintes de sang qu'on n'y pouvait distinguer rien autre chose. C'étaient les vêtements des prêtres qui s'étaient d'abord sauvés , et qui finirent par être assassinés. Une femme était venue, suivant sa coutume, porter des aliments à l'un de ces prisonniers ; elle fut accueillie par ces paroles bien consolantes pour un être sensible qui s'intéresse au sort de l'humanité souffrante : « F...-moi le camp ; ils n'ont plus besoin de rien. »

Je terminerai en assurant que j'ai vu Carrier venir dîner à bord de la galiote avec ses favoris Fouquet, Lambertye, Robin, Foucault et un général.

*Le président*, au témoin : Qui a fait la noyade des prêtres ? qui a ordonné cette expédition ?

*Le témoin* : C'est le comité révolutionnaire qui a dirigé cette noyade, par les ordres de Carrier.

*Le président*, à Foucault : Répondez à la déposition du témoin.

*Foucault* : J'ai pu proposer au témoin de laisser ouverte la porte de la ville ; j'ai pu tenir quelques-uns des propos qui me sont imputés , mais je n'ai point participé à la noyade des prêtres , ni à aucune des circonstances qui peuvent l'avoir accompagnée.

*Le président*, à Coron : Donnez-nous des détails sur la composition de la commission des Trois, dont vous êtes membre, et en quoi consistaient vos fonctions.

*Coron* : Cette commission fut établie par Prieur ( de la Marne ) et Garrau , pour examiner sous trois rapports les motifs de la détention des hommes suspects , pour décider s'il y avait lieu , ou non , à mettre en liberté , et , de plus , si c'était le cas de renvoyer au tribunal révolutionnaire. Quand , sur l'examen des pièces, la preuve en faveur était suffisante , nous ne pouvions qu'écrire ces mots : « Il y a lieu à mettre en liberté. » Si les pièces n'étaient pas assez probantes, on écrivait : « Il n'y a pas lieu à mettre en liberté. » Enfin , si dans les pièces il y en avait à charge , on mettait : « Renvoyé au tribunal révolutionnaire. » ( *La suite incessamment.* )

# CONVENTION NATIONALE.

*Présidence de Rewbell.*

*Suite du rapport sur les taxes révolutionnaires , présenté à la Convention nationale par Cambon , au nom du comité des finances, à la séance du 6 frimaire.*

Les commissaires de la trésorerie nationale devront aussi dénoncer au comité des finances les agents nationaux qui n'auraient pas envoyé les comptes d'ici au 1er germinal prochain, afin que ce comité puisse appliquer à ces fonctionnaires négligents les dispositions de la loi du 14 frimaire an 2, en se concertant avec le comité de législation.

Le comité des finances n'a pas jugé convenable de vous proposer de faire imprimer aujourd'hui l'état général qui lui a été remis par les commissaires de la trésorerie nationale, attendu qu'il est incomplet ; mais il a pensé que cet état devait être déposé dans son secrétariat, et il invite tous les membres de la Convention de venir l'examiner et de lui fournir tous les renseignements qu'ils pourront avoir sur cette partie importante de la comptabilité.

Le chapitre des dépenses n'offre pas moins de difficultés que celui des recettes ; la plupart des articles y sont présentés en masse; il faut les décomposer pour rechercher s'ils ne couvrent pas quelque abus.

Une grande partie des objets portés en dépense présente des sommes remises à des commissaires ou à des délégués pour être appliquées à des usages déterminés. Je citerai à cet égard le compte du district de Bourges, qui est rédigé avec méthode et clarté, et qui a été imprimé, mais dans lequel , sur une dépense d'environ 1 million 400,000 livres, plus de 1 million 200,000 livres, ont été remises à des intermédiaires pour diverses dépenses d'utilité publique.

Il faut demander à ces intermédiaires, qui sont en grand nombre, les pièces de dépenses qui puissent faire connaître si l'emploi des sommes qu'ils ont reçues a été fait avec fidélité. C'est une nouvelle marche qui ressort du premier compte-rendu.

Dans certains districts, le produit des taxes a été employé à des expéditions militaires ; les directoires observent que ces dépenses, ayant été très-précipitées, ne sont pas entièrement appuyées par des pièces justificatives, faute d'en avoir pu recueillir dans la rapidité des opérations, mais ils les connaissent légitimes et régulières.

Dans le district de La Réole on annonce une recette de 20,060 liv., et , par les états fournis il paraîtrait que la dépense a excédé cette recette de 691 l. 3 s. Cette dépense est motivée pour indemnités au comité de surveillance et frais de garde des détenus.

Le directoire a mandé qu'on avait perdu les pièces de dépenses; ainsi il serait difficile de justifier sa comptabilité, et toutes nos recherches et notre surveillance deviennent inutiles, si l'on admettait de pareilles excuses.

Des avis particuliers annoncent qu'on y a levé au moins 500,000 liv. de recettes extraordinaires.

Presque tous les objets de dépense sont motivés pour des expéditions militaires, pour des frais de missions patriotiques, pour des indemnités aux membres des comités révolutionnaires, pour le soulagement des pauvres, pour indemnités aux patriotes, pour réparations publiques, pour des salles de Sociétés populaires, etc.

D'autres articles offrent des dépenses qui, au premier coup d'œil, paraîtraient n'avoir pas dû consommer une partie des sacrifices exigés des citoyens: telles sont, par exemple, des réparations des temples, objet absolument inutile; des sommes données à des directeurs de spectacles. Cette nature de dépense, qu'on aurait peut-être dû éviter, une fois ordonnée et acquittée, ne doit pas être jugée trop sévèrement; il serait injuste aujourd'hui de la faire supporter par celui qui l'a ordonnée; d'un autre côté, le comptable qui l'a payée ne fait qu'obéir; vous avez d'ailleurs autorisé, dans plusieurs occasions, des représentations pour le peuple. Des spectacles dirigés avec des intentions pures sont un moyen puissant de développer et d'inculquer les principes de la liberté et de l'égalité; sous ce rapport, ces encouragements donnés peuvent être considérés comme une dépense utile à la révolution, mais ces dépenses ne doivent être ni inconsidérées ni répétées.

Dans l'examen des dépenses faites, il ne faut pas exiger toute la régularité désirable; il s'agit seulement de s'assurer si la destination des fonds qui ont été ordonnés a été fidèlement remplie; aucun soin ne doit être épargné pour porter les lumières dans les diverses parties de cette comptabilité; mais comme elle ne ressemble à aucune autre, il faudra beaucoup de travail pour remplir complètement vos vues à cet égard.

La trésorerie nationale n'a encore reçu que quelques comptes rédigés dans la forme prescrite par l'arrêté du 27 prairial; la société semblerait avoir dû reproches à faire aux agents nationaux qui sont en retard; mais il faut avouer aussi qu'ils ont de grandes difficultés à vaincre pour se procurer les renseignements qui leur sont nécessaires. Nous devons nous empresser de rendre un hommage public à ceux qui, ayant vaincu tous les obstacles, ont rempli leur mandat; c'est dans cette vue que nous citons les districts de Provins, Moulins, Bourges, qui ont envoyé leurs comptes: nous devons annoncer à la Convention qu'ils offrent les détails les plus intéressants.

L'état général remis à votre comité des finances par les commissaires de la trésorerie ne présente que le résultat des renseignements obtenus par une correspondance active; mais il vous donne la certitude que l'exécution de vos décrets sur cette partie n'a pas été négligée.

Il résulte de cet état qu'au moment où il a été formé la recette connue, provenant des taxes révolutionnaires ou des dons civiques, s'élevait à la somme de 34 millions 465,287 liv. 15 s. 4 d. Cette somme est sans doute bien inférieure au montant de la recette réelle, car vous n'avez pas oublié cent quatre-vingt-neuf districts qui, malgré une correspondance réitérée, n'ont point répondu ou ont fait de réponses insuffisantes.

Dans ce nombre je citerai les communes les plus considérables, qui sont en retard:

Paris, où il ne peut exister aucun doute qu'on y a établi et perçu, dans plusieurs toutes les sections, des taxes, contributions et collectes qui doivent monter à une somme très-considérable; cependant l'agent national près le département, chargé de suivre pour la commune de Paris l'exécution de l'arrêté du 27 prairial, n'a encore transmis aucun résultat de ses opérations au sujet des taxes révolutionnaires, ni pour l'argenterie des églises.

Les commissaires de la trésorerie lui ont cependant écrit déjà plusieurs fois pour le prier de presser la reddition des comptes exigés par la loi, et pour lui demander les causes qui avaient retardé jusqu'ici les sommes de ses mains à cet égard; nous devons l'attribuer à la résistance que la muni-

cipalité et quelques-uns de ses agents, qui se répandaient dans les sections, ont toujours apportée à la reddition du compte qu'on lui demandait; mais aujourd'hui que cette résistance ne doit plus exister, nous devons espérer que les bons citoyens s'empresseront d'obéir à la loi en désignant les personnes qui ont enlevé dans diverses occasions l'argenterie des églises, et ceux qui ont perçu les emprunts, contributions et collectes; ils les feront connaître à l'agent national près le département, qui exécutera avec zèle le mandat dont il est chargé.

L'agent national du district de Bordeaux n'a fait aucune réponse aux diverses lettres qui lui ont été écrites; et cependant il est certain que dans cette commune il a été établi des taxes et des emprunts révolutionnaires, qu'on y a saisi des effets d'or et d'argent; qu'on y a établi des changes du numéraire contre des assignats; qu'on y a condamné des particuliers à des amendes pécuniaires très-fortes (Raba a été condamné à 4 million 200,000 liv.; Pechotte, à 500,000 liv.; Martin Martin, à 300,000 liv.); qu'on a fait contribuer des citoyens en les menaçant de la prison s'ils ne se libéraient pas promptement. Il faut espérer que le produit en sera connu, ainsi que la destination et l'emploi; et pour lors la nation apprendra que les ornements de toutes les églises de cette grande commune ont été mis à la disposition des comédiens, mesure excellente pour mettre en jeu le fanatisme.

Parmi les cent trente-trois districts qui ont répondu qu'il y avait eu des taxes révolutionnaires dans leur ressort, se trouvent compris trente-quatre districts dont les uns ont répondu qu'il n'y avait eu que des emprunts forcés, et, s'appuyant sur le mot, ils ne rendent aucun compte; d'autres se sont bornés à répondre qu'il y avait eu des taxes, mais ils n'en ont pas indiqué le montant; d'autres ont renvoyé à une autre lettre pour le faire connaître; enfin, il en est d'autres qui ont prétendu n'être pas dans le cas de rendre leur compte à la trésorerie. Je citerai celui de Basas, qui n'a indiqué ni la quotité, ni l'emploi des taxes, et qui a surtis à faire verser les reliquats dans les caisses de district, à cause des destinations particulières désignées par les représentants du peuple.

Il est plusieurs districts qui ont envoyé un résultat des sommes qu'ils disent avoir été perçues; mais il paraît que la totalité n'y est pas comprise: je citerai à cet égard le district de Toulouse, qui annonce une perception de 150,000 liv. dans la ville de Toulouse seulement; il n'en indique ni le versement ni l'emploi. Le compte est promis depuis longtemps. Il paraît qu'on attend le compte des autres communes pour former un compte général, lequel, dit-on, est retardé par le défaut de coopérateurs intelligents dans les autorités constituées. L'administration du district promet de nouveaux efforts pour accélérer ce compte.

Le district de Beaugency n'a annoncé qu'une recette de 50,000 liv., qui a été versée dans la caisse du receveur de district; l'agent national a écrit qu'il attendait le modèle des états pour se conformer à l'arrêté du 27 prairial; il les a reçus, et on doit espérer qu'il enverra bientôt le résultat de son travail, qui fera connaître si cette somme de 50,000 liv. est le restant ou la totalité du produit des taxes.

En attendant, nous devons vous annoncer que notre collègue Baraillon, à pris connaissance de l'état général remis par les commissaires de la trésorerie, nous a prouvé que la mesure que nous vous proposons, d'inviter tous nos collègues à nous aider des connaissances locales qu'ils peuvent avoir, produira des effets salutaires, puisque notre collègue s'est empressé de nous transmettre de suite un avis qu'il a reçu de l'agent national près le district d'Orléans, qui lui annonce que l'on a levé dans le district de Beaugency, composé de trente-deux mille habitants, plus de 900,000 liv. de taxes révolutionnaires sur des laboureurs et des pères de famille dont le civisme était connu. Ainsi, si cet avis est fondé, on trouve une différence de 450,000 liv.; ce qui confirmerait l'observation qui est faite par cet agent national d'Orléans, que les percepteurs, après avoir terrifié, se livraient à des orgies scandaleuses, et qu'ils bâtissent aujourd'hui des palais.

Nous avons lieu de craindre que, parmi les deux cent trois districts qui ont écrit qu'il n'a été perçu dans leur arrondissement aucunes taxes révolutionnaires, il n'y ait eu erreur ou méprise; car il nous paraît que dans certaines communes on a annoncé qu'il avait été établi des taxes et des emprunts pour réparations, fortifications ou armements; qu'on y avait saisi des effets d'or et d'argent. Je citerai à cet égard le district de Marseille, où il est certain qu'il a été établi un emprunt de 4 millions, qui a été annoncé à la Convention; et cependant l'agent national a répondu, en exécution de l'arrêté du comité de salut public, qu'il n'y avait eu aucune taxe. Il faut croire qu'il a pensé que le compte des emprunts n'avait pas été demandé. Cette opinion peut avoir été partagée dans plusieurs autres districts; mais le temps et la persévérance nous découvriront toutes les erreurs et les infidélités qui auraient pu être commises.

Les dépenses de toute nature qui ont été acquittées avec le produit des taxes révolutionnaires ou des dons civiques, dont les pièces justificatives ont été demandées et dont quelques-unes sont déjà parvenues, montent, d'après l'état remis par les commissaires de la trésorerie, à 9 millions 807,625 liv. 14 sous.

Ainsi, les reliquats constatés, et dont la plus grande partie est déjà rentrée dans les caisses de la trésorerie, s'élèvent à 20 millions 166,530 liv. 11 sous 4 deniers.

L'exécution de vos décrets a donc procuré le premier avantage d'avoir soustrait 20 millions aux dangers de la dilapidation.

C'est principalement vers ce but que votre comité des finances s'est efforcé de parvenir, en recommandant sans cesse aux commissaires de la trésorerie de faire verser au trésor public le produit de toutes les recettes extraordinaires; il a fallu plusieurs fois les appuyer de l'autorité nationale pour accélérer l'exécution des lois; encore n'a-t-on pu l'obtenir dans plusieurs endroits.

L'agent national du district de L'Aigle a écrit, le 18 messidor, que, par arrêté du représentant du peuple, il avait été perçu révolutionnairement 14,000 liv., sur quoi il restait environ 7,000 liv. entre les mains du comité révolutionnaire.

La trésorerie a écrit, le 29 messidor, pour presser le versement de cette somme dans la caisse du district. L'agent national a répondu qu'avant de l'effectuer le comité révolutionnaire avait consulté le représentant du peuple, et qu'il attribuait à une erreur la demande qui lui était faite.

Dans le district de Bellesme, on a annoncé une recette de 16,300 livres. Le comité révolutionnaire avait gardé cette somme, sur laquelle il avait prélevé celle qui était nécessaire pour assurer le payement anticipé de son traitement pour un an. Votre comité des finances n'a pas approuvé cette précaution; il a chargé les commissaires de la trésorerie de faire hâter ce versement. C'est d'après les invitations pressantes de la trésorerie que l'agent national a fait restituer cette somme dans la caisse du receveur du district.

Dans le district de Moulins, la recette annoncée monte à 608,566 liv. 6 sous 9 den., sur lesquels il a été dépensé 149,415 liv. 2 sous 9 den., et sur les 459,171 liv. 4 sous restant, il n'y a eu que 787 liv. 11 sous 3 den. versés dans la caisse du district, parce qu'ils étaient destinés aux frais de la guerre; les 458,235 liv. 12 sous restant étant destinés par le représentant du peuple à des actes de bienfaisance, le directoire a cru devoir surseoir au versement. La trésorerie, autorisée par le comité des finances, a écrit, le 17 fructidor, pour qu'on lui fît connaître matériellement la nature de cette levée et de sa destination; en attendant, elle a demandé le versement provisoire des 458,235 liv. 12 sous 9 den. dans la caisse du receveur du district.

Le district de Mont-Sarrasin a aussi retardé le versement de 15,000 liv., sous le prétexte que le représentant du peuple avait destiné cette somme pour acquitter des dépenses nécessitées par l'incendie de la place publique.

Ce n'est que par une correspondance active que s'est effectué le versement de 7 millions 554,202 liv. 18 sous, restant, de divers emprunts ou taxes faits à Rouen, et de 4 millions 794,851 liv. 14 sous 9 den. à Strasbourg.

Nous ne vous rendons pas compte de toutes les difficultés qu'il a fallu vaincre, mais nous devons vous entretenir de celles qui existent, et sur lesquelles il est nécessaire que vous prononciez.

On a établi dans quelques districts une distinction entre ce qui devait être considéré comme taxes révolutionnaires et ce qui provenait des dons volontaires et civiques; on s'est fondé sur cette distinction pour différer ou refuser même le versement, soit aux caisses de districts, soit au trésor public, de ce qu'on appelle dons volontaires, sous le prétexte que le produit de ces dons était affecté à des destinations particulières.

Mais personne n'ignore comment en général ce que l'on appelle dons volontaires a été obtenu. La demande s'en faisait dans les Sociétés populaires, soit par les comités révolutionnaires, quelquefois même par l'armée révolutionnaire, et l'on ne peut se dissimuler que la plupart des dons prétendus libres étaient le produit de la terreur et de la contrainte. On en trouve évidemment les caractères dans la formule même de quelques-unes des soumissions rapportées à l'appui de la recette des comptes qui sont déjà parvenus, et votre comité n'a pu voir dans la distinction établie qu'un prétexte pour soustraire l'emploi de ces fonds à votre surveillance.

Il pense donc que l'intérêt national et le bon ordre veulent que vous leviez tout équivoque en prononçant affirmativement que tout ce qui a été perçu extraordinairement par les administrations, municipalités, sections, comités révolutionnaires, Sociétés populaires, armées ou associations révolutionnaires, et généralement par tous les agents quelconques, sous quelque dénomination et pour quelque cause que ce puisse être, sera versé sans délai dans les caisses de district, et de là au trésor public, afin que vous puissiez ordonner la destination de ces fonds.

Ces mesures sont d'autant plus importantes qu'en acquittant les dépenses vraiment utiles vous arrêterez celles qui n'ont pas pour but une utilité publique; et dans cette classe vous rangerez sans doute celles destinées à la construction d'un temple dédié à l'Être suprême, à la Raison, à la Philosophie; car, sans s'en apercevoir, les citoyens s'occupaient déjà de rétablir une secte dont les ministres auraient exigé bientôt des traitements aussi considérables que ceux que la révolution a eu tant de peine à supprimer.

Il est inutile de vous représenter le danger qu'il y aurait de laisser des sommes éparses dans une foule de caisses particulières et à la disposition d'ordonnateurs isolés. Toutes les perceptions, de quelque nature qu'elles soient, font partie de la fortune publique; il faut qu'elles viennent se réunir dans le réservoir commun, et que vous seuls puissiez désormais en régler l'emploi.

(*La suite demain.*)

---

## SUITE DE LA SÉANCE DU 20 FRIMAIRE.

Rouyer, représentant mis hors de la loi, fait passer à la Convention un mémoire justificatif de sa conduite, qui confondra, dit sa lettre, ses calomniateurs, et fera voir que jamais il n'a trahi sa patrie.

\*\*\* : Je demande le renvoi de cette pièce aux comités chargés de faire un rapport sur tous les représentants mis hors de la loi et autres sortis de la Convention.

DUSSAULX : J'appuie la proposition; mais je demande qu'on ne se serve plus dans la Convention du mot de fédéraliste, mot qui a été si bien défini par notre collègue Daunou dans l'Adresse qu'il vous a envoyée de Port-Libre; c'est évidemment une invention astucieuse qu'on n'a forgée que pour perdre de bons patriotes. (Vifs applaudissements.)

Le renvoi est décrété.

\*\*\* : Il est étonnant que Pache et Bouchotte, qui ont tant fait incarcérer et périr de patriotes, ne soient pas jugés; je demande que le comité de sûreté générale prenne des mesures à cet égard.

Cette proposition est adoptée.

CLAUZEL : Je dénonce un abus commis dans l'administration des postes. Depuis neuf mois le port des malles n'est pas payé aux maîtres des postes; quand ils réclament, la commission leur répond que la comptabilité n'est pas organisée. Je demande que la commission soit tenue de rendre compte des fonds qu'elle avait à sa disposition pour cet objet.

La Convention décrète cette proposition.

TAILLEFER : Je dénonce un autre abus : c'est le peu de surveillance exercée sur les courriers, qui surchargent leurs voitures au point de les faire quelquefois casser en route. Tel d'entre eux a porté jusqu'à trois cents livres de café.

Cette observation est renvoyée au comité des postes et messageries.

— Barailon fait adopter le décret suivant :

« La Convention nationale, après avoir entendu son comité d'instruction publique, décrète que la liste des districts qui doivent envoyer des élèves à celle des Ecoles de Santé qui s'y trouvent désignées sera publiée par la voie de son Bulletin de correspondance. »

*Indication des départements dont les districts doivent envoyer à celle des trois Ecoles de Santé spécifiées dans le tableau suivant.*

« *A l'école de Montpellier :* — Départements : Basses-Alpes, Hautes-Alpes, Alpes-Maritimes, Ardèche, Aveyron, Bouches-du-Rhône, Cantal, Creuse, Drôme, Gard, Hérault, Isère, Haute-Loire, Lot, Lozère, Mont-Blanc, Pyrénées-Orientales, Rhône-et-Loire, Tarn, Var, Vaucluse.

« *A l'école de Paris :* — Ain, Aisne, Allier, Calvados, Charente, Charente-Inférieure, Cher, Corrèze, Corse, Côtes-du-Nord, Dordogne, Eure, Eure-et-Loir, Finistère, Ille-et-Vilaine, Indre, Indre-et-Loire, Jemmapes, Jura, Loire, Loir-et-Cher, Loire-Inférieure, Loiret, Maine-et-Loire, Manche, Mayenne, Morbihan, Nord, Oise, Orne, Paris, Pas-de-Calais, Puy-de-Dôme, Saône-et-Loire, Sarthe, Seine, Seine-Inférieure, Seine-et-Marne, Deux-Sèvres, Somme, Vendée, Vienne, Haute-Vienne.

« *A l'école de Strasbourg :* — Ardennes, Aube, Côte-d'Or, Doubs, Marne, Haute-Marne, Meurthe, Meuse, Mont-Terrible, Moselle, Nièvre, Haut-Rhin, Bas-Rhin, Haute-Saône, Vosges, Yonne. »

— Un pétitionnaire est introduit.

CHAZAUD, portant pour lui la parole : Vous voyez à votre barre un de ces enfants chéris de la gloire, pour qui les iniquités des rois ont préparé, ont assuré le premier rang dans les annales des vertus républicaines; un de ces braves dont vos armées sont pleines; un de ces héros enfin dont les veines sont intarissables quand leur sang coule pour la patrie. Pellemeule est son nom, Saint-Venant l'a vu naître: vingt-trois blessures, plus profondes et plus graves les unes que les autres, couvrent son sein : je les ai comptées ce matin. Avec quel attendrissement vous les eussiez contemplées! Pour lui, citoyens, le seul sentiment qu'il manifeste, le seul regret qu'il exprime, c'est de n'avoir pu verser encore tout son sang pour la cause sacrée de la liberté.

Parmi les traits innombrables d'intrépidité qui ont signalé sa carrière digne d'envie, en voilà un dont nos collègues Richard et Choudieu ont été témoins oculaires. Il était à l'hôpital, où quatorze blessures, reçues à l'affaire de Mormal, le 22 novembre 1793 (vieux style), exigeaient encore les soins de l'art. Il entend battre la générale : il arrache les appareils qui couvraient ses cicatrices, s'élance par une croisée haute de quinze pieds, et vole cueillir de nouveaux lauriers à Templeuve, où

il reçut huit autres blessures en défendant, en couvrant de son corps le général Noël, qui se trouvait engagé dans la mêlée. (On applaudit à plusieurs reprises.)

Par votre décret du 18 brumaire, vous aviez satisfait à la justice nationale en élevant au grade de lieutenant dans la 54e demi-brigade le brave Pellemeule; mais sa vue, affaiblie par les coups qu'il a reçus à la tête, et les articulations de ses membres altérées par ses autres blessures, dont j'atteste qu'aucune ne l'a atteint par derrière, ne lui permettent plus de soutenir les fatigues de la campagne.

La Société populaire, toutes les autorités et le commandant amovible de la place de Boulogne-sur-Mer, jaloux de posséder parmi eux ce modèle des vertus civiques et guerrières, sollicitent pour lui la place d'adjoint du grade de capitaine à l'adjudant de cette place. Le comité de salut public, lié par la loi, regrette de ne pouvoir lui conférer que le grade de lieutenant; mais il est de la dignité, et j'ose le dire, de la justice de la représentation nationale; de briser l'entrave qui contrarie le comité. Pellemeule n'a de fortune que sa bravoure et ses blessures; il est époux, et il a deux frères sous les drapeaux de la république.

Je demande pour lui la première place vacante d'adjudant de place, avec le grade de capitaine, et une gratification de 200 liv. qui l'indemnise des frais qu'il a faits pour présenter son hommage à la Convention nationale.

« La Convention nationale renvoie les pétitions, savoir : celle tendant à son avancement militaire, au comité de salut public, avec invitation de lui accorder la première place vacante d'adjudant de place, avec le grade de capitaine; et celle relative à l'indemnité de 200 liv., au comité des secours publics, pour faire son rapport demain. »

Elle admet le pétitionnaire aux honneurs de la séance.

— On admet à la barre plusieurs femmes et enfants.

*L'orateur de la députation :* Législateurs, vous avez proclamé la justice et l'humanité, vous avez banni la terreur et le brigandage; vous avez rendu à la liberté des patriotes, à des familles leurs chefs, à des enfants leurs parents. Votre énergie et vos principes rallient autour de vous tous les bons citoyens, et vos travaux, depuis le 9 thermidor, sont marqués du sceau sacré de l'opinion publique.

Mais le mal était grand, et votre active vigilance n'a pu, jusqu'à ce moment, en réparer qu'une faible partie; c'est au temps à vous découvrir la vérité, et bientôt vous achèverez votre sublime ouvrage.

Ecoutez aujourd'hui les cris douloureux des milliers de femmes et d'enfants dont les époux et les pères ont été inhumainement traînés à l'échafaud; que vos yeux voient ces infortunés gémir sans secours, parce qu'aucune loi n'a encore fixé leur sort.

Cependant ils voient journellement leurs propriétés s'anéantir; car, par suite d'un usage fondé sur la nullité des lois, on abuse du droit de réquisition, réservé, dit-on, à la nation, pour enlever un mobilier, souvent leur unique ressource; et s'ils se plaignent, on leur répond qu'il n'y a pas de loi.

Législateurs, sans doute il y a eu des coupables parmi les condamnés, mais tous ne l'étaient pas; vous l'avez reconnu vous-mêmes le jour où vous avez prononcé la mise hors la loi contre ce tribunal sanguinaire qui disposait de la vie des citoyens sans information; et par cela seul que vous avez proclamé son injustice et sa barbarie, vous devez un regard d'humanité aux veuves et aux enfants des malheurenses victimes immolées à la passion de ces modernes Nérons. Leurs plaintes pénétreront vos cœurs, et ils retrouveront dans les organes de la justice les êtres chéris qu'ils regrettent.

Oui, législateurs, vous mettrez en pratique, à l'égard de ces infortunés, ce principe sacré de la Déclaration des Droits : « Que le coupable qui a cessé de vivre ne peut priver sa famille des droits que la société accorde à ses enfants. »

Connaissez, législateurs, comment agissaient les suppôts du terrorisme lorsqu'ils avaient marqué une victime ; vous frémirez d'horreur, et vous sentirez la nécessité de ne pas différer la loi que sollicite l'humanité souffrante.

A l'instant de l'arrestation, des agents des comités révolutionnaires se portaient dans la maison du citoyen noté ; les scellés étaient apposés ; on refusait aux femmes et aux enfants jusqu'à leur linge, leurs hardes et leurs lits ; des gardiens affidés étaient établis. Alors commençaient les vols et les brigandages ; les scellés se levaient à volonté, et l'on venait, après le départ du détenu, sous prétexte de réquisition, faire des enlèvements des objets les plus précieux ; et quand la victime avait été traînée au supplice, il semblait que son mobilier devenait la propriété de ces hommes de sang, qui en disposaient à leur gré. Si les femmes, les enfants ou les héritiers réclamaient contre ces actes arbitraires, on les menaçait de l'incarcération ; souvent même, pour prévenir ce que ces scélérats appelaient des clameurs, l'incarcération était effectuée avant le jugement. Le pillage était porté à un tel excès que, lors de la levée des scellés, on ne trouvait pas quelquefois des meubles en valeur suffisante pour payer les frais de gardien.

Mais, en dénonçant ces abus atroces, on est forcé de dire qu'on n'a rien fait encore pour les réparer ; on continue d'aller dans les maisons des condamnés enlever, sous prétexte de réquisition, tout ce qui convient aux spéculations de quelques citoyens, mandataires des différentes commissions ; les veuves, les enfants et héritiers ne sont appelés ni aux scellés, ni aux inventaires, estimations et ventes.

D'abord arrive un commissaire de l'agence, chargé de la levée des scellés, puis un second chargé de l'estimation, et un troisième chargé de la vente ; survient un commissaire aux accaparements, un aux approvisionnements, un autre dégustateur, deux de la commission des arts, un de l'instruction publique, un des hôpitaux militaires, et finalement deux de la section, tous munis de pouvoirs, et tous ayant droit à une vacation.

Avec cette nuée de commissaires, une maison est aussitôt vide, un mobilier aussitôt consommé qu'avec les anciens suppôts de la chicane ; et si les héritiers se plaignent, on les renvoie à la Convention pour solliciter une loi.

Il est temps, législateurs, de mettre fin à ces injustices révoltantes ; hâtez-vous d'ordonner le rapport attendu depuis longtemps, et provisoirement décrétez :

1° Que tous inventaires, estimations, ventes, levées et appositions de scellés, n'auront lieu chez les condamnés que contradictoirement avec les veuves et héritiers ou leurs fondés de pouvoirs ;

2° Que tous les meubles et effets sur lesquels la nation pourrait exercer le droit de préhension, et qui, par ce moyen, seraient soustraits à la vente publique, ne pourront être déplacés que sur un ordre motivé de la commission des approvisionnements ou de celle des arts, après une estimation contradictoire ;

3° Que tous les meubles enlevés jusqu'à ce jour, sous prétexte de réquisition, et qui, n'ayant pas encore servi d'échanges, se trouvent dans les magasins de la république, seront estimés de nouveau contradictoirement avec les veuves et héritiers ;

4° Qu'aussitôt après l'inventaire et l'estimation les veuves ou héritiers pourront requérir d'être gardiens, en donnant caution ;

5° Que les opérations ci-dessus ne seront faites que par un seul commissaire de l'agence, assisté d'un greffier, et que, si l'intérêt de la nation exige la comparution d'autres commissaires, les frais de leurs vacations ne seront pas à la charge de la succession ;

6° Que les veuves qui justifieront, par contrat de mariage ou par tout autre acte légal, avoir droit à la propriété de l'universalité ou de partie du mobilier, seront autorisées à en requérir la remise en nature, et que la délivrance leur en sera faite à l'instant de la clôture de l'inventaire ;

7° Enfin, que, sur le produit de la vente, il en sera remis une portion aux veuves et aux enfants, à titre de provision.

Législateurs, la France vous contemple et vous admire ; c'est de votre énergie et de votre humanité qu'elle attend la guérison des plaies profondes qu'a causées la barbarie des tyrans que nous avions la faiblesse de craindre. Rendez la consolation à des familles désolées ; faites oublier le règne du brigandage et du terrorisme en maintenant celui de la justice et de la liberté ; songez qu'un jour est un siècle pour tous les malheureux.

Sur la demande d'un membre, cette pétition est renvoyée au comité chargé de faire un rapport sur cet objet ; l'action des agents nationaux sur le mobilier des condamnés est suspendue jusqu'après ce rapport.

LAKANAL : Citoyens, votre comité d'instruction publique, consulté par différentes administrations de district sur les difficultés que présente dans son exécution la loi d'organisation des écoles normales, a cru devoir répondre à toutes les demandes qui lui ont été adressées par le projet de décret qu'il m'a chargé de vous présenter.

« La Convention nationale, ouï le rapport de son comité d'instruction publique, décrète que les seules conditions nécessaires pour être admis en qualité d'élève dans l'Ecole normale sont d'être âgé au moins de vingt et un ans, et de réunir à des lumières un patriotisme éprouvé et des mœurs irréprochables. »

Ce projet de décret est adopté.

— Gonchon est introduit à la barre.

Citoyens représentants, je viens vous présenter la veuve et le fils aîné d'un frère dont la mort atteste les malheurs de Nantes et les crimes de Carrier. Gonchon, nommé président du tribunal militaire établi dans cette commune dévouée, fut épouvanté des scènes d'horreur dont on le rendait le témoin ; il les dénonça dans une lettre qu'il communiqua à plusieurs de ses collègues, qu'il eut le courage d'adresser à Couthon, et que ce dernier se hâta d'anéantir.

Réduit à lutter contre un homme que les comités dominateurs avaient investi de la toute-puissance du mal, il opposait à la soif impatiente du sang l'impassible équité d'un juge et l'énergie d'un républicain, jusqu'à ce qu'enfin, les victimes amoncelées dans les prisons irritant la fureur du monstre, il se vit placé dans l'alternative de tomber avec elles ou de les sacrifier. Les débats du tribunal révolutionnaire nous aurons, sans doute, appris que les menaces et les blasphèmes de Carrier avaient développé dans le sein de mon frère les germes de la mort, et que son image, qui le poursuivait et l'épouvantait sans cesse, venait alimenter son délire et précipiter ses derniers instants.

Sa veuve, instruite par le citoyen Bignon de cet événement désastreux, vint s'adresser à Couthon, qui, ne voulant point en dévoiler la cause à la Convention nationale, lui prodigua les promesses et lui fit obtenir un faible secours. Ah! sans doute ils ne doivent point sécher de larmes, ceux qui demandaient eux-mêmes des libations de sang humain! C'est à la Convention nationale, constamment occupée à réparer les maux qu'ils ont faits, qu'il m'est doux de m'adresser; c'est avec confiance que je réclame, en faveur de la veuve d'un frère qui laisse trois enfants en bas âge, et qui est mort à son poste, victime de son devoir, les secours accordés aux veuves des défenseurs de la patrie.

La pauvreté dont je m'honore m'empêche, citoyens représentants, de prodiguer à une famille qui m'est si chère les soins de la paternité; j'ai passé à travers la révolution avec une âme indépendante; mes mains n'ont été souillées ni par l'or ni par le sang; mais j'en ai rapporté la palme civique des persécutions et des fers décernée au patriotisme par ses lâches oppresseurs. Quelle que soit ma destinée et celle de ma famille, je n'ai point à contenir mes plaintes et mes réclamations; j'aurais plutôt à me défendre d'un secret mouvement d'orgueil, à l'aspect de ces représentants vertueux dont j'ai si longtemps partagé les dangers et les souffrances, de ces hommes éprouvés, élevés par le malheur, que l'on a pu longtemps proscrire et jamais déshonorer.

Puissent les républicains délivrés par vous de la sanglante anarchie et du despotisme plus sanglant encore de ces derniers dominateurs, puiser dans le malheur et l'oppression même des leçons de fraternité! S'il existait encore des dissentiments entre les citoyens qu'on a si longtemps désunis, qu'ils se rappellent que la tyrannie les vouait indistinctement à l'esclavage et à la mort, que le fatal instrument, suspendu sur leurs têtes, était devenu pour tous les Français le niveau de l'égalité; qu'ils sachent que tous les états ont fourni des défenseurs à la patrie, des opprimés aux cachots, des victimes à l'échafaud, et qu'ils ont acheté la liberté par une égale association de travaux et de sacrifices.

Vous serez, citoyens représentants, le centre de cette union; c'est de vous que nous attendons les lois qui doivent la cimenter. Quelque obstacle qu'on vous oppose, forts de l'ascendant de la raison et de la volonté générale, poursuivez votre carrière au milieu des bénédictions du peuple dont vous avez brisé les fers, de l'admiration de l'Europe à qui nous n'avions depuis longtemps commandé que la terreur, et de l'approbation des hommes vertueux, dont vous ranimez les espérances.

Cette pétition est souvent interrompue par de vifs applaudissements.

PÉNIÈRES : Je m'empresse d'autant plus d'appuyer la pétition du citoyen Gonchon, que ce brave patriote persécuté s'est montré à la tête des colonnes du faubourg Antoine, tant à la prise de la Bastille qu'au 10 août. Pour le venger autant qu'il est possible de la persécution que les ennemis de la liberté lui ont fait éprouver, pour prix du zèle qu'il a toujours montré à la défendre, je demande que la pétition de ce citoyen soit renvoyée au comité des secours, pour faire un rapport sur les secours à accorder à la famille de ce bon citoyen, que sa détention a ruiné.

Cette proposition est décrétée au milieu des applaudissements.

— Les propriétaires du ci-devant Théâtre National, établi rue de la Loi, sont admis à la barre.

*Beaumanoir*, portant pour eux la parole : Législateurs, nous venons devant vous nous plaindre d'attentats portés à la liberté individuelle et au droit sacré de propriété.

Nous sommes, d'après des actes authentiques, incontestables, seuls propriétaires du Spectacle National, établi rue de la Loi. Tout ce que nous avions de fortune et de crédit a été employé pour élever, dans le plus beau quartier de cette commune, le plus bel atelier que l'on ait encore ouvert aux arts.

La jalousie n'avait pas vu sans inquiétude s'élever ce monument; l'intrigue le convoitait; à peine était-il ouvert, que la calomnie le fit fermer.

Mais, pour s'emparer plus facilement du Spectacle, on nous incarcéra, nous propriétaires. Nous sommes libres enfin, après onze mois de détention, libres depuis le 10 thermidor; nous sommes dispensés de prouver que notre détention fut injuste; mais si l'on pouvait en douter, il nous suffira de dire qu'une dénonciation d'Hébert, qu'un réquisitoire de Chaumette ont été les seuls motifs de notre incarcération.

Un bruit sourd avait précédé notre emprisonnement. Ce bruit avait acquis une nouvelle consistance lors des premiers jours de notre captivité : quelques hommes avaient le projet de s'emparer de notre salle et d'y placer l'Opéra. Pouvions-nous croire à un pareil attentat?

Et cependant, à peine sommes-nous incarcérés, que, par un arrêté de l'ancien comité de salut public, du 27 germinal, qui n'est pas soumis à la sanction de la Convention, ces mêmes hommes s'emparent de notre théâtre, y transfèrent les artistes de l'Opéra, envoient au faubourg Germain les artistes du théâtre de la rue de la Loi, et n'accordent que trois jours pour un déménagement qui exigeait plusieurs décades. On prend nos magasins, on prend aussi ceux du théâtre, maison Egalité, qui nous appartient, et l'on enlève même à celui de Versailles plusieurs de nos décorations.

Il est impossible, dans une Adresse, de donner un aperçu des pertes immenses qui ont été la suite de cette violation de tous les principes, de tous les droits, de cet assaut donné à nos propriétés, et du pillage qui a suivi l'assaut.

Aujourd'hui les constructeurs, les fournisseurs, et tous ceux qui avaient pris des termes avec nous, nous assiégent à leur tour.

Nos immeubles sont saisis réellement; nos meubles vont être exécutés; des ennemis ont empoisonné l'opinion publique sur notre compte, et, lorsque la liberté nous est rendue, nous n'avons pas même de quoi payer nos premiers besoins.

C'est à vous, législateurs, à prononcer sur les remboursements dus et sur les justes indemnités qui nous deviennent nécessaires, indispensables, pour rentrer dans une activité dont nous n'avons été privés que par la tyrannie.

Cette pétition est renvoyée aux comités des finances et d'instruction publique, pour en faire un prompt rapport.

La séance est levée à quatre heures.

JOSEPH LACOMBE, au nom du comité des finances : Par votre loi du 14 fructidor, vous avez chargé la commission des secours publics de la surveillance, direction et administration immédiate des hôpitaux de Paris.

Cette commission a représenté à votre comité des finances, qui l'a reconnu, qu'une pareille disposition rend inexécutables quelques articles de la loi du 23 messidor, relative aux créanciers de ces hospices.

Celle-ci veut que les créanciers soient porteurs d'un certificat fourni, y est-il dit, « par les administrateurs des établissements débiteurs, ou par ceux qui les remplacent, et visés par les directoires de district. »

D'après ce texte, il est clair que les créanciers des hôpitaux de Paris doivent s'adresser aux commissaires des secours publics, administrateurs actuels des établissements débiteurs, pour obtenir leur certificat, qu'ils devront faire viser par le département de Paris faisant fonction de district.

Or ce visa apposé par un corps administratif à un acte émané d'une autorité surveillante et supérieure a paru à votre comité dispendieux, inutile et subversif de toute hiérarchie en matière de gouvernement : dispendieux, en ce qu'il faudrait nécessairement monter près le département les bureaux où seraient révisées les opérations de la commission, travail indispensable pour s'assurer si le visa demandé doit être accordé, modifié ou rejeté; inutile, en ce que, le département n'ayant jamais eu la surveillance immédiate des hospices de Paris, son approbation ne présentera jamais qu'une somme de certitude très-médiocre; enfin subversif de la hiérarchie des pouvoirs, puisque deux administrations, dont l'une est essentiellement subordonnée à l'autre, auraient tour à tour, dans la même affaire, le droit de se surveiller, et que leurs ordres croisés ne pourraient produire, dans ces cas isolés, qu'une effrayante anarchie.

Par ces considérations, votre comité a cru devoir vous proposer de dispenser les créanciers des hôpitaux de Paris du visa prescrit par l'article XVIII de la loi du 23 messidor.

Cependant, il n'a pas cru devoir priver la république de la garantie que cette précaution lui ménageait. Il a cru que les districts chargés de viser les certificats sont autorisés à retenir dans leur greffe les pièces à l'appui des demandes en liquidation. Eh bien, si, pour Paris, vous renoncez au visa, vous ordonnerez que les réclamations seront suivies des pièces à l'appui, et cette précaution sera bien plus rassurante encore pour la conservation de la fortune publique.

Citoyens, je suis chargé d'appeler votre sollicitude sur les créanciers des hôpitaux de Paris. Le délai pour le dépôt de leurs titres expire au 1er nivose; or il est impossible que la majeure partie des créanciers puisse avoir, à cette époque, rempli les formalités prescrites par la loi pour effectuer ce dépôt. Les objets majeurs auxquels la commission a dû, depuis la loi du 14 fructidor, donner son attention première, les incertitudes qu'a fait naître l'exécution des articles XVII et XVIII, les changements survenus dans l'administration, vous détermineront sans doute à proroger au 1er ventose le délai prescrit pour le dépôt des titres. D'un autre côté, il est à considérer que la majeure partie des créances résulte de mémoires de maçonnerie, charpente, menuiserie et serrurerie, dont les règlements nécessitent un délai beaucoup plus long que celui qui reste à courir d'ici au 1er nivose. Sans doute la Convention nationale ne veut pas être plus rigoureuse à l'égard des créanciers des hôpitaux qu'elle ne l'a été envers les autres créanciers du gouvernement, pour lesquels des délais beaucoup plus étendus ont été déterminés et prorogés à plusieurs reprises.

Mais votre comité, n'estimant pas que cette faveur doit être exclusivement applicable aux créanciers des hôpitaux de Paris, vous propose de l'étendre à toute la république.

Voici le projet de décret.

« Sur le rapport du comité des finances, la Convention nationale décrète :

« Art. Ier. Les certificats exigés par l'article XVIII de la loi du 23 messidor seront délivrés, pour les créanciers des hôpitaux de Paris, par les commissaires aux secours publics chargés de l'administration immédiate de ces hôpitaux; ils ne seront soumis au visa d'aucuns corps administratifs.

« II. Les commissaires aux secours publics sont pareillement chargés pour les hôpitaux de Paris de faire procéder au règlement des mémoires d'ouvrages et fournitures par des experts qu'ils nommeront à cet effet, lesquels en sommeront le montant; ils déclareront que les ouvrages et fournitures détaillées aux mémoires réglés ont été également exécutés. Cette déclaration servira de base à la liquidation. Pour les mémoires des frais ministériels, ils se conformeront aux dispositions portées aux articles XIII, XIV et XV de la loi du 23 messidor.

« Les pièces à l'appui seront transmises au directeur général de la liquidation ou de la trésorerie nationale, chacun en ce qui le concerne, lesquels en disposeront conformément aux lois.

« III. Le délai fixé au 1er nivose pour le dépôt des titres de créances sur les hôpitaux et hospices de bienfaisance est prorogé dans toute la république au 1er ventose prochain; ceux des créanciers qui, à cette époque, ne l'auraient pas effectué, sont, dès à présent, réputés déchus de leurs droits.

« IV. Toutes dispositions contraires aux présentes demeurent révoquées par le présent décret. »

Ce décret est adopté.

*(La suite demain.)*

---

## Cours de mathématiques.

Le citoyen Chauveau, ancien professeur de la chaire de mathématiques au ci-devant collège des Quatre-Nations, se propose d'ouvrir, le 11 nivose, un cours qui comprendra l'arithmétique, l'algèbre, la géométrie, la trigonométrie rectiligne et sphérique, la statique du citoyen Monge, et un aperçu sur la théorie des mesures républicaines.

Il espère, d'après son expérience, mettre les personnes qui voudront le suivre en état de subir les examens nécessaires pour entrer dans les différentes écoles de la république. Il donnera ses leçons tous les jours, de six à huit heures du soir, excepté les quintidis et décadis. Une partie de ce temps sera employée à exercer les élèves. Leur capacité réglera la durée du cours, qui cependant n'excédera pas six mois.

On s'inscrira, pour chaque mois, tous les matins, rue de Seine, faubourg Germain, vis-à-vis l'égoût, n° 1438.

Le citoyen Chauveau donnera aussi des leçons particulières.

---

## Payements à la trésorerie nationale.

Le payement du perpétuel est ouvert pour les six premiers mois; il sera fait à tous ceux qui seront porteurs d'inscriptions au grand livre. Celui pour les rentes viagères est de huit mois vingt et un jours de l'année 1793 (vieux style).

## POLITIQUE.
### ALLEMAGNE.

*Des frontières de la Gallicie, le 12 novembre.* — Les Turcs ont attaqué un piquet de troupes autrichiennes; il y a eu des hommes tués de part et d'autre. Les gazettes de Vienne disent que des Bosniens, réunis au nombre de plusieurs mille dans les environs de Vakup, ont paru vouloir attaquer le cordon de troupes impériales. Les généraux autrichiens, de leur côté, firent des préparatifs de défense, et ordonnèrent même aux habitants de s'armer.

Les Turcs, postés sur une montagne, demeurèrent longtemps en observation. Il ne paraît pas qu'il y ait eu d'affaire sérieuse; mais cette apparence d'hostilité donne ici les plus vives alarmes.

Le gouvernement autrichien prend toujours des mesures pour étouffer les mouvements insurrectionnels dont la Gallicie a paru être menacée. Des ordres ont été donnés pour n'y laisser entrer aucun Polonais, et pour empêcher de sortir tous ceux de cette nation qui s'y trouvent. Ces derniers sont extrêmement surveillés.

On va renforcer de ce côté les troupes autrichiennes; on y fait marcher un des régiments qui sont en garnison à Vienne. Le corps des transports militaires y sera renforcé de dix divisions.

### PRUSSE.

*Berlin, le 22 novembre.* — Les émigrés français ont reçu inopinément ces jours derniers l'ordre de quitter Berlin. On ne sait à quel motif attribuer cette mesure.

— On remarque que Frédéric-Guillaume passe à peine une journée entière à Berlin; il se renferme à Potsdam.

— Les insurgés polonais ont emporté, en quittant Bromberg, un magasin immense d'uniformes, de munitions et d'approvisionnements de guerre. Ils ont laissé de forts détachements dans la Prusse méridionale. Ceux-ci ont mis le feu dernièrement à un village où se trouvait un escadron de cavalerie prussienne qui a eu beaucoup de peine à échapper à la destruction. Il y est resté quelques généraux polonais.

---

## RÉPUBLIQUE FRANÇAISE.
### TRIBUNAL CRIMINEL RÉVOLUTIONNAIRE.

*Suite de la procédure du comité révolutionnaire de Nantes.*

Jicquenau demande que l'on examine d'une manière définitive la question de savoir si les trois corps administratifs ont, ou non, pris part à la formation des listes de proscription. Il affirme que le comité seul a formé ces listes, ainsi que celle des cent trente-deux Nantais envoyés à Paris.

Les accusés soutiennent le contraire; il paraît en effet résulter des débats que les corps constitués n'ont pris aucun arrêté, et que le comité seul a rédigé la liste des détenus qui devaient être sacrifiés.

*Lenoir*, témoin, ci-devant négociant et président de la commission militaire, à présent membre du comité de surveillance de la commune, dépose que, le 9 brumaire de la 2e année républicaine, il fut nommé par Carrier membre de la commission militaire. «Cette place, dit le témoin, établit des rapports entre moi et le comité révolutionnaire; j'y allais fréquemment demander les pièces à la charge des détenus; l'accusé Mainguet me remettait ces pièces: je les communiquais à la commission, qui acquittait ou condamnait sur le vu des renseignements à charge ou à décharge.

*Le président:* Quel est celui des membres du comité dont on se plaignait le plus pour les mauvais traitements?

*Le témoin:* On reprochait la plus grande dureté à

Goulin et à Grandmaison, qui, poussés par un zèle ultra-républicain, ne voyaient que des coupables dans les citoyens qui leur étaient dénoncés, ou dans ceux qui prenaient quelque intérêt aux détenus.

Les arrestations étaient des plus arbitraires, et j'en donne pour preuve le grand nombre de détenus que j'ai jugés et acquittés, n'ayant contre eux aucune preuve de délits. Je puis attester que Carrier ordonna par écrit au comité de mettre en arrestation les marchands, les courtiers, même ceux qui autrefois avaient fait le courtage ou le commerce.

Je suis également instruit que le citoyen Malgogue, député par la Société populaire vers Carrier, en a été reçu à coups de bâton. Carrier avait mis la terreur à l'ordre du jour à un tel point qu'aucun membre des administrations n'osait se présenter chez ce représentant.

*Le président:* Par quel ordre s'exécutaient les noyades?

*Le témoin:* Par l'ordre de Carrier, qui avait donné des pouvoirs outrés à la compagnie Marat, et qu'il a été obligé de retirer ensuite.

Au commencement de l'installation de la commission, le tribunal envoya une députation chez Carrier, relativement à Jomard, attendu que cette affaire était plutôt du ressort du tribunal criminel que de la commission militaire. Carrier, voyant entrer chez lui cette députation, s'écrie: «Que viennent faire tous ces j....-f....? Va te faire f...., » dit-il en s'adressant à moi. Puis, ayant l'air de se calmer, il me rappelle, me fait entrer, et me menace de me jeter par la fenêtre. Il finit par me dire qu'il y a des moyens de se défaire de Jomard. «Il ne s'agit, ajoute le représentant, que d'envoyer Jomard en campagne, et de le tuer secrètement.» La commission militaire s'est contentée de renvoyer Jomard devant les juges du tribunal criminel, qui, après avoir vu des pièces et après l'avoir entendu, ont prononcé son jugement d'acquit.

Carrier s'était entouré de scélérats connus de tout le monde; Laloue, son intime, m'a reproché d'avoir acquitté Pelletier et sa femme, contre lesquels il n'existait aucune charge; il a menacé ces citoyens de les faire réintégrer. Ces menaces se réalisèrent, et ce fut le représentant Bô qui fit ordonner l'élargissement desdits citoyens.

Le dessein de Carrier était de renvoyer le comité révolutionnaire, et d'en composer un autre de Robin, et autres agents de sa trempe.

Chaux et Mainguet déclarent n'avoir rien à dire sur la déposition du témoin; Goulin observe même que le témoin le traite avec indulgence; il avoue qu'il a traité avec beaucoup de dureté ceux qu'il réclamaient les aristocrates. «Quant à l'affiche dont on ne cesse de parler, ajoute Goulin, elle n'est rien moins que contre-révolutionnaire.»

*Le président:* Cette affiche prouve au moins que le comité voulait tout incarcérer, patriotes et autres.

Goulin s'emporte et injurie le tribunal.

*Le président,* à Goulin: Le tribunal vous parle avec douceur et modération; c'est son devoir; vous devez répondre de même.

Cette observation du président est couverte d'applaudissements réitérés.

*Fonbonne*, témoin déjà entendu, est invité à déposer de nouveau sur les faits reprochés à l'accusé O'Sullivan. «Dînant un jour au jardin du citoyen Ducrois avec Guédon, capitaine, dit le témoin, avec Carrier, Sullivan et plusieurs autres individus, la conversation tomba sur la force extraordinaire de certains hommes. O'Sullivan déclara que son frère était beaucoup plus fort que lui, que la guillotine n'avait pu lui couper la tête du premier coup, et que l'exécuteur avait été obligé de frapper une seconde fois son frère de la hache nationale. O'Sullivan parla ensuite d'un petit couteau qu'il avait. « Un homme plus fort que moi, et que je voulais noyer, voulut me résister ; je le couchai par terre avec plusieurs autres, et je le saignai comme un mouton, avec mon petit couteau. »

« Ce récit, termine le témoin, me fit tant d'horreur que j'entraînai Guédon, et m'empressai de me retirer. »

*Le président*, à O'Sullivan : Que répondez-vous à la déposition du témoin ?

*L'accusé :* J'ai effectivement dîné avec le témoin et Carrier, mais je n'ai pas tenu le propos qui m'est attribué ; je n'ai assisté qu'à la noyade des prêtres, et à deux autres.

*Guédon*, capitaine de navire, et juge du tribunal de commerce, dépose qu'étant à dîner chez Ducrois, avec Fonbonne, Carrier, O'Sullivan, Dujard, Robin et autres, il était placé à table à côté d'O'Sullivan, qui lui montra un couteau, en lui disant qu'avec cette arme on pouvait couper le cou d'un homme. « Je lui témoignai mon indignation, continue-t-il, sur les souffrances horribles qu'un pareil assassinat devait causer aux malheureux sur lesquels on se le permettait. O'Sullivan me répondit qu'il s'était déjà servi de son couteau, et qu'il avait fait l'épreuve dont il me parlait, et Robin affirma le fait. O'Sullivan me détailla même la manière dont il s'y prenait. « J'avais remarqué, me dit-il, comment les bouchers saignaient les moutons ; je mettais la main sur l'épaule d'un prisonnier, et je lui disais : Toi, tu es un bon républicain ; regarde un tel, il ne te ressemble pas. Je lui faisais tourner la tête sur mon observation, et je profitais de ce moment pour lui plonger mon couteau dans le cou. »

Le même témoin affirme ensuite les propos cités par le précédent.

*Le président*, à l'accusé : Que répondez-vous à la déposition du témoin ?

*L'accusé :* Je ne connais pas le témoin, et je nie les propos qu'il m'impute. Si j'avais voulu couper le cou à un brigand, je l'eusse fait avec mon sabre, et non avec un couteau. Quant à mon frère, il était chez les rebelles ; il a assassiné les patriotes, il a voulu me faire assassiner moi-même ; mais lorsqu'il a vu qu'il n'y avait plus de salut pour lui, il est venu se jeter dans mes bras ; mais il était l'ennemi de mon pays, j'ai fait le devoir d'un républicain, je l'ai dénoncé, et la justice a prononcé sur son sort.

*Le président*, au témoin : Quelle était l'opinion publique sur le comité ?

*Le témoin :* La voix publique accusait ce comité de bien des atrocités.

*Le président :* Que penses-tu de la compagnie Marat ?

*Le témoin :* Je pense que cette compagnie n'a agi que par les ordres du comité.

« Et moi, dit Sullivan, je n'ai fait qu'exécuter les ordres de Carrier en assistant aux noyades auxquelles j'ai participé. »

« Je reconnais, s'écrie Sourisseau, parmi les accusés les deux particuliers qui m'ont arrêté ; Gauthier était de ce nombre. »

Gauthier convient du fait, et déclare qu'il n'a agi que d'après les ordres de Lambertye.

*Renet*, commandant de bataillon et d'arrondissement à Nantes : En germinal, on rassembla une grande partie des hommes qui habitaient Bouquenay et les hameaux environnants, sous prétexte d'aller chercher des certificats de civisme au Château-d'Eau ; on les y conduisit avec la force armée, et ils furent jugés et fusillés. Les paysans plus éloignés, qui en furent instruits allèrent grossir le parti des brigands. Je suis persuadé que la guerre de la Vendée serait finie si on n'eût pas inquiété les habitants des campagnes qui étaient rentrés chez eux volontairement.

*Le président*, au témoin : Il paraît constant au procès que le nombre des habitants de la campagne fusillés se monte à huit cents.

*Le témoin :* J'en ai vu fusiller trois cent soixante. Dès le moment de l'installation du comité, les arrestations furent des plus multipliées ; elles étaient toutes dictées par la haine et l'animosité, et portées à un tel point que tout le monde tremblait pour sa tête.

Moi qui n'avais rien à me reprocher, j'étais toujours muni d'un pistolet de poche pour brûler la cervelle à celui qui viendrait m'arrêter, et j'en avais un second pour moi : cruelle expectative qui a consumé une partie des habitants de la ville de Nantes ! Aussitôt que Fouquet et Lambertye se furent insolemment revêtus du costume d'adjudant général, ils obtinrent de Carrier des pouvoirs absolus, et dès lors ils se permirent toutes les horreurs et tous les assassinats ; ils attachaient eux - mêmes leurs victimes, ils les conduisaient, ils les faisaient embarquer, et ils les noyaient ensuite. J'ai vu les préparatifs pour l'une de ces expéditions, où furent engloutis six cents hommes pris à l'Entrepôt.

*Le président*, au témoin : Ces préparatifs devaient faire naître vos réflexions.

*Le témoin :* J'ai dénoncé ces préparatifs à Bolvin, commandant temporaire, qui n'a pu qu'en gémir avec moi. *(La suite incessamment.)*

## CONVENTION NATIONALE.
### *Présidence de Rewbell.*

SUITE DE LA SÉANCE DU 20 PLUVIÔSE.

PÉRÈS, au nom du comité de législation : La deuxième section du tribunal criminel du département du Nord, instituée pour le jugement des délits prévus par les lois des 7 et 17 septembre et 26 frimaire dernier, a fait passer à votre comité de législation des observations sur l'attribution nouvelle que lui donne votre décret du 7 du courant ; il en résulte qu'elle ne se croit pas suffisamment autorisée à connaître des délits contre-révolutionnaires autres que ceux exprimés dans les trois premières lois, quoique le rapport sur lequel intervint ledit décret du 7 ne laisse aucun doute sur cette ampliation de pouvoirs, et que le décret lui-même fût sans cela insignifiant et sans objet ; mais une nouvelle rédaction aura bientôt levé tous les scrupules à cet égard.

Cette section fait une demande plus sérieuse ; elle expose que le nombre des prisonniers augmente tous les jours ; qu'une lettre du Quesnoy lui annonce qu'il est possible que ce seul district lui envoie près de quatre mille accusés, et que, s'il faut que tous les individus, la plupart arrêtés pour les causes les plus frivoles, soient soumis à la marche lente des procédures ordinaires, elle ne voit pas le terme où pourra finir la commission temporaire qu'elle exerce.

Elle désirerait donc qu'il lui fût permis de prononcer la liberté ; dans la chambre du conseil ; de tous les cultivateurs, de tous les artisans, de tous ces hommes de peine qui ne sont coupables que d'avoir eu peur à l'approche de l'ennemi ; de tous ceux, en un mot, contre lesquels il n'existera aucun reproche grave, après les renseignements qui seront pris sur leur conduite.

Le comité de législation a d'autant moins hésité à tous

proposer cette mesure, que vous l'avez déjà adoptée en autorisant, par un décret du 18 du courant, nos collègues Lacoste et Roger-Ducos à rendre à la liberté, sans forme de procès, tous ceux qui, depuis la prise de Valenciennes, n'ont pas montré des dispositions vraiment contre-révolutionnaires.

Que la deuxième section du tribunal criminel du Nord reçoive la même attribution, et bientôt cette malheureuse terre, trop longtemps abreuvée de larmes et de sang, se repeuplera de citoyens laborieux, qui la féconderont en chantant la justice et l'humanité de la Convention nationale.

Pérès lit ensuite un projet de décret qui est adopté en ces termes :

« La Convention nationale, après avoir entendu le rapport de son comité de législation, décrète que la deuxième partie du décret du 7 frimaire courant, relative à la nouvelle attribution donnée à la deuxième section du tribunal criminel du département du Nord, demeure définitivement rédigée comme il suit :

« Tous les individus arrêtés en exécution des lois des 7, 17 septembre et 26 frimaire derniers, et ceux qui, sans être compris dans les dispositions de ces lois, sont ou seraient arrêtés dans l'étendue du département du Nord, comme prévenus de délits contre-révolutionnaires, seront jugés par la deuxième section du tribunal criminel de ce département, la Convention nationale lui donnant, à cet effet, tous les pouvoirs nécessaires et non attribués par les lois précédentes.

« La Convention nationale décrète en outre ce qui suit :

« Art. I<sup>er</sup>. Si les inculpations qui ont servi ou serviront de fondement à l'arrestation des susdits individus ne sont pas soutenues d'indices qui puissent les faire présumer coupables, et que les renseignements pris par ladite section à leur municipalité ou au comité de surveillance de leur commune se trouvent à leur décharge, ou ne les chargent pas de faits de nature à mériter peine afflictive ou infamante, ladite section pourra prononcer leur liberté dans la chambre du conseil, et sans les assujettir aux formes de la procédure criminelle.

« II. Il n'est point dérogé par le présent décret à celui du 18 du courant, qui investit de nouveaux pouvoirs les représentants du peuple en mission dans les départements du Nord et du Pas-de-Calais.

« III. Le présent décret sera publié par la voie du Bulletin de correspondance. »

THIBAUDEAU, au nom des comités d'instruction publique et des finances : Je viens parler à la Convention nationale d'un grand établissement consacré par la république à l'étude de la nature. De tous les monuments élevés par la munificence de la nation, aucun n'a jamais plus mérité l'attention des législateurs que le *Muséum d'histoire naturelle*.

Il ne fut destiné, dans son origine (1), qu'à la culture des plantes médicinales; on y fonda des cours d'anatomie et de chirurgie pour le consacrer plus spécialement encore à l'étude de l'art de guérir. L'opinion presque générale, qui voulait alors que tous les végétaux fussent destinés par la nature à la guérison des maladies, entraînait toutes les recherches des savants vers l'examen de leurs propriétés. On institua un cours de chimie; mais le grand mouvement que Tournefort avait imprimé à la botanique fit diriger presque tous les efforts vers ce côté.

Ces trois sciences, longtemps les seules cultivées dans l'établissement, y furent professées par des hommes célèbres qui illustrèrent cette école. Quelle que fût son utilité, elle était cependant incomplète; le despotisme en ayant plusieurs fois confié la direction à ses courtisans, il s'y introduisait des abus; il devint plutôt pour eux un objet de spéculation que d'instruction publique.

Tel était l'état du Jardin des Plantes lorsque Buffon y parut au milieu d'une richesse immense de vé-

(1) Il fut créé par Louis XIII, en 1626.

gétaux, qui semblait avoir repoussé jusque-là toute culture étrangère. Il vit la botanique fort avancée, et presque toutes les autres sciences naturelles sans mouvement et sans vie. Il conçut le projet d'élever à la nature un monument plus vaste et plus digne d'elle. Aidé par les immenses travaux de Daubenton, il entreprit d'écrire sur les animaux. Il fit naître partout le goût de l'histoire naturelle, et profita de l'enthousiasme qu'il excitait pour appeler en quelque sorte toutes les productions de la nature dans le temple qu'il venait de lui dédier.

On lui adressa de tous les points du globe des animaux et des minéraux; ces présents, qu'on s'empressait de lui envoyer, ces matériaux que sa renommée demandait et obtenait pour ses travaux, formèrent tout à coup une collection qui devait bientôt ne le céder à aucune de celles qu'on admire dans diverses parties de l'Europe. Alors le cabinet d'histoire naturelle fut formé, l'ordre fut établi dans une foule d'objets auparavant épars; Daubenton en augmenta le prix par la disposition qu'il y établit. On construisit des salles; les règnes eurent chacun leurs galeries particulières; un arrangement aussi piquant par la variété des objets qu'utile par les rapprochements de formes et de structures fit rechercher le cabinet par les vrais amateurs de l'histoire naturelle autant que par les curieux.

Buffon, qui avait tant fait pour sa gloire dès les premières années de ses travaux sur l'histoire naturelle, contribua beaucoup à l'augmentation de cet établissement; mais il ne put achever l'exécution du plan immense qu'il avait conçu.

Le Muséum était devenu, pour ainsi dire, l'entrepôt de plusieurs plantes et arbres rares qui se propagèrent dans toutes les parties de la république, parmi lesquels on distingue le cèdre du Liban; le café, qui, apporté d'Arabie et cultivé au Muséum au commencement de 1700, produisit deux individus transportés depuis à la Martinique, où ils se multiplièrent et donnèrent naissance à cette branche de commerce colonial.

Le Muséum reçut des plantes, des légumes et des arbres rares et précieux du Canada (1), de la partie tempérée de l'Amérique (2), de la Louisiane (3), de la Chine (4), de la Sibérie (5), de la Pologne (6), de

(1) Les deux espèces d'érables à sucre, plusieurs espèces de noyers, de frênes, de pins, de cèdres, et autres arbres qui se distinguent à peine de nos arbres indigènes pour la rusticité, mais dont le bois sont plus précieux pour la charpente navale et civile et pour les autres arts, et qui augmenteront les ressources en utilisant des terrains regardés comme stériles. A. M.

(2) Les catalpa, les rhododendron, les tulipiers, les noyers de Virginie, les cerisiers de la Caroline. Ces arbres, qui font actuellement l'ornement de nos jardins, sont l'objet d'un commerce très-considérable avec les peuples du Nord. A. M.

(3) Le cyprès à feuilles d'acacia, arbre qui croît sous l'eau avec la rapidité du peuplier d'Italie, et dont le bois, quoique tendre et presque incorruptible, est d'une légèreté singulière. Le pacanier, grand arbre qui porte une noix de la forme d'une olive, dont l'amande est excellente à manger, et dont on peut tirer une huile délicieuse. Cet arbre, si important à naturaliser dans les départements méridionaux, n'existe que dans quatre ou cinq jardins de la république. A. M.

(4) La marguerite (ci-devant reine), apportée par le Jésuite d'Incarville, a donné sa première fleur au Jardin-National, et s'y est perfectionnée d'une manière si particulière que, renvoyée dans son pays natal, on a eu beaucoup de peine à l'y reconnaître.

Le chanvre gigantesque, né au Muséum, et qui commence à fournir des récoltes dans quelques départements méridionaux. A. M.

(5) Le mélilot, excellent fourrage; la vesce vivace, le lin vivace. A. M.

(6) Une espèce de blé qui fournit une récolte dans trois mois et demi, et peut se semer en avril. A. M.

la Tartarie (1), de la Moscovie, et de toutes les parties du monde.

Dans ces derniers temps, il a été enrichi des plantes apportées de l'Afrique, du Chili, du Pérou, du mont Atlas et des Etats de Tunis et d'Alger. Celles de ces plantes qui ne nous sont pas parvenues vivantes, ou qui ne pouvaient pas soutenir le climat de la France, ont été décrites avec le plus grand soin. Ce travail va bientôt être offert à l'admiration des connaisseurs.

Un autre membre du Muséum continue sans relâche un ouvrage très-étendu sur toute la botanique.

Les professeurs se disposent à publier un journal d'histoire naturelle ; il répandra dans toute la république les expériences et les découvertes utiles aux progrès des sciences et des arts.

En un mot, on a recueilli et planté au Muséum toutes les espèces d'arbres fruitiers, depuis le groseiller jusqu'au noyer ; on y sème et on y récolte toutes les plantes qui servent à la nourriture de l'homme, à celle des animaux et aux arts.

Cette collection de plantes vivantes est composée de plus de six mille espèces différentes, et l'on conserve dans des herbiers presque toutes les plantes connues, au nombre de plus de vingt mille ; et afin d'assurer au moins la représentation exacte et l'image fidèle des divers objets d'histoire naturelle dont on pourrait craindre la destruction au bout d'un très-long temps, on place chaque année de nouveaux dessins dans la précieuse collection d'animaux et de plantes, peints sur vélin par les artistes les plus célèbres, depuis la création de cet établissement, et dont les figures forment déjà plus de 50 volumes in-folio.

On fixe et on fait revivre, par ce moyen, des plantes qui fleurissent pour la première fois et meurent ensuite ; d'autres qui fleurissent par une haute température, et par hasard, en cinquante ou cent ans, comme l'espèce d'agave qui a fleuri l'année dernière. Il en est de même des animaux rares, qui ne font souvent que passer dans nos climats, et dont plusieurs siècles ne voient quelquefois qu'un individu.

Un des hommes qui a présidé à la première formation du Muséum, malgre son grand âge et ses infirmités, s'est trouvé ranimé d'un zèle nouveau. Il continue à enseigner la minéralogie et à chercher les moyens de perfectionner nos laines. Ce dernier objet mérite surtout l'attention du gouvernement, puisqu'il pourra nous rendre moins tributaires de l'étranger.

Tel était jusqu'à nos jours l'état du Muséum. Il approvisionnait les jardins des départements des graines dont il avait besoin chaque année (2) ; il fournissait en outre des plants d'arbres étrangers, des drageons de plantes vivaces, des boutures et des greffes ; c'est ainsi que se sont multipliés des végétaux utiles ou agréables.

Cet établissement ainsi formé était cependant encore imparfait. Il était, depuis plus d'un siècle, sans règlements fixes et sans lois. Les objets réunis dans le cabinet n'y étaient point la matière d'un cours spécial, et plusieurs parties de l'histoire naturelle manquaient de professeurs. L'immense variété des productions de la nature dont il était nécessaire d'exposer les rapports, la multitude des objets qu'il fallait faire connaître, exigeaient impérieusement qu'on augmentât beaucoup le nombre des leçons.

La Convention a senti la nécessité de faire entrer dans cette instruction l'étude de l'histoire naturelle, qui est une des bases des connaissances humaines, et comme une introduction à plusieurs autres sciences.

Par son décret du 10 juin 1793, elle a ajouté au Jardin des Plantes une partie de ce qui lui manquait pour en faire un muséum. Le nombre des professeurs a été doublé. L'anatomie ne se borne plus à l'étude du corps humain ; elle s'étend à celle de toutes les classes d'animaux, depuis les quadrupèdes gigantesques et les monstres des eaux jusqu'aux vers qui rampent sous l'herbe, jusqu'aux molécules animées qui nagent dans les liqueurs, et que leur petitesse dérobe à nos yeux. On examine non-seulement leur structure intérieure, au moyen des dissections, mais encore les rapports de conformation entre eux et avec l'homme, leurs caractères extérieurs, leurs habitudes et leur utilité pour nos besoins.

La botanique, auparavant la plus favorisée dans l'établissement, l'est encore davantage dans la nouvelle institution, et l'on y joint des leçons de culture pour associer la pratique à la théorie et former des cultivateurs qui ne soient plus uniquement conduits par une routine aveugle.

Aux leçons de la chimie générale, qui est si vaste, et à l'aide de laquelle on exposait dans tous les détails et par de savantes expériences la nature intime de tous les corps, leur composition, les combinaisons qu'ils forment entre eux, les altérations dont ils sont susceptibles, on a ajouté celle des arts chimiques, qui sont d'un si grand avantage dans les manufactures, dans plusieurs grandes fabriques, et pour beaucoup de besoins usuels.

L'Angleterre seule avait offert pendant longtemps quelques parties éparses de cette science ; la France a la gloire d'avoir rassemblé tous les faits chimiques, en y en ajoutant un grand nombre, de les avoir liés par une théorie avouée par la nature, et d'avoir fait la langue de la science. Le laboratoire du Muséum ne répondait point à l'utilité de ce que l'on devait y enseigner ; on en a ordonné l'agrandissement ; les réparations sont presque terminées, et bientôt l'amphithéâtre sera digne des sciences que l'on doit y professer, et des hommes qui y répandront les connaissances à la découverte desquelles ils ont tant contribué. C'est là que se sont faits les cours révolutionnaires pour l'extraction du salpêtre et la fabrication de la poudre.

On a ajouté aussi des leçons de minéralogie, des leçons de géologie destinées à propager les connaissances sur la formation et la structure du globe terrestre, sur la situation et la direction de ses filons métalliques et de ses diverses couches.

Un professeur d'iconographie naturelle a été chargé de former des élèves dans l'art d'en peindre les objets.

Vous avez aussi fondé une bibliothèque au Muséum.

L'établissement des cours, qui fournissent cinq cents leçons par an, offre l'ensemble le plus vaste et le plus complet d'enseignement sur toutes les branches d'histoire naturelle, dont le plus grand nombre manquait totalement à la France, et dont quelques-unes manquent encore à l'Europe ; l'application immédiate de toutes les sciences naturelles à l'agriculture, au commerce et aux arts. Les cours ont été suivis avec beaucoup d'assiduité. La bibliothèque, ouverte maintenant tous les jours, renferme la plus grande partie des ouvrages écrits sur l'histoire naturelle, et la riche collection de peintures de plantes

---

(1) Le rhubarbe : elle fournit abondamment des graines dans le Jardin-National ; ses racines sont aussi utiles à la teinture qu'à la médecine.

On pourrait étendre cette liste à l'infini : l'héliotrope du Pérou, le réséda d'Egypte, la pervenche rose de Madagascar, etc. A. M.

(2) Cette fourniture s'élève à douze à quinze mille sachets. A. M.

et d'animaux qui s'accroît par les travaux d'artistes choisis au concours ; et les étudiants peuvent y voir, ainsi que dans les herbiers, les plantes qui n'existent pas dans le jardin. On double maintenant, au moyen d'un étage supérieur, les galeries d'histoire naturelle, pour y espacer les objets et mettre en évidence ceux que le défaut de local a forcé de reléguer dans les magasins.

Le décret du 10 juin porte que le Muséum fournira les graines et les plantes nécessaires au complément des jardins de botanique des départements.

Par un décret du 6 nivose, la Convention a ordonné que les arbres, arbustes et plantes rares, soit indigènes, soit exotiques, qui se trouvent dans les jardins et terrains nationaux, situés à Paris et dans le département, seraient transférés au Jardin-National.

Par un décret du 16 germinal, la Convention a aussi ordonné que, dans le courant des mois de brumaire, frimaire, nivose, pluviose et ventose, les arbres, arbustes et plantes existant dans la pépinière du Roule seraient transportés au Muséum national, et dans le terrain qui y serait annexé, pour les conserver et multiplier.

Le même décret charge le citoyen Thouin de faire la recherche des arbres forestiers tirés des autres climats, existant dans les propriétés nationales de Paris et des environs, dans un rayon de trente lieues, qui peuvent être employés utilement à la plantation des montagnes, escarpements, rochers, landes et marais existant dans le territoire de la république, afin qu'il soit pourvu à leur conservation, d'en faire récolter les graines, et de les utiliser.

L'exécution de ces divers décrets nécessite donc l'augmentation du Muséum d'histoire naturelle ; vous l'avez formellement annoncé par le décret du 16 germinal. Plusieurs autres circonstances exigent aussi cette augmentation.

La nation a recueilli beaucoup de richesses en histoire naturelle dans les cabinets et jardins des émigrés et condamnés.

Les commissaires envoyés dans la Belgique pour recueillir tous les objets de sciences et d'arts utiles au complément de nos collections nationales ont aussi dans cette partie mis à profit les victoires des défenseurs de la patrie. Outre les livres et les tableaux, il y a une grande quantité de végétaux, originaires de toutes les parties du monde, qui manquaient à la collection nationale, envoyée au Muséum, et beaucoup de morceaux rares et précieux d'histoire naturelle, tels que minéraux, fossiles et pétrifications ; ces deux dernières classes sont d'une haute importance pour éclairer la physique du globe.

Les commissaires ont aussi recueilli les graines de plantes propres à la nourriture des hommes : ces plantes sont des variétés perfectionnées par la culture et d'un plus grand produit que les nôtres ; ce n'est qu'un échantillon des récoltes qu'ils feront. Ils s'occupent en outre d'une foule d'observations utiles sur l'agriculture, et de faire dessiner les instruments les plus intéressants de cet art précieux, et des modèles de tout ce que peut étendre dans ce genre les limites de nos connaissances.

Les bâtiments et les terrains du Muséum, qui, même avant la révolution, étaient trop resserrés pour qu'on pût exposer aux yeux du peuple les richesses qui y existaient reléguées dans des greniers, et pour faire des expériences en culture, se trouvent donc, à plus forte raison, insuffisants aujourd'hui.

Votre intention n'est pas plus sans doute de concourir dans le Muséum d'histoire naturelle que dans le Muséum des arts tout ce que la nation possède ; il y en aura une partie destinée aux muséum à former dans les départements ; mais celui de Paris doit être le foyer d'où partiront toutes les lumières et tous les objets qui devront former et diriger les autres.

C'est pour seconder les intentions exprimées à cet égard par la Convention, que le comité de salut public, par son arrêté du 27 floréal, chargea Molinos, architecte, de lever le plan des terrains circonscrits entre le marché aux chevaux et la rue des Fossés-Bernard d'une part, et entre la Seine et la rue Victor de l'autre, et de présenter le devis approximatif des dépenses d'acquisition des terrains et maisons qui se trouvent compris dans ces limites, et qui n'appartiennent point à la nation.

Par un autre arrêté du........., le comité de salut public ordonna que le local de la ci-devant abbaye Victor et la maison et jardin appartenant au citoyen Léger seraient réunis au Muséum national, en attendant qu'il fût pris un parti définitif sur les autres propriétés qui l'avoisinent (1).

Les plans et devis ont été faits ; Molinos, déjà avantageusement connu par la construction de la Halle-au-Blé, a donné un projet qui, s'il était exécuté, ferait du Muséum un monument au-dessus de tout ce que l'antiquité nous offre de plus magnifique ; mais le comité, après l'avoir examiné, a pensé qu'il ne pouvait être actuellement adopté dans toute son étendue, et qu'il était possible, sans se jeter dans une aussi grande dépense, de concilier à la fois l'augmentation nécessaire au Muséum et l'économie prescrite par les circonstances.

Le terrain qu'il faut y réunir se trouve enclavé avec le Muséum comme dans une enceinte naturelle, bornée au levant par la rivière de Seine et le quai ; au couchant, par la chaussée qui fait suite à la rue Victor ; au nord, par la rue de Seine ; au midi, par le boulevard de l'Hôpital et la rue Poliveau. Ce terrain est divisé en deux parties distinctes, séparées par le Muséum lui-même ; l'une, à sa gauche, bornée par la rue de Seine et le quai, offre des marais limitrophes du jardin, quelques chantiers de peu d'importance, ayant ouverture sur la rue, et quelques maisons occupées la plupart par ceux qui exploitent ces chantiers. Deux bâtiments plus importants existent dans ce lieu ; l'un est un vaste magasin de farine employé maintenant pour l'approvisionnement de Paris, et qui, étant national, peut, quoique enclavé dans le Muséum, conserver sa première destination, ou être affecté à toute autre, selon les besoins de la nation, qui continuera toujours de l'avoir à sa disposition ; l'autre est le bâtiment dit des Nouveaux-Convertis, auparavant national, formant une saillie très-forte sur la butte du Muséum, que sa position a toujours fait regarder comme devant y être compris quelque jour, et dont la réunion, déjà projetée par un comité de l'Assemblée constituante, a été sollicitée à plusieurs reprises par les divers préposés à l'administration du Muséum, et qui fut aliéné, il y a deux ans, par la municipalité de Paris.

La portion de terrain située à la droite du Muséum n'en est séparée que par une rue nouvelle (de Buffon) absolument inutile pour le service public, et facile à supprimer. Ce local offre sur ses bordures, principalement au couchant, quelques maisons, la

(1) Ce local, qui renferme un enclos très-vaste et d'immenses bâtiments dont la plupart sont en bon état, appartient à la nation. Le représentant Ludot, dans un rapport sur les écoles vétérinaires, propose d'y transférer celle d'Alfort. Toutes les convenances se réunissent pour faire adopter ce projet. La principale et la mieux sentie est la proximité du Muséum d'histoire naturelle ; il mérite au moins d'être examiné attentivement. **A. M.**

plupart d'une mauvaise construction ; elles peuvent être aisément sacrifiées, à l'exception d'un petit nombre qui, plus solides, serviraient pour logement d'employés, pour casernes des soldats vétérans chargés de la garde du Muséum, et pour supplément de magasins. Le reste du terrain est nu, occupé par des marais, des jardins fleuristes, et arrosé par la petite rivière de Bièvre, qui le traverse dans toute sa longueur. Ce terrain est celui qui convient le plus pour une partie des pépinières et quelques parcs d'animaux. La rivière, dont on peut prolonger le cours par des contours agréablement dessinés, sera d'une grande utilité pour l'arrosage des plantations, surtout de celles qui exigent un terrain frais et humide, pour la formation de canaux et viviers, et en général pour abreuver les animaux et assainir leurs demeures. Elle ajoutera beaucoup à la salubrité du jardin et à l'ornement de la promenade, lorsqu'on aura pris les précautions nécessaires pour rendre ses eaux plus pures et plus abondantes. Il existe à ce sujet un travail de la ci-devant Société de Médecine, fait par ordre du département de Paris, qui en avait senti la nécessité pour prévenir les maladies pestilentielles qu'elle occasionne aux habitants de ce quartier.

L'agrandissement réduit aux limites proposées par votre comité, qui s'est entouré de toutes les lumières pour les déterminer, donnera environ cent vingt arpents, et doublera l'étendue du Muséum. La dépense d'acquisition est évaluée par approximation, d'après le travail fait par les ordres du comité de salut public, à la somme de 2 millions 500,000 liv.

Cette dépense peut effrayer les hommes qui méprisent les arts et les sciences ; mais tous ceux qui sont pénétrés de leur utilité et de leur influence sur la prospérité nationale sentiront que la république s'en dédommagera amplement par la suite, par les expériences utiles à l'agriculture et aux arts qui se feront alors au Muséum.

Pour rendre l'acquisition moins onéreuse, on avait proposé de faire des échanges avec les propriétaires des terrains enclavés dans le plan d'agrandissement ; mais, après avoir calculé les résultats de cette opération, vos comités ont pensé qu'elle serait préjudiciable aux intérêts de la république, et qu'il serait encore plus économique de payer les propriétés comptant.

Le terrain de la pépinière du Roule, se trouvant libre lorsqu'on en aura enlevé les arbres, pourra être mis en vente et couvrir les frais de l'augmentation du Muséum.

Quant aux grands plans de construction projetés, les comités ont senti que ce n'était pas le moment de les adopter ; on s'en occupera dans des temps plus propices, mais l'acquisition des terrains est indispensable si vous voulez réaliser l'exécution de vos décrets et donner un exemple éclatant de votre amour pour les arts utiles.

Ces terrains seront consacrés à rassembler toutes les espèces de culture qui sont établies ou qui peuvent s'introduire dans la république.

La première partie présentera des modèles de culture de toutes les plantes céréales ; la deuxième, des plantes propres à la nourriture des hommes dans tous les pays du monde analogues à la température du nôtre. La troisième réunira sous un même point de vue la culture des plantes dont on nourrit les animaux domestiques ; la quatrième, des vergers, des masses d'arbres fruitiers qu'on laissera croître dans toute leur étendue, et qui offriront les cultures de tous les végétaux dont les fruits fournissent des aliments, des liqueurs et des boissons à l'usage des hommes ; la cinquième, des massifs d'arbres indigènes et étrangers, plantés d'une manière pittoresque, présentant des cultures aussi agréables qu'utiles, et qui feront connaître les progressions des croissances, la nature du terrain qui convient plus particulièrement à chaque espèce, et fournira par la suite matière à des expériences sur la force des bois, leur élasticité, leur durée et leur usage dans les arts. Enfin, la sixième partie présentera toutes les fleurs employées dans la décoration des jardins, ou qui peuvent être admises à cet usage. On pourra trouver alors au Muséum toutes les espèces de jardins réunis.

La botanique est sans doute une des branches les plus étendues de l'histoire naturelle ; mais il y en a plusieurs autres dont l'étude est très-utile. On peut en prendre les premières notions dans les cabinets ; mais on n'y acquerra jamais des connaissances complètes, parce que l'on n'y voit pas la nature vivante et agissante. Quelque apprêt que l'on donne aux cadavres des animaux ou à leurs dépouilles, ils ne sont plus qu'une faible représentation des animaux vivants ; la peinture n'en retrace même qu'imparfaitement l'image. Quand on compare les lions qui sont dans la plupart des tableaux au magnifique individu qui existe au Muséum, on voit que la plus grande partie des artistes, se copiant les uns les autres, n'ont pas rendu la nature, et que leurs imitations sont beaucoup au-dessous du modèle.

Le Muséum a recueilli des animaux envoyés par la municipalité de Paris, ceux de Versailles, du Raincy. Ils y sont très-mal logés ; le comité de salut public avait en conséquence ordonné à la commission des travaux publics d'examiner avec les professeurs l'emplacement le plus commode pour y construire provisoirement une ménagerie propre à les recevoir ; elle est presque terminée.

Vous sentirez la nécessité de cet établissement au Muséum, qui doit renfermer tout ce qui tient à l'histoire naturelle. Jusqu'à présent les plus belles ménageries n'étaient que des prisons, où les animaux resserrés avaient la physionomie de la tristesse, perdaient une partie de leur robe, et restaient presque toujours dans des positions qui attestaient leur langueur.

Pour les rendre utiles à l'instruction publique, les ménageries doivent être construites de manière que les animaux, de quelque espèce qu'ils soient, jouissent de toute la liberté qui s'accorde avec la sûreté des spectateurs, afin qu'on puisse étudier leurs mœurs, leurs habitudes, leur intelligence, et jouir de leur fierté naturelle dans tout son développement.

Les animaux qui servaient pour les grands spectacles des anciens conservaient toute la beauté des formes.

On atteindra ce but en pratiquant des parcs un peu étendus, environnés de terrasses ; les spectateurs suivront sans danger tous les mouvements des animaux ; le peintre et le sculpteur feront alors facilement passer dans leurs ouvrages le caractère qui les distingue.

En rapprochant de nous toutes les productions de la nature, ne la rendons pas prisonnière. Un auteur a dit que nos cabinets étaient le tombeau de la nature ; eh bien, que tout y reprenne une nouvelle vie par vos soins, et que les animaux destinés aux jouissances et à l'instruction du peuple ne portent pas sur leur front, comme dans les ménageries construites par le faste des rois, la flétrissure de l'esclavage. Qu'on puisse admirer la force majestueuse du lion, l'agilité de la panthère, et les élans de colère ou de plaisir dans tous les animaux.

Quant à ceux d'un caractère plus doux, ils pourront être placés dans des parcs un peu étendus, en partie ombragés par des arbres, et tapissés de verdure propre à les nourrir.

La zoologie est une partie de l'histoire naturelle si étendue et si intéressante qu'elle exige l'établissement d'un troisième professeur.

Quelle que soit l'opinion de la Convention sur le projet que je viens de lui soumettre, il est nécessaire qu'elle prononce promptement; la saison est déjà avancée, et les transplantations de plantes et d'arbres ordonnées par les décrets de la Convention ne pourraient point avoir lieu cette année si elle retardait trop sa décision. Les propriétaires des terrains et maisons compris dans le plan ne peuvent pas rester plus longtemps dans l'incertitude. Il leur a été défendu de faire aucune construction; il y en avait de commencées qui ont été abandonnées; ils ne peuvent ni louer ni vendre; et cette situation pénible, si elle était plus longtemps prolongée, compromettrait leur fortune.

Il est aussi un objet indépendant du plan d'agrandissement du Muséum que je suis chargé de vous soumettre, et sur lequel vous aurez à prononcer sans délai; je veux parler des fonds nécessaires pour les dépenses courantes de l'établissement.

Le comité s'est fait représenter le devis de ces dépenses; il a examiné et discuté avec soin chaque article, fondé sur un décret ou une disposition du règlement approuvé par le comité d'instruction publique. Les dépenses déjà décrétées pour l'année dernière s'élèvent à 115,000 liv., en y comprenant celles consacrées par le complément des peintures de la grande collection et pour les appointements des aides-naturalistes.

Mais cette somme est évidemment insuffisante; il faut une augmentation.

1° Pour l'entretien des serres nouvellement construites, de nouvelles écoles, de diverses collections réunies dans les galeries d'histoire naturelle;

2° Pour les dépenses annuelles de divers cours, soit de ceux nouvellement institués, soit des anciens qui doivent être faits avec plus d'étendue;

3° Pour les frais annuels de la ménagerie, calculés d'après ceux qu'elle a occasionnés depuis le 20 brumaire de l'an 2;

4° Pour les appointements à affecter aux nouvelles places que nécessitent une augmentation de travaux, une bibliothèque publique, l'administration et la correspondance des professeurs;

5° Pour l'augmentation des appointements des divers employés.

Le décret du 10 juin, en multipliant les travaux, en créant de nouvelles places, n'a point fait les fonds nécessaires.

Ces divers objets exigent une augmentation annuelle de la somme de 74,289 liv.

Le comité a reconnu la justice et la nécessité de cette dépense, sur laquelle il ne peut être fait aucun retranchement, et qu'il est impossible d'ajourner sans compromettre le sort de cet établissement, et retarder d'une manière funeste la marche de l'instruction.

Nous observons à cet égard à la Convention qu'il n'y a que l'amour de la science et l'attachement invincible que contractent pour un établissement de ce genre ceux qui l'administrent et qui l'entretiennent, qui aient soutenu leurs efforts constants pour le conserver dans toute sa splendeur.

Des hommes qui travaillent toute l'année à la terre n'ont que 7 à 800 livres; les professeurs, parmi lesquels on compte des hommes célèbres par de longs et d'utiles travaux, et qui ont honoré leur siècle, n'ont que 2,800 liv. de traitement. Daubenton, octogénaire, et l'un des restaurateurs du Muséum d'histoire naturelle, ne reçoit de la nation que 2,800 livres, tandis qu'il est une foule de commis ineptes qui consomment plus du double dans l'oisiveté.

Le comité d'instruction publique a pensé que le traitement des professeurs devait être de 5,000 liv., celui des finances a opiné pour 4,000 liv.; c'est à la Convention à prononcer.

Citoyens, puisque vous voulez encourager les sciences et les arts, faites que l'homme qui les cultive ne soit pas forcé de regretter le temps qu'il a consacré à l'étude.

Il est sans doute des récompenses plus dignes du génie et de la vertu que l'argent; mais il y a de la dérision à laisser périr de faim, au milieu de leur gloire, les hommes qui ont bien servi leur patrie. Assurez, non des richesses, mais une honnête aisance à la vieillesse de l'homme laborieux qui aura consacré ses plus belles années et employé son patrimoine à acquérir des connaissances utiles pour les répandre un jour dans la société.

Le devis présenté au comité contient un état de dépenses extraordinaires qui peuvent être divisées en deux objets distincts.

1° Il y a des dépenses arriérées, telles que celles qui ont été ordonnées par le gouvernement dans le cours de l'année dernière, et qui ont été acquittées par le trésorier de l'établissement, soit sur des fonds destinés aux dépenses ordinaires, soit de ses propres deniers. Elles s'élèvent à 23,703 liv. 18 s. 5 den.

Ce sont celles de la ménagerie, depuis le 20 brumaire de l'an 2; celles relatives à la dissection du rhinocéros, à la préparation et monture de la peau; celles enfin qu'a nécessitées l'établissement de la bibliothèque : elles doivent être restituées au trésorier, pour le remplir de ses avances et pour acquitter des emprunts.

2° Les dépenses extraordinaires, demandées pour cette année, montent à 18,641 liv.

Elles consistent en augmentation passagère de frais d'acquisition et de transport des objets servant à la culture et à l'entretien du jardin; en acquisition première des objets nécessaires pour les différents cours; en frais premiers d'étiquettes nouvelles qui doivent, d'après les règlements, être placées devant chaque plante dans les diverses écoles; en établissement de celles de ces écoles qui n'existent pas encore, et sans lesquelles le cours de culture ne peut avoir lieu; en frais de replantation de la grande école de botanique, replantation jugée nécessaire, demandée depuis cinq ans, et devenue maintenant indispensable.

Citoyens, l'établissement dont je viens de vous parler doit devenir le laboratoire où l'on cherchera toutes les vérités et où l'on réunira tous les objets utiles aux progrès des sciences naturelles, à l'art de guérir, et à l'agriculture, vers laquelle vous devez surtout diriger tous vos efforts; elle appelle plus que jamais toute votre attention. Les premières années de la révolution lui avaient donné de grands développements; le sol de la république affranchi, comme ses habitants, était heureusement fécondé par la puissante influence de la liberté; des mesures perfides prises dans la suite au nom du salut public allaient encore le frapper de stérilité. En ouvrant à l'agriculture une grande école, vous préparerez à la nation de nouvelles sources de richesses; vous propagerez des connaissances trop négligées jusqu'à présent, et qui sont la base la plus solide de toutes les sciences.

Les citoyens y apprendront à connaître les matériaux de nos constructions, les métaux fondements des arts et du commerce, à fertiliser de vastes terrains qui semblent repousser les arbres indigènes, mais qui sont très-propres à recevoir des arbres exotiques pour la charpente et la construction navale.

Appelez tous les hommes à considérer le grand et magnifique spectacle de la puissance de la nature, la variété de ses productions et l'harmonie de ses phénomènes. Elle est la source des bonnes lois, des arts utiles, des jouissances les plus douces et du bonheur.

Le Muséum d'histoire naturelle est peut-être le seul établissement public qui soit resté intact au milieu des orages de la révolution ; la main destructive des Vandales qui a brisé tant de monuments précieux des arts a respecté le temple de la nature.

Votre décret du 10 juin, le zèle des professeurs, la bonne harmonie qui règne entre eux l'ont maintenu dans cet éclat qui avait depuis longtemps fixé l'admiration de tous les savants de l'Europe.

Continuez à l'environner de toute la protection du gouvernement ; en adoptant l'agrandissement que vos comités vous proposent, vous faciliterez l'établissement des jardins des plantes dans les départements, sur lesquels votre comité vous fera bientôt un rapport.

Thibaudeau présente ensuite les projets de décrets suivants, qui sont adoptés en ces termes :

« La Convention nationale, après avoir entendu le rapport de ses comités d'instruction publique et des finances, décrète :

« Art. Iᵉʳ. Les maisons et terrains compris entre la rue Poliveau, la rue de Seine, la rivière, le boulevard de l'Hôpital et la rue Victor, seront réunis au Muséum d'histoire naturelle.

« II. Les comités d'instruction publique et des finances statueront sur la destination et l'emploi de ces maisons et terrains de la manière la plus utile à l'instruction publique, d'après les plans qui leur seront présentés par les professeurs du Muséum.

« III. Une partie des terrains sera affectée à l'agrandissement des rues adjacentes.

« IV. Il sera incessamment procédé à l'estimation des terrains et bâtiments désignés en l'article Iᵉʳ, par deux experts nommés, l'un par le bureau du domaine national de Paris, et l'autre par le propriétaire intéressé. En cas de partage, un tiers expert sera nommé par la commission des revenus nationaux.

« V. La commission des travaux publics fera acquitter, sur les fonds mis à sa disposition, toutes les dépenses nécessaires pour l'acquisition et disposition des terrains et bâtiments, sous la surveillance des comités d'instruction publique et des finances.

« VI. Il ne pourra néanmoins être fait aucune nouvelle construction qu'après que les plans en auront été soumis à la Convention et approuvés par elle. »

— « La Convention nationale, après avoir entendu ses comités d'instruction publique et des finances, décrète qu'il sera pris, sur les fonds mis à la disposition de la commission d'instruction publique :

« 1° La somme de 194,889 liv. pour les dépenses du Muséum d'histoire naturelle pour la 3ᵉ année républicaine,

« Et que le traitement de chacun des professeurs sera porté à 5,000 liv. ;

« 2° Celle de 23,708 livres pour dépenses arriérées ;

« 3° Celle de 18,641 liv. pour dépenses extraordinaires.

« Le tout conformément aux états présentés par les professeurs du Muséum, et approuvés par le comité d'instruction publique. »

— « La Convention nationale, après avoir entendu le rapport de son comité d'instruction publique, décrète qu'il y aura au Muséum d'histoire naturelle un troisième professeur de zoologie. »

TREILHARD : Il est bien étonnant qu'on fasse acheter par la république des maisons dans Paris quand la république est propriétaire de la moitié de Paris. Pourquoi, au lieu de tirer des fonds du trésor public, ne donne-t-on pas, en échange des biens dont on a besoin, d'autres biens dans le même quartier ou dans des quartiers différents, au choix du propriétaire particulier ? Pourquoi aussi, lorsqu'il s'agit de faire quelques dépenses, les comités qui les proposent ne se concertent-ils pas avec le comité des finances, afin d'ordonner toutes ces dépenses sur un plan général, et de les proportionner surtout aux moyens du trésor public ?

*Plusieurs voix :* Ça a été fait.

TREILHARD : Si cela a été fait, je n'ai plus rien à dire ; mais je demande le renvoi de ma proposition au comité des domaines.

THIBAULT : La motion de Treilhard est très-importante. Il faut le plus grand ordre dans les finances ; les dépenses fixes excèdent de beaucoup dans ce moment les dépenses de la révolution. Dernièrement encore le comité d'instruction publique est venu vous faire décréter ici une dépense de 70 millions pour les salaires des instituteurs des écoles primaires, dépense que le trésor public n'est point en état de supporter. J'avais demandé et je demande encore que le comité des finances soit consulté sur ce décret ; il trouvera, sans retarder l'institution, des moyens de fournir à la dépense. Je demande aussi qu'il ne puisse être établi aucune dépense fixe sans que le comité des finances ait donné son avis.

*Plusieurs voix :* Cette disposition est déjà décrétée.

DELACROIX : L'ancien comité de salut public a ordonné des dépenses énormes, au mépris du décret de la Convention qui ordonne que le comité des finances serait toujours consulté lorsqu'il s'agirait de faire quelque dépense. Je demande que le comité de salut public actuel arrête les dilapidations et les gaspillages ordonnés par l'ancien ; car partout on ne fait que détruire et construire.

CLAUZEL : Je suis de l'avis de mon collègue, et je demande qu'on annulle sur-le-champ tous les arrêtés pris par l'ancien comité de salut public, et qui ordonnent des dépenses que la Convention n'a point approuvées. Il y a une nuée d'architectes qui couvrent tous les bâtiments nationaux de Paris, et qui détruisent tout pour avoir le plaisir de tout refaire.

GRÉGOIRE : J'appuie cette proposition. On prétend que le ci-devant hôtel Toulouse, où l'on a successivement placé diverses agences, a déjà coûté à la nation plusieurs millions en réparations et constructions. Il y avait au pourtour extérieur du dôme des Invalides des figures colossales de la plus grande beauté, et qu'on pouvait très-bien approprier au régime actuel en y faisant de légers changements ; on les a détruites. Partout on brise tout.

BOISSY-D'ANGLAS : Les abus et les dilapidations sont énormes. On bâtit encore des maisons d'arrêt dans Paris, quoiqu'il y en ait beaucoup plus qu'il n'en faut. J'appuie la proposition de Clauzel, mais je crois qu'il ne faut pas arrêter tout de suite les opérations du gouvernement.

Je demande le renvoi de toutes les propositions au comité de salut public.

Le renvoi est décrété.

*(La suite demain.)*

---

### Payements à la trésorerie nationale.

Le payement du perpétuel est ouvert pour les six premiers mois ; il sera fait à tous ceux qui seront porteurs d'inscriptions au grand livre. Celui pour les rentes viagères est de huit mois vingt et un jours de l'année 1793 (vieux style).

# GAZETTE NATIONALE ou LE MONITEUR UNIVERSEL.

N° 85.  *Quintidi* 25 Frimaire, *l'an* 3°. (Lundi 15 Décembre 1794, *vieux style*.)

## POLITIQUE.

### ALLEMAGNE.

*Vienne, le 22 novembre.* — Quelques personnes prétendent que le général Clairfayt a donné sa démission, sous prétexte de mauvaise santé, et qu'il aura pour successeur dans le commandement de l'armée le comte François Kinski, directeur actuel de l'Académie militaire.

Il est certain que plusieurs des généraux autrichiens sont attendus pour la fin de ce mois, afin de concerter les opérations de la guerre.

Les dépenses énormes occasionnées par l'entretien des armées exigent des moyens extraordinaires, il va être ordonné une augmentation dans les contributions des villes et des campagnes.

— La cour n'est pas, dit-on, sans quelques inquiétudes sur la résolution prise par le divan de porter à quatre-vingt mille hommes les troupes qu'il a mises sur le pied européen, et d'établir une école de génie.

### HOLLANDE.

*Arnhem, le 23 novembre.* — On a ordonné dans le comté de Zutphen des quartiers pour cent cinquante mille Autrichiens. Il y a autour de la ville beaucoup de cavalerie et d'infanterie en cantonnement. Les bords du Wahal et du Rhin sont garnis de troupes depuis Emmerich jusqu'à Gorcum.

— On conduit avec chaleur, à Berg-op-Zoom, les préparatifs de défense.

— Du côté de Lesk et de Breda les inondations sont parvenues à une très-grande hauteur.

— Le quartier général des troupes anglaises et hollandaises est toujours ici.

— Les états de Gueldre ont quitté cette ville, et ont choisi Delft pour le lieu de leur assemblée.

## CONVENTION NATIONALE.

### Présidence de Rewbell.

*Suite du rapport sur les taxes révolutionnaires, présenté à la Convention nationale par Cambon, au nom du comité des finances, à la séance du 6 frimaire.*

En vain voudrait-on croire que nous cherchons à tout centraliser dans une seule ville; le trésor public est organisé de manière que toutes les recettes se font et toutes les dépenses s'acquittent dans tous les chefs-lieux de district; les receveurs et représentent la trésorerie nationale dans toutes ses attributions. Ainsi l'exécution pour les finances se fait dans toutes les parties de la république; il n'y a que la législation et la surveillance qui ont un centre commun, sans lequel vous n'auriez aucune uniformité dans vos opérations.

Vous jugerez vraisemblablement qu'il est de votre sagesse de mettre un terme aux perceptions extraordinaires que les circonstances ont justifiées, mais dont la continuité contrasterait avec les principes de justice qui vous animent et vous dirigent. Les contributions exigées des citoyens doivent être formellement autorisées par la loi; vous l'avez ainsi décidé le 14 frimaire; elles doivent aussi être réparties en raison des facultés, et tout ce qui tient de l'arbitraire doit être écarté d'un gouvernement républicain.

Nous vous proposons donc d'ordonner qu'à compter de ce jour toutes contributions autres que celles levées en vertu de vos décrets soient supprimées, et que le recouvrement des sommes non acquittées, ainsi que les promesses de payer qui ont été souscrites à raison desdites contributions, qui ne sont pas payées, ne pourra pas être poursuivi, à peine de concussion.

Les décrets rendus jusqu'à ce jour ont défendu d'établir des contributions sans une autorisation de la loi; mais ils ont laissé subsister l'effet des taxes révolutionnaires établies antérieurement. Le décret du 10 frimaire, qui tendait à annuler absolument toutes taxes, ayant été purement et simplement rapporté, sans que depuis cette époque il en ait été rendu d'autre, il paraît constant que les taxes révolutionnaires, établies avant la loi du 14 frimaire, ont dû avoir leur exécution.

La proposition que nous vous faisons pourrait mettre quelques communes dans l'impuissance de remplir les engagements qu'elles ont contractés envers les citoyens qui se sont volontairement enrôlés et qui avaient demandé une paye qui les mît à portée d'aider leur famille pendant le temps de leur absence.

Mais l'état des choses est changé depuis que ces engagements ont été contractés. A cette époque les citoyens qui partaient pour voler à la défense de la patrie laissaient leurs familles privées des secours de leur travail; il était juste qu'il y fût pourvu par ceux qui restaient dans leurs foyers; vous avez organisé des secours publics pour les familles indigentes des défenseurs de la patrie.

La répartition de ces secours est faite, dans toutes les parties de la république, dans les mêmes proportions: elle a dû remplacer les distributions particulières qui l'avaient précédée, et qui avaient l'inconvénient de mettre une inégalité frappante entre le traitement fait aux citoyens de différentes sections d'une même commune.

Le 18 fructidor dernier, vous avez décrété que les défenseurs de la patrie, qui servent par suite de l'enrôlement fait par les communes ou par les sections, seraient assimilés à ceux qui jouissent des secours ou indemnités portés par la loi du 13 prairial; mais, respectant les engagements antérieurs contractés de bonne foi, en venant au secours des communes ou sections, vous leur avez imposé l'obligation de continuer le payement de l'excédant qu'elles avaient promis, et vous les avez autorisées d'en faire le fonds par les mêmes moyens qu'elles avaient employés jusqu'à ce jour, conformément au décret du 9 mai 1793.

Cette disposition maintient l'établissement et la perception des taxes dites révolutionnaires, lorsque le produit est nécessaire pour acquitter l'excédant des sommes promises par les sections ou par les communes, en sus des secours accordés par la loi aux défenseurs de la patrie et à leurs familles.

Plusieurs sections de Paris vous ont représenté que l'exécution de cette disposition de la loi entraînait dans leur arrondissement les plus grandes difficultés; qu'il y avait peu de riches qu'il était par conséquent impossible de faire la répartition des sommes considérables qu'elles avaient promises au moment de danger, lorsque la patrie appelait les citoyens à sa défense; elles vous disent que ces engagements devaient prendre fin après la guerre de la Vendée, qu'on croyait alors devoir être terminée dans deux ou trois mois; elles vous observent que, puisque les besoins de la patrie ont exigé un service beaucoup plus prolongé, il serait juste que la nation les dispensât de continuer leur engagement, en accordant des secours ou des indemnités uniformes à tous les défenseurs de la patrie et à leurs familles.

D'un autre côté, les pères, mères, femmes et enfants des défenseurs de la patrie, qui se sont engagés pour la défense de la liberté et de l'égalité, lorsque la loi ne leur en imposait pas l'obligation expresse, vous représentent le désir qu'ils auraient de renoncer au produit des engagements; mais ils vous observent que les besoins de leurs familles ne leur permettent pas un pareil sacrifice; qu'étant privés du travail de leur père, mari ou enfant, parti pour les armées, ils éprouvent des besoins du moment qu'ils ne peuvent acquitter qu'avec les sommes qu'ils ont dû espérer de recevoir en exécution desdits engagements, et dont ils réclament journellement le payement.

Votre comité des finances, pénétré des principes de l'égalité, aurait désiré pouvoir vous proposer de faire disparaître la différence qui existe dans les secours ou indemnités accordés aux défenseurs de la patrie; mais, convaincu qu'on serait injuste d'anéantir des engagements contractés en vertu de la loi, il a pensé que vous deviez maintenir l'exécution du décret du 18 fructidor, en exceptant cependant les engagements contractés envers les citoyens âgés de dix-huit à vingt-cinq ans, qui, en vertu de la première réquisition, doivent leur service pour la défense de la république. Ces derniers ne peuvent pas se plaindre, puisqu'ils servent actuellement en vertu de leur premier engagement. Mais nous risquerions de commettre une injustice si nous annulions des obligations qui ont été souscrites pour soustraire certains citoyens à un service personnel en faisant des sacrifices pécuniaires ; vous favoriseriez l'égoïsme eu punissant le citoyen qui n'a pas craint les fatigues et les dangers qu'entraîne la défense de la liberté.

Votre comité a cependant pensé qu'en maintenant les dispositions du décret du 18 fructidor vous deviez supprimer les taxes révolutionnaires, les taxes sur les riches, et décréter que les fonds qui seront nécessaires pour acquitter l'excédant des engagements contractés par les sections ou par les communes envers les défenseurs de la patrie et leurs familles seront faits au moyen d'un rôle supplémentaire, et par des sous additionnels sur la contribution foncière ; par ce moyen vous faites disparaître l'arbitraire des taxes extraordinaires.

Quant à la question que vous avez renvoyée à votre comité, s'il ne faudrait pas rendre aux citoyens les taxes révolutionnaires qui ont été perçues, il a pensé unanimement que cette mesure serait d'une exécution très-difficile, et qu'elle entraînerait de nouveaux abus. Les révolutions nécessitent de grands sacrifices : les citoyens de dix-huit à vingt-cinq ans ont été appelés aux frontières ; ils exposent leur vie et consacrent leur jeunesse pour la défense commune ; les sacrifices pécuniaires ne peuvent pas être comparés avec ceux exigés des défenseurs de la patrie ; la paix, la liberté et le bonheur commun font oublier aux bons citoyens les maux que les circonstances ont pu entraîner.

En supprimant les taxes révolutionnaires et celles sur les riches, en exigeant les comptes de leurs produits, vous aurez à prononcer sur les nombreuses réclamations qui vous sont faites pour le payement des indemnités promises par la loi aux membres des anciens comités révolutionnaires. Plusieurs directoires de district vous écrivent pour vous consulter, pour savoir quelle doit être leur conduite ; les membres de ces comités réclament, en vertu de la loi, le payement des indemnités, et sollicitent l'établissement et la répartition d'une taxe sur les riches.

Votre comité des finances connaît bien l'importance de cette demande ; il sait bien qu'on accuse des membres des anciens comités de surveillance de s'être approprié des deniers, effets et marchandises appartenant à la république ou à des citoyens ; je viens de vous exposer son opinion sur les moyens à prendre pour connaître les vols et les dilapidations qui peuvent avoir été commis. Il faut absolument que ceux qui s'en sont rendus coupables soient sévèrement punis, mais il ne faut pas que la Convention donne l'exemple de l'inexécution des lois ; des indemnités ont été décrétées : le payement doit être fait à tous ceux qui y ont droit ; s'il en était autrement, les citoyens n'auraient bientôt plus confiance aux lois ; chacun chercherait à se payer par ses mains. D'ailleurs, alloueriez-vous en dépenses les indemnités qui ont été payées avec le produit des taxes sur les riches, tandis que vous refuseriez le payement à ceux qui n'ont pas usé de la faculté de la loi ? Ne favoriseriez-vous pas, par ce système, les membres des anciens comités de surveillance, qui peuvent avoir commis les plus grandes vexations ? et ne puniriez-vous pas ceux qui se sont restreints dans les bornes d'une surveillance ordonnée par la loi ?

C'est peut-être m'appesantir trop longtemps sur une mesure qui ne peut souffrir aucune difficulté ; vous veillerez toujours à l'exécution des lois, mais vous examinerez en même temps quels sont les membres des anciens comités de surveillance qui ont droit aux indemnités, et vous exigerez, avant le payement, qu'ils justifient par un compte rigoureux qu'ils sont entièrement libérés envers la république.

Pour vous mettre à même d'établir votre opinion sur le payement des indemnités, il faut que je rappelle les diverses lois qui ont établi les comités révolutionnaires, et celles qui ont assuré une indemnité aux membres qui les composaient.

La loi du 21 mars 1793 porte qu'il sera établi dans chaque commune ou section un comité composé de douze membres, chargé de recevoir les déclarations des étrangers qui y résidaient.

La loi du 30 du même mois donne à ces comités les dénominations de comités de surveillance.

Ces comités prirent, malgré la loi, un titre à la mode ; ils s'appelèrent comités révolutionnaires. La loi du 30 mai 1793 leur défendit de prendre cette dénomination et d'excéder les pouvoirs qui leur étaient délégués par la loi du 30 mars 1793.

La révolution du 31 mai nécessita des mesures extraordinaires : pour les exécuter, les représentants du peuple en mission établirent dans les départements des comités de salut public ; les autorités constituées imitèrent cet exemple.

La loi du 4 juin 1793 maintint provisoirement les comités de salut public établis dans les départements de la république, soit par les représentants du peuple, soit par les autorités constituées, pour veiller au maintien de la tranquillité publique, et chargea le comité de salut public de la Convention de présenter un mode d'organisation.

La loi du 5 septembre 1793 accorde 3 liv. par jour aux membres des comités de salut public, et ordonne que cette indemnité sera acquittée par une taxe assise sur les riches.

La loi du 13 septembre 1793 porte que toutes les lois relatives à la sûreté générale, et dont l'exécution est confiée aux comités révolutionnaires, leur seront envoyées dans toute l'étendue de la république.

La loi du 20 septembre 1793 ordonne que tous les certificats de civisme seront visés par les comités de surveillance et de salut public établis dans les différentes villes de la république, et, à leur défaut, par un comité de six membres établi ad hoc et pris dans les Sociétés populaires.

Un décret du 25 septembre 1793 change le nom des comités de salut public établis dans les diverses sections de la république en celui de comités de surveillance.

Depuis cette époque ces comités ont pris la dénomination de comités de surveillance et révolutionnaires. Presque toutes les autorités qui furent chargées de l'exécution des lois relatives au gouvernement révolutionnaire ajoutèrent cette épithète au titre que la loi leur donnait.

La loi du 14 frimaire an 2 confie aux municipalités et aux comités de surveillance ou révolutionnaires, l'application des lois révolutionnaires et des mesures de sûreté générale et de salut public, à la charge d'en rendre compte tous les dix jours.

Les divers comités établis dans chaque commune ou section, en exécution de la loi du 21 mars 1793, en prétendu avoir lieu à l'indemnité de 3 liv. par jour, promise par la loi du 5 septembre 1793 ; presque tous les membres des anciens comités révolutionnaires écrivent régulièrement une fois par mois au comité des finances pour réclamer le payement qu'ils prétendent leur être dû. Ceux qui ont versé dans les caisses des receveurs de district le produit des taxes sur les riches, qu'ils avaient perçues, paraissent regretter d'avoir exécuté ce versement.

(La suite demain.)

---

SUITE DE LA SÉANCE DU 21 FRIMAIRE.

Sur le rapport d'Enlard, le décret suivant est rendu :

« La Convention nationale, après avoir entendu ses comités de salut public et des secours, décrète :

« Art. I<sup>er</sup>. Les Belges et autres réfugiés qui ont été empêchés par des mesures politiques de rentrer dans les pays évacués par les ennemis de la république sont autorisés à retourner dans leurs domiciles.

« II. Les Belges, ainsi que les administrateurs du département de Jemmapes, cesseront en conséquence de toucher, à compter du 1<sup>er</sup> nivose prochain, les secours qui leur sont payés d'avance chaque mois à titre de subsistance, et recevront en outre, pour se rendre chez eux, les frais de route qui sont fixés par la loi du 14 vendémiaire dernier.

« III. Le présent décret ne sera imprimé qu'au Bulletin de correspondance. »

— Letourneur propose, et la Convention adopte le projet de décret suivant :

« La Convention nationale décrète que ses comités de salut public et de marine lui feront dans le plus court délai un rapport sur les moyens de faire rentrer dans le sein de la patrie, et d'employer utilement au service de la république, les officiers, mariniers et matelots qui se trouvent en ce moment en pays étrangers, et notamment sur les côtes d'Italie.

« Charge également lesdits comités de prendre les mesures les plus promptes pour faire mettre en liberté les marins qui, après avoir fui la terre de l'esclavage, ont été mis en arrestation dans les différents ports, par mesure de sûreté générale.

— Plusieurs sections de Paris demandent à défiler dans le sein de la Convention.

La section de Brutus est admise.

L'orateur : Représentants du peuple, la section de Brutus présente à la Convention nationale les canonniers de la section. La liberté les appelle de nouveau à sa défense : c'est à l'armée d'Italie qu'ils volent combattre les ennemis de la république. Ils jurent dans le sein de la Convention nationale de ne reconnaître qu'elle pour point de ralliement ; ils jurent, non pas de vaincre ou de mourir, mais bien, comme les soldats de Fabius, de vaincre pour la liberté, et certes ils sauront tenir leur serment. Vive la république une et indivisible ! vive la Convention nationale !

Les canonniers invitent la Convention nationale de les autoriser à recevoir dans leur compagnie cinq ou six sans-culottes qui désirent remplacer ceux que l'âge et les infirmités ont forcés de demander leur démission. La compagnie répond de leur civisme.

— On admet la section de Guillaume-Tell.

L'orateur : Législateurs, la section de Guillaume-Tell est venue une des premières dans votre sein applaudir aux mesures qu'un rigoureux devoir vous avait obligés de prendre, pour le bonheur et le repos du peuple, par votre décret du 22 brumaire ; aujourd'hui elle vient applaudir avec enthousiasme aux mesures de clémence et de fraternité que votre décret du 13 frimaire dicte envers des Français égarés. Elle vient applaudir au rapport de la loi du 27 germinal sur les ci-devant nobles ; cette loi blessait l'égalité, en perpétuant dans l'État une caste d'hommes privilégiés, qui doit se confondre avec les autres. Dans la république française il ne doit y avoir d'autre distinction que celle de bon ou de mauvais citoyen, que la loi doit également récompenser ou punir. Elle vient applaudir à la justice du décret du 18 frimaire, qui rappelle dans votre sein, pour les associer encore à vos travaux, soixante-treize députés que des circonstances malheureuses en ont écartés trop longtemps. Sans doute la malveillance cherchera encore à calomnier les intentions de la Convention nationale sur ce rappel ; mais ses principes sont connus ; dans cet acte de justice elle a fait son devoir ; elle a accordé le vœu de tous les bons citoyens ; voilà sa réponse.

— La section Lepelletier succède.

L'orateur : Citoyens représentants, la section Lepelletier vient en masse vous féliciter des grands actes de justice que vous venez de rendre par vos décrets.

Législateurs, vous avez résolu cette grande question de ne reconnaître dans la république que deux classes de citoyens, les bons et les méchants. Vous avez confirmé le véritable vœu du peuple en rappelant dans votre sein les soixante-treize membres de la représentation nationale qui n'avaient été proscrits que par la dictature de Robespierre. Enfin l'amnistie que vous venez d'accorder à une partie du sol français, réduite au désespoir par l'excès des horreurs que les ennemis du genre humain avait exercées contre eux, est le sceau de votre gloire. Oui, citoyens représentants, vous avez prouvé par votre proclamation, aux malheureux habitants de la Vendée, que vous saviez pardonner, et que, pleins d'énergie, vous aviez le sentiment de votre force.

Législateurs, nous terminons cette Adresse en appelant votre sollicitude sur plusieurs objets importants au salut de la république et au maintien de vos opérations salutaires.

Nous vous demandons la prompte exécution de la loi récemment rendue pour l'opération des commissions exécutives ; l'expulsion sans retour de la fourmillière d'intrigants qui règnent par la terreur dans les administrations, et qui, placés à différentes époques pour préparer le succès des conspirateurs, sont autant de point de ralliement auxquels le fil des factions robespierristes pourrait se rattacher un jour ; l'expulsion surtout de ces hommes hypocrites qui, dévorés de rage et d'ambition, cachent sous un sale costume une âme plus sale encore ; enfin la prompte expulsion de ces orgueilleux Jacobins en place, qui, non moins ignorants que malintentionnés, ont conservé leur despotisme sur le citoyen vertueux qui en connaît d'autre maxime que celle de servir la patrie en lui offrant son talent, sa fortune et son bras.

— On introduit la section du Contrat-Social.

L'orateur : La section du Contrat-Social en masse, jalouse de déposer dans votre sein toutes les affections dont elle est pénétrée, ne vient point vous féliciter d'avoir rendu justice à vos soixante-quinze collègues ; mais la section du Contrat-Social, en masse, vient se féliciter d'avoir reconquis soixante-quinze garants de plus du bonheur des Français. Il a été beau dans doute de voir la Convention nationale s'occuper de faire rejaillir les fruits de la révolution du 9 thermidor sur tous les Français, avant de songer à elle-même. Depuis cette époque mémorable, chaque jour se signale par un nouveau succès au dedans comme au dehors, et la liberté, la nature, la justice et l'humanité applaudissent également à vos travaux.

*** : Les sentiments des citoyens de Paris vengent bien les soixante-treize représentants du peuple des maux qu'ils ont soufferts. Parmi les calomnies qu'on a répandues contre nous, il en est une surtout que nous devons détruire. On a dit que nous avions calomnié le peuple de Paris auprès de nos départements ; cela est faux ; nous avons rendu justice à ses sentiments, et nous avons souffert en silence. (On applaudit.)

— La section des Piques défile dans le sein de la Convention.

L'orateur : Législateurs, chaque jour vous effacez une des pages de l'histoire horrible de la tyrannie et de la terreur ; l'espérance renaît enfin parmi les citoyens, dégagés des dominateurs qui les subjuguaient, des directeurs d'esprit public qui les enflammaient, quel hommage pour vous que ce concert unanime de tous ceux qui viennent vous féliciter sur votre humanité, sur votre justice ! Le rappel de vos collègues a porté la joie dans toutes les âmes ; vous avez maintenant toute la force pour faire le bien, vous avez accompli vos promesses et notre attente. La section des Piques mêle avec confiance ses applaudissements à ceux de toutes les sections de la république. Puissent toutes les divisions s'anéantir et se confondre dans la prospérité générale ! Mais justice aux buveurs de sang, union intime à la Convention nationale, concours universel d'efforts pour l'achèvement de la révolution, désespoir aux intrigants, aux ennemis de la liberté, de l'égalité et de la république une et indivisible ; voilà nos sentiments naltérables, voilà nos serments ; nous saùrons les tenir envers vous, ou nous mourrons ensemble en les accomplissant.

— La section de la Montagne est introduite. Après avoir témoigné, comme les autres sections, sa reconnaissance pour les décrets que la Convention a rendus dans la séance du 18, elle demande à reprendre son premier nom, la Butte-des-Moulins, sous lequel elle a si courageusement combattu pour la liberté et l'égalité, que la Convention décréta qu'elle avait bien mérité de la patrie ; elle veut oublier le nom de la Montagne pour ne plus se souvenir de l'oppression de la tyrannie et du malheur. Elle sollicite enfin la justice de la Convention en faveur de Raffet, commandant de cette section, et de Muller, condamné à la déportation dans un temps où la terreur empêchait les citoyens de déposer pour lui contre une fausse dénonciation.

\*\*\* : On sait assez quels sont les moyens que l'intrigue a employés pour faire prendre aux communes et aux sections de la république des noms qui attestassent son triomphe. Je demande que la section de la Montagne soit autorisée à reprendre son ancien nom.

GRÉGOIRE : Je suis aussi d'avis de supprimer des dénominations que le régime républicain doit proscrire, ou qui rappellent des temps dont nous ne devons nous souvenir que pour empêcher qu'ils ne reviennent jamais ; moi-même j'ai présenté des vues à cet égard. Mais partout on change sans aucune raison les noms des sections et des communes, de sorte que bientôt il régnera la plus grande confusion dans les titres de propriété et dans les monuments historiques. Déjà les comités ne peuvent plus retrouver les communes dans cette nouvelle géographie. Je demande que le comité de division présente le plus tôt possible le rapport dont il est chargé à cet égard.

MASSIEU : J'appuie cette proposition et je crois que, pour empêcher la versatilité des dénominations, il serait bon de désigner les sections des communes par ordre numérique.

CLAUZEL : Je suis d'avis de toutes les propositions qui ont été faites, mais l'immensité du travail ne permettra pas que le rapport du comité de division soit fait de si tôt. Je demande qu'en attendant la section dite de la Montagne reprenne son ancien nom.

Cette proposition est adoptée.

GIROD-POUZOL : Sans doute les citoyens dont on vous parle ont commis de grands crimes aux yeux des buveurs de sang ; Raffet surtout est dans ce cas. Il a eu grand tort de se trouver en concurrence, pour le commandement de la garde nationale parisienne, avec le traître Hanriot. (Applaudissements.) Il a eu grand tort, aux yeux des mêmes hommes, en voulant conserver la représentation nationale, qu'Hanriot voulait anéantir. Des passions criminelles firent prévaloir Hanriot ; et Raffet, pour échapper aux assassins, fut obligé de fuir aux frontières, où il combattit les ennemis de la république. Je demande le renvoi au comité de sûreté générale, pour faire un rapport demain sur Raffet.

BOURDON (de l'Oise) : Un simple renvoi suffit ; soyez persuadés, citoyens, que vos collègues du comité ne manqueront pas de statuer dans leur assemblée de ce soir.

Le renvoi est décrété.

HARMAND (de la Meuse) : Citoyens, un de nos collègues dénonçait hier une grande conspiration ; l'éclat de cette dénonciation, les inquiétudes qu'elle pouvait faire naître vous engagèrent à ordonner le renvoi au comité de sûreté générale, pour en faire le rapport sur-le-champ. Le soir, le comité étant assemblé, Creuzé-Paschal s'y est transporté et nous a

communiqué les pièces dont il avait parlé. Toutes regardent les colonies, et se rapportent à des faits déjà connus. Le comité a pensé qu'elles devaient être présentées à la commission que vous avez créée pour les colonies, et que leur examen n'était pas de sa compétence ; mais il a cru en même temps vous devoir les éclaircissements que je viens de donner.

La Convention décrète que cette déclaration sera insérée au Bulletin.

La séance est levée à quatre heures.

### SÉANCE DU 22 FRIMAIRE.

LETOURNEUR (de la Manche), au nom du comité militaire : Citoyens, je viens, au nom du comité militaire, fixer votre attention sur un objet important du service militaire qui intéresse également le succès des armes de la république et la sage économie qu'il est dans l'intention de la Convention nationale d'établir dans toutes les parties de l'administration.

Sous le règne du despotisme, les talents utiles ont toujours été le jouet des caprices, de l'insouciance ou de l'impéritie des hommes qui tenaient les rênes de l'ancien gouvernement. C'est par cette raison que l'art des fortifications, et par suite le corps du génie, ont été si fréquemment négligés. Ce n'était pour l'ordinaire qu'au moment d'une guerre que l'on sentait tout le prix de cet art conservateur ; mais, cette circonstance une fois passée, il tombait dans l'oubli, et l'emploi des finances de l'État reprenait bientôt son cours usité, celui des profusions et des futilités.

Tel est le principe des variations continuelles que le corps du génie a éprouvées dans son organisation. L'ordonnance de 1762 a fixé le nombre des ingénieurs militaires à quatre cents ; celle de 1776, à trois cent vingt-neuf ; ce nombre était, en 1790, d'environ trois cent quatre-vingts. Enfin, la loi de 1790, rendue au moment où l'Assemblée constituante proclamait solennellement la paix à toutes les puissances, et où une économie mal entendue portait jusque sur les objets de première importance, réduisit l'arme du génie à trois cents, nombre où elle se trouve en ce moment.

La guerre générale survenue peu après cette dernière loi fit connaître, mais un peu tard, l'imprudence d'une telle réduction ; elle a déjà produit des inconvénients dont ont eu des suites funestes ; il est du devoir de votre comité de faire connaître ceux qui en résultent encore aujourd'hui.

1° Plusieurs places auraient pu ne pas succomber s'il s'y était trouvé assez d'ingénieurs, et nos attaques auraient été mieux combinées, mieux exécutées, et surtout moins meurtrières. Nos places et nos ports de guerre auraient acquis le degré de force dont ils étaient susceptibles, tandis qu'obligés d'employer presque indifféremment les sujets qui se sont présentés, on a été dans la nécessité de démolir nombre d'ouvrages nuisibles élevés à grands frais par l'ignorance des vrais principes de la fortification.

2° Le service des côtes, si important dans les circonstances actuelles, a souffert considérablement ; il n'est pas même organisé, et ne pourra l'être tant que durera cette pénurie.

3° Les quatorze armées, les colonies, ne cessent de réclamer avec instance des ingénieurs, que l'on ne peut y faire passer en quantité suffisante.

4° L'étendue que nos frontières ont reçue, les démolitions, les nouvelles constructions et l'entretien des places soumises par la république exigeraient seules des augmentations considérables d'agents.

5° La surveillance des travaux, plus nombreux et partout d'une exécution plus difficile, la vigilance continuelle qu'il est nécessaire d'exercer contre cet essaim de dilapidateurs qui semblent s'attacher avec autant de force que d'adresse à toutes les branches de l'administration publique ;

6° Enfin, l'avancement et la perfection de cet art conservateur, auquel la liberté doit tant, et que cette même liberté doit soutenir et encourager, tout démontre la nécessité d'étendre le nombre des ingénieurs militaires, qu'une combinaison erronée a mal à propos réduits.

Les circonstances sont d'autant plus favorables pour cette augmentation, qu'il existe un nombre considérable d'élèves qui ont déjà fait preuve de talent ou de grandes dispositions pour en acquérir.

On trouvera également de grandes ressources dans le choix des adjoints les plus instruits.

C'est d'après ces considérations que votre comité militaire, convaincu de la nécessité de renforcer une arme aussi nécessaire à la conservation de nos places de guerre qu'à la sûreté de toutes les parties du territoire de la république, m'a chargé de vous présenter le projet de décret suivant :

« La Convention nationale, après avoir entendu le rapport de son comité militaire, décrète que l'arme du génie sera portée au nombre de quatre cents officiers, lesquels seront classés suivant la même proportion de grades que celle qui existe maintenant dans cette arme. »

Ce décret est adopté.

LETOURNEUR (de la Manche), au nom du comité militaire : Citoyens collègues, l'article XVII, section 1re, de la loi du 29 septembre 1791 (vieux style), concernant les gardes nationales, dispense du service les sexagénaires et les infirmes.

Cette disposition de la loi, parfaitement juste en elle-même, exige néanmoins une interprétation et des modifications que les circonstances révolutionnaires où nous nous trouvons rendent indispensables.

En effet, si le vœu de la loi est de dispenser du service personnel un citoyen parvenu à l'âge de soixante ans, dont les facultés physiques peuvent être altérées, il serait absurde d'imaginer qu'elle a voulu acquitter de toute charge à cet égard ceux des sexagénaires ou des infirmes qui, ne pouvant faire leur service personnel, sont en état de contribuer de leur bourse.

L'institution des gardes nationales a pour objet la conservation des personnes et le maintien des propriétés.

D'après ce principe, n'est-il pas évident que celui qui jouit des dons de la fortune est le premier intéressé à coopérer à l'exécution de la loi ?

Ne serait-ce pas d'ailleurs admettre le contraste le plus révoltant que d'assujettir au service personnel dans la garde nationale l'artisan qui nourrit de ses sueurs une nombreuse famille dans un réduit obscur, lorsque le riche égoïste ne ferait rien pour la patrie, sous le prétexte qu'il est infirme ou sexagénaire ? Cependant un très-grand nombre d'entre eux, en s'appuyant de cet article de la loi, refusent formellement de se faire remplacer, ce qui fait un déficit énorme dans le service, qui tombe à la charge de la classe précieuse des artisans.

Il est du devoir de votre comité militaire de vous dénoncer cet abus et de vous inviter à y apporter un prompt remède ; en conséquence il m'a chargé de vous proposer le projet de décret suivant :

Le projet de décret lu par le rapporteur est adopté en ces termes :

« La Convention nationale, après avoir entendu le rapport de son comité militaire, interprétant l'article XVII, section 1re, de la loi du 29 septembre 1791 (vieux style), concernant les gardes nationales, décrète que les sexagénaires et infirmes dispensés par la loi de faire leur service en personne sont tenus de se faire remplacer, à moins qu'ils ne produisent un certificat de leur comité civil constatant que l'état de leur fortune ne leur permet pas de supporter les frais de remplacement. »

LETOURNEUR, au nom du comité militaire : De tous les articles du règlement qui vous a été présenté le 12 frimaire pour préciser le service de la garde nationale de Paris, celui qui a dû fixer plus particulièrement l'attention de votre comité militaire est, sans contredit, l'article relatif au droit de réquisition de la force armée par les différentes autorités constituées. Si d'un côté ce droit se trouve trop restreint, la police peut éprouver un relâchement dangereux ; trop de latitude, au contraire, peut entraîner des inconvénients graves. Votre comité militaire, après s'être concerté sur cet objet avec le comité de sûreté générale, instruits l'un et l'autre par une expérience journalière, ont pensé qu'il était indispensable, vu les circonstances, d'apporter quelques changements à la rédaction des articles XIV et XV du titre II de la deuxième partie du règlement du 26 brumaire. Votre comité militaire y a déjà pourvu par un arrêté particulier ; mais comme la promulgation du règlement que vous avez adopté est postérieure à cette mesure, ils la frapperont nécessairement de nullité. Pour y remédier, votre comité militaire m'a chargé de vous proposer le décret suivant :

« La Convention nationale, après avoir entendu le rapport de son comité militaire, dérogeant aux dispositions des articles XIV et XV du titre II, deuxième partie, du règlement du 26 brumaire, concernant le service de la garde nationale de Paris, adopte la rédaction desdits articles ainsi qu'il suit :

« Art. XIV. Les chefs de poste sont tenus de faire droit aux réquisitions qui leur seront faites par les autorités constituées, juges de paix et officiers de police, pour le maintien de la tranquillité publique. Ne pourront néanmoins lesdits chefs dégarnir leur poste d'un nombre plus grand que le quart des citoyens qui le composeront.

« XV. Si les réquisitions des autorités constituées nécessitaient des mesures extraordinaires, elles ne seront exécutoires qu'après en avoir prévenu l'état-major, qui prendra à cet égard les ordres du comité militaire. »

Ce décret est adopté.

LECOINTRE (de Versailles) : Citoyens, le 20 du présent mois, vous avez décrété la suspension provisoire de toute action de la part des agents nationaux sur les biens des condamnés et déportés jusqu'au rapport des comités chargés de vous présenter un projet de décret sur cet objet.

Citoyens, je vais aborder avec ma franchise ordinaire une des plus grandes questions qui se soient présentées à cette tribune ; je sais combien l'opinion que je vais émettre va me donner de défaveur pour un moment ; mais quand vous aurez mûri dans le calme de la réflexion les abus affreux où peut vous précipiter la suspension définitive de la vente des biens des condamnés et déportés, si elle pouvait avoir lieu ; combien a été indiscrète la motion de la suspension provisoire, quoique vous ayez décrété qu'elle n'avait lieu que d'après le rapport de vos comités, sans doute cette motion aurait dû être rejetée, je ne dis pas par un simple ordre du jour, mais par la question préalable.

Aujourd'hui qu'elle a été accueillie et que le renvoi a été fait aux comités, il n'est plus temps d'en demander le rapport, mais je vous demanderai que vous décrétiez dès aujourd'hui que vos comités, dans la séance de demain, ou au plus tard sextidi prochain 26, vous fassent le rapport de cette importante matière.

Je dois vous le dire ici ; cette suspension de toute action de la part des agents nationaux sur les biens des condamnés et déportés qui sont à vendre a porté la plus vive inquiétude dans tous les esprits sincèrement attachés à la révolution ; elle se porte même à faire craindre que le décret ne s'étende sur les biens déjà vendus. L'inquiétude va plus loin encore ; elle se porte sur tous les biens acquis par jugement, confisqués et vendus au profit de la république. Et je vous le demande aujourd'hui, mes collègues, si vous faisiez un seul pas rétrograde sur cette matière, que deviendrait la foi de la fortune publique? que deviendraient vos finances? dans quelle position vous trouveriez-vous? Car, ne vous y trompez pas, si la remise en possession quelconque pouvait être faite dans les mains de celui qui était l'héritier d'un condamné qui a subi son jugement, elle opérerait le plus grand mal ; la confiance serait totalement ébranlée. Qui désormais pourrait acheter? Et comme la suite nécessaire de la suspension de la vente des biens mobiliers des condamnés et déportés amènerait infailliblement leur restitution aux héritiers naturels, cette mesure vous conduirait nécessairement à rétablir ces mêmes héritiers dans la possession des biens qui auraient déjà été vendus ; car la raison de l'étroite et stricte justice militerait autant en faveur des uns que des autres. Et n'est-ce pas ce qui vient d'arriver à Bordeaux, et de s'exécuter suivant les arrêtés de notre collègue Ysabeau, dont les vues bonnes et justes, sans doute, mais peu réfléchies, ont nécessité votre décret du 9, qui casse et annule tous les actes dérivés de l'institution de la commission de révision qu'il avait établie, et qui déjà avait ordonné la remise en possession aux familles des condamnés des biens de leurs aïeux.

En vain on me dira que la justice n'est plus un mot vide de sens, qu'il ne faut pas livrer à la misère et à l'opprobre éternel une foule de familles qui présentent des preuves légales et authentiques de l'innocence des infortunés dont ils pleurent la perte.

Citoyens, mon caractère connu pour aimer la justice, vous est un sûr garant, et au peuple français qui nous entend, que je déteste autant que personne les mesures atroces qui ont été prises dans le règne de la tyrannie ; que je désire que ces assassinats juridiques soient punis et leurs suites fâcheuses réparées, et qu'enfin les héritiers des tristes victimes des fureurs de nos derniers tyrans ne soient point livrés aux horreurs de la misère au milieu des plus cuisants chagrins.

La république leur doit des secours, des indemnités, la réhabilitation même de la mémoire de leurs parents ; mais jamais elle ne peut ni ne doit ordonner la remise en possession des biens de ces mêmes aïeux, lorsqu'ils ont subi leur jugement. C'est un malheur de la révolution, de toutes les révolutions. Si, sur les biens, vous regardez une fois en arrière... Je m'arrête... Je vous livre à vos réflexions: accordez tous secours, tous bienfaits et toute indemnité à ceux qui ont besoin, mais ne rétrogradez jamais sur les confiscations faites, prononcées et exécutées en vertu de jugements. Si vous en usez autrement, vous donnez au gouvernement une secousse que je crois incalculable, et dont l'exécution me paraît impraticable.

En suivant l'impulsion de mon cœur, je désire que l'opinion que je mets ici en avant soit erronée ; je désire que la république trouve son bonheur en suivant les errements contraires qui lui sont proposés; mais mon devoir, ma raison, mes lumières se refusent à croire que vous puissiez jamais adopter aucune des mesures renvoyées à vos comités au sujet des biens des personnes dont les jugements ont été suivis d'exécution.

Je demande donc que la Convention nationale décrète aujourd'hui que, dans la séance de demain, ou au plus tard à celle de sextidi prochain, ses comités de salut public, de sûreté générale et de législation, présentent un rapport sur les mesures à prendre sur les biens des condamnés et déportés qui ont subi leurs jugements.

CLAUZEL : Citoyens, il ne s'agit pas ici de réhabiliter la mémoire des victimes sacrifiées à la révolution, mais bien de donner des secours aux vivants. Une grande partie des membres de cette assemblée n'assistait pas à la discussion qui a amené le décret de suspendre la vente des biens des condamnés ; il n'y en a pas beaucoup parmi eux qui l'aient été injustement.

Je sais bien que la rapidité du char de la révolution a froissé quelques innocents ; mais, je le répète, ils sont en petit nombre. Eh bien, de quoi s'agit-il donc ici? de donner des secours aux familles des condamnés injustement. Si vous les faites rentrer dans leurs biens, vous portez un coup funeste à la république.

Je dis qu'il faut rapporter sur-le-champ le décret de la suspension, et laisser à la justice nationale le soin de secourir les malheureux. Je le répète, je demande le rapport et la question préalable sur toutes les motions de révision de jugements. Si vous en faisiez réviser, tous les citoyens de la république viendraient ici réclamer.

Je demande le rapport du décret que vous avez rendu, qui suspend la vente des biens des condamnés jusqu'au rapport que doivent vous faire vos trois comités.

LEFEBVRE : C'est moi qui ai proposé de suspendre la vente des biens des condamnés, mais non pas dans l'intention que la Convention fît rentrer dans leurs possessions les conjurés, les émigrés ou les déportés. Ce sont les réclamations qui ont été faites à cette barre sur les dilapidations qui s'exerçaient de la part des agents nationaux qui m'ont engagé à faire cette motion. Vous avez renvoyé à vos comités pour faire un rapport sur cet objet. J'appuie la proposition de Lecointre, et je demande que vos comités soient tenus de faire ce rapport dans le plus bref délai.

MAREC : J'appuie la proposition de Lecointre, et même je plus plus, je demande le rapport du décret. Le jour où, dans sa sagesse, la Convention cassa le tribunal de révision établi à Bordeaux, elle décréta aussi, sur ma proposition, que le comité des secours lui présenterait incessamment un projet de loi pour secourir les familles des condamnés. Le comité de législation a pris ses mesures en exécution de ce décret, et Mailhe est chargé de ce travail, dont j'espère que la Convention nationale sera satisfaite.

CLAUZEL : Il est dangereux de laisser flotter l'opinion publique ; le jour où la Convention a décrété la suspension provisoire de la vente des biens des condamnés, les assignats ont baissé de 15 pour 100. Je persiste à demander le rapport de ce décret. On a dit que la proposition de ce décret avait été faite pour éviter toute dilapidation. Citoyens, vous avez des formes pour vous en faire rendre compte.

BAILLEUL : Pour calmer les inquiétudes que l'on conçoit du décret de suspension, il suffit d'en rétablir la rédaction d'une manière conforme aux vues de l'assemblée. Les héritiers des condamnés vous ont présenté une pétition pour avoir le droit de concourir contradictoirement aux inventaires de leurs aïeux, parce qu'il n'y a pas de lois qui les y autorisent.

*Plusieurs voix :* Cette loi existe.

BAILLEUL : Ils vous ont ensuite annoncé les dilapidations effroyables qui se commettaient dans la vente des biens des condamnés ; c'est cette dénonciation qui vous a déterminés à suspendre la confection des inventaires jusqu'à ce que les comités vous eussent présenté un moyen de parer à ces désordres. La question se réduit donc à ces mots : Voulez-vous, ou non, qu'on continue de voler la république? Voilà les motifs de votre décret ; il ne s'agit pas, comme vous le voyez, de revenir sur les confiscations, mais seulement d'établir une action contradictoire, dans le cours des inventaires des biens des condamnés, entre les agents de la république et les parents de ces infortunés, et enfin d'empêcher les dilapidations de la fortune publique. Je ne vois pas que l'on puisse sous ce point de vue attaquer les intentions de ceux qui ont proposé cette mesure.

MAILHE : L'Assemblée constituante elle-même, après avoir décrété la confiscation des biens des condamnés avait voulu assurer une pension alimentaire à leurs familles. La Convention a, sur une lettre d'Ysabeau, renvoyé à ses comités l'examen d'une question relative aux confiscations; mais je pense que ce renvoi est dangereux, car il semble montrer que la Convention est indécise sur la conduite qu'elle doit tenir, et qu'elle pourra bien venir à la révision des jugements.

S'il en arrivait ainsi, citoyens, on viendrait de tous côtés réclamer. Ordonner la révision d'un seul jugement, ce serait déclarer qu'on pourra les réviser tous. Les intrigants se plaisent déjà à répandre ce bruit. Je demande que le décret qui charge vos comités de vous faire un rapport sur les biens des condamnés soit sur-le-champ rapporté. Le projet de venir au secours des familles malheureuses fait l'éloge de votre cœur. Le comité m'a chargé de vous faire un rapport sur cet objet; j'y travaille, et, si je ne puis le proposer encore, j'espère que ce sera incessamment.

La discussion est fermée.

Le décret suivant est rendu :

« La Convention nationale rapporte le décret du 20 frimaire, présent mois, qui a ordonné la suspension de toute action de la part des agents de la république sur les biens mobiliers des condamnés et déportés. »

CLAUZEL : Pour éviter aux citoyens des démarches inutiles, et ôter toute idée que la Convention puisse jamais consentir à la révision d'un jugement, je demande qu'elle déclare qu'elle n'accueillera aucune pétition de ce genre quand les jugements auront été exécutés.

Cette proposition est décrétée en ces termes :

« La Convention nationale déclare qu'elle n'admettra aucune demande en révision de jugements criminels portant confiscation des biens, rendus et exécutés pendant la révolution. »

LEGENDRE (de Paris) : Les comités militaire, de salut public et de sûreté générale viennent d'être convoqués, sur la nouvelle qu'on leur a donnée qu'il y avait un mouvement dans les ateliers d'armes, et que les ouvriers se portaient en masse vers la Convention, sans doute pour leur faire des demandes justes. Les comités réunis ont déjà pris des mesures pour empêcher que la tranquillité de Paris ne soit troublée; ils ont cru que celle qui aurait le plus de succès était d'envoyer trois de leurs membres vers ces ouvriers pour les éclairer, empêcher qu'ils ne soient égarés par les malveillants, et les inviter à nommer une députation de vingt d'entre eux pour porter leurs représentations à la Convention; car il est impossible qu'ils y viennent tous. On prétend qu'ils sont cinq à six mille; d'autres même les portent jusqu'à quinze mille. (On applaudit.)

La Convention s'occupe d'un projet de décret proposé par Lozeau, relativement aux concessions faites par les ci-devant rois à titre de congéabilité.

Sur la proposition de Cambacérès, le projet est renvoyé au comité des domaines.

La séance est levée à trois heures.

BOISSY, au nom des comités de salut public, de sûreté générale, militaire et de législation : Le comité de salut public, pour remplir les vues de la Convention nationale, et pour diminuer successivement, en la régularisant, la fabrication des armes à Paris, a pris, le 16 de ce mois, un arrêté contenant des mesures propres à mettre toute cette fabrication à l'entreprise le plus promptement possible, et à conserver quelque emploi aux arquebusiers et autres ouvriers employés à ce genre de travaux. Les prix ont été déterminés dans le même arrêté, sur l'avis de plusieurs artistes arquebusiers et ouvriers des ateliers de la manufacture de Paris; et ce que vous devez bien remarquer, c'est que le prix de la baïonnette, qui coûte ordinairement 4 liv. dans les fabriques hors de Paris, et pour la fabrication de laquelle il y avait déjà de nombreuses soumissions à 5 liv. et 5 liv. 12 sous la pièce, y a été porté à 6 liv.

Cet arrêté a été publié dans tous les ateliers de la commission des armes et poudres, et dès le lendemain un grand nombre de soumissions ont été faites entre les mains de cette commission, d'après l'invitation portée dans le même arrêté aux arquebusiers et autres ouvriers des ateliers.

Dans l'un de ces ateliers, celui dit des Sans-Culottes, situé dans le ci-devant couvent des Miramiones, on ne fabriquait que des baïonnettes : tous les ouvriers y étaient à la journée; et, au moyen du peu de fabrication qui en sortait, les baïonnettes y revenaient à 16 liv. la pièce. Il était temps de faire cesser une fabrication aussi onéreuse, et c'est ce qui a déterminé le comité à prendre l'arrêté dont il vient d'être question.

Il paraît que quelques-uns des ouvriers de cet atelier ont formé le projet de s'opposer à l'exécution de cet arrêté, et de conserver un salaire si disproportionné avec le produit de leur travail. Nous ne pouvons douter qu'ils n'y aient été excités par quelques malveillants.

Dès le 21 il s'est manifesté un commencement de fermentation parmi les ouvriers de cet atelier. Ils ont envoyé des députés aux ouvriers de l'atelier de la Fraternité, pour les engager à s'unir à eux, et ces ouvriers ont résisté à la séduction.

Le 22, le même atelier des Miramiones, entraîné une seconde fois par quelques hommes, est parvenu à faire partager son écart par une partie des ouvriers composant l'atelier de la Fraternité. Des menaces ont été faites contre ceux qui ne se joindraient pas au rassemblement. Ce rassemblement s'est porté à l'atelier de la rue Avoie, où il a été fait la même démarche, qui a obtenu un succès partiel.

D'après les renseignements parvenus à vos comités, il est constant que le plus grand nombre des ouvriers, même parmi ceux qui ont pris part au mouvement, n'en connaissaient pas l'objet, et que leur patriotisme s'affligeait de se voir, en quelque sorte, compromis par une démarche qui, dans la supposition des motifs les plus légitimes, aurait pu paraître suspecte par l'appareil et le nombre de ceux qui s'y étaient laissé entraîner. Des hommes étrangers au travail des ateliers, mais non sans doute aux projets des malveillants, pouvaient donner à cette réunion un caractère et des résultats qu'auraient infailliblement désavoués des républicains dont la main forge la foudre fatale aux tyrans.

C'est à discerner ce qui est juste dans les demandes, c'est à reconnaître les malintentionnés parmi les meilleurs citoyens, que s'attachent vos comités. Forts des principes de la Convention nationale, ils sauront rendre justice à qui il appartient, et maintenir les bons citoyens sur la ligne qu'ils chérissent, celle de leurs devoirs.

Telles sont les dispositions de vos comités. Voici quelle avait été la conduite du comité de salut public. Nous vous avons dit que le prix de la fabrication des baïonnettes les portait à 15 liv. la pièce. Des réclamations sans nombre, arrivées de toutes les parties de la république, et portées dans le sein de la Convention nationale par plusieurs de ses membres, avertissaient votre comité de l'instante nécessité de faire cesser un abus aussi préjudiciable aux intérêts de la patrie.

En plaçant à une époque assez reculée, savoir, au 1er pluviose prochain, l'adoption de la mesure qu'il a crue la plus convenable pour remplir les vues de la Convention, il a pensé que les ouvriers, stimulés par leur propre intérêt à accélérer leurs progrès dans l'art de la fabrication, trouveraient alors, en donnant une plus grande masse de travail, le moyen d'atteindre aussi utilement pour eux que pour la république un bénéfice aussi considérable que celui qu'ils font aujourd'hui, quoique la république tire un bien moindre fruit de leurs travaux. Il ne vous restera aucun doute à cet égard lorsque nous vous aurons présenté l'arrêté pris par le comité de salut public le 16 de ce mois, en le soumettant avec confiance à votre approbation.

*Extrait du registre des arrêtés du comité de salut public de la Convention, du 16 frimaire, 2e année de la république française, une et indivisible.*

« Le comité de salut public, considérant que les intérêts de la république exigent que la fabrication des fusils, à Paris, soit à l'entreprise ; qu'il n'est pas moins essentiel d'assurer aux arquebusiers de Paris les facilités nécessaires pour employer leurs talents ; sur le rapport de la commission des armes et poudres, arrête ce qui suit :

« Art. Ier. A compter du 1er pluviose prochain, la fabrication et réparation des fusils, à Paris, seront entièrement à l'entreprise.

« II. À la même époque il n'y aura plus d'ouvriers à la journée au compte de la république dans les ateliers ; néanmoins les soumissionnaires entrepreneurs et ouvriers à la pièce pourront prendre pour leur compte ceux des élèves qui leur paraîtront avoir des dispositions, et qui ont été par réquisition retirés du service militaire. Ceux qui ne seront pas réclamés par des soumissionnaires d'armes, ou d'autres artistes, seront tenus de rejoindre leurs bataillons.

« III. Le prix de la fabrication des pièces est réglé ainsi qu'il suit, soit pour les ouvriers à la pièce, soit pour les entrepreneurs, pour Paris seulement, savoir :

« Pour la platine forgée, limée et ajustée, 30 liv. ; — pour toutes les pièces de garniture, de forge et de lime, 10 liv. ; — pour le montage du fusil, 7 liv. ; — pour l'équipage du fusil, 2 liv. ; — pour la baïonnette finie, 6 liv. ; — pour le tire-bourre, 12 sous ; — pour la baguette finie, 3 liv. ; — pour la trempe des pièces, 15 sous.

« Cette fixation n'aura lieu que pour une année.

« IV. La commission des armes et poudres fournira, de ses magasins, aux soumissionnaires qui entreprendront le fusil complet, le canon de fusil et le bois de fusil.

« V. Il sera formé un tableau contenant le prix de toutes les pièces détachées, de forge et lime, soit de platines, soit de garnitures, que les magasins des armes et poudres pourront fournir aux soumissionnaires.

« VI. Les soumissionnaires seront admis à se fournir de fer et de charbon de tous les magasins de la commission, aux prix ci-après, savoir :

« Le fer de toute qualité, 42 livres le cent pesant ; — l'acier, à 30 sous la livre ; — le charbon de terre, à 90 liv. la voie.

« Les fournitures de ces matières ne seront faites aux soumissionnaires que dans la proportion de leur entreprise ; ils pourront cependant s'approvisionner par la voie du commerce.

« VII. Il sera accordé une prime de 3 liv. par fusil aux soumissionnaires qui entreprendront la fourniture de l'arme complète.

« VIII. Le rhabillage des fusils qui sont dans les magasins de Paris sera donné à l'entreprise : il ne sera plus envoyé dans cette commune de fusils à réparer.

« IX. La commission des armes et poudres est chargée de l'exécution du présent arrêté.

« *Signé* Boissy, L.-B. Guyton, Richard, J.-F.-B. Delmas, Merlin (de Douai), Dubois-Crancé, Fourcroy. »

Le rapporteur propose le décret, qui est adopté en ces termes :

« La Convention nationale, après avoir entendu le rapport de ses comités de salut public, de sûreté générale, militaire et de législation, approuve l'arrêté du comité de salut public du 16 de ce mois, portant que « la fabrication et la réparation des fusils, à Paris, seront entièrement à l'entreprise pour le 1er pluviose prochain. »

Merlin (de Douai), au nom du comité de salut public : Au même instant où la malveillance cherchait hier, dans les ateliers d'armes de Paris, des moyens de troubler la tranquillité publique, elle s'agitait aussi à Versailles pour égarer des citoyens paisibles. Des prétextes aussi absurdes qu'injustes ont été mis en avant dans cette dernière commune pour occasionner du désordre. L'attente des méchants n'a pas été remplie ; mais les autorités constituées n'ont pas fait leur devoir, et il y a en conséquence des fautes à réparer, peut-être des délits à punir. Sur le compte qui en a été rendu cette nuit à vos comités de salut public, de sûreté générale et de législation, alors réunis pour d'autres objets, ils se sont de suite convaincus de la nécessité d'envoyer sur-le-champ à Versailles un représentant du peuple, et Charles Delacroix devant s'y rendre ce matin, en vertu d'un décret, pour déposer dans un procès-verbal, il a paru que vous ne pouviez rien faire de mieux ni de plus expéditif, dans la circonstance, que de l'investir des pouvoirs nécessaires pour ramener les citoyens égarés au respect dû à la loi, examiner la conduite des fonctionnaires publics, et prendre à leur égard le parti que commandent la justice et l'intérêt du peuple.

En lui confiant cette mission momentanée, vous vous écarterez, il est vrai, de la règle que vous avez cru devoir vous prescrire sur l'intervalle à laisser entre les différentes missions d'un même représentant du peuple ; mais vous ferez une chose souverainement utile. L'essentiel est ici d'agir promptement, et personne ne peut à cet égard mettre plus de célérité dans l'action dont le gouvernement a besoin pour prévenir le mal que Ch. Delacroix, qui, par le long séjour qu'il a fait l'année dernière à Versailles, a acquis les connaissances les plus étendues sur la moralité de ceux qui influent le plus dans cette commune.

Voici le décret :

« La Convention nationale, après avoir entendu ses comités de salut public, de sûreté générale et de législation, décrète que le représentant du peuple Charles Delacroix, qui est actuellement à Versailles, est investi, pour cette commune et les lieux circonvoisins, des pouvoirs attribués aux représentants du peuple dans les départements.

« Le présent décret sera envoyé dans le jour au représentant du peuple Charles Delacroix. »

Ce décret est adopté.　　　　(*La suite demain.*)

---

*Payements à la trésorerie nationale.*

Le payement du perpétuel est ouvert pour les six premiers mois ; il sera fait à tous ceux qui seront porteurs d'inscriptions au grand livre. Celui pour les rentes viagères est de huit mois vingt et un jours de l'année 1793 (vieux style).

## RÉPUBLIQUE FRANÇAISE.

### TRIBUNAL CRIMINEL RÉVOLUTIONNAIRE.

*Suite de la procédure du comité révolutionnaire de Nantes.*

**Renet**, commandant de bataillon à Nantes, continue sa déposition : A la suite de plusieurs noyades la rivière fut absolument couverte de cadavres, et ses bords en étaient jonchés. Il existe encore un de ces bateaux qui a été vendu à un nommé Bouvier, lequel, voulant le relever, y trouva les restes infects d'une quantité prodigieuse de cadavres.

L'Entrepôt faisait partie de mon arrondissement, la commission militaire y jugeait, et l'on fusillait les condamnés aux carrières de Gigand. Il y en a eu trois mille six cents d'exécutés. J'y ai vu trente femmes toutes nues et massacrées.

J'ai vu à l'Entrepôt trois ou quatre cents enfants amoncelés et dans la misère.

*Le président*, au témoin : As-tu eu connaissance de l'affiche prohibitive de toute sollicitation en faveur des détenus ?

*Le témoin :* Et voici la teneur :

« Le comité révolutionnaire, investi, désolé par des demandes perpétuelles qui entravent ses travaux, neutralisent ses opérations, arrête que dorénavant il sera sourd à toutes réclamations faites en faveur des détenus par leurs parents ou alliés.

« Le comité déclare même qu'il regardera comme suspect tout individu qui sollicitera pour son parent. Il prévient en outre que les mandats de délivrance devront, pour être valables, être revêtus de la signature de huit membres au moins.

« Les concierges des diverses maisons d'arrêt tiendront sévèrement la main à l'exécution du présent.

« Arrêté en comité révolutionnaire, le 24 frimaire.

« Signé : *Pour le président*, GOULIN, *secrétaire.* »

Goulin observe que, par faute de rédaction, on avait omis, après *sollicitera* ces mots : « Dans la demeure des membres du comité, pour n'en pas faire des antichambres de ministres, » et qu'il les avait écrits de sa main sur plusieurs affiches, notamment sur celle qui était à sa porte.

On fait lecture des pièces suivantes :

*Au nom du peuple français, sur-le-champ.*

« D'après les pouvoirs illimités dont nous sommes investis par les représentants du souverain, nous, membres du comité de surveillance, requérons les citoyens Maignant et Marin de se transporter chez les individus suspects, d'y saisir toutes armes, munitions et poudres qu'ils y pourront trouver, de s'emparer de leurs personnes s'ils le jugent convenable, et déposer au château les armes qu'ils saisiront, ainsi que les individus arrêtés.

« Nantes, le 26 vendémiaire.

« Signé GOULIN, PERROCHAUX, *commissaires*, et CHAUX. »

« Le comité de surveillance permet aux citoyens Maignant et Marin de requérir la force armée qu'ils jugeront convenable pour une expédition secrète.

« Nantes, le 26 vendémiaire.

« Signé GOULIN et CHAUX. »

On lit aussi un du jour, qui invite Forget à donner la liste des détenus dans la maison des Sainte-Claire, aux citoyens porteurs du présent. — *Signé* GOULIN.

**Chaux :** Je soutiens n'avoir eu aucune connais-

sance des expéditions secrètes ; il faut à cet égard entendre Maignant et Marin, qui en ont été chargés.

Goulin fait la même réponse.

*Le président* au témoin : Connais-tu quelqu'un des accusés pour avoir assisté aux noyades ?

*Le témoin :* Je n'en reconnais aucun.

**Prou l'aîné**, cloutier, membre, par force, du comité révolutionnaire depuis le mois de vendémiaire jusqu'au 25 germinal, déclare que Carrier avait mis la terreur dans Nantes, au point qu'il fallait obéir ou se décider à périr. Il accuse Goulin, Chaux et Bachelier de dominer le comité, et de s'autoriser habituellement des ordres de Carrier pour lancer des mandats d'arrêt contre les citoyens qui avaient eu le malheur de leur déplaire.

*Le président* au témoin : Sais-tu s'il a été fait une liste des détenus, s'il y a eu des taxes arbitraires, si l'on tenait registre des arrestations, et si les motifs en étaient détaillés ?

*Le témoin :* J'ignore s'il existe une liste, je sais seulement que Goulin en a fait une ; j'ai vu porter au comité beaucoup d'argenterie, des bijoux, et autres effets que l'on enregistrait. Goulin, ensuite Bachelier, avaient la clef de l'armoire où ces objets étaient déposés. J'ai également vu apporter des sommes pour la salubrité de l'air ; je sais qu'il a été demandé à un citoyens une somme de 50,000 liv. ; que cette somme a été réduite à 24,000 liv., dont on s'est contenté, et que Barras enregistrait les bienfaits. Je n'ai point vu de registres d'arrestations ; j'ai seulement appris qu'il existait un arrêté qui fixait à un certain nombre les membres qui devaient concourir aux arrestations.

Je sais qu'il a été porté de l'argenterie à la Monnaie, mais j'ignore si c'est en totalité ; j'ai demandé par qui la vente des bijoux était autorisée : on s'est appuyé des ordres de Carrier.

Goulin, Chaux et Bachelier, seuls inculpés dans cette dénonciation, y répondent d'une manière imparfaite, alléguant que la peur empêche le témoin de découvrir des vérités importantes.

Le témoin paraît intimidé, et déclare s'en tenir à sa déposition.

**Jean Dreux**, rentier, ordinairement domicilié à Paris, s'étant trouvé à Nantes en novembre 1793, dépose que, sur une plainte portée contre lui par le comité de la section de l'Homme-Armé, de Paris, il fut incarcéré aux Sainte-Claire, mis sur la liste des cent trente-deux Nantais, de laquelle il ne fut rayé que le jour même du départ, à la sollicitation de René Naud et de Durassier.

« Le jour de cette fameuse conspiration imaginée, dit le témoin, pour autoriser les arrestations arbitraires, lorsque la générale fut battue, et le canon braqué, je me rendis à mon bataillon, à Nantes, où j'appris que des prisonniers s'étaient révoltés, et qu'ils voulaient enfoncer les portes de leurs prisons à coups de poing, pour venir assassiner tous les Nantais, malgré les fusils et canons dont ils étaient entourés ; et comme les hommes sont singes, il n'est que trop probable que l'*Ogre d'Arras*, ses partisans et complices, firent passer cet horrible plan de conspirations prétendues jusque dans les prisons de Paris, où, comme à Nantes, il y avait des *moutons* apostés pour désigner les victimes à Robespierre, dernier tyran.

*Le président*, au témoin : As-tu eu connaissance des noyades et fusillades ?

*Le témoin :* J'en ai entendu parler ; j'ai vu passer

nne grande quantité de femmes, dont plusieurs portaient des enfants ; on me dit qu'elles allaient sur des bateaux. Je vis l'une de ces femmes jeter sur le quai, à une autre femme, un enfant qui paraissait appartenir à cette victime que l'on conduisait à sa destination.

L'inconnue reçut fort adroitement l'enfant qui lui était jeté ; elle l'accueillit dans ses bras ; mais voici un fait très-important, et qui mérite toute votre attention.

Les filles publiques de la ville de Nantes avaient été arrêtées et conduites à la salle du Cours du Peuple, à Mirabeau ; le bruit courut que ces filles devaient être noyées. Le lendemain je demande ce qu'elles sont devenues ; d'abord on hésite à me répondre ; ensuite on me déclare franchement que ces filles ont été noyées, au nombre de quatre-vingt-trois et plus.

*Bachelier :* Le témoin vient de déclarer qu'il avait été incarcéré sur une dénonciation faite contre lui par sa section ; de cette déclaration il résulte que son arrestation n'est point arbitraire.

Le témoin, sur la présentation de ses cautions, obtient son élargissement provisoire ; enfin, les pièces attendues parviennent au comité, et le témoin est définitivement mis en liberté.

*Le président* à Bachelier : Le témoin avait cependant été transféré à l'Eperonnière pour être joint aux Nantais traduits au tribunal ; il était sur la liste des cent trente-deux que l'on supposait envoyer à Paris, mais qui dans la réalité devaient être fusillés en route.

*Bachelier :* Je soutiens l'observation fausse dans toutes ses parties. Il n'est pas vrai que le comité dût traduire les Nantais au tribunal ; il est encore moins vrai qu'il se fût proposé de les faire fusiller en chemin. La pièce d'envoi est signée Carrier. Je démontrerai, quand il en sera temps, que nous n'avons jamais eu le dessein de traduire les Nantais en jugement, mais bien au comité de sûreté générale. Si cet envoi eût été aussi sérieux, aussi réel qu'on le suppose, nous l'aurions accompagné des charges existantes au procès contre les Nantais.

*Chaux :* Cette déposition est encore une trame de Forget ; c'est la suite des sollicitations particulières. Le témoin a été élargi sur la réclamation de son père ; il a été traité en ami du comité révolutionnaire, et d'ailleurs il y a eu erreur de nom.

*Le président,* à Chaux : Etait-ce traiter en ami le témoin que de l'envoyer à l'Eperonnière pour être joint aux Nantais qui devaient être fusillés en chemin ?

*Chaux :* Ce projet de fusillade attribué au comité est une calomnie ; c'est l'effet de l'astuce et de l'imposture ; c'est pour jeter une mauvaise impression sur le comité, qu'on l'accuse d'avoir voulu faire assassiner en chemin les Nantais. Le tribunal a dû s'apercevoir que les accusés sont entourés d'ennemis, de témoins qui cherchent à se venger, parce que le comité n'a ménagé personne et a soulevé tout le monde contre lui.

On observe qu'il existe des lettres qui prouvent le contraire.

*Chaux :* Je soutiens que le comité est calomnié de toutes parts, qu'il ne doit son incarcération qu'à celle des Nantais ; que le représentant Bô a montré contre nous la plus grande partialité en s'opposant, dans une séance de la Société populaire, à la lecture d'un mémoire propre à établir notre justification ; en disant qu'il ne fallait pas croire aux revenants, que nous étions bien recommandés.

*Le président,* à Chaux : Vous étiez incarcérés avant la traduction des Nantais, et c'est ici le cas de

faire connaître au public la vérité tout entière. Il est constant que le comité révolutionnaire n'a été incarcéré, de l'ordre du représentant Bô, que d'après l'information la plus concluante, que d'après l'audition de cinq cents témoins.

*(La suite incessamment.)*

## CONVENTION NATIONALE.
*Présidence de Rewbell.*

*Fin du rapport sur les taxes révolutionnaires, présenté à la Convention nationale par Cambon, au nom du comité des finances, à la séance du 6 frimaire.*

Si tous les membres des comités de surveillance, qui ont dû être établis dans chaque commune ou section, en exécution de la loi du 21 mars 1793, avaient droit aux 3 liv. par jour promises par la loi du 5 septembre 1793, la nation aurait été grevée, pour cette seule dépense, de 591 millions par an.

Cet exemple me fournit l'occasion d'observer à la Convention combien elle doit se pénétrer du danger qu'il peut y avoir en décrétant, sur des motions d'ordre, des dépenses extraordinaires qui donnent lieu à des dilapidations exorbitantes. Heureusement les hommes qui ne calculaient pas avaient pour principe que la liberté devait s'établir en prodiguant la fortune publique, et ceux qui, avec des formes robustes, cherchaient une popularité avec laquelle ils espéraient nous asservir, ont été renversés et punis. Mais avant leur mort ils avaient obtenu le payement de 40 sous pour les citoyens indigents qui assisteraient aux assemblées des sections de Paris ; par cette mesure ils croyaient se former un parti. Nous devons leur reprocher aussi les sommes qu'ont coûté l'armée révolutionnaire, l'indemnité aux comités révolutionnaires, etc. Leurs partisans, leurs amis, leurs continuateurs osent parler de dilapidations, et les reprochent à ceux qu'ils accusent de mesquinerie et d'esprit mercantile, parce qu'ils cherchaient à s'y opposer.

Il serait absurde de prétendre que douze personnes formant un comité de surveillance, dans une commune où il n'y avait souvent que douze citoyens, eussent droit à une indemnité de 3 liv. par jour pour se surveiller eux-mêmes.

Un pareil système n'a pas besoin d'être réfuté ; heureusement nous l'avons évité.

Cependant cette prétention existe : il faut rapprocher les diverses lois qui ont été rendues relativement aux comités révolutionnaires pour examiner si elle est fondée.

La loi du 21 mars 1793 n'accorde aucune indemnité aux membres des comités qui furent créés pour recevoir les déclarations des étrangers.

La loi du 5 septembre 1793 accorde une indemnité de 3 liv. par jour aux membres des comités de salut public, mais ces dispositions ne peuvent s'appliquer qu'aux comités qui ont été maintenus provisoirement par la loi du 4 juin 1793.

S'il pouvait exister quelque doute sur cette opinion, on en trouverait la solution dans le décret du 20 septembre 1793, qui ne délègue des attributions qu'aux comités de surveillance et de salut public établis dans les différentes villes de la république.

Pour ne laisser aucun doute, nous vous proposons de décréter que l'indemnité de 3 liv. par jour, accordée par la loi du 5 septembre 1793, ne sera payée qu'aux membres des anciens comités de salut public confirmés par la loi du 4 juin 1793, à ceux des comités qui ont été établis dans les chefs-lieux de districts ou dans les communes dont la population s'élève à huit mille individus et au-dessus, et à ceux des comités qui ont été établis par un arrêté des représentants du peuple qui leur alloue cette indemnité.

Cette indemnité sera payée par les receveurs de district, sur l'ordonnance des directoires, pour les journées que les membres desdits comités justifieront avoir employées au service public, à la charge par eux de justifier aussi qu'ils ont rendu les comptes exigés par le décret que nous vous proposons, qu'ils sont entièrement libérés envers la république, qu'ils ont remis tous les papiers relatifs à leur administration, et qu'ils n'ont touché directement ni indirectement de la république aucun traitement, indemnité ou secours.

Nous aurions désiré pouvoir vous proposer la suppression de cette dépense, qui n'aurait pas dû être promise, les fonctions des comités révolutionnaires devant être assimilées aux fonctions municipales; mais le respect pour les engagements contractés par vos décrets ne permet pas une pareille proposition.

La loi que votre comité des finances m'a chargé de vous proposer va intimider les dilapidateurs et les voleurs; elle tranquillisera les patriotes. Je sais bien que, si elle est exécutée avec un esprit de parti, elle peut servir beaucoup de haines et de vengeances; c'est une épée à plusieurs tranchants; confiée à des mains probes et honnêtes, elle servira la révolution et hâtera le règne de la justice; confiée à des intrigants, des factieux, des dilapidateurs, ils pourront grossir leur parti, puisqu'ils y trouveront les moyens de protéger ceux qui voudront suivre leur bannière, en leur promettant l'impunité des vols et des dilapidations qui ont été commis, en intimidant ceux qui, n'ayant aucun reproche à se faire, n'auraient point la force d'âme de braver des persécutions et des amertumes passagères. Quoi qu'il en soit, la Convention sera toujours la même, elle surveillera toutes les intrigues, et elle saura les punir.

La loi du 17 septembre contre les suspects, et plusieurs autres lois basées sur la probité, ayant été exécutées avec injustice, ont causé de grands maux à la république et à la révolution, et ont nécessité un grand acte national; cet exemple doit nous rassurer, et prouver à ceux qui voudraient mésuser de la loi que nous vous proposons, ou qui voudraient la faire servir d'instrument à leur passion, que leurs crimes ne resteraient pas impunis.

Les meilleures institutions offrent malheureusement des moyens dangereux; mais une pareille idée ne doit pas nous arrêter dans la poursuite des voleurs. La nation française veut la probité et la justice, elle secondera nos efforts; remplissons notre devoir en écartant des fonctions les intrigants, les factieux et les dilapidateurs.

Votre comité des finances, ne connaissant que ses devoirs, n'a rien négligé pour les remplir; il ne calculera jamais le nombre des ennemis que ses fonctions pénibles doivent lui attirer en poursuivant les abus et les vols; les sangsues de la fortune publique doivent se plaindre; mais l'homme qui n'a rien à se reprocher écrasera, par la publicité de sa conduite, dont il ne cesse de demander l'examen, les vipères qui voudraient l'atteindre par leurs sifflements venimeux.

Voici le projet de décret que je suis chargé de vous proposer.

Le décret a été adopté en ces termes:

« La Convention nationale, après avoir entendu le rapport du comité des finances, décrète:

« Art. 1er. Tous les agents qui, en vertu d'un ordre, mandat ou délibération émané, soit des représentants du peuple, soit des administrations, municipalités, sections, comités civils ou révolutionnaires, armée ou association révolutionnaire, Sociétés populaires, soit d'une autorité, corps ou association quelconque, ont perçu ou reçu en dépôt, depuis le commencement de la révolution, des sommes, effets ou marchandises provenant des recettes extraordinaires qui ont été établies sans une autorisation directe et spéciale de la loi, et qui sont connues sous le nom de taxes, contributions, emprunts, saisies, dépôts, confiscations, condamnations, souscriptions, dons volontaires ou forcés, collectes, offrandes, dépouilles des églises, et sous toute autre dénomination, en fourniront le compte à l'agent national du district, d'ici au 1er pluviôse prochain, s'ils ne l'ont déjà fait.

« II. Ces comptes seront divisés selon la nature des objets; ils indiqueront les autorités qui ont ordonné la perception, les commissaires ou agents qui en ont fait la répartition, les individus qui ont reçu, et les personnes imposées ou qui ont donné, ainsi que le montant des sommes et la désignation des effets et marchandises.

« Toutes les sommes au-dessous de 50 liv. y seront portées en masse.

« III. Le compte des dépouilles des églises indiquera l'autorité qui a délibéré les dons ou envois, les citoyens qui ont fait les déplacements et ont été chargés des envois, et ceux entre les mains de qui les effets sont restés.

« IV. Les rendant-compte fourniront à l'agent national les états, procès-verbaux et pièces pouvant servir à établir les recettes et dépenses; ils indiqueront les caisses nationales où les sommes ont été versées, l'objet des dépenses acquittées, les autorités qui les ont ordonnées ou autorisées, et les individus à qui les payements ont été faits.

« V. L'agent national soumettra au directoire du district les comptes et pièces qu'il aura reçus; le directoire dressera ses observations sur la recette desdits comptes; il visera toutes les pièces de dépenses qu'il jugera être légitimes; il donnera son avis sur celle qu'il rejettera.

« VI. L'agent national fera imprimer et afficher dans toutes les communes le relevé desdits comptes, suivant les modèles qui lui ont été ou lui seront renvoyés par le trésorerie nationale; après la vérification du directoire de district, il les enverra à la trésorerie nationale, et il fera toutes les diligences nécessaires pour que cet envoi soit fait avant le 1er ventôse prochain.

« VII. L'agent national fera verser sans délai les reliquats desdits comptes, en valeur métallique, assignats ou effets d'or et d'argent, à la caisse du receveur du district, qui les transmettra à Paris, à la trésorerie ou à l'atelier monétaire.

« Quant aux autres effets, ils seront remis aux agents de l'enregistrement et des domaines, qui les feront vendre comme les autres effets nationaux, ou qui les feront remettre dans les magasins militaires s'ils peuvent être utiles aux besoins de la république.

« VIII. Les pièces de dépenses visées par le directoire de district seront rendues aux agents comptables, qui les remettront, comme comptant, aux receveurs de district, lesquels les enverront à la trésorerie nationale.

« IX. Les officiers municipaux des communes où il a été fait quelqu'une des perceptions mentionnées en l'article 1er, et à Paris des commissaires nommés ad hoc pour chaque section, prendront les informations pour former un relevé desdites perceptions; ils le certifieront, et l'adresseront, d'ici au 1er pluviôse, au directoire de district; ils serviront de contrôle aux comptes qui seront soumis à l'agent national.

« X. Tous les citoyens sont invités à fournir aux officiers municipaux, et à Paris aux commissaires qui seront nommés par les sections, tous les renseignements qu'ils peuvent avoir sur lesdites perceptions; ils pourront les adresser aussi, par double, au directoire de district, et même au comité des finances.

« XI. Les individus qui seraient convaincus d'avoir gardé par devers eux, sans le déclarer, et sans en rendre compte d'ici au 1er pluviôse prochain, des sommes, effets ou marchandises provenant des recettes extraordinaires, seront poursuivis et punis de la peine portée par l'art. VI, section VI, du code pénal.

« XII. Les réclamations qui pourraient s'élever sur les faussetés, omissions ou mauvais emploi, seront adressées à l'agent national du district, qui fera vérifier les faits, et en transmettra le résultat aux commissaires de la trésorerie.

« XIII. Le recouvrement des sommes non acquittées et des souscriptions qui ont eu lieu, à raison des taxes, contributions et emprunts qui ont été établis sans une autorisation directe et spéciale de la loi, ne pourra plus être continué, à peine, contre ceux qui le continueraient, d'être poursuivis comme concussionnaires.

« XIV. Il sera pourvu, par un rôle supplémentaire et par des sous additionnels sur la contribution foncière, aux besoins des communes ou sections pourraient avoir pour payer, en exécution du décret du 28 fructidor, l'excédant des secours ou indemnités qu'elles ont promis aux défenseurs de la patrie qui, ayant plus de vingt-cinq ans, servent actuellement sous les drapeaux de la république, en vertu d'un engagement volontaire contracté avec lesdites communes ou sections. Les engagements qui ont été contractés avec des citoyens qui étaient dans l'âge de la première réquisition sont annulés à compter de la loi qui les a mis en réquisition.

« XV. Les membres des anciens comités de salut public, confirmés par la loi du 4 juin 1793 ; ceux des comités qui ont été établis dans les chefs-lieux de districts ou dans les communes dont la population s'élève à huit mille individus et au-dessus ; ceux des comités qui ont été établis par un arrêté particulier des représentants du peuple, avec l'autorisation de recevoir une indemnité, sont les seuls qui ont droit aux 3 liv. par jour accordées par la loi du 5 septembre 1793.

« Si l'indemnité promise par les représentants du peuple est fixée à un taux différent, elle sera payée conformément à leur arrêté.

« XVI. Ces indemnités seront payées, par les receveurs de district, sur les ordonnances des directoires, pour les journées que ceux qui y auront droit justifieront avoir employées au service public, depuis le 5 septembre 1793, à la charge par eux de justifier aussi qu'ils ont rendu les comptes exigés par l'article 1er, qu'ils sont entièrement quittes et libérés envers la république, qu'ils ont remis toutes les pièces et papiers de leur administration, et n'ont t ouché directement ni indirectement de la république aucuns traitements, indemnités ou secours.

« XVII. Les commissaires de la trésorerie correspondront avec les agents nationaux et les directoires de district pour l'exécution du présent décret; ils rendront compte au comité des finances de ceux qui s'y seront conformés et de ceux qui seraient en retard, le 1er germinal prochain, afin que ce comité, réuni à celui de législation, puisse appliquer aux agents qui seront en retard les peines prononcées par les lois contre les fonctionnaires négligents.

« XVIII. Les commissaires de la trésorerie feront dresser, le 1er germinal prochain, un état général des recettes, dépenses et versements qui leur seront connus, et ils le feront distribuer aux membres de la Convention.

« XIX. L'état général des recettes, dépenses et versements connus jusqu'à ce jour, qui a été dressé par les commissaires de la trésorerie, restera déposé au secrétariat du comité des finances, afin que tous les membres de la Convention puissent en prendre communication ; ils sont invités à fournir audit comité tous les renseignements qu'ils peuvent avoir sur cette partie importante de la comptabilité.

« XX. Les agents nationaux rendront compte au comité des finances des obstacles et des difficultés qu'ils rencontreront dans l'exécution du présent décret.

« Le comité des finances statuera, par arrêté, sur les diverses réclamations auxquelles il pourra donner lieu. »

SUITE DE LA SÉANCE DU 23 FRIMAIRE.

*N. B.* Cette discussion fait suite au rapport fait par Boissy-d'Anglas, au nom des quatre comités ; c'est par erreur qu'elle n'a pas été insérée dans notre numéro d'hier.

CLAUZEL : Le rapporteur des quatre comités vous a dit que des malveillants avaient en partie excité le mouvement dont il est question ; il est bon de ne pas leur permettre de continuer leurs manœuvres criminelles. Nous savons tous que ceux qui voudraient rétablir le régime de la terreur ont rappelé auprès d'eux les scélérats qu'ils avaient envoyés dans les départements, afin de les aider à troubler la tranquillité publique. Je ne veux point semer ici la division, mais je veux empêcher que les malveillants ne parviennent à leurs fins. Sous prétexte de venir demander des subsistances pour leurs communes, les anciens membres des comités révolutionnaires sont venus ici pour servir les terroristes. Je propose de décréter que ceux qui ont rempli des fonctions publiques avant le 9 thermidor, et qui depuis se sont rendus à Paris, soient tenus, sous vingt-quatre heures, de retourner dans leurs municipalités, à peine d'être traités comme suspects.

LEGENDRE (de Paris) : Les comités se sont occupés de prendre des mesures contre les auteurs de ce mouvement. J'assure la Convention que la majeure partie des ouvriers qui marchaient hier ne savaient pas quel était l'objet de ce mouvement. Plusieurs ne se sont laissé entraîner que pour ne point occasionner de rixes. J'ai été au milieu d'eux avec mes collègues, et je vous assure que je n'ai trouvé que des hommes sages, à l'exception de quelques agitateurs qui se tenaient sur les derrières, et qui attendaient que la voix de la raison eût cessé de se faire entendre, pour prêcher l'insurrection.

Il ne faut point abuser du caractère sacré de père de famille ; il ne faut pas que ce titre soit une raison pour exiger des prix exorbitants, pour exiger 15 l. pour des baïonnettes qui n'en valent que 4. Il faut que les bienfaits de la Convention soient comme une rosée salutaire qui répande l'abondance par toute la république, et fasse mourir tous les insectes politiques. (Applaudissements.) Ce n'est point les armes qu'il faut employer ici, c'est l'éloquence de la justice et de la raison ; éclairons le peuple, et il voudra le bien.

Je déclare à la Convention, et j'invite les journalistes à transmettre cette nouvelle à toute la France, que le comité de sûreté générale surveille tout, qu'il a déjà su distinguer les agitateurs, qu'il protégera les bons et fera punir les méchants. Que les ouvriers se rendent dans leurs ateliers, qu'ils se persuadent bien de cette vérité, que la république ne peut donner que le nécessaire à chacun, et qu'elle n'est point en état de faire la fortune de personne ; qu'ils s'attachent à connaître les agitateurs et à les livrer à la justice nationale. (Applaudissements.)

Le comité de sûreté générale a appris par sa correspondance qu'un grand nombre de ci-devant fonctionnaires publics se rendent ici, je ne sais sous quel prétexte. Il faut prendre une mesure à cet égard, mais il faut qu'elle soit juste. On peut avoir été membre d'un comité révolutionnaire, et cependant être honnête homme ; on peut avoir été membre d'un comité révolutionnaire, et cependant n'avoir ni tué ni volé personne. Des innocents ont été opprimés ; mais les comités de gouvernement ne forçaient-ils pas la main à ceux qui opprimaient ? Il ne faut point de jugement en masse ; nous avons trop cruellement appris combien ils sont injustes et funestes. La sévérité ne doit porter que sur ceux qui apposaient les scellés sur des armoires qu'ils avaient eu le soin de vider auparavant, sur les voleurs, sur les tueurs enfin. L'honnête homme doit être protégé, quelles que soient les fonctions qu'il ait remplies. Je demande que la proposition de Clauzel soit renvoyée au comité.

BOUDIN : Je passais hier sur la Grève, vers une heure après-midi ; j'entendis un *quidam* hurler et provoquer le meurtre et le pillage des marchands. Les ouvriers s'en emparèrent et le conduisirent devant le commissaire de police. (Applaudissements.) Ce *quidam* n'avait ni carte ni passeport ; il n'a pas voulu dire qui il était, ni d'où il venait.

MATHIEU : La mesure proposée par Clauzel aurait l'inconvénient de ramener les lois prohibitives. L'objet de la police est de surveiller les individus, mais non pas d'opprimer la masse des citoyens, sans quoi il n'y aurait plus de liberté, plus de commerce, plus de circulation intérieure. (Applaudissements.) Ce n'est pas lorsque l'expérience a appris à la Convention combien ce régime est funeste qu'elle se décidera à le ramener.

Le comité de sûreté générale a été instruit qu'un grand nombre d'hommes qui peuvent être dangereux pour la tranquillité publique se sont rendus à Paris, et n'ont rempli aucune des formalités que la loi exigeait d'eux pour qu'ils y restassent. Le comité a su en même temps que, sous prétexte d'avoir perdu ses cartes de sûreté , on en multipliait les demandes dans les sections ; qu'on les délivrait même sans avoir fait prêter par ceux qui les demandaient le serment de fidélité à la république. Il a remédié à cette faute en ordonnant, le 15 de ce mois, qu'il ne serait délivré aucune carte de sûreté sans qu'au préalable on n'ait exigé le serment de fidélité à la république. Je pense, au surplus, que le meilleur moyen de renvoyer dans leurs communes ces gens qui ne peuvent être dangereux, parce qu'ils seront vus, mais qui pourraient troubler ici la tranquillité en se cachant dans la foule ; je pense, dis-je, que le meilleur moyen de renvoyer ces gens est de décréter que les cartes de sûreté de Paris seront renouvelées dans un court délai, et qu'elles seront délivrées suivant un mode uniforme.

*Clauzel :* Je demande le renvoi de la proposition de Mathieu au comité de sûreté générale ; mais je la crois insuffisante. On a vu dans le rassemblement d'hier des membres des anciens comités révolutionnaires, et certes ceux-là n'étaient pas venu ici pour des affaires de commerce , mais pour seconder le mouvement que voulaient exciter les apôtres et les chefs du système de terreur. Je demande le renvoi de toutes ces propositions à l'examen du comité de sûreté générale.

Cette proposition est adoptée.

— On lit la correspondance.

Un secrétaire fait lecture de la lettre suivante :

*Le général divisionnaire Vimeux aux représentants du peuple à la Convention nationale.*

Au quartier général de La Rochelle, le 13 brumaire, l'an 3ᵉ de la république française, une et indivisible.

« Citoyens représentants, je lis dans *le Moniteur* du 6 frimaire que, dans la discussion de l'affaire d'un représentant du peuple mis en jugement par la Convention nationale, on articule contre lui : « Que les commis du bureau de l'état major ont dit entre eux qu'il fallait aller dans telle rue, enlever telles ou telles femmes, et les mener chez Carrier, qui les avait demandées pour se divertir. » La réponse de Carrier à cette inculpation pourrait porter à croire qu'elle était faite aux commis de mon état major. Je ne cherche à inculper personne ; mais je dois à la vérité, mais je dois à l'honneur qui a toujours guidé mon état major et moi, de déclarer que jamais il n'y a été employé qu'un seul secrétaire, et point de commis. Ce ne peut être de lui que Dechartres ait entendu parler, puisque la dénonciation porte : « Des commis de l'état major ont dit, etc. »

« Ceux de vos membres qui me connaissent, Rewbell, Merlin (de Thionville), avec lesquels j'ai plus particulièrement fait la guerre , vous diront que je ne suis pas courtisan, mais que j'aime l'honneur et la gloire, et que je ne souffrirai jamais rien de ce qui pourrait les compromettre. Carrier m'a rendu justice en disant à la barre de la Convention que ma conduite me mettait à l'abri du soupçon ; mais dans la bouche d'un accusé ce témoignage pourrait être suspect ; j'ai donc cru ma délicatesse compromise, et j'ai dû le dire à la Convention nationale.

« Depuis quarante et un ans au service, je n'appris jamais l'art de la flatterie ; mais je sais être juste, chérir ma patrie , poursuivre les traîtres , fuir les intrigants , et chercher les gens de bien. Telle sera toujours ma façon de penser ; vivre pour la liberté, mourir en la défendant, c'est le vœu du soldat français, c'est le mien !

« Vive la république ! vive la Convention nationale ! *Signé* VIMEUX. »

Mention honorable , insertion au Bulletin.

— Le citoyen Boquet , peintre en marines, qui a eu le malheur d'être incendié au Cap et de perdre tout ce qu'il possédait , fait hommage à la Convention de deux tableaux, dont l'un représente le combat du vaisseau *la Montagne* contre plusieurs vaisseaux anglais, et l'autre représente le malheureux incendie de la ville du Cap-Français, arrivé le 21 juin 1793 (vieux style), et le départ du convoi arrivé dans les ports de la république, et de la première épreuve en couleur du tableau de l'incendie du Cap.

Mention honorable, insertion au Bulletin.

*Le conseil général de la commune de Rhodez à la Convention nationale.*

« Nos frères d'armes qui sont aux frontières continuent à terrasser les ennemis de la république ; rien ne résiste à leur courage. Pour nous , nous ne cessons de travailler à tirer des entrailles de la terre les éléments de la foudre qui doit achever de les exterminer.

« Notre commune , très-petite par l'étendue de son territoire, a déjà versé au dépôt de Perpignan, depuis le mois de messidor , huit mille trois cent vingt-six livres et demie de salpêtre , et elle redoublera ses efforts jusqu'à ce que vous ayez forcé les tyrans coalisés à vous demander la paix.

« En attendant , nous supportons avec courage toutes sortes de privations ; mais une vie dure et laborieuse , des mœurs austères, firent autrefois la gloire de Sparte. Voilà le modèle de nos concitoyens ; c'est une justice que nous ne pouvons leur refuser.

« Achevez votre ouvrage ; anéantissez les conspirateurs et les hommes de sang qui déshonorent la terre de la liberté ; frappez le criminel partout où il se trouve ; honorez l'agriculture, encouragez le commerce ; c'est le vœu unique de tout vrai républicain : tel sera toujours le nôtre. »

Mention honorable, insertion en entier au Bulletin.

*Le citoyen Mollevault, représentant du peuple, à la Convention nationale.*

« Législateurs, elle est proscrite enfin cette maxime tyrannique et insensée : Qu'importe qu'un innocent périsse ? Elles revivent enfin au milieu des républicains français la justice et la vérité, si longtemps opprimées.

« Blessées du traitement que j'éprouve, aussi terrible que peu mérité, la justice et la vérité réclament contre un outrage fait à ma personne, à la probité et au patriotisme.

« Accueillez, représentants, la plus juste réclamation ; les faits et l'intention posés, pesez-les avec une impartialité sévère.

« Les faits : il n'en est pas un seul qui m'accuse ; ils parlent tous pour moi ; mon patriotisme n'est pas récent, mon patriotisme ne varie jamais depuis l'aurore de la révolution jusqu'à ce jour.

« L'un des premiers je soutins avec force, dans mon pays, les droits ignorés du peuple , et présidai le premier une Société populaire redevable de plusieurs succès à mon zèle , plus d'une fois préconisé par elle.

« Les ennemis de la liberté et du peuple me persécutèrent avec acharnement ; il ne dépendit pas des auteurs des massacres de Nancy que je ne fusse enveloppé dans la destruction méditée par eux de tous les patriotes de cette commune, et qu'ensuite je ne tombasse sous le glaive de la justice d'alors.

« Je luttai avec une constance inébranlable contre des persécutions également iniques et violentes, et contribuai à rassembler les débris du patriotisme dispersé par la violence et la terreur ; les projets contre-révolutionnaires furent déjoués.

« Après avoir été successivement nommé électeur, membre du conseil général de la commune, administrateur au directoire du département de la Meurthe, les suffrages du peuple m'appelèrent à la mairie de Nancy. Dans ces fonctions périlleuses et difficiles, je sus contenir, sans oppression, la malveillance, et, en comprimant la licence, hâter les progrès de la révolution. Secondé par une municipalité patriote, j'empêchai par mon énergie que Nancy ne devînt encore le théâtre des scènes sanglantes préparées par les combinaisons du plus perfide incivisme.

« De la mairie je passai au tribunal de cassation ; je puis avec confiance invoquer, sur l'inflexibilité de mes principes civiques, le suffrage de tous les membres de ce tribunal.

« Ardent amour de la liberté et de l'égalité, haine profonde de la tyrannie et des factions, nulle autre ambition que celle d'être utile à ma patrie : j'adjure tous ceux qui ont observé de plus près ma conduite et mes principes de dire si ces sentiments-là ne furent point l'âme de mes opinions et de toutes mes démarches.

« Je ne parlerais pas de mon désintéressement ni de la diminution de ma fortune si le patriotisme qui augmente l'aisance n'était pas évidemment plus facile que celui qui la diminue.

« Ces principes et ces sentiments furent à la Convention ma constante boussole, et m'accompagnaient à la commission des Douze, que je présidai.

« Là j'ai émis des opinions sur les mandats d'arrêt contre des hommes rebelles, selon moi, à la souveraineté du peuple, et méditant des forfaits. Est-ce donc là commettre des forfaits et attenter à la souveraineté du peuple? J'ai émis de bonne foi, sans partialité comme sans passion, des opinions qui me semblaient très-propres à prévenir et de grands attentats à la liberté, et de grandes atrocités ; les arrestations nocturnes, qui excitèrent de si vives clameurs, furent l'ouvrage du ministre de la justice, chargé de l'exécution des mandats.

« Ces opinions d'un fonctionnaire public constamment honnête, désintéressé et probe, éloigné de toute cabale, ennemi de toute intrigue, est-il équitable de les métamorphoser en des crimes, fussent-elles erronées?

« Oui, mes intentions furent très-pures, citoyens représentants, et c'est d'après elles que tout citoyen doit être jugé.

« Cependant je fus arrêté le 3 juin 1793 ( vieux style) par un suppôt de la commune de Paris, armé alors de je ne sais quel pouvoir exécutif, de cette commune usurpatrice et sanguinaire que votre courage a exterminée.

« J'ai fui, je me suis soustrait aux fureurs d'une férocité en délire, anéantie par votre énergie républicaine.

« Dans ma retraite, une conduite pure, une conscience irréprochable m'ont donné, pour supporter de grandes douleurs, un courage plus grand encore. Si j'ai dû paraître coupable aux yeux des Hébert, Chaumette et Couthon, des Hanriot, Dumas et Robespierre, jamais, non jamais je ne le paraîtrai aux yeux d'hommes intègres et libres, aux yeux de législateurs amis de l'équité, de la liberté, de la vertu.

« Rendez-moi, citoyens représentants, la justice que je réclame; lorsque je l'obtiendrai, ce sera, je ne crains pas de le dire, un nouveau triomphe de la vertu sur le brigandage et le crime. »

Cette lettre est renvoyée aux trois comités, pour en faire incessamment un rapport.

— Une députation composée de vingt ouvriers vient protester que le mouvement d'hier n'avait rien de séditieux ; ils réclament contre le projet de donner à l'entreprise la fourniture des armes; ils exposent que beaucoup de pères de famille se trouveraient sans ouvrage, et cela à l'entrée de l'hiver.

LE PRÉSIDENT: La Convention sait que la patrie doit du travail et la subsistance à tous ses enfants ; mais elle ne peut pas reconnaître pour ses enfants ceux qui perdent à faire des rassemblements dangereux un temps qu'ils doivent à la chose publique. L'assemblée ne fera jamais que ce que la justice exigera d'elle ; elle examinera votre pétition , et, quand la loi sera portée, elle la fera respecter. (Vifs applaudissements.)

ROYER: Citoyens collègues, tandis que vous vous occupez sans relâche de faire disparaître jusqu'aux moindres traces du règne désastreux du tyran Robespierre, son ombre féroce et sanguinaire se promène encore dans tous les points de la république pour y agiter le flambeau de la discorde, et ses satellites, qui cherchent à perpétuer parmi le peuple la mésintelligence, les haines et l'anarchie, au moment même où vous avez solennellement proclamé que vous ne mettiez de différence entre tous les citoyens que celle qui se trouve entre la vertu et le vice, se font un jeu cruel de répandre sourdement des bruits mensongers d'un retour prochain de tous les émigrés; et, par une perfidie qui ne peut naître que dans des cœurs aussi corrompus que les leurs, ils osent, les scélérats, faire suspecter vos intentions les plus pures. Ils disent, ces imposteurs, que les biens des émigrés, si justement confisqués au profit de la république, ne sont que séquestrés, pour leur être remis lors de leur rentrée sur notre territoire ; ils espèrent, ces insensés, pouvoir, par leurs manœuvres ténébreuses, alarmer le patriotisme , jeter les cœurs timides dans l'anxiété, ralentir, éteindre même , s'ils le pouvaient , l'ardeur des enchères sur les biens nationaux mis en vente.

Ils savent bien cependant , ces lâches calomniateurs, qu'agitent en vous sans les fureurs qui déchiraient le cœur du tigre dont ils caressaient la férocité, que la Convention nationale ne s'est pas ressaisie avec vigueur des rênes du gouvernement, n'a pas fait tomber sous le glaive de la justice les têtes orgueilleuses qui trop longtemps l'avaient asservie, pour favoriser des ingrats, des traîtres et des parjures, les premiers auteurs de tous les maux qui ont accablé la nation.

Non , citoyens, ces implacables ennemis de la patrie n'en souilleront plus le sol; à jamais proscrits de son sein , c'est dans des terres étrangères qu'ils iront mendier un asile qu'ils ne trouveront nulle part; errants et vagabonds, portant partout le signe de la réprobation dont vous les avez marqués, ils traîneront une vie ignominieuse, et ne transmettront à la postérité la plus reculée que des noms odieux qui seront en éternelle exécration , car il n'est plus pour eux de terre hospitalière.

Egalement jaloux du bonheur que notre heureuse réunion prépare aux générations futures, les vils stipendiés du plus féroce des tyrans, du plus cruel des despotes, voudraient en empoisonner les premières faveurs. Ces monstres, toujours acharnés à poursuivre la proie qui leur échappe, cherchent aussi à insinuer que notre retour dans la Convention nationale ranime déjà les espérances des ennemis de la patrie.

Quoi ! citoyens collègues, le jour que votre sagesse, autant que votre amour pour la justice et la vérité, a fixé pour nous rendre à nos augustes fonctions; ce jour à jamais mémorable ; ce jour qui fera époque dans notre étonnante révolution ; qui balancera dans les fastes de notre intéressante histoire les trop funestes écarts de tant de passions qui auraient pu obscurcir l'éclat de nos victoires et ternir la gloire de nos triomphes; qui éclairera la postérité sur le caractère des représentants d'un peuple libre; qui gravera dans tous les cœurs le doux souvenir de leur union, et présentera à l'univers entier le spectacle le plus consolant pour l'humanité, celui d'hommes qui, vertueux par principes, généreux par inclination, courageux par caractère, bienfaisants par affection, ne calculent jamais sur les sacrifices qu'exige le salut du peuple : quoi ! je le répète, ce jour à jamais mémorable serait la fatale époque de notre liberté, en portant au milieu de nous le germe impur de nouvelles divisions ! Non, citoyens; l'union, ou la mort !

Déjà, chers collègues, vous avez lu dans nos cœurs ce que les vôtres éprouvent ; les mêmes sentiments nous animent; nous tendons tous au même but : rien, non, rien ne pourra plus nous diviser.

Comme vous nous avons voué une haine éternelle à toute espèce de tyrannie, à tout genre de despotisme ; comme vous nous serons inexorables pour l'immoralité; comme vous nous déclarons une guerre implacable aux parjures, aux imposteurs, et à tous ceux qui voudraient attaquer, en quelque manière que ce puisse être, nos principes républicains : *liberté, égalité, fraternité, unité et indivisibilité;* comme vous, ici j'emprunte vos propres expressions dans votre sublime Adresse au peuple français : « Nous fuirons avec exécration ceux qui parlent sans cesse de sang et d'échafauds, ces patriotes exclusifs, ces hommes outrés, ces hommes enrichis par la révolution, qui redoutent l'action de la justice, et qui comptent trouver leur salut dans la confusion et dans l'anarchie ; » comme vous enfin nous ferons germer dans tous les cœurs l'amour de la patrie, le respect des lois; et bientôt, n'en doutez pas, les Français, éclairés par les malheurs que trop longtemps l'infâme Robespierre a fait peser sur des têtes innocentes, et instruits à l'école de l'adversité, sauront se défendre de toute espèce d'excès. Rendus à leurs vertus premières, et leurs âmes retrempées, pour ainsi dire, dans les longues angoisses de leurs cœurs flétris par la stupeur, la sagesse dirigera leurs pas dans les sentiers de la justice, et leur fier courage, éclairé par la prudence, fera trembler les vils esclaves des tyrans et déjouera tous les complots des ennemis de la patrie.

Citoyens, vous venez d'entendre les faibles accents d'une voix qui ne se prostitua jamais ni au mensonge ni à l'imposture ; vous venez dans ces tribunes pour vous instruire de vos droits et de vos devoirs ; les premiers vous sont connus, et, pour remplir les seconds, reportez dans le sein de vos familles cet esprit de paix, d'union, de fraternité, qui de tous les représentants du peuple français ne fait plus qu'un cœur et qu'une âme ; qu'un cœur dont les vœux les plus ardents n'ont pour objetque votre bonheur, qu'une âme dont les facultés ne s'exerceront que pour hâter l'heureux instant qui doit réaliser vos espérances et terrasser tous vos ennemis.

L'assemblée décrète l'impression et l'insertion de ce discours au Bulletin.

— Un membre fait rendre le décret suivant :

« La Convention nationale, après avoir entendu le rapport de son comité des finances, décrète que les ci-devant receveurs généraux des finances, et les autres comptables qui justifieront, par certificat du bureau du comptabilité, visé par le comité des finances, qu'ils sont quittes envers le trésor national, pourront retirer le payement annuel de leurs rentes et jouir de leurs biens.

« Le comité de sûreté générale les fera jouir aussi de leur liberté personnelle, s'il n'existe d'autre empêchement que leur comptabilité; l'oppression mise au nom de la nation restera sur la propriété des inscriptions et le fonds des biens, jusqu'à ce qu'ils aient obtenu le décret du *quitus* définitif. Ils pourront, conformément aux lois, remettre leurs inscriptions en payement des biens nationaux; l'hypothèque de la nation y sera, en ce cas transférée.

« Le présent décret sera inséré au Bulletin de correspondance. »

— Ramel, au nom des comités d'instruction publique et des finances, fait un rapport sur les réclamations de la citoyenne Montansier et du citoyen Neuville; réclamations que, tant pour le prix de leur théâtre qu'à titre d'indemnités, ils font monter à 7 millions.

Bourdon (de l'Oise) : 7 millions pour un théâtre! On aurait à ce prix une escadre de sept vaisseaux. (Vifs applaudissements.)

Le rapporteur présente un projet de décret tendant à faire l'acquisition de ce théâtre, sur lequel la nation a déjà des droits à exercer ; il propose aussi de payer 200,000 livres d'indemnité à la citoyenne Montansier et au citoyen Neuville.

Pelet, Tallien, Cambon, Thibault et plusieurs autres combattent successivement le projet, dont l'assemblée ordonne l'impression et l'ajournement.

La séance est levée à quatre heures.

**SÉANCE DU 24 FRIMAIRE.**

On lit l'Adresse suivante :

*Adresse du citoyen Jacques Defermon, député du département d'Ille-et-Vilaine, à la Convention nationale.*

« Citoyens représentants, je fus témoin des événements des 31 mai et 2 juin. L'assemblée électorale qui m'avait nommé à la Convention m'avait prescrit de tenir, avec mon département, une correspondance suivie. Ne l'eût-elle pas fait, c'eût encore été un devoir pour moi d'instruire mes concitoyens de ce qui se passait et de leur dire ce que j'en pensais.

« Je marquai à mon département ce que j'avais vu; je le fis avec sincérité, et ne crains pas qu'on me reproche d'avoir altéré la vérité. J'écrivis ce que je pensais ; je le fis de bonne foi. J'aurais pu me tromper; mon erreur n'eût pas été un crime, et les événements qui se sont succédé n'ont que trop justifié ma façon de voir. Je m'en reposai sur l'amour de mes concitoyens pour la liberté et sur leur sagesse des mesures à prendre pour se garantir de la tyrannie. Je ne croyais pas qu'ils eussent à cet égard besoin de mes conseils.

« Une de mes lettres fut en mon absence dénoncée à la Convention. Je reçus ordre de me rendre à l'assemblée. Je n'avais pas encore exécuté cet ordre que, dès le lendemain, sans autre examen, sans rapport, je fus décrété d'arrestation. Les menaces publiques et particulières que m'avaient faites quelques-uns des dominateurs qui ne sont plus ne me permettaient pas de douter de leurs intentions. Je crus prudent de me soustraire à leur persécution, et d'attendre du temps que la raison et la justice reprissent leur empire.

« Ce fut le 16 juillet que je fus décrété d'arrestation; j'avais jusque-là suivi les séances et partagé les travaux de l'assemblée; je cherchai ma sûreté dans la retraite. Je m'y occupai d'abord de la rédaction d'un mémoire sur les lettres dont on me faisait un crime; je voulus faire imprimer ce mémoire; ce fut en vain, la liberté de la presse n'existait plus.

« Je travaillais au rapport de la commission que je venais de remplir avec C.-A. Prieur et Rochegude pour la sûreté des côtes de Lorient à Dunkerque, lorsque j'appris que, sur un rapport fait, le 28 juillet, contre les députés qui s'étaient soustraits à l'arrestation du 2 juin, ils étaient déclarés traîtres à la patrie, et que j'étais compris dans ce décret de proscription, sur la simple proposition qui avait été faite d'ajouter mon nom à celui de ces proscrits, quoique le rapport n'eût rien de commun avec moi dans son objet ni dans ses motifs, et que la proposition faite contre moi n'eût été suivie d'aucune discussion ni examen.

« Je fis passer à Prieur mon rapport de la commission, et m'éloignai d'un théâtre où ma vie, ma mort même auraient été inutiles à ma patrie. Je vins m'ensevelir dans un désert pour n'être ni le témoin, ni la victime des malheurs que j'envisageais; j'y ai joui de la tranquillité que laisse à l'âme une conscience sans reproche.

« Je n'étais pas tourmenté des dangers auxquels à chaque instant était exposée ma vie; mais je ne pouvais voir sans frémir les dangers que couraient ceux qui me donnaient un asile, et l'oppression sous laquelle gémissait ma patrie.

« Je n'ai eu besoin, pour rendre vaines les recherches de mes persécuteurs, que de prendre un état convenable à mes malheurs; j'ai consacré une partie de ma vie aux travaux de l'agriculture, et mes voisins, tous ceux avec qui j'ai eu des rapports, n'ont vu en moi qu'un agriculteur. Le reste de mon temps et mes veilles ont été consacrés à l'étude de l'histoire, et à puiser dans ses leçons les moyens de diriger les passions des hommes et de contribuer à leur bonheur.

« J'ai eu la douce satisfaction d'être cher aux patriotes de mon canton, dont aucun ne se croyait plus d'amour pour la liberté, ni plus d'attachement pour ma patrie.

« Ainsi, toujours étranger aux intrigues, je ne crains pas de soumettre à l'examen le plus rigoureux ma conduite politique ou privée. Vous avez presque tous été témoins de la première; je n'ai pas oublié le témoignage d'estime que vous m'accordiez, et, aussitôt qu'il me le sera permis, je vous ferai certifier l'exactitude du compte que je vous rends de la seconde.

« Le véritable honneur, pour ceux qui se sont trompés ou qui l'ont été, est de revenir au sentiment de la justice; vous venez de prouver que telle est votre façon de penser; votre décret, qui rappelle dans le sein de la Convention les soixante-quatorze membres qui étaient en arrestation, m'a fait répandre des larmes que mes malheurs n'avaient pu m'arracher; j'espère que le sentiment que j'éprouve ne sera pas trompé, et que tous ceux qui ont droit de réclamer votre justice ne le feront pas en vain.

« Rapportez le décret qui, sans motif et sans prétexte plausible, me met hors de la loi; ordonnez toutes les épreuves que vous croirez intéressant d'exiger. Je ne demande que la liberté de justifier ma conduite et de défendre mon innocence devant des hommes qui veulent écouter la raison et la justice. **Signé DEFERMON.** »

Renvoyé aux comités réunis de salut public, de sûreté générale et de législation.

— Un secrétaire fait lecture de la lettre suivante:

### A la Convention nationale.

L'an 3e de la république française, une et indivisible.

« Le tyran n'est plus, et celui qui, dès 1792, osa le premier l'attaquer, languit encore sous l'oppression.

« Voici quinze mois que j'erre, de souterrain en souterrain, sans communication avec les hommes et la nature, répandant autour de moi la contagion du supplice, vivant pour ainsi dire dans la fosse de la mort, ou comme entraîné au pied de l'échafaud; et non-seulement je suis innocent, mais depuis 89 je n'ai cessé de combattre pour le triomphe de l'arbre de la liberté, je veux dire celle qu'on adore aujourd'hui, et qui est fille des lois, et non la mère de la licence. Mais je ne me plains pas; ma récompense est dans mon cœur; je suis trop heureux d'avoir tant souffert pour la patrie, et puisque, par un long miracle, je vis encore, me voilà prêt de nouveau de lui sacrifier mon existence. Périsse Isnard, s'il le faut, et vive la république! Telle fut toujours ma devise.

« Je suis une des victimes les plus caractérisées de la vengeance de Robespierre et des municipes de Paris. Vous serez étonnés d'apprendre avec quel acharnement ces tyrans m'ont poursuivi; ils ont porté leur crime et leur audace jusqu'à outrager en moi les droits sacrés de la représentation nationale, en me faisant arrêter de leur autorité privée, le 28 septembre 1793, rue Honoré, par Renaudin, leur satellite, et au mépris d'un de vos décrets qui garantissait ma liberté dans Paris.

« Le comité de sûreté générale en fut si indigné qu'il prit un arrêté pour ordonner mon élargissement, et me servir de sauvegarde contre mes persécuteurs; ce n'est qu'à cet acte de justice que je dois la vie.

« Les crimes que Robespierre et les municipaux poursuivaient en moi sont d'avoir pénétré le masque avant beaucoup d'autres, d'avoir menacé celui-là d'un décret d'accusation, et ceux-ci du supplice qui les attendait; enfin, d'avoir bravé leurs proscriptions pour sauver la patrie.

« Au reste, j'apporte ma tête à la loi si je suis coupable, je réclame mes droits si je suis innocent. Justice, ou la mort.

« Je demande que la Convention me juge, ou qu'elle me renvoie devant quelque tribunal que ce soit. Que l'on ne m'attaque pas lorsque je suis absent et dans l'impossibilité de confondre mes calomniateurs, je suis satisfait.

« Signé : Votre collègue MAXIMIN ISNARD cadet. »

Renvoyé aux comités réunis, pour en faire un prompt rapport.

— Un secrétaire fait lecture d'une lettre de Henri Larivière, représentant du peuple du département du Calvados, mis hors la loi; il rappelle à la Convention nationale les malheurs et la persécution injuste et tyrannique dont il est la victime depuis si longtemps; il proteste de son innocence et de son patriotisme; il demande que la Convention nationale applique à son égard les principes de justice qu'elle professe depuis que le tyran n'existe plus, et qu'elle prononce sur son sort.

DUBOIS-DUBAIS: Je dois à la vérité de dire qu'ayant connu Larivière à l'Assemblée législative, à la Convention nationale, et même dès le commencement de la révolution, j'ai toujours reconnu en lui les principes les plus purs et les opinions les plus républicaines. Je crois donc qu'il est digne que la Convention nationale jette sur lui un regard de justice. Je demande donc le renvoi de sa lettre aux trois comités de salut public, de sûreté générale et de législation, pour en faire un prompt rapport. (Applaudissements.)

Ces propositions sont décrétées.

(*La suite demain.*)

D'APRÈS UN CROQUIS DU TEMPS.

Cruautés de Pinard à Nantes.

Réimpression de l'ancien *Almanach*. — T. XXII, page 760.

Typ. Henri Plon.

# GAZETTE NATIONALE ou LE MONITEUR UNIVERSEL.

N° 87. *Septidi* 27 Frimaire, *l'an* 3°. (*Mercredi* 17 Décembre 1794, *vieux style*.)

## POLITIQUE.

### ALLEMAGNE.

*Vienne, le* 24 *novembre.* — Le ministre prussien Lucchesini a déclaré au cabinet de Vienne que, Frédéric-Guillaume n'ayant point obtenu de l'empereur les vingt mille hommes de troupes auxiliaires qu'il s'était cru autorisé à demander, d'après le traité de garantie respective, depuis l'invasion des Polonais, un nombre égal de Prussiens allait quitter les bords du Rhin pour aller défendre les frontières prussiennes du côté de la Pologne; Il a ajouté que douze mille hommes de la même armée se rendraient dans le pays de Clèves, à l'effet de défendre les Etats de Westphalie.

— La procédure contre les prisonniers d'Etat a été remise au tribunal criminel, qui va l'instruire plus amplement.

— Le ci-devant évêque de Liège est arrivé le 11 dans cette capitale.

— On assure que les troupes autrichiennes continuent de s'avancer dans les palatinats polonais de Chelm et de Lublin.

*Ratisbonne, le* 23 *novembre.* — Il a été communiqué à la diète une lettre du margrave de Bade à l'empereur. Cette pièce a paru une flagornerie de courtisan. On y lait part à l'empereur d'une conférence qui s'est tenue entre le margrave et le landgrave de Hesse-Cassel, des sollicitudes de ces deux princes sur les intérêts de la religion chrétienne et de la constitution germanique, et de l'espèce de croisade qu'ils ont résolue entre eux, et dans laquelle ils ont fait entrer le landgrave de Hesse-Darmstadt, avec le duc de Wirtemberg; ligue pieuse et politique à laquelle, dit l'auteur de la lettre, seront invités tous les princes de l'Allemagne. L'époque où cela vient a fait remarquer le défaut de convenance; d'ailleurs, il commence à s'établir en Allemagne une opinion si favorable à la nation belliqueuse qui triomphe des rois, que l'idée de princes, même souverains, éprouve une réduction très-sensible.

Le ministre autrichien ne dissimule point son mécontentement au sujet des propositions que l'électeur de Mayence a adressées directement à la diète. La cour de Vienne a pris cette occasion de faire reparler auprès de quelques membres du corps germanique des grands sacrifices dans la guerre actuelle, évitant habilement tout ce qui pourrait rappeler qu'on la lui doit. Les agents de l'Autriche répandent d'ailleurs qu'il sera laissé un libre cours aux délibérations de la diète. Quoi qu'il en soit, la diète a résolu d'aller aux voix, le 5 décembre, dans les trois collèges, sur les propositions de l'électeur de Mayence.

### ITALIE.

*De la Terre de Labour, le* 15 *novembre.* — Antonio Giosi, architecte napolitain, vient de publier un tableau, en trois parties, de la dernière éruption du Vésuve et des alluvions extraordinaires qui l'ont suivie. Il s'est porté sur le volcan pour connaître avec plus de certitude les effets de ce terrible phénomène.

La première partie présente l'effet total de l'éruption volcanique; on voit dans la seconde la ville de la Torre-del-Greco avant qu'elle fût détruite par la lave en fusion; la troisième offre cette ville depuis l'éruption.

— La cour de Naples vient de faire annoncer que sa marine militaire est maintenant composée de quarante bâtiments, tant vaisseaux de ligne que frégates, corvettes et cutters. Elle assure qu'il y a en outre cent quarante barques canonnières en état de service.

On renforce les batteries le long des côtes, et l'on cherche par toutes sortes de voies à augmenter les moyens de défense.

— Plusieurs réformes ont été faites; elles ont commencé par une institution utile. La maison des enfants des matelots, établie à Chiaja, a été supprimée. On fera du collège un quartier pour les troupes.

On s'occupe toujours de la levée des troupes précédemment ordonnée,

### ANGLETERRE.

*Londres, le* 11 *novembre.* — Suivant les lettres de Pittsbourg, datées du 20 septembre, les troubles qui s'étaient élevés dans la Pensylvanie au sujet des droits d'accise imposés sur les liqueurs fortes commencent à s'apaiser. Une très-grande majorité des habitants des quatre comtés de l'Ouest, déterminés par une proclamation du président du Congrès, a adhéré aux propositions que les commissaires des Etats-Unis, et celui de Pensylvanie en particulier, leur ont faites.

Il s'est formé dans la plupart des districts des associations pour le soutien du gouvernement contre la malveillance, qui n'a plus de prétexte depuis les changements faits dans l'impôt dont on s'était plaint d'abord.

---

## RÉPUBLIQUE FRANÇAISE.

### TRIBUNAL CRIMINEL RÉVOLUTIONNAIRE.

*Suite de la procédure du comité révolutionnaire de Nantes.*

*Mariotte,* horloger à Nantes, âgé de vingt ans, dépose des faits suivants : « Ayant été chargé, le 26 pluviose, de me transporter avec plusieurs de mes camarades à sept lieues de Nantes, pour protéger le convoi des subsistances, nous nous rendîmes près la forêt de Princé, et logeâmes chez une femme nommée Chauvette. Cinq jours après arriva Pinard, vers une heure du matin, qui nous dit que nous étions chez des brigands, qu'il avait déjà tué six femmes, et que la Chauvette serait la septième; il la menaça et crut la rassurer en lui disant : « Console-toi; ton enfant sera expédié avant toi. C'est Pinard qui te parle; c'est Pinard qui fait la guerre aux femmes. » Je tirai mon sabre, et je dis à Pinard : « Tu ne parviendras à elle qu'après m'avoir marché sur le corps. — Tu es un crâne, me répondit Pinard. Ignores-tu que cette femme a été servante chez le seigneur du lieu, et qu'il faut qu'elle m'indique où sont cachées 60,000 livres? » Cette femme tremblante assura Pinard que ce dépôt avait été enlevé. Pinard fut forcé de se retirer, parce que nous lui déclarâmes qu'il y avait de la force armée dans ce lieu, et qu'elle nous soutiendrait.

« Nous partîmes. Arrivés près la forêt de Princé, nous entendons un homme qui criait au secours dans un taillis; nous accourons; Pinard était là avec deux cavaliers, tenant chacun une pièce de toile. « Les brigands sont ici, nous dit-il. » Nous le laissons en embuscade, et nous entrons dans le bois; nous vîmes deux hommes s'enfuir. En marchant sur des broussailles, je sentis remuer quelque chose; je les soulève avec ma baïonnette; j'aperçois deux enfants; j'en donnai un, âgé de sept ans, à Cedré; l'autre n'avait que cinq ans; je le gardai pour moi. Tous deux pleuraient; deux ou trois femmes nous supplièrent de ne point les tuer. En sortant de ce taillis je vis Pinard qui massacrait des femmes; j'en vis une succomber sous le coups.

« Que veux-tu faire de ces enfants, me dit-il? « Des hommes, » lui répondis-je. Pinard, écumant de rage, réplique : « Ote-toi de là, que je leur brûle la cervelle. » Je m'y opposai. Dans le même temps, deux volontaires amenèrent un vieillard aveugle : c'était le grand-père de ces deux enfants. « Otez-moi la vie, me dit-il, mais conservez-la à mes deux

« petits enfants. » Je lui répondis qu'un de mes camarades et moi nous en étions chargés ; il m'en témoigna la plus vive reconnaissance ; il pleurait et me serrait les mains. J'ai appris depuis que ce vieillard fut tué. On a assuré que la tante de ces deux enfants avait été remise à l'Eperonnière, que la mère s'était réfugiée à Nantes, et que son mari n'était point un brigand, mais que, saisi de frayeur, il avait pris le parti de se cacher.

« Si la saison n'avait pas été si rigoureuse, j'aurais amené à Paris l'enfant dont je me suis chargé, si intéressant par son âge et ses malheurs, et je vous l'aurais présenté.

« Pinard s'écartait de la route pour égorger les femmes et les enfants ; tout le monde connaît ces traits monstrueux. Il motivait sa férocité sur un arrêté qui, disait-il, ordonnait de ne rien épargner ; aussi des volontaires sans principes, sans mœurs, sans humanité, pillaient, massacraient, égorgeaient hommes, femmes et enfants. »

Pinard nie les faits qui lui sont imputés, ou donne des réponses évasives qui blessent la pudeur et les bienséances. L'auditoire manifeste son improbation par des murmures réitérés.

Pinard ajoute que le témoin n'a que vingt ans, qu'il devrait être aux frontières ; que sa mère est une aristocrate qui a caché des prêtres.

Le jeune Mariotte répond qu'il a fait pendant dix mois la guerre de la Vendée ; qu'il est actuellement en réquisition ; qu'un de ses frères y est également à Ferney ; qu'enfin un autre combat aux frontières d'Espagne ; qu'il est faux que sa mère ait recelé des prêtres réfractaires. Il ajoute qu'elle a élevé ses enfants dans les principes de la vertu, de la probité, de l'humanité, de la liberté et de l'égalité. Il exhibe ensuite son congé, ses lettres de réquisition, et la salle retentit d'applaudissements.

Le président, à Pinard : Qu'avez-vous à opposer à ces preuves ?

Pinard : Je l'avais entendu dire.

Mariotte, interpellé, déclare n'avoir eu aucune connaissance des proclamations portant amnistie.

Foucault : En vertu de la proclamation de la commission d'agriculture et des arts, j'ai fait afficher qu'environ huit cents brigands, hommes, femmes et enfants, étaient venus se rendre ; on les a employés à divers travaux, auxquels ils sont encore occupés.

Naud : Les brigands ont peu de confiance dans les proclamations des représentants dans les départements ; ils en voudraient une émanée de la Convention entière.

Foucault : Si cette proclamation avait lieu, tous les paysans rentreraient dans le giron de la république, malgré l'opposition de leurs chefs.

Chaux : Dans toutes les horreurs dont Nantes a été le théâtre affreux, ne verra-t-on que le comité ? Je n'en veux pas aux témoins qui ont déposé contre nous : ils n'ont vu que les rigueurs du comité ; ils n'ont pas vu les ordres qui le faisaient agir : on ne voit, dis-je, que le comité, parce qu'il a été le premier arrêté ; mais on ne voit pas encore Carrier !

Denis Boivin, âgé de quarante-deux ans, ciseleur, commandant temporaire de la ville de Nantes, général de brigade de la 8ᵉ division de l'armée des Côtes-de-Brest : Le 16 frimaire, vers les six heures du matin, le comité m'envoya par deux hommes (dont un très-jeune, aide de camp de Lambertye) l'ordre de fusiller les prisonniers.

Je dis à ce jeune homme que cet ordre n'était pas légal, que je ne pouvais l'exécuter, que d'ailleurs il était trop tard. «Tant mieux, répond-il, il en fera plus plus d'effet. » Je fis copier cette liste par un adjudant, qui s'aperçut que ces individus y étaient portés pour des faits d'ivrognerie. Il vint m'en faire part ; je me rendis sur-le-champ chez Goulin, et lui dis que l'ordre du comité n'était pas légal ; que je ne le ferais pas exécuter. Goulin voulait qu'il le fût ; je prétextai que nous n'avions pas de troupes........

« Prends, me dit-il, de la garde nationale..... — Crois-tu, répliquai-je, qu'un père tuera son fils, qu'un fils tuera son père ; le frère, son frère, sa sœur, son ami ? — N'importe, reprend Goulin, il faut que cela s'exécute..... » Je lui répondis que je n'en ferais rien, et je me retire. À dix heures et demie, je fus mandé au département, où j'avais envie de me rendre ; je dis à Minée, président, que j'avais refusé de mettre à exécution l'ordre du comité. Tous les membres du département m'embrassèrent, m'arrosèrent de leurs larmes, et me remirent un arrêté qu'ils venaient de prendre relativement aux actes arbitraires.

À l'époque de la première noyade, Binet m'en fit un rapport qui m'arracha des larmes. Je me rendis chez Carrier, pour lui faire des représentations ; il me répondit : « Est-ce que tu oserais t'opposer aux ordres du comité de salut public? Serais-tu un contre-révolutionnaire? » Je me retirai, et ne pus m'opposer à cet ordre.

Un juré : Goulin a toujours soutenu que les corps administratifs avaient concouru par des commissaires à la formation de la liste des détenus que l'on devait faire périr en masse. Il s'agit de savoir si, dans l'assemblée du 14 au 15 frimaire, il a été pris un arrêté par les corps administratifs, portant qu'il serait fait une liste des détenus qui devaient être sacrifiés ; enfin, il s'agit de savoir si cet arrêté a reçu son exécution.

Goulin : Il me semble que cet arrêté a été pris ; je ne puis cependant l'assurer.

Le président, à Goulin : Lorsque les commissaires nommés par les corps administratifs pour concourir à la formation de la liste des détenus ont été réunis, comment a-t-on procédé à ce travail?

Goulin : On avait des listes générales contenant les noms de tous les détenus ; on en faisait l'appel nominal, et les votants développaient leurs opinions sur chaque détenu. On inscrivait les noms de ceux qui devaient être fusillés ; quant à ceux qui devaient être épargnés, on n'en faisait aucune mention.

Le président : C'était donc sur la simple dénonciation des détenus, que les votants déterminaient le sort des prisonniers ? On ne consultait donc point les motifs de leur détention pour prononcer à leur égard ?

Goulin : Votre observation est juste, et cette manière de juger les détenus m'a paru aussi révoltante qu'elle le paraît au tribunal ; j'en ai même fait l'observation dans cette assemblée, malgré la présence de Carrier, qui s'écriait qu'il fallait chasser du sein de l'assemblée les aristocrates, les modérés, les contre-révolutionnaires, et qu'il fallait tout immoler pour sauver la république. Il répétait sans cesse que le temps des demi-mesures était passé, et qu'il ne fallait point hésiter de frapper ces conspirateurs qui avaient tout tenté pour détruire le règne de la liberté. Il ajoutait qu'il existait dans les prisons le complot le plus affreux, que les rebelles étaient aux portes de Nantes, et que c'était déjà trop pour cette ville d'avoir à soutenir le choc des armées nombreuses des brigands, sans encore conserver des ennemis dans son sein.

Carrier énonçait cette opinion avec le ton de véhémence, pour ne pas dire de fureur, qui lui était si ordinaire ; la plupart des assistants prenaient le parti de se taire, et les autres désertaient l'assemblée.

( La suite incessamment. )

# CONVENTION NATIONALE.

*Présidence de Rewbell.*

### SUITE DE LA SÉANCE DU 24 FRIMAIRE.

LEQUINIO : Clavaux, ingénieur, qui a passé trente années à former des projets de navigation intérieure, dont il a levé les plans et dressé les devis, avait obtenu, par décret, 'la faculté de présider à la construction du canal d'Eure-et-Loir. Quelques réclamations sur le tarif ayant retardé l'exécution de ce canal, et la plupart des bailleurs de fonds, riches propriétaires, ayant été guillotinés, la compagnie se trouve dissoute ; d'ailleurs, la Convention ayant décrété, sur un rapport de..... le..... que tous les travaux publics se feraient désormais aux frais de la nation, il ne reste plus au citoyen Clavaux qu'à communiquer ses lumières et son travail. Il a onze projets de canaux, dont les plans sont levés et parfaitement dessinés ; il offre tout ce travail à la Convention ; il demande qu'elle veuille bien s'en faire rendre compte, et lui faire accorder telle indemnité qu'elle jugera bonne. Je demande le renvoi au comité des travaux publics de la république, et qu'il soit chargé de vous faire, dans les trois décades, un rapport sur le travail du citoyen Clavaux, et sur les récompenses ou indemnités qu'il a droit d'attendre.

Ces propositions sont décrétées.

RAFFRON : Puisqu'il doit y avoir des théâtres dans la république ; puisque les comédiens sont relevés de l'infamie qui les dégradait précédemment, et qu'ils sont élevés à la dignité de citoyens ; puisque le gouvernement croit qu'ils peuvent être utiles, je supercède aujourd'hui à leur contesier des avantages qui pourraient donner de la jalousie à la vertu ; qu'ils jouissent pour le présent de la plénitude de vos grandes générosités ; qu'ils obtiennent encore des gratifications, que vous dispenserez cependant toujours avec sobriété. Ces actes de bienfaisance, provoqués sans doute par l'impulsion du sentiment, seront scrutés au flambeau d'une stricte sévérité ; mais au moins qu'ils ne viennent pas avec une confiance téméraire réclamer des droits chimériques et absurdes, et proposer de capituler.

La république paiera à la Montansier tout ce qu'elle peut lui devoir, et cet entrepreneur de théâtre poursuivra le reste de ses prétentions devant les tribunaux. La justice est pour tous ; le gouvernement ne peut pas être la caution d'un comédien envers les prêteurs.

Je demande donc la question préalable sur toutes les autres demandes de la Montansier.

Je demande en outre que, lorsqu'il se fera à l'avenir des déplacements de théâtres, ils soient toujours portés aux extrémités de la ville ; éloignons du centre le danger des incendies, et la contagion de ces enclos du vice, où l'on croit pourtant encore pouvoir faire germer la vertu.

Un jour viendra, et j'espère pour le bonheur de ma patrie qu'il n'est pas éloigné, si notre république continue de prendre la force que ses premiers accroissements nous promettent ; un jour viendra, dis-je, où les citoyens n'iront pas chercher dans des absurdités, des immoralités, des perversités, leurs délassements ou des distractions sur leur situation ; elle leur présentera toujours alors des tableaux agréables ; les productions de l'agriculture et des arts vraiment utiles leur fourniront des jouissances délicieuses qui ne leur laisseront pas à regretter les folies de Thalie ni les grelots de Momus.

Citoyens, permettez-moi de vous exprimer mon regret, il est bien vif : c'est que l'emploi de notre argent et de notre attention puisse être détourné dans ces circonstances sur de pareils objets. J'espère que cette fois-ci sera la dernière.

L'assemblée passe à l'ordre du jour sur les observations de Raffron.

GRÉGOIRE : Le comité d'instruction publique a promis de vous rendre compte tous les mois de l'état des monuments ; en son nom, je viens remplir ce devoir.

L'influence salutaire des arts sur l'existence politique et le caractère moral de la nation n'est donc plus un problème ; on commence à sentir qu'ils sont un des premiers éléments dont se compose le bonheur social ; ils n'ont plus pour détracteurs que quelques hommes à vues étroites ou perfides.

Parmi les objets intéressants que le zèle de la commission temporaire des arts a fait rentrer dans le domaine national est un tableau de Franck, dont le sujet semble prophétique ; on y voit l'ignorance brisant des sculptures, tandis qu'un barbare armé de torches s'occupe à incendier. Eh ! qui n'aurait le cœur déchiré en pensant que quelques poignées de cendres nous coûtent des millions !

On doit être encore effrayé de la rapidité avec laquelle, au moment de tout régénérer, les conspirateurs démoralisaient la nation et nous ramenaient par la barbarie à l'esclavage. Dans l'espace d'un an, ils ont failli détruire le produit de plusieurs siècles de civilisation. Pour montrer à la postérité que nous étions sur les bords de l'abîme, il suffira de lui dire que, dans le cours de cette année sanglante, qui couvrit la France de deuil, on avait proscrit les tragédies de *Brutus* et de *Mahomet*, parce que dans la première on lit ces vers :

> Arrêter un Romain sur de simples soupçons,
> C'est agir en tyrans, nous qui les punissons ;

Et dans la seconde :

> Exterminez, grands dieux! de la terre où nous sommes,
> Quiconque avec plaisir répand le sang des hommes.

Il faut transmettre à l'histoire un propos de Dumas, concernant une science dont les bienfaits incalculables s'appliquent à divers arts, et spécialement à celui de la guerre. Lavoisier témoignait le désir de ne monter que quinze jours plus tard à l'échafaud, afin de compléter des expériences utiles à la république. Dumas lui répond : « Nous n'avons plus besoin de chimistes. »

Les conspirateurs, n'ayant pu faire de la France un vaste cimetière, en avaient fait au moins une immense prison. A la liste qu'on vous a présenté des hommes à talents incarcérés on peut ajouter Florian, Chabert, Millin, Landine, Molé, Larive, Blessign, Arnaud, Benneville, Pattiau, Quatremère, les deux Gérard, Teissier, Barthélemy, Fleurieu, Lafosse, Robert, Dutrone, Belin, Delille de La Salle, et Rouget de Lisle, qui, par son hymne à jamais célèbre des Marseillais, a peut-être donné cent mille hommes à nos armées : du fond des cachots ils chantaient la liberté, et méditaient le bonheur de la république.

C'est un prisonnier qui nous a révélé l'existence d'une table de bois précieux apportée des Philippines à Brest, la plus grande peut-être qui existe d'une seule pièce ; elle a 9 pieds de diamètre.

Des hommes que nous allons signaler promènent encore la hache sur les monuments.

Beaucoup d'administrations sont encore taxées d'insouciance, et nous désirons qu'au plus tôt elles se lavent de ce reproche, celles surtout d'Avignon, de Marseille et d'Aix. Dans cette dernière commune, en 1787, on avait détruit deux tours antiques qui laissent encore des regrets : ils sont aggravés par beaucoup de destructions récentes.

Quelques administrations paraissent encore composées d'après le système désorganisateur qui repoussait toutes les valeurs ; l'une nous a marqué qu'elle ne possède en objets d'arts que quatre vases, qu'on « lui a dit être de porphyre ; » une autre nous observe qu'elle n'a aucun monument, parce « qu'on ne trouve dans son arrondissement ni usine, ni fabrique, ni manufacture. » Une troisième nous annonce que la confection de ses catalogues bibliographiques est retardée, parce que son commissaire « ne sait pas la diplomatique. »

Cette anecdote nous a rappelé Pradon, qui s'excusait d'avoir transporté une ville d'Asie en Afrique, en assurant qu'il ignorait la chronologie. Des symptômes d'une ignorance tellement prononcée font présumer l'absence de beaucoup de notions usuelles.

La commission temporaire se propose de vérifier l'assertion de plusieurs corps administratifs qui prétendent n'avoir aucun objet d'art ; car des soupçons s'élèvent à ce sujet. Les courtisans et les ci-devant nobles, dont la plupart avaient voyagé, rapportaient souvent dans leurs serres, dans des villages ignorés, des modèles, des gravures, des médailles, des livres, des tableaux. Beaucoup de moines avaient visité l'ancienne patrie des arts, l'Italie ; et, dans l'obscurité des cloîtres, étaient quelquefois des morceaux distingués. Telle est à Verdun une grande résurrection, par frère Luc ; on l'a jugée digne de Lebrun.

Malgré vos décrets et vos invitations réitérées, beaucoup d'administrations ne rendent aucun compte, et surtout elles n'ont garde de s'expliquer sur certains objets qu'il faudra bien retrouver. Qu'elles ne croient pas que nous les oublierons, ni que nous nous lasserons.

Pour préliminaires de mesures ultérieures, en ce moment on forme un tableau de celles qui, conformément aux dispositions de la loi du 8 brumaire, n'ont pas rendu compte ; nous en demanderons l'insertion au Bulletin, afin de donner au peuple la mesure de leur patriotisme.

Il est cependant des administrations de département et de district qui réunissent le zèle aux lumières ; elles sont secondées par des savants, des hommes de lettres et des artistes auxquels on doit des éloges bien mérités.

Les administrateurs des districts de Melun, de Saumur, de Douai, d'Angers, de Reims ; le conseil de cette dernière commune, et l'agent national pour le salpêtre à Arles, se déclarent innocents des destructions opérées dans ces diverses communes.

L'administration du district de Chartres déclare et prouve qu'elle n'a aucun tort relativement à la conservation de sa basilique, dont plusieurs lettres déploraient la dégradation.

Les administrateurs du district de Saint-Lô et du département de la Manche, ainsi que l'agent national de Thorigny, démentent le fait des tableaux dégradés dans cette dernière commune ; et cependant les deux administrateurs, dans leurs lettres qui sont presque textuellement les mêmes, avouent que les préposés du ci-devant prince de Monaco ont employé, contre les signes de féodalité empreints sur ces tableaux, des détrempes dont les plaques s'enlèvent à volonté. Elles avouent au surplus que diverses figures de marbre ont été brisées.

Une lettre d'un citoyen très-instruit indique à Coutances des destructions de sculptures et de tableaux ; il déplore l'extension donnée aux ventes, où l'on porte les objets à conserver. Nous avons d'ailleurs le catalogue d'un déficit de la bibliothèque des ci-devant Dominicains. Qu'on prouve la fausseté de ces faits, il nous sera doux de les rétracter ; au surplus, nous ne tenons pour coupables avérés que ceux que nous désignons nominativement.

*Département de la Meuse.*— Voici l'extrait d'une lettre en date du 20 frimaire, écrite de Verdun par Janvier, membre de la commission temporaire des arts :

« Vous ne connaissez qu'imparfaitement encore toutes les horreurs commises dans la commune de Verdun sur les monuments des sciences et arts. Carage, que l'on charge de toute l'iniquité, parce que la terre le dévore, Carage n'est pas le seul auteur de ce délit ; les tableaux, les tapisseries, les livres et autres objets provenant de la cathédrale, ont été transportés sur une place appelée La Roche ; les officiers municipaux, décorés du ruban tricolore, le district, deux membres du département ont assisté à cette infâme expédition. On a battu la générale, on a fait prendre les armes aux citoyens, etc., et les Vandales se sont réunis en orgie. Après la cérémonie ils ont forcé l'évêque constitutionnel à danser autour du bûcher, etc. »

Quand on lit le procès-verbal des destructions de chefs-d'œuvre à Verdun, il y a de quoi verser des larmes de sang. Carage, officier municipal, le complice des scélérats qui ont commis ces crimes, est mort ; nous envoyons sa mémoire à l'échafaud. Le directoire du district nous annonce que ses complices seront veillés de près. Cette mesure est insuffisante, ils doivent être poursuivis.

Dans la foule des renseignements qui nous sont parvenus depuis le dernier rapport, nous indiquerons les destructions les plus révoltantes, anciennes et récentes, afin de prémunir les citoyens contre les erreurs de l'ignorance, et d'appeler leur indignation sur les forfaits de la malveillance.

*Gard.* — Voici l'extrait d'une lettre de Nîmes, en date du 11 frimaire :

« Le vandalisme que l'infâme Robespierre avait soufflé dans toute la république a exercé ici ses ravages et ses fureurs, en détruisant plusieurs monuments antiques et en incendiant ou faisant détruire par la terreur la presque totalité des tableaux des églises, et même ceux des particuliers qui craignaient que l'ignorance et la barbarie n'en prissent prétexte pour les conduire à l'échafaud. Crocus, roi des Vandales, qui, dans le Ve siècle, renversa la ville de Nîmes, et qui fut à son tour exterminé dans ses plaines, n'y répandit pas l'ignorance avec tant de rapidité que le système affreux du cruel Robespierre ; aussi avons-nous vu, dans ce temps malheureux où la craint glaçait notre langue, où la terreur avait dissous toute union entre les parents et les amis, nos concitoyens infortunés maudire les lumières qu'ils avaient acquises, et envier le sort d'un illettré. »

*Oise.* — A Morfontaine, district de Senlis, on a brisé les pieds d'une statue qui servait à décorer une fontaine publique.

*Lot.* — A Montauban, divers monuments se détériorent par des torrents de pluie. Telle est la ci-devant intendance, où les dégradations ont ruiné un lambris et abîmé des livres, parce que, nous dit-on, quand il s'agit d'ordonner des réparations, le département renvoie au district, et le district au département.

*Ille-et-Vilaine.* — A Port-Malo, les objets d'arts et de sciences sont abandonnés à la vermine, à l'humidité, à l'insouciance.

*Cher.* — A Bourges, on a vendu une foule de bons tableaux, par Boucher, peintre né en cette commune.

*Eure.* — Les superbes vitraux de l'église de Gisors, dépouillés du grillage de fer qui les défendait à l'extérieur, ont été criblés de coups de pierre.

*Mayenne.* — A Mayenne était une descente de croix en marbre. Les géographes font mention de cet admirable morceau, à la vue duquel les connaisseurs s'extasiaient : il est brisé sans espoir de pouvoir le restaurer.

*Tarn.* — Les archives des ci-devant chapitres d'Alby renfermaient des pièces extrêmement importantes. L'auteur de l'*Histoire du Languedoc*, dom Vaissette, et le savant Sainte-Marthe y avaient fait une riche moisson ; ces archives ont été brûlées.

*Aude.*—L'agent national du district de La Grasse annonce que les fameux tableaux des sept sacrements, d'après l'Espagnolet, ont été arrachés aux flammes par ses soins et ceux du directoire ; mais les ombres ont éprouvé quelques déchirures.

*Indre-et-Loire*, *district de Chinon.* — Dans la

D'APRÈS UN CROQUIS DU TEMPS.

Typ. Henri Plon.

Réimpression de l'Ancien Moniteur. — T. XVII, page 745.

Acte de vandalisme commis à Verdun.

maison de l'émigré Duriveau était un chef-d'œuvre de marqueterie d'ivoire et de nacre; il est brisé.

A Richelieu, la fameuse table n'a pas souffert; mais d'autres chefs-d'œuvre ont été gâtés par la poussière et le défaut d'air; des statues et des tableaux ont été détruits.

*Meurthe.* — Dans les divers districts de ce département, une foule de tableaux ont été vendus, dégradés ou ensevelis dans la poussière des magasins et sous les décombres.

Nous avons dit ailleurs qu'à Nancy, dans l'espace de quelques heures, on avait détruit pour 100,000 écus de tableaux et de statues. Il paraît que le modèle en relief du Parnasse français et le beau thermomètre de l'Académie ont subi le même sort. Il nous importe de savoir si un buste par Houdon, et la pendule de l'Académie, qui est précieuse pour les observations, sont dans les dépôts indiqués par la loi.

*Ain.* — Un citoyen de Bourg témoigne sa surprise de notre silence sur les dégradations commises dans cette contrée par une trentaine de scélérats. Il annonce en outre que la destruction des clochers ôte des signaux nécessaires aux opérations de la géographie; aux communes, la facilité de placer des horloges, et une cloche pour avertir en cas d'incendie.

*Seine-et-Oise.* — A Meudon était dans les jardins une mappemonde en marbre blanc; on l'a cassée, sous prétexte d'en retirer quelques filets de cuivre qui divisaient le globe.

*Paris.* — A Saint-Maur-les-Fossés, on a cassé toutes les têtes d'un superbe bas-relief représentant une fête.

Au dépôt du Louvre on a fait des soustractions dans la collection des minutes du ci-devant conseil des finances.

A Saint-Etienne-du-Mont, trois reliefs en marbre, par Piton, ont été mutilés.

Là étaient les modestes mausolées que l'admiration et la reconnaissance avaient érigés à plusieurs hommes : tout est détruit, jusqu'aux épitaphes d'Antoine Lemaître, de Racine, de Tournefort, de Lesueur; on n'a retrouvé que celle de Pascal. Dans le même temps, à Montbard, on arrachait le cercueil de Buffon, pour avoir quelques livres de plomb.

Sous le grand pavillon de la ci-devant Ecole Militaire est un escalier magnifique et vanté par sa légèreté; dans les murs de la cage de cet escalier étaient quatre statues en pierre; en les précipitant de toute leur hauteur on a cassé une foule de marches, et crevé le pallier.

*Yonne.* — La municipalité de Vallery, district de Sens, est accusée d'avoir vendu les cuivres d'un mausolée pour la somme de 400 liv. et un écot bathique de 60 liv.

Il y a dix-huit mois qu'à Sens on avait pris un arrêté qui détruisait les chartes; déjà l'on en avait envoyé des tonnes. Le citoyen Laire, zélé pour la gloire des arts, fit défoncer les tonnes; il y trouva des fragments de la célèbre chronique de Vezelai, dont à Sens on possède le seul manuscrit peut-être qui a servi à Dachery, et qui est imparfait.

L'armée révolutionnaire, et quelques être dignes d'y figurer, ont encore détruit à Sens le beau monument du chancelier Duprat; des statues colossales et une foule d'autres statues avec des bas-reliefs au portail de la cathédrale, qui retraçaient une histoire suivie du grand-œuvre des alchimistes, tel qu'on le concevait dans les XIIIe et XIVe siècles. Otez de l'histoire les erreurs de l'espèce humaine, il vous restera un petit volume; mais l'histoire même de ces erreurs, et les monuments qui les retracent, ne sont pas inutiles : c'est par ces chutes que la raison se prémunit contre de nouvelles chutes, et qu'elle affermit sa marche.

A Tonnerre était un grand gnomon exécuté en 1784. Dans un mémoire imprimé, Baudouin Quemadène en a démontré l'analogie avec les sept gnomons les plus fameux : de Pithéas, à Marseille; de Cochéoug-King, à la Chine; d'Usug-Beg, aux Indes; de Toscanella, à Florence; de Cassini, à Bologne; de Blanchini, aux Chartreux de Rome; et de Monnier, à Saint-Sulpice de Paris.

Des souscripteurs de tous états avaient fait les frais de l'entreprise : l'an dernier, sous prétexte de déposer du foin à l'hôpital, les administrateurs d'alors tolérèrent que des voitures chargées traversassent la Méridienne; les fers et les cuivres qui servaient à diriger l'œil observateur furent arrachés; l'on mutila un monument admiré des étrangers, et qui avait exigé de longs et pénibles calculs.

Le citoyen Bérouillat, retiré à Grimaud, près Tonnerre, et qui est connu par divers mémoires scientifiques, offre de tout réparer; il serait honteux que ses offres fussent repoussées. Cette méridienne peut donner le temps vrai exactement; et, comme me l'observe le citoyen Lalande, en la rétablissant, la république n'y perdra rien, car on peut également tirer parti du local, et l'astronomie aura un secours de plus.

*Aisne.* — Une lettre de Laon nous dit que les livres échappés aux dilapidations de tout genre, aux larcins de leurs anciens propriétaires, à la rapacité des commissaires infidèles, à la barbare insouciance, ont été jetés à l'aventure dans les bâtiments du district.

Les administrateurs de Soissons nous marquent qu'une foule d'objets d'arts y ont été détruits; un Carrache et un Bourdon ne sont pas encore retrouvés. Une suite nombreuse de bons tableaux de Licheri, qui représentaient la vie du fondateur des Chartreux, ont été coupés dans leurs cadres, envoyés avec des fers et des plombs, et mis sous des sacs de blé, pour les préserver de l'humidité. De plus, le magnifique tableau de Carès a été envoyé à Paris, trouvé pourri sur le Port-au-Blé.

*Côtes-du-Nord.* — L'accusateur public au tribunal de ce département me marque que le tableau de ces destructions, présenté à cette tribune, n'est encore qu'ébauché; celui des horreurs commises dans ce genre à Tréguier et à Port-Brieuc est si affreux que la plume se refuse à le transcrire : les coupables existent.

*Bas-Rhin.* — Des lettres venues de Strasbourg comparent l'ancien comité révolutionnaire de cette ville à celui de Nantes; elles donnent, en outre, les détails suivants :

« Au temple Saint-Thomas, où l'on a battu du grain, le beau mausolée du maréchal de Saxe, par Pigal, est couvert de poussière et d'ordure.

« Le fer des musulmans avait épargné Sainte-Sophie de Constantinople; l'inondation des barbares avait épargné la Maison-Carrée de Nîmes; à Strasbourg, au XVIIIe siècle, on a surpassé les Alains et les Sarrasins; l'immense et superbe basilique de cette cité est méconnaissable; des statues par millions sont tombées sous le fer destructeur.

« Ajoutez qu'il en a coûté une somme considérable pour payer les attentats de ceux qui ont dégradé ce monument, dont la bâtisse a duré deux cent soixante-dix ans, et que l'antiquité eût désigné comme la huitième merveille du monde. »

Un ami des arts (Wedekins) a publié en allemand

un ouvrage qui doit transmettre à nos neveux cet horrible tableau. Quelques ornements ont échappé; il désire qu'on les rassemble à côté d'une pyramide, sur laquelle on gravera l'inscription suivante :

« Citoyens de Strasbourg , que ce monceau de « ruines soit pour vous une leçon salutaire de ne « jamais permettre que le système de terreur re- « naisse parmi vous. Songez au jugement de la pos- « térité. »

Tandis qu'à Dijon l'on chassait les instituteurs et les médecins pour leur substituer des ignorants , à Strasbourg on emprisonnait les professeurs ; et la municipalité, ayant à sa tête Monnet , mettait le scellé sur la bibliothèque publique , une des plus belles de la France et des plus fréquentées.

Sous cette bibliothèque on a emmagasiné de la paille : une étincelle pouvait y causer le même malheur qu'à Saint-Germain-des-Prés.

A côté de la bibliothèque on a logé des porcs ; il en est résulté une infection telle qu'elle a altéré les couvertures des livres. Malgré les réclamations réitérées, les porcs y étaient encore au nombre de cinquante-deux. Il paraît qu'Alexandre, le directeur des vivres , est coupable. Si de telles horreurs restaient impunies, nous risquerions de les voir répéter ailleurs, et les arts fugitifs seraient contraints de chercher sur des rives étrangères un asile hospitalier.

Après avoir présenté le récit déchirant de ces ravages, ne nous lassons pas d'en rappeler les causes et d'appliquer les remèdes.

A Coutances , des ouvriers ont détruit, dans une voûte, des stalactites et des stalagmites, en les prenant pour des cristaux de salpêtre ; voilà les effets de l'ignorance ! Et comment ce fléau n'existerait-il pas dans les départements, lorsqu'à la porte de Paris, à Paris même , il se fait sentir d'une manière si désastreuse ? Ceux qui , au Muséum des plantes, ont détruit le buste de Linnéus, prétendaient que c'était celui de Charles IX.

A Meudon était une belle copie de Cléopâtre antique. Un des membres de la commune, interrogé sur ce monument, répondit qu'il ne le connaissait pas , mais qu'il y avait hors du jardin une femme couchée.

Cette statue est affreusement mutilée.

La seconde cause est l'insouciance criminelle de beaucoup de municipalités et d'administrations, qui s'approprient pour leur usage et qui détériorent les objets d'art , qui ne font que annuler les ventes contraires à la loi , qui laissent les tableaux et les livres s'altérer sous les scellés, qui ricanent quand on leur parle de conserver les monuments , qui prétendent que les lois relatives à ces objets ne sont applicables qu'à Paris , et qui n'ont de zèle que pour tracasser ceux qui veulent les forcer à remplir leurs devoirs.

A Mantes , on a harcelé un citoyen qui avait montré son patriotisme en provoquant la conservation de la tour Maclou.

Le dénonciateur civique des dégradations opérées à Mont-de-Marsan sur deux figures par Mazetti nous écrit que probablement il eût été tracassé si on ne l'avait connu.

La troisième cause est la friponnerie. Ce mot rappelle des anciens comités révolutionnaires , dont la plupart étaient l'écume de la société , et qui ont montré tant d'aptitude pour le double métier de voler et de persécuter.

Ailleurs je vous ai parlé des commissaires aux inventaires et aux ventes, toujours empressés à porter en vente les objets d'arts, parce qu'ils ont des deniers à percevoir, ou qui les dénaturent pour les faire acheter à vil prix par leurs prête-noms et leurs complices.

Au surplus, j'aurai le courage de le dire , et si aujourd'hui j'ai tort, dans quelques années on avouera que j'avais raison : vouloir, sous prétexte de fanatisme, détruire ou dégrader ces chefs-d'œuvre où le génie a déployé ses prodiges et sa magnificence, c'est là un véritable fanatisme, aussi ridicule que la plupart de ces changements de noms de communes que l'on a tolérés mal à propos, qui vont introduire indubitablement la confusion dans les actes civils, dans l'histoire, et dont la manie est poussée à tel point que , si l'on accédait à des vœux indiscrets, bientôt toute la plaine de Beauce s'appellerait *Montagne*.

La postérité s'indigne avec raison contre un calife, Omar, qui fit incendier la bibliothèque d'Alexandrie, sous prétexte que l'Alcoran suffisait; contre un empereur, Chi-Hoangti, qui détruisit les anciens livres de la Chine. Et croyez-vous que la postérité ne flétrira pas tout à l'heure ces nouveaux barbares qui voudraient porter partout le fer et la flamme ? Certainement le temple des Druides à Montmorillon et celui de Diane à Nîmes n'ont pas été construits par la main de la raison ; et cependant quel est le véritable ami des arts qui ne désirât les voir subsister dans leur entier ? Parce que les pyramides d'Egypte ont été élevées par la tyrannie et pour la tyrannie, faudrait-il démolir ces monuments antiques, dont un poëte a dit :

Leur masse indestructible a fatigué le temps.

Quel est le voyageur qui n'ait pas gémi sur les débris des temples et des palais de Balbec , de Palmire et d'Athènes ?

Le patriotisme est-il donc dans les mots et dans les pierres ? Ecrasez le crime qui cherche encore à greffer le royalisme sur le crime ; mais, au nom de la patrie, conservons les chefs-d'œuvre des arts. La Convention doit à sa gloire et au peuple de transmettre à la postérité et nos monuments et son horreur pour ceux qui veulent les anéantir.

Soyez sûrs d'ailleurs que ces destructions se font pour la plupart à l'instigation de nos ennemis. N'osant les profaner de front , ils ont pris une voie indirecte, en les provoquant sous les couleurs même du patriotisme. Quel triomphe pour l'Anglais s'il eût pu écraser notre commerce par l'anéantissement des arts, dont la culture enrichit le sien ! Lorsque , par acte du parlement britannique, on eut acheté les vases étrusques d'Hamilton , il en résulta un si grand mouvement manufacturier et commercial que , dans le laps de quelques années, on vit sextupler les produits ordinaires des domaines. Citoyens, conserver les arts, honorer, protéger ceux qui les cultivent, c'est encore battre les Anglais.

Quelqu'un a voulu calculer la somme présumée qu'en quarante-huit ans les artistes français appelés chez l'étranger avaient rapporté dans leur patrie. Ces données n'étant qu'approximatives , ne peuvent présenter un résultat certain ; mais on y entrevoit une somme exorbitante : que serait-ce si l'on y joignait l'argent versé chez nous par les élèves qu'y attirait la réputation de nos artistes, et par l'exportation des objets d'arts exécutés en France ?

Inspirons au peuple un sentiment de respect pour ces restes majestueux échappés à l'edacité du temps et à la fureur dévastatrice. Metz, Nice, Saintes, Fréjus, Montmorillon, Saint-Rémy, Vienne, Autun, Venasque, Orange, Nîmes, etc., ont encore des antiquités; nous ne pouvons plus citer Arles, où tout est détruit. Rappelons-lui que le ci-devant Languedoc s'honora en frappant une médaille en mémoire de la réparation du pont du Gard, et que les objets d'art doivent avoir autant de gardiens qu'il y a de bons citoyens.

Bientôt, sans doute, on restaurera l'arc triomphal d'Orange, sans altérer son caractère d'antiquité. On ordonnera des fouilles à Bayeux, et surtout à Autun, pour retrouver une fameuse carte géographique en pierre. On dégagera les abords des Thermes de Julien, pour offrir aux regards du peuple ce monument antique, le seul que Paris ait conservé.

Les monuments du moyen-âge présentent le double intérêt de conservation, et comme édifices, et comme objets d'art.

David Leroi remarque avec raison que trop tard on s'est occupé des édifices gothiques qui, par le merveilleux de leur construction, la légèreté de leurs colonnes, et la hardiesse de leurs voûtes, commandent l'admiration et fournissent des types à l'art.

Recommandons aux autorités constituées de placer le moins possible des dépôts de marée, de sel, de salpêtre, dans les bâtiments dont les arts réclament la conservation, parce que les dissolutions salines, s'infiltrant dans les murs, en accélèrent la destruction par l'effet du jeu des affinités.

Disons aux citoyens que, si la délation est odieuse, la dénonciation civique est une vertu : c'est un devoir de dénoncer les détenteurs de livres et autres objets enlevés chez les moines et les émigrés. De là tant de collections dépareillées.

On parle souvent de frapper les fripons ; mais des mots ne les atteignent pas ; plusieurs jouissent paisiblement de fortunes colossales, et dont l'origine est très-équivoque. Dans la plupart des communes est encore un petit Robespierre ; et, tandis que le moderne Catilina a expié sa férocité sur l'échafaud, ses lieutenants sont tranquilles.

Dans les divers lieux où les arts ont reçu tant d'outrages, les auteurs, pour la plupart, sont connus, et les agents nationaux deviennent complices des coupables en ne les dénonçant pas aux accusateurs publics.

On nous envoie de Troyes une enquête, et il faut que le comité ordonne de poursuivre le délit, comme si la loi n'avait pas statué à cet égard.

Indépendamment des peines prononcées par la loi, l'indignation des citoyens devrait infliger la peine civique d'inscrire les noms des coupables en lieu public, particulièrement sur les monuments dégradés.

Les instructions utiles que vous avez répandues dans les départements ont produit un bien incalculable ; ce bien eût été cependant plus grand encore, s'il y avait moins d'infidélité dans l'administration des postes, et si les journalistes rappelaient plus souvent à leurs lecteurs le prix des sciences et des arts.

Nos efforts ont été secondés par le zèle d'un grand nombre de représentants du peuple, dont les invitations utiles ont éclairé notre travail, et qui ont fait retentir dans leurs départements respectifs le cri d'indignation de la Convention nationale contre les apologistes de l'ignorance, c'est-à-dire de l'immoralité et de l'esclavage.

Il serait utile de former au plutôt une commission ambulante, qui, en surveillant toutes nos richesses scientifiques, disséminerait des lumières sur son passage. Bientôt votre comité proposera un plan de répartition de ces richesses dans toute la république ; l'organisation d'un bureau de traduction, qui fera passer dans notre langue des écrits inconnus et propres à mûrir l'esprit humain, à vivifier notre commerce, un triage de nos manuscrits que les étrangers nous envient. Ils mettent à tel prix les ouvrages

enfantés par le génie français, que des agents envoyés par les libraires de l'Allemagne étaient dernièrement à Paris pour acheter de nos écrivains des manuscrits qu'ils imprimeraient, et nous revendraient chèrement.

Dans cette année de terreur et de crimes, où la barbarie étendait un crêpe sur le berceau de la république, ils étaient désolés, ces nombreux amis de la France, qui, dans les contrées étrangères et sous le glaive même du despotisme, formaient des vœux pour nos succès, attendent et préparent chez eux l'explosion révolutionnaire. Quand vous avez repris le timon du gouvernement, quand à votre voix les arts ont quitté le deuil, le premier élan des hommes de génie a été le serment de se consacrer à la défense de la liberté, et ce serment est répété par des écrivains étrangers, qui veulent associer leurs efforts à ceux des fondateurs de la république. Ouvrons notre sein à tous les amis des sciences et de la liberté ; encourageons tous les talents, toutes les Sociétés libres, qui, fermant leurs portes à la médiocrité, n'admettent que le génie ; au lieu de ces misérables statues de plâtre, de ces dispendieux colifichets, appelons tous les artistes à l'exécution d'ouvrages d'un grand caractère, simples comme la nature, beaux et durables comme elle. Que des colonies de voyageurs aillent dans les contrées lointaines faire chérir le nom français, et qu'en échange ils nous rapportent leurs richesses naturelles, industrielles et scientifiques. Beaucoup d'entre eux ignorent peut-être que, dans la patrie des anciens Chaldéens, si célèbres dans l'astronomie, à Bagdad, la nation possède un observatoire, des livres et des instruments. Après y avoir fait des milliers d'observations intéressantes, Beauchamp végète obscurément dans une commune de la Haute-Saône ; qu'il retourne à son observatoire, et que dans sa route il dissémine votre Adresse aux Français, qu'on imprime actuellement en arabe.

Le sentiment de ce qui est beau, de ce qui est bon, se lie naturellement à la droiture du cœur. Semons donc avec profusion les germes propres à ranimer les sciences et les mœurs. En fait de vertus et de lumières, aucun peuple n'eut jamais de superflu, et malheureusement nous n'avons pas encore le nécessaire.

*Plusieurs voix :* L'impression et l'insertion au Bulletin.

Richoux : Je suis bien aise de dire ici que j'ai été à l'imprimerie de l'agence des lois. J'y ai vu avec peine que les ouvriers n'y travaillaient que trois jours, tout au plus, par décade. Ils m'ont chargé de prier la Convention de leur faire avoir de l'ouvrage suffisamment.

Enguerrand : Je demande qu'on charge le comité des décrets de prendre des informations sur la moralité des employés dans cette administration.

André Dumont : L'inaction dont se plaignent les ouvriers vient de l'inexécution d'un décret de la Convention, qui avait ordonné que les rapports seraient imprimés à l'agence des lois ; cependant on les imprime encore chez Baudoin, qui en envoie ensuite un exemplaire à l'agence des lois, pour les faire réimprimer. Ainsi, il y a double emploi, et l'imprimerie des lois est sans occupation.

Lecointre (de Versailles) : Je demande qu'on examine s'il est bon de conserver une agence dont les ouvriers sont sept jours par décade sans rien faire, et s'il ne serait pas plus avantageux d'avoir des entrepreneurs, auxquels on donnerait un prix quelconque.

Clauzel : La Convention gagnerait une somme de 50 millions en rapportant son décret du 14 frimaire.

On fait venir ici le papier de tous les départements de la république, pour le renvoyer ensuite dans ces départements. La poste est tellement chargée qu'on est souvent obligé d'envoyer des malles extraordinaires ; dans une seule décidé en a expédié quarante-quatre de plus que de coutume. Si cela continue, le service des postes sera détruit avant deux mois. Les courriers retardent dans les pays méridionaux de trois, quatre, huit jours même. On est obligé de se servir de bœufs, l'espèce des chevaux étant presque détruite; il serait bien plus avantageux d'envoyer, à l'exemple des assemblées précéd ntes, les lois aux districts, qui les feraient réimprimer. Je demande le renvoi de ces réflexions aux comités des postes et messageries, et de salut public.

BAILLEUL : Les dilapidations qu'on dénonce chaque jour exi»tent dans presque toutes les administrations ; il ne faut pas les renvoyer à un seul comité, mais nommer une commission ad hoc.

*Plusieurs voix :* C'est inutile.

BAILLEUL : Je demande du moins que la Convention détermine l'époque à laquelle les comités feront leur rapport.

La discussion est fermée, et la Convention décrète l'impression du discours de Grégoire, l'envoi aux autorités constituées et l'insertion au Bulletin.

La Convention décrète en outre que l'organisation de l'agence des lois est renvoyée à ses comités de salut public, des postes et messageries.

— Oudot, au nom du comité de législation, propose, et la Convention adopte le projet de décret suivant :

« La Convention nationale, après avoir entendu le rapport de ses comités de législation sur la pétition d'Elisabeth Clay, tendant à faire annuler les jugements rendus contre elle et les héritiers de son époux, mort depuis son divorce, qui la privent de la part de sa communauté, sous prétexte qu'ayant été mariée dans la coutume de Rheims elle ne saurait être admise à partager cette communauté ;

« Considérant qu'on ne peut pas induire de l'article 239 de cette coutume, qui porte que les époux ne sont pas uns et communs en biens, que la femme n'a aucune espèce de droits aux conquêts faits durant le mariage ; mais seulement que le mari est maître de la communauté, et qu'il ne peut disposer sans le consentement de la femme ;

« Que d'autres dispositions de cette coutume prouvent qu'elle admet et reconnaît que la femme a des droits certains aux meubles et aux conquêts des immeubles, lorsqu'elle survit à son mari ;

« Que le motif du jugement qui énonce qu'on a considéré le droit de la part qu'elle peut y avoir comme un gain de survie n'est pas fondé, puisque l'article 245 porte que les héritiers de la femme y ont droit eux-mêmes lorsque le mari est survivant ;

« Que, d'après ces dispositions, l'intention du législateur ne saurait être, en cas de divorce, de priver la femme des droits que la coutume lui accorde sur les meubles et conquêts de son mariage, et de rendre sa condition plus dure qu'elle ne l'était par l'ancien droit ; que d'ailleurs ce serait faire obstacle au divorce et en gêner la liberté ;

« Qu'il serait injuste enfin que la femme perdit dans cette circonstance le fruit de son travail, que la coutume sous laquelle elle a été mariée lui promettait, décrète :

« Art. Ier. Les jugements des 12 floréal et 21 prairial, rendus par le tribunal arbitral et par le tribunal du district de Rheims, entre Elisabeth Clay et le tuteur de ses enfants, demeureront nuls et comme non avenus.

« II. Les femmes mariées suivant la coutume de Rheims seront admises, en cas de divorce, à partager les meubles et conquêts immeubles de leur mariage avec leur mari.

« La citoyenne Elisabeth Clay est en conséquence autorisée à se pourvoir par-devant un nouveau tribunal d'arbitre, pour régler ses droits avec le tuteur de ses enfants.

« III. Le rapport et le présent décret seront insérés au Bulletin de correspondance. »

La séance est levée à quatre heures.

## THÉATRE DE LA RÉPUBLIQUE.

L'année 316 de la fondation de Rome, soixante-dix ans environ après l'expulsion des Tarquins, Spurius Melius, de l'or-

dre des chevaliers, homme puissamment riche, se fit des partisans parmi le peuple, en lui distribuant, à ses frais, du blé dans un temps de famine : les approvisionnements considérables qu'il avait faits dans l'Etrurie furent un obstacle à ceux que le sénat avait ordonnés. Sa conduite fut dénoncée par le préfet des subsistances. On sut que Melius avait fait dans sa maison un magasin d'armes, qu'il avait des complices, et que son projet, tout près d'éclater, était de se faire couronner roi. Dans ce péril pressant, le sénat nomma dictateur L. Quintius Cincinnatus, vieillard de plus de quatre-vingts ans, que déjà, dans une autre occasion, on avait été prendre à la charrue pour le faire dictateur, et qui avait délivré l'armée romaine, entourée par celle des Æques.

Le vieux Cincinnatus sauva une seconde fois la patrie par des mesures vigoureuses. Il cita Melius devant son tribunal : le coupable tardant à s'y rendre, Servilius Ahala, maître de la cavalerie, vint lui signifier l'ordre du dictateur. Melius criait à l'oppression, appelant au peuple et implorant le secours de ses partisans qui l'entouraient, Servilius le tue au milieu d'eux, et retourne apprendre au dictateur qu'il a puni le rebelle. « Courage, dit le vieillard, courage, Servilius ; tu as fait une action vertueuse, tu as sauvé la république. » Ainsi finit la conspiration de Spurius Melius.

Tel est le sujet de la tragédie nouvelle en trois actes, intitulée *Cincinnatus*. L'auteur a supposé que le héros, retiré dans ses champs qu'il cultive, sort tout d'un coup de sa retraite pour venir instruire les Romains et le sénat du danger que court la liberté, et du dessein que forme Melius. Personne dans Rome ne les soupçonne, et Cincinnatus, quoique éloigné de la ville, les a devinés ; cela peut paraître un peu extraordinaire. Il fait part d'abord de ses craintes à Servilius Ahala, dont l'auteur a fait un jeune homme, amoureux d'Emilie, fille de Melius. Ce jeune guerrier rejette et veut dissiper les craintes de Cincinnatus ; mais le vieillard se rend au sénat : c'est là qu'il accuse Melius d'un crime plus senti que prouvé, et dont il avoue lui-même qu'il n'a que des présomptions. Melius se défend mal ; le sénat ouvre les yeux et crée un dictateur ; c'est Cincinnatus, qui lui-même choisit Servilius pour maître de la cavalerie (c'était le lieutenant du dictateur).

Au troisième acte, qui se passe sur la place publique, Melius a d'abord un entretien avec sa fille, à laquelle il confie, on ne sait pourquoi, ses coupables projets ; il va jusqu'à lui remettre un écrit qui contient le plan de la conspiration et le nom de ses complices. Elle sort. Melius harangue le peuple. C'est sur nous sa protection. C'est alors que Servilius vient le citer devant le tribunal du dictateur. Melius refuse de s'y rendre ; il a encore la maladresse de se découvrir à Servilius, de lui avouer qu'il aspire au trône ; il est vrai que, pour l'engager à seconder ses projets, il lui offre la main de sa fille. Servilius n'entend la proposition qu'avec horreur et lui plonge son épée dans le sein. Cincinnatus arrive ; il approuve la mesure du jeune homme. Emilie vient à son tour, et après avoir remis au dictateur l'écrit qu'elle a reçu de son père, elle se tue sans doute et tombe à côté de lui.

Cet ouvrage a été bien accueilli ; mais il n'a pas excité d'enthousiasme. La pièce a dû paraître froide et dénuée d'intérêt. Le rôle qu'y joue Cincinnatus n'est ni assez beau ni assez important ; Emilie et Servilius intéressent peu ; le sénat et le peuple romain sont tout à fait nuls, et Melius ne paraît qu'odieux. Au fond, c'est la faute du sujet, qui ne pouvait pas fournir une tragédie. L'auteur a été obligé d'employer la ressource usée d'un amour très-inutile ; avec de pareils matériaux, il n'a pu tracer qu'un plan peu attachant. Il s'est trompé cette fois dans le choix de son sujet ; il a sait mieux que nous sans doute que c'est de ce choix et du plan de l'ouvrage que dépend le succès. Plus le citoyen Arnault a montré jusqu'ici de talent, plus on a droit d'exiger de lui ; l'auteur de *Marius à Minturnes*, le créateur du beau rôle de Brutus, dans *Lucrèce*, est engagé envers le public à ne lui donner que de bons ouvrages ; heureusement il a les moyens de remplir cet engagement.

---

*Payements à la trésorerie nationale.*

Le payement du perpétuel est ouvert pour les six premiers mois ; il sera fait à tous ceux qui seront porteurs d'inscriptions au grand livre. Celui pour les rentes viagères est de huit mois vingt et un jours de l'année 1793 (vieux style).

# GAZETTE NATIONALE ou LE MONITEUR UNIVERSEL.

N° 88.     *Octidi* 28 Frimaire, *l'an* 3°. (*Jeudi* 18 Décembre 1794, *vieux style*.)

## POLITIQUE.

### POLOGNE.

*De Varsovie, le 22 novembre.* — Varsovie est au pouvoir des Russes. Après la prise de Praga, le général russe Suwarow a sommé la ville de se rendre, et elle s'est rendue. Cette malheureuse cité était depuis quelque temps livrée à de violentes agitations. Une grande partie du peuple parlait de se défendre avec courage; d'autres déclaraient qu'il ne restait plus de ressource aux Polonais abandonnés à eux-mêmes, et que leur situation était désespérée depuis la captivité de Kosciusko. Ils insistaient encore sur le risque de manquer bientôt de munitions et même de subsistances.

Suwarow, à son entrée dans la ville, a rétabli le magistrat sur le même pied où il était avant 1794. Il a promis sûreté pour les personnes et les propriétés, et amnistie pour le passé.

Le général russe a requis les nouvelles autorités de sa création de désarmer tous les habitants; et aussitôt une proclamation a ordonné le dépôt de toute espèce d'armes, fusils, piques, faux, etc. Un grand nombre d'habitants a obéi sur-le-champ; mais d'autres, et particulièrement l'armée, s'y sont courageusement refusés. Suwarow a consenti que ces intrépides amis de la liberté sortissent de la ville.

Il paraît que, d'après cet arrangement, l'armée polonaise, aux ordres des généraux Dombrowski et Wewrsewski, avec l'artillerie, une partie du conseil national et le vice-chancelier Kollontai, sont sortis de la ville.

Varsovie paiera une contribution de 5 millions de florins polonais, à titre de douceur pour l'armée russe.

Le général Suwarow loge au château de Stanislas; il a de fréquentes conférences avec lui.

On va s'occuper de prendre toutes les mesures relatives à l'établissement d'une force armée à Varsovie; en attendant l'armée russe est campée devant Praga.

### ANGLETERRE.

*Londres, le 11 novembre.* — On avait dit faussement que lord Portland et M. Pitt étaient enfin d'accord, et qu'on espérait que ce rapprochement faciliterait singulièrement le travail du cabinet dans les circonstances embarrassantes où il se trouve; mais il n'en est rien. Le comte Fitz-William, nommé à la vice-royauté d'Irlande, n'est point encore parti; il veut attendre lord Spencer, dont on se flatte que l'arrivée aplanira bien des difficultés.

— Suivant des lettres de Birmingham, les ouvriers employés aux fabriques sont pour la plupart sans travail, et par conséquent sans pain, depuis qu'un grand nombre de non-conformistes opulents, qui tenaient des manufactures dans cette ville, fatigués des vexations qu'ils y éprouvaient, sont allés chercher le repos et la liberté de conscience dans les États-Unis de l'Amérique. On avait persuadé à ces espèces de machines qui ne font mouvoir d'autres qu'abattre et brûler la maison d'un homme vertueux et instruit, mais d'une autre religion que le roi, était un acte méritoire; et par ce moyen l'on en avait fait des instruments de persécution contre ceux même qui leur fournissaient le moyen de gagner leur vie. Il en est résulté qu'un grand nombre, qui sans cette funeste erreur vivraient encore tranquilles à Birmingham avec leur famille, ont été forcés de s'expatrier et d'aller mourir de misère en Hollande ou ailleurs. Le ministère, sentant et craignant l'impression fâcheuse qu'un pareil tableau ne peut manquer de faire sur l'esprit du peuple, cherche à l'en distraire. Tous les papiers de la trésorerie rendent, dans ce moment, un compte pompeux de la situation et du parti qu'on peut tirer de la colonie de Sierra-Léone. Ils disent que des personnes attachées au service de la Compagnie ont entrepris un assez long voyage dans l'intérieur des terres. Elles ont rencontré partout une grande fertilité, et beaucoup d'envie chez les habitants de commercer et de s'unir avec les Anglais. Plusieurs veulent envoyer leurs enfants en Angleterre pour y être instruits, et la Compagnie doit se charger des dépenses de ce projet.

On dit qu'il y a dans ce pays, outre un climat sain, des cannes à sucre, du coton, de l'indigo et diverses sortes d'épiceries. Il est même ajouté que ces objets sont en abondance.

— Suivant les dernières lettres des Indes occidentales, les Français se maintiennent toujours à la Guadeloupe; il commence à y avoir à Sainte-Lucie des mouvements excités par les noirs. Sir Charles Grey n'a, dans toutes les troupes destinées pour ces îles, que deux mille sept cents hommes en état de servir, quoique la fièvre jaune ait entièrement cessé ses ravages.

### HOLLANDE.

*Des rives du Wahal, le 8 décembre.* — Les troupes républicaines prennent ici des cantonnements à cause de la rigueur de la saison. Ces dispositions n'ont rien changé au blocus de Grave et de Breda, et il paraît qu'on tient au projet de s'emparer du fort Saint-André, de l'île de Bommel et du cours du Wahal.

— Les débris des armées anglaise et hollandaise s'occupent à se retrancher derrière des fleuves et des inondations.

— De gros détachements français s'approchent fréquemment de Berg-op-Zoom; ils y ont dernièrement enlevé un poste hollandais.

— Les arrestations arbitraires ont recommencé à Amsterdam et à La Haye; les hommes les plus probes et les plus patriotes sont jetés dans les prisons.

— On a mis à Amsterdam une garnison de dix mille hommes pour contenir les habitants. Cette garnison est composée des troupes faites prisonnières par les Français dans les places conquises, quoique ces troupes aient juré de ne plus porter les armes contre la république pendant toute la durée de la guerre.

### PAYS-BAS.

*De Bruxelles, le 22 frimaire.* — Une forte division de l'armée du Nord, qui se trouvait vers le bas Rhin, vient de défiler pour se rendre en partie dans les environs de Nimègue et de Grave, et sur les bords de la haute Meuse et du Wahal. Ce mouvement paraît avoir été déterminé par un mouvement pareil de l'armée ennemie, qui a fait passer des forces du côté de Gorcum.

On travaille dans ces provinces à la construction d'une immense quantité de baraques destinées principalement pour l'armée de Sambre-et-Meuse, que l'on s'occupe à cantonner le long du Rhin, à l'exception de la cavalerie, qui rentrera dans l'intérieur, à cause de la difficulté des fourrages.

L'armée de la Moselle, aux ordres du général Moreau, aidée des renforts qu'on lui envoie journellement, a fait, depuis peu de jours, un nouveau mouvement, dont le but était de serrer plus étroitement Luxembourg.

— On écrit de La Haye que le duc d'York, le prince d'Orange, et les principaux généraux de la coalition anglo-stathoudérienne, tiennent de fréquents conseils de guerre à Utrecht, pour aviser aux moyens de prolonger le despotisme en Hollande.

— Les représentants du peuple dans les provinces belgiques s'occupent sans relâche des moyens d'assurer les approvisionnements et les triomphes de l'armée française. Ils ont publié un arrêté qui ne peut manquer de remplir le double objet que leur zèle se propose.

**RÉPUBLIQUE FRANÇAISE.**

### TRIBUNAL CRIMINEL RÉVOLUTIONNAIRE.

*Suite de la procédure du comité révolutionnaire de Nantes.*

Dans le séance du 1er frimaire, plusieurs témoins sont entendus; leurs dépositions n'offrent rien d'important. La plupart reproduisent les mêmes faits déjà présentés.

*Le président*, à Goulin : Comment légitimerez-vous l'incarcération des Nantais, qui n'ont été emprisonnés que sur le reproche léger de muscadins et de modérés?

*Goulin :* Je soutiens que les Nantais n'ont point été incarcérés par l'ordre du comité, mais bien par ceux des représentants du peuple.

*Le président*, au même : Il est démontré au procès que le comité a envoyé au tribunal les notes relatives aux Nantais acquittés.

*Goulin :* Ces Nantais que l'on veut tant innocenter étaient signataires d'arrêtés fédéralistes ; ils avaient provoqué la force départementale contre Paris, et l'instruction a établi ce fait de manière à ne pouvoir en révoquer en doute, puisque ces signataires n'ont été acquittés que sur les intentions.

La citoyenne *Laillet* demande la parole pour déclarer un fait important. Elle s'exprime ainsi :

« Après la déroute de Clisson, un certain d'Héron se présente à la Société populaire avec l'oreille d'un brigand qu'il avait attachée à son chapeau avec la cocarde; il avait les poches pleines de ces oreilles, qu'il se faisait un plaisir de faire baiser aux femmes. Si je ne craignais de manquer au tribunal, je lui dénoncerais une circonstance des plus barbares, et qui provoque la vengeance de tous ceux qui sont capables de quelque humanité. »

Le tribunal ordonne à la citoyenne Laillet de s'expliquer, si le fait qu'elle veut annoncer est relatif à la moralité des accusés.

La citoyenne Laillet déclare que ce même d'Héron avait encore les mains pleines de parties génitales, qu'il avait eu la cruauté d'arracher aux brigands en les massacrant, et qu'il en fatiguait également la vue des femmes.

La séance du 2 frimaire n'offre rien de remarquable que la déposition de Prieur (de la Marne); ce représentant du peuple a dit que, à sa première arrivée à Nantes, il observa à Carrier, après la défaite de Savenay, qu'il était à propos de faire juger les brigands détenus à Nantes; qu'à son retour dans cette ville, en germinal, il ne reçut aucune plainte contre les membres du comité, excepté de Phélippes, qui demandait la reddition des comptes de ce comité; mais que plusieurs membres lui dirent qu'ils étaient prêts à rendre leurs comptes. Il a ajouté que, pendant son séjour dans cette ville, il y a vu la gaîté et la tranquillité, et non la terreur; que, cependant, il reçut des réclamations de plusieurs détenus; qu'il chargea des personnes de les examiner; qu'il fut obligé de partir sans avoir pu y faire droit ; qu'à son retour de Noirmoutier il avait entendu parler des noyades, mais qu'aucune dénonciation positive ne lui fut faite à cet égard. Il a terminé en disant qu'il n'avait aucun reproche à faire au comité.

On procède à l'audition du représentant Bourbote. Ce témoin commence sa déposition par des détails relatifs à une affiche du comité, qui n'avait point de date.

Chaux en demande la représentation, en soutenant qu'il y avait eu deux affiches, la première sans date, erreur qui ne pouvait être attribuée qu'à l'imprimeur, mais qui avait été réparée par une seconde affiche, ayant une date bien certaine.

« J'accuse le témoin, dit-il, de nous avoir forcés de signer l'acte d'accusation contre Phélippes-Troncjolly. »

*Le témoin :* C'est à tort que le comité me fait ce reproche ; il me met dans l'obligation de rétablir le fait; le voici :

Le comité m'envoie un premier acte d'accusation, composé de dix-sept articles, contre Troncjolly.

Quelques jours après il m'en adresse un autre bien plus étendu, puisqu'il contenait cent trente-deux chefs, tous des plus graves. Ces dernières dénonciations, comme les premières, n'étaient point revêtues d'aucune signature; j'en fis l'observation au comité; je lui adressai même une lettre à ce sujet, et cette lettre demeura fort longtemps sans réponse. Enfin, fatigué de ce silence, je réitère mes instances auprès du comité pour obtenir satisfaction; alors deux de ses membres viennent me faire une réponse verbale. Je leur observe que, dans une dénonciation aussi sérieuse que celle qui m'était soumise, et dans laquelle la chose publique était des plus compromises, on ne pouvait correspondre que par écrit, parce qu'une dénonciation n'avait de force qu'autant qu'elle était signée des dénonciateurs. J'exigeai l'exhibition du premier acte d'accusation, pour le comparer avec le second, et m'assurer s'il y avait de la similitude avec ces deux actes.

Voilà, en peu de mots, comment j'ai forcé le comité de signer un acte d'accusation contre Troncjolly. Il est de toute évidence que, loin de mendier aucune dénonciation contre ce citoyen, j'ai, au contraire, fait tous mes efforts pour m'assurer du cas que l'on devait faire des reproches hasardés par le comité; quant à moi, j'étais bien éloigné d'ajouter foi à ces dénonciations; j'étais persuadé que le comité n'agissait que par des motifs particuliers d'animosité, et j'étais certain d'avance qu'il refuserait de signer sa dénonciation, parce qu'il la jugerait lui-même mal fondée.

*Chaux :* J'accuse le témoin de s'être laissé circonvenir par des intrigants, et d'avoir été induit en erreur sur le comité. Toujours ce représentant nous a estimés tant qu'il a été environné de patriotes; il ne nous a refusé son estime que sur les calomnies des contre-révolutionnaires qui ont su le tromper.

*Le témoin :* Il me sera bien facile de repousser cette inculpation; en arrivant à Nantes, je ne connaissais personne, pas même les autorités constituées.

*Chaux :* Le premier acte remis par le comité au représentant Bourbote, et composé de dix-sept à dix-huit articles, n'avait d'autre objet que de motiver le refus par nous fait au citoyen Phélippes d'un certificat de civisme; et nous avions gardé le silence sur tout ce qui pouvait être étranger à ce refus, de peur qu'on ne nous accusât de récrimination contre Phélippes, notre dénonciateur.

J'invite le tribunal à interpeller le témoin sur la moralité du comité, et à lui demander s'il n'est pas vrai qu'il m'ait admis plusieurs fois à sa table, et qu'il ait, en différentes rencontres, donné au comité des témoignages de bonté?

*Le témoin :* Il est possible que j'aie admis des

Typ. Henri Plon.                                                 Réimpression de l'Ancien Moniteur. — T. XXII, page 750.

*Carrier, député du Cantal à la Convention nationale, exécuté le 24 décembre 1794.*

membres du comité à ma table ; en ma qualité de représentant, j'étais obligé de correspondre avec beaucoup de fonctionnaires publics; mais pourrait-on conclure de leurs rapports journaliers avec moi que je les regardais comme d'honnêtes gens? Etait-ce une raison pour garantir la moralité de gens que je ne voyais que superficiellement, et qui avaient intérêt de se montrer du beau côté pour me convaincre de leur attachement à la chose publique? Si l'on me demandait mon opinion à l'égard de ces fonctionnaires, je ne pourrais donner qu'un jugement bien hasardé.

*Goulin* : Sortant de la Société populaire, je rencontrai le représentant Bourbote, qui me demanda des renseignements sur quelques arrestations faites par le comité; j'entrai dans des détails avec Bourbote; je lui déclarai que nous avons proposions d'élargir les citoyens dont il me parlait, s'il ne nous venait point d'autres dénonciations; Bourbote me répondit que ces procédés n'étaient que des demi-mesures, que les détenus dont il s'agissait étaient plus que suspects, et qu'il fallait les retenir en détention.

*Le témoin* : Je ne me rappelle point ces observations; mais, en les admettant, quelle conséquence Goulin voudrait-il en tirer ?

*Goulin* : Une multitude de citoyens ont été arrêtés par ordre de Bourbote, et le comité n'y a eu aucune part. On ne cesse de nous reprocher les arrestations arbitraires, tandis que nous avons tout fait pour faire élargir les citoyens détenus injustement, tandis que nous avons été enlevés du comité, sans aucune formalité légale, tandis que les scellés ont été apposés et levés en notre absence, et que toutes les lois ont été enfreintes à notre égard.

*Le témoin* : A l'instant où je fis arrêter le comité, je confiai la surveillance de ses opérations à mon conseil, qui n'était composé que de citoyens bien connus et confirmés par la Société populaire. Les membres de ce conseil ont été alors organisés en comité de surveillance, chargé d'examiner les travaux de l'ancien comité. Il est possible que les formes aient été violées, parce que je ne les connais point; mais je déclare que, s'il n'eût dépendu que de moi, les accusés seraient restés en détention jusqu'à ce que les dénonciations portées contre eux fussent complètes; cette précaution était nécessaire pour donner aux citoyens la faculté d'énoncer librement leurs opinions sur le comité, dont toute la ville a eu la plus grande terreur, tant qu'il a été en fonction.

*Chaux* : Je soutiens que l'on a été mendier des dénonciations contre nous jusque dans les cachots.

*Le témoin* : Je nie le fait, et je défie l'accusé d'en fournir la preuve; il a seulement été fait une proclamation tendant à inviter les citoyens à venir déclarer ce qu'ils savaient sur le comité; cette proclamation provoquait à la vérité des dénonciations; mais c'était le seul moyen de connaître la vérité, et de distinguer le coupable d'avec l'innocent. Je n'avais pas besoin de mendier ces dénonciations; elles affluaient de toutes parts, et l'opinion publique contenait la censure la plus prononcée de la conduite du comité.

*Chaux* : L'opinion publique nous accusait si peu que vous avez été obligé de la consulter; il est si faux que le peuple blâmait nos mesures, que je fus obligé de me défendre de ses instances pour me rendre à Laval, auprès des représentants, à l'effet de les engager à lever des brigands contre les forces de la Vendée. Le peuple me dit à plusieurs reprises en cette rencontre que déjà j'avais sauvé la chose publique, qu'il fallait que je la sauvasse encore.

*Le témoin* : Je répète que je n'ai fait que consulter le peuple, que je n'ai fait que suivre son vœu en faisant incarcérer le comité, et les procès-verbaux de la Société populaire en fournissent une preuve bien concluante; et lorsque Chaux vient vous dire que le peuple réclamait fortement ses services, moi j'assure au tribunal que ce mouvement du peuple en faveur de Chaux n'était qu'une suite de la terreur répandue par le comité.

*Réal*, défenseur de quelques accusés, observe que, s'agissant de comptabilité, les scellés devaient être apposés et levés en présence des accusés; qu'il est important que le témoin s'explique sur la cause qui a fait négliger ces formalités.

*Le témoin* : J'observe qu'il a été appelé à la levée des scellés un membre du comité, et d'ailleurs les circonstances voulaient que cette levée se fît en l'absence du comité; et au surplus l'interpellation regarde mon collègue Bô.

*Le président*, à Chaux : Pourriez-vous dire au tribunal quel est le corps administratif qui vous avait autorisé à percevoir des contributions et des taxes arbitraires?

*Chaux* : Je réponds que le comité était autorisé à surveiller tout ce qui avait rapport aux contributions et taxes nécessitées par les circonstances ; un décret du 18 frimaire autorisait le comité à toucher les taxes révolutionnaires, et il existe plusieurs lois sur cet objet.

(*La suite incessamment.*)

*N. B.* Dans la séance du 26, Carrier, représentant du peuple, convaincu d'être auteur ou complice de manœuvres et intelligences qui ont existé dans le département de la Loire-Inférieure, et particulièrement à Nantes, contre la sûreté et la liberté des citoyens, en donnant ordre à Phélippes de faire exécuter, sans jugement, des brigands, parmi lesquels il y avait des femmes et des enfants ; en donnant des pouvoirs illimités à Lambertye, qui s'en servait pour noyer hommes, femmes et enfants; en donnant des ordres à Haxo d'exterminer les habitants de la Vendée, etc., etc.;

Grandmaison, en signant l'ordre du 15, de fusiller en masse les prisonniers, en assistant à une noyade, en maltraitant les victimes qui allaient être noyées, etc. etc.

Pinard, en exécutant des ordres arbitraires, en massacrant et tuant des femmes et des enfants, en pillant et incendiant dans toutes les contrées qu'il parcourait, etc., et de l'avoir fait avec des intentions criminelles et contre-révolutionnaires, ont été condamnés à la peine de mort.

Goulin, Chaux, Bachelier, Perrochaux, Mainguet, Lévêque, L. Naud, Bolognie, Durassier, Jolly, R. Naud, Chartier, Ducou, Coron, Boussay, Boullay, Gauthier, Guillet, Crépin, Richard, Foucault, O'Sullivan, Robin, Lefèvre, Macé, d'Héron, Proust, convaincus d'actes d'arbitraires , etc. , mais ne l'ayant pas fait avec des intentions contre-révolutionnaires;

Gallon, Vic et Forget, non-convaincus des délits à eux imputés, ont tous été acquittés et mis en liberté.

Après le prononcé du jugement, Carrier a dit : « Je meurs victime et innocent; mon dernier vœu est pour la république et pour le salut de mes concitoyens. »

———

## VARIÉTÉS.

### *École centrale des Travaux Publics.*

La Convention nationale, persuadée que les talents et la vertu peuvent seuls assurer le bonheur des citoyens et la prospérité de la république, s'empresse de répandre les lumières et d'établir le règne de la justice sur les ruines de l'ignorance et de la tyrannie. Elle a créé par ses décrets des 24 ventose et 7 vendémiaire derniers une École centrale des Travaux Publics à laquelle rien de ce qui existe en Europe ne peut être comparé, et qui doit exciter l'admiration de nos contemporains et la reconnaissance des générations futures.

Ce grand et superbe établissement, si digne de la gloire et de la puissance du peuple français, est consacré à l'instruction d'environ quatre cents élèves : on n'y reçoit que les jeunes gens qui ont donné des preuves de leur intelligence en subissant un examen sur les éléments de mathématiques ; et comme les talents ne sont rien sans la vertu, on exige qu'ils justifient de leur bonne conduite et de leur attachement inviolable aux principes républicains.

Ils seront logés, nourris chez des pères de famille, également recommandables par leurs vertus civiques et morales. Ces bons citoyens voudront bien les mettre au rang de leurs enfants et leur prodiguer les mêmes soins. Ils veilleront à la conservation de leurs mœurs, dont ils rendront compte à l'administration de l'École ; ils emploieront les conseils et surtout les bons exemples pour leur inspirer l'amour du travail et des vertus privées si nécessaires au bonheur de l'homme et au maintien de l'ordre social.

Les élèves seront tous confiés à la vigilance paternelle du citoyen Lamblardye, inspecteur général des ponts et chaussées et directeur de l'École ; c'est à lui qu'ils s'adresseront en arrivant à Paris ; il aura soin de pourvoir à leurs besoins, et de correspondre avec leurs parents et leurs pères de famille.

La durée du cours des études sera de trois années, après lesquelles les élèves seront employés à la direction des travaux publics de tout genre, suivant leurs dispositions respectives. Ces derniers seront remplacés chaque année par de nouveaux élèves qui auront les qualités requises.

Pendant leur séjour à l'École, ils seront partagés en trois classes, qui comprendront séparément ceux de la première année, de la seconde et de la troisième. Il y aura pour chaque division une salle commune destinée aux leçons des instituteurs généraux, et des salles particulières où les élèves se réuniront au nombre de vingt pour exécuter eux-mêmes les opérations dépendant des sciences et des arts qui leur seront enseignés. Ils auront aussi des laboratoires pour y répéter les expériences de chimie et préparer toutes les substances nécessaires aux leçons de physique générale et particulière.

Chacune des grandes classes sera surveillée par un sublstitut du directeur ; les sous-divisions de vingt auront à leur tête des chefs de brigade choisis parmi les élèves qui auront achevé leurs cours d'études et qui auront mérité cette marque de confiance par leurs talents et leur bonne conduite.

Pour distribuer ainsi les élèves dès la première institution de l'École, et lui donner sur-le-champ l'état d'uniformité qu'elle doit atteindre, il y aura des cours préliminaires qui exposeront en trois mois, d'une manière concise et rapide, tous les objets qui seront enseignés pendant les trois années de l'instruction ordinaire. Vers la fin de ces cours, les élèves seront examinés pour être répartis dans les trois divisions suivant leur aptitude.

On leur fournira les moyens d'acquérir toutes les connaissances dont ils auront besoin pour exécuter et diriger les différentes espèces de travaux publics ; on leur enseignera le dessin, la chimie, toutes les branches de la physique, les diverses parties des mathématiques, et l'usage que le génie des sciences et celui de la liberté peuvent en faire pour donner aux arts le degré de perfection dont ils sont susceptibles.

Les élèves de la première année apprendront les principes généraux d'analyse, et son application à la géométrie des trois dimensions ; la stéréotomie, qui donnera des règles générales et des méthodes pour la coupe des pierres ; la charpenterie, la détermination des ombres, la perspective aérienne et linéaire, le nivellement, l'art de lever les plans et les cartes, et la description des machines simples et composées ; la physique générale ; la première partie de la chimie, qui comprendra les substances salines.

Pendant les trois années, ils dessineront la figure, l'ornement et le paysage ; ils copieront les dessins, la bosse ou la nature, suivant la rapidité de leurs progrès.

Ceux de la seconde année étudieront l'application de l'analyse à la mécanique des solides et fluides ; l'architecture, qui renferme la construction et l'entretien des chaussées, des ponts, des canaux et des ports ; la conduite des travaux des mines ; la construction et la décoration des édifices particuliers et nationaux, et l'ordonnance des fêtes publiques ; la physique générale et le dessin, comme la première année ; la seconde branche de la chimie, qui traite des matières végétales et animales.

Ceux de la troisième année appliqueront l'analyse au calcul de l'effet des machines. Ils suivront le cours de physique générale et celui du dessin, comme les années précédentes.

Ils étudieront la troisième partie de la chimie, qui s'occupe des minéraux ; enfin ils apprendront l'art de fortifier les places ou les frontières, et celui de les attaquer ou de les défendre.

Ils auront pour instituteurs des savants distingués par leur génie, la variété de leurs connaissances et les nombreuses découvertes dont ils ont enrichi les sciences.

La juste célébrité qu'ils ont acquise par leurs talents et leurs vertus avaient déjà fixé les regards de la patrie, qui leur a confié des fonctions importantes ; mais les comités de la Convention nationale chargés de la direction de l'école ont pensé qu'ils devaient consacrer quelques instants à l'organisation d'un établissement qui doit avoir tant d'influence sur les progrès de l'esprit humain. Les représentants du peuple Guyton, Fourcroy, Arbogaste et Ferry ont bien voulu concourir à l'enseignement, et partager pour quelque temps les travaux des instituteurs, qui sont les citoyens Lagrange et Poin, pour l'analyse ; Monge et Hachette, pour la stéréotomie ; Delorme et Baltard, pour l'architecture ; Dobenheim et Martin, pour la fortification ; Neveu, pour le dessin ; Hassenfratz et Barruel, pour la physique générale ; Berthelot, Chaptal, Pelletier et Vauquelin, pour la physique particulière ou chimie.

Ces instituteurs formeront, avec le directeur, les sous directeurs et le secrétaire, un conseil qui dirigera la police et l'administration de l'École, sous la surveillance des autorités supérieures ; il s'occupera des moyens de perfectionner l'enseignement et de reculer les limites des sciences et des arts. Il réglera l'emploi du temps et le choix des livres et des modèles capables d'assurer les succès des élèves. Il examinera tous les projets d'amélioration et d'économie qui lui seront présentés par le directeur, et il déterminera les mesures extraordinaires qu'il serait utile de proposer à la commission des travaux publics ou aux comités de la Convention.

Déjà, par les soins de la commission des travaux publics, les difficultés inséparables de l'exécution ont été surmontées ; les préparatifs marchent avec rapidité, et l'on se hâte de réunir dans un local spacieux et commode les salles de laboratoire, les instruments et les livres qui doivent servir à l'instruction des élèves qui arrivent avec empressement de toutes les parties de la France. Les cours préliminaires commenceront le 1er nivôse prochain, et tout annonce que ce grand établissement répondra aux espérances qu'on en a conçues.

# CONVENTION NATIONALE.

*Présidence de Rewbell.*

### SÉANCE DU 25 FRIMAIRE.

Rewbell donne lecture d'une lettre des administrateurs de Versailles, qui annoncent que le calme y est parfaitement rétabli, qu'ils sont occupés à rechercher les vrais coupables, et qu'ils en rendront compte au représentant du peuple qui leur est envoyé.

LECOINTRE (de Versailles) : J'atteste la vérité des faits qui viennent d'être avancés. J'étais hier à Versailles, et je fus témoin de ce qui s'y passa. Je déclare de plus que les ouvriers de la manufacture d'armes qui est établie dans cette ville, et qui sont au nombre de cinq cents, n'ont pris aucune part au mouvement qui s'y est manifesté ; ils ont même résisté à toutes les sollicitations qui leur ont été faites. Maintenant le plus grand calme règne dans Versailles, et tous les citoyens sont rangés autour de la loi. (On applaudit.)

L'insertion au Bulletin est décrétée.

— Dubois-Crancé, au nom du comité de salut public, propose un projet de décret qui lève les congés accordés aux militaires, et défend d'en accorder de nouveaux.

La Convention l'adopte, en renvoyant au comité pour y ajouter un considérant.

DEVILLE : Je demande que l'on fasse partir tous les jeunes gens de la première réquisition qui se trouvent ici.

DUQUESNOY : J'appuie cette demande. Vous vous êtes prononcés contre les bruits de paix que l'aristocratie répandait ; vous voulez faire une guerre à mort aux tyrans, et il ne faut pas attendre l'entrée de la campagne pour compléter les cadres. Si l'on eût employé à cette opération l'hiver passé, nous n'aurions pas attendu au mois de juin pour commencer la campagne, et nos succès eussent été encore plus brillants.

Il faut envoyer aux armées les jeunes gens qui ont obtenu des exemptions je ne sais sous quel prétexte, qui ont été mis en réquisition par les administrations : il faut qu'ils effacent la tache de n'avoir point été aux frontières.

Je demande aussi que, pour compléter les cadres, on fasse rejoindre tous ceux des jeunes gens qui, depuis l'année dernière, ont atteint l'âge de dix-huit ans.

CAMBACÉRÈS : Le comité de salut public s'est déjà occupé des moyens de compléter les armées, et d'y faire porter les jeunes gens que la loi appelle à la défense de la liberté ; mais je pense que l'on ne doit pas décréter inconsidérément la proposition de Duquesnoy. Il faut qu'elle soit combinée avec ce qu'exige l'économie politique ; je demande qu'elle soit envoyée au comité de salut public, pour en faire un rapport dans la décade.

La motion de Cambacérès est adoptée.

— Eschassériaux jeune propose, et la Convention adopte le projet de décret suivant :

« La Convention nationale, après avoir entendu le rapport de son comité de législation, décrète :

« Art. Ier. Les certificats de résidence qui, aux termes de la loi du 25 brumaire dernier, doivent être délivrés par les sections des sept communes, le seront à Paris par les comités civils des septièmes de cette commune, à compter de la publication du présent décret.

« II. Les comités civils des sections de Paris sont également autorisés à suppléer le conseil général de la commune dans la délivrance des certificats exigés, par la loi du 25 brumaire dernier, des citoyens qui sont dans le cas de se prévaloir des exceptions qu'elle prononce en faveur de ceux qui sont sortis du territoire de la république pour raison de commerce, d'étude de science et arts, ou d'éducation, ainsi que dans les fonctions attribuées aux municipalités par les articles XXI et XXII du titre II de la même loi. »

— Sur le rapport du même membre, le décret suivant est rendu :

« La Convention nationale, après avoir entendu le rapport de son comité de législation, décrète :

« L'administration du département de Paris est autorisée à viser les certificats de résidence délivrés d'après la loi du 28 mars 1793, qui se trouvent en ce moment déposés dans ses bureaux. »

— Sur le rapport de Monnot, au nom du comité des finances, le décret suivant est rendu :

« La Convention nationale, après avoir entendu le comité des finances sur l'état, remis par les commissaires de la trésorerie nationale, des recettes et dépenses faites pendant le mois de vendémiaire dernier ;

« Considérant que, les recettes s'élevant à 43 millions 56,807 livres 16 s. 6 d., et les dépenses à 243 millions 516,750 l. 19 s. 8 d., il en résulte un excédant de dépense de 200 millions 460,226 l. 2 s. 9 d., à quoi il convient d'ajouter 4 million 815,714 l. 14 sous dont la trésorerie est restée à découvert sur les dépenses de thermidor, et qu'ainsi la somme à remplacer est de 201 millions 775,937 liv. 16 s. 9 den. ;

« Décrète que le contrôleur de la caisse générale retirera de la serre à trois clefs où sont déposés les assignats nouvellement fabriqués, et en remplissant pour cette extraction les formalités prescrites par les précédents décrets, la somme de 201 millions 775,937 liv. 16 sous 9 den., savoir : 1o 200 millions 460,226 liv. 2 sous 9 den. pour remplacer l'excédant que les dépenses de vendémiaire offrent sur les recettes du même mois ; 2o 4 million 815,714 liv. 14 sous pour couvrir la trésorerie de pareille somme qui restait à décréter pour compléter le décret de remplacement de thermidor dernier. »

— Le même membre propose, au nom du même comité, deux projets de décret que la Convention adopte en ces termes :

« La Convention nationale, après avoir entendu son comité des finances, décrète :

« Que le délai pour la remise à faire à la trésorerie nationale, par les compagnies financières, des certificats exigés par les articles VIII et IX de la loi du 29 fructidor, est prorogé jusqu'au 1er ventose prochain. »

— « La Convention nationale, après avoir entendu le comité des finances,

« Décrète que le délai accordé aux créanciers de la dette publique, dont les créances sont au-dessous de 50 livres, pour réclamer leur remboursement, est prorogé de six décades. »

— Paganel présente, au nom du comité des secours publics, un rapport dans lequel il s'élève contre les abus qui règnent dans les maisons de Bicêtre, la Salpêtrière et Vincennes ; il propose à la suite un projet de décret qui est adopté en ces termes :

« La Convention nationale, après avoir entendu son comité des secours publics, décrète :

« Art. Ier. Les femmes et filles condamnées à la détention ou à la réclusion, et qui sont maintenant dans les maisons de Vincennes, de la Salpêtrière et de la Force, seront transférées, dans le délai d'une décade, dans la maison de Lazare, faubourg Denis.

« II. Le comité de secours publics présentera, dans le délai de deux décades, le plan de travail qu'il convient d'établir dans les maisons de détention et de réclusion de

Lazare. Il prendra telles mesures et fera tels règlements que l'intérêt public et l'intérêt des femmes et filles détenues exigeront.

« III. La commission des secours publics est chargée de l'exécution du présent décret, ainsi que de pourvoir à l'établissement de tous les objets nécessaires.

« IV. Le présent décret et le rapport seront imprimés au Bulletin de correspondance. »

— Le reste de la séance est occupé à entendre des félicitations de plusieurs sections, et des pétitions particulières.

La séance est levée à quatre heures.

### SÉANCE DU 26 FRIMAIRE.

Un des secrétaires donne lecture des lettres suivantes :

*Le représentant du peuple Boisset, délégué dans les départements de l'Ain, Saône-et-Loire et l'Allier, à la Convention nationale.*

Lyon, le 18 frimaire, l'an 3ᵉ de la république une et indivisible.

« Le dernier département où vous m'avez délégué ne gémit plus sous la main de fer des oppresseurs ; l'Allier respire, l'Allier est digne de la république. Après bien des travaux et des peines, après avoir eu les yeux fixés sur le tableau déchirant des passions humaines, je vais rentrer dans votre sein pour y jouir du fruit de vos sages et vigoureuses mesures.

« Le peuple de l'Allier a juré devant moi qu'il ne reconnaissait que la Convention nationale, et qu'il écraserait toute autre autorité qui voudrait rivaliser de pouvoir avec elle.

« La vertu sourit à vos vues bienfaisantes ; la vieillesse voit avec regret venir sa dernière heure.

« Une fête en l'honneur de la liberté vient d'être célébrée ; l'infortune, le malheur et l'indigence y ont été honorés.

« L'espoir de la France, les jeunes enfants, ont juré sur l'autel de la patrie, devant leurs intéressantes mères, de combattre pour la liberté et de mourir pour elle.

« Vertu, s'écriait un groupe de vieillards, animez nos enfants, guidez-les dans la route de l'honneur.

« Innocence, pudeur, simplicité, disaient les mères, restez à jamais parmi nous.

« Le peuple, citoyens collègues, est au plus haut point d'élévation où il peut parvenir; toutes les passions sublimes électrisent les âmes et les conduisent à l'union.

« Que de faits extraordinaires n'aurais-je point à vous peindre! que de vérités à vous apprendre! comme vous jouirez au récit des belles actions nées sous le chaume! comme vous serez indignés des crimes commis par les oppresseurs du peuple!

« Que je regrette que la faiblesse et l'état de maladie qui me tourmentent m'empêchent d'aller aussi vite que mon cœur le désire! Mais enfin, sous peu de jours je vous dirai ce que j'ai fait, et ce que la Convention nationale doit espérer des départements qu'elle m'avait confiés. Respect, amour pour elle; guerre à mort aux tyrans, à leurs suppôts; haine implacable aux terroristes, punition du crime, voilà le vœu du peuple des départements de l'Ain, Saône-et-Loire et Allier : il est celui de la république entière, comme le vôtre et le mien.

« Je suis ici près de mon collègue Letellier, à qui je remets les renseignements que j'ai acquis sur les divers départements que vous lui avez assignés.

*Signé* BOISSET. »

*Leyris et Bouret, représentants du peuple dans les départements du Morbihan et autres, au président de la Convention nationale.*

Lorient, le 15 frimaire, 3ᵉ année républicaine.

« Nous nous empressons, citoyen président, d'apprendre à la Convention que le navire anglais *la Minerve*, de Li-

verpool, du port de 400 tonneaux, armé de 2 canons, chargé de vins, raisins, figues et autres comestibles, est entré au port de Lorient cette après-midi, ayant été pris le 7 de ce mois par la corvette *la Républicaine*.

« Salut et fraternité. LEYRIS, BOURET. »

L'insertion au Bulletin est décrétée.

— Paganel, au nom des comités des secours publics et de législation, propose, et la Convention adopte le projet de décret suivant :

« La Convention nationale; après avoir entendu ses comités des secours publics et de législation, décrète :

« Art. 1ᵉʳ. Tous les jeunes gens de l'âge de seize ans et au-dessous, actuellement détenus dans les maisons de détention de la république par jugement de police correctionnelle, ainsi que ceux de même âge détenus et non encore jugés, sont mis à la disposition de la commission de la marine, pour être employés de la manière qu'elle le jugera le plus utile à la république, sans néanmoins qu'ils y puissent être contraints.

« II. La commission de la marine prendra toutes les mesures nécessaires pour la plus prompte exécution du présent décret.

« III. Le présent décret et le rapport seront imprimés au Bulletin de la république. »

— Dubois-Dubais propose, au nom du comité des secours, deux projets de décret qui sont adoptés ainsi qu'il suit :

« La Convention nationale, après avoir entendu le rapport de son comité de secours publics sur l'indemnité payée au citoyen Larguèze, médecin, de la commune d'Aurillac, département du Cantal, comme acquitté au tribunal révolutionnaire, décrète :

« Art. 1ᵉʳ. Le citoyen Larguèze, de la commune d'Aurillac, auquel il a été payé, comme acquitté au tribunal révolutionnaire, la somme de 1,200 liv. qui ne lui appartenait pas, vu qu'il n'est pas dans l'indigence, est tenu de la remettre à la trésorerie nationale dans les vingt-quatre heures de la promulgation du présent décret.

« II. En cas de non-payement, les commissaires de la trésorerie nationale sont chargés de le poursuivre par toutes voies de droit, jusqu'à ce qu'il ait satisfait.

« III. Tout citoyen qui, à l'avenir, recevra comme indigent des secours auxquels il n'aurait pas droit à ce titre, sera tenu à la restitution de la somme qu'il aura touchée, et paiera en outre au trésor national le double de cette somme.

« IV. Ceux qui délivreront et signeront des certificats d'indigence à des citoyens qui ne seraient pas indigents seront tenus de payer au trésor public la somme qu'ils auraient fait toucher, et seront en outre destitués, s'ils sont fonctionnaires publics.

« V. Les autorités constituées surveilleront avec sévérité l'exécution du présent, dont l'insertion au Bulletin tiendra lieu de promulgation. »

— « La Convention nationale, après avoir entendu le rapport de son comité des secours publics, décrète :

« Art. 1ᵉʳ. Les citoyens indigents qui ont obtenu ou qui obtiendront à l'avenir leur liberté par jugement du tribunal révolutionnaire ou de la chambre du conseil de ce tribunal sont assimilés aux citoyens indigents mis en liberté par arrêté du comité de sûreté générale ou des représentants du peuple, et n'auront en conséquence qu'un secours de 15 sous par tête, conformément au décret du...

« II. L'insertion du présent décret au Bulletin de correspondance lui tiendra lieu de promulgation. »

CAMBON, au nom du comité des finances : Les quarante ci-devant payeurs des rentes dites de l'Hôtel-de-Ville sont créanciers de la nation de 4 millions provenant de la liquidation de leurs finances.

Ils sont en même temps comptables pour les fonds qui leur ont été confiés pour le payement des rentes des exercices, depuis 1786 jusques et y compris 1793.

Ces payeurs étaient surveillés journellement par la trésorerie nationale, qui ne leur remettait des fonds qu'à fur et mesure des besoins constatés par les bordereaux des payements exécutés.

Lorsque vous avez supprimé leurs fonctions, vous avez ordonné qu'ils verseraient à la trésorerie les fonds qu'ils avaient entre leurs mains, de sorte qu'ils ont déjà compté de clerc à maître, et ont dû verser au trésor public le reliquat dont ils étaient dépositaires le 1er floréal dernier.

Le mode de leur comptabilité par pièces est immense par ses détails; la forme qu'on suivait est extrêmement longue; il importe de l'abréger; en attendant qu'elle soit exécutée, il faut que les comptables puissent satisfaire aux engagements qu'ils ont contractés envers leurs créanciers.

Déjà plusieurs décrets leur ont imposé diverses obligations pour la reddition de leurs comptes.

L'article XXX du décret du 23 août 1793 autorise tous les comptables à rendre compte par bref état.

L'article XXXI du même décret porte que les payeurs de rentes continueront à présenter leurs comptes dans les mêmes formes qu'ils les rendaient à la ci-devant chambre des comptes.

L'article VIII du décret du 30 germinal dernier oblige tous les comptables sans exception à rendre leurs comptes dans le délai de trois mois, et à fournir aux commissaires de la trésorerie nationale les comptes de toutes les recettes et dépenses, à compter du 1er juillet 1791.

Les commissaires de la trésorerie ont écrit aux payeurs des rentes pour leur demander l'exécution de cette loi.

Les payeurs des rentes se sont adressés à votre comité des finances, pour qu'il déterminât dans quelle forme ils compteraient.

Votre comité a pensé qu'il serait convenable de ne pas diviser la comptabilité des payeurs en deux parties, et que vous deviez déroger à la disposition de la loi du 30 germinal, en les obligeant de fournir leurs comptes pour les années 1790 et antérieures, et pour les exercices depuis le 1er juillet 1791 jusqu'en 1793, au bureau de comptabilité.

Il a cru qu'il serait impossible, en continuant d'exiger que les payeurs des rentes rendissent leurs comptes dans l'ancienne forme, que cette opération ne traînât pas en longueur; d'ailleurs, toutes les rentes étant liquidées, et les anciens titres annulés, le libellé des comptes devient moins important.

Il a pensé qu'il convenait de cumuler dans un seul et même compte tous les exercices arriérés, et de le présenter par bref état, de le diviser en plusieurs colonnes, de manière que chaque article indiquera;

1° le numéro; 2° le nom du rentier; 3° la somme payée pour chaque exercice.

En cas de remboursement des rentes perpétuelles, on ajoutera au nom du rentier ( remboursé le....... ).

Pour les rentes viagères éteintes, on indiquera aussi la date du décès (décédé le..... ).

Le libellé des anciens comptes entraîne des longueurs insurmontables; celui que nous vous proposons sera très-bref; il présentera en outre, dans un seul et même compte, les cinq à six exercices arriérés, qui seront jugés par une seule vérification, ce qui accélérera beaucoup le travail et diminuera les frais, sans compromettre les intérêts de la nation;

Mais quelle que soit la célérité qui résultera de la forme de la comptabilité que nous vous proposons, elle nécessitera toujours des délais, pendant lesquels il est nécessaire que vous procuriez aux comptables les moyens de pouvoir vivre avec les intérêts de leurs finances, et satisfaire aux obligations qu'ils ont contractées envers leurs créanciers qui en poursuivent le payement.

Les payeurs des rentes ont droit, comme les autres créanciers, au payement annuel de leur inscription depuis le 1er vendémiaire an 2; mais étant comptables et n'ayant pas rendu leurs comptes, ils ne peuvent pas en recevoir le montant, l'article LXIV de la loi du 24 août 1793 portant que les propriétaires des offices comptables, ceux des fonds d'avance et cautionnements pour charges de finances, et les contrôleurs qui ont été supprimés, ne pourront recevoir le montant des intérêts annuels postérieurs à l'année 1793 qu'après avoir justifié qu'ils sont quittes envers la nation.

Les payeurs et contrôleurs des rentes étaient supprimés, mais ils continuaient leurs fonctions, et le mode de leur liquidation n'était pas déterminé: aussi l'article LXV de la même loi les excepta provisoirement de cette disposition, et ordonna qu'ils seraient payés de leurs intérêts et traitements pour l'année 1794.

L'établissement de l'ère républicaine nécessita un nouvel ordre pour le payement de la dette publique. Pour l'obtenir, vous décrétâtes, le 24 vendémiaire an 2, que toute la dette inscrite sur le grand livre commencerait à courir, pour le payement, du 1er jour de l'an 2.

Les 5 et 7 pluviose an 2, en réglant la liquidation de tous les officiers non liquidés, vous décrétâtes que les dispositions de l'article LXV de la loi du 24 août 1794, qui accordait aux payeurs et contrôleurs des rentes le payement de leurs intérêts et traitements pour 1794, comme par le passé, n'aurait lieu que pour le traitement qui devait leur être continué jusqu'au 1er pluviose an 3.

Les payeurs et contrôleurs ne peuvent donc recevoir que leurs traitements; ils sont privés du payement annuel de leur inscription jusqu'à ce que leurs comptes soient jugés et apurés.

Ils vous observent avec raison que ce n'est pas de leur faute si leurs comptes ne sont point rendus, puisque leurs opérations ne sont point encore terminées; ils vous représentent que, les fonds de leur finance ne leur appartenant pas, ils se trouvent dans le plus grand embarras, à la veille de supporter des frais considérables, et de souffrir la vente de leurs meubles, leurs créanciers réclamant avec instance le payement des intérêts qui leur sont dus, et qu'ils ne peuvent acquitter qu'avec les sommes que la république leur doit.

La demande de ces comptables est fondée; vous l'aviez jugée telle par votre décret du 24 août 1793 en les exceptant du non-payement. Sans l'établissement de l'ère républicaine et les changements qu'elle a entraînés, ils seraient déjà payés du montant annuel de leur inscription; vous aurez égard aux motifs qui vous déterminèrent à faire une exception en leur faveur, et vous la maintiendrez.

Déjà le 26 vendémiaire an 3 vous avez décrété que tous les comptables qui ont remis leurs comptes, quoiqu'ils ne soient pas jugés et apurés, pourraient recevoir le montant annuel de leur souscription, parce que vous n'avez pas voulu leur infliger une peine qu'ils ne méritaient pas, puisqu'ils avaient satisfait aux obligations qui leur étaient imposées.

Les mêmes raisons militent en faveur des payeurs

et contrôleurs des rentes, puisque, si leurs comptes ne sont pas rendus, c'est que leurs fonctions ne sont pas terminées.

Leur comptabilité, immense par ses détails, sera nécessairement longue, ne fût-ce que par les calculs et le simple arrangement des pièces à l'appui.

D'ailleurs, l'opposition de la nation existant sur une inscription représentant un capital de 600,000 l. pour chaque payeur assure et au delà la garantie de leur responsabilité.

Les payeurs des rentes réclament en outre la faculté que leur accordait la loi du 24 août 1793, qui autorise les créanciers de la nation à se libérer envers leurs créanciers personnels ayant hypothèque spéciale ou privilégiée sur la créance due par la nation au moyen d'un transfert de leur inscription.

Sans cette faculté, les payeurs des rentes se trouveraient à la merci de leurs créanciers, exposés à toutes les poursuites judiciaires, et une partie d'entre eux seraient forcés de manquer à leurs engagements.

Les créanciers qui ont une hypothèque spéciale ou privilégiée sur la finance due par la république doivent être considérés comme les vrais propriétaires; ils doivent suivre le sort des autres créanciers de la nation, et recevoir des inscriptions, si la république se libère avec cet effet envers leurs débiteurs; ce principe que vous avez toujours adopté, particulièrement par la loi du 24 août 1793, doit être commun aux payeurs.

Mais comme leurs finances forment une garantie à la nation, et qu'ils ne peuvent être remboursés qu'après leurs comptes apurés, ils seront quittes envers la république; le transfert ne peut être fait, jusqu'à cette époque, qu'à la charge d'une opposition au nom de la nation sur la propriété de l'inscription.

Sans cette précaution les intérêts de la république pourraient être compromis, parce que le gage qui forme sa garantie pourrait être anéanti. D'ailleurs, la condition du créancier est toujours la même, puisque sa créance reposait sur un fonds qui n'était disponible qu'après l'apurement du compte de son débiteur; c'était une obligation qu'il connaissait lorsqu'il a prêté ses fonds.

D'un autre côté, l'opposition de la nation sur l'inscription transférée ne dénature pas son droit de garantie; peu importe qu'il repose sur une inscription au nom d'un tel payeur ou de son créancier.

Les payeurs demandent aussi la faculté de pouvoir transférer leur inscription à leurs créanciers qui, n'ayant pas une hypothèque sur leur finance, voudront cependant la recevoir en payement, à la charge toujours de l'opposition au nom de la nation jusqu'après la parfaite libération du comptable.

Cette faculté ne préjudiciant pas aux droits de la nation, qui sont toujours conservés intacts par l'opposition, et pouvant faciliter la libération du comptable en produisant un droit d'enregistrement pour le transfert, ne pourrait pas être raisonnablement refusée.

Les payeurs des rentes ont été chargés d'un travail considérable par les lois des 24 août et 22 floréal dernier, puisqu'ils ont été obligés de remettre à la trésorerie des états très-volumineux pour la dette constituée, et des certificats de propriété aux rentiers porteurs des titres de la dette constituée et viagère; nous devons leur rendre la justice qu'ils ont rempli leur devoir dans les délais prescrits par la loi; ils ont eu cependant des obstacles à vaincre par le manque de collaborateurs. C'est à cette cause que nous devons attribuer les erreurs multipliées qu'ils ont commises dans les états qu'ils ont fournis pour la dette constituée, erreurs dont la rectification entraîne des longueurs à la délivrance des inscriptions définitives.

Cependant le travail dont ils ont été chargés était d'autant plus pénible pour eux qu'il avait pour but la suppression de leur état.

Le témoignage que nous leur rendons ne suffirait pas si la Convention ne les mettait pas à la portée de satisfaire à leur engagement envers leurs créanciers personnels, puisqu'ils se trouveraient dans le cas d'être poursuivis et peut-être leurs propriétés vendues.

C'est pour remplir ce but que votre comité des finances m'a chargé de vous proposer le projet de décret suivant :

« La Convention nationale, après avoir entendu le rapport de son comité des finances, décrète :

« Art. 1er. Les payeurs des rentes présenteront, dans six mois, au bureau de comptabilité, tous les comptes des maniements des deniers qu'ils ont eus jusqu'à la fin de l'exercice de 1793 (vieux style).

« II. Ils jouiront de la faculté accordée à tous les comptables de cumuler tous les exercices dans un seul et même compte, et de rendre leur compte par bref état, en le divisant en autant de colonnes qu'il y aura d'exercices, et en observant dans le classement de leurs dépêches le même ordre qu'ils ont observé dans le dernier compte par eux rendu.

« III. La responsabilité des payeurs des rentes jusqu'à la reddition et apurement de leurs comptes portera seulement sur la propriété des 30,000 livres de l'inscription permanente de la liquidation de leurs offices; ils pourront, en conséquence, disposer sans opposition et recevoir l'excédant de l'inscription qu'ils peuvent avoir eue en leur nom.

« IV. Les payeurs des rentes pourront se libérer envers leurs créanciers, ayant hypothèque directe et spéciale sur leur finance, en leur cédant la totalité ou partie de l'inscription en payement, ainsi qu'il est prescrit par l'article LXVI de la loi du 24 août 1793, à la charge de l'opposition au nom de la nation jusqu'à ce que leurs comptes soient définitivement arrêtés et liquidés. »

Ce projet de décret est adopté.

( La suite demain. )

N. B. Dans la séance du 27, Merlin ( de Douai), au nom des trois comités, a fait un rapport sur les réclamations d'Isnard, Lanjuinais, Defermon, et autres députés mis hors la loi, et a proposé un projet de décret portant qu'ils ne rentreraient point dans le sein de la Convention, et qu'il ne serait fait contre eux aucune poursuite. Après de très-vifs débats, ce projet de décret a été adopté.

---

## LIVRES DIVERS.

*Nouvelle Grammaire raisonnée*, à l'usage d'une jeune personne ; par une Société de gens de lettres: le citoyen C.-P. éditeur. Prix : 5 liv., en feuilles. A Paris, chez le citoyen Plassan, imprimeur-libraire, rue du Cimetière-André-des-Arcs, n° 10.

---

## Payements à la trésorerie nationale.

Le payement du perpétuel est ouvert pour les six premiers mois; il sera fait à tous ceux qui auront portions d'inscriptions au grand livre. Celui pour les rentes viagères est de huit mois vingt et un jours de l'année 1793 (vieux style).

## POLITIQUE.

### ALLEMAGNE.

*Francfort, le 26 novembre.* — On remarque qu'en ce moment, dans tous les États d'Empire, les émigrés français éprouvent des mesures de rigueur. Chassés de Berlin, ils viennent de l'être récemment des États de Bavière par un ordre qui ne fait exception de personne. Ce dernier ordre, portent les feuilles allemandes elles-mêmes, a quitté toute espèce de ménagement, et les traite comme les auteurs et les instigateurs des maux qui désolent l'Empire.

— Il est apparu un nouveau *Messie* à Berlebourg, dans le cercle du Bas-Rhin. Cet insensé dit qu'il possède toutes les vertus des anciens prophètes, et il annonce qu'il va incessamment juger toute la terre. Ce charlatan, avant de se faire dieu, était joueur de violon.

— Coblentz et les environs ont été imposés par les Français à une contribution de six mille septiers de diverses espèces de grains. Il y arrive tous les jours un grand nombre de ceux qui avaient fui à l'approche des Français.

Ces derniers ont élevé à Coblentz une batterie considérable dans le jardin électoral, au-dessus du palais. Ils prennent toutes les mesures qui peuvent assurer la défense de la place.

### PRUSSE.

*Thorn, le 24 novembre.* — L'insurrection est encore loin d'être calmée dans la Prusse méridionale. Des corps d'insurgés traversent cette contrée, et portent l'alarme jusqu'aux portes de Rawa, de Slupce, de Kalicz et de Siera.

Le détachement prussien aux ordres du colonel Hinrichs a passé la Vistule, pour se joindre aux troupes qui arrivent de la Poméranie. Ce corps doit particulièrement surveiller les propriétaires nobles qui ont accédé à l'insurrection.

Ce même colonel Hinrichs est entré à Bromberg. Le lendemain de son arrivée il a réinstallé la magistrature, et, après avoir annoncé aux habitants qu'ils étaient dégagés du serment à la république polonaise, il les a forcés de jurer fidélité au roi de Prusse. Le colonel Hinrichs s'est depuis porté à Winklaweck.

— Il y a un corps nombreux d'insurgés à Krussin et aux environs de Brzec, sous les ordres de Maljowski et Sokolew.

Un corps de cavalerie est posté près de Dobiegtowot, sous le commandement de Wolski, lieutenant du général Madalinski.

### ITALIE.

*Livourne, le 24 novembre.* — On vient d'apprendre par quelques avis de la côte d'Afrique que le pacha et le dey de Tripoli en ont été chassés par un autre pacha qui s'y est emparé du gouvernement. Les deux premiers ont pris la fuite, accompagnés de huit cents hommes.

Le nouveau pacha a promis 2,000 sequins à qui lui apporterait la tête de l'un ou de l'autre de ses ennemis, et 4,000 à quiconque les livrerait vivants.

Quoique ce nouveau pacha ait été complimenté par les consuls européens, on ne croit pas qu'il réussisse à se maintenir. On s'attend d'ailleurs que la Porte et les régences de Tunis et d'Alger prendront fait et cause pour les deux proscrits.

## CONVENTION NATIONALE.

*Arrêté du comité de sûreté générale, du 26 frimaire, l'an 3e de la république française, une et indivisible.*

Le comité de sûreté générale arrête que les copies

de ses arrêtés de mise en liberté, qui seront certifiés conformes par l'un de ses secrétaires généraux, et revêtues du sceau du comité, feront pleine et entière foi.

Le présent arrêté sera inséré au Bulletin.

Signé *les membres du comité de sûreté générale.*

---

### SUITE DE LA SÉANCE DU 26 FRIMAIRE.

*Présidence de Rewbell.*

Richard, au nom du comité de salut public, fait le rapport suivant :

Citoyens, sur la proposition d'un membre, vous avez chargé hier votre comité de salut public de vous faire un rapport relativement au complément des cadres de l'armée. Parmi les mesures qui vous ont été présentées, vous vous êtes particulièrement fixés sur la proposition d'appeler aux armées tous les jeunes citoyens qui, depuis la loi du 23 août 1793, ont atteint l'âge de dix-huit ans.

Certes nous ne doutons pas que ces braves jeunes gens ne brûlent de partager la gloire dont se sont couvertes nos nombreuses phalanges. Ils n'ont point entendu sans émotion le récit de tant de faits héroïques, de tant d'actions éclatantes, de tant de victoires, de tant de prodiges, qui ont distingué la guerre de la liberté de toutes les autres, et cette dernière campagne de celles qui l'ont précédée.

Chargés de diriger l'ardeur des intrépides défenseurs de la république, témoins en quelque sorte de leur inconcevable courage, de leur patience à toute épreuve, de leur dévouement sans bornes, nous pouvons vous dire qu'ils présentent à l'Europe un spectacle qui, s'il était vu de près par les gouvernements qui nous font la guerre, les convaincrait de l'inutilité de leurs coupables tentatives contre un peuple qui n'a pris les armes que pour le maintien de sa liberté, qui ne les déposera que quand ses droits seront assurés, et qui saura dicter la paix à ces potentats orgueilleux qui prétendaient lui donner des lois.

Depuis longtemps nous nous occupons des préparatifs de la prochaine campagne. Les bruits de paix, semés par les ennemis de la France pour amortir notre ardeur et enchaîner notre activité, ne nous en ont point imposé, et ils ne tarderont pas à s'apercevoir que, si nous ne nous sommes point laissé décourager dans la précédente campagne par les échecs que la trahison nous avait occasionnés, nous ne nous endormirons pas au bruit de nos conquêtes et de nos triomphes.

Mais, citoyens, après avoir examiné les moyens qui sont actuellement en notre disposition, après nous être assurés de l'état effectif de nos armées, nous nous sommes convaincus que nous n'avons pas besoin dans ce moment d'un nouvel appel aux jeunes citoyens, et que rien n'exige que nous les arrachions aux utiles travaux auxquels ils se livrent.

Un million de soldats républicains vous répond de la conservation des conquêtes que vous avez faites dans cette brillante campagne, et du succès des opérations que vous vous proposez de faire dans celle qui se prépare. Vos armées seront suffisamment entretenues par le retour des soldats en congé ou en convalescence, et par les citoyens de la réquisition, dont le départ a été suspendu par des causes particalières qui crossent successivement et qui les mettent dans le cas de rentrer journellement dans les bataillons dont ils font partie.

Toutes les mesures à prendre à cet égard ne sortent point de la latitude que comportent les pouvoirs que vous avez confiés à votre comité, et il m'a chargé de vous annoncer que, quant à présent, il ne croit pas nécessaire de décréter que les jeunes gens qui ont atteint dix-huit ans depuis la réquisition seront tenus de se rendre aux armées; il vous proposera en conséquence de passer à l'ordre du jour sur le renvoi que vous lui avez fait de cette motion.

Nous croyons devoir saisir cette occasion pour répondre à ces hommes qui voient en frémissant la gloire de la république, et qui se plaisent à détruire, autant qu'il est en eux, par des mensonges alarmants, les succès véritables et les triomphes réels des armées de la république.

On a répandu, il y a quelques jours, que l'armée du Nord avait perdu trente mille hommes par l'effet de l'inondation de la Hollande, et cette nouvelle absurde, qui ne pourrait se réaliser dans aucune position donnée, a trouvé du crédit jusqu'à ce moment auprès des esprits faibles; et l'armée du Nord toujours triomphante, hors de l'atteinte de l'inondation, se prépare sur les bords du Wahal à de nouveaux combats, à de nouveaux exploits.

Les nouvellistes crédules ou malintentionnés nous faisaient battre aux Pyrénées-Orientales, lorsque nous y remportions une victoire signalée, lorsque les Espagnols épouvantés nous abandonnaient précipitamment des positions importantes, des villes et des établissements considérables.

À Mayence, une prétendue sortie de la garnison nous tuait plusieurs milliers de républicains; et dans le même temps nous nous emparions de plusieurs postes fortifiés en avant de cette place, et l'ennemi, fuyant nos baïonnettes, nous laissait plusieurs pièces de canon.

D'autres enfin annoncent confidentiellement que plusieurs de nos armées sont entièrement détruites; et nos armées, couvertes de tant de lauriers, malgré les pertes et les fatigues inséparables d'une campagne aussi longue et aussi glorieuse, sont toujours nombreuses et florissantes.

Citoyens, nous méprisons ces vains bruits, qui prouvent que la malveillance et la faiblesse de nos ennemis; et si nous en avons parlé, c'est que nous avons voulu vous dire, c'est que nous avons voulu déclarer au peuple français tout entier que votre comité de salut public, appuyé sur votre énergie, sur la puissance du peuple français, sur son amour pour la liberté, ne vous dissimulera pas nos défaites, s'il arrivait que quelques-unes vinssent jamais se mêler à tant de victoires.

DEVILLE : Le rapport ne remplit pas l'objet de la Convention. On n'avait pas renvoyé au comité la proposition de faire partir tous les jeunes gens qui n'ont atteint dix-huit ans que depuis la réquisition, mais bien ceux qui, étant dans la réquisition, ont obtenu des exceptions, et ont été appelés dans les administrations. Il est temps que tous ceux-là se rendent à l'armée.

RICHARD : J'ai déjà dit que nous comptions sur les jeunes gens de la réquisition dont le départ avait été suspendu jusqu'à présent pour des causes particulières, afin de compléter l'armée. Le comité a les pouvoirs suffisants pour les faire partir, et je vous assure qu'il ne les laissera pas sans rien faire.

DUHEM : La proposition de Deville est très-importante. Il est scandaleux de voir un tas de jeunes gens qui, sous prétexte de manier la plume, ne font rien

à Paris, tandis que leurs camarades se battent. (Applaudissements.) Il est évident que ces hommes-là sont des lâches. (Murmures.) Quand j'entends dire que le talent de certains d'entre eux est nécessaire à la république, je réponds qu'il y a des jeunes gens du même âge qui sont couverts d'honorables blessures, et qui peuvent les remplacer. Au reste, les enfants des honnêtes artisans sont aussi utiles à la république qu'un tas de fainéants qui couvrent le pavé des grandes villes. Je demande que la Convention se prononce fortement contre ceux qui sont ici à ne rien faire. Je ne parle pas de ceux qui ont atteint dix-huit ans depuis la réquisition; nos armées sont assez nombreuses pour que nous n'ayons pas besoin de faire un nouvel appel à la jeunesse; mais je demande que ceux qui ont quitté l'armée et qui sont valides soient tenus d'y retourner. Je demande que l'œil de la surveillance soit ouvert jour et nuit sur ceux qui se sont cachés, qui ont escamoté des brevets dans les charrois et dans les autres administrations, pour ne pas porter la baïonnette. Je demande que la Convention ordonne que tous ces jeunes gens rejoindront l'armée.

MAURE : J'appuie la proposition de Duhem; mais il ne faut pas qu'elle soit restreinte à Paris seulement. Au lieu de prendre des gens expérimentés pour remplir les places de commissaires des guerres, on a pris des jeunes gens de la réquisition. Avant le danger de la patrie, tous les jeunes gens ne songeaient pas à s'occuper des sciences exactes; il y a assez de savants dans la république. (Murmures.) Ce n'est pas la haine qui me fait parler (rumeurs); c'est le bien de ces jeunes gens que je demande. Qu'ils aillent brunir leur teint à l'armée; ce n'est pas dans la poussière d'un bureau qu'on sait ce qu'en vaut l'aune.

Je demande que tous ceux qui étaient compris dans la réquisition et qui se portent bien soient tenus de rejoindre.

BARAILON : Je ne prends pas la parole en faveur des lâches, ni des déserteurs de la cause de la patrie; mais je veux dire la vérité. Je rappelle à la Convention que ce sont les comités de Robespierre, que ce sont les commissaires envoyés sous son règne, qui ont accordé aux jeunes gens les réquisitions dont on se plaint aujourd'hui. (Vifs applaudissements.)

Le mal est fait, il s'agit de le réparer; mais pour cela il n'est pas besoin d'un nouveau décret; le comité de salut public a les pouvoirs nécessaires pour faire exécuter l'ancien; ainsi, je demande l'ordre du jour motivé sur l'existence de la loi.

*** : Je suis aussi d'avis que les bras des jeunes citoyens doivent être employés à la défense de la patrie; mais je voudrais que ceux qui se plaignent des réquisitions qui ont été données fussent plus conséquents avec eux-mêmes, et qu'ils se rappelassent que, si l'on remontait à la source, que si l'on recherchait quels sont ceux qui les ont accordées (quelques murmures), on pourrait bien trouver que ceux qui murmurent dans ce moment n'y sont point étrangers. (Applaudissements.) Je crois qu'on doit se reposer sur le comité de gouvernement; il aura soin de faire partir ces jeunes gens quand il les aura remplacés par des hommes en état de faire leur besogne. Au surplus, la loi existe, et je demande, comme Barailon, l'ordre du jour motivé sur la loi.

La Convention passe à l'ordre du jour motivé.

ROUX-FAZILLAC : Je demande que les agents nationaux des districts soient chargés, sur leur responsabilité, de rendre compte de l'exécution de la loi, chaque décade, au comité de salut public.

DARTIGOYTE : S'il est vrai que plusieurs jeunes gens se sont placés dans les bureaux et dans les charrois pour éviter la réquisition, il est vrai aussi que dans les campagnes beaucoup de jeunes gens sont seuls à la tête de la charrue. J'ai accordé cinq ou six cents exemptions à des jeunes gens occupés à l'agriculture, et je vous assure que, si vous les faites partir, ces cinq ou six cents métairies resteront sans valeur ; les terres ne seront pas cultivées, et ce sera autant de perdu pour la récolte. Je pense que, pour concilier l'intérêt national et l'intérêt particulier, la Convention doit s'en tenir à l'ordre du jour, parce que le comité de salut public, qui, certes, mérite notre confiance, saura distinguer quels sont ceux qui doivent marcher des gens utiles qui doivent rester. Je demande l'ordre du jour sur la proposition de Roux-Fasillac.

La Convention passe à l'ordre du jour.

Deville et Roux-Fasillac réclament contre cette décision.

Duhem fait entendre des cris encore plus forts au milieu du bruit.

*Plusieurs voix* : Président, rappelle que nous ne sommes point aux Jacobins.

*** : On s'aperçoit que Carrier a été jugé aujourd'hui.

DUHEM : J'ai le droit de parler. Je demande s'il n'y aura que les enfants des pauvres qui iront à l'armée, et si l'on laissera ici les muscadins.

*** : Les cris de Duhem prouvent qu'il se ressouvient de quelle manière les jeunes gens ont traité les Jacobins.

GUYOMARD : Duhem vient de mettre en avant des faits qui peuvent ramener la division. Je demande qu'il soit entendu, et je lui répondrai. (Applaudissements.)

ROUX-FASILLAC : Vous avez décrété que tous les citoyens en réquisition seraient tenus de rejoindre les drapeaux....

*Plusieurs voix* : Non, non ! le décret existait.

ROUX-FASILLAC : Reste à savoir s'il recevait son exécution ; et je vous assure que pendant quinze mois que j'ai été en mission je n'ai pas vu qu'il fût exécuté....

*Plusieurs voix* : Cela ne fait pas ton éloge.

ROUX-FASILLAC : Il n'y a point de subterfuges que les messieurs, que les plumitifs n'emploient pour se soustraire à la réquisition, et ils trouvent une protection singulière dans les autorités constituées. Je demande que, pour assurer l'exécution de la loi, l'amendement que j'ai proposé soit adopté.

RICHARD : Il suffit, pour terminer cette discussion, de se rappeler quel est l'état de la question. Vous ne voulez pas qu'aucun des jeunes gens sujets à la réquisition puisse s'y soustraire ; la loi est précise à cet égard ; vous n'en rendrez pas une plus claire. On ne fait qu'élever des obstacles en multipliant les lois sur le même objet. Personne plus que ceux qui sont chargés de diriger les armées ne doit désirer de les voir complètes et triomphantes, et nous vous assurons que nous ferons strictement exécuter la loi.

La Convention passe à l'ordre du jour.

La séance est levée à quatre heures.

### SÉANCE DU 27 FRIMAIRE.

On lit une lettre du général Kellermann.

« J'ai servi mon pays avec zèle, dit-il, et je compte dans la révolution deux époques auxquelles je l'ai sauvé, en Champagne et dans le Mont-Blanc. J'ai été destitué et incarcéré pendant treize mois ; enfin mon innocence a été reconnue par le tribunal révolutionnaire. »

Kellermann demande des indemnités pour la perte de ses équipages, la réintégration dans son grade de général, et le payement de ses appointements jusqu'à cette époque.

On demande le renvoi de cette lettre au comité de salut public.

Cette proposition est décrétée.

— On lit les lettres suivantes :

*Blutel, représentant du peuple dans les ports de La Rochelle, Rochefort, Bordeaux, Bayonne et ports adjacents, à la Convention nationale.*

A Rochefort, le 21 frimaire, 3ᵉ année républicaine.

« J'ai rendu compte, citoyens collègues, aux comités de salut public et de commerce, de mes opérations dans les ports de La Rochelle et de Rochefort, depuis mon arrivée dans ces deux communes. Je leur ai annoncé les richesses immenses qui proviennent des prises en marchandises et denrées de tout genre.

« Je n'ai pu que les esquisser à Rochefort, puisque quinze navires sont encore sous le scellé, et que nous en ignorons le contenu. L'apathie qui règne dans les agents subalternes, l'inactivité des habitants de cette commune, résultat, dit-on, du peu de santé dont ils jouissent, ont été des obstacles presque insurmontables pour les agents en chef ; partout ils rencontraient des entraves qu'un représentant du peuple pouvait seul lever. Les travaux du port absorbent d'ailleurs tous les ouvriers de dix lieues à la ronde ; les chevaux, les voitures, tout y est employé. De là la longueur dans les opérations commerciales ; de là l'impossibilité, au moins relative, de se conformer à la loi dans le déchargement des prises ; de là quelques avaries dans les navires qui se trouvent en rivière depuis dix, huit, six et quatre mois. D'un autre côté, un malentendu, un petit orgueil entre les divers agents qui doivent procéder aux diverses formalités requises, entravait encore la marche déjà retardée de ces opérations ; on ne concevait pas comment on pouvait mettre deux navires en déchargement à la fois. Je le leur ai prouvé en en mettant quatre, et en levant sur-le-champ tous les obstacles qui m'étaient présentés. Aujourd'hui nous avons six opérations, et j'espère faire marcher cette machine au gré de mon impatience, mesurée sur les besoins de la république.

« Je puis toujours vous annoncer que je fais expédier pour Paris cent soixante milliers d'huile d'olive fine, et cinq à six cents milliers de sucre. J'y joindrai du savon aussitôt que le déchargement qui s'opère maintenant sera fini.

« D'après le décret du 12, qui ordonne la vente de toutes les marchandises provenant de prises, j'ai dû suspendre, et j'ai suspendu en effet la distribution que j'avais projetée, même celle ordonnée par la commission, pour toute autre destination que l'approvisionnement de Paris, des armées, de la marine, et celle relative aux marchandises prohibées. Il ne m'a pas paru juste qu'il fût aujourd'hui délivré à un particulier des marchandises à un prix déterminé, lorsque, dans quelques jours, les mêmes objets seront vendus au plus offrant et dernier enchérisseur ; néanmoins, quand les besoins me paraissent pressants, je donne des ordres de livraison, mais sous la condition et soumission de rapporter à la caisse la somme excédante, d'après la vente qui sera faite de ces mêmes objets. Voilà ce que j'ai cru devoir faire pour me conformer au décret. Nous avons ici une quantité assez considérable de café, d'indigo, des sucres, des huiles d'olive, des sels, des tabacs, des bois de teinture, de la cochenille, des laines d'Espagne, des cuirs en poil et tannés. Les navires non déchargés, dont la cargaison est annoncée, promettent de la soude, des fruits secs, de la graine de lin, des huiles d'olive, des tabacs, des bois merrains, des charbons de terre, des ferblancs, des sucres, des salines, des fers, des cuirs et autres objets précieux dont je ne puis encore donner les qualités. Je vais m'occuper de faire faire des ints des marchandises en magasin, et j'en ferai la vente par affiche à l'époque que je déterminerai.

« La plus grande activité règne ici dans les travaux du port ; au nom des Anglais, le peuple sent accroître sa haine, et chacun veut concourir aux moyens de destruction d'un gouvernement dont les bases sont posées sur l'injustice, la déloyauté et l'oubli de tous les principes sociaux. Je ne négligerai rien pour stimuler encore leur zèle ; le bien de ma patrie, la destruction des tyrans qui l'oppriment, voilà mon vœu et le but de toutes mes actions. Vive la république ! vive le peuple français ! *Signé* BLUTAL. »

*Les représentants du peuple dans les départements de l'Ouest et près l'armée, à la Convention nationale.*

À Fontenay-le-Peuple, le 20 frimaire, l'an 3e de la république française, une et indivisible.

« Citoyens collègues, aussitôt notre arrivée dans les départements de l'Ouest, nous n'avons rien négligé pour connaître le génie des habitants, y faire triompher les principes de la Convention nationale, et mettre partout à l'ordre du jour la moralité, la justice et l'humanité. Nos premiers efforts nous ont bientôt appris que ces habitants étaient dignes du beau nom de républicains, qu'ils chérissaient la liberté et l'égalité, et qu'ils étaient capables de tout entreprendre pour leur défense et la destruction des ennemis intérieurs.

« Plus de quatre cents détenus, gémissant dans les fers depuis longtemps, et dans la plus affreuse misère, arrêtés par la force armée, paisibles dans leurs demeures ou à leurs travaux, ont fixé notre attention ; et nous avons, par une proclamation, pris les mesures nécessaires pour les rendre à leur liberté et à leurs travaux, empêcher le besoin des arrestations, assurer la protection la plus entière aux habitants paisibles et laborieux, faire respecter les propriétés même dans les pays insurgés, porter consolation aux victimes malheureuses de la rébellion, assurer appui aux faibles et encouragements aux hommes égarés, et donner à ceux des réfugiés ou détenus qui étaient dans le besoin tous les secours qu'ils pouvaient attendre de l'humanité et de la générosité nationale.

« Ces premiers moments n'ont pas été perdus pour l'armée, qui devait spécialement occuper notre sollicitude ; de premiers renseignements nous sont parvenus, des états nous ont été fournis, et nous avons vu par nous-mêmes tout ce qui y a rapport. Notre présence dans les camps, postes et cantonnements, a ranimé le courage et l'énergie du soldat, et bientôt nous avons vu reparaître dans l'armée la discipline, en destituant, suspendant et éloignant des généraux immoraux, lâches ou perfides.

« L'armée était bien composée d'environ quarante-cinq mille hommes ; mais plus de quinze mille étaient dans les hôpitaux, et chaque jour en voyait grossir le nombre ; dix mille étaient dans les places, et vingt mille seulement disséminés sur une circonférence d'environ cent vingt lieues. Nous les avons vus, ces braves soldats, à leur poste, la plus grande partie sans armes, sans habits, sans souliers, manquant de tout, sans se plaindre ; souvent sans chefs, abandonnés dans des postes sans défense, et continuellement aux prises avec les brigands et livrés à leur férocité.

« Nos premiers soins ont été de faire assurer leurs postes, de leur faire donner des chefs dignes de leur courage, des armes, des habits, des souliers, d'assurer leur subsistance par des réquisitions successives, et de renforcer leur nombre par l'opération de l'encadrement, négligée jusque-là par des intentions au moins suspectes, en laissant les volontaires de réquisition entassés dans les dépôts, sans instruction, et réduits à un état de nullité et de misère.

« Nos visites fréquentes dans les hôpitaux y ont fait rétablir l'activité et les soins : des officiers de santé et des infirmiers, la propreté et la salubrité des comestibles ; nous avons connu leurs besoins, et nous y avons fait pourvoir ; les malheureux soldats, entassés dans des greniers, dans des corridors, et surtout dans des lieux frais et plus malsains, sans paille ni couverture, ont reçu depuis les secours que doivent leur rendre l'humanité et la reconnaissance nationale ; et ils sont, pour la plupart, rentrés dans leurs bataillons.

« Les forces de l'armée s'augmentant ainsi de ces différentes sources, les postes ont été renforcés et multipliés, et ont mis à couvert les différentes communes exposées aux horreurs de quelques bandes de scélérats échappés à la horde des brigands, ou qui favorisaient leurs projets ; et faisant concourir les moyens de tranquilliser les citoyens paisibles et de se défendre eux-mêmes avec ceux qui doivent garantir leurs personnes et leurs propriétés, nous leur avons fait distribuer des armes et des munitions, sous la surveillance et la responsabilité des administrations de district.

« L'armée est forte de cinquante mille hommes effectifs et disponibles, bien répartis dans les camps, postes et cantonnements, resserrée sur l'ennemi, résistant à toutes les attaques, bien armée et équipée, et dont les subsistances sont assurées pour quelques mois.

« Votre décret, citoyens collègues, a été reçu dans ces départements avec reconnaissance et attendrissement, et aux plus vifs applaudissements ; les réfugiés oubliaient leurs maux en voyant arriver l'instant de rentrer paisibles dans leurs foyers et de reprendre leurs travaux. Les fonctionnaires publics sont là, et prêts à aller reprendre leurs fonctions : tous iront publier vos bienfaits, et rappeler de leur égarement des hommes faibles et subjugués dont vous épargniez le sang.

« Nous n'attendons plus que l'envoi officiel de la loi et l'arrivée de nos collègues ; et s'il reste quelques forcené sourd à la voix de la patrie, et qui refuse la main secourable qu'elle lui tend, ces ennemis de l'humanité seront bientôt punis de leur témérité.

« Dans les intervalles de ces opérations, nous avons parcouru les chefs-lieux de département et de district libres, pour y réorganiser les autorités constituées, où il n'y avons laissé en place que des hommes probes, modestes et intelligents.

« Nous avons rendu la liberté à tous ceux des détenus qui ont paru victimes de l'intrigue, de la passion, ou dont la vieillesse, les infirmités ou la faiblesse de l'âge prévalaient, en faveur de l'humanité, fléchir la sévérité des mesures de sûreté ; à les laboureurs, artisans, artistes, marchands, et les pères des défenseurs de la patrie, en conciliant avec la justice ce que nous imposaient les circonstances difficiles où nous nous trouvions.

« Les lois qui accordent des secours aux parents des défenseurs de la patrie, aux réfugiés, aux victimes de la rébellion, aux vieillards, cultivateurs et artisans, aux veuves et aux mères de famille, s'exécutent avec soin, et font adorer le gouvernement républicain, et admirer la justice de la représentation nationale.

« Salut et fraternité.

« *Signé* DORNIER, AVRIL, GUYARDIN. »

— Un secrétaire fait lecture de la lettre suivante :

*J. Julien (de Toulouse) à la Convention nationale.*

« Représentants du peuple, les formes que l'Assemblée nationale a données à la justice ont déjà mis plus d'un innocent à l'abri de la destinée du crime ; la loi de la garantie de la représentation nationale va le rassurer elle-même contre l'erreur et les suggestions insidieuses.

« Au milieu d'un désert impénétrable à tout autre qu'à un mortel ennemi de la tyrannie, je réclame aussi la justice de la Convention ; ma tête proscrite et mise à prix a échappé au fer vengeur de la cause du tyran renversé, et je rentre dans les droits qu'a tout citoyen français de demander et d'obtenir justice d'un sénat magnanime qui l'a réellement mise à l'ordre du jour. Je saurai détruire tous les soupçons élevés sur mon désintéressement, lorsque la Convention, après avoir rapporté le décret qui me met hors de la loi, m'aura permis de me justifier devant elle ; je lui dévoilerai toute ma conduite révolutionnaire, et celle que j'ai tenue dans les différentes places auxquelles la confiance publique m'a porté. Je n'ai point à me reprocher de crime envers ma patrie ; ma conscience est pure ; et si, pour me rendre la proie du tyran, il a fallu me supposer la ruse de n'avoir rien signé, combien ma situation doit changer aujourd'hui, où je trouverai autant de défenseurs que d'hommes justes et impartiaux ! Oui, citoyens

Le général Legros devant Cobourg.

Typ. Henri Ime.

représentants, vous changerez ma situation. Sous le règne de la tyrannie mon sort n'était point à plaindre : je souffrais pour la cause de la liberté et de la justice ; mais, sous celui des lois, il deviendrait horrible ; car mon silence pourrait me faire présumer coupable, et l'idée du crime me causerait la mort.

« Représentants du peuple, faites donc examiner les causes de ma proscription ; que je puisse profiter du bienfait de la garantie, et me défendre devant vous : vous verrez que, si jamais j'ai pu être victime de quelque terreur politique, je ne me suis pas du moins livré aux infâmes manœuvres qu'on m'a supposées ; mais vous n'oublierez pas surtout que le temps où ma perte a été jurée remonte à l'époque où j'osai dire que, si Robespierre prétendait à la domination, je serais le premier à lui enfoncer le poignard dans le sein...'Voilà la source de tous mes maux.

« *Signé* J. **Jullien** (de Toulouse). »

Plusieurs membres réclament l'ordre du jour ; d'autres demandent le renvoi de la lettre aux trois comités.

L'ordre du jour mis aux voix est rejeté.

**Dentzel** : Ou Jullien (de Toulouse) est hors de la loi, et alors il n'est point jugé, et il faut qu'il le soit ; ou bien il est seulement décrété d'accusation, et alors il faut indiquer le tribunal devant lequel il sera traduit. Ainsi dans tous les cas il faut renvoyer aux comités.

Le renvoi est décrété.

**Lakanal** : Je proposal, il y a quelques jours, de nommer Fourcroy à la place de Sieyès, qui avait donné sa démission, pour surveiller l'École normale. On observa que Fourcroy était occupé au comité de salut public. Je vous propose aujourd'hui, au nom du comité d'instruction, l'ancien ami de J.-J. Rousseau, notre collègue Deleyre.

La Convention nomme le citoyen Deleyre.

—Veau présente des vues sur les moyens de faire fleurir l'agriculture, le commerce et les arts ; elles sont renvoyées au comité de ce nom.

— Ramel soumet à l'assemblée le projet de décret sur les contributions directes de 1794 (vieux style). Ce projet embrasse trois points principaux : les dégrèvements réclamés pour les exercices antérieurs ; le montant de la contribution à recouvrer, avec le mode de sa répartition, et la suppression totale de la contribution mobilière.

Une discussion s'élève sur la somme à laquelle seront fixés les dégrèvements.

La Convention décrète que les administrations ne pourront adjuger en dégrèvements plus de la moitié de la contribution de 1794, y compris les sous additionnels.

La Convention décrète en outre que les directoires de district statueront sur toutes les demandes en dégrèvement, décharge ou réduction, remise ou modération formées antérieurement à la publication de la loi, soit par les communes, soit par les particuliers, soit sur la contribution des exercices de 1791, 1792 et 1793, et ce nonobstant toute expiration de délai, après s'être procuré tous les renseignements locaux, fait faire, s'il y a lieu, toutes les vérifications qui peuvent assurer la justice de leur décision, et sans être astreints à s'en tenir aux évaluations faites dans les matrices de rôles.

**Lequinio**, au nom du comité d'instruction publique : Citoyens, je viens, au nom de votre comité d'instruction publique, vous proposer de garder dans les fastes honorables de votre histoire le nom d'un héros mort pour la liberté, pour la défense des droits du peuple, et qui, jusque sur les bords de sa tombe, a bravé de sang-froid toutes les fureurs de la tyrannie.

Le citoyen Legros, Belge de naissance, prit les armes et s'enrôla sous les drapeaux de la liberté dès la première commotion révolutionnaire de la Belgique ; ses talents et son patriotisme lui méritèrent le grade de major dans l'armée belge. Lors de la trahison et de la défection qu'éprouva le parti populaire de cette contrée, Legros fut incarcéré.

Lors de leur première entrée dans la Belgique, les armées triomphantes de la France le tirèrent de sa prison. Il entra au service de la république ; il fut fait commandant temporaire de Saint-Quentin, et n'a laissé dans cette commune qu'une profonde estime et des regrets sincères de sa personne. Devenu chef de brigade dans l'armée du Nord, il résista aux sollicitations des traîtres qui essayaient de le corrompre. Le 17 août 1793, ces scélérats, pour le perdre, le placèrent dans la forêt de Mormal, et le livrèrent à l'invasion de toute l'armée autrichienne. Après la plus vigoureuse défense, il fut tourné par un corps de cavalerie autrichienne, qui hacha sa troupe et le fit prisonnier.

Cobourg, devant qui on le conduisit, le condamna à être fusillé. Il ne réclama point contre cette sentence tyrannique ; il demanda pour seule grâce qu'on épargnât sa femme et ses enfants. Il ne voulut point permettre qu'on lui bandât les yeux, et il dit aux satellites des tyrans, qui cachaient les armes qui allaient servir à son supplice : « Quoi ! vous tremblez ! Ignorez-vous qu'un républicain sait braver la mort ? Je meurs pour la liberté, mais les Français vengeront mon trépas. »

Ces détails ont été rapportés par les ennemis mêmes, que la conduite ferme et vertueuse du citoyen Legros avait remplis d'un sentiment de vénération pour ce général. Ils vous ont été transmis par notre collègue Laurent, qui était alors à cette armée, vous avez ordonné à votre comité d'instruction publique de vous faire un rapport à ce sujet.

Plusieurs pièces authentiques ont été mises sous ses yeux, et il en est résulté la confirmation des détails que je viens de vous donner.

Votre comité vous propose de déclarer que le nom du général Legros sera inscrit sur la colonne du Panthéon, et que les circonstances de sa mort seront insérées dans le recueil des faits héroïques.

Cette proposition est décrétée.

— On lit la lettre suivante :

*La commission nationale des administrations civiles, de police et des tribunaux, au citoyen président de la Convention nationale.*

Paris, le 24 frimaire, l'an 3ᵉ de la république française, une et indivisible.

« Citoyen président, plusieurs journaux paraissent vouloir accréditer le bruit que l'on continue à grands frais la construction de maisons d'arrêt dans les plus beaux édifices, tandis que le nombre des détenus diminue considérablement par l'exercice de la justice, qui ne frappe que les coupables. L'impression funeste que pourrait faire une pareille assertion sur l'esprit public impose à la commission l'obligation de rassurer à cet égard la Convention nationale en lui rendant compte des mesures qu'elle a prises depuis longtemps pour arrêter les travaux inutiles, et réduire au plus petit nombre possible celui des maisons d'arrêt.

« A peine le décret du 14 fructidor a-t-il donné à la commission de surveillance l'administration et la police de toutes les maisons d'arrêt et de détention de la commune de Paris, qu'elle s'est occupée du soin de les connaître toutes.

« Indépendamment des dépôts appelés *violons*, qui existaient dans presque toutes les sections, le nombre des prisons et maisons d'arrêt s'élevait à trente-quatre ; elles sont en ce moment réduites à quatorze, y compris les hospices, maisons de santé, et la Conciergerie, qui ne renferme que les personnes impliquées dans l'affaire de Nantes.

« La commission, ayant encore appris qu'il y avait des ouvriers dans plusieurs maisons d'arrêt supprimées, et voulant épargner à la république des dépenses inutiles, et qu'elle n'avait ni autorisées ni jugées nécessaires, mais qui se faisaient par suite d'anciens ordres du département, a cru devoir en prévenir le comité des travaux publics, qui, par arrêté du 24 brumaire, a suspendu tous les travaux dans les différentes maisons d'arrêt, de détention et de santé.

« Cet sage mesure a mis de l'ordre dans les dépenses, et votre comité n'a autorisé depuis que les réparations ou améliorations reconnues indispensables, dans les maisons qui renferment des détenus.

« La commission doit vous observer que le bâtiment du Luxembourg, et celui du ci-devant Evêché sont les seuls des grands édifices nationaux qui soient aujourd'hui consacrés à servir de maison d'arrêt; l'un sert d'hospice salubre aux prévenus de conspiration, malades; l'autre renferme toutes les personnes arrêtées comme suspectes, ou par mesure de sûreté générale. Ils servent depuis longtemps à cette destination, et, depuis le décret du 14 fructidor, la commission n'a pas connaissance qu'il se soit fait au Luxembourg aucune dépense de construction ou amélioration. Cette maison même doit bientôt cesser d'être maison d'arrêt, et la commission va prendre, à cet égard, les ordres des différents comités de la Convention.

« Par les suppressions opérées jusqu'à ce jour, les maisons de Lazare et Port-Libre, des Carmes, des Quatre-Nations, des Petits-Pères, des Fermes, de Picpus, et beaucoup d'autres moins considérables, sont remises à la disposition de la nation.

« Par l'effet de l'arrêté de votre comité des travaux publics, les constructions et réparations sont suspendues partout, et le zèle des architectes prend un autre cours.

« Ainsi, loin de voir s'élever de nouvelles maisons d'arrêt, construites à grands frais dans les plus beaux édifices nationaux, la Convention apprendra avec plaisir que le nombre en est presque réduit au point de ne pouvoir plus diminuer, et qu'au Luxembourg, à l'hospice de ci-devant Evêché et au Plessis près, il ne reste plus que des bâtiments anciennement consacrés aux prévenus de délits, tels que Bicêtre, la Force, Pélagie, les Madelonnettes, la Salpêtrière, et le Plessis, qui remplace la Conciergerie.

« La commission a cru, citoyen président, devoir vous soumettre ces observations, qui rassureront sans doute la Convention nationale et le public sur les bruits répandus au sujet de la construction de nouvelles maisons d'arrêt, et qui, s'ils étaient fondés, seraient faits pour alarmer les citoyens, et leur donner le change sur l'esprit de justice qui anime si puissamment la Convention nationale.

« Le chargé provisoire, Aumont. »

Mention honorable, insertion au Bulletin.

MERLIN (de Douai) : Par plusieurs décrets rendus successivement depuis peu de jours, vous avez ordonné à vos comités de salut public, de sûreté générale et de législation, de vous présenter leurs vues sur les pétitions que vous ont adressées Lanjuinais, Defermon, Isnard, Louvet (du Loiret), Gustave Doulcet et autres, qui avaient été frappés, soit par le décret de mise hors la loi du 28 juillet 1793, soit par le décret d'accusation du 3 octobre suivant.

Vos comités ont apporté dans l'examen de cette affaire le même esprit qui les avait dirigés dans l'examen de celle que vous avez terminée le 18 de ce mois, avec une aussi heureuse et aussi touchante unanimité.

Dans l'une comme dans l'autre, ils n'ont écouté que la voix de la patrie; ils n'ont vu que le salut du peuple; ils n'ont cherché que le triomphe de la liberté, que la consolidation de la république ; et ces grands motifs qui, dans la première, les ont déterminés à vous proposer le rappel de soixante-quinze représentants du peuple éloignés depuis longtemps

de la Convention nationale, les obligent aujourd'hui de vous présenter sur la seconde le projet de décret suivant :

« La Convention nationale, après avoir entendu les comités de salut public, de sûreté générale et de législation, décrète :

«Aucun des dénommés dans les décrets des 28 juillet et 3 octobre 1793 (vieux style), à l'exception des représentants du peuple rappelés à leurs fonctions par le décret du 18 frimaire présent mois, ne rentrera dans le sein de la Convention nationale, et il ne pourra être fait contre eux aucunes poursuites par les tribunaux. »

*Quelques membres :* Aux voix ! aux voix !
*D'autres voix :* Non, non !

GUÉRIN : Il me semble que dans une discussion aussi importante, qui intéresse d'aussi près la souveraineté nationale et les droits du peuple, on ne doit pas adopter de confiance l'avis des comités, sans connaître les motifs de leur détermination. Je demande que la Convention ordonne l'impression des pièces et l'ajournement à trois jours. (Applaudissements.)

LE RAPPORTEUR : La première fois que nous vous avons proposé de statuer sur le sort de ceux de nos collègues qui avaient été éloignés de la Convention, on n'a demandé ni impression ni ajournement. (Violents murmures.)

*** : Vous proposiez alors de faire un acte de justice ; il n'en est pas de même aujourd'hui.

LE RAPPORTEUR : Voulez-vous donner à l'opinion publique une direction subversive de la révolution ? Voulez-vous faire dire à la malveillance que vous n'avez fermé les portes des Jacobins que pour ouvrir celles du Temple? (Quelques applaudissements dans une partie de la salle. — Violents murmures. — Quelques membres s'agitent en criant: *Vive la république!* Toute l'assemblée se lève en répétant ce cri.)

GUYOMARD : Il s'agit des principes, et je saurai les faire valoir. (Applaudissements. — Quelques membres rient.)

LEGENDRE : Je demande la parole pour une motion d'ordre. Si la discussion s'engage, il faudra aborder la question avec toute la franchise, avec toute la fermeté dont chaque homme a été doué par la nature. (Applaudissements.) Eh bien, je déclare que la discussion seule est une calamité publique, et le salut de la patrie exige qu'elle ne s'ouvre pas. Je ne sais comment les grands politiques envisagent cette affaire ; mais moi, en y pensant, j'ai cru que les hommes qui avaient parcouru les départements le poignard à la main, qui avaient induit les citoyens en erreur....

GUYOMARD : Ceux-là doivent aller à l'échafaud ; les autres doivent rentrer ici.

LEGENDRE : Je le répète, cette discussion peut déchirer le sein de la patrie.

*Plusieurs voix :* L'appel nominal !

CLAUZEL : L'aristocratie veut diviser la Convention ; il n'est pas possible que nos collègues ne le sentent pas.

DEVILLE : Aux voix le décret !

GUYOMARD : Les coupables à la mort, les innocents à la Convention !

*Plusieurs voix :* Si nos collègues sont criminels, il faut en faire justice... Nous demandons l'appel nominal...

SALADIN : Je demande que l'appel nominal porte sur la question de savoir si la discussion s'ouvrira.

Des rumeurs partent d'un coin de la salle. — Le bruit augmente ; le président se couvre. — Le bruit diminue. — Il cesse.

Le Président, découvert : On a proposé de fermer la discussion...

*** : Elle n'a pas été ouverte.

Le président met aux voix la question de savoir si la discussion sera fermée. Il fait la première partie de l'épreuve. — Un grand nombre de membres réclament l'appel nominal, et vont s'inscrire à cet effet au bureau. — *Aux voix le décret !* s'écrient les autres avec une égale chaleur. — Quelques membres demandent la parole ; leur voix se confond dans le tumulte des interlocutions diverses.

Le président se couvre de nouveau pour rétablir le silence.

Le Président, découvert : La Convention a décrété que la discussion était fermée...

*Plusieurs voix :* Non, non !

Le Président : On a demandé l'appel nominal ; il faut d'abord voter suivant le mode, et l'on ira ensuite à l'appel nominal, s'il est nécessaire. Je mets aux voix le décret.

La majorité de l'assemblée se lève pour l'adoption du décret.

*Plusieurs membres :* L'ajournement !

Guyomard: Je demande la parole pour rappeler le règlement qui a été violé. (Des murmures partent d'une partie de la salle.)

Le Président : J'ai mis aux voix le décret ; il est adopté.

*Quelques voix :* Non, non !

Le Président : S'il y a du doute, je remettrai aux voix.

Guyomard : L'ajournement !

Le Président : On observe qu'aux termes du règlement l'ajournement, étant appuyé, devait être mis aux voix auparavant.

André Dumont : La question préalable.

Pénières : Je demande la parole contre la question préalable.

*Plusieurs membres :* Aux voix le décret !... La discussion est fermée...

Pénières : Je parlerai, malgré les cris de ceux qui étouffent ma voix.

Tallien : Je demande la parole.

Le président sonne. — Pénières paraît s'agiter à la tribune.

On entend dans une extrémité de la salle quelques voix crier : *A bas de la tribune! à l'Abbaye!—* D'autres réclament la parole pour l'orateur. — Au milieu de ces clameurs opposées, le tumulte devient général.

Le président se couvre une troisième fois. — Les réclamations diminuent à ce signal. — L'agitation cesse.

Le Président, découvert : Citoyens, ce tumulte doit être affligeant pour tous ceux qui aiment leur patrie. Un membre a demandé la parole sur la question préalable ; je lui ai dit qu'il fallait que je consultasse auparavant l'assemblée. Je sonnais pour empêcher qu'il prît la parole, il s'est jeté sur la sonnette.

*Quelques voix :* A l'Abbaye !

Duroy : C'est un fait dont nous sommes tous témoins ; le président l'atteste d'ailleurs. Il faut nécessairement que le membre qui est accusé soit envoyé à l'Abbaye pour quelques jours.

Pénières : Je demande la parole sur l'inculpation.

*Plusieurs voix :* L'ordre du jour !

Guyomard : Si Pénières a manqué à l'assemblée, il faut qu'il soit puni, mais pour cela il ne faut pas chasser nos collègues de cette assemblée sans avoir reconnu s'ils sont ou non criminels.

La Convention passe à l'ordre du jour sur l'inculpation.

Le président rappelle l'état de la délibération.

Tallien : Je demande à appuyer l'ajournement, pour l'honneur de la représentation nationale. (Applaudissements d'une partie de l'assemblée.)

Paganel : Je demande que l'assemblée soit consultée pour savoir si Tallien aura la parole.

*Plusieurs voix :* Rappelez à l'ordre celui qui met en doute si l'on aura la liberté d'exprimer son opinion.

Le Président : Je déclare que, la délibération étant commencée, je n'accorderai la parole que d'après la volonté de la Convention. Je mets aux voix si elle sera accordée à quelqu'un.

*Plusieurs membres :* Cela ne peut pas être mis aux voix.

Bourdon (de l'Oise) : Je demande que Doulcet-Pontécoulant, qui est dans l'assemblée, soit tenu d'en sortir.

*Plusieurs voix :* Il n'y est pas. (Bruit.)

Pénières : Ceux qui crient si haut craignent la vérité ; voilà pourquoi ils ne veulent pas de discussion.

Blad : Je demande si nous sommes encore au 8 thermidor.

Lecomte : C'est ainsi qu'en agissait Robespierre ; il faisait mettre aux voix si un représentant du peuple aurait le droit de parler.

Pénières : Le jour que Phélippeaux et Camille Desmoulins furent envoyés à l'échafaud, on ne voulut pas non plus ouvrir la discussion qui les aurait sauvés, qui aurait fait connaître leur innocence. Je demande que nos collègues soient traduits devant le tribunal révolutionnaire.

Richoux : Il est affligeant de voir une portion de la Convention avoir peur de la justice.

*** : Quelles réflexions ne naissent pas de l'opiniâtreté que certains hommes mettent ici à étouffer la voix de leurs collègues !

Comont : Il faut nous éclairer sur une affaire de cette importance ; je demande que Tallien soit entendu.

Bailleul : C'est une tactique bien étrange que d'apporter ici un projet de décret, et de prendre des mesures pour que personne ne puisse parler. Les comités sont composés d'hommes qui peuvent se tromper. Nous entendons délibérer, et ne pas adopter de confiance. Président, ton bras se fatiguera de sonner pour m'interrompre ; mais ma poitrine ne se fatiguera pas de demander la justice et la liberté des opinions.

Saladin : Président, je demande la parole contre toi.

Bailleul : Nous ne sommes plus au temps où Robespierre disait : Il n'y a que les contre-révolutionnaires qui puissent n'être pas de mon avis.

*** : Je déclare que je n'ai pas la faculté d'exprimer ma pensée ; je vais me retirer, parce qu'il n'y a plus de Convention.

Richoux : Puisqu'on ne veut pas entendre la discussion, on veut rétablir la tyrannie.

Le Président : Je rappelle à l'ordre tous ceux qui parlent de tyrannie.

*** : Ils ont raison. (Murmures.)

Le Président : Je ne peux avoir d'autre volonté que celle de l'assemblée. Je mets aux voix si quelqu'un aura la parole sur l'ajournement.

La Convention décrète qu'elle n'accordera pas la parole sur l'ajournement.

*Plusieurs voix* : L'appel nominal !

Le Président : Je mets aux voix la question préalable sur l'ajournement.

La Convention décrète qu'il n'y a pas lieu à délibérer sur l'ajournement.

On réitère la demande de l'appel nominal.

Saladin : Nous sommes inscrits au nombre de plus de cent pour l'appel nominal. Il doit être fait.

Le Président : Le décret est adopté ; je lève la séance.

Plusieurs membres continuent de demander à grands cris l'appel nominal.

La séance se lève qu'ils le réclament encore.

Il est quatre heures.

*N. B.* Dans la séance du 28, Lecointre (de Versailles), à l'occasion du jugement rendu le 26 par le tribunal révolutionnaire, a demandé que le comité de législation présentât, sous trois jours, un projet de décret pour renvoyer devant le tribunal criminel de leur département les individus acquittés dans cette affaire.

La Convention a décrété cette proposition, et l'arrestation provisoire de ces individus, en exceptant ceux qui n'ont été déclarés convaincus d'aucun crime.

Elle a décrété encore, sur la proposition de Bourdon (de l'Oise) et de Mathieu, que le tribunal révolutionnaire serait renouvelé, que les procédures qu'il a commencées seraient suspendues, et que sous trois jours le comité de législation présenterait le mode de ce renouvellement.

---

*Prospectus d'un Lycée pour les jeunes personnes.*

La Convention nationale s'occupe, par son comité d'instruction publique, d'organiser l'instruction : on n'en est point encore aux établissements qui regardent l'instruction des filles. Les parents éprouvent à cet égard des embarras réels. Le nouveau régime a banni toute superstition ; il a en même temps établi la société sur ses vraies bases, la moralité et le travail : telles sont les lois qui doivent changer nos mœurs.

Une citoyenne connue par une conduite irréprochable, qui depuis longtemps s'est consacrée à l'instruction des jeunes personnes, et qui a fait plusieurs éducations particulières, se dispose à former un lycée.

On y enseignera la grammaire, l'écriture, la géographie, les éléments de mathématiques, la musique vocale et instrumentale, le dessin et la danse.

Les maîtres dans cette différentes parties seront : le citoyen Loyseau, pour la grammaire, la géographie et les mathématiques, le citoyen Bertaux, pour l'écriture ; le citoyen Vion, pour le clavecin ; le citoyen Frédéric Rousseau, pour le chant ; le citoyen Veyrieux, pour le dessin ; le citoyen Lebel, pour la danse.

Parmi ces artistes, connus avantageusement, le citoyen Frédéric Rousseau, maître de chant, emploiera une méthode qu'il a imaginée et éprouvée avec succès ; méthode qui réunit, à l'avantage d'économiser le temps, celui de mettre à la portée des intelligences les plus faibles les principes les plus solides de l'art.

La partie morale de l'instruction sera dirigée par la citoyenne qui tiendra l'établissement du lycée ; les meilleurs livres élémentaires, et ceux qui peuvent en tenir lieu fourniront la matière des exercices réguliers dans lesquels la sensibilité et la réflexion doivent nécessairement se développer.

Les ouvrages d'aiguille, autant utiles qu'agréables, sont compris dans l'ordre des travaux ou occupations de la journée ; on saura y donner un temps convenable ; attendu la liberté d'attention qu'ils laissent, on fera pendant le travail des lectures agréables et instructives.

Cette institution doit réunir les avantages de l'instruction en commun et le mérite très-reconnu d'une instruction particulière.

Les élèves connaîtront l'émulation ; les maîtres ne donneront aucune préférence, et l'institutrice n'aura qu'à se livrer à ses affections et à ses habitudes pour prodiguer aux jeunes personnes les soins suivis et tendres qu'on trouve rarement ailleurs que dans la maison paternelle.

D'après le court exposé du plan d'éducation que l'on doit suivre, vu les conditions agréables que l'on propose, les parents qui désirent faire participer leurs enfants à cet établissement d'instruction sont priés de se faire inscrire d'ici au 30 nivose prochain.

L'institutrice ne recevra pas plus de vingt élèves ; elle ne fera point commencer le cours du lycée à moins de huit inscriptions.

Les jeunes personnes seront conduites, le matin à huit heures en été, à neuf en hiver, à l'établissement du lycée ; elles seront ramenées à une heure qui sera fixée.

Le décadi sera le seul jour de repos.

Les élèves trouveront un dîner sain et abondant, ainsi qu'un goûter que la saison des fruits pourra rendre agréable.

Le prix pour chaque élève sera de 1,000 liv. par an, dont un quartier sera toujours payé d'avance.

*Nota.* Les parents qui voudraient mettre leurs enfants en pension dans l'établissement même du lycée prendront avec l'institutrice des arrangements particuliers.

Il faut s'adresser, pour faire inscrire les jeunes personnes, rue des Champs-Elysés, nos 1 et 17.

---

*Histoire du lion de la ménagerie du Muséum national d'Histoire naturelle, et de son chien ;* brochure in-18, avec figure. Prix : 10 s.; 15 s., avec figure enluminée, et 2 liv., format in-8°, avec une gravure très-belle.

A Paris, chez Cuchet, rue et maison Serpente, et au Muséum d'histoire naturelle.

---

*Payements à la trésorerie nationale.*

Le payement du perpétuel est ouvert pour les six premiers mois ; il sera fait à tous ceux qui seront porteurs d'inscriptions au grand livre. Celui pour les rentes viagères est du huit mois vingt et un jours de l'année 1793 (vieux style).

## RÉPUBLIQUE FRANÇAISE.

### TRIBUNAL CRIMINEL RÉVOLUTIONNAIRE.

*Suite de la procédure du comité révolutionnaire de Nantes.*

*Le témoin Bourbote,* représentant du peuple : J'ai présenté deux réquisitoires au comité pour obtenir l'état des sommes données par les citoyens, et cet état ne m'a point été fourni ; le comité a fait afficher un état sans m'en prévenir, et cet état était des plus infidèles : des lingots d'or avaient été convertis en lingots d'argent ; la mesure était comblée, et je n'avais pas besoin d'autres motifs pour faire incarcérer le comité.

*Goulin :* Les lingots dont on parle ont été trouvés chez Leroux, l'un des Nantais acquittés ; rien n'a été dénaturé.

*Bachelier :* Les motifs de l'arrestation du comité n'ont pu avoir pour seul objet le défaut de compte demandé au comité ; car le représentant Bourbote exigeait en même temps de nous l'état général des détenus, avec les motifs de leur arrestation et le tableau des sommes données pour l'utilité publique. J'invite le président à interpeller le témoin pour qu'il avoue ou conteste mon observation.

*Le président :* Si vos registres eussent été aussi en règle qu'ils devaient l'être, cette besogne n'eût pas demandé un grand travail.

*Le président,* au témoin : Quel était l'esprit public de la ville de Nantes lors de ta présence dans cette commune ?

*Le témoin :* Je n'ai vu le peuple que dans la Société populaire, où j'allais fort souvent, et l'esprit public m'a paru fort bon.

Ici Réal invite le tribunal à rendre au témoin quelques interpellations qu'il a à faire ; il en a deux bien essentielles.

*Réal,* s'adressant au témoin : Avez-vous eu connaissance des noyades ? et, dans les éclaircissements que vous avez demandés sur les délits imputés au comité, un fait aussi grave, bien plus important que des malversations, a-t-il excité votre curiosité et mérité vos recherches ? Etes-vous parvenu à en découvrir les véritables auteurs ?

Voici ma seconde interpellation : Si vous eussiez été en mission à Nantes, auriez-vous eu la puissance d'empêcher les noyades ?

Sur la première interpellation, Bourbote répond qu'il n'a fait que passer à Nantes à l'époque où ces noyades ont été exécutées, et qu'il n'en a pas été instruit ; que depuis, et lors de son séjour à Nantes, il a entendu parler vaguement des noyades, et qu'alors ce n'était point à lui à demander si le comité seul en était l'auteur.

Il répond à la deuxième interpellation et déclare que, s'il se fût trouvé à Nantes à l'époque des noyades, connaissant l'étendue de ses pouvoirs, il aurait su les empêcher.

*Réal :* J'observe aux citoyens jurés que Carrier était investi de la même puissance que le citoyen Bourbote ; les noyades se sont faites pendant qu'il était à Nantes ; je vous laisse à tirer la conséquence.

*Goulin :* Il faut déchirer le voile, il faut dire que les représentants Bourbote et Bô ont eu toutes les connaissances possibles sur les noyades, et Bô a dit à Huchet, en parlant du comité : « Ce n'est pas à cause des noyades qu'on les poursuit. »

L'accusateur public donne lecture de l'acte d'accusation contre Crepin, perruquier, et Prou, cloutier, tous deux témoins, rangés au nombre des accusés comme complices des noyades.

Il paraît résulter de cet acte que Prou est signataire des ordres des noyades des 11 et 16 frimaire, et que Crepin a contribué à différentes submersions dirigées par le comité ou la compagnie Marat.

On procède à l'audition du maire de Nantes ; ce témoin s'appelle *Renard ;* il était peintre avant la révolution ; depuis il a été nommé commissaire à la commission civile des grains ; enfin nommé maire de Nantes en 1793. Il dépose qu'en sa qualité de maire il se rendait dans les prisons, à l'effet de s'assurer par lui-même comment elles étaient administrées, et pour procurer des soulagements aux malades qui s'y trouvaient. « Carrier, dit-il, convoque les corps administratifs pour délibérer sur les moyens de faire arriver des subsistances à la commune. Carrier, dans cette assemblée, se permit d'accuser de négligence les corps constitués, et de les traiter de contre-révolutionnaires. Je fus menacé d'être sabré ou guillotiné si je persistais à entretenir le représentant de mes observations. Ce ton despotique me fit tant d'impression qu'arrivé chez moi je me mis au lit, et fis une très-longue maladie. »

On procède à l'audition du représentant Bô.

Il s'élève une discussion entre le témoin et l'accusé Chaux, qui se permet différentes interpellations assez injurieuses contre ce représentant. Ce dernier rend compte des motifs qui ont donné lieu à l'incarcération des membres du comité ; il déclare, comme son collègue Bourbote, que toute la commune de Nantes se plaignait des arrestations journalières des citoyens, que la terreur était à l'ordre du jour, et que tout le monde craignait pour son existence.

Plusieurs accusés observent qu'en supposant qu'ils fussent coupables ou qu'ils eussent mérité d'être détenus, leurs femmes, qui sont innocentes, n'auraient pas dû partager le même sort, et que cependant elles sont toutes incarcérées.

Le témoin répond que l'on a eu des motifs particuliers pour s'assurer de ces citoyennes au moment de l'arrestation de leurs maris ; qu'au surplus il s'engage à faire examiner leur conduite par son collègue à présent en mission dans la ville de Nantes, et ce, dans le délai le plus prochain, et de les faire mettre en liberté si elles sont reconnues innocentes.

Réal interpelle le témoin de déclarer si ses recherches se sont bornées aux seules dilapidations reprochées au comité, s'il n'a eu aucune connaissance des expéditions révoltantes dont on accusait également le comité.

Le témoin Bô répond que les dilapidations du comité ont été les seuls motifs de son incarcération.

Réal observe que les représentants n'ont pu ignorer les noyades, et qu'elles ont dû fixer toute l'attention de la représentation nationale dans les personnes des députés en mission dans le département de la Loire-Inférieure.

Bô répond qu'il n'a eu que les renseignements les plus vagues sur les noyades; qu'il y a eu plusieurs dénonciations à ce sujet, mais que ce n'est pas lui qui les a reçues, et que jamais on ne lui en a rien dit, ni verbalement, ni par écrit.

Chaux argumente du mémoire de Phélippes-Tronçjolly, qui ne cesse de faire mention des noyades; il soutient que Bô doit avoir entendu parler de la conduite de Carrier.

Le représentant répond qu'on ne lui en a jamais rien dit, et qu'il lui est impossible de donner le moindre renseignement à cet égard.

*Louis-Prosper Lofficial,* représentant du peuple, déclare que depuis vingt-six mois il est absent de Nantes, et qu'il ne sait rien que par la voie de la correspondance; mais, ajoute-t-il, les faits n'en sont pas moins importants.

« Le 8 vendémiaire, an 2, d'après le rapport de la Société populaire de Thouars et de plusieurs citoyens estimables, j'ai dénoncé à la Convention les atrocités de Carrier, telle que la fusillade de quatre cents communes, ordonnée par trois généraux que j'ai également indiquée à la Convention, ainsi que le massacre des femmes et enfants, et l'incendie d'un grand nombre de maisons; tous ces crimes, toutes ces horreurs étaient attribués à Carrier, que l'on accusait de les avoir ordonnés. »

Bachelier demande que le tribunal fixe toute son attention sur la conduite du comité après le départ de Carrier; il expose en fait que, depuis l'absence de Carrier, et dans le long espace de six mois, les arrestations se sont réduites à soixante; et, par suite de ces explications, Bachelier invite le tribunal à demander au témoin Renard s'il ne fréquentait pas habituellement le comité, et s'il n'assistait pas aux délibérations.

*Le témoin* : Je n'ai jamais pris de part aux délibérations du comité; il m'est arrivé quelquefois de m'y trouver, et je n'ai jamais rien remarqué de contraire aux lois dans les arrêtés dont j'ai pu être le témoin oculaire.

*Le président,* au témoin : Quel était l'esprit public de Nantes?

*Le témoin* : Le patriotisme de cette commune ne cédait en rien à celui des Parisiens; Chaux voulait me persuader qu'il y avait des contre-révolutionnaires à poursuivre, à incarcérer; mais, persuadé que la contre-révolution n'existait que dans la tête de Chaux, je soutins le contraire avec chaleur.

*Le président,* au même : N'as-tu pas entendu parler de la souscription proposée par Chaux pour la confection d'un chemin qui conduisait à sa campagne, et ce chemin était-il dans le cas d'être utile au public, ou bien seulement à l'accusé Chaux ?

*Le témoin* : On m'a parlé de cette souscription, et le chemin m'a paru être de quelque utilité à la commune de Nantes et à celles environnantes.

Chaux reprend alors la parole ; il accuse le représentant du peuple Bô d'avoir refusé de prendre lecture d'un mémoire imprimé, qui lui avait été adressé comme contenant la justification de lui Chaux, et d'avoir même empêché la lecture de ce mémoire à la Société populaire ; il demande que le témoin soit interpellé sur ce fait.

*Le président,* au témoin : Tu entends l'interpellation ; tu vas y répondre.

*Le témoin* : Ce mémoire était signé *Socrate*

*Chaux,* tandis qu'il devait être signé le *scélérat Chaux.*

*Chaux* : Tu as un grand compte à rendre au peuple, en ta qualité de représentant ; et la discussion de ta conduite et de la mienne déterminera auquel des deux l'épithète de scélérat peut convenir.

*Le témoin Bô* : Je rendrai ce compte au peuple, auquel seul je le dois, et non à toi.

*Chaux* : Il viendra peut-être un jour où, au lieu de la ciguë que l'on veut me faire avaler, le peuple me rendra assez de justice pour couvrir ma tombe de fleurs. ( Des murmures s'élèvent dans l'auditoire.)

Réal, défenseur, observe qu'il est le premier à improuver la conduite de Chaux, mais qu'il est possible que l'épithète de scélérat échappée au représentant Bô ait enflammé le sang bouillant de Chaux, et lui ait donné occasion de sortir des bornes de la modération.

Le témoin en convient, et les débats sont suspendus pendant quelques instants, sur l'observation faite par Chaux qu'il se sent suffoqué au point d'avoir besoin de respirer l'air pour calmer son agitation.

Les débats sont repris. Goulin, succédant à Chaux, fait de nouvelles sorties contre le représentant Bô ; il le désigne comme l'auteur de tous les maux du comité ; comme ayant plutôt servi la passion et l'animosité des ennemis du comité que l'intérêt public.

Le tribunal observe à Goulin que les interpellations des accusés doivent être dépouillées de toutes injures, et l'accusé est rappelé à l'ordre et à la décence.

*Goulin* : Le témoin a fait au comité plusieurs demandes à la fois ; il l'a sommé en même temps de fournir la liste des détenus avec les motifs de détention, de donner le compte des dépôts faits au comité ; et il nous était impossible de satisfaire sur-le-champ à tant de demandes réunies. J'accuse le témoin de nous avoir fait arrêter sans nous avoir accordé les moyens d'obtempérer aux différents réquisitoires qui nous étaient adressés ; je l'accuse d'avoir violé toutes les formalités envers le comité ; d'avoir fait apposer et lever en notre absence les scellés sur nos papiers ; de nous avoir fait plonger dans une prison destinée à recevoir les plus grands scélérats ; d'avoir fait afficher avec profusion la proclamation la plus calomnieuse contre le comité ; d'avoir poussé la prévention et l'acharnement jusqu'à mendier dans les cachots des dénonciations contre le comité. Je me résume en deux mots, puisque l'on ne demande des interpellations précises ; j'invite le tribunal à faire expliquer le témoin sur les motifs qui lui ont fait violer les formalités lorsqu'il lui a plu de destituer le comité et de le faire incarcérer.

*Le témoin* : Je n'ai qu'un mot à répondre à la longue série d'inculpations dirigées contre moi par Goulin ; si cet accusé croit avoir de justes motifs de se plaindre de moi, il lui est libre, si le tribunal juge à propos de l'acquitter, de me dénoncer à la Convention.

Le témoin Renard est entendu par continuation de déposition ; il parle des noyades et fusillades.

*Bachelier* : J'invite le tribunal à demander au témoin à quelle époque la terreur a commencé dans Nantes.

*Le témoin* : Cette terreur a commencé à la date du 18 octobre 1793, époque de ma nomination aux fonctions administratives, et n'a cessé qu'à l'arrivée du représentant Bô.

*Le président* : Quelle est l'époque précise de l'arrivée de Carrier à Nantes?

*Le témoin* : Je pense qu'il est arrivé en janvier 1794.

*Le président*, au témoin : Quelle était ton opinion sur le comité.

*Le témoin* : Je l'ai toujours connu patriote, et j'ignore si les reproches qu'on lui faisait étaient bien fondés.

*Boutel*, capitaine de navire, ne dépose que des ouï-dire sur les noyades, d'avoir trouvé dans des chalands une sixaine de cadavres attachés l'un à l'autre, et d'avoir entendu parler des mariages républicains.

*Jean-Baptiste Lacour*, dit *Labigne*, laboureur, ci-devant employé dans les finances, adjudant général de la garde nationale de Nantes, et administrateur de district, nommé par Ruelle et Gillet, dépose qu'il n'est arrivé à Nantes que le 17 frimaire, et qu'il n'a que des ouï-dire sur les faits. Il accuse le comité d'arrestations arbitraires.

L'accusateur public donne lecture de la loi qui décrète Carrier d'accusation, et qui ordonne qu'il sera mis en jugement ; il demande l'enregistrement de ce décret, et le tribunal en ordonne l'enregistrement.

Cette lecture faite, et l'enregistrement prononcé, Réal, défenseur de quelques-uns des accusés, demande la parole.

« Les principes et la justice, dit-il, exigent qu'on ne puisse instruire contre les complices présumés d'un délit sans instruire en même temps contre le principal auteur présumé du même délit.

« Depuis quarante jours le poids d'accusations affreuses de fusillades, de noyades et autres atrocités, pèse sur la tête des malheureux qui m'ont confié leur défense ; depuis quarante jours ils sont traînés dans la fange.

« Quand les témoins, quand les pièces ne prouveraient pas jusqu'à la satiété que, si le délit existe, le principal auteur présumé est Carrier, cette vérité sortirait évidemment de la situation où Carrier se trouvait à Nantes vis-à-vis des accusés présents. Ces accusés n'étaient-ils pas subalternes soumis, subordonnés au représentant Carrier, qui avait entre les mains une puissance sans bornes? et dans une pareille situation, si l'on suppose un délit commun à Carrier et aux accusés, l'homme qui a le pouvoir suprême, l'homme qui d'un mot pouvait empêcher le délit, lorsque les autres n'avaient point contre lui les mêmes droits, cet homme, dis-je, est nécessairement, et abstraction faite d'autres circonstances, le principal auteur présumé du délit dont on suppose l'existence.

« Je demande donc qu'en attendant l'acte d'accusation, et jusqu'à ce que l'instruction puisse se faire contradictoirement avec Carrier et les accusés présents, les débats soient suspendus. »

Sur ce réquisitoire, le tribunal déclare qu'il va se retirer en la chambre du conseil pour délibérer; et, de retour à l'audience, sur le réquisitoire du substitut de l'accusateur public, motivé sur les dispositions du décret du 22 vendémiaire, qui font une loi d'instruire cette affaire sans aucune interruption, le tribunal ordonne la continuation des débats.

Le témoin Labigne est entendu. Il se plaint d'avoir été victime des taxes arbitrairement imposées par le comité.

*Réal*, au témoin Boivin : Lorsque vous étiez commandant temporaire à Nantes, la ville était-elle en état de siège, ou non?

*Boivin* : Elle ne l'était pas à mon arrivée, mais bien en état de guerre. Pour qu'une ville soit en état de siège, il faut que l'ennemi soit à dix-huit cents toises, ou que les routes soient interceptées. Or il est bien constant qu'à mon arrivée l'ennemi était à plus de huit lieues de la commune, et que les routes étaient encore libres.

*Réal* : Il faut bien distinguer entre l'état de guerre et l'état de siège : quand une ville n'est qu'en état de guerre, la police appartient aux corps administratifs ; mais quand elle est en état de siège, c'est le commandant qui dirige tout. Boivin, dans ce cas, n'avait que le représentant au-dessus de lui ; il n'était primé que par ce dernier, sans quoi tous les mouvements appartenaient au commandant; et ce commandant a-t-il connu ou ignoré les exécutions journalières qui se faisaient à Nantes? S'il les a ignorées, il faut avouer qu'il a été bien mal servi par les rapports que l'on était obligé de lui faire et que l'on a dû lui faire de tout ce qui se passait à Nantes ; si, au contraire, il a été instruit de ces exécutions, pourquoi Boivin ne les a-t-il pas dénoncées au représentant?

*Le témoin* : J'ai été instruit, comme toute la ville, des noyades ; on en faisait des fêtes ; on donnait même des repas à ce sujet.

On observe au témoin qu'il calomnie la ville de Nantes, qu'il donne la plus mauvaise opinion de son humanité, et on l'invite à désigner ceux qui se réjouissaient de ces scènes révoltantes.

*Le témoin* : Je sais que Carrier, après ces exécutions, a donné des repas à Fouquet et Lambertye, ses agents, et qu'il leur a donné, pour récompense, le poste d'adjudants généraux.

*Un juré* : J'observe que, dans toutes les hypothèses, le commandant a fait son devoir puisqu'il a refusé d'exécuter l'ordre sanguinaire qui lui avait été donné par le comité, et que, de toutes les interpellations de Réal, il n'en peut résulter aucune conséquence contre le témoin Boivin.

La discussion s'engage sur la veuve du général Labourdonnaye, qui avait été incarcérée et dépouillée de ses effets, de ses bijoux, et de toutes ses ressources, et qui a présenté à ce sujet une pétition à la Convention.

Les accusés prétendent que les diamants et bijoux saisis dans le domicile de la veuve Labourdonnaye ont été trouvés enfouis, et qu'un arrêté de Carrier autorisait le comité à confisquer tout ce qui était caché.

On procède à l'audition d'un autre témoin.

*Laurent Pissenault*, commissaire civil, et fermier, dépose, comme Darbefeuille et Mariotte, précédents témoins, des massacres et assassinats reprochés à Pinard.

Il déclare que, chargé d'escorter un convoi de grains avec la cavalerie, dans les campagnes qu'il fut obligé de parcourir, on se plaignit à lui d'un membre du comité qui portait ordinairement un plumet rouge, et qui s'était permis d'ôter la vie à des femmes et à des enfants; qu'on lui a même montré les cadavres ; qu'il a remarqué du sang par terre, et qu'il a jugé que ces femmes et enfants avaient été tués à coups de pistolet, et que Pinard s'est glorifié d'avoir fait ces massacres.

*Le président*, à Foucault : Persistez-vous à soutenir que vous n'avez participé à aucune noyade?

*L'accusé :* Je persiste à le soutenir.

*Le président :* Je vais venir au secours de votre mémoire en vous donnant lecture d'un ordre dont vous êtes signataire; voici comme cet ordre est conçu :

> Nantes, ce 5 ventose, l'an 3e de la république française, une et indivisible.

« Il est ordonné à Malé de faire mettre à terre la femme Bictel, et de conduire le surplus à la hauteur de Pierre-Moine, pour les jeter à la mer, comme rebelles à la loi.

« *Signé* FOUCAULT. »

*Joachim Commerais,* marchand miroitier, dépose que, le 28 pluviose, étant en détachement avec la force armée, ils avaient arrêté une femme nommée Chauvette; que Pinard vint à minuit demander l'ouverture de la porte, au nom de la loi, en disant : « Je suis Pinard, commissaire civil. » Nous ouvrons, et nous voyons Pinard entrer le sabre à la main. Il déclare qu'il vient pour assassiner une brigande, et que c'est la septième qu'il va immoler. Je réponds à Pinard : « Qui que tu sois, quels que soient tes droits, tu ne commettras point d'assassinat chez les patriotes; tu n'assassineras pas cette femme chez nous, ou tu me victimeras le premier. » J'entends alors Aubinet dire à Pinard : « Range-toi, que je coupe le vendre à cette g.....-là. » Je répète mon observation, et j'ajoute : « Si cette femme est coupable, nous la remettrons à la force armée, qui en disposera comme bon lui semblera. »

Pinard revient le lendemain, et, m'apercevant sur le seuil de la porte, il me dit : « Je t'en veux de ta résistance d'hier; tu m'as empêché d'assassiner la Chauvette, qui le méritait bien. »

Mainguet était en danger; il est menacé de succomber sous les coups des rebelles. Pinard refusa de nous seconder; il s'excuse en disant qu'il avait remporté une pièce de toile qu'il avait prise. Après avoir délivré Mainguet, nous revenions avec nos camarades et quelques enfants; nous revoyons Pinard, qui fait un geste pour brûler la cervelle à ces enfants. Alors Mariotte couche Pinard en joue; ce dernier a peur, et prend le parti de se sauver.

Un officier, nommé Ormes, vient réclamer la force armée en faveur de cinq jolies femmes que des Américains ont arrêtées, et qu'ils insultent de toutes manières. Plusieurs hommes sont fournis; on se rend à la retraite des Noirs; on entend gémir leurs captives.

Ces femmes, d'un commun accord, demandent à être emmenées. « Ce sont nos esclaves, répondent les Américains à notre invitation; nous les avons gagnées à la sueur de notre corps, et on ne nous les arrachera qu'à notre corps défendant. »

La brutalité de ces noirs ne leur permettait pas d'entendre le langage de la raison; ils se mettent en devoir de défendre leur proie. Le combat allait s'engager lorsque la force armée, guidée par la prudence, préfère se retirer; mais avant notre départ nous voyons arriver Pinard avec une autre femme. Nous lui demandons si elle veut nous suivre; cette femme y paraissait assez disposée; mais nous entendons Pinard dire à demi-voix à sa victime : « Si tu as le malheur de dire que tu ne veux pas rester avec moi, je te passe mon épée au travers du corps. » Pinard réussit par ce moyen à conserver sa femme.

Deux jours après cet événement, les Américains, sans doute rassasiés de leurs captives, les renvoient; l'une de ces mâlheureuses avait été obligée de souffrir les approches d'une centaine d'hommes; elle était tombée dans une espèce de stupidité et ne pouvait marcher.

Peu de jours après, j'entends une fusillade; je demande ce que c'est : on me répond que ce sont les femmes des Américains qui viennent d'être fusillées.

Le greffier donne lecture du décret de la Convention nationale, qui traduit Carrier au tribunal; et de suite le président lui demande ses noms.

On lit l'acte d'accusation.

A l'arrivée de Carrier, tant et depuis si longtemps dénoncé par les débats comme le destructeur de l'humanité, le peuple ne peut se défendre d'un mouvement d'indignation; on entend un murmure général; mais il n'est pas difficile au tribunal de rétablir le calme; il suffit au président d'adresser au public ce peu de mot : « J'espère que le peuple se montrera toujours digne de lui, et qu'il saura respecter un accusé en présence de ses juges. » Aussitôt on voit régner le plus profond silence; chacun recueille toute son attention pour bien saisir les détails de la discussion qui va s'ouvrir. L'accusé Carrier décline ses noms et qualités; le greffier donne lecture de l'acte d'accusation, divisé en dix articles, et cette lecture est suivie des observations de l'accusé. « J'observe, dit Carrier, que j'ai écrit au substitut de l'accusateur public, et que je lui ai adressé mes motifs de récusation, tant contre le président que contre le substitut et les jurés. Je demande qu'il en soit référé à la Convention, qui seule a droit de prononcer sur mes demandes. Je n'ai point d'ailleurs subi le premier interrogatoire prescrit par la loi, et je suis autorisé, comme tout autre citoyen, à réclamer l'observation des formes tracées par le corps législatif.

*Le président,* à Carrier : La Convention, par son décret du 22 vendémiaire, a investi le tribunal du droit de poursuivre les membres du comité révolutionnaire de Nantes, leurs fauteurs ou complices, et tous les continuateurs de Robespierre. Déjà plusieurs témoins présumés complices du comité révolutionnaire ont été rangés au nombre des accusés; toutes les opérations du tribunal, dans cette affaire, ont été connues et approuvées de la Convention, à laquelle il a été rendu un compte exact et fidèle des débats de chaque séance. Le tribunal a adopté une marche certaine dont il ne s'écartera pas.

*Carrier :* Je n'en persiste pas moins dans mes réquisitoires; j'ai surtout le droit de récuser les jurés.

*Le président,* à Carrier : Les jurés ont été tirés au sort pour l'instruction contre le comité révolutionnaire, et votre accusation n'est qu'une suite de celle dirigée contre les membres de ce comité; la section saisie de cette affaire est donc celle qui doit continuer l'instruction contradictoirement avec vous.

*L'accusateur public :* Attendu qu'il est de principe qu'en matière criminelle le ministère public ne peut être récusé, attendu que les juges ne sont que les applicateurs de la loi, que les motifs de récusation ne sont ni pertinents ni admissibles, que le réquisitoire de l'accusé n'a d'autre objet que de paralyser les travaux du tribunal, je demande que, sans égard pour les récusations proposées par l'accusé Carrier, il soit passé outre, et que les débats soient continués.

*Carrier :* Mon but n'est nullement de retarder l'instruction du procès, mais bien d'avoir des jurés impartiaux, dépouillés de toute prévention; et je soutiens qu'il est parmi les jurés saisis de l'affaire des citoyens qui ont montré la plus grande partialité, la plus grande animosité contre moi; je désigue Saulnier, Samba et Topino-Lebrun, comme parents de Réal, comme amis de Tallien et de Fréron, mes plus cruels ennemis, les seuls qui m'obligent de descendre à l'accusation pour laquelle je suis traduit.

Je demande que, dans le cas où le tribunal trouverait quelque difficulté à statuer sur mes demandes, la question soit soumise, dans le jour, à la Convention, pour en être fait le plus prompt rapport.

Le tribunal ordonne qu'il en sera délibéré, et se retire à l'instant dans la chambre du conseil.

Le tribunal, de retour à l'audience, en rapportant son délibéré et statuant sur les différents moyens de récusation proposés par Carrier, et, sur le réquisitoire de l'accusateur public, déclare qu'attendu que, par son institution, le tribunal est divisé en quatre sections de jurés, qu'elles sont toutes en activité, et que, suivant l'article XIII de la loi du 5 septembre 1793, les jurés ont droit d'instruire les incidents qui ont rapport à l'accusation principale dont ils sont saisis;

Attendu que le décret du 22 vendémiaire autorise le tribunal à poursuivre à la fois le comité révolutionnaire, leurs fauteurs et complices; que déjà plusieurs témoins présumés complices ont été joints aux accusés;

Attendu que, si Carrier n'eût pas été représentant, qu'il n'eût été qu'un simple citoyen, il n'eût pas été besoin d'un décret pour le traduire;

Attendu que le ministère public n'est jamais récusable, que les juges ne sont que les applicateurs de la loi; que d'ailleurs les motifs de récusation proposés par Carrier sont vagues et inadmissibles;

Attendu la connexité de l'accusation de Carrier avec celle du comité révolutionnaire; attendu que la dernière accusation n'est qu'une suite de l'accusation principale;

Le tribunal, par toutes ses considérations, ordonne que, sans égard pour les récusations de Carrier, il sera passé outre à l'instruction avec Carrier.

Ce dernier observe qu'il n'a encore pu faire choix d'un défenseur; en conséquence, la séance est remise à demain.

Cette séance s'ouvre par l'audition de *Vaurjola*, accusateur public de la commission militaire de Nantes.

Il déclare avoir entendu dire que deux généraux étaient chargés d'ordre des représentants du peuple pour faire fusiller hommes, femmes et enfants déposés à l'Entrepôt. — Dans le nombre de ces détenus se trouvent des femmes enceintes, et sur le point d'accoucher.

« Dans mes différents transports à la prison, je vis et reconnus Fouquet et Lambertye, qui voulaient faire extraire les femmes enceintes; je réponds que cela ne les regarde pas. « Nous avons cependant des pouvoirs illimités auxquels personne ne résiste ni ne peut résister. » Je demande la représentation de ces pouvoirs illimités. « Je le veux, » dit Lambertye; et de suite il me montre un ordre du 17 frimaire, conçu en ces termes:

*Carrier, représentant du peuple près l'armée de l'Ouest, au commandant de la force armée, et à tous autres composant la garde nationale.*

« Je vous invite et vous requiers, au nom de la loi, de fournir à Fouquet et Lambertye de la force armée à suffisance pour une expédition que je leur ai confiée, et de les y laisser vaquer de jour et de nuit. »

« Cet ordre me parut destructif de tout principe, de toute humanité, continue le témoin : je n'avais pas l'âme gaie, surtout lorsque je me retraçais les ordres fréquents donnés à Lambertye et le but de ces ordres. Je ne puis me rappeler sans une espèce de terreur ce que me dit un citoyen qui me voyait disposé à lutter avec Carrier.

« Garde-toi bien de montrer de l'humanité, de la justice, de servir l'une ou l'autre, autrement je t'assure que tu seras noyé ou fusillé; ou bien tu seras dénoncé à Carrier comme un modéré ou un contre-révolutionnaire, et tu seras perdu d'une façon comme de l'autre. »

*Carrier* : J'observe que le témoin, déjà entendu plusieurs fois, n'a point encore parlé de ces faits.

*Le président* : C'est la déposition orale qui peut être opposée à l'accusé, et non la preuve écrite; et d'ailleurs les jurés se rappelleront parfaitement que le témoin, lors de sa première déposition, a déclaré avoir des dénonciations particulières à faire contre Carrier.

*Le témoin* : J'observe à Lambertye que j'ai de la peine à croire que le représentant l'ait chargé de faire l'extraction des femmes enceintes pour lesquelles je réclame l'humanité et la justice; j'ajoute :
« Si le représentant vous autorise bien réellement à faire cette extraction, il ne se refusera pas à vous donner cet ordre précis par écrit; vous m'apporterez cet ordre, et je verrai ce que j'aurai à faire. »

Lambertye me menace de me dénoncer à Carrier et de me faire guillotiner; il tire son sabre, qu'il appelait le glaive de la loi, et dit qu'il va me sabrer; je lui impose par ma contenance ferme, et il n'ose pas effectuer ses menaces. Il invoque de nouveau ses pouvoirs illimités, il demande vingt hommes de garde pour autoriser son expédition : je n'en persiste pas moins à m'opposer à l'extraction des femmes enceintes. On veut employer la violence; je me désare de la médaille et du ruban tricolore, et je défends à Lambertye de passer outre. Lambertye me paraît déconcerté; il feint de se calmer; il exige de moi un refus par écrit; je le lui remets. Il me dit qu'il va le porter à Carrier, et me quitte sur-le-champ.

J'ai appris que Carrier, deux jours après mon explication avec Lambertye, avait renvoyé à l'Entrepôt, sans doute pour en extraire les détenus; mais ma consigne, que je n'ai souffrir aucune extraction sans écrit, subsistait, et toute tentative fut inutile.

Carrier, furieux de trouver une telle opposition à ses volontés, demande la commission militaire; Laloi, chargé de cette mission, m'a dit que Carrier se promettait de faire fusiller toute cette commission.

Le président se transporte chez le représentant, qui, du plus loin qu'il l'aperçoit, s'écrie : « C'est donc toi, vieux coquin, vieux j.....f......, qui veux juger? Juge donc; si dans deux heures tout l'Entrepôt n'est pas vidé, je te fais fusiller, toi et tes collègues. » Ce président est mort peu de temps après cette scène.

Enfin, le 15 germinal, Lambertye est arrêté par ordre du comité, et traduit devant la commission militaire, pour avoir soustrait des femmes de l'Entrepôt. Je dois le dire au tribunal, cette instruction dévoila les plus grandes horreurs.

Les représentants qui succédèrent à Carrier trouvèrent mauvais que la commission donnât tant de publicité à l'affaire de Fouquet et Lambertye, surtout pour les noyades et autres horreurs commises par ces misérables.

Je me rends auprès de ces représentants pour recevoir leurs observations. L'un d'eux me dit que nous avions l'air de faire le procès à la représentation nationale, et que nous paraissions juger les opérations de Carrier plutôt que Fouquet et Lambertye; que, l'acte d'accusation ne parlant pas de ces faits, la commission ne devait recevoir aucune déposition sur ces mêmes faits Je réponds qu'il n'est pas étonnant que, dans le procès de Fouquet et Lambertye, il soit question de noyades et autres horreurs semblables ; que les accusés s'étayaient sur chaque fait des ordres verbaux de Carrier; que, ces ordres composant la défense des accusés , la commission ne pouvait se dispenser de recevoir ces réponses, et d'en faire mention dans l'instruction.

Alors on me répond que cette affaire va être retirée de la commission militaire et portée au tribunal de Paris : je sollicite un arrêté qui ordonne ce renvoi; mais cet arrêté ne venant pas, j'informe les représentants que la commission militaire a décidé que préalablement il serait demandé à Carrier s'il avait ou non donné des ordres.

Les représentants approuvent cette démarche, et m'engagent à partir sur-le-champ.

Auparavant de continuer ce récit, je dois rendre compte d'un fait qui m'était échappé ; j'oubliais de dire au tribunal que, lors du reproche qui me fut fait de faire le procès à la représentation nationale plutôt qu'à Fouquet et Lambertye, on m'accusa encore de faire la contre-révolution dans Nantes, parce que la commission s'occupait du jugement de Fouquet et Lambertye.

Je reviens à mon voyage pour Paris; j'arrive dans cette ville; je m'empresse d'aller trouver Carrier; je lui remets une lettre contenant les inculpations de Lambertye , l'exposé des prétendus ordres par lui reçus de Carrier, et j'invite ce dernier à me donner sa réponse par écrit, afin de mettre la commission dans le cas d'opposer cette réponse aux calomnies de Fouquet et de Lambertye, de leur fermer la bouche, et de mettre fin à leur diffamation. Enfin je dis à Carrier que la commission n'a jamais pu se persuader qu'un représentant du peuple français ait donné des ordres indignes du caractère dont il était revêtu. Il y a lieu de croire que mes observations, tout honnêtes qu'elles étaient , devenaient pour Carrier une espèce de censure de sa conduite , puisque je le vis s'emporter, tomber en quelque sorte dans des agitations convulsives, portées à un tel point que j'aurais tremblé, je l'avoue de bonne foi, si nous eussions encore été à Nantes. Carrier , dans cet accès de fureur, disait que le comité révolutionnaire et la commission étaient des scélérats; que Lambertye et Robin étaient les deux meilleurs patriotes de Nantes ; que, si Lambertye était jugé , il nous ferait tous guillotiner, ou bien obtiendrait une permission de revenir à Nantes où il ferait rouler nos têtes.

A ces accès furieux succède cependant le calme ; Carrier me vante alors le patriotisme de Lambertye: il essaie de me persuader que le comité révolutionnaire ne veut perdre Lambertye et Robin que parce qu'ils ont voulu fournir , à lui Carrier , une liste pour renouveler ce comité. J'insiste pour avoir une réponse écrite, mais c'est en vain : Carrier veut que je m'en rapporte à sa parole.

J'y retourne pendant quelques jours, dans l'espoir d'avoir la réponse que je demande. Carrier termine par me remettre une lettre pour son collègue Francastel , à l'effet , me dit-il, de faire renouveler le comité. Comme Francastel était absent, je remis la lettre au représentant Garrau, et je retournai à Nantes.

Il est encore de mon devoir et de la vérité de déclarer au tribunal que la désolation et la mort étaient attribuées à Carrier et à ses agents; que Carrier était inaccessible, qu'il fallait aller trois ou quatre fois pour pénétrer jusqu'à lui.

J'ai entendu dire que Carrier allait souvent se divertir dans une galiote hollandaise qu'il avait donnée à Lambertye. Après la condamnation de Lambertye, cette galiote, qui pouvait valoir 30 à 40,000 l. a été vendue par le district.

*Le président*, à Carrier : Vous venez d'entendre la déposition du témoin; vous allez y répondre.

*L'accusé Carrier* : Avant de présenter ma défense, avant de fournir mes observations, je demande que l'on oblige les témoins à entendre de se renfermer dans l'acte d'accusation : je soutiens que l'instruction ne peut porter que sur les faits contenus dans l'acte d'accusation. On me reproche les crimes , les atrocités les plus révoltantes; et quel est le fondement, la base de toutes ces accusations qui servent de prétexte pour me diffamer, pour me perdre dans l'opinion publique ? des ouï-dire, des on dit ! Voilà les bases solides de toutes les inculpations dirigées contre moi; et cependant ces déclamations passent , volent de bouche en bouche; elles acquièrent journellement un degré de consistance , de crédibilité, et c'est ainsi que je suis vilipendé, proscrit partout. Je demande que l'on se concentre dans l'acte d'accusation, que l'on ne divague pas; je demande à voir le témoin, pour savoir si je le reconnais. (Le témoin se montre, et Carrier le reconnaît. )

Pourquoi , continue Carrier , lorsque le témoin s'est rendu à l'Entrepôt , pourquoi, lorsqu'il y a trouvé Lambertye qui se disait porteur de mes ordres et autorisé à faire des extractions des détenus , pourquoi le déposant n'est-il pas venu lui-même me prévenir des prétentions injustes de Lambertye? Je nie l'avoir chassé de ma présence. Il est bien venu me trouver pour réclamer des habits; il pouvait également venir m'instruire des extractions qu'il blâmait.

*Le témoin* : J'ai dénoncé à Carrier la situation malheureuse des enfants déposés à l'Entrepôt; il n'a pas ignoré que ces enfants étaient dans l'ordure jusqu'au cou. Goudet a été chargé d'en informer l'accusé ; il s'est acquitté de cette mission , et nous a rapporté avoir trouvé Carrier couché, et que ce dernier , en l'apercevant , était sauté au milieu de son lit, en lui disant : « J...-f....., pourquoi viens-tu troubler mon sommeil? tu ne sais donc pas que je ne me suis couché qu'à deux heures du matin? »

*Carrier* : Je nie le fait; il est évident que le témoin annonce une fausseté, car, si le fait était vrai, il en aurait déjà parlé dans les séances où il a été entendu. Je n'ai vu qu'une fois, en mars, le président de la commission militaire ; il était, comme beaucoup de citoyens de Nantes, attaqué de l'épidémie pestilentielle. Lorsque ce président vint chez moi, je le vis se placer entre les deux battants de la porte, et dans cette situation il me déclara qu'il n'osait avancer, parce qu'il était attaqué de la peste, et qu'il craignait de me la communiquer. J'offre de l'argent au président pour se faire traiter , je le charge de prendre tous les moyens possibles pour purifier l'Entrepôt, et peu de jours après je fais créer une commission de santé pour purger la maison d'arrêt de l'Entrepôt de l'air pestilentiel dont elle était infectée. A l'égard des pouvoirs illimités que je suis accusé d'avoir accordés à Lambertye , j'avoue avoir donné à ce dernier des pouvoirs sans bornes ; mais j'attends les pièces originales pour fournir mes explications sur ces ordres.

*Le président*, à Carrier : Vous a-t-on fait part du refus par écrit de l'accusateur de la commission de tolérer l'extraction de quelques détenus de la maison du Bouffay?

*Carrier* : Ce refus ne m'a point été notifié, et je déclare ne point connaître Fouquet ; il est si peu vrai que j'aie mal accueilli le déposant, lorsqu'il m'est venu visiter à Paris, qu'il doit se rappeler du déjeuner qu'il a fait avec moi, avec du fromage de mon pays ; il n'est pas ordinaire de déjeuner avec quelqu'un dont on est mal accueilli.

*Le témoin* : Ce n'est que trois jours après ma première visite chez Carrier que j'ai déjeuné avec lui ; je ne suis resté que cinq jours à Paris, et pendant quatre jours consécutifs j'ai sollicité Carrier de me donner une réponse écrite.

*Carrier* : J'observe que la commission ne vient faire des dépositions aussi terribles que parce qu'elle a jugé tous les brigands de l'Entrepôt, parce qu'elle a outrepassé ses pouvoirs ; parce qu'elle a fait fusiller plus de quatre mille brigands, tandis qu'il n'en est pas venu à Nantes plus de trois mille.

*Le président*, à Carrier : Est-il venu beaucoup de rebelles se rendre volontairement ?

*Carrier* : Il n'en est venu aucun de la rive gauche ; si ce n'est les communes de Saint-Sébastien et de Leroux, qui ont offert leur serment ; et sans aucun égard pour les paroles de paix par eux portées, après l'affaire de Savenay, ils ont surpris quelques-uns des nôtres et les ont massacrés.

*Le président* : Est-ce vous qui avez organisé la commission militaire, et a-t-elle opéré pendant votre mission ?

*Carrier* : L'établissement de cette commission n'est pas mon ouvrage ; elle est cependant entrée en activité de mon temps, mais je ne m'occupais aucunement de ses travaux.

*Le président* : Avez-vous eu connaissance des fusillades ?

*Carrier* : J'en ai entendu parler ; on disait qu'elles étaient ordonnées par la commission.

*Le président* : Pourquoi, en votre qualité de représentant, ne leur avez-vous pas demandé compte de leurs travaux ?

*Carrier* : Cette commission avait été établie par mes collègues, et je croyais devoir respecter leur ouvrage, sans me permettre aucune inspection. Quant aux fusillades, on en usait à Nantes, à cet égard, comme à Angers, à Saumur, à Laval, et partout ailleurs.

*Le président* : Avez-vous eu connaissance des noyades ?

*Carrier* : Point d'autre que celle des prêtres, dont j'ai rendu compte à la Convention comme d'un événement que j'ai toujours cru fort naturel ; sans cela je n'eusse pas eu la maladresse d'en faire mention.

*Le président* : Il est bien étonnant que vous ayez ignoré les noyades, tandis que tout Nantes en retentissait ; il est bien difficile de croire que Lambertye et Goulin ne vous aient point entretenu de ces noyades. Avez-vous ordonné à Goulin la noyade du 24 au 25 frimaire ? Avez-vous su l'évasion de Leroi ?

*Carrier* : Je le nie, et cela est si faux que l'acte d'accusation n'en fait aucune mention.

*Le président* : J'observe aux jurés que, pour couvrir les noyades, Carrier a signé l'extraction des détenus deux mois après la noyade.

*Goulin* : Lorsque je demandai à Carrier un ordre écrit qui nous servît de garantie, Carrier me répondit que le comité ne pouvait être inquiété pour la noyade du Bouffay, à moins qu'il n'y eût une contre-révolution ; qu'on n'avait fait périr que des brigands.

*Chaux* : Il serait inutile à Carrier de contester les ordres des noyades ; ils sont trop bien établis par la notoriété publique. Je demande que Carrier soit interpellé sur les motifs qui l'ont déterminé à faire transférer cent cinquante détenus à Belle-Ile. Carrier dit ignorer les noyades, lui qui, à l'issue d'un dîner, sanctionna la noyade du Bouffay en la masquant par les mots de transfèrement à Belle-Ile. C'est par ces détours artificieux que Carrier parvint à déguiser la vérité et à y substituer le mensonge.

*Un juré* : Je demande que Carrier s'explique sur les motifs qui lui ont fait ordonner le transfèrement à Belle-Ile des détenus à la maison du Bouffay.

*Carrier* : Je ne puis parler que de l'ordre qui m'a été demandé ; je ne sais rien autre chose.

*Le président*, à Carrier : Avez-vous, ou non, signé l'ordre de noyer les prisonniers du Bouffay ?

*Carrier* : C'est ce que je ne me rappelle pas.

*Chaux* : Ce défaut de mémoire est plus que surprenant ; Carrier veut donc oublier le dîner à la suite duquel il signa cet ordre qui, en apparence, n'était qu'une translation à Belle-Ile, mais qui, dans la vérité, était un ordre de noyade.

*Carrier* : Je me rappelle bien ce dîner, qu'il y a été question de faire un transfèrement, mais je ne me souviens pas avoir signé l'ordre dont on me parle.

Bachelier prend la parole, fait un long discours dans lequel il désigne Carrier comme l'auteur de la noyade des détenus du Bouffay et de toutes les cruautés reprochées au comité.

Carrier répond qu'à Paimbœuf, à Angers, à Saumur, il a été fait des noyades de brigands, que Nantes et le comité n'ont fait que suivre l'exemple des villes voisines ; qu'il ne se mêlait de remédier qu'en grand aux abus ; qu'il ne prenait des arrêtés que d'après les rapports qui lui étaient faits ; qu'il a pu être trompé, et que, dans tous les cas, il persiste à nier d'avoir ordonné la noyade du Bouffay ; qu'il s'est borné à ordonner le transfèrement des détenus de cette maison à Belle-Ile.

*L'accusé Foucault* : Je déclare au tribunal avoir lu un ordre signé de Carrier à Lambertye. « Carrier confie, portait l'ordre, une expédition secrète à Lambertye, et requiert la force armée de lui prêter mainforte, en cas de besoin, et de n'entraver en aucune manière ses travaux, soit de jour, soit de nuit. » Et ces ordres, comme ceux que j'ai été chargé d'exécuter, étaient autant de noyades.

*Le président*, à Carrier : Aviez-vous donné à Lambertye un pouvoir illimité pour une expédition secrète ?

*Carrier* : Je ne me suis jamais servi de Lambertye que comme d'un espion précieux dans la Vendée, connaissant ce pays parce qu'il y avait été fait prisonnier.

*Le président* : Si Lambertye était votre espion dans la Vendée, il a dû y faire des voyages ; il a dû vous faire des rapports, et cependant on ne voit pas que Lambertye ait jamais quitté Nantes.

*Carrier* : Il ne faut qu'un jour, qu'une nuit pour passer dans la Vendée. Je ne sais pas précisément si Lambertye y est allé ; mais, ce qu'il y a de certain, c'est qu'il m'a fait, de l'armée des rebelles, des rapports qui se sont trouvés très-conformes à la vérité. Au reste, les espions sont toujours menteurs, peu dignes de confiance.

*Le président* : Si vous aviez cette opinion de Lambertye, pourquoi avez-vous mis la force armée à la disposition d'un homme que vous méprisiez ?

*Carrier* : Je nie le fait.

*Le président* : Mais quels ont été vos motifs pour donner à Lambertye le grade d'adjudant général ? Qu'avait fait Lambertye pour mériter ce poste ?

*Carrier* : Il faut mépriser les rapports sans mésestimer les personnes. Lambertye m'avait été indiqué par mes collègues comme le meilleur artilleur : on m'a dit, on m'a même assuré que Lambertye avait sauvé Nantes lors du siége, et que, dans l'affaire de North, il avait tenu tête à dix mille brigands avec une poignée de monde.

*Grandmaison* : Je soutiens que Carrier a connu la noyade du Bouffay ; je lui ai demandé des autorisations écrites pour l'exécution des mesures qu'il prescrivait au comité ; Carrier me répondit : « Est-ce que je ne suis pas représentant du peuple ? est-ce que je ne soutiendrai pas mon ouvrage ? » Carrier ne cessait de reprocher au comité qu'il ne prenait que des demi-mesures, qu'ils étaient des contre-révolutionnaires d'accord avec les brigands.

Le président demande le témoin Affilé ; ce témoin est entendu : il répète sa première déposition en ce qui concerne l'accusé Carrier ; il dépose de la noyade du 15 au 16 frimaire ; il déclare que Carrier est venu au comité ordonner cette noyade ; qu'il lui ordonna de faire les sabords, et que, sur la demande que lui, témoin, fit d'un ordre écrit pour la construction de ces sabords, Carrier répondit : « Je suis représentant, tu dois avoir confiance en moi pour les travaux que je te demande. »

*Le témoin Richard* : Je déclare qu'il me fut ordonné, vers les huit heures du soir, de transporter les prêtres à l'Entrepôt, qu'on me dit que Carrier le demandait. Je rencontre le représentant ; je l'informe du dépôt que je viens de faire de cinquante prêtres à l'Entrepôt ; Carrier me dit : « Il ne faut pas les garder dans cette maison ; pas tant de mystère ; il faut b....., tous ces b......là à l'eau. »

*Carrier* : Je nie le propos d'Affilé et les déclarations de Richard. Est-il probable que, pour une expédition aussi sérieuse que celle dont il s'agit, le comité se soit contenté d'ordres verbaux, qu'il n'en ait pas exigé d'écrits en cette rencontre ? Cette prétention blesse tout à la fois la vérité et la vraisemblance.

Goulin, Bachelier et les autres accusés persistent à soutenir que Carrier a tellement eu connaissance de cette noyade, que c'est lui qui l'a dirigée et ordonnée.

*Le président*, à Affilé : As-tu été chez Carrier demander ton payement ?

*Le témoin* : Après avoir sollicité pendant longtemps, mais en vain, mon payement du comité, qui me renvoyait toujours à ceux qui avaient emporté les effets des prêtres, je me suis adressé à Carrier pour obtenir ce payement. « Comment ! f......, tu n'es pas encore payé ? s'écrie Carrier ; donne-moi ton mémoire, et je m'engage à te faire payer. » Je remis mon mémoire, et peu de jours après je fus payé.

*Carrier* : Je ne me rappelle pas que le témoin soit venu me demander son payement ; tous ces faits sont dénués de probabilité ; il n'est pas possible d'y ajouter la moindre foi.

*Le président*, à Carrier : Comment voulez-vous persuader que vous n'avez eu aucune connaissance des noyades ; que le comité ordonnait ces expéditions à votre insu ?

*Carrier* : J'en ai entendu parler depuis, mais je soutiens n'avoir pris aucune part à ces noyades.

*Le président*, à Carrier : Pourquoi avez-vous fait fusiller quatre-vingts cavaliers qui venaient se rendre avec armes et bagages ?

*Carrier* : Je nie le fait ; on confond la rive droite avec la rive gauche, le théâtre de la guerre de la Vendée. Dans l'affaire de North, on fit prisonniers quatre-vingts cavaliers pris les armes à la main ; ces gens, comme tous les prisonniers faits antérieurement, font mine de vouloir servir la république et de se rendre de bonne foi ; j'observe que les brigands nous ont déjà trompés par de pareilles propositions, qu'il convient de les mettre dans l'impuissance de nuire ; j'ordonne de les déposer à l'Entrepôt, et que la commission en fera ce qu'elle voudra. Je dois dire que Goulin opina en cette rencontre pour que ces brigands fussent traités humainement, et qu'il observa que c'était le moyen d'engager les rebelles à se rendre.

*Chaux* : Je soutiens que, lors de la députation envoyée à Carrier, il y avait un général auprès de ce représentant, qui fit des observations à Carrier, relativement aux rebelles qui se rendaient volontairement, et qu'il lui dit : « Nous savons battre l'ennemi, mais non l'assassiner quand il se rend. » Carrier répondit : « Voulez-vous que je me fasse guillotiner ? Il n'est pas en ma puissance de faire grâce à ces gens-là. »

Réal, pour éclaircir le fait, présente une lettre écrite le 30 frimaire par Carrier à la Convention ; voici le précis de cette lettre :

« La défaite des brigands est si complète qu'ils arrivent à nos avant-postes par centaine. Je prends le parti de les faire fusiller. Il en vient autant d'Angers ; je leur assure le même sort, et j'invite Francastel à en faire autant : c'est par principe d'humanité que je purge la terre de la liberté de ces monstres. »

*Carrier* : Je ne désavoue pas le fait, parce qu'il vient à ma décharge ; ma lettre a reçu la sanction de la Convention, dont je prenais l'avis ; ma lettre a été consignée dans *le Moniteur* ; elle a couru toute la France.

Carrier demande un défenseur, et le citoyen Hureau, employé au parquet de l'accusateur, est nommé d'office, sauf à Carrier à donner à ce défenseur des adjoints, s'il le juge à propos.

Carrier demande encore la levée des scellés, pour pouvoir se procurer des pièces justificatives ; et le tribunal, par l'organe de son président, déclare qu'il va s'occuper de cette levée des scellés, et que tout ce qui tendra à la justification de Carrier lui sera fidèlement remis.

Le président de la commission militaire est entendu.

« Perrotin, président du tribunal criminel du département, me dit, en apprenant le départ de Carrier : « Nous allons donc respirer ! voilà un scélérat « de moins. » Lors de l'arrestation de Lambertye, Carrier envoya deux émissaires à la prison du Bouffay, pour défendre au concierge de le recevoir, et donna une mission à Robin le jeune pour l'empêcher d'être inquiété sur les noyades.

*Carrier* : La loi qui garantit la sûreté de la représentation nationale me défend de répondre à des interpellations étrangères à l'acte d'accusation.

*Le président* : Je vous somme, au nom de la loi, de répondre si vous avez joint Robin à Orléans.

Carrier refuse de répondre.

Le président répète trois fois son interpellation,

ainsi que le prescrit le code criminel , et déclare à Carrier que, s'il persiste à garder le silence, le fait sur lequel il est interpellé sera tenu pour constant.

*Carrier* : Au nom de la loi, je somme le président de ne pas s'en écarter.

Le président fait à l'accusé plusieurs autres interpellations auxquelles il répond par des dénégations pures et simples.

*Le témoin* : Je déclare que Laloi, l'un des auteurs des noyades, était intime de Carrier, qu'il mangeait souvent chez ce représentant , qu'il en était bien mieux accueilli que les vrais, les ardents patriotes ; que plusieurs fois il a obtenu des élargissements qui avaient été refusés.

*Carrier* : Je n'ai donné aucun pouvoir à Laloi ; il était l'espion de Robespierre, et je le connaissais trop pour lui donner ma confiance.

*Chaux* : Carrier ne cesse de mentir, d'induire le peuple en erreur ; il était des plus liés avec Laloi, et ils faisaient des orgies ensemble.

*Carrier* : Il est vrai que Laloi a quelquefois dîné chez moi; mais jamais il n'y a été invité, et je savais trop bien l'apprécier pour en faire mon ami.

Le témoin *Forget*, concierge de la maison de Sainte-Claire, accuse Carrier d'avoir fait fusiller beaucoup de brigands qui s'étaient rendus volontairement.

Le témoin *Champenois* répète ses précédentes dépositions sur le même fait.

*Carrier* : On parle d'amnisties; qu'on les représente ! Elles sont postérieures à mon départ ; elles n'ont été faites que dans le temps des moissons , et pour donner aux brigands la facilité de recueillir leurs blés. On les avait engagés à demeurer paisibles dans leurs demeures; on leur avait promis qu'ils n'y seraient point troublés, et, malgré tous ces égards, les moissons une fois faites, ils sont venus au camp de la Rouillère, et jusqu'aux portes de Nantes, et se sont permis de massacrer impitoyablement tout notre monde.

L'accusé nie ensuite d'avoir jamais fait fusiller des communes qui se rendaient à sa discrétion.

*( La suite incessamment.)*

---

# CONVENTION NATIONALE.

*Extrait du registre des arrêtés du comité des finances de la Convention nationale, du 14 frimaire, l'an 3 de la république française, une et indivisible.*

Sur les différentes réclamations de plusieurs citoyens, tendant à être relevés de la déchéance qu'ils ont encourue à défaut d'avoir produit leurs titres de créances en temps utile, attendu qu'ils étaient eux-mêmes, ou leurs procureurs fondés, en état d'arrestation à l'époque de l'expiration du délai fatal fixé par la loi ;

Le comité , considérant qu'aux termes de la loi du 29 fructidor dernier il est autorisé à statuer sur les réclamations des créanciers de la nation qui ont encouru la déchéance par l'effet de leur détention, arrête :

Art. I<sup>er</sup>. Tout créancier de la nation qui justifiera par pièces authentiques qu'il a été détenu comme suspect, ou pour cause de révolution, à l'époque de l'expiration du délai fixé par les lois pour la production des titres de créances, sera admis à les produire, soit au liquidateur général de la dette publique, soit aux commissaires de la trésorerie, d'ici au 1<sup>er</sup> germinal prochain.

II. Les procureurs fondés et autres dépositaires publics, qui réclameront pour les citoyens qui les avaient chargés de poursuivre leur liquidation, seront tenus de faire les preuves prescrites par l'article précédent, et justifieront en outre par leurs registres, ou autres actes authentiques, qu'ils étaient chargés des affaires des citoyens pour lesquels ils réclament à l'époque où ils ont été détenus.

III. Les justifications énoncées aux articles précédents seront faites au liquidateur général de la dette publique et de la liste civile, ainsi qu'aux commissaires de la trésorerie nationale, chacun en ce qui les concerne, avant le 1<sup>er</sup> germinal prochain.

IV. Le liquidateur général est chargé de faire connaître à toutes les administrations de département et de district le présent arrêté.

---

*Arrêté du comité de sûreté générale, du 26 frimaire, l'an 3<sup>e</sup> de la république française, une et indivisible.*

Le comité arrête les dispositions suivantes :

Il ne sera arrêté par le comité aucune mise en liberté pour les ci-devant prêtres jusqu'à ce que les fêtes décadaires soient décrétées et organisées.

Signé *les membres du comité de sûreté générale.*

---

## SÉANCE DU 28 FRIMAIRE.

*Présidence de Rewbell.*

On lit la lettre suivante :

*Pelletier, représentant du peuple, envoyé en mission dans divers départements, par décret de la Convention nationale du 13 fructidor dernier.*

A Pontarlier, le 23 frimaire, l'an 3<sup>e</sup> de la république française, une et indivisible.

« Le département du Doubs jouit maintenant, sous la sauvegarde des principes de la justice, d'une tranquillité parfaite ; tous les cœurs, excepté ceux des coupables, sont remplis d'amour et de confiance pour la Convention nationale, et je reçois partout des témoignages authentiques du dévouement le plus entier à ses décrets, et de la reconnaissance la plus vive pour la régénération qu'elle vient d'opérer dans toutes les autorités constituées.

« Maintenant la justice est à l'ordre du jour pour l'opprimé, et la terreur pour le fripon. Je recherche sévèrement toutes les dilapidations et tous les actes arbitraires. Les comités révolutionnaires informent, et les tribunaux vont punir.

« Ces opérations, aussi indispensables pour terrasser entièrement la scélératesse et l'immoralité que pour arracher l'opinion à la compression violente où on la retenait, rendent le courage à ceux qui n'osaient encore dévoiler les intrigues dont ils avaient été les témoins ou les victimes. Le crime a perdu son audace, et la vertu a pris sa noble assurance. Le peuple, que les scélérats avaient égaré par leurs discours sanguinaires et par le vil langage de la flatterie ; le peuple, qui vient d'éprouver combien le règne capricieux des tyrans est funeste à ceux même qu'il paraît favoriser, n'est plus incertain sur ceux à qui il doit sa confiance, ni sur les principes qui doivent diriger ses opinions.

« En même temps que je poursuis les dilapidateurs et les terroristes, je prends les mesures les plus actives contre le fanatisme, dont les émigrés et les prêtres déportés voudraient allumer les torches par les communications qu'ils peuvent avoir avec les cruels habitants des frontières de la Suisse. Déjà quelques prêtres déportés et des émigrés ont été arrêtés et punis selon la loi.

« J'ai chargé des patriotes intelligents d'en découvrir d'autres qui sont rentrés, et je vais parcourir les pays voisins de la Suisse, depuis Doubs-Morat jusqu'à Pontarlier, tant pour garantir les esprits des tentatives qu'on fait pour ranimer leurs besoins religieux que pour augmenter la surveillance, en renforçant les gardes et en multipliant les postes destinés à arrêter des correspondances dangereuses.

« Les Sociétés populaires ont aussi attiré mes regards. J'ai encouragé celles qui, se prononçant pour la justice en

---

rejetant de leur sein les intrigants et les fripons, regardent la Convention nationale comme le centre unique de toutes les opinions et de tous les pouvoirs; mais j'ai dissous celles qui ont osé approuver les Adresses incendiaires, correspondre avec une Société rivale de l'autorité souveraine, et promettre de se rallier autour de la faction que vous avez détruite.

« Ces mesures de vigueur, en régénérant l'opinion, ôtent à tous les malveillants les moyens de la corrompre, et enlèvent à la discorde le dernier asile où elle cherchait à réunir ses partisans.

« Les comités révolutionnaires nouvellement organisés ont maintenant autant de puissance contre les intrigants et les fripons que ceux-ci leur en avaient donné autrefois contre la vertu et la probité: j'ai cherché à leur donner une forte impulsion, et à leur imprimer autant de haine que de courage contre les faux patriotes.

« Je dois citer ici le comité révolutionnaire de Baumes, dont j'ai vu les opérations, et qui déjà a mis sous la main de la loi plusieurs dilapidateurs. J'aime à croire que les autres comités du département justifieront de même l'opinion que j'ai de leur énergie, et que j'aurai à vous donner des détails satisfaisants sur l'activité de leurs recherches et les succès de leurs efforts.

« J'ai rendu un compte détaillé de toutes mes opérations aux comités de salut public et de sûreté générale.

« Salut et fraternité. PELLETIER. »

LECOINTRE (de Versailles) : Le 26 de ce mois, le tribunal révolutionnaire a rendu un jugement qui condamne à mort trois individus convaincus d'assassinats et d'actes arbitraires, et qui acquitte vingt-six autres individus convaincus également d'actes arbitraires et d'avoir assassiné des enfants et des femmes enceintes.

Le tribunal a cru sa compétence se bornait à juger le fait révolutionnaire, et que, quoiqu'il fût convaincu des crimes de ces hommes, dès qu'il était constant qu'ils n'avaient pas eu d'intentions contre-révolutionnaires, il ne pouvait pas leur infliger de peines.

Je demande, pour la vindicte publique, car je ne crois pas que personne veuille tolérer et défendre l'assassinat, que le comité de législation nous présente un projet de décret pour que ces hommes soient renvoyés devant le tribunal criminel de leur département, qui les jugera conformément aux lois. (Vifs applaudissements.)

Je ne dirai pas, pour prouver la nécessité de ma proposition, que ces hommes parcourent les maisons publiques de Paris, où ils se font gloire des assassinats qu'ils ont commis, où ils insultent à la mémoire de ceux qu'ils ont immolés, au malheur des familles qu'ils ont désolées. (Vifs applaudissements.)

Je demande en outre que le comité de sûreté générale prenne des mesures pour que ces hommes ne sortent pas de Paris, et restent sous la main de la justice jusqu'au rapport du comité de législation.

*** : Personne ne me supposera l'envie de défendre des hommes que toute la France accuse, mais je soutiens qu'on ne peut pas les traduire devant les tribunaux deux fois pour le même fait; la proposition de Lecointre est fondée sur une erreur de fait. J'étais présent au prononcé du jugement, et il porte que les individus dont il s'agit ont été convaincus d'actes arbitraires; mais le jury a déclaré en même temps qu'il n'était pas constant qu'ils l'eussent fait, non pas dans des intentions contre-révolutionnaires, mais dans des intentions criminelles. Ainsi ils sont jugés. Je consens au renvoi au comité de législation, mais seulement pour vérifier le fait dont je parle et en faire un rapport.

MAURE : C'est tout simple; Lecointre a lu sur un journal, et le journal a pu se tromper.

BAZARD : Je ne crois pas que ce soit le cas de renvoyer au comité de législation, mais seulement au comité de sûreté générale. Le jury a dit que les individus dont il s'agit n'avaient pas eu des intentions contre-révolutionnaires; mais il a dit en même temps, ce que vous toute la France sait, qu'ils sont coupables de malversation. (On applaudit.) La Convention ne doit pas laisser circuler dans la société des hommes couverts d'opprobre, coupables des plus grandes atrocités. (Les applaudissements redoublent.) Il ne faut pas que les femmes, que les enfants des malheureux qui

ont été précipités dans la Loire, soient insultés par leurs bourreaux. Je n'entends rien à la législation, mais je suis les mouvements de mon cœur, et je sens que, si je n'écoutais que mon indignation, je ferais justice moi-même de ces infâmes assassins. (Vifs applaudissements.) Pour éviter les écarts auxquels peut porter la nature outragée, je demande que le comité de sûreté générale soit chargé de prendre des mesures.

LECOINTRE (de Versailles) : Le renvoi au comité de sûreté générale n'est pas suffisant. Je suis persuadé, comme les jurés du tribunal, qu'ils n'ont point eu d'intentions contre-révolutionnaires; mais ils n'en ont pas moins commis des atrocités qui font frémir la nature; ils n'en ont pas moins assassiné des enfants et des femmes enceintes. Le tribunal n'a jugé et ne devait juger que le fait révolutionnaire : reste à statuer sur le crime. Cette affaire doit être bien mûrie. Je demande que le comité de législation fasse, sous trois jours, un rapport que vous discuterez.

Le renvoi est décrété.

*Plusieurs voix :* L'arrestation!

La Convention décrète que les individus dont il s'agit seront mis en arrestation, et que le décret sera exécuté sur-le-champ.

TREILHARD : Si le compte qu'on m'a rendu de l'affaire de Nantes est exact, il y a dans le nombre des acquittés trois ou quatre individus qui n'ont été convaincus d'aucun crime. Il n'est pas dans l'intention de la Convention de comprendre dans le décret d'arrestation ceux qui n'ont point été convaincus, et je demande qu'ils en soient exceptés.

Cette proposition est adoptée.

BOURDON (de l'Oise) : Je ne veux pas dire que le tribunal ait choqué la justice ou qu'il n'ait point eu le courage de punir des crimes qui outragent la nature; mais je veux rappeler à la Convention un des principes que nous avons posés : c'est que les pouvoirs ne peuvent pas rester longtemps dans les mêmes mains sans danger pour la chose publique.

Le danger est encore plus grand lorsqu'il s'agit d'hommes qui sont chargés de prononcer sur le sort de tous ceux de leurs concitoyens accusés. Il ne faut pas que ceux-là restent longtemps en place; car, s'ils se laissaient entraîner à quelque injustice, ils pourraient faire le plus grand mal à la patrie. On avait déjà décrété que le tribunal révolutionnaire serait renouvelé; mais ce décret a été rapporté, je ne sais pas sous quel prétexte. Aujourd'hui je crois que la Convention ne peut se dispenser de rétablir ce principe, pour ne pas faire croire au peuple qu'elle partagera jamais les crimes du tribunal révolutionnaire. Je demande donc qu'il soit décrété que les juges et les jurés de ce tribunal seront renouvelés, et que le comité de législation soit chargé de présenter le mode de renouvellement. (On applaudit.)

Cette proposition est décrétée.

MATHIEU : Je pense que nous devons ouvrir les yeux sur la cause de l'événement extraordinaire qui a attiré notre attention. Il n'y a pas de jurés du moment où les prévenus connaissent quels sont ceux qui doivent les juger. Il n'est pas difficile alors pour les prévenus d'étudier la faiblesse de leurs juges, et de faire le siège de l'opinion de chacun d'eux. Sans doute la décision d'un tribunal doit être respectée lorsqu'elle est conforme à la justice; mais n'oublions pas que le premier des tribunaux révolutionnaires est la Convention; c'est elle qui doit surveiller tous les autres. Le principe du renouvellement de celui-ci avait été posé; on a fait rapporter ce décret sur des terreurs paniques.

Citoyens, il ne faut pas qu'on nous accuse d'avoir dénaturé la belle institution des jurés; qu'elle sorte pure des orages de la révolution. Rappelez-vous qu'à l'époque où vous ordonnâtes le renouvellement de l'ancien tribunal révolutionnaire, vous suspendîtes en même temps la continuation des procédures qu'il avait commencées : je demande que vous suiviez aujourd'hui la même marche, que vous suspendiez les procédures commencées jusqu'au renouvellement dont le comité de législation présentera le mode dans trois jours. Je demande aussi que le décret soit exécuté sur-le-champ.

LECOINTRE (de Versailles) : La proposition de notre

collègue est très-juste; mais j'observe que dans ce moment le tribunal instruit l'affaire de Fouquier-Tinville.

**\*\*\*** : C'est une raison de plus pour le suspendre.

La proposition de Mathieu est décrétée.

La rédaction du décret est lue et adoptée en ces termes :

« Sur la proposition d'un membre, tendant à renvoyer au comité de législation le jugement rendu, le 26 du présent mois , par le tribunal révolutionnaire de Paris, par lequel les nommés Goulin, Chaux, etc. , convaincus d'avoir exercé des actes arbitraires, des dilapidations, etc., ont été acquittés et mis en liberté comme n'ayant pas commis ces actes arbitraires avec des intentions contre-révolutionnaires, à l'effet de les traduire devant le tribunal criminel du département où les crimes ont été commis ;

« La Convention nationale décrète le renvoi à ses comités de législation et de sûreté générale du jugement porté par le tribunal révolutionnaire de Paris, le 26 du présent mois, qui déclare convaincus d'exécution d'actes arbitraires, dilapidations, etc., et cependant acquitte et met en liberté les dénommés audit jugement, Goulin, Chaux, Bachelier, Perrochaux, Mainguet, Lévêque, Louis Naud, Chartier, Ducou, Coron, Boussy, Boullay, Gauthier, Guillet, Crepin, Richard, Foucault, O'Sullivan, Robin, Lefebvre, Macé, d'Héron et Proust, à l'effet par lesdits comités de lui faire sous trois jours un rapport sur le jugement dont il s'agit.

« Charge en outre le comité de sûreté générale de s'assurer des personnes ci-dessus dénommées, qui resteront en état d'arrestation provisoire jusqu'au rapport. »

— « La Convention nationale décrète le tribunal révolutionnaire séant à Paris sera renouvelé; renvoie à son comité de législation pour présenter le mode de renouvellement. »

—Guyomard appelle l'attention de l'assemblée sur l'énormité des frais d'impression pour le Bulletin, les comptes des représentants du peuple, etc. Il demande qu'on prenne des moyens de les faire cesser.

Cette proposition est renvoyée aux comités des finances, des décrets et des inspecteurs.

Clausel reproduit la motion qu'il avait faite ces jours derniers relativement à l'impression des lois à Paris.

Garnier (de Saintes) annonce que le comité des transports, postes et messageries, s'occupe d'un travail général à cet égard, travail qui remplira les vœux de l'assemblée. Il demande une décade pour le présenter.

La Convention accorde ce délai.

LOUCHET : Citoyens, c'est demain qu'expire le délai fixé pour la remise des titres des créances viagères. Mais ce délai n'est pas suffisant pour les défenseurs de la patrie qui sont hors de la république; beaucoup d'entre eux n'ont point encore rempli les formalités exigées par la loi ; beaucoup n'ont pu envoyer leur procuration, parce que cela leur a été impossible. Je demande donc que le délai soit prolongé à l'égard des défenseurs de la patrie, et qu'il soit fixé au 1er messidor.

CAMBON : Citoyens, vous avez prononcé toutes les exceptions nécessaires à la loi des déchéances, soit relativement aux détenus, soit relativement aux défenseurs de la patrie. Il faut que la Convention soit sur ses gardes quand on lui propose des prolongations de délai. J'annonce à la Convention que la dette viagère monte à 98 millions, et hier les déclarations se portaient à la somme de 97 millions 600,000 livres et plus, de sorte, que les déclarations restant à faire ne pourraient se monter qu'à 300,000 livres environ; encore faudrait-il en déduire celles qui ont dû s'éteindre nécessairement par la mortalité dans l'espace de six mois. Au surplus, quant aux défenseurs de la patrie, la loi du 8 messidor les excepte de toutes formalités de certificats de vie, de résidence et autres. Elle n'exige pour eux qu'une attestation de la municipalité qu'ils sont aux frontières. Que pouvait-on faire de plus en leur faveur que de dire qu'ils seront réputés en vie quoique morts, présents quoique absents ? J'ajoute qu'il y a eu déjà trois prolongations d'accordées. Sous aucun rapport il n'y a donc pas lieu d'en demander de nouvelles.

Louchet déclare qu'il retire sa motion.

**\*\*\*** : J'appelle l'attention de la Convention sur des abus qui se commettent à la trésorerie. Les citoyens ne peuvent obtenir la délivrance de leurs inscriptions sur le grand livre, malgré leurs démarches multipliées, parce que les commis s'occupent de les délivrer par préférence à ceux qu'ils veulent favoriser. Cependant vous avez fixé le terme du 12 nivose, époque après laquelle les inscriptions sur le grand livre ne seront pas reçues en payement des domaines nationaux. Il résulte de là que ceux qui destinaient leurs inscriptions sur le grand livre à des payements de cette nature ne les recevront pas assez tôt pour en faire cet emploi. Je demande, pour qu'ils puissent jouir de cette faculté, que vous prolongiez le délai accordé pour les présenter.

CAMBON : Je vais encore répondre d'une manière satisfaisante sur cet objet. Il est vrai que les inscriptions sur le grand livre ne peuvent être sur-le-champ délivrées à ceux qui les réclament; il faut considérer que l'opération du grand livre n'est pas une opération ordinaire; qu'il s'agit de répondre à cent cinquante mille individus; qu'en 1764, le gouvernement ayant entrepris une opération semblable, seulement pour une partie de rente qui ne comprenait que quarante-deux mille individus, il lui fallut plus de cinq ans pour y parvenir.

Une autre cause du retard, c'est qu'il y a eu beaucoup d'erreurs dans les déclarations des payeurs de rentes, qu'il faut rectifier; avec cela, l'opération marche rapidement à sa fin. Pour vous en convaincre, il suffit de dire que chaque jour il se délivre plus de huit cents inscriptions, et que les demandes nouvelles ne se portent pas à plus de cent.

Au surplus, pour que ces retards ne préjudicient pas à l'intérêt des demandeurs, le comité des finances a pris un arrêté d'après lequel ceux qui déclarent que leur intention est d'employer leurs inscriptions sur le grand livre au payement des domaines nationaux seront reçus à les donner, quoique leurs inscriptions ne leur aient pas été remises avant le 12 nivose ; par ce moyen, aucun ne sera lésé, et il n'est pas nécessaire que la Convention prononce de délai ultérieur.

L'assemblée passe à l'ordre du jour.

—Dubois-Crancé, au nom du comité de salut public, propose une proclamation et un décret qui sont adoptés en ces termes :

« La Convention nationale ne croit pas avoir besoin de rappeler aux braves soldats de la république les actions héroïques dont ont ceint de lauriers les drapeaux de la liberté, pour enflammer leur zèle et redoubler leur activité; il lui suffit de leur dire : « Le temps du repos n'est pas encore arrivé. »

« Quand Dumouriez, entrant dans la Belgique, voulut trahir son pays pour désorganiser son armée, il donna des congés; nous en avons tous connu les funestes résultats.

« Soldats républicains, encore un pas vers la victoire, et vos lauriers seront immortels comme la liberté du peuple français.

« La Convention nationale décrète :

« Art. Ier. Il ne sera dorénavant, et jusqu'à nouvel ordre, accordé de congés qu'aux militaires qui seront dans le cas désigné par la loi du 2 thermidor dernier, et qui s'y seront conformés.

« II. Tout militaire qui aurait obtenu un congé de plus de trois décades sera tenu de se rendre à son corps dans le délai d'un mois, non compris le temps de la route déterminé par la loi. »

—Richard fait rendre le décret suivant :

« La Convention nationale, sur la proposition de ses trois comités réunis de salut public, de sûreté générale et de législation, décrète que le représentant du peuple Bar se rendra dans les départements du Haut et du Bas-Rhin, à l'effet de prendre et de transmettre aux trois comités des renseignements sur un grand nombre d'individus qui ont quitté ces départements, et qui sont annoncés ne l'avoir fait que par une suite des vexations qui ont été exercées par Lebas et Saint-Just. Le comité de salut public donnera au représentant du peuple Bar des instructions précises sur cet objet. »

—Sur la proposition d'Oudot, au nom du comité de législation, l'assemblée rend le décret suivant :

« La Convention nationale, après avoir entendu le rapport de son comité de législation sur la pétition d'Hippolyte Lefèvre, tendant à faire annuler un jugement du tribunal criminel du département de l'Oise, qui le condamne à deux années de fers;

« Considérant que la loi du 12 germinal ne prescrit pas de déclarer les marchandises dans les vingt-quatre heures de leur arrivée; conséquemment que le fait reproché à Lefèvre n'est point une contravention à la loi :

« Art. 1er. Déclare nul et comme non avenu le jugement rendu contre Hippolyte Lefèvre, le 16 messidor dernier; ordonne qu'il sera sur-le-champ mis en liberté;

« Charge la commission des administrations civiles, police et tribunaux, de faire passer les procès-verbaux et pièces de la procédure instruite contre Hippolyte Lefèvre au tribunal de police correctionnelle du canton de Breteuil, pour prononcer, s'il y a lieu, sur la contravention qui paraît avoir été faite à la loi du maximum.

« Le présent décret ne sera point imprimé; il sera seulement inséré au Bulletin de correspondance. »

—« La Convention nationale, après avoir entendu le rapport de son comité de législation sur la lettre du citoyen Pérignon, notaire à Bourbonne-les-Eaux, qui annonce que la citoyenne Toison, veuve Abbet, mère de famille, morte au mois de thermidor, a légué à la patrie le dixième de ses biens par son testament, en date du 19 thermidor, ordonne qu'il sera fait mention honorable au procès-verbal de la disposition testamentaire au profit de la république par la citoyenne Toison; et néanmoins décrète qu'elle n'accepte pas ce legs, qui sera partagé entre les héritiers naturels de la testatrice. »

—Les canonniers de la section de Guillaume Tell, partant pour Cherbourg, assurent la Convention de leur dévouement pour la cause de la liberté, et demandent à être armés de pistolets.

Renvoyé à la commission de la guerre.

— Le Lycée des Arts présente à la Convention une nouvelle découverte, à l'aide de laquelle un seul homme coupe et ramasse, en un seul jour, une grande quantité de blé.

Mention honorable.

GUYOMARD : Vous avez décrété qu'il vous serait fait un rapport sur la loi du maximum. La Convention est convaincue qu'une loi qui ne s'exécute point est nuisible. Les bons se conforment à cette loi, et les méchants la violent. Je demande l'exécution de vos décrets, et que le rapport soit fait demain.

Merlin (de Douai) observe que les comités s'occupent nuit et jour de ce travail important et qu'il sera terminé après-demain. L'assemblée décrète que le rapport sera fait primidi pour tout délai.

—Ramel soumet à la discussion la suite du projet de décret sur les contributions directes de 1794.

Nous donnerons les articles adoptés.

—Le président annonce que le décret relatif au tribunal révolutionnaire a été porté, lu en pleine séance au tribunal assemblé, qui a aussitôt levé sa séance.

La séance est levée à quatre heures.

---

## AVIS.

Adjudication, sauf quinzaine, le 7 nivose, an 3e, à l'audience des criées du département de Paris, d'une maison à Paris, rue Bourg-l'Abbé, n° 60, composée d'un corps de logis sur la rue, à porte cochère, boutique de chaque côté, cave

dessous, trois étages carrés et comble au-dessus; un autre corps de logis sur le derrière, ayant vue sur la cour et des jardins particulier, élevé comme le précédent, tous deux ayant entresol au-dessus du rez-de-chaussée, faisant partie desdits trois étages; une aile à gauche en entrant dans la cour; ayant deux escaliers pour communiquer aux différents corps de logis, cour, lieux d'aisance; le tout en bon état de réparation.

S'adresser, à Paris, au citoyen Cholois, ex-avoué, rue des Maçons, n° 408 section de Chalier, qui communiquera les titres et les charges; et à ladite maison, rue Bourg-l'Abbé, pour prendre connaissance de l'état d'icelle.

---

## Brûlement d'assignats.

Le 29 frimaire, à dix heures du matin, il a été brûlé, dans l'ancien local des ci-devant Capucines, la somme de 16 millions en assignats, provenant de la vente des domaines nationaux et recettes extraordinaires, lesquels, joints aux 2 milliards 475 millions 683,000 liv. déjà brûlés, forment un total de 2 milliards 491 millions 683,000 liv.

---

## LIVRES DIVERS.

*Almanach de la Convention nationale*, pour l'an 3, de l'ère républicaine, où l'on trouve : 1° le véritable décadaire, avec le lever, le coucher du soleil et de la lune; 2° la connaissance des temps; 3° le langage des signaux à feu et du télégraphe; 4° les noms des quatre-vingt-huit départements et de toutes les villes de districts, avec les changements; 5° des moyens de reconnaître promptement les faux assignats; 6° les nouveaux poids et mesures, avec figures. Prix : 10 s., franc de port. Il faut adresser lettre et argent, port franc, aux citoyens Dufart, imprimeur-libraire, rue Honoré, n° 400, maison d'Auvergne, section des Tuileries; Basset, rue Jacques, au coin de celle des Mathurins.

— *Physique nouvelle*, formant un corps de doctrine, et soumise à la démonstration rigoureuse du calcul, par Délaires; un vol. in-8° de 600 pages, broché, 4 liv., franc de port.

A Paris, chez Batilliot, rue du Cimetière-André, la première porte cochère en entrant par la rue Hautefeuille, n° 15.

— *Traité de l'art de l'écriture simplifié*, imprimé par forme de dialogues, avec démonstrations gravées, et tous les alphabets mesurés de majeures et de mineures; par le citoyen Brazier, écrivain vérificateur.

A Paris, chez l'auteur, faubourg Martin, n° 18, près la porte; Chemin fils, rue Glatigny, en la Cité, n° 10; Maradan, libraire, rue du Cimetière-André-des-Arcs, n° 9; Prault, Rondonneau et compagnie, place du ci-devant Carrousel; à Versailles, chez Wallerchamp, rue du Commerce.

— *Histoire de la constitution de l'empire français*, ou Histoire des états généraux, pour servir d'introduction à notre droit public; par l'abbé Robin. 2 vol. in-8°, broché, 8 liv., franc de port.

A Paris, chez Batilliot, rue du Cimetière-André, la première porte cochère en entrant par la rue Hautefeuille, n° 15.

— *Vie et mort républicaine du petit Émilien*, par le citoyen Fréville. A Paris, chez Guenier jeune, imprimeur-libraire, rue Git-le-Cœur, n° 16. Prix : 1 liv. 10 s.; et 2 liv., franc de port.

---

## Payements à la trésorerie nationale.

Le payement du perpétuel est ouvert pour les six premiers mois; il sera fait à tous ceux qui seront porteurs d'inscriptions au grand livre. Celui pour les rentes viagères est de huit mois vingt et un jours de l'année 1793 (vieux style).

L

Lightning Source UK Ltd.
Milton Keynes UK
UKHW012028201118

332601UK00013B/1997/P